PETER WATSON
Ideen

Buch

Beginnt die Ideengeschichte der Menschheit, als die Frühmenschen erstmals Feuer machten, vor circa 1,8 Millionen Jahren? Oder schon mit dem ersten Faustkeil vor etwa 2,5 Millionen Jahren? Wer kam auf die Idee, die Zeit in »vor Christus« und »nach Christus« zu gliedern? Wie fanden die Zeichen »+« und »–« in die Mathematik? Wer schuf die Vorstellung vom Paradies? Und warum entwickelte sich vor 40 000 Jahren eine komplexe Sprache? Peter Watson lädt ein zu einer Expedition durch die abenteuerliche Welt menschlicher Ideen – von den frühesten Anfängen bis zum Technologiezeitalter. Er erforscht die ersten Sprachen, die Geburt der Götter, die Anfänge der Kunst, er erläutert die tiefgreifende kulturgeschichtliche Bedeutung des Geldes. Er beschreibt die Erfindung der Schrift, die ersten Vorstellungen von Recht und analysiert anschaulich, wie die Entdeckung der Neuen Welt unser Denken veränderte.
Wie schon in »Das Lächeln der Medusa«, seinem Standardwerk über die Ideengeschichte des 20. Jahrhunderts, lockt der begnadete Wissensvermittler den Leser in den Kosmos des Denkens und Erfindens. Voller Staunen verfolgt man das Auftauchen und Verschwinden von Ideen, Denkern und Kulturen, erkennt ungeahnte Zusammenhänge und sieht schließlich die eigene Welt als Produkt eines gewaltigen Prozesses aus Mut, Erfindungsgeist und Erkenntnislust.

Autor

Peter Watson, geboren 1943, studierte an den Universitäten von Durham, London und Rom. Er war stellvertretender Herausgeber von »New Science«, Korrespondent in New York für die »Times« und schrieb für den »Observer«, die »New York Times«, »Punch«, die »Sunday Times« und »Spectator«. Er hat bisher vierzehn Bücher veröffentlicht und war an einigen TV-Produktionen zum Thema Kunst beteiligt. Seit 1989 ist er als Lehrbeauftragter am McDonald Institute for Archaeological Research der Universität Cambridge tätig.

Im Goldmann Verlag ist von Peter Watson außerdem erschienen:
Das Lächeln der Medusa (15253)

Peter Watson

IDEEN

Eine Kulturgeschichte
von der Entdeckung des Feuers
bis zur Moderne

Aus dem Englischen
von Yvonne Badal

GOLDMANN

Die Originalausgabe erschien 2005
unter dem Titel »Ideas. A History From Fire to Freud«
bei Weidenfeld & Nicolson, London.

FSC
Mix
Produktgruppe aus vorbildlich
bewirtschafteten Wäldern und
anderen kontrollierten Herkünften
Zert.-Nr. SGS-COC-1940
www.fsc.org
© 1996 Forest Stewardship Council

Verlagsgruppe Random House FSC-DEU-0100
Das für dieses Buch verwendete FSC-zertifizierte Papier
München Super liefert Mochenwangen.

1. Auflage
Taschenbuchausgabe November 2008
Wilhelm Goldmann Verlag, München,
in der Verlagsgruppe Random House GmbH
Copyright © der Originalausgabe 2005 by Peter Watson
Copyright © der deutschsprachigen Ausgabe 2006 by
C. Bertelsmann Verlag, München,
in der Verlagsgruppe Random House GmbH
Umschlaggestaltung: Design Team München
in Anlehnung an die Gestaltung der deutschen Erstausgabe
(R·M·E Roland Eschlbeck/Rosemarie Kreuzer,
nach Weidenfeld & Nicolson,
The Orion Publishing Group, London)
KF · Herstellung: Str.
Druck und Bindung: GGP Media GmbH, Pößneck
Printed in Germany
ISBN: 978-3-442-15512-5

www.goldmann-verlag.de

FÜR BÉBÉ

Es gibt keine Ganzwahrheiten;
alle Wahrheiten sind Halbwahrheiten.
Sie als ganze Wahrheiten zu behandeln
heißt, den Teufel zu spielen.

Alfred North Whitehead, *Dialogues* (1953)

Es mag schwer sein, mit Verallgemeinerungen zu leben,
aber es ist auch nicht vorstellbar, ohne sie zu leben.

Peter Gay, *Schnitzler's Century* (2002)

INHALT

Vorwort des Autors   21

Einleitung: Die bedeutendsten Ideen der Geschichte:
Einige Kandidaten   25

Prolog: Die Entdeckung der Zeit   43

TEIL EINS
VON LUCY BIS GILGAMESCH:
Die Evolution der Vorstellungskraft

1. Vorsprachliche Ideen   57
   Nahrungssuche – Bipedalismus und Fleischverzehr – Der aufrechte Gang – Die ältesten Artefakte – Veränderungen im Gehirnwachstum und beim Faustkeil – Feuer – Ocker – Bestattung – Der Neandertaler – Die erste »abstrakte« Idee – Berekhat Ram – Die »schöpferische Explosion« – Höhlenkunst – Venus-Figurinen – »Halbe Häuser« – Vorstellungen von der Sexualität – Textilien – Perlen – Rituale

2. Das Entstehen von Sprache und die Überwindung der Kälte   85
   Die Stärke früher Gruppen – Jagdwerkzeuge – »Genähte« Bekleidung – Protosprachen – Von Sibirien nach Alaska: Mal'ta, Afontova Gora, Djuchtai, Berelech, Denali – Sinodontie – Das Neandertaler-Zungenbein – Das Sprach-Gen – Nostratisch und andere Muttersprachen – Die ersten Worte – Die ersten Töne – Die ersten Schriften

3. Die Geburt der Götter, die Evolution von Haus und Heim   106
   Die Domestikation von Pflanzen und Tieren – »Hot Spots« – »Kulturpflanzen« – Die Kontrolle des Feuers – Getreideanbau – Der fruchtbare Halbmond – Landwirtschaftliche Hindernisse – Eine trockenere Welt – Prähistorische Populationskrisen – Sess-

haftigkeit – Prähistorische Gesundheitskrisen – Nahrungssuche und Sesshaftigkeit – Die ersten Häuser – Die Natufien- und Khiamien-Kulturen – Das Weib und der Stier: der Beginn von Religion – Die »Feuergrube« – Weibliche Figurinen – Die erste Nutzung von Lehm – Der Übergang vom Stein zur Tonware – Megalithen – Die Steintempel von Malta – Die Große Göttin – Das »Alte Europa« – Die Verhüttung von Kupfer und Bronze – Eisen – Dolche, Spiegel und Münzen – Der Einfluss des Geldes auf das Denken

4. Städte des Wissens 136
Die ersten Städte – »Tempelstädte« – Der Tempelkult – Der Ursprung des Schrifttums – Zeichen – Die Vinca-Symbole: alteuropäische Schriften – Die indische Schrift – Die Keilschrift von Schuruppak – Die ersten Bildschriften – Erste Eigennamen und Wörterlisten – Silbenschrift und Alphabet – Ras Schamra (Ugarit) – Die ersten Schulen – Die ersten Archive oder Bibliotheken – Die ersten literarischen Texte – Gilgamesch – En und lugal: rivalisierende Herrscher – Das Rad – Die Domestikation des Pferdes – Pferd und Krieg – Die ersten Gesetzessammlungen

TEIL ZWEI
VON JESAIA BIS ZHU XI:
Die Romantik der Seele

5. Opfer, Seele und Erlöser:
»Die überwältigendste Fruchtbarkeit in der
Gestaltung des Menschseins« 175
Selbstverleugnung als Grundlage der Opferung – »Himmelsgötter« – Seelenkonzepte – Indogermanen und die Seele in der Rig Veda – Griechische Ideen: psyche und thymos – Das Jenseits und die Unterwelt – Inseln der Seligen – Das Paradies – Napistu und nephesch – Die »Achsenzeit« – Biblische heilige Steine – Jahwe wird zum vorherrschenden Gott – Die Propheten Israels – Zarathustra – Mithras – Buddha – Pythagoras – Die Orphiker – Platon – Aristoteles – Konfuzius – Taoismus

6. Die Anfänge von Naturwissenschaft, Philosophie und
Geisteswissenschaft 211
Homer – Odyssee und Ilias – Mythos – Hopliten – Münzgeld und Agrikultur – Drakon – Solon der Tyrann – Die athenische Demokratie – Die Polis – Perikles und das goldene Zeitalter – Die Versammlung – Ionische Wissenschaft – Pythagoras und die

Quadratzahlen – Planeten: Wanderer im All – Die Theorie von
den Atomen – Hippokrates und Asklep: frühe Medizin – Sophisten
– Protagoras und Xenophon: Skepsis führt zu Philosophie –
Die Tragödie – Aischylos, Sophokles, Euripides – Geschichte:
Herodot und Thukydides – Vasenmalerei und Bildhauerei – Der
Parthenon – Phidias – Myron – Die Nackten des Praxitiles –
Orientalische Einflüsse auf Griechenland

7. Die Ideen des Volkes Israel, die Idee von Jesus 252
Israel im Exil – Die Erfindung des jüdischen Glaubens –
Beschneidung, Sabbat, Synagoge – Cyrus der Große – Die
Erschaffung der Hebräischen Bibel – Zweifel an Abraham,
Noah und Moses – Zweifel am Exodus, an Salomon und David –
Der pagane Jahweismus – Genesis: Die Quellen E, J und P –
Die Septuaginta – Die Apokryphen – Griechische und hebräische
Literatur im Vergleich – Sadduzäer, Pharisäer, Zeloten und
Essener – Die Idee vom Messias – Herodes – Die Idee von Jesus –
Widersprüche in den Evangelien – Pagane Ideen von der Jungfrauengeburt
– Die Rolle Galiläas – Die Kreuzigung – Die Auferstehung
– Jesus wollte keine neue Religion stiften – Paulus und
Markus

8. Alexandria, Okzident und Orient im Jahre null 288
Der Begriff »Zeit« in der Antike – Babylonische Astronomie –
Mondzeit und Sonnenzeit im Einklang – Schabbaton oder
Vollmondtag – Das griechische aion oder die heilige Zeit –
Klepsydras in Rom – Lateinische Monate und römische Zeit –
Alexandria, das »Rechenzentrum« – Die alexandrinische
Bibliothek – Euklid – Aristarchos – Apollonius – Ptolemaios –
Archimedes – Platonismus und Christentum – Clemens – Philo –
Neuplatonismus – Empirismus – »Zeit« in Indien – Buddhismus
und Christentum – Judas Thomas in Indien – »Gloria Maurya« –
Chandragupta – Die Felsenedikte – Ashoka – Mahabharata und
Ramayana – Das Sutra von der Lotosblume des wunderbaren
Gesetzes – Buddhismus in China – Chinesische Schriftzeichen –
»Zeit« in China – Der kaiserliche Konfuzianismus – Übereinstimmung
und Aufeinandereinwirken – Die kaiserliche
Akademie und die fünf Klassiker – Mahayana- und Hinayana-
Buddhismus – Asvaghosa – Paradies und Amitabha – »Politik
der Großzügigkeit« – Erfindungen: Wassermühle, Schubkarre,
Ruder, Papier

9. Gesetz, Latein, Bildung und die freien Künste 321
Utilitas und Macht – Republikanismus – Der Magistrat ersetzt das Königtum – Das imperium – Der Senat – Das Zwölftafelgesetz – Iudices – Status, dignitas und patria potestas – Pater familias – Manus – Römische Formen der Ehe – Erziehung und standardisiertes Curriculum – Geschichte und Wirkung der lateinischen Sprache – Die goldenen und silbernen Zeitalter der lateinischen Sprache – Rhetorik – Bildung – Öffentliche Bibliotheken – Papyrus, Pergament und die ersten gelehrten Scholien – Schriftrollen und Kodizes – Epitome und Kompendien – Cicero und humanitas – Vergil – Galen – Der Gussmörtel – Die Idee von den Klassikern

10. Heiden und Christen, lateinische und germanische Traditionen 360
Der Untergang des Römischen Reiches – Christen in Rom – Probleme mit dem Markus-Evangelium – Paulus – Das Judenchristentum – Heiden in Rom – Frühchristliche Märtyrer – Konstantin – Die Heilighaltung des Sonntags – Heidnisch-christliche Synthese – Die »Gabe des Geistes Jesu« – Die Idee vom Bischof – Der Aufstieg Roms – Monastizismus – Vorgänger der Bibel – Die Paulusbriefe – Clemens von Alexandria – Hieronymus – Augustinus – Gregor der Große – Der Osterstreit – »v. Chr.«/»n. Chr.« – »Barbaros«: die Entstehung der Idee von den Barbaren – Die Idee vom Mittelalter – Keltische und germanische Stämme – Barbarische Götter – Die Hunnen – Aufspaltung in lateinische und germanische Völker

11. Der Nahtod des Buches und die Geburt der christlich-sakralen Kunst 399
Die Folgen der »barbarischen« Verwüstungen – Christen contra Wissenschaft – Christliche Rhetorik – »The Closing of the Western Mind«: der Aufstieg des Glaubens und der Untergang der Vernunft – Argwohn gegen Bücher – Die Verkümmerung der Diskussionskultur – Geschlossene Bibliotheken in Rom – Justinian löst die platonische Akademie von Athen auf – Alexandria wird isoliert – Der Rückgang von Übersetzungen – Die Bewahrung der Klassiker durch Byzanz – Themistios – Die Vermittler/Übersetzer: Martianus Capella, Boëthius, Cassiodorus, Isidor – Das Papier trifft im Abendland ein – Eine neue Schrift: die Minuskel – Das Kloster von Studion – Die Anfänge der Interpunktion – Die Wiedereröffnung der kaiserlichen Universität von Konstantinopel – Photius und die Bibliotheke – Die Geburt der christlichen Kunst – Die ersten Kirchen – Römische Kata-

komben – Dura-Europos – Ravenna – Ikonen – Der byzantinische
Bilderstreit – Neue Regeln für die christliche Kunst

12. Falsafah und al-jabr in Bagdad und Toledo　　　　　　　　423
Die Überlegenheit der arabischen Dichtung – Die »Aufgehängten
Gedichte« – Die Zeit der Unwissenheit – Mekka und der Stamm
der Quraisch – Muhammad – Die Nacht der Macht – Der Qur'an
– Die fünf Säulen des Islam – Die Ursprünge der arabischen
Sprache – Das Kalifat – Schi'a und Sunni – Islamische Kunst –
Der Felsendom – Al-Mansur – Al-Ma'mun – Gondischapur – Bagdad
– al-Farabi – Das Haus der Weisheit – Die großen Übersetzer
– Hospitäler und madrasas – Die erste Apotheke – Große Ärzte:
al-Razi und Ibn Sina – Al-Chwarizmi und die indisch-arabischen
Zahlen – Al-Jabr – Frühe Chemie – Falsafah: al-Kindi und al-Farabi
– Mu'tazila – Nizamiya – Al-Ghazali – »Fremdländische«
Wissenschaften versus »Qur'an-Wissenschaft« – Córdoba und
Toledo – Ali ibn-Hazm – Ibn Khaldun – Fortschritte in der
Botanik – Ibn Ruschd – Averroës – Die Übersetzer der »Schule
von Toledo« – Gundisalvo und Gerhard von Cremona – Der
Almagest

13. Indische Zahlen, Sanskrit und Vedanta　　　　　　　　　　459
Die Gupta-Klassik – Landurkunden (sasanas) als literarisches
Genre – Die Inschrift von Allahabad – Sanskrit und Prakrit – Die
Astadhyayi und Paninis Grammatik – Kalidasa und Sakuntala –
Das indische Drama – Die Felsentempel von Sanchi, Nalanda,
Ellora und Orissa – Die hinduistische Ikonographie – Harsha
Vardhana – Der Tantrismus – Die sechs Schulen der Philosophie
– Vedanta – Shankara – Advaita – Sulvasutras, Siddhantas
und andere Formen der indischen Mathematik – Aryabhata und
die Trigonometrie – Die Brahmi-Schriftzeichen – Die Gittermultiplikation

14. Chinas geistige Elite, lixue und die Kultur des Pinsels　　　482
Die Song-Renaissance – Orakelknochen – Tafelbücher – Seidenbücher
– Papier und Holzstock – »Wirbelnde Bücher« und
»Schmetterlingsbücher« – Bewegliche Lettern in Korea – Die
Etymologie der chinesischen Sprache – Schreiben mit dem Pinsel
– »Fliegendes Geld« – Bergbau – Sattel und Steigbügel – Schießpulver
– Porzellan – Hochseeschunken und das axiale Heckruder
– Der Kompass – Die Übersetzung der buddhistischen
Klassiker – Zen-Buddhismus – Die Wiederbelebung des Konfuzianismus
und der Aufstand gegen den Buddhismus – Zhu Xi und
die Vier Bücher – Lixue und Das Große Lernen – Die Malerklasse

der Kaiserlichen Universität – Forensische Medizin – Archäologie
– Kritische Geschichte – Roman – Gartenbaukunst

TEIL DREI
DIE HISTORISCHE SCHWELLE:
Der Aufbruch Europas

15. Die Idee von Europa 515
Die Rückständigkeit Europas im Mittelalter aus muslimischer
Sicht – Theorien über den Vorwärtsdrang Europas – Braudel
(Geografie) – Abu-Lughod (Pest, Politik, Rückschritt des Ostens)
– Needham (Chinas Klassenstruktur) – North und Thomas (Veränderungen in der Landwirtschaft, Ökonomie und Marktstruktur) – Southern (Umbruch im Christentum) – Gratians »Concordia« – Grossetestes experimenteller Ansatz – Aquins Vorstellung
von Säkularität – Morris (die Entdeckung der Individualität)

TEIL VIER
VON AQUIN BIS JEFFERSON:
Der Kampf gegen die Autorität, die Idee von der Weltlichkeit
und die Geburt des modernen Individualismus

16. »Zwischen Gott und Mensch«:
Die Techniken der Gedankenkontrolle durch das Papsttum 545
Heinrich IV. in Canossa – Heinrich versus Gregor VII. – Der
Investiturstreit – Mittelalterliche Ideen vom Königtum – Feudalismus – Der Benediktinerorden – Mönche als Fürbitter – Cluny –
Die gregorianische Reform – Der Marienkult – Franziskaner und
Dominikaner – Christianitas – Petrus Damiani – Humbert von
Silva Candida – Gregor VII. – Dictatus papae – Exkommunikation und Kirchenbann – Die Idee von den Kreuzfahrten – Der
erste Ablass – Die neue Frömmigkeit – Häretiker – Waldenser –
Joachim von Fiore – Der Antichrist – Katharer – Der Albigenser-
Kreuzzug – Die Inquisition – Innozenz III. – Das Vierte Laterankonzil und der Glaube – Das Sakrament der Ehe – Die Kurie
und das Kardinalskollegium – Philipp IV. versus Bonifatius VIII.
– Das Große Schisma

17. Die Verbreitung von Bildung und die Zunahme
von Genauigkeit 583
Abt Suger und die Innovationen von Saint-Denis – Gott ist Licht
– Die Domschulen – Die Pariser Schulen – Die Andersartigkeit

der Klosterschulen – Aristoteles und die Wiederentdeckung der Logik – Abaelard – Die sieben freien Künste – Trivium und Quadrivium – Die Ächtung des Aristoteles – Die Theorie von der »doppelten Wahrheit« – Studium generale – Die ersten Universitäten: Salerno (Medizin), Bologna (Jurisprudenz), Paris (Theologie), Oxford (Mathematik, Naturwissenschaften) – Quantifikation: Maß, Berechnung, Datierung, Interpunktion, Notenschrift, doppelte Buchführung – Der Ansturm auf Bildung – Die Perspektive – Die Erfindung des Buchdrucks – Neue Schrifttypen – Auflagenhöhen – Rechtschreibung

18. Der Advent der Weltlichkeit: Kapitalismus, Humanismus, Individualismus 622
Die Geschichtsforschung verändert ihre Vorstellung von der Renaissance – Die Rolle der Pest – Warum die Renaissance in Italien begann – Schulbildung in Italien – Die entscheidende Rolle der scuole d'abaco – Alltag im Florenz der Renaissance – Tuchindustrie, internationaler Handel, Bankenwesen und die Ursprünge des Kapitalismus – Die Verschmelzung von aristokratischen und bürgerlichen Werten – Der Wechsel vom kirchlichen zum säkularen Mäzenatentum in der Kunst – Das Ansehen des Künstlers – Die Wiederentdeckung der Antike und die Betonung klassischer Lebensweisen – Petrarca und der neue Umgang mit Platon – Eine kunstsinnige Aristokratie – Pagane Werte – Erasmus – Humanismus und religiöse Toleranz – Vasari – Die säkulare Kunst

19. Ein Feuerwerk der Phantasie 650
Fegefeuer der Eitelkeiten – Die Erfindung der Ölmalerei – Perspektiven – Mehr Realismus – Die Allegorie – Pagane Mythologie – Universalismus – Der universelle Mensch – Die Vorherrschaft der Architektur – Malerei versus Bildhauerei – Veronese und die Inquisition — Die Oper – Die »Imitation« in der Musik – Willaert – Gabrieli – Der Beginn des Orchesters – Rabab, Lyra und Cister – Das Monochord – Amatis Violen und Violinen – Madrigale – Canzon francese – Sonata, concerto, sinfonia, recitativo – Harmonische (vertikale) Musik – Monteverdi und das »Lamento d'Arianna« – Das Oratorium – Das Feuerwerk der Londoner Theater und woran es sich entzündet hat – Mermaid Tavern – Die ersten Schauspiele – James Burbage – Aus Erzählern werden Schauspieler – Die Repertoirebühne – Shakespeare – König Lear und Falstaff – Don Quijote

20. Der geistige Horizont des Christoph Kolumbus 677
Die Griechen entdecken den Atlantik – Pytheas und Ultima Thule – Alexander in Fernost – Eratosthenes und der Erdumfang – Ptolemaios – Fabelmonster – Brendan der Seefahrer – Das verheißene Land – Vínland – Johannes von Pian de Carpine – Wilhelm von Rubruck – Marco Polo und Kublai Khan – Ibn Battuta – Mappae mundi – T-O-Karten – Kolumbus' Lektüre – Heinrich der Seefahrer – Der Kompass – Die Portolan-Karten – Magnetisch Nord und geografisch Nord – Terra incognita – Mercator und die Breitengrade – Pinne und Ruder – Lotleine – Kurskarten – Quadranten – Almanache – Lateinerschiffe und Rahsegler – Die Erkundung der westafrikanischen Küste – Vasco da Gama erreicht Indien über das Kap der Guten Hoffnung – Kolumbus findet die Bahamas

21. Die Geisteswelt der »Indianer«: Ideen aus der Neuen Welt 703
Die Bibel kennt kein Amerika – Reaktionen auf die Entdeckungen von Kolumbus – Erklärungen für die Herkunft der Indianer – Erste Anthropologie – Das spanische Encomienda-System – Die Vernunftbegabung der Indianer und ihre Fähigkeit zum rechten Glauben – Abkömmlinge Noahs? – Die Populationenverteilung in der Neuen Welt im Jahr 1492 – Brauchtum und Glaube – Nahrung und Tabak – Ehe – Ökonomie – Langhäuser – Kannibalismus – Sprachen (unterschiedliche Konzepte von Substantiven und Verben) – Die andere Selbstsicht – Die völlig andere Todesökonomie – Andere Konzepte von Männlichkeit und Weiblichkeit – Berechnung und Zeit – Schriften und Textilien – Medizinische Ideen – Andere Vorstellungen von Kunst – Die Auswirkungen der Neuen Welt auf das Denken der Alten

22. Die Geschichte verlagert sich in den Norden:
Der geistige Einfluss des Protestantismus 729
Der Ablasshandel – Ein anderer Katholizismus in Nord und Süd – Johann Tetzel – Martin Luther – Der Thesenanschlag – Der Ritterkrieg – Der Bauernkrieg – Die Täufer – Der deutsche Charakter der Reformation – Calvin – Puritanische Ethik – Der sacco di Roma – Bücherzensur und Index – Die Tyndale-Affäre – Das Konzil von Trient – Loyola und die Gesellschaft Jesu – Jesuiten im Fernen Osten – »Protestantismen« – Der Predigtkult – Die Auswirkungen des Protestantismus auf Bildung, Disziplin und Ehe – Die Kunst der Gegenreformation – Barock – Bernini

23. Der »Genius des Experiments« 754
   Gab es eine wissenschaftliche Revolution? – Weshalb Muslime und Chinesen nie eine moderne Wissenschaft entwickelten – Der Himmel, das wichtigste Forschungsobjekt – Kopernikus – Brahe – Kepler – Elliptische Umlaufbahnen – Galilei – Das Fernrohr – Newton – Logarithmus und Infinitesimalrechnung – Dezimalstellen – Die Schwerkraft – Principia Mathematica – Optik – Lichtgeschwindigkeit – Vesalius – Harvey – Kircher, Leeuwenhoek und das mikroskopische Leben – Bacon und die Wissenschaftsphilosophie – Descartes und La Méthode – Die Royal Society und das Experiment – Universität und Wissenschaft – Wissenschaftliche Instrumentarien

24. Freiheit, Besitz und Gemeinschaft: Die Ursprünge von Konservatismus und Liberalismus 786
   Der Aufstieg des Nationalstaats – Die absolute Monarchie – Machiavelli: Der Fürst *– Mariana und Suarez – Bodin – Hobbes:* Der Leviathan *– Locke:* Zwei Abhandlungen über die Regierung *– Spinoza:* Tractatus Theologico-Politicus *– Vico:* Scienza Nuova *– Die Erfindung der »Öffentlichkeit«*

25. Der »Schrecken des Atheismus« und der Advent des Zweifels 810
   Die Folgen der kopernikanischen Entdeckungen für den christlichen Glauben – Umgangssprachliche Übersetzungen der Bibel – Die Entdeckung von Widersprüchen – Atheismus in Griechenland, Rom und dem mittelalterlichen Abendland – Die alternative Tradition der Ungläubigen – Montaigne und die säkulare Welt – Galilei und die Jupitermonde – Vier Phasen des Zweifels – Rationalistischer Supranaturalismus – Deismus – Skeptizismus – Atheismus – Die Infragestellung der biblischen Wunder – Neuerliche Gedanken über die Seele – Die Infragestellung der Prophetie – Hobbes – Hume – Bayle – Vanini: der erste moderne Atheist – Die Infragestellung des Alten Testaments – Die Infragestellung der biblischen Chronologie

26. Von der Seele zum Geist: Die Suche nach den Gesetzen der menschlichen Natur 832
   Voltaire in England – Diderot und die Encyclopédie *– Die Verfeinerung der französischen Sprache – Der Trend zur Lektüre – Der Aufstieg des Mittelklassengeschmacks – Die Geburt der Zeitschriften – Die Harmonie der Natur versus die Güte Gottes – Seele versus Geist – Locke, Sprache und Psychologie – »Neurosen« – Edinburgh: Hume, Adam Smith, Ferguson, Hutton, Robert Adam – Die bürgerliche Gesellschaft – Die Idee von der Ökono-*

mie: Colbert, Petty, Kameralistik, Wohlstand der Nationen,
Kommerzgesellschaft – Malthus – Bentham – Linné – Rousseau –
Montesquieu – Die Fortschrittsidee – Altertümlichkeit versus
Modernität – Condorcet – Godwin – Kant – Hegel – Saint-Simon –
Comte

27. Die Idee von der Fabrik und ihre Folgen 869
Harte Zeiten – *Die ersten Fabriken von Derbyshire – Spinnmaschinen – Kinderarbeit – Dampfmaschine – Watt und Boulton – Eisentechnik – Die agrikulturelle Revolution – Organisationswandel – Die neue Baumwollindustrie – Die Fabrikstadt und der Wandel der Arbeit – Die Kluft zwischen Arm und Reich – Fortschritte bei der Elektrizität – Fortschritte in der Chemie – Sauerstoff – Daltons Atomtheorie – Kristallografie – Lavoisier – Die* Warrington Academy *und die* Lunar Society *von Birmingham – Priestley und Wedgwood – Die Erschaffung der Arbeiterklasse – Smith, Ricardo, Malthus und Bentham – Robert Owen – Die »Hungry Fourties« – Marx und Engels:* Das Kapital *– Entfremdung – Die große Divergenz – Der Hundertjährige Friede*

28. Die Erfindung Amerikas 903
Das Kleinod Amerika und der Aufstieg des Kapitalismus – The Great Frontier – Philadelphia, die geistige Hauptstadt – Die ersten Maler, Ärzte und Philosophen Amerikas – Franklin – Jefferson – Rush – Der »amerikanische Homer« – Paine – Anmerkungen zu Virginia – Amerika im Vergleich zu Europa – Das indianische Problem – Demokratie – Die Bundesverfassung – Die Rolle des Gesetzes – Gesetzestexte, die erste amerikanische Literatur – Föderalismus – Tocqueville in Amerika

TEIL FÜNF
VON VICO BIS FREUD
Parallele Wahrheiten: Die moderne Inkohärenz

29. Die Renaissance im Nahen und Fernen Osten 927
Portugal in der Neuen Welt – Das Verhältnis von Jesuiten und Indern – Die »Erneuerungsgesellschaft« in China – Die China-Manie – Das Desinteresse der Muslime am Westen – Theorien von der muslimischen Rückständigkeit – William Jones und die Bengal Asiatic Society *– Die gemeinsamen Wurzeln von Sanskrit, Griechisch und Latein – Entzifferte Hieroglyphen –* Sakuntala *im Westen – Schlegel, Bopp, Humboldt, Schelling – Dichtung ist »Ursprache« – Der Mythos vom Arier – Schopenhauer und der*

Buddhismus – Vom Osten beeinflusste Schriftsteller im Westen –
Goethe, Hugo, Flaubert – Wagners Buddhismus

30. Der große Wertewandel: Die Romantik 953
Romantik, der dritte historische Wendepunkt – Vicos Vision –
Der Wille – Goethe und Herder – Fichte und das Ich – Neue
Werte – Der Künstler als Außenseiter – Sturm und Drang –
Byron, Coleridge, Wordsworth – Das romantische moi – Das
zweite Ich – Turner und Delacroix – Beethoven – Schubert – Der
Dirigent – Das Klavier – Die ersten großen Virtuosen – Weber –
Berlioz – Schumann – Chopin – Liszt – Mendelssohn – Verdi –
»Falstaff« – Wagner und der »Ring«

31. Neue Ideen von Geschichte, Vorgeschichte und Urzeit 980
Napoleon in Ägypten – Die Anfänge der westlichen Archäologie –
Humboldt reformiert die deutsche Bildung – Hegel und das neue
Geschichtsverständnis – Philologie – Bibelexegese – Schleiermacher – David Strauß' Leben Jesu – Die Keilschrift wird entziffert –
Der Neandertaler wird gefunden – Die Geburt der Geologie –
Neptunismus versus Vulkanismus – Geologie und Genesis – Das
Paläozoikum wird identifiziert – Lyells geologische Prämissen –
Uniformitarismus – Die Eiszeit – »Spuren der Schöpfung« –
Lamarck – Wallace – Darwin – Mendel – Die Abstammung des
Menschen – Das Dreiperiodensystem – Paläolithikum und
Neolithikum

32. Neue Ideen von der Sozialordnung:
Die Ursprünge von Sozialwissenschaft und Statistik 1014
Guillotin und die Guillotine – Das Erbe der Französischen
Revolution – Die Revolutionierung der Maße – »L'art social« –
Abbé Sieyès – Condorcet – Saint-Simon und die positiven Wissenschaften – Die Industriestädte Englands – Kinderarbeit und
Krankheiten – Comte – Herbert Spencer – Marx – Tönnies –
Weber – Simmel – Durkheim, Le Suicide und die Anomie –
Sozialmedizin – Epidemiologie und Statistik – Urbanisierung
und Zensus – Quetelet – Laplace – Legendre – Gauß – Pearson –
Der Durchschnittsmensch: l'homme moyen – Chadwick und
die Todesraten

33. Zweck und Missbrauch von nationalistischen und
imperialistischen Ideen 1035
Das erste und das zweite britische Empire – Der Prozess gegen
Warren Hastings – Moderne Sklaverei und der Sklavenhandel –
Der Vatikan und die Sklaverei – Rassismus und Sklaverei –
Wilberforce – Der Wiener Kongress – »Germanophilie« – Die

Nationalkultur – Patriotische Erneuerung – Die Flut deutscher
Kreativität im 19. Jahrhundert – Der Begriff der Innerlichkeit –
Klimt, Langbehn und Lagarde – Antisemitismus – Vireys biologi-
scher Rassismus – Gobineau – Lapouge – Sumner – Fiske und
Veblen – Ratzels Lebensraum – Nordaus Degeneration – Royer –
Loring Brace – Imperialismus und Kultur – Jane Austen – Kipling
– Conrad – Die Entwicklung der englischen Sprache

34. Die amerikanische Psyche und die moderne Universität   1078
Der Saturday Club – Emerson – Oliver Wendell Holmes und das
Common Law – William James, Charles Peirce und der Pragma-
tismus – Die neue experimentelle Psychologie – John Dewey –
Oxford und Cambridge im 19. Jahrhundert – London und die
irischen Universitäten – Newmans Idee von der Universität –
Harvard – Yale – William und Mary – Princeton – Charles Eliot –
Das Zeitalter der Erfinder

35. Die Feinde von Kreuz und Koran: Das Ende der Seele   1102
Die Abkehr vom Glauben im 19. Jahrhundert – Fromm geblie-
bene Wissenschaftler – Die Säkularisierung greift um sich –
Die Rolle der Presse – Marxismus, Sozialismus und Atheismus –
Gewandelte Vorstellungen von der Aufklärung – Der französische
Antiklerikalismus – Die Popularisatoren der Ideen von Strauß,
Lyell und Darwin – Das »Dogma« ändert seine Bedeutung –
Kirche und Sozialismus – Die Reaktionen der römisch-katholi-
schen Kirche – Die päpstliche Unfehlbarkeit und die Enzykliken
gegen die Moderne – Reform und Wissenschaft in der
muslimischen Türkei – Islamische Modernisierer: al-Afghani,
Muhammad Abduh, Raschid Rida – Islamische Verfassungs-
staaten

36. Die Moderne und die Entdeckung des Unbewussten   1126
Der ehrgeizige Freud – Der vergötterte Freud – Freud vergleicht
sich mit Kopernikus und Darwin – Die Anfänge des Unbewussten: Mesmer, Charcot, die Urphänomene, Schopenhauer, von
Hartmann, Janet – Die Traumdeutung – Die große Revision
der Freud'schen Lehren – Freud: Scharlatan und Betrüger? – Van
Gogh, Manet und Haussmanns Paris – Die neuen Metropolen
und die moderne Kunst – Hofmannsthal – Ibsen – Strindberg –
Dostojewskij – Nietzsche – Die Avantgarde

Epilog: Das Elektron, die Elemente und das trügerische Selbst 1152
Das Cavendish-Labor und die Geburt der Teilchenphysik – Die Bedeutung des Experiments – Das Experiment als Rivale der Religion – Die großen »Innenschauen« der Geschichte – Seele, Europa und Experiment: die drei bedeutendsten Ideen? – Das Erbe von Aristoteles: ertragreicher als das Erbe Platons – Das Geheimnis des Bewusstseins – Das trügerische Ich

Anmerkungen 1171

Personenregister 1251

Sachregister 1267

VORWORT DES AUTORS

In seiner »kleinen Enzyklopädie« *Jiddisch* dankte Leo Rosten seinem Freund Felix Kaufmann, weil er »das gesamte fertige Manuskript noch einmal sorgfältig durchlas und dabei seine Kenntnisse der alten Geschichte, des Lateinischen, Griechischen, Deutschen, Italienischen, Hebräischen, Aramäischen und des Sanskrit zur Anwendung brachte«. Die letzte Bemerkung gefiel mir besonders gut – Aramäisch und Sanskrit! Mich beeindruckt ja schon, wenn jemand Englisch, Deutsch und Italienisch spricht; kommen noch Latein, Griechisch und Hebräisch hinzu, dann muss es sich wirklich um eine ungewöhnlich sprachbegabte Person handeln. Aber Aramäisch – die Sprache Jesu – und Sanskrit? Wer das beherrscht, muss schon ein echter *chochem* sein: in Rostens Übersetzung ein »großer Gelehrter, Philosoph, Weiser«. Für den Autor eines Buches, das die Geschichte von Ideen zum Thema hat, ist es ein tröstlicher Gedanke, dass er Gelehrtheit und Weisheit als ein und dasselbe betrachten darf. Doch Rosten macht diesen Blütentraum schnell zunichte: »Ein junger *chochem* erzählt seiner Großmutter, er wolle Doktor der Philosophie werden. Die *bubbe* strahlt. ›Großartig. Aber was für eine Krankheit ist Philosophie?‹«

Ich hätte während meiner Arbeit an diesem Buch gar nicht genügend Freunde nach der Art von Rostens Felix haben können, denn die Ideen, um die es hier geht, wurden in vielen Sprachen ersonnen, darunter auch Aramäisch und Sanskrit. Doch super-vielsprachige *mewínim* – Connaisseurs, Experten – sind heutzutage dünn gesät. Trotzdem durfte auch ich mich glücklich schätzen, denn mein Plan, eine Ideengeschichte für eine breite Leserschaft niederzuschreiben, gefiel einigen bedeutenden Gelehrten so gut, dass sie sich bereit erklärten, mehrere Kapitel oder das gesamte Manuskript zu lesen und mich von ihren Fachkenntnissen profitieren zu lassen. Bevor ich ihnen danke, will ich noch die übliche Ausschlussklausel erwähnen: Natürlich liegen alle verbliebenen Fehler, Auslassungen und Schnitzer einzig und allein in meiner Verantwortung. So danke ich nun John Arnold, Peter J. Bowler, Peter Burke, Christopher Chippendale, Alan Esterson, Charles Freeman, Dominick Geppert, P. M. Harman, Robert Johnston, John Keay, Gwendolyn Leick, Paul Mellars, Brian Moynahan, Francis Robinson, James Sackett, Chris Scarre, Hagen Schulze, Robert Segal, Chandak Sengoopta, Roger Smith, Wang Tao, Francis Watson und Zhang Haiyan. Für ihre redaktionellen und anderweitigen Beiträge danke ich Walter Alva, Neil Brodie, Cass Canfield Jr., Dilip Chakrabati, Ian Drury, Vivien Duffield, Hugh van Dusen, Francesco d'Errico, Israel Finkelstein, Ruth und Harry Fitzgibbons, David Gill, Eva Hajdu, Diana und Philip Harari, Jane Henderson, David Henn, Ilona Jasiewicz, Raz Kletter, David Landes, Constance Lowenthal, Fiona McKenzie, Alexander Marshack, John und Patricia Menzies, Oscar Muscarella, Andrew Nurnberg, Joan Oates, Kathrine Palmer, Colin Renfrew, John Russell, Jocelyn Stevens, Cecilia Todeschini, Randall White und Keith Whitelam. Dieses Buch hätte ohne die Hilfe der Bibliothekare der *Haddon Library of Anthropology and Archeology* in Cambridge, UK, der *London Library* sowie der Bibliothek von der *School of Oriental and African Studies* an der Universität London nicht geschrieben werden können. Ich bin ihnen für ihre Hilfe außerordentlich dankbar.

Am Ende von *Ideen* finden sich etliche Seiten mit Anmerkungen und Quellenangaben. Trotzdem möchte ich an dieser Stelle die Aufmerksamkeit auf einige Titel lenken, die ich besonders häufig zu Rate zog. Es war ein großes Vergnügen, während meiner Recherchen und der Niederschrift dieses Buches die Bekanntschaft vieler Werke zu machen, die vielleicht nie Bestseller werden, aber Meisterwerke an Belesenheit, Einsicht und Gelehrsamkeit sind. Nicht wenige der hier aufgeführten Titel wurden zu Klassikern auf ihrem Gebiet, und wäre dieses Buch nicht bereits so umfangreich, hätte ich gerne noch einen bibliografischen Essay über die Inhalte, Denkansätze und besonderen Reize des einen oder anderen Werkes angefügt. So bleibt mir nur, festzustellen, dass diese Werke schlicht und ergreifend unabdingbar für jeden Leser sind, der sich ausführlicher mit der Ideengeschichte befassen will. Meine Dankbarkeit gegenüber ihren Autoren ist grenzenlos, und die Freude, die mir ihre Bücher während meiner Arbeit bereitet haben, ist unermesslich.

In alphabetischer Reihenfolge der Autoren oder Herausgeber handelt es sich um folgende Werke: Harry Elmer Barnes: *An Intellectual and Cultural History of the Western World*; Isaiah Berlin: *Wirklichkeitssinn*; Malcom Bradbury und James McFarlane (Hg.): *Modernism: A Guide to European Literature, 1890–1930*; Jacob Bronowski und Bruce Mazlish: *The Western Intellectual Tradition*; Edwin Bryant: *The Quest for the Origins of Vedic Culture*; James Buchan: *The Capital of the Mind*; Peter Burke: *Die Renaissance in Italien. Sozialgeschichte einer Kultur zwischen Tradition und Erfindung*; J. W. Burrow: *Die Krise der Vernunft*; Norman Cantor: *The Civilisation of the Middle Ages*; Ernst Cassirer: *Die Philosophie der Aufklärung*; Jacques Cauvin: *Naissance des divinités, naissance de l'agriculture*; Owen Chadwick: *The Secularisation of European Thought in the Nineteenth Century*; Maria Colish: *Medieval Foundations of the Western Intellectual Tradition, 400–1400*; Henry Steele Commager: *The Empire of Reason*; Alfred W. Crosby: *The Measure of Reality: Quantification and Western Society*; Georges Duby: *Die Zeit der Kathedralen*; Mircea Eliade: *Geschichte der religiösen Ideen*; Henry F. Ellenberger: *Die Entdeckung des Unbewussten*; J. H. Elliott: *The Old World and the New*; Lucien Febvre und Henri-Jean Martin: *L'apparition du livre*; Valerie Flint: *The Imaginative Landscape of Christopher Columbus*; Robin Lane Fox: *Im Anfang war das Wort. Legende und Wahrheit in der Bibel*; Paula Frederiksen: *From Jesus to Christ*; Charles Freeman: *The Closing of the Western Mind*; Jacques Gernet: *Die chinesische Welt. Die Geschichte Chinas von den Anfängen bis zur Jetztzeit*; Marija Gimbutas: *The Gods and Goddesses of Old Europe, 6500 to 3500 BC*; Edward Grant: *God and Reason in the Middle Ages*; Peter Hall: *Weltstädte*; David Harris (Hg.): *The Origins and Spread of Agriculture and Pastoralism in Eurasia*; Alfred M. Josephy (Hg.): *Amerika 1492*; John Keay: *India: A History*; William Kerrigan und Gordon Braden: *The Idea of the Renaissance*; Paul Kriwaczek: *In Search of Zarathustra*; Thomas Kuhn: *Die Struktur wissenschaftlicher Revolutionen*; Donald F. Lach: *Asia in the Making of Europe*; David Landes: *Wohlstand und Armut der Nationen*; David Levine: *At the Dawn of Modernity*; David C. Lindberg: *Die Anfänge des abendländischen Wissens*; A. O. Lovejoy: *Die große Kette der Wesen*; Ernst Mayr: *Die Entwicklung der biologischen Gedankenwelt. Vielfalt, Evolution und Vererbung*; Louis Menand: *The Metaphysical Club. A Story of Ideas in America*; Stephen Mithen: *The Prehistory of Mind*; Joseph Needham: *The Great Titration* sowie *Wissenschaft und Zivilisation in China*; Hans J. Nissen: *Geschichte Alt-Vorderasiens*; Anthony Pagden: *The Fall of Natural Man* sowie *People and Empires*; J. H. Parry: *The Age of Reconnaissance*; L. D. Reynolds und N. G. Wilson: *Scribes and Scholars*; E. G. Richards: *Mapping Time. The Calendar and Its History*; Richard Rudgley: *Abenteuer Steinzeit*; Henry W. F. Saggs: *Before Greece and Rome*; Harold C. Schonberg: *Die großen Komponisten. Ihr Leben und Werk*; Raymond Schwab: *The Oriental Renaissance*; Roger Smith: *The Fontana History of the Human Sciences*; Richard Tarnas: *Idee und Leidenschaft. Die Wege des westlichen Denkens*; Ian Tattersall: *Puzzle Menschwerdung. Auf der Spur der menschlichen Evolution*; Peter S. Wells: *The Barbarians Speak*; Keith Whitelam: *The Invention of Ancient Israel*; Gerald J. Whitrow: *Von nun an bis in Ewigkeit. Die ewige Stunde?*; Endymion Wilkinson: *Chinese History: A Manual*.

An dieser Stelle möchte ich auch die Sponsoren und die Verleger der Universitätsverlage in aller Welt erwähnen. Viele der interessantesten und bedeutendsten unter den Werken, die hier zur Sprache kommen werden, waren nie als kommerzielle Bücher geplant und wurden es nur, weil es Universitätsverlage gibt, die es als ihre Aufgabe betrachten, neue Ideen zu propagieren. Wir alle stehen in ihrer Schuld. Auch die Übersetzer vieler Arbeiten, die hier besprochen werden, sollten wir nicht vergessen. Einige bleiben anonym, andere sind schon lange tot. Wie schrieb doch Leo Rosten? Linguistische Fertigkeiten sollte man nie als gegeben voraussetzen.

Bei chinesischen Namen und Begriffen habe ich die heute international gebräuchlichere Umschrift *Hanyu Pinyin*, kurz *Pinyin* – sie verzichtet auf sämtliche Auslassungszeichen und Trennstriche – der älteren Wade-Giles-Transkription vorgezogen, ausgenommen dann, wenn sich eine Wade-Giles-Schreibweise außerhalb der Fachwelt bereits durchgesetzt hat. Bei der Transkription anderer Schriften, wie der arabischen, griechischen oder dem Sanskrit, habe ich sämtliche diakritischen Zeichen ausgelassen, da ich davon ausgehe, dass ohnedies kaum ein Leser wissen wird, wie sich zum Beispiel die Modulation von å oder ę unterscheidet. Für arabische Namen und Bezeichnungen wird die internationale Transkription benutzt. Eine Apostrophierung verwende ich nur dort, wo es mir unumgänglich schien – beispielsweise, um die prähistorische, im heutigen Russland gelegene Stätte Mal'ta von der Mittelmeerinsel Malta zu unterscheiden. Von der Hebräischen Bibel als »Altem Testament« spreche ich nur, wenn eine explizit christliche Perspektive wiedergegeben wird.

Mein innigster Dank gilt wie immer Kathrine.

EINLEITUNG

Die bedeutendsten Ideen der Geschichte: Einige Kandidaten

Im Jahr 1936 versteigerte Sotheby's in London Schriften des englischen Physikers und Naturphilosophen Sir Isaac Newton. Experten der Universität Cambridge hatten sie als »wissenschaftlich völlig wertlos« bezeichnet, als man sie der Universität rund fünfzig Jahre zuvor zum Kauf angeboten hatte. Nun erwarb sie ein Cambridge-Mann, der berühmte Ökonom John Maynard Keynes (später Lord Keynes), für sich privat. Er sollte Jahre mit dem Studium dieser Dokumente verbringen, bei denen es sich im Wesentlichen um Handschriften und Notizbücher handelte. Im Jahr 1942, mitten im Zweiten Weltkrieg, hielt Keynes einen Vortrag vor dem Londoner Club der Royal Society und stellte den »renommiertesten und exaltiertesten Wissenschaftler der Geschichte« in einem völlig neuen Licht dar: »Seit dem achtzehnten Jahrhundert«, so berichtete er den Clubmitgliedern, »gilt Newton als der wichtigste und größte Wissenschaftler der Neuzeit, als Rationalist, der uns nach den Prinzipien der kalten und reinen Vernunft zu denken lehrte. Ich sehe ihn in einem anderen Licht, und ich glaube nicht, dass ihn irgendjemand noch anders betrachten kann, wenn er erst den Inhalt der Schachtel studiert hat, die Newton zusammenpackte, als er Cambridge 1696 verließ, und welche nun, wenn auch unvollständig, zu uns zurückgekehrt ist. Newton war keineswegs der erste Aufklärer im Zeitalter der Vernunft. Er war der letzte Magier, der letzte Babylonier und Sumerer, der letzte große Geist, der die sichtbare und die geistige Welt noch mit dem Blick der Menschen betrachtete, die vor knapp zehntausend Jahren den Grundstein für unser geistiges Erbe legten.«[1]

Für uns ist Newton nach wie vor der Mann, dem wir das moderne Bild von einem Universum verdanken, welches durch die Schwerkraft zusammengehalten wird. Dabei ist in den Jahrzehnten, die seit Keynes' Rede vor der Royal Society vergangen sind, das Bild eines zweiten, ganz anderen Newton aufgetaucht, nämlich das eines Mannes, der viele Jahre in einer alchemistischen Schattenwelt mit der geheimen Suche nach dem Stein der Weisen verbrachte und die biblische Chronologie studierte, weil er überzeugt war, dass sich aus ihr die bevorstehende Apokalypse ableiten ließ. Newton war ein Beinahe-Mystiker, fasziniert vom Rosenkreuzertum, von Astrologie und Numerologie, und davon überzeugt, dass Moses nicht nur Kopernikus' heliozentrisches Weltbild, sondern auch Newtons eigene Gravitationslehre gekannt hatte. Noch viele Jahre nach dem Erscheinen seiner berühmten *Principia Mathematica* versuchte Newton, den exakten Plan von Salomons Tempel zu entschlüsseln, weil er ihn für »den besten Führer zur Topographie des Himmels« hielt. So gesehen ist die Feststellung der jüngsten Forschung, dass Newton seine weltbewegenden wissenschaftlichen Entdeckungen vermutlich niemals gemacht haben würde, hätte er sich nicht so ausgiebig mit Alchemie befasst, vielleicht am überraschendsten.[2]

Das Paradox Newton ist ein nützliches Korrektiv zu Beginn dieses Buches. Denn wer würde von einer Ideengeschichte etwas anderes als die Darstellung eines kontinuierlichen geistigen Fortschritts der Menschheit erwarten, von den ersten primitiven Vorstellungen aus der Zeit, als der Mensch noch mit Steinwerkzeugen hantierte, über den Reifeprozess der großen Weltreligionen, die beispiellose Blüte der Kunst in der Renaissance, die Geburt der modernen Wissenschaft, die industrielle Revolution, die niederschmetternden Erkenntnisse über die Evolution bis hin zu den technologischen Hexereien der Gegenwart, mit denen wir alle vertraut sind und von denen so viele von uns inzwischen abhängen?

Doch gerade die Lebensgeschichte des großen Isaac Newton gemahnt uns daran, dass die Dinge in Wirklichkeit viel komplexer sind. Es *gab* eine generelle Entwicklungslinie und einen stetigen Fortschritt (auf die Fortschrittsidee werde ich im 27. Kapitel ausführlicher eingehen) – es gab sie die längste Zeit, aber keineswegs allezeit. Im Lauf der Geschichte tauchten Länder und Kulturen auf, die eine ganze Weile erstrahlten, um dann aus dem ein oder anderen Grund plötzlich wieder zu verblassen. Die Geistesgeschichte ist alles andere als eine gerade Linie, aber nicht zuletzt das macht sie so spannend. Der Cambridger Wissenschaftshistoriker Joseph Needham suchte in seinem Buch *The Great Titration* (1969) eine Antwort auf eines der faszinierendsten Rätsel der Geschichte: Wieso hat die chinesische Kultur – die immerhin das Papier, das Schießpulver, den Holzstockdruck, das Porzellan und die Idee der schriftlichen Prüfung für konkurrierende Anwärter auf den öffentlichen Dienst erfand und jahrhundertelang intellektuell führend in der Welt gewesen war – niemals eine ausgereifte Naturwissenschaft oder moderne betriebswirtschaftliche, kapitalistische Methoden entwickelt? Warum ließ sie sich nach dem Mittelalter vom Westen überholen und fiel dann immer weiter zurück?[3] Auf Needhams Antwort werden wir im 15. Kapitel zu sprechen kommen.

Ähnliche Fragen lassen sich auch über den Islam stellen. Im 9. Jahrhundert spielte Bagdad die geistige Vorreiterrolle im Mittelmeerraum. Dort wurden die großen Klassiker der alten Kulturen übersetzt, dort wurde das

Krankenhaus erfunden, dort wurde *al-jabr* oder die Algebra entwickelt, und dort wurden entscheidende Fortschritte auf dem Gebiet der *falsafa*, der Philosophie, gemacht. Doch bereits zu Beginn des 11. Jahrhunderts stürzte Bagdad durch den gestrengen Fundamentalismus in die Bedeutungslosigkeit. Charles Freeman bringt in seinem neuesten Buch *The Closing of the Western Mind* viele Beispiele, die Antworten auf die Frage ermöglichen, weshalb das Geistesleben in den Zeiten des christlichen Fundamentalismus im frühen Mittelalter so verkümmern konnte. Im 4. Jahrhundert stellte Lactantius, der lateinische Kirchenschriftsteller aus der römischen Provinz Nordafrika, die rhetorische Frage nach dem Sinn und Zweck allen Wissens. Er verstehe nicht, welche Segnungen das Wissen um natürliche Vorgänge mit sich bringe, was der Mensch davon habe, wenn er wisse, wo der Nil entspringe, oder warum man all die anderen Dinge in Erfahrung bringen solle, von denen die Naturforscher so schwärmten. Die Epilepsie war bereits im 5. Jahrhundert v. d. Z.* von Hippokrates als eine natürliche Krankheit beschrieben worden, im Mittelalter wurde sie wieder der Obhut des hl. Christophorus unterstellt. Der englische Arzt John of Gaddesden empfahl als Heilmethode, dem Epileptiker das Evangelium vorzulesen und gleichzeitig das Haar eines weißen Hundes aufzulegen.[4]

Vielleicht ist das die wichtigste Lehre, die wir aus der Ideengeschichte ziehen können: Das Geistige – die wohl bedeutendste, befriedigendste und für unser Wesen charakteristischste Dimension der menschlichen Existenz – ist ein fragiles Ding, das leicht zerstört oder verschwendet werden kann. Im letzten Kapitel werde ich einzuschätzen versuchen, was auf diesem Gebiet erreicht wurde und was nicht. In dieser Einführung möchte ich lediglich aufzeigen, inwieweit sich die Ideengeschichte von anderen Geschichten unterscheidet, und damit hoffentlich zu einer Klärung der Frage beitragen, was eine Geschichte von Ideen überhaupt ist. Dabei werde ich mich auf eine Darstellung der Strukturierungsmöglichkeiten eines solchen historischen Stoffes beschränken. Denn natürlich häuft sich bei einer Ideengeschichte derart viel Material, dass man erst einmal Mittel und Wege finden muss, dieses Angebot überhaupt zu bewältigen.

*

Aus irgendwelchen Gründen haben unzählige Denker der Vergangenheit die Geistesgeschichte als ein dreigeteiltes System betrachtet, jeweils gruppiert um drei große Ideen, drei Zeitalter oder drei Prinzipien. Joachim von Fiore (ca. 1135–1202) behauptete ketzerisch, dass es drei auseinander hervorgehende Epochen gebe – das alttestamentlich-synagogale Zeitalter

---

* Da die Datierung nach dem System »v. Chr.« oder »n. Chr.« natürlich eine christliche ist, sprechen Historiker heute mehrheitlich von »vor« oder »nach der Zeitrechnung« (»v. d. Z.«, »n. d. Z.«).

des Vaters, das neutestamentlich-klerikale Zeitalter des Sohnes und das mönchische Zeitalter des Heiligen Geistes, in denen nacheinander das Alte Testament, das Neue Testament und ein »Evangelium aeternum« in Kraft traten.[5] Der französische Staatsrechtler und Philosoph Jean Bodin (ca. 1530–1596) teilte die Geschichte in drei Perioden auf: in die der asiatischen Völker, die der mediterranen Völker und die der Völker des Nordens.[6] Francis Bacon benannte im Jahr 1620 drei Entdeckungen, die die Welt seiner Zeit von der alten Welt trennten: »Weiter hilft es, die Kraft, den Einfluss und die Folgen der Erfindungen zu beachten; dies tritt am klarsten bei jenen dreien hervor, die im Altertum unbekannt waren und deren Anfänge, wenngleich sie in der neueren Zeit liegen, doch dunkel und ruhmlos sind: die Buchdruckerkunst, das Schießpulver und der Kompass. Diese drei haben nämlich die Gestalt und das Antlitz der Dinge auf der Erde verändert, die erste im Schrifttum, die zweite im Kriegswesen, die dritte in der Schifffahrt. Zahllose Veränderungen der Dinge sind ihnen gefolgt, und es scheint, dass kein Weltreich, keine Sekte, kein Gestirn eine größere Wirkung und größeren Einfluss auf die menschlichen Belange ausgeübt haben als diese mechanischen Entdeckungen.«[7] Den »Anfängen« der von ihm identifizierten drei Entdeckungen kam man natürlich auf die Spur, doch das raubt Bacons Argumenten nichts an Kraft.

Bacons Schreiber Thomas Hobbes (1588–1679) hob wiederum drei Wissensbereiche hervor, die alle anderen an Aussagekraft überträfen: die natürliche Objekte erforschende Physik; die den Menschen als Individuum betrachtende Psychologie; und die Politik, die sich mit künstlich gebildeten Gruppen in der menschlichen Gesellschaft befasst. Der italienische Rhetoriker und Geschichtsphilosoph Giambattista Vico (1688–1744) unterschied ein Zeitalter der Götter, ein Zeitalter der Heroen und das des Menschen (allerdings borgte er sich dabei einige Ideen von Herodot und Varro). Vico pflegte die Dinge ohnedies gern in Dreiergruppen zu ordnen. So sprach er zum Beispiel auch von den drei »menschlichen Sitten«, die der Geschichte Gestalt verliehen, oder von den drei Strafen für die »verderbte Natur des Menschen«, die die Kultur prägten.[8] Diese drei Sitten – der Glaube an eine vorsehende Gottheit, die Anerkennung von Ehe und elterlicher Fürsorge und die Bereitschaft, Tote feierlich zu bestatten – bescherten der Menschheit die Institutionen Religion, Familie und Friedhof.[9] Bei den drei Strafen handelte es sich um Scham, Wissbegier und die Notwendigkeit zu arbeiten. Der französische Staatsmann Anne Robert Jacques Turgot (1727–1781) behauptete, dass Kultur das Resultat von geografischen, biologischen und psychologischen Faktoren sei (Saint-Simon stimmte dem zu). Marie Jean Antoine Nicolas Caritat Marquis de Condorcet (1743–1794) hielt die Französische Revolution für die Trennlinie zwischen der Vergangenheit und einer »glorreichen Zukunft« und war der Meinung, es gebe drei historische Themen von überragender Bedeutung:

die Abschaffung der Ungleichheit zwischen den Völkern; den Fortschritt, der innerhalb ein und desselben Volkes in puncto Gleichheit erreicht wird; und die Vervollkommnung der Menschheit. Der englische Anarchist William Godwin (1756–1836) identifizierte die Literatur, die Bildung und die (politische) Gerechtigkeit als jene drei Ideen, welche auf entscheidende Weise das Ziel nahe bringen würden, auf das alles im Leben ausgerichtet sei: den Sieg der Vernunft und der Wahrheit. Thomas Carlyle (1795–1881) hielt das Schießpulver, den Buchdruck und den Protestantismus für die drei bedeutendsten Elemente der modernen Zivilisation. Für Auguste Comte (1798–1857) gab es drei historische Stadien, »ein religiöses Stadium, ein metaphysisches Stadium und ein Stadium der positiven Wissenschaft« (später erweitert zu den religiös-militärischen, metaphysisch-legalistischen und industriewissenschaftlichen Stadien). Im 19. Jahrhundert unterschied der Anthropologe Sir James Frazer (1854–1941) ein magisches, ein religiöses und ein wissenschaftliches Zeitalter.[10] Der amerikanische Anthropologe Lewis Morgan (1818–1881) teilte in seiner Studie *Ancient Society (Die Urgesellschaft)* die Geschichte in eine Stufe der Wildheit, eine der Barbarei und eine der Zivilisation auf und benannte die Entwicklung einer Gesellschaftsverfassung, die Ideen von Familie und häuslichem Leben und die Vorstellung vom Privateigentum als die entscheidenden Beiträge zur Herstellung einer kulturellen Ordnung.

Doch nicht jeder begnügte sich mit einer Dreiteilung der Geschichte. Condorcet zum Beispiel glaubte an zehn Stadien des Fortschritts, Johann Gottfried Herder teilt die Geschichte in fünf Perioden auf, Georg Wilhelm Hegel in vier, und Immanuel Kant vertrat die Vorstellung von neun Fortschrittsperioden.

W. A. Dunlap benutzte 1805 das Wort »Triposis« als Bezeichnung des Trends zur Aufteilung der Geistesgeschichte in drei Stadien; Ernest Gellner präferierte dafür 1988 den Begriff »trinitarisches Denken«.[11] Aus dem 20. Jahrhundert stammt auch die Vorstellung, die J. H. Denison in seinem Buch *Emotions as the Basis of Civilisation* (1928) vertrat: die Aufgliederung der menschlichen Gesellschaft in einen patriarchalen, einen fratriarchalen und einen demokratischen Teil. 1937 beschrieb Harry Elmer Barnes in seiner Studie *Intellectual and Cultural History of the Western World* drei große historische Befindlichkeitswandel: den »ethischen Monotheismus« in der Achsenzeit (die, wie ich meine, von 700 bis 400 v. d. Z. währte); den Individualismus in der Renaissance, als man begann, das Diesseits als einen Wert an sich und nicht mehr nur als die Vorbereitung auf ein vages Jenseits zu verstehen; und die darwinistische Revolution im 19. Jahrhundert.[12]

Auch Ökonomen haben oft Dreiteilungen erdacht. Adam Smith (1723–1790) zum Beispiel bezeichnete im Jahr 1776 in *Wohlstand der Nationen*, seiner bahnbrechenden Analyse der grundlegenden Einkommensverteilung in Grundrenten, Arbeitslöhne und Kapitalgewinn, die jeweils zugehörige Bevölkerungsschicht als Grundherren, Lohnempfänger und Unternehmer: »Sie sind die drei großen Klassen, aus denen von Anfang an jede entwickelte Gesellschaft besteht und von deren Einnahmen letztlich das Einkommen jeder anderen Schicht abgeleitet ist.«[13] Sogar der Marxismus ließ sich auf drei Hauptepochen reduzieren: »Eine Epoche, in der die Menschheit weder von Mehrwert noch von Ausbeutung etwas wusste; eine zweite, in der Mehrwertproduktion und Ausbeutung durchgängige Charakteristika sind; und eine dritte, in der die Ausbeutung verschwindet, während weiterhin Mehrwert geschaffen wird.«[14] Karl Polanyi unterschied in *The Great Transformation* (1944) die drei großen ökonomischen Epochen »Gegenseitigkeit«, »Umverteilung« und »Markt«. Zwei Jahre später schilderte Robin George Collingwood in seiner *Idea of History (Philosophie der Geschichte)* drei große Krisen in der abendländischen Historiographie: die erste im 5. Jahrhundert v. d. Z., als die Idee der wissenschaftlichen Geschichtsschreibung geboren wurde; die zweite im 4. und 5. Jahrhundert n. d. Z. im Zuge der Verbreitung des Christentums, welches Geschichte als die Entfaltung des göttlichen Planes und nicht als Menschenwerk betrachtete; die dritte schließlich im 18. Jahrhundert, als man immanente Ideen und den Intuitionismus generell ebenso abzulehnen begann wie die Offenbarung. Der Harvard-Historiker Crane Brinton erklärte Humanismus, Protestantismus und Rationalismus in seinem Buch *Ideas and Men (Ideen und Menschen,* 1950) zu den drei großen Ideen, auf denen die moderne Welt beruht. Carlo Cipolla ging in seinem 1965 veröffentlichten Buch *Guns, Sails and Empires* von der These aus, dass die moderne Welt dem Nationalismus, den Kanonen und der Schifffahrt zu verdanken sei, da erst sie die Eroberungszüge des Abendlands ermöglicht hätten: Der wachsende Nationalismus im Abendland war das Ergebnis der Reformation und führte zu neuen Kriegen, die dann ihrerseits die Entwicklung der Metallurgie beschleunigten. Diese wiederum brachte immer effizientere und bösartigere Waffen hervor, die bei weitem alles übertrafen, was im Osten zur Verfügung stand – im Gegensatz zur Lage im Jahr 1453, als die Türken Konstantinopel einnahmen. Parallel dazu sorgte das Weltmachtstreben für neue Entwicklungen in der Schifffahrt, die es den Europäern ermöglichten, in der Ära von Vasco da Gama den Fernen Osten und schließlich auch den amerikanischen Kontinent zu erreichen.[15]

Ernest Gellner stellte in seinem 1988 veröffentlichen Werk *Pflug, Schwert und Buch* drei große historische Perioden dar – das »Drei-Stadien-Schema Jäger- und Sammlertätigkeit, agrarische Erzeugung, industrielle Produktion«. Es deckt sich seiner Ansicht nach mit drei grundlegenden menschlichen Aktivitäten, nämlich »produktiver Arbeit, Ausübung von Herrschaft, Geistesarbeit«. Richard Tarnas argumentierte in seiner Analyse *Passions of the Western Mind (Idee und Leidenschaft),* dass sich die

Philosophie – jedenfalls in ihrer westlichen Ausprägung – in drei große Epochen einteilen lasse: Während des klassischen Zeitalters sei sie weitgehend autonom gewesen; während der dominanten Zeit des Christentums im Mittelalter habe sie sich der Religion untergeordnet; und seit dem Beginn der Moderne habe sie sich als eine insgesamt unabhängigere Kraft der Wissenschaft geöffnet.[16]

Der holländische Soziologe Johan Goudsblom schildert in seinem Buch *Fire and Civilisation* (1992, *Feuer und Zivilisation*, 1995), weshalb die Kontrolle über das Feuer die erste Transformation in der Geschichte der Menschheit nach sich zog: Der prähistorische Mensch war nun kein Räuber mehr; die Kontrolle über das Feuer ermöglichte ihm Tierhaltung und die Rodung von Land, ohne die keine landwirtschaftliche Entwicklung – die zweite Transformation – möglich gewesen wäre. Das Feuer kontrollieren zu können bedeutete auch, kochen zu können; das Garen von Lebensmitteln unterscheidet nicht nur den Menschen vom Tier, sondern kann auch als der Beginn aller Wissenschaft betrachtet werden (abgesehen davon, dass man den entstehenden Rauch vermutlich als erstes Kommunikationsmittel nutzte). Und natürlich brachte die Kontrolle des Feuers auch die Möglichkeiten des Backens, Töpferns und Schmelzens (die »pyrotechnischen« Kulturen) mit sich, was die Herstellung von metallenen Dolchen und später von Schwertern ermöglichte. Die dritte bedeutendste Transformation nach dem Ackerbau war laut Goudsblom jedoch die Industrialisierung, die Vereinigung von Feuer und Wasser. Sie diente in erster Linie dazu, Dampf zu erzeugen und damit eine neue Form von Energie zu erschaffen, welche Maschinen von bis dahin beispielloser Größe und Kraft möglich machte. Diese konnten bestimmte Aufgaben viel besser und schneller erledigen als der Mensch mit seinen begrenzten körperlichen Fähigkeiten.[17]

Der Oxforder Ideenhistoriker Isaiah Berlin vertrat die These von drei großen politisch-psychologischen Wendepunkten in der Geschichte. Der erste fand nach »der kurzen, aber rätselhaften Zeitspanne zwischen Aristoteles' Tod und dem Aufstieg des Stoizismus« statt, als die wichtigsten philosophischen Schulen Athens das Individuum »im Kontext seiner gesellschaftlichen Existenz« zu verstehen begannen und aufhörten, »sich mit jenen Fragen des öffentlichen und politischen Lebens zu beschäftigen, denen Akademie und Lykeion sich hauptsächlich gewidmet hatten, so als wären diese Fragen nicht mehr wichtig. ...Sie sahen Menschen mit einemmal von innerer Erfahrung und persönlichem Heil bestimmt.« Der zweite Wendepunkt wurde Berlin zufolge durch Niccolò Machiavelli eingeleitet und hing mit der folgenden Erkenntnis zusammen: »Die scharfe Unterscheidung zwischen natürlichen und sittlichen Tugenden, die Idee, politische Wertvorstellungen seien nicht nur verschieden von denen der christlichen Ethik, sondern mit diesen am Ende vielleicht sogar unvereinbar.« Der dritte große Wendepunkt schließlich – für Berlin »der bislang wichtigste« – war der Advent der Romantik.[18] All diese Wendepunkte werden wir in den folgenden Kapiteln noch genauer betrachten.

Der amerikanische Geograf und Evolutionsbiologe Jared Diamond griff 1997 in seinem Buch *Guns, Germs and Steel (Arm und Reich)* den Faden dort wieder auf, wo ihn Cipolla fallen gelassen hatte: Er stellte Fragen nach der Entwicklung der vormodernen Welt und fragte sich, weshalb Europa Amerika entdeckte und eroberte und nicht umgekehrt. Die Antwort fand er auf drei breiten Ebenen: Eurasien, schrieb er, ist eine im Wesentlichen ost-westlich ausgerichtete Landmasse, wohingegen der amerikanische Kontinent von Nord nach Süd verläuft. Solche geografischen Unterschiede schaffen auch unterschiedliche Umweltbedingungen: Domestizierte Tiere und Pflanzen verbreiten sich leichter entlang von Breiten- als von Längengraden, was bedeutet, dass auch die kulturelle Evolution in Eurasien einfacher war und deshalb schneller vonstatten ging als auf dem amerikanischen Kontinent. Zweitens gab es in Eurasien weitaus mehr Säugetierarten als in Amerika, die sich zur Domestizierung eigneten (fünfzehn im Gegensatz zu zwei), was ebenfalls zur Kultivierung beitrug. Die Zähmung des Pferdes in Eurasien veränderte dann vor allem die Kriegführung, was zur Entwicklung des Schwertes und damit zur Evolution der Metallurgie führte. Kurz gesagt: Die Waffen auf dem europäischen Kontinent haben ihre Äquivalente in der Neuen Welt weit übertroffen. Drittens führte die Domestikation dazu, dass Europäer immun gegen viele der von diesen Tieren verbreiteten Krankheiten wurden, wohingegen dieselben Tierarten nach ihrem Erscheinen in der Neuen Welt verheerende gesundheitliche Auswirkungen auf die dortige Population hatten.[19]

Es ist ermutigend, dass in diesen Punkten ein gewisses Maß an Übereinstimmung unter den Wissenschaftlern herrscht: Agrikultur, Waffen, Naturforschung, Industrialisierung und Buchdruck zum Beispiel wurden jeweils von mehr als einem Autor zu den Ideen gezählt, die sich prägend auf die Entwicklung der Menschheit auswirkten. Ihre wissenschaftlichen Argumente werden uns noch ebenso dienlich sein, wie es diese Ideen an sich waren, wenn wir nun beginnen, uns einen Weg durch das Dickicht zu schlagen. Am Ende dieser Einführung und vor allem am Ende dieses Buches wird deutlich geworden sein, dass ich persönlich zwar all diese Ideen und Innovationen für wichtig halte, selbst jedoch andere Kandidaten präferiere.

*

Natürlich ist eine Identifizierung der einflussreichsten Innovationen und Abstraktionen aller Zeiten nicht die einzige Möglichkeit, die Evolution von Ideen zu betrachten. Jacob Bronowski und Bruce Mazlish arbeiteten in ihrem Buch *The Western Intellectual Tradition* drei Bereiche von geistiger Aktivität heraus und verfolgten dabei einen Ansatz, der, wie ich feststellen konnte, ausgesprochen nützlich ist. Zuerst einmal gibt es den Bereich der Wahrheit. Das Bestreben, zur Wahrheit vorzudringen, teilen sich Religionen, Naturwissenschaften und die Philosophie. In einer idealen Welt wäre ein Einvernehmen unter ihnen ebenso absolut wie absolut unfreiwillig zu erreichen, das heißt, es wäre im logisch-mathematischen oder syllogistischen Sinne schlicht und einfach unvermeidlich. Als Nächstes folgt die Suche nach dem, was Recht und richtig ist: Damit befassen sich Gesetz, Ethik und Politik. In ihrem Fall wird Einvernehmlichkeit größtenteils freiwillig erreicht und muss nicht absolut, aber doch hinreichend sein, um zu funktionieren. Der dritte Bereich schließlich betrifft den Geschmack, der primär das Geschäft der Kunst ist. Ein Einvernehmen ist in diesem Fall schlicht unnötig, Meinungsverschiedenheiten können sogar fruchtbar sein. Natürlich gibt es bei diesen drei Bereichen ein gewisses Maß an Überlappungen: Auch Künstler suchen nach der Wahrheit oder behaupten es wenigstens; und Religion befasst sich ebenso mit der Frage, was Recht und richtig ist, wie mit der Frage, was wahr ist. Doch die herrschenden Divergenzen *sind* es wert, im Lauf dieses Buches im Auge behalten zu werden. Schon die Griechen haben sehr früh einen gravierenden Unterschied zwischen Naturgesetz und Menschengesetz erkannt.[20]

Doch natürlich ist nichts heilig oder unvermeidlich an der Herrschaft des Dreierprinzips. Als alternativer Denkansatz wurde die Kontinuität von »großen« Gedanken angeboten. Es sind beispielsweise Mengen von Büchern über so überwältigende Themen wie »Fortschritt«, »Natur«, »Kultur«, »Individualismus«, »Macht« oder die Frage geschrieben worden, was »modern« sei und was nicht. Zahlreiche Gelehrte, vor allem Historiker, die sich mit Politikgeschichte befassen, oder Ethiker, haben den roten Faden durch die Vergangenheit entrollt, als sei er ein Leitfaden zu einer Moralität, bei der sich alles um die Zwillingsthemen Freiheit und Individualität dreht. Immanuel Kant ist nur einer von vielen Gelehrten gewesen, die die Geschichte wie eine Erzählung über den ethischen Fortschritt der Menschheit betrachteten. Isaiah Berlin widmete seine Energien der Definition und Redefinition von unterschiedlichen Freiheitskonzepten, um zu erklären, wie man den Begriff der Freiheit in unterschiedlichen politischen und intellektuellen Regimen in den verschiedenen Zeiten der Geschichte verstanden hat. In letzter Zeit erlebte die Individualismusforschung einen enormen Zulauf, weil der Individualismus aus Sicht vieler Historiker der bestimmende Aspekt von Moderne und Kapitalismus ist. Der amerikanische Philosoph Daniel Dennett schilderte in seinem jüngsten Werk *Freedom Evolves* die Zunahme des Individualismus im Laufe der Menschheitsgeschichte und die unterschiedlichen Wege zu immer mehr Freiheit, um dann der Frage nachzugehen, auf welche Weisen sie der Menschheit zugute kam. Denn Freiheit ist sowohl eine Idee als auch ein psychologischer und politischer Zustand, der sich besonders günstig auf die Entwicklung von neuen Ideen auswirkt.

※

Jede dieser Herangehensweisen an die Geistesgeschichte hat etwas, das für sie spricht, und jedes einzelne der bisher erwähnten Bücher soll den Lesern wärmstens ans Herz gelegt werden. Dass ich nun selbst meinem Buch eine dreigeteilte Struktur nach der Manier von Francis Bacon, Thomas Carlyle, Giambattista Vico, Carlo Cipolla, Ernest Gellner, Jared Diamond und anderen gegeben habe, soll kein Nachahmungsversuch sein – obwohl ich mir Schlimmeres vorstellen könnte, als mich diesem Aufgebot an hervorragenden Denkern anzuschließen –, sondern ist vielmehr die logische Folge meiner Überzeugung, dass die drei Ideen, die meiner Meinung nach die allerwichtigsten überhaupt waren – und für die ich mich deshalb natürlich auch entschied –, meinen Standpunkt im Hinblick auf das historische Geschehen und meine Antworten auf die Frage, wo wir heute stehen, am prägnantesten zusammenfassen können.

Alle oben beschriebenen Organisationsweisen werden sich in den folgenden Kapiteln wiederfinden, doch die drei Ideen, für die ich mich entschieden habe, weil ich sie am bedeutendsten finde, und denen deshalb auch Aufbau und These dieses Buches zu verdanken sind, sind andere, nämlich die Seele, Europa, das Experiment. Ich will meine Stellungnahmen dazu in dieser Einführung nicht vorwegnehmen, aber da ich eventueller Kritik zuvorkommen möchte, hoffe ich doch, wenigstens verdeutlichen zu können, weshalb ich die Seele für ein wichtigeres Konzept erachte als die Idee von Gott, weshalb für mich Europa ebenso eine Idee wie eine Region auf der Landkarte ist und weshalb ich glaube, dass das Prinzip des in aller Demut durchgeführten Experiments ungemein tief greifende Folgen hatte. Außerdem bin ich überzeugt, dass diese drei Ideen auch für die Zwickmühle verantwortlich sind, in der wir uns gegenwärtig befinden – warum, wird aus den folgenden Seiten ebenfalls ersichtlich werden.

※

Vielleicht sollte ich zuerst einmal etwas ausführlicher darlegen, was ich überhaupt unter einer »Idee« verstehe. Ich bin natürlich nicht im Besitz einer Zauberformel, mit deren Hilfe ich entschieden habe, welche Ideen Eingang in dieses Buch finden sollen. Ich werde mich ebenso mit abstrakten Ideen wie mit praktischen Erfindungen befassen, die meiner Meinung nach wichtig sind oder waren. Nach Ansicht mehrerer Paläontologen kam dem Menschen die erste abstrakte Idee vor rund siebenhunderttausend Jahren: Er standardisierte die Proportionen des steinernen Faustkeils, und das ist für die Wissenschaft an sich schon ein Beweis dafür, dass der Frühmensch eine »Idee« davon gehabt haben musste, was ein Faustkeil überhaupt sein sollte. Die Debatten über diesen Vorgang und seine Folgen werde ich gleich im ersten Kapitel behandeln. Aber auch von der Erfindung der ersten Faustkeile – vor zweieinhalb Millionen Jahren, also lange bevor sie standardisiert wurden – will ich berichten, weil dieses Werkzeug der Nachweis für die »Idee« des Frühmenschen ist, dass ein scharfer Stein, anders als Fingernägel oder Zähne, eine Tierhaut durchdringen kann. Auch die Erfindung des Schreibens um das Jahr 3000 v. d. Z. war eine Idee, eine ausnehmend wichtige sogar, selbst wenn wir das heute kaum noch wahrnehmen, weil wir schon so lange mit Buchstaben und Wörtern umgehen, dass wir sie überhaupt nicht mehr als Erfindungen à la Computer oder Mobiltelefon betrachten. Eine Erfindung ist grundsätzlich die Folge einer Idee. Deshalb werde ich auch Sprache als eine Idee behandeln, denn Sprache reflektiert, was Menschen denken; und in der Art der Unterschiedlichkeit von Sprachen verbergen sich die Sozial- und Geistesgeschichten von unterschiedlichen Populationen. Außerdem werden die meisten Ideen mit Hilfe von Sprache ersonnen. Aus diesem Grund werde ich auch den Entwicklungsgeschichten und Strukturen der intellektuell einflussreichsten Weltsprachen Chinesisch, Arabisch, Sanskrit, Latein, Französisch und Englisch Raum geben.

Der erste Mensch, der sich überhaupt eine Geistesgeschichte vor Augen führte, war wahrscheinlich Francis Bacon (1561–1626). Jedenfalls war er es, der festgestellt hat, dass die Ideengeschichte die interessanteste Art von Geschichte ist und dass Geschichtsschreibung immer »blind« ist, sofern sie nicht auch die vorherrschenden Ideen eines Zeitalters berücksichtigt.[21] Voltaire (1694–1778) sprach von »Geschichtsphilosophie« und meinte damit, dass man historische Abläufe aus dem Blickwinkel des *philosophe* (und nicht etwa eines Soldaten oder Politikers) betrachten solle. Seiner Meinung nach eigneten sich Kultur und Zivilisation – und somit auch der Fortschritt – perfekt für säkulare, kritische und empirische Studien.[22] Auch die französische Schule der *Annales*, die sich mit den *mentalités* befasste – also mit den weniger greifbaren Aspekten von Geschichte, wie zum Beispiel dem vorherrschenden geistigen Klima zu bestimmten Zeitpunkten in der Vergangenheit (was verstand man unter »Zeit«, welche Vorstellungen von Privatsphäre herrschten beispielsweise im Mittelalter?) –, studierte auf ihre allerdings nicht gerade systematische Weise Ideengeschichte.

Der Mann, der in moderner Zeit mehr als jede andere Person das Interesse an der Ideengeschichte geweckt hat, war der Amerikaner Arthur O. Lovejoy, Professor für Philosophie an der Johns-Hopkins-Universität in Baltimore und Mitbegründer des dortigen »History of Ideas Club«. Im Frühjahr 1933 hielt er an der Harvard-Universität eine Vorlesungsreihe *(William James Lectures on Philosophy and Psychology)* über die »zwingendste und beständigste Präsumtion« im westlichen Denken: »The

Great Chain of Being«. Im Jahr 1936 wurden diese Vorlesungen unter ebendiesem Titel als Buch veröffentlicht, das 2001 seine einundzwanzigste Auflage erreichte und 1993 unter dem Titel *Die große Kette der Wesen* auf Deutsch erschien. Diese »Kette«, so Lovejoy, trug seit zweitausendvierhundert Jahren nicht nur am maßgeblichsten zu einem universellen Verständnis von der Natur bei, sondern schloss auch eine bestimmte Vorstellung von der Natur Gottes ein. Ohne Kenntnis dieser Idee würden wir »einen großen und wichtigen Teil der späteren westlichen Ideengeschichte nicht verstehen«.[23] Die einfachste Vorstellung von einer »großen Kette« wurde erstmals von Platon formuliert und lautete, dass das Universum ein im Wesentlichen rationaler Raum sei, in dem alle Organismen zu einer großen Kette verbunden seien. Dies finde jedoch nicht auf einer Skala vom Niedrigsten zum Höchsten statt (denn Platon war sich wohl bewusst, dass sogar die »niedrigsten« Geschöpfe im großen Plan aller Dinge perfekt an ihre Nischen »adaptiert« waren, wie wir heute sagen würden), sondern vielmehr im Rahmen einer Hierarchie oder »Seinspyramide«, die sich vom Nichts über die unbelebte Welt, das Pflanzenreich, das Tierreich und die Menschheit weiter hinauf zu der »Ordnung der Engel« und zu anderen »körperlosen und geistigen« Wesen fortsetzt, bis sie schließlich ein übergeordnetes oder höchstes Sein erreicht, einen Terminus oder das Absolute.[24] Abgesehen von einem rationalen Universum impliziert Platons Kette eine »Jenseitigkeit« von bestimmten Phänomenen, das heißt nicht nur von »einem Absolutum« (oder Gott), sondern insbesondere von »überweltlichen Wesen« und von »zwei Arten von nichtsinnlichem und ewigem« Seienden, nämlich »Ideen« und »Seelen«.

Die Darstellung einer solchen Kette legt nahe, dass die »Vollkommenheit« dieser Seinsordnungen umso perfekter ist, je höher der Platz ist, den sie jeweils in der Hierarchie erreicht haben. Das entspricht ganz der Idee von einer »Welt des Werdens«, von einer ständigen Verbesserung und damit Annäherung an die Vollkommenheit, woraus sich wiederum die Idee vom »Guten« oder »Werdenden« und die Gleichsetzung des Absoluten – Gott – mit dem Guten ergibt. »Die Seligkeit, die Gott ohne Unterlaß in seiner unaufhörlichen Selbstbetrachtung empfindet, ist das Gute, nach dem alle Dinge verlangen und wonach sie gemäß ihrem Vermögen und ihrer Art streben.«[25] Diese Vorstellung von einer ewigen Welt der Ideen führte dann zu zwei neuen Fragen: *Warum* gibt es neben der Welt »des Werdenden« die ewige Welt »einer höchsten Idee« – warum gibt es überhaupt Etwas anstelle von Nichts? Und welchem Prinzip ist es zu verdanken, dass es so zahlreiche Seinsformen gibt, »welche die sinnliche und zeitliche Welt ausmachen«? Warum gibt es Fülle? Ist sie der Beweis für die Güte Gottes?

Im Verlauf seines Buches verfolgte Lovejoy die Spuren des wechselvollen Schicksals dieser Idee, vor allem im Mittelalter, der Renaissance und im 18. und 19. Jahrhundert. Dabei wies er zum Beispiel nach, dass Kopernikus' Abhandlung *De revolutionibus orbium coelestium* – in der er die Idee einführte, dass sich die Erde um die Sonne dreht und nicht umgekehrt – von vielen seiner Zeitgenossen nur als eine neue Möglichkeit angesehen wurde, die himmlischen Mächte als die des »höchsten Guten« zu betrachten. Kardinal Bellarmino, dem wir im 25. Kapitel als dem katholischen Führer des Kirchenwiderstands gegen Kopernikus begegnen werden, erklärte zum Beispiel: »Gott wollte nämlich, daß er, auf welche Weise auch immer, durch seine Geschöpfe erkannt wurde, und weil kein einzelnes Geschöpf die unendliche Vollkommenheit des Schöpfers angemessen darstellen konnte, vervielfältigte er die Geschöpfe, gab jedem einzelnen ein gewisses Maß von Gutheit und Vollkommenheit, so daß auf diese Weise eine Vorstellung von der Gutheit und Vollkommenheit des Schöpfers entstünde, der unendlich viele Vollkommenheiten in der Vollkommenheit einer einzigen höchst einfachen Essenz umfaßt.«[26] So betrachtet war Kopernikus' Durchbruch nur ein unendlich kleiner Schritt auf dem Weg des Menschen zu Gott.

Rousseau schrieb in *Émile*: »Oh! Mensch! Begrenze dein Dasein auf dich selbst, und du wirst nicht länger elend sein. Bleib an dem Ort, den die Natur dir in der Kette der Wesen zugeteilt hat.« Und von Pope stammt die Forderung: »Erkenne deinen Punkt und deines Umfangs Fläche/Den abgemeßnen Grad an Blindheit und Schwäche/Den dir die Güte gab. Ergib dich, sieh es ein.« Auch die Verfasser der französischen *Encyclopédie* glaubten im 18. Jahrhundert, mit solcher Programmatik unser Wissen fördern zu können: »Alles in der Natur ist miteinander verknüpft, alle Wesen sind untereinander durch eine Kette verbunden, deren ununterbrochenen Zusammenhang wir an einigen Stellen erfassen, obwohl uns in den meisten Fällen diese Stetigkeit entgeht. ... Die Kunst des Philosophierens besteht darin, den getrennten Teilen neue Glieder hinzuzufügen, um sie so nahe wie möglich aneinanderzurücken.« Und sogar Kant sprach von dem »so berufenen... Gesetz der kontinuierlichen Stufenleiter der Geschöpfe«![27]

Doch so einflussreich die Idee von der großen Kette der Wesen auch war: Lovejoy betrachtete sie als gescheitert. Tatsächlich sagte er sogar, dass sie scheitern *musste*, weil sie von einem statischen Universum ausging. Doch das sollte sich kaum auf ihren Einfluss auswirken.[28]

*

Nach allem, was man hört, muss Lovejoy ein beeindruckender Mann gewesen sein. Er war bewandert in Englisch, Deutsch, Französisch, Griechisch, Lateinisch und Spanisch. Seine Studenten hänselten ihn nach einem Sabbatjahr von der Johns-Hopkins-Universität, dass er in dieser Zeit »wohl die paar Bücher aus der Bibliothek des British Museum gelesen habe, die er noch nicht kannte«.²⁹ Trotzdem wurde er kritisiert, weil er Ideen als unwandelbare »Einheiten« behandelte, als seien es chemische Elemente, während sie nach Meinung seiner Kritiker vielmehr etwas Fließendes waren.³⁰

Am Ende war es trotzdem definitiv Lovejoy, der den Ball ins Rollen brachte, nachdem er zum ersten Herausgeber des 1940 gegründeten *Journal of the History of Ideas* geworden war. In der ersten Ausgabe definierte er die Ziele des Journals, zu dessen Autoren zum Beispiel Bertrand Russell und Paul O. Kristeller zählten: Es sollte den Einfluss klassischer Ideen auf das moderne Denken, den Einfluss europäischer Ideen auf das amerikanische Denken, den Einfluss der Naturwissenschaften auf »die Normen von Geschmack, Moralität sowie die pädagogischen Theorien und Leitbilder« und die generellen Einflüsse so »durchgreifender und weit verzweigter Ideen oder Lehren« wie die von der Evolution, vom Fortschritt, Primitivismus, Determinismus, Individualismus, Kollektivismus, Nationalismus und Rassismus erforschen. Die Geistesgeschichte stelle »keinen ausschließlich logischen Fortschritt dar, in dessen Verlauf sich objektive Wahrheit progressiv in rationaler Folge entfaltet«; vielmehr enthülle sie eine Art von »Oszillation« zwischen Intellektualismus und Anti-Intellektualismus, zwischen Romantik und Aufklärung, welche von irrationalen Faktoren herrührte. Genau das hielt Lovejoy für ein alternatives »Fortschrittsmodell«. In einem anderen Essay definierte er den Gegenstand der Ideengeschichte als denjenigen der Geschichte von Philosophie, Naturwissenschaft, Religion und Theologie, Geisteswissenschaften und Kunst, Pädagogik, Soziologie, Linguistik, Folkloristik und Ethnographie, Ökonomie und Politik, Literaturen und Gesellschaften.

Tatsächlich erkundete das *Journal of the History of Ideas* über all die Jahrzehnte hinweg die subtilen Wege, auf denen eine Idee in der Geschichte zur nächsten führte. Hier die Themen von ein paar neueren Artikeln: Platons Wirkung auf Calvin; Nietzsches Begeisterung für Sokrates; der Buddhismus und das deutsche Denken im 19. Jahrhundert; Israel Salanter (1810–1883), ein vorfreudianischer Psychologe, und das Unbewusste; die Verbindung zwischen Newton und Adam Smith sowie zwischen Emerson und dem Hinduismus; Bayles Vorgriff auf Karl Popper; die Parallelen zwischen der Spätantike und der Florentiner Renaissance. Das vielleicht gehaltvollste Spin-off dieses *Journals* war das 1973 von Philip P. Wiener – Lovejoys Nachfolger als Herausgeber – herausgegebene *Dictionary of the History of Ideas*, ein umfangreiches Werk in vier Bänden von insgesamt 2600 Seiten, zu dem 254 Autoren, sieben Mitherausgeber (darunter Isaiah Berlin und Ernest Nagel) und sieben mitwirkende Redakteure (wie Ernst H. Gombrich, Paul O. Kristeller, Peter B. Medawar und Meyer Schapiro) beigetragen haben.³¹ Dieses lexikalische Werk identifiziert neun Kerngebiete der Ideengeschichte: Ideen über die sichtbare

Struktur der Natur; Ideen über die menschliche Natur; Ideen über Literatur und Ästhetik; Ideen über die Geschichte; Ideen über Ökonomie, Gesetzesprozesse, Politik und Institutionen; Ideen über Religion und Philosophie; und schließlich die formalen logisch-mathematischen und linguistischen Ideen. Ein Rezensent stellte zu Recht fest, dass man hier »eine veritable geistige Goldgrube« vor sich habe.

In einem Beitrag zum Jubiläumsheft anlässlich des fünfzigjährigen Bestehens des *Journal of the History of Ideas* befasste sich ein Autor mit drei bemerkenswerten wissenschaftlichen Missgriffen. Erstens: Es ist den Historikern bislang nicht gelungen, sich über die Bedeutung einer so großen modernen Idee wie der Säkularisierung zu einigen; zweitens herrscht weithin Enttäuschung über die »Psychohistorie«, obwohl doch so viele Denker – Erasmus, Luther, Rousseau, Newton, Descartes, Vico, Goethe, Emerson, Nietzsche – geradezu nach tiefenpsychologischen Einsichten lechzten; und drittens waren weder Historiker noch Naturwissenschaftler imstande, die »geistige Vorstellungskraft« als jene Dimension aufzudecken, die im Leben allgemein, aber besonders bei der Produktion von Ideen eine entscheidende Rolle spielt. Auch wir sollten uns dieser Versäumnisse im Verlauf der vorliegenden Ideengeschichte erinnern.[32]

Im *Journal of the History of Ideas* wird oft zwischen »the history of ideas« – eine Formulierung, die fast ausschließlich in den USA verwendet wird – und diversen deutschen Bezeichnungen wie »Begriffsgeschichte«, »Geistesgeschichte«, »Ideengeschichte«, »Wörtergeschichte« oder »Verzeitlichung« unterschieden (womit die anachronistische Neigung gemeint ist, historische Prozesse mit modernen Begriffen zu beschreiben). Für Wissenschaftler sind dies sinnvolle Unterscheidungen, um feinere Nuancen herausarbeiten zu können; der Leser braucht sich jedoch nur bewusst zu machen, *dass* es sie gibt, für den Fall, dass er seine Kenntnisse über dieses Thema noch vertiefen möchte.

*

Mit diesen Hinweisen auf die Theorien und Argumente anderer wollte ich einen ersten Eindruck davon vermitteln, wie artenreich Ideengeschichte ist oder sein kann. Eine andere – und insgesamt gewiss einfachere – Möglichkeit, das vorliegende Buch einzuschätzen, wäre, es einfach als eine Alternative zur konventionelleren Geschichtsschreibung zu sehen – als eine Historie, in der alle Könige, Kaiser, Dynastien und Generäle mitsamt ihren Feldzügen, Eroberungszügen, Reichsgründungen, Friedensverträgen und Waffenstillständen übergangen werden. An entsprechenden Geschichtsbüchern herrscht kein Mangel, und ich gehe davon aus, dass der Leser das Gerippe der historischen Chronologie kennt. Doch auch wenn ich keine Feldzüge dieser oder jener Art erkunden und mich nicht um die Taten dieses oder jenes Monarchen kümmern werde, will ich doch

Fortschritte im Bereich der militärischen Taktiken darstellen, die Erfindung von neuen und einflussreichen Waffen, die sich wandelnden Theorien vom Königtum oder die geistigen Schlachten, die zwischen Königen und Päpsten um das Denken der Menschen geführt wurden. Auch die Geschichte der Eroberung des amerikanischen Kontinents werde ich nicht im Detail darstellen, aber ich will auf das Denkgebäude eingehen, das die Entdeckung der Neuen Welt überhaupt erst möglich machte, und auf die Art und Weise, wie diese Entdeckung das Denken von Europäern und beispielsweise Muslimen verändert hat. Ich werde mich nicht mit dem Aufbau von Imperien beschäftigen, doch mit den Ideen vom Imperium und vom Kolonialismus als solchen werde ich mich auseinandersetzen und dabei auch erkunden, wie »The Imperial Mind« das Denken verändert hat – wie also beispielsweise britische Denkweisen in indische einflossen und umgekehrt. Ideen im Zusammenhang mit dem Begriff »Rasse« waren nicht immer so umstritten wie heute, und allein das ist schon von Interesse und Belang in einer Ideengeschichte.

Eine argumentative Kette, der ich in diesem Buch Raum gebe, ist als Alternative zu Lovejoys »großer Kette« gedacht, inbegrifflich dargestellt durch das vorzügliche, wenngleich kaum bekannte Werk *The Alternative Tradition* des Religionsgeschichtlers James Thrower.[33] Es bietet einen faszinierenden Einblick in die naturalistischen Sichtweisen der Vergangenheit, also in solche Ideen, welche versuchten, die schiere Existenz und Struktur der Natur zu erklären, ohne Zuflucht bei Gott oder den Göttern zu suchen. Meiner Meinung nach wurde dieser Tradition nie die gebührende Aufmerksamkeit geschenkt, und der bedürfte sie heute mehr denn je. Im 25. Kapitel werde ich näher auf Throwers Buch eingehen.

Ich will zudem viele »kleine« Ideen vorstellen, die mich faszinieren, die aber höchst selten Aufnahme in ein konventionelleres Geschichtsbuch finden, obwohl sie sich als so unverzichtbar erwiesen: Wer hatte wann die Idee, die Zeitrechnung in Perioden »v. Chr.« und »n. Chr.« einzuteilen? Warum teilen wir einen Kreis in 360 Grad? Wann und wo wurden Plus- und Minuszeichen in der Mathematik eingeführt? Wir leben im Zeitalter von Selbstmordattentätern, die ihrem Geschäft nachgehen, weil sie sich damit einen Ehrenplatz im Paradies zu verdienen glauben – aber woher kommt diese seltsame Vorstellung vom Paradies? Wer entdeckte die Eiszeit, und wie oder wodurch? Dieses Buch hat zum Ziel, all diejenigen Ideen und Erfindungen zu identifizieren und darzustellen, welche eine Langzeitwirkung auf unser Leben und Denken hatten und haben. Ich erwarte nicht, dass jeder Leser mit meiner umfangreichen Auswahl einverstanden ist, und ermuntere deshalb jeden, der mir eine schwerwiegende Unterlassungssünde vorwerfen möchte, mir zu schreiben. Außerdem möchte ich den Lesern nahe legen, die Anmerkungen am Ende des Buches zu Rate zu ziehen. Viele historische Aspekte sind zum Thema faszinierender wissenschaftlicher Dispute geworden, doch weil der Textfluss unverhältnismäßig oft unterbrochen würde, wenn ich all diese Streitpunkte dargelegt hätte, habe ich die wichtigsten intellektuellen Schaukämpfe in den Anmerkungsapparat verlagert.

PROLOG
Die Entdeckung der Zeit

Am Abend des 1. Mai 1859, einem Mittwoch, überquerte der englische Archäologe John Evans auf einem Dampfschiff den Kanal von Folkestone nach Boulogne. Dort bestieg er einen Zug nach Abbeville, wo ihn der berühmte englische Geologe Joseph Prestwich am Bahnhof erwartete. Um sieben Uhr am nächsten Morgen trafen sie sich mit Jacques Boucher de Crèvecœur de Perthes, dem Zolldirektor der Stadt, der gleichzeitig Amateurarchäologe war. Evans und Prestwich waren nach Frankreich gereist, um eine Entdeckung ihres Gastgebers zu begutachten.

Schon seit 1835 waren bei Arbeiten in einer Kiesgrube nahe Abbeville immer wieder fossile Tierknochen und diverse Steinwerkzeuge aufgetaucht, die in Boucher de Perthes schließlich die Überzeugung reifen ließen, dass die Menschheitsgeschichte viel älter sein musste, als die Bibel angab. Die christlichen Kirchenautoritäten pflegten ihre genealogischen Berechnungen auf der Genesis aufzubauen: Die Erschaffung des Menschen hatten sie auf sechstausend bis viertausend Jahre vor Christi Geburt festgelegt. Boucher de Perthes' ganz andere Ansicht sollte sich bestätigen, nachdem man bei Bauarbeiten für ein neues Krankenhaus in der Gegend von Abbeville drei steinerne Faustkeile und den Backenzahn einer längst ausgestorbenen Elefantenart gefunden hatte.

Trotzdem hatte er ungemeine Schwierigkeiten, seine französischen Landsleute davon zu überzeugen, dass diese »Beweisstücke« ein Alter der Menschheit von Hunderttausenden von Jahren belegten. An echter Fachkenntnis hätte es Frankreich zu der Zeit gewiss nicht gemangelt – es gab Laplace in der Astronomie, Cuvier, Lartet und Scrope in Geologie und Naturgeschichte und Picard in der Paläontologie. Es war nur so, dass die »Experten« der letztgenannten Disziplin mehrheitlich über das ganze Land verstreute Amateure im wahrsten Sinn des Wortes waren, die aus reiner Liebhaberei in der Umgebung ihrer Wohnorte herumgruben und sich wenig um so berühmte wissenschaftliche Publikationsreihen wie die der französischen Akademie kümmerten. Außerdem hatte Boucher de Perthes ohnedies Probleme mit seiner Glaubwürdigkeit. Erstens hatte er sich erst mit rund fünfzig Jahren für die Archäologie zu interessieren begonnen, zweitens hatte er davor neben mehreren Fünfaktern Abhandlungen über politische, gesellschaftliche und metaphysische Themen geschrieben, die insgesamt nicht weniger als neunundsechzig dicke Bände füllten. In einschlägigen Kreisen galt er deshalb schlicht als ein Hansdampf in allen Gassen. Und wenn er seine Entdeckungen nun in die phantasievolle Theorie einbettete, dass der Frühmensch durch eine globale Katastrophe ausgelöscht und ein zweites Mal neu erschaffen worden sei, dann trug das auch nicht gerade zur Verbesserung seines Rufes bei. Die Briten waren Boucher de Perthes wohlwollender gesonnen, allerdings nicht etwa, weil sie die besseren Wissenschaftler gehabt hätten – bei weitem nicht –, sondern nur deshalb, weil nördlich des Kanals, in Suffolk, Devon und Yorkshire, bereits ähnliche Entdeckungen gemacht worden waren. Im Jahr 1797 hatte der Privatgelehrte und Altertumsforscher John Frere bei Hoxne in der Nähe von Diss in Suffolk in einer Gesteinsschicht ungefähr dreieinhalb Meter unter der Erdoberfläche eine Reihe von Faustkeilen und Knochen längst ausgestorbener Tiere gefunden. Im Jahr 1825 war der katholische Priester John MacEnery bei Grabungen in der »Kent's Cavern« bei Torquay in Devon unter einer dicken Stalagmitenschicht neben dem Zahn eines ausgestorbenen Wollnashorns auf etwas gestoßen, das »eindeutig ein Feuersteingerät« war. Als man dann 1858 bei Steinbrucharbeiten über Brixham Harbour unweit von Devon und in Devon selbst auf mehrere kleine Höhlen stieß, stellten die Royal Society und die Geographical Society endlich ein hochrangiges Komitee zur Überwachung einer wissenschaftlichen Grabung an diesem Ort auf. Schließlich entdeckte man in einer Stalagmitenschicht die versteinerten Knochen eines Löwen, eines Rentiers, eines Wollnashorns und von anderen ausgestorbenen Tierarten aus dem Pleistozän und unterhalb dieser Schicht »Feuersteine, die zweifellos von Menschenhand geformt wurden«.[1] Im selben Jahr suchte der berühmte britische Paläontologe Hugh Falconer – ein Mitglied des Komitees, das die Ausgrabungen in Brixham überwachte – auf dem Weg nach Sizilien Boucher de Perthes in Abbeville auf und war wie vom Donner gerührt, als er sich dessen Funde besah. Sofort setzte er sich mit Prestwich und Evans in Verbindung und forderte sie als Angehörige der Disziplin, die hier am ehesten ein Urteil abgeben konnte, dazu auf, mit eigenen Augen zu begutachten, was in Abbeville zutage gefördert worden war.

Die beiden Engländer blieben nur eineinhalb Tage in Frankreich. Am Donnerstagmorgen nahmen sie die Kiesgrube in Abbeville in Augenschein. Evans notierte in sein Tagebuch: »Wir gingen zur Grube, wo dreieinhalb Meter unter der Oberfläche eines unbearbeiteten Kiesbetts prompt die Spitze eines Faustkeils herausragte... Eines der bemerkenswertesten Dinge bei dieser Sache ist, dass heute fast alle Tiere ausgestorben sind, deren Knochen just in denselben Kiesbetten wie diese Keile gefunden wurden.

Da hätten wir das Mammut, das Wollnashorn, den Urus-Tiger, usw., usw.« Evans und Prestwich fotografierten den Faustkeil an Ort und Stelle so, wie er aufgefunden worden war, und kehrten nach London zurück. Ende Mai erstattete Prestwich der Royal Society Bericht und erklärte, weshalb ihn die jüngsten Funde in England und Frankreich von einem »immensen Alter« der Menschheit überzeugt hatten. Im folgenden Monat vertrat Evans vor der Society of Antiquaries dieselbe Ansicht. Auch andere prominente Wissenschaftler verkündeten nun, dass man sie zu dieser neuen Sichtweise über die Ursprünge der Menschheit bekehrt habe.[2]

Diesen Ereignissen verdankt sich der moderne Begriff vom historischen Zeitablauf. Allmählich begann er die traditionelle Chronologie der Bibel zu ersetzen und ein bis dahin unvorstellbares Alter der Menschheit zu verdeutlichen, und dieses Umdenken war untrennbar mit der näheren Begutachtung von Steinwerkzeugen verknüpft gewesen.

*

Das heißt jedoch nicht, dass Boucher de Perthes der erste Mensch gewesen wäre, der die Schöpfungsgeschichte aus der Hebräischen Bibel angezweifelt hätte. Faustkeile kannte man offenbar schon mindestens seit dem 5. Jahrhundert v. d. Z. Eine Prinzessin aus Thrakien hatte sich eine ganze Sammlung davon zugelegt und sie sich sogar ins Grab mitgeben lassen – vermutlich, weil sie ihr Glück bringen sollten.[3] Man hatte sogar so viele von diesen seltsamen steinernen Gegenständen gefunden, dass sie schon zu den abstrusesten Erklärungen anregten. Einer populären, unter anderem auch von Plinius vertretenen Theorie zufolge sollte es sich dabei um »versteinerte Blitze« handeln, einer anderen Hypothese zufolge waren es »Zauberpfeile«. Mitte des 16. Jahrhunderts behauptete der italienische Arzt und Naturforscher Ulysses Aldrovandus, dass solche Steinformen durch »die Beimengung des Brodems von Donner und Blitz zu metallischer Materie in hauptsächlich schwarzen Wolken« entstanden seien und »durch die umfließende Feuchte geronnen und zu einer Masse verleimten (wie Mehl mit Wasser), bevor diese dann durch Hitze erhärtet wurde wie ein Ziegel«.[4]

Im Zeitalter der Entdeckungsreisen des 16. und 17. Jahrhunderts begegneten die Seefahrer jedoch Jäger- und Sammlerstämmen auf dem amerikanischen Kontinent, in Afrika und auf den pazifischen Inseln, die zum Teil noch immer mit solchen Steinwerkzeugen hantierten. Primär dank dieser Entdeckungen äußerte der italienische Geologe Georgius Agricola (1490–1555) schließlich als Erster die Meinung, dass vermutlich auch die in Europa aufgefundenen Werkzeuge menschlichen Ursprungs waren. Michele Mercati (1541–1593), der als Leiter des vatikanischen Botanischen Gartens und als Leibarzt von Papst Klemens VII. Gelegenheit hatte, die Steinwerkzeuge genauer zu betrachten, die man ihm als Geschenk aus der Neuen Welt mitgebracht hatte, vertrat die gleiche Meinung.⁵ Ein weiterer Befürworter dieser Theorie war der französische Calvinist und Diplomat Isaac de la Peyrère. Er verfasste 1655 eines der ersten Bücher, die die biblische Schöpfungsgeschichte in Frage stellten. Auch andere Gelehrte, darunter Edward Lhwyd, begannen sich nun auf diese Seite zu schlagen. Peyrères Buch *Die Prä-Adamiten* wurde ungemein populär und in mehrere Sprachen übersetzt – ein Hinweis, dass er etwas zu sagen hatte, das die Menschen hören wollten. In der Einleitung erläuterte er seine Theorie, dass es sich bei den versteinerten »Blitzschlägen« um Waffen handelte, um »Erzeugnisse vorgeschichtlicher, ›prä-adamitischer‹ Menschen«, die bereits vor der Erschaffung »der ersten Hebräer« gelebt hätten und bei denen es sich in erster Linie um Assyrer und Ägypter gehandelt habe. Adam und Eva könnten somit nur die Urelten der Juden gewesen sein, Nichtjuden weilten demnach schon viel länger auf Erden – waren ergo »prä-adamitisch«. Peyrères Werk wurde als »gotteslästerlich und pietätlos« geschmäht und er selbst schließlich von der Inquisition verhaftet; Exemplare seines Buches wurden auf den Straßen von Paris verbrannt und er selbst gezwungen, seiner »prä-adamitischen« These und seinem calvinistischen Glauben abzuschwören. Er starb in »geistiger Umnachtung« in einem Kloster.⁶

Peyrère hatte man seiner Ideen wegen zerstört, die Idee vom hohen Alter der Menschheit konnte man jedoch nicht so einfach zunichte machen, zumal sie durch immer neue Funde gestützt wurde. Doch keiner davon zog die gebührenden Konsequenzen nach sich. Und die Geologie, die bei der Entdeckung der Steinwerkzeuge ja den disziplinären Hintergrund bildete, war damals selbst tief gespalten. Die Tatsache, dass sich Geologen noch bis ins späte 19. Jahrhundert nicht wirklich für eine Klärung des Erdzeitalters interessierten, sondern vorrangig mit der Frage befasst waren, wie sich die geologischen Nachweise mit dem erdgeschichtlichen Bericht der Genesis in Einklang bringen ließen, überrascht bis heute. Im 31. Kapitel werde ich näher auf die Zwiegespaltenheit der damaligen Geologie eingehen: Auf der einen Seite standen die Anhänger der Katastrophentheorie, auf der anderen die Uniformitaristen. Bei Ersteren, den so genannten »Katastrophikern« oder »Diluvianern«, handelte es sich um Traditionalisten, die sich an die biblische Schöpfungsgeschichte klammerten – die älteste schriftliche Aufzeichnung, die Europäern damals zur Verfügung stand. Die Vergangenheit betrachteten sie als eine Abfolge von Katastrophen – mehrheitlich von Überschwemmungen, daher auch der Name »Diluvianer« oder Sintflut-Theoretiker –, und weil solche Katastrophen ihrer Vorstellung nach mehrmals hintereinander alles Leben auf der Erde vernichtet hatten, glaubten sie, dass Gott immer neue und verbesserte Lebensformen erschaffen habe. Die Geschichte von Noah und der Sintflut aus der Genesis betrachteten sie als das historische Protokoll der jüngsten

Katastrophe.[7] Die Diluvianer hatten natürlich die Kirche mit ihrem ganzen Gewicht auf ihrer Seite und sollten sich noch viele Jahrzehnte lang allen rivalisierenden Auslegungen der inzwischen vorliegenden Nachweise widersetzen. Beispielsweise behaupteten die Diluvianer eine Zeit lang, dass sich die ersten fünf Tage der biblischen Schöpfungsgeschichte allegorisch auf geologische Epochen bezogen, deren Entfaltung jeweils tausend Jahre oder länger gedauert habe; damit war zugleich gesagt, dass die Erschaffung des Menschen »am sechsten Tag« etwa um das Jahr 4000 v. d. Z. und Noahs Sintflut rund tausendeinhundert Jahre später stattgefunden hätten.

Die Argumente der Traditionalisten wurden allerdings auch durch die großen Leistungen der Archäologie des 19. Jahrhunderts im Nahen Osten gestützt, wenngleich indirekt. Die Ausgrabungen von Ninive und Ur in Chaldäa – der mythischen Heimat Abrahams –, die in Keilschrift festgehaltenen Namen biblischer Könige wie Sennacherib oder von Personen aus dem Stamme Jehudah wie Ezechiel stimmten voll und ganz mit der Chronologie in der Hebräischen Bibel überein und verliehen ihr somit zusätzlich Glaubwürdigkeit als einem historischen Dokument. Und während sich die Museen von London und Paris immer mehr mit solchen Relikten füllten, gewöhnten es sich die Menschen an, von einer »biblischen Geologie« zu sprechen.[8]

Doch auch die Gegenargumente der Uniformitaristen begannen an Boden zu gewinnen. Ihre These lautete, dass alle geologischen Nachweise auf eine Kontinuität hinwiesen, die nie von großen Naturkatastrophen unterbrochen worden sei. Die Erde wurde demnach in der Vergangenheit von denselben Naturprozessen geformt, wie sie für jeden Menschen sichtbar auch in der Gegenwart noch stattfinden: Flüsse bahnten sich ihren Weg durch Täler, Schluchten und zwischen Felsen hindurch; Schlick wurde ins Meer gespült und setzte sich als Sediment ab; gelegentlich brachen Vulkane aus; und manchmal bebte die Erde. Und wenn diese Prozesse in der Vergangenheit ebenso langsam vonstatten gegangen waren wie in der Gegenwart, konnte die Erde aus uniformitaristischer Sicht also nur wesentlich älter sein als von der Bibel vorgegeben. Noch einflussreicher als Peyrère war in diesem Zusammenhang Benoît de Maillet, dessen vermutlich bereits um die Wende zum 18. Jahrhundert geschriebenes Buch *Telliamed* erst 1748 posthum veröffentlicht wurde. Er hatte nicht einmal mehr den Versuch unternommen, irgendwelche Übereinstimmungen mit der Genesis zu finden, und es wohl auch genau deshalb vorgezogen, seine Ideen als eine Phantasterei aus der Feder eines indischen Philosophen namens Telliamed darzustellen – sein eigener Name rückwärts buchstabiert. Maillet ließ ihn behaupten, dass die Erde einst von Wasser bedeckt gewesen sei, in dessen Tiefen sich durch die Strömungen Berge aufzutürmen begonnen hatten. Als sich das Wasser zurückzog, tauchten diese Gebirge auf. An der Luft setzte ihre Erosion ein, und durch diese neuen Ablagerungen auf dem Meeresgrund entstand das Sedimentgestein.[9] Maillet war überzeugt, dass sich die Ozeane immer noch Jahr für Jahr leicht zurückzogen, doch die entscheidenden Punkte in seiner Chronologie waren andere, nämlich erstens, dass darin keine Flut in jüngerer Vergangenheit vorkam, und zweitens, dass angesichts seines erdgeschichtlichen Bildes eine unendlich lange Zeit vergangen sein musste, bevor eine menschliche Zivilisation auftauchen konnte. Außerdem war er überzeugt, dass das Leben im Wasser begonnen habe, weshalb er auch für jede terrestrische Lebensform ein äquivalentes Meereslebewesen suchte. Hunde zum Beispiel waren für ihn die terrestrischen Äquivalente zu Seehunden. Und wie Peyrère glaubte auch Maillet, dass es schon vor Adam Menschen gegeben habe.

Ebenfalls in Frankreich stellte der große Naturalist Comte de Buffon im Jahr 1779 Berechnungen an, die ein Erdzeitalter von 75 000 Jahren ergaben. Er korrigierte diese Zahl später auf 168 000 Jahre, obwohl die Erde seiner persönlichen Meinung nach – die er zu Lebzeiten allerdings nie öffentlich machte – eher eine halbe Million Jahre alt war. Aber auch er versuchte den ungläubigen Lesern seine radikalen Ideen zu versüßen, in seinem Fall mit der Idee von sieben »Epochen« der Erdentstehung, die es orthodoxeren Christen ermöglichten, eine Querverbindung zu den sieben Schöpfungstagen der Genesis herzustellen.

Damals klangen solche Ansichten weit weniger abstrus als heute. Die klassische Zusammenfassung des »uniformitaristischen« Arguments offerierte der Brite Charles Lyell in den drei Bänden seines zwischen 1830 und 1833 erschienenen Werks *Principles of Geology*. Es beruhte nicht nur auf Beobachtungen, die er selbst auf dem Ätna gemacht hatte, sondern bezog auch die Arbeiten anderer Geologen ein, denen er auf dem europäischen Festland begegnet war (darunter Etienne Serres und Paul Tournal). Detailliert erläuterte Lyell darin seine Schlussfolgerung, dass sich die Erdvergangenheit aus »ununterbrochenen« geologischen Prozessen zusammensetzte, welche in etwa im selben Tempo abgelaufen seien wie die in der Gegenwart ersichtlichen. Und auch dieser neue Blick auf die geologische Vergangenheit öffnete nun die Frage über das Alter der Menschheit einer empirischen Antwort.[10] Zu den eifrigsten Lesern seines Buches zählte der stark von Lyell beeinflusste Charles Darwin.

*

Dass die Uniformitaristen allmählich die Oberhand gewannen, bedeutete zwar, dass der Erde nun ein hohes Alter zugestanden wurde, doch das hieß noch lange nicht, dass man der Menschheit dasselbe zubilligte. Sogar Lyell gehörte zu den vielen Gelehrten, die sich noch jahrelang gegen diesen Gedanken sperren sollten. Gut, die Genesis lag vielleicht falsch, doch worin genau? Und in welchem Ausmaß? In diesem Zusammenhang leistete der französische Anatom und Paläontologe Georges Cuvier bahnbrechende Arbeit. Seine anatomischen Vergleiche von lebenden Tieren und insbesondere Wirbeltieren hatten ihn gelehrt, die Gestalt ganzer Geschöpfe anhand einiger weniger Knochen zu rekonstruieren. Als man Ende des 18. Jahrhunderts fossile Knochen zu erforschen begann, sollte sich Cuviers Technik als ausgesprochen nützlich erweisen; und als man dieses neue Wissen schließlich zu nutzen begann, um sich die Verteilung von fossilisierten Tierknochen in den verschiedenen Gesteinsschichten zu erklären, begann man zu begreifen, dass die Überreste, die man in den tieferen Schichten fand, völlig anders waren als die Knochen jeder bekannten lebenden Tierart und deshalb nur von ausgestorbenen Arten stammen konnten. Eine Zeit lang glaubte man zwar noch, dass solche ungewöhnlichen Geschöpfe immer noch in irgendwelchen unentdeckten Regionen der Erde lebten und deshalb eines Tages gefunden würden, doch diese Hoffnung sollte sich schnell zerschlagen. Die Erkenntnis, dass es im Lauf der Geschichte ein Werden und Vergehen in Hülle und Fülle gegeben haben muss, begann an Boden zu gewinnen. Das war ein auf die Biologie und Geologie angewandter Uniformitarismus, und wieder einmal stimmte nichts mit der Genesis überein. Die Nachweise, die sich im Gestein fanden, ließen nur eine Erklärung zu: Das Entstehen und Vergehen von Leben muss über sehr lange Zeiträume hinweg stattgefunden haben. Als ägyptische Pharaonenmumien von den napoleonischen Eroberern nach Frankreich gebracht wurden, hatte man schließlich einen Nachweis, dass der Mensch seit Tausenden von Jahren *unverändert* geblieben war. Ein hohes Alter der Menschheit schien also immer wahrscheinlicher.

Im Jahr 1844 veröffentlichte der Edinburgher Verleger und Universalgelehrte Robert Chambers anonym seine Studie *Vestiges of the Natural History of Creation*. Wie der Wissenschaftshistoriker James Secord jüngst nachwies, schlug sie wie eine Bombe im viktorianischen England ein – denn es war damit Chambers und nicht Darwin, welcher der Öffentlichkeit erstmals die Idee von einer Evolution präsentierte. Chambers hatte zwar noch keine Ahnung, *wie* Evolution funktioniert oder auf welche Weise die natürliche Auslese zum Werden von neuen Arten führt; dafür stellte er detailliert und überzeugend ein altes Sonnensystem dar, das in einem »Feuernebel« begonnen hatte, unter dem Einfluss der Schwerkraft zusammenstrebte und sich dann im Zuge von heftigen geologischen Prozessen – die allmählich nachließen, aber noch über Äonen hinweg ihre Wirkung zeigten – abgekühlt hatte. Mit einem Wort: Chambers hatte einen natürlichen und rein materiellen Ursprung des Lebens vor Augen und bekannte sich öffentlich zu der Vorstellung, dass die menschliche Natur »nicht von einer spirituellen Kraft herrührt, welche sie von den Tieren abgrenzt, sondern eine unmittelbare Erweiterung der Anlagen ist, welche sich im Laufe des evolutionären Prozesses entwickelt haben«.[11] Der bei weitem wichtigste Satz in seinem Buch aber lautete: »Die Vorstellung, welche ich mir somit vom Fortschritt des organischen Lebens auf Erden gebildet habe – und diese Hypothese ist auf alle gleichartigen Schauplätze vitalen Lebens anwendbar – lautet demnach, *dass die einfachste und primitivste Art der jeweils nächsthöheren nach einem Gesetze ins Leben verhilft, welches dem der gleichwertigen Erzeugung überlegen ist, und dass diese nächsthöhere Art wiederum die nächsthöhere erzeugte, und immer so weiter, bis hin zur höchsten;* dabei waren die Entwicklungsstufen des Lebens jedoch jeweils sehr klein – will sagen, sie setzten sich immer nur von der einen Art zur nächsten fort, sodass das Phänomen selbst grundsätzlich von sehr einfacher und bescheidener Beschaffenheit blieb.«[12]

*

Parallel dazu hatten inzwischen auch in einer anderen jungen Disziplin neue Entwicklungen stattgefunden: der Archäologie. Im frühen 19. Jahrhundert hatte es vor allem im Nahen Osten einige spektakuläre Ausgrabungen gegeben, doch wie der englische Kulturhistoriker Peter Burke nachwies, war das Interesse am Altertum seit der Renaissance ohnedies nie erloschen und vor allem während des 17. Jahrhunderts sehr groß gewesen.[13] Mittlerweile hatte man auch die Klassifikation nach dem Dreiperiodensystem eingeführt – Steinzeit, Bronzezeit, Eisenzeit –, die für uns heute selbstverständlich ist. Erstmals angewendet wurde sie dank eines ungewöhnlichen Zusammenspiels von historischen Fakten in Dänemark.

Im Jahr 1622 hatte König Christian IV. von Dänemark ein Gesetz zum Schutz von Altertümern erlassen; 1630 wurden in Schweden ein Landesamt für Altertümer und ein Kollegium für Altertumsstudien ins Leben gerufen, und Ole Worm gründete in Kopenhagen das Museum Wormianum. Anfang des 19. Jahrhunderts begann sich in Dänemark eine deutlich nationalistische Tendenz herauszubilden, vor allem der Schlachten wegen, die das Land mit Deutschland um Schleswig-Holstein geführt hatte, und wegen der Tatsache, dass die Briten – die gerade Napoleon und seine zögerlichen Bündnispartner auf dem Kontinent bekämpften – 1801 fast die gesamte dänische Flotte im Hafen von Kopenhagen vernichtet und die dänische Hauptstadt 1807 erneut angegriffen hatten. Eine Folge dieser militärischen Konfrontationen und der daraus resultierenden nationalistischen Woge war das Bedürfnis, die Geschichte des eigenen Königreichs genauer unter die Lupe zu nehmen – »als Quell des Trostes und als Ermutigung, sich der Zukunft zu stellen«.[14] Da traf es sich gut, dass Dänemark mit vielen Dolmen, Menhiren und Megalithen gesegnet und deshalb besonders gut in der Lage war, seiner nationalen Vergangenheit auf den Grund zu gehen.

Die Schlüsselfigur bei diesem Projekt war Christian Jürgensen Thomsen, seines Zeichens Numismatiker. Seit die Renaissance ihre Liebe für das klassische Griechenland und Rom entdeckt hatte, war das Interesse an Altertümern stetig gewachsen. Im 18. Jahrhundert legte man sich mit Vorliebe Münzsammlungen zu, weil sie sich anhand der eingeprägten Namen und Daten besonders gut chronologisch ordnen ließen und weil die stilistischen Veränderungen, die sich dank dieser Daten ebenfalls zeitlich einordnen ließen, den Zeitenwandel insgesamt nachvollziehbarer machten. Im Jahr 1806 veröffentlichte Rasmus Nyerup, Bibliothekar an der Universität von Kopenhagen, ein Buch, in dem er für die Einrichtung eines dänischen Nationalmuseums nach dem Vorbild des *Musée National des Monuments Français* eintrat, das nach der Revolution in Paris gegründet worden war. Ein Jahr später verkündete die dänische Regierung die Einberufung eines königlichen Komitees für die Sammlung und Konservierung von nationalen Altertümern, das dann tatsächlich Vorkehrungen für die Gründung eines Nationalmuseums traf. Thomsen wurde sein erster Kurator. Als das neue Haus im Jahr 1819 seine Tore öffnete, konnte das staunende Publikum alle ausgestellten Artefakte chronologisch nach Stein-, Bronze- oder Eisenzeit geordnet bewundern. Chronologische Einteilungen waren zwar schon früher vorgenommen worden – sie gehen bis auf Lukrez zurück –, doch hier wurde diese Idee erstmals praktisch bei einer Ausstellung von Artefakten umgesetzt. Inzwischen war die dänische Antikensammlung zu einer der größten in ganz Europa angewachsen, und das wusste Thomsen zu nutzen, denn neben der Chronologie wollte er nun anhand der wechselnden Stile auch erforschen, wie ein Stadium zum nächsten geführt hatte.[15]

Doch obwohl das Museum bereits 1819 eröffnet worden war, publizierte Thomsen seine Erkenntnisse und Theorien erst im Jahr 1836 und zuerst nur in dänischer Sprache. Im folgenden Jahr wurde sein Werk unter dem Titel *Leitfaden zur nordischen Altertumskunde* in Deutschland veröffentlicht; 1848, vier Jahre nachdem Chambers seine *Vestiges* publiziert hatte, erschien es in englischer Übersetzung. So trat das Dreiperiodensystem also von Skandinavien aus seinen Siegeszug durch Europa an. Die Idee von einer kulturellen Evolution war zum Gegenstück der Idee von einer biologischen Evolution geworden.

In etwa zur gleichen Zeit bemerkten Frühgeschichtler wie zum Beispiel der französische Prähistoriker Jouannet erstmals auch einen Unterschied bei den Steinwerkzeugen. Da gab es die bearbeiteten Werkzeuge, die man neben den fossilen Knochen von heute ausgestorbenen Tierarten gefunden hatte, und da gab es ausgefeiltere Exemplare, die man in Hügelgräbern aus einer jüngeren Zeit entdeckt hatte, als diese Tierarten längst ausgestorben waren. Solche Beobachtungen sollten schließlich zu der neuen Chronologie des Vierperiodensystems führen: Altsteinzeit, Jungsteinzeit, Bronzezeit und Eisenzeit.

Im Mai 1859, als Evans und Prestwich von ihrem Besuch bei Boucher de Perthes in Abbeville zurückkehrten, konnten angesichts dieser Vorgeschichte die Bedeutung und Relevanz der steinernen Faustkeile also kaum mehr bestritten oder falsch ausgelegt werden. Paläontologen, Archäologen und Geologen aus ganz Europa hatten mittlerweile ein völlig neues Bild zusammengefügt. Trotzdem herrschte nach wie vor reichlich Verwirrung. Edouard Lartet, Cuviers Nachfolger in Paris, war ebenso vom hohen Alter der Menschheit überzeugt wie Prestwich; Lyell hingegen sollte sich noch jahrelang gegen diese Idee stemmen. In einem berühmten Brief an Charles Darwin entschuldigte er seinen Starrsinn mit den Worten, er könne einfach nicht gleich auf den ganzen Orang setzen: *go the whole Orang*. Darwin hatte mit der Veröffentlichung seines Werkes *Die Abstammung des Menschen und die geschlechtliche Zuchtwahl* (oder um es hier einmal mit vollem Originaltitel zu nennen: *On the Origin of Species by Means of Natural Selection or the Preservation of the Favoured Races in the Struggle of Life*), das in dem Jahr erschien, in dem Prestwich und Evans aus Frankreich zurückkehrten, *nicht* beabsichtigt, einen Beweis für das Alter der Menschheit anzutreten; er wollte nur einen Nachweis für die Prozesse liefern, durch die sich eine Art in die nächste weiterentwickeln konnte. Und damit hatte er nicht nur auf Chambers aufgebaut, sondern auch die Notwendigkeit für die Existenz eines Schöpfers abgeschafft. Mit der *Abstammung des Menschen* schloss sich der revolutionäre Kreis des evolutionären Denkens, das mit Peyrère und Maillet begonnen hatte und von Chambers so populär gemacht worden war, da Darwin nun bestätigt hatte, wie langsam der Prozess der »natürlichen Zuchtwahl« vonstatten ging. Und völlig unbeabsichtigt hatte er damit zugleich die These gestützt, dass der Mensch sehr viel älter sein musste, als es die Bibel vorgab. Unter den vielen Dingen, die sich mit dem Prinzip des natürlichen Ausleseprozesses erklären ließen, war nun also auch eine Erklärung für die große Unterschiedlichkeit der paläontologischen Nachweise gefunden worden. Das hohe Alter der Menschheit war nicht mehr zu bezweifeln.

Kaum hatte sich diese Idee durchgesetzt, begannen sich rapide weitere Ideen zu entwickeln. 1864 legte ein englisch-französisches Team unter der Leitung von Edouard Lartet und des Londoner Bankiers und Altertumsforschers Henry Christy eine Reihe von Höhlenlagerplätzen im Perigord frei und entdeckten in La Madeleine unter anderem ein Stück Mammutstoßzahn, in das die Gestalt eines Wollmammuts eingeritzt war. Das »beseitigte auch die letzten Zweifel an der Koexistenz des Menschen mit den ausgestorbenen Tieren des Pleistozän«.[16]

Das inzwischen allgemein bekannte Vierperiodensystem diente im Jahr 1867 als Grundlage für den großen archäologischen Themenpark der Weltausstellung von Paris: Raum für Raum konnten die Besucher durch die europäische Prähistorie wandern. Die wissenschaftliche Archäologie hatte die Traditionen der Altertumsforschung abgelöst. »Nun konnte man sich eine Kulturgeschichte vorstellen, die unabhängig war von schriftlichen Aufzeichnungen und bis in paläolithische Zeiten zurückreichte, wie es anhand von eisenzeitlichen Grabstätten in Frankreich und Großbritannien, bronzezeitlichen Siedlungen in der Schweiz und neolithischen Kehrichthaufen in Dänemark bewiesen worden war.«[17] Endlich schloss sich auch Charles Lyell dieser Sicht an: 1863 veröffentlichte er sein Buch *Geological Evidences for the Antiquity of Man*. Viertausend Exemplare wurden allein in der ersten Woche verkauft, und noch im selben Jahr erschienen zwei Nachauflagen.

Seither wurden Steinwerkzeuge in aller Welt gefunden. Ihre Verbreitung und ihre Unterschiedlichkeiten ermöglichten viele Rekonstruktionen unserer grauen Vorzeit, darunter auch der ersten Ideen und Gedanken des Frühmenschen. In den einenhalb Jahrhunderten, seit Prestwich und Evans die Entdeckungen von Perthes bestätigt hatten, wurden von Menschenhand gefertigte Steinwerkzeuge aus immer früheren Zeiten gefunden, bis zurück zu dem Zeitpunkt, an dem dieses Buch nun beginnen soll: vor 2,7 Millionen Jahren, am Gona-Fluss in Äthiopien.

TEIL EINS

VON LUCY BIS GILGAMESCH:

Die Evolution der Vorstellungskraft

I

Vorsprachliche Ideen

George Schaller, der Leiter der Artenschutzabteilung der Zoologischen Gesellschaft von New York, gilt unter seinen Kollegen in der Biologie als ein besonders akribischer Beobachter von wilden Tieren. In seiner langen, herausragenden Karriere betrieb er viele systematische Studien an Löwen, Tigern, Geparden, Leoparden, Wildhunden, Berggorillas und Hyänen. In seinem 1993 veröffentlichten Buch *The Last Panda (Der letzte Panda)* berichtet er eine Menge eindrucksvoller neuer Fakten über das Tier, das die Chinesen »Bärkatze« nennen. Ein kranker Panda aus der Region Wolong schleppte sich zum Beispiel aus eigenem Antrieb zu einer Bauernfamilie, ließ sich drei Tage lang mit Zucker und Reisbrei aufpäppeln und kehrte in die Wälder zurück, als er sich wieder fit genug fühlte.[1]

Ende der sechziger Jahre verbrachte Schaller ein paar Tage mit einem Kollegen in der Serengeti im ostafrikanischen Tansania und machte dort eine simple Beobachtung, die offenbar allen anderen Forschern entgangen war. Im Lauf von nur wenigen Tagen stolperten sie über jede Menge Kadaver, »die einfach so herumlagen«, darunter ein toter Büffel und die zerfleischten Überreste von Löwenbeute. Aber sie fanden auch verletzte oder kranke Tiere, die leichte Beute für jedes Raubtier waren. Kleineren Wildarten wie der Thompsongazelle gelang es höchstens für die Dauer eines Tages, in diesem Zustand nicht gerissen zu werden, größere Tiere wie ausgewachsene Büffel hingegen überlebten rund vier Tage, obwohl sie eine so verlockende Nahrungsquelle darstellten.[2] Schaller zog daraus den Schluss, dass dem Frühmenschen das Überleben in der Serengeti relativ leicht gefallen sein dürfte, da er sich nur am Aas zu bedienen brauchte und es im Busch genügend »Verfall« gab, sodass er nicht selbst auf die Jagd zu gehen brauchte. Schallers Kollegen fügten dem später die Beobachtung hinzu, dass sich die Hadza, ein Stamm von Jägern und Sammlern im Norden von Tansania, sogar heute noch am Aas bedienen: Sie schleichen sich an Löwen an, die gerade Beute gerissen haben, und beginnen ein solches Mordsspektakel, dass die Raubtiere erschrocken das Weite suchen.

Solche Umrisse von frühesten menschlichen Lebensweisen beruhen natürlich auf reinen Mutmaßungen.[3] Wollte man diese Praxis als eine

»Idee« des Vormenschen würdigen, wäre das gewiss eine Übertreibung, denn hier war eindeutig der Instinkt am Werk. Doch die Aasfresserei ist möglicherweise gar kein schlechter Anknüpfungspunkt. Es könnte sogar sein, dass die offene afrikanische Savanne Tiere begünstigte, die, wie zum Beispiel das Großflusspferd oder die Giraffe, gleichermaßen Generalisten wie Spezialisten waren, und dass genau dieser Umstand der Intelligenz des Menschen einen ersten Schub versetzte. Die Aasfresser-Hypothese wurde nach der Untersuchung von Schrammen, die sich auf vielen fossilen Knochen aus paläontologischen Fundstätten fanden, erst jüngst wieder gestützt: Alle Knochen, die von Räubern abgenagt wurden, weisen solche Kratzer auf; eine Schlachtung von Menschenhand hinterlässt weit weniger solcher Spuren. Das heißt, man muss sich klar machen, dass der Fleischverzehr des Frühmenschen an sich noch nicht notwendigerweise den Schluss auf frühmenschliche Jagdaktivitäten zulässt.[4]

Für die erste Idee des Menschen gibt es zwei Kandidaten, wobei die eine hypothetischer ist als die andere und mit der Entwicklung des Bipedalismus, der Zweifüßigkeit, zusammenhängt. Noch lange nachdem Charles Darwin 1871 seine *Abstammung des Menschen* veröffentlicht hatte, herrschte Konsens bei der Frage, wie sich der aufrechte Gang entwickelt habe. In Anlehnung an Darwin ging jedermann davon aus, dass die Vorfahren des Menschen von den Bäumen herabgeklettert waren und aufgrund der klimatischen Veränderungen, die den Regenwald verdrängt und das Entstehen der offenen Savanne gefördert hatten, aufrecht zu gehen begann. Vor etwa sechseinhalb bis fünf Millionen Jahren entzog die antarktische Eiskappe den Meeren so viel Wasser, dass sogar das Mittelmeer trockengelegt wurde. Die Datierung wird auch durch genetische Beweise gestützt: Wie wir heute wissen, beträgt die elementare Mutationsrate der DNA 0,71 Prozent pro eine Million Jahre. Wenn wir uns also von den heute bestehenden Unterschieden zwischen der DNA eines Schimpansen und der eines Menschen zurückarbeiten, kommen wir zu dem Ergebnis, dass sich die Abspaltung des Menschen vom Schimpansen vor 6,6 Millionen Jahren vollzogen haben muss.[5]

Inzwischen wurden mehrere bipedale Affenarten in Afrika entdeckt, bis hin zum *Sahelanthropus*, der vor etwa sechs bis sieben Millionen Jahren in der Djurab-Wüste im Tschad (Sahelzone) lebte und einem gemeinsamen Vorfahren von Schimpanse und Mensch ähnelt.[6] Doch der erste menschliche Vorfahre, dessen Bipedalismus wirklich gesichert ist, war der *Australopithecus afarensis*, besser bekannt unter dem Namen »Lucy«, den die Paläontologen einem weiblichen Skelett dieser Gattung gaben, weil an dem Abend, als es entdeckt wurde, im Camp der Beatles-Song »Lucy in the sky with diamonds« lief. Von Lucys Skelett war genügend übrig geblieben, um zweifelsfrei den Rückschluss zuzulassen, dass der Vormensch vor rund 3,4 bis 2,9 Millionen Jahren aufrecht gegangen war.

Mittlerweile glaubte man, dass das Hirn unserer direkten Vorfahren den ersten und entscheidenden Wachstumsschub im Zusammenhang mit der Evolution des Bipedalismus erfuhr – entscheidend deshalb, weil er das stärkste Wachstum aller Zeiten mit sich brachte; heute ist unser Gehirn im Vergleich zu unserem Körper nachweislich etwas kleiner als früher.[7] Man ging allgemein davon aus, dass der aufrechte Gang in der neuen, offenen, savannenartigen Umwelt nicht nur den Transport von Nahrungsmitteln in die Baumregionen erleichterte, die inzwischen viel weiter voneinander entfernt waren und wo sich die anderen Gruppenmitglieder aufhielten, sondern auch Arme und Hände für die Herstellung von Steinwerkzeugen frei machte. Das ermöglichte dem Vormenschen wiederum die Ernährungsumstellung auf Fleisch und somit auf eine wesentlich kalorienreichere Nahrung, die ihrerseits das Gehirnwachstum förderte. Außerdem hatte der aufrechte Gang noch eine ganz andere entscheidende Konsequenz, nämlich die Verlagerung des Kehlkopfs nach unten: Er sitzt beim Menschen viel tiefer als beim Affen.[8] Diese neue Position war wesentlich günstiger für die Bildung von Vokalen und Konsonanten, außerdem veränderte sich durch den aufrechten Gang das Atmungsmuster und damit die Qualität der Tonbildung. Da Fleisch nicht nur nahrhafter, sondern auch einfacher zu kauen war als zähe Pflanzenfasern, trug die Nahrungsumstellung schließlich zur Ausbildung des Kiefers und zur Entwicklung einer feineren Muskelstruktur bei, die dann auch subtilere Zungenbewegungen und deshalb eine für die Sprachbildung notwendige breitere Tonpalette zuließ. Neue Schneidewerkzeuge ergänzten die Zähne, und vermutlich genau deshalb wurde das Gebiss kleiner, was ebenfalls hilfreich für die Entwicklung von Sprache war. Natürlich war nichts von alledem »beabsichtigt« – es waren »Nebenprodukte« der Zweibeinigkeit und des Fleischverzehrs. Die letzte Konsequenz des aufrechten Ganges schließlich war, dass nur noch Kinder mit relativ kleinen Köpfen und Gehirnen zur Welt kamen, da die weiblichen Vormenschen ein relativ enges Becken brauchten, um gut laufen zu können. Daraus ergab sich wiederum, dass Kinder länger von ihren Müttern abhängig blieben, was eine Arbeitsteilung zwischen Mann und Frau erforderlich machte. Die Männer hatten nun die Aufgabe, ihren Partnerinnen und Kindern Nahrung zu besorgen. Im Lauf der Zeit entwickelte sich aus dieser Aufgabenverteilung die Kernfamilie, wodurch die Gemeinschaftsstruktur der kognitiven Gruppe immer komplexer wurde. Und genau diese komplexere Struktur – gemeint ist hier die Notwendigkeit, das Verhalten anderer Gruppenmitglieder in bestimmten Situationen vorauszusagen – war nach allgemeiner Auffassung der entscheidende Mechanismus für die Entwicklung des Bewusstseins: Ein Individuum, das in der Lage ist, das Verhalten anderer vorherzusagen, muss ganz einfach ein Ich-Bewusstsein erworben haben.

Das fügt sich alles prächtig ineinander – viel zu prächtig, wie sich herausstellen sollte. Denn während der Vormensch vor sechs Millionen Jahren aufrecht zu gehen begann, sind die ältesten Steinwerkzeuge erst 2,5 bis 2,7 Millionen, vielleicht auch drei Millionen Jahre alt – das heißt, es liegt eine viel zu lange Zeit zwischen diesen beiden Faktoren, als dass sie direkt miteinander in Verbindung gebracht werden könnten. Außerdem haben moderne Experimente bewiesen, dass der aufrechte Gang keineswegs die Energieeffizienz steigert. Und je mehr fossile Nachweise gefunden wurden, desto deutlicher wurde auch, dass die frühen bipedalen Affen in Wirklichkeit in baumreichen Regionen lebten.[9] Angesichts dieser Umstände gelangten Nina Jablonski und George Chaplin von der kalifornischen Akademie der Wissenschaften schließlich zu der Überzeugung, dass der Mensch den aufrechten Gang in Wahrheit erlernt habe, um im Wettbewerb mit anderen Säugetieren größer und bedrohlicher zu wirken, dadurch tödliche Konflikte zu vermeiden und Zugang zu mehr Nahrungsquellen zu erhalten. Die Idee hinter dieser These ergab sich aus der Beobachtung von wild lebenden Gorillas und Schimpansen: Beide Affenarten stellen sich aufrecht hin, stolzieren auf und ab, fuchteln wild mit den Armen und klopfen sich gegen die Brust, wenn sie Konkurrenten bei der Nahrungssuche oder bei einem Sexualpartner abschrecken wollen. Solche Auftritte sind zwar nicht immer wirkungsvoll, doch immerhin so oft von Erfolg gekrönt, dass Jablonski und Chaplin zu der Annahme kamen: »Individuen, die lernten, spannungsreiche Situationen durch die Zurschaustellung von bipedalen Fähigkeiten zu entschärfen, könnten das Risiko von Verletzung oder Tod reduziert und somit logischerweise auch ihre Reproduktionschancen erhöht haben.« Aus diesem Blickwinkel betrachtet, ist Zweibeinigkeit zwar nach wie vor der eigentliche Grund für die Veränderungen des vormenschlichen Körperbaus, entwickelte sich aber, weil sie evolutionäre verhaltenspsychologische Konsequenzen hatte. Und da dieser Entwicklung nahezu sicher ein starkes instinktives Element innewohnt, lässt sie sich bestenfalls als eine Proto-Idee bezeichnen.[10]

Der zweite Anwärter für die erste Idee des Menschen ist wesentlich besser dokumentiert: die Entwicklung von Steinwerkzeugen. Wie noch festzustellen sein wird, zog sich die Herstellung von Steinwerkzeugen über mindestens fünf große prähistorische Phasen hin, in deren Verlauf der Frühmensch Steine immer besser zu bearbeiten lernte. Die wichtigsten Daten, die man sich im Zusammenhang mit dem Auftreten von großen technologischen Umbrüchen einprägen sollte, sind die Zeiten vor 2,5 Millionen, 1,7 Millionen, 1,4 Millionen, 700 000 und vor 50 000 bis 40 000 Jahren.[11] Die ältesten bislang gefundenen Artefakte stammen aus der Flussebene von Gona in Äthiopien. Dabei handelt es sich primär um Gegenstände aus vulkanischem Flusskieselgestein, die oft nur schwer von natürlich entstandenen Steinformen zu unterscheiden sind. Irgendwann vor ungefähr 2,5 Millionen Jahren lernte der Mensch, dass er mit einem

Stein nur in bestimmter Weise auf einen anderen einzuschlagen brauchte, um ein dünnes, scharfkantiges »Splittermesser« abschlagen zu können, mit dem er das Fell eines toten Zebras oder einer Gazelle durchdringen und den Kadaver zerlegen konnte. Für das ungeschulte Auge sieht der primitive, kugelförmige Steinhammer aus Gona kaum anders aus als die Kiesel aus dieser Region. Doch Archäologen fanden heraus, dass ein Stein, der seine Form durch Abschlagbewegungen mit einem anderen Stein erhielt, einen typischen »Schlagbuckel« direkt neben dem Aufschlagpunkt aufweist, und genau dieser Buckel wird seither von Fachleuten als Vergleichskriterium genutzt, um von Menschenhand bearbeitete Artefakte von den Steinen zu unterscheiden, die durch natürliche Vorgänge wie »Zusammenstöße« im Wasser auseinander gebrochen sind.[12]

Auch wenn wir es hier mit einem kulturellen Artefakt zu tun haben, so gibt es doch einen folgenschweren Zusammenhang zwischen diesen Steinwerkzeugen und der späteren *biologischen* Entwicklung des Menschen, und zwar deshalb, weil auf dem Ernährungsplan des Vormenschen bis vor 2,5 Millionen Jahren ausschließlich Pflanzen standen; erst die Erfindung des Steinwerkzeugs versetzte ihn in die Lage, auch Fleisch zu essen, da er nun an das Muskelfleisch und die Innereien kleiner und großer Beutetiere herankam. Und das hatte gewaltige Auswirkungen auf die Entwicklung des Gehirns. Alle Säugetiere – Primaten, aber vor allem der Mensch – sind stark gehirnlastig, das heißt, alle besitzen ein im Verhältnis zur Körpermasse großes Gehirn. Im Gegensatz beispielsweise zu Reptilien haben Säugetiere vergleichbarer Größe ein etwa viermal größeres Gehirn.[13] Beim modernen Menschen macht das Gehirn nur zwei Prozent des Körpergewichts aus, verbraucht aber zwanzig Prozent aller Stoffwechselressourcen. Wir werden noch feststellen, dass zwar jede große Neuerung bei der Steinbearbeitungstechnik von einem Gehirnwachstum begleitet war, die späteren Wachstumsschübe aber bei weitem nicht mehr so gewaltig waren wie dieser allererste Entwicklungssprung.[14]

Dass vor etwa zweieinhalb Millionen Jahren eine massive Veränderung der Hirnstruktur im Hinblick auf Größe und/oder Aufbau stattfand, steht außer Frage. Einst glaubte man, dass die Fertigkeit der Werkzeugherstellung ein eindeutiges Zeichen für »Menschlichkeit« sei, doch das war, bevor Jane Goodall in den sechziger Jahren des 20. Jahrhunderts beobachtete, wie Schimpansen Blätter von dünnen Ästen streiften, die Stöckchen in Termitenlöcher steckten und sie anschließend wieder herauszogen. Nun waren sie angenehmerweise voller Termiten, und die Affen leckten sie in aller Ruhe ab. Man hat auch Schimpansen beobachtet, die Steine als »Hammer« verwendeten, um Nüsse zu knacken; in Uganda entdeckte man, dass sie belaubte Zweige als Fächer benutzen, um Insekten zu vertreiben. Dennoch haben Paläontologen zwei entscheidende Unterschiede zwischen den Steinwerkzeugen der ersten Hominiden und den Werkzeugen anderer Primaten festgestellt. Erstens fertigten nur Hominiden Steinwerkzeuge, die einzig dem Zweck dienten, andere Werkzeuge wie Splittermesser herzustellen, um beispielsweise einen Stock anzuspitzen. Zweitens mussten die ersten Hominiden in der Lage gewesen sein zu »erkennen«, dass ein bestimmtes Werkzeug aus bestimmten herumliegenden Steinen »gewonnen« werden konnte. Der Archäologe Nicholas Toth von der Universität Indiana verbrachte viele Stunden damit, einem ungemein cleveren Bonobo – eine Art Pygmäen-Schimpanse – namens Kanzi beizubringen, wie man Steinwerkzeuge anfertigt. Kanzi machte seine Sache prima, aber eben nicht auf typisch menschliche Weise, indem er einen Stein gegen den anderen schlug. Er schleuderte den zu bearbeitenden Stein einfach so lange auf den Betonboden seines Käfigs, bis er die gewünschte Form hatte. Kanzi verfügte folglich nicht über die geistige Fähigkeit, das Werkzeug zu »sehen«, das sich in einem Stein »verbarg«.[15]

Ähnliche frühe Steinwerkzeuge wie in der Flussebene von Gona fand man auch in der südäthiopischen Omo-Ebene, in der Nähe von Koobi Fora am Turkanasee, gleich an der Grenze zu Kenia, sowie in der Region von Riwat im Norden Pakistans. Letzterer Fall ist allerdings noch umstritten. In Fachkreisen bezeichnet man diese Funde als den »Omo-Industriekomplex«. Auf diese Omo-Industrie folgte in der Chronologie eine neue Art von Steinwerkzeugen, die so genannten »Oldowan-Werkzeuge«, benannt nach ihren Fundorten in der Olduvai-Schlucht in Tansania, die sich auf zwei bis 1,5 Millionen Jahre zurückdatieren lassen. In der Schlucht an der südlichsten Ecke der Serengeti wurden so viele bahnbrechende Entdeckungen gemacht, dass sie zur vermutlich berühmtesten paläontologischen Fundstätte überhaupt geworden ist.

Steinwerkzeuge tauchen üblicherweise nicht isoliert auf. An vielen der etwa 1,75 Millionen Jahre alten Fundorte in der Olduvai-Schlucht entdeckte man Werkzeuge neben Knochen, in einem Fall auch neben größeren Steinen, die offenbar einst zu einer Art Halbrund ausgelegt worden waren. Einige Paläontologen vermuten, dass sie als primitiver Windschutz dienten – die zweite Idee des Menschen? –, andere vermuten, dass sie Schutz vor Räubern bieten sollten, während man mit den frühen Faustkeilen Tiere zerlegte. Steinwerkzeuge, die vor 1,7 Millionen Jahren in Gebrauch waren, unterscheiden sich bereits – wenn auch fast unmerklich – von den frühesten Varianten. Louis und Mary Leaky, die berühmte »First Family« der Paläontologie, die jahrelang gemeinsam in der Olduvai-Schlucht gegraben haben, untersuchten die Oldowan-Technik sorgfältig und konnten schließlich trotz der nach späteren Standards noch sehr primitiven Machart dieser Werkzeuge vier »Arten« unterscheiden: schwere Schaber (auch »Chopper« genannt), leichte Stichel, verbrauchte Stücke und so genannte Débitage, also das Material, das bei den Abschlägen abfällt. Allerdings wird bis heute heftig diskutiert, ob die frühen Hominiden von Olduvai passive oder aggressive Aasfresser nach Art der heutigen Hadza waren.[16]

Wer hat nun diese ersten Werkzeuge hergestellt? Keines davon wurde je neben den Überresten eines *Australopithecus afarensis* gefunden. In der Zeit, der sie sich zuordnen lassen, koexistierten mehrere Hominidengattungen in Afrika. Zwei oder drei von ihnen werden mit dem Gattungsnamen *Paranthropus* (Nebenmensch) bezeichnet, darunter der *Australopithecus robustus* und *Australopithecus boisei*, wohingegen alle anderen der Gattung *Homo* angehören: *Homo habilis* (»geschickter Mensch«), *Homo rudolfensis* und *Homo ergaster* (»der Handwerker«). Die Unterschiede zwischen diesen Hominiden sind interessant, erschweren es uns aber, unserer exakten Abstammungslinie auf den Grund zu gehen. Alle von ihnen hatten größere Gehirne als Lucy (fünfhundert bis achthundert Kubikzentimeter im Vergleich zu vierhundert bis fünfhundert Kubikzentimetern), doch während der Homo habilis einen affenartigen Körper und ein menschenähnliches Gesicht mit menschenähnlichen Zähnen hatte, war es beim Homo rudolfensis genau umgekehrt: Er besaß einen menschenartigen Körper, aber ein affenartiges Gesicht und affenartige Zähne.[17] Theoretisch hätte jede dieser Gattungen Werkzeuge herstellen können, doch beim Paranthropus scheinen zwei Gründe dagegen zu sprechen. Der erste hat mit dem menschlichen Daumen zu tun. Der Anthropologe Randall Susman wies auf den großen Unterschied zwischen den Daumen von Schimpansen und Menschen hin: Schimpansen haben gekrümmte Finger mit sich verjüngenden Spitzen und kurze Daumen – ideal also, um Äste zu umklammern; Menschen haben kürzere und geradere Finger mit breiten Spitzen, dafür größere, dickere Daumen – besser geeignet, um Gegenstände wie Steine zu greifen. Bei näherer Betrachtung stellte sich nun heraus, dass der Australopithecus afarensis schimpansenartige Daumen hatte, und das traf wahrscheinlich auch auf den Paranthropus zu. Der zweite Grund ist, dass wir nahezu sicher zwei unterschiedliche Traditionen der Werkzeugherstellung unter den fossilen Nachweisen finden müssten, hätte der Paranthropus ebenfalls Werkzeuge hergestellt – aber wir finden überall nur *eine* Werkzeugtradition.

Der Archäologe Steven Mithen von der englischen Reading-Universität glaubt, dass der urzeitliche Verstand aus drei eigenständigen Einheiten bestand: aus technischer Intelligenz (Herstellung von Steinwerkzeugen), naturgeschichtlicher Intelligenz (das Verständnis von der umgebenden Landschaft und Tierwelt) und sozialer Intelligenz (die Fähigkeit, in Gruppen zu leben). Auf der Ebene des Homo habilis gibt es laut Mithen keinerlei Nachweise, dass soziale Intelligenz in die beiden anderen Formen integriert gewesen wäre. Steinwerkzeuge finden sich zwar im Verbund mit Tierknochen, also mit den Opfern der ersten Jäger, doch kein bisheriger Fund weist auf eine bewusste Trennung von Werkzeug und Nahrung hin, ebenso wenig wie es auch nur die geringsten Anhaltspunkte für organisierte Gruppenaktivitäten gibt. Die frühesten archäologischen Fundstätten sind nichts anderes als ein heilloses Durcheinander aus Werkzeugen und Knochen.[18]

Nach diesen zögerlichen Anfängen kam es irgendwann vor 1,8 bis 1,6 Millionen Jahren zu einem großen Schritt nach vorne: Eine weitere Abwandlung der Spezies tauchte auf, der *Homo erectus* (»aufrecht gehender Mensch«), von dem erste Nachweise bei Koobi Fora und später auch in Java gefunden wurden. Der Homo erectus »mit seinen traurigen, wachsamen Gesichtszügen und der flachen Nase« war der erste Mensch, der Afrika verließ. Auch im georgischen Dmanisi und auf dem asiatischen Festland fand man seine Spuren; im Oktober 2004 wurden in Majuangou westlich von Beijing Steinwerkzeuge entdeckt, die man dem Homo erectus zuschreibt und auf ein Alter von 1,66 Millionen Jahren datierte.[19] Bei dieser Art lässt sich nun ein erneutes Gehirnwachstum feststellen – der zweitgrößte und vermutlich allerwichtigste Schub, nämlich eine Vergrößerung bis zu einem Umfang von 750 bis 1250 Kubikzentimetern; der Schädel selbst war noch von massiven Brauenwülsten gekennzeichnet.[20] Nach einer »technologischen Verzögerung« von ungefähr vierhunderttausend Jahren tauchten vor rund 1,4 Millionen Jahren schließlich auch die ersten »echten« Faustkeile auf – »echt«, weil erst diese dritte Art symmetrisch war. Der Rohling wurde so lange durch Abschläge von beiden Seiten bearbeitet, bis eine elegante, längliche Spitze entstand und der Stein insgesamt eine birnenartige Form angenommen hatte. In Fachkreisen nennt man die dazugehörige Kulturstufe »Acheuléen«, abgeleitet von Saint-Acheul, einem Stadtteil von Amiens in Frankreich, wo französische Archäologen solche Keile erstmals entdeckt hatten. Ein Großteil unserer Steinzeit-Terminologie basiert auf den Namen von Erstfundstätten in Frankreich, so auch Cro-Magnon, Moustérien, Levallois. Die neuen Faustkeile ließen sich nun plötzlich in allen archäologischen Fundstellen aus dieser Zeit in Afrika, Europa und Teilen von Asien nachweisen, sehr viel seltener dagegen in Südwestasien und gar nicht in Südost- oder Ostasien. Einige Paläontologen glauben, dass der Homo erectus der erste wirkliche Jäger war, also kein passiver Aasfresser mehr, und es nur seinen besseren Gerätschaften zu verdanken gewesen sei, dass er sich in Eurasien – der Region, die wir heute als Alte Welt bezeichnen – ausbreiten konnte.

Vermutlich erfand der Homo erectus auch das Kochen, was aus der Tatsache abgeleitet wird, dass er zwar sechzig Prozent größer war als seine Vorgänger, aber einen kleineren Darm und kleinere Zähne hatte. Dafür konnte letztlich nur das Garen von Nahrung verantwortlich sein, denn unverdauliche Pflanzenfasern werden durch das Erhitzen in energiereiche Kohlenhydrate aufgebrochen, die geringere Anforderungen an das Gebiss und den Verdauungstrakt stellen. Die aus dieser Sicht vielleicht interessanteste Fundstätte des Homo erectus ist die Höhle von Zhoukoudian (wörtlich »Drachenknochenhügel«) in einem Kalksteingebirge rund vierzig Kilometer südöstlich von Beijing. Nach mehreren Ausgrabungen, hauptsächlich in den dreißiger Jahren des 20. Jahrhunderts, wurde das Alter dieser Fundstätte schließlich auf etwa vierhundert- bis dreihunderttausend Jahre datiert. Die besondere Bedeutung von Zhoukoudian ist jedoch, dass es sich hier offenbar um ein Basislager handelte, von dem der Homo erectus zur Jagd aufbrach und in das er seine Beute zurückbrachte, um sie zu garen und zu verspeisen. Doch hat er seine Beute (auch hier handelte es sich um große Säuger wie Elefant, Rhinozeros, Wildschwein und Wildpferd) tatsächlich gegart? In Zhoukoudian fand man jedenfalls eine Menge Saatkörner vom Züngelbaum (was ihn zur ältesten Pflanze macht, die wir noch heute kennen), die wahrscheinlich nur überdauert haben, weil sie verkohlt waren. Inzwischen scheint sich zwar allgemein die Ansicht durchgesetzt zu haben, dass es sich hierbei nicht um den *willentlichen* Gebrauch von Feuer handelte, aber die Frage ist – wie so vieles, was diese Periode betrifft – nach wie vor ungelöst.[21]

Der erste bewusste Einsatz von Feuer liegt 1,42 Millionen Jahre zurück. Mindestens dreizehn Fundstätten in Afrika lieferten Nachweise dafür, darunter als früheste eine Grabungsstätte im kenianischen Chesowanja, wo Tierknochen neben Oldowan-Werkzeugen und verbranntem Lehm gefunden wurden. Über fünfzig solcher Lehmbrocken entdeckte man dort neben mehreren Steinen, an deren Anordnung die Paläontologen eine Feuerstelle zu erkennen glaubten. Tatsächlich lag diese Ansicht nahe, denn nirgendwo außerhalb dieses begrenzten Areals fand man verbrannten Lehm, und die genauere Untersuchung eines Lehmbrockens ergab, dass er tatsächlich auf rund vierhundert Grad erhitzt worden war, was in etwa der Temperatur eines Lagerfeuers entspricht.[22] In China wurden an diversen Fundstätten Steinwerkzeuge neben den verkohlten Überresten von Tieren gefunden, die auf ein Alter von über eine Million Jahre datiert wurden. Wie Johan Goudsblom betont, haben zwar auch andere Tiere durchaus die Vorteile eines zufällig entstandenen Feuers erkannt und für sich genutzt, doch nur der Mensch lernte, es zu beherrschen. Schimpansen wurden beispielsweise dabei beobachtet, wie sie nach Buschfeuern Afzelia-Bohnen aufklaubten, die normalerweise viel zu hart zum Verzehr sind, nach einem Brand jedoch ganz einfach zerbröseln. Manche Prähistoriker vermuten, dass auch Hominiden lernten, den Bränden zu folgen, nachdem sie einmal festgestellt hatten, dass sich geröstetes Fleisch besser hielt als rohes. Der Archäologe Charles Kimberlin Brain erklärte außerdem, dass der Mensch durch die Beherrschung des Feuers von seinem Schicksal als Beute großer Raubkatzen befreit und selbst in ein Raubtier verwandelt wurde – das Feuer bot ihm genau den Schutz, an dem es ihm bis dahin gemangelt hatte. In Spanien fanden sich Nachweise, dass Feuer bewusst genutzt wurde, um Grassteppen zu entzünden und Elefanten in einen Abgrund und damit in den Tod zu treiben.²³ Doch um ein natürlich ausgebrochenes Feuer am Brennen zu halten, hätte es bereits einer sozialen Organisationsstruktur bedurft. Der jüngste Fund einer Feuerstelle gelang in Gesher Benot Ya'aqov im Norden Israels: Neben diversen Speiseresten entdeckte man dort verkohlte Stücke von Flintgestein in kleinen Häufchen, die Feuerstellen nahe legen. Sie wurden auf ein Alter von 790000 Jahren datiert. Der Gebrauch des Feuers war also sehr wahrscheinlich eine der drei ersten Ideen des Frühmenschen gewesen.

Auch die aufgefundenen Schädelknochen erlauben den Rückschluss, dass es bei der Entwicklung des Gehirns zwei große Wachstumsschübe gab. Der erste war zwar der stärkere, doch beide waren mit einer jeweils neuen Steinbearbeitungstechnik verbunden: zuerst mit den Werkzeugen, die im Verbund mit den Überresten des Homo habilis entdeckt wurden, dann mit den Acheuléen-Werkzeugen des Homo erectus. Im Anschluss daran scheint – von der Nutzung des Feuers einmal abgesehen – im Lauf von fast einer Million Jahren nur noch eines geschehen zu sein: die »Standardisierung« des Faustkeils vor rund siebenhunderttausend Jahren. Sieht man einmal von winzigen individuellen Unterschieden und der Verwendung von unterschiedlichen Gesteinsarten ab – denn der Homo erectus hatte sich vor rund einer Million Jahren ja immerhin über fast ganz Eurasien ausgebreitet, das heißt, er zog weder über die nördlichen Breitengrade hinaus noch nach Australien oder auf den amerikanischen Kontinent –, so wiesen Faustkeile nun allerorten außerordentliche Übereinstimmungen auf. Paläontologen haben mittlerweile in aller Welt Tausende von Faustkeilen untersucht und nachgewiesen, dass sie zwar von ganz unterschiedlicher Größe, proportional aber alles in allem fast identisch sind. Und das kann laut Expertenmeinung kein Zufall sein. Der berühmte australische Archäologe Vere Gordon Childe ging sogar so weit, diese Standardisierung als eine »fossile Idee« zu bezeichnen, weil sie ein gewisses Maß an abstraktem Denken beim Homo erectus voraussetzte. Um ein standardisiertes Werkzeug herstellen zu können, habe der Frühmensch einfach über irgendeine allgemeine Vorstellung von »Werkzeug« verfügen müssen. Andere Forscher gingen sogar noch weiter als Childe: »Die Faustkeile vieler Fundstätten... beweisen, dass [der Frühmensch] über die geistigen Voraussetzungen verfügte..., um grundlegende mathematische Umwandlungen ohne die Hilfe von Stift, Papier oder Lineal durchzuführen. Dabei handelte es sich im Prinzip um dieselben Berechnungen, die Euklid Hunderttausende Jahre später formalisieren sollte.«²⁴

Den dritten Spurt legte das Gehirn vor etwa 500000 bis 300000 Jahren hin, wobei es sich von 750 bis 1250 Kubikzentimeter (im Falle des Homo erectus) auf 1100 bis 1400 Kubikzentimeter vergrößerte. Dieses neue

Individuum mit dem noch größeren Gehirn bezeichnen wir als den archaischen Homo sapiens, von dem sich der spätere Neandertaler abzweigte. Nach einer weiteren »technologischen Verzögerung« folgte vor etwa 250 000 Jahren die Einführung einer vierten Art von Steinwerkzeugen, diesmal nach der so genannten Levallois-Technik. Die groben Faustkeile verschwanden von der Bildfläche und wurden durch Steinrohlinge ersetzt, die einer sehr viel umsichtigeren Bearbeitung bedurften. In Levallois-Perret, einem Vorort von Paris, erkannten Archäologen bei einer Grabung erstmals, dass sich der Frühmensch vor 250 000 Jahren nicht mehr auf den Zufall verließ und einfach durch das Einschlagen auf einen Stein irgendeinen Abschlag produzierte, sondern genug Erfahrung (»frühphysikalische Erkenntnisse«) mit der Steinbruchdynamik gesammelt hatte, um die Gestalt des Werkzeugs, das er herstellen wollte, voraussagen zu können. Er suchte einen Kiesel von der Größe einer Hand und bearbeitete ihn so lange durch senkrechte Schläge, bis durch die Absplitterungen ein Kernstück ungefähr von der Größe eines Handtellers entstanden war. Dann schlug er mit einem geschickten horizontalen Hieb einen abgeschrägten Splitter mit rundum scharfen Kanten davon ab. Auf diese Weise entstanden Steinwerkzeuge unterschiedlichster Formen (laut einem Experten bis zu dreiundsechzig verschiedene Arten), darunter spitze Klingen, die an einem Schaft befestigt werden und somit einen Speer bilden konnten. Da überrascht es nicht, dass sich diese Technik zügig in ganz Afrika, Asien und Europa verbreitete.

In etwa zur gleichen Zeit, vielleicht aber auch schon etwas früher, vor rund 420 000 Jahren, tauchten die ersten Jagdspeere auf. Das höchstwahrscheinlich älteste hölzerne Artefakt, das jemals gefunden wurde, ist eine 1911 in Clacton im englischen Essex ausgegrabene Speerspitze, die auf ein Alter von 420 000 bis 360 000 Jahren datiert wurde. Noch beeindruckender war der Fund mehrerer speerartiger Holzobjekte im Tagebau von Schöningen südwestlich von Hannover, deren Alter auf 400 000 Jahre datiert wurde. Das längste dieser Artefakte ist 2,3 Meter lang. Bei allen handelt es sich um beidseitig angespitzte Holzstäbe, die aufgrund ihrer spezifischen Merkmale (von der breitesten Stelle aus verjüngen sie sich bis zu einer etwa sechzig Zentimeter langen Spitze) als Wurfspeere identifiziert werden konnten.[25] Auch Ocker wurde in etwa um diese Zeit erstmals als Farbstoff verwendet. Die Wonderwerk-Höhle in Südafrika ist die früheste Abbaustelle, von der wir Kenntnis haben. Neben vielen Faustkeilen fanden sich dort eine Menge Ockerstückchen, die von den Felsen abgehauen worden waren. Auch in den Schutzhütten des Homo erectus von Terra Amata in Südfrankreich – das Alter dieser Stätte wurde auf 380 000 Jahre datiert – hat man neben Acheuléen-Werkzeugen Ockerstücke gefunden. Hier weisen sie jedoch auch deutliche Gebrauchsspuren auf. Heißt das vielleicht, dass sie als »Malkreide« benutzt wurden? Und legt das die Fähigkeit des Frühmenschen, in Symbolen zu denken, nahe? Das Spannende ist, dass es bis heute Stammesvölker gibt, die Ocker bei der Bearbeitung von Tierhäuten einsetzen, sich das Pigment zum Schutz gegen Insekten auf die Haut reiben oder es zur Stillung von Blutungen und als Sonnenschutzmittel verwenden. Ocker könnte tatsächlich das erste Medikament gewesen sein.[26]

Gehen wir weiter, in die Zeit vor 350000 bis 300000 Jahren, dann gelangen wir zur Fundstätte von Bilzingsleben am Rande des Wippertals. Hier fanden sich Überreste von drei kreisförmig angelegten Lagerstätten, die vorwiegend durch Stein- und Knochenhaufen zu erkennen waren, aber auch anhand der Spuren von Feuerstellen und durch Plätze, bei denen es sich offenbar um »Werkstätten« gehandelt hatte, weil man dort »Ambosssteine« entdeckte.[27] Im Jahr 2003 wurde bekannt, dass man im Dorf Herto, etwa zweihundertzwanzig Kilometer nordöstlich der äthiopischen Hauptstadt Addis Abeba, die fossilen Schädel von zwei Erwachsenen und einem Kind der Gattung Homo sapiens ausgegraben hatte. Sie wiesen rätselhafte, von Steinwerkzeugen herrührende Kerben auf, was darauf schließen lässt, dass man nach dem Tod dieser Menschen das Fleisch von den Schädelknochen geschabt hatte. Handelte es sich dabei vielleicht um ein Bestattungsritual?

Die ersten Anzeichen für bewusste Bestattungen stammen aus einer Zeit vor hundertzwanzig bis neunzigtausend Jahren und fanden sich in den Höhlen von Qafzeh und Skhul in Israel.[28] Die Überreste aus diesen »Gräbern« sind den Knochen des modernen Menschen sehr ähnlich, doch das Auftauchen des Neandertalers verkompliziert das Bild. Denn vor etwa siebzigtausend Jahren hat sowohl der Neandertaler, von dem nie Überreste in Afrika oder auf dem amerikanischen Kontinent gefunden wurden, als auch der Homo sapiens zumindest hin und wieder seine Toten beerdigt. Das ist natürlich eine außerordentlich bedeutende Entwicklung und nach der Standardisierung von Werkzeugen vielleicht die nächste rein abstrakte Idee. Denn eine bewusste Bestattung könnte ein Hinweis auf frühe Vorstellungen von einem Jenseits und somit auf eine primitive Form von Religion sein.

Die Vorstellung, dass der Neandertaler ein brutaler Primitivling gewesen sei, ist mittlerweile überholt. Inzwischen weiß man ziemlich viel über seine Intelligenz, die zwar im Vergleich mit der unseren noch sehr einfach gestrickt war, doch ganz eindeutig einen Fortschritt gegenüber vorangegangenen Lebensformen darstellte. Der Neandertaler entwickelte sich mehr oder weniger parallel zum modernen Menschen. Jüngste Grabungen in Spanien belegten zum Beispiel, dass er genug wusste, um sich in Regionen »niederzulassen«, die eine größtmögliche biotische Vielfalt aufzubieten hatten.[29] Dieses Bild wird erst durch das Auftauchen des anatomisch modernen Menschen getrübt, der sich vor etwa zweihunderttausend bis hunderttausend Jahren von Afrika aus über den Globus auszubreiten begann. Man geht davon aus, dass er der Linie des archaischen Homo sapiens oder *Homo heidelbergensis* entstammt, welcher ein kleineres Gebiss, keine Brauenwülste und eine Hirngröße von 1200 bis 1700 Kubikzentimetern hatte. Seit seinem Auftauchen lebten diese beiden Homogattungen bis vor ungefähr einunddreißigtausend Jahren – der Zeit, aus der die letzten bislang gefundenen Spuren des Neandertalers stammen –, gleichzeitig. Das heißt auch, dass die Artefakte, die uns aus dieser Periode erhalten blieben, ebenso gut von der einen wie von der anderen Gattung stammen können. Der in Frankreich forschende italienische Paläontologe Francesco d'Errico kam jedenfalls zu dem Schluss, dass sich sowohl für den Neandertaler als auch für den Homo sapiens »moderne Verhaltensweisen« nachweisen lassen.[30]

Bis zu einer Zeit vor etwa sechzigtausend Jahren finden wir in und außerhalb von Höhlen dicke Ascheschichten von Lagerstätten, die eine Menge verbrannter Knochen und Holzkohle enthalten. Im mittleren Paläolithikum gab es zwar offenbar bereits das Feuer, aber noch keine ausgeklügelten Feuerstellen. Als mittleres Paläolithikum oder mittlere Altsteinzeit gilt die Periode der Neandertaler und der fünften Art von Faustkeilen: der Klingenwerkzeuge, die zwischen 250 000 und 60 000 BP[31] hergestellt wurden. Erst seit einem Zeitpunkt vor rund sechzigtausend Jahren lassen sich Nachweise für kontrollierte Feuer finden, also für regelrechte Feuerstellen – wie im portugiesischen Vilas Ruivas oder am Dnestr in Moldawien –, die typischerweise von einem Windschutz aus Mammutknochen umgeben waren. Tatsächlich aber scheint die hier unbestritten vorsätzliche Nutzung des Feuers weniger dem Garen von Nahrung gedient zu haben als vielmehr dem Auftauen von riesigen Mammutkadavern, die über den Winter gefroren und deshalb für andere Aasfresser wie Hyänen nutzlos waren.[32]

An einigen Fundorten, vor allem im Nahen Osten, grub man Überreste von Neandertalern aus, die offenbar bestattet worden waren; in einem Fall fanden die Forscher sogar Blumenpollen bei den fossilen Knochen. Ob es sich hier tatsächlich um rituelle Begräbnisse gehandelt hat, ist jedoch umstritten, denn in den »Neandertaler-Gräbern« fanden sich immer wieder Skelette, deren Kopf auf dem Arm ruhte. Theoretisch könnten diese Neandertaler also auch im Schlaf gestorben und einfach so liegen gelassen worden sein – andererseits entdeckte man keine früheren Hominiden in dieser Ruheposition. In anderen Gräbern fanden sich Spuren von rotem Ocker oder auch Ziegenhörner, die ganz in der Nähe in den Boden gerammt worden waren. Obwohl viele Archäologen natürliche Erklärungen für diese Entdeckungen vorziehen – das heißt, sie betonen, dass sich der scheinbare Zusammenhang auch rein zufällig ergeben haben kann –, ist es doch durchaus denkbar, dass Neandertaler ihre Toten im Rahmen eines Rituals bestattet haben. Und das würde eine frühe Form von Religion nahe legen. Zu denken gibt jedenfalls, dass sich an den Fundstellen aus dieser Zeit eine Häufung von vollständigen oder fast vollständigen Skeletten nachweisen lässt, und allein das wirft schon eine Menge Fragen auf.[33]

Um die Bedeutung von solchen Begräbnisstätten einschätzen zu können, muss erst einmal gesagt sein, dass wir lediglich rund sechzig Gräber kennen und es angesichts des entsprechenden Zeitrahmens also nur um durchschnittlich zwei Bestattungen pro tausend Jahre geht. Trotz dieser Einschränkung gibt es drei Faktoren, über die es sich zu sprechen lohnt. Einer betrifft das Alter und Geschlecht der begrabenen Individuen. Bei vielen handelt es sich um Kinder oder um Jugendliche. Es sind sogar so viele, dass sich die Frage stellt, ob es einen besonderen »Totenkult« für verstorbene Kinder gab. Wurden Kinder in der Hoffnung auf eine Wiedergeburt vielleicht feierlicher bestattet als Erwachsene? Außerdem finden sich mehr männliche als weibliche Skelette in den Gräbern, was möglicherweise auf eine höhere soziale Stellung des Mannes deutet. Drittens wurde in den Höhlen von Shanidar im Norden des Irak das Skelett eines männlichen Neandertalers gefunden, der nicht nur blind gewesen sein muss, sondern auch unter Arthritis litt und dessen rechter Arm knapp über dem Ellbogen amputiert worden war; doch gestorben war er mit etwa vierzig Jahren an einem Steinschlag. Hätte er überhaupt so lange leben können, wenn sich seine Kumpane nicht um ihn gekümmert hätten? Die Amputation des Armes spricht zudem für gewisse medizinische Kenntnisse. Dieses Bild wurde auch von der Entdeckung eines zweiten Individuums in Shanidar gestützt, dessen Alter auf 60000 BP datiert wurde. Ihm waren nicht weniger als sieben verschiedene blühende Pflanzenarten ins Grab gelegt worden, wobei es sich ausschließlich um Heilpflanzen handelte. Darunter war zum Beispiel das Meerträubel *(Ephedra)*, das in Asien seit jeher zur Behandlung von Husten und Atemwegserkrankungen verwendet wurde, aber auch wie ein Amphetamin gegen Ermüdung und Erschöpfung wirkt, also bei langen Jagdzügen sehr nützlich gewesen sein könnte.[34] Wurden diese Heilpflanzen ins Grab gelegt, um dem Verstorbenen auf seiner Reise in die nächste Welt zu helfen? Wurden sie – wie Kritiker behaupten – schlicht als Lagerstreu benutzt? Oder wurden ihre Samen ganz prosaisch einfach nur durch den Wind in die Höhlen getragen oder von Nagetieren dort verscharrt?

Heute sind sich Paläontologen und Archäologen allgemein einig, dass der archaische Homo sapiens und der Homo neanderthalensis vor sechzig- bis vierzigtausend Jahren *keine* symbolischen Verhaltensweisen an den Tag legten und nur über geringe vorausplanende Fähigkeiten verfügten. Paul Mellars aus Cambridge unterschied drei große Entwicklungsstufen im Übergang vom mittleren zum oberen Paläolithikum: Zuerst veränderte sich die Steinbearbeitungstechnik; im mittleren Paläolithikum scheint man Werkzeuge noch mit keiner klar umrissenen »Schablone im Kopf« hinsichtlich ihrer endgültigen Form hergestellt zu haben, wohingegen Werkzeuge aus dem oberen Paläolithikum – die so genannte fünfte Art – nicht nur kleiner und kontrollierter geformt, sondern auch viel standardisierter waren und eindeutig »bedachten morphologischen ›Normen‹ entsprachen«. Die Technik der Knochenbearbeitung stellt Mellars als eine Entwicklung von der willkürlichen Herstellung von Splittern hin zur gestalterischen Bearbeitung dar. Die dritte Stufe war seiner Meinung nach die Entwicklungsphase, die von völlig unstrukturierten Lagerplätzen zu höchst durchdachten und sogar rechtwinklig angelegten Behausungen führte. Betrachtet man das als Ganzes, so Mellars weiter, fügt es sich fast schon zu einer »Kultur«, die von bestimmten »Verhaltensnormen« geprägt war. Im großen Ganzen spiegelt sich in diesen Schritten also die Entwicklung der Fähigkeit zu langfristiger Planung und zu strategischen Verhaltensweisen – das heißt, die Frühmenschen dieser Periode lernten, künftiges Verhalten zu antizipieren.[35] Aber Mellars war der Meinung, dass dies alles ohne Sprache nicht möglich gewesen wäre.

Andere Paläontologen glauben, dass die erforderlichen Hirnaktivitäten für die komplizierte Herstellung von Werkzeugen Analogien zur Sprachentwicklung aufweisen und beide Entwicklungen gleichzeitig abliefen. James Steele und seine Kollegen fanden zum Beispiel bei Experimenten heraus, dass durchschnittlich dreihundertein Schläge notwendig sind und es vierundzwanzig Minuten dauert, um einen zweischneidigen Acheuléen-Keil herzustellen – die dritte Werkzeugart, die neben den Überresten des Homo erectus gefunden wurde. Diese Sequenz sei der Konstruktion von Sätzen vergleichbar, was sie mit den Hinweis untermauerten, dass Beschädigungen in der so genannten Broca-Hirnregion sowohl zu einer Beeinträchtigung der Sprache als auch zu einer Behinderung der Gestik führen.[36] Auf die Sprachentwicklung werde ich im nächsten Kapitel gesondert eingehen.

*

Die bisher betrachtete Periode, also die Zeit vor etwa vierhunderttausend bis fünfzigtausend Jahren, bezeichnete der Psychologieprofessor Merlin Donald von der Queen's-Universität in Toronto als die wahrscheinlich bedeutendste Entwicklungsstufe in der Menschheitsgeschichte. Er ermittelte vier Stadien, die im Verlauf von drei Übergangsphasen zum modernen Verstand führten. Das erste Stadium nennt er das »episodische« Denken, wie es bei Großaffen zu beobachten ist: Ihr Verhalten besteht aus kurzfristigen Reaktionen auf die Umwelt; sie vollziehen ihr Leben »vollständig in der Gegenwart« im Sinne einer Aneinanderreihung von konkreten Episoden; und sie verfügen über ein Gedächtnis für bestimmte Ereignisse in einem spezifischen Kontext. Das zweite Denk- und Verhaltensstadium war das »mimetische«, das vom Homo erectus verkörpert wurde. Aus Donalds Sicht unterscheidet sich die Welt des Homo erectus *qualitativ* von allem Vorangegangenen, weshalb sie auch von so großer Bedeutung gewesen sei. Der Homo erectus lebte »in einer Gesellschaft, in der Kooperation und die soziale Koordination von Handlungen von grundlegender Bedeutung für die Überlebensstrategie der Art waren«.[37] Er verfügte noch nicht über Sprache, entwickelte aber eine auf Mimesis – bewussten Gebärden, Imitationen, Mimik, Nachahmung von Tönen und Gestik – beruhende Kultur. Und das war Donalds Meinung nach eine qualitativ entscheidende Veränderung, da sie Absichtlichkeit, Kreativität, die Fähigkeit zu Bezugnahmen, Koordination und vielleicht – als Wichtigstes – auch Pädagogik, also die Akkulturation der Jungen, ermöglichte. Ebenso folgenschwer habe sich ausgewirkt, dass der Verstand beziehungsweise das Individuum nun nicht mehr isoliert waren. »Sogar hoch entwickelte Tiere wie Affen haben gar keine andere Wahl, als sich der Welt solipsistisch zu nähern, da sie keine einzige Idee und keinen Gedanken mit anderen teilen können. Ein Affe lernt nur, was er sich selbst beibringt. Jede Generation beginnt von vorne, weil die Alten mit einem für immer im Gehirn versiegelten Wissen sterben... Für solch einen isolierten Verstand gibt es keine Abkürzungen.« Auch die Mimesis des Homo erectus entwickelte sich nur langsam, das heißt, er brauchte vermutlich eine halbe Million Jahre, um das Feuer zu beherrschen, und eine Dreiviertelmillion Jahre, um sich der Kälte anzupassen. Doch Donald ist überzeugt, dass der Homo erectus bereits viele kulturelle Artefakte hergestellt hatte, bevor Sprache entstand und die nächste Übergangsphase stattfand – die zum »mythischen« Denken, das Sprache erforderlich machte. Die große Wasserscheide der Geschichte – »die große Flucht des Hominiden vor dem Nervensystem« – sei jedoch der Übergang zur Mimese gewesen.[38] Auf die anschließenden Transitionen werden wir später zu sprechen kommen.

*

Die Rekonstruktion von ersten frühmenschlichen Ideen mit Hilfe des Versuchs, das Geistesleben des Frühmenschen von den dürftigen Überresten plumper Steinwerkzeuge und anderer Artefakte abzuleiten, ist an sich schon eine intellektuelle Leistung ersten Ranges der Paläontologen unserer Zeit. Doch diese Artefakte erzählen tatsächlich eine folgerichtige Geschichte – oder besser: wurden dazu gebracht, uns eine solche Geschichte zu erzählen. Vor ungefähr sechzig- bis vierzigtausend Jahren brach diese Folgerichtigkeit jedoch abrupt ab. Um diesen Zeitpunkt herum geschah nämlich etwas, das uns – wie eine Gruppe von Paläontologen und Archäologen betont – endlich von dem Zwang befreit, unsere Rückschlüsse über das Verhalten unserer frühen Vorfahren ausschließlich aus letztlich wenig aussagekräftigen Steinbrocken und Knochenfragmenten ziehen zu müssen. Denn nach einer relativ kurzen Zeitspanne steht uns plötzlich Material in solcher Hülle und Fülle zur Verfügung, dass die Bezeichnung »schöpferische Explosion«, die der Historiker John Pfeiffer für diese Periode fand, völlig gerechtfertigt erscheint.[39]

Dem gegnerischen Lager gehören die »Gradualisten« an, die der Meinung sind, dass es in Wirklichkeit nie eine solche Explosion gegeben habe und dass sich die geistigen Fähigkeiten des Menschen Schritt für Schritt entwickelt hätten – so, wie es ihrer Ansicht nach durch die Faktenlage bewiesen werde. Das eindrucksvollste Artefakt, um das es sich bei dieser Debatte dreht, ist die so genannte Figurine von Berekhat Ram. Im Jahr 1981 fand Naama Goren-Inbar von der Hebrew University in Jerusalem bei Grabungen im israelischen Berekhat Ram einen kleinen, gelbbraunen, dreieinhalb Zentimeter langen »Feldstein«. Die natürliche Form des Steins erinnert an eine weibliche Gestalt, doch die mikroskopische Analyse unabhängiger Wissenschaftler bewies, dass der Stein künstliche Riefen aufweist und seine natürliche Form demnach von Menschenhand deutlicher herausgearbeitet worden war.[40] Das Alter des Steins wurde auf 233 000 BP festgesetzt, doch dass es sich tatsächlich um ein Kunstobjekt handelt, wurde ernsthaft in Frage gestellt: Es war der einzige Gegenstand dieser Art unter den sechstausendachthundert Artefakten, die an dieser Fundstelle ausgegraben wurden. Skeptische Archäologen meinen, dass er nichts weiter darstellt als einen Stein, an dem ein Frühmensch »an einem trüben Tag ein bisschen herumgekratzt« habe.[41] Die Gradualisten nennen die Berekhat-Ram-Figurine hingegen in einem Atemzug mit anderen bedeutenden Funden: den Speeren aus Schöningen (400 000 BP), dem knöchernen »Dolch«, der im Semliki-Flusstal in Zaire gefunden und auf 174 000 bis 83 000 BP datiert wurde, den gelochten und ockergefärbten Muscheln der Gattung *Glycymeris*, die im israelischen Qafzeh ausgegraben wurden (100 000 BP), den gelochten Perlen aus Straußeneischalen, die im Loiyangalani-Flusstal in Tansania entdeckt wurden (110 000–45 000 BP), dem beschnitzten Hauer eines Warzenschweins, der in der südafrikanischen Border-Höhle ausgegraben wurde (80 000 BP), oder mit den Perlen aus Muscheln und Schneckenhäusern, die in der südafrikanischen Blombos-Höhle entdeckt und auf 80 000 bis 75 000 BP datiert wurden. Diese Muscheln mussten eigens aus zwanzig Kilometern Entfernung geholt werden und scheinen auf der Innenseite mit Ocker eingefärbt gewesen zu sein. Nach Meinung der Gradualisten beweisen die beschriebenen Funde allesamt, dass sich die geistigen Fähigkeiten des Frühmenschen stufenweise entwickelt haben – und das womöglich nicht einmal im Abendland. Europa könne nur als »Wiege der Kultur« bezeichnet werden, weil es über so gut entwickelte archäologische Strukturen verfüge und nur diesen all die vielen Entdeckungen zu verdanken seien. Afrika und Asien hätten

Vergleichbares anzubieten – denn wenn dem so wäre, dann würden sich die bislang zugegeben mageren Funde dort sofort vervielfachen und ein ganz anderes Bild ergeben.

Der Ball wurde bei der Debatte mehrmals hin- und hergespielt, doch dank eines für diesen Streit wirklich bedeutsamen Fundes erhielten die Gradualisten schließlich einen kräftigen Dämpfer. Unter großem Tamtam wurde der Welt 1995 das mit vierundfünfzigtausend Jahren älteste Musikinstrument vorgestellt. In der Höhle von Divje Babe in der Nähe von Iridijca in Slowenien hatte man das Fragment des Röhrenknochens eines jungen Bären gefunden, mit zwei vollständig und zwei unvollständig erhaltenen und linear angeordneten Löchern. Es war der einzige unter den sechshundert in dieser Höhle entdeckten Knochen, der auf solche Weise gelocht war. Was die Archäologen jedoch wirklich aufmerken ließ, war die Entdeckung, dass die Löcher jeweils rund einen Zentimeter Umfang hatten und im Abstand von zweieinhalb Zentimetern angebracht waren – eine Anordnung, die für die Abmessung der menschlichen Hand wie geschaffen scheint. Nach Aussage einiger Wissenschaftler ließen sich auf diesem Instrument »alle sieben Noten der Tonleiter spielen, auf der die Musik des Abendlands beruht«.[42] Doch dann gelang Francesco d'Errico und einer Gruppe aus dem *Centre National de la Recherche Scientifique* (CNRS) in Bordeaux der Beweis, dass diese vielsagende Anordnung in Wirklichkeit auf natürlichem Wege entstanden war, nämlich durch die Zähne eines Raubtiers, möglicherweise eines Höhlenbären, der den Knochen benagt hatte. Ähnliche Löcher wurden auch an Knochenfunden aus diversen Höhlen im Baskenland entdeckt.[43]

In den letzten Jahren gelang den Gradualisten jedoch ein starkes Comeback. Stephen Oppenheimer vom Green College in Oxford stellte für sein Buch *Out of Eden: The Peopling of the World* die Faktenlage zusammen und zeigte auf, dass Faustkeile der »dritten Art« – also solche, die an einem Heft befestigt werden konnten – vom archaischen Homo sapiens vor dreihunderttausend Jahren in Afrika hergestellt wurden. Dieselben Frühmenschen fabrizierten auch Knochenwerkzeuge, die wie Harpunenspitzen aussehen; sie schlugen vor 280 000 Jahren Pigmente vom Fels ab; sie fertigten in Südafrika vor hundertdreißig- bis hundertfünftausend Jahren Anhänger aus perforierten Muscheln; und sie stellten vor hunderttausend Jahren »Malstifte« aus Hämatit her. Abbildung 1 zeigt seine Chronologie des kognitiven Fortschritts.

Oppenheimer kommt in seiner Chronologie zu dem Schluss, dass vor hundertvierzigtausend Jahren bereits »die Hälfte all der entscheidenden Grundbedingungen für die kognitiven Fähigkeiten und Verhaltensweisen vorhanden waren, die uns schließlich zum Mond brachten«.[44]

Ungeachtet des starken Ausschlags, den der Zeiger seit jüngster Zeit zugunsten der Gradualisten macht, bleibt es doch immer noch Fakt, dass

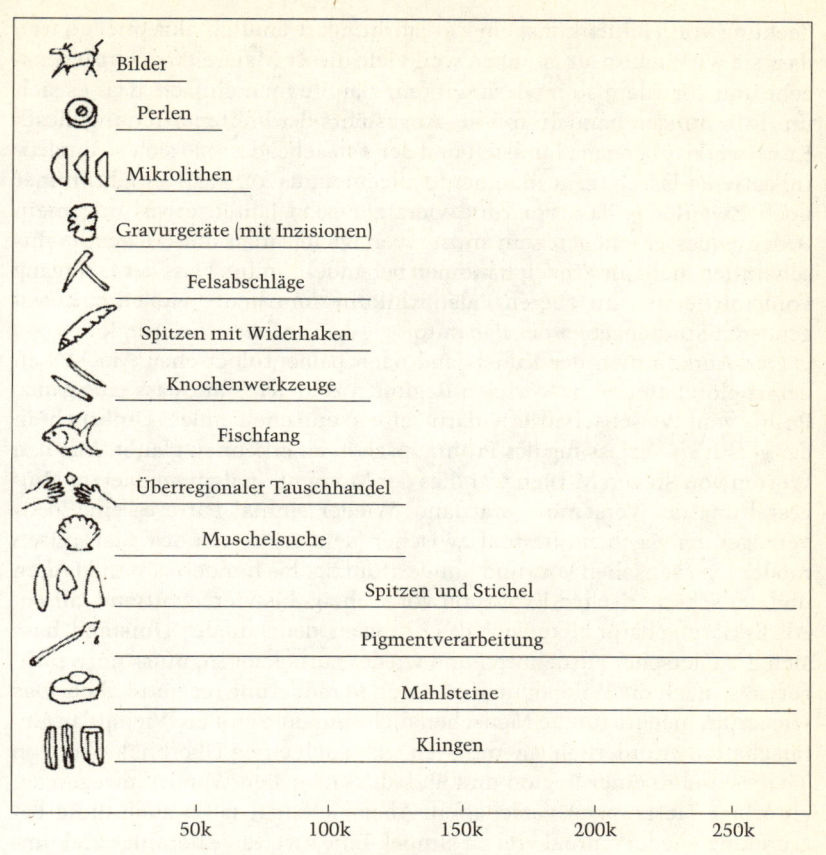

Bilder					
Perlen					
Mikrolithen					
Gravurgeräte (mit Inzisionen)					
Felsabschläge					
Spitzen mit Widerhaken					
Knochenwerkzeuge					
Fischfang					
Überregionaler Tauschhandel					
Muschelsuche					
Spitzen und Stichel					
Pigmentverarbeitung					
Mahlsteine					
Klingen					
	50k	100k	150k	200k	250k

Abb. 1: Chronologie der ersten kognitiven Fähigkeiten[45]

unsere Phantasie vor allem durch die wunderschöne, so gekonnte und ausgesprochen modern wirkende *Kunst* angeregt wird, die plötzlich vor rund vierzigtausend Jahren auftauchte. Sie lässt sich in drei Genres unterteilen: in die berühmte Höhlenmalerei, die vorrangig, aber nicht ausschließlich in Europa gefunden wurde; in die so genannten Venus-Figurinen, die sich in einer breiten Zone quer durch ganz West- und Osteuropa fanden; und in die farbigen Kügelchen oder Perlen, die in gewisser Weise die wichtigsten Nachweise sind. Was hier ins Auge sticht, ist nicht nur das plötzliche Auftauchen dieser Kunstwerke, sondern vor allem ihre Menge und ihre Raffinesse. In Nordspanien fanden sich vor allem Gravuren, Malereien entdeckte man vom Südwesten Frankreichs bis nach Australien. Doch es sollte viele Jahre dauern, bis man nach der ersten Entdeckung von Höhlenkunst im 19. Jahrhundert endlich akzeptiert hatte, dass sie wirklich so alt ist. Eben weil viele dieser Malereien derart lebensecht und vor allem so modern wirken, glaubte man einfach, dass es sich um Fälschungen handeln müsse. Angesichts der breiten Streuung dieser Kunstwerke über ganz Eurasien und der Tatsache, dass sie sich so eindeutig datieren lassen, geht man heute allgemein davon aus – es gibt immer noch Zweifler –, dass vor rund vierzigtausend Jahren etwas ungemein Bedeutendes geschehen sein muss, wenngleich man diese Kunst wahrscheinlich nicht als Einzelphänomen behandeln sollte. Dass der Übergang vom mittleren zum oberen Paläolithikum zum heute vielleicht aufregendsten Studiengebiet der Paläontologie wurde, hat drei Gründe.

Das Aufkommen der Kunst fand nach paläontologischen Maßstäben derart plötzlich und in so vielen Regionen zugleich statt, dass eine ganze Reihe von Wissenschaftlern darin einen entscheidenden Umbruch in der geistigen Verfassung des Frühmenschen zu erkennen glaubt. Mit den Worten von Steven Mithen war dies der Moment, in dem »die letzte Umgestaltung des Verstands« stattfand. Wieder einmal hatte es eine Zeitverzögerung gegeben, diesmal zwischen dem Auftreten des anatomisch modernen Menschen vor rund hundertfünfzig- bis hunderttausend Jahren und der schöpferischen Explosion vor sechzig- bis vierzigtausend Jahren. Als Erklärung dafür bietet sich das Klima an, denn auf den Umstand, dass sich die Gletscher ausdehnten und wieder zurückzogen, muss notwendigerweise auch die Wildpopulation durch Veränderung reagiert haben. Das wiederum machte für die Menschen nicht nur eine größere Vielfalt an Gerätschaften erforderlich, sie mussten sich auch einen Überblick über den Tierbestand in einer Region und über die saisonalen Wanderbewegungen einzelner Tiergruppen verschaffen. Aber vielleicht ist ja auch diese Begründung wieder einmal viel zu simpel. Eine zweite – allerdings viel umstrittenere – klimatische Erklärung lautet, dass der Ausbruch des Vulkans Toba auf Sumatra vor einundsiebzigtausend Jahren zu einem weltweiten vulkanischen Winter geführt habe, welcher die menschlichen und tierischen Populationen im Lauf von zehntausend Jahren drastisch reduzierte. Daran habe sich eine Periode des heftigen Kampfes um die Nahrungsmittelressourcen angeschlossen, mit dem Ergebnis, dass es zu rapiden Entwicklungsschüben unter sehr ungleichen Gruppen gekommen sei, was wiederum Innovationen nach sich gezogen habe. Eine andere Erklärung für die schöpferische Explosion lässt sich von der Kunst selbst herleiten. Im Nordosten Spaniens und Südwesten Frankreichs – aber nur dort – findet man viele prähistorische Kunstwerke in sehr schwer zugänglichen Höhlen. Die Tatsache, dass sich die Malereien dort Schicht um Schicht überlagern, legt nahe, dass diese unterirdischen Nischen und Spalten über Jahrhunderte und Jahrtausende hinweg immer wieder aufgesucht wurden. Deshalb liegt der Verdacht nahe, dass sich die Höhlenkunst genauso gut als eine Art von Schrift wie als Malerei verstehen lässt – heimliche und geheiligte Aufzeichnungen über die Tiere, die dem Frühmenschen als Nahrung dienten und von denen er deshalb abhängig war. Diese Erklärung wird von der Tatsache gestützt, dass auch heute noch viele Naturstämme Felsmalereien erschaffen, aber in ihrer Sprache kein Wort für »Kunst« haben.[46] Die Höhlenmalereien und Felseinritzungen waren also vermutlich Aufzeichnungen, denen sich entnehmen ließ, welche Tiere wann und in welcher Zahl in einer bestimmten Region vorhanden waren und welchen Routen sie folgten. Anfänglich hatte man solche Aufzeichnungen wahrscheinlich noch im Freien hinterlassen, dann aber aus Sicherheitsgründen – damit Rivalen sie nicht fanden – oder auch aus rituellen Gründen an unzugänglichere Orte verlagert. Vielleicht wurden die dargestellten Tiere sogar verehrt, da von ihnen und ihrer Zahl das Leben abhing. Jedenfalls spiegeln die Abbilder wider, was der Frühmensch über ihre Wanderschaften wusste, und das ist wiederum ein Beleg für seine Fähigkeit vorauszuplanen. Möglicherweise waren die Höhlen auch Kultstätten und wurden nicht nur ihrer schweren Zugänglichkeit wegen ausgesucht, sondern weil man sie für Tore zur Unterwelt hielt. Nach Meinung des französischen Frühgeschichtlers André Leroi-Gourhan stellt die gesamte europäische Höhlenmalerei »ein und dasselbe ideologische System« dar: eine »Höhlenreligion«.[47]

Nun stellen sich aber zwei entscheidende Fragen über diese Kunst. Wieso tauchte sie bereits derart »voll ausgereift« auf, warum gab es nicht zuerst eine Urversion? Und was bedeutet dieser Umstand? Ein Grund für ihre »Ausgereiftheit« könnte ganz einfach sein, dass frühe Varianten auf vergänglichem Material festgehalten wurden und deshalb verschwunden sind. Steven Mithen hat jedoch noch einen »tieferen« Grund gefunden: Er glaubt, dass die drei verschiedenen Arten von Intelligenz, die sich im primitiven Gehirn herangebildet hatten – die naturgeschichtliche, die technische und die soziale Intelligenz – irgendwann vor ungefähr hundert- bis vierzigtausend Jahren zu unserem modernen Gehirn zusammengeflossen sind. Er behauptet sogar, dass das große technische Geschick, welches aus der frühen Kunst spricht und unsere Gefühle derart stark anspricht, an sich bereits das beste Argument für die These liefert, dass wir hier Nachweise für die jüngste Umbildung des Verstands vor uns haben. Aber natürlich ist das spekulativ, denn andere Beweise für Mithens Theorie gibt es nicht.

Richard Klein, Professor für Anthropologie an der kalifornischen Stanford University, stellt eine andere These auf. Er glaubt, dass die kulturelle Revolution der Menschheit mit einer oder mehreren genetischen Mutationen begann, die »die Fähigkeit zur Kommunikation transformierten«.[48] Seiner Meinung nach entwickelte sich »eine Abfolge von Sprach- und Kreativitätsgenen, vielleicht nur zehn, vielleicht aber auch tausend, infolge von zufälligen Mutationen«, welche dann ein neues kulturelles Muster nach sich zogen. Als Beispiel führt er das Gen *FoxP2* an, das im Jahr 2001 bei fünfzehn Mitgliedern einer großen Londoner Familie entdeckt wurde (die so genannte »KE-Familie«): In allen drei untersuchten Generationen gibt es schwere Sprach- und Formulierungsstörungen. Mittlerweile konnte die Forschung beweisen, dass sich die menschliche Variante dieses Gens nur durch drei von insgesamt siebenhundertfünfzehn Molekülen von seiner Variante bei der Maus und nur durch zwei von seiner Variante beim Schimpansen unterscheidet. Laut den deutschen Wissenschaftlern, die diese Mutation identifizierten, entstand sie vor ungefähr zweihunderttausend Jahren und verbreitete sich rapide im Lauf von fünfhundert bis tausend menschlichen Generationen, was einer Zeitspanne von zehn- bis zwanzigtausend Jahren entspricht. »Ein derart schneller Durchmarsch legt den Biologen nahe, dass die neue Variante des Gens einen signifikanten evolutionären Vorteil auf die Vorfahren der Menschen übertragen haben muss, die das Glück hatten, es zu erben.«[49] Eine weitere Erklärung für die kulturelle Explosion ergibt sich aus der Demografie. Bis vor ungefähr siebzigtausend Jahren war die menschliche Populationsdichte relativ dünn. Wir wissen das, weil die fossilen Überreste der Tiere, die damals als Hauptnahrungsquelle dienten, von ausgewachsenen Exemplaren ihrer Arten stammen, die außerordentlich lange brauchen, bis sie ausgewachsen sind (Schildkröten zum Beispiel). Vor rund siebzigtausend Jahren fand jedoch eine plötzliche Verlagerung beispielsweise auf Rotwild statt, das seine Reihen wesentlich schneller wieder auffüllen kann. Und das könnte nun sowohl zu neuen Steinwerkzeugen als auch zum Aufblühen einer Kunst angeregt haben, bei der es sich in Wirklichkeit um geheime Aufzeichnungen über die Wanderschaft von Beutetieren handelte.[50] In dieser Zeit fand übrigens auch eine stärkere Verlagerung der Nahrungspalette auf Fische und Meeresfrüchte statt.

Die Gradualisten halten dies nun alles für Illusion und behaupten, dass sich die Kunst und andere symbolische Ausdrucks- und Verhaltensweisen im Lauf von ungefähr 100000 bis 250000 Jahren vor der offensichtlichen »Explosion« entwickelt hätten und dass die Zeugnisse dieser Entwicklung entweder verloren gingen oder noch ihrer Entdeckung harrten. Damit ist ihrer Meinung nach auch die Tatsache zu erklären, dass die Höhlenkunst in Europa bereits so »voll ausgereift« wirkt – denn so gesehen habe es ja Generationen lang Zeit gegeben, die diversen Techniken zu verbessern. Außerdem verweisen sie darauf, dass voll ausgereifte Kunst in Australien im selben Moment auftauchte, als der Frühmensch dort eintraf. Aus diesem Blickwinkel betrachtet, liegt natürlich die Erklärung nahe, dass sich die *Fähigkeit* zur Herstellung dieser Kunstwerke bereits entwickelt hatte, bevor die Migranten Afrika verließen.[51]

Was nun die Bedeutung dieser Kunst anbelangt, so steht man schon vor einer komplexeren Frage. In der Zeit vor etwa vierzig- bis dreißigtausend Jahren lassen sich ungemein viele Entwicklungen beobachten – nicht nur die faszinierenden und berühmten Malereien von Lascaux, Altamira und Chauvet, sondern erstmals auch die Herstellung von Gegenständen, die der persönlichen Zierde dienten: Perlen, Anhänger aus gelochten Tierzähnen, Elfenbeinschnitzereien in Gestalt von Menschen und Köpfen von so unterschiedlichen Tieren wie Löwen und Bisons oder die unzähligen in Felsen geritzten V-förmigen Zeichen. Es besteht kaum Zweifel unter den Paläontologen, dass diese Darstellungen vorsätzlich gemacht wurden und die eine oder andere Art von Information enthalten. Unter heute lebenden australischen Stämmen kann beispielsweise ein einfacher Kreis je nach Umstand ein Feuer, einen Berg, eine Lagerstätte, ein Wasserloch, eine Frauenbrust oder ein Ei darstellen. So gesehen wird es sich wahrscheinlich als unmöglich erweisen, die Bedeutung der alten Kunst je vollständig herauszufinden. Doch in einem allgemeineren Sinne können wir aus ihr wenigstens die Idee herauslesen, dass Kunst gespeicherte Information ist. Viele Knochen- und Geweihwerkzeuge, die im oberen Paläolithikum auftauchten, sind verziert: John Pfeiffer bezeichnete solche Kunstwerke und die Felsenmalereien als »Stammesenzyklopädien«. Von grundlegender Bedeutung und auch gewiss wert, im Gedächtnis behalten zu werden, denn auf diesem Gebiet ist nichts zweifelsfrei gesichert, ist hier jedoch, dass ein Großteil der paläolithischen Kunst während der letzten Eiszeit erschaffen wurde, also in einer Periode, in der extrem harte Umweltbedingungen herrschten. Deshalb muss die Kunst zumindest teilweise eine Reaktion auf diese Bedingungen gewesen sein, was uns wiederum hilft, ihre Bedeutung zu verstehen. Beispielsweise lassen sich Rückschlüsse aus der Tatsache ziehen, dass viele Tierkörper im Profil porträtiert wurden, ihre Hufe jedoch grundsätzlich frontal: Vermutlich sollte man sie sich als Erkennungsmerkmale einprägen, vielleicht dienten sie auch zur Unterweisung der Nachkommen. Sogar heute noch legt das Jäger- und Sammlervolk der Wopkaimin in Neuguinea die Knochen erbeuteter Tiere an den Rückwänden ihrer Hütten wie »Karten« aus, damit sich jeder die Gestalt einprägen kann, von der sich Rückschlüsse auf die Verhaltensweisen eines Tieres ziehen lassen.[52]

※

Auch die im Paläolithikum weit verbreitete Darstellung der weiblichen Körperform bedarf eines erklärenden Kommentars. Es gibt die so genannten »Venus-Kiesel« mit Einritzungen, welche Brüste und Umrisse von Röcken darzustellen scheinen: Sie wurden in Korea gefunden und auf das Jahr 12 165 BP datiert; es gibt die »Venus vom Galgenberg« aus Krems in der Wachau: die Steinplastik einer Frau mit großen Brüsten, die zu tanzen scheint und auf ein Alter von einunddreißigtausend Jahren geschätzt wird; doch am allerwichtigsten sind die »Venus-Figurinen«, die in einem flachen geografischen Bogen entdeckt wurden, der sich von Frankreich bis Sibirien spannt. Fast alle stammen aus der Gravettien-Periode vor rund fünfundzwanzigtausend Jahren. Vermutlich war es unvermeidlich, dass es um diese kleinen Figuren so große Auseinandersetzungen gab. Viele, aber bei weitem nicht alle, sind ausgesprochen drall, mit schwellenden Brüsten und Bäuchen, was vielleicht auf eine Schwangerschaft hinweisen sollte; viele haben angeschwollene Vulven wie kurz vor einer Niederkunft; manche sind nackt; manche haben kein Gesicht, aber eine kunstvolle Haartracht; viele haben unvollständige Körper, ohne Beine oder Arme, als sei es ihren Schöpfern nur darum gegangen, Geschlechtsmerkmale darzustellen; einige waren ursprünglich mit rotem Ocker bemalt – vielleicht sollte die Farbe das (Menstruations-)Blut symbolisieren?[53] Kritiker wie der Archäologe Paul Bahn warnen allerdings davor, allzu viel Sexualbedeutung in diese Figuren hineinzulesen, weil solche Analysen letztlich immer mehr über moderne Paläontologen als über die frühen Menschen aussagten. Dennoch: Es *gibt* frühe Kunstwerke, die eindeutig sexuell betont sind. In der Höhle von Cougnac im französischen Quercy findet sich zum Beispiel eine natürliche Felseinbuchtung, deren Form den heutigen Betrachter an eine Vulva denken lässt. Diese Ähnlichkeit scheint auch den prähistorischen Menschen bewusst gewesen zu sein, denn sie färbten die Höhlenwände mit rotem Ocker ein, als wollten sie die Menstruation symbolisieren. Unter den Artefakten, die man 1980 in der Ignetava-Höhle im russischen Südural entdeckte, befand sich eine weibliche Figur mit achtundzwanzig roten Punkten zwischen den Beinen, sehr wahrscheinlich ebenfalls ein Hinweis auf den Menstruationszyklus.[54] Im sibirischen Ma'alta fanden sowjetische Archäologen Behausungen, die jeweils in zwei Hälften aufgeteilt waren: In der einen Hälfte wurden nur Gebrauchsgegenstände für Männer, in der anderen nur Frauenstatuetten entdeckt. Heißt das, dass diese Häuser rituell nach dem Geschlecht aufgeteilt waren?[55]

Ob solche frühen »Sexualdarstellungen« nun überinterpretiert werden oder nicht, sei dahingestellt. Fest steht jedenfalls, dass Sexualität definitiv eines der Hauptthemen der frühen Kunst ist und dass die Darstellung von weiblichen Geschlechtsmerkmalen sehr viel weiter verbreitet war als die von männlichen. Aus dem Gravettien vor fünfundzwanzigtausend Jahren finden sich überhaupt keine Männerdarstellungen, was die These der hervorragenden litauischen Archäologin Marija Gimbutas stützt, dass der Frühmensch eher eine »Große Göttin« denn einen männlichen Gott verehrte. Vermutlich hing die Entwicklung solcher Glaubensweisen mit den zur damaligen Zeit gewiss großen Mysterien von der Geburt, dem Wunder des Stillens und des verstörenden Menstruationszyklus zusammen. Der Anthropologe Randall White von der New York University fügt dem noch den faszinierenden Gedanken hinzu, dass diese Figurinen allesamt aus einer Zeit stammen, in der der Frühmensch noch gar nicht in der Lage war, einen Zusammenhang zwischen Geschlechtsverkehr und Geburt herzustellen (eine solche Phase *muss* es einfach gegeben haben). Unter dieser Voraussetzung muss der Geburtsvorgang natürlich wie ein Wunder erschienen sein. Es könnte daher gut sein, dass der Frühmensch tatsächlich glaubte, Frauen empfingen neues Leben von einem Geist, beispielsweise von einem Tiergeist – deshalb vielleicht auch die künstlerische Umsetzung von Menschenkörpern mit Tierköpfen. Bis der Zusammenhang zwischen Geschlechtsverkehr und Geburt begriffen wurde, mussten Frauen demnach als viel geheimnisvollere und wundersamere Wesen erschienen sein als Männer.

Olga Soffer von der University of Illinois verweist auf Venus-Statuetten, die geflochtene Hauben zu tragen scheinen, und glaubt, dass textiles Gewebe schon sehr früh erfunden wurde. Sie selbst entdeckte zum Beispiel in oberpaläolithischen Grabungsstätten in Mähren und Russland Lehmstücke, in die Netzgeflechte eingedrückt worden waren, was ein möglicher Hinweis darauf ist, dass die Menschen mit Netzen fischten. Auch glaubt sie, dass schon vor sechzigtausend Jahren Seile aus Pflanzenfasern benutzt wurden und den Frühmenschen halfen, die Boote zu bauen, mit deren Hilfe sie dann Australien besiedelten.[56]

Die frühesten Perlen – Schneckenhäuser mit kleinen Löchern – stammen aus der Zeit vor achtzig- bis fünfundsiebzigtausend Jahren und wurden in der südafrikanischen Blombos-Höhle gefunden. Vor achtzehntausend Jahren scheinen Perlen dann überall getragen worden zu sein, doch die meisten von ihnen wurden in drei Begräbnisstätten im russischen Sungir entdeckt, die gegen Ende der schöpferischen Explosion für einen sechzigjährigen Mann sowie ein kleines Mädchen und einen kleinen Jungen angelegt wurden. Die sterblichen Überreste waren mit jeweils 2936, 4903 und 5274 Perlen aus Mammutelfenbein geschmückt; den Erwachsenen zierten zudem eine mit Fuchszähnen versehene Perlenhaube und fünfundzwanzig Armbänder aus Mammutelfenbein. Für die Herstellung einer einzigen Perle, so stellte White bei Experimenten fest, brauchte man zwischen einer und drei Stunden – was jeweils zwischen dreizehn- und neununddreißigtausend Arbeitsstunden oder einer Arbeitszeit zwischen achtzehn und vierundfünfzig Monaten entspricht. Mit dem Begriff »Schmuck« allein ist es hier also nicht mehr getan, und wir müssen uns fragen, ob diese Perlen nicht vielleicht der Nachweis für etwas noch weit Wichtigeres sind, nämlich für Unterschiede im sozialen Rang oder sogar für eine Urreligion. White jedenfalls geht fest davon aus, dass soziale Unterschiede vor achtundzwanzigtausend Jahren existierten. Um hier nur eine seiner Überlegungen anzuführen: Da die Herstellung der Perlen so lange dauerte, ist es höchst unwahrscheinlich, dass jeder Mensch aus Sungir mit Tausenden davon geschmückt bestattet wurde, weil dann kaum noch Zeit für überlebensnotwendige Arbeiten geblieben wäre. Es ist also möglich, dass Personen, die mit solchen Perlen beerdigt wurden, religiöse Symbolfiguren waren. Individuelle Unterschiede beim Schmuck legen zudem nahe, dass der Frühmensch bereits eine Idee vom »Ich« zu entwickeln begonnen hatte.[57]

Schon die Tatsache, dass Grabbeigaben – welcher Art auch immer – überhaupt existieren, deutet darauf hin, dass der Frühmensch zumindest an die Möglichkeit eines Lebens nach dem Tode glaubte, was aber wiederum eines Glaubens an überirdische Wesen bedurfte. Für Anthropologen gibt es drei Voraussetzungen für das Entstehen von Religion: den Glauben, dass eine nichtkörperliche Komponente des Menschen, die »Seele«, nach dem Tod überleben kann; den Glauben, dass bestimmte Mitglieder einer Gemeinschaft mit größerer Wahrscheinlichkeit als andere direkt von einer überirdischen Kraft inspiriert werden; und den Glauben, dass bestimmte Rituale eine Veränderung im Diesseits bewirken können.[58] Die Perlen von Sungir legen die Vermutung sehr nahe, dass die Menschen an ein Leben nach dem Tode glaubten. Doch wir haben keine Möglichkeit, herauszufinden, was sie sich als »Seele« vorstellten. Abgelegene Höhlen, die mit herrlichen Malereien ausgeschmückt wurden, waren sicherlich rituelle Zentren, die sogar von einfachen Leuchten erhellt wurden. Man hat mehrere davon gefunden: Dochte aus Moos brannten in Tierfett – auch eine Art, das Feuer zu nutzen. In der Höhle Les Trois-Frères im südfranzösischen Ariège, nahe der Grenze zu Spanien, finden sich die Umrisse einer offensichtlich aufrecht stehenden menschlichen Gestalt. Sie trägt das Fell eines Pflanzenfressers um die Schultern, einen Pferdeschwanz und auf dem Kopf ein Geweih – mit anderen Worten: ein Schamane. Ende 2003 wurde bekannt, dass man in der Höhle »Hohler Fels« bei Schelklingen auf der Schwäbischen Alb drei kleine Skulpturen aus Mammutelfenbein gefunden hatte, darunter einen »Löwenmenschen«, der halb Mensch, halb Tier ist und aus einer Zeit vor dreiunddreißig- bis einunddreißigtausend Jahren stammt, was auf ein schamanisches, auf Zauberei oder Religion beruhendes Glaubenssystem von einiger Raffinesse schließen lässt.

David Lewis-Williams ist von der schamanischen Natur der ersten Religionen überzeugt und geht auch davon aus, dass es Zusammenhänge zwischen diesen Glaubensformen und der Gestaltungsweise der ersten Höhlenkunstwerke gibt. Von ihm stammt auch die Idee, dass es dem Frühmenschen im Zuge der Sprachentwicklung möglich wurde, die Erfahrung von zwei bis drei veränderten Bewusstseinszuständen mitzuteilen: Traumerlebnisse, durch Rauschmittel herbeigeführte Halluzination und Trance-Erfahrungen. Mit solchen Erzählungen würde er seine Gefährten überzeugt haben können, dass es neben der sichtbaren Welt noch eine »Geisterwelt« gab, wobei Höhlen, die in eine geheimnisvolle Unterwelt führten, als der einzig mögliche Sitz dieser anderen Welt betrachtet worden sein müssen. Auch die vielen Linien und Kringel in der Höhlenmalerei sind für Lewis-Williams nur »entoptisch« zu erklären, also als Wiedergaben der Gehirnstrukturen zwischen Netzhaut und Sehnerv, die der Mensch unter dem Einfluss von Drogen tatsächlich »sieht«. Von nicht minderer Bedeutung ist seiner Meinung nach, dass man sich bei so vielen Höhlenmalereien und Gravuren natürliche Formen oder Erhebungen im Fels zunutze machte, um beispielsweise einen Pferdekopf oder ein Bison herauszuarbeiten, denn solche Kunst beruhte auf dem Gedanken, dass man im Fels »gefangene« Formen »befreit«. Auch Fingermalereien auf glattem Fels oder die berühmten Handabdrücke stellten eine Art von Handauflegen dar, durch das die im Fels eingeschlossenen Formen befreit werden sollten.[59] Lewis-Williams vermutet sogar, dass es eine bestimmte Organisationsstruktur in den Höhlen gab. Wahrscheinlich pflegten sich normale Gruppenmitglieder am Eingang der Höhle zu versammeln – dem Tor zur Unterwelt – und dabei vielleicht symbolische Gegenstände bei sich zu tragen, die verloren sind. Einlass in die eigentliche Höhle fanden immer nur ein paar Auserwählte. Lewis-Williams stellte fest, dass in den Hauptkammern von Höhlen mit einem starken Echo immer mehr Malereien gefunden wurden als in Höhlen ohne Hall. Es könnte also auch ein »musikalisches« Element eine Rolle gespielt haben, vielleicht indem man auf Stalaktiten klopfte, auf primitiven »Flöten« spielte, deren Überreste gefunden wurden, oder auf Tierhäute trommelte. Die unzugänglichsten Teile einer Höhle waren den Schamanen vorbehalten. Man hat nachgewiesen, dass in einigen Räumen im Inneren solcher Höhlensysteme eine hohe CO_2-Konzentration vorhanden ist und somit eine Atmosphäre herrscht, die an sich schon zu einer Bewusstseinsveränderung führen kann. Wie auch immer – jedenfalls werden die Schamanen in genau solchen beengten Räumen auf ihre Visionen gewartet haben. Es gibt Drogen, die ein Prickeln oder das Gefühl von Stichen hervorrufen, was sich mit mehreren Höhlenbildern deckt: Immer wieder finden sich Figuren, die mit kurzen Strichen übersät sind. Kombiniert man das mit der für Schamanen notwendigen Voraussetzung, gelegentlich in einen anderen Geist zu schlüpfen (wie es in »steinzeitlichen« Stämmen bis heute der Fall ist), kann man durchaus auf den Gedanken kommen, dass darin der Ursprung der Ideen von Tod, Wiedergeburt und Opferung liegt – Ideen, über die noch zu sprechen sein wird, weil sie in späteren Glaubensweisen eine so große Rolle spielen sollten.[60]

Lewis-Williams Vorstellungen sind verführerisch, aber nach wie vor spekulativ. Sicher können wir uns aber sein, dass kein einziges dieser komplexen Kunstwerke und nicht eine einzige Zeremonie in oder vor den bemalten Höhlen ohne Sprache entstehen konnte. Aus der Sicht von Merlin Donald war der Übergang zum mimetischen Erkenntnis- und Kommunikationsvermögen *die* Transformation in der Geschichte. Doch das Aufkommen von gesprochener Sprache war mit Sicherheit ein Durchbruch von nicht minderer Qualität.

Es ist noch zu früh, um sagen zu können, ob das so weit entstandene Bild wegen der im Oktober 2004 verkündeten Entdeckung des *Homo floresiensis* auf der indonesischen Insel Flores nun grundlegend verändert werden muss. Diese Menschenart, deren engster Verwandter offenbar der Homo erectus war, lebte bis vor dreizehntausend Jahren, war kaum einen Meter groß und besaß ein Gehirnvolumen von nur 380 Kubikzentimetern. Doch sie scheint aufrecht gegangen zu sein, ziemlich fortschrittliche Steinwerkzeuge entwickelt zu haben und konnte möglicherweise auch das Feuer kontrollieren. Ihre Vorfahren müssen mit Flößen auf Flores eingewandert sein, da es keinen geologischen Nachweis gibt, dass die Insel jemals mit dem asiatischen Festland verbunden war. Die geringe Größe dieser Menschen erklärt sich vermutlich mit der Anpassung an die insulare Umwelt, in der es keine großen Raubtiere gab; aber was ihr kleines Gehirn betrifft, so sieht es nun wohl so aus, als beweise sich damit, dass Hirnvolumen und Intelligenz bei den frühen Menschenarten doch nicht in einem so unmittelbaren Zusammenhang standen, wie es die Wissenschaft bisher immer angenommen hatte.

2
Das Entstehen von Sprache und die Überwindung der Kälte

Die Aneignung von Sprache ist vielleicht *der* umstrittenste und zugleich interessanteste Aspekt der frühmenschlichen Geistesentwicklung. Soweit wir wissen (und wenn Merlin Donald Recht hat) ist Sprache neben dem mimetischen Erkenntnisvermögen das wichtigste Kennzeichen unter den Merkmalen, die den Homo sapiens von anderen Tieren unterscheiden. Und da die überwiegende Mehrheit aller Ideen, die in diesem Buch betrachtet werden, mit Worten ausgedrückt wurde (im Gegensatz beispielsweise zu malerischen, musikalischen oder architektonischen Ausdrucksweisen), ist es auch von fundamentaler Bedeutung, dass wir verstehen, auf welchem Weg Sprache erfunden wurde und wie ihre Evolution vonstatten ging.

Bevor wir uns der Sprache selbst zuwenden, müssen wir uns jedoch erst einmal mit der Frage befassen, warum sie sich überhaupt entwickelt hat. Das führt uns zu der Rolle zurück, die der Verzehr von Fleisch spielte. Wie gesagt hatte das Gehirn des Homo habilis im Lauf der immer fortschrittlicheren Steinbearbeitungstechniken einen merklichen Wachstumsschub erfahren. Für uns ist es außerdem wichtig zu wissen, dass Steinwerkzeuge bis zu zehn Kilometer von den Orten entfernt gefunden wurden, von denen der Rohstoff stammte, denn das liefert uns den Hinweis, dass der Frühmensch seit dem Auftauchen des Homo habilis in der Lage gewesen ist, sich »geistige Landkarten« zu merken, vorauszuplanen, den Aufenthalt von Beutetieren vorauszusagen und – vermutlich ebenfalls im Voraus – Werkzeuge dorthin zu transportieren, wo sie gebraucht wurden. Das sind Geistesleistungen, die schon weit über die Fähigkeiten anderer Primaten hinausgingen. Anhand der fossilen Knochen aus archäologischen Fundstätten wissen wir außerdem, dass der Frühmensch Antilopen, Zebras und Flusspferde verspeiste. Und die Suche nach derart großen Kadavern muss ihn ganz einfach gezwungen haben, gegen konkurrierende Hyänen oder bei der Jagd gegen das jeweilige Beutetier selbst zu bestehen. Einige Paläontologen behaupten nun aber, dass einem einzelnen Individuum keines von beidem gelungen sein kann, vielleicht nicht einmal im Verbund mit einer kleinen Gruppe. Zoologen haben einen Zusammenhang zwischen der Größe eines Primatengehirns und dem durchschnittlichen Umfang einer sozialen Gruppe beobachtet. Manche vertreten sogar die Ansicht, dass zwischen der Größe des Gehirns und dem, was Steven Mithen »soziale Intelligenz« nennt, ein unmittelbarer Zusammenhang bestehe. Einer Schätzung zufolge lebten die Australopithecinen in Gruppen von durchschnittlich fünfundsechzig Individuen, wohingegen die Gruppen des Homo habilis rund achtzig Individuen umfassten.[1] Sie bildeten die »kognitiven Gruppen« des Frühmenschen, die jeweilige Basisgruppe also, mit der er es Tag für Tag zu tun hatte; und nach Ansicht von Paläontologen war es die stetig wachsende Größe dieser Gruppen, die wiederum die Entwicklung der sozialen Intelligenz ihrer Mitglieder anregte. Aber die Fähigkeit, ein Gruppenmitglied vom anderen zu unterscheiden und die Mitglieder der eigenen Sippe innerhalb der größeren Gruppe zu erkennen, kann sich erst im Lauf der Sprachentwicklung herausgebildet haben. Und sie verbesserte sich, als der Mensch begann, Individualität durch Perlen, Anhänger und anderen Körperschmuck hervorzuheben. Andererseits macht uns Georg Schaller klar, dass Löwen höchst erfolgreich in Gruppen jagen, ohne über Sprache zu verfügen.

Im oberen Paläolithikum lässt sich zudem ein deutlicher Fortschritt bei den Steinbearbeitungs- und Jagdtechniken feststellen; beides wäre ohne Sprache ebenfalls nur schwer vorstellbar. Zumindest in europäischen Fundstätten entdeckte man mehrere Gerätschaften, die in dieser Periode entwickelt wurden, beispielsweise Werkzeuge mit Griffen oder Harpunen und Wurfspeere, die aus Geweih- und Skelettknochen (die ersten »Plastiken«) gefertigt waren, aber auch die ersten »standardisierten Rohlinge«, die je nach Bedarf zu Sticheln, Schabern, Ahlen oder Nadeln umgeformt werden konnten.[2]

Ein ganz anderes Bild ergibt sich, wenn wir die Funde aus der südafrikanischen Klasies-Höhle (120000–60000 BP, westlich der Mündung des Tsitsikama-Flusses gelegen) mit den Artefakten aus der sehr viel jüngeren Nelson-Bay-Höhle (20000 BP) vergleichen. In Letzterer fanden sich zum Beispiel mehr Knochen von großen und gefährlichen Beutetieren wie dem Büffel oder Wildschwein, dafür weit weniger von der Elandantilope. Das heißt, man musste in der Gegend der Nelson-Bay-Höhle inzwischen Geschosswerkzeuge wie Pfeil und Bogen entwickelt haben, die es ermöglichten, gefährliche Beutetiere aus sicherer Entfernung zu erlegen. Ein weiterer Unterschied zwischen Klasies und Nelson Bay lässt sich anhand der aufgefundenen fossilen Robbenknochen feststellen: Das Alter der Tiere, von denen die Überreste in der Klasies-Höhle stammen, deutet darauf hin, dass der Frühmensch das ganze Jahr über an der Küste lebte, auch in Zeiten, in denen die Nahrungsressourcen im Landesinneren vermutlich vielfältiger gewesen waren. Die Bewohner der Nelson Bay begrenzten ihren Aufenthalt an der Küste hingegen auf den Spätwinter und Frühjahrsbeginn, also auf die Zeit, in der sie am Strand Robbenjungen fangen konnten, und zogen erst ins Landesinnere, wenn die Jagd dort für sie ergiebiger war.[3] Auch anhand der Überreste von Fischen lässt sich ein Unterschied zwischen diesen beiden Fundstätten feststellen: Unter den Abfällen von Klasies fanden sich keine versteinerten Gräten, wohingegen sie an der Nelson Bay in Hülle und Fülle vorhanden sind. Also müssen dort mittlerweile auch Fischspeere erfunden worden sein. Konnte die Art von Kooperation, die für solche Erfindungen nötig war, wirklich ohne Sprache abgelaufen sein? Kann die Vorstellung von einem Widerhaken an einem Speer vermittelt worden sein, ohne ein Wort dafür zu haben?

*

Noch mehr lässt sich über den Ursprung von Sprache ableiten, wenn man das plötzliche Auftauchen von Frühmenschen in schwierigen Lebensräumen untersucht, insbesondere in den sehr kalten Gegenden von Sibirien. Sibirien ist nicht nur deshalb von großer Bedeutung, weil die Überwindung der Kälte die größte menschliche Leistung vor der Erfindung der Landwirtschaft war, sondern auch, weil diese Region der Ausgangspunkt für das – wie sich herausstellen sollte – größte Experiment »Mensch gegen Natur« in der gesamten Menschheitsgeschichte war, nämlich für die Besiedlung Amerikas. An dieser Stelle müssen wir uns nun wirklich fragen, ob irgendetwas davon ohne Sprache möglich gewesen sein konnte. Viele Fundstätten im sibirischen Raum wurden auf ein Mindestalter von zweihunderttausend Jahren datiert, und allein *dass* es dort Ansiedlungen gab, wirft erneut die Frage vom willentlichen Gebrauch des Feuers und in diesem Fall auch vom Vorhandensein von Bekleidung auf. Die klimatischen Bedingungen waren derart rau, dass viele Paläontologen der Meinung sind, man habe diese Region unmöglich ohne »passende« Kleidung bewohnen können. Doch wie grob das Schneiderhandwerk auch noch gewesen sein muss, so setzt es doch die Erfindung der Nadel voraus. Das aber lässt sich nicht beweisen, da man bisher noch keine entsprechenden Fundstücke aus dieser Zeit hat. Im Jahr 2004 stellten Biologen des Max-Planck-Instituts für Evolutionsanthropologie in Leipzig jedoch fest, dass sich Körperläuse von Kopfläusen unterscheiden, woraus Mark Stoneking und seine Kollegen folgerten, dass sich Körperläuse wahrscheinlich aus Kopfläusen entwickelten, sobald ihnen eine eigene Nische – nämlich Bekleidung – zur Verfügung stand. Den Beginn dieser Entwicklung setzten sie anhand der genetischen Mutationsrate ungefähr im Jahr 75 000 BP an.[4]

Um Sibirien und Australien zu erobern, brauchten die Frühmenschen jedoch nicht nur Nadeln zum Anfertigen von Bekleidung, sondern (im Falle von Australien) auch irgendeine Art von Flößen und in beiden Fällen natürlich eine wohl durchdachte Sozialstruktur, die die Nichtsippschaft ebenso einbezog wie die Sippschaft – was wiederum voraussetzt, dass man den grundlegenden Unterschied zwischen beiden verstand. In jedem Fall bedurfte es einer ausgeklügelten Kommunikationsform zwischen Individuen – der Sprache. Experimente haben nachgewiesen, dass Entscheidungsprozesse in Gruppen von mehr als sechs Mitgliedern immer ineffizienter werden, ergo sind größere Gruppen nur dann lebensfähig, wenn sie eine hierarchische Struktur haben, und auch die bedarf der Sprache. Mit »Kommunikation« sind hier natürlich Protosprachen gemeint, denen es vermutlich noch ebenso an Zeitformen wie an der Einteilung in Haupt- und Nebensätze mangelte – also Verständigungsformen, bei denen Absicht und Gedanken grundsätzlich vom Hier und Jetzt, von Angesicht zu Angesicht verdrängt wurden.[5]

Vor fünfundzwanzig- bis zehntausend Jahren gab es dort, wo heute die Beringsee Sibirien von Alaska trennt, eine Landbrücke, auf welcher der Frühmensch von Eurasien nach Amerika wandern konnte. Tatsächlich sah dieser Erdteil während der letzten Eiszeit ganz anders aus als heute. Das, was heute unter Wasser liegt, befand sich einst an der Oberfläche, und Alaska sowie Teile der heutigen Yukon-Region und der kanadischen Northwest Territories waren vom übrigen amerikanischen Kontinent durch zwei gigantische Eisdecken getrennt; »Beringia«, wie diese Landmasse unter Paläontologen und Archäologen genannt wird, erstreckte sich in einem Stück vom tiefsten Sibirien über diese Landbrücke zwischen den Kontinenten bis etwa vier- oder fünfhundert Kilometer tief ins Landesinnere Nordamerikas. Ungefähr um 10000 BP stieg der Meeresspiegel während einer globalen Erwärmung und Gletscherschmelze wieder an, was aber natürlich ein sehr langsamer Prozess war. Die Landmasse, die wir heute als »Alte Welt« bezeichnen, war jetzt von der Neuen Welt und Australien abgeschnitten und die Erde effektiv in zwei riesige Kontinente geteilt – Eurasien und Afrika auf der einen und der amerikanische Kontinent auf der anderen Seite. Der Frühmensch begann seine Entwicklung auf beiden Landmassen, während er jeweils die längste Zeit nichts von der Existenz des anderen wusste, und die Ähnlichkeiten und Unterschiede, die sich im Zuge dieser unabhängigen Existenzen entwickelten, können uns eine Menge über die grundlegende Natur des Menschen erzählen.

*

Kap Deschnew (Deschnijowa Mys, auch Uelen genannt) ist der östlichste Punkt an der Nordostspitze Sibiriens und rund dreizehntausend Kilometer Luftlinie von der Olduvai-Schlucht entfernt. Der Weg des Frühmenschen verlief jedoch alles andere als geradlinig: Sein Fußmarsch war wohl eher eine Wanderschaft über zwanzigtausend Kilometer gewesen – eine ganz schöne Strecke zu Fuß. Alle archäologischen und paläontologischen Funde sprechen nun dafür, dass der Homo erectus vor achthundert- bis siebenhunderttausend Jahren in Asien eintraf. Neben seinen Überresten wurden dort Oldowan-Werkzeuge entdeckt; der Gebrauch von Feuer lässt sich ab einer Zeit vor 400000 bis 350000 Jahren nachweisen. In den Höhlenfundstätten des Homo erectus fand man viele verkohlte Tierknochen vom Rotwild, Schaf, Pferd, Schwein und Nashorn, was beweist, dass er Feuer ebenso zum Braten von Fleisch wie als Wärmequelle nutzte. Weniger klar ist, ob er auch wusste, wie man Feuer entfacht, oder ob er lediglich in der Lage war, natürlich auftretendes Feuer zu bewahren. Allerdings gibt es auch Fundstätten mit großen Holzkohledepots, was den Rückschluss zulässt, dass diese Feuerstellen ständig am Brennen gehalten wurden.

Die jüngsten Nachweise legen nahe, dass sich der moderne Mensch zweimal von Afrika auf den Weg machte, das erste Mal vor rund neunzigtausend Jahren über den Sinai in die Levante, wo der Exodus dann versandete; das zweite Mal rund fünfundvierzigtausend Jahre später und entlang einer Route, die über die Mündung des Roten Meeres durch das »Tor zur Wehklage« führte. Den Nahen Osten und Europa erreichte er über die Ebenen Mesopotamiens; nach Südostasien gelangte er nach einem Marsch entlang der Küsten (was sich allerdings nicht ganz mit den jüngsten Nachweisen deckt, denen zufolge die ersten Menschen Australien um rund 60000 bis 50000 BP erreicht haben).[6]

Bei Untersuchungen von Schädelfragmenten des Homo erectus, die man in chinesischen Fundstätten entdeckte, wurden rund ein Dutzend sehr spannende – aber höchst umstrittene – Ähnlichkeiten mit den Schädeln von Innerasiaten und von amerikanischen Ureinwohnern nachgewiesen, darunter zum Beispiel eine Verdickung entlang der Mittellinie auf dem Schädeldach, ein klobiger Kiefer, wie ihn vor allem Eskimos besitzen, und ähnlich schaufelartige Schneidezähne. Alles in allem deuten diese Merkmale darauf hin, dass der chinesische Homo erectus einige Gene an den späteren asiatischen und den uramerikanischen Homo sapiens vererbt hat. Doch wie gesagt ist die Faktenlage hier sehr umstritten. Außerdem muss betont werden, dass in Amerika – beziehungsweise oberhalb des 53. nördlichen Breitengrads – keine einzige Spur des Homo erectus oder Homo neanderthalensis gefunden wurde, was nahe legt, dass sich nur der Homo sapiens erfolgreich an die kalte Umwelt anpassen konnte. Innerasiaten, die über verdickte Augenlider, kleinere Nasen, kürzere Gliedmaßen und zusätzliche Fettdepots im Gesicht verfügen, sind hingegen gut an die Kälte angepasst. Charles Darwin begegnete während seiner Studien auf Tierra del Fuego (Feuerland) Menschen, die fast nackt herumliefen.[7]

Sowjetische Archäologen stießen bei ihren Ausgrabungen auf so manches, das uns etwas über die Fähigkeiten des Homo sapiens in jener Zeit erzählen kann. Einige asiatische Forscher behaupten, dass er bereits vor siebzig- bis sechzigtausend Jahren in ihrer Region gelebt und der moderne asiatische Mensch sich folglich separat entwickelt habe. Die fossilen

Nachweise für diese beiden Hypothesen sind allerdings ausgesprochen dünn. In Sibirien trafen die ersten modernen Menschen nach ihrer Evolution in Afrika höchstwahrscheinlich vor vierzig- bis dreißigtausend Jahren ein; jedenfalls lassen sich in Nordostsibirien keinerlei menschliche Ansiedlungen aus der Zeit vor 35 000 BP finden. Ihre Anwesenheit in der folgenden Zeit lässt sich hingegen durch eine regelrechte »Explosion« an Fundstätten bezeugen. Auch das hatte vermutlich etwas mit den klimatischen Veränderungen zu tun.[8]

Überall auf der Welt, nicht nur in Sibirien, begannen vor etwa fünfunddreißigtausend Jahren ausgeklügeltere Gerätschaften aufzutauchen – neue Steinwerkzeuge, Harpunen, Speerspitzen und, was vielleicht am wichtigsten war, Nadeln, ohne die eine dem Körper angepasste Bekleidung nicht hätte angefertigt werden können. Der Neandertaler aus Europa, Nordafrika und Westasien fertigte und benutzte ungefähr sechzig verschiedene Steinwerkzeuge, die man kollektiv zur so genannten Moustérien-Industrie zählt (nach der Fundstätte Le Moustier in Südwestfrankreich).[9] Werkzeuge nach Art der Levallois-Moustérien-Technik wurden zwar in Sibirien, aber kaum nördlich des 50. und überhaupt nicht nördlich des 54. Breitengrads gefunden. Das könnte bedeuten, dass das Klima zu Zeiten des Neandertalers noch härter gewesen war als später, es könnte aber auch heißen, dass es ihm ganz einfach nie gelang, die Kälte zu meistern (und natürlich könnte es auch einfach nur bedeuten, dass seine Lagerplätze in diesen Regionen lediglich noch nicht gefunden wurden). Wenn der Neandertaler nun aber im Gegensatz zum modernen Menschen tatsächlich nicht der Kälte Herr werden konnte, dann könnte das ebenso gut daran gelegen haben, dass er die Nadel nicht kannte und keine Bekleidungsstücke herstellen konnte – die vermutlich von ähnlicher Art waren wie der Parka heutiger Eskimos. Drei sibirische Kunstartefakte zeigen Frauen in einem Gewand dieser Art. In europäischen Regionen fand man Knochennadeln, die sich auf 19 000 BP datieren lassen; in der Grabungsstätte von Sungir bei Moskau entdeckte man Exemplare aus der Zeit um 27 000 bis 22 000 BP neben Fragmenten von Kleidungsstücken, deren Verzierungen nicht so stark verrottet waren wie die Tierhäute. Daher gelang es den Archäologen, die Hemden, Jacken, Hosen und Mokassins zu rekonstruieren, die diese Menschen getragen hatten.

Die Wanderschaft des Homo sapiens nach Sibirien könnte also mit einem Klimawandel zu tun gehabt haben, denn wie gesagt war es in der letzten Eiszeit wesentlich trockener als zuvor, wodurch im Norden eine weite Steppentundra (baumlose Ebene mit arktischer Vegetation) und im Süden Taiga (Nadelwald) entstehen konnten. Diesem Zug gen Norden und Osten scheint dann eine regelrechte Explosion von Ansiedlungen in Osteuropa und den russischen Ebenen entlang der drei großen Flüsse Dnestr, Don und Dnepr gefolgt zu sein. Die Überreste dieser Stätten sprechen eindeutig für eine verstärkte Großwildjagd und die Entwicklung von leichten Klingenrohlingen – Artefakte, die sich über große Distanzen hinweg transportieren und je nach Bedarf zu einem Werkzeug wie Messer und Bohrer oder zu einer Speerspitze bearbeiten ließen. Anfangs lebten diese Migranten wohl noch in Senken, die sie in den Boden gruben. Erst um 18 000 bis 14 000 BP begannen sie durchdachtere Behausungen zu errichten. Dabei dienten Mammutknochen und Äste als Gerüste, die mit Häuten und Reisig bedeckt wurden. Die Mammutknochen wurden außerdem mit rotem Ocker und stilisierten menschlichen oder geometrischen Figuren verziert. Viele dieser Lagerstätten wurden an Stellen errichtet, die vor dem vorherrschenden Nordwind geschützt waren und daher relativ lange bewohnt werden konnten, was nach Meinung einiger Paläontologen auch beweist, dass diese primitiven Gesellschaften in der Lage waren, Konflikte zu lösen und ansatzweise »soziale Schichtungen« aufzubauen.[10] Auch in Siedlungen, die von Gruppen aus dreißig bis hundert Individuen bewohnt wurden, *muss* es ganz einfach eine Sprache gegeben haben.

Der Nadelwald in der sibirischen Taiga könnte nun aber so dicht gewesen sein, dass er für Menschen undurchdringlich blieb, was bedeutet, dass der Homo sapiens die Bering-Landbrücke über einen hoch im Norden oder viel weiter südlich verlaufenden Weg erreicht haben könnte. Entlang der nördlichen Route fanden sich die Überreste von Siedlungen, zum Beispiel Mal'ta oder Afontova Gora, die aus halb eingegrabenen Behausungen bestanden und sich über rund sechshundert Quadratmeter verteilten. Mal'ta war vermutlich ein reines Winterlager gewesen. Die Hütten verfügten über Stützen aus ineinander verschränkten Rentiergeweihen und wurden mit Fellen und Moosen abgedichtet. Man fand dort Elfenbeinschnitzereien von Mammuts, Vögeln und Frauengestalten, außerdem unzählige Polarfüchse, denen das Fell abgezogen worden war – dass man sie danach vergrub, spricht möglicherweise für irgendein Ritual.[11]

Vorherrschend in dieser Region scheint die so genannte Djuchtai-Kultur gewesen zu sein, auf die man erstmals im Jahr 1967 bei Grabungen in einer Höhle am mittleren Aldan stieß, einem Zufluss der Lena, nahe der modernen Stadt Jakutsk, rund fünftausend Kilometer östlich von Moskau. Hier entdeckte man neben den Knochen von Großsäugetieren sowohl beidflächig beschlagene Speerspitzen als auch Stichel und Klingen, die aus den unverwechselbaren keilförmigen Rohlingen gehauen worden waren. Auch anderenorts gibt es solche Fundstätten, vor allem entlang der Flussebenen, die allesamt auf ein Alter von fünfunddreißig- bis zwölftausend Jahren datiert wurden. Allerdings glauben die meisten Forscher, dass die Djuchtai-Kultur erst vor etwa achtzehntausend Jahren auftauchte. Am aufregendsten ist, dass man Überreste dieser Kultur später auch jenseits der heutigen Beringstraße in Alaska und sogar so südlich wie British Columbia fand. Viele Wissenschaftler glauben heute, dass es der Frühmensch aus der Djuchtai-Kultur war, der den Mammuts und anderen Säugetieren über das trockene Beringia in die Neue Welt folgte. Berelech, an der Mündung des Indigirka in der Ostsibirischen See, auf 71° Nord gelegen, war der nördlichste Vorposten der Djuchtai-Kultur. Bekannt wurde diese Siedlung vor allem wegen ihres »Mammutfriedhofs«, den gut erhaltenen Überresten von über hundertvierzig Mammuts, die in den Frühjahrsfluten ertranken. Möglicherweise war der Frühmensch also dem Fluss von Berelech bis zum Meer gefolgt, um von dort aus die Küste in Richtung Osten entlangzuziehen.[12]

Wie gesagt, war die Landbrücke zwischen dem heutigen Russland und Alaska unseres Wissens vor rund zwanzigtausend bis zwölftausend Jahren begehbar, bevor das Wasser wieder anstieg. Sie bestand aus einer trockenen Steppentundra, in der Gräser, Binsen, Beerensträucher und Kräuter wie Beifuß wuchsen und sich Moore mit kleinen Seen abwechselten. Es dürfte zwar kaum Bäume gegeben haben, doch vor allem im Sommer muss diese Region viele Pflanzenfresser und Großtiere wie das Kältesteppenmammut und Steppenwisent angezogen haben.[13] In Alaska und Sibirien entdeckte man jedenfalls versteinerte Insektenarten, die sich nur bei Huftieren aufhalten. Die Seen wurden aus breiten, fischreichen Flüssen gespeist. Einer Legende der Netsi-Kutschiri-Indianer aus der Brooks Range im kanadischen Yukon-Gebiet zufolge gab es im »Urland« keine Bäume, nur niedrige Weiden.

Natürlich könnten die ersten Menschen auch auf Booten die Meerenge überquert haben. Es wurden jedoch keine entsprechenden Artefakte von den unter Wasser liegenden Landmassen geborgen, nur Mammutknochen fanden sich dort zuhauf. Aber wir wissen, dass Australien vor sechzig- bis fünfundfünfzigtausend Jahren besiedelt wurde, und dafür musste man ganz einfach in der Lage gewesen sein, Strecken von rund achtzig Kilometern (was in etwa der Breite der Beringstraße entspricht) per Boot oder Floß zurückzulegen. Allerdings gilt die Überquerung eines derart unwirtlichen offenen Gewässers so hoch im Norden auf Booten allgemein als höchst unwahrscheinlich. Dass der Frühmensch mit Booten entlang der Küsten bis zur Bering-Landbrücke vorstieß und sie dann zu Fuß überquerte, scheint wesentlich wahrscheinlicher, vor allem wenn man davon ausgeht, dass er seinen Beutetieren folgte. Die Tatsache, dass die Fauna auf beiden Seiten der Meerenge identisch war, beweist, dass die Tiere tatsächlich von einer zur anderen Seite wechselten. Und da es ja noch keinerlei bedrohliche Anzeichen für einen Untergang der Landbrücke gab und ein Großteil Nordamerikas zu dieser Zeit von zwei riesigen Eisflächen bedeckt war – dem Laurentide Ice Sheet und dem Cordilleran Ice Sheet, die sich weit in den Westen bis zur heutigen Grenze zwischen dem Yukon und den Northwest Territories erstreckten –, muss die Landmasse westlich des Eises für diese Menschen wie eine geschlossene Landmasse ausgesehen haben. Tatsächlich sprechen einige Archäologen und Paläontologen von Beringia sogar als einer »eigenständigen kulturellen Region«, die von einer großen biotischen Einheit geprägt war.[14]

Die Faktenlage für eine Migration über diese Meerenge deckt sich mit den geologischen, zoologischen, biologischen, medizinischen, archäologischen und linguistischen Nachweisen. Auf beiden Seiten der heutigen Beringstraße finden sich Merkmale, die für eine identische geologische Geschichte beider Kontinente sprechen, darunter zum Beispiel erhöhte Strände, die sich inzwischen mehrere Kilometer im Landesinneren befinden. Was die Zoologie betrifft, so wurde schon vor langem festgestellt, dass die tropischen Tiere und Pflanzen in der Alten und der Neuen Welt nur sehr wenige Gemeinsamkeiten aufweisen, die Ähnlichkeiten der Flora und Fauna aber umso größer werden, je näher man der Meerenge kommt. Biologisch ähneln die amerikanischen Ureinwohner am stärksten den Innerasiaten, was sich auch anhand von äußerlichen Gemeinsamkeiten erkennen lässt, angefangen beim glatten, drahtigen, schwarzen Haar über die relativ geringe Gesichts- und Körperbehaarung, die braunen Augen, eine ähnlich bräunliche Hautfarbe, die hohen Wangenknochen bis hin zu dem gehäuften Vorkommen von schaufelförmigen Vorderzähnen. Vertreter dieser biologischen Gruppe werden von der Wissenschaft als »Sinodonten« bezeichnet (das heißt, das Gebiss weist chinesische Merkmale auf, im Gegensatz zu den »Sundadonten«). Sinodonten sind primär kenntlich durch eine Höhlung der Schneidezähne – »starke Doppelschaufel« genannt –, die sich aufgrund der für das Gebiss sehr anspruchsvollen Vegetation in Nordasien entwickelte. Alle amerikanischen Ureinwohner sind Sinodonten; die Zähne der frühmenschlichen Schädel aus Westasien und Europa weisen dagegen keine Sinodontie auf.[15] Medizinanthropologen fanden außerdem heraus, dass sich die Blutproteine von amerikanischen Ureinwohnern und Asiaten sehr ähnlich sind. Tatsächlich können wir sogar noch weiter gehen und behaupten, dass uramerikanische Blutproteine den asiatischen nicht nur ähneln, sondern sich auch unter drei vergleichbar dominanten Gruppen verteilten, nämlich unter den Paläo-Indianern in Nord-, Mittel- und Südamerika, bei den Eskimo-Aleuten-Populationen und bei den Athabasken (den Apachen und Navahos von New Mexico). Nach Ansicht einiger Wissenschaftler könnte dies ein Indiz aus der Linguistik und der DNA-Forschung stützen, nämlich dass es nicht nur eine Migration, sondern drei oder sogar vier Wanderschaften des Frühmenschen in die Neue Welt gegeben hat. Einige Forscher gehen davon aus, dass die ersten Amerinden (amerikanische Indianer) bereits um 34 000 bis 26 000 BP eintrafen, die nächsten um 12 000 bis 10 000 BP, gefolgt von einer dritten Welle, nunmehr aus Eskimos und Vertretern der Na-Dene-Sprachen um die Zeit von 20 000 bis 7000 BP. Misslich ist nur, dass es bis heute keine direkten archäologischen Nachweise zur Untermauerung der frühen Daten gibt. Im Jahr 2000 wurden lediglich die Überreste von insgesamt siebenunddreißig Individuen in Amerika entdeckt, die auf ein höheres Alter als 11 000 BP datiert werden konnten.[16] Die archäologische Beweislage für die Existenz des Frühmenschen auf dem amerikanischen Kontinent leidet ohnedies unter der Tatsache, dass es keine Fundstätten in Alaska gibt, deren Alter sich durch eine *gesicherte* Bestimmung auf einen früheren Zeitpunkt datieren lässt als das der Artefakte, die in den Bluefish Caves im östlichen Yukon-Gebiet entdeckt und auf ein Alter von fünfzehn- bis zwölftausend Jahren datiert wurden.[17] Kein Zweifel besteht allerdings daran, dass beide Seiten der Beringstraße viele gemeinsame Merkmale haben, beispielsweise auch die Tradition der so genannten »Nordwestküsten-Mikroklinge«, einem spezifisch keilförmigen Klingenblatt, das aus einer ganz bestimmten Rohlingsart gefertigt und in der gesamten Beringia-Region gefunden wurde.[18] Solche Rohlinge entdeckte man vor allem in einer Stätte am Denali (die Region um den früher so genannten Mt. McKinley und die Tangle Lakes in Alaska), die laut Frederick Hadleigh West der östlichste Außenposten unter den mindestens zwanzig Stätten der Djuchtai-Kultur in Alaska war. Die Djuchtai-Kultur ist nicht älter als achtzehntausend Jahre, und die Denali-Kultur verschwand um 8000 BP.[19] Die Theorie, dass der Mensch die Bering-Landbrücke vor rund achtzehn- bis zwölftausend Jahren überquerte, wird außerdem von Fundstücken aus der Höhlenbehausung von Meadowcroft im Westen von Pennsylvania gestützt, deren Alter nach acht verschiedenen Grabungen auf 17 000 bis 11 000 v. d. Z. geschätzt wurde, und durch den Nachweis, dass die ersten Menschen um 9000 BP auf Feuerland – dem »Ende der Straße« auf der Südspitze Südamerikas – eintrafen. Hinsichtlich von Meadowcroft gibt es allerdings noch Zweifel, da alle Artefakte durch Kohleschichten verfälscht wurden und deshalb vielleicht älter erscheinen, als sie wirklich sind.

Auf den ersten Blick mag die Entdeckung der Neuen Welt durch den Frühmenschen nicht unbedingt in die Kategorie »Ideen« fallen, doch es gibt gute Gründe, sie dazuzuzählen. Erstens war die Überwindung der Kälte ein gewaltiger Fortschritt auf dem Gebiet frühmenschlicher Fähigkeiten. Zweitens bietet die Entwicklungsgeschichte der Alten und der Neuen Welt, die nach der bereits früh erfolgten Trennung eine so lange Zeit parallel und unabhängig voneinander stattfand – sagen wir einmal zwischen 15 000 BP bis 1492 n. d. Z., also im Lauf von 14 500 Jahren (wobei ich die Möglichkeit von altnordischen Kontakten übergehe, da sie folgenlos blieben) –, ein wunderbares natürliches Experiment, das uns zu vergleichen erlaubt, wie und in welcher Reihenfolge unterschiedliche Ideen entstanden. Drittens wirft diese Separation, wie wir nun sehen werden, ein besonderes Schlaglicht auf die Entwicklung von Sprache.

*

George Schaller hat uns wie gesagt verdeutlicht, dass Löwen ziemlich erfolgreich in Gruppen auf die Pirsch gehen, und das ohne Hilfe von Sprache. Deshalb können wir also auch nicht behaupten, dass der Mensch unabdingbar über mehr als nur sprachliche Rudimente verfügen musste, als er begann, Jagd auf Großwild zu machen. Andererseits scheint es höchst unwahrscheinlich, dass er standardisierte Gerätschaften, Höhlenmalereien oder Perlenketten hätte herstellen können, wäre er völlig sprachlos gewesen. Doch das sind alles nur Rückschlüsse. Gibt es irgendwelche konkreten Beweise?

Wir müssen uns klar machen, dass viele frühmenschliche Schädelknochen, auf denen letztlich die gesamte Sprachforschung beruht, über zwei Millionen Jahre lang in der Erde lagen und dort dem Gewicht von Steinen und Geröll ausgesetzt waren. Der Zustand, in dem man sie fand, muss daher nicht unbedingt Auskunft über ihr ursprüngliches Aussehen geben, er könnte auch im Lauf der Äonen unter dieser physischen Last entstanden sein. Dennoch können wir mit dieser grundlegenden Einschränkung im Sinn Folgendes feststellen: Studien am heute lebenden Menschen haben bewiesen, dass es zwei Bereiche im Gehirn gibt, die primär für Sprache verantwortlich sind – die so genannte Broca-Region und die Wernicke-Region. Die Broca-Region ist in der linken Hirnhälfte, mehr im vorderen Teil und ungefähr auf halber Hirnhöhe angesiedelt. Menschen mit einer Schädigung in diesem Bereich verlieren meist den selbstverständlichen Umgang mit Wörtern. Die etwas größere Wernicke-Region liegt dahinter, ebenfalls in der linken Hirnhälfte und auf halber Höhe: Schädigungen in diesem Bereich haben Auswirkungen auf das Begriffsvermögen.[20] Natürlich wäre noch eine Menge mehr über die Sprachfunktionen des Gehirns zu sagen. Für unsere Zwecke von Bedeutung sind jedoch im Wesentlichen nur die Untersuchungen von Homo-habilis-Schädeln, weil man an ihnen nachweisen konnte, dass die Broca-Region bereits bei den ersten Hominiden, nicht aber bei den Australopithecinen vorhanden war. Pongid-Hominiden (Menschenaffen), denen die Broca-Region fehlt, sind nicht nur unfähig, irgendwelche menschlichen Laute von sich zu geben, sondern scheinen auch zu keiner *absichtlichen* spontanen Kontrolle von stimmlichen Signalen in der Lage zu sein. Beispielsweise könnten sie Futterlaute nicht einmal dann unterdrücken, wenn sie es wollten, etwa um ihren Standort nicht zu verraten. Andererseits wurde Ende des 20. Jahrhunderts bei mehreren Experimenten nachgewiesen, dass Schimpansen eine *im Entstehen begriffene* Sprachbegabung besitzen, das heißt, sie konnten Wörter zwar nicht aussprechen, aber über eine erlernte amerikanische Zeichensprache vermitteln, was sie meinten. Das deutet – jedenfalls für manche Forscher – darauf hin, dass die Anlagen für Sprachbegabung schon sehr alt sind.[21]

Alle Skelette, die im israelischen Skhul und Qafzeh ausgegraben und auf 95 000 bis 90 000 BP datiert wurden, verfügen über einen grundsätzlich modernen Stimmapparat oberhalb des Kehlkopfs: »Diese fossilen Hominiden besaßen wahrscheinlich eine moderne Sprechweise und Sprache.« Paläoanatomen wüssten auch keinen Grund, weshalb der Frühmensch nicht zu einer modernen Syntax in der Lage gewesen sein sollte.[22] Man darf also vermuten, dass der Homo habilis über eine Art Sprache verfügte, die zwar bereits ausgefeilter war als die etwa sechs verschiedenen Ruflaute, die sich beim Schimpansen und beim Gorilla unterscheiden lassen, aber noch nicht als eine ausgereifte Sprache in unserem Sinne bezeichnet werden kann.

Das einzige Zungenbein – das für das Sprechen so wichtig ist, weil es im Knorpel des Kehlkopfs verankert und durch Muskeln mit dem Unterkiefer verbunden ist –, das je in einer Grabungsstätte gefunden wurde, entdeckte man im Sommer 1983 in der Kebara-Höhle, die sich in den Karmelausläufern bei Haifa in Israel befindet. Das Skelett wurde auf 60 000 BP datiert und dem Moustérien zugeordnet – also als Neandertaler identifiziert. Laut Baruch Arensburg von der Universität Tel Aviv erinnert das Zungenbein dieses Geschöpfs »in Aufbau wie Größe an das des modernen Menschen« und »wirft ein völlig neues Licht auf die Sprechfähigkeit [des Neandertalers] ... Aus anatomischer Sicht betrachtet scheint es, dass der Moustérien-Mensch von Kebara ebenso zu Sprache fähig war wie der moderne Mensch.«[23] Gehörknöchelchen, die man bei Grabungen in Spanien im Jahr 2004 entdeckte, bewiesen, dass das Gehör des Neandertalers auf die gleiche Frequenz eingestellt war, die der Mensch beim Sprechen nutzt.

Auch über die frühe Denkfähigkeit lassen sich einige Rückschlüsse ziehen, wenn man die Werkzeuge und die von ihnen ableitbaren Verhaltensweisen des Frühmenschen, der Primaten und anderer Säugetiere näher betrachtet. Eine große Rolle spielt hier die Standardisierung von Steinwerkzeugen, denn so mancher Paläontologe fragt sich, ob ein solcher Akt ohne Sprache überhaupt möglich gewesen wäre. So ist zum Beispiel kaum vorstellbar, dass der Ältere dem Jüngeren ohne sprachliche Hilfe die genaue Form eines neu herzustellenden Werkzeugs erklären konnte. Auch die Entwicklung eines durchdachten Sippschaftsystems muss der Fähigkeit bedurft haben, Wörter zu bilden, um die Beziehungen zwischen verschiedenen Verwandten zu beschreiben. Primaten wie Schimpansen und Gorillas verfügen ebenfalls über rudimentäre Sippschaftsysteme; und gelegentlich wurde beobachtet, dass Geschwister einander ebenso erkennen wie Mütter und Kinder. Doch dieses System ist nicht besonders ausgeprägt und obendrein unbeständig und unzuverlässig. Bei Gorillas sind »Familieneinheiten« zudem keine Verwandtschaftsgruppen in unserem Sinne.

Im Jahr 2002 enthüllte ein Team, das unter der Leitung von Svante Paabo am Leipziger Max-Planck-Institut für Evolutionsanthropologie forscht, ein bereits in anderem Kontext vorgestelltes Beweisstück: Man hatte zwei vor rund zweihunderttausend Jahren aufgetretene Mutationen eines Gens identifiziert, das für Gesichts- und Kieferbewegungen zuständig und somit auch für das Sprechen nötig ist. Diese Mutationen verbreiteten sich in etwa um die gleiche Zeit in der Population, als sich der anatomisch moderne Mensch über die Erde auszubreiten und sie zu beherrschen begann. Das heißt, diese Veränderung könnte eine entscheidende Rolle bei der Sprachentwicklung des modernen Menschen gespielt haben. Und da dieses mutierte Gen nach Meinung der Leipziger Wissenschaftler dem Frühmenschen auch eine feinere Kontrollmöglichkeit über die Gesichts-, Mund- und Halsmuskulatur verlieh, bescherte es unseren Vorfahren vermutlich den Vorteil einer reichhaltigen Palette an neuen Tönen, die zur Grundlage für die Sprachbildung wurde. Die Forscher konnten zwar nicht genau erklären, welche Rolle dieses *FoxP2*-Gen im Körper spielt, doch da alle Säugetiere eine Variante davon besitzen, liegt die Vermutung nahe, dass es mindestens einem entscheidenden Zweck – vermutlich bei der fötalen Entwicklung – dient.[24] In einer in *Nature* veröffentlichten Abhandlung wurde berichtet, dass die Mutation, die den Menschen vom Schimpansen unterscheidet, evolutionsgeschichtlich gesehen erst vor kurzem auftrat und sich so rapide verbreitete, dass sie die primitivere Variante innerhalb von nur fünfhundert bis tausend menschlichen Generationen – zehntausend bis zwanzigtausend Jahren – vollständig ersetzen konnte. Eine derart schnelle Ausbreitung legt nahe, dass das neue Gen beträchtliche Vorteile verschafft haben muss.

*

Noch kontroverser als die Debatten um die Frage, wann Sprache begann, sind die Versuche, frühe Sprachen zu rekonstruieren. Auf den ersten Blick scheint das sogar vielen Linguisten ein höchst gewagtes Vorhaben, denn wie könnten Wörter vor der Erfindung der Schrift im archäologischen Nachlass überlebt haben? Doch das konnte die Forschung nicht davon abhalten, sich mit Verve an die Arbeit zu machen und schließlich zu Resultaten zu gelangen, die sich ungeachtet ihrer jeweiligen wissenschaftlichen Anerkennung höchst fesselnd lesen.

Einer Ansicht zufolge hat sich Sprache aus den Klicklauten bestimmter südafrikanischer Stämme entwickelt – dem Volk der San zum Beispiel oder der Hadzabe. Solche Laute erlauben es Jägern, Informationen auszutauschen, ohne ihre Beute in der offenen Savanne zu verscheuchen. Einer anderen Meinung nach entstand Sprache vor dreihundert- bis vierhunderttausend Jahren (manche sprechen sogar von 1,75 Millionen Jahren) aus dem rhythmischen Summen oder Singen des Frühmenschen. Solche Laute hatten, so nimmt man an, ursprünglich die Funktion von »Ferngesprächen«: Die Männer einer Gruppe wollten die Frauen aus einer entfernten anderen Gruppe auf sich aufmerksam machen, wie es auch unter bestimmten Schimpansenarten üblich ist. Allmählich begannen sich diese Laute dann in eine Form der Äußerung zu verwandeln, die primär der sozialen Bindung und der Unterscheidung des einen Stammes vom anderen galt.

Anhand von anthropologischen Untersuchungen unter heute lebenden Jäger- und Sammlergesellschaften wissen wir, dass es ungefähr eine Sprache pro tausend bis zweitausend Menschen gibt. Als die Europäer in Australien an Land gingen, gab es allein unter den Aborigines rund zweihundertsiebzig Sprachen.[25] Daraus lässt sich folgern, dass es in der Zeit, als der Mensch von Sibirien nach Alaska wanderte und die Weltbevölkerung rund zehn Millionen Menschen umfasste, wahrscheinlich ebenso viele Sprachen gab wie heute – laut William Sutherland von der University of East Anglia sind das 6809.[26] Trotz dieses offensichtlichen Handicaps für die Wissenschaft halten es einige Linguisten nun aber für möglich, sich von den bestehenden Ähnlichkeiten heutiger Sprachen zurückzuarbeiten und dabei – mit angemessenem vorgeschichtlichem Wissen – herauszufinden, wie sich die jeweiligen Ursprachen wohl angehört haben. Den faszinierendsten Versuch dieser Art stellt die Arbeit des Amerikaners Joseph Greenberg dar, der die zweihundert Sprachen der amerikanischen Ureinwohner in drei Grundgruppen aufteilte: Eskimo-Aleutisch, Na-Dene und Amerindisch. Besonders bemerkenswert wird seine Forschung, wenn man sie mit den Nachweisen vergleicht, die uns über die drei Migrationen aus Asien auf den amerikanischen Kontinent zur Verfügung stehen.[27] Die Ergebnisse der jüngsten DNA-Forschung deuten nun allerdings darauf hin, dass es nicht nur drei, sondern sogar fünf Migrationswellen aus Sibirien nach Amerika gab und eine davon möglicherweise die Küste entlang führte.[28] Folgt man diesem Nachweis, dann würden die ersten Menschen bereits vor fünfundzwanzigtausend Jahren amerikanischen Boden betreten haben – das heißt also bereits vor der Eiszeit, was wiederum bedeuten würde, dass diese Pioniere mit *Booten* die Beringstraße überquert haben müssen.

Besonders kontrovers sind die Forschungen des dänischen Linguisten Holger Pedersen, des Russen Wladislaw Illitsch-Switytsch und des aus Russland stammenden Israeli Aron Dolgopolski. Sie alle sind der Meinung, dass sämtliche europäischen, asiatischen und sogar nordafrikanischen Sprachen – die so genannten indoeuropäischen[29], semitischen, uralischen, altaischen Sprachen und sogar das Eskimo-Aleutisch, das jenseits der Beringstraße in Kanada gesprochen wird – von einem gemeinsamen »entfernten Vorfahren« abstammten, dem so genannten Nostratischen (abgeleitet vom lateinischen Adjektiv *nostras*, »von unserem Land, Landsmann«). Das hieße übrigens zugleich, dass von den sechs Milliarden heute lebenden Menschen vier Milliarden nostratische Sprachen sprechen. Die

»linguistische Paläontologie« weist diesen drei Wissenschaftlern zufolge auf einen Beginn vor ungefähr zwölf- bis fünfzehntausend Jahren. Noch umstrittener ist, dass alle drei einen Zusammenhang mit dem nicht weniger umstrittenen Gebilde herstellten, das man als die »Dene-Sino-kaukasische Superfamilie« bezeichnet. Ihr werden so unterschiedliche Sprachen wie Baskisch, Chinesisch, Sumerisch und Haida, das man in British Columbia und Alaska spricht, zugeordnet. Dass es zwischen dem Chinesischen und dem Na-Dene einen Zusammenhang gibt, wurde bereits in den zwanziger Jahren des 20. Jahrhunderts erkannt; und abgesehen davon, dass damit ein weiterer Beweis für die Verbindung zwischen den Völkern in der Neuen Welt und in Ostasien geliefert wurde, eröffnete es die sogar noch heftiger umstrittene Möglichkeit, dass die Ureinwohner Eurasiens und die Menschen, die auf den amerikanischen Kontinent zogen, vielleicht Proto-Dene-Sino-Kaukasisch gesprochen hatten, bevor sie mitsamt ihrer Sprache von den ersten sesshaft gewordenen Siedlern, die Protonostratisch sprachen, verdrängt wurden. Diese Theorie wird allerdings von der neuesten DNA-Forschung gestützt, denn tatsächlich hat man eine spezifische Mutation der mitochondrischen DNA entdeckt, die sich in Indien, Pakistan, Zentralasien und in Europa findet.[30]

Das alles ist natürlich bestenfalls genauso spekulativ wie die Behauptungen einiger Linguisten, darunter in erster Linie Merritt Ruhlen, dass sie in der Lage seien, eine globale Protosprache oder Protoweltsprache herauszufiltern. Dolgopolski veröffentlichte die Etymologien von hundertfünfzehn protonostratischen Wörtern, Ruhlen und seine Kollegen fünfundvierzig »globale Etymologien« von Wörtern, die angeblich allen Sprachen der Welt gemein sind. Hier folgen drei Beispiele, der Leser möge sich selbst ein Urteil bilden:[31]

MANO: »**Mann**« – Altägyptisch: *Min* = Name eines phallischen Gottes; Somalisch: *mun* = männlich; Tama (Ostsudan): *ma* = Mann; Tamilisch: *mantar* = Volk, die Menschen; Gondi (Indien): *manja* = Mann, Person; Austrisch (Indopazifisch): die Eigenbezeichnung *man* oder *mun*; Squamisch (kanadische Ureinwohner): *man* = Ehemann; Wanana (Südamerika): *meno* = Mann; Kaliana (Südamerika): *mino* = Mann, Person; Guahibo (Kolumbien): *amona* = Ehemann; Indoeuropäisch inklusive Englisch: *man* = Mann, Mensch.

TIK: »**Finger**« oder »**eins**« – Gur (Afrika): *dike* = 1; Dinka (Afrika): *tok* = 1; Hausa (Afrika): *(daya)tak* = nur eines; Koreanisch: *teki* = 1; Japanisch: *te* = Hand; Türkisch: *tek* = nur; Grönland-Eskimo: *tik* = Zeigefinger; Aleutisch: *tik* = Mittelfinger; Tlingit (Yukon und Alaska): *tek* = 1; Amerindische Sprachen: (a) Karok: *tik* = Finger, Hand, (b) Mangue: *tike* = 1, (c) Katembri: *tika* = Zeh; Boven Mbian (Neuguinea): *tek* = Fingernagel; Lateinisch: *dig(itus)* = Finger, *decem* = 10.

AQ'WA: **Wasser** – Nyimang (Afrika): *kwe* = Wasser; Kwama (Afrika): *uuku* = Wasser; Janjero (Afrika): *ak(k)a* = Wasser; Japanisch: *aka* = Bilgenwasser; Ainu (Hokkaido): *wakka* = Wasser; amerindische Sprachen: (a) Allentaisch: *aka* = Wasser, (b) Culino: *yaku* = Wasser und *waka* = Fluss, (c) Koraveka: *ako* = Getränk, (d) Fulnio: *waka* = See; Indoeuropäisch: (a) Latein: *aqua* = Wasser, (b) Italienisch: *acqua* = Wasser.

Mit dem Verfahren, aktuell existierende Wörter auf protonostratische Sprachen zurückzuführen, wollte Dolgopolski seinen eigenen Angaben zufolge beispielsweise auch aufzeigen, dass ihre Nutzer »nicht vertraut waren mit Landwirtschaft, Tierhaltung und Töpferei«. Doch seine Behauptung, er könne daraus auch ablesen, dass sie »Pfeil und Bogen und Fischernetze« benutzten, stieß auf heftigen Widerstand bei seinen Kollegen aus der Linguistik, ebenso wie die Behauptung, er könne rekonstruieren, welche Nahrung zur Verfügung stand (Eier, Fisch, Honig), welche Werkzeuge verwendet wurden (Flintmesser, Haken, Stangen), dass es ledernes Schuhwerk gab, dass man sich der Existenz von Körperteilen wie Milz und Genick ebenso bewusst war wie der Existenz von Sippschaften (Begriffe wie »Vater« und »Mutter« oder jeweils eigene Bezeichnungen für die Mitglieder einer Sippe) und dass man an Übersinnliches glaubte (Begriffe wie »Verhexung« und »Zauber«). Und weil er kein einziges Wort für ein großes Gewässer fand, verlagerte er die Urheimat der nostratischen Sprachfamilie kurzerhand ins südwestasiatische Landesinnere.[32]

Forscher haben auch bereits den Versuch unternommen, Art und Reihenfolge von Sprachbildung zu rekonstruieren. Im Jahr 2003 wurde von einem Experiment in Atlanta berichtet, bei dem ein Schimpanse plötzlich zu »sprechen« begann, indem er vier »Wörter« oder solide Laute für »Weintrauben«, »Bananen«, »Saft« und »Ja« bildete. Beim Menschen entwickelten sich die diversen Sprachmerkmale nach Meinung von Gyula Décsy von der Indiana University in Bloomington folgendermaßen:

– vor ca. 100 000 Jahren *h* und *e* als erste stimmliche Laute sowie die vom Neandertaler gebildeten Laute
– vor 25 000 Jahren die nasalen »Klanglaute« *u, i, a, j, w*
– vor 15 000 Jahren *w, m, p, b*
– vor 12 000 Jahren *t/d, k/g*
– vor 10 000 Jahren *ich/du, hier/dort, bleib/geh, gut/schlecht*
– vor 9000 Jahren die dritte Person.[33]

Gewiss wird nun so mancher Leser finden, dass man Spekulationen auch zu weit treiben kann – umso mehr, wenn man weiß, dass Wissenschaftler erst vor kurzem das ganze Ausmaß der bestehenden Meinungsverschiedenheiten zu diesem Thema aufgedeckt haben. Der auf Sprachentwicklung spezialisierte Harvard-Psychologe Steven Pinker setzt den Beginn von Sprache zum Beispiel vor »zwei bis vier Millionen Jahren« an, während der englische Psychologe und Anthropologe Robin Dunbar Ende des 20. Jahrhunderts großes Interesse mit seiner Theorie weckte, dass sich Sprache im Zuge des gegenseitigen »Bekraulens« bei Schimpansen entwickelt habe. Tatsächlich lässt sich wohl sagen, dass Laute es dem Frühmenschen erstmals ermöglichten, mehr als eine Person gleichzeitig »zu kraulen«.[34]

*

Nicht weniger faszinierend und umstritten wie das Thema Sprachentwicklung ist das Feld der Bewusstseinsentwicklung. Vermutlich war beides miteinander verwoben. Nach Meinung des Zoologen Richard Alexander von der Universität Michigan muss der Schlüsselfaktor hier die Entwicklung einer sozialen Intelligenz beim Frühmenschen gewesen sein. Eine Folge der Zweibeinigkeit war wie gesagt die zunehmende Arbeitsteilung zwischen Männern und Frauen, welche dann ihrerseits die Kernfamilie nach sich zog. Allein das reichte nach Meinung einiger Paläontologen vermutlich schon aus, um eine beginnende Bewusstheit von Unterschieden bei Menschen – zwischen Männern und Frauen, zwischen Ich und Nicht-Ich – herzustellen, jedenfalls zumindest ein rudimentäres Bewusstsein von Ungleichheit. Als der Mensch in größeren Verbänden zu leben begann und lernte, mit der eigenen Gruppe zu kooperieren und mit anderen Gruppen zu konkurrieren, wurde es entscheidend, dass er solche Unterschiede zumindest ansatzweise erkannte, damit er so etwas wie ein Ich-Gefühl entwickeln konnte. Der nächste Schritt, nämlich die Fähigkeit, das Handeln anderer Gruppen in bestimmten Situationen voraussagen zu können, konzentrierte das Argument dann stärker auf die Gegenwart und die Notwendigkeit, sich zu organisieren. Auch das Vermögen, die eigene Sippschaft zu erkennen, trug entscheidend zur Evolution eines Ich-Gefühls bei, ebenso wie die Entwicklung von Täuschungstechniken im Eigeninteresse. Alexander glaubt, dass diese beiden Faktoren – Ich/Nicht-Ich, Gegenwart/Zukunft – nicht nur Grundvoraussetzungen für die Entwicklung eines Bewusstseins, sondern auch die Grundlage für das Entstehen eines Moralgefühls waren, also der Regeln, die wir unserem Zusammenleben zugrunde legen. Die Entwicklung von entsprechenden Szenarios, wie Alexander es nennt, war nicht nur hilfreich bei der Evolution von sozialen und geistigen Aktivitäten wie Humor, Kunst, Musik, Mythos, Religion, Drama und Literatur, sondern bildete auch die Grundlage für eine Urform von Politik.[35] Aber auch das ist ein weites Feld, auf dem die Spekulationen überwiegen.

*

Der schon im ersten Kapitel erwähnte Verhaltenspsychologe Merlin Donald vertritt eine ganz andere These. Man erinnere sich, dass er das »Episodische« (Affen) und »Mimetische« (Homo erectus) für die ersten Denkweisen hielt. Der nächste Schritt war nun aus seiner Sicht der Übergang zur dritten Stufe, dem »mythischen« Denken. Am Anfang, als sich mit der Sprache auch die Selbsterkenntnis von Individuen und Gruppen entwickelte, wurden Wörter, wie Donald bei seiner Forschung unter heute lebenden »steinzeitlichen« Stämmen herausfand, als universelle Begriffsmodelle oder zur Entwicklung von großen, vereinheitlichenden Synthesen gebraucht. Natürlich kann Sprache auch zu vielen anderen Zwecken nötig geworden sein, doch diese beiden Grundbedürfnisse waren Donald zufolge ganz sicher der eigentliche Anlass für die Verwendung von Wörtern gewesen.[36]

Die abschließende Übergangsphase sei dann die zum theoretischen Denken oder zu einer »Kultur« gewesen. Das zeige sich in allen Erfindungen und Artefakten, die ganz offensichtlich der analytischen Denkfähigkeit bedurften und im Keim bereits alle Elemente enthielten, »die zu den späteren theoretischen Entwicklungen führten«. Als Beispiele führte Donald unter anderem gebrannte Tongefäße an, die auf 25 000 BP datiert wurden, Bumerange von 15 000 BP, Nadeln, genähte Kleidungsstücke, Pfeil und Bogen, Mondbeobachtungen, das Seil, Backsteine aus der Zeit 12 000 BP – und natürlich die Domestizierung von Pflanzen und Tieren.[37] Die letzte Phase der Entmythologisierung des Denkens brach dann mit der Entwicklung einer Naturphilosophie oder Naturlehre im klassischen Griechenland an.

*

Viele der bisher angeführten Entdeckungen sind natürlich ausgesprochen bruchstückhaft, doch insgesamt betrachtet lässt sich an ihnen doch eine Entwicklung von rudimentären Ideen ablesen, je nachdem, wann – und in manchen Fällen auch wo – sie als Erstes erprobt worden waren. Dem Puzzle fehlen noch viele Steinchen, doch immerhin begannen Paläontologen und Archäologen in den letzten Jahren eine Synthese zu entwickeln. Dass auch an ihr noch vieles spekulativ ist, ist schlicht unvermeidlich.

Ein Aspekt dieser Synthese ist die Erkenntnis, dass die »Zivilisation«, deren Anfänge man für gewöhnlich vor rund fünftausend Jahren in Westasien ansetzte, doch wesentlich älter ist. Viele Forscher stellten bei Steinwerkzeugen aus dem oberen Paläolithikum regionale Unterschiede fest – ganz so, als hätten sich bereits lokale »Kulturen« zu entwickeln begonnen.[38] Tatsächlich addieren sich die Höhlenkunst, die Venus-Figurinen, das Beschleifen von Steinen seit etwa 47 000 BP und die Herstellung von Textilien seit etwa 20 000 BP neben all den vielgestaltigen und unterschiedlich verwendeten Formen und Symbolen (Notationen) nach Meinung dieser Forscher zu einer Zivilisation.

Eines der wichtigsten Beispiele für eine solche frühe Notation wurde erst jüngst auf potenziell vielversprechende Weise neu bewertet. Gemeint ist das »Geweih von La Marche«, das 1938 in der Höhle von La Marche im westfranzösischen Département Vienne entdeckt worden war. Auf dem Knochenstück finden sich die Darstellungen von zwei Pferden und darüber mehrere Reihen von Kerben. Berühmt wurde dieses Fundstück jedoch erst 1972, nachdem Alexander Marshack es untersucht hatte und zu dem Schluss kam, dass es sich dabei um die Aufzeichnung von Mondbeobachtungen handle, die über einen Zeitraum von siebeneinhalb Monaten angestellt worden seien.[39] In den neunziger Jahren untersuchte Francesco d'Errico, dem wir bereits im Zusammenhang mit der Figurine von Berekhat Ram und der so genannten slowenischen Flöte begegnet sind, das Geweih noch einmal. Er betrachtete die Kerben auf dem Knochen unter einem starken Mikroskop und kam zu der Erkenntnis, dass sie allesamt zur selben Zeit und nicht etwa im Lauf von Monaten eingeritzt wurden. Das heißt, sie konnten nicht das Geringste mit einem »Mondkalender« zu tun haben. Er war sich zwar nicht sicher, was genau sie darstellten oder ob es sich überhaupt um Maßkerben handelte, doch ihm fiel auf, dass sie gewisse Ähnlichkeiten mit Keilkerben aufwiesen. Und da die Keilschrift – worüber im vierten Kapitel zu sprechen sein wird – als ein reines Aufzeichnungssystem von Handelsabschlüssen begonnen hatte (zur Zählung von Heuballen oder Weinkrügen zum Beispiel), stellte sich d'Errico die Frage, ob nicht vielleicht auch die Kerben im Geweih von La Marche als eine Protoschrift betrachtet werden müssten.[40]

Paul Bahn, ein Experte auf dem Gebiet der Höhlenkunst, geht sogar noch weiter. Seiner Ansicht nach gibt es eine Verbindung zwischen der Höhlenmalerei, die man in den Pyrenäen und im östlichen Kantabrien gefunden hat, und den Thermal- und Mineralquellen in ihrer Nachbarschaft, das heißt, möglicherweise spielten diese Stätten eine Rolle bei einer paläolithischen Mythologie. Das wiederkehrende Motiv von Schlangen- und Zickzacklinien zum Beispiel, die fast immer im Zusammenhang mit Wasser stehen, kann kein Zufall sein. Vielleicht, meinte Bahn, hatten diese Linien etwas mit einem Muttergöttinnenkult zu tun – Höhlen stehen mythologisch für den Mutterleib. Die Zickzacklinie ist jedenfalls ein weit verbreitetes Motiv und taucht häufig im Kontext mit Fischdarstellungen auf. Auch auf einer Rentierrippe aus der Fundstätte von Les Eyzies in Südfrankreich, die auf ein Alter von dreißigtausend Jahren datiert wurde, findet sich die Darstellung eines menschlichen Torsos mit einem Zickzackmotiv.[41] Ein Knochenfragment, das 1970 im bulgarischen Bacho Kiro entdeckt wurde, legt sogar nahe, dass dieses Zeichen bereits zu Zeiten des Neandertalers verwendet worden war, ebenso wie die M- und V-förmigen Gravuren, die an weibliche Symbole wie den Uterus und die Vulva erinnern und noch lange nach Beginn der Bronzezeit auf Wassergefäßen auftauchten.

Viele Experten glauben, dass solche gravierten oder geritzten Knochen »Strichlisten« von Jägern darstellen. Andere meinen, dass sich die Zeichen in männliche (Linien und Punkte) und weibliche (Ovale und Dreiecke) einteilen ließen, und schließen daraus, dass der Eiszeitmensch bereits kurz davor gewesen sei, ein Alphabet zu entwickeln. Das mag vielleicht zu hoch gegriffen sein, doch es scheint eindeutig, dass der Frühmensch mit dem Einritzen bildlicher Darstellungen neben regelmäßigen Reihen von Punkten auf Knochen das erschuf, was Anthropologen ein künstliches Datenspeicherungssystem nennen – und das ist immerhin genau das, was der Akt des Schreibens bezweckt. Vielleicht lassen sich diese Kerben am ehesten als eine Art von Embryonalschrift bezeichnen. Die große Ähnlichkeit der Zeichen ist jedenfalls derart auffällig, dass schon so mancher Archäologe auf den Gedanken kam, die »beträchtliche Anzahl von willkürlichen Markierungen, die sich sowohl in der Felsenkunst als auch bei beweglichen Kunstgegenständen aus der frankokantabrischen Region finden«, sei »den zahlreichen Schriftzeichen der alten Schriftsprachen zwischen Mittelmeer und China bemerkenswert ähnlich« (siehe Abb. 2).[42] Dagegen ließe sich anführen, dass es immer nur so viele Zeichen geben kann, wie der menschliche Geist zu erfinden in der Lage ist. Doch selbst unter dieser Voraussetzung würden Ähnlichkeiten natürlich etwas aussagen – nämlich, dass unserer Phantasie auf dem Gebiet vielleicht genetisch bedingte Grenzen gesetzt sind. Zurzeit wissen wir es ganz einfach noch nicht.

Aus der Sicht von Archäologen muss eine Kultur oder Zivilisation im Allgemeinen vier verschiedene Merkmale aufweisen: Es gibt eine Schrift, es gibt Städte mit Monumentalbauten, es gibt eine organisierte Religion, und es gibt Fachberufe. Natürlich können wir nicht behaupten, dass der Mensch im Paläolithikum schon so weit war (Städte zum Beispiel waren natürlich noch Zukunftsmusik). Und was die Sprachen und Schriften der alten Kulturen betrifft, so ist die Forschung heute zwar schon sehr fortgeschritten, hat aber noch einen weiten Weg vor sich. Merlin Donald verwies auf einige entscheidende Stufen bei der Sprachentwicklung, insbesondere im Hinblick auf Rhetorik, Logik (Dialektik) und Grammatik.[43] Solche grundlegenden Fertigkeiten gehören zu den Grundregeln des Denkens und wurden auch durch das christliche Trivium (»Dreiweg«) im Mittelalter definiert, zu dem der erste Teil der freien Künste zählte, im Unterschied zum Quadrivium (»Vierfacher Weg«), der die spezifischen Disziplinen der freien Künste beinhaltete: Arithmetik, Astronomie, Geometrie und Musik.

Kann uns das Wissen um die Variationen ideographischer, hieroglyphischer und alphabetischer Schriftensysteme und ihrer rhetorischen, logischen und grammatikalischen Potenziale helfen, die unterschiedlichen Verlaufskurven all der ungleichartigen Kulturen dieser Welt zu erklären?

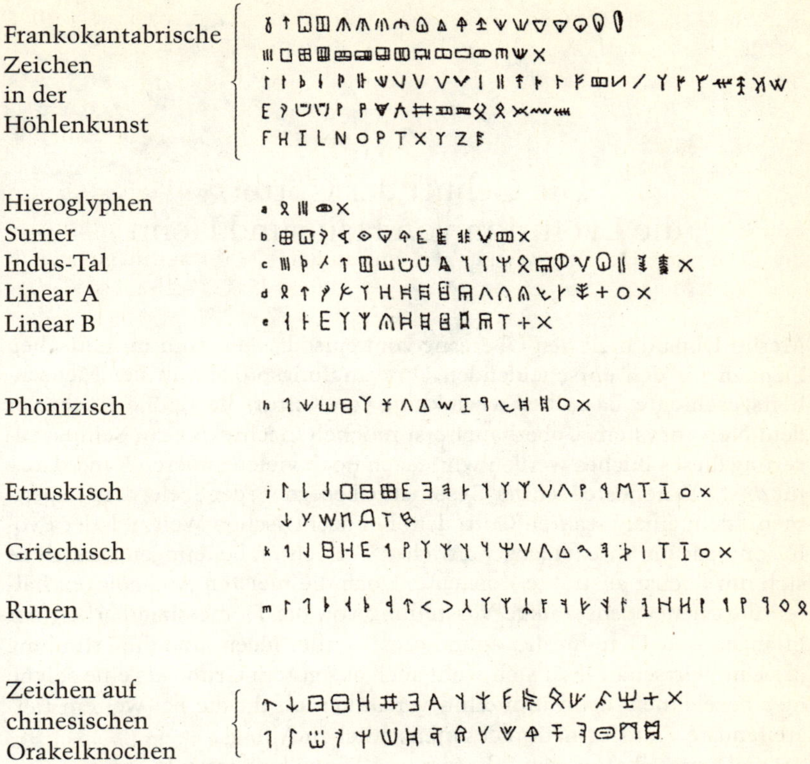

Frankokantabrische Zeichen in der Höhlenkunst	(various symbols across 5 lines)
Hieroglyphen	a (symbols)
Sumer	b (symbols)
Indus-Tal	c (symbols)
Linear A	d (symbols)
Linear B	e (symbols)
Phönizisch	h (symbols)
Etruskisch	i (symbols, two lines)
Griechisch	k (symbols)
Runen	m (symbols)
Zeichen auf chinesischen Orakelknochen	(symbols, two lines)

Abb. 2: Ähnliche Zeichen aus verschiedenen Schriften/Protoschriften[44]

Das Trivium beruhte auf der Idee, dass Disputation und Argument erlernbare Fertigkeiten seien. War es letztendlich das, was den entscheidenden Unterschied zwischen dem »Westen und den Resten« herbeiführen sollte (das Thema des dritten, vierten und fünften Teil dieses Buches) und zum Angriff auf die religiöse Autorität blies, zum entscheidenden Bruch mit dem mythischen Denken? Wir sollten diese Frage im Kopf behalten, wenn wir nun den nächsten Schritt machen.

3

Die Geburt der Götter,
die Evolution von Haus und Heim

Merlin Donald hielt den Übergang vom episodischen zum mimetischen Denken für den entscheidenden Umwandlungsprozess in der Menschheitsgeschichte, da er die Entwicklung von Kultur, die »große Flucht vor dem Nervensystem«, überhaupt erst möglich machte. Bis zur Schlussfolgerung dieses Buches werden wir jedoch noch vielen anderen Kandidaten für *die* bedeutendste Idee der Geschichte begegnen: der Seele; dem Experiment; dem einzig wahren Gott; dem heliozentrischen Weltbild; der Evolution. Jede hat ihre leidenschaftlichen Verfechter, bei einigen handelt es sich um höchst abstrakte Konzepte. Doch die meisten Archäologen halten die eher bodenständige Vorstellung von der Domestizierbarkeit der Pflanzen und Tiere für die »grandioseste« aller Ideen, und die Erfindung der Landwirtschaft lässt sich wohl auch aus gutem Grund als eine solche Idee bezeichnen, denn immerhin verdankt sich ihr die bei weitem tiefgreifendste Transformation des menschlichen Alltags.

Die Domestikation von Pflanzen und Tieren fand irgendwann vor vierzehntausend bis sechstausendfünfhundert Jahren statt und gehört zu den am ausgiebigsten erforschten historischen Ideen. Ihre Entwicklungsgeschichte ist eng mit der Geschichte des Erdklimas in dieser Periode verknüpft. Bis vor etwa zwölftausend Jahren war die Durchschnittstemperatur auf der Erde nicht nur wesentlich niedriger, sondern auch sehr viel schwankender als heute. In weniger als einem Jahrzehnt konnte sie um bis zu sieben Grad variieren – heute sind es maximal drei Grad im Lauf eines Jahrhunderts. Vor ungefähr zwölftausend Jahren hatte sich die Erde beträchtlich zu erwärmen begonnen, die letzte Eiszeit endete, und das Klima – was nicht weniger entscheidend für die kommende Entwicklung war – stabilisierte sich. Dieser Prozess der Erwärmung und Stabilisierung kennzeichnet den Übergang zwischen zwei entscheidenden Perioden der Erdgeschichte: dem Pleistozän und dem Holozän, den beiden »großen Auslösern«, die unsere heutige Welt erst möglich gemacht haben.[1]

Nun wissen wir zwar ziemlich genau, wo, wie und mit welchen Pflanzen und Tieren die Landwirtschaft begann, doch bis heute herrscht noch immer kein Konsens hinsichtlich der Frage, *weshalb* dieser folgenschwere

Umbruch überhaupt stattgefunden hat. Die Theorien teilen sich in zwei Kategorien, die wir später noch genauer betrachten werden: Auf der einen Seite stehen die umwelttheoretischen und ökonomischen Erklärungen, auf der anderen steht die zurzeit einzige religiöse These.

Mit Sicherheit wissen wir, dass die Domestikation von Pflanzen und Tieren (in dieser Reihenfolge) unabhängig voneinander in zwei Regionen der Welt begann, vielleicht aber auch in bis zu insgesamt sieben. Zu den gesicherten Regionen zählt erstens Südwestasien – der Nahe Osten – und dort vor allem der »fruchtbare Halbmond«, der sich im großen Bogen vom Jordantal in Israel über den Libanon, Syrien, eine südöstliche Ecke der Türkei und am Zagrosgebirge vorbei bis in jenen Teil des heutigen Irak und Iran erstreckt, der im Altertum Mesopotamien genannt wurde. Die zweite gesicherte Region war Mittelamerika, zwischen dem heutigen Panama und den nördlichen Ausläufern Mexikos. Domestikationen fanden in fünf weiteren Regionen statt, nur ist nicht sicher, ob es sich in diesen Fällen um die Umsetzung einer jeweils eigenständigen Idee oder um Nachahmungen der vorangegangenen Entwicklungen im Nahen Osten und in Mittelamerika handelte. Diese Regionen waren das Hochland von Neuguinea; China, wo zumindest die Domestikation von Reis eine eigenständige Geschichte gewesen zu sein scheint; ein schmales Band in Afrika, südlich der Sahara, das sich von der heutigen Elfenbeinküste über Ghana, Nigeria und den Sudan bis nach Äthiopien erstreckt; die Anden-Amazonas-Region, bei der man angesichts ihrer ungewöhnlichen Lage möglicherweise tatsächlich von einer unabhängigen Domestikation sprechen kann; und der Osten der heutigen Vereinigten Staaten.[2]

Eine Erklärung für diese Verteilung auf dem Globus bot Andrew Sheratt vom Ashmolean Museum in Oxford. Seiner Theorie zufolge handelte es sich bei drei dieser Regionen – dem Nahen Osten, Mittelamerika und der südostasiatischen Inselkette – um so genannte Hot Spots, das heißt um Gebiete, die konstanten geologischen und damit besonderen geografischen Veränderungen unterlagen. Durch den ungemeinen Druck der tektonischen Plattenbewegungen unter diesen drei Regionen bildeten sich Landengen und spezifische Merkmale, die nirgendwo sonst auf Erden zu finden sind: ein krasses Nebeneinander von Bergen, Wüsten und einem so genannten Alluvium (sandiges oder schlickiges Schwemmland, das durch fließende Gewässer entstand) neben schmalen Isthmen, auf denen die Populationen so drastisch zunahmen, dass das traditionelle Leben von Jägern und Sammlern dort nicht mehr möglich war.[3] Das heißt, diese Hot Spots wurden deshalb zu »Kerngebieten« der Domestikation, weil Bedingungen vorherrschten, die es wesentlich dringlicher für den Menschen machten, andere Mittel und Wege für das eigene Überleben zu finden als in anderen Regionen.

Wie nahe diese letztlich so angenehm einfache Theorie der Wahrheit tatsächlich kommt oder wie oft die Landwirtschaft wirklich selbstständig »erfunden« wurde, sei hier dahingestellt. Doch es besteht kein Zweifel daran, dass Pflanzen und Tiere chronologisch gesehen erstmals im fruchtbaren Halbmond von Südwestasien domestiziert wurden. Um wirklich verstehen zu können, wovon hier die Rede ist, sollten wir die Nachweise für diese Entwicklung näher betrachten, und dazu müssen wir uns erst einmal bewusst machen, womit sich die relativ neue Wissenschaft der Palynologie oder Pollenforschung befasst. Pflanzen – vor allem Baumarten, die vom Wind bestäubt werden – produzieren Jahr für Jahr Tausende von Samen, deren Kapseln so hart sind, dass sie dem natürlichen Zerfall trotzen können. Pollen variieren in Form und Größe und können, da es sich um organisches Material handelt, mit Hilfe der Radiokarbonmethode datiert werden. Häufig können also ihr Alter, die Gattung und meist auch Art bestimmt werden, was es Archäobotanikern (ein ebenfalls relativ neues Fachgebiet) ermöglicht, die Oberflächenvegetation der Erde in den verschiedenen historischen Perioden zu rekonstruieren.

Inzwischen wurden die Überreste nicht nur von Pollen, sondern von ganzen Pflanzen aus Hunderten von Fundstellen im Nahen Osten identifiziert und mit Hilfe der Radiokarbonmethode datiert. Laut dem israelischen Genetiker Daniel Zohary ergibt sich dabei ein ziemlich genaues Bild: Drei Getreidearten waren die »Urkulturpflanzen« der neolithischen Agrikultur, und zwar in der Reihenfolge ihrer Bedeutung der Emmerweizen *(Triticum turgidum,* Unterart *dicoccum),* die Gerste *(Hordeum vulgare)* und das Einkorn *(Triticum monococcum).* Alle drei tauchten erstmals um 10000 bis 9000 BP auf. Ihre Domestikation ging Hand in Hand mit der Kultivierung von mehreren »Begleitpflanzen« wie vor allem der Erbse *(Pisum sativum),* Linse *(Lens culinaris),* Kichererbse *(Cicer arietinum),* Linswicke *(Vicia ervilia)* und des Lein *(Linum usitatissimum).* In allen Fällen konnten die Wildarten, aus denen die Kulturpflanzen herangezüchtet wurden, inzwischen identifiziert werden. Das ermöglich uns festzustellen, welche Vorteile die domestizierten Varianten gegenüber ihren wild wachsenden Vettern hatten. Im Fall des Einkorns zum Beispiel liegt das entscheidende Unterscheidungsmerkmal zwischen Wildart und Kulturart in der Biologie der Saatgutverbreitung. Wildes Einkorn hat spröde Ähren, deren Spelzen sofort nach der Reifung aufspringen und das Korn freigeben. Beim Kulturweizen ist die ausgereifte Ähre weniger empfindlich. Sie bleibt intakt und bricht erst beim Dreschen auf. Mit anderen Worten: Um überleben zu können, muss Kulturweizen geerntet und neu ausgesät werden. Dasselbe gilt für die anderen Getreidearten: Die domestizierten Varianten waren immer weniger spröde als ihre Wildarten. Das Korn löste sich erst nach der Mahd und unterwarf die Pflanze somit der Kontrolle des Menschen. Ein DNA-Vergleich von diversen Weizenarten aus dem fruchtbaren Halbmond bewies, dass sie in den Grundzügen identisch sind und untereinander weit weniger genetische Unterschiede aufweisen als wilder Weizen. Das legt nahe, dass bei jeder Art nur ein einziger Domestikationsversuch unternommen wurde. »Die Pflanzen, mit denen die Nahrungsmittelproduktion im ›Kerngebiet‹ von Südwestasien begann, wurden zu Anbauzwecken (also bereits als Kulturgetreide) in die gesamte riesige Region transportiert.«[4]

Es wurden mehrere Orte identifiziert, in denen erste Kultivierungsversuche gemacht worden sein könnten, darunter Tel Abu Hureya und Tel Aswad in Syrien, die beide etwa zehntausend Jahre alt sind; außerdem Karacadağ in der Türkei, Netiv Hagdud, Gilal und Jericho im Jordantal sowie Asswan im syrischen Damaskus-Becken, die sogar noch älter sind und etwa auf die Zeit zwischen 12 000 bis 10 500 BP zurückreichen. Eine andere – noch spekulative – These ergab sich aus der zunehmenden Beherrschung des Feuers. Da der Mensch nun auch in der Lage war, weite Waldgebiete abzubrennen, könnte man die jungen Gräser und Triebe, die infolge dieser »Brandwirtschaft« aus der Erde wuchsen und außerdem jagdbare Pflanzenfresser anlockten, ebenfalls als Kulturpflanzen betrachten.[5] Doch diese Wirtschaft hätte der Kenntnisse von Brandrodungstechniken und obendrein des Besitzes von Werkzeugen bedurft, die ausreichend groß hätten sein müssen, um damit hohe Bäume fällen und Feuerschneisen schaffen zu können. Ob der Mensch zu dieser Zeit schon über solche Gerätschaften verfügte, ist allerdings höchst ungewiss.

Im Fall der Domestikation von Tieren ist die Faktenlage etwas anders. Zuerst einmal sollten wir uns bewusst machen, dass hier die Erdgeschichte als solche von einigem Nutzen war – nach der letzten Eiszeit waren die meisten Säugetierarten kleiner als zuvor.[6] Normalerweise muss mindestens eines von drei Kriterien als Nachweis für eine Domestikation zutreffen: entweder der plötzliche proportionale Anstieg einer Spezies (in der Entwicklungsabfolge einer spezifischen Region); oder eine Größenveränderung (die meisten Wildarten sind größer als ihre domestizierten Verwandten, einfach deshalb, weil sich kleinere Tiere vom Menschen problemloser kontrollieren lassen); oder eine Veränderung der Populationsstruktur (das Alter und Geschlechterverhältnis einer domestizierten Herde wird vom Hüter zugunsten des Maximalertrags manipuliert, für gewöhnlich, indem weibliche Tiere erhalten und männliche Jungtiere selektiert werden). Geht man von diesen Kriterien aus, dann scheint die Chronologie der Domestikation von Tieren kurz nach 9000 BP begonnen zu haben, also rund tausend Jahre nach der Domestikation von Pflanzen. Alle Gegenden, in denen sich solche Prozesse zurückverfolgen lassen, liegen im Nahen Osten innerhalb des fruchtbaren Halbmonds. Sie sind zwar nicht exakt identisch mit den Regionen, in denen Pflanzen kultiviert wurden, überlappen sich aber mit ihnen. Dazu zählen Abu Hureya (9400 BP), Ganj Dareh im Iran (9000–8450 BP), Gritille in der Türkei (8600–7700 BP) sowie Tel Aswad, Jericho, Ramad, Ain Ghazal, Beida und Basta (jeweils kurz nach 9000 BP). In den meisten Fällen geht man von der folgenden Domestikationssequenz aus: zuerst Ziegen, dann Schafe, unmittelbar gefolgt von Schweinen und Rindern. »Die Transformation einer Jäger- und Sammlerwirtschaft, die vermutlich mit der *Kultivierung* von Wildgetreide begann, in eine agrikulturelle Mischwirtschaft, die von dauerhaften Wohnstätten aus betrieben wurde und schließlich zur vollständigen Domestikation von bestimmten Pflanzen- und Tierarten führte, dauerte mindestens dreitausend Jahre.« Es hat also kein radikaler Bruch mit der bisherigen Lebensweise stattgefunden. Viele Jahre lang hatten die Menschen schlicht »wilde Gärten« besorgt, aber keine Kleinländereien oder Höfe bewirtschaftet, die wir heute noch als solche erkennen würden. Auf diese Phase folgte eine Übergangszeit, in der sich Jäger- und Sammlergesellschaften kleinere Tiere hielten. Und da sich Schweine nicht an ein nomadisches Leben anpassen, lässt sich von ihrer Domestikation zugleich der Übergang zur Sesshaftigkeit ableiten.[7]

Eine Haustierzucht fand erstmals in den hügeligen oder bergigen Gegenden statt, wo der heutige Iran an den Irak und die Türkei grenzt. Der wahrscheinlichste Grund dafür war wohl der Umstand, dass sich die meisten Wildarten nicht so einfach domestizieren lassen und solche bergigen Regionen (mit ihren unterschiedlichen Höhenlagen und deshalb auch unterschiedlichen Vegetationen) eine größtmögliche Artenauswahl und die meisten Variationen innerhalb der einzelnen Arten boten. Deshalb fanden sich in dieser Umwelt auch am ehesten kleinere und somit einfacher zu kontrollierende Tiere.

Was die Alte Welt betrifft, so sind die Regionen und die zeitliche Abfolge der Landwirtschaftsentwicklung inzwischen also ebenso bekannt wie die Pflanzen und Tiere, auf denen diese Entwicklung beruhte. Außerdem sind sich Paläobiologen heute allgemein einig, dass die Idee von der Domestikation nur ein einziges Mal aufkam und sich dann nach Westeuropa und Indien ausbreitete. Ob sie weiter bis nach Südostasien und Zentralafrika getragen wurde, ist noch strittig. Auch eine neue genetische Studie, die Rückschlüsse auf agrarwirtschaftliche Populationen ermöglichen sollte, ergab keine so schlüssigen Ergebnisse wie erhofft (ganz im Gegensatz zu Studien über die Pflanzen dieser Populationen). Beispielsweise fand man heraus, dass moderne Griechen fünfundachtzig bis hundert Prozent ihrer relevanten Gene mit Bewohnern des Nahen Ostens (Bagdad, Ankara, Damaskus) teilen, die Einwohner von Paris hingegen nur fünfzehn bis dreißig Prozent. Einige Archäologen haben deshalb die These aufgestellt, dass sich nicht die *Idee* als solche, sondern vielmehr die Menschen, die sie umsetzten, verbreitet hätten. Doch nicht jeder teilt diese Vorstellung.[8]

*

Wesentlich umstrittener sind die Erklärungen für die Fragen, *warum* sich überhaupt eine Landwirtschaft entwickelte, warum zu dieser Zeit und warum ausgerechnet dort, wo es geschah. Es wäre wichtig, eine Antwort darauf zu finden, wenn man die geistige Entwicklung der Menschheit verstehen will. Noch interessanter, als es auf den ersten Blick scheint, sind diese Fragen, wenn man sich bewusst macht, dass der Lebensstil einer Jäger- und Sammlergesellschaft ziemlich effizient war. Ethnographische Studien unter heutigen Jäger- und Sammlerstämmen haben gezeigt, dass ihre Mitglieder typischerweise nur drei bis vier oder maximal fünf Stunden pro Tag »arbeiten gehen« müssen, um sich und die eigene Sippschaft zu ernähren. Außerdem weisen die fossilen Knochen von Steinzeitbauern wesentlich mehr Anzeichen für Mangelernährung, ansteckende Krankheiten und Schäden am Gebiss auf als die ihrer jagenden und sammelnden Vorgänger. Warum also hätte irgendjemand so offensichtlich bessere Lebensbedingungen gegen Umstände eintauschen wollen, die einen wesentlich härteren Arbeitseinsatz erforderten? Hinzu kommt noch, dass dem Menschen durch den Ernährungsschwerpunkt auf Getreide ein wesentlich monotonerer Speiseplan aufgezwungen wurde, als er ihn aus seiner Zeit als Jäger und Sammler gewohnt war. Sogar nach seiner Kultivierung blieb Getreide jahrhundertelang, vermutlich sogar noch tausend Jahre lang lediglich eine Nahrungsergänzung – auch da stellt sich die Frage: warum dann die Veränderung?

Einer Theorie zufolge fand der Wechsel zur Landwirtschaft aus rein rituellen oder sozialen Gründen statt. Demnach wäre die neue Nahrungsquelle anfänglich also purer Luxus gewesen, der sich nur sehr allmählich verbreitete, ähnlich wie Designerartikel in heutiger Zeit. Die wild wachsende Linse trägt beispielsweise immer nur zwei Körner pro Ähre, was den Hunger einer Steinzeitfamilie kaum stillen konnte. Trotzdem gehörten Linsen zu den ersten Hülsenfrüchten, die im Nahen Osten angebaut wurden. Einige Paläontologen glauben deshalb, dass das eigentlich gewünschte Endprodukt der ersten Getreidearten Bier gewesen sei, denn welche Bedeutung Alkohol bei rituellen Festen hatte, liegt auf der Hand. Doch das naheliegendste ökonomische Argument ergibt sich durch die bereits erwähnte Tatsache, dass die Erde irgendwann zwischen 14 000 und 10 000 BP einen gewaltigen Klimawandel durchmachte, der mit dem Ende der Eiszeit zusammenhing und den Doppeleffekt von steigenden Meeresspiegeln und einer Ausbreitung der Wälder in den wärmeren Regionen nach sich zog. Diesen beiden Faktoren war es zu verdanken, dass sich die offenen Landschaften ziemlich drastisch verringerten, »in kleinere Segmente teilten und je nach Höhenlage und Vegetation neue Nischen für unterschiedliche Arten entstanden... Die Sesshaftigkeit und der Rückgang von offener Landschaft ermunterten zur Territorialität. Die Menschen begannen, Herden in ihrer Nähe zu schützen und zu vermehren –

eine Prädomestikationspraxis, die man als Nahrungsmittelmanagement bezeichnen könnte.«[9] Ein weiterer Aspekt dieser Veränderungen war, dass das Klima zunehmend trockener und die Jahreszeiten deutlicher voneinander unterscheidbar wurden, was nicht nur die Ausbreitung von Wildgetreidearten förderte, sondern auch die Wanderschaft der Menschen vom einen Umfeld zum nächsten, immer auf der Suche nach Pflanzen und Fleisch. In bergigen Regionen, an den Küsten, auf Hochebenen und in Flusstälern war das Klima vielseitiger – und genau das macht die Bedeutung des fruchtbaren Halbmonds aus. Hier bot die Natur überwiegend Halmgräser (Bestände an wildem Emmer, Einkorn und Gerste gibt es dort bis zum heutigen Tag) – da ist es nicht schwer, sich den Rest vorzustellen: »Die geernteten Ährenbündel wurden nach nicht aufgebrochenen Spindeln und gleichmäßiger Reifung selektiert. Sobald der Mensch die geernteten Körner auszusäen begann, löste er also automatisch – wenn auch unbewusst – einen Prozess der Auslese zugunsten des nicht aufbrechenden Genotyps aus.«[10]

Mark Nathan Cohen ist der prominenteste Verfechter der Theorie von einer Populationskrise in der Vorgeschichte, welche schließlich die landwirtschaftliche Evolution ausgelöst habe. In seiner Beweiskette führt er zum Beispiel an, dass das Betreiben von Landwirtschaft nicht einfacher sei als das Jagen und Sammeln; dass es eine »globale Übereinstimmung« im simultanen Aussterben der Megafauna gegeben habe, jener Großsäugetiere also, die den Frühmenschen einst mit so vielen Proteinen versorgt hatten; dass der Beginn der Domestikation mit dem Ende des Pleistozän auftrat, als sich die Erde erwärmte und ihre Bewohner sehr viel mobiler wurden; und dass die Zucht von Wildarten, noch vor dem Beginn der eigentlichen Landwirtschaft, die Geburt von mehr Kindern nach sich gezogen habe. Wir wissen, dass Nomaden und Jäger-Sammler-Gesellschaften Geburtenkontrolle betreiben, indem sie ihre Kinder erst nach zwei Jahren entwöhnen. Damit lässt sich sehr effektiv die Größe einer Gruppe limitieren, die ständig auf Wanderschaft ist. Mit dem Beginn der Sesshaftigkeit war solche Kontrolle nicht mehr nötig, was Cohen zufolge prompt zu einer gewaltigen Bevölkerungsexplosion führte. Die Anfänge einer Bevölkerungskrise lassen sich seiner Meinung nach aus einer Vielzahl von Nachweisen ablesen, etwa aus der Anzahl neuer Flächen, die zu Nahrungszwecken ausgebeutet wurden; oder von der Tatsache, dass Pflanzen, die einer längeren Zubereitungszeit bedurften, nunmehr solche auf dem Speiseplan ablösten, welche weniger lang gegart werden mussten; oder aus dem Wechsel von größeren auf kleinere Tiere als Fleischlieferanten (nicht zuletzt, weil die größeren ausgestorben waren); oder aus der proportional steigenden Zahl von versteinerten menschlichen Knochen, die auf Mangelernährung schließen lassen; oder von der Tatsache, dass immer spezialisiertere Artefakte für den Umgang mit immer seltener werdenden

Pflanzen und Tieren gefunden wurden; oder aus den zunehmenden Nachweisen für den Einsatz von Feuer, um ansonsten ungenießbare Nahrung zu garen; oder aus der wachsenden Nutzung von aquatischen Ressourcen; oder aus der Tatsache, dass man viele Pflanzen erst um das Jahr 12 000 BP zu ernten begann, obwohl sie seit grauer Vorzeit als Nahrungsquelle zur Verfügung gestanden hätten; oder auch aus dem Fakt, dass Halmgräsern eine so geringe Priorität als Nahrungsquelle eingeräumt wurde. Diese Liste ließe sich noch fortführen. Und da Cohen nun all diese Annahmen durch die Archäologie bestätigt fand, lässt sich wohl sagen, dass die agrikulturelle Revolution als solche keine Befreiung des Menschen, sondern vielmehr den Versuch darstellte, mit der Krise fertig zu werden, die durch Übervölkerung ausgelöst worden war. Die Jäger und Sammler, schreibt Cohen, hatten bei weitem kein schlechteres Leben geführt, im Gegenteil: Sie waren sogar derart erfolgreich gewesen, dass sie die Erde bevölkern konnten, soweit es ihre Lebensweise erlaubte. Doch nun gab es kein Zurück mehr.[11]

Auch das ist wieder einmal eine verlockend einfache Hypothese, allerdings gibt es mit ihr einige Probleme. Les Groube, der in Frankreich lebt und einer ihrer stärksten Kritiker ist, vertritt eine ganz andere Theorie. Es stimme einfach nicht, sagt er, dass es zur damaligen Zeit eine Bevölkerungskrise gegeben habe, und schon gar nicht, dass die Welt unter Übervölkerung litt – im Gegenteil: Die relativ späte Kolonisierung Europas und des amerikanischen Kontinents spräche sogar für eine ziemlich dünn besiedelte Erde. Zudem müssten sich die Probleme durch Krankheiten ohnedies reduziert haben, als der Mensch aus Afrika in kältere Regionen abwanderte, denn kühlere Temperaturen sind vom mikrobischen Standpunkt aus einfach sicherer und gesünder. Genau deshalb litt der Frühmensch in Europa und Sibirien ja auch viele tausend Jahre lang unter weit weniger Krankheiten als die Bewohner Afrikas. Doch dann trafen vor rund zwanzigtausend Jahren zwei entscheidende Dinge zusammen: Die Erde begann sich zu erwärmen, und der Mensch erreichte das Ende der Alten Welt – und das bedeutete nun tatsächlich, dass die damals bekannte Welt »voll« war. Zwar habe es, so Groube weiter, noch immer reichlich Nahrung gegeben, doch im Zuge der globalen Erwärmung waren viele Parasiten mit dem Menschen aus Afrika gekommen, was dazu führte, dass bis dahin reine Tropenkrankheiten plötzlich auch in gemäßigten Klimazonen auftraten – beispielsweise Malaria, Bilharziose oder die Hakenwurmkrankheit, »eine schreckliche Dreifaltigkeit«, wie Groube schreibt. Es kam noch der Umstand hinzu, dass die Megafauna bis zur Ausrottung bejagt wurde, und da sie ausschließlich aus Säugetieren bestanden hatte, die dem Menschen biologisch in hohem Maße ähnlich waren, gab es plötzlich (in evolutionären Zeiträumen gedacht) weit weniger Tiere, an denen sich die mikrobischen Räuber schadlos halten konnten – also trieb es sie zum Menschen.[12]

Demnach wäre es also irgendwann vor zwanzigtausend Jahren zu einer Gesundheitskrise gekommen, zu einem explosionsartigen Ausbruch von Krankheiten, die die schiere Existenz des Menschen bedrohten. Und nach Groubes zugegebenermaßen etwas wackeliger These müsste es dem Frühmenschen angesichts dieses Ansturms von Krankheitserregern bewusst geworden sein, dass das Sippenniveau nicht zu halten sein würde, wenn man das Wanderleben fortführte und die Geburtenrate auf etwa ein Kind alle drei Jahre beschränkte. Der Wechsel zur Sesshaftigkeit wäre demnach also vollzogen worden, um häufigere Schwangerschaften zu ermöglichen, damit die Vermehrung der eigenen Sippe garantiert wäre und ihr Aussterben verhindert werden konnte.

Ein Punkt spricht allerdings für Groubes Theorie, nämlich, dass sie die Gründe für die Entscheidung zur Sesshaftigkeit von den Gründen für den Wechsel zur Landwirtschaft trennt. Diese Erkenntnis gehört zu den wichtigsten, die seit dem Zweiten Weltkrieg über die Frühgeschichte gewonnen wurden. Im Jahr 1941 hatte der Archäologe Vere Gordon Childe den Begriff der »neolithischen Revolution« geprägt. Er stellte die These auf, dass die Erfindung der Landwirtschaft die Entwicklung der ersten Siedlungen nach sich gezogen habe und erst die neue Sesshaftigkeit zur Erfindung der Töpferei, des Hüttenwesens und, im Verlauf von nur wenigen Jahrtausenden, zum Erblühen der ersten Zivilisationen führen konnte.[13] Das war eine nette Idee, aber sie war nicht haltbar, denn mittlerweile wurde klar, dass der Übergang von Jäger- und Sammlergesellschaften zu sesshaften Gesellschaften längst im Gang gewesen war, als die agrikulturelle Revolution stattfand. Und genau diese Erkenntnis sollte unser Verständnis von den ersten Menschen und ihrem Denken vollständig verändern.

*

Auch wenn heute lebende »Steinzeitstämme« ganz und gar keine perfekten Analogien zu den alten Jäger- und Sammlergesellschaften bieten (unter anderem, weil sie Randgebiete zu besetzen pflegen), wurde mit ihrer Hilfe doch deutlich, dass Urvölker über sehr genaue Kenntnisse von ihrer natürlichen Umwelt verfügen. Auch wenn sie keine Landwirtschaft im eigentlichen Sinn betreiben, so *kultivieren* sie Pflanzen und Tiere doch zumindest insoweit, als sie kleine Areale roden, um Getreide, Gemüse oder Früchte anzubauen. Sie säen und sorgen für Ent- und Bewässerungssysteme; sie betreiben eine Art von Viehhüterei und »Freilandhaltung«; sie halten sich Kleinsäuger und Vögel als Haustiere; und sie kennen die medizinischen Eigenschaften von bestimmten Kräutern. Damit befinden sie sich zweifellos in einem Zwischenstadium zwischen den alten Jäger- und Sammlergesellschaften und einer ausgereiften bäuerlichen Gesellschaft. Inzwischen gibt es auch genügend Nachweise, »dass die ressourcenreichen Gegenden in der Levante im ausgehenden Pleistozän (genauer gesagt in der Natufien- und Khiamien-Periode, ca. 10 500–8 300 v. d. Z.) das ganze Jahr über von ›sesshaften Sammlern‹ bewohnt gewesen waren, welche ... bestimmte Techniken der Pflanzenverwertung entwickelten, darunter auch die Lagerungshaltung und in geringem Umfang möglicherweise auch den Landbau ..., und die das ganze Jahr über in Siedlungen von bis zu einem halben Hektar Größe lebten«.[14]

Die Erkenntnis, dass Sesshaftigkeit der Agrikultur *vorausging*, spornte den französischen Archäologen und Paläoanthropologen Jacques Cauvin zu einer umfassenden Neubewertung der archäologischen Funde aus dem Nahen Osten an. Und tatsächlich sollte es ihm gelingen, viele Entwicklungen miteinander zu verknüpfen, ganz besonders die Anfänge von Religion und die Idee von Haus und Heim, die so weitreichende Folgen für unsere Entwicklung im Allgemeinen und für unsere spekulativen und/oder philosophischen Ideen im Besonderen hatten. Werkzeuge und die Kontrolle des Feuers waren die ersten Ideen; bald darauf folgten die Ideen von der Bekleidung und vom Obdach.

Cauvin, der einst Forschungsleiter des *Institut de Préhistoire Orientale* in Jalés gewesen war, begann mit einer detaillierten Untersuchung der voragrikulturellen Siedlungen im Nahen Osten. Die ersten waren zwischen 15 500 und 12 500 v. d. Z. im jordanischen Kharaneh entstanden: kreisförmig in Mulden angelegte »offene Ausgangslager«, die sich über ein Areal von bis zu zweitausend Quadratmetern erstreckten. Zwischen 12 500 und 10 000 v. d. Z. breitete sich die so genannte Natufien- (oder Natuf-)Kultur über die ganze Levante vom Euphrat bis zum Sinai aus (der Name bezieht sich auf Funde im israelischen Wadi an-Natuf). Bei Ausgrabungen in Eynan-Mallaha im Jordantal nördlich des Sees Genezareth wurden zudem Lagerhaltungsgruben entdeckt, derentwegen man »diese Siedlungsgemeinschaften nicht nur als die ersten sesshaften Gemeinwesen in der Levante betrachten sollte, sondern auch als ›Getreide-Ernter‹«.[15]

Die Natufien-Kultur konnte sich bereits richtiger Häuser rühmen. Ungefähr sechs davon bildeten jeweils ein Dorf. Errichtet wurden sie halb unterirdisch, in flachen Mulden, »seitlich von stützenden Trockenmauern getragen; im Inneren fand man jeweils eine oder zwei Feuerstellen und die Überreste von kreisförmig aufgestellten Pfeilern – was eine schon ziemlich stabile Bauweise beweist«. Steinwerkzeuge nutzte diese Kultur nicht nur zur Jagd, sondern auch zum Schleifen und Hämmern, zudem fanden sich viele Knochengerätschaften. Einzel- oder Mehrfachbestattungen wurden unter den Häusern oder in »richtigen Friedhöfen« vorgenommen.[16] Möglicherweise fanden auch zeremonielle Beerdigungen statt; man fand zum Beispiel Hundeskelette, die mit Muscheln und polierten Steinen geschmückt waren. Die Kunst, die man in diesen Siedlungen entdeckte, bestand im Wesentlichen aus Knochen, in die Tiergestalten eingeritzt worden waren.

In Abu Hureya haben die Natufier um 11 000 bis 10 000 v. d. Z. ausgiebig Wildgetreide geerntet, doch offenbar wurde diese Nahrungsquelle gegen Ende der Periode immer knapper – weil die Erde trockener wurde –, weshalb man sich auf Knöterich und Wicke umstellte. Das Phänomen einer bewussten Spezialisierung scheint bis dahin also noch nicht aufgetreten zu sein. Eine genauere Untersuchung der dort aufgefundenen Mikroklingen bewies, dass man sie sowohl für die Ernte von Wildgetreide als auch zum Schneiden von Schilf benutzte, was die These von einer noch fehlenden Spezialisierung ebenfalls stützt.

Als Nächstes wandte sich Cauvin der so genannten Khiamien-Periode zu, benannt nach der Fundstätte Khiam im Westen des nördlichen Toten Meers, die aus drei Gründen von Bedeutung ist: Erstens fanden sich dort ganz neue Waffenarten; zweitens waren die Rundhäuser nun erstmals vollständig oberirdisch errichtet worden, was die Nutzung von Lehm als Baumaterial nahe legt; drittens – und das ist am wichtigsten – hatte eine »Symbolikrevolution« stattgefunden.[17] Die Natufien-Kunst war primär zoomorphisch gewesen; in der Khiamien-Periode tauchten nun erstmals Frauenfigurinen auf, die zwar anfänglich noch sehr schematisch waren, aber allmählich immer realistischer wurden. Aus der Zeit um 10 000 v. d. Z. fanden sich außerdem Schädel und Hörner von Auerochsen (einer heute ausgestorbenen Bisonart), die in den Häusern vergraben oder in einigen Fällen auch in die Wände eingelassen worden waren, was bereits eine gewisse Symbolfunktion nahe legt. Ab 9500 v. d. Z., so Cauvin, können wir schließlich ein Erwachen erkennen, aber nach wie vor »*im noch unveränderten ökonomischen Kontext des* Jagens und Sammelns« (meine Hervorhebung), nämlich die Entwicklung der beiden beherrschenden Symbolfiguren »Weib und Stier«, wobei die Frau als das höhere Wesen betrachtet und oft sogar als die Gebärerin des Stiers dargestellt wurde.

Cauvin sah darin den wahren Ursprung von Religion. Der entscheidende Punkt dabei war für ihn, dass hier zum ersten Mal Menschen als Götter dargestellt wurden und sowohl das weibliche als auch das männliche Prinzip betont wurden. Das bedeutet für Cauvin, dass schon *vor* der Domestikation von Pflanzen und Tieren ein Mentalitätswandel stattgefunden hatte. Warum die Frau erwählt wurde, ist einfacher zu verstehen als die Wahl des männlichen Prinzips: Die weibliche Gestalt ist ein Fruchtbarkeitssymbol, und zu einer Zeit, als die Kindersterblichkeit hoch war, muss Fruchtbarkeit ein wahrlich hoch geschätzter Wert gewesen sein. Ihre Verehrung galt also dem Wohl und Erhalt des Stammes und der Sippe.

Cauvins zweiter entscheidender Punkt – neben dem Fakt, dass in der Levante um 9500 v. d. Z. eine erstmals als solche kenntliche Religion auftauchte – war, dass diese Entwicklung nach dem Beginn von Kultivierung und Sesshaftigkeit, aber noch vor dem eigentlichen Übergang zur Domestikation und Landwirtschaft stattfand.

Anschließend lenkte er das Augenmerk auf die Mureybet-Kultur, benannt nach Tel Mureybet nahe dem Euphrat im heutigen Syrien. Hier waren die Häuser bereits anspruchsvoller ausgestaltet. Sie verfügten über separate Schlafbereiche, über erhöhte und voneinander abgegrenzte Feuerstellen und Lagerräume, und sie hatten flache Lehmdächer, die von miteinander verbundenen Balken getragen wurden. Zwischen den Häusern gab es offene Gemeinschaftsplätze, in denen sich mehrere große »Feuerlöcher« jenes Typs fanden, welchem man bei Grabungen in den neolithischen Stätten des Nahen Ostens immer wieder begegnete. Sie sind oft bis an den Rand mit Kieseln angefüllt, das heißt, sie könnten nach demselben Prinzip funktioniert haben wie die heutigen polynesischen Öfen: Die Steine speichern die Hitze des Feuers, um sie dann über lange Zeit abzugeben. Um die Feuerlöcher von Mureybet fanden sich meist mehr oder weniger verkohlte Tierknochen: »Dass [sie] für das gemeinschaftliche Garen von Fleisch verwendet wurden, scheint einigermaßen wahrscheinlich.«[18] Am aufregendsten fand Cauvin jedoch die architektonischen Veränderungen, die sich ab 9000 v. d. Z. in Mureybet nachweisen lassen. »Zu diesem Zeitpunkt tauchen die ersten rechteckigen Bauten auf, die wir aus dem Nahen Osten und weltweit kennen.« Nicht nur Wohnhäuser, auch Lagerräume wurden nun rechteckig errichtet, obwohl einige Häuser abgerundet waren. Die Bauten bestanden aus Kalksteinblöcken, die »in Zigarrenform behauen« und mit Mörtel verbunden wurden. In rechteckigen Häusern ließen sich natürlich viel mehr kleine Räume unterbringen, doch Cauvin fragte sich, ob möglicherweise auch die Notwendigkeit der Verteidigung ein Grund dafür gewesen sein könnte.

Eine weitere bedeutende Innovation in Mureybet war die Verwendung von gebranntem Ton zur Herstellung von weiblichen Figurinen. Lehm wurde »auch für sehr kleine Behältnisse verwendet, obwohl wir noch immer eineinhalb Jahrtausende von der allgemeinen Nutzung von Töpferwaren im Mittleren Osten entfernt sind. ... Daraus folgt, dass der Einfluss von Feuer auf das Prinzip der Erhärtung von modellierten Gegenständen beim Volk von Mureybet seit 9500 v. Chr. bekannt war und bewusst angewandt wurde.«[19]

Die zentrale Aussage von Cauvin (andere Wissenschaftler teilen seine Meinung) ist demnach also, dass die Domestikation in Orten wie Mureybet keine plötzliche, aus der Not oder irgendeiner anderen ökonomischen Bedrohung geborene Entwicklung war. Die Menschen waren bereits lange zuvor sesshaft geworden; die primitiven, halb unterirdischen Rundbauten hatten längst schon rechteckigen oberirdischen Bauten weichen müssen, und es wurden bereits Lehmziegel und symbolische Artefakte hergestellt. Daraus können wir nun seiner Meinung nach schlussfolgern, dass der Mensch vor etwa zwölf- bis zehntausend Jahren einen profunden psychologischen Wandel durchlebt hat – primär dank einer religiösen

Revolution – und dass dieser Umbruch der Domestikation von Tieren und Pflanzen *vorausging*. Diese Argumentation erinnert an die These von Merlin Donald, dass Sprache zuerst zur Mythenbildung und noch nicht zu »praktischen« Zwecken gebraucht wurde. Die religiöse Revolution, so Cauvin, bestand primär aus dem Übergang von der Tier- und Geisterverehrung zu einer Art von Götteranbetung, die wir in ihren Grundzügen bis heute kennen. Das heißt, die menschliche Frauengestalt, flankiert von ihrem männlichen Partner (dem Stier), wurde zur Göttin erhoben und als ein höheres Wesen verehrt. Cauvin verweist in diesem Zusammenhang auf die Ritzzeichnungen aus dieser Periode: Sie zeigen »Gläubige« mit hoch erhobenen Armen, so als flehten oder beteten sie. Zum ersten Mal war »der völlig neue Bezug eines sich Gott unterordnenden Menschen« aufgetaucht.[20] Von diesem Moment an sollte es immer eine göttliche Kraft geben, seither waren die Götter immer »oben« und Normalsterbliche »unten«.

Der Stier, so Cauvin weiter, symbolisiert nicht nur das männliche Prinzip, sondern auch die Unbezähmbarkeit der Natur, zum Beispiel der kosmischen Kräfte, die bei einem Sturm freigesetzt werden. Polierte Steinstäbe finden sich aus der gesamten Mureybet-Kultur und waren seiner Auffassung nach Phallussymbole. Die Evolutionsgeschichte des Stiers ist im Nahen Osten klar umrissen: »Die ersten Bukranien [gehörnte Stierschädel] der Khiamien oder Mureybet wurden in die Hauswände eingebettet und blieben für die Bewohner deshalb unsichtbar. Vielleicht wollte man metaphorisch gewährleisten, dass das Haus allen denkbaren Verwüstungen standhalten würde, indem man bei der Fertigstellung des Hauses eine Art von Einweihung vollzog, mit der man sich dem neuen Symbolismus unterwarf. Noch war die Zeit für eine direkte Konfrontation mit dem Tier nicht gekommen.« Erst später breitete sich der Stiersymbolismus über die ganze Levante und Anatolien aus. In Ain Ghazal zum Beispiel sehen wir um 8000 v. d. Z. die ersten klaren Hinweise auf einen Kampf Mensch gegen Stier. Cauvin glaubte, dass hier zum ersten Mal die Virilität gefeiert wurde und genau dieser Aspekt dann die agrikulturelle mit der religiösen Revolution zu verknüpfen begann: In beidem spiegle sich der Versuch, »den Wunsch nach der Beherrschung des Tierreichs« zu verwirklichen.[21] Außerdem legt es eher einen psychologischen Wandel als eine Veränderung der »Mentalität« nahe, also keinen ökonomischen Umbruch, wie es klassischerweise ausgelegt wird.

So gesehen war die grundlegend neue Idee weniger die Domestikation von Pflanzen und Tieren als vielmehr die *Kultivierung* von Getreidewildarten gewesen, die in der Levante im Überfluss wuchsen und deshalb die Sesshaftigkeit beförderten. Die Niederlassung an einem Ort sorgte dann ihrerseits für ein kürzeres Geburtenintervall und somit für ein Bevölkerungswachstum. Damit wuchsen die Siedlungen, die Sozialstrukturen wurden komplizierter, und möglicherweise wurde auch ein neues religiöses Konzept erfunden, in dem sich gewissermaßen die Situation in den Siedlungen spiegelte, das heißt, es begannen sich Führer und Untergebene herauszubilden. Erst als diese Veränderungen in Gang gekommen waren, setzte fast unbewusst die Domestikation von Pflanzen ein, indem man Wildgetreide zu »selektieren« begann, das sich unter den neuen Lebensbedingungen als gut verwertbar erwies.

Die ersten Kulturen, die gerade erst Pflanzen und Tieren zu domestizieren begonnen hatten, bezeichnet man generell als »steinzeitlich«. Ihre Praktiken begannen sich nun stetig zu verbreiten, zuerst im fruchtbaren Halbmond, dann weiter nach Anatolien, Richtung Westen nach Europa und nach Osten in den Iran und Kaukasus – mit einem Wort: allmählich über die ganze Alte Welt. Neben Landwirtschaft und Religion begann sich auch die dritte Idee vom rechteckigen Haus zu verbreiten. Entsprechende Fundamente mit unterschiedlichen Grundrissen wurden in Anatolien, bei Nevali Cori im Iran sowie in der südlichen Levante gefunden. Aber überall scheint die Weiterentwicklung von Rundbauten zu rechteckigen »Häusern« mit rechteckigen Räumen eine Konsequenz aus Domestikation und Landwirtschaft gewesen zu sein: Es herrschte nun ganz einfach mehr Bedarf an Lagerräumen für größere Familien und vermutlich auch an besseren Verteidigungsmöglichkeiten. Im Zuge der Sesshaftigkeit erhöhte sich der materielle Besitz, weshalb es auch mehr zu beneiden und/oder zu stehlen gab. Rechteckige Räume und Häuser sind funktioneller, variabler im Hinblick auf ihre Größe, bieten mehr »Innenraum« und ermöglichen eine bessere Ausnutzung dieses Raumes durch Innenwände.[22]

Was wir hier sehen, ist also weniger eine Renaissance als eine *naissance*, eine höchst innovative – aber relativ kurze – Zeitspanne, in der drei unserer grundlegendsten Ideen umgesetzt wurden: Landwirtschaft, Religion, rechteckige Bauten. Doch natürlich hatten die Menschen diese Mixtur aus abstrakten und bodenständig praktischen Ideen noch nicht als solche erkannt. Religion durchdrang auch die beiden anderen Ideen, alle Aktivitäten begannen ineinander zu fließen.

*

Als die britische Archäologin Dorothy Garrod in den dreißiger Jahren des 20. Jahrhunderts Jericho ausgrub, machte sie dort drei Entdeckungen, die hier von Interesse sind. Erstens bestand die Siedlung aus ungefähr siebzig Gebäuden, in denen vielleicht insgesamt tausend Menschen gelebt hatten: Jericho war eine richtige »Stadt« gewesen. Zweitens entdeckte sie einen acht Meter hohen Turm mit einem Fundament von neun Metern Durchmesser, auf den eine Treppe mit zweiundzwanzig Stufen führte. Einen solchen Bau hatte es bis dahin nirgendwo gegeben – es müssen hundert Männer hundert Tage lang geschuftet haben, um ein solches Bauwerk zu errichten.²³ Die dritte Entdeckung machte Dorothy Garrod bei Grabungen auf der so genannten B-Ebene, nämlich ein beispielhaftes Exemplar der typischen Back- und Kocheinheit der Natufien-Kultur. »Diese Ebene scheint mit allem ausgerüstet gewesen zu sein, was für diesen Prozess nötig war: Die teilweise erhaltene Pflasterung eignete sich zum Dreschen und Schälen per Hand; das schalenförmige Becken und die unzähligen Steinmörser eigneten sich zum Zerkleinern und Mahlen des Korns; ein größeres Becken diente zum Mischen des Abriebs oder groben ›Mehls‹ mit Wasser; und alles befand sich in direkter Nähe der Backöfen.«²⁴

Sie entdeckte jedoch nichts aus Ton. Sämtliche Gerätschaften und alle persönlichen Dinge der Natufien-Kultur waren durch minutiöses Schleifen von Stein auf Stein oder Stein auf Knochen hergestellt worden. Die ersten Nachweise, die sich im Nahen Osten überhaupt für den Gebrauch von Lehm finden ließen, stammen aus Jericho, wo sie auf das 9. Jahrtausend v. d. Z. datiert wurden, aus Jarmo, wo sie aus dem 8. Jahrtausend stammen, und aus Hacilar, wo sie auf das 7. Jahrtausend zurückzuführen sind. In Hacilar vermengte man den Lehm mit Stroh, Häcksel und Spelzen – den Abfallprodukten beim Dreschen –, um eine bessere Bindung des Ziegels zu erreichen. Sowohl in Jericho als auch in Jarmo wurden Mulden in den Lehmböden entdeckt: »Unabhängig davon, ob diese nun als Becken für die Haushaltsarbeit, als Abfallgruben oder als Feuerstellen mit ›Kochsteinen‹ verwendet wurden, ist das eigentlich Interessante daran, dass sich diese unbeweglichen Behältnisse neben den Backöfen und Feuerstellen in den Innenhöfen befinden, also unmittelbar bei den Arbeitsplätzen der Häuser. Daraus können wir schließen..., dass vielleicht irgendwann einmal während der Kochvorbereitungen oder vor dem Backen von gemahlenem Weizen oder Gerste ein Brand ausbrach, ausgelöst durch die unmittelbare Nähe der Backöfen zu den unbeweglichen Behältnissen, und dadurch völlig unabsichtlich die Verwandlung von Lehm in Ton in Gang gesetzt wurde.« Johan Goudsblom fragte sich auch, ob die Kunst, Feuer zu bewahren, in diesen frühen Siedlungen von besonderen Könnern ausgeübt und ihnen deshalb womöglich eine besondere Macht verliehen war.²⁵

Unter Archäologen wurde heftig diskutiert, ob es Tonwaren schon zu früheren Zeiten gegeben und man sie nur einfach noch nicht gefunden habe. Die ersten entdeckten Scherben schienen ihnen einfach viel zu gut, um »linkische Anfänge« darzustellen.²⁶ Wurde die Töpferkunst also sogar noch früher, möglicherweise *viel* früher erfunden? Das würde sich jedenfalls mit der Tatsache decken, dass die ältesten Keramikfunde von einer Jäger- und Sammlergesellschaft, nämlich der japanischen Jomon-Kultur, aus der Zeit um 14 500 v. d. Z. stammen. Die Jomon-Japaner waren ohnedies außerordentlich kreativ gewesen, verfügten über ausgefeilte Werkzeuge und hatten auch den Lack erfunden. Allerdings weiß niemand genau, zu welchem Zweck diese Kultur die Töpferkunst erfand oder für was sie ihre Tonware benutzte (es wurde sogar behauptet, dass vieles davon nur hergestellt wurde, um es bei irgendwelchen Zeremonien bewusst wieder zu zerschlagen). Die Entwicklungsgeschichte der Töpferei durch die »Feuerkulturen« lässt sich anhand der Nachweise aus dem Nahen Osten jedenfalls wesentlich besser illustrieren.

In der frühsteinzeitlichen Fundstätte von Çatal Hüyük in der Türkei (7. Jahrtausend v. d. Z.) wurden zwei Arten von Öfen nebeneinander gefunden: »Der eine hat die üblich gewölbte Form des Backofens. Der zweite ist insofern anders, als er über eine Brennkammer verfügte, die durch einen halben Ziegel von etwa fünfzehn Zentimetern Höhe unter der Hauptkammer in zwei Hälften geteilt wurde. Die Vorderteile dieser Back- und Brennöfen, die augenscheinlich einst in den Raum hineingeragt haben, sind nicht erhalten; offenbar ließen sie sich entfernen, um die jeweilige Brandware, seien es Gefäße oder Brote gewesen, herauszuholen. Beim nächsten Befeuerungs- und Brennvorgang wurde die Front wieder geschlossen, was sich mit Lehm natürlich leicht bewerkstelligen lässt.« Von den Scherben, die in Jarmo, Jericho und Çatal Hüyük gefunden wurden, lässt sich rückschließen, dass Töpfe aus spiralförmig aufeinander gelegten und anschließend geglätteten Tonwülsten hergestellt wurden; als Brennstoff wurden Dung und Stroh, aber kein Holz verwendet.[27]

In der Siedlung Teleilat al Ghassul am Nordende des Toten Meeres im heutigen Jordanien fanden sich sowohl Steinwerkzeuge als auch frühe Töpfereien aus dieser entscheidenden Schwellenphase. Frederic Matson stellte bei seinen Grabungen in Tepe Sarab bei Kermanschah – die Siedlung wurde etwa zur selben Zeit errichtet wie Jarmo – im westlichen Iran fest, dass es nur drei Grunddurchmesser für alle Gefäße gab. Deutet das auf drei bestimmte Funktionen hin? Außerdem fand er heraus, dass sich die Töpfertechnik schnell weiterentwickelt hatte, nachdem sie erst einmal erfunden worden war. Bald schon fand man Methoden, mit denen sich die Porosität des Tons verringern ließ, etwa indem man die Gefäße polierte oder bei stärkerer Hitze brannte; manchmal imprägnierte man sie auch mit organischen Materialien. War ein Gefäß allzu porös, verlor es zu schnell Wasser, andererseits musste es etwas porös bleiben, damit ein wenig Wasser verdunsten und das restliche kühl bleiben konnte.

Die frühesten Gefäße waren meist noch ungemustert, doch die ersten Verzierungen tauchten schon bald auf. Die rote, mit Fingern aufgetragene Engobe (Überzugsmasse aus geschlämmtem Ton) war neben diversen Einkerbungen die erste Art von Verzierung. »Die Entdeckung, dass sich braune Erde beim Brennen in hellrote Farbe verwandelt, könnte am Lagerfeuer gemacht worden sein.« Die meisten Tontöpfe aus den frühesten Fundorten sind kugelförmig (um bei der Lagerung Nagetiere fernzuhalten), daneben gab es Schalen, die vermutlich für Schleimsuppen oder Brei aus den Körnern von wilden und kultivierten Pflanzen verwendet wurden. Nach den ersten Töpfen – geschwärzt, braun oder rot, je nachdem – begannen Cremeweiß und ein geflecktes Grau aufzutauchen, zum Beispiel in Anatolien. Cremefarbene Irdenware eignete sich besonders gut zur Verzierung. Die früheste ihrer Art weist Spuren von Fingerfarben auf, etwas später begann man Gegenstände wie zum Beispiel Muscheln vor dem Brennen in den Ton zu drücken.[28] Schließlich wurden Deckel, Tüllen und ausbauchende Ränder entwickelt. Seit solche Keramiken entdeckt wurden, können Archäologen jedenfalls anhand der für jede Kultur typischen Formen und Verzierungen Rückschlüsse auf die Struktur einer alten Gesellschaft und ihren Kenntnisstand ziehen.

*

Die Frau und der Stier, die Cauvin als die ersten wahren Götter und die ersten abstrakten Einheiten (im Gegensatz zu Tiergeistern) identifizierte, fanden auch anderenorts Anklang, zumindest jedenfalls im europäischen Neolithikum: Sie tauchten in sehr unterschiedlichen Kontexten und Kulturen auf, Hand in Hand mit einem Symbolismus, der von Ort zu Ort eine andere Bedeutung hatte. Doch allein schon die Tatsache, dass sie nachgewiesen werden konnten, bestätigte, dass die Sesshaftigkeit und die Erfindung der Landwirtschaft *tatsächlich* die religiösen Denkweisen der Frühmenschen verändert haben.

Zwischen grob geschätzt 5000 und 3500 v. d. Z. begegnen wir der Entwicklung von Megalithen, wörtlich »Großsteine«, die zwar auf der ganzen Welt entdeckt wurden, sich aber in stärkster Konzentration (und daher auch am gründlichsten erforscht) in Europa finden – in Spanien, Portugal, Frankreich, Irland, England, Dänemark und auf der Mittelmeerinsel Malta, wo es einige der schönsten Monumente gibt. Sie sind ausnahmslos mit manchmal riesigen unterirdischen Grabkammern verbunden, in einigen Fällen über achtzehn Meter hoch und wiegen bis zu zweihundertachtzig Tonnen. Es gibt sie in drei Arten. Ihre ursprünglichen Bezeichnungen waren erstens »Menhir« (vom niederbretonischen *men* = Stein und *hir* = lang), bei dem es sich ergo um einen langen Stein handelt, der senkrecht in den Boden gerammt wurde; zweitens »Cromlech« (von *crom* = Kreis, Krümmung und *lech* = Ort), eine kreis- oder halbkreisförmige Menhirgruppe wie beispielsweise in Stonehenge bei Salisbury in England; und drittens »Dolmen« (*dol* = Tisch und *men* = Stein), bestehend »aus einem großen Deckstein, der von mehreren senkrechten Steinen getragen wird, die so angeordnet sind, daß sie eine Art Umfriedung oder Kammer bilden«.[29] Heutzutage werden im Allgemeinen vereinfachte Begriffe verwendet – den Cromlech zum Beispiel bezeichnet man inzwischen schlicht als »Steinkreis«.

Die meisten Gräber befanden sich ursprünglich unter gewaltigen Erdhügeln und konnten Hunderte von Toten aufnehmen. Sie wurden für

Massenbeerdigungen oder auch mehrere Generationen lang als Begräbnisstätte für Personen aus ein und derselben Sippe benutzt. Die Grabbeigaben waren im Allgemeinen wenig beeindruckend, und nur sehr selten wurden die Kammern von einer Mittelsäule gestützt oder sind Spuren von Malereien darin zu entdecken. Trotzdem haben wir es hier, wie Mircea Eliade schrieb, »zweifellos mit einem sehr bedeutenden Totenkult zu tun«. Die Bauernhäuser dieser Kultur haben den Unbilden der Zeit nicht standgehalten, aber die Wohnstätten ihrer Toten erwiesen sich als die langlebigsten Bauten der Menschheitsgeschichte. Als die vielleicht eindrucksvollsten Megalithbauten blieben uns die Steintempel auf der Insel Malta erhalten, welche nach Vermutung einiger Archäologen in der Vorgeschichte eine heilige Insel gewesen sein könnte. Mindestens ebenso bemerkenswert ist nach Meinung von Colin Renfrew der Tempelkomplex von Ggantija auf Gozo, der kleinen, nördlichen Nachbarinsel von Malta: »Vor dem Ggantija befindet sich eine weiträumige Terrasse im Ausmaß von etwa vierzig Metern; getragen von einer gewaltigen Stützwand erhebt sich auf unvergessliche Weise eine Fassade, die die vielleicht früheste architektonisch konzipierte Außenwand der Welt darstellt. Riesige Blöcke aus Korallenkalkstein türmen sich abwechselnd mit der Schmal- und Breitseite zur Front geschichtet bis zu einer Höhe von acht Metern auf; die Blöcke der unteren Reihe sind bis zu vier Meter hoch, darüber ragen sechs weitere erhaltene Reihen aus megalithischen Blöcken empor.« Ein kleines Tempelmodell aus dieser Periode legt nahe, dass die Fassade ursprünglich sechzehn Meter hoch aufgeragt haben könnte. In Tarxien, einem Tempelkomplex auf Malta, fand man Halbreliefspiralen neben Friesen mit Tierdarstellungen und, was vielleicht am überraschendsten war, »ein großes Fragment der überlebensgroßen Statue einer sitzenden Frau. Im ursprünglichen Zustand muss sie trotz ihrer sitzenden Position eine Höhe von zwei Metern gehabt haben. Es ist die wohl früheste Monumentalstatue der Welt.« Auch eine Reihe von kleineren Steinfiguren wurde gefunden, wobei es sich meist um »dicke Frauen« handelt, »großartig plumpe Verkörperungen in Stein«.[30] Die Grundidee einer sitzenden und möglicherweise schwangeren Göttin erinnert zweifellos an die von Cauvin beschriebenen Figurinen aus der Natufien-Kultur.

Welche Ideen lagen wohl den rituellen Handlungen in diesen Tempeln zugrunde? Renfrew wies nach, dass die Grab- und Tempelstätten auf der schottischen Insel Arran in einem Zusammenhang mit der Verteilung von kulturfähigem Land standen und daher wohl auch etwas mit der Verehrung einer großen Fruchtbarkeitsgöttin zu tun hatten, dem Kult also, der sich nach dem Aufkommen der Landwirtschaft und im Verlauf der genaueren Naturbeobachtungen, die die bäuerliche Arbeit mit sich brachte, entwickelt hatte. Über diese Art des Glaubens können wir bereits etwas mehr sagen, denn obwohl die Megalithenstätten an sehr unterschiedlichen Stellen errichtet wurden, sind sie doch oft so angelegt, dass »das Land um sie herum ein bestimmtes Muster ergibt. Die klassische Megalithenstätte wurde auf einem Plateau errichtet, das sich auf halber Höhe des Ausläufers einer dahinter liegenden Anhöhe befand. Die Stätte selbst wird immer den Blick auf eine Senke oder ein Tal zu ihren Füßen freigeben, während der Horizont von einer Berg- oder Hügelkette im Hintergrund der Ausläufer begrenzt wird.« Man nimmt an, dass solche Standorte etwas mit der uralten Vorstellung von heiligen Landschaften zu tun hatten, mit Geomantie, wie man es nennt. Ein Standort »in glücklicher Lage wird fast immer von Hügeln geschützt, liegt selbst auf einer leichten Anhöhe innerhalb ihres Runds und ist mit ihnen durch die Landschaft verbunden, durch welche die geodischen Ströme fließen. In dem von diesen Hügeln gebildeten Winkel suchte der Geomant dann nach ›einer kleinen Senke oder einem kleinen Erdhügel‹; von dort aus betrachtet, bildete die umgebende Hügelkette mit einer offenen Seite ein ›perfektes Hufeisen‹ und waren Flüsse zu sehen, die sich einen sanften, nicht zu steilen Weg bahnten.« Seit ungefähr 1930 haben Rutengänger Megalithstätten untersucht und in deren Umgebung oft sehr heftige Ausschläge festgestellt. Guy Underwood zum Beispiel veröffentlichte 1969 eine Karte mit den Primärlinien, die unter Stonehenge verlaufen. Zwanzig davon treffen direkt unterhalb der Stätte zusammen.[31] Die Positionen einiger, aber nicht aller Megalithenstätten ergeben eine gerade Linie, wenn man sie auf einer Landkarte miteinander verbindet; und weil in England die Namen aller Orte auf dieser Linie mit der Silbe »ley« enden, bezeichnet man sie als »Leylinie«. Ungeachtet der Frage, ob das nun eine tiefere Bedeutung hat oder nicht, scheint jedenfalls gesichert zu sein, dass mehrere dieser Steinkreise als prähistorische Observatorien dienten. Kenntnisse über den Sonnenzyklus waren eindeutig wichtig für eine bäuerliche Gesellschaft, insbesondere das Wissen um den Zeitpunkt der Wintersonnenwende, wenn sich die Sonne nicht mehr weiter zurückzieht und erneut in Richtung Norden zu wandern beginnt. Von einem solchen Erdhügel aus konnten Erscheinungen am Horizont – wie beispielsweise der exakte Punkt der Wintersonnenwende – beobachtet und die Steine dann so aufgestellt werden, dass es möglich wurde, diesen Moment künftig vorauszusagen und angemessen zu zelebrieren. Die ersten Sonnenobservatorien wurden um das Jahr 4000 v. d. Z. errichtet, Mondbeobachtungsstätten erst um 2800 v. d. Z. Alle Grablegen waren normalerweise gen Osten ausgerichtet. Chris Scarre vom *Institute for Archaeological Research* in Cambridge fand heraus, dass viele dieser riesigen Steine von heiligen Orten in der umgebenden Landschaft stammten, von so »machtvollen Plätzen« wie Wasserfällen oder Klippen, die bestimmte akustische oder andere sinnesreizende Eigenschaften besitzen (zum Beispiel eine ungewöhnliche Färbung oder Oberflächenstruktur) und vermutlich vor allem in den Regionen als Heiligtümer galten, die für die Jagd oder die Tierzucht von Bedeutung waren. Das erklärt seiner Meinung nach auch, weshalb diese Steine einerseits oft über so große Distanzen transportiert und andererseits niemals eigens bearbeitet wurden.[32]

All das könnte jedoch noch von einer anderen Bedeutungsschicht überlagert sein. Bei den Megalithentempeln und Observatorien wurden nämlich auch Zeichen entdeckt, vor allem konzentrische Kreise, schneckenförmige Spiralen und Ringe mit einem Steg, die aussehen wie konzentrische Cs.[33] Auf dem europäischen Kontinent wurden diese Zeichen mit einer Figur in Verbindung gebracht, die von Prähistorikern als die »Große Göttin« und das Symbol für Fruchtbarkeit und Regeneration bezeichnet wird. Nicht jeder schließt sich dieser Deutung an. Bei den Megalithen in Deutschland und Dänemark wurden zudem mit Doppelkreisen verzierte Töpferwaren gefunden, die man ebenfalls mit der Großen Göttin in Verbindung brachte. Bedenkt man unsere Vermutung, dass die weibliche Fruchtbarkeit in frühesten Zeiten, also bevor man sich der Geschlechtsfunktion des Mannes bewusst geworden war, für den Menschen das größte Mysterium und Wunder dargestellt haben muss, und bedenkt man weiter, dass Menhire unweigerlich an Phalli erinnern, dann wird durchaus vorstellbar, dass es sich bei den Cromlech-Megalithen um Observatorien und/oder Tempel handelte, die zur Feier dieser neu gewonnenen Einsicht errichtet wurden. Die sexuelle Bedeutung, die man den Menhiren zuschreibt, ist gewiss nicht einfach nur wieder ein Beispiel für die Tendenz der Archäologie zu Überinterpretationen. Schon Jeremia spricht in der Hebräischen Bibel (2.27) von Menschen, die zum Stein sagen: »Du hast mich geboren!« Der Glaube, dass Menhire eine fruchtbar machende Wirkung haben, war unter europäischen Bauern sogar noch zu Beginn des 20. Jahrhunderts verbreitet: »In Frankreich praktizierten junge Frauen, um Kinder zu bekommen, die *glissade* (sie ließen sich einen Stein hinuntergleiten) und die *friction* (sie setzten sich auf einen Monolithen oder rieben den Leib an einem bestimmten Felsen).«[34]

Diese Symbolik ist nicht schwer zu verstehen. Die Wintersonnwende war der Punkt, an dem die Sonne wiedergeboren wurde, und die Steine waren so aufgestellt worden, dass der erste Sonnenstrahl dieses Tages durch einen Spalt in die Mitte des Steinkreises und somit in das Zentrum dieser heiligen Landschaft fiel, wie zur Wiedergeburt der gesamten Gemeinde, die sich dort zusammengefunden hatte, um die Sonne willkommen zu heißen. Ein besonders gutes Beispiel dafür ist Newgrange in Irland.

Ein letztes Wort zu den Megalithen: Orkney und Malta können zwar nicht wirklich derselben Frühkultur zugeschrieben werden, doch bei beiden finden sich deutliche Anzeichen für die Existenz einer vom Volk abgehobenen, besonderen Kaste in den großen megalithischen Gemeinschaften. »In Malta deuten die Skelette, die bei Tempeln aus der Zeit nach 3500 v. Chr. gefunden wurden, auf Menschen mit einer gering ausgeprägten Muskulatur hin, die sich von einer besonderen Kost ernährt haben müssen, da ihre Zähne für neolithische Zeiten nur sehr geringfügig abgenutzt waren.« Man fand auch Knochen von Tieren, die aus wirtschaftlichen Gesichtspunkten betrachtet unvernünftig früh geschlachtet worden waren, neben den Überresten der Bewohner von nach damaligen Begriffen ausgesprochen luxuriösen Häusern. Dies legt den Schluss nahe, dass es bereits eine soziale Schichtung unter den Menschen gab: an der Spitze jeweils eine Kombination aus Herrscher, Priester und Naturforscher.[35]

*

In etwa zur gleichen Zeit, in der sich die megalithischen Ideen ausbreiteten, entwickelte sich in einem anderen Teil Europas eine Götterverehrung, die zwar völlig anders geartet war, doch im Wesentlichen auf denselben Prinzipien beruhte. Diesen Teil des Kontinents bezeichnet man generell als das »Alte Europa«: Griechenland und die Ägäis, der Balkan, Süditalien und Sizilien, das untere Donaubecken und das Gebiet der heutigen Ukraine. Den alten Gottheiten dieser Region widmete sich vor allem die litauische Wissenschaftlerin Marija Gimbutas.

Sie entdeckte eine komplexe Ikonographie, die sich um vier Hauptgottheiten gruppiert – die Große Göttin, die Vogel- oder Schlangengöttin, die Vegetationsgöttin oder Mutter Erde und ein männlicher Gott. Schlangen-, Vogel-, Ei- und Fischgötter spielten allesamt eine Rolle im Schöpfungsmythos, wohingegen die Große Göttin das Schöpfungsprinzip selbst oder die Urmutter darstellte und die gewiss bedeutendste Idee dieser Zeit war. Gimbutas schreibt: »Die Große Göttin entsteht wundersam aus dem Tode, aus dem Opferstier; in ihrem Leib beginnt neues Leben. Sie ist nicht die Erde, sondern ein weiblicher Mensch, aber in der Lage, sich in viele Formen zu verwandeln: Hirschkuh, Hund, Kröte, Biene, Schmetterling, Baum oder auch in eine Säule.« Diese Große Göttin wird ebenso »mit Halbmonden, Vierfaltigkeitsmustern und Stierhörnern assoziiert, den Symbolen eines unentwegten Werdens und Vergehens..., wie mit dem Beginn der Landwirtschaft«. Das zentrale Thema war jedoch die Geburt eines Kindes in ein von der Mutter beherrschtes Pantheon. Die gespreizten Beine und das Schamdreieck der »gebärenden Göttin« wurden schließlich symbolisch in den Großbuchstaben M verwandelt, dem »Ideogramm für die Große Göttin«.[36]

Gimbutas' ausgiebige Untersuchungen von vielen Figurinen, Schreinen und frühen Tonscherben brachten uns faszinierende Erkenntnisse – beispielsweise die, dass Vegetationsgöttinnen bis zum 6. Jahrtausend v. d. Z. im Allgemeinen nackt gewesen waren und erst später bekleidet wurden oder dass viele Einritzungen auf den Figurinen die Frühform einer linearen Protoschrift darstellten – und das Tausende von Jahren vor der eigentlichen Erfindung der Schrift und mit einer eher religiösen als ökonomischen Bedeutung. Nun hält gewiss nicht jeder Experte Gimbutas' Idee von der Protoschrift für glaubwürdig, aber ihr ging es hier ja auch ausschließlich um die Evolution der Großen Göttin, die mit einer komplizierten Ikonographie verbunden und im Kern ein menschliches Wesen war, auch wenn sie sich gelegentlich in andere Tiere und sogar Bäume oder Steine verwandeln konnte.[37] Es *gibt* hier einen Zusammenhang mit der von Lewis-Williams propagierten Idee vom Geist der Höhle, der lebendige Formen aus den Felsstrukturen »befreit«.

Zu diesem Zeitpunkt, um etwa 4000 v. d. Z., gab es also eine erste Konstellation von Ideen, die einer Urreligion zugrunde lagen und miteinander verwoben waren: die Große Göttin und der Stier. Die Große Göttin, die sich aus den Venus-Figurinen herauskristallisiert, symbolisiert das Mysterium der Geburt, das weibliche Prinzip und die alljährliche Neuwerdung der Natur im Kontext mit der Rückkehr der Sonne. All das sind Merkmale einer Zeit, in der der biologische Rhythmus des Menschen und der astronomische Rhythmus der Natur zwar bereits beobachtet, aber noch nicht verstanden wurden. Der Stier und die Steine repräsentieren das männliche Prinzip, lassen jedoch über die paläolithische Höhlenmalerei auch eine Idee von heiligen Landschaften erkennen, von besonderen Orten mit scheinbar übernatürlichen Erscheinungen in der natürlichen Umwelt des Menschen; Erscheinungen, die vorrangig in einem Zusammenhang mit der Jagd und später mit der Landwirtschaft gesehen wurden. Das waren die grundlegendsten religiösen Ideen der frühen Menschheit.[38]

*

Doch es gab noch einen anderen Grund dafür, dass Steine und Landschaften als heilig verehrt wurden, und der hatte mit Astronomie gar nichts zu tun. Irgendwann nach 4000 v. d. Z. erlebten die Menschen erstmals die offensichtlich wundersame Verwandlung von hartem Fels in geschmolzenes Metall von unterschiedlichster Färbung, sobald er auf bestimmte Weise mit Hitze in Berührung kam.

Gebrannter Lehm war wie gesagt der erste von fünf neuen Stoffen – der »Feuerkulturen« – gewesen, die den Grundstein für die später so genannte »Zivilisation« legten. Die anderen vier waren Metalle, Glas, Terrakotta und Mörtel. Hier wollen wir uns nur auf die Metalle konzentrieren, wenngleich auch die anderen pyrotechnischen Substanzen unterstreichen, von welch dauerhafter Bedeutung das Feuer war und um wie vieles differenzierter das Verständnis für das Feuer und seine Handhabung nun wurden.

Die Archäologie teilt die menschlichen »Zeitalter« heute in eine Stein-, Kupfer-, Bronze- und Eisenzeit ein – und zwar in dieser Reihenfolge –, obwohl als erste metallische Substanz vor rund dreihunderttausend Jahren mit ziemlicher Sicherheit das Eisen eingesetzt wurde, nämlich in seiner Form als Ocker, das man nun gerne für Verzierungen benutzte. Vor allem der Hämatit war vermutlich seiner roten Färbung wegen beliebt – es war die Farbe des Blutes und somit die des Lebens. In der Steinzeit, um 8000 bis 6000 v. d. Z., scheint es eigens Werkstätten gegeben zu haben, wo – wie in Çatal Hüyük – Ockerrot und Malachitgrün gewonnen und zur Aufbewahrung zu Klumpen gepresst wurden. In Jericho entdeckte man drei lebensgroße Gipsfiguren aus vorkeramischer Zeit, die man für Götterdarstellungen hält und die ursprünglich ganz mit Ocker gefärbt gewesen waren. Auch einst komplett rot bemalte Häuser wurden im Nahen Osten gefunden. Als sich dann die Töpferkunst entwickelte, blieb Ocker zwar noch beliebt, wurde jedoch allmählich von dem Blaugrün abgelöst, von dem man glaubte, dass es für die Toten am vorteilhaftesten sei.[39]

Es waren die Farbe, der Glanz und sogar das Gewicht der Metalle, die großen Eindruck auf die Menschen machten. Begegnet waren sie ihnen allerdings schon lange zuvor in der Form von rohem Felsgestein oder in Bach- und Flussbetten. Dann müssen sie irgendwann entdeckt haben, dass Gesteinsarten wie Flint und Feuerstein leichter zu bearbeiten sind, wenn man sie erhitzt, und dass heimisches Kupfergestein einfacher zu brauchbaren Werkzeugen zu hämmern war. Im Lauf der Zeit erkannte der Mensch so allmählich die Vorteile von Metallen gegenüber Stein, Holz und Knochen. Wenn wir allerdings von einer »Metallurgie« in der Frühzeit sprechen, dann meinen wir damit nur eines, nämlich das Schmelzen: die augenscheinlich wundersame Verwandlung von hartem Fels in geschmolzenes Metall, wenn man ihn auf bestimmte Weise erhitzte. Man kann sich unschwer vorstellen, wie Ehrfurcht gebietend das auf die Menschen dieser Zeit gewirkt haben muss.

Kupfererze fanden sich überall im fruchtbaren Halbmond, doch ausnahmslos in den hügeligen und bergigen Regionen. Deshalb neigen Archäologen auch zu der Annahme, dass hier – und nicht in den Flusstälern – die Metallurgie ihren Anfang nahm. Das heute dafür favorisierte Gebiet ist eine Region, »deren Bewohner nicht nur Erz und Brennstoffe besaßen, sondern auch eine gewisse Beständigkeit im Leben angenommen hatten und eine chalkolithische [kupferzeitliche] Kultur genossen«. Diese Region zwischen dem Elbrusgebirge und dem Kaspischen Meer ist der Spitzenreiter unter den möglichen Kandidaten für den Ursprung der Metallurgie, aber auch der Hindukusch und andere Gebiete haben ihre Anhänger. »Dass diese Entdeckung zufällig gemacht wurde, kann kaum bezweifelt werden, denn es ist unvorstellbar, dass der Mensch aus reiner Gedankenkraft die bestehenden Zusammenhänge zwischen einem Malachit – einem leuchtend blaugrünen und bröckligen Stein – und jener roten, kalt verformbaren Substanz erkannte, die wir als Kupfer bezeichnen.«[40] Und weil eine solche Verwandlung für Magie gehalten wurde, glaubte man von den ersten Kupferschmieden, dass sie übermenschliche Kräfte besäßen.

Früher vermutete man, dass »das Lagerfeuer der ursprüngliche Schmelzofen« gewesen sei. Heute glaubt das niemand mehr, ganz einfach deshalb, weil die Feuerstellen um 4000 v. d. Z. nicht heiß genug wurden. Ohne die Hilfe von künstlicher Zugluft »konnte ein Lagerfeuer, auch wenn es heiß genug zum Garen von Nahrung und zum Wärmen der Füße war..., keine Temperatur über 600 oder 650 Grad Celsius erzeugen. Kupfererze wie Malachit, das am leichtesten zu verarbeiten ist, lassen sich bei geringeren Temperaturen als 700 bis 800 Grad Celsius aber nicht reduzieren, und metallisches Kupfer schmilzt nicht unter 1083 Grad Celsius.« Doch es ist nicht nur die Temperatur, die gegen die Lagerfeuertheorie spricht: Unter freiem Himmel hätte die Brennatmosphäre niemals für eine Reduktion (Trennung) ausgereicht. Andererseits müssen schon lange vor der Entdeckung des Schmelzprozesses in einigen Lehmbrennöfen wesentlich höhere Temperaturen erreicht worden sein. Öfen mit zwei Brennkammern, das Feuer in der unteren und die Tongefäße in der oberen, waren im 5. Jahrtausend v. d. Z. in Susa (Iran) und Tepe Gawra (nahe Mosul im heutigen Irak) entwickelt worden und brachten es bereits auf Temperaturen bis zu 1200 Grad Celsius. Das hätte für eine Reduktion vollkommen ausgereicht. Bei Experimenten wurde bestätigt, dass poröses Kupfer in dieser Atmosphäre schmilzt. Und genau das könnten die Töpfer zufällig entdeckt haben, als sie Malachit zur Färbung von Tonware verwendeten – »und den Schock ihres Lebens bekamen, als dabei eine völlig andere Farbe herauskam als erwartet«.[41]

Stellt man die Erfindung des zweistufigen Brennofens gegen Ende des 5. Jahrtausends den diversen von der Archäologie entdeckten Kupfergegenständen aus Susa, Al'Ubaid, Ninive und Ur gegenüber, kann man durchaus zu dem Schluss kommen, dass der Schmelzprozess um etwa 4000 v. d. Z. entdeckt wurde. Wir wissen, dass sich diese Kenntnisse bis 4000 v. d. Z. in verschiedenen Regionen Westasiens verbreitet haben und dass das Schmelzen von Kupfer bis 3800 v. d. Z. »vergleichsweise verbreitet« in der Alten Welt praktiziert wurde. »Zu Beginn des dritten Jahrtausends v. d. Z. hatten die Sumerer die erste uns bekannte bedeutende Zivilisation hervorgebracht, in der Metalle eindeutig eine Rolle spielten.« Das älteste bekannte Metallwerkzeuglager stammt ungefähr aus dem Jahr 2900 v. d. Z. Von da an bis kurz nach 2000 v. d. Z. sollte Kupfer das vorherrschende Metall in Westasien und Nordafrika bleiben.[42]

Was nun die frühe Metallurgie betrifft, so schlossen sich den Erkenntnissen über den Schmelzprozess zwei entscheidende Fortschritte an: die Entdeckungen der Bronze und anschließend des Eisens. Mit dem Aufstieg des Bronzezeitalters verbinden sich zwei Geheimnisse, zumindest im Hinblick auf den Nahen Osten, wo dieses Zeitalter zuerst anbrach. Das erste Mysterium hat mit dem Fakt zu tun, dass Zinn – die Kupferlegierung, die Bronze wesentlich härter macht – relativ selten in der Natur vorkommt. Wie kam diese spezifische Legierung also erstmals zustande? Und wieso wurden trotz der beschriebenen Ausgangsbedingungen so schnell Fortschritte gemacht, dass sämtliche entscheidenden Vorstöße in der Geschichte der Metallurgie – mit Ausnahme der Härtung von Stahl – zwischen 3000 und 2600 v. d. Z. stattfanden?[43]

Eigentlich hätte man die frühe Bronzezeit besser als die »Zeit der Legierungen« bezeichnen sollen, denn viele Jahre vor und nach 2000 v. d. Z. – und ungeachtet all dessen, was oben dargelegt wurde – bestanden »kupferne« Gegenstände aus höchst unterschiedlichen chemischen Zusammensetzungen. In Legierungen mit Kupfer (von einem knapp einprozentigen bis hin zu einem fünfzehnprozentigen Anteil) fanden sich Zinn, Blei, Eisen und Arsen, was darauf hindeutet, dass der Mensch zwar bereits eine Vorstellung davon hatte, wodurch Kupfer härter und formbarer gemacht und deshalb zur Herstellung von schärferen Werkzeugen und Waffen verwendet werden konnte, aber noch immer nicht genau über die Einzelheiten dieses Prozesses Bescheid wusste. Auch die genaue Zusammensetzung der Bronze variierte von Ort zu Ort, beispielsweise zwischen Zypern, Sumer und Kreta. Der alles verändernde Wechsel vom Kupfer zur echten Bronze vollzog sich im ersten Viertel des 2. Jahrtausends v. d. Z. »Zinn unterscheidet sich von Kupfer und von Edelmetallen insofern, als es nie in reinem Zustand in der Natur zu finden ist. Immer hat es eine bestimmte chemische Zusammensetzung. Es muss also geschmolzen worden sein, obwohl – und das ist ein weiteres Geheimnis – kaum je metallisches Zinn von Archäologen bei Ausgrabungen gefunden wurde. (Tatsächlich hat man überhaupt nur ein einziges Stück reinen Zinns gefunden, das vor 1500 v. d. Z. hergestellt wurde.)«[44]

Die genauen Ursprünge der Bronzeverarbeitung liegen also noch im Dunkeln, doch ihre Vorzüge gegenüber dem Kupfer lagen auf der Hand, sobald man ihren Herstellungsprozess erst einmal stabilisiert hatte. Und ihre wachsende Beliebtheit sollte nun auch beträchtliche ökonomische Veränderungen in der Alten Welt mit sich bringen. Während Kupfer an ziemlich vielen Orten vorkam, war das bei Bronze nicht der Fall, denn wie gesagt ist Zinnerz weder in Asien noch in Europa sehr verbreitet. Angesichts dieser Einschränkung gewannen Orte, an denen Zinn abgebaut werden konnte, natürlich an Bedeutung; und da sich sein Vorkommen fast ausschließlich auf Europa beschränkte, war dieser Kontinent gegenüber Asien und Afrika deutlich im Vorteil. Die Tatsache, dass Bronze wesentlich flüssiger wird als Kupfer, macht sie zudem viel besser geeignet für den Guss; und dass sie so oft für Waffen und Werkzeuge benutzt wurde, erklärt sich daraus, dass gehämmerte Bronze, vorausgesetzt, der Zinnanteil konnte auf neun bis zehn Prozent beschränkt werden, normalerweise um gute siebzig Prozent härter ist als gehämmertes Kupfer. Die Klingen von bronzenen Gerätschaften waren mindestens doppelt so hart wie die von kupfernen.[45]

Dieser letzte Vorteil von Bronze sollte von großer Bedeutung sein. Ihre schiere Härte brachte es mit sich, dass Dolchklingen nun ebenso wichtig wurden, wie es die Dolchspitzen gewesen waren, was dann seinerseits zur Entwicklung des Schwertes führte. Zudem traf diese Entwicklung zeitlich mit der Domestikation des Pferdes in den Steppen Europas und mit der Erfindung des Rades in Sumer zusammen: Plötzlich hatte sich die Kriegführung vollständig gewandelt – tatsächlich schneller gewandelt als zu irgendeiner anderen Zeit vor der Erfindung des Schießpulvers und seinem ersten wütenden Einsatz in China im 10. Jahrhundert n. d. Z.[46]

*

Die Bronzezeit erreichte ihren Höhepunkt um 1400 v. d. Z., als Eisen noch knapp und wertvoll war. Tut Anch Amun herrschte nur wenige Jahre als Pharao über Ägypten (er starb um das Jahr 1350 v. d. Z.), doch in seinem berühmten Grab, das 1922 von Lord Carnarvon und Howard Carter entdeckt wurde, fanden sich – neben Mengen an Gold, Juwelen und anderen märchenhaften Dingen – ein Dolch, eine Kopfstütze und ein Armreif aus Eisen.[47] Auch einige Miniaturwerkzeuge von kaum drei Zentimetern Größe waren aus Eisen gefertigt worden – und in allen Fällen handelte es sich um erschmolzenes und nicht um meteoritisches Eisen.

Die frühesten Eisengerätschaften stammen aus dem Nordirak, dem Iran und aus Ägypten und wurden allesamt um ca. 5000 v. d. Z. hergestellt. Doch nur eines dieser aufgefundenen Artefakte war aus erschmolzenem Eisen, alle anderen hingegen aus meteoritischem. Ein vergleichbares Artefakt aus Ur wurde auf den Beginn des 3. Jahrtausends v. d. Z. datiert. Vermutlich hatte man bei der Eisenverarbeitung in diesen frühen Jahren noch gar nicht erkannt, dass es sich um ein neues Metall oder überhaupt um ein Metall handelte. Eisen braucht eine höhere Temperatur als Kupfer (1100–1150° C), um es von seinem Erz zu trennen, außerdem benötigt man einen größeren Ofen, damit die Eisenteilchen von der Schmelzzone herabrinnen und sich darunter zu einem zähen Klumpen verbinden können, den man »Eisenschwamm« oder »Luppe« nennt. Dieser Prozess scheint erstmals auf dem Gebiet des hethitischen Staatenbunds entwickelt und praktiziert worden zu sein (in seiner Blütezeit 1450–1200 v. d. Z. umfasste das Hethiterreich große Teile der Türkei und Nordsyriens, von wo aus es eine Weile erfolgreich die Assyrer und Ägypter herausfordern konnte). Nach Ansicht von Theodore Wertime war Eisen zum ersten Mal bewusst geschmolzen worden, als Bronzewaren gewissermaßen den Punkt der Vollendung erreicht hatten; und das geschah überall dort, wo es Kupfer, Blei und Eisen in Hülle und Fülle gab – in Nordanatolien, entlang der Schwarzmeerküste. Kurz gesagt: Der Erfolg bei der Bronzeverarbeitung, die Seltenheit von Zinn und der Überfluss an Eisen hatten die Hethiter zum Experimentieren veranlasst. Ihre Verhüttungstechnik scheint mehrere Jahrhunderte lang ein streng gehütetes Geheimnis gewesen zu sein. Die Meister ihres Fachs gaben die Einzelheiten der Verarbeitungstechnik immer nur an die nächste Familiengeneration weiter und verlangten sehr hohe Preise für ihre Waren. Anfänglich wurde Eisen für ein echtes Edelmetall und, laut den alten Schriften, für kostbarer als Gold gehalten, weshalb ausschließlich schmückendes Beiwerk daraus gefertigt wurde. Es ist davon auszugehen, dass die Geheimnisse der Eisenverarbeitung außerhalb des hethitischen Einflussbereichs nicht vor 1400 v. d. Z. bekannt waren. Wahrscheinlich wurde auch der eiserne Dolch aus dem Grab von Tut Anch Amun unter hethitischer Aufsicht gefertigt. Mitte des 13. Jahrhunderts brach für den hethitischen Staatenbund jedoch eine schwere Zeit an, und um 1200 v. d. Z. war die Katze schließlich aus dem Sack und die Fachkenntnisse der Eisenverhüttung in ganz Asien verbreitet. In Wirklichkeit begann die Eisenzeit also dann, als man Eisen nicht mehr für ein Edelmetall hielt.[48]

Abgesehen von all den anderen attraktiven Eigenschaften des Eisens war der Verhüttungsprozess auch weniger kompliziert als bei der Kupferproduktion. Vorausgesetzt man verfügte über einen ausreichend starken Blasebalg und konnte genügend Luft zuführen, genügte ein einstufiger Brennofen (im Gegensatz zu den ausgeklügelten zweistufigen Tiegelöfen, die man brauchte, um Kupfererz auszuschmelzen). In den ersten tausend Jahren der Eisenverhüttung wurden sogar ziemlich einfache Schmelzöfen benutzt, das heißt, als das Geheimnis der Verarbeitung erst einmal enthüllt war, konnte praktisch jedermann Eisen herstellen. Aber natürlich fand die Verhüttung hauptsächlich dort statt, wo sich Erze leicht abbauen ließen und Holzkohle einfach zu bekommen war. Wie Zinn lässt sich auch reines Eisen (im Gegensatz zu Kupfer und Gold) nicht in der Natur finden, einmal abgesehen vom äußerst seltenen Meteoritgestein. Und wie Kupfererze, so wurden auch Eisenerze nie in großen Flussebenen, dafür aber in Hülle und Fülle in nahe gelegenen bergigen Regionen gefunden. Die bedeutendsten Bergbau- und Verhüttungsbetriebe gab es Ende des 2. Jahrtausends v. d. Z. im Taurusgebirge, im Kaukasus und in Armenien.

Der entscheidende Prozess bei der Eisenverhüttung – die so genannte Karburierung, das Verfahren, bei dem Eisen in Stahl verwandelt wird – wurde vermutlich in den ersten zweihundert Jahren nach 1200 v. d. Z. in den Küstenregionen des östlichen Mittelmeers entwickelt. Um Eisen zu karburieren, muss es eine lange Zeit »in direktem Kontakt« mit reichlich Holzkohle gewesen sein, und diese Erkenntnis kann ganz einfach nur der Zufall gebracht haben (nichtkarburiertes Eisen ist weniger hart als Bronze). Tel Adir im Norden Israels und Taanach wie Hazorea in der Jesreel-Ebene waren zum Beispiel solche frühen Karburierungsstätten.⁴⁹ Wie sich der *Odyssee* entnehmen lässt, wusste auch Homer, dass karburiertes Eisen durch Abschreckung härter wird.

Angesichts seiner Wandlungsfähigkeit, Härte und der niedrigen Kosten könnte man meinen, dass man sich diesem neuen Metall nun schnell zugewandt hätte. In der späten Bronzezeit wurde mit wannenförmigen Barren gehandelt. Trotzdem stammen die frühesten Gerätschaften aus Eisen, die man in Ägypten fand, erst aus dem Jahr 700 v. d. Z., das heißt, sie sind anderthalb Jahrtausende jünger als die Eisenverhüttung der Hethiter. Hesiod schreibt in seinen *Erga*: »…dies Menschengeschlecht ist ein eisernes.«⁵⁰

※

Die Metallurgie war von Anfang an ziemlich gut durchdacht. Das Schweißen war ebenso schnell erfunden worden wie Nägel und Nieten; gebräuchlich war es seit 3000 v. d. Z. Mit dem Vergolden begann man bereits im 3. Jahrtausend, bald gefolgt vom Wachsausschmelzverfahren für die Herstellung von Bronzeskulpturen. Im Hinblick auf Ideen scheint es dabei drei Innovationen gegeben zu haben: den Dolch, den Spiegel und Münzen. Spiegel waren vor allem bei den Chinesen beliebt, aber unübertroffen bei der Herstellung waren die Römer, seit sie herausgefunden hatten, dass eine Legierung aus dreiundzwanzig bis achtundzwanzig Prozent Zinn, fünf bis sieben Prozent Blei und dem Rest Kupfer die besten Resultate brachte. Später sollte man Spiegelbilder als Abbilder der Seele betrachten.⁵¹

In der Natur gibt es kein Geld, sagt der Historiker Jack Weatherford. Der französische Schriftsteller Jules Renard fand im 19. Jahrhundert eine andere Definition: »Endlich weiß ich, was den Menschen von anderen Raubtieren unterscheidet: Geldsorgen.« Die erste Form von Geld war das Warengeld, ob es sich dabei nun um Salz, Tabak, Kokosnüsse, Reis, Rentiere oder Büffel handelte. Der Begriff »Salär« leitet sich vom lateinischen *salarius* ab, »zum Salz gehörig«. Vermutlich wurden römische Legionäre mit Salz entlohnt, damit sie die ansonsten ungewürzte Verpflegung schmackhafter machen konnten. Die römische Münze *As* entsprach im Wert dem Hundertstel einer Kuh; der englische Begriff *cattle* hat dieselbe lateinische Wurzel wie das Wort »Kapital«. Doch bereits im 3. Jahrtausend v. d. Z. begannen die Mesopotamier, Edelmetallbarren gegen Waren einzutauschen. Solche geldwerten Barren aus Gold oder Silber von einem einheitlichen Gewicht nannte man *Minas*, *Schekel* oder *Talente*.⁵²

Der Übergang vom Protogeld zu richtigen Münzen fand im Königreich Lydien in der heutigen Türkei um etwa 640 bis 630 v. d. Z. statt. Die allerersten Münzen wurden aus Elektrum hergestellt, einer natürlich vorkommenden Legierung aus Gold und Silber. Es waren zu Klumpen von der Dicke eines Daumens und der Größe eines Daumennagels geformte kleine

133

Barren, auf die als Echtheitsgarantie ein Löwenkopf geprägt wurde. Durch diesen Prägevorgang nahm der Klumpen eine ähnlich flache Form an wie die uns heute vertrauten Münzen.[53] Doch ob mit diesen flachen Klumpen auch in derselben Weise umgegangen wurde, wie wir es mit Münzen tun, ist fraglich – zumindest die ersten waren derart wertvoll, dass man sie niemals als »Wechselgeld« verwendet hätte. Der große Durchbruch zur Kommodifikation (Umwandlung von Geld in Wirtschaftsgüter) kam vermutlich mit der Einführung von bimetallischen Geldstücken aus Gold und Silber und/oder Kupfer im 3. oder 2. Jahrhundert v. d. Z., die man in Griechenland zur Entlohnung von Personen in einem politischen Amt zu verwenden begann.

Die Veränderungen im Alltag, die die Erfindung des Geldes bewirkte, waren gewaltig. In der lydischen Stadt Sardis wurde der erste öffentliche Marktplatz errichtet, auf dem jeder, der etwas anzubieten hatte, seinen Stand aufstellen und seine Ware gegen Geld feilbieten konnte. Das älteste archäologisch nachgewiesene Handelsgut war der Obsidian, ein sehr feines, schwarz glänzendes, glasartiges Magmagestein, das nur an einer Stelle in der Südtürkei abgebaut wurde, doch im ganzen Nahen Osten zu finden war. Wegen seines transparenten Strahlens und der Schärfe seiner Bruchkanten wurden ihm magische Kräfte zugeschrieben, weshalb er sehr begehrt war. Die Erfindung des Geldes brachte die Menschen auf alle möglichen neuen Ideen. In Sardis zum Beispiel wurden die ersten Bordelle eingerichtet, auf den Märkten fanden die ersten Glücksspiele statt.[54] Noch viel tiefgreifendere Folgen zog jedoch der Umstand nach sich, dass die Menschen mit der Existenz des Geldes erstmals aus ihren Familienverbänden ausscherten. Geld wurde zum Bindeglied zwischen Fremden und ließ Bündnisse ganz anderer Art entstehen als im Tauschsystem. Das heißt, Geld schwächte die traditionellen Bindungen, was im Lauf der Zeit auch nachhaltige politische Auswirkungen haben sollte: Arbeit und die menschliche Arbeitskraft wurden zu einer Ware mit einem bestimmten Münzwert, ergo konnte nun auch Zeit in geldwerten Einheiten bemessen werden.

In Griechenland, das nicht weit von Lydien entfernt war und deshalb schnell von diesen neuen Entwicklungen profitierte, beförderte Geld auch die Demokratisierung der Politik. Unter Solon wurden die alten Privilegien abgeschafft, auch normalen Grundbesitzern war es nun möglich, sich in öffentliche Ämter wählen zu lassen. Die Demokratie entwickelte sich in Städten, die über eine Marktwirtschaft und ein starkes Zahlungsmittel verfügten. Der durch Handel erzeugte Wohlstand ermöglichte mehr Freizeit, die von den Griechen genutzt wurde, um ihre Überlegenheit in der Philosophie, beim Sport, in der Kunst und in der Politik aufzubauen. Rechnen konnte man zwar schon vor der Existenz des Geldes, doch das Aufkommen eines Marktes und einer Marktwirtschaft förderte das rationale und logische Denken, was vor allem den Fortschritten auf dem Gebiet der griechischen Mathematik zugute kam, denen wir uns später zuwenden werden. Der Philosoph und Soziologe Georg Simmel bemerkte in seinem Werk *Philosophie des Geldes:* »Daß das Leben im wesentlichen auf den Intellekt gestellt ist und dieser als die praktisch wertvollste unter unseren psychischen Energien gilt – das pflegt... mit dem Durchdringen der Geldwirtschaft Hand in Hand zu gehen.« An späterer Stelle ergänzte er das mit dem Hinweis: »Darum hat auch erst die Geldwirtschaft die Herausbildung derjenigen Berufsklassen ermöglicht, deren Produktivität sich inhaltlich ganz jenseits jeder wirtschaftlichen Bewegung stellt – die der spezifisch geistigen Tätigkeiten, der Lehrer und Literaten, der Künstler und Ärzte, der Gelehrten und Regierungsbeamten.«[55] Das ist zwar übertrieben (denn Lehrer und Ärzte gab es bereits vor dem Geld), doch Simmel hat hier einen Punkt getroffen.

Geld förderte auch den internationalen Handel. Und der sollte mehr zur Verbreitung von neuen Ideen in alle Welt beitragen als alles andere. Seit Sardis tendierten alle urbanen Zentren dieser Erde dazu, nicht nur Marktplätze, sondern auch religiöse Zentren und Herrschaftssitze zu sein.

4
Städte des Wissens

Im Jahr 1927 begann der englische Archäologe Leonard Woolley mit Grabungen in Ur in Chaldäa (ein Synonym für Babylonien). Ur, laut der Bibel die Heimatstadt von Abraham, war bereits in den Jahren 1854 und 1855 entdeckt worden, doch erst die sensationellen Ausgrabungen von Woolley enthüllten, welche Bedeutung dieser Stadt in der Menschheitsgeschichte wirklich zukommt. Unter anderem entdeckte er die so genannte Mosaikstandarte von Ur: Holztafeln mit der Darstellung einer Streitwagenkompanie, was nicht nur bestätigte, dass die Sumerer (sie beherrschten ab ca. 3400 v. d. Z. den südlichsten Teil des heutigen Irak) das Rad bei ihren kriegerischen Aktivitäten eingesetzt, sondern womöglich sogar erfunden hatten. Woolley verdanken wir auch die Erkenntnis, dass Mitglieder der babylonischen Königsfamilie nicht alleine beerdigt wurden: In einer Grabkammer fand er die sterblichen Überreste von Wachsoldaten (bei ihren Gebeinen lagen Kupferhelme und Speere) neben denen des Königs und der Königin; in einer anderen wurden neun Hofdamen entdeckt, auf deren Schädeln noch der prächtige Kopfschmuck saß. Das war eine wahrlich grausige Praxis, aber uns kann sie eine Menge über die alten Glaubensweisen enthüllen. Was Woolleys Aufmerksamkeit nun aber besonders erregte, war die Tatsache, dass es *keinen einzigen Text* gibt, der auf die Praxis einer solchen Kollektivbeerdigung hinweist. Für ihn ließ das nur den einen Schluss zu, nämlich dass diese Bestattung in einer Zeit stattgefunden haben musste, in der es noch keine Schrift gab, mit der ein Ereignis dieser Größenordnung hätte festgehalten werden können.

Nach Meinung des Historikers Henry William F. Saggs war »keine Erfindung wichtiger für den menschlichen Fortschritt als die Schrift«. Sein Kollege Petr Charvát nannte Schrift »die Erfindung der Erfindungen«.[1] Hier haben wir nun also eine andere große Idee neben »der grandiosesten Idee aller Zeiten«, der Landwirtschaft. Doch noch wichtiger für die Fortschrittsgeschichte, noch grundlegender sogar als die Schrift, war die glückliche Fügung, dass die Sumerer gleich auch noch den Streitwagen entwickelten. Wenn man erst einmal beginnt, eine Liste all der »ersten Male« aufzustellen, die von diesem formidablen Volk vollbracht wurden, weiß man kaum mehr, wo man aufhören soll. Als der amerikanische Assyriologe Samuel Noah Kramer 1946 seine englische Übersetzung der sumerischen Tontafeln veröffentlichte, hatte er nicht weniger als siebenundzwanzig »historische Erstmaligkeiten« unter den Erfindungen und Errungenschaften dieser Vorfahren der heutigen Iraker identifiziert, darunter die ersten Schulen, den ersten Historiker, das erste Arzneibuch, die erste Uhr, den ersten Bogen, den ersten Rechtskodex, die erste Bibliothek, den ersten Bauernkalender und das erste Zweikammersystem. Die Sumerer legten erstmals Schatten spendende Gärten an, zeichneten erstmals Sprichwörter und Mythen auf, besaßen die erste Epik und sangen die ersten Liebeslieder. Der Grund für diesen bemerkenswerten Ausbruch von Kreativität ist nicht schwer herauszufinden: Eine Kultur in unserem heutigen Sinne konnte erst entstehen, als der Mensch in Städten zu leben begann. Städte boten ein Umfeld, das wesentlich konkurrenzbetonter und experimentierfreudiger war als alle bisherigen Siedlungsformen. Die Stadt ist die Wiege der Kultur, der Geburtsort fast aller Ideen, die wir so hoch schätzen.

*

Nach klassischer Definition muss eine Zivilisation mindestens drei der folgenden Kriterien erfüllen: die Existenz von Städten, einer Schrift, von Fachberufen, einer Monumentalarchitektur und einer Form von Kapitalbildung.[2] Das ist zwar keineswegs falsch, übergeht jedoch, was vor diesen Entwicklungen stattgefunden haben muss. Irgendwann im späten 4. Jahrtausend v. d. Z. begannen menschliche Ansiedlungen zu großen Städten zusammenzuwachsen. Und dieser Umbruch verwandelte die gesamte menschliche Erfahrungswelt, denn unter den neuen Bedingungen war von Männern und Frauen eine nie gekannte *Kooperationsbereitschaft* gefordert. Nur die enge Nachbarschaft, diese neue Art des Zusammenlebens von Angesicht zu Angesicht, erklärt, wieso neue Ideen so schnell um sich greifen konnten, vor allem Ideen, die zur Entwicklung der Hilfsmittel beitrugen, die für das Gelingen einer Koexistenz unter den gegebenen Bedingungen unerlässlich waren: Schrift, Gesetze, Bürokratie, Fachberufe, Erziehung und Ausbildung, Maße und Gewichte.

Laut einer 2004 veröffentlichten Forschungsarbeit waren Tel Brak und Tel Hamoukar im Norden Mesopotamiens, an der heutigen Grenze zwischen dem Irak und Syrien gelegen, die ersten wirklich städtischen Siedlungen gewesen. Beide gehen auf eine Zeit kurz vor dem Wechsel zum 4. Jahrtausend zurück; in beiden fanden sich reihenweise Ziegelöfen, auf denen Mahlzeiten in geradezu industriellem Ausmaß zubereitet wurden; in beiden wurden die zahlreich aufgefundenen Siegel benutzt, um Warenbestände aufzuzeichnen oder Türen zu »sichern«. Doch diese frühurbanen Orte waren noch relativ klein gewesen – Hamoukar zum Beispiel erstreckte sich über nur zwölf Hektar. Die ersten richtigen Städte entstanden um ca. 3400 v. d. Z. im südlicheren Mesopotamien. Zu ihnen zählten Eridu, Uruk, Ur, Umma, Lagasch und Schuruppak (in ungefähr dieser Reihenfolge). Am Ende des 3. Jahrtausends v. d. Z. lebten neunzig Prozent aller Südmesopotamier in urbanisierten Zonen.[3] Dabei handelte es sich tatsächlich bereits um sehr große Städte. Uruk zum Beispiel hatte fünfzigtausend Einwohner. Doch wieso haben sich solche Städte überhaupt entwickelt, und wie sah das Leben in ihnen aus? Für ihr Entstehen wurden schon die unterschiedlichsten Gründe angeführt, darunter als offensichtlichstes Motiv das Thema Sicherheit. Doch diese These lässt sich aus drei Gründen nicht aufrechterhalten: Erstens gab es große Städte im Altertum – namentlich in Westafrika (wie Mali) –, die es nie für nötig gehalten hatten, sich mit Schutzmauern zu umgeben; zweitens wurden Stadtmauern sogar im Nahen Osten, wo sie manchmal gewaltige Ausmaße annehmen konnten und bereits sehr durchdacht waren, erst lange *nach* der jeweiligen Ursiedlung errichtet. Ein Großteil von Uruk war zum Beispiel bereits um 3200 v. d. Z. erbaut worden, die Mauern wurden jedoch erst um ca. 2900 v. d. Z. errichtet (andererseits ist *Uru* die Bezeichnung für ein von Mauern umfriedetes Gebiet).[4] Doch es *gibt* eine Erklärung, die nicht nur sehr viel überzeugender ist, sondern auch von der Empirie gestützt wird.

Um die Mitte des 4. Jahrtausends v. d. Z. vollzog sich offenbar ein zwar geringfügiger, aber durchaus merklicher Klimawandel in Mesopotamien, der zu etwas kühleren und trockeneren Durchschnittswerten führte. Bis dahin hatte die Landwirtschaft zwischen Euphrat und Tigris schon Tausende von Jahren floriert; außerdem war diese Region dank ihrer beiden Ströme relativ sicher und das Bewässerungssystem dort bereits hoch entwickelt. Die »nachgewiesene Klimaveränderung um die Mitte des 4. vorchristlichen Jahrtausends scheint innerhalb von zweihundert bis dreihundert Jahren so große Teile des Landes vom Wasser befreit und die Überschwemmungen der Flüsse, denen das übrige Land wohl regelmäßig ausgesetzt war, so eingedämmt zu haben, daß relativ kurzfristig weite Teile Babyloniens, insbesondere der ganze Süden, zur Anlage von Dauersiedlungen einluden«. Grabungen haben nun bewiesen, dass sich Hand in Hand mit diesem Klimawandel auch relativ plötzlich die Siedlungsstrukturen veränderten: Wo es zuvor nur weit verstreute Einzelsiedlungen gegeben hatte, herrschte nun eine nie da gewesene Siedlungsdichte, und diese neuen geografischen Umstände scheinen die Entwicklung von *kommunalen* Bewässerungssystemen gefördert zu haben. Zwar waren sie zu diesem Zeitpunkt noch nicht sehr ausgeklügelt, doch der Ertrag von Gerste konnte damit schon deutlich erhöht werden (die im nicht kultivierten Zustand zweizeilige Gerste reagierte auf diesen Milieuwechsel mit einer erheblichen Vermehrung ihrer sechszeiligen Mutanten). Obendrein wurde den Menschen damit der Vorteil von Kooperationen vor

Augen geführt. Die spezifischen klimatischen Bedingungen in Mesopotamien garantierten ein ausreichendes Wasservorkommen (allerdings am falschen Ort), das Bewässerungssysteme und deshalb eine deutliche Steigerung des Ernteertrags ermöglichte. Diese Entwicklung war mit anderen Worten also relativ unproblematisch und logisch gewesen. Der entscheidende Punkt dabei ist, dass das Land durch den Rückgang des Wassers einerseits besiedelbar geworden war, andererseits noch über so viel Wasser verfügte, dass fast jede anbaufähige Fläche ohne große Probleme einen direkten Zugang zum Wasser hatte. »Dies zusammen mit dem äußerst fruchtbaren Boden Babyloniens muß wahrhaft paradiesische Zustände geschaffen haben mit mehrmaligen Ernten im Jahr und hohen Erträgen.«[5] Und weil das Schwemmland im Süden Mesopotamiens keinerlei Rohstoffe wie Nutzholz, Edelsteine, Mineralien oder Metalle bot, der Überschuss aus diesem »Paradies« aber gegen solche Waren eingetauscht werden konnte, entstand ein engmaschiges Netzwerk an Kontakten: Die Grundbedingungen für den Aufstieg von städtischen Fachkräften waren geschaffen. Dieser Faktor mag es wohl auch gewesen sein, von dem sich dann all die Bevölkerungsgruppen angezogen fühlten, die das Leben in den frühen Städten prägten und denen es zu verdanken war, dass sich die reinen Sippschaftsstrukturen aufzulösen begannen. Das war natürlich ein aufregender Fortschritt: Zum ersten Mal konnten sich Menschen mit Arbeiten befassen, die nicht unmittelbar mit der Nahrungsproduktion zu tun hatten. Andererseits schürte diese Entwicklung gewiss auch Ängste, denn nun mussten sich die Menschen bei lebenswichtigen Fragen auf Personen verlassen, die nicht ihrer Sippe angehörten. Vielleicht war dieser Grundangst auch das hohe Ausmaß an bis dato einzigartigen Maßnahmen und Projekten zu verdanken, die allesamt der Förderung des Gemeinschaftsgeistes dienten – nicht zuletzt die vielen Monumentalbauten, die ja nur durch eine ungemein intensive Zusammenarbeit zustande kommen konnten. Und aus genau diesem Grund könnte schließlich auch der religiöse Glaube in den Städten eine größere Bedeutung angenommen haben, als es unter den vorangegangenen gesellschaftlichen Bedingungen der Fall gewesen war.

Als erste Stadt überhaupt gilt Eridu, eine Siedlung, die rund hundertsechzig Kilometer vom Persischen Golf entfernt im Inland liegt und heute Abu Schahrein heißt. Ihre Lage war einzigartig, da sie sich praktisch auf einer Übergangszone zwischen Meer und Land inmitten eines Schwemm- und Sumpfgebiets befand. Denn das bedeutete, dass sie von drei unterschiedlichen ökologischen Nischen – Schwemmland, Wüste, Marsch – profitieren und ihren Lebensunterhalt aus drei verschiedenen Quellen beziehen konnte: Agrarwirtschaft, Wanderbeweidung und Fischerei. Doch für Eridu sprach auch eine religiöse Komponente. Die Stadt lag auf einem kleinen Hügel, umgeben von einer Senke, in der sich das Grundwasser sammelte. Die unmittelbare Umgebung war also immer sumpfig, zu Regenzeiten bildete sich sogar ein ziemlich großer See.[6] Damit hatte sie eine Gestalt, die sich exakt mit dem mesopotamischen Bild vom Kosmos deckte: die Erde als eine von weiten Wassern umgebene Scheibe. Und eben weil Eridu das genaue Spiegelbild dieser Anordnung war, wurde es zu einer heiligen Stätte, die, wie man Petr Charvát zufolge glaubte, der Quell aller Weisheit und der Sitz des Gottes des Wissens war. Hier »scheint die erste klar fassbare universelle Religion geboren worden zu sein«, ein Glaubenskult, der auch durch die Verwendung von drei spezifischen Farben bei der örtlichen Keramikproduktion zum Ausdruck gebracht wurde: Das irdische Dasein wurde durch Rot dargestellt, der Tod durch Schwarz und das ewige Leben (die Reinheit) durch Weiß.[7]

Üblicherweise bezeichnen Archäologen als »Dörfer« Ansiedlungen von dreißig oder weniger Hektar und als »Städte« Siedlungen ab einer Größe von einunddreißig Hektar. Uruk zum Beispiel zog sich zu Zeiten des Baus seiner Stadtmauern über fünfeinhalb Quadratkilometer hin, wobei die am weitesten voneinander entfernten Punkte in dieser fast sternförmig angelegten Stadt ungefähr zweieinhalb bis drei Kilometer auseinander lagen. Bei einer Bevölkerungsdichte von circa ein- bis zweihundert Bewohnern pro tausend Quadratmetern ergäbe das eine Gesamtzahl von 27 500 bis 55 000 Menschen. Das bebaute Gebiet von Ur umfasste hundert Morgen (rund einundvierzig Hektar) und wurde von vielleicht 24 000 Menschen bewohnt; das umliegende Gebiet von rund vier Quadratkilometern könnte jedoch »von bis zu einer halben Million Menschen bewohnt gewesen sein. …In Girsu, einem an Lagasch angrenzenden Ort, der offensichtlich Teil dieser Stadt gewesen war, sollen 36 000 Menschen gelebt haben, was einer Gesamtbevölkerung von 80 000 bis 100 000 Menschen entspräche.«[8] Athen umfasste um das Jahr 500 v. d. Z. mit seinen rund zweieinhalb Quadratkilometern nicht einmal die Hälfte des Stadtgebiets von Uruk; Jerusalem erstreckte sich zu Lebzeiten Christi über nur einen Quadratkilometer; und sogar Rom war zu Zeiten von Kaiser Hadrian nur doppelt so groß gewesen wie Uruk dreitausend Jahre früher. Wie schnell sich die Dinge in dieser Zeit gewandelt haben, lässt sich auch am Beispiel einer von Hans Nissen ausgewerteten Studie ermessen: Am Ende des 4. Jahrtausends waren ländliche Siedlungen den städtischen Zentren zahlenmäßig noch im Verhältnis vier zu eins überlegen gewesen; sechshundert Jahre später – also Mitte des 3. Jahrtausends – hatte sich dieses Verhältnis genau umgekehrt. Nun stand es neun zu eins zugunsten der größeren urbanen Zentren. Uruk war inzwischen zum Mittelpunkt eines Hinterlands geworden, das unter seinem direkten Einfluss stand und sich über etwa zwölf bis fünfzehn Kilometer um die Stadt erstreckte. An dieses Gebiet schlossen sich etwa zwei bis drei Kilometer an, die außerhalb jedes Einflussbereichs standen, bevor das Hinterland der nächsten Stadt, in diesem

Fall Umma, begann.⁹ In Mesopotamien gab es mindestens zwanzig Städte dieser Art.

Die Errungenschaften dieser Städte oder Stadtstaaten waren erstaunlich und sollten rund sechsundzwanzig Jahrhunderte lang Bestand haben, wobei bemerkenswert viele Innovationen gemacht wurden, die zur Grundlage unserer modernen Welt wurden: In Babylonien wurden Musik, Medizin und Mathematik entwickelt, die ersten Bibliotheken gegründet, die ersten Landkarten gezeichnet, und es entstanden die Wissensgebiete von Chemie, Botanik und Zoologie – zumindest soweit es uns bekannt ist. Doch letztlich kann Babylonien nur deshalb als die Heimat so vieler »ersten Male« bezeichnet werden, weil dort die *Schrift* erfunden wurde und wir daher Kenntnisse über dieses Land besitzen, die uns aus der vorangegangenen Geschichte nicht zur Verfügung stehen.

※

Auch die Erkenntnis, dass solche frühen urbanen Zentren für gewöhnlich in drei Bereiche gegliedert waren, verdanken wir modernen Grabungen: Es gab einen von Stadtmauern umringten inneren Kern, in dem sich die Tempel der Stadtgötter und der Palast des Herrschers/Verwalters/religiösen Oberhaupts neben einer Reihe von Privathäusern befanden. Die Vorstädte setzten sich aus weit kleineren Häusern zusammen, verbunden durch Gemeindegärten und Viehpferche, die die Versorgung der Bevölkerung mit den Erzeugnissen des täglichen Bedarfs deckten. Und schließlich gab es ein Handelszentrum. Obwohl solche Umschlagplätze, wo fremde wie ortsansässige Händler wohnten, »Häfen« genannt wurden, wurde hier der Handel auf dem Landweg abgewickelt. Viele Städtenamen hält man für die bildhaften Beschreibungen ihrer einstigen sichtbaren Erscheinungsformen.¹⁰

Ein Großteil des Alltags in diesen ersten Städten drehte sich um den Tempel. Die prominentesten Mitglieder der Gesellschaft waren immer Personen, die unmittelbar etwas mit dem Kult zu tun hatten. Die Tempelfundamente von Eridu und Uruk beweisen zum Beispiel, dass die Gemeinschaft bereits gut genug organisiert gewesen war, um Anlagen zu errichten, die chronologisch betrachtet die großartigsten Beispiele für Monumentalarchitekturen nach den Megalithen sind.¹¹ Im Lauf der Zeit wurden diese Terrassen in immer höherer Lage errichtet, bis sie sich schließlich zu mehrstöckigen Stufentürmen entwickelt hatten, gekrönt von Tempeln. Die Fachwelt kennt sie unter der Bezeichnung *Ziqqurati*, ein assyrischer Begriff, der wahrscheinlich seinerseits von dem akkadischen Wort *ziqquratu* für »Gipfel« oder »Bergspitze« abgeleitet worden war.¹² Diese architektonisch immer ausgefeilteren Bauten mussten natürlich erhalten werden, und auch das bedurfte eines höchst durchorganisierten Kults.

Die Tempel waren jedoch nicht nur von großer kultischer Bedeutung, sie spielten dank ihrer beeindruckenden Größe auch eine zentrale Rolle im Wirtschaftsleben der frühen Städte. Aufzeichnungen über den Tempel der Baba (auch »Bau« genannt), der Stadtgöttin von Lagasch, lassen das Bild einer Anlage erkennen, die kurz vor 2400 v. d. Z. fast zwei Quadratkilometer umfasst hatte. Das zugehörige Land wurde auf alle nur erdenkliche Weisen landwirtschaftlich genutzt und ernährte bis zu tausendzweihundert Menschen, die in den Diensten des Tempels standen. Neben Sklaven und Verwaltern waren im Tempelbezirk Fachkräfte wie Bäcker, Brauer, Scherer, Spinner oder Weber vertreten. Die »Bauern« waren keine wirklichen Sklaven, das heißt, ihre Beziehungen zum Tempel scheinen eher frühfeudalistisch gewesen zu sein.[13] Diesen Fachkräften gesellten sich noch Barbiere, Juweliere oder Metallfacharbeiter, Schneider und Tuchhändler, Wäscher, Ziegler, Landschaftsgärtner, Fährleute, »Liederverkäufer« und Künstler hinzu. Doch der aus unserer Sicht gewiss wichtigste Fachberuf war der des Schreibers.

※

Die Ursprünge der Schrift sind zurzeit noch ein heiß umstrittenes Thema, denn hier stehen drei Möglichkeiten zur Debatte. Viele Jahre lang nahm man an, dass es sich bei der mesopotamischen Keilschrift um die erste wirkliche Schrift gehandelt habe, doch das warf ein Problem auf: Die Keilschrift setzt sich aus mehr oder weniger abstrakten Zeichen zusammen; viele Experten glaubten jedoch, dass die erste echte Schrift noch sehr viel engere Bezüge zur Malerei (Piktografie) gehabt haben müsste – sich also aus Zeichen zusammengesetzt haben müsste, die teils aus der Abbildung von Gegenständen und teils aus Symbolen bestanden. An diesem Punkt mischte sich die Archäologin Denise Schmandt-Besserat mit ihrer Forschung in die Debatte ein.

Ende der sechziger Jahre des vergangenen Jahrhunderts stellte sie fest, dass man bei Grabungen im ganzen Mittleren Osten Tausende von »ziemlich banalen Tongegenständen« gefunden hatte, die von den meisten Archäologen für unbedeutend gehalten wurden. Sie hielt sie jedoch ganz und gar nicht für unwichtig und fragte sich vielmehr, ob sie nicht vielleicht ein altes System darstellten, dessen Bedeutung bisher nur übersehen worden war. Also begann sie die Sammlungen dieser so genannten »Tokens« (die Bezeichnung stammt von ihr) aus dem Mittleren Osten, Nordafrika, Europa und Amerika genauer zu betrachten.[14] Und dabei stellte sie dann erstens fest, dass es einige mit geometrischen Formen gab – Kugeln, Tetraeder, Zylinder – und andere »in der Form von Tieren, Schiffen, Werkzeugen und anderen Dingen«; zweitens wurde ihr bewusst, dass sie hier die ersten Lehmobjekte vor sich sah, die durch Feuer gehärtet worden waren. Was auch immer sie darstellten, so hatte man bei ihrer Herstellung jedenfalls große Sorgfalt walten lassen; und was immer sie waren, eines waren sie gewiss nicht, nämlich profan. Schließlich stieß sie auf einen Bericht über eine Hohltafel, die in Nuzi im nördlichen Irak gefunden und auf das 2. Jahrtausend v. d. Z. datiert worden war. Die keilförmig eingedrückten Zeichen darauf besagten: »Zählmarken im Gegenwert von Kleinvieh: 21 lammende Mutterschafe, 6 weibliche Lämmer, 8 ausgewachsene Schafböcke ...« und so weiter. Nachdem die Archäologen die Tafel geöffnet hatten, fanden sie darin neunundvierzig Zählmarken, was genau der Zahl der Tiere entsprach, die in der Inschrift aufgelistet waren.[15] Für Schmandt-Besserat erwiesen sich diese Hohltafeln nun als ein »Stein von Rosette«: Im Lauf der nächsten fünfzehn Jahre untersuchte sie über zehntausend Tokens und kam schließlich zu der Überzeugung, dass es sich dabei nur um das Ursystem der Buchhaltung handeln konnte und dass sich aus genau diesen Zählmarken die Schrift entwickelt haben musste. Wörter hätten demnach sozusagen als Zahlworte begonnen; und der Akt des Schreibens ist ja nichts anderes als eine Kommunikation zwischen räumlich und zeitlich voneinander entfernten Personen.

Die ersten Zählmarken aus den Jahren 8000–4300 v. d. Z. waren noch ziemlich einfach gewesen und hatten sich nicht sehr voneinander unterschieden. Zu den Fundstätten der ältesten Art gehört die Siedlung Tepe Asiab im Iran (ca. 7900–7700 v. d. Z.), deren Bewohner noch hauptsächlich vom Jagen und Sammeln gelebt hatten. Etwa um 4400 v. d. Z. tauchten erstmals komplexere Zählmarken auf, die offenbar von der Tempelverwaltung ausgegeben worden waren. Es gab verschiedene Typen für jeweils unterschiedliche Gegenstände. Der Kegeltyp stand vermutlich für ein Kornmaß, die Eiform für einen Ölkrug, der Zylinder für ein Haustier.[16] Das System setzte sich durch, weil es die Menschen nicht nur von der Notwendigkeit befreite, bestimmte Dinge im Kopf behalten zu müssen, sondern auch von dem Zwang, ein und dieselbe Sprache sprechen zu müssen. Das heißt, solche Zählmarken konnten im Handelsverkehr auch von Personen mit unterschiedlichen Muttersprachen verwendet werden. Allgemein gebräuchlich wurden sie, als sich die sozialen und ökonomischen Strukturen zu verändern begannen, denn angesichts von immer mehr Handelsaktivitäten zwischen den verschiedenen Siedlungen wären die Aufseher ansonsten ständig damit beschäftigt gewesen, genauestens zu protokollieren, wer was wann produziert hatte.

Die komplexeren Zählmarken scheinen in Susa (der Hauptstadt von Elam im Südiran) und Uruk eingeführt worden zu sein, und zwar nachdem es notwendig geworden war, über die in den Handwerksbetrieben der Stadt hergestellten Waren Buch zu führen. Die meisten Zählmarken wurden in öffentlichen Gebäuden und nicht in Privathäusern gefunden.[17] Außerdem ermöglichten Zählmarken auch eine wesentlich genauere Besteuerung und Aufzeichnung von Steuereinnahmen. Zusammengehalten wurden solche Tokens auf zwei Weisen: Entweder man durchbohrte sie und band sie zusammen, oder – was aus unserer Sicht von größerem Interesse ist – man bewahrte sie in Tonbehältnissen auf. Diesen »Umschlägen« wurden dann Zeichen eingeprägt, die den Inhalt und die am jeweiligen Handel beteiligten Personen anführten. Diese Abfolge wurde zwar jüngst von französischen Wissenschaftlern wieder in Frage gestellt, scheint aber doch nach wie vor die beste Erklärung für das Entstehen der Keilschrift zu sein. Natürlich machte dieses neue System die Zählmarken selbst schnell überflüssig, das heißt, ungefähr um 3500 bis 3100 v. d. Z. hatten Tonprägungen die alten Zählmarken abgelöst, und aus den tönernen Behältnissen wurden Tafeln: Der Weg war frei für die Entwicklung einer ausgereiften Keilschrift.

*

Auf mehreren Tafeln, Figurinen, Keramiken und Amuletten aus Südosteuropa, darunter vor allem dem heutigen Rumänien und Bulgarien, fand man Einkerbungen eines Systems aus mehr oder weniger geometrischen Linien, Wellen und Kringeln, die man der Vinca-Kultur zuordnete. Auf den Artefakten, die in Gräbern und offensichtlich einst heiligen Stätten aus der Periode um 4000 v. d. Z. gefunden wurden, entdeckte man eindeutige Piktogramme von Ziegen, Tierköpfen oder Kornähren. Die Schmuckplatte von Gradesnica, die 1969 im westbulgarischen Vratsa entdeckt wurde, ist mit einem datierten Alter von sechs- bis siebentausend Jahren sogar noch älter.[18] Als man nun die Zeichen der Vinca-Kultur je nach Art des Artefakts zu analysieren begann, also je nachdem, ob es sich zum Beispiel um ein Amulett oder um Tonware handelte, fand man heraus, dass es sich bei den Einkerbungen um durchgängig verwendete Symbole aus einem Korpus von zweihundertzehn Zeichen handelte, der sich in fünf Kerngruppen einteilen lässt: gerade Linien, Kreuze, Zickzacklinien, Punkte und Kurven. Doch nirgendwo waren diese Zeichen zu Texten verbunden worden. Es scheint sich also um rein symbolische Darstellungen gehandelt zu haben, die zweifellos eher eine religiöse als eine ökonomische Bedeutung hatten. Fest steht, dass sie eine Art Protoschrift darstellen.

Einige Forscher gehen davon aus, dass die Nutzer dieser »alteuropäischen Schriften« (um hier Marija Gimbutas' Bezeichnung zu verwenden) schließlich von einfallenden Indoeuropäern aus ihren Heimatländern vertrieben wurden. Harald Haarmann von der Universität Helsinki gehört zu der Gruppe von Frühgeschichtlern, die vermuten, dass diese Alteuropäer unter anderem auch nach Kreta abgewandert sein könnten – wo Sir Arthur Evans und seine Kollegen zu Beginn des 20. Jahrhunderts Knossos und viele andere Nachweise für die große Kultur der Minoer entdeckten, in der der Stier und die Schlange von großer religiöser Bedeutung gewesen waren. Die Minoer hatten zwei Schriften erfunden, die wir unter der Bezeichnung »Linear A« und »Linear B« kennen. Die Einführung des Begriffes »Linear« war ursprünglich Marija Gimbutas' Idee gewesen, um die primär linearen Eigenschaften (im Gegensatz zu piktografischen) der Vinca-Zeichen hervorzuheben. Die Linear B wurde bekanntlich in den fünfziger Jahren des 20. Jahrhunderts von dem englischen Amateur Michael Ventris entziffert und als eine griechische Form identifiziert. Die Linear A konnte bis heute nicht entschlüsselt werden, was Haarmanns Meinung nach schlicht und einfach daran liegt, dass diese Schrift gar keine indoeuropäische, sondern vielmehr eine »alteuropäische« ist. Er begründet das mit seiner Entdeckung, dass fünfzig Zeichen der Linear A mit alteuropäischen Zeichen übereinstimmen (siehe Abb. 3).

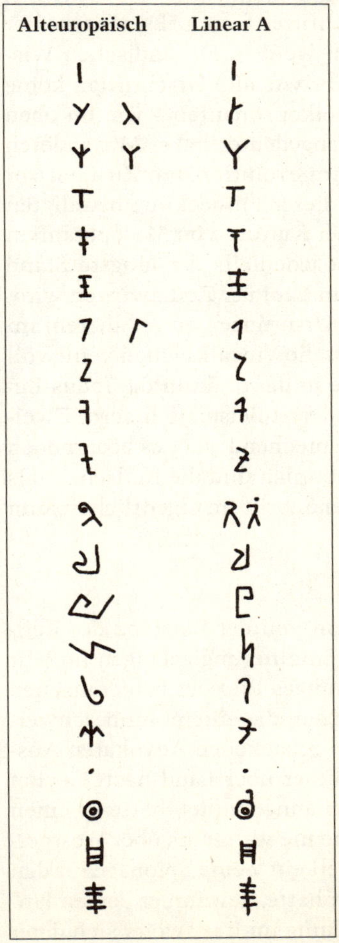

Abb. 3: Zeichen, die der alteuropäischen Schrift und der Linear A gemein sind[19]

Der jüngste Kandidat für die älteste Schrift führt uns jedoch nach Indien. Traditionell ging man davon aus, dass die älteste bedeutende Zivilisation dort die Indus-Kultur gewesen sei, deren Hauptstädte Harappa und Mohenjo-Daro auf die Jahre 2300–1750 v. d. Z. zurückgehen. Im Mai 1999 wurde nun aber der Fund einer Tafel aus Harappa bekannt, die fünftausendfünfhundert Jahre alt und mit einer Inschrift versehen ist. Bereits einen Monat nach ihrer Entdeckung wurde sie entziffert. Sie besteht aus einem doppelten »M«, einem »Y«, einer Raute mit einem Punkt in der Mitte, einer zweiten Raute, die etwas deformiert wirkt, und einem »V«, was den Forschern Jha und Rajaram zufolge bedeutet: »Es bewässert das heilige Land.« Die »präharappische« Sprache, um die es sich hier handelt, ist ihnen zufolge noch wesentlich urtümlicher als die Sprachen, mit denen andere entdeckte Indus-Siegel beschriftet waren. Es sollten vier weitere Tafeln aus dieser Region gefunden werden. Die indischen Wissenschaftler glauben nun, dass diese Schrift, wie alle Urschriften, keine Vokale ausgeschrieben, sondern mit Doppelkonsonanten – wie im oben genannten Fall des doppelten »M« – nur angedeutet habe. Mit anderen Worten: Wir sehen hier eine erste Schrift im evolutionären Zustand vor uns. Und diesen Nachweis halten die an dieser Entdeckung beteiligten Forscher für ausreichend, um die »Wiege der Kultur« von Mesopotamien in die Indus-Region zu verlegen.[20] Das ist jedenfalls der jüngste Stand der Forschung. Gut möglich, dass sie uns im Lauf der Zeit zwingen wird, unsere Vorstellungen von den kulturellen Ursprüngen zu revidieren; im Moment lässt sich allerdings nur sagen, dass die Vinca-Zeichen keine voll entwickelte Schrift darstellen und dass die in der und um die Indus-Region entdeckten Fundstücke nur eine Hand voll Beispiele liefern. Zweifellos sind sie faszinierend, ja sogar vielversprechend, aber es bedarf doch weiterer Entdeckungen, bevor wir Mesopotamien und die Keilschrift als die frühesten Beispiele von Kultur und einer Schrift im eigentlichen Sinn des Wortes abschreiben können.

*

Schon im späten 17. Jahrhundert hatte man von der Existenz der Keilschrift gewusst. Erste Teilerfolge bei ihrer Entzifferung gelangen im Jahr 1802, die nächsten 1848, doch ein vollständiges Bild der babylonischen Kultur ergab sich erst nach den Entdeckungen, die einem »unbeschwerten jungen Engländer« gelangen: dem frisch gebackenen Advokaten Austin Henry Layard. Während einer Reise, die er über Land nach Ceylon unternahm (wie Sri Lanka damals noch genannt wurde), hatte er einen Stopp im Nahen Osten eingelegt – und sollte nie weiter als über Westpersien hinauskommen. »Nachdem er inoffiziell ein wenig Spionage für den britischen Botschafter in Istanbul betrieben hatte, gewann er dessen Unterstützung für eine zeitlich begrenzte Grabung im Irak, wo er sich dann einen großen Hügel aussuchte, der Nimrud hieß und zwanzig Meilen südlich von Mosul lag.« Layard war zwar kein ausgebildeter Archäologe – das war damals kaum jemand –, dafür war ihm das Glück hold: Er stieß auf mehrere riesige Steinplatten und fast viereinhalb Meter hohe Stierfiguren aus Kalksandstein, die derart faszinierend waren, dass sein Grabungsbericht prompt zu einem Bestseller wurde. Außerdem fand er viele offenbar keilförmige Steininschriften. Nachdem man die Fundstätte auf 3500 bis 3000 v. d. Z. datiert hatte, wusste man, dass man hier die älteste bekannte Schrift vor Augen hatte. Welche Bedeutung die Sumerer wirklich hatten, sollte allerdings erst im 20. Jahrhundert voll und ganz erkannt werden. Doch dann folgte schnell eine Erkenntnis der nächsten.[21]

Nach allem, was wir heute wissen, hatte es in Mesopotamien mehrere »Protoschriften« vor der Entwicklung einer eigentlichen Schrift gegeben. Erhalten sind sie uns durch steinerne Rollsiegel, die sozusagen eine wendigere und dauerhaftere Variante der von Schmandt-Besserat erforschten tönernen »Umschläge« oder Hohltafeln sind. Es handelt sich um »längs durchbohrte Steinzylinder, in deren Mantelflächen Muster im Negativ eingegraben sind, die beim Abrollen des Zylinders auf plastischem Material ein erhabenes Relief hinterlassen.« Sie wurden für alles Mögliche verwendet, auch als Eindrücke auf den Lehmklumpen, mit denen man die Knoten der Verschnürung von Bündeln oder die Seilverschlüsse von Türen sicherte. In jedem Fall ging es darum, mit einer unverwechselbaren Siegelprägung eine bestimmte Person als Eigner kenntlich zu machen. Und wie die tönernen Hohltafeln, so dienten auch diese Rollsiegel als wirtschaftliche Kontrollinstrumente, die garantieren sollten, dass ein bestimmter Prozess beaufsichtigt worden war oder dass eine Transaktion unter Aufsicht stattgefunden hatte. Im Lauf dieser Praxis entwickelten die Sumerer eine immer phantasievollere Bandbreite an Siegelbildern, die eindeutige Zuordnungen zum Siegelinhaber zuließen. Da gab es Szenen von »Tempelanbetung, Bootsprozessionen, Gefangene vor einem Herrscher, Fütterung von Tieren« und so fort.[22] Das Ganze war praktisch nichts anderes als eine piktografische Unterschrift. Im Lauf der Zeit entwickelte sich neben den feinen, handgearbeiteten figürlichen Siegeldarstellungen eine gröbere Art, die en masse mit Bohrer und Schleifrad hergestellt wurde, was eindeutig beweist, dass mit dem Handel auch der Bedarf an Identifizierungssiegeln gestiegen war.

So viel zur Protoschrift. Die Keilschrift entwickelte sich aus dem archaischen Bildschriftsystem von Uruk, das viele Zeichen von den älteren Zählmarken übernommen hatte, beispielsweise das Zeichen für Schaf oder die Wellenlinie für Wasser. Die Geburtsstunde der eigentlichen Schrift lässt sich deutlich mit Schalen aus Uruk verknüpfen, die einen typischen, schräg nach außen verlaufenden Rand haben und deren Verwendungszweck uns von den Schreibern selbst enthüllt wurde. Es handelt sich um billige, grob gefertigte und poröse Gefäße. Sie konnten also nicht zur Aufbewahrung von Wasser benutzt worden sein. Trotzdem wurden sie an einigen Fundstätten in solcher Menge ausgegraben, dass sie am Ende drei Viertel der gesamten aufgefundenen Tonware ausmachten. Doch gerade weil sie so porös sind, sich ergo nur für feste Stoffe eigneten, und weil sie obendrein alle eine einheitliche Größe haben, kam man schließlich auf ihren Verwendungszweck: Entschlüsselten Texten zufolge wurden die Arbeiter von Uruk – oder zumindest die, die an den großen Tempelbauten beteiligt waren – mit Naturalien, das heißt mit einer täglichen Essensration, entlohnt. Und da der Hauptanteil dieser Rationen aus Getreide bestanden haben muss, liegt der Schluss nahe, dass diese Schalen das »Standardmaß« für den Arbeiterlohn waren.[24] Abbildung 4 zeigt das älteste Zeichen für »essen«.

Man erkennt deutlich einen Kopf im Profil mit geöffnetem Mund, davor eine Schale im Uruk-Stil. Mit anderen Worten: Dies war ein Bildzeichen. Auch viele andere Wörter begannen als Piktogramme (vgl. Abb. 5).

Das war erst der Anfang. Aus demselben Grund, aus dem Rollsiegel nun immer einfacher gestaltet wurden, damit man sie en masse produzieren konnte, um mit dem geschäftigen Treiben Schritt zu halten, setzte auch die Evolution der Schrift ein. Und da man Zeichen in feuchten Lehm ein-

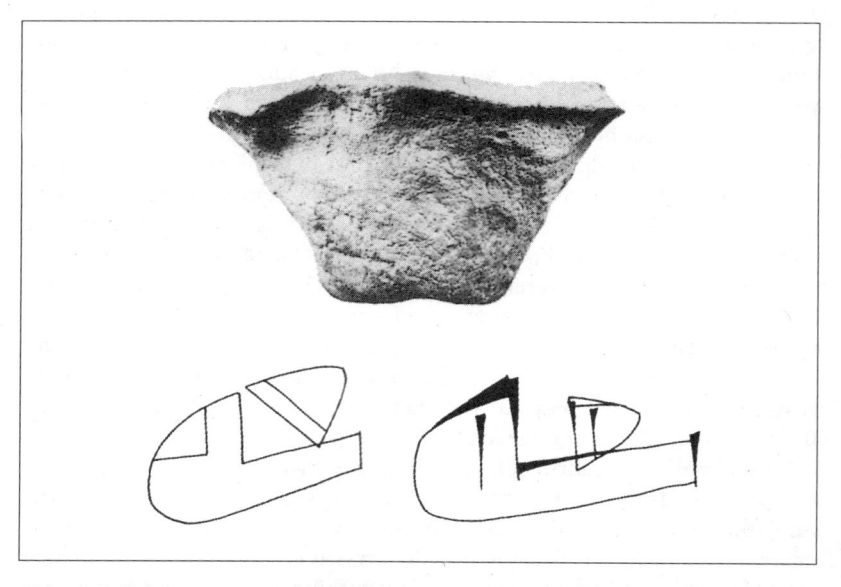

Abb. 4: Schale mit einem abgeflachten, schräg verlaufenden Rand, darunter das älteste entdeckte Zeichen für »essen« (links) und das Zeichen mit derselben Bedeutung aus der frühen Keilschrift (rechts)[23]

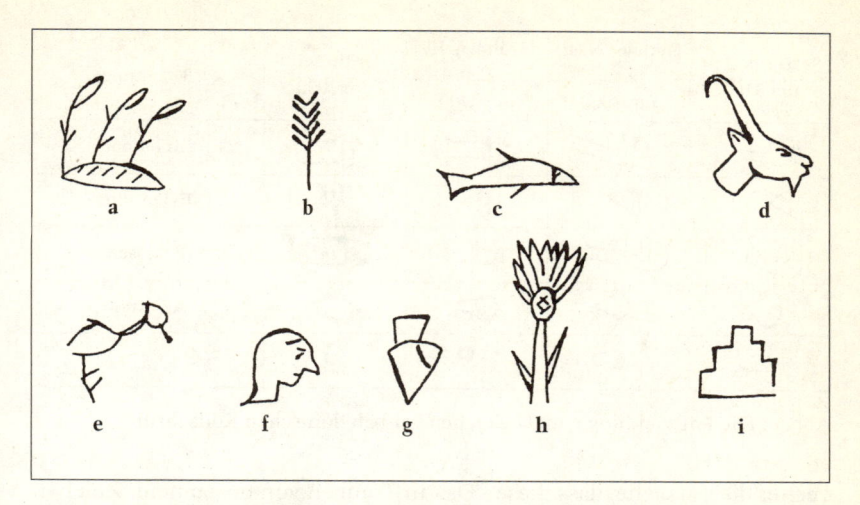

Abb. 5: Frühe Piktogramme: (a) Schilfrohr, (b) Kornähre, (c) Fisch, (d) Ziegenkopf, (e) Vogel, (f) Menschenkopf, (g) Gefäß, (h) Palme, (i) Ziqqurat [25]

zukerben pflegte, gelangen in der Eile vor dem Austrocknen kaum klare und deutliche Konturen – ein Problem, das die Ägypter nicht hatten, da sie einen ebenen und trockenen Untergrund verwendeten; deshalb blieben sie auch bei den Hieroglyphen. So wurden die Eindrücke (Wörter) immer abstrakter, immer reduzierter und neigten sich schließlich allesamt auf einer Linie in ein und dieselbe Richtung – alles Entwicklungen, die ein höheres Schreibtempo ermöglichten. Die Tabelle auf S. 150 (Abb. 6) zeigt, wie sich Wörter im Lauf von ungefähr einem Jahrtausend veränderten, von den Anfängen in Uruk bis zur Blütezeit von Ur, also zwischen ca. 3800–3200 und ca. 2800–2100 v. d. Z. Wir wissen noch immer nicht, weshalb die Bildzeichen um neunzig Grad gedreht wurden, denn mit Sicherheit wurden sie dadurch schlechter lesbar; aber genau dieser Umstand könnte dann zu einem vereinfachten Schreibstil angeregt haben. Und da kreisförmige oder bogenförmige Linien immer schwieriger in feuchten Lehm einzuritzen waren als gerade, entstand das typische Schriftbild aus einfachen Linien, die mit Keilen in den Ton gedrückt werden konnten. Das Repertoire an Zeichen wurde bis zum ersten Drittel des 3. Jahrtausends reduziert und homogenisiert.

In dieser frühen Phase waren die Verwendungsmöglichkeiten der Schrift noch begrenzt gewesen. Ihre Grundlage war der Handel, deshalb bestand sie auch noch aus ebenso vielen Zahlwörtern wie Wörtern. Ein Zeichen zum Beispiel hatte die Form eines »D« mit einer tief eingekerbten Kantengerade und einem wesentlich oberflächiger eingeprägten Halbrund. Das Geheimnis, dass es sich dabei in Wirklichkeit um eine Zahl handelt,

Späturuk-Zeit um 3100	Gerndet-Nasr-Zeit um 3000	Frühdyn. III Zeit um 2400	Ur III-Zeit um 2000	Bedeutung
				SAG ›Kopf‹
				NINDA ›Brot‹
				KU ›essen‹
				AB ›Kuh‹
				›1‹

Abb. 6: Die Entwicklung einiger Zeichen der babylonischen Keilschrift[26]

verriet die Tatsache, dass diese »Ds« in Trauben von bis zu neun Zeichen vorkamen: Wir sehen hier das Werden eines Dezimalsystems. Manchmal befindet sich eine kreisförmige Lochung dabei, die durch das Einpressen eines zylindrischen Schilfrohrs entstand: »Es gibt Grund zu der Annahme, dass diese ›Rundlöcher‹ Zehnen darstellen.« Auf den frühen Tafeln befanden sich die Listen von Gegenständen oder Waren üblicherweise auf der einen, die Beträge ihres Gesamtwerts auf der anderen Seite – und das sollte sich als ausgesprochen hilfreich bei der Entzifferung erweisen.

Ein Zeichensystem war schon eine große Sache, aber, wie wir an Beispielen aus anderen Regionen gesehen haben, solche Systeme liefen noch nicht wirklich auf eine Schrift in unserem Sinne hinaus. Dazu bedurfte es erst noch zwei, drei weiterer Entwicklungen: Personennamen, Grammatik, Alphabet.

Die durchaus problematische Identifizierung einer Person mittels einer Schrift wurde im selben Moment notwendig, als die ökonomische Organisation über den erweiterten Familienkreis – in dem noch jeder jeden kannte und jeder Besitz Gemeinschaftseigentum war – hinauszugehen begann. Bei manchen Namen war es einfach, sagen wir mal, wenn jemand »Löwenherz« hieß.[27] Doch wie sollte man einen so abstrakten Namen wie »Den die Götter lieben« wiedergeben? Man erfand einfach entsprechende Piktogramme, etwa so wie wir es tun, wenn wir »Liebe« durch die Form eines Herzens ♥ darstellen. Auf diese Weise konnten mehrere Bedeutungen aneinander gehängt werden oder sich überlappen. Das Zeichen für Sonne ☉ zum Beispiel konnte ebenso für »Tag« wie für »strahlend« oder »weiß« stehen, ein Stern ✱ bedeutete je nach Kontext »Gott« oder »Himmel«.

Das »Dogma von den Namen« war für die Babylonier von großer Bedeutung, da ihre Denkweise ja fast vollständig von Analogien beherrscht wurde und sie nicht – wie wir – induzierend und deduzierend schlussfolgerten. Sowohl bei den Babyloniern als auch bei den Ägyptern drückte der Name eines Menschen oder Gegenstands gleichsam dessen »Wesenszüge« aus: Ein »guter Name« stand für eine gute Person »mit einem guten Schicksal«, deshalb wurden nicht nur Personen, sondern zum Beispiel auch Kanäle, Straßen, Stadtmauern oder Stadttore (»Bel hat es erbaut, Bel ist günstig gewesen«) nach Göttern benannt. Obendrein wurden Eigennamen auch noch in einem ganz bestimmten Tonfall ausgesprochen – besonders wichtig war die »richtige Stimme« bei der Anrufung eines Gottes, wie es ja gewissermaßen noch heute beim Aufsagen von Gebeten der Fall ist.[28]

Zu Beginn gab es keine Grammatik. Wörter – Substantive im Wesentlichen, aber auch einige Verben – konnten auf beliebige Weise nebeneinander gestellt werden, unter anderem weil die Schrift oder Protoschrift von Uruk nicht unserem heutigen Verständnis entsprechend »gelesen« wurde, sondern ein künstliches Speichersystem für Informationen war, das alle Menschen, auch Personen mit unterschiedlichen Muttersprachen, verstehen sollten.

Der uns vertraute Akt des Lesens und Schreibens scheint sich erstens in Schuruppak im südlichen Mesopotamien und zweitens in sumerischer Sprache entwickelt zu haben. Niemand weiß, wer die Sumerer waren oder woher sie kamen, aber es ist denkbar, dass sie ihre Schriften in einer nur Gebildeten zugänglichen »Amtssprache« verfassten, ähnlich, wie es beim Sanskrit und Latein tausende Jahre später der Fall sein sollte.[29] Der nächste Schritt bei der Schriftentwicklung war, einen bestimmten Laut, der mit einem bestimmten Objekt in Verbindung gebracht werden konnte, so zu generalisieren, dass er mit einem vergleichbaren Laut aus anderen Wörtern oder in anderen Kontexten übereinstimmte. Ein frei erdachtes Beispiel für die englische Sprache wäre zum Beispiel das Bild eines gestreiften Insekts, das man mit der Lautfolge »bee« verknüpft und anschließend so angleicht, dass die erste Silbe eines Wortes wie »*be-lieve*« exakt identisch klingt. So geschehen beispielsweise beim sumerischen Wort für Wasser, »*a*«, dessen Zeichen aus zwei parallelen Wellenlinien besteht. Nur durch den jeweiligen Kontext wurde deutlich, ob »a« als Wasser verstanden werden sollte oder ob der Laut als solcher gemeint war. Parallel dazu wurden die Zeichen zuerst um neunzig Grad gedreht, um sie leichter und schneller schreiben zu können, und allmählich immer abstrakter. Die neue Schreibweise verbreitete sich schnell von Schuruppak aus in die anderen Städte Südmesopotamiens. Zwar war der Handel noch immer der eigentliche Verwendungszweck für die Schrift, doch inzwischen wurde sie auch bereits zu religiösen, politischen und historisch-mythologischen Zwecken eingesetzt – und damit begann nun die Geschichte der imaginativen Literatur.

Dieser Übergang geschah natürlich nicht über Nacht. In den ersten Schreiberschulen finden wir lexikalische Listen (Wörterlisten) und Listen von Sinnsprüchen. Vermutlich wurde auf genau diese Weise das Schreiben gelehrt. Mit Hilfe von allgemein bekannten Sinnsprüchen, Beschwörungsformeln und vielleicht auch Zaubersprüchen wurden abstrakte Zeichen für syntaktische und grammatikalische Elemente eingeführt (Sinnsprüche hatten eine einfachere und allen vertraute Form). Auf diese Weise verwandelte sich die Schrift von einem rein symbolischen, informationserfassenden System in eine *Darstellung der Rede*.

Obgleich in Schuruppak bereits die ersten Texte mit grammatikalischen Elementen verfasst worden waren, war die Anordnung der Wörter immer noch beliebig. Der Durchbruch zu einer Schrift, bei der »Worte und grammatikalische Elemente gemäß der Sprachfolge« geschrieben wurden, scheint in der Zeit stattgefunden zu haben, als Eannatum König von Lagasch gewesen war (ca. 2500 v. d. Z.). Erst damit konnte man alle Aspekte der gesprochenen Sprache in eine geschriebene Form übertragen. Das Erlernen dieser Schreibweise war jedoch so mühsam, dass man sich der Hilfe von enzyklopädischen und diversen anderen Listen bediente. Dass die Menschen die Namen beispielsweise von Vögeln oder Fischen kannten, ist in der Bibel und anderen alten Texten nachzulesen, und das bedeutet zugleich, dass sie zumindest in diesem Umfang bereits zu lesen in der Lage gewesen sein mussten. Doch nun wurden erstmals auch Königslisten erstellt, was einen weiteren Vorteil mit sich brachte, da es sich hier nicht mehr nur um reine Bestandslisten handelte, sondern um Kommentare über einzelne Herrscher und um Einschätzungen ihrer Persönlichkeiten, kriegerischen Leistungen und der von ihnen eingeführten Gesetze. Zum ersten Mal wurde Geschichte aufgezeichnet. Daneben gab es die Bestandslisten, zum Beispiel von allen Bezeichnungen für die Dattelpalme: Hunderte von Einträgen, die nicht nur die vielen einzelnen Bestandteile der Palme selbst von oben bis unten namentlich festhielten, sondern auch alle Wörter, die es für ihre unterschiedlichen Fäulnis- und Verfallsstadien oder für die diversen Verwendungszwecke ihres Holzes gab. Auf diese Weise wurde das herrschende Wissen erstmals in eine Ordnung gebracht und aufgezeichnet. Aus Schuruppak gibt es solche Wortlisten unter anderem über Rinder, Fische, Vögel, Behältnisse, Stoffe, Metallgegenstände, Berufe und Handwerke.[30] Daneben gab es Listen von Göttern – bei den Götternamen dominierten noch die weiblichen – und von allen mathematischen oder ökonomischen Begriffen.

Diese Verzeichnisse ermöglichten nun ganz neue geistige Aktivitäten, denn sie ermunterten ja zu Vergleichen und deshalb auch zu Kritik. Und da die Begriffe in solchen Bestandslisten all der Zusammenhänge enthoben waren, die ihnen in der gesprochenen Sprache einen Sinn verliehen, verwandelten sie sich gewissermaßen zugleich in Abstraktionen. Deshalb konnten sie nun auch auf nie gekannte Weise klassifiziert und sortiert werden oder Anlass zu Fragen geben, die in einer rein mündlichen Kultur nie gestellt wurden. Beispielsweise animierten erst die Wörterlisten von Himmelsbeobachtungen dazu, die komplexen Bewegungsmuster von Himmelskörpern erkennen und benennen zu wollen, womit der mathematischen Astronomie und Astrologie der Weg bereitet war.[31]

In den Texten werden wiederholt Städte erwähnt, die mit Schuruppak in Kontakt standen, darunter Lagasch, Nippur, Umma und Uruk. Und die allererste Idee, die wir – abgesehen von den kommerziellen Tafeln und den Eigennamen – aus den frühesten Schriften entziffern können, ist die Vorstellung von einem Konflikt zwischen »König« und »Priestertum«. Früher war die Geschichtsforschung davon ausgegangen, dass alle Bewohner und der gesamte Landbesitz einer Stadt dem obersten Stadtgott »als Eigentum gehörten« und der Hohepriester oder die Hohepriesterin sie nur im Namen dieses Gottes verwalteten. Doch diese Sicht ist heute nicht mehr haltbar. Fragen des Landbesitzes waren sehr viel komplizierter. Anfänglich waren der Hohepriester oder die Hohepriesterin – *en* oder *ensi* genannt – die mächtigsten Persönlichkeiten weit und breit gewesen. Neben ihm oder ihr gab es aber noch den *lugal*, wörtlich »großer Mann«, der als Kommandeur über den Schutzwall praktisch der militärische Oberbefehlshaber der Stadt war und die Bürger in Streitfällen mit fremden Mächten anführte. Da braucht es nicht viel Phantasie, um sich das Konfliktpotenzial zwischen diesen beiden Machthabern vorzustellen. Inzwischen neigt man dazu, mesopotamische Städte weniger als religiöse denn als körperschaftliche Gebilde zu betrachten, als Stadtgemeinden also, in denen alle Menschen gleich behandelt wurden und deren Hauptmerkmale wirtschaftlicher Art waren: Güter und landwirtschaftliche Erzeugnisse befanden sich in kommunaler Hand und wurden nicht nur unter den Bürgern umverteilt, sondern auch mit Fremden gegen Waren und Güter getauscht, an denen es der Stadt mangelte. Ableiten lässt sich das aus der Beschriftung von Siegeln, von Hinweisen auf »Rationen«, von der Tatsache, dass zumindest anfänglich ein jeder Mensch auf die gleiche Art bestattet wurde, und vom Fund der Schlösser, die zur Sicherung von Lagerhäusern verwendet wurden. Zuerst war dieses System vom *en* verwaltet worden, aber das sollte sich ändern.[32]

*

Ein anderer entscheidender Aspekt bei der Entwicklung einer Schrift war neben dem Erstellen von Listen der Wechsel von einem piktografischen System zu einer Silbenform und schließlich zu einem vollständigen Alphabet. Ihren Anfang hatte die Schrift in den geschäftigen Handelsstädten der Sumerer genommen, einfach weil man sie dort am meisten brauchte;

das Alphabet wurde aus einer anderen Notwendigkeit heraus entwickelt, diesmal allerdings nicht in Mesopotamien, sondern weiter westlich, dort, wo semitische Sprachen gesprochen wurden, die sich besonders gut dafür eigneten. Ein piktografisches System ist immer begrenzt, da man sich letztlich Hunderte, wenn nicht Tausende von »Wörtern« merken muss, wie es die Chinesen bis heute tun. Beim syllabischen System, wo jeweils ein »Wort« mit einer Silbe übereinstimmt, braucht man sich hingegen nur achtzig bis hundert Einheiten zu merken. Und am besten ist natürlich, man hat ein Alphabet.

Hebräisch und Arabisch sind heute die bekanntesten semitischen Sprachen, doch im 2. Jahrtausend v. d. Z. herrschte Kanaanäisch vor, von dem sowohl das Phönizische als auch das Hebräische abstammen. Was die semitischen Sprachen so geeignet für die Alphabetisierung machte, war die Tatsache, dass fast alle Substantive und Verben aus drei Konsonanten zusammengesetzt waren, verbunden durch gesprochene Vokale, die zwar je nach Kontext variierten, sich im Allgemeinen jedoch wie selbstverständlich ergaben. Professor Saggs führt dafür beispielhaft die englischen Äquivalente »*th wmn ws cryng*« (»die Frau weinte«) und »*th wmn wr cryng*« (»die Frauen weinten«) an. Es wird wohl kaum ein der englischen Sprache mächtiger Leser Schwierigkeiten haben, diese beiden vokallosen Sätze zu entziffern.[33]

Das bisher älteste Alphabet wurde bei Ausgrabungen in Ras Schamra (»Fenchel-Kap«) nahe der einstigen Stadt Alexandretta (heute Iskenderun) in der nordöstlichsten Ecke des Mittelmeers zwischen Syrien und Kleinasien entdeckt. Auf einem Hügel über dem kleinen Hafen liegen die 1929 ausgegrabenen Ruinen jener Stadt, welche man einst Ugarit nannte. Zwischen zwei Tempeln, der eine Baal und der andere Dagon gewidmet, entdeckte man eine Tontafelbibliothek, die offenbar dem Hohepriester gehört hatte und hauptsächlich mit Tafeln bestückt war, die mit einer Art Keilschrift aus insgesamt nur neunundzwanzig Zeichen beschrieben waren. Ergo handelte es sich um ein Alphabet. Die an der Grabung beteiligten Forscher vermuteten sofort eine Verwandtschaft dieser Sprache mit dem Kanaanäischen, Phönizischen und Hebräischen. Sie sollten Recht behalten. Die Schrift wurde unglaublich schnell entziffert. Viele Ereignisse, die auf diesen Tafeln geschildert wurden, nahmen Geschichten aus der Hebräischen Bibel vorweg (zu diesem Thema kommen wir später); und es scheint sich tatsächlich um ein eigenständig entwickeltes System zu handeln, jedenfalls kennen wir keinen Vorgänger. Die folgende Tabelle (Abb. 7) zeigt fünf Gruppen von zunehmend komplexeren Mustern, die eine bestimmte Buchstabenordnung nahe legen.

Dieses erste Alphabet aus Ugarit wurde jedoch nur im Norden Syriens und in einigen wenigen Orten Palästinas verwendet. Nach dem 12. Jahrhundert v. d. Z. verschwand es: Die Zukunft gehörte den Abkömmlingen

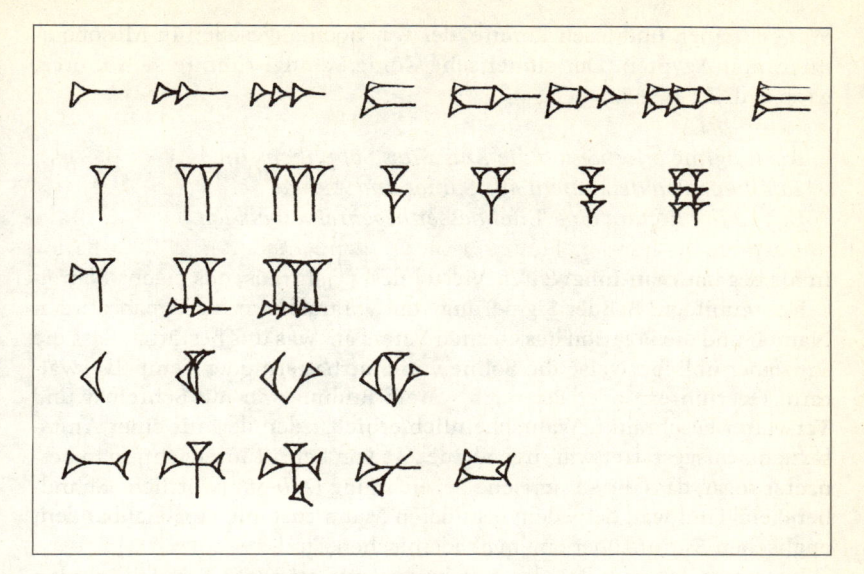

Abb. 7: Zeichen aus dem Alphabet von Ugarit[33]

der protokanaanäischen Sprache. Es dauerte seine Zeit, bis sich dieses Alphabet stabilisiert hatte und die Buchstaben nicht mehr rechts- oder linkslastig waren und bis die Schreibrichtung nicht mehr nach dem Bustrophedon-Prinzip verlief. (»Bustrophedon« – »achsenwendig« oder »furchenwendig« – bedeutet, dass die Zeilen den Linien des Pfluges folgen: Verläuft die erste Zeile von rechts nach links, dann schreibt man die nächste von links nach rechts, die dritte wiederum von rechts nach links und immer so fort.) Kurz vor 1000 v. d. Z. hatte sich das Protokanaanäische schließlich zu dem Alphabet stabilisiert, das man allgemein als das phönizische bezeichnet. Die frühesten Inschriften dieser Art finden sich in Byblos – heute Jbeil – im Libanon, nördlich von Beirut, viele davon auf bronzenen Pfeilspitzen als Hinweise auf deren Eigner. Inzwischen war die Anzahl der Buchstaben auf zweiundzwanzig reduziert, und alle Zeichen waren linear angeordnet – keine Spur mehr von einer Bilderschrift. Auch die Schreibrichtung hatte sich stabilisiert, sie verlief nun einheitlich horizontal von rechts nach links. Nach gängiger Meinung floss das phönizische Alphabet später in das klassische griechische ein.

*

Wer schreiben und lesen konnte, der war hoch angesehen in Mesopotamien und Ägypten. Der sumerische König Schulgi rühmte sich um ca. 2100 v. d. Z.:

Als Jüngling erlernte ich die Kunst des Schreibens im Tafelhaus von den Tafeln aus Sumer und Akkad. Kein Edler konnte eine Tafel besser beschreiben als ich.

In Ur begann man im zweiten Viertel des 3. Jahrtausends eigens Schreiber auszubilden. Bei der Signierung von Dokumenten fügte man oft den Namen und die Position des eigenen Vaters an, was uns bestätigt, dass die Schreiber üblicherweise die Söhne von Statthaltern oder Tempelverwaltern, Heerführern oder Priestern waren: Bildung war auf Schreiber und Verwalter beschränkt. Wahrscheinlich erhielt jeder, der mit einer Amtsbefugnis ausgestattet war, irgendeine Art von Schriftunterricht; man vermutet sogar, dass die sumerische Bezeichnung *Dub-Sar* (wörtlich »Schreiber«) ein Titel war, der jedem gebildeten Mann zustand, vergleichbar dem englischen *Esquire* oder einem akademischen Titel.[35]

Im ersten Jahrhundert des 3. Jahrtausends gründete Schulgi Schulen in Nippur und Ur – vielleicht die ersten der Welt überhaupt, doch da er sie nur nebenbei erwähnte, könnte es sie auch schon wesentlich länger gegeben haben. Das babylonische Wort für »Schule« oder »Schreibakademie« war *edubba*, wörtlich »Tafelhaus«, ihr Leiter hieß »Vater des Tafelhauses«. In einer Inschrift gesteht ein Schüler: »Du öffnetest mir die Augen wie einem Welpen. Du formtest den Menschen in mir.«[36] Es gab zwar Fachlehrer für Sprache, Mathematik (»Rechenschreiber«) und Vermessung (»Feldschreiber«), doch der tagtägliche Unterricht wurde von einer Person abgehalten, die wörtlich »Großer Bruder« genannt wurde. Es handelte sich also vermutlich um einen älteren Schüler.

Bei diversen Grabungen hat man Textauszüge in Keilschrift gefunden, was beweist, dass bereits »Standardtexte« als Lehrmaterial verwendet wurden. Beispielsweise entdeckte man Tafeln, auf denen sich derselbe Text in unterschiedlichen Handschriften findet, oder solche mit einem literarischen Text auf der einen und Rechenübungen auf der anderen Seite und einige, auf denen sich der Text des Lehrers auf der einen und der des Schülers mitsamt Lehrerkorrekturen auf der anderen Seite befinden. Auf einer Tafel beschreibt ein Schüler sein Arbeitspensum:

Dies ist der Monatsplan meines Schulbesuchs:
Meine freien Tage sind drei im Monat
Meine Feiertage sind drei im Monat
Vierundzwanzig Tage im Monat
Muss ich in der Schule sein. Wie lang sie sind![37]

Die Schreiber mussten sogar das Handwerk ihres Metiers beherrschen: Sie mussten wissen, wie man den Ton für die Tafeln vorbereitet und wie man beschriebene Tafeln brennt, damit die Texte in den Bibliotheken aufbewahrt werden konnten. Man konnte dem Ton zum Beispiel Kalkstein zugeben, damit die Oberfläche glatter wurde und sich die Keile lesbarer einprägen ließen. Neben Tontafeln benutzte man auch Holzbretter oder Tafeln aus Elfenbein, die oft in mehreren Schichten mit Wachs übergossen wurden; die Texte konnten durch das Abkratzen der letzten Schicht gelöscht und die Tafel wieder neu verwendet werden.[38]

Die Tradition der Schreiber begann sich weit über Mesopotamien hinaus zu verbreiten und nahm dabei immer neue Formen an. Die Ägypter waren die Ersten, die mit gespitzten Rohrgriffeln auf alte Tonscherben schrieben; als Nächstes begannen sie, Sykomorenholz mit dünnen Gipsschichten zu überziehen, die wieder abgerieben, mit einem frischen Überzug versehen und erneut beschrieben werden konnten.[39] Papyrus war die teuerste Schreibunterlage und daher nur den fähigsten Schreibern, denen die wenigsten Fehler unterliefen, vorbehalten. Die Ausbildung zum Schreiber konnte ebenso lange dauern wie heute ein Studium bis zur Promotion.

*

Nicht alle Tafeln hatten etwas mit Handelsgeschäften zu tun. Letztlich ist es nur logisch, dass erste Darstellungen der Götterwelt und vor allem die Aufzeichnung von Hymnen zu den frühen literarischen Texten der Sumerer gehörten. Aus Uruk stammt ein populärer Bericht über die Liebesaffäre, die der König mit Inanna hatte, der Göttin der Liebe, der Fruchtbarkeit und des Krieges (in Babylon hieß sie Ischtar, unter den westsemitischen Völkern Astarte). In einem anderen Text instruiert ein Vater seinen Sohn, wie er ein sinnvolles und lohnenswertes Leben führen kann; wieder andere Tafeln schildern Schlachten und Eroberungen, geben Details aus der Baukunst wieder oder stellen die Erschaffung der Welt dar. Ungemein viele befassen sich mit Magie. In der Blütezeit von Assur gab es neben den öffentlichen Archiven auch eine Menge private, von denen einige bis zu viertausend Tafeln enthielten. Inzwischen galten eine astronomische/astrologische Ausbildung und Kenntnisse von der Omenliteratur oder von Magie als ausgesprochen prestigeträchtig, was ebenfalls zu Assurs Ruf als *al nemeqi*, der »Stadt des Wissens«, beitrug.[40]

Wir sollten uns immer bewusst machen, dass den Menschen vor der Erfindung der Schrift ganz erstaunliche Bravourstücke im Hinblick auf ihre Gedächtnisleistungen abverlangt wurden. Es war keineswegs ungewöhnlich, Tausende von Verszeilen aus einem Gedicht auswendig zu kennen – auf diese Weise wurde Literatur erhalten und verbreitet. Mit der Entwicklung der Schrift begannen sich zwei Formen von schriftlicher Literatur herauszukristallisieren. Zuerst einmal gab es eine Reihe von Geschichten, die die späteren Erzählungen aus der Hebräischen Bibel vorwegnahmen – und wenn man ihren Einfluss bedenkt, dann sind auch ihre Ursprünge von großer Bedeutung. König Sargon von Akkad zum Beispiel tauchte wie aus dem Nichts auf, um sogleich der »König der vier Weltenden« zu werden, weshalb sich um seine Herkunft schon bald die kunstvollsten Mythen rankten. Da hieß es zum Beispiel: »Es empfing mich die Mutter, die Gottesherrin, im geheimen gebar sie mich, setzte mich in ein Kästchen aus Schilf, mit Erdpech verschloß sie meine Tür, übergab mich dem Flusse; ohne über mich hinwegzugehen, hob mich der Fluß empor, zu Akki, dem Wassergießer (= Gärtner), brachte er mich. Akki, der Wassergießer, (nahm mich) zum Sohne (an). Akki, der Wassergießer, machte mich zu seinem Gärtner. Während ich Gärtner war, gewann mich Ischtar (= die Göttin) lieb, und ich übte die Königsherrschaft aus…«[41] Die Parallelen zur Moses-Geschichte liegen auf der Hand. Den sumerischen Königslisten zufolge gab es Herrscher, die ein unwahrscheinliches Alter erreichten. Auch das greift der Hebräischen Bibel vor: Adam zeugte seinen ersten Sohn im Alter von hundertdreißig Jahren und lebte danach noch achthundert Jahre. Zwischen Adam und der Sintflut werden zehn Könige aufgeführt, die unglaublich lang lebten. Bei den Sumerern wurde den mythischen Königen vor der Flut eine Regentschaftszeit von insgesamt 241 200 Jahren bescheinigt, was einem Durchschnittsalter von 30 400 Jahren pro König entspräche. Die in Ras Schamra/Ugarit ausgegrabenen Tafeln berichten von einem Kampf, den Gott Baal mit Lotan, »der mächtig gewundenen siebenköpfigen Schlange«, austrug, welche wiederum den Leviathan aus der Hebräischen Bibel vorwegnahm. Und natürlich nicht zu vergessen die Literatur über die Flut. Im *Gilgamesch*-Epos werden wir gleich einer Version der Sintflutgeschichte und ihrem Helden Utnapischtim begegnen (wörtlich: »Ich habe [ewiges] Leben gefunden«); in ähnlichen Legenden taucht er als Ziusudra oder Atra-hasis auf. Doch in allen Geschichten schicken die Götter die Flut, um den Menschen zu strafen.[42]

Allein schon der Name »Mesopotamien«, wörtlich »zwischen den Flüssen«, legt nahe, dass Hochwasser in dieser Region häufig waren. Doch die Idee einer Sintflut scheint tief in das Bewusstsein der alten nahöstlichen Kulturen eingegraben gewesen zu sein.[43] Es gibt drei Möglichkeiten für dieses Ereignis: erstens, dass sich Euphrat und Tigris vereinigt und ein riesiges Gebiet unter Wasser gesetzt hatten. Leonard Woolley hatte nach seinen eingangs erwähnten Ausgrabungen in Ur festgestellt, dass das Hochwasser, das sich anhand der Schwemmstoffablagerungen in dieser Region tatsächlich nachweisen ließ, eine Höhe von fast acht Metern auf einem Gebiet von rund fünfhundert mal hundertsechzig Kilometern erreicht haben könnte. Doch das wurde später wieder in Frage gestellt, denn in Uruk, das nur fünfundzwanzig Kilometer von Ur entfernt und tiefer lag, ließen sich keinerlei Anzeichen für eine solche Flutkatastrophe nachweisen. Die zweite Möglichkeit (die im nächsten Kapitel ausführlicher behandelt wird) ist, dass sich in der indischen Indus-Ebene um etwa 1900 v. d. Z. ein schreckliches Erdbeben ereignete und dadurch der Sarasvati umgelenkt wurde. Dieser inzwischen ausgetrocknete mythische Fluss aus den vedischen Schriften *(Rig Veda)* soll zehn Kilometer breit gewesen sein, das heißt, eine Katastrophe dieses Ausmaßes müsste in jedem Fall gewaltige Überflutungen in einem sehr großen Umkreis zur Folge gehabt haben. Die letzte Möglichkeit schließlich ist die so genannte Schwarzmeerflut. Laut dieser 1997 veröffentlichten These bildete sich das Schwarze Meer erst nach der letzten Eiszeit; vor rund achttausend Jahren stieg der Pegel des Mittelmeers an, Wasser floss durch den Bosporus ab und überflutete ein riesiges Gebiet – rund tausendzwanzig Kilometer von Ost nach West und fünfhundertdreißig Kilometer von Nord nach Süd.[44]

Die grandioseste literarische Schöpfung Babylons, das erste Meisterwerk der imaginativen Literatur, war das Epos *Gilgamesch* über den Mann, »der alles gesehn hat überall«, wie der Anfang des Gedichts lautet. Man darf fast sicher davon ausgehen, dass Gilgamesch um etwa 2900 v. d. Z. über Uruk herrschte und einige Episoden in diesem Epos deshalb auf Tatsachen beruhen.[45] Seine Abenteuer sind verwirrend kompliziert, oft phantastisch und schwer nachzuvollziehen. In mancher Hinsicht erinnern sie an die Taten des Herkules, manches findet sich in der Hebräischen Bibel wieder. Im Epos wird Gilgamesch zu zwei Dritteln als Gott und zu einem Drittel als Mensch dargestellt. In den ersten Versen erfahren wir, wie er den Widerstand des Volkes von Uruk überwand und eine Mauer von neuneinhalb Kilometern Länge mit mindestens neunhundert Halbrundtürmen um die Stadt, »den strahlenden Hort«, errichten ließ. Zumindest ein Teil dieser Geschichte könnte auf Tatsachen beruhen, denn bei Grabungen wurden tatsächlich Überreste einer Mauer gefunden, die als Neuanlage aus der frühdynastischen Zeit (etwa um 2900 v. d. Z.) identifiziert werden konnte – daran zu erkennen, dass sie aus den erst in dieser Zeit erfundenen »plankonvexen Ziegeln« errichtet wurde.[46] Gilgamesch ist jedenfalls ein so strenger Zuchtmeister, dass seine Untertanen die Götter anflehen, »einen Gegenspieler zu schaffen, damit beide miteinander wetteifern können und das Volk dadurch Ruhe finde«. Die Götter erbarmen sich und erschaffen den »wilden Tiermenschen« Enkidu. Doch hier nimmt die Geschichte eine unerwartete Wendung: Enkidu und Gilgamesch werden zu Freunden und zu Reisegefährten, die gemeinsam riskante Abenteuer bestehen. Nach ihrer Rückkehr verliebt sich Göttin Inanna in Gilgamesch, doch er weist sie ab, und sie rächt sich, indem sie ihm den furchtbaren »Himmelsstier« schickt, um ihn zu töten.[47] Doch mit vereinten Kräften überwältigen Gilgamesch und Enkidu den Stier und reißen ihn in Stücke.

Dieser erste Teil des Epos hat etwas generell Positives an sich, doch nun beginnt es sich zu verdüstern. Enlil, der Gott der Luft, der Stürme und der Erde, beschließt, dass Enkidu wegen der vielen Toten, die seinen Weg pflastern, sterben muss. Gilgamesch ist untröstlich über diesen Verlust:

> Bei Tag und Nacht hab' ich geweint um ihn
> Und wollt' ihn nicht begraben lassen –
> Mein Freund konnt' ja noch auferstehn
> Bei meinem (lauten) Schreien –
> Durch sieben Tage, sieben Nächte,
> Bis daß ein Wurm aus seiner Nase fiel.
> Seit er dahingegangen, kann ich Trost nicht finden
> Und wie ein Jäger im Gefilde irr' ich noch umher.[48]

Bis dahin hatte sich Gilgamesch kaum Gedanken über den Tod gemacht, doch nun beginnt ihn die Sehnsucht nach dem ewigen Leben zu verzehren. Er erinnert sich der Legende über seinen entfernten Vorfahren Utnapischtim, der »am Ende der Welt jenseits der Todesgewässer« lebt. Von ihm, dem Unsterblichen, will er nun das Geheimnis des ewigen Lebens erfragen. Einsam und allein wandert er zu den Bergen, wo die Sonne untergeht, und »folgt dem dunklen Pfad, den die Sonne des Nachts zurücklegt«, bis er die Gestade eines weiten Meeres erreicht.[49] Dort trifft er auf den Fährmann Ur-schanabi, der sich bereit erklärt, ihn über die Gewässer des Todes zu bringen, jedoch warnt: »Jeder, der das Wasser berührt, ist dem sichern Tod verfallen.«[50] Als Gilgamesch nach langer Überfahrt endlich auf Utnapischtim trifft, erlebt er eine Enttäuschung: Die Tatsache, dass er selbst ewig lebe, vertraut er Gilgamesch nun an, sei die Folge einzigartiger Umstände, die sich niemals wiederholen würden. In Urtagen hatten die Götter beschlossen, die Menschheit zu vernichten, und deshalb die Sintflut gesandt. Nur ihm und seinem Weib sei es erlaubt worden, weiterzuleben: Man hatte ihn vorgewarnt, und er habe daraufhin ein großes Schiff gebaut, auf dem er von allen Lebewesen je ein Paar in Sicherheit brachte.[51] Nachdem der Sturm das Schiff sechs Tage und Nächte umhergepeitscht habe, sei plötzlich Ruhe rundum eingekehrt. Er habe eine Luke geöffnet und Ausschau gehalten: Das Schiff sei auf einer Insel gestrandet, die in Wirklichkeit jedoch die Spitze eines Berges war. Am siebenten Tag habe er eine Taube fliegen lassen, aber sie kehrte zurück, denn kein Ruheplatz fiel ihr ins Auge. Dann habe er eine Schwalbe fliegen lassen, aber auch sie kehrte zurück. Schließlich habe er einen Raben hinausgelassen – und er kam nicht wieder. Später, berichtete Utnapischtim, habe Enlil seine unbedachte Entscheidung bereut und ihn mit dem ewigen Leben belohnt, da es nur ihm zu verdanken war, dass das Leben auf Erden gerettet wurde. Und weil sich diese Tat niemals wiederholen werde, würden die Götter auch kein zweites Mal diesen Lohn gewähren.

Die ersten Bibliotheken wurden in Mesopotamien eingerichtet. Sie waren anfänglich jedoch eher Archive als Bibliotheken im eigentlichen Sinne, denn sie beherbergten ausschließlich Aufzeichnungen über den Alltag in den Stadtstaaten von Mesopotamien. Das trifft auf Nippur im südlichen Mesopotamien in der Mitte des 3. Jahrtausends v. d. Z. ebenso zu wie auf das alte Ebla in Syrien (wo 1980 bei Grabungen fast zweitausend Tontafeln aus der Zeit um 2250 v. d. Z. gefunden wurden) und auf Bibliotheken aus späteren Zeiten. Außerdem muss man sich klar machen, dass solche Bibliotheken fast immer nur den Zwecken der Priester dienten und in den mesopotamischen Städten, wo die Tempel über riesige Besitztümer verfügten, vorrangig zur Archivierung von Verwaltungsakten – Aufzeichnungen über Transaktionen, Verträge oder Lieferungen – eingerichtet worden waren, die ebenso zum Kult gehörten wie heilige Ritualtexte. Erst als es propagandistischer Mittel bedurfte, um den Kult überhaupt am Leben zu erhalten, und als die königlichen Eliten an die Macht kamen, wurden Hymnen und Inschriften notwendig, die schließlich zu einer Literatur im moderneren Sinne führten. Schriften wie das *Gilgamesch*-Epos oder das Schöpfungsepos könnten also auch rein rituellen Zwecken gedient haben. Texte, die geistiger Anstrengungen bedurften, weil sie über simple Transaktionsaufzeichnungen hinausgingen, tauchten erstmals Mitte des 3. Jahrtausends in Nippur auf. Der nächste Schritt erfolgte in Ebla, Ur und erneut in Nippur.[52] Die späteren Bibliotheken dort waren bereits systematischer strukturiert, das heißt, man hatte begonnen, die Bestände zu katalogisieren und erzählerische und/oder religiöse Literatur vom reinen Archivmaterial zu trennen. Diesem Schritt folgte die nächste Innovation: Auf der Rückseite der jeweiligen Tafel, die das Ende eines Textes enthielt, wurden einige Zeilen über den Gesamtinhalt angefügt, was mehr oder weniger dieselbe Funktion hatte wie das Inhaltsverzeichnis eines modernen Buches beziehungsweise das war, was man später als »Kolophon« bezeichnete, nach dem griechischen Begriff für »Gipfel«. Ein solcher Kolophon zum Beispiel lautete: »Achte Tafel des Dupaduparsa-Fests, Worte von Silalluhi und Kuwatella, den Tempelpriestern. Geschrieben von der Hand Lus, Sohn des Nugissar, in Gegenwart von Anuwanza, dem Aufseher.« Jeder Kolophon begann mit der Nummer der Tafel, auf der er angefügt worden war, gefolgt von der Feststellung, über wie viele Tafeln sich der entsprechende Text insgesamt verteilte. Einige Kataloge gingen sogar über solche Details hinaus und vermerkten auch noch das Regal, in dem alle zugehörigen Tafeln eines Textes aufbewahrt wurden. Allerdings fand diese Katalogisierung in ziemlich willkürlicher Reihenfolge statt, denn die Alphabetisierung sollte noch über tausendfünfhundert Jahre auf sich warten lassen. Zu Zeiten von Tiglatpileser I., einem der bedeutendsten Herrscher von Assyrien (er regierte von 1115 bis 1077 v. d. Z.), befasste sich ein Großteil der Texte mit den Bewegungen der Himmelskörper und mit Omen. Bei

Grabungen entdeckte man jedoch auch Hymnen und einen Katalog über Musikstücke (zum Beispiel »5 sumerische Psalmen, einschließlich einer Liturgie, für die *adapa* [vermutlich ein Tamburin]«). Auch Assurbanipal, der letzte bedeutende – und im Lesen und Schreiben bewanderte – Herrscher von Assyrien (668–627 v. d. Z.), gründete eine Bibliothek. Sie bestand ebenfalls vorrangig aus Archivalien, denen sich, wie sich den Bestandszahlen entnehmen lässt, Literaturen in der folgenden Reihenfolge anschlossen: Der Omenliteratur folgte die Fachliteratur über Religion und Magie, dann kamen die Nachschlagewerke, Listen der Keilschriftzeichen, dann die Wörter- und Namenslisten sowie die Wörterbücher für die Übersetzer. Den geringsten Bestand bildeten literarische Werke wie das *Gilgamesch*-Epos. Alles in allem beinhaltete Assurbanipals Bibliothek rund tausendfünfhundert Titel. Übrigens fand man auf vielen Tafeln drastische Verwünschungen, die vorsichtshalber angefügt worden waren für den Fall, dass jemand vorgehabt hätte, die Tafeln zu stehlen.[53]

Zweifellos haben auch im alten Ägypten Bibliotheken existiert, doch da dort auf Papyrus geschrieben wurde (dem Schilfrohr, aus dem auch das »Binsenkörbchen« geflochten war, in dem Moses ausgesetzt worden sein soll), blieb uns kaum etwas davon erhalten. Der griechische Geschichtsschreiber Diodoros erwähnt bei seiner Schilderung des Gebäudekomplexes von Ramses II. »Ozymandias« (1279–1213 v. d. Z.) eine »geheiligte Bibliothek«, deren Gebäude die Inschrift »Heilstätte der Seele« trug.

*

In den ersten Städten herrschten wie gesagt zwei Gewalten: an erster Stelle der Hohepriester *en*, der die Gesellschaft beziehungsweise Stadtgemeinde verwaltete, sich bei den Göttern für fruchtbares Land verwandte, das ausreichte, um jedem Nahrung und Einkommen zu garantieren, und die Umverteilung der Güter sowohl unter den Stadtbewohnern als auch im Rahmen des Handels mit fremden Ländern übernahm. Dem *en* zur Seite stand als Gefährtin die *nin* – ein wahrlich »pontifikales Paar«, wie Petr Charvát schrieb. Die zweite Autorität, der *lugal* – wortwörtlich »großer Mann« –, entschied als Aufseher und militärischer Befehlshaber über die Fragen von Krieg und Frieden und fungierte, wie wir heute sagen würden, als Außenminister, gestaltete also die Beziehungen zu fremden Mächten. Wir sollten jedoch nicht allzu viel in diese Gewaltenteilung hineininterpretieren, denn nicht jede Stadt wurde von beiden Gewalten beherrscht; in einigen gab es nur einen *en*, in anderen nur einen *lugal*, außerdem hätte das militärische Oberhaupt überall dort, wo es beide gab, ohnedies vor jeder militärischen Heldentat grundsätzlich erst einmal den Rückhalt der religiösen Elite gesucht. Doch dieses anfängliche Arrangement war nicht von Dauer. Aus diversen Aufzeichnungen wird ersichtlich, dass sich die *nin* irgendwann vom *en* abwandte und mit dem *lugal* zusammentat. Prompt nahm die Rolle des *en* ab, wurde zeremonieller, während *lugal* und *nin* allmählich die Funktionen von König und Königin übernahmen, wie wir es heute nennen würden. Es begann sich also nicht nur eine deutlichere Trennung von weltlicher und geistlicher Macht zu vollziehen, sondern auch das Prinzip der Männlichkeit durchzusetzen.[54] Vielleicht war das angesichts der Kriege, die nun zu einer immer größeren Bedrohung wurden, unvermeidlich gewesen. Für diese Konflikte gab es zwei Gründe: Erstens konnte es angesichts des Bevölkerungswachstums wohl gar nicht anders sein, als dass es in einer Region, die durch zwei mächtige Ströme begrenzt wurde, zu immer mehr Konkurrenz um Land und Wasser zwischen den Städten kam; zweitens gab es angesichts des wachsenden Wohlstands und der Anhäufung von materiellen Besitztümern (die nun von immer mehr Fachkräften hergestellt wurden) bei erfolgreichen Plünderungen feindlicher Städte ganz einfach mehr zu holen. Im Krieg war jeder Krieger sein eigener Herr, jedenfalls weit mehr als zu Friedenszeiten, aber auf die Stadtbewohner müssen das Charisma und die Erfolge eines gerissenen *lugal* großen Einfluss ausgeübt haben. Deshalb war es wohl nur logisch, dass der *lugal* nach dem Sieg über eine andere Stadt auch deren Region zu verwalten begann – immerhin war er der Sieger, außerdem wollte er nicht, dass in der besiegten Stadt womöglich andere Götter verehrt wurden als in seiner Heimatstadt. Der *en* aus einer Siegerstadt hatte hingegen wenig bis gar keine Autorität in der besiegten Stadt. Und so kam es, dass der *lugal* den *en* schließlich als die mächtigste Figur der sumerischen Gesellschaft ablöste. Bestätigt wird uns das nicht zuletzt durch die Tatsache, dass immer mehr sumerische Städte, wie Petr Charvát feststellte, denselben Stadtgott anbeteten, was zugleich heißt, dass sie einer neuen Herrschaft Anerkennung zollten. Die wachsende Macht eines *lugal* wurde also schlicht durch die Praxis bekräftigt, beispielsweise indem er sich das Recht nahm, Maße und Gewichte zu bestimmen (was vielleicht ein Relikt aus der Zeit des Baus der Verteidigungsanlagen war), oder indem er bei den Schreibern Lobeshymnen über seine Heldentaten in Auftrag gab, was zwar gewiss Propaganda, aber letztlich auch Geschichtsschreibung war und im Volk die Erinnerung daran wach halten sollte, wer was wann wie geleistet hatte.[55] Die mehr oder weniger moderne Vorstellung vom Königtum entstand also in Mesopotamien. Und parallel dazu entwickelte sich die Idee vom Staat. Aus den *lugal* wurden Könige, die nun mehr als nur eine Stadt und die Gebiete verwalteten, die zwischen ihr und dem Hoheitsgebiet der nächsten Stadt lagen. Die erste überregionale politische Einheit im alten Nahen Osten war der von Sargon ins Leben gerufene akkadische Staat. Und Sargon war der erste König (ca. 2340–2284 v. d. Z.) in unserem Sinne.

*

Das Königtum wurde also nicht zuletzt durch Kriege geschmiedet. Und Krieg, beziehungsweise die Institutionalisierung des Krieges, wurde nun zum Treibhaus wie zur Feuerprobe für so manche neue Idee.

Vielleicht wurde das Rad in Mesopotamien erfunden, vielleicht auch nicht. Die ersten Fortbewegungsmittel – vermutlich von Hunden gezogene Schlitten – waren von frühen nordeuropäischen Jäger- und Sammlergesellschaften um 7000 v. d. Z. am Polarkreis eingesetzt worden. Schriftzeichen für »Fahrzeuge« tauchten in der Bildschrift von Uruk im späten 4. Jahrtausend v. d. Z. auf. Bei einer Grabung in Zürich wurden Fragmente von Scheibenrädern und einer Achse aus ungefähr der gleichen Zeit entdeckt: Die Radscheiben bestanden aus Massivholz oder waren aus zwei oder drei Stücken zusammengesetzt. Solche Räder fanden sich unter den Artefakten aller Grabungsstätten zwischen Dänemark und Persien aus der Zeit um 2000 v. d. Z., die meisten aber in dem Gebiet, das nördlich an das Schwarze Meer angrenzt.[56] Vielleicht lässt das auf die erstmalige Verwendung von Radkarren schließen, vor die man anfänglich Ochs und Esel spannte.

Solche vierrädrigen Wagen waren sehr langsam – einer Schätzung zufolge brachten sie es gerade mal auf 3,2 Stundenkilometer. Der zweirädrige Streitwagen war schon ein gutes Stück schneller, nämlich zwölf bis vierzehn Stundenkilometer im Trab, siebzehn bis zwanzig im Galopp. Auf den sumerischen Keilschrifttafeln ist immer wieder von »Wüsteneinhufern« (Muli oder Esel) und »Bergeinhufern« (Pferd) die Rede. Für Fortbewegungsmittel mit Rädern gab es drei Begriffe: *mar-gid-da* für vierrädrige Wagen, *gigir* für zweirädrige und *narkabtu* für die Karren, die sich im Lauf der Zeit zu Streitwagen weiterentwickelten. Mit dem *narkabtu* erreichen wir nun, wie Stuart Piggot schreibt, »den Beginn eines der großen Kapitel der Geschichte des Altertums: die Entwicklung des leichten, zweirädrigen und von zwei Pferden gezogenen Streitwagens. Dieses Kapitel erzählt nicht nur die Geschichte einer Technologie, sondern auch die von der Institutionalisierung der Symbole von Macht und Prestige innerhalb der Gesellschaftsstruktur.« Nach der Erfindung des Scheibenrads kam das hölzerne Speichenrad auf, das unter Spannung gebogen wurde und wegen seiner Leichtigkeit viel höhere Geschwindigkeiten ermöglichte.[57] Kriege mit Hilfe von Streitwägen wurden zwischen 1700 und 1200 v. d. Z. geführt, also im Übergang von der Bronzezeit zur Eisenzeit.

Ein Wort noch zu den »Bergeinhufern«: Es ist nur angemessen, wenn man hier betont, dass zurzeit noch niemand weiß, wo oder wann das Pferd tatsächlich domestiziert wurde und wo oder wann der Mensch überhaupt auf die Idee kam zu reiten. Bis vor kurzem nahm man noch an, dass die Besiedlung der eurasischen Steppe nur durch die Domestikation des Pferdes möglich geworden sei und dass es sich bei den Steppenpionieren um »reitende Hirten von kriegerischer Wesensart« gehandelt habe. Unter Archäologen galt viele Jahre lang Dereivka – dreihundert Kilometer nördlich des Schwarzen Meeres in der heutigen Ukraine gelegen, wo die Srednij-Stog-Kultur herrschte – als das früheste Beispiel für die Domestikation von Pferden, mit einem Wort also mehr oder weniger dieselbe Region, in der auch das Rad erfunden worden sein könnte. Diese Fundstätte am rechten Ufer des Omelnik, eines Nebenflusses des Dnjepr, wurde auf 4570 bis 3098 v. d. Z. datiert. Als Nachweise für diese Interpretation galten Pferdeknochen, die in den Gräbern von Menschen gefunden wurden, und die Tatsache, dass die entdeckten Fragmente von vorderen Pferdebackenzähnen abgenutzt schienen wie von Zaumzeug. Durchlöcherte Geweihenden hielt man für Backenstücke, und aus der Tatsache, dass Knochen von Hengsten in diesen Fundstätten überwogen, leitete man ab, dass sie bevorzugt bei Zug- oder Reitwettbewerben eingesetzt wurden. Hinzu kamen noch Funde von steinbockartigen Geweihen, mit denen die Pferdeköpfe gekrönt wurden und die man zumindest indirekt als Nachweise für einen Pferdekult oder sogar für den Akt des Reitens an sich auslegte.[58]

Doch erneute Analysen der Funde aus den letzten Jahren haben diese Schlussfolgerungen mehr oder weniger widerlegt: Kein einziges dieser angeblichen Backenstücke war direkt neben einem Pferdeschädel aufgefunden worden, nur sehr wenige lagen überhaupt in der Nähe von Pferdeknochen. Obendrein fand man heraus, dass die Abnutzung der vorderen Backenzähne bei Wildpferden ebenso stark ist wie bei domestizierten Tieren. Auch die Profile der Knochen, die innerhalb wie außerhalb dieser Gräber entdeckt wurden, unterscheiden sich nicht von denen bei Wildpopulationen (die sich, wie man weiß, zu »Junggesellengruppen« zusammenzuschließen pflegen). Wir wissen heute, dass der einzige Teil des Pferdeskeletts, dem unstrittig Schaden durch die Domestikation zugefügt wurde, das mittlere Rückgrat direkt unter der Stelle ist, wo der Reiter sitzt. Fossile Rückenwirbel von Pferden, die zweifellos beritten worden waren, weisen typischerweise winzige, durch Druck herbeigeführte Läsionen an den Epiphysen (Knochenendstücken) auf, die sich bei Wildpferden nicht finden. Bisher konnte man solche feinen Risse nur bei fossilen Pferdeknochen ab dem 5. Jahrhundert v. d. Z. nachweisen. Die frühesten eindeutig datierbaren textlichen oder künstlerischen Nachweise für die Domestikation des Pferdes stammen vom Ende des 3. Jahrtausends v. d. Z. Und die Pferdegräber, in denen sich Artefakte fanden, die eindeutig auf die Nutzung als Reit- oder Zugtiere hinweisen, sind noch jüngeren Datums: Sie stammen vom Ende des 2. Jahrtausends v. d. Z., als man sowohl in Nahost als auch in der eurasischen Steppe und in Griechenland Pferde vor Streitwägen spannte. Kurz gesagt: Es gibt keine verlässlichen textlichen oder künstlerischen Nachweise für das Bereiten von Pferden vor dem Ende des 2. Jahrtausends v. d. Z.[59]

*

Der römische Dichter Ovid war nur einer von vielen Schriftstellern des Altertums, die an ein urzeitliches goldenes Zeitalter ohne Streit und Hass glaubten: »Erst entsproßte das goldne Geschlecht, das, von keinem gezüchtigt,/Ohne Gesetz freiwillig der Treu und Gerechtigkeit wahrnahm./ Furcht und Strafe war fern... und der Söldner entbehrend,/Lebeten nun sorglos in behaglicher Ruhe die Völker.«[60]

Wenn, ja wenn da nicht... Im Jahr 1959 veröffentlichte Raymond Dart die Ergebnisse einer Untersuchung des Kieferknochens eines Australopithecinen, bei der er zu dem Schluss gekommen war, dass das Kinn »durch einen gewaltigen frontalen Schlag direkt links neben dem Kiefer eingedrückt wurde«, und zwar seiner Meinung nach mit dem Humerus einer Antilope (einem dem Oberarm entsprechenden Knochen). In der protoneolithischen Periode waren vier »atemberaubend schlagkräftige« neue Waffen aufgetaucht, »die die Kriegführung bis zu diesem Jahrtausend beherrschen sollten: der Bogen, die Schleuder, der Dolch und die Keule«. In den Höhlenmalereien von Spanien werden Krieger mit Pfeil und Bogen dargestellt und ihre Anführer durch einen ausgefalleneren Kopfschmuck kenntlich gemacht. Andere Malereien stellen Bogenschützen in Reih und Glied dar: Diese Aufstellung »impliziert Führung und Struktur und ist mit der Erfindung der Taktik gleichzusetzen«. Auf wieder anderen Malereien sind offensichtlich Panzerungen zum Schutz der Knie, Genitalien und Schultern der Krieger zu sehen. Schleudern wurden nachweislich in Çatal Hüyük benutzt, und Befestigungsanlagen wurden zwischen 8000 und 4000 v. d. Z. im ganzen Nahen Osten errichtet.[61] Es gab kein goldenes Zeitalter des Friedens.

Die Pharaonen im ägyptischen Neuen Reich waren bereits in der Lage, Armeen aus bis zu zwanzigtausend Mann aufzustellen, was einer gewaltigen Organisation und eines großen logistischen Aufwands bedurfte. Nur zum Vergleich: In Agincourt (1415 n. d. Z.) besiegten sechs- bis siebentausend Engländer ein französisches Heer von fünfundzwanzigtausend Mann, und bei der Schlacht von New Orleans im Jahr 1815 schlugen viertausend Amerikaner neuntausend britische Soldaten. Die Einführung des Streitwagens machte es nötiger denn je, schnell reagieren zu können, was zu der Idee vom stehenden Heer anregte. Das ägyptische Heer bestand aus Berufssoldaten, ausländischen Söldnern (in diesem Fall Nubiern) und manchmal auch Zwangsrekrutierten. Der Titel »Aufseher der Soldaten« war das Äquivalent unserer Bezeichnung »General«, von dem es immer ungefähr fünfzehn gab. Zwangsrekruten wurden von eigens dazu abgestellten Offizieren ausgesucht, die durch das Land reisten und ermächtigt waren, jeden hundertsten Mann mitzunehmen. Die Furcht erregende Kampffähigkeit der Assyrer beruhte – neben der Existenz des Streitwagens – auf zwei Faktoren: dem Eisen und der Kavallerie. Das Eisen kam der Entwicklung des scharfkantigen Schwertes zugute (im Gegensatz zum spitzen Dolch), vor allem, nachdem die Assyrer entdeckt hatten, wie man Kohlenstoff über die Oberfläche rot glühenden Eisens eindiffundieren kann, um karburiertes beziehungsweise stahlhartes Eisen zu erhalten.[62] Da das Pferd in Assyrien nicht heimisch war, griff man zu ungewöhnlichen Maßnahmen, um solche Tiere zu beschaffen. Enthüllt wurde das im Jahr 1974 von dem Cambridger Altorientalisten Nicholas Postgate in dem Buch *Taxation and Conscription in the Assyrian Empire*. Er wies nach, dass ungefähr zweitausend »Pferdeberichte« tagtäglich an den König gesandt wurden, der in jeder Provinz zwei Männer mit nichts anderem beauftragt hatte, als Pferde auszusuchen und für ihren Transport in die Königsstadt zu sorgen. Insgesamt schickten diese *musarkisus* genannten Beauftragten innerhalb von drei Monaten um die hundert Tiere *täglich* nach Ninive. Rund dreitausend Tiere werden in diesen Pferdeberichten erwähnt, darunter 1840 »Joch«- oder Streitwagentiere, daneben 787 Reit- oder Kavalleriepferde. »Die Assyrer waren zwar die besten Wagenlenker aller Zeiten, doch diese Künstler wurden schon bald durch die mobilere Kavallerie ersetzt, die seit etwa 1200 v. d. Z. die Elite aller Armeen der Welt bildete, bis sie 1918 im Ersten Weltkrieg vom Panzer abgelöst werden sollte.«[63]

*

In den frühen Städten wurden Ungerechtigkeiten als eine Beleidigung der Götter betrachtet.[64] Zu den Pflichten des Königs von Mesopotamien gehörte daher die Wahrung von Recht und Gerechtigkeit. Jahrhundertelang glaubte man, dass die Gesetze, die Moses laut der Hebräischen Bibel von Gott erhielt, die ältesten der Welt gewesen seien. Anfang des 20. Jahrhunderts musste diese Vorstellung dann verworfen werden. Französische Archäologen entdeckten um die Jahreswende 1901–1902 bei Grabungen in Susa im Südwest-Iran drei große Blöcke aus schwarzem Diorit, die zusammengefügt eine zweieinhalb Meter hohe Stele bildeten (sie befindet sich heute im Louvre), welche, wie sich herausstellte, mit dem Kodex des babylonischen Königs Hammurabi aus dem 2. Jahrtausend v. d. Z. beschrieben war. Im oberen Teil zeigt eine Reliefdarstellung den König in betender Haltung vor einem thronenden Gott, bei dem es sich entweder um den Sonnengott Marduk oder um Schamasch handelt, den Gott des Rechts. Der Rest der Stele ist ringsum mit horizontalen Spalten in schönster Keilschrift versehen.[64] Seit dieser Entdeckung durch die Franzosen musste der Ursprung des Zivilrechts noch mehrmals vordatiert werden, doch für unseren Zweck ist es sinnvoller, wenn wir uns diese Sequenz in umgekehrter Reihenfolge betrachten, denn nur so wird die Evolution von Rechtsbegriffen wirklich deutlich.

Hammurabi herrschte von 1792 bis 1750 v. d. Z. und war ein abenteuerlustiger und erfolgreicher König. Seine Königsstadt war Babylon, dessen

Stadtgott Marduk er auch an die Spitze seines Pantheons stellte.[65] Hammurabi vereinfachte und vereinheitlichte die gesamte Bürokratie seines Reichs, einschließlich des Rechtssystems. Insgesamt beinhaltet der bekannte Kodex Hammurabi fast dreihundert Gesetze zwischen Prolog und Epilog, darunter zu Fragen des Eigentums (zwanzig Paragrafen), des Handels und der kommerziellen Transaktionen (fast vierzig Paragrafen), der Familie (achtundsechzig Paragrafen, darunter für Ehebruch, Konkubinat, mutwilliges Verlassen, Scheidung, Inzest, Adoption, Erbrecht), der Löhne und Mietpreise (zehn Paragrafen) oder des Sklavenbesitzes (fünf Paragrafen). Wie H. W. Saggs erläuterte, umfasst der Kodex Hammurabi zwei Gesetzesformen, nämlich eine apodiktische und eine kasuistische. Apodiktische Gesetze entsprechen absoluten Verboten wie: »Du sollst nicht töten«; ein kasuistisches Gesetz ist hingegen: »Wenn ein Bürger einem Bürger Silber, Gold oder alles Sonstige vor Zeugen zur Verwahrung hingegeben hat und (dies)er (es) ihm ableugnet, so weist man (es) diesem Bürger nach, und er gibt alles, was er abgeleugnet hatte, doppelt.« Im Epilog wurde verfügt, dass diese »köstlichen Worte« in aller Öffentlichkeit ausgestellt werden sollten, auf dass ein jeder Bürger sie lesen oder sich vorlesen lassen konnte.[66] Natürlich ist dies kein Rechtssystem nach unserem heutigen Verständnis: Es sind Beschlüsse des Königs, die anhand von typischen Beispielen verdeutlicht wurden, nicht aber geschriebenes Recht. Jedenfalls wollte Hammurabi, dass dieser Kodex in ganz Babylonien Anwendung fand und die von Region zu Region unterschiedlichen lokalen Gesetze früherer Zeiten ersetzte.

Dem Kodex ist zu entnehmen, dass die babylonische Gesellschaft aus rechtlicher Sicht in drei Klassen geteilt war: Freie oder Bürger (*awêlu*), Untergebene (*mushkênu*) und Sklaven oder Knechte (*wardu*). *Mushkênum* waren insofern privilegiert, als sie eine militärische oder zivile Aufgabe im Gegenzug für bestimmte Vergünstigungen übernahmen. Die Gebühr für eine Operation, bei der ein Arzt »mit dem bronzenen Messer eine schwere Wunde gemacht hat«, wurde bei *awêlum* zum Beispiel auf zehn Schekel Silber, bei *mushkênum* auf fünf und bei *wardu* auf zwei festgesetzt (Paragrafen 215 bis 217). Paragraf 196 besagt: »Wenn ein Bürger das Auge eines Bürgersohnes zerstört, so zerstört man sein Auge«; in Paragraf 198 heißt es jedoch: »Wenn er das Auge eines Untergebenen zerstört oder den Knochen eines Untergebenen bricht, so zahlt er 1 Mine Silber.« Die Strafen waren nach unseren heutigen Standards grausam, doch was sie bezweckten, war so unterschiedlich nicht. Das Familienrecht zum Beispiel diente dem Schutz von Frauen und Kindern vor männlicher Willkür und wollte der Armut und Verwahrlosung vorbeugen. Auf den Ehebruch der Frau stand zwar die Todesstrafe, doch war es ihrem Ehemann jederzeit möglich, ihr zu verzeihen; der König konnte auch den Liebhaber begnadigen, womit das Paar dann vor dem Urteil, dass man es »bindet…

und wirft ins Wasser« (Paragraf 129) bewahrt wurde.[67] Wie gesagt griffen viele sumerische und babylonische Erzählungen den Geschichten aus der Hebräischen Bibel vor: Der Kodex Hammurabi antizipierte eindeutig die Gesetze Mose. So lautet Paragraf 117 zum Beispiel: »Wenn einen Bürger eine Schuldverpflichtung ergriffen und er seine Ehefrau, seinen Sohn oder seine Tochter (deshalb) verkauft hat oder zur Pfandschaft hingibt, so besorgen sie 3 Jahre lang das Haus ihres Käufers oder ihres Pfandherrn, im vierten Jahre wird ihre Freilassung bewirkt.« Man vergleiche dies mit dem Text Deuteronomium 15,12: »Wenn sich dir verkauft dein Bruder, der Ibri oder die Ebräerin, so soll er bei dir sechs Jahre dienen, und im siebenten Jahre entlasse ihn frei von dir.«[68]

An einigen Stellen befasst sich der Kodex Hammurabi auch mit Richtern und den Bedingungen, unter welchen sie von der Ausübung der Rechtsprechung ausgeschlossen werden konnten. Das klingt ganz so, als habe es sich hier bereits um qualifizierte Fachleute gehandelt, die vom Staat für ihre Dienste entlohnt wurden. Sie führten die Verhandlungen entweder in einem Tempel oder in Gerichtsstätten, die vorrangig Schamasch, dem Gott des Rechts, geweiht waren. Einspruch gegen ihre Entscheidungen durfte ausschließlich beim König eingelegt werden, der ohnedies nach Belieben intervenieren konnte. Den Babyloniern ging es weniger um eine abstrakte Rechtstheorie als um die jeweils für alle akzeptable Lösung eines Problems, damit die Gesellschaft nicht gespalten wurde. So mussten beispielsweise beide Parteien in einem Verfahren schwören, dass sie sich mit dem Urteilsspruch zufrieden geben und keinen persönlichen Rachefeldzug unternehmen würden. Wurde eine Strafsache vor einem Richter verhandelt, gab es weder eine anwaltliche Vertretung noch ein Kreuzverhör. Zuerst begutachtete das Gericht alle relevanten Dokumente, dann hörte es sich die Aussagen des Klägers, des Beklagten und aller Zeugen an. Jeder Aussagende wurde vor den Göttern vereidigt; sofern ein falsches Zeugnis vermutet wurde, klärte man die Angelegenheit durch die Androhung des »Gottesurteils«: Die sich widersprechenden Zeugen mussten in den Fluss springen. Auf diese Weise hoffte man, die falsch aussagende Partei aus Furcht vor dem göttlichen Zorn lieber zu einem Geständnis zu bewegen. Jedenfalls scheint es funktioniert zu haben, denn das Prinzip des Gottesurteils wurde, wie wir aus *Numeri* wissen, auch zu biblischen Zeiten noch angewandt.[69]

Das klingt alles sehr wohl organisiert und durchdacht, doch es sollte hier nicht unerwähnt bleiben, dass wir über keinerlei direkte Nachweise verfügen, dass der Kodex Hammurabi tatsächlich jemals angewandt wurde, ebenso wenig wie es irgendeine überlieferte Rechtsprechung aus dieser Periode gibt, die sich auf dieses System bezieht.

Inzwischen wissen wir aber, dass der Kodex Hammurabi nicht die älteste Gesetzessammlung ist. In den vierziger Jahren des 20. Jahrhunderts wurde ein noch älterer Kodex in sumerischer Sprache entdeckt. Es handelt sich um die Gesetze von König Lipit-Ischtar, der von ca. 1934 bis 1924 v. d. Z. über Isin regierte, einer nach dem Fall von Ur bedeutenden Stadt Südmesopotamiens. Dieser Kodex enthält einen Prolog, in dem es heißt, dass die Götter Lipit-Ischtar zur Macht verholfen hätten, auf dass er Gerechtigkeit im Lande walten lasse und »für das Wohlergehen von Sumer und Akkad« sorge. Die etwa zwei Dutzend Gesetze umfassen allerdings einen kleineren Geltungsbereich als der Kodex Hammurabi: Sie behandeln Fragen von Grundbesitz, einschließlich des Diebstahls von Obst oder der Beschädigung eines Obstgartens; den Umgang mit entflohenen Sklaven; Probleme des Erbrechts, der Ehe und der Bigamie; oder die Frage, wie die »Beschädigung eines gemieteten Ochsen« zu ahnden sei. Landbesitz brachte nicht nur Privilegien, sondern auch Pflichten mit sich. So lautet beispielsweise Paragraf 11: »Wenn neben dem Haus eines Mannes das unbebaute Land eines anderen vernachlässigt wird und wenn der Eigentümer des Hauses zu dem Eigentümer des unbebauten Landes sagte: ›Jemand könnte in mein Haus einbrechen, weil dein Land vernachlässigt ist, kümmere dich um dein Land‹ und wenn diese Abmachung von diesem bestätigt wurde, dann soll der Eigentümer des unbebauten Landes dem Eigentümer des Hauses alles Eigentum ersetzen, das deshalb verloren ging.«[70]

In den fünfziger und sechziger Jahren des 20. Jahrhunderts wurden mit der Gesetzessammlung von Ur-Nammu (ca. 2100 v. d. Z.), dem Begründer und ersten König der Dynastie von Ur, jedoch noch frühere Gesetzestexte entdeckt. Das noch erhaltene Textfragment befasst sich mit der unrechtmäßigen Verwendung von Steuern, setzt Standards bei Maßen und Gewichten, enthält aber auch prinzipielle Aussagen über die Ausbeutung von wirtschaftlich Schwachen durch die Starken. So heißt es zum Beispiel: »Das Waisenkind wurde nicht dem Reichen übergeben, die Witwe wurde nicht dem Mächtigen übergeben, der Mann mit nur einem Schekel wurde nicht dem Mann mit einer Mine übergeben.« Die Gesetze von Ur-Nammu wollen kein systematischer, auf abstrakten Rechtsprinzipien basierender Kodex sein – sie beruhen einzig und allein auf tatsächlichen Fällen. Und im Gegensatz zum Kodex Hammurabi und der Bibel findet sich darin auch keine Spur einer *lex talionis*, jenes Prinzips also, welches Auge um Auge, Zahn um Zahn vergilt. Das Talionsrecht scheint – ungeachtet seines Vorkommens in der Hebräischen Bibel (aus Sicht der Rechtsentwicklung ein relativ spätes Dokument) – ein urtümlicheres Rechtssystem gewesen zu sein. In der Gesetzessammlung der Hethiter (ca. 1700–1600 v. d. Z.) wurde als Strafe für den Diebstahl eines Bienenstocks zum Beispiel die »Bewirkung eines Bienenstichs« festgelegt, was später allerdings durch eine Geldbuße ersetzt wurde.[71]

Es sei nochmals betont, dass solche Beispiele diese alten Justizsysteme strukturierter und moderner erscheinen lassen könnten, als sie wirklich waren. Der früheste »Kodex«, von dem wir heute Kenntnis haben, ist der des Uruinimgina von Lagasch. Doch auch ihm war es wie all den anderen vermutlich nur darum gegangen, die Ungerechtigkeiten zu mildern, die traditionell in den alten Gesellschaften herrschten und ständig außer Kontrolle zu geraten drohten. Und wie alle anderen Kodizes könnten auch die Reformen von Uruinimgina ebenso nur eine reine königliche Propaganda gewesen wie tatsächlich umgesetzt worden sein. Die Institution des Königtums entwickelte sich in Gesellschaften, die sich rapide veränderten und ausgesprochen wettbewerbsorientiert waren; und alle Könige pflegten sich in die Rechtsprechung und -verwaltung einzumischen: Es war nur eine von vielen Möglichkeiten, ihre Macht unter Beweis zu stellen. Vermutlich war das Recht nirgendwo so eindeutig strukturiert, wie diese idealisierten Kodizes glauben machen.

*

Wie sich abstraktes Denken in den mesopotamischen Städten entwickelte, lässt sich gut nachvollziehen. Die ersten Rechensysteme zum Beispiel waren immer nur auf bestimmte Arten von Waren angewandt worden, das heißt, das Symbol für »drei Schafe« bezog sich auch immer nur auf Schafe und unterschied sich deutlich von dem Symbol für »drei Kühe«. Ein Symbol für die Zahl 3 als solche gab es nicht. Oder wie Petr Charvát in Anlehnung an Umberto Eco schreibt: Es gab keine »nackten Namen« zu Zeiten von Uruk. Dasselbe trifft auf Maße und Gewichte zu. Doch allmählich begannen sich Begriffe für abstrakte Eigenschaften herauszubilden – für eigenständige Zahlen, für Volumenmessungen in abstrakten Einheiten (Hohlmaße) oder für geometrische Figuren (wie beispielsweise das Dreieck). So kam schließlich auch das Wort *lú* für »Mensch« oder »Einzelwesen aus der Gruppe Mensch« auf. Kaum weniger bedeutsam war die Entwicklung der Idee vom Privatbesitz, die zum Beispiel auch in der Anlage von Friedhöfen außerhalb der Stadtmauern zum Ausdruck kommt, die offenbar nur Individuen bestimmter Gemeinden vorbehalten waren – noch ein »erstes Mal« bei den Babyloniern.[72]

In diesen ersten Städten entdeckte *lú*, der Mensch, seinen Genius für Kunst, Literatur, Handel, Gesetz und so vieles andere. Wir nennen das Kultur oder Zivilisation und neigen dazu, in den physischen Überresten von Tempeln, Türmen und Palästen den Ausdruck dieses Genius zu sehen. Doch es ging um weit mehr als das. Es war ein großes Experiment des Zusammenlebens, das eine völlig neue psychische Erlebniswelt erschloss: Städte. Und genau diese Welt finden viele von uns bis heute aufregender als ihre Alternativen. Städte wurden zu Treibhäusern für neue Ideen, für neue Denkweisen und für Innovationen auf nahezu sämtlichen Gebieten, die das Leben in all seinen Schattierungen seither vorangebracht haben.

TEIL ZWEI

VON JESAIA BIS ZHU XI:
Die Romantik der Seele

5
Opfer, Seele und Erlöser:
»Die überwältigendste Fruchtbarkeit in der Gestaltung des Menschseins«

Im Jahr 1975 grub der englische Archäologe Peter Warren ein kleines Gebäude aus. Es gehörte zum Palastkomplex von Knossos auf Kreta, der um 2000 v. d. Z. erbaut und im Jahr 1900 von Sir Arthur Evans entdeckt worden war. Knossos war das Zentrum der minoischen Kultur und ihres Stierkults gewesen. Das von Warren entdeckte Gebäude schien irgendwann einem Erdbeben zum Opfer gefallen zu sein, was die Überreste noch schwieriger »lesbar« machte als sonst. Doch dann fand er die verstreuten Knochenreste von vier Kindern im Alter zwischen acht und zwölf Jahren. Viele wiesen verräterische Kratzspuren auf, so wie sie entstehen, wenn man Fleisch vom Knochen löst. In einem angrenzenden Raum wurden weitere Kinderknochen gefunden, »darunter ein Wirbelknochen mit Schnittmalen, wie sie laut Pathologen entstehen, wenn man die Kehle mit einem Messer durchschneidet«.[1] Warren kam zu dem Schluss, dass diese Kinder geopfert wurden, um ein großes Unheil abzuwenden – wie das Erdbeben, das kurze Zeit später über sie kommen sollte.

Die Opferung von Tieren und Menschen, darunter sogar von Königen, gehörte (jedenfalls aus heutiger Sicht) zu den ungewöhnlichsten Glaubenselementen und Praktiken alter Religionen. In keinem der bisher betrachteten religiösen Anfangsstadien, ob bei der paläolithischen Höhlenmalerei, den Venus-Figurinen oder in der Zeit, als man die Große Göttin und den Stier anzubeten begann, ließen sich irgendwelche Opferungsspuren finden. Doch kaum waren die ersten großen Zivilisationen aufgetaucht – sei es die sumerische, ägyptische, chinesische oder die Kultur von Mohenjo-Daro –, wurden weithin Opferungsrituale praktiziert, die sich als sehr dauerhaft erweisen sollten. In einigen Gegenden Indiens wurde das Menschenopfer sogar erst im 19. Jahrhundert n. d. Z. abgeschafft.[2] Das Studium alter Schriften, die nähere Betrachtung der Ornamente an Tempel- und Palastwänden, auf Keramiken oder in Mosaiken und die vielen anthropologischen Forschungen, die im 19. und 20. Jahrhundert unter Naturvölkern in aller Welt betrieben wurden, haben eine Vielfalt an Opferungspraktiken bestätigt. In Mexiko zum Beispiel opferte man Kinder, auf dass ihre Tränen zu Regen würden.[3] Eine häufige Art der Opferung war die Schlachtung eines Schweines: Je nach dem Zustand der tierischen Leber – sie ist das blutigste Organ, und Blut wurde meist mit Lebenskraft gleichgesetzt – erhoffte man sich eine mehr oder weniger wohlwollende Reaktion der Götter.

Wenn es denn tatsächlich so war, dass die Ideen von der Großen Göttin, dem Stier und den heiligen Steinen die ersten und grundlegendsten Ideen so vieler Religionen waren, dann folgten ihnen jedenfalls gleich als Nächstes zwei Glaubenselemente, welche bereits etabliert gewesen waren, als die bis heute vorherrschenden Weltreligionen erfunden wurden. Das hervorstechendste Element dieser zweiten Ideengruppe war das Opfer.

Ein Opfer beinhaltet grundsätzlich zwei Aspekte: Es ist ein Geschenk, und es stellt eine Verbindung zwischen dem Menschen und der spirituellen Welt her. Es ist der Versuch, die Götter zu dem Verhalten zu nötigen, das der Mensch von ihnen erwartet: Man will sie günstig stimmen, ihren Zorn abwenden, etwas von ihnen bekommen, von etwas befreit werden oder etwas wieder gutmachen. So weit ist das noch leicht zu verstehen. Was jedoch einer ausführlicheren Erklärung bedarf, sind die Formen, die eine Opferung annehmen kann oder einst annahm. Warum müssen Tiere oder Menschen getötet werden? Warum muss Blut fließen? Warum konnte sich eine so offensichtlich grausame Praxis durchsetzen und so weit verbreiten? Haben die Menschen im Altertum Opferungen überhaupt als grausam *empfunden*?

Der Brauch des Opfers entstand zu einer Zeit, als der Mensch alles in seiner Erfahrungswelt – auch Steine, Flüsse oder Berge – als etwas Lebendiges betrachtete. In Indien war Haar heilig, weil es nach dem Tod weiterwächst und deshalb als eine eigenständige Lebensform angesehen wurde; vedische Arier hielten die Feuerzungen, die ihre Opfer verschlangen, für lebendige Wesen.[4] Die naheliegendste Erklärung für die Erfindung des Opferprinzips ist wahrscheinlich, dass der Mensch den Rhythmus der Natur in dieser Zeit zwar schon beobachtet, aber noch nicht verstanden hatte. Dass sich der religiöse Glaube auf dem Rhythmus der Natur und der Beobachtung von ständig wiederkehrenden natürlichen Erscheinungen aufbaute, ist jedoch nicht schwer nachzuvollziehen, denn solche Muster konnten nur von geheimnisvollen Kräften stammen.

Als sich die ersten großen Kulturen in so verschiedenen Regionen der Welt wie Sumer, Ägypten oder Indien entwickelten, begann sich auch die religiöse Kernsymbolik – Große Göttin, Stier, heilige Steine – zu entfalten. Im Zuge ihrer Ausbreitung nahm diese Symbolik dann viele unterschiedliche Formen an. Zu den ersten indischen Göttern zählte Indra, der grundsätzlich mit einem Stier gleichgesetzt wurde; im Iran wurden häufig Rinder geopfert; Stiergötter wurden auch in einigen Gegenden von Afrika und Asien verehrt; im akkadischen Glauben des frühen Mesopotamien galt der Stier als das Symbol von Kraft und Macht; in Tel Khafaje (nahe dem heutigen Bagdad) wurde die Darstellung eines Stiers neben der einer »Muttergöttin« gefunden; der Hauptgott der frühen phönizischen Religion wurde *Schor* (»Stier«) genannt, oder *El* (der »mächtige«, aber auch »barmherzige« Stiergott). Laut Mircea Eliade gehörten »der Stier und die Große Göttin zu den Elementen, die alle protohistorischen Religionen Europas, Afrikas und Asiens einten«. Unter den Drawida-Stämmen in Zentralindien entwickelte sich der Brauch, dass der Erbe eines Verstorbenen innerhalb von vier Tagen nach dem Tod des Verwandten einen riesigen, drei bis vier Meter hohen Stein auf die Grabstätte setzen musste, damit seine Seele »festgemacht« war.[5] In vielen pazifischen Kulturen stellten Steine Götter, Helden oder »den versteinerten Geist der Vorfahren« dar. Die Khasi aus Assam hielten Cromlechs (Steinkreise) für »weiblich«, für die Darstellung der Großen Mutter der Sippe. Menhire (aufrecht stehende Steine) galten als »männliche« Pendants.

Möglicherweise war die Idee der Opferung anfänglich auf weit weniger grausame Weise umgesetzt worden. Immerhin stammt sie aus einer Zeit, als Nahrung noch hauptsächlich aus Getreide bestand und das Verspeisen von Fleisch als eine Möglichkeit galt, göttliche Kraft in sich aufzunehmen. Ableiten lässt sich das aus dem griechischen Wort *thusia*, das drei überlappende Bedeutungen hat: eine im Affekt begangene gewalttätige Handlung, Rauch oder Opfer. Im Brennpunkt des Dramas namens Landwirtschaft stehen Säen und Ernten, und beides war ausnahmslos mit Ritualen verbunden. In vielen Kulturen wurden die ersten Körner nicht ausgesät, sondern neben der Furche den Göttern geopfert. Um die Götter gnädig zu stimmen, wurden auch nie die letzten Früchte vom Baum geklaubt, dem Schaf immer ein paar Wollbüschel belassen und vom Bauern immer ein paar Tropfen in die Wasserquelle zurückgegeben, »auf dass sie nicht austrockne«.[6]

In solchen Handlungen können wir bereits erstmals die Idee der Selbstverleugnung erkennen, beziehungsweise die Bereitschaft, etwas vom eigenen Anteil zu opfern, um die Götter zu nähren und milde zu stimmen. Anderenorts – diese Praxis erstreckte sich von Norwegen bis zum Balkan – wurden die letzten Ähren zu Figuren in Menschengestalt gebunden und dann auf das Feld gebracht, das als nächstes beackert werden sollte, oder bis zum nächsten Jahr aufgehoben, um sie dann vor der Saat zu verbrennen und die Asche als Fruchtbarkeitsgarant auf dem Feld auszubringen. Menschenopfer zum Zwecke einer guten Ernte wurden nachweislich von den Völkern in Mittel- und Nordamerika, in einigen Regionen Afrikas, auf den pazifischen Inseln und von einer Reihe von Drawida-Stämmen in Indien dargebracht.[7] Neben den Khonds waren es die Azteken, die sich des Rituals besonders ausgeprägt bedienten: Ein junges Mädchen wurde genau zur Reifezeit des Korns bei einer Tempelzeremonie geköpft und der Maisgöttin geopfert. Erst nach dem Ende dieser Zeremonie durfte der Mais geerntet und gegessen werden – bis dahin war er heilig und durfte nicht einmal berührt werden. Man kann also durchaus nachvollziehen, warum Opferungen, die mit ein paar Körnern für die Götter begannen, allmählich immer durchdachter und grausamer wurden: Immer wenn es zu einer Missernte und in der Folge zu einer Hungersnot gekommen war, müssen die Naturvölker geglaubt haben, dass ihnen die Götter zürnten und sie bestrafen wollten. Also legte man sich eben noch mehr ins Zeug und passte die Bräuche dem Empfinden immer stärker an. Und bei diesem Versuch, das Gleichgewicht wiederherzustellen, begann sich der Mensch immer deutlicher selbst zu verleugnen.[8]

*

Die nächste entscheidende Idee, die neben der Opferung dem religiösen Glauben zugrunde lag, war die Vorstellung von einem »Himmelsgott«, die seit dem Neolithikum fast überall aufgekommen war. Auch hier ist nicht schwer zu verstehen, wie es dazu kommen konnte, allerdings wird dieser Aspekt von der Forschung inzwischen gerne heruntergespielt: Der Tag wurde von den sichtbaren Bewegungen der Sonne bestimmt, von ihrem »Tod« und ihrer »Wiedergeburt«; und die Rolle, die sie beim Werden und Vergehen der Jahreszeiten und für das Wachstum in der Natur spielte, muss dem Menschen, so selbstverständlich sie auch war, sehr geheimnisvoll erschienen sein. Am geheimnisvollsten war gewiss die Nacht, bedenkt man allein die Vielzahl der Sterne, ganz zu schweigen von dem so ungemein seltsamen Verhalten des Mondes, der abnahm und zunahm, dann plötzlich ganz verschwand und wieder auftauchte und der offenbar nicht nur die Gezeiten, sondern auch den weiblichen Zyklus beeinflusste. Die Sumerer in Mesopotamien (wo es rund dreitausenddreihundert Götternamen gab) verfügten über das Wort *dingir* für »Gottheit«, was zugleich »strahlend, leuchtend« bedeutete. Denselben Namen verwendeten auch die Akkader. Bei allen arischen Stämmen gab es die Bezeichnung *dieus*, »Gott des strahlenden Himmels«.[9] Ob der indische Gott Dyaus, der römische Jupiter oder der griechische Zeus – alle entwickelten sich aus einer himmlischen Urgottheit. In mehreren Sprachen war das Wort für »Licht« dasselbe wie das Wort für »Gott«. Der wichtigste Himmelsgott im Indien vedischer Zeiten war Varuna; Uranus in Griechenland *war* der Himmel. Seinen Platz übernahm schließlich Zeus, dessen Name vermutlich gleichbedeutend mit Dieus und Dyaus ist, was beides für »Helligkeit«, »Strahlen« und »Tag« stand. Dem Glauben an die Existenz von Himmelsgöttern ist auch die Vorstellung von einem »Aufstieg« in den Himmel zu verdanken. In mehreren alten Sprachen verbindet sich das Verb »sterben« mit der Vorstellung von der Besteigung eines Berges oder vom Begehen eines Weges in die Berge. Ethnologische Studien haben bewiesen, dass der Himmel in aller Welt als ein Ort »über« dem Menschen betrachtet wird, der über ein Seil, einen Baum oder mittels einer Leiter erklommen werden kann. Im vedischen Glauben, beim Mithras-Kult und im thrakischen Glauben gibt es viele solcher »Aufstiegsriten«.[10] Und natürlich nicht zu vergessen die Rolle der »Himmelfahrt« im christlichen Glauben.

Die Mondsymbolik scheint hingegen mit ersten Zeitvorstellungen verknüpft gewesen zu sein (siehe Genesis 1,14–19).[11] Die Sichel, in die sich der Mond regelmäßig verwandelt, wurde allmählich als das Abbild von Stierhörnern betrachtet und der Mond deshalb wie die Sonne dem Stiergott zugeordnet; das zyklische Werden und Vergehen des Mondes führte zu seiner Gleichsetzung mit Fruchtbarkeit; und die Existenz des weiblichen Menstruationszyklus überzeugte einige alte Völker zudem, dass der Mond der »Herr des Weibes« und in einigen Fällen sogar sein »oberster Gemahl« sei.[12]

Noch bei einer anderen Grundidee spielten Himmelsgötter eine Rolle, insbesondere bei den Vorstellungen von einem Leben nach dem Tod. Da schon der Frühmensch seit dem Paläolithikum seine Gefährten mit Grabbeigaben beerdigte, die ihnen in der nächsten Welt dienlich sein sollten, wissen wir, dass es auch eine rudimentäre Vorstellung von einem »Jenseits« gegeben haben muss. Der Mensch brauchte sich ja nur umzusehen, um jede Menge Hinweise auf ein »Jenseits« oder auf eine Wiedergeburt nach dem Tod zu entdecken: Sonne und Mond verschwanden regelmäßig, um dann wieder aufzutauchen; viele Bäume verloren alljährlich ihr Laub, um es im nächsten Frühjahr neu zu bilden. Und wo es ein Jenseits gab, da musste es auch eine Art von Leben nach dem Tode geben. Diese Vorstellung zog den nächsten Kernglauben nach sich, nämlich das Konzept, das der Historiker Samuel G. Brandon »das fundamentalste« in der Menschheitsgeschichte überhaupt nannte – die Seele. Verglichen mit der Vorstellung vom Jenseits, schrieb Brandon, war sie jedoch eine relativ moderne Idee, bedenkt man, dass sie selbst heute noch nicht von aller Welt geteilt wird (wenngleich sein Kollege Edward Burnett Taylor sie für den Kerngedanken jeder Religion hält). Einer weit verbreiteten Vorstellung zufolge haben bloß ganz besondere Menschen eine Seele. Einige Naturvölker glauben, dass nur Männer eine Seele besitzen, andere, dass nur Frauen beseelt sind. In Grönland glaubte man einst, dass nur Frauen, die im Kindbett gestorben waren, eine Seele hätten und ein Leben nach dem Tode auf sie warten würde. Außerdem hat die Seele je nach Kultur einen anderen Sitz – im Auge, im Haar, im menschlichen Schatten, im Bauch, im Blut, in der Leber, im Atem und natürlich allem voran im Herzen. Einige Naturvölker glauben, dass die Seele dem Körper über die Schädeldecke entweicht, weshalb das Aufbohren des Schädels (Trepanation) seit jeher ein häufiges religiöses Ritual war. Bei den Hindus gilt die Seele, die (im Tod) von »der Größe eines Daumens« ist, nicht als Synonym für das

Herz, sondern wohnt *im* Herzen. Im *Rig Veda* wird die Seele als »ein Licht im Herzen« dargestellt; die Gnostiker und die Griechen betrachteten sie als den »Funken« oder das »Feuer« des Lebens.[13]

Es herrschte aber auch die weit verbreitete Vorstellung, dass die Seele ein alternatives Ich sei. Einige Anthropologen erklärten das mit den Traumerfahrungen der Naturmenschen: »Im Schlaf schien es ihnen möglich, den Körper zu verlassen, auf Reisen zu gehen und manchmal sogar den Toten zu begegnen.« Da musste man wohl zu dem Schluss kommen, dass zu Lebzeiten eine Art inneres Ich oder Seele im Körper wohne, die den Menschen zeitweilig im Schlaf und dauerhaft mit dem Tod verlässt.[14]

Bei den alten Ägyptern gab es neben dem Körper noch zwei weitere Wesenheiten, genannt *ka* und *ba*. »Erstere wurde als eine Art Doppel der lebenden Person betrachtet und diente als innewohnender Schutzgeist, der durch eine Hieroglyphe aus zwei sich schützend nach oben erhobenen Armen dargestellt wurde.« Dem *ka* wurde sogar ein eigenes Totenhaus in der menschlichen Grabstatt errichtet, das so genannte *het ka* oder »Haus des ka«.[15] Wir wissen jedoch nicht, von welcher materiellen Beschaffenheit das *ka* sein sollte. Das *ba*, die zweite Wesenheit, wird in der modernen Ägyptologie für gewöhnlich als die »Seele« bezeichnet und findet sich in alten Darstellungen als Vogel mit Menschenkopf. Diese Symbolik stand nahezu sicher für eine Art Bewegungsfreiheit, die sich durch die physischen Beschränkungen des Körpers nicht eingrenzen ließ. In den Illustrationen des *Totenbuchs* (ungefähr 1450 v. d. Z.) hockt das *ba* häufig am Eingang einer Grabstätte oder beobachtet den schicksalhaften Vorgang, bei dem das tote Herz gewogen wird. »Doch diese Vorstellung blieb etwas vage, das *ba* scheint jedenfalls nicht als das essentielle Ich oder das beseelende Prinzip verstanden worden zu sein.«[16]

Für die Ägypter war der Mensch ein geistig-körperlicher Organismus, in dem »kein Teil wesentlicher war als der andere«. In all den wohl durchdachten Beerdigungsritualen, die über drei Jahrtausende hinweg in Ägypten praktiziert wurden, spiegelt sich die Tatsache, dass man nach dem Tod »wiederhergestellt« zu werden erwartete. Damit erklärt sich nicht nur der aufwendige Prozess des Einbalsamierens, mit dem der körperlichen Verwesung vorgebeugt werden sollte, sondern auch die anschließende zeremonielle »Mundöffnung«, die den Körper in die Lage versetzen sollte, wieder Nahrung zu sich zu nehmen »Das Jenseits wurde in der ägyptischen Vorstellung nie so verklärt wie in anderen Kulturen. Doch kaum war man in der Lage, seine Gedanken schriftlich darzulegen, brachte man die Idee zum Ausdruck, dass der Mensch mehr sei als nur Fleisch und Blut.«[17]

In Mesopotamien herrschte eine andere Ausgangssituation. Dort glaubte man, dass die Götter dem Menschen die Unsterblichkeit versagten – genau das war es ja, was ihn menschlich machte. Dennoch wurde er als ein geistig-körperlicher Organismus betrachtet. Doch im Gegensatz zu den Ägyptern sahen die Mesopotamier den geistigen Teil als eine eigenständige Wesenheit, genannt *napistu*, was ursprünglich »Hals« bedeutete und sich dann zur Bezeichnung für »Atem«, »Leben« und »Seele« erweiterte. *Napistu* galt jedoch nicht als das essenzielle Ich, sondern vielmehr als das beseelende Lebensprinzip. Doch was nach dem Tod aus ihm wurde, ist unklar. Die Mesopotamier glaubten zwar nicht an die Unsterblichkeit, aber doch an irgendeine Form des Überlebens nach dem Tod, was ja letztlich ein Widerspruch in sich ist. Der Tod brachte aus ihrer Sicht eine schreckliche Verwandlung mit sich – der Mensch wurde zum *etimmu*. »Der *etimmu* musste durch Opfergaben im Grab genährt werden und besaß die Macht, die Lebenden zu quälen, wenn sie ihn vernachlässigten. ... Zu den Gefürchtetsten seiner Art zählten in der Dämonologie Mesopotamiens die *etimmus* von Personen, die in der Ferne gestorben waren und deshalb kein angemessenes Begräbnis erhalten hatten. Doch auch wenn für das Leben nach dem Tode gut vorgesorgt worden war, war es eine trostlose Angelegenheit. Alle *[etimmus]* weilten im *kur-nu-gi-a*, dem Land ohne Wiederkehr, wo Staub ihre Nahrung und Lehm ihre Substanz war..., wo sie niemals Licht sahen und in ewiger Dunkelheit darbten.«[18]

*

Den Ursprüngen des Hinduismus auf den Grund zu gehen ist wesentlich problematischer, als zu den Quellen der anderen großen Religionen vorzustoßen. Seit Sir William Jones – ein englischer Richter, der Ende des 18. Jahrhunderts in Indien lebte und arbeitete – die Aufmerksamkeit auf die Ähnlichkeiten zwischen dem Sanskrit und diversen europäischen Sprachen gelenkt hatte, entwickelten Wissenschaftler die These von einer frühen protoeuropäischen Sprache, aus der sich alle anderen ableiteten, und von einem proto-indoarischen Volk, das diese »Protosprache« gesprochen und zu ihrer Verbreitung beigetragen habe. Praktischerweise ließ sich mit dieser Theorie gleich noch die These verknüpfen, dass dieses Volk auch das Pferd domestiziert habe und deshalb nicht nur mobiler geworden war, sondern auch seine Macht über andere Völker sichern konnte.

Dank dieses konstruierten Zusammenhangs mit der Domestikation des Pferdes konnten diverse Herkunftstheorien aufgestellt werden. So hieß es wechselweise, dass diese Proto-Indoarier aus der Steppe zwischen dem Schwarzen und dem Kaspischen Meer stammten oder aus der Region zwischen dem Kaspischen Meer und dem Aralsee oder auch aus ganz anderen Gegenden Mittelasiens. Die jüngste Forschung verlagerte ihre Ursprünge in die Abaschewo-Kultur an der unteren Wolga oder in die Sintaschta-Arkaim-Kultur im Südural. Nach Ansicht des finnischen Indologen Asko Parpola verbreitete sich von dort aus die Domestikation des Pferdes; die indoarische Sprache sei um das Jahr 1600 v. d. Z. nach Südasien vorgedrungen und in die Gandhara-Grabkultur Nordpakistans eingeflossen. Als wichtigster Aspekt dieser Migrationstheorie gilt, dass dabei die Region um das Indus-Tal in Nordwestindien betroffen ist, denn für das geheimnisvolle Verschwinden der großen Harappa- und Mohenjo-Daro-Kulturen im 2. Jahrtausend v. d. Z. werden ja allgemein die Indoarier verantwortlich gemacht, die den *Rig Veda* komponiert haben sollen. Ihre Herkunft und die Wege ihrer Migration wurden zum Beispiel anhand der Tatsache rekonstruiert, dass die finnisch-ugrische Sprachfamilie über eine Reihe von Lehnwörtern aus der Sprache verfügt, die sich zum Sanskrit entwickelte, oder dass die Andronowo-Steppenstämme eine ähnliche Kultur vorzuweisen hatten, wie sie im *Rig Veda* beschrieben wird, und dass sie auf ihrem Zug durch Mittelasien eine Spur von Eigennamen hinterließen – hauptsächlich für Flüsse, deren Bezeichnungen bekanntlich sehr dauerhaft sind. Zudem sollen sie den Streitwagen (und somit das Pferd) sowie das Eisen in Indien eingeführt haben – wiederum beides im *Rig Veda* erwähnt.[19] Aber weil der allgemeine Hintergrund des *Rig Veda* ein ländlicher und kein urbaner ist, geht man auch davon aus, dass er bereits vor der Ankunft der Indoarier in der schon zu großen Teilen urbanisierten Welt des Indus-Tals verfasst wurde.

Diese Darstellung geriet in den letzten Jahren jedoch heftig unter Beschuss, nicht zuletzt durch indische Wissenschaftler, die diese Migrationstheorie »rassistisch« finden, weil sie von westlichen Gelehrten aufgestellt wurde, die sich der Vorstellung verweigerten, dass Indien den *Rig Veda* aus sich selbst heraus hervorgebracht haben könnte. Den Indern zufolge liegt kein einziger wirklicher Nachweis für eine Einwanderung der Indoarier in diese Region vor, außerdem verweisen sie auf die Tatsache, dass das im *Rig Veda* dargestellte Kernland mehr oder weniger genau mit dem heutigen Punjab übereinstimmt. Diese These stellte jedoch seit je vor ein Problem: Der Name »Punjab« beruht auf der Bezeichnung *panca-ap*, was im Sanskrit »fünf Flüsse« bedeutet, wohingegen im *Rig Veda* von einem Gebiet mit »sieben Flüssen« die Rede ist, deren majestätischster den Namen Sarasvati trägt. Und weil dieser Sarasvati jahrelang mit keinem heute existenten Fluss in Einklang gebracht werden konnte, begannen ihn einige Forscher schließlich als ein »himmlisches« Gebilde zu interpretieren. Im Jahr 1989 entdeckten Archäologen jedoch das ausgetrocknete Bett eines einst gewaltigen Stromes, das an einigen Stellen fast zehn Kilometer breit ist und schließlich anhand von Satellitenaufnahmen bestätigt werden konnte. Tatsächlich liegen entlang dieses ausgetrockneten Flussbetts (und eines großen Nebenflusses, mit dem es dann wirklich insgesamt sieben Flüsse wären) nicht weniger als dreihundert archäologische Stätten. Und das bestätigt, zumindest den Indern, dass sich das im *Rig Veda* geschilderte Gebiet auf indischem Boden befand. Abgesehen davon würde der Austrocknungsprozess dieses Stroms auch eine Erklärung für den Niedergang der Indus-Tal-Kultur liefern.[20] Indische Wissenschaftler erklären zudem, dass die jüngsten Forschungen über die im *Rig Veda* geschilderten astronomischen Ereignisse eine Entstehungszeit der Texte bestätigten, die wesentlich früher als zwischen 1900 und 1200 v. d. Z. (wie traditionell angenommen wurde) angesetzt werden müsse. Alle astronomischen und mathematischen Berechnungen der Indoarier legten nämlich nahe, dass sie nicht eingewandert sein konnten, sondern vielmehr aus dem Nordwesten Indiens selbst stammten – also von genau dort, wo die indoeuropäischen Sprachen ihren Anfang genommen hatten. Außerdem sei die indische Mathematik bereits sehr viel fortgeschrittener gewesen als die Rechenkunst in anderen Ländern. Dieser Streit ist zurzeit zwar noch nicht schlüssig beigelegt (das heißt, die Migrationstheorie hat noch ebenso große Löcher wie die Theorie von der indischen Herkunft), doch wahr bleibt, dass die indische Mathematik seit jeher stark gewesen ist und erst jüngst eine sehr alte Schrift – vielleicht überhaupt die bislang älteste – in Indien entdeckt wurde.

Nach dem vedischen Weltbild gliederte sich das menschliche Leben in zwei Phasen auf, wobei das irdische Dasein als das erstrebenswertere galt. Die Hymnen aus dem *Rig Veda* erzählen von Menschen, die ihr Leben bis an die Grenzen auskosten und Wohlergehen, gutes Essen und gute Getränke ebenso schätzen wie materiellen Luxus und Kindersegen. Allerdings glaubte man auch an eine Phase nach dem Tod, deren Güte gewissermaßen von der Frömmigkeit des Menschen auf Erden abhängig war. Entscheidend aber ist, dass beide Phasen als endgültig betrachtet wurden: Es existiert keine einzige vedische Idee, die darauf hindeuten würde, dass die Seele in ein irdisches Leben zurückkehren könnte – das war erst eine spätere Erfindung. Im frühen vedischen Weltbild lebten die Toten in einer vom Totengott Yama beherrschten Unterwelt. Man legte den Verstorbenen persönliche Gegenstände und sogar Lebensmittel ins Grab. Allerdings bleibt unklar, von welchem Teil des Menschen man annahm, dass er weiterleben würde.[21] Im Weltbild der Indoarier setzte sich der Mensch aus drei Wesenheiten zusammen: dem Körper, dem *asu* und dem *manas*. *Asu* war im Wesentlichen der Lebenshauch, ein »Lebensprinzip«, das der griechischen *psyche* entspricht, wohingegen *manas* der Sitz des Geistes, des Willens und der Gefühle war, also das Äquivalent zum griechischen *thymos*. Es scheint weder ein Wort für Seele, noch eine Vorstellung von ihr als dem »essenziellen Ich« (oder dem »wesentlichen Selbst«) gegeben zu haben. Nicht geklärt ist bisher, weshalb man plötzlich von der Bestattung zur Einäscherung überging.

※

Wenn man an die Existenz einer Seele glaubt, dann muss man notwendigerweise auch an einen Ort glauben, an dem sie sich nach dem Tod aufhalten kann. Und damit stellt sich die Frage, woraus sich das Konglomerat aus all den mit ihr verbundenen Ideen entwickelt hat, dieses Gemisch aus einem Jenseits, einem Leben nach dem Tod, einer Auferstehung, einem Himmel und einer Hölle.

Zuerst einmal muss betont werden, dass Himmel, Hölle und die unsterbliche Seele relative Nachzügler unter den Ideen aus dem Altertum waren. Die moderne Vorstellung von der unsterblichen Seele beruft sich auf eine Idee aus Griechenland, die größtenteils Pythagoras zu verdanken ist. Davor glaubten die meisten Kulturen, dass der Mensch zwei Arten von Seelen habe: die »freie Seele«, die für die individuelle Persönlichkeit stand, und eine Reihe von »Körperseelen«, die den Körper mit Leben und Bewusstheit ausstatteten.[22] Auch die menschliche Natur setzte sich im frühgriechischen Weltbild aus drei Einheiten zusammen: dem Körper; der *psyche*, die mit dem Lebensprinzip gleichgesetzt wurde und im Kopf ansässig war; und *thymos*, dem »Geist« (oder dem Bewusstsein), der in den Lungen (*phrenes*) angesiedelt wurde.[23] Dem *thymos* wurde zu Lebzeiten mehr Bedeutung zugeschrieben, doch er überlebte den Tod eines Menschen nicht, wohingegen die *psyche* zum *eidolon*, zu einem Trugbild des Körpers, wurde.

Diese Unterscheidung wurde jedoch nur bis zum 6. Jahrhundert v. d. Z. aufrechterhalten, denn nun begann man die *psyche* sowohl als das essentielle Ich, den Sitz des Bewusstseins *und* als das Lebensprinzip zu betrachten. Pindar glaubte, dass die *psyche* göttlichen Ursprungs und deshalb unsterblich sei. Als Pythagoras die Idee von der unsterblichen Seele entwickelte, fand er bei den beiden in Unteritalien und auf Sizilien lebenden Griechen Parmenides und Empedokles sofort Unterstützung. Beide waren Anhänger der mystischen und asketischen Sekte der Orphiker und zeitweilig »fanatische Vegetarier« – was vermutlich nicht zuletzt ein Protest gegen das Opferungsprinzip war. Zudem verwendete die Sekte bewusstseinsverändernde Drogen wie Cannabis – allerdings sind die wissenschaftlichen Nachweise hierfür sehr umstritten. Angeblich stammten diese Ideen und Praktiken von den Skythen, deren Heimat nördlich des Schwarzmeergebiets lag und von Herodot bereist worden war. Dort trieb man zum Beispiel einen seltsamen Kult um chronisch Kranke. Vermutlich handelte es sich dabei um Personen, die an Hämochromatose litten, der »Eisenspeicherkrankheit«; sie wurde wahrscheinlich durch das reiche Eisenerzvorkommen in dieser Region hervorgerufen und führte zum Libidoverlust bis hin zu Impotenz und Eunuchismus. Und mehreren Berichten zufolge gab es unter den Skythen Männer in Frauenkleidung, welche möglicherweise Begräbnisrituale unter der Einwirkung von Drogen geleitet haben, die ekstatische Verzückungszustände hervorriefen. War dieser Kult die Grundlage für den Orphismus? Waren die von solchen Drogen hervorgerufenen Trancezustände und Halluzinationen der Mechanismus, mit dessen Hilfe die Griechen die Idee von der Seele konzipierten und dann mit der Idee von der Reinkarnation verknüpften? Pythagoras, Empedokles,

Platon – alle glaubten sie an Wiedergeburt und Metempsychose (Seelenwanderung), also an die Idee, dass die Seele in einem anderen Tier oder sogar in einer Pflanze zurückkehren kann. Die Orphiker waren überzeugt, dass der Mensch mit dem Körper, in dem sich seine Seele reinkarniert, für seine begangenen Schandtaten bestraft würde.[24] Sowohl Sokrates als auch Platon teilten Pindars Idee vom göttlichen Ursprung der Seele. Und damit begann auch die Idee Wurzeln zu schlagen, dass die Seele letztlich kostbarer sei als der Körper. Es sollte hier jedoch betont werden, dass sich das nicht mit der Mehrheitsmeinung der Philosophen in Athen deckte, denn die meisten Griechen hielten die Seele für eine ziemlich unerfreuliche Sache, die im Leben nur Probleme bereitete, und nur wenige glaubten, dass es überhaupt ein Leben nach dem Tod gebe.

Nach der Vorstellung der Griechen, die trotz allem an irgendeine Art von Nachleben glaubten, gingen die Toten direkt in die vom Höllenhund Zerberus bewachte Unterwelt ein, die in der *Ilias* geschildert wird. Der Wortstamm der Bezeichnung »Hades« für die Unterwelt ist das Äquivalent von »unsichtbar« oder »ungesehen«. Diesen trostlosen Ort erreichte die Seele jedoch nur, wenn sie den Styx überquerte. Der Tod scheint als etwas Unvermeidliches hingenommen worden zu sein. So sagt beispielsweise Athena zu Odysseus' Sohn Telemachos: »Nur das gemeine Los des Todes können die Götter/Selbst nicht wenden, auch nicht von ihrem Geliebten…«[25] Bis zum nächsten Gesang der *Odyssee* hat sich dann jedoch bereits etwas verändert, denn nun erklärt Menelaos dem Proteus: »… die Götter führen dich einst an die Enden der Erde/In die elysische Flur…« Der Begriff »Elysium« ist vorgriechisch, das heißt, die Idee könnte auch anderenorts entstanden sein. Vom Dichter Hesiod, der im späten 8. Jahrhundert v. d. Z. seine *Werke und Tage* schrieb, erfahren wir von den Inseln der Seligen (auch als »selige Inseln« übersetzt), wo ein »glücklich Heroengeschlecht« nach dem irdischen Leben weilt. In diversen Epiken aus der mehr oder weniger gleichen Zeit wird uns auch zum ersten Mal von Charon berichtet, dem Fährmann über den Grenzfluss zur Unterwelt. Im 5. Jahrhundert v. d. Z. wurde es bei den Griechen Sitte, ihre Toten mit einer Münze auf der Zunge zu beerdigen, die dem Charon als Obolus für die Überfahrt gebührte.[26] Um 432 v. d. Z. wurde auf einem Kriegsmonument vermerkt, dass die Seelen der Athener in den *aithêr*, in die »obere Luft« aufstiegen, während ihre toten Leiber auf Erden ruhten. Bei Platon und aus vielen griechischen Tragödien erfahren wir, dass die Athener weder an irgendeinen Lohn noch an eine Strafe nach dem Tod glaubten und tatsächlich überhaupt nicht mehr viel zu erwarten schienen: Nach dem Tod war jedermann Staub und Schatten. »Nichts wird zu Nichts«, lässt Euripides eine seiner Figuren sagen; und auch Platon lässt Simmias in *Phaidon* sorgenvoll bemerken: »Indem der Mensch stirbt, die Seele zerstiebt und auch ihr dieses das Ende des Seins ist.«[27]

Das Paradies – oder zumindest die Herkunft dieses Begriffs – ist wesentlich besser dokumentiert: Es beruht auf einem alten medischen Begriff, der sich aus *pari*, »ringsumher«, und *daeza*, »Wand«, zusammensetzt. (Die Meder waren eine persische Kultur im 6. Jahrhundert v. d. Z.) Als *paridaeza* wurden wechselweise Weinberge, Dattelhaine oder Ziegelproduktionsstätten bezeichnet, in einem Fall sogar der »Rotlichtbezirk« von Samos. Doch im Alltag wurde dieses Wort am wahrscheinlichsten als Bezeichnung für die königlichen Wälder oder die üppigen, Schatten spendenden Gärten verwendet, die der Aristokratie vorbehalten waren. Damit könnte die weiter unten beschriebene Vorstellung im Zusammenhang stehen, dass nur Könige und Adlige ins Paradies eingehen und alle anderen in die Hölle fahren würden. Auch in den Schriften des Pythagoras finden sich Hinweise auf die Überzeugung, dass das Nachleben und die Unsterblichkeit der Seele für die Aristokratie reserviert seien. Diese Idee könnte also aus dem Versuch der Oberschicht geboren worden sein, sich die Privilegien zu bewahren, deren sie im Zuge der wachsenden Bedeutung von Städten und der Schicht der Kaufleute immer drastischer verlustig gingen.

Das Volk Israel entwickelte nie eine differenzierte Vorstellung von der Seele. Der Gott Israels bildete Adam, den Menschen, aus *adamah*, dem »Staub von dem Erdboden«; er »blies in seine Nase Hauch des Lebens, und es ward der Mensch zu einem Leben-Atmenden«: *nephesch*.[28] Dieses Wort hat Ähnlichkeiten mit dem akkadischen *napistu*, das ja ebenfalls den »Stoff des Lebens« (Blut) bezeichnet, der im Tod entweicht.[29] Die Hebräer hatten auch nie ein Wort für das essentielle Ich, das den Tod überlebt. Nicht zu vergessen: Das gesamte Buch Job aus der Hebräischen Bibel befasst sich mit den Fragen von Glaube, Leid und Ungleichheit in einem Leben, dem kein anderes folgt (alle Belohnungen, die den Juden von ihrem Gott versprochen wurden, sind weltlicher Art). Sogar nach dem Aufstieg des Messianismus entwickelte sich im Judentum kein Konzept von der Seele. Es gab zwar den Begriff *scheol*, doch der entspricht eher unserer Vorstellung vom Grab und ist keinesfalls als der Hades oder die »Hölle« zu verstehen, als die er meist übersetzt wurde. Die Toten im *scheol* »kommen ins unterste Erdreich« (Psalm 63,10), darunter »gebettet ist Gewürm« (Jesaia 14,11), und »wer in die Gruft sinkt, kommt nicht herauf« (Job 7,9). Erst nach dem Babylonischen Exil begann man überhaupt die Vorstellung von einem guten und einem schlechten Teil des *scheol* ins Auge zu fassen. Schließlich wurde das Tal Ge-Hinnom im Süden Jerusalems als der Ort betrachtet, an dem dereinst beim Gottesgericht die Strafen verteilt würden. Bald darauf sollte *gehinnom* oder *gehenna* zum Synonym für das Höllenfeuer werden.[30]

✳

Der letzte – und begreiflicherweise wichtigste – Aspekt bei dieser Konstellation aus den verschiedenen Eckpunkten des religiösen Glaubens ist die simple Tatsache, dass alle Hauptgöttinnen – wie die Große Göttin und eine ganze Reihe kleinerer Göttinnen – in etwa um die Zeit des Aufstiegs der ersten großen Kulturen degradiert wurden und männlichen Göttern Platz machen mussten. Doch auch die Gründe für diese Transformation sind nicht schwer zu verstehen. Vorherrschend bäuerliche Gesellschaften, deren Individuen sich um das jeweilige Heim gruppierten, waren zumindest egalitär und sehr wahrscheinlich matriarchalisch strukturiert gewesen, das heißt, die Mutter stand im Mittelpunkt fast aller Aktivitäten. Das urbane Leben war hingegen wesentlich stärker auf Männer konzentriert. Der wachsende Bedarf an stehenden Heeren bevorzugte Männer, die das Heim verlassen konnten; auch die gestiegene Notwendigkeit von Fachkräften – Töpfer, Schmiede, Soldaten, Schreiber und nicht zuletzt Priester – favorisierte Männer, da sich die Frauen im Haus um die Kinder kümmern mussten. Nachdem Männer nun also bereits die unterschiedlichsten Berufe ausübten, begann sich die Bandbreite ihrer Interessen zu erweitern und damit ihr Bedürfnis, in irgendeiner Form an politischen Entscheidungsprozessen teilzuhaben. Vor einem solchen Hintergrund war es nur logisch, dass auch die Herrscher Männer waren und Könige allmählich den Vorrang vor den Königinnen erhielten. Männliche Priester leiteten die Tempel und sprachen ihren Königen in einigen Fällen sogar Göttlichkeit zu. Der Effekt, den diese Veränderung auf die Geschichte ausüben sollte, war bekanntlich gewaltig. Doch erst der Schweizer Jurist und Altertumsforscher Johann Jakob Bachofen sollte das in seinem 1861 erschienenen Werk *Das Mutterrecht* zur Sprache bringen.

Betrachtet man die Frühzeit der Religionen, so reicht dies manchmal geradezu an Numerologie heran, denn es gab so viele und so unterschiedliche Glaubensweisen, dass man sie letztlich jeder Theorie zuordnen kann. Doch wenn sich die Weltreligionen *tatsächlich* auf bestimmte Eckpunkte reduzieren lassen, dann gehörten dazu in jedem Fall der Glaube an die Große Göttin, an den Stiergott, an die wichtigsten Himmelsgötter (Sonne und Mond), an heilige Steine, an die Wirksamkeit des Opfers, an ein Leben nach dem Tod und an irgendeine Art von Seele, die den Tod des Körpers überlebt, um fürderhin an einem heiligen Ort zu verweilen. Mit diesen Elementen lassen sich sogar heute noch viele Religionen aus den weniger entwickelten Regionen unserer Welt beschreiben. Doch hinsichtlich der großen Kulturen ist dieses Bild inzwischen nicht mehr sehr stimmig. Und warum die Lage so ist, das zählt zweifellos zu den größten Mysterien der Ideengeschichte. Denn zwischen 750 und 350 v. d. Z. durchlebte die Welt einen gewaltigen geistigen Umbruch, und genau in dieser relativ kurzen Zeitspanne entstanden die meisten großen Weltreligionen.

Der Erste, der darauf hinwies, war der deutsche Philosoph Karl Jaspers

1949 in seinem Buch *Vom Ursprung und Ziel der Geschichte.* In der Periode, die er die »Achsenzeit« nannte, »liegt der tiefste Einschnitt der Geschichte. Es entstand der Mensch, mit dem wir bis heute leben... In dieser Zeit drängt sich Außerordentliches zusammen. In China lebten Konfuzius und Laotzu, entstanden alle Richtungen der chinesischen Philosophie, dachten Mo-Ti, Tschunag-Tse, Lie-Tse und ungezählte andere, in Indien entstanden die Upanischaden, lebte Buddha, wurden alle philosophischen Möglichkeiten bis zur Skepsis und bis zum Materialismus, bis zur Sophistik und zum Nihilismus, wie in China, entwickelt, – in Iran lehrte Zarathustra das fordernde Weltbild des Kampfes zwischen Gut und Böse, – in Palästina traten die Propheten auf von Elias über Jesaias und Jeremias bis zu Deuterojesaias, – Griechenland sah Homer, die Philosophen – Parmenides, Heraklit, Plato – und die Tragiker, Thukydides und Archimedes. Alles, was durch solche Namen nur angedeutet ist, erwuchs in diesen wenigen Jahrhunderten annähernd gleichzeitig in China, Indien und dem Abendland, ohne daß sie gegenseitig voneinander wußten.«[31]

Jaspers konstatierte, dass der Mensch zu dieser Zeit irgendwie menschlicher geworden sei. »Reflexion« begann, und »das Denken richtete sich auf das Denken«: Es war »die überwältigendste Fruchtbarkeit in der Gestaltung des Menschseins«. Chinesen, Inder, Perser, Juden und Griechen entwickelten die moderne Psyche; der Mensch begann im Verhältnis zu Gott »über sich hinaus« zu greifen, um sich »der ganzen Welt« und damit auch den Göttern des Himmels, der umgebenden Natur und den Vorfahren »innerlich gegenüberzustellen«. Natürlich waren nicht alle der nun erschaffenen Religionen strikt monotheistisch, doch alle konzentrierten sich auf ein Individuum, ob es sich bei diesem Mann (und ein Mann war es immer) nun um einen Gott oder um einen Menschen handelte, durch welchen Gott sprach, oder auch um eine Person mit einer besonderen Vision oder mit einer Weltanschauung, von der sich viele angezogen fühlten. Man darf wohl sagen, dass dies der folgenschwerste Wandel im Verlauf der Ideengeschichte war.

*

Beginnen wir mit dem Glauben Israels, allerdings nicht, weil er zuerst da gewesen wäre (er war es nicht), sondern weil es »die einzigartige Glorie Israels ist, *Gott entwickelt* zu haben«, wie Grant Allen schrieb.[32] Und diese Evolution lässt sich besonders gut nachvollziehen.

Dass der Name des jüdischen Gottes, der Moses als »Jahwe« offenbart wurde, aus dem nördlichen Mesopotamien zu stammen scheint, wissen wir seit den dreißiger Jahren des 20. Jahrhunderts, seit die Tontafeln von Nuzi ausgegraben wurden, einer zwischen dem heutigen Bagdad und Nimrud im Irak gelegenen sumerischen Stadt. Die aus dem 15. und 14. Jahrhundert v. d. Z. stammenden Tafeln nennen zwar keine biblischen

Personen bei Namen, vermitteln jedoch ein anschauliches Bild von den Gesetzen einer Gesellschaft, die erkennbar mit jener laut der Bibel in Mesopotamien angesiedelten Gesellschaft übereinstimmt, zu welcher Isaaks Sohn Jaakob floh, nachdem er seinen Vater überlistet hatte, ihm anstelle seines Bruders Esav den Segen zu erteilen. In der Hebräischen Bibel steht geschrieben, dass Jaakob von seinem Bruder »die Erstgeburt« kaufen wollte (Gen 25,31), das heißt also das Anrecht auf die Position des Erstgeborenen; den Tafeln von Nuzi ist zu entnehmen, dass solche Erbsachen tatsächlich verhandelbar waren. Jaakobs Großvater Abraham wurde in Ur geboren und zog später nach Charan, das ebenfalls im Norden Mesopotamiens lag. Diese Region war ohnedies ein Schmelztiegel: Hier lebten Menschen unterschiedlichster Herkunft, primär Amoriter, Aramäer und Churri (Hurriter). Und unter den Eigennamen der Amoriter tauchte nicht selten der göttliche Name »Jahwe« auf.[33]

Bis zu einem relativ späten Zeitpunkt in der jüdischen Geschichte hatte das Volk Israel über eine »beträchtliche« Zahl von Göttern verfügt. »Denn so viel deiner Städte, waren deine Götter, Jehudah«, lauten die Worte, die der Prophet Jeremia im 6. Jahrhundert v. d. Z. äußerte. In der Passage, in der die Hebräische Bibel erstmals vom Glauben des Volkes Israel spricht, erfahren wir von nicht weniger als drei Kulten: Angebetet wurden *terafim* oder Hausgötter, heilige Steine und einige große Götter, die zum Teil heimischen Ursprungs und zum Teil vielleicht auch übernommen worden waren. Einige von ihnen erscheinen in Tiergestalten, andere, vor allem natürlich die Sonne, als Himmelsgötter. Es gibt viele biblische Hinweise auf sie. Als Jaakob vor Laban flieht und Rachel die *terafim* ihres Vaters stielt, setzt ihnen das Oberhaupt zornig nach und fragt den Flüchtenden: »Warum stahlst du meine Götter?« Hoschea wettert über die *terafim*: »Mein Volk befragt sein Holz.« Und Zacharia tobt: »Denn die Terafim reden Nichtiges.« Es steht ganz außer Frage, dass solche *terafim* in jedem Haushalt mit Ehrfurcht behandelt wurden, dass ihnen die Familie in festgesetzten Intervallen Opfer darbrachte und dass sie in Stunden des Zweifels oder bei irgendwelchen Problemen von einem mit dem *efod* (»Priesterschurz«) bekleideten Hauspriester befragt wurden. In diesem Sinne unterschied sich das Volk Israel kaum von seinen Nachbarvölkern.[34]

Auch heilige Steine spielten anfänglich eine große Rolle im semitischen Glauben, beispielsweise in Form des *bet-el*, eines steinernen Altars dort, »wo Gottes Haus ist«. In der Legende von Jaakobs Traum kommt der heilige Stein ebenfalls vor: Jaakob richtet einen Stein zur Säule auf, gießt Öl auf dessen Spitze und erklärt ihn zu einem »Gotteshaus, und alles, was du mir gibst, will ich dir verzehenten«. In anderen Passagen ist von Frauen die Rede, die phallisch geformte Steine anbeten, weil sie sich davon Kindersegen erhoffen. Im Deuteronomium wie auch im zweiten Buch Samuel wird Jahwe als Fels bezeichnet, doch es gibt auch unzählige Hinweise auf andere große Götter. Die Namen »Baal« und »Molech« sind universelle Begriffe in der Hebräischen Bibel; sie stehen hauptsächlich für lokale Gottheiten aus der semitischen Region, manchmal aber auch für heilige Steine. Eine Gottheit in Form eines Jungstiers – das goldene Kalb – wurde zu Zeiten des Exodus in der Wüste wie auch später in Dan und Bet-El angebetet. Grant Allen betont, dass Jahwe anfänglich immer in der Gestalt des Kalbes verehrt wurde. Mit anderen Worten: Die Religion des Volkes Israel war jahrhundertelang polytheistisch gewesen, das heißt, Baal, Molech, der Stier und die Schlange wurden Seite an Seite und »ohne bewusste Rivalität« zu Jahwe verehrt.[35] Doch dann begann sich alles zu ändern. Und wie wir wissen, sollte das enorme Folgen für die Menschheit haben.

Dieser Umbruch hat zwei Aspekte. Der erste ist, dass Jahwe ursprünglich als ein Gott des Wachstums und der Fruchtbarkeit verehrt worden war. Nach den Worten der Hebräischen Bibel versprach Jahwe Abraham, ihn zu »vermehren über die Maßen«, ihn »zum Vater einer Menge von Völkern« und »fruchtbar über die Maßen« zu machen. Dasselbe erklärt er auch Isaak.[36] Selbst bei der unter Nichtjuden wohl bekanntesten Tradition des Judentums, der Beschneidung, handelt es sich um einen ziemlich offensichtlichen männlichen Fruchtbarkeitsritus, mit dem obendrein die Vorherrschaft der männlichen Götter über die weiblichen manifestiert wurde.

Der frühe Jahwe war aber auch ein Gott des Lichtes und des Feuers. Die Geschichte vom brennenden Dornbusch ist allseits bekannt, doch da gibt es noch die Aussage von Zacharia: »Und der Ewige erscheint über ihnen, und herausfährt wie der Blitz sein Pfeil.« Jesaia beschreibt Jahwe mit den Worten: »Und es wird das Licht Jisrael's zum Feuer und sein Heiliger zur Flamme... seine Lippen sind voll Grimmes, und seine Zunge wie verzehrendes Feuer.« Das ist gar nicht mehr so weit entfernt von jenem Ewigen Gott, welcher »ein verzehrendes Feuer, ein eifervoller Gott« ist.[37] Auch so mancher Aspekt der Mondanbetung fand sich im frühen Judaismus. Der Sabbat zum Beispiel (schabbaton, der babylonische »Vollmondtag«) war ursprünglich ein dem Unheil bringenden Kewán oder Saturn gewidmeter Unglückstag gewesen, weshalb es angebracht schien, an diesem Tag lieber die Finger von jeder Art von Arbeit zu lassen. Warum der Monat des Mondkalenders in vier Wochen zu je sieben Tagen eingeteilt wurde, die dann ihrerseits den Göttern der sieben Planeten gewidmet wurden, erklärt sich von selbst.

Wenn man danach sucht, dann sind die Zusammenhänge zwischen den biblischen Versen des frühen Judentums, den noch früheren paganen Religionen und den von uns identifizierten Eckpunkten des Glaubens klar erkennbar. Der Gott aus den frühen hebräischen Schriften war weit davon entfernt, eine ätherische, allgegenwärtige und allwissende Gegenwart zu sein: Er wohnte in einer Lade. Wieso sonst hätte die Lade Gottes derart sakrosankt sein sollen, wieso sonst die große Verzweiflung, als die Philister sie raubten? Was nun aber einer Erklärung bedarf, ist die Frage, warum Jahwe zu dem Einen Gott wurde und warum zu einem derart »eifervollen«, der sich so intolerant gegenüber anderen Göttern zeigt.

*

Zuerst einmal sind die besonderen Umstände zu bedenken, unter denen das Volk Israel, dieser kleine, von so mächtigen Feinden umringte Stamm, in Palästina lebte. Unentwegt musste es kämpfen, ständig war es bedroht. Deshalb scheinen die patriotischen Hebräer auch vor der tragbaren Gotteslade Jahwes im Tempel von Schiloh ihre Versammlungen abgehalten zu haben. Sogar wenn die Soldaten Israels in die Schlacht zogen, wurde die Lade mit dem goldenen Kalb (dem Stiergott also) vor ihnen hergetragen. Und weil die Lade immer nur diesen einen Gott behauste – auch wenn Salomon im 10. Jahrhundert v. d. Z. beispielsweise dem »Götzen der Moabiter« Tempel errichten ließ und diese noch ein paar Jahrhunderte lang erhalten bleiben sollten –, wurde Jahwe auf diese Weise zum Hauptgott. Zwei Generationen lang konnten die beiden winzigen Königreiche des Volkes Israel, das Nordreich Jisrael und das Südreich Jehudah, ihre ständig durch die Großmächte Ägypten und Mesopotamien gefährdete Unabhängigkeit bewahren. Doch mit Beginn des 8. Jahrhunderts v. d. Z. war dieser Balanceakt nicht länger durchzuhalten, und sie wurden in der Schlacht besiegt, zuerst von den Assyrern, dann von den Babyloniern. Die Existenz des Volkes Israel stand auf dem Spiel – mit der Folge, dass plötzlich »ekstatische Begeisterung« für Jahwe ausbrach und der Weg bereitet war für »das Zeitalter der Propheten« und deren erste Meisterwerke der hebräischen Literatur. Mit deren Hilfe wollten sie das sündige Volk Israel so schockieren, dass es sich den Forderungen seines Gottes Jahwe unterwerfen würde. Am Ende dieser Periode war Jahwe schließlich zum »Einen Gott« geworden.[38]

In diesem Zusammenhang stellen sich nun zwei Fragen, wobei eine hier und die andere in einem späteren Kapitel behandelt werden wird. Erstens: Was war die Botschaft dieser Propheten, und welchen Einfluss hatten sie? Zweitens: Wie wurden die Schriften des Volkes Israel zur Hebräischen Bibel kompiliert? Denn wie alle anderen heiligen Schriften ist ja auch die Hebräische Bibel weit davon entfernt, das göttlich inspirierte oder gar das unmittelbare Wort Gottes zu sein, sondern setzt sich aus einer Reihe von Dokumenten zusammen, die mit einer ganz bestimmten Zielsetzung von Menschenhand verfasst wurden.[39]

Die Propheten Israels spielten eine Rolle, die als einzigartig in der Menschheitsgeschichte gilt. Doch auch wenn dem so war, so zeichneten sie sich doch weniger durch ihre Prophetie als durch lautstark wiederholte Brandmarkungen eines verdorbenen und gotteslästerlichen Volkes aus, dem sie verbittert ein verhängnisvolles Schicksal weissagten, so es sich fortwährend weiter von Gott entfremden würde. Allesamt agitierten sie gegen Tieropfer, Götzenanbetung und die traditionelle Priesterschaft, allerdings weniger aus Prinzip denn aus der Erkenntnis heraus: »Die Menschen machten die formalen Bewegungen der Gottesverehrung, während sie im täglichen Leben die Liebe zu Gott nicht zeigten, die allein dem Opfer Bedeutung gibt.« Die Hauptsorge der Propheten galt der inneren Spiritualität Israels, und ihr Ziel war es, die Anhänger der »Volksreligion« vom Götzendienst abzubringen und dem Volk stattdessen beizubringen, über die eigenen Verhaltensmuster, Gefühle und Fehler nachzudenken. Diese Konzentration auf das Innenleben legt nahe, dass die Propheten bereits mit einer urbanen Religion konfrontiert und den Problemen eines Zusammenlebens in drängender Enge ausgesetzt waren. Vielleicht erklärt das auch, weshalb sie »ihre moralischen Lehren mit dem Hinweis auf die Selbstoffenbarung Gottes in der Geschichte Israels rechtfertigten«.[40]

Wann genau das ekstatische Prophetentum in Israel begann, ist ungewiss. Moses sprach nicht nur mit Gott und vollbrachte Wunder, er bediente sich auch der Magie, beispielsweise wenn er seinen Stab in eine Schlange verwandelte. Die ersten Propheten trugen zudem allesamt »Zaubermäntel« – man denke an den Mantel, den Elias (»der größte Wundertäter seit Moses«) an Elischa weitergab.[41] Laut dem Ersten Buch der Könige (1. 18, 20ff.) war unter den Kanaanitern Prophetie gang und gäbe, also ist es durchaus möglich, dass das Volk Israel diese Idee von ihnen übernahm.[42] Die zentrale, ja geradezu beherrschende Rolle bei der Prophetie spielte im Volke Israel der »innere Geist« des Glaubens. »Was dem israelitischen Prophetentum seine deutliche moralische Note fast von Beginn an (wenn auch nicht ganz von Anfang an) gibt, ist der ausgeprägt moralische Charakter der israelitischen Religion. Die Propheten machen Geschichte, weil Israel Geschichte macht… Eine Religion ist ihrer Natur nach nur moralisch, wenn ihre Gottheiten für moralisch gelten – und das war bei den Alten kaum die Regel. Die Sonderstellung Israels beruhte auf der moralischen Natur des Gottes, der sich ihm offenbart hatte.« Die Propheten führten außerdem ein gewisses Maß an Rationalität in den Glauben ein. Paul Johnson stellte die Frage, weshalb eine übernatürliche Kraft, wenn es sie denn *gibt*, nur auf bestimmte heilige Steine, Flüsse, Planeten oder Tiere beschränkt sein sollte. Und warum sollte diese Kraft nur in einem willkürlichen Aufgebot an Göttern ihren Ausdruck finden? Ist die Idee von einem Gott, der lediglich über begrenzte Macht verfügt, nicht ein Widerspruch in sich? »Gott ist nicht einfach nur größer, er ist um ein Unendliches größer, deshalb ist es eine absurde Vorstellung, dass man ihn darstellen könnte, und ein beleidigender Versuch, wenn man sich ein Bild von ihm machen wollte.«[43]

Obwohl die Propheten höchst unterschiedliche Charaktere und Lebensläufe hatten, waren sie doch einer Meinung, wenn es darum ging, Israel moralische Verkommenheit vorzuwerfen und das Volk zu verurteilen, weil es sich von Jahwe abwandte und so übereifrig völlig sinnentleerte Opfer darbrachte (was vor allem für die Priesterschaft galt). Alle Propheten erwarteten wegen der Verkommenheit, die sie überall im Volk Israel sahen, eine Zeit der schweren Prüfungen, glaubten aber, dass das Volk schließlich von einem moralischen »Überrest« errettet werden könne. In solchen Ansichten spiegelte sich ziemlich sicher die Zeit eines großen sozialen und politischen Umbruchs: Israel verwandelte sich gerade von einer Stammesgesellschaft in einen Staat, der von einem mächtigen König und dessen Hofstaat beherrscht wurde. Das Königshaus entlohnte die Priester und machte sie auf diese Weise von sich abhängig. Es entstand eine neue, wohlhabende Händlerschicht, die in der Lage war, sich und ihren Nachkommen Privilegien zu erkaufen, und für die der Glaube wahrscheinlich erst an zweiter Stelle kam. Und all das geschah in einer Zeit, als die Bedrohungen von außen gerade erhebliche Probleme bereiteten.

Die ersten Propheten, Elias und Elischa, führten die Idee des individuellen Gewissens ein. Elias klagte vor allem das verderbte Königshaus an, weil es zuließ, dass einige seiner Mitglieder dem Baal huldigten. Gott hatte zu Elias bekanntlich in einem »Ton sanften Säuselns« gesprochen (1 Könige 19,12). Amos hingegen war entsetzt über die Bestechlichkeit der Menschen und die Prostitution, die als Relikt alter Fruchtbarkeitsriten im Tempel überlebt hatte. Er war es auch, der nun die Vorstellung von einer Erwähltheit entwickelte: »Nur euch hab' ich erkannt vor allen Geschlechtern des Erdbodens« (man beachte jedoch: »Darum will ich ahnden an euch all eure Missetaten« [Amos 3,1–2]), vorausgesetzt, das Volk Israel blieb seinem Bund mit Jahwe treu und verehrte keine anderen Götter neben ihm. Für Amos stand außer Frage, dass Jahwe in die Geschichte eingreifen und die »Untaten Israels« vergelten würde, sollte es diesen heiligen Bund verletzen. Hoschea definierte den Bund noch umfassender: Er hielt den Plan Jahwes, des Meisters aller Geschichte, sogar für »unwiderstehlich«; und auch er wetterte gegen das verdorbene Königtum, den Tempelkult und vor allem gegen die »Götzenbilder«, das »Kalb Schomron's« in der königlichen Kultstätte (Hoschea 8,4–6). Und es war Hoschea, der erstmals den »Tag des Lichtes« prophezeite und damit die Erlöseridee einführte, die wir »mit dem nicht ganz genauen Ausdruck ›Messianismus‹« bezeichnen. Hoschea führte einen von Raum und Zeit unabhängigen Glauben des Herzens ein, der sich noch verstärkte, nachdem Jerusalem die Belagerung durch den assyrischen König Sancherib im Jahr 701 v. d. Z. überlebt hatte. Das Volk Israel siegte dank eines Seuchenausbruchs im Lager der Assyrer (vermutlich eine von Mäusen eingeschleppte Pestepidemie), betrachtete diesen Sieg jedoch als Bestätigung, dass sein Schicksal von Jahwe und von der eigenen Moralität abhing.[44]

Jesaia, der fraglos gewandteste Wortschmied und bewegendste Autor unter den Propheten (und des gesamten hebräischen Kanons) trat seine Mission dem eigenen Bericht zufolge in dem Jahr an, in dem König Usija starb. Das wäre also um das Jahr 740 v. d. Z. gewesen. Der Überlieferung nach war Jesaia ein Neffe von Amazjah gewesen, dem König von Jehudah, und pflegte engen Kontakt zu den Politikern seiner Zeit.[45] Trotzdem mischte er sich lieber unter das Volk und versammelte schließlich eine beträchtliche Anhängerschar um sich. Dass seine Popularität von Dauer war, beweist nicht zuletzt die Tatsache, dass sich unter den Schriftrollen, die nach dem Zweiten Weltkrieg in Qumran entdeckt wurden, eine über sieben Meter lange Rolle mit den auf fünfzig Spalten aufgeteilten Kapiteln des Buches Jesaia in hebräischer Sprache befand. Nur weil Jesaia König Chiskijah so stark unter Druck setzte, wurde der Tempel in Jerusalem schließlich wieder Jahwe geweiht. Alle anderen örtlichen Kultstätten wurden geschlossen, der öffentliche Gottesdienst wurde wieder auf die Hauptstadt konzentriert.[46] Das von Jesaia geschilderte Königreich Jehudah war von »ungezügelter, verantwortungsloser Üppigkeit, den Sinnen ergeben und ohne Verständnis für göttlichen oder menschlichen Geist«.[47] Am massivsten aber griff er das Landmonopol an, »das sich in Juda so übel ausgewirkt hatte«. Er drängte das Volk Israel zu einer neuen Spiritualität, zu einer neuen Innerlichkeit, zu einem Glauben, der sich noch weit unabhängiger von Raum und Zeit machen sollte, als es sich selbst Hoschea hätte vorstellen können, und der sich schließlich immer deutlicher in eine Religion des Gewissens verwandelte, aus deren Sicht der Mensch nur dann soziale Gerechtigkeit erfahren kann, wenn er auf sich selbst zurückgeworfen wird. Der Mensch, so sagte Jesaia, müsse sich von dem wesentlichen Ziel seines Lebens, der Jagd nach weltlichen Reichtümern, abkehren: »Wehe denen, die Haus an Haus rücken, Feld an Feld reihen, bis kein Platz mehr und ihr allein die Bewohner bleibet im Lande.«[48]

Es gab noch einen anderen und mindestens so wichtigen Aspekt bei Jesaia: Seiner Überzeugung nach war kein Opfer genug, Reue aber immer möglich und der Herr immer versöhnlich. Und sofern nur genügend Menschen bereuten, stünde ein Zeitalter des Friedens bevor – »und sie werden stumpf machen ihre Schwerter zu Sicheln und ihre Lanzen zu Rebenmessern. Nicht wird erheben Volk gegen Volk das Schwert, und nicht lernen sie fürder den Krieg.« Mit dieser Aussage wurde, wie schon viele Historiker festgestellt haben, der Geschichte zum ersten Mal Linearität verliehen: Gott gibt der Geschichte eine Richtung. Doch Jesaia führte eine sogar noch radikalere Idee ein: »Siehe, das junge Weib wird schwanger und gebiert einen Sohn, und du sollst seinen Namen nennen Immanuel (Gott mit uns).« Dieser Sohn sollte dem Zeitalter des Friedens vorangehen: »Und es wohnt der Wolf mit dem Lamme, und der Tiger lagert neben dem Böcklein, und Kalb und junger Leu und Maststier zusammen, und ein kleiner Knabe leitet sie.« Auch ein großer Herrscher sollte er sein: »Denn ein Kind ist uns geboren, ein Sohn ist uns gegeben, und die Herrschaft ist auf seiner Schulter; und man nennt seinen Namen: Wunder, Berater, starker Gott, ewiger Vater, Fürst des Friedens.«[49] Christen messen dieser Passage mehr Gewicht bei als Juden, da Matthäus sie als eine Prophezeiung der Ankunft Jesu interpretierte. Juden hingegen legen das Buch Jesaia nicht messianisch aus. Es befasst sich primär mit der individuellen Seele – auch wenn das wohl nicht das richtige Wort dafür ist. Aus Jesaias Sicht können wir alle den »Ton sanften Säuselns« in unserem Gewissen vernehmen, und genau das kennzeichnet den jüdischen Glauben: Juden glaubten nicht wirklich an ein Leben nach dem Tod, deshalb wurde das Gewissen zu dem, was einer Seele am nächsten kommt.

In den letzten Tagen vor dem endgültigen Fall von Jerusalem folgte Jeremia auf den Propheten Jesaia, doch er hätte andersartiger nicht sein können. Er stand der herrschenden Schicht zwar ebenso kritisch gegenüber, sagte seine Meinung ebenso unverblümt und vielleicht sogar mit noch zornigeren Worten, doch im Gegensatz zu Jesaia wurde Jeremia zu einem Ausgestoßenen. Ihm war es sogar verboten, den Tempel zu betreten oder ihm auch nur nahe zu kommen. Außerdem war er vermutlich ebenso labil wie unpopulär: Sogar seine eigene Familie wandte sich von ihm ab, und es fand sich keine Frau, die ihn heiraten wollte.[50] Dafür hatte er einen eigenen Schreiber. Während alle anderen ins Exil gingen, blieb er noch eine Weile in Mizpah, einem kleinen Ort nördlich von Jerusalem. Seine Schriften aber wurden gewissenhaft bewahrt, denn seine düsteren Prophezeiungen sollten sich bewahrheiten. In den Jahren 597 und 586 v. d. Z. belagerten die Babylonier Jerusalem. Nach der zweiten Belagerung wurden der Tempel und die Mauern zerstört und fast die ganze Stadt in Brand gesetzt. Jeremia gehörte zu den Menschen, die fliehen konnten, während Tausende aus dem Volk Israel nach Babylon verschleppt wurden. Doch so traumatisch dieses Exil auch war, so vital wurde seine Bedeutung für die Transformation des jüdischen Glaubens.

*

Das Babylonische Exil des Volkes Israel währte von 586 bis 539 v. d. Z. Während dieser Zeit lernte es den Zoroastrismus seiner Häscher kennen, das wichtigste nahöstliche Glaubenssystem vor dem Entstehen des Islam. Die Ursprünge dieser Religion liegen im Dunkeln. Nach der zoroastrischen Überlieferung soll Zarathustra (griechisch: Zoroaster) seine Offenbarung »258 Jahre vor Alexander« erlebt haben, was dem Jahr 588 v. d. Z. entspräche und somit mitten in die Achsenzeit gefallen wäre. Doch das kann nicht stimmen, und zwar allein deshalb nicht, weil die Sprache der *Gathas* des *Avesta* (der Gesänge, die den zoroastrischen Kanon bilden) der ältesten Sprachschicht des Sanskrit aus dem *Rig Veda* sehr ähnlich ist.

Die beiden Sprachen sind sogar so eng verwandt, dass man sie letztlich nur als »Dialekte ein und derselben Sprache« bezeichnen kann, die nicht viele Jahrhunderte von ihrem gemeinsamen Ursprung getrennt sein können.[51] Und da sich die Veden auf zwischen 1900 und 1200 v. d. Z. datieren lassen, können die *Gathas* ergo nicht viel jünger sein.

Während die Veden jedoch noch im heroischen Zeitalter angesiedelt sind und von vielen Göttern berichten, die häufig »vom selben Wesen wie Menschen« und manchmal ungemein grausam sind, entwickelte der Zoroastrismus eine ganz andere Vorstellung.[52] Eine seiner Quellen ergibt sich aus der Wanderung der Völker im 3. Jahrtausend v. d. Z., die von Archäologen, Frühgeschichtlern und Philologen als »Indoarier« bezeichnet werden. Doch wie gesagt wird seit langem heftig debattiert, woher diese Menschen einst kamen – ob aus der Region zwischen dem Schwarzen und dem Kaspischen Meer, zwischen dem Kaspischen Meer und dem Aralsee, aus den Gebieten um den Oxus-Fluss im Norden Persiens, aus der Region der so genannten BMAC-Kultur (dem *Bactria-Margiana Archaeological Complex*, der sich im Wesentlichen auf das nördliche Afghanistan beschränkt) oder gar aus dem Indus-Tal selbst. Gesicherter scheint zu sein, dass die Indoarier sich in zwei Gruppen aufgespalten hatten, deren eine – weiter im Osten – die vedische Religion ins Leben rief, welche sich zum Hinduismus weiterentwickelte, während die andere – weiter im Westen – den Zoroastrismus begründete.

Einige Aspekte des Zoroastrismus scheinen sich aus dem Mithras-Kult entwickelt zu haben. Mithras, der aus dem Felsen geborene Gott, dem so häufig Stiere geopfert worden sein sollen, taucht unter den historischen Zeugnissen erstmals auf einer Tontafel auf, die man im ostanatolischen Bogazköy fand und auf das 14. Jahrhundert v. d. Z. datierte. Die Inschrift gedenkt eines Vertrags, der zwischen den bereits kurz erwähnten Hethitern und den Mitanni (einem Stamm, der von arischen Oberhäuptern geführt wurde und jenseits des Euphrat im heutigen Syrien siedelte) geschlossen worden war und eine Reihe von Göttern erwähnt, die später auch im hinduistischen *Rig Veda* auftauchten, darunter zum Beispiel Mithra, Varuna und Indra. Dass »Mithra« das altpersische Wort für »Vertrag« ist, wirft aus mindestens drei Gründen ein interessantes Licht auf diese Geschichte: Erstens, aber das ist reine Spekulation, erinnert ein Vertragsgott an die israelitische Idee des Bundes, der ja vor allem einen Vertrag mit Gott darstellt. Wurde diese Idee also ursprünglich hier geboren? Zweitens legt ein Vertragsgott eine urbane oder sich gerade urbanisierende Kultur mit einer aufstrebenden Kaufmannsschicht nahe; und drittens, was wohl am bedeutendsten ist, stand ein »Vertrag« immer auch für Fairness und somit für Gerechtigkeit.[53] Ergo haben wir hier zum ersten Mal einen Gott, der einen abstrakten Wert darstellt. Genau das war die Errungenschaft Zarathustras: Er brach mit der Tradition eines Pantheons der Götter.

Der Überlieferung nach wurde Zarathustra entweder in Raga (der alten Stadt Rajj, die heute vor den Toren Teherans liegt), in Afghanistan oder sogar im fernen Kasachstan geboren. Fest steht jedenfalls, dass er mit rund dreißig Jahren seinen Weg an den Hof von Guschtasp fand, dem Herrscher eines Stammesvolks im Norden des Iran, wobei es sich möglicherweise um das alte Balkh (Baktrien) handelte, heute die nordwestlichste Provinz Afghanistans. Dort gewann er zuerst den König und dann auch das Volk für seinen Glauben, bis dieser schließlich zur offiziellen Religion erklärt wurde.

Die entscheidende Bedeutung des Zoroastrismus – und das Geheimnisvolle an ihm – ist zum einen, dass er abstrakte Werte als Gottheiten darstellte, und zum anderen, dass sich einige seiner Merkmale im Buddhismus und Konfuzianismus wiederfinden, einige aber wohl auch zur Ausbildung des Judaismus und deshalb auch zum Christentum und Islam beigetragen haben. Friedrich Nietzsche schrieb: »Zarathustra schuf diesen verhängnisvollsten Irrtum, die Moral...«[54] Die Seele stellte sich Zarathustra als eine Dreigestalt vor: als *urvan*, den Teil des Individuums, der den Tod des Körpers überlebt; als *fravashi* (Schutzgeister), die im Moment des Todes eines Menschen aus dem Licht herabsteigen, um ins Licht zurückzukehren; und als *daena*, das Bewusstsein.[55] So oder so, der Zoroastrismus könnte jedenfalls allen uns bekannten großen Religionen die grundlegenden Ideen für ihre Ausgestaltung geliefert haben.

Das Volk, dem Zarathustra seine Ideen einpflanzte, verehrte das Feuer und neben den bekannten Göttern der Erde und des Himmels eine Reihe von *devas* – Geister und Dämonen.[56] Die meisten Zoroastriker glauben, dass Ahura Mazda, der weise Herr und Schöpfer alles Guten, sich ihrem Religionsstifter unmittelbar offenbart habe. Und indes Zarathustra die Offenbarung empfing, habe er die Urtat Gottes imitiert – die Wahl des Guten. Das ist ein ganz entscheidender Aspekt beim Zoroastrismus: Der Mensch ist aufgerufen, den Wegen des Herrn zu folgen, doch er bleibt in seiner Entscheidung frei. Er ist weder Sklave noch Diener.[57] Ahura Mazda ist der Vater der gegensätzlichen Zwillingssöhne Spenta Mainyu, des guten oder wohltätigen Geistes, und Agra Mainyu, des verneinenden oder zerstörerischen Geistes, welche ihrerseits eine Wahl zwischen *asha*, der Gerechtigkeit, und *druj*, dem Trug, getroffen hatten.[58]

Zarathustra hatte den Begriff des »Erlösers« *(sayosyant)* mehrmals auf sich selbst bezogen, was gewiss viel zur Heranbildung seiner Ideen vom Himmel und der Seele beitragen sollte. Nach dem Glauben der Zeit, in die er hineingeboren worden war, besaßen nur Priester und Aristokraten eine unsterbliche Seele; nur sie kamen in den Himmel, für alle anderen war die Hölle da. Zarathustra veränderte nun alles. Er verurteilte Schlachtopfer als grausam und prangerte den priesterlichen Haoma-Kult an, wobei es sich vermutlich um die Einnahme eines berauschenden Getränks aus einer halluzinogenen Pflanze handelte. Es ähnelte dem Soma, einem Trank, der in den hinduistischen Schriften erwähnt wurde und eine ähnliche Wirkung wie die »Hanfkörner« gehabt haben soll, die Herodots Schilderung zufolge von den Skythen vor ihren Ritualen eingenommen wurden.[59] Es gibt Nachweise, dass auch der frühe Zoroastrismus eine ekstatische Religion war und Zarathustra selbst *bhang* (Haschisch) rauchte. Das Paradies dieser neuen Religion hieß *garô demânâ*, das »Haus des Sanges« (alten Berichten zufolge gab es Schamanen, die sich langsam in Ekstase sangen), und stand theoretisch allen offen, wenngleich tatsächlich nur die Gerechten Einlass fanden. Der Weg ins Jenseits führte über die Cinvat-Brücke, wo die Menschen in Gerechte und Böse eingeteilt wurden. Die Sünder blieben »auf immer Bewohner des Hauses des Bösen«.[60] Die Vorstellung, dass ein Fluss das Diesseits vom Jenseits trennt, findet sich in vielen Religionen; die Idee von einem Weltgericht sollte jedoch nur im Judentum, Christentum und Islam zu einem entscheidenden Element werden. Tatsächlich stammen die Ideen von einem Leben nach dem Tod, von einer Auferstehung, einem Weltgericht, einem Himmel und dem Paradies ebenso aus dem Zoroastrismus wie die Vorstellungen von Hölle und Teufel.[61] In einem Gedicht der *Gathas* heißt es, dass die Seele nach dem Tod des Körpers drei Tage beim Leib verweilt; am dritten Tag erhebt sich »im Süden ein duftender Wind« und bringt sie in Gestalt eines schönen Mädchens geschwind zu »den anfanglosen Lichtern«. Die Seele des Bösen hingegen »begegnet im Nordwind einer schrecklichen Megäre«, die ihn »in die Zone der anfanglosen Finsternis« bringt.[62] Man beachte die dreitägige Verzögerung.

Das Volk Israel wurde unter Nebuchadnezar II. im Jahr 586 v. d. Z. in die Babylonische Gefangenschaft geführt; 539 v. d. Z. nahm der persische König Cyrus II. Babylon ein. Er hatte bereits die Meder und Lyder unterworfen und verbreitete nun mit seiner Gefolgschaft den Zoroastrismus im Nahen Osten. Außerdem befreite er die Juden und ließ sie in ihr Heimatland zurückkehren – kein Zufall also, dass er als einer von nur zwei Fremdherrschern in der Hebräischen Bibel mit Respekt behandelt wird. Der andere ist Abimelech, siehe Genesis 21. Und ebenso wenig zufällig ist demnach, dass der Judaismus und deshalb auch das Christentum und der Islam viele Merkmale mit dem Zoroastrismus gemeinsam haben.

*

Buddha war kein Gott und auch kein Prophet im eigentlichen Sinne. Doch die Lebensweise, für die er eintrat, war ebenfalls das Ergebnis von Unzufriedenheit angesichts des Materialismus und der Gier, die unter der neuen Händlerschicht in den Städten um sich griff, und angesichts der geradezu obsessiven Fixierung der Priesterschaft auf das Opfer und die Tradition. Seine Antwort darauf war, dass er jeden aufrief, tief in sich hineinzuhorchen, um seinen höheren Lebenszweck zu erkennen. So gesehen ähnelten die Bedingungen, die im 6. und 5. Jahrhundert v. d. Z. in Indien herrschten, deutlich den Umständen, unter denen das Volk Israel lebte.

Doch Siddharta Gautama (Gotama) war allen Berichten zufolge ohnedies ein Pessimist und neigte dazu, die eher düsteren Seiten des Lebens zu sehen. Tatsache ist jedenfalls, dass sich die vorherrschenden sozialen und religiösen Vorstellungen in Indien zu seinen Lebzeiten bereits fundamental zu wandeln begonnen hatten. »Hinduismus« ist das Wort, mit dem die islamischen Invasoren um 1200 n. d. Z. die traditionelle Religion Indiens bezeichneten, um den indischen Glauben von ihrem eigenen zu unterscheiden (»Hindu« ist eigentlich die persische Bezeichnung für »Indien«). Doch der traditionelle Hinduismus war wohl mehr eine Lebensweise als eine Weltanschauung. Er hat weder einen Glaubensstifter noch einen Propheten, weder ein Glaubensbekenntnis noch eine kirchliche Struktur vorzuweisen. Stattdessen sprechen Hindus von der »ewigen Lehre« oder dem »ewigen Gesetz«. Die ersten historischen Zeugnisse dieses Glaubens wurden bei Ausgrabungen in Harappa und Mohenjo-Daro entdeckt, den beiden Zentren der Indus-Kultur, die rund sechshundertfünfzig Kilometer voneinander entfernt jeweils am Unterlauf und Oberlauf des Indus im heutigen Pakistan lagen und auf die Jahre 2300 bis 1750 v. d. Z. zurückgehen. Von entscheidender Bedeutung scheinen rituelle Waschungen gewesen zu sein (sie sind es noch heute), denn in beiden Stätten wurden an prominenten Plätzen Vorrichtungen dafür entdeckt.[63] Daneben fanden sich viele Figurinen von der Muttergöttin, jeweils dargestellt als Schwangere oder mit stark betonten Brüsten. Jedes Dorf hatte eine eigene Göttin, die das weibliche Prinzip verkörperte, daneben gab es einen gehörnten männlichen Gott mit drei Gesichtern, *Trimurti* genannt, aus dem sich später die göttliche Dreifaltigkeit Brahman, Shiva und Vishnu entwickeln sollte. Auch Fruchtbarkeitssymbole wurden gefunden, allem voran *lingam* und *yoni*, die Verkörperungen der weiblichen und männlichen Geschlechtsorgane. Die heiligen Männer aus dem Indus-Tal praktizierten nicht nur rituelle Waschungen, sondern auch Yoga und die weltliche Entsagung.

Die erste Veränderung durchlief der Hinduismus um etwa 1700 v. d. Z., als die arischen Völker in Indien einfielen. Die Arier kamen aus dem Iran, wie es auch der Name besagt (Iran bedeutet im Altpersischen »Land der Arier«, *arya* steht für »Sonnensöhne«), doch ihre Herkunft ist noch immer ein Geheimnis und unter Archäologen heftig umstritten. Der arische Einfluss auf Indien war jedenfalls tiefgreifend und nachhaltig. Noch heute sind die Menschen im Norden Indiens größer und haben eine hellere Hautfarbe als ihre drawidischen Landsleute im Süden des Subkontinents. Die arische Sprache entwickelte sich in Indien zum heute so genannten Sanskrit, das mit dem Griechischen, Lateinischen und den anderen im zweiten Kapitel erwähnten indoeuropäischen Sprachen verwandt ist. Die Religion der Arier könnte Querverbindungen zu den Glaubensweisen Griechenlands in Homers Zeiten gehabt haben, denn es lässt sich so manche Parallele unter den Göttern finden, die beiderseits primär als Naturkräfte verstanden wurden. Die Arier praktizierten die Opferung von Tieren und hielten Feuerrituale ab, bei denen sie Butter, Körner oder Gewürze in die Flammen warfen. Man weiß auch, dass sie sich mit Hilfe der Droge Soma in Trance versetzten und ihnen auf diese Weise die Veden »offenbart« wurden. Dass das heilige Feuer einen so großen Stellenwert in ihrer Religion einnahm, lässt vermuten, dass sie ursprünglich aus einer nördlichen und damit kälteren Region stammten. Im Gegensatz zu den Proto-Indern *hatten* die Arier eine heilige Schrift, niedergeschrieben um 800 v. d. Z: den *Rig Veda* (»Veda der Loblieder« oder wörtlich: »Wissen/Weisheit *[vid]* in Versen«). Viele dieser religiösen Hymnen könnten schon vor dem Eintreffen der Arier in Indien komponiert worden sein, auch wenn sie später als eine Offenbarung von Brahman betrachtet wurden, der höchsten Quelle allen Seins.[64] Der *Rig Veda* setzt sich aus über tausend Hymnen mit insgesamt zwanzigtausend Strophen zusammen, die sich an zahllose unterschiedliche Götter richten, darunter als wichtigster Indra, den man sich als einen Krieger vorstellte, welcher alles Übel bekämpft und dem sich alles Werden verdankt; daneben Agni, der das heilige Feuer verkörpert (lateinisch *ignis*), welches Himmel und Erde verbindet, weil es das Opfer himmelwärts trägt; und Varuna (der griechische Gott Uranus), der ein Himmelsgott, aber auch das Haupt der Götter und der Wächter über die kosmische Ordnung ist.

Im Lauf ihrer Entwicklung postulierten die Veden eine Art von Weltseele, eine mystische Einheit, die mit nichts vergleichbar ist und in sich selbst ebenso ein Opfer wie eine Körperlichkeit darstellt, die der Welt eine Ordnung verleiht. Der Schöpfer erschuf die Welt durch ein Opfer; sogar die Götter oder ihre ureigene Existenz hingen von kontinuierlichen Opferungen ab. Den Mund dieser körperlichen Weltseele bildet die Priesterkaste. Ihre Angehörigen hießen »Brahmanen«, was ihre Beziehung zur höchsten Quelle Brahman ausdrücken soll: Vor der Niederschrift der Veden war es die Pflicht der Brahmanen gewesen, die »ewigen Wahrheiten« auswendig zu lernen und von einer Generation zur nächsten zu überliefern; das heilige Wissen wurde vom Vater auf den Sohn vererbt. Die Arme stehen für die Kriegerkaste, die Beine für die wirtschaftende Kaste der Bauern, Viehzüchter und Handwerker, und die Füße schließlich für die niederste Kaste der Knechte und Ausgestoßenen. Anfänglich war die Zugehörigkeit zu einer Kaste noch nicht erblich gewesen, erst allmählich sollte der Wechsel von einer zur anderen Kaste unmöglich werden.[65] Dem Erblichkeitsprinzip hatten sehr wahrscheinlich die Brahmanen als Vorbilder gedient, da sie ihre Aufgabe der Überlieferung besser bewältigen konnten, wenn sie ihre Söhne frühzeitig zu unterrichten begannen. Nur sie wussten zudem, wie man die komplizierten Opferrituale für den Erhalt der Natur auf Erden ausführte. Finanziert wurden diese Opferungen von der Herrscherkaste, während die Bauern für die Zucht der Opfertiere zuständig waren. Somit hatten also drei dieser vier Kasten ein persönliches Interesse am Erhalt des Status quo.

So weit das traditionelle Bild. Als Gautama die Szene betrat, war bereits ein sozialer und geistiger Umbruch in Indien im Gange. Dörfer und Städte wuchsen rasant, das System der zwischen Herrscher und Tempel geteilten Macht hatte zu bröckeln begonnen, seit Händler und Marktwirtschaft den Status quo untergruben. Es entstand eine neue urbane Schicht, die sich ehrgeizig um die eigenen Belange kümmerte und wenig Geduld mit dem Althergebrachten hatte, während die Bauern die neue Technik der Eisenzeit zur Rodung der dichten Wälder nutzten.[66] So konnten immer größere Landstriche urbar gemacht werden und sich die bäuerliche Gesellschaft von der Viehzucht auf den Ackerbau verlegen. Das trug nicht nur zu einem Bevölkerungswachstum bei, es veränderte auch die Einstellung der Menschen zum Tieropfer, das unter diesen Bedingungen immer deplatzierter wirkte.

Kapilavatthu, Gautamas Heimatort, war ein typisches Beispiel für diesen Umbruch. Kurz vor Gautamas Geburt war es zu einem Aufstand der Weisen gegen den alten vedischen Glauben Indiens gekommen. Sie begannen eine Reihe von Schriften zu verfassen, die sie heimlich untereinander austauschten und die später *Upanischaden* genannt wurden, abgeleitet von dem sanskritischen Begriff *apa-ni-sad*, was so viel bedeutet wie »daneben sitzen« oder »sich in der Nähe niederlassen« – eine Formulierung, die den unorthodoxen Charakter dieser neuen oder neu interpretierten Sprüche spiegelte.[67] In gewisser Weise haben die *Upanischaden* Ähnlichkeit mit den Lehren der hebräischen Propheten, denn auch sie verliehen den alten Texten, in diesem Fall den Veden, den deutlich spirituell betonten Aspekt der Verinnerlichung. Mit Hilfe der *Upanischaden* konnten die Gläubigen die Gegenwart Brahmans im tiefsten Inneren des eigenen Seins erfahren. »Die Erlösung lag nicht in der Opferung, sondern in der Erkenntnis, dass die absolute ewige Wahrheit sogar noch über den Göttern steht und identisch ist mit dem tiefsten Inneren des eigenen Seins *(atman)*.« In den *Upanischaden* wird Erlösung nicht nur als die Befreiung von der Sünde, sondern auch von der Conditio humana als solcher dargestellt.[68] Und genau das war es, was den Beginn der Religion kennzeichnete, die wir heute Hinduismus nennen und deren Parallelitäten zum Judaismus der Propheten so deutlich auf der Hand liegen.

Woher nun aber die Idee von der Reinkarnation stammt, ist weit weniger klar. Im vedischen *Asvalayana Grhyasutra* findet sich der Gedanke: »Das Auge muss in die Sonne eingehen, die Seele in den Wind. Gehe ein in den Himmel und gehe ein in die Erde, wie es das Schicksal bestimmt. Gehe ein in das Wasser, wenn es dir zugewiesen wird, oder verweile mit deinen Gliedern in den Pflanzen.« Auch wenn dies noch eine urwüchsige Vorstellung war, so kündigte sich in ihr doch bereits in vielerlei Hinsicht die Idee aus den *Upanischaden* an, dass der Verstorbene nach der Verbrennung und je nach der Art des Lebens, das er geführt hatte, »den Weg Gottes« *(devayana)* gehen werde, welcher zu Brahman führt, oder »den Weg der Väter« *(pitrayana),* welcher durch Dunkelheit und Finsternis zum Wohnsitz der Ahnen und von dort zu einem neuen Zyklus auf die Erde zurückführt. In den *Upanischaden* tauchte erstmals auch die Zwillingslehre von *samsara* und *karma* auf. *Samsara* ist der Kreislauf des Daseins oder der Wiedergeburten; *karma* ist die Lebenskraft, durch deren Art die Form der nächsten Inkarnation beeinflusst wird. *Atman* – das Selbst oder die Seele, abgeleitet von *an,* »atmen« – unterliegt diesen Zwillingsprozessen, was bedeutet, dass die Seele auch für Hindus das Äquivalent des belebenden Prinzips war.[69] Um eins mit Brahman zu sein, um *moksa* – die Befreiung – zu erreichen und auf dem »Weg der Götter« zur Erlösung zu gelangen, musste *atman* erst einmal *avidya* überwinden, das tiefe Nichtwissen, dessen wichtigster Aspekt *maya* war, die wahrnehmbare Welt der Dinge und die Betrachtung des Selbst als einer eigenständigen Wesenheit. Die Überschneidungen, die hier zwischen dem Hinduismus und dem Platonismus zutage treten, sind deutlich und werden im Verlauf dieser Darstellung immer klarer zutage treten.

Das also war der Hintergrund, vor dem Siddharta Gautama – Buddha – auftauchte. Sein Leben ist nicht annähernd so gut dokumentiert wie beispielsweise das der Propheten Israels oder das von Jesus. Natürlich wurde auch seine Biografie niedergeschrieben, doch das früheste Zeugnis stammt erst aus dem 3. Jahrhundert n. d. Z. Zwar beriefen sich alle Biografien auf einen früheren Bericht, der rund hundert Jahre nach seinem Tod im Jahr 483 v. d. Z. verfasst worden war, doch da dieser Text verloren ging, können wir nicht beurteilen, wie stimmig die noch erhaltenen Biografien sind. Wie es scheint, war Gautama etwa neunundzwanzig Jahre alt, als er ungefähr im Jahr 538 v. d. Z. von einem Tag auf den anderen seine Frau, seinen Sohn und ein Leben im Wohlstand verließ, um sich auf die Suche nach der Erleuchtung zu begeben. Es heißt, er sei noch einmal ins Obergeschoss seines Hauses gegangen, um einen letzten Blick auf seine schlafende Frau und das Kind zu werfen; dann sei er ohne Abschied fortgegangen. Dass sein Herz deshalb jedoch nicht allzu schwer war, lässt sich dem Namen entnehmen, den er seinem kleinen Sohn gegeben hatte: Rahula, »Fessel« – gewiss ein Anzeichen dafür, dass er sich in einer verabscheuten Lebensweise eingezwängt fühlte. Er sehnte sich nach einem reineren, spirituelleren Leben. Also tat er, was viele heilige Männer im Indien seiner Zeit taten: Er kehrte der Familie und allem Besitz den Rücken, legte das gelbe Gewand des Wandermönchs an und ernährte sich von erbettelten Gaben, was im damaligen Indien eine durchaus akzeptierte Lebensweise war.

Sechs Jahre lang lauschte er den Lehren der Weisen, doch seine eigene Welt veränderte sich erst, nachdem er eines Nachts in Trance eine Vision gehabt hatte: »Der gesamte Kosmos frohlockte, die Erde bebte, Blumen fielen vom Himmel, ein duftender Lufthauch umwehte ihn, und die Götter jubilierten in ihren Himmeln... Neue Hoffnung auf die Befreiung von allem Leid und die Ankunft im Nirwana, dem Ende aller Schmerzen, keimte auf. Gautama war Buddha geworden, der Erleuchtete.« Buddha »glaubte« zwar an die Existenz der Götter, die ihm vertraut waren, doch wie die Propheten Israels, so stellte auch er sich eine ultimative Wahrheit jenseits dieser Götter vor. Denn seiner Erfahrung oder seinem vom Hinduismus geprägten Verständnis nach waren auch sie in einem ewigen Kreislauf aus Leid und Schmerz gefangen und in den Zyklus der Wiedergeburten eingebunden. Aus seiner Sicht beruhte das ganze Leben auf *dukkha*, auf Leid und Vergänglichkeit; nur *dharma*, die Wahrheit »der richtigen Lebensführung«, brachte das Nirwana, die elementare Wirklichkeit und das Ende allen Leids. Buddha hatte erkannt, dass dieser Zustand nichts mit den Göttern zu tun hatte, da er weit »über sie hinaus« reichte. Das Nirwana war ein natürlicher Zustand, den jeder Mensch erreichen konnte, wenn er nur wusste, wonach er suchen sollte. Gautama behauptete nie, diesen Ansatz »erfunden« zu haben, aber er hatte ihn »entdeckt«, ergo konnten dies auch andere Menschen, sofern sie ihn in sich selbst suchten. Wie für das Volk Israel im Zeitalter der Propheten, so lag auch aus dieser Sicht die Wahrheit im *Inneren*. Oder deutlicher: Buddha glaubte, dass der erste Schritt immer in der Erkenntnis bestand, dass etwas falsch war. In der paganen Welt hatte diese Vorstellung zu den Ideen vom Himmel und dem Paradies geführt; Buddhas Idee hingegen war, dass wir vom *dukkha* auf Erden befreit werden können, und zwar durch ein Leben, das geprägt ist von »Mitgefühl für alle Lebewesen, einer behutsamen Sprache und einem behutsamen Verhalten, von Freundlichkeit und Sorgfalt und von der Ablehnung aller Drogen und Rauschmittel, die die Sinne trüben«.[70] Buddha verweigerte sich einer Vorstellung vom Himmel, da er jede Frage über das Nirwana unangemessen fand und Sprache für ein völlig unzureichendes Mittel hielt, um sich mit Ideen zu befassen, die nur der Erfahrung offen standen.

Dennoch entwickelte der Buddhismus eine Erlösungsvorstellung – worüber noch zu sprechen sein wird –, die der christlichen sehr ähnlich ist, so ähnlich sogar, dass die ersten Missionare den Buddhismus für einen teuflischen Irrweg hielten. Der Buddhismus verfügt nicht nur über die Vorstellung von der Erlösung von allen Übeln des Lebens, sondern hatte auch drei Namen für den »Erlöser«: nämlich *Avalokitesvara*, *Tara* und *Amitabha*.

*

Die alten Griechen sind allgemein für ihren Rationalismus bekannt, doch damit wird die Tatsache verschleiert, dass einer ihrer größten Denker, nämlich Platon (472-346 v. d. Z.), durchaus ein hartgesottener Mystiker war. Den größten Einfluss auf ihn übte Sokrates aus, der die alten Mythen und religiösen Feste in Frage gestellt hatte, sowie Pythagoras, der dezidierte Ideen von der Seele vertrat und obendrein auf dem Umweg über Ägypten und Persien von indischen Ideen beeinflusst gewesen sein könnte.

Pythagoras hielt die Seele für einen gestrauchelten, gefallenen Gott, der im Körper eingekerkert war »wie in einem Grab, verdammt zum ewigen Kreislauf der Wiedergeburt«. Wie die Orphiker, so glaubte auch er, dass die Seele nur durch eine rituelle Läuterung befreit werden könne. Platon ging noch weiter: Für ihn gab es eine weitere Realitätsebene, nämlich ein unwandelbares Reich jenseits des Göttlichen und des geistig Fassbaren. Er bejahte zwar die Sicht von der Seele als einer gefallenen Gottheit, glaubte jedoch, dass sie befreit werden und durch eine andere Art von Läuterung – mit Hilfe der Vernunft – sogar ihren göttlichen Status wiedererlangen könne. Dort, auf dieser immer währenden höheren Ebene, sah er die ewige Welt beheimatet – unwandelbare Formen, wie er sagte, die umfassender, beständiger und wirklicher sind als alles auf Erden und die nur von den geistigen Kräften voll und ganz erfasst werden können. Für Platon gab es eine ideale Form, die ihre Entsprechung in jeder menschlichen Idee findet, auch in den Ideen von der Gerechtigkeit und von der Liebe. Die bedeutendsten Formen aber waren die Schönheit und das Gute. Auf Gott oder die göttliche Natur ging er nicht sehr ausführlich ein, aber die Welt der unwandelbaren oder statischen Formen betrachtete er sehr genau: Sie waren nie »dort draußen«, wo man traditionell die Götter vermutete, sondern immer nur im innersten Selbst zu entdecken.[71]

Die Ideen, die Platon im *Gastmahl* und anderen Schriften entwarf, zeigten auf, wie die Liebe zu einem schönen Körper zur ekstatischen Betrachtung *(theoria)* von idealer Schönheit geläutert und transformiert werden kann. Da die idealen Formen irgendwo im Geist verborgen sind, bedarf es nach Platon der rationalen Denkfähigkeit, um sie zu erkennen und zu enthüllen. Man braucht sie nur lange genug zu betrachten, um sich ihrer wieder zu erinnern oder sie erfassen zu können. Man bedenke: Der Mensch ist eine gefallene Gottheit (eine Idee, die das Christentum im Mittelalter wieder aufgreifen sollte), also muss das Göttliche noch irgendwo in ihm verborgen sein und kann von der Vernunft »berührt« werden – wobei »Vernunft« hier als ein intuitives Begreifen des Ewigen im Menschen verstanden wurde. Platon hat nie das Wort »Nirwana« benutzt, doch seine Glaubensmuster sind den Denkweisen von Buddha erkennbar ähnlich: Beide führten den Menschen zurück zu seinem inneren Sein. Und wie Zarathustra, so betrachtete es auch Platon als das Ziel jeder Spiritualität, dass der Mensch lernt, sich auf abstrakte Wesenheiten zu konzentrieren.

Manche haben in diesem Denkansatz sogar die Geburt der Idee von der Abstraktion als solcher gesehen.

Die Ideen von Aristoteles (384–322 v. d. Z.) waren nicht weniger mystisch, obwohl er ein wesentlich nüchternerer Naturforscher und Philosoph war (auf einige Aspekte seines Denkens wird im nächsten Kapitel eingegangen). Er erkannte, dass religiöser Glaube immer auf einer emotionalen Grundlage beruht, betrachtete sich selbst aber als einen Rationalisten. Nicht umsonst sah er im griechischen Theater, insbesondere in der Tragödie – die einst Bestandteil von religiösen Festen gewesen war –, eine Art von Läuterung, von ihm *katharsis* genannt: Die Gefühle von Angst und Mitleid konnten dabei gleichsam erlebt wie kontrolliert werden. Während Platon von einem einzigen göttlichen Reich sprach, zu dem wir mit Hilfe des Denkens Zugang haben, sah Aristoteles eine Hierarchie von Wirklichkeiten gegeben, an deren Spitze der »unbewegte Beweger« stand – ewig, unbeweglich und in seiner Essenz reines Denken, dabei sowohl Denker *als auch* Gedanke. Er verursacht jede Bewegung und Veränderung im Universum; alle Ursachen führen zu ihm als dem einzigen Quell zurück. So betrachtet war der Mensch privilegiert, da seiner Seele das Geschenk des Intellekts zuteil geworden war, einer göttlichen Fähigkeit, die ihn über Tier und Pflanze erhebt. Das Ziel allen Denkens war aus der Sicht von Aristoteles die Unsterblichkeit und somit ebenfalls eine Art von Erlösung. Und wie Platon, so betrachtete auch er bereits den Denkprozess als solchen als eine Art von Läuterung. *Theoria*, die Betrachtung, bestand für ihn nicht nur aus logischem Denken, sondern stand auch für eine geschulte Intuition, die in eine ekstatische Selbsttranszendenz mündet.[72]

*

Konfuzius (die lateinisierte Form von Kong fu-zi, 551–479 v. d. Z.) war der bei weitem unmystischste aller Propheten-Glaubenslehrer-Moralphilosophen, die in der Achsenzeit auftauchten. Er war tief religiös im traditionellen Sinne und voller Ehrerbietung für den Himmel und eine omnipräsente spirituelle Welt. Doch für das Übersinnliche hatte er wenig übrig, und er scheint auch weder an einen persönlichen Gott noch an ein Leben nach dem Tod geglaubt zu haben. Das von ihm entwickelte Credo war in Wirklichkeit eine Adaption von traditionellen Ideen und Praktiken, dabei aber ausgesprochen weltlich und auf die Probleme seiner Zeit konzentriert. Das vorausgeschickt, lassen sich bei Konfuzius geradezu unheimliche Parallelen zu den Lehren von Buddha, Platon und den Propheten Israels finden, die zurückzuführen sind auf Ähnlichkeiten oder Vergleichbarkeiten im allgemeinen sozialen und politischen Kontext.

Die Chinesen waren schon zu Konfuzius' Zeiten ein uraltes Volk gewesen. Seit Mitte des 2. Jahrtausends v. d. Z. hatte die Schang-Dynastie fest im Sattel gesessen. Ausgrabungen legten nahe, dass es in ihrer Ära einen königlichen Herrscher, eine Oberschicht aus mit ihm verwandten Familien und eine niedere Schicht der Landbevölkerung gab. Es war eine ausgesprochen gewalttätige Gesellschaft, die sich durch »Opferung, Krieg und Jagd« auszeichnete. Wie den alten hinduistischen Ideen, so lag auch dem Glauben im frühen China das Opfer zugrunde: »Die Jagd lieferte die Opfertiere, der Krieg die zu opfernden Gefangenen.«[73] Und weil die Kriegführung als eine religiöse Handlung galt, fand vor jeder Schlacht ein Ritual aus Prophetie, Gebet und heiligen Eiden statt.

Im frühen China gab es zwei Arten von Göttern: die Ahnengötter und die Himmelsgötter. Jeder Mensch verehrte seine Ahnen, da man glaubte, dass sie die Lebenden beseelten. Die Adligen verehrten zudem Schang-Di, den obersten Gott, der über den Göttern der Sonne, des Mondes, der Sterne, des Regens und des Donners thronte. Schang-Di galt als Gründungsahne des gesamten Geschlechts, weshalb sämtliche Adelsfamilien ihre Abstammung auf ihn zurückführten. Ein Erkennungsmerkmal dafür war der Verzehr von Fleisch. Es gab drei Arten von religiösen Funktionären: *shih*, den Priester-Schreiber, dessen Aufgabe es war, Ereignisse festzuhalten und als Omen für die Herrschaft auszulegen, sowie *chu*, den »Fleher« und Gelehrten, der die Gebete für die Opferzeremonien verfasste und später zum »Meister des Rituals« wurde. Er stellte sicher, dass die alten Zeremonien nicht verändert wurden (ähnlich den indischen Brahmanen zu Buddhas Lebzeiten). Und schließlich gab es *wu*, den Experten für Weissagungen, dessen Aufgabe es war, mit den Geistern der Ahnen zu kommunizieren, wofür er üblicherweise die so genannten »Drachenknochen« verwendete.[74] Diese Praxis – »Skapulamantie« genannt – wurde erst Ende des 19. Jahrhunderts entdeckt; inzwischen fand man rund hunderttausend solcher Knochen: Der *wu* stach mit einer heißen Metallspitze in das Schulterblatt *(scapulae)* verschiedener Tierarten und interpretierte die entstandenen Knochenrisse dann als Ratschläge der Ahnen. Die Seele wurde entweder durch *kuei* symbolisiert, eine Menschengestalt mit großem Kopf, oder durch die Zikade, die sich zum allgemeinen Symbol für die Unsterblichkeit und die Wiedergeburt entwickelte. Um die Zeit von Konfuzius entstand die Idee, dass alles von den beiden ewig alternierenden Prinzipien *yin* und *yang* beherrscht werde und insofern auch im Menschen zwei Seelen wohnten, die *yin*- und die *yang*-Seele; die eine stammte vom Himmel, die andere von der Erde.[75] *Yin* wurde mit *kuei*, dem Körper, gleichgesetzt; *yang* symbolisierte das Lebensprinzip und die Persönlichkeit. Das Ziel der chinesischen Philosophie war es, diese beiden Prinzipien miteinander zu vereinen.

Konfuzius wurde in einer von großen Kriegen und gesellschaftlichen Umbrüchen geprägten Zeit in der Nähe von Schantung geboren. Die Städte wucherten (laut einigen Quellen lebten bis zu hunderttausend Einwohner in einer Stadt), das Münzgeld war bereits eingeführt, und der kommerzielle Fortschritt war so groß, dass bestimmte Produkte bereits mit bestimmten Regionen in Verbindung gebracht wurden (Schantung mit Seide und Lack, Szechuan mit dem Eisenabbau). Besonders typisch für China war die Klasse der *schih* (das Wort leitet sich von einer anderen Wurzel ab als die Bezeichnung *shih* für die Priester-Schreiber). Sie setzte sich aus Familien adliger Herkunft zusammen, die auf der sozialen Leiter abgerutscht und zu Normalsterblichen geworden waren, aber nun nicht als Händler, sondern als Gelehrte ihr Brot verdienten, da ihnen vor dem Verlust ihres einstigen Prestiges eine Ausbildung zuteil geworden war. Genau dieser Klasse gehörte Konfuzius an.

Nachdem er sich bereits als klug genug erwiesen hatte, um an einer Adelsschule unterrichtet zu werden, übernahm Konfuzius das Amt des Bezirksaufsehers über die Getreidespeicher. Er heiratete mit neunzehn Jahren, doch über seine Frau und seine Familie ist wenig bekannt. Beeinflusst wurde er in dieser Zeit von Zi zhaan, dem Ministerpräsidenten von Chêng (er starb im Jahr 522. v. d. Z., als Konfuzius neunundzwanzig Jahre alt war), welcher den ersten Gesetzeskodex in China eingeführt und öffentlich auf Bronzetafeln ausgestellt hatte, damit jeder wusste, welche Regeln für ihn galten. Einen entscheidenden Einfluss anderer Art übte auf Konfuzius die Skepsis aus, die Chinesen damals gegenüber allem empfanden, was mit Religion zu tun hatte: Es hatte so viele Kriege gegeben, dass niemand mehr an die Macht der Götter und an ihren wohltätigen Einfluss auf die Herrschaft glaubte. Viele Tempel – traditionell die wichtigsten und größten Gebäude in den Städten – wurden in dieser Zeit zerstört. Und eben weil Gebet und Opfer so betrüblich erfolglos gewesen waren, wurden die Ausgangsbedingungen für den Aufstieg eines Rationalismus geschaffen, dessen gewiss erlesenste Frucht Konfuzius selbst gewesen war.

Konfuzius und seine beiden wichtigsten Anhänger Motzu (ca. 480–390 v. d. Z.) und Mengtzu (oder Mencius, 372–289 v. d. Z.) gehörten einer bedeutenden Gruppe von Denkern an, den so genannten »hundert Schulen« (»hundert« im Sinne von »sehr vielen«). Mit der Zeit erwarb sich der gelehrte Konfuzius einen so großen Ruf, dass er und mehrere seiner Schüler Regierungsämter erhielten. Doch wenige Jahre später kehrte er der Politik den Rücken und begab sich zehn Jahre lang auf Wanderschaft, um schließlich eine eigene Schule zu gründen – die erste öffentliche Lehranstalt der chinesischen Geschichte –, in der er seine Ideen unter Schülern aller gesellschaftlichen Klassen verbreiten wollte. Dabei ging es ihm primär um eine moralische Lebensführung und um die Frage, wie Menschen in Würde zusammenleben konnten – worin sich deutlich spiegelt, dass sich China bereits in eine urbane Gesellschaft zu verwandeln begonnen hatte. Wie Buddha, Platon und Aristoteles, so blickte auch Konfuzius über die Götterwelt hinaus. Er lehrte, dass die Antwort auf die Frage nach der Ethik im Leben nur *im* Menschen selbst zu finden sei und eine universelle

Ordnung oder Harmonie nur erreicht werden könne, wenn der Mensch lerne, die Gemeinschaft und alle damit verbundenen Pflichten als etwas Umfassenderes als sich selbst, die eigene Familie und deren Eigeninteressen zu betrachten. Gelehrsamkeit und Bildung waren in der sozialen Vision des Konfuzius der sicherste Weg zu Harmonie und Ordnung; Gelehrte und Weise waren demnach die eigentlichen Aristokraten.

Drei Eckpunkte lassen sich aus diesem Denken isolieren. Der erste ist *tao*, der Weg. Konfuzius definierte ihn nie in allen Einzelheiten – wie Platon, so gestand auch er der Intuition eine entscheidende Rolle zu –, doch an der Tatsache, dass das chinesische Schriftzeichen für *tao* ursprünglich für den »Pfad« oder »Weg zu einer Bestimmung« stand, lässt sich einiges ablesen. Konfuzius wollte hervorheben, dass es für jeden Menschen einen Weg gibt, dem er im Leben folgen *muss*, um zu Weisheit, Harmonie und der »richtigen Lebensführung« zu gelangen. Dabei implizierte er, dass wir intuitiv wüssten, welcher Weg dies sei, oft aber aus engstirnigen und selbstsüchtigen Gründen vorgäben, es nicht zu wissen. Das zweite Element war *jen*, eine Art von Güte (wiederum ein Echo von Platons idealer Form), die in höchster Perfektion normalerweise nur von den mythischen Helden erreicht wurde. Konfuzius sagte zwar, dass die Natur eines jeden Menschen vom Himmel (ein Wort, das er immer wieder anstelle des Namens eines vermenschlichten Gottes verwendete) vorbestimmt sei, glaubte aber – und das ist entscheidend –, dass der Mensch an seiner Natur arbeiten und sich bessern könne: Er ist in der Lage, Moralität, die Bereitschaft zu harter Arbeit, Liebe zu anderen Menschen und das ständige Bemühen, gut zu sein, zu *kultivieren*.[76] Der Mensch soll, wie auch Buddha sagte, behutsam und bedächtig sein und sich immer in Übereinstimmung mit *li*, den Sitten der höflichen Gesellschaft, verhalten. Diese innere Harmonie des Geistes konnte man zum Beispiel auch mittels eines Studiums der Musik erreichen. Das dritte Element schließlich war *i*, die Rechtschaffenheit oder Gerechtigkeit. Hier hütete sich Konfuzius ebenfalls vor einer allzu genauen Beschreibung, bestätigte aber, dass der Mensch lernen könne, die Gerechtigkeit, von der er sich grundsätzlich leiten lassen müsse, durch alltägliche Erfahrung zu erkennen. Ähnliches sagte Platon von der Schönheit und dem Guten.

Der Taoismus ist in vielerlei Hinsicht das Gegenteil vom Konfuzianismus, obwohl auch er Ähnlichkeiten mit den Ideen von Aristoteles und Buddha aufweist. Manche halten Laotzu, den Begründer des Taoismus, für einen älteren Zeitgenossen von Konfuzius, andere bestreiten hingegen sogar, dass er überhaupt je gelebt habe. Die Wörter »lao tzu« bedeuten einfach »alter Mann«. Doch die Anthologie *Lao tzu* – das meistübersetzte chinesische Werk – wurde nach Meinung der Zweifler von mehreren Autoren kompiliert. Was immer hier die Wahrheit ist, fest steht jedenfalls, dass der Konfuzianismus den Menschen auf dieser Welt perfektionieren will und sich der Taoismus mit dem Ziel von der irdischen Welt abwendet, die (beschränkte) Conditio humana zu transzendieren, um Unsterblichkeit, Erlösung und die ewige Einheit der unterschiedlichen Seelenelemente zu erlangen. Dem Taoismus liegt die Suche nach Freiheit zugrunde – Freiheit von der Welt, vom Körper, vom Geist und von der Natur. Er förderte die so genannten »mystischen Künste«, zu denen Alchemie, Yoga, Drogen und sogar die Levitation gehörten; im Mittelpunkt seines Weltbilds steht *tao*, der Weg – obwohl der Begriff eigentlich nicht übersetzbar ist, da keine Sprache dieses Ziel angemessen beschreiben kann (was auch auf das buddhistische Nirwana zutrifft). Dem *tao* oblag die Schöpfung des Universums und dessen Erhalt, ähnlich dem Uropfer der Veden; der Weg aber kann nur intuitiv wahrgenommen werden. Unterwerfung ist jedem aktiven Handeln vorzuziehen, ebenso wie Nichtwissen dem Wissen. *Tao* ist die Summe aller sich wandelnden Dinge, und genau dieser endlose Lebensfluss ist seine verbindende Idee. Der Taoismus verneint die Vorstellung von einer Zivilisation per se; aus seiner Sicht – wie aus Sicht der Griechen – ist Gott dem Wesen nach unerkennbar, »außer über die *via negativa*, also durch das, was er nicht ist«.[77] Zu glauben, dass man die Natur verbessern könne, sei respektlos; jedes Begehren sei die Hölle.[78] Gott könne nicht verstanden, nur erfahren werden. »Das Ziel ist, wie ein Tropfen Wasser im Meer zu sein, in sich vollständig und zugleich eins mit der größeren, bedeutenderen Einheit.« Laotzu spricht von Weisen, die Unsterblichkeit erlangten und – wiederum wie aus Sicht der Griechen – die Inseln der Seligen bewohnten. Später sollten diese Ideen vom großen Rationalisten Zhuangtzu ad absurdum geführt werden.[79]

*

Bei all den bisher erwähnten Ereignissen, die um das 6. Jahrhundert v. d. Z. plus/minus hundertfünfzig Jahre stattfanden, erkennen wir also eine Abkehr vom Pantheon der vielen traditionellen »kleinen« Götter und eine deutliche Hinwendung zur inneren Einkehr. Die Betonung lag nun auf dem Menschen selbst, auf seiner inneren Verfassung, auf seinem Sinn für Moral, auf seinem Gewissen, auf seiner Intuition und seiner Individualität. Nun, da große Städte zur Lebenswirklichkeit gehörten, begannen sich die Menschen mehr und mehr mit der Frage zu befassen, wie man auf engstem Raum zusammenleben konnte, und sie begriffen, dass die traditionellen Götter aus den Zeiten des rein bäuerlichen Lebens keine adäquaten Antworten darauf boten. Das war nicht nur ein großer Schritt weg vom Vergangenen und damit ein Bruch zwischen dem späten Altertum und der »grauen Vorzeit« – es steht auch für die erste der vielen Klüfte, die in den kommenden Jahrhunderten den Westen vom Osten trennen sollten. Und unter diesen neuen ethischen Denkweisen der Achsenzeit hebt sich deutlich die Lösung hervor, die das Volk Israel fand, als es die Ideen von dem einen, dem einzigen Gott und von einer Geschichte entwickelte, die in eine Richtung verläuft. Bei den alten Griechen, aber vor allem im Buddhismus, Konfuzianismus und Taoismus, standen die Götter zum Menschen in einem anderen Bezug, als er sich später im Westen entwickeln sollte. Dort kamen sich das Göttliche und das Menschliche sehr viel näher, und die östlichen Religionen neigten wesentlich stärker zum Mystischen als die westlichen. Vor allem aber wird die Sehnsucht nach der eigenen Göttlichkeit im Westen als ein viel größeres Sakrileg empfunden als im Osten.

6

Die Anfänge von Naturwissenschaft, Philosophie und Geisteswissenschaft

Als der Politologe Allan Bloom von der University of Chicago im Jahr 1987 sein Buch *The Closing of the American Mind* auf den Markt brachte, hatte er keine Ahnung, dass er sich damit einen derart notorischen Ruf einhandeln würde. Erzürnt über das »Herunterdummen«, das er allenthalben um sich herum feststellte, propagierte er kampfeslustig, dass das eigentliche Ziel jeder höheren Bildung ein Studium der »Hochkultur« sein müsse und man sich dabei allem voran dem alten Griechenland zuwenden solle, da es »die Leitbilder für die modernen Errungenschaften« biete. Von den Philosophen und Dichtern der Antike könnten wir am meisten lernen, da sich über all die Jahrhunderte nichts an ihren großen Fragestellungen geändert habe. Sie besäßen nach wie vor die Macht, uns etwas zu lehren, uns zu verwandeln, zu bewegen und »weise zu machen«.[1]

Sein Buch provozierte einen regelrechten Sturm an Kontroversen. Es wurde auf beiden Seiten des Atlantiks zum Bestseller und machte Bloom zu einem prominenten und reichen Mann. Nicht dass er nicht ausgiebig geschmäht worden wäre. Während einer Wissenschaftskonferenz, die rund ein Jahr nach dem Erscheinen seines Buches in Chapel Hill auf dem Campus der University of North Carolina einberufen wurde, um über die Zukunft der liberalen Bildung zu diskutieren, stellte »ein Redner nach dem anderen« Bloom und andere »Kulturkonservative« an den Pranger. Die *New York Times* berichtete, dass Bloom nach Meinung der versammelten Wissenschaftler mit seinem Buch nur den Versuch unternommen habe, einer ganzen Generation von Studenten die »elitären Ansichten von toten, weißen, europäischen Männern« aufzuoktroyieren, obgleich in deren Welt die Anliegen und Sorgen von kleinen Stadtstaaten vor zweitausendfünfhundert Jahren längst außer Mode geraten waren.

Solche »Kulturkriege« werden zwar nicht mehr so heftig geführt wie einst, trotzdem scheint es nach wie vor notwendig, dass man verdeutlicht, warum die Geschichte eines kleinen europäischen Landes vor Tausenden von Jahren nach wie vor so wichtig erscheint. Der englische Historiker Humphry Davy F. Kitto beginnt sein Buch *Die Griechen* mit den Worten:

»Wir müssen den Leser bitten, zunächst einfach die Behauptung hinzunehmen, daß in einem Teil der Welt, der selber schon seit Jahrhunderten hochzivilisiert war, allmählich ein nicht gerade zahlreiches, nicht sehr mächtiges und nicht besonders gut organisiertes Volk hervortrat – das jedoch eine gänzlich neue Auffassung von der Bestimmung des Menschen hatte und zum erstenmal zeigte, was der Geist des Menschen vermag.«[2] Sir Peter Hall formuliert es in seinem Kapitel über die alten Griechen – dem er die Überschrift »The Fountainhead« (der Urquell) gab – etwas anders: »Der entscheidende Punkt bei Athen ist, dass es zuerst da war. Und Erster zu sein bedeutete hier gewiss nicht wenig: Erster bei so vielem, was seither für die Kultur des Abendlands und ihre Bedeutung eine so große Rolle spielen sollte. Athen gab uns im 5. Jahrhundert v. d. Z. die Demokratie in ihrer denkbar reinsten Form... Es gab uns die Philosophie, darunter auch die politische Philosophie, in so abgerundeter Form, dass ihr über gut ein Jahrtausend lang kaum jemand etwas von Bedeutung hinzufügen konnte. Es gab uns die erste systematische Geschichtsschreibung der Welt. Es systematisierte das medizinische und naturkundliche Wissen und gründete es erstmals auf Verallgemeinerungen, die auf empirischer Beobachtung beruhten. Es gab uns die erste Lyrik und anschließend sowohl die Komödie als auch die Tragödie, beides wiederum so vollständig und bereits in einem Stadium von so außerordentlicher Raffinesse und Reife, dass es den Anschein hat, als hätten sie bereits Jahrhunderte unter der griechischen Sonne gereift. Es hinterließ uns die erste naturalistische Kunst; zum ersten Mal fingen Menschen den Hauch des Windes oder die Güte eines Lächelns ein und bewahrten sie für die Ewigkeit. Es erfand aus sich selbst heraus die Grundsätze und Regeln der Architektur...«[3]

Es gab uns ein neues Konzept vom Sinn des Lebens. Es war der Urquell. Es war Erster in so vieler und so bedeutender Hinsicht. *Das* ist es, was das antike Griechenland selbst heute noch so wichtig macht. Die alten Griechen sind längst tot und waren tatsächlich überwiegend weiße und, ja auch das, nach heutigen Standards unverzeihlich präpotente Männer. Doch sie entdeckten, was Daniel Boorstin, der Historiker und Chefbibliothekar der *Library of Congress*, einmal »das wundersame innere Instrumentarium« nannte – das bravouröse menschliche Gehirn, seine Beobachtungsgabe und seine Gabe zur Vernunft. Und damit haben uns die Griechen weit mehr hinterlassen als jede vergleichbare Gruppe. Es ist das bis heute bedeutendste Erbe der Menschheit überhaupt.[4]

Dieses Erbe hat zwei grundlegende Aspekte: Zum einen begriffen die Griechen als Erste wirklich, dass die Welt erfahrbar ist, dass Wissen durch systematische Beobachtung und ohne die Hilfe der Götter erworben werden kann und dass auf Erden wie im Universum eine Ordnung herrscht, die weit über die Mythen unserer Vorfahren hinausreicht. Zum anderen erkannten sie, dass es einen Unterschied gibt zwischen der Natur – die sich nach unveränderlichen Gesetzen verhält – und den Angelegenheiten des Menschen, die per se keiner solchen Ordnung unterliegen, sich aber anhand von auferlegten oder vereinbarten Strukturen auf verschiedene Weise ordnen und verändern lassen. Verglichen mit der Vorstellung, dass die Welt nur mit Hilfe der Götter oder wenigstens unter Bezugnahme auf sie erfahrbar sei, geschweige denn verglichen mit der Idee, dass sie überhaupt kein erfahrbares Wissen parat halte, war das schon ein gewaltiger Umbruch.

*

Die ersten Bauern scheinen sich um etwa 6500 v. d. Z. in der Gegend von Thessaloniki im Norden Griechenlands niedergelassen zu haben. Die griechische Sprache tauchte aber offenbar nicht vor 2500 v. d. Z. in dieser Region auf, eingeschleppt vermutlich durch einfallende arische Stämme aus den russischen Steppen (das heißt also durch ähnliche Stämme, wie sie in der mehr oder weniger gleichen Zeit in Indien einfielen). Bis zumindest 2000 v. d. Z. waren die blühenden Städte Griechenlands noch völlig unbefestigt gewesen, obwohl man bereits die ersten Bronzedolche zu Schwertern verlängerte.[5]

Griechenland ist ein zerstückeltes Land, denkt man an seine vielen Inseln und diversen Halbinseln. Vielleicht hat gerade das die Entwicklung von Stadtstaaten in dieser Region begünstigt. Das Königtum und die Kultur der aristokratischen Helden, die bei Homer noch die politische Landschaft prägten, waren bis zur Morgenröte der Geschichte um etwa 700 v. d. Z. aus den meisten Städten verschwunden. Die Abfolge der Ereignisse in Athen macht nachvollziehbar, warum – und wie – die Monarchie abgeschafft wurde. Der erste Eingriff in das königliche Prärogativ fand statt, als der Adelsrat einen Archonten zum obersten Kriegsherrn wählte, weil der damalige Priesterkönig kein Krieger war. Der nächste Schritt folgte mit der Erhebung des Archonten zur höchsten Gewalt über den König. Der Überlieferung nach soll Medon der erste Archon auf Lebenszeit gewesen sein, gefolgt von mehreren Mitgliedern seiner Familie. Der König hatte zwar die Macht verloren, blieb aber der Hohepriester der Stadt. Die richterlichen Pflichten wurden geteilt: Der Archon übernahm Fälle, bei denen es um Besitz ging; der König behandelte religiöse Streitfragen und Tötungsdelikte. Es finden sich hier also deutliche Parallelen zum Geschehen in Mesopotamien.[6]

Krieg war auch das Hintergrundthema zweier Epen, die von zentraler Bedeutung für das griechische Selbstbild werden sollten und die ersten schriftlichen Meisterwerke der westlichen Literatur waren. Beide behandeln die Expedition, die das achäische (mykenische) Heer nach Troja in Kleinasien unternahm. Homers große Epen *Ilias* und *Odyssee* werden oft als die früheste Literatur und der »Urquell« bezeichnet, aus dem sich die gesamte europäische Literatur speist: als das »Tor« zu neuen Wegen des Denkens. Gemeinsam umfassen sie rund dreißigtausend Zeilen, und weder vor ihrem Erscheinen noch im Verlauf vieler hundert Jahre danach gab es irgendetwas, das »diesen erstaunlichen Errungenschaften auch nur im Entferntesten nahe gekommen wäre«. Auch die alten Griechen hatten Homers Genius sofort erkannt. Die Athener zitierten aus seinen Werken wie gläubige Christen heutzutage aus der Bibel oder wie Muslime aus dem Qur'an. Als es für Sokrates bei seinem Gerichtsverfahren um Leben und Tod ging, zitierte er Passagen aus der *Ilias*.[7]

Eine wichtige Anmerkung zu diesen Errungenschaften ist, dass sie völlig anders waren als die frühen biblischen Erzählungen, deren Entstehungszeit die meisten modernen Forscher in die mehr oder weniger gleiche Periode legen. Die Hebräische Bibel ist, wie wir im nächsten Kapitel sehen werden, die Frucht vieler Geister, befasste sich jedoch immer nur mit dem einen Thema: der Geschichte des Volkes Israel und der Frage, was diese vom göttlichen Plan enthüllt. Es war die Geschichte von Normalsterblichen, von im Wesentlichen ganz alltäglichen Personen, die versuchten, den Willen Jahwes zu verstehen. Andere Völker, die unterschiedlichste Götter verehrten, standen aus Sicht des Volkes Israel schlicht auf der falschen Seite und verdienten – oder bekamen – keinerlei Sympathie. Im krassen Gegensatz dazu befassen sich Homers Epen weniger mit Normalsterblichen als mit Helden und den Göttern selbst, welche ihrerseits wiederum in der ein oder anderen Weise die Vortrefflichkeit verkörpern. Doch Homers Geschichten sind nicht wirklich Geschichte. Sie entsprechen mehr modernen Romanen, die sich einer bestimmten Episode widmen und sie dann detailliert unter dem Aspekt beleuchten, was sie uns über die menschliche Natur erzählen kann. Mit den Worten von Horaz gesprochen, tauchte Homer *in medias res*: mitten hinein in die Dinge. Nur sind bei Homer die Götter nicht »unerfahrbar«, sondern allzu menschlich, mit jeder Menge menschlicher Probleme untereinander und mit vielen Fehlern behaftet. Und mindestens so entscheidend ist, dass bei ihm auch die Feinde der Helden Helden sind. Deshalb werden sie nicht selten mit ebenso viel Sympathie behandelt und gehen ihrer eigenen Würde und Ehre nie verlustig. Homer stützte sich bei der Komposition seiner Epen auf unzählige Gedichte und Gesänge, die seit Generationen mündlich überliefert worden waren und allesamt auf Mythen beruhten – und *mythos*, der griechische Ursprung dieses Begriffs, bedeutete »Wort« im Sinne eines »letzten Wortes« oder einer letztgültigen Äußerung. Das stand im krassen Gegensatz zu *logos*, was zwar ebenfalls »Wort« bedeutete, doch für eine Wahrheit stand, die verhandelbar und für Veränderungen offen ist. Im Gegensatz zu den *logoi* der geschriebenen Prosa wurden Mythen außerdem immer in Reimen aufgezeichnet.

Die Epen Homers stellen also gewissermaßen die ersten »modernen«

Erzählungen dar. Seine Charaktere sind abgerundete, dreidimensionale Figuren, die ebenso viele Schwächen wie Stärken haben und von den unterschiedlichsten Motiven und Gefühlen geleitet werden – im einen Moment mutig, im nächsten zögernd, eher reale Menschen als Götter. Frauen werden ebenso mitfühlend behandelt und zu ebenso abgerundeten Charakteren ausgearbeitet wie Männer. Denken wir nur einmal an Helena, in der wir erkennen, dass Schönheit mindestens so sehr ein Fluch wie ein Segen sein kann. Ganz entscheidend ist außerdem, dass Odysseus lernfähig ist, dass sich sein Charakter entwickelt und dass er als Mensch deshalb viel interessanter und würdiger wirkt als die Götter. Odysseus erweist sich zum rationalen Denken und somit zur Unabhängigkeit von den Göttern fähig.

※

Der gleiche Rationalisierungsprozess, der seinen ersten Ausdruck bei Homer fand, schlug sich auch auf das Gemeinschaftsleben in Griechenland nieder. Und das hatte tiefgreifende Folgen für die Menschheit. Wie in der *Ilias* und der *Odyssee*, so spielte auch hierbei der Krieg eine Rolle.

Eine Erfindung aus diesem Teil der Welt waren zum Beispiel die Münzen der Lyder. Der Gebrauch von Münzgeld breitete sich schnell unter den Griechen aus und trug somit das Seine zur Mehrung des Wohlstands bei, was zur Folge hatte, dass immer mehr Männer Land erwerben konnten. Doch Ländereien mussten verteidigt werden, weshalb im 7. Jahrhundert v. d. Z. nicht nur neue Waffen, sondern auch neue Krieger und eine neue Art der Kriegführung auftauchten: Der »Hoplit« war geboren, ein mit Bronzehelm und Schild bewehrter und mit einem Speer bewaffneter Fußsoldat (*hoplon* ist das griechische Wort für »Schild«). Bis dahin waren fast nur Einzelkämpfe geführt worden; erst mit der Aufstellung von Fußsoldaten wurde es möglich, in disziplinierter Formation en masse anzurücken, meist durch die Täler, um die dort angelegten Kornfelder zu schützen oder zu zerstören – je nachdem –, und zumeist in Achterreihen, wobei jeder Mann vom Schild seines Kameraden zur Rechten geschützt wurde. Wer in vorderster Reihe fiel, wurde durch den Hintermann ersetzt.[8] Dass damit nun auch immer mehr Männer militärische Erfahrungen sammelten, hatte wiederum zwei Konsequenzen: Erstens begannen die alten Aristokratien an Macht zu verlieren, zweitens begann sich eine große Kluft zwischen Arm und Reich aufzutun. Die Fußsoldaten mussten ihre Bewehrung selbst mitbringen, was bedeutete, dass sie aus zumindest wohlhabenden, meist aber sogar aus sehr reichen Großgrundbesitzerfamilien stammten.

Die Kluft zwischen Arm und Reich entstand, weil Attika arm war – zumindest, was den Anbau von Getreide betraf – und sich ärmere Bauern in schlechten Jahren etwas von ihren reicheren Nachbarn leihen mussten.

Nun, da das Münzgeld erfunden worden war, lieh man sich jedoch keinen *Sack* Getreide mehr, um später wiederum einen Sack Getreide zurückzuzahlen, sondern den *Gegenwert* eines Sackes. Das Problem war nur, dass solche Anleihen immer dann gemacht wurden, wenn Getreide knapp und deshalb relativ teuer war, und eine Rückzahlung immer dann fällig wurde, wenn reichlich Korn vorhanden und ergo billig war. Also begannen die Schulden anzuwachsen, während das Gesetz es attischen Gläubigern nun gestattete, insolvente Schuldner zu ergreifen und mitsamt ihren Familien zu versklaven. Dieses »Gesetz des reichen Mannes« war an sich schon schlimm genug. Seit der Gesetzesreformer Drakon sämtliche in Athen bekannten Strafbestimmungen aufgezeichnet hatte, wurde die Lage jedoch noch schlimmer, denn nun waren alle Bürger aufgefordert, ihre verbrieften Rechte auch durchzusetzen. Das »drakonische Gesetz«, hieß es, wurde mit Blut geschrieben.[9]

Die Unzufriedenheit wuchs daher in solchem Maße, dass die Athener schließlich einen Schritt unternahmen, der für uns kaum nachvollziehbar scheint: Sie ernannten einen Tyrannen zum Schlichter. Der Begriff »Tyrann« war in seiner ursprünglich nahöstlichen Bedeutung allerdings nicht abwertend gewesen: Es handelte sich schlicht um einen informellen Titel, vergleichbar unserem »Boss« oder »Chef«. Für gewöhnlich begann der Aufstieg eines Tyrannen nach einem Krieg, denn seine wichtigste Aufgabe bestand darin, für eine gerechte Verteilung des eroberten Landes unter den siegreichen Soldaten zu sorgen. Solon, der einem athenischen Königsgeschlecht angehörte und in Athen wegen seiner großen Erfahrung zum Tyrannen gewählt wurde, hatte sogar selbst Gedichte verfasst, in denen er die Reichen ihrer Gier wegen anprangerte. Er übernahm sein Amt im Jahr 594 oder 592 v. d. Z., schaffte als Erstes die Schuldknechtschaft ab und erklärte dann alle bis dahin aufgelaufenen Schulden für null und nichtig. Zudem verbot er die Ausfuhr aller landwirtschaftlichen Produkte – mit Ausnahme von Olivenöl, in dem Athen geradezu schwamm –, und zwar mit dem Argument, dass es einfach nicht angehe, dass reiche Landbesitzer ihre Waren auf profitableren Märkten verkauften, während ihre Athener Mitbürger hungerten. Solons nächster Schritt war eine Verfassungsänderung. Bis zu seiner Amtsübernahme war Athen von einem Dreiparteiensystem regiert worden. Neun Archonten standen an der Regierungsspitze, ihnen zur Seite der Rat der Besten *(aristoi)*, der zur Diskussion aller anstehenden Fragen zusammentrat, und eine Volksversammlung *(ekklesia* – woraus wir die entsprechenden Kirchenbegriffe abgeleitet haben). Solon gestaltete diese Versammlung nun um, indem er das Recht auf Mitgliedschaft von Grundbesitzern auf Händler ausweitete. Außerdem erweiterte er den Berechtigtenkreis für die Wahl zum Archonten. Alle Archonten mussten einmal jährlich vor der Versammlung Rede und Antwort für die vergangene Amtszeit stehen; und nur wer Erfolge nachweisen konnte, durfte zur Wahl für den Rat der Besten antreten. Das gesamte System war also um einiges gerechter und offener, der Volksversammlung war wesentlich mehr Einflussnahme zugestanden worden. Diese Kurzschilderung zeigt natürlich ein stark vereinfachtes Bild der Athener Demokratie, aber wenigstens verdeutlicht es, dass das, was wir im 21. Jahrhundert als Demokratie ansehen, in Wahrheit eine Wahloligarchie ist.[10]

Die athenische Demokratie ist schwer zu verstehen, wenn man keine genaue Vorstellung von der *polis* hat und weiß, wie klein – nach heutigen Standards – der griechische Stadtstaat war. Platon und Aristoteles waren beide der Meinung, dass der Idealstaat aus fünftausend Bürgern bestehen solle. Tatsächlich hatten nur sehr wenige *poleis* mehr als zwanzigtausend Einwohner. Doch da mit »Bürger« hier ausschließlich freie Männer gemeint waren, muss noch die Zahl ihrer Frauen und Kinder sowie eine gewisse Anzahl von Sklaven und »ansässigen Fremden« zur Bevölkerung hinzugerechnet werden. Peter Jones berechnete auf dieser Basis, dass die Gesamtbevölkerung Athens im Jahr 431 v. d. Z. aus 325 000, im Jahr 317 v.d.Z. aus 185 000 Personen bestand. Die griechischen Stadtstaaten waren also ungefähr so groß wie kleine englische Landkreise, was aber wohl hauptsächlich der Geografie des Landes mit seinen Inseln und Halbinseln zu verdanken war, die es in so viele kleinere, unabhängige geografische Einheiten aufspaltete. Doch die *polis* hatte natürlich auch etwas mit der griechischen Wesensart selbst zu tun. Ursprünglich war mit *polis* eine »feste Burg« gemeint, etwas später begann man auch eine Zitadelle so zu bezeichnen und schließlich »das ganze Volk, das diese Zitadelle sozusagen ›benutzte‹«, und zwar im politischen, kulturellen wie ethischen Sinne.[11] Am Ende betrachteten die Griechen die *polis* als eine Lebensweise, die den Menschen alle Möglichkeiten eröffnete und es ihnen erlaubte, sich und ihr Leistungsvermögen voll auszuschöpfen. Und dabei gaben sie sich große Mühe, niemals außer Acht zu lassen, *wofür* Politik eigentlich da war.[12]

Die politische Demokratie wurde im Jahr 507 v. d. Z. von Kleisthenes in Athen eingeführt. Zu Zeiten von Perikles (ca. 495–429) – dem so genannten goldenen Zeitalter Athens – besaß die Volksversammlung die oberste Entscheidungsgewalt, und das aus gutem Grund. Perikles mangelte es zwar nicht an Feinden, aber er war dennoch einer der größten Heerführer Griechenlands, gehörte zu den besten Rednern und erwies sich als außergewöhnlicher Staatsmann. Er führte den bezahlten Richterstand und die staatliche Entlohnung der Ratsmitglieder ein, baute die Stadtmauern aus, die Athen nun faktisch uneinnehmbar machten, und hatte – was zwar das athenische Ideal, aber dennoch höchst ungewöhnlich war für einen Soldaten und Politiker – großes Interesse an Philosophie, Kunst und Naturforschung. Zu seinen Freunden zählten die Philosophen

Protagoras und Anaxagoras sowie der Bildhauer Phidias. Ihnen allen werden wir bald begegnen. Sokrates stand Perikles' Mündel Alkibiades und seiner morganatischen Frau Aspasia nahe. Perikles ließ den Parthenon wieder aufbauen und gab damit nicht nur zahllosen Handwerkern Lohn und Brot, sondern Athen auch den Anschub zum Weg in sein goldenes Zeitalter.

In der Amtszeit von Perikles gehörte jeder erwachsene Athener der Volksversammlung an, dem nicht aufgrund irgendeines Vergehens die Bürgerrechte abgesprochen worden waren. Diese Versammlung war die einzige Legislative, und sie besaß vollständige Gewalt über sämtliche Regierungsorgane und Gerichtshöfe. Sie trat einmal im Monat zusammen, wobei jeder Bürger das Recht auf freie Rede und ein Vorschlagsrecht hatte. Doch angesichts eines derart großen Gremiums von fünftausend und mehr Bürgern bedurfte es eines Ausschusses, der die Geschäfte vorbereitete. Dieser Rat *(bulê)* war jedoch kaum weniger schwerfällig, bedenkt man, dass sogar er aus fünfhundert Mitgliedern bestand. Sie wurden nicht gewählt, sondern jährlich neu ausgelost, damit sich kein korporatives Denken entwickeln konnte, das womöglich die Integrität der Volksversammlung gefährdet hätte. Es gab weder ein Berufsbeamtentum noch berufene Richter oder Anwälte: »Man hielt sich an das Prinzip, daß der beleidigte Teil sich direkt an seine Mitbürger wandte, um sein Recht zu bekommen.« Die Geschworenengerichte bestanden aus Ausschüssen der Volksversammlung von jeweils zwischen hunderteins und tausendeins Mitgliedern, je nach Schwere des zu verhandelnden Falles. Die Möglichkeit einer Berufung gab es nicht. Wenn kein gesetzliches Strafmaß für eine Tat vorgesehen war, schlug der Ankläger, sofern er gewonnen hatte, die Strafe vor; der Angeklagte reichte einen Gegenvorschlag ein, und das Gericht hatte die Aufgabe, zwischen beiden abzuwägen. »Für die Athener zumindest gehörten Selbstverwaltung auf Grund von Diskussionen, Selbstbeherrschung, persönliche Verantwortung und unmittelbarer Anteil an allem, was das Leben der Polis ausmachte, zum Lebensatem selbst.«[13]

Angesichts der Größe von Athen war die Durchsetzung von demokratischen Prinzipien eine bemerkenswerte, ja einzigartige Leistung. Nicht jedem gefielen sie – Platon zum Beispiel verfluchte sie. Und natürlich entsprachen sie keineswegs der parlamentarischen Demokratie unserer Tage. (Um hier die Aussage von Peter Jones zu wiederholen: Moderne Demokratien sind Wahloligarchien!) Das ist auch einer der Gründe, weshalb die Rhetorik – eine andere griechische Idee – nicht überleben konnte. Rhetorik war eine Rede-, Argumentations- und Überzeugungskunst, die unbedingt nötig war in einer Demokratie, in der es ungemein große Versammlungen ohne den Vorteil von Mikrophonen gab, aber dennoch die Notwendigkeit, andere bei einer Debatte auf die eigene Seite zu ziehen. Die Rhetorik entwickelte ihre eigenen Regeln und ermunterte zu regelrechten Kunststücken an Eloquenz und Gedächtnisleistungen, was wiederum großen Einfluss auf die Evolution der klassischen Literatur hatte. In einer Wahloligarchie, in der die politische Etikette vertraulicher, aber auch zynischer ist, hat die klassische Rhetorik keinen Platz – dem modernen Ohr klingt sie gezwungen und gekünstelt.

*

Die Politik – genau gesagt die Demokratie – mag zwar die berühmteste Idee sein, die uns Griechenland hinterließ, doch ihr schließt sich unmittelbar das »Wissen« an (lateinisch *scientia*). Der Beginn von Wissenschaft, dieser gewiss nützlichsten aller menschlichen Aktivitäten, wird allgemein in Ionien angesiedelt, in dem Gebiet also, das den Westrand von Kleinasien (heute Türkei) und die vorgelagerten Inseln umfasste. Nach Meinung des Physikers Erwin Schrödinger gab es »drei günstige Umstände« dafür, dass die Wissenschaft in dieser Region ihren Ausgang nahm: Erstens gehörte Ionien keinem großen Staat oder Imperium an, »welche allermeistens dem freien Gedanken feind sind«; zweitens waren die Ionier ein Seefahrervolk und somit »das Verbindungsglied zwischen Ost und West« mit starken Handelsbeziehungen. Und Handelsbeziehungen waren schon immer entscheidend für den Austausch von Ideen gewesen, die sich oft mit der Lösung von ganz praktischen Problemen befassten – Schifffahrt, Transportwesen, Wasserversorgung, technisch-handwerkliche Innovationen. Drittens standen »diese Gemeinwesen nicht unter dem Joch einer organisierten Kirche«, ebenso wenig wie es in Babylon und Ägypten »eine erbliche privilegierte Priesterkaste« mit einem Interesse an der Wahrung des Status quo gab.[14] Geoffrey Lloyd und Nathan Sivin stellten bei ihrem Vergleich der wissenschaftlichen Anfänge in Griechenland und China die These auf, dass die griechischen Philosophen/Wissenschaftler weit weniger Unterstützung genossen als ihre chinesischen Zeitgenossen; diese standen in den Diensten des Kaisers und wurden von ihm direkt beauftragt, sich zum Beispiel mit solchen Dingen wie kalendarischen Berechnungen zu befassen, die ja eindeutig im Interesse des Staates lagen. Das habe zur Folge gehabt, dass chinesische Gelehrte ihre Ansichten wesentlich wohlüberlegter äußerten und sich immer nur äußerst vorsichtig an neue Ideen heranwagten: Sie hatten einfach viel mehr zu verlieren als ihre griechischen Kollegen und trauten sich daher auch nur selten, ihre Vorstellungen nach Art der Griechen argumentativ zu vertreten. In China flossen neue Ideen ausnahmslos in bereits existierende Theorien ein, was dann einerseits zu einer »Kaskade« von Bedeutungen und andererseits dazu führte, dass sich neue Ideen nie gegen die alten behaupten mussten.[15] In Griechenland fand hingegen ein regelrechter »Wissenswettbewerb« statt, gerade so, als handelte es sich um einen sportlichen Wettkampf (wobei der Sport an sich bereits als eine Wissenschaft betrachtet wurde). Lloyd fand auch heraus, dass griechische Naturforscher wesentlich häufiger in der Ich-Form argumentierten und überhaupt viel ichbezogener waren, was es auch mit sich brachte, dass sie viel öfter Fehler und Unsicherheiten eingestehen mussten und selbstkritischer wurden als ihre chinesischen Gegenparts. Sogar dass die Griechen ihre Gelehrten gerne in ihren Theaterstücken auf die Schippe nahmen, erwies sich hier als nützlich.[16]

Die Ionier verstanden, dass die Welt begreifbar war, wenn man sich nur die Mühe machte, sie ausgiebig zu beobachten. Für sie war die Welt kein Spielfeld der Götter, auf dem diese nach Lust und Laune agieren konnten, bewegt von leidenschaftlicher Liebe, Hass oder Rachegelüsten – und das machte sie sogar selbst staunen, wie Schrödinger bemerkte, denn dieser Gedanke war »etwas vollkommen Neues«.[17] Die Babylonier und Assyrer wussten zwar eine Menge über die Umlaufbahnen der Gestirne, betrachteten solche Erkenntnisse jedoch durchweg als religiöses Geheimwissen.

Als der allererste Wissenschaftler lässt sich Thales anführen, der im 6. Jahrhundert v. d. Z. in der ionischen Stadt Milet wirkte. »Wissenschaft« ist natürlich ein moderner Begriff, der erstmals im 19. Jahrhundert im heutigen Sinne verwendet wurde und mit dem die Griechen gewiss nichts anzufangen gewusst hätten: Sie kannten keine Grenzen zwischen Philosophie und anderen Wissensgebieten, dafür stellten sie all die Fragen, »auf deren Grundlage sich sowohl die Wissenschaften als auch die Philosophie entwickeln sollten«.[18] Thales war zwar nicht der Erste, der über die Ursprünge von Natur und Universum nachdachte, aber er war der Erste, der logisch an die Dinge heranging und dessen »Denken völlig frei ist von jeglichem religiösen Mystizismus«.[19] Er war als Kaufmann nach Ägypten gereist und hatte genügend Wissen über Mathematik und die Astronomie der Babylonier angesammelt, um sogar eine totale Sonnenfinsternis im Jahr 585 v. d. Z. voraussagen zu können, die dann auch pünktlich am 29. Mai des Jahres – nach unserem Kalender – eintrat. Aristoteles schrieb zwei Jahrhunderte später, dass in diesem Moment die griechische Philosophie begonnen habe.[20] Doch man erinnert sich an Thales wohl eher wegen seiner so grundlegend wissenschaftlich-philosophischen Frage: »Woraus ist die Welt gemacht?« Seine Antwort darauf – »aus Wasser« – war zwar falsch, doch allein schon die Tatsache, dass er eine derart fundamentale Frage überhaupt gestellt hatte, war eine Innovation. Außerdem hatte er damit eine Antwort ganz neuer Art gegeben, da »Wasser« ja zumindest implizierte, dass die Welt nicht aus vielen Dingen bestand (wie es doch den Anschein hatte), sondern unter der ganzen Oberfläche nur ein einzig Ding wirkte. Mit anderen Worten: Das Universum ist nicht nur rational und deshalb verständlich, sondern auch einfach.[21] Vor Thales hatten die Menschen die Welt als das Eigentum der Götter betrachtet, und deren Pläne ließen sich nur indirekt durch Mythen oder, wenn man den Juden Glauben schenkte, gar nicht in Erfahrung bringen. Somit stellte sein Ansatz einen wirklich epochalen geistigen Umbruch dar – wenngleich anfänglich nur ungemein wenige Menschen davon betroffen waren.

Der unmittelbare Nachfolger von Thales war der Ionier Anaximander. Er stellte die These auf, dass die absolute physikalische Wirklichkeit des Universums keine erkennbare physikalische Substanz sein könne (was gar nicht so weit von der Wahrheit entfernt war, wie sich viel später herausstellen sollte), und ersetzte Thales' Wasser durch ein »unbestimmtes Etwas«, das keine chemische Eigenschaft (nach unserer Definition) besaß, dafür aber »Gegensätze« wie zum Beispiel das Kalte und Warme, Flüssige und Feste beinhaltete. Das lässt sich durchaus als ein Schritt hin zum allgemeinen Begriff der »Materie« verstehen. Anaximander konzipierte außerdem bereits eine Art Evolutionstheorie, da er bestritt, dass der Mensch indirekt von den Göttern und den Titanen abstamme (den sechs riesigen Söhnen und Töchtern von Uranus und Gaia), und dafür vorschlug, dass alle Lebewesen in der Feuchte (dem Wasser) entstanden und ursprünglich »von stacheligen Rinden« umgeben gewesen seien. Als das Wasser dann in der Sonne verdampfte, seien einige dieser Geschöpfe auf das Trockene gewandert, wo die Rinde dann von ihnen abfiel und sich neue Lebensformen bildeten. Vom Menschen glaubte Anaximander, dass er »ursprünglich ein Fisch war«.[22] Auch hier kann man gar nicht genug betonen, welchen epochalen geistigen Umbruch dies darstellte: Götter und Mythen wurden ausgemustert, um alles (oder irgendetwas) erklären zu können. Und erstmals wurde die Beobachtung zur Grundlage einer vernünftigen Beurteilung. Die Idee, dass der Mensch von anderen Tieren und nicht von den Göttern abstammt, war der größte denkbare Bruch mit den Vorstellungen der früheren Generationen.

Aus der Sicht von Anaximenes, dem dritten Vertreter der ionischen Philosophie, war *aer*, die Luft, das Urelement. *Aer* konnte auf höchst interessante Weise variieren, wie eine Art Nebel von variabler Dichte: Wo sie am gleichartigsten ist, ist sie unsichtbar für das Auge; wo sie dicht ist und sich unter Druck bewegt, erheben sich Winde; wo sie noch dichter ist, bilden sich Wolken, und sie verwandelt sich in Wasser. Hagel entsteht, wenn sich das aus den Wolken fallende Wasser verfestigt, und Schnee, wenn es unter noch feuchteren Bedingungen fest wird.[23] An dieser Argumentation gibt es nicht viel zu rütteln. Hundert Jahre später sollte sie zu Demokrits Atomtheorie führen.

Vor Demokrit kam allerdings erst noch Pythagoras, ein weiterer Ionier, der auf Samos vor der kleinasiatischen Küste aufgewachsen und nach Kroton im griechischen Unteritalien ausgewandert war, weil er den Tyrannen Polykrates von Samos so ungemein verabscheute – den Herrscher über eine Flotte von Kaperschiffen, der die Insel aber beeindruckend befestigte und Dichter und andere Künstler an seinem liederlichen Hof um sich scharte. Pythagoras, ein tief religiöser, um nicht zu sagen mystischer Mensch, war sein Leben lang eine paradoxe Figur, bedenkt man, dass er auch so abergläubische Vorstellungen lehrte wie zum Beispiel die These, dass man nicht mit einem Messer in einem Feuer herumstochern dürfe, damit man das Feuer nicht verletze und seine Rache riskiere. Dauerhafteren Ruhm erwarb er sich jedenfalls mit dem nach ihm benannten Lehrsatz. Und dieses Theorem für rechtwinklige Dreiecke war, das sollten wir hier nicht vergessen, nicht nur eine reine Abstraktion, denn die Kunst, eine vollkommen geradlinige Senkrechte zu berechnen, war auch für die Baumeister von grundlegender Bedeutung. Sein Interesse an der Mathematik zog eine Vorliebe für Musik und Zahlen nach sich. Es war Pythagoras, der am Beispiel des Monochords (einer Lyra mit nur einer Saite) entdeckte, dass man diese Saite nur im Verhältnis 1:2 zu teilen brauchte, um eine Oktave zu erhalten, im Verhältnis 2:3 für eine Quinte, 3:4 für eine Quarte, 4:5 für eine große Terz und 5:6 für eine kleine Terz. Und er stellte fest, dass uns ein entsprechendes Arrangement dieser Noten »zu Tränen rühren« kann.[24] Dieses Phänomen überzeugte ihn schließlich davon, dass sich auch das Geheimnis des Universums in Zahlen verbergen müsse und daher die Zahl – und nicht Wasser oder irgendeine andere Substanz – das »Grundelement« darstelle. Seine mystische Auseinandersetzung mit Harmonien sollte ihn und seine Anhänger schließlich zu dem Schluss bringen, dass Zahlen »schön« seien, was wiederum unter anderem zu der Idee von den »Quadratzahlen« führte, wie wir sie heute nennen – zu jenen Zahlen also, die sich als Quadratfiguren darstellen lassen:

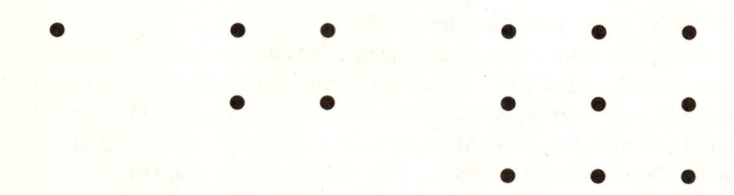

•   • •   • • •

      • •   • • •

              • • •

Die Faszination der Zahlen brachte Pythagoras zur Numerologie, wie wir es heute nennen, also zur mystischen Deutung von Gesetzmäßigkeiten mit Hilfe von Zahlen. Aber das sollte sich als eine kunstvoll ausgeklügelte Sackgasse erweisen.

Die Pythagoräer wussten, dass die Erde eine Kugel ist, und waren vermutlich sogar die Ersten, die durch den Schattenwurf während einer Mondfinsternis zu dieser Schlussfolgerung gelangt waren. Dass der Mond selbst kein Licht abstrahlt, wussten sie ebenfalls. Sie glaubten, dass die Erde einem »zentralen Feuer« im Universum (womit jedoch nicht die Sonne gemeint war) immer dieselbe Seite zuneigte, so wie der Mond immer dasselbe Antlitz der Erde zuwandte. Aus diesem Grund hielten sie auch die andere Hälfte der Erdkugel für unbewohnbar. Heraklit, der den späteren Pythagoräern sehr nahe stand, ließ sich durch die wechselnde Helligkeit von Merkur und Venus davon überzeugen, dass sie ständig ihre Entfernung von der Erde veränderten. Und diese Erkenntnis, verknüpft mit der Theorie von den Umlaufbahnen, ließ den Himmel nun noch komplexer erscheinen, denn sie bestätigte, dass die Planeten »Wanderer« (die ursprüngliche Bedeutung des Begriffs »Planet«) im All sind.[25]

Die Suche nach dem Wesen des Universums wurde von den beiden »Atomisten« Leukippos von Milet (wirkte um 440 v. d. Z.) und Demokrit von Abdera (wirkte um 410 v. d. Z.) fortgesetzt. Sie stellten nun die Theorie auf, dass die Welt aus einer »unendlichen Zahl« von winzigen Atomen bestehe, welche ziellos durch eine »unendliche Leere« irrten. Diese Teilchen seien zwar so winzig, dass man sie nicht sehen könne, doch da »sie sich bewegen, kollidieren und vorübergehend bestimmte Konstellationen bilden«, müsse man davon ausgehen, dass es sie in den unterschiedlichsten Formen gebe und sie die stoffliche Vielfalt aller wahrnehmbaren Naturerscheinungen bildeten. »Weder Geist noch Gottheit haben Einfluß auf diese Welt (…). Absicht oder Freiheit haben keinen Platz.«[26]

Anaxagoras von Klazomenai war nur zum Teil überzeugt von der Theorie der Atomisten. Es müsse ganz einfach irgendein grundlegendes »Allerkleinstes« geben, meinte er, denn wie sonst »sollte Haar aus Nicht-Haar und Fleisch aus Nicht-Fleisch entstehen können«? Andererseits glaubte er nicht, dass irgendeine so vertraute Materie wie Haar oder Fleisch überhaupt in sich rein sein könne: In allem müssten »die Keime von allen Dingen« aus der »Gesamtmasse« enthalten sein. Nur dem Geist räumte er einen Sonderstatus ein, weil er es einfach undenkbar fand, dass sich diese Materie – und für stofflich hielt er den Geist – aus etwas gebildet haben könnte, das selbst nicht Geist war: »Der Geist aber ist unendlich und selbstherrlich und mit keinem Dinge vermischt, sondern allein, selbständig, für sich.« Im Jahr 468 oder 467 v. d. Z. schlug ein riesiger Meteorit auf der Halbinsel Gallipoli ein, was Anaxagoras zu seinen nächsten Ideen über das Universum angeregt zu haben scheint. Die Sonne, erklärte er nun, sei ebenfalls »eine solch glühheiße Steinmasse« und »größer als der Peloponnes«; das Gleiche gelte für die Sterne, nur dass diese so weit entfernt seien, dass wir ihre Hitze nicht mehr spürten. Der Mond bestehe aus der gleichen Materie wie die Erde und sei ebenfalls von »Ebenen und Schluchten« durchzogen.[27]

Die Vorstellungen der Atomisten kamen der Sache schon verblüffend nahe, wie Experimente über zweitausend Jahre später beweisen sollten. Schrödinger bezeichnete diese Theorie als die schönste von allen und bedauerte, dass sie jahrhundertelang »zu einem Dornröschenschlaf verdammt« gewesen war.[28] Doch es war vermutlich unvermeidlich, dass nicht jeder Zeitgenosse den Atomisten folgen konnte oder wollte. Empedokles aus Agrigent (wirkte um 450 v. d. Z.), der ungefähr zur gleichen Zeit lebte wie Leukippos, ging zum Beispiel davon aus, dass alle Materie von vier Elementen (»Wurzeln«, wie er sie nannte) bestimmt sei: Feuer, Luft, Erde und Wasser. Mythologisch verkleidet führte er sie als Zeus, Hera, Aidoneus und Nestis ein. Diesen vier Wurzeln entsprangen »alle Dinge, die da waren und sind und sein werden, Bäume und Männer und Frauen, Tiere und Vögel und Fische im Wasser, und auch die langlebigen Götter, welche in ihren Vorrechten am mächtigsten sind. Denn es gibt nur diese Dinge, und wenn sie sich gegenseitig durchdringen, nehmen sie eine Vielfalt von Formen an.« Doch weil diese materiellen Elemente als solche noch nicht Bewegung und Veränderung erklären konnten, führte er zwei zusätzliche, immaterielle Prinzipien ein: »Liebe und Haß, welche die vier Wurzeln dazu veranlassen, sich zu vermischen oder zu trennen«.[29]

Wie immer sollten wir auch im Fall des ionischen Positivismus nicht mehr hineinlesen, als da gewesen war. Pythagoras zum Beispiel eilte ein solch gewaltiger Ruf voraus, dass ihm schließlich viele Dinge zugeschrieben wurden, für die er vermutlich keinerlei Verantwortung trug – sogar sein berühmter Lehrsatz könnte das Werk späterer Anhänger gewesen sein. Historiker verglichen diese ersten »Wissenschaftler« mit einer kleinen »Flottille«, die in alle Richtungen auseinander strebte und bestenfalls durch die gemeinsame Vorliebe für unbekannte Gewässer verbunden war.

*

In der *Ilias* wie der *Odyssee* werden die Götter für den Ausbruch von Seuchen verantwortlich gemacht – eine Idee, die über ein Jahrtausend später vom Christentum wiederbelebt werden sollte –, andererseits beschreibt Homer ausführlich, auf welche Weise nach den Schlachten Wunden behandelt wurden. Er lässt also keinen Zweifel daran, dass die Heilkunst bereits zu einem Fachberuf geworden war. Asklepios, den er einen großen Arzt nennt, sollte später in der bei den Griechen üblichen Art vergöttert werden. Um seine Person wurde sogar ein regelrechter Kult betrieben: Archäologen haben mindestens hundert Asklepiostempel entdeckt, zu denen die Kranken in Scharen und voller Zuversicht auf Heilung pilgerten.[30]

Im 5. und 4. Jahrhundert v. d. Z. bildete sich eine neue, eine weltlichere Tradition heran, die sich mit dem Namen des akribischen Beobachters Hippokrates von Kos (ca. 460–370 v. d. Z.) verbindet. Der römische Medizinschriftsteller Celsus bezeichnete Hippokrates als den Mann, der die Medizin von der Philosophie getrennt habe.[31] In einer seiner Abhandlungen beschreibt er zum Beispiel die Auswirkungen von Jahreszeiten und

Klima auf Körper und Geist, in einer anderen, mit dem Titel *Über die heilige Krankheit*, erforscht er Erscheinungen der Epilepsie: Er verwehrt sich dagegen, dass man sie »für heilig erklärt«, und betont, dass sie völlig natürliche Ursachen habe: »Diese Menschen wählten die Gottheit als Deckmantel für ihre Hilflosigkeit, denn sie hatten nichts, mit dessen Anwendung sie helfen konnten.« Krankheiten seien so göttlich wie menschlich, für alle gebe es ursächliche Gründe. Nach Hippokrates' Theorie wurde beispielsweise Epilepsie durch Schleim verursacht, der die »Venen« im Gehirn verstopft.

Die hippokratische Schule adaptierte schließlich – sehr wahrscheinlich beeinflusst durch Empedokles – die Theorie von den vier Körpersäften Schleim, Blut, gelbe Galle und schwarze Galle, in denen sich die vier Elemente (»Wurzeln«) des Kosmos spiegeln: Feuer, Luft, Wasser und Erde. »Jeder dieser Substanzen wurde ein Paar der Grundeigenschaften zugeordnet: warm und kalt, naß und trocken… Im Winter beispielsweise ist vermehrt Schleim, also eine kalte Substanz, vorhanden; und daher treten im Winter besonders häufig mit Verschleimung verbundene Krankheiten auf.« Hippokrates selbst schreibt: »Am gesündesten aber ist [der Mensch], wenn diese Qualitäten in Bezug auf Mischung, Wirkung und Menge in einem angemessenen gegenseitigen Verhältnisse stehen und am innigsten miteinander vermengt sind…« Jedes Ungleichgewicht verursache Schmerzen, auch die Temperamente unterschieden sich, je nachdem, welcher Körpersaft vorherrsche (Phlegmatiker, Sanguiniker, Choleriker, Melancholiker). Als angemessene Therapie für die Wiederherstellung des Gleichgewichts galt zum Beispiel die Reinigung des Körpers durch Aderlass oder Abführmittel.[32] Der Historiker Andrew Burn betont: »Diese Theorie sollte zweitausend Jahre lang einen ungemein schädlichen Einfluss auf die Medizin ausüben, denn gerade *weil* man mit ihr schlichtweg alles begründen konnte, versperrte sie den Weg zu weiteren Forschungen auf der Grundlage von Beobachtungen.« Die hippokratische Methode für die Behandlung einer Kieferverrenkung wurde in Frankreich übrigens noch im 19. Jahrhundert angewandt.[33] Aber Hippokrates lehrte auch, dass die genaue Beobachtung von Symptomen ein entscheidender Bestandteil der Heilkunde sei: die Untersuchung des Körpers, der Körperhaltung, des Atems, der Schlafgewohnheiten, von Urin, Stuhl und Auswurf, ob der Patient hustet, niest oder Blähungen hat, ob er Wunden am Körper hat und so fort. Außerdem gehörten für ihn zu einer Behandlung nicht nur Schonkost, sondern gegebenenfalls auch Bäder und Massagen sowie die Verabreichung von diversen Pflanzenheilstoffen, darunter Brech- oder schleimlösende Mittel, um einen heilenden Husten zu bewirken. Noch berühmter wurde Hippokrates jedoch des Eides wegen, den ein jeder leisten musste, der in seine Schule aufgenommen werden wollte. Entscheidend war, dass grundsätzlich »zu Nutz und Frommen der Kranken« gehandelt werden musste. »Niemandem, auch nicht auf eine Bitte hin, [ist] ein tödliches Gift [zu] verabreichen« und »nie einer Frau ein Abtreibungsmittel [zu] geben«. Ferner müsse man sich »jedes willkürlichen Unrechtes und jeder anderen Schädigung, auch aller Werke der Wollust an den Leibern von Frauen und Männern, Freien und Sklaven« enthalten. Der Eid beschrieb das Vertrauensverhältnis zwischen Arzt und Patient so detailliert, dass er über die längste Zeit der Geschichte hinweg einen hohen ethischen Standard unter Ärzten garantieren konnte.

Man braucht nicht viel Phantasie, um sich vorstellen zu können, wie schockierend das alles auf Menschen gewirkt haben muss, für die alle Himmelskörper und Winde Götter oder doch zumindest von Göttern gesandte Wesen waren. Tatsächlich wurde eine Menge gegen solche »fortschrittlichen« Denker unternommen: Heilige Männer klagten sie an, Aristophanes verspottete sie in seiner Komödie *Die Wolken*. Doch ihre Ideen waren schon zu einem festen Bestandteil der sich entwickelnden neuen Kultur der griechischen *poleis* geworden. Geoffrey Lloyd wies zum Beispiel nach, dass das griechische Wort für »Zeuge« (im von den athenischen Gerichtshöfen verwendeten Sinne) die Wurzel des griechischen Wortes für »Beweis« (im von den ersten Wissenschaftlern gemeinten Sinne) war oder dass das bei Gericht verwendete Wort für »Kreuzverhör« von ihnen für die Überprüfung einer Hypothese durch eine Gegenprobe übernommen wurde.[34]

*

Die ionische Reflexion – moderne Wissenschaftler sprechen hier auch vom »ionischen Positivismus« oder von der »ionischen Aufklärung« – trat als das Zwillingspaar Wissenschaft und Philosophie auf. Als die ersten Philosophen und die ersten Wissenschaftler lassen sich Thales, Anaximander und Anaximenes bezeichnen. Sowohl das wissenschaftliche als auch das philosophische Denken erhob sich aus der Idee, dass es einen logisch strukturierten *kosmos* als den Teil einer natürlichen Ordnung gibt, die mit der Zeit verstanden werden könne. Geoffrey Lloyd und Nathan Sivin schreiben, dass die griechischen Philosophen diese Vorstellung von der Natur erfanden, »um ihre Überlegenheit über die Dichter und Religionsführer zu betonen«.[35]

Thales und seine direkten Anhänger versuchten mit Hilfe der Beobachtung Antworten auf diese Fragen zu finden, doch es war Parmenides (geb. ca. 515) aus Elea (Velea) in Unteritalien – damals Teil von *Magna Graecia* –, der erstmals eine auch für uns noch als solche kenntliche »philosophische« Methodik erfand. Seine Leistung ist schwer zu bemessen, da nur rund hundertsechzig Verse seines Gedichts *Über die Natur* erhalten geblieben sind. Trotzdem wird deutlich, dass er ein großer Skeptiker war, vor allem hinsichtlich der Frage, wie viel Einheit in der Natur herrsche und ob sie sich durch die Methode der Beobachtung erfassen lasse. Er zog es jedenfalls vor, sich den Dingen durch konzises Denken zu nähern, durch einen folgerichtigen theoretischen Denkprozess, den er *noema* nannte. Und da er diesen Prozess als eine entwicklungsfähige Alternative zur wissenschaftlichen Beobachtung darstellte, entstand jener Bruch zwischen den geistigen Herangehensweisen, welcher bis heute nicht gekittet werden konnte.[36]

Parmenides war ein Sophist, was anfänglich nichts anderes hieß, als dass er ein »Gelehrter« *(sophos)* oder »Freund der Weisheit« *(philo-soph)* war. Unser moderner Begriff »Philosoph« verschleiert, wie ausgesprochen praxisnah die Vorgehensweise der Sophisten im alten Griechenland war. Wie der Altphilologe Michael Grant schreibt, wurde die Bezeichnung »Sophist« für einen neuartigen Beruf verwendet, den man (jedenfalls im Westen) als die Urform des höheren Lehramts verstehen könnte – Lehrer, die von Ort zu Ort reisten und gegen Honorar Unterricht erteilten. Die Fächer reichten von Rhetorik (die gelehrt wurde, damit sich die Schüler bei den politischen Diskussionen in der Versammlung einmal geschliffen würden äußern können – eine in Griechenland sehr bewunderte Fähigkeit) über Logik, Mathematik, Grammatik und Ethik bis hin zur Astronomie und sogar Militärkunde. Und da die Sophisten umherreisten und Schüler mit unterschiedlichsten familiären oder geistigen Hintergründen unterrichteten, wurden sie allmählich zu Experten, was die Beleuchtung einer Argumentation aus den unterschiedlichsten Blickwinkeln betraf. Aber diese Beweglichkeit schürte im Lauf der Zeit natürlich Misstrauen gegenüber ihrem grundlegenden Denkansatz, das sich auch nicht gerade verringerte, wenn sie ständig die Gegensätze von *physis*, der Natur, und *nomos*, den Gesetzen des Stadtstaats, betonten. Die Betonung dieser Gegensätze lag allerdings durchaus im Interesse der Sophisten, denn die Naturgesetze mochten unveränderlich sein, aber die Landesgesetze konnten jederzeit von gebildeten Personen modifiziert werden – also dereinst von genau den Schülern, die sie gerade unterrichteten und von denen sie ihren Lohn erhielten. So kam es, dass die Sophistik, aus der anfangs die reine Liebe zum Wissen gesprochen hatte, zum Sophismus wurde, der »mit Gerissenheit schlechte Argumente in ein gutes Licht zu stellen versteht«.[37]

Der gewiss bekannteste griechische Sophist war Protagoras aus Abdera in Thrakien (ca. 490/485–421/411 v. d. Z.). Seine Skepsis erstreckte sich sogar auf die Götter: »Von den Göttern weiß ich nicht, weder daß sie sind noch daß sie nicht sind.«[38] Auch Xenophon war ein Skeptiker. Er fragte sich beispielsweise, aus welchem Grund Götter eigentlich menschengestaltig sein sollten, denn träfe dies zu, dann müssten Pferde Pferdegötter verehren; außerdem könne ebenso gut sein, dass es nur einen Gott anstelle der vielen Götter gebe.[39] Von Protagoras blieb den meisten von uns vermutlich eine Aussage ganz anderer Art in Erinnerung: »Der Mensch ist

das Maß aller Dinge, dessen, was ist, dass/wie es ist, dessen, was nicht ist, dass/wie es nicht ist« – der »Homo-mensura-Satz«.
So also begann die Philosophie. Jedermann kennt die drei großen griechischen Philosophen Sokrates, Platon und Aristoteles. Platon schildert in seiner Schrift *Protagoras*, wie Sokrates (ca. 470–399 v. d. Z.) über die Sophisten herzieht, weil sie mehr für rhetorisches Blendwerk als für begründetes Wissen übrig hätten. Doch wie Parmenides und Protagoras, so wandte sich auch Sokrates von der wissenschaftlichen Beobachtung ab und begann sich mehr auf das reine Denken und all das zu konzentrieren, was dadurch erreichbar war. Nur schrieb er eben niemals ein Buch. Was wir über ihn wissen, verdanken wir fast ausschließlich Platon oder Aristophanes, der ihn sich in zwei seiner Stücke mit satirischer Schärfe vorknöpfte. Heute fallen uns bei Sokrates primär drei Aussagen ein: erstens, dass es ein ewiges und unwandelbares »absolutes Sittengesetz« im Hinblick auf gut und richtig gibt und dass alles in der Natur dem Ziel zustrebt, dieses Sittengesetz zu erfassen; zweitens, dass das Erkennen dieses Gesetzes in erster Linie der Selbsterkenntnis bedarf; und drittens die »Sokratische Methode«, derzufolge alles und jedes auf dem Lebensweg in Frage zu stellen ist, weil »ein unreflektiertes Leben wertlos sei«.[40] Doch Sokrates betrieb mehr als reine Wortspielerei. Er war überzeugt, dass ihn eine göttliche Macht dazu dränge, die Menschen zum Denken zu bewegen, also trieb er ein *geistiges Spiel*, auf dass sich die Menschen bewegt fühlen würden, alles, was sie bisher für gegeben hielten, in Frage zu stellen. Sein Ziel war es, den Menschen zu einem guten und erfüllten Leben zu verhelfen, doch die unbequemen Methoden, mit denen er das zu erreichen suchte, sollten ihn schließlich vor Gericht bringen. Er wurde unter anderem angeklagt der Verhöhnung der Demokratie und öffentlichen Moral sowie der Verderbnis der Jugend, weil er sie lehrte, den Eltern den Gehorsam zu verweigern. Nachdem er schuldig gesprochen worden war, stand ihm qua Gesetz das Recht zu, selbst das Strafmaß zu bestimmen. Hätte er die Verbannung gewählt, wäre sie ihm sicher gewährt worden, doch streitsüchtig wie eh und je forderte er, für den Rest seines Lebens als öffentlicher Wohltäter vom Staat entlohnt zu werden (allerdings erklärte er sich bereit, eine Geldstrafe hinzunehmen). Das Gericht fühlte sich verhöhnt und verurteilte ihn – mit noch größerer Stimmenmehrheit als beim Schuldspruch – zum Selbstmord. Laut Platon sprach Sokrates eloquent über das Wesen der Seele, bevor er bei Sonnenuntergang den Schierlingsbecher trank.[41]

*

Platon wurde um 429 v. d. Z. geboren und wollte eigentlich Dichter werden. Doch ungefähr im Jahr 407 begegnete er Sokrates und beschloss, sich fürderhin ganz der Philosophie zu widmen. Er bereiste Unteritalien und Sizilien, wo er eine Menge Abenteuer erlebte. Einmal soll er sogar in Aigina verhaftet worden und erst nach der Zahlung eines Lösegelds wieder freigekommen sein. Nach der Rückkehr gründete er in Athen seine berühmte Akademie, benannt nach dem Helden Akademos, dessen Grabmal sich ganz in der Nähe befand. Es sollte schließlich vier berühmte Schulen in Athen geben: die Akademie, das Lykeion, die Stoa – Heimstatt der Stoiker – und den Garten Epikurs. Einmal davon abgesehen, dass Platon die Ansichten von Sokrates verfocht und verbreitete, verkörperte er all die Stärken und Schwächen, die ein originärer Denkansatz über die Natur mit sich bringt. Doch er bewies dabei eine ungemeine Bandbreite an Interessen, und im Gegensatz zu Sokrates verfasste er jede Menge Schriften. In *Phaidon* zum Beispiel verteidigte er seine Theorie von der Unsterblichkeit der Seele (wovon später noch die Rede sein wird); in seinem Dialog *Timaios* (der Name eines Astronomen) befasste er sich mit seiner berühmten Theorie von den Ursprüngen des Lebens am Beispiel des Mythos vom sagenhaften Kontinent Atlantis und des athenischen Sieges über die einfallende Seemacht der Atlanter – der Söhne des Stiergotts. Wenn er Timaios erklären lässt, dass Gott die wirkende Ursache der gesamten natürlichen und moralischen Weltordnung sei, aber manchmal auf Weisen in das Geschehen eingreife, deren Gründe uns immer verschlossen blieben, glitt er allerdings in seinen bekannten mystischen Intuitionismus ab.[42] Auch *Timaios* sollte ein Echo im Christentum finden (siehe Kapitel acht).

Mit ungemeiner Erfindungsgabe befasste sich Platon mit der Mathematisierung der Natur. Der Kosmos, sagte er, sei das Werk eines wohlmeinenden Bildners, eines rationalen Gottes, Demiurg und Personifizierung der Ratio, welcher aus dem Chaos Ordnung schöpft. Dann übernahm er Empedokles' Idee von den vier Wurzeln – Erde, Wasser, Feuer, Luft – und begann, ebenfalls unter dem Einfluss der Pythagoräer, sie auf Dreiecke zu reduzieren: Gleichseitige Dreiecke seien die grundlegenden Einheiten der Natur. Und mit diesem »geometrischen Atomismus« erklärte er dann sowohl das Beständige wie das Wandelbare. Zu Platons Zeit war bereits bekannt, dass es nur fünf gleichmäßige geometrische Körper gibt: das Tetraeder, das Oktaeder, das Ikosaeder (zwanzig gleichseitige Dreiecke), den Würfel und das Dodekaeder (zwölf Fünfecke). Jedem dieser Körper ordnete Platon nun eine Wurzel zu: Feuer = Tetraeder, Luft = Oktaeder, Wasser = Ikosaeder und Erde = Würfel (der stabilste Körper). Das Dodekaeder setzte er mit dem Kosmos als Ganzem gleich.[43] Von Bedeutung ist hier weniger die etwas gewundene Art, in der Platon fünf Körper mit vier Wurzeln verband, um die Zahl dann durch die Einbeziehung des Kosmos auszugleichen; von Bedeutung ist auch nicht, dass er dienlicherweise die Tatsache ignorierte, dass ein Würfel nicht aus gleichseitigen Dreiecken besteht. Einzig entscheidend ist hier Platons Idee, dass jeder dieser Körper (die berühmten »platonischen Körper«) in Dreiecke zerlegt werden und dann auf unterschiedliche Weisen wieder zusammengesetzt werden kann, um unterschiedliche Formen zu ergeben. Damit hat er die Vorstellungen von einer Grundmaterie jenseits des Sichtbaren im Universum entwickelt und verfeinert, welche sowohl für das Beständige als auch für das Wandelbare verantwortlich ist. Das ist gar nicht so weit weg von der Sicht, die wir heute vertreten.

Im Kern der platonischen Lehre, wo Platon nicht nur am einflussreichsten, sondern auch am mystischsten war, steht jedoch seine Ideen- oder Formenlehre – wobei die beiden Begriffe identisch sind, denn mit »Idee« war ursprünglich die reine »Form« gemeint. Erstmals angewendet wurde dieser Begriff von Demokrit bei der Bestimmung der Atome, doch Platon gab ihm einen völlig neuen Aspekt. Offensichtlich glaubte er, damit sowohl an Sokrates als auch an die Pythagoräer anknüpfen zu können: Sittlichkeit, so hatte Sokrates behauptet, gründe immer in sich selbst, unabhängig von der Tugendhaftigkeit des Menschen; die Pythagoräer hingegen hatten eine abstrakte Ordnung enthüllt und die Muster im Universum auf rationale Zahlen gegründet. Platons Beitrag dazu bezog sich nun vorrangig auf die Schönheit. Ihm schien es möglich, kontemplativ von einem schönen Körper zum nächsten und von diesem wieder zum nächsten zu wandern, bis hin zu dem Punkt, an dem *ideale* Schönheit in diesem anderen Reich der Ideen herrschte – die Idee in ihrer reinsten Form. Die reine Essenz des Schönen (oder anderer Formen, wie des Guten und des Wahren) öffnete sich dem Eingeweihten durch Studium, Selbsterkenntnis, Intuition und Liebe. Platons Welt teilte sich in vier Seinsebenen auf: Spiegelungen und Schatten, Sinnendinge, mathematische Gegenstände und reine Ideen. Diesen gegenüber standen Illusion/Vermutung, Glaube, mathematisches Wissen und Dialektik (Erhebung, Diskussion, Studium, Kritik), welche das Tor zur höchsten Welt der Ideen öffneten.[44]

Diese allumfassende Theorie wandte Platon sogar auf seinen Versuch an, sich den Idealstaat vorzustellen. In *Politeia (Der Staat)* lehnte er die vier »schlechteren« Staatsformen (Timokratie, Oligarchie, Demokratie und Tyrannis) ab und stellte die These auf, dass nur ein »der Aristokratie ähnlicher« Staat eine ideale Elite (den »Lehrstand«) hervorbringen könne. Zunächst einmal müsse der Mensch frei sein, um sich so wie von Sokrates geschildert entwickeln zu können; Frauen sollten »dasselbe betreiben« und alle Kinder »gemein sein«. Eine Auslese unter derart befreiten Menschen erfolge durch die strikte Einhaltung pädagogischer Grundelemente in angemessener Reihenfolge: musische und gymnastische Ausbildung sowie die rechnerischen Grundlagen (für Siebzehn- bis Zwanzigjährige), anschließend Unterricht in Mathematik und Dialektik für die ausgesonderten Besten (zwischen zwanzig und dreißig Jahren). Wer dieses System durchlaufen habe, sei bereits bestens auf die anschließenden fünfzehn praktischen Jahre im Staatsdienst vorbereitet, bevor er im Alter von fünfzig Jahren schließlich in der Lage sei, die Idee des Guten zu erkennen und sich ihr im freien Studium zu widmen. In den *Gesetzen (Nomoi)* trieb Platon seine Theorien noch ein gutes Stück weiter. Zwar verfolgte er auch hier eine Frühform des Kollektivismus, sowohl im Hinblick auf Besitz wie auch auf Frauen und Kinder, doch nun galt sein Augenmerk vor allem dem Schutz des Individuums vor den turbulenten Reizen der Instinkte, weshalb er die Zügel nun straffer zog: Die Erziehung, deren Schwerpunkt jetzt deutlich auf der Mathematik liegt, wird zum alleinigen Vorrecht des Staates; die Freiheit ist faktisch verschwunden. Der Staat hat nun zum Beispiel das Recht, Frauen zur »Aufsicht« und stichprobenartigen »Überwachung der Kinderzeugenden« zu bestimmen; die Knabenliebe ist jetzt verpönt (welch folgenreiche Innovation!); Reisen ins Ausland sind für unter Fünfzigjährige nicht mehr möglich; Religion ist obligatorisch – jeder »Frevel gegen die Götter« wird mit fünf Jahren in einem »Besserungshaus« geahndet, die Unverbesserlichen sind des Todes.[45]

Uns, die Leser der heutigen Zeit, kann der mystische Intuitionismus Platons mindestens so verrückt machen, wie uns seine Energie, Beharrlichkeit und die Bandbreite seiner Interessen beeindrucken. Platon behandelte alles, von der Psychologie über die Eschatologie und Ethik bis hin zur Politik. Aber seine wahre Bedeutung liegt in dem Einfluss, den er vor allem auf Philo und die christlichen Kirchenväter im 1. Jahrhundert n. d. Z. ausüben sollte, während diese in Alexandria versuchten, die Hebräische Schrift mit seinen Ideen zu einer neuen Weisheit zu vermählen, die (wie im achten Kapitel zu sehen sein wird) das Christentum »vervollkommnen« sollte. Platons Intuition im Hinblick auf die verborgenen Welten und die Unsterblichkeit der Seele oder seine Idee, dass die Seele eine eigene Substanz sei, wurden zu allen Zeiten von christlichen Neuplatonikern aufgegriffen.[46] Genau diese Intuition aber irritierte Philosophen späterer Zeiten wie Karl Popper ganz ungemein, weil sie darin einen antiwissenschaftlichen Ansatz erkannten, der ihrer Meinung nach ebenso viel Schaden angerichtet hat, wie er Gutes tat. Auf dieses Thema werde ich in meiner Schlussfolgerung zurückkommen.

*

»Aristoteles ist der Gigant, dessen Werke das europäische Denken in den nächsten zweitausend Jahren ebenso erhellt wie überschattet haben.«[47] Aber wer hätte gedacht, schreibt Daniel Boorstin weiter, »dass Platons berühmtester Schüler das Füllen sein würde, das seine Mutter tritt (wie Platon gesagt haben soll)?«

Aristoteles (384–322 v. d. Z.) war ein ausgesprochen praktisch veranlagter Mann. Er hatte wenig übrig für Platons eher intuitive und mystische Seite. Auch die Betonung, die man in der Akademie auf die Mathematik legte – der Legende nach soll Platon über dem Eingangsportal die Inschrift angebracht haben: »Einlass nur für Geometer« – entzückte Aristoteles wenig. Er stammte aus einer Medizinerfamilie und war der Sohn von Nikomachos, dem Leibarzt des makedonischen Königs Amyntas III. – Vater von Philippos II. und Großvater von Alexander dem Großen. Nachdem Aristoteles Waise geworden war, schickte man ihn im Jahr 367 v. d. Z., im Alter von siebzehn Jahren, zur Ausbildung nach Athen. Er trat in die Akademie Platons ein, sollte dort aber ein Außenseiter bleiben, ein Zustand, der sein ganzes Leben bestimmte. Als Metöke, als »angesiedelter Ausländer«, konnte er in Athen beispielsweise nie Grund und Boden erwerben. Über zwanzig Jahre verbrachte er an der Akademie, denn es wurden keine Gebühren erhoben – jeder Schüler konnte so lange bleiben, wie sein Unterhalt es zuließ –, und verließ sie erst nach Platons Tod im Jahr 347 v. d. Z. Doch das Glück sollte ihm hold sein, denn Philippos von Makedonien suchte gerade nach einem Erzieher für seinen Sohn Alexander. »Eigentlich hätte diese Begegnung wesentlich stärkere Funken schlagen müssen, als es der Fall war: der einflussreichste Philosoph des Westens, im engsten Kontakt mit dem künftigen Eroberer riesiger Gebiete im Nahen Osten und dem Herrscher über das größte westliche Imperium vorrömischer Zeit.« Tatsächlich sollte Aristoteles mehr von dieser Begegnung haben als Alexander der Große. Bertrand Russel war jedenfalls überzeugt, dass der junge Alexander ungemein »gelangweilt gewesen sein muss von diesem eintönigen alten Pedanten, an den ihn sein Vater ausgeliefert hatte, um ihm die Flausen auszutreiben«.[48] Aristoteles hingegen wurde doppelt belohnt von den Makedoniern: Er wurde nicht nur gut bezahlt und sollte deshalb als reicher Mann sterben, er erhielt auch viel Unterstützung bei seinen Naturforschungen, beispielsweise, indem die königlichen Wildhüter angewiesen wurden, die Wildtiere der Region zu kennzeichnen, damit er ihre Wanderungen verfolgen konnte. In Makedonien schloss er zudem Freundschaft mit dem Vizekönig Antipater, was sich später noch als sehr entscheidend für ihn erweisen sollte.

Als Alexander im Jahr 336 v. d. Z. den Thron bestieg, kehrte Aristoteles nach Athen zurück. Es waren mittlerweile über zehn Jahre seit Platons Tod ins Land gegangen, und die Akademie hatte sich mächtig verändert. Doch Aristoteles war nun wohlhabend genug, um seine eigene Lehranstalt zu gründen: das in einem Hain rund einen Kilometer von der Athener Agora entfernt gelegene Lykeion, wo er in den Wandelgängen *(peripatos)* zu flanieren und mit seinen Schülern über Philosophie zu diskutieren pflegte, »bis die Zeit ihrer Salbung gekommen war«. Wie die Akademie, so verfügte auch das Lykeion über mehrere Hörsäle, darüber hinaus jedoch auch über eine Bibliothek. Der Überlieferung nach soll Aristoteles die erste systematisch geordnete Büchersammlung überhaupt angelegt haben. Er mag zwar geglaubt haben, dass alles Wissen ein »einheitliches

Ganzes« bilde; in ihre heutige systematische Ordnung wurden seine Werke allerdings erst durch die Römer im 1. Jahrhundert n. d. Z. gebracht. Vormittags hielt er Vorlesungen für die eingeschriebenen Studenten, die Abende standen jedermann offen. Beendet wurden die Tage mit *symposia*, festlichen Tafeln nach von Aristoteles selbst festgelegten Regeln.[49] Solche Abendmahle waren eine Institution in Athen, sozusagen das Äquivalent der späteren englischen Clubs: Alles hatte seine bestimmte Ordnung, sogar die Sitzordnung und die Art, wie der Wein ausgeschenkt wurde.

Aristoteles verbrachte über ein Jahrzehnt am Lykeion. Während dieser Zeit analysierte und lehrte er eine riesige Bandbreite an Themen – seine vielfältigen Interessen waren kein bisschen weniger beeindruckend als die Platons –, von der Logik und Politik über die Dichtung bis hin zur Biologie. Sein Bemühen, alles und jedes zu zählen und zu klassifizieren, machte ihn zum ersten wirklichen Enzyklopädisten. Die Ironie des Ganzen ist nur, dass seine »Publikationen«, wie wir sie nennen würden, nicht überlebt haben: Geblieben sind uns im Wesentlichen lediglich seine Vorlesungsnotizen, oft mit Anmerkungen und Zufügungen seiner Schüler versehen. Als im Sommer des Jahres 323 v. d. Z. die Nachricht vom Tod Alexanders eintraf, war Aristoteles gezwungen, Athen zu verlassen, denn die Athener Versammlung erklärte seinem einstigen Freund und Förderer Antipater, der inzwischen zum obersten Befehlshaber Makedoniens aufgestiegen war, sofort den Krieg. Der Metöke Aristoteles galt als Makedonier und deshalb als suspekt. Er floh nach Chalkis, einer makedonischen Hochburg, was zumindest den Erfolg hatte, dass er den Athenern, wie er selbst treffend bemerkte, kein zweites Mal Gelegenheit geben konnte, »sich gegen die Philosophie zu versündigen«.[50] Ein Jahr später starb er dort im Alter von dreiundsechzig Jahren.

Aus Bertrand Russels Sicht war Aristoteles »der erste [Philosoph], der wie ein Hochschullehrer schrieb..., wie ein echter Lehrer und nicht wie ein erleuchteter Prophet«: Er ersetzte Platons Mystizismus durch einen scharfsichtigen gesunden Menschenverstand.[51] Im eindrucksvollen Kontrast zu Platons Denkansatz stand jedoch Aristoteles' politische Denkweise. Denn im Gegensatz zu Platons intuitivem Entwurf eines idealen Staates gründeten sich seine Theorien auf solide Forschungen, beispielsweise auf eine Studie, die sein Assistent über hundertachtundfünfzig politische Systeme im Mittelmeerraum zwischen Marseille und Zypern angefertigt hatte. Sie überzeugte ihn, dass es den idealen Stadtstaat nicht gab und auch nicht geben konnte, da keine Verfassung perfekt war und jede Regierung von unterschiedlich prägenden Faktoren – wie dem Klima, den geografischen Umständen oder den historischen Vorbedingungen – abhängig war. Er selbst präferierte eine Art von Demokratie, von der jedoch nur die Gebildeten profitierten.[52]

Aristoteles' Hang zur Klassifizierung der Natur war zwar einfallsreich, sollte späteren Generationen – vor allem Biologen – jedoch regelrechte Zwangsjacken anlegen. Beispielsweise hatte er sich der Meinung angeschlossen, dass der Natur eine Einheit zugrunde liegt. In seiner *Metaphysik* stellte er fest, dass die Natur »durchaus nicht episodisch verfaßt zu sein [scheint] wie eine schlechte Tragödie«; trotzdem glaubte er, dass sie sich in einem Zustand des konstanten Wandels befinde. Deshalb verabschiedete er sich von den »Formen« und tat sie, so sie denn überhaupt existierten, als nutzloses Geschwätz oder doch zumindest als vollkommen irrelevant ab. Tatsächlich stellte Aristoteles Platon sogar völlig auf den Kopf. Die Existenz von Musikern zum Beispiel war aus seiner Sicht nicht im Geringsten von der Idee abhängig, die man gemeinhin als Musik bezeichnet; Abstraktionen existierten nicht wie Bäume oder Tiere in der Realität, sondern nur im Geiste; musikalisches Talent gebe es ohne Musiker nicht.[53]

Wenn Aristoteles denn eine mystische Seite hatte, dann verbarg sie sich gewiss hinter seinem Hang, in jedem Ding den ihm innewohnenden Zweck zu sehen. So glaubte er zum Beispiel, dass jede Spezies einen bestimmten Zweck erfüllt und aus einem ganz bestimmten Grund existiert: »Die Natur tut nichts umsonst.« Ansonsten bemühte er sich fast immer um Rationalität – tatsächlich kann er für sich in Anspruch nehmen, der Gründervater der Logik zu sein, auch wenn er sie selbst als Analytik bezeichnete. Er war der Erste, der die deduktive Beweisführung erklärte, jene wissenschaftliche Methode also, welche syllogistisch aus Prämissen einen logischen Schluss zieht und die für Aristoteles das Grundwerkzeug zum Verständnis eines jeden Dinges war.[54] Von Logik waren auch seine naturgeschichtlichen Betrachtungen der Eigenarten von Tieren geleitet. Mit Hilfe besagter makedonischer Wildhüter beschrieb und klassifizierte er über vierhundert Tierarten peinlich genau. Hier zum Beispiel in groben Zügen seine acht »großen Kategorien« der »blutführenden Tiere«:

I. Tiere mit rotem Blut:
   1   Lebendgebärende (Säugetiere, Wale/Delfine)
       Zwei Spezies: Zweifüßer und Vierfüßer
  2–4 Eierlegende: 2   Vögel: acht Arten
                               3   Reptilien
                               4   Fische

II. Tiere mit weißem Blut:
  5   weiche Körper (Kopffüßer)
  6   weiche Körper mit Panzer (Krustentiere)
  7   weiche Körper mit Gehäuse (Bauchfüßer)
  8   Insekten (neun Arten) und Würmer

Logik und gesunder Menschenverstand veranlassten ihn außerdem, Tiere zu sezieren, um ihre Anatomie zu beschreiben. Die Erkenntnisse, die er dabei gewann, sollten ihn in seiner Sicht von einer Einheit allen Lebens bestärken, denn er hatte herausgefunden, dass sich Tiere in ihrem Inneren weder vom Menschen noch voneinander stark unterscheiden.[55]

Auch seine Sicht vom Wesen allen Seins – der Existenz – war ziemlich vernunftgeprägt. Sie hatte für ihn zehn Aspekte: Substanz, Quantität, Qualität, Relation, Ort, Zeit, Beschaffenheit/Zustand, Besitz, Handlung und Leidenschaft. Das einzige mystische Element findet sich hier im Zusammenhang mit der Substanz, da er sie als etwas Zweiseitiges beschreibt: zum einen als das *Handeln*, bei dem ihre Form verwirklicht wird, und zum anderen als das *Potenzial* vor der Verwirklichung. Wenn ein Bildhauer den rohen Stein in das Kunstwerk verwandelt, dann »verwirklicht« er die Substanz.[56] Auch darin spiegelte sich Aristoteles' geradezu besessene Vorstellung, dass alles zweckbestimmt sei.

Wandel und Zweck waren Dinge, die auf Mensch wie Tier zutrafen. Bei Aristoteles' Gottesvorstellung war es genau umgekehrt: Inmitten, rund um und über all diesem Wandel stand der *unbewegte Beweger* – Gott. Und Gott, so sagte Aristoteles, sei reines Denken, reiner Geist, ohne Form, ohne Stoff, ohne Veränderung. Alles im Universum strebe nach diesem Zustand, den er gleichsetzte mit Schönheit, Geist und Harmonie. Diese Harmonie zu erreichen war für ihn der Sinn und Zweck allen Wissenserwerbs, und genau hier stand er Platon vielleicht auch am nächsten.[57] Die Vorlesungen, in denen er diese Sichtweisen darlegte, bezeichnete Aristoteles selbst als die »erste« oder »grundlegende« Philosophie. Erst nachdem spätere Editoren das Material der Sammlung *Physik* angehängt haben, wurde es mit dem Oberbegriff *Meta ta physika* bezeichnet, woraus sich unser Wort »Metaphysik« entwickelte.[58]

Nirgendwo ist der gesunde Menschenverstand von Aristoteles deutlicher zu spüren als in seinen Abhandlungen über die Ethik. Jeder Mensch wolle glücklich sein, schrieb er, doch es sei ein Fehler, das Glück im Vergnügen, Wohlstand oder Respekt zu suchen, wie es die meisten Bürger täten. Glück, Harmonie – Tugend – ergäben sich aus einem Verhalten, das im Einklang stehe mit der menschlichen Natur, mit anderen Worten: aus vernünftigem Verhalten. Glück bedürfe der Kontrolle aller Leidenschaften. Man solle sich im Leben immer eine durchschnittliche Haltung zwischen zwei gegensätzlichen Extremen zu Eigen machen. Pierre Leveque berichtet, dass man Aristoteles später oft vorgeworfen habe, zu »trocken« zu sein, dass er also tatsächlich wie ein Lehrer in Russells Sinne schrieb. Doch selbst wenn das stimmt – und man erinnere sich: Wir besitzen nur seine Notizen –, würde seine Fähigkeit, der Wirklichkeit, dem Besonderen, dem vom gesunden Menschenverstand Geprägten immer nahe zu bleiben, diesen Mangel doch wahrlich wettgemacht haben. Aus Aristoteles' Sicht wird der Mensch mit einem Potenzial geboren und kann moralisch gut sein, da ihm Vernunft gegeben ist, sofern er die richtige Erziehung genoss. Das war das genaue Gegenteil der Ansicht, die sich unter Augustinus und der Prämisse von der Erbsünde im Christentum durchsetzen sollte.

*

Auch bei der Tragödie, dieser einzigartigen Glorie Athens, drehte sich fast alles um Philosophie. »Andere demokratisch regierte Städte entwickelten die Komödie, die Tragödie war allein die Erfindung Athens.«[59] Und »diese tragische Dichtung bleibt eine der bedeutendsten theatralischen und literarischen Errungenschaften aller Zeiten, auch wenn die Musik und der Tanz, die ein wesentlicher Bestandteil der Aufführung waren, verloren gegangen sind. Aufgabe dieser Dichtung war es, die tiefsten Gedanken und Gefühle der Menschen zum Ausdruck zu bringen und ihre Beziehungen zu den göttlichen Mächten zu untersuchen und darzustellen.«[60]

Für uns sind die Stücke von Aischylos, Sophokles und Euripides – die einzigen Tragiker, deren Werke überlebt haben – natürlich Klassiker. Für die Athener im alten Griechenland war es hingegen etwas Brandneues, dass man die neuen Realitäten von Demokratie, Wissenschaft und militärischer Taktik auf den Prüfstand stellen konnte. Die neue Perspektive stellte nicht nur einen ganz anderen Bezug zwischen den Menschen und den Göttern her, sondern rückte auch die Beziehungen von Mensch zu Mensch in ein völlig neues Licht. In der klassischen Tragödie traten die menschliche Natur gegen die Natur der Götter und der freie Wille gegen das Schicksal an. Obwohl am Ende immer der Mensch verliert – er wird seiner Ignoranz, seiner Missachtung der Götter und seiner überheblichen Selbstanmaßung wegen getötet oder vertrieben –, dient der Tod in der Tragödie grundsätzlich als Mittel zum Zweck der reflektierenden Konzentration des Geistes auf das eigene Wesen. Es ist zwar schwer, direkte Verbindungen zwischen der Tragödie und der zeitgenössischen Politik zu finden, aber sie sind vorhanden. Das athenische Drama veranschaulicht ein bestimmtes Stadium in der Evolution der menschlichen Selbsterkenntnis. War das Selbstbewusstsein, das sich in den wissenschaftlichen, philosophischen und politischen Fortschritten spiegelte, etwa nichts als Überheblichkeit? Und wo war eigentlich der Sitz der Götter inmitten all dieses neuen Wissens?

Die Entwicklung des athenischen Theaters war die unmittelbare Folge einer langen Zeit des Wohlstands. Dass es Reichtum in Athen gab, leiten wir zum Beispiel aus der Tatsache ab, dass zu dieser Zeit ungemein viele Olivenbäume gepflanzt wurden. Da Olivenbäume etwa dreißig Jahre brauchen, bis sie erste Früchte tragen, darf man davon ausgehen, dass die Menschen, die sie anpflanzten, optimistisch in die Zukunft blickten; der steigende Export von Olivenöl führte wiederum zur Weiterentwicklung der Töpferkunst, weil man Gefäße zum Transport des Öls brauchte. Etwa um das Jahr 535 v. d. Z. kam die rotfigurige Vasenmalerei auf. Bis dahin waren schwarze Silhouetten auf einen rot- bis ockerfarben überzogenen Tongrund gesetzt worden, erst nach dem Brand wurden die Innenzeichnungen geritzt. Bei der rotfigurigen Technik wurde das Verfahren umgekehrt: Die Figuren wurden auf den schwarz überzogenen Gefäßwänden als rote Flächen ausgespart und die figürlichen Details in den Innenflächen mit feinen schwarzen Linien aufgemalt, was wesentlich realistischere Details erlaubte. Von dem neuen Wohlstand, den der internationale Handel mit Olivenöl mit sich brachte, profitierten auch die Bauern. Es waren ihre Feste – ritualisiert mit Chorliedern und mimischen Tänzen zu Ehren von Dionysos, dem Gott des Weines, dessen Blut als Lebenselixier galt –, welche die Urform des Theaters bildeten. Das übliche Opfertier beim Dionysoskult war eine Ziege oder ein Ziegenbock, weshalb das Opferungsritual *trag-oidia* genannt wurde: »Ziegenlied« oder »Bocksgesang«. Es gibt also eine direkte Verbindung zwischen Opferung und Tragödie; das urzeitliche Ritual des Opfers lebt demnach bis heute in unserer eindringlichsten theatralischen Form fort. Anfangs war *trag-oidia* ein rein religiöses Fest gewesen, zelebriert ausschließlich von einem so genannten Antworter, der von der Geburt des Dionysos, dem »zweimal geborenen göttlichen Kind«, und von dem Kalkül seiner Feinde berichtete. Zwischen den einzelnen Episoden sang und tanzte der Chor, dessen Rolle es war, das Publikum zum Nachdenken zu bewegen, indem er die Aufmerksamkeit auf die Fragen richtete, die sich durch die Rede des Antworters ergaben.[61] Doch es dauerte nicht lange, und eine Neuerung folgte der nächsten. Nun wurden auch die Geschichten von anderen Göttern erzählt und im Laufe dessen ein Dialog eingeführt, den normalerweise der Antworter und der erste Chorsänger führten. Um das Jahr 534 v. d. Z. führte Thespis eine weitere Neuerung ein: Er stellte dem Chor die Solostimme des *hypokrites* gegenüber, welcher mehrmals hintereinander auftrat und sich vor jedem neuen Erscheinen in einem Zelt *(κηνή, »skene«,* woraus sich unser Begriff »Szene« ableitet) neu kostümierte und maskierte. Das bot dem Solisten die Möglichkeit, mehrere Charaktere darzustellen und die Komplexität der Erzählung zu steigern. Seine Texte sprach er zur Begleitung einer Doppelflöte. Der Chor, der sich nach wie vor fast die ganze Zeit über auf der Bühne befand, drückte währenddessen durch Tanz und Gesang die Gefühle aus, die diese Erzählung hervorrief.

In Athen fanden alljährlich die Großen Dionysien statt. In diesem Rahmen begann sich die Aufführung von Tragödien am Fuße der Akropolis einzubürgern. Sogar Preise wurden für die besten Stücke und Aufführungen verliehen. Thespis war einer der Ersten, denen der Siegerpreis für die *skene* zuerkannt wurde; auch Phrynichos wurde bedacht, weil er Frauenrollen einführte, die allerdings grundsätzlich von Männern gespielt wurden. Während die Dramatiker also immer ausgefeiltere Charaktere und Handlungen entwickelten, begannen sie auch für jeden Wettstreit neue Tetralogien (vier Schauspiele aus jeweils drei Tragödien und einem Satyrspiel) zu schreiben.[62]

Der erste unter den drei großen athenischen Tragikern, Aischylos (525/ 524–456 v. d. Z.), verfügte über eine ungemein »reiche und bedeutungsvolle« Sprache. Er war es auch, der den zweiten Schauspieler einführte, wodurch der Dialog weniger gestelzt und natürlicher wirkte und mehr Spannung auf die Bühne kam. Außerdem setzte er erstmals das Mittel der Verzögerungen ein, mit der die dramatischen Möglichkeiten verstärkt wurden.[63] Bei den frühen Stücken hatte sich kaum dramatische Spannung aufbauen können, denn sie kannten das Überraschungsmoment der Enthüllung noch nicht. Normalerweise wurde der dramatische Höhepunkt ziemlich schnell verraten; der Rest des Stückes drehte sich dann nur noch um die Reaktionen der einzelnen Charaktere. Erst Aischylos verlegte die entscheidende Entwicklung auf einen späteren Zeitpunkt im Stück. In *Die Perser* verschob er sie beispielsweise um rund dreihundert Verse nach hinten. Trotzdem erreicht auch dieses Stück noch vor seiner Halbzeit den Höhepunkt.[64] Einem Verzeichnis zufolge gab es zweiundsiebzig Tragödien von Aischylos, doch nur sieben blieben uns erhalten.

Sophokles (ca. 496–406 v. d. Z.) war der Sohn des vermögenden Waffenschmieds Sophillos aus dem Demos Kolonos vor den Toren Athens. Vermutlich hatte er die Tragödiendichtung bei Aischylos gelernt, doch er war auch mit Perikles befreundet gewesen, der ihm zu einer Reihe von wichtigen öffentlichen Ämtern verhalf. Unter anderem war er Verwalter der Tributzahlungen, Feldherr, Priester und athenischer Gesandter. Als er beschloss, sich der Tragödie zuzuwenden, war ihm das Glück ebenfalls hold: Vierundzwanzig seiner insgesamt hundertzwanzig Stücke wurden preisgekrönt, und es ist wahrlich eine Tragödie für sich, dass uns auch in seinem Fall nur sieben erhalten blieben.[65] Seine Innovationen auf der Bühne offerierten nun noch mehr Möglichkeiten als die Stücke von Aischylos. Erstens führte er den dritten Schauspieler ein, was komplexere Handlungsabläufe zuließ; zweitens – und das war nicht weniger wichtig – verarbeitete er die Stoffe der Mythen, die dem athenischen Publikum bereits bekannt waren, was es ihm wiederum erlaubte, die Technik der »tragischen Ironie« zu entwickeln und auszubauen (das heißt, die Zuschauer wissen, was geschehen wird, nicht aber die Figuren auf der Bühne). Das erzeugte Spannung und verhalf dem Publikum zudem, sich über Schein und Wirklichkeit Gedanken zu machen, während es die eigenen Lebensumstände mit der traditionellen Vorstellung vergleichen konnte, dass das Schicksal allein von den Göttern abhing. Diese Art von Doppelsinn war Teil der Attraktion und fesselt uns bis heute. Für Aristoteles war Sophokles' *König Ödipus* das grandioseste aller Stücke, weil es eine so ungemein dramatische Spannung zwischen den Prinzipien der Selbsterkenntnis und Ignoranz aufbaut – und natürlich erleben wir den Einfluss dieser Tragödie nicht zuletzt dank Freud und seinem Ödipuskomplex bis heute besonders intensiv. Der entscheidende Punkt für Sophokles war dabei allerdings, dass der Mensch oft Kräften in die Falle geht, die stärker sind als er. Auch Helden können scheitern.

Euripides (485/480–406 v. d. Z.), der dritte große Tragiker, war weniger förmlich und dafür schärfer. Er stammte aus einer Familie von Erbpriestern und fühlte sich in Athen noch deutlicher als Außenseiter als selbst Sophokles. Von seinen rund neunzig Stücken gewannen nur wenige einen Dramapreis. Uns am bekanntesten ist seine Tragödie *Medeia*, die sich einem für das griechische Drama ganz neuartigen Thema widmete, nämlich den schrecklichen Leidenschaften einer Frau, der großes Unrecht angetan wurde. Euripides lag weniger daran, aufzuzeigen, worin sich die Hybris von anderen Emotionen unterschied, als deutlich zu machen, wie sich die Persönlichkeit eines Menschen im Zuge von Rache- und Vergeltungsgefühlen verwandeln kann. Er interessierte sich mehr für die berechnende Bestechlichkeit des Menschen als für die willkürliche und unberechenbare Macht der Götter, und ihm ging es vorrangig um die Liebe und die Opfer, die vor allem von Frauen im Namen der Liebe gebracht wurden. Dieser Einstellung war es zu verdanken, dass das Individuum bei Euripides eine größere Bedeutung erlangte als jemals zuvor und dass die menschliche Psyche nun dem Schicksal die Hauptrolle streitig machte.[66] Medeia stammte der Mythologie nach aus Kolchis, zwischen dem Kaukasus und der Ostküste des Schwarzen Meeres: Möglicherweise gibt es in dem Stück deshalb so viele Anklänge an »barbarische« Verhaltensweisen.

*

Die Werke Homers und die der großen Tragödiendichter beruhten allesamt auf Mythen. Sie enthielten zwar sicherlich auch ein gerüttelt Maß an wahrer Geschichte, doch niemand weiß, wie groß dieser Anteil war. Auch die Erfindung der Geschichtsschreibung selbst – die Emanzipation vom Mythos, wenngleich noch nicht wirklich eine Historiographie nach unserem heutigen Verständnis – geht auf das Konto der Griechen.

Herodot (ca. 480–425) wird allgemein als »Vater der Geschichtsschreibung« bezeichnet, hatte aber in Wirklichkeit viel zu viel für gute Geschichten übrig, um als wirklich verlässliche Quelle gelten zu können. Er entstammte einer Dichterfamilie aus Halikarnassos (heute Bodrum an der türkischen Ägäis) und hatte es sich zur Aufgabe gemacht, die Kriege Griechenlands aufzuzeichnen: zuerst die Schlachten zwischen Athen und Sparta, dann den Einmarsch der persischen Streitkräfte der Könige Dareios I. (490) und Xerxes I. (480–479) auf das griechische Festland. Diese Konflikte hatte er sich ausgesucht, weil er sie schlicht für die wichtigsten

Ereignisse hielt, die jemals stattgefunden hatten. Abgesehen von seiner grundlegenden Idee, Geschichte zu schreiben und keine Mythen aufzuzeichnen, hebt sich Herodots Werk aber aus noch drei anderen Gründen ab. Erstens betrieb er Forschung (die ursprüngliche Bedeutung des griechischen Wortes *historia* war »Erforschung«): Er reiste viel, konsultierte Archive und befragte wo immer möglich Augenzeugen; er überprüfte Landvermessungen, um die Namen von Örtlichkeiten und die Umrisse von Schlachtfeldern korrekt wiedergeben zu können, und zog literarische Quellen zu Rate. Zweitens verfolgte er den von Homer abgeleiteten Ansatz, immer *beiden* Seiten eines Konflikts das Recht auf eine erzählenswerte Geschichte von Helden, geschickten Feldherren, durchdachten Waffen und klugen Taktiken zuzugestehen. Und drittens war er wie Homer und die Tragödiendichter besessen vom Thema Hybris. Seiner Meinung nach waren alle Personen, denen der Aufstieg in höchste Höhen gelang, von einer Anmaßung durchdrungen, die die Götter notgedrungen provozieren musste.[67] Diese Vorstellung, gepaart mit seinem Glauben an die göttliche Intervention, entwertet natürlich viele seiner Antworten auf die Fragen, weshalb es überhaupt zu den Schlachten gekommen sei und worin ihre Folgen bestanden. Doch in seiner Zeit fand er sich damit in ziemlichem Einklang mit dem Verständnis seiner Leser. Abgesehen davon sorgte sein gut lesbarer Stil – ganz zu schweigen von dem ungeheuren Arbeitsaufwand, der dahinter stand – für eine enorme Popularität seiner *Historien*.

Thukydides (ca. 460/455–400 v. d. Z.) brachte zwei weitere Neuerungen ein. Auch er wandte sich dem Thema Krieg zu, doch er wählte eine Schlacht, die in seiner eigenen Zeit stattgefunden hatte, das heißt, er erfand die *Zeitgeschichte*. Für ihn war der Peloponnesische Krieg zwischen Athen und Sparta (431–404) das bedeutendste Geschehen aller Zeiten. Er besaß zwar nicht Herodots Auge für das Anekdotische, dafür aber – und das war seine zweite Neuerung – räumte er den Göttern so gut wie gar keinen Raum mehr ein. Im Gegensatz zu Herodot maß er der geistigen Kompetenz der Heerführer das stärkste Gewicht bei. »Das Wort *gnome*, das soviel wie Verstand oder Urteilskraft bedeutet, kommt im Verlauf seiner *Geschichte [des Peloponnesischen Krieges]* mehr als dreihundertmal vor, und intelligente Männer werden in der Darstellung besonders mit Lob überhäuft, so vor allem Themistokles... und Perikles... und schließlich ein Politiker aus späterer Zeit, Theramenes...« Durch Urteilskraft kam Thukydides zu der eindringlichen Erkenntnis, dass der Krieg zweierlei Gründe hatte, nämlich den unmittelbaren Anlass und die zugrunde liegende Ursache, »die er in der Furcht Spartas vor dem athenischen Expansionismus erblickt«. Diese Differenzierung, unter Missachtung aller göttlichen Interventionen, stellte einen gewaltigen Fortschritt im politischen Denken dar. »In der Tat muß Thukydides wegen dieser

Leistung als Begründer der politischen Geschichtsschreibung angesehen werden.«[68]

*

Der Wohlstand spielte beim Entstehen des griechischen Schauspiels eine ebenso große Rolle wie der Friede für die Entwicklung eines goldenen Zeitalters in der klassischen Kunst. Ungefähr um das Jahr 450 v. d. Z. hatte sich das Nachkriegsleben in Athen stabilisiert. Gelungen war das, weil die Stadt eine Seemacht war und den Attischen Seebund ins Leben gerufen hatte, das heißt bilaterale Schutzverträge – primär zum Schutz vor den Persern – mit einer Vielzahl von griechischen Stadtstaaten geschlossen hatte, die sie sich mit hohen Tributen entlohnen ließ. Einen Teil dieser Tribute sollte der große athenische Stratege und Politiker Perikles im Jahr 454 für den Beginn eines extensiven Wiederaufbauprogramms all der im Krieg zerstörten Stätten verwenden: Sein Ziel war es, Athen zu *der* Sehenswürdigkeit Griechenlands zu machen.[69] Niemals wieder sollte die Stadt so erstrahlen.

Bis zum Ende des 6./Anfang des 5. Jahrhunderts v. d. Z. war eine Reihe von rein pragmatischen oder technischen Fortschritten erzielt worden: Man hatte den Dreieckgiebel erfunden, dazu die Metope (das quadratische, mit einem Relief geschmückte Feld im Tempelfries), verschiedene Säulenformen und die Karyatiden (weibliche Statuen, die anstelle von Säulen das Gebälk tragen); man hatte mit einer bewussten Stadtplanung begonnen; und es war die rotfigurige Vasenmalerei aufgekommen. Wie in vielen anderen historischen Perioden, etwa der Hochrenaissance, lebten auch diesmal große Talente in ungewöhnlich hoher Zahl zur mehr oder weniger gleichen Zeit: Euphronius, Euthymides, Myron, Phidias, Polyklet, Polygnot, der »Berliner Maler« (benannt nach einem Vasentyp, der sich im Berliner Antikenmuseum befindet) sowie der »Niobiden-« und der »Achilleus-Maler« (deren Namen man ebenfalls nicht kennt und die deshalb nach ihren bedeutendsten Werken benannt wurden). Dieser glückliche Umstand sollte die Kunst nun geradewegs in ein goldenes Zeitalter führen – in genau die Welt, die wir heute als »die Klassik« verehren. Ihr sind das Telesterion von Eleusis zu verdanken, der Poseidontempel am Kap Sounion, das Heiligtum der Nemesis in Rhamnus, der berühmte Zeustempel mit der Apollostatue in Olympia, der bronzene Wagenlenker aus Delphi, der Tempel des Apollo Epicurius in Philgaleia (Bassae) und allem voran das Odeion des Perikles, der Tempel des Hephaistos und der Dionysostempel in Athen – nicht zu vergessen der Parthenon, jenes vollständig neu errichtete Bauwerk auf dem heiligen Berg der Akropolis von Athen. Aber das waren natürlich Kunstwerke von jeweils ganz anderer Art.

Der Parthenon wurde an einer Stelle errichtet, die schon lange der Stadtgöttin Athena geweiht gewesen war (ihr vollständiger Name lautete

Athena Polias; der Name Athena Parthenos weist darauf hin, dass sie mit der älteren jungfräulichen Fruchtbarkeitsgöttin amalgamiert worden war). Sein Architekt Iktinos und der Baumeister Kallikrates ersannen eine Reihe von optischen Täuschungen, um perspektivische Verzerrungen auszugleichen und den Tempel damit noch eindrucksvoller zu machen. Beispielsweise neigen sich die Achsen der Säulen einen Hauch nach innen, während sie an den Spitzen konvex auslaufen, was sie länger wirken lässt. Den Stil des kraftvollen dorischen Säulengangs kombinierten sie mit einem schlankeren, eleganten ionischen Fries, so wie überhaupt durch die visuellen Effekte zwischen Torbau (Propyläen) und Tempel der Eindruck einer klar aufeinander bezogenen Anlage entsteht. Mit welcher Begeisterung der Parthenon, der Kritios-Knabe, das Erechtheion und der griechische Stil insgesamt aufgenommen wurden, lässt sich nicht zuletzt daran ermessen, dass kein anderer Stil weltweit so oft kopiert wurde.

Der Schöpfer all der Relieffriese und frei stehenden Statuen im Tempel war der Bildhauer Phidias (Pheidias), der erste von drei Künstlern – neben ihm Myron und Polykleitos –, die die Bildhauerkunst Mitte des Jahrhunderts in Athen populär machten. Sein Fries – das heißt genau genommen, mindestens siebzig Bildhauer führten aus, was Phidias entworfen hatte – war ursprünglich etwa hundertsechzig Meter lang gewesen; es ist jedoch nur ein rund hundertzwanzig Meter langes Teilstück erhalten geblieben. Die meisten Platten können heute im Britischen Museum von London bewundert werden. Dargestellt findet sich darauf die Prozession, die während der großen Panathenaia abgehalten wurde, dem bedeutendsten Fest Athens, bei dem der Göttin alle vier Jahre ein von den Bürgertöchtern gewebtes Gewand auf der Akropolis dargebracht wurde. Auf dem Ostgiebel des Tempels wird die Geburt Athenas, auf dem Westgiebel ihr Streit mit dem Meeresgott Poseidon um die Herrschaft über Attika dargestellt. Phidias' Meisterwerk aber war die frei stehende, rund zwölf Meter hohe Statue der Athena Parthenos im Tempelinneren, die vermutlich erste Skulptur ihrer Art, die ganz aus Gold und Elfenbein *(chryselephantin)* gefertigt war. Wie so vieles andere ist auch sie uns nicht erhalten, doch dank der Beschreibungen des Pausanias sowie einiger Miniaturkopien und Münzen wissen wir, wie sie ausgesehen hat. Um die Schultern trug sie die *aigis*, ihren kurzen Zauberumhang aus Ziegenleder, auf ihrem Schild hatte sich Phidias in Gestalt eines Glatzköpfigen selbst verewigt – ein Fall von ungemeiner künstlerischer Anmaßung, die den Bildhauer denn auch zur Flucht nach Olympia zwang. Dort schuf er eine gigantische Statue des sitzenden Zeus aus Gold und Elfenbein. Auch sie ist uns nicht erhalten, denn sie wurde später nach Konstantinopel gebracht und fiel dort einer Feuersbrunst zum Opfer. Doch ihr Aussehen ist uns ebenfalls durch kleinere Nachbildungen und Münzen bekannt. Der Ausdruck des Standbilds soll so sanft und erhaben gewesen sein, dass es sogar »den tiefsten Kummer stillen« konnte. Man zählt das Kultbild des Zeus zu den sieben Weltwundern.[70]

Die klassische Statue in ihrer höchsten Vollendung stellte ein »Wirklichkeitsideal« dar: Schönheit, wie sie sein *sollte*. Die beiden Hauptthemen waren der nackte Männerkörper *(kouros)* und die bekleidete Frauengestalt *(kore)*, wobei es sich üblicherweise um eine Göttin handelte. Die Darstellung des nackten Männerkörpers scheint ihren Ursprung auf Naxos und Paros gehabt zu haben, zwei Inseln, auf denen es reiche Kalkstein- und Marmorvorkommen gab, die die Herstellung von großen Standbildern erlaubten. Die Darstellung der Frauenfigur entwickelte sich in Athen, allerdings erst, als die Ionier nach der persischen Invasion im Jahr 546 v. d. Z. aus der Stadt geflohen waren.[71] Die *kouros*-Tradition folgte dem Usus, dass Jünglinge bei athletischen Wettkämpfen im alten Griechenland eine Art Gottesdienst vollzogen, das heißt, sie traten immer im Rahmen einer religiösen Zeremonie gegeneinander an. Demnach hatte auch der sportliche Wettkampf eine mystische Komponente. Aus künstlerischer Sicht noch wichtiger aber war, dass der Körper, insbesondere der athletische männliche Körper, ebenfalls in einem religiösen Licht betrachtet wurde: Ein perfekt geformter Körper galt als Tugend und als das unverkennbare Merkmal einer Person, die im Besitz von göttlichen Kräften war. Deshalb versuchten die Künstler, solchen Körpern durch die Art der Darstellung von Muskeln, Haaren, Genitalien, Füßen und Augen einerseits einen so realistischen Ausdruck wie nur möglich zu verleihen, andererseits das Beste von unterschiedlichen Körpern in ihnen zu vereinigen, um Menschen von geradezu überirdischer Schönheit zu erschaffen – Götter eben. Und diese Gepflogenheit hatte eindeutig viel der platonischen Formentheorie zu verdanken. Das gewiss berühmteste dieser Meisterwerke ist der Diskuswerfer *(discobolos)* des Myron von Eleutherai, der vermutlich einmal Teil einer Gruppe gewesen war, uns aber nur in Form von Marmorkopien aus der Römerzeit erhalten ist. Der gespannte Ausdruck des Körpers, bevor der Athlet kraftvoll zum Wurf ausholt, ist wunderbar eingefangen. Im rationalen Athen war es eine Tugend, die Leidenschaften nach Art der Götter unter Kontrolle zu halten. Und das galt auch für die Statuen.[72]

*

Die rotfigurige Vasenmalerei wurde offenbar um 535 v. d. Z. in Athen eingeführt. Anstelle von schwarzen Figuren auf rotem Grund wie bisher (der feinste Ton vom Kerameikos war stark eisenhaltig, wodurch der rote Farbton hervorgerufen wurde) sehen wir nun rote Figuren auf schwarzem Grund. Gleichzeitig wurde das Verfahren der Einritzung durch eine Bürstentechnik ersetzt, die eine viel »genauere und flexiblere Wiedergabe der Gestalten und ihrer Posen sowie der Linien ihrer Gewänder« zuließ.[73] Die griechische Vasenkunst der Antike war im gesamten Mittelmeerraum populär. Ihre Themen bezog sie nicht nur aus Mythen, sondern auch aus dem Alltagsleben – Hochzeiten und Beerdigungen, Liebesszenen, sportliche Wettkämpfe – oder sogar aus der Beobachtung von Menschen bei Tratsch und Klatsch. Die Darstellungen lassen erkennen, welche Ohrringe gerade modern waren, wie Männer ihre Genitalien bei einem Wettkampf schützten, welche Musikinstrumente gespielt und welche Haartrachten gerade bevorzugt wurden. Der athenische Philosoph und Dichter Kritias listete im 5. Jahrhundert die schönsten Produkte und Errungenschaften aus den einzelnen Staaten auf: Möbel aus Chios und Milet, Goldbecher und Bronzeschmuck aus Etrurien, Streitwagen aus Theben, das Alphabet der Phönizier, aus Athen die Töpferscheibe und »die Kinder von Ton und Ofen, die vorzüglichste Keramik, der Segen des Hausstands«.[74]

Die Entwicklung der griechischen Malerei lässt sich wahrscheinlich am besten am Beispiel der Evolution der Vasenmalerei erkennen, vom »bahnbrechenden« Stil des Euphronias über den Niobiden-Maler zum Berliner Maler bis hin zu seinem Schüler, dem Achilleus-Maler. Die Linienführung und die Themen wurden immer freier und variantenreicher, verloren dabei aber nie ihre Zartheit und das Gespür für ein maßvolles Ambiente. Obwohl diese Kunstwerke oft außerordentlich schön sind, wurden sie für uns doch eher zu Dokumenten: Kein Volk des Altertums hinterließ uns derart genaue Berichte über sich selbst wie die Griechen mit ihrer Vasenmalerei. Man könnte sie als die erste Pop-Art der Geschichte bezeichnen.

Sir John Boardman erklärt, dass Kunst für die Griechen nicht dasselbe bedeutet hat wie für uns. Im klassischen Griechenland herrschte eine Uniformität, die wir ermüdend fänden, so, »als ob alle Städte des einundzwanzigsten Jahrhunderts aus Jugendstilgebäuden bestünden«. Andererseits war jedes griechische Kunstwerk in höchsten Maßen vollendet – dem Kunstgenießer wurde in Griechenland niemals etwas »Kitschiges oder Billiges« vorgesetzt; allerdings wurde vermutlich eine Menge öffentlich ausgestellter Kunst einfach hingenommen. Die entsprechenden Mythologien waren ja hinlänglich bekannt, und da nur wenige Menschen das Alphabet beherrschten, diente vor Herodots Zeiten vermutlich vor allem die Bildhauerei als eine Art von allgegenwärtiger Geschichtsschreibung.[75]

Bei der antiken Kunst fließen zwei Dinge ineinander: erstens die reine Beobachtung der Natur, von den feinsten Feinheiten der Anatomie und Muskulatur bis hin zu der Art eines Blumenarrangements, vom Ausdruck des Entsetzens, der Lust oder List bis hin zu den Bewegungsabläufen von Hunden, Pferden oder Musikern, wobei oft eine Menge Humor durchschimmert. Es ist etwas Bodenständiges an diesen Kunstwerken, doch die Meisterschaft, mit der die Künstler die verschiedenen Materialen beherrschten, wurde immer grandioser. Am allerdeutlichsten zeigt sich das bei der Behandlung des Faltenwurfs. Die griechischen Bildhauer wurden zu Meistern der Darstellung von steinernen Gewändern, deren Fall die menschliche Gestalt darunter ebenso verhüllte wie enthüllte. Die »Sandale lösende Nike« von der Balustrade des Nike-Tempels auf der Akropolis ist ein erstklassiges Beispiel dafür. Doch hinter dieser Beobachtungsgabe und diesem Realismus gab es immer ein zurückhaltendes Element, eine gelassene Harmonie, jene »gezügelte Leidenschaft«, welche die Griechen so schätzten, weil sie der Inbegriff ihrer Errungenschaft war – der Entdeckung des Intellekts oder der Vernunft als Mittel des Fortschritts. Manchmal wird diese Zurückhaltung für Gefühlskälte gehalten, jedenfalls wurde »die Klassik« in späteren Jahrhunderten oft der »romantischen« Sinnlichkeit gegenübergestellt. Doch das ist nicht nur eine Fehldeutung des griechischen Wesens, es missversteht auch das Wesen der Klassik. Die Griechen unterschieden zwar zwischen *techne* (dem Können der Künstler) und *sophia* (der Weisheit von Dichtern und Musikern), doch leidenschaftslos waren sie gewiss nicht. Phrynichos' Stück *Die Einnahme von Milet* brachte die Athener sogar derart zum Weinen, dass es verboten werden musste.[76] Die alten Griechen schätzten die Gelassenheit, weil sie wussten, wohin Leidenschaft führen kann; Platon wollte die Gefühle zum Schweigen bringen, weil sie das kühle, rationale Denken beeinträchtigen – und genau *darum* ging es in der Klassik.

*

Viele Götter im klassischen Griechenland waren weiblich – nicht zuletzt natürlich Athena selbst. Doch die herrschenden Vorstellungen von Frauen, von Sexualität und den Geschlechterrollen waren völlig andere als heute. Frauen hatten so gut wie keine Bedeutung im öffentlichen Leben. Da sie keine vollen Bürgerrechte besaßen, konnten sie weder unmittelbar Anteil am politischen Leben nehmen noch über eigenen Besitz verfügen. Sie standen unter der Vormundschaft des Vaters, bis sie nach der Eheschließung zum Eigentum des Mannes wurden. Starb der Vater einer unverheirateten Frau, wurde sie das Eigentum des nächsten männlichen Verwandten. Nahm ihr Ehemann an einem der gerade modischen *symposia* teil, bei denen gut gegessen und ernsthaft debattiert wurde, blieb sie zu Hause. Für die weibliche Gesellschaft der Männer sorgten *hetairai* (Gefährtinnen), kultivierte Frauen, die eigens zu diesem Zweck engagiert wurden. Aristoteles war nur einer von vielen Griechen der damaligen Zeit, die überzeugt waren, dass Frauen »unheilbar minderwertig« seien. Ein Historiker behauptete sogar, dass griechische Männer »eine nervöse Furcht« vor Frauen spürten, da sie »ein geheimnisvolles, gefährliches und unreines Element« darstellten, das – wie in den Stücken von Aischylos, Sophokles und Euripides – »die von Männern festgelegte Ordnung und Regelmäßigkeit« bedrohte.[77] In jüngerer Zeit konzentrierte sich die Forschung stark auf die Frage des Geschlechterverständnisses im alten Griechenland und scheint dabei allgemein zu dem Schluss gekommen zu sein, dass es eine deutliche Spannung gab zwischen der Vorstellung von einer Kinder gebärenden Hausfrau und einem wilden, ungezügelten, von Emotionen beherrschten Weib wie Medeia.

Der Bildhauer Praxiteles (Mitte des 4. Jahrhunderts v. d. Z.) führte schließlich die nackte Frauengestalt in die Kunst ein – das zu allen Zeiten wahrscheinlich populärste Thema. Im Lauf der Zeit verfeinerte er die Technik der Marmorbearbeitung so sehr, dass er schließlich eine völlig glatte Oberfläche erschaffen und die Struktur der Haut, vor allem der weiblichen, ungemein wirklichkeitsgetreu und mit mehr als nur einem Hauch von Erotik darstellen konnte. Seine Aphrodite-Statue, die er um die Zeit 364/361 für Knidos auf der türkischen Dacta-Halbinsel schuf, hielt Plinius d. Ä. für »die schönste Plastik überhaupt, die jemals geschaffen worden ist«.[78] Mit Sicherheit war sie eine der einflussreichsten. Leider ging sie uns ebenfalls verloren.

Was auch immer der wahre Grund für die Einstellung der Griechen gegenüber Frauen war, so war die männliche Homosexualität jedenfalls noch wesentlich weiter verbreitet als heute. Im ganzen Land, bei weitem nicht nur in Athen, galten gleichgeschlechtliche Beziehungen zwischen älteren Männern und jüngeren Geliebten als die Norm (was eine weitere Erklärung für die vielen *kouroi* in der klassischen Bildhauerei ist). Platon zum Beispiel lässt Phaidros sagen, dass »das beste Heer der Welt« aus Paaren männlicher Liebhaber bestünde; und tatsächlich sollte im 4. Jahrhundert v. d. Z. genau ein solcher Trupp aufgestellt werden – die so genannte »thebanische heilige Schar«, die dann wesentlich zum Sieg bei der Schlacht von Leuktra beitrug. »Eine ganze pädagogische Theorie [wurde] auf solchen Beziehungen aufgebaut.«[79] Auch diesem Thema widmen sich heute immer mehr Forscher.

*

Angesichts der Bedeutung des griechischen Erbes ist hier vielleicht die Anmerkung nötig, dass in jüngerer Zeit gleich drei Wissenschaftler behauptet haben, die Griechen seien selbst stark von außen beeinflusst worden. Als Erster identifizierte der deutsche Altphilologe Walter Burkert 1984 mehrere Bereiche im griechischen Alltag, die seiner Ansicht nach von nahöstlichen Kulturen geprägt worden waren. Beispielsweise stellte er fest, dass die hebräische wie die assyrische Bezeichnung für »Grieche« (*jawan* und *iawan*, was dem »Ionier« entspricht) einen unmissverständlichen Bezug zu bestimmten Regionen herstellt; dass Homer in der *Odyssee* die Phoiniker – Sidonier – als die Hersteller von Gefäßen aus kostbarem Edelmetall bezeichnet hatte; dass die Waffen der Hopliten denen der Assyrer sehr ähnlich waren; dass die griechischen Bezeichnungen für die

Buchstaben des Alphabets *(alpha, beta, gamma...)* ebenso semitischen Ursprungs sind wie viele Lehnwörter, beispielsweise *chrysos* (Gold) oder *chiton* (das um den Körper gefaltete Gewand). Die akkadische Gewichtseinheit *mena* wurde zum griechischen Wort *mna* und der Begriff *harasu* (»spitzen, einritzen«) zu dem Wort *charaxai*, aus dem sich dann *charakter*, das Werkzeug zum Gravieren und Prägen ableitete (und zu unserem Wort »Charakter« im Sinne des »individuellen Gepräges« weiterentwickelte). Die Idee für den hippokratischen Eid wurde Burkert zufolge von babylonischen Magiern übernommen, ebenso wie die (aus der Natufien-Kultur stammende) Gepflogenheit, Wächterfiguren unter Gebäuden zu vergraben. Kontroverser war Burkerts Behauptung, dass Asklepios identisch sein könnte mit dem akkadischen *Az(u)gallat(u)*, »der große Arzt«, und Lamia mit der nahöstlichen Daimonin *Lamaschtu*. Schließlich fand Burkert sogar Parallelen zwischen der *Odyssee* und *Ilias* auf der einen und dem *Gilgamesch*-Epos auf der anderen Seite (er führt noch zahlreiche weitere Beispiele an).[80]

Ende der achtziger Jahre brachte Martin Bernal, Zivilisationshistoriker an der Cornell University im Staat New York, sein Buch *Black Athena* heraus, in dem er seine Idee vorstellte, dass der entscheidende Einfluss auf die griechische Antike aus Nordafrika und vor allem dem alten Ägypten kam, in dem es mehrere schwarze Dynastien gegeben hatte. Den Stierkult zum Beispiel habe es zuerst in Ägypten gegeben, bevor er dann auf Kreta und die minoische Kultur übergesprungen sei. Auch Bernal verfolgte Lehnwörter und andere Dinge zu ihren Ursprüngen zurück, beispielsweise, indem er ägyptische Schriften mit Aischylos' Werk *Die Schutzflehenden* verglich. Das Wort *kephisos*, wie Flüsse in ganz Griechenland hießen, leitete er von *kbh* ab, »der üblichen ägyptischen Bezeichnung für Flüsse, mit der Bedeutung ›frisch‹«. In seinem Kapitel über Athen stellte er die These auf, dass sich der Stadtname aus dem ägyptischen *HtNt* ableitet: »In der Antike wurde Athene beständig mit der ägyptischen Göttin Nt oder Neit gleichgesetzt.« Er verglich auch Keramik, militärische Begriffe oder die Bedeutung der Sphingen.[81] Bernal sollte sich schließlich noch heftigerer Kritik ausgesetzt sehen als Allan Bloom, denn ihm wurden nicht nur ein ungemein sorgloser wissenschaftlicher Umgang mit Fakten und Zeitangaben und jede Menge Fehlinterpretationen von Daten vorgeworfen, sondern auch, dass er nie sein Versprechen erfüllte, weitere Bände abzuliefern.

Der dritte Wissenschaftler, der einen externen Einfluss auf Griechenland zur Debatte stellte, war Martin L. West mit seinem 1997 erschienenen Buch *The East Face of Helicon*, in dem er zum Beispiel deutliche Überlagerungen zwischen dem *Gilgamesch*-Epos und der *Ilias*, den Figuren des Gilgamesch und des Odysseus, den Gedichten von Sappho und den Versen aus Babylonien feststellte.[82] Mit solchen Hinweisen sollen die Leistungen Griechenlands natürlich keineswegs geschmälert, sondern nur in einen sinnvollen Zusammenhang gestellt werden. Außerdem soll hier gesagt sein – ohne Bernal zu nahe treten zu wollen –, dass nach wie vor die traditionelle Sichtweise vorherrscht, nach der Griechenland mehr dem Nahen Osten und dem Balkan als Nordafrika zu verdanken habe. Es ist unerlässlich, solche Hintergründe zu beleuchten, wenn man die Dinge ins rechte Licht rücken und herausfinden will, wo griechische Ideen ihre Ursprünge gehabt haben könnten. Doch zu welchem Schluss man dabei auch gelangen mag: Er ändert nicht das Geringste an der Bedeutung dieser Ideen.

*

Aristoteles starb im Jahr 322 v. d. Z. Im Jahr 1962 hielt der Oxforder Ideengeschichtler Isaiah Berlin eine Vortragsreihe in Yale, die später auf mehrere Bücher verteilt veröffentlicht wurde. Unter anderem behandelte er darin das massive Umdenken, das nach dem Tod von Aristoteles in Griechenland einsetzte: »Etwa sechzehn Jahre später begann Epikur in Athen zu lehren, gefolgt von Zenon, einem Phönizier aus Kition auf Zypern. Innerhalb von wenigen Jahren waren ihre philosophischen Schulen in Athen etabliert. Es scheint gerade so, als ob die politische Philosophie mit einem Mal verschwunden gewesen sei.« Die Vorstellung, dass Erfüllung notwendigerweise etwas Soziales und Öffentliches sei, »verschwindet spurlos. Innerhalb von kaum zwanzig Jahren finden wir anstelle von Hierarchie Gleichheit; anstelle der Betonung der Überlegenheit von Experten die Lehre, dass ein jeder die Wahrheit für sich selbst entdecken und wie jeder andere ein gutes Leben führen könne; anstelle der Betonung der geistigen Gaben... liegt die Gewichtung nun auf dem Willen, der ethischen Haltung, dem Charakter.« An die Stelle von Äußerlichkeit rückte Innerlichkeit, »anstelle des politischen Engagements... finden wir nun die Vorstellung von Selbstgenügsamkeit, das Lob der Entbehrung, eine sittenstrenge Betonung der Pflicht«. Als höchster Wert galt jetzt »der Seelenfriede, das individuelle Heil«, jedoch nicht erreicht durch die Akkumulation von Wissen oder »durch die schrittweise Mehrung von wissenschaftlichen Kenntnissen, wie Aristoteles gelehrt hatte..., sondern durch eine unvermittelte Konversion – durch das Leuchten eines inneren Lichtes. Die Menschen werden in Bekehrte und Unbekehrte unterteilt.«[83]

Das, sagt Berlin, sei die Geburtsstunde des griechischen Individualismus gewesen, einer der drei großen Wendepunkte in der politischen Theorie des Abendlands (den beiden anderen werden wir zu gegebener Zeit begegnen). Im klassischen Griechenland galt die Erkenntnis, dass der Mensch ein in höchsten Maßen sozial bestimmtes Wesen sei, als Gemeinplatz. Alle Philosophen, Dramatiker oder Historiker nahmen es als gegeben, dass die natürliche Lebensform des Menschen »das institutionalisierte Leben der Polis« war. Aristoteles schrieb in seiner *Politik*, man könne nicht behaupten, dass der Bürger sich selbst gehöre, sondern müsse zugestehen, dass alle der Polis gehörten, da der Einzelne immer Teil des Staates sei. Epikur sagte etwas völlig anderes, nämlich dass der Mensch seiner Natur nach nicht zum Leben in staatsbürgerlichen Gemeinschaften geschaffen sei. Aus seiner Sicht gab es keinen anderen Selbstzweck als das individuelle Streben nach Glück. Kein Recht, keine Steuer, kein Wahlsystem sei ein Wert an sich, sondern – je nach dem Beitrag, den sie zum Glück des Individuums leisteten – immer nur von rein utilitaristischem Wert. Unabhängigkeit sei alles. Auf gleiche Weise versuchten auch die Stoiker nach Zenon, *apathia* zu erreichen – durch Leidenschaftslosigkeit, durch die Unerschütterlichkeit des Gemüts. Ihr Idealzustand war Teilnahmslosigkeit, Nüchternheit, Abgehobenheit und damit zugleich Unverletzlichkeit. »Der Mensch ist ein vor den Karren gespannter Hund; wenn er klug ist, dann läuft er mit.«[84] Der Mathematiker und Stoiker Zenon forderte die Menschen auf, in sich selbst hineinzublicken, da es etwas anderes nicht zu sehen gäbe, und ausschließlich die Naturgesetze der *physis* zu beachten. Aus seiner Sicht stand die Gesellschaft dem wichtigsten Lebensziel, der Selbstgenügsamkeit, nur im Wege. Er und seine Anhänger verfochten die extreme soziale Freiheit, inklusive der Freiheit zu Promiskuität, Homosexualität, Inzest und Kannibalismus. Menschengesetz sei irrational und »nichts für den klugen Mann«.[85]

Berlin hielt die Folgen dieses geistigen Umbruchs für gewaltig. »Zum ersten Mal gewinnt die Idee an Boden, dass die Politik ein schmutziges Geschäft sei, das des Klugen und Guten nicht wert sei. Die Spaltung von Moral und Politik wird absolut... Nicht die öffentliche Ordnung, nur das persönliche Heil ist noch von Bedeutung.«[86] Die meisten Historiker, so bestätigte er, seien sich darin einig, dass dieser Wandel durch die Zerstörung von so vielen Stadtstaaten durch Philippos von Makedonien und seinen Sohn Alexander den Großen eingeleitet worden sei, weil dies zur Folge gehabt habe, dass die Polis bedeutungslos wurde. Und nachdem damit auch so viele vertraute Marksteine verschwanden und sich die Menschen plötzlich von einem riesigen Imperium umgeben sahen, habe die Sorge um das eigene Heil durchaus einen Sinn ergeben: Der Mensch zog sich in sich selbst zurück.[87]

Berlin stimmte dem ganz und gar nicht zu. Seiner Meinung nach wäre dies alles viel zu schnell geschehen, abgesehen davon wurden die *poleis* nicht durch Alexander zerstört – im Gegenteil: Durch ihn wurden neue erschaffen. Berlin suchte die Ursprünge der neuen Ideen vielmehr bei dem Sophisten Antiphon, Ende des 5. Jahrhunderts, und bei Diogenes, da beide an der *polis* kritisierten, dass nur der wirklich unabhängige Mensch frei sei und »nur Freiheit glücklich macht«. Nur wer sich ein unabhängiges Leben aufbaue, könne seine tiefsten Bedürfnisse befriedigen; nur wer seiner Natur folge, erlange Glück und wahre seine Würde. Die Voraussetzung dafür sei natürlich, dass man alle künstlichen Vorkehrungen ignoriere.[88] Berlin fragte sich sogar, ob diese Idee letztlich nicht aus dem Morgenland importiert worden war, denn immerhin stammte Zenon aus der phönizischen Kolonie auf Zypern und Diogenes aus Babylon; andere Gleichgesinnte kamen aus Sidon, Syrien und vom Bosporus: »Nicht ein einziger Stoiker war geborener Grieche.«

Doch wo immer sie auch aufgekommen sein mag, fest steht jedenfalls, dass sich diese ideelle Revolution aus fünf Kernelementen zusammensetzte: Erstens wurden Politik und Ethik nun voneinander getrennt. »Nicht mehr die Gruppe ist nun die natürliche Einheit…, sondern das Individuum. Seine Bedürfnisse, seine Ziele, seine Lösungen, seine Schicksale sind es, die eine Rolle spielen.« Zweitens gibt es nur ein wahres Leben – das innere. Das äußere ist entbehrlich. Drittens ist Moral immer die Moral des Einzelnen. Diese Einstellung zog eine ganz neue Wertung der Privatsphäre nach sich, aus der sich wiederum eine unserer grundlegenden Freiheitsideen ergab, nämlich, dass man Grenzen ziehen muss, die zu übertreten der Staat kein Recht hat. Viertens wurde die Politik zu einer Angelegenheit degradiert, die eines wirklich begabten Menschen nicht würdig ist. Und fünftens spalteten sich die Meinungen: Die einen sahen alle Menschen durch ein Band verbunden und glaubten an eine Einheit allen Lebens, die anderen betrachteten jeden Menschen als eine Insel. Mit Sicherheit beruht auf diesem Konflikt eine der fundamentalen politischen Unstimmigkeiten unter den Menschen.

*

Die »Klassik« ist selbst eine Idee. Im 21. Jahrhundert dient sie dazu, ein gewisses Maß an Vortrefflichkeit und einen »guten« Geschmack zu attestieren: klassische Musik; Classic Rock; jedes Verlegers eigene Liste von »den Klassikern«, Bücher aller Genres also, mit denen wir vertraut sein sollten; ja, sogar klassische Autos wurden zu einer bewährten Kategorie in den Auktionshäusern. Wenn wir etwas als einen »Klassiker« bezeichnen, dann meinen wir, dass es sich um das Beste seiner Art handelt, um etwas also, das gut genug ist, um auch in Zukunft als Standard zu gelten. Wenn wir jedoch vom klassischen Griechenland sprechen, dann meinen wir Griechenland im Allgemeinen und das Athen des 5. Jahrhunderts v. d. Z. im Besonderen und denken dabei sofort an all die Namen und Ideen, die in diesem Kapitel angesprochen wurden.[89] Wir meinen also Ideen und Methoden, die damals allesamt neu gewesen waren und die sich seither bewährt haben – ganz im Sinne von Allan Bloom. Im neunten Kapitel werden wir feststellen, dass es die Ehrfurcht der Römer vor der griechischen Lebensart war, die den Begriff »Klassik« hervor- und die Idee mit sich brachte, dass das Beste von allem, was gedacht, geschrieben, in Stein gemeißelt oder gemalt wurde, erhaltenswert sei, weil wir davon profitieren können. Wir verdanken den Römern viel. Und die vielleicht beste Antwort auf all die Kritiker von Allan Bloom und Konsorten – die diesen Autoren so heftig vorwerfen, dass sie angeblich nur die Errungenschaften von »toten, weißen, europäischen Männern« in einem kleinen Stadtstaat vor zweitausendfünfhundert Jahren propagieren wollten – stammt von dem Philosophiehistoriker Theodor Gomperz: »Nahezu unsere ganze Geistesbildung ist griechischen Ursprungs. Die gründliche Kenntnis dieser Ursprünge ist die unerläßliche Voraussetzung für die *Befreiung* von ihrem übermächtigen Einfluß.«[90]

7
Die Ideen des Volkes Israel, die Idee von Jesus

Im Jahr 597 v. d. Z. wurde das Volk Israel von der Katastrophe heimgesucht, die ihm von alters her gedroht hatte: Unter der Führung von König Nebuchadnezar belagerten die Babylonier Jerusalem, nahmen den König gefangen, setzten einen treuen Vasallen auf den Thron, und »führte[n] weg ganz Jeruschalajim, und alle Oberen, und alle Starken des Heeres, zehntausend Auswanderer, und alle Zimmerleute und Schlosser, es blieb nichts als die Ärmsten unter dem gemeinen Volke«. Und es kam noch schlimmer: Der Vasallenkönig war so unpopulär, dass immer neue Aufstände ausbrachen und die Stadt am Ende erneut belagert wurde. Im Jahr 586 v. d. Z. fiel das hungernde Jerusalem ein zweites Mal. Die Babylonier richteten entsetzliche Verwüstungen an und plünderten alles, auch den Tempel. Wer konnte, der versuchte zu fliehen, wieder wurden Juden in die Gefangenschaft verschleppt. »Seit diesem Tage sollten mehr Juden außerhalb der Grenzen Palästinas leben als innerhalb.«[1]

Um wie viele Menschen es sich dabei genau gehandelt hat, ist völlig ungeklärt. Im Buch der Könige wird von »zehntausend« gesprochen, bei Jeremia von insgesamt rund 4600, davon 832 im Jahr 586. Andererseits ist durchaus denkbar, dass sich diese Zahlen nur auf erwachsene Männer bezogen. Wenn das der Fall war, dann sprächen wir hier von insgesamt rund 20 000 Menschen. In jedem Fall war es eine relativ kleine Gruppe, und das sollte sich als wichtig erweisen, weil es den Juden im Exil den Zusammenhalt enorm erleichterte.

Für sie war dieses Unglück in vieler Hinsicht schicksalhaft. Wie die Bibelwissenschaftlerin Paula Frederiksen schrieb, hätten die Juden aus ihrer Notlage auch ganz einfach die »vielleicht realistischste« Schlussfolgerung ziehen können, dass ihr Gott tatsächlich weniger mächtig war als die Götter ihrer Nachbarn. Stattdessen aber gelangten sie zur genau gegenteiligen Überzeugung. Ihr Unglück bestätigte ihnen, was die Propheten vorhergesagt hatten: nämlich, dass sie die Strafe Gottes ereilen werde, wenn sie zu weit von den Vereinbarungen abweichen würden, die Jahwe im Bund mit ihnen getroffen hatte. Und daraus zogen sie die einzige logische Folgerung, nämlich, dass sie ihr Verhalten grundlegend ändern mussten. Um das zu erreichen, bot das Exil gerade die richtige Atempause.[2]

*

Im Laufe dieses Exils sollte sich ein Großteil des jüdischen Glaubens entfalten, auch wenn sich viele heutige Ausprägungen erst nach den Gründertagen entwickelten, nicht viel anders als es im Christentum der Fall sein sollte. Die moderne jüdische Tradition hatte sich erst ungefähr um 200 n. d. Z. stabilisiert. Die entscheidendste Veränderung in der damaligen Zeit war, dass das Volk Israel in Ermangelung eines eigenen Territoriums und eines politischen oder geistigen Führers gezwungen war, neue Möglichkeiten zu finden, um seine Identität und einzigartige Beziehung zu Gott zu wahren. Die Lösung lag in seinen Schriften. Als die Juden ins Exil gingen, gab es die Hebräische Bibel in ihrer heutigen Form noch nicht. Es gab eine Sammlung von Schriftrollen mit weltlichen Gesetzen, die Tradition der Zehn Gebote, die übrigen Glaubensgesetze, die Moses kompiliert haben soll, und noch mehrere andere Schriftrollen wie das Buch der Kriege des Ewigen, die Sprüche der Propheten und die Psalmen, die im Tempel gesungen worden waren.[3]

Schreiber genossen zu der Zeit noch kein besonders hohes Ansehen, doch je zentraler die Rolle der heiligen Schriften für den Glauben wurde, umso höher wurde die Stellung der Schriftgelehrten. Tatsächlich sollten sie eine Weile lang sogar wichtiger sein als die Priester, denn sie waren es ja, die von reichen Kaufleuten bezahlt wurden, damit sie die Überlieferungen aufschrieben und einen Korpus schufen, der das Volk zusammenhalten sollte. Außerdem sahen viele allein schon den Akt des Schreibens als eine fast magische, ja vielleicht sogar göttlich inspirierte Handlung an. Aber die Schriftgelehrten konnten natürlich nicht nur schreiben, sondern auch lesen. Und hier, in Mesopotamien, stießen sie nun auf die vielen sumerischen, assyrischen und babylonischen Texte, die sie im Lauf der Zeit alle übersetzen sollten und mit denen der Einfluss anderer Kulturen und Glaubensweisen auf das Judentum begann.

Doch es waren nicht nur schriftliche Überlieferungen, die im Exil konsolidiert wurden. Erstmals begann man nun auch auf bestimmten Speisegesetze und auf die Einhaltung des Beschneidungsgebots zu beharren, »um Juden unwiderruflich von Nichtjuden zu unterscheiden«. Aber auch andere Völker, zum Beispiel die Ägypter, praktizierten die Beschneidung; und die Assyrer kannten ebenfalls ein Speisegesetz, das ihnen zum Beispiel den Verzehr von Fisch verbot. Die babylonische Astronomie war viel weiter fortgeschritten als die des Volkes Israel, und das machten sich die Juden nun zunutze, um feststehende Feiertage in ihren religiösen Jahreszyklus einzuführen: das Passahfest (die Feier des Wunders des Auszugs aus Ägypten); Schawuot (das Wochenfest zum Gedenken an das Gelübde, mit dem das Volk Israel das Gottesgesetz zu befolgen versprochen hatte); und Jom Kippur (der Versöhnungstag, in Erwartung des Tages des Gerichts). Erst jetzt erhielt auch der Sabbat, auf den sich Jesaia bezogen hatte, seine eigentliche Bedeutung, was sich nicht zuletzt aus der Tatsache ableiten lässt, dass in den erhaltenen Texten »Schabbatai« auf einmal als einer der populärsten Männernamen auftaucht. *Schabbaton* war wie gesagt ursprünglich die babylonische Bezeichnung für den Brauch, am »Vollmondtag« die Arbeit ruhen zu lassen.[4] Sogar die Idee vom »Bund« mit Gott könnte aus dieser Zeit in der Gefangenschaft stammen – denn sie erinnert deutlich an eine alte Idee aus dem Zoroastrismus, und Cyrus der Große, der Mann, der die Juden schließlich befreien sollte, war immerhin Zoroastriker gewesen.

*

Das Exil währte von 586 bis 538 v. d. Z., also nicht einmal ein halbes Jahrhundert. Doch sein Einfluss auf die Ideen des Judentums war gewaltig. Laut den Büchern Jeremia und Ezechiel waren die meisten Exilanten in der Südhälfte Mesopotamiens unweit von Babylon angesiedelt worden. Es war ihnen erlaubt, Häuser zu errichten, Landwirtschaft zu betreiben und ihre Religion auszuüben – allerdings wurden nie Überreste eines jüdischen Tempels in Babylon gefunden. Viele Juden scheinen dort auch erfolgreiche Händler geworden zu sein, denn in den Keilschrifttafeln aus dieser Zeit, in denen alle kommerziellen Aktivitäten festgehalten wurden, finden sich nun immer mehr jüdische Namen.[5]

Die Gefangenschaft war also nicht so beschwerlich wie befürchtet. Und drastisch verbessern sollte sich die Lage des Volkes Israel im Jahr 539, als Cyrus der Große, Gründer des Achaemenidenreichs (Großpersien), ein Bündnis mit den Medern einging und Babylon eroberte. Als Zoroastriker verhielt er sich anderen Religionen gegenüber ausgesprochen tolerant und sah keinen Sinn darin, die Juden noch länger in Gefangenschaft zu halten. Er entließ sie im Jahr 538 v. d. Z., doch viele blieben: Eineinhalb Jahrtausende lang sollte Babylon ein blühendes Zentrum der jüdischen Kultur sein.[6]

Die Hebräische Bibel berichtet, dass sich das Leben der ersten jüdischen Rückkehrer um einiges härter gestaltete als im Exil. Die Nachkommen der ärmeren Juden, die in der Heimat geblieben waren, da sich die Babylonier nicht für sie interessiert hatten, hießen die Heimkehrer nicht unbedingt mit offenen Armen willkommen und fanden die hohen Kosten für den Bau einer neuen Stadtmauer um Jerusalem völlig unnötig. Die nächste und diesmal größere Gruppe – über zweiundvierzigtausend Juden, vielleicht doppelt so viele, wie einst gefangen genommen worden waren – verließ Babylon laut biblischem Bericht im Jahr 520 v. d. Z. Obwohl diese Rückkehrer die Unterstützung von Cyrus' Sohn Darius hatten, sollte der

Wiederaufbau Jerusalems, der im Wesentlichen Nechemjah zu verdanken ist, erst im Jahr 445 v. d. Z. beginnen. Nechemjah war ein wohlhabender Jude, der ein hohes Amt am persischen Hof innegehabt und sich sofort auf den Weg gemacht hatte, als er von den bedauernswerten Zuständen in Jerusalem erfuhr. Er nahm sofort den Wiederaufbau der Stadtmauern und des Tempels in Angriff und führte Neuerungen zum Wohl der Armen ein. Die Bibelwissenschaftlerin Robin Lane Fox berichtet, dass Nechemjah zwar ausgiebig von den umfassenden Kenntnissen sprach, die das Volk Israel von den Gesetzen Mose hatte, sich jedoch nirgendwo auf eine schriftliche Fassung dieser Gesetze bezog.

Der erste grundlegende Hinweis auf ein geschriebenes Gesetz findet sich nach allgemeiner Auffassung bei Esra, einem Priester, der in Babylon beste Beziehungen gepflegt und ebenfalls eine Stellung am persischen Hof in Mesopotamien innegehabt hatte, bevor er im Jahr 398 v. d. Z mit einem Empfehlungsschreiben des Königs, prächtigen Geschenken für den Tempel und einer Abschrift des Gesetzes Mose in Jerusalem eintraf. Erst im Buch Esra finden wir, so Lane Fox, einen Rekurs auf das, »was geschrieben steht«. Und daraus lässt sich schließen, dass ein unbekannter Redaktor inzwischen begonnen hatte, die diversen Schriftrollen und heiligen Schriften zu einer einheitlichen Erzählung und Gesetzestexten zu kompilieren. In Griechenland gab es bereits ungefähr im Jahr 300 v. d. Z. eine einheitliche Form der Homer'schen Epen; die heiligen hebräischen Schriften (aus christlicher Sicht das Alte Testament) sollten hingegen erst um etwa 200 v. d. Z. ihre endgültige Gestalt annehmen. In dieser Zeit bezog sich Ben Sira – der Verfasser des *Ecclesiasticus* (Buch Jesus Sirach) und erste jüdische Autor, der mit seinem Namen zeichnete – auf das »Bundesbuch des höchsten Gottes, das Gesetz, das Mose uns vorschrieb«.[7] Die Idee eines Bundes mit Gott, dieses ungemein zentrale Element im Judaismus, könnte wie gesagt vom Zoroastrismus in Mesopotamien übernommen worden sein. Nach dem Exil war der Bund, der das jüdische Leben so dominieren sollte, jedenfalls bereits in den jüdischen Schriften verankert. Und das heißt, dass man sich nun auch außerordentlich stark um ein Einvernehmen in der Frage bemühen musste, was in die Heilige Schrift eingehen sollte und was nicht. Die Juden mussten einen Kanon schaffen. Also wurde mit der Kompilation der Bibel begonnen, dem wohl einflussreichsten Buch aller Zeiten.

Der Begriff »Kanon« kommt aus dem Sumerischen und bedeutete ursprünglich »Schilfrohr«, also etwas Gerades, Aufrechtes. Sowohl die Akkader als auch die Ägypter hatten Kanones. Von besonderer Bedeutung war die Erstellung eines Kanons in Ägypten gewesen, weil dort regelmäßig der Nil über die Ufer trat, Grund und Boden überschwemmte, die Landschaft veränderte und Grenzen verwischte. Exakte Aufzeichnungen beziehungsweise die Festsetzung eines Kanons waren unter diesen Umständen von unschätzbarem Wert. Und da über die Archive der Vezier wachte, der auch für das Rechtswesen zuständig war, wird nachvollziehbar, wieso sich die Bedeutung des Begriffes »Kanon« allmählich zu der eines traditionellen, unveränderlichen Standards ausweitete.[8] Im Griechischen bedeutete *kanon* »Richtschnur« oder »Stab«, und auch dort weitete sich der Begriff zuerst zur Bedeutung eines abstrakten Standards (eines »Maßstabs«, wie wir sagen würden) aus, um schließlich auch all die Regeln zu bezeichnen, die der Komposition von Dichtung und Musik zugrunde liegen sollten.[9] Platons Ideen von der idealen Form deckten sich ausgezeichnet mit einem solchen Kanon: Große Werke beinhalteten diese traditionellen Regeln automatisch. Im antiken Griechenland konnte man den Kanon daher sowohl auf ein einzelnes Werk als auch auf Sammlungen übertragen. Polykleitos verfasste einen Kanon über die idealen Maßverhältnisse des menschlichen Körpers. Aber es waren die Juden, die diesen Begriff erstmals auf eine heilige Schrift anwandten: Um in ihren Kanon aufgenommen zu werden, musste ein Text göttlich inspiriert sein.

Die Entwicklung der Hebräischen Bibel wirkte sich in einer Weise auf das Judentum aus, die es deutlich von den Griechen und später auch Römern unterscheiden sollte. Griechenland erlebte im 5., 4. und 3. Jahrhundert v. d. Z. das Entstehen von Philosophie, kritischem Denken, der Tragödie, der Geschichtsschreibung und des Trends zu immer weniger religiöser Gläubigkeit. Im Volk Israel geschah das genaue Gegenteil: Je mehr Menschen lesen und sich an den heiligen Schriften erfreuen konnten, umso deutlicher begann sich das jüdische Leben an ihnen zu orientieren. Und da ein so großer Teil dieses Korpus aus Prophetie, aber nicht aus Mythologie oder Beobachtungen (wie in Griechenland) bestand, gab es auch einen gewaltigen Spielraum für Auslegungen. Die Kommentare häuften sich, und mit ihnen das Maß an Verwirrung hinsichtlich der wahren Bedeutung der Aussagen in den einzelnen Schriften. Viele Schriftrollen galten als heilig, allen voran die frühen Texte, die den Namen Gottes, JHWH, enthielten. Spätere Texte vermieden den Namen, aus Furcht, dass ihn Nichtjuden zu magischen Zwecken missbrauchen könnten. Die Weigerung, den Namen Gottes zu äußern, bedeutet zugleich, dass Gott weder definierbar noch begrenzbar ist.[10]

Flavius Josephus, ein jüdischer Feldherr, der um das Jahr 37 n. d. Z. als Josef ben Mathitjahu geboren worden war und später römischer Bürger wurde, schrieb zwei berühmte Historien über das jüdische Volk: *Der jüdische Krieg* und *Jüdische Altertümer*. Seiner Aussage nach besaßen die Juden zu seiner Zeit zweiundzwanzig Bücher, die der Heiligen Schrift angehörten, neben vielen, die sie nicht in den Kanon aufgenommen hatten. Diese zweiundzwanzig Bücher, »die zu Recht anerkannt sind und die Geschichte aller Zeiten beinhalten«, waren die Gesetzesbücher und jene dreizehn Geschichtsbücher, welche laut Josephus allesamt von Propheten stammten, neben vier »Büchern mit Hymnen an Gott und Regeln für das menschliche Verhalten« (Psalmen, Sprüche, das Hohelied und das Buch Kohelet). Die Zahl zweiundzwanzig könnte ausgewählt worden sein, weil das hebräische Alphabet aus zweiundzwanzig Buchstaben besteht – wieder einmal Numerologie. Doch zu Jesu Lebzeiten scheint kein Jude auf die Idee gekommen zu sein, dass der Schriftenkanon damit ein für alle Mal festgelegt worden sei – es gab keine »autorisierte Fassung«, wie wir sagen würden. Wortlaut wie Länge der Texte variierten (von einigen Büchern, wie zum Beispiel Ezechiel, gab es längere und kürzere Versionen), und auch im Hinblick auf die Bedeutung der Schriften herrschte alles andere als Einvernehmen.[11]

Was Christen als das Alte Testament bezeichnen, die Hebräische Bibel also, ist für Juden der *Tanach*, das Akronym aus den hebräischen Anfangsbuchstaben der drei Arten von heiligen jüdischen Schriften: *Tora* (Lehre, Weisung), *Neviim* (Propheten) und *Ketuvim* (Schriften). Die fünf Bücher Mose, die Tora, sind seit den ersten griechischen Übersetzungen auch unter dem Begriff »Pentateuch« bekannt.[12] Die Autoren dieser Schriften hatten keine Einteilung in Verse und Kapitel geplant – sie wurde erst viel später eingeführt (Verse im 9. und Kapitel im 13. Jahrhundert); außerdem unterscheidet sich auch die Anordnung der Bücher der Hebräischen Bibel von der des christlichen Alten Testaments, das es zudem noch in einer katholischen und einer protestantischen Version gibt – das Alte Testament der katholischen Kirche enthält mehr Bücher.[13]

Heute liegen unzählige wissenschaftliche Forschungsarbeiten über die Bücher der Hebräischen Bibel oder des christlichen Alten Testaments vor, die unter anderem »enthüllen«, wann sie erstmals schriftlich niedergelegt wurden, von wie vielen Autoren und in einigen Fällen auch wo sie geschrieben wurden. So glaubt die Forschung heute, dass die Tora aus vier »Schichten« besteht und gegen Ende des 4. Jahrhunderts v. d. Z. (also nach der Babylonischen Gefangenschaft kompiliert wurde. Abgeleitet wird das von der Tatsache, dass die frühesten Schriften der Propheten, die Mitte bis Ende des 8. Jahrhunderts v. d. Z. verfasst worden waren, zwar viele Ereignisse aus der Frühzeit des Volkes Israel schildern, aber kein einziges Mal auf die Schöpfungsgeschichte oder auf Adam und Eva Bezug nehmen (und auf den Sündenfall natürlich ohnedies nicht, da er eine rein christliche Auslegung ist) – und das, obwohl die Genesis im biblischen Schema doch an erster Stelle steht. Bei den Schriftrollen, die von Archäologen an sieben verschiedenen Stätten in Judäa gefunden und auf frühere Jahrhunderte datiert wurden, handelte es sich ausnahmslos um Handelsverträge über die Lieferungen von Wein oder Öl oder um Verwaltungsaufzeichnungen. Die *Theogonie* von Hesiod (ca. 730–700 v. d. Z.) enthält so manche Idee, die sich mit der Genesis überschneidet, beispielsweise, dass die erste Frau Pandora wie die biblische Eva nach dem Manne erschaffen wurde; und

Drakon gab den Athenern um das Jahr 620 v. d. Z. die ersten schriftlichen Gesetze. Flossen diese Elemente vielleicht in die Tora des Volkes Israel ein? Auch die Historizität, oder wie immer man es nennen mag, der ersten Teile der Hebräischen Bibel wird in Zweifel gezogen, da sich nirgendwo unabhängige Bestätigungen für irgendeine der frühen Persönlichkeiten wie Moses finden lassen, obwohl uns doch gleichzeitig so viele Nachweise für Personen vorliegen, die in derselben Zeit lebten, in der auch er gelebt haben soll. Der von Moses geführte Exodus wird zum Beispiel wechselweise auf einen Zeitpunkt irgendwann zwischen 1400 und ca. 1280 v. d. Z. datiert – eine Periode, aus der uns nicht nur die Namen von babylonischen und ägyptischen Herrschern vorliegen, sondern auch zweifelsfrei authentische Berichte über die meisten ihrer Taten zur Verfügung stehen. Außerdem wurden jede Menge identifizierbare Artefakte aus dieser Zeit gefunden – doch die erste wirklich belegbare Existenz einer biblischen Figur ist die von König Achab, der im Jahr 853 gegen Schalmanaser III., den König von Assur, gekämpft hatte.

Die Liste lässt sich fortsetzen. Nach Aussagen von Archäologen in Israel (Israelis wie Nichtisraelis) gibt es keinerlei archäologische Nachweise für die Existenz auch nur eines einzigen Patriarchen – Abraham, Noah, Moses oder Josua –, ebenso wenig wie für das Exil der Juden in Ägypten, für den heroischen Exodus oder für die gewaltsame Eroberung von Kanaan. Für die meisten Bibelforscher stellt sich heute nicht einmal mehr die Frage, *ob* Figuren wie Abraham gelebt haben, sondern nur noch, auf welchen historischen Umständen die Brauchtümer und Institutionen fußen, die sich mit ihren Geschichten verbinden. Ebenso wenig stellt sich ihnen noch die Frage, *ob* der Exodus oder die Eroberung Kanaans wie in der Bibel geschildert stattfanden, sondern nur noch, welche Art von Exodus und welche Eroberungen es, wenn überhaupt, jemals gab. Abgesehen davon stellt man nicht nur den Bund zwischen Gott und den Juden in Frage, sondern bezweifelt auch, dass der jüdische Gott Jahwe – was nun wirklich grundlegend ist – seit Anbeginn jenes so ganz andere überirdische Sein war, von dem das Volk Israel immer sprach. Vielleicht war er nur *ein* Gott unter den vielen nahöstlichen Gottheiten, dem zumindest bis zum 7. Jahrhundert v. d. Z. sogar eine Frau zur Seite stand. Kurz gesagt: Man geht davon aus, dass der Judaismus gar nicht von Anfang an eine monotheistische Religion gewesen ist.[14] Nach den jüngsten Forschungen haben Wissenschaftler sogar an der Existenz der Könige David und Salomon zu zweifeln begonnen und in Frage gestellt, ob es überhaupt je ein »vereintes Königreich« gab, jene goldene Epoche der jüdischen Geschichte also, in der laut der Bibel alle zwölf Stämme unter einem König vereint lebten, beginnend im 12. Jahrhundert v. d. Z., als die Großstädte Har megiddo (Armageddon), Chazor und Jisreel erbaut wurden. Von dieser neuesten Warte aus betrachtet, waren David und Salomon – wenn denn überhaupt Könige – bestenfalls Kleinherrscher und keinesfalls die großen Baumeister der prunkvollen Paläste, von deren Anblick das heute Israel genannte Land angeblich beherrscht worden sein soll und die in der Bibel mit solcher Ausführlichkeit beschrieben werden.[15] Als historisch besonders problematisch gilt das »goldene Zeitalter Salomons«.

Mit noch wesentlich tiefgreifenderen Folgen wurde die Autorität der Bibel untergraben, als man im Zuge immer neuer archäologischer Erkenntnisse herausfand, dass es die Welt, die man bis dahin in der Bronzezeit angesiedelt hatte – also beispielsweise die Zeit um das Jahr 1800 v. d. Z. –, tatsächlich erst in der Eisenzeit nach 1200 v. d. Z. gegeben hatte. Alle in der Bibel erwähnten Ortsbezeichnungen sind Namen aus der Eisenzeit; die *Pelischtim* der Hebräischen Bibel (»Philister«/Palästinenser) werden in außerbiblischen Texten erstmals um das Jahr 1200 v. d. Z. erwähnt; und Kamele wurden erst Ende des 2. Jahrtausends v. d. Z. vom Menschen gezähmt, wohingegen sie in der Bibel bereits im 24. Kapitel der Genesis auftauchen.[16]

Außerdem liegt uns die Arbeit von Israel Finkelstein vor, dem Direktor des Archäologischen Instituts der Universität von Tel Aviv und der vielleicht charismatischste, gewiss aber auch umstrittenste Archäologe seiner Generation. Der Beitrag, den er mit seiner Forschung leistete, lässt sich in zwei wesentliche Punkte zusammenfassen. Aus traditioneller – das heißt biblischer – Sicht soll das Volk Israel aus der Fremde in das Land Kanaan eingewandert sein, um dort unter tätiger Mitwirkung seines Gottes Jahwe im 13. oder 12. Jahrhundert v. d. Z. die Philister zu bezwingen und im 12. und 11. Jahrhundert die glorreichen Königreiche von David und Salomon zu gründen. Das »vereinte Königreich« von Schomron (Samaria) im Norden und Jehudah (Judäa) im Süden soll bis zum 6. Jahrhundert v. d. Z. überdauert haben, bis die Babylonier das Land eroberten und die Juden in die »zweite Gefangenschaft« nach Mesopotamien verschleppten. Laut Finkelstein sieht es jedoch so aus, als gebe es buchstäblich null archäologische Evidenz für diese Geschichte. Es finden sich weder Nachweise für den kurzen Eroberungsfeldzug Josuas noch für die Plünderung oder gar Zerstörung irgendeiner Stadt in dieser Region. Inzwischen weiß man sogar, dass viele Städte, die laut Bibel von Josua eingenommen wurden – beispielsweise Arad, Ai oder Gibeon –, zur damaligen Zeit noch gar nicht existierten; dafür gibt es reichlich Nachweise, dass der Alltag in dieser Region ohne irgendwelche dramatischen Unterbrechungen seinen Lauf genommen hat. Die ersten Archäologen waren noch davon ausgegangen, dass das plötzliche Auftauchen einer bestimmten Vasenart oder einer neuen Bauweise (Vierraumhaus) den jähen Einfluss von Fremden – dem Volk Israel also – in dieser Region bezeugten. Die spätere Forschung bewies jedoch, dass es sich hierbei um Entwicklungen gehandelt hatte, die sich im Laufe von rund hundertfünfzig Jahren an unterschiedlichen Orten abspielten – und das in vielen Fällen vor der Zeit, in der das Volk Israel von außen eingedrungen sein soll. Wenn diese Sicht stimmt, dann bedeutet das aber natürlich auch, dass die Bibel in einer ganz entscheidenden Hinsicht unrichtig ist und hier womöglich nur der Versuch unternommen worden war, nachzuweisen, wie stark sich die Juden von allen anderen Stämmen in dieser Region *unterschieden*. Nach dem allerneuesten wissenschaftlichen Szenario war das Volk Israel weder aus der Fremde nach Kanaan eingewandert, noch hatte es sich die dort ansässigen Stämme untertan gemacht, wie die Bibel schreibt, sondern war schlicht und einfach einer von vielen dort ansässigen Stämmen gewesen, der sich allmählich durch seine eigenen Götter (Plural!) von den anderen abzugrenzen begann.[17]

Diese Erkenntnisse sind deshalb von Bedeutung, weil sich mit ihnen auch die Ansicht untermauern lässt, die Bibel sei erst durch Juden kompiliert worden, die aus dem »zweiten Exil« in Babylon zurückgekehrt waren (das »erste« war natürlich Ägypten gewesen) und mit dieser Erzählung zwei Dinge erreichen wollten: Erstens sollte mit der Darstellung, dass das Volk Israel bereits einmal in seiner Geschichte aus der Fremde gekommen sei und Land übernommen habe, ein Präzedenzfall geschaffen werden; zweitens musste der Anspruch auf Land gerechtfertigt werden, also wurde der Bund mit Gott erfunden. Das heißt, das Volk Israel brauchte zu diesem Zweck einen besonderen Gott, ein höheres Sein, das sich deutlich von jeder anderen Gottheit in dieser Region unterschied.[18]

An diesem Punkt kommt nun die jüngste Arbeit von Dr. Raz Kletter vom Israelischen Archäologischen Dienst ins Spiel, der vor kurzem eine Untersuchung von nicht weniger als achthundertfünfzig Figurinen, die in den vergangenen Jahrzehnten ausgegraben wurden, beendet hat. Fast alle sind sehr klein und aus Holz geschnitzt oder aus Lehm geformt; alle haben überbetonte Brüste und waren im Allgemeinen nur zur Frontalansicht geeignet; viele sind zerbrochen, was auf ein religiöses Ritual hindeuten könnte; viele waren offensichtlich Ausschuss, was sich davon ableiten lässt, dass man sie aus Schutthalden aus dem Altertum ausgrub; andere wurden bei ehemaligen *bamot* (offenen Altarräumen) gefunden. Alle lassen sich auf das 8. bis 6. Jahrhundert v. d. Z. datieren, aber kein Historiker weiß, weshalb sie ausgerechnet dort lagen, wo man sie fand. Man entdeckte auch eine Reihe von männlichen Figuren, zum Teil nur Köpfe, zum Teil auf Pferden sitzende Körper. Nach Aussagen von Dr. Kletterer und von Ephraim Stern, der darüber in seiner maßgeblichen Studie – dem zweiten Band von *Archaeology of the Land of the Bible* – berichtet, stellen diese Figurinen allesamt Jahwe und seine Gemahlin Astarte dar (die weibliche Figur der »Weisheit« wird Jahwe in den biblischen Sprüchen [8] zur Seite gestellt). Professor Stern meint nun, dass sich diese Figurinen und *bamot* des Volkes Israel nicht wesentlich von denen seiner Nachbarn unterschieden hätten, was ihn zu dem Schluss brachte, dass sie eine

Zwischenstufe zwischen dem Paganismus und dem Monotheismus in der Entwicklung des Judentums darstellten, die er als die Zeit des »paganen Jahweismus« bezeichnet. Die eigentliche Bedeutung dieser Figurinen liegt also in ihrer Datierung und in der Tatsache, dass sie sich kaum von vergleichbaren Artefakten aus benachbarten Regionen unterscheiden, was natürlich wiederum die Idee stützt, dass es den jüdischen Glauben in seiner endgültigen Form vor der Babylonischen Gefangenschaft nicht gegeben hat. Kurzum, das Volk Israel verwandelte Jahwe zu Zeiten des »zweiten Exils« in einen besonderen, den Einen Gott, um seinen Anspruch auf Land zu rechtfertigen.[19]

Nun gibt es natürlich Gegenargumente, die mindestens so dezidiert vertreten werden. Wenn man die Universität von Tel Aviv als das Zentrum des radikalen Lagers der Bibelforschung betrachtet, dann ist die Hebrew University von Jerusalem eindeutig das Zentrum des konservativen Lagers. Amihai Mazar, Professor für Archäologie an der Hebrew University und Autor des ersten Bandes von *Archaeology of the Land of the Bible*, gesteht zwar zu, dass viele von den ersten Büchern der Hebräischen Bibel – vor allem solche, in denen es um die Patriarchen geht – nicht als verlässlich betrachtet werden können, doch zu mehr als dieser Aussage würde er sich nie hinreißen lassen. Er stützt seine Thesen vor allem auf die Merenptah-Stele, die heute im Museum von Kairo steht (Merenptah war ein ägyptischer Pharao.) Die Steinsäule wird auf das Jahr 1204 v. d. Z. datiert; sie trägt Inschriften, die die Eroberung von mehreren Städten auf dem Gebiet des heutigen Staates Israel durch die Ägypter schildern, darunter Aschkelon und Geser. Und sie beschreibt eindeutig die Vernichtung »des Volkes Israel«. Mazar beruft sich auch auf die so genannte Tel-Dan-Stele, die 1993 im Norden Israels gefunden wurde und mit der aramäischen Inschrift *Beit David* versehen ist (»Haus David« im Sinne der Dynastie Davids). Da sie auf das 9. Jahrhundert v. d. Z. datiert werden konnte, stützt sie aus Professor Mazars Sicht eindeutig die traditionelle biblische Version.[20] Doch welche Revisionen sich bei der biblischen Chronologie auch als nötig erweisen werden und welche Wahrheiten sich hinter den heiligen Schriften auch verbergen mögen, eines steht jedenfalls fest, wie auch William Foxwell Albright explizit betont: Niemand bezweifelt, dass der Monotheismus einzig und allein die Erfindung des Volkes Israel im Nahen Osten war.

*

Der erste Abschnitt des Tanach, die vier Bücher Genesis bis einschließlich Numeri, befasst sich mit der Geschichte der Schöpfung bis zur Ankunft Israels im Gelobten Land. Die Wissenschaft geht heute davon aus, dass dieser Abschnitt auch auf vier verschiedenen Quellen beruht, die von einer fünften kompiliert wurden, von einem Schreiber, der irgendwann zwischen 520 und 400 v. d. Z. versuchte, das gesamte Quellenmaterial in eine einheitliche Form zu bringen. Das nächste Segment umfasst die Bücher Deuteronomium bis einschließlich des 2. Buchs der Könige. Die Einheitlichkeit, die aus diesem Teil spricht, lässt die meisten Wissenschaftler vermuten, dass er (mit Ausnahme des Buches Ruth, das ohnedies nur in den Anordnungen des christlichen Alten Testaments unter diesen Abschnitt fällt) von einem einzigen Autor stammt, dem so genannten Deuteronomisten oder »D«. Und da das Leitmotiv dieser Bücher die prophetische Sorge ist, dass das Volk Israel eines Tages aus dem Land vertrieben werden könnte, glauben Bibelforscher, dass sie allesamt *nach* dem verhängnisvollen Ereignis, mit anderen Worten *im* Exil Mitte des 6. Jahrhunderts v. d. Z., geschrieben wurden.[21] Der dritte Abschnitt (nach der Ordnung des christlichen Alten Testaments; in der Hebräischen Bibel ist es der vierte, die Hagiographen) umfasst die Bücher Esra, Nehemia und die Chroniken, welche die Rückkehr aus der Gefangenschaft und die Wiederherstellung der Gesetzesordnung im Land behandeln. Ihr Verfasser wird allgemein als »der Chronist« bezeichnet, von dem man annimmt, dass er seine Bücher um das Jahr 350 v. d. Z. kompilierte. Die übrigen Schriften der Hebräischen Bibel wurden von verschiedenen Autoren zu unterschiedlichen Zeiten zwischen ca. 450 und ca. 160 v. d. Z. verfasst, dem Jahr, in dem das jüngste Buch Daniel entstand.[22]

Im fünften Kapitel kam bereits zur Sprache, dass sich für mehrere biblische Erzählungen Parallelen in der älteren babylonischen Literatur finden lassen, beispielsweise für den Knaben im Schilfkörbchen oder für die Flut und die Auserwählten, welche rechtzeitig ein Schiff bauten, um von jeder Art ein Paar zu retten. Doch das Verwirrendste bei der Hebräischen Bibel ist gewiss, dass sie zwei einander widersprechende Schöpfungsgeschichten erzählt. In den ersten Abschnitten der Genesis erschafft Gott die Welt in sechs Tagen und ruht am siebten Tag. Er scheidet Licht von Finsternis, den Himmel von der Erde, lässt Kraut Samen bringen und Bäume Früchte tragen, bringt Sonne, Mond und Sterne zum Leuchten, bevor er Seetiere, Vögel und das Getier des Landes zum Leben erweckt. Dann schuf er den Menschen nach seinem Bilde: »Mann und Weib schuf er sie« zur selben Zeit. Sie sollten sich die Tiere untertan machen und sich von Kraut und Baumfrucht nähren. »Die ersten Geschöpfe sind Vegetarier.«[23] Dann folgt jedoch ein zweiter Schöpfungsbericht. Nun bildet Gott »den Menschen aus Staub von dem Erdboden« (hebräisch *adamah*), und dieses Geschöpf ist nun nicht nur explizit männlich, sondern auch vor allen anderen »Leben-Atmenden« erschaffen worden. Erst nach seiner Erschaffung sah Gott: »... es ist nicht gut, dass der Mensch alleine sei«, brachte das Getier zu Adam, um zu sehen, wie er es nennen würde, und formte aus seiner Rippe schließlich die »Männin *[ischah]*, denn vom Manne *[isch]* ist diese genommen worden«. Es gibt also zwei völlig unterschiedliche Versionen, und das hat die Bibelforscher von jeher verwirrt. Isaac de la Peyrère, von dem schon im Prolog die Rede war, schlug im Jahr 1655 als Lösung für dieses Problem vor, dass zuerst das Nichtjudentum erschaffen worden sei und erst die zweite Schöpfung das Volk Adams, die Juden, hervorgebracht habe. Das erschien den Gelehrten seiner Zeit durchaus plausibel, da sich damit alle möglichen Anomalien erklären ließen, unter anderem auch, dass es Menschen in der Arktis und Amerika gab (deren Existenz ja erst das Zeitalter der Entdeckungen enthüllt hatte), obwohl sie doch an keiner Stelle der Bibel erwähnt wurden. Erst im Jahr 1711 kam ein deutscher Geistlicher namens H. B. Witter auf die Idee, dass es auch eine viel prosaischere Erklärung dafür geben könnte, nämlich dass die Schöpfungsgeschichten von zwei verschiedenen Personen zu unterschiedlichen Zeiten geschrieben wurden.[24] Aber unterschiedliche Darstellungen gibt es auch von der Ankunft des Volkes Israel im Gelobten Land: Der einen zufolge wanderten die Nachfahren Abrahams nach Ägypten und wurden dann von Moses durch die Wüste nach Kanaan geführt; in der anderen wird das Land vom Osten aus besiedelt; über Ägypten fällt kein Wort. Es gibt mehrere solche Ungereimtheiten, doch Widersprüchlichkeiten finden sich auch in den heiligen Schriften anderer Religionen.

Eine Erklärung (oder zumindest Teilerklärung) für solche Unstimmigkeiten könnten die beiden grundlegend unterschiedlichen Quellen sein, die man den ersten Büchern der Bibel zuschreibt: »E« (der Elohist) und »J« (der Jahwist). Sie sind jeweils bezeichnet nach dem Namen, den diese Schreiber Gott gaben. Dass es zwei waren, ergibt sich nicht zuletzt aus der Überlegung, dass ein einzelner Schreiber die bestehenden Widersprüche nachträglich gewiss ausgebügelt hätte. E gilt als die frühere Quelle, da das von ihm abgeleitete Material weniger umfangreich ist als das von J, aber auch, weil es manchmal den Anschein erweckt, als habe J auf E reagiert. Diese frühen Quellen stammen im Wesentlichen aus dem 8. Jahrhundert v. d. Z.; einige Forscher präferieren auch das 10. Jahrhundert. Die Quelle J verweist nun zwar auf eine besondere Beziehung zwischen Gott und den Juden, erwähnt jedoch keinen Bund, der sich auch auf das Land beziehen würde. Deshalb vermutet man, dass der Bund eine spätere Erfindung aus der Zeit des Exils im 6. Jahrhundert war, nachdem die Juden den zoroastrischen Glauben in Babylon kennen gelernt hatten.[25] Den dritten Autor der Tora bezeichnet man als »P« oder den Priester. Er soll die Texte von E und J – so mancher Forscher bezweifelt das allerdings – kompiliert und durch eigenes Material ergänzt haben, wobei es sich primär um den rituellen Kodex handelte. P verwendete ebenfalls den Gottesnamen »Elohim« anstelle von »Jahwe«.[26]

Später, nach dem Exil, lag die Verantwortung für die Genauigkeit der heiligen Schriften des Tanach in den Händen der Masoreten, einer Familie von Schriftgelehrten, deren Aufgabe es war, die alten Texte vor jeder

weiteren Änderung zu bewahren – daher die Bezeichnung der kanonisierten Hebräischen Bibel als »Masoretischer Text«. Dank der Schriftrollen von Qumran – von den rund achthundert entdeckten Rollen enthalten zweihundert biblische Bücher – haben wir eine gute Vorstellung davon gewinnen können, in welchem Maße sich im Laufe der Zeit Abweichungen ergaben. So wissen wir jetzt zum Beispiel, dass sich die von den Samaritern aus dem Norden (nur wenige Mitglieder dieses Stammes gingen ins Exil) verwendete Tora in rund sechstausend Punkten vom Masoretischen Text unterscheidet und dass von diesen wiederum tausendneunhundert identisch sind mit den entsprechenden Fassungen aus der Septuaginta.[27]
Ein Beispiel soll aufzeigen, wie entscheidend – und entlarvend – eine solche editorische Kontrollmöglichkeit sein kann. Hebräisch ist eine Konsonantenschrift ohne ausgeschriebene Vokale, deshalb gab es seit jeher Verwechslungsmöglichkeiten. Die meisten hebräischen Wörter enthalten drei Konsonanten als Wurzel, die sich zu unterschiedlichen Wortfamilien für die Bezeichnung von ähnlichen Dingen aufgebaut haben. Das macht die hebräische Sprache in mancher Hinsicht sehr effektiv, das heißt, wo im Englischen, Deutschen oder Französischen beispielsweise drei bis vier Wörter nötig sind, genügt im Hebräischen eines. Aber es kann auch schnell zu Verwechslungen führen. Betrachten wir einmal die bekannte Geschichte von David und Goliath. Bei ihrer berühmten Begegnung trug Goliath einen »Helm von Kupfer« und einen »Schuppenpanzer«. Die Archäologie konnte mittlerweile jedoch beweisen, dass Helme in der in Frage kommenden Zeit mit einem Metallstreifen versehen waren, der als Stirn- und Nasenschutz diente. Wie aber war es dann möglich, dass David mit seiner Steinschleuder Goliath an der Stirn traf und auf diese Weise zu Fall brachte? Eine plausible Erklärung bietet das hebräische Wort für Stirn, *metzach*. Es ist gut möglich, dass es mit dem Wort *mitzach* verwechselt wurde, das eine Art von »Beinschiene« bezeichnete, nicht unähnlich dem Schutz, den sich Cricketspieler anlegen. Beide Wörter haben die Wurzel *m-tz-ch*. Und tatsächlich: Wenn David seinen Stein zwischen die kupferne Beinschiene und das nackte Knie geschleudert hätte, wäre Goliath so verletzt worden, dass er das Knie nicht mehr hätte beugen können und aus dem Gleichgewicht geraten wäre. David hätte sich dann nur noch über ihn beugen, das Schwert heben und ihn töten müssen.[28]

*

Die Prophetenbücher *Neviim* sind eingeteilt in die »vorderen Propheten« Josua, Richter, Samuel und Könige, bei denen es sich im Wesentlichen um erzählerische Konstrukte handelt, und die »hinteren Propheten« Jesaia, Jeremia und Ezechiel, über die wir bereits sprachen. Ben Sira erwähnte um 180 v. d. Z. »zwölf Propheten«, also muss dieser Teil des Tanach bereits damals festgestanden haben. Die *Ketuvim* beinhalten die »Weisheitsliteratur« und das dichterische Werk: Psalmen, den Kohelet und die Sprüche Job. Dabei handelt es sich jedoch um wesentlich spätere Werke, die vermutlich nur deshalb Eingang in den Kanon fanden, weil Antiochus Epiphanes, ein Nachfolger Alexanders des Großen, Mitte des 2. Jahrhunderts v. d. Z. im Zuge seiner Judenverfolgung auch versuchte, die hebräischen Schriften zu vernichten und den Juden die griechische Kultur aufzuzwingen. Das Volk Israel reagierte darauf mit der Einbeziehung der *Ketuvim* in seinen Kanon. Ben Sira erwähnt in der Eröffnung seines *Ecclesiasticus* (»Buch Jesus Sirach«, das in die Apokryphen aufgenommen wurde und nicht mit *Ecclesiastes*, dem Prediger oder Kohelet zu verwechseln ist) drei Arten von Schriften: Gesetz, Prophetie und »andere Bücher«. Und da *Ecclesiasticus* um das Jahr 132 v. d. Z. von Siras Enkel ins Griechische übersetzt wurde, kann man davon ausgehen, dass der Kanon zu dieser Zeit bereits mehr oder weniger festgestanden hatte. Fraglich ist nur, wie »offiziell« er bereits war. Die nach dem Zweiten Weltkrieg entdeckten Rollen von Qumran stellen ein umfangreiches und in sich sehr unterschiedliches Schrifttum dar, welches als solches bereits die Existenz einer großen Bandbreite an Texten nahe legt, von denen sich einige deutlich vom Masoretischen Text unterscheiden. Zu Lebzeiten Jesu gab es zwar »einen« Schriftkanon, doch wir haben keinerlei Grund anzunehmen, dass es sich dabei um einen »ausschließlichen« handelte und dass nicht auch andere Texte in Ehren gehalten wurden oder in Umlauf waren.[29]

Die Septuaginta, die griechische Übersetzung des Tanach, ist dafür ein gutes Beispiel. Die umfangreichste Bibliothek der Welt besaß im 3. Jahrhundert v. d. Z. König Ptolemaios Philadelphus von Alexandria (285–247). Die Stadt wurde 331 v. d. Z. von Alexander dem Großen auf einer schmalen Landzunge zwischen dem Meer und dem Mariutsee errichtet, so nahe wie möglich an der Nilmündung, und zwar nach den Grundprinzipien, die Aristoteles für die ideale Stadt aufgestellt hatte. Und da Alexandria eine griechische Stadt in Ägypten war, füllte sie sich bald nicht nur mit Palästen und Tempeln, sondern wurde auch zur Heimstatt der grandiosen Bibliothek, die sie »zur geistigen und kulturellen Welthauptstadt« machen sollte.[30] Demetrius von Phaleron, der Vorsteher der Bibliothek, ließ den König eines Tages wissen, dass seiner Sammlung fünf entscheidende Werke fehlten: die Bücher der Tora. Also soll sich Ptolemaios Philadelphus an Eleazar gewandt haben, den Hohepriester von Jerusalem, welcher ihm daraufhin rund siebzig Gelehrte zur Verfügung stellte, die – ohne sich dessen gewahr zu sein – am Ende völlig wortgleiche Übersetzungen ins Griechische ablieferten. Die wahrscheinlichere Chronologie ist jedoch, dass Hebräisch als eine lebendige, gesprochene Sprache während des Exils auszusterben begonnen hatte und durch das Aramäische ersetzt worden war (auch Jesus sprach Aramäisch). Und weil Hebräisch, ähnlich dem mittelalterlichen Latein, deshalb allmählich zu einer reinen Schriftsprache geworden war, bedurften die hellenisierten Juden von Alexandria einer ihnen verständlichen griechischen Fassung ihrer Bibel. Vermutlich wurde die Tora also bereits im 4. oder 5. Jahrhundert v. d. Z. ins Griechische übersetzt. Doch abgesehen von der phantasievollen Legendenbildung um diese Übersetzung ist für uns hier von besonderem Interesse, dass die Septuaginta nicht nur sämtliche Bücher enthielt, die das bis heute verwendete christliche Alte Testament beinhaltet (wenngleich in einer anderen Anordnung), sondern auch noch alle Texte, die später den Apokryphen und Pseudepigraphen zugeordnet werden sollten.[31]

Zu den Apokryphen (»verborgene Bücher«) zählen Jesus Sirach, Judith, das 1. und 2. Makkabäerbuch, Tobias und das Buch der Weisheit. In Jerusalem hielt man diese Schriften nicht für göttlich inspiriert, obwohl ihnen durchaus eine Art zweitrangiger Autorität zugeschrieben wurde. In Alexandria wurden sie hingegen als kanonisch betrachtet, wenngleich sie auch dort als weniger bedeutend eingestuft wurden.[32] Die Pseudepigraphen beziehen ihren Namen aus der zur damaligen Zeit üblichen Praxis, anonyme Texte irgendwelchen berühmten Persönlichkeiten aus der Vergangenheit zuzuschreiben. Das Buch der Weisheit zum Beispiel wurde erst lange nach dem Tod seines »Verfassers« Salomon geschrieben. Das Jubiläenbuch (»Kleine Genesis«) schildert die Geschichte von der Schöpfung bis zur Wanderschaft Israels durch die Wüste in sehr viel ausführlicheren Details und zählt beispielsweise auch die Nachkommen Adams nach Kain, Abel und Schet auf, wohingegen andere Bücher mehr Details über den Exodus bieten.[33] Vor allem aber zeigen die Apokryphen und Pseudepigraphen, wie sich die Ideen im Judentum in der Zeit vor der Geburt Jesu entwickelt haben: Erstmals tauchte die Idee vom Satan auf; in einigen Texten wird die Auferstehung des Fleisches von der der Seele geschieden; erste Vorstellungen von Belohnung und Strafe über das Grab hinaus entstehen; und *scheol*, die Unterwelt und bis dahin nur das einigermaßen ungemütliche Reich der Toten, wird nun in zwei Bereiche aufgeteilt: in eine Art Himmel für die Gerechten und in einen Ort für die Verworfenen, welcher der Hölle gleichkommt. Auch diesen Ideen könnte das Volk Israel zum ersten Mal begegnet sein, als es im Babylonischen Exil den Zoroastrismus kennen gelernt hatte.[34]

*

Es ist gut, sich hier noch einmal in Erinnerung zu rufen, wie stark sich die hebräischen Schriften von der zur mehr oder weniger gleichen Zeit entstandenen griechischen Literatur unterschieden. Insbesondere der Tanach war in seinen Perspektiven noch recht begrenzt gewesen. Wie Robin Lane Fox feststellt, befasst er sich weder detailliert mit dem Thema Politik noch mit irgendeiner der anderen Kräfte – Wirtschaft, Wissenschaft oder gar Geographie –, von denen die Welt geprägt wurde. Vergleiche können solche Unterschiede immer besonders gut beleuchten: Das Deborah-Lied aus der Hebräischen Bibel lässt sich zum Beispiel mit Aischylos' *Persern* vergleichen, denn beides sind Betrachtungen über die Art und Weise, wie sich militärische Niederlagen auf die Frauen der besiegten Königsfamilie auswirkten. Doch während die Hebräische Bibel daraus eine Siegeshymne macht und über die veränderte Lage der Frauen mit den Worten hinweggeht: »So mögen untergehen all deine Feinde Ewiger!«, zeigt Aischylos' Tragödie Mitleid mit den Frauen. Die Götter mögen aufseiten der Griechen gekämpft haben, doch das konnte die Griechen nicht daran hindern, ihren Feinden die Würde zu belassen und sie wie Menschen zu behandeln.[35]

Ein noch größerer Kontrast wird zwischen der Art der Geschichtsschreibung von Herodot und Thukydides auf der einen und der Hebräischen Bibel auf der anderen Seite deutlich. Herodot berücksichtigte zwar auch Wunder, und auch Thukydides erkannte die »Hand des Schicksals« hinter den Ereignissen. Doch während die Griechen ihre Bücher zu recherchieren pflegten, die Stätten des Geschehens aufsuchten, wenn irgend möglich Augenzeugen befragten und die Menschen für ihr Handeln immer selbst verantwortlich machten – unabhängig davon, ob es einen Sieg oder eine Niederlage nach sich gezogen hatte –, ließen sie den Göttern keinen oder doch so gut wie keinen Raum (jedenfalls gewiss nicht Thukydides). Aus der Hebräischen Bibel spricht praktisch das genaue Gegenteil: Die Schriften sind anonym und lassen keinerlei Anzeichen von Recherchen erkennen; niemand ist irgendwohin gereist, um sich die Dinge mit eigenen Augen anzusehen; niemand hat den Versuch unternommen, die Geschichten des Volkes Israel mit unabhängigen Quellen zu vergleichen. Die hebräischen Schriften sind bestrebt, die gesamte Weltgeschichte seit der Schöpfung zu erzählen. Sie behandeln Begebenheiten aus grauer Vorzeit jedoch auf die mehr oder weniger gleiche Weise wie jüngstes Geschehen. Die Geschichte der Genesis (weniger die der anschließenden Bücher) enthält jede Menge Phantasiedaten, die jedoch niemals in Frage gestellt wurden, ganz im Gegensatz beispielsweise zu Thukydides, der sich der Existenz unterschiedlicher Kalendarien sehr bewusst war und sie immer ins Kalkül zog. Der entscheidende Punkt bei der Hebräischen Bibel ist die Darstellung der Beziehung des Volkes Israel zu seinem Gott. Und das ist Geschichtsschreibung aus der Perspektive einer stark in sich geschlossenen Innenschau. Der Judaismus als eigenständiger Begriff – um die jüdische Lebensart von der griechischen zu unterscheiden – taucht mehreren Bibelforschern zufolge erstmals im 2. Makkabäerbuch auf, das um 120 v. d. Z. verfasst wurde.[36] Ganz unbestreitbar bewegend am Tanach ist seine Konzentration auf gewöhnliche Menschen, die sich gewaltigen Fragen ausgesetzt sehen. »Die Juden waren der erste Menschenschlag, der tiefste menschliche Gefühle mit Worten auszudrücken in der Lage war, vor allem Gefühle, die durch physisches oder psychisches Leid, durch Angst, Verzweiflung und Trostlosigkeit im spirituellen Sinne hervorgerufen wurden…«[37] Es gab aber auch Texte, die früheren Schriften »entlehnt« waren. So ist zum Beispiel das *Weisheitsbuch des Amenemope* die verhüllte ägyptische Quelle für die biblischen Sprüche. Doch unabhängig davon lässt sich aus der gesamten Hebräischen Bibel herauslesen, wie es sich angefühlt haben muss, als kleines Volk im Schatten Gottes zu leben, »was ja nichts anderes heißt, als eine lange Zeit des göttlichen Willens unkundig zu leben. Und das bedeutete wahrscheinlich unvermeidlicherweise, dass es um eine Auseinandersetzung mit ständigem Unglück, einem oft unvorhergesehenen und unverdienten Unglück, ging.« Gibt es eine zweite heilige Schrift, die derart ergreifend, tragisch und außergewöhnlich wäre wie das Buch Job? Trotzdem: Seine Auseinandersetzung mit dem Bösen war nicht so einmalig, wie sie manchmal dargestellt wird. Der Text Job wurde wahrscheinlich zwischen 600 und 200 v. d. Z. geschrieben, in einer Zeit also, in der das Problem des Bösen in der nahöstlichen Literatur bereits behandelt worden war. Job hebt sich tatsächlich ab, aber aus zwei ganz anderen Gründen: Erstens finden sich in seinem Buch über hundert Wörter, die in keinem anderen Text auftauchen. Wie die ersten Übersetzer diesem Problem Herr werden konnten, hat Philologen von jeher verblüfft. Doch die wahre Originalität dieses Buches liegt in der Art, wie es mit der Idee von einem ungerechten Gott umgeht. Auf einer bestimmten Ebene geht es um Unwissenheit und Leid, denn zu Beginn ahnt Job nichts von der Wette, die Gott mit Satan abgeschlossen hat. Wird er sich von Gott abwenden, wenn das Leid unerträglich zu werden beginnt? Wir, die Leser, wissen zwar um diese Wette – was allerdings keineswegs bedeutet, dass wir den Plan Gottes besser kennen würden als der ahnungslose Job. In Wahrheit geht es in diesem Buch aber nicht nur um Unwissenheit, sondern auch um das Böse und um das, was wir wissen, was wir zu wissen glauben und was wir letztendlich wissen können.[38] Welche Rolle spielt der Glaube in einer Welt, die von einem ungerechten Gott beherrscht wird? Doch wer sind wir, dass wir Gottes Beweggründe in Frage stellen?

*

Die Verwandlung des jüdischen Glaubens nach dem Exil in eine Religion des Buches hatte zwei wesentliche, ganz unterschiedliche Folgen. Die Konzentration auf einen Kanon machte Israel zu einem relativ eng fokussierten Volk (allerdings gab es Ausnahmen, wie die beiden jüdischen Historiker Philon von Alexandria und Flavius Josephus). Das könnte die Juden unflexibel und unwillig gegenüber jeder Art von Anpassung gemacht haben – mit folgenschweren, um nicht zu sagen katastrophalen Folgen. Andererseits fördert eine Religion des Buches definitionsgemäß Bildung und den Respekt vor Wissen, was dem Judentum nun wiederum deutlich zustatten kam. Die Achtung vor dem geschriebenen Wort und allem voran vor dem Gesetz war außerdem ein zivilisierender Faktor und brachte eine betont kollektive Entschlusskraft und Zielgerichtetheit unter den Juden hervor. Das Gelehrtentum, das sich um die Heilige Schrift bildete, führte schließlich auch zur Einführung eines neuen Elements in das Judentum: zur Synagoge, in der das Buch gelehrt und Wort für Wort studiert wurde. »Synagoge« ist der Wurzel nach eine griechische Bezeichnung. Das legt nahe, dass dieser Begriff während des Exils entstand, denn es wird wohl so gewesen sein, dass sich die Juden in Babylon am neu eingeführten Sabbat (zumindest anfänglich) im Haus des einen oder anderen Gemeindemitglieds versammelten, um gemeinsam die gerade relevanten Teile der Tora zu lesen. Mit Sicherheit jedenfalls war diese Praxis zu Zeiten von Esra und Nehemia bereits eingeführt, wenngleich die erste uns bekannte Synagoge in Alexandria stand (ihre Überreste wurden auf die Zeit von Ptolemaios III., 246–221 v. d. Z., datiert).[39]

Das Problem der Juden war, dass sich ihre politische Situation trotz des ihrer Meinung nach großen Erfolgs ihrer Religion so gut wie nicht verändert hatte. Das Volk Israel war nach wie vor klein, kompromisslos gläubig und von Großmächten umzingelt. Seit Alexander dem Großen waren Palästina und der Nahe Osten nacheinander von Makedoniern, Ptolemäern und Seleukiden beherrscht worden. Sie alle waren – und das ist entscheidend – hellenistisch gesinnt, das heißt, das Volk Israel war allmählich von *poleis* umgeben, in denen statt Synagoge und Tempel (wie in Jerusalem) das Gymnasion, Theatron, Lykeion, die Agora und das Odeion die zentralen kulturellen Institutionen waren. So sah es überall aus, egal, ob in Tyros, Sidon, Byblos oder Tripolis. Und das führte schließlich dazu, dass samarische und judäische Städte als völlig rückständig galten. Doch der einzige Effekt dieser kulturellen Konfrontation war eine noch stärkere Konzentration der tiefgläubigen Juden auf sich selbst. Viele zogen sich sogar in die Wüste zurück, auf der Suche nach ritueller Reinheit, die sie in den Städten – selbst in Jerusalem – nicht mehr glaubten erlangen zu können. Andererseits gab es viele Juden, meist die gebildeteren, die die griechische Kultur reicher und ausgewogener als die eigene fanden. Paul Johnson zufolge bedeutete das im Grunde nichts anderes, als dass die Hellenisierung für das Judentum zu »einer spirituell destabilisierenden, vor allem säkularisierenden materialistischen Kraft« wurde.[40] Und genau dieser brandgefährliche Mix sollte sich im Jahr 175 v. d. Z. unter dem Seleukidenherrscher Antiochus Epiphanes entzünden. Es waren bereits mehrere Versuche unternommen worden, das tiefgläubige Judentum zu reformieren, denn der nun im ganzen Nahen Osten herrschende Hellenismus hatte nicht nur zum Ausbau von Handelsbeziehungen, sondern auch zur allgemeinen Entspannung von religiösen Feindseligkeiten geführt.

Natürlich hatten die Griechen eine ganz andere Vorstellung von Göttlichkeit als die Juden: »In der Vorstellung der Hellenen sind uns die Götter gleich, nur schöner, und steigen zur Erde herab, um die Menschheit Vernunft und die Gesetze der Harmonie zu lehren.«[41] Deshalb waren die Griechen, Ägypter und Babylonier auch bereit, ihre Götter miteinander zu verschmelzen, beispielsweise zu dem Sonnengott Apollo-Helios-Hermes.[42]

Aus Sicht der tiefgläubigen Juden war das jedoch die schlimmste Art von paganer Barbarei, und darin sollten sie sich bestätigt sehen, als Antiochus Epiphanes eine Maßnahme nach der anderen anzuordnen begann, um die Hellenisierung der Juden voranzutreiben und die Reformer Israels zu unterstützen: Er setzte den Hohepriester ab und ersetzte ihn durch einen reformfreudigen Mann seiner Wahl; er errichtete mitten auf dem Tempelplatz von Jerusalem ein Gymnasion und plünderte den Tempelschatz, um sportliche Wettkämpfe (die, man erinnere sich, selbst eine Art von religiöser Zeremonie waren) und andere hellenistische Aktivitäten zu finanzieren. Im Jahr 167 v. d. Z. verbot er schließlich das Gesetz Mose, ersetzte es durch das säkulare griechische Recht und machte aus dem jüdischen Tempel einen Ort des Götzendiensts. Das war nun wirklich zu viel für die *hasidim*, die »Frommen«. Sie verweigerten die Untertanentreue und konfrontierten Antiochus mit einer neuen Taktik: dem religiösen Martyrium. Ein Vierteljahrhundert erbitterter religiöser Kämpfe endete schließlich mit dem vorläufigen Sieg der *hasidim*. Die Juden gewannen nicht nur ihre Unabhängigkeit und ihre religiöse Freiheit zurück; nun war auch jede Vorstellung von Reform in Verruf geraten. Von diesem Moment an »war der Tempel mehr denn je sakrosankt; es wurde grimmig an der Tora festgehalten, und das Judentum zog sich in sich selbst und aus der griechischen Welt zurück. Das Bild auf den Straßen Jerusalems wurde vom Pöbel beherrscht, was die Stadt ebenso unregierbar machte wie Jehudah insgesamt... Die geistige Freiheit, von der Griechenland und die Welt der Griechen gekennzeichnet waren, war unbekannt in Palästina, wo dafür nun ein landesweites Schulsystem eingerichtet wurde, das allen Jungen – und nur den Jungen – die Tora und ausschließlich diese lehrte. Jede andere Art von Wissen wurde abgelehnt.«[43]

Trotz des machtvollen Einflusses der *hasidim* entwickelte sich das Judentum auch in der Welt nach Antiochus Epiphanes und vor der Geburt Christi weiter. Dabei begannen sich allmählich vier verschiedene Strömungen herauszubilden. Keines der anschließenden Ereignisse lässt sich verstehen, ohne diese vier Strömungen wenigstens in ihren Grundzügen zu kennen.

*

Die Sadduzäer (Zadokiden) waren Priester, die man auch schon als die Aristokratie der jüdischen Gesellschaft bezeichnet hat und die fremden Ideen und Einflüssen offener gegenüberstanden als andere Gruppen. Ihr Name leitet sich vermutlich von Sadduk (Zadok, »der Gerechte«) ab, welcher Hohepriester zu Zeiten von David gewesen war, aber es gibt auch noch andere Erklärungen. Politisch gesehen bevorzugten die Sadduzäer die friedliche Kooperation mit jeder Besatzungsmacht, die gerade über das Land herrschte. Vom Standpunkt ihres Glaubens her fühlten sie sich der wortwörtlichen Interpretation der Tora verpflichtet, aber das machte sie nicht so konservativ, wie es nahe liegend gewesen wäre – denn eben weil sie die Tora buchstäblich auslegten, waren sie auch gegen ihre Anwendung in all den Bereichen, die darin nicht ausdrücklich aufgeführt waren. Und da sie nur den Pentateuch anerkannten, glaubten sie weder an die Vorsehung noch an einen Messias, noch an die Auferstehung von den Toten.[44]

Die Idee von der Auferstehung scheint sich um das Jahr 160 v. d. Z. während des religiösen Martyriums und als Antwort darauf entwickelt zu haben, denn es konnte doch nicht sein, dass Märtyrer ein für alle Mal tot wären! Erstmals erwähnt wird sie im Buch Daniel. Dass die Idee von der *scheol* während des Exils entstanden war und sich dann in ein rudimentäres Verständnis von einem Himmel und einer Hölle weiterentwickelte oder dass die Juden ihre Vorstellung vom Bund mit Gott von zoroastrischen Quellen in Babylon übernommen haben könnten, haben wir bereits festgestellt. Das Gleiche könnte nun auch auf die Idee von der Auferstehung zutreffen, denn sie kam ja ebenfalls im Zoroastrismus vor. Zarathustra hatte zwar gesagt, dass alle Seelen drei Tage nach dem Tod die Cinvat-Brücke zur ewigen Seligkeit überqueren müssten und die Unredlichen von dort in die Unterwelt herabstürzen würden, doch er hatte auch betont, dass nach einer »begrenzten Zeit« eine Auferstehung des Leibes stattfinden würde: Sobald der Erlöser kommt, schmelzen die Metalle der Berge zu einem flüssigen See, welcher die ganze Erde bedeckt und den nur die Frommen ungefährdet durchqueren können – sie laufen darüber wie auf »warmer Milch«, während die Gottlosen darin verbrennen. Diese geläuterte Welt, gereinigt von allen Sündern und belebt nur noch von den Gerechten, ist das Paradies.[45] Schon viele Kommentatoren haben angemerkt, dass die Umstände, unter denen das Judentum von Großmächten umgeben leben musste, geradezu eine natürliche Bühne für den zoroastrischen Glauben an einen gewaltigen Flächenbrand bot, der die bösen Mächte vernichten und die Auferstehung der Gerechten ermöglichen würde. Und in ebensolcher Szenerie entstand die Idee vom Messias, der die Gerechten zum Sieg führt. Doch das kam erst später.

Die Pharisäer waren das genaue Gegenteil der Sadduzäer. Bei ihnen handelte es sich um eine erzkonservative Laienbewegung, die auch der mündlichen Überlieferung Gewicht beimaß und die Tora auf alle Lebensbereiche übertrug, sogar auf Fragen, die darin nicht aufgeführt waren. Außerdem hielten sie geradezu besessen an rituellen Reinheitsgeboten fest und glaubten ebenso unbeirrt an den Messias wie an die Auferstehung. Ihr Weg zur Verbreitung des Glaubens ging eher über die Synagoge als über den Tempel. »Sie sehnten sich nach dem Tag des göttlichen Gerichts, taten selbst aber nichts, um dieses Ziel herbeizuführen.«[46]

Die Zeloten waren eine Extremistengruppe – tatsächlich ging dieser Name ja auch in unseren Sprachgebrauch als das Synonym für »Eiferer« ein. Im Gegensatz zu den Sadduzäern verfolgten sie das Ziel, Israel von allen fremdländischen »Verschmutzungen« zu reinigen. Dafür waren sie auch bereit, in den Krieg zu ziehen, überzeugt, dass »das Volk Gottes« nur siegen konnte.[47]

Die Essener lebten in vollständiger Gütergemeinschaft. Aller Wahrscheinlichkeit nach hatte auch am Fundort der Schriftrollen von Qumran eine Gemeinschaft der Essener gelebt.[48] Sie waren fromm, misstrauisch gegenüber anderen jüdischen Gruppen und praktizierten aufwendige Initiationsriten. Ihre bemerkenswerteste Idee war der Glaube, dass die letzten Tage der Menschheit bereits angebrochen seien und sie sich deshalb ganz der Vorbereitung auf das Kommen Gottes widmen müssten, der sie von den freudlosen Gegebenheiten auf Erden erlösen und allen Juden seine Herrlichkeit zeigen würde. Sie glaubten an einen Messias, der sie ins Paradies führen würde; einige glaubten sogar an *zwei*, einen priesterlichen und einen militärischen, was letztlich ein Rückgriff auf alte mesopotamische Ideen war. Schriften der Essener wurden in Masada ausgegraben, wo die Sekte vermutlich ebenfalls gekämpft hatte und vernichtet wurde.

Nach Meinung einiger Wissenschaftler ist die Idee vom *maschiach* (»der Gesalbte«) dem jüdischen Glauben implizit, da sie im direkten Zusammenhang mit der Vorstellung steht, dass nach Katastrophe und Chaos ein Zeitalter des Friedens, der Rechtschaffenheit und der Gerechtigkeit anbrechen werde.[49] Ohnedies glaubt man, dass von der Schöpfung bis zum *eschaton* (dem »Ende«, im Sinne eines Endes aller weltlichen Zeit und des Beginns eines »definitiven und ultimativen göttlichen Eingreifens in die Geschichte«) alles vorbestimmt sei. Später wurden diese Ideen unter die »apokalyptische Eschatologie« eingeordnet, eine Periode, in der eine Katastrophe der nächsten folgt, bevor die Offenbarung der »verborgenen Dinge« (die Bedeutung des Begriffes »Apokalypse«) und der endgültige Sieg Gottes kommen. Um hier noch einmal Paula Frederiksen zu zitieren: »Glückliche Menschen schreiben keine Apokalypsen.« Der Messias spielte eine große Rolle in der apokalyptischen Eschatologie. Es finden sich rund neununddreißig Hinweise auf eine solche Figur in der Hebräischen Bibel, allerdings war anfänglich immer nur ein »König« damit gemeint. »Die jüdische Tradition räumte einen hohen Stellenwert der Erwartung ein, dass in den letzten Tagen ein Abkömmling Davids auftreten und das Volk Gottes führen werde... Ein menschlicher Nachfahre Davids würde Israel den Weg zu einem segensreichen Zeitalter bereiten.«[50] In dieser Zeit sollte das Volk Israel auch zur vegetarischen Schöpfungskost zurückkehren.[51] Anfänglich wurde die Messias-Gestalt also keineswegs als ein übernatürliches Phänomen gesehen. In den Psalmen Salomo wird der Messias zum Beispiel als ein Mensch wie jeder andere dargestellt – das heißt, es bestand nicht der geringste Zweifel an seiner Menschlichkeit.[52] Zu einer überirdischen Gestalt wurde er erst, als sich die politische Lage der Juden zu verschlechtern begann und schließlich »so trostlos [wurde], dass nur noch eine übernatürliche Tat sie retten konnte«[53].

Bis zu den Lebzeiten von Jesus hatte alle Welt (von der Palästina ja nur ein winziges Stück war) lernen müssen, mit Rom, der gewaltigsten Besatzungsmacht aller Zeiten, zurechtzukommen. Aber für ein so fundamentalistisches Volk wie die Juden, für das eine politische Besatzung gleichbedeutend mit religiöser Bevormundung war, muss die Welt trübseliger denn je ausgesehen haben. Schon in früheren Besatzungszeiten war es regelmäßig zu Ausbrüchen von neuen Prophetien gekommen, so auch diesmal, zu Beginn des 2. Jahrhunderts v. d. Z., doch inzwischen waren zoroastrische Ideen in das jüdische Weltbild eingeflossen und hatten es von apokalyptischer Eschatologie geprägt. Nun konnte nur noch ein Messias mit übernatürlichen Kräften das Judentum retten, und genau diese erwartungsvolle Stimmung herrschte zu der Zeit, als Jesus geboren wurde. *Christos* ist die griechische Bezeichnung für den hebräischen *maschiach*, und weil dieses Wort sogar zum Bestandteil des Namens Jesu werden und nicht einfach nur ein Titel bleiben sollte, war es möglich, die allgemeinen Prophezeiungen über das Kommen des *maschiach* auf Jesus *Christos* zu übertragen.[54]

*

Bevor wir nun auf Jesus zu sprechen kommen, müssen wir uns erst noch mit der Rolle des Herodes und dem von ihm wieder aufgebauten Tempel in Jerusalem befassen. Als Herodes im Jahr 37 v. d. Z. zum Satellitenkönig der Römer wurde, war Palästina bereits ein Vierteljahrhundert lang unter römischer Herrschaft gestanden. Untereinander hatten die Juden zwar ständig Streit, doch gegen die Fremdherrschaft wehrten sie sich mit vereinten Kräften, wo immer sie konnten. Herodes – eine verwirrende Gestalt, »sowohl Jude als auch Antijudaist«, wie Paul Johnson schrieb – verfolgte nun aber seine eigenen widersprüchlichen Ideen. Eines der ersten Dekrete nach seiner Machtübernahme war die Hinrichtung von sechsundvierzig Mitgliedern des *sanhedrin*, des Hohen jüdischen Rates, der im Wesentlichen auf die Wahrung der Gesetze Mose zu achten und dafür zu sorgen hatte, dass sie auch in den traditionell säkularen Bereichen angewandt wurden. Wie Antiochus Epiphanes vor ihm, so ersetzte auch Herodes die Ratsmitglieder durch weltlicher orientierte, weniger glaubenstreue Männer. Die Zuständigkeiten des *sanhedrin* beschränkte er auf rein glaubensrechtliche Fragen.[55]

Wie viele gebildete Menschen, so fand auch Herodes Palästina rückständig und glaubte, dass es von einer engeren Anbindung an die fremdländische Lebensart nur profitieren konnte. Also erbaute er neue Städte, neue Häfen, neue Theater. Nur weil er auch den Tempel in Jerusalem zu einem prächtigen Bauwerk ausbauen ließ, konnte er verhindern, dass sich die Juden gegen ihn erhoben wie einst gegen Antiochus Epiphanes. Die Bauarbeiten begannen im Jahr 22 v. d. Z. und sollten erst sechsundvierzig Jahre später abgeschlossen sein, was heißt, dass sich der Tempel während der gesamten Lebenszeit Jesu im Bau befand. Der Umfang der Arbeiten war beeindruckend. Allein die Auswahl und Ausbildung der zehntausend Handwerker und Arbeiter dauerte zwei Jahre. Tausend Priester waren für die Überwachung der Arbeiter nötig, denn nur sie durften das Allerheiligste betreten. Der fertige Tempel war schließlich ungefähr doppelt so groß wie der alte und etwa doppelt so hoch wie die heute sichtbaren Überreste auf dem Gelände, das Juden den Tempelberg nennen. Es war ein farbenprächtiges, strahlendes Bauwerk, umgeben von einem riesigen Hof, den jedermann betreten durfte und in dem auch die Geldwechsler (gegen die Jesus so wettern sollte) ihre Stände hatten, um Münzen aller Länder in die »heiligen Schekel« für die Tempelabgabe einzutauschen. Überall in diesem äußeren Tempelbezirk waren deutlich sichtbare Warnhinweise in lateinischer und griechischer Sprache angebracht worden, dass jedem Nichtjuden, der weiter als bis in diesen Bereich vorzudringen versuchte, der Tod drohe. Dem äußeren Hof schlossen sich mehrere kleinere Vorhöfe für verschiedene jüdische Gruppen an, darunter eigene Höfe für Frauen und für Leprakranke. Der innerste Hof stand nur jüdischen Männern offen. Im Tempelbezirk herrschten immer großer Andrang und geschäftige Betriebsamkeit. Abgesehen von den tausend Priestern waren auch Schreiber dort tätig; jede Menge Leviten waren mit der Organisation der Zeremonien und der Reinhaltung des Tempelbezirks befasst. Das Allerheiligste durfte nur der Hohepriester betreten, und sogar er nur einmal im Jahr am Versöhnungstag.[56]

Der Tradition folgend wurde zweimal täglich, bei Sonnenaufgang und Sonnenuntergang, ein Lamm geopfert. Auch die Pilger konnten Opfergaben darbringen, begleitet von Musik, Gesang und Wein. Wie es heißt, nahmen bis zu dreizehn Priester pro Opferung an der Zeremonie teil. In einer Beschreibung des Tempels ist die Rede von siebenhundert Priestern, die gerade gleichzeitig Opfer darbrachten, was heißt, dass in diesem Moment über fünfzig Tiere auf einmal getötet wurden. Da nimmt es nicht wunder, dass die Geräuschkulisse aus Lämmerblöken, Musik und Gesang für viele Außenstehende barbarisch klang.⁵⁷

Der Tempel war ein beeindruckender Anblick. Trotzdem waren die Juden unter Herodes keinen Deut besser dran, denn Palästina war nach wie vor ein Vasallenstaat und das fromme Judentum so kompromisslos wie eh und je. Im Jahr 66 n. d. Z., siebzig Jahre nach dem Tod von Herodes, begehrten die Juden schließlich erneut auf. Diesmal sollten sie mit solcher Vehemenz verfolgt und vernichtet werden, dass vier Jahre später auch der prächtige herodianische Tempel vollständig zerstört war und die Juden für zweitausend Jahre aus Palästina vertrieben wurden. Doch zwischen Herodes' Tod und der Zerstörung seines Tempels begab sich eines der entscheidendsten und nach wie vor mysteriösesten Ereignisse der Weltgeschichte: der Advent Jesu.

*

Hat es Jesus überhaupt gegeben? War er ein Mensch oder eine Idee? Werden wir das jemals wissen? Wenn er nicht gelebt hat, warum setzte sich der Glaube, den er begründet haben soll, dann so schnell durch? Diese Fragen treiben Gelehrte um, seit »die Suche nach dem historischen Jesus« in der Zeit der Aufklärung zu einem Hauptanliegen der wissenschaftlichen Bibelforschung wurde. Heute, heißt es, lasse die Skepsis allgemein nach. Kaum noch ein Wissenschaftler bezweifle, dass Jesus eine historische Figur war. Dennoch führt nichts an der Tatsache vorbei, dass die Evangelien in sich widersprüchlich sind und die Schriften des Paulus – wobei es sich primär um Briefe handelt – keine einzige der wirklich bemerkenswerten Episoden aus dem Leben Jesu erwähnen, obwohl sie doch *vor* den Evangelien verfasst wurden. Paulus bezieht sich zum Beispiel an keiner Stelle auf die jungfräuliche Geburt, gibt Jesus niemals den Beinamen »von Nazareth«, erwähnt nirgendwo den Prozess gegen ihn und an keiner Stelle explizit, dass die Kreuzigung in Jerusalem stattgefunden habe (wenngleich er in 1 Thessalonicher 2,14–15 andeutet, dass sie sich in Judäa ereignete). Er verwendet niemals den Begriff »Menschensohn« und erwähnt kein einziges der Wunder, die Jesus vollbracht haben soll. Also herrscht unter den Wissenschaftlern doch zumindest weit verbreitete Skepsis hinsichtlich der *Details* aus dem Leben Jesu.⁵⁸

Skepsis ruft auch die Tatsache hervor, dass die *Idee* von Jesus nicht wirklich neu gewesen war. Beispielsweise gab es in dieser Zeit mindestens vier Gottheiten – Attis, Tammuz, Adonis und Osiris –, die weithin »als die Opfer eines vorzeitigen Todes« im Nahen Osten verehrt wurden.⁵⁹ Zwar handelte es sich bei ihnen um Vegetationsgötter und nicht um explizite Erlöserfiguren, doch da auch sie alljährlich zum Wohle der Menschheit starben und wieder auferstanden, zeigt sich doch eine gewisse Bedeutungsüberlagerung.⁶⁰ Außerdem sollten wir nicht vergessen, dass der

Name »Jesus« in seiner hebräischen Form *(Jeschua)* an sich schon »Erlöser« bedeutet. Wenn man ihn dann auch noch mit dem Begriff *christos* kombiniert – wie gesagt die griechische Form von *maschiach*, »König« oder »Gesalbter« –, scheint *Jesus Christos* analytisch betrachtet weniger eine historische Persönlichkeit denn ein ritueller Titel gewesen zu sein.

Die frühchristliche Literatur und ihre Auswirkungen auf die Weiterentwicklung von christlichen Ideen sind ungesichert. Angesichts der Widersprüchlichkeiten im Neuen Testament, über die noch zu sprechen sein wird, sollten wir uns in Erinnerung rufen, dass die frühesten Evangelien rund vierzig Jahre nach dem Tod Jesu geschrieben wurden und ihre Verfasser den Ereignissen, die sie zu berichten vorgeben, deshalb wesentlich näher standen als die Autoren sämtlicher Bücher der Hebräischen Bibel (mit Ausnahme von Nehemia). Insgesamt gibt es nur etwa fünfundachtzig Textfragmente im Neuen Testament, die sich auf einen früheren Zeitpunkt als 300 n. d. Z. datieren lassen. Alle vier Evangelien des heutigen Christentums haben spätestens um das Jahr 100 n. d. Z. existiert; daneben wissen wir von mindestens zehn weiteren, darunter ein Thomas- und ein Petrusevangelium sowie ein Evangelium der Wahrheit. Im Petrusevangelium findet sich ein ähnlicher Bericht über die Passion, Grablegung und Auferstehung Jesu wie in den Evangelien, die in das Neue Testament aufgenommen wurden, allerdings mit einer ausführlicheren Darstellung der Auferstehung. Abgesehen davon stellt es die Passion in einen wesentlich deutlicheren Zusammenhang mit der Hebräischen Bibel als die vier Hauptevangelien. Das Thomasevangelium wurde auf Mitte des 2. Jahrhunderts datiert und ist kein Bericht, sondern eine Sammlung der Logien Jesu; es agitiert offen gegen Frauen und stellt so manches aus den kanonischen Evangelien überlieferte Jesuswort auf den Kopf.[61] Zudem wurden im Jahr 1935 vier Papyrusfragmente »unbekannter Herkunft« in Ägypten gefunden, die, wie Robin Lane Fox berichtet, ebenfalls viele Geschichten aus den Evangelien enthalten, wenngleich in unterschiedlicher Anordnung.

In der Vorrede des Lukasevangeliums heißt es, dass schon »viele« von Jesus berichtet hätten. Doch abgesehen von den Schilderungen des Markus und des Matthäus ist uns keiner dieser Berichte überliefert. Dasselbe trifft auf zumindest einige paulinische Briefe zu. Den frühesten Brief (Galaterbrief, ca. 48/50 n. d. Z.) schrieb Paulus sehr bald nach dem Tode Jesu. Doch bedenkt man, dass nicht einmal darin auch nur ein einziges der beeindruckenderen Ereignisse aus dem Leben Jesu geschildert wird, muss man sich doch ganz einfach die Frage stellen, ob sie überhaupt jemals stattgefunden haben. Nur, woher stammt die Überlieferung, wenn sie denn *nicht* stattgefunden haben? Die erste Wiedergabe eines Evangeliensatzes von Matthäus (wenngleich er dabei nicht namentlich erwähnt wird) findet sich in einem Schreiben, das Ignatius von Antiochia um das

Jahr 110 verfasste; der früheste Hinweis auf das Johannesevangelium steht in einem Papyrus, der sich anhand seines Handschriftenstils ungefähr auf das Jahr 125 datieren lässt; der erste Hinweis auf ein Evangelium von Markus taucht etwas später auf, ungefähr zwischen 125 und 140. Allgemein gilt Markus als die früheste Evangelienquelle (ca. 75 n. d. Z.). Erstmals erwähnt wurde er in einem Schreiben, das Papias, der Bischof von Hierapolis (in der Nähe des heutigen Pamukkale am Mäander in der Türkei), zwischen 120 und 138 verfasste. Er zitierte darin den Ältesten (»Presbyter«) Johannes mit den Worten: »Markus, der Dolmetscher des Petrus, hat alles, dessen er sich erinnerte, genau aufgeschrieben, freilich nicht der [richtigen] Reihe nach – das, was vom Herrn sei es gesagt, sei es getan worden war (…).« Die Sprache von Markus, der wie alle Evangelisten Griechisch schrieb, fällt gegenüber dem Stil der gelehrten Schreiber ab. Man kann daher fast sicher sagen, dass er weder ein gebildeter Mann war noch unmittelbaren Kontakt zu den Aposteln gehabt hatte und deshalb womöglich sogar als unglaubwürdig und unzuverlässig eingestuft werden muss. Angesichts der Tatsache, dass eine Zeitspanne von rund fünfzig bis achtzig Jahren zwischen dem Tod Jesu und der Niederschrift der späteren Evangelien verging, muss man deren Genauigkeit einfach in Frage stellen. Hinzu kommt, dass ausschließlich das Johannesevangelium überhaupt einen Autorenvermerk enthält: »Der Jünger, den Jesus liebte«.[62]

Die ersten Christen scheinen außerdem sehr widersprüchliche Vorstellungen von den Evangelien gehabt zu haben. Um das Jahr 140 stellte Marcion, ein bekannter Häretiker – der den neutestamentarischen Gott dem alttestamentarischen weit überlegen fand – fest, dass ein einziges Evangelium (nämlich das von Lukas) völlig ausreichen würde. Um das Jahr 170 begann man den vier biblischen Evangelien jedoch plötzlich eine Sonderstellung einzuräumen. In dieser Zeit wurden sie von Tatian, einem Schüler des römisch-christlichen Schriftstellers Justin, zu einem einzigen Korpus, der so genannten Evangelienharmonie, zusammengefasst. Alle vier Evangelien waren ursprünglich in griechischer Sprache verfasst worden, doch wir kennen auch frühe Übersetzungen ins Lateinische, Aramäische (Syrische) und Koptische. Einige Übersetzungen wurden bereits um das Jahr 200 angefertigt und führten schon damals zu vielen Abweichungen. Um das Jahr 383 erstellte Hieronymus schließlich seine »gewöhnliche« *(vulgate)* lateinische Übersetzung, wobei er alle bisherigen altlateinischen Fassungen des Neuen Testaments revidiert haben soll, indem er sie mit den älteren griechischen Texten verglich, um die Fehler auszumerzen, die sich inzwischen eingeschlichen hatten. Sie wurde zur Grundlage der *Vulgata*, der standardisierten lateinischen Bibel, die die Teilübersetzungen der früheren *Itala* ablöste. Die endgültige Anordnung des Neuen Testaments, das Christen heute lesen, wurde erst von Bischöfen im 4. Jahrhundert festgelegt.[63]

Die gravierendsten Unterschiede finden sich zwischen dem Johannesevangelium und den Schriften der drei anderen Evangelisten. Die Texte von Matthäus, Markus und Lukas werden »synoptische« Evangelien genannt, da es sich bei ihnen primär um Erzählungen der Jesusgeschichte handelt, die wie Fotografien ein und desselben Objekts aus unterschiedlichen Blickwinkeln wirken. Lukas könnte also bewusst etwas von Matthäus und Markus abgewichen sein, um andere Aspekte von Jesus zum Ausdruck zu bringen. In den synoptischen Evangelien nimmt Jesus kaum je Bezug auf sich selbst, geschweige denn auf seine göttliche Mission.[64] Bei Johannes ist die Lebensgeschichte Jesu hingegen viel unwichtiger als seine Bedeutung als Emissär des Vaters.[65] Sogar Jesu Redeweise ist in diesem vierten Evangelium anders, denn hier bestätigt er unentwegt selbst, der »Sohn Gottes« zu sein. Es ist also sehr gut möglich, dass es sich bei Johannes um ein späteres Werk handelt, das die Ereignisse, die von den drei anderen Evangelisten berichtet wurden, bewusst reflektierend darstellt. Doch wenn das der Fall war – warum versuchte er dann nicht einmal die krassesten Widersprüche auszubügeln? Die zeitliche Nähe der vier Evangelien zu den von ihnen geschilderten Ereignissen stellt diese Widersprüche in ein noch problematischeres Licht.

Drei Evangelien beginnen mit der Geburt Jesu, Markus hingegen erst mit seiner Taufe. Auch Johannes streift die Geburt nur – und das, obwohl sie doch eine solche Sensation gewesen sein soll. Matthäus siedelt die Geburt zwar in Bethlehem an, sagt aber, dass sie erst am Ende der Herrschaft von König Herodes stattgefunden habe; Lukas wiederum verbindet die Herrschaftszeit von Herodes mit der Verheißung der Geburt Jesu, die Geburt in Bethlehem hingegen mit einem ganz anderen Ereignis: »In jenen Tagen erließ Kaiser Augustus den Befehl, alle Bewohner des Reiches in Steuerlisten einzutragen« (Lukas 2,1). Eine Steuererhebung hat jedoch erstmals stattgefunden, als Quirinus Statthalter in Syrien war, der christlichen Zeitrechnung nach ergo im Jahr 6 *nach* dem Tod von Herodes. Demzufolge geben Matthäus und Lukas die Geburt Jesu mit einem Zeitunterschied von zehn Jahren an.[66]

Die Details um die Jungfrauengeburt lassen sogar noch mehr zu wünschen übrig. Die unbequeme Wahrheit ist, dass dieses Ereignis ungeachtet seiner Einzigartigkeit weder bei Markus noch bei Johannes oder in irgendeinem der paulinischen Briefe auch nur erwähnt wird. Sogar bei Matthäus und Lukas wird es nach den Worten des Oxforder Bibelforschers Geza Vermes »nur wie das Vorwort zur eigentlichen Geschichte« behandelt, »und da keiner der beiden noch irgendeine andere Stelle im gesamten Neuen Testament jemals wieder darauf verweist, darf man mit gutem Gewissen davon ausgehen, dass es sich dabei um eine nachträgliche Zufügung handelt«. Ohnedies war »Jungfrau« (respektive »Unberührte/r«) sowohl im Griechischen als auch im Hebräischen ein dehnbarer Begriff.

Zum einen wurde er auf Personen angewandt, die in erster Ehe verheiratet waren. Griechische und lateinische Inschriften in den römischen Katakomben beweisen, dass er sowohl für Frauen als auch für Männer verwendet wurde, sogar dann, wenn sie bereits jahrelang verheiratet gewesen waren. Mit der Formulierung »unberührter Ehemann« war also nahezu sicher ein Mann gemeint, der vor seiner Eheschließung nicht schon einmal verheiratet gewesen war. In einem ganz anderen Sinne wurde der Begriff auf Frauen angewandt: In diesem Fall bezeichnete er Mädchen, die noch nicht empfangen konnten, das heißt also noch nicht menstruierten. »Diese Form der Jungfräulichkeit endete mit der Menstruation.«[67] Selbst in den Evangelien, die die Jungfrauengeburt erwähnen, wimmelt es nur so von Unstimmigkeiten. Bei Matthäus verkündet der Engel die Geburt dem Joseph, nicht aber der Maria. Bei Lukas erscheint er der Maria, nicht aber dem Joseph. Bei Lukas wird die Göttlichkeit des Christuskinds den Schäfern verkündet, bei Matthäus durch das Erscheinen eines Sternes im Osten. Bei Lukas sind es die Schäfer, die als Erste zur Anbetung kommen, bei Matthäus sind es die Magier. Bei Matthäus findet sich zudem die Episode, dass König Herodes über die Kunde von einem neugeborenen König der Juden so erschrocken gewesen sein soll, dass er die Tötung aller Knaben bis zum Alter von zwei Jahren in Bethlehem und Umgebung verfügte. Wenn ein solcher Massenmord an Kindern wirklich stattgefunden hätte, dann wäre er aber mit Sicherheit von Flavius Josephus erwähnt worden, der doch ansonsten so gewissenhaft alle Brutalitäten von Herodes aufzeichnete. Aber kein Wort davon.[68]

Nun stimmt die wundersame Geburt Jesu aber nicht einmal mit der messianischen Genealogie überein. Der jüdischen Tradition zufolge muss der Messias (in diesem Fall also Jesus) unbedingt vom Stamme David sein, und das schließt Maria als Mutter aus, denn sie stammte, wie uns ja berichtet wird, aus dem Hause Levi und nicht wie David aus dem Hause Jehudah. Und da Jesus den Evangelien zufolge außerdem nicht der Sohn des Joseph, sondern vielmehr der des Heiligen Geistes war, gibt es also gar keine Verbindung zum Haus David. Außerdem fand sich auf einem Pergament eine sehr frühe neutestamentarische Handschrift (das so genannte Sinai-Palimpsest, datiert auf das Jahr 200) mit dem folgenden Text: »Jakob zeugte Joseph; Joseph, welchem Maria die Jungfrau vermählt war, zeugte Jesus, welcher der Christ genannt wird.«[69] Kann Jesus nach dieser Lesart überhaupt noch als göttlich betrachtet werden? Aus dem Lukasevangelium erfährt man, dass der zwölfjährige Jesus die Gelehrten im Tempel mit seinem Verstand erstaunte und seine ihn sorgenvoll suchenden Eltern zurechtweist: »Wusstet ihr nicht, dass ich in dem sein muss, was meinem Vater gehört?« Dann heißt es: »Doch sie verstanden nicht, was er damit sagen wollte« (Lukas 2,49–50). Mit anderen Worten: Sie waren sich seiner göttlichen Mission gar nicht bewusst. Aber wie kann das sein, wenn

Maria doch auf so wundersame Weise schwanger geworden sein soll? Solche Ungereimtheiten und die Tatsache, dass sich alle anderen Bücher im Neuen Testament über dieses Thema ausschweigen, haben schon viele Wissenschaftler überzeugt, dass Vermes Recht hat und es sich um eine spätere Einfügung handelt. Doch wie konnte es überhaupt zu einer solchen Idee kommen? Es gibt nichts in der jüdischen Überlieferung, was dazu hätte Anlass geben können. In der Hebräischen Bibel ist von mehreren Frauen der Patriarchen die Rede, deren »Mutterschoß verschlossen« war und von Gott »geöffnet« wurde. Hier ging es demnach zwar jeweils um eine göttliche Intervention, doch diese »resultierte nie in einer göttlichen Befruchtung«[70]. Eine denkbare Quelle könnte die Prophezeiung des Jesaia (7,14) gewesen sein: »Darum wird der Herr selbst euch ein Zeichen geben: Siehe, das junge Weib wird schwanger und gebiert einen Sohn, und du sollst seinen Namen nennen Immanuel (Gott mit uns).« Allerdings verweist Jesaia hier auf nichts Übernatürliches: Das von ihm verwendete hebräische Wort *almah* heißt nichts anderes als eben »das junge Weib«; und eine junge Frau war vielleicht noch Jungfrau, vielleicht aber auch nicht. Als diese Stelle dann jedoch für die Septuaginta ins Griechische übersetzt wurde, verwendete man das Wort παρϱένς *(parthenos)*, und das bedeutet nun wirklich »Jungfrau«. Seither liest sich der Satz in den christlichen Übersetzungen aller Sprachen: »Seht, die Jungfrau wird ein Kind empfangen, sie wird einen Sohn gebären, und sie wird ihm den Namen Immanuel (Gott mit uns) geben.«[71]

Im Gegensatz zur jüdischen Tradition verfügte die pagane Welt über viele Geschichten, deren Hauptakteure von Jungfrauen geboren worden waren. In Kleinasien zum Beispiel gab es die Jungfrau Nana, die ihren Sohn Attis empfangen hatte, indem sie sich »eine reife Mandel oder einen Granatapfel in den Busen legte«[72]. Und Hera *entfernte* sich von Zeus und allen anderen Männern, um Typhon zu empfangen und zu gebären. Ähnliche Legenden gab es auch in China, doch am nächsten kommt der christlichen Jungfrauengeschichte wohl die des mexikanischen Gottes Quetzalcoatl, der von einer »reinen Jungfrau« geboren wurde, die man »Himmelskönigin« nannte. Auch ihr hatte ein Himmelsbote verkündet, es sei Gottes Wille, dass sie ohne Beteiligung eines Mannes einen Sohn empfange.[73] Der Anthropologe James George Frazer hielt solche Geschichten für Überlieferungen aus der Zeit, als der Mensch die Rolle des Mannes bei der Zeugung noch gar nicht verstanden hatte. Die Schriften des Philon von Alexandria (der um das Jahr 20 v. d. Z. geboren wurde und somit nicht nur ein Zeitgenosse von Jesus war, sondern auch *vor* der Niederschrift der Evangelien gelebt hatte) beweisen, dass die Vorstellung von Jungfrauengeburten in der paganen Welt zu Jesu Lebzeiten weit verbreitet gewesen war. Bekanntlich hat sich ja auch die Feier des Weihnachtstags am Tag der Wintersonnwende etabliert, an dem viele pagane

Religionen die Geburt des Sonnengotts feierten, weil die Tage wieder länger zu werden begannen. Hierzu noch einmal Frazer: »Das Ritual von der Geburt, wie es in Syrien und Ägypten gefeiert wurde, war sehr bemerkenswert. Die zelebrierenden Priester zogen sich in gewisse innere Heiligtümer zurück, aus denen sie um Mitternacht mit dem lauten Rufe: ›Die Jungfrau hat geboren! Das Licht nimmt zu!‹ heraustraten. Die Ägypter stellten sogar die neugeborene Sonne durch das Bild eines Kindes dar, das sie an seinem Geburtstage, der Wintersonnwende, herausbrachten und seinen Gläubigen zeigten.«[74]

*

Dass Jesus ein Galiläer gewesen sein soll, führt uns ebenfalls auf schwieriges Terrain, denn Galiläa unterschied sich von Judäa sowohl in gesellschaftlicher als auch in politischer Hinsicht. Diese Region bestand primär aus Ackerland, war aber dank des Exports von Olivenöl sehr wohlhabend; alle größeren Städte dort waren hellenisiert worden. Christlichen Bibelübersetzungen zufolge hatte Jesaia im 8. Jahrhundert v. d. Z. »das Land jenseits des Jordan«, den *Galil*, »das Gebiet der Heiden« genannt.[75] Doch Galiläa war auch eine Terroristenhochburg, wie wir heute sagen würden. Um das Jahr 47 wurde Hiskia von Herodes dem Großen hingerichtet; sein Sohn Jehudah (»Judas der Galiläer«) gründete mit dem Pharisäer Sadduk die politisch-religiöse Widerstandspartei der Zeloten, welche Steuerzahlungen an die Römer als Gottesfrevel betrachtete und erklärte, dass Juden neben Gott keinen anderen und schon gar keinen fremden Herrscher anerkennen durften. Jehudahs Nachfahren sollten 70–73 n. d. Z. schließlich auch den Aufstand gegen die Römer auf der vierhundert Meter hoch gelegenen Festung Masada am Westende des Toten Meeres anführen, der damit endete, dass neunhundertsechzig »Aufrührer und Flüchtlinge« getötet wurden oder lieber kollektiv Selbstmord begingen, als sich zu ergeben.[76] Die Galiläer sprachen mit einem (wie wir aus dem Neuen Testament erfahren) deutlich ländlichen Akzent. Wenn Jesus denn als Galiläer galt, dann könnte also auch er als ein Umstürzler betrachtet worden sein, ob er es war oder nicht. Außerdem müssen wir uns klar machen, dass das aramäische Wort für »Zimmermann« oder »Handwerker« *(naggar)* auch für den »Gelehrten« oder den »gebildeten Mann« verwendet wurde, was ein Grund dafür gewesen sein könnte, dass man Jesus von Anfang an mit so großem Respekt begegnete – oder auch dafür, dass er offenbar nie einer Arbeit nachging.[77] Könnte es also sein, dass er zu seiner Zeit schlicht als der redegewandte Sprecher einer galiläischen Widerstandsgruppe galt?[78]

*

Auch um den Prozess und die Kreuzigung Jesu ranken sich Unstimmigkeiten und Widersprüche, die weitere Zweifel an seiner Identität und an der Art seines Glaubens schüren. Christopher Rowland kommt ohne Umschweife zur Sache: Jesus wurde von den Römern gekreuzigt – aber warum und weswegen? Und vor allem: Wieso wurde er nicht von den Juden belangt? Hatte er sich vielleicht eher eines politischen denn eines religiösen Verbrechens schuldig gemacht, oder wurden ihm politische *und* religiöse Delikte zur Last gelegt (was im damaligen Palästina oft schwer zu unterscheiden war)? Jesus setzte sich mehrfach für Gewaltfreiheit ein, und das heißt, dass man ihn keinesfalls mit den Zeloten in Verbindung bringen konnte; andererseits ist gut möglich, dass sein ständiger Verweis auf das nahende Reich Gottes als eine politische Aussage verstanden wurde.

Die erste Unstimmigkeit gibt es beim Empfang Jesu in Jerusalem. Das Neue Testament berichtet uns von einem triumphalen »Hosianna« der »vielen Menschen«, angeführt von einhellig begeisterten Priestern. Doch nur wenige Tage später wird ihm bereits der Prozess gemacht, die Priester fordern lautstark seinen Tod. Alle vier Evangelien stimmen überein, dass Jesus zuerst vom jüdischen Hohen Rat verhört worden war, bevor er Pontius Pilatus, dem römischen Prokurator von Judäa, übergeben wurde. Das Verfahren vor dem Hohen Rat beginnt allen Evangelien zufolge am Abend im Hause des Hohepriesters Kaiphas. Nachdem die Schriftgelehrten und Ältesten versammelt sind, fragt Kaiphas Jesus, ob er wirklich behaupten wolle, der Messias zu sein, worauf Jesus eine Antwort gibt, die der Hohepriester als Gotteslästerung empfindet. Was kann er da gesagt haben? Nach jüdischem Gesetz war Gotteslästerung zwar ein Kapitalverbrechen, aber es wäre kein Verbrechen gewesen, sich als der *maschiach* darzustellen – hundert Jahre nach dem Tod Jesu sollte sich Schimon Bar Kochba als Messias ausgeben und sogar von höchst prominenten Juden als solcher anerkannt werden.[79] Doch damit noch nicht genug der Widersprüche. Nach dem Verhör vor Kaiphas soll Jesus an Pilatus übergeben worden sein. Das jüdische Gesetz verbietet jedoch Gerichtssitzungen und Urteilsverkündungen an einem Sabbat oder Feiertag, um den es sich hier aber eindeutig gehandelt haben soll; ein anderes jüdisches Gesetz verbietet auch Verhandlungen und Hinrichtungen an ein und demselben Tag oder ein und demselben Abend. Und schließlich wurde Gotteslästerung nach jüdischem Gesetz mit Steinigung, nicht aber mit Kreuzigung bestraft.

Der Punkt ist, dass nichts bei dieser Geschichte auch nur den geringsten Sinn im Kontext der Zeit ergibt, wenn das (die) Vergehen des Jesus denn grundlegend religiöser Art gewesen wäre(n).[80] Wenn sein Vergehen nun aber politischer Art war, warum sollte Pilatus dann gesagt haben: »Ich finde nicht, dass dieser Mensch eines Verbrechens schuldig ist« (Luk 23,4)? Denn aus anderen Quellen ist zu erfahren, dass Pilatus ständig auf der Hut vor Invasoren und Aufständischen war. Die Juden aber sollen sogar so weit gegangen sein, Jesus vor Pilatus eines geplanten Aufstands zu beschuldigen: »Wir haben festgestellt, dass dieser Mensch unser Volk verführt, es davon abhält, dem Kaiser Steuer zu zahlen, und behauptet, er sei der Messias und König« (Luk 23,2). Trotzdem wurde kein einziger seiner Anhänger mit ihm verhaftet. Das wäre aber doch gewiss geschehen, wenn Jesus der Kopf einer politischen Gruppe gewesen wäre. Und schließlich soll Pilatus Jesus den Juden auch noch ausgehändigt haben, damit sie ihn auf *römische* Art hinrichteten. In einigen Evangelien ist nicht einmal von einer formellen Verhandlung oder einem formellen Urteil des Pilatus die Rede – er lässt den Juden einfach freie Hand.[81] Auch die Kreuzigungsgeschichte steckt voller Widersprüche. So ist zum Beispiel kein einziger historischer Fall überliefert, bei dem ein römischer Statthalter einen Gefangenen auf Verlangen freigelassen hätte, wie er es aber bei Barabbas getan haben soll.[82] Tatsächlich könnte diese Episode jedoch alles andere als nebensächlich, sondern vielmehr von weit größerer Bedeutung sein, als es den Anschein erweckt: Barabbas ist die zusammengezogene Schreibweise für die hebräische Bezeichnung *Bar Abba*, »Sohn des Vaters«, und wir wissen, dass der Name von Barabbas in einigen frühen Aufzeichnungen des Matthäus als »Jesus Barabbas« auftaucht. Schließlich erfahren wir, dass sich vor dem Tod Jesu die Sonne verdunkelt und die Erde bewegt habe. Sollte das ein wahres Ereignis beschreiben, oder war das metaphorisch gemeint? Eine unabhängige Bestätigung liegt dafür nicht vor. Plinius der Ältere (ca. 23–79) widmete den Sonnenfinsternissen in seiner *Naturgeschichte* ein eigenes Kapitel, erwähnte aber kein einziges Ereignis dieser Größenordnung, das in irgendeinem Zusammenhang mit der Kreuzigung oder überhaupt zu diesem Zeitpunkt stattgefunden haben könnte.[83]

Die Widersprüche im Zusammenhang mit der Auferstehung sind noch krasser, allerdings sollten wir uns hier erst einmal bewusst machen, dass es keine Augenzeugen für dieses bemerkenswerte Ereignis gab. Der früheste Vermerk über Personen, die dabei anwesend gewesen sein sollen, stammt aus dem Paulusbrief an die Korinther. Was die Entdeckung des leeren Grabes Jesu betrifft, so wird es bei Matthäus den Frauen gezeigt, als diese kamen, um nach ihm zu sehen; bei Markus sahen sie es bereits geöffnet, als sie zurückkehrten, um Jesus zu salben; und bei Lukas war der Leichnam bereits von Nikodemus einbalsamiert worden. Drei Evangelien zufolge war der Stein bereits vom Grab gewälzt worden, nur bei Matthäus wälzt ihn ein Engel im Angesicht der Frauen weg.[84] Bei Matthäus erscheint der Auferstandene den Jüngern auf dem Berg in Galiläa, bei Lukas findet diese Begegnung in Jerusalem statt.

In seinem ersten Brief an die Korinther – um das Jahr 55 und ergo lange vor der Niederschrift der Evangelien verfasst, wenngleich nicht unbedingt auch vor dem Beginn ihrer mündlichen Überlieferung – zählt Paulus die Zeugen der Auferstehung auf. Entscheidend hierbei ist, dass er mit keinem Wort das leere Grab erwähnt, obwohl er doch selbst noch das Jüngste

Gericht zu erleben erwartete. Vielleicht noch wichtiger ist die Wahl des Wortes, mit dem er den Jüngern das Erscheinen des Auferstandenen schildert: *ophte* – denn das ist derselbe Begriff, mit dem er seine eigene Vision auf dem Weg nach Damaskus beschrieben hatte. Mit anderen Worten: Die Auferstehung scheint für Paulus kein physisches Ereignis gewesen zu sein, keine Rückkehr »von totem Fleisch und Blut ins Leben«, sondern vielmehr eine spirituelle Transformation, eine andere Form von *Erkenntnis*.[85]

Es gibt allerdings Argumente gegen diese Interpretation, beispielsweise die Tatsache, dass es sich bei allen, die das leere Grab gesehen hatten, um Frauen gehandelt haben soll. Und Frauen – auch wenn es sich um wohlhabende Frauen aus Judäa handelte, und selbst eingedenk der Tatsache, dass Frauen in der zeitgenössischen Literatur gerne als Heldinnen dargestellt wurden – hatten im Allgemeinen einen derart niederen Stand in der Gesellschaft dieser Zeit, dass gewiss kein Mann, der einen Beweis fabrizieren wollte, ausgerechnet Frauen als Zeugen herangezogen hätte. Außerdem waren sämtliche Gespräche, die der Auferstandene mit den im Neuen Testament benannten Personen führte, von geringer Substanz und ihrer Art nach eher Unterhaltungen, wie sie Jesus zu Lebzeiten geführt haben mochte. Hätte es sich also wirklich um den Versuch gehandelt, eine ganz einzigartige Begegnung mit einem Auferstandenen zu erfinden, so wäre sie doch gewiss ausgeschmückt worden, eben um ihre Einzigartigkeit hervorzuheben.[86]

Es ist absolut denkbar, dass Jesus sowohl eine religiöse als auch eine politische Bedrohung darstellte – das wäre zur damaligen Zeit wie gesagt alles andere als unvereinbar gewesen. Hätte er sich tatsächlich als Messias bezeichnet, oder hätte er es auch nur zugelassen, von seinen Anhängern als solcher bezeichnet zu werden, dann wäre er automatisch als eine politische Gefahr betrachtet worden. Immerhin erwarteten die Juden von ihrem *maschiach* auch, dass er sie als Heerführer gegen die römischen Besatzer im Land anführen werde. Und eine religiöse Gefahr wäre er gewesen, weil die Sadduzäer nicht stillgehalten hätten angesichts einer Person, deren Vorstellung vom Judentum ihrer eigenen derart widersprach. Doch das erklärt noch immer nicht, wie all die Ungereimtheiten entstehen konnten.

Die jüngste Jesusforschung geht nun von Folgendem aus: Die markanten Ähnlichkeiten bei Matthäus, Markus und Lukas, die es trotz aller geschilderten Widersprüche gibt, sind der Tatsache zu verdanken, dass Matthäus und Lukas bei ihrer Niederschrift der Evangelien jeweils eine Abschrift von Markus besaßen. Und sogar wenn man Markus aus den Schriften von Matthäus und Lukas ausklammert, finden sich noch eine Menge Gemeinsamkeiten mit ihm, bis hin zu langen Abschnitten, die sich beinahe Wort für Wort gleichen.[87] Deutsche Religionsphilosophen entwickelten im 19. Jahrhundert dafür die so genannte Zwei-Quellen-Theorie: Angesichts der bestehenden Übereinstimmungen müssen Matthäus und Lukas wohl zusätzlich zu Markus eine weitere Quelle (»Q«) verarbeitet haben. Neben der Entdeckung des Thomasevangeliums (1945 im oberägyptischen Nag Hammadi), von dessen Existenz man zwar gewusst hatte, das aber bis dahin als verloren galt, warf dies nun ein ganz anderes Licht auf das Neue Testament. Seither haben sich mehrere strittige Sichtweisen entwickelt, aus denen sich vor allem zwei herausheben. Die eindringlichere von beiden vertritt Burton Mack: Jesus sei »eine historische Fußnote..., eine Randfigur, die, aus welchen zufälligen Abfolgen auch immer, in einen Gott verwandelt wurde«. Die andere wird von Paula Frederiksen vertreten: Jesus sei »ein jüdischer Apokalyptiker« gewesen, der eine »unheilvolle Intervention Gottes in die Geschichte erwartete... und verheerend Unrecht hatte. Somit läuft das Christentum auf eine Reihe von Versuchen hinaus, mit diesem atemberaubenden Irrtum zurechtzukommen, allem voran mit der Lehre von der Zweiten Wiederkunft.« Beide Wissenschaftler räumen Jesus also nur noch einen sehr reduzierten Rang ein, betrachten ihn aber als eine historische Figur.[88]

*

Was immer das Christentum heute bedeuten mag (wie sich seine Botschaft im Lauf der Zeit wandelte, werden wir in späteren Kapiteln behandeln) – die Grundidee von Jesus lässt sich jedenfalls relativ einfach aus dem Neuen Testament isolieren: »Das Reich Gottes ist nahe.« Ein solcher oder ähnlicher Satz findet sich in der Hebräischen Bibel nicht, doch die Messias-Idee war im Volk Israel wie gesagt immer populärer geworden, während sich der Begriff als solcher in den rund hundert Jahren vor der Geburt Jesu von der Bedeutung »König« in die eines »Erlösers« verwandelte. Es sollte hier noch einmal betont werden, dass sich Jesus selbst nie als Messias bezeichnet hat.[89]

Der Neutestamentler Johannes Weiß behauptete in seinem Buch *Die Predigt Jesu vom Reiche Gottes* (Göttingen, 1892), dass die Figur Jesus vier maßgebliche Elemente mit sich brachte: erstens, dass das messianische Zeitalter kurz bevorstehe; zweitens, dass Gott Urteilsvermögen und Herrschaft an Jesus übergeben werde, sobald sein Reich gekommen sei; drittens, dass Jesus das Kommen des Himmelsreichs ursprünglich zu erleben gehofft, viertens aber schließlich verstanden habe, dass sein Tod die Voraussetzung dafür sein würde. Doch sogar dann habe er noch geglaubt, dass das Reich Gottes *zu Lebzeiten der Generation* anbrechen würde, die ihn ablehnte, oder dass man ihn schon bald auf »den Wolken des Himmels kommen sehen« würde (Matthäus 26,64, Markus 14,62) und Palästina zum Zentrum des neuen Reiches werde. Mit anderen Worten: Jesus sprach nicht nur von einer spirituellen Erneuerung, sondern auch von einer grundlegenden Veränderung der physischen Realität auf Erden, deren Eintreffen er schon sehr bald erwartete. Von dieser dominanten Idee abgesehen, bewies er oft ein ausgesprochen entspanntes Verhältnis zu den Details des jüdischen Gesetzes (etwa, was die Einhaltung des Sabbats oder die Speisegesetze betraf). Er betonte eher die Barmherzigkeit Gottes als dessen strafende Gerechtigkeit und zog den inneren Glauben der Unterwerfung unter äußere Rituale vor. Und nicht zu vergessen – seine Botschaft war ausschließlich an Juden gerichtet, ein neues Glaubenssystem hatte er nie im Sinn: »Ich bin nur zu den verlorenen Schafen des Hauses Israel gesandt« (Matthäus 25,24).[90] Von Nichtjuden, die ihn aufsuchten, wandte er sich sogar ab.[91] Das ist eine einfache, aber ungemein wichtige Tatsache, die irgendwo im Dunkel der Geschichte verloren ging.

*

Auch nach Jesu Auferstehung und Himmelfahrt gingen seine Jünger noch in den jüdischen Tempel, um zu beten. Jeden Moment erwarteten sie seine Wiederkehr und damit ihre eigene Erlösung. Deshalb versuchten sie das Volk Israel auch darauf vorzubereiten und ihre Glaubensgenossen von den neuen Ideen des Jesus zu überzeugen. Damit konnten sie natürlich nur in Konflikt mit der Autorität der traditionellen Priesterschaft und Schriftgelehrten geraten. Und je weiter sie das Jesuswort verbreiteten, desto stärker wurde der Widerstand, auf den sie unter Juden stießen, die Jesus nie unmittelbar erlebt hatten. Das führte schließlich zu einer endgültigen Interessensverlagerung im Christentum – ein Begriff, der in der judenchristlichen Gemeinde von Antiochia geprägt wurde: Nichtjuden begegneten den Botschaften der Apostel mit geringerem Widerstand, weil sie ihre traditionellen Glaubensweisen durch sie weniger bedroht sahen. Und so kam es, dass sich die frühchristlichen Kirchen (in diesem Fall waren es nun keine Synagogen mehr) bis Ende des 2. Jahrhunderts wesentlich weiter vom Judentum entfernt hatten, als es schon unmittelbar nach der Kreuzigung der Fall gewesen war. Christen lehnten die Tora ab, betrachteten die Zerstörung des Tempels in Jerusalem im Jahr 66 durch die Römer mit einiger Befriedigung und begannen die neutestamentarischen Versprechungen, die ursprünglich allein auf das Volk Israel bezogen waren, auf sich selbst umzumünzen.[92] Auf diese Weise entstand das Christentum, das wir kennen. Es hatte als eine Form des Judentums begonnen und sich (im Wesentlichen dank Paulus) im gleichen Maße geistig von ihm entfernt, in dem es sich räumlich von Jerusalem entfernte und zu verbreiten begann.

Paulus, der ja fast ein Zeitgenosse Jesu gewesen war, erwartete die *parousia*, die Zweite Wiederkehr, noch zu seinen Lebzeiten; Markus betrachtete die Zerstörung des Tempels als den Anfang des Endes. Als die Evangelien von Matthäus und Lukas niedergeschrieben wurden, schien die

Zweite Wiederkehr bereits überfällig, trotzdem folgten die Frühchristen der jüdischen Tradition und nahmen eine aus theologischer Sicht besondere Rolle für sich in Anspruch. Sie lehnten nicht nur die hellenistische Idee vom Polytheismus ab, sondern auch die vielfältigen hellenistischen Denkansätze und beharrten auf einer historischen Singularität, nämlich der Idee, dass Gott sich auf einzigartige Weise durch einen bestimmten Menschen in einer bestimmten Zeit manifestiert habe. Ihre Auseinandersetzungen mit diesem besonderen Ereignis und mit der Region, in der es stattgefunden hatte – wie zufällig auch immer –, sollte eine der folgenreichsten Ideen aller Zeiten hervorbringen.

8

Alexandria, Okzident und Orient im Jahre null

Natürlich gab es nie ein »Jahr null«, aus mehreren Gründen. Zuerst einmal war die Ziffer 0 noch gar nicht erfunden worden, das geschah vermutlich erst im 7. Jahrhundert n. d. Z. in Indien. Zweitens wurde die konventionelle Chronologie, nach der man im Abendland jahrhundertelang historische Ereignisse datierte – *Anno Domini Nostri Jesu Christi* oder *A. D.* (»n. Chr.«) – erst im 6. Jahrhundert eingeführt. Drittens gab es damals ebenso viele Menschen wie heute, die keine Christen waren und die unter »Zeit« etwas jeweils ganz anderes verstanden. Jesus selbst hatte wie gesagt nie die Stiftung einer neuen Religion im Sinn gehabt, deshalb konnten zu seinen Lebzeiten selbst Menschen, die von ihm gehört hatten, nicht ahnen, dass sie gerade den Beginn einer neuen Zeitrechnung erlebten. Eine allgemeine Verwendung des »A. D.«-Systems bürgerte sich überhaupt erst im 8. Jahrhundert ein, nachdem Beda Venerabilis mit seiner *Historia ecclesiastica gentis Anglorum (Kirchengeschichte des englischen Volkes)* die Zeitrechnung nach Inkarnationsjahren eingeführt hatte. Und die Sequenz »v. Chr.« wurde sogar erst in der zweiten Hälfte des 17. Jahrhunderts üblich, obwohl Beda auch darauf schon Bezug genommen hatte.[1] Wenn wir nun trotzdem von einem hypothetischen »Jahr null« ausgehen, dann nur, weil es uns einen Blick auf die alten Zeitbegriffe und auf die Vorstellungen ermöglicht, die man in der Zeit hatte, in der Jesus gelebt haben soll.

Im Altertum hatten ganz unterschiedliche Vorstellungen von Zeit geherrscht, je nach örtlichen Bedingungen und vor allem religiösen Glaubensweisen. Die ersten datierten Münzen wurden um das Jahr 312 v. d. Z. in Syrien geprägt und danach jeweils mit dem Jahr der Seleukidenära versehen, in dem sie ausgegeben wurden. (Seleukos Nikator hatte das Seleukidenreich 321 v. d. Z. begründet, zwei Jahre nach dem Tod Alexanders des Großen.)[2] Die astronomische Basis für das Verständnis von Zeit war im Altertum die Einteilung der Welt in den Osten (oder »Orient«, abgeleitet vom lateinischen *oriens*: »geboren werdend«, »aufgehend«) und den Westen (oder »Okzident«, von lateinisch *occidere*: »sterben«, »fallen«, »untergehen«). Die Babylonier hatten festgestellt, dass die Sterne »heliakisch« aufgingen. Das bedeutet, dass sich kurz vor der Dämmerung das

Phänomen des Aufgangs sonnennaher Sterne beobachten lässt. Zudem bemerkten sie, dass die Sonne im Lauf eines Jahres in einem offenbar regelmäßigen Zyklus die Sterne passierte. Diese Konstellationen teilten sie nun in zwölf Phasen ein – zweifellos, weil sich überschlägig zwölf Mondwechsel im Jahr feststellen ließen – und gaben jeder Phase einen Namen. Die Herkunft dieser Bezeichnungen liegt im Dunkeln, fest steht jedoch, dass es sich dabei oft um Tiernamen handelte, wozu man vielleicht durch die Anordnungen der Sterne angeregt worden war. Dieser Praxis, die von den Babyloniern an die Griechen vererbt werden sollte, verdanken wir den so genannten *zodiakus* (Tierkreis), abgeleitet vom griechischen *zodion*, »kleines Tier«. Und weil die zwölf Regionen des Zodiakus in dreißig Abschnitte eingeteilt wurden, vergleichbar den zwölf Monaten eines Jahres mit jeweils rund dreißig Tagen, ergab sich eine Himmelsaufteilung, der wir auch verdanken, dass wir einen vollständigen Kreis in dreihundertsechzig Grad um seinen Mittelpunkt einzuteilen pflegen.

Die astronomischen Kenntnisse der Babylonier verbreiteten sich bald in alle Himmelsrichtungen – nach Griechenland, Ägypten, Indien und sogar bis China (wenngleich ihr Einfluss auf dieses Land erst jüngst wieder in Frage gestellt wurde). Vielleicht stammen auch die Ähnlichkeiten bei den Zeitmesssystemen der unterschiedlichen Kulturen daher. Die grundlegende Einteilung des Tages in vierundzwanzig Stunden scheint jedoch in Ägypten ersonnen worden zu sein. Denn es waren die Ägypter, die festgestellt hatten, dass in regelmäßigen Intervallen helle Sterne am nächtlichen Firmament erschienen, was sie zuerst zu einer Einteilung der dunklen Zeit in zwölf Abschnitte veranlasste, anschließend zu einer entsprechenden Aufteilung der Zeit des Lichts. Allerdings sollte die Länge einer Stunde bis zur Erfindung der mechanischen Uhr im Mittelalter je nach Jahreszeit variieren: Je länger die Dauer der dunklen Phase, desto länger waren die Stunden der Dunkelheit und desto kürzer die Stunden des Lichts. Die Praxis der Ägypter begann sich zu verbreiten: In Babylon wurde der Tag in zwölf *beru* eingeteilt, in China in zwölf *schichen* und in Indien in dreißig *muhala*. Ein babylonischer *beru* wurde in dreißig *ges* unterteilt, die ihrerseits aus je sechzig *gar* bestanden; in Indien wurde ein *muhala* in zwei *ghati* eingeteilt, die sich wiederum in jeweils sechzig *palas* aufgliederten. Es herrschte also überall die Tendenz, Zeit in einzelne Abschnitte zu zerlegen, die ein Mehrfaches von zwölf oder dreißig waren. Das hatte mit ziemlicher Sicherheit etwas mit der Einteilung des Jahres in ungefähr zwölf Mondwechsel und mit der Gliederung einer jeden Mondphase in ungefähr dreißig Tage zu tun. Das auf der Zahl Sechzig beruhende »Sexagesimalsystem« der Babylonier erklärt auch, weshalb wir unsere Stunden in sechzig Minuten zu je sechzig Sekunden einteilen. Ebenso selbstverständlich, wie wir das uns vertraute Dezimalsystem verwenden – demzufolge alle Zahlen zur Rechten des Kommas nur ein Zehntel der Kraft aller Zahlen zur Linken haben (Beispiel: 22,2) –, beruhte die Rechenweise der Babylonier auf dem Sexagesimalsystem. Sogar die Bezeichnungen dieses Unterteilungssystems haben überlebt, und zwar in den lateinischen Begriffen *pars minuta prima* (»erster verminderter Teil«) oder *pars minuta secunda* (»zweiter verminderter Teil«) und so weiter. Im Lauf der Zeit wurden diese Bezeichnungen verkürzt, sodass von der ersten nur noch die »Minute« und von der zweiten die »Sekunde« übrig blieben. Beide (aber auch noch andere) Begriffe wurden manchmal durch Zeichen ersetzt (' / "), die ebenfalls bis heute überdauert haben.[3]

Das entscheidende Problem bei der Bemessung von Zeit war, dass man den Mondzyklus mit dem Sonnenzyklus in Einklang bringen musste. Die Sonne beherrschte die Jahreszeiten – was ja in bäuerlichen Gesellschaften von vitaler Bedeutung war –, wohingegen der Mond über die Gezeiten herrschte und eine große Gottheit war, die in regelmäßigen Abständen ihre Gestalt zu verändern schien. Die meisten Gesellschaften führten Extramonate in bestimmten Jahreszeiten ein, um die Diskrepanz zwischen dem Mond- und dem Sonnenjahr auszugleichen. Dieses Verfahren konnte dem Problem zwar kurzfristig Abhilfe schaffen, bedurfte letztlich aber noch weiteren »Interkalationen« (Einschiebungen). Die wichtigste Nachbesserung machten im Jahr 499 v. d. Z. die Babylonier; allerdings wissen wir davon im Wesentlichen nur durch die Griechen Meton und Euktemon, die sie im Jahr 432 v. d. Z. in Griechenland eingeführt hatten. Dieser »Metonische Zyklus« währte neunzehn Sonnenjahre von jeweils zwölf Monaten Dauer, in deren Verlauf sieben zusätzliche Monate eingefügt wurden – jeweils einer im dritten, fünften, achten, elften, dreizehnten, sechzehnten und neunzehnten Jahr –, während zugleich einige Monate zu »vollständigen« (dreißig Tage) und andere zu »unvollständigen« (neunundzwanzig Tage) erklärt wurden. Das mag auf den ersten Blick ungemein kompliziert erscheinen, doch allein die Tatsache, dass dieses System sowohl von den Indern als auch von den Chinesen übernommen wurde, beweist, wie bedeutend es war. Der Historiker Endymion Wilkinson schreibt allerdings, dass die Chinesen bereits im 7. Jahrhundert v. d. Z. etwas dem Metonischen Zyklus sehr Ähnliches eingeführt hatten. In den mittelalterlichen Kalendarien pflegte man die Ziffer, welche die Position des aktuellen Jahres innerhalb des Metonischen Zyklus bezeichnete, mit Gold zu schreiben, weshalb sie bis heute »goldene Zahl« genannt wird.[4]

Auch das Osterdatum hat hier seine Wurzeln. Sowohl der jüdische als auch der christliche Kalender übernahmen den neunzehnjährigen Sonne-Mond-Zyklus, da er das Problem der Vorhersagbarkeit des Neumonds löste, der eine so entscheidende Rolle beim religiösen Ritual spielte. Die babylonischen Priesterkönige mussten den Zeitpunkt des Neujahrfestes mit absoluter Präzision berechnen, weil die entsprechenden Feierlichkeiten als Imitationen der göttlichen Handlungen verstanden wurden, die zur Erschaffung der Welt nötig gewesen waren – wenn man die Götter nicht erzürnen wollte, musste natürlich alles exakt übereinstimmen. Daraus entwickelte sich die christliche Idee, auch Ostern alljährlich in exakter Datumsübereinstimmung zu feiern, denn dies war ja »der entscheidende Zeitpunkt des Kampfes zwischen Gott (oder Christus) und dem Teufel gewesen, und Gott bedurfte auch weiterhin der Unterstützung seiner Gläubigen, um den Teufel zu besiegen«. Die Babylonier scheinen auch erstmals den Mondmonat in siebentägige Abschnitte aufgeteilt zu haben (wobei jeder Tag einem der sieben göttlichen Planeten oder Wanderer im All gewidmet war, den Himmelskörpern also, die nicht wie Sterne »fest verankert« waren am Firmament). Jede Periode endete mit einem »Tag des Übels«, an dem alle Tabus in der Hoffnung bestätigt wurden, die Götter gnädig zu stimmen. Auf Keilschrifttafeln findet sich vermerkt, dass der babylonische *schabbaton* (»Vollmondtag«) auf den vierzehnten oder fünfzehnten Tag eines Monats fiel, was sehr wahrscheinlich zur Grundlage für den jüdischen Sabbat wurde und im Prinzip auch von Christen übernommen werden sollte. Die Anordnung der einzelnen Wochentage wurde von einem ausgeklügelten Stundenverzeichnis abgeleitet. Jede Stunde des Tages war nach einem der sieben Planeten benannt und in absteigender Folge nach der Dauer seiner jeweiligen Umlaufbahn geordnet, beginnend mit Saturn (29 Jahre), gefolgt von Jupiter (12 Jahre), Mars (687 Tage), Sonne (365 Tage), Venus (224 Tage), Merkur (88 Tage) und als Letztes dem Mond (29 Tage). Verknüpft man diesen Siebenerzyklus in genau dieser Reihenfolge mit den vierundzwanzig Stunden eines Tages, dann ergeben sich Saturn, Sonne, Mond, Mars, Merkur, Jupiter und Venus als die Namen für die jeweils erste Stunde der aufeinander folgenden Wochentage.[5]

Die alten Ägypter teilten das Jahr in zwölf Mondmonate von jeweils dreißig Tagen ein und pflegten am Jahresende zwölf zusätzliche Tage anzuhängen, die als ausgesprochene Unglückstage galten. Ihre Berechnungen waren von einer praktischen Beobachtung abgeleitet, nämlich von der durchschnittlichen Zeit, die zwischen zwei Nilfluten – dem wichtigsten Ereignis im Leben der Ägypter – in Heliopolis lag. Doch es dauerte nicht lange, bis man auch in Ägypten realisiert hatte, dass das Jahr in Wirklichkeit etwas länger als 365 Tage währt, also berichtigte man es auf 365 ¼ Tage. Außerdem hatte man festgestellt, dass der Nil immer gerade dann anzusteigen begann, wenn der letzte Stern – der so genannte Hundsstern Sothis (oder Sirius, wie wir ihn nennen) – am Horizont auftauchte. Und da dieser »heliakische Aufgang« regelmäßiger und akkurater zu berechnen war als die Nilflut, wurde er zum Fixpunkt des so genannten Sothis-Kalenders. Moderne astronomische Berechnungen haben nachgewiesen, dass der jeweils erste Tag des alten und des neuen Kalenders – des präsothischen und des sothischen – im Jahr 2773 v. d. Z. übereingestimmt hatten, was Wissenschaftler zu dem Schluss brachte, dass genau dies das Jahr gewesen sein muss, in dem der Sothis-Kalender eingeführt wurde. Für unsere Zwecke heißt das, dass das Jahr null für die Ägypter – ob ihnen das nun bewusst war oder nicht – nach unserer Rechnung das Jahr 2773 v. d. Z. gewesen war.[6]

Die Griechen kannten zwei Begriffe für Zeit: *aion*, die heilige oder ewige Zeit, und *chronos*, die gewöhnliche Zeit. Obendrein stellte man sich die Zeit als eine Art Richter vor. In den Athener Gerichtshöfen wurden zum Beispiel Wasseruhren – *klepsydras* – aufgestellt, um die Redezeiten auf jeweils eine halbe Stunde zu begrenzen. Vor der Einführung des Metonischen Zyklus im Jahr 432 v. d. Z. war in Griechenland der *octaeteris* gebräuchlich gewesen, ein achtjähriger Zyklus, der auf einem Jahr mit zwölf Monaten beruhte, die abwechselnd dreißig und neunundzwanzig Tage hatten und somit ein Jahr mit 354 Tagen ergaben. Dieser Zyklus wurde durch die Einfügung eines Monats von dreißig Tagen in jedem zweiten Jahr mit der Sonne in Einklang gebracht. Doch das bedeutete, dass der Kalender nach jeweils acht Jahren einen kompletten Tag vom Mondzyklus abwich. Ab Ende des 6. Jahrhunderts strichen die Griechen deshalb den eingefügten Monat in jedem achten Jahr. Und genau dieser Achtjahreszyklus wurde schließlich zur Basiseinheit ihrer Zeit. Tatsächlich hat er bis heute im Zyklus der Olympischen Spiele überlebt, die alle vier Jahre abgehalten werden, also jeweils zur Halbzeit des *octaeteris*. Manchmal verwendeten die Griechen die Amtszeit des gerade herrschenden Archonten (der jedes Jahr neu gewählt wurde) für die Datierung eines Ereignisses, manchmal auch die letzte Olympiade. Modernen Berechnungen zufolge soll die erste Olympiade im Jahr 776 v. d. Z. stattgefunden haben. Nach dem olympischen Bezugssystem wäre die Stadt Alexandria zum Beispiel im zweiten Jahr nach der hundertzwölften Olympiade gegründet worden, was sich ausgeschrieben als »112.2« las (nach unserer Zeitrechnung das Jahr 331 v. d. Z.).[7]

In der Hebräischen Bibel werden nur vier Monate des Jahres erwähnt, was aller Wahrscheinlichkeit nach mit der Tatsache zusammenhängt, dass das Volk Israel ursprünglich einen reinen Mondkalender hatte, der mit den vier Jahreszeiten verknüpft war und im Herbst begann. Ableiten lässt sich das aus dokumentarischen Nachweisen, denen zufolge Juden zum Beispiel einen zusätzlichen Monat einfügten, wenn sie feststellten, dass die Gerste am 16. Abib (»Monat der Neufrucht«) noch nicht reif sein würde: Sie benötigten Garben reifen Korns, um sie Gott am Tag nach dem Sederabend des Passahfestes als Opfer darbringen zu können, wie es das Gesetz gebot. Zu Lebzeiten Jesu orientierten sich die meisten Juden an dem im Jahr 321 v. d. Z. eingeführten Seleukidenkalender, was sich mit der Datierung der ersten Münzen deckt. Dessen Wirkungsdauer wird als die »Zeit der Verträge« bezeichnet, da die Seleukiden verlangt hatten, dass man alle rechtsgültigen Verträge nach der Zeitrechnung ihrer Ära datiert.[8] Nach den komplexen Berechnungen, die die Juden zur Ergründung des Datums der biblischen Weltentstehung anstellten, begann die Schöpfung am 7. Oktober im Jahr 3761 v. d. Z. Die Uneinheitlichkeit der *anni mundi* (eine Idee aus dem 12. Jahrhundert) ergibt sich aus den Diskrepanzen zwischen den heiligen Schriften, die im Bibelhebräisch oder in samaritanischem Hebräisch verfasst worden waren, und ihren griechischen Übersetzungen: Beispielsweise vergingen laut den bibelhebräischen Texten 1946 Jahre zwischen der Schöpfung und der Geburt Abrahams, laut den samaritanisch-hebräischen Schriften 2247 Jahre und laut der griechischen Septuaginta 3412 Jahre. Heute wird allgemein das Jahr 3761 v. d. Z. als das Datum des biblischen Schöpfungsjahrs bevorzugt.

Die Welt, in der sich das Christentum heranzubilden begann, war teils hellenisiert, teils jüdisch und teils römisch. In Rom herrschten viele Glauben und Aberglauben. So gab es zum Beispiel mehrere Tage im Jahr, an denen der religiöse Kalender jede Art von geschäftlicher Betriebsamkeit verbot; und an einem 24. August, 5. Oktober oder 8. November hätte kein Seefahrer den sicheren Hafen verlassen. Romulus, der legendäre Gründer Roms, soll schließlich den ersten Kalender eingeführt haben, der im März begann und zehn Monate währte. Er wurde vom zweiten römischen König Numa Pompilius revidiert, welcher auch die ersten *pontifices* benannte und sie in einem *collegium* unter der Ägide des *pontifex maximus* versammelte. Zu ihren Aufgaben gehörte die Überwachung aller religiösen Kulthandlungen, die Beratung in religiösen Fragen, die Beaufsichtigung aller römischen Brücken (was von großer theologischer Bedeutung war) und die Überwachung des Kalenders. Später wurde der christliche Führer Roms mit dem Titel des *pontifex maximus* bedacht, der dem Papst bis heute geblieben ist. Der Legende nach soll Numa dem Kalenderjahr die Monate Februar und Januar (in dieser Reihenfolge!) angefügt haben, um ein Jahr von 355 Tagen zu erhalten, das sich mit dem Mond in Einklang befand. Er soll auch den neuen Monat *mercedonius* eingeführt haben, abgeleitet von dem Wort *merces* für »Lohn«, da die Menschen zu dieser Jahreszeit entlohnt wurden (daher stammt auch der englische Begriff des *mercenary* für den Söldner). Im 5. Jahrhundert folgten weitere Reformen. Der Januar wurde zum ersten Monat des Jahres, weil Janus der Gott der Tore war und man es angemessen fand, den Beginn des Jahres, wenn die Würdenträger ihre Ämter in der römischen Regierung übernahmen, nach ihm zu benennen.

Im Jahr 158 v. d. Z. wurde auch in Rom eine öffentliche *klepsydra* aufgestellt, doch reiche Römer hatten längst ihre eigenen Wasseruhren oder Sklaven, die stündlich die Tageszeit ausriefen. Unser heutiger Jahreskalender ist eine modifizierte Version des Kalenders, der am 1. Januar des Jahres 45 v. d. Z. von Julius Caesar eingeführt wurde. Das vorangegangene

Jahr 46 war aus Anpassungsgründen 445 Tage lang, aber dank Caesars Neuerung nun »das letzte Jahr der Wirrnis« gewesen. Die Änderungen waren dringend nötig, denn die Länge der interkalaren Monate des vorangegangenen Systems war nicht festgelegt gewesen, und skrupellose Politiker hatten sie nach Kräften zu eigenen Zwecken missbraucht, etwa, um ihre Amtsperioden zu verlängern oder um eine Wahl vorzuziehen. Caesar schaffte sowohl das Mondjahr als auch die interkalaren Monate ab und führte das Sonnenjahr von 365 ¼ Tagen und zum Ausgleich dieses Vierteltags auch ein Schaltjahr in jedem vierten Jahr ein. Anfänglich bestanden die Monate Januar, März, Mai, Juli, September und November aus jeweils einunddreißig und die übrigen aus jeweils dreißig Tagen (abgesehen vom Februar, der neunundzwanzig Tage hatte). Die bis heute gültigen Änderungen in diesem System wurden von Kaiser Augustus im Jahr 7 v. d. Z. eingeführt, der zudem wollte, dass ein Monat *(Sextilis)* nach ihm benannt würde. Offiziell begann der römische Kalender mit dem März als erstem Monat. Diese Zählweise spiegelt sich bis heute in *Sept*ember, *Okt*ober, *Nov*ember und *Dez*ember wider. Doch auch das sollte schließlich wieder geändert werden, weil die für die Dauer eines Jahres gewählten römischen Beamten ihren Dienst am 1. Januar anzutreten pflegten. Den Frühchristen gefiel das alles überhaupt nicht, denn für sie waren das natürlich heidnische Bräuche. Sie begannen ihr Jahr deshalb an Mariä Verkündigung (dem 25. März, also neun Monate vor Christi Geburt). Die Monatsnamen von *Quintilis* (fünfter Monat) bis *Decembris* (zehnter Monat) leiteten sich von den lateinischen Zahlen Fünf bis Zehn ab und waren vom Wortstamm her wahrscheinlich sehr alte Begriffe; der März ist nach dem Kriegsgott Mars benannt, der Mai nach der Frühlingsgöttin Maia, der Juni nach Jupiters Gefährtin Iuno. April wurde vermutlich von *aprire*, »öffnen«, möglicherweise aber auch von »Aphrodite« abgeleitet; der Name Februar (von *februare*) stammt wahrscheinlich aus der Sprache der Sabiner, wo er »reinigen« bedeutete; und der Juli wurde nach Julius Caesar benannt, dem Mann also, der so viel geleistet hatte, um der kalendarischen Wirrnis ein Ende zu bereiten.[9]

Die Berechnungen von Marcus Terentius Varro führten im 1. Jahrhundert v. d. Z. schließlich das römische System *Ab urbe condita* ein (»Nach Gründung der Stadt«: Die Gründung Roms hatte der Überlieferung nach im Jahr 753 v. d. Z. stattgefunden). Im Gegensatz zu den Griechen übernahmen die Römer aber auch von den Babyloniern die Idee der Siebentagewoche, obwohl ihre Monate ursprünglich dreigeteilt gewesen waren – in die Kalenden (woraus sich unser Wort »Kalender« ableitet), die jeweils am Ersten eines Monats begannen, gefolgt von den Nonen, die jeweils acht Tage vor den Iden begannen, welche am 13. oder 15. eines Monats einsetzten. Die Kalenden fielen auf die Phase des abnehmenden und die Iden auf die des zunehmenden Mondes. Ursprünglich waren den Tagen Ziffern und keine Namen zugeordnet worden, wobei man von den Kalenden, Nonen und Iden rückwärts zählte. Im Kaiserreich, als die Astrologie ungemein populär war, wurden die Tage schließlich nach Planeten benannt.[10]

Für das Frühchristentum, aus dessen Sicht das Himmelreich ja unmittelbar bevorstand, war Zeit ein Begriff von geringer Bedeutung, jedenfalls, wenn es um langfristige Zeiträume ging. Paulus zum Beispiel pflegte nicht einmal seine Briefe zu datieren. Zuerst waren die Christen der jüdischen Praxis gefolgt, namenlose Tage – mit Ausnahme des Sabbats – zu nummerieren; doch je mehr Nichtchristen konvertierten, umso stärker wurde der Einfluss der Astrologie. Schließlich übernahm das Christentum die nach Planeten benannte Woche, erklärte aber den Sonntag zu seinem heiligen ersten Wochentag, da Christus an diesem Tag von den Toten auferstanden war und da es sich von den Juden abgrenzen wollte. Das Osterfest wurde um das Jahr 160 in Rom eingeführt; die erstmalige Erwähnung des Weihnachtstags im Dezember findet sich im römischen Kalender des Jahres 354. Bis dahin war der 6. Januar gefeiert worden, die Wiederkehr der Taufe Jesu, die, wie man glaubte, an seinem dreißigsten Geburtstag stattgefunden habe. Der Wechsel zum Dezember vollzog sich erst, als die Erwachsenentaufe mit der Verbreitung des Christentums durch die Kindstaufe abgelöst wurde, worin sich wiederum ein neuer Aspekt des Glaubens spiegelte, denn nun ging man davon aus, dass Christus bereits mit dem Tag seiner Geburt und nicht erst durch die Taufe göttlich gewesen sei.[11]

*

Zu Jesu Lebzeiten war Alexandria, die Stadt zwischen Okzident und Orient, bereits jahrhundertelang ein Zentrum der Gelehrsamkeit, ein »Rechenzentrum«, eine »Stätte des Beispiels« in Ägypten gewesen. Alexander der Große hatte sie im Jahr 331 v. d. Z. gegründet, weil er Ägypten enger an die griechische Welt anbinden und zudem über einen Hafen verfügen wollte, der nicht vom Nilhochwasser betroffen war. Alexandria war von Anfang an als eine »Megalopolis« geplant. Erbaut wurde sie in der Form einer *chlamys*, wie der Schultermantel makedonischer Krieger hieß. Sie war von Mauern umgeben, die sich »endlos« in die Ferne erstreckten, und von Straßen durchzogen, die nicht nur breiter waren als alle, die man bis dahin gesehen hatte, sondern nach dem aristotelischen Plan für die ideale Stadt so angelegt waren, dass die Bewohner sowohl von der kühlenden Meeresbrise profitieren als auch Schutz vor den steifen Winden finden konnten. Ein Drittel der Stadtfläche war »königliches Territorium«. Die Lage am Mittelmeer an der Westgrenze des Nildeltas, unweit der Stelle, wo die internationalen Handelsrouten der Karawanen aus Afrika und Asien zusammenliefen, eignete sich ungemein gut für ein Handelszentrum. Gleich zweier Häfen konnte sich Alexandria rühmen, einer davon auf der Insel Pharos mit ihrem berühmten rund hundertdreißig Meter hohen Leuchtturm, dessen Licht schon aus über dreißig Seemeilen Entfernung zu sehen war. Nach dem Tod Alexanders kam es zu einem Streit seiner Generäle und schließlich zum Bruch: Seleukos gewann die Kontrolle über die nördlichen Teile des einstigen Imperiums, darunter Palästina und Syrien, während Ptolemaios I. spätestens seit 306 v. d. Z. über den ägyptischen Teil herrschte.[12]

Seinen wahren Ruf erwarb sich Alexandria jedoch als Stadt des Wissens. Der Überlieferung nach hatte Alexander gleich nach seiner Entscheidung, an dieser Stelle seine neue Idealstadt zu errichten, den Bau einer Bibliothek verfügt, die den Musen gewidmet sein sollte. Die Idee an sich war nicht neu, denn wie erwähnt gab es in Babylon bereits mehrere Archive, und auch anderenorts in der Mittelmeerregion, darunter vor allem in Pergamon und Ephesus, waren Bibliotheken entstanden. Für die Stadt Alexanders wurden jedoch von Anbeginn an ambitioniertere Pläne verfolgt – dort wollte man, wie es ein Historiker formulierte, eine »Gelehrtenindustrie« begründen. Bereits im Jahr 283 v. d. Z. war eigens für diese Bibliothek ein *synodos* ins Leben gerufen worden, eine Versammlung von dreißig bis fünfzig Gelehrten. Diesen Männern (und es waren nur Männer) wurde ein Sonderstatus eingeräumt, indem sie von allen Steuern befreit waren und freie Kost und Logis im Königsviertel erhielten. Geleitet wurde die Bibliothek von einem Bibliothekar, der vom König ernannt wurde und zudem königlicher Hauslehrer war. Das Gebäude selbst hatte verschiedene Flügel, die durch überdachte Gehwege miteinander verbunden waren und in denen es Leseräume mit nach Fachliteratur geordneten Regalen *(thaike)* gab. Auf dem Bibliotheksgelände befanden sich mehrere Theater und ein botanischer Garten.[13]

Der erste Bibliothekar war Demetrius von Phaleron. Bis der Dichter Kallimachos, einer seiner bekannteren Nachfolger, im 3. Jahrhundert die Leitung übernahm, verfügte die Bibliothek bereits über mehr als vierhunderttausend Sammelhandschriften und neunzigtausend Einzelrollen. Die später im Serapeion eingerichtete Tochterbibliothek enthielt noch einmal vierzigtausend Schriftrollen. Das Serapeion befand sich im Tempel des Serapis, einem neuen griechisch-ägyptischen Gott, der möglicherweise auf Hades zurückzuführen ist, den griechischen Gott der Unterwelt. Kallimachos verfasste den ersten wissenschaftlichen Bibliothekskatalog der Welt *(pinakes)*, was unter anderem der Grund war, weshalb sich bereits im 4. Jahrhundert v. d. Z. hundert Wissenschaftler gleichzeitig in der Bibliothek aufzuhalten pflegten, um in den Handschriften zu lesen und die Texte miteinander zu diskutieren. Diese Gemeinschaft aus hervorragenden Gelehrten sollte alles in allem rund siebenhundert Jahre existieren. Sie schrieben zuerst auf Papyrus – auf den Alexandria eine Zeit lang das Monopol besaß –, doch nachdem der König die Ausfuhr von Papyri untersagt hatte, um konkurrierenden Bibliotheken wie vor allem in Pergamon das Leben schwer zu machen, wechselte man auf Pergament über. Beides, Papyrus wie Pergament, wurde in Form von Rollen beschrieben, deren Länge jeweils das umfasste, was wir ein Kapitel nennen würden. Sie wurden, in Leinen oder Leder eingewickelt, in den Regalen verwahrt. Erst zur Römerzeit gab es neben den Rollen auch das neue Format des inzwischen erfundenen hölzernen Schubers für die Texte, den man Kodex nannte.[14]

Die Bibliothek rühmte sich einer Menge *charakitai* (»Skribler« oder »Skribenten«), die jedoch eigentlich Übersetzer waren. Alle Könige von Alexandria – Ptolemäer – waren darauf bedacht gewesen, Kopien von Büchern zu erhalten, die sich nicht in ihrem Besitz befanden, um auch das Wissen Griechenlands, Babyloniens, Indiens und anderer Länder zu erwerben. Vor allem die Kundschafter von Ptolemaios III. Euergetes durchforsteten unentwegt den Mittelmeerraum nach solchen Schätzen, während ihr König den Herrschern der gesamten bekannten Welt seinerseits Schreiben mit der Bitte schickte, ihm ihre Bücher zu leihen, damit er sie kopieren lassen konnte. Athen soll erst nach der Hinterlegung einer beträchtlichen Summe bereit gewesen sein, ihm die Originalmanuskripte von Euripides, Aischylos und Sophokles als Leihgaben zu überlassen. Am Ende verzichtete Ptolemaios jedoch lieber auf die Rückgabe seines Pfandes als auf die Originale und schickte den Athenern einfach die Kopien zurück. Auch die Seefahrer, die in den Häfen von Alexandria vor Anker gingen, wurden genötigt, jedes an Bord befindliche Buch der Bibliothek zu überlassen, wo es dann kopiert und unter dem Rubrum »von den Schiffen« katalogisiert wurde. Aber auch in diesen Fällen konfiszierte man meist die Originale, während sich die Schiffseigner mit der Rückgabe von Kopien begnügen mussten. Nicht zuletzt diese unverdrossene Art des »Sammelns« sollte der Bibliothek von Alexandria schließlich zu ihrer so bedeutenden Rolle in der zivilisierten antiken Welt verhelfen.[15]

Zu den berühmten Gelehrten, die sich in Alexandria einen Namen machten, gehörten Euklid, der seine *Elemente* vermutlich zur Herrschaftszeit von Ptolemaios II. Philadelphus (246–221 v. d. Z.) schrieb, Aristarchos, der dort sein heliozentrisches Weltbild entwickelte, und »der große Geometer« Apollonios von Perge, der dort seine einflussreiche Arbeit über die Kegelschnitte schrieb. Apollonios Rhodios verfasste in Alexandria seine vierbändige *Argonautika* (ca. 270 v. d. Z.) und führte Archimedes von Syrakus in der Stadt ein. Archimedes beobachtete die Gezeiten des Nils und erfand neben der Schraube zur Wasserförderung, die ihn berühmt machen sollte, ein grundlegendes Gesetz der Hydrostatik. Anlässlich seiner Studien von Flächen und Volumen begann er die Methode zu entwickeln, die tausendachthundert Jahre später zur Grundlage für die Infinitesimalrechnung werden sollte.

Der spätere Bibliothekar und Universalgelehrte Eratosthenes (ca. 276–196), dessen Werke eine Bandbreite von der Philologie über die Mathematik bis hin zur Geografie umfassten und der ein großer Freund von Archimedes gewesen war, vertrat die Thesen, dass alle Ozeane dieser Erde miteinander verbunden seien, Afrika eines Tages umschifft werden könne und Indien erreicht würde, wenn man von Spanien Richtung Westen die Segel setzte. Er war es auch, der die korrekte Dauer eines Jahres errechnete oder die These vorbrachte, dass die Erde rund sei; ihren Umfang berechnete er bis auf eine Differenz von etwa achtzig Kilometern genau. Zu diesem Zweck hatte er zwei Städte ausgewählt, deren Entfernung voneinander bekannt war, nämlich Alexandria im Norden und Syene (das heutige Assuan) im Süden. Da man von Syene annahm, dass es sich exakt unterhalb des Wendekreises des Krebses befand, ging Eratosthenes davon aus, dass die Sonne dort zur Sommersonnwende direkt senkrecht stand und deshalb keine Schatten warf. In Alexandria brachte er zeitgleich ein *skaph* zum Einsatz, eine konkave Halbkugel, in deren Mitte er einen senkrechten Stab *(gnomon)* befestigte; und da die Stadt nördlicher lag als Syene, warf der Stab einen Schatten von einem Fünfzigstel der Oberflächengröße. Somit konnte Eratosthenes den Winkel der Sonnenstrahlen und den Gegenwinkel im Erdmittelpunkt errechnen und anhand der heute so genannten Bogenformel sowie der Entfernung von 5000 Stadien zwischen Alexandria und Syene den Erdumfang mit 50 x 5000 (= 250 000) Stadien bestimmen. Diese Zahl wurde später von Hipparchos auf 252 000 Stadien aufgerundet, weil sie leichter durch sechzig teilbar war. Ein Stadion misst rund 157,5 Meter, das heißt, die Berechnungen des Eratosthenes führten zu einem Erdumfang von 39 375 Kilometern, was der tatsächlichen Zahl von rund 40 000 Kilometern schon sehr nahe kam. Eratosthenes begründete auch die wissenschaftliche Chronologie, indem er umsichtig den Fall Trojas (1184 v. d. Z.), das Jahr der ersten Olympiade (776 v. d. Z.) und den Ausbruch des Peloponnesischen Krieges (432 v. d. Z.) berechnete; er initiierte den Kalender, der schließlich von Julius Caesar eingeführt werden sollte, und entwickelte eine Methode für die Berechnung von Primzahlen. Seine Mitgelehrten nannten ihn »Beta« (»Alpha« war Platon).[16]

Die *Elemente* des Euklid gelten als das einflussreichste mathematische Lehrwerk aller Zeiten. Seit es um 300 v. d. Z. verfasst wurde, hat es mehrere tausend Auflagen erlebt, was es wahrscheinlich zu dem am häufigsten verlegten Werk nach der Bibel macht. Auch heute noch gehört es zum Stoff an höheren Schulen. Gut möglich, dass Euklid (*eu* heißt »gut« und *kleis* – wie passend! – »Schlüssel«), der um 330 v. d. Z. in Athen geboren wurde, an Platons Akademie studiert hat, wenn nicht sogar noch bei dem großen Mann selbst. In den *Stoichia (Elemente)* stellte er zwar keine wirklich neuen Ideen vor, dafür gilt dieses Werk jedoch als eine grandiose Darstellung des gesamten mathematischen Wissens seiner Zeit. Es beginnt mit

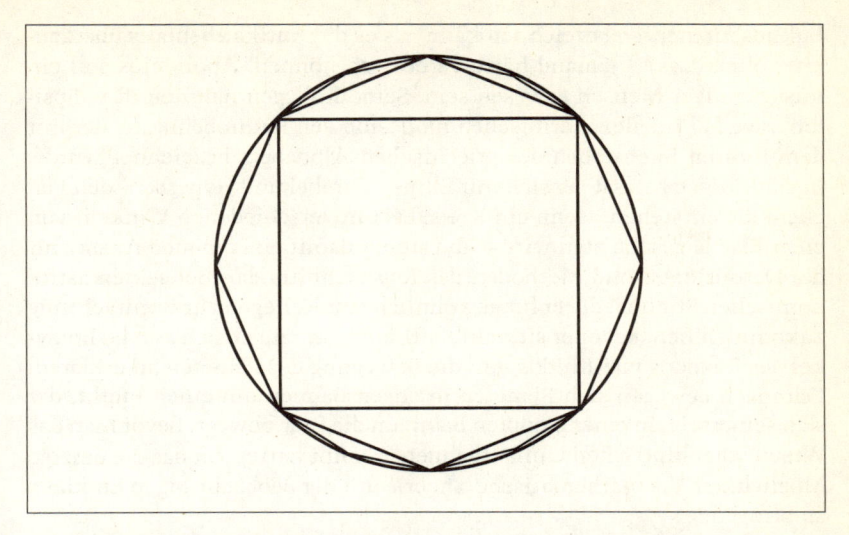

Abb. 8: Euklids »Exhaustionsmethode«: die Berechnung der Fläche eines Kreises durch »Ausschöpfung«

einer Reihe von Definitionen, darunter der Erklärung: Ein Punkt ist, »was keine Teile hat«; eine Linie ist »eine Länge ohne Breite«. Auf gleiche Art definierte er die Ebene und diverse Winkel. Dann folgen fünf Postulate, darunter, »dass sich von jedem Punkte nach jedem Punkte eine gerade Linie ziehen lasse«, wiederum gefolgt von fünf Axiomen wie: »Dinge, die demselben Dinge gleich sind, sind einander gleich.« Im Verlauf der dreizehn Bücher – oder Kapitel – schließen sich Erläuterungen der Planimetrie, Stereometrie, Goniometrie, Trigonometrie sowie der Theorie der Zahlen, der Proportionen und schließlich seine berühmte »Exhaustionsmethode« an. Mit ihr zeigte Euklid auf, wie man die Fläche eines Kreises mit Hilfe eines darin eingetragenen Vielecks »ausschöpfen« kann: »Wenn wir die Seitenzahl des Vielecks stetig verdoppeln, wird sich der Unterschied zwischen der (ungekannten) Kreisfläche und der bekannten Fläche des Vielecks bis zu einem Punkte verkleinern, an dem er kleiner ist als jede von uns gewählte Größe« (siehe Abb. 8).[17] Eine Folge des euklidischen Werkes war, dass die Alexandriner – im Gegensatz zu den Athenern – die Mathematik als ein von der Philosophie völlig losgelöstes Gebiet zu behandeln begannen.

Apollonios von Perge (gest. ca. 200 v. d. Z.) war ein in Perge (Pamphylia in Kleinasien) geborener Mathematiker und Astronom, der in Pergamon studiert, aber unter Ptolemaios Euergetes in Alexandria gewirkt hat. Auch von ihm gingen viele Texte verloren. Erhalten blieben uns jedoch die Bücher seines Werkes *Conica*, das man insofern als das Äquivalent von

Euklids *Elementen* bezeichnen kann, als es die Antike ebenfalls überdauerte, ohne dass es jemand hätte verbessern können. Apollonios soll ein missgünstiger Mensch gewesen sein. Seine Kollegen nannten ihn »Epsilon«, weil er im alexandrinischen *mouseion* den Raum benutzte, der mit dem fünften Buchstaben des griechischen Alphabets bezeichnet wurde. In den *Conica* befasste er sich mit Ellipse, Parabel und Hyperbel – den Flächen, die entstehen, wenn ein Kreiskegel in verschiedenen Winkeln von einer Fläche geschnitten wird – und stellte damit einen neuen Ansatz für die Definitionen und Methoden des Kegelschnitts dar. Bei seinen astronomischen Studien, die er für gewöhnlich erst Kollegen zur Begutachtung zukommen ließ, bevor er sie veröffentlichte, stützte er sich auf die Epizykel des Euxodos von Knidos, um die Bewegung der Planeten zu erklären: Demnach bewegen sich Planeten in engen Bahnen um einen Punkt, der sich seinerseits in einer größeren Bahn um die Erde bewegt. Bevor man das Wesen von elliptischen Umlaufbahnen erkannt hatte, war das die einzige Möglichkeit, die mathematische Theorie mit der Beobachtung in Einklang zu bringen.[18]

Der bei weitem interessanteste und gewiss auch vielseitigste griechische Mathematiker aber war Archimedes von Syrakus (ca. 287–212 v. d. Z.). Wie es scheint, hatte er eine ganze Weile mit den Schülern Euklids in Alexandria studiert und war in ständigem Kontakt mit den dortigen Gelehrten gestanden, obwohl er fast ausschließlich in Syrakus lebte, wo er auch starb. Während des Zweiten Punischen Krieges wurde Syrakus in den Konflikt zwischen Rom und Karthago hineingezogen; von 214 bis 212 wurde es von den Römern belagert, nachdem es sich schließlich auf die Seite der Karthager gestellt hatte. Wie wir aus Plutarchs Biografie des römischen Feldherrn Marcellus wissen, erfand Archimedes während dieser Zeit mehrere geniale Waffen, die gegen den Feind zum Einsatz kamen, darunter Katapulte und Brennspiegel, mit denen man die Schiffe der Römer in Brand setzte. Doch es nützte alles nichts. Die Stadt fiel, und Archimedes wurde, trotz des Befehls von Marcellus, ihn zu verschonen, von einem römischen Soldaten mit dem Schwert durchbohrt, als er gerade geometrische Figuren in den Sand malte.

Er selbst legte wenig Wert auf seine eigenen Erfindungen. Viel mehr interessierte er sich für Ideen. Und Ideen hatte er denn auch wirklich in einer bemerkenswerten Bandbreite. In seiner Schrift *Das Gleichgewicht ebener Flächen* behandelte er das Hebelgesetz; in *Über schwimmende Körper* formulierte er Gesetze der Hydrostatik und das Prinzip, dass die Auftriebskraft eines Körpers genauso groß ist wie die Gewichtskraft des vom Körper verdrängten Mediums, was zu seinem berühmten Lehrsatz führte: »Ein Körper, der schwerer ist als die Flüssigkeit, sinkt in dieser bis zum Grunde hinab und wird in der Flüssigkeit so viel leichter, wie die von ihm verdrängte Flüssigkeitsmenge wiegt.«[19] Auch ein Zahlensystem erfand er, mit dem sich beliebig große Zahlen behandeln ließen, was Jahrhunderte später zur Erfindung des Logarithmus führen sollte; außerdem berechnete er erstmals einen genaueren Wert von π (dem Quotienten aus dem Umfang eines Kreises und seinem Durchmesser).[20]

Als letzter großer hellenischer Mathematiker in Alexandria wirkte Claudius Ptolemaios in den Jahren 127 bis 151 n. d. Z. Sein Familienname bezog sich auf den Stadtteil Alexandrias, aus dem er stammte, und hatte nichts mit der ptolemäischen Herrscherdynastie zu tun. Sein Monumentalwerk trug den Titel *Mathematike Syntaxis* (»Mathematische Zusammenstellung«) und bestand aus dreizehn Büchern oder Kapiteln, die so häufig mit weniger bedeutenden Sammlungen anderer Autoren verglichen wurden, dass man sie schließlich zur Unterscheidung *Megiste* (»das Größte«) nannte. Seit arabische Übersetzer diesem Begriff dann in ihrer Sprache den Artikel *al* voranstellten, kennt man Ptolemaios' Werk letztlich nur noch unter dem Titel *Almagest*. Im Wesentlichen geht es darin um Trigonometrie, also um jenen Bereich der Mathematik, der sich mit Dreiecken und mit der Frage befasst, wie sich Winkel und Seitenlängen zueinander und zu dem umgebenden Kreis verhalten. Diese trigonometrische Rechnung übertrug Ptolemaios auf die Umlaufbahn von Himmelskörpern und die Winkel, in denen sie zum Standpunkt des Beobachters auf der Erde stehen. Im siebten und achten Buch des *Almagest* sind über tausend Sterne in achtundvierzig Konstellationen aufgeführt.

Mitte des 3. Jahrhunderts v. d. Z. hatte Aristarchos von Samos ein Modell entwickelt, dem zufolge die Sonne unbeweglich im Zentrum des Kosmos steht und von der Erde umkreist wird. Die meisten Astronomen, auch Ptolemaios, lehnten diese Vorstellung ab, weil sie glaubten, dass die »unbewegten« Sterne ihre Position im Verhältnis zueinander deutlich verändern müssten, wenn sich die Erde derart stark bewegte. Aber das taten sie nicht. Bewaffnet mit seinen trigonometrischen Berechnungen – Sehnen und Bögen –, machte sich Ptolemaios deshalb daran, ein System der planetarischen Kreise und Epizykel zu entwickeln, das als das »ptolemäische Weltsystem« bekannt werden sollte: ein geozentrisches Universum, in dem sich die Himmelskörper in einem großen Kreis um einen zentralen Punkt (Deferenten) drehen und dabei genau so, wie Eudoxos es sich vorgestellt hatte, in einem kleineren Epizykel um die eigene Achse rotieren.

Ptolemaios' zweites großes Werk war seine achtteilige *Geographia*. Es war Strabo gewesen, der in Alexandria die Geografie sozusagen auf die wissenschaftliche Landkarte gesetzt hatte. Nach ausgiebigen Reisen schrieb er seine Erkenntnisse nieder, zum Beispiel, dass mit »Ägypten« ursprünglich nur ein schmaler Landstrich – ein parallel zum Nil verlaufendes »Band« – gemeint gewesen war. Der Name bezog sich erst später auf immer weitere Regionen in Ost wie West, bis er schließlich sogar Zypern umfasste. Auch Naturbeobachtungen hielt Strabo fest, zum Beispiel, dass sich der Meeresboden hob. Ptolemaios, der ein innovativerer Geograf war, neigte hingegen mehr zur Theorie. So führte er in seiner *Geographia* beispielsweise das uns bekannte Grundprinzip der Längen- und Breitengrade ein und katalogisierte rund achttausend Städte, Flüsse und andere geografische Merkmale. Zu seiner Zeit gab es jedoch noch keine zufrieden stellende Möglichkeit einer geografischen Längenbestimmung, weshalb er die Größe der Erde auch prompt gewaltig unterschätzte: Er optierte für die von Posidonius errechneten 180000 Stadien (Posidonius war ein Stoiker und der Lehrer von Pompeius und Cicero gewesen), anstatt für die ursprünglich von Eratosthenes berechneten Stadien, die Hipparchos auf 252000 korrigiert hatte. Eine gravierende Folge dieses Irrtums war, dass die späteren Seefahrer und Entdecker die Westpassage nach Indien für nicht annähernd so weit hielten, wie sie in Wirklichkeit war. Wäre Kolumbus dadurch nicht in die Irre geführt worden, er hätte vielleicht nie die Segel zu setzen gewagt. Andererseits entwickelte Ptolemaios die mathematischen Methoden der Erdprojektion, indem er einen kugelförmigen Körper auf einer zweidimensionalen Oberfläche darstellte.[21]

Alexandria blieb das Zentrum der griechischen Mathematik: Menelaos von Alexandria, Heron von Alexandria, Diophantos von Alexandria, Pappos von Alexandria und Proklos von Alexandria – alle bauten auf Euklid, Archimedes, Apollonios und Ptolemaios auf. Dabei sollten wir nicht vergessen, dass die große Zeit der griechischen Mathematik und Naturforschung vom 6. Jahrhundert v. d. Z. bis zum Beginn des 6. Jahrhunderts n. d. Z. währte und ergo über ein Jahrtausend lang ganz ungemeine Produktivität herrschte. Keine andere Kultur hat je über einen so langen Zeitraum hinweg so viele so große geistige Leistungen hervorgebracht.

*

Es gab noch einen weiteren, sehr wichtigen, aber völlig anders gearteten Aspekt im Zusammenhang mit der alexandrinischen Mathematik, zumindest auf Zahlen bezogen: die so genannten »orphischen Mysterien«. Der Florentiner Arzt und Philosoph Marsilio Ficino listete die sechs großen Theologen des Altertums im 15. Jahrhundert in der folgenden Reihenfolge auf: Zarathustra als »der oberste Magier«, unmittelbar gefolgt von Hermes Trismegistos, dem »dreimal größten Hermes« der ägyptischen Priesterschaft; ihm schloss sich Orpheus an, gefolgt von Aglaophamos, welcher Pythagoras in die Mysterien einweihte, der seinerseits Platon ins Vertrauen zog. Clemens und Philo knüpften in Alexandria wiederum an Platon an und schufen das, was man später als Neuplatonik bezeichnen sollte.

Drei Ideen lagen den orphischen Mysterien zugrunde, und bei einer davon ging es um die mystische Kraft der Zahlen. Zahlen, ihre abstrakten

Eigenschaften, ihr Verhalten und ihr Bezug zu so vielem im Universum waren von einer nicht endenden Faszination für die Alten, weil man sie für die himmlische Harmonie verantwortlich machte. Das abstrakte Wesen von Zahlen bekräftigte aber auch die Vorstellung von einer abstrakten Seele, was dann die so grundlegende Idee von der Erlösung nach sich zog, also den Glauben, dass es dereinst einen Zustand der Glückseligkeit geben werde, der durch Seelenwanderung oder Reinkarnation erreicht werden könne. Drittens schließlich gab es das Prinzip der Emanation, das von einem ewigen Guten ausging, von einer Ureinheit oder »Monade«, aus der die gesamte Schöpfung entsprang und die als etwas ebenso grundlegend Abstraktes betrachtet wurde. Die Seele siedelte man nun in einer zentralen Position zwischen dieser Monade und der materiellen Welt an, zwischen dem absolut abstrakten Geist und den Sinnen also. Nach Ansicht der Orphiker strömt (»emaniert«) die Monade aus sich selbst heraus und in die materielle Welt, während es die Aufgabe der Seele ist, mit Hilfe aller Sinne zu lernen. Auf diese Weise, und durch wiederholte Reinkarnation, entwickelt sich die Seele bis hin zu dem Punkt, ab dem eine neuerliche Reinkarnation nicht mehr notwendig ist. Ekstatische Momente tiefster Erkenntnis führen zu dem Wissen, das man *gnôsis* nannte: Der Geist erreicht einen Zustand der Einheit mit allem Wahrgenommenen. Wie sich unschwer erkennen lässt, sollte diese ursprünglich von Zarathustra stammende Idee in viele große Religionen Eingang finden – und damit sehen wir nun neben all den bereits erwähnten Eckpunkten des religiösen Glaubens einen weiteren vor uns.

Pythagoras war vor allem davon überzeugt, dass der Weg zur Gnosis eines Studiums von Zahlen und der Harmonie bedürfe. Die Ziffer 1 beispielsweise galt unter seinen Anhängern nicht als eine reine Zahl, sondern als der Urgrund (αρχή) aller Dinge, aus dem sich das gesamte Zahlensystem erhebt. Die Zweiteilung der Ziffer 1 ergibt ein Dreieck oder eine Dreifaltigkeit, und weil das als die grundlegende Form von Harmonie betrachtet wurde, fand es in so vielen Religionen Anklang. Platon sprach in seinen mystischsten Momenten von einer »Weltseele«, deren Maß ebenfalls die Zahl und deren Geist reine Harmonie war. Aus ihr ging die gesamte Schöpfung hervor. Doch er verfeinerte diese Idee durch die Aussage, dass man sich der Gnosis immer mit der Methode der Dialektik nähern müsse, mit der kritisch bewertenden Analyse von Meinungen.[22]

Der Überlieferung nach war das Christentum Mitte des 1. Jahrhunderts n. d. Z. mit dem Evangelisten Markus in Alexandria eingetroffen, wo er den neuen Glauben predigen wollte. Der spirituellen Ähnlichkeit zwischen dem Platonismus und dem Christentum war sich wohl am deutlichsten Clemens von Alexandria (ca. 150–215) bewusst, doch es sollte Philo Judaeus sein, der diese beiden Systeme zum ersten Mal amalgamierte. Pythagoreische und platonische Denkschulen hatte es in Alexandria schon seit einer ganzen Weile gegeben. Und vor allem gebildete Juden waren sich der Parallelen zwischen den jüdischen und hellenischen Ideen in solchen Maßen bewusst gewesen, dass sie den Orphismus oft sogar für eine »nicht überlieferte Emanation der Tora« hielten. Philo war jedoch ein typischer Alexandriner und sollte sich deshalb »niemals allein auf die buchstäbliche Bedeutung der Dinge verlassen und ständig nach mystischen und allegorischen Auslegungen suchen«. Außerdem war er überzeugt, dass sich die Verbindung zu Gott ausschließlich durch göttliche Ideen herstellen ließ, weil Ideen »die Gedanken Gottes« waren und der »ungeformten Materie« Struktur verliehen. Und wie Platon, so vertrat auch er eine dualistische Vorstellung von der menschlichen Existenz: Diejenigen unter den reinen Seelen im ätherischen Raum, die der Erde am nächsten sind, fühlen sich stark von empfänglichen Geschöpfen angezogen und fahren in deren Körper ein. Seelen seien »die Gott zugewandte Seite des Menschen«, und Erlösung werde erreicht, wenn die Seele zu Gott zurückkehre.[23]

Auf den Ideen von Philo baute wiederum der Philosoph Ammonius Sakkas auf (gest. 242), der über fünfzig Jahre lang in Alexandria lehrte. Zu seinen Schülern zählten pagane wie christliche Denker, darunter so bedeutende Gelehrte wie Plotin, Longin und Origenes. Und er betrachtete Gott nun als eine Dreifaltigkeit – Wesenheit, Geist und Kraft –, wobei er die beiden letzten Eigenschaften als Emanationen der Wesenheit verstand. Auch darin spiegelt sich das Verhalten von Zahlen. Aber wie andere Neuplatoniker, so glaubte auch Ammonius Sakkas, dass die Wesenheit Gottes niemals allein mit dem Verstand erfahrbar sei, da der vernunftbegabte Geist nur »Meinung und Glaube« hervorbringe. Mit dieser Sicht unterschieden sich die Frühchristen natürlich deutlich von den Griechen, denn so gesehen war aus der christlichen Perspektive nichts anderes als der Glaube erforderlich, und das durchkreuzte die griechische Tradition der Ratio natürlich gehörig. Wie schon die Orphiker, so postulierten nun auch die Neuplatoniker eine ganz andere, nämlich eine dritte Art von Wissen (oder Gnosis), die auf Erfahrung basierte und nicht allein den Kräften des Verstands unterlag. Philosophie und Theologie verhalfen zur Gnosis, während die christliche Idee, dass der Glaube genüge, den Neuplatonikern jede geistige Evolution zu unterbinden schien. Plotin zufolge – der schließlich von Alexandria nach Rom übersiedelte – war die Gnosis oder die Wertschätzung des Göttlichen nur erreichbar, wenn man Gutes tat und einem Gutes widerfuhr und wenn man den Verstand zur Selbstbetrachtung nutzte, da Selbsterkenntnis zur Monade, dem Einen oder der Einheit führte. Das war per se noch nicht christlich, doch die mystischen Elemente dieses Denkens, die darin enthaltenen Ideen von der Dreifaltigkeit, die Gründe, die für diese Dreieinigkeit angeführt wurden (und die noch schwieriger zu verstehen sind als die vom Christentum postulierten), der Einsatz des Verstands sowie die Anwendung einer dialektischen Methode trugen allesamt zur Ausprägung des frühchristlichen Denkens bei. Die Vorstellung, dass die Bibel auslegbar sei, und die Hinwendung zu Askese, Einsiedelei oder Mönchtum gründen sich alle auf die orphischen Mysterien, die Gnosis und den Neuplatonismus. Das alles ist nicht einfach zu verstehen (oder auch zu beschreiben), was beweist, wie stark sich das Frühchristentum von seiner moderneren Ausprägung unterschied.

Clemens von Alexandria hielt jede Art des Wissenserwerbs – Gnosis, Philosophie, Verstand – für die Vorbereitung auf das Christentum. Die Gabe zur Verehrung von Himmelskörpern sei dem Menschen beispielsweise nur deshalb so früh geschenkt worden, damit er sich von diesen hehren Gebilden weiter erheben könne zur Anbetung des Schöpfers. Gottvater, sagte er, sei das Absolute des Philosophen, der Sohn hingegen die göttliche Ratio, das Wort. Daraus folgte, dass das Leben eines Christen unweigerlich von einem ständigen Konflikt zwischen dem menschlichen Drang zu niederen Leidenschaften und der Disziplin des Jüngers belastet war. Der Mensch wurde erschaffen, um Gott zu schauen; jeder Wissenszuwachs bereitet darauf vor, alles menschliche Verhalten ist auf dieses eine Ziel gerichtet.[24]

Die frühen Jahre des neuplatonischen Christentums in Alexandria waren von mindestens zwei heftigen Auseinandersetzungen gezeichnet. Die erste wurde im 2. Jahrhundert durch die Abhandlung *Der wahre Logos* aus der Feder des paganen Philosophen Celsus ausgelöst, weil er darin gänzlich verständnislos gefragt hatte, weshalb so viele Juden dem Gesetz ihrer Väter den Rücken kehrten und zum neuen Glauben der Christen überliefen, und dabei seinen ganzen Zorn auf den christlichen Messias projizierte: Jesus sei in einem winzigen Dorf von einer armen Frau geboren worden, die von ihrem Mann verstoßen wurde, weil sie mit einem Soldaten Unzucht getrieben habe. Das, bemerkte er sarkastisch, sei wohl kaum die angemessene Herkunft für einen Gott. Und als sei das noch nicht genug, verglich er die Jesus zugeschriebenen Wunderkräfte mit den Tricks der »ägyptischen Hexenmeister«, die, wie tagtäglich auf den Marktplätzen zu beobachten sei, für ein paar Obolusse die gleichen Kniffe anwandten wie dieser angebliche Messias: »Nennen wir sie deshalb Gottessöhne? Es sind Schurken und Tagediebe!«, wetterte er.[25] Außerdem, erklärte er, stehe der Himmel Löwen und Delfinen ebenso offen wie Menschen; die Behauptung von Christen, im Alleinbesitz der göttlichen Wahrheit zu sein, sei lächerlich; bei dem »Versprechen« von Erlösung und Glückseligkeit handle es sich um ein reines Täuschungsmanöver. Doch Celsus war nicht nur ein gewiefter Polemiker, er war auch ein fähiger Forscher. Er verfolgte die Idee vom Satan bis zu ihren Anfängen zurück; er bewies, dass die Geschichte von Babel ein Plagiat frühgriechischer Ideen war; und er zeigte auf, dass sogar die Vorstellungen vom Himmel von platonischen Ideen abgeleitet worden waren.

Seine Attacken sollten über ein Jahrhundert lang unbeantwortet bleiben, bis es schließlich ein Anhänger von Clemens – Origenes Adamantius (üblicherweise nur Origenes genannt) – auf sich nahm, darauf zu reagieren. Umsichtigerweise versuchte er jedoch nicht, das Unwiderlegbare zu widerlegen, sondern erklärte schlicht, dass der christliche Glaube immer lohnender, emotional befriedigender und moralisch erhebender sein würde als die Philosophie und dass er sich durch sein Einwirken auf die Moral, das Gewissen und die Verhaltensweisen des Menschen von selbst rechtfertige.

Doch nicht einmal Origenes glaubte, dass Vater und Sohn wesenseins und Teil ein und derselben Dreifaltigkeit seien. Tatsächlich stellte er sogar einen so gravierenden Unterschied fest, dass er es ablehnte, den Sohn, welcher so weit unter dem Vater stand, überhaupt zu verehren. Diese Sicht sollte mehr als nur ein Echo in der zweiten großen Kontroverse finden, von der die frühchristliche Kirche nun erschüttert wurde und die man als »arianische Häresie« bezeichnet. Es ist ungewiss, ob Arius, nach dem dieser Streit benannt wurde, in Libyen oder Alexandria geboren wurde. Sicher ist nur, dass er in Alexandria die wichtigsten Jahre seines Lebens verbrachte. Er scheint ein streitlustiger Mann gewesen zu sein und wurde deshalb sogar zweimal vom Bischof von Alexandria aus der Kirchengemeinschaft ausgeschlossen. Seine gewiss berühmteste und problematischste Entscheidung war, die Göttlichkeit Christi mit dem Argument in Frage zu stellen, dass Jesus ein »erschaffenes Geschöpf« und somit nicht aus dem Wesen des Vaters sei, sondern eben ganz grundsätzlich anders – und von geringerem Wert – als dieser. Diese Aussage sollte zu so leidenschaftlichen Debatten auf den Straßen und in den Geschäften von Alexandria führen, dass ihretwegen schließlich sogar Blut floss. Aus Arius' Sicht war der Sohn eine Art Mittler zwischen Gott, welcher als Einziger ungezeugt, ewig und ohne Anfang ist, und der Welt des Geschaffenen. Jesus, sagte Arius, sei nicht aus dem Wesen des Vaters hervorgegangen, sondern als das höchste Geschöpf Gottes aus dem Nichts erschaffen worden und demnach weder ewig noch unwandelbar.[26] Zu seiner Verteidigung führte Arius das Jesuswort an: »Denn der Vater ist größer als ich.«

Im Jahr 325 n. d. Z. wurde das erste ökumenische Konzil in Nizäa einberufen, um genau diese Frage zu klären. Es entschied gegen Arius und für die Wesenseinheit (»Homousie«) von Vater und Sohn. Arius weigerte sich, diese Entscheidung anzuerkennen, durfte aber trotzdem nach Alexandria zurückkehren. Doch als er sich nach seinem Eintreffen in der Stadt auf den Weg zu der Kirche begab, in der seine feierliche Wiederaufnahme in die christliche Gemeinschaft stattfinden sollte, bekam er plötzlich heftige Magenkrämpfe. Seine Eingeweide entleerten sich, er erlitt einen »üppigen« Blutsturz und hauchte nach wenigen Momenten sein Leben aus.

Noch Jahre später mieden die Alexandriner die Stelle, an der Arius gestorben war.

*

Schließlich sollten wir noch eine letzte alexandrinische Idee betrachten: den Empirismus. Im alten Ägypten wimmelte es bekanntlich nur so von Ärzten, obwohl die Medizin damals im Grunde eine reine Sache der Theoretiker war (der »Iatrosophen«, wie der Terminus technicus lautet). Das heißt, die Ärzte verfügten über eine Menge Theorien von den Krankheitsursachen und über viele hilfreiche Behandlungsmöglichkeiten, hatten aber nie Anstalten gemacht, sie durch das Experiment zu überprüfen. Auf diese Idee musste erst noch jemand kommen. Wie es scheint, war es um die dritte Jahrhundertwende v. d. Z. jedoch mindestens zwei Ärzten, Herophilos von Chalkedon und Erasistratos von Keos, gestattet worden, den menschlichen Körper systematisch zu sezieren – und zwar an lebenden Gefangenen aus den königlichen Verliesen! Zuerst waren viele Menschen über diese Experimente schockiert, doch die Vivisektionen führten zu derart vielen neuen Erkenntnissen, dass nicht einmal mehr die griechische Sprache ausreichte, um sie zu beschreiben. Beide Ärzte standen tief in der Schuld Aristoteles' – des Mannes, dem es gemeinsam mit den Stoikern gelungen war, den Körper zu säkularisieren, weil »Dinge moralisch indifferent« seien.[27]

Herophilos gelangen zwei Fortschritte. Zuerst einmal etablierte er die »Kultur der Kleinheit« im medizinischen Kontext, das heißt, er erkannte den Wert von physischen Kleinstrukturen. Er entdeckte die Funktion des Nervensystems und unterschied zwischen Sinnesnerven und Bewegungsnerven; er fand die harte und die weiche Hirnhaut und erkannte die Verbindungen zwischen Nerven, Rückenmark und Gehirn; er verfolgte den Sehnerv vom Auge bis zum Hirngewebe, lieferte erstmals präzise Beschreibungen der Leber, der Bauchspeicheldrüse, der Eierstöcke, des Eileiters und des Uterus und entmystifizierte damit nicht nur den Mutterleib, sondern widerlegte auch die Vorstellung, dass die Gebärmutter bei Hysterikerinnen auf irgendeine geheimnisvolle Weise im Körper zu wandern beginne. Seine zweite Errungenschaft war die Mathematisierung des Körpers, das heißt, er stellte fest, dass die embryonale Entwicklung in verschiedenen Stadien abläuft und dass viele Beschwerden einer Periodizität unterliegen (wie zum Beispiel das Fieber). Außerdem stellte er die erste quantitative Theorie vom Pulsschlag auf: Der Puls, erklärte er, verändere sich je nach Alter, wobei jede Lebensphase ihre typische »Musik«, also einen charakteristischen Rhythmus, habe. In der Kindheit habe der Mensch einen pyrrhischen Puls ⏑⏑, in der Adoleszenz einen trochäischen –⏑, in der Blüte des Lebens einen spondeischen – – und im Alter schließlich einen jambischen ⏑–. Um den Puls von Patienten messen zu können, entwarf er eine tragbare Wasseruhr *(klepsydra)*. Auch eine charakteristische Geometrie bei Wunden stellte er fest: Runde Wunden heilen langsamer als andere.[28]

In gewisser Weise, jedenfalls aus unserer heutigen Sicht, ging Erasistratos den mathematischen Weg noch weiter als Herophilos, da er den ganzen Körper als eine Maschine betrachtete und die These aufstellte, dass alle physiologischen Vorgänge im Körper durch ihre materiellen Eigenschaften und Strukturen erklärbar seien. Das Blut, sagte er, werde in der Leber gebildet und versorge durch die Venen alle Körperteile, während sich das Pneuma, das durch die Atmung aufgenommen werde, über die Arterien im Körper verteile; das psychische Pneuma werde über die Nerven an das Gehirn weitergeleitet. Das Herz hielt er für eine Art Pumpe, die mit Klappen versehen sei, um einen Rückfluss des Blutes zu verhindern. Der griechische Erfinder Ktesibios hatte gerade eine kombinierte Saug- und Druckpumpe mit zwei Kammern erfunden, und es konnte nie endgültig geklärt werden, ob Erasistratos bei Ktesibios oder Ktesibios bei Erasistratos abgekupfert hat. Erasistratos war jedenfalls überzeugt, dass der Körper einen Sinn und Zweck habe – das heißt, sein Denken war weniger mechanistisch orientiert als zum Beispiel das der Physiologen der französischen Aufklärung.[29]

Trotz der erstaunlichen Resultate, die diese experimentelle Medizin unter so schockierenden Umständen erzielte, scheint sie sich jedoch nicht durchgesetzt zu haben – so wie das Experiment überhaupt. Es sollte noch tausendvierhundert Jahre dauern, bis man das Experiment als eine ernst zu nehmende Methode akzeptierte.[30]

Statt des Experiments setzte sich eine andere Form des Empirismus durch, begründet von Philinos aus Kos, der sich damit gegen seinen eigenen Lehrmeister Herophilos wandte. Das wenige, was wir über Philinos wissen, stammt aus den Berichten des berühmten griechischen Arztes Galen aus dem 2. Jahrhundert. Demnach hatte Philinos mehrere Schriften über die alexandrinischen Empiriker auf dem Gebiet der Medizin verfasst und darin berichtet, dass diese Männer jede Theorie (also alles, wie es damals hieß, was nur mit dem »geistigen Auge« gesehen werden konnte) abgelehnt und sich darauf versteift hätten, dass wahre Erkenntnis nur auf Erfahrung und der Beobachtung der Begleitumstände von körperlichen Zuständen beruhen könne (das gleichzeitige Auftreten verschiedener beobachtbarer Merkmale, den Symptomkomplex also, nannte man »Syndrom«). Philinos zufolge gab es drei Wege, solche Erkenntnisse zu sammeln: durch *teresis* oder die genaue Überwachung; durch *metabasis tou homoiou* oder die analoge Folgerung, die dem Arzt einen versuchsweisen Rückschluss ermöglichte (was für einen Teil des Körpers zutrifft, kann auch für andere Teile gelten); und schließlich durch *historia*, das Studium alter Schriftrollen und Kodizes. Allmählich begann man die

Schriften aus der hippokratischen Tradition also als reine »Fachliteratur zu Forschungszwecken«, wie wir heute sagen würden, zu betrachten, was ihre Autorität jedoch nicht schmälerte, sondern im Gegenteil sogar deutlich verstärkte. Es sollte Galen im 2. Jahrhundert n. d. Z. überlassen bleiben, die Bedeutung der praktischen Untersuchung wiederzuentdecken, aber auch er legte noch großes Gewicht auf die alte Literatur und zog sich oft in Bibliotheken zurück oder durchstöberte die Bestände von Buchhändlern, die sich auf medizinische Werke spezialisiert hatten. Es dauerte viele Jahrhunderte, bis sich die Medizin wieder der Empirie öffnete, von der wir in so hohem Maße profitieren.

*

Bis zum Jahr null hatte sich Alexandria in zweierlei Hinsicht gravierend verändert. Im Jahr 48 v. d. Z. war ein schreckliches Feuer ausgebrochen, das die große Bibliothek zumindest teilweise zerstörte. Einigen Berichten zufolge sollen dabei die meisten Bücher verloren gegangen sein. Andere Quellen schreiben, dass hauptsächlich das Serapeion gelitten habe, wieder andere, dass der größte Teil der Bibliothek erst im 6. Jahrhundert n. d. Z. von den Arabern zerstört worden sei. Da sich Araber üblicherweise jedoch allergrößte Mühe gaben, griechische und nahöstliche Texte zu retten, wo immer sie ihnen in die Hände fielen, scheint es doch höchst unwahrscheinlich, dass sie ausgerechnet diese Bibliothek willentlich zerstört haben sollten. Fest steht nur, dass durch die Vernichtung der Bücher viele Ideen aus der Antike verloren gingen und erst viele Jahrhunderte später wiederentdeckt wurden.

Die wirklich große Veränderung in Alexandria hatte sich bereits im 2. und 1. Jahrhundert v. d. Z. und aus einem ganz anderen Grund ereignet: durch die Entwicklung einer neuen Disziplin. Immer weniger Gelehrte befassten sich noch mit Naturgeschichte (den Naturwissenschaften also), immer mehr dafür mit Literatur, Literaturkritik und »Kustodenwissenschaft«. Zu Beginn unserer Zeitrechnung war Alexandria schließlich zu der Stätte geworden, in der man das ganze bekannte babylonische, ägyptische, jüdische und griechische Wissen zusammentrug, kodifizierte, systematisierte und verwahrte. Die Stadt wurde zum Vorreiter einer literarischen Kultur westlicher Prägung.[31] Nicht umsonst beruhen die bis heute gebräuchlichen englischen Bezeichnungen *scholar* und *scholarship* für Gelehrte/Forscher und Gelehrsamkeit/Forschung auf den *scholia* genannten Randbemerkungen der alexandrinischen Philologen.

*

Auch in Indien hingen Datierungssysteme von der jeweiligen Religion ab. Noch im Jahr 1953 klagte Pandit Nehru darüber, dass auf dem Subkontinent dreißig verschiedene Kalender in Gebrauch waren. Die Veden beziehen sich auf einen Kalender, der aus zwölf Monaten von jeweils dreißig Tagen bestand. Das Jahr selbst wurde in zwei Teile gegliedert, den *uttarayana*, in dem sich die Sonne in Richtung Norden bewegt, und den *dakshinayana*, in dem sie nach Süden wandert. Dazu gab es die sechs Jahreszeiten *vasanta* (Frühling), *grishma* (Hitze), *varsha* (Regen), *sarad* (Herbst), *hemanta* (Kälte) und *sisira* (Feuchte). Im 1. Jahrhundert n. d. Z. wurden die *Siddhantas* (»Systeme«) verfasst, primär astronomische Berechnungen, die einen deutlichen Einfluss aus Babylon und Griechenland erkennen lassen, vor allem im Hinblick auf die Unterteilung der Zeit in immer kleinere Einheiten der Zahl Sechzig und hinsichtlich der Verwendung von Tierkreiszeichen.[32]

Vor dem 1. Jahrhundert v. d. Z. hatten viele Inder die Zeit anhand der Regierungsjahre einer Dynastie berechnet; der Kalender der Buddhisten basierte auf dem Datum, an dem Buddha das Nirwana erreicht hatte (und nicht auf seinem Geburtsjahr), was der Überlieferung nach im Jahr 544 v. d. Z. geschehen sein soll. Auch die Dschainas handelten nach diesem Prinzip, nur dass sie nach dem Todesjahr von Mahavira (528 v. d. Z.) rechneten. Seit dem 1. Jahrhundert v. d. Z. verwendeten die Inder zwei Systeme. Laut dem Dschaina-Text *Kalakakaryakathanka* hatte die Vikrama-Ära im Jahr 58 v. d. Z. nach dem Sieg des Königs Vikramaditya Samvat über die Shakas begonnen. Für diese Zeitrechnung verwendete man die Bezeichnung *vikramasamvat* (»Bikram Sambat«) oder einfach *sambat*. Die am weitesten verbreitete und in Indien noch heute gebräuchliche Zeitrechnung beruht jedoch auf der Shaka-Periode, die im Jahr 78 n. d. Z. einsetzte. Kanishka, mit dessen Machtübernahme diese Ära begann, war ein großer Herrscher des riesigen Kuschan-Reichs gewesen. In seiner Königsstadt Puruschapura (Peschawar) stehen noch heute die Überreste eines riesigen Monuments von beinahe hundert Metern Durchmesser, das einst zweihundert Meter hoch gewesen sein soll. Man nimmt an, dass die Shakas aus der Region der Skythen westlich der Wolga und nördlich des Schwarzen Meeres eingedrungen waren.[33]

Zu Lebzeiten Christi hatte es bereits viele Kontakte zwischen der Mittelmeerregion und Nord- und Westindien gegeben. In der Kuschan-Ära (Mitte des 1. Jahrhunderts n. d. Z.) wurden indische Münzen ausgegeben, auf denen sich Abbildungen befanden, die einer Mischung aus griechischen, persischen und indischen Göttern glichen. Ende des 1. Jahrhunderts v. d. Z. war es zu einem plötzlichen Andrang von indischen Besuchern in Ägypten und noch ferneren Ländern gekommen, was sich mit mehreren Hinweisen in der Literatur belegen lässt, darunter nicht zuletzt durch die Ode von Horaz aus dem Jahr 17 v. d. Z., in der er die Präsenz von Indern und Skythen in Rom erwähnt. Irgendwann zwischen 50 und 120 n. d. Z. verfasste ein anonymer griechischer Kaufmann und Seefahrer das Handbuch *Periplus Maris Erythraei*, in dem von indisch-arabischen Handelsgeschäften in diversen Hafenstädten am Roten Meer, der afrikanischen Ostküste und Westindien berichtet wird. In mehreren altindischen Texten ist von Griechen die Rede, die man als *Yavanas* bezeichnete, was sich offenbar von »Ionier« ableitete. Außerdem fanden sich massenhaft rot glasierte arretinische Keramiken neben römischen Münzen, die wegen ihres Edelmetallanteils sehr begehrt gewesen waren. Und natürlich gab es auch Reiseberichte, die ein sonderbares Gemisch aus Fakt und Fiktion boten: Megasthenes, der Indien um das Jahr 300 v. d. Z. als Botschafter eines Seleukidenkönigs bereiste, berichtete zum Beispiel, dass er dort auf Stämme mit Hundeköpfen gestoßen sei, die gebellt statt gesprochen hätten, und auf Menschen, deren Füße nach rückwärts gedreht gewesen seien oder die keinen Mund gehabt hätten, aber auch, dass an manchen Stellen Gold in den Flüssen gefunden wurde. Und er vermerkte, was ziemlich genau den Tatsachen entsprach, dass man eigens Personen mit dem Schutz von Flüssen und Wäldern beauftragt und entlang der Straßen in regelmäßigen Abständen Pfosten zur Entfernungsmessung aufgestellt habe.[34]

Es sind jedoch die Affinitäten von Buddhismus und Christentum, die zu den faszinierendsten Ideen aus dieser Zeit gehören. Bedenkt man, dass der Buddhismus dem Christentum um einige hundert Jahre voraus war, darf man getrost davon ausgehen: Wenn hier einer beim anderen abgekupfert hat, dann die Christen bei den Buddhisten. Die *Tripitaka* (»Dreikorb«) genannte buddhistische Schriftensammlung existierte bereits zu Lebzeiten des buddhistischen Kaisers Ashoka im 3. Jahrhundert v. d. Z. – jedenfalls in irgendeiner Form, möglicherweise erst als mündliche Überlieferung. Abgesehen von den diversen Parallelen im Charakter von Buddha und Jesus finden sich auch Ähnlichkeiten in ihren Lebensgeschichten. Jean Sedlar, die beide Erzählungen ausgiebig untersucht hat, stellte zum Beispiel fest, dass sowohl Buddha als auch Jesus von einer »sexuell unberührten« Mutter geboren wurden und nach beider Geburt himmlische Geschöpfe das Ereignis einem betagten Heiligen verkündeten, der dann die kommende Glorie des Kindes prophezeite. Beide Figuren erfüllten eine alte Weissagung, und beide begannen als Erwachsene das Leben von »asketischen Wanderpredigern«. Beide konnten die Elemente kontrollieren und Kranke heilen; beide wurden kurz vor ihrem Tod verklärt; bei beiden ging das Ende mit einem gewaltigen Erdbeben einher, und beide schickten Jünger in die Welt hinaus. Es gibt noch weitere faszinierende Parallelen. In der buddhistischen Geschichte erfährt der heilige Mann Asita von den Göttern, dass der künftige Buddha geboren wurde, und eilt zu dem Kind, um ihm sein Schicksal zu weissagen. Im Lukasevangelium wird berichtet, dass Simeon vom Heiligen Geist offenbart wurde, er werde den Tod nicht schauen, ehe er den Messias des Herrn gesehen habe. Daraufhin wurde er von ihm in den Tempel geführt, wohin Joseph und Maria – ganz nach jüdischer Tradition – das Jesuskind gebracht hatten, »um zu erfüllen, was nach dem Gesetz üblich war«. Simeon hob das Kind hoch und prophezeite, »dass in Israel viele durch ihn zu Fall kommen und viele aufgerichtet werden, und er wird ein Zeichen sein, dem widersprochen wird«. Und wie bei der neutestamentarischen Petrusgeschichte, so gibt es auch in den buddhistischen Schriften einen Mönch, der den Fluss Ashiravati auf dem Wasser wandelnd überschreitet, bis ihn sein Glaube verlässt und er versinkt. Jean Sedlar stellte außerdem fest, dass beiden Religionen eine Ethik der Liebe, der Gewaltfreiheit, des Selbstverzichts, der Abkehr von allen irdischen Freuden und der Hinwendung zum Zölibat gemein war, und kommt zu dem Schluss, dass »viele generelle Ähnlichkeiten zwischen der buddhistischen... und christlichen Moral der gleichermaßen deutlichen Jenseitsgerichtetheit beider Religionen zugeschrieben werden müssen«. Das vorrangige Ziel beider sei die Erlösung nach dem Tod. Sedlar glaubt zwar, dass beide Religionen Anleihen bei der jeweils anderen machten, fand jedoch in den Apokryphen mehr Passagen, bei denen es sich »vermutlich um ursprünglich buddhistische Versionen handelt«. Allerdings sollte man sich bewusst machen, dass solche Ähnlichkeiten letztlich vielleicht weniger bedeuten, als es den Anschein erweckt.[35]

Die berühmteste Verbindung zwischen dem Christentum und Indien findet sich natürlich in der Figur des Thomas, eines der ursprünglichen zwölf Apostel Jesu. Der altsyrischen Thomas-Akte zufolge *(Gesang des Apostels Judas Thomas im Lande der Inder)*, die vermutlich im dritten Jahrhundert im mesopotamischen Edessa verfasst wurde, teilten sich die Jünger nach der Kreuzigung Jesu die ihnen bekannte Welt zum Zwecke der Evangelisierung auf. Indien fiel an Judas Thomas. Bis heute gibt es an der südwestindischen Küste von Malabar eine Gemeinde von rund zwei Millionen indischen Christen, die überzeugt sind, dass ihre Kirche von Thomas gegründet wurde. Der Überlieferung nach soll er um das Jahr 50 dort eingetroffen sein und sieben Kirchen erbaut haben. Mit Ausnahme der Gemeinde glaubt heute zwar niemand mehr, dass der Mann namens Thomas, der diese indische Kirche aufbaute, identisch war mit dem neutestamentarischen Apostel desselben Namens. Doch allein schon die Tatsache, dass es Christen auf dem indischen Subkontinent überhaupt gibt, spricht für einige interessante Querverbindungen, besonders erwähnenswert die zwischen Christentum und Vishnuismus, einer der beiden Hauptrichtungen im Hinduismus, die im 2. und 3. Jahrhundert entstanden. Vishnu gilt als die wichtigste Inkarnation des Gottes Krishna, und wie europäische Missionare im 18. Jahrhundert herausfanden, wird der Name »Krishna« in einigen indischen Dialekten »Krishta« ausgesprochen, was fast wie »Christus« klingt. So schreibt Jean Sedlar denn auch: »Theoretisch besteht die Möglichkeit, dass der Krishnaismus eine Abwandlung des Christentums ist.« Es *gibt* also Parallelen zwischen diesen beiden Religionen, doch ebenso bleibt es eine Tatsache, dass der Name »Krishna« bis ins 6. Jahrhundert v. d. Z. zurückreicht. Wieder einmal stehen wir vor einem Rätsel, das vermutlich nie wirklich gelöst werden kann.[36]

*

In der Zeit, in der wir das Jahr null ansetzen, war der indische Subkontinent politisch gespalten. Das Maurya-Reich hatte um 180 v. d. Z. geendet, und das Gupta-Reich sollte erst 320 n. d. Z. entstehen.

Ein Historiker bestätigte, dass der Begriff »klassisch« für das Zeitalter der Maurya »ebenso bereitwillig verwendet wird wie für das Zeitalter der Griechen und der Römer – und das aus gutem Grund: Es diente Indien als Vorbild für die politische Integration und ethische Regeneration.« Die Maurya-Dynastie brachte in ihrer Hauptstadt Pataliputra im Norden zwei sehr unterschiedliche Führer und eine klassische Schrift hervor. Den ersten dieser Fürsten kannte die Geschichtsschreibung lange Zeit unter dem Namen Sandrokottos – sein Reich war es, das Megasthenes so überschwänglich schilderte, nachdem er es als der Gesandte von Seleukos Nikator kennen gelernt hatte. Erst dank eines Geistesblitzes von Sir William Jones (der im 18. Jahrhundert britischer Richter in Indien war) stellte sich heraus, dass Sandrokottos identisch war mit Chandragupta, dem »indischen Julius Caesar«, der ein Riesenreich von Bengalen bis Afghanistan hinterlassen sollte.[37]

Dass Sir William Jones diese personelle Übereinstimmung überhaupt erkannt hatte, war schon eine Meisterleistung gewesen. Aber auch James Prinsep, ein Gewichtsprüfer im britischen Münzamt von Kalkutta, hatte einen unglaublichen Geistesblitz gehabt, als ihm 1837 »die für die Entschlüsselung der alten indischen Geschichte bedeutendste Entdeckung gelang«, wie John Keay in einer von mehreren Autoren verfassten Historie schrieb: Prinsep hatte die Stupa aus Sanchi bei Bhopal in Zentralindien untersucht. Auf ihr befanden sich Zeichen einer unbekannten Schrift, von deren Existenz auch aus anderen Teilen Indiens berichtet wurde. Das heißt, man hatte nicht nur die gleiche Schrift in Felsvorsprüngen, auf Höhlenwänden und in Steinsäulen gemeißelt gefunden, es schien sich dabei sogar oft um genau dieselbe Zeichenfolge zu handeln. Prinsep identifizierte diese Sprache schließlich als Pali, eine Ableitung aus dem Sanskrit, die – und das war entscheidend – zu Buddhas Zeiten weit verbreitet gewesen war. Tatsächlich glaubte Prinsep wegen der vielen Ähnlichkeiten der Inschriften sogar, dass es sich dabei um die heilige Sprache des Buddhismus und um Auszüge aus den buddhistischen Schriften handele. Doch er hatte es am Ende nur halb erraten: Pali *war* zwar die heilige Schrift des Buddhismus, doch bei den Inschriften handelte es sich nicht nur um Glaubenstraktate, sondern auch um rein politische Äußerungen beziehungsweise um die Direktiven eines Souveräns. In Indien wurden sie als die »Edikte des Ashoka« bekannt und Devanampiya Piyadassi zugeschrieben (der erste Teil des Namens bedeutet »Liebling der Götter«). Prinsep hatte anfänglich keine Ahnung, wer damit gemeint sein könnte, doch dann wurde schnell klar, dass es sich nur um Ashoka, den dritten Herrscher der Maurya-Dynastie und Enkel von Chandragupta handeln konnte – und damit um den größten aller indischen Fürsten. Er hatte um 268 v. d. Z. den Thron bestiegen und vierzig Jahre lang geherrscht, immer geleitet von den Lehren Buddhas, die er im ganzen Land verbreitete und von seinem Sohn auch in Sri Lanka verkünden ließ. Die buddhistische Literatur Sri Lankas enthält viele Hinweise auf Ashokas Leistungen.[38]

Diese Edikte – heute unterteilt in die vierzehn kleinen Felsenedikte, die acht großen Felsenedikte und die sieben großen Säulenedikte – erzählen von der Bekehrung und den Errungenschaften Ashokas. Seine »zündende Idee« war die Auslegung des Dharma als »Barmherzigkeit, Nächstenliebe, Wahrhaftigkeit und Reinheit« gewesen, was er mit dem Verzicht auf Gewalt, Frömmigkeit, Respekt, Anstand und einem »gerechten Wesen« gleichsetzte. Welche neuen Wege Ashoka damit tatsächlich gegangen war, kann letztlich nur vor dem Hintergrund des wichtigsten klassischen Textes dieser Zeit verstanden werden, dem vom »stählernen Brahmanen« Kautilya verfassten *Arthasastra*. Kautilya war Minister am Hofe von Chandragupta gewesen und hatte mit dieser Abhandlung eine umfassende Staatstheorie verfasst: Wie soll ein Staat verwaltet werden, wie sollen Steuern erhoben und eingetrieben, wie auswärtige Beziehungen hergestellt und wie Kriege geführt werden? Historiker bezeichneten das Traktat als ein fast schon paranoides Dokument. Minutiös befasst es sich mit dem Abweichlertum und den Möglichkeiten des Staates, Dissidenten aufzuspüren, in beinahe alle Aktivitäten seiner Bürger einzugreifen und mit blutrünstigen Methoden rücksichtslos seine Gesetze durchzusetzen. Andererseits gilt es als das erste grundlegende Werk über den säkularen Wohlfahrtsstaat. Eine Computeranalyse von Stil und Inhalt konnte jüngst nachweisen, dass der Text in Wirklichkeit von mehreren Autoren verfasst wurde, doch das ändert nichts an der Tatsache, dass er »ein Leitfaden für die Aneignung nicht nur dieser, sondern auch der nächsten Welt« war und ist.[39] So erklärten es die Autoren des *Arthasastra* beispielsweise zur heiligen Pflicht des Königs, benachbarte Staaten zu erobern. Ashoka wollte sich mit seiner Ideologie des Dharma hingegen deutlich von solchen Ideen verabschieden. Er hatte schon genügend Staaten erobert und ohnedies bereits ein riesiges Reich aufgebaut, deshalb war er nun vielmehr bestrebt, dieses Reich mit Hilfe des Dharma zu einen. Er führte eine einheitliche Gesetzgebung, gerechte Steuern und wo immer möglich auch die Standardisierung von Maßen und Strafen ein. Das waren in der Tat vortreffliche Beschlüsse, die durchaus John Keays Forderung rechtfertigen, diese

Ära als das »klassische Zeitalter« Indiens zu betrachten – mit Chandragupta als Julius Caesar und Ashoka als Augustus.

*

Auch die Bildung wurde von Ashoka und anderen Maurya-Herrschern nach Kräften gefördert. Ursprünglich hatten intellektuelle Debatten lediglich zwischen Brahmanen und den Mönchsorden – Buddhisten und Dschaina – stattgefunden. Aus dieser Zeit blieben uns zwar nur wenige Schriftstücke erhalten, doch wir wissen, dass es zu Buddhas Lebzeiten bereits zwei höhere Ausbildungsstätten oder, wie wir sagen würden, Universitäten gegeben hatte, eine in Kasi (heute Varanasi) und die andere in Taxila, welche allerdings in der ersten Hälfte des 4. Jahrhunderts v. d. Z. von der Hochschule von Nalanda in Bihar (die als das Oxford des buddhistischen Indien gilt) überflügelt werden sollten. Sie verfügte über mehrere Gebäude und Höfe, in denen viele große Skulpturen von Buddha und den Bodhisattvas standen. Die Brahmanen-Universitäten von Kasi wurden erst viel später, erst um die Zeit Christi herum, gegründet. Das Curriculum von Nalanda bestand aus den Hauptfächern Sprachlehre, Politik und Kastengesetz; Medizin, bildende Kunst, Logik und Philosophie wurden später eingeführt.[40] Die Studenten pflegten ihre Abschlussarbeiten an die Tore zu heften, damit die Öffentlichkeit sie lesen konnte, bevor sie sich im Saal versammelte, um sich anzuhören, wie der jeweilige Student seine Thesen verteidigte.

Die Entwicklung von Universitäten förderte nicht nur die allgemeine Lese- und Schreibfähigkeit, sondern natürlich auch das Bildungsniveau als solches. Zum geforderten Wissen zählte die Kenntnis (1) der großen Epen *Mahabharata* und *Ramayana*, (2) der philosophisch-theologischen Kurzgedichte der *Upanischaden*, (3) der Prosa aus den philosophischen Richtlinien der *Sutras*, (4) der Lehrgedichte über die philosophischen und rechtlichen Prinzipien der *Sastras*, (5) der Dramen, (6) der Tiergeschichten und (7) der *Puranas*, der metaphysischen Schriften des späteren Hinduismus.[41]

Das *Mahabharata* oder »Große Bharata« stammt aus vedischen Zeiten. Der Überlieferung nach hatte es einst unterschiedliche Fassungen dieses Epos von je vierundzwanzigtausend und hunderttausend Versen gegeben. Die uns bekannte Version wurde vermutlich erst um das Jahr 100 v. d. Z. verfasst und behandelt einen Erbfolgekrieg unter Brüdern. Die eigentliche Geschichte beginnt mit der Thronbesteigung von Pandu aus der Bharata-Dynastie. Eigentlich hätte seinem älteren Bruder Dhrtarastra der Thron gebührt, doch weil er blind war, wurde er von der Erbfolge ausgeschlossen. Als Pandu stirbt, ergreift der ältere Bruder die Macht, indem er die Regentschaft im Namen von Pandus noch unmündigem Sohn Yudhisthira übernimmt. Yudhisthira wird zum Kronprinzen erklärt, erhält einen Teil des Reiches als Herrschaftsgebiet und geht durch seine Eheschließung eine Allianz mit Krsna (Khrishna) ein, dem Führer einer anderen Dynastie. Das aber ruft den Neid von Dhrtarastras Sohn Duryodhana hervor. Er fordert Yudhisthira zu einem Glücksspiel heraus, das dieser (wofür Duryodhana Sorge getragen hat) nicht gewinnen kann. Yudhisthira verliert alles und geht ins Exil. Zwölf Jahre später schickt er Krsna als Unterhändler, um über die Rückgabe seines Reiches zu verhandeln. Doch Duryodhana ist nicht bereit, auch nur den kleinsten Teil wieder abzutreten. Also kommt es zum Krieg. Die Kämpfe dauern achtzehn Tage. Schließlich erlangen die Pandavas mit Hilfe mehrerer Listen des Krsna ihr Königreich zurück und vernichten ihre Feinde. So weit die Geschichte. Das Epos *Mahabharata* setzt sich also kritisch mit den charakterlichen Folgen von allzu viel weltlichem Ehrgeiz auseinander – und das ist gewissermaßen sowohl eine buddhistische als auch eine griechische Idee.[42] Noch heute sind die Straßen im ganzen Land wie leer gefegt, wenn das indische Fernsehen wieder einmal eine Verfilmung dieser Geschichte ausstrahlt.

Das *Ramayana* wurde der Legende nach von Valmiki verfasst (er wirkte um ca. 200 v. d. Z.) und war die erste erzählerische Dichtung in Sanskrit. Seiner Metrik nach ist es ein späteres Werk als das *Mahabharata* – es fehlen ihm die archaischen Rhythmen der früheren Epik, außerdem wurden ihm weniger Teile in späteren Zeiten hinzugefügt. Auch hier geht es um die Geschichte einer Palastintrige. Rama wird vom Erbe des väterlichen Thrones ausgeschlossen und für zwölf Jahre in den Süden des Landes verbannt, wo er ständig von Dämonen aus Lanka (Ceylon) verfolgt wird, die ihm schließlich sogar die Frau rauben. Rama will sich rächen, stellt eine Armee auf, fällt in Lanka ein, rettet seine Frau und tötet den Dämonenkönig Ravana. Als die Zeit seiner Verbannung abgelaufen ist, kehrt er nach Hause zurück. Großmütig überlässt ihm sein Bruder das Königreich. Im Gegensatz zum *Mahabharata* ist das *Ramayana* also eine Geschichte über die Großzügigkeit und wurde, seit sie aus dem Sanskrit in die indischen Umgangssprachen übersetzt wurde, zum Lieblingsepos der Inder, so wie Rama ihr beliebtester Held ist. Auch die bildende Kunst griff immer wieder Passagen aus dieser Geschichte auf.[43]

*

Die fünfhundert Jahre, die zwischen der Verdrängung der Mauryas und dem Auftauchen der Guptas (320 n. d. Z.) vergingen und in denen das indische Jahr null anzusiedeln ist, galten lange als das »finstere Zeitalter« Indiens. Doch diese Einschätzung ist nicht mehr haltbar. Es war vielmehr die Zeit der großen Städte wie Pataliputra und Kasi, Mathura und Ujjain, die meist nach ein und demselben Plan erbaut wurden, nämlich aufgeteilt in Quadrate, und von vier Mauern mit jeweils einem Tor in der Mitte und Gräben umgeben waren. Vor allem aber war dies die Blütezeit der Bildhauerei und der Felsentempel, für die Indien zu Recht so berühmt wurde. Die grandiosen Reliefs von Bharhut, Sanchi und Amaravati stammen allesamt aus dieser Zeit, und alle waren sie von der neu aufstrebenden Klasse der Kaufleute und nicht von den Herrschern in Auftrag gegeben worden. Im westindischen Hinterland von Mumbai (Bombay), wo die Bruchkanten im Dekkan-Plateau Hunderte von natürlichen Höhlen entstehen ließen, sind diese Felsmonumente oft weit mehr als nur Tempel, sondern ganze Klöster mit Meditationszellen und von Säulen gestützten Hallen, verbunden durch Treppenfluchten, die allesamt aus den Felsen gehauen wurden. In dieser Zeit entstanden zwei Bildhauerschulen: Im nördlichen Punjab und in Afghanistan entwickelte sich die stark von griechischen Ideen beeinflusste Schule des Gandhara-Stils, welcher Buddha und andere heilige Figuren erstmals in Menschengestalt mit den Attributen von Apoll und anderen griechischen Göttern darstellte. Die Bildhauerkunst in Mathura, die aus dem typischen rötlich-weiß gefleckten Sandstein dieser nördlichen Region erschaffen wurde, stellte hingegen primär üppige weibliche Figuren aus vermutlich unterschiedlichen Kulten dar. Die indische Bildhauerei und Schnitzkunst sind weit weniger bekannt als entsprechende Kunstwerke aus dem klassischen Griechenland der gleichen Zeit, dabei gebührt ihnen mindestens so viel Beifall.[44]

Die Zeit um das Jahr null brachte zudem eine bemerkenswerte Literatur in Indien hervor. Im 2. Jahrhundert v. d. Z. verfasste der Grammatiker Patanjali den Standardtext über das Yoga, das man als die Einstellung aller Antriebskräfte definiert. Der Yogi lernt, sich in einer bestimmten Körperhaltung *(asana)* durch stetige Atempausen in den eigenen Geisteszustand zu versenken, immer mit dem Ziel, die Herrschaft über Geist und Körper zu erlangen, das »Gewebe des Geistes aufzulösen« und eine »transzendentale Einsamkeit« *(kaivalya)* zu erlernen, die zu dem befreiten Zustand von ethischer Reinheit und neuer Weisheit führt. Der bedeutendste religiöse Offenbarungstext aber war die *Bhagavad Gita* aus dem Indien nach der Maurya-Zeit. Ihre Darstellung der Gesellschaftsstrukturen vermischte sich mit Philosophie, baute auf den *Upanischaden* auf und teilte die Menschen in vier Kasten mit jeweils zugehörigen Pflichten auf: Die Pflicht der *brahmana* ist das aufopfernde Studium und die Lehre; die *kshatriya* müssen die Gesellschaft beschützen und verteidigen; die *vaishya* haben Ackerbau und Viehzucht zu betreiben und für das körperliche Wohlergehen der Menschen zu sorgen; und die *shudra* sollen durch ihre Dienste zum Gemeinwohl beitragen. Das philosophische Ziel ist die Befreiung von allen »unreinen Leidenschaften« wie Habgier, Missgunst oder Eigennutz. Sogar der Seher oder Weise erfüllt eine Pflicht gegenüber der Gesellschaft, indem er allen, die seine Gaben nicht besitzen, als Beispiel vorangeht. Unabhängig davon, wie erhaben ein Mensch aus glaubensphilosophischer Sicht ist, verliert er also nie seine sozialen irdischen Bande.

Auch höchste Weisheit kann nicht getrennt vom Diesseits existieren und bleibt immer mit ihr verbunden. Man kann die *Bhagavad Gita* deshalb kaum weniger konservativ finden als Konfuzius' *Analekten*.[45]

Das buddhistische Äquivalent zur *Gita* ist das *Lotos-Sutra* oder *Sutra von der Lotosblume des wunderbaren Gesetzes (Saddharma Pundarika Sutram)*, auf das wir noch zu sprechen kommen werden. Dieses *Sutra* war in so mancher Hinsicht noch einflussreicher als die *Gita*, ganz einfach, weil der Buddhismus viel stärker missionierte als der Hinduismus. Außerdem offerierte es China wie Japan neue Ideen von Gott und den Menschen, weshalb es sich bis heute auf jedem buddhistischen Altar in Japan findet. Im 2. Jahrhundert n. d. Z. wurden sowohl dem *Kamasutra* des Vatsyana, als auch dem *Manusmriti* (»Die Gesetze des Manu«) und dem *Arthasastra* des Kautilya ihre endgültige Gestalt verliehen.[46]

*

Der langfristig wahrscheinlich bedeutsamste intellektuelle Trend dieser Periode im asiatischen Orient war der Auszug des Buddhismus aus dem Subkontinent nach China, Sri Lanka, Sumatra und so fort sowie die Verbreitung des Hindu-Buddhismus nach Java, Malaysia und anderenorts. Der Überlieferung nach soll der Buddhismus China in der Ming-ti-Zeit (58–75 n. d. Z.) erreicht haben, doch dass er schon lange zuvor die Hauptreligion in den Tocharistan-Staaten gewesen war, weiß man, weil dem chinesischen Botschafter Tsian Kiang dort im Jahr 2 v. d. Z. buddhistische Texte überreicht wurden, die er dem chinesischen Hof überbringen sollte.[47]

Einer offiziellen chinesischen Historie zufolge *(Geschichte der späteren Han-Dynastie)* traf der Buddhismus im 1. Jahrhundert n. d. Z. in der chinesischen Hauptstadt ein. Liu-Yang, ein Halbbruder des Kaisers, hatte die Erlaubnis erhalten, neben der Verehrung des Laotzu auch den Buddhismus zu praktizieren. Nachdem dann aber dem Kaiser selbst ein »goldener Mensch« erschienen war, von dessen Gestalt Sonnenlicht ausstrahlte und »der in Zeit und Raum flog«, wurden Abgesandte nach Indien geschickt, um mehr über den Buddhismus in Erfahrung zu bringen. Sie kehrten mit heiligen Schriften, vielen Kunstwerken und mehreren Mönchen im Schlepptau zurück. Von solchen Pilgerreisen der Chinesen nach Indien liegen uns diverse Berichte aus dem 1. Jahrhundert n. d. Z. vor, einige sogar mit Zeichnungen. Wang Huang-ce hatte während mehrerer Indienaufenthalte eine Kopie des Buddha-Bildnisses von Bodhgaya angefertigt, vor dem er erleuchtet worden war. Er ließ sie in den Kaiserpalast transportieren, wo man sie als Vorbild für die Statue im Kongai-see-Tempel verwendete. Die aus Indien importierte frühbuddhistische Kunst sollte chinesische Künstler zu ungemein schönen Meisterwerken inspirieren. Fest steht, dass der Buddhismus nördlich des Huai (eines Flusses auf halber Strecke zwischen dem heutigen Kanton und Beijing) bereits Mitte des 1. Jahrhunderts etabliert gewesen war.[48]

Dass der Buddhismus in China so schnell Fuß fassen konnte, hatte aber gewiss auch etwas mit der Lebenseinstellung und dem Weltbild der Han-Chinesen zu tun, deren Herrschaftszeit von 206 v. d. Z. bis 222 n. d. Z. währte. Auch sie spielen deshalb eine entscheidende Rolle für das Jahr null. Die frühesten Siedlungen Chinas stammen aus der Zeit um 3500 v. d. Z., Schrifttexte tauchten erstmals in der Shang-Periode (ca. 1600 v. d. Z.) auf. Die Ursprünge der chinesischen Schriftzeichen sind nach wie vor heftig umstritten. Einer Zahlentheorie zufolge kamen sie auf, als man – ähnlich wie auf dem amerikanischen Kontinent – Knoten in Seile zu knüpfen begann: große Knoten für etwas, an das man sich unbedingt erinnern wollte, kleine Knoten für trivialere Dinge. Die folgende Abbildung zeigt, wie solche Seilknoten zu den chinesischen Zahlenzeichen weitergeführt haben könnten:

↑ *shi* 十	(zehn)	↻ *nian* 廿	(zwanzig)
⫲ *sa* 卅	(dreißig)	⫳ *xi* 卌	(vierzig)
⥜ *qian* 千	(tausend)	拜 *peng* 朋	(zwei Seile mit je fünf Kaurimuscheln)

Abb. 9: Chinesische Knotenschrift[49]

Einer anderen Theorie zufolge entwickelten sich einige Schriftzeichen (etwa die für Mann, Frau, Schlange, Fuß, Berg) aus der Felsenkunst; einer dritten zufolge sollen auch die Riefen und Piktogramme auf Tongefäßen – die auf abergläubische Riten bei der Herstellung hinweisen, aber wohl auch dem Schutz der Gefäße galten – zu chinesischen Schriftzeichen weiterentwickelt worden sein. Und schließlich gibt es noch die Zeichen auf den Orakelknochen (den bereits erwähnten »Drachenknochen«), die ebenfalls als Vorläufer von Schriftzeichen gelten, zum Beispiel von den Zeichen für Sonne oder Auge. Es kann also gut sein, dass chinesische Schriftzeichen mehrere Ursprünge haben. Ihre üblicherweise von oben nach unten verlaufende, lang gestreckt schmale Form (Zeichen für Tiere zeigen immer oben den Kopf und unten den Schwanz) legt nahe, dass sie einst auf Bambusstäbe geschrieben wurden, die uns natürlich nicht erhalten geblieben sind. Und die Tatsache, dass die ersten Nutzer von Schriftzeichen unseres Wissens die Wahrsager und Schreiber der Shang-Könige waren, deutet darauf hin, dass es in China eine Schrift im eigentlichen Sinne nicht vor dem Jahr 1600 v. d. Z. gab und ihre Ursprünge eher religiöser und politischer, nicht aber wirtschaftlicher Art (wie in Mesopotamien) waren.

Dem Kalender widmeten die Chinesen schon früh große Sorgfalt. Als Kalenderschreiber am kaiserlichen Hof zu dienen war ein hoch angesehener Posten. Bei Ausgrabungen, die in der Zwischenkriegszeit in Anyang nördlich des Gelben Flusses in der Provinz Henan gemacht wurden, fand man unzählige Orakelknochen (bei denen es sich normalerweise um die Schulterknochen von Rindern handelte) und Schildkrötenpanzer, die mit Kerben versehen und dann über einem Feuer erhitzt worden waren. Die Form der Risse, die durch die Hitzeeinwirkung entstanden, wurde dann von den Wahrsagern gedeutet. Auf einigen Knochen fanden sich zudem Aufzeichnungen über Tributzahlungen, die kalendarische Informationen enthalten. Demnach haben Chinesen Tag und Nacht in je hundert gleiche Einheiten *(baike)* unterteilt und kannten ebenso das 365 ¼-Tage-Jahr wie den 29 ¼-Tage-Mondwechsel (ursprünglich gab es vier Worte für »Jahr« im Chinesischen). Die Zeit als solche teilte man nicht in Perioden ein, sondern verstand sie als eine Aneinanderreihung von Zyklen. Es gab einen zehntägigen Zyklus, dessen Tage als die »zehn Himmelsstämme« bezeichnet wurden, und den zwölftägigen Zyklus der »zwölf Erdzweige«, die gemeinsam den sechzigtägigen *Ganzhi*-Zyklus ergaben (das kleinste gemeinsame Vielfache). Der Überlieferung nach begann er in dem Jahr, das wir mit 2637 v. d. Z. beziffern. Man kannte aber noch zwei weitere Zyklen, nämlich den 31920 Jahre währenden *Chi*-Zyklus der »großen Konjunktionen«, in dem alle Planeten nach einem 138240 Jahre währenden Zyklus zusammentreffen; und einen 23639040 Jahre währenden »Weltzyklus«, dessen Beginn der »höchst endgültig erhabene Anfang« genannt wurde.[50] Schon damals hatten die Chinesen nicht nur ganz andere Vorstellungen vom Beginn der Zeit als die übrige Welt, sondern auch bereits ein Konzept für Näherungsberechnungen *(yueshu)*. *Wulu wushi* zum Beispiel bedeutet »ungefähr fünfzig«. Die Zahlen Zehn, Hundert, Tausend und Zehntausend wurden als reine Hinweise auf Größenordnungen verstanden und als *xushu* bezeichnet, was hyperbolischen Zahlen mit ähnlicher Bedeutung wie unsere Begriffe »Dutzend« oder »Hunderte« gleichkam. Die Zahlen Drei, Neun und Zwölf bedeuteten »mehrere«, »viele« und »sehr viele« – weshalb alle Tore und Türen in der Verbotenen Stadt mit »neun« Reihen zu je »neun« Nägeln bestückt waren. Einige Zahlen galten als »günstig« im Hinblick auf Autorität, Macht und ein langes Leben. Zum Schutz vor Fälschungen wurden alle Zahlen durch änderungssichere Schriftzeichen dargestellt.

Im Jahr 163 v. d. Z. wurde das *Nianhao*-System als Ärabezeichnung eingeführt. Seither verkündete jeder Herrscher am Beginn des Jahres nach seiner Thronbesteigung ein neues *nianhao*. Im Jahr 104 v. d. Z. wurde ein neuer Kalender vorgestellt. Er basierte auf zwölf Mondwechseln mit einem eingeschalteten dreizehnten Monat, ähnlich dem indischen und dem Tierkreiszeichensystem. Die Siebentagewoche sollte in

China erst im 13. Jahrhundert n. d. Z. eingeführt werden; bis dahin wurde das Jahr in vierundzwanzig vierzehntägige Perioden unterteilt, die mit *li zhun* (»Frühling erwacht«) im Februar begannen und mit *da han* (»bitterkalt«) im Januar endeten. Bis zur Song-Zeit wurde fünfmal täglich die »Essenstrommel« geschlagen, jeweils zu den drei Hauptmahlzeiten, vor der abendlichen Ausgangssperre und erneut bei ihrer Aufhebung am Morgen. Jedes chinesische Reich verhängte strenge Ausgangssperren, vor allem in den Städten, um den Ausbruch von Feuer zu verhindern oder um Verbrechen vorzubeugen.[51]

*

Als der Buddhismus China erreichte, befand sich die Han-Dynastie bereits im Niedergang, und damit auch das philosophische System, das so lange Zeit dominiert hatte. Dem traditionellen chinesischen Denken lag ein kosmologisches Ordnungsprinzip zugrunde; es wiederholte sich in der Struktur eines zentralistischen irdischen Universums, in dessen Mittelpunkt der Kaiser stand. Diese Ordnungsidee beherrschte alles, vom Handel über die Regierung bis hin zu Philosophie und Religion. Handel konnte in den Großstädten nur auf Regierungsmärkten betrieben werden, wo Beamten die Preise und die Höhe der Steuern festsetzten. Die Regierung ließ nicht nur Hauptstraßen bauen und erhalten und dafür eine Nutzungsgebühr erheben, sie besaß auch das Monopol auf Eisen, Münzgeld und Salz (das bei einer Ernährung, die hauptsächlich auf Getreide beruhte, unbedingt nötig war). Auf diese Weise sorgte sie für die Wahrung der etablierten zentralistischen Ordnung.

Eine besondere Rolle spielte der Han-Kaiser bei allem Kultischen. Jeder Kaiser versammelte zahllose Gelehrte um sich, deren Aufgabe es war, ihm bei den Staatsgeschäften beratend zur Seite zu stehen. In der Han-Dynastie stiegen diese gebildeten Männer jedoch zu einer neuen Aristokratie auf, aus deren Reihen dann die mächtigen Provinzbeamten rekrutiert wurden, die eine (beabsichtigte) Bedrohung für die ältere, unabhängige Aristokratie darstellten. Im Zuge dessen begann sich in der Han-Ära eine Reihe von vorherrschenden Ideen zu entwickeln, die allmählich mit dem Konfuzianismus zu einer Staatsphilosophie amalgamiert werden sollten. Um dieses Amalgam von den Urlehren zu unterscheiden, bezeichnet man es heute als den »legalistischen« oder »kaiserlichen« Konfuzianismus. John K. Fairbank, der große Chinaforscher aus Harvard, schrieb einmal: »Der entscheidende Punkt bei diesem Amalgam aus Legalismus und Konfuzianismus ist, dass der Legalismus bei den Herrschern und der Konfuzianismus bei den Bürokraten beliebt war.« Konfuzianer glaubten, dass dem Kaiser durch die Beachtung aller zeremoniellen Rituale und durch sein vorbildliches Verhalten eine besondere Tugend *(de)* zu Eigen war, welche zur besonderen Achtung seiner Position aufforderte. Zwar lauerte im Hintergrund ständig die Möglichkeit von Gewaltanwendung, doch das raffiniert durchdachte Kollegium aus konfuzianischen Experten sorgte schon dafür, dass sich der Kaiser immer »recht« verhielt. Dieses konfuzianische Verständnis vom »rechten Verhalten«, immer im Kontext mit der chinesischen Kosmologie, beherrschte mittlerweile alles. Und diese Kosmologie unterschied sich nicht nur stark von den entsprechenden westlichen Ideen, sondern stellte selbst eine Art von astronomischem Konfuzianismus dar, da sich Chinesen das Universum ja als ein geordnetes Ganzes vorstellten. Die Chinesen unterschieden sich von den westlicher angesiedelten Völkern insofern, als sie weder einen Schöpfungsmythos besaßen noch an einen übernatürlichen Schöpfer oder Gesetzgeber glaubten. Sie setzten eine geordnete Harmonie im Universum voraus, doch keine Göttlichkeit, die diese Ordnung bestimmt. »Aus Sicht der Chinesen wohnte der Natur eine erhabene kosmische Macht inne, die jedoch nicht überirdisch war.«[52] Der Mensch war Teil des geordneten Ganzen, aber sein Platz wurde vom Herrscher und den Ahnen definiert.

Die Folge dieses Weltbilds war, dass Han-Chinesen überall Übereinstimmungen und ein ständiges Aufeinandereinwirken aller Dinge sahen. Der Makrokosmos spiegelte sich im Mikrokosmos des Menschen und bestimmte dessen »angemessenen« Platz im Plan aller Dinge. So steht zum Beispiel im circa 139 v. d. Z. verfassten *Huainanzi*, dass »die Rundheit des Kopfes gleich der des Himmels und die Rechteckigkeit des Fußes gleich der der Erde« sei. Dem Himmel seien »vier Jahreszeiten, fünf Stadien, neun Teilstücke und dreihundertsechsundsechzig Tage gegeben. Dem Menschen sind vier Gliedmaßen, fünf Eingeweide, neun Körperöffnungen und dreihundertsechsundsechzig Gelenke gegeben. Dem Himmel sind Wind und Regen, Kälte und Hitze gegeben. Dem Menschen sind Nehmen und Geben, Freude und Zorn gegeben...« Am deutlichsten kam dieses Weltbild in der Lehre von den fünf Elementen oder Stadien zum Ausdruck: Wasser, Feuer, Holz, Metall, Erde. Diese elementare »Fünfheit« spiegelte sich in allem, ob in den fünf Planeten (alle, die damals erkennbar waren), den fünf Grundfarben, fünf Richtungen, fünf Tönen, fünf Strafen und noch jeder Menge von weiteren »Fünfen«. Wo Übereinstimmungen schwierig herzustellen waren, erfanden die Chinesen Hilfsmittel, wann immer es ihnen angemessen oder klug erschien. Die zehn Himmelsstämme und zwölf Erdzweige kamen bereits zur Sprache; ihnen wurden die Hilfsmittel *yin* (weiblich) und *yang* (männlich) angefügt, welche zuließen, dass Übereinstimmungen mit vier, fünf, zehn oder zwölf gedoppelt werden konnten. Die kompliziertesten, aber zugleich populärsten Übereinstimmungen erwuchsen aus dem *Yyjing* oder *Buch der Wandlungen* (besser bekannt unter der Schreibweise *I Ching*): Durch die Verbindung von drei gebrochenen und drei ungebrochenen Linien wurden Diagramme gebildet, die übereinander angeordnet die so genannten acht

Trigramme ergaben; kombinierte man nun jeweils zwei Trigramme, ergab sich eine Reihe von vierundsechzig Hexagrammen mit jeweils zugeordneten Bedeutungen, die zur Vorhersage herangezogen wurden.[53] Der berühmteste Theoretiker dieses Systems war Zou Yan von Qui (305–240 v. d. Z.). Er dehnte seine Weissagungen auf Astronomie, Geografie, Geschichte und Politik aus, denn seiner Interpretation nach unterlagen auch alle Regierungen den fünf Elementen, und zwar in der Reihenfolge Erde, Holz, Metall, Feuer, Wasser.

Diese Vorstellung von den herrschenden Übereinstimmungen führte zu der Idee eines Aufeinandereinwirkens all der Dinge *(ganying)*, welche ebenfalls in alle Lebensbereiche einfloss, von der Musik bis hin zur Staatskunst. Da sich beispielsweise die Saitenschwingungen einer Laute durch Resonanz verstärkten, ließ sich dasselbe vom Herrscher und den Beherrschten sagen: Die Schwingungen einer guten Tat führen zu ebensolcher Resonanz. Und wo der Kaiser mit gutem Beispiel voranging, sollte und würde sein Volk folgen. Die perfekte Wissenschaft von der Übereinstimmung war die Akupunktur: Durch die Punktion bestimmter Körperpunkte können Nervenempfindungen in anderen Körperteilen beeinflusst werden. Mit dem Einsatz von Akupunktur als Narkosemittel wurde zwar erst im 20. Jahrhundert begonnen, doch dass die Akupunktur ein nachvollziehbares Beispiel für die Existenz von physischen Übereinstimmungen und des Aufeinandereinwirkens aller Körperteile ist, wurde schon lange vorher akzeptiert.[54]

Der Herrscher und sein ritueller Vorbildcharakter waren also die zentralen Elemente in diesem ausgeklügelten System, in dem sich auch der Jahreszyklus und alle himmlischen Ereignisse spiegelten. Schon als man Jahrhunderte zuvor Orakelknochen zu nutzen begonnen hatte, wurde sehr genau Buch über Himmelsereignisse geführt, am ausführlichsten in der frühen Han-Periode. Ereignisse wie eine Sonnen- oder Mondfinsternis, Meteore, Hochwasser oder Erdbeben konnten als ein Urteil der Natur über die Leistung des Kaisers ausgelegt werden. War der Herrscher klug und wollte er an der Macht bleiben, dann benannte er Sonderberater – denn folgte er ihrem Rat und erwies sich dieser als falsch, dann hatten natürlich sie und nicht er darunter zu leiden. In der Han-Periode glaubte man, dass die großen chinesischen Klassiker ein Geheimwissen bargen, das sich nur den Gebildetsten offenbarte. (Das Wort *jing*, »klassisch«, diente übrigens ursprünglich zur Bezeichnung des besonders haltbaren Kettfadens eines Webstuhls.) Deshalb konnten auch so viele konfuzianische Philosophen oder Interpreten – wie beispielsweise Dong Zhongshu (ca. 197–105 v. d. Z.) – bei Hofe so mächtig werden. Sie berieten den Kaiser, schlugen ihm vor, welchen Bezug er zum Kosmos herstellen sollte, und warteten dann besorgt das Ergebnis ihres Ratschlags ab – denn es war ja immerhin nicht nur das besondere Privileg des Kaisers und seiner

Ahnen, den Himmel zu verehren, sondern ihm unterstanden auch die Polizei, die Armee und alle anderen sozialen Kontrollinstitutionen. Der Kaiser ging also ein ideologisches Bündnis mit den konfuzianischen Gelehrten ein, die sich ihrerseits mit Präzedenzfällen früherer Herrscher befassten, die in den Klassikern festgehalten worden waren. Und diese beiden Elemente – auf der einen Seite der den Himmel verehrende Kaiser mit seinen Ahnen und die Fallen der Macht, auf der anderen die ihn umgebenden konfuzianischen Berater – bildeten die herrschende und geistige Elite Chinas, die Spitze eines Zweiklassensystems in einem Land, in dem es ansonsten nur Bauern gab.[55]

Ihren größten Einfluss erreichte diese Weltanschauung im Jahr 124 v. d. Z. mit der Gründung der kaiserlichen Akademie *Taixue*, in der alle fünf Klassiker gelehrt wurden: das *Yijing* oder *Buch der Wandlungen*, das *Shujing* oder *Buch der Urkunden*, das *Shijing* oder *Buch der Lieder*, das *Chunqiu* oder *Die Frühlings- und Herbstannalen* (eine Chronik des Staates Lu, in dem Konfuzius geboren worden war, mit einem Kommentar von Zuo), sowie das *Liji* oder *Buch der Riten*. Der Legende nach sollen irgendwann zwischen 156 v. d. Z. und 93 n. d. Z. alternative Fassungen einiger Klassiker in einer Wand des Hauses entdeckt worden sein, in dem Konfuzius gewohnt hatte. Sie gaben nicht nur Anlass zu neuen Textauslegungen, sondern weckten auch das Interesse an der Textkritik, lange bevor es eine solche Disziplin anderenorts gab. In der Han-Periode wurde in China auch erstmals systematisch Geschichte aufgezeichnet, inklusive der Niederschrift eines Großteils der mündlichen Überlieferung. Die beiden wichtigsten historischen Werke waren die *Shih-ji* oder *Historischen Aufzeichnungen* des Sima Qian (135? – 93? v. d. Z.) und die *Han-shu* oder *Geschichte der Han*, die ungefähr um 82 n. d. Z. von Ban Gu und seiner Schwester Ban Zhao fertig gestellt wurde. Beide Werke waren ähnlich strukturiert und enthielten die Annalen der Herrscher sowie die Historien aller Traktate über Musik, Astronomie, Kanalbau, Recht und Gesetz sowie Biografien. Schon vor dieser Zeit hatten Anwärter auf einen Posten als kaiserlicher Berater eine Prüfung ablegen müssen, doch nun forderte der Kaiser erstmals auch eine Ausbildung in den Klassikern. Ohne darin bewandert zu sein, brauchte man sich gar nicht erst zur Prüfung anzumelden (wiewohl ganz nach konfuzianischer Art der nachweisliche Respekt vor den Eltern ebenfalls ein Kriterium beim Auswahlverfahren war).[56]

Die Klassiker (deren geheime Bedeutung von einer Gelehrtengeneration zur nächsten weitergegeben wurde) und das konfuzianische Weltbild beherrschten nun das Denken der Chinesen in fast allen Landesteilen. »Am grundlegendsten war, dass – wie schon so deutlich in vorhistorischen Zeiten – auch nun wieder die Hierarchie betont wurde und man davon ausging, dass Ordnung nur durch die Organisation des Volkes in den abgestuften Variationen von Unterlegenheit und Überlegenheit hergestellt werden könne.« Ebenso deutlich war, dass man wesentlich mehr Wert auf Pflichten als auf Rechte zu legen begann: Tat ein jeder seine Pflicht, würde auch ein jeder bekommen, was er verdiente. »Sofern alle ihre Pflicht erfüllten, diente die Gesellschaft dem Gemeinwohl und war also in ordentlicher Verfassung.« Der Sohn gehorchte dem Vater, so wie das Volk der »elterlichen« Regierung gehorchte: Loyalität war die höchste Tugend. Und die Aufgabe des Herrschers war es, mit Hilfe einer Mischung aus »günstigen Dingen« (chi) – Prämien und Begnadigungen – und »ungünstigen Dingen« (hsiung) – Sanktionen und Strafen – die kosmische Harmonie zu wahren und Exzessen vorzubeugen.[57]

Trotz der Stärken des Konfuzianismus waren die taoistischen Glaubensformen jedoch nicht verschwunden. Mehrere Han-Kaiser oder ihre Frauen hingen taoistischen Prinzipien an und stellten taoistische Magier in ihre Dienste. Yan Xiong (53 v. d. Z.–18 n. d. Z.) schrieb das berühmte Tao-Werk *Der Kanon des großen Geheimnisvollen*. Inzwischen hatte sich der Taoismus grundlegend mit den Fragen zu befassen begonnen, wie sich das Leben verlängern und/oder Unsterblichkeit erreichen ließe. Taoisten waren überzeugt, dass es Unsterbliche gab, die sich im Lauf der Zeitalter auf unterschiedliche Weisen offenbarten; deshalb versuchten sie, ihr Leben nun mit allen Mitteln zu verlängern, sei es mit Hilfe von Alchemie, einer bestimmten Ernährung, körperlichen Übungen oder sogar bestimmten sexuellen Ritualen.[58]

*

Die besondere Ausprägung des Buddhismus, der den chinesischen Verhältnissen angepasst worden war, nannte man *mahayana*, das »große Fahrzeug«, im Gegensatz zum üblichen *hinayana*, dem »kleinen Fahrzeug«. Das buddhistische Schisma hatte sich im *sangha* (der Gemeinschaft der Mönche) herangebildet, nachdem Kanishka II., der Herrscher von Kuschan, dessen Amtszeit ca. 120 n. d. Z. begann, das Vierte Buddhistische Konzil einberufen hatte. Der Hinayana-Buddhismus war im Wesentlichen ein ethisches System, wohingegen Mahayana-Buddhisten den Buddha und andere »Erleuchtete« in den Stand von verehrungswürdigen Göttern erhoben. Während das *hinayana* also ein breites philosophisches System blieb, wurde das nach China exportierte *mahayana* zu einer Religion im konventionelleren Sinne. Die Anhänger des *hinayana* hatten Buddha beispielsweise anfänglich nie in Menschengestalt dargestellt und seine Anwesenheit höchstens durch einen Fußabdruck, einen Thron oder einen Baum angedeutet; die Mahayana-Buddhisten adaptierten hingegen griechische Ideen, hüllten den sitzenden Buddha in ein Gewand mit elegantem Faltenwurf und verliehen ihm einen heiter-gelassenen, klassischen Ausdruck (der in ethnischer Hinsicht jedoch unverwechselbar war).

Die führende Figur der Mahayana-Bewegung war der Dichterphilosoph Asvaghosa (er wirkte um 150), dessen *Buddhacarita* oder *Leben des Buddha* lange Zeit als der wichtigste Text des Mahayana-Buddhismus galt.[59] Der Mönch Asanga wirkte zwischen 300 und 350. Er führte das Yoga ein und verwandelte den Mahayana-Buddhismus in einen Erleuchtungsglauben, der sich mit dem »künftigen Stadium« ebenso befasste wie mit dem Leben auf Erden.

Nach dem 2. Jahrhundert n. d. Z. wurde das *Saddharmapundarika-Sutra* oder *Sutra des Lotos des guten Gesetzes* zum entscheidenden Lehrtext, zu einem Glaubensbekenntnis, das vergleichbar war »mit der hinduistischen *Bhagavad Gita* und dem christlichen Vierten Evangelium«.[60] Es richtete sich an den Laien und porträtierte den kommenden Buddha Maitreya, der den Pfad zur Erleuchtung lehrt:

Ihr werdet alle Buddhas.
Frohlockt, zweifelt nicht.
Ich bin euer aller Vater.

Dieser Gesang, der länger ist als das Neue Testament, beschreibt den einzig wahren Pfad zur Erleuchtung und bestätigt den einzigen ewigen Gott. Maitreya weist in vielerlei Hinsicht Parallelen zum iranischen Mithra auf. Mahayana-Buddhisten glaubten, dass Buddha allein auf einem Berggipfel throne und von dort aus alles verwirkliche. Sobald das Böse über die Welt komme, steige er in gewandelter Form vom Berg herab, bringe Licht und Barmherzigkeit ins Dunkel und weise den Pfad der Erleuchtung. Neben dem ersten Buddha gab es noch eine Reihe weiterer Buddhas, die jeweils wichtige Rollen bei der Evolution des Universums und für die moralische Entwicklung der Menschheit spielten. Doch entscheidend war, dass Maitreya, der kommende Buddha, die Erde vor der Welt des Bösen retten würde.

Ein integraler Bestandteil des Mahayana-Buddhismus war das Konzept des Bodhisattva. Ein Bodhisattva »erwachte« durch ein gerechtes Leben in den Stand der Buddhaschaft, wandelte aber noch nicht auf dem Pfad des Nirwana, um den Menschen auf Erden dienen und sie unterweisen zu können. Damit verband sich die Idee, dass ein Bodhisattva die Menschen durch zehn Stufen und Tugenden führt, wobei Selbstbeherrschung die Kardinaltugend und Mitleid oder Nächstenliebe die höchste soziale Tugend war. Das zog die nächste Veränderung im Mahayana-Buddhismus nach sich, denn so gesehen war der Lehrer nun ja eher Priester als Mönch. »Es gab nur einen einzigen Pfad zur Erleuchtung, doch der führte zu drei Toren: zu einem Einlass für die *arhat* [die ›Verehrungswürdigen‹ auf höchster irdischer Vollendungsstufe], zu einem Einlass für diejenigen, welche die höchste Stufe der Meditation erreicht hatten, und zu einem Einlass für die Altruisten und Freundlichen.« Yoga war wichtig, um

Selbstbeherrschung zu erlernen, doch als ebenso wichtig galt die Rezitation der heiligen Worte. Das »rechte Verhalten« wurde allein schon durch den Glauben gefördert, dass der letzte Gedanke im Moment des Todes das Schicksal der Seele bestimme. Nach dem Tod wartet im Mahayana-Buddhismus die Hölle auf die Seele, wo sie »große Pein« durchlebt – es gibt sechzehn verschiedene Höllen mit unterschiedlichen Strafen für unterschiedliche Sünden. Die endgültige Bestimmung aller Seelen, die frei von Sünde sind, ist das »westliche Paradies« des Amitabha *(A-mi-t'ofo)*. »Dort sprudelten sieben Quellen das Wasser der rechten Tugenden. Sechs Stunden lang regnete es morgens und abends himmlische Blumen... Jeden Morgen boten die Gesegneten den zahllosen Buddhas, die zu den Mahlzeiten in ihr reines Land zurückkehrten, die himmlischen Blumen dar. Ein sicherer Weg, diesen Himmel zu erreichen, war die ständige Rezitation von Amitabhas Namen.«[61] Gautamas Vision hatte in der Tat einen weiten Weg genommen.

Ein letzter Faktor bei der Verbreitung des Buddhismus im China der Han-Zeit war der auftauchende Zwiespalt zwischen *wen* und *wu*. *Wen* bezieht sich auf den Akt des Schreibens, also auf die literarische Kultur und alle mit ihr verbundenen Werte wie reflexives Denken, rationale Moralität, Überzeugungskunst und Zivilisation; *wu* hingegen steht für Gewalt, Macht und militärische Ordnung. Die konfuzianischen Berater verachteten *wu* und favorisierten *wen*, was jedoch zwei unselige Dominoeffekte nach sich zog: Erstens trieb es einen Keil zwischen die herrschende Elite und die Bauern in den Provinzen, schwächte die Einigkeit der Han und machte das Land ebenso anfällig für Angriffe aus der Binnenperipherie wie von außen; zweitens war der Konfuzianismus als gedankliches und religiöses Rahmenwerk damit immer weniger auf Normalsterbliche zugeschnitten und wurde schließlich zu einem rein intellektuellen, elitären System.[62]

Um das Jahr 220 begannen die Adelsfamilien im Norden zu revoltieren. Und mitten in dem entstehenden Chaos fielen die türkischen Tabgatschen (Toba) aus dem Norden ein und begründeten die nördliche Wei-Dynastie. Auch sie waren Buddhisten.

*

Nicht das gesamte chinesische Denken befasste sich während der Han-Periode mit abstrakten »großen Ideen«. Chinesen waren schon immer ungemein praktisch veranlagt. Bereits im 2. Jahrhundert n. d. Z. produzierten sie Stahl, indem sie Eisen mit verschieden hohem Kohlenstoffgehalt erhitzten und dann bearbeiteten. Auch herrschte bereits reger internationaler Handel mit den technischen Neuerungen aus China, allem voran mit Luxusgütern wie Seide, Gegenständen aus Lack und Jade oder mit Bronzespiegeln. Die Han-Chinesen versuchten ihre Nachbarn durch eine »Politik der Großzügigkeit« für sich zu gewinnen, die höchst originell war und deren »extreme Kostspieligkeit und Systematik« uns überrascht. »Es hat wohl kein anderes Land der Welt je solche Anstrengungen unternommen, um seine Nachbarvölker mit Geschenken zu überhäufen und das Geschenk als solches in ein Werkzeug der Politik zu verwandeln.« Einer offiziellen Auflistung zufolge verschenkte die Han-Dynastie im Jahr 1 dreißigtausend Seidenballen; im Jahr 91 erreichte die Gesamtmenge aller Seidengeschenke den Gegenwert von 100 900 000 Münzeinheiten *(qian)*. Jacques Gernet zitiert Berechnungen, wonach die jährlichen Einnahmen des Kaiserreichs um diese Zeit etwa zehn Milliarden Geldeinheiten betrugen, wovon rund drei bis vier Milliarden jährlich allein für Geschenke ausgegeben wurden – mit der Folge, dass die Handwerksproduktion des Reichs gestärkt und gleichzeitig seine Wirtschaft geschwächt wurde. Trotzdem blieb diese Politik der Geschenke ein langfristiges Mittel für Han-Chinesen, um ihre »barbarischen« Nachbarvölker mit bis dahin ungesehenem Luxus zu verführen und zu korrumpieren. Es scheint funktioniert zu haben, denn dieses Prinzip sollte der Han-Dynastie jahrhundertelang zu politischer Stabilität an den Grenzen ihres Reiches verhelfen.[63]

In der Epoche der Wang Mang (9–23 n. d. Z.) wurde die Wassermühle erfunden. Zuerst scheint es sich dabei um eine horizontale Nockenwelle gehandelt zu haben, die von einem vertikal im Wasserlauf platzierten Rad angetrieben wurde. In einer Schrift aus dem Jahr 31 findet sich erstmals eine Beschreibung für die Nutzung von Wasserkraft zum Antrieb der Kolbengebläse in den Schmieden. Das Brustblattgeschirr für Pferde war bereits sehr früh, vermutlich schon im 5. Jahrhundert v. d. Z., erfunden worden. Kaum weniger bedeutend war die Erfindung der Schubkarre, die sich bereits auf Abbildungen aus dem 1. Jahrhundert n. d. Z. findet, denn mit ihrer Hilfe konnten viel größere Lasten mit Menschenkraft über die Trampelpfade transportiert werden, die für Pferdekarren zu eng waren. Chinesische Schiffe waren bereits seit dem Jahr 1 mit einem Steuerruder ausgestattet; der Kompass wurde im Jahr 80 n. d. Z. eingeführt; die systematische Aufzeichnung von Sonnenflecken begann im Jahr 28 v. d. Z.; und 132 n. d. Z. erfand Zhanh Heng den Seismographen – was ein gutes Beispiel für die chinesische Weltanschauung war, denn hierbei ging es um die Lokalisierung von Erdbeben, und Erdbeben galten ja als Anzeichen für eine Störung in der kosmischen Ordnung. Im Jahr 124 n. d. Z. erfand Zhanh Heng (der sowohl Dichter als auch Astronom war) zudem die so genannte Armillarsphäre zur Bestimmung der astronomischen Koordinatensysteme, mitsamt Äquatorialkreis, Ekliptik, Horizont usw. Jede einzelne dieser Erfindungen hatte entscheidende Auswirkungen, nicht zuletzt auf die Entwicklung des logisch-wissenschaftlichen Denkens. Eine Schlüsselfigur war hier Wang Chong (27–97), der sich in seinem Werk

Lun-heng dezidiert gegen den Aberglauben seiner Zeit wandte. Er hatte großes Interesse an Physik, Biologie und Vererbungslehre, spottete über die Vorstellung, dass dem Menschen eine Sonderstellung im Kosmos zukomme, und glaubte weder an ein Leben nach dem Tod noch an eine Vorbestimmung des Einzelschicksals oder an eine vom Körper unabhängige Existenz des Geistes. Er präferierte logische und auf Erfahrung beruhende Erklärungen für natürliche Phänomene.[64]

Die wohl wichtigste Innovation der Chinesen war zu der Zeit jedoch das Papier. Traditionell wird die Geschichte dieser Erfindung mit der Lebensgeschichte von Cai Lun verbunden, einem Eunuchen und Aufseher der Werkstätten am Hof des Herrschers Hedi. Er ließ *zhi* (Papier) aus der Rinde des Maulbeerbaums, alten Lumpen und Fischernetzen fertigen, um darauf zu schreiben. Dafür wurde ihm der Titel des *shangfangling* verliehen, eines Oberaufsehers über das Handwerk und die Produktion. Doch auch diese Geschichte wird von Historikern gerade einer genaueren historischen Prüfung unterzogen. Laut Jonathan Bloom wurde *zhi* in einem Wörterbuch, das zu Lebzeiten von Cai lun herausgegeben wurde, als *xu yi shan ye* bezeichnet, wobei sich *xu* auf »Faserstoffe« bezieht, »die aus Lumpen gewonnen wurden oder nach dem Abkochen von Seidenraupenkokons übrig blieben«, und das Wort *zhan* bezog sich »auf eine Matte aus verwobenen Binsen, die zur Abdeckung eines Gegenstands verwendet wurde«. Genau diese Verfahren reichten jedoch bereits auf das 6. Jahrhundert v. d. Z. zurück, das heißt, die Papierherstellung könnte noch viel älter sein als bisher angenommen. Die meisten chinesischen Fachleute gehen heute sogar davon aus, dass das Papier, das wir kennen, schon im 2. Jahrhundert v. d. Z. erfunden wurde. Es war damals allerdings noch so rau, dass es wahrscheinlich erst im 1. Jahrhundert n. d. Z. zum Beschriften genutzt werden konnte. In einer Geschichte, die im Jahr 93 v. d. Z. angesiedelt ist, wird erstmals die Verwendung eines Papiertaschentuchs vermerkt (ein kaiserlicher Wächter rät einem Prinzen, seine Nase mit einem Stück *zhi* zu bedecken). Papier bedurfte der Behandlung mit Gips, Verbundstoffen und Stärke, bevor es beschreibbar war, und diese Methode scheint erstmals im 1. Jahrhundert oder kurz zuvor angewandt worden zu sein. Bereits im Jahr 76 n. d. Z. unterrichtete ein Lehrer seine Schüler anhand der Kopien von klassischen Texten, die auf *zhi* geschrieben worden waren, also muss Papier bereits relativ häufig verwendet worden und recht billig gewesen sein. Die frühesten Beschreibungen der Papierherstellung berichten von chinesischen Papiermachern, die einzelne Blätter zu formen pflegten, indem sie einen aus Lumpen und Textilresten hergestellten Faserbrei in Tuchformen gossen, die in Wasser schwammen. Später verbesserte man das System, indem man die Tuchformen in einen Bottich mit Pulpe tauchte, die sich während des Trocknungsprozesses von der wieder verwendbaren Form löste. Als der Bedarf an Papier immer größer wurde, wandte man sich schließlich von Lumpenmaterialien ab und stellte die Pulpe direkt aus Hanf-, Jute-, Rattan-, Bambus- oder Maulbeerbaumfasern her. Toilettenpapier wurde im 6. Jahrhundert eingeführt.[65]

Auch in der Kunst gab es während der Han-Dynastie eine Menge Innovationen. Besonders beliebt war *fu*, eine überladene und übertriebene rhythmische Lyrik über das Leben bei Hofe, bei dem sich alles um Jagden, Parks und Festivitäten drehte. Herausragend in diesem Zusammenhang war das »Amt für Musik« *(yue fu)*, das Volkslieder, Tänze und Musikinstrumente sammelte und mit seiner Arbeit viel zu der Entwicklung von *ku-shih* beitrug, einer neuen Form von Dichtung, die aus Versen mit fünf bis sieben Schriftzeichen bestand und sich während der Tang-Ära im 7. Jahrhundert zu dem regelmäßigen Gedicht *lu shi* weiterentwickelte.[66] Im Jahr 190 n. d. Z., während der Periode, in der Bauern und Heerführer gegen die Zentralherrschaft rebellierten, wurden die kaiserliche Bibliothek und die Han-Archive bei einem Feuer zerstört. Ein Vierteljahrhundert lang herrschten Aufruhr und Anarchie. Die urbanen Gesellschaften lösten sich auf, und die schöngeistige Kultur des Han-Zeitalters versandete im chinesischen Mittelalter.

9
Gesetz, Latein, Bildung und die freien Künste

Als Aristoteles im Jahr 322 v. d. Z. starb, hinterließ er eine umfangreiche Privatbibliothek. Er hatte so viele Schriften zusammengetragen, dass man mit Fug und Recht im Sinne des Geografen Strabon behaupten kann, dass Aristoteles als erster Mensch »systematisch Bücher gesammelt und den Königen in Ägypten beigebracht« habe, »wie man eine Bibliothek aufbaut und ordnet«. Später sollte diese Bibliothek »durch die Launen der Erbfolge« in die Hände einer nicht näher benannten Familie in Pergamon geraten, »die sie in einem unterirdischen Versteck aufbewahrte, um sie dem Zugriff königlicher Spione zu entziehen«. Dann wurde sie an einen bibliophilen Mann namens Apellikon verkauft, der sie nach Athen brachte, aber bereits kurze Zeit später starb. Schließlich sollte der römische Diktator Sulla (der 86 v. d. Z. in Attika eingefallen war und Athen eingenommen hatte) die Handschriften nach Rom verschiffen: Sulla wusste, was er tat, denn in dieser Sammlung gab es Werke von Aristoteles und seinem Nachfolger Theophrast, die nirgendwo sonst zu finden waren. Die Bücher waren zwar in einem schrecklichen Zustand – Feuchtigkeit und Maden hatten ganze Arbeit geleistet –, aber noch lesbar. Auf diesen verschlungenen Pfaden gelang es also, sie zu kopieren und zu retten.[1]

Die Ehrfurcht der Römer vor der Lebensart, dem Denken und den künstlerischen Leistungen Griechenlands war ein beherrschendes Element ihres langlebigen Imperiums. Wenn wir heute von »den Klassikern« sprechen, dann meinen wir damit meist die griechische und römische Literatur, doch der Begriff »Klassik« und somit die Idee, dass das Beste aus früheren Gedanken und Schriften zum eigenen Wohl erhaltenswert sei, stammt von den Römern selbst. Man muss jedoch auch feststellen, dass sich die Unterschiede zwischen römischen und griechischen Ideen damit stark verwischt haben. Während die Griechen ein fast spielerisches Interesse an Ideen der Idee selbst wegen gehabt hatten und die Beziehungen zwischen den Menschen und den Göttern erforschen wollten, waren die Römer wesentlich mehr an den Beziehungen zwischen Mensch und Mensch und an der *utilitas* interessiert, an der Nutzbarkeit einer Idee also und an der *Macht* ihres Einflusses. Wie der viktorianische Dichter und

Kritiker Matthew Arnold einmal schrieb: »Die Macht der lateinischen Klassik liegt in ihrem Wesen, die der griechischen in ihrer Schönheit.«[2] Es gibt viele römische Autoren, die wir heute ihrerseits als Klassiker verehren – Apuleius auf dem Gebiet des Romans; Catull, Vergil, Horaz, Ovid, Martial und Juvenal auf dem der Dichtung; Terenz, Seneca und Plautus auf dem der Dramatik; Cicero, Sallust, Plinius und Tacitus auf dem der Geschichtsschreibung. Jeder von ihnen hatte etwas anzubieten, das über die Werke ihrer griechischen Pendants hinausging. Doch so unterhaltsam und lehrreich diese Autoren auch sein mögen, so vermittelt uns doch keiner von ihnen die aus unserer Sicht so entscheidenden zwei geistigen Innovationen der römischen Welt. Soweit es unser Alltagsleben betrifft, sind die beiden wichtigsten römischen Ideen der Republikanismus (oder die repräsentative Demokratie) und das Recht. Die direkte Demokratie war eine Erfindung der Griechen und sollte kaum moderne Nachahmer finden; die Idee der repräsentativen Demokratie hingegen floss seit dem 18. Jahrhundert in die Verfassungen aller Republiken ein, von Argentinien über die Vereinigten Staaten von Amerika bis hin nach Russland. Im alten römischen Senat verständigte man sich in der gleichen Weise auf politische Richtlinien, wie es grundsätzlich noch heute im amerikanischen Senat geschieht. Umgesetzt wurden diese Richtlinien von Magistraten mit *imperium* – einem typisch römischen Begriff. Mit *imperium* (Amtsgewalt) waren im Altertum der Reihenfolge nach Könige, der Adel und Magistrate ausgestattet. Es war »der Schlüsselbegriff, mit dem das anerkannte Recht gewährt wurde, Personen niederen Ranges Befehle zu erteilen und von ihnen erwarten zu können, dass sie befolgt wurden (…). Diese Macht war jedoch zu allen Zeiten unklar umrissen, weitreichend und willkürlich. Sie konnte von jeher und jederzeit mittels eines Krieges einem benachbarten Gemeinwesen aufgezwungen werden, wenn man glaubte, dass es die Autorität des Inhabers eines *imperiums* und damit die Autorität Roms herausgefordert habe«. Das Prinzip der Eroberung war ein integraler Bestandteil des römischen Selbstbilds.[3]

Das politische System der Römer entstand in den Jahren 510/509 v. d. Z., als der letzte König vertrieben und die ersten Konsuln gewählt wurden. Seine besonderen Merkmale waren die Begrenzung der Amtszeit aller Konsuln auf ein Jahr und die Besetzung aller Ämter mit mindestens zwei Personen desselben *imperiums* – »nie wieder sollte eine einzelne Person mit absoluter Macht ausgestattet werden«. Außerdem musste ein jeder Rechenschaft ablegen; sogar die Magistrate wurden am Ende eines jeden Jahres einberufen, um sich für ihre Handlungen zu rechtfertigen.[4] Doch wie uns Tacitus und Sueton enthüllten, sollte sich Rom seiner ständigen Eroberungszüge und anschließenden Krisen wegen immer wieder zu Modifikationen dieses Systems gezwungen sehen. In Krisenzeiten hatten die Konsuln und der Senat die Möglichkeit, für die Dauer eines halben

Jahres einen *dictator* zu ernennen (was an den Tyrannen Griechenlands erinnert). Falls gerade mehrere Kriege gleichzeitig geführt wurden, konnten auch mehrere Magistrate gewählt werden, wobei einige mit militärischen Funktionen ausgestattet und andere mit rein zivilen Verwaltungsaufgaben betraut wurden. Auf diese Weise begann die Verwaltungsmaschinerie der Republik allmählich die vertraute Form der Magistrate anzunehmen, die vom Senat (der Gruppe der *senes*, der älteren Männer) beraten wurden.[5]

Das *imperium* war den Königen von Rom anlässlich der Gründung der Stadt von den Göttern verliehen worden, was gleichbedeutend war mit dem Recht, im Namen des Volkes Entscheidungen zu treffen. Die akzeptierte Folge war, dass das *imperium* immer der Person selbst »gehörte«, die gerade die Macht ausübte, und von dieser nach eigenem Gutdünken eingesetzt werden konnte. Daneben stand dieser Begriff aber auch für die Macht Roms oder doch zumindest für die seiner Bürger. *Imperium* war der Hebel, mit dem die *res publica* die Dinge in Gang setzen konnte. Es war weniger eine abstrakte Vorstellung von Macht als vielmehr ein Ausdruck des Willens, Befehle zu erlassen (*imperare* heißt »befehlen« oder »beherrschen«). Noch lange nachdem man sich der Könige entledigt hatte, holte sich der Magistrat vor jeder für den Staat wichtigen Handlung mit Hilfe der Priester die Meinung der Götter ein *(auspicium)*. An seinem ersten Tag im Amt pflegte jeder Magistrat frühmorgens zu den Göttern zu beten, um sich ihrer Billigung seines *imperiums* zu versichern. Obzwar kein Fall der Ablehnung durch die Götter bekannt ist, scheint dieses Ritual doch auf Dauer für notwendig erachtet worden zu sein.[6]

Im Laufe der Zeit teilten sich die Magistrate in solche mit und solche ohne *imperium* auf. Konsuln und Diktatoren besaßen *imperium*, ebenso die Praetoren – eine neue Magistratsklasse, die 366 v. d. Z. ins Leben gerufen worden war, um die Konsuln von der Zuständigkeit für die Gerichtsbarkeit zu entlasten. Zu den Magistraten ohne *imperium* zählten die Quaestoren, die mit der Verwaltung der Staatskasse und dem Eintreiben von Steuern und Pachten betraut waren; die Tribunen, die als Vertreter der Volksversammlung die Interessen der Plebejer gegenüber den Patriziern vertraten; und die Aedilen, die für die Instandhaltung und Sicherheit der Stadt, die Einhaltung der Marktordnung, Kontrolle der Bäder, Speicher und Magazine und vieles mehr zuständig waren. Schließlich gab es noch die Censoren, »deren Aufgaben eher denen des uns bekannten Zensus als denen eines Zensors ähnelten«, denn neben ihren anderen Pflichten hatten sie auch die Aufsicht über das Sittenwesen und konnten somit jeden ermitteln, der die Moralität des Staates gefährdete und deshalb ungeeignet war für ein öffentliches Amt. Wie alle anderen Magistrate, so waren auch sie berechtigt, eine bestimmte Art von Toga zu tragen und von den Göttern *auspicia* einzuholen.[7]

Die römische Form der repräsentativen Demokratie war eine ziemlich komplexe Angelegenheit. Aber das musste sie wohl auch sein, bedenkt man, dass bis zur Zeit des ersten Kaisers Augustus (63 v. d. Z. – 14 n. d. Z.) allein in Rom bereits eine Million Menschen lebten und sich das Imperium inzwischen über fast fünftausend Kilometer von West nach Ost (vom Atlantik bis zum Kaspischen Meer) und rund dreitausend von Nord nach Süd (von England bis zur Sahara) erstreckte. Nicht einmal ein derart leidenschaftlicher Wächter über die Effizienz des Reiches wie Augustus konnte ein solches Riesengebiet alleine verwalten.

Praktisch gab es neben den Magistraturen deshalb noch vier weitere politische Körperschaften. Die *comitia centuriata* waren ursprünglich ins Leben gerufen worden, um die Interessen des Heeres zu vertreten, sollten aber schließlich mit hundertdreiundneunzig Centurien die Repräsentanz des ganzen Volkes übernehmen, das nun je nach individuellem Vermögen (welches von den Censoren festgestellt wurde) in fünf Klassen eingeteilt wurde: Die oberste Klasse war durch siebzig Centurien vertreten, die unterste (die nicht einmal als *classis* definiert war und der alle Besitzlosen angehörten) nur durch einen einzigen Centurio. Diese Unglückseligen nannte man *proletarii*, weil sie nicht einmal etwas Sinnvolles zum landwirtschaftlichen System beitragen und nichts außer Kinder *(proles)* produzieren konnten. Im Falle der *comitia populi tributa* und des *concilium plebis* galt jeweils der Stamm *(tribus)* als Wahleinheit. Ursprünglich hatte es nur vier in Rom angesiedelte Stämme gegeben, bis zum Jahr 241 v. d. Z. pendelte sich ihre Zahl auf fünfunddreißig ein. In diesen beiden Gremien waren den Reichen nicht mehr automatisch all die Vorteile garantiert, die sie in den *comitia centuriata* genossen, denn hier ging es nun hauptsächlich um konstitutionelle Ausgewogenheit: Die *comitia centuriata* wurde von Patriziern dominiert, das *concilium plebis* war die Stammesversammlung der Plebejer, die *comitia populi tributa* die Vertretung des gesamten Volkes. Diese Versammlungen waren mächtig, doch eben nur bis zu einem gewissen Punkt, denn in Wahrheit waren sie alle von den Magistraten abhängig, und die kontrollierten, welche Fragen auf die Tagesordnung gesetzt wurden und wann die nächste Wahl anberaumt wurde.[8]

Das zweite Entscheidungsgremium war der Senat. Ursprünglich hatten die Konsuln jährlich einen neuen Senat gewählt, doch seit die Censoren im 4. Jahrhundert v. d. Z. diese Verantwortung übernommen hatten, wurden alle Senatoren auf Lebenszeit ernannt. Und diesem einfachen, aber grundlegenden Umstand war es zu verdanken, dass der Senat zum dauerhaftesten Element der gesamten Staatsstruktur wurde. Abgesehen davon waren alle Senatoren einst selbst Magistrate gewesen und ergo nicht nur erfahrene Männer mit guten Verbindungen, sondern auch Politiker, die keinen Ehrgeiz mehr darauf verschwenden mussten, ein hohes Amt zu ergattern. Vor allem diese Beschaffenheit verlieh dem Senat sein immenses Ansehen. Genau genommen hatte er eine rein beratende Funktion: In Rom selbst waren ständig fünfhundert Senatoren anwesend, die übrigen taten in den Provinzen ihre Pflicht. Nur der oberste Magistrat konnte den Senat einberufen. Jede Sitzung begann damit, dass der Konsul der Versammlung das Problem vortrug, für das er Rat suchte. Die Antwort der Senatoren erfolgte in einer festgelegten Reihenfolge: Als Erstes antwortete der designierte Konsul (falls die Wahl für das kommende Jahr bereits stattgefunden hatte), dann kamen alle Senatoren, die bereits eine Amtszeit als Konsul hinter sich hatten, und immer so weiter die Stufenleiter herunter. Wenn die Zeit knapp zu werden drohte (der Senat durfte seine Sitzungen nicht bei Dunkelheit fortsetzen), begannen die Senatoren niedrigeren Ranges ihren Rat abzugeben, indem sie durch die Halle gingen und sich zu dem Kollegen setzten, mit dessen Meinung sie konform gingen. Diese Gruppe nannte man *pediarii*, »Fußsoldaten«, da sie sozusagen mit den Füßen abstimmten. Am Ende der Sitzung rekapitulierte der Konsul die allgemeine Stimmung der Versammlung und erließ, so er nicht eines Besseren belehrt worden war, ein *senatus consultum*, ein Dekret gemäß der offiziellen »Empfehlung des Senats«. Gab es noch irgendwelche Zweifel, wurde abgestimmt. Obwohl die Entscheidung des Senats theoretisch also ein reiner »Ratschlag« war, war es in der Praxis doch schwierig für den Konsul, das *senatus consultum* zu ignorieren. Ein Konsul war immer nur für ein Jahr im Amt und schloss sich normalerweise anschließend selbst dem Senat an; deshalb riskierten es nur wenige, die Klingen mit künftigen Kollegen zu kreuzen, mit denen sie den Rest ihres aktiven Lebens verbringen würden. Der Senat bekam neue Gesetzestexte vor jeder anderen Versammlung zu Gesicht, was natürlich bedeutete, dass er auch die Stärke des Heeres kontrollieren und damit effektiv die Außenpolitik bestimmen konnte.[9] Und angesichts der zentralen Rolle, die das *imperium* im Selbstbild Roms spielte, trug auch dieser Fakt ungemein zum Prestige des Senats bei.

*

In jedem Geschichtsbuch steht, dass das römische Gesetzeswerk der bedeutendste Beitrag der Römer zur Zivilisation gewesen sei.[10] Die Griechen hatten weder einen geschriebenen Gesetzestext erschaffen noch eine Rechtstheorie entwickelt, weshalb die Schöpfung der Römer in diesem Fall definitiv ihre eigene Leistung gewesen war. Das römische Recht wurde zur Grundlage von vielen heutigen Rechtssystemen im Westen und gehört nach wie vor zum Lehrwissen fast aller Universitäten. Nach Meinung der Historiker aus der französischen *Annales*-Schule war nicht zuletzt die Tatsache, dass damit so viele europäische Staaten ein gemeinsames rechtliches Erbe teilten, für den Aufstieg Europas seit dem 12. Jahrhundert verantwortlich.

Erstmals formalisiert wurde das römische Recht durch das 451/450 v. d. Z. eingeführte Zwölftafelgesetz *(leges duodecim tabularum)*. Wie die Zehn Gebote, so legte auch diese Gesetzessammlung auf in diesem Fall zwölf bronzenen Tafeln alle grundlegenden Verfahrensweisen und Strafen fest, die auch zu einem wesentlichen Bestandteil des Erziehungssystems werden sollten. In der Jugendzeit Ciceros mussten noch alle Schüler diese Tafeln auswendig lernen. Zu Zeiten der späten Republik gab es bereits Strafgerichte, die auch wir als solche erkennen würden. Berufene *iudices* verhandelten Strafsachen nach einem formalisierten Verfahren, das seinerseits zwei neue Berufsstände ins Leben gerufen hatte: zum einen den Advokaten, der im Namen eines Klienten vorsprach. In Rom war das eine Aufgabe, die jeder ausreichend gebildete Mann übernehmen konnte, da jeder Schüler mit einer Rhetorikausbildung auf genau solche Debatten vorbereitet wurde. Von diesen Advokaten wurde erwartet, dass sie ihre Aufgabe zum allgemeinen Wohl leisteten *(pro bono)*. Sowohl Cicero als auch Plinius hatten diese Pflicht übernommen. Parallel dazu etablierte sich zum anderen der Beruf eines Rechtsexperten – der erste »Anwalt«. Bis dahin hatten diese Aufgaben zum Vorrecht der Priester *(pontifices)* gehört, doch je größer die Stadt Rom und je komplexer das Leben dort wurden – und weil nun auch so viele Streitigkeiten nichts mehr mit Glaubensfragen zu tun hatten –, desto dringender wurden Experten benötigt. Die Juristen, wie sie damals bereits genannt wurden, schrieben zudem Kommentare (Rechtsauslegungen und Widerlegungen) über die Entscheidungen des Senats und über andere Erlässe. Anfangs pflegten führende Juristen ein oder zwei »Schüler« anzunehmen; aus dieser Gepflogenheit sollten sich die ersten juristischen Fakultäten entwickeln.[11]

Ein Werk über das römische Recht blieb uns fast vollständig erhalten: die *Institutiones* (*Anweisungen* oder *Belehrungen*), die der Jurist Gaius um das Jahr 150 n. d. Z. verfasst hatte und die viele Jahre als Lehrbuch für das römische Recht dienten.[12] Anhand der Art und Weise, wie es die eigentlichen Gesetze *(leges)*, aber auch Dekrete des Senats, Entscheidungen des Kaisers und Konsensentscheidungen der Rechtsexperten zusammenfasst, lässt sich gut nachvollziehen, wie der Umfang dieses Gesetzeswerks allmählich angewachsen war und schließlich für alle Bürger des Römischen Reiches Geltung gewonnen hatte.

Die Säule des römischen Rechts war die Unterscheidung nach dem Stand, was völlig von unserem modernen Rechtsverständnis abweicht, da unsere Gerichte ja verpflichtet sind, weder die Geschlechtszugehörigkeit noch die Ethnie eines Delinquenten zu berücksichtigen. Das römische Recht unterschied hingegen nicht nur den Sklaven vom freien Mann, sondern teilte sogar den Begriff der Freiheit in unterschiedliche Stufen ein – zum Beispiel in die Freiheit von Personen, die einem anderen (Herrn, Vater, Ehemann) untertan waren, oder in die von Personen, die rechtlich frei waren, aber einer Vormundschaft unterstanden (Kinder, Frauen). So etwas ging natürlich nicht ohne Komplikationen ab. Bei einer Freveltat *(iniuria)* beispielsweise gegen eine verheiratete Frau konnte es am Ende aus rechtlicher Sicht gleich drei Opfer geben – die Frau selbst, ihren Vater, sofern er noch lebte, und ihren Ehemann. Und je höher die gesellschaftliche Stellung des Opfers war, umso schwerer wog das Verbrechen.[13]

Der sichtbarste Aspekt von Stand und *dignitas* war die Macht, die dem Vater mit der *patria potestas* rechtlich eingeräumt wurde. Der Vater hatte in Rom die absolute Macht über seine Familie, und damit ist tatsächlich eine Macht über Leben und Tod gemeint – denn genau das bedeutet der Begriff *pater familias*. Hier ging es um die absolute Macht über alle legitimen Kinder, auch wenn sie bereits erwachsen waren, sowie über sämtliche Sklaven im eigenen Haushalt und über die Ehefrau (sofern durch Ehekontrakt ein Transfer der väterlichen Macht *[manus]* über die Tochter auf deren künftigen Ehemann vollzogen worden war). Es wurde schon oft erklärt, dass die römische *familia* als ein »Staat im Staate« zu betrachten sei. Fest steht jedenfalls, dass die väterliche Macht nicht nur absolut war, sondern auch misstrauisch verteidigt wurde. Bei außergewöhnlichen Verbrechen, die von Söhnen oder Ehefrauen begangen worden waren, wurde sogar die Gewahrsamspflicht des Staates auf den Vater übertragen.[14]

Solange der eigene Vater am Leben war, konnte niemand in Rom die vollständige Unabhängigkeit für sich beanspruchen, ganz besonders nicht bei finanziellen oder vertraglichen Fragen. Ein erwachsener Sohn konnte eigenen Besitz nur durch ein *peculium* erwerben, das heißt, der Vater konnte dem Sohn Vermögen zur freien Verfügung überlassen, für das der Sohn dann persönlich haftbar war und das ihm jederzeit wieder entzogen werden konnte. Zu Lebzeiten des Vaters durfte der Sohn weder ein eigenes Testament verfassen noch selbst Eigentum erwerben. Egal, ob es sich beim Sohn um einen Magistrat oder gar Konsul handelte – solange der Vater am Leben war, stand er unter der *patria potestas*. Andererseits entschärfen die demografischen Gegebenheiten dieses Bild etwas, denn fast ein Drittel aller Kinder hatte bereits im Alter von zehn Jahren keinen Vater mehr; bei Erreichen des fünfundzwanzigsten Lebensjahrs (dem durchschnittlichen Heiratsalter) waren bereits über zwei Drittel aller Männer unabhängig; im einundvierzigsten Lebensjahr (dem Mindestalter, um Konsul werden zu können) lebten nur noch die Väter von sechs Prozent aller Männer. Hinzu kam, dass ein Vater durchaus das Recht hatte, seinen Sohn zu »emanzipieren«, was ursprünglich nichts anderes bedeutete, als ihn aus der *manus* zu entlassen. Doch dieses Recht scheint selten in Anspruch genommen worden zu sein.

Nicht weniger kompliziert war die rechtliche Beziehung zwischen Ehemann und Ehefrau. Die Römer legten großen Wert darauf, dass ein Mann seine Frau unter striktester Kontrolle hielt. Praktisch war diese Möglichkeit jedoch ganz davon abhängig, welche Art von Ehe das Paar geschlossen hatte. Es gab drei mögliche Formen, zwei davon bedienten sich alter Rituale. Im einen Fall musste das Paar den Göttern im Beisein von zehn Zeugen einen Emmerkuchen opfern, im anderen »verkaufte« der Vater seine Tochter in der Gegenwart von fünf Zeugen an den künftigen Ehemann. In beiden Fällen ging die Kontrolle des Vaters damit voll und ganz auf den Ehemann über. Der Besitz der Frau wurde ihm übertragen, und sie stand ab sofort unter seiner *manus*.[15]

Was die Frau von solchen Arrangements hatte, ist schwer zu sagen. Es gab aber eine Alternative, nämlich die dritte Art von Ehe nach dem »Gewohnheitsrecht«, wie es die Römer in ihrem unnachahmlichen Stil nannten: Hatten Mann und Frau ein Jahr zusammengelebt, genügte das, um die Frau dem Manne untertan zu machen. Nach demselben Prinzip reichte es aber auch aus, dass ein durch Gewohnheitsrecht verbundenes Paar drei Nächte im Jahr getrennt verbracht hatte, um dieses Recht hinfällig zu machen. Man konnte also ohne großes Gewese »heiraten« und brauchte nicht einmal die Zustimmung des Partners, um sich von ihm oder ihr wieder zu trennen. Dieser Brauch hatte keinen geringen Einfluss auf die römische Vorstellung von Liebe oder einem gemeinsamen ehelichen Besitz – den es im Normalfall ja nicht gab, denn wenn das Paar vor Zeugen geheiratet hatte, gehörte dem Ehemann grundsätzlich alles. Ergab sich der Stand der Ehe jedoch aus dem Gewohnheitsrecht, so blieb der Besitz der Frau in ihrer Hand; im Fall der Trennung nahm sie ihn wieder mit. So gesehen ist es wohl auch nicht überraschend, dass Trennungen und Wiederverheiratungen in Rom an der Tagesordnung waren.[16]

Welche Bedeutung das Rechtssystem für die Wohlhabenden im römischen Staat hatte, zeigt sich nicht zuletzt anhand der Tatsache, dass Entscheidungen für nichtig erklärt werden konnten, wenn nicht der richtige Weg eingehalten worden war. Nicht einmal der Kaiser durfte bei seinen Entscheidungen den Stand einer gegnerischen Partei in einem Rechtsstreit außer Acht lassen. Das Gesetz war, wie Plinius schrieb, dem Kaiser übergeordnet, nicht umgekehrt. Und das war ein entscheidender Schritt hin zur Entwicklung der bürgerlichen Gesellschaft.

Man kann wohl sagen, dass der Höhepunkt des römischen Rechts mit dem Kodex des Kaisers Justinian (527–565) erreicht war. Er sollte nicht nur die Entwicklung des Rechts zu seiner heutigen europäischen Form beeinflussen, sondern später auch die Entwicklungen in den Ländern bestimmen, die von europäischen Mächten kolonisiert worden waren. Der Kodex setzte sich aus vier Teilen zusammen: aus den *Institutionen* (das Lehrbuch war in vier Bücher aufgeteilt), den *Digesten* (einer Sammlung der Schriften von Rechtsgelehrten), dem *Codex* (einer Sammlung von Kaisergesetzen) und den *Novellen* (einer Sammlung der gesetzlichen Neuerungen des Justinian). Da in diesem Werk also sowohl die Evolution von Ideen beschrieben als auch die Namen der dafür Verantwortlichen benannt werden, eignet es sich besonders gut für historische Forschungen über die Entwicklung des römischen Rechtsverständnisses. Die unter dem Begriff *Corpus Iuris Civilis* zusammengefassten Gesetzestexte haben nicht nur das bürgerliche Verwaltungsrecht ins Leben gerufen, sondern auch die Reichweite der kirchlichen Macht und Privilegien kodifiziert. Im Mittelalter war der Justinianische Codex im östlichen Teil des Reichs (Byzanz) zwar einflussreicher als im westlichen, doch als der Westen im 12. Jahrhundert die Klassiker wiederentdeckte, sollte der Codex auch dort zu neuen Ehren kommen.

*

Das Fach der Rechtslehre war wie gesagt zu Ciceros Zeiten ein wichtiger Bestandteil des schulischen Lehrstoffs gewesen. Der Schulunterricht und alles, was zu einer Ausbildung gehörte, waren in Rom wesentlich besser als je zuvor an irgendeinem anderen Ort organisiert. Es gab Schulen in Babylon, Akademien im alten Griechenland und Bibliotheken mit einem Stab von Gelehrten in Alexandria und Pergamon, aber Rom hatte nicht nur ein wesentlich ausgedehnteres Schulsystem mit einem standardisierten Curriculum zu bieten, sondern auch viel mehr öffentliche Bibliotheken (neunundzwanzig unseres Wissens nach), einen blühenden Buchhandel, die ersten Verlage, von denen wir Kenntnis haben, viele neue Entwicklungen im Bereich der Literaturkritik, einen Kunsthandel mit Ausstellungswesen, Innenausstattung (hauptsächlich Mosaiken), größere Theater (die zentral gelegenen Gebäude wurden nun von Grund auf unter der Verwendung von Gussmörtel errichtet) und mit der Satire schließlich auch eine ganz neue Art von Literatur. Das Geistesleben und die Ideenwelten waren in Rom umfassender und besser organisiert als in irgendeiner früheren Kultur.

Die Söhne der Elite wurden nach einem Standard- oder »Kerncurriculum« unterrichtet, jedenfalls, wenn ihre Eltern wollten, dass sie eine politische Laufbahn einschlugen. Und genau dieser Kern, dieses allen Lehrstoffen gemeinsame Element, war vermutlich auch für die Verbreitung der römischen Kultur im Westen verantwortlich. Das Erste, was den Jungen im Alter zwischen sieben und elf Jahren beigebracht wurde, war Latein. Über die längste Zeit der zweitausendjährigen abendländischen Geschichte nach der Zeitwende sollte die lateinische Sprache eine Sonderstellung einnehmen. Die Erfolge des Römischen Reiches hatten für die Verbreitung seiner Sprache gesorgt, bis Latein schließlich auch von der frühchristlichen Kirche übernommen und zur Lingua franca wurde – zuerst im Kirchenbereich, dann auch auf Diplomaten- und Gelehrtenebene. Und weil die griechische Antike und Rom als die einzig wahren Quellen der abendländischen Zivilisation galten, begann der kenntnisreiche Umgang mit ihren Sprachen zum Markenzeichen des zivilisierten Menschen zu werden. Latein »lehrte geistige Beweglichkeit, einen angemessenen Sinn für Ästhetik und, weil die Sprache nur durch harte Arbeit erlernbar war, Generationen von Knaben den Wert von ›Schinderei‹ und die Fähigkeit, alle Kräfte auf ihre Konzentrationsfähigkeit zu bündeln«. »Latinität«, die mustergültigen Kenntnisse des klassischen lateinischen Schrifttums, stand für »Ordnung, Klarheit, Reinheit, Genauigkeit und einen knappen Stil, wohingegen ›Umgangssprachen‹ als schlampig, zusammenhanglos, ungebildet und ungehobelt galten«.[17] Natürlich *war* Latein von Bedeutung, allerdings nicht ganz in der eben geschilderten Manier. In späteren Kapiteln wird noch über die Rolle zu sprechen sein, die diese Sprache in der Kirche, im Geistesleben und bei der Evolution des modernen Europa spielte, doch zuvor müssen wir erst einmal ihre Funktion in Rom selbst betrachten.

Im zweiten Kapitel wurde dargestellt, auf welchem Stand sich die Weltsprachen an dem Punkt befanden, als sich die Stämme in die Neue Welt aufgemacht und von den Völkern der Alten getrennt hatten. Die Entstehungsgeschichte der lateinischen Sprache kann unsere Kenntnisse von dieser Historie nun auf einen neueren Stand bringen. Welche historische Bedeutung die lateinische Sprache wirklich hatte, wurde eigentlich erst im Jahr 1786 erkannt, als Sir William Jones – der englische Richter, dem wir bereits in Indien begegnet sind – ein außergewöhnlicher intellektueller Durchbruch gelang. Sir William hatte sich mit Orientalistik beschäftigt, bevor er sich entschloss, Rechtswissenschaften zu studieren – was damals notwendigerweise bedeutete, dass er Latein beherrschen musste. Kaum war er 1785 in Kalkutta eingetroffen, begann er Sanskrit zu lernen, also die Sprache, in der die indischen Schriften verfasst worden sind. Nach Monaten des Studiums und Nachdenkens hielt er schließlich eine Rede vor der bengalischen Asiengesellschaft, um eine Idee vorzustellen, die man wohl als den historischen Beginn der gesamten Linguistik bezeichnen kann: Sir William war zu der bahnbrechenden Erkenntnis gelangt, dass das Sanskrit sowohl im Hinblick auf seine Wurzeln als auch auf seine Verben und grammatikalischen Formen dem Griechischen wie dem Latein sehr ähnlich war – so ähnlich sogar, dass er glaubte, alle drei Sprachen müssten eine gemeinsame Quelle haben. Die Argumentationskette des Richters war derart überzeugend, dass sich seither Tausende von Forschungsprojekten mit den lebenden und toten Sprachen des eurasischen Kontinents befassten und dabei generell zu dem Schluss kamen, dass es tatsächlich einmal eine »Muttersprache« – Indoeuropäisch, wie es das Volk sprach, das die Landwirtschaft erfand – gegeben haben und diese sich im Zuge der agrikulturellen Entwicklungen so verbreitet haben musste, dass sie zur gemeinsamen Basis für alle (oder jedenfalls die meisten) Sprachen auf der eurasischen Landmasse wurde.[18] Wir werden auf dieses Thema noch genauer eingehen.

Die italischen Sprachen (Latein, Oskisch, Umbrisch) sind den keltischen Sprachen (Irisch, Gälisch, Walisisch, Kornisch, Bretonisch) tatsächlich derart ähnlich, dass sich einige Wissenschaftler schließlich auf die folgende These einigten: Um das Jahr 1800 v. d. Z. herum tauchten irgendwo im Mitteldonauraum italo-keltische Sprachgemeinschaften auf; aus irgendeinem Grund wanderte die italische Gruppe dann Richtung Süden ab, zuerst auf den Balkan und anschließend über die Adriaregion oder die Adria selbst nach Italien, während die keltischsprachige Gruppe Richtung Westen nach Gallien zog, von wo aus sie schließlich nach Spanien, Norditalien und auf die Britischen Inseln migrierte. Im Vergleich zum Griechischen sind Grammatik und Syntax im Lateinischen archaischer, näher am ursprünglichen Indoeuropäischen geblieben. Deutlich kenntlich wird das am Beispiel des Beugungsprozesses. Bei Flexionssprachen enthüllt sich der Bezug zwischen den einzelnen Wörtern durch Endungen, die dem Stamm hinzugefügt werden; bei der lateinischen Sprache enthüllen sich diese Bezüge auch durch Vorsilben.[19]

Diese indoeuropäisch-/italischsprachigen Neuankömmlinge scheinen Italien in drei Wellen während des 2. Jahrtausends v. d. Z. besiedelt zu haben. Als Erstes trafen Angehörige der proto-lateinischen Sprachgruppe ein, doch sie wurden von den nächsten Ankömmlingen schon bald nach Westen verdrängt; ihre Sprache überlebte nur im unteren Tibertal, wo sie von einem latinischen Stamm bewahrt wurde, und in Form von Dialekten, die um Falerii und auf Sizilien gesprochen werden. Die zweite Welle siedelte sich in den mittelitalienischen Bergen an und entwickelte in Nordmittelitalien den umbrischen und weiter südlich den oskischen Dialekt, benannt nach den Oskern, einem am Golf von Neapel siedelnden Stamm (die Römer bezeichneten seine Angehörigen als Samniter, den Hauptstamm als Sabiner). Zwischen 1000 und 700 v. d. Z. wurde die Adriaküste schließlich von einer dritten Einwandererwelle überrollt, zu deren Sprachen auch das im Norden gesprochene Venetisch zählte.[20]

Der erste Nachweis für geschriebenes Latein fand sich auf der Arretiervorrichtung einer goldenen Gewandschließe *(fibula)*, die auf das Jahr 600 v. d. Z. datiert wurde. Die Inschrift wurde in griechischen Buchstaben eingraviert, und zwar entgegen dem späteren Brauch von rechts nach links. In römische Buchstaben konvertiert lautet sie: *Manios med fhehfeked Numasioi*, was sich ins spätere Latein übertragen als *Manius me fecit Numasio* liest: »Manius machte mich für Numasius.« Aus der Zeit vor dem 3. Jahrhundert v. d. Z. finden sich nur sehr wenige Inschriften, was den Gedanken nahe legt, dass die Römer nur wenig schrieben, oder wenn, dann nur auf verderbliche Materialien. Währenddessen verbreitete sich das Latein bis 200 v. d. Z. ganz allmählich in den oskischen Raum und erreichte im 1. Jahrhundert v. d. Z. Apulien tief im Süden.[21] Doch es gab viele Regionen in Italien, in denen noch Oskisch gesprochen wurde, lange nachdem Latein sogar in Spanien üblich geworden war. Wir wissen zwar, dass es frühe lateinische Dokumente gab, zum Beispiel den Vertrag, den der römische Konsul Spurius Cassius im Jahr 493 v. d. Z. mit dem latinischen Stamm schloss, außerdem kennen wir die besagten Zwölf Tafeln (451–450 v. d. Z); doch die Lese- und Schreibfähigkeiten müssen damals noch sehr begrenzt gewesen sein, sonst hätten gewiss mehr Inschriften oder Schriften überlebt.

Die frühesten literarischen Zeugnisse, die uns geblieben sind, haben generell noch die Muster und Rhythmen der wörtlichen Rede gewahrt, das heißt, sie sind repetitiv hinsichtlich Reim oder Rhythmus. Und das ergab durchaus einen Sinn, denn gereimte und rhythmisch betonte Geschichten sind viel leichter im Gedächtnis zu behalten. Unser Begriff »Vers« leitet sich von dem lateinischen Substantiv *uersus* (»Abwendung/Verkehrung«) und dem Verb *uerto* (»ich wende mich«) ab. Ursprünglich war mit dem Substantiv die Ackerfurche bezeichnet worden, da der Pflug nicht nur die Erde von unten nach oben wendet, sondern sich auch auf dem Acker selbst hin- und herbewegt. Abgeleitet davon wurde das Wort dann außerdem für eine gerade Reihe von Setzlingen in einer Furche und schließlich für Linien aller Art verwendet, darunter auch für die Verszeile. Die Wörter »Vers« und »Poesie« scheinen ein und dasselbe bedeutet zu haben, doch genau genommen bezog sich der Begriff »Vers« nur auf die *Form*, während »Poesie« – abgeleitet vom griechischen Verb für »machen« – sowohl Form als auch Inhalt bezeichnete.[22] Heute pflegen wir sowohl den Begriff »Vers« als auch den der »Poesie« dem der »Prosa« gegenüberzustellen, abgeleitet vom lateinischen Adjektiv *prorsus*, »geradeaus gerichtet«. Eine *prosa oratio* war eine geradeaus gerichtete, das heißt »schlichte« Rede in ungebundener Form, die sich also nicht wie ein Vers »wendete«.

Das Vokabular der lateinischen Sprache war ärmer als das der griechischen. Viele Wörter waren anderen Sprachen entnommen (das Latein entlehnte beispielsweise doppelt so viele Wörter aus dem Griechischen als das Griechische aus den Sprachen, die weiter östlich gesprochen wurden). Manche Mängel waren sogar ziemlich elementar. So verfügte das Griechische zum Beispiel nicht nur über wesentlich mehr Wörter für Farben als die lateinische Sprache, sondern auch über eine zusätzliche Genus, Numerus, Modus, Tempus und über doppelt so viele Partikel. Andererseits besaßen die Römer mehr Wörter zur Beschreibung von Familienangelegenheiten und unterschieden außerdem zwischen mütterlichen und väterlichen Verwandten. Und da ihr beliebtestes Fleischgericht Schweinefleisch war, finden wir bei ihnen auch wesentlich mehr Bezeichnungen für »Schwein« als in irgendeiner anderen Sprache. Im Latein gab es zudem eine Menge rechtlicher und militärischer Metaphern, und da das Reich größtenteils noch landwirtschaftlich geprägt war, beeinflusste natürlich auch dieser Bereich die Sprachentwicklung. Der Begriff »delirieren« (irre sein oder reden) leitet sich zum Beispiel von *de lira ire* ab, was wörtlich »von der Furche (geraden Linie) abweichen« bedeutet. Daraus entwickelte sich dann wiederum *delirare*, »verrückt sein«. Auch »Kalamität« (Verlegenheit, Notlage) hatte ursprünglich einen landwirtschaftlichen Zusammenhang, denn es leitet sich von *calamitas* ab, etwas Schädlichem, das die Ernte zerstört. Die Römer wussten, dass Latein nicht die Anmut des Griechischen besaß und sich eher für Rhetorik als für Lyrik eignete. Darin lässt sich in gewisser Weise auch ihre Vorstellung wiederfinden, dass Virilität und Würde die wichtigsten persönlichen Eigenschaften seien. In der lateinischen Sprache findet sich kaum eine Spur von Affektiertheit oder literarischer Raffinesse. Das Latein, das den Römern über die Lippen kam, war eine disziplinierte Sprache mit vielen um ein einzelnes Leitverb gruppierten Gliedern, die geradezu militärisch Aufstellung nahmen: Alle Satzglieder blicken zum Verb wie Regimentssoldaten zu ihrem Kommandeur. Latein war eine konkrete, präzise Sprache, die jede Abstraktion vermied. Außerdem war das klassische Latein eine maskuline Sprache: Wir kennen sehr viel mehr Schriften von Frauen aus dem Griechischen als aus dem Lateinischen.[23]

Wir haben heute viele Wörter, die vom Lateinischen abstammen und deren Etymologien oft Rückschlüsse auf römische Ideen zulassen. Zum Beispiel *tribuni*: Anfänglich wurden damit die Stammesführer bezeichnet, dann Magistrate, deren Aufgabe es war, das Volk zu schützen; der erhöhte Sitzplatz, von dem aus sie ihres Amtes walteten, hieß *tribunale*, daher unser Wort »Tribunal«. *Candidatus* wurde der Bewerber für einen Magistratsposten genannt, abgeleitet von der strahlend weißen *toga candida*, die der Kandidat nach seiner Zulassung trug, damit ihn die Wähler erkennen konnten. Unser Begriff »kulminieren« leitet sich von *culmen* ab, wörtlich »höchster Punkt«, was auch die Bezeichnung für die Binsen war, mit denen die Hausdächer gedeckt wurden. Die Begriffe »Kontemplation« und »Tempel« sind miteinander verwandt, denn als *contemplari* wurde ursprünglich der Akt der Himmelsbeobachtung bezeichnet. Ein heiliger Ort hieß *fanum*, folglich wurde der unheilige Boden vor dem Tempel *pro fanum* genannt. Latein mag im Vergleich zum Griechischen seine poetischen Defizite haben, aber es war ein verzahntes, in sich logisches System, das Generationen von Menschen in allen Zeitaltern faszinieren sollte.[24]

Der Höhepunkt des klassischen Lateins, das so genannte »goldene Zeitalter« (es gab auch ein »silbernes«), fiel in die Zeit von Augustus und war der Prosa von Cicero und der Dichtung von Vergil zu verdanken. Die anschließende Karriere dieser Sprache verlief dann alles andere als geradlinig, bis sie schließlich zu einer toten Sprache wurde. Nach dem Ende des römischen Westreichs im 5. Jahrhundert n. d. Z. begann sich die Sprechweise der kleinen Leute zu verändern und in diverse »romanische Umgangssprachen« aufzufächern. Latein wurde zu der Sprache, in der man sich international verständigte. In schriftlicher wie gesprochener Form wurde es von den Gelehrten, auf dem diplomatischen Parkett und innerhalb der Kirche bis mindestens ins 17. Jahrhundert, in einigen Ecken Europas sogar noch länger verwendet. Parallel dazu hatte sich die literarische Sprache, wie sie rhetorikgeschulte Autoren sprachen, immer weiter vom umgangssprachlichen Latein entfernt: Ungeachtet der Eleganz Ciceros und der anmutigen Sprachfertigkeit von Vergil hatte sich im Volk das Vulgärlatein durchgesetzt. Als Pompeji im Jahr 79 in den Asche- und Lavamassen des Vesuv versank, wurde das Alltagsleben der Bewohner für alle Ewigkeit wie in einer Momentaufnahme »eingefroren«. Bei archäologischen Grabungsarbeiten sollten neben vielen anderen Dingen auch *graffiti* (das italienische Wort für »Schraffierungen«) an den Wänden entdeckt werden, in denen das Alltagslatein des gewöhnlichen Volkes aus der Mitte des 1. Jahrhunderts n. d. Z. festgehalten ist. Vieles sind derbe Flüche über den einen oder anderen persönlichen Feind des jeweiligen Verfassers – und das in einer Sprache, die mit Cicero oder Vergil nicht mehr viel zu tun hatte.[25]

Auch in der Kirche hatte die lateinische Sprache nun die Führung übernommen. Entstanden war das Christentum unter den griechischsprachigen Bewohnern des südöstlichen Mittelmeerraums, und auch die ersten Bischöfe von Rom sprachen Griechisch. Die ersten christlichen Missionare und die Autoren des Neuen Testaments (Evangelien und Episteln) sprachen die so genannte Gemeinsprache *Koine*, das Altgriechisch der damaligen hellenischen Welt; die Frühchristen in Rom sprachen und schrieben hingegen das Latein der kleinen Leute, die zu den ersten Konvertiten gehörten. Aber natürlich vermieden sie den ciceronischen Stil auch, weil sie ihn mit dem Heidentum der Oberschicht gleichsetzten. Doch das sollte sich ändern. Als das Römische Reich unterging und die Kirche so manche seiner einstigen Funktionen übernahm (die im nächsten Kapitel zur Sprache kommen werden), adaptierte das Christentum auch das von den feineren ciceronischen und vergilischen Elementen geprägte Latein. Am deutlichsten wird das in dem intimen bekennerischen Ton der *Confessiones (Bekenntnisse)*, die Augustinus kurz vor 400 n. d. Z. verfasste und in denen er seine Bekehrung zum Christentum schilderte. Doch gewiss noch wichtiger für den Einfluss der lateinischen Sprache auf die Westkirche war die Bibelübersetzung des Hieronymus (zwischen 380 und 404) in das gesprochene Latein seiner Zeit. Diese *Vulgata* beinhaltet viele klassische Traditionen – wie Satire und Biografie – und sollte zu einem Standardwerk werden, das viele Jahrhunderte überdauerte.[26]

*

Aber kehren wir zur Erziehung des jungen Römers zurück. Die nächste Ausbildungsstufe erfolgte im Alter von zwölf bis fünfzehn Jahren und beinhaltete das Studium von Sprache und Literatur. Der entscheidende Grundlagentext dafür war Vergils *Aeneis*. Die Schüler mussten laut daraus und aus anderen Werken vorlesen und ihre Kritikfähigkeit schulen, indem sie Kommentare zur Grammatik und zu den Redewendungen abgaben und darüber diskutierten, wie der Autor von der Mythologie Gebrauch gemacht hatte. Mit sechzehn Jahren wechselten die Knaben dann von der Literatur zur Rhetorik, die sie zum Beispiel durch ihre Teilnahme an öffentlichen Vorträgen schulten.

»Rhetorik«, sagt der englische Historiker Simon Price, »hat heutzutage generell einen schlechten Ruf. Wir legen mehr Wert auf ›Aufrichtigkeit‹ als auf ›Kunstfertigkeit‹, doch diese Präferenz stellt vor ein echtes Problem, will man die lateinische Literatur oder die Literatur der Renaissance verstehen. Auch C. S. Lewis schrieb: ›Rhetorik ist das größte Hindernis zwischen uns und unseren Vorfahren... Fast unsere gesamte ältere Dichtung wurde von Männern geschrieben und gelesen, für die die moderne Unterscheidung zwischen Poesie und Rhetorik gegenstandslos gewesen wäre.‹« Das Studium der Rhetorik gliederte sich in *suasoriae* und *controversiae* auf. *Suasoriae* sollten den Schülern beim Aufbau ihrer Argumentation helfen, etwa indem sie Probleme der Vergangenheit wie zum Beispiel die Frage diskutierten, ob Caesar die Königskrone annehmen sollte oder nicht. Beim Studium der *controversiae* wurden den Jungen hingegen schwierige Rechtsfragen zur Lösung aufgegeben. Price zitiert den Fall eines Sohnes, der sich mit dem Vater überwirft und aus dem Haus verbannt wird. Er studiert Medizin. Als der Vater erkrankt, seine Ärzte ihn aber nicht heilen können, wird der Sohn gerufen. Er verschreibt eine bestimmte Arznei, der Vater trinkt sie und stirbt. Daraufhin trinkt der Sohn in aller Ruhe dieselbe Tinktur, stirbt aber nicht. Dennoch wird er des Vatermords angeklagt. Die Schüler mussten Anklage und Verteidigung formulieren.[27]

Das System scheint funktioniert zu haben, denn allmählich begannen sich die Privilegien für Lehrer in Rom zu häufen – der Historiker Michael Grant meint allerdings, dass die Behörden stärker hätten eingreifen müssen, um die hohen Standards zu wahren. Vespasian, Kaiser von 69 bis 79 n. d. Z., richtete erstmals zwei besoldete Lehrstühle für griechische und römische Rhetorik in Rom ein, und sogar außerhalb von Rom wurden Lehrer nun von vielen bürgerlichen Pflichten befreit.[28]

*

Das Tempo, mit dem sich die Bildung in Rom verbreitete, war jedoch sehr gemächlich. Trotzdem muss sich etwas von Grund auf verändert haben, denn die Tatsache, dass sich aus dieser Zeit Graffiti finden lassen und mehr oder weniger gewöhnliche Soldaten in der Lage waren, Briefe nach Hause zu schreiben, beweist, dass inzwischen bei weitem nicht mehr nur Senatoren und Politiker lesen und schreiben konnten. Doch wir sollten uns wieder einmal davor hüten, mehr hineinzuinterpretieren, als vorhanden war. Wir müssen uns beispielsweise klar machen, dass es im alten Rom keine Brillen gab und die Menschen ihre Fähigkeiten weder an Massendruckerzeugnissen noch an der Bibel schulen konnten und auch so etwas wie das Lesen von Fahrplänen nicht von ihnen gefordert war. Was das antike Athen betraf, so schätzte ein Historiker, dass nicht mehr als fünf Prozent der Einwohner über eine Minimalbildung im heutigen Sinne verfügt hatten; für das augusteische Rom hält er mehr als zehn Prozent für unwahrscheinlich. Jedenfalls kann es erst einmal niemandem so erschienen sein, als könne der Erwerb von grundlegenden Lese- und Schreibkenntnissen die für uns so offensichtlichen Vorteile mit sich bringen. Viele Menschen trainierten sich nach wie vor lieber ein geradezu phänomenales Gedächtnis an, um schließlich fehlerlos lange Passagen eines Textes rezitieren zu können. Andere begnügten sich damit, solchen Rezitationen einfach nur zuzuhören, und der Respekt vor solchen Gedächtnisleistungen war nach wie vor groß. Auf diese Weise konnten die Menschen also auch insofern eine »Secondhand-Bildung« besitzen, als sie die Bücher »kannten«.[29]

Zu den Argumenten gegen eine massive Verbesserung der Allgemeinbildung zählt die Ökonomie. Im alten Rom bestanden Schriftrollen aus aneinander geklebten Papyri, die ziemlich schwierig zu handhaben waren. Und je mehr Text mit Federkiel und Tinte auf eine immer länger werdende Rolle zu schreiben war, desto schwieriger wurde die ganze Sache. Trotzdem wurden viele Kopien angefertigt. Cicero zum Beispiel war nur einer von vielen, der Texte an seinen Freund Atticus zu schicken pflegte, weil dessen Sklaven jederzeit für die Anfertigung von Kopien zur Verfügung standen. Horaz erwähnt in seinem Brief über die Dichtkunst, welch profitables Geschäft die Gebrüder Sosii als Verleger machten; und sowohl Quintilian als auch Martial führten die großen Erfolge der Verleger Tryphon und Arectus an. Dennoch sind hier Zweifel angebracht. Laut einer Schätzung musste man im 1. Jahrhundert n. d. Z. für ein Papyrusblatt in seinem Produktionsland Ägypten den Gegenwert von dreißig bis fünfunddreißig Dollar (Stand 1989) bezahlen, im Ausland noch einiges mehr. Das erste Buch aus Martials *Epigrammata*-Sammlung – rund siebenhundert Zeilen – wurde mit zwanzig *sestertii* (= fünf *denarii*) ausgepreist, das dreizehnte (276 Zeilen) mit vier (= ein *denarius*). Um eine Idee vom Gegenwert zu bekommen, sei hier Martial selbst zitiert: Für ein *as* bekam man eine Schale Kichererbsen *und* eine Frau. Ein *as* hatte den Wert von 1/18 *denarii*, was John Barsby zu der Aussage veranlasste: »Man hätte fünfundvierzig Schalen Kichererbsen und fünfundvierzig Liebesnächte für den

Wert einer Kopie von Martials Epigrammata haben können. Da ist es doch ein Wunder, dass er überhaupt ein Buch verkauft hat.«[30]

Bei den meisten Schriften handelte es sich aber natürlich weder um Epigramme noch um Philosophie, sondern um technische Texte aus dem Bereich der Landwirtschaft oder um Geschäftsbücher, Sendschreiben und so weiter – um Dinge also, die einer reinen »Handwerkerbildung« bedurften. Petron lässt den Lumpenhändler Echion in seinem *Satyricon* zum Thema »Jus« sagen: *Habet haec res panem* – »Das ist ein Broterwerb.«[31] Im Lauf der Zeit wurden schriftliche Verträge immer wichtiger, in einigen Städten wurde es sogar Pflicht, Verträge registrieren zu lassen, was schließlich so ernst genommen wurde, dass Dokumente, die nicht zur Archivierung eingereicht worden waren, für ungültig erklärt wurden. Auch im Geldverleih war immer häufiger eine neue Art von Dokument gefragt, nämlich das so genannte *chirographum*, ein eigenhändiges »Handschreiben« des Schuldners. In der späten römischen Republik musste man sich sogar eigenhändig registrieren, um sein Wahlrecht ausüben zu können.[32]

Eine andere Möglichkeit, den Bildungsstand einzuschätzen, bieten die öffentlichen und privaten Bibliotheken. Im antiken Athen hat es unseres Wissens nach noch keine öffentlichen Bibliotheken gegeben. Aber Plutarch schreibt in seinen *Vitae parallelae*, Lykurg (ca. 390–324 v. d. Z.) habe vorgeschlagen, dass man von den großen Tragödien, die bei den Theaterfesten aufgeführt wurden, Abschriften anfertigen solle, um sie in einem öffentlichen Archiv aufzubewahren. Auf diesem Wege könnten also die ersten öffentlichen Bibliotheken entstanden sein. Die erste öffentliche römische Bibliothek, von der wir Kenntnis haben, wurde im Jahr 39 v. d. Z. von Asinius Pollio aufgebaut. Julius Caesar hatte zwar bereits eine geplant, sie wurde jedoch nie erbaut. In der Zeit des Niedergangs von Rom gab es allein in dieser Stadt neunundzwanzig öffentliche Bibliotheken. Andere, von denen wir wissen, standen in Comum (Como – sie wurde von Plinius d. J. finanziert), Ephesos, Pergamon und Ulpia. Die Elite verfügte natürlich über ihre eigenen Privatbibliotheken. Cicero bezog sich in seinen Briefen immer wieder auf Bücher, die er sich von Freunden ausgeliehen hatte. Hin und wieder sah er bei Lucullus vorbei, um sich in dessen Bibliothek umzusehen, aber da war er nicht der Einzige: Einmal traf er dort zu seinem Erstaunen auf Cato.[33] Im Jahr 1752 wurde bei Ausgrabungen in Herculaneum eine Villa mit angeschlossener Bibliothek entdeckt, in der sich rund tausendachthundert Papyrusrollen stapelten. Um das gesamtgesellschaftliche Ausmaß an Bildung einschätzen zu können, sind vielleicht auch die unterschiedlichen familiären Hintergründe der römischen Autoren erwähnenswert: Der Komödiendichter Terenz war ein ehemaliger nordafrikanischer Sklave; der Dichter Cato gehörte der Oberschicht an; der Dichterphilosoph Horaz war der Sohn eines Freigelassenen aus Venusia im Süden; und der Dichter Statius war der Sohn eines Lehrers. Andere Hinweise auf das herrschende Maß an Bildung kann man zum Beispiel der Tatsache entnehmen, dass das Heer plötzlich ungemein bürokratisiert wurde, dass mindestens ein römisches Buch in einer Auflagenhöhe von tausend Exemplaren erschien und dass sich sogar Graffiti auf Werke von Vergil bezogen (der berühmteste Schriftsteller Roms, der nie eine politische oder militärische Position innegehabt hatte, sprach Graffitikünstler natürlich besonders an). In Rom, wo erstmals so etwas wie eine literarische Kultur entstanden war, waren nun vermutlich zehntausende Menschen des Schreibens und Lesens kundig. Parallel dazu hielt sich jedoch immer noch die Kultur der mündlichen Überlieferung: Nach wie vor pflegten die Menschen auf den Märkten Rezitationen zu lauschen oder selbst ganze Epen aus dem Gedächtnis zu rezitieren.[34]

Schriftsteller konnten mehr oder weniger frei heraus sagen, was sie dachten, auch wenn das Zwölftafelgesetz Diffamierungen jeder Art ächtete und Augustus es zu einer Straftat erklärt hatte, gegen ihn gerichtete Schmähschriften – von denen er persönlich kaum Notiz nahm – zu unterzeichnen. Dafür gab es sozialen Druck. Vor allem der Senat stand wie eine Phalanx zusammen. Als Ovid ans Schwarze Meer verbannt wurde, weil er über die sexuellen Ausschweifungen der Kaiserenkelin geschrieben hatte, fühlte er sich »heftig betrogen«, wie Simon Price schreibt, weil weit höher stehende Persönlichkeiten nach vergleichbaren Beleidigungen ohne Probleme davongekommen waren. Im großen Ganzen war die Tätigkeit des Schreibens jedoch eine urbane Angelegenheit geblieben, und »urbane« Werte standen in Rom hoch im Kurs.[35] Außerdem betrachteten sich die Römer als ein ausgesprochen *aktives* Volk – es kämpfte, es verwaltete, es *tat* etwas –, was uns zur *utilitas* zurückführt, zu der Lehre von der Nützlichkeit, die der Römer wohl ewig der *uoluptas*, dem Vergnügen oder der Lust, gegenüberstellen wird. So gesehen war Lesen nur dann eine nützliche Tätigkeit, wenn es zum Schreiben führte, und natürlich »insbesondere dann, wenn sich die Schriften als *moralisch* nützlich erwiesen«.

In dieser Hinsicht war die Dichtung ein Problem. Jedermann konzedierte, dass sie oft wunderbar war, vor allem die frühe griechische Dichtkunst, doch ebenso oft war sie unbestreitbar frivol. Horaz sah sich gezwungen, für beides einzutreten: »Nützen wollen die Dichter oder erfreuen, vielleicht auch beides zugleich: Erfreuliches sagen, was nützlich im Leben (…). Nur wer das Nützliche *[utile]* würzt mit dem Erfreulichen *[dulce]*, nur wer den Leser gleichermaßen ergötzt wie belehrt, freut sich Beifalls von allen.«[36] Allerdings glaubten die Römer wie zuvor die Griechen auch, dass Dichter in gewisser Weise etwas Besonderes waren – nicht umsonst versahen sie sie mit dem Etikett *uates* (Seher).

*

Wie gesagt haben wir die Idee von der »Klassik« – die Vorstellung, dass das Beste von allem früher (vor allem im antiken Griechenland) Gesagten und Geschriebenen erhaltenswert sei – den Römern zu verdanken. Und diese Idee war untrennbar mit der Geburt der gelehrten Auseinandersetzung verbunden, die ein so typisches Merkmal des römischen Lebens war.

Der im Deutschen veraltete Begriff »Scholar« – wie die im Englischen nach wie vor verwendeten Wörter *scholar* und *scholarship* für Gelehrte/Wissenschaftler und Gelehrsamkeit/Wissenschaft – leitet sich von der Gepflogenheit im Mittelalter ab, Texte mit erklärenden Randbemerkungen zu versehen, die man *scholia* (Scholien) nannte. Doch mit der Praxis selbst hatte man wie gesagt schon an der großen Bibliothek von Alexandria begonnen, und zwar wegen der komplizierten Handhabung der Schriftrollen. Das beschreibbare Material für die Rollen war nach einem einheitlichen Verfahren hergestellt worden: Schilfhalme, die überall im Nildelta wuchsen, wurden vor der Verarbeitung in dünne Streifen geschnitten; diese Streifen legte man dann bündig aneinander, quer darüber eine weitere Schicht, schob sie in eine Presse, wo sie sich durch den klebrigen Pflanzensaft fest miteinander verbanden; die Einzelbögen presste man aufeinander und formte daraus eine Rolle. Das erste Blatt der Papyrusrolle hieß »Protokoll«, das letzte »Eschatokoll«. Ein durchschnittliches Blatt wurde in Spalten von zwanzig bis fünfundzwanzig Zentimetern Höhe und in etwa fünfundzwanzig bis fünfundvierzig Linien unterteilt. Wenn es Engpässe gab (wie zu der Zeit, als die ägyptische Regierung ein Embargo über den Export von Papyrus verhängt hatte, weil sie die Buchproduktion zu kontrollieren versuchte), wurden Tierhäute verwendet. So geschehen vor allem in Pergamon, woher sich das italienische Wort *pergamena* (und das deutsche »Pergament«) ableitet.[37] Meist wurde ein Papyrus nur einseitig beschrieben, zum einen, weil die Schreiber es vorzogen, *mit* dem Korn zu schreiben, zum anderen, weil die Rückseite beim Zusammenrollen nach außen zeigte und sich deshalb schnell abnutzte. Der Leser pflegte die Rolle Stück für Stück aufzurollen und dabei mit einer Hand den bereits gelesenen oberen Teil hochzuhalten, was natürlich zur Folge hatte, dass der Text nach dem Lesen verkehrt herum gerollt war und erst einmal neu entrollt und wieder aufgerollt werden musste, bevor ihn der nächste Leser zur Hand nehmen konnte. Da es Rollen von bis zu zehn Metern Länge gab, war das ein ziemlich misslicher Umstand, außerdem verkürzte das ständige Hin- und Herrollen die Lebensdauer einer Schrift beträchtlich. Ein Autor, der einen anderen zitieren wollte, tat das daher meist lieber aus dem Gedächtnis, als dieses ganze mühselige Prozedere auf sich zu nehmen. Die Abschrift eines Textes war also ein wesentlich komplizierteres Unterfangen, als es auf den ersten Blick scheint. Und es erleichterte diesen Prozess auch nicht gerade, dass eine Interpunktion – sofern überhaupt – erst rudimentär vorhanden war. Eine Trennung von Wörtern kannte man zum Beispiel gar nicht (sie wurde erst im Mittelalter systematisiert); bei Dramen wurden Dialogsprünge meist nur sehr undeutlich angezeigt (zuerst setzte man dafür eine horizontale Linie nach Art eines Gedankenstrichs an den Beginn jeder Zeile, doch der lief immer Gefahr, im Lauf der Zeit zu verschmieren); und die Namen einzelner Figuren wurden oft ganz ausgelassen. Diese Ungenauigkeiten und all die daraus entstandenen Verwirrungen zwangen ganz einfach zu einem wissenschaftlicheren Umgang mit Texten.

Dazu trug eine Entdeckung der Bibliothekare des Museion von Alexandria bei, als sie versuchten, eine vollständige Bibliothek der griechischen Literatur anzulegen, und beim Textvergleich der Abschriften aus unterschiedlichen Ländern immer wieder große Diskrepanzen feststellten. Dieser Umstand führte zu einer Reihe von Vorkehrungen, die eine Menge zur Entwicklung der geisteswissenschaftlichen Forschung beitragen sollten. An erster Stelle stand die Entscheidung, alle Texte von Autoren, die gemeinhin von der gebildeten Öffentlichkeit gelesen wurden, zu standardisieren. Der nächste Schritt war, alle attischen Bücher aus dem 5. Jahrhundert v. d. Z., die zum Teil noch im archaischen Griechisch verfasst worden waren, in das damals gebräuchliche Griechisch zu transkribieren. Bis zum Jahr 403 v. d. Z. war in Athen das archaische Alphabet gebräuchlich gewesen, das den Buchstaben Epsilon für drei Vokale (Epsilon, Epsilon-Iota und Eta) und den Buchstaben Omikron für Omikron-Iota wie Omega verwendete. Als Drittes wurde ein Akzentuierungssystem erdacht (ein Vorgänger der Interpunktionsidee), als Viertes der Kommentar eingeführt – ein separates Buch, in dem die Mängel eines kopierten klassischen Textes erläutert wurden. Zuerst brachte man textkritische Zeichen am Rand eines Textes an, die als Querverweise auf die entsprechenden Erörterungen im Kommentarband dienten (diese Zeichen nannte man später »Scholien«). Das wichtigste unter diesen Zeichen war der *Obelos*, ein horizontaler Strich am linken Seitenrand, mit dem auf die Verfälschung einer Textstelle hingewiesen wurde. Daneben gab es den Pfeil >, mit dem ein beachtenswerter inhaltlicher oder sprachlicher Punkt angezeigt wurde; das *antisigma* ⊃, welches andeuten sollte, dass die Reihenfolge der Zeilen vertauscht worden war; und den *asteriskus* ※, mit dem angezeigt wurde, dass eine Passage fälschlicherweise an anderer Stelle wiederholt wurde.[38]

In Rom wurde diese textkritische Methode der Alexandriner um das Jahr 100 v. d. Z. von Lucius Aelius Stilo aufgegriffen, als er unter anderem ein Verzeichnis aller Schauspiele aus dem antiken Griechenland und frühen Rom anlegte, die er für Originale hielt. Er war zwar an noch weit mehr als nur an ihrer Authentizität interessiert, doch für uns ist hier nur relevant, dass letztlich seine philologischen Denkansätze und Beurteilungen – die von seinem Schüler Varro (er wirkte zwischen 116 und 27 v. d. Z.) übernommen wurden – bestimmten, welche Klassiker uns überliefert wurden und welche nicht. Erst durch seine Bemühungen waren sich die meisten römischen Autoren, auch Seneca und Quintilian, bewusst geworden, wie schnell ein Text verfälscht werden kann, und gewöhnten es sich deshalb von vornherein an, unterschiedliche Abschriften eines Buches miteinander zu vergleichen.

Als das Römische Reich bereits im Untergang begriffen war und immer weniger Bücher produziert wurden, war auch der Fortbestand der klassischen Kultur bedroht. Eine Möglichkeit, sie zu bewahren, bot sich mit der Entwicklung von neuen literarischen Formen – Epitomen und Kompendien. Eine Epitome ist, was wir einen »wissenschaftlichen Abriss« nennen: die Darstellung eines Werks in seiner Essenz, die dann häufig mit anderen Epitomen in einem Kompendium veröffentlicht wurde. Dabei ging natürlich vieles verloren; andererseits waren die Verfasser solcher Kompendien gezwungen zu entscheiden, welcher Fassung eines Werkes sie den Vorzug geben sollten, und gaben auf diese Weise ihre eigene Art von textkritischer Beurteilung ab. Neben den Kompendien verfassten die Römer auch eine Menge Kommentare, aus denen moderne Wissenschaftler erkennen können, welche Version welches Klassikers wann und wo zur Verfügung gestanden hatte.[39]

Just in diesen Jahren des Niedergangs gingen nun Forschung und Bildung eine Verbindung ein, aus der zumindest drei Werke hervorgingen, die nicht nur auf das Römische Reich, sondern auch auf das Spätmittelalter großen Einfluss haben sollten. Das erste Werk waren die beiden Teile von Aelius Donatus' Elementargrammatik *Ars minor* und *Ars maior*, die neben Priscians *Institutiones grammaticae* zu den wichtigsten grammatischen Lehrbüchern des Mittelalters gehören sollten. Das zweite war Nonius Marcellus' *De compendiosa doctrina*, ein besonders wertvolles Nachschlagewerk, da es viele Zitate aus Büchern enthält, die uns, wie es im Moment aussieht, verloren gegangen sind. Und das dritte schließlich war Martianus Capellas *De nuptiis Philologiae et Mercurii*, eine allegorische Abhandlung über die sieben freien Künste. Die *artes liberales* waren das Sujet, mit dem sich der römische »Bildungsbürger« beschäftigte; erstmals enzyklopädisch behandelt wurden sie (unter dem Einfluss von Poseidonios von Apameia, ca. 135–50 v. d. Z.) von Marcus Terentius Varro in seinem *Disciplinarum libri IX* (»Bücher der neun Disziplinen«), in dem er noch neun freie Künste aufführte: Grammatik, Rhetorik, Dialektik, Arithmetik, Geometrie, Astronomie, Musik, Medizin und Architektur – die beiden Letzteren wurden von späteren Autoren fallen gelassen. Bis zum Ende des 1. Jahrhunderts n. d. Z. war das Bildungswesen in Rom mehr oder weniger standardisiert, die sieben freien Künste standen fest und waren ihrerseits in jene zwei »Wege« aufgeteilt worden, die zur Grundlage des mittelalterlichen Erziehungswesens werden sollten: in das Grundstudium des Trivium (»dreifacher Weg«: Grammatik, Rhetorik, Dialektik) und das weiterführende Quadrivium (»vierfacher Weg«: Arithmetik, Musik, Geometrie, Astronomie). In einem späteren Kapitel werden wir feststellen, dass genau darauf das Erziehungsmodell beruhte, das zur Geburt des modernen »Westens« führen sollte.[40]

*

Die zweite grundlegende Innovation, die sich auf das Erziehungswesen und die Bildung in Rom auswirkte, gelang zwischen dem 2. und 4. Jahrhundert: Die Schriftrolle wurde allmählich durch den Kodex (»Klotz«) ersetzt. Es hatte schon immer eine Alternative zur Schriftrolle gegeben, nämlich jene hölzernen, normalerweise mit einer Wachsschicht überzogenen und ergo wiederbeschreibbaren Täfelchen, die sich zusammenbinden ließen und sich gut für den Unterricht, Kurzmitteilungen oder schnelle Notizen eigneten. Die Römer verwendeten dieses System jedoch auch für rechtsgültige Dokumente; nach und nach ersetzten sie die Tafeln durch Pergamente, legten mehrere Bögen aufeinander, falteten sie und hefteten sie schließlich mittels einer Schnur oder Spange im Falz zusammen.[41] Unseres Wissens hat Martial als erster Autor bereits in einem um das Jahr 80 n. d. Z. veröffentlichten Gedicht von literarischen Werken gesprochen, die in der Form von Kodizes veröffentlicht worden waren. Doch scheinbar konnte sich diese Praxis damals noch nicht durchsetzen. Erst im 2. Jahrhundert begann man sich ihrer wieder zu entsinnen, und erst im 4. Jahrhundert sollte sie sich wirklich durchsetzen – zumindest im Bereich der paganen Literatur. Dass sie erfolgreich war, ist leicht zu verstehen: Schriftrollen aus Papyrus waren zwar einigermaßen robust gewesen, überdauerten aber selten länger als dreihundert Jahre. Hätte man damals nicht auf den Kodex umgestellt, wären uns vermutlich viele klassische Texte für immer verloren. Der Kodex war wesentlich weniger sperrig als eine Schriftrolle, seine Seitennummerierung bot ein wesentlich einfacheres Referenzsystem, er nutzte sich weniger durch Gebrauch ab und war vermutlich auch billiger herzustellen.

Doch wie es scheint, haben wir den Kodex letztlich hauptsächlich dem frühen Christentum zu verdanken. Denn während er unter Nichtchristen im 2. Jahrhundert noch eine Seltenheit war, wurden christliche Texte bereits viel häufiger in dieser Form festgehalten – vielleicht, weil sich Christen von den »Heiden« abgrenzen wollten, wahrscheinlicher aber aus einem ganz anderen Grund: Dank des typischen Kodexformats – nummerierte Seiten und Inhaltsangabe – war es nun wesentlich schwieriger geworden, einen Text zu verfälschen; und für eine junge Religion, die sich große Sorgen um die Authentizität und Autorität ihrer heiligen Schriften machte, muss das ein beträchtlicher Vorteil gewesen sein.[42]

Die Grundformen der Literatur waren von den Griechen erfunden worden: Epik, Historie, Komödie, Philosophie, Tragödie, die Bukolik, die Lyrik, Redekunst und Didaktik. Obwohl heutzutage auch viele römische Autoren als »Klassiker« bezeichnet werden, hatten sie gegenüber den Griechen im Bereich der Literatur letztlich nur zwei neue Literaturformen hervorgebracht: die Liebesdichtung und die Satire. Ansonsten fand es jeder römische Schriftsteller annehmbar, die Griechen zu imitieren – die *imitatio* galt als literarisch ebenso legitim wie die *variatio*.

Cicero (106–43 v. d. Z.) war der berühmteste der römischen Autoren, die sich der griechischen Kultur angepasst hatten. Abgesehen von seinen unübertroffen meisterhaften Reden bestanden seine Schriften größtenteils aus Briefen und Abhandlungen über die verschiedenen Phasen der griechischen Bildung. Seine Werke *De natura deorum (Über das Wesen der Götter)* und *De officiis (Vom pflichtgemäßen Handeln)* zählen zu den uns am besten erhaltenen Quellen über das religiöse und ethische Denken der Griechen. Ciceros Schriften – die seit jeher nicht nur ihres philosophischen Gehalts, sondern auch ihrer literarischen Eleganz wegen studiert wurden – waren sogar von so großer Bedeutung, dass man weithin unter allen geistigen Beiträgen zur kulturellen Tradition des Abendlands nur noch die Ideen von Aristoteles über die von Cicero stellte.[43]

Als Sohn einer wohlhabenden Familie hatte Cicero in Rom Rhetorik, Recht und Philosophie studiert und war, nachdem er diverse andere Ämter innegehabt hatte, zum Augur gewählt worden, dessen Aufgabe es war, die Zukunft vorherzusagen und Omen zu interpretieren. Sein Werk war selten wirklich originell, doch sein eleganter lateinischer Stil war unübertrefflich: »Eine Generation nach der anderen erlernte im Laufe der Jahrhunderte ihre philosophische Grammatik aus seinen Werken, die bis heute von großem Wert geblieben sind.« Der römische Stoizismus, die einflussreichste Philosophie aus Ciceros Zeiten, die sich auch mit seiner eigenen Weltanschauung deckte, war weniger eine Philosophie im griechischen Sinne, weniger eine grundlegende Erkundung der Metaphysik als ein zweckmäßiges eklektisches System, das sich mit Moral auseinander setzte und sich auf dreierlei Weisen auf Rom auswirken sollte. Erstens überschnitt es sich mit Ideen aus dem Christentum (allerdings weniger in den Schriften Ciceros als bei Seneca, der später oft mit Hieronymus verglichen werden sollte) oder anders gesagt: Der Stoizismus spielte eine große Rolle bei der Konversion von »Heiden« zum Christentum. Zweitens wirkte er sich auf die Einstellung der Römer zu Recht und Gesetz aus: Dem Stoizismus inhärent war die Idee, dass der Mensch der Natur gemäß leben solle und »die Natur über einen Gesetzeskodex verfüge, von dem der Philosoph einen Blick erhaschen könne«. So wurde der Begriff des »Naturgesetzes« geboren, dem eine so lange Lebensdauer im abendländischen Denken beschieden sein sollte. Drittens schließlich sollte die Idee der Stoiker von der »menschlichen Brüderschaft« auch gewaltigen Einfluss auf die Behandlung von römischen Sklaven ausüben.[44]

Cicero schrieb: »Es ist allerdings das wahre Gesetz die rechte Vernunft, mit der Natur übereinstimmend, ausgegossen in alles, beständig, ewig ... noch wird es ein Gesetz in Rom, ein anderes in Athen, wiederum ein anderes jetzt, ein anderes später geben ...« (*De republica/Über den Staat* III, 33). Am intensivsten aber befasste er sich mit der Harmonie aller Ordnungen, darunter mit der Kooperation zwischen den Angehörigen der Mittelschicht – die keinen politischen Auftrag hatten – und dem Senat. Er war ein »Mann des Mittelwegs«, der sich gegen die beiden Tyrannen Reaktion und Revolution wandte und sich sofort auf die Gegenseite schlug, sobald eine davon drohend am Horizont auftauchte. Mit einem Wort: Er war ein Liberaler und »tatsächlich der entscheidende Vorfahre der gesamten liberalen Tradition des Westens«.[45]

Cicero war auch der Begründer von *humanitas*, was oft als die Essenz des »Ciceronianismus« bezeichnet wurde, und von der Überzeugung, dass Rechtschaffenheit und Tugend den Menschen mit Gott verbinden; daraus folgerte er, dass jeder Mensch zähle, wie gering er auch sei, und dass alle Menschen durch ein Band verbunden seien, unabhängig von staatlichen, ethnischen oder gesellschaftlichen Zugehörigkeiten. Unter *humanitas* verstand er also nicht nur eine grundlegende Humanität oder Menschlichkeit oder einen spezifischen Humanismus, sondern vielmehr die ständige Rücksichtnahme auf andere, Toleranz, wirklich freie Künste und wirklich gerechte Ausbildungsmöglichkeiten. Bei seinen Übersetzungen griechischer Werke versuchte er, das Vokabular seiner Muttersprache zu erweitern, um es den größeren griechischen Ideen anzupassen, und erfand dabei solche Begriffe wie *qualitas* und *quantitas*. Ciceros Einfluss auf die Ideen des Abendlands »übersteigen bei weitem die anderer Prosaschriftsteller in jeder anderen Sprache«. Papst Gregor der Große ließ sich sogar zu der Bemerkung hinreißen, dass er Ciceros Schriften am liebsten vernichten würde, weil sie die Aufmerksamkeit der Menschen von der Heiligen Schrift ablenken würden. Bei der Ermordung Caesars war Cicero zwar nicht Partei, begrüßte die Tat jedoch ebenso unverblümt, wie er später keinen Hehl daraus machte, dass er die anschließende Tyrannenherrschaft von Antonius sogar für noch schlimmer hielt. Im Dezember des Jahres 43 wurde er selbst auf der Flucht ermordet. Er las gerade Euripides' *Medea*, als er seinen Häschern in die Hände fiel.[46]

Vergil (ca. 70–19 v. d. Z.) gilt als der Poeta laureatus, als der Dichterfürst des augusteischen Zeitalters. Die *Eklogen* und *Georgica* waren seine Gesellenstücke, bevor er das große Epos *Aeneis* komponierte, das römische Gegenstück der Epen von Homer, in dem er Kaiser Augustus kaum verhüllt als Aeneas porträtiert. Das Geschlecht der Julier, dem sowohl Caesar als auch Augustus angehörten, behauptete, von Aeneas' Sohn Iulus abzustammen, der in der *Ilias* den Namen Ascanius trägt. Entsprechend homerisch fiel denn auch Vergils Epos aus: Aeneas verlässt das brennende Troja und besteht nach Manier des Odysseus eine Irrfahrt durch das Mittelmeer bis zum Tiber, wo er dann in der zweiten Hälfte des Epos gewaltige Schlachten zu schlagen hat, die wiederum an die *Ilias* erinnern.[47] Abgesehen von den Parallelen zu Homer ist dieses Buch ein vollständig durchchiffriertes Werk: Aeneas ist Augustus und das ganze Epos eine Abhandlung über das Wesen der Macht. Ein zentrales Thema ist auch der Begriff der *pietas*, der zwei Bedeutungen hatte. Zum einen bezeichnet er das römische Pflichtbewusstsein – gegenüber den Eltern, dem Staat, Gott –, zum anderen Mitleid, jedoch nicht im konventionellen modernen Sinne: Aeneas empfindet zwar Mitleid für seine Frau Dido und seinen Feind Turnus. Er verlässt Dido aber trotzdem und tötet seinen Feind dennoch. Das ist Vergils Kommentar zum Krieg: Er zerstört gleichermaßen die, die wir lieben, wie die, die wir hassen. Das Ende ist zweideutig und keineswegs eine Idealisierung Roms und der Macht des Kaisers. Vergils *humanitas* ist von der gleichen Beschaffenheit wie die Ciceros und steht dieser an Warmherzigkeit und Anteilnahme in nichts nach.

*

Da sich die kulturellen Zentren im Mittelmeerraum um die Zeit Jesu zu verlagern begonnen hatten, überrascht nicht, dass sich auch die führende medizinische Autorität der Antike dem Wandel beugte. Galen (Claudius Galenus) hatte sich im Alter von sechzehn Jahren für den Beruf des Arztes entschieden. Geboren wurde er in Pergamon im Jahr 129 n. d. Z. Bevor er sich der Medizin zuwandte, hatte er Mathematik und Philosophie studiert. Seine medizinischen Studien führten ihn nach Smyrna (dem heutigen Izmir), Korinth und Alexandria, bevor er als Gladiatorenarzt wieder nach Pergamon zurückkehrte. Schließlich ließ er sich in der elektrisierenden Metropole Rom nieder, wo er zu einem regelrechten Modearzt wurde und die Reichen und Mächtigen behandelte, darunter auch die Kaiser Mark Aurel, Commodus und Septimius Severus. Er starb um das Jahr 210. Sein überliefertes Werk umfasst zweiundzwanzig Bände (nach der Standardausgabe aus dem 19. Jahrhundert), was deutlich seinen hohen Rang im Altertum ausweist, vergleichbar nur dem von Hippokrates. Galens Einfluss reichte jedenfalls weit in die Neuzeit hinein.[48]

Über Galen wurde passenderweise geschrieben, dass er »sich mehr für die Krankheit als für den Patienten interessierte und Letzteren lediglich als ein Medium betrachtete, das ihm zum Verständnis der Ersteren verhelfen konnte«. Von Hippokrates hatte er die Vorstellung übernommen, dass es vier Körpersäfte gebe und die vier Grundbestandteile des menschlichen Körpers aus Blut, Schleim, gelber Galle und schwarzer Galle bestünden, welche sich ihrerseits auf die vier Grundeigenschaften warm, kalt, feucht und trocken reduzieren ließen. Galen ergänzte dies jedoch um die Aussage, dass sich diese vier Säfte auf unterschiedliche Weisen zu Geweben verbänden, welche sich zu den Organen fügten, die in ihrer Gesamtheit den Körper bildeten. Krank werde der Mensch, wenn ein Ungleichgewicht der Säfte den Zustand der Organe verändere. Einer seiner Beiträge zur Medizingeschichte war, dass er Krankheiten lokalisierte, indem er festzustellen versuchte, welches Organ konkret betroffen war. Ein allgemeines Fieber entstand zum Beispiel, wenn faulende Säfte Wärme in den ganzen Körper abgaben; lokal begrenzte Krankheiten entstanden hingegen, wenn giftige Säfte in ein Organ eindrangen und zu Schwellungen, Verhärtungen und deshalb Schmerzen führten.[49] Seine Diagnosen traf Galen im Allgemeinen, indem er den Puls maß und den Harn untersuchte; von wesentlicher Bedeutung waren für ihn aber auch Veränderungen bei der »Stellung, die der Patient im Bett einnimmt, sein Atem, das Erscheinungsbild der oberen und unteren Ausscheidungen« oder Beobachtungen von Symptomen wie Kopfschmerzen.

Galen war sich der Bedeutung von Anatomiekenntnissen bewusst, hielt die Vivisektion am Menschen zu seiner Zeit aber für nicht mehr machbar. Deshalb drängte er seine Studenten, jede Möglichkeit für Beobachtungen zu nutzen, beispielsweise, wenn ein Grab geöffnet wurde oder wenn sie zufällig Zeuge eines Unfalls wurden. Außerdem empfahl er jedem eine Reise nach Alexandria, da dort »immer noch Skelette für Untersuchungen zur Verfügung standen«. Grundsätzlich aber räumte er ein, dass sich seine Studenten letztlich nur auf die Anatomie von Tieren stützen konnten; deshalb sollten sie sich vor allem mit solchen befassen, die dem Menschen ähnelten. Er selbst sezierte unter diesem Aspekt beispielsweise einen kleinen Berberaffen aus der Familie der Makaken. Galens physiologisches System baute auf Platons Idee von der »dreigeteilten Seele« auf; demnach waren das Gehirn der Sitz des rationalen Teils, das Herz der Sitz der Leidenschaften und die Leber der Sitz der Triebe. Diese Dreiteilung verknüpfte er mit Erasistratos' physiologischen Funktionen: Die Nerven gehen vom Sitz des rationalen Teils der Seele aus; im Herzen der Leidenschaften entspringen die Arterien und versorgen alle Körperteile mit lebensspendendem Arterienblut; in der Leber, wo Begehren und Appetit entstehen, entspringen die Venen, die den Körper mit venösem Blut stärken. Nahrung, die in den Magen gelangt, wird dort zu Saft *(chylos)* verarbeitet, indem sie teilweise durch die Körperwärme »verkocht« wird; dieser Saft dringt durch die Magen- und Darmwände in die Venen, die ihn schließlich in die Leber befördern, wo er weiter verarbeitet, verkocht und in das venöse Blut verwandelt wird, das den diversen Organen zugeführt wird. Das Herz wird ebenfalls von venösem Blut genährt, aber auch durch arterielles Blut aus den Lungen, das, da es Leben spendet, ebenfalls an die Organe weitergeleitet wird. Dem Gehirn wird wie allen anderen Organen

Arterienblut zugeführt. Hier unterlief Galen dann allerdings ein klarer Fehler, denn nun behauptete er, dass ein Teil dieses Blutes weiter in das *rete mirabile* oder Wundernetz gelange – ein Netz aus feinen Arterien, das er bei der Sektion von verschiedenen Huftieren entdeckt hatte und irrtümlicherweise auch beim Menschen vermutete. In diesem Netzwerk, so glaubte er, werde das Arterienblut »zu der feinsten Form von Geist oder Pneuma verarbeitet – dem Seelenpneuma«, das über die Nerven in alle Körperteile gelange und für Empfindung wie Bewegung zuständig sei.[50]

Natürlich geht Galens ausgefeiltes System noch weit über das hinaus, was sich hier schildern lässt, doch schon diese Darstellung genügt, um die Architektur seines Denkgebäudes zu verdeutlichen. Dieses Denken sollte die Ideen der Mediziner im gesamten Mittelalter und sogar bis in die frühe Neuzeit hinein beherrschen. Dass Galen so einflussreich war, war allerdings auch noch einer anderen Vorstellung zu verdanken. Er war zwar kein Christ, doch sein medizinisches Weltbild war stark von Teleologie geprägt, und das machte ihn für Christen wie für Muslime attraktiv. Angeregt durch Platons *Timaios* und Aristoteles' Abhandlung *Über die Teile der Tiere* kam er zu dem Schluss, dass der menschlichen und tierischen Gestalt »ein einsichtiger Plan« zugrunde lag. Wegen dieser Vorstellung, die er eindeutig von Platon übernommen hatte, sollte er dann auch so ausgiebig die weise Voraussicht des Demiurgen preisen: Für Galen war der Bau des menschlichen Körpers perfekt an seine Aufgaben angepasst und »eine weitere Verbesserung nicht denkbar«. Es war der Beginn einer Naturtheologie: Gott oder die Götter offenbarten sich in der Natur.[51]

*

Die *utilitas*, der unsentimentale Stolz Roms auf seine eigenen Errungenschaften, hatte auch einen gewaltigen Einfluss auf die neuen Strömungen in der bildenden Kunst. Schon in Griechenland waren Porträts realistischer geworden, aber noch immer einigermaßen idealisiert. Nicht so in Rom. Der Kaiser mochte vielleicht verlangen, dass sich die Würde seines Amtes in seinem Abbild spiegelte, doch für alle anderen galt die Devise: je realistischer, desto besser. Zumindest in den römischen Patrizierfamilien gab es die Tradition, Wachsmasken von verstorbenen Verwandten abzunehmen, die dann von den Söhnen und Töchtern bei der Beerdigung getragen wurden; und genau daraus entwickelten sich dann die so ungemein realistischen Bronze- und Marmorbüsten.[52]

In der Architektur änderte die Erfindung des Gussmörtels alles. Entdeckt wurde dieses Verfahren gegen Ende des 3. Jahrhunderts – vermutlich über den Umweg Afrika –, als man feststellte, dass sich eine Mischung aus Wasser, Kalk und Sand von kiesartiger Beschaffenheit zu einer haltbaren Substanz verbinden ließ, die man dann entweder als Bindemittel im Mauerwerk einsetzen oder als eigenständigen Baustoff verarbeiten konnte. Bis zu einem gewissen Grad ließ er sich sogar in Formen gießen. Das hatte zwei unmittelbare Folgen: Erstens konnten große öffentliche Gebäude wie Bäder oder Theater nun mitten im Stadtzentrum errichtet werden, da man nicht mehr riesige Felsbrocken von weit her, sondern nur noch Sand in kleineren, leichter zu bewältigenden Ladungen transportieren musste, um eine wesentlich komplexere Infrastruktur für wesentlich mehr Menschen zu errichten. Zweitens konnte Beton im nassen Zustand geformt und brauchte deshalb nicht wie Stein behauen zu werden. Somit konnten nun auch weniger begabte Handwerker und sogar Sklaven Bauarbeiten verrichten, was das Ganze auch noch wesentlich billiger machte. Alles in allem konnten damit also Monumentalbauten in viel größeren Ausmaßen errichtet werden und Rom schließlich zu der Stadt heranwachsen, die bis heute so viele klassische Gemäuer beherbergt.[53]

Die zweite Entwicklung in der römischen bildenden Kunst leitete sich von der Idee der »Klassik« ab, die wie gesagt auf dem ungemeinen Respekt beruhte, den die Römer gegenüber der griechischen Kultur hatten, obwohl Rom über das antike Griechenland triumphiert hatte und obwohl viele Römer die Griechen für verweichlicht oder sogar weibisch hielten. Als Cicero das angefochtene römische Bürgerrecht des griechischen Dichters Archias vor Gericht verteidigte, erklärte er: »Wenn aber nun jemand meint, aus griechischen Versen erwachse eine geringere Ruhmesernte als aus lateinischen, so täuscht er sich gewaltig, weil Griechisch fast auf der ganzen Welt gesprochen wird, das Lateinische aber auf seine Grenzen beschränkt ist, die sehr eng sind.«[54] Seit dem 1. Jahrhundert v. d. Z. standen in vielen Häusern der römischen Oberschicht griechische Skulpturen oder Kopien von griechischen Statuen, die meist sehr gut waren. Heute kennen wir einen Großteil der griechischen Bildhauerkunst nur durch solche römischen Kopien, die in der Zwischenzeit natürlich zu eigenständigen Kunstwerken von ungemeinem Wert geworden sind. Anfangs hatten die römischen Generäle noch geplündert, wo sie nur konnten – ein einziger römischer General ließ im Jahr 264 zweitausend Statuen aus Volsinii abtransportieren.[55] (Der englische Dichter George Meredith sagte einmal, dass die einzige abstrakte Idee, die ein militärischer Geist zu verstehen in der Lage sei, die Idee vom Beuteraub sei.[56]) Aber die griechischen Künstler passten sich der Lage schnell an. In Athen entstand ein blühender Kunstmarkt, die so genannten neuattischen Werkstätten, der einzig darauf ausgerichtet war, den Geschmack der römischen Touristen zu bedienen. Später beschlossen griechische Künstler sogar, sich gleich entlang des Tiber anzusiedeln.[57] In gewisser Weise war Rom also ein Amalgam aus griechischen Ideen und lateinischen Ambitionen – und nicht zuletzt dank des Betons ist uns davon sehr viel mehr erhalten geblieben als in Athen.

Die Römer sollten zwar nie geistig so kreativ sein wie die alten Griechen (zum Beispiel gibt es kaum Nachweise für originäre mathematische Arbeiten aus Rom), dafür lagen Roms Leistungen und Errungenschaften auf anderen Gebieten. Das gewiss gelungenste Epitaph auf das alte Rom stammt noch immer von dem englischen Historiker Edward Gibbon aus dem 18. Jahrhundert: »Wäre man berufen, die Zeit in der Weltgeschichte zu bestimmen, in der die glücklichsten und gedeihlichsten Bedingungen für die Menschheit herrschten, würde man ohne zu zögern jene Zeit benennen, welche zwischen dem Tod des Domitian und der Thronbesteigung des Commodus [96–180 n. d. Z.] lag. Das Römische Reich in all seinen gewaltigen Ausmaßen wurde von absoluter Macht unter der Leitung von Tugend und Weisheit beherrscht. Die Heere wurden behutsam durch die feste Hand von vier aufeinander folgenden Kaisern gebändigt, deren Charaktere und Autorität unwillkürlich Respekt abnötigten. Die Verwaltungsformen des Staates wurden von Nerva, Trajan, Hadrian und den Antoninern gewahrt, welche Geschmack an der Idee von der Freiheit fanden und sich mit der Rolle des rechenschaftspflichtigen Gesetzesbeauftragten begnügten.«[58]

Auch wenn dieses Verdikt heute so nicht mehr akzeptiert wird, attestiert doch die Tatsache, dass diese sentimentale Vorstellung so lange aufrechterhalten werden konnte, *wie* erfolgreich Rom gewesen ist.

Heiden und Christen, lateinische und germanische Traditionen

Die Leistungen der Römer waren kolossal. Aber das wussten auch die Römer selbst, und so war es kein Wunder, dass sie allmählich an *Roma aeterna*, die »ewige« Stadt, glaubten. Doch wie jedes Schulkind weiß, währte das alte Rom nicht ewig. »Der bekannteste Fakt über das römische Reich ist«, schrieb Arthur Ferrill, »dass es stürzte und unterging.«[1] Das in der angelsächsischen Welt vermutlich berühmteste Geschichtsbuch, Edward Gibbons *The History of the Decline and Fall of the Roman Empire (Verfall und Untergang des römischen Imperiums)*, ist heute veraltet, denn die Forschung, die auf seinen Ideen aufbaute, konnte seither eine Menge neuer Erkenntnisse gewinnen. Ein kürzlich erschienenes, fast siebenhundert Seiten umfassendes Werk listet zum Beispiel nicht weniger als zweihundertzehn Faktoren auf, die zum Untergang Roms beigetragen haben könnten. Allerdings bringt uns das auch nicht viel weiter, einmal abgesehen davon, dass es uns den Mangel an Konsens bestätigt, der im Hinblick auf die entscheidenden Gründe für diesen Untergang herrscht. Gibbons Sicht auf Rom war wesentlich simpler. Obwohl er seine Studie zwischen 1776 und 1788 in sage und schreibe sechs Bänden veröffentlichte, hatte er letztlich nur zwei entscheidende Schwächen des Römischen Westreichs ermittelt, die zum Untergang beitrugen: eine innen- und eine außenpolitische. »Die innenpolitische Schwäche war das Christentum, die außenpolitische das Barbarentum.« Diese Sicht findet bis heute ihre Anhänger. Arthur Ferrill betonte, dass Kaiser Theodosius im letzten Jahrzehnt des 4. Jahrhunderts nicht nur über ein größeres Reich geherrscht hatte als Augustus, sondern zudem ein gewaltiges Heer befehligte. Doch kaum achtzig Jahre später waren Westreich und Heer ausgelöscht. Oder mit den Worten des französischen Historikers André Piganiol: »Die römische Zivilisation starb keines natürlichen Todes. Sie wurde ermordet.«[2]

Es besteht gar kein Zweifel, dass die Verwandlung der abendländischen Welt des Altertums in die des Mittelalters vor allem von der Verbreitung des Christentums gekennzeichnet war und eine der folgenschwersten Transformationen in der Ideengeschichte mit sich brachte, die viel zur

Gestaltung der uns bekannten Welt beitrug. Während wir den Spuren dieser Umwandlung nun folgen, sollten wir jedoch zwei Dinge im Auge behalten: Zum einen müssen wir genau klären, wie und in welcher Reihenfolge es dazu kam, zum anderen müssen wir uns fragen, *wieso* das Christentum überhaupt so ungemein populär werden konnte.[3] Um das beantworten zu können, müssen wir noch einmal zu den Evangelien zurückkehren.

Im Neuen Testament wird Judäa als die Heimstatt des neuen Glaubens und Jerusalem als der Sitz seiner Mutterkirche dargestellt. Es finden sich jedoch weder Hinweise auf zeitgenössische politische Ereignisse, noch fällt ein Wort über den jüdischen Aufstand oder über die Belagerung und Zerstörung Jerusalems. Traditionell wurde dieses Stillschweigen damit begründet, dass der jüdische Aufstand keinerlei Bedeutung für die Kirche gehabt habe, da sich die Frühchristen bereits aus der verlorenen Stadt zurückgezogen hatten und nach Pella in Transjordanien abgewandert waren. Jahrhundertelang sollte niemand diese Version in Frage stellen, erstens, weil sie sich perfekt mit der Vorstellung deckte, dass sich Jesus der göttliche Christus nicht mit Politik befasst haben würde, zweitens, weil der jüdische Historiker Flavius Josephus in seinem Werk *Der jüdische Krieg* (im achten Jahrzehnt n. d. Z. verfasst) von der »Grausamkeit der Tyrannen gegen die eigenen Stammesangehörigen« gesprochen hatte und das so ausgelegt wurde, als hätten fanatische Zeloten ein friedliebendes Volk zu einem schicksalhaften Aufstand angestachelt.[4] Dieses althergebrachte Bild wird heute weithin angezweifelt. Erstens wird Pella nirgendwo im Neuen Testament als ein Zentrum der Christenheit dargestellt; zweitens wird sowohl in den Paulus-Briefen als auch in der Apostelgeschichte bestätigt, dass die Glaubensautorität, der sich alle Christen zu unterwerfen hatten, die als solche anerkannte Mutterkirche von Jerusalem gewesen war. Also bedarf das völlige Stillschweigen, das seit dem Jahr 70 n. d. Z. über diese Mutterkirche herrschte, einer Erklärung. Und genau hier kommt nun die neueste Forschung zu Wort.

Als ein Ansatzpunkt bietet sich das Markusevangelium, das schon zum Gegenstand vieler Deutungen wurde, insbesondere im Bezug auf zwei unklare Äußerungen. Die erste fällt in der Passage, in der es heißt, dass einige Pharisäer zu Jesus geschickt worden seien, um ihn mit einer Frage über seine Haltung gegenüber Rom in die Falle zu locken, und er ihnen mit den berühmten Worten geantwortet habe: »So gebt dem Kaiser, was dem Kaiser gehört, und Gott, was Gott gehört!« Traditionell wird diese Reaktion nicht nur als ein geschicktes Manöver, sondern auch als Nachweis ausgelegt, dass Jesus zumindest implizit die Steuerpflicht der Juden anerkannt habe. Die Gegenforschung setzt hingegen bei dem Fakt an, dass das Markusevangelium kein langes Buch ist; die Tatsache, dass der Autor diese Episode trotzdem für erwähnenswert hielt, beweise deshalb eindeutig, dass sie für ihn von großer Bedeutung war. Und da dieses Evangelium zwischen 65 und 75 n. d. Z. in griechischer Sprache in *Rom* verfasst wurde, geht die Forschung davon aus, dass Markus' Formulierungen bewusst auf die Bedürfnisse der nichtjüdischen Christen in Italien zugeschnitten waren. Das Christentum war noch sehr jung, und die Gläubigen waren um ihre Lage sehr besorgt. Deshalb muss es für ihr Wohlergehen von entscheidender Bedeutung gewesen sein, welche Einstellung Jesus vertrat, wenn es um Steuerzahlungen an Rom ging. Denn dass es im Jahr 66 überhaupt zum jüdischen Aufstand gekommen war, hatte ja auch eine Menge mit ihrer Sorge zu tun, dass die Römer den Druck verschärfen könnten, wenn sie sich dem Zensus verweigerten. Zum Widerstand aufgerufen hatte der Zelot Judas, der wie Jesus aus Galiläa stammte und deshalb wie gesagt in einigen Texten auch als »der Galiläer« bezeichnet wurde. Und da Galiläa als die Hochburg des Widerstands galt, vermutet man inzwischen, dass Jesus mit seiner Antwort eigentlich das genaue Gegenteil dessen meinte, was ihm im Markusevangelium in den Mund gelegt wurde – nämlich dass *keine* Steuern an die Römer bezahlt werden sollten. Die Bedeutung seiner Aussage wurde einfach umgekehrt, weil die Lage für die römischen Frühchristen sonst unerträglich geworden wäre. Das wirft nun aber ein interessantes Licht auf die zweite Unklarheit im Markusevangelium, nämlich die, dass der Apostel Simon als »Simon Kananäus« bezeichnet wurde. Die römischen Nichtjuden, denen Simon im ersten Jahrhundert n. d. Z. mit diesem Namen vorgestellt wurde, konnten doch wirklich keine Ahnung gehabt haben, was der Beiname bedeutete, sofern ihnen keine weiteren Erklärungen mitgeliefert wurden. In Judäa war Simon außerdem in Wirklichkeit als »Simon der Zelot« bekannt. Das heißt, das Markusevangelium vertuscht die Tatsache, dass ein von Jesus selbst erwählter Apostel ein antirömischer Terrorist gewesen war: »Es war einfach zu gefährlich, das zuzugeben«, schreibt der englische Bibelgelehrte Samuel George F. Brandon.[5] Andere Bibelforscher halten dagegen, dass die Zahl der Christen in Rom damals noch viel zu gering gewesen sei, um eine derart folgenschwere Verfälschung im Evangelium rechtfertigen zu können. Außerdem gibt es zahlreiche andere Passagen im Neuen Testament, die für römische Nichtjuden keinerlei Sinn ergeben konnten (wie zum Beispiel die Beschneidung) und trotzdem unverfälscht dargestellt wurden.

Diese Episoden und ihre Auslegungen sind von entscheidender Bedeutung für das historische Verständnis vom Frühchristentum. Im Kontext des Neuen Testaments, vor allem, wenn man die Apostelgeschichte betrachtet, erkennt man, weshalb die Gegenforschung zu der Bezeichnung »jüdische Kindheit des Christentums« griff. Vergessen wir nicht, dass alle ersten Apostel Juden waren, die Jesus für den *maschiach* des Volkes Israel hielten. Und auch wenn sein Tod ein Schock für sie war, glaubten sie doch immer noch, dass er wiederkehren und Israel erlösen würde. Deshalb betrachteten sie es zunächst auch als ihre oberste Pflicht, ihre jüdischen Brüder und Schwestern zu überzeugen, dass Jesus tatsächlich der erwartete Messias des Judentums war und sie sich auf seine Zweite Wiederkunft vorbereiten sollten. Ansonsten lebten sie ihr traditionell jüdisches Leben weiter, beachteten die jüdischen Gesetze und beteten im Tempel von Jerusalem. Geführt wurden sie von Jesus' Bruder Jakob, und es war wohl nicht zuletzt seinem Ruf als fanatisch frommem Juden zu verdanken, dass immer mehr Juden von dem neuen Glauben überzeugt werden konnten. Jakob war immerhin so fanatisch, dass ihn der Hohepriester, besorgt um die Kontrolle der revolutionären Elemente im Judentum, schließlich zu Tode steinigen ließ.[6]

Während sich die Ereignisse zwischen der Kreuzigung in Jerusalem und dem jüdischen Aufstand abspielten, war Paulus außerhalb von Palästina aktiv geworden. Der Zeltmacher aus Tarsos (westlich des heutigen Adana in der Türkei) gehörte nicht zu den ersten Jüngern Jesu und war im Gegensatz zu Jesus ein ausgesprochener Stadtmensch. Seine berühmte Berufung hatte er nach einer Christusvision um das Jahr 33 »auf dem Weg nach Damaskus« erlebt (Apg 9,1–9. Hinter seiner »körperlichen Schwäche« vermutet man heute eine chronische Epilepsie[7]). Nachdem Paulus also eine eigene Variante des Christentums visioniert hatte, betrachtete er es als seine Pflicht, diese Ideen in der griechisch-römischen Welt außerhalb von Palästina zu verbreiten. Übrigens sollte man die Geschichte seiner Bekehrung nicht überbewerten: Paulus war ein Pharisäer und deshalb ohnedies ein glühender Verfechter der Auferstehungsidee – soweit es ihn betraf, hatte er sich also nur von einer jüdischen Sekte abgekehrt und zu einer anderen bekannt. Außerdem gab es zur damaligen Zeit zweifelsohne auch rivalisierende Fraktionen im Judenchristentum. In seinem zweiten Brief an die Korinther schrieb Paulus zum Beispiel: »Ihr nehmt es ja offenbar hin, wenn irgendeiner daherkommt und einen anderen Jesus verkündigt, als wir verkündigt haben, wenn ihr einen anderen Geist empfangt, als ihr empfangen habt, oder ein anderes Evangelium, als ihr angenommen habt.« Gleich darauf spricht er von Rivalen, die er als »Überapostel« bezeichnet – wie er an anderer Stelle auch Jakob, Kephas (Petrus) und Johannes nennt. Da so manche seiner Ideen die Glaubwürdigkeit und Autorität der Anhänger des Judenchristentums in Palästina bedrohten, wurde er schließlich angezeigt, um das Jahr 59 in Jerusalem gefangen genommen und, da er römisches Bürgerrecht besaß, von den Behörden per Schiff nach Rom überstellt. Wäre es zwischen den Jahren 66 und 70 nicht zum jüdischen Aufstand gekommen, hätte die Welt vermutlich nie wieder etwas von Paulus gehört. Doch der Aufstand fand statt, und Jerusalem und der Tempel wurden zerstört. Ein kleiner Rest des Judenchristentums überlebte und sollte sich noch etwa ein Jahrhundert lang durchschlagen, aber es fand nie wieder zu seiner einstigen Kraft zurück und verschwand schließlich von der Bildfläche. Dafür lebte die paulinische Variante auf, was eine gewaltige Veränderung der alten Glaubensstrukturen zur Folge hatte. Eine jüdisch-messianische Sekte verwandelte sich in eine universelle Erlöserreligion, die in der gesamten hellenistischen Welt des Mittelmeerraums verkündet wurde – also unter Nichtjuden. Paulus selbst bestätigte seinen eigenen Weg mit der expliziten Versicherung, dass Gott ihm »seinen Sohn offenbarte, damit ich ihn unter den Heiden verkündige« (Galater 1,16).

Die Unterschiede zwischen dem paulinischen Glauben und dem der jüdischen Jünger in Jerusalem manifestierten sich also vorrangig in zwei Punkten, und zwar erstens in ebender Überzeugung von Paulus, dass es ihm oblag, die »Heiden« zum Glauben zu bekehren. Anfänglich war damit wahrscheinlich nur eine nichtjüdische Gruppe gemeint, die mit den Traditionen des Volkes Israel sympathisierte, aber die Beschneidung verweigerte und als »die Gottesfürchtigen« bezeichnet wurde (Apg 13,26).[8] Zweitens war Paulus der Überzeugung, dass Jesus nicht nur ein Märtyrer, sondern göttlich und sein Tod von grundlegender Bedeutung war – grundlegend für die Völker außerhalb Palästinas und für den Verlauf der Geschichte. Nun lassen sich die Ziele von Paulus aber nicht verstehen, wenn wir uns nicht seinen hellenistischen Hintergrund und in diesem Zusammenhang vor allem die Ideen vom Erlösergott und dem gefallenen Zustand des Menschen vor Augen führen. Das klassische Beispiel eines Erlösergottes war, man erinnere sich, der Osiris-Kult. Die Anhänger dieses ägyptischen Gottes glaubten, dass er einst gestorben und von den Toten wiederauferstanden sei und sie sein Schicksal durch die Einhaltung von Ritualen imitieren könnten. Zudem muss man Paulus vor dem Hintergrund der vielen gnostischen Sekten betrachten, die zum Teil auch platonische Ideen adaptiert hatten und lehrten, dass jeder Mensch eine unsterbliche Seele besitze, die im sterblichen Körper »eingeschlossen« sei. Den Gnostikern zufolge war die Seele aus ihrer ursprünglichen Heimat im transzendenten Licht und der Glückseligkeit in die materielle Welt gefallen, wo sie »inkarniert« und von dämonischen Kräften umgarnt wurde, welche die Erde und andere Planeten bewohnten. Nur mit Hilfe der wahren Erkenntnis *(gnôsis)* ihrer eigenen Natur konnte sie erlöst werden. Es war also das Ziel der Gnosis, die Seele aus ihrer Gefangenschaft im Körper zu befreien, damit sie in ihre spirituelle Heimat zurückkehren konnte. Und Paulus' christlicher Glaube war demnach ein Amalgam aus drei Elementen: dem Judenchristentum (dem Glauben Jesu an einen Erlösergott und Erlöser/Messias), den paganen Erlösergöttern, und den gnostischen Ideen vom gefallenen Menschen. Die beiden letzteren Vorstellungen waren den Jerusalemer Judenchristen ebenso ein Gräuel gewesen wie Paulus' Idee, dass die mosaischen Gesetze durch die Ankunft Jesu außer

Kraft gesetzt worden seien.[9] Als Paulus nach Jerusalem reiste, um mit der Urgemeinde diese Glaubensfragen zu verhandeln, kam es zu massiven Anfeindungen. Es waren römische Soldaten, die ihn schließlich vor der wütenden Gemeinde retteten, indem sie ihn in Gewahrsam nahmen. Paulus berief sich auf sein römisches Bürgerrecht, damit ihm ein Verfahren vor dem römischen Statthalter garantiert war (in Jerusalem hätte man ihn sehr wahrscheinlich gelyncht). Die Verhandlung scheint im Jahr 59 stattgefunden zu haben, doch wie der Urteilsspruch lautete, ist nicht überliefert.

Dass sich die Ideen von Paulus dennoch durchsetzten, lag wohl daran, dass sich mit ihnen das jüngste Geschehen erklären ließ. Der jüdischen Tradition zufolge sollte dem Gottesreich eine Verheerung vorausgehen – und was war die Plünderung Jerusalems denn anderes gewesen als eine solche Verheerung? Auch sämtliche damit verbundenen Ereignisse konnten als Vorboten der Wiederkunft des Messias und des Endes der irdischen Welt gedeutet werden. Paulus hatte sich einen Teil dieser Vorstellungen zu Eigen gemacht, was nicht zuletzt anhand der Tatsache deutlich wird, dass er sich nicht einmal mehr die Mühe machte, seine Briefe zu datieren, so als spielte Zeit keine Rolle mehr. Doch wie wir wissen, kam der Messias nicht zurück, die Zweite Wiederkunft Christi fand nicht statt. Und damit mussten sich die Frühchristen allmählich abfinden. Zwar gaben sie ihre apokalyptischen Hoffnungen noch nicht auf, doch dieser Aspekt ihres Glaubenssystems sollte nun im Lauf der Zeit eine immer geringere Rolle spielen. Das kam einer anderen Innovation Paulus' zugute: Das Judenchristentum hatte die grundlegend jüdische Sichtweise beibehalten, dass die historische Zeit mit der Ankunft des Messias ihr Ende finden würde. Doch aus Sicht der Christen *war* Jesus ja bereits gekommen, und da seine Inkarnation zu Gottes Menschheitsplan gehörte, musste die historische Zeit nun eben in zwei Abschnitte eingeteilt werden, nämlich in einen Teil von der Schöpfung bis zur Geburt Jesu, der für die Vorbereitung Israels auf das Kommen des *maschiach* gedacht war, so wie es in den jüdischen Schriften prophezeit worden war, und in einen zweiten Teil, der mit der Ankunft Jesu begann: Paulus teilte die Schriften des Judentums dem Alten Bund (oder Testament) zu und erklärte, dass Jesus einen neuen Bund geschlossen habe.[10] Für ihn war Jesus der Erlöser und der Weg, dem die Menschheit folgen musste und durch den sie das ewige Leben erlangen würde. Und so wurde aus dem Judenchristentum eine Religion von Nichtjuden, die im Gegensatz zu den Juden aktiv missionierten und ihren eigenen Glauben als den einzig wahren Weg zur Erlösung predigten.

Paulus verlieh dem Frühchristentum aber auch viel seiner besonderen »Färbung«: Er verdammte die Götzenanbetung, die Sexualität und implizit auch das Philosophieren. In den ersten Jahren stellten römische Christen oft Ignoranz und mangelnde Bildung zur Schau, indem sie unabhängiges philosophisches Denken mit der Sünde des Hochmuts gleichsetzten.[11] Und schließlich dürfen wir auch nicht vergessen, dass das paulinische Christentum in der römischen Welt entstand, in der natürlich das römische Gesetz herrschte und die von römischen Göttern bevölkert war – von heidnischen (abgeleitet von germanisch *haithio*, für unbeackertes »Heideland«) beziehungsweise paganen Göttern (abgeleitet vom lateinischen *paganus* für den »Bewohner des unbebauten Landes«). Die geforderte Untertanentreue – ein ausgesprochen wichtiges Konzept im Römischen Reich – bedingte, dass man die Göttlichkeit des Kaisers ebenso anerkannte wie die Staatsgötter, die um ein Vielfaches älter waren als das Christentum. Tacitus (ca. 55–116) war nur einer von vielen Römern, die das Christentum als einen »neuen Aberglauben« ablehnten.

Der religiöse und der weltliche Teil des Lebens waren im alten Rom von jeher eng miteinander verwoben. Jede Stadt im Reich wurde von ihren eigenen Göttern »beschützt«, alle öffentlichen Gebäude, von den Bädern bis hin zu den Zirkussen, waren mit Götterstatuen, Altären und kleinen Schreinen geschmückt. Augustus zeigte sich während seiner Herrschaftszeit sogar so um das religiöse Leben bemüht, dass er ganze zweiundachtzig baufällige Tempel instand setzen und dreizehn neue errichten ließ. Doch niemand in der paganen Welt erwartete von einer Religion Antworten auf die Frage nach dem Sinn des Lebens. Für solche Einsichten zogen die Menschen die Philosophie zu Rate. Und um in einer Krise Beistand zu finden, um sich des göttlichen Wohlwollens für den Staat zu versichern oder um sich »auf beruhigende Weise im Einklang mit der Vergangenheit zu fühlen«, beteten die Römer zu ihren Göttern. Der christliche Gott erschien gebildeten Nichtchristen als geradezu primitiv. Während sie es durchaus sinnvoll fanden, einen großen Kaiser und Soldaten wie Alexander den Großen als Gott oder Gottessohn zu verehren, ergab es aus ihrer Sicht nicht den geringsten Sinn, einen armen Juden anzubeten, der in einem fernen Winkel des Römischen Reiches als Verbrecher hingerichtet worden war.[12] Es gab zwar allerorten viele Heiligtümer für viele Götter (»der Schrein ist die Seele der Landschaft«, schrieb einmal ein Autor), doch drei Kulte überragten alle: die Verehrung des Kaisers, der Isis und des Mithras.

Julius Caesar war nach seinem Tod im Jahr 44 v. d. Z. zum Gott erhoben worden und damit der erste römische Kaiser, der diesen Ritterschlag erhielt. Augustus, der Sohn einer Nichte Caesars, nannte sich offen »Sohn [des] Gottes«.[13] Auch er wurde nach seinem Tod vergöttlicht, ebenso wie sein Nachfolger Tiberius, dessen Thronerbe Caligula sich dann sogar noch zu Lebzeiten selbst zum Gott erhob. Doch in der paganen Tradition der Gedankenfreiheit stand es den Bürgern frei, zu entscheiden, inwieweit sie den Kaiser als Gott ansehen wollten. Im Westreich wurde zum Beispiel oft nur des Kaisers *numen* verehrt, eine allgemeine göttliche Kraft, die ihm ergänzend zu der Macht seines weltlichen Standes zugeschrieben wurde. Im Ostreich wurde hingegen meist das Wesen des Kaisers als göttlich betrachtet.

Viele verehrten Apollo (vorrangig als Sonnengott), da sein Kult von Augustus gefördert wurde. Doch populär waren auch der Isis- und der Serapis-Kult, der hervorgegangen war aus dem Kult um den altägyptischen Totengott Osiris. Serapis wurde mit der Stiergottheit Apis gleichgesetzt, da Osiris nach dem Tod dessen Wesen angenommen hatte, was es wiederum ermöglichte, ihn mit Zeus, Poseidon und Dionysos zu verbinden, die ihrerseits allesamt in einem Zusammenhang mit nahöstlichen Stierkulten standen. Isis war die Gebieterin über die Magie, auserwählt, der Welt die Zivilisation zu bringen, und eine Erlösergöttin, die an die Große Göttin alter Zeiten erinnert. Der Mithras-Kult war hingegen ein Ableger des persischen Zoroastrismus. Kaiser Commodus (180-192) betete Mithras an, der Stoiker Marcus Aurelius errichtete ihm einen Tempel auf dem Vatikanhügel. Der Mithras-Kult scheint um das Jahr 60 n. d. Z. in Syrien entstanden und von Soldaten nach Rom mitgebracht worden zu sein; jedenfalls sollte er immer ein Soldatenkult bleiben, in dem es keinen Platz für Frauen gab.[14] Die Vorbedingung für die Aufnahme in diese Kultgemeinschaft war ein ausgeklügelter, Furcht erregender Initiationsritus mit sieben Einweihungsgraden; nur wer sie bestanden hatte, war ein *sacratus* oder »Geweihter«. Und vermutlich weil zu diesen Ritualen auch ein gemeinsames »Mahl« zählte, empfanden viele Christen den Mithras-Kult als eine minderwertige und blasphemische Abart des eigenen Glaubens. Die Basis des Mithraismus war die dualistische Vorstellung vom ewigen Kampf des Lichtes gegen die Finsternis, zwischen gut und böse also – auch das ein Merkmal, das er sich mit dem Christentum teilte und das sich deutlich von den paganen Ideen unterschied, die die Natur entweder als grundlegend gut oder als indifferent darstellten. Der dem Mithras geweihte Tag war der 25. Dezember (man erinnere sich: Es war eine Welt ohne Wochenenden; religiöse Feiertage waren die einzigen arbeitsfreien Tage). Diese drei Gottheiten dominierten also in Rom; die Vorstellung einer monotheistischen Religion entsprach nicht der Natur der Römer. Sie fanden es wesentlich interessanter, nach Gemeinsamkeiten zwischen ihren Göttern und den Göttern anderer Völker zu suchen – und genau das war es, was sie Toleranz lehrte.

Neben den drei Hauptkulten gab es eine pagane Institution, die weder im Judentum noch im Christentum eine Entsprechung gefunden hat: das Orakel. Wie im antiken Griechenland, so dienten auch in Rom nicht nur Heiligtümer als Orakel, sondern zum Beispiel auch Höhlen, aus denen man die Götter zu vernehmen glaubte. Mit dem Orakelkult verband sich üblicherweise ein komplexes Ritual, das meist nachts durchgeführt wurde und sich im Lauf der Zeremonie dramatisch und geheimnisvoll steigerte. Die Götter sprachen durch Individuen (»Propheten«), an welche die Pilger Fragen richten konnten. Manchmal handelte es sich dabei um einen ortsansässigen Priester, manchmal wurde er (oder sie) aus den Reihen der Pilger selbst erwählt, manchmal gab es zwei Propheten – einer gab undefinierbare Laute von sich, der andere deutete sie in Sprüche um. Am bekanntesten waren die Orakel des Apollon von Didymi und Claros, beide an der ionischen Küste der heutigen Türkei gelegen. Robin Lane Fox berichtet, dass Pilger aus achtundvierzig Städten zwischen dem heutigen Bulgarien, Kreta und Korinth nach Claros zu strömen pflegten.[15]

Der jüdische und der christliche Glaube unterschieden sich in einer ganz entscheidenden Hinsicht von den paganen Religionen: Sie »offenbarten« das Mysterium und bewahrten es nicht. Jeder pagane Kult bot die Möglichkeit einer Mysterienerfahrung, einer zeremoniellen Initiation, die dann zu einem besonderen Erlebnis oder zu einer bestimmten Botschaft führte. Judentum und Christentum offenbarten eine allgemeine Wahrheit, die jedem Gläubigen offen stand, für jeden Gültigkeit hatte und mit der relativ offen umgegangen wurde.[16]

Das Christentum war also seit Paulus eine vom Judentum abgespaltene Religion. Und das Judentum sollte nach dem jüdischen Aufstand und der Zerstörung Jerusalems (66–70 n. d. Z.) rund zwanzig Jahre brauchen, um sich neu zu organisieren: Es schaffte die Tempelpriesterschaft und deren Opferrituale ab, ersetzte sie durch eine rabbinische Struktur und schloss im Zuge dieses Prozesses alle Christen aus der Glaubensgemeinschaft aus.

In Rom waren viele grundlegende Ideen des Christentums verhasst. Die Vorstellung, dass Armut einen spirituellen Wert haben könne, war für Römer ausgesprochen aufrührerisch, aber auch der Begriff des »Ketzers« war ihnen völlig fremd. Es stand den Römern frei, sich so vielen Kulten anzuschließen, wie sie wollten – nur der Atheismus hatte einen üblen Ruch (wobei uns klar sein muss, dass es einen »Atheismus« im heute gebräuchlichen Sinne natürlich gar nicht gab: »Atheisten« waren Epikureer, die zwar die göttliche Vorsehung, nicht aber die Existenz der Götter bestritten). Wie unerbittlich gläubig die frühen Christen waren, lässt sich am Beispiel einer Gruppe ablesen, die sich selbst in die Sklaverei verkaufte, um Lösegeld für gefangene Glaubensgenossen zahlen zu können. Auch dass Frauen eine so auffällig starke Rolle in den frühchristlichen Gemeinden spielten, stand im krassen Gegensatz zu den römischen Gepflogenheiten. Doch der größte Unterschied zwischen den paganen und jüdischen Ideen auf der einen und den christlichen Vorstellungen auf der anderen Seite lag in den divergierenden Auffassungen vom Tod. »Heiden« und Juden starben einfach; sogar wer an irgendeine Art von »Nachleben« glaubte – zum Beispiel an die Existenz einer Insel der Seligen –, stellte sich keine vollständige physische Wiederauferstehung vor. Das taten nur die

Christen. Dass die Zweite Wiederkunft Christi unmittelbar bevorstand, mochte nun vielleicht niemand mehr wirklich glauben, doch kein Christ bezweifelte, *dass* ihm eines Tages eine Auferstehung im wahrsten Sinn des Wortes gewährt werde.[17]

Zu dieser Zeit litt das Römische Reich zeitgleich an mehreren Fronten: Der Handel erlebte eine Rezession; die Geburtenrate sank; die Goten bedrohten die Donauprovinzen; die Legionen, die zwischen 165 und 167 aus dem Osten heimkehrten, schleppten die Pest ein. In den folgenden Jahren verschlechterte sich die Lage zusehends, denn inzwischen hatte Rom den wandernden Stammesvölkern aus den Gebieten außerhalb des Reiches das Recht gewährt, im römischen Heer zu dienen, und ihnen damit zugleich zugestanden, sich innerhalb der Landesgrenzen *(limes)* anzusiedeln. Bald schon ging das Kommando vieler Kohorten auf fähige Mitglieder solcher »Barbarenstämme« über, und da das Militär eine entscheidende Rolle bei der Kaiserwahl spielte, begann sich diese kulturelle Vielfalt und Instabilität allmählich auch auf die Politik niederzuschlagen. Von den zwanzig Kaisern, die zwischen den Jahren 235 und 284 herrschten, wurden alle bis auf drei ermordet. Solche Umstände waren natürlich ein idealer Nährboden für neue Ideen, nicht zuletzt für den Neuplatonismus, der von Ammonios (wirkte um 235), Plotin (204–275) und Porphyrios (wirkte um 270) aus Alexandria nach Rom gebracht wurde und die Lehre vertrat, dass alle Religionen einmal eins werden würden, da das »Ur-Eine« (Gott) alles Sein durch »Emanation« erschaffen habe. Dem entgegen stand die Lehre des Mani (gest. 267), dass die Welt grundlegend böse sei und der Mensch sich ständig läutern müsse, um sich dem ewigen Licht anzunähern. Dieser Doktrin zufolge stand jedem Menschen ein himmlisches Ebenbild zur Seite, das über ihn wachte und ihn leitete. Ein Teil des Lichtes und des Guten war in der Finsternis gefangen; das Töten von Lebewesen, auch um sich zu ernähren, sogar die Ernte von Feldfrüchten verletzten das göttliche Licht und verlängerten seine Gefangenschaft in der Welt. Es machten alle möglichen Geschichten die Runde, etwa dass die Feldfrüchte einst vor Manis Augen zu weinen begonnen hätten, als sie geerntet werden sollten, oder dass die Palmen wehklagten, als man sie stutzen wollte.[18] Wenn Auserwählte starben, gingen sie ins Reich des Lichtes ein, Ungläubige hingegen wurden in das Reich der Finsternis am Ende der Welt verbannt. Das kommende Gottesgericht sollte stattfinden, sobald die Welt nach der Zweiten Wiederkehr Christi in einem 1468 Jahre währenden Feuer untergegangen wäre.

Nachdem nicht nur orthodoxe, sondern sogar häretische Christen unfähig oder nicht willens waren, die traditionellen religiösen Praktiken Roms zu akzeptieren, und da so viele ihrer Glaubensweisen in Konflikt mit den etablierten rituellen Bräuchen der Römer standen, begann man ihrem Glauben und ihrer Loyalität natürlich immer mehr zu misstrauen.

Die Frühkirche wurde zwar nicht konsequent unterdrückt (bis zum Jahr 211 gab es immerhin Bischöfe im ganzen Mittelmeerraum und sogar in einem so weit entfernten Ort wie Lyon), doch es gab immer wieder Kaiser, die äußerst grausam waren und zahlreiche Märtyrer schufen. Und bedenkt man dazu noch die apokalyptischen Hoffnungen, welche die Frühchristen hegten, dann konnten sich die Gläubigen angesichts dieser Lage wohl nur in der Vorstellung bestärkt fühlen, dass sie mit einer Mission beauftragt worden seien, die es erforderte, das Leid zu erdulden. (Auf Jungfrauen, so wurde den Gläubigen versichert, wartete ein sechzigfach höherer Lohn im Himmel, auf Märtyrer sogar der hundertfache Lohn.) Angesichts dieser Sachlage war es nur natürlich, dass ein allgemeiner Siegestaumel ausbrach, als sich die Geschicke der Christenheit nach der Thronbesteigung Konstantins im Jahr 312 n. d. Z. zu wandeln begannen und die Verfolgung von Vergünstigungen für Christen abgelöst wurde.[19] Mittlerweile gab es außerdem bereits einen Schriftenkanon, der den Gläubigen einen zweistufigen »göttlichen Menschheitsplan« bestätigte. Die erste Stufe war der mähliche, aber stetige Sieg der christlichen Lehre.

Das führt uns zu der neuen Sicht von »Zeit« zurück. Traditionell wurde Zeit als etwas Zyklisches betrachtet, wie es sich durch die Beobachtung der Himmelskörper, die ja jeweils einen eigenen Zyklus haben, zu bestätigen schien. Viele Menschen glaubten deshalb, dass sich auch die himmlischen Geheimnisse enthüllen würden, sobald man diese Zyklen verstand. Doch die zyklische Sicht von der Zeit machte Geschichte gewissermaßen bedeutungslos, da sie sich in diesem Fall ja ständig nur wiederholt. Entgegen dieser Tradition begann das Christentum Zeit nun als einen linearen Prozess nach göttlichem Willen zu betrachten. Das heißt, die Geschichte bewegte sich auf ein definitives Ende *(telos)* zu, und die Geburt Christi stand im Brennpunkt dieses linearen Prozesses. Als das Christentum die Inkarnation schließlich als das Mittel auszulegen begann, das allen Menschen auf Erden die Erlösung bringen würde, zögerten die frühchristlichen Autoren nicht, aus dieser neuen Sichtweise so viel als nur möglich herauszuholen. Sextus Julius Africanus (ca. 160–240) behauptete zum Beispiel, dass die Welt nach göttlichem Plan sechstausend Jahre währen sollte, und da die Geburt Christi seinen Berechnungen nach genau fünftausendfünfhundert Jahre nach der Schöpfung stattgefunden hatte, standen (vom Standpunkt seiner Lebenszeit aus betrachtet) also noch rund dreihundert Jahre des Wartens bevor, bis Gott seinen Plan erfüllen würde. Mit solchen Ideen grenzte sich das Christentum immer stärker ab. In den Schöpfungsmythen anderer Religionen gab es bestenfalls vage Hinweise auf Ereignisse, die in einer unbestimmten Vorzeit oder vor langer Zeit stattgefunden hatten. Das Christentum war spezifisch: Sein Gott hatte in die Geschichte eingegriffen und damit nicht nur bewiesen, dass er einen Plan verfolgte, sondern auch, dass er der einzige, der wahre Gott war.

Solche Ideen übten große Anziehungskraft aus, besonders auf die ärmeren Sklaven und Knechte im Römischen Reich. Die Gründe dafür liegen auf der Hand: Das Christentum behauptete, es sei edel und gut, das Kreuz Christi zu tragen, und versprach eine bessere Welt nach der unmittelbar bevorstehenden Zweiten Wiederkunft. Das bot natürlich vor allem Menschen auf der untersten sozialen Stufe einen großen Anreiz, weshalb die neue Religion auch primär die urbanen Massen und weniger die römische Aristokratie oder hohe militärische Ränge erreichte. Aber die Nichtheiden gaben nicht einfach klein bei: Unter Kaiser Maximin Daia wurden antichristliche Lehrbücher eingeführt, in denen Jesus als Sklave und Verbrecher dargestellt wurde.[20]

Doch nicht einmal der leidenschaftlichste Christ konnte ewig auf die Zweite Wiederkunft Christi warten. Also waren andere Hilfsmittel gefragt. Eines bot sich mit der Christenverfolgung an. Wie bereits gesagt, hatten sich die Römer zuerst ziemlich tolerant gezeigt und von besiegten Völkern immer nur gefordert, dass sie die römischen Götter ebenso anerkannten wie die eigenen. Doch seit ihre Kaiser vergöttlicht wurden, litt die Toleranz. Wie so viele andere Völker im Altertum, so glaubten auch die Römer, dass das dauerhafte Wohlergehen ihres Landes von der dauerhaften Gunst der Götter abhängig sei. Und die Christen taten nun weit mehr, als sich einfach nur zu weigern, die Götter und Kaiser Roms anzubeten – allein die Idee von der Erlösung oder von einer Zweiten Wiederkunft setzte ja implizit voraus, dass jemand erscheinen würde, der den Staat stürzte. Das war schon schlimm genug, doch als sich die Christen dann auch noch weigerten, öffentliche Ämter zu übernehmen oder Militärdienst zu leisten, war das ein noch deutlicherer Affront. Auch dass sie bei ihrem Gottesdienst keinen Unterschied zwischen Herren und Sklaven machten, stellte eine massive Bedrohung des herrschenden Sozialgefüges dar. Sie beteten zu ihrem Gott zwar für »das Wohl des Staates«, doch das genügte den Römern nicht. Also begann sich die kaiserliche Politik mehr und mehr gegen das Christentum zu richten.[21] Trajan erklärte es zum Kapitalverbrechen, dem Kaiser die Huldigung zu verweigern. Und als sich die Christen im Jahr 248 weigerten, an den Feierlichkeiten anlässlich des tausendjährigen Gründungstags von Rom teilzunehmen, machten sie sich endgültig unbeliebt: Decius ordnete an, dass jeder Christ vor einem Magistrat zu erscheinen habe, um den römischen Göttern für das Wohlergehen des Kaisers zu opfern. Einer Schätzung nach belief sich der Anteil von Christen an der Bevölkerung in dieser Zeit auf zehn Prozent, was für besonders viele Märtyrer spricht. Doch die Christen hielten den Römern unverdrossen vor, dass der Niedergang des Römischen Reiches, der mittlerweile für jeden offensichtlich war, nur ihrem Götzendienst zu verdanken war. Und das begann allmählich Eindruck auf die Oberschicht zu machen. Sowohl Valerian als auch Diokletian sahen sich schließlich zu dem

Versuch genötigt, dem Christentum den Boden zu entziehen: Zuerst drohten sie den Senatoren mit dem Verlust ihres Amtes auf Lebenszeit, falls sie konvertierten, dann säuberten sie die Armee, zerstörten die Kirchen und verbrannten christliche Schriften.

Im dritten Jahrhundert wurde ein seltsamer Kreuzungspunkt erreicht: »Das Verlangen nach dem Martyrium geriet fast außer Kontrolle.«[22] Inzwischen pflegten sich Christen bewusst über alle römischen Bräuche hinwegzusetzen, beleidigten die Magistrate und zerstörten die Bildnisse von paganen Göttern, um Christus zu imitieren und sein Kreuz tragen zu dürfen. Sie *suchten* die Verfolgung. »Für eine Stunde Leid auf Erden würde sich der Märtyrer, so glaubten sie, unendliche Glückseligkeit in der Ewigkeit verdienen.«[23] Das waren, je nach Standpunkt, hehre Gefühle. Doch die entscheidende Wandlung von einem verfolgten Glauben zur offiziellen Religion des Römischen Reiches war am Ende nicht irgendeinem fundamentalen Gesinnungswandel der Römer zu verdanken, sondern allein Kaiser Konstantin (306–337), dem das Christentum für seine Zwecke ganz einfach gelegener kam. Im Jahr 312 war Konstantin bei der Schlacht an der Milvischen Tiberbrücke vor den Toren Roms auf seinen Gegner Maxentius gestoßen. Seine christlichen Berater hatten ihm versprochen, dass er siegen würde, wenn er um die Hilfe ihres Gottes ersuchen würde. Der Legende nach soll Konstantin daraufhin die Vision eines Kreuzes erschienen und ihm prophezeit worden sein, dass er unter diesem Zeichen ☧ siegen werde, sofern er es auf die Schilde seiner Soldaten malen ließ. Er tat es, und sein Sieg entschied alles. Denn nun gewährte er den Menschen im Römischen Reich das Recht auf die Verehrung der eigenen Götter und hob somit auch die rechtlichen Einschränkungen gegen das Christentum auf. Konstantin selbst sollte zwar erst auf dem Sterbebett konvertieren, war jedoch seit diesem Sieg überzeugt, von Christus geleitet zu werden. Auf Fresken wurde er gern mit Heiligenschein dargestellt.[24]

Konstantin führte viele Neuerungen ein, beispielsweise den Sonntag, der nun – zumindest in den Städten – zum obligatorischen Feiertag wurde. Von ihm stammt auch die Vorliebe, Reliquien zu sammeln und in Schreinen auszustellen. Aber von entscheidender Bedeutung war, dass er seine Hauptstadt von Rom in das von der Göttin Hekate beschützte Byzanz verlegte, das er im Jahr 330 in Konstantinopel umbenannte, und dass er alle paganen Heiligtümer im Ägäisraum plündern ließ, um seine neue Hauptstadt zu bereichern. Sich selbst ließ er in einer riesigen Statue verewigen. In der Hand hielt sie einen Globus, das Symbol der Weltherrschaft, in den angeblich ein Fragment des echten Kreuzes eingelassen worden war, von dem es hieß, dass seine Mutter es in Jerusalem gefunden habe. Inzwischen hatte sich fast die Hälfte der Einwohner von Griechenland, Kleinasien (der heutigen Türkei), Ägypten und Edessa (in der Südosttürkei nahe der syrischen Grenze) zum Christentum bekehrt, auch Regionen in Abessinien, Spanien, Gallien, Persien, im afrikanischen Mauretanien und im nordeuropäischen Britannien waren nun in christlicher Hand. Dass das Christentum so erfolgreich wurde, war nicht zuletzt auf das wachsende christliche Selbstvertrauen zurückzuführen, das seinerseits etwas Entspannung mit sich brachte und es den Gläubigen erlaubte, sich pagane Praktiken ganz einfach einzuverleiben, wo immer es ihren Interessen dienlich schien. Man adaptierte das Mithras-Fest am 25. Dezember und gestaltete es zum Weihnachtstag um; der Begriff »Epiphanie« beruht auf der paganen Idee von *epiphanias*, der Erscheinung einer Gottheit unter den Menschen (häufig im Traum); die Begriffe »Vikar« und »Diözese« wurden der kaiserlichen Verwaltungsreform entlehnt; und die »Heilighaltung des Sonntags« galt einem Tag, der ursprünglich nicht zu Ehren von Jesus Christus, sondern zu Ehren der Sonne gefeiert worden war. Im Jahr 326 schenkte Konstantin den Christen den römischen Apollotempel im Circus des Nero, damit sie dort ihre Basilika St. Peter errichten konnten; die Gepflogenheit, sich den Kopf kahl zu rasieren, übernahmen christliche Priester von ihren paganen Vorgängern in Ägypten; und nachdem das Konzil von Ephesus Maria als Mutter Gottes dogmatisiert hatte, wurde ihr eine Kirche im Heiligtum der Muttergottheit Diana (Artemis) errichtet. Der Weihrauch, mit dem sie geweiht wurde, bestand aus denselben Ingredienzien wie das Räucherwerk, das der Diana dargebracht worden war.[25]

Der erste christliche Text, der absolute Intoleranz gegenüber heidnischen Ritualen forderte, stammt aus den vierziger Jahren des 4. Jahrhunderts. Prompt waren pagane Praktiken zwischen den Jahren 380 und 450 rückläufig. Seit dem Jahr 380 finden sich auch keine Hinweise mehr auf Gymnasien, was natürlich damit zu tun hatte, dass sich die Geschicke des Römischen Reiches gewendet hatten und sich die Stadtbehörden den Bau von öffentlichen Wettkampfstätten nicht mehr leisten konnten. Aber es hatte gewiss auch etwas mit spezifisch christlichen Einstellungen zu tun: »Körperliche Ertüchtigung war ein Erziehungsbereich, der im christlichen Umfeld verkümmerte«, denn zumindest in den Städten verband man nun mit nackten Körpern nicht nur heidnische Bräuche, sondern auch die Akzeptanz von Homosexualität. Der Niedergang des Gymnasion, dieses Brennpunkts des Hellenismus, sollte mehr als irgendein anderes Ereignis das Mittelalter einläuten. Im Jahr 529 schloss Kaiser Justinian die alte platonische Akademie in Athen, »die letzte Bastion intellektueller Gottlosigkeit«.[26] Im Jahr 530 gründete er in Nordafrika eine neue Stadt, die ganz und gar von christlicher Kunst geprägt war, von einer neuen Ikonographie, die sich viele pagane Elemente einverleibt hatte.

Es gab noch einen letzten Grund für den Erfolg des Christentums: Die Menschen glaubten, dass Glaubenssolidarität den sinkenden Stern des römischen Staates wieder neu erstrahlen lassen würde. Und genau das zog eine gravierende Veränderung in der Gesellschaftsordnung nach sich – den Aufstieg der Priesterschaft, die das Mittelalter so stark prägen sollte.

*

Eine Idee, von der die Kirche in ihrer Frühzeit entscheidend geprägt wurde, war »die Gabe des Geistes Jesu«. Geboren wurde diese Vorstellung aus der Überzeugung, dass die Apostel Jesus' Gabe empfangen hätten – deshalb redete Petrus »in Zungen« und hatte Paulus Visionen – und sie dann ihrerseits an die ersten römischen Kirchenführer (Presbyter) weitergaben, die sich von ihren Gemeinden zum Beispiel dadurch unterschieden, dass sie an Tischen saßen, während alle anderen standen. Das entscheidende Moment beim Entstehen der Priesterschaft als einer eigenen Klasse war jedoch das Auftreten der Bischöfe gewesen. Das Wort »Bischof« stammt aus dem Griechischen, wo es einen »Vorsteher« bezeichnete. In der Frühkirche wurden Kongregationen in jeweils sieben Kollegien aufgeteilt, der Bischof war der Vorsteher der sieben Presbyter.[27] Aus dieser Konstellation entwickelte sich dann parallel zur Idee von der »Gabe des Geistes Jesu« die Vorstellung, dass nur Bischöfe zwischen Christen und ihrem Gott vermitteln und die Heilige Schrift auslegen könnten.

Anfänglich hatte es in allen großen Städten des Mittelmeerraums Bischöfe gegeben – Antiochia, Ephesus, Alexandria, Karthago, Rom –, und alle verfügten über das mehr oder weniger gleiche Quantum an Macht und Einfluss. Gelegentlich trafen sie zu Konzilen oder Synoden zusammen, um Fragen der Lehre zu beraten und beispielsweise zu diskutieren, ob es ihnen zustand, Sünden zu vergeben. Auf diese Weise begannen sie sich allmählich dem Rang nach vom Rest der Kirche abzugrenzen. Das Zölibat war noch kein Thema, doch zumindest ein abgeschiedenes, der Meditation und dem Studium gewidmetes Leben begann nun zur Norm für Priester zu werden. Ein letzter entscheidender Faktor bei der Entwicklung der Priesterschaft war der Beschluss von Kaiser Konstantin, dem christlichen Klerus dieselben Privilegien zu gewähren, die einst den paganen Priestern zugestanden worden waren, darunter die Befreiung von allen Steuern und vom Militärdienst. Kaiser Gratian (375–383) befreite die christlichen Priester zudem von der Jurisdiktion ziviler Gerichtsbarkeiten und unterstellte sie in allen Fragen (mit Ausnahme von zivilrechtlichen Vergehen) den bischöflichen Höfen. Bedenkt man, dass es den Bischöfen außerdem gestattet war, Nachlassschenkungen anzunehmen, wird deutlich, wieso die Priesterschaft bis zum 5. Jahrhundert zu einer so privilegierten Klasse aufsteigen konnte. Priester waren nun reich, unantastbar in Fragen der Kirchenlehre und im großen Ganzen zu Rechtspersonen nach eigenem Recht geworden. Und damit hatten sie, wie ein Historiker schrieb, all die politischen, wirtschaftlichen und geistlichen Privilegien angehäuft, die sie für die Dauer von tausend Jahren zu einem gleichbleibend wichtigen und manchmal dominierenden Element der abendländischen Gesellschaft machten.[28]

Der Aufstieg Roms zum überragenden Zentrum der Christenheit war jedoch keinesfalls eine ausgemachte Sache gewesen. Wenn es denn in den Anfangszeiten eine Position von wirklich überragender Bedeutung im Christentum gegeben hatte, dann war es die des Bischofs von Antiochia. Auch Karthago und Alexandria standen hoch im Kurs (die dortigen Bischöfe hießen »Patriarchen«), doch Rom war nun einmal die Reichshauptstadt, außerdem hatten der Überlieferung nach sowohl Petrus als auch Paulus dort gewirkt. Also musste »die Gabe des Geistes Jesu« am Tiber doch gewiss besonders stark wirken. Clement, der erste Nachfolger Petri als Bischof von Rom, hatte gegenüber den anderen Bischöfen noch keine herausragende Rolle für sich in Anspruch genommen. Das sollte sich erst mit dem römischen Bischof Victor (wirkte um ca. 190 bis 198) ändern, der eine Reihe von kleinasiatischen Bischöfen zu exkommunizieren versuchte, weil sie im so genannten Osterstreit – es ging um den angemessenen Termin des Osterfestes – eine andere Meinung vertraten als er.[29] Beim ersten ökumenischen Konzil von Nicäa (325) sollen die römischen Kirchenvertreter zwar bereits ein wesentlich höheres Ansehen als alle anderen genossen haben, trotzdem wurde ihnen noch nicht mehr Macht als den anderen zugebilligt. Erst auf dem Konzil von Serdica (das heutige Sofia), das im Jahr 343 begann, kamen die Delegierten überein, bestimmte Streitfragen hinsichtlich der Kirchenlehre künftig an Rom weiterzuleiten.

Im Osten war die Vorherrschaft Roms natürlich nie wirklich anerkannt gewesen, doch während das Reich immer weiter zerfiel und sich das kaiserliche Machtzentrum aufzulösen begann, stellten eine Reihe rühriger Päpste Rom immer deutlicher in den Mittelpunkt der Kirche. (»Papst«, lateinisch *papa*, ist natürlich das Äquivalent für »Patriarch«, »Vater«.) Papst Damasus (366–384) ließ den Hügel drainieren, auf dem sich sein Hof befand – der heutige Apostolische Palast – und knüpfte insofern wieder bei Konstantin an, als er ebenfalls Märtyrerreliquien zu sammeln begann. Und da er auch die frühchristlichen Katakomben wieder zugänglich machen ließ, wurde Rom schnell zu einem spektakulären Anziehungspunkt für christliche Pilger, mit dem es Antiochia oder Karthago nicht mehr aufnehmen konnten. Papst Leo I. (440–461) verkündete schließlich, dass der Bischof von Rom den »Stuhl Petri« verwalte (und erfand damit die Lehre von der Apostolischen Sukzession), wofür er sich auf Matthäus 16,18 berief: »Du bist Petrus, und auf diesen Felsen will ich meine Gemeinde bauen.« Die Gabe des Geistes Jesu hatte auch hier förderlich gewirkt. Weil ihm zwei spektakuläre diplomatische Triumphe gelungen waren – im Jahr 452 war Leo den einmarschierenden Hunnen unter Attila entgegengereist und hatte erreicht, dass sie sich zurückzogen; drei Jahre später hatte er die Römer vor den Vandalen gerettet –, konnte der Papst den Kaiser überzeugen, auf der Oberherrschaft Roms im Reich zu bestehen.[30]

*

Doch im frühen Christentum ging es nicht nur um die »heilige Ordnung« der Kirchenhierarchie und der Priesterschaft. Eine andere vorherrschende Idee aus diesen frühen Jahren war der Monastizismus – die Vorstellung, dass eine Vergeistigung am besten erreicht werden könne, wenn man der Welt und all ihren Versuchungen entsagte.

Natürlich war das Mönchtum keine rein abendländische Idee – wir werden darauf noch zu sprechen kommen. Im Mittelmeerraum hatte sich bereits eine asketische Lebensweise entwickelt: Im Wadi El Natroun, dem »Tal des Natron«, einen Tagesritt auf dem Kamel westlich des Nildeltas, hatten sich Mitte des 2. Jahrhunderts Einsiedler in Höhlen zurückgezogen, ein Jahrhundert später gefolgt von christlichen Männern und Frauen von überallher, die sich dort unter die Fittiche des Eremiten Ammon begaben. Jeder Ankömmling schlug für sich zwei Räume als Einsiedelei aus dem Fels, was rund ein Jahr dauerte. Die Einsiedler lebten dann meist von Webarbeiten, die ihnen Händler abkauften und auf den Märkten von Alexandria feilboten. Einer Schätzung zufolge gab es Ende des 4. Jahrhunderts rund fünftausend Eremiten im Wadi Natroun. »Seine Anziehungskraft lag nicht zuletzt darin, dass sich die angeblichen Dämonen im Wadi Natroun angesichts der nachlassenden Christenverfolgung und deshalb geringeren Aussichten auf ein Martyrium als die zweitbeste Lösung anboten.«[31]

Die erste christliche Mönchgemeinschaft gründete sich jedoch nicht in der Wüste, sondern Anfang des 4. Jahrhunderts rund tausend Kilometer nilaufwärts in Tabennisi, wo Pachomios (ca. 292–346) erstmals Regeln für ein weltabgeschiedenes Leben aufstellte. Jeder Mönch hatte eine eigene Hütte und verbrachte seine Zeit im Wesentlichen mit zwei Dingen: Er lernte das Neue Testament auswendig und ging ansonsten der Beschäftigung nach, die ihm zugewiesen wurde.[32] Weil das die erste Klostergründung war, bezeichnete man die Mönche in Rom fortan als »Ägypter«. Die Idee vom Rückzug in die Askese wurde immer populärer, bis Anfang des 4. Jahrhunderts schließlich auch im Abendland die ersten Klöster entstanden. Das bei weitem einflussreichste gründete Benedikt von Nursia (gest. 547). Seine Vorstellungen vom mönchischen Gemeinschaftsleben sollten sich stark auf das europäische Denken auswirken (nicht umsonst wurden die Jahrhunderte zwischen 550 und 1150 oft als die »benediktinischen« bezeichnet). In dem von ihm aufgebauten Kloster auf dem Monte Cassino, rund hundertdreißig Kilometer südlich von Rom, schrieb er seine *Regula Benedicti*, in der er – nach einigen schmerzlichen Experimenten – die Grundlagen für das ideale Klosterleben darlegte. Viele Jahre zuvor hatte auch er sich als Einsiedler versucht, war aber zu dem Schluss gekommen, dass das ein allzu einsames Leben sei und zu viele psychische Gefahren berge.³³ Seine Gemeinschaft sollte vollkommen unabhängig sein, und zwar in wirtschaftlicher wie in politischer und geistiger Hinsicht. Eine Einmischung von außen war nur erlaubt, falls irgendein Skandal drohte. Der Abt wurde von den Mönchen auf Lebenszeit gewählt und war die absolute Autorität, verpflichtete sich aber seinerseits, die ihm anvertrauten Männer zu ernähren und auf ihre Gesundheit zu achten. Die »schwarzen Mönche« (so genannt wegen ihres Habits) mussten jedes unnötige Gespräch vermeiden und »entrückt« von der Welt leben. Der Beitritt zu ihrer Gemeinschaft wurde nicht leicht gemacht. Erst einmal ließ man die Antragsteller warten, das heißt, man verwehrte ihnen fünf Tage lang den Einlass. Erst nachdem sie die nötige Geduld aufgebracht hatten, wurden sie aufgenommen und mussten dann ein volles Jahr als Novizen unter dem Schutz und der Führung eines altbewährten Mönchs im Kloster verbringen. Erst dann, und nur wenn der Novize noch immer den Wunsch äußerte, aufgenommen zu werden, wurde ihm die *stabilitas loci* für den dauerhaften Verbleib im Kloster gewährt. Und dies war nun wahrlich eine andere Welt als im Wadi Natroun: Im Mittelpunkt von Benedettos Klosterregeln stand das Gemeinschaftsleben. Die Mönche arbeiteten, beteten, aßen und schliefen gemeinsam, und alle hatten ein Armuts-, Keuschheits- und Gehorsamsgelübde abgelegt. Jede Stunde des Tages war mit Pflichten angefüllt, Gottesdienste wurden Tag und Nacht abgehalten.

Ohne es beabsichtigt zu haben, hatte Benedetto damit also eine Institution ins Leben gerufen, die sich im frühen Mittelalter als außerordentlich kongenial erweisen sollte. Inmitten des Untergangs des Römischen Reiches und im direkten Anschluss daran, während die Städte ihren Niedergang erlebten und sich die altvertraute Welt immer mehr auflöste, als alle Strukturen lokaler wurden und nicht nur Schulen, sondern auch die anderen öffentlichen Funktionen zusammenbrachen, boten diese weit außerhalb der Städte gelegenen Klöster ein Bild der Beständigkeit und sich selbst als die führende Kraft in puncto Erziehung, Wirtschaft, Religion und sogar Politik an. Oft fungierten die Mönche nun auch als Fürbitter bei Gott, was zur Folge hatte, dass ihre Klöster mit Stiftungen und Schenkungen von Königen und Adligen bedacht wurden und allmählich ungemeine Reichtümer anhäuften, während die Äbte zu lokalen Machtgrößen mit gewaltigem Einfluss wurden.

Das Christentum war nun also viel mehr geworden als ein neues Glaubenssystem. Zwischen dem 4. und 6. Jahrhundert übernahm seine Priesterelite – vor allem im Abendland – viele staatliche, politische und sogar rechtliche Funktionen des untergehenden Römischen Reiches. So nützlich das in dieser Zeit gewesen sein mag, so wurde damit allerdings auch der Grundstein für ein typisches Merkmal des Mittelalters gelegt: für die Kluft zwischen Klerus und Laientum, dem es nun nicht mehr gestattet war, selbst in den Kirchen zu predigen (und das später nicht einmal mehr selbst die Bibel lesen durfte). Außerdem bot sich die Kirche als eine Möglichkeit an, vor den Härten des Alltags in ein »Jenseits« zu fliehen. Vor allem diese Idee war es, die dem Klerus schließlich so viel Kontrolle über das Laientum ermöglichen sollte.

Die Autorität der Priesterschaft verstärkte sich aber auch durch die Entwicklung der neutestamentarischen Schriften und der Liturgie. Ursprünglich hatte es kein einziges geschriebenes Jesuswort gegeben, doch allmählich begann sich ein Schriftenkanon zu etablieren. Die ersten beiden auf Aramäisch verfassten Texte, die dazu gehörten, behandelten zum einen die Logien Jesu und zum anderen die als »Messianische Weissagungen« gedeuteten prophetischen Texte – das heißt alttestamentarische Passagen, die als Bestätigung ausgelegt wurden, dass Jesus tatsächlich der erwartete Messias war. Das bedeutet, dass sie eher auf die Überzeugung von Juden als von Nichtjuden zugeschnitten waren. Eine dritte Schrift, genannt *Didache* oder die *Lehre der zwölf Apostel,* bot sich als Leitfaden für die frühe Kirchenordnung, den christlichen Lebenswandel und die angemessene Liturgie an. Die Idee von einer Heiligen Schrift als solcher war eine ganz und gar jüdische gewesen; und auch auf vielen anderen Gebieten steht das Christentum in der Schuld des Judentums (beispielsweise, weil es den Sabbat beibehielt, wenn auch an einem anderen Wochentag). Taufe und Kommunion waren natürlich christliche Erfindungen, aber es gab noch einen dritten Brauch, der sich jedoch nur noch bei einigen wenigen Sekten erhalten hat: das so genannte »Zungenreden«, auch »Glossolalie« genannt – ein ekstatisches Reden in »fremden Sprachen«, in dem die Urchristengemeinde laut Apostelgeschichte Offenbarungen des Heiligen Geists zu erkennen glaubte. Übernommen hatte man diese Praxis aus griechischen Mysterienkulten.[34]

Die schriftliche Überlieferung begann jedoch erst wirklich zu florieren, nachdem Paulus seine Briefe an die von ihm gegründeten Gemeinden zu schreiben begonnen hatte (Briefe an die Korinther, den Brief an die Epheser und so weiter). Doch weder Paulus noch seine Gemeinden hätten sich je vorstellen können, dass diese »Episteln« eines Tages Bestandteil einer heiligen Schrift werden würden. Paulus hatte nichts anderes getan, als die Lehre, die er mündlich überliefert bekommen hatte, schriftlich zu kommentieren. Die meisten Schreiben verfasste er zwischen den Jahren 50 und 56.[35] Nun war es ja schön und gut, wenn man den Sinn vom Leben und Sterben Jesu auszulegen versuchte, doch für die Gläubigen der ersten Kirchenzeit zählte einzig und allein, *dass* er gelebt hatte, gekreuzigt wurde und auferstanden war. Deshalb wurde um das Jahr 125 in Ephesus beschlossen, alle vier Evangelien zur Grundlage des Gottesdienstes zu machen, um sämtliche Aspekte des Lebens und Sterbens Jesu ins rechte Licht zu rücken und die umherschwirrenden häretischen Äußerungen im

Zaum zu halten. Gerade die frühen Häresien zwangen schließlich zur Festlegung eines Kanons. Drei nahmen besonders starken Einfluss auf die Entwicklung der offiziellen Kirchenlehre: erstens die Häresie des in Rom lehrenden Valentinus (gest. 160), der unter anderem behauptet hatte, dass Jesus einen »pneumatischen Leib« besaß, also nicht aus Fleisch und Blut gewesen sei und von daher auch nicht am Kreuz gelitten haben konnte; zweitens die des Marcion (wirkte um 144), der behauptete, dass Jesus kein Jude, sondern vielmehr der Sohn eines höheren und unendlich viel milderen Gottes als des jüdischen Jahwe war; und drittens die Häresie des Montanus (wirkte um 150 bis 180), der eine ekstatische »Neue Prophetie« gegen die Struktur der Kirche begründet hatte. Er lehrte, dass nur erweckte Propheten, die über »die Gabe des Geistes Jesu« verfügten, zum geistlichen Amt berufen seien und dass allein ihre Worte, nicht aber die irgendeines Evangeliums, den Ritus bestimmen dürften. Die Kirche reagierte auf diese eigenwilligen Glaubensäußerungen, indem sie zusammentrat, um den Kanon der neutestamentarischen Texte und die zentralen Elemente der Glaubenspraxis festzulegen. In Erinnerung an das letzte Abendmahl wurde die Kommunion eingeführt und zum Mahl der Gegenwart Christi erklärt, das zugleich ein Sühneopfer (eine jüdische Idee) wie die Vergegenwärtigung der Erlösung war (eine gnostisch-griechische Idee). Die Formulierung »Neues Testament« wurde erstmals in Jahr 192 verwendet.[36] Das Christentum war um das Jahr 200 also bereits auf dem besten Wege, zu einer Religion des Buches zu werden – noch etwas, das es sich mit dem Judentum teilt. Und das sollte der Macht der Priesterschaft natürlich nur noch mehr zugute kommen, denn meist waren Priester ja die einzigen Menschen, die lesen konnten.

*

Die apostolische Tradition war natürlich nicht nur ein mächtiges Werkzeug für die Gläubigen, sondern auch ein nützliches Instrument, um Rom das Supremat im Christentum zu sichern. Doch Rom war nicht das einzige Zentrum, nicht der einzige Ort, wo einflussreiche Ideen geboren wurden. Schon das Johannesevangelium war vom griechischen und gnostischen Denken in Ephesus beeinflusst worden, aber auch in der Gegenwart gab es Autoren im östlichen Mittelmeerraum, die mit philosophischem und theologischem Verständnis ein differenzierteres Christentum entwickeln wollten. Abgesehen von Rom waren es vor allem zwei Städte, in denen die »Kirchenväter« *(patres ecclesiae)* wirkten: Alexandria und Antiochia. Die stark vom gnostischen Denken beeinflussten Alexandriner entwickelten vorrangig die allegorische Methode der Bibelauslegung – und zwar allegorisch in einem Maße, dass schließlich sogar aus orthographischen Fehlern versteckte Botschaften herausgelesen wurden. Damit begann die Praxis der Bibelexegese.[37]

Der bekannteste Alexandriner war Clemens (ca. 150–215). Er hatte es sich zum Ziel gesetzt, das pagane und vor allem griechische Denken mit dem christlichen in Einklang zu bringen. In seiner Abhandlung *Paidagogós* stellte er Platons Position als eine Geisteshaltung dar, die dem Denken der alttestamentarischen Propheten entsprochen habe. Platon hatte den Begriff *logos* – der üblicherweise als »Rede/Wort« übersetzt wird, aber viel komplexer in seinen Bedeutungen ist – zum ewigen Prinzip der Vernunft abstrahiert, die eine Verbindung zwischen der höheren Ebene Gottes und der niedrigeren Ebene seiner Schöpfung darstellt. Diese Idee, so Clemens, war Platon ebenso offenbart worden wie den Propheten Israels ihre Visionen, damit der Mensch den wahren Glauben erfahren und Israel auf das Kommen des *maschiach* vorbereitet werden konnte. In Platons Ideenlehre entdeckte Clemens die gleiche »Geringschätzung« für das »Diesseits«, die sich auch in den Lehren Jesu spiegelte (und zum Beispiel ihren Ausdruck im Monastizismus fand).[38]

Clemens hatte die Katechetenschule von Alexandria geleitet, bevor er gezwungen wurde, sie zu verlassen. Nach einer Übergangszeit von einigen Jahren wurde sie von seinem Schüler Origenes (ca. 185–254) übernommen, der neben Hebräisch so »heidnische« Fächer wie Rhetorik, Geometrie, Astronomie und Philosophie unterrichtete. Aus Origenes' Feder stammen viele Werke, darunter die beiden ersten christlichen Exegesen *Hexapla* und *De principiis*, die »früheste systematische Darstellung der christlichen Theologie«. Sein gewiss berühmtester Gedanke aber war, dass allem, was in der Bibel festgehalten wurde, drei Bedeutungen zukämen – eine buchstäbliche, eine moralische und eine allegorische, wobei nur Letztere die Wahrheit offenbare. Die jungfräuliche Geburt Christi »im Leib Mariens« war aus seiner Sicht zum Beispiel »nicht als ein authentisches Ereignis zu verstehen, sondern als die Geburt der göttlichen Weisheit in der Seele«.[39] Origenes war der Schüler eines Gelehrten gewesen, dem wir bereits begegnet sind: Ammonius Saccas, der Begründer der Neuplatonik. Unter seinem Einfluss hatte er auch das Bild eines Universums entwickelt, das aus einer Hierarchie von »Geistwesen« (Engeln) besteht, mit Gott an der Spitze und dem Teufel neben den gefallenen Engeln auf unterster Stufe. Gott, so argumentierte Origenes, sei auf zwei Wegen erfahrbar – mittels der Natur, in der unsere Vernunft die Pracht seiner universellen Schöpfung erkennen könne, und durch Christus, der die Weisheit Gottes und die Emanation seiner Vollkommenheit sei. Die Seele im »inneren« Menschen sterbe nicht mit dem Fleisch und Blut, deshalb nehme der Mensch eine Position zwischen den Geistwesen und den Dämonen ein. Aber weil die Seele durch ihre Gegenwart im Körper bereits verdorben worden sei, sei es der einzige Lebenszweck, ein Verhalten zu erlernen, das sie nicht noch mehr verderbe. Aus Origenes' Sicht existierte die Seele bereits vor der Fleischwerdung des Menschen und geht nach dem

Sterben des Körpers in ein Stadium der Läuterung über; am Ende werden alle im Feuer gereinigten Seelen an der universellen Wiederherstellung teilhaben.[40] Origenes glaubte also *nicht* an eine Auferstehung des Leibes. Und diese Sicht sollte immer mehr Anhänger finden, je länger die Zweite Wiederkunft Christi auf sich warten ließ.

Hieronymus (ca. 340–419) war ein ernster, gebildeter Mann, der versucht hatte, ein eigenes Kloster zu gründen, damit gescheitert war und dann in Antiochia Griechisch und Hebräisch studierte. 382 wurde er von Papst Damasus I. (305–384) als dessen Sekretär nach Rom berufen und mit einer Übersetzung der Psalmen ins Lateinische betraut, die seinen künftigen Ruhm begründete. Adlige Römerinnen, die ihn als Seelsorger schätzen gelernt hatten, trieben genügend Mittel auf, damit er ein Kloster und Studienzentrum nahe Bethlehem gründen konnte. Dort verbrachte er den Rest seines Lebens mit der lateinischen Übersetzung der Bibel, welche die fragmentarische altlateinische Fassung der *Itala* ersetzen sollte.[41] Als Quellenmaterial benutzte er sowohl hebräische als auch griechische Texte. Vor allem beabsichtigte er, eine Arbeit abzuliefern, an der nicht nur Gelehrte und Bischöfe, sondern auch gewöhnliche Gläubige ihre Freude haben würden. Seine Fassung wurde ein Mittelding zwischen dem ciceronischen Latein der Gebildeten und Schriftbewanderten und dem Vulgärlatein der Normalsterblichen, aus dem sich die französische, spanische und italienische Umgangssprache entwickelten. Die *Vulgata* wurde jedenfalls ein großer Erfolg und sollte viele Jahrhunderte lang die Standardversion der Bibel bleiben.

Der fraglos größte aller lateinischen Kirchenväter und eine der bedeutendsten Persönlichkeiten der Ideengeschichte überhaupt war Augustinus (354–430). Über ihn wissen wir dank seiner eigenen Schriften eine Menge. Geboren wurde er am 13. November 354 in Thagaste, dem heutigen Souk-Ahras in Algerien. Sein Vater Patricius, ein örtlicher Regierungsbeamter, hing dem römischen Götterglauben an, wohingegen seine Mutter Monica Christin war (solche »Mischehen« waren nichts Ungewöhnliches im 4. Jahrhundert, als sich die strenge Haltung der Christen etwas aufzulockern begann). Augustinus entwickelte sich zu einem großen Schriftsteller – hundertdreizehn Bücher und mehr als zweihundert Briefe sind uns erhalten –, doch aus der christlichen Geschichte hebt ihn vor allem hervor, dass er »ein großer Sünder war, der zu einem großen Heiligen wurde«.[42] Ein großer Sünder war er seinen eigenen *Bekenntnissen* zufolge bis zu seiner Bekehrung im Alter von zweiunddreißig Jahren gewesen. Doch sogar nachdem er Christ geworden war, sah er sich noch außerstande, den eigenen Erwartungen gerecht zu werden: Er war einfach zu schwach, um all den sexuellen Verlockungen zu widerstehen. »Gib mir Keuschheit und Enthaltsamkeit«, pflegte er zu beten, »doch nicht sogleich!«[43] Seine große Menschlichkeit macht Augustinus ausgesprochen sympathisch. Und diesem positiven Bild gesellen sich noch seine großen Gaben als Schriftsteller hinzu: die *Confessiones (Bekenntnisse)* und sein Werk *De civitate Dei (Vom Gottesstaat)* sind in einem lebendigen Latein verfasste Meisterwerke, die sich noch heute spannend lesen, weil Augustinus vor seiner Bekehrung zum Christentum mit fast jeder verfügbaren Denkschule geflirtet hatte. Da er eine Christin zur Mutter hatte, war er mit dem Christentum schon sehr früh in Kontakt gekommen, berichtet uns aber frank und frei, dass er die *Itala* schrecklich langweilig fand. Er las lieber den angeblich von Cicero komponierten Dialog *Hortensius*, der ihn auf die Spuren von Platon, Aristoteles und des Skeptizismus führte. Eine Zeit lang kostete er vom Manichäismus, hielt sich jedoch nicht lange damit auf. Erst einmal nahm er sich eine Geliebte, mit der er vierzehn Jahre lang eine solide Beziehung führen und durch den gemeinsamen Sohn noch mehr Fleisch erschaffen sollte (was laut Mani ja »böse« war). Dann probierte er die Neuplatonik aus, aber das war es wohl auch nicht gewesen. Eines Tages lag er unter einem Feigenbaum und blätterte in einem Buch, als er eine Kinderstimme hörte: »Nimm und lies.« Er nahm sein Exemplar der paulinischen Römerbriefe und öffnete es willkürlich auf irgendeiner Seite. (Marcia Colish erklärt, dass es unter den Frühchristen üblich war, ein Buch irgendwo zu öffnen, wenn man die Lösung für ein persönliches Problem finden wollte – gerade so, wie es Nichtchristen mit den Werken von Homer und Vergil zu tun pflegten.) Und was er dort nun las, ließ »das Licht der Sicherheit« in sein Herz einströmen und ergriff völlig Besitz von ihm: Paulus erklärte, das Böse sei die Vernichtung der Ordnung. (Der wachsende Einfluss des Anti-Intellektuellen Paulus sollte übrigens viel zum Niedergang der klassischen Bildung im späten 4. Jahrhundert beitragen, worüber im nächsten Kapitel zu sprechen sein wird.) Mit »Ordnung«, also mit der Hierarchie allen Seins im Universum, hatte sich bereits die Neuplatonik befasst. Der große Beitrag, den Augustinus nun hierzu leistete, war, dass er diesem Gedanken die Idee des freien Willens anfügte. Der Mensch, sagte er, verfüge über die Fähigkeit, die moralische Ordnung von Ereignissen, Episoden, Menschen oder Situationen einzuschätzen; deshalb sei er auch zur Beurteilung und Strukturierung der eigenen Prioritäten in der Lage und könne ergo frei entscheiden, den falschen Weg zu meiden und den richtigen einzuschlagen. Das Gute *zu wählen*, bedeute, Gott zu erfahren. Diese Idee sollte sich als ungemein einflussreich erweisen.[44]

Abgesehen von seiner Menschlichkeit war auch der Bedacht, mit dem Augustinus an die Dinge heranging, entscheidend. Das zeigte sich an seinen Vorstellungen von der Dreieinigkeit – immerhin eine so wichtige und leidenschaftlich umstrittene Frage in der Frühkirche, dass Kaiser Konstantin im Mai des Jahres 325 deshalb das berühmte erste Konzil von Nicäa (am malerischen Iznik-See in der türkischen Marmara-Region) einberufen hatte. Der Streit darum war wie bereits erwähnt von Arius in Alexandria ausgelöst worden, der behauptet hatte, dass Jesus nicht auf gleiche Weise Gott sein könne wie Gottvater; er verneinte zwar nicht die Göttlichkeit Christi, berief sich aber auf das Jesuswort, dass der Vater größer sei als er. Aus der Sicht von Arius unterschied sich Jesus demnach sowohl vom Menschen als auch von Gott. Und aus der Tatsache, dass Jesus Gott seinen »Vater« nannte, schloss Arius, dass Gottvater vor Jesus existierte und dem Sohn demnach überlegen war. Jesus könne nur als sterblicher Mensch geboren worden und von Gottvater anschließend mit Göttlichkeit *beschenkt* worden sein – denn wäre er kein Mensch gewesen, gäbe es für die Menschheit ja keine Hoffnung. Die Bischöfe waren da jedoch ganz anderer Meinung. Mit dem Nicäischen Glaubensbekenntnis (auf das man sich bis heute weithin beruft) schrieben sie fest, dass Gott die Welt aus dem Nichts *(ex nihilo)* erschaffen habe und Gottvater, der Sohn und der Heilige Geist »eines Wesens« seien.

Aber dass sich die Bischöfe auf diese Formel einigten, hieß noch lange nicht, dass ihnen auch die Laien darin folgten. Tatsächlich fanden viele Frühchristen die Formel schwer zu verstehen (vielen modernen Christen geht das heute noch so). Einige Jahre nach dem Konzil schlugen drei herausragende Theologen aus Kappadozien schließlich eine Lösung vor, die zumindest einige Christen – hauptsächlich Vertreter der Ostkirche – zufrieden stellen konnte: Basilius, der Bischof von Caesarea (329–379), sein Bruder Gregor, der Bischof von Nyssa (335–395), und ihr gemeinsamer Freund Gregor von Nazianz (329–391) boten die Erklärung an, dass Gott von einem Wesen *(ousia)* sei, das uns zwar unbegreiflich bleibe, sich aber durch drei Substanzen *(hypostasen)* zu erkennen gebe. Die Dreieinigkeit bestand also nicht aus drei Gottheiten, sondern ergab sich kontemplativ aus einer spirituell-mystischen *Erfahrung*.

Genau darauf baute Augustinus nun auf, und für viele Christen war und ist dies seine größte Leistung gewesen. Da Gott den Menschen nach eigenem Bilde erschaffen habe, so argumentierte er, »muss es uns möglich sein, in den Tiefen unseres Geistes eine Trinität wahrzunehmen«.[45] In seiner Abhandlung *De trinitate (Über die Dreieinigkeit)* bewies Augustinus, wie stark diese Idee alle Bereiche des Lebens durchdrang: Auch die Seele bestand demnach aus einer Dreieinigkeit, nämlich aus Gedächtnis, Einsehen und Wille; ebenso gebe es mit der Reue, dem Bekenntnis und der Genugtuung drei Stufen der Buße für den Sünder; und auch die Liebe habe drei Aspekte: den Liebenden, den Geliebten und die Liebe, welche sie vereint. Es gebe die Dreieinigkeit des Gedenkens Gottes, des Wissens um Gott und der Liebe zu Gott ebenso wie die Dreieinigkeit des Glaubens: *retineo* (das gedankliche Festhalten an den Wahrheiten der Inkarnation), *contemplatio* (das Beschauen dieser Wahrheiten) und *dilectio* (das Ergötzen daran). Das war zwar eine Art von Numerologie, aber auch eine kluge intellektuelle Leistung, da Augustinus hier die Theologie auf eine bis dahin ungekannte Weise mit Psychologie verschmolz.[46]

Ein anderes berühmtes Werk von Augustinus ist *De Civitate Dei (Vom Gottesstaat)*. Er schrieb es als Reaktion auf die Eroberung Roms durch die Westgoten im Jahr 410, eines der traumatischsten und dramatischsten Ereignisse in der damaligen Welt. Augustinus wollte damit zwar auch der Anschuldigung entgegentreten, dass das Christentum an diesem katastrophalen Rückschlag schuld gewesen sei, doch sein eigentliches Ziel war die Entwicklung einer Geschichtsphilosophie. Auch er gehörte zu den Menschen, die die alte Idee von der zyklischen Zeit ablehnten und den Zeitenlauf als etwas Lineares betrachteten, doch für ihn war Zeit das Eigentum Gottes, mit dem der Herr machen konnte, was ihm gefiel. So gesehen konnten die Schöpfung, der Bund mit den alttestamentarischen Patriarchen, die Inkarnation und die Institution der Kirche allesamt als sich entfaltende Offenbarungen des göttlichen Willens betrachtet werden. Nach dieser Logik würde das Jüngste Gericht das letzte Ereignis im Ablauf der Weltgeschichte sein, mit dem jede Zeit endet und einem jeden sein Platz in der Ewigkeit zugewiesen wird. Der Untergang Roms hatte aus Augustinus' Sicht also stattgefunden, weil Rom seinen Daseinszweck mit der Christianisierung des Römischen Reiches erfüllt hatte. Doch selbst durch solch irdisches Geschehen dürfe man sich nicht von den Dingen ablenken lassen, die sich auf viel höheren Ebenen abspielten. Denn der wahre Zweck von Geschichte sei, dass man lerne, Selbstliebe an der wahren Liebe Gottes zu messen: Der irdische und der Gottesstaat wurden laut Augustinus »durch zweierlei Liebe begründet, der irdische durch Selbstliebe, die sich bis zur Gottesliebe steigert, der himmlische durch Gottesliebe, die sich bis zur Selbstverachtung erhebt. Jener rühmt sich seiner selbst, dieser ›rühmt sich des Herrn‹. Denn jener sucht Ruhm von Menschen, dieser findet seinen höchsten Ruhm in Gott, dem Zeugen des Gewissens«. Aus Augustinus' Geschichtsverständnis spricht aber auch ein gewisser Pessimismus, der sich ebenfalls grundlegend auswirken sollte, da der Untergang Roms auf seine Lehre von der Erbsünde, die das christlich-abendländische Denken so sehr beeinflusste, stark abgefärbt hatte. Augustinus war überzeugt, dass Gott die Menschheit auf ewig verdammt habe, und zwar nur und ausschließlich wegen Adams Sündenfall. Diese »Erbsünde« werde von Generation zu Generation durch die »Fleischeslust« *(concupiscentia carnis)* weitergegeben, mit welcher sich der Mensch an Gottes Geschöpfen ergötze und von seiner Gotteshingabe ablenken ließe. Dieses Bild »einer vom Chaos der Empfindungen und von gesetzlosen Leidenschaften außer Kraft gesetzten Vernunft« erinnerte Augustinus stark an die Dekadenz im Römischen Reich. Seine Idee von der Erbsünde sollte sich jedenfalls als außerordentlich dauerhaft erweisen: Seit Augustinus sind alle gläubigen Christen davon überzeugt, dass die Menschheit von einem unentrinnbaren Makel behaftet sei.[47]

Zur Zeit des Aufstiegs von Gregor I. »dem Großen« (540–604) war die Landkarte von den einfallenden »barbarischen« Horden bereits völlig verändert worden. Die Ostgoten, die über ein halbes Jahrhundert zuvor nach Italien eingedrungen waren, waren inzwischen ihrerseits von den Langobarden vertrieben worden. Im Ostreich gab es zwar noch einen Kaiser (Justinian, 527–565), im Westen aber hatte das Ausmaß der Fremdherrschaft dafür gesorgt, dass alle Aufgaben, die traditionell der römische Staat erfüllt hatte – Erziehung, Armenfürsorge, ja sogar die Wasser- und Lebensmittelversorgung –, von den Bischöfen übernommen worden waren. Gregor war ein begnadeter Administrator, und die weltliche Struktur des Kirchenalltags wurde unter seiner Führung immer effizienter. Aber er war auch ein nachdenklicher Mensch, und diese Mischung machte ihn nun fabelhaft geeignet, Lehren zu befördern, die die Anziehungskraft der Kirche auf gewöhnliche Seelen verstärken konnten. Zum Beispiel wollte er nicht nur, dass die Liturgie den Gläubigen zugänglicher gemacht würde, er hatte auch die geniale Idee, sie mit Musik zu verbinden – die gregorianischen Gesänge waren geboren. Allerdings verdankt ihm das Christentum auch die Vorstellung vom Fegefeuer, wobei Gregor besonders großes Gewicht auf die Frage legte, was mit einem Sünder geschehen solle, der durch einen Priester bereits die Absolution erhalten hatte und bei der »Satisfaktion« (Anweisung) belehrt worden, aber gestorben war, bevor er diesen Zyklus vollenden konnte. Gregor fand es im höchsten Maße ungerecht, diese Person in die Hölle zu verdammen, andererseits konnte sie auch nicht in den Himmel eingehen, weil dies nun wieder den Gläubigen gegenüber ungerecht gewesen wäre, die ihre Satisfaktion erfüllt hatten. Also erfand er die Lösung einer Zwischenstation, eben das Fegefeuer, in dem alle, die die »Satisfaktion« nicht hatten beenden können, ihre Strafen erdulden mussten, um dann nach angemessener Buße in den Himmel gelangen zu können. Eine andere seiner vielen »nutzerfreundlichen« Ideen für die Gläubigen war die Vorstellung von den sieben Todsünden. Das Böse, so glaubte Gregor, würde immer ein Mysterium für die Menschheit bleiben, da Gott es absichtlich zur Prüfung des Menschen (wie bei Hiob) herbeiführe. Die sieben Todsünden sollten den Frommen deshalb als eine Art Anleitung dienen, damit sie nicht ständig aufs Neue von Sünde »überwältigt« wurden. Nach zunehmender Schwere aufgelistet waren es die Wollust, Völlerei, Habgier, Trägheit, der Zorn, Neid und der Hochmut.[48] Damit war allen deutlich gemacht, dass geistige Sünden schwerer wogen als fleischliche.

*

Die Christianisierung der »Zeit« war mittlerweile fast abgeschlossen. Über die wichtigsten Feiertage des Christentums anlässlich der Geburt, des Todes und der Auferstehung Jesu war man sich noch ziemlich lange nach der Kreuzigung uneins gewesen. Der Begriff »Ostern« leitet sich von »Ostara« oder »Eostre« ab, den Namen der paganen nordischen Göttin der Morgenröte, des Frühlings und der Fruchtbarkeit. Tatsächlich war dieses Fest anfänglich viel wichtiger gewesen als Weihnachten, da es ja die Auferstehung feiert, ohne die es keinen christlichen Glauben gäbe. (Das französische *pâques*, italienische *pasqua*, spanische *pascua* und englische *passover* leiten sich hingegen vom hebräischen *pessach*, dem Namen für das jüdische Passahfest, ab.) In Rom feierte man Ostern bereits im Jahr 200, wie es einem in diesem Jahr datierten Brief zu entnehmen ist, der eine Zeremonie mit Abbrennen von Wachskerzen erwähnt; Weihnachten hingegen wurde erst seit dem 4. Jahrhundert gefeiert.

Da die Evangelien keine Informationen über den Geburtstag Jesu enthalten, suchten die ersten Theologen Zuflucht bei paganen Bräuchen. Mit Ostern war die Sache allerdings schwieriger. Den Evangelien zufolge war Christus am ersten Tag des jüdischen Passahfestes gestorben, das nach jüdischer Tradition zum ersten Vollmond nach der Tagundnachtgleiche im Frühjahr, und dem jüdischen Mondkalender (354 Tage) zufolge immer am 15. Nissan stattfand, wohingegen es sich nach dem Sonnenkalender (365¼ Tage) alljährlich verschob. Die richtige Berechnung des Festtags war angesichts dieses Unterschieds an sich schon keine einfache Angelegenheit gewesen, aber die Frühchristen machten es sich nun durch eine weitere Komplikation noch schwerer: Sie entschieden, dass Ostern immer an einem Sonntag gefeiert werden soll – erstens, weil Christus an diesem Wochentag auferstanden war, und zweitens, weil sie sich auf diese Weise deutlicher von den Juden abgrenzen konnten, die den Sabbat am Samstag feierten. In der Frühzeit der Kirche war Ostern in den Mittelmeerländern noch an verschiedenen Tagen gefeiert worden; erst auf dem Konzil von Nicäa im Jahr 325 entschieden die dreihundertachtzehn anwesenden Bischöfe, dass dieses Fest in der ganzen Christenheit am gleichen Tag begangen werden sollte. Und ihn legten sie nun auf den Sonntag fest, der dem ersten Vollmond nach der Tagundnachtgleiche im Frühjahr folgt. Die entscheidende Bedeutung dieses Datums war, dass – im Gegensatz zum Weihnachtsfest in der dunklen Jahreszeit – zwölf Stunden Tageslicht herrschten, was durchaus von theologischer Signifikanz war. Im Lauf der Zeit sollten christliche Theologen eine allegorische Schicht über die nächste legen, um den Mond mit der Ostergeschichte zu verknüpfen: Ostern fällt aufs Frühjahr und somit in die Jahreszeit der Weltschöpfung und der Erschaffung des ersten Menschen im Paradies; der Mond selbst ersteht Monat für Monat wieder auf und lässt wie Christus sein Licht in die Welt scheinen; das Licht des Mondes ist das reflektierte – gewährte – Licht des Himmels, so wie dem Menschen die Gnade des Herrn gewährt wird.[49]

Griechische Astronomen hatten zwar längst entdeckt, dass Sonne und Mond alle neunzehn Jahre die gleiche Position einnehmen (Metonischer

Zyklus), doch ihrer Rechnung lag noch keine Siebentagewoche zugrunde (diese Einteilung verwendeten die Griechen nicht). Deshalb sollte es nach der Festlegung des Ostersonntags durch das Konzil von Nicäa noch ein ganzes weiteres Jahrhundert dauern, bis Victorius von Aquitanien im Jahr 458 schließlich eine neue Berechnung anstellte und herausfand, dass es eines Sonnenzyklus von achtundzwanzig Jahren bedurfte (unter Berücksichtigung von sieben Wochentagen und einem vierjährigen Schaltzyklus sowie unter Einbeziehung des neunzehnjährigen Mondzyklus), damit die Rechnung aufging. So ergab sich nun ein Zyklus von 532 Jahren (28 x 19) – Victorius hatte den einzig möglichen Rhythmus gefunden, der alle Variablen berücksichtigte. Trotzdem sollte an dieser Berechnung noch diverse Male herumgeflickt werden, bis der englische Benediktinermönch Beda der Ehrwürdige (Beda Venerabilis) dieser Kontroverse im Jahr 725 schließlich mit seinem großen Lehrbuch über die Zeit- und Festrechnung *(De ratione temporum)* ein Ende setzte. Doch der so genannte »Osterstreit« hatte zwei Nebenwirkungen. Die Erkenntnisse der Archäologie und Numismatik – ganz zu schweigen von den Fortschritten in der Astronomie, die seit der kopernikanischen Revolution gemacht worden waren – ermöglichten es der Wissenschaft im 20. Jahrhundert, das korrekte Datum des Ur-Karfreitags immer enger einzugrenzen. Heute gelten als die beiden wahrscheinlichsten Daten der 7. April 30 oder der 3. April 33. In Ermangelung der Vorteile heutiger wissenschaftlicher Erkenntnismöglichkeiten war der in Rom wirkende skythische Abt Dionysios Exiguus (der »Kleine« oder »Geringe« – ein Beiname, den er sich durch sein Auftreten erworben hatte) auf die Idee von den so genannten Ostertafeln gekommen, die es nun nicht nur erlaubten, die künftigen Daten des Osterfestes zu berechnen, sondern auch die vergangenen festzustellen, bis zurück zum genauen Datum der Passion. Wie gesagt hatten exakte Datierungen nicht zu den vordringlichsten Sorgen der frühen Christenheit gehört, denn erstens war man ja überzeugt gewesen, dass die Zweite Wiederkunft des Messias unmittelbar bevorstehe, zweitens wollten zumindest römische Christen hervorheben, dass das Christentum ein *alter*, aus dem Judentum entwickelter Glaube und daher wesentlich etablierter sei als die rivalisierenden paganen Kulte. Und weil sie dem Spott ihrer Kritiker den Boden entziehen wollten, beschränkten sie die Datierung von kürzer zurückliegenden Ereignissen auf das notwendige Minimum. Doch als immer mehr Zeit vergangen und der Messias noch immer nicht erschienen war, begann es auch immer dringlicher zu werden, einen liturgischen Kalender für all die Tage im Jahr aufzustellen, an denen sich die Gläubigen zu festlichen Gedenkfeiern zusammenfinden konnten.[50]

Der Kalender, der zugrunde gelegt wurde, als Exiguus seine Berechnungen anstellte, zählte die Jahre seit dem Regierungsantritt von Kaiser Diokletian (285). Das Jahr, das wir nach unserer Datierung mit »532 n. d. Z.«

beziffern, war für Exiguus demnach das Jahr 247 gewesen. Nun sah er aber nicht ein, wieso die Zeitrechnung mit einem heidnischen Kaiser beginnen sollte, und beschloss deshalb, seine Osterberechnungen auf die *anni ab incarnatione Domini* (»Jahre seit der Inkarnation des Herrn«) zu beziehen. Dabei stieß er auf einen ungewöhnlichen numerologischen Zufall: Der 532-jährige »Victorius-Zyklus« war bereits berechnet worden; als sich Exiguus nun bis zu dem Jahr zurückarbeitete, das wir als das Jahr 532 n. d. Z. bezeichnen, stellte er fest, dass just in dem Jahr ein voller Victorius-Zyklus begonnen hatte, in dem seinen Berechnungen nach Jesus geboren worden war – in dem Jahr also, das wir als das Jahr 1 beziffern. Mit anderen Worten: In dem Jahr, in dem Exiguus seine Berechnungen anstellte, hatten sich Sonne und Mond in exakt derselben Position befunden wie im Jahr der Geburt Christi. Das schien ihm einfach zu viel des Zufalls. Deshalb glaubte er, wie uns Beda Venerabilis überlieferte, endlich den Beweis gefunden zu haben, dass das Jahr 1 tatsächlich das Jahr war, »in dem Er Fleisch zu werden geruhte«. Und so kommt es, dass die Zeit seit Exiguus im christlichen System nach den *anni domini nostri Jesu Christi* (A. D.), den »Jahren unseres Herrn Jesus Christus«, festgelegt wird.[51]

Damals hatten Daten noch einen viel volleren Klang als heutzutage, was natürlich damit zu tun hatte, dass die ersten Theologen glaubten, die Welt würde nach sechstausend Jahren ihrer Existenz enden. Die Grundlage für diese Feststellung bot sich mit der Aussage im Zweiten Brief des Petrus (3,8), »dass beim Herrn ein Tag wie tausend Jahre und tausend Jahre wie ein Tag sind«. Und da der Herr also sechs »Tage« gebraucht hatte, um die Welt zu erschaffen, war es nur recht und billig, wenn man davon ausging, dass sie ebenso lange bestehen würde. Theologen wie Eusebius hatten anhand von biblischen Genealogien berechnet, dass die Welt zur Zeit von Christi Geburt 5197 oder 5198 Jahre alt gewesen war; also konnte die Welt im Jahr 532 n. d. Z. bestenfalls noch 271 Jahre bis zur Apokalypse und dem Eintritt der Frommen ins Paradies vor sich haben. Genauigkeit bei der kalendarischen Berechnung spielte also eine große Rolle.

Der zweite Nebeneffekt des Osterstreits war die Entstehung einer Literatur gewesen, die heute nahezu vergessen ist, aber jahrhundertelang die heiligste Schriftform nach der Bibel darstellte: der Computistik. Der Begriff *computus* bedeutete mehr oder weniger das Gleiche wie heute, nämlich jede Art von Berechnung, nur dass er sich im Mittelalter ausschließlich auf die Tabellen bezog, die von Mathematikern für die Vorhersage künftiger Osterdaten erstellt worden waren. Weshalb diese Ostertafeln heilig waren, erschloss sich dem mittelalterlichen Geist sofort: Die Bewegungen der Himmelskörper waren das bedeutendste und Ehrfurcht gebietendste Mysterium für die Menschheit, und die Tatsache, dass die Rhythmen von Sonne und Mond nun miteinander in Einklang gebracht werden konnten, konnte nichts anderes bedeuten, als dass Gott wenigstens den Mathematikern einen Teil seines großen Weltplans offenbart hatte.⁵² Die Versuche, das Datum des Osterfestes festzustellen, hatten demnach also dazu geführt, dass der Menschheit ein gewaltiges himmlisches Mysterium offenbart worden war. Und das war für die Gläubigen nur ein neuerlicher Beweis für die Wahrheit des Christentums.

Zwischen der Zeit von Augustinus und dem Osterstreit hatten sich die Wesenszüge des Christentums entscheidend verändert. In den Jahren der Verfolgung, als das Märtyrertum so verbreitet gewesen war und (insbesondere arme) Christen jederzeit die Zweite Wiederkunft erwarteten, wurde weniger Gewicht auf das *diesseitige* Leben, die Bibel, die Liturgie oder gar Kirchenkunst gelegt. Es war die Ära des Kultes um die Heiligen, die aus dem Martyrium hervorgegangen waren; es war die Zeit, in der Heilige und heilige Reliquien den Glauben beflügelten und den frommen Christen die von den »Heiden« entsetzt beobachtete Macht und Wahrhaftigkeit des Christentums bewiesen. Die Ideale dieses Frühchristentums waren Keuschheit, Selbstverleugnung und Askese. Doch zwischen dem Jahr 400, also etwa zu der Zeit, als Augustinus seine Schriften verfasste, und den sechziger Jahren des 6. Jahrhunderts, in denen sich die letzten paganen Spuren finden lassen, hatten Christen begonnen, sich mit ihrer Sexualität zu arrangieren und sich in eine gemeinschaftlich orientierte und urbanere Glaubensgemeinschaft zu verwandeln. Und je weniger die Zweite Wiederkunft nun im Zentrum des Interesses stand – da ihr unmittelbares Bevorstehen immer unwahrscheinlicher schien –, desto stärker rückte die Bibel ins Blickfeld. Gleichzeitig verhalf die Christianisierung der Zeitrechnung zur Evolution eines liturgischen Jahresrhythmus; die Christianisierung der Geografie (vor allem des östlichen Mittelmeerraums) trug zum Entstehen einer Flut von heiligen Stätten und Pilgerwegen bei und infolgedessen auch zur Entwicklung eines stärkeren Geschichtsbewusstseins. Dass die »Barbaren« solche Verwüstungen angerichtet hatten, trug das Seine zu einer neuen kommunalen und urbanen Ausrichtung des Christentums bei. Und in dieser Richtung sollte es sich immer weiter entwickeln, bis es schließlich eine Gestalt anzunehmen begann, die seiner heutigen Prägung bereits sehr ähnlich war.⁵³

*

Was immer der Beitrag des Christentums zum Untergang des Römischen Reiches in Wahrheit gewesen sein mag, so schlossen sich jedenfalls vor allem deutsche Historiker Gibbons Idee an, dass »die Barbaren« der eigentliche Auslöser für all jene Flüchtlingsströme gewesen seien, welche von den Historikern heute als »Völkerwanderung« bezeichnet werden und die der klassischen griechisch-römischen Kultur eine so entscheidend neue Wendung gegeben hatten. Für die Historiker ist die Völkerwanderung im Zusammenhang mit dem Christentum *das* katastrophalste Ereignis dieser Zeit und die Ursache für einen der tiefsten Brüche in der Geschichte des Abendlands – eine Sicht, die von der simplen, aber zweifellos richtigen Anmerkung von Arnold H. M. Jones gestützt wurde, dass das Römische Reich im 5. Jahrhundert noch gar nicht vollständig zusammengebrochen gewesen sei, da das Byzantinische Reich im Osten ja noch bis zur Eroberung Konstantinopels durch die Osmanen Mitte des 15. Jahrhunderts überlebt hatte. Der richtige Umgang mit den historischen Fakten war außerordentlich wichtig, denn sie bewiesen, schrieb Jones, »dass das Reich nicht aus Senilität verfiel und sanft von Barbaren gestoßen in sein Grab torkelte, wie manche modernen Historiker behauptet haben. Die meisten inneren Schwächen... fanden sich in beiden Hälften des Reiches.« Wenn das Christentum wirklich das ganze Römische Reich im Inneren geschwächt hätte, warum hätte dann der Westen untergehen und der Osten nicht untergehen sollen? Weil der Glaube im Osten stärker und entschlossener war? Jones jedenfalls sah den entscheidenden Unterschied in dem Fakt, dass der Osten »bis zum Ende des 5. Jahrhunderts (...) strategisch weniger angreifbar und... einem geringeren feindlichen Druck von außen ausgesetzt war«. Kurzum – der Einfall der »Barbaren« war die Hauptursache für den Untergang Roms.[54]

*

»Das Wort ›barbaros‹ ist altgriechischen Ursprungs und nahm im Laufe des klassischen Altertums drei Hauptbedeutungen an, die es bis heute behielt: eine ethnographische, eine politische, eine ethische«, schreibt der deutsche Historiker Arno Borst. Homer zum Beispiel verwendete den Begriff in der *Ilias* für den kleinasiatischen Volksstamm der Karer, den er »barbarisch redend« nannte. Damit wollte er jedoch nur zum Ausdruck bringen, dass er die Karer nicht verstehen konnte; er bezeichnete sie weder als »Stumme«, wie es andere Völker mit ihren fremdsprachigen Nachbarn zu tun pflegten, noch verglich er ihre Sprache mit »Vogelgezwitscher oder Hundegebell«, wie es von China bis Spanien üblich war. Erst im Zuge der politischen, philosophischen, naturwissenschaftlichen und künstlerischen Erfolge Griechenlands begann sich das Selbstbild der Griechen zu wandeln: Sie lernten, »sich selber als die eigentlichen, wahren Menschen, ihre Widersacher als Untermenschen« zu empfinden. Aischylos beschimpfte die persischen Staatsfeinde im Jahr 472 v. d. Z. als »Barbaren«, nicht nur ihrer »pferdeähnlichen Sprache« wegen, sondern auch, weil er ihre politischen Traditionen so primitiv fand – »sie galten ihm als unfreie Sklaven einer orientalischen Militärdespotie«.[55] »Barbar« war nun also kein neutraler Begriff mehr, »Barbar« war eine Beleidigung.

In der »Verschmelzung von griechischer Bildung mit römischer Staatlichkeit« begann sich die Bedeutung des Wortes dann noch einmal zu verändern: Jenseits von Wissenschaft und Leidenschaft wurden andere Menschen nun »zuerst nach ihrer Menschlichkeit, nach ihrer gesitteten und geselligen Haltung« und nicht mehr nach ihren militärischen Erfolgen beurteilt, was laut Arno Borst zur Folge hatte, dass sich nun auch »unter klugen Griechen und mächtigen Römern« Barbaren finden ließen, »nämlich rohe, zuchtlose, grausame Menschen«. So »verwendeten die Stoiker und Cicero das Wort ›barbarus‹«, und deshalb verleumdeten auch hellenistisch gebildete Römer die Christen als »Barbaren«, als primitive Feinde des Reiches. Die frühchristlichen Kirchenväter scheinen diese Beleidigung allerdings eher als eine Ehrerweisung aufgefasst zu haben: »›Ja, wir sind Barbaren‹, sagte Klemens von Alexandria.«[56]

Doch all das verblasste angesichts des Ansturms der germanischen Völker, die im 5. Jahrhundert das gerade erst christianisierte Römische Reich überrannten. Prompt wurde der Begriff »Barbar« wieder zum Leben erweckt, nun sogar »durch religiöse Akzente ideologisch zugespitzt und ins Satanische überhöht«. Die »angreifenden Germanen redeten unverständliche Mundarten, sie waren militärisch stark und bäuerlich robust, sie beschmähten urbane Zivilisationen, und ihr heidnischer Aberglaube widerstand dem Christentum«. Schließlich wurde die Einstellung der christlichen Römer im Jahr 550 von Cassiodor »mit einer haarsträubenden Wortdeutung« auf den Punkt gebracht: »Das Wort ›barbarus‹ sei zusammengesetzt aus ›barba‹ (Bart) und ›rus‹ (flaches Land); denn Barbaren lebten nicht in Städten, sondern hausten wie wilde Tiere auf den Feldern.«[57]

*

Die Idee, »das Mittelalter« als eine »finstere« Epoche der Geschichte darzustellen, stammt von italienischen Humanisten aus dem 14. und 15. Jahrhundert. Francesco Petrarca (1304–1374) zum Beispiel gestand eine stärkere Zuneigung zu und eine engere geistige Verwandtschaft mit den großen klassischen Schriftstellern als mit seinen unmittelbaren eigenen Vorgängern im Mittelalter ein. »Die Verachtung, die er für die angeblich müßiggängerischen Grübeleien und das schlechte Latein der Autoren im Mittelalter zum Ausdruck brachte, wurde bald zur modischen Attitüde der humanistischen Bewegung.« Der erste Mensch, der den Begriff *media tempestas* oder Mittelalter verwendete, war Giovanni Andrea, der Bischof von Aleria auf Korsika, in einer 1469 veröffentlichten Geschichte der lateinischen Dichtung.[58]

Unser Bild vom finsteren Mittelalter hat sich etwas gewandelt. Heute werden nur noch die Jahrhunderte zwischen 400 und 1000 n. d. Z. als eine wirklich düstere Epoche betrachtet – düster aus zwei Gründen: erstens, weil uns vergleichsweise wenige Dokumente erhalten sind, die sie erhellen könnten; zweitens, weil nur so wenige von den erhaltenen künstlerischen und literarischen Werken aus dieser Zeit als wahrhaft große Errungenschaften bezeichnet werden können. Um das 13. Jahrhundert konnte sich das Abendland hingegen großer Städte, einer blühenden Landwirtschaft, eines wohl funktionierenden Handels und ausgeklügelter Staats- und Rechtssysteme rühmen. Universitäten und Kathedralen überzogen den europäischen Kontinent, und es gab literarische, künstlerische und philosophische Meisterwerke, die es mit jeder anderen Epoche aufnehmen konnten. Deshalb musste auch die Chronologie des »mittelalterlichen Jahrtausends« umgedeutet werden. Heute verstehen wir unter Frühmittelalter die »finstere« Zeit und unter Hochmittelalter die Periode, in der so viele Grundsteine der modernen Welt gelegt wurden.

Doch wie finster die finstere Zeit tatsächlich war, ist ausgesprochen aufschlussreich. Der mittelalterliche Geist unterschied sich gewaltig von unserer Denkungsart. Sogar Kaiser Karl der Große, der größte Herrscher des Mittelalters, war Analphabet gewesen. Im Jahr 1500 waren die antiken römischen Straßen nach wie vor die besten in ganz Europa; bis mindestens zum 8. Jahrhundert waren die meisten großen Hafenanlagen nicht zu gebrauchen. Zu den verlorenen Künsten zählte auch das Maurerhandwerk: »Mit Ausnahme der Kathedralen«, schreibt William Manchester, »wurde im Verlauf von zehn Jahrhunderten weder in Deutschland noch in England, den Niederlanden oder in Skandinavien auch nur ein einziges Steingebäude errichtet.« Das Kummet, das Pferdegeschirr und der Steigbügel, die schon lange zuvor in China erfunden worden waren, tauchten in Europa erst um das Jahr 900 auf. Daher fanden Pferde und Ochsen, obwohl vorhanden, so gut wie keine Verwendung. Die Aufzeichnungen von englischen Leichenbeschauern beweisen, dass Tötungsdelikte im finsteren Mittelalter doppelt so häufig vorkamen wie Unfalltode, aber kaum einer von hundert Mördern vor Gericht gestellt wurde. Auch bei der Verbreitung des Christentums war Mord gang und gäbe: Nach seinem Sieg über die sächsischen Aufständischen beispielsweise stellte Karl der Große die Rebellen vor die Wahl zwischen Taufe und Hinrichtung. Als sie zögerten, ließ er an einem einzigen Morgen viertausendfünfhundert von ihnen hinrichten. Der Handel hatte ständig gegen die weit verbreitete Piraterie anzukämpfen; Landwirtschaft wurde so ineffizient betrieben, dass die Menschen kaum je genügend zu essen hatten; und der Begriff »Exchequer« für das englische Schatzamt entstand nur, weil die Beamten so ungebildet und des Rechnens so unkundig waren, dass sie ein Tuch mit Schachbrettmuster als eine Art Abakus brauchten, um überhaupt etwas berechnen zu können.[59] Doch das Leben im finstren Mittelalter war nicht nur gefährlich, ungerecht und gleichförmig, die Menschen waren auch unsichtbar und schweigsam. »Die mittelalterliche Psyche besaß kein Ego.« Unter Edelmännern waren zwar Familiennamen üblich, doch ihresgleichen machte kaum ein Prozent der Bevölkerung aus. Aber da ohnedies kaum je ein Mensch das Dorf verließ, in dem er geboren worden war, waren Familiennamen auch nicht nötig. Außerdem trugen nur die wenigsten Dörfer Namen. Und da Gewalt derart zum Alltag gehörte, überrascht es nicht, dass sich ganze Familiengenerationen in ihren Häuschen zusammendrängten, man sich Lebenspartner aus dem eigenen Dorf suchte und insgesamt so abgeschottet lebte, dass sich überall örtliche Dialekte entwickelten, die für Menschen aus Siedlungen in nur wenigen Kilometern Entfernung völlig unverständlich waren.

*

Auch die Schilderungen, die uns römische Schriftsteller über die Völker aus den gemäßigteren Gefilden des Abendlands hinterließen, haben ganz eindeutig ihre Grenzen. Generell stellten sie ausschließlich militärische Zusammenhänge dar, abgesehen davon stammten sie immer von Außenseitern – kein einziger lateinischer Autor hatte je in einer eisenzeitlichen Siedlung gelebt oder als Händler das Ausland bereist. Alle haben letztlich nur auf die massiven Unterschiede zwischen ihren gebildeten Zivilisationen und den »barbarischen« Kulturen geachtet. Und dabei kamen sie dann zu zwei unterschiedlich extremen Schlussfolgerungen. Einerseits schilderte man Barbaren als ungehobelte und unzivilisierte Primitive von ungewöhnlicher Kraft und Wildheit und einem in vieler Hinsicht kindlichen Gemüt. Caesar bemerkte einmal, dass die Germanen noch unkultivierter seien als die Kelten, ihr Land noch weniger urbar gemacht war, sie sich zu noch kleineren Gemeinden zusammenschlossen und noch unterentwickelteren religiösen Praktiken anhingen; man finde unter ihnen keine Führer, die auf Dauer gewählt wurden, bestenfalls Anführer, die man brauchte, wenn wieder einmal eine militärische Eskapade bevorstand. Und je weiter im Norden diese Horden lebten, umso extremer würden sie. Andererseits wurden sie zu edlen Wilden stilisiert, die noch nicht unter den verderblichen Einflüssen einer Hochkultur gelitten hatten.[60]

Als man solche Darstellungen in der Renaissance unter den Schriften der Klassiker wieder zu entdecken begann – meist in Form von Abschriften, die in irgendwelchen abendländischen Klöstern aufgetrieben wurden –, hielt man sie für objektive Berichte. Doch wie Peter Wells nachwies, waren sie alles andere als das. Caesars Schilderung beispielsweise lief im Wesentlichen auf die Feststellung hinaus, dass die Germanen östlich und die Kelten westlich des Rheins hausten. Tatsächlich aber gibt es weder die geringsten Anhaltspunkte dafür, dass diese beiden Gruppen je das Gefühl gehabt hätten, ein und demselben Volksstamm anzugehören, noch dafür, dass sie sich als Angehörige einer überregionalen Bevölkerung betrachtet hätten. Wie verlässlich Caesars Darstellungen waren, lässt sich am Beispiel seiner Beschreibung der ungewöhnlichen Kreaturen messen, die er in den Hercynischen Wäldern gesehen haben wollte, darunter Einhörner und Elche, welche keine Kniegelenke besaßen und sich nicht hinlegen konnten, weil sie, wenn sie einmal lagen, nie wieder auf die Beine gekommen wären. Deshalb würden sie nächtens an »Schlafbäume« gelehnt ruhen, und die Germanen bräuchten nur die Bäume anzusägen, um sie zu fangen: Kaum lehnte sich der Elch an einen Baum, kippte er mitsamt dem Stamm um; und da er ja nicht wieder aufstehen konnte, wurde er zur leichten Beute des germanischen Jägers.[61]

Unser heutiges Verständnis vom frühen Mittelalter verdankt sich vor allem den Erkenntnissen der Philologie aus dem 19. und der Archäologie aus dem 20. Jahrhundert. Die Begriffe »keltisch« und »germanisch« sind künstlich. Sie wurden von Philologen erfunden, während sie bekannte Sprachen aus späteren Zeiten studierten – das zur keltischen Sprachfamilie gehörende Bretonisch und Irisch sowie die germanischen Sprachen Englisch, Deutsch und Gotisch. Der amerikanische Mediävist Patrick Geary schreibt: »Barbaren gab es, wenn es sie denn gab, nur als eine theoretische Kategorie, nicht aber als Teil einer gelebten Erfahrung.«[62] Die ältesten Spuren von keltischen Sprachen fand man in Form von Inschriften aus der Region des einstigen Südgallien, die bereits im 3. Jahrhundert v. d. Z. in griechischer Schrift verfasst worden waren und Personennamen enthielten, die den von Caesar zwei Jahrhunderte später erwähnten Namen stark ähneln. Die ältesten Spuren von germanischen Sprachen fanden sich in Form von Runen, kurzen Botschaften in geradlinigen Schriftzeichen aus dem Ende des 2. Jahrhunderts n. d. Z.[63] Die Art und Weise, wie sich die frühkeltische Sprache in Gallien und die Runenschrift im nördlichen Kontinentaleuropa verbreitet haben, legt nahe, dass sich die Stämme zu Zeiten der römischen Expansion nach Norden und Westen geografisch bereits in keltische und germanische Sprachgruppen aufgeteilt hatten. Nach Herodots Darstellung lebten die *Keltoi* am Oberlauf der Donau (Helvetier). Auch die Archäologie stellte einen Bezug zur La-Tène-Kultur her, benannt nach dem Ausgrabungsort La Tène am Neuenburger See in der Schweiz, wo man 1874 eine Kultur entdeckt hatte, die eine Vielzahl von hölzernen Artefakten hinterlassen hat: Man fand übereinander gestapeltes Holz (die Überreste von Häusern?), zwei hölzerne Dämme sowie eine Menge Werkzeuge und Waffen aus Bronze, Eisen und Holz. Einige dieser Gegenstände sind mit einer kurvolinearen Ornamentik verziert, die von Irland über Mitteleuropa bis zu den Pyrenäen als das Merkmal der La-Tène-Kunst gilt.[64]

Die jüngsten anthropologischen Nachweise lassen vermuten, dass durch die Präsenz von mächtigen Imperien ein Druck ausgelöst wurde, der auch den Völkern am Rande dieser Reiche zu schaffen machte und auch bei ihnen Veränderungen nach sich zog. Zu Beginn, schreibt Patrick Geary, hatten die Barbaren in kleinen Dorfgemeinschaften zwischen dem Schwarzen Meer, der Nord- und der Ostsee gelebt, vorrangig an Flussufern, Küstenstrichen und in Rodungsgebieten. Sie bildeten Clans, befolgten das Inzesttabu und leisteten sich bei Fehden gegenseitig Beistand. Sie verfügten über Abstammungsmythen – wobei die Gründer einer Ahnenreihe immer als göttlich galten – und wählten zu besonderen Anlässen, beispielsweise bei Kriegen, ein gemeinsames Oberhaupt (vergleichbar den römischen Soldatenkaisern). Sie betrachteten sich weder als Kelten noch als Franken oder Alemannen, bis die Römer kleinere Völkerschaften zu Zusammenschlüssen unter diesen Identitäten zwangen. *Franci* bedeutet »die Freien«, *alemanni* »alle Mannen« – da es sich hier um germanische Wörter handelt, können die Römer diese Bezeichnungen nur von diesen Gruppen selbst oder durch deren germanische Nachbarn kennen gelernt haben.[65] Auch die anthropologischen Erkenntnisse beweisen also, dass formlos strukturierte Völker gezwungen waren, sich zu »Stämmen« zusammenzuschließen, sobald sie sich einer Bedrohung gegenübersahen – zu Gruppen, die sich um einen Führer scharten und Territorialansprüche geltend machten. Genau dafür sprechen auch die Nachweise für das Randgeschehen im Römischen Reich. Untersuchungen von Töpferwaren haben zum Beispiel ergeben, dass es unter den germanischen Gemeinschaften vor Caesars Zeiten eine an sich zwar ähnliche, aber von einer kleinen Region zur nächsten doch von beträchtlichen Unterschieden gekennzeichnete Töpferkunst, Ornamentik, Werkzeugherstellung und Beerdigungsrituale gab (unter Archäologen bezeichnet man diese Kulturgruppe als Jastorf-Kultur). Während der römischen Expansion und im Lauf der folgenden Jahrhunderte änderte sich das jedoch: Sowohl die Töpferkunst als auch die Beerdigungsrituale begannen sich nun auch innerhalb von größeren regionalen Räumen stärker anzugleichen. Wie es scheint, hatte die Präsenz einer imperialen Macht also tatsächlich den Effekt, einzelne Stämme zu größeren und weniger voneinander unterscheidbaren Verbänden zu »verdichten«. Um die Zeit des Gallischen Krieges, um die Wende zum 2. Jahrhundert, entstanden dann neue und deutlich größere Siedlungen, zum Beispiel die viel erforschte Wurt auf der Feddersen Wierde an der Unterweser oder das niedersächsische Dorf Flögeln. Die Archäologie bewies außerdem, dass die Völker am Rande des Imperiums die Beerdigungsrituale der Römer zu imitieren und ihre Mannen mitsamt Waffen und sogar Sporen zu beerdigen begannen.[66]

Bis heute wurden rund drei Dutzend Stätten an den Grenzen des Römischen Reiches ausgegraben – entlang der nordwestlichen und südöstlichen Achsen, die von den Verläufen des Rheins und der Donau vorgegeben wurden. Sie brachten uns viele neue Erkenntnisse über Gesellschaftsstruktur, Religion, Kunst und Gedankenwelt der »Barbaren«. Die Beschreibungen, die Caesar im 1. Jahrhundert v. d. Z. und Tacitus um das Jahr 100 n. d. Z. von den Barbaren geliefert hatten, unterscheiden sich deutlich von den Schilderungen, die uns aus dem 3. Jahrhundert vorliegen. In den früheren Darstellungen werden die Barbaren als kleinere Stammesgruppen porträtiert, die jeweils eng umgrenzte Gebiete bewohnten; im dritten Jahrhundert beschrieb man bereits wesentlich größere und besser organisierte Gruppen, was bedeutet, dass inzwischen nicht zuletzt von den Römern selbst initiierte Stammeszusammenschlüsse stattgefunden haben müssen. Denn einerseits bildete Rom fremde Legionäre zu Hilfstruppen aus, andererseits schürte das Reich eine derartige Nachfrage nach Gütern, dass sich die Siedlungen in den römischen Provinzen einfach vergrößern *mussten*, um diesen Markt versorgen zu können. Großsiedlungen wie Jakuszowice, Gudme und Himlingøje entstanden, doch die gewiss am besten erforschte Siedlung ist der Runde Berg bei Bad Urach auf der Schwäbischen Alb, eine der rund fünfzig befestigten Anlagen auf den Hochplateaus entlang der Grenzen des Römischen Reiches. In diesem spezifischen Fall konnte die Archäologie nachweisen, dass die Burg von einem alemannischen *regulus* oder Kleinkönig mitsamt Gefolge bewohnt worden war und Werkstätten beherbergte, die nicht nur Waffen, sondern auch Gold- und Bronzeschmiedearbeiten sowie Beinschnitzereien, Schmuckstücke und andere Wertgegenstände herstellten. Zudem fanden sich zahlreiche Keramiken und Glaswaren aus spätrömischer Zeit, die aus dem mindestens hundertfünfzig Kilometer entfernten Gallien importiert worden sein mussten.[67]

Die Kelten pflegten ihren Göttern – zum Beispiel der Kriegsgöttin Nemetona – nicht in kunstvollen Tempeln zu huldigen, die ihre Bildnisse enthielten, sondern in heiligen Hainen. Dio Cassius berichtet zum Beispiel von dem Kult um die Siegesgöttin Andraste, der in Britannien eigene heilige Stätten geweiht wurden. »Solche Haine waren beängstigende Orte, die große Ehrfurcht einflößten und denen sich höchstens die Priesterschaft näherte.«[68] Die Rekonstruktion von germanischen Kultstätten bewies, dass sie nach dem Vorbild von gallisch-römischen Tempeln erbaut worden waren. Im niederländischen Empel an der Maas wurden Metallspangen und andere Artefakte gefunden, die auf eine Verehrung des Gottes Hercules Magusenus hindeuten – die typische Kombination aus einer römischen und einer indigenen Gestalt. In solchen Kultstätten fanden sich sogar Waffen und Reiterausrüstungen. An der Seinemündung in Ostfrankreich entdeckte man hölzerne Skulpturen von menschlichen Figuren und Körperteilen in heiligen Stätten, die der vorrömisch-keltischen Flussgöttin Sequana geweiht waren; auch an den Flussquellen befanden sich Kultstätten. Zu den Göttern der »Barbaren« zählten zum Beispiel Sirona, die Göttin der heißen Quellen und der Heilung (sie wurde an Mosel und Rhein verehrt; im englischen Bath hieß sie Sul oder Sulis); Epona, die keltische Göttin der Pferde; Nehalennia (an der holländischen Nordseeküste), die Göttin der Seefahrt; oder die Muttergöttinnen Matronae Anfaniae und Matronae Vacallinahe (im Rheinland).[69] Tacitus hielt in seinem Werk *Germania* fest, dass die Germanen nur die drei Jahreszeiten Frühjahr, Sommer und Winter kannten und ihr Jahr in sechs Teile gliederten, die ihrerseits in sechzig »Tiden« oder Doppelmonate aufgeteilt waren.

Der Jahresbeginn bei Winteranbruch wurde mit einem ähnlichen Fest gefeiert wie das keltische Samhain. Runen tauchten im 1. oder 2. Jahrhundert n. d. Z. auf, wobei man heute allgemein davon ausgeht, dass sie – dank der Kontakte zwischen »Barbaren« und lateinsprachigen Römern – der bewusste Versuch waren, ein vergleichbares Schriftsystem wie das lateinische Alphabet zu entwickeln.[70]

Bei genauerer Betrachtung der archäologischen Evidenz müssen wir also zu dem Schluss kommen, dass »die Barbaren« – mit einer großen Ausnahme – nicht einfach aus dem Nichts aufgetaucht waren und es nicht sozusagen über Nacht zu einem »Kampf der Kulturen« gekommen war.

Die große Ausnahme bildeten die Hunnen, ein Verbund von Steppennomaden aus dem späten 4. Jahrhundert unter zentralasiatischer Führung, »die in nichts einem Volk glichen, das die Römer oder ihre Nachbarn je zu Gesicht bekommen hatten«.[71] Alles an ihnen – ihre Lebensweise, ihre Erscheinung und vor allem die Art ihrer Kriegführung – war dazu angetan, die alte Welt in Angst und Schrecken zu versetzen. Vor allem sollte ihr Auftauchen das jeweilige Selbstbild der Römer und Barbaren vollständig wandeln. Die Überlebenskunst dieser Reiternomaden beruhte auf einer ungemeinen Mobilität, gefördert durch ihre Erfindung, den so genannten Reflexbogen, der es ihnen erlaubte, im wilden Galopp ganze Salven von Pfeilen abzuschießen. So etwas zog natürlich andere Stämme an, bis aus dem einstigen Reitertrupp schließlich ganze brandschatzende und plündernde Reiterscharen geworden waren. Ein geeintes oder zentralisiertes Volk waren die Hunnen jedoch nie gewesen (was auch auf eine große ethnische Vielfalt unter ihnen hindeutet). Eine Ausnahme bildete die Zeit unter Attila (444-453), der so genannten »Geißel Gottes«, obwohl sein Name im Gotischen »Väterchen« bedeutete. Nach ein paar Generationen verschwanden die Hunnen wieder, doch ihr Einfall, der selbst aus Sicht der »Barbaren« barbarisch war, bot nun anderen Stämmen die Möglichkeit, ihre Vorteile aus dem verwüsteten Reich zu ziehen, das die Hunnen hinterlassen hatten.

Und diese Stämme waren tatsächlich wesentlich primitiver als die Römer. Sie verfügten weder über ein ausgeprägtes Rechtssystem, noch hinterließen sie irgendeine Architektur von Wert; weder besaßen sie ein Erziehungssystem noch – soweit wir wissen – eine große Literatur. (Die früheste Gesetzessammlung war der westgotische *Codex Euricianus*, der ungefähr aus dem Jahr 475 stammt.[72]) Doch diese germanischen Invasoren waren in Wirklichkeit flexibler und weniger unerbittlich, als so manche Darstellung den Anschein erweckte. Ein Stamm nach dem anderen passte sich im Lauf des 6. Jahrhunderts dem Christentum an, was jene seltsame Kluft in Europa nach sich zog, die sich nie wieder ganz schließen sollte – die nationale Kluft zwischen Romanen und Germanen und die soziale Kluft zwischen lateinkundigen Geistlichen und Dialekt redenden Bauern. »Aber weil die Franken und Angelsachsen diese [christliche] Tradition als Schüler erlernten, nicht als Meister handhabten, plagten sie Gefühle der Minderwertigkeit. Fränkische und deutsche Schriftsteller mußten sich im ganzen Mittelalter von Romanen als Barbaren verspotten lassen.« Einhard, der Biograf Karls des Großen, schrieb um das Jahr 830, er selbst sei »ja ein Barbarenmensch, der in der römischen Sprache ungeübt« sei.[73] Dieser Konflikt zwischen den lateinischen und germanischen Völkern sollte nie wieder ganz aus dem kollektiven europäischen Gedächtnis gelöscht werden, ebenso wenig wie die Vorstellung, dass Erstere irgendwie »kultivierter« seien als Letztere. Die Konversion der Franken und Sachsen zum Christentum gab der Geschichte dann eine letzte Wendung. Von da an waren es die »Heiden« und »Ketzer«, die man als Barbaren bezeichnete, und das bereitete die Bühne für die brutalste Schlacht, die je im Hochmittelalter um Ideen geführt werden sollte. Aber wie wir wissen, konnte das »Heidentum« zwar »bezwungen«, doch keineswegs zerstört werden.

11

Der Nahtod des Buches und die Geburt der christlich-sakralen Kunst

Kaiser Augustus war ein praktisch denkender Mann. Er stoppte die Expansion des Römischen Reiches und legte »als Grenzen der Herrschaft auf der einen Seite die großen Ströme Rhein, Donau und Euphrat, auf der anderen den Wüstengürtel in Arabien und Afrika« fest, weil er fand, dass eine Ausweitung über diese natürlichen Grenzen hinweg schwierig wäre und seine Feinde ohnedies bereits von ihnen abgeschreckt waren. Trotzdem war die Unverletzlichkeit der Reichsgrenzen im 3. Jahrhundert ernstlich bedroht: Zahlreiche Völker, die bislang außerhalb des Reiches siedelten, beschlossen, in die Offensive zu gehen. Zu dieser Zeit war die jenseits der Rheingrenze gelegene Region längst nicht mehr der Flickenteppich aus den zahlreichen kleinen Stämmen, die Tacitus in seinem berühmten Werk *Germania* beschrieben hatte, sondern zu einem Gebiet zusammengewachsen, in dem sich die Stämme zu größeren Verbänden vereint hatten. Bis auf wenige Verschnaufpausen herrschte deshalb seit dem 3. Jahrhundert Krieg an den germanischen und persischen Fronten. Nur einer Mischung aus Geografie und Diplomatie und vor allem der gelungenen Abwehr der Sassaniden im Jahr 240 war es zu verdanken, dass sich die meisten Angriffe der Germanen auf das Westreich und weniger auf die östliche Hälfte konzentrierten. (Im Ostreich sollte es beispielsweise nicht einmal zu einer Geldentwertung kommen.) Die vom Meer geschützte Festung Konstantinopel blieb uneinnehmbar. Und diese Tatsache sollte unschätzbar viel zur Bewahrung von großen Ideen beitragen.[1]

Die kaiserliche Regierung wurde zuerst nach Mailand und dann nach Ravenna verlegt (Mailand wurde belagert, der kleine Ort Ravenna an der Adria war durch das umgebende Sumpfgelände vor Überraschungsangriffen geschützt). Rom selbst wurde dreimal von den Westgoten belagert, bis es beim letzten Angriff schließlich eingenommen und geplündert wurde. Des Kaisers Schwester Galla Placidia nahm man als Geisel. Im Jahr 428 überquerte Geiserich, der König der Vandalen und Alanen, die Meerenge von Gibraltar und siedelte sich mit seinem Volk in der »Kornkammer« Nordafrikas an.[2] Damit war das erste germanische Reich auf römischem Boden gegründet worden. Zu den Zeiten von Augustus und Trajan, als sich Rom noch seiner neunundzwanzig Bibliotheken rühmen konnte, lebten über eine Million Menschen in der Hauptstadt; während der jahrelangen blutigen Kämpfe schrumpfte die Bevölkerung auf einen Tiefstand von dreißigtausend. »Solcherart dezimiert und verwüstet, verfügte Rom weder über die Mittel, um Bibliotheken zu unterhalten, noch über die Bürger, die sie hätten nutzen können.«[3] Joseph Vogt schreibt: »Die Erschütterung der hergebrachten Ordnung war ungeheuer.« Um die Wende vom 4. zum 5. Jahrhundert hatten Plünderungen und Raub mancherorts so überhand genommen, dass man den Untertanen schließlich zur eigenen Verteidigung das Tragen von Waffen gestatten musste. Am schwersten hatten die Menschen immer dort zu leiden, wo die Germanen eingefallen waren.[4] Viele öffentliche Gebäude lagen in Schutt und Asche; den Bürgern war es verboten, irgendeiner anderen Beschäftigung als der des eigenen Berufes nachzugehen; um die Stadt zu verlassen, brauchte man eigens eine Genehmigung, denn die Menschen versuchten natürlich, auf dem Land Arbeit zu finden. Seit dem späten 5. Jahrhundert liegen keine Senatsdokumente mehr vor; die Steuern wurden erhöht und nochmals erhöht; und mit dem lateinischen Begriff *Romania* wurde schließlich sogar eigens ein Wort geprägt, um die zivilisierte römische Welt von der grausamen Barbarei zu unterscheiden.[5]

Wie immer tun wir jedoch gut daran, uns vor Übertreibungen zu hüten: Vielen aus der gallisch-römischen Aristokratie gelang es sogar während der germanischen Besatzung, ihren Besitz zu wahren; im 5. Jahrhundert schrieben Schriftsteller noch Werke zur Lobpreisung Roms und seiner Errungenschaften; und auch die Werkstätten der Töpfer und Weber »überstanden zu einem beträchtlichen Teil die Stürme«. Der westgotische König Theoderich I. und seine Söhne wurden von Avitus in die lateinische Literatur und das römische Recht eingeführt, wofür sie sich noch sehr dankbar zeigen sollten. Anscheinend galt nun doppeltes Recht im einstigen Reich: das römische für die Römer und das burgundische (das mildere Strafen vorsah) für die Burgunder.[6] Kurz gesagt: Es herrschte gewiss ein ziemliches Durcheinander, aber keineswegs völliges Chaos.

Demnach ergibt sich folgendes Bild: Die »Barbaren« richteten so viel Schaden wie nötig an, um sich die Vorherrschaft zu sichern, erkannten aber zumindest auf einigen Gebieten die Überlegenheit der römischen Zivilisation an. Deshalb müssen wir auch vorsichtig mit Schuldzuweisungen sein und uns vor der Behauptung hüten, dass allein die Franken, Vandalen, Goten und anderen Völker für den zweifellos stattfindenden Rückgang des Bildungsniveaus verantwortlich gewesen seien. Dafür gab es noch ganz andere Gründe.

*

Das führt uns nun zurück zum Christentum. Wie gesagt war religiöse Toleranz im Altertum eher die Regel als die Ausnahme. Geändert hatte sich das erst, als die Animositäten zwischen Nichtchristen und Christen überhand nahmen. Dabei sollten wir nicht übersehen, wie sehr sich die Einstellung der Menschen seit der Etablierung des Christentums als Staatsreligion verändert hatte. Plötzlich herrschte allenthalben ein unwiderstehlicher Drang, »sich den neuen göttlichen Kräften zu unterwerfen, die das innere Band zwischen den Menschen schufen«, überall gab es »Bedarf« an himmlischer Offenbarung. Die Folge war, dass die Gelehrten dieser Zeit kaum noch Interesse daran hatten (oder ermutigt wurden), den Geheimnissen der Natur auf die Spur zu kommen. »Es war die oberste Pflicht des christlichen Gelehrten, die Wahrheiten der Offenbarung zu verstehen und zu vertiefen.« Während die pagane Welt römischen Gelehrten nur wenige Restriktionen auferlegt hatte, lehnte das Christentum nun also jede Art von Naturforschung ab. Man könne das Studium der Himmelskörper vernachlässigen, sagte Ambrosius – er war Bischof von Mailand, als die Stadt von 374 bis 397 die Hauptstadt des Westreichs war –, »denn inwiefern fördert es unsere Erlösung?« Die Römer hatten sich sehr bereitwillig mit der aus Griechenland stammenden Vorstellung angefreundet, dass die Erde eine Kugel sei. Plinius beispielsweise hatte in seiner *Naturalis Historia (Naturgeschichte)* behauptet, dass über die ganze Erdkugel verteilt Menschen mit einander zugewandten Füßen lebten, während sich über ihnen derselbe Himmel spannte und die Erde unter ihnen gleichsam von jeder Himmelsrichtung aus begehbar sei. Lactantius sollte dies dreihundert Jahre später vehement in Frage stellen: »Ist wohl irgendjemand so verrückt zu glauben, es gäbe Menschen, die mit den Füßen gegen die unseren ständen, die mit in die Höhe gekehrten Beinen und herunterhängenden Köpfen zu gehen vermögen... wo die Bäume mit ihren Zweigen abwärts wachsen und wo es in die Höhe hagelt, schneit und regnet?«[7] Lactantius' Weltbild wurde schließlich so weithin übernommen, dass ein christlicher Priester namens Vergilius im Jahr 748 gar als Ketzer verurteilt wurde, nur weil er geäußert hatte, dass es Plinius' Antipoden oder Gegenfüßler tatsächlich geben müsse, wenn die Erde denn rund sei.

Das christliche Denken war den paganen und/oder klassischen Traditionen zeitweilig extrem feindlich gesonnen. Ein Beispiel dafür liefert die Rhetorik, die traditionell natürlich nie von dem Individuum getrennt gesehen worden war, das sich ihrer bedient hatte. Dem christlichen Verständnis nach war es nun aber allein Gott, der durch seine Prediger sprach. Diese Vorstellung beruhte auf Paulus, der die Macht des Heiligen Geistes gepredigt hatte: Nicht der Mensch selbst, hatte er erklärt, sondern der Heilige Geist spreche aus seinen Worten, und das bedeutete letztlich nichts anderes als die Ablehnung von philosophischen und kritischen Gedanken zum Zweck der Wahrheitsfindung. Sogar Gregor von Nyssa, einer der drei kappadokischen Väter (auch »kappadokisches Dreigestirn« genannt), die sich der klassischen Philosophie mit einigem Wohlgefallen angenommen hatten, fühlte sich zu der Aussage genötigt, dass die menschliche Stimme nur erschaffen worden sei, damit sie klar und deutlich die vom Heiligen Geist inspirierten Gefühle des Herzens übersetzen und in die Welt entlassen könne. Auch die von Aristoteles verkörperte dialektische Methode wurde geächtet, weil ein Dialog mit Gott schlicht als unvorstellbar empfunden wurde. Im Wesentlichen dieser Einstellung war es denn auch zu verdanken, dass Aristoteles' Werke – mit Ausnahme von zwei seiner Abhandlungen über die Logik – aus dem Abendland verschwanden und uns nur erhalten blieben, weil sie von arabischen Übersetzern gehortet wurden. Die Gelehrten aus Alexandria und Konstantinopel befassten sich nach wie vor mit Aristoteles und Platon, sahen sich nun aber eher in einer bewahrenden Rolle denn als Lieferanten von neuen Ideen. Im Jahr 529 schloss Justinian die platonische Akademie von Athen, weil er glaubte, dass philosophische Spekulationen die Ketzer nur mit neuer Munition versorgen und Streit unter Christen schüren würden. Viele Gelehrte machten sich deshalb nun auf den Weg Richtung Osten, zuerst nach Edessa in Mesopotamien, wo sich mehrere berühmte Schulen angesiedelt hatten, und schließlich über die persische Grenze auch nach Nisibis, weil die dortige Hochschule als die beste in ganz Asien galt. Über diese verschlungenen Pfade sollten also Araber Aristoteles und all die Schätze der griechischen Wissenschaft erben; so kam es, dass die berühmten nestorianischen Linguisten so viele naturwissenschaftliche und medizinische Schriften ins Altsyrische übersetzten (das in Syrien und in Mesopotamien gesprochen wurde).[8]

Auch die Medizin steht exemplarisch für die Verschlossenheit des Christentums gegenüber dem abendländischen Denken. Die Griechen waren zwar nicht sehr erfolgreich bei der Entwicklung von medizinischen Behandlungsmethoden gewesen, doch sie hatten immerhin die Methode der Symptombeobachtung und die Idee eingeführt, dass es sich bei Krankheiten um natürliche Prozesse handelt. Der große Arzt Galen hingegen hatte im 2. Jahrhundert n. d. Z. in Rom erklärt, dass ein höchster Gott den Körper erschaffen habe, damit er »einem Zweck dient, nach dem sich alle seine Teile richten«. Und das deckte sich derart gut mit dem christlichen Denken, dass Galens Schriften um das Jahr 500 schließlich in einem sechzehnbändigen Sammelwerk veröffentlicht wurden und tausend Jahre lang als der medizinische Kanon gelten sollten: Es war die Absage an den wissenschaftlichen Denkansatz und die Hinwendung zu Magie und Wunder. Wer der Heilung bedurfte, suchte lieber heilige Quellen und Heiligtümer auf; die Pest galt als eine »gottgesandte« Strafe; und noch im Mittelalter entstanden Gemälde, auf denen zu sehen war, wie Gott die Seuche mit Pfeilen verbreitet, gerade so, wie man über tausend Jahre zuvor in der homerischen Welt den Apoll dargestellt hatte. Bereits Hippokrates hatte die Epilepsie als eine natürliche Krankheit bezeichnet, doch noch im 14. Jahrhundert sollte es der englische Arzt John of Gaddesden ganz normal finden, Epileptiker zu »heilen«, indem er ihnen das Evangelium vorlas und währenddessen das Haar eines weißen Hundes auflegte. Am prägnantesten wurde das herrschende Denken vielleicht von Johannes Chrysostomos, einem eifrigen Anhänger der paulinischen Lehren, mit dem Bittgebet auf den Punkt gebracht, dass der Herr unseren Scharfsinn beschränken und unseren Geist von allem weltlichen Wissen befreien möge, auf dass er rein und empfänglich werde für sein Wort. Nein, das war nicht einfach nur Indifferenz. Filastrius von Brescia zum Beispiel hielt bereits das Streben nach empirischem Wissen für Ketzerei. Den Gedanken, dass Erdbeben nicht auf göttlicher Fügung beruhten, sondern den Elementen zu verdanken waren, fand er ebenso ketzerisch wie den Zweifel an der Allmacht Gottes oder den dreisten Versuch, die göttliche Macht gegen die Elemente der Natur aufzuwiegen, so wie es die närrischen Philosophen taten, die alles der Natur zuschrieben und nichts von der Macht Gottes wissen wollten.[9] Aus dem 6. Jahrhundert liegen uns wesentlich mehr Berichte über Wunder vor als aus dem 3. Jahrhundert. Die Idee, dass es kausale Zusammenhänge in der Natur gibt, wurde schlicht abgelehnt.

In einigen christlichen Kreisen erregte schon das schiere Vorhandensein von Büchern (Traktaten) tiefstes Misstrauen – da sie mit Falschaussagen angefüllt sein konnten, die womöglich von finstren Kräften eingeflüstert worden waren. In seiner Kaisergeschichte *Res Gestae* führte der pagane Historiker Ammianus Marcellinus in allen Einzelheiten die Taten von Kaiser Flavius Valens auf, der im 4. Jahrhundert die Ausrottung alles »Heidnischen« in seinem östlichen Imperium angeordnet und damit solches Entsetzen ausgelöst hatte, dass »Bücherbesitzer in allen Ostprovinzen aus Furcht, dasselbe Schicksal zu erleiden, ihre Bibliotheken verbrannten«[10]. Marcellinus' Verleger merkte dazu an: »Valens verringerte unsere Kenntnisse von den alten Schriftstellern und insbesondere den Philosophen ungemein.« Aus allen möglichen Richtungen kamen nun Klagen, dass Bücher kaum mehr erhältlich seien und Bildung zunehmend zum Vorrecht von Kirchenmännern geworden sei. In Alexandria hieß es, dass »Philosophie und Kultur am Punkte der schrecklichsten Verwüstung« angelangt seien. Edward Gibbon berichtete, dass der alexandrinische Bischof Theophilus höchstselbst die Plünderung der Bibliothek zugelassen habe. »Der Eindruck, den die leeren Regale noch fast zwanzig Jahre später hinterließen, löste Bedauern und Indignation bei jedem Besucher aus, dessen Geist noch nicht vollständig von religiösen Vorurteilen umnachtet war.« Basilius von Caesarea lamentierte über die verkümmerte Debattierkunst in seiner Heimatstadt: Es gab keine Zusammenkünfte mehr, keine Debatten, keine gelehrten Auseinandersetzungen auf der Agora, nichts mehr von all den Dingen, denen die Stadt ihren einstigen Ruf zu verdanken hatte.[11] Charles Freeman berichtet, dass Isidor von

Sevilla am Ende des 6. Jahrhunderts, als er mit der Komposition seiner *Etymologiae* begann – einer Art Enzyklopädie des gesamten geistlichen und weltlichen Wissens der damaligen Zeit –, bereits größte Schwierigkeiten gehabt hatte, die Aufbewahrungsorte der klassischen Schriften herauszufinden, die in seiner eigenen Bibliothek fehlten. Ihre Autoren, schrieb er, waren nur noch schemenhaft wahrnehmbar, »wie blaue Hügel vor dem fernen Horizont«. Allein schon der Versuch, sie chronologisch richtig einzuordnen, bereitete inzwischen außerordentliche Schwierigkeiten.

In der Mitte des 4. Jahrhunderts gab es nach Aussage von Luciano Canfora in Rom praktisch keine Bücher mehr. Alle neunundzwanzig Bibliotheken waren aus diesem oder jenem Grund geschlossen worden. Im Jahr 391 wurde auf Betreiben von Bischof Theophilos das Serapeion in Alexandria – die Bibliothek im Serapis-Tempel – zerstört, die an Größe und Prestige nur noch vom Museion übertroffen wurde. Das Museion selbst überlebte für den Moment, weil man es offenbar zur Aufbewahrung der heiligen Schriften des Christentums nutzte. Allerdings handelte es sich dabei um schlechte Pergamentabschriften, die von Fehlern nur so wimmelten, weil Griechisch inzwischen mehr und mehr zur Fremdsprache geworden war. Als Alexandria kurz vor dem Weihnachtsfest des Jahres 642 vor den Arabern kapitulierte, soll der Bibliothekar des Museion den Eroberer Amr ibn-al-As angefleht haben, die Bibliothek zu verschonen. Als dieser dem Kalifen die Bitte übermittelte, bekam er jedoch zur Antwort: »Wenn diese Schriften der Griechen mit dem Buch von Gott übereinstimmen, sind sie nutzlos und brauchen nicht aufbewahrt zu werden; wenn sie nicht mit ihm übereinstimmen, sind sie von Übel und sollten vernichtet werden.« Also schritt man zur Tat und verteilte sie als Brennmaterial an die städtischen Thermen. Die Schriftrollen sollen das Wasser der viertausend Bäder von Alexandria sechs Monate lang erhitzt haben. Nur die Werke von Aristoteles entkamen den Flammen.[12]

Die Bibliothek des Papsttums, die anfänglich lediglich ein Archiv gewesen war, scheint intakt überlebt zu haben (aus nahe liegenden Gründen gelang es christlichen Bibliotheken generell besser als nichtchristlichen, der Vernichtung zu entgehen). Eingerichtet hatte sie Damasus I. (366–384) in einem Saal der Kirche von San Lorenzo, die er sich bei seinem Privathaus in der Nähe der heutigen Cancelleria erbauen ließ. Später wurde sie in den päpstlichen Amtssitz im Lateranpalast verlegt, wo sich im Lauf der Zeit Bibeln, Manuale und die unterschiedlichsten christlichen Schriften ansammelten, viele darunter häretischer Art. In einem Teil des Lateranpalastes, der aus dem 7. Jahrhundert stammt, legte man ein Wandgemälde frei, das den heiligen Augustinus vor einem aufgeschlagenen Buch sitzend darstellt, mit einer Hand umfasst er eine Schriftrolle. Vermutlich hatte sich in genau diesem Saal die ursprüngliche päpstliche Bibliothek befunden.

Auch in Sevilla gab es eine Bibliothek. Sie gehörte Isidor, der von 600 bis 636 Bischof der Stadt gewesen war, und enthielt ganz gewiss nicht nur christliche Schriften, sondern auch viele säkulare Werke, obwohl der Bischof solche Lektüre nicht einmal den eigenen Mönchen zumuten wollte. Isidors Bücher selbst sind verschwunden, aber wir kennen die Bestände seiner Bibliothek, weil er Wände und Regale mit Versen versehen ließ, deren Anfangszeilen keinen Zweifel am Bestand lassen: »Hier stapelten sich Massen von Büchern geistlicher wie weltlicher Art.« Und aus den Inschriften über den einzelnen Regalen wissen wir, dass er nicht nur die christlichen Werke von Origenes, Eusebios, Chrysostomos, Ambrosius, Augustinus und Hieronymus besaß, sondern auch säkulare, darunter »die Schriften der römischen Juristen Paulus und Gaius und die der griechischen Mediziner Hippokrates und Galen«[13].

Eine nach der anderen schlossen die Schulen des klassischen Altertums nun ihre Tore. Mitte des 6. Jahrhunderts waren nur noch Konstantinopel und Alexandria übrig. Und damit verringerte sich auch die Bandbreite der Literatur, die man zu lesen pflegte. Für Historiker ist es außerordentlich schwierig, »auf einen gebildeten Menschen aus der Zeit nach dem 3. Jahrhundert zu stoßen, der noch Kenntnisse von Schriften besaß, die der modernen Welt nicht erhalten blieben«. Wenn dem so war, dann könnte hier ein ganz bestimmter Mechanismus am Werk gewesen sein: Hatte ein prominenter Schulleiter (Eugenius wäre beispielsweise ein Kandidat) einen Lehrplan aufgestellt, der sich als wirklich erfolgreich erwies, dann wurde er von den anderen Schulen einfach übernommen; und angesichts des allgemeinen kulturellen Niedergangs und der geistigen Verarmung des Reiches muss man davon ausgehen, dass Schriften, die nicht dem Lehrplan angehörten, auch nicht mehr gelesen und häufig genug kopiert wurden, um ihr Überleben zu garantieren.[14] Sieben Stücke von Aischylos und sieben Werke von Sophokles wurden für den Lehrplan ausgewählt – und das sind alle, die wir noch kennen.

Am Ende des 6. Jahrhunderts hatte der Rückgang des Bildungs- und Kulturniveaus dramatische Formen angenommen. Die letzten Erziehungsanstalten von zentraler Bedeutung im Römischen Reich waren nun die im Jahr 425 gegründete kaiserliche Hochschule von Konstantinopel und eine geistliche Akademie unter der Leitung des Patriarchats. Die Schule von Alexandria war mittlerweile völlig isoliert. Und bevor sich die Dinge dort wieder bessern konnten, kam es zu einem berüchtigten Streit um das Thema Götzenanbetung, auf den wir später zurückkommen werden. Aus drei Jahrhunderten, von Mitte des 6. bis Mitte des 9. Jahrhunderts (die wahrhaft finstren Jahre), lassen sich nicht die geringsten Anhaltspunkte finden, dass noch irgendwelche Klassiker studiert wurden. Das Erziehungs- und Ausbildungssystem hatte das unterste Niveau erreicht. Entsprechend sind uns aus dieser Periode so gut wie gar keine Handschriften überliefert, egal, zu welchem Themenkomplex.

Die wenigen Schulen dieser Zeit befanden sich in Athen, Ephesos, Smyrna, Pergamon, Alexandria, Gaza und Beirut. Beirut wurde wie Antiochia bei einem Erdbeben im 6. Jahrhundert zerstört, Antiochia wurde im Jahr 540 zudem von den Persern eingenommen. Man kann den im 6. Jahrhundert so deutlich wahrnehmbaren Bildungsverlust also nicht nur einem einzigen Grund anlasten – hier griff alles ineinander, vom Überfall der »Barbaren« über den Aufstieg des Christentums auf der einen und der Araber auf der anderen Seite bis hin zu den Naturkatastrophen. Tatsache aber bleibt, dass sich am Ende des 6. Jahrhunderts kaum noch literarisches Leben regte. Die griechische Sprache war fast völlig in Vergessenheit geraten. Konstantinopel war zwar nie wirklich eine zweisprachige Stadt gewesen, aber neben Latein hatte man das Griechische dort wenigstens immer verstanden. Griechisch war beispielsweise auch die Sprache, in der sich Justinian verständigte. Der vielleicht berühmteste Beleg für diesen Stand der Dinge ist ein Schreiben von Papst Gregor dem Großen aus dem Jahr 597, in dem er sich beklagt, dass es unmöglich sei, aus Konstantinopel noch eine zufrieden stellende Übersetzung zu bekommen.[15] Das Justinianische Zeitalter (527–565) mag zwar in vielerlei Hinsicht strahlend gewesen sein, doch für die Bücherproduktion lässt sich das kaum sagen. Es gibt eine Menge Anhaltspunkte, dass sie bereits stark abzunehmen begonnen hatte. Und dabei spielte gewiss keine geringe Rolle, dass sich die griechische und die lateinische Welt voneinander entfernt hatten. Jedenfalls gab es bis zum 6. Jahrhundert effektiv keinen Gelehrten im Abendland mehr, der noch des Griechischen mächtig gewesen wäre.

*

Doch am Ende sollte es nur eine Nahtoderfahrung für Buch und Bildung und nicht ihr endgültiges Ableben gewesen sein. Und das war nicht zuletzt einer konzertierten Aktion zur Rettung der Klassiker zu verdanken. Am 1. Januar 357 erläuterte der byzantinische Philosoph und Rhetor Themistios (ca. 317– ca. 388) in einer Rede vor Kaiser Konstantin einen Plan, der das Überleben der alten Literatur sichern sollte. Wissen und Weitsicht hatten ihn auf die Idee gebracht, ein Skriptorium einzurichten, das Abschriften all der Klassiker anfertigen sollte, die durch schiere Vernachlässigung bedroht schienen. Und so kam es, dass Konstantinopel zu einem Zentrum der literarischen Kultur wurde. Am dringendsten bedurften Themistios' Meinung nach Platon, Aristoteles, Demosthenes, Isokrates und Thukydides solcher Rettungsmaßnahmen, doch er hoffte auf diese Weise auch die Schriften der Erben von Homer und Hesiod, von Philosophen wie Chrysippos, Zenon, Kleanthes und der vielen anderen Autoren vor dem Vergessen bewahren zu können, die inzwischen weithin ungelesen waren. Im Jahr 372 erging der Erlass an den Stadtpräfekten Klearchos, vier Schreiber mit hervorragenden Griechischkenntnissen und drei Männer mit perfekten Lateinkenntnissen für die Transkription und Ausbesserung alter Bücher zu bestellen.[16] Fünfzehn Jahre waren zwischen Themistios' Idee und ihrer Umsetzung vergangen, er selbst hatte also weniger Einfluss gehabt, als er vielleicht gehofft haben mochte.

Weitere Garanten für das Überleben von klassischen Ideen waren die Schreiber, die man auch die »lateinischen Übersetzer« oder »Vermittler« nennt. Es handelte sich im Wesentlichen um Enzyklopädisten, die das Denken der Klassik (oder doch zumindest die Gedanken aus den Schriften der klassischen Denker) am Leben erhalten wollten und somit eine wichtige Brücke zwischen dem 5. Jahrhundert und der karolingischen Renaissance vierhundert Jahre später schlagen sollten. Ihrer Geschichte nahm sich unter anderem die Historikerin Marcia Colish an.

Der erste dieser Vermittler war Martianus (Marcian) Capella, ein Zeitgenosse von Augustinus und ebenfalls Nordafrikaner. Man vermutet, dass er Christ gewesen war, obwohl sich in seinen Schriften keinerlei Hinweise auf seinen Glauben finden. Sein Hauptwerk trägt den seltsamen Titel *De nuptiis philologiae et mercurii (Über die Hochzeit Merkurs und der Philologie)* und ist mindestens so exzentrisch strukturiert wie geschrieben, vermittelt aber auf höchst lesbare Art, weshalb Martianus die sieben freien Künste für so bedroht hielt und sich derart um ihre Wahrung bemühte. Dass man seither von sieben (anstelle von neun) freien Künsten sprach, war den Sprüchen Salomons zu verdanken – »Die Weisheit hat ihr Haus gebaut und ihre sieben Säulen behauen« – und der Tatsache, dass Martianus Medizin und Recht von den ursprünglich neun Artes liberales ausgeschlossen hatte (und damit auch von den Fakultäten der mittelalterlichen Universitäten und sogar noch von einigen modernen Hochschulen), weil sie nicht wirklich »frei« und obendrein mit rein irdischen Dingen befasst waren. Die Handlung seines Hauptwerks ist auf dem Olymp angesiedelt und anfänglich ganz auf Merkur konzentriert, der beschließt, sich endlich eine Frau zu suchen, nachdem er so viel Zeit als Bote der Götter verbracht und all deren Streitigkeiten und vor allem Affären miterlebt hat. Als er der Philologie vorgestellt wird, verliebt er sich sofort in sie, woraufhin die anderen Götter beschließen, auch ihr die Göttlichkeit zu verleihen. Das Paar gibt sich das Eheversprechen, und Apollo präsentiert Merkur sein Hochzeitsgeschenk – sieben Dienerinnen, die niemand anderes als die sieben freien Künste sind. Jede von ihnen stellt sich mit den angemessenen Insignien vor: Die Grammatik zum Beispiel ist ein altes, grauhaariges Weib mit Messer und Feile in Händen, die sie braucht, um stilistische Rohheiten herauszuschneiden und die ungehobelten Kanten unbeholfener Sätze zu schleifen; die Rhetorik ist größer, sehr viel jünger und schöner und trägt ein farbenprächtiges, mit den Blumen der Rhetorik besticktes Gewand. Martianus' Argumentationskette stützt sich ganz und gar auf die Griechen – Aristoteles, Euklid, Ptolemaios. So überspannt das Buch *Über die Hochzeit Merkurs und der Philologie* auch ist, so populär wurde es und so viel sollte es dazu beitragen, das griechische Denken zumindest in seinen Grundzügen am Leben zu erhalten.[17]

Der zweite Vermittler war Boëthius. Sein berühmtestes Werk *Consolatio philosophiae (Trost der Philosophie)* schrieb er in Erwartung seiner Hinrichtung im Gefängnis, wo ihm natürlich keine Bibliothek zur Verfügung stand und er sich nur auf das eigene Gedächtnis stützen konnte – wie gut, dass er sich bereits darauf vorbereitet hatte, alle Werke von Platon und Aristoteles ins Lateinische zu übersetzen. Sein früher Tod verhinderte die Fertigstellung dieses Projekts, doch seine Übersetzung der aristotelischen Logik sollte der einzige Text des großen griechischen Philosophen sein, der dem Abendland im frühen Mittelalter zur Verfügung stand und ergo garantierte, dass wenigstens etwas griechische Philosophie erhalten blieb. Dass Boëthius diese Übersetzungen überhaupt für notwendig erachtet hatte, zeugt nicht nur von seinem Respekt vor Platon und Aristoteles, sondern beweist auch, dass es in seiner Zeit kaum noch Lehrmaterial über diese Gelehrten gab.

Der rote Faden durch sein im Gefängnis verfasstes Traktat über den *Trost der Philosophie* ist ein langer Dialog zwischen dem Autor und der Grande Dame Philosophie um die Frage, warum der Gerechte leiden muss. Das erklärt natürlich, warum dieses Buch so umgehend zu einem Erfolg wurde. Die Philosophie beschreibt er als eine ungewöhnliche Gestalt: Ihr Kopf berührt die Wolken; auf dem Saum ihres griechischen Gewands finden sich die Worte »praktisch« und »theoretisch«; bevor sie bereit ist, mit Boethius zu sprechen, verjagt sie alle Musen, bei denen er einst Trost gesucht hatte.

Cassiodorus war ein Zeitgenosse von Boëthius, wie dieser ein hoher Staatsmann – er war Berater des Ostgotenkönigs Theoderich – und gleichermaßen um den Niedergang der griechischen Bildung besorgt. Im Gegensatz zu Boethius war ihm jedoch ein langes Leben beschieden. Eigentlich hatte er eine christliche Universität in Rom gründen wollen, doch angesichts der damaligen politischen Unruhen lehnte der Papst seinen Antrag ab. Also wandte sich Cassiodorus der wachsenden monastischen Bewegung zu. Mit eigenen Mitteln erbaute er auf väterlichem Grund in Kalabrien das Kloster Vivarium, das zum ersten klösterlichen Gelehrtenzentrum wurde und im Lauf der Jahrhunderte vielen Klöstern als Vorbild dienen sollte. Er leitete dieses Studienzentrum bis an sein Lebensende und sammelte währenddessen viele christliche und säkulare Schriften. Prinzipiell teilte er zwar die vorherrschende Ansicht seiner Zeit, dass das Ziel von Erziehung und Ausbildung grundsätzlich der Erwerb von profunden Kenntnissen über Theologie und Kirchengeschichte sein müsse und eine angemessene Bibelexegese beinhalten sollte, doch im Unterschied zum herrschenden Trend hielt er auch fundierte Kenntnisse auf dem Gebiet der freien Künste für unerlässlich. Deshalb verfasste er eine Art Kompendium des universellen Wissens, die *Institutiones divinarum et saecularium litterarum (Einführung in das Studium der Theologie und Abriss des weltlichen Wissens)*, die sein wichtigster Beitrag als Vermittler sein sollten, ganz abgesehen davon, dass dieses Werk im Anhang eine Lektüreliste aller klassischen Schriften enthielt, die das Verständnis der Mönche fördern sollten.[18] Es behandelte die Geschichte aller freien Künste und erwähnte sogar Autoren, deren Ansichten damals zwar schon als überholt galten, die jedoch von großer Bedeutung zu ihren Lebzeiten gewesen waren. Die von Cassiodorus vorgestellten Ideen sollten schließlich zur Grundlage der Curricula vieler Klosterschulen im Mittelalter werden. Doch damit man die klassischen Texte aus der Lektüreliste auch lesen konnte, wurden Abschriften benötigt. Also begannen die Kopisten der Klöster auf Cassiodorus' Betreiben hin aktiv zu werden, was den Ruf dieser klösterlichen Gelehrtenzentren noch mehren sollte. Dass Cassiodorus es auch nötig fand, ein orthografisches Lehrbuch herauszugeben, wird generell als ein Hinweis gewertet, dass inzwischen nicht nur die Kenntnisse der griechischen Sprache, sondern auch die lateinische Bildung auf dem Rückzug waren.

Isidor, im frühen 7. Jahrhundert Bischof von Sevilla, sind wir bereits begegnet. Sein wichtigster Beitrag zur Vermittlung von alten Ideen waren seine *Etymologiae*: Schon im Titel des Werkes spiegelt sich seine – in einer von Symbolik und Allegorie faszinierten Zeit nicht ungewöhnliche – Ansicht, dass der Weg zum rechten Wissen über Begriffe und die Kenntnis von ihrer Herkunft führte. Zwar unterliefen Isidor viele Fehler (denn nur weil Wörter eine ähnliche Herkunft haben, heißt das noch nicht, dass ihre Inhalte oder die in ihnen enthaltenen Ideen ebenso verwandt sein müssen), doch die Bandbreite der behandelten Thematik war wirklich außergewöhnlich: Neben den üblichen christlichen Themen befasste er sich mit Biologie, Botanik, Philologie, Astronomie und Recht, mit Ungeheuern, Steinen und Metallen, mit Krieg, Spielen, Schiffsbau und Architektur. Die Verve und die Lust, mit der Isidor an diese Aufgabe heranging, sprechen für seine Überzeugung, »dass niemand die Kultur retten würde, wenn er, ebenso bewaffnet mit umfangreichem Wissen wie mit Schere und Kleister, es nicht tat«. Trotz aller Mängel wurden die *Etymologiae* zu einem Standardnachschlagewerk des frühen Mittelalters. (Wie mir Charles Freeman erklärte, ist »nachschlagen« hier das Schlüsselwort, denn »es gibt so gut wie keinen Nachweis, dass diese Texte bis zum 12. oder 13. Jahrhundert irgendeine inspirative Rolle gespielt hätten«.)[19]

Der Historiker Norman Cantor stellte fest, dass diese Übersetzer/Vermittler weder originäre Denker noch bereits Meister der Sprache gewesen seien, sondern schlicht und einfach Schullehrer und die Autoren von

Lehrbüchern. Doch bedenkt man, welchen Gefahren sie sich aussetzten und welche Einstellung so viele Christen gegenüber dem klassischen und »heidnischen« Denken vertraten, dann ist es nur gut, dass sie das waren, was sie waren. Die Tradition der Klassik (oder doch wenigstens ein Teil der klassischen Literatur) wurde nicht zuletzt dank dieser Vermittler am Leben erhalten.

*

Vom Blickwinkel der Ideengeschichte aus betrachtet, herrschte von Mitte des 6. bis Mitte des 9. Jahrhunderts zwar das wahrlich finstere Mittelalter, trotzdem fanden just in dieser Zeit zwei bedeutende Innovationen in der Geschichte des Buches statt. Die erste war der Ankunft des neuen asiatischen Schreibmaterials Papier zu verdanken, das gegen Ende des 8. Jahrhunderts erstmals eine echte Alternative zum Papyrus bot. Der Überlieferung nach sollen Araber von Gefangenen, die sie bei der Schlacht am Talas im Jahr 751 gemacht hatten, das Geheimnis der Papierherstellung erfahren haben.[20] Es gibt zwar einige späte Papyri aus Ägypten, die bereits Schnitzel dieses neuen Materials enthalten, doch als die älteste griechische Handschrift, die vollständig auf Papier geschrieben wurde, gilt allgemein der berühmte Kodex aus der Vatikanischen Bibliothek (Vat. Gr. 2200), der ungefähr aus dem Jahr 800 stammt. Im Abendland wurde noch bis zum 11. Jahrhundert auf Papyrus geschrieben, aber der Gebrauch von Papier setzte sich immer mehr durch – vermutlich, weil Araber den Export von Papyrus aus Ägypten kontrollierten und lediglich minderwertiges Material ausführten. Anfänglich importierten die Byzantiner das Papier noch von den Arabern, bis zum 13. Jahrhundert war jedoch eine blühende Papierindustrie in Italien entstanden.

Zur mehr oder weniger gleichen Zeit kam es zur zweiten Innovation, nämlich zur Veränderung der Schrift selbst, was nun dazu führte, dass sich die Mengen von Papier oder Papyrus reduzieren ließen, die für die Herstellung eines Buches benötigt wurden. Die traditionell verwendete *uncialis* (Unizale) setzte sich, wie wir heute sagen würden, vollständig aus Großbuchstaben zusammen, und die waren wirklich sehr groß. Obwohl es für die Schreiber theoretisch machbar gewesen wäre, sie auch als Schreibschrift zu verwenden, scheint das in der Praxis kaum der Fall gewesen zu sein. Besonders teuer wurde es, wenn man in dieser Schrift auf Pergament schrieb, denn Pergament war ja nur durch das Schlachten von Tieren zu gewinnen. Aus Gründen der Kostenersparnis wurde ein Pergament deshalb oft mehrfach beschrieben. Einige Autoren, zum Beispiel Sallust, und sogar einige Schriften von Cicero, kennen wir heute nur dank einer Methode, mit der sich die abgeriebenen unteren Schichten auf solchen Palimpsesten wieder lesbar machen lassen. Um die Wende vom 8. zum 9. Jahrhundert wurde viel mit der so genannten Minuskel experimentiert, doch die dabei entstandenen Mischschriften waren meist schwer zu entziffern. Das erste exakt datierbare Buch (835 n. d. Z.), das in einer klar leserlichen, ausgereiften Minuskel-Schreibschrift verfasst wurde, ist das berühmte »Tetraevangelium des Porphyrius«, so genannt, weil es vom Archimandriten Porfirij Uspenskij bei einer seiner Visitationen in den Klöstern der Levante entdeckt worden war.[21]

Doch nicht nur die Zeitspanne ist ungewiss, in der diese neue Schrift entwickelt wurde, auch der Ort, wo sie erfunden wurde, ist unbekannt. Allerdings gibt es die plausible Hypothese, dass sie im Kloster Studion von Konstantinopel entstand (auf einem Blatt des Tetraevangeliums finden sich Nachrufe auf Mitglieder dieser Klostergemeinschaft, und wir wissen, dass einige von ihnen exzellente Kalligrafen waren). Seit dem Jahr 850 war die Chance jedenfalls ziemlich groß gewesen, dass Kopisten bei der Abschrift einer Handschrift diese neue Schrift verwenden würden; nach 950 war es ausnahmslos der Fall. Heute sind uns nur noch wenige Bücher in Großschrift erhalten. Für die Bewahrung alter Handschriften sollte sich der neue Schrifttyp als außerordentlich wichtig erweisen, denn nun konnten viel mehr Wörter auf einer Seite untergebracht und die Kosten für die Abschriften deshalb drastisch verringert werden. Hinzu kam die Erfindung der Ligatur (anfänglich wurden jedoch nur die Buchstaben e, f, r und t zusammengezogen), wodurch auch der Prozess des Schreibens beschleunigt wurde. Zu den nächsten Verbesserungsschritten gehörten Unterscheidungszeichen und »Atempausen«, die als Lesehilfe zwischen den einzelnen Wörtern eingelegt wurden – der Beginn dessen also, was wir Interpunktion nennen. Sie wurden zwar weder regelmäßig eingesetzt noch standardisiert, doch immerhin: Der Anfang war gemacht.[22] Ungefähr zur gleichen Zeit, das heißt also gegen Ende des 9. Jahrhunderts, begannen Schriftgelehrte erstmals auch die Trennung von Wörtern zu kennzeichnen und jedem Buch einen Leitfaden für die jeweils verwendeten Zeichen und Interpunktionen anzuhängen (zumindest wurde das im Studion-Kloster so gemacht). Abbreviaturen waren gang und gäbe: p' (= *post*); ⊃ (= *con*); li⁰ (= *libro*); auch das Fragezeichen (?) wurde in dieser Zeit entwickelt, allerdings gab es zehn verschiedene Varianten; die Zahl 300 konnte nun auch als iii^c ausgeschrieben werden, und es wurden sogar ganz neue Buchstaben erfunden, zum Beispiel ⊙ und Δ.

Parallel zu diesem Geschehen bemühte sich Bardas – der Mitregent des Kaisers – um das Jahr 860, die kaiserliche Universität von Konstantinopel wiederzubeleben, die seit Jahrhunderten von der Bildfläche verschwunden gewesen war. Die von ihm gegründete Schule wurde von Leo dem Philosophen, Theodor dem Geometer, Theodegius dem Astronomen und Cometas dem Grammatiker geleitet. Wir wissen heute, dass von einigen alten Handschriften jeweils nur eine einzige Abschrift überlebt hatte und die Schule von Bardas nun zum offiziellen Aufbewahrungsort dieser einzigartigen Zeugnisse wurde. Es handelte sich um alte Uncialis-Handschriften, die nun von den Gelehrten des 9. Jahrhunderts in die neue Minuskel transkribiert wurden. Die Historiker Reynolds und Wilson schreiben, es sei »hauptsächlich ihren Aktivitäten [zu verdanken], dass man die griechische Literatur heute noch lesen kann, denn fast alle vorhandenen alten Schriften beruhen auf späteren Kopien eines einzigen Exemplars oder einiger weniger Exemplare, die zu diesem Zeitpunkt oder kurz darauf in Minuskelschrift angefertigt wurden«[23].

Den byzantinischen Gelehrten aus dem 9. Jahrhundert verdanken wir jedoch nicht nur die Texte, die gerettet wurden, sondern auch unsere Kenntnisse von all den Schriften, die uns verloren gingen. Denn nicht wenige von ihnen – herausragend darunter Photius (ca. 810–ca. 893) – pflegten Verzeichnisse der Bücher anzulegen, die sie gelesen hatten oder von deren Existenz sie wussten. Und solche Listen enthüllten uns die Titel vieler Werke, von denen wir ansonsten wohl nie erfahren hätten. Bevor Photius im Jahr 855 eine lange und gefährliche Reise antrat (vermutlich wegen des Austauschs von Kriegsgefangenen mit den Arabern), schickte er seinem Bruder Tarasius eine summarische Übersicht der Bücher, die er im Lauf vieler Jahre gelesen hatte. Manche seiner Rezensionen beschränken sich auf zwei Zeilen, andere sind wesentlich ausführlicher. Insgesamt kommentierte er in seiner *Bibliotheke* 279 Werke oder Kodizes, die sich in seinem Besitz befanden, darunter eine große Auswahl an paganer und christlicher Literatur.

Photius stammte aus einer wohlhabenden, gebildeten und sehr ikonophilen Familie mit weit reichenden Beziehungen. Während der Verfolgung der »Bilderfreunde« in den Jahren 832 und 833, auf die wir noch zu sprechen kommen werden, war auch seine Familie vertrieben worden. Seine Eltern starben beide im Exil. Als die Bilderfreunde in den vierziger Jahren des 9. Jahrhunderts dann an Einfluss in Konstantinopel gewannen, konnte auch Photius zurückkehren und wie sein Bruder in höchste Regierungsämter aufsteigen. Einer seiner Förderer war Bardas. Trotz seiner rasanten Karriere fand Photius offenbar immer Zeit zum Schreiben. Es ist nicht bekannt, wann er seine *Bibliotheke* vervollständigte – die Schätzungen schwanken zwischen 838 und 875 –, doch sicher ist, dass er dieses Kompendium als eine Auflistung der eigenen Lektüre verstand, denn der Untertitel lautet: »Bestand und Aufzählung der Bücher die wir gelesen haben, 279 an der Zahl, von welchen unser geliebter Bruder Tarasius eine allgemeine Auswertung wünscht«[24]. Nur ein einziges von allen aufgeführten Werken wollte er nicht selbst gelesen haben – und dabei hatte er noch nicht einmal die Bücher in diese Liste aufgenommen, die zweifellos zum Grundwissen von gebildeten Byzantinern wie ihm und seinem Bruder gehörten: etwa Homer, Hesiod und die großen griechischen Tragiker. Für unseren Zweck von größtem Interesse an dieser *Bibliotheke* sind jedoch die aufgeführten Werke, die uns verloren gegangen sind – ganze zweiundvierzig an der Zahl.

Darunter befinden sich beispielsweise eine Alexander-Biografie des Historikers Amyntianus (die Mark Aurel gewidmet war); eine Auflistung von Wundern aus der Feder von Alexander von Myndos (eine Arbeit, die, wie Warren Treadgolds in seiner Photius-Studie schreibt, unter das Genre »Paradoxographie« fällt); ein Buch mit dem Titel »Für Origenes«, das von einem anonymen Autor aus dem 4. Jahrhundert stammte; ein Werk des Damascius von Damaskus (ca. 458–533) über die wundersame Tierwelt; ein Buch von Boëthus (1./2. Jahrhundert) über schwierige Begriffe bei Platon; ein Buch über die Medizin von Dionysios von Aigeai (1./3. Jahrhundert); ein anonymes Werk aus dem 3./2. Jahrhundert v. d. Z. über das Leben des Pythagoras; und eine Predigt, die Johannes Chrysostomos über Paulus hielt. Neben den zweiundvierzig vollständig verloren gegangenen Werken gibt es weitere einundachtzig, von deren Existenz wir erst durch die *Bibliotheke* erfuhren. Das heißt, von den insgesamt 279 kommentierten Titeln sind ganze 123 – rund 44 Prozent – für uns verloren. Diese Statistik bricht einem glatt das Herz.

*

Zwischen Mitte des 6. und Mitte des 9. Jahrhunderts wurde auf intellektuellem Gebiet so gut wie nichts vollbracht. Dass sich diese Periode tatsächlich als das finstere Mittelalter bezeichnen lässt, wird auch am Beispiel des Schicksals der byzantinischen Städte deutlich, denn Städte waren natürlich nicht nur die Zentren des Geisteslebens oder der Theaterkultur, sondern auch der Bäder, der Hippodrome und der Werkstätten. Bis zum 5. Jahrhundert war das byzantinische Reich sozusagen die Summe seiner grandiosen Städte gewesen – ein altes Nachschlagewerk führt über neunhundert auf, aber wie Cyril Mango erklärt, muss sich diese Zahl bis zur Zeit von Justinian (527–565) fast verdoppelt haben. Die meisten byzantinischen Städte waren nach römischem Muster angelegt, also auf Grundlage eines rechteckigen Gitters aus kleineren Straßen und zweier Hauptstraßen – der nordsüdlich ausgerichteten *cardo* und der ostwestlich verlaufenden *decumanus* –, die sich im rechten Winkel kreuzten und an den Toren der Stadtmauer endeten (Stadtmauern wurden gegen den Einfall der Barbaren errichtet). Entlang der breiten Hauptstraßen zogen sich die Kolonnaden mit den Geschäften hin. Natürlich waren diese Städte nach heutigen Standards klein. Nicäa zum Beispiel maß je anderthalb Kilometer von Nord nach Süd und Ost nach West. Die Einwohnerzahlen betrugen durchschnittlich zwischen fünftausend und zwanzigtausend, nur Antiochia hatte zweihunderttausend und Konstantinopel hunderttausend Bewohner.[25]

Nach dem Einfall der Barbaren kam jedoch eine Stadt nach der anderen herunter. Von Syrien bis zum Balkan, von Pergamon über Skythopolis (die Hauptstadt der Provinz Palaestina Secunda), Singidunum (das heutige Belgrad) bis nach Serdica (Sofia) wurden die Städte zerstört, oder ihre Bewohner verschwanden von der Bildfläche. Seuchen, Erdbeben und andere Naturkatastrophen fügten der chronischen Gewalt noch das Ihre hinzu und verschlimmerten die ohnedies schon katastrophale Lage. Dem arabischen Geografen Ibn Khordadhbeh (ca. 840) zufolge gab es zu seiner Zeit neben einer Hand voll Zitadellen nur noch fünf Städte in ganz Kleinasien – Ephesos, Nicäa, Amorium, Ancyra und Samala. Auch die Zahl der in Umlauf befindlichen Bronzemünzen ging stark zurück: Bei Grabungen im makedonischen Stobi wurde keine einzige Münze gefunden, die sich auf eine spätere Zeit als das 7. Jahrhundert datieren ließ.[26]

Konstantinopel war zwar eine Ausnahme von der Regel, aber auch nicht vollständig sicher. Ihren Höhepunkt erreichte die Bevölkerungsdichte der Stadt um das Jahr 500, dann wurde sie von der Pest heimgesucht, und die Einwohnerzahlen sanken kontinuierlich und über eine lange Zeit hinweg, bis sie um das Jahr 750 schließlich ihren Tiefststand erreichten. Als die Stadtmauer im Jahr 740 bei einem Erdbeben zerstört wurde, konnte sie aus Geldmangel nicht wieder aufgebaut werden. Nach dem Pestjahr 747 versuchte der Kaiser sogar, Konstantinopel wieder zu bevölkern, indem er Bewohner der ägäischen Inseln zur Umsiedlung aufforderte. Trotzdem heißt es in einem Reiseführer aus dem Jahr 760, dass die Stadt »verlassen und heruntergekommen« sei.[27] Erst gegen Ende des 8. Jahrhunderts begann sie sich dauerhaft zu erholen.

*

Die christlich-byzantinische Kunst, die natürlich in keiner Ideengeschichte fehlen darf, unterscheidet sich stark von späteren künstlerischen Ideen. Seit Giotto bestand zumindest die europäische Malerei nicht mehr nur aus den Darstellungen von wechselnden Formen, sondern war auch zur Selbstdarstellung eines bestimmten *Künstlers* geworden: Gemälde wurden zu Werken von identifizierbaren Individuen, die zu neuen Ufern aufbrachen, ihre eigenen Sichtweisen hatten, sich von anderen beeinflussen ließen und ihrerseits die Künstler nach ihnen prägten. In Byzanz galten Maler hingegen noch als reine Handwerker. Nur ein einziger byzantinischer Maler ist uns namentlich bekannt: der in Byzanz geborene »Theophanes der Grieche«, der im späten 14. und frühen 15. Jahrhundert in Russland wirkte. Das Gleiche trifft auf die Architektur zu: Wir wissen, dass Isidor von Milet und Anthemius von Tralleis im Auftrag Justinians die Hagia Sophia in Konstantinopel erbaut haben, aber das ist auch schon alles. Und da sich die byzantinische Kunst nur langsam entwickelt hat, ist es uns schlicht unmöglich, sie genau zu datieren. Aber das nimmt ihr natürlich nichts von ihrer Bedeutung. Es war die erste voll ausgereifte christliche Kunst, die früheste Malerei, an der sich ablesen lässt, wie christliche Ideen mit Hilfe von ikonographischen Mitteln ihren bildlichen Ausdruck fanden.

Angesichts des späteren Geschehens sollte zuerst einmal betont werden, dass von Jesus kein einziges Wort überliefert ist, dem zu entnehmen wäre, dass er figürliche Darstellungen als einen Verstoß gegen das Gottesgesetz empfunden hätte.[28] Trotzdem waren bildliche Darstellungen für das Frühchristentum von wesentlich geringerer Bedeutung als die Schrift – was auch der Grund war, weshalb sich keine systematische Bildsymbolik entwickelte. Während der Christenverfolgung Diokletians im Jahr 303 wurde verzeichnet, dass man in der Kirche von Cirta Schriften, Kelche und bronzene Kerzenständer vorgefunden habe, doch ein Altar wurde nirgendwo vermerkt. Tatsächlich gab es vor dem 2. Jahrhundert nichts, was man als christliche Kunst bezeichnen könnte. Ungeachtet der neutralen Haltung, die Jesus zu ihr einnahm, räumten die meisten Frühchristen der bildenden Kunst offenbar keinen Raum ein. Vermutlich lag das am Einfluss des Judentums. Clemens, der im 3. Jahrhundert Bischof von Alexandria gewesen war, erklärte seinen Schutzbefohlenen, dass es einem Christen verboten sei, Götzenbildnisse nach Art der Heiden herzustellen, jedoch erlaubt, durch Zeichen (wie zum Beispiel einen Fisch oder ein Schiff) Eigentum zu kennzeichnen oder solche Zeichen als Unterschrift zu verwenden. Auch Bildnisse wie das der Taube oder des Ankers ließ Clemens zu. Die Taube galt der christlichen Welt als Symbol, weil Matthäus (10,16) geäußert hatte: »Siehe, ich sende euch wie Schafe mitten unter die Wölfe. Darum seid klug wie die Schlangen und ohne Falsch wie die Tauben.«

Die byzantinische Kunst »ist die den Bedürfnissen der Kirche angepasste Kunst des späteren Römischen Reiches«. Zur ersten wirklichen Blüte gelangte sie, als Kaiser Konstantin nach seiner Bekehrung den Bau von unzähligen prächtigen Kirchen anordnete. Vor dem 4. Jahrhundert hatte es so etwas wie eine christliche Architektur nicht gegeben. Das Frühchristentum gab sich mit jedem Bauwerk zufrieden, das als *domus ecclesiae*, als »Haus der Kirchengemeinde« geeignet schien. Die ersten Kirchen – deren Überreste im östlichen Mittelmeerraum noch heute als solche erkennbar sind – waren nach dem Vorbild der paganen Basilika erbaut: ein langes Mittelschiff, das durch eine Säulenreihe von den Seitenschiffen abgeteilt war und in eine halbrunde Apsis mit dem erhöhten *bema* (griechisch »Felsensitz« oder »Richterstuhl«) mündete. Der lateinische Begriff *basilica* bedeutet nichts anderes als »große Halle« (abgeleitet vom griechischen *basilike stoa*, »königliche Halle«) und wurde von Christen erstmals zur Bezeichnung der sieben Kirchen verwendet, die Konstantin in Rom gegründet hatte.[29]

Die ältesten Katakomben in Rom und das Mithraeum von Dura-Europos am Euphrat, das schon früh zur christlichen Kapelle umfunktioniert worden war, beweisen jedoch, dass Christen bereits vor Konstantin bildliche Traditionen entwickelt hatten, angeregt vermutlich durch eine alte illuminierte Ausgabe der Septuaginta. Dargestellt wurden immer Szenen aus der Hebräischen Bibel (die Vertreibung aus dem Paradies, das Opfer Isaaks, die Durchquerung des Roten Meeres). Doch am beliebtesten war die Geschichte von Jonah, der von einem großen Fisch verschlungen und nach drei Tagen und Nächten wieder »auf dem Trockenen« ausgespuckt wurde, denn in ihr glaubten Christen die Symbole von Taufe und Auferstehung zu erkennen. Die frühesten Darstellungen von Jesus zeigen allesamt einen jungen, bartlosen Mann; ein Heiligenschein kam erst im 4. Jahrhundert auf.[30] Die frühesten Beispiele für Illustrationen des Neuen Testaments sind die Mosaiken der Basilika Sant'Apollinare Nuovo in Ravenna, die um das Jahr 500 entstanden, der illuminierte *Codex Purpureus Rossanensis* (heute in Paris) und der syrische *Rabula-Codex* (heute in Florenz). Die beiden Handschriften stammen zwar aus etwas späterer Zeit, doch anhand dieser drei Beispiele konnte belegt werden, dass es bereits ungefähr seit dem Jahr 500 eine etablierte, »autoritative« Ikonographie gegeben hatte. Einige dieser Kodizes waren von so opulenter Pracht – Hieronymus nannte sie verächtlich »überladen« –, dass sie wahrscheinlich gar nicht der Lektüre, sondern rein rituellen Zwecken gedient haben.

Ein weiteres Merkmal, das die frühchristliche Kunst vom kaiserlichen Rom übernommen hatte, war der höfische Prunk. Lawrence Nees schreibt, dass man zumindest im Hinblick auf die Ikonographie versucht sei, »von einer vollständigen ›Bekehrung des Christentums‹ zu einer römischen und vor allem kaiserlichen Idealvorstellung zu sprechen«[31]. Die Szenerien wurden immer theatralischer und die Heiligenfiguren immer häufiger in fürstliche Gewänder gehüllt. Besonders bedeutende Persönlichkeiten wurden größer dargestellt als andere, oft sogar überlebensgroß. Ein Mosaik in der Basilika San Vitale in Ravenna zeigt Jesus nicht mehr im einfachen Hirtenkleid unter seinen Schafen, sondern als Christus Pantokrator, den »Allherrscher«, in eine prächtige, goldverzierte, purpurfarbene Tunika gehüllt. Andere Bildnisse aus Ravenna stellen ihn wie einen Kaiser dar, der, von den Aposteln bejubelt, huldvoll den Tribut seiner Untertanen entgegennimmt.[32] Im frühen 4. Jahrhundert wurde jedoch plötzlich das Bild des inthronisierten christlichen Gottes zum zentralen Element der christlichen Ikonographie. Bedenkt man, dass der christliche Glaube einst vor allem die Armen und Verstoßenen angezogen hatte, so kann man die Einführung solcher Opulenz in der christlichen Kunst, ja ihre regelrechte Verwandlung zum christlichen *Ideal*, wahrhaftig nur als eine revolutionäre Idee bezeichnen.[33] Kurz nachdem das Majestätische in die christliche Kunst Einzug gehalten hatte, wurde auch das erzählerische Element erweitert. Vermutlich ging das Hand in Hand mit dem Bau der ersten Basiliken im 4. Jahrhundert, da deren Wände nun viel mehr freien Platz boten. Doch der eigentliche Durchbruch erfolgte im 5. Jahrhundert. Und das stand sehr wahrscheinlich im direkten Zusammenhang mit den Lehrgedichten und Epigrammen *(Dittochaeon)* über biblische Szenen, die der christliche Dichter Prudentius Ende des 4. Jahrhunderts komponiert hatte. Nun begann man die biblischen Geschichten erstmals auch chronologisch in der Reihenfolge der heiligen Schriften und nicht mehr nach ihren Thematiken zu ordnen. Und während man sie nun auch mit Hilfe der neuen lateinischsprachigen Bibel (Hieronymus' Vulgata aus dem späten 4./frühen 5. Jahrhundert) genauer studierte, wurde ein Großteil der christlichen Ikonographie ausgearbeitet.[34]

Ende des 6. Jahrhundert wurden Bilder im Ost- wie Westchristentum auf ganz neue Weise legitimiert. Mehr und mehr Gläubige verstanden Bilder nun nicht mehr als die Darstellungen von Menschen bei der großen christlichen Passion, sondern betrachteten sie ihrer selbst wegen als heilig. Am intensivsten wurde dieser »Bilderkult« im Ostchristentum betrieben, was vermutlich mit der relativen Nähe des byzantinischen Reiches zum Heiligen Land zu tun hatte, denn häufig kehrten Pilger mit Reliquien aus Palästina zurück oder mit Andenken wie zum Beispiel Steinen, die sie an einem erinnerungsträchtigen Ort gesammelt hatten und die für sie irgendwie göttlich angehaucht sein mussten. Justinian entsandte zu diesem Zweck sogar eigens einen ganzen Handwerkertrupp nach Jerusalem. Allmählich verbreitete sich die Sitte, Bilder als heilig anzusehen, auch im Westen. Nicht einmal Rom war immun dagegen. Die Kapelle Sancta Sanctorum im Lateran beherbergt ein Christusbild aus dem 8. Jahrhundert, das zumindest im Mittelalter als heilig galt und den Gläubigen in Krisenzeiten vorgehalten wurde.

Dieser neue Umgang mit Heiligenbildern lässt sich von zwei Entwicklungen herleiten: Erstens wurden die Formate kleiner und die Gemälde damit tragbar, was nahe legt, dass sie das eigene Heim schmückten und sogar auf Reisen mitgenommen wurden, also nicht mehr nur in Grabmalen oder Kirchen Verwendung fanden; zweitens wurde die Darstellung von Handlungen minimiert oder ganz weggelassen, wodurch die Göttlichkeit der heiligen Gestalt auf dem Bild erhabener wurde und der Anschein entstand, »als warte sie nur auf die Anrufung des Besitzers, um zum Leben erweckt zu werden«. (Genau diese Art der »eingefrorenen« Darstellung führte dann zu unserem Begriff »ikonisch«.) Ungeachtet der Tatsache, dass das Neue Testament keinerlei Anhaltspunkte für das äußere Erscheinungsbild von Jesus, den Aposteln oder der Jungfrau Maria bietet, begannen christliche Autoren im 6. Jahrhundert die Heiligen so darzustellen, wie es ihrer Meinung nach exakt den (oft anhand von Visionen zustande gekommenen) Überlieferungen entsprach. Einer Schilderung zufolge sollte Petrus zum Beispiel ein Mann mittlerer Größe mit schütterem Haar, blasser Haut, Augen dunkel wie Wein, einem Vollbart, einer großen Nase und zusammengewachsenen Augenbrauen gewesen sein. Christus wurde als langhaariger, bärtiger Mann dargestellt, von einer Aureole umgeben und ganz in Weiß und Gold gekleidet; mit der einen Hand umfasst er eine Schriftrolle, der andere Arm ist autoritätsgebietend erhoben. Jeder ging davon aus, dass die körperlichen Merkmale eines Menschen untrennbar mit seinen geistigen Eigenschaften verbunden waren. Von manchen Bildern – den so genannten *acheiropoieta* (»nicht von Menschenhand gemacht«) – glaubte man sogar, dass sie übernatürlichen Ursprungs seien.[35]

Auf uns wirken solche Ikonen ausgesprochen stilisiert, doch auf die Menschen der damaligen Zeit übten sie gewiss eine ganz andere Wirkung aus. Für den byzantinischen Christen waren solche Gemälde reale Ebenbilder, die wirklichkeitsgetreuen Darstellungen der Züge einer heiligen Gestalt. Und eben weil sie als lebensnahe Abbildungen der Heiligen galten, durfte sich ihre Darstellungsweise auch nicht verändern. Im Jahr 692 sanktionierte die Trullanische Synode (auch *Quinisext* genannt) schließlich ein neues Abbild der menschlichen Gestalt Jesu: Bis dahin war Christus als »ein verborgenes Sinnbild des wahren Lammes« dargestellt worden, nun aber sollte »mit Hilfe der Bilder das Vollkommene« aufgezeigt und »Christus, unser Gott, in seiner menschlichen Gestalt und nicht mehr in der des Lammes« gezeigt werden. Das Drama der Kirche verlagerte sich laut Cyril Mango von den Kirchenwänden auf die Ikonostasis, jene Bilderwand, welche das Allerheiligste in den Kirchen vom Hauptraum trennte. Ikonen waren zum bildlichen Äquivalent von Hagiographien geworden: »Die Gläubigen konnten bei der Anbetung Christi ihre Heroen bestaunen (denn wenigstens einer von ihnen wird jeweils ihren Hoffnungen entsprochen oder ihre Ängste gemildert haben).« Parallel dazu entwickelte sich das eigenständige Genre der Hagiographie.[36]

Für so manchen Christen war das einfach zu viel. Und noch mehr Zorn staute sich auf, als sich das Abbild Jesu sogar auf die Münzen von Justinian II. verirrte. Mitte des 8. Jahrhunderts begann sich heftiger Widerstand gegen die Anbetung dieser »Heiligenbilder« zu formieren, bis schließlich der byzantinische Bilderstreit ausbrach, der von 754 bis 843 toben sollte. Ausgelöst wurde dieser Kampf der Ideen – der sich nicht nur entscheidend auf das allgemeine Verständnis von der päpstlichen Autorität, sondern auch auf die Ausdrucksweisen der christlichen Kunst auswirken sollte – aus mehreren Gründen, in erster Linie aber durch das Gefühl, dass eine bildliche Darstellung Christi blasphemisch sei und die immaterielle Natur Gottes per Definition in keiner fasslichen Weise wiedergegeben werden könne. In dem Versuch, es dennoch zu tun, sahen die Kritiker die deutliche Absicht, Jesus als nicht göttlich darzustellen – was sich ja ganz mit der Sichtweise der berüchtigten häretischen Arianer deckte. Abgesehen davon empfand man Darstellungen von Christus und den Heiligen geradezu als einen Aufruf zur Götzenanbetung und somit als einen Rückgriff auf heidnische Riten. Drittens erklärten die »Bilderfeinde« das Phänomen des Bilderkults zu etwas nie Dagewesenem, da das Christentum in seiner ersten und reinsten Phase ja keinerlei Interesse an Bildnissen (und die neutestamentarischen Schriften keinerlei Interesse an einer Schilderung der äußeren Gestalt Jesu und der Apostel) gezeigt hatte.[37]

Vor dem Hintergrund dieses Streites fand schließlich das Konzil von Hiereia statt, das im Jahr 754 von Kaiser Konstantin V. einberufen worden war. Es verbat offiziell die Verehrung und bildliche Darstellung der Heiligen und rief zur Zerstörung aller vorhandenen Bilder auf. Doch wie immer gab es auch für die bilderfeindlichen Aktionen der Kaiser im 8. und 9. Jahrhundert noch andere Motive: Erstens stammten die Männer, die in jenen Jahren in Byzanz an die Macht kamen, allesamt aus dem Osten und waren somit sehr viel stärker von den nahöstlichen Traditionen beeinflusst – vor allem natürlich von den Traditionen des Judentums und des Islam, die keinerlei Bildnisse in ihren Gotteshäusern und Schriften zuließen. Zweitens kann der Bilderstreit alternativ auch als ein Versuch der byzantinischen Kaiser gesehen werden, ihre Macht auszuweiten. Und diesem Ziel standen vor allem die griechischen Mönche im Weg, die ungemein populär geworden waren, seit Ikonen in ihren Klöstern sich angeblich wundersam bewegt oder gar geblutet hatten.[38]

Doch nicht nur deshalb begann sich der Bilderstreit schließlich in ein Gezänk um die Autorität des Papstes zu verwandeln. Das Ganze hatte auch etwas mit der unverrückbaren Sichtweise des damaligen Papstes Gregor II. zu tun, der ein Anhänger von Gregor dem Großen war und die sakrale Kunst für ein unerlässliches Mittel zum Zweck der religiösen Erziehung und Unterweisung der Armen und Ungebildeten hielt. Gregor II. schickte also ein kampflustiges Schreiben nach Konstantinopel, in dem er den Kaiser beschuldigte, sich in Fragen der Kirchenlehre einzumischen, die ihn rein gar nichts angingen, um ihm dann (was ziemlich optimistisch war) mit der Anwendung von Gewalt für den Fall zu drohen, dass er es jemals wieder versuchen sollte. Von dem Moment an musste sich das Papsttum um Schutz an die Führer des Abendlands wenden (den dann allen voran der Frankenkönig Pippin garantierte). Der Kaiser reagierte prompt, indem er Süditalien und Dalmatien dem Patriarchat von Konstantinopel unterstellte. Das Schisma zwischen der römischen Kirche und der heute so genannten griechischen Orthodoxie hatte begonnen.[39]

Im erbittertsten Stadium dieses Bilderstreits wurden eine Menge Bildnisse zerstört, Ikonen verbrannt, Wandgemälde oder Mosaiken zumindest übertüncht (sofern sie nicht in Schutt und Asche gelegt wurden), Illuminationen aus Handschriften herausgerissen und liturgisches Edelmetall eingeschmolzen. Doch auch das war am Ende nur ein Nahtod und kein *holokaustos* gewesen. In Konstantinopel und Kleinasien – also dort, »wo die Macht saß« – waren die Schäden schlimmer als anderenorts. Gewiss war es den Bilderstürmern gelungen, die Zahl der sakralen christlichen Kunstwerke zu reduzieren, aber ihr Ziel der totalen Vernichtung erreichten sie nicht. Allerdings lässt sich nachweisen, dass die Mosaikkunst in der Folge einen ebenso deutlichen Niedergang erlebte wie das Gespür der Maler für die menschliche Form.[40]

Die Ikonoklasten (Bilderfeinde) wollten in den Kirchen »neutrale« Motive anstelle von menschlichen Darstellungen sehen – Tiere, Vögel, Bäume, Efeu und so fort. Die Ikonodulen (Bilderfreunde) reagierten darauf mit der Replik, dass ihre Gegner die Gotteshäuser in Obstläden verwandeln würden.[41] Unglücklicherweise wurden viele, wenn nicht gar fast alle Schriften der Ikonoklasten vernichtet, während uns die ihrer Gegner (Johannes Damascenos, Germanos, Nicephoros) natürlich nur eine Geschichte erzählen, die von Siegern geschrieben wurde. Außerdem befassten sie sich letztlich ausschließlich mit den Fragen, welche skripturale und patristische Autorität es in Bezug auf die bildliche Darstellung der menschlichen Gestalt von Heiligen gab oder inwieweit sich das Leben eines Heiligen mit seiner Darstellung deckte oder welches Vorbild für die bildliche Darstellung Christi und seiner dualen Natur als Gott und Mensch maßgebend war.

Nach fast zwei Jahrhunderten schrecklichster Auseinandersetzungen (Künstler wurden in den Kerker geworfen, gefoltert, ihre Nasen wurden aufgeschlitzt, ihre Zungen herausgeschnitten) einigte man sich schließlich darauf, dass es Christen gestattet sei, »Fleischgewordene« darzustellen – mit einem Wort also Christus selbst, die Apostel, die Heiligen und sogar Engel, die sich bei besonderen Anlässen wie der Verkündigung »materialisiert« hatten. Die Darstellung von Gottvater oder der Dreifaltigkeit musste jedoch unterbleiben. Als letzte und für die Kunst entscheidende Konkretisierung wurde dekretiert, dass jede Abbildung so wahrheitsgetreu sein müsse, als handle es sich um eine Spiegelung. Kein Künstler dürfe hier seine Phantasie walten lassen. (Ein Argument für die naturgetreue Wiedergabe Jesu war zum Beispiel, dass ihn die Gläubigen am Tag des Jüngsten Gerichts sofort erkennen sollten.) Daraus ergab sich natürlich, dass ein überliefertes Bild niemals verändert werden, also weder etwas hinzugefügt noch etwas weggelassen werden durfte – was sozusagen ein Spiegelbild des Versuchs war, rationale Debatten und neue Ideen zu verhindern. Analog galt das auch für die Architektur und die Ausschmückung von Kirchen: Die Ornamentik habe verhalten zu sein, jedes »von außen stammende Wissen«, wie es die Byzantiner verstanden, wurde ausgeschlossen. Es gab keine Allegorien mehr, keine freien Künste, ja nicht einmal mehr das Sujet der so genannten Monatsbilder. Das Einzige, was noch eine Rolle spielte und erlaubt war, war das zentrale Drama des Christentums – die Geburt, das Leben, die Kreuzigung und die Auferstehung Christi. Darüber hinaus war lediglich noch die Darstellung der alttestamentarischen Propheten gestattet, weil sie nach Meinung des Christentums die Inkarnation verkündigt hatten.

Damit wurden nicht nur die Gesichtszüge der Heiligen festgelegt, damit verhinderte man auch jeden wirklichkeitsgetreuen Maßstab und jede Perspektive. Die Größe einer Gestalt in einem byzantinischen Gemälde leitete sich einzig und allein aus ihrer Bedeutung für die christliche Geschichte und nicht etwa von ihrem konkreten Verhältnis zum dargestellten Raum ab. Deshalb ist Maria zum Beispiel immer größer als Joseph, deshalb können Heilige so groß oder sogar größer sein als Berge im Hintergrund. Farbe wurde nicht eingesetzt, um einen Eindruck von Entfernungen zu vermitteln; keine Figur warf einen Schatten, der die friedvolle Harmonie einer Komposition hätten stören können. Von einzig wahrer Bedeutung war, dass alle Elemente eines Gemäldes gleichsam in himmlisches Licht getaucht waren. Und da nun also keine Veränderung der Ikonographie mehr gestattet war, begannen die anonymen byzantinischen Maler ihr künstlerisches Augenmerk auf eine immer auffälligere und prunkvollere farbliche Ausgestaltung zu richten. »Die byzantinische Malerei verfügte über eine sehr viel reichere Farbpalette als jede frühere Kunst; sie schuf Bilder, die nur so erstrahlten im spirituellen Schein, während das Blattgold und andere kostspielige Farben ebenso funkelten wie die Juwelen, welche in einigen Fällen sogar in natura in das Bild eingesetzt worden waren.«[42]

Um diese frühchristliche Kunst wirklich einordnen zu können, müssen wir uns gedanklich zurückversetzen und uns bewusst machen, dass man sie unweigerlich im rußigen Kerzenschein betrachtete, der ihren prächtigen Farben, dem glitzernden Gold und all den funkelnden Juwelen einen magischen, geheimnisvollen, unwandelbar majestätischen und prächtigen Ausdruck verlieh, während die Welt da draußen voller Ungewissheit und Feindseligkeit war. Byzantinische Basiliken waren farbenprächtige Theater, in denen ein Drama aufgeführt wurde, dessen entscheidender Punkt es war, dass es sich niemals änderte. »Da die Byzantiner diese Bilder als naturgetreue Abbilder betrachteten, wurde ihren Basiliken eine Aura von Intensität und Heiligkeit verliehen, die wir uns heute kaum noch vorstellen können.«[43] Die Ideen, die bis zum Ende des Bilderstreits im Jahr 843 so hart erkämpft worden waren, sollten jahrhundertelang unverändert vorherrschen. Neue Ideen brachen sich erst wieder zu Beginn des großen Zeitalters der Kathedralen Bahn.

*

Es werden wohl nur wenige Leser etwas gegen die Aussage einzuwenden haben, dass die sakrale Kunst des Frühchristentums zu den größten

Glanzleistungen der menschlichen Schaffenskraft zählt. Umso bemerkenswerter deshalb, dass sie ausgerechnet in einer Zeit entstand, in der alle anderen intellektuellen Gebiete brachlagen. Die gleichen Kräfte, die ein Ravenna, ein San Lorenzo in Mailand oder ein Katherinenkloster im Sinai hervorgebracht haben, hatten neben all dem Licht und all den Farben, mit denen sie ihre Welt erleuchteten, auch eine ausgesprochen dunkle Seite. Der byzantinische Bilderstreit gemahnt uns, dass aus dem religiösen Präjudiz nicht nur schöne Dinge, sondern auch ein Erbe an Grausamkeit, Zerstörungswut und Dummheit hervorgingen. Und dass so manches Werk von Cicero nur als eine einzige Abschrift oder gar nur als die unterste Schicht eines Palimpsests überlebt hat, beweist uns, wie fragil Kultur in Wirklichkeit ist.

12

Falsafah und *al-jabr* in Bagdad und Toledo

Die Weisheit, sagt ein altes ägyptisches Sprichwort, ließ sich auf drei Dingen nieder: auf dem Verstand der Franken, den Händen der Chinesen und der Zunge der Araber. Als die drei wesentlichen Merkmale für menschliche Vollkommenheit galten im Arabien der Beduinen das Bogenschießen, die Reitkunst und die Redegewandtheit.

Das Volk der Beduinen war auf der arabischen Halbinsel heimisch und kaum zivilisiert. Der Begriff »Araber« leitet sich aus dem Hebräischen *ereb* (»gemischte Menge«) ab, wie in der Hebräischen Bibel Nomadenstämme bezeichnet wurden. Das Leben von Nomaden erlaubte es natürlich weder, zu viele Habseligkeiten anzusammeln, noch erforderte es eine Architektur für Gemeinschaftsgebäude, wo sich eine Kunst hätte entfalten können. Es war das Kamel, das die Wüste bewohnbar machte. Und da es erst um 1100 v. d. Z. domestiziert wurde, ist unwahrscheinlich, dass das Beduinenvolk viel älter ist. Das ständige Nomadenleben beschränkte die Größe eines Stammes auf maximal sechshundert Personen, die dann üblicherweise raubend und plündernd über die Halbinsel zogen. Diese *ghazwa* genannten Raubzüge, von denen sich das Wort »Razzia« ableitet, »waren eine nationale Institution«. Ein arabischer Dichter schrieb einmal: »Unser Geschäft ist es, den Feind zu überfallen, den Nachbarn und den eigenen Bruder, sofern sich außer dem Bruder kein anderer findet.«[1]

Das war nicht gerade eine gute Ausgangslage für das Entstehen einer sesshaften Kultur, doch es gab ein Gebiet, auf dem sich Araber schon früh hervortaten: der poetische Umgang mit Worten. Bis heute lösen Rhythmik und Reim von Sätzen – die eigentliche Musik der Araber – *sihr halal* aus, das Empfinden von einer »regelrechten Magie«. »Die Schönheit des Menschen«, heißt es in einem anderen arabischen Sprichwort, »liegt in der Fertigkeit seiner Zunge.«[2] Die älteste geschriebene Dichtung Arabiens stammt aus dem 6. Jahrhundert und ist ihrer Form nach eine *qasidah* (Ode). Doch es muss sie schon viele Generationen zuvor als mündliche Überlieferung gegeben haben, denn zur Zeit der ersten Niederschriften existierten bereits mehrere feste Regeln. Der Form nach konnte eine Ode bis zu hundert Zeilen lang sein, durch die sich wie ein roter Faden ein einziger Reim zog. Der Poet begann seine Rezitation immer mit der Beschwörung von schablonenartigen Bildern einer fremdländischen Szenerie, die er einmal mit eigenen Augen gesehen hatte. Die eigentliche Geschichte drehte sich dann meist um eines der wenigen Hauptthemen, beispielsweise um einen langen Kamelritt; sie war mit einer begrenzten Zahl von Metaphern, Anspielungen und Sprüchen ausgeschmückt und endete immer mit einer Reflexion über »die Grenzen des Menschen in einer allmächtigen Welt«. Solche Oden waren reine Erzählungen, ohne dramatische oder essayistische Strukturen. Doch für Araber zählte ohnedies nur die Art des Vortrags. Die Forschung will in dem stetigen Rhythmus der *qasidah* sogar den schaukelnden Gang des »Wüstenschiffs« entdeckt haben. Ob das nun stimmt oder nicht, fest steht jedenfalls, dass diese Dichtung den Korpus des arabischen *diwan* bildet, einer »Blattsammlung« der kollektiven Erfahrungen. Und ebenso sicher ist, dass Dichter wie Dichtung hohes Ansehen in der alten arabischen Welt genossen.[3]

Die berühmtesten altarabischen Hymnen waren die sieben so genannten *Mu'allaqat* oder »aufgehängten Gedichte«. Noch heute wird diese literarische Form in der gesamten arabischen Welt geschätzt, da sie der Legende nach einst den Preis beim geistvollen Dichterwettbewerb von Ukaz gewonnen hatte, einem Marktflecken nahe Mekka, wo seit dem Verbot der *ghazwa* regelmäßig Jahrmärkte stattfanden, auf denen arabische Dichter von überallher einem gespannt lauschenden Publikum ihre Werke vortrugen. Nach ihrer Auszeichnung in Ukaz wurden die *Mu'allaqat* mit Gold auf weißen Leinentüchern niedergeschrieben, die man von den Wänden der Ka'bah, dem heiligen Steinwürfel in Mekka, herabhängen ließ.[4]

Nomadische Beduinen waren nicht besonders religiös. Ihre Götter waren Quellen (Oasen) und Felsen gewesen. Die Gottheit von Ghaiman zum Beispiel war der »Rote Stein«, die von al-Abalat ein weißer Stein und die berühmteste von allen natürlich der »Schwarze Stein« von Mekka.[5] Später wurde dieser Meteorstein in die Ostecke der würfelförmigen Ka'bah eingelassen. Als Hirtenvolk verehrten die Beduinen auch diverse Mondgötter, außerdem Hubal, den seltenen Fall eines Gottes in Menschengestalt, der nach Meinung einiger Forscher aus Babylon importiert worden war. Ihr Hauptgott in Mekka war jedoch *al-ilah*, Allah, »der Gott«. In seiner geschriebenen Form *Hlh* war dieser Name schon sehr alt. Er geht auf das 5. Jahrhundert v. d. Z. zurück und scheint aus Syrien zu stammen. Und da sich der Name »Mekka« von *makuraba* (»Heiligtum«) ableitet, ist anzunehmen, dass es sich hier bereits seit frühester Zeit um ein Kultzentrum gehandelt hatte. Jedenfalls setzte bereits Ptolemaios voraus, dass diese Stätte allgemein bekannt war, als er sie in seiner zwischen 150 und 160 n. d. Z. verfassten *Geographia* erwähnte.

Heute bezeichnen Muslime die Periode vor dem Islam als *jahilyya*, die »Zeit der Unwissenheit«, als es noch keinerlei Versuche gegeben hatte, die über den ganzen arabischen Raum verstreuten Mythen und Legenden zusammenzutragen. Vielleicht war es gerade die mangelnde Koordination der frühen Religionen gewesen, die den Islam schon bald nach seinem Erscheinen so attraktiv machte. Der Überlieferung nach wurde Muhammad um das Jahr 570 n. d. Z. in Mekka als Sohn einer Familie geboren, die dem Stamm der Quraisch angehörte. Die Stadt befand sich gerade im Umbruch. Theoretisch war sie nach wie vor ein Knotenpunkt auf den Handelsrouten zwischen Rom und dem Osten (die großen Karawanenstraßen endeten in der jemenitischen Hafenstadt Aden); in der Praxis betrachteten die Römer jedoch das nördlicher gelegene Reich der Nabatäer mit seiner Hauptstadt Petra (heute Jordanien) als die »Provinz Arabien«. Wie Syrien, so war also auch Arabien eine Grenzprovinz mit ungesichertem Status, außerdem konnten die Händler ebenso gut über die Seidenstraße durch Zentralasien ziehen. Der Wohlstand der arabischen Halbinsel war demnach alles andere als gesichert. Hinzu kam, dass der große Damm von Ma'rib zwischen 450 und 570 dreimal brach, was jedes Mal eine katastrophale Überflutung großer Teile des fruchtbaren Landes nach sich zog. Arabische Legenden berichten von einem gewaltigen wirtschaftlichen Niedergang im 6. Jahrhundert.[6]

Ein Faktor ist besonders wichtig, wenn man die Anfänge des Islam verstehen will, nämlich der, dass Arabien mittlerweile sozusagen umzingelt war vom Monotheismus. Einmal ganz abgesehen von den Entwicklungen im Norden gab es im Jemen schon seit langem eine jüdische Gemeinde, während Abessinien inzwischen christlich geworden war. Und dass das schmale Band des Roten Meeres schon sehr früh und sehr oft überquert wurde, beweisen die vielen christlichen Einflüsse auf die vorislamische Keramik. Mekka lag also an dem Knotenpunkt, wo sich die Nord-Süd-Route zum jemenitischen Hafen und die Ost-West-Route zwischen Rotem Meer und dem Irak kreuzten. Jeden Winter und Sommer machte sich eine lange Karawane von Mekka aus auf den Weg. Und sie transportierten nicht nur Waren, sondern auch Ideen.

Über Muhammad ist sehr wenig bekannt, obwohl nicht nur die Literatur an sich, sondern auch das Genre der Biografie im 6. und 7. Jahrhundert n. d. Z. schon ebenso weit entwickelt waren wie die Naturforschung. Die erste Muhammad-Biografie, von der wir wissen, wurde im Jahr 767 verfasst, also erst eine ganze Weile nach dem Tod des Propheten, und selbst sie ist uns nur durch eine 833 erschienene Ausgabe bekannt. In nichtarabischen Quellen wird Muhammad erstmals in der historischen Chronik des byzantinischen Mönchs Theophanes aus dem 9. Jahrhundert erwähnt. Über sein äußeres Erscheinungsbild liegt uns die folgende Beschreibung vor: Er war weder groß noch klein, nicht dick, hatte langes, gelocktes schwarzes Haar, eine helle Haut, von langen Wimpern umrahmte dunkelbraune Augen, breite Schultern, starke Arme und Beine, volle Lippen und schöne Zähne. Ansonsten besaß er offenbar keine besonderen körperlichen Merkmale. Der Überlieferung nach war Muhammad sechs Jahre alt gewesen, als sein Vater starb, und er wuchs deshalb zuerst bei seinem Großvater und dann bei einem Onkel auf. Mehreren Legenden zufolge waren seine Verwandten Reliquienwächter in irgendeinem Zusammenhang mit der Ka'bah gewesen, das heißt, die Familie könnte schon in vorislamischen Zeiten ein gewisses religiöses Ansehen genossen haben. Im Alter von zwölf Jahren wurde Muhammad von seinem Onkel nach Syrien mitgenommen, wo er einen christlichen Mönch namens Bahira traf, der ihm geweissagt haben soll, dass er zum Propheten Gottes berufen sei. Mit fünfundzwanzig Jahren heiratete er Khadijah, »eine wohlhabende Witwe von edler Gesinnung, fünfzehn Jahre älter als er«, der die Karawanserei gehörte, in der er Arbeit gefunden hatte. Er half ihr eine Weile bei ihrem Geschäft, begann aber die Mußezeit, die ihm durch den Wohlstand seiner Frau geschenkt war, in einer kleinen Höhle am Berg Hira vor den Toren Mekkas zu verbringen.[7]

Eines Tages, im Jahr 610, saß Muhammad in seiner Höhle und vernahm eine Stimme, die ihm befahl: »Lies!« Zuerst war er unsicher und wusste nicht, was er tun sollte. Die Stimme musste die Aufforderung noch zweimal wiederholen, bevor er allen Mut zusammennahm und fragte: »Was soll ich lesen?« Darauf antwortete die Stimme: »Lies im Namen deines Herrn, der alles erschaffen hat! Er erschuf den Menschen aus einem Embryo. Lies! Dein Herr ist der Erhabenste, der das Schreiben mit dem Schreibrohr lehrte. Er lehrte den Menschen, was er nicht wusste.« Später sollte man diese Begebenheit als Muhammads »Nacht der Macht« *(lailatu-l-qadr)* bezeichnen. Es folgten weitere Visionen in der Höhle wie auch in seinem Haus in Mekka, wo ihn die Erscheinung so verstört haben soll, dass er seine Frau bat, ihn mit Tüchern zu bedecken. Zunächst hörte er verschiedene Stimmen, dann immer nur noch eine – die des Erzengels Jibril (Gabriel). Muhammad prägte sich dessen Weisungen ein und trug sie seinen Anhängern vor, die sie auf Palmblätter und Steine niederschrieben oder im Gedächtnis bewahrten. Später wurden diese Offenbarungen zu dem Buch kompiliert, das man den Qur'an nennt.[8]

Die Botschaft, die Muhammad erhalten hatte, war letztlich nicht neu. Sie überlappte sich sowohl mit zoroastrischen als auch mit jüdischen und christlichen Ideen: Es gibt nur einen Gott und keinen anderen neben ihm; es wird ein Tag des Gerichts stattfinden, dem sich das ewige Paradies anschließt, in das alle Gläubigen Eingang finden, die Gottes Weisungen befolgten und ihm treu im Glauben geblieben waren; alle Ungläubigen und alle, die dem Willen Gottes zuwidergehandelt hatten, werden die ewige Strafe erleiden.

Schon als Junge war Muhammad von seiner Familie und Freunden *al-Amin*, »der Gläubige«, genannt worden. Er muss also von jeher als

Glaubensautorität einen gewissen Respekt eingeflößt haben. Zu seinen ersten Anhängern (neben der Familie und Freunden) zählten Sklaven und Arme, nicht anders, als es im Christentum der Fall gewesen war. Und auch Muhammad brachte das prompt die ersten Gegner unter den Reichen ein und zwang ihn schließlich zu seiner »kleinen Auswanderung« nach Äthiopien jenseits des Roten Meeres. Auch dort hatte er Visionen, darunter als berühmteste die so genannte *isra*, eine nächtliche Traumreise zu der »entferntesten Moschee« *(al-aksa)* in Jerusalem, von wo er in den Himmel auffuhr und das Antlitz Gottes sah. Die Überlieferung dieser »Himmelfahrt« war es, die Jerusalem schließlich neben Mekka und Medina zur drittheiligsten Stätte des Islam machen sollte.

Die zweite entscheidende Phase in Muhammads Leben nach der Offenbarung in der Höhle begann im Jahr 621. Emissäre der Kleinstadt Yathrib, die rund hundertfünfzig Kilometer nördlich von Mekka lag, suchten ihn im Exil auf. Einige der Abgesandten waren ihm bereits auf dem Jahrmarkt von Ukaz begegnet und dort so von ihm beeindruckt gewesen, dass sie ihn nun baten, in ihre Stadt zu kommen, um einen Streit zu schlichten. Im Gegenzug boten sie ihm und seinen Anhängern Schutz. Muhammad war einverstanden, hatte es aber nicht allzu eilig. Er schickte rund sechzig Familien als Vorhut los, um die Lage zu sondieren; ein Jahr später folgte er ihnen. Diese Auswanderung, im arabischen *hijra* (Hidschra) genannt, wird von den Gläubigen als der entscheidende Moment im Islam betrachtet. Der später begründete islamische Kalender beginnt mit der *hijra* als dem Jahr null; das Zentrum der neuen Religion wurde nach Yathrib verlegt, das die Gläubigen nun *al-Madina* nannten (»die Stadt«).[9]

Das überlieferte Bild von Muhammads Zeit in Medina ist etwas unscharf. Zum einen soll er zu einem religiösen, politischen und militärischen Führer geworden sein, zum anderen soll er ein gewöhnlicher Bürger gewesen sein, der seine Kleidung selbst flickte und, umgeben von zwölf Frauen und einer Menge Kinder (von denen viele starben), in einem anspruchslosen Lehmhaus wohnte. Fest steht aber wohl, dass er dort seine Ideen weiterentwickelte und den Glauben Schritt für Schritt vom Judentum und Christentum abzugrenzen begann, indem er den Sabbat durch den Freitag ersetzte, die »Ankündigung« (den Gebetsruf *adhan*) festlegte, den Ramadan zum Fastenmonat erklärte, die Gebetsrichtung *(qiblah)* von Jerusalem ab- und Mekka zuwandte und die heilige Pilgerreise zur al-Ka'bah autorisierte, damit die Gläubigen den Schwarzen Stein küssen konnten – was eine ziemliche Provokation war, denn damals rivalisierten die Städte Medina und Mekka gerade heftig. Die dritte Stufe der Entwicklung des Islam ergab sich denn auch aus genau diesem Zusammenhang. Nach acht Jahren Krieg gegen eine dreimal größere Armee zogen Muhammads dreihundert Mannen siegreich in Mekka ein, wo sie dann dreihundertsechzig Götzenbildnisse zerstört haben sollen. Muhammad verkündete den Islam und erklärte das Gebiet um die Ka'bah zum Heiligtum. Ursprünglich war es nur Polytheisten (beziehungsweise allen »Ungläubigen«) verboten gewesen, sich der Ka'bah zu nähern; im Lauf der Zeit wurde diese Regel jedoch auf alle Nichtmuslime ausgeweitet. Philip Hitti schrieb 1937 in seinem Geschichtswerk über die Araber: »Nur fünfzehn als Christen geborenen Europäern ist es bisher gelungen, die beiden heiligen Städte zu sehen und mit dem Leben davonzukommen.« Die Errichtung eines heiligen Kreises um das Heiligtum der Ka'bah erinnert natürlich stark an das jüdische Gesetz, das Nichtjuden das Betreten des inneren Heiligtums im Tempel von Jerusalem untersagte.[10]

Dass Muhammad eine ebenso politische wie religiöse Führungsfigur war, sollte sich für den Islam als ausgesprochen wichtig erweisen. Er erließ Gesetze, sprach Recht, erhob Steuern, führte Krieg und ging Bündnisse ein – immer mit dem einen Ziel vor Augen, nämlich den wahren Eingottglauben zu erneuern, der aus seiner Sicht von den anderen Monotheisten korrumpiert und verzerrt worden war. »Er war die endgültige Offenbarung Gottes, und mit seinem Tod (der Überlieferung nach am 8. Juni 632) hatte sich die Offenbarung des göttlichen Planes für die Menschheit erfüllt: Seit Muhammad gab es keine Propheten und keine weiteren Offenbarungen mehr.«[11]

*

Was seine Ideen angeht, so steht der Islam dem Judentum näher als dem Christentum. Im Mittelalter schien er jedoch beiden monotheistischen Religionen so ähnlich gewesen zu sein, dass ihn viele Christen für eine häretische Christensekte und nicht für einen eigenständigen neuen Glauben hielten. Dante verbannte »Mahumet« in der *Göttlichen Komödie* in den Neunten Graben der Hölle, »wo ein jeder war... Sämann von Zwist und Hetzerei im Kleide«[12]. Wie im jüdischen Glauben, so ist die Einzigartigkeit Gottes auch das zentrale Bekenntnis des Islam. Im Islam besitzt Gott neunundneunzig »vortreffliche Namen«, weshalb auch die muslimische Gebetsschnur *(subhah)* aus neunundneunzig Perlen geknüpft ist. Im Hinblick auf die Vorstellung von einem Gott, welcher eher Macht und Herrlichkeit denn Liebe verkörpert, steht der Islam dem Judentum ebenfalls näher als dem Christentum. Im Islam deckt sich diese Idee zudem mit der Vorstellung, dass glauben »Ergebung« und »Unterwerfung« unter den Willen Gottes bedeute. Besonders beeindruckt scheint Muhammad von der Bereitschaft Abrahams gewesen zu sein, den eigenen Sohn zu opfern, als Jahwe ihn auf die Probe stellte. Daher war es auch Abrahams Ergebung, arabisch *aslama*, von der die neue Religion des Islam sowohl den Begriff als auch das Konzept der Unterwerfung übernahm.

Die drittwichtigste Idee neben der Einzigartigkeit Gottes und der Unterwerfung ist, dass der Islam Muhammad als den Gesandten und Botschafter Gottes und den Qur'an als dessen »einzigartiges Wunder« betrachtet.¹³ In diesem einzigartigen Wunder spiegelt sich die im Prinzip sehr einfache Natur des neuen Glaubens: Da gibt es keine theologischen Komplexitäten wie zum Beispiel die Auferstehung, Dreifaltigkeit oder Transsubstantiation im Christentum. Es gibt keine Sakramente, und zumindest anfänglich gab es auch keine Priesterhierarchie. Das einzigartige Wunder impliziert, dass der Qur'an das Wort Gottes und deshalb »ungeschaffen« sei. Und die bei weitem größte, ja tatsächlich einzig unverzeihliche Sünde ist *shirk*, »Abtrünnigkeit« oder die Gleichsetzung anderer Götter mit Allah.

Der Islam stützt sich auf fünf »Säulen«. Die erste ist das Glaubensbekenntnis, die zweite das Gebet. Der gläubige Muslim soll fünfmal am Tag gen Mekka gewandt beten.¹⁴ Das Freitagsgebet ist jedoch das einzige, das im Rahmen eines öffentlichen Gottesdienstes stattfindet und für alle Männer obligatorisch ist.¹⁵ Die dritte Säule ist *zakah*, die Pflicht, Bedürftige zu unterstützen und Geld für den Bau und Erhalt von Moscheen zu spenden. Einer Schilderung des Plinius zufolge mussten Araber in vorislamischer Zeit ihren Göttern eine Abgabe zahlen, bevor sie auf den Märkten Gewürze verkaufen durften; es könnte also sein, dass Muhammad diese alte Idee adaptiert hat. Die vierte Säule ist das Fasten von Sonnenaufgang bis Sonnenuntergang im Monat Ramadan. Fastengebote kannten sowohl das Judentum als auch das Christentum, doch es gibt keinerlei Hinweise, dass auch im vorislamischen arabischen Raum gefastet wurde. Die fünfte Säule schließlich ist die Pilgerfahrt *haj*. Einmal im Leben müssen alle Muslime männlichen wie weiblichen Geschlechts, die körperlich und finanziell dazu in der Lage sind, im zwölften Monat des islamischen Kalenders nach Mekka pilgern. Diese Idee könnte von den Ritualen der alten Sonnenkulte abgeleitet worden sein, zu denen man sich im Anschluss an die Jahrmärkte bei der Ka'bah versammelte.

Von außen betrachtet gibt es also beträchtliche Überschneidungen zwischen Islam, Judentum und Christentum, ganz zu schweigen von den Parallelen zu paganen Ritualen. Eine der Ideen, die von den beiden älteren monotheistischen Glaubensprinzipien abweicht, ist die des *jihad*, des »Kampfes auf dem Pfade Gottes« oder heiligen Krieges, der von einigen kleinen Sekten den fünf Säulen als die umstrittene sechste angefügt wurde. Tatsächlich führt der Qur'an an, dass es eine Pflicht von Muslimen sei, die geografischen Grenzen auszuweiten, die den *dar al-Islam* (islamischen Herrschaftsbereich) vom *dar al-harb* (dem unbezwungenen »Kriegsgebiet«) trennen. Doch inwieweit dies durch einen Krieg zu geschehen habe und was unter einem solchen »Krieg« überhaupt zu verstehen ist, scheint alles andere als klar.

*

Im Jahr 633, dem Jahr nach Muhammads Tod, stellte der erste Kalif Abu Bakr fest, dass die *huffaz*, die Hüter des Textes, die den Qur'an auswendig kannten und rezitierten, allmählich ausstarben. Besorgt über die möglichen Konsequenzen, begann er deshalb, alle Palmblätter, Steine, Knochen und Pergamente zu sammeln, auf die der Überlieferung nach die Verse »des Buches« niedergeschrieben worden waren. Doch das dauerte natürlich seine Zeit, und so blieb es seinem Nachfolger, dem zweiten Kalifen Umar überlassen, den ersten Offenbarungsschreiber Zaid ibn Thabit – den man auch Muhammads »Sekretär« nennt – mit der Zusammenstellung der Verse zu betrauen. Doch erst der dritte Kalif Uthman (644–656) sollte ihnen ihre endgültige (und nach ihm *Uthmani* benannte) Form geben. Davon gab es drei Abschriften, eine in Damaskus, eine in al-Basrah und eine in al-Kufah, und sie hat bis heute Gültigkeit. So weit die Überlieferung. Die moderne Islamwissenschaft bezweifelt jedoch, dass Abu Bakr an diesem Werdegang beteiligt war. Man vermutet vielmehr, dass Uthman unterschiedliche Textsammlungen von abweichenden Lesarten in der arabischen Welt aufgetrieben, dann die in Medina zusammengestellte Fassung kanonisiert und schließlich die Vernichtung aller anderen Versionen angeordnet hat. Dieser Sicht zufolge soll der endgültige Text des Qur'an erst von zwei Wesiren im Jahr 933 festgelegt worden sein. Demnach wären über dreihundert Jahre seit dem Tod Muhammads vergangen, bis es eine autorisierte Fassung des Qur'an gab – eine wesentlich längere Zeit als zwischen der Kreuzigung Jesu und der Kompilation des christlichen Neuen Testaments.

Dessen ungeachtet sind jedoch alle gläubigen Muslime davon überzeugt, dass Muhammad jeder Buchstabe des Qur'an von Jibril diktiert und deshalb jedes Wort von Allah eingegeben worden sei. Der Qur'an enthält hundertvierzehn Suren, aufgeteilt in neunzig mekkanische und vierundzwanzig medinische Kapitel. Die frühen mekkanischen Suren sind generell kurz, hitzig, leidenschaftlich, prophetisch und behandeln primär die moralischen Pflichten des Menschen und die Strafen, die den Ungläubigen bevorstehen (im Islam gibt es sogar zwei Gottesgerichte, eines nach dem Tod, das andere im Zusammenhang mit der Auferstehung). Die medinischen Suren, die »herabgesandt« wurden, nachdem all die Kämpfe der Anfangsjahre überstanden waren, sind wesentlich wortreicher und befassen sich hauptsächlich mit Rechtsfragen: Es werden zeremonielle Details beschrieben; es wird festgestellt, was heilig ist und was nicht; es werden alle Gesetze im Zusammenhang mit Diebstahl, Mord, Vergeltung, Wucher, Ehe, Scheidung und so weiter dargelegt. In diesem Teil finden sich auch die vielen Bezugnahmen auf die Hebräische Bibel und das Neue Testament. Adam, Noah, Abraham, Moses, David, Salomon, Jona – alle spielen hier eine Rolle, ebenso wie die Vertreibung aus dem Paradies, die Flut oder Sodom. Islamwissenschaftler stellten fest, dass die Schreibweisen vieler alttestamentarischer Namen im Qur'an aus griechischen oder altsyrischen Quellen, nicht aber aus dem Hebräischen abgeleitet wurden oder dass einige der Wunder übernommen wurden, die man Jesus zugeschrieben hatte – zum Beispiel die Worte in der Wiege –, die aber vom Christentum nie kanonisiert wurden und sich heute deshalb nur in den Apokryphen finden. Das wirft zumindest ein kleines erhellendes Licht auf die Frage, welche Schriften für Muhammad in 7. Jahrhundert zugänglich gewesen waren.[16]

Die Tatsache, dass der Qur'an in arabischer Sprache geschrieben wurde, ist von grundlegender Bedeutung für fromme Muslime, da sie glauben, Arabisch sei die Sprache Gottes, die im Paradies gesprochen werde. Auch Adam hatte ihrer Überzeugung nach Arabisch gesprochen, bevor ihn die Strafe ereilte, die Sprache vergessen und andere – minderwertige – erlernen zu müssen. In Wirklichkeit ist Arabisch eine relativ moderne Sprache aus der semitischen Sprachfamilie, zu der unter anderem Akkadisch (Babylon und Assyrien), Hebräisch, Phönizisch, Aramäisch, Altsyrisch und Äthiopisch zählen. Chronologisch lässt sich diese Sprachfamilie in drei Gruppen einteilen: Die Sprachen Mesopotamiens gehen auf das 3. und die Sprachen, die in den Regionen von Syrien und Palästina gesprochen wurden, auf das 2. Jahrtausend v. d. Z. zurück; die Sprachen Arabiens und Äthiopiens hingegen entstanden erst im 8. Jahrhundert v. d. Z. Das sind natürlich moderne wissenschaftliche Erkenntnisse. Die frühen muslimischen Autoritäten dürften kaum gewusst haben, wie und wann ihre Sprache entstand. Daher konnte es zum Beispiel auch zu der Vorstellung kommen, dass sie sich durch die Imitation von Naturlauten entwickelt habe; oder dass sich die Völker schon in grauer Vorzeit für sie entschieden hätten, weil es sich um die schönste aller Sprachen gehandelt habe. Tatsächlich leitet sich die arabische Sprache nach heutigem Verständnis aus dem Aramäischen ab, und zwar vermittelt durch die Schreibschrift der Nabatäer (deren Hauptstadt wie gesagt Petra im heutigen Jordanien war). Sogar in frühislamischen Zeiten war die arabische Sprache noch nicht ausgereift gewesen. Beispielsweise gab es kein Schreibsystem für Vokale, und auch die diakritischen Zeichen, die heutzutage ähnliche Buchstaben unterscheiden helfen (z. B. a von ā), waren noch nicht erdacht. Später begann man anstelle der Vokale Punkte in roter Farbe zwischen die schwarze Schrift zu setzen.[17]

Das Arabische war also keineswegs die erste oder gar die von Adam gesprochene Sprache gewesen, sondern ein semitischer Dialekt, der sich erst relativ spät im nordwestlichen Teil der arabischen Halbinsel ausprägte und von den Oberen des Stammes der Quraisch gesprochen wurde, dem auch Muhammad angehörte. Der Fakt, dass Arabisch die Sprache des Qur'an ist, führte zu den sonderbarsten Auslegungen. Viele Muslime, sogar moderne Grammatiker, Philologen und Literaturwissenschaftler, behaupten zum Beispiel, dass die arabische Sprache ohnedies allen anderen überlegen, das Arabisch des Qur'an aber von so unerreichter Schönheit sei, dass es unmöglich noch verfeinert werden könne. Deshalb sind auch alle Muslime dieser Welt angehalten, den Qur'an in seiner ursprünglichen arabischen Form zu lesen. Es gibt nur eine einzige Übersetzung (die türkische), die jemals autorisiert wurde. Sogar moderne islamische Sprachwissenschaftler wollen nicht von dieser Überzeugung lassen, obwohl die Ursprünge ihrer Sprache bereits Anfang des 18. Jahrhunderts geklärt und die Existenz von Lehnworten aus anderen Sprachen bewiesen wurde.[18]

*

Als Muhammad starb, war der Islam noch auf die arabische Halbinsel beschränkt gewesen. Doch der Prophet hatte unmissverständlich klar gemacht, dass der neue Glaube zu weit Größerem berufen war. Der Islam war »keine Religion des Blutes, sondern des Glaubens«, und das war eine ganz neue, aber ungemein erfolgreiche arabische Idee. Nach kaum hundert Jahren hatten sich die Grenzen der islamischen Welt bis nach Indien im Osten, zum Atlantik im Westen, in das Herz von Afrika im Süden und nach Byzanz im Norden ausgebreitet. Dass er so große Anziehungskraft besaß, lag einerseits an den Gewissheiten, die er anbot, oder an der Tatsache, dass er damals noch ein toleranter Glaube war – oder jedenfalls zumindest Toleranz gegenüber den früheren Offenbarungen (Judentum und Christentum) bewies. Andererseits hatte es auch ganz praktische Gründe, zum Beispiel, weil die Menschen in seinem Herrschaftsbereich weniger Steuern als im byzantinischen Reich zahlen mussten.

Aber es gab noch einen Grund: das Kalifat. Nach dem Tod des Propheten wurde ein neuer Führer gebraucht. Der engste Kreis seiner Anhänger wählte Abu Bakr, der sich als einer der Ersten von Muhammad hatte bekehren lassen. Als man ihn fragte, wie er angesprochen werden wollte, wählte er die Bezeichnung *kalifah*, was im Arabischen sowohl »Nachfolger« als auch »Stellvertreter« heißt und daher für einige Verwirrung sorgte – denn war Abu Bakr nun der Stellvertreter/Nachfolger von Muhammad oder von Gott? Das Kalifat, das im Lauf der Geschichte noch so großen Einfluss ausüben sollte, war damit jedenfalls institutionalisiert.[19]

Ursprünglich war das Kalifat nicht erblich gewesen (seltsamerweise bot der Qur'an selbst keine Anleitung für die Nachfolge). Die ersten vier Kalifen – die nicht miteinander verwandt waren – werden von Muslimen als *raschidun* (»Rechtgeleitete«) bezeichnet; und obwohl alle Kalifen außer dem allerersten Nachfolger Mordanschlägen zum Opfer fielen, gilt die Periode ihrer Amtszeiten als ein goldenes Zeitalter. Der vierte Kalif Ali war ein Schwiegersohn und Vetter Muhammads, was ihn nach vorislamischer Tradition ohnedies für das Amt prädestiniert hätte. Aber angesichts der zahlreichen Mordanschläge waren auch viele Gläubige überzeugt, dass sich ein Verwandter des Propheten unverbrüchlicher an dessen Weisungen halten und deshalb besser als Führer eignen würde. Also kehrte man zu dieser alten Tradition zurück. Aus der Gruppe der Anhänger Alis entstand die »Partei Alis«, *schi'atu Ali*, was schließlich zu dem Wort *schi'a* (Schiiten) zusammengezogen werden sollte. Diese Schi'a sollten später ungemein einflussreich werden – aber das dauerte noch, denn auch Ali fiel einem Mordkomplott zum Opfer. Im nun folgenden islamischen Bürgerkrieg siegte Mua'wiya, der Statthalter der Provinz Syrien und ein Mitglied der Umaiyaden-Dynastie aus Mekka. Damit war die nächste Entwicklungsphase im Islam eingeläutet, denn von nun an war das Kalifat fast ein Jahrhundert lang fest in Händen der Umaiyaden. Die Bedeutung diese Periode wurde von der islamischen Orthodoxie jedoch immer heruntergespielt: Vor den Umaiyaden hatten die »Rechtgeleiteten« geherrscht, nach ihnen lag die islamische Führung in den Händen der »göttlich bestätigten« Kalifen. Und genau darin spiegelt sich die große Kluft, die sich im Islam inzwischen aufgetan hatte.[20] Denn die Schi'a vertraten so dezidiert die Meinung, dass das Kalifat durch das Gottesgesetz nur den direkten, also blutsverwandten Nachfahren des Propheten zustand, dass deswegen im Jahr 680 sogar ein Aufstand ausbrach. Schließlich stand Husayn, der Sohn Alis und Enkel des Propheten, den Umaiyaden auf dem Schlachtfeld gegenüber. Und erst nachdem seine Soldaten vernichtend geschlagen worden waren – nach der Überlieferung gab es nur einen einzigen Überlebenden –, sollte das ganze Ausmaß der Kluft zwischen den Sunni-Muslimen und dem Glauben der Schi'a deutlich werden, dass das Kalifat nur von Muhammads direkten Nachfahren ausgeübt werden dürfe und der Qur'an die buchstäbliche Wahrheit sei.

Der Sieg der Umaiyaden über Husayn war jedoch nicht überraschend. Die Umaiyaden waren ungemein gerissene politische Führer, die es verstanden, ihr Imperium über Indien, Afrika und die Iberische Halbinsel auszudehnen. Sie entwickelten eine wunderbare Architektur und förderten entschieden die Bildung. All das war im Wesentlichen das Werk von Abd al-Malik (685–705) und seines Nachfolgers Hischam (724–743) gewesen. Unter Hischams Herrschaft löste Arabisch das Griechische und Persische als offizielle Verwaltungssprachen ab, römische und byzantinische Münzen wurden durch arabische ersetzt, und in Jerusalem wurde der Felsendom mit der angeschlossenen Al-Aksa-Moschee errichtet, »der erste grandiose religiöse Gebäudekomplex in der Geschichte des Islam«.[21] All das waren klare Anzeichen für die Entwicklung einer eigenständigen islamischen Kultur.

Unter den Umaiyaden wurden in al-Basra und al-Kufa (im heutigen Irak) die ersten arabischen Bildungszentren errichtet, die ersten Grammatiken und Wörterbücher kompiliert, die arabische Sprache erstmals systematisch studiert und der *Hadith* entwickelt – was wörtlich »Überlieferung« heißt, sich im islamischen Kontext aber nur auf das Zusammentragen aller Handlungen und Aussagen bezieht, die sich Muhammad oder einer Person aus seiner unmittelbaren Umgebung zuschreiben lassen. Der Hadith schließt sich seiner Bedeutung nach direkt dem Qur'an an und legte den Grundstein sowohl für einen Großteil der islamischen Theologie als auch für das *fiqu*, das nichtkanonische islamische Recht. Aus dem Qur'an spricht Allah, aus dem Hadith spricht Muhammad; im Hadith ist nur der Sinngehalt göttlich inspiriert, im Qur'an stammen Sinngehalt wie Wort von Gott.[22]

*

Den Umaiyaden sind die frühesten Beispiele der großen islamischen Architektur zu verdanken: Neben dem Felsendom in Jerusalem (691) ist das die Große Moschee von Damaskus (706). Den Felsendom betrachten viele Fachleute nach wie vor als das schönste islamische Bauwerk aller Zeiten, und für viele Muslime ist er der Beweis für die Überlegenheit des Islam. In architektonischer Hinsicht stimmt das gewiss, auch wenn der Islam nie irgendwelche großen Ideen zur ästhetischen Theorie beisteuerte. Gebäude wurden nach Funktion und Form bewertet, wobei die Form letztlich die vielleicht größere Rolle spielte. Das überrascht nicht, wenn man bedenkt, dass die nomadischen Beduinen in Zelten gelebt hatten und keine Architektur brauchten. Die erste Moschee (abgeleitet von *masjid*, dem »Ort der Niederwerfung«) in Medina bestand aus einem schlichten, von Palmstämmen umgebenen offenen Hof, der erst später mit einem Dach aus Palmblättern gedeckt wurde. Der Stamm einer gefällten Palme diente als *minbar*, eine Art Kanzel, von der Muhammad zu den Gläubigen sprach. Alle frühen Quellen bezeugen, dass die Moschee des Propheten und die Gebetshäuser, die noch von seinen Weggefährten errichtet wurden, sehr bescheidene Bauten gewesen waren. Muhammad soll ein ausgesprochener Gegner von dekorativen Elementen in Moscheen gewesen sein und zum Beispiel gesagt haben: »Die unnützlichste Sache, mit der ein gläubiger Muslim sein Geld verschwendet, ist das Bauen.«[23]

Es gab also keine formale Ästhetik im Islam, dafür aber eine Menge weniger konkreter Ideen, die zur Tradition wurden, zum Beispiel die Idee vom Ornament oder von der Schönheit. Der Islam konzediert, dass Gott die Welt »erschaffen und ausgeschmückt« hat, dem Menschen aber gleichwohl die Kraft schenkte, sie »auszugestalten und zu verschönern«. Das arabische Wort *zayyana* beinhaltet sowohl die Verzierung als auch die Erschaffung eines schönen Gegenstands, im gleichen Sinne, wie »die Erschaffung der Sterne durch Gott zur Verschönerung des Firmaments« diente. Ein anderer Ausdruck für »schön«, *malih*, leitet sich vom Wortstamm *m-l-h* ab, aus dem auch das Substantiv *milh*, »Salz«, gebildet wird.

Das »Schöne« impliziert im Arabischen also »gewissermaßen die Würze, die der Idee des Genusses näher liegt als dem [platonischen] moralisch Guten«. In der arabischen Dichtung ist eine schöne Frau unweigerlich mit Juwelen behängt und von Parfumwolken umwabert. Doch hinter dieser Verschönerungsidee steht mehr als hinter vergleichbaren Vorstellungen im Westen. Denn da Gott der islamischen Sicht zufolge eine absolut perfekte Welt erschaffen hat, bleiben für den Menschen praktisch keine Möglichkeiten mehr, selbst etwas zu erschaffen: Der Mensch kann die göttliche Schöpfung bestenfalls verzieren. Und daraus folgt, dass Verzierungen, Verschönerungen und Ornamentik nicht als die Ergebnisse von kreativen Ideen oder gar als Verbesserungen des Gottesgeschenks, sondern immer nur als eine Möglichkeit gesehen werden, Gott zu ehren und zu verherrlichen. In diesem Zusammenhang spielt auch eine Rolle, dass der vormoderne Islam über kein spezifisches, kontinuierliches religiöses Symbol verfügte, das zum Beispiel dem christlichen Kreuz entsprochen hätte (der Halbmond erhielt diese Bedeutung erst in neuerer Zeit). Denn nur das Wort Gottes ist heilig, alle religiös motivierten Zeichen und Formen sind »austauschbar und multifunktional«.[24] Insofern folgte die gesamte Architektur und Ornamentik von Moscheen der Vorstellung, den demütigen und innerlichen Aspekt des Glaubens betonen zu müssen. Zum wichtigsten dekorativen Element wurde der Bogen, doch der zentrale Punkt einer Moschee ist und bleibt der *mihrab*, die nach Mekka gerichtete Gebetsnische, deren unmittelbare Umgebung üblicherweise besonders liebevoll mit den beiden wichtigsten gestalterischen Formen – Arabeske und Kalligrafie – ausgeschmückt ist.

Die Arabeske entwickelte sich nicht notwendigerweise aus dem Verbot, die menschliche Gestalt abzubilden. Der Qur'an verbietet figürliche Darstellungen und Bildnisse nicht, weshalb Skulpturen in den frühislamischen Gesellschaften keineswegs unbekannt waren, ja nicht einmal Porträts der Umaiyaden-Kalifen. Erst im 14. Jahrhundert begannen figürliche Darstellungen von der Bildfläche zu verschwinden. Die Idee, die sich hinter der Arabeske verbirgt, entwickelte sich vielmehr aus der Geometrie. Die Araber hatten von den Griechen die Vorstellung übernommen, dass die Grundlage von Schönheit Proportion sei, betrachteten Proportion aber auch als die Grundlage aller Wissenschaft, da sie den Menschen zu abstrahieren lehrt und Abstraktion »eine Aktivität ist, die zu Reinheit führt«. In der arabischen Sprache gibt es kein Wort für unseren westlichen Begriff »Arabeske« und somit auch keine Theorie über ihre Verwendung. Letzten Endes spielt hier allein die kontinuierliche Linienführung eine Rolle: Sie ist auf das Wesentliche reduziert, egalitär (kein Muster erhebt sich über das andere) und stellt ein visuelles Äquivalent der Wortspiele dar, die in der islamischen Dichtung so geschätzt werden. Sie will das Auge des Betrachters fesseln und blenden, auf dass sein Geist für die Betrachtung Gottes erhellt werde. Und mindestens so wichtig ist, dass diese klaren, kohärenten geometrischen Formen nicht »irren« können.[25]

Die Kalligrafie bezieht ihre Kraft hingegen aus der zentralen Botschaft, dass der Qur'an das unmittelbare Wort Gottes ist und Muhammad die arabische Schrift deshalb als etwas betrachtet hatte, das so nötig war wie das täglich Brot. So gesehen ist sie der Ikone in der christlichen Kunst vergleichbar. Für Muslime ist der Qur'an das, was Jesus (nicht die Bibel!) für Christen ist – das Vehikel, durch das sich Gott den Gläubigen offenbart. Numerologie war zu allen Zeiten populär unter Mystikern, auch einige Sufis betrachteten das arabische Alphabet als etwas Okkultes. Doch die vielleicht beste oder jedenfalls passendere Weise, uns diese Kalligrafie zu erklären, ist, wenn wir sie als eine »Rhetorik der Feder« betrachten, als eine Verzierung des Wortes, in der sich geometrische Harmonie spiegelt.[26]

Diese Herangehensweise an die Ornamentik führt uns zurück zum Felsendom. Sein Bau bedeutete nicht nur die Erschaffung einer neuen Glaubensstätte, sondern stellte auf anderer Ebene auch einen komplexen politischen Akt dar. Denn »Jerusalem« war zu dieser Zeit für den Islam eigentlich gar nicht existent. Im Qur'an wird die Stadt an keiner einzigen Stelle namentlich erwähnt. Und wenn sie in frühislamischen Schriften auftaucht, dann immer nur unter der Bezeichnung Aelia, der Kurzform des Namens Colonia Aelia Capitolina, den ihr die Römer gegeben hatten, um sie zu entweihen und ihr jeden jüdischen oder christlichen Bezug zu nehmen. Der Felsendom sollte sowohl die christliche Grabeskirche als auch den heiligsten Ort des Judentums in den Schatten stellen, indem er just auf der Stelle errichtet wurde, wo nach rabbinischer Tradition Abraham bereit gewesen war, seinen Sohn zu opfern, und wo einst die Bundeslade aufbewahrt worden war. Wie der Historiker Bernard Lewis schrieb, scheint Abd-al Malik diesen Dom als die endgültige Erfüllung der göttlichen Fügung verstanden zu haben – als ein neues, dem Glauben Abrahams gewidmetes und auf den Ruinen des Tempels Salomo errichtetes Heiligtum, das nicht nur die Offenbarungen erfüllte, die den Juden und Christen gewährt worden waren, »sondern auch die Irrwege berichtigte, in die sie sich gleichsam verstiegen hatten«. Die Qur'an-Inschrift im Felsendom stellt die christliche Idee von der Dreifaltigkeit expressis verbis in Abrede: »Gott, es ist kein Gott außer Ihm, dem Lebendigen, der sich selbst genug ist.« An anderer Stelle steht dort geschrieben: »Gelobt sei Allah, der keinen Sohn zeugte ...« Der Felsendom sollte unter Beweis stellen, dass der Islam mehr war als nur der Nachfolger von Judentum und Christentum: Er war die *Ablösung* der beiden älteren Religionen.[27]

Trotz der politischen, militärischen und kulturellen Erfolge des Frühislam war ihm eine gewisse Instabilität inhärent. Seinen Idealen zufolge war er ein wesentlich einfacherer Glaube als beispielsweise das Christentum. Er war egalitär und verfügte theoretisch über keinen Klerus, keine Kirche und keine hierarchische Struktur, die den einen mehr Privilegien verschaffte als den anderen. Doch das deckte sich nicht besonders gut mit der Existenz einer Dynastie, die sowohl weltliche als auch geistliche Macht ausübte. Und da sich gelegentlich sogar unter den Gegnern dieses Regimes direkte Nachfahren des Propheten befanden, sollte sich die Instabilität natürlich multiplizieren. Vor diesem Hintergrund brachen im Jahr 747 schließlich die Aufstände gegen die Umaiyaden aus, und zwei Jahre darauf kam es zu neuen Unruhen zugunsten der Abbasiden, den Nachkommen von al-Abbas, dem Oheim des Propheten. Nach dem zweiten Aufstand wurde der Schi'a-Führer Abu'l-Abbas von den Soldaten aus Chorasan zum Kalifen gewählt. Damit war eine neue Dynastie an die Macht gekommen. Das Kalifat der Abbasiden sollte ein halbes Jahrtausend währen. Abu'l-Abbas' Nachfolger al-Mansur besiegelte diesen Umbruch, indem er den Hauptsitz von Damaskus in eine brandneue Stadt am Westufer des Tigris in der Nähe der alten persischen Sassaniden-Residenz Ctesiphon verlegte. Der offizielle Name, den der Kalif dieser Stadt gab, war Madinat al-Salam, »Stadt des Friedens«. Doch diese Bezeichnung sollte sich nie durchsetzen. Die Stadt behielt immer den Namen der Kleinstadt, die es an dieser Stelle schon seit Generationen gegeben hatte: Bagdad.[28]

*

»Bagdad« bedeutet »Geschenk Gottes«, doch weil es ringförmig angelegt worden war, nannte man es auch »Rundstadt«. Zur neuen Metropole wurde die Stadt im Lauf von nur vier Jahren ausgebaut, wofür al-Mansur angeblich hunderttausend Arbeiter, Handwerker und Baumeister angeworben hatte. Einerseits hatte er Bagdad gewählt, weil es leicht zu verteidigen war, andererseits, weil der Tigris sogar Zugang zu einem so weit entfernten Land wie China oder, stromaufwärts, zu Armenien bot. Außerdem gab es in der Ruinenstadt Ctesiphon reichlich Steine, die sich für neue Bauwerke wiederverwenden ließen.

Die großen Kalifen von Bagdad waren neben al-Mansur der zweite Abbaside al-Mahdi, dessen Nachfolger Harun al-Raschid (786–809) und dessen Sohn al-Ma'mun. »Obwohl kaum ein halbes Jahrhundert alt, hatte sich Bagdad inzwischen aus dem Nichts in eine Weltstadt von ungeheurem Wohlstand und internationaler Bedeutung verwandelt, mit der bestenfalls noch Byzanz konkurrieren konnte.«[29] Der königliche Palast umfasste ein Drittel der Rundstadt, und der Luxus, den er barg, war legendär. Die Base und Ehefrau des Kalifen »duldete auf ihrem Tisch kein Gefäß, das nicht aus Gold und Silber war«. Einmal soll zur Begrüßung von ausländischen Würdenträgern eine Prozession von hundert Löwen angetreten sein; in der Halle der Bäume zirpten »automatisch« silberne Vögel; und in den Häfen der Stadt drängten sich Schiffe aus China, Afrika und Ostindien.[30]

Menschen aus der ganzen damals bekannten Welt strömten nach Bagdad.[31] Ihre besondere Lage machte die Stadt problemlos erreichbar für Inder, Syrer und – was am wichtigsten war – Griechen und Menschen aus der hellenisierten Welt. Von besonderer Bedeutung war auch, dass nicht weit entfernt im südwestpersischen Gondischapur bereits ein beeindruckendes Gelehrtenzentrum existierte, in dem im 5. Jahrhundert auch viele Nestorianer vor den Ketzerverfolgungen des byzantinischen Reiches Zuflucht fanden und das Geistesleben zu neuer Blüte brachten (verfolgt hatte man sie, weil sie Jesus als Gott *und* Menschen betrachtet hatten). Auch andere Glaubensflüchtlinge hatten in Gondischapur einen sicheren Hafen gefunden, darunter so mancher, der aus der paganen platonischen Akademie in Athen vertrieben worden war. So kam es, dass Gondischapur viele Jahre lang die Heimstatt von Gelehrten jedes und keines Glaubens war, allem voran für Mediziner, die natürlich ein besonderes Interesse am Studium von Heilpflanzen, Operationsmethoden und den Behandlungsweisen hatten, die dort von Fachleuten aus der ganzen damals bekannten Welt gelehrt wurden. Unter diesen Umständen waren Übersetzungen von fremdsprachigen Abhandlungen natürlich gang und gäbe. Viele Nestorianer aus Gondischapur begründeten ganze Medizinerdynastien und gaben die dort übersetzten medizinischen Abhandlungen dann von Generation zu Generation weiter. Auch das erste Hospital – *bimaristan* – wurde in dieser Stadt gegründet. Und wo eine solche Vielzahl an Sprachen gesprochen wurde – Griechisch, Altsyrisch, Aramäisch, Sanskrit –, herrschte natürlich eine ebensolche Vielfalt an Traditionen. Die meisten Texte wurden jedoch *aus* dem Griechischen und Sanskrit *ins* Altsyrische und Aramäische übersetzt. Nachdem Gondischapur im Jahr 638 n. d. Z. von den Arabern erobert wurde, begannen die Gelehrten auch die Sprache ihrer Eroberer zu erlernen und bald schon große Mengen von medizinischen, geometrischen und anderen wissenschaftlichen Handschriften aus dem Griechischen und Indischen ins Arabische zu übersetzen.[32]

An diesem Modell orientierte man sich nun auch in Bagdad und Damaskus. Die Idee, wichtige fremdsprachige Handschriften zu übersetzen, war also in einer christlich-jüdisch-pagan geprägten Atmosphäre entstanden. In der arabischen Welt hatte es dafür weder Vorbilder noch Traditionen gegeben. Das interreligiöse und internationale Gondischapur, in dem ebenso viele Juden wie »Heiden« und Christen den Weg gewiesen hatten, wurde nun zum Vorbild für Bagdad. Und je größer und bedeutender die Stadt des Friedens wurde, umso mehr Mitglieder von nestorianischen Medizinerdynastien begannen dorthin zu übersiedeln. Zu Beginn des 9. Jahrhunderts war der islamischen Welt mit al-Ma'mun zudem das Glück eines weltoffenen Kalifen beschieden, der sogar die Aktivitäten der mehr oder weniger geheimen Mu'taziliten-Sekte mit Wohlwollen zur Kenntnis nahm, obwohl sie geradezu obsessiv versuchte, den Text des Qur'an mit den Kriterien von Rationalität in Einklang zu bringen. Der Überlieferung nach soll al-Ma'mun einen Traum gehabt haben, den man vielleicht als den wichtigsten und glücklichsten Traum im Verlauf der Ideengeschichte bezeichnen kann – ihm erschien Aristoteles. Sofort beschloss der Kalif, Abgesandte bis nach Konstantinopel zu schicken, damit sie so viele griechische Handschriften auftreiben wie nur möglich, um diese dann in einem eigens errichteten Zentrum in Bagdad übersetzen zu lassen.

*

Um das Jahr 711 traf ein indischer Reisender mit der astronomischen Abhandlung *Siddhanta* im Gepäck in Bagdad ein. Al-Mansur bestand augenblicklich auf ihrer Übersetzung. Unter dem Titel *Sindhind* sollte sie bald jeder in der Stadt kennen. Auch ein Traktat über die Mathematik hatte der Reisende bei sich. Dieser Abhandlung verdanken wir unsere bis heute gültige Ziffernschreibweise der Zahlen 1 bis 9 (bis dahin waren Zahlen als Wörter ausgeschrieben oder mit Buchstaben des Alphabets belegt worden). Später bezeichnete man diese Ziffern als »arabische Zahlen«, heutzutage räumen wir (oder doch zumindest unsere Mathematiker) ein, dass es sich dabei in Wirklichkeit um indische Zahlen handelt. Dieses mathematische Werk stellte zudem erstmals Regeln für die Berechnung mit negativen Zahlen auf und führte die »0« ein (die vermutlich ursprünglich aus China kam). Das arabische Wort für »null« ist *sifr* und somit die Wurzel für unsere Begriffe »Ziffer« und »Zero«. Das gesamte Werk wurde von Muhammad ibn-Ibrahim al-Fazari ins Arabische übersetzt, und genau diese Übersetzung sollte es dem berühmten persischen Mathematiker und Astronomen al-Chwarizmi (gest. ca. 850) ermöglichen, seine vielen eigenen Überlegungen auszubauen.[33]

An griechischer Literatur – Dichtung, Drama, Geschichte – zeigten die Araber wenig Interesse, da sie ihre eigene literarische Überlieferung mehr als ausreichend fanden. Doch mit der Medizin, wie Galen sie vertrat, oder mit der Mathematik von Euklid und Ptolemaios und der Philosophie von Platon und Aristoteles war das eine andere Sache. Die erste muslimische Geistesgröße, die sich einen Überblick über die bestehenden Wissenschaften verschaffte, war al-Farabi (gest. 950). Mit seinem Verzeichnis *Ihsa al-ulum* – in lateinischer Übersetzung unter dem Titel *De Scientiis* erschienen – nahm er auch erstmals eine Einteilung in unterschiedliche Disziplinen vor: Sprachwissenschaft, Logik, Mathematik (inklusive Musik, Astronomie und der Lehre vom Licht), Physik, Metaphysik, Politik, Jurisprudenz und Theologie. Der persische Philosoph und Arzt Ibn Sina teilte die logischen Wissenschaften später in spekulative (»wahrheitssuchende«) und angewandte (»auf das Wohlbefinden zielende«) Disziplinen ein. Zu den spekulativen Wissenschaften zählten zum Beispiel die Physiognomie und die Traumdeutung, zu den angewandten die Morallehre und die Prophetie.[34]

In allen islamischen Großstädten gab es mittlerweile zahlreiche Bibliotheken und Gelehrtenzentren, die im Wesentlichen auf den griechischen Vorbildern beruhten, welche man im Zuge der arabischen Eroberungen in Alexandria und Antiochien vorgefunden hatte. Doch das bei weitem berühmteste Zentrum war das 833 von al-Ma'mun in Bagdad gegründete *bait al-Hikma* (»Haus der Weisheit«), wo nicht nur zahlreiche Übersetzungen angefertigt, sondern auch astronomische Beobachtungen und chemische Experimente durchgeführt wurden und Lehrveranstaltungen stattfanden. (Der Arabist Hugh Kennedy zweifelt allerdings an dieser Geschichte; er geht vielmehr davon aus, dass es sich bei dem *bait* um eine reine Bibliothek handelte.) Selbst in diesem arabischen Haus war der »Sheikh aller Übersetzer«, wie man ihn nannte, ein nestorianischer Christ aus Hirah namens Hunayn ibn Ishaq (809–873). Er beherrschte vier Sprachen und überwachte als Leiter des Hauses alle wissenschaftlichen Übersetzungen. Angeblich war er ein Protegé der Sippe Banu Musa gewesen, die als wichtigster Förderer der exakten Wissenschaften in Bagdads goldenem Zeitalter galt. Hunayn gab sein Wissen an seinen Sohn Ishaq und seinen Neffen Hubaysh weiter, und diese beschlossen dann gemeinsam, Aristoteles' *Physik* und Platons *Staat*, sieben anatomische Abhandlungen von Galen (deren griechische Originale heute verloren sind) sowie Werke von Hippokrates und Dioskorides zu übersetzen. Leider ist die Übersetzung der Hebräischen Bibel, die Hunayn auf Grundlage der Septuaginta anfertigte, ebenfalls verloren gegangen.[35] Nicht weniger herausragend war Tabit ibn Qurra, der Gründer einer zweiten Übersetzerschule, die sich der Werke von Euklid, Archimedes, Ptolemaios (darunter auch des *Almagest*) und Apollonius annahm, um sie ins Arabische zu übertragen. Hätte es ihn nicht gegeben, wäre die heutige griechische Sprache um einige Wörter ärmer. Auch Ibn Qurra war kein Muslim. Er gehörte der paganen Sekte der Sabier an, die glücklicherweise im Qur'an erwähnt wurden und deshalb einen Schutzstatus genossen. Mit Ibn Ishaq arbeitete er an einem Projekt zur Messung des Erdumfangs, dessen Ergebnisse sie laufend den neuesten Erkenntnissen anpassten – ein frühes Beispiel für den experimentellen Ansatz. Dass die Erde rund ist, stand für sie außer Frage.

Auch auf den Gebieten der Philosophie und der Literatur konnten Christen wie Nichtchristen unter Beweis stellen, wie offen das geistige Klima in Bagdad war. Der Christ Abu Bishr Matta bin Yunus, ein enger Kollege des berühmten al-Farabi, welcher Aristoteles mit dem Qur'an zu vereinen suchte, hatte bereits in Bagdad studiert; der Christ Ghiyat ibn al-Salt, der aus dem nahen Hirah am Euphrat stammte und einer der bedeutendsten Dichter des 7. und frühen 8. Jahrhunderts war, wurde vom Kalifen sogar nach Mekka mitgenommen. Doch obwohl er im Anschluss daran zum Hofdichter ernannt wurde, sollte er sich weiterhin stur weigern, zu konvertieren und das Kreuz um seinen Hals abzulegen oder von seiner »Sucht«, dem Wein, abzulassen. Er ließ sich von seiner Frau scheiden, heiratete eine Geschiedene, wurde oft mit Prostituierten gesehen und »soff bis zum Umfallen«, weil er im Rausch die besten Einfälle für seine Gedichte zu haben glaubte. Doch es geschah ihm nichts, er starb friedlich in seinem Bett.[36] Dass die Originalvorlage der berühmtesten aller arabischen Literaturen *Alf Laila we Laila (Tausendundeine Nacht)* in Wahrheit das altpersische Werk *Hazar Afzana* (»Tausend Geschichten«) war – von dessen Erzählungen wiederum viele aus Indien stammten –, ist ebenso wenig ein Geheimnis wie die Tatsache, dass ihr im Lauf der Zeit immer neue Geschichten hinzugefügt wurden, die sich ihrerseits nicht nur aus arabischen, sondern auch aus griechischen, hebräischen, türkischen und ägyptischen Quellen nährten.[37]

Neben akademischen Institutionen wie dem Haus der Weisheit wurden im Wirkungsbereich des Islam auch die ersten Krankenhäuser in unserem heutigen Sinne errichtet. Das erste und wohl schon zu seiner Zeit sehr wohl durchdachte Hospital wurde im 8. Jahrhundert unter dem Kalifen al-Raschid erbaut (ebenjenem Kalifen aus *Tausendundeiner Nacht*). Die Idee einer solchen Heilstätte sollte sich daraufhin schnell verbreiten. Der Typ des mittelalterlichen islamischen Krankenhauses, den es in Bagdad, Kairo und Damaskus gab, war für damalige Zeiten ausgesprochen fortschrittlich und bereits wesentlich weiter entwickelt als das *bimaristan* in Gondischapur. So gab es zum Beispiel getrennte Stationen für Männer und Frauen und jeweils eigene Abteilungen für innere Krankheiten, Augenkrankheiten, Orthopädie, Geisteskrankheiten sowie Isolierstationen für ansteckende Krankheiten. Es gab fahrende Kliniken und Arzneiausgaben; Streitkräfte wurden mit eigenen Lazaretten ausgestattet. Den größeren Hospitälern waren nicht nur Moscheen, sondern auch *madrasas* angegliedert, also Schulen, in denen künftige Ärzte aus aller Welt ausgebildet wurden. Auch die Idee von der Pharmazie wurde im 8. Jahrhundert in arabischen Ländern geboren. In Bagdad mussten Apotheker sogar ein Examen ablegen, bevor sie Medikamente herstellen und verschreiben durften. Dazu gehörte die Prüfung ihres Wissens von den wirksamen medizinischen Bestandteilen der Pflanzen sowie von ihrer richtigen Dosierung und therapeutischen Wirkung. Die islamische Welt ergänzte das alte Heilwissen zum Beispiel durch Behandlungsmethoden mit Kampfer, Myrrhe, Schwefel, Quecksilber, bestimmten Heilsäften und Tinkturen. Vor allem der spanische Botaniker und Arzt Ibn al-Baytar trug im 13. Jahrhundert mit seiner *Al-Jami' fi al-Tibb* (»Sammlung einfacher Heilkuren und Heilmittel«) – einer Beschreibung von über tausend Pflanzen, die er selbst an den Küsten des Mittelmeers gesammelt hatte – eine Menge zum medizinischen Wissen bei. Die Araber waren auch die Ersten, die die Vorstellung von einem »öffentlichen Gesundheitssystem« entwickelten. Unter anderem pflegten die Ärzte Gefängnisse aufzusuchen, um festzustellen, ob es irgendwelche ansteckenden Krankheiten unter den Insassen gab, die sich ausbreiten konnten.[38]

Zwei arabische Ärzte dieser Zeit zählen gewiss zu den größten Medizinern aller Zeiten. Abu Bakr al-Razi, hierzulande eher unter seinem latinisierten Namen Rhazes bekannt, wurde 865 in der persischen Stadt Raj geboren. Er war in seiner Jugend Alchemist gewesen und wurde ein großer Universalgelehrter, der fast zweihundert Werke über so unterschiedliche Themen wie Theologie, Mathematik und Astronomie, aber fast die Hälfte davon über die Medizin verfasste. Dass er dabei seinen Sinn für Humor nicht verlor, beweisen seine beiden Titel *Über die Tatsache, dass nicht einmal begabte Ärzte alle Krankheiten heilen können* und *Warum der Mensch Quacksalber und Scharlatane begabten Ärzten vorzieht*. Ihm war auch das erste große Krankenhaus von Bagdad zu verdanken. Als Entscheidungshilfe bei der Auswahl des Standorts für dieses Hospital soll er Fleischstücke in ganz Bagdad aufgehängt und sich nach ein paar Tagen auf die Suche nach dem Stück gemacht haben, das am wenigsten verdorben war. Genau dort ließ er dann das Krankenhaus errichten. Sofern das stimmt, wäre es das erste Beispiel für ein Experiment gewesen. Doch am berühmtesten wurde al-Razi für seine erstmalige detaillierte medizinische Beschreibung der beiden Krankheiten Pocken und Masern. Ein anderes seiner bedeutenden Werke war *Al-Hawi* (»Das umfassende Buch«), eine dreiundzwanzigbändige Enzyklopädie des gesamten Medizinwissens aus Griechenland, dem vorislamischen Arabien, Indien und sogar China, in dem unter anderem Hautkrankheiten, Gelenkerkrankungen, die Nutzen von diversen Heilfastenmethoden behandelt und der Begriff der Hygiene vorgestellt wurden (die ja vor der Existenz der Theorie von den Krankheitskeimen nicht sehr verbreitet gewesen war).[39]

Der zweite große arabische Arzt war Ibn Sina, dem Abendland wiederum besser unter dem latinisierten Namen Avicenna bekannt.[40] Wie al-Razi verfasste auch er rund zweihundert Bücher von ungemeiner thematischer Bandbreite. Sein berühmtestes Werk war jedoch der fünfbändige *Al-Qanun fit-Tibb* (»Kanon der Medizin«), eine erhabene Synthese des griechischen und arabischen Medizinerwissens. Der Umfang der darin behandelten Krankheiten und Funktionsstörungen ist gewaltig. Er reicht von der Anatomie bis zu Abführmitteln, von Geschwüren bis zu Brüchen, behandelt die Ausbreitung von Krankheiten durch verschmutztes Wasser und Dreck, kodifiziert rund siebenhundertsechzig Medikamente und erläutert Bahnbrechendes über die Psychologie. Ibn Sina stellte erstmals einen engen Zusammenhang zwischen psychischen und physischen Zuständen her, beschrieb die heilsame Wirkung von Musik und verdeutlichte die Rolle, die die Umwelt für die Gesundheit spielt (das heißt, er stellte eine rudimentäre Epidemiologie vor). Und da er Medizin als »die Kunst der Behebung von Störungen der normalen natürlichen Funktionen« bezeichnete, darf man ihn auch als den Arzt betrachten, der das philosophische Fundament für seine Disziplin legte. Im 12. Jahrhundert übersetzte Gerhard von Cremona den *Qanun* ins Lateinische. Al-Razis *Al-Hawi* ersetzte nun die Werke von Galen und sollte in den medizinischen Hochschulen des Abendlands bis mindestens ins 17. Jahrhundert – also weit über ein Jahrtausend lang – als Grundlehrbuch verwendet werden.[41]

*

Im Jahr 641 fiel Alexandria an die islamischen Eroberer. Und da die Stadt so viele Jahre lang das mathematische, medizinische und philosophische Zentrum der Welt gewesen war, stießen die Muslime hier natürlich auf unzählige griechischsprachige Werke über all diese Themenkomplexe. Unter den gelehrten Mitgliedern des Hauses der Weisheit in Bagdad befand sich auch ein Astronom und Mathematiker namens Muhammad ibn Musa al-Chwarizmi (auch Khwarizmi transkribiert), der schließlich ebensolchen Weltruhm erlangen sollte wie Euklid. Sein Ruf beruhte vor allem auf zwei Werken, eines so originell wie das andere. Das später verfasste basierte sehr wahrscheinlich auf dem *Sindhind*, der arabischen Übersetzung des *Brahmasphutasiddhanta* (»Die Eröffnung des Universums«), jener Abhandlung von Brahmagupta, die durch den indischen Reisenden an den Hof von al-Mansur gelangt war und nicht nur eine Fülle von mathematischen Fragen erörterte, sondern auch die indischen Zahlen vorstellte. Das Original von al-Chwarizmis Werk ist verloren und heute nur durch die lateinische Übersetzung *De numero Indorum* (»Über die Zahl der Inder«) erhalten. Jedenfalls legte er darin eine derart vollständige Darstellung des indischen Systems vor, dass, wie Carl Boyer schreibt, der Eindruck entstehen kann, er sei selbst »für die weit verbreitete, aber falsche Ansicht verantwortlich, dass unser Zahlensystem arabischen Ursprungs sei«.[42] Al-Chwarizmi beanspruchte zwar nie die Urheberschaft für die Ideen in seinem Werk, trotzdem sollte das neue System als das seine bekannt werden. Der Abwandlung des Buchtitels in *Algorismi* verdankt sich schließlich unser Begriff »Algorithmus« für jede Art von Handlungsvorschrift zur Lösung eines Problems. Die Entwicklung unseres Zahlensystems wird in Abbildung 10 deutlich. Was sich jedoch *nicht* darin erkennen lässt, ist, wie langsam dieser Transformationsprozess vonstatten ging: Sogar im 11. Jahrhundert schrieben arabische Gelehrte die Ziffern noch mit Buchstaben im vollen Wortlaut aus.[43]

*

Brahmi

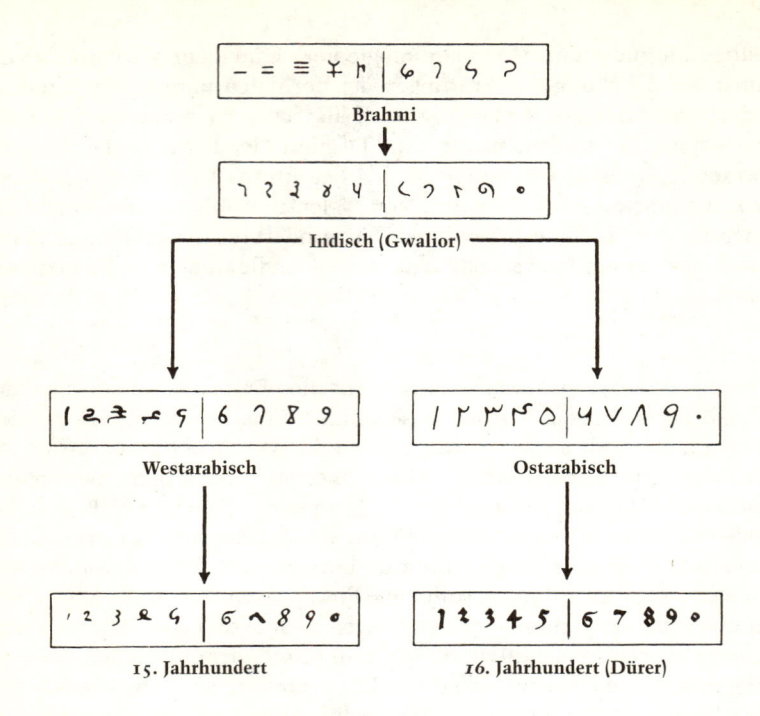

Indisch (Gwalior)

Westarabisch **Ostarabisch**

15. Jahrhundert 16. Jahrhundert (Dürer)

Abb. 10: Die Genealogie unseres Dezimalsystems[44]

Man nennt al-Chwarizmi auch den »Vater der Algebra«. Sicher ist, dass sein Werk *Al-kitab al-muchtasar fi hisab al-jabr wa-l-muqabala* (»Das umfassende Buch vom Rechnen durch Ergänzung und Ausgleich«) über achthundert entsprechende Beispiele enthält. Nachdem es im 12. Jahrhundert von Gerhard von Cremona unter dem Titel *Ludus Algebrae Almucgrabalaeque* übersetzt wurde, sollte es an den europäischen Universitäten bis ins 17. Jahrhundert als mathematisches Grundlehrbuch verwendet werden. Der arabischen Einleitung (die in der lateinischen Fassung nicht enthalten ist) lässt sich entnehmen, dass die Algebra möglicherweise von den komplexen islamischen Erbgesetzen herrührt, die oft ungemein schwierige Berechnungen erforderten, um festzulegen, welcher Sohn was erben durfte und wer welche Schuld zu begleichen hatte. Das Wort *al-jabr* bedeutet »Vervollständigung« oder »Wiederherstellung« und bezog sich hier explizit auf die Beseitigung der negativen mathematischen Ausdrücke auf der anderen Seite der Gleichung, wohingegen *al-muqabala* in etwa »Reduktion« oder »Ausgleich« heißt und sich auf die Zusammenfassung der Ausdrücke gleicher Potenz auf jeder Seite bezog. In Cervantes'

Don Quijote begibt sich der verletzte Sansón zu einem *algebrista*, einem Knochenheiler und ergo »Wiederhersteller«. Im *al-jabr* führte al-Chwarizmi auch die Idee ein, unbekannte Größen durch ein Symbol wie x darzustellen. Das Buch selbst ist in drei Teile gegliedert. Der Hauptteil befasst sich mit der systematischen Behandlung und Auflösung von Gleichungen ersten und zweiten Grades, bietet entsprechende Übungsaufgaben und stellt die sechs Gleichungstypen vor, die zum zentralen Bestandteil der Algebra wurden. Traditionell gilt dieses Werk deshalb als die erste Abhandlung über die Algebra. Doch eine Handschrift, die übersetzt den ungefähren Titel »Logische Voraussetzungen bei Mischgleichungen« trägt und im späten 20. Jahrhundert in der Türkei entdeckt wurde, hat Zweifel an dieser Geschichte geweckt, denn sie behandelt nicht nur fast dasselbe Thema, sondern beinhaltet auch gelöste Gleichungen, die sich tatsächlich vollständig mit den Gleichungen von al-Chwarizmi decken. Es scheint also, dass eine dieser beiden Abhandlungen von der anderen abstammt. Nur weiß niemand, welche von welcher.[45]

Die führende Figur der arabischen Chemie war Jabir ibn-Hayyan, im Abendland unter dem Namen Geber bekannt, der in der letzten Hälfte des 8. Jahrhunderts in Kufa wirkte. Wie die meisten Chemiker seiner Zeit war auch er von der Alchemie fasziniert, vor allem von dem Versuch, unedles Metall in Gold zu verwandeln (was seiner Meinung nach nur mit Hilfe einer geheimnisvollen Substanz gelingen konnte, die er *aliksir* nannte und noch zu entdecken hoffte). Alchemisten betrachteten ihr Gebiet als die »Wissenschaft vom Gleichgewicht« und glaubten Edelmetalle herstellen zu können, indem sie die Methoden der Natur beobachteten und verbesserten. Doch nun bot sich mit der Chemie erstmals eine Möglichkeit des systematischen Experiments, und Jabir darf gewiss als der Vater der experimentellen Methode bezeichnet werden. Er war der Erste, der grundlegende chemische Abläufe beschrieb (Calcination, Reduktion, Evaporation, Sublimation, Schmelzung und Kristallisation). Al-Razi ordnete in seinen alchemistischen Schriften erstmals systematisch natürliche Substanzen. Mineralstoffe teilte er ein in Flüssigkeiten (Quecksilber, Salmiak), Feststoffe (Gold, Kupfer, Eisen), Steine (Hämatit, Eisenoxyd, Glas, Malachit) und Salze (wie das bei der Alaungewinnung anfallende Vitriol oder Borax). Diesen »natürlichen« Stoffen gesellte er »künstliche« wie Grünspan, Zinnober, Ätznatron und diverse Legierungen zu. Al-Razi war von der Notwendigkeit einer Laborforschung – wie wir es heute nennen würden – überzeugt und sollte ebenfalls eine Menge dazu beitragen, dass sich die Chemie schließlich von der Alchemie trennte.[46]

Gottes vollkommene Schöpfung konnte aus islamischer Sicht durch »Kunst« wie gesagt bestenfalls »ausgeschmückt« werden. Bei *falsafah*, der Philosophie, war das ähnlich, denn sie wurde wiederum nur insoweit als das Wissen vom Wesen der Dinge betrachtet, als sie sich dem Menschen aus eigener Kraft erschloss. *Falsafah* unterlag also unweigerlich den gleichen Beschränkungen wie die Kunst: Die Offenbarung war der Vernunft grundsätzlich überlegen. Wie die arabischen Naturwissenschaften, so war auch die arabische Philosophie im Wesentlichen von den Griechen übernommen worden, bevor sie durch indische und andere östliche Ideen modifiziert und schließlich in arabischer Sprache zum Ausdruck gebracht wurde – immer unter dem Vorbehalt der begrenzten menschlichen Ratio. Den *hukama*, den weisen Praktikern der *falsafah* (Philosophie), standen die *mutakallim*, die Theologen und Praktiker der *kalam*, der Theologie, gegenüber.

Die drei bedeutendsten arabischen Philosophen waren al-Kindi, al-Farabi und Ibn Sina. Abu Jussuf Jakub ben Isaak al-Kindi wurde um das Jahr 801 in Kufa geboren, amalgamierte die Lehren von Platon und Aristoteles, räumte aber auch Pythagoras einen hohen Stellenwert ein, da er dessen Mathematik für die Grundlage allen naturwissenschaftlichen Wissens hielt. Er stammte aus einer wohlhabenden Familie (zu seinen Vorfahren zählte der ca. 545 gestorbene Imru' al-Qays, einer der Verfasser der »hängenden Gedichte«); seine Landsleute nannten ihn *Failasuf al-Arab*, »Philosoph der Araber«. Tatsächlich wird er noch heute häufig als der bedeutendste arabische Philosoph bezeichnet. Doch al-Kindi war eher ein Übermittler philosophischer Gedanken und ein Verfechter des griechischen Gedankenguts als ein originärer Denker. Er bestand auf einer Trennung von Philosophie und Theologie und riskierte den Zorn aller orthodoxen Muslime, weil er forderte, auch die Theologie den philosophischen Regeln der Logik zu unterwerfen, und weil er erklärte, dass die Philosophie jedem Menschen offen stand, ganz im Gegensatz zur Theologie und ihren hierarchisch abgestuften Möglichkeiten, sich Zugang zur Wahrheit zu verschaffen. Er schrieb viel über die Seele, bezeichnete sie als eine spirituelle, von Gott erschaffene Einheit; doch sein wichtigster Beitrag zum Geistesleben lässt sich vielleicht am besten durch eine Geschichte auf den Punkt bringen, die man sich über ihn erzählt: Eines Tages gesellte sich al-Kindi zu einem Debattierzirkel in Mal'muns Haus und setzte sich so, dass er den anwesenden Theologen überragte. Als er deshalb von diesem zur Rede gestellt wurde, antwortete er, dass er den höheren Platz beanspruchen durfte, »weil ich weiß, was du weißt, du aber nicht weißt, was ich weiß«[47].

Auch Abu Nasr ben Mohammed ben Jarkham al-Farabi versuchte eine Synthese von Platon und Aristoteles, doch es war Abu'Ali al-Husayn ibn Abdallah ibn Sina (Avicenna – wir sind ihm bereits beim Thema Medizin begegnet), der mit seiner Adaption der platonischen Lehren das meiste aus dem griechischen Denken herausholte: Er vertrat eine spekulative Philosophie und fühlte sich stark zu Aristoteles' Metaphysik und zu Platons Ideentheorie hingezogen. Seine Vorstellung von Gott stand dem aristotelischen »unbewegten Beweger« nahe (obwohl Ibn Sinas Gott ein Schöpfergott war), wohingegen alles andere bei ihm demselben Dualismus unterlag wie Körper und Seele. Die menschliche Seele betrachtete er als Teil einer von Gott ausströmenden Weltseele, als die zweite von drei Emanationen (nach dem Geist und vor der Materie). Die Seele als solche hielt zwar auch er für unsterblich, doch eine Unsterblichkeit des Körpers gab es für ihn nicht. Das höchste menschliche Erkenntnisvermögen konnte aus seiner Sicht nur das Prophetentum erreichen, da der Prophet sein Wissen unmittelbar von Gott erhielt und direkt erleuchtet wurde durch das göttliche Licht. Doch obwohl Gott demnach alle Kräfte kontrolliert, glaubte er, dass der Mensch einen freien Willen besitze. Damit geriet Ibn Sina natürlich in einen deutlichen Konflikt mit der islamischen Orthodoxie, die ja behauptete, dass allein Gott bestimme, was geschieht. Es ist heute schwierig einzuschätzen, wie radikal Ibn Sinas Forderung nach einer Trennung von Philosophie und Theologie war. Der englische Philosoph Roger Bacon (gest. 1294) hielt ihn jedenfalls für die größte philosophische Autorität nach Aristoteles.[48]

*

Naturforschung und Philosophie waren in islamischen Ländern häufig das Werk von Syrern, Persern und Juden. Die islamische Theologie, inklusive des kanonischen Rechts, stammte hingegen hauptsächlich von Arabern. Die Überlieferung des Propheten, der *hadith*, war zwar bereits etabliert, sollte im 8. Jahrhundert aber mehrere Umdeutungen erleben. Die berühmteste ergab sich aus Muhammads Maxime: »Sucht das Wissen, und sei es in China.« Das ermunterte viele Muslime, auf Reisen zu gehen; die damit verbundenen Beschwerlichkeiten galten als Beweis für ihre Frömmigkeit. Wer dabei ums Leben kam, wurde ebenso zum Märtyrer wie der Muslim, der im heiligen Krieg sein Leben geopfert hatte.[49] Zudem verlieh eine Reise dem frommen Mann natürlich besondere Autorität – denn wer hätte schon bestreiten können, was er gesehen und erfahren zu haben vorgab? Die logische Folge war, dass die Zahl der Hadithe im Lauf des 8. und 9. Jahrhunderts rasant anstieg. Doch dabei sollte man nicht vergessen, dass selbst der Frömmste der Versuchung erliegen kann, ein wenig hinzuzudichten. Philip Hitti berichtet von einem Lehrer aus Kufa, der kurz vor seiner Hinrichtung im Jahr 722 zugab, über viertausend Überlieferungen schlichtweg erfunden zu haben. Aus Sorge vor solchen Fälschungen wurde schließlich festgelegt, dass die »vollkommene« Überlieferung auf zwei Bedingungen fußen müsse: Erstens muss man sie durch eine Kette von Gewährsleuten bis zu den direkten Zeugen des Propheten zurückverfolgen können; zweitens muss sie in Form eines Textes festgehalten worden sein. Unter dieser Voraussetzung wurden die Hadithe in *sahih* (»authentisch«), *hasan* (»gut«, aber nicht »vollkommen«) und *dhai'if* (»schwach, bedenklich«) eingeteilt.

Im 9. Jahrhundert (dem dritten nach islamischer Zeitrechnung) wurden die Hadithe schließlich in sechs Büchern gesammelt und kanonisiert. Als die zuverlässigste Sammlung gilt generell die von Ibn Isma'il al-Buchari (810–870), der im Lauf von sechzehn Jahren tausend Imame und Scheichs aufgesucht haben soll, um die Überlieferungskette von 600000 Aussprüchen zu überprüfen. Nur 7397 Hadithe, die sich in die Kategorien Gebet, Pilgerschaft und heiliger Krieg einteilen lassen, erklärte er für authentisch. Heute wird diese Sammlung in ihrer autoritativen Bedeutung dem Qur'an unmittelbar nachgeordnet. Jeder auf sie geschworene Eid hat Gültigkeit in islamischen Ländern, und sie sollte einen ungemein starken Einfluss auf das islamische Denken ausüben.

*

Das Qur'an-Studium beherrschte auch die Lehrpläne der Schulen in der frühislamischen Welt. Der Kern des Curriculums bestand im Auswendiglernen von Qur'an und Hadith und aus Übungen im Schreiben und Rechnen. Schreiben lernten die Schüler anhand von säkularen Texten, damit die heiligen Texte nicht durch Fehler geschändet wurden. Verdiente Grundschüler *(kuttab)* wurden in Bagdad ausgezeichnet, »indem man sie durch die Straßen paradieren und Mandeln auf sie regnen ließ«.[50]

Das Haus der Weisheit, *bait al-Hikmah*, war wie gesagt die bedeutendste Lehranstalt Bagdads, doch die erste Hochschule – eine Art Internatsschule, die sich mehr auf die Lehre als die Forschung in unserem Sinn konzentrierte – war die *nizamiya*, ein theologisches Seminar, das 1065/67 vom persischen Wesir Nizam-al-Mulk in Bagdad gegründet worden war. Die arabische Bezeichnung für solche Institutionen war *madrasa*. Hier wurden neben den Grundfächern Qur'an und alte Dichtung auch humanistische Wissensgebiete gelehrt, ähnlich wie später in der abendländischen Erziehung die griechische und römische Klassik zur Ausbildungsgrundlage wurde. Die Nizamiya wurde schließlich mit der *madrasa* al-Mustansiriya zusammengelegt, der ein Hospital, Bäder und eine Küche angeschlossen waren und an deren Haupttor sich eine Turmuhr befand. Ibn Battuta, der große arabische Reiseschriftsteller, notierte während seines Aufenthalts in Bagdad im Jahr 1327, dass allein die fusionierten *madrasas* über vier Schulen für das Rechtswesen verfügten. Im Lauf der Zeit sollte es fast dreißig solcher *madrasas* in Bagdad und fast ebenso viele in Damaskus geben. Bis zur Einführung des Papiers pflegte man das Erlernte hauptsächlich zu memorieren, deshalb war es überall ein beliebter Zeitvertreib, erstaunliche Gedächtnisleistungen unter Beweis zu stellen. Manche Schüler sollen dreihunderttausend Überlieferungen auswendig hergesagt haben können. Dass Moscheen über Bibliotheken verfügten und Vorlesungen über die Hadithe anboten, war etwas, worauf sich der reisende Muslim allerorten verlassen konnte. Bücher waren in der islamischen Welt mittlerweile überall zu erwerben. Einer alten Auflistung zufolge gab es im späten 9. Jahrhundert über hundert Buchhändler in Bagdad, die ihre Ware alle in ein und derselben Straße feilboten. Buchhändler waren oft zugleich Kalligrafen, die gegen Lohn Abschriften anfertigten; später funktionierten sie ihre Läden häufig zu Cafés um, in denen sich die Schriftsteller trafen.[51]

Nun stimmte aber nicht jeder Muslim der Vorstellung zu, dass der Qur'an das alleinige Werk Allahs sei. In der Mitte des zweiten islamischen Jahrhunderts (8. Jahrhundert n. d. Z.) kam eine Denkschule auf, die fast alle Aspekte des traditionellen Islam in Frage stellte. Diese so genannten *mu'tazila* (»die sich absondern«) waren der Überzeugung, dass die Wahrheit nur erfahrbar sei, wenn man den Offenbarungen des Qur'an mit Vernunft begegne. Sie gingen zum Beispiel davon aus, dass Gott, so er der Eine sei, keine menschlichen Eigenschaften haben und von daher auch den Qur'an nicht »gesprochen« haben könne. Also müsse er auf irgendeine andere Weise geschaffen worden sein. Und da Gott gerecht und somit an sein eigenes Rechtssystem gebunden sei, müsse der Mensch einen freien Willen haben – denn wo bleibt die Gerechtigkeit, wenn der Mensch für Handlungen gerichtet wird, die er gar nicht aus freiem Willen begehen kann? Der wagemutigste unter diesen Denkern war al-Mazzam (er wirkte in der ersten Hälfte des 9. Jahrhunderts), weil er den Zweifel zur obersten Pflicht im Wissenserwerb erklärte.[52]

Von dieser Denkweise fühlte sich insbesondere der Abbasiden-Kalif al-Ma'mun angezogen. Er erhob das Weltbild der *mu'tazila* zur Staatsreligion und verkündete eine neue Lehre, nach der die Schöpfung (*khalq*) des Qur'an das genaue Gegenteil des von der Tradition postulierten »unerschaffenen Gotteswortes« war, nämlich reines Menschenwerk. Es lässt sich leicht vorstellen, welche Bestürzung diese religiöse Umkehr hervorrief, vor allem, da al-Ma'mun auch noch die *mihnah* ins Leben rief, eine Art Inquisition, die jedem den Prozess machte, der nicht bereit war, der neuen Lehre zu folgen. Die neue Rechtsprechung und die Verfolgung aller orthodoxen Sichtweisen wurden auch von den beiden unmittelbaren Nachfolgern Ma'muns beibehalten. Doch dann kam es zu einer neuerlichen Kehrtwende. Der Mann, dem die Rückkehr zur Orthodoxie üblicherweise zugeschrieben wird, hieß Ahmad ibn Hanbal (780–855 n. d. Z.). Ihm zufolge war die Gerechtigkeit eines allmächtigen Gottes mit keinem menschlichen Rechtssystem vergleichbar. Die Aussage, dass der Qur'an eins sei mit Gott, konstatiere nicht zugleich, dass Gott vergleichbare Eigenschaften wie der Mensch besitze, denn Gottes Eigenschaften seien vollkommen göttlich und unvergleichlich und müssten auch als solche anerkannt werden. Auf Ibn Hanbal folgte in Bagdad Abu al-Hasan 'Ali al-Asch'ari (gest. 935), welcher postulierte, dass die göttlichen Eigenschaften selbst dann unvergleichlich seien, wenn sie wie die des Menschen erschienen (zum Beispiel die Fähigkeit von Hören, Sprechen oder Sehen), und man diese Tatsache ganz einfach akzeptieren müsse, »ohne zu fragen, wie« *(bila kaif)*.[53] Es war die Nizamiya-Schule in Bagdad, die die Ideen al-Asch'aris nun zu verbreiten begann.

Auf ihn folgten noch viele islamische Gelehrte, die – ähnlich wie so viele christliche – geradezu besessen davon waren, griechische Ideen mit ihren heiligen Schriften in Einklang zu bringen. Al-Asch'aris unmittelbarer Nachfolger gilt allgemein als der bedeutendste islamische Theologe aller Zeiten. Sein Name war Abu Hamid Muhammad al-Ghazali, geboren wurde er 1058 in Tus im persischen Chorasan. Er lässt sich gewissermaßen als der Augustinus des Islam bezeichnen: Auf der Suche nach Wissen zog er vom Propheten inspiriert durch die Welt und flirtete sowohl mit dem Skeptizismus als auch mit dem Sufismus, der bis heute die mystische Hauptströmung im Islam und eine asketische Bewegung mit gnostischen, neuplatonischen, christlichen und buddhistischen Elementen ist. Der Begriff »Sufi« leitet sich vom arabischen Wort für die Wolle *(suf)* ab, aus welcher der einfache Umhang gewebt war, welchen die Sufis in Anlehnung an die christlichen Mönche trugen (von denen sie auch das Zölibat übernahmen). Angesichts ihres Glaubens an den Antichrist *(dajjal)* darf man wohl sagen, dass auch sie etwas apokalyptisch angehaucht waren; doch noch wesentlich typischer für sie war, dass sie sich als Mittel zum Zweck der Seelenläuterung in Ekstase versetzten. Sie führten die Gebetsschnur ein, die sie vermutlich von den Hindus übernommen hatten (und ihrerseits an christliche Kreuzfahrer weitergeben sollten); und wie die Gnostiker, so unterschieden auch sie zwischen *ma'rifah*, dem »Duft« der göttlichen Erkenntnis, und *ilm* oder *ilim*, der Erkenntnis durch die Ratio.[54]

Für viele moderne Muslime kommt al-Ghazali in seiner Bedeutung der unmittelbare Rang nach dem Propheten zu. Sein Hauptwerk *Ihya ulum al-din (Die Neubelebung der Religionswissenschaften)*, ein Konglomerat aus Dialektik, Mystik und Pragmatismus, prägte nicht nur den Islam in seiner heute praktizierten Form ganz ungemein, sondern wirkte auch stark auf so unterschiedliche Denker wie Thomas von Aquin und Blaise Pascal ein. Diese Schrift ist in vier Abschnitte gegliedert: Der erste untersucht die Säulen des Islam, der zweite verlässt das Rituelle und befasst sich mit diversen Aspekten des Alltags (Ehe, Musik, der Anhäufung von weltlichen Gütern), der dritte erkundet die menschlichen Leidenschaften und Sehnsüchte, und der vierte und originellste schließlich beschreibt den Weg zu Gott. Pausenlos ermahnt al-Ghazali den Leser, sich der eigenen Seele gewahr zu sein, da es nur die Selbsterkenntnis von der Beschaffenheit der eigenen Seele vermöge, Handlungen einen besonderen Sinn und Wert zu verleihen.[55] In diesem letzten Abschnitt erklärt al-Ghazali auch, dass der Weg zu Gott über mehrere Stufen führe. Die erste ist die Reue, dann folgen Geduld, Furcht, Hoffnung und schließlich der Verzicht auf alle Dinge, die an sich zwar nicht sündhaft sind, dem Gottvertrauen aber entgegenwirken könnten. Auf jeder Stufe warten Offenbarungen, die dem Menschen Trost auf seiner Reise bieten, aber immer nur durch göttliche Gnade gewährt und nie auf Dauer bewahrt werden können. Je höher die Seele aufsteigt, umso weniger zählt das eigene menschliche Bemühen und desto mehr wird sie von Gott geleitet. Wenn man einmal Gefahr läuft, auf einer Stufe stehen zu bleiben und nicht weiterzukommen, müsse man alle Illusionen hingeben und sich Gott völlig öffnen. Die höchste Stufe ist erreicht, wenn der Mensch jedes Bewusstsein von sich selbst verliert, Gott sich ihm in Liebe offenbart und eine andere Art von Wissen *(ma'rifa)* erfahrbar wird. In diesem Stadium kann der Mensch Gott erahnen und einen Blick auf das Paradies erhaschen. Seit al-Ghazali wurden die Sunniten zur stärksten Gruppe im Islam *(sunna* heißt »Brauch« und bezeichnet die »gewohnte Handlungsweise« in Übereinstimmung mit dem Qur'an und den Handlungen des Propheten).

*

Offenheit und Toleranz hatten einen hohen Stellenwert im goldenen Zeitalter von Bagdad, in dem so viele Grundsteine für die Medizin, Mathematik, Philosophie, Geografie und weitere Gebiete der Wissenschaft gelegt wurden. Ihren Höhepunkt erreichte diese Entwicklung um die Wende vom 10. zum 11. Jahrhundert. In dieser Zeit veröffentlichte Ibn al-Nadim seinen *al-Fihrist*, ein Sammelwerk über alle Bücher, die damals in Bagdad zur Verfügung standen. Nur durch dieses Werk erfuhren wir von der ungewöhnlichen Bandbreite an Themen, für die sich Araber damals interessierten, oder auch davon, dass Kaufleute, Theaterleute, Schriftsteller, Naturforscher, Astrologen und Alchemisten zu dieser Zeit nach Bagdad strömten, wie man heute nach Berlin, Paris oder New York reist. Bagdad war eine offene Stadt und ein Kaleidoskop der Menschheit. Die Reiselust der Araber selbst wurde erst Anfang des 11. Jahrhunderts geweckt, seitdem der Magnetkompass, eine Erfindung der Chinesen, den Schiffskapitänen das umständliche Navigieren entlang der Küsten ersparte.

Doch diese große Offenheit dauerte nicht an. Die Studiengebiete griechischen und indischen Ursprungs wurden von gottesfürchtigen Gruppen bald schon als »fremdländische Wissenschaften« abgetan und voller Misstrauen beäugt. Der theologische Schultyp der *madrasa*, dessen Prototyp wie gesagt die 1065 oder 1067 gegründete und später mit der al-Mustansiriya verschmolzene Nizamiya war, begann sich nun in der ganzen islamischen Welt zu verbreiten. Häufig waren diese Schulen einer Moschee angegliedert; ihr Lehrplan beinhaltete nicht nur die »Qur'an-Wissenschaft«, sondern vor allem *ilm al-kalam*, die so genannte »Wissenschaft vom Wort« oder der »Beweisführung«, die dazu dient, den Glauben vor allen wissenschaftlichen und philosophischen Übergriffen zu schützen.

Damit setzte die entschlossene Wendung nach innen ein, von der sich die arabische Welt in mehrerlei Hinsicht nie wieder erholen sollte.

Das fast dreitausend Kilometer entfernte Spanien (jedenfalls der größte Teil davon) wurde seit Beginn des 8. Jahrhunderts vom Islam beherrscht. Da Spanien erst kurz vor dem Einfall der Berber christianisiert worden war, hatte die arabische Kultur schnell Fuß fassen können. Zweihundert Jahre lang, von 756 bis 961, sollte die Umaiyaden-Dynastie dort herrschen. Nachdem der jüngste Enkel des letzten Kalifen Hisham, Abd al-Rahman ibn Mu'awija, von den Abbasiden aus Damaskus vertrieben worden war, hatte er sich mit loyalen syrischen Truppen bis nach Nordafrika durchgeschlagen und über die Straße von Gibraltar schließlich Spanien erreicht. Er überwand die Gegenwehr der bereits dort ansässigen Araber, erhob sich zum Emir und gründete eine neue Umaiyaden-Dynastie.

In Spanien gelangte die arabische Kultur zu einer Blüte, mit der höchstens noch der Irak konkurrieren konnte. Ihren Höhepunkt erreichte sie in der letzten Hälfte des 10. Jahrhunderts. Córdoba, zuerst die Hauptstadt des von Damaskus abhängigen Emirats »Al-Andalus« und dann die des westlichen Kalifats, war Bagdad und Konstantinopel ebenbürtig und somit zu einem der drei kulturellen Zentren der »bekannten Welt« geworden. Die Straßen waren gepflastert und nachts von den Laternen erleuchtet, die vor jedem Haus hingen; es gab einen regelmäßigen Postdienst, Münzen aus Gold und Silber, prachtvolle Gärten in Hülle und Fülle, eine Straße nur für Buchhändler und siebzig Bibliotheken. »Wann immer die Herrscher von León, Navarra oder Barcelona einen Chirurgen, einen Architekten, einen Meistersänger oder einen Schneider brauchten, wandten sie sich an Córdoba.«[56]

Abd al-Rahman III., der erste Kalif Córdobas und der gewiss beeindruckendste aller Kalifen, gründete in der großen Moschee von Córdoba die Universität, die schließlich nicht nur vor der Al-Azhar in Kairo, sondern sogar vor der Nizamiya in Bagdad rangieren sollte. Die Mosaikfliesen wurden eigens aus Konstantinopel geholt, Wasser wurde durch Bleirohre in den Innenhof geleitet, die Bibliothek glänzte mit einem Bestand von rund vierhunderttausend Büchern. Ein Besucher aus dem Norden vermerkte, dass »fast ein jeder des Schreibens und Lesens mächtig« war.[57] Zu den Ideen, die in Córdoba geboren wurden, gehört auch die vergleichende Religionswissenschaft. Es war Ali ibn-Hazm (994–1064), der hier mit seinem Werk *al-Fasl fi al-Milal w-al-Ahwa' w-al-Nihal (Das entscheidende Wort über Sekten, Irrlehren und Glaubensbekenntnisse)* ganz neue Wege beschritt, und zwar nicht nur mit seiner Analyse der verschiedenen islamischen Strömungen, sondern auch angesichts dessen, wie er mit den Ungereimtheiten in den Geschichten des Neuen Testaments umging. Es sollte noch fünfhundert Jahre dauern, bevor christliche Gelehrte so etwas überhaupt für wichtig hielten. Auch Ibn Khaldun (1332 in Tunis geboren) gelang ein bedeutender Durchbruch: Er erfand die Soziologie. In seiner Schrift *al-Muqaddima* stellte er eine historische Entwicklungstheorie vor, die immer bemüht war, rationale Muster in der menschlichen Fortschrittsgeschichte zu erkennen und dabei auch geografische, klimatische oder psychologische Faktoren zu berücksichtigen. Zweifellos hatte dieser Ansatz eine Menge damit zu tun, dass sich Ibn Khaldun in Ägypten – wo er sich im späten 14. Jahrhundert niederließ und ein Lehramt an der al-Azhar (der ältesten und hervorragendsten Universität in dieser Region) erhielt – mit Gelehrten aus Turkestan, Indien, Ostasien und ganz Afrika austauschen konnte. Seinen Denkansatz verdeutlichte er bereits auf den ersten Seiten der *Muqaddima*: »Oberflächlich betrachtet ist Geschichte nichts anderes als elegant dargestellte und mit Sprichwörtern gewürzte Information über politische Ereignisse, Dynastien und Begebenheiten aus ferner Vergangenheit. Sie dient ebenso zur Erbauung großer Menschenansammlungen wie dazu, uns ein Verständnis vom menschlichen Handeln zu vermitteln... Um die verborgene Bedeutung von Geschichte zu entdecken, bedarf es jedoch der Mutmaßungen und des Versuchs, die Wahrheit herauszufiltern, subtile Erklärungen für die Ursachen und Ursprünge aller bestehenden Dinge zu finden und ein tiefes Verständnis vom Wie und Warum der Ereignisse zu entwickeln. Genau deshalb ist die Geschichte fest in der Philosophie verwurzelt und verdient es, als ein Zweig der Philosophie betrachtet zu werden.«[58] Die Sozialwissenschaft, auf deren Erfindung er Anspruch erhob, nannte Ibn Khaldun *ilm al-umran*, die »Wissenschaft von der Zivilisation«. Den Kern einer jeden Kultur, schrieb er, bilde der soziale Zusammenhalt; und der sei das Wichtigste unter allen Phänomenen, die es zu verstehen gelte.

Viele Ideen, die von Arabern in und um Bagdad ersonnen wurden, sickerten über Spanien nach Europa ein, darunter auch solche, die von den Muslimen einst selbst übernommen worden waren. Ein typisches Beispiel dafür waren die indischen Zahlen (auf die im nächsten Kapitel ausgiebiger eingegangen wird), die in der zweiten Hälfte des 9. Jahrhunderts in Spanien zu der *huruf al-ghubar* (»Staubziffern« oder »Gubarziffern«) genannten Form modifiziert wurden. Diese Bezeichnung hatte man vermutlich gewählt, weil man Ziffern einst auf ein mit Sand bedecktes Rechenbrett zu malen pflegte. Ihrer Form nach waren sie den von uns benutzten Ziffern bereits wesentlich ähnlicher. Doch diese indisch-arabischen Zahlen fanden auch noch über einen anderen Weg nach Europa, nämlich über das Werk von Leonardo von Pisa, genannt Fibonacci (ca. 1180–1250). Leonardos Vater Guido Bonacci hatte als Händler Geschäfte mit Nordafrika betrieben, weshalb auch der Sohn (»Filius Bonacci«, daher der verkürzte Beiname) Reisen nach Ägypten, Syrien und Griechenland unternahm und schließlich mit Hilfe eines muslimischen Lehrers tief in die arabische Algebra eindrang und alles über die indischen Zahlen erfuhr. Im Jahr 1202 erschien sein unschätzbares Werk unter dem irreführenden Titel *Liber Abaci*, das »Buch vom Abakus« – irreführend deshalb, weil es sich in aller Ausführlichkeit mit den indischen Zahlen befasste und somit algebraische Methoden behandelte, die den Abakus justament überflüssig machten. Einleitend stellte er »die neun indischen Ziffern« und die »0« vor, im Arabischen wie gesagt *sifr* genannt.[59] Fibonacci verwendete bereits den unter Arabern seit geraumer Zeit üblichen horizontalen Bruchstrich, der im Westen jedoch erst im 16. Jahrhundert üblich werden sollte.

Dem Islam in Spanien gelangen auch auf dem Gebiet der Botanik große Fortschritte. Er mehrte unser Wissen vom Keimprozess (welche Pflanzen vermehren sich durch Stecklinge, welche durch Samen?), von den Eigenschaften des Erdreichs und besonders von der Funktion des Düngers. In die Medizin führten Muslime die Idee ein, dass sich Wunden ausbrennen lassen (Kauterisation), und sie entdeckten zum Beispiel die »Krätzmilbe«. Araber haben den *sharab* oder Sirup erfunden, ursprünglich eine Mischung aus Zucker und Wasser, um bittere Medizin trinkbarer zu machen; und sie haben die Funktion von »Soda« (Natriumcarbonat) erkannt. Im mittelalterlichen Latein wurde als *sodanum* ein Kopfschmerzmittel bezeichnet, abgeleitet vom arabischen *suda*, »Migräne«. Auch »Alkohohl« *(al-kuhl)* oder »Alkali« *(al-qali)* sind arabische Begriffe, ebenso wie unsere astronomischen Bezeichnungen »Azimut« *(al-sumut)* und »Nadir« *(nazir)*.[60]

Was die Auswirkungen des spanischen Islam auf das abendländische Denken anbelangt, so war gewiss kein Einfluss so grundlegend wie der von der *falsafah* des Abul-Walid Muhammad ibn-Ahmad ibn Ruschd, der im Westen Averroës genannt wurde. Philip Hitti stellte fest, wie abenteuerlich dieses Denken für damalige spanische Verhältnisse gewesen sein muss. Bereits Ibn Najjah hatte die Möglichkeit eines Atheismus anklingen lassen, und Ibn Tufail hatte erstmals ein gewisses Verständnis von der Evolution bewiesen, doch offenbar waren beide ihrer Zeit noch viel zu weit voraus gewesen. Averroës war da schon eher ein Mann seiner Zeit. Er wurde 1126 als Sohn einer Juristenfamilie in Córdoba geboren, studierte an der dortigen Universität und spezialisierte sich schließlich auf islamisches Recht und Medizin, um dann als Arzt und Philosoph zu praktizieren. Als Arzt stellte er zum Beispiel erstmals fest, dass kein Mensch zweimal die Blattern bekommt (was der Keim für die Idee von der Schutzimpfung war), und begriff die Funktion der Netzhaut – ein ganz entscheidender Durchbruch. Doch seinen größten Einfluss hatte er als Philosoph, im Christentum mehr noch als in der islamischen Welt. Der Sultan von Marokko erteilte ihm den Auftrag, eine ausführliche und verständliche Erläuterung der Philosophie zu verfassen; Hand in Hand damit gingen eine Vergütung und die Berufung zum Richter, zuerst in Sevilla und dann in Córdoba, wo er die Nachfolge von Ibn Tufail antrat.[61]

Averroës' Schriften hatten drei Schwerpunkte. Erstens versuchte auch er, wie schon so viele vor ihm, die griechische Philosophie und vor allem das Denken von Aristoteles und Platon mit dem Qur'an in Einklang zu bringen; zweitens sollte er die Widersprüche zwischen den rationalen Betrachtungen des Philosophen und den Offenbarungen des Propheten glätten; und drittens versuchte er zu verdeutlichen, dass auch die breite Masse je nach Intellekt und Bildungsstand von der Philosophie profitieren konnte. Sein Hauptwerk lässt sich zwar als ein Aristoteles-Kommentar in der Manier damaliger Tage bezeichnen, war jedoch mindestens so sehr eine Paraphrase wie ein Kommentar. Denn Averroës war ebenso bestrebt, die originären Gedanken von Aristoteles und Platon von allen späteren Hinzufügungen und Verfälschungen zu reinigen, wie dem Ganzen seinen eigenen Stempel aufzudrücken. Hinsichtlich des Qur'an vertrat er mit dem leidenschaftlichen Einsatz von Vernunft die Idee, dass man nicht jedes Wort darin wörtlich nehmen dürfe: Wo die wortwörtliche Bedeutung eines Koranverses den rationalen Wahrheiten des Philosophen zu widersprechen schien, müsse man ihn eben metaphorisch interpretieren. Vor allem weigerte er sich, die theologischen Ideen von der Vorbestimmung und der körperlichen Wiederauferstehung zu akzeptieren. Aus seiner Sicht war nur die Seele, nicht aber der Körper unsterblich. Und das veränderte natürlich auch die Vorstellung vom Paradies, da es so betrachtet nun nichts Sinnenfreudiges mehr anzubieten hatte. Wie Platon akzeptierte auch er die Idee, dass gütige Herrscher ihr Volk näher an Gott heranführen konnten, sah aber drei unterschiedliche Ebenen der Verständnisvermittlung vor: Philosophie war für die Elite *(chassa)*; für die Allgemeinheit *(amma)* genügte die wörtliche Bedeutung; und das Dialektisch-Logische *(kalam)* blieb Denkern vorbehalten, die eine Art von Zwischenstufe darstellten. Die Methode, mit der Averroës vorging, war ebenso bedeutend wie seine Argumentation. Er führte ein gewisses Maß an Zweifel ein, was im Islam noch nie sehr populär gewesen war, sich im Christentum aber schließlich als sehr fruchtbar erweisen sollte; auch seine Idee von den unterschiedlichen Verständnisebenen, je nach Intellekt und Bildung, sollte sich für die Angehörigen einer Religion, die eine Klasse der Eingeweihten – den Klerus – favorisierte, als sehr reizvoll erweisen. In Venedig wurden allein in den siebziger Jahren des 15. Jahrhunderts über fünfzig Werkausgaben von Averroës veröffentlicht. Seine als »Averroismus« bezeichnete Lehre fehlte bald in keinem Curriculum der großen europäischen Universitäten.[62]

*

Bagdad und das Haus der Weisheit waren im 9. Jahrhundert *das* bedeutende Übersetzerzentrum gewesen; nach der Eroberung durch die christlichen Truppen im Jahr 1085 ging dieser Titel an Toledo. Geht man chronologisch an die Dinge heran, dann muss man wahrscheinlich Constantinus Africanus (gest. 1087) als den ersten Übersetzer von arabischen Werken ins Lateinische aufführen; doch das fällt schwer, da die Übersetzungen, die dieser zum Christentum konvertierte und im süditalienischen Salerno wirkende tunesische Muslim von Hippokrates und Galen anfertigte, ziemlich armselig (nach Ansicht eines Wissenschaftlers sogar »barbarisch«) waren, einmal ganz davon abgesehen, dass er sogar so weit ging, das ein oder andere ihrer Werke als sein eigenes auszugeben. Auch auf Sizilien arbeiteten Übersetzer an den arabischen *falaysufs*. Doch die Ernte, die in Toledo eingefahren wurde, war unvergleichlich reicher.[63]

Seit dem 10. Jahrhundert wurden in Katalonien Übersetzungen aus dem Arabischen angefertigt: Der erste Übersetzer, den wir beim Namen kennen, war Platon von Tivoli aus Barcelona. Zwischen 1116 und 1138 übersetzte er gemeinsam mit dem andalusischen Juden Abraham bar Chijja (Savasorda) jüdische und arabische Abhandlungen über Astrologie und Astronomie. Kurze Zeit später verlagerte sich das Zentrum dieser Aktivität jedoch auf Toledo, das inzwischen zu einem Juwel der griechisch-jüdisch-arabischen Kultur geworden war. Gelehrte strömten nur so in die Stadt, vor allem um die arabischen Schätze zu sichten, die sich im Laufe der islamischen Herrschaftszeit dort angesammelt hatten. Mit den dortigen Übersetzungen verbindet sich vor allem der Name des Erzbischofs Raimund von Toledo (1124–1152). Für die Gruppe der so völlig unterschiedlichen Gelehrten, die sich dem Vorhaben widmeten, arabische Literatur zu übersetzen, wurde später die Bezeichnung »Schule von Toledo« erfunden. Anscheinend verfügten in Toledo zumindest anfänglich nur sehr wenige Gelehrte aus dem Abendland über irgendwelche Kenntnisse der arabischen Sprache, weshalb sie auf die Hilfe ihrer jüdischen und mozarabischen Kollegen vor Ort angewiesen waren. (»Mozaraber« – abgeleitet vom arabischen *mustar'rib*, »arabisiert« – war die Bezeichnung für Christen, die während der muslimischen Herrschaft in Andalusien unter streng kontrollierten Bedingungen ihren Glauben praktizieren durften). Nachdem sie die arabischen Texte also ins Spanische übersetzt hatten, übernahmen die angereisten Gelehrten die Übersetzung aus dem Spanischen ins Latein. Doch der kooperative Geist blieb auch noch erhalten, als diese Gelehrten allmählich selbst der arabischen Sprache mächtig wurden. Platon von Tivoli hatte gemeinsam mit Savasorda übersetzt, die beiden hervorragendsten Übersetzer aus der Schule von Toledo arbeiteten nun ebenfalls mit Gelehrten zusammen: Domingo Gundisalvo (Dominicus Gundissalinus), der Archidiakon von Cuéllar (Segovia), kooperierte zum Beispiel mit dem jüdischen Philosophen Ibn Daud, genannt Avendauth; Gerhard von Cremona, der wohl berühmteste Übersetzer aller Zeiten, arbeitete mit dem Mozaraber Galippus (Ghalib) zusammen.

Gundisalvo war der bedeutendste Übersetzer der Werke von arabischen Philosophen, darunter al-Farabi, al-Kindi, al-Ghazali und Ibn Sina. Doch die alles überragende Stellung von Gerhard von Cremona (1114–1187) wird nicht zuletzt durch die Tatsache bezeugt, dass seine eigenen Kollegen und Schüler aus Toledo nach seinem Tod den vielen Übersetzungen einen biografischen und bibliografischen Zusatz anfügten: »Aus dieser Anmerkung erfahren wir, dass Gerhard, welcher seinen üppigen weltlichen Besitz verschmähte, ein entsagungsvolles, ganz der Wissenschaft und seiner Liebe für die arabische Sprache gewidmetes Leben führte, aus der er die über siebzig Werke übersetzte, welche sich im Anhang aufgelistet finden.«[64] An prominentester Stelle rangierten der *Almagest* (Ptolemaios' *Mathematische Zusammenstellung*, die unter dem Titel *al-magisti* ins Arabische übersetzt worden war und so dem Abendland erhalten blieb), Ibn Sinas *Canon*, Werke von Euklid, Aristoteles, Hippokrates, Galen, al-Razi, al-Chwarizmi (mit dem die europäische Algebra begann) und al-Kindi. Tatsächlich war es Gerhard von Cremona, der dem Westen die gesamte Bandbreite der hellenistisch-arabischen Wissenschaften, von der die Abbasiden-Kultur des 9. und 10. Jahrhunderts so inspiriert worden war, vermittelte und erhielt. Er selbst kehrte nach vielen Jahren in Toledo in seine lombardische Heimat zurück, wo er bald darauf starb. Seinem Namen als Übersetzer sollten wir noch die von zwei Engländern anfügen: den des Benediktiners Adelard of Bath, der Euklid und al-Chwarizmi ins Lateinische übersetzte, und den von Robert of Chester, der die erste lateinische Fassung des Qur'an und die erste Übersetzung von al-Chwarizmis Algebra erarbeitete.[65]

Bis zum Ende des 13. Jahrhunderts war dem Abendland schließlich ein Großteil der arabischen (und daher griechischen) Wissenschaft und Philosophie vermittelt worden. Und da die Reisen der Gelehrten auf die Iberische Halbinsel über Land führten und deshalb durch die Provence und über die Pyrenäen, profitierten vor allem die südfranzösischen Städte Toulouse, Montpellier, Marseille und Narbonne vom intellektuellen Austausch mit ihnen. Auch in diesen Orten sollten bald Übersetzungen angefertigt werden, Montpellier wurde sogar zum französischen Zentrum für medizinische und astronomische Studien. Die spanischen Mönche aus der berühmten Abtei von Cluny trugen viel dazu bei, dass die Verbreitung arabischen Wissens zu einer Schwerpunktaufgabe ihres Hauses wurde; ihr Abt Petrus Venerabilis (1141–1143) veranlasste die erste lateinische Übersetzung des Qur'an. Von Südfrankreich aus verbreitete sich das arabisch-griechische Wissen schließlich über Liège im Norden des Landes bis nach Deutschland und England.

*

Die Ausdehnung des arabischen Imperiums von West nach Ost im Mittelmeerraum (wie zuvor die des Römischen Reiches) und bis nach Indien spielte also eine entscheidende Rolle für die Entwicklung Europas: Die

Bücherweisheit der Griechen blieb uns durch Araber erhalten, wurde durch arabisches Wissen ergänzt und erreichte Westeuropa über den Umweg Nordafrika und Spanien – anstatt direkt via Byzanz und den Balkan. Welche langfristigen Auswirkungen die Übermittlung dieser Geisteswelt hatte, wird in allen folgenden Kapiteln dieses Buches spürbar sein, doch zwei Dinge sollten hier noch betont werden: erstens, dass die erste Begegnung Europas mit dem griechischen und besonders dem aristotelischen und platonischen Denken mit der Hilfe von arabischen »Überarbeitungen« und ergo kaum auf direktem Wege stattfand. Die Logik, Physik und Metaphysik von Aristoteles konnten nur dank der Übersetzungen ihrer griechischen Originale ins Arabische und dann aus dem Arabischen ins Latein beziehungsweise durch die Übersetzung der Werke von Ibn Sina studiert werden. Das bedeutet, dass die griechische Philosophie zumindest eine Weile von dem islamischen Bemühen überlagert war, den Qur'an mit dem Rationalismus in Einklang zu bringen, oder von der Ansicht Ibn Sinas, dass alle Textstellen, die sich nicht mit Vernunft erklären ließen, allegorisch zu interpretieren seien. Und das sollte noch einen ungemeinen Einfluss auf das Denken von Christen wie Thomas von Aquin oder auf die christliche Bibelexegese ausüben.

Zweitens bedeutete es, dass eine Zeit lang auch in Europa die enge Verbindung zwischen Philosophie und Medizin hergestellt wurde, die von den islamischen Denkern wie vor allem al-Razi, Ibn Sina und Ibn Ruschd geknüpft worden war (was sich unter anderem darin zeigt, dass das arabische Wort *hakim* sowohl »Arzt« als auch »Philosoph« bedeutet). Die so offensichtliche und vom Westen anerkannte Bedeutung der arabischen Medizin trug also zu dem Rang bei, den man der so eng mit ihr verbundenen Philosophie einräumte.

Die Erkenntnisse, die Araber auf den Gebieten der Mathematik, Astronomie, Medizin oder Philosophie gewonnen hatten, waren demnach von entscheidender Bedeutung für die Weiterentwicklung der abendländischen Wissenschaften. Sämtliche grundlegenden Ideen, auf denen unser heutiges Wissen aufbaut, erreichten uns aus Bagdad über den Umweg Toledo.

13
Indische Zahlen, Sanskrit und Vedanta

Im Jahr 499 n. d. Z. legte der indische Mathematiker und Astronom Aryabhata die Kreiszahl *Pi* auf 3,1416 und die Länge des Sonnenjahrs auf 365,358 Tage fest. Ungefähr um die gleiche Zeit hatte er die Idee, dass sich die Erdkugel um die eigene Achse dreht und dabei um die Sonne kreist und dass der Schatten der Erde, wenn er auf den Mond fällt, eine Finsternis verursacht. Man fragt sich wirklich, warum so viel Aufhebens gemacht wurde, als Kopernikus beinahe tausend Jahre später seine »Entdeckungen« auf diesem Gebiet verkündete. Das indische Denken war den Ideen des Abendlands im Mittelalter auf mehreren Gebieten weit voraus. Sogar die buddhistischen Klöster im Indien dieser Zeit waren schon derart gut ausgestattet, dass sie als Banken fungieren und ihre Gewinne in Wirtschaftsunternehmen investieren konnten.[1] Solche Details machen begreiflich, weshalb Historiker die Ära nach der Wiedervereinigung Nordindiens zu Zeiten der Gupta-Dynastie (ca. 320–550) als die »goldenen Jahre« bezeichnen: Die Guptas und die anschließende Dynastie der Harscha Vardhana (606–647) begründeten das, was man heute als das »klassische Zeitalter« Indiens bezeichnet; und diesem Zeitalter sind nicht nur Fortschritte auf dem Gebiet der Mathematik zu verdanken, sondern auch der Beginn einer Sanskrit-Literatur sowie ganz neue und dauerhafte Formen des Hinduismus (darunter der Vedanta) und eine grandiose Tempelarchitektur.

Wie das vorangegangene Maurya-Reich, so finanzierten sich auch die Guptas vorrangig durch reiche Eisenerzvorkommen im Chotanagpur-Plateau im Südosten der Region Bihar. Im Februar des Jahres 320 hatte der Stammvater der Gupta-Dynastie, Chandragupta I. (nicht zu verwechseln mit Chandragupta Maurya, der rund sechs Jahrhunderte zuvor die Maurya-Dynastie begründet hatte), anlässlich seiner Krönung in Pataliputra eine Münze prägen lassen und den Titel des *Maharadschahiradscha Paramabhattaraka* (»Großer König der Könige und oberster Gebieter«) angenommen. Nach diversen Eroberungen und dynastischen Eheschließungen vertrieben Chandragupta und sein Sohn Samadragupta (»In hundert Schlachten geschult«) neun Könige aus Nordindien und elf aus dem Süden. Von fünf weiteren aus den Randgebieten des Reichs forderten sie Tribut, vierundzwanzig rivalisierende Clans wurden unterworfen. Der Höhepunkt der Gupta-Klassik begann jedoch mit der Herrschaft von Samadraguptas Sohn Chandragupta II. (ca. 375–415), dessen spektakulärste Tat – wenn sie denn je geschah – in einem Sanskrit-Drama etwa aus dem 6. Jahrhundert festgehalten wurde: Chandraguptas älterer Bruder Rama, ein schwacher Mensch, erklärt sich einverstanden, seine Frau einem Shaka-König abzutreten, der ihn in der Schlacht besiegt hatte. Doch dann hüllt sich der listige Chandragupta in eines ihrer Gewänder, um in den Shaka-Harem eingelassen zu werden, tötet den König und entkommt. Irgendetwas muss an dieser Geschichte dran sein, denn die Münzen, die in dieser Zeit geprägt wurden, beweisen, dass die Shaka-Dynastie im Jahr 409 (also während der Herrschaft von Chandragupta II.) tatsächlich von der Gupta-Dynastie bezwungen worden war und die Guptas seither die Häfen an der indischen Westküste kontrollierten, was ihnen den lukrativen Handel über das Arabische Meer ermöglichte. Es sollten noch viele Ehen aus Staatsräson geschlossen werden, bis sich das Gupta-Territorium – das Gebiet also, auf das die Dynastie direkten Einfluss hatte und in dem sie Tribut fordern konnte – schließlich über das gesamte moderne Indien erstreckte, mit Ausnahme des äußersten Südwestens und Nordens. Hinsichtlich des von ihr kontrollierten Gebiets war die Gupta-Dynastie also mit Sicherheit die erfolgreichste indische Herrscherfamilie aller Zeiten.[2]

Die Regentschaft von Chandragupta II. ist besser dokumentiert als die der meisten anderen indischen Fürsten. Über ihn berichtet nicht nur eine historisch bedeutende Inschrift auf der Steinsäule von Allahabad, sondern auch der *Gaoseng-Faxian-zhuan*, ein höchst lebendiger und ausführlicher »Bericht über die buddhistischen Länder«, den der buddhistische Mönch Faxian aus China während einer Pilgerreise, die er in dieser Zeit unternahm, geschrieben hatte. Vermutlich verfasste auch Kalidasa, der »indische Shakespeare«, seine Stücke und Gedichte in dieser Zeit, außerdem ist uns aus dieser Ära etwas überliefert, das heutigen Historikern besonders zugute kommt.

Letzteres zuerst. Es geht um die Landurkunden, die uns aus den ersten Jahrhunderten n. d. Z. erhalten sind und sich zu einem regelrechten literarischen Genre entwickelt hatten. Zuerst waren sie auf Palmblätter geschrieben worden, doch weil solches Material relativ schnell brüchig wurde, begann man sie in Stein zu meißeln (auch auf Höhlenwände) und schließlich immer häufiger in Kupfertafeln zu ritzen. Jede dieser *sasana* (»Weisungen«) genannten Urkunden verzeichnete eine Landschenkung; und da solche Schenkungen üblicherweise nur der König machte, waren sie natürlich so wertvoll, dass man die Urkunde sorgsam aufbewahren wollte. Einige wurden versteckt, andere in die Wände eines Wohn- oder Bauernhauses eingelassen, nicht viel anders, als man es in den frühen nahöstlichen Kulturen mit Götterstatuetten zu tun pflegte. Urkunden, die aus irgendwelchen Gründen komplizierter waren, wurden auf mehreren Tafeln festgehalten und mit einem Metallring verbunden. Historisch interessant ist jedoch vor allem, dass es sich dabei um mehr als rein kommerzielle Dokumente handelt: Alle Aufzeichnungen beginnen mit umständlichen Lobreden auf den königlichen Spender, die uns – ungeachtet aller rhetorischen Übertreibungen – wertvolle historische Daten liefern, da sich ihnen entnehmen lässt, welcher König wann lebte, und weil sie viele Rekonstruktionen anderer Details aus Politik und Gesellschaft ermöglichen. Fast immer endet der Text mit der Androhung von grausamen Strafen, falls es jemand wagen sollte, diese urkundlich verbrieften Rechte zu verletzen. Der Versuch, ein *sasana* außer Kraft zu setzen, wurde zum Beispiel mit derselben Strafe geahndet wie der Versuch, zehntausend Varanasi-Kühe zu töten – »ein Sakrileg von undenkbaren und ungeheuren Ausmaßen«.[3] Ohne diese Kupfertafeln wüssten wir tatsächlich sehr viel weniger über die Zeit der Guptas.

Nun zur der Inschrift von Allahabad, der gewiss berühmtesten Inskription ganz Indiens. Verfasst wurde sie in der »Gupta Brahmi«-Schrift; die Sprache der Verse und Prosa aber ist Sanskrit. Der früheste Nachweis für die Existenz eines indischen Alphabets stammt aus dem 3. Jahrhundert v. d. Z. Die Inschriften des Kaisers Ashoka legen nahe, dass die beiden Schriftformen Kharosti und Brahmi bereits voll ausgeprägt waren. Das Kharosti-Alphabet wurde von rechts nach links geschrieben und war ausschließlich in der nordwestlichen Region Indiens verbreitet, die einst unter persischer Oberherrschaft gestanden hatte. Es war eine Adaption des aramäischen Alphabets und starb im 4. Jahrhundert n. d. Z. aus. Das Brahmin-Alphabet, von links nach rechts geschrieben, wurde hingegen zur Grundlage aller indischen Schriften und der Schreibweisen aller Länder, die unter den Einflussbereich der indischen Kultur gerieten (wie Burma, Siam und Java). Es leitete sich offenbar ebenfalls von einem semitischen Alphabet ab, doch die genaue Evolution ist in diesem Fall nicht nachvollziehbar. Bis zur Erfindung des Buchdrucks wurde die Sanskrit-Sprache in diversen regionalen Schriftarten ausgeschrieben; erst mit der Adaption einer Drucktype wurde die nordindische Devangari-Schrift standardisiert. Zuerst hatte man auch in diesem Fall üblicherweise auf Palmblätter geschrieben, was natürlich bedeutet, dass die meisten alten Handschriften zerfielen und die erhaltene Sanskrit-Literatur fast ausschließlich aus jüngeren Jahrhunderten stammt. Doch zurück zur Inschrift auf der Säule von Allahabad: Ganz offenbar hatte Chandragupta damit die Felsenedikte von Ashoka ergänzen wollen. Vermutlich war die Säule flussabwärts von Kausambi – einer bauhistorisch bedeutenden alten Stadt am Ganges, da sich dort einige sehr frühe Beispiele des architektonischen Bogens befinden – nach Allahabad transportiert worden. Nur durch ihre Inschrift wissen wir, welche Feldzüge und Eroberungen die Gupta-Dynastie unternahm, oder beispielsweise auch, dass Chandragupta den Brahmanen, die ihn unterstützten, hunderttausend Kühe schenkte. Seit die Inschrift im 19. Jahrhundert in westliche Sprachen übersetzt wurde, wird Chandragupta auch als der »indische Napoleon« bezeichnet.[4]

Faxian, der buddhistische Pilger aus China, der Indien zu Beginn des 5. Jahrhunderts bereist hatte – also um die Zeit, als die Shaka-Dynastie schon endgültig bezwungen worden war –, scheint das Gupta-Reich als einen nahezu perfekten Staat erlebt zu haben. Jedenfalls berichtete er, dass er sich keinen Moment lang bedroht gefühlt habe, während er den Ganges stromabwärts pilgerte, um all die Orte aufzusuchen, die in Buddhas Lebensgeschichte eine Rolle gespielt hatten. Die Menschen waren wohlhabend, mussten keine Kopfsteuer bezahlen und unterlagen keinerlei behördlichen Restriktionen. Die Könige regierten, ohne sich des Mittels der Prügelstrafe zu bedienen; Verbrecher wurden der Schwere ihrer Tat angemessen bestraft, sogar Wiederholungstätern drohte schlimmstenfalls der Verlust der rechten Hand. Die persönliche Leibwache, die zur Rechten und Linken des Königs stand, erhielt eine feste Besoldung; kein Mensch im ganzen Land tötete ein Lebewesen; niemand trank Wein; Knoblauch und Zwiebeln waren verpönt. Faxian stellte obendrein fest, dass es höchst einflussreiche Innungen gab, die die Ausbildung von Handwerkern regelten, über die Qualität der Waren wachten und für ihre Auspreisung und Verteilung sorgten; die Innungsleiter traten wie die Vorstände moderner Handelskammern regelmäßig zusammen. Kapilavastu, den Heimatort Buddhas, fand Faxian jedoch verlassen »wie eine große Wüste« vor, in der es »weder König noch Volk« gab; auch Ashokas Palast in Pataliputra erlebte er nur noch als Ruine. Doch der Buddhismus selbst war beim Volk nach wie vor ungemein populär. Faxian kam an Hunderten von Stupas – zum Teil mit kolossalen Ausmaßen – vorbei und fand vorzüglich ausgestattete Klöster vor, in denen Tausende von Mönchen lebten. Sogar in Ashokas bereits herrenlosem Palast in Pataliputra erlebte er ein beeindruckendes Jahresfest mit einer Prozession von ungefähr zwanzig vergoldeten und versilberten Stupas auf Rädern.[5]

Genau zu dieser Zeit kam das Sanskrit erstmals voll zur Geltung. Der »Entdeckung« dieser Sprache und ihrer Beziehungen zu Latein und Griechisch im 18. Jahrhundert war es zu verdanken, dass im Westen die vergleichende Sprachwissenschaft geboren wurde. Darüber werden wir im 29. Kapitel noch ausführlicher sprechen, hier sollen erst einmal nur ein paar Beispiele verdeutlichen, wie stark sich das Sanskrit mit anderen indoeuropäischen Sprachen überlappt: Das Sanskritwort *deva*, »Gott«, lebt zum Beispiel in den englischen Begriffen *deity* und *divinity* weiter; *asthi*, das Wort für »Knochen«, findet sich im lateinischen *os* wieder; *anti*, das Wort für »voraus/vorher«, lebt im lateinischen *ante* weiter; *maksu*, die Bezeichnung für »bald«, lautet in Latein *mox*; und *nava* wurde zum deutschen »niesen«.

Mehr als nahezu jede andere Sprache verkörpert das Sanskrit eine Idee – die Idee nämlich, dass jede Volksgruppe über eine eigene Sprache verfügen sollte. Sanskrit ist eine alte Sprache, deren Entstehungsgeschichte sich über dreitausend Jahre zurückverfolgen lässt und die zuerst nur im Punjab gesprochen worden war, bevor sie sich in Richtung Osten auszubreiten begann. Ungeachtet der Frage, ob die Autoren des *Rig Veda* nun nichtindische Arier gewesen waren oder einer indigenen Bevölkerungsgruppe Indiens angehört hatten, steht in jedem Fall fest, dass sie bereits über eine sehr reiche, präzise Sprache und eine sehr kultivierte Dichtungstradition verfügten. Es waren wie gesagt die Priesterfamilien der späteren Brahmanen-Kaste, die über die liturgische Dichtung wachten. Diese hatte sich im Lauf der Jahrhunderte vor 1000 v. d. Z. entwickelt, bis schließlich die Evolution einer Prosa einsetzte, die sich ausschließlich mit rituellen Themen befasste und sich sprachlich von der alten Versform unterschied, da sie Spuren von östlicheren Einflüssen aufweist. So wurde nun beispielsweise »l« durch »r« ersetzt, das heißt, es fand die gleiche phonetische Verschiebung statt wie in China. Allerdings waren die Dichtung und Prosa dieser Zeit noch ausschließlich mündlicher Art gewesen. Natürlich hatte sie sich im Lauf der Zeit etwas verändert, das war unvermeidlich; doch die Familien, die für die Wahrung der mündlichen Überlieferung Sorge trugen, hatten wirklich erstaunliche Gedächtnisleistungen vollbracht, denn tatsächlich sollte sich diese Sprache weit weniger stark verändern, als es unter diesen Umständen zu erwarten gewesen wäre – jedenfalls weit weniger als die vom Rest der Bevölkerung gesprochenen Umgangssprachen. Die vorklassische Sanskrit-Literatur teilt sich in die *Samhitas* des *Rig Veda* (1200–800 v. d. Z.), in die Prosatexte der Brahmanen, also die mystischen Interpretationen des Rituals (800–500 v. d. Z.), und in die Lehrtexte und rituellen Unterweisungen der *Sutras* (600–300 v. d. Z.) auf.[6]

Irgendwann im 4. Jahrhundert v. d. Z. begannen die Einflüsse von Panini und seiner *Grammatik* auf die Sprachentwicklung einzuwirken. Die Bedeutung, die Grammatiker in der Geschichte des Sanskrit hatten, ist beispiellos. Allerdings waren sie auch unbedingt erforderlich, wenn man die heiligen vedischen Texte unverändert erhalten wollte, denn der Tradition nach musste ja zum Beispiel jedes rituelle Wort auf eine ganz bestimmte Weise ausgesprochen werden. Über Paninis Leben ist so gut wie nichts bekannt, abgesehen von der Tatsache, dass er in Salatura, im äußersten Nordwesten Indiens, geboren wurde. Sein Werk *Astadhyayi* enthält viertausend Aphorismen, die exakt jene Form des Sanskrit festhielten, welche von den Brahmanen dieser Zeit gesprochen wurde. Und das gelang Panini derart erfolgreich, dass die von ihm beschriebene Sprache *für alle Zeit* festgelegt wurde und unter der Bezeichnung *samskrta* (»das Perfektionierte«) in die Geschichte einging.⁷ Paninis Leistung hatte aber nicht nur in seinem erfolgreichen Bemühen um eine vollständige Darstellung der Sprache bestanden, er war sogar der Komplikation Herr geworden, dass es die »arische« Sprache zu seiner Zeit noch in zwei verschiedenen Formen gegeben hatte. Sanskrit war die Sprache des Wissens und des Rituals und allein der Brahmanen-Kaste vorbehalten; Prakrit war die Umgangssprache. Beide Bezeichnungen wurden zwar erst sehr viel später erfunden, doch der Existenz von unterschiedlichen Sprachen war man sich bereits zu den Zeiten von Buddha und Mahavira bewusst gewesen. Seit Panini, und dank seiner *Grammatik*, sollte sich tatsächlich nur noch das umgangssprachliche Prakrit weiterentwickeln. Das war eine seltsame und äußerst künstliche Situation, die auch weltweit ohne Beispiel bleiben sollte. Noch seltsamer aber ist, dass das Sanskrit im Lauf der Jahrhunderte auch nie unter der immer deutlicheren Kluft zum Prakrit leiden sollte, eher sogar im Gegenteil. Die Verwaltungssprache im Maurya-Reich war zum Beispiel Prakrit gewesen, wie wir durch Inschriften aus der Herrschaftszeit Ashokas wissen. Im Lauf der nächsten Jahrhunderte wurde diese Alltagssprache jedoch Schritt für Schritt durch Sanskrit ersetzt, bis es im Gupta-Reich schließlich zur einzigen Verwaltungssprache geworden war. Ein vergleichbarer Wandel vollzog sich auch im Buddhismus. Nach Buddhas eigenem Wunsch sollten alle Schriften in der Urform des mittelindischen Dialekts Pali erhalten bleiben. Doch während der ersten Jahrhunderte n. d. Z. wandten sich die Buddhisten im Norden des Landes vom Pali ab, ließen die alten Schriften ins Sanskrit übersetzen und von nun an alle neuen Texte in dieser Sprache aufzeichnen. Genau die gleiche Entwicklung fand bei den Dschaina statt, wenngleich erst viel später. Aus den »modernen« Sprachen Indiens – Bengali, Hindi, Gudscharati, Marathi – lassen sich erst ab Ende des 1. Jahrtausends n. d. Z. Aufzeichnungen finden.⁸

Eine allgemeine Alphabetisierung begann in Indien um die Zeit, in der Panini seine *Grammatik* verfasst hatte. Die meisten Sanskrit-Texte sollten für rund zweihundert Jahre auf religiöse Themen beschränkt bleiben. Eine säkulare Dichtung oder dramatische, wissenschaftliche, technische und philosophische Texte tauchten um das 2. Jahrhundert v. d. Z. auf. Inzwischen wurde von jedem gebildeten Menschen erwartet, dass er die *Astadhyayi* auswendig kannte, was gewiss ein langwieriger Lernprozess war, der uns aber den Stand der herrschenden Bildung gut verdeutlichen kann. Im Lauf der Zeit wurden die von Panini aufgestellten Regeln mit immer mehr Nachdruck durchgesetzt – die Sprache des Wissens und der Heiligkeit sollte vollkommen rein erhalten werden. Doch wie so oft, begann Strenge die Kreativität eher zu fördern als zu unterbinden. In diesem Fall bereitete sie den Weg zum goldenen Zeitalter der Sanskrit-Literatur, die zwischen 500 und 1200 n. d. Z. in Indien erblühte und sich vor allem mit dem Namen des berühmtesten aller indischen Dichter verbindet: Kalidasa. Wir sollten uns hier unbedingt bewusst machen, dass die klassische Tradition Indiens letztlich eine rein säkulare ist. Üblicherweise unterscheidet man zwischen religiösen Schriften *(agama)*, gelehrten säkularen Schriften *(sastra)* und »Literatur« *(kavya)*.[9]

Über die Herkunft Kalidasas gibt es kaum mehr gesicherte Fakten als über das Leben von Panini. Kalidasa bedeutet »Sklave der Göttin Kali«, was Historiker auf einen Geburtsort im Süden Indiens schließen ließ. Doch Kali, eine Gefährtin Shivas, wurde auch in der Region des späteren Bengalen verehrt. Zudem lassen einige Hinweise in Kalidasas Werken den Schluss zu, dass er auch ein Brahmane aus Ujjain oder Mandasor gewesen sein könnte (viele Details beweisen seine Vertrautheit mit dem fruchtbaren Narmada-Tal in der Malwa-Region). Nur sieben von Kalidasas Klassikern haben überlebt (so wie nur sieben von Sophokles' Stücken). Er war primär ein Lyriker, komponierte aber auch Epen und Dramen. Sein im Westen bekanntestes Werk ist das Epos *Meghaduuta (Wolkenbote)*: Ein in den Süden verbannter, unglücklich verliebter Mann beauftragt eine Wolke zu Beginn der Regenzeit, zu seiner Geliebten in den Norden zu ziehen, um ihr von seiner Liebe und Sehnsucht zu berichten. Also macht sich die Wolke auf den Weg und zieht vom heiligen Vindhya-Gebirge im Norden des Hochlands von Dekkan über den Himalaja und eine ständig wechselnde Landschaft hinweg – wunderschöne Flüsse, beeindruckende Berge, prächtige Paläste –, die die unterschiedlichsten Gefühle in ihr hervorruft. Doch Kalidasas bewegendstes Drama ist mit Sicherheit *Sakuntala*. Es erzählt die Geschichte vom König Dusyanta und der schönen Einsiedlerin Sakuntala, in die er sich verliebt. Er macht ihr einen Antrag, sie heiraten in aller Heimlichkeit und verbringen die Nacht zusammen. Bevor der König an den Hof zurückkehrt, schenkt er ihr einen Ring und verspricht, sie holen zu lassen. Doch er wird verflucht und vergisst sie und ihre gemeinsame Zeit. So macht sich Sakuntala schließlich auf den Weg zu ihm. Auf der Fähre gleitet ihr der Ring vom Finger, fällt ins Wasser und wird von einem Fisch verschluckt. Also steht sie vor dem König, der sie vergessen hat, ohne ihm den Ring als Beweis für ihre gemeinsame Nacht zeigen zu können. Dusyanta schickt sie fort. Mit gebrochenem Herzen kehrt sie in den Wald zurück, wo sie den gemeinsamen Sohn zur Welt bringt. Doch die Geschichte hat ein glückliches Ende: Ein Fischer fängt den Fisch und findet den Ring. Als dem König davon berichtet wird, löst sich der Bann, er erinnert sich an alles und eilt zu Sakuntala und ihrem Sohn in den Wald. Was diese an sich recht einfache Geschichte so herausragend macht, ist zum einen das trügerische Spiel, das Kalidasa hier mit den Dialogen treibt, zum anderen die Wandelbarkeit seiner Figuren und die Art und Weise, wie er in allem Schönheit zu finden versteht. Es war vor allem

Kalidasas Sicht von den Dingen, seine Charakterdarstellungen von Menschen, die wachsen und sich zum Guten – oder Schlechten – entwickeln, mit denen er Shakespeare vorgegriffen hatte.[10]

Die Gupta-Dynastie hatte ihre eigenen Vorstellungen vom Drama. Und die wurden nun von Bhamaha (wahrscheinlich im 5. Jahrhundert) umgesetzt, dem ersten Literaturkritiker/Theoretiker, von dem wir wissen. Allerdings hatte er sich eine noch wesentlich ältere Tradition zum Vorbild genommen, nämlich das Traktat *Natyasastra* von »Bharata« (dem mythischen ersten »Schauspieler«), dem zufolge das Drama nur erfunden worden war, um den Menschen die Zwietracht vor Augen zu führen, die nach dem Sturz der Welt aus dem goldenen Zeitalter der Harmonie gesät worden war.[11] Die entscheidende Idee bei diesem Traktat war die Darstellung von zehn Schauspielarten – zum Beispiel Straßentheater, archaische Stücke über die Götter, Ballett usw. –, die sich mit den acht Grundgefühlen befassten: Liebe, Humor, Entschlossenheit, Zorn, Angst, Trauer, Ekel und Erstaunen. So gesehen war es hier also der Zweck des Dramas, entscheidende Ereignisse im irdischen Leben zu imitieren und den Zuschauern durch verschiedene künstlerische Umsetzungen Beurteilungsmöglichkeiten anzubieten (das heißt, es war nicht das vorrangige Ziel des Dramatikers, das Publikum zur Identifikation mit diesem oder jenem Charakter zu bewegen). Anhand des Dramas sollten die Menschen verstehen lernen, was sensible, komische, heldenhafte, zornige, verständige, mitleidige, entsetzte oder verwunderte Reaktionen jeweils nach sich ziehen konnten. Das Schauspiel sollte vergnüglich und zugleich lehrreich sein. Und diese Aussage über den Sinn und Zweck von Theater übertrug Bhamaha nun auf die Literatur als Ganzes.

Wie fortschrittlich und brillant die indische Literatur aus dieser Zeit war, lässt sich auch an der Tatsache ermessen, dass sich ihre Ideen und Darstellungsweisen in ganz Südostasien verbreiten sollten. Auch Buddhastatuen im Stil des Gupta-Reichs lassen sich auf der Malaiischen Halbinsel wie auf Java oder Borneo finden. Und die Sanskrit-Inschriften, die man in Indochina erstmals aus dem 3. und 4. Jahrhundert entdeckte, halten Fachleute für Zeugen einer beginnenden Alphabetisierung in dieser Region: »Fast alle vorislamischen Schriften Südostasiens sind Derivate des Gupta Brahmin.«[12]

*

Im Gupta-Reich wurde auch die klassische indische Bauweise des Hindu-Tempels entwickelt, dessen Bedeutung man gar nicht genug betonen kann. Die Welt schuldet der indischen Kunst eine Menge, vor allem Chinesen, Koreaner, Tibeter, Kambodschaner und Japaner, aber auch wir im Westen stehen tief in ihrer Schuld. Philip Rawson vom Gulbenkian-Museum für asiatische Kunst an der Universität von Durham berichtete, dass sich mehrere Symbole und Darstellungen späterer Kunstformen erstmals in den Miniaturen und Siegeln des Indus-Tals nachweisen lassen, beispielsweise der spreizbeinige ithyphallische Gott (Herr der Tiere); das nackte Mädchen und die tanzende Gestalt, ein Bein diagonal über das andere erhoben, oder der heilige Stier, der starke männliche Torso, der Lebensbaum und die unzähligen kleineren Terrakottafiguren, die Affen, weibliche Gestalten, Kühe und Karren darstellen.[13]

In der Geschichte des Hinduismus finden sich keine unveränderlichen, weil einmal vorgeschriebenen Rituale. Ein Hindu konnte überall im Land Opfergaben darbringen, wo immer ihm die Götter ihre Anwesenheit zu offenbaren geruhten. Erst im 2. Jahrhundert n. d. Z. begann sich die indische Königstheorie – der zufolge der König immer besondere Gottheiten verehrte, von deren übernatürlichen Kräften er durchflutet zu werden hoffte – auch im Hinduismus zu spiegeln. Und das hatte zur Folge, dass die hinduistische Steinarchitektur und Tempelschnitzerei nur noch an ausgesuchten Stätten – ausgesucht, weil sie zugleich eine wesentliche dynastische Rolle spielten – im ganzen Land entstanden. Und weil die Brahmanen solche Stätten in ihren heiligen *Puranas* erwähnten, begann eine Legendenbildung, die wieder neue Pilger zu diesen Stätten zog, welche sich dann oft ihrerseits dazu bewogen fühlten, dort neue Tempel zu errichten. Auf diese Weise entstanden all die Tempelkomplexe, die zu einem besonderen Merkmal nicht nur der indischen Religion, sondern auch der indischen Architektur werden sollten.

Wie im klassischen Griechenland, so wurde der Tempel auch im Hinduismus als das Haus des Gottes betrachtet, dessen Bildnis im Inneren gehütet wurde und zu dem die Menschen pilgerten, um Opfergaben darzubringen und zu beten. Das heißt, jeder Bau war immer nur einer Gottheit gewidmet, oft sogar nur einer ganz bestimmten Manifestation von Vishnu, Shiva oder den anderen Göttern. (Wie die Epen, so waren auch die Hauptgötter selbst meist Abwandlungen von Göttern aus anderen Kulten oder von lokalen Gottheiten, Naturgeistern usw.) Die frühe Tempelarchitektur teilte den Bau in drei Bereiche ein. Vor dem Eingang befand sich ein Vorbau, der oft mit Reliefszenerien aus der Mythologie der jeweiligen Gottheit ausgeschmückt war, gefolgt von einer großen quadratischen Vorhalle, *mandapa* genannt, in der sich die Gläubigen sammelten und gelegentlich auch tanzten. Erst sie führte dann in das innerste Heiligtum, die *garbhagriha* oder so genannte »Schoßkammer«. Üblicherweise waren die Tempel aus mörtellos gefügten Steinblöcken auf einem gepflasterten Fundament errichtet, das den Umriss eines geometrischen Diagramms *(mandala)* hatte und die Struktur des Universums en miniature wiedergeben sollte, um den Tempel zu einer Analogie des Himmels zu machen. Aus diesen einfachen Anfängen entwickelten sich schließlich die prachtvoll verzierten Bauten, die teilweise zu ganzen Städten heranwuchsen. Viele

Tempel wurden später von kreisförmigen Mauern mit einem riesigen Haupttor und drei Nebentoren umgeben; ein jeder wurde als »Weltachse« betrachtet, da er den mythischen Berg Meru symbolisierte, den zentralen Sitz der Götter in der heiligen hinduistischen Kosmologie.[14] Außerdem verbanden sich mit diesen Tempelkomplexen schließlich ganze Architekturschulen.

Die Ikonographie der indischen Tempel leitet sich offenbar aus verschiedenen Prämissen der christlichen Kunst ab, ist deshalb aber nicht weniger originär und ihrerseits ineinander verflochten. Generell sind hinduistische Bildnisse archaischer als christliche und in vielen Fällen sogar älter als die griechische Kunst. Die Mythen der großen Gottheiten Vishnu und Shiva, die sich in vielen Schnitzereien wiederfinden, wiederholen sich mit jeder *kalpa* – nach der Zeiteinheit des »Unberechenbaren« also etwa alle vier Milliarden, alle dreihundert Millionen und alle zwanzig Millionen Jahre. Jeder Gottheit wird üblicherweise ein Reittier zugeordnet: Vishnu eine kosmische Schlange oder Schnecke (Symbole des Urwassers der Schöpfung), Brahma ein Gänserich, Indra ein weißer Elefant, Shiva ein Ochse. Der Gänserich wurde beispielsweise erwählt, weil er die zweifache Natur allen Seins symbolisiert: Er schwimmt auf der Wasseroberfläche, ist aber nicht an dieses Element gebunden. Sein Atemgeräusch symbolisiert, was ein Yogi zu erreichen versucht – tatsächlich heißt die Übung des rhythmischen Atmens im Yoga sogar »der innere Gänserich«. Der Elefant, den traditionell Indra reitet, heißt Airavata und gilt als der Urahn aller Elefanten und als das Symbol der Monsunwolken, die den Regen bringen.[15] Und eben weil Elefanten das Reittier Indras, des Königs der Götter sind, wurde ihr Besitz zum alleinigen Vorrecht von Königen.[16]

Der elementarste und häufigste Artefakt in Shiva-Schreinen ist der Lingam (Phallus), ein göttliches Fruchtbarkeitssymbol, das bis zur Steinverehrung in der neolithischen Periode zurückreicht. Um die Ursprünge des großen Lingam ranken sich in Indien die kunstvollsten Legenden. Einer zufolge soll er sich aus dem Meer erhoben haben, um aufzuplatzen und in seinem Inneren Shiva zu offenbaren. Das erinnert ein wenig an die Aphrodite-Legende aus der griechischen Mythologie.

Eine der uns vertrautesten Figuren aus der indischen Kunst ist Shiva Nataraj, der vierarmige tanzende Gott, umgeben von einem Flammenkreis. Er ist ein gutes Beispiel für die vielfältigen Funktionen der indischen Ikonographie. Shiva Nataraj lebt mit seiner schönen Gefährtin Parvati, den beiden Söhnen und dem Ochsen Nandi auf dem Berg Kailasa im Himalaja genau die Art von Familienleben, die der verehrte Lingam symbolisiert. Die Schritte, die der göttliche Tänzer Shiva vollführt, werden das Universum zu seinem Ende führen und zugleich ein neues erschaffen. (Nach der indischen Tradition ist Tanz eine uralte Form von Magie, die einerseits in Trance versetzen kann, andererseits aber auch den Schöpfungsakt darstellt, der den Tänzer auf eine höhere Ebene »berufen« kann.)[17] In der oberen rechten Hand hält Shiva Nataraj gewöhnlich eine Trommel, mit der er nicht nur den Rhythmus des Universums vorgibt, sondern auch den Schöpfungslaut auslöst. Ton wird in Indien mit Äther gleichgesetzt, dem ersten der fünf Elemente, aus dem sich alle anderen erheben. In seiner oberen linken Hand hält der Gott ein Feuer, das ein Element der Zerstörung und eine Warnung vor dem Kommenden ist. Die untere rechte Hand nimmt die Stellung des *abhaya-mudra* ein, eine schützende Geste und das Zeichen von Furchtlosigkeit; die untere linke Hand weist auf den Fuß, der als das Symbol der Losgelöstheit von der Erde und somit auch als das der Erlösung erhoben ist, während der andere Fuß auf dem Kriegsfisch-Dämon ruht, eine Position, die nicht nur ein Zeichen des Sieges darstellt, sondern auch die Unwissenheit des Menschen symbolisiert, da wahre Weisheit nur durch die Eroberung des Dämons erlangt werden kann. Auch der Flammenkreis ist nicht einfach nur ein Feuerring, der die potenziell destruktiven Kräfte auf Erden symbolisiert, sondern ebenso der Kreis des Lichtes der Wahrheit. Damit sind die vielfältigen Bedeutungen dieser Figur zwar bei weitem noch nicht aufgezählt (die Körperhaltung der Göttergestalt insgesamt symbolisiert zum Beispiel das Rad der Zeit auf dem wirbelnden Karussell des Lebens), doch diese Kurzdarstellung genügt vielleicht, um die so stark ineinander verwobene Struktur der indischen Ikonographie zu vermitteln, ohne die man die indischen Tempel nicht verstehen könnte.

Aus dem Gupta-Reich haben ein paar Dutzend Tempel überlebt: Sanchi, Nalanda, Bodghaya und andere Stätten in den Regionen von Madhya Pradesh, Uttar Pradesh und Bihar. Doch es sind die Tempel von Aihole und Badami, rund dreihundert Kilometer südöstlich des modernen Mumbai gelegen, die ein »Fest der Architektur und Skulptur« und den eigentlichen Beginn der neuen Gestaltungsweise darstellen. Die rund siebzig Tempel von Aihole sind mit Zitaten aus der Dichtung von Ravikirti geschmückt. In einer dieser Inschriften findet sich auch der erste datierbare Hinweis auf Kalidasa. Ihnen schlossen sich in der Tempelchronologie die großen Steintempel von Mamallapuram an, einer Hafenstadt aus der späteren Pallav-Dynastie (wir bewegen uns bereits am Ende des 7./Anfang des 8. Jahrhunderts). Die »sieben Pagoden« von Mamallapuram wurden vollständig aus Granitfelsen herausgehauen und gehören zu den schönsten Beispielen südindischer Bildhauerei und Architektur. Ein Großteil der kambodschanischen und javanischen Kunst, darunter Angkor und Borobudur, wurde von indischen Buddhisten erschaffen.[18]

Etwas später folgte die Rashtrakuta-Dynastie, unter der die Felsenarchitektur von Ellora (rund dreihundert Kilometer nördlich von Mumbai) erschaffen wurde. Ellora ist ein Felsvorsprung von zwei Kilometern Länge vom einen bis zum anderen Ende, aus dem schon viele Jahre zuvor einzelne Höhlentempel herausgeschlagen worden waren. Doch unter dem Rashtrakuta-König Krishna I. entstand das gewiss beeindruckendste Felsenmonument der Welt aus diesem Massiv. Der so genannte Kailasa-Tempel wurde so lange aus einem einzigen Felsklotz modelliert, bis ein völlig freistehender Gebäudekomplex von der Größe einer Kathedrale entstanden war, mitsamt Türmen, Pavillons, Säulengalerien, verbindenden Brücken, Schreinen, Innenhöfen und durch Wandelgänge verbundenen Mönchszellen – alles aus einem einzigen Felsen! John Keays merkte zu Recht an, dass es sich hier nur *scheinbar* um Architektur handelt; in Wahrheit sehen wir eine einzige Skulptur von gewaltigen Ausmaßen vor uns. Der Inschrift auf einer Kupferplatte zufolge müssen selbst die Götter davon beeindruckt gewesen sein; und der Architekt hatte sich bei diesem Anblick sogar gefragt: »Oh, wie konnte ich es nur erschaffen?« Diese Skulptur/Tempelanlage wirft außerdem ein ziemlich klares Licht auf die Beweggründe der Rashtrakuta-Dynastie: Der Kailasa im Himalaja galt als der irdische Wohnsitz von Gott Shiva, und der Kailasa-Tempel von Ellora wurde aus dem lebendigen Felsen erschaffen, um den heiligen Berg auf das Gebiet der Rashtrakuta und die heilige Landschaft Indiens somit in ihre Provinz zu verlegen.[19]

Die stärkste Konzentration von Tempeln auf dem Subkontinent findet sich jedoch in Bhubaneshwar, der Hauptstadt von Orissa. Wie Khajuraho – wo fünfundzwanzig von einst achtzig um einen See angelegten Tempelanlagen überlebt haben –, so hat sich auch Orissa nie ganz dem Islam unterworfen. In einigen Tempelstätten von Khajuraho finden sich neben dem jeweiligen Haupttempel Tanzsäle; alle sind mit feinsten figurativen Reliefs geschmückt, die ungemein sinnliche Nymphen und Götter in oft höchst erotischen Stellungen darstellen. Es soll hier jedoch betont werden, dass erotische Skulpturen ikonographisch betrachtet die Freuden zeigen, die von den »himmlischen Nymphen« *(apsaras) nach* dem irdischen Dasein gewährt werden (der wahre Sinn und Zweck dieser Darstellungen ist in der Fachwelt allerdings noch umstritten). Viele Kunstkritiker halten die Figuren jedenfalls für die größte und schönste Errungenschaft der indischen Kunst, dabei waren die Tempel einst nicht nur mit diesen kunstvollen Figuren, sondern auch noch mit Wandgemälden und Wandbehängen geschmückt – ganz zu schweigen von den Juwelen, die größtenteils geraubt wurden.

Die Tempel von Orissa sind vielleicht die faszinierendsten von allen. Heute sind noch ungefähr zweihundert von den unzähligen übrig, die einst dort gestanden hatten. Die ältesten stammen aus dem 7., die jüngsten aus dem 13. Jahrhundert. Dass diese Tempelbauten mit den eiförmigen Spitzdächern, den langen vertikalen Riefen und horizontalen Rillen so dicht an dicht gedrängt stehen, sollte nicht nur den Betrachter überwältigen, sondern könnte auch eine Art Antwort auf die Invasion Indiens durch den Islam gewesen sein. Offenbar wurden diese Tempelanlagen von den muslimischen Invasoren nur verschont, weil sie so abgelegen waren und man glaubte, dass sie ohnedies bald schon dem Dschungel preisgegeben sein würden. Erst im 19. Jahrhundert wurden sie von dem englischen Captain Burt wiederentdeckt. Er fand die Anlage mitsamt ihrem verwinkelten Seensystem und den Wasserläufen derart »vom Urwald verschlungen« vor, dass er es für unmöglich hielt, sie der Natur je wieder abringen zu können. Wie das etwas später erbaute Angkor Wat in Kambodscha, das von einer staunenden französischen Expedition entdeckt wurde, waren auch die Tempel von Orissa schon vor Jahrhunderten verlassen und die heilige Symbolik ihrer komplizierten Topografie gierig vom Dschungel vertilgt worden. Im Zuge der Inschriftenanalysen konnte jedoch wenigstens ein Teil der Geschichte der Chandela-Dynastie rekonstruiert werden, und die Erforschung der Ikonographie bewies, *wie* bedeutend dieser Ort für den Shiva-Kult gewesen sein muss.

Der beeindruckendste und schönste aller indischen Tempel ist für viele Besucher jedoch eine von den Chola-Königen Anfang des 11. Jahrhunderts in Tanjore errichtete Anlage. Die Cholas waren Drawiden, ein Volksstamm aus Südindien, der seit prähistorischen Zeiten im Delta des Kaveriflusses ansässig gewesen war. Die Region erlebte zu Beginn des Jahres 985 einen neuen Aufschwung, weil König Rajaraja I. gegen Ende seiner Herrschaftszeit beschlossen hatte, seiner Errungenschaften mit dem Bau eines Tempels in Tanjore zu gedenken. Die Bauzeit dieses fast sechzig Meter hohen und von einer monolithischen Kuppel überdachten, wahrscheinlich höchsten Tempels in ganz Indien betrug rund fünfzehn Jahre. Auch in ihm befindet sich eine historisch bedeutende Inschrift – neben seltenen Chola-Gemälden über Themen aus der Shiva-Mythologie und von himmlischen Tänzerinnen – und ein riesiger Lingam, womit bewiesen ist, dass der Tempel Shiva geweiht war. Einst hatte dieser Bau das Zentrum einer gewaltigen Tempelanlage gebildet, zu deren Feiern sich rund fünfhundert Brahmanen und noch einmal so viele Musiker und Tänzerinnen zusammenfanden. Gläubige aus einem Umkreis von Hunderten von Kilometern stifteten dem Tempel Geld und Grund; alle Dörfer führten den Zehnten an ihn ab. Auch berühmte Bronzefiguren entstanden im Chola-Reich, darunter viele der oben beschriebenen Shiva-Nataraj-Figuren im Flammenkreis.[20]

Diese Hindu-Tempel zählen zu den offenkundigen Glanzleistungen Indiens, auch wenn es niemals gelingen sollte, den Westen zu überzeugen, dass sie bildnerische und geistige Äquivalente der griechischen Kunst und Architektur sind. Dabei steht ganz außer Frage, dass sie sowohl konzeptionell als auch hinsichtlich ihrer bildhauerischen und architektonischen Leistungen auf einer Stufe mit den Errungenschaften Griechenlands stehen.[21] Man muss sich nur bewusst machen, was der entscheidende Punkt bei diesen Tempeln und Skulpturen ist – nämlich, dass sie ebenfalls allesamt einen Kanon der idealen Form verkörpern, dessen Prämissen zwar nicht den westlichen entsprechen, aber gleichermaßen heiligen Prinzipien und Ideen von einer heiligen Proportion folgten, die von Generation zu Generation überliefert wurden. Unsere westlichen Vorstellungen von »der Klassik« beinhalteten nie diese sinnlich-erotische Üppigkeit, die ein so zentraler Bestandteil der indischen Klassik ist. Dabei darf man jedoch nicht außer Acht lassen, dass die Sinnlichkeit der indischen Kunst nichts Weltliches beschreibt – sie soll die Gläubigen erinnern, dass etwas Wunderbares auf sie wartet, dass Schönheit auf Erden nur unvollkommen sein kann und irdisches Vergnügen nie von Dauer ist. In gewisser Weise war es wohl das, worauf auch Platon hinauswollte – trotzdem stellten die indische Kunst und Architektur alle westlichen Ideen von »der Klassik« in Frage.

*

Die Erfolge der Gupta-Dynastie beschränkten sich aber keineswegs auf Indien. Vom Hafen Tampraliti in Bengalen aus (damals Vanga genannt) exportierten indische Schiffe vorrangig Pfeffer, aber auch Baumwolle, Elfenbein, Messingwaren, Affen und Elefanten bis nach China, von wo sie Seide, Moschus und Bernstein zurückbrachten (damals wurde noch nicht mit Tee oder Opium gehandelt). Indien hatte bereits den Buddhismus ausgeführt, nun exportierte es auch den Hinduismus und die Sanskrit-Kultur. Über das Hindu-Königreich Funan (heute Vietnam) herrschte der indische Brahmane Kaundinya; Bali wurde ebenso zu einer »Hindu-Insel« wie einige Regionen auf Sumatra und Java. Sehr wahrscheinlich war es außerdem der Ausbreitung des Sanskrit dort zu verdanken, dass sich nun auch dieser Teil der Welt zu alphabetisieren begann.[22]

Doch die Dominanz der Gupta-Dynastie sollte nicht lange währen. Die fünfte Generation unter Skandagupta war die letzte. Schon bald nach seiner Thronbesteigung im Jahr 455 begannen sich die *Hunas* (Hephthaliten oder die Weißen Hunnen) an den nordwestlichen Grenzen seines Reiches zu versammeln. Und die Kosten der Abwehrmaßnahmen sollten die Schatzkammern der Gupta rapide leeren. Nach dem Tod von Skandagupta im Jahr 467 begann das Reich schnell zu verfallen. Kurz vor der Wende vom 5. zum 6. Jahrhundert ging der Punjab an den Huna-Herrscher Toramana verloren; sein Sohn nahm Kaschmir und die Ganges-Ebene ein. Um die Mitte des 6. Jahrhunderts war schließlich alle Glorie des Gupta-Reiches geschwunden. Ein halbes Jahrhundert lang dauerte die Zersplitterung des Landes, bis im Jahr 606 schließlich eine spätere und mit dem Reichsclan nicht verwandte Gupta-Linie auftauchte, deren bemerkenswertester Führer Harsha Vardhana war. Er versuchte noch einmal, den Norden Indiens zu einen; und wie bei Chandragupta I., so erkannte das Volk schnell auch Harsha Vardhanas Brillanz und begann seine Heldentaten sogleich aufzuzeichnen. Den größten Anteil an dieser Literatur hatte der Brahmane und Höfling Bana mit seiner Hagiographie *Harsha Carita*, doch es gab auch einen kritischeren Bericht, wieder einmal verfasst von einem buddhistischen Pilger aus China. Sein Name war Xuang Zang, und seine Reise *In den Fußstapfen Buddhas* führte ihn zwischen 630 und 644 in das Indien Harshas.

Harsha vergrößerte das Imperium wieder, doch heute erinnert man sich nicht nur wegen seiner kriegerischen Leistungen und anderer Heldentaten an ihn (zum Beispiel soll er seine Schwester aus den Flammen gerettet haben, als sie ihrem verstorbenen Mann ins Feuer folgen wollte), sondern vor allem wegen seiner Dichtkunst. Am wichtigsten aber waren die neuen Ideen, die unter seiner Herrschaft erblühten und Religion wie Philosophie erneuerten. Unter Harsha gewann der Hinduismus ungemein an Popularität, was deutlich zu Lasten des Buddhismus ging. In dieser Zeit begann der hinduistische Glaube mit der *puja* seine »klassische« Gebetsform anzunehmen, wozu beispielsweise gehörte, dass die Gläubigen vor den Skulpturen und Bildnissen der Götter in den Tempeln Opfergaben ablegten – Früchte, Süßigkeiten und andere Köstlichkeiten – und Geheimrituale vollzogen, die allesamt mit der tantrischen weiblichen Macht oder Energie *shakti* verbunden waren. Der Tantrismus ist nahezu sicher eine sehr alte Erkenntnislehre im Kontext eines alten Muttergöttinnenkults; doch wie und wann er seine orgiastische Gebetsform annahm, ist nicht wirklich klar. Die Grundlehren des Tantrismus unterscheiden sich deutlich vom orthodoxen Hinduismus oder Buddhismus, und die Popularität seiner Ideen spricht nach Meinung der Fachwelt dafür, dass er schon sehr alt ist. Die Basis des Glaubens ist die Idee, dass die vollkommene Verehrung der Muttergöttin nur bei einer heiligen sexuellen Vereinigung *(maithuna)* zum Ausdruck gebracht werden könne. Mit der Zeit sollte diese Vorstellung zu Gruppensex führen, der oft auf »verunreinigtem« Boden vollzogen wurde, beispielsweise dort, wo Leichenverbrennungen stattgefunden hatten, und der noch mit vielen anderen Tabubrüchen wie zum Beispiel Fleisch- und Alkoholgenuss verbunden war.[23]

Sogar der Buddhismus wurde vom Tantrismus beeinflusst (manche würden sagen: infiziert). Den Tantrikern ist zu verdanken, dass nach dem Hinayana und Mahayana im 7. Jahrhundert eine dritte Form entstand: Vajrayana (wörtlich: »Diamantfahrzeug«), das mächtige göttliche *taras* (»Retterinnen« und Gefährtinnen der »schwächeren« Buddhas und Bodhisattvas) in den Kult einführte. Somit verherrlichten nun sowohl der tantrische Hinduismus als auch der tantrische Buddhismus das Prinzip der Weiblichkeit und betrachteten es als die höchste Form von göttlicher Macht.

Tantrische Rituale waren nicht nur grundsätzlich geheim, sondern wurden auch weiterhin geheim gehalten, weil sie für die meisten Orthodoxen inakzeptabel gewesen wären. Doch wegen ihres unmittelbaren Bezugs zum Yoga wurden sie trotzdem populär. Im Tantrismus wurde Yoga praktiziert, weil die Kontrolle des Atems und die Kontrolle über den Körper wesentliche Voraussetzungen für die heilige Vereinigung *maithuna* waren. Das Yoga begann nun seinerseits die Form einer kodifizierteren Weltanschauung anzunehmen, beruhend auf den acht Stufen des »königlichen« *raja-yoga*. Der Reihenfolge nach waren diese Stufen *yama* oder die »fünf Enthaltungen«; *niyama* oder die »fünf Verhaltensregeln«; *asana* oder die »rechte Meditationshaltung«; *pranayama* oder die »Kontrolle des Atems«; *pratyahara* oder die »Lösung des Bewusstseins« aus der äußeren Welt; *dhyana* oder die »Meditation« (das Denken kommt zum Stillstand); *samadhi* oder das »Einssein des Geistes«; und *kaivalya* oder die »vollkommene Freiheit«.[24]

Doch Yoga war nur eine der klassischen philosophischen Schulen Indiens aus den Zeiten von Harsha Vardhana. Insgesamt gab es sechs, die üblicherweise zu drei Paaren gruppiert werden: Yoga zum Beispiel wird mit *samkhya* gepaart, das sich mit »Zahl« oder »zählen« übersetzen lässt und ebenfalls bereits eine sehr alte Denkschule gewesen sein könnte. Der Samkhya-Philosophie zufolge besteht die Welt aus fünfundzwanzig Grundprinzipien, bei denen es sich (mit Ausnahme von *purusa*, dem reinen Bewusstsein oder spirituellen Selbst) um ausschließlich materielle Prinzipien *(prakriti)* handelt. In diesem System gibt es keinen Schöpfer und nichts Göttliches, alle Materie ist ewig und unerschaffen, besitzt jedoch in jeweils unterschiedlichen Maßen drei Eigenschaften – mehr oder weniger wahrhaftig, mehr oder weniger leidenschaftlich, mehr oder weniger dunkel. Die jeweilige Mischung bestimmt, wie tugendhaft oder edel, wie träge, grausam, stark, klug und so weiter etwas oder jemand ist. In den vierundzwanzig materiellen Prinzipien zeigte sich bereits eine Art von evolutionärer Entwicklung, denn am Beginn steht *prakriti*, das zu *buddhi* führt (dem »rechten Verstehen«), aus dem sich dann *aham kara* erhebt (was wir als Ich-Gefühl bezeichnen würden), welches schließlich zu *manas* (dem Geist oder Verstand) führt. Aus dem Geist entstehen die fünf Sinne, aus diesen die fünf Sinnesorgane sowie die fünf Organe, die das Handeln bestimmen. Jeder Materie liegen fünf Elemente zugrunde – *akasha*, der Äther; *vayu*, die Luft; *agni*, das Feuer; *jala*, das Wasser; und *prithivi*, die Erde. *Purusa*, das reine Bewusstsein beziehungsweise das Gefühl, ein Individuum mit einem eigenen Verstand zu sein, birgt die Idee, dass alle Menschen gleich und doch unterschiedlich sind. Die Erlösung ist erreicht, wenn der Mensch die grundlegende Trennung von *purusa* und *prakriti* verwirklicht hat, denn erst dann ist der Geist in der Lage, dem irdischen Leid zu entkommen und die vollkommene Befreiung zu erlangen. Solche mystischen Ideen überschneiden sich deutlich mit dem Platonismus und den gnostischen Glaubensweisen aus Griechenland und Alexandria.[25]

Die beiden anderen Paarungen der klassischen indischen Philosophie sind *nyaya/vaisheshika* und *purva-mimamsa/vedanta*. Nyaya, wörtlich die »Analyse« (in Hindi auch *darshana*, »Ansicht« oder »Standpunkt« genannt), ist ein philosophisches System, das die Erlösung von sechzehn logischen Kategorien abhängig macht, darunter von der syllogistischen Schlussfolgerung, von Argument und Gegenargument, von der dialektischen Disputation und so fort. Vaisheshika, wenn mit Nyaya gepaart, bedeutet »charakteristisches Merkmal« und wird in Indien auch als »Atomtheorie« bezeichnet, da die grundlegende Prämisse hier von einem Zusammenspiel der natürlichen Kräfte und der Naturgesetze des materiellen Universums mit den Atomen ausgeht, aus denen die vier Elemente Erde, Wasser, Feuer und Luft bestehen. Vaisheshika geht von der Existenz solcher nichtatomarer Substanzen *(dravyas)* wie Seele, Geist, Zeit und Raum aus. Auch bei diesem philosophischen System führt Wissen nur dann zur Erlösung, wenn das »Ich« aus der materiellen Welt gelöst und damit aus dem Zyklus von Tod und Wiedergeburt befreit wurde. Nyaya ist wie Yoga ein Verhaltenssystem oder eine Weltanschauung, wohingegen Vaisheshika – wie das Samkhya – erklärt, auf welche Weise Materie und Geist strukturiert sind und sich voneinander unterscheiden.[26]

Purva-mimamsa (die »frühere Erörterung«) ist eine fundamentalistisch-theistische Philosophie, die den *Rig Veda* buchstäblich auslegte und deshalb auch darauf beharrte, dass Erlösung nur durch die exakte Imitation des Soma-Opfers erreicht werden könne.[27] Diese deutliche Betonung des Rituals und dieser Mangel an neuen Ideen scheinen letztendlich dafür verantwortlich gewesen zu sein, dass die Purva-mimamsa im Lauf der Zeit viele Anhänger verlor. Im krassen Gegensatz dazu wurde *vedanta* (das »Ende der Veden«, manchmal auch die »spätere Erörterung«, *uttara-mimansa,* genannt) zum gewiss einflussreichsten philosophischen System Indiens. Aus ihm entwickelten sich viele Nebenformen, von denen sich bis heute nicht nur indische Intellektuelle angezogen fühlen. Wiederum im deutlichen Kontrast zur Purva-mimamsa setzt Vedanta bei den Spekulationen der *Upanischaden* und nicht beim vedischen Opfer an, verfolgt eine Synthese der scheinbar widersprüchlichen Hindu-Schriften und postuliert die Existenz einer »absoluten Seele« in allen Dingen.

Der erfolgreichste Vedanta-Lehrer und die nach Buddha am höchsten verehrte Person Indiens war Shankara (ca. 780–820), ein Brahmane, der in seinem kurzen Leben aus seiner Heimat Kerala in den Himalaja wanderte und dabei die Vorstellung entwickelte, dass die sichtbare Welt eine reine Illusion *(maya)* sei und *brahman* oder *atman,* der Weltgeist oder die Weltseele, die einzige Wirklichkeit darstellten. Shankaras berühmteste Lehre war die *advaita* (wörtlich »ohne Zweites« – oder, wie wir sagen würden: der Monismus): Nichts im wahrnehmbaren Universum ist wirklich, alles ist eine sekundäre Emanation aus dem »einen, absoluten Sein«, aus der »unpersönlichen, geschlechtlosen Einheit« – *brahman* – und ihrer drei Eigenschaften Sein *(sat),* Bewusstsein *(chit)* und Glückseligkeit *(ananda).*

Aus Shankaras Sicht war *brahman* unwandelbar und ewig, was für westliche Ohren wie eine Kreuzung aus Platons Einem und Aristoteles' unbewegtem Beweger klingt.[28] Alles andere im Universum unterlag, da gewissermaßen unwirklich, einem stetigen Wandel, der bei Menschen die Form von *samsara*, der beständigen Daseinswanderung, annahm.

In einem seiner Gedichte erwähnte Kalidasa eine drehbare Wassersprühanlage zur Kühlung der Luft. Im Altertum und Mittelalter wurde der indische Erfindungsgeist höchstens von dem der Chinesen übertroffen, was sich zum Beispiel auch an der Tatsache zeigt, dass indische Ärzte bis zum 1. Jahrhundert n. d. Z. zwanzig verschiedene Messer für unterschiedliche chirurgische Operationen entwickelt und Mathematiker im selben Zeitraum den Begriff *rasi* (»Zahlenhaufen«) erdacht hatten – was an eine altägyptische Idee erinnert, die als der Vorläufer des algebraischen Konzepts »x« für eine unbekannte Menge gelten kann.

Wie in Ägypten, so scheint auch in Indien die Mathematik mit dem Tempelbau begonnen zu haben. Für den Grundriss der Heiligtümer sowie für die Festlegung von rechten Winkeln und die korrekte Ausrichtung von Altären wurde ein System aus Seilen unterschiedlicher Längen benutzt. Dieses Wissen wurde dann in einer Reihe von *Sulvasutras* niedergeschrieben, den so genannten »Schnurregeln« (*sulva* bezog sich auf die Maßseile, als *sutra* bezeichnete man ein Regelwerk oder eine Aphorismensammlung, die sich auf ein bestimmtes Ritual oder ein spezifisches Wissen bezogen). Heute sind nur noch drei *Sulvasutras* erhalten, allesamt in Versform, darunter als bekanntestes der Aphorismus des *Apastamba*. Datieren lassen sie sich auf einen Zeitraum zwischen dem 8. Jahrhundert v. d. Z. und dem 2. Jahrhundert n. d. Z., weshalb wir auch hier nicht sicher sein können, ob es sich wirklich um indische Ideen handelte oder ob sie von der mesopotamischen und hellenistischen Welt übernommen worden waren. Sicher ist nur, dass die indische Mathematik mit dem Tempelbau begann, beispielsweise, indem heilige geometrische Regeln für die benötigte Anzahl von Steinen für den Bau des Opferaltars erdacht wurden.[29]

Verlässlicher lassen sich die *Siddhantas* oder astronomischen »Systeme« datieren, von denen es fünf Varianten gibt. Alle wurden um das 5. Jahrhundert aufgezeichnet und sind frühe Belege für die Wiederbelebung des Sanskrit. Auch in diesem Fall sind sich die indischen Forscher sicher, dass es sich um Originalideen aus Indien handelt, wohingegen westliche Wissenschaftler definitiv griechische Einflüsse zu erkennen glauben.[30] Wie auch immer – jedenfalls haben die Inder mit den *Siddhantas* die Trigonometrie von Ptolemaios verfeinert und erweitert. Die indische Mathematik war »zweifellos die größte geistige Errungenschaft des Subkontinents im Mittelalter. Sie ergänzte das geometrische Erbe Griechenlands durch die machtvolle Methode der Analyse, jedoch nicht mittels eines deduktiven

Prozesses, der auf bereits anerkannten Axiomen, Postulaten und allgemeinen Vorstellungen beruhte, sondern durch intuitive Einsichten in das Verhalten von Zahlen und deren Anordnung in Mustern und Reihen, aus denen sich induktive Generalisierungen ableiten lassen. Es handelte sich kurz gesagt also eher um Algebra als um Geometrie... Die Suche nach Verallgemeinerungsmöglichkeiten über die Grenzen der reinen Geometrie hinaus veranlasste die Inder, von den ptolemäischen Methoden der Kreissehnenberechnung abzulassen, um stattdessen mit der Sinus-Funktion zu rechnen und somit das Studium der Trigonometrie ins Leben zu rufen. Die Ursprünge der analytischen Methode verdanken wir dem philosophischen Denken eines Brahmanenmathematikers, der sich in die Zahlenmystik vertiefte. Und im Zuge dieses Abstraktionsprozesses tauchten nun zwei besonders interessante Dinge auf, nämlich unter den weniger bedeutenden Errungenschaften die Perfektion des Dezimalsystems und unter den bedeutenderen die Lösung von unbestimmten Gleichungen.«[31] Die ptolemäische Trigonometrie hatte auf der Beziehung zwischen Kreissehne und Schnittwinkel beruht; die Verfasser der *Siddhantas* übertrugen diese nun auf die Beziehung zwischen Halbsehne und halbem Schnittwinkel und verhalfen damit dem Vorgänger der modernen trigonometrischen Funktion ins Leben, die wir den Sinus eines Winkels nennen.[32]

Die zweite mathematische Erfindung aus Indien sind die besagten indischen Zahlen, die primär eine Schöpfung des indischen Mathematikers und Astronomens Aryabhata waren, dem wir bereits zu Beginn dieses Kapitels begegnet sind. Im Jahr 499 vollendete er einen schmalen Band mit dem Titel *Aryabhatiya ganitapada*, aufgeteilt in hundertdreiundzwanzig metrische Verse über die Astronomie und (insgesamt etwa ein Drittel des Textes) über *ganitapada*, die Mathematik.[33] Im zweiten Teil behandelte er die Zeit und die sphärische Trigonometrie. Zu den von ihm verwendeten Zahlen vermerkte er, dass der Wert einer jeden Zahl »von Stelle zu Stelle das Zehnfache der vorangegangenen« betrage. Der »Stellenwert« war bereits ein wichtiger Bestandteil der babylonischen Rechenkunst gewesen, doch sie hatte noch nicht auf dem Dezimalsystem beruht. In Indien pflegte man Zahlenreihen anfänglich mit einfachen senkrechten und zu Gruppen zusammengefassten Strichen darzustellen. Dieses Wiederholungssystem wurde dann zwar beibehalten, doch parallel dazu erfolgte bereits der nächste Schritt: Man erfand neue Symbole für die Ziffern Vier, Zehn, Zwanzig und Hundert in der Kharosthi-Schrift; sie wurden später durch Brahmi-Zeichen ersetzt, die dem Ionischen ähnlich waren:

A	B	Γ	Δ	E	F	Z	H	Θ	I	K
1	2	3	4	5	6	7	8	9	10	20
Λ	M	N	Ξ	O	Π	η	P	Σ	T	Y
30	40	50	60	70	80	90	100	200	300	400

Von dieser Zahlenreihe waren es nun bloß noch zwei Schritte, um bei dem System anzugelangen, das wir heute verwenden. Zuerst einmal musste man begreifen, dass nach dem Stellenwertprinzip nur neun Ziffern nötig waren und die beiden letzten der oben dargestellten Ziffern über Bord geworfen werden konnten. Es ist ungewiss, wann dieser Schritt erstmals unternommen wurde, doch es herrscht wohl Einigkeit unter den Mathematikern, *dass* er in Indien stattfand – vielleicht irgendwo im Grenzbereich zwischen Indien und Persien, wo man sich noch an die babylonische Stellenschreibweise erinnerte und zu ihrer Verwendung im Brahmi-System angeregt worden sein könnte; vielleicht aber auch entlang der Grenze zu China, wo man mit einem Stabsystem arbeitete:

Auch dieses System hätte zu einer Verkürzung auf neun Ziffern anregen können.³⁴

Der früheste schriftliche Hinweis auf die neun indischen Zahlen findet sich in den Texten eines syrischen Bischofs namens Severus Sebokt. Wie man sich erinnern wird, hatte Justinian die philosophischen Schulen Athens im 6. Jahrhundert geschlossen, woraufhin einige griechische Gelehrte ihre Zelte dort abbrachen und in Syrien neu aufschlugen (während es andere nach Gondischapur zog). Möglicherweise war Sebokt irritiert gewesen, weil diese Griechen nun so naserümpfend auf das Wissen anderer Kulturen herabblickten, jedenfalls »fand er es angebracht, alle Griechischsprachigen zu erinnern, dass es ›auch noch andere gibt, die etwas wissen‹«. Um das zu unterstreichen, verwies er auf die Inder und ihre astronomischen Entdeckungen, insbesondere auf »ihre nützlichen Rechenmethoden und unbeschreiblichen Rechenleistungen. Ich brauche nur zu sagen, dass ihre Berechnungen mit Hilfe von nur neun Zeichen angestellt werden«.³⁵

Man beachte, dass Sebokt von neun und nicht von zehn Zeichen spricht. Das heißt, dass die Inder zu diesem Zeitpunkt den entscheidenden zweiten Schritt zum modernen System noch nicht gegangen waren – zur Entwicklung eines Symbolzeichens für die Null. David Eugene Smith schreibt in seiner Mathematikgeschichte, es sei unbestritten, dass die Null erstmals in einer indischen Inschrift aus dem Jahr 876 auftauchte –

mit anderen Worten also über zwei Jahrhunderte nach der ersten Erwähnung der neun Ziffern. Wir können noch immer nicht mit Gewissheit sagen, wo die Null zuerst eingeführt wurde, denn bei der Vorstellung von einem Nichts oder einer Leere waren auch die Maya ohne jede Hilfe von außen angelangt (worüber noch zu sprechen sein wird). Der Cambridger Sinologe Joseph Needham favorisierte China als das Ursprungsland der Null. »Es könnte von großer Bedeutung sein«, schrieb er, »dass man in den älteren Schriften Indiens schlicht das Wort *sunya* – Leere – verwendete, so als hätte man damit die Leerstellen auf chinesischen Rechenbrettern beschrieben.« In einer Inschrift aus Kambodscha aus dem Jahr 683 wurde ein Punkt, *bindu*, als Symbol für die Null benutzt; in einer Inschrift aus Bangka (vor der Küste Sumatras) aus dem Jahr 686 wurde sie durch einen geschlossenen Kreis symbolisiert.[36] Und das ist ohne Zweifel dem indischen Einfluss zu verdanken, so wie auch ziemlich sicher ist, dass die Inder die Ersten waren, die alle drei neuen Elemente benutzten, welche zur Grundlage unseres Rechensystems werden sollten: das Dezimalsystem, die Stellenschreibweise und die Ziffern für zehn (und nur zehn) Zahlenwerte. Diese Elemente waren in der Tat allesamt bereits um das Jahr 876 vorhanden.

Wir verwenden das eiförmige Symbol »o« für die Null. Eine Zeitlang wurde vermutet, dass es sich ursprünglich von dem griechischen Buchstaben Omikron ableitete, da Omikron der Anfangsbuchstabe des Wortes συδεν (*ouden*), »leer«, war. Doch diese Theorie ist heute nicht mehr haltbar, denn inzwischen wissen wir, dass manchmal auch ein Punkt verwendet wurde und manchmal eine auf den Kopf gestellte Version unseres Buchstabens h.

Die letzte entscheidende Innovation der indischen Mathematiker war die Multiplikation einer mehrstelligen Zahl, Gelosia-Methode genannt. Nachdem das System dieser »Gittermultiplikation« im 12. Jahrhundert erfunden worden war, wurde es nach China und in die arabische Welt exportiert, von wo aus es im 14. und 15. Jahrhundert schließlich Italien erreichte. Und weil die verwendeten mathematischen Gitter den in Venedig üblichen Fensterläden ähnelten, wurden sie *gelosia* genannt. Die Abbildung auf der folgenden Seite zeigt das Beispiel einer solchen Gittermultiplikation.

Bei diesem Beispiel wird die Zahl 456 mit der Zahl 34 multipliziert, was die Zahl 15 504 ergibt. Die Ziffern der beiden zu multiplizierenden Faktoren werden am oberen bzw. linken oder rechten Rand des Quadrats notiert; die Ergebnisse der kombinierten einstelligen Multiplikationen werden in die diagonal geteilten Gitter-Quadrate eingetragen. So muss man also keine kompliziertere Kopfrechnung als die Multiplikation einzelner Zahlen anstellen, dann in der Ecke rechts oben beginnend nach unten und links die Ziffern der Diagonalstreifen aufaddieren und dabei den jeweiligen Übergang zur Summe des nächsten Diagonalstreifens hinzuzählen.[37]

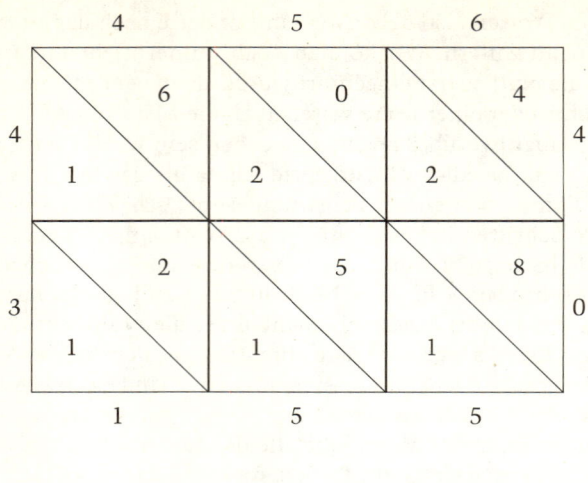

Indien wusste bis Anfang des 8. Jahrhunderts nichts vom Aufkommen des Islam, und das hätte wohl auch noch lange Zeit so bleiben können, wäre es nicht zu einem berüchtigten Vorfall im Jahr 711 n. d. Z. gekommen: Die Kaperung eines reich beladenen arabischen Schiffes erregte den Zorn des Umaiyaden-Herrschers im (heutigen) Irak derart, dass er ein Expeditionsheer mit sechstausend syrischen Pferden und noch einmal so vielen irakischen Kamelen gegen die Rajputen von Sindh losschickte. Nachdem dieses Heer Brahmanahbad erobert hatte, stellten die Muslime alle Ungläubigen vor die Wahl, zum Islam zu konvertieren oder zu sterben. Doch ihre Grausamkeit war nicht von Dauer. Die Araber begriffen bald, dass es einfach viel zu viele Inder gab, um sie alle ausrotten zu können. Außerdem hatten sich muslimische Gelehrte inzwischen ausgiebig mit der religiösen Literatur des Hinduismus befasst und dafür gesorgt, dass den Hindus der Status von *dhimmis* gewährt wurde – das heißt, wie Juden und Christen genossen auch sie nun einen gewissen Schutz (vorausgesetzt natürlich, dass sie ihre Kopfsteuer, die so genannte *jizya* bezahlten).[38]

Nachdem der Islam bereits derart schnell den Nahen Osten erobert hatte, wäre es durchaus vorstellbar gewesen, dass den Muslimen dasselbe in Indien glücken könnte. Doch es sollte nicht sein – was ja nicht zuletzt die Existenz der modernen muslimischen Staaten Pakistan und Bangladesh neben dem hinduistischen Indien bezeugt (wo heute allerdings ebenfalls mehrere Millionen Muslime leben). Die Militärgeschichte der muslimischen Eroberung Nordindiens sprengt den Rahmen dieses Buches, deshalb sei hier nur erwähnt, dass Türken und Afghanen im Lauf der Jahrhunderte stärker dort engagiert waren als Araber und dass sich Sunniten und der Sufismus als die beiden islamischen Hauptströmungen in Indien etablierten. Im Jahr 1095, als al-Ghazali die Nizamiya-Universität in Bagdad verließ, um das Leben eines Sufis zu führen, erlebte der Sufismus einen großen Aufschwung (allerdings machte ihn auch seine Dichtung sehr populär). Im 12. Jahrhundert teilten sich die Sufis schließlich in mehrere *silsilas* (»Ketten« beziehungsweise Orden) auf, welche jeweils einem *pir* (Weisen) unterstanden und mit einem *khanaqah* (»Hospiz« beziehungsweise Kloster) verbunden waren. Männer aus aller Welt, die auf der Suche nach einem spirituellen Leben waren, fühlten sich davon angezogen.[39] Zuerst waren diese Klöster noch von milden Gaben abhängig gewesen, aber schon bald sollten sie nach dem Vorbild der buddhistischen Klöster Chinas zu ausgesprochen wohlhabenden Gemeinschaften heranwachsen.

Sindh, der Punjab und Bengalen wurden zu den Hauptzentren des Sufismus; die beiden bedeutendsten »Ketten« waren der Suhrawardiyya-Orden, benannt nach einem islamischen Mystiker und dem Autor einer sufistischen Theologie, und der Chishtiyya-Orden, benannt nach dem Dorf Chisht (in der Nähe des afghanischen Herat). Die Chishti führten ein Leben in Armut und Askese und praktizierten Konzentrationsübungen wie *pas-i-anfas* (Kontrolle des Atems), *chilla* (vierzig Tage schwieriger Übungen an einem abgelegenen Ort), oder *chilla-i-makus*, die ungewöhnlichste Übung von allen, bei der man vierzig Tage kopfüber an einen Ast gebunden wurde. Orthodoxe Muslime waren von solchen Praktiken entsetzt und versuchten mehrmals erfolglos, sie abzuschaffen. Doch so wie der Buddhismus in China sinuisiert wurde, sollte auch der Islam in Indien hinduisiert werden.[40]

Tausendfünfhundert Jahre lang hatten Buddhismus und Hinduismus friedlich in Indien koexistiert und jeweils Ideen und Praktiken vom anderen übernommen. Nach der islamischen Invasion reduzierte sich die Zahl der buddhistischen Zentren wie Nalanda, Vikramasila oder Odontapuri jedoch drastisch, weshalb die jeweiligen Unterdrückungsmethoden auch besser griffen. Schließlich starb der Buddhismus in Indien aus und sollte erst Mitte des 19. Jahrhunderts wieder zum Leben erweckt werden.[41]

*

Der Verbreitung religiöser Ideen in Richtung Osten, von Mesopotamien nach Indien und von dort weiter nach Südostasien und Japan, stand natürlich die Ausbreitung des Christentums und des Judentums in westlicher Richtung gegenüber. Die Einflüsse, die diese großen Ideen auf einzelne Individuen hatten, und ihre räumlichen Emanationen, waren gewiss die gewaltigsten, die in der Menschheitsgeschichte jemals von einem so winzigen Gebiet auf dem Erdball ausgegangen sind.

14
Chinas geistige Elite,
lixue und die Kultur des Pinsels

Die griechische Bezeichnung für Chinesen war *seres*. Von ihr leitet sich das lateinische Wort für Seide ab: *sericum*. Plinius war nur einer von vielen gewesen, die über die Genusssucht seiner modebewussten Zeitgenossen und ihren Hang zum Luxus lästerten, etwa wenn er monierte, dass Rom unter der Last von Seidenballen schon zusammenbrechen würde. Stoffe aus China waren seit spätestens 1200 v. d. Z. über die Seidenstraße ins Abendland transportiert worden, aber bis ca. 200 n. d. Z. wussten nur Chinesen, wie man Seidenraupen züchtet. Noch im 7. Jahrhundert pflegten Reisende und darunter sogar Mönche Seidenballen als Zahlungsmittel mitzuführen, beispielsweise für den Fall, dass sie einmal dringend einen Arzt entlohnen mussten. Der Legende nach verloren die Chinesen das Monopol auf die Seidenproduktion schließlich, weil eine chinesische Braut in ihrem Haar einen Kokon aus dem Land schmuggelte, als sie nach Zentralasien reiste, um sich dort zu vermählen. Sicher ist jedenfalls, dass um das 4. oder 5. Jahrhundert auch in Persien, Indien und Byzanz Seide produziert wurde. Allerdings sollte China konkurrenzlos bleiben, denn kein anderes Land konnte so dicht verwobene Seide mit so komplizierten Mustern herstellen.[1]

Damit wird implizit bereits deutlich, dass kein Land im Mittelalter mit den fortschrittlichen geistigen und technischen Entwicklungen Chinas Schritt halten konnte. Und diese Überlegenheit war vermutlich nie klarer gewesen als zu Zeiten der Song-Dynastie (960–1279). Joseph Needham, der 1995 verstorbene Gelehrte aus Cambridge, der sein ganzes Leben dem Studium der wissenschaftlichen und zivilisatorischen Anfänge Chinas gewidmet hat, schrieb in seiner umfangreichen Historie: »Wann immer man in der chinesischen Literatur einem bestimmten Thema aus der Wissenschafts- oder Technikgeschichte auf der Spur ist, findet man es im Brennpunkt der Song-Dynastie.« Endymion Wilkinson warf jedoch ein, dass dieser Anschein nur entstehen konnte, weil durch die Entwicklung des Buchdrucks mehr Werke aus der Song-Zeit als aus jeder vorangegangenen Periode überlebt haben. Dafür lieferte er einen anderen Hinweis auf die bereits so weit fortgeschrittene Kultur und die Erfolge Chinas: Die chinesische Bevölkerung hatte schon im 12. Jahrhundert die Siebzig-Millionen- und vermutlich bereits ein Jahrhundert später die Einhundert-Millionen-Schwelle überschritten. China hatte demnach fast doppelt so viele Einwohner wie ganz Europa.[2]

Nach dem Han-Zeitalter und seinen Wunderwerken, über die wir bereits im achten Kapitel sprachen, waren Dynastien aufgetaucht und wieder verschwunden, das Land war durch den Einfall der mongolischen Nomaden gespalten, wiedervereint, erneut gespalten und erneut vereint worden, und Arbeitspflichtige hatten die Große Mauer und die Kanäle gebaut. In der Tang-Dynastie (618–906), deren Kaiser erst abgesetzt und dann (wegen eines gewaltigen Pferdezuchtprojekts für die Kavallerie, die vor der Erfindung des Schießpulvers das Rückgrat der Armee gewesen war) wieder auf den Thron gehievt worden waren, wurde erneut ein gewisses Maß an Glanz und Stabilität erreicht. Während der nördlichen und südlichen Song-Dynastie (960 bis 1234 im Norden, bis 1279 im Süden) schaffte es China schließlich auf das Sprungbrett zur modernen Wissenschaft und löste damit eine kleine industrielle Revolution aus. »Kein Land konnte einem Vergleich standhalten, wenn es um die Umsetzung naturwissenschaftlicher Erkenntnisse zum praktischen Nutzen und Wohle des Menschen ging.«[3]

Zum hohen Entwicklungsstand der Song-Dynastie trugen gleich mehrere Ideen und beeindruckende technische Erfindungen bei, in erster Linie das Papier, das schließlich den Buchdruck ermöglichen sollte. Erste Vorformen der heutigen chinesischen Schrift hatte es bereits zu Zeiten der Zhang-Dynastie (1765–1045 v. d. Z.) gegeben, als man wie gesagt mit glühenden Brandstäbchen Zeichen in Tierknochen oder Schildkrötenpanzer geritzt hatte, um die entstandenen Risse in den Orakelknochen dann von Schamanen deuten zu lassen. Archäologen fanden rund dreitausendfünfhundert verschiedene Zeichen auf diesen – manchmal sogar zusammengebundenen – Schulterblattknochen und Tierpanzern; die moderne chinesische Sprache verfügt über rund achtzigtausend Schriftzeichen. Aus dieser Praxis begann sich allmählich die Beschriftung von Bambustafeln mit einer Art Griffel zu entwickeln, der zuvor in einen Firnis getaucht worden war. Auch sie wurden meist durch Schnüre oder Riemen zusammengehalten. Selbst Konfuzius benutzte solche Bücher, als er das *I Ching* studierte. Man sagt, er soll so konzentriert bei der Sache gewesen sein, dass er unvorsichtig mit den Bänden umzugehen begann und dreimal die Versiegelung von Verschnürungen gebrochen habe.[4] Nach Aussage von Lucien Febvre und Henri-Jean Martin wurden die ältesten chinesischen Bambus- oder Holztäfelchen Anfang des 20. Jahrhunderts in den Wüsten Zentralasiens ausgegraben. Sie waren mit Pinsel und Tusche beschriftet und enthielten Wörterverzeichnisse, Kalender, medizinische Rezepte oder Verwaltungsangaben der Garnisonen, die die Seidenstraße bewachten.

Datiert wurden sie auf eine Zeit zwischen 98 und 137 n. d. Z. Später sollten in Grabmälern sogar Holztafelbücher aus dem 5. Jahrhundert v. d. Z. entdeckt werden.

Inzwischen hatte man solche Tafelbücher manchmal schon durch Seidenstreifen ersetzt, die leichter, bruchsicherer und deshalb haltbarer waren und platzsparender um einen Stock aufgerollt werden konnten. So kam es, dass das chinesische Wort für »Rolle« schließlich auch zur Bezeichnung des Buches wurde (wie das lateinische Wort für die Schriftrolle, *volumen*, in westliche Sprachen einging). Doch Seide war nicht billig, die Chinesen waren deshalb immer auf der Suche nach Alternativen. Im Versuch- und Irrtumverfahren begannen sie zuerst mit Seidenresten zu experimentieren, dann mit anderen Abfallprodukten (Baumrinde, Hanf, Tuchreste, alte Fischernetze), bis es ihnen schließlich gelang, einen kleisterartigen Brei herzustellen, der nach dem Trocknen beschreibbar war. Damals war es üblich, alle Erfindungen dem kaiserlichen Hof zuzuschreiben, deshalb galt das Papier offiziell als die Erfindung des Aufsehers über die kaiserlichen Werkstätten, eines Obereunuchen namens Cai Lun (gest. 121 n. d. Z.). Tatsächlich hatte er im Jahr 105 n. d. Z. einen Bericht an den Kaiser geschickt, in dem er erstmals die Erfindung des Papiers erwähnte, doch das Material muss zu diesem Zeitpunkt schon länger in Gebrauch gewesen und ergo von einem Geringeren erfunden worden sein, dessen Name nur nie verzeichnet wurde.[5]

Das Papier, das nun die Seide ersetzte (ausgenommen bei Luxusausgaben), wurde in Blättern von 24 x 45 Zentimetern Größe hergestellt, die dann zu langen Bändern zusammengeklebt und um einen Stab gerollt wurden. Das war allerdings eine ziemlich mühselige Angelegenheit, denn jedes Mal, wenn man eine bestimmte Passage suchte, musste erst das ganze Buch entrollt werden. Letztlich war es wahrscheinlich dieser Umstand, der zur Aufteilung der Bücher in einzelne Seiten führte. Allerdings waren schon in Indien viele Palmblätter mit heiligen Texten zu Bündeln verschnürt worden, das heißt, man hätte im Grunde bereits ein Vorbild gehabt. Bei der Ausgrabung einer eingemauerten chinesischen Bibliothek in Dunhuang, in der man fünfzehntausend Handschriften aus der Zeit zwischen dem 5. und 10. Jahrhundert entdeckte, fand man die unterschiedlichsten Buchformen in Reih und Glied aufbewahrt: neben Rolltexten zum Beispiel Faltbücher, die von den Chinesen »wirbelnde Bücher« genannt wurden, weil man sie an den Längskanten zusammenklebte und dann wie einen Leporello faltete, sodass sie sich wie eine Ziehharmonika öffnen ließen. Diese Falttechnik wird noch heute angewandt, sowohl in der Kalligrafie als auch bei heiligen buddhistischen und taoistischen Texten oder in der Malerei. Doch weil sich die zusammengeklebten Seiten zu schnell lösten, ging man zum nächsten Schritt über und begann die einzelnen Blätter in der Mitte zu falten und dann am Falz zusammenzunähen. Und da die Blätter jetzt wie Flügel flatterten, nannten die Chinesen solche Bücher »Schmetterlingsbücher«.[6]

Nachdem nun Papier vorhanden war, ließ die Erfindung des Drucks nicht lange auf sich warten. Schon lange zuvor war es in China (wie auch anderenorts) üblich gewesen, klassische Texte in große Steinplatten oder Stelen einzumeißeln, um sie so unveränderbar wie nur möglich zu erhalten und der Öffentlichkeit zugänglich zu machen. Daraus entwickelte sich die Praxis, Texte spiegelschriftlich einzumeißeln, um es den Pilgern und Reisenden zu ermöglichen, einen Abrieb herzustellen. Und genau das war natürlich das Grundprinzip des Drucks – nur dass man das Verfahren noch nicht so nannte; erst die Entwicklung des Siegelreliefschnitts sollte zum eigentlichen Buchdruck führen. Bis zum Jahr null der modernen Zeitrechnung war es unter den Frommen in China Mode geworden, Siegel mit den Reliefs von oft langen religiösen Texten, Gebeten oder sogar Buddhaporträts anfertigen zu lassen, deren Abdrücke dann zum Beispiel die Zellen von buddhistischen Mönchen schmückten. Der entscheidende Durchbruch scheint erfolgt zu sein, nachdem man festgestellt hatte, dass Papier im Gegensatz zu Seide solche Abdrücke aufnehmen konnte. Nach allen möglichen Experimenten hatte man mit dem Spiegelrelief nun erstmals eine Möglichkeit gefunden, lesbare Druckseiten zu pressen. Das älteste aufgefundene Beispiel dafür ist ein kleines Buddhaporträt, das etwa aus der Mitte des 8. Jahrhunderts n. d. Z. stammt und von dem großen französischen Frühgeschichtler Paul Pelliot bei Kuche in Sinkiang entdeckt wurde. Das älteste erhaltene gedruckte Buch der Welt ist eine lange Rolle aus dem Jahr 868, die sich heute in der British Library befindet und mit einem buddhistischen Text im Holzschnittverfahren bedruckt wurde. Ihr wunderbares Titelblatt ist von solcher Qualität, dass man von einer bereits sehr fortgeschrittenen Technik in dieser Zeit ausgehen kann. Vor kurzem wurde ein Buch in Korea gefunden, das noch älter sein könnte; doch zurzeit sind sich die Forscher noch nicht einig, ob es in Korea oder in China hergestellt wurde.[7]

Das Druckverfahren mit Holzstöcken scheint sich in den Gegenden entlang des Jangtse entwickelt und von dort aus verbreitet zu haben. Angewandt wurde es vorrangig von den religiösen Obrigkeiten, die das kanonische Schrifttum erhalten wollten. Im Jahr 932 n. d. Z. empfahl Feng Dao in einem Bericht an den Kaiser das Blockdruckverfahren zur Bewahrung von klassischen Texten, da die damaligen Machthaber nicht über ausreichende finanzielle Mittel verfügten, um das Überleben wertvoller Texte mit dem traditionellen Verfahren – dem Einmeißeln auf Stein – garantieren zu können. Dieses Projekt sollte dann ausgesprochen erfolgreich umgesetzt werden, denn zwischen den Jahren 932 und 953 wurde nicht nur ein Großteil der bestehenden Literatur auf diese Weise gedruckt, sondern auch die Bildung in einem Maße gefördert, das dieses Verfahren mehr als gerechtfertigt erscheinen ließ. Die Meriten für die Erfindung des Buchdrucks erhielt Feng Dao, doch wie schon bei der Erfindung des Papiers und dem dafür so hoch gelobten Cai Lun war auch diesmal der Erfindergeist einer anonym gebliebenen Person aus früheren Zeiten am Werk gewesen. Man experimentierte weiter, doch den ersten Versuchen mit Kupferplatten und beweglichen Lettern waren noch keine Erfolge beschieden. Die ersten ernst zu nehmenden Anläufe mit beweglichen Lettern machte man erst im 11. Jahrhundert. Der Schmied und Alchemist Bi Sheng soll erstmals aus Ton geformte Schriftzeichen hergestellt und im Strohfeuer gebrannt haben, um sie dann mit einem Klebstoff aus Wachs und Harz, der beim Erkalten erstarrte, in einen Eisenrahmen zu setzen. Erhitzte man ihn erneut, konnten die Lettern wieder entfernt und zu einem neuen Text zusammengesetzt werden. Auch mit Harthölzern, Blei, Kupfer oder Zinn als Material für die Lettern wurde experimentiert, doch ohne großen Erfolg. In einem Traktat aus damaliger Zeit wurde vorgeschlagen, alle Lettern nach lautmalerischen Prinzipien zu verwahren, das heißt die Zeichen nach ihrem sprachlichen Gleichklang zu ordnen.[8]

Heute wissen wir, dass die Entwicklung des Buchdrucks mit beweglichen Lettern am schnellsten im benachbarten Korea vorankam, und zwar dank eines Dekrets, das der gütige König Sejong im Jahr 1403 erließ und das sogar nach heutigen Maßstäben – geschweige denn nach den Maßstäben der damaligen Zeit – aufgeklärt klingt: »Um vollendet regieren zu können«, ließ er verlautbaren, »ist es notwendig, Kenntnisse vom Gesetz und das Wissen aus Büchern zu verbreiten, auf dass der Verstand zufrieden gestellt und der von Natur aus schlechte Charakter des Menschen verbessert werden können und Friede wie Ordnung gewahrt bleiben. Unser Land liegt jenseits des Meeres im Osten, aus China erreichen uns nur selten Bücher. Holzblöcke verbrauchen sich schnell, und es wäre schwierig, alle Bücher dieser Welt in Stein zu meißeln. Daher wünsche ich, dass Lettern aus Kupfer hergestellt und für den Druck verwendet werden, um mehr Bücher verfügbar zu machen. Es wird von unermesslichem Nutzen sein. Da es unangemessen wäre, dem Volk die Kosten für diese Arbeit aufzuerlegen, werden sie vom Schatzamt übernommen.« Infolge dieses Erlasses wurden rund hunderttausend Schriftgarnituren und im weiteren Verlauf des Jahrhunderts zehn weitere Zeichensätze hergestellt. Die drei ersten (aus den Jahren 1403, 1420 und 1434) gingen, wie wir heute wissen, der Erfindung des Buchdrucks durch Gutenberg voraus. Doch weder das koreanische noch das chinesische System scheinen den Westen schnell genug erreicht zu haben, um sich auf die dortige Entwicklung des Buchdrucks auszuwirken.[9]

Obwohl also ein Großteil der Song-Renaissance auf der nun größeren Verfügbarkeit von Literaturen beruhte, scheinen die Chinesen den Buchdruck nie in dem Maße als revolutionären Prozess betrachtet zu haben wie die Europäer. Vermutlich lag das an den Eigenheiten der chinesischen Sprache, die über kein Alphabet, sondern über Tausende von unterschiedlichen Schriftzeichen verfügte, weshalb bewegliche Lettern nicht die gleichen Vorteile mit sich brachten. Westliche Reisende, die in der Renaissance und zur Zeit der Reformation China besuchten, stellten obendrein fest, dass chinesische Holzschnitzer in der Lage waren, ebenso schnell Schriftzeichen in einen Holzstock zu gravieren, wie Europäer eine Textseite mit beweglichen Lettern zum Beispiel in lateinischer Sprache zusammensetzten. Abgesehen davon hatten Gravuren den Vorteil, dass sich ein Holzstock für spätere Neudrucke aufbewahren, lagern und auch für Illustrationen verwenden ließ. Kein Wunder, dass sich in chinesischen Büchern schon Jahrhunderte früher als im Abendland Illustrationen (darunter sogar farbige) fanden.[10]

Beim Thema Buchdruck stellt sich natürlich auch die Frage nach der Schrift und der Sprache. Die chinesische Sprache (und Schrift) beruht auf ganz anderen Ideen als beispielsweise die indoeuropäischen Sprachen. Obwohl es eine Menge chinesischer Dialekte gibt, macht das Mandarin (das im Norden Chinas gesprochen wurde) rund siebzig Prozent der heute gesprochenen chinesischen Sprache aus. Die Schriftzeichen sind stets einsilbig – »China« heißt in Mandarin beispielsweise *Zhong guo*, wörtlich »Land der Mitte«. Und da es nur etwa vierhundertzwanzig Silben im Mandarin gibt (im Vergleich zu beispielsweise rund tausendzweihundert im Englischen), das chinesische Vokabular laut unseren Wörterbüchern aber aus rund fünfzigtausend Wörtern besteht, muss es notgedrungen viele gleich lautende Wörter oder Silben geben. Um Unterscheidungen zu ermöglichen, werden die Silben deshalb je nach Bedeutung unterschiedlich betont, das heißt, jede Silbe kann in vier verschiedenen Tonarten moduliert werden: in einer hohen Klangfarbe, in einer hohen Klangfarbe mit aufsteigendem Tonfall, mit absteigendem Tonfall von hoch nach tief oder in einer tiefen Klangfarbe. Hier ein von Zhou Youguang angeführtes Beispiel aus der englischen Sprache: Man versuche einmal, sich die in England typischen Betonungsweisen des Wortes »Yes« unter unterschiedlichen Umständen vorzustellen – etwa wenn man auf ein Klopfen an der Tür reagiert oder während man gerade in irgendeine Arbeit vertieft ist oder wenn man einer Aussage zustimmt, der man insgeheim misstraut. Im Chinesischen können solche lautmalerischen Unterschiede die Bedeutung eines Wortes vollständig verändern. *Ma* zum Beispiel kann je nach Betonung »Mutter«, »Pferd« oder »Gezänk« bedeuten.[11] Noch komplizierter wird es, wenn man bedenkt, dass es einundvierzig verschiedene Bedeutungen des chinesischen Schriftzeichens *yi* allein in der vierten Betonungsart gibt, darunter »Einfachheit«, »Rechtschaffenheit«, »Unterschied« oder »Kunst«. Man kann den Sinn eines Wortes also immer nur aus dem Kontext ableiten.

Da das Chinesische keine flektierende Sprache ist, verändern sich die Wörter nicht nach Numerus, Geschlecht, Fall, Zeitform, Aktiv/Passiv oder Modus. Konkrete Bezüge werden entweder durch die Wortreihenfolge oder durch Hilfswörter hergestellt. Nehmen wir zum Beispiel einen Satz, der in direkter Übersetzung aus dem Chinesischen lauten würde: »Gestern er gibt ich zwei Literatur Revolution Buch.« »Gestern« indiziert, dass »gibt« »gab« bedeutet; die Reihenfolge der Wörter indiziert, dass »ich« »mir« heißt; und »zwei« indiziert, dass es sich bei »Buch« um Bücher handelt. Die einzige schwierigere Interpretation bei diesem Satz ist »Literatur Revolution«. Doch auch in diesem Fall indiziert die Reihenfolge, dass es sich hier um eine »literarische Revolution« und nicht um eine »revolutionäre Literatur« handelt. Ergo lautet der Satz: »Gestern gab er mir zwei Bücher über [die] literarische Revolution.« Hilfswörter wie *le* indizieren die abgeschlossene Zeitform eines Verbs; und wenn *wen* auf »ich« folgt, bedeutet es »wir«. Außerdem werden Wörter als »fest« oder »leer« klassifiziert: Feste Wörter haben eine Bedeutung an sich, wohingegen leere nur grammatische Funktionen erfüllen, also etwa als Präposition, Bindewort oder Interrogativ dienen. »Du bist Engländer *ma*« heißt zum Beispiel: »Bist du Engländer?«[12]

Aber nicht nur die chinesische Sprache, auch die chinesische Schrift beruht auf völlig anderen Ideen als die indoeuropäischen Sprachen und die westlichen Alphabete. Die chinesische Schrift erinnert wesentlich stärker an die Piktogramme, die zur Geburtsstunde der Schrift in Mesopotamien erdacht wurden. Alle chinesischen Dialekte verwenden dieselbe Schrift (auf welcher andere Schriften wie die koreanische und die japanische beruhen). Der Saga nach wurde die chinesische Schrift von Can Re erfunden, einem Beamten am Hof des ersten historischen, halb mythischen Kaisers Huang Di zu Beginn des 3. Jahrtausends v. d. Z. – allerdings besitzen wir keine älteren archäologischen Nachweise für die chinesische Schrift als die Zeichen auf den Orakelknochen und den Kupfergefäßen, die aus ca. 1400 v. d. Z. stammen. Ihr liegen vier Ideen zugrunde. Die erste ist die bildliche Darstellung. Das Zeichen für »Sonne« bestand anfänglich aus einem Kreis mit einem Punkt in der Mitte und wurde später zu einem Rechteck mit einem kurzen Querstrich in der Mitte. Drei Gipfel bedeuteten »Berg« (siehe Abbildung 11 für weitere Beispiele). Die zweite Idee war die Verwendung von Diagrammen. Ziffern bestanden zum Beispiel aus einfachen Querstrichen, und Mengen – »mehr als« (über) oder »weniger als« (unter) – wurden durch einen Punkt über oder unter einem Querstrich dargestellt (siehe Abbildung 11). Die dritte Idee war die Suggestion, verbunden mit einem gewissen Sinn für Humor: Der Begriff »Hören« wurde zum Beispiel durch ein Ohr zwischen zwei Türblättern symbolisiert, »Wald« durch zwei nebeneinander stehende Bäume. Die vierte Idee schließlich war, den Sinn oder die Bedeutung eines Begriffs mit Phonetik zu verbinden. Das Schriftzeichen für »Meer« und »Schaf«, *yang*, wird in der exakt selben Klangfärbung moduliert. Deshalb wurde dem *yang* für »Meer« noch das Schriftzeichen für »Wasser« angefügt. Das war natürlich erst der Anfang. In Wörterbüchern werden chinesische Schriftzeichen nach zweihundertvierzehn kennzeichnenden Stämmen oder Wurzeln geordnet. Sie indizieren die allgemeinen Merkmale der jeweiligen Bedeutung, und es werden ihnen die entsprechenden verdeutlichenden Nebensilben angefügt.

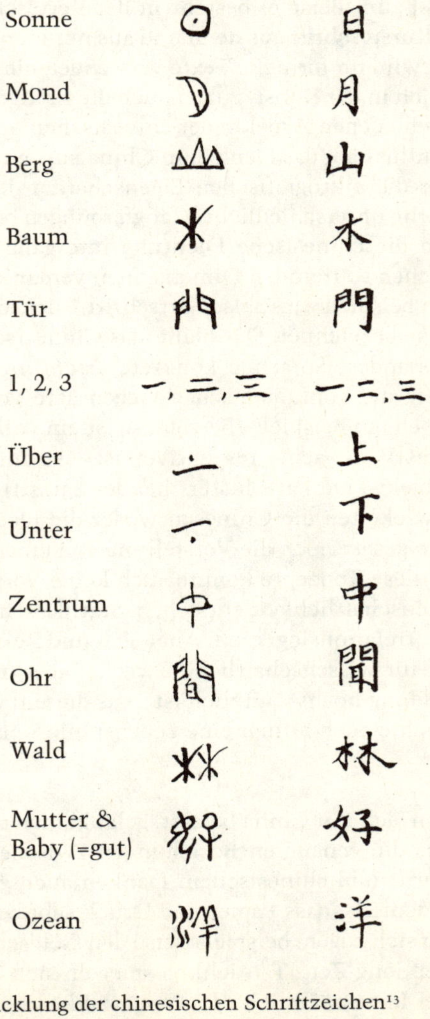

Sonne	☉	日
Mond	☽	月
Berg	⛰	山
Baum	木	木
Tür	門	門
1, 2, 3	一, 二, 三	一, 二, 三
Über	二	上
Unter	二	下
Zentrum	中	中
Ohr	聞	聞
Wald	林	林
Mutter & Baby (=gut)	好	好
Ozean	洋	洋

Abb. 11: Die Entwicklung der chinesischen Schriftzeichen[13]

Es gibt verschiedene chinesische Schriftstile, die jedoch traditionell alle mit einem Pinsel (und nicht mit dem Griffel oder einem anderen Gerät) geschrieben werden, darunter eine Regelschrift, eine Kursivschrift und die so genannte »Grasschrift«. Bei der Regelschrift wird jeder senkrechte und waagerechte Strich separat gesetzt, vergleichbar dem Stil der lateinischen Blockschrift; bei der Kursivschrift gehen die einzelnen Striche in fließende Linien über, ähnlich den uns bekannten Kursivschriften; und die Grasschrift besteht aus ineinander verlaufenden Strichen und stellt eine Kurzschrift nach Art unserer Stenografie dar. Das Schriftzeichen *li* (»Ritual«, »Schicklichkeit«) zum Beispiel besteht in der Regelschrift aus siebzehn Strichen, in der Kursivschrift aus neun und aus nur vier in der Grasschrift. Die Regelschrift wird für formelle Texte verwendet, die Kursivschrift hingegen vornehmlich in der Kunst, zu der auch die Kalligrafie zählt.[14]

All diese verschiedenen Aspekte der chinesischen Sprache und Schrift übten großen Einfluss auf das Denken in China aus. Nun gibt es aber wie gesagt nicht nur die piktografischen Eigenschaften der Zeichen selbst, sondern auch völlig unterschiedliche Klangfärbungen bei der Aussprache, denen vor allem die chinesische Dichtung ihre ganz eigenen und den westlichen Sprachen so fremden Dimensionen verdankt. Bewegung wird im Chinesischen beispielsweise als »Fortschritt-Rückschritt« und Politik als »Regel-Chaos« bezeichnet. Das heißt, das Chinesische kann auf ganz andere Weise als andere Sprachen konkrete *Erfahrungen* vermitteln, in denen sich häufig die konfuzianischen Gegensätze von *ying* und *yang* spiegeln. Hier noch ein Beispiel: »Berg groß« ist ein vollständiger Satz im Chinesischen; das Verb »sein« respektive »ist« ist unnötig. »In Ermangelung eines Subjekt-Prädikat-Musters bei der Satzstruktur«, sagt Zhou Youguang, »entwickelten die Chinesen weder die Idee von einem logischen Gleichheitsgesetz noch die Vorstellung von einer philosophischen Substanz. Ohne diese Konzepte konnte auch keine Vorstellung von Kausalität oder Wissenschaftlichkeit entstehen. Stattdessen entwickelten die Chinesen eine Korrelationslogik, ein Analogie- und Relationsdenken, das zwar ungeeignet für wissenschaftliche Zwecke, aber für die soziopolitische Theorienbildung höchst nützlich ist. Aus diesem Grund ist die chinesische Philosophie auch primär eine Lebensphilosophie.«[15]

*

Wann immer man sich mit China befasst, gelangt man unweigerlich zum Praktischen. Was die genaueren Beziehungen zwischen Papier, Druck, chinesischer Schrift und chinesischem Denken auch gewesen sein mögen, fest steht jedenfalls, dass Papier und Druck sehr bodenständige Entwicklungen nach sich zogen, beispielsweise den Geldschein, eine weitere Erfindung aus der Song-Zeit. Tatsächlich spiegeln sich in diesem Gegenstand gleich zwei Ideen, nämlich die, Papier zu bedrucken, und die, ein schriftliches Versprechen abzugeben. Und das stellte einen großen Fortschritt gegenüber den Münzen dar, weil Geldstücke ja nur den jeweiligen Metallwert zum Ausdruck bringen. Banknoten wurden erstmals Anfang des 11. Jahrhunderts erwähnt und scheinen die Antwort auf mehrere gleichzeitig aufgetretene Krisen gewesen zu sein. Erstens war China kurz vor der Song-Dynastie im 10. Jahrhundert in mindestens zehn unabhängige Staaten aufgeteilt gewesen, die alle ihre eigenen Münzen prägten. Im Norden verwendete man dafür Kupfer, im Süden Eisen oder Blei. Kaum hatten die Song am Ende des Jahrhunderts ein gewisses Maß an politischer Einheit hergestellt, führten sie Kupfermünzen als einheitliche Währung ein. Weil diese Maßnahme mit zunehmenden Kriegsaktivitäten zusammenfiel, explodierten jedoch die Kosten. Die Regierung beschloss, die Produktion von Kupfermünzen in bisher ungekannten Ausmaßen zu steigern, doch auch das genügte nicht. Da inzwischen immer mehr Kaufleute das Militär ausstatteten, begann der Staat Depotscheine auszugeben, die er *fei qian* oder »fliegendes Geld« nannte. Sie waren die Vorläufer der eigentlichen Geldscheine, die im Jahr 1024 in Umlauf kamen und sich rapide ausbreiteten, bis sie am Ende der Mongolenzeit Mitte des 14. Jahrhunderts schließlich in Misskredit gerieten. Dieses *jiao zi*, *qian yin* oder *guan zi* genannte Papiergeld regte wiederum zu anderen übertragbaren Wertpapieren wie Schuldscheinen und Wechseln an, die erstmals im 11. Jahrhundert auftauchten. Es wurde eigens ein Amt für Tausch- und Zahlungsmittel eingerichtet, das dafür zu sorgen hatte, dass das Papiergeld regelmäßig alle drei Jahre eingetauscht wurde; doch diese Praxis sollte allmählich im Sande verlaufen.[16]

Nicht nur in der Papier- und Drucktechnik, auch in der Eisen- und Stahlproduktion war China dem Abendland um einige Jahrhunderte voraus. Kohle wurde seit dem 8. Jahrhundert abgebaut und fütterte bereits Hochöfen, die hochwertiges Eisen und sogar schon Stahl produzierten. Wie erfolgreich die Chinesen auf diesem Gebiet waren, wird deutlich, wenn man bedenkt, dass China laut der Berechnung eines Historikers bereits im 11. Jahrhundert siebzig Prozent der Eisenmenge verhüttete, die zu Beginn der industriellen Revolution in England im 18. Jahrhundert produziert wurde.[17] Erst nach dem Überfall der Mongolen und während der Besatzungszeit der mongolischen Konföderation (Mitte des 13. bis Mitte des 14. Jahrhunderts) sank die Eisen- und Stahlproduktion so drastisch ab, dass sie sich nie wieder erholen sollte.[18]

Einige Erfindungen, die wir den Chinesen zuschreiben – vor allem Sattel und Steigbügel –, stammten allerdings in Wirklichkeit sehr wahrscheinlich von den Steppennomaden, die entlang der Landesgrenzen ihrer Wege zogen, und waren von den Chinesen nur übernommen worden. Doch es *wurden* viele neue Techniken in China selbst erfunden.[19] Vor allem zwei Innovationen regten die Phantasie der Menschen in aller Welt an: das

Schießpulver und das Porzellan.[20] Die Entdeckung, dass Kohle, Salpeter und Schwefel explosive und/oder brandstiftende Eigenschaften haben, ergab sich bei alchemistischen Experimenten in der Tang-Zeit. Militärisch umgesetzt wurde diese Erkenntnis erstmals in den Jahren 904 bis 906, zuerst in Form von Brandgeschossen, die man »fliegendes Feuer« *(fei huo)* nannte, bald darauf auch mit verschiedenen Feuerwaffen, von Nebelgranaten über neue Arten von Brandgeschossen bis hin zu Sprenggranaten. Letztere wurden mit Sicherheit bei der Schlacht von Baishi (Anhui) im Jahr 1161 eingesetzt, wo sie dem Song-Heer den Sieg über die Nuzhen bescherten. Die Nuzhen waren die Vorfahren der Manchu, auch Jin genannt; sie hielten ein Gebiet nordwestlich des Song-Territoriums besetzt. Mit anderen Worten: Das Schießpulver war ursprünglich für Brandsätze benutzt worden; erst danach entdeckte man seine kriegstaktisch nützlichste Eigenschaft, nämlich seine Sprengkraft.[21]

Die dritte und gewiss tödlichste Erfindung aber war, diese Sprengkraft mit einem Richtrohr zu bündeln, wie es erstmals im Jahr 1132 geschah. Die ersten Waffen dieser Art – genau genommen die ersten Geschütze – waren noch aus Bambus- oder Holzrohren gefertigt. Das Schießpulver hatte hierbei zwei Funktionen, nämlich zum einen, die Pfeile aus dem Rohr herauszuschleudern, und zum anderen, die Pfeilspitzen in Brand zu setzen. Ein Rohr aus Metall wurde erstmals um das Jahr 1280 bei den Kämpfen zwischen den Song und den Mongolen eingesetzt. In dieser Zeit kam auch das Wort *chong* als Bezeichnung für diesen neuen Schrecken auf. Als das Schießpulver schließlich das Abendland erreichte, wurde es also bereits nicht mehr nur als reiner Explosivstoff verwendet, sondern war schon zum Grundmechanismus für den Antrieb der bereits erfundenen Kanone geworden. Wie das Papier, so erreichte auch das Schießpulver den Westen über den Umweg der islamischen Welt, in diesem Fall durch die Schriften des andalusischen Botanikers Ibn al-Baytar (1248 in Damaskus gestorben), der Salpeter in arabischer Sprache als »chinesischen Schnee« bezeichnete. Die persische Bezeichnung für Schießpulver lautete »chinesisches Salz«. Welche historische Bedeutung es für das Abendland hatte und dass es dazu beitrug, das Mittelalter zu beenden, indem es zum Niedergang der Ritterschaft beitrug und damit die Vorherrschaft von Schwert und Pferd beendete, wurde bereits zur Genüge in einer Vielzahl von Historien dokumentiert.[22]

*

Parallel zum Schießpulver erreichte auch die Porzellanmanufaktur in der Song-Dynastie ihren Höhepunkt, sowohl was die Quantität als auch was ihre Qualität betraf. Die bedeutendsten Produktionsstätten im 11. Jahrhundert waren die kaiserlichen Brennöfen von Kaifeng am Gelben Fluss und in anderen Orten der Provinzen Henan und Hebei. Im 12. und 13. Jahrhundert wurden sie durch die weiter östlich in Küstennähe gelegenen Produktionsstätten von Hangchow, Jujian und Jiangxi (nordöstlich von Hongkong, gegenüber von Taiwan) ersetzt. Das im Westen so begehrte Porzellan war jedoch nur einer der Gründe, weshalb man China im Ausland als das »Land des Luxus« zu betrachten begann. Denn neben der Porzellanmanufaktur hatte man im 13. Jahrhundert auch mit dem Anbau von Hanf, Maulbeerbäumen (zur Aufzucht von Seidenraupen) und Baumwolle begonnen, im Hochland von Szechwan den Teestrauch kultiviert und insbesondere in Hebei, Hunan und Chekinag Sumachbäume angepflanzt, aus deren Saft sich Lack herstellen ließ.[23]

Die letzte große Erfindung aus dem chinesischen Mittelalter ging mit den außerordentlichen seefahrerischen Aktivitäten einher, die sich seit dem 11. Jahrhundert in China entwickelt hatten und deren Höhepunkt zwischen 1405 und 1433 mit den großen maritimen Expeditionen der Ming-Periode erreicht wurde, die bis ins Tote Meer und an die afrikanische Ostküste führten. Die so zeitige Entwicklung der Segelschifffahrt war größtenteils den besonderen Windverhältnissen zu verdanken, die im Monsunklima dieses Teils der Welt herrschen. Im Gegensatz zur Atlantik- oder Mittelmeerregion sind plötzliche Windwechsel oder gar Flauten dort so gut wie unbekannt. Deshalb gab es auch kaum Anlass, reihenweise Sklaven an Ruderbänke zu setzen, und deshalb konnten auch sehr viel früher als im Rest der Welt unterschiedliche Segelweisen perfektioniert werden. Die Regelmäßigkeit des Monsuns und seiner saisonalen Richtungswechsel – der Wintermonsun bläst von Nordost, der Sommermonsun von Südwest – ermöglichten lange Hochseefahrten jeweils in die Richtung, in die der Wind blies, und befreiten von dem Zwang, an Zwischenhäfen anlegen oder an den Zielhäfen ausharren zu müssen, bis die Winde wieder eine Rückfahrt zuließen. Infolgedessen entstanden auch die großen Überseekolonien entlang den Küsten von Südostasien und Indien, die wiederum das Ihre zum Transport von Ideen beitrugen. Diese Ausgangsbedingungen haben entscheidend zur Entwicklung der großen chinesischen Hochseedschunken im 10. und 11. Jahrhundert beigetragen.[24]

Schon seit der Antike wurden die Schiffskörper chinesischer Boote durch wasserdichte Schotte unterteilt; im Westen sollte man dieses Prinzip erst Anfang des 19. Jahrhunderts übernehmen. Doch das war keineswegs das einzig Fortschrittliche in der chinesischen Schiffsbautechnik. Das wichtigste Detail – noch vor dem Magnetkompass – war das axiale Heckruder, das chinesische Dschunken schon seit dem 4. Jahrhundert n. d. Z. besaßen und das sich dank des rechteckigen Rumpfes unter dem stumpfen Heck anbringen ließ. In Europa gebaute Schiffe wurden bis ungefähr 1180, als das Axialruder auch dort auftauchte, durch ein normales Hinterruder gelenkt, das weit weniger Kontrolle ermöglichte und die Schiffe bei Stürmen auf hoher See praktisch unkontrollierbar den Wellen aussetzte, ganz abgesehen davon, dass dadurch auch die Größe der Boote begrenzt wurde, mit denen man eine Hochseefahrt riskieren konnte. Die riesigen chinesischen Dschunken aus der Song-Zeit waren hingegen bis zu hundertzwanzig Meter lang – Kolumbus' Schiffe maßen nur knapp fünfundzwanzig Meter. Möglich war diese Bauweise dank vieler aufeinander folgender Erfindungen. Die Dschunken waren in der Lage, tausend Mann zu transportieren, besaßen vier Decks, sechs Masten mit zwölf Segeln und konnten Proviant für Fahrten von bis zu zwei Jahren Dauer an Bord nehmen. Auch andere Erfindungen aus der Seeschifffahrt werden den Chinesen zugeschrieben, darunter der Anker, das Kielschwert, das Spill, das Segeltuch, das schwenkbare Segelwerk und natürlich der Magnetkompass, der erstmals in der Schrift *pingzhou ketan* von Zhu Yu aus dem Jahr 1119 erwähnt wurde (darin heißt es, dass er auf kantonesischen Schiffen am Ende des vorangegangenen Jahrhunderts gebräuchlich war). In Europa wurde er erst 1280, also zweihundert Jahre später, verwendet.[25]

*

Jede einzelne dieser Innovationen beweist, dass die Chinesen zu der Zeit nicht nur ein unglaublich kreatives, sondern auch ein ungemein praktisch veranlagtes Volk waren. Außerdem haben die Neuerungen alle zu ihrem Wohlstand und Lebensstil beigetragen. Doch das chinesische Mittelalter hatte auch eine andere Seite, eine, die von abstrakteren, philosophischeren und metaphysischeren Denkweisen geprägt war. Auch ihnen sind viele Erfindungen zu verdanken, wenngleich von ganz anderer Art, denn sie waren allesamt von der Idee geprägt, dass es so etwas wie einen gelehrten Bürokraten geben kann. Diese Vorstellung fand natürlich auch im Abendland ein Echo, wurde aber in China sehr viel früher und sehr viel weitreichender umgesetzt.

Aus den Machtkämpfen der Staaten, die sich im klassischen Zeitalter bekriegten, hatte sich die neue Gesellschaftsschicht der *shih* erhoben, die schon kurz im fünften Kapitel angesprochen wurde. Das alte Geburtsrecht verlor in dem kriegerischen Chaos immer mehr an Bedeutung, und das individuelle Talent gewann an Ansehen. Und so begann eine wachsende Zahl von Adelssöhnen, die zwar eine Ausbildung genossen hatten, aber weder Rang noch Titel besaßen, ihr Geschick in die eigenen Hände zu nehmen und sich dem Verwaltungsapparat als Schreiber oder Sekretäre anzubieten, wo immer die Zentralverwaltung Bedarf hatte. Wer sich als guter Berater erwies, konnte mit einer politischen Karriere rechnen. Auf diese Weise begannen die *shih* allmählich zu einer einflussreichen gesellschaftlichen Klasse aufzusteigen, die bis zur Song-Dynastie mehrere Wandel durchleben sollte, da der Zugang zum gehobenen Verwaltungsdienst immer schwerer wurde und schließlich nur noch möglich war, wenn man einen aufwendigen Prozess erfolgreich durchlaufen hatte. Die entscheidende Neuerung dabei war eine schriftliche Prüfung, mit deren Hilfe eine Auslese unter der gelehrten Elite des neuen Beamtentums getroffen wurde, die das Land verwalten sollte. Vor der Einführung dieses Prüfungssystems waren die *shih* von hochrangigen Persönlichkeiten ausgewählt worden, deren Urteil man achtete; doch dieses Verfahren hatte nicht selten zu so schwerwiegenden und manchmal geradezu absurden Fehlbeurteilungen geführt, dass man begann, die *shih* erst einmal nur als Praktikanten in den Dienst der Regionalverwaltungen zu übernehmen. Aber natürlich war auch in diesem System Missbrauch möglich, weil sich immer wieder einzelne Interessensgruppen in den Machtzentren etablieren konnten. Die Unzufriedenheit während der Sui- und Tang-Dynastien (581–906) wuchs stetig. Zuerst versuchte man deshalb die Empfehlenden selbst für die Leistungen und das Verhalten ihrer Kandidaten zur Verantwortung zu ziehen, aber auch das funktionierte nicht. Also wurden im späten 6. Jahrhundert erste Versuche unternommen, das Empfehlungssystem durch ein schriftliches und mündliches Prüfungssystem zu ersetzen.[26]

Während der Tang-Zeit begann sich dieses Prüfungssystem durchzusetzen, unter den Song-Kaisern wurde es schließlich formal institutionalisiert. Mittlerweile war es in drei Phasen aufgegliedert worden: Die *keju* genannten Prüfungen wurden üblicherweise alle drei Jahre abgehalten, wobei die erste Runde auf Präfektursebene *(zhou)* stattfand und Anwärtern fast jedes gesellschaftlichen Hintergrunds offen stand. Zur Vorbereitung auf die Zulassungsprüfung pflegten die Kandidaten normalerweise an den örtlichen Universitäten oder Fachhochschulen Vorbereitungskurse zu belegen, nicht unähnlich den Repetitorien oder »Paukkursen« heutiger Studenten. Historiker haben berechnet, dass zwischen zwanzig- und achtzigtausend Anwärter diese Prüfung durchliefen, die Erfolgsquote aber selten mehr als zehn und oft sogar nur ein Prozent betrug. Kurz gesagt: Die Prüfung war schwer. Wer die Eingangsprüfung bestanden hatte, wurde in eine der konfuzianischen Verwaltungsschulen aufgenommen und dort auf die nächste Prüfung vorbereitet, die nun vor dem Amt für Riten in der kaiserlichen Hauptstadt abgelegt werden musste (unter den Tang war die Hauptstadt Chang'an gewesen, unter den Song wurde der Regierungssitz nach Kaifeng verlagert). Wer auch sie bestanden hatte, blieb in der Hauptstadt, um sich auf die Abschlussprüfung vorzubereiten, die von westlichen Historikern als das Äquivalent von Promotion und Rigorosum eingestuft wird. Auch die dritte Runde bestand nur jeder zehnte Kandidat, doch wer hier versagte, war keineswegs mit einem Stigma behaftet. Tatsächlich war es durchaus üblich, dass ein Kandidat den Examenszyklus im Alter von achtzehn Jahren begann und erst im dreißigsten Lebensjahr vollendete – manche sogar erst im fünfzigsten. Allein schon die Tatsache, dass ein Mann für eine Verwaltungsprüfung in Betracht gezogen wurde, machte ihn zu einem *juren* oder »Erhabenen« und damit zu einer hoch geachteten Persönlichkeit. Ursprünglich war mit dem Bestehen der dritten Prüfung der Zyklus beendet. Doch als der erste Song-Kaiser im Jahr 975 den Namen eines Mannes auf der Liste der erfolgreichen Absolventen entdeckte, den er für höchst ungeeignet hielt, wurde eine zusätzliche Examinierung aller *juren* unter seiner persönlichen Aufsicht veranlasst. Diese Praxis sollte beibehalten werden, da ihr dank der persönlichen Beteiligung des Kaisers allerhöchstes Prestige verliehen war – und von diesem Moment an sollte nur noch solchen Kandidaten der volle akademische Grad verliehen werden, die auf *zhou*-Ebene und bei allen drei Prüfungsebenen in der Hauptstadt bestanden hatten.[27]

Die Prüfungen selbst waren jeweils in vier Teile von je einem Tag Dauer gegliedert; die Kandidaten konnten ihre Prüfungsthemen aus den Bereichen Klassik, Geschichte, Ritual, Recht und Mathematik selbst wählen. Die vier Prüfungstage verteilten sich über mehrere Wochen, die Examina selbst wurden in großen öffentlichen Hallen abgehalten, die später in winzige Einzelzellen unterteilt wurden, um Mogeleien unmöglich zu machen. Doch es wurden auch außerordentliche Anstrengungen unternommen, damit es aufseiten der Prüfer gerecht zuging: Die Namen der Kandidaten wurden entfernt oder übermalt und durch Nummern ersetzt, damit der Prüfer nicht wusste, welches Blatt von wem stammte. Im Jahr 1015 wurde sogar eigens ein Kopistenbüro für die Abschrift aller Prüfungsbögen eingerichtet, damit man die Antworten der Kandidaten nicht einmal mehr über die Handschrift zuordnen konnte. Jede Arbeit wurde von zwei Prüfern gelesen; falls sie zu unterschiedlichen Ergebnissen kamen, waren sie gezwungen, sich zusammenzuraufen und auf einen gemeinsamen Nenner zu kommen, bevor sie dem Hauptprüfer Bericht erstatten durften. Die schärfste Kritik an diesem Prüfungssystem lautete, dass es, wie wir sagen würden, zu akademisch war, also zu sehr auf reines Buchwissen konzentriert. Denn letztlich wurde ja nur die Fähigkeit der Kandidaten geprüft, die Klassiker aus einem von ihnen selbst gewählten Prüfungsgebiet auswendig hersagen zu können; außerdem wurde von ihnen der Nachweis verlangt, dass sie selbst in der Lage waren, Gedichte der unterschiedlichen Genres zu verfassen. Sogar bei den Aufsätzen über politische und gesellschaftliche Tagesfragen erwartete man lediglich, dass sie die Geschichte kannten, im historisch veralteten Prosastil schreiben und anhand der Vergangenheit künftiges Geschehen voraussagen konnten. Die Kritiker fanden demnach, dass nicht genug Gewicht auf die Lösung von praktischen Problemen aus der Gegenwart gelegt wurde.[28]

Tatsächlich stellt sich die Frage, inwieweit diese Prüfungen die Song-Gesellschaft beeinflussten – bis heute eines der umstrittensten Themen unter chinesischen Gelehrten, wobei vor allem diskutiert wird, ob die Examina tatsächlich offen waren und wirklich zur sozialen Beweglichkeit ermuntert haben. Doch was immer sich darüber sagen lässt (moderne Studien kamen zu dem Schluss, dass sowohl das eine wie das andere belegbar ist), so steht jedenfalls fest, dass sie Beweglichkeit im sozialen Denken herstellen sollten und dass tatsächlich ausgeklügelte Regeln erdacht wurden, um dieses Ideal zu erreichen. »Von Rechts wegen stand das Bewerbungssystem buchstäblich jedem männlichen Untertan im Reich offen, wodurch das Ideal des Erfolgs durch individuelle Leistung zum Ansporn für die gesamte Gesellschaft wurde.« In dieser Hinsicht war China dem Rest der Welt also weit voraus.[29] Das Verwaltungsprüfsystem sollte erst im Jahr 1905 abgeschafft werden.

*

Unabhängig davon, ob das Prüfungssystem tatsächlich zu sozialer Beweglichkeit anregte, trug es jedenfalls seinen Teil dazu bei, dass China im Vergleich zu seinen Rivalen und Nachbarn eine relativ hoch gebildete und gut ausgebildete Kultur blieb. Ausbildung und Bildung wurden in China von jeher als der Schlüssel zum Fortschritt betrachtet, waren aber erst im Song-Zeitalter systematisiert und prozessual institutionalisiert worden. Und das sollte nicht zuletzt auf dem Gebiet der abstrakteren Ideen einige bemerkenswerte Veränderungen und Innovationen nach sich ziehen.

Als der gewiss flächendeckendste Umbruch lässt sich wohl der Vollzug des Übergangs vom Buddhismus zum Neokonfuzianismus bezeichnen, im Chinesischen *lixue* (»Schule der universellen Ordnung und der Materie«) genannt. Die Verbreitung des Buddhismus in Asien fand parallel zur Ausbreitung des Christentums im Abendland statt, nur dass der Buddhismus eben sehr viel weiter um sich griff als der christliche Glaube; das heißt, er beeinflusste eine geografisch wesentlich größere Region, viel unterschiedlichere Menschentypen und auch sehr viel mehr Menschen.[30] Diese Entwicklung vollzog sich im Wesentlichen in drei Phasen. Zwischen dem Jahr null unserer Zählung und dem 5. Jahrhundert – bis sich der Buddhismus Schritt für Schritt so verändert hatte, dass er sich mit der chinesischen Denkweise und Tradition vertrug – war nur ein sehr mähliches Wachstum zu verzeichnen gewesen. Zwischen dem 5. und dem 9. Jahrhundert erlebte der chinesische Buddhismus seinen Höhepunkt, und zwar dank einer religiösen Inbrunst, die sich nicht nur in der Ausübung des Glaubens, sondern auch in der Blüte der großen buddhistischen Kunst, Architektur und Geisteswelt spiegelte. Schließlich begann im frühen 9. Jahrhundert die Periode, in der der Buddhismus verboten war und China zum Konfuzianismus zurückkehrte, wenngleich diesmal zu einer Abart, die den Bedürfnissen der damaligen Gesellschaft angepasst worden war.

Der Buddhismus hatte die chinesische Welt erobert, weil er die Kaufleute längs der Handelsstraßen für sich einnehmen konnte und sich immer weniger als eine abstrakte Suche nach dem Nirwana und dafür immer mehr als eine Religion nach unserem heutigen Verständnis dargestellt hatte. Diese Ausprägung nannte sich wie gesagt Mahayana-Buddhismus, das »Große Fahrzeug«, das jedem Menschen Erlösung versprach und allen offen stand. Der Hinayana-Buddhismus, das »Kleine Fahrzeug«, verkündete hingegen, dass Erlösung nur finden könne, wer sein Leben vollständig dem buddhistischen Glauben widmete, also zum Beispiel ein Mönch. Der Mahayana-Buddhismus legte die Betonung auf Buddha selbst (also nicht auf den Weg) und befasste sich auch mit anderen buddhistischen Figuren, insbesondere mit der Gestalt des kommenden Erlösers Maitreya. Damit einher ging ein intensiver Reliquienkult rund um den großen Buddha und die *arhats*, die unsterblichen buddhistischen Heiligen. Erstmals in menschlicher Gestalt dargestellt wurde Buddha vermutlich irgendwo entlang der großen Handelsrouten, die aus Indien über das »Dach der Welt« nach China führten oder die in und um Pakistan verliefen. Erste hellenistische Einflüsse, wie sie beim Faltenwurf der sitzenden Buddhafigur zu finden sind, waren vermutlich im Gandhara-Reich aufgetaucht. Jedenfalls setzte sich der neue Glaube zuerst in den Ländern an Chinas Grenzen durch. Die ersten Übersetzer buddhistischer Texte ins Chinesische waren keine Inder, sondern Parther, Sogdier (Sogder) und Indoskythen (aus der Region des heutigen Usbekistan); die erste Erwähnung einer buddhistischen Gemeinschaft stammt aus dem Jahr 65 n. d. Z. und verweist auf das Handelszentrum Beng Zheng in Jiangsu. Dass der Buddhismus so schnell anziehend wurde, scheint jedoch darauf zurückzuführen zu sein, dass er die neuen Konzentrationstechniken wie das Yoga pflegte und sich einige seiner Traditionen mit dem Taoismus überschnitten und deshalb gar nicht so neu wirkten. Vor allem drei buddhistische Lehren erinnerten an den Taoismus: Erstens *karma*, die Idee, dass das Verhalten in diesem Leben die Daseinsform im nächsten bestimmt, welche der chinesischen Vorstellung vom individuellen Los *(fen)* oder Schicksal *(ming)* ähnelte; zweitens die Vorstellung des Mahayana-Buddhismus von der grundlegenden Leere aller weltlichen Erscheinungen, die der Mysterienschule vom Sein und Nichtsein ähnelte; und drittens die Yogapraxis der Körperkontrolle, um in Trance zu geraten; sie ähnelte den taoistischen Meditations- und Ekstasetechniken.[31]

Trotzdem blieb der Einfluss des Buddhismus zuerst auf einen eng begrenzten Kreis beschränkt – auf die Händler entlang der Handelsstraßen, über die die Mönche zu wandern pflegten, und auf den lokalen Adel. Ein Grund für das Interesse der Aristokratie war der gerade herrschende Trend zu den so genannten »reinen Gesprächen«, deren Teilnehmer »um die geistreichsten Bemerkungen, schlagfertigsten Repliken und ausgefeiltesten Epigramme miteinander wetteiferten«; diese Gespräche begannen sich allmählich zu Debatten über Literatur, Kunst, Ethik und Philosophie auszuweiten. Die Anhänger der Mysterienschule, die sich auch mit den

Schriften von Laotzu befassten, waren von vielen metaphysischen Fragen fasziniert, besonders aber von den beiden Polen Sein und Nichtsein. Traditionell wurden diese Zustände jedoch nicht als Gegensätze betrachtet (wie üblicherweise bei uns). Das »Nichtsein« – und das ist dem modernen Denken nur schwer verständlich zu machen – galt vielmehr als die Kehrseite des »Seins«, sozusagen als eine alternative Schattenform des Daseins. Und gerade weil diese buddhistische Idee vom »Nichtsein« als einem Nichts oder als einer reinen Leere für die Anhänger der Mysterienschule nichts Neues war, wirkte sie so faszinierend auf sie.[32]

So gesehen begann das Interesse am Buddhismus in China als eine philosophisch-metaphysische Auseinandersetzung der gebildeten Aristokratie, jedoch ausschließlich der Aristokratie im Süden des Landes. Das sollte bis zum 4. Jahrhundert mehr oder weniger so bleiben; erst danach begannen buddhistische Einflüsse allmählich auch im Norden Chinas spürbar zu werden. Doch nun waren es gewissermaßen die Einflüsse eines anderen Buddhismus, denn in diesem Fall war der Funke von den Mönchen übergesprungen, die alle möglichen Zauberkünste kannten oder mit Hilfe von Yoga Trance- und Ekstasezustände herbeiführen konnten und damit natürlich eine wesentlich größere Anziehungskraft auf das Volk ausübten. Nicht wenigen Mönchen gelang es außerdem, sich von Landesfürsten Mittel für den Bau von Klöstern oder für die Übersetzung von großen buddhistischen Texten und für Reisen nach Indien zu beschaffen. In diesem Zusammenhang verbinden sich vor allem zwei große Namen mit dem chinesischen Buddhismus: Huiyuan (323–417) und Kumarajiva (350–413). Ihnen war zu verdanken, dass der Buddhismus in China erwachsen wurde, denn dank ihrer Übersetzungen der großen Traktate über die Klosterdisziplin *(Vinaya)* sollte sich schließlich eine organisierte und ganz eigenen Regeln folgende Priesterschaft in China entwickeln, die den Buddhismus deutlich als eine Erlösungsreligion darstellte und damit die Nachfrage nach Pilgerreisen ins Ursprungsland Indien schürte – in das chinesische Mönche »auf der Suche nach dem Gesetz« inzwischen nur so strömten. Im Jahr 402 versammelte Huiyuan seine Gemeinschaft aus Mönchen und Laien vor einem Bildnis von Amitabha Buddha (Buddha des Unermesslichen Lichtes), um gemeinsam zu geloben, im westlichen Paradies *(sukhavati* oder »die reine Erde: *jing du)* wiedergeboren zu werden, wo diese große Figur des Mahayana-Buddhismus lebte. »Es war die erste Verkündigung einer Glaubensbotschaft, die alle Gläubigen einbezog, der erste Kontext, in dem der Buddhismus als eine universelle Heilslehre erschien.«[33]

Seit dem späten 4. Jahrhundert war die chinesische Landschaft mit mehrstöckigen Türmen (Stupas oder *da)* und anderen Heiligtümern wie den Grotten überzogen, die Buddhisten aus Felsen zu schlagen begannen. Die Zahl der Anhänger stieg explosionsartig an, und eine Konversion zum Buddhismus war zu diesem Zeitpunkt keine Frage des individuellen Glaubens oder Bewusstseins mehr, sondern nur noch die Frage, ob man einer Gruppen- oder sogar Massenbewegung angehören wollte oder nicht. Ein Nachweis für den Erfolg des Buddhismus in diesen Jahren hat wirklich verblüffende Ähnlichkeiten mit einem Indiz, das für den Erfolg des abendländischen Christentums im Mittelalter spricht – in beiden Fällen stellte sich die Priesterschaft als eine autonome Gruppe dar. Im Jahr 404 schrieb Huiyuan sein *Shamen bujing wangzhe-lun (Traktat über die Nichtverehrung des Herrschers durch Mönche und Nonnen)*; buddhistischer Besitz war ebenso unveräußerlich wie abendländischer Kirchenbesitz; und auch im Buddhismus gab es so unabdingbare Praktiken wie die Tonsur, das Zölibat oder die Beachtung von religiösen Tabus.[34] Der Aufschwung des Glaubens war seit dem 5. Jahrhundert so gewaltig, dass gleich mehrere Probleme auftauchten. Beispielsweise fingierten immer mehr Männer eine Priesterweihe, um der Steuerpflicht oder dem Dienst in der Armee zu entgehen, oder fälschten Landübereignungen an Klöster – ebenfalls, um Steuern zu umgehen. Inzwischen waren außerdem so viele Glocken und Statuen gegossen worden, dass es zu einem gravierenden Engpass beim Metall für Münzpressungen oder für den Bau von Landwirtschaftsgeräten kam. Obendrein begann sich die Zentralregierung ernsthaft Sorgen um die familiären Strukturen zu machen, weil immer mehr Söhne das Heim verließen, um Bettel- oder Wandermönch zu werden. Hier liegt der Keim für die spätere Unzufriedenheit mit dem Buddhismus.

Auch die Pilgerbewegung erlebte zwischen dem 5. und 9. Jahrhundert einen Höhepunkt. Viele Mönche traten den langen Marsch nach Indien an und schrieben anschließend Berichte über ihre Erlebnisse. Der bei weitem berühmteste von ihnen war Faxian. Als er im Jahr 399 die Provinz Chang'an verließ, hatte er die sechzig bereits überschritten. Fünfzehn Jahre später kehrte er mit seinem *Bericht über die buddhistischen Länder (Fo guo Ji)* und einer Reihe von Handschriften zurück, die er nun in Ruhe zu Hause übersetzen wollte. Die Berichte dieser Mönche sind wunderbar detailreich und häufig die einzige Grundlage, auf der unsere historischen Kenntnisse über das Asien dieser Zeit beruhen. Nach den Berechnungen von Jacques Gernet sind alles in allem 1692 Texte bekannt, die uns neben den historischen Details auch das reichhaltigste Quellenmaterial von den Sutras bieten, die Buddha zugeschrieben wurden. Aus den Jahren 515 bis 946 liegen rund vierzehn bibliografische Kataloge von Übersetzungen buddhistischer Texte ins Chinesische vor, die es uns ermöglichen, den Transfer von Ideen und Bräuchen am Höhepunkt des buddhistischen Einflusses nachzuvollziehen. Die produktivste Übersetzergruppe ganz Chinas wurde von Xuang Zang (602–664) geleitet, der nach Indien gereist war, fünf Jahre lang an der berühmten Klosteruniversität von Nalanda studiert hatte und dann in seine Heimat zurückgekehrt war, um im Lauf von achtzehn Jahren mit seinen Kollegen rund ein Viertel aller indischen Schriften ins Chinesische zu übersetzen – allein dieser Gruppe sind etwa 1350 der insgesamt 5100 Abhandlungen zu verdanken, die im Verlauf von sechs Jahrhunderten von 185 Übersetzergruppen ins Chinesische übertragen werden sollten.[35]

*

Im Tandem mit all den religiösen Ideen, die nun von Indien nach China und Japan wanderten, übte auch die buddhistische Kunst, die bereits von griechischen und iranischen Einflüssen durchsetzt war, weitreichenden Einfluss aus. Mit der Wanderschaft der buddhistischen Mönche verbreitete sich auch die Gepflogenheit, Felsgrotten anzulegen. Im Jahr 366 begann man mit dem Bau der »Grotten der Tausend Buddhas« (Qian Fo Fong) in der Nähe von Dunhuang (am Westende der Chinesischen Mauer, nahe der Seidenstraße); bis zum 8. Jahrhundert entstanden Höhlentempel mit Statuen von kolossalen Ausmaßen in ganz China – die bedeutendsten, die Statuen von Yungang, waren bis zu fünfzig Meter hoch. Diese Höhlen wurden aber nicht nur mit Skulpturen ausgestattet, auch ihre Wände wurden bemalt. Diese Gemälde sind uns leider fast alle verloren gegangen. Dargestellt wurden fast ausschließlich Szenen aus dem Leben Buddhas oder aus der buddhistischen Hölle. Auch die Wände der großen Klöster waren mit religiösen Fresken übersät. Der klassische chinesische Stil beschränkte sich auf Reinheit, Einfachheit und Genauigkeit, das heißt, der traditionelle chinesische Künstler ließ alles Unwesentliche weg und konzentrierte sich ganz auf die präzise Darstellung dessen, was er zum Ausdruck bringen wollte. Die buddhistische Malerei war dagegen wesentlich üppiger: Sie war eine Kunst der Opulenz, der Übertreibung, Wiederholung und Ornamentierung. Das Gleiche lässt sich von der buddhistischen Literatur sagen, denn sie behandelte nicht nur ganz neue Themen (wiederum mit den Schwerpunkten Buddha, Hölle, Pilgerreisen), sondern brachte auch ganz neue literarische Formen hervor – Sutras, Gespräche zwischen Meister und Schüler oder erbauliche Erzählungen, die dann ihrerseits zur Entwicklung des Romans und des Dramas in China beitrugen und die chinesische Literatur damit eine Zeit lang den Literaturen anderer Kulturen sehr ähnlich machte.[36] Denn hier waren die Welten der Menschen, Götter, Tiere, Dämonen und Wesen aus der Unterwelt alle miteinander verflochten – was, wie wir uns erinnern sollten, der chinesischen Erfahrung ursprünglich völlig wesensfremd gewesen war, da sich bis dahin kein Chinese einen Schöpfergott, eine Hölle oder eine eigene Welt für Geister und Dämonen vorgestellt hatte.

Ein halbes Jahrtausend lang, seit der zweiten Hälfte des 4. Jahrhunderts, konnte der Buddhismus in China (und wechselweise in Japan) also blühen und gedeihen. Die Klöster wurden zu großen Gelehrtenzentren und kulturellen Stätten, in denen der Mönch als Dichter, Maler und Kalligraf allmählich durch den gebildeten Laien ergänzt wurde, welcher sich für buddhistische Philosophie interessierte und die buddhistischen Konzentrationstechniken üben wollte.[37] Es entstanden große Sekten, darunter auch die beiden berühmtesten: Zhi-yi (538–597) gründete die eklektische Schule von Tiantai (der Name eines Berges im nordwestlichen Zhejiang) und verfasste als wichtigsten eigenen Beitrag das berühmte *Lotos des Guten Gesetzes*, die eigentliche Essenz des Buddhismus; daneben entstand im 8. Jahrhundert die chinesische *zhan*-Sekte (japanisch: *zen*), die vor allem unter den Gebildeten populär war. Sie lehnte die für so viele buddhistische Sekten typische lange Ausbildung in Askese ab, welche durch immer schwierigere Konzentrationstechniken dazu verhelfen sollte, dass man an »die Grenzen des Seins« vorstoßen konnte. Die *zhan*-Sekte erstrebte vielmehr die »plötzliche Erleuchtung« mit Hilfe von Methoden, die den Geist vom diskursiven Denken, von allen um sich selbst kreisenden Gedanken, lösen sollten. Deshalb griffen ihre Anhänger auch auf alles zurück, was den Menschen »aus sich herausholen konnte«: auf Paradoxe, auf die »Meditation über absurde Themen«, auf höchst verwirrende Diskurse und sogar auf eine Art von Schreitherapie.

Doch dann sollte es zwischen 842 und 845 zu einer massiven Kehrtwendung kommen. Der Buddhismus wurde geächtet, all diese religiösen Gemeinschaften verschwanden von der Bildfläche.

Ein derart bedeutsamer Umschwung vollzieht sich natürlich nicht über Nacht. Schon seit geraumer Zeit hatte sich eine Opposition gegen den Buddhismus aufgebaut, die sich aus zwei verschiedenen Quellen speiste. Erstens aus dem Fakt, dass sich Adel und Volk in einer Hinsicht gewaltig voneinander unterschieden: Der chinesische Adel hatte sich fremdländischen Einflüssen gegenüber von jeher relativ offen gezeigt und sogar in seinen eigenen Reihen mehr Ausländer – Türken, Sogdier, Tibeter – geduldet als die Bevölkerung als solche in den ihren. Außerdem waren den Buddhisten im Lauf der verschiedenen Kriege zunehmend mehr Kommunikationskanäle versperrt worden, was nun ebenfalls Wirkung zeigte. Doch entscheidender noch waren die Einflüsse der Gelehrten, die mit Hilfe des Prüfungssystems eine höhere Stufe in der chinesischen Gesellschaft erklommen hatten. Denn da dieses System auch die Kenntnis der chinesischen Klassiker förderte, war unter dieser Klasse zunehmend das Gefühl entstanden, dass sich China immer weiter von seinen ureigensten Prinzipien der Einfachheit und Genauigkeit entfernte. Nachdem es zu einer Massenhysterie gekommen war, weil die berühmte Reliquie eines Fingerknochens von Buddha an einen anderen Ort gebracht werden sollte, schrieb der große Literat und Dichter Han Yu (768–824) im Jahr 819 schließlich eine viel beachtete kämpferische Diatribe, welche die antibuddhistischen (und fremdenfeindlichen) Gefühle, die von den gelehrten Bürokraten aufs restliche Volk überzugreifen begonnen hatten, enorm schürte. Den letzten Anstoß schließlich gab die Prägung neuer Münzen. Die Klöster hatten so lange fast den gesamten Bestand an Edelmetallen zu Glocken und Statuen gegossen, bis man sich gezwungen sah, all diese heiligen Dinge zu konfiszieren und für die Münzpressung einzuschmelzen. Da jedoch viele Gläubige wussten, aus welchem Material das Geld bestand, mit dem sie nun zahlen sollten, und weil sie das als ein ungeheures Sakrileg empfanden, verweigerten sie ganz einfach jede Berührung damit. Auch das trug nicht gerade dazu bei, die Buddhisten bei den gelehrten Bürokraten beliebt zu machen. Im Jahr 836 wurde schließlich ein Dekret erlassen, das den Chinesen jeden Kontakt mit »farbigen Menschen« (Ausländern) untersagte. Und das wurde nun weithin als ein Aufruf zur Jagd auf fremdländische Ideen verstanden. Prompt wurden buddhistische Klöster geplündert und von allen »scheinheiligen« Elementen gesäubert – von ungebildeten Mönchen und Klosterinsassen, die ihre Zugehörigkeit zur Priesterschaft aus steuerlichen Gründen fingiert hatten – ebenso wie von dem Land, das den Klöstern aus demselben Grund übereignet worden war. Dann zog sich die Schlinge noch enger zu: Die Klöster wurden gezwungen, ihrem Gelöbnis treu zu leben – und da buddhistische Mönche ein Armutsgelöbnis ablegten, wurden folgerichtig alle reichen Klöster um ihren Besitz erleichtert. Auf diese Weise sollten schließlich rund 260 000 Mönche und Nonnen säkularisiert werden (was bedeutete, dass sie nun auch Steuern zahlen mussten); 4600 Klöster wurden entweder zerstört oder zu öffentlichen Gebäuden umfunktioniert. Auch rund 40 000 kleinere Gebetsstätten wurden abgerissen oder anderen Zwecken zugeführt.[38] In der Song-Periode gewann das Mönchtum zwar wieder etwas an Kraft, doch zu seiner alten Glorie sollte es nie wieder zurückfinden. Abgeschnitten von Indien, das inzwischen selbst durch den Islam bedroht wurde, konnte sich nur der *zhan-* (oder Zen-)Buddhismus eine gewisse Vitalität bewahren, aber auch das letztlich nur in Japan. Dafür begann man sich unter den Song nun für etwas anderes zu begeistern, nämlich für die Bewegung, die man im Westen als Neokonfuzianismus bezeichnet.

*

In China wird der Neokonfuzianismus *xin lixue* (»Schule der menschlichen Natur und der universellen Ordnung«) oder *li qi xue* (»Schule der universellen Ordnung und kosmischen Energie«) genannt, was den Sinn letztlich besser trifft, da darin das zentrale Anliegen des Neokonfuzianismus zum Ausdruck kommt: Es geht um *li*, das entscheidende rationale (Ordnungs-)-Prinzip des Universums, welches – sofern richtig verstanden – sowohl ethisches Verhalten als auch Materie erklärt. Die Koppelung von Ethik mit Materie ist sehr typisch für das chinesische Denken, dem westlichen hingegen eher fremd (wenngleich dieses Prinzip bei uns nicht unbedingt als reizlos empfunden wird).

Die Entwicklung des neokonfuzianischen Denkens zu Zeiten der Song-Dynastie gilt als der größte intellektuelle Triumph, sozusagen als das Kronjuwel der chinesischen Renaissance, wie diese Ära heute genannt wird. Es wirkte sich auf alle Gesellschaftsschichten und auf alle sozialen Bereiche aus, ob auf politischer, religiöser oder rechtlicher Ebene: Nach dem Tang-Kodex, dem ersten chinesischen Gesetzestext, der vollständig erhalten ist, hatte der Mord am Vater durch den Sohn beispielsweise noch als ein sehr viel schwereres Verbrechen gegolten als umgekehrt; unter Umständen wurde die Ermordung eines Sohnes nicht einmal als Verbrechen gewertet.[39] Die Errungenschaften des Neokonfuzianismus sollten bis ins 20. Jahrhundert hinein wirken. Seine Synthese erfuhr er im 12. Jahrhundert durch Zhu Xi und dessen Darstellung der fünf maßgeblichen konfuzianischen Denker Zhou Dunyi, Shao Yong, Zhang Zai, Zheng Hao und seines eigenen Bruders Zheng Yi – allesamt Figuren des 11. Jahrhunderts, miteinander verwandt, Schüler voneinander oder untereinander befreundet, und alle auf die eine oder andere Weise mit dem »Erhabenen Letzten« oder »Höchsten Urprinzip« befasst, mit der Kraft oder dem Prinzip also, das nicht nur die Funktionsweise und Entwicklung des Universums (der Zeit) und das Entstehen von ethischem Verhalten erklärte, sondern zugleich gewährleistete, dass die Entwicklung auf zivilisierte Weise fortschritt. Sie alle hatten bei Verwaltungsprüfungen den höchsten akademischen Grad *jinshi* erlangt und waren somit auf ebenbürtigem Niveau ausgebildet worden, also auf der Grundlage der großen Klassiker, darunter insbesondere Konfuzius und Mencius. Innerhalb des Neokonfuzianismus gab es jedoch zwei Seiten: Auf der einen standen all diejenigen, welche die Betonung auf Staatskunst und Ethik legten; auf der anderen all diejenigen, welche das rationale Prinzip *li* und den Geist *xin* – den Intuitionismus – in den Vordergrund stellten. Erstere behaupteten, dass die Philosophen der Song-Zeit zu stark von der Realität abgewichen seien und die wahre Aufgabe des Intellektuellen aus der Förderung eines ethischen Verhaltens innerhalb der realpolitischen Grenzen bestehe, während der Staat seinerseits anerkennen müsse, dass die große Mehrheit der Bevölkerung alles andere als dem Ideal entsprach.

Der bekannteste Intuitionist und wichtigste Sprecher dieser idealistischen »Schule des Geistes« war Lu Xiangshan (1139–1191). Dass diese Schule so attraktiv auf so viele Menschen wirkte, lag nicht zuletzt an der Überzeugung ihrer Anhänger, dass man nur Wahrheiten anerkennen dürfe, die durch die subjektive eigene Bewusstheit erfahrbar sind. Das heißt, jeder Mensch galt als seine eigene Autorität im Hinblick auf das, was Recht und Unrecht, richtig und falsch ist.[40] »Das Universum ist mein Geist, und mein Geist ist das Universum« lautet der oft wiederholte berühmte Satz von Lu Xiangshan. Die Rationalisten setzten dem entgegen, dass diese Sichtweise, egal, ob es um ethisches oder soziales Verhalten ging, jede Autorität untergrub.

Der hervorragendste unter den rationalistischen neokonfuzianischen Denkern – der Mann, der oft sogar als »die einflussreichste Figur in der chinesischen Geistesgeschichte nach Konfuzius« bezeichnet wird und von dem es heißt, dass er den Konfuzianismus »vervollständigt« habe – war Zhu Xi (1130–1200). Er hatte bereits mit achtzehn Jahren die *jinshi*-Abschlussprüfung abgelegt und im Anschluss daran diverse Regierungsämter innegehabt. Nach vielen politischen Höhen und Tiefen musste er ins Exil gehen, wo er auch starb. Doch bereits zwei Jahre nach seinem Tod wurde er vollständig rehabilitiert. Zu seinen Lebzeiten hatte man seinen Neokonfuzianismus noch als eine »falsche Lehre« gebrandmarkt (weshalb er auch in Ungnade gefallen war); nach seiner Rehabilitation sollten seine Ansichten jedoch so einflussreich werden, dass er sogar noch von den Kommunisten des 20. Jahrhunderts verteufelt und für den Rückfall Chinas hinter die anderen Kulturen seit dem Mittelalter verantwortlich gemacht wurde. Heute ist es schwierig, seine Ideen wertfrei einzuschätzen, da sie, gemessen an jüngeren Standards, ausgesprochen farblos wirken (was vielleicht auch die Haltung der Kommunisten erklärt). Doch niemand kann bestreiten, *dass* sie über viele Jahrhunderte hinweg einen gewaltigen Einfluss hatten.[41]

Zhu hatte auf den Ideen von unmittelbaren Vorgängern wie Zheng Yo und Zhou Dunyi aufgebaut, aber im Gegensatz zu den Buddhisten die Rolle des Übernatürlichen im menschlichen Leben entzaubert. Bei ihm wurden die Elemente – wie Regen, Donner oder Wind – wieder zu reinen Naturkräften, zum Ausdruck des Prinzips oder der Prinzipien, die der Natur zugrunde lagen. Weisheit, Glück und ein auf ethischen Prinzipien basierendes Zusammenleben konnten aus seiner Sicht nur im Einklang mit *lixue* erreicht werden, jener universellen Ordnung, auf welcher alle Muster in der Natur beruhten und die alles Sein und die Entwicklung allen Seins erklärte. Nur wenn sich der Mensch nach dem Lauf von *lixue* richte, könne er die vorbestimmte Harmonie des Universums erkennen und seine eigene Vervollkommnung anstreben. Zhu postulierte die Existenz von zwei höchsten Kräften oder Urgewalten im Weltall, nämlich den Dualismus von *qi* und dem höchsten Urprinzip *li*. Das *qi* bezeichnete er – auf den Punkt gebracht – als die prinzipielle Existenz von Materie (und damit als die Abwesenheit des Nichts oder der vollkommenen Leere, die mit dem Aufstieg des Buddhismus so wichtig geworden war), wohingegen er mit *li* die Form und Entwicklung (Ontologie) der natürlichen Ordnung meinte, die zur Weiterentwicklung des Menschen auf dem Weg zur vollkommenen Ethik führt. Wie Konfuzius vor ihm, so glaubte auch Zhu, dass sich das Universum selbst erneuert. Die Anwesenheit des Menschen im Universum erklärte er mit dem guten, fruchtbaren Prinzip der Menschlichkeit, *ren*, das laut Konfuzius und Menzius dafür Sorge trug, dass das Universum per se gut ist. Deshalb lag es auch in der Natur des Menschen, gut zu sein und Gutes zu tun. Zhus Autorität verdankte sich vor allem der Eleganz seiner Synthese und seiner umfassenden klassischen Bildung. Denn sie hatte ihm dazu verholfen, dass er (in dem Teil seines Werkes, dem er den Titel *Dao Tong (Übermittlung des Weges)* gegeben hatte) aufzeigen konnte, auf welchen Wegen vergleichbare Ideen seit der Antike vermittelt worden waren. Auf diese Weise gelang es ihm, die originär chinesischen Ideen unter ihnen herauszufiltern, und damit trug auch er zur Abkehr vom Buddhismus bei. Eine seiner Lieblingsmetaphern war der Vergleich des Menschen mit einer Perle, die in einer Schale voll Schmutzwasser schwimmt: Die Perle wirkt auf den Menschen stumpf und ihres Glanzes beraubt, doch wenn man sie aus dem trüben Wasser holt, strahlt sie wie eh und je. Schlechtigkeit war aus Zhus Sicht nur die Folge von Vernachlässigung oder fehlender Bildung.[42]

Diese Sicht mag auch der entscheidende Auslöser für seinen Entschluss gewesen sein, jene *Vier Bücher* zu kompilieren, welche garantieren sollten, dass der Neokonfuzianismus (beziehungsweise seine Herangehensweise an *lixue*) gewahrt blieb und sich weiter ausbreiten konnte: die *Analekte* des Konfuzius; *Mengzi* (das Werk von Menzius); die Abhandlungen *Das große Lernen (Daxue)* und *Die Lehre der Mitte (Zhongyong)*, beides Auszüge aus der berühmten Han-Kompilation *Buch der Sitte*. Diese vier Bücher, so sein Wunsch, sollten neben den von ihm selbst angebotenen Interpretationen und Kommentaren und den neun anderen konfuzianischen Klassikern zum Grundstock aller Bildung werden. Und tatsächlich beherrschte dieses System schon bald die Ausbildung. Wenige Jahre nach Zhus Tod wurden seine Editionen der konfuzianischen Klassiker offiziell zum Standard bei den Verwaltungsprüfungen und sollten es bleiben, bis diese Examina im Jahr 1905 abgeschafft wurden.

*

Die Rückkehr zum Konfuzianismus war jedoch mehr als nur eine philosophische Transformation, denn sie zog auch eine ganz neue Befindlichkeit nach sich, die ihrerseits eine Menge zur Song-Renaissance beitragen sollte. Der überladene, phantastische, jenseitige Aspekt des Buddhismus verschwand und wurde durch einen pragmatischeren Rationalismus ersetzt, durch eine Weltanschauung, die mehr vom reinen Intellekt geprägt, kontemplativer, gebildeter und allem Vorangegangenen gegenüber skeptischer eingestellt war. Es herrschte Gedankenfreiheit, und zwar eine Freiheit, die nicht nur Kultur und Kunst zum Erblühen brachte, sondern, was aus unserer Perspektive noch interessanter ist, auch neue *Formen* von Kunst und Bildung ins Leben rief: Gedichte wurden vertont, große Enzyklopädien und Anthologien wurden geschrieben, es entstanden die Landschaftsmalerei und die Gartenbaukunst, die ersten bekannten Abhandlungen über forensische Medizin wurden verfasst, man betrieb Archäologie, kritische Geschichtsschreibung und Sozialgeschichte, und es entstand der Roman.

Kaiser Song Huizong (er regierte von 1101 bis 1126) erklärte die Malereiklasse, die in der Periode der Fünf Dynastien – einer Reihe von kurzfristigen Militärdiktaturen zwischen 907 und 960, unter denen es zu so manchem feindlichen Einfall kam – an der kaiserlichen Universität gegründet worden war, zu einer eigenständigen Institution.[43] Unter ihm nahm auch das Ansehen der bildenden Künstler zu, da er die Malerei ebenfalls zu einem Prüfungsfach für den öffentlichen Dienst erhoben hatte. Die entsprechenden Prüfungsaufgaben bestanden ausnahmslos darin, einen Vers aus einem klassischen Werk schöpferisch umzusetzen, wobei die künstlerische Umsetzung immer höher bewertet wurde als eine naturgetreue Abbildung. Man darf hier nicht vergessen, dass in China mit dem Pinsel »geschrieben« wurde und sich Schrift und Malerei deshalb sehr viel näher standen, als es je im Westen der Fall war. Beide Formen bedurften des kunstvollen Umgangs mit dem Pinsel, doch wie Endymion Wilkinson erklärte, galt nicht die Malerei, sondern die Kalligrafie *(shufa)* als die bedeutendere Kunst.

Gegen Ende der Fünf Dynastien begann die Landschaftsmalerei die Tier- und Figurenmalerei abzulösen; Ende des 10./ Anfang des 11. Jahrhunderts war sie schließlich zur vorherrschenden Form geworden. Gewiss hatte das auch etwas mit dem Wachstum der Städte im Song-China zu tun, denn Landschaften (vor allem Berglandschaften) rückten für die Stadtmenschen in immer weitere Ferne, und die gebildeten *jinshi* begannen sich nach einem kontemplativeren Leben zu sehnen, das durch die herb-schöne Kühle und Schroffheit der chinesischen Berglandschaften mit ihren verschneiten Gipfeln und tief hängenden Wolkenbänken symbolisiert wurde. Es war eine romantische, nostalgische und sehr bewusste Rückkehr zu den konfuzianischen Idealen von Einfachheit, Genauigkeit und Ruhe.

Hand in Hand mit der Landschaftsmalerei entwickelte sich auch das chinesische Konzept der Gartengestaltung. Die Wurzeln beider Kunstformen »liegen im Taoismus und seinem unentwegten Ruf zurück zur Natur, sowohl im inneren wie im äußeren Sinne, wenngleich der Buddhismus diesen Trend verstärkt hatte«. Viele buddhistische Lehrstätten verfügten über eigene Parks, da immer mehr wohlhabende Konvertiten ihre Gärten der Glaubensgemeinschaft überließen. Bis zur Song-Zeit waren chinesische Gärten schließlich zu wahren Kunstwerken geworden, zu Spiegelbildern der Beziehungen zwischen Mensch und Natur. Es gab zwar Regeln für die Gartengestaltung, doch im Gegensatz zur späteren europäischen

Gartenbaukunst führten sie nicht zu Konformismus. Unabdingbare Bestandteile waren *shan shui*, Berg und Wasser (bizarre Felsen und ein Teich), neben Blumen, Bäumen und ein paar dekorativen architektonischen Elementen wie Brücken, Pavillons oder auch einfach nur Steinwänden. Abgesehen davon war der Garten immer eine Erweiterung des Hauses. Der »Himmelsbrunnen«, wie der Innenhof genannt wurde, war vollständig in das Alltagsleben integriert, das wie selbstverständlich zwischen innen und außen wechselte; und nicht ohne Grund waren alle Paläste nach Süden ausgerichtet. Jedem Ding im Garten wurde ein symbolischer Wert als Meditationshilfe zugeschrieben. Das zentrale Element war Wasser. Es gab weder Rasen, noch wurden Blumenrabatten nach bestimmten Mustern angelegt; dafür setzte man einzelne Pflanzen neben schroffe Felsen. Jede Blume besaß eine symbolische Eigenschaft. Die Chrysantheme zum Beispiel, die Herbstblume, »steht für Zurückgezogenheit und Kultiviertheit«; die Wasserlilie, »die sich unbefleckt aus ihrem Schlammbett erhebt«, steht für Reinheit und Wahrheit; der Bambus, »den der heftigste Sturm nicht bricht«, repräsentiert Geschmeidigkeit und Kraft, aber auch dauerhafte Freundschaft und Zählebigkeit. »In seiner Asymmetrie und Ungezwungenheit ist der chinesische Garten ebenso ein Glaubensbekenntnis zur Natur wie ein Eingeständnis des niedrigen Ranges, den der Mensch in der natürlichen Ordnung der Dinge einnimmt.«[44]

Wie die Landschaftsmalerei und die Gartengestaltung, so begann auch die organisierte Archäologie in China sehr viel früher als anderenorts. Bronze- und Jadegegenstände aus dem 2. Jahrtausend v. d. Z. wurden bereits während der Regentschaft von Huizong in der Gegend von Anyang gefunden, der letzten Hauptstadt der Shang, nördlich des heute »gelber Fluss« genannten Stroms in der Provinz Hebei. Das weckte natürlich nicht nur eine plötzliche Begeisterung für alte Dinge, es förderte auch das Interesse an den Inschriften auf alten Artefakten, sowohl der enthaltenen Informationen als auch der Schreibstile wegen. Von ihnen ließ sich die Entwicklung der Kalligrafie ableiten, was wiederum die kritische Archäologie und Epigrafik ins Leben rief. In dieser Zeit wurde zum Beispiel eine Abhandlung über antike Glocken und Dreifüße veröffentlicht; im Jahr 1092 erschienen die *Archäologischen Tafeln* von Lu Dalin, die erstmals Bronzen aus dem 2. und 1. Jahrtausend v. d. Z. zu klassifizieren und datieren suchten; auch das erste numismatische Werk über antike Münzen wurde publiziert; und ein Ehepaar veröffentlichte einen *Katalog der Stein- und Bronzeinschriften*, in dem zweitausend alte Inschriften aufgeführt wurden.[45]

Unter den Song kam es auch zu einer Wiederauflage des historischen Schreibstils, mit dem dank des neokonfuzianischen Einflusses das alte Verständnis für Literatur zurückkehrte. Die Bewegung des »Alten Stils« *(gu wen)* verkörperte die Anerkennung älterer literarischer Qualitäten und scheute sich nicht, diese wieder aufleben zu lassen. Mehrere Autoren begannen sich ältere Geschichtswerke vorzunehmen, um sie neu zu interpretieren: Ouyang Xiu (1007–1072) zum Beispiel gab die alte *Geschichte der Tang-Dynastie* im Jahr 1060 unter dem Titel *Neue Geschichte der Tang* heraus, das heißt, er verwandelte relativ routinierte, offizielle (und fast immer anonyme) Aufzeichnungen, die mit den Methoden des Alten Stils erstellt worden waren, in strenger urteilende, bewertende und von wissenschaftlichen Kriterien gelenkte Arbeiten, die deshalb natürlich auch von wesentlich größerem Wert als ihre Vorgängerversionen waren. Die beeindruckendste und berühmteste dieser kritischen Historien, der so genannte *Durchgehende Spiegel zur Hilfe bei der Regierung*, wurde zwischen 1072 und 1084 von Sima Guang verfasst und stellt die allgemeine Geschichte Chinas von 403 v. d. Z. bis 959 n. d. Z. dar. Doch es war letztlich weniger die außerordentliche Spannweite dieses Geschichtsbuchs, welche spätere Historiker so beeindrucken sollte, als vielmehr seine Quellenmethode: Von 354 Kapiteln enthalten nicht weniger als dreißig einen kritischen Anmerkungsapparat mit Quellenkritik. Das heißt, der Autor gab genaue Gründe an, weshalb seine Schlussfolgerungen vom Quellentext abwichen oder ihm widersprachen. Sima Guang hatte das Quellenmaterial für die von ihm beschriebenen Ereignisse sogar derart gründlich überprüft, dass er damit regelrecht Schande über Herodot brachte.

Welche Auswirkungen das Prüfungssystem und die Erfolge der gelehrten Beamtenelite hatten, die aus ihm hervorging, lässt sich auch an der Tatsache ablesen, dass das Zeitalter der Song-Dynastie im Norden heutzutage als die Ära »der vollendeten Dichtung« gepriesen wird, als die Zeit einer »starken Belletristik und Prosa, einer grandiosen Malerei und Kalligrafie, einer unnachahmlichen Keramik und einer Perfektionierung all der Künste, die von Chinesen als Nebenkünste betrachtet wurden«. Das Gleiche lässt sich von der Buchproduktion sagen: »Song-Drucke« gehören heute zu den gesuchtesten bibliophilen Ausgaben. Es war die Zeit, in der erstmals strengere wissenschaftliche Kriterien angelegt wurden und Enzyklopädien erschienen, die sogar heute noch von Wert sind. »Die Song-Elite war bereits weit über das Stadium des ›Kuriositätenkabinetts‹ hinaus, das im Abendland noch in viel späteren Zeiten zu finden war, und bereits mit intelligenter Forschung befasst, die sich mit Identifikation, Etymologie, Datierung und Interpretation beschäftigte.« Die Song-Ära führte auch Mathematik, Naturforschung, Medizin und Technik – ob beim Schiffs- und Brückenbau oder im militärischen Komplex – zu neuen Höhen.[46]

Frederick W. Mote erinnert in seiner Historie der Song-Kultur ausdrücklich daran, dass letztlich alles mit dem Pinsel erschaffen wurde, von der Dichtung über die Malerei, Kalligrafie, Geschichtsschreibung und die klassische Literaturkritik bis hin zu den Prämissen der Staatskunst und der Notierung von medizinischen Rezepturen – mit allem waren Gelehrte befasst, »die mit dem und durch den Pinsel lebten; und alles, was aus ihren Pinseln floss, war Teil der Hochkultur«.[47] Das mag noch nicht überraschen; überraschend aber ist, dass so viele andere geistige und künstlerische Tätigkeiten – Bildhauerei, Keramik, Lackkunst – als reines Handwerk galten und deshalb nicht zur Hochkultur gezählt wurden. Diese Song-Hierarchie der kulturellen Wertigkeiten sollte von den Chinesen bis weit ins 20. Jahrhundert hinein beibehalten werden.

*

Dessen ungeachtet brachte das Song-Zeitalter durch die Bank phantastische Neuerungen hervor, sei es in der Kunst, Technologie, den Naturwissenschaften (eine astronomische Uhr wurde im 8. Jahrhundert erfunden) oder im Hinblick auf gesellschaftliche Institutionen und die Philosophie. Die inbegriffliche Verkörperung dieser Geschichte ist die Karriere von Shen Gua (1031–1095), den Mote den »vielleicht interessantesten Charakter der gesamten chinesischen Wissenschaftsgeschichte« nennt. Shen war ein weit gereister und sehr genauer Beobachter. Nachdem ihm die vielen versteinerten Meerestiere im Daihang-Gebirge aufgefallen waren, gelangte er beispielsweise zu der Erkenntnis, dass das, was jetzt die Berge waren, wohl einst der Meeresboden gewesen sein müsse. Ebenso fortschrittliche Einsichten gewann er auf den Gebieten der Astronomie, Mathematik, Metallurgie, Pharmakologie und Kartografie. Von ihm stammt die erste detaillierte Landkarte Chinas, wobei er die Umrisse zentimetergenau berechnete; er fand auch heraus, dass die Kompassnadel nicht nach Norden, sondern zum magnetischen Nordpol zeigt, und ermöglichte damit die Entwicklung einer korrekten Navigation auf See.[48]

Shen Gua wirft das Schlaglicht nun, da wir uns dem Ende des zweiten Abschnitts dieses Buches nähern, noch einmal auf die Tatsache, dass alle großen kulturellen Entwicklungen, alle bedeutenden Ideen und Erfindungen aus dem Ende der Periode, die wir Abendländer das »Mittelalter« nennen, aus China, Indien und den vom Islam beherrschten Regionen stammten. Asien dominierte – sowohl hinsichtlich der politischen Macht als auch in Bezug auf die Bevölkerungszahl, den technischen Erfindergeist und das abstrakte Denken. Europa lag ebenso weit ab von den zivilisatorischen Strömungen wie von den großen Handelswegen. Doch der langfristige systemische Umbruch zeichnete sich bereits ab. Das 13. Jahrhundert war aus vielen Gründen bemerkenswert, doch am bemerkenswertesten vielleicht, wie die amerikanische Wissenschaftlerin Janet Abu-Lughod erklärt, weil es ein »Schwellenjahrhundert« war. »Von einer Region zur nächsten erblühten kulturelle und künstlerische Errungenschaften. Niemals zuvor hatten so viele Regionen der Alten Welt gleichzeitig ihre kulturelle Reife erreicht. In China wurde die prächtigste Keramik aller Zeiten produziert, das Seladon der Song, dessen einziger ernst zu nehmender Rivale die türkis glasierte Schale aus Persien war. In Ägypten gestalteten die Handwerker der Mamluken kunstvolle Möbel mit komplizierten Einlegearabesken aus Silber und Gold... Im Süden Indiens erlebten die großen Hindu-Tempelkomplexe ihren Höhepunkt. Fast überall finden sich Nachweise für einen geradezu überbordenden Reichtum an Ornamentik und symbolischen Darstellungen... Auf allen Gebieten führte Wohlstand... zu einer Hochkultur.«[49]

Aber es war auch das Jahrhundert, in dem der Kathedralenbau in Europa seinen Höhepunkt erreichte. Mit anderen Worten: Es begann der Aufstieg des Abendlands. Warum der Osten nach dem 13. Jahrhundert zu taumeln begann, um dann stetig zurückzufallen, ist eine Frage, die die Historiker aller Nationen bis heute umtreibt. Doch seit den Ereignissen des 11. September 2001, als die Türme des World Trade Center zum Einsturz gebracht wurden, stellt dieses Erbe wohl vor die wichtigste Frage, mit der sich die Welt heute konfrontiert sieht.

TEIL DREI

DIE HISTORISCHE SCHWELLE:

Der Aufbruch Europas

15
Die Idee von Europa

Im 10. Jahrhundert n. d. Z. schrieb der berühmte arabische Geograf Mas'udi über die Völker von »Urufa«, wie Muslime Europa nannten: »Es fehlt ihnen am warmen Humor, sie besitzen plumpe Körper, eine derbe Natur und haben barsche Manieren, einen stumpfsinnigem Verstand und schwere Zungen... Je nördlicher sie siedeln, desto dümmer, hässlicher und viehischer werden sie.«[1] Sa'id ibn Ahmad, der Kadi von Toledo und ein etwas späterer Kollege von Mas'udi, war ebenfalls wenig beeindruckt. Im Jahr 1068, zwei Jahre nach der Schlacht von Hastings, kategorisierte er die Völker in einem arabischsprachigen Buch. Aus seiner Sicht gab es acht, die entscheidend zum Wissen beitrugen, darunter die Inder, Perser, Griechen, Ägypter und natürlich die Araber; die Nordeuropäer hingegen »pflegen die Wissenschaften nicht [und] ähneln eher wilden Tieren als Menschen... Es fehlt ihnen am kühnen Verstand und klaren Auffassungsvermögen.«[2] Sogar noch im 13. Jahrhundert sollte der englische Philosoph und Logiker Roger Bacon seinen Blick starr auf das Morgenland richten: Er unterbreitete Papst Klemens IV. ein groß angelegtes Projekt, das die Missstände der abendländischen Wissenschaften beheben sollte, nämlich eine Enzyklopädie der neuesten Erkenntnisse aus der Naturforschung. Und damit meinte er genau das Wissen, das sich dem Westen gerade erst durch die vielen Übersetzungen arabischer Schriften erschloss. Außerdem empfahl er einem jeden, die Sprachen des Orients zu erlernen und den Islam zu studieren.

Zu den Zeiten seines Namensvetters Francis Bacon (1561–1626) hatte sich die Welt bereits drastisch verändert. Irgendwann zwischen 1000 und 1500 hatte das Abendland einen Umbruch erlebt und begonnen, mit großen Schritten voranzuschreiten. Francis Bacon war jedenfalls schon fest davon überzeugt, dass es nur wenig gab, was man von nichteuropäischen Völkern lernen konnte.

Was war geschehen? Wieso war »der Westen« plötzlich so vorangeprescht? Wie hatten sich die »kalten«, »rohen« und »apathischen« Völker Europas – ebenfalls Beschreibungen aus der Feder von Ibn Ahmad – plötzlich so verändern und all die Bedingungen ins Leben rufen können, unter denen wir heute leben: eine Welt, in der der Westen unbestreitbar führend ist, sowohl im Hinblick auf Wohlstand als auch auf die technologischen Fortschritte und die religiösen wie politischen Freiheiten? Aus dem Blickwinkel der Ideengeschichte betrachtet (und darum geht es uns hier ja), stellt dieser ungefähr zwischen 1000 und 1500 n. d. Z. – also in der Zeit, als Amerika von Westeuropäern entdeckt wurde – in Europa aufgetretene Wandel vor die vermutlich faszinierendste Frage überhaupt. Denn dieses Geschehen sollte alle anderen Ereignisse in den Schatten stellen und die jüngste historische Epoche auf eine alles entscheidende Weise prägen. Die Frage, wie es dazu kommen konnte, stellt sich umso dringlicher, als bisher noch niemand eine richtige Antwort darauf gefunden hat. Es gibt zwar jede Menge Theorien, doch letztlich beruhen sie alle mehr oder weniger auf Vermutungen.

Es ist wirklich überraschend, dass sich nicht mehr Historiker diesem Thema gewidmet haben. Anhand der existierenden Forschungen lassen sich die bisherigen Antworten in sechs Kategorien aufteilen. Zuerst einmal sind sich alle einig, *dass* zwischen 1000 und 1500 ein fundamentaler Umbruch im Abendland stattgefunden hat und dass *er* es war, der »den Westen« einläutete. Doch darüber hinaus herrscht in keinem Punkt Einigkeit. Egal, welcher Faktor als entscheidend angeführt wird, jedes Argument harrt noch seiner Überprüfung.

Dieses Kapitel, das in so mancher Hinsicht der Dreh- und Angelpunkt dieses Buches ist, unterscheidet sich ein wenig von den anderen. Denn während alle anderen Kapitel die Ideen genau so darstellen, wie sie aufkamen, um dann ihre Bedeutung und ihren chronologischen Stellenwert einzuschätzen, treten wir in diesem Kapitel einen Schritt vom Geschehen zurück und betrachten die möglichen *Zusammenhänge* von Ideen, bevor wir eine Antwort auf die Frage zu finden versuchen, warum so viele einflussreiche Ideen im Verlauf der weiteren Geschichte in Europa – und dann auch noch vorrangig in Westeuropa – entstanden sind. Dabei werden wir immer wieder einmal Entwicklungen vorgreifen müssen, die eigentlich erst in späteren Kapiteln zur Sprache kommen sollen, weil wir einige davon hier unter dem spezifischen Aspekt betrachten wollen, weshalb das Abendland zur Heimstatt von so vielen Ideen wurde, die das menschliche Leben und Denken seit tausend Jahren beherrschen.

*

Den Versuch einer geografischen Antwort unternahm der Franzose Fernand Braudel, ein Historiker der *École des Annales*, mit seinem Werk *Das Mittelmeer und die mediterrane Welt in der Epoche Philipps II.* und in seiner *Sozialgeschichte des 15.–18. Jahrhunderts*, vor allem im ersten Band *Der Alltag*. In beiden Fällen suchte er nach Erklärungen, weshalb Europa seinen heute typischen Charakter annehmen konnte. Eine Antwort darauf fand er, indem er sich die allgemeineren Zusammenhänge zwischen den vorhandenen Nahrungsmitteln und den kulturellen Entwicklungen in der Welt betrachtete. Der Anbau von Reis in Asien beispielsweise setzte »eine stabile Gesellschaft«, »staatliche Autorität« und »ein hoch organisiertes Staatswesen« voraus, weshalb sich »in den Kerngebieten des Reisanbaus sowohl eine fest gefügte Gesellschaftsordnung« als auch Wohlstand heranbilden konnten. Der Maisanbau hingegen »hat von jeher nur wenig Arbeit erfordert« und somit dafür gesorgt, dass den Urvölkern auf dem amerikanischen Kontinent »allzu viel Freizeit« blieb, was wiederum »zur Entstehung maßlos tyrannischer Theokratien« beitrug, »die die Bauern zur Errichtung von Monumentalbauten ägyptischen Maßstabs« zwangen. Entscheidend für den Erfolg Europas in diesem Zusammenhang war in Braudels Augen das Zusammenspiel von drei Faktoren: der relativ geringen Größe des Kontinents, des effizienteren Getreideanbaus und der spezifischen klimatischen Bedingungen. Das Klima sorgte dafür, dass sich ein Großteil des Lebens im Haus abspielen musste, was zuerst die Entwicklung von Mobiliar und in der Folge die Herstellung von neuen Werkzeugen begünstigte. Die schlechteren klimatischen Verhältnisse brachten es mit sich, dass die Menschen weniger Tage auf dem Feld verbringen konnten; da aber trotzdem die Mäuler gestopft werden mussten, wurde Arbeitskraft in Europa zu einer relativ teuren Angelegenheit, was wiederum einen höheren Bedarf an arbeitssparenden Hilfsmitteln nach sich zog und schließlich zuerst zu einer wissenschaftlichen und dann zur industriellen Revolution beitrug.[3]

    In seinem Buch über die mediterrane Welt versuchte Braudel etwas spezifischer zu sein und alle besonderen Merkmale des Mittelmeerraums ins Kalkül zu ziehen, die zum Aufstieg Europas beigetragen haben könnten, wie zum Beispiel die Tatsache, dass das Mittelmeer geologisch alt und tief ist, aber kaum über Sedimentschelfe vor den Küsten verfügt. Die »Ermüdung« des Wassers und der Mangel an Flachwassergebieten sorgten für eine relative Fischarmut und veranlassten die Anrainer zum Handel mit fernen Ländern; die Küstennähe der Berge (zum Beispiel der Seealpen) motivierte die Bewohner, mitsamt ihren anders gearteten Techniken aus den Bergdörfern ans Meer zu ziehen. Migrationen waren schon immer ein wesentlicher Faktor bei der Verbreitung von Ideen gewesen. Im Mittelmeerraum wurden sie zudem durch mehrere Gründe erleichtert: (a) Das Meer erstreckt sich von Ost nach West und war deshalb mit den vorherrschenden Winden befahrbar, was die Segelschifffahrt wesentlich unproblematischer machte; (b) es wird durch seine Inseln und die allgemeine Struktur in mehrere kleinere Abschnitte unterteilt (Tyrrhenisches Meer, Adria, Ägäis, Ionisches Meer, Golf von Syrte sowie der Zugang zum Schwarzen Meer), was sowohl die Navigation als auch das Segeln erleichterte; (c) es ist von mehreren Halbinseln umringt (die Iberische, die italienische, die griechische), deren jeweilige geografische Bedingungen Braudels Meinung nach stark nationalistisch geprägte Gefühle förderten, die dann ihrerseits zu einem internationalen Wettbewerb anstachelten; und (d) entspringen in den Zentralalpen die drei große Ströme Rhein, Donau und Rhône/Saône, die einen Warentransport ins Herz Europas ermöglichen. Die relativ geringe Größe des Kontinents und die Tatsache, dass alle drei Ströme tief in sein Inneres führen, förderten schließlich den Straßenbau und leiteten damit die letzte Phase bei der Errichtung eines Transportnetzwerks ein. Diese Straßen und die befahrbaren Meere und Flüsse boten allesamt einen Zugang zum europäischen Kernland, der in dieser Zeit seinesgleichen suchte, mit dem Erfolg, dass Einwanderer – mitsamt ihren anderen Lebensweisen und Ideen – in Europa ein viel normalerer Anblick waren als anderenorts.

Das klingt alles schön und gut (Spanien mit seiner höchst gemischten Bevölkerung aus Arabern, Berbern, Mozarabern und Juden war zum Beispiel weit weniger kohärent, als Braudel nahe legt), doch letztlich »erklärt« es nur, weshalb es nahe lag, dass Europa *zu irgendeinem Zeitpunkt* aufbrechen würde. Braudels Hauptargument lautete, dass die Geografie den Zugang zu Rohstoffen und damit die Gründung von Städten (Märkten) und die Entstehung von Handelswegen bestimmt habe. So gesehen wäre der Entwicklungsprozess der Kulturen also einer gewissen geografischen *Unausweichlichkeit* unterlegen, der es dann zu verdanken war, dass Europa – und nicht Asien, Afrika oder Amerika – zur Wiege der modernen Wissenschaft und des Kapitalismus wurde. Doch das genügt nicht. Denn damit ist noch nicht erklärt, weshalb der Aufbruch gerade in der Zeit geschah, in der er stattfand. Außerdem pflichtet bei weitem nicht jeder Historiker der These bei, dass der Aufstieg Europas unausweichlich gewesen sei.

*

Ebenso wenig akzeptiert jeder die Vorstellung, dass dieser Umbruch zwischen 1050 und 1200 stattgefunden habe. Der Harvard-Mediävist Michael McCormick behauptet zum Beispiel in seinem 2001 veröffentlichten Buch *Origins of the European Economy: Communication and Commerce, AD 300–900*, dass Europa schon seit Ende des 8. Jahrhunderts im Aufbruch begriffen und der Wandel im Jahr 1100 bereits in vollem Gang gewesen sei. Das würde bedeuten, dass der Aufbruch des Kontinents dreimal länger gedauert hätte »und um das Dreifache schwieriger gewesen war«, als üblicherweise angenommen wird. McCormick zufolge war zumindest Westeuropa im Jahr 700 an einem absoluten Tiefpunkt angelangt: Die Handelsaktivitäten nahmen drastisch ab, als der internationale Gewürzhandel zusammenbrach, und kein Papyrus erreichte mehr das Land der Franken, weshalb nun auch viel weniger Palimpseste hergestellt wurden.

Beda Venerabilis soll den Pfeffer und Weihrauch aus seinem Besitz auf dem Totenbett im Jahr 735 sogar vererbt haben – vier Generationen später blühte der Pfefferhandel bereits: Kein Mensch wäre mehr auf die Idee gekommen, dieses Gewürz als ein so einmalig kostbares Geschenk zu betrachten. Im Karolingerreich war der Umgang mit Münzen bereits sehr viel üblicher geworden, und das Münzwesen war viel höher entwickelt, als man bisher glaubte. McCormick stellte fest, dass vierundfünfzig arabische Münzen an zweiundvierzig Stellen auf dem Gebiet dieses einstigen Reiches gefunden worden waren, die alle aus der Zeit zwischen dem 7. und 10. Jahrhundert stammten. Mitte des 9. Jahrhunderts soll es auch schon mehr Schiffseigner als je zuvor gegeben haben. McCormick las die Berichte von fast siebenhundert Personen, die zur damaligen Zeit lange und beschwerliche Reisen auf sich genommen hatten. Auf der Donau gab es im 9. Jahrhundert sogar so viel Schiffsverkehr, dass sowohl Piraten als auch Zolleintreiber prächtig davon leben konnten. Bis zum Beginn des 10. Jahrhunderts hatten sich blühende Märkte im Rheinland entwickelt, aber auch in Paris (St. Denis). Dort boten Händler aus Spanien und der Provence Waren feil, die sie aus so fernen Landen wie dem Irak eingeführt hatten. Doch das wirklich entscheidende Ereignis war aus McCormicks Sicht die Konversion des ungarischen Reiches zum Christentum um das Jahr 1000, denn damit war die Überlandroute nach Konstantinopel wieder geöffnet.[4]

McCormicks Darstellungen sind überzeugend (sein tausendeinhundert Seiten umfassendes Werk ist gespickt mit Details). Doch letztlich hat er damit wohl nur einen Reifeprozess dargestellt, die Periode also, in der sich Europa sozusagen am Riemen riss. Araber, die Urufa in dieser Zeit regelmäßig bereist hatten (wie Mas'udi, was anhand der Münzen aus seinem Besitz belegbar ist), scheinen jedenfalls noch keine Veränderungen auf dem Kontinent wahrgenommen zu haben. Zweifellos gab es sie, doch der große Sprung nach vorne ließ noch auf sich warten.

*

Es gibt auch ökonomische Erklärungsversuche für den beschleunigten Aufbruch Europas nach dem 10. Jahrhundert. Sie lassen sich in zwei Kategorien einteilen. Die wirtschaftliche und kulturelle Lage der »Alten Welt« beschreibt Janet L. Abu-Lughod detailliert in ihrem Buch *Before European Hegemony*: »Die zweite Hälfte des 13. Jahrhunderts stellt ein bemerkenswertes Moment in der Weltgeschichte dar. Nie zuvor hatten so viele Regionen der Alten Welt miteinander in Kontakt gestanden – wenn auch erst oberflächlich. Das Apogäum dieses Zyklus trat zwischen Ende des 13. und den ersten Jahrzehnten des 14. Jahrhunderts ein, nachdem inzwischen sogar Europa und China direkte, wenn auch noch begrenzte Kontakte zueinander hatten.« Diese ökonomische Welt, fährt die Autorin fort, sei nicht nur ungemein faszinierend gewesen, weil es noch keine einzige überragende Wirtschaftsmacht gegeben habe, sondern weil sie sich auch noch so gravierend von dem Weltsystem unterschieden habe, das aus ihr erwachsen, Europa im eigenen Sinne umgestalten und dann so lange vorherrschen sollte.[5]

Folgt man Janet Abu-Lughods Argumentation, dann hätten die hundert Jahre zwischen 1250 und 1350 aus zeitlicher Sicht einen Dreh- und Angelpunkt beziehungsweise den entscheidenden »Wendepunkt« in der Weltgeschichte dargestellt; aus geografischer Sicht wäre das Kerngebiet des Nahen Ostens, das den östlichen Mittelmeerraum mit dem Indischen Ozean verband, der Dreh- und Angelpunkt gewesen, wo Ost und West zu dieser Zeit ungefähr gleich stark vertreten waren. Die Hypothese ihres Buches läuft *gegen* Braudel also darauf hinaus, dass es *keine inhärente historische Notwendigkeit* für die systematische Verlagerung von Ost nach West gab. Janet Abu-Lughod identifizierte vielmehr acht grundlegende Wirtschaftssysteme, die schließlich auf drei wesentliche (das europäische, nahöstliche und asiatische) zusammenschrumpften und sich mehrere Merkmale teilten: die Einführung des Geldes und des Kreditwesens; Mechanismen der Kapitalzusammenlegung und der Risikoverteilung; unabhängige Händler mit eigenem Vermögen. Deshalb kommt sie zu dem Schluss, dass Europa zwischen dem 13. und 16. Jahrhundert zwar tatsächlich den Osten überrundet habe, aber nicht, weil es irgendetwas »Besonderes« anzubieten gehabt hätte, sondern schlicht, weil sich der Osten »in vorübergehender Auflösung« befand: Die von Djingis Khan verbundenen Handelsrouten über Land waren inzwischen an vielen Stellen unterbrochen; die Verwüstungen, die Timur-Leng (Tamerlan) mit seinen Söldnerheeren um das Jahr 1400 anrichtete, wirkten sich schrecklicher auf Asien aus als alles, was die Kreuzfahrer anrichteten; und der Schwarze Tod, »der sich zwischen 1348 und 1351 von China aus seinen Weg bis nach Europa bahnte, dezimierte fast alle Hafenstädte entlang der großen Seehandelsrouten, zersetzte eingebürgerte Verhaltensweisen, veränderte die Tauschbedingungen infolge von demografisch unterschiedlichen Verlustverteilungen und verursachte eine weltweite Unbeständigkeit, die radikale Umgestaltungen begünstigte; die einen profitierten davon, den anderen fügten sie Schaden zu«.[6] Für Europa verdeutlicht Janet Abu-Lughod das am Beispiel von England, das bis dahin eher am Rand gestanden hatte, nach der Pest aber eine wesentlich zentralere Rolle zu spielen begann, und zwar nur, weil die Sterberate dort niedriger gewesen war als auf dem europäischen Festland. Die Galeeren der italienischen Stadtstaaten, die Ende des 13. Jahrhunderts den Nordatlantikverkehr eröffneten, versetzten dem seit Jahrhunderten bestehenden Weltsystem schließlich den Todesstoß: Die »Entdeckung« der Atlantikrouten zu den Westindischen Inseln (die den arabischen und chinesischen Händlern größtenteils schon seit Jahrhunderten bekannt gewesen waren) durch die Portugiesen war damit vorprogrammiert, und die arabischen und indischen Schiffe waren den Flotten der Portugiesen, die Anfang des 16. Jahrhunderts in ihren Gewässern auftauchten, nicht gewachsen.

Abu-Lughod geht also davon aus, dass das alte Weltsystem bis zum 13. Jahrhundert relativ stabil und wahrhaft kosmopolitisch war: Es koexistierten verschiedene Glaubenssysteme – Christentum, Islam, Buddhismus, Konfuzianismus, Zoroastrismus –, und in aller Welt herrschten gleichermaßen hoch entwickelte Geschäftspraktiken. Die Textilproduktion im indischen Kanchipuram war nicht viel anders organisiert als die in Flandern; die Handelsschiffe von Venedig konnten sich mit den chinesischen messen; die großen Handels- und Hafenzentren wie Kairo, das von den Arabern Zaytun genannte chinesische Khyan-sau oder das französische Troyes waren bis zum 13. Jahrhundert auf vergleichbare Weise mit vergleichbarem Tempo gewachsen. Dann begann sich dieses bis dahin stabile Handelssystem plötzlich aufzulösen. Der auf Brügge, Troyes, Genua und Venedig konzentrierte westliche Teil überstand diesen Bruch relativ unversehrt, die östlichen Zentren Kairo, Bagdad und Basra, Samarkand (heute Usbekistan), die iranische Insel Hormus, Cambay (Khambhat an der Küste Indiens), Calicut (im indischen Kerala), Malakka (Malaysia) und die Zentren im chinesischen Kernland wurden vernichtet. Nach Meinung von Janet Abu-Lughod haben Historiker bisher schlicht den Fehler begangen, »diese Geschichte nicht früh genug anzusetzen«, und deshalb nur eine gestutzte und verzerrte Kausalerklärung für den Aufstieg des Westens liefern können. Tatsächlich sei der Übergang zwischen dem 13. und 16. Jahrhundert erfolgt; parallel dazu schufen geopolitische Faktoren im übrigen Weltsystem all die Möglichkeiten, ohne die ein Aufstieg Europas höchst unwahrscheinlich gewesen wäre.[7]

Der »Aufstieg des Westens« war aus Abu-Lughods Sicht demnach untrennbar mit dem vorangegangenen »Niedergang des Ostens« verbunden. Als die durch die Pest massiv geschwächten Mongolen im Jahr 1386 China »verloren«, büßte die Welt damit auch das entscheidende Bindeglied ein, das die Handelswege über Land bis nach Beijing und die Seehandelsrouten im Indischen Ozean und Südchinesischen Meer bis zu den Häfen Südostchinas verknüpft hatte. Die Auswirkungen dieser Trennung vom östlichsten Ende des Weltsystems waren im gesamten Handelswesen spürbar. Genua wurde nun auf Kosten von Venedig bevorzugt, obwohl beide Städte diesem Weltsystem das Tor nach Europa geöffnet hatten; doch für Genua war es einfacher, den Atlantik als Alternative zu nutzen. Und kaum öffnete sich der Ozean, begannen die großen Schiffe, die ihn befahren konnten, auch schon, ihren Nutzen aus dem Chaos im Osten zu ziehen. Diese geografische Umorientierung sollte den Schwerpunkt der Welt entscheidend verlagern.[8]

*

Der englische Sinologe Joseph Needham vertrat eine ganz andere These. Er zählte zuerst die unglaublich vielen Innovationen auf, die vor 1000 n. d. Z. aus dem Osten kamen (und von denen einige hier bereits geschildert wurden), um dann aus seiner Sicht zu verdeutlichen, weshalb Europa in sozialer, politischer und kultureller Hinsicht während der ersten Jahrhunderte n. d. Z. wesentlich instabiler als China und deshalb auch rückständiger geblieben war: Europa war arm an Edelmetallvorkommen und tendierte dank seiner geografischen Struktur (viele Halbinseln und Inseln – die Iberische Halbinsel, Italien, Griechenland – und natürliche Grenzen) zu einer nationalistischeren Haltung. Diese wurde noch gefördert durch das im Gegensatz zur vereinheitlichenden chinesischen Schrift flexible europäische Alphabet, das es den Völkern relativ einfach machte, Sprachen zu entwickeln, die andere Völker nicht verstanden. All diese Faktoren trugen dazu bei, Europa in ständige Konflikte zu verwickeln, und verdammten es damit zur Rückständigkeit.[9]

Dann erreichten jedoch zwei Erfindungen aus China das Abendland: zuerst der Steigbügel, der ungemein viel zum Aufstieg der Ritterschaft und deshalb zur Entwicklung des Feudalismus beitrug; anschließend das Schießpulver, das die *Vernichtung* des Feudalismus förderte, weil es die Macht der Ritterschaft zumindest in Europa wieder verringerte. Und im Zuge dieses Zerfalls stieg eine Schicht von Händlern und Kaufleuten auf, mit deren Existenz wiederum der Aufstieg der Wissenschaften eng verknüpft war. In China geschah dergleichen nicht. Auf diesem so viel stabileren Kontinent mit seiner wesentlich tiefer verwurzelten, vereinheitlichenden Imperialgeschichte wurde der Feudalismus ungeachtet der vielen innovativen Ideen dieses Landes durch den »bürokratischen Feudalismus« des Mandarinats ersetzt. Diese gelehrte Eliteschicht war einem derart großen und unter einem Kaiser zentralisierten Land ausgesprochen angemessen, da nur solche Mandarin-Bürokraten die zuverlässige Verwaltung eines stetigen Forschritts garantieren konnten. Die Kehrseite aber war die Abwertung der Handel treibenden Schicht – Händler bildeten nach den Gelehrten, Bauern und Handwerkern den niedrigsten der vier Stände dieser Gesellschaft. Damit wurde nicht nur eine Menge Kreativität im Keim erstickt, es verhinderte auch die Entwicklung von Stadtstaaten: Städte blieben in China von den Repräsentanten des Kaisers beherrscht, was bedeutete, dass es weder Bürgermeister noch Zünfte oder Räte und statt einer Entwicklungsmöglichkeit von unten nach oben eine Weisungsstruktur von oben nach unten gab. Ungeachtet der langen Liste von erfolgreichen Erfindungen sollten sich in China deshalb auch nie moderne Unternehmermethoden oder moderne Wissenschaftsstrukturen entwickeln, und das war es, was sich aus Needhams Sicht am Ende als fatal erweisen sollte.[10]

Einmal ganz abgesehen von der Frage, ob stadtstaatliche Entwicklungen in China wirklich unmöglich gewesen wären, wurden Needhams Argumente von jüngeren Forschern mindestens ebenso so oft abgetan wie anerkannt. Ganze Konferenzen wurden über den »Needham-Faktor« abgehalten. In erster Linie bezweifelte man, dass der Begriff »Feudalismus« in diesem Zusammenhang überhaupt angebracht sei – nicht nur, weil er ohnedies eine spätere Erfindung war, sondern vor allem, weil die Idee einer logischen Verknüpfung von Land mit Gesetz und Lehnstreue gar nicht den Erfahrungen des Mittelalters entsprach. Die Macht der Herren über die Bauern ergab sich weder durch die Existenz des Pferdes noch durch die des Steigbügels, sondern allein durch die Tatsache, dass das soziopolitische Gesamtsystem nicht nur eine Gesellschaft hervorgebracht hatte, die in drei Kategorien eingeteilt war – in solche, die beteten, solche, die kämpften, und solche, die arbeiteten –, sondern daneben auch ein Rechtssystem, das die Macht einiger weniger über viele aufrechterhielt. Außerdem war dieses System überhaupt erst um das Jahr 1000 entstanden, deshalb ergibt es auch keinen Sinn, von einem »Feudalismus« im frühen Mittelalter zu sprechen. Auch die Gründe, derentwegen die Macht der Herren über die Bauern schließlich bröckelte, hatten wenig mit dem Schicksal der Ritterschaft, dafür aber eine Menge mit einer demografischen Krise im 14. Jahrhundert zu tun: Weil Pest und Hungersnöte die Bauernschaft stark dezimiert, zugleich aber immer mehr Nachfrage nach ihrer Arbeitskraft geschaffen hatten, wurden den Bauern höhere Löhne und mehr Bewegungsfreiheit garantiert, was schließlich das Ende der »Leibeigenschaft« einläutete.

Andere Historiker verwiesen auf die Unterschiede in der westlichen und östlichen Art, Wissen zu erwerben. Die Ideen, die Geoffrey Lloyd und Nathan Sivin im Zuge ihrer Forschungsarbeit über die strukturellen Differenzen zwischen der frühen chinesischen und frühen griechischen Wissenschaft entwickelten, haben wir bereits angeführt. Später warf sich der amerikanische Soziologe Toby Huff mit dem Argument in die Debatte, dass der entscheidende Unterschied zwischen Okzident und Orient in diesem Kontext etwas ganz anderes gewesen sei: Die Kompetenz eines Studenten in China oder in der Welt des Islam wurde vom Staat oder Meister beurteilt, folglich habe keines von beiden Systemen das eigenständige Denken gefördert. Huffs Berechnungen zufolge hatte es im 12. und 13. Jahrhundert ungefähr die gleiche Zahl von Gelehrten in Europa, China und der islamischen Welt gegeben; doch da sie im Osten nie ein Bewusstsein dafür entwickelt hätten, dass sie eine Gruppe mit einer *gemeinsamen* Identität darstellten, habe die Wissenschaft in der islamischen und chinesischen Welt auch nie die unabhängige Macht erworben, die sie in Europa erwirken sollte. Im Westen habe sie sich hingegen entwickeln können, weil gegen Ende des 11. Jahrhunderts der Justinianische *Corpus Iuris Civilis* und damit auch die Vorstellung von einem Rechts*system* wiederentdeckt wurden. Dadurch konnten eine neue Form von Rechtswissenschaft und schließlich auch die Idee entstehen, dass es ein Wissen gibt, das *allen* gehört und über das es sich deshalb trefflich diskutieren und streiten lässt. Genau diese Vorstellung von einem gemeinsamen Wissensfundus steht für Huff auch hinter der Idee von der Universität, wie sie sich in Europa, nicht aber in China und der islamischen Welt entwickelte. Das bedeutet, dass es im Osten auch keinen organisierten Skeptizismus gab. Huff weist zum Beispiel nach, dass arabische Astronomen über das gleiche Wissen wie Kepler verfügt hatten, doch weil sie kein Konzept von einem *Corpus astronomicum* hatten – von einer Sammlung von maßgeblichen astrologischen Schriften, die allen gehörte und mit der sich jeder auseinander setzen konnte –, entwickelten sie auch nie das kopernikanische Bild vom heliozentrischen Universum.[11]

*

Eine etwas anders gelagerte, eher ökonomische Interpretation führt uns zu Braudels Ansatzpunkt von der relativ geringen Größe Europas zurück. Douglas North und Robert Thomas behaupten in ihrem Buch *The Rise of the Western World*, dass sich Europa im Hochmittelalter (1000–1300) von einer »riesigen Ödnis« in eine »sinnvoll besiedelte Region« verwandelt und dies ein deutliches Bevölkerungswachstum zur Folge gehabt habe, das Europa zur ersten Region »voller Menschen« in der Weltgeschichte machte. Unterstützt wurde dieser Trend durch den Verlauf der wichtigsten Ströme Donau, Rhein und Rhône/Saône, die tief ins europäische Kernland führten. Und zu den Konsequenzen, die sich daraus ergaben, zählte nicht zuletzt, dass sich die alte Feudalordnung zu verändern begann und immer mehr Menschen nach Eigentum und eigenem Landbesitz strebten. Die veränderten Besitzverhältnisse zogen binnen relativ kurzer Zeit Spezialisierungen nach sich – angefangen beim Getreideanbau und gefolgt von den Dienstleistungen, die mit Spezialisierungen aller Art einhergingen. Dadurch wurden wiederum die Handelsaktivitäten ausgeweitet, was zur Gründung von Märkten und schließlich zu der Entwicklung einer Geldwirtschaft führte, die unerlässlich war, um jene Kapitalüberschüsse erwirtschaften zu können, welche zu den Grundbedingungen für die Weiterentwicklung zu einem echten Kapitalismus gehörten.[12]

Zur Untermauerung ihres Arguments führten North und Thomas an, dass just in dieser Zeit ein neues Landwirtschaftssystem in Europa eingeführt wurde, nämlich der Wechsel von der Zweifelder- zur Dreifelderwirtschaft. Bei der Zweifelderwirtschaft wurde der gesamte bestellbare Boden gepflügt, aber nur auf der Hälfte Getreide angebaut; die andere Hälfte ließ man zur Regenerierung des Bodens brachliegen. Bei der Dreifelderwirtschaft teilte man das bestellbare Land in ein Feld ein, auf dem im Herbst gepflügt und Weizen angebaut wurde, ein weiteres, auf dem im

Frühjahr gepflügt und Hafer, Gerste oder Gemüse wie Erbsen und Bohnen angebaut wurden, und in ein drittes Feld, das gepflügt wurde und anschließend brachlag. Im Jahr darauf wechselte man die Anbaufelder. Das führte nicht nur zu einem gewaltigen Ertragsanstieg um fünfzig Prozent, sondern verteilte die landwirtschaftliche Arbeit auch über das gesamte Jahr und minderte die Gefahr von Hungersnöten aufgrund von verdorbenen Ernten.[13] Parallel dazu fand der Wechsel vom Ochsen zum Pferd als Zug- und Pflugtier statt, und Pferde sind aufgrund ihrer Biologie zwischen fünfzig und neunzig Prozent effizientere landwirtschaftliche Nutztiere.

Das 11. Jahrhundert erlebte hingegen den verstärkten Einsatz von Wassermühlen. Die Idee an sich war zwar nicht in Europa geboren worden, doch dank der herrschenden klimatischen Bedingungen konnte sie hier schnell umgesetzt werden, auch wenn die Anschaffung sehr kostenintensiv war. Das *Domesday Book* (ein englisches Reichsgrundbuch, das 1086 auf Veranlassung Wilhelms des Eroberers Privatbesitz im ganzen Land inventarisierte) verzeichnete einen Bestand von 5624 Mühlen in dreitausend englischen Gemeinden. Und warum sollte England technisch fortschrittlicher gewesen sein als irgendeine andere Region auf dem Kontinent? Allerdings muss man natürlich berücksichtigen, dass Wassermühlen wegen der vielen kleinen Flüsse, die die englische Landschaft durchziehen, dort besonders sinnvoll waren. Nicht umsonst sollten Woll- und Tuchmanufakturen zu einem so wichtigen Wirtschaftszweig in England und Flandern werden.

Die Parallelentwicklung, dass nun einerseits entschieden mehr Menschen Anteil am Land besaßen, andererseits aber die Vorstellung herrschte, dass mehr als das nicht zu erreichen war, hatte laut North und Thomas zwei psychologische Effekte. Erstens trug sie dazu bei, dass die Menschen individualistischer wurden, weil sie nun ein wirtschaftliches Eigeninteresse hatten und ihre Identität nicht mehr nur durch ihre Zugehörigkeit zu einer Gemeinde oder durch ihre Rolle als Leibeigene eines Herrn bestimmt sahen; zweitens brachte diese Entwicklung die Idee von der Effizienz mit sich (oder zurück), da nun wesentlich mehr Menschen die Endlichkeit von Ressourcen erkennen konnten. Hand in Hand mit den zunehmenden Spezialisierungen und der Entwicklung von blühenden Märkten, die verlockende Waren aus fernsten Ländern anboten, war das eine tiefgreifende soziopsychologische Revolution, die schließlich auch der Renaissance den Boden bereitete.

Doch die jüngste Forschung stellte auch diese Analyse in Frage: Sie behauptet, dass *schon immer* ein hoher Anteil der europäischen Bevölkerung – rund vierzig bis fünfzig Prozent – Land besessen und ergo nicht zu den Leibeigenen (im Sinne von »Unfreien«) gehört habe. Der italienische Wirtschaftshistoriker Carlo M. Cipolla behauptet, dass in Europa zu keiner Zeit ein Mangel an Land geherrscht habe, ganz im Gegenteil sogar: Es habe immer reichlich davon gegeben. Seiner Meinung nach unterschied sich das westeuropäische Abendland vom Morgenland wahrscheinlich überhaupt nur insofern, als hier ein höherer Anteil der Bevölkerung unverheiratet geblieben sei, was zur Auflösung der alten Grundbesitzverhältnisse führte, die Zahl der Großfamilien reduzierte und damit zur Verringerung der Armut beitrug. Cipolla folgt aber auch der Argumentation von Michael McCormick und führt ebenfalls ein stetiges technologisches Wachstum ins Feld – die Wassermühle seit dem 6., den Pflug seit dem 7., die Anbaurotation seit dem 8., das Hufeisen und das Kummetgeschirr seit dem 9. Jahrhundert. Die Wassermühle machte selbst eine Entwicklung durch: Seit 861 wurde sie auch zum Bierbrauen, seit 1138 zum Gerben, seit 1276 zur Papierherstellung und seit 1384 für den Betrieb von Gebläseöfen verwendet. Das spricht tatsächlich eher für eine stetige Fortentwicklung Europas als für einen plötzlichen Aufbruch. Cipolla stimmt auch Norths und Thomas' These zu, dass sich im 11. Jahrhundert neue Geschäftspraktiken entwickelt hätten, die mit einer finanziellen Umorientierung Hand in Hand gegangen seien – man hörte auf, Ersparnisse zu horten (deflationär), und ging zur Investition von »Kapital« über. Ein typisches Beispiel dafür ist der *contratto di commenda*. Mit diesem Vertrag wurde festgelegt, wie viel Geld eine Partei der anderen zur Finanzierung eines Auslandsgeschäfts lieh und mit welchen Zinsen es zurückgezahlt werden musste. Seit dem 10. Jahrhundert gab es wachsenden Bedarf an Münzgeld (Cipolla verdeutlicht anhand einer Karte, wie viele Münzanstalten in dieser Zeit bewilligt wurden). Die Begriffe »Bank« und »Bankier« tauchten erstmals im 12. Jahrhundert auf. Goldmünzen kamen zwischen 1252 und 1284 in Venedig, Genua und Florenz auf und wurden bald schon zum Wertstandard.[14] Doch ob dies nun die Ursachen für den Umbruch waren oder Erscheinungen eines bereits fortschreitenden Wandels, ist bis heute umstritten.

*

Eine ganz andere Erklärung für den Aufstieg Europas (welcher sich auch die meisten Forschungsaktivitäten widmeten) bezieht sich auf die christliche Kirche und die Rolle, die sie bei der Vereinigung des Kontinents spielte. Der lateinische Name »Europa« wurde damals noch kaum verwendet. Obwohl der Begriff bereits auf Herodot zurückgeht und Karl der Große als *Pater Europae* bezeichnet wurde, war die allgemein übliche Bezeichnung für das Abendland im 11. Jahrhundert noch *christianitas* gewesen.

Das vorrangige Ziel der Kirche war ihre territoriale Expansion, unmittelbar gefolgt von einer monastischen Reform, denn immerhin waren es die in der ganzen christlichen Region verteilten Klöster, die die Schlacht um die Seelen der Menschen führten. Daraus ergab sich das dritte Kapitel der Kirchengeschichte, nämlich die Bündelung all der unterschiedlichen lokalen Einflüsse unter einer zentralen Kontrollinstanz – dem Papsttum. Zwischen 1000 und 1100 trat das Christentum in eine neue Phase ein, was sich zum einen mit dem Ausbleiben des erwarteten spektakulären apokalyptischen Ereignisses erklärt, zum anderen den Kreuzzügen zu verdanken war, die ebenfalls als eine einigende Kraft auf das Christentum einwirkten, seit der Islam zum Feind aller Christen erklärt worden war. Der Höhepunkt aber war im 13. Jahrhundert erreicht, als die Päpste mit Königen und Kaisern um die Macht konkurrierten und dabei sogar so weit gingen, Monarchen zu exkommunizieren (siehe nächstes Kapitel).[15]

Im Zuge dieses Geschehens entwickelte sich nun die Geisteshaltung, der hier unser eigentliches Interesse gilt. Die Probleme, die sich durch die weit über den Kontinent verstreute Kirchenstruktur ergaben und die Beziehungen zwischen Papst und Monarchen oder Kirche und Staat prägten, warfen eine Menge Fragen über die Kirchenlehre und das Kirchenrecht auf. Und weil all diese Fragen in den Klöstern und Schulen debattiert wurden, die zu dieser Zeit ins Leben gerufen wurden, begann man sie als »Scholastik« zu bezeichnen. Der englische Historiker Richard W. S. Southern widmete sich hingebungsvoll der Frage, inwieweit die Scholastiker in ihrer Rolle als »übernationale Instanz« zur Vereinigung Europas beitrugen. Die folgende Darstellung orientiert sich stark an seinen Erkenntnissen.

Welche Rolle die Scholastiker spielten, lässt sich schnell am Beispiel der Tatsache verdeutlichen, dass sie allesamt Latein sprachen. Quer durch das Abendland – sei es in Klöstern oder Schulen, an den sich gerade entwickelnden Universitäten, in den Bischofspalästen und unter den päpstlichen Legaten oder Nuntien – wurden Meinungen und Botschaften in ein und derselben Sprache ausgetauscht. Die Gegner des Frühscholastikers Peter Abaelard hielten seine Werke nicht nur ihrer Inhalte wegen für gefährlich, sondern eben weil sie in lateinischer Sprache verfasst waren und deshalb von so vielen gelesen werden konnten: »Sie werden von einem Volk zum nächsten und vom einen Königreich zum anderen gereicht ... sie überqueren die Meere, überspringen die Alpen ... breiten sich über Provinzen und Reiche aus.«[16] Wegen der gemeinsamen Sprache waren auch die Karrieren im päpstlichen Umfeld so gefürchtet international: Ein Franzose konnte problemlos nach Spanien, ein Deutscher nach Venedig oder ein Italiener nach Griechenland, England, Kroatien und Ungarn beordert werden. Auf diese Weise entstand zwischen 1000 und 1300 n. d. Z. in Europa eine einzigartige Vereinheitlichung der Denkweisen, Disputationsregeln oder der Art und Weise, wie man sich über alle Grenzen hinweg darauf einigte, was von Bedeutung war und was nicht. Und das betraf bei weitem nicht nur theologische Fragen, es geschah auch in den Bereichen von Architektur, Recht und den freien Künsten. Theologie, Recht und die freien Künste waren laut Southern die drei Requisiten, die man während des 12. und 13. Jahrhunderts gebraucht hatte, um Europa eine Struktur zu verleihen und den Kontinent zu zivilisieren – »in der Periode also, in der Europas Bevölkerung, Wohlstand und Appetit auf die große weite Welt so rapide wuchsen wie erst wieder im 19. Jahrhundert«. Ihre Kohärenz und Einflussmacht aber verdankten diese drei geistigen Requisiten der Entwicklung von Schulen, die von europaweiter Bedeutung waren, weil sie Lehrer wie Schüler aus allen Regionen des Abendlands anzogen, die später mit ihrem neu erworbenen Wissen in ihre Heimatländer zurückkehrten.[17]

Zwar gab es im Jahr 1250 erst sehr wenige Universitäten in Europa – Bologna, Montpellier, Paris und Oxford –, doch die waren schon sehr international. Erst später, als Latein nicht mehr die Sprache aller Gebildeten war, sollten die Universitäten ihren jeweils nationalen Anstrich erhalten. Der Grundstein für das scholastische Denken, das die Natur aus ebenso neuen Blickwinkeln betrachtete wie die organisierte christliche Gesellschaft, wurde in der ersten Hälfte des 12. Jahrhunderts gelegt. Die Ziele der Scholastiker mögen sich heute merkwürdig anhören, doch tatsächlich ging es damals um nichts anderes als die Entwicklung einer kohärenten Sicht von der Schöpfung, dem Sündenfall, der Menschheitserlösung und von den Sakramenten – wobei »der Erlösungsprozess auch auf Individuen ausgedehnt werden konnte«. Kohärenz wurde erreicht, weil sich die Männer, die dieses System schufen, allesamt auf denselben stetig wachsenden Fundus an Lehrbüchern beriefen, mit vergleichbaren Abläufen im Lehrbetrieb vertraut waren, nach denselben Regeln diskutierten und ihre akademischen Pflichten erfüllten oder weil sie allesamt fest daran glaubten, dass das Christentum in der Lage sei, eine systematische und autoritative Darstellung von sich selbst abzugeben.[18]

Das Erbe aus alter Zeit war im Großen und Ganzen völlig unkoordiniert geblieben, deshalb setzten es sich diese Gelehrten nun zum Ziel, »der gefallenen Menschheit so weit als möglich jenes vollkommene Wissenssystem [zurückzugeben], welches sich im Augenblick der Schöpfung in ihrem Besitz oder zumindest in ihrer Reichweite befunden hatte«. Dieser Wissensfundus, so glaubte man, sei in den Jahrhunderten zwischen Sündenfall und Sintflut vollständig verloren gegangen, dann aber von den göttlich inspirierten alttestamentarischen Propheten und dank der Bemühungen einiger griechischer und römischer Philosophen allmählich wiederhergestellt worden. Unglückseligerweise seien diese Errungenschaften beim Überfall der »Barbaren« auf das Christentum im frühen Mittelalter erneut beschädigt und zum Teil sogar vernichtet worden. Trotzdem hatten viele wichtige Schriften mit altem Wissen überlebt, allem voran Aristoteles, wenngleich natürlich nur über den Umweg der arabischen Übersetzungen, die die Originaltexte mit ihrer eigenen Politur versehen hatten. Man erwartete also von den Scholastikern seit ungefähr 1050, dass sie die Fackel übernahmen und das durch den Sündenfall verloren gegangene Wissen wiederfanden. Und das beinhaltete nicht nur die Klarstellung oder Korrektur all der Fehler, die durch spätere Textverfälschungen entstanden waren oder die sich wegen des noch unzulänglichen Verständnisses der alten Autoren eingeschlichen hatten, sondern auch eine Systematisierung, damit sich das neue Wissen nun der gesamten westlichen Christenheit erschließen konnte. »Das *vollständige* Wissen, das die Ureltern vor dem Sündenfall besessen hatten, war unwiederbringlich verloren gegangen; nun aber litt man unter der Vorstellung, dass der Versuch, es wiederherzustellen, gleichsam bedeuten würde, der Sünde der Wissbegier in die Falle zu gehen. Was jedoch legitimerweise versucht werden durfte, war der Erwerb des Wissensgrads, der notwendig sein würde, um ein angemessenes Bild von Gott, der Natur und den menschlichen Verhaltensweisen anbieten zu können... und der dem Projekt der Menschheitserlösung dienlich sein würde. In dem Konzept, das auf diesem Verständnis beruhte, kam demnach die hoffnungsfrohe Erwartung zum Ausdruck, dass sich in nicht allzu ferner Zeit der zwiefache Plan verwirklichen ließe, die alles entscheidende geistige Grundausstattung der Ureltern zumindest so weit wieder herstellen und jedem Menschen zugänglich machen zu können, wie es der gefallenen Menschheit möglich war.«[19] Im theologischen Kontext dieser Zeit betrachtet, hatte der Wunsch nach einer Restauration des Urwissens ein durchaus praktisches Ziel: »Wahrscheinlich würde das Ende der Welt binnen einiger Jahrzehnte oder allenfalls Jahrhunderte, gewiss aber doch vor dem Ablauf eines weiteren Jahrtausends nahen. In jedem Fall stünde das Ende bevor, wenn die perfekte, der Menschheit jedoch unbekannte Zahl an Erlösten erreicht wäre. Ergo war es das Ziel der Schulen wie der Kirche im Allgemeinen, nicht nur die Welt auf dieses Ereignis vorzubereiten, sondern es auch zu beschleunigen.« Southern erinnert allerdings daran, dass der Versuch der Scholastiker, eine Synthese herbeizuführen, damals nicht ganz so einschüchternd gewirkt haben konnte, wie es heute der Fall wäre, da die Anzahl der Quellentexte aus sämtlichen betroffenen Themengebieten nach heutigen Standards noch ausgesprochen klein gewesen war – nur drei- bis vierhundert Bücher von jeweils moderatem Umfang genügten damals, um das gesamte Grundlagenwissen der Zeit darzustellen.[20]

Die Hoffnung auf eine endgültige Synthese überlebte das 14. Jahrhundert nicht, doch inzwischen waren die ersten Universitäten gegründet worden, und deren internationaler Charakter brachte nun genügend Lehrer und Schüler mit identischen Denkansätzen und Werten hervor, um eine ganz neue Schicht aus gebildeten Männern (und es waren im Wesentlichen Männer) in ganz Europa zu begründen, die anhand derselben Schriften und Kommentare ausgebildet worden waren. Sie erachteten die gleichen Fragen für wichtig und waren allesamt der Ansicht, dass die Theologie, die freien Künste und das Recht letztlich alles waren, worauf es ankam. Die Lerntheorie, auf der das scholastische System und demzufolge sämtliches Wissen beruhte, stellte ihrer Ansicht nach eine *Rückeroberung* jenes Wissens dar, welches der Menschheit in ihrem ungefallenen Zustand zur Verfügung gestanden hatte und mit dem die Gelehrten nun im Lauf der Zeit einen Fundus an autoritativen Lehren begründen wollten. Bis 1175 sollten sich die Scholastiker denn auch tatsächlich nicht mehr nur als die Vermittler des alten Wissens, sondern zudem als aktive Förderer eines ganzheitlichen Wissensfundus verstehen, »der zusehends seinem Gipfel entgegenstrebte«.[21] Indem sie das Studium der Theologie und der Rechte stabilisierten und förderten, waren letztlich sie es, die zur Entwicklung einer relativ geordneten und zukunftsorientierten Gesellschaft beitrugen. Und von diesem Prozess sollte das ganze Abendland profitieren.

*

Neben den Theologen lassen sich vor allem drei Gelehrte als Beiträger zu der Idee von einer rein westlichen Kultur hervorheben. Der Erste war der Kamaldulensermönch Gratian aus Bologna. Vor ihm hatte es keine systematische kanonische Rechtswissenschaft gegeben; die meisten Entscheidungen waren auf lokaler Ebene durch die Bischöfe getroffen worden. Man kann mit Fug und Recht behaupten, dass das Kirchenrechtssystem um das Jahr 1100 noch ein einziges Chaos gewesen war. Deshalb wurde Gratians Traktat *Concordia (Concordantia) discordantium canonum (Ausgleichende Zusammenstellung der nicht übereinstimmenden Canones)* auch so begeistert von Christen in ganz Europa aufgenommen, als es 1140 unter dem Titel *Decretum Gratiani* erschien.[22] Gratian hatte versucht, das Kirchenrecht (das natürlich das entscheidende Recht in einer so durch und durch religiösen Gesellschaft war) von Grund auf zu überdenken, neu zu strukturieren und so zu rationalisieren, dass das bloße Gewohnheitsrecht keine Chance mehr hatte. Damit war er zwar noch nicht in allen Punkten erfolgreich, doch nach dem Erscheinen seiner Schrift wurde das Recht sehr viel deutlicher dem Test der Vernunft unterzogen. Schließlich wurde es von den Päpsten, Bischöfen und Priestern mit mehr oder weniger gleicher Begeisterung akzeptiert. Es war also zugleich befreiend wie einigend.

Der zweite dieser Gelehrten war Robert Grosseteste (ca. 1186–1253), ein Oxford-Absolvent, der im Anschluss in Paris Theologie studiert hatte und sich schließlich einen Namen als Kanzler der Universität Oxford, Übersetzer von Klassikern, Bibelgelehrter und Bischof von Lincoln machte. Doch seine vermutlich größte Leistung war die Erfindung der experimentellen Methode. Roger Bacon erklärte in seinem *Compendium studii theologiae*, dass Grosseteste der erste Mensch gewesen sei, der überhaupt über Wissenschaft geschrieben habe.[23] Schon in dem halben Jahrhundert vor Grossetestes Geburt hatten Gelehrte im Abendland griechische und arabische Abhandlungen ins Lateinische übersetzt – was an sich bereits ein entscheidender Schritt zur Erschaffung »des Westens« war. Auch Grosseteste gehörte der Übersetzerbewegung an, doch nur er hatte erkannt, dass man auch die Frage der wissenschaftlichen *Methodik* klären musste, wenn man über die Klassiker hinausreichen wollte. Seit dem 9. Jahrhundert, als der Pflug mit Rädern und die neuen Anschirrmethoden für Zugtiere erfunden worden waren, hatte man im Westen beträchtliche technische Fortschritte erreicht. Die Existenz von Wasser- und Windmühlen hatte die Methoden der Kornvermahlung und Metallurgie verändert, der Kompass und das Astrolabium zur Bestimmung der Position von Gestirnen waren verbessert und Augenglas wie Uhr erfunden worden. Doch wie es auf dem Gebiet des Rechts vor Gratians Zeiten der Fall gewesen war, wurden auch all diese Fortschritte ad hoc gemacht. Es waren Faustregeln, und noch hatte niemand eine Vorstellung davon, wie sich vom Konkreten auf das Allgemeine schließen und eine Beweisführungskette herstellen ließ, um Erklärungen zu generieren und exaktere Messungen und Antworten beizubringen.

Grossetestes entscheidende, auf Aristoteles fußende Leistung war sein Modell der »induktiven Methode« und systematischen Überprüfung von Hypothesen. Das erste Stadium, erklärte er, müsse grundsätzlich der Versuch sein, das zu untersuchende Phänomen zu beobachten, um es dann in die Prinzipien oder Elemente aufzubrechen, aus denen es sich zusammensetzt – das war Induktion. Hat man diese Prinzipien oder Elemente isoliert, sollte man sie systematisch wieder zusammenfügen, um das Konstrukt des jeweiligen Phänomens zu erkennen. Er selbst tat das erstmals am Beispiel des Regenbogens: Er beobachtete, wie sich das Licht der Sonne im Sprühnebel einer Wassermühle brach oder in den Wasserspritzern beim Eintauchen eines Ruders oder wenn man Wasser mit dem Mund versprühte oder wenn man einen mit Wasser gefüllten Glaskolben gegen das Licht hielt. Die dabei gewonnenen Erkenntnisse brachten dann den Dominikaner Dietrich von Freiberg auf die Idee der Lichtbrechung durch *einzelne* Wassertropfen. So gesehen waren Grossetestes Einsichten die ersten Beispiele für einen experimentellen Forschungsansatz.[24]

Grossetestes Innovation weckte aber nicht nur das Interesse an *Genauigkeit*, sondern auch an der grundsätzlichen Messbarkeit von Vorgängen; dies führte wiederum zu einem profunden psychologischen und sozialen Wandel, der erstmals im 13. und 14. Jahrhundert im Abendland spürbar wurde. Zur gleichen Zeit (in den siebziger Jahren des 13. Jahrhunderts) wurde auch die Uhr erfunden. Bis dahin war Zeit als etwas Fließendes verstanden worden (wozu die Wasseruhr das Ihre beigetragen hatte); die Zeitmessung war den Jahreszeiten so angepasst worden, dass zwölf Stunden Tageslicht im Sommer länger waren als zwölf Stunden Tageslicht im Winter. Nun kamen erstmals Turmuhren in den Städten und Dörfern auf. Sie ermöglichten es den Bauern auf dem Feld, die Dauer ihrer Arbeitszeit nach dem Glockenschlag zu richten. Ergo waren nun erstmals auch die beiden Faktoren Genauigkeit und Effizienz miteinander verbunden. Mit der neuen Sicht von der Zeit veränderte sich aber auch die Einstellung zum Raum: Er wurde nun ebenfalls mit mehr Genauigkeit betrachtet (beide Veränderungen werden im 17. Kapitel näher erörtert).

Der dritte Gelehrte schließlich, der zum typisch westlichen Grundwissen beitrug, war Thomas von Aquin (ca. 1225–1274). Sein Versuch, das Christentum mit Aristoteles im Besonderen und den Klassikern im Allgemeinen in Einklang zu bringen, war ein ungemeiner schöpferischer Durchbruch (auch darauf werden wir im 17. Kapitel näher eingehen). Vor Thomas von Aquin hatte die Welt nur in Bezug auf Gott Bedeutung und Struktur gehabt. Erst mit der »thomistischen Revolution« war dem Christentum zumindest prinzipiell die Möglichkeit geschaffen worden, die Natur aus einem säkularen Blickwinkel zu betrachten. Denn Thomas unterschied, wie Colin Morris schreibt, »zwischen dem Reich des Natürlichen und dem des Übernatürlichen, zwischen Natur und Gnade, Vernunft und Offenbarung. Seither war nicht nur ein objektives Studium der natürlichen Ordnung, sondern auch die Idee des säkularen Staates möglich geworden.« Thomas war fest von der Existenz einer natürlichen Ordnung am Grunde aller Dinge überzeugt, was nun aber der wunderbaren Schöpfungsmacht Gottes zu widersprechen schien, denn so gesehen musste es ja auch ein Naturgesetz geben, das mit dem Verstand erfassbar war.[25] Endlich trat die Vernunft aus dem Schatten der Offenbarung.

Auch Thomas von Aquin war eine Schwellenfigur, das heißt, auch er stand gewissermaßen für die Kulmination einer bestimmten Denkungsart und zugleich für den Beginn einer vollkommen neuen Weltanschauung. Das Denken, das mit ihm seinen Höhepunkt erreichte, war erstmals von Hugo von Sankt Viktor erläutert worden (Sankt Viktor war eine im 12. Jahrhundert erbaute Augustinerabtei in Paris): Er betrachtete die säkulare Bildung, also ein auf die pure Realität der Natur ausgerichtetes Lernen, als die notwendige Ausgangsbasis für jede religiöse Kontemplation. »Lerne alles«, lautete sein Motto, »später wirst du erkennen, dass nichts überflüssig ist.« Aus diesem Vorsatz gingen die mittelalterlichen *summae* hervor – enzyklopädische Traktate, die auf eine Synthese allen Wissens abzielten. Von Hugo stammte die erste *summa*, von Thomas aber die wohl beste. Gefördert wurde diese Sichtweise auch durch Peter Abaelards *Sic et Non (Ja und Nein)*, eine Sammlung scheinbar widersprüchlicher Aussagen von diversen Kirchenautoritäten. Obgleich Abaelard hier einen augenscheinlich negativistischen Ansatz verfolgte, bewirkte er damit doch etwas Positives: Er lenkte die Aufmerksamkeit auf die Tatsache, dass man Wissen logisch auf den Grund gehen und unter die Oberfläche der Dinge dringen kann, wenn man widersprüchliche Argumente in Frage stellt und Syllogismen näher betrachtet.[26]

Die Wiederentdeckung der Klassiker konnte letztlich nur einflussreich sein, auch wenn sie in einem Kontext stattfand, in dem der Gottglaube als gegeben galt. Anselm von Canterbury resümierte diese gewandelte Einstellung zur wachsenden Macht der Vernunft mit den Worten: »Es scheint mir doch ein Fall von rechter Nachlässigkeit, wenn wir, nachdem wir standhaft im Glauben wurden, nicht zu verstehen begehren, was wir glauben.« Fast zur gleichen Zeit erreichte eine lange Auseinandersetzung zwischen den kirchlichen und den politischen Autoritäten ihren Höhepunkt, als Papst Innozenz III. der Universität von Paris bei ihrem Streben nach Wissen schriftlich die Unabhängigkeit garantierte. Albertus Magnus, einer der Pariser Gelehrten und der Lehrer von Thomas von Aquin, sollte als erster Denker im Mittelalter deutlich zwischen dem Wissen unterscheiden, das man durch Theologie erwarb, und den Erkenntnissen, die sich aus wissenschaftlichen Studien ergaben. Und indem er nun den Wert von säkularen Studien und die Notwendigkeit der empirischen Beobachtung verdeutlichte, setzte er einen Wandel in Gang, dessen Kraft nicht einmal er ansatzweise erahnen konnte.

Thomas bejahte die von seinem Lehrer getroffene Unterscheidung und stimmte auch mit Albertus' Ansicht überein, dass die aristotelische Philosophie die größte Errungenschaft sei, die die menschliche Vernunft ohne den Vorteil der christlichen Inspiration habe erreichen können. Dem fügte er allerdings seine eigene Idee an, dass die Natur, die Aristoteles zum Teil bereits beschrieben hatte, ebendeshalb kostbar sei, *weil* sie Gott zum Leben erweckt hatte. Und das bedeutete, dass die Philosophie nun nicht mehr nur der Handlanger der Theologie war: Die menschliche Intelligenz und die Freiheit waren gottgegeben, aber der Mensch konnte sich nur verwirklichen, wenn er auch frei war, nach Wissen zu streben – egal, wo es ihn hinführen mochte. Kein Mensch dürfe dieses Streben fürchten oder verurteilen, wie es so offensichtlich viele taten, sagte Thomas, da Gott der Schöpfer von allem war und somit auch diese menschliche Fähigkeit erschaffen habe. Das Streben nach säkularem Wissen könne die göttliche Ordnung nur noch deutlicher enthüllen und deshalb dazu beitragen, dass der Mensch Gott noch inniger erfahre. Je mehr der Mensch sein Wissen erweitere, desto gleicher werde er Gott.[27]

Zuerst handelte sich Thomas mit seinem unerschütterlichen Vertrauen in die Vereinbarkeit von Glaube und Vernunft eine klare Verurteilung der Kirche ein, aber es dauerte nicht lange, bis er ihr Wohlwollen fand. Wie schon Albertus, so hatte aber auch er bereits mehr losgetreten, als ihm selbst bewusst war. Pariser Zeitgenossen wie Siger von Brabant hielten dagegen, dass Philosophie und Glaube *niemals* in Einklang zu bringen seien, sondern sich im Gegenteil sogar vollkommen widersprechen würden, weshalb »der Geltungsbereich von Vernunft und Wissenschaft gewissermaßen außerhalb des Wirkungskreises der Theologie liegen« müsse.[28] Eine Zeit lang wurde dieses Problem »gelöst«, wenn man so sagen darf, indem man ein Universum der »doppelten Wahrheit« postulierte. Doch die Kirche weigerte sich, das zu akzeptieren, und die Kommunikation zwischen den traditionellen Theologen und den wissenschaftlich argumentierenden Denkern wurde unmöglich gemacht. Aber es war bereits zu spät. Zwar waren die unabhängig denkenden Wissenschaftler und Philosophen immer noch vom Gottglauben beseelt, aber nun waren sie bereits entschlossener denn je, dem Weg der Vernunft zu folgen, wo immer er sie hinführen würde.

Thomas war die Verschmelzung von Aristoteles und Christentum zumindest schon partiell geglückt, was zur Folge hatte, dass man Aristoteles nun auch in Kreisen zu akzeptieren begann, in denen man ihn zuvor abgelehnt hatte. Thomas hatte Aristoteles christianisiert, deshalb war es ihm schließlich auch gelungen, das Christentum zu aristotelisieren. Und damit war eine säkulare Denkungsart eingeführt, die das Verständnis des Menschen von den Dingen für immer verändern sollte. Dieses Thema wird dem nächsten Teil dieses Buches zugrunde liegen.

*

Wissenschaftliche Methodik, exakte Messungen und eine effiziente, intellektuell vereinheitlichte säkulare Welt wären gewiss Faktoren, die ein jeder als Grundlagen der Entwicklung des modernen Westens anführen würde. Weniger greifbar, dafür aber umso faszinierender, ist die Vorstellung, dass irgendwann zwischen 1050 und 1200 auch ein fundamentaler psychologischer Wandel im Abendland stattfand, da sich nun eine gewisse *Individualität* auszubreiten begann, die die Mentalität und den Vorwärtsdrang des Westens wohl am stärksten begünstigte, auch im Hinblick auf die bereits erwähnten Themen. Wenn es nun aber wirklich die Individualität war, die hier eine tragende Rolle gespielt hatte, dann könnte es sich bei den Fortschritten im Bereich der Wissenschaften, beim Lernprozess, bei der Einstellung zur Genauigkeit, bei der Säkularisierung und so weiter ebenso gut um Symptome wie um Ursachen gehandelt haben.

Es gibt drei mögliche Kandidaten, die diesen Befindlichkeitswandel ausgelöst haben könnten. Der erste ist das Wachstum der Städte, denn dort wurde die Entwicklung aller nichtkirchlichen Berufe – Advokat, Beamter, Lehrer und so weiter – gefördert, und plötzlich gab es mehr Wahlmöglichkeiten als je zuvor. Der zweite ist der systemische Wandel, der sich im Kontext mit den alten Landbesitzrechten abspielte: Der zunehmende Trend zum Erstgeburtsrecht zögerte die Zerstückelung von

Grundbesitz hinaus, doch größere Ländereien waren auch angreifbarer; außerdem hatte dieser Trend den Nebeneffekt, dass sich die nicht erbberechtigten jüngeren Söhne gezwungen sahen, anderenorts ihr Glück zu suchen, und sich deshalb meist anderen Höfen als Ritter andienten. Kein Wunder, dass diese Gesellschaft schon bald Geschmack an Heldenepen fand, die Geschichten von jungen Männern auf der Suche nach dem Glück erzählten, und all die Ideen von Ritterlichkeit und höfischer Liebe aufbrachte (für die es jedoch auch andere Gründe gab). Auf einmal gerieten intime Gefühle in den Brennpunkt. Und dieser Fokus auf die Liebe weckte wiederum das Interesse an der eigenen Erscheinung – das 12. Jahrhundert war bekanntlich auch eine Zeit gewagter modischer Innovationen, worin ja ebenfalls ein wachsendes Individualisierungsbedürfnis zum Ausdruck kommt.[29]

Der dritte Kandidat waren die stimulierenden Effekte der Renaissance im 12. Jahrhundert: Durch die Wiederentdeckung der Antike wurden den Menschen nicht nur die Mängel ihrer unmittelbaren Vergangenheit vor Augen geführt, sondern auch Fakten bewusst, die sie zuzugeben zwangen, dass die klassischen Schriftsteller längst bewiesen hatten, wie unterschiedlich die Beweggründe eines Menschen und seine Problemlösungsstrategien sein können. Und nicht nur das: Die Wiederentdeckung ihrer Texte hatte vor allem verdeutlicht, dass auch ohne die Kirche ein erfülltes Leben möglich war. Außerdem hatten die neuen Scholastiker bereits bewiesen, wie stark die großen Autoritäten der Vergangenheit voneinander abweichen konnten und dass sie oft sogar vollkommen konträrer Meinung gewesen waren. Das brachte nun die Erkenntnis, dass die Menschen einst gezwungen gewesen waren, sich auf sich selbst zu verlassen, eigene Lösungen zu finden und sich ihre eigenen Lehren zurechtzuschneidern. Aus genau dieser Entdeckung resultierte schließlich die vielleicht revolutionärste aller Ideen: der individuelle Glaube. Auf den Punkt gebracht wurde diese Entwicklung mit einem Satz, den Richard Southern zitiert: »Finde dich selbst, wenn du einen Weg zu Gott finden willst.« Der Grundgedanke war, dass jede Seele vom Geist des Individuums geprägt ist und dass sich Individuen, auch wenn sie viel gemein haben, auf jeweils ganz anderen Wegen Gott nähern können.[30] Allerdings sollte man diesen Trend nicht überbewerten, denn Fakt ist, dass er letztlich nur unter der Elite herrschte. Es *gab* nun vielfältigere Wege zu Gott, doch die Masse betrachtete sich nach wie vor als eine homogene Gruppe oder Gemeinde.

Damit verband sich eine weitere Tendenz, ausgelöst durch die Tatsache, dass der Jahrtausendwechsel – das Jahr 1000 nach christlicher Chronologie – gekommen und ereignislos vorübergegangen war. Zwar gab es immer noch Menschen, die an ein apokalyptisches Ereignis glaubten, das alles Leben auf Erden verändern werde, doch als auch im weiteren Verlauf des 11. Jahrhunderts nichts geschah, begann der Glaube an die körperliche Auferstehung zu leiden. Und damit einhergehend verbreitete sich immer mehr mystisches Gedankengut, beispielsweise die so genannte Jerusalem-Literatur, die ihren Ausdruck zwar hauptsächlich in neuen Hymnen fand, in jedem Fall aber auch die Bedeutung von »Jerusalem« veränderte: Nun erwartete man nicht mehr, dass die Stadt »von Gott her aus dem Himmel herab« kommen und zum Paradies auf Erden würde; nun war das Ziel das Neue Jerusalem *im* Himmel. Und das war ein grundlegend neuer Gedanke, denn implizit verband sich damit die Vorstellung, dass nicht jeder Mensch, sondern nur der Christ erlöst würde, der es auch verdiente. Und damit war die Idee von der *individuellen* Erlösung geboren. Diese neuen Sichtweisen spiegelten sich auch in den künstlerischen Umsetzungen der Kreuzigungsgeschichte. Im frühen Mittelalter war die Ikonographie relativ standardisiert gewesen: der ans Kreuz genagelte Christus, zu seinen Füßen Maria und Johannes; Christus lebt, seine Körperhaltung ist aufrecht, die Füße ruhen nebeneinander auf einer Stützstrebe, die Augen sind geöffnet, die Arme nicht nach oben verdreht, er zeigt keine Anzeichen von Leid; seine Gesichtszüge sind meist die eines jungen Mannes, und er trägt fast nie einen Bart. Es ist schon bemerkenswert, dass Christus ausgerechnet in den ersten tausend Jahren der Kirchengeschichte, in denen der Tod doch so zum Alltag gehörte und praktisch unentwegt jeden bedrohte, fast nie im Tode dargestellt wurde. Das Kreuz war zum Ausdruck des Triumphes Christi, des Allherrschers (Pantokrator) geworden, weil sich das Christentum von jeher beklommen fühlte bei dem Gedanken, Christus als einen Leidenden zu betrachten. Man zog es deshalb vor, ihm den Ausdruck göttlicher Macht zu verleihen. Im 11. Jahrhundert finden wir Jesus jedoch plötzlich in Agonie, in sich zusammengefallen oder bereits tot, bekleidet mit einem fadenscheinigen Lendentuch und nur allzu menschlich in seiner Entwürdigung. Auf einmal galt die Aufmerksamkeit dem Mann der Schmerzen und seinem seelischen Leid.[31]

Die vor diesem Wandel herrschende alte Mentalität fand ihren deutlichsten Ausdruck in der Kirchenliturgie. Könige und Aristokraten waren derart darum besorgt gewesen, das monastische Ritual zu wahren, dass Historiker den »liturgischen Staat« schon mit einiger Berechtigung als die vorherrschende Regierungsform dieser Zeit bezeichneten. In der Abtei Cluny zum Beispiel, dem größten und einflussreichsten Klosterzentrum des 11. und 12. Jahrhunderts, war die Liturgie derart aufgebauscht und wurde allmählich so kompliziert, dass sie schließlich auch die gesamte Zeit verschlang, die eigentlich dem Studium und der körperlichen Arbeit gewidmet sein sollte. Diese pompöse Liturgie und die Tatsache, dass immer aufwendigere Klöster erbaut wurden, während es den Bauern zugleich an den grundlegendsten Dingen des Lebens mangelte, oder der Fakt, dass die Rituale in einer Sprache vollzogen wurden, die die meisten

Laien gar nicht verstanden, zeugten nicht nur von einer mangelnden Individualität, sondern auch von der Weltfremdheit der Klöster. Der gewöhnliche Laie durfte der Neuinszenierung des göttlichen Triumphes Christi nur beiwohnen, nie aber daran teilhaben. Auch die Brutalität und Gewalt in diesem unglückseligen 10. Jahrhundert trugen dazu bei, dass der Rückzug vielen Menschen als die einzige Lösung und der einzige Weg zur Erlösung erschien.[32] Gefördert wurde diese so ganz andere Psychologie aber auch durch den Glauben, dem Christen noch bis um das Jahr 1100 anhingen und dem zufolge der Mensch als Ersatz für die gefallenen Engel erschaffen worden sei: Der Daseinszweck des Menschen war also kein menschlicher, sondern der eines Engels, deshalb durfte er auch nicht davon ausgehen, über so etwas wie eine eigene Natur zu verfügen. Er musste einfach glauben, dass dereinst wieder »etwas ganz anderes« aus ihm werden würde.[33] Alle Hymnen dieser Zeit waren außerdem für die Gemeinschaft und nicht für das Individuum geschrieben worden.

Colin Morris stellte fest, dass letztlich alle Geschichten und vor allem Epen aus dem frühen Mittelalter von Loyalitätskonflikten und Problemen bei der Erfüllung all der Pflichten handelten, die in der rigide aristokratisch und hierarchisch strukturierten Gesellschaft formal eingefordert wurden. Da bleibt so gut wie kein Raum für Eigeninitiative oder gar für die Darstellung von intimeren Gefühlen. Auch dieses Prinzip sollte im 11. Jahrhundert zusammenbrechen. Nun sehen wir den immer deutlicher geäußerten Wunsch nach einer Möglichkeit, der eigenen Persönlichkeit Ausdruck zu verleihen. Zwischen 1050 und 1200 lässt sich zum Beispiel ein massiver Anstieg von Predigten feststellen, gepaart mit der wachsenden Tendenz, individuelle Auslegungen des Evangeliums zuzulassen. Hier eine Aussage von Guibert von Nogent: »Wer die Pflicht hat zu lehren und dafür auf das Beste gerüstet sein möchte, der möge sich zuerst selbst erfahren, damit er anschließend anderen Gewinn bringend beibringen kann, was ihn die Erfahrung bei seinem inneren Kampf lehrte...« Dabei soll nicht unerwähnt bleiben, dass sich Guibert selbst zwar für einen rebellischen Geist hielt, die strikt gesetzten Grenzen tatsächlich aber nie überschritt.[34]

Vergleichbare Veränderungen waren auch im disziplinären Aufbau der Kirche zu beobachten. Vor Mitte des 11. Jahrhunderts war den Gläubigen, die lässliche Sünden begangen hatten, grundsätzlich vor der versammelten Kirchengemeinde vergeben und schlimmen Sündern vor aller Augen der zeitweilige Ausschluss aus der Gemeinde auferlegt worden. Dieses Verfahren wurde von einem als angemessen empfundenen Bußverfahren ergänzt. Southern beschreibt zum Beispiel die Bußen, die dem Heer Wilhelms des Eroberers nach der Schlacht bei Hastings im Jahr 1066 auferlegt wurden: Wer getötet hatte, musste ein Jahr lang Buße für jeden Menschen ableisten, der durch seine Hand ums Leben gekommen war; wer einen anderen verwundet hatte, musste vierzig Tage Buße für einen jeden tun, dem er Schaden zugefügt hatte; wer nicht wusste, wie viele Menschen er verwundet oder getötet hatte, musste für den Rest seines Lebens einen Tag pro Woche Buße tun. Das Entscheidende dabei ist, dass es weder einen Spielraum hinsichtlich des Beweggrunds noch die Anerkennung von individueller Reue gab. Kurzum: Die *Gefühle* des Soldaten spielten keine Rolle. Und genau das sollte sich im 12. Jahrhundert ändern. Nun begann man sich bewusst zu machen, dass auferlegte Bußen weniger bedeuteten als innerlich empfundene Reue; und diese Betonung der tief empfundenen persönlichen Trauer über das eigene Tun führte schließlich dazu, dass man mehr und mehr zu dem Prinzip der individuellen Beichte überging. Anfänglich wurde diese Möglichkeit zwar nur selten wahrgenommen – bestenfalls auf dem Sterbebett oder vielleicht während einer Pilgerreise –, doch dann erließ das Vierte Laterankonzil im Jahr 1215 das Gebot: »Jeder Gläubige beiderlei Geschlechts soll... wenigstens einmal im Jahr all seine Sünden allein dem eigenen Priester getreu beichten.« Der Fromme durfte nun also auf die Stimme seines Herzens lauschen; das Recht auf die Suche nach dem inneren Glauben war aus dem Kreis der Elite auf jedermann übertragen worden.[35]

All diese Neuerungen machten sich auch in außerkirchlichen Bereichen bemerkbar. In den Gemälden dieser Zeit, schreibt Georges Duby, begannen die Künstler erstmals »penibel festzuhalten, was sie sahen, und sich dabei aller ihnen zu Gebote stehenden Darstellungstechniken zu bedienen... es entstanden die ersten Bildnisse intimer Szenen«. In der Literatur wurde zunehmend in der Ich-Form geschrieben, »das Wort ›gagner‹ (›verdienen‹) wurde allgemein gebräuchlich«; und »irgendwann zwischen 1125 und 1135 bekamen die Steinmetze, die am Portal der Kirche Saint-Lazare in Autun arbeiteten, von den Männern, die für das ikonographische Programm zuständig waren, offenbar den Auftrag, von der Abstraktion Abstand zu nehmen und den Figuren einen individualisierten Ausdruck zu verleihen«. Man begann »seinen Leib in Ehren zu halten« und überaus reinlich zu werden, geradezu obsessiv zu baden und sich infolgedessen auch stärker der eigene Nacktheit bewusst zu werden.[36] Wer es sich leisten konnte, der richtete sich einen privaten Raum – ein Arbeitszimmer zum Beispiel – in den eigenen vier Wänden ein. Und immer mehr Menschen legten Wert auf einen erblichen Familiennamen, wobei es sich oft um Spitznamen handelte, die irgendeinen typischen Charakterzug der jeweiligen Person zum Ausdruck brachten. In den vierziger Jahren des 12. Jahrhunderts hießen beispielsweise drei Kanoniker aus Troyes »Peter«, weshalb man als Identifizierungshilfe typisierende Namenszusätze erfand: Peter der Schieler, Peter der Trinker und Peter der Esser.[37] Auch die im Altertum praktisch unbekannte Autobiografie erlebte im späten 11. Jahrhundert einen Aufschwung. In solchen Biografien oder auch in den Korrespondenzen begannen die Verfasser das eigene Seelenleben vor anderen auszubreiten, das des anderen zu erforschen und die Reaktionen aufeinander auszuloten – eine Parallele zum Beichtgeschehen (so jedenfalls wirkt es auf *uns*). Und im krassen Gegensatz zu der in Byzanz herrschenden Gepflogenheit begegnen wir nun erstmals auch individuell identifizierbaren Künstlern, die deutlich stolz auf ihre Werke waren.[38] Einer der drei Kopisten des Utrecht-Psalters aus dem Jahr 1150, der Schreiber Eadwine von Canterbury, kleidete seinen Stolz in die Worte: »Ich bin der Fürst der Schreiber, weder mein Ruhm noch mein Lobgesang werden alsbald abklingen ... Der Ruhm bewahrt dich für alle Zeit in deinen Schriften, dich, Eadwine, der du in diesem Gemälde zu betrachten bist.«[39]

Die Kunst begann sich aber auch in anderer Hinsicht zu verändern. Seit dem Jahr 1000 finden sich zunehmend mehr individuelle Details in den Porträts. Das, was wir unter einem Porträt verstehen, war um das 2. Jahrhundert n. d. Z. verloren gegangen. Nun, im 11./12. Jahrhundert, tauchte es »als ein neues Konzept« wieder auf. Die Porträts von Königen und Grabskulpturen wurden natürlicher, waren weniger idealisiert und versuchten kaum noch Tugenden darzustellen. Man brachte also bereits eine wesentlich modernere Sicht von der menschlichen Gestalt zum Ausdruck. Gislebertus' berühmte Skulptur der Eva, die er für das Nordportal der Kathedrale Saint-Lazare in Autun schuf, gilt als die erste verführerische Frauengestalt in der abendländischen Kunst seit dem Untergang Roms. Auch Denkmäler für einzelne Personen, vor dem späten 11. Jahrhundert völlig unbekannt, fanden sich nun immer häufiger.[40]

Ein letzter Aspekt unter all den Neuerungen, die nun den Individualismus mit der Psychologie und der Kirche vereinten, war die »Liebesrevolution«, wie es ein Historiker nannte. Das 11. Jahrhundert erlebte eine regelrechte Explosion von Liebesliteratur, die nicht weniger kunstvoll, ja vielleicht sogar noch kunstvoller war als die bedeutendste Dichtung aus römischen Zeiten. Viele Historiker haben behauptet, dass die gesamte europäische Dichtung aus dem Minnesang des Hochmittelalters hervorgegangen sei. Mit Sicherheit neu – zumindest unter den Troubadours, über die wir am meisten wissen – war die ungemein stilisierte Untertänigkeit der Männer gegenüber Frauen. Die Dichter bemühten sich redlich (wenngleich wohl mehr mit der Feder als im richtigen Leben) um neue Verhaltensweisen gegenüber dem geliebten anderen. Die unerwiderte Liebe wurde weithin zu einem innigen Zeitvertreib, wo nicht zum Ideal; und das gründete sich entschieden auf die Andersartigkeit dieser Liebe gegenüber der Liebe zu Gott. Kein Mann konnte zu Lebzeiten wissen, wie er mit seiner Gottesliebe im Vergleich zu anderen am Jüngsten Tag abschneiden würde; die unerwiderte Liebe zu einer Frau warf hingegen jeden auf sich selbst zurück und zwang ihn herauszufinden, weshalb er verschmäht wurde und wie er es besser machen könnte.[41]

Und haben wir den Klöstern überhaupt genügend Aufmerksamkeit geschenkt? Die Fundamente für die Wiederbelebung des Klosterlebens wurden zwischen 910 und 940 gelegt, doch die Anzahl der Menschen, die dieses Leben suchten, sollte sich erst zwischen 1050 und 1150 – in geradezu unverhältnismäßigen Ausmaßen – steigern. In England, aus dem uns ziemlich genaue Zahlen vorliegen, stieg die Zahl der Männerklöster zwischen 1066 und 1154 (dem Jahr der Thronbesteigung Heinrichs II.) von knapp unter fünfzig auf rund fünfhundert an. Christopher Brooke hat ausgerechnet, dass die Zahl der Mönche und Nonnen im Lauf von nur knapp hundert Jahren um das Achtundsiebzigfache anstieg. Allein der Zisterzienserorden errichtete 498 Klöster zwischen den Jahren 1098 und 1170. In Deutschland stieg die Zahl der Frauenklöster von etwa siebzig im Jahr 900 auf fünfhundert im Jahr 1250. Dieses Wachstum wirkte sich natürlich auch stark auf die Architektur und Kunst aus, vor allem auf die Entwicklung von Glasmalerei, illuminierten Büchern und (was vielleicht am wichtigsten war) auf die Bildhauerei und die Einstellung der Frauen zu ihrer eigenen Weiblichkeit. Die umfangreichen Bautätigkeiten für die neuen Klöster und später auch für Kathedralen brachten zudem einen großen Bedarf an Skulpturen mit sich. Und die waren nicht nur per se künstlerische Glanzleistungen, sondern weckten auch das Interesse am perspektivischen Sehen, das zu einem so wesentlichen Bestandteil der Modernisierung in der Kunst werden sollte. Parallel dazu setzte in den Klöstern des 11. und 12. Jahrhunderts der Marienkult ein, der nicht nur ein (von Männern erdachtes) Frauenideal begründete, sondern mit der Jungfrauenverehrung auch der *Vielfalt*, die den Gläubigen nun zur Andacht angeboten wurde, einen neuen Aspekt hinzufügte. »Es gibt zahlreiche Beispiele..., welch starke Nachfrage nach besseren Möglichkeiten für Frauen im Ordensleben des 12. und 13. Jahrhunderts herrschte.«[42] Frauen sehnten sich nun ebenso nach innerer Einkehr wie Männer.

*

»Die Entdeckung des Individuums«, schreibt Colin Morris, »war eine der wichtigsten kulturellen Entwicklungen der Jahre 1050 bis 1200.« Doch trug sie auch zur Heranbildung der charakteristisch westlichen Sicht vom Individuum bei? Mit Sicherheit scheint sie die Ursache (oder doch das Symptom?) eines fundamentalen Wandels im Christentum gewesen zu sein, welches bereits so viel zur Vereinheitlichung des Kontinents beigetragen hatte. Die neuen Klosterorden des Hochmittelalters – wobei mehr die Franziskaner als die Benediktiner gemeint sind – legten den Schwerpunkt nun eher auf die Berufung als auf die Organisation; das Gewissen begann über die Hierarchie zu triumphieren: »Wenn ein Geistlicher seinen Brüdern eine Anordnung erteilt, die unseren Regeln oder dem Gewissen widerspricht, sind die Brüder nicht verpflichtet, ihm zu gehorchen.«[43]

John Benton behauptet, dass die Männer und Frauen, die sich zwischen 1050 und 1200 in immer größerer Zahl der Verinnerlichung zuwandten, auch über ein viel höheres Selbstwertgefühl als ihre Vorgänger verfügt haben müssten. Der Geisteswandel, der dies ermöglicht hatte, gepaart mit dem nun auch umfangreicheren (verbalen wie visuellen) Vokabular, das für die Selbstbetrachtung zur Verfügung stand, habe schließlich zu einem stetig wachsenden Selbstvertrauen des Abendlands und somit zum Zeitalter der Entdeckungen und der Renaissance geführt.

Ob das stimmt, ist nicht bewiesen. Tatsache aber ist, *dass* ein Umbruch stattfand. Das 11. und 12. Jahrhundert bildeten die Schwellenzeit. In dieser Phase begann der große Aufbruch Europas. Von da an spielt sich die Ideengeschichte vorrangig in der Region ab, die wir als »den Westen« bezeichnen. Welche Gründe sich dafür auch anführen lassen mögen – fest steht jedenfalls, dass es ein gewaltiger und in seinen Konsequenzen nicht zu unterschätzender Umbruch war.

TEIL VIER

VON AQUIN BIS JEFFERSON

Der Kampf gegen die Autorität,
die Idee von der Weltlichkeit
und die Geburt des
modernen Individualismus

»Zwischen Gott und Mensch«: Die Techniken der Gedankenkontrolle durch das Papsttum

Es war an einem bitterkalten Wintertag Ende Januar des Jahres 1076. Heinrich IV., der Kaiser des Heiligen Römischen Reiches, traf im norditalienischen Canossa unweit Parma ein. Er war gerade einmal dreiundzwanzig Jahre alt, ein hoch gewachsener, energischer Mann mit den blauen Augen und dem flachsblonden Haar des typischen Germanen. Seinen Gang nach Canossa hatte er angetreten, um vor Papst Gregor VII. zu erscheinen, »dem Julius Caesar des Papsttums«, der gerade auf der Burg weilte. Gregor, damals Anfang fünfzig, sollte später kanonisiert werden, obwohl er, wie der Kirchenhistoriker William Barry schrieb, »genau das verkörperte, was man in aller Welt einen Fanatiker zu nennen pflegt«. Anfang Januar war er sogar so weit gegangen, den Kaiser zu exkommunizieren – vorgeblich, weil Heinrich es gewagt hatte, in deutschen Landen Bischöfe einzusetzen, und sich obendrein nicht bereit gezeigt hatte, gegen die weit verbreitete Simonie (den Kauf oder Verkauf von geistlichen Ämtern) oder die in seinem Reich ebenso übliche Praxis der Verehelichung von Priestern und sogar Bischöfen einzuschreiten.[1]

Am 25. Januar bat Heinrich um Einlass in die Burg von Canossa. Es lag tiefer Schnee, trotzdem zwang man ihn der Legende nach, barfuß, fastend und mit nichts als einem langen Büßergewand bekleidet, drei Tage lang in der Eiseskälte auszuharren, bevor Gregor ihn zu empfangen geruhte und den Kirchenbann über ihn aufhob. Diese Erniedrigung war der Wendepunkt eines Streites, der seit Jahren geschwelt hatte und auch während der folgenden zwei Jahrhunderte nicht ausgeräumt werden sollte.

Am Ende des vorangegangenen Jahres hatte Gregor in einer später als *Dictatus papae* bezeichneten Schrift unter anderem festgehalten, »dass die römische Kirche niemals in Irrtum verfallen ist und nach dem Zeugnis der Schrift niemals irren wird«; dass des Papstes »Urteilsspruch von niemandem widerrufen werden darf und er selbst als Einziger die Urteile aller widerrufen kann«; dass er »Untergebene von dem Treueid gegenüber Sündern lösen kann«; dass »alle Fürsten allein des Papstes Füße küssen«; dass »es ihm erlaubt ist, Kaiser abzusetzen«, und dass »er allein die kaiserlichen Herrschaftszeichen verwenden kann«.[2]

Der heftige und langwierige Konflikt, der als »Investiturstreit« in die Geschichte eingehen sollte, drehte sich um die Frage, wer wirklich das Sagen über die Vergabe von Kirchenämtern hatte. Gregor war nur der erste aus einer langen Reihe von Päpsten, die in diesem Punkt alle der gleichen Meinung waren. Mit dem Wormser Konkordat, das während der Amtszeit des französischen Papstes Kalixt II. (1119–1124) zustande kam, kulminierte der von Gregor in Gang gesetzte Prozess: Der Kaiser verzichtete auf die Investitur mit Ring und Stab und gestattete die kanonische Wahl und Weihe. Aus Sicht der Historiker gehörte der Investiturstreit, der sich als ein regelrechter Wettkampf bezeichnen lässt, einer umfassenderen Bewegung an, die sie angemessenerweise als »päpstliche Revolution« bezeichnen und deren unmittelbarste Folge die Befreiung des Klerus aus den Fängen von Kaisern, Königen und Feudalherrschern war. Nachdem das Papsttum nunmehr also die alleinige Kontrolle über die Geistlichkeit gewonnen hatte, verwandelte es sich in einen »Ehrfurcht gebietenden, zentralistisch-bürokratischen Machtapparat«, der neben allem anderen auch die Fähigkeit des Lesens oder Schreibens – das mächtigste Werkzeug im Mittelalter – auf sich konzentrierte. Den Gipfel seiner Macht erklomm das Papsttum etwas über ein Jahrhundert später mit dem Pontifikat von Innozenz III. (1198–1216), dem vielleicht mächtigsten Papst des Mittelalters oder sogar aller Zeiten. Frank und frei verkündete er: »Wie Gott, der Schöpfer des Weltalls, zwei große Lichter an das Himmelszelt gesetzt hat, ein größeres, um den Tag, und ein kleineres, um die Nacht zu regieren [Gen 1,15–16], so hat er für die allgemeine Kirche zwei hohe Würden eingesetzt, eine größere, welche die Seelen, sozusagen die Tage, und eine kleinere, welche die Körper, sozusagen die Nächte, regieren soll: Das sind das Amt des Papstes und die Königsgewalt. Wie ferner der Mond sein Licht von der Sonne empfängt, hinter der er an Größe und Kraft ... zurücksteht, so empfängt die königliche Macht von der päpstlichen Amtsgewalt den Glanz ihrer Würde.«[3]

Das war zwar kämpferisch, aber bei weitem noch nicht alles. Zwischen 1076 und 1302 versicherten zwei weitere päpstliche Bullen den Primat des Papstes, vier weitere Könige wurden entweder exkommuniziert oder mit dem Kirchenbann bedroht. Die Bulle *Unam sanctam* aus dem Jahr 1302 gilt weithin als das Nonplusultra, wenn man nach Begründungen für die päpstliche Universalherrschaft im Mittelalter sucht – und sie war von ihrem Verfasser Bonifatius VIII. auch gewiss als Bestätigung seiner Vormachtstellung gedacht. Der Mann, der ihn dazu provoziert hatte, auch wenn er mit keinem Wort in der Bulle erwähnt wird, war Philipp IV. von Frankreich, der die Ausfuhr von Münzen aus seinem Land verbot und das Papsttum damit eines beträchtlichen Teiles seiner Einnahmen beraubte. Vermutlich hätten sich die beiden Herrscher irgendwie einigen können, hätte Bonifatius nicht auf der völligen Unterwerfung bestanden und sich der König deshalb veranlasst gesehen, dem Papst eine ganze Liste von Vergehen vorzuwerfen, darunter sogar Ketzerei. Bonifatius reagierte mit einer neuerlichen Bulle, in der er die Untertanen Philipps von ihrer Königstreue entband. Dieser Affront war nun einfach zu viel für die Getreuen des Königs: Sie stürmten den Sitz des Papstes in Anagni südöstlich von Rom und nahmen den Papst gefangen. Er wurde zwar bald wieder freigelassen, starb aber schon einen Monat später. Der Schock war einfach zu groß gewesen. Eiligst wurde ein Nachfolger gewählt, doch der sollte nur neun Monate im Amt bleiben. Zwei Jahre lang rangen die Kardinäle miteinander, bis sie sich schließlich auf den Erzbischof von Bordeaux einigten, der sich prompt mit französischen Kardinälen umgab und Avignon für die Dauer von fast sieben Jahrzehnten (1309–1378) zur päpstlichen Residenz machte. Diese Ereignisse versetzten das ganze Abendland in Staunen, stellten aber auch einen Wendepunkt im Schicksal der Päpste dar, denn sie sollten seither nie wieder die Vormachtstellung genießen, die sich das Papsttum zwischen *Dictatus papae* und *Unam sanctam* gesichert hatte.[4]

Die Zeit zwischen den Jahren 1075 und 1302, in der diese beiden Bullen erlassen wurden und die Päpste die oberste Gewalt innehatten, wurde trefflich als »Papstmonarchie« bezeichnet und war eine der außergewöhnlichsten Perioden in der Geschichte. In diese Phase des Hochmittelalters fielen drei Auseinandersetzungen um drei konkurrierende Ideen, die zwar chronologisch und hinsichtlich ihrer Entstehungsorte (und des Interesses, das sie auslösten) miteinander verwoben, konzeptionell aber völlig unterschiedlich waren. Der erste Konflikt fand zwischen den Päpsten und den Königen um die Frage statt, wem von ihnen mehr Gewicht zukomme. Dieser Streit warf dann seinerseits das Schlaglicht auf die Frage, wie eine von Gott sanktionierte Autorität beschaffen sein musste und welchen Stellenwert der König in dieser Hierarchie einnahm. Aus Sicht der Ostkirche bezog der König seine Autorität wie gesagt aus seinem Status als unmittelbarer Repräsentant Jesu auf Erden, die Westkirche hingegen berief sich auf die unmittelbare apostolische Sukzession des Papstes in der Nachfolge Petri, ergo war er es, der den Königen Macht *übertrug*. Da nun aber die Städte im Westen ebenso zu wachsen begonnen hatten wie der Handel und die Unabhängigkeit der aufsteigenden Klasse der Händler und Kaufleute und da diese neue Schicht nicht mehr so leicht angestiftet werden konnte wie einst die Leibeigenen und Ritter, Krieg im Namen eines Königs zu führen, wurde zunehmend auch die Macht des Monarchen in Frage gestellt. Zudem entwickelten sich gerade Parlamente und Stände, die den neuen Klassen in der Gesellschaft und ihren Interessen eine Stimme verliehen, aber auch der König musste sich überall, wo das Papsttum mächtiger war als die weltliche Monarchie – was ja nicht selten der Fall schien – und wo der Monarch demnach keine Vormachtstellung genoss, mehr und mehr dem Gesetz beugen. Dieser Umbruch war so gewaltig, dass er in diesem Buch noch ein zweites Mal (im 24. Kapitel) zur Sprache kommen wird.

Die dritte Idee wurde bereits im letzten Kapitel angesprochen und hing mit dem neuen Verständnis des Glaubens als einer *innerlichen* Angelegenheit zusammen, als etwas also, das ein jeder in sich selbst finden konnte. Auch darin kam der Trend zur Individualität zum Ausdruck. In so mancher Hinsicht ist dieser Punkt das vielleicht interessanteste Thema in diesem Zusammenhang. Denn ein verinnerlichter Glaube ergab aus theologischer Sicht zwar Sinn und entsprach wohl auch mehr den Lehren Jesu, die im Neuen Testament offenbart wurden; in der Realität trug er aber zur *Schwächung* und Korrosion der organisierten Kirche bei. Ein privater Glaube entzog sich dem Zugriff von Priestern und Bischöfen und konnte obendrein leicht in die Unorthodoxie abirren oder zu Häresien führen. Was nun diese drei Ideen und all die anderen Bereiche, die in diesem Kapitel noch zur Sprache kommen werden, miteinander verbindet (wenngleich wir auch hier nicht mehr Einigkeit sehen sollten, als vorhanden war), ist die Frage der geistigen – und deshalb politischen – Autorität. Wo Könige und Päpste ihre Machtpositionen als etwas göttlich Sanktioniertes darstellten, dann aber so unerbittlich öffentlich miteinander darum stritten, wie es der Fall war, und wo zugleich der individuelle Glaube als der wahre Weg zur Erlösung betrachtet wurde, da herrschte in der Tat eine völlig neue Ausgangssituation, eine sowohl in theologischer wie politischer Hinsicht klare Zwickmühle. Denn natürlich warf das die Frage auf, ob die Neubewertung des individuellen Raumes nicht doch etwas für sich hatte und es nicht vielleicht doch einem jeden freistand, die Welt aus säkularer Sicht zu betrachten.

Das ist ein entscheidender Punkt, weil er zur Klärung von gleich mehreren Paradoxa aus dieser Periode beitragen kann, die man unbedingt verstehen muss, wenn man das Hochmittelalter wirklich begreifen will. Allein schon die bisherige Kurzdarstellung kann zum Beispiel verständlich machen, weshalb das Papsttum just während der Amtszeit von zwei derart starken Päpsten wie Gregor VII. und Innozenz III. langfristig *geschwächt* wurde oder dass das Kardinalskollegium und die Kurie in dieser Zeit gebildet wurden (darauf kommen wir noch), *eben weil* die verbindenden Elemente der Kirche, die in diesem neuen psychologisch-theologischen Klima so deutliche inhärente Schwächen bewiesen, gestärkt werden sollten. Außerdem kann sie uns historische Abläufe erklären, insbesondere das Geschehen in England, Frankreich und Italien. Es *gab* Versuche, dem königlichen Machtprivileg wieder Geltung zu verschaffen, und zwar ebenso häufig mit wie ohne »religiöse« Mittel, sei es durch die Kanonisierung von Ludwig IX. oder durch die Versuche der Kapetinger und Plantagenets, dem Königtum sakrale Kräfte zuzuschreiben, indem sie zum Beispiel vorgaben, dass durch »königliches Handauflegen« Skrofeln und Tuberkulose geheilt werden könnten. In England und Frankreich setzten sich nach der wirtschaftlichen Revolution jedoch erstmals Parlamente durch, und in den Stadtstaaten Italiens entwickelte sich die Idee von der Kommune als einer völlig eigenständigen weltlichen Macht.

Jeder dieser Vorgänge war ein bedeutendes Moment in der Ideengeschichte, deshalb gebührt auch jedem eine eigene historische Betrachtung. Aber alle waren unmittelbar mit der Geburt der modernen Welt verknüpft. Dabei stellt sich die Frage, was wir überhaupt unter »modern« verstehen. Heute betrachten Historiker jedenfalls nicht mehr die Renaissance als die Geburtsstunde der Moderne (dazu später mehr), sondern vielmehr die Periode zwischen 1050 und 1250. Sie, so schreibt Richard S. W. Southern, gilt heute – neben dem gleich langen Zeitraum von 1750 bis 1950 – als die möglicherweise wichtigste Epoche des Abendlands, was die Entwicklungen in der Kirche, dem Handel, der Politik und der Wissenschaft betraf. Und untrennbar mit dieser Geschichte verknüpft war das wechselvolle Geschick des Papsttums.

*

Beginnen wir also mit einem ausführlicheren Blick auf diese Geschichte, indem wir zuerst zu den mittelalterlichen Ideen vom Königtum zurückkehren. Im Westen lagen ihm zwei unterschiedliche Konstellationen zugrunde. »Im östlichen Teil des römischen Reiches verschmolzen hellenistische und orientalische Einflüsse und ließen eine Konzeption entstehen, die im Kaiser den ›Verheißenen des Herrn‹ der christlichen Prophetie erblickte«, den Stellvertreter Gottes auf Erden also. Unter der Berufung auf Gott konnte sich der König Reichtümer und Siege sichern. Diese Idee sollte auch von Russland übernommen werden.[5]

Im westlichen Teil des Römischen Reiches erhielt das Königtum seine spezifische Färbung hingegen zum einen durch die germanischen Stammestraditionen und zum anderen durch den wachsenden Einfluss der katholischen Kirche. »Das germanische Wort für König«, erklärt Reinhard Bendix, »entwickelte sich aus dem Wort für ›Verwandtschaft‹ (vgl. englisch ›*kin*ship‹)«. Ihrem alten pantheistischen Glauben folgend, schrieben die Germanen nie einzelnen Personen, sondern immer der ganzen Sippe charismatische Kräfte zu (Adolf Hitler sollte diese Idee Jahrhunderte später unwiderstehlich finden). Somit waren also nicht allein die Herrscher, sondern alle Abkömmlinge ihrer Sippe »Mittler des Göttlichen«. Das heißt, ein germanischer Herrscher oder König konnte keinen privilegierten Zugang zu den Göttern für sich proklamieren und wurde generell nur als eine überlegene militärische Führungspersönlichkeit betrachtet, deren Erfolge mit den übernatürlichen Gaben des gesamten Stammes gleichgesetzt wurden.

Christen wiederum hatten aus den römischen und jüdisch-babylonisch-griechischen Traditionen die Idee des Priesterherrschers geerbt, der zwar kein militärischer Führer, diesem aber zumindest gleichgestellt war. Im Verlauf der Kirchenentwicklung hatten diese Priester dann mehr und mehr Rechte sowie die Befreiung von diversen Steuern und anderen Verpflichtungen erworben. Das kanonische Recht gewann zusehends an Bedeutung, bis »der richterliche Spruch eines Bischofs wie ein Urteil Christi selber anzusehen« war.[6] Dem kam zugute, dass die Autorität der Bischöfe im frühen Mittelalter meist noch die einer weltlichen Regierung ersetzt hatte, nicht zuletzt weil die Kirche oft fähigere Männer anzog als die Überreste der kaiserlichen Administration.

Es waren also gravierende Unterschiede zwischen Ost und West entstanden. Ein Mosaik aus dem 8. Jahrhundert, das sich in der römischen Kirche S. Giovanni in Laterano befindet, stellt dar, wie der Apostel Petrus die geistliche Autorität an Papst Leo III. und die weltliche an Karl den Großen überträgt. Das entsprach ganz der katholischen Tradition, die Kirchenautorität von Petrus und nicht, wie die griechisch-orthodoxe Tradition, unmittelbar von Christus herzuleiten. »Gemäß diesem Glauben an die apostolische Nachfolge des Papsttums erhebt Petrus den geistlichen Papst über den weltlichen König.« Spätere Darstellungen zeigen Petrus, der dem Papst die Himmelsschlüssel übergibt, während der König untätig zusehen muss. Die byzantinischen Kaiser im Osten hatten sich das Vorrecht vor der Kirche sichern können, weil sie nach dem Sieg über die germanischen Invasoren die unangefochtene politische Kontrolle gewonnen hatten. Papst Gregor I. (590–603) pflegte den Herrscher in Konstantinopel mit »Eure Hoheit« anzusprechen, wohingegen er die Könige West- und Nordeuropas »teuerste Söhne« nannte. Im Jahr 751/752 wurde der karolingische Regent Pippin von einer Adelsversammlung zum König gewählt und anschließend von Bischof Bonifatius *gesalbt* – das heißt, er erhielt dieselben Weihen wie ein Bischof bei seiner Amtseinführung. »Die Westkirche hatte die Funktion übernommen, die königliche Erbfolge zu weihen und damit zu beglaubigen, im Gegensatz zur Ostkirche, die durch die Krönung des Kaisers den göttlichen Ursprung seiner Autorität symbolisierte. Die Westkirche unterstellte den König dem Gesetz Gottes nach Auslegung der Kirche; die Ostkirche akzeptierte den Kaiser als Stellvertreter Christi auf Erden.« Im Osten war also eindeutig der Kaiser der »Boss«. Die Stellung der Könige und des Kaisers im Heiligen Römischen Reich des Westens war sehr viel unklarer.[7]

Das Kräftegleichgewicht zwischen den Päpsten, Königen und Kaisern sollte sich im Mittelalter ständig verlagern. Karl der Große krönte seine Salbung in Aachen mit dem symbolischen Titel »von Gottes Gnaden«, der sonst nur vom Papst verliehen wurde. Doch auch das reichte ihm noch nicht: Bei Hofe ließ er sich als »König David« anreden. Mit anderen Worten: Er betrachtete sich als »von Gott eingesetzt«, was immer die Kirche in Rom dazu sagen würde.[8] Karls Söhnen sollte nach dem Tod des Vaters nie dessen Macht beschert sein, außerdem hatten sie sich auch keine Salbungen bei ihren Krönungen erlaubt. Das spielte zwar gewissermaßen dem Papsttum in die Hände, doch das Ableben von Karl bedeutete für den Papst auch, dass er einen mächtigen Bündnispartner verloren hatte und wieder einmal auf Wohl und Wehe der notorisch aufsässigen römischen Aristokratie ausgeliefert war. Auch die französischen Könige agierten gegen den Papst, nicht zuletzt während der »Gefangenschaft« in Avignon. Und diese Umstände sollten den Bischöfen nun zu immer mehr Macht verhelfen, so lange, bis ihre Exzentrik, Verschwendungssucht und all die anderen Missbräuche eine große Kirchenreform schließlich unumgänglich machten.

Ein weiterer, die Dinge noch verkomplizierender Faktor war, dass die Kirche mittlerweile beständig ihre weltliche Macht auszubauen versuchte. Dank vieler Vermächtnisse kam sie in den Besitz von immer mehr Ländereien, die in dieser Zeit ja der eigentliche Grundstock für große Reichtümer waren; auch viele Könige versuchten sich das Wohlwollen der Kirche zu bewahren, indem sie sich zum Beispiel durch Klosterstiftungen gefällig erwiesen, die sich dann zum Kirchenvermögen addierten und den Klerikern noch stärkere Kontrolle über das Denken der Menschen erlaubten. »Nur wenn die Könige auf dem Wege der Gerechten wandelten, so wie die Kirche diesen Weg interpretierte, konnten sie Glückseligkeit, Erntesegen und den Sieg über die Feinde erlangen.«[9] Unter diesen Umständen war es nur noch eine Frage der Zeit, wann es zu einer großen Auseinandersetzung wie dem Investiturstreit kommen würde.

*

Doch bevor wir darauf zurückkommen, sollten wir erst noch eine andere Idee aus dem Mittelalter betrachten: das Lehnswesen. »Feudalismus« ist kein Begriff aus der Zeit. Das Wort wurde im 17. Jahrhundert erfunden, von Montesquieu bekannt gemacht und später unter anderem von Karl Marx adaptiert.[10] Die zeitgenössischen Begriffe für die Feudalhierarchie waren »Vasallentum« (Lehnspflicht) und »Herrschaft«. »Feudalistisch« war in Wirklichkeit die dezentrale Regierungsform gewesen, die zwischen dem 9. und dem 13. Jahrhundert im Norden und Westen Europas vorgeherrscht und sich vorrangig durch ein Herrschaftsprinzip ausgezeichnet hatte, das alle politische, wirtschaftliche und militärische Macht in den Händen des Erbadels konzentrierte. Neben dem Vasallentum und diesem Herrschaftsprinzip spielten aber noch zwei weitere Elemente eine Rolle bei der Entwicklung: das Lehen und die Dezentralisierung von Staat und Gesetz.

Die Keimzelle des Feudalismus war nach Aussage des Historikers

Norman Cantor das *comitatus* gewesen, eine Gefolgschaft aus germanischen Kriegern, die einem Führer im Gegenzug für dessen Schutz die Treue schworen. Der Begriff »Vasall« leitet sich von einem keltischen Wort für »Junge« ab – und ganz zweifellos waren diese »Krieger« anfänglich kaum mehr als Jugendbanden gewesen, die wenig mit der späteren Vorstellung vom »tapferen Ritter« zu tun hatten. Außerdem hatte das Vasallentum ursprünglich nichts mit einem Lehen im Sinne eines Besitzes gemein – Vasallen lebten in Hütten, die ihnen neben Nahrung und Kleidung von der Herrschaft gestellt wurden. Das änderte sich erst, als stetige revolutionäre Fortschritte auf dem Gebiet der Militärtechnologie gemacht wurden. Als Erstes sollte der aus China nach Europa exportierte Steigbügel das Gleichgewicht zwischen Kavallerie und Infanterie zugunsten Ersterer verschieben, denn dank dieser Neuerung konnten die Reiter nun ihre ganze Kraft (kombiniert aus Gewicht und Schnelligkeit) auf den Stoßpunkt – die Lanzenspitze – bündeln, was ihnen natürlich einen ungemeinen Vorteil vor den Fußsoldaten verschaffte.[11] Doch diese neue Erfindung brachte auch Probleme mit sich. Schon die Ritterrüstung mitsamt Schwert und Sporen und all dem Zaum- und Sattelzeug für die Pferde war eine teure Angelegenheit, und kriegstaugliche Pferde machten die Ausstattung fast unbezahlbar. Ein Ritter brauchte nicht nur mindestens zwei Reitpferde pro Schlacht, denen jeweils eigenes Rüstzeug angepasst werden musste, sondern auch mehrere Tragtiere, die seine Ausrüstung zur Kampfstätte transportierten.

Unter diesen Umständen fanden es die Herrschaften, für die die *chevaliers* oder *cnihts* (Ritter) in den Kampf zogen, allmählich zweckmäßiger, sie mit eigenen Rittergütern zu belehnen. Denn damit waren sie selbst dafür verantwortlich, das Einkommen zu erwirtschaften, das sie brauchten, um ihre Pflicht im Kampf erfüllen zu können. Das aber regte den Appetit der Ritter nach immer mehr Landbesitz an, und genau der sollte dann eine Menge zur Heranbildung Europas beitragen, denn unter diesen neuen Bedingungen war auch das Herrschafts- und Gesetzgebungsrecht zumindest teilweise vom König auf seine wichtigsten Vasallen übergegangen: Mit dem Lehen erwarben sie auch das Recht, Steuern einzutreiben, Hof zu halten, auf ihren Hoheitsgebieten Recht zu sprechen und dabei ihre eigene, harte (manchmal sehr harte) Justiz zu üben. Doch dieses System funktionierte nur bis zu einem gewissen Grad, denn nun war das Land – vor allem in Frankreich und England – zu einem Flickenteppich aus unterschiedlichen Hoheitsgebieten geworden mit jeweils eigenen oder manchmal einander überlappenden Steuer- und Rechtssystemen und völlig separaten Treueverhältnissen. Der König war letztlich kaum noch mehr als der Erste unter Gleichen.

Zuerst hatte die Kirche diese neuen Arrangements noch sehr misstrauisch beäugt, doch es sollte nicht lange dauern, bis die Bischöfe feststellten, dass sie nun, da sie selbst gerade unabhängig und zu Vasallen und Herren nach eigenem Recht geworden waren, mit diesem System prächtig zurechtkommen und selbst ein vollwertiger Teil dieser Feudalgesellschaft sein konnten, ausgenommen im Hinblick auf die Kriegführung. Das hierarchische System aus den vielen separaten oder ineinander verwobenen Loyalitäten erstreckte sich damit nicht mehr nur über die gesamte Gesellschaft, sondern auch »in die himmlischen Sphären«.[12]

Die jüngste Forschung hat dieses überlieferte Bild jedoch in einigen entscheidenden Punkten modifiziert. Erstens wurde wie gesagt die gesamte bisherige Vorstellung vom »Feudalismus« in Frage gestellt, darunter vor allem die von der zentralen Bedeutung der Herren und Ritter. Heute richtet sich das Augenmerk wesentlich stärker auf die Gesamtsituation der Leibeigenen, deren Rolle man inzwischen für wesentlich wichtiger hält, weil man mittlerweile weiß, dass sehr viel mehr von ihnen eigenes Land besaßen und deshalb in diesem Sinne als Freie zu betrachten sind. Zweitens führten – zumindest gelegentlich – auch Bischöfe Krieg. Der Bauernaufstand zum Beispiel, der im Jahr 1381 in East Anglia ausbrach, wurde von Bischof Despenser mit militärischer Gewalt niedergeschlagen. Und die Tatsache, dass ein großer Teil der Bauernschaft eigenes Land besaß (in einigen Gegenden bis zu vierzig Prozent), lässt das Netzwerk aus Herren, Rittern und Lehensmännern in einem deutlich anderen Licht erscheinen. Wenn man dann neben der großen Zahl an Freibauern auch noch die aufsteigende Händlerschicht ins Kalkül zieht, scheint sich im Feudalismus vielmehr eine *Schwäche* des Königtums zu spiegeln. In Wahrheit sah die Lage im Hochmittelalter also so aus, dass ein immer schwächer werdendes Papsttum immer schwächer werdende Könige bekämpfte. Das Papsttum sollte (nach langer Zeit) schließlich unterliegen, weil die Könige flexibler auf Veränderungen reagierten (vielleicht aber auch nur, weil es mittlerweile mehr von ihnen gab) und es ihnen überall – ausgenommen in Italien – gelang, ihre Positionen zu festigen. Vielleicht haben die Päpste einfach zu viele Schlachten an zu vielen Fronten gekämpft – doch auch das wäre letztlich nur ein Zeichen von Schwäche gewesen.

Obwohl also auch die Bischöfe der Feudalgesellschaft angehörten, sollte das Machtpendel in Deutschland vor allem während der Regentschaft von Otto dem Großen (936–973) wieder zu den Königen zurückschwingen. Im Jahr 936 hatte Otto I. darauf bestanden, sich vom Mainzer Erzbischof salben und krönen zu lassen, um dann höchst effektiv die sich allmählich konsolidierende Macht der Kirche gegen die Vasallen und Herzöge auszuspielen. Und dank des spezifisch deutschen Besitzrechts (das dafür sorgte, dass auf königlichem Land errichtete Klöster der Familie des Königs und nicht der Kirche gehörten) konnte er sich zugleich die Oberhoheit über die Bischöfe sichern. Die Folge war, dass der König auf Ottonenland auch die volle Kontrolle über die Wahl aller hochrangigen Kirchenmänner hatte, und das wiederum hatte zur Folge, dass der Investiturstreit schließlich auf deutschem Boden ausgetragen wurde.

※

Es gab noch einen Faktor, der sich im Hintergrund auf diesen Streit auswirkte, nämlich jene halbwegs eigenständige geistliche Kraft, die sich neben dem Papsttum im Westen Europas etablierte und im 10. und 11. Jahrhundert integrativ auf die Kirchengeschicke einwirken sollte – den Benediktinerorden. Den stärksten Einfluss innerhalb dieses Ordens übte das in Südburgund gelegene Kloster Cluny aus. »Das Programm von Cluny wurde zum geistigen Ausdruck der vorherrschenden Weltordnung.«[13] Cluny war das größte und bestausgestattete Kloster im ganzen Abendland. Und das von ihm kultivierte Glaubensleben sollte nun ungemein einflussreich werden.

Im Jahr 817 waren die alten Ordensregeln von Benedikt von Aniane überarbeitet worden, nachdem Kaiser Ludwig der Fromme ihn beauftragt hatte, wieder Stabilität in den Klosteralltag zu bringen. In den Jahrhunderten seit seiner Gründung hatte sich der Orden deutlich verändert – am entscheidensten, weil sich die Mönche nicht mehr durch eigener Hände Arbeit ernährten.[14] Stattdessen boten sie sich im Rahmen ihrer kunstvollen Liturgie als Mittler zwischen Gott und den Gläubigen an, ergänzten ihre liturgischen Pflichten mit der Ausbildung und Erziehung von Schülern und begannen politische und wirtschaftliche Pflichten zu übernehmen (dass sie auch auf eine Verbesserung der Seelsorge hinwirkten, sollte sich ausgesprochen belebend auf das Gemeindeleben auswirken). Damit erfüllten die Benediktiner eine ganz neue Rolle, jedenfalls im Rahmen ihres eigenen Ordens, die durch dessen »feudale« (oder doch zumindest hierarchische) Struktur noch zusätzlich gefördert wurde. Mehreren intelligenten und lang lebenden Äbten, darunter vor allem Odilo (gest. 1049) und Hugo der Große (gest. 1109), war es schließlich zu verdanken, dass sich der Name Cluny nicht mehr nur mit einer prachtvollen Liturgie, sondern mit einer ganzen Kette von neuen Ordenshäusern in ganz Nordeuropa – Deutschland, Normandie, England – verband, die sich seinen Regeln unterwarfen und wie Vasallen die Richtlinien des höher Gestellten in ihrem Rangsystem übernahmen.

Aber auch dass man die Mönche nun als Fürbitter zu betrachten begann, hatte gravierende Folgen: Könige und Adlige standen Schlange, um Cluniazenserklöster mit Stiftungen auszustatten, auf dass die Mönche sie hoffentlich in ihre Gebete einschlössen; hohe Herren begannen sich vor dem nahenden Tod in ein Kloster zurückzuziehen, weil sie dem Himmel dort schon näher zu sein glaubten; und die Möglichkeit von klösterlichen Fürbitten ermunterte nicht nur zur Finanzierung vieler Kirchenneubauten, sondern auch zu einer neuen Verehrung der Priester. Doch der unmittelbarste Einfluss des Klosters auf die Geschichte ist König Heinrich III. (1039–1056) zu verdanken, weil er dafür gesorgt hatte, dass Cluny seine Fühler auch nach Deutschland ausstrecken konnte. Heinrich war mit Agnes von Poitou, der Tochter Wilhelms von Aquitanien, vermählt, dessen Haus die Gründung von Cluny einst betrieben hatte, und hatte nun Großes mit dem theokratischen Königtum vor. Deshalb betrachtete er dieses Kloster als ein wichtiges Vehikel zur Durchsetzung seines Ziels, die Christianisierung Europas zu vollenden. Damit ihm das gelingen konnte, mussten erst noch ein paar Dinge erledigt werden. Heinrich glaubte – oder beschloss zu glauben –, dass ihm mit der Krönung die Sakramente seines Amtes erteilt und somit die geistliche Autorität verliehen worden sei, Bischöfe zu konsekrieren und die Angelegenheiten der Kirche selbst in die Hand zu nehmen. Dazu zählte auch die Reform des Papsttums, das sich nun schon seit einem Jahrhundert als so schwach erwiesen hatte. Und da es im Jahr 1045 gleich drei rivalisierende Päpste in Rom gab, beschloss er, eine Synode einzuberufen und sofort mit seinem Reformprojekt zu beginnen. In schneller Reihenfolge wurden nacheinander drei Deutsche zu Päpsten gewählt, als Letztes Leo IX. (1049–1054), ein Verwandter von Heinrich. Aber es dauerte nicht lange, bis die Kirchenmänner genug von dieser Einmischung hatten und ihrerseits die so genannte gregorianische Kirchenreform vorantrieben, die dann den Investiturstreit auslösen sollte.

Als »gregorianische Reform« pflegen moderne Historiker die Zeit zwischen 1050 und 1130 zu bezeichnen, die Jahre, in denen sich vier Päpste alle Mühe gaben, sowohl dem Gottesdienst als auch dem Papsttum eine neue Gestalt und Struktur zu verleihen – was sich zum größten Umbruch seit Augustinus' Zeiten summieren sollte. Das Papsttum hatte nun schon seit Jahrhunderten vor sich hin geschwächelt, weil es auf lokaler Ebene unter den rivalisierenden Ansprüchen der römischen Aristokratie und auf internationaler Bühne unter der Ächtung diverser europäischer Herrscher litt. Diese doppelte Reformbestrebung wird von Kirchenhistorikern mit nichts Geringerem als einer Weltrevolution gleichgesetzt, »der ersten in der Geschichte des Abendlands«.[15] Tatsächlich befreite sich die Kirche in hohem Maß von weltlicher Kontrolle; die geistlichen Fähigkeiten und das moralische Verhalten der Priester wurden deutlich verbessert, und die Kirche als solche verwandelte sich in eine überstaatliche Regierungsgewalt unter der Ägide des päpstlichen Verwaltungsapparats – der römischen Kurie.

Mit den gregorianischen Reformen verband sich aber auch der vielleicht wichtigste religiöse Trend im 11. Jahrhundert, nämlich das Erstarken des frommen Laientums, was zum Teil ebenfalls eine Reaktion auf die cluniazensische Bewegung war. Denn der Ausbreitung dieses Ordens in ganz Europa war es zu verdanken, dass die strenge Einstellung zur Lehre und die Vorliebe für das Ritual – für eine »unerbittliche Liturgie« – unter gewöhnlichen Christen fast schon ebenso üblich wurde, wie sie es einst nur unter den Mönchen und Priestern gewesen war. Mit ihrer Selbstdarstellung als Fürbitter kamen die Cluniazenser zwar den Bedürfnissen vieler entgegen, kollidierten aber deutlich mit dem neuen Trend zur Glaubensverinnerlichung, bei dem Fürsprecher weder nötig noch erwünscht waren. Abgesehen davon führte diese Verinnerlichung so manchen Christen auf ungewöhnliche oder unorthodoxe Pfade, an deren Wegesrand die Häresien nur so blühten. Es geschahen also zwei ganz gegensätzliche Dinge gleichzeitig: Zum einen wurde der Gottesdienst aufwendig zentralisiert und auf Priester zugeschnitten, die sich nun in der Rolle von Fürbittern sahen; zum anderen wucherten private Glaubensformen, von denen nicht wenige als ketzerisch galten. Das jedenfalls war die geistige und emotionale Stimmung, als sich die neuen Einstellungen zum Klosterleben im 11. Jahrhundert zu entwickeln begannen – und es war eine deutliche Reaktion auf Cluny. Verbunden damit, besann man sich auf die Askese und begann sich von der Welt zurückzuziehen. Diese Haltung sollte wiederum binnen kurzem zu den Bewegungen der Zisterzienser und Franziskaner führen.

Den Reformbestrebungen der Zisterzienser lag der Wunsch zugrunde, zu den ursprünglichen benediktinischen Regeln zurückzukehren. Der Ordensgründer Robert von Molesme (ca. 1027–1110) beanstandete den hohen Aufwand der cluniazensischen Kunst, Architektur und vor allem Liturgie, weil sie das schmückende Element auf die Spitze trieben und von der Andacht ablenkten, anstatt sie zu vertiefen.[16] Er trat für ein entsagungsvolles Leben ein, äußerlich geprägt von harter Arbeit, einem einfachen Habit und vegetarischer Kost. Seine Zisterzienserabteien ließ er weitab von den Zentren der Zivilisation und all ihren Versuchungen errichten; die Gebäude waren bescheiden, schmucklos und vertrauten allein auf die Ästhetik klarer Formen und Linien. Am Ende sollte es sich sozusagen als ein Glück erweisen, dass sich die Zisterzienser an so abgelegene Orte zurückgezogen hatten, denn nur so konnten sie am landwirtschaftlichen Aufschwung dieser Zeit teilhaben und oft selbst zu Vorbildern für eine effiziente Gutsverwaltung werden, was ihrer Bedeutung und ihrem Einfluss zusätzlich zugute kam. Aber dieser Einfluss blieb nicht auf organisatorische Dinge beschränkt: Zisterzienser wurden auch zu spirituellen Vorbildern, was sich vor allem dem Wirken von Bernhard von Clairvaux zu verdanken ist. Mit zweiundzwanzig Jahren war sich der Sohn eines Ritters aus dem burgundischen Hochadel seiner Berufung bewusst geworden. Und da er ungemein belesen war, sich ausgiebig mit klassischer Lektüre beschäftigt und dabei einen perfekten Schreib- und Redestil entwickelt hatte, sollten mehrere Päpste und nicht nur ein König seine Dienste in Anspruch nehmen. Er trat für Kirchenkonzile zur Vorbeugung gegen ketzerische Abweichungen ein und verfocht mit Feuereifer die Idee vom Kreuzzug – was ihn von dem benediktinischen Ideal des friedliebenden Mönchs ziemlich weit entfernte. Und er förderte nach Kräften die Anbetung der Muttergottes.

Der Marienkult war eines der sichtbarsten Elemente der Volksfrömmigkeit im 12. Jahrhundert. Doch dass die Muttergottes gewissermaßen zum Symbol für die göttliche Liebe wurde, zur »Mutter der Gnaden«, deren Fürbitte einem jeden Gläubigen die Möglichkeit der Erlösung eröffnete, war vor allem auf Bernhard von Clairvaux zurückzuführen. Für ihn war Maria, die in der Frühkirche ja noch keine bedeutende Rolle gespielt hatte, die Blume des Heiligen Geistes; erst durch ihn begann man sich neben dem Sohn und dem Heiligen Geist auch der Mutter als Fürsprecherin bei Gott zu nähern.[17] Bernhard vertrat allerdings nicht die Meinung so manches Zeitgenossen, dass die Jungfrau von der Erbsünde befreit sei, sondern sah ihre Bedeutung vielmehr in ihrer Demut – in der Bereitschaft, der Menschheit als Gefäß für die Ankunft Christi auf Erden zu dienen. Wie für Benedikt, so war Demut auch für Bernhard die Königin aller Tugenden, weil nur sie Maria willig zur Annahme des göttlichen Planes habe bewegen können. Durch Maria lehrte Gott, der die Erlösung der Menschheit ja auf jede beliebige Weise hätte vollbringen können, die Menschen die Bedeutung der willigen Hingabe an die göttliche Gnade.[18] Doch es ging um mehr bei diesem Marienkult, denn wie die Kulturanthropologin Marina Warner feststellte, konnte man auch »die irdische Liebe in Misskredit und Männeraugen dazu bringen, sich wieder himmelwärts zu wenden, wenn man die reale Frau mit der hehren Vollkommenheit der heiligen Jungfrau verglich«.[19] Die plötzliche Konzentration auf die Heilige *Familie*, die im Marienkult ja bereits unausgesprochen enthalten war, unterschied das Christentum nach der ersten Jahrtausendwende deutlich von seinen früheren Ausprägungen, denn nun befasste sich die Kirche mehr mit dem *Diesseits*, um die Menschen in ihrer Frömmigkeit zu bestärken.[20]

Die Bruderschaften, die im 13. Jahrhundert entstanden, schlossen eine Lücke, die weder von den Priestern noch von den Mönchen ausgefüllt worden war. Ihre Gründerväter Franziskus von Assisi (1182–1226) und Dominic Guzmán (ca. 1170–1234) waren beide zu dem Schluss gekommen, dass die Kirche mobiler Geistlicher bedurfte, die sich ungebunden auf den Weg machen konnten, um überall dort zu predigen, Beichten abzunehmen und ihre Seelsorge anzubieten, wo die Menschen ihren Alltag lebten. Dieser freiheitliche Denkansatz sorgte für eine sehr durchdachte Organisationsstruktur und große geistige Offenheit ihrer Orden: Sowohl Frauen als auch »Tertiarier« – Laien, die sich ihrer besonderen Spiritualität verbunden fühlten – waren willkommen.

Ihr typisches Kolorit hatten die Franziskaner von ihrem Gründervater Franziskus, dem Sohn eines wohlhabenden Kaufmanns. Er hatte eine sorglose Kindheit erlebt und war allseits seiner Höflichkeit und Fröhlichkeit wegen beliebt. »Sonnenaufgang heiße, was uns strahlt so helle«, schrieb Dante über ihn.[21] Wegen seiner Vorliebe für die französische Literatur und vor allem die französische Lyrik hatte er sich den Spitznamen Francesco (Französchen) erworben. Seine Bekehrung, wenn man es denn als solche bezeichnen kann, fand in zwei Phasen statt. Nachdem er im Durcheinander der Kämpfe zwischen Assisi und Perugia in Gefangenschaft geraten und von einem hohen Fieber befallen worden war, hatte er sich an Gott um Hilfe gewandt. Nach seiner Freilassung begegnete er auf der Straße einem Leprakranken. Damals herrschte so panische Angst vor Aussätzigen, dass sie sogar ein Glöckchen bei sich tragen und warnend läuten mussten, bevor sie sich einem Gesunden näherten. Doch anstatt nun einen großen Bogen um diesen Leprakranken zu machen, ging Franziskus direkt auf ihn zu und umarmte ihn. Als er sich noch einmal nach ihm umdrehte, war jedoch niemand zu sehen. Franziskus war überzeugt, dass ihm Christus erschienen war, um seine Abscheu in brüderliche Liebe zu verwandeln. Und von diesem Erlebnis war er so tief berührt, dass er mit Geld aus dem Familienbesitz eine verfallene kleine Kirche wieder aufzubauen begann. Als ihn der Vater deshalb vor dem Bischof und der versammelten Gemeinde zur Rede stellte, schwor der junge Franziskus dem Familienvermögen ab, um von da an in völliger Armut zu leben. Irgendwie erinnert diese Geschichte an Buddha.

Nicht jede Bekehrung trägt solche Früchte. Doch Franziskus hatte eben ein legendäres Charisma. Außerdem war er überzeugt, dass man den Gläubigen nur dann ein Beispiel geben konnte, wenn man ihnen ein moralisches Leben vorlebte (allerdings soll er allen Berichten nach auch ein vorzüglicher Prediger gewesen sein). Seine Ausstrahlung war so intensiv, dass er sogar den Tieren predigen konnte, ohne dass ihn deshalb irgendjemand für verrückt hielt oder seine Bewunderung für ihn verlor. Auf ihn war es auch zurückzuführen, dass die Franziskaner das Jesuskind zu verehren begannen und die Tradition der Weihnachtskrippe entstand. Franziskus sollte noch viele mystische Erlebnisse haben, etwa als sich die Vögel um ihn scharten und seiner Predigt lauschten oder als er die Stigmata empfing. Dieser Eposiden wegen wurde er bereits zwei Jahre nach seinem Tod heilig gesprochen – ein Weltrekord. Die gewiss größte Errungenschaft der Franziskaner war, dass sie dem Beispiel ihres Gründervaters folgten und den Sinn der Theologie allein in der Aufgabe sahen, »die Herzen zu bewegen und nicht nur den Geist zu unterrichten und zu überzeugen«.[22] Auch das war ein Aspekt der Verinnerlichung des Glaubens.

Doch wir greifen dem Geschehen voraus. Die neuen Orden waren Reaktionen auf die gewandelte Frömmigkeit der Laien, doch es waren bei weitem nicht die einzigen. Das grundlegende Ziel der gregorianischen Reform war die Begründung eines einheitlichen Weltsystems, der *christianitas*, wie Papst Gregor es getauft hatte, und drei Päpste plus eine Hand voll Kardinäle wollten diese ambitionierte Reform nun auf den Weg bringen. (Der Begriff »Kardinal« leitet sich übrigens von dem lateinischen Wort *cardo* für den Türzapfen oder die Angel ab, also von der entscheidenden Vorrichtung, die einen Weg öffnet oder versperrt.)[23]

Der erste von den drei gregorianischen Reformern, die so große Debatten über das Wesen der christlichen Gesellschaft auslösen sollten, war Petrus Damiani gewesen. Er stammte aus sehr ärmlichen Verhältnissen, hatte schon früh die Eltern verloren und war von einem Priester an Sohnes statt angenommen worden, was ihm zumindest eine gute Ausbildung garantierte. Auch er fand das cluniazensische Leben viel zu weltlich orientiert, machte sich aber außerdem große Sorgen, weil so viele Geistliche verheiratet waren oder Kinder in die Welt gesetzt hatten. Über die skandalösen »Laster der Kleriker und Mönche« schrieb er schließlich ein Buch dieses Titels, während er sich zugleich mit allen Mitteln für das Priesterzölibat einsetzte. In der Ostkirche war Priestern die Ehe gestattet, nur von den Bischöfen wurde ein zölibatäres Leben erwartet. (Wurde ein Priester zum Bischof ernannt, erwartete man von seiner Frau, dass sie in ein Kloster eintrat, »wie es der Anstand geziemt«.) Doch damit gab sich Damiani nicht zufrieden. Aus seiner Sicht konnte sich nur ein absolut zölibatär lebender Geistlicher mit aller Kraft der Kirche widmen und davon abgehalten werden, sein Amt zu missbrauchen, um persönlichen Besitz anzuhäufen oder Familienmitglieder in Amt und Würden zu hieven, wie es verbreitet Sitte war und wodurch das Priestertum überall in Misskredit geriet. (Laien scheint die Existenz von Priesterkonkubinen allerdings wenig ausgemacht zu haben. Die Forderung nach dem Priesterzölibat wurde nicht zuletzt deshalb von oben erhoben, weil man den Klerus damit deutlicher vom Laientum unterscheiden wollte.)

Damiani war auch der Erste, der der neuen Frömmigkeit mit ihrem gewandelten Gottesbild, von der die katholische Kirche gerade überrollt wurde, freies Spiel ließ. Der eifervoll wachende Gott aus der Hebräischen Bibel, der das Christentum noch im frühen Mittelalter beherrscht hatte, wurde allmählich durch den liebevolleren Sohn aus dem Neuen Testament ersetzt – durch den Gott, der unserer Sünden wegen litt und dessen »schmerzensreiche Mutter« nun immer häufiger angerufen wurde. Im Einklang damit wurde der Gottesdienst immer weniger vom formalen liturgischen Gebet und Gesang nach cluniazensischem Ideal geprägt und immer mehr zu einem inneren Erlebnis des einzelnen Gläubigen. Das war zwar in einer Hinsicht bereichernd, sollte sich aber auf anderer Ebene als ausgesprochen unglückselig erweisen. Denn gerade Damianis intensiv nach innen gerichtete Frömmigkeit trug dazu bei, dass viele Gläubige eine grimmige Religiosität entfesselten, eine unkontrollierbare Emotionalität, die zu ausgesprochen fanatischen Auswüchsen führen sollte. Und genau diese Intensität zog die Kreuzzüge, die Häresien, den Antisemitismus und die Inquisition nach sich.[24]

Der zweite dieser drei gregorianischen Reformer war Kardinal Humbert von Silva Candida, ein Mann burgundischer Herkunft und einst Mönch im Kloster von Cluny. Dort war er jedoch allmählich zum Kritiker der überladenen, Zeit raubenden Liturgie geworden, weil sie aus seiner Sicht alle cluniazensischen Gründerideale verriet. Später, als Kardinal, wurde er als Vorsitzender einer päpstlichen Gesandtschaft nach Konstantinopel geschickt, denn er galt als hoch gebildet und klug und besaß außerdem gute Griechischkenntnisse. Das Problem war nur, dass er nicht einmal ansatzweise über diplomatisches Geschick verfügte und seine Aufgaben ruppig und deshalb natürlich auch wenig erfolgreich wahrnahm. Er beendete seinen Aufenthalt am Bosporus 1054 mit der Exkommunikation des Patriarchen von Konstantinopel und der formalen Anerkennung des Schismas, das nun schon seit Jahrhunderten gegärt hatte (und das in gewisser Hinsicht nie überwunden werden sollte). Nach seiner Rückkehr wurde er zum wichtigsten Ideengeber all derjenigen, die sich für einen radikalen Wandel in der Kirche einsetzten. Zwei Werke veröffentlichte er nach 1059, die einen Großteil der kommenden Entwicklung einläuten sollten. Bei der ersten Schrift handelte es sich um ein ambitioniertes Dekret, das die Modalitäten der Papstwahl festlegte und sowohl dem deutschen Herrscher als auch dem römischen Volk jedes Mitspracherecht streitig machte. Stattdessen sollte ein Kardinalskollegium mit vorerst nur rund einem Dutzend Mitgliedern ins Leben gerufen werden, das künftig allein über die Wahl des Papstes abstimmen würde. Man kann die Bedeutung dieser Neuerung gar nicht hoch genug bewerten – nur eine Generation zuvor war es noch der Kaiser des Heiligen Römischen Reiches gewesen, der alle Trümpfe bei der Papstwahl in der Hand gehalten hatte. Der Kaiser zu Humberts Zeiten (Heinrich IV.) war jedoch noch minderjährig, und eine solche Gelegenheit wollte Humbert nicht ungenutzt lassen. Das zweite Werk, die *Libri tres adversus Simoniacos* (»Drei Bücher gegen die Simonisten«), war ein nicht minder antikaiserliches Traktat und stellte, wie Norman Cantor schreibt, einen Frontalangriff gegen »das Gleichgewicht zwischen Kirche und Welt im Mittelalter« dar. Sogar der Ton dieser Schrift war neu, denn statt den üblichen hochtrabenden rhetorischen Stil zu übernehmen, hatte sich Humbert das Neue Lernen und vor allem die Neue Logik zunutze gemacht, die sich seit der Wiederentdeckung von Aristoteles entwickelt hatten (und im nächsten Kapitel besprochen werden): Der Stil war kontrolliert, ja geradezu kühl und von Deutschenhass durchdrungen. Sein Hauptaugenmerk richtete sich auf die Simonie, die er als einen unverzeihlichen Eingriff in die Angelegenheiten der Kirche bezeichnete und ebenso abstoßend fand wie Ketzerei.[25]

Doch damit nicht genug: Wenn sich der Klerus nicht anders reformieren lasse, dann müsse man dem Laientum eben das Recht zusprechen, die

Moral seiner Priester zu beurteilen und die Spende der Sakramente aus ihrer Hand zu verweigern, falls ihr Verhalten zu wünschen übrig lasse. Tatsächlich war das eine Wiederauflage der so genannten donatistischen Lehre, die Laien das Recht auf eine eigene Beurteilung ihrer Geistlichkeit zugesprochen hatte. Aus intellektueller wie emotionaler Sicht war das eine höchst riskante Entwicklung und gewiss die denkbar provokativste aller möglichen Reformen, da sich die Kirche ja schon seit langem auf das Argument zurückgezogen hatte, dass die Wirkungskraft der Sakramente nicht von der Person des Priesters, sondern allein von seinem göttlich verordneten Amt abhing. Humbert hatte also eine jahrhundertealte Tradition über Bord geworfen; und genau dieser Schritt sollte in der zweiten Hälfte des 12. Jahrhunderts zu all den häretischen Bewegungen führen, die ihrerseits sowohl die Inquisition als auch die evangelischen Ideen nach sich zogen, welche Martin Luther so überzeugend fand.

Der dritte Reformer war weniger ein origineller Denker als ein großer Könner, was Organisation und Synthese betraf. Sein Name war Hildebrand von Soana; als Papst sollte er sich Gregor VII. nennen. Aus Norman Cantors Sicht waren Gregor I., Gregor VII. und Innozenz III., dem wir in Kürze begegnen werden, die drei größten Päpste vor dem 16. Jahrhundert gewesen. »Doch kein Papst löste mehr Kontroversen aus und war gleichzeitig so bewundert und verhasst wie Gregor VII.« Sogar schon vor seinem Pontifikat hatte er die italienischen Gelehrten genötigt, mit der Kodifizierung und Synthese des kanonischen Rechts zu beginnen, das eine so tragende Rolle bei der Erweckung Europas und der Gründung der neuen Universitäten spielen sollte (die das Thema des nächsten Kapitels sein werden). Doch was ihm die Aufmerksamkeit der Welt wirklich sicherte, war das *Dictatus papae*, das er unmittelbar nach seiner Papstwahl im Jahr 1073 verfasste – eine energische Geltendmachung päpstlicher Macht nach allen Regeln der Kunst, »ein sensationelles und äußerst radikales Dokument«.[26] Denn abgesehen von den bereits erwähnten Punkten beharrte Gregor mit dieser Bulle darauf, dass der römische Pontifex durch »die Verdienste des heiligen Petrus unzweifelhaft heilig wird«; »dass die römische Kirche niemals in Irrtum verfallen ist und nach dem Zeugnis der Schrift niemals irren wird«; »dass allein der römische Bischof mit Recht ›allgemein‹ genannt wird«; »dass allein er Bischöfe absetzen und wieder einsetzen kann«; »dass kein Rechtssatz und kein Buch ohne seine Autorisation für kanonisch gilt«; »dass nicht für katholisch gilt, wer sich nicht in Übereinstimmung mit der römischen Kirche befindet«; »dass er von niemandem gerichtet werden darf«; »dass es ihm erlaubt ist, Kaiser abzusetzen«; und »dass niemand es wage, denjenigen zu verurteilen, der an den apostolischen Stuhl appelliert«.

Mit dieser Bulle wurde jedoch nicht nur eine atemberaubende Bandbreite an päpstlichen Rechten geltend gemacht, sondern auch eine ganz neue Weltordnung ins Auge gefasst – eine Welt, die allein Rom untertan sein würde. Und dessen war sich Gregor absolut bewusst gewesen. Seine Forderungen waren derart revolutionär, dass sie nicht nur die Kaiser und Könige Nordeuropas, sondern auch viele große Kirchengeistliche enervierten: Der Papst war dabei, den Modus vivendi zu kippen, der nun schon seit Jahrhunderten Bestand gehabt hatte. Aber noch kein Herrscher im Mittelalter hatte es einem Papst gestattet, sich in seine inneren Angelegenheiten einzumischen. Damit wurde praktisch allen klar, dass ein Kampf zwischen dem Papsttum und den weltlichen Mächten nicht mehr lange auf sich warten lassen würde. Doch auch nach der Veröffentlichung seiner Bulle blieb Gregor nicht untätig. Er begann seine Sicht der Dinge gezielt in einer Reihe von Schreiben an Heriman, den Bischof von Metz, darzulegen, welcher sie dann in Fragen an den Papst umformulierte und diese Pamphlete an alle europäischen Höfe verschickte. Unter anderem hatte er auch Fragen zur Klärung von Gregors noch provokanterer Aussage formuliert, dass es keinen Staat geben könne, der moralisch sanktioniert sei, da sich die Macht eines weltlichen Herrschers letztlich immer auf Gewalt und verbrecherische Aktionen gründe und die einzig legitime Autorität auf Erden deshalb die Priesterschaft sei. Nur die absolute *christianitas* war für ihn akzeptabel.

Abgesehen von diesem Sturmangriff, brachte Gregor jedoch auch – oder wieder – eine Idee aufs Tapet, die schon eine ganze Weile lang nicht mehr an oberster Stelle auf der Agenda der Kirche gestanden hatte: die Sorge um die Armen und Bedürftigen. Gregor hatte allerdings weniger eine wirtschaftliche Unterstützung der Armen als ein quasi politisches Ziel im Sinn. Instinktsicher hatte er sich auf die Seite der Unterdrückten und zugleich verachtungsvoll gegen alle gestellt, die er für ihre Unterdrücker hielt. Und damit führte er wieder ein Maß an sozialem Bewusstsein und Sozialkritik in das Christentum ein, das dem vorherrschend agrikulturell geprägten Mittelalter völlig abgegangen war. (Allerdings muss man auch sehen, dass er mit seinem Insistieren auf dem Priesterzölibat selbst Tausende von Priesterfrauen auf die Straße setzte.) Tatsächlich sollte sich diese primär emotional gelenkte Einstellung zur Armut eine Zeit lang stärkend auf die Kirche auswirken und unter den neuen urbanen Klassen, die ganz und gar nicht immer ein glückliches Leben in den neuen Städten führten, sehr populär sein.[27] Gerade weil Gregor implizit verdeutlicht hatte, dass viele Reiche geistig verarmt waren, wurde er populärer, als es vielleicht sonst der Fall gewesen wäre. Doch es reichte eben nicht, um die bevorstehende Auseinandersetzung zu verhindern.

※

Als Heinrich IV. im Jahr 1065 König und Kaiser wurde, waren erst sechs Jahre seit der Veröffentlichung von Humberts deutschfeindlichen Schriften über die Papstwahl und die Simonie vergangen. Angesichts der Aussagen dieser Dokumente war nicht zu erwarten, dass Heinrich stillhalten würde. Doch es sollte noch ganze zehn Jahre dauern, bis er sein Reich so weit stabilisiert hatte, dass er sich der Zufriedenheit des Volks sicher sein oder doch zumindest erwarten konnte, dass die deutschen Bauern, Bürger und Aristokraten Ruhe bewahren würden. Kurz nach der Wahl Hildebrandts zum Papst Gregor VII. stand die Besetzung des Erzbistums von Mailand an. Im Jahr 1073 hatte Gregor sein *Dictatus papae* veröffentlicht. Die Auseinandersetzung war vorprogrammiert. Materialisieren sollte sie sich schließlich, als Heinrich und Gregor jeweils eigene Kandidaten für Mailand vorschlugen. Angesichts der jüngsten Erfolge im eigenen Reich fühlte sich der Kaiser zuversichtlich genug, um ausgesprochen »deftig« auf die päpstliche Bulle zu reagieren. In einem höchst unduldsamen Schreiben an Rom verunglimpfte er den Papst und behauptete schlicht, dass er »nicht mehr Papst, sondern ein falscher Mönch« sei, um ihn dann aufzufordern: »Steige herab, steige herab!« Nach Meinung eines Kirchenhistorikers konnte das nur als ausgesprochen »ungehörig und beleidigend« empfunden werden.[28]

Gregor schlug prompt zurück. Er ließ die deutschen Bischöfe und Äbte wissen, dass er sie umgehend exkommunizieren würde, falls sie Heinrich nicht die Gefolgschaft aufkündigten; dann sicherte er sich die Unterstützung der Rivalen des Kaisers für den Fall, dass es zu einem Krieg kommen würde. Das Manöver funktionierte. Der Beistand für Heinrich schwand, und der deutsche Adel begann – auf Anregung des Papstes – über die Wahl eines neuen Königs aus einem anderen Geschlecht zu diskutieren. Und in diese Wunde streute der Papst noch mehr Salz, als er ankündigte, höchstselbst nach Deutschland reisen zu wollen, um persönlich über die Versammlung zu präsidieren, die Heinrichs Nachfolger wählen sollte.

Das waren die Umstände, unter denen sich Heinrich im tiefsten Winter 1076/77 zu seinem Gang nach Canossa entschloss. Seine Berater hatten ihm klar gemacht, dass es nur noch eine einzige Hoffnung gab, nämlich persönlich um die Absolution zu ersuchen. Vermutlich ist die ungeschminkte Wahrheit, dass Heinrich in keinster Weise bußfertig gewesen war und Gregor es vorgezogen hätte, ihm *nicht* die Absolution erteilen zu müssen. Doch sowohl Mathilde von Tuszien, eine Verwandte Heinrichs (auf deren Burg Canossa der Papst weilte), als auch Hugo von Cluny (der sich gerade ebenfalls dort aufhielt) verwendeten sich beim Papst für Heinrich. Und Gregor wollte sich weder die cluniazensische Bewegung zum Gegner machen noch den Zorn der gekrönten Häupter Europas riskieren – die allesamt sehr genau beobachteten, wie selbstherrlich der Papst mit einem Monarchen umgehen würde, der sich höchstpersönlich auf den Weg gemacht hatte, um die Absolution zu erflehen. Also wurde der Bann von Heinrich genommen.

Heutzutage dürfte eine Exkommunikation wohl nur noch unter den wenigsten Christen Angst und Schrecken auslösen, doch im Mittelalter war das eine ganz andere Sache. Tatsächlich war es Gregor VII. selbst gewesen, der sowohl das Prinzip als auch die Umsetzung der Exkommunikation erweitert hatte. Die ältesten Wurzeln dieser Idee gehen auf das pagane Ritual der *devotio* zurück, bei dem ein Bürger, der ein schweres Verbrechen begangen hatte, den Göttern geopfert wurde. Im Zuge dieses Verfahrens wurde der Verbrecher *sacer*: von allen anderen geschieden. Dass man in einer Welt, in der das Gesetz schwach war, Verträge vorsichtshalber mit Verwünschungen bekräftigte, war ein Prinzip, das bereits von der Frühkirche aufgegriffen worden war. Und den Brauch der Verbannung hatte es schon von alters her gegeben. In der Babylonischen Gefangenschaft wurde ein Jude, der eine Andersgläubige geheiratet hatte, verbannt und seines Besitzes beraubt; in Palästina wurden jüdische Abweichler aus Synagoge und Gemeinde ausgeschlossen. Die jüngste und unmittelbarste Wurzel für den christlichen Kirchenbann aber war das Matthäusevangelium (18), in dem es heißt: »Wenn dein Bruder sündigt, dann geh zu ihm und weise ihn unter vier Augen zurecht. Hört er auf dich, so hast du deinen Bruder zurückgewonnen. Hört er aber nicht auf dich, dann nimm einen oder zwei Männer mit, denn jede Sache muss durch die Aussage von zwei oder drei Zeugen entschieden werden. Hört er auch auf sie nicht, dann sag es der Gemeinde. Hört er aber auch auf die Gemeinde nicht, dann sei er für dich wie ein Heide oder ein Zöllner.« Das Neue Testament beschreibt mehrere Fälle von sozialer Ächtung als Disziplinierungsmaßnahme. Als eigenständiger Begriff wird die Exkommunikation erstmals detailliert in einem syrischen Dokument erwähnt, das unbekannte Apostel im 3. Jahrhundert verfassten und das wir unter dem Titel *Didascalia Apostolorum* kennen: Es unterscheidet erstmals zwischen dem Ausschluss von den Sakramenten und dem Ausschluss aus der Gemeinschaft; und es benennt die Bußen, die einem Sünder auferlegt wurden, damit er wieder in den Kreis der Kirche aufgenommen werden konnte. Wer mit einem Bann belegt worden war, durfte keinen Geschlechtsverkehr haben, hatte kein Recht, von einem Gericht gehört zu werden, durfte nicht dem Militär angehören, keine öffentlichen Bäder besuchen und nicht an Wettkämpfen teilnehmen.[29] Allerdings war sich die Kirche von jeher der Gefahren einer allzu umfangreichen gesellschaftlichen Ächtung bewusst gewesen – damit konnte man den Sünder leicht in die Arme des Teufels treiben und die Dinge ergo nur verschlimmern.[30]

Im Jahr 1078 veröffentlichte Gregor den Kanon *Quoniam multus*, mit dem die »Seuche« der Exkommunikationen eingedämmt werden sollte, indem zum Beispiel festgelegt wurde, welche Personen mit einem Gebannten Kontakt haben durften, ohne selbst den Bann zu riskieren. (Tatsächlich wollte der Papst damit der »Exkommunikationsepidemie« Herr werden, die er just durch seine eigenen Reformen ausgelöst hatte.) So durfte nun zum Beispiel die Familie eines Gebannten in Kontakt mit ihm bleiben – aus Furcht, dass sich Ehemänner, die keinen Geschlechtsverkehr mehr mit ihren Frauen haben durften, anderweitig umsehen würden, entschieden sich die Kirchenbehörden lieber für eine pragmatische Haltung. Gratian nannte den vollständigen Ausschluss aus Kirche und Gesellschaft erstmals »Kirchenbann« und beschränkte den Begriff der »Exkommunikation« damit auf den Ausschluss von den Sakramenten. Nur wer von einem Kirchengericht verurteilt worden war, konnte mit dem Bann belegt werden, wohingegen die Exkommunikation eine Art von Gewissensfrage war und sich ein Christ daher theoretisch auch selbst exkommunizieren konnte. Das Dritte Laterankonzil (1179) exkommunizierte alle Ketzer – eine Exkommunikation wegen Ketzerei war eine wesentlich schwerwiegendere Angelegenheit und konnte mit Kerker oder dem Tode bestraft werden. Bis zur Wende zum 13. Jahrhundert war Gratians Definition zur Norm geworden, allerdings hatte man mittlerweile zwischen der »Kleinen Exkommunikation« (Ausschluss vom Empfang der Sakramente und von kirchlichen Ämtern) und der »Großen Exkommunikation« (Ausschluss aus der Kirche) zu unterscheiden begonnen.[31]

Nach Heinrichs Exkommunikation und der anschließenden Absolution gab es keinen Grund mehr für Gregor, nach Deutschland zu reisen, also kehrte er nach Rom zurück. Wie es aussah, hatte er einen strahlenden Sieg errungen und die Autorität der Kirche wiederhergestellt. Außerdem hatte Heinrich vor Erteilung der Absolution schwören müssen, künftig alle päpstlichen Dekrete zu achten. Doch auch Heinrich hatte auf diese Weise sein Königtum gerettet. Und nun machte er sich prompt daran, seine Position zu stärken – nie wieder wollte er in eine Lage von solcher Schwäche wie in Canossa geraten. Die deutsche Kirche stellte sich geschlossen hinter ihn, und er führte einen neuen und diesmal erfolgreichen Feldzug gegen den Adel. Bald war klar, dass Heinrich nicht die geringsten Absichten hatte, päpstlichen Dekreten Folge zu leisten. Die neuerliche Exkommunikation ließ nicht lange auf sich warten. Dass er das päpstliche Manöver diesmal praktisch völlig ignorierte, beweist, wie sehr sich die Dinge inzwischen geändert hatten. Im Jahr 1085 gelang ihm schließlich die Revanche, die er insgeheim immer angestrebt hatte: Er vertrieb den Papst aus Rom nach Süditalien in »ein erniedrigendes Exil, aus dem Gregor nicht wieder zurückkehrte«.[32] Sogar Papst Gregor war schwächer gewesen, als es den Anschein erweckt hatte.

Aus Sicht vieler Historiker war das Ergebnis von Canossa, wenn man es einmal sportlich betrachtet, ein Unentschieden. Aber das bedeutet nicht, dass dabei nichts herausgekommen sei. Die Tatsache, dass Heinrich demütig vor dem Papst erschienen war, hatte der Idee vom theokratischen Königtum den Todesstoß versetzt, alle europäischen »Stände« beruhigt und der Vorstellung Nahrung gegeben, dass der Papst das Recht habe, Könige zu richten. Dies kräftigte zweifellos die politische Rolle der katholischen Kirche, gleichzeitig aber gefiel es insbesondere gekrönten Häuptern ganz und gar nicht, mit welcher Selbstherrlichkeit und auf welch erniedrigende Weise Gregor seine Macht ausgeübt oder missbraucht hatte. Einer seiner Nachfolger, Papst Urban II. (1088–1099), suchte schließlich einen Ausweg aus diesem Dauerkonflikt mit dem Kaiser, indem er das Abendland geschlossen von der Teilnahme am ersten Kreuzzug zu überzeugen und damit wieder zu einen versuchte. Doch auch der Stil seines Pontifikats löste eine Menge Unmut aus, was schließlich den Boden für Kardinäle eines ganz anderen Schlages bereitete – stille Diplomaten und Bürokraten, die die Erfahrung gelehrt hatte, dass sich mehr durch Gespräche hinter der Bühne als durch offene Konfrontation erreichen ließ. Also war das Papsttum durch Canossa letztlich nicht weniger grundlegend verändert worden als das Königtum. Und auch wenn sich die kämpferischer gesonnenen Päpste der inhärenten Schwächen des Papsttums nicht bewusst gewesen sein mögen, so war sich die Kurie doch sehr klar darüber.

*

Auch die später als *reconquista* bezeichneten Vorgänge in Spanien behielt Gregor VII. während seines Pontifikats genau im Auge. Seit die Muselmanen im 8. Jahrhundert die Iberische Halbinsel erobert hatten, suchte der verdrängte christliche Adel in den Pyrenäen Schutz. Er ließ sich zwei Jahrhunderte Zeit, um sich neu zu formieren und schließlich Ende des 10. Jahrhunderts zumindest einiges an Boden zurückzugewinnen. Insgesamt dauerte es jedoch ganze vierhundert Jahre, bis zum Ende des 15. Jahrhunderts, bis dem Islam die Kontrolle wieder abgekämpft werden konnte. Im Lauf dieses Prozesses waren Christen der islamischen Idee vom *jihad* von Angesicht zu Angesicht begegnet – dem heiligen Krieg und der Lehre von der höchsten Tugend, für Gott im Kampf zu sterben. Die christliche Idee vom »gerechten Krieg« ging auf Augustinus von Hippo und noch frühere Zeiten zurück – Papst Hildebrand war ein glühender Augustinianer gewesen. Außerdem stand der Nahe Osten zu der Zeit ebenso unter muslimischer Kontrolle wie Spanien, und das hieß, dass auch die heilige Grabstätte in Jerusalem »Heiden« in die Hände gefallen war. Die Empörung darüber verband sich mit dem Wunsch nach einer Wiedervereinigung der Ost- und Westkirche, um die islamische Bedrohung besser bekämpfen zu können: Die Idee vom Kreuzzug war geboren.[33]

Natürlich gab es dafür noch andere Gründe. Ein Kreuzzug, so glaubte man, wäre das perfekte Symbol für die Oberherrschaft des Papstes, würde zur Vereinigung von Nord- und Südeuropa beitragen und im Idealfall sogar die Vormachtstellung Roms gegenüber Byzanz sichern. Man glaubte also, mehrere Fliegen mit einer Klappe schlagen zu können. Gregor wurde vom Investiturstreit mit Beschlag belegt, was ihn daran hinderte, zu einem Kreuzzug zu blasen. Es blieb seinem Nachfolger Urban II. überlassen, diese Herausforderung anzunehmen, denn bis zu seiner Wahl hatten sich noch weitere Gründe angesammelt, die für einen Kreuzzug sprachen: Erstens sollte ein solches Unternehmen dazu beitragen, das Christentum nach den erbitterten Fehden, die durch Gregors Reformen ausgelöst worden waren, wieder zu versöhnen; zweitens sollte es dem Ansehen des Papstes in einer Zeit, in der die Deutschen Rom nicht gerade freundlich gesonnen waren, neuen Auftrieb geben; und drittens sollte es auch das Ansehen Frankreichs aufpolieren (Papst Urban stammte aus der Champagne). Wegen des Investiturstreits schien es zwar unwahrscheinlich, dass sich die Deutschen einem Kreuzzug anschließen würden, und es war auch vorauszusehen, dass die Normannen im Norden Frankreichs, in Großbritannien und auf Sizilien Abstand nehmen würden. Doch einer Sache war sich Urban gewiss: dass viele Herren und Vasallen in Mittel- und Südfrankreich die Möglichkeit begrüßen würden, fremdes Land zu erobern und dabei gleich auch noch ihre Seelen zu retten.

Also rief Urban im November 1095 im zentralfranzösischen Clermont zum ersten Kreuzzug der Geschichte auf. Er hielt eine leidenschaftliche, mitreißende Rede vor den versammelten Rittern, bei der er es verstand, sowohl an ihre Frömmigkeit als auch an ihre irdischeren Interessen zu appellieren. Er ließ sich lang und breit über das Leid der Christen unter den Türken und über das Damoklesschwert der muslimischen Invasion aus, das Byzanz und das Heilige Grab in Jerusalem bedrohte, dann griff er auf einen berühmten Bibelsatz zurück und beschwor Palästina als das Land, in dem Milch und Honig flossen. Schließlich versprach er nicht nur den Familien der Kreuzfahrer päpstlichen Schutz, sondern äußerte eine Idee, die noch weitreichende Folgen haben sollte: Als Bewahrer der Himmelsschlüssel gewährte der Papst allen Kampfwilligen den uneingeschränkten Sündenablass.[34] Tatsächlich könnte diese Idee bei dem islamischen Brauch abgeguckt worden sein, jedem Glaubenskämpfer den unmittelbaren Eingang ins Paradies zu versprechen. Im Christentum sollte sie allerdings dem massiven Missbrauch Tür und Tor öffnen, der mit dem Ablasshandel betrieben und von Martin Luther im 16. Jahrhundert so heftig bekämpft wurde, bis sich schließlich das Trientiner Konzil seiner annahm: Im 12. Jahrhundert begann die katholische Kirche das Prinzip des Sündenablasses von den Kreuzrittern auf alle Gläubigen auszuweiten, die sie finanziell unterstützten, und erst das scheint die Gemüter wirklich erhitzt zu haben. Seit dem 14. Jahrhundert setzte die Kirche den Ablasshandel schließlich für die eigenen Zwecke ein. Einen Zusammenhang mit den Kreuzzügen gab es nicht mehr: Die Reichen konnten sich ihren Weg in den Himmel ganz einfach kaufen.[35] Für uns ist es ein Leichtes, die Bereitschaft zur Teilnahme an Kreuzzügen zynisch zu kommentieren, und fraglos waren die Motive oft zweifelhaft. Doch die in Clermont versammelten Ritter sollen nach Urbans Rede von ihren Plätzen aufgesprungen sein und wie ein Mann *Deus vult!* (Gott will es!) gerufen haben. Dann rissen sie sich Streifen von ihren roten Röcken und legten sie zu Kreuzen übereinander: Das vertraute Emblem der Kreuzritter war geboren.[36]

Über die Frage, wie sich die Kreuzzüge auf die Einstellungen von Christen auswirkten, wird seit langem debattiert. Unzweifelhaft scheint, dass sie dem Weltbild nicht weniger Christen eine internationale Komponente hinzugefügt haben, und natürlich sorgten sie auch dafür, dass so manche Gewohnheit und so mancher Brauch aus dem Nahen Osten übernommen wurden (beispielsweise die Vorliebe für Gewürze, die Gebetsschnur – aus welcher der Rosenkranz wurde – oder fremdartige Musikinstrumente). Umgekehrt kann man allerdings kaum behaupten, dass die Kreuzzüge einen bleibenden christianisierenden Einfluss ausgeübt hätten. Innerhalb von zweihundert Jahren eroberte der Islam sämtliche Ansiedlungen der Kreuzritter zurück. Und diese muslimischen Krieger standen dem Christentum nun noch feindseliger und verbitterter gegenüber, denn die Soldaten im Namen Christi hatten sich bei ihrem »gerechten Krieg« als nicht weniger fanatisch erwiesen als ihre Feinde. Später, als Christen einen Modus vivendi für das Zusammenleben mit Juden oder Muslimen im Nahen Osten zu finden suchten, sollte ihnen deren kollektive Erinnerung an die Belagerung und Einnahme von Jerusalem ständig einen Strich durch die Rechnung machen. Überraschend ist nur, dass sich die Kreuzzüge in so unerwartet geringen Maßen auf die Bildung in Europa ausgewirkt haben: Die Handschriften, die den Wissensdurst im Abendland aufleben ließen (und das Thema des nächsten Kapitels sein werden), erreichten Europa über Sizilien, Spanien und, ja, Byzanz – aber in keinem Fall durch die Kreuzritter.

*

Wenn die gregorianische Reform etwas für sich beanspruchen kann, dann, dass sie die allgemeine Aufmerksamkeit auf die Kirche lenkte. Das war in einer Hinsicht eine gute Sache, auf anderer Ebene aber deutlich von Nachteil. Im 11. Jahrhundert hatte sich Europa zu verändern begonnen, im 12. verwandelte es sich durch das Wachstum der Städte noch unverkennbarer. Aus kirchlicher Sicht war das ein einschneidender Vorgang, denn die Organisationsstrukturen der mittelalterlichen katholischen Kirche waren ja vorrangig auf eine primär bäuerliche Gesellschaft ausgerichtet gewesen, und die hatte sich nun zunehmend urbanisiert. In den erblühenden Städten wuchs das neue Bürgertum, das nicht nur eine bessere Erziehung genossen hatte, wesentlich gebildeter war und härter arbeitete als seine Vorgänger in der Gesellschaft, sondern auch eine ganz andere Art von Frömmigkeit pflegte. Und damit verwandelte sich nicht zuletzt die Einstellung gegenüber den Priestern. Seit Beginn des 12. Jahrhunderts wurde immer mehr Kritik an der Geistlichkeit laut, an den neu gegründeten Universitäten wurde es sogar regelrecht Mode unter den Studenten, Priester mit beißender Satire als ungehobelte, korrupte Gestalten hinzustellen. Päpstliche Legaten wurden nicht etwa als Abgesandte des Heiligen Vaters willkommen geheißen, sondern wie Eindringlinge behandelt, die sich großspurig in lokale Angelegenheiten einmischten. Wo immer man in der Literatur dieser Zeit sucht, überall äußert sich wachsender Unmut über die Kirche.

Ein Ausdruck dieser neuen Frömmigkeit oder dieser Verinnerlichung des Glaubens war wie gesagt die Entwicklung der neuen Klosterorden gewesen, ein anderer, dass Häresien um sich griffen, die nun wesentlich ernster genommen wurden.[37] Häretiker waren natürlich nichts Neues, es hatte sie schon immer gegeben, vor allem in Byzanz. Trotzdem war zwischen dem Jahr 380 und dem 12. Jahrhundert kein einziger verbrannt worden. Neu war jedoch, dass ihnen nun ein reiches und weltlich orientiertes klerikales Establishment gegenüberstand und dass ihr eigenes Bildungsniveau parallel zum Niveau ihres spekulativen Denkens gestiegen war. Besonders deutlich spiegelte sich das an den neuen Universitäten, vorrangig an der Pariser Schule, wo die beiden Häretiker David von Dinant und Amalrich von Bena wirkten. Doch die einflussreichsten ketzerischen Denkmodelle des 12. Jahrhunderts, und deshalb natürlich auch die am heftigsten bekämpften, waren das Weltbild der Waldenser, der Millenarismus von Joachim von Fiore und die Häresie der Katharer.

Peter Waldo, ein Kaufmann aus Lyon, war wie viele Häretiker eine frömmlerische, asketische Figur. Da in Lyon erstmals ein Kloster gegründet worden war, das explizit ein Gegenmodell zu Cluny darstellen sollte, und der Erzbischof der Stadt selbst ein großer Anhänger Hildebrands war, gab es in dieser Region bereits eine traditionelle Verbundenheit mit der Idee von der apostolischen Armut der Kirche. Die Anhänger Waldos nannten sich die »Armen von Lyon«, lebten die apostolische Armut, gingen barfuß und predigten den »Pfaffenhass«, das heißt, die Waldenser wandelten auf einem dünnen Grat zwischen Ketzerei und Heiligkeit. Ihre »Kirche« hatte wenig Ähnlichkeit mit der katholischen Organisationsstruktur: Es war eine rein spirituelle Gemeinschaft aus frommen Männern und Frauen, »die die göttliche Liebe und Gnade erfahren hatten«.[38]

Noch deutlicher schmähte der süditalienische Zisterzienserabt Joachim von Fiore das herrschende Priestertum. Gegen Ende des 12. Jahrhunderts erklärte er, dass die Welt nunmehr in das Zeitalter des Antichrist eingetreten sei, dem sich das abschließende Zeitalter der Zweiten Wiederkunft Christi und des Jüngsten Gerichts unmittelbar anschließen würde. Die Idee vom Antichrist wurzelte in der apokalyptischen jüdischen Tradition aus der Zeit des zweiten Tempels, wonach Gott und sein *maschiach* große Feinde unter den Menschen hatten. Diese Vorstellung war in der zweiten Hälfte des 1. Jahrhunderts n. d. Z. in die Überzeugung des Frühchristentums eingeflossen, dass feindliche oder fremde Kräfte die Wiederkunft Christi verhindern wollten (im biblischen Kontext taucht der Begriff »Antichrist« erstmals im ersten Johannesbrief auf). In Byzanz florierte diese Überlieferung lange, bis sie schließlich mit einem berühmten Dokument aus dem 10. Jahrhundert auch den Westen erreichte – mit der Antichrist-Vita *De ortu et tempore Antichristi* aus der Feder des Mönches Adso, des späteren Abtes von Montier-en-Der. Sie sollte jahrhundertelang die Standardsicht des christlichen Abendlands prägen. Adso hatte diese Schrift auf Bitten Gerbergas, der Schwester von Otto II. (der das Westreich erneuerte), als ein Traktat in Briefform verfasst, sozusagen als eine narrative »Gegenhagiographie«, was gewiss viel zu ihrer großen Popularität beitrug (sie wurde in viele Sprachen übersetzt). Nach Adsos Version sollte der *(endgültige)* Antichrist in Babylon geboren werden, von dort nach Jerusalem gehen, den Tempel wieder aufbauen, sich selbst beschneiden und sieben Wunder vollbringen, darunter auch die Auferstehung von den Toten. Seine Herrschaft würde zweiundvierzig Monate währen, bevor er auf dem Ölberg sein Ende finden würde. Dabei ließ Adso offen, ob Jesus oder der Erzengel Michael dieses Ende verursachen würden. In Gemälden und Illustrationen wurde der Antichrist häufig als ein König (weniger oft auch als Titan) dargestellt, der die apokalyptische(n) Bestie(n) ritt oder zu zähmen versuchte.[39]

Joachim von Fiore war der einzige Apokalyptiker, der den Papst als den Antichrist darstellte (unschwer zu erkennen, warum). Aus seiner Sicht waren Bibelexegesen die einzige Möglichkeit, den göttlichen Plan zu erfassen. Die sieben Köpfe des Drachen aus der Offenbarung waren Symbole für die sieben Tyrannen, mit denen die Christenverfolgung eingesetzt habe: Herodes (Verfolgung von Christen durch die Juden), Nero (durch die Heiden), Konstantin (durch die Ketzer), Muhammad (durch die Sarazenen), Melsemutus (durch die Söhne Babylons), Saladin (durch dessen Rückeroberung Jerusalems) und »der siebte König« (der letzte und »größte« Antichrist, der Joachims Meinung nach bereits geboren war). Schließlich gründete der Zisterzienser in Kalabrien einen eigenen Orden, wo er sich in Ruhe seinen Visionen hingeben konnte, darunter auch der Idee, dass die Zukunft allein dem Monastizismus gehöre und alle anderen Institutionen verkümmern würden. Seine Auseinandersetzungen mit der Bibel und der Geschichte vom siebenköpfigen Drachen hatten ihn überzeugt, dass sich der wahre Antichrist nach dem Vorbild von Jesus als Priester und als König zu erkennen geben würde. Und da die Päpste im 11. und 12. Jahrhundert die Robe des Monarchen trugen, sah Joachim natürlich genau den Antichrist, nach dem er Ausschau gehalten hatte.[40]

Dass sich seine Sicht als so populär erwies, lag vermutlich an ihrer anziehenden Schlichtheit – Joachim hatte letztlich nichts anderes getan, als einfach alles auf den Kopf zu stellen. Je eifriger die Päpste ihre Ziele verfolgten, umso durchtriebener sah er den Antichrist am Werk. Außerdem verlieh die »Tatsache«, dass das Ende der diesseitigen Welt unmittelbar bevorstehen sollte, den Chiliasten mehr Überzeugungskraft als allen anderen Apokalyptikern. Nach der joachimitischen Auslegung gab es, wie in der Einleitung erwähnt, drei historische Zeitalter: das alttestamentlich-synagogale Zeitalter des Vaters (von der Schöpfung bis zur Inkarnation), gefolgt vom neutestamentlich-klerikalen Zeitalter des Sohnes (von der Inkarnation bis zum Jahr 1260) und schließlich dem mönchischen Zeitalter des Heiligen Geistes (ab 1260), das die bestehende Kirchenorganisation hinwegfegen sollte. Dass das Jahr 1260 ohne nennenswerte Ereignisse kam und ging, nahm den Anhängern Joachims zwar den Wind aus den Segeln, konnte jedoch nicht verhindern, dass seine Ideen noch eine ganze Weile herumgeisterten.[41]

Die größte häretische Bedrohung für die etablierte Kirche waren jedoch die Katharer (der Name leitet sich vom griechischen *katharos* ab, »rein«), auch bekannt unter dem Namen »Albigenser« (nach der südfranzösischen Stadt Albi, in der Nähe von Toulouse, wo sie besonders zahlreich vertreten waren). Die entscheidenden Ideen der Katharer hatten schon eine Zeit lang im Untergrund zirkuliert und erinnerten an die der Manichäer aus dem 4. Jahrhundert, die nach Aussagen einiger Historiker in Gestalt der Bogomilen (einer Sekte auf dem Balkan) überlebt hatten. Ebenso ist es allerdings möglich, dass die Vorstellungen der Katharer den neuplatonischen Ideen entstammten, die in die konventionellere Theologie und Philosophie Eingang gefunden hatten. (Es gibt viele Nachweise dafür, dass Katharer ausgesprochen gebildet waren und Debatten auf hohem Niveau führten.) Schließlich aber könnten die Fäden auch zur jüdischen Mystik zurückgereicht haben, zur Kabbala und insbesondere ihren gnostischen Elementen. Der dualistischen Vorstellung der Manichäer zufolge herrschten zwei Götter, der Lichtgott und der Gott der Finsternis, die seit Ewigkeiten um die Weltherrschaft kämpften (eine deutliche Überlappung mit den Ideen vom Antichrist). Von diesem Glaubensspektrum aus betrachtet, ist der Mensch eine Mischung aus Geist (gut) und Materie oder Körper (schlecht). Wie so viele andere Häretiker waren auch die Katharer eine asketische Sekte, die das Ziel der reinen Spiritualität und den Zustand der »Vollkommenheit« anstrebte. Ehe respektive Sexualität waren zu vermeiden, da sie zur Erschaffung von noch mehr Materie führten; Fleisch und Eier gehörten nicht auf den Speiseplan, da beides von Tieren stammte, die sich geschlechtlich vermehrten. (Dank ihres begrenzten biologischen Verständnisses war es den Katharern jedoch erlaubt, Fisch und Gemüse zu verzehren.) Der sicherste Weg zur Erlösung war die *endura* – nach dem

Erhalt des *consolamentum* auf dem Sterbebett durfte keinerlei Nahrung mehr aufgenommen werden, damit man nicht wieder unrein würde –, was in gewisser Weise nichts anderes bedeutete, als sich zu Tode zu hungern.[42] Allerdings konzedierten die Katharer, dass auch Gläubige, die kein absolut reines Leben führten, Erlösung finden konnten, sofern sie die Führerschaft der »Vollkommenen« oder *cathari* anerkannten. Diese so genannten »Prüflinge« des wahren katharischen Glaubens erhielten dann auf dem Sterbebett ein Sakrament, das sie von allen Sünden lossprach und die Wiedervereinigung ihrer Seele mit dem göttlichen Geist ermöglichte. Die »Katharsis« auf dem Totenbett war der einzige Weg, als Unvollkommener zu Gott zu gelangen.[43] Um die Katharer kursierten jede Menge sensationslüsterner Gerüchte, zum Beispiel, dass sie die Idee der Inkarnation ablehnten, weil sie die »Gefangenschaft« Gottes in schlechter Materie bedeutete; oder dass sie nur die Fortpflanzung verhindern wollten, aber nichts gegen ein promiskes Leben einzuwenden hatten; oder sogar, dass sie ihre eigenen Kinder der *endura*, also dem Hungertod, aussetzten, und zwar nicht nur deshalb, weil sie das für den Weg zur Erlösung hielten, sondern weil sie die Welt vom Überschuss an Materie befreien wollten. Und da auf dem Totenbett ohnedies die Katharsis auf sie wartete, glaubte man, dass es für die Katharer gar keinen Anreiz gab, ihr Verhalten zu überdenken und zu ändern.

Am Ende sollte der weiteren Ausbreitung der Katharer durch den Albigenserkreuzzug von 1209 bis 1229 Einhalt geboten werden, weil er ihnen die Unterstützung des Adels entzog. Endgültig aufgehalten wurde sie jedoch erst durch die päpstliche Inquisition, die 1231 ins Leben gerufen worden war, um mit genau solchen Bedrohungen kurzen Prozess zu machen. Der französischen Krone gelang es mit dem Albigenserkreuzzug, den südlichen Teil des Königreichs zu annektieren und das Prinzip des Kreuzzugs erstmals gegen Ketzer *innerhalb* der europäischen Grenzen anzuwenden, was sich deutlich prägend auf die Vorstellung auswirken sollte, dass Europäer als Einzige wahrhaft das Christentum verkörperten.[44]

*

Als der Wechsel vom 11. zum 12. Jahrhundert näher rückte, befand sich das Papsttum praktisch im Belagerungszustand. Die größte oder zumindest deutlichste Bedrohung ging zwar von den Häretikern aus, aber es war auch mit anderen Problemen konfrontiert, nicht zuletzt mit der Schwäche der Päpste selbst. Seit dem Tod von Alexander III. im Jahr 1181 war der Stuhl Petri von mehreren Klerikern besetzt worden, die offenbar unfähig gewesen waren, mit der sich dramatisch wandelnden Frömmigkeit zurechtzukommen. Außerdem hatte sich nach den Kreuzzügen und mit Hilfe der neuen Universitäten von Paris und Bologna der Drang nach Wissen und einem »neuen Lernen« Bahn gebrochen. Dem hatte die Kirche wenig entgegenzusetzen: Sie konnte Aristoteles, der von diesen Universitäten wiederentdeckt worden war, ja schwerlich als Ketzer verteufeln, da er vor Christus gelebt hatte. Doch sein Weltbild löste größte Ängste in Rom aus (wie groß sie waren, wird im nächsten Kapitel zur Sprache kommen).

Vor diesem Hintergrund beschlossen die Kardinäle im Jahr 1198, einen sehr jungen und außerordentlich fähigen Advokaten zum Papst zu wählen, hoffend, dass er ein langes Pontifikat vor sich haben und die Geschicke des Papsttums wieder in die richtigen Bahnen lenken werde. Innozenz III. (1198–1216) lebte zwar nicht so lange wie erhofft, aber ansonsten sollte er die Kardinäle nicht enttäuschen.

Lotario Conti di Segni, wie Innozenz' Geburtsname lautete, war der Sohn eines begüterten Grafen aus der Campagna, hatte Rechtswissenschaften in Bologna und Theologie in Paris studiert und somit die bestmögliche Ausbildung genossen, die man zu dieser Zeit im Abendland erwerben konnte. Bereits mit sechsundzwanzig Jahren war er während des Pontifikats seines Onkels Lucius III. in das Kardinalskollegium aufgenommen worden. Doch in diesem Fall war gewiss nicht nur Nepotismus am Werk gewesen, denn Lotarios Kardinalskollegen hatten durchaus bereits seine außerordentlichen Fähigkeiten und seine große Entschlusskraft erkannt. Wie erhofft, machte er denn auch bereits am Tag seiner Papstkrönung unzweideutig klar, was von ihm zu erwarten war: Er sei derjenige, erklärte er, zu dem Jesus gesagt habe: »Ich werde dir die Schlüssel des Himmelreichs geben; was du auf Erden binden wirst, das wird auch im Himmel gebunden sein, und was du auf Erden lösen wirst, das wird auch im Himmel gelöst sein.« Er sei der Diener des Herrn, der über die gesamte Familie wache. Er sei der Vicarius Christi, der Statthalter Jesu auf Erden und der Stellvertreter Petri: »Der Papst jedoch ist geringer als Gott, aber größer als der Mensch.«[45]

Größer als der Mensch! Es gab wahrscheinlich keinen zweiten Papst mit einem solchen Selbstbewusstsein, doch zu seiner Verteidigung muss angeführt werden, dass daraus wohl nicht immer nur Überzeugung, sondern manchmal auch einfach nur sein Schneid sprach. Innozenz III. hielt »alles in der Welt« für den Aufgabenkreis des Papstes und war überzeugt, dass Petrus von Jesus eingesetzt worden sei, um nicht nur die Weltkirche, sondern auch die gesamte nichtkirchliche Welt zu lenken. Innozenz beabsichtigte jedenfalls, ein Gleichgewicht in der Welt herzustellen – oder zurückzuerlangen –, das Europa eine neue politische, geistige und geistliche Struktur verleihen sollte. Als er starb, befand sich die Kirche tatsächlich wieder im Aufstieg. Sie bekämpfte Ketzer, lief Sturm gegen weltliche Mächte, verbesserte die Leistungsfähigkeit ihrer Priester und nahm Heterodoxien aufs Korn. Innozenz war es auch, der erstmals einen päpstlichen Kreuzzugszehnten erhob, und das gleich mit solchem Erfolg, dass er im Jahr 1199 zudem als Erster beschloss, Kirchenmännern eine Einkommenssteuer aufzuerlegen – allerdings ausschließlich zur Finanzierung des Papsttums selbst. Und es war ebenfalls Innozenz, der die erste wirksame Inquisition ins Leben rief, mit deren Hilfe er die ketzerischen Albigenser bekämpfen wollte. Im Jahr 1208 war ein päpstlicher Legat in Frankreich ermordet worden. Es hieß, der Graf von Toulouse sei in das Komplott verwickelt. Das brachte Innozenz auf die Idee, einen Kreuzzug gegen alle Ketzer zu führen. Es war zwar noch nicht *die* Inquisition, die so traurige Berühmtheit in Spanien erlangen sollte (und eher eine königliche als eine päpstliche Institution war), doch die Idee hinter diesem Vorhaben war schon sehr ähnlich. Im Zuge seiner systematischen Hatz auf die Ketzer rief Innozenz auch ein neues Strafprozessverfahren ins Leben, das auf eigenständigen Erkundungen und Verhören der Kirche basierte und keines Anklägers mehr bedurfte – auch das ein neuer Ausdruck der Macht und der Ambitionen des Papsttums.[46]

Diese Inquisition war zwar noch nicht durchgängig das »unheilige Reich«, als das sie oft dargestellt wurde, aber wahrlich schon schlimm genug. Allerdings entbehrten ihre Grundlagen nicht einer gewissen Ironie, denn einer der Gründe, weshalb sich die Häresien so schnell und so tief verwurzeln konnten, war ja gerade die moralische Laxheit und Verkommenheit der Priester gewesen, die dem neuen vatikanischen Gesetz nun Geltung verschaffen sollten. Auf dem Konzil von Avignon (1209) wurde zum Beispiel von einem Priester berichtet, der um das Maß einer Buße zu würfeln pflegte, oder von Wirtshäusern, die den Priesterkragen als Aushängeschild gewählt hatten. Beim Pariser Provinzialkonzil (ebenfalls 1209) war die Rede von Priestern, die die Messe zelebrierten, obwohl sie verheiratet waren oder Mätressen hatten, oder von Nonnen, die rauschende Feste zu feiern pflegten. Bei der Eröffnung des Vierten Laterankonzils im Jahr 1215 erklärte schließlich sogar Innozenz III. selbst, dass sich die Verdorbenheit der Gläubigen nur von der Verdorbenheit der Geistlichkeit herleiten konnte.[47]

Es muss hier deutlich betont werden, dass diese Häresien wenig mit praktizierter Magie oder mit dem tief verwurzelten Aberglauben zu tun hatten, die im 12. Jahrhundert so überhand genommen hatten – nicht zuletzt in der Kirche selbst. In welchen Ausmaßen Zauberrituale betrieben wurden und dass sie so mancher für das probateste Mittel hielt, um das Monopol der Kirche auf die Wahrheit zu demonstrieren, wurde ausführlich von Keith Thomas dargelegt. Nicht zu vergessen: Auch die Verwandlung der Hostie und des Weines in das Fleisch und Blut Christi wurde von den Frommen wortwörtlich verstanden. Ein Historiker erwähnt den Fall eines jüdischen Bankiers aus Segovia, der eine Hostie als Sicherheit für ein Darlehen annahm; ein anderer zitiert das Beispiel einer Frau, die ihren

Mann mit einer Hostie im Mund küsste, »um seine Liebe zu gewinnen«. Eine Frau aus Norfolk ließ sich siebenmal firmen, weil sie herausgefunden haben wollte, dass das bestens gegen Rheumatismus half. Die Kirche betonte zwar, dass es einen Unterschied zwischen Ketzereien (hartnäckig gewahrten Überzeugungen, die der Kirchenlehre widersprachen) und Aberglauben gab (wozu auch die Verwendung des eucharistischen Brotes zu nichtkirchlichen Zwecken zählte), aber die Häretiker interessierten sich in Wirklichkeit gar nicht für die magischen Rituale der Kirche, weil sie ja letztlich nur die Umsetzung beziehungsweise der Missbrauch von Kirchensakramenten waren, die sie ohnedies ablehnten.

Anfänglich hatte sich die Kirche mit einigem Zögern tolerant gegenüber Häretikern gezeigt. Sogar im Jahr 1162 hatte sich Papst Alexander III. noch geweigert, die Katharer zu exkommunizieren, die ihm der Bischof von Reims überstellt hatte, weil er es richtiger fand, »den Schuldigen zu vergeben als Unschuldigen das Leben zu nehmen«.[48] Doch von einem regelrechten Kreuzzug gegen die Katharer erwartete man sich eine Menge materieller und geistlicher Vorteile; zudem barg ein solcher Kreuzzug weder die Risiken noch bedurfte er des Aufwands einer anstrengenden und gefährlichen Reise in den Nahen Osten. In der Praxis sollten die Folgen für die Kirche allerdings sehr zweischneidig sein, denn seit siebentausend Menschen auf schrecklichste Weise in Béziers hingeschlachtet worden waren, hatte sich das christliche Gewissen zu regen begonnen.[49] Abgesehen davon waren die Katharer letztlich nur versprengt worden, was bedeutete, dass sich ihre »heimtückische« Anziehungskraft schneller und weiter verbreiten konnte, als es unter normalen Umständen möglich gewesen wäre. Die Kirche reagierte mit der Einberufung des Vierten Laterankonzils, das eine detaillierte Formulierung des orthodoxen Glaubens präsentierte und erstmals auch die neuen kirchenrechtlichen Verfahrensweisen gegen Häretiker vorstellte.

Formell etabliert wurden die Prozeduren der Inquisition zwischen 1227 und 1233 unter dem Pontifikat von Gregor IX. Drei Verfahrensweisen waren von den bischöflichen Gerichten bereits vorher angewandt worden, nämlich *accusatio*, *denunciatio* und *inquisitio*. Bisher war die *accusatio* jedoch immer von einem Ankläger abgängig gewesen, der einen Fall vor Gericht brachte und selbst zur Verantwortung gezogen werden konnte, falls sich seine Angaben als falsch erwiesen. Nach dem neuen System war nun auch die *inquisitio haereticae pravitatis* gestattet, das heißt, es bedurfte keines Anklägers mehr, und die Kirche konnte selbst zu »investigativen Methoden« greifen. Woraus diese bestanden, wurde im Februar 1231 enthüllt, als Gregor IX. sein Ketzerdekret *Excommunicamus* erließ. Darin legte er detailliert die entsprechenden Kirchengesetze dar, darunter zum Beispiel, dass Betroffene weder ein Berufungsrecht noch das Recht hatten, von einem Anwalt verteidigt zu werden; dass verurteilte Ketzer verbrannt werden sollten; und dass unbestraft verstorbene Ketzer sogar exhumiert werden mussten. Der erste Mensch, der den Titel eines *inquisitor haereticae pravitatis* trug, war Konrad von Marburg. Und der war überzeugt, dass Erlösung nur unter Schmerzen zu erlangen sei. Er sollte sich als einer der blutrünstigsten Vertreter dieses schändlichen Gewerbes erweisen. Die schrecklichste aller Dekretalen, die in der Geschichte der Inquisition herausgegeben wurde, stammte jedoch von Innozenz IV. Im Mai des Jahres 1252 erließ er unter dem reißerischen Titel *Ad extirpanda* (»Auszurotten«) expressis verbis die Erlaubnis zur Folter zum Zweck der Erlangung eines Geständnisses sowie das Recht, Ketzer zum Tod auf dem Scheiterhaufen zu verurteilen. Zum Wächter im päpstlichen Dienst bestallte er das *sanctum officium*, wie die schönfärberische Bezeichnung Roms für die Inquisition lautete, deren Nachfolger die heutige Glaubenskongregation ist.

Die offizielle Hauptaufgabe der Inquisition bestand jedoch nicht in Strafmaßnahmen, jedenfalls zumindest theoretisch, sondern vielmehr in der Rückführung der Abtrünnigen in den Schoß der katholischen Kirche. Der *inquisitor generalis* pflegte alle Ortschaften aufzusuchen, in denen man eine größere Zahl von Ketzern vermutete (viele kleine Dörfer haben nie einen Inquisitor zu Gesicht bekommen). Alle Männer über vierzehn und alle Frauen über zwölf, die von sich selbst glaubten, dass sie sich einer Übertretung schuldig gemacht hatten, mussten vor ihm erscheinen. Sobald alle versammelt waren, hielt der Inquisitor eine Strafpredigt, anfangs *sermo generalis* und später *autodafé* genannt. Manchmal wurde den Anwesenden ein Ablass versprochen: Jeder Ketzer, der nach dem *sermo* seine Sünden bekannte, wurde von der Exkommunikation verschont und konnte somit schwerwiegendere Strafen umgehen. Ein Bestandteil dieses Circulus vitiosus aus Bekennung und Absolution war jedoch die »Überführung«, das heißt, alle Ketzer, die sich nicht freiwillig gestellt hatten, wurden durch Denunziationen identifiziert. Jeder einstmalige Ketzer, der einen anderen denunzierte, hatte sich damit als wahrhaft bekehrt erwiesen. Die »überführten« Ketzer wurden verhört – und genau da begann der wahre Horror. Das gesamte Verfahren unterlag absoluter Verschwiegenheit, nicht einmal der Beschuldigte durfte erfahren, wer ihn angeschwärzt hatte (sonst hätte es ja kaum jemanden gegeben, der dazu bereit gewesen wäre). Nur wenn der Beschuldigte eine fundierte Vermutung hatte und beweisen konnte, dass der Informant einen persönlichen Groll gegen ihn hegte, hatte er überhaupt eine Chance, freigesprochen zu werden. Das vom Inquisitor Bernhard Gui im April 1310 in der Region von Toulouse durchgeführte Autodafé zeigt beispielhaft die Folgen eines solchen Prozesses: Zwischen Sonntag, dem 5. April, und Donnerstag, dem 9. April, richtete und verurteilte Gui hundertdrei Personen; zwanzig mussten den Schandfleck an ihr Gewand heften und ihre Sünden auf einer Pilgerreise büßen, fünfundsechzig wurden zu lebenslanger Kerkerhaft verurteilt, achtzehn an weltliche Behörden überstellt, um auf dem Scheiterhaufen verbrannt zu werden. Nicht einmal die Toten entkamen: Unzählige Verstorbene, die zum Teil schon sechzig Jahre tot gewesen waren, wurden nachträglich verurteilt; ihre sterblichen Überreste wurden exhumiert, verbrannt und die Asche dann häufig in einen Fluss gekippt. In einem Zeitalter, das an ein Leben nach dem Tod glaubte und Reliquien anbetete, war auch das ein schreckliches Schicksal.[50]

Zu den Foltertechniken gehörte zum Beispiel die Wasserprobe, bei der man dem Delinquenten einen Trichter oder einen durchnässten Stofffetzen in den Rachen einführte, um dann Wasser hineinzukippen. Fünf Liter galten als »normal« – eine Menge, die die Blutgefäße zum Platzen bringt. Bei der Feuerprobe wurden die Angeklagten gefesselt vor ein Feuer gestellt, dann schmierte man Fett auf ihre Füße oder kippte Öl darauf und ließ sie so lange brennen, bis ein »Geständnis« erreicht war. Beim *strappado*, einer Art Flaschenzug, der in der Decke verankert war, wurde das Opfer mit Gewichten an den Beinen beschwert und dann rund zwei Meter hochgezogen. Nach jedem verweigerten Geständnis wurde es ruckartig höher gezogen, fallen gelassen und kurz vor dem Aufprall auf dem Boden wieder hochgezogen. Die Gewichte an den Beinen reichten aus, um die Gelenke auszureißen und unerträgliche Schmerzen zu verursachen.[51] Wir winden uns entsetzt bei der Vorstellung von solchen Foltermethoden, vergessen dabei aber leicht, dass auch der Zwang, einen Schandfleck zu tragen, und die damit verbundene Ausgrenzung in einer Feudalgesellschaft schreckliche Strafen waren (beispielsweise hatten die Kinder einer geächteten Person keinerlei Chancen mehr, jemals einen Ehepartner zu finden).[52]

*

Die neue Frömmigkeit wurde vom Vierten Laterankonzil – so genannt, weil es im November 1215 im Lateran in Rom stattfand – gewürdigt und formalisiert. Es war eines der drei wichtigsten ökumenischen Konzile der katholischen Kirche, neben dem Konzil von Nicäa im Jahr 325 und dem Trientiner Konzil, das im 16. Jahrhundert über die angemessene Reaktion der katholischen Kirche auf den Protestantismus debattieren sollte. Vierhundert Bischöfe und achthundert weitere Prälaten und Nobilitäten nahmen am Vierten Laterankonzil teil, das in vielerlei Punkten die Kirchenagenda festlegte und viele liturgische und andere Glaubensfragen klärte oder kodifizierte. Es war dieses Konzil, das die Magna Carta außer Kraft setzte und die Siebenzahl der Sakramente festlegte (die Frühkirche hatte die Anzahl der Sakramente nie definiert, weshalb einige frühere Theologen wie Damiani von neun oder sogar elf sprechen konnten). Mit den

Sakramenten der Taufe, Firmung, Ehe und Heiligen Ölung waren die vier entscheidenden Lebensstadien abgedeckt, dazu kamen die Sakramente der Eucharistie, der Buße und der Priesterweihe. Das Konzil dekretierte zudem, dass jeder Gläubige vor einem Priester seine Sünden bekennen und mindestens einmal jährlich die Eucharistie gespendet bekommen musste. Das waren natürlich eindeutige Bestätigungen der Autorität der Priesterschaft und unmittelbare Herausforderungen an alle Ketzer; doch nicht weniger deutlich spiegelten sich darin die Bedürfnisse, die durch die neue Frömmigkeit entstanden waren. Im Übrigen verfügte das Konzil, dass keine neuen Heiligen oder Reliquien ohne päpstliche Kanonisierung mehr anerkannt werden durften.[53]

Dass man die Ehe zu einem Sakrament erklärte, war ein geschickter Schachzug, denn man darf wohl mit Fug und Recht behaupten, dass zu Zeiten der ersten Jahrtausendwende so gut wie kein Mensch kirchlich verheiratet gewesen war. Normalerweise lebten Paare ganz einfach zusammen, wenngleich zuvor oft ein Ringaustausch stattgefunden hatte. Sogar im Jahr 1500 waren noch viele bäuerliche Paare nach uraltem Gewohnheitsrecht in eheähnlicher Gemeinschaft verbunden. Nur die wohlhabenderen und gebildeteren Schichten hatten um etwa 1200 begonnen, ihre Ehen vor Priestern zu schließen. Kirchliche Trauungen hatten nun aber nicht nur den Nebeneffekt, dass für Priester wie für Bischöfe die Möglichkeit eines eheähnlichen Zusammenlebens mit Frauen beschnitten wurde, sondern auch, dass die Kirche dank des Sakraments der Ehe die Scheidungen kontrollieren konnte. Bis zum Vierten Laterankonzil hatten die Menschen eine kirchliche Genehmigung gebraucht, um Blutsverwandte bis zum siebten Grad heiraten zu können (Vettern und Cousinen ersten Grades – zwischen denen eine kirchliche Eheschließung heute möglich ist – galten damals zum Beispiel als Blutsverwandte vierten Grades). Doch in Wirklichkeit pflegte man diese Forderung ganz einfach zu ignorieren. Später, als auch Scheidungen offiziell möglich geworden waren, sollte die illegale Praxis der Heirat von Blutsverwandten »aufgedeckt« und alle Ehen dieser Art von der Kirche nachträglich annulliert werden. Das Vierte Laterankonzil begrenzte das Verbot von Ehen unter Verwandten auf eine Blutsverwandtschaft bis zum dritten Grad. Damit hatte sich die Kirche, wie Norman Cantor erklärt, noch bessere Möglichkeiten verschafft, in das Leben der Gläubigen einzugreifen. Und genau das hatte Innozenz beabsichtigt.

Die Zielstrebigkeit dieses Papstes war wirklich bemerkenswert. Man nannte Papst Innozenz III. den größten aller Päpste und sogar schon den »Führer Europas«. David Knowles und Dimitri Obolensky formulierten es so: »Sein Pontifikat war der kurze Sommer einer päpstlichen Weltherrschaft. Seine gewichtigen Vorgänger hatten allesamt darum gekämpft, die Kontrolle zu behalten, seine Nachfolger nutzten die Waffen der Macht mit immer weniger spiritueller Weisheit und politischem Geschick. Nur Innozenz war es gelungen, sich Gehorsam zu verschaffen, indem er im Interesse derjenigen handelte, über die er herrschte.«[54]

*

Im Lauf des 13. Jahrhunderts löste sich die moralische Autorität des Papsttums immer mehr auf. Die Kurie war zwar nach wie vor eine beeindruckende Verwaltungsmacht, doch dem Aufstieg von nationalen Monarchien in Frankreich, England und Spanien hatte die römische Bürokratie kaum etwas entgegenzusetzen. Vor allem die wachsende Macht der französischen Krone stellte für Rom eine große Bedrohung dar. Im frühen Mittelalter war es der deutsche Kaiser gewesen, mit dem der Papst ständig in Konflikt geriet. Aus diesem Grund hatten ja auch immer wesentlich weniger Deutsche an den Kreuzzügen teilgenommen als Franzosen, was wiederum den Franzosen zu mehr Macht gegenüber Rom und der französischen Krone nach dem Albigenserkreuzzug zu einem Großteil von Südfrankreich verholfen hatte. In gewisser Weise hatte das Papsttum also den eigenen Niedergang verursacht. Der Höhepunkt dieser Entwicklung kam jedoch mit der Regentschaft von Philipp IV. dem Schönen (1285–1314).

Seit den Kreuzzügen und dem Feldzug gegen die Katharer hatte sich eine ziemlich große französische Fraktion im Kardinalskollegium aufgebaut. Das bedeutete, dass nationale Interessen im Umfeld des Papstes Einzug hielten, durch die sich die Ergebnisse der Papstwahlen in dieser Zeit ziemlich verzerrten. Das französische Haus Anjou herrschte über Sizilien. Im Jahr 1282 wurden jedoch zuerst die französischen Einwohner von Sizilien von Aufständischen massakriert – ein Geschehen, das als »Sizilianische Vesper« in die Geschichte einging –, dann erklärten die Sizilianer dem spanischen Haus Aragon die Treue. Und weil in Rom gerade ein französischer Papst herrschte, der Karl von Anjou verpflichtet war, erklärte der Vatikan den Thron von Aragon für verwirkt und rief zu einem Kreuzzug auf, an dessen Finanzierung auch er sich beteiligen wollte. Das war eine moralisch völlig ungerechtfertigte Maßnahme, die das Papsttum aus Sicht vieler Unbeteiligter restlos diskreditierte – erst recht, nachdem dieser Kreuzzug keines seiner Ziele erreicht hatte. Der Fehlschlag veranlasste nun aber auch Philipp IV., auf der Suche nach einem Sündenbock seinen Blick auf den Papst zu richten. Die Franzosen wurden immer unversöhnlicher. Im Jahr 1292, als der Stuhl Petri erneut vakant wurde, kam es schließlich zur entscheidenden Kraftprobe. Die französischen und italienischen Fraktionen im Kardinalskollegium setzten sich mit ihren Stimmen gegenseitig schachmatt und sollten zwei Jahre lang miteinander ringen, ohne zu einer Entscheidung zu gelangen – kein Kandidat konnte die erforderliche Zweidrittelmehrheit erreichen. Schließlich wurde mit der Wahl eines Eremiten, Papst Coelestins V., im Jahr 1294 ein Kompromiss erreicht. Doch Coelestin fühlte sich derart überfordert und verwirrt von dieser Wahl, dass er schon nach wenigen Monaten abdankte. Dante verdammte ihn ob seines »feigen Verzichts« in die Hölle. Tatsächlich wurde dieser Schritt als ein ungemeiner Skandal empfunden. Bis dahin war noch kein einziger Papst zurückgetreten, und viele Christen glaubten, dass er das auch gar nicht *könne*, da er doch durch die Gnade Gottes zum Nachfolger Petri bestimmt worden sei. Coelestin hatte zwar behauptet, dass ihn die »Stimme eines Engels« zur Abdankung bewogen habe, doch das klang bestenfalls nach einer bequemen Ausrede. Sein Amt übernahm schließlich Kardinal Benedetto Gaetani, der sich den Namen Bonifatius VIII. (1294–1303) gab und wohl der katastrophalste Papst des Mittelalters wurde. Seine Vorstellungen von seinem Amt waren zwar kaum weniger ehrgeizig als die von Innozenz III., doch es fehlte ihm deutlich am Geschick seines illustren Vorgängers.[55]

Im Jahr 1294 brach der Krieg zwischen Frankreich und England um Aquitanien aus. Bald schon sollten beide Parteien von den enormen Kosten so erdrückt werden, dass sie sich nach Finanzierungsmöglichkeiten umsahen. Da hatten die Franzosen die Idee, auch den Klerus zu besteuern, was sich ja schon als ein recht zweckdienliches Mittel für die Finanzierung der Kreuzzüge erwiesen hatte. Bonifatius lehnte sich dagegen auf und drohte in der Bulle *Clericis laicos* allen Fürsten mit dem Bann, die es wagen sollten, die Geistlichkeit zu besteuern. Der Ton dieser Bulle war überhaupt sehr kämpferisch. Die Franzosen reagierten prompt mit der Ausweisung der italienischen Bankiers und einem Ausfuhrverbot für Silber und Wertsachen – was noch wesentlich schwerwiegender war, da dem Papsttum damit der Zugriff auf einen beträchtlichen Teil seines Vermögens unmöglich gemacht wurde. Bonifatius gab schließlich klein bei und konzedierte der französischen Krone – und damit implizit allen westlichen Herrschern – das Recht, die Geistlichkeit zu besteuern, sofern die nationale Sicherheit auf dem Spiel stand. (Heutzutage mag einem die Besteuerung des Klerus nicht gerade als ein großer Finanzcoup erscheinen, doch man erinnere sich, dass es sich hier um eine Zeit handelte, in der die Kirche im Besitz eines Drittels aller Ländereien war.) Ein paar Jahre später, im Jahr 1301, drohte jedoch eine neuerliche Konfrontation: Ein kritischer Bischof war in Südfrankreich verhaftet und des Landesverrats angeklagt worden; die französischen Behörden forderten von Rom, ihn seines Amtes zu entheben, damit ihm vor einem ordentlichen Gericht der Prozess gemacht werden konnte; doch Bonifatius reagierte mit gewohnter Selbstherrlichkeit, zusätzlich ermuntert durch die Tausende von Pilgern, die anlässlich des von ihm ausgerufenen Jubeljahrs 1300 nach Rom geströmt waren. Er erklärte seine Konzession an die französische Krone bezüglich der Priesterbesteuerung für null und nichtig und berief die französischen

Bischöfe zu einer Synode nach Rom ein, mit dem Ziel, die Kirche von Frankreich gründlich zu reformieren. Ein Jahr später veröffentlichte er seine berüchtigte Bulle *Unam sanctam*, in der er feststellte, dass die Kirche »eine Einheit mit dem Haupte Christus, dessen Stellvertreter Petrus und seinem jeweiligen Nachfolger« bilde und über »zwei Schwerter... nämlich das geistliche und das zeitliche« verfüge: »Beide also sind in der Gewalt der Kirche, nämlich das geistliche Schwert und das materielle. Jedoch ist dieses *für* die Kirche, jenes aber *von* der Kirche zu handhaben«. Will sagen, wenn ein König sein geliehenes zeitliches Schwert missbrauchte, konnte er vom Papst abgesetzt werden. Der Text gipfelte in dem Satz: »Wir erklären, sagen und definieren nun aber, dass es für jedes menschliche Geschöpf unbedingt notwendig zum Heil ist, dem Römischen Bischof unterworfen zu sein.«[56]

Die Berater des französischen Königs entschieden sich für eine nicht weniger extravagante Retourkutsche. Auf ihr Anraten berief Philipp IV. im Jahr 1303 eine Notabelnversammlung in Paris ein, die unter Historikern als die erste Sitzung der französischen Generalstände (oder »Generalstaaten«) gilt und auf der nun jeder nur erdenkliche Rufmord am Papst verübt wurde – vom Vorwurf der Ketzerei über den der Anstiftung zum Mord bis hin zu dem der schwarzen Magie. Noch umstrittener war, dass es die Notabeln sogar zur Pflicht des »wirklich christlichen« Königs von Frankreich erklärten, die Welt von dem Ungeheuer in Rom zu erlösen. Und das meinten die Franzosen ernst, so ernst sogar, dass Philipps Berater Guillaume de Nogaret, ein Advokat aus dem Languedoc, auf geheime Mission nach Italien geschickt wurde. Dort traf er sich mit Papstgegnern aus Kirche und Laienstand, mit keinem geringeren Ziel als der physischen Gefangennahme des Pontifex und seiner Verschleppung nach Frankreich, um ihm dort den Prozess zu machen. Tatsächlich sollte es Nogaret gelingen, den Papst in dessen Familienresidenz in Anagni südlich von Rom gefangen zu nehmen und sich mit ihm auf den Weg Richtung Norden zu machen. Doch Bonifatius' Verwandte retteten Seine Heiligkeit und brachten ihn eilends zurück nach Rom, wo er bald schon als gebrochener Mann sterben sollte. Für Dante war es ein Wendepunkt in der Geschichte der Menschheit.[57]

Und als der sollte sich diese Episode auch erweisen. Es war den Franzosen nicht gelungen, den Papst gefangen zu nehmen, aber in gewisser Weise doch, ihn zu töten. Nachfolger von Bonifatius wurde Clemens V., ein französischer Erzbischof, der beschloss, sich nicht in Rom, sondern in Avignon niederzulassen. »Dante weinte.«[58] Man gab dieser siebzig Jahre währenden Zeit den offenbar unvermeidlichen Beinamen einer »Babylonischen Gefangenschaft« des Papsttums. Doch sogar als das Papsttum 1377 nach Rom zurückkehrte, sollte es mit den Wirrnissen und Missbräuchen noch kein Ende haben. Der gewählte Papst Urban VI. führte eine solche Vendetta gegen die Verkommenheit innerhalb der Kirche, dass sich das Kardinalskollegium nur wenige Monate später freiwillig wieder nach Avignon zurückzog, um dort einen eigenen Papst zu wählen. Nun gab es zwei Heilige Stühle, zwei Kardinalskollegien und zwei Kurien. Sogar auf lokaler Ebene wirkte sich das Schisma kompromisslos und geradezu absurd aus – da gab es Klöster mit zwei Äbten, Kirchen mit zwei wetteifernden Eucharistien und immer so weiter. Im Jahr 1408 wurde ein Konzil in Pisa einberufen, um dieser Wirrnis endlich ein Ende zu bereiten. Stattdessen wurde ein *dritter* Papst gewählt. Das ganze absurde, tragikomische Theater fand erst im Jahr 1417 ein Ende.

Zu diesem Zeitpunkt war längst großer Schaden entstanden. Politisch sollte das Papsttum nie wieder so mächtig werden wie einst, doch die Politik war letztlich nur ein Aspekt seines Niedergangs. Den dauerhaftesten Schaden fügten ihm die folgenschweren Umbrüche auf geistiger Ebene zu.

17
Die Verbreitung von Bildung und die Zunahme von Genauigkeit

Am 11. Juni 1144 versammelten sich zwanzig Erzbischöfe und Bischöfe in der Pariser Abtei Saint-Denis, wo an diesem Tag ebenso viele Altäre geweiht werden sollten, wie hochrangige Kleriker anwesend waren. Priester, die diese Abtei zum ersten Mal besuchten, kamen aus dem Staunen nicht heraus, und man darf wohl ohne Übertreibung sagen, dass Abt Suger hier tatsächlich für einen von Grund auf neuen architektonischen Stil, dem ersten seit tausendsiebenhundert Jahren, verantwortlich zeichnete. Es war ein ästhetischer und intellektueller Durchbruch erster Güte.[1]

Traditionell waren Kirchengebäude bislang im romanischen Stil errichtet worden. Er war eine Weiterentwicklung der Basiliken aus dem östlichen Mittelmeerraum, deren geschlossene Bauweise für heiße Länder typisch war und deren Mauerwerke aus einfachsten Materialien größtenteils erhalten geblieben waren. Sugers Neubau der Abtei von Saint-Denis war jedoch etwas völlig anderes: Geleitet von einem ganz neuen Architekturverständnis auf der Grundlage neuester mathematischer Erkenntnisse hatte er auf dem romanischen Grundriss der alten Querhausbasilika einen gewaltigen Bau errichten lassen, in dem der für romanische Kirchen typische horizontale Schwerpunkt durch lotrechte Ebenen und Kreuzrippengewölbe ersetzt worden war. »Fliegendes Strebewerk« an der Außenseite ermöglichte es, das gewaltige Hauptschiff fast völlig frei von tragenden Säulen zu halten, riesige lang gestreckte Fenster ließen strahlendes Licht in das einst düstere Innere einfallen und ergossen es gebündelt über den Hochaltar. Nicht weniger beeindruckend war die Buntglasrose, die über dem Hauptportal erstrahlte. Ihre schillernden Farben und das filigrane Muster des sie umrahmenden Mauerwerks waren ebenso atemberaubend wie die Genialität, die die neuen Glaskünstler bei der Darstellung von biblischen Szenen bewiesen hatten.

Suger, obwohl selbst nicht von hoher Geburt, war ein Jugendfreund des künftigen französischen Königs gewesen, was ihm einen Platz an den Tafeln der höchsten Herren garantierte. Während eines Kreuzzugs von König Ludwig, der unter einem schlechten Stern stehen sollte, hatte er so-

583

gar als Regent die Verwaltung des Reiches übernommen und seine Sache offenbar sehr gut gemacht. Er war zwar Benediktiner, deshalb aber noch lange nicht überzeugt, dass die Abkehr von allem Weltlichen der einzig richtige Weg war. Im Gegenteil – für ihn musste eine Abtei die Herrlichkeit ausstrahlen, die ihr als das Symbol des Gipfels aller irdischen Hierarchien gebührte. »Möge ein jeder denken, was er will. Ich für meinen Teil erkläre, dass es mir am gerechtesten erscheint, wenn man das Kostbarste in den Dienst der heiligen Eucharistiefeier stellt. Wenn nach dem Wort Gottes und der Weisung des Propheten schon für das Auffangen des Blutes von Böcken, Kälbern und einer roten Färse güldene Gefäße, güldene Phiolen und kleine Goldmörser [im Tempel von Jerusalem] verwendet wurden, um wie vieles eifriger müssen dann erst wir güldene Kelche, Edelsteine und all das bereithalten, was uns von der Schöpfung am teuersten ist, um das Blut Christi zu bewahren.«[2] Und genau das tat Suger, als er die Abteikirche von Saint-Denis unter dem Einsatz aller ihm zur Verfügung stehender Mittel von 1134 bis 1144 umbauen und umgestalten ließ, um der Eucharistie einen vollständig neuen Rahmen zu geben.

Was er geleistet hatte, hielt Suger stolz in den beiden Traktaten *De son administration* und *De la consécration* fest. Wir erfahren, dass sich in Saint-Denis nicht nur die ästhetischen Neuerungen wiederfinden sollten, denen er bei seinen Reisen durch Südfrankreich begegnet war, sondern dass die Abtei deren *summa* sein, nein, dass sie sie noch weit übertreffen sollte. Inspirieren ließ er sich dabei von der Theologie des Heiligen, dem die Abtei Saint-Denis ihren Namen verdankte – Dionysios Pseudo-Areopagita (so genannt, weil man ihn lange mit Dionysios Areopagita verwechselte, einem Schüler von Paulus, von dem man aufgrund der Bezeichnung »der Areopagit« glaubt, dass er Beamter am Athener Gericht des Areopagos gewesen war). Dionysios Pseudo-Areopagita war der Überlieferung nach der Verfasser eines mystisch-christlichen Werkes aus dem frühen Mittelalter gewesen, das der Abtei von Saint-Denis im 8. Jahrhundert vom Papst geschenkt worden war und in dessen Mittelpunkt die Idee des Lichtes Gottes stand: Jedes Geschöpf empfängt die göttliche Erleuchtung, die sich nach einem hierarchischen Himmelsprinzip auf alles hienieden ergießt und die Welt durchflutet, um sie dann seinerseits auf andere auszustrahlen. Gott ist das vollkommene Licht, und seine Geschöpfe reflektieren es je nach der Kraft ihres eigenen inneren Strahlens. Genau dieses Konzept stand hinter dem Kathedralenbau des 12. Jahrhunderts, dessen Prototyp Sugers Saint-Denis war.[3]

Neben dieser neuen Idee vom lichtdurchfluteten Raum führte Suger auch andere neue Baumerkmale ein. Die beiden mit Zinnen versehenen Türme, die sich aus der Fassade erheben, sollten die christliche Militanz und die Rolle des Königs als Verteidiger des Glaubens symbolisieren und der Kathedrale einen militärischen Anstrich geben. In den drei Portalen spiegelte sich die Lehre von der Dreifaltigkeit. Die Rose über dem Mittelportal illuminierte drei Hochkapellen, die »den himmlischen Hierarchien« geweiht waren – der Jungfrau Maria, Michael und den Engeln. Am Ende des Chores befand sich ein halbkreisförmiger Kapellenkranz (Apsis), der es den Mönchen und Priestern erlaubte, mehrere Messen gleichzeitig zu zelebrieren. Das strahlende Licht, das durch seine Fenster einfiel, bündelte sich mit dem Licht der Rose. Und weil viele tragende Strukturen im Inneren durch Außenstreben ersetzt worden waren, war genügend Raum für einen Chorumgang geschaffen worden, von dem die Seitenkapellen abgingen; durch deren Fenster konnte wiederum das Tageslicht einstrahlen, und sie ermöglichten es noch mehr Priestern und Mönchen, zur gleichen Zeit Messfeiern abzuhalten. Entscheidend aber war die Offenheit und Durchlässigkeit des gesamten sakralen Raumes, ein Eindruck, der sich durch den Verzicht auf die Kreuzschranke zwischen Chor und Schiff noch verstärkte. Der ganze Innenraum erstrahlte, als werde er von einem einzigen Licht zu einer mystischen Einheit verschmolzen. Dieser Theologie des Lichtes war auch die Entwicklung der Buntglasfenster zu verdanken und die Rolle, die Edelsteine und Edelmetalle – all die Juwelen, Vergoldungen und Kristalle, von denen die Kunst des Mittelalters so geprägt war – in der Liturgie dieser neuen Kathedralen zu spielen begannen. Edelsteinen wurden nicht nur mittelbare Kräfte, sondern sogar unmittelbare Werte zugeschrieben: Jeder Stein symbolisierte eine andere christlich-moralische Tugend, jeder im Licht erstrahlende Gegenstand sollte dem Gläubigen den Weg zu Gott weisen, wenn er mit all den anderen Frommen zu einer einzigen großen Betgemeinde verschmolz.

Sugers Ideen war mehr Erfolg beschieden, als er es vielleicht selbst erwartet hatte. Zwischen 1155 und 1180 wurden vergleichbare Kathedralen in Noyon, Laon, Soissons und Senlis erbaut; die Rose von Saint-Denis inspirierte zu Rosettenfenstern in Chartres, Bourges und Angers; und auch die Bischöfe von England und Deutschland sollten bald schon den Stil der französischen Kathedralen aufgreifen. Keine hat im Lauf des vergangenen Jahrtausends an Pracht und Herrlichkeit eingebüßt.

*

Benutzt wurden die Kathedralen jedoch nicht nur für Messen. Altgediente Bischöfe gestatteten es den Gilden und anderen Laienorganisationen, dort ihre Treffen abzuhalten – so viele Ortsansässige hatten an den Bauarbeiten mitgewirkt, dass praktisch fast jeder mit fast jedem Winkel der Kirche vertraut war. In Chartres hatte sogar jede Zunft ihr eigenes Buntglasfenster gefordert.[4] Und so kam es, dass sich die Kathedralen und Dome, die nun so viel mehr Menschen in ihren Bann zogen als die Klöster (welche meist außerhalb von Ortschaften, weit abgelegen auf dem Land angesiedelt waren), allmählich in Lehrstätten zu verwandeln begannen. Die um den Dom erbauten Gebäude wurden üblicherweise als »Kathedralkloster« bezeichnet, obwohl es sich um eine insgesamt völlig offene Struktur handelte; und genau dort begannen sich neben all den Domkünstlern und Handwerkern nun immer mehr Lernwillige zu versammeln. Bischofs- oder Domschulen waren anders angelegt als Klosterschulen, denn dank ihrer städtischen Lage waren sie von vornherein offener und weltlicher orientiert, und das sollte sich auch auf die Lehrpläne und die Art des Unterrichts niederschlagen. In Klosterschulen fand die Unterweisung üblicherweise paarweise statt, das heißt, ein Novize wurde einem erfahrenen Mönch zugeordnet, der ihn dann anleitete; in den Domschulen versammelten sich alle Studenten zu Füßen eines Lehrers. Anfänglich bestand die Schülerschaft fast ausschließlich aus Priestern, die das Lernen als einen primär religiösen Akt verstanden und, da sie bereits in urbanen Zentren inmitten von Laien lebten, eine seelsorgerische Aufgabe unter den Menschen und kein entsagungsvolles Dasein in einem Kloster anstrebten.

Im urbanen Umfeld verbreiteten sich natürlich auch Gerüchte viel schneller als von Kloster zu Kloster, was bedeutet, dass angehende Kleriker oder Gelehrte schnell herausfanden, welche Lehrer klüger waren, wer die meisten Bücher besaß und in wessen Unterricht die lebhaftesten Debatten geführt wurden. Die einzelnen Schulen oder Lehren wurden meist mit dem Namen ihrer bekanntesten Lehrer bezeichnet. Die Meludinenser zum Beispiel leiteten ihren Namen von Robert von Melun ab, die Porretaner den ihren von Gilbert Porreta (Gilbert von Poitiers). Und aus dieser Sicht betrachtet, bot die besten Möglichkeiten an erster Stelle Laon, gefolgt von Chartres und schließlich Paris. Ursprünglich waren mit dem Wort *schola* die Lehrer und Schüler eines Klosters oder Domes »bei ihrer gottesdienstlichen Arbeit im Chor« gemeint.[5] Im 12. Jahrhundert sollte die Zahl der Schüler jedoch so explosionsartig ansteigen, dass es weit mehr gab, als man zum Betrieb einer Kirche brauchte.

Anfänglich hatten diese Schulen ihre Hauptaufgabe noch darin gesehen, den Schülern Latein in Wort und Schrift beizubringen und sie Gesang sowie die Komposition von Prosa wie Dichtung zu lehren. Doch die neuen Studenten, die kein klerikales Amt mehr erstrebten, wollten etwas lernen, das ihnen in der Praxis von größerem Nutzen sein würde, beispielsweise Recht, Medizin oder Naturgeschichte. Und sie wollten nicht nur wissen, wie man geschickt argumentiert und analysiert, sondern auch die wichtigsten Schriften ihrer Zeit lesen.

Im beginnenden 13. Jahrhunderts lebten rund zweihunderttausend Menschen in Paris, doch seit die Bewohner nicht mehr an die Île de la Cité gebunden waren, stieg die Einwohnerzahl stetig an. Allenthalben wurden die Vorteile des Lebens in dieser Stadt gepriesen, nicht zuletzt, weil es dort Nahrung und Wein im Überfluss gab und weil es im Umkreis von hundertfünfzig Kilometern mindestens noch fünfundzwanzig andere bekannte Schulen gab, die die kritische Masse an Gebildeten in dieser Region drastisch verstärkten, was seinerseits wieder neue Nachfrage schürte. Außerdem gab es in der Stadt viele Kirchen, die den Studenten in den zugehörigen Nebengebäuden Tisch und Bett offerierten. Eberhard von Ypern hielt für die Nachwelt fest, dass er in der Schule von Chartres an einer Klasse mit vier Schülern, in Paris hingegen an einem Kurs mit dreihundert Schülern in einer großen Halle teilgenommen habe.

Es war die schiere Größe der Stadt, die Paris zu dem machte, was es war. Bis 1140 war die Pariser Schule schließlich zur bei weitem bedeutendsten in ganz Nordeuropa geworden, obwohl man eigentlich von »Schule*n*« sprechen müsste. Ihr Ruf gründete sich vor allem auf den Fakt, dass es dort viele unabhängige Lehrer (und nicht nur einen einzigen von Ruf) gab. Und eben weil es so viele waren, konnte jenes intellektuelle Zusammenspiel entstehen, aus dem sich das scholastische Denken entwickeln sollte. »Im Jahr 1140 konnte man schon beinahe alles in Paris vorfinden. Sicher, man musste nach Bologna gehen, um die höheren Weihen des Kirchenrechts zu erhalten, oder nach Montpellier, um das Neueste und Beste aus der Medizin zu lernen; doch im Hinblick auf Grammatik, Logik, Philosophie, Theologie und all ihre Verzweigungen oder um ein recht achtbares Bildungsniveau auf den Gebieten des Rechts und der Medizin zu erlangen, bot Paris alles, was sich selbst der ehrgeizigste Student nur wünschen konnte.«[6] Richard W. Southern ermittelte aus zeitgenössischen Dokumenten die Anwesenheit von siebzehn Meisterlehrern im Paris des 12. Jahrhunderts, darunter Abaelard, Alberich, Petrus Helias, Ivo von Chartres und Petrus Lombardus.

Mitte des 12. Jahrhunderts strömten alljährlich Hunderte von Studenten aus der Normandie, der Picardie, aus deutschen Landen und aus England nach Paris. Noch war der Lehrbetrieb auf die Domschule von Notre-Dame beschränkt, doch er begann sich bereits auszuweiten, zuerst auf das linke Seineufer. Die neuen Lehrer, so berichtet Georges Duby, pflegten für den Unterricht Hütten auf dem Petit Pont oder in der Rue du Fouarre anzumieten. Im Jahr 1180 gründete ein Engländer, der bereits selbst in Paris studiert hatte, das erste Kollegium für mittellose Studenten; und im Süden der Stadt, gegenüber der Île de la Cité, wuchs ein neues Viertel heran, in dessen engen Gassen schließlich die Universität von Paris geboren werden sollte.

Das Geistesleben an diesen Schulen und späteren Universitäten sah völlig anders aus als in den Klöstern, wo die Lehre eher kontemplativ gestaltet war – eine einsame Meditation über einem heiligen Text. Allerdings legten auch die Klöster großen Wert auf den Aufbau von guten Bibliotheken. Im deutschen Fulda zum Beispiel standen den Scholaren zweitausend, in Cluny rund tausend Werke zur Verfügung, darunter auch eine lateinische Übersetzung des Qur'an. Doch in Chartres und Paris wurde debattiert. Lehrer und Schüler standen einander kampflustig gegenüber, wie bei einem intellektuellen Ritterturnier, dessen Ausgang im Kontext dieser Zeit betrachtet auch mindestens so aufregend und unvorhersagbar war – denn es waren gewiss nicht immer die Lehrer, die gewannen. Der Lehrplan beruhte nach wie vor auf den sieben freien Künsten, die im frühen Mittelalter festgelegt worden waren. Doch inzwischen galt das Trivium als Grundstudium, wenn auch immer noch mit dem prinzipiellen Ziel, Kleriker auf ihre kommende Rolle vorzubereiten, das heißt, ihnen das Lesen und die kritische Auslegung der Heiligen Schrift zu ermöglichen, damit sie einmal zum Kern der Wahrheit vordringen konnten. Doch um das zu erreichen, mussten sich die Studenten in den Feinheiten der lateinischen Sprache auskennen. Deshalb gehörte auch das Textstudium von einigen paganen Klassikern, vor allem von Cicero, Vergil und Ovid, zum Lehrplan. Der Unterricht tendierte also zum Klassizismus, und das trug wiederum zu einer Neubelebung des Interesses am alten Rom und an der Klassik insgesamt bei.[7]

Von noch größerer Bedeutung war die wachsende Auseinandersetzung mit der Logik, zu der die wiederentdeckten Übersetzungen der aristotelischen Werke angeregt hatten. Anfang der fünfziger Jahre des 12. Jahrhunderts wurden die Bibliotheken der Gelehrten des Abendlands von lateinischen Ausgaben dieser Schriften regelrecht überschwemmt. Und das machte die Logik – die, wie sogar ein Kleriker meinte, »der Menschheit zur Ehre gereichte« – zur wichtigsten Disziplin des Triviums. (Das einzige Werk, das man damals von Platon kannte – und nicht einmal das vollständig –, war *Timaios*.)[8] Mit Logik glaubte man der Menschheit eine Möglichkeit anbieten zu können, Schritt für Schritt in das göttliche Mysterium einzudringen. »Da man annahm, dass prinzipiell alle Ideen von Gott ausgingen, aber von undurchsichtigen und manchmal regelrecht widersprüchlichen Begrifflichkeiten verschleiert und verhüllt wurden, oblag es dem logischen Denken, die Wolken der Wirrnis zu vertreiben und alle Widersprüche aufzulösen. Die Schüler mussten jedes Wort an der Wurzel packen und seine ursprünglichste Bedeutung entdecken.« Aber Logik wurzelt im Zweifel, denn nur aus dem Zweifel heraus lassen sich kritisch dialektische Fragen stellen, Debatten führen und die Überzeugungskunst erlernen (die ebenfalls zu den wissenschaftlichen Grundlagen zählte). »Durch den Zweifel suchen wir«, sagte Abaelard, »und durch die Suche erkennen wir die Wahrheit.« Ein wesentlicher Bestandteil der »alten Logik« waren die »Universalien« gewesen, jene hauptsächlich platonische Idee, dass ein jedes Ding und Wesen seine ideale Form habe, sei es ein Stuhl oder ein Pferd, und dass man sie nur auf eine systematisch (logisch) strukturierte Weise ordnen müsse, um Gottes Plan zu verstehen. Die »neue Logik« hingegen, die primär von Pierre Abaelard vorgestellt und vertreten wurde (den Anders Piltz in seiner Studie über das Wissen im Mittelalter den »ersten Akademiker« nennt), ging davon aus, dass viele biblische Passagen jeder Vernunft widersprachen und man sie deshalb nicht einfach hinnehmen durfte, sondern ganz grundlegend in Frage stellen musste. Im wahren Denken sollte sich das aristotelische Ideengebäude wiederfinden; es sollte auf Syllogismen beruhen, wie zum Beispiel: »Alle *a*'s sind *b*; *c* ist ein *a*; deshalb ist *c* gleich *ab*.« Abaelards Buch *Sic et Non* verkörperte den Inbegriff dieses Denkansatzes. Er ermittelte Widersprüche in der Bibel, stellte sie einander gegenüber und löste sie wo immer möglich auf. Doch nicht nur Abaelard, auch Petrus von Poitiers war der Meinung, dass es zwar einige Gewissheiten gebe, es aber dennoch unsere Pflicht sei, »die Glaubensartikel in Zweifel zu ziehen, zu suchen und zu diskutieren«. Und auch der Engländer John of Salisbury, der an unzähligen Orten studiert hatte, unter anderem in Paris, stellte die Logik ins Zentrum des Denkens: »Es war der Geist, welcher mit Hilfe der *ratio* über die Sinneswahrnehmungen obsiegte und sie verständlich machte, um die Dinge mittels des *intellectus* in einen Bezug zu ihrer göttlichen Ursache zu setzen, die Schöpfungsordnung zu erfassen und schließlich zum wahren Wissen der *sapientia* vorzudringen.«[9] Für uns wirkt der Begriff der Logik heute dürr und ausgetrocknet und hat eine Menge seiner Faszination verloren. Doch im 11. und 12. Jahrhundert war Logik eine sehr viel buntere und auch noch viel umstrittenere Angelegenheit, da sie eine Stufe zum Advent des Zweifels darstellte (wozu auch die Infragestellung von Autorität gehörte) und die Möglichkeit bot, sich Gott auf ganz neue Weise zu nähern.

Auch die Kathedralen waren ein Bestandteil des umfassenderen gesellschaftlichen Wandels, der nicht nur zur Erschaffung all dieser neuen Schulen, sondern außerdem zu ihrer Umgestaltung in die Institutionen führte, die wir heute Universitäten nennen. Kathedralen waren städtische Einheiten, und Städte waren Orte, in denen Bedarf an praktischem wie an theologischem Wissen bestand. Die Mathematik zum Beispiel, die dank der Übersetzungen arabischer Schriften (die ihrerseits auf griechischen und indischen Werken beruhten) so viel an Boden gewinnen konnte, war eines der zentralen Elemente bei der Verwirklichung des Kathedralenbaus gewesen (die Strebebögen, die im 12. Jahrhundert in Paris erfunden worden waren, waren nicht zuletzt der Zahlentheorie zu verdanken). Und die neuen Städte, in denen nun immer mehr Menschen in immer drangvollerer Enge lebten, hatten einen großen Bedarf an Advokaten und Ärzten, was wiederum zur Evolution der Universitäten beitrug.

*

Erinnern wir uns noch einmal an das Konzept der sieben freien Künste. Unter freien Studien hatten die Griechen ein dem freien Bürger angemessenes Ausbildungssystem verstanden, das es in mindestens zwei Varianten gab, nämlich in der platonischen Form, die eine philosophische und metaphysische Sicht von Bildung vertrat und moralische wie intellektuelle Exzellenz hervorbringen sollte, und in der von Isokrates vorgestellten Form eines Curriculums, das sich mehr an den praktischen Bedürfnissen eines gesellschaftlich und politisch engagierten Lebens orientierte. Daraus filterten sich dann die Römer und vorrangig Varro heraus, was sie für nötig erachteten. Wie erwähnt hatte Varro im 1. Jahrhundert v. d. Z. in seinem Traktat *Disciplinae* neun zur Allgemeinbildung zählende Wissenschaften dargestellt (Grammatik, Logik, Rhetorik, Geometrie, Arithmetik, Astronomie, Musik, Medizin und Architektur); Martianus Capella hatte diese neun Disziplinen der freien Künste Anfang des 5. Jahrhunderts in seinem Werk *De nuptiis Philologiae et Mercurii* dann um zwei reduziert und die Medizin und Architektur damit zu den ersten eigenständig organisierten Professionen gemacht. Capellas Klassifizierung sollte weithin übernommen werden, und es wurde im Lauf der Jahrhunderte schließlich allgemein üblich, die sieben freien Künste in das Trivium (Grammatik, Logik, Rhetorik) und das Quadrivium (Arithmetik, Geometrie, Astronomie und Musik) aufzuteilen. Alan Cobban schreibt in seiner Geschichte der mittelalterlichen Universitäten, dass die Fächer des Quadriviums vor dem Jahr 1000 relativ vernachlässigt worden seien, weil man sie für die Erziehung einer gebildeten Geistlichkeit nicht so wichtig fand. »Ein mathematisches Wissen, das ausreichte, um die beweglichen Feiertage der Kirche berechnen zu können, war meist das gesamte Fachwissen, mit dem ein Priesterschüler das Quadrivium abschloss.«[10] Die Ausbildung beschränkte sich im Wesentlichen auf Schreiben und Lesen (Schreiben wurde auf Wachstafeln gelehrt) und konzentrierte sich, sobald die Schüler das Alphabet beherrschten, auf das Studium einer Literatur, die die analytischen Fähigkeiten des Priesterschülers nicht über Gebühr strapazierte. Der Übergang von Grammatik und Rhetorik zur Logik als dem Fach, das den Geist am besten schulen konnte, war eine gewaltige geistige Metamorphose und ein deutlicher Bruch zwischen »einem Ausbildungssystem, das auf dem kumulativen Wissen und den Denkmustern der Vergangenheit beruhte, und einem System, das seine Stärke aus dem vorwärts gerichteten Geist und der schöpferischen Recherche bezog«. Dass man die freien Künste als das Präludium zu den höheren Studien und vor allem der Theologie betrachtete, mag uns heute seltsam erscheinen, denn natürlich tangierten sie die Theologie bestenfalls am Rande. Doch das gehörte zum griechischen Erbe und spiegelte die Idee, dass man den Geist in einer verantwortungsbewussten Demokratie an einer großen Bandbreite von Disziplinen schulen müsse, damit die Bürger auf ein teilnahmsvolles Leben vorbereitet waren. Der Unterschied war nur, dass die Theologie im Mittelalter als die Krone der Wissenshierarchie galt, während in der griechischen Welt die Philosophie diesen Platz eingenommen hatte.[11]

Ein anderer Aspekt dieses Erbes war der lebhafte Optimismus, der nun in den Ausbildungsstätten herrschte. Praktisch jeder Lehrer vertrat die Meinung, dass der Mensch sogar in seinem gefallenen Zustand noch zu einer Fülle an geistigen und spirituellen Fortschritten fähig war oder dass das Universum, weil geordnet, der rationalen Erforschung offen stand oder dass sich die Umwelt vom menschlichen Intellekt, der Wissen und Erfahrung angehäuft hat, beherrschen ließ.[12] Jenseits von offenbarter Wahrheit hielt man die Fähigkeit des Menschen, Wissen und Verständnis zu erwerben, für nahezu unbegrenzt. Und das war eine gewaltige Umorientierung im abendländischen Denken. Deutlich wird das auch am Beispiel der Auseinandersetzung, die der gebürtige Italiener und Benediktinerabt Anselmo (später Anselm, Erzbischof von Canterbury) mit seinem Ordensbruder Gaunilo von Marmoutiers führte. Anselmo hatte auf logischem Weg die Existenz Gottes mit dem Argument zu beweisen versucht, dass das Vollkommene – Gott – existieren müsse, weil wir es uns *vorstellen* können. Denn wäre unsere Vorstellung allein vom Verstand eingegeben, könnten wir uns ja durchaus auch etwas noch Vollkommeneres vorstellen. Für uns klingt das nach einem reinen Wortspiel, und das fand wohl auch Gaunilo, da er darauf mit der trockenen Replik reagierte, dass wir uns ja auch eine Insel vorstellen könnten, die vollkommener als jede real existierende sei, was aber noch nicht hieße, dass es sie auch tatsächlich gebe. Der eigentliche Punkt bei dieser Debatte war jedoch, dass Anselmo, obwohl ein wesentlich höherrangiger Kleriker als der Mönch, nicht nur seine eigenen Argumente, sondern auch Gaunilos Stellungnahmen veröffentlichte. Beide Seiten hatten bei dieser Debatte nicht nur *unterstellt*, dass man in »vernünftigen« Begriffen über Gott sprechen und ihn demnach wie alles andere behandeln könne, sondern auch deutlich gemacht, dass die Rangordnung von Disputanten nicht das Geringste mit ihrer Autorität zu tun hatte.[13] Und das war wirklich neu.

Die vier Wissensbereiche, die zur Errichtung der ersten Universitäten führten, waren Medizin, Recht, Naturgeschichte und Mathematik. Medizin und Recht wurden sehr populär im Hochmittelalter, denn sie waren praxisorientiert, verhießen hoch dotierte Karrieren und angesehene Positionen in der Gesellschaft. Die *ars dictaminis*, die Kunst des Briefeschreibens (beziehungsweise die Theorie der *dictamen* genannten Lehre von den fünf Teilen eines Schriftstücks), wurde zu einem spezialisierten Ableger der Fachbereiche Recht und Rhetorik, während das angewandte Recht und die praktische Medizin in Kombination mit *dictamen* bald schon zu den natürlichen Feinden des literarischen Humanismus wurden, da sich in ihnen – im starken Kontrast zu der stillen und abgehobenen Art des Klassikstudiums – die praktische Seite der entstehenden Universitäten spiegelte. Die ersten Universitäten entstanden also letztlich ungeplant; ihre Notwendigkeit hatte sich schlicht durch die Anforderungen ergeben, vor die eine Ausbildung für praktische Berufe stellte. Die Geburtsstunde der naturgeschichtlichen Fächer an der Universität ist weniger gewiss, da die Kleriker so tiefes Misstrauen gegen »heidnische« Autoren hegten. Petrus Comestor, der seit 1164 der Kanzler von Notre-Dame in Paris gewesen war, predigte zum Beispiel, dass die Klassiker vielleicht ein nützliches Grundlagenwissen für das Studium der Heiligen Schrift böten, jedoch viele ihrer »Ergüsse« zu vermeiden seien. Um das Jahr 1200 verunglimpfte Alexandre de Villedieu die Domschule von Orléans – vor dem 13. Jahrhundert ein bedeutendes Zentrum für humanistische Studien – als »verpestete Lehranstalt«, welche die Massen verseuchte, und bestand auf einem Leseverbot aller Texte an seinem Institut, die der Heiligen Schrift widersprachen.[14]

Diese Haltung begann um sich zu greifen. Anfang des 13. Jahrhunderts geriet schließlich Aristoteles selbst unter Beschuss. Seit den ersten Auseinandersetzungen mit der Logik waren immer mehr seiner Werke übersetzt worden, allen voran seine Traktate über die Natur und Naturgeschichte. Schließlich lag ein Œuvre vor, das eine Philosophie und eine Synthese bot, die unabhängig von jeder christlichen Einwirkung zustande gekommen waren. Ein Historiker schrieb, die Wiederentdeckung der aristotelischen Werke habe »einen Wendepunkt in der Geschichte des abendländischen Denkens« dargestellt, der nur noch »mit den späteren wissenschaftlichen Einflüssen von Newton und dem Darwinismus« vergleichbar gewesen sei. Die intellektuell gewiss aufregendste und zugleich aufrührerischste Gemeinde war mit Sicherheit die Fakultät der freien Künste an der Pariser Universität gewesen, wo »die Philosophie König« und »Geisteswissenschaftler permanent unruhestiftende Elemente und die treibenden Kräfte für eine intellektuelle Revolution nach der anderen« waren. Tatsächlich sollte diese Fakultät fast schon zu einer eigenen Universität innerhalb der Universität werden. Kaum standen Werke von Aristoteles in lateinischer Sprache zur Verfügung, hatten die Lehrer das Curriculum auch schon angepasst und sie einbezogen. Aber während die Integration seiner philosophischen Ideen über die Logik eine Sache war, waren seine »Vorlesungen über die Natur« eine ganz andere. Prompt zeichneten sich die ersten Probleme ab. Auf einer Provinzialsynode beschlossen die Bischöfe im Jahr 1210 in Paris, jede Beschäftigung mit Aristoteles zu verbieten. Jedem, der ihn im Bücherschrank hatte oder öffentlich lehrte, drohte die Exkommunikation.[15] Im Jahr 1231 unterstützte der Papst diese Initiative, 1263 wurde sie von Rom erneut bestätigt, und auch der Bischof von Paris machte sich 1277 noch einmal für sie stark. Später wurde das private Studium wieder erlaubt, doch die öffentliche Lehre von Aristoteles blieb verboten. Der Bann, den ihm die Kirche aufzwingen wollte, war jedoch nur ein Aspekt der Gedankenkontrolle, berücksichtigt man all die anderen Versuche, über die im letzten Kapitel gesprochen wurde.

Doch auch dabei ließ es die Kirche nicht bewenden. Sie erfand immer neue Kontrolltechniken. Im Jahr 1231 wurde es zum strafwürdigen Verbrechen erklärt, naturgeschichtliche Themen umgangssprachlich zu debattieren – die Kirche wollte nicht, dass gewöhnliche Sterbliche mit solchen Ideen in Berührung kamen. Aber kein Bann war völlig undurchlässig, und schon damals pflegten verbotene Werke auf viele Menschen nur *noch* reizvoller zu wirken. Außerdem war Aristoteles nicht überall verboten (zum Beispiel weder in Toulouse noch in Oxford). Und seit Albertus Teutonicus – auch »Albert der Große« oder »Albertus Magnus« genannt – im Jahr 1241 als erster Deutscher den Lehrstuhl für Theologie in Paris erhalten hatte, sollte dieser Bann immer geschickter unterlaufen werden. Albertus war zwar ein vehementer Gegner jeder Häresie, dennoch aber äußerst interessiert an den aristotelischen Ideen. Deshalb fand er auch, dass Aristoteles' Werk dem ganzen Abendland zur Verfügung stehen musste. Aus Albertus' Sicht gab es drei Wege zur Wahrheit: die Auslegung der Heiligen Schrift, logisches Denken und empirische Erfahrung – die beiden Letzteren waren natürlich eindeutig aristotelische Ansätze. Doch Albertus ging noch einen Schritt weiter: Er räumte dem Schöpfer zwar eine Rolle beim universellen Schöpfungsprozess ein, bestand aber darauf, dass eine Erforschung (wie wir sagen würden) der natürlichen Prozesse möglich sein müsse, ungehindert von allen theologischen Erwägungen, denn »nur die Erfahrung bietet Gewissheit«. Es sei nicht die Aufgabe der Naturgeschichte, in Erfahrung zu bringen, was Gott *tun könnte*, wenn er es wollte, sondern vielmehr, zu erfahren, was er *getan hat*. Man müsse »jedes Naturding untersuchen, wie es sich in seiner eigentümlichen Natur verhält«. Aristoteles hatte gesagt, dass Wissen erwerbe, wer die Ursachen der Dinge verstehe.[16]

Wir erkennen bei Albertus also erstmals ansatzweise eine Differenzierung zwischen verschiedenen Denkweisen. Er war ein tiefgläubiger Mensch, doch gerade sein starker Glaube erlaubte es ihm zu fragen, inwieweit das aristotelische Wissen das Verständnis vom orthodoxen christlichen Glauben bereichern könne.

Es gab noch radikalere Denker. Eine ungemein umstrittene Folge der Auseinandersetzung um Aristoteles war zum Beispiel die so genannte Theorie der »doppelten Wahrheit«, die von den beiden Gelehrten Siger von Brabant (gest. 1284) und Boethius von Dacien (gest. 1277) vertreten wurde. Das Verbot von Aristoteles an der Pariser Universität galt ja nicht für die ganze Stadt, deshalb war eine Weiterentwicklung der Philosophie auf Basis der Ideen des griechischen Meisters durchaus möglich. Die wichtigste Innovation dieser beiden Männer – in der sich die kommende große

Kluft bereits abzeichnete – war die für damalige Zeiten geradezu radikale Überlegung, dass es sowohl eine philosophische als auch eine theologische Wahrheit geben könne. Vor allem Boethius fand, dass der Philosoph die Früchte der eigenen Intelligenz nutzen müsse, um die Natur – das *Diesseits* – zu erkennen, dass ihn seine Fähigkeiten aber nicht gleichermaßen berechtigten, auch die Ursprünge des Diesseits, den Beginn allen Lebens, das Mysterium der Schöpfung oder die Frage ergründen zu wollen, wie etwas aus nichts entstehen kann. Fragen nach dem Geschehen am Jüngsten Tag gehörten zur Offenbarung, nicht zum Themenkreis der Vernunft, und entzögen sich deshalb dem Reich der Philosophie. Es gab demnach also zwei Gruppen von Wahrheit, nämlich die des Naturphilosophen und die des Theologen. Und wie schon bei Albertus, so stellte auch diesmal die Differenzierung zwischen zwei Denkansätzen ein bestimmtes Entwicklungsstadium der Vorstellungen dar, die man sich von einer säkularen Welt machte.

Viele Kirchenmänner fanden Siger allerdings noch problematischer, vermutlich weil er sich so besonders genüsslich mit den aus christlicher Sicht noch beunruhigenderen Aspekten der aristotelischen Lehre befasste, zum Beispiel mit den Aussagen, dass Welt wie Menschheit zur Ewigkeit bestimmt seien; dass das Verhalten von Wesen und Dingen von deren eigener Natur bestimmt werde; dass der freie Wille durch äußere Zwänge beschränkt werde; oder dass alle Menschen einem »Vernunftprinzip« unterlägen. Siger weigerte sich zwar, die logischen Schlussfolgerungen aus solchen Aussagen für seine eigenen Lehren zu ziehen, doch man musste kein Genie sein, um zwischen den Zeilen lesen zu können – keine Schöpfung, kein Adam, kein Jüngstes Gericht, keine göttliche Vorsehung, keine Inkarnation, kein Sühneopfer, keine Auferstehung. Und genau das war es natürlich, worum sich die Geistlichkeit Sorgen machte – genau deshalb und aus Furcht vor den Möglichkeiten, zu denen solche Gedanken führen konnten, war Aristoteles verboten worden. Vor allem Giovanni di Fidanza, der den Namen Bonaventura annahm und ebenfalls als Theologieprofessor in Paris wirkte, war von der insistierenden Behauptung Aristoteles' irritiert, dass Gott zwar die erste und alles bewegende Ursache sei, doch jedes Leben unabhängig von göttlicher Intervention eigene Ursachen und Wirkungen habe.[17] Für Bonaventura und viele seines Schlages legten solche Argumentationsketten die Existenz einer gottlosen Welt nahe. Deshalb versuchte er Aristoteles zu berichtigen, indem er beispielsweise erklärte, dass sich die Blätter eines Baumes nicht aufgrund irgendeines natürlichen Vorgangs braun verfärbten, sondern weil Gott dem Baum diese spezifische Eigenschaft verliehen habe.

Um die Mitte des 13. Jahrhunderts erlebten die scholastische Theologie an der Pariser Universität und in vieler Hinsicht auch das scholastische Denken ihren Höhepunkt. Der Gipfel waren die großen Synthesen von Thomas von Aquin, eines Mannes, der als »der größte westliche Geist zwischen Augustinus und Newton« bezeichnet wurde. Thomas' großer eigener Beitrag war natürlich der Versuch gewesen, Aristoteles mit dem Christentum in Einklang zu bringen. Allerdings werden wir im Laufe dieses Buches noch erfahren, dass sein Bemühen, das Christentum zu aristotelisieren, von mehr Erfolg gekrönt war als sein Versuch, Aristoteles zu christianisieren. Thomas wurde als der jüngste Sohn eines Grafen in der Nähe von Aquino, ungefähr auf halber Strecke zwischen Rom und Neapel, geboren. Er war ein hoch gewachsener Mann, bedächtig in seinen Bewegungen wie in seinem Denken und zumindest anfänglich gewiss leicht zu unterschätzen. Doch Albertus, sein Lehrer und Meister, erkannte seine Gaben. Und der große Mann sollte ihn nicht enttäuschen.

Aus Thomas' Sicht gab es nur drei Wahrheiten, die nicht der vernünftigen Einsicht zugänglich waren und deshalb nur geglaubt werden konnten: die Schöpfung der Welt aus dem Nichts, die Dreieinigkeit sowie die Menschwerdung Gottes und ihre Bedeutung für die Erlösung. Doch davon abgesehen stellte er sich ganz auf die Seite von Aristoteles und gegen Augustinus, was zwar ein sehr umstrittener, aber trotzdem einflussreicher Akt war. Augustinus hatte die traditionelle Vorstellung begründet, dass der Mensch seit dem Sündenfall geboren werde, um auf dieser Welt zu leiden, und dass seine einzige Hoffnung auf Glück der Himmel sei. Aristoteles hingegen hatte behauptet, dass das *Diesseits*, das menschliche Leben im Hier und Jetzt, zahlreiche Möglichkeiten für Glück und Freude biete; die beständigste und verlässlichste dieser Möglichkeiten aber sei, dass man den Verstand nutzen könne, um verstehen zu lernen. Thomas ergänzte das um die Erklärung, dass wir unseren Verstand nützen können, um auf Erden – in relativ glücklichem Zustand – einen Vorgeschmack auf das Leben im Jenseits zu erhalten. Das Wesen der Natur, sagte er, sei in keiner Hinsicht schlecht.[18] Wie konnte der Körper denn auch schlecht sein, wenn Gottvater ihn durch die Inkarnation des Sohnes doch geheiligt hatte? Körper und Seele hielt Thomas für »zusammengesetzte Substanzen«. Die Seele war also kein Geist in der Maschine, sondern erhielt ihre Gestalt vielmehr durch die Form des Körpers, so wie eine Skulptur die ihre durch die jeweilige Gussform. Das war vielleicht der mystischste Aspekt seines Denkens.

In seiner Zeit wurde Thomas zwar nicht zu den Radikalen à la Siger gezählt, doch das machte ihn aus der Sicht vieler Christen nur noch gefährlicher. Thomas zeigte das Antlitz der Vernunft des mittelalterlichen Aristotelismus, wenn man seine Idee bedenkt, dass dieses Leben von größerer Bedeutung – weil für mehr Freuden geeignet – sein könne, als es den Traditionalisten gut schien, und weil ihm bewusst gewesen war, dass Aristoteles so viel über die Art und Weise zu sagen hatte, wie wir dieses Leben genießen können. Implizit spielte Thomas damit natürlich die relative

Bedeutung eines jenseitigen Lebens herunter, und das sollte sich im Verlauf der kommenden Jahrzehnte und Jahrhunderte deutlich schwächend auf die Autorität der Kirche auswirken.

*

In gewisser Weise waren die Universitäten von den philosophischen Schulen Athens aus dem 4. Jahrhundert v. d. Z., von der Beiruter Schule des Römischen Rechts, die zwischen dem 3. und 6. Jahrhundert floriert hatte, und von der kaiserlichen Universität in Konstantinopel, die im Jahr 425 gegründet worden war und mit Unterbrechungen bis 1453 bestand, vorweggenommen worden. Den Scholaren des Mittelalters waren diese Institutionen ein Begriff, ebenso wie sie nach Aussage von Alan Cobban von den *translationes studii* wussten, die in der Karolingerzeit erschienen. Sie gingen davon aus, dass sich das Bildungszentrum von Athen nach Rom, von dort nach Konstantinopel und schließlich nach Paris verlagert hatte. »So gesehen verkörperten auch die neuen Universitäten das *studium*, eine der drei Kräfte neben der geistlichen Macht *(sacerdotium)* und der weltlichen Macht *(imperium)*, von denen die christliche Gesellschaft gelenkt wurde.«[19]

Der moderne Begriff »Universität« scheint zufällig entstanden zu sein, abgeleitet vom lateinischen *universitas* (Gesamtheit). Im 12., 13. und 14. Jahrhundert wurde dieses Wort zur Bezeichnung »einer jeden Menge oder Gruppe verwendet, die sich durch ein gemeinsames Interesse und eine unabhängige Rechtsstellung auszeichnete« – das konnte zum Beispiel eine Handwerkergilde oder eine Gemeinde sein (und war oft mit einer bestimmten Kleiderordnung verbunden). Erst im späten 14. und dem 15. Jahrhundert wurde das Wort *universitas* im heutigen Sinn verwendet. Der mittelalterliche Begriff dafür war *studium generale*. *Studium* bezeichnete eine Lehrinstitution, *generale* bezog sich auf die prinzipielle Bereitschaft oder Fähigkeit einer Schule, nicht nur Studenten aus der unmittelbaren Umgebung aufzunehmen. Verwendet wurde der Begriff erstmals 1237; das erste päpstliche Dokument, in dem er auftauchte, stammt aus dem Jahr 1244 oder 1245 und bezog sich auf die Gründung der Universität von Rom. Es waren aber auch andere Begriffe in Umlauf – *studium universale*, *studium solemne* und *studium commune* –, doch im Zusammenhang mit den Universitäten von Bologna, Paris, Oxford, Padua, Neapel, Valencia und Toulouse sprach man seit dem 14. Jahrhundert ausschließlich von einem *studium generale*. Die rechtlichen Bedingungen für das *studium generale* legte erstmals die von Alfonso X. in Auftrag gegebene kastilische Gesetzessammlung *Siete Partidas* (1256–1263) fest: Jede Hochschule musste über einen jeweils eigenen Lehrer für die Disziplinen der sieben freien Künste und für die Fakultäten des Kirchenrechts und des weltlichen Rechts verfügen; offiziell genehmigt werden konnte eine solche Schule nur durch

Papst, Kaiser oder König. Noch war mit keinem Wort erwähnt worden, was später ebenfalls zur Maßgabe werden sollte, nämlich die Einrichtung von Theologie-, Rechts- und Medizinfakultäten zur Weiterbildung von Graduierten. Um die Wende zum 13. Jahrhundert boten nur Bologna, Paris, Oxford und Salerno solche höheren Studiengänge an.[20]

Die erste kaiserliche Universität, das heißt die erste Universität, die überhaupt bewusst und absichtlich in Europa gegründet wurde, war die von Friedrich II. ins Leben gerufene Hochschule von Neapel. Die erste päpstliche Universität wurde 1229 von Gregor IX. in Toulouse genehmigt und nicht zuletzt in der Hoffnung gegründet, dass sie zur Bekämpfung des Ketzertums beitragen würde. Das zog die im 14. Jahrhundert zur Doktrin gewordene Vorstellung nach sich, dass die Einrichtung von *studia generalia* ein päpstliches oder kaiserliches Vorrecht sei. Diese Vorgabe war damals um einiges wichtiger, als es heute der Fall wäre, denn damit erwarben sich die gerade flügge werdenden Universitäten eine Reihe von nicht unbeträchtlichen Privilegien, wovon zwei für uns hier von besonderem Interesse sind. Erstens wurde der mit Pfründen ausgestatteten Geistlichkeit das Recht gewährt, sich auch während eines Studiums aus dieser Einnahmenquelle zu finanzieren; und da so mancher Priester bis zu sechzehn Jahre lang studierte, war das keine Kleinigkeit. Zweitens wurde das *ius ubique docendi* gewährt, das es jedem Graduierten eines *studium generale* erlaubte, ohne weitere Prüfungen oder Überprüfungen an jeder beliebigen Universität zu lehren. Diese Idee war auf die Vorstellung zurückzuführen, dass ein *studium*, das Streben nach Bildung also, die »dritte Kraft« in der Gesellschaft bilde und etwas so Universelles sei, dass es alle nationalen und ethnischen Grenzen aufhob. Doch die Idee von einem Gemeinwesen aus Lehrern, die nach Belieben durch Europa ziehen konnten, sollte sich nie ganz verwirklichen, denn jede neue Einrichtung betrachtete sich als den anderen überlegen und bestand darauf, Graduierte aus anderen Universitäten zu prüfen, bevor sie aufgenommen wurden.[21]

Die ersten Universitäten befanden sich in Salerno, Bologna, Paris und Oxford. Salerno unterschied sich jedoch beträchtlich von den drei anderen. Sie war zwar nicht ganz so bedeutend wie die Schule von Toledo, spielte aber ebenfalls eine große Rolle bei der Übersetzung von naturgeschichtlichen und philosophischen Traktaten aus dem Griechischen und Arabischen. Allerdings war Medizin das einzige höhere Studium, das sie anbot.[22] Dass diese Medizinschule von Salerno so berühmt werden sollte, verdankte sie vor allem ihrer praxisorientierten Ausbildung (in ihrem Umkreis befanden sich mehrere Mineralquellen, die von Lahmen und Blinden aufgesucht wurden). Es handelte sich letztlich also um eine Versammlung von praktizierenden Ärzten, auch wenn gewiss in irgendeiner Form gelehrt wurde. Richtige Gilden gründeten sich dort jedoch nicht. Jedenfalls entstand in Salerno im 11. Jahrhundert die erste medizinische Literatur – Nachschlagewerke, Abhandlungen über Kräuterkunde und Gynäkologie (es praktizierten dort auch eine Reihe von Ärztinnen, darunter Trotula), abgesehen von zahlreichen medizinisch-wissenschaftlichen Fachliteraturen, die aus dem Arabischen übersetzt wurden (darunter wiederum so manches Traktat, das bereits von Arabern aus dem Griechischen übersetzt worden war).[23] Es war vor allem Constantinus Africanus zu verdanken, dass solche Texte nun überhaupt zur Verfügung standen. Africanus war ein Gelehrter arabischer Abstammung gewesen, der sich um das Jahr 1077 in Salerno niedergelassen hatte, bevor er ins Kloster Monte Cassino übersiedelte, wo er bis zu seinem Tode im Jahr 1087 wichtige Schriften übersetzte. Die einflussreichsten Abhandlungen, die er aus dem Arabischen ins Lateinische übertrug, waren das medizinische Handbuch *Viaticum* von Ibn al-Jazzar, die Traktate von Isaac Judaeus *(De diaeta, De urina, De pulsu arteriarum, De febribus, De elementis)* und der *Tractatus de medicina*, eine umfassende medizinische Enzyklopädie, die hundertfünfzig Jahre zuvor von Haly Abbas in Bagdad verfasst worden war. Constantinus' Übersetzungen sollten dem Studium der griechischen Medizin neuen Auftrieb geben und die Ärzte von Salerno im folgenden Jahrhundert zu so vielen eigenen medizinischen Traktaten inspirieren, dass ihre Medizinerschule schließlich die Curricula von Paris und anderen Universitäten übernehmen und unter den Aspekten der neuen Logik und Scholastik erweitern konnte.[24] Die größten Fortschritte auf medizinischem Gebiet wurden jedoch in Bologna und Montpellier gemacht. Aus Bologna stammt der erste Hinweis – ungefähr aus dem Jahr 1300 – auf die Sektion einer menschlichen Leiche, was möglicherweise mit forensischen Untersuchungen zusammenhing, die für einen Strafrechtsprozess erforderlich gewesen waren. (Solche Post-mortem-Untersuchungen sollten sich schon bald als ein Gewinn für das Anatomiestudium erweisen.) Die früheste Abhandlung (ca. 1150), die wir über die Chirurgie kennen, ist ein anonymes Traktat, das heute als *Bamberger Chirurgie* bezeichnet wird und unter anderem die Behandlung von Frakturen und Dislozierungen, operative Eingriffe an Auge und Ohr, Behandlungen von Hautkrankheiten, Hämorrhoiden, Ischiassymptomen und Leistenbrüchen beschreibt. Auch eine Behandlung des Kropfes mit jodhaltigen Substanzen und die Methode, einen Patienten durch das Auflegen eines mit Bilsenkraut- und Schlafmohnextrakten durchtränkten »Schlafschwamms« *(spongium somniferum)* auf Mund und Nase zu narkotisieren, werden darin geschildert.[25]

*

Bologna, das älteste *studium generale* überhaupt, war die Ausnahme von der Regel unter den Universitäten des Mittelalters, da es sich in diesem Fall um eine Gründung von Laien für Laien handelte, die Römisches Recht studieren wollten. Um das Jahr 1140 wurde auch das Kirchenrecht – das bis dahin geistlichen Lehrern und Studenten vorbehalten war – in Bologna eingeführt.[26]

Der Auftrieb des Studiums der Rechte ging nicht zuletzt auf die Polemik rund um den Investiturstreit zurück. »Da das Römische Recht die denkbar beste zur Verfügung stehende Waffe gegen die Lehre des Papstes von der Priesterherrschaft war, weckte dieses System naturgemäß das Interesse von Laien, die sich mit der Ausarbeitung einer rudimentären politischen Theorie befassten, um die Ansprüche aus dem Herrschaftsdenken des Papstes widerlegen zu können.«[27] Die Rechtslehren von Irnerius (möglicherweise eine Latinisierung des deutschen Vornamens Werner), der 1087 die Bologneser Glossatorenschule gegründet hatte, ermöglichten es der Universität schließlich, die gerade flügge werdenden italienischen Rechtsschulen von Ravenna und Pavia zu überflügeln. Bei der Glossierung des Justinianischen *Corpus iuris civilis* verwandte er eine kritisch-analytische Methode, die stark der Methodik ähnelte, der Abaelard in seinem *Sic et Non* gefolgt war. Und damit sollte es ihm besser als irgendjemandem vor ihm gelingen, das Römische Recht zu synthetisieren. Nun standen die grundlegenden römischen Gesetzestexte in einer Form zur Verfügung, die sich bestens für die Fachausbildung an einer Hochschule eignete und Bologna zu einem überragenden Zentrum der bürgerlichen Rechtslehre für Studenten aus den entferntesten Gegenden Europas machen sollte.[28] Kurze Zeit später, zwischen 1140 und 1150, wuchs die Bedeutung von Bologna, weil man nun als akademisches Gegengewicht auch das Kirchenrecht in den Lehrplan aufgenommen hatte. Die Speerspitze dieser Entwicklung war der Kamaldulensermönch Gratian. Er lehrte Theologie und Kirchenrecht im Kloster des heiligen Felix in Bologna, und sein um 1140 beendetes Werk *Concordia [Concordantia] discordantium canonum (Ausgleichende Zusammenstellung der nicht übereinstimmenden Canones*, kurze Zeit später in *Decretum Gratiani* umbenannt) tat nun für das kanonische Recht, was Irnerius für das Römische Recht bewirkt hatte: Es offerierte eine zweckmäßige Synthese für den akademischen Gebrauch. Welche Auswirkungen diese Neuerung hatte, lässt sich an der Tatsache ablesen, dass ein hoher Prozentsatz von Päpsten in den folgenden zwei Jahrhunderten Juristen waren, die größtenteils in Bologna studiert hatten.[29]

Eine andere Errungenschaft von Bologna war die *Authentica Habita*, ein Freizügigkeitsprivileg, das Kaiser Friedrich Barbarossa auf dem Reichstag von Roncaglia im November 1158 für die Bologneser Studenten und Professoren erlassen hatte. Zustande gekommen war es offenbar auf Bitten der Scholaren des *studium*, und bestätigt wurde es vom Papst. Allerdings sollte die akademische Bedeutung den ursprünglichen Zweck, Studenten wie Professoren Freiheiten zu gewähren, die sich mit dem älteren *privilegium clericorum* in jeder Hinsicht messen konnten, noch weit

599

übertreffen, denn tatsächlich wurde die *Habita* später als das Gründungsdokument gefeiert, dem sich alle akademischen Freiheiten verdankten, ähnlich der *Magna Carta Libertatum* (dem »Großen Freibrief«), die zu einem unverzichtbaren Bezugspunkt für die politischen Freiheiten des englischen Adels und der Kirche gegenüber der Krone werden sollte.[30] Im Falle der *Habita* hatte alles mit der Idee begonnen, dass die Krone rechtsgelehrte Laien gegen die Privilegien der Kirchenrechtler, die den Investiturstreit so angeheizt hatten, in Schutz nehmen müsse. Außerdem zeugte die Tatsache, dass sich der Kaiser in der *Authentica Habita* selbst als »Gottes Diener« bezeichnete, deutlich von der Ansicht, dass die Macht der weltlichen Herrscher unmittelbar von Gott gewährt worden sei und nicht etwa von irgendeinem kirchlichen Mittelsmann abhing. Jedenfalls sollten die in der *Habita* festgehaltenen Ideen immer mehr zur Argumentationsgrundlage gegen das Mitspracherecht der Bischöfe an den Universitäten werden.[31]

Die Auseinandersetzungen zwischen Papsttum und Kaiser hatten auch in italienischen Städten Unmut geschürt, nicht zuletzt in Bologna. Die fast schon anarchischen Zustände dort führten zur Gründung von genossenschaftlichen Schutzverbänden, den so genannten Turmgesellschaften; und in diesem Kontext sollten auch die Bologneser Schulen gegründet werden, derentwegen sich die Universität von Bologna ihren besonderen Ruf als Lehranstalt erwarb, die von den Studenten selbst verwaltet wurde. Die Idee für eine Studentenuniversität verdankte viel der zeitgenössischen italienischen Vorstellung von der Bürgerschaft. In einem Land, das zunehmend von Kriegen fragmentiert wurde, war das Bürgerrecht ein unschätzbares Gut. Und in einer Situation, in der der Status des Bürgers dem Einzelnen persönlichen Schutz garantierte und den ungeschützten Nichtbürger verwundbar machte, war es nur natürlich, dass sich auch die Studenten der Rechte zu einem Schutzverband, *universitas*, zusammenschlossen. Erst später gliederte er sich unter der Leitung von Rektoren in einzelne nationale Unterorganisationen auf.[32]

Doch nicht nur die Rivalitäten zwischen Papst und Kaiser verliehen Bologna seinen besonderen Charakter, auch die wirtschaftliche Lage trug dazu bei. Die Stadt war sich der ökonomischen Vorteile einer Universität in ihrer Mitte schnell bewusst geworden und hatte prompt ein Gesetz erlassen, das es den Doktoren untersagte, irgendwo anders ihre Zelte aufzuschlagen.[33] Die Studenten, denen schnell klar geworden war, welches Machtpotenzial ihnen damit gegeben wurde, reagierten darauf im Jahr 1193 mit der Errichtung einer *universitas scolarium*, die allein ihnen das Sagen an der Schule garantieren sollte. In diesem neuen System wurden alle vertraglichen Vereinbarungen zwischen einzelnen Studenten und Doktoren durch Verträge mit den organisierten (und oft sehr militanten) Studentenverbänden *(universitates)* ersetzt. Und dieses Arrangement sollte sich als derart erfolgreich erweisen, dass die *universitates* schließlich sowohl vom Bologneser Magistrat als auch vom Papsttum anerkannt wurden. Es sei hier jedoch angemerkt, dass dem Ruf »Studenten an die Macht!« in jenen Tagen nicht zuletzt deshalb so viel Erfolg beschieden war, weil die meisten Bologneser Studenten wesentlich älter waren als ihre heutigen Kommilitonen. Das Durchschnittsalter lag bei Mitte zwanzig bis nahe dreißig, denn viele Studenten hatten bereits vor Bologna das Studium einer der sieben freien Künste abgeschlossen, und das Studium der Rechte konnte nun nochmals bis zu zehn Jahren dauern. Da viele Studenten Nutznießer von Pfründen und deshalb relativ wohlhabend waren, war ihre Anwesenheit in der Stadt kein unmaßgeblicher wirtschaftlicher Faktor für die Bologneser Verwaltung.[34] All diese Umstände wirkten sich natürlich auf das Universitätsleben selbst aus. Mehrere Monate vor dem Beginn eines neuen Studienjahrs wählten die Studenten ihre Lehrer, die dann einen Unterwerfungseid leisten mussten. Wenn ein Lehrer auch nur eine Minute zu spät zur Vorlesung kam oder wenn er die ihm zugewiesene Zeit überzog, wurde er mit einem Bußgeld belegt. Zu Beginn eines jeden Studienjahrs einigten sich die Studenten mit ihren Doktoren auf den Lehrplan, an den diese sich dann genau halten mussten. Jedes Semester wurde in jeweils zweiwöchige *puncta* unterteilt, damit die Studenten immer wussten, wann welches Thema behandelt werden sollte. Die Studenten bewerteten laufend die Leistungen der Lehrer und konnten jeden abstrafen, der ihrer Meinung nach das Niveau nicht gehalten hatte.[35] Ein Lehrer, der nicht mindestens fünf Studenten zur Teilnahme an seinem Kurs bewegen konnte, wurde für nicht anwesend befunden und musste ein Bußgeld zahlen. Musste ein Lehrer aus irgendeinem Anlass einmal die Stadt verlassen, wurde er gezwungen, ein Pfand als Sicherheit für seine Rückkehr zurückzulassen. Doch je mehr Universitäten nun ihre Tore öffneten, desto deutlicher verlor Bologna an Attraktivität – jedenfalls gewiss für die Lehrer. Gegen Ende des 13. Jahrhunderts begann die Kommune die Lehrergehälter zu übernehmen. Die Studenten verloren Schritt für Schritt an Macht.[36]

Auch das Vorlesungssystem wurde im 12. Jahrhundert begründet. Der Lehrstoff – angefangen bei der Bibel – wurde aus vier Blickwinkeln betrachtet: nach behandeltem Gegenstand, unmittelbarem Ziel, zugrunde liegendem Zweck und der Frage, welchem Zweig der Philosophie er angehörte. Hatte der Lehrer über all diese Aspekte gesprochen, begann er einzelne Wörter und Begriffe zu erläutern. Dieser Prozess nannte sich *lectio* (»Vorlesung«) oder *lectura*. Zuerst durften sich die Studenten dabei keine Notizen machen, doch je komplexer die Thematiken wurden, desto unerlässlicher wurden Mitschriften.

Das Bologneser *studium generale* wurde während des Mittelalters mehrmals geschlossen, sei es wegen der Pest oder aufgrund eines päpstlichen Interdikts. Angesichts der inhärenten Konflikte zwischen dem kanonischen und dem zivilen Recht (und ihrer professionellen Vertreter) war das vielleicht ohnedies unvermeidlich gewesen. Die Folge aber war, dass weitere *studia* gegründet wurden: 1204 in Vicenza, 1215 in Arezzo, 1222 in Padua, ungefähr 1246 in Siena und 1343 in Pisa.

*

Paris, das zweitälteste *studium generale* nach Bologna, unterschied sich wie gesagt durch seine Spezialisierung auf Theologie. »Die Universität von Paris ist nicht nur das früheste, sondern auch das dramatischste Beispiel für den Kampf um universitäre Autonomie angesichts der kirchlichen Dominanz in der europäischen Geschichte.«[37] Am deutlichsten wurde die universitäre Freiheit in diesem Fall vom Kanzler und dem Kapitel von Notre-Dame bedroht, deren Schulen – die im 11. Jahrhundert gegründet und im *cloître* angesiedelt waren – immerhin die Uranfänge des *studium* darstellten. »Je besser der Ruf dieser Schulen wurde, umso mehr wurden sie von externen Studenten infiltriert, was zu keinen geringen Unruhen führte. Als der Bischof und das Kapitel die Möglichkeiten des Studiums im *cloître* beschnitten, zogen die Studenten ans linke Seineufer in das heutige Quartier Latin. Bis zum 12. Jahrhundert sollten sich viele Schulen auf den und um die Seinebrücken verteilen, die sich auf Theologie, Grammatik und Logik spezialisiert hatten.«[38]

Im Gegensatz zu Bologna war Paris von Anfang an eine Lehreruniversität gewesen. Und die um Notre-Dame gruppierten Gelehrten waren nun höchst zufrieden mit ihrem klerikalen Status, da er ihnen Privilegien und eine gewisse Unabhängigkeit einbrachte (beispielsweise waren auch sie von bestimmten Steuern und vom Militärdienst befreit). Das heißt, die Universität von Paris war eine autonome Enklave, über die sowohl der König als auch der Papst die Hand hielten. Mit dieser Unabhängigkeit innerhalb des Pariser Stadtgebiets lässt sich nicht nur die theologische Überlegenheit der Universität erklären, sondern auch, weshalb sie bei den kommenden Debatten über die akademische Freiheit so tonangebend sein sollte. Und wie dem Magistrat von Bologna, so waren auch den Kapetingern in Frankreich schnell die wirtschaftlichen Vorteile bewusst geworden, die eine akademische Bevölkerung mit sich brachte – weshalb sie von Anfang an eine positive Einstellung gegenüber Studenten wie Lehrern vertraten und sich ziemlich tolerant zeigten.[39]

Die Fakultät der freien Künste war die bei weitem größte in Paris, so groß sogar, dass jede der nach Nationen eingeteilten Studentenschaften über eine eigene Schule mit eigenen Statuten und einem eigenen Rektor verfügte, der auch die Studiengebühren eintrieb. Diese Schulen der Nationen – Gallier, Picarden, Normannen, Engländer (denen auch die Deutschen zugeordnet waren) – waren hauptsächlich in der Rue de Fouarre am Rive Gauche angesiedelt und enthielten im Kern erstmals die Kollegiatsidee. Erst als auch sie schwer vom Hundertjährigen Krieg betroffen wurden und viele ausländische Studenten verloren, sollten in Spanien, Britannien, in deutschen Landen, Holland und Skandinavien eigene Universitäten gegründet werden.

*

Die ersten englischen Universitäten Oxford und Cambridge unterschieden sich insofern von den Schulen auf dem Kontinent, als sie in Städten ohne Domschulen angesiedelt waren. Oxford entwickelte sich letztlich aus reinem Zufall, denn tatsächlich hätte sich das *studium generale* im 12. Jahrhundert genauso an diversen anderen Orten entwickeln können, beispielsweise an den guten Domschulen von Lincoln, Exeter oder Hereford oder auch in York oder Northampton. Es gibt sogar die These, dass Oxford um das Jahr 1167 nur wegen des Exodus der Scholaren aus Paris ausgesucht wurde; einer anderen zufolge habe man zuerst Northampton den Vorzug gegeben. Nur weil sich die Stadt als so ungastlich erwies, seien die Gelehrten um das Jahr 1192 en masse nach Oxford weitergezogen, das ohnedies viel günstiger am Schnittpunkt mehrerer Straßen lag (die unter anderem nach London, Bristol, Southampton, Northampton, Bedford, Worcester und Warwick führten).[40]

Ebenso möglich – nach Meinung einiger Historiker sogar viel wahrscheinlicher – aber ist, dass sich die Scholaren aus Northampton einfach zu den wirklich bemerkenswerten Lehrern hingezogen fühlten, die bereits in Oxford unterrichteten, darunter Theobaldus Stampensis (Theobald d'Étampes), der seit 1117 oder vielleicht sogar bereits seit 1094 dort wirkte; oder Robert Pullen, der ein Schüler von John of Salisbury und seit 1133 dort ansässig gewesen war; und Geoffrey of Monmouth, der zwischen 1129 und 1151 nach Oxford übersiedelt war. Der erste spezifische Hinweis auf die Existenz mehrerer Fakultäten und einer bereits größeren Ansammlung von Lehrern und Schülern in Oxford stammt aus einem Bericht von Gerald von Wales (Giraldus Cambrensis), der den versammelten Scholaren um das Jahr 1185 bei einer dreitägigen Veranstaltung seine *Topographia Hibernica* vortrug. Ungefähr aus dem Jahr 1190 stammt der Bericht eines westfriesländischen Studenten in Oxford, der deutlich auf ein *studium commune* rückschließen lässt, was auch durch die Tatsache erhärtet wird, dass gegen Ende des 12. Jahrhunderts bereits eine Reihe von gefeierten Gelehrten wie Daniel von Morley oder Alexander Nequam (Neckam) in Oxford ansässig waren. Im Prinzip war die Oxforder Universität am Pariser Modell orientiert (das heißt, sie wurde vom Lehrkörper und nicht von den Studenten geleitet), aber sie sollte nie große Massen an ausländischen Studenten anziehen; außerdem teilte man dort die Nationen anders auf, nämlich in Nordländer *(boreales)* und Südländer *(australes)*, womit alle Gebiete südlich des Flusses Nene im heutigen Cambridgeshire gemeint waren.[41]

Während Bologna auf das Recht und Paris auf Logik und Theologie spezialisiert waren, wurde Oxford für seine Stärke auf dem Gebiet von Mathematik und Naturgeschichte bekannt. Primär war das einer Reihe von umtriebigen Engländern zu verdanken, die im 12. Jahrhundert weite Reisen unternommen hatten, um sich mit den wissenschaftlichen Erkenntnissen vertraut zu machen, die von den großen Übersetzern aus Toledo, Salerno und Sizilien zugänglich gemacht worden waren. Außerdem profitierte Oxford natürlich auch von dem Verbot der neuaristotelischen Lehren, das Anfang des 13. Jahrhunderts vom Papst über Paris verhängt worden war.

Als Schlüsselfigur der wissenschaftlichen Entwicklung von Oxford gilt heute allgemein Robert Grosseteste, der von 1235 bis 1253 Bischof von Lincoln und Kanzler der Universität gewesen war (und dort zum Beispiel die Werke von Aristoteles zur Pflichtlektüre erhoben hatte). Seinen Übersetzungen, die er aufgrund seiner Griechisch-, Französisch- und Hebräischkenntnisse anfertigen konnte, und seiner Entscheidung, auch neuaristotelische Materialien in den Lehrplan aufzunehmen, sind zwei Fortschritten zu verdanken, welche bahnbrechenden Einfluss auf die wissenschaftliche Entwicklung im Mittelalter nehmen sollten: Erstens begann man nun die Mathematik als das beschreibende und erklärende Mittel der Naturgeschichte zu verstehen; zweitens begann man zu begreifen, dass Beobachtung und Experiment die beiden grundlegenden Methoden der Überprüfung von Hypothesen sind. »Diese Prinzipien transformierten das wissenschaftliche Studium: Aus einer ziemlich willkürlichen Angelegenheit wurde eine durchweg mathematische Erforschung von physikalischen Phänomenen auf der Grundlage des Dreierzyklus von Beobachtung, Hypothese und experimenteller Verifikation.«[42]

Roger Bacon gebührt nur knapp hinter Grosseteste der Rang des ersten Wissenschaftlers (im heutigen Sinne des Wortes). Er hatte bei Grosseteste in Oxford studiert und selbst in Paris gelehrt, wo er mindestens so umstritten gewesen war wie sein Vorgänger Abaelard, weil er fest daran glaubte, dass das wissenschaftlich erworbene Wissen es dem Menschen eines Tages ermöglichen würde, sich die Natur untertan zu machen. Abgesehen davon prophezeite er die Entwicklung von solch unglaublichen Dingen wie Unterseebooten, Automobilen und Flugzeugen (oder die einer Vorrichtung, die dem Menschen helfen sollte, über Wasser zu laufen). Wie Grosseteste hielt auch er die Mathematik für die Geheimsprache der Natur und glaubte, dass die damals noch »Perspektive« genannte Optik dereinst Zugang zum Geist des Schöpfers gewähren würde (Strahlen bewegten sich seiner Meinung nach mit endlicher Geschwindigkeit, aber sehr schnell in gerader Linie fort). Bacons Denken war definitiv ein großer Schritt, der vom religiösen Weltbild weg- und zum modernen wissenschaftlichen Denken hinführte.

*

Zwischen dem frühen 14. und dem 15. Jahrhundert stieg die Zahl der Universitäten von rund fünfzehn oder zwanzig auf etwa siebzig an, wobei Deutschland und Spanien die Nachhut bildeten.[43] Die meisten Universitäten des 15. Jahrhunderts waren säkulare Institutionen, die von Magistraten gegründet und vom Papsttum bestätigt worden waren. Dazu zählten Treviso (1318), Grenoble (1339), Pavia (1381), Orange (1365), Prag (1347/48), Valence (1452) und Nantes (1461). Damit war es nun weit mehr Studenten möglich geworden, Institutionen in der eigenen Region zu besuchen, was seinerseits wieder zum säkularen Charakter der Universitäten jüngeren Datums beitrug. Vielen der im 15. Jahrhundert in Frankreich gegründeten *studia* – etwa in Aix (1409), Dôle (1422), Poitiers (1431) und Bourges (1464) – war es von Anfang an gelungen, sich kirchlichen Einmischungen zu entziehen; das galt auch für Universitäten in Deutschland, Böhmen und den Niederlanden. Wien (1365), Heidelberg (1385) und Leipzig (1409) wurden jeweils von weltlichen Herrschern gegründet, Köln (1388) und Rostock (1419) mit Förderung der Magistrate. Die Universitäten in Nordeuropa waren mehrheitlich am Pariser Modell orientiert, also Lehreruniversitäten, in Südeuropa waren es eher Studentenuniversitäten nach dem Bologneser Modell.[44]

Universitäten im Mittelalter kannten keine formellen Aufnahmeverfahren. Ein angehender Student brauchte nur ausreichende Lateinkenntnisse nachzuweisen, um den Vorlesungen folgen (und sich auf dem Universitätsgelände in lateinischer Sprache unterhalten) zu können. Um einen akademischen Grad zu erwerben, bedurfte es keines schriftlichen Examens, jeder Student wurde während des ganzen Studiums beurteilt. »Der Schwund war höher als heute, und keine Universität fühlte sich gezwungen, jemanden von zweifelhaften Fähigkeiten bis zum Erwerb eines akademischen Grades durchzuschleppen.« Abgesehen von der Teilnahme an den Vorlesungen (ausnahmslos Anwesenheitspflicht am Vormittag) wurde von einem Studenten erwartet, den öffentlichen Debatten beizuwohnen, die jeder Lehrer an einem Nachmittag pro Woche veranstaltete. Diese Disputationen teilten sich in zwei Arten auf: *de problemate*, bei denen es um Fragen der Logik ging, und *de quaestione*, bei denen Fragestellungen aus der Mathematik, Naturgeschichte, Metaphysik und anderen Bereichen des Quadriviums debattiert wurden. Fortgeschrittene Studenten mussten sich maßgeblich daran beteiligen, wenn sie einen akademischen Grad erwerben wollten; Erstsemester waren meist noch zu unerfahren, um von der Teilnahme an solchen formalen Debatten wirklich profitieren zu können, doch letztlich genügte schon die Anwesenheit bei diesen geistigen Feuerwerken, um junge Studenten aus den rigiden Zwangsjacken ihrer bisherigen autoritären Erziehung zu befreien. Am gewiss befreiendsten aber wirkten sich die Disputationen *de quolibet* aus, denn bei diesen Anlässen, die allen offen standen, durfte ein jeder jede Prämisse vertreten, unabhängig von der eigenen Autorität oder davon, ob die anstehende Frage aus kirchlicher oder politischer Sicht umstritten war.[45]

*

Von einem Umbruch, der parallel zum Aufstieg der Universitäten stattfand, wurde das Abendland jedoch völlig überrascht. Hier ging es um etwas, das weniger kohärent, weniger spezifisch und auch weniger heikel in religiöser wie politischer Hinsicht, aber letztlich ebenso dienlich war und sich mit Sicherheit ebenso profund auswirkte. Ich spreche vom ansteigenden Trend zu einer Quantifikation. In dem halben Jahrhundert zwischen ungefähr 1275 und 1325 wurde Europa geradezu überschwemmt von neuen Erfindungen, die die Gewohnheiten der Menschen und ihre Weltanschauungen vollständig verändern sollten. Laut Alfred W. Crosby ergab sich eine mit dem Geschehen in diesem halben Jahrhundert vergleichbare Situation erst wieder nach der Wende zum 20. Jahrhundert, als das Radio, die Radioaktivität, Einstein, Picasso und Schönberg ähnliche Revolutionen in Europa auslösten.[46] Egal, wohin man blickt – während dieser kurzen Zeitspanne wurde das Leben nicht nur stärker quantifiziert, sondern auch *quantifizierbarer*. Deshalb halten nicht wenige Historiker genau diesen Umbruch für das entscheidende Moment, das Europa seinen plötzlichen Vorsprung vor China, Indien und dem Islam verschaffte.

Bis zu diesem Punkt waren Raum und Zeit sehr vage Begriffe gewesen. Aus geschichtlichen und religiösen Gründen, die jedem Europäer »offensichtlich« waren, war Jerusalem der Mittelpunkt einer Welt gewesen, die nach der historischen Zeitsequenz aus dem Buch Daniel in vier Reiche aufgegliedert war. Noch teilte niemand den Zeitenlauf in »v. Chr.« und »n. Chr.« ein. Manche Christen präferierten zwar eine Dreiteilung der historischen Zeit in die Perioden von der Schöpfung bis zu den Zehn Geboten, von den Geboten bis zur Inkarnation und von der Inkarnation bis zur Zweiten Wiederkunft Christi, aber allenthalben war man sich einig, dass eine Erlösung für die Menschen, die vor Jesus gelebt hatten, unmöglich war – weshalb Dante in der *Göttlichen Komödie* ja sowohl Homer als auch Sokrates und Platon einen Platz in der straflosen Vorhölle des Limbus und weder im Fegfeuer noch im Paradies einräumte. »Stunden« gab es bereits, doch in der Praxis wurde der Tag im Mittelalter in die sieben kanonischen Phasen eingeteilt: Matutin, Prim, Terz, Sext, Non (wovon sich das englische Wort »noon« ableitet), Vesper und Completurium (die Zeit nach Sonnenuntergang, in der die Gebete gesprochen wurden). Alles unter dem Firmament bestand aus vier Elementen und war veränderlich, nur der Himmel war vollkommen, eine perfekte Sphäre, die die Erde überwölbte und aus dem fünften, dem vollkommenen Element bestand, welches »unveränderlich, makellos, hehr und den vier Elementen, mit denen die Menschheit in Berührung kam, vollständig überlegen war«.[47] Die Idee von diesem fünften Element findet sich noch in unserem modernen Begriff der »Quintessenz«.

Auch Zahlen waren im Mittelalter nur überschlägige Größen gewesen. Anleitungen zur Herstellung beispielsweise von Glas oder für die metallenen Bestandteile einer Orgel enthielten kaum je präzise Zahlen. Stattdessen galten Größenordnungen wie »etwas mehr« oder »ein mittelgroßes Stück« als ausreichend. Viele um einen Platz versammelte Gebäude, wie zum Beispiel im Pariser Centre Ville, wurden als »Halme im Feld« bezeichnet. Man verwendete noch römische Zahlen, was die Berechnungen ziemlich erschwerte, ganz abgesehen davon, dass nicht einmal sie immer gleich geschrieben wurden – der eine schrieb »MCCLXVII«, der andere dieselbe Zahl als »x.cc.l.xvij«. Hohe Zahlen wurden üblicherweise mit einem »j« beendet, damit keine weitere Ziffer in betrügerischer Absicht angehängt werden konnte. Grundzahlen und Ordnungszahlen wurden in den Entsprechungen von »v^o« und »v^m« dargestellt.[48] Beim Fingerrechnen über die Zahl Zehn hinaus pflegte man die Knöchel für Zehnerschritte zu Hilfe zu nehmen, bei sehr hohen Zahlen, beispielsweise 50 000, deutete man mit dem Daumen auf den Bauchnabel – was dann zum Beispiel zu der Klage führte, dass höhere Zahlen »der Beweglichkeit von Tänzern« bedurften.[49]

Doch Ende des 13. Jahrhunderts, und darum geht es hier, änderten sich die Vorstellungen der Menschen: Wo zuvor primär in *qualitativen* Mustern gedacht worden war, wurden Ideen nun *quantitativ*. Möglicherweise hatte das etwas mit den veränderten Bevölkerungsstrukturen zu tun (denn zwischen den Jahren 1000 und 1340 hatte sich die Population des Abendlands mindestens verdoppelt). Jedenfalls begann sich eine »Atmosphäre der Berechnung« in den europäischen Alltag einzuschleichen, wie Jacques Le Goff es nannte.[50] Auch das hatte eine Menge mit der Wiederentdeckung von Aristoteles zu tun. Alfred Crosby lenkt unsere Aufmerksamkeit zum Beispiel auf den Fakt, dass sich in Petrus Lombardus' theologischem Leitfaden *Summa Sententiarum* (veröffentlicht Mitte des 12. Jahrhunderts) nur drei Zitate von säkularen Philosophen, aber Tausende von den Kirchenvätern finden lassen, wohingegen Thomas von Aquin in seiner zwischen 1266 und 1274 verfassten *Summa Theologiae* allein Aristoteles dreitausendfünfhundertmal zitiert, darunter tausendfünfhundertmal aus Werken, die dem Westen nur hundert Jahre zuvor noch völlig unbekannt gewesen waren.[51]

In dieser Zeit lässt sich auch ein drastischer Anstieg der Alphabetisierung verzeichnen, was durch die inzwischen veränderten Rechtschreibregeln nicht nur verursacht, sondern auch vereinfacht worden war (auch die Stabilisierung der Reihenfolge Subjekt, Prädikat, Objekt fand in dieser Zeit statt). Das bekannteste Beispiel für diese Entwicklung bietet die päpstliche Korrespondenz: Innozenz III. (1198–1216) hatte maximal ein paar tausend Depeschen pro Jahr verfasst, Bonifatius VIII. (1294–1303) hingegen verschickte bereits über fünfzigtausend. Der Historiker Michael T. Clanchy berichtet ein weiteres faszinierendes Detail: Das königliche Kanzleigericht Englands hatte in den zwanziger Jahren des 13. Jahrhunderts durchschnittlich 3,63 Pfund Siegellack pro Woche verbraucht, Ende der sechziger Jahre desselben Jahrhunderts benötigte es für den gleichen Zeitraum bereits 31,9 Pfund. Trennungen von Wörtern, Sätzen oder Absätzen waren noch unüblich oder sehr selten (die Römer hatten die Worttrennung abgeschafft), was das Lesen im Allgemeinen zu einer schwierigen Angelegenheit machte und dazu führte, dass es meist laut vollzogen werden musste. Erst Anfang des 14. Jahrhunderts sollten mit der Einführung der neuen Kursivschrift auch die Trennung von Wörtern, die Interpunktion, Kapitelüberschriften, Kopfzeilen, Querverweise und all die anderen Hilfsmittel üblich werden, die für uns so selbstverständlich sind (aber auch einige Kunstgriffe, die wir heute nicht mehr kennen, zum Beispiel der Halbkreis ⊃, der die Fortsetzung eines Wortes in der nächsten Zeile anzeigte). Um das Jahr 1200 ersann Stephen Langton (er wurde später Erzbischof von Canterbury) erstmals eine Aufteilung der biblischen Bücher – die bis dahin so gut wie nicht voneinander abgegrenzt waren – in Kapitel und Verse. Bibliotheksbestände waren traditionell nach religiösen Präferenzen geordnet worden: Zuerst kam die Bibel, dann folgten die Schriften der Kirchenväter, als Letztes die säkularen Werke über die freien Künste. Von dieser allgemeinen Struktur abgesehen, war die Anordnung der meisten Titel willkürlich und unverlässlich, bis Gelehrte das alphabetische Ordnungssystem einführten, das jeder verstehen konnte und das ohne jede doktrinäre Bedeutung war.[52] Auch analytische Inhaltsangaben wurden nun eingeführt. Jede dieser Neuerungen machte das Lesen zu einer jeweils wieder anderen Erfahrung, was natürlich ganz besonders auf den Wechsel vom Vorlesen zum eigenständigen Lesen zutraf. 1412 wurde in Oxford und 1431 in Angers verfügt, dass Stillschweigen in Bibliotheken zu herrschen habe – die bis dahin alles andere als Stätten der Ruhe gewesen waren. Zeitgleich begann man sich mit Büchern zurückzuziehen, um sie in aller Ruhe zu studieren, was nun auch das von charismatischen Vorlesern geprägte Bild an den Hochschulen drastisch veränderte. Vor allem dieser Schritt war von großer Bedeutung, denn damit war das Lesen nicht nur zu einem privaten Erlebnis, sondern auch zu einem potenziell ketzerischen Akt geworden (was sich besonders in England im 15. Jahrhundert niederschlagen sollte). Einmal ganz abgesehen davon liegen uns Nachweise vor, dass das Lesen in privater Atmosphäre auch zu einem deutlichen Anstieg von Erotika führte.[53]

Die ersten Uhren, die nun in den Städten auftauchten, hatten weder Zifferblätter noch Zeiger – es handelte sich ganz einfach um Glocken. Aber sogar die waren von Anfang an ausgesprochen populär. In einer Petition, die dem Magistrat von Lyon für den Erwerb einer Glocke eingereicht wurde, hieß es: »Würde eine solche Glocke hergestellt, würden mehr Händler zu den Jahrmärkten kommen, die Bürger beruhigt, fröhlich und glücklich ein geordneteres Leben führen und die Stadt an Zierde gewinnen.«[54] Viele Städte und sogar kleine Ortschaften verständigten sich nun auf Steuererhebungen, um sich eine eigene Glocke anschaffen zu können. Die mechanische Uhr wurde wahrscheinlich in den siebziger Jahren des 13. Jahrhundert erfunden (im selben Jahrzehnt wie das Augenglas). Dante schreibt um 1320 im ersten Gesang vom *Paradies* von »der Uhren Räder«. China besaß zwar schon vor Europa Uhren, doch erst die Begeisterung, mit der sich der Westen nun der Idee von Stunden mit gleicher Dauer zuwandte, sollte den Zeitbegriff völlig verändern. In deutschen Landen wurden gleichwertige Stunden in den dreißiger Jahren des 14. Jahrhunderts eingeführt. Jean Froissart hatte seine *Chroniques* noch unter der Verwendung von kanonischen Stunden begonnen, dann aber unvermittelt an irgendeiner Stelle in seinem Bericht zu den gleichwertigen Stunden gewechselt. Es sollte nicht mehr lange dauern, bis die Stadtuhr bestimmte, wann der Arbeitstag begann und wann er endete.

Die Entdeckung der Perspektive (auf die wir im 19. Kapitel im Zusammenhang mit den Ideen über die Schönheit noch ausführlicher eingehen werden) und ihre Bezüge zur Mathematik waren ein weiterer Aspekt der Quantifizierung des Lebens in dieser Zeit. Die ersten Hinweise darauf finden wir bei Giotto (1266/67 [oder 1276] –1337), die nächsten bei Taddeo Gaddi (gest. 1366) und – erstmals fest etabliert – bei Piero della Francesca (1410/20–1492). Alle neuen Erkenntnisse, die in diesem Zusammenhang erworben und umgesetzt wurden, ergänzten einander, und zwar in solchem Maße, dass sich Cusanus (Nikolaus von Kues, 1401–1464) zu der Bemerkung veranlasst sah: »Gott ist die Präzision jedes Objekts.«[55] Dieses Denken sollte schließlich in das Werk von Nikolaus Kopernikus (1473–1543) münden. Und das läutete eine wissenschaftliche Revolution ein, die den Raum nicht nur größer, sondern *noch* präziser machte.

*

Al-Chwarizmis Buch über das Rechnen mit indischen Dezimalzahlen wurde von Robert von Chester im 12. Jahrhundert ins Lateinische übertragen. Von da an wurde der Umgang mit den neuen Zahlen immer üblicher (das letzte mathematische Lehrbuch, das noch mit römischen Zahlen operierte, wurde im Jahr 1514 geschrieben). Allerdings gab es eine Übergangszeit, in der beide Systeme auf höchst seltsame Art ineinander flossen. Ein Autor zum Beispiel schrieb das Jahr 1494 – zwei Jahre nach der Entdeckung Amerikas – »MCCCC94«; der flämische Maler Dirk Bouts datierte sein Altarbild für Louvain auf das Jahr »MCCCC4XVII« (womit aber vermutlich 1447 gemeint war). Symbole für mathematische Operationen kamen erst später. In der zweiten Hälfte des 15. Jahrhunderts verwendeten Italiener noch immer die Zeichen $\bar{P}$ für »plus« und $\bar{M}$ für »minus«; die uns vertrauten Zeichen »+« und »-« tauchten 1489 in einem deutschen Druckwerk auf, doch ihre Herkunft liegt laut Alfred Crosby nach wie vor im Dunkeln: »Vielleicht entsprangen sie den simplen Markierungen, die von Lagerarbeitern mit Kreide auf Kisten und Ballen gezeichnet wurden, um anzuzeigen, ob sie über- oder untergewichtig waren.« Im Jahr 1542 erklärte der englische Mathematiker Robert Recorde, dass das Zeichen + ein Mehrfaches und das Zeichen - (»ohne senkrechten Kreuzstrich«) ein Geringeres anzeige. Recorde scheint es auch gewesen zu sein, der das Gleichheitszeichen = erfand, um die ständige Wiederholung der ausgeschriebenen Formulierung »ist gleich mit« zu umgehen, wann immer damit gemeint war, dass »keine zwei Dinge gleicher sein können«.[56] Auf das Zeichen × für die Multiplikation einigte man sich erst Jahrhunderte später. In mittelalterlichen Handschriften hatte es anfänglich noch bis zu elf verschiedene Bedeutungen dafür gegeben. Brüche waren nur im Handel üblich und konnten im Mittelalter außerordentlich kompliziert aussehen, beispielsweise im Falle von $\frac{197}{280}$ oder sogar von $\frac{3345312}{4320864}$. Dezimalzahlen waren bereits im Ansatz vorhanden, doch völlig ausgereift sollte das System erst dreihundert Jahre später sein (siehe Kapitel 23).

Seit man die indisch-arabischen Zahlen kennen gelernt hatte, stand die Buchstabenrechnung einer Weiterentwicklung zumindest offen. Anfang des 13. Jahrhunderts verwendete Fibonacci (Leonardo von Pisa) einen Buchstaben anstelle einer Ziffer, entwickelte diese Idee aber nicht weiter. Sein Zeitgenosse Jordanus Nemorarius benutzte Buchstaben als Symbole für bekannte und unbekannte Mengen, kannte aber keine Zeichen für Plus, Minus oder die Multiplikation. Erst die französischen Mathematiker des 16. Jahrhunderts sollten dieses System vollständig kodifizieren. François Vièta stellte bekannte Zahlen durch Konsonanten und unbekannte durch Vokale dar; Descartes führte den bis heute üblichen Gebrauch von a und b ein, sowie von deren benachbarten Buchstaben im Alphabet für bekannte Größen und von x und y und deren benachbarten Buchstaben für unbekannte Größen.[57]

Neben den Neuerungen bei der Rechtschreibung und in der Mathematik setzte auch die Entwicklung der musikalischen Notierung ein. Die gregorianischen Gesänge – die berühmteste Art mittelalterlicher Kirchenmusik – waren typischerweise nicht mensuriert, das heißt, sie sind nicht »abgemessen« und folgen musikalisch schlicht dem Fluss der Silben des lateinischen Gesangs. Bis ungefähr zum 10. Jahrhundert waren jedoch so viele unterschiedliche Gesänge entstanden, dass kein Mensch mehr alle davon im Kopf behalten konnte und es dringend eines Aufzeichnungssystems bedurfte. Also begann man mit der »pneumatischen Notation«, wie es ein Historiker taufte – mit einem Zeichensystem, das die Atempause anzeigte, bevor die Stimme in eine andere Tonlage wechselte: Ein Anstieg der Stimme wurde durch einen haltenden Akut (wie in »é«) angezeigt, ein Abfall durch einen Gravis (wie in »è«) und ein Wechsel von Anstieg und Abfall durch einen Zirkumflex (wie in »ê«). Verbessert wurde dieses System schließlich von Mönchen, die zuerst eine, dann zwei und zum Schluss mehrere waagrechte Linien über eine Seite zogen, um hohe und tiefe Noten besser unterscheiden zu können – der Beginn unseres Notenliniensystems. Üblicherweise schreibt man die Erfindung dieses Systems dem Benediktiner Guido zu, der Leiter der Kathedralschule von Arezzo war. Sicher ist aber nur, dass er die Musiknotation auf der Basis von vier Notenlinien standardisierte und einmal mit Blick auf seine Chorsänger klagte, dass es oft den Anschein erwecke, »als lobpriesen wir nicht den Herrn, sondern zankten uns miteinander«.[58] Dank der neuen Methoden hoffte er immerhin, für die Ausbildung eines guten Sängers nur noch zwei statt zehn Jahre zu benötigen. Er war es auch, der herausfinden sollte, dass die Melodie der altvertrauten Hymne *Ut queant laxis* (die am Johannistag gesungen wurde) exakt den Stufen der Tonleiter entsprach:

> *UT* queant laxis *RE*sonare fibris
> *MI*ra gestorum *FA*muli tuorum
> *SOL*ve polluti *LA*bii reatum
> Sancte Iohannes[59]

Die hervorgehobenen Silben *ut, re, mi, fa, sol, la* wurden zur Grundlage des Schemas, mit dem heute Kindern die Noten beigebracht werden, nur dass *ut* durch *do* ersetzt wurde (vermutlich weil »t« nicht singbar war).[60]

Die Hauptstimme bei den gregorianischen Gesängen war der Tenor (vom lateinischen *tenere*, »halten«), der den *cantus firmus* (die Hauptmelodie) in lang anhaltenden Tönen sang. Im späten 9. Jahrhundert begannen weitere – höhere – Stimmen wegzubrechen. Zuerst blieben sie noch als Parallelstimmen erhalten, später scherten sie jedoch dramatisch aus, was dann zur Grundlage der polyphonen Musik des Westens wurde. Diese scheint auch die erste gewesen zu sein, welche eigens komponiert und notiert wurde und sich nicht mehr einfach durch das stimmliche Versuch- und Irrtumprinzip entwickelte. Hier spielte vor allem Paris eine Rolle, denn dort sollte sich erstmals der *Beruf* des Musikers herauskristallisieren. Musik wurde als eine der höheren mathematischen Künste betrachtet und deshalb dem Quadrivium zugeordnet, das alle Scholaren an den Hochschulen des Mittelalters lernten. Der Komponist Pérotin aus der Schule von Notre-Dame führte erstmals Pausen ein (eine Idee, die sehr wahrscheinlich von der mathematischen Null abgeleitet wurde); Frank von Köln aus der Kölner Domschule kodifizierte das Notationssystem, indem er vier Zeitwerte für alle Noten und Pausen einführte (*maxima, longa, brevis, semibrevis,* mit jeweils exakt dem doppelten Wert). Die Grundeinheit war ein *tempus,* definiert als das Intervall, in dem die niedrigste Tonlage oder Note vollständig gehalten werden kann. Diese neue – polyphone und notierte – Musik bot nun viel mehr Kontrolle über feine Details und wurde schließlich unter der Bezeichnung ars nova bekannt (im Gegensatz zur *ars antiqua*). Nicht jeder mochte sie, vor allem nicht der Papst, was aber vielleicht unvermeidlich war. Johannes XXII. wetterte gegen die Polyphonie, als er sich im Jahr 1324 erstmals in einer Dekretale – *Docta sanctorum Patrum* – mit Musik befasste, und verbot sie im Gottesdienst.[61]

Das letzte entscheidende Element im Prozess der Quantifikation war die Einführung der doppelten Buchführung und aller beigeordneten Techniken. Die Bücher des Pratoer Kaufmanns Francesco di Marco Datini aus den Jahren 1366 bis 1410 sind vollständig erhalten geblieben: Ihnen ist zu entnehmen, dass seit etwa 1366 mit indisch-arabischen Zahlen gearbeitet wurde, die Buchführung bis zum Jahr 1383 aber noch in narrativer Form erfolgte. Dann änderte sich die Praxis. Man begann, Soll und Haben in Parallelspalten auf einer Seite oder auf gegenüberliegenden Seiten aufzulisten. Seither ließ sich mit einem Blick erkennen, ob ein Unternehmen Gewinn oder Verlust machte.[62] In der Toskana nannte man dieses Verfahren *alla veneziana,* »nach venezianischer Art«, was nahe legt, dass es dort schon früher praktiziert worden war. Bilanzen sind die heiligen Kühe unseres Zeitalters, doch erfunden wurden sie im Zeitalter der Entdeckungen, um den Unternehmern auch dann noch die Kontrolle über ihre Geschäfte zu ermöglichen, wenn sie Tausende von Kilometern von ihren Stützpunkten entfernt abgewickelt wurden.

*

Die Verbreitung der Quantifikation wurde ebenso wie die Verbreitung der Bildung durch die Erfindung des Buchdrucks gefördert und beschleunigt. Im 13. Jahrhundert hatte es sich noch kaum ein Student leisten können, Abschriften von Texten zu erwerben, die es zu studieren galt – jedenfalls angesichts der hohen Preise für Handschriften gewiss nicht, ohne dass er dafür große Opfer bringen musste. Folglich war er stark darauf angewiesen, dass er die benötigten Schriften an der Universität lesen und exzerpieren konnte. Im späteren 13. Jahrhundert entspannte sich die Lage etwas, denn es gab nun zunehmend kostengünstigere und nutzerfreundlichere Methoden für die Herstellung von Handschriften, die von den Universitäten unterstützt und schließlich auch von ihnen kontrolliert wurden.[63] Dieses System beruhte auf der vielfachen Reproduktion einzelner Exemplare, bei denen es sich um exakte Kopien der Texte und Kommentare handelte, die im Lehrbetrieb verwendet wurden. Jeder Text wurde in einzelne Abschnitte oder *peciae* (Stücke) aufgeteilt, die jeweils aus vierfach gefalteten *Folio*bögen (acht Seiten) bestanden und zusammen das *exemplar* ergaben. Das heißt, es konnten nun mehrere Kopisten an ein und demselben Werk arbeiten, jeder an der Abschrift einer anderen *pecia*. Dieses Prinzip erlaubte es den Studenten, relativ preiswerte Kopien eines gerade benötigten Abschnitts zu erwerben oder auszuleihen. Die freiere Zirkulation von Schriften half den Studenten aber auch, dass sie sich nicht mehr auf das gesprochene Wort eines Vorlesers verlassen mussten, entlastete sie vom Druck reiner Gedächtnisleistungen und ermöglichte ein entspannteres Studium in einer privateren Atmosphäre.[64]

Vor der Einführung des Papiers hatte es nur Bücher aus Pergament gegeben, die zwar teuer, aber nicht unbezahlbar waren. Historiker, deren Schätzungen zufolge bis zu tausend Tierhäute für ein einziges Buch gebraucht wurden, liegen allerdings extrem daneben. Denn wenn man die durchschnittliche Größe einer Tierhaut bei einem halben Quadratmeter ansetzt, konnten daraus ungefähr zwölf bis vierzehn Seiten von jeweils vierundzwanzig mal sechzehn Zentimetern Größe angefertigt werden. Das heißt, dass man zehn bis zwölf Häute brauchte, um ein Buch von hundertfünfzig Seiten herzustellen – was natürlich immer noch viel war. Als die Lust auf Lektüre stieg und die Universitäten immer populärer und von immer mehr Studenten bevölkert wurden, stieg auch die Nachfrage nach Büchern; und je höher die Auflagen der Bücher wurden, desto unpraktischer wurde ihre Herstellung aus Pergament. In jeder Universitätsstadt gründeten sich deshalb Zünfte für Schreiber und/oder Schreibwarenhändler, die sich mit den Buchhändlern zusammentaten und oft zu halboffiziellen Anhängseln der Universitäten wurden. (Das hieß auch, dass im Streitfall die Universitätsgerichte für sie zuständig waren, und Streitigkeiten gab es dauernd, weil die Universitätsbehörden darauf bestanden, Texte auf ihre Übereinstimmung mit der Lehre hin zu überprüfen.)[65] Dieses System erwies sich jedenfalls als ziemlich effizient – allein von den aristotelischen Werken sind uns aus dem 13. und 14. Jahrhundert über zweitausend Kopien erhalten. Außerdem legt es nahe, dass sich im 13. Jahrhundert eine neue lesende Öffentlichkeit herausbildete.

Papier war im 14. Jahrhundert zumindest in Italien schon weithin in Gebrauch. Papierfabriken waren generell stromaufwärts vor den Toren der Städte angesiedelt, da das Wasser dort sauberer war. Lumpenhändler wurden zu einem vertrauten Anblick (und ihr Handel zu einem lukrativen Geschäft), alte Stricke und Seile waren nun ein begehrtes Gut (daher auch die englische Bezeichnung »to make money for old rope«, was so viel wie »leicht verdientes Geld« bedeutet). Auch die Papiermacherzünfte, die sich seit der Wende vom 14. zum 15. Jahrhundert formierten, standen im engen Kontakt mit den Universitäten.[66]

Die »Entdeckung« des Buchdrucks im Westen war von drei Innovationen abhängig gewesen: von beweglichen Metall-Lettern, von einer fetthaltigen Tusche und von der Druckerpresse. Unter den Vorgängern der Buchdrucker sind an erster Stelle die Goldschmiede zu nennen, da sie die Kunst der Stempelherstellung beherrschten, die für die Prägung der Buchledereinbände benötigt wurden. Aber auch die Zinngießer verfügten über Prägestempel, und die Metallgießer konnten im 13. Jahrhundert mit Stanzwerkzeugen umgehen – sie pressten einen Abdruck in eine mit Sand gefüllte Doppelform und gossen aus dieser Hohlform dann die Reliefbeschriftung eines Helmes oder Wappens. Und natürlich waren auch bei der Münzherstellung Prägungen vonnöten, die in diesem Fall mit dem Hammer eingetrieben wurden. Die Grundprinzipien des Drucks waren also bereits für jedermann sichtbar vorhanden gewesen.

Dies vorausgeschickt, wollen wir einen Sprung zu dem berühmten Gerichtsverfahren machen, das im Jahr 1439 in Straßburg stattfand. Den reichlich geheimnisvollen Dokumenten zufolge, die die Zeiten überdauert haben, war ein gewisser Johannes Gensfleisch, bekannter unter dem Namen Gutenberg, von Beruf Goldschmied, ein Geschäft mit Hans Riffe, Andreas Heilmann und Andreas Dritzehn eingegangen, um mit deren finanzieller Hilfe eine Reihe von Geheimverfahren zu perfektionieren. Zum Prozess kam es, nachdem die Erben von Dritzehn seinen Platz bei diesem Geschäft übernehmen wollten und Gutenberg wegen nicht eingehaltener Kreditrückzahlungen verklagt hatten. Zu den Geheimverfahren zählten das »Bolliren« von Edelsteinen, die Herstellung von konvexen »Heiltumspiegeln«, und ein neues Handwerk, bei dem von der Verwendung einer Presse und einigen einzelnen oder miteinander verbundenen »Stücken«, einigen Bleiformen und »im Zusammenhang mit der Verwendung der Presse stehenden Dingen« die Rede war. Doch Gutenberg war nicht der Einzige, der mit Druckverfahren experimentierte. Der Goldschmied Prokop Waldvogel aus Prag zum Beispiel hatte um das Jahr 1440 mit den Bürgern von Avignon einen Vertrag geschlossen, dem zufolge er »Eisenformen« herstellen sollte, welche »sachdienlich sind für die Schrift«. Auch das klingt noch ziemlich geheimnisvoll. Der erste unverblümte Hinweis auf Druckversuche findet sich in der Koelhoff'schen Chronik der Stadt Köln aus dem Jahr 1499. Der Autor berichtet von seinem Kontakt zu einem gewissen Ulrich Zell, den er den ersten Drucker von Köln nennt und der mit Schöffer, einem der Partner Gutenbergs, in Verbindung gestanden haben soll. Und Schöffer, heißt es dort, habe die ehrenvolle Druckerkunst im Jahr 1440 des Herrn in Mainz erfunden und bis 1450 ständig verbessert. Dabei handelte es sich um eine Kunst, die sich, so der Autor weiter, bereits in Holland bei der *Donata* bewährt hatte, aber mittlerweile wesentlich zuverlässiger gehandhabt und entscheidend verfeinert wurde. Die Kontroverse, ob nun Holland oder Mainz die Meriten der ersten Druckerwerkstatt gebührt, konnte nie wirklich beigelegt werden.[67] Nicht in Frage aber scheint zu stehen, dass Mainz die Wiege der ersten echten Druckindustrie war.

Ende der vierziger Jahre scheint Gutenberg von Straßburg nach Mainz zurückgekehrt zu sein und einen Gesellschaftsvertrag mit dem reichen Kaufmann Johann Fust, der sein Geldgeber war, und Petrus Schöffer geschlossen zu haben, der an der Pariser Universität studiert hatte und vermutlich Kopist gewesen war, bevor er sich dem Druckerhandwerk zuwandte. Bis 1455 scheint alles gut gelaufen zu sein, doch dann gerieten Fust und Gutenberg aneinander, und es kam zu einem weiteren Prozess. Gutenberg verlor und musste nicht nur den Kredit mit Zins und Zinseszins zurückzahlen, sondern auch das ganze restliche Kapital aushändigen. Fust und Schöffer machten ohne ihn weiter. Am 14. Oktober 1457 lief das erste datierbare Buch aus der neuen Presse, der so genannte *Mainzer Psalter*, das erste Druckerzeugnis eines Betriebs, der über hundert Jahre lang florieren sollte. Nach Meinung von Lucien Febvre war dieser Psalter jedoch bereits von solcher Qualität, dass er unmöglich der allererste Versuch gewesen sein könne. Heute sind sich die Historiker mehr oder weniger einig, dass es zwischen 1450 und 1455 auch noch andere Druckwerkstätten gegeben hatte, die Bücher auf kommerzieller Basis herstellten – Grammatiken, Kalender, Messbücher oder die berühmte zweiundvierzigzeilige und die sechsunddreißigzeilige Bibel. Gutenberg sollte sich später zwar verschulden, doch da ihn der Mainzer Kurbischof 1465 seiner Verdienste wegen zum »Hofmann« ernannt hatte und dies mit materiellen Vergünstigungen verbunden war, konnte er sich möglicherweise noch einmal eine Druckerwerkstatt einrichten. Hinsichtlich der Größe und Abstände zwischen den Buchstaben herrschte damals noch keine Einigkeit – die sollte erst im 18. Jahrhundert im Frankreich der Aufklärung herbeigeführt werden, als man den *point typographique* zum Standard erklärte, der einem $\frac{1}{144}$ des *pied de roi* (Königsfuß) entsprach.[68]

Als die ersten Druckerzeugnisse erschienen, waren vier Schriftarten populär: die »Unziale«, die von den Gelehrten favorisiert wurde; die weniger abgerundete und formalisierte »Textura«; die für besonders luxuriös gestaltete Bücher verwendete »Bastarda« und die römisch inspirierte »Littera Antiqua«, auch »Humanistische Kursive« genannt, weil sie seit ihrer Popularisierung durch Petrarca von den italienischen Humanisten verwendet wurde. Diese Schrift war ihrerseits an die karolingische Minuskel angelehnt, aber auch mit der *cancelleresca italica* verwandt, einer

Kursive, die in der vatikanischen Kanzlei bevorzugt wurde und zur »Italica« weiterentwickelt werden sollte. Petrarca, der ein begeisterter Kalligraf gewesen war, propagierte die »Gotico-Antiqua« (heute auch »Petrarca-Schrift« genannt), denn wie viele seiner Kollegen wollte auch er den klassischen Texten, von denen so viele gerade erst wiederentdeckt worden waren, ein Schriftbild verleihen, das dem ursprünglichen Schreibstil ähnlich sah.[69] Der Siegeszug der Antiqua und der Italica hatte aber auch eine Menge mit dem Typografen und Verleger Aldus Manutius zu tun. 1501 entwickelte er mit seinem Stempelschneider Francesco Griffo nach dem Vorbild einer *cancelleria* die »Aldinische Antiqua«, mit der sich der Raum, den bis dahin jede Schrift pro Seite verschlungen hatte, drastisch reduzieren ließ. Die aus ihr resultierenden *litterae venetae* sollten bald schon zum Standard werden und weitere Entwicklungen in Frankreich und Deutschland nach sich ziehen. An den Universitäten bevorzugte man zwar noch eine Zeit lang den gotischen Schrifttyp, doch in den landessprachlichen Literaturen dominierte nun das römische Schriftbild. Ab Mitte des 16. Jahrhunderts hielt die Antiqua auch mehr und mehr Einzug in die Domänen der Gelehrten. Aldus Manutius hatte übrigens auch die Paginierung eingeführt, doch allgemein üblich sollte sie erst in der zweiten Hälfte des 16. Jahrhunderts werden.

Dank des Buchdrucks waren Bücher nun also keine so ungemein kostbaren Gegenstände mehr. Und weil eifrige Leser auch auf Reisen nicht mehr auf Lektüre verzichten wollten, wurden Bücher in immer kleineren Formaten hergestellt. *Quartos* (einmal gefaltet, sodass vier Seiten entstanden) und *octavos* (zweimal gefaltet, ergo mit acht Seiten) waren zwar schon von Anfang an gedruckt und gebunden worden, doch erst Manutius hatte mit seiner berühmten Reihe der griechischen und römischen Klassiker im »tragbaren« Handformat die Verfügbarkeit von klassischen Schriftstellern erhöht und damit viele andere Verleger zur Nachahmung angeregt. Auf diese Weise begann sich das Verlagsgeschäft im 16. Jahrhundert schließlich aufzuteilen – hier die dicken Wälzer der Bildungsliteratur für die Bibliotheken, dort die handlicheren Ausgaben von Literaturen und Polemiken für den Privatgebrauch oder die allgemeine lesende Öffentlichkeit.[70]

Schon damals hatte es in der Natur der Sache gelegen, dass sich gewagte oder skandalträchtige Bücher besser verkauften als andere, mit der Folge, dass die frühen Verleger Schriftstellern, die der Ketzerei verdächtigt wurden, gerne eine berufliche Heimat boten. Verleger waren die ersten Menschen, die ein Manuskript zu Gesicht bekamen und somit ständig neuen Ideen ausgesetzt waren, deshalb gehörten sie auch zu den Ersten, die sich von neuen Argumenten überzeugen ließen. Nicht zuletzt aus diesem Grund konnten denn auch gerade Verleger und Drucker so frühzeitig zum Protestantismus bekehrt werden und liefen so große Gefahr, selbst zu

Opfern zu werden – ihnen gehörten die Betriebe, ihre Namen prunkten auf den Titelseiten ihrer Bücher. Da war es nur allzu leicht für die Inquisition, zu glauben, dass sie bloß die Druckereien und Verlage zu schließen brauchte, die all diese ketzerischen Ideen verbreiteten, um gleich das ganze Ketzertum ausrotten zu können. Anfang des 16. Jahrhunderts waren schließlich viele Drucker gezwungen, aus Frankreich zu fliehen, wenn sie den Spionen, Informanten und Zensoren der Inquisition entgehen wollten. Antoine Augereau war nur einer von vielen aus ihren Reihen, die auf dem Scheiterhaufen endeten. Der vielleicht bekannteste »Märtyrer des Buches« war der Schriftsteller Étienne Dolet, der seine eigene Druckerwerkstatt in Paris gegründet, mit dem Verleger Gryphe kooperiert, eigene Bücher geschrieben und einen Disput mit Erasmus geführt hatte. Im Jahr 1542 veröffentlichte er mehrere Bücher, deren religiöser Gehalt den Behörden suspekt war; als die alarmierten Beamten seine Räumlichkeiten durchsuchten, fanden sie prompt ein Werk von Calvin. Dolet wurde im August 1544 mitsamt seinen Büchern auf dem Scheiterhaufen verbrannt.

In den frühen Tagen des Buchdrucks pflegten Autoren noch kein Geld von ihren Verlegern zu bekommen. Sie erhielten mehrere Freiexemplare ihrer Bücher, die sie dann mit kunstvollen Widmungen versehen an reiche Gönner schickten, in der Hoffnung, auf diese Weise an Geld zu kommen. In den meisten Fällen funktionierte das auch, jedenfalls »hungerten sich damals ebenso wenige Autoren zu Tode wie später«. Manche wurden von ihren Verlegern auch gezwungen, eine bestimmte Anzahl von Exemplaren der eigenen Werke aufzukaufen. Der Schriftsteller Serianus zum Beispiel wurde 1572 von seinem Verleger zum Ankauf von hundertsechsundachtzig (von insgesamt dreihundert) Exemplaren seiner *Commentarii in Levitici Librum* genötigt.[71] Frühestens Ende des 16. Jahrhunderts, mit Sicherheit aber Anfang des 17. Jahrhunderts, hatte sich schließlich die moderne Praxis eingebürgert, dass Schriftsteller ihre Manuskripte an die Verleger verkauften. Und da es immer mehr Leser gab und deshalb immer mehr Bücher verkauft wurden, begannen auch Vorschussleistungen die Norm zu werden (die im 17. Jahrhundert schließlich beträchtliche Summen erreichen konnten: In Frankreich zum Beispiel wurden mehrere tausend Livres bezahlt). Das Copyright wurde um die Mitte des 17. Jahrhunderts eingeführt, allerdings vorerst nur in England. Die Auflagenhöhen waren nach heutigen Standards gering und beliefen sich in manchen Fällen sogar nur auf ein paar hundert Exemplare. Bibeln erreichten durchschnittliche Auflagen von neunhundertdreißig bis tausend Exemplaren, was nach damaligen Verhältnissen schon als ungemein hoch galt und die Verleger, die sich darauf einließen, häufig in finanzielle Nöte brachte.[72] Im Zuge der technischen Verbesserungen begannen sich die Herstellungskosten jedoch zu minimieren und höhere Auflagen zu einem weniger riskanten Geschäft zu werden. Bis zur zweiten Hälfte des 16. Jahrhunderts waren Auflagen von zweitausend oder mehr Exemplaren üblich geworden. Nicolas Clénards griechische Grammatik aus dem Jahr 1564 und seine 1566/67 publizierte Ausgabe des *Corpus Iuris Civilis* wurden jeweils in einer Auflagenhöhe von zweitausendfünfhundert Exemplaren gedruckt; in Holland erreichten einige Bibelausgaben sogar Auflagen von drei- bis viertausend.[73]

Da es in den Anfangsjahren noch an einem Copyright-Gesetz gefehlt hatte, wurden von vielen Büchern Raubkopien angefertigt. Und als man durch königliche Erlässe oder Magistraturgesetze diese Praxis zu unterbinden und Raubkopierern das Handwerk zu legen versuchte, gingen diese Privatunternehmen eben einfach in den Untergrund. Genau dieses Geschäft sollte zu Zeiten der Zensur zwischen dem 15. und 18. Jahrhundert dann einen gewaltigen Aufschwung erleben. Bereits 1475 war der Universität Köln vom Papst die Zensur von Druckern, Verlegern und sogar die Verfolgung von Lesern gestattet worden, welche indizierte Bücher erworben hatten. Auch Bischöfe versuchten die Macht der Kirche gegenüber unliebsamen Schriften durchzusetzen. Im Jahr 1501 veröffentlichte Papst Alexander VI. die Bulle *Inter multiplices*, die den Druck eines Buches ohne Genehmigung der Kirchenautorität in mehreren deutschen Bistümern untersagte. Beim Fünften Laterankonzil im Jahr 1515 wurde die kirchliche Vorzensur von Druckerzeugnissen in allen christlichen Ländern für verbindlich erklärt. Überwacht wurde sie vom *sanctum officium* und durch den Generalinquisitor. Aber natürlich war ein indiziertes Buch auch damals schon – zumindest für einige Leser – besonders interessant; außerdem mehrten sich im Verlauf des 16. Jahrhunderts verbotene Titel so rapide, dass sich die Kirche schließlich genötigt sah, den *Index Librorum Prohibitorum* ins Leben zu rufen, der dann natürlich ständig auf den neuesten Stand gebracht werden musste. Die erste Liste von verbotenen Büchern wurde 1559 von Papst Paul IV. herausgegeben und von gläubigen Christen natürlich auch ernst genommen; andererseits wurde schnell klar, dass eine rigide Umsetzung dieser Verbote dem blühenden Buchhandel in so mancher Region (wie zum Beispiel in Florenz, immerhin unweit von Rom) den Garaus machen würde. Also wurden die Verbote vielerorts nur dem äußeren Anschein nach durchgesetzt. Der Inquisitionsgesandte in Florenz dekretierte zum Beispiel höchstselbst, dass alle von Advokaten, Ärzten und Philosophen benötigten Werke davon ausgenommen bleiben sollten. Die Franzosen hatten einen anderen Weg eingeschlagen: Jedes zur Veröffentlichung anstehende Buch bedurfte im Voraus der königlichen Lizenz. Doch auch damit wurde natürlich ein Großteil des Verlagswesens in den Untergrund getrieben, wo man sich über das neue Gesetz dann ebenso hinwegsetzte und mit gleicher Nonchalance »verbotene« Bücher produzierte und mehr oder weniger überall in Umlauf brachte.[74]

Es steht außer Frage, dass sich der Buchdruck schnell durchsetzte. Und das legt nahe, dass Bücher schon vor der Zeit des Buchdrucks für viele Menschen ein vertrauter Anblick gewesen sein müssen. Man schätzt, dass nicht weniger als zwanzig Millionen Bücher *vor* dem Jahr 1500 herausgegeben worden waren.[75] Obgleich der Markt anfänglich praktisch nur Universitäten und akademisch gesinnten Geistern offen gestanden hatte, fand das Buch also schon bald seinen Weg in die breite Öffentlichkeit. Und im Zuge dessen entstand ein neues Genre, in dem sich die Volksfrömmigkeit spiegelte und das seinerseits zur religiösen Inbrunst beitrug. Der Marienkult zum Beispiel war nie wirklich abgeklungen, weshalb Werke über das Leben und die Tugendhaftigkeit der Muttergottes nun ebenso Hochkonjunktur hatten wie andere Hagiographien. Das zeitliche Zusammentreffen dieser neuen Literatur mit dem Aufstieg des Humanismus (siehe nächstes Kapitel) förderte wiederum das Interesse an antiken Traktaten; abgesehen davon war ein enormer Zuwachs an Grammatiken, aber auch an den typischen Ritterromanen des frühen Mittelalters zu verzeichnen. Auch Naturgeschichte und Mathematik weckten großes Interesse, primär wiederum an den Naturforschern und Mathematikern aus der Antike; und auch Bücher über Astrologie und Reiseliteraturen fanden einen großen Leserkreis.

Der Beginn des Buchdrucks veränderte also weniger die Kultur, sondern machte den Menschen vielmehr Kultur per se zugänglich, wie zu erwarten gewesen war. Aber auch anderen Neuerungen ebnete der Buchdruck den Weg, zum Beispiel den neuen Standards hinsichtlich Genauigkeit (mit der Entscheidung, eine einheitliche Drucktype für Klassiker zu verwenden, hatten sich die Gelehrten nicht zuletzt auch für die genaueste Nachahmung entschieden). Profitiert haben auch die Reformationspropaganda (über die im 22. Kapitel zu sprechen sein wird) und vor allem der Humanismus. Dank des Buchdrucks wurden nun sehr viel mehr Menschen mit klassischen und ergo »heidnischen« Autoren konfrontiert, und immer mehr entwickelten einen ausgeprägten Sinn für rein literarische und stilistische Qualitäten (im Gegensatz zu den rein doktrinären), was wiederum zur Säkularisierung der Weltbilder beitrug. Das Ziel vieler Humanisten war, sich in einen *homo trilinguis* zu verwandeln – als ein Gelehrter in die Geschichte einzugehen, der ebenso bewandert im Griechischen wie im Lateinischen und Hebräischen war. Auch dazu trug der Buchdruck bei. Da jedoch bei weitem nicht jeder Leser dreisprachig war, der Buchdruck nun aber eine viel breitere Leserschicht auf den Geschmack von Klassikern brachte, war die unausweichliche nächste Folge, dass immer mehr Klassiker in die jeweilige *Landessprache* übersetzt wurden. Und diese Übersetzungen sollten oft eine noch wichtigere Rolle bei der Verbreitung von Ideen und Wissen spielen als die Originale.[76] Ein anderer Nebeneffekt solcher Übersetzungen war, dass sie auch das Interesse an der eigenen Landessprache weckten. Dieser Prozess begann in Italien, ging aber gewiss am weitesten in Frankreich, nachdem das Edikt von Villers-Cotterêts im Jahr 1539 Französisch zur offiziellen Sprache der Gerichtshöfe erklärt hatte. Latein als internationale Sprache sollte zwar erst im 17. Jahrhundert aussterben, doch bis dahin hatten nationale Literaturen den internationalen Buchmarkt längst aufgespalten.

Eine letzte Auswirkung des Buchdrucks war sein Einfluss auf die Rechtschreibung, denn erst durch ihn begann man Regeln aufzustellen, die die Schriftsprache immer deutlicher von der Aussprache abweichen ließen – das heißt, die Rechtschreibung nahm nun mehr Rücksicht auf die Etymologie eines Wortes.[77] Auch das trug zur Entwicklung der einzelnen Landessprachen bei. Seit 1539 hatte die lateinische Sprache merklich an Boden zu verlieren begonnen. Von den achtundachtzig Titeln, die im Jahr 1501 in Paris publiziert worden waren, waren nur acht in französischer Sprache verfasst worden; im Jahr 1530 wurden 121 von insgesamt 456 Titeln in französischer Sprache geschrieben, was einem Anstieg von neun auf sechsundzwanzig Prozent entsprach. Doch wirklich überraschend war das nicht, denn erstens stammten viele Leser aus neureichen bürgerlichen Kaufmannskreisen und hatten kaum den Ehrgeiz, sich zu einem *homo trilinguis* zu entwickeln; zweitens wurde dieser Prozess in einigen Ländern noch zusätzlich durch die antirömische Haltung der Reformation verstärkt, die der Entwicklung von Regionalkulturen so förderlich war. Dank des Buchdrucks konnte Luther bekanntlich entscheidend in die Entwicklung der deutschen Sprache eingreifen.

Und natürlich nicht zu vergessen die Bibel: Sogar sie (und, von entscheidender Bedeutung für England, auch das *Book of Common Prayer*) wurde nun in Landessprachen gedruckt und damit in einem nie da gewesenen Umfang jedem zugänglich. Auf die Folgen davon werden wir im Rest dieses Buch immer wieder einmal zu sprechen kommen; hier soll es erst einmal nur um die Feststellung gehen, dass es der Buchdruck war, der die Landessprachen im großen Ganzen *festgelegt* hat. Durch die vielen Übersetzungen waren bereits viele Sprachen mit fremdsprachlichen Begriffen angereichert worden; nun stabilisierten sich dank der sprachlichen Uniformität, die von den Druckern bewusst eingeführt worden war, auch die Rechtschreibung und der jeweilige Sprachgebrauch. Hier ein paar Beispiele aus dem Englischen (sie stammen aus der englischen Übersetzung eines Werkes von Ludovico Ariosto):

Handschriftliche Version	Druckversion
bee	be
on	one
greef	grief
thease	these
noorse	nurse
servaunt	servant[78]

Doch das Latein starb langsam. Als Descartes seinen *Discours de la Méthode* in französischer Sprache schrieb, pflegte er noch immer in lateinischer Sprache zu korrespondieren. Nach wie vor war es unerlässlich, Latein in Wort und Schrift zu beherrschen, wenn man ein europaweites Publikum erreichen wollte. Erst im 17. Jahrhundert sollte die lateinische Sprache schließlich wirklich verblassen. Nun wurde Französisch zur Sprache von Wissenschaft, Philosophie und Diplomatie. Jeder gebildete Europäer musste Französisch beherrschen, französischsprachige Bücher wurden in ganz Europa verkauft.[79]

So begann der Buchdruck also die vereinheitlichte lateinische Kultur des Abendlands zu zerstören – jene Kultur, welche Europa an Indien, China und der arabischen Welt vorbei nach vorne getragen hatte. Parallel dazu wurde eine Massenkultur ins Leben gerufen, und das zog ein regelrechtes Erdbeben nach sich. Doch es sollte noch Jahrhunderte dauern, bis seine seismischen Bruchlinien sichtbar wurden.

18

Der Advent der Weltlichkeit: Kapitalismus, Humanismus, Individualismus

Jan van Eycks 1434 gemaltes Doppelporträt *Die Hochzeit des Arnolfini* wird zu Recht als ein grandioses Beispiel früher flämischer Renaissancemalerei gefeiert. Es zeigt den italienischen Kaufmann Giovanni Arnolfini zärtlich Hand in Hand mit seiner frisch angetrauten Frau Giovanna Cenami in einem Zimmer ihrer Villa. Mit feinem Pinselstrich und subtilen Lichteffekten fing der Maler kunstvoll den fromm-gelassenen und dennoch leicht überheblichen Ausdruck der beiden Frischvermählten ein – eine faszinierende psychologische Studie. Gleichzeitig stellt dieses Gemälde aber etwas völlig anderes dar: Es lädt den Betrachter zur Beschau des weltlichen Reichtums ein, mit dem das junge Paar gesegnet ist. Da liegt ein persischer Teppich mit einem prächtigen Muster aus kleinen Rauten auf den Dielen; da steht ein samtbezogener Stuhl, dessen hohe Lehne in geschnitzten Knäufen ausläuft; es gibt ein rot bezogenes Bett mit rotem Himmel; an der Wand hängt ein konvexer venezianischer Spiegel, umrahmt von zehn Medaillons, auf denen die Leidensgeschichte Christi dargestellt ist; von der Decke hängt ein glänzend polierter und mit üppigem Floralgehänge verzierter sechsarmiger Leuchter. Auch das Paar ist verschwenderisch gekleidet: Beide tragen pelzgesäumte Umhänge, Giovannas Haar ist mit einem kostbaren Spitzentuch bedeckt. Am Boden steht ein zierliches geschnitztes Paar Zehensandalen mit Doppelabsatz, womit bewiesen ist, dass die Arnolfinis es sich leisten konnten, sich über den Straßenschmutz zu erheben. Die Historikerin Lisa Jardine erklärt, dass dies nicht nur die Darstellung zweier Personen, sondern eine Feier des besitzenden Standes war: »Man erwartet von uns, dass wir uns von dieser Fülle an Einzelheiten fesseln lassen, aber nur, weil sie die Bedeutung der beiden Modelle festhalten, und nicht, weil sie die Ausstattung einer typischen flämischen Inneneinrichtung darstellten... Die Komposition ist ein Tribut an die geistige Landschaft eines erfolgreichen Kaufmanns – an seinen Drang nach der Anhäufung von Besitz.«[1]

Dieses Gemälde ist ungemein relevant für das Thema dieses Kapitels, denn die Renaissance mag uns zwar vielleicht die vertrauteste historische Periode sein, doch in den letzten Generationen wurde wohl kaum ein anderer historischer Aspekt so grundlegend neu bewertet wie die Idee, dass zwischen 1350 und 1600 eine intellektuelle und kulturelle »Renaissance« stattgefunden habe. Vor allem dank des Schweizer Historikers Jacob Burckhardt und seiner Studie *Die Kultur der Renaissance in Italien* (1860) hatte sich im 19. Jahrhundert die Sicht entwickelt, dass die Renaissance von »transzendierender« Bedeutung für die Entwicklung der modernen Welt gewesen sei und dass sich nach der Stagnation im Mittelalter ein »Kulturfrühling« über Europa ausgebreitet habe, der Hand in Hand mit einer neuen Wertschätzung der klassischen Literatur und mit einer Woge an Vortrefflichkeit in der bildenden Kunst gegangen sei. Zweifellos ist manches davon richtig, aber ebenso richtig ist, dass man die Renaissance heute viel eher als eine ökonomische denn als kulturelle Revolution versteht.[2]

Bei näherer Betrachtung sollte einen das allerdings nicht überraschen, vor allem nicht angesichts der Tatsache, dass die Renaissance ihrerseits bereits das Ergebnis von grundlegenden Entwicklungen häufig ökonomischer Natur gewesen war. Die drei letzten Kapitel haben aufgezeigt, dass Europa seit wahrscheinlich dem 10., gewiss aber seit dem 11. Jahrhundert gravierende Veränderungen durchmachte, ob im Hinblick auf die Religion oder die Psychologie, das Städtewachstum, die Landwirtschaft oder auf die Verbreitung von Bildung. Es entstanden neue Ideen in der Architektur; die Weltbilder der paganen Naturgeschichte, Medizin und Philosophie wurden wiederentdeckt; auf dem Gebiet der Zeitmessung, Mathematik, Literatur, Musik und Kunst – wo man die Perspektive entdeckte – wurden große Erfindungen gemacht. Das Hochmittelalter kann in Wahrheit also in keinerlei Hinsicht als eine Zeit der Stagnation bezeichnet werden. Deshalb schlossen sich seit den zwanziger Jahren des 20. Jahrhunderts auch zunehmend mehr Geschichtsforscher dem Harvard-Historiker Charles Haskins an und begannen von einer Renaissance des *12. Jahrhunderts* zu sprechen – eine Vorstellung, die mittlerweile weitgehend akzeptiert ist.[3]

In einigen Historikerkreisen werden solche »Mega-Epochen« heute ohnedies mit ziemlicher Skepsis betrachtet. Man hält die Kategorisierung der Renaissance, die im 19. Jahrhundert vorgenommen wurde, vielmehr für einen »triumphalistischen« Versuch, diese Epoche gegen das Mittelalter aufzuwiegen. Abgesehen davon gibt es noch mehrere andere Perioden, die von Historikern des 20. Jahrhunderts unter der Anleitung von Erwin Panofsky als »Renaissancen« bezeichnet wurden: die »karolingische *renovatio*«, die ottonische und angelsächsische »Wiederbelebung« oder die »Proto-Renaissance des 12. Jahrhunderts«, die »ihre Stärke aus einer Mischung latenter ›kelto-germanischer‹ Tendenzen bezog«.[4] Kurzum: Die Antike war also nicht nur von Italienern und nicht nur im 14. und 15. Jahrhundert wiederentdeckt worden. Mit dieser Einschränkung im Sinn lässt sich allerdings nach wie vor feststellen, dass den Italienern – mehr als allen anderen – bewusst gewesen war, was hier geschah. Sogar Panofsky konzedierte, dass die italienische Renaissance eher eine Mutation, ein maßgeblicher und unumkehrbarer Entwicklungsschub, als eine Evolution gewesen sei.

Es scheint das Zusammenspiel von mehreren Faktoren hauptsächlich technologischer und ökonomischer Art gewesen zu sein, welches das erschuf, was wir nun die »echte Renaissance« nennen könnten. In technischer Hinsicht waren das erstens der Magnetkompass aus China, dem einige außergewöhnliche Heldentaten in der Hochseeschifffahrt zu verdanken waren, die dann ihrerseits den Globus für Europas Entdeckungsfahrten zugänglich machten; zweitens das Schießpulver, das ebenfalls aus China stammte und nicht nur zum Sturz der alten Feudalordnung, sondern auch zum Aufstieg des Nationalismus beitrug; drittens die mechanische Uhr, die die Beziehung des Menschen zur Zeit als solcher und vor allem zur Arbeitszeit veränderte und seine Aktivitäten vom Rhythmus der Natur befreite; und schließlich die Druckerpresse, der ein Quantensprung in der Verbreitung von Bildung folgte und die das Wissensmonopol der Kirche untergrub. Hinzu kam, dass sich der Leser mit seinen Büchern ins Private zurückzuziehen begann, was eine individuelle Reflexion förderte, ihn still und leise von den traditionelleren Denkweisen und der *kollektiven Gedankenkontrolle* befreite und der Subversion, Häresie, Originalität sowie der Individualität den Boden bereitete.

Um die Frage zu klären, welche Auswirkungen die Pest auf die Renaissance hatte, wurde bis heute eine Menge Druckerschwärze verbraucht. So hieß es beispielsweise, es sei allein auf die Pestepidemie im 14. Jahrhundert zurückzuführen gewesen, dass in so weiten Landstrichen nur noch so wenige Menschen lebten und deshalb so viele Großgrundbesitzer notgedrungen den Forderungen der Bauern nachgeben mussten. *Dass* es in dieser Zeit zu einer deutlichen Anhebung des Lebensstandards kam, wurde von der Archäologie bestätigt. Beispielsweise ließ sich nachweisen, dass in dieser Periode der Wechsel vom Steingut zum metallenen Kochgeschirr vollzogen wurde. Auf die Kirche und das Glaubensleben scheint sich die Pest primär in zweierlei Hinsicht ausgewirkt zu haben. Erstens förderte die ungemein hohe Opferzahl den Pessimismus im Volk und drängte es zu einem verinnerlichten, privateren Glauben. Im Kielwasser des Schwarzen Todes wurden wesentlich mehr Privatkapellen gebaut und Wohltätigkeitsorganisationen ins Leben gerufen als je zuvor; auch ein deutlich stärkerer Trend zum Mystizismus lässt sich in dieser Zeit feststellen, außerdem rückte die Körperlichkeit Christi wieder stärker ins Blickfeld: Obwohl das Vierte Laterankonzil nur dekretiert hatte, dass jeder Katholik mindestens einmal jährlich die Kommunion empfangen sollte, versuchten die Gläubigen nun so oft als irgend möglich die eucharistischen Sakramente zu empfangen.[5] Andererseits schlugen viele Menschen den psychologisch genau entgegengesetzten Weg ein und begannen nun an der Existenz eines fürsorglichen Gottes zu zweifeln. Aber auch auf die Kirchenstrukturen selbst wirkte sich die Pest aus: Ungefähr vierzig Prozent aller Priester waren dahingerafft und vielerorts durch sehr junge und wesentlich ungebildetere Geistliche ersetzt worden, was den Trend zum Niedergang der Kirchenautorität im Bildungsbereich verstärkte. In vielen Regionen brach das katholische Schulsystem sogar ganz zusammen. Somit stehen die Nachweise für einen direkten Bezug zwischen Pest und Renaissance auf ziemlich tönernen Füßen, da sich gewissermaßen beide Thesen belegen lassen. Ja, der schlechter ausgebildete Klerus kann durchaus zum Niedergang der priesterlichen Autorität beigetragen haben, doch die nach der Pest anwachsende Frömmigkeit spricht eine ganz andere Sprache als die, die wir aus der Renaissance kennen. Es ließe sich also bestenfalls sagen, dass der Schwarze Tod dem alten System den Gnadenstoß gab und einem neuen zum Aufstieg verhalf, indem er zur endgültigen Zerstörung des bereits dahinsiechenden Feudalsystems beitrug.

Überzeugender sind die Antworten auf die Frage, weshalb die Renaissance ausgerechnet in Italien begann und dort auch am weitesten ging. Natürlich hatte das viel mit der geringen Größe der italienischen Stadtstaaten zu tun, die ihre Unabhängigkeit letztlich nur wegen der langwierigen Konflikte wahren konnten, die zwischen dem Papsttum und dem Heiligen Römischen Reich geschwelt hatten. Hinzu kam, dass die spezifische Geografie Italiens – ein Fünftel bergiges und drei Fünftel hügeliges Gelände auf einer ansonsten lang gestreckten Halbinsel mit sehr langen Küstenlinien – von landwirtschaftlichen Tätigkeiten eher abhielt und dafür zu kommerziellen Tätigkeiten ermunterte, sei es nun in der Seefahrt, im Überlandhandel oder auf dem Gebiet der Produktion. So gesehen förderte dieser spezifische politisch-geografische Hintergrund auch das Städtewachstum: Im Jahr 1300 gab es in Italien dreiundzwanzig Städte mit zwanzigtausend oder mehr Einwohnern. Eine relativ urbane, in hohen Maßen unabhängige Bevölkerung und die besonderen geografischen Ausgangsbedingungen, die den Handel mit Nordeuropa wie mit dem Nahen Osten erleichterten, führten schließlich dazu, dass italienische Kaufleute gebildeter als ihre Kollegen anderenorts und damit auch besser in der Lage waren, von den stattfindenden Umbrüchen zu profitieren.

Es kam bereits zur Sprache, dass die Renaissance des 12. Jahrhunderts Hand in Hand mit den Verlagerungen im Ausbildungssystem (von den Klosterschulen hin zu den Domschulen) und einer Veränderung der Unterrichtsweisen ging (von der Einzelunterweisung durch einen charismatischen Lehrer hin zu großen Klassen und dem selbstständigen Erlernen des Buchwissens). In Italien kam es aber parallel dazu noch zu einer weiteren Neuerung, deren Auswirkungen man nicht unterschätzen sollte, wie Paul Grendler in seiner Studie *Schooling in Renaissance Italy* schreibt:

»Die außergewöhnliche politische, gesellschaftliche, wirtschaftliche und sogar sprachliche Vielfalt – oder besser: Unterschiedlichkeit – drohte die Halbinsel bereits jeden Moment zu spalten. Doch dann wurden die Italiener durch ihr schulisches Ausbildungssystem geeint, und das spielte eine entscheidende Rolle für die Entwicklung zur Renaissance. Da die humanistischen Pädagogen einen neuen und ganz anderen Unterrichtsweg einschlugen als das übrige Europa im frühen 15. Jahrhundert, erwarben die italienische Führungselite, sämtliche Fachleute und Humanisten mit dem klassischen Latein eine gemeinsame Sprache, waren rhetorisch vergleichbar geschult und nährten sich alle aus demselben Vorrat an ethischen Einstellungen und Lebensmustern, der ihnen in der Schule vermittelt worden war. Es war das humanistische Curriculum, das die Renaissance zu einer kulturell kohärenten historischen Epoche vereinte und ihre großen Errungenschaften ermöglichte.«[6]

Hinter dem Erziehungssystem der Renaissance stand laut Grendler die optimistische Prämisse, dass die Natur verstehbar und kontrollierbar sei. Mitte des 13. Jahrhunderts, als das kirchliche Schulsystem des Mittelalters zusammenbrach, begannen sich in Italien drei Schularten herauszubilden: von den Magistraten betriebene lateinische Gemeindeschulen; unabhängige Schulen (oder Privatschulen, wie wir heute sagen würden) und die *scuole d'abaco*, die eine kaufmännische Ausbildung vermittelten. Nach Grendlers Recherchen besuchten zum Beispiel rund neunundachtzig Prozent aller Schüler in Venedig unabhängige Schulen, gegenüber nur vier Prozent, die an Gemeindeschulen lernten; dreiunddreißig Prozent der Jungen und zwölf Prozent der Mädchen im Schulalter verfügten über eine rudimentäre Bildung; bis zum Jahr 1587 konnten rund dreiundzwanzig Prozent aller Einwohner Venedigs lesen und schreiben.[7] Und Venedig, schreibt Grendler, sei kein untypischer Fall gewesen.

Im 15. Jahrhundert änderten die Humanisten die Lehrpläne. Die Strophengrammatiken, Glossare, Moralgedichte und *ars dictaminis* fielen weg, dafür wurden Grammatik, Rhetorik, Dichtung und Geschichte auf Grundlage der erst jüngst wiederentdeckten klassischen Autoren eingeführt und die Briefe Ciceros als Lehrbeispiele für die lateinische Prosa in das Curriculum aufgenommen. Die meisten Lehrer waren selbst Humanisten, das heißt, die Mehrheit aller Schulen in Nord- und Mittelitalien konnte bis 1450 die *studia humanitatis* unterrichten. Der Unterricht konzentrierte sich auf die Fächer Lesen, das eloquente Formulieren von Briefen, Dichtung und Geschichte – »ein neues Lehrfach, das sich im Lehrplan des Mittelalters nicht fand«. Grendler verwehrt sich gegen die Kritik, dass das Lateinstudium jede Originalität bei den Schülern erstickt und sie nur gefügig gemacht habe. Das lässt sich seiner Meinung nach schon durch die Tatsache widerlegen, *dass* so etwas wie die Renaissance überhaupt zustande kommen konnte. Die meisten Studenten hätten die lateinische

Sprache vielmehr ebenso geliebt wie die Kultur, die sie ihnen erschloss. Nur so, nur wenn man begreift, dass der Lateinunterricht den Schülern damals ebenso viel Spaß machte wie heute der Musik- oder Sportunterricht, lasse sich die Renaissance erklären. Junge Menschen pflegen sich immer und überall hingebungsvoll auf eine Sache einzulassen und die Erfolge ihrer Kraftanstrengung dann in einem Maße zu genießen, das sie alle Strapazen vergessen lässt; außerdem sind alle Menschen fasziniert, wenn sie etwas Neues beherrschen, vor allem, wenn sie dann auch noch wissen, wie wichtig der Erwerb dieser Fähigkeit in der Zukunft für sie sein wird. Im Fall des italienischen Ausbildungssystems kam noch hinzu, dass es nun säkular geworden war, was sich natürlich auch stark auf die beruflichen Aussichten der Absolventen dieses Systems auswirkte, sei es als Künstler, Staatsdiener oder Kaufleute.

Die *scuole d'abaco* leiteten ihren Namen vom *Liber Abbaci* ab, dem »Buch vom Abakus«, das Leonardo von Pisa, genannt Fibonacci, Anfang des 13. Jahrhunderts geschrieben hatte. Fibonacci, der Sohn eines Pisaner Kaufmanns, der im Auftrag der Regierung in die Handelskolonie von Bougie in Algerien geschickt worden war und dort den indisch-arabischen Zahlen und allen möglichen weiteren Details der arabischen Mathematik begegnet war (siehe Kapitel zwölf), hatte zwar nie großen Einfluss auf die Entwicklung der mathematischen Theorie an den Universitäten, dafür umso mehr auf die Rechenweisen der Geschäftsleute in der italienischen Renaissance. Etwa zwei Jahre lang lernte jeder Mittelstufenschüler das Abakusrechnen. Niccolò Machiavelli zum Beispiel wurde im Alter von zehn Jahren und acht Monaten in einer *scuola d'abaco* eingeschrieben und verbrachte dort zweiundzwanzig Monate. Fast alle Jungen waren beim Eintritt in eine solche Schule zwischen elf und vierzehn Jahren alt. Manchmal wurden die Abakuslehrer von den Magistraten eingestellt, manchmal arbeiteten sie unabhängig. Doch wie wichtig man ihre Fähigkeiten in jedem Fall fand, wird deutlich, wenn man bedenkt, dass sogar Leon Battista Alberti in seinen Traktaten *Della Famiglia (Vom Hauswesen)* ein Abakusstudium für die Söhne empfahl: Neben dem Erwerb einer literarischen Bildung sollten sie »rechnen lernen und so viel als nötig von der Geometrie… Dann sollen sie sich wieder den Dichtern, den Rednern, den Philosophen zuwenden.« Das Abakusrechnen bestand aus den arithmetischen Grundlagen, Fingerrechnen, Buchführung, Zinsberechnung, dem Auswendiglernen des Einmaleins, etwas Geometrie und, als Kern des Ganzen, der Behandlung von rund zweihundert mathematischen Problemlösungen aus Bereichen, die in jedem Betrieb zum Tragen kamen – Maße und Gewichte, Währungsumrechnungen, Anteilsberechnungen bei Geschäftspartnerschaften, Beteiligungen, Hypotheken und schließlich doppelte Buchführung. Solche Rechentraktate, vor allem wenn sie im Zusammenhang mit Handelsaktivitäten standen, dienten auch nach dem Schulabschluss noch als Nachschlagewerke: Wenn ein Kaufmann eine Lösung für ein Problem suchte, durchforstete er ein Traktat so lange, bis er ein annähernd vergleichbares Beispiel gefunden hatte. Diese Bücher lehrten außerdem, wie man ein Geschäft gut führt, etwa indem sie dem Nutzer beibrachten, dass sämtliche Papiere eines Finanzjahrs zu einem handlichen Bündel geschnürt werden sollten, oder erklärten, wie man Aufzeichnungen in Streitfällen führt, anstehende Erbfragen behandelt und Ähnliches mehr. Auf den »gerechten Preis« gingen sie allerdings nicht ein.[8]

Aber auch für diese Schulen gilt, dass wir nicht mehr hineininterpretieren sollten, als vorhanden war. Allerdings dürfen wir nicht übersehen, dass hier zum ersten Mal eine Kultur routinemäßig und systematisch für eine betriebswirtschaftliche Ausbildung ihrer Kinder oder Heranwachsenden sorgte. Das Feuerwerk an Phantasie, das wir aus der Renaissance kennen, beruhte nicht nur auf dem kommerziellen Wohlstand, sondern auch auf all den rechnerischen Fähigkeiten und fundierten Unternehmerkenntnissen, die im Italien des 14., 15. und 16. Jahrhunderts zum integralen Bestandteil der Schulausbildung geworden waren und deren Beitrag wir weder übergehen noch schmälern sollten.

*

Florenz hob sich von den übrigen italienischen Stadtstaaten ab. Mit seinen rund fünfundneunzigtausend Einwohnern war es etwa halb so groß wie Mailand, Venedig oder Paris und ungefähr so groß wie Genua oder Neapel.[9] Da die Stadt ein gutes Stück vom Meer entfernt lag, besaß sie zwar keinen Hafen, hatte dafür aber bis Ende des 15. Jahrhunderts gelernt, all das, was Mailand oder Venedig an Handwerkskunst aufzubieten hatten, durch die Beherrschung des Bankenwesens zu ergänzen. Es gab zweihundertsiebzig Tuchmacher, vierundachtzig Tischler- und Intarsienwerkstätten, dreiundachtzig Seidenweber, vierundsiebzig Goldschmiede und vierundfünfzig Steinmetze. Wie es zeitgenössischen Schilderungen zu entnehmen ist, verfügten die vielen neuen Stadtpaläste alle über moderne Rohrleitungen, außerdem lassen sich jede Menge Hinweise auf die Existenz von Quellen, Zisternen, Klärgruben und Latrinen finden. Die Straßen waren ordentlich gepflastert, Abwasserkanäle leiteten den Schmutz in den Arno.[10] An all diesen Dingen lässt sich erkennen, dass die Florentiner Wirtschaft zwischen dem 12. und 14. Jahrhundert auf eine Weise gewachsen war, die sich mit keiner anderen Stadt vergleichen ließ. Die wirtschaftliche Basis waren der Textilhandel, die Textilindustrie und das Bankenwesen. Italien, besonders aber Florenz, war der Hort einer kommerziellen Revolution, die auf dem Handel und vor allem auf internationalen Handelsgeschäften beruhte.[11] Die Familie Bardi zum Beispiel verfügte Mitte des 14. Jahrhunderts über Handelsvertretungen in Sevilla, auf Mallorca, in Barcelona, Marseille, Nizza, Avignon, Paris, Lyon, Brügge, auf Zypern, in Konstantinopel und in Jerusalem. Die Familie Datini trieb Handel mit zweihundert Städten zwischen Edinburgh und Beirut.[12] Robert Lopez schreibt, dass kein zweiter ökonomischer Umbruch solche Auswirkungen auf die übrige Welt gehabt habe, »außer vielleicht die industrielle Revolution im 18. Jahrhundert... Man darf wohl ohne Übertreibung sagen, dass Italien bei diesem ersten großen kapitalistischen Umsturz die gleiche Rolle spielte wie England beim zweiten vierhundert Jahre später«.[13]

Es gab zwar auch technische Fortschritte, zum Beispiel die Erfindung der Karavelle und der beweglichen Fock im Schiffsbau, doch im Grunde ging bei dieser kommerziellen Revolution alles um Organisation. »Der primitive Drang nach Profit wurde durch Zweckdienlichkeit, Berechenbarkeit und die rationale langfristige Planung ersetzt.«[14] Das Buchgeld wurde etwa um die gleiche Zeit erfunden wie die doppelte Buchführung, auch die Seeversicherung wurde in den blühenden Handelsstädten der Toskana geboren. Und weil die Berechnung von Frachttarifen damit schwieriger wurde, mehrte sich auch die Büroarbeit. Die Geschäftsunterlagen der Familie Datini, die im Staatsarchiv von Prato verwahrt werden, umfassen über fünfhundert Rechnungsbücher und hundertzwanzigtausend Schreiben aus den Jahren 1382 bis 1410 – das heißt, es wurden durchschnittlich 4285 Briefe pro Jahr beziehungsweise zwölf pro Tag geschrieben. »Schreiben wurde zur Basis aller Aktivitäten.«[15]

Sehen wir hier also die Geburt des Kapitalismus vor uns? Ja, und zwar insofern, als es um die ständige Akkumulation von Kapital, die zunehmende Nutzung von Krediten, die Abspaltung des Betriebsmanagements von der Kapitaleignerschaft und um die Arbeitskraft ging. Ja, auch insofern, als bewusste Versuche unternommen wurden, den Markt mit Hilfe von Aktivitäten größeren Ausmaßes zu erweitern. Und, ja, auch im Hinblick auf die selbstbewusste Art, mit der junge Menschen in den nötigen kaufmännischen Techniken ausgebildet wurden – wenn auch natürlich in noch wesentlich geringerem Umfang als heute.[16]

Das vielleicht sichtbarste Anzeichen für die Existenz eines Kapitalismus war jedoch das zweite Standbein der Florentiner Ökonomie: das Bankenwesen, das ja an sich schon eine wirtschaftliche Revolution dargestellt hatte. Das späte 13. und das 14. Jahrhundert erlebten den Aufstieg der großen Bankiersfamilien Acciaiuoli, Amieri, Bardi, Penizzi oder Scali, die bis etwa 1350 ein Filialnetzwerk über die wichtigen Handelszentren zogen – Brügge, Paris (zwanzig Häuser im Jahr 1292), London (vierzehn Häuser). Es waren beinahe schon alle modernen Bankenoperationen eingeführt, vom Devisentausch über Depositengeschäfte oder Depotübertragungen bis hin zu Zins- und Kontokorrentkrediten. Die Nachfrage erfolgte im Wesentlichen durch die relativ kleine Gruppe der superreichen europäischen Fürsten, deren leidenschaftlicher Geltungskonsum einen riesigen Bedarf an Luxusgütern – vor allem an Tuchwaren – und deshalb an den Diensten von Banken schuf. Nach Meinung von Richard Goldtwaithe könnte man diese wenigen Adelshäuser tatsächlich als die Schöpfer der Renaissance bezeichnen.[17]

Je mehr Menschen im Handel beschäftigt waren, desto deutlicher wurde der Wohlstand (im Gegensatz zum gesellschaftlichen Stand der Geburt) zum wesentlichen Merkmal von Klassenunterschieden. Kaufleute und sogar schlichte Geschäftsleute wurden geadelt, sofern sie nur reich genug waren; flugs ahmten sie dann die alte Aristokratie nach, bauten sich ebenfalls Paläste und erwarben Landgüter. Peter Burke meint, dass es diese Vermischung von altem Adel und neuer Geldbourgeoisie war, die schließlich zur Verschmelzung der Werte und spezifischen Merkmale führte: Die militärisch geschulte Courage des Adels verbündete sich mit der kaufmännischen Berechnung des Bürgertums; heraus kam ein neuer, militant kaufmännischer Unternehmergeist, der sich zuerst auf den Seehandel niederschlug, dann aber auf den ruhigeren und weniger abenteuerlichen Binnenhandel konzentrierte. Doch es war dieser freibeuterische Geist, der die große kommerzielle Revolution auslöste.[18]

Die Verbindung des Adels mit dem Bürgertum war auch der Auslöser für die Evolution einer höchst gebildeten und rationalen urbanen Elite, die eine ganz neue Ordnung verkörperte, charakterisiert durch die doppelte Buchführung, die mechanische Uhr und die weitgehende Verwendung von indisch-arabischen Zahlen. Trotzdem war es noch eine Handwerkergesellschaft: Geistige Aktivitäten blieben auf das rein Funktionale beschränkt, das heißt, sie dienten immer einem bestimmten beruflichen Zweck oder waren darauf ausgerichtet, gesellschaftliche Bedürfnisse in einer säkularen Welt zu befriedigen. In psychologischer Hinsicht wurde damit der Kult um *virtù* befördert: Das Ideal war ein Menschentyp, der sich über alle religiösen Traditionen erhob und nur auf sich selbst verließ – eine nicht ganz zufällige Ähnlichkeit mit der griechischen Heldenidee.[19] Das Leben von Individuen, die sich bewusst waren, dass sie sich auf die eigenen Stärken verlassen mussten, die sich der Überlegenheit der Ratio über die Werte der Tradition gewiss waren und die die Verwaltung von Zeit und Geld für eine Schlüsselfunktion hielten, nahm nun eine wesentlich schnellere Gangart an. In Italien schlugen die Uhren jetzt vierundzwanzig Stunden am Tag.

All das erklärt zwar, weshalb sich in Florenz so viel Reichtum ansammeln konnte, aber nicht, weshalb dieser Reichtum eine derartige kulturelle Explosion auslöste. Peter Hall, ein Experte für Stadtentwicklungen, beantwortet das mit dem Hinweis, dass »die für den Wohlstand verantwortlichen Macher und die Intellektuellen alle aus ein und denselben Familien stammten« (wie schon im antiken Athen und wie es auch im Wien des 19. Jahrhunderts wieder der Fall sein sollte). Demnach war der

Adel nicht mehr nur der Förderer von Kunst und Bildung, sondern selbst direkt involviert. »Beinahe jede prominente Familie hatte einen Anwalt oder Kleriker in den eigenen Reihen, viele sogar einen humanistischen Gelehrten... Cosimo de' Medici war Bankier, Staatsmann, Gelehrter und Freund wie Förderer von Humanisten (Bruni, Niccoli, Marsuppini, Poggio), Künstlern (Donatello, Brunelleschi, Michelozzo) und gebildeten Klerikern (Ambrogio Traversari, Papst Nikolaus V.).« Und auf dieser Grundlage begannen sich nun auch die Muster der Künstlerförderung zu verändern und zu erweitern. Von rund zweitausend datierten Gemälden, die zwischen 1420 und 1539 in Italien entstanden, stellen siebenundachtzig Prozent religiöse Themen dar, davon wiederum die Hälfte die Jungfrau Maria, ein Viertel Christus und der Rest diverse Heilige. Doch es lag bereits Veränderung in der Luft. Das erste Anzeichen dafür war, dass sakrale Kunstwerke immer seltener von Kirchenbehörden und immer öfter von den großen geistlichen Oratorien oder von privaten Förderern in Auftrag gegeben wurden. Und es waren die neureichen Bürger, aber nicht mehr die Kleriker, die nun die leitenden Künstler auswählten und mit ihnen die Planungsdetails für einen Dom oder eine Kirche besprachen.

Der nächste Umbruch erfolgte, als sich die weltlichen Gönner von der Errichtung kirchlicher Bauten ab- und dem Bau von öffentlichen Gebäuden zuwandten. Mehrere große Künstler aus dem 14. Jahrhundert – zum Beispiel Giotto, Duccio oder Ambrogio Lorenzetti – verbrachten einen Großteil ihrer Karrieren im Dienste des Staates. Und mit diesem Wandel ging auch die Einführung von neuen säkularen Themen in die Kunst einher, an erster Stelle die des narrativen Elements in die Trecento-Kunst.

Der dritte Wandel betraf den Status von Kunst und Künstler. In der Frührenaissance war die Kunst – wie einst in Athen – noch als reines Handwerk betrachtet worden. Ein Gemälde war ein Gebrauchsgegenstand, der für einen bestimmten Altar in Auftrag gegeben wurde; eine Skulptur sollte irgendeine Nische ausfüllen. Doch mit der steigenden Nachfrage im 14. und 15. Jahrhundert wurde den italienischen Kunsthandwerkern klar, dass sie nicht nur neue Ideen entwickeln, sondern vor allem auch beweisen mussten, dass sie die neuen Erkenntnisse über Perspektive, Anatomie, Optik und klassische Kunst verinnerlicht hatten und sogar mit den entsprechenden Theorien vertraut waren. So entstand der Kunstmarkt, »jetzt und für alle Zeit«: Zuerst war es nur ein Markt für Kirchen- und Konventsgebäude gewesen, ab Mitte des 14. Jahrhunderts aber auch für eine Kunst, die das individuelle Ambiente schmücken sollte.[20] Künstler gingen nun sogar selbst auf Kundenfang, doch der Patron hatte oft beträchtlichen Einfluss auf das fertige Werk. Künstlerverträge wurden in jeder Hinsicht zu Geschäftsdokumenten: Sie spezifizierten die zu verwendenden Materialien, setzten Preis, Liefertermin und Größe fest, bestimmten, wie viele Assistenten beteiligt und welche Details in das Werk einbezogen werden sollten (Cherubine und Lapislazuli kosteten extra), oder legten fest, dass nur der Meister selbst an einem Auftrag arbeiten durfte. Der Vertrag, der 1485 zwischen Giovanni d'Agnolo dei Bardi und Botticelli für ein Altarbild geschlossen wurde, wies so und so viel für die Farben und so und so viel für seinen Pinselstrich aus *(pel suo penello)*; der Vertrag, der 1445 mit Piero della Francesca für seine *Madonna della Misericordia* abgeschlossen wurde, hält in italienischer Sprache fest, dass »kein anderer Maler als Piero selbst Hand an den Pinsel legen darf«.[21] Das beste Beispiel war vielleicht Giotto, ein äußerst erfolgreicher Geschäftsmann, bei dem sich ungemeine künstlerische Gaben mit einem ausgeprägten Geschäftssinn gepaart zu haben scheinen, denn im Jahr 1314 beschäftigte er nicht weniger als sechs Notare mit der Wahrung seiner Geschäftsinteressen.[22]

Entsprechend begannen die Künstler ihre Werke nun mit einer eigenen Marke zu versehen und die Familienmitglieder ihrer Gönner ebenso häufig in ihren Gemälden darzustellen wie sich selbst. Benozzo Gozzoli zum Beispiel verewigte sich in seinem Gemälde *Zug der Heiligen Drei Könige* (1459), Botticelli findet man in seiner *Anbetung der Könige* (ca. 1472/75). Im 15. Jahrhundert veränderte sich der gesellschaftliche Status des Künstlers also deutlich. Sowohl Ghiberti als auch Brunelleschi hatten wichtige Verwaltungsposten in Florenz inne, Letzterer war sogar Mitglied der Signoria. Das öffentliche Ansehen des Künstlers stieg immer mehr. Im 16. Jahrhundert – in dem man Michaelangelo mit dem Beinamen »der Göttliche« bedachte – konnte die Verehrung eines Künstlers schließlich geradezu in Beweihräucherung ausarten. Das grundlegend neue Element im Kunstverständnis der Renaissance war jedoch, wie der Kunsthistoriker Arnold Hauser schrieb, die Entdeckung des »Genies«, eines bis dato völlig unbekannten und aus Sicht des Mittelalters letztlich auch unvorstellbaren Konzepts, da geistiger Originalität und Spontaneität damals noch keinerlei Wert beigemessen wurde und der Künstler letztlich nur zu Imitationen ermuntert worden war. Das Plagiat galt als völlig zulässig, geistiger Wettbewerb als wenig erstrebenswert. Die Idee vom Genie war natürlich das logische Resultat des neuen Kultes um die Individualität, die nun in einem freien Wettbewerb auf einem freien Markt ihren Siegeszug antrat.[23]

Eng mit dieser neuen Befindlichkeit ging auch ein architektonischer Umbruch einher. Irgendwann nach 1450 begannen Baumeister die Fassaden der neuen Bürgerhäuser kunstvoller zu gestalten, um sie von den benachbarten Häusern aus dem Mittelalter abzuheben und ihnen den jeweils eigenen Stempel aufzudrücken. Die Residenzen wurden mit immer eindrucksvolleren Portalen ausgestattet, und immer mehr Händler wurden von den Straßen vertrieben, damit die Welt sehen konnte, *wie* exklusiv man wohnte. Doch auch die Inneneinrichtung begann sich seit ungefähr 1450 zu verändern. Nun wurde es Mode, Interieurs ihres künstlerischen Wertes und nicht mehr nur ihrer Nützlichkeit wegen zu erstehen. Dazu zählten auch ältere Kunstwerke, denn wer eine Kunstsammlung sein Eigen nennen konnte, bewies natürlich künstlerischen Feingeist und kunsthistorisches Wissen. Die *gentilezza* oder der Feinsinn wurde zum auslösenden Moment für den Kauf des richtigen Tafelgeschirrs, Musikinstruments oder Kunstwerks.[24]

Der Aufstieg des Bildungsbürgertums und des Künstlers gingen Hand in Hand. Kirchenmänner und Adlige waren nicht mehr die einzigen oder gar entscheidenden Kunstmäzene. Noch war das Sammeln von Kunst auf eine Minderheit beschränkt, aber die war schon bei weitem größer als je zuvor. In der zweiten Hälfte des 15. Jahrhunderts begannen die Preise für Kunstwerke stetig zu steigen. Und seit man 1480 den Künstlern Adelstitel zu verleihen begann, durften auch Maler und Bildhauer wie Raffael oder Baldassare Peruzzi auf Reichtum hoffen.

*

Der zweite entscheidende Wandel in der Renaissance ergab sich nach Meinung von Hans Baron, weil man sich von der mittelalterlichen Vorstellung der Entsagung zu verabschieden begann – und das war vor allem ein Erfolg der Idee vom Genius. »Der Mönch monopolisierte die Tugend nicht mehr.« Nun war das Ideal Aristoteles, der Mann, von dem es in Italien hieß, dass er nichts als »la casa, la possessione e la bottega« zu seinem Glück gebraucht habe. Wie schon die Griechen, so verehrten nun auch die Florentiner die Leistung per se und begannen das Leben als einen Wettlauf zu betrachten. Nun galt nicht mehr, was Thomas von Aquin einst festgestellt hatte, nämlich dass ein jeder seinen angestammten Platz im Leben habe.[25] Berechnung war zu einem festen Bestandteil des urbanen Alltags in Italien geworden: Rechnerische Fähigkeiten waren weit verbreitet; Zeit war kostbar und musste mit Hilfe von rationaler Planung sinnvoll ausgefüllt werden; wirtschaftlich berechnendes Denken war die Regel. »Alle humanistischen Spekulationen im Florenz des frühen 15. Jahrhunderts tendierten dazu, sich mit dem Hier und Jetzt zu arrangieren und die Entsagung, die bis dahin offiziell mit dem christlichen Glauben verbunden worden war, implizit und manchmal auch sehr explizit abzulehnen.«[26] Plötzlich gab es die unterschiedlichsten Weltanschauungen, und genau das sollte dann vermutlich zu den vielen geistigen Innovationen stimulieren.

Der neue Humanismus, dem wir uns gleich zuwenden werden, war im Wesentlichen eine Alternative zur göttlichen Ordnung gewesen, an deren Stelle er nun eine rationale und auf praktischer Erfahrung beruhende Struktur setzte. »Es war, als stellte die Welt eine einzige große mathematische Einheit mit abstrakten, austauschbaren, messbaren und allem voran unpersönlichen Größen dar.« Rechtschaffenheit und Tugendhaftigkeit waren zu etwas rein Persönlichem geworden, das man durch eigenes

Streben erlangte und das nichts mit den Vorrechten zu tun hatte, die ein hoher Stand von Geburt oder ein ererbter Besitz gewährten, geschweige denn mit irgendwelchen übernatürlichen Kräften. Es war die Antike, die die Grundlagen für diesen Denkansatz erschaffen hatte, also begann man sich außerhalb der Kirche nun auch im großen Ganzen von der Scholastik zu verabschieden. Der Raum, den die Kirche durch diese Abkehr verlor, wurde größtenteils durch den Staat neu besetzt. Jacob Burckhardt bemerkte in seiner berühmten Studie über die Kultur der italienischen Renaissance: Es »erscheint der moderne europäische Staatsgeist zum erstenmal frei seinen eigenen Antrieben hingegeben... da tritt ein neues Lebendiges in die Geschichte: der Staat als berechnete, bewußte Schöpfung, als Kunstwerk«.[27]

*

Die New Yorker Soziologin Janet Abu-Lughod stellt in ihrer Studie *Before European Hegemony* fest, dass im 13. Jahrhundert »eine Vielzahl von protokapitalistischen Systemen in den unterschiedlichsten Regionen der Welt koexistierten, jedoch keines mit ausreichender Macht, um die anderen zu überflügeln«. Die im 14. Jahrhundert aufkommende Beulenpest zählte sie wie gesagt zu den Faktoren, die den fernöstlichen Handelsnetzwerken unverhältnismäßig mehr Nachteile beschert hatten als den europäischen. Deshalb müsse auch diese Epidemie als Erklärung für den Aufstieg des Westens herangezogen werden. Nun spielte die Pest zwar gewiss eine Rolle, und mit Sicherheit keine geringe, doch Abu-Lughods rein ökonomische Analyse vernachlässigt den Beitrag, den ein psychologischer und intellektueller Wertewandel leistete, der ebenfalls im 14. Jahrhundert in Italien beziehungsweise in Florenz einsetzte: der Advent des Humanismus und der Aufstieg des Individualismus.[28]

Der erste Rang unter den Persönlichkeiten des Renaissance-Humanismus gebührt Petrarca (1304–1374). Er war der Erste gewesen, der das Mittelalter als ein »finsteres Zeitalter« gedeutet und erkannt hatte, dass von seiner Zeit aus betrachtet ungefähr tausend Jahre lang eine Periode des Niedergangs geherrscht hatte, in welcher der Ruhm und das Licht von Rom und Athen verblasst waren. In seinem Heldenepos *Africa*, das er über den römischen Eroberer Scipio Africanus schrieb, gelang Petrarca das Kunststück, rückblickend einen historischen Wendepunkt vorauszusagen:

... Poterunt discussis forte tenebris
Ad purum priscumque iubar remeare nepotes.
Tunc Elicona noua reuirentem stirpe uidebis,
Tunc lauros frondere sacras; tunc alta resurgent
Ingenia atque animi dociles, quibus ardor honesti
Pyeridum studii ueterem geminabit amorem.

Erst wenn sich die Finsternis verzieht, werden die Enkel wieder im reinen Licht der Vergangenheit wandeln können. Es werden der Helikon wieder ergrünen im frischen Wuchs, der heilige Lorbeer erblühen, sich wieder große Talente erheben, empfindsame Seelen die Musen inbrünstig studieren und die alte Liebe um ein Vielfaches inniger.[29]

*

Petrarca gehörte natürlich zu den Glücklichen einer Zeit, die die Früchte der scholastischen Bemühungen ernten konnte. Denn die Klassiker waren ja im Lauf der vorangegangen Jahrhunderte wiederentdeckt und übersetzt worden. Nur betrachtete er sie eben mit ganz anderen Augen. Die Gelehrten des Hochmittelalters, an ihrer Spitze Thomas von Aquin, hatten sich auf die aristotelischen Werke konzentriert und versucht, sie mit der christlichen Botschaft in Einklang zu bringen. Petrarca sorgte nun für eine Innovation, die gleich in zweierlei Hinsicht eine Neuerung darstellte: Statt sich mit der Wissenschaft und Logik von Aristoteles unter dem Aspekt einer Christianisierung des wiederentdeckten Wissens zu befassen, behandelte er die Dichtung, Geschichtsschreibung, Philosophie und alle anderen klassischen Gebiete als »strahlende Beispiele« einer früheren Kultur, die *nach eigenem Recht* Gültigkeit hatte und auch nur als solche betrachtet werden sollte. Das Abendland hatte seiner Meinung nach nur vergessen, wie originell diese grandiose frühere Epoche gewesen war, deshalb betrachtete er es nun als seine Aufgabe, den ureigenen Wert ihrer imaginativen Kraft deutlich zu machen. Auf diese Weise, schreibt Richard Tarnas, begann Petrarca mit dem Projekt der Umerziehung des Abendlands.[30]

Angesichts der Welt, die um ihn herrschte, hielt jedoch sogar noch Petrarca das Christentum für die göttliche Erfüllung allen Denkens. Allerdings fügte er dieser Vorstellung die Idee an, dass Leben und Denken nie etwas Eindimensionales seien und die Beschäftigung mit der Antike von so großem Wert sei, weil sie die höchste Lebensform vor der Ankunft Christi auf Erden darstellte. Er forderte seine Zeitgenossen also zu einem Rückblick auf, und damit regte er sie zugleich zu einer neuerlichen Suche nach den verlorenen Texten der Antike an. Da war es ein Glück für den Westen, dass dieses Vorhaben just mit einer Phase des Umbruchs in Konstantinopel einherging. Denn nach der türkischen Invasion (Konstantinopel fiel 1453) hatten viele Gelehrte die Stadt verlassen und waren in Richtung Westen und vor allem nach Italien geflohen. Und in ihrem Gepäck befanden sich neben vielen anderen wertvollen Dingen auch Platons *Dialoge*, Plotins *Enneaden* und griechische Traktate aus der platonischen Tradition. Mit dieser Geschichte war nun Petrarcas zweite große Leistung verbunden, nämlich, dass er zur Neuentdeckung Platons anregte, und zwar in einem Maße, das sich nur mit der Wiederbelebung der aristotelischen Schriften im 12. Jahrhundert vergleichen lässt. Zu Petrarcas Lebzeiten im 14. Jahrhundert hatten die noch unbekannten Schriften Platons den Westen zwar noch nicht erreicht, doch allein schon die ihm bekannten Texte hatten ihn von jeher fasziniert. Und nur weil die griechischen Originaltexte erst im frühen 15. Jahrhundert eintreffen sollten (vor 1450 beherrschten ohnedies nur sehr wenige Menschen im Westen die griechische Sprache), blieb es anderen Humanisten überlassen – Männern wie Marsilio Ficino und Pico della Mirandola –, in Petrarcas Fußstapfen zu treten und ihren Zeitgenossen diese Ideen vorzustellen.

Der Aristotelismus war dem Denken der Scholastiker förderlich gewesen; der Platonismus versorgte nun die Humanisten mit der Weltanschauung, die genau den Wandel förderte, den sie herbeizuführen versuchten. Die entscheidende Idee des Platonismus war die Vorstellung, dass dem menschlichen Geist das Bild Gottes eingeprägt sei und es daher eine »Gottähnlichkeit des Wissens« gebe, wie William Kerrigan und Gordon Braden es so schön formulierten. Noch bedeutender aber war die Vorstellung, »dass Schönheit ein wesentliches Element bei der Suche nach der höchsten Wirklichkeit sei, dass Vorstellungskraft und Vision bei diesem Streben von noch größerer Bedeutung seien als Logik und Dogma, dass der Mensch ein unmittelbares Wissen von den göttlichen Dingen erwerben könne – solche Ideen waren für die erwachende neue Befindlichkeit in Europa von enormer Anziehungskraft«.[31] Außerdem war Platons flüssiger Stil wesentlich attraktiver als die reine Notizsprache von Aristoteles, auf der die Wiederbelebung der Klassik im 12. Jahrhundert beruht hatte. Auch das trug zur neuen Befindlichkeit bei. Viele Gelehrte glaubten zwar, dass Platons Darstellungen von Aristoteles höchst ungenau gewesen seien, trotzdem hielten die beiden Humanisten Coluccio Salutati und Niccolò Niccoli Platon für den überragenderen Denker. Doch *das* Ideal, dem es nachzueifern galt, war für sie die sokratische Eloquenz. Leonardo Brunis Werk, das den Humanismus und die stilistische Ästhetik von Sokrates, Platon und Cicero feierte, wurde zum Verkaufsschlager – zweihundertfünfzig Pergamente dieser Handschrift haben bis heute überlebt.[32] Hans Baron nannte Brunis *Dialogi ad Petrum Paulum Histrum* »die Geburtsurkunde einer neuen Epoche«.[33]

Die Scholastik, die nun seit Thomas von Aquin, also seit zweihundert Jahren geherrscht hatte, begann zu verknöchern. Während die Gelehrten darüber stritten, was Thomas und die anderen Lehrer des Mittelalters wirklich gemeint haben könnten, blieben die Scholastiker an den Universitäten unbeugsam und stur. Deshalb war es auch kein Zufall, dass die Platonische Akademie in der zweiten Hälfte des 15. Jahrhunderts weder direkt in Florenz gegründet wurde noch an der Universität tagte, sondern sich dank der privaten Schirmherrschaft von Cosimo de' Medici und unter der Leitung des Rhetorikers und Mediziners Marsilio Ficino (dessen

Vater Cosimos Leibarzt gewesen war) vor den Toren von Florenz zusammenfand. Hier, in dieser ungezwungenen Atmosphäre, sollten die traditionellen Vorstellungen von Bildung und Ausbildung nun völlig umgestoßen werden. Jedes Jahr fanden zu Ehren von Platons Geburtstag große Bankette statt; vor seiner Büste brannte immer eine Kerze; und Ficino sollte schließlich die erste vollständige Platonübersetzung in lateinischer Sprache erstellen.[34]

Im Platonismus oder Neuplatonismus erkannten die Humanisten eine geistige Strömung, die mindestens so alt war wie das Christentum und diesem in vieler Hinsicht ähnlich schien. Das warf nun wieder ein ganz neues Licht auf den christlichen Glauben. Das Christentum mochte zwar nach wie vor als der höchste Ausdruck des göttlichen Planes für diese Welt betrachtet werden, doch allein schon die Existenz des Platonismus legte nahe, dass es nicht der einzige Ausdruck einer tieferer Wahrheit sein konnte. Deshalb machten die Humanisten auch nicht bei der griechischen Literatur Halt. Die Platonische Akademie von Florenz (beziehungsweise von Careggi vor den Toren der Stadt) trieb alle phantasiebegabten Menschen an, geistige und spirituelle Ideen weiterzuverfolgen, wo immer sie sich auftreiben ließen, ob in den Schriften aus Ägypten und Mesopotamien, ob im Zoroastrismus oder in der jüdischen Kabbala. Der entscheidende Punkt beim neuplatonischen Denken – in dem sich die Ideen von Plotin ebenso wiederfanden wie die von Platon – war die Vorstellung, dass die Natur durchdrungen sei von Göttlichkeit, dass jedes Ding und Wesen von Gott angehaucht, ja verzaubert sei und dass man Gottes Plan mit großer Umsicht und der Hilfe von Zahlen, Geometrie, Form und allem voran der Schönheit entziffern und seine Botschaft enthüllen könne. Der Platonismus lehrte ein *ästhetisches* Verständnis von der Natur, was sowohl die Blüte der Kunst als auch den verbesserten Status des Künstlers in der Renaissance erklärt. Marsilio Ficino zum Beispiel behauptete in seiner Schrift *Theologia Platonica de immortalitate animae*, dass der Mensch über »fast den gleichen Genius wie der Schöpfer des Firmaments« verfüge.[35]

Da der Platonismus die Ästhetik höher schätzte als fast alles andere, wurde natürlich auch die Phantasie höher eingestuft als der aristotelische Wert der direkten Beobachtung – oder wie wir sagen würden: als der wissenschaftlichen Forschung. Von der metaphysischen Wahrheit, die Gott dem menschlichen Genius mittels Zahlen, Geometrie und Intuition offenbarte, erwartete man sich einen wesentlich besseren Zugang zum höchsten Wissen. Deshalb kehrte – Hand in Hand mit der Schicksalsdeutung durch Gestirne und Tierkreiszeichen und jeweils begleitet von der zugehörigen mystischen Zahlenkunde – auch die Astrologie zurück. Die alten griechisch-römischen Götter waren zwar nicht von der Erhabenheit des jüdisch-christlichen Gottes, trotzdem brachte man der klassischen

Mythologie großen Respekt entgegen und räumte ihr auch im Alltag einen neuen Stellenwert ein: Man betrachtete sie mit viel Verständnis als die religiöse Wahrheit von Menschen, die vor der Inkarnation gelebt hatten; ja, man war sogar in froher Erwartung eines neuen goldenen Zeitalters, dessen Glaube eine Mischung aus Christentum und Platonismus sein würde.[36]

Die Rolle, die der wachsende Wohlstand bei dem gesamten Geschehen spielte, sollte nicht unterschätzt werden. Wie ein Historiker schrieb, lebte »der Renaissance-Mensch sozusagen zwischen den Welten... Er schwebte zwischen Glauben und Wissen. Als sich der Griff des mittelalterlichen Glaubens um das Übernatürliche zu lockern begann, traten die weltlichen Interessen der Menschen mehr in den Vordergrund. Die Fakten des individuell Erlebten hienieden wurden interessanter als das schemenhafte Leben im Jenseits. Gottvertrauen und Glaube schwächten sich ab. Die gegenwärtige Welt wurde zum Selbstzweck, statt ausschließlich als Vorbereitung auf die kommende Welt wahrgenommen zu werden.«[37] Ganz eindeutig trug auch das Anwachsen des Wohlstands zu dieser neuen Weltanschauung bei – die derselbe Historiker als einen der drei großen historischen Befindlichkeitswandel identifizierte (die beiden anderen waren »das Auftreten des ethischen Monotheismus um das Jahr 600 v. d. Z. ... und der Umbruch, den Darwin Mitte des 19. Jahrhunderts verursachen sollte«). Nach dieser Lesart ist die Renaissance also als eine Verflechtung von drei Strömungen zu verstehen, die als Ganzes zu der neuen Befindlichkeit führten: Humanismus, Kapitalismus und ästhetische Bewegung, jener Schönheitskult also, welcher zu einer künstlerischen Blüte führen sollte, wie sie die Welt bis dahin nicht gesehen hatte. Der Kapitalismus, der heute ebenso als eine Form der Selbstverwirklichung wie als eine ökonomische Bewegung verstanden wird, hätte ohne die humanistischen Ideen vom Primat des »Diesseits« nicht reifen können; und die künstlerische Blüte wäre ohne die großen Vermögen, die von den ersten Kapitalisten aufgebaut worden waren, nicht möglich gewesen.

Der Humanismus befasste sich weniger mit der Wiederentdeckung der antiken Wissenschaft als mit einer Rekreation von paganen Werten – den säkularen Weltbildern der Griechen und Römer –, die den Menschen zum Maß aller Dinge gemacht hatten. Petrarca war wie gesagt als Erstem bewusst geworden, dass dieses Weltbild rund tausend Jahre in der Versenkung verschwunden gewesen war, nämlich seit sich Christen die Warnungen von Augustinus zu Herzen genommen und sich davor zu fürchten begonnen hatten, sich allzu sehr auf weltliche Dinge einzulassen, um nicht Gefahr zu laufen, dass ihnen das neue Jerusalem (eher die Wohnstätte der Menschen als die Stadt Gottes) dereinst versagt bleiben würde.[38] In der Antike oder Klassik war man mehr an einem glücklichen und von Erfolg gekrönten Leben im Hier und Jetzt als an der ewigen Bestimmung der Seele interessiert gewesen; auch bei der klassischen Philosophie war es mehr um ein erfolgreiches Leben hienieden als im Jenseits gegangen. Die Humanisten machten sich das zu Eigen. Hier zum Beispiel Erasmus: »... nichts, was fromm ist und zu guten Sitten beiträgt, soll man heidnisch nennen. Der Heiligen Schrift gebührt zwar überall das höchste Ansehen, gleichwohl stoße ich bisweilen teils auf Aussprüche der Alten, teils auf Schriften der Heiden, auch von Dichtern, die so rein, so ehrwürdig und so vortrefflich sind, daß ich nicht glauben kann, daß ihren Verstand, als sie das schrieben, nicht irgendein gutes Wesen lenkte... Ich bekenne bei Freunden meine Neigung: Ich kann Ciceros Schriften über das Alter, über die Freundschaft ... nicht lesen, ohne daß ich das Buch mehr als einmal küßte.«[39] Erasmus fand es nicht einmal blasphemisch, Sokrates oder Cicero als Heilige darzustellen.

Im Zentrum des humanistischen Ideals stand die Vorstellung, dass sich in Italien eine Aristokratie herangebildet habe, die durch ihre Ästhetik und Bildung, nicht aber durch ererbte Privilegien, Landbesitz oder gar Geld geadelt wurde. Sie bezog ihre Berechtigung aus ihrem kulturellen Verständnis und aus ihren eigenen künstlerischen und geistigen Leistungen; und sie schätzte nichts so sehr wie die Selbstverwirklichung. Es gab wahrscheinlich keine zweite Epoche, in der die Lehre von den Gesetzmäßigkeiten des Schönen einen solchen Höhepunkt erlebte wie in der Renaissance (wiewohl Ernst Cassirer behauptete, dass sich das 18. Jahrhundert dieses Erfahrungsaspekts noch bewusster gewesen sei). Jedenfalls war man davon überzeugt, dass Dichtung und Kunst alle Geheimnisse der natürlichen Harmonie in sich bergen. (In den Kapiteln 19 und 29 werden wir ausführlicher darauf eingehen.)

*

Während der intellektuellen Revolution im Hochmittelalter war wie gesagt auch nachgewiesen worden, dass die Autoritäten des Altertums untereinander oft uneins gewesen waren und dass sie außerdem ein erfülltes Leben geführt hatten, obwohl sie doch noch gar keinen Gewinn aus der Heiligen Schrift hatten ziehen können. Im Hochmittelalter war der Alltag kommunal strukturiert gewesen: Es gab Kongregationen, Zünfte, Universitäten. Nach den Umwälzungen, die sich mit der Uhr, dem Schießpulver, der Pest oder im Zuge des wachsenden Wohlstands ergaben, begann dann der Individualismus auf die Welt jenseits der »akademischen« Zentren in den Domen und Universitäten überzugreifen; und seit die Priesterschaft durch die Pest dezimiert worden war, hatte auch die alte Gewissheit, dass der Klerus immer gebildeter war als die übrige Gesellschaft, zu schwinden begonnen. Als dann auch noch das gedruckte Buch kam und mit ihm das Lesen in privater Zurückgezogenheit möglich wurde, war die Hinwendung zur Individualität mehr oder weniger vollzogen.

Diese Kombination aus Individualismus und Wohlstand war das erste Element einer aus unserer Sicht modernen Lebensweise, einmal ganz abgesehen davon, ob sie auch zur Entwicklung des Kapitalismus beitrug oder ob sie selbst ein Produkt des Frühkapitalismus war. Dante, Petrarca, Machiavelli, Montaigne – alle ließen sich auf ihre Art über die geistige Freiheit und die individuelle Selbstverwirklichung aus, nicht selten gewürzt mit einer kräftigen Prise Skepsis gegenüber der christlichen Botschaft.[40] Die landessprachlichen Literaturen, die der Buchdruck mit sich brachte, bewirkten eine neue Vielfalt – auf Kosten der Gleichartigkeit. Und diese Gesamtkonstellation war es, die der Renaissance ihren spezifischen Charakter verlieh.

Ein typischer Vertreter der Renaissancephilosophie war Pietro Pomponazzi (1462–ca. 1525), denn er war zu dem Schluss gekommen, dass die Scholastiker mit ihrer Auslegung des aristotelischen Werkes eine vom Körper unabhängige Existenz der Seele nicht hatten beweisen können. Er bestritt die Unsterblichkeit der Seele zwar nicht, hielt die Frage als solche aber für unlösbar und ein Moralsystem, das auf Lohn oder Strafe in einem Leben nach dem Tode beruhte, für bedeutungslos. Aus seiner Sicht war der Mensch zum Aufbau einer moralischen Ordnung im *Diesseits* bestimmt. »Der Lohn der Tugend ist die Tugend selbst«, sagte er, »die Bestrafung des Lasters aber ist lasterhaft.« Die Kirchenobrigkeiten beäugten Pomponazzi mit wachsendem Missfallen. Dass er dem Scheiterhaufen entging, verdankte er nur seiner engen Freundschaft mit Kardinal Pietro Bembo (1470–1547), der selbst ein Bewunderer des klassisch-»heidnischen« Denkens war. Pomponazzis Bücher allerdings *wurden* verbrannt.

Seine Philosophie beweist, dass sich das Denken zu wandeln begonnen hatte und sich immer mehr Skepsis breit machte. Erasmus (1466–1536), Petrus Ramus (1515–1572), Michel de Montaigne (1533–1592), Pierre Charron (1541–1603), Francisco Sánchez (1562–1632) oder Blaise Pascal (1623–1662) lassen sich allesamt als Skeptiker bezeichnen, wenngleich auch keiner nach der späteren Art von David Hume oder Voltaire. Sie alle wandten sich gegen die Pedanterie der Scholastiker, gegen den Dogmatismus der Theologen und gegen den Aberglauben der Mystiker. Erasmus erklärte einmal, dass die Literatur von Duns Scotus nur Zorn und Überdruss in ihm auslöse.[41] (Der Skeptizismus als die »dritte Kraft« im Denken des 17. Jahrhunderts, um mir hier Richard Popkins' Formulierung zu borgen, wird ausführlicher im 25. Kapitel behandelt.)

Desiderius Erasmus war ein großer Linguist und Gelehrter und ein hervorragender lateinischer Stilistiker. Seine Rolle als berühmtester Humanist war der Stellung vergleichbar, die Thomas von Aquin als Scholastiker eingenommen hatte und Voltaire als Rationalist spielen sollte. Geboren wurde Erasmus ungefähr um das Jahr 1466 in Rotterdam. Von seinem Denken wurde das intellektuelle Europa eine ganze Generation lang beherrscht. Einer seiner Freunde sagte einmal: »Ich werde in der Öffentlichkeit als der Mann geschätzt, der einen Brief von Erasmus empfangen hat.«[42] Nachdem Erasmus im Alter von vierzehn Jahren seine Eltern verloren hatte, schickte ihn sein Vormund in eine Klosterschule. Das hätte sich leicht als eine Sackgasse erweisen können, doch tatsächlich empfing er 1492 die Priesterweihe und diente später dem Bischof von Cambrai als Sekretär, bevor er schließlich sein lang erstrebtes Ziel, die Universität von Paris, erreichte. Doch die berühmte Hochschule entpuppte sich als große Enttäuschung, denn als er dort eintraf, war sie bereits so deutlich geschwächt, dass er den verbalen Schlagabtausch der Scholastiker nur noch als einen trockenen, unnachgiebigen und in nutzlose Detailfragen verliebten Diskurs über die Argumente von Duns Scotus, William von Ockham und Thomas von Aquin erlebte. Der Geist dieser einst so großen Universität war bereits verflogen.[43]

Während Paris also einen im negativen Sinne prägenden Einfluss auf Erasmus ausübte, sollte die Englandreise, die er im Jahr 1499 antrat, und während der er Thomas More, William Grocyn, Thomas Linacre, John Colet und anderen englischen Humanisten begegnete, seinem Leben eine grundlegend positive Wendung geben. Trotz ihrer frommen und oft sogar asketischen Haltung erschienen ihm diese Männer als die perfekte Mischung aus klassischen Gelehrten und gläubigen Christen, als großherzige Persönlichkeiten, die sich mit der rechten Gesinnung auf die Suche nach der Wahrheit begeben hatten, unbefleckt von all den kleingeistigen und fruchtlos defensiven Streitigkeiten der Pariser Scholastiker. Im Haus von Sir Thomas More bekam Erasmus schließlich einen ersten Eindruck von der Sache, die er sich, wie er sofort wusste, zur Lebensaufgabe machen würde – die Aussöhnung des Christentums mit den Klassikern. Natürlich war das nicht die Klassik, wie sie Thomas verstanden hatte, denn die hatte sich ja primär auf den aristotelischen Kanon beschränkt. Hier ging es vielmehr um die wiederentdeckten Schriften, die Platon in den Mittelpunkt rückten. Für Erasmus waren Platon, Cicero und ihre Geistesverwandten wie eine Offenbarung: »Wenn ich daher derartiges von solchen Männern lese«, schrieb er, »kann ich mich kaum enthalten zu sagen: Heiliger Sokrates, bitte für uns.«[44] Dieses Gefühl überwältigte ihn derart, dass er sich nach seiner Rückkehr aus England, obwohl nun schon vierunddreißig Jahre alt, sofort daran machte, Griechisch zu lernen, damit er die geliebten Klassiker im Original lesen konnte. Dieses Projekt sollte drei Jahre in Anspruch nehmen. Dann begann er wie im Rausch zu arbeiten und die antiken Werke zu übersetzen und herauszugeben. Im Jahr 1500 veröffentlichte er sein erstes Buch, die *Adagiorum Collectanea (Adagia)*, eine kommentierte Sammlung von rund achthundert klassischen Sprichwörtern und Redensarten, die ungemein populär wurde und in mehreren Auflagen erschien. Doch Erasmus kehrte dem Christentum nicht den Rücken. Er nahm sich sogar die Zeit, eine kritische Ausgabe des Neuen Testaments (im Paralleldruck, mit seiner lateinischen Übersetzung auf der einen und dem griechischen Text auf der anderen Seite) und die Texte der Kirchenväter herauszugeben.

Im Jahr 1509 starb Heinrich VII. von England. Erasmus' Freunde drängten ihn, nach England zurückzukehren, in der Hoffnung, dass sich die Dinge unter Heinrich VIII. bessern würden. Also machte sich Erasmus, der sich gerade in Italien aufhielt, auf den Weg. Und während er die Alpen überquerte, kam ihm die Idee zu seinem Buch *Lob der Narrheit*, das wohl sein berühmtestes Werk werden sollte. Er schrieb diese Satire über das mönchische Leben in nur einer einzigen Woche als Gast im Hause von Thomas More; 1511 wurde es unter dem anerkennenden Titel *Encomium Moriae* veröffentlicht. Es war ein durchschlagender Erfolg und wurde in viele Sprachen übersetzt. Für eine Neuauflage im Jahr 1517 fertigte der erst achtzehnjährige Hans Holbein d. J. dreiundachtzig Randzeichnungen an, die diese Ausgabe zu einem der gewiss schönsten, interessantesten und wertvollsten Werke aller Zeiten machten. Außerdem inspirierte es zu einem neuen satirischen Genre, dem nicht zuletzt die Bücher von Rabelais angehören sollten. Heutzutage wirkt der Humor, mit dem Erasmus den Mönchen hier ihrer Faulheit, Dummheit und Gier wegen die Hölle heiß machte, etwas plump; doch den Geist seiner Zeit scheint er im Ton so gut getroffen zu haben, dass seine Leser sozusagen im Chor mit ihm hell auflachen konnten, ohne dabei ihren Glauben ernsthaft in Frage stellen zu müssen. Außerdem hatte Erasmus mit dem Narren letztlich nur eine vertraute Figur aus den Geschichten und von den Schaubühnen des Mittelalters zu neuem Leben erweckt. Petrarcas beide Botschaften waren Ästhetik und Platon gewesen, Erasmus' beide Botschaften waren erstens, dass die Klassiker nicht nur ein edler und ehrenwerter Quell des Wissens, sondern auch ein Quell des Vergnügens waren, und zweitens, dass die Kirche eine zunehmend inhaltsleere, pompöse und intolerante Angelegenheit geworden war.[45]

Toleranz, vor allem Glaubenstoleranz, war ein besonderes Anliegen des Humanismus, und gerade diese Einstellung sollte auch langfristige Folgen haben. In diesem Zusammenhang erstrahlen besonders die Namen von Johannes Crotus Rubianus, Ulrich von Hutten und Michel de Montaigne. Rubianus' und Huttens *Epistolae obscurorum virorum*, die so genannten *Dunkelmännerbriefe*, werden oft als die vernichtendsten Satiren vor den Werken von Jonathan Swift bezeichnet (»Dunkelmännerbriefe« wurden sie genannt, weil der Leser über ihre Herkunft ziemlich im Dunkeln gelassen wurde). Der in Köln zum Christentum konvertierte Jude Johannes Pfefferkorn hatte sich wie so viele Konvertiten mit fanatischem Eifer für seinen neuen Glauben eingesetzt und gefordert, dass man Juden, die nicht wie er das Licht gesehen hatten, zur Teilnahme an der Messe zwangsverpflichten, ihnen alle Geldgeschäfte verbieten und mit Ausnahme des »Alten Testaments« all ihre Bücher verbrennen solle. Und eben weil er selbst dem Judentum den Rücken gekehrt hatte, nahm man seine Vorschläge so ernst, dass man sogar die Einwände deutscher Kleriker und Gelehrter vom Tisch wischte. Einer von ihnen, der Humanist Johann Reuchlin, war nach einigem Abwägen zu der Ansicht gelangt, dass die Schriften des Judentums im großen Ganzen bewahrt werden sollten und man nur auf bestimmte mystische Werke verzichten könne. Also stellte er sich gegen Pfefferkorn und forderte von Christen sogar, die Schriften des Judentums zu studieren, um mehr Verständnis für sie zu entwickeln. Zu diesem Zweck solle man an allen Universitäten Lehrstühle für die hebräische Sprache einrichten. Es hagelte antijüdische Proteste aus allen Richtungen. Doch Reuchlin erfuhr auch Rückhalt aus Gelehrtenkreisen und veröffentlichte schließlich eine Auswahl ihrer Briefe unter dem Titel *Clarorum virorum epistolae*. Diese Korrespondenz animierte dann Rubianus und Hutten zu ihrer Satire über Reuchlins Gegner. Bei diesen 1515 veröffentlichten *Dunkelmännerbriefen* handelte es sich vorgeblich ebenfalls um eine »Auswahl« von Sendschreiben, in diesem Fall jedoch von erfundenen Gemeindepriestern und anderen ungebildeten Kirchenmännern an einen real existierenden Magister namens Ortuin Gratius, der »Professor der Schönen Wissenschaften zu Köln« und für Rubianus und Hutten der Inbegriff des bigotten und pedantischen Scholastikers war. Der entscheidende Punkt bei diesen »Sendschreiben« war ihr ungeschliffener Stil und die Absurdität ihrer Themen. Die Autoren wollten die Pedanterie der Scholastik bloßstellen und trugen damit gewiss ihren Teil dazu bei, dass sie nie wieder ihr einstiges Prestige erlangen konnte.[46]

Die zweite große Errungenschaft des Humanismus war sein Einfluss auf das Bildungsniveau. In dieser Hinsicht trat er einen solchen Siegeszug an, dass die Sprachen und Literaturen der paganen Antike sogar zur Grundlage von Lehrplänen wurden und damit die Bedeutung erlangten, die ihnen bis heute in vielen Lehrstätten zugestanden wird. Als Erstes übernahmen die italienischen Universitäten das klassische Curriculum, dann folgten Paris, Heidelberg, Leipzig, Oxford und Cambridge. In Cambridge wurde dieser Lehrplan von Erasmus selbst eingeführt, an den deutschen Universitäten von Männern wie Agricola, Reuchlin und Melanchthon. Erasmus setzte sich schließlich mit der begeisterten Unterstützung von Thomas More und Roger Ascham in England sowie Jacques Le Fèvre d'Etaples und Guillaume Budé (Budaeus) in Frankreich für ein humanistisches Bildungswesen in ganz Europa ein. Unter diesem Einfluss begannen Universitäten allmählich mehr wissenschaftliche Toleranz zu üben, besonders auf dem Gebiet der Mathematik, aber auch der Medizin, wie wir in einem späteren Kapitel sehen werden.

Im Jahr 1517 – es war das Jahr, in dem Hans Holbein d. J. seine Tuschzeichnungen für das *Lob der Narrheit* anfertigte – nagelte Martin Luther, erzürnt über den Ablasshandel, seine fünfundneunzig Thesen an das Tor der Wittenberger Schloss- und Stiftskirche. Erasmus teilte viele von Luthers Zweifeln an der Kirche, doch vom Temperament her waren die beiden Männer völlig unterschiedlich. Am 1. März 1517, also noch Monate bevor er sich zum Handeln entschloss, hatte Luther in einem Brief über Erasmus geschrieben: »... das Menschliche hat bei ihm viel mehr Gewicht als das Göttliche.« Für einen Humanisten war das ein ziemlich zweifelhaftes Kompliment. Im Gegensatz zu Luther wusste Erasmus jedenfalls, dass man es mit der Kirchenkritik nicht zu weit treiben durfte, wenn man Unversöhnlichkeiten auf beiden Seiten vermeiden und es nicht zu einer Konfrontation kommen lassen wollte, die letztlich jede Beweglichkeit verhindern und deshalb genau die Veränderungen *unmöglich* machen würde, die sowohl er als auch Luther herbeiführen wollten. Der folgende Auszug aus dem Briefwechsel der beiden Männer resümiert ihre unterschiedlichen Einstellungen und lässt zugleich erkennen, was der Humanismus im Kern zu erreichen versuchte. »So oft plaudere ich mit Dir«, schrieb Luther, »und Du mit mir, lieber Erasmus, unsere Zierde und unsere Hoffnung, und doch kennen wir uns gegenseitig noch nicht; ist dies nicht etwas ganz Seltsames?... Denn wen gibt es, dessen Herz Erasmus nicht ganz einnimmt, den Erasmus nicht belehrt, in dem Erasmus nicht herrscht?... Demnach, mein lieber Erasmus, wenn es Dir so gut dünkt, so erkenne auch diesen geringen Bruder in Christus, der Dir ganz zugetan ist und Dich völlig liebt, der übrigens wegen seiner Unwissenheit nichts anderes verdient hätte, als daß er, im Winkel begraben, aller Welt ganz unbekannt wäre.« Erasmus' Antwort war taktvoll, aber glasklar: »Herzlichen Gruß in Christus, geliebtester Bruder. Dein Brief war mir sehr willkommen, er verriet Schärfe des Geistes und ein christliches Herz. Mit Worten könnte ich nicht sagen, welchen Sturm Deine Bücher hier [in Löwen] hervorgerufen haben. Noch immer läßt sich der vollkommen falsche Verdacht nicht ausrotten, daß man meint, Deine Schriften seien mit meiner Hilfe geschrieben, ich sei der Bannerträger dieser Partei, wie sie sagen... Ich habe bezeugt, daß Du mir völlig unbekannt bist, ich Deine Bücher noch nicht gelesen habe; infolgedessen mißbillige und billige ich nichts... Soviel wie möglich halte ich mich neutral, um desto mehr dem Wiederaufblühen der Wissenschaft nützlich zu sein. Meines Erachtens kommt man mit bescheidenem Anstand weiter als mit Sturm und Drang.«[47]

Nachdem 1521 der Kirchenbann über Luther ausgesprochen worden war, appellierte Albrecht Dürer aus Antwerpen an Erasmus, sich auf die Seite Luthers zu stellen. Doch Erasmus glaubte nicht das Zeug zum Märtyrer zu haben und erklärte in einem Schreiben: »Kommt es zum Äußersten... so werde ich inzwischen mich auf jenem Felsen [Matth. 16,18] verankern, bis die Ruhe wieder eingekehrt ist...«[48]

Trotz seiner Zurückhaltung konnte Erasmus einer Auseinandersetzung jedoch nicht entgehen: Bigotte Katholiken bezichtigten ihn, »die Eier gelegt zu haben, die Luther und Zwingli nun ausbrüteten«; sein *Lob der Narrheit* wurde auf den Index gesetzt; er selbst wurde später vom Konzil von Trient als sittenloser Ketzer geschmäht. Das heißt also, er war in keinem Lager beliebt gewesen, und man trug ihm sein Verhalten sogar über den Tod hinaus nach. Vielleicht war das unvermeidlich gewesen, aber tragisch war es doch, denn Erasmus hatte geradezu das Ideal eines humanistischen Lebens geführt oder zu führen versucht und sich immer an die Prämissen gehalten, dass ein vergeistigtes Leben möglich sei, dass Rechtschaffenheit und Tugendhaftigkeit auf Menschlichkeit gründen könnten, dass Toleranz eine mindestens so starke Kraft sei wie fanatische Allwissenheit, dass nur bedächtige Menschen gute Menschen werden könnten und dass alle, die sich mit den großen Werken aller Zeitalter vertraut machten, ein glücklicheres und, ja, gerechteres Leben in ihrer eigenen Zeit führen könnten.

Dass der Zuwachs an lateinischer Bildung zur Vereinheitlichung Europas beitrug, haben wir bereits festgestellt. Ganz im Gegensatz dazu barg die Reformation (auf die wir später näher eingehen werden) stark nationalistische Elemente. In dieser Hinsicht war Luther ebenso unbestreitbar deutsch, wie Heinrich VIII. unerbittlich englisch war. Natürlich gab es auch nach Erasmus noch kosmopolitische Gelehrte (etwa den Löwener Humanisten und Historiker Justus Lipsius oder den niederländischen Rechtsphilosophen und Staatsmann Hugo Grotius), doch in gewisser Weise war er die letzte wahrhaft europäische Figur gewesen.

✼

Der Maler und Architekt Giorgio Vasari (1511–1574) machte die gewandelte menschliche Natur für die Florentiner Renaissance verantwortlich. Aus seiner Sicht hatten Rivalität, Neid und das Streben nach Ruhm und Ehre den Anstoß zu all den Veränderungen in seiner Stadt gegeben und sie in eine Welt verwandelt, die von der Schnelllebigkeit der bürgerlichen Kaufleute und der Banken geprägt war. Im Rückblick lässt sich besser erkennen, dass die neuen Befindlichkeiten und Verhaltensweisen wohl doch eher Symptome und nicht die Ursachen dieses Wandels waren. Doch das bedarf einer Erklärung.

Beispielsweise tauchte in Florenz erstmals unsere moderne Vorstellung vom Künstler als einem Genie und Bohémien auf, der nach seinen eigenen Regeln lebt und arbeitet. Entstanden aber war sie, weil man weiterhin alten *medizinischen* Ideen anhing. Damals hielt man sich noch immer an die vier Temperamente, die einst von Hippokrates identifiziert worden waren (Choleriker, Sanguiniker, Phlegmatiker und Melancholiker), hatte ihnen allerdings bereits »Korrespondenzen« zugeordnet. Der Sanguiniker zum Beispiel, den man sich durch einen »Überschuss« an Blut erklärte und der als eine tendenziell stille, zufriedene und der Liebe zugeneigte Persönlichkeit galt, wurde mit Venus und dem Frühling gleichgesetzt; den Melancholiker, den man sich durch einen Überschuss an schwarzer Galle erklärte (griechisch: *melan-chole*), identifizierte man mit Saturn und dem Herbst. Der Humanist Marsilio Ficino kombinierte nun die Behauptung von Aristoteles, dass alle großen Männer Melancholiker seien, mit Platons Vorstellung, dass jede künstlerische Inspiration göttlichen Ursprungs sei – ein *furor divinus* oder göttlich schöpferischer Taumel. Und dieses Bild vom Künstler als einem exzentrischen Genie sollte sich als ausgesprochen dauerhaft erweisen.[49]

Der deutlichste psychologische Wandel beim Renaissancemenschen, auf den erstmals Jacob Burckhardt aufmerksam machte und der seither von vielen anderen analysiert wurde, war der neue Hang zur Individualität. Peter Burke schreibt diesen Trend dreierlei Aspekten zu: dem wachsenden Selbstbewusstsein, der stärkeren Wettbewerbsorientiertheit (verbunden mit kapitalistischen Tendenzen?) und dem gesteigerten Interesse an der Einzigartigkeit eines jeden Menschen. Belegen lässt sich diese Tendenz nicht nur mit der wachsenden Zahl von Selbstporträts, Autobiografien und Tagebüchern – von denen in dieser Zeit sogar mehr entstanden als zwischen 1050 und 1200 –, sondern auch mit der Erfindung von »Ratgebern« nach der Art von Machiavellis *Il Principe (Der Fürst)*, Baldassare Castigliones *Libro del Cortigiano (Das Buch vom Hofmann)* oder Pietro Aretinos *Ragionamenti (Die Gespräche des göttlichen Pietro Aretino)*, deren Schwerpunkte gleichermaßen auf der »Technik« von Handlungsweisen wie auf der bewussten Entscheidung für einen bestimmten persönlichen Stil lagen. Das heißt, jeder Mensch konnte nun je nach Charakter, Geldbeutel, Lust oder Laune die ihm angemessene Alternative wählen. Zur mehr oder weniger gleichen Zeit im 15. Jahrhundert wurden in Italien (hauptsächlich aber in Venedig) die ersten verzerrungsfreien Flachspiegel hergestellt, die nun ebenfalls zu einem wachsenden Ich-Bewusstsein beitrugen. In einem Karnevalslied der Spiegelmacher aus dem 16. Jahrhundert heißt es (ungereimt übersetzt): »Erblickt man seine Makel im Spiegelbild, sehen sie zwar nicht aus wie die der andren, aber eignen sich prächtig, um sich zu messen und zu beschließen: Ich will mich bessern.«[50] Daneben gab es Castigliones Idee von der *sprezzatura* – von einer Nonchalance, die alles mühelos erscheinen lässt, als ob einem alles zufliegt. Auch die Überzeugung, dass es auf den eigenen Stil ankomme, ist ein Aspekt von Selbstbewusstsein.[51]

Jacob Burckhardt war sich gewiss, dass auch unsere moderne Vorstellung vom »Ruhm« in der Renaissance entstand, doch diese Idee lehnten andere Historiker mit der Begründung ab, dass schon die Psychologie der Ritterlichkeit im Mittelalter davon motiviert gewesen sei. Peter Burke stellt allerdings fest, dass Begriffe, die das Bedürfnis nach Selbstbehauptung im Wettbewerb um persönlichen Ruhm ausdrücken, in der Literatur der Renaissance besonders häufig vorkommen, beispielsweise Wörter wie »Wetteifer«, »Konkurrenz«, »Ruhm und Ehre«, »Neid«, »Schande« und vor allem »Tüchtigkeit« oder »Fähigkeit« *(valore, virtù)*.[52] Burckhardt hatte herausgefunden, dass die Begriffe *singolare* und *unico* (»einmalig«, »einzigartig«) in der Renaissance als Lob verstanden wurden; und auch Vasari hatte erklärt: »Wetteifer und das Streben, durch angestrengtes Studium ausgezeichnete Männer zu übertreffen und sich dadurch Ehre zu erwerben, ist, als dem Nutzen der Welt dienend, des Preises wert.« Der Ruhmeskult wird generell als eine der deutlichsten Folgen des Humanismus betrachtet. »Die Beschäftigung mit der Antike konfrontierte auch mit der allgemeinen paganen Vorstellung vom persönlichen Ruhm – *sed famam extendere factis/hoc virtutis opus* (Jedoch durch Taten zu dauern/Ist des Wackeren Lohn« [*Aeneis*, X 468/9]); und nur weil Ruhmesgeschichten aus der Klassik überlebt hatten, wurde die Möglichkeit bekräftigt, dass das zeitgenössische Streben ebensolch dauerhafte Früchte tragen würde.« William Kerrigan und Gordon Braden schreiben, dass der Individualismus als etwas geradezu »Schwindelerregendes« erlebt wurde, und zitieren zum Beleg Machiavelli: »Gerade hier aber meine ich, daß es besser sei, ungestüm als vorsichtig zu sein, denn Fortuna ist ein Weib, und wer es bezwingen will, muß es schlagen und stoßen ...«[53]

Damit verbunden war, dass man nun eher die persönliche Leistung als den angeborenen Rang betonte (wiederum eine deutliche Abkehr vom Mittelalter, in dem das »Blut« ja stärker war als alles andere) und den Menschen für ein rational berechnendes Wesen hielt. Das italienische Wort für »Vernunft«, *ragione*, wurde in unterschiedlichen Zusammenhängen verwendet, aber immer im Kontext mit Rationalität. Kaufleute nannten ihre Geschäftsbücher *libri della ragione*; der *Palazzo della Ragione* in Padua war der Sitz des Gerichts (auch Gerechtigkeit bedarf der Berechnung); in der Kunst stand *ragione* für Proportion und Verhältnismäßigkeit; und in dem Wort *ragionare*, das im Italienischen bis heute die Bedeutung eines vernünftigen Gesprächs oder wägenden Arguments hat, spiegelt sich die Tatsache, dass der Mensch beim Reden Vernunft walten lässt (und Berechnungen anstellt), was ihn vom Tier unterscheidet. Die Gewohnheit, alles rational berechnen zu wollen, hatte jedoch wie gesagt schon im 12. Jahrhundert Einzug in die unterschiedlichsten Lebensbereiche gehalten, das heißt, sie war in der Renaissance lediglich fester verankert worden. Burckhardt verwies zum Beispiel auf die Akribie, mit der man in Florenz und Venedig mittlerweile Einfuhr- und Ausfuhrstatistiken anfertigte oder mit der die Kirche in Rom ihre Haushaltspläne aufstellte.

Bis Ende des 14. Jahrhunderts hatte man den Tag noch in kürzere Zeitabschnitte nach *Aves* aufgeteilt, also nach der Zeitspanne, die das Aufsagen eines Ave Maria jeweils dauerte. In der zweiten Hälfte des 15. Jahrhunderts begann man in Bologna, Mailand und Venedig Uhrentürme zu bauen; kurz darauf wurden tragbare Uhren *(horologi portativi)* erfunden. In Antonio Filaretes Utopie über die Idealstadt *Sforzinda* waren die Schlafsäle der Schulkinder sogar mit Weckuhren ausgestattet; und auch Leon Battista Alberti erklärte in seinem Traktat *Vom Hauswesen*, dass Zeit »wertvoll« sei und nicht verschwendet werden dürfe.[54] Das heißt, man befasste sich nun auch mit der *utilitas*, dem Nutzen von Dingen und Handlungen. Filarete ging in seinem utopischen Roman sogar so weit, die Todesstrafe mit dem Argument abzuschaffen, dass ein Verbrecher »nützlicher« sei, wenn man ihn zwinge, unangenehme Arbeiten zu verrichten, die sonst niemand übernehmen wollte. Das ist brutal, aber es *ist* rationale Berechnung.

Was nun den Anteil der Erziehung an der Fähigkeit zu rationalen Berechnungen betraf, so empfand man die entsprechende Lehre als einen Beitrag zur Mehrung der menschlichen Würde. Die Autoren der Renaissance befassten sich vor allem mit jenem Aspekt, den sie die *humana conditio* (oder *conditio humana*) nannten, das »Los der Menschheit«. Das humanistische Ideal war, so viel Rationalität wie möglich zu erwerben; aus diesem Grund wurde auch so viel Wert auf das Studium von Grammatik, Rhetorik, Geschichte, Dichtung und Ethik gelegt, die in Florenz zu den *studia humanitatis*, den »Wissenschaften vom Menschsein« zählten, da sie den Menschen vervollkommnen sollten. Und zu den notwendigen Voraussetzungen für diese Vervollkommnung zählte die Selbsterkenntnis.[55] Diese Vorstellung führte zu einem ganz neuen Erziehungskonzept – oder besser: belebte ein altes Konzept neu. Eine Ausbildung wurde nun nicht mehr nur als der notwendige Weg zur Bildung, sondern auch als eine Erziehung zum guten Bürger verstanden – dahinter verbarg sich natürlich die klassische Idee, dass der vollkommene Mensch ganz natürlich am Leben der *polis* Anteil habe. Der Humanismus des Mittelalters war etwas Abgehobenes gewesen, der Humanismus der Renaissance war ein Bürgerhumanismus und repräsentierte als solcher wiederum einen Aspekt der Wiederentdeckung der Antike.[56]

Auch diesen Wandel sollte man weder zu hoch bewerten noch herunterspielen. Denn die Renaissance hatte auch ihre Kehrseiten: Auf den Straßen herrschte pure Gewalt; ganze Familien zerstritten sich und führten endlose Fehden; die Politik war gespalten und wurde allenthalben mit brutaler Grausamkeit durchgesetzt; überall lauerten Piraten und Banditen; die schwarze Magie und der Satanskult hatten Hochkonjunktur; und sogar dass der Papst Mordtaten deckte, war an der Tagesordnung. Die Kirche, »die grundlegende Institution des Westens«, schien zeitweilig spirituell völlig zu verfallen.[57] Was war der Grund dafür? War es die rapide Akkumulation von Wohlstand und die Zerrüttung der traditionellen Werte? War es ein Nebenprodukt des ungezügelten Individualismus? Heute bezweifeln viele Historiker, dass der Individualismus in der Renaissance so neu oder so ungezügelt war, wie Burckhardt behauptet hat. Tatsächlich sollte Burckhardt diese Vorstellung gegen Ende seines Lebens sogar selbst anzweifeln. Somit haben wir hier einen weiteren Bereich, in dem der eigentliche Wandel sehr wahrscheinlich schon während der Renaissance im 12. Jahrhundert stattgefunden hatte. Doch verglichen mit der Ansicht im Mittelalter, dass der Mensch ein gefallenes und nichtswürdiges Geschöpf sei und deshalb das Diesseits nur in der ständigen Erwartung des kommenden Paradieses ertragen könne, waren die Humanisten der Renaissance viel stärker im Hier und Jetzt verankert und mit den Möglichkeiten, Chancen und Freuden des *diesseitigen* Lebens befasst – mit allem also, was auf Erden erreicht werden konnte.[58] Der Philologe, Polemiker und Antiquar Gianfrancesco Poggio Bracciolini verteidigte in seinem Dialog über den Geiz sogar die Habsucht, die bis dahin allenthalben als ein Laster gegolten hatte: Würde der Mensch nicht mehr erzeugen, als er brauchte, dann würden die Städte bald bar jedes Glanzes sein. Dem Gottesdienst ginge jede Zierde verloren, es würden weder Kirchen noch Arkaden errichtet, und alle Kunst käme zum Erliegen. Was seien Städte, Kommunen, Provinzen und Königreiche denn anderes als öffentliche Werkstätten der Habsucht?[59] Sogar der Geltungskonsum, auch er eine Innovation aus der Renaissance, bedurfte einer gewissen Rationalität, bedenkt man, wie er sich auf den Ruf und Ruhm eines Menschen auswirkte. Cosimo de' Medici sagte einmal, es sei sein größter Fehler gewesen, dass er nicht schon zehn Jahre früher begonnen habe, sein Geld auszugeben.[60]

Obwohl Jacob Burckhardt seine Meinung über den Individualismus der Renaissance wieder revidierte, blieb er doch bei der Behauptung: »Die Italiener sind die frühesten unter den Modernen.«[61] Das Säkulare begann sich in der Renaissance ungemein Raum zu verschaffen, doch ein Rückzug vom christlichen Glauben fand in dieser Epoche noch nicht statt.

19
Ein Feuerwerk der Phantasie

Am letzten Karnevalstag im Jahr 1497 stand (wie auch am gleichen Tag im Jahr danach) ein seltsames Gestell auf der Piazza della Signoria, die man vom Palazzo Vecchio aus überblicken konnte. In der Mitte des pyramidenartigen Gerüsts zogen sich Bretterstufen hoch. Auf der untersten waren zahlreiche falsche Bärte, Masken und andere typische Karnevalsverkleidungen ausgelegt; auf der nächsten lagen Drucke und Handschriften von lateinischen und italienischen Dichtern, zum Beispiel die Werke von Boccaccio und Petrarca, darüber diverse Frauenutensilien wie Spiegel, Schleier, Schönheitsmittelchen und Parfums, auf der nächsten Lauten, Harfen, Spielkarten und Schachspiele. Auf den beiden obersten Brettern waren Gemälde besonderer Art zur Schau gestellt: Porträts von schönen Frauen und Trägerinnen klassischer Namen wie Lucretia, Cleopatra, Faustina oder Bencina. Das Abbrennen dieses »Fegefeuers der Eitelkeiten« konnten die Politiker der Signoria hinter den Fenstern und Balustraden ihrer Paläste beobachten. Musikanten spielten auf, Menschen sangen, Kirchenglocken läuteten. Dann versammelte sich die Menge auf der Piazza di San Marco und begann in drei Kreisen zu tanzen: im innersten immer abwechselnd ein Mönch und ein als Engel verkleideter Knabe, gefolgt vom mittleren Kreis der Priester und dem äußeren der Bürger.[1]

Der dominikanische Prophet Fra Girolamo Savonarola aus Ferrara war ob dieses Schauspiels zufrieden. Der Mönch war eine »zu Feuer und Flammen gewordene Persönlichkeit«, überzeugt, von Gott gesandt worden zu sein, um »Florenz zu einem Reiche Gottes auf Erden« zu machen. Sein Predigtamt hielt er »für die höchste Erleuchtung«, denn »über dem Prediger folge in der großen Hierarchie der Geister unmittelbar der unterste Engel«. Um die Kirche zu einer grundlegenden Erneuerung zu bewegen, hielt er Bußpredigten – schauerliche Warnungen vor den Plagen, die so lange über das Volk kommen würden, bis seine eigene Vorstellung von der idealen Theokratie erreicht sein und die Erlösung unmittelbar bevorstehen würde. Da war für klassische Literatur und Bildung kein Raum. »Das einzige Gute, predigte er, was Plato und Aristoteles geleistet haben, ist, daß sie viele Argumente vorbrachten, welche man gegen die Ketzer gebrauchen kann. Ein altes Weib weiß mehr vom Glauben als Plato. Es wäre gut für den Glauben, wenn viele sonst nützlich scheinende Bücher vernichtet würden.«[2]

Die Zerstörung der Porträts von schönen Frauen und all ihrer Schönheitsfallen war besonders gallig, denn Schönheit war ja zu einem Inhalt und die Verpflichtung zum Schönen zu einem prägenden Merkmal von Kunst und Kultur in der Renaissance geworden. Für Jacob Burckhardt stand außer Zweifel: »Schon die äußere Erscheinung und Umgebung des Menschen und die Sitte des täglichen Lebens ist vollkommener, schöner und mehr verfeinert als bei den Völkern außerhalb Italiens.«[3] Stärker als jede andere Epoche wurde die Renaissance von Ästhetik beherrscht – nicht umsonst bezeichnete man das »lange« 16. Jahrhundert von 1450 bis 1625 als *das* ästhetische Moment der Geschichte.

*

Auf künstlerischem Gebiet folgte im 15. Jahrhundert eine Neuerung der nächsten. Die wichtigsten waren die Erfindung der Ölmalerei, die Erkenntnisse auf dem Gebiet der Anatomie, das neu erwachte Interesse an der Natur und der platonische Universalismus, welcher den tiefgreifendsten und grundsätzlichsten Einfluss unter all diesen Innovationen ausüben sollte.

Als Erfinder der Ölmalerei gelten üblicherweise die flämischen Brüder Jan und Hans van Eyck. Beide wirkten seit den zwanziger Jahren des 15. Jahrhunderts in und um Gent, Brügge und Den Haag. Heute wissen wir, dass das nicht stimmt. Fest steht aber, dass Jan van Eyck die Öl- und Lasierungstechniken perfektionierte: Erstere verlieh den Farben stärkere Leuchtkraft, Letztere erhielt sie uns in unverändertem Zustand. Der entscheidende Punkt bei der Ölmalerei war, dass sie im Gegensatz zum Fresko – der bis dahin populärsten Technik – nur sehr langsam trocknete. Freskenmalereien waren derart schnell abgetrocknet, dass die Maler ungemein flink arbeiten mussten und kaum eine Chance hatten, einmal Gemaltes wieder zu verändern. Der Trocknungsprozess von Farbpigmenten, die mit Öl vermischt worden waren, dauerte hingegen Wochen, was Änderungen zuließ und es den Malern ermöglichte, Stellen auszubessern oder sogar das ganze Bild zu übermalen, wenn ihnen eine neue Idee in den Sinn gekommen war. Folglich hatten die Maler nun auch mehr Zeit, um sich ihre Werke gründlicher zu betrachten oder um die Farben anzumischen und subtilere Effekte zu erzielen. Bei den van Eycks lässt sich das schon früh nachweisen. Ihre detaillierte Ausarbeitung von Objekten und Oberflächen ließ – was beim Fresko nahezu unmöglich war – Form und Raum wesentlich ausgereifter und realistischer erscheinen, und das wirkte sich auch auf die emotionale Kraft der Gemälde aus. Denn durch die längere Zeit, die nun für die Arbeit an einem Bild zur Verfügung stand, war es den Malern möglich geworden, sich intensiver mit dem Ausdruck ihrer Figuren zu befassen, was wiederum deutlich der Bandbreite an darstellbaren Gefühlen zugute kam.

Die lineare Perspektive, in Italien ursprünglich *costruzione legittima* genannt, wurde vermutlich von Filippo Brunelleschi Anfang des 15. Jahrhunderts erfunden und anschließend von Leon Battista Alberti und Piero della Francesca ausgearbeitet und verfeinert. Die Idee als solche hatte sich wahrscheinlich mit dem Kathedralenbau entwickelt, weil er die Aufmerksamkeit erstmals auf Fluchten lenkte und zudem eine Flut von dreidimensionalen Skulpturen nach sich zog. Perspektive war nicht nur für den gesteigerten Realismus wichtig, den sie Gemälden verlieh, sie brachte auch ein ganz neues Verständnis für Mathematik mit sich, die in dieser Zeit zu den freien Künsten gezählt wurde. Und da die Maler nun demonstrieren konnten, dass ihre Kunst von der Mathematik abhing oder profitierte, konnten sie auch mit mehr Berechtigung fordern, dass die Malerei ebenfalls den freien Künsten zugeordnet werden sollte. Der entscheidende Punkt bei der linearen Perspektive war natürlich, dass sich Parallellinien niemals trafen, aber der Anschein erweckte wurde, als liefen all diese Linien an einem horizontalen Fluchtpunkt zusammen. Das verlieh der Malerei mehr Glaubhaftigkeit und war deshalb in hohen Maßen für ihre wachsende Popularität verantwortlich.[4]

Zu dem stärkeren Realismus, den Ölmalerei und Perspektive nun erlaubten, gesellten sich noch zwei weitere Aspekte: Erstens brachten es die medizinischen Fortschritte im 15. Jahrhundert mit sich, dass viele Künstler genauer auf anatomische Details achteten, was zu einer wesentlich exakteren Darstellung der Muskulatur führte. Und da der Humanismus auch einen Hang zur Natur ausgelöst hatte, wurden neben figurativer Malerei verstärkt Landschaftsporträts gemalt und in Verbindung damit das Interesse an einem narrativen Stil geweckt. Das heißt, Gemälde dienten nun nicht mehr allein der Lobpreisung Gottes, sondern begannen Geschichten zu erzählen, von denen sich viele Betrachter angesprochen fühlten. Peter Burke stellte am Beispiel von rund zweitausend stichprobenartig ausgesuchten, datierbaren Gemälden fest, dass der Anteil von säkularen Themen in den Zeiträumen von 1480 bis 1489 und 1530 bis 1539 von fünf auf zweiundzwanzig Prozent angestiegen war. Das entsprach einer Steigerung um das Viereinhalbfache. Allerdings sollte man auch diesen Trend nicht überbewerten, wenn man bedenkt, dass sogar die absolute Mehrheit der Gemälde aus der zweiten von ihm erforschten Periode noch rein religiöse Themen zum Inhalt hatte.

Unter den säkularen Themen begannen seit 1480 vor allem Allegorien immer populärer zu werden. Auf den heutigen Betrachter wirken allegorische Bilder eher seltsam, weshalb sie heutzutage auch generell unpopulär sind (außer unter Kunsthistorikern): spärlich verhüllte Frauen, die zwischen klassischen Ruinen tanzen oder Haschmich spielen, pausbäckige kleine Cupidos mit Pfeil und Bogen, Amorfiguren mit Schwert und Augenbinde, Männer, die halb Tier, halb Mensch sind, oder Ziegen mit Fischschwänzen strapazieren die Geduld des modernen Betrachters. Doch in der Renaissance, als sich der Humanismus wie eine Flut über alles ergoss, war die allegorische Malerei ebenso beliebt wie heute beispielsweise der Impressionismus. Die klassische Allegorie begann ungefähr um die gleiche Zeit populär zu werden, in der Botticelli sein Werk *La primavera* vollendet hatte, das heute zu den berühmtesten Gemälden der Welt zählt: Durchtränkt mit komplexen christlichen und mythologischen Anspielungen stellt es insgesamt neun Figuren dar, darunter Merkur, Eros/Cupido, die drei Grazien und als berühmteste die über und über mit Blumen übersäte Flora. Im Lauf des 16. und 17. Jahrhunderts stieg die Popularität von Allegorien zwar weiter an, doch der schwere Symbolismus, der anfänglich so anziehend gewirkt hatte, war am Ende dieser Epoche nur noch so bruchstückhaft vorhanden, dass Mythologien als das Mittel zum Zweck der Darstellung von spezifischen Botschaften nun völlig kraftlos schienen. Und das sollte ihnen auch zum Verhängnis werden.

Dass die Allegorie während der gesamten Renaissance florierte, ist von großer Bedeutung, denn die Popularität der klassischen Götter legt zugleich nahe, dass sie nie wirklich verschwunden, sondern sozusagen nur in den Untergrund gegangen waren, um dann als Hybriden wieder in der christlichen Tradition aufzutauchen. Und das wiederum lässt vermuten, dass das Christenvolk im Mittelalter nie so tief von seiner Religion überzeugt gewesen war, wie es die Kirche gerne behauptete. Natürlich gab es unvermeidlicherweise ein paar heidnische Elemente in der christlichen Welt, angefangen bei den Bezeichnungen der Wochentage bis hin zum Datum des Weihnachtsfestes. Doch hier stehen andere Dinge zur Debatte, beispielsweise die Frage, wieso Sterndeuter zur Blütezeit der christlichen Kunst im 13. und 14. Jahrhundert den Alltag ganzer italienischer Städte bestimmen konnten oder weshalb pagane Götter Anfang des 14. Jahrhunderts überall präsent waren, nicht nur in der Literatur, sondern auch als Statuen. In Venedig schmückten pagane Gottheiten sogar die gotischen Kapitelle des Dogenpalasts; aus der gleichen Zeit stammen auch die Beispiele aus Padua, Florenz und Siena.[5] Anfang des 15. Jahrhunderts wandte man sich der paganen Mythologie und Astrologie sogar noch unverblümter zu. In der Kuppel der Alten Sakristei von San Lorenzo in Florenz finden sich direkt über dem Altar mythische Figuren und eine Darstellung des nächtlichen Sternenhimmels. Dieser ist exakt so wiedergegeben, wie er während des Konzils von Florenz über der Stadt zu sehen gewesen war. Ähnliche Malereien sollten später sogar in die päpstlichen Paläste Einzug halten (die Liste der Nachfolger Petri im Appartamento Borgia im Vatikan ist von einer Menge paganer Himmelssymbolik umgeben, darunter auch von Jupiter und Mars). Marsilio Ficino begründete eine exegetische Schule, die es völlig normal fand, ihr Wissen aus der klassischen Allegorie zu beziehen. Das verdeutlicht, dass Allegorien mehr gewesen waren als nur Anspielungen auf Mythologien. Wer eine Allegorie entziffern konnte, der durfte sich des Status eines Eingeweihten rühmen, was in der damals herrschenden Stimmung großen Reiz ausübte und besonders geschickt von Pico della Mirandola (1463–1494), einem Anhänger Ficinos, verwertet werden sollte. Nach dem Weltbild, dem er und seine Geistesverwandten anhingen, bargen alte Mythen ein allegorisch verhülltes Geheimwissen, dessen Code sie, wie sie glaubten, nur zu knacken brauchten, um die Mysterien des Universums zu enthüllen. Als Beleg führte Mirandola beispielsweise an, dass Moses vierzig Tage lang mit Gott auf dem Berge Sinai gesprochen habe, aber dennoch nur mit zwei Tafeln zurückgekehrt sei – das heißt, es müsse ihm in solch langer Zeit sehr viel mehr offenbart worden sein, nur habe er den Rest eben für sich behalten. Sogar Jesus selbst habe das bestätigt, als er zu seinen Jüngern sagte: »Euch ist es gegeben, die Geheimnisse des Reiches Gottes zu erkennen. Zu den anderen Menschen aber wird nur in Gleichnissen geredet« (Luk 8,10). Aus der Sicht von Mirandola und Konsorten bargen alle Religionen Mysterien, die sich nur einigen Auserwählten (Philosophen) mittels der Entzifferung alter Mythen enthüllen würden. Und eine Möglichkeit, das zu erreichen, war nun die Erforschung der Querverbindungen oder Ähnlichkeiten zwischen den klassischen Mythen und dem Christentum.[6]

Die alles beherrschende Vorstellung der Renaissance-Künstler war jedoch die im Wesentlichen platonische Idee vom Universalismus, in der sich eines der ältesten und einflussreichsten Konzepte der Ideengeschichte spiegelt. Sie stammt jedoch nur zum Teil aus der griechischen Antike und von den Theorien Pythagoras' und Platons, denn entscheidenden Anteil an ihrer Entwicklung hatten auch die frühchristlichen Denker, die diese griechischen Ideen im Lauf der ersten Jahrhunderte n. d. Z. in Alexandria adaptiert hatten. Bis zur Renaissance konnte die Idee des Universalismus also bereits auf eine lange Entstehungsgeschichte verweisen, in deren Verlauf sie immer differenzierter geworden war.

Umberto Eco kam in seiner Studie über die Kunst und Schönheit im Mittelalter zu dem Schluss, dass das ästhetische Denken geprägt war von der ständigen »Wiederkehr bestimmter Begriffe und quasi kanonischer Formeln«. Es sei eine Zeit gewesen, »in der alles eingefügt ist in eine Ordnung... Auf dem Kulminationspunkt ihrer Entwicklung versucht die mittelalterliche Kultur, für das Schöne wie für jeden anderen Wert, die bleibende Essenz der Dinge in einer klaren und umfassenden Formel zu fixieren.« Der deutlichste Unterschied zeigte sich beim Status des Künstlers, der damals »als eine Art Gegenstand gesehen [wurde], den man benutzen und tauschen kann«, was die weit verbreitete Vorstellung bestärkte, »die den mittelalterlichen Künstler als demütigen Diener der Gemeinde und des Glaubens sieht« (eine solche Gemeinde konnte auch ein abgelegenes Kloster sein).[7] Hinter dem universalistischen Gedanken der Renaissance stand jedoch eine Idee, die der Natur zwar immer noch einräumte, jenes von Gott bestimmte System zu sein, als das sie im Mittelalter betrachtet wurde, dem Menschen – *insbesondere dem Künstler und Genie* – aber zugestand, dass es ihm gegeben sei, sie auch zu begreifen. Und da die Natur in diesem Weltbild als etwas Homogenes angesehen wurde, schien es eben möglich, auch das gesamte Wissen über sie auf einige wenige elementare Grundsätze oder »Naturgesetze« zu reduzieren. Gelehrte wie Francis Bacon waren überzeugt, dass der Mensch von Gott dazu auserkoren worden sei, die Natur zu erkennen, und nun das Zeitalter angebrochen sei, in dem er diese Erkenntnis vervollkommnen durfte. Christen adaptierten also bewusst oder unbewusst platonische Ideen, darunter insbesondere die Vorstellung, dass der mit einigen Eigenschaften des göttlichen Verstands gesegnete Mensch (wiederum vor allem der Künstler und Naturforscher) mit Hilfe von angemessenen Beobachtungen der Natur – und sofern er die Querverbindungen zwischen den verschiedenen Künsten oder Wissenschaften erkannt hatte – einen Blick auf die Essenz des Universums und die allem zugrunde liegende Wahrheit erhaschen könne. Genau das war es, was man in der Renaissance unter »Wissen« oder »Weisheit« verstand. Marsilio Ficino konkretisierte es mit der Aussage, Gott habe alles so erschaffen, dass der Mensch es erkennen könne: Der Mensch denkt, wie Gott ihn erschuf. Die Einsicht des Menschen ist demnach gewissermaßen der göttliche Schöpfungsakt en miniature. Der Mensch ist mit Gott durch das Göttliche in ihm – seinen Verstand – vereint.[8] Pico della Mirandola formulierte es noch deutlicher: Im Menschen »sind alle Dinge, so lasse man ihn denn alle Dinge werden, alle Dinge verstehen und somit ein Gott werden«. Die Natur des Tieres war festgelegt, dem Menschen – und vor allem dem Künstler – aber war es gegeben, seine Natur zu verändern und »alle Dinge« zu werden: Das war es, was es hieß, Künstler zu sein, und weshalb der Künstler so wichtig war.

*

Den Denkern der Renaissance zufolge verkörperte das Universum den göttlichen Plan, und der Mensch war »ein Schöpfer gemäß dem göttlichen Schöpfer«. Im Mittelpunkt dieser Idee aber stand der Begriff der Schönheit, im Sinne einer Harmonie, in der sich der göttliche Plan wiederfindet. Was für das Auge, das Ohr und den Geist ansprechend ist, das ist gut und ein moralischer Wert an sich. Noch wichtiger aber war die Vorstellung, dass Schönheit dem Menschen einen Teil des göttlichen Planes enthüllen könne, da sie die Beziehungen der Teile zum Ganzen offenbare. Das

Schönheitsideal der Renaissance nährte die Vorstellung von zwei Funktionen der Schönheit in allen Disziplinen: Architektur, bildende Kunst, Musik, die formalen Aspekte der literarischen und dramatischen Künste *bildeten* einerseits den Geist, andererseits waren ihre Symboliken, Stile und Symmetrien dem Geist *gefällig*. Auf diese Weise wurde eine Verbindung zwischen Schönheit und Aufklärung hergestellt. Auch das bedeutete Wissen und Weisheit.

Die logische Folge war der Wunsch nach individueller Universalität und einem Wissen, das universell für die Menschheit gültig war. Das Vermengen von Disziplinen war nicht zuletzt das bewusste Streben nach einer Vertiefung von Wissen mit Hilfe des Versuchs, generische Ähnlichkeiten im Kern der unterschiedlichen Wissensgebiete herauszufiltern. Und da man erst jüngst griechische und lateinische Klassiker wiederentdeckt und somit nun viel mehr Texte zur Verfügung hatte, lag es auch mehr denn je in der Luft, von der Existenz solcher generischer Ähnlichkeiten auszugehen. Deshalb war es nur natürlich, dass sich der Renaissancemensch so oft von einem Wissensgebiet zum nächsten führen ließ. Vitruv hatte festgestellt, dass alle Wissenschaften und Künste, ungeachtet ihrer unterschiedlichen Praktiken und Techniken, über theoretische Gemeinsamkeiten verfügten; deshalb empfahl er beispielsweise den Architekten, sich auch die theoretischen Hintergründe anderer Disziplinen anzueignen: Der Mensch »muß im schriftlichen Ausdruck gewandt, des Zeichenstiftes kundig, in der Geometrie ausgebildet sein, mancherlei geschichtliche Ereignisse kennen, fleißig Philosophen gehört haben, etwas von Musik verstehen, nicht unbewandert in der Heilkunde sein, juristische Entscheidungen kennen, Wissen über die Sterne und vom gesetzmäßigen Ablauf der Himmelserscheinungen besitzen«.[9] Genau dieser Universalitätsanspruch wurde vom Renaissancemenschen aufgegriffen und findet sich sowohl im humanistischen Denken als auch in den Idealen der Florentiner Akademie wieder. Jacob Burckhardt schrieb: »Das 15. Jahrhundert ist zunächst vorzüglich dasjenige der vielseitigen Menschen. Keine Biografie, welche nicht wesentliche, über den Dilettantismus hinausgehende Nebenbeschäftigungen des Betreffenden namhaft machte... Über die Vielseitigen aber ragen einige wahrhaft Allseitige hoch empor.«[10] Zu solchen »Allseitigen« zählte er an erster Stelle Leon Battista Alberti und Leonardo da Vinci (der in dem Mathematiker Luca Pacioli selbst seinen »Meister Luca« gefunden hatte).

Alberti, schrieb Burckhardt, habe geradezu Unglaubliches geleistet. Er erwies sich untadelhaft »im Gehen, im Reiten und im Reden. Die Musik lernte er ohne Meister«, er studierte »beide Rechte«, verlegte sich »auf Physik und Mathematik und lernte daneben alle Fertigkeiten der Welt«. Das Malen und Modellieren »ging nebenein«, und »wie die Größten der Renaissance sagte er auch: ›Die Menschen können von sich aus alles, sobald sie wollen.‹« Alberti selbst hatte geschrieben: »Über alle aber lobe ich jene höchst wahre und billigenswerte Ansicht derjenigen, die sagen, der Mensch sei geschaffen, um Gott zu gefallen, um *einen* ersten und wahren Urgrund aller Dinge zu erkennen, in denen so viel Verschiedenheit zu sehen ist, Ungleichheit, Schönheit und Vielheit der Wesen, ihrer Bildung und Gestalt, Bekleidung und Farbe.« Und in seinem architekturhistorischen Traktat erklärte er expressis verbis, dass es dem menschlichen Geist eingeschrieben sei, Harmonie und Schönheit zu erkennen: Die Bereitschaft, solche Wahrheiten zu erkennen, sei der schnellen und unmittelbaren Stimulationsfähigkeit der Sinne zu verdanken. Um Schönheit wirklich beurteilen zu können, sei jedoch nicht das eigene Befinden, sondern vielmehr jene Art von Vernunft nötig, welche dem Geiste innewohnt. Der Mensch besitze göttliche geistige Eigenschaften, darunter nicht zuletzt die Fähigkeit der Erkenntnis und die Fähigkeit des Tuns. Und alle Geschöpfe vervollkommneten sich, wenn sie ihre angeborenen Gaben ausschöpften.[11]

Die Natur, erklärte Alberti weiter, sei von Gott in harmonischer Übereinstimmung mit einem göttlichen Muster gestaltet worden, das sich mit mathematischen Begriffen beschreiben lasse. Kepler und andere konnten dem nur zustimmen. Die Bewusstheit des Menschen von der Existenz solcher angeborener Eigenschaften wie Schönheit ließ sich am Beispiel vieler herausragender Muster schärfen. Und genau das war das Ziel von Kunst. Bei seiner Suche nach den guten wahren Formen der Natur war der Künstler zugleich ständig auf der Suche nach Schönheit, die sich auch in der Gestalt des menschlichen Körpers manifestieren konnte. Anhand einer immer größeren Bandbreite von schönen Beispielen gewann er eine immer klarere Vorstellung von der notwendigen Beschaffenheit des schönen Körpers; und im Zuge vieler vergleichender Studien vervollkommnete der Mensch schließlich sein Bewusstsein von perfekter Schönheit. Jeder Mensch ist begabt, Schönheit zu erkennen, doch nur der Künstler übt sich unentwegt darin, diese Gabe zu vervollkommnen, um seine Vorstellung den Mitmenschen zu präsentieren. Durch die Qualität der künstlerischen Umsetzung, die uns der Künstler vor Augen führt, wird dieser zu unserem Lehrer im Fach Schönheit. Unsere Fähigkeit, Schönheit zu erkennen, verbirgt sich im Zentrum des göttlichen Geschenks unseres Verstandes. Albertis Lehrpläne erwähnen christliche Autoren oder die Bibel mit keinem Wort und bezogen sich ausschließlich auf klassische Quellen.[12] Und beinahe allen dreiundvierzig Abhandlungen, die in der Renaissance über die Schönheit geschrieben wurden, lag die Idee des universellen Menschen zugrunde.

*

Peter Burke fand fünfzehn Beispiele für den typischen *uomo universale* (wobei *universale* hier nicht für den umfassend gebildeten, weltoffenen

Menschen im Allgemeinen steht, sondern für Persönlichkeiten, die auf mindestens drei Gebieten ein Talent bewiesen, das über Dilettantismus hinausging): Leon Battista Alberti (1404–1472), Architekt, Schriftsteller, Medaillenschneider, Maler; Silvestro Aquilano (ca. 1471–1504), Architekt, Bildhauer, Maler; Donato Bramante (1444–1514), Architekt, Ingenieur, Bildhauer, Maler; Filippo Brunelleschi (1377–1446), Architekt, Ingenieur, Bildhauer, Dichter; Antonio Filarete (1400–1465), Architekt, Bildhauer, Schriftsteller; Giovanni Giocondo (1457–1525), Architekt, Ingenieur, Humanist; Francesco di Giorgio Martini (1439–1506), Architekt, Ingenieur, Bildhauer, Maler; Leonardo da Vinci (1452–1519), Architekt, Bildhauer, Maler, Naturwissenschaftler; Piero Ligorio (1500–1583), Architekt, Ingenieur, Bildhauer, Maler; Guido Mazzoni (ca. 1477–1518), Bildhauer, Maler, Theatermacher; Michelangelo (1475–1564), Architekt, Bildhauer, Maler, Schriftsteller; Sebastiano Serlio (1475–1554), Architekt, Maler, Schriftsteller; Giorgio Vasari (1511–1574), Architekt. Bildhauer, Maler, Schriftsteller; Lorenzo Vecciatta (1405/1412–1480), Architekt, Maler, Bildhauer, Ingenieur; und Bernardo Zenale (1436–1526), Architekt, Maler, Schriftsteller.[13]

Es wird aufgefallen sein, dass vierzehn der fünfzehn Männer auf dieser Liste Architekten, dreizehn Maler, zehn Bildhauer und je sechs Ingenieure und Schriftsteller waren. Was war mit der Architektur, dass sie einen so prominenten Rang innerhalb dieser Gruppe einnahm? Ganz einfach: Viele Renaissancekünstler erhofften sich vor allem auf dem Gebiet der Architektur Fortschritte. Im 15. Jahrhundert hatte die Architektur den *artes liberales* angehört, während Malerei und Bildhauerei zu den *artes mechanicae* gezählt wurden. Das sollte sich zwar ändern, doch dass es so gewesen war, trägt gewiss zur Klärung der Prioritäten im italienischen Quattrocento bei.

Einige dieser Universalmenschen machten ganz außergewöhnliche Karrieren. Die Ideen von Francesco di Giorgio Martini zum Beispiel, der zahlreiche Festungen und militärische Gerätschaften entwarf, lassen sich an zweiundsiebzig Flachreliefs ablesen, die »samt und sonders Instrumentarien zum Zwecke der Kriegführung« darstellten. Daneben war er Stadtverordneter von Siena und sogar eine Art Spion gewesen, der die Truppenbewegungen des päpstlichen und Florentiner Heeres auskundschaftete. Er war ausgebildeter Maler, doch über die Bildhauerei und die Architektur sollte er in den achtziger Jahren des 15. Jahrhunderts zu einem bedeutenden Architekturtheoretiker heranreifen. In seiner Schrift *Trattato dell' architettura* betrachtete er zum Beispiel Vogelnester und Spinnennetze, deren Unwandelbarkeit ihm zu beweisen schien, dass die Tierwelt im Gegensatz zum Menschen nicht vom göttlichen Geist der *invenzione* durchdrungen war.[14] Fra Giovanni Giocondo (Giovanni da Verona), ein Dominikanermönch und außerordentlich fähiger »Meister der Vortrefflichkeit«, wird von Vasari als ein gebildeter Schöngeist porträtiert, unter besonderer Betonung seiner Rolle als glänzender Theologe und Philosoph, als vorzüglicher Griechischgelehrter (in einer Zeit, als solche Männer rar waren in Italien), als wunderbarer Architekt und als exzellenter Beherrscher der Perspektive. Den Ruhm, den er in seiner Heimatstadt Verona genoss, verdankte er vor allem seinem Beitrag zur Verstärkung der Ponte della Pietra über die Etsch. Das Bauwerk stand auf derart schwammigem Grund, dass es jederzeit einzustürzen drohte. Als junger Mann hatte Giovanni Giocondo viel Zeit in Rom und bei den Ruinen aus dem Altertum verbracht, über die er dann ein Buch herausbrachte. Er schrieb Noten zu Caesar, präsentierte seinen Zeitgenossen die Ideen von Vitruv und entdeckte während seines Aufenthalts in Paris, wo er für die französische Krone zwei Brücken über die Seine baute, die Briefe von Plinius in einer Bibliothek. Nach Bramantes Tod erhielt er gemeinsam mit Raffael den Auftrag, dessen Arbeit am Bau des Petersdoms fortzuführen. Er entschied, die Grundmauern erneuern zu lassen, und entdeckte bei diesen Arbeiten eine Reihe von Schächten, die er auffüllen ließ. Seine größte Errungenschaft war jedoch vermutlich die Lösung, die er für das große Kanalsystem von Venedig fand, indem er das einfließende Wasser von der Brenta ableitete und der Serenissima damit zum Überleben verhalf. Übrigens war Giocondo ein enger Freund von Aldus Manutius. Brunelleschi hatte sogar noch vielfältigere Talente: Er entwarf die bewundernswerte Kuppel des Doms Santa Maria del Fiore in seiner Heimatstadt Florenz und leitete dann ihren Bau, betätigte sich aber auch als Uhrmacher, Goldschmied und Archäologe. Damit war er noch vielseitiger als seine Freunde Donatello und Massaccio.[15]

War die Vorstellung also übertrieben, die man sich in der Renaissance vom Universalmenschen machte? Bereits im 12. Jahrhundert hatte es Gelehrte gegeben – zum Beispiel Thomas von Aquin –, die nahe an ein »universelles Wissen« herangekommen waren, ergo alles wussten, was in ihrer Zeit gewusst werden konnte (man erinnere sich an Richard W. S. Southerns Einwand, dass damals alles in allem nur ein paar hundert Schriften zur Verfügung standen und es deshalb möglich *war*, sich mit allem oder doch wenigstens fast allem Denken vertraut zu machen). Vielleicht liegt die eigentliche Bedeutung der Vorstellung, die man sich in der Renaissance vom Universalmenschen machte, eher in dessen besonderer Geisteshaltung, in seinem Selbstbewusstsein und seinem *Optimismus*. Denn der trug mit Sicherheit mindestens ebenso viel zu diesem Feuerwerk der Phantasie bei wie alles andere.

*

Unmittelbar verknüpft mit dem Begriff der Universalität war der *paragone*, wie man den »Wettstreit der Künste« um die Frage nannte, was überlegener sei – die Malerei oder die Bildhauerei. Im 15. Jahrhundert war das ein ungemein brisantes Thema und deshalb auch von zentralem Stellenwert in den Schriften von Alberti, Antonio Filarete und Leonardo. Alberti trat für die Überlegenheit der Malerei ein, weil sie farbig war, weil sie Dinge darstellte, die die Bildhauerei nicht einfangen konnte (Wolken, Regen, Berge), und weil sie einen Nutzen aus den freien Künsten zog (wie aus der Mathematik im Hinblick auf die Perspektive). Leonardo hielt das Basrelief für eine Art Kreuzung zwischen Malerei und Bildhauerei und gleichsam beiden überlegen. Die Verfechter der Bildhauerei argumentierten wiederum mit der höheren Wirklichkeitstreue von dreidimensionalen Statuen und behaupteten, dass es die Maler seien, die von dieser Kunst inspiriert würden. Filarete hob hingegen hervor, dass sich die Bildhauerei nie von Materialien wie Stein oder Holz lösen könne, während der Maler Hauttöne, Haarfarben, eine Stadt in Flammen, wunderbares Dämmerlicht oder den schimmernden Glanz des Meeres darstellen könne – alles Möglichkeiten, die der Bildhauerei nie gegeben sein würden. Um die Argumente von der Überlegenheit der Bildhauerei zu entkräften, pinselten Maler wie Mantegna und Tizian steinerne Figuren als Trompe-l'œil-»Reliefs« und zeigten damit, dass die Malerei die Bildhauerei imitieren konnte; umgekehrt war das nicht möglich.[16]

Aber nicht nur Malerei und Bildhauerei wurden zu Zeiten des Universalmenschen unentwegt verglichen, auch Malerei und Dichtung stellte man einander gegenüber. Eine Zeit lang glaubte man viele Ähnlichkeiten zwischen diesen beiden Kunstformen zu entdecken. Lorenzo Valla erklärte 1442 (vielleicht in direkter Anlehnung an Albertis Traktat über die Malerei, *Della pittura*), dass Malerei, Bildhauerei und Architektur die künstlerischen Ausdrucksformen seien, die den freien Künsten am nächsten kämen. Bartolomeo Fazio leitete den Abschnitt über Malerei und Maler in seinem Werk *De viris illustribus* zwar mit genaueren, aber inhaltlich vergleichbaren Argumenten ein: Es gebe eine große Affinität zwischen Malern und Dichtern, weil ein Gemälde letztlich nichts anderes sei als ein wortloses Gedicht; beide schenkten der *invenzione* oder Anordnung ihrer Werke große Aufmerksamkeit; die Darstellung der Eigenschaften des behandelten Gegenstands sei gleichermaßen die Aufgabe des Malers wie des Dichters, und erst an der Bewältigung dieser Aufgabe lasse sich das Talent und das Können beider Künstler erkennen.[17] Zwanzig Jahre vor Fazios Malerbiografien hatte Alberti in seinem Traktat *Della pittura* geschrieben: »Mir gefällt, wenn der Maler in allen freien Künsten gebildet ist, so gut er kann... Und es wird [den Malern] von Nutzen sein, Gefallen an den Dichtern und Rednern zu finden. Diese haben viele Zierstücke mit den Malern gemeinsam...«[18] Dem fügte er dann noch hinzu: »Deswegen rate ich jedem Maler, sich mit Dichtern, Rednern und anderen ähnlichen Gelehrten eng vertraut zu machen, weil sie neue Erfindungen liefern oder doch Hilfe bieten für eine schöne Komposition des Vorgangs, für die sie bestimmt viel Ruhm und großes Ansehen für ihre Malkunst erwerben werden. Phidias, der vor allen anderen berühmte Maler, bekannte, er habe beim Dichter Homer gelernt, Jupiter mit großer göttlicher Majestät zu malen. Auf diese Weise werden wir, die wir mehr nach Bildung als nach Gewinn streben, von unseren Dichtern immer mehr nützliche Dinge für die Malerei lernen.«[19]

Aus den vielen Notizen, die sich Leonardo da Vinci während der Vorarbeiten zu seinem *Trattato della Pittura* machte, wird deutlich, dass die Malerei aus seiner (auf klassischen Argumenten beruhenden) Sicht die überlegene, edlere Kunst war. Tatsächlich sollte die Gültigkeit vieler seiner Ideen über Malerei und Dichtung von ihm selbst unter Beweis gestellt werden. »Bezeichnest du die Malerei als stumme Dichtung«, schrieb er, »so kann der Maler erst recht die Dichtung als blinde Malerei bezeichnen.« Doch die Malerei bleibe insofern immer die würdigere Kunst, als sie den edleren Sinn – den Sehsinn – bediene. Die Macht, mit der ein Gemälde, welches die Natur imitiert, den Betrachter täuschen könne, sei größer als die Macht des Gedichts. Daher dürfe man zu Recht behaupten, dass der Unterschied zwischen den Wissenschaften der Malerei und der Dichtkunst gleich dem zwischen einem Körper und dem von ihm geworfenen Schatten sei.[20]

Einige Renaissancemaler versuchten ihre Schöpferkraft zu vervollkommnen, indem sie selbst Gedichte schrieben. Ungeachtet von Albertis Verteidigung der Malerei oder Leonardos Argumenten für die Überlegenheit der Maler suchten sie Anerkennung als Dichter, weil die Dichtkunst in den intellektuellen Zirkeln der Frührenaissance höher geachtet war als die Malerei. Brunelleschi schrieb anlässlich seines Streits, den er mit Donatello über die Ausschmückung der alten Sakristei von San Lorenzo in Florenz ausfocht, eine Verteidigung in Form von Sonetten, die zum Teil erhalten geblieben sind. Auch Bramante versuchte sich an der Versdichtung (auch von ihm haben dreiunddreißig vollendete Sonette überlebt). Doch natürlich ist es die Dichtung des jungen Michelangelo, der die höchsten Meriten unter den literarischen Errungenschaften der Renaissancemaler gebühren.[21]

Allein schon die Idee von der Universalität implizierte, dass der Universalmensch als etwas Besonderes, Herausragendes, als die Verkörperung eines Ideals empfunden wurde. Und so war es denn auch nur logisch, dass Universalmenschen an vorderster Front der Bewegung standen, mit deren Hilfe sich der Status des Künstlers im 15. Jahrhundert verbessern sollte. Zum Ausdruck kam dieses Unterfangen nicht zuletzt in der Porträtmalerei. Unerreicht war hier Antonio Filarete, jedenfalls im Hinblick auf das Bewusstsein, das er vom Wert des Selbstporträts und verwandter Darstellungsformen hatte – als Konkretisierungsmöglichkeiten des eigenen intellektuellen und gesellschaftlichen Standpunkts. Filarete arbeitete Mitte des Jahrhunderts nicht nur ein, sondern gleich zwei Selbstporträts in die Bronzetür des Hauptportals des Petersdoms, die zwischen 1435 und 1445 für Papst Eugen IV. gegossen wurde: eine Profildarstellung, die sich eng an den Darstellungen auf den römischen Münzen und Medaillen orientierte und die er als kleines Medaillon in die Mitte des unteren Randes des linken Türblatts einließ; das Gegenstück findet sich an der entsprechenden Stelle auf dem rechten Türblatt. Beide sind signiert. Den zweiten Hinweis, dass es sein eigenes Werk war, hinterließ er in Form eines Reliefs auf Bodenhöhe an der Türinnenseite, das ihn und seine Lehrlinge bei einer Art Reigentanz darstellt. Dahinter steckt mehr, als es auf den ersten Blick scheint, denn in seinem Traktat über die utopische Stadt Sforzinda schrieb Filarete, es sei wie ein Tanz, wenn alle Hand in Hand arbeiteten: Noch der Letzte tanze im Takt mit dem Ersten, sofern es einen guten Vormann und gute Musik gebe.[22]

Parallel zum gestiegenen Ansehen des Künstlers, dem *paragone* und der Hinwendung zum Selbstporträt wurde das Doppelkonzept von *invenzione* und *fantasia* geboren, das man zusammengenommen als »künstlerische Freiheit« bezeichnen könnte: Im Lauf des 15. Jahrhunderts und insbesondere im Hinblick auf den Universalmenschen begann man allmählich billigend in Kauf zu nehmen, dass von einem Künstler nicht immer genau das zu erwarten war, was sein Auftraggeber oder Mäzen von ihm verlangte. Das war ein gewaltiger Gedankensprung. Im März 1501 bat Isabella d'Este den Fra Pietro della Novellara in einem Schreiben, bei Leonardo vorzufühlen, ob er bereit wäre, ein Gemälde für ihr Studiolo anzufertigen; wenn Leonardo einwillige, wolle sie sowohl das Thema als auch die Zeit, die er dazu brauchen würde, allein ihm überlassen. Es wurde also nicht einmal mehr der Versuch unternommen, den Künstler auf ein Thema festzulegen.[23]

*

Welche gewaltigen Umwälzungen im Bereich der bildenden Kunst nun stattfanden, lässt sich vielleicht am besten am Beispiel des Verhörs verdeutlichen, das Paolo Veronese im Jahr 1573 vor der Inquisition über sich ergehen lassen musste. Auf das Thema Inquisition werden wir in Kürze näher eingehen, hier soll es erst einmal nur um die Situation der Kunst nach der Reformation und die Reaktion der katholischen Kirche gehen (das Konzil von Trient, das mit Unterbrechungen von 1545 bis 1563 tagte, um die künftige Kirchenpolitik Roms festzulegen). Eine Folge war, dass man nun auch die Kunst zu zensieren begann. Veronese hatte für die gebildeten Dominikaner von Santi Giovanni e Paolo in Venedig das opulente, riesige Gemälde *Abendmahl* als Ersatz für Tizians *Letztes Abendmahl* angefertigt, das bei einer Feuersbrunst zerstört worden war. Veroneses Bild ist im Prinzip ein Triptychon, denn die Szenerie spielt sich unter drei palladianischen Bögen ab, wobei Christus die Mitte einnimmt. Am unteren rechten und linken Rand der Leinwand führt jeweils eine Treppe aus dem Bild heraus. Trotz der religiösen Thematik ist es die ungemein lebendige und faszinierend perspektivische Darstellung einer ausladenden venezianischen Festivität: Die um die Festtafel versammelten Gäste sind allesamt in feinste Gewänder gehüllt, umgeben von exotisch gekleideten Mohren, Hunden und Affen. Prompt stellte die Inquisition Veronese zur Rede:

Inquisitor: Was soll der Mann mit der blutenden Nase, und welchen Sinn haben die Waffenträger in den deutschen Röcken?

Veronese: Ich wollte einen Diener darstellen, dessen Nase eines Missgeschicks wegen blutet. Wir Maler nehmen uns die gleichen Freiheiten heraus wie Dichter. Und zwei Wächter, den Trinkenden und den Essenden auf den Stufen, habe ich dargestellt, weil man mir sagte, dass der Hausherr reich war und solche Bedienstete gehabt haben würde.

Inquisitor: Was tut der heilige Petrus?

Veronese: Er zerschneidet das Lamm, um es ans andere Ende des Tisches zu reichen.

Inquisitor: Und der Mann neben ihm?

Veronese: Er reinigt sich die Zähne mit einem Zahnstocher.

Inquisitor: Hat Euch irgendwer beauftragt, Deutsche [d. h. Protestanten], Possenreißer und ähnlicher Dinge mehr in Euerem Gemälde darzustellen?

Veronese: Nein, meine Herren, aber sehr wohl mit der Ausschmückung des Raumes.

Inquisitor: Sollte dieses schmückende Beiwerk dann aber nicht angemessen sein?

Veronese: Ich male Bilder so, wie ich es für richtig halte und wie es mein Talent erlaubt.

Inquisitor: Wisst Ihr denn nicht, dass in Deutschland und anderenorts, überall, wo das Ketzertum wütet, Gemälde Hohn und Spott über die heilige katholische Kirche ausschütten und den Unwissenden falsche Lehren verkünden?

Veronese: Ja, das ist falsch, doch ich wiederhole, dass ich dem zu folgen verpflichtet bin, was mir überlegene Künstler taten.

Inquisitor: Und was soll das gewesen sein?

Veronese: Michelangelo malte in Rom den Herrn, seine Mutter, die Heiligen und die himmlischen Heerscharen nackt – sogar die Jungfrau Maria.

*

Der Inquisitor entlockte Veronese eine Abbitte und das Versprechen, das Gemälde binnen der nächsten drei Monate abzuändern. Und das tat er – doch gewiss nicht so, wie es die Inquisition erwartet hatte: Er änderte einfach den Titel des Bildes von *Abendmahl* in *Gastmahl im Hause des Levi*. Das schien ihm sicherer, denn immerhin stellt es das Neue Testament als ein Ereignis dar, dem »viele Zöllner und andere Gäste« beiwohnten (Luk 5,29).[24]

Ein Jahrhundert zuvor wäre ein solcher Dialog mit den Inquisitoren noch undenkbar gewesen, womit bewiesen ist, wie sehr sich das Ansehen der Künstler verändert hatte. Wenn dem Humanismus eines zu verdanken ist, dann gewiss, dass er den Künstler emanzipierte – und davon profitieren wir bis heute.

*

Im Jahr 1470 fand in Breslau eine öffentliche Feier anlässlich der Hochzeit des ungarischen Königs Matthias Corvinus statt, bei der sich die Frischvermählten an den Klängen vieler Trompeten und »aller Arten von Saiteninstrumenten« erfreuten. Diese Beschreibung gilt als die früheste Erwähnung einer größeren Zahl von Saiteninstrumenten – den wichtigsten Zutaten des später so genannten »Orchesters«. Ein Jahrhundert danach, irgendwann zwischen 1580 und 1589, begannen sich regelmäßig ein paar Herren im Hause des Grafen Giovanni dei Bardi in Florenz zu treffen. Der Name dieser Gruppe – Florentiner *Camerata* – klingt, als habe es sich um eine frühe Mafia-Organisation gehandelt. Tatsächlich setzte sie sich aus dem gefeierten Lautenspieler Vincenzo Galilei (dem Vater von Galileo), den Musikern Jacopo Peri und Giulio Caccini sowie dem Dichter Ottavio Rinuccini zusammen. Im Laufe von vielen Gesprächen über das klassische Drama kamen sie auf die Idee, dass Dramen auch »deklamatorisch« gesungen werden könnten. Die Oper war geboren. Damit wären alle Hauptelemente der modernen Musik in dem Jahrhundert zwischen ungefähr 1470 und 1590 ins Leben gerufen worden. Und das zog ein mindestens so heftiges Beben nach sich wie das Feuerwerk der Malerei.

Die Entwicklungsschritte der Musik lassen sich in drei Phasen gliedern. Zuerst kam es zu technischen Neuerungen im Bereich der Instrumentalisierung und Vokalisierung, welche die uns bekannten Tonarten hervorbrachten; parallel dazu erfolgte die Entwicklung von musikalischen Formen, die zu der uns vertrauten musikalischen Ausgestaltung führten; und drittens schließlich tauchten in Verbindung damit die ersten modernen Komponisten auf, die uns bis heute ein Begriff sind.

Unter den technischen Entwicklungen lässt sich als Erstes die »Imitation« herausfiltern, eine Erfindung der flämischen Musikschule, deren berühmteste Vertreter Jean Ockeghem (ca. 1430–1495) und Jacob Obrecht (ca. 1430–1505) waren. Im Lauf des 15. und eines Großteils des 16. Jahrhunderts begann die flämische Schule auf Nordeuropa und Italien überzugreifen. Ob am päpstlichen Hof in Rom, im Markusdom von Venedig, in Florenz oder in Mailand – überall bestand Nachfrage nach flämischen Musikern. »Imitation« steht in diesem Zusammenhang für ein polyphones Werk aus Einzelstimmen, die nicht zusammen, sondern eine nach der anderen singen und dabei jeweils die Worte der Vorstimme wiederholen. Diese Anordnung ist von großer Ausdruckskraft und bis heute in allen musikalischen Genres beliebt. Gleichzeitig entstand der mehrstimmige Chor. Berühmt war vor allem der päpstliche Chor, bis der Flame Adrian Willaert (ca. 1480–1562) in Venedig den getrennt aufgestellten Doppelchor vorstellte, dessen Stimmen ständig gegeneinander verschoben sangen. Und das war von noch größerer dramatischer Kraft.[25]

Auch bei der Orchestrierung wurden in Venedig neue Wege beschritten. Es entstand die Idee, bestimmte Passagen nur von bestimmten Instrumenten spielen zu lassen, was nicht zuletzt durch die Tatsache möglich wurde, dass um das Jahr 1501 in Venedig auch mit dem Notendruck begonnen wurde. Das heißt, die Musiker brauchten ihre Ideen nun nicht mehr im Kopf zu speichern, sie konnten sie sogar im Gepäck bei sich tragen. Mit Andrea Gabrieli und seinem Neffen Giovanni brachte Venedig zwei wirklich bemerkenswerte Musiker hervor. Sie waren es, die den Gesang der Chöre ins Gleichgewicht mit den Saiten-, Blas- und Blechblasinstrumenten brachten, indem sie den räumlichen Effekt zweier gegenüberliegender Galerien für die Chöre nutzten und sie zum Grundton der beiden großen Orgeln im Wechsel schmettern ließen. Yehudi Menuhin bezeichnete dies als den Moment in der westlichen Musikgeschichte, in dem die unabhängige Instrumentalmusik begann und dem jenes Merkmal zu verdanken ist, welches für die Moderne von so vitaler Bedeutung sein sollte: der dissonante Vorhaltton. Das bewusst eingesetzte Mittel der Dissonanz zog die Aufmerksamkeit auf sich, verlangte nach einer Lösung (zumindest, bis sich Schönberg im Jahr 1907 damit befasste), steigerte die Emotionalität der Musik und führte schließlich auch zur Modulationstechnik, dem harmonischen Übergang in eine andere Tonart, ohne den die romantische Bewegung in der Musik (beispielsweise Wagner) undenkbar gewesen wäre.[26]

Im 15. und 16. Jahrhundert standen allmählich auch immer mehr Musikinstrumente zur Verfügung, und damit nahm – in einem noch ganz rudimentären Sinne – das Orchester seinen Anfang. Von entscheidender Bedeutung war zunächst einmal die Verbreitung des Bogens. In den islamischen Regionen von Mittelasien bis Byzanz strich man im 10. Jahrhundert Rabab und Lyra mit einem ein- oder zweisaitigen Bogen; in Europa tauchte der Fidelbogen zuerst in Spanien und Sizilien auf, von wo aus er sich schnell nach Norden verbreitete. Der Instrumentenbogen ist ein direkter Abkömmling des Jagdbogens. Es war von jeher als störend empfunden worden, dass der Klang von gezupften Saiten so schnell verflog; schließlich fand man heraus, dass der Ton auf einer schwingenden Saite viel länger gehalten werden konnte, wenn man sie mit einem Bogen strich. Das zweite entscheidende Ereignis für die musikalische Entwicklung im Westen waren die Kreuzzüge im 12. und 13. Jahrhundert, denn die Europäer waren begeistert von den neuen Instrumenten, die die Kreuzritter aus dem Nahen Osten mitbrachten, darunter vor allem die Fidel. Die ersten Hinweise auf sie finden sich in byzantinischen Darstellungen aus dem 11. Jahrhundert, wo sie noch in den unterschiedlichsten Formen gezeigt wird – oval, elliptisch, rechteckig und auch schon tailliert, was eine größere Beweglichkeit bei der Bogenführung zuließ. Daneben gab es die Rubebe oder das Rebec und die Cister, den Vorläufer unserer Gitarre, ein schweres Instrument, dessen Korpus aus einem einzigen Holzblock geschnitten wurde.[27]

Tasteninstrumente tauchten erstmals in der ersten Hälfte des 15. Jahrhunderts auf, womöglich als Weiterentwicklung eines geheimnisvollen Instruments, das man nur aus alten Darstellungen kennt und von dem kein einziges Exemplar überlebt zu haben scheint. Auch vom Klavichord gab es bereits eine Frühform, *Monochord* genannt (und vermutlich von Pythagoras erfunden), ebenso wie man auch eine Frühform des Cembalos kannte, des größten Tasteninstruments, aus dem sich die kleineren Varianten des Spinetts und Virginals entwickelten. Parallel zur wachsenden Vorliebe für chromatische Musik waren bis zum 16. Jahrhundert auch Laute, Gitarre, Viola und Violine immer populärer geworden. Karl IX., der von 1560 bis 1574 über Frankreich herrschte, bestellte achtunddreißig Violen bei Andrea Amati, dem Begründer der berühmten Geigenbauerdynastie aus Cremona, welcher detailliertere Angaben zu zwölf Violen, sechs Violoncelli und acht Bratschen hinterließ.

Die zu den Aerophonen zählende Orgel hatten schon die Römer gekannt, ein Instrument ausschließlich für Kirchenmusik sollte sie erst im 10. Jahrhundert werden. Der wichtigste Import aus dem Osten war die Schalmei, die sich aus der persischen Surna entwickelt hatte, einem Doppelrohrblattinstrument mit Löchern und einer ausladenden trichterförmigen Stürze. Die moderne Oboe wurde vermutlich Mitte des 17. Jahrhunderts von einem Mitglied der französischen Instrumentenbauerfamilie, den Hoflieferanten Hotteterre, erfunden.[28] Sie galt als Ergänzung zur Violine und diente zur Perfektionierung des Basso continuo.

Seit dem 11. Jahrhundert hatten sich diverse neue musikalische Genres entwickelt. Besonders hervorzuheben sind das Madrigal, die Sonate, der Choral, das Concerto, das Oratorium und, wie schon erwähnt, die Oper. Das um etwa 1530 popularisierte Madrigal war der häufigste säkulare Musikgenuss der italienischen Elite. Seine Ursprünge liegen im *frottole*-Gesang, bei dem es sich in der Regel um Liebeslieder handelte, die von einem einzigen Instrument begleitet und eher zum Vergnügen aufgespielt wurden, als ernst zu nehmende Aussagen über Herzensangelegenheiten zu machen. Erst unter dem Einfluss von Adrian Willaert wurde das Madrigal ambitionierter, denn er setzte es bereits überwiegend mit fünf Stimmen an, was das Choralwerk bereicherte und sinnlicher machte. Und während das Madrigal verfeinert wurde, begann sich die musikalische Führerschaft in Europa allmählich von den Flamen auf die Italiener, insbesondere auf die Römer und Venezianer, zu verlagern. Dabei sollten wir allerdings nicht den Beitrag vergessen, den die Franzosen mit der Erfindung des Chansons oder *canzon francese* geleistet haben. Chansons waren leichte, spritzige Gesänge, häufig auch sentimentale »Liebesliedchen«, wie Alfred Einstein schrieb, deren Stimmen alles Mögliche zu imitieren versuchten, vom Vogelgezwitscher bis zum Schlachtengetümmel. Aus dieser Gepflogenheit entwickelte sich schließlich die Sonate. Die großen Exponenten des Madrigals, des Chansons oder der Sonate waren Giovanni Pierluigi da Palestrina (1525–1594) und Orlando di Lasso (1532–1594). Palestrina war seit 1571 *maestro di cappella* der Peterskirche in Rom gewesen, komponierte vierundneunzig Messen und hundertvierzig Madrigale und wurde als Komponist einer Kirchenmusik von geradezu überirdischer Klarheit berühmt, wohingegen di Lasso ein Meister des Madrigals und der Motette war und die Liebe im Diesseits feierte. Das Streben nach einem vollkommenen Instrumentalstil führte schließlich zum Virtuosen, mit der Betonung auf Tasten- und Holzblasinstrumenten. Und hier entdecken wir nun eine weitere Parallele zur Malerei, nämlich die Evolution des Musikers als eines allseits respektierten Künstlers per se.[29]

Gegen Ende des 16. Jahrhunderts begann sich das *canzon francese* in zwei Stilrichtungen zu teilen – in die Sonate für Blasinstrumente und in die Kanzone für Saiteninstrumente. Erstere entwickelte sich zum *concerto* (und später zur Symphonie) weiter, Letztere wurde zur Kammersonate. Unter einem *concerto* hatte man ursprünglich eine »Solistengruppe« verstanden, wobei kein Unterschied gemacht wurde zwischen Stimmen und Instrumenten. Tatsächlich waren die Begriffe *concerto*, *sinfonia* und *sonata* anfangs sogar austauschbar. Später wurde die Sonate modifiziert, das heißt, nun bezeichnete man damit nur noch eine Komposition für ein einziges Instrument, während man unter einem *concerto* seit den letzten Jahrzehnten des 17. Jahrhunderts eine Instrumentalgruppe ohne Vokalstimmen verstand. Ein *concerto* war also eine Zeit lang mehr oder weniger genau das gewesen, was wir heute als Orchester bezeichnen. Erst Mitte des 18. Jahrhunderts wurde dieser Begriff zur Standardbezeichnung für ein Soloinstrument mit Orchester.

Die Florentiner Humanisten, die der Oper ins Leben verhalfen, hielten es für die primäre Aufgabe von Musik, die emotionale Wirkung des gesprochenen Wortes zu intensivieren. Anfänglich wurde diese neue musikalische Sprache *recitativo* genannt: Ein dramatischer Sprechgesang fand vor einem musikalischen Hintergrund hauptsächlich aus Akkorden statt, die des dramatischen Effekts wegen gelegentlich dissonant wurden. Dabei gab es von Anbeginn an auch eine harmonische Struktur, die den Schwerpunkt auf den »vertikalen« Aspekt der Musik legte (im Gegensatz zum rein »horizontalen«). Der Akkord, also die Gleichzeitigkeit von unterschiedlichen, aber harmonisch klingenden (vertikalen) Tönen, sollte zum wesentlichen Element der Oper werden.[30] Und das war nun etwas ganz anderes als Polyphonie. Die Oper förderte ihrerseits die Entwicklung des Orchesters – ein Begriff, der sich aus dem Umstand ableitete, dass das Instrumentalensemble nahe der Bühne platziert war (im alten Griechenland wurde mit *orchestra* das Halbrund vor der Bühne bezeichnet, auf dem der Chor stand).

Der erste große Opernkomponist war Claudio Monteverdi (1567–1643). Sein *Orfeo* für Violine und Viola, 1607 in Mantua uraufgeführt, stellte einen deutlichen Fortschritt gegenüber den früheren Florentiner Opern dar. Monteverdi besaß einen einzigartigen Sinn für Harmonien, der es ihm erlaubte, auch gewagte Dissonanzen in seine Musik einzubauen. Doch ihre besondere Eigentümlichkeit ist eine große Farbigkeit und, im Vergleich zu früheren Werken, sehr viel ausgeprägtere Expressivität. *Orfeo* war ein derart durchschlagender Erfolg, dass man sofort die Partitur veröffentlichte. Es war das erste Mal, dass so etwas geschah – deshalb war diese Oper auch ein großer Durchbruch für die Druckerwerkstätten. Ein Jahr später folgte (ebenfalls in Mantua) die Uraufführung von *Arianna*, einer noch dramatischeren und vielleicht sogar auch noch harmonischeren Oper. Während Monteverdi an dem Werk arbeitete, war seine Frau gestorben; das Ergebnis seiner tiefen Verzweiflung ist das berühmte *Lamento*, vermutlich die erste Opernarie, die zu einem Gassenhauer wurde, den man »in ganz Italien summte und pfiff«. Dank der Erfolge Monteverdis begann man nun überall in Europa Opernhäuser zu bauen, allerdings waren es noch rein private Stätten und der Musikgenuss noch ausschließlich dem Adel vorbehalten. Erst 1637 wurde in Venedig auch zahlendes Publikum eingelassen. Im 17. Jahrhundert gab es sechzehn Opernhäuser in Venedig, davon vier, die en suite spielten.[31]

Das Oratorium, der geistliche Gegenentwurf zur weltlichen Oper, entwickelte sich in etwa zur gleichen Zeit und beschränkte sich auf die rein musikalische und gesangliche Darbietung eines biblischen Dramas. Das war zwar schon früher versucht worden, doch die Form des modernen Oratoriums entstand erst, als Emilio de' Cavalieri (ca. 1550–1602) aus dem Kreis um den Conte Bardi im Jahr 1600 die Allegorie *Rappresentazione di anima e di corpo (Das Spiel von Seele und Körper)* vertonte. Und weil sie im *oratorio* von San Filippo Neri in Rom uraufgeführt wurde, blieb der Kunstform dieser Name. In einem Oratorium ist vom Solisten über den Chor bis zum Orchester alles vorhanden, doch es gibt weder eine »Handlung« noch Kostüme oder irgendeine Art von Inszenierung.[32]

Das narrative Element floss in die Musik etwas später ein als in die Malerei, doch kaum war es eingeführt, wurde es sofort auf expressivste Weise genutzt. Die Säkularisierung der Musik, die im Wesentlichen im 16. Jahrhundert stattfand, befreite diese von allen religiösen Zwängen und verhalf ihr dazu, Geschichten von unterschiedlicher Länge und mit unterschiedlicher Ernsthaftigkeit zu erzählen. Es war vermutlich der massivste Umbruch in der gesamten Musikgeschichte.

*

Ungefähr zur gleichen Zeit, als Veronese in Venedig vor der Inquisition erscheinen musste und sich in Florenz die *camerata* traf, geschah etwas mindestens so Beachtenswertes in London – Zeitgenossen würdigten es, ausländische Besucher bestaunten es, und der englische Bildungsreisende Fynes Moryson schilderte es in seinem *Itinerary* mit den Worten: »Ich glaube, in London gibt es mehr Schauspiele als in allen von mir besuchten Teilen der Welt zusammen, auch die Schauspieler und Komödianten sind hier unübertroffen.« Auf den Londoner Bühnen konnte man das reinste Feuerwerk erleben. Alle so plötzlich erblühten literarischen Genres fanden sich dort wieder, ob es die Dramen von Shakespeare und Marlowe waren, die Dichtungen von Donne und Spenser oder die King-James-Bibel (in England auch »Authorised Version« genannt). Aber Furore machte vor allem das englische Drama.

Der Dreh- und Angelpunkt dieser Entwicklung war nach Meinung von Peter Hall James Burbage gewesen, ein Mitglied einer der drei großen Londoner Theatertruppen. Im Frühjahr 1576 begab er sich nach Shoreditch vor den Toren der Stadt, um dort das erste feste Schauspielhaus zu errichten und damit »eine Liebhaberei in einen Beruf zu verwandeln«. Nur ein Vierteljahrhundert später war diese neue Idee bereits auf ihrem Höhepunkt angelangt: Shakespeare und Marlowe waren gekommen und wieder gegangen und hatten die Schauspieler mit ihren Dramen vor gewaltige neue Herausforderungen gestellt; die wichtigsten Bühnentraditionen hatten sich verschmolzen und etabliert; in einem Dutzend neuer Theater waren bereits rund achthundert Stücke aufgeführt worden – und dabei wissen wir noch nicht einmal, wie viele uns verloren gegangen sind. Was wir aber wissen, ist, dass neben Shakespeare und Marlowe noch zwanzig andere Bühnenautoren jeweils mindestens zwölf neue Stücke herausgebracht hatten – man denke nur an Namen wie Thomas Heywood, John Fletcher, Thomas Dekker, Philip Massinger, Henry Chettle, James Shirley, Ben Jonson, William Hathaway, Anthony Munday, Wentworth Smith oder Francis Beaumont.[33] Heywood zum Beispiel schrieb, dass er bei zweihundertzwanzig Stücken »seine Hand im Spiel« gehabt habe.

In diesem dramatischen Feuerwerk spiegelte sich auch die Tatsache, dass London inzwischen begonnen hatte, Florenz den Rang als eine der erfolgreichsten bürgerlichen Städte der damaligen Zeit abzulaufen. Daran hatten nicht zuletzt die großen Entdeckungsreisen im 16. Jahrhundert (auf die im nächsten Kapitel eingegangen wird) entscheidenden Anteil. Die Entdeckung von Gold und Silber auf dem amerikanischen Kontinent ließ die Kassen in Europa klingeln; die Inflation der Preise verbilligte die Arbeitskraft, und die Kapitalisten strichen Superprofite ein. Aber auch die höheren Berufsstände erlebten einen enormen Zuwachs. Die Immatrikulationen in Oxford und Cambridge stiegen von vierhundertfünfzig im Jahr 1500 auf beinahe tausend im Jahr 1642 an, die Studiengebühren erhöhten sich von zwanzig Pfund im Jahr 1600 auf dreißig Pfund im Jahr 1660. Die Anträge auf Zulassung bei der Advokateninnung *(Inns of Court)* vervierfachten sich zwischen 1500 und 1600. »Zwischen 1540 und 1649 verlagerte sich der relative Wohlstand von Kirche und Krone... massiv auf die Ober- und Mittelschicht.«[34] Das Geschehen war vergleichbar mit dem, was sich in Florenz abgespielt hatte: »Das Reich strotzte nur so vor Wohlstand«, heißt es in einem anderen Bericht, »was sich sowohl an der Maßlosigkeit im Kaufverhalten als auch an der Bautätigkeit, den Eß- und Trinkgewohnheiten, den Festen und wohl am deutlichsten an der Kleidung erkennen ließ.«[35] Diese Beschreibung erinnert an das Porträt, das Van Eyck von den Arnolfinis gemalt hatte.

London verwandelte sich von Grund auf. Geistliche verschwanden von der Bildfläche, nachdem die Klöster, Kirchenstiftungen und kirchlich geleiteten Hospitäler aufgelöst worden waren; und mit ihnen verschwand auch der Adel; er wurde von Kommerz und Handwerk ersetzt. Allenthalben schossen Gerichte wie Pilze aus dem Boden, »seit die Rechtsprechung eine bevorzugte Alternative zur Gewalt darstellte«. Saint Paul's Cathedral war zu einem Klatschtempel mit der Atmosphäre eines Clubs geworden. »Der elisabethanische Müßiggänger pflegte morgens hereinzuschauen, um festzustellen, wer da war und ob es größere Neuigkeiten, kleinere Skandale, einen interessanten Kommentar über das letzte Buch, Stück oder irgendwas anderes aufzuschnappen gab, das ein passendes Epigramm oder eine gute Anekdote abgeben konnte, die man zu Hause zum Besten geben konnte.«[36] Doch *der* Treffpunkt war die Mermaid Tavern, der beste Pub weit und breit, der Mittelpunkt der literarischen und dramatischen Welt im elisabethanischen London. Dichter, Dramatiker und alle möglichen geistreichen Gestalten trafen sich dort jeden ersten Freitag im Monat. Alles, was Rang und Namen hatte, war da: Ben Jonson, Inigo Jones, John Donne, Michael Drayton, Thomas Campion, Richard Carew, Francis Beaumont, Walter Raleigh. Beaumont brachte die Anziehungskraft der Mermaid in einem Couplet an Ben Jonson auf den Punkt:

> ...What things we have seen
> Done at the Mermaid! heard words that have been
> So nimble and so full of subtle flame

Mehrere Ökonomen, darunter auch John Maynard Keynes, machten den wirtschaftlichen Wohlstand Englands für den Aufschwung des Theaters verantwortlich. Doch es gibt noch einen anderen Aspekt: Der Sieg über die spanische Armada hatte 1588 solche Ausgelassenheit und Respektlosigkeit im Volk hervorgerufen, dass einfach nichts mehr heilig war – sogar die Queen fluchte wie ein Kutscher und »bespuckte ihre Favoriten«.[37]

Burbages Umzug nach Shoreditch hatte die Renaissance (oder eher: *naissance*) des englischen Theaters zwar beschleunigt, doch entwickelt hatte es sich aus den diversen englischen Traditionen: aus dem Mysterien- und Mirakelspiel; aus der spätmittelalterlichen Moralität, wie sie in den Midlands und im Norden üblich gewesen war; aus den königlichen Gelagen während des zwölftägigen Weihnachtsfestes, die sich dann zum Maskenspiel weiterentwickelten; und aus den allegorischen Festumzügen der Zünfte und Livreegesellschaften *(livery companies)*. Trotzdem waren zu Shakespeares Jugendzeit außerhalb von London noch keine Theaterstücke aufgeführt worden, und nicht einmal in der Hauptstadt existierten feste Theaterstätten. In Yarmouth gab es 1539 ein »Game-house«, in Exeter seit dem 14. Jahrhundert ein »Theatrum«, in dem Farcen aufgeführt wurden, aber nirgendwo gab es professionelle Schauspieler. Mit der Reformation waren sogar die traditionellen Passionsspiele abgesetzt worden. Doch an den Universitäten konnte man klassisches Theater studieren, und seit den zwanziger Jahren des 16. Jahrhunderts pflegte man in Schulen Komödien von Plautus und Terenz oder Tragödien von Seneca aufzuführen.[38] Da dauerte es nicht lange, bis die Schuldirektoren und Universitätsdekane begannen, Stücke im klassischen Stil zu schreiben: Der um das Jahr 1550 uraufgeführte komödiantische Einakter *Ralph Roister Doister* stammte aus der Feder des Headmasters von Eton; am Christ's College in Cambridge hatte ein Jahrzehnt danach das später noch populärere Stück *Gammer Gurton's Needle* Premiere. Doch das war drei Jahre vor Shakespeares Geburt gewesen, und da wir keinerlei Nachweise haben, dass der Barde jemals eine Universität besucht hätte, können wir auch keine Rückschlüsse auf Querverbindungen ziehen. Die Archive der Westminster Abbey belegen, dass in den sechziger Jahren des 16. Jahrhunderts sogar dort unter Mitwirkung des Gelehrtenstabs Schauspiele für den Kronrat aufgeführt wurden. Und seit das Theater Geschichten über die unterschiedlichen menschlichen Charakterzüge zu erzählen begonnen hatte, hielt sich auch die Krone zwei Schauspieltruppen von je acht Mann, die manchmal einen regelrechten Zirkus zur königlichen Belustigung veranstalteten, manchmal aber auch durchaus ernsthaftere Stücke spielten.[39]

Was die Gebäude für diese Volksbelustigung betraf, so gab es zur damaligen Zeit nur die beiden kreisförmigen Anlagen des »Bull-Ring« und des »Bear-Pit« in London. Beide existierten zwar schon seit Jahrhunderten am Südufer der Themse, es waren aber nie Theaterstücke dort aufgeführt worden. Das geschah ausschließlich in den Inn-Yards, den Innenhöfen der Gasthäuser, die sich sozusagen von selbst dafür anboten, da ihre Bauweise genau das »wooden O« ergab, das Shakespeare in seinem Globe-Theatre nachbaute. Doch so praktisch sie auch waren, so viele Probleme machten sie, denn angesichts der Menschenmassen befürchteten die Behörden jederzeit den Ausbruch von Seuchen oder einen Aufruhr (genügend zu trinken gab es immer). Es waren Livreegesellschaften wie die von so mächtigen Patronen wie Leicester, Oxford oder Warwick geförderten Schauspielergilden, die schließlich dafür sorgten, dass das Publikum nicht mehr ständig herumvagabundierte. Sie begannen, Zwischenspiele in die Moralitäten einzubauen und sie dann thematisch und dramatisch immer weiter auszubauen. Doch erst als Burbage seinen Theaterbau errichtet hatte, konnten die triebhaften Energien des Publikums, die bei diesen Aufführungen so schnell freigesetzt wurden, wirklich gebändigt werden. Und »eine bis dahin fast feudale Organisation – die Livreegesellschaft – wurde über Nacht in eine kapitalistische verwandelt«.[40] Das Theater war also von Anfang an ein kommerzielles Unternehmen mit mehr oder weniger professionellen Schauspielern gewesen.

Wir sollten uns hier bewusst machen, dass schon die frühen Stücke allesamt gespielt und nicht gelesen wurden; die lesende Öffentlichkeit in London stieg jedoch trotzdem sprunghaft an. Anfang des 17. Jahrhunderts waren nur noch fünfundzwanzig Prozent aller Londoner Kaufleute und Handwerker nicht in der Lage, ihren Namen zu schreiben. Unter Frauen gab es zwar noch zu neunzig Prozent Analphabetismus, dafür stellten sie einen hohen Anteil unter den Theaterbesuchern. Das heißt, dass solche Spektakel damals noch wesentlich wichtiger waren als heute und man letztlich nicht zwischen »Hochkultur« und »Volkskultur (oder wie heute: »Popkultur«) unterschied.[41]

Anfang des 17. Jahrhunderts begann man für die Bühnenauftritte der Londoner Schauspieler erstmals den Begriff *acting* zu verwenden. Es muss also seit den Zeiten der reinen »Sprecher« eine signifikante Entwicklung stattgefunden und sich sowohl die »Nachahmung« als auch die Charakterdarstellung vertieft haben. Noch waren Schauspieler keine Respektspersonen, jedenfalls nicht im eigentlichen Sinne des Wortes, doch immerhin hatten die Repertoirebühnen (kein Stück wurde zweimal hintereinander aufgeführt) inzwischen die Aufmerksamkeit des Publikums auf die Fähigkeit der Schauspieler gelenkt, in schneller Folge in ganz unterschiedliche Charaktere zu schlüpfen. Und diese Vielseitigkeit war nicht nur rasch zu erkennen, sondern auch leicht anzuerkennen.

Dennoch nahm John Donne im Jahr 1604/05 keine Schauspiele in seinen *Catalogus Librorum Aulicorum* auf – er hielt sie einfach nicht für Literatur.

Die Stücke, die in dieser Atmosphäre entstanden und uraufgeführt wurden, hatten zwei wesentliche Ingredienzien: erstens einen Realismus, der sich so eng an der Wirklichkeit orientierte, wie es die damaligen Techniken nur zuließen; zweitens eine enorme emotionale Unmittelbarkeit (neben allem anderen gab es nun erstmals auch ein journalistisches Element auf den Londoner Bühnen). Doch am wahrscheinlich wichtigsten war, dass die Theater der sich wandelnden Welt einen Spiegel vorhielten, in dem sich das Publikum erkennen konnte: Die gesellschaftliche Grundstruktur veränderte sich, die alten Regeln verschwanden, es konnten mehr Menschen lesen, und viele konnten sich auch mehr leisten als je zuvor.

In diese Welt trat Shakespeare. War Shakespeare ein Zufall, wie Harold Bloom so angemessen fragt? In jedem Fall war er nicht sofort dieses alles überragende Talent gewesen, zu dem er werden sollte. Wenn Shakespeare wie Christopher Marlowe im Alter von neunundzwanzig Jahren ums Leben gekommen wäre, schreibt Harold Bloom, wäre sein Œuvre bei weitem nicht so beeindruckend. Christopher Marlowes Stücke *Der Jude von Malta*, *Tamburlaine* und *Edward II*, ja sogar das Fragment *Doctor Faustus* »sind beträchtlich größere Errungenschaften als die Leistungen Shakespeares vor *Liebes Leid und Lust*. Doch fünf Jahre nach Marlowes Tod hatte Shakespeare seinen Vorgänger und Rivalen mit der grandiosen Sequenz *Ein Sommernachtstraum*, *Der Kaufmann von Venedig* und den beiden Teilen von *Heinrich IV*. überrundet. Bottom, Shylock und Falstaff schlossen zu Falconbridge aus *König Johann* auf, und im Mercutio aus *Romeo und Julia* erkennen wir eine ganz neue Art von Bühnenfigur, die bereits Lichtjahre von Marlows Talenten oder Interessen entfernt war... In den dreizehn oder vierzehn Jahren nach der Erschaffung von Falstaff bekommen wir die ihm würdige Nachkommenschaft: Rosalind, Hamlet, Othello, Jago, Lear, Edmund, Macbeth, Antonius und Kleopatra, Coriolan, Timon, Imogen, Prospero, Caliban... 1598 ist Shakespeare konfirmiert und Falstaff der Konfirmationsengel. Kein anderer Schriftsteller hat jemals auch nur annähernd über die sprachlichen Mittel von Shakespeare verfügt, die in *Liebes Leid und Lust* mit solcher Üppigkeit erblühen, dass wir das Gefühl haben, die Grenzen von Sprache seien hier in vielerlei Hinsicht ein für alle Mal erreicht worden«.[42]

Als Shakespeare in London eintraf, hatte er weder eine Vorstellung, welche Richtung er einschlagen sollte, noch den Ehrgeiz, populärer zu werden als irgendein anderer Lohnschreiber. Und so kam es, dass er seine ersten Lorbeeren als Schauspieler und nicht als Autor verdiente. Er brachte ernste wie leichte Stücke heraus, die allesamt auf seine Schauspieler zugeschnitten waren; er gab wenig auf Rechtschreibung oder Grammatik und erfand ständig neue Wörter, wie es ihm gefiel. Und doch steht Shakespeare in der Ideengeschichte in niemandes Schatten. Gleich zwei bahnbrechende Neuerungen führte er ein, an erster Stelle die Wandelbarkeit: Shakespeare »erfand einen neuen Ursprung für uns alle, indem er die erhellendste Idee hatte, auf die ein Dichter jemals gekommen ist: dass Selbsterkenntnis durch das Belauschen des eigenen Selbst möglich ist«. Damit zeigte er auch die Fähigkeit des Menschen, sich in psychologischer wie moralischer Hinsicht wandeln zu können. Wir erleben das bei Hamlet wie bei Lear, doch am deutlichsten bei Falstaff, der wohl grandiosesten Schöpfung Shakespeares. Zweitens, und das wird nur allzu leicht übersehen – abgesehen davon, dass es viel mit der Urbanisierung zu tun hatte –, widersteht das Shakespeare'sche Werk jeder Christianisierung. Seine Stücke leben in ihren eigenen Welten, und die sind in sich so komplett, dass wir sie letztlich ohne jeden weiteren Gedanken akzeptieren. Sie sind weder unverhohlen humanistisch, das heißt, sie beziehen ihre Inspiration ganz offenkundig nicht aus der klassischen Vergangenheit, noch holen sie alles an Bildung heraus, was herauszuholen war (Mailand zum Beispiel wird durch einen Wasserweg mit dem Meer verbunden). »Shakespeare scheint kein leidenschaftlicher Mann gewesen zu sein (jedenfalls gewiss nicht in seiner Ehe), er verfügt weder über Theologie noch über Metaphysik oder Ethik und auch nur über sehr wenig politische Theorie.« Stattdessen erfand er auf höchst realistische Weise die Psyche, wie wir sie heute verstehen. Das entscheidende Stück ist vielleicht *König Lear*: Es endet in einer »kosmischen Leere«, in der nicht nur die überlebenden Figuren, sondern auch die Zuschauer versinken. »Es gibt keine Transzendenz am Ende von *König Lear*... Der Tod ist eine Erlösung für Lear, nicht aber für die Überlebenden... Und auch uns erlöst er nicht... Die Natur ist beinahe ebenso tödlich verwundet wie der Staat... Von alles entscheidender Bedeutung ist die Verstümmelung der Natur und unser Empfinden, was natürlich in unserem eigenen Leben ist und was nicht.«[43] Das war eine mit nichts Vorangegangenem vergleichbare Leistung.

*

Es heißt, William Shakespeare und Miguel de Cervantes seien an ein und demselben Tag gestorben. Wichtiger aber ist ein anderer Zufall, nämlich dass der Roman, der heute eine so gebräuchliche literarische Form ist, mit dem *Don Quijote* zur mehr oder weniger gleichen Zeit in Spanien das Licht der Welt erblickte wie das moderne Drama in London. Was die spanische Literatur betrifft, so wird Fernando de Rojas' *La Celestina* zu Recht zeitlich früher angesetzt (im Jahr 1499 in sechzehn, 1526 in einundzwanzig Akten publiziert). Der ursprüngliche Titel dieses Plots – sofern es überhaupt einer ist – lautete *Tragicomedia de Calixto y Melibea*. Die

Geschichte dreht sich um Celestina, eine professionelle Kupplerin, durch deren Dienste Melibea und Calisto ein Paar werden, was im weiteren Verlauf zuerst Celestina selbst, dann Calisto und schließlich auch Melibea zerstört. *La Celestina* spielt sich zu einem guten Teil in den Niederungen des Lebens ab, was wiederum einiges zum Aufbau der *picaresque* in der spanischen Literatur beitrug, der Tradition des Schelmenromans. Als dessen erstes Beispiel von Bedeutung wird *El Lazarillo de Tormes* angesehen – das Werk eines unbekannten Autors über eine Gaunerfamilie und ihre Abenteuer. Als die bei weitem grandioseste *picaresque* aber gilt *Don Quijote*.[44]

Im Gegensatz zu Shakespeare war Cervantes ein Held. Obwohl er mit an Sicherheit grenzender Wahrscheinlichkeit ein Jünger von Erasmus und zudem Jude war, dessen Familie von der spanischen Inquisition zur Konversion gezwungen wurde, kämpfte er heldenhaft in der Schlacht von Lepanto für Spanien und überlebte trotz Krankheit sechs lange Jahre in algerischer Gefangenschaft und anschließend auch noch die spanischen Gefängnisse. Dort begann er vermutlich mit der Arbeit am *Don Quijote*. Der Roman erschien fast zur gleichen Zeit wie *König Lear* und kann auch die gleiche absolute Originalität des nie Dagewesenen für sich in Anspruch nehmen. Im Mittelpunkt dieser grandiosen Geschichte steht die liebevolle, wenngleich immer wieder einmal jähzornige Beziehung zwischen dem Don und seinem Knappen Sancho Pansa. Ihre Individualität und ihre kleinen wie großen Heldentaten sind eine Offenbarung und ein literarisches Fest, die den Leser ebenso intensiv mit Wärme erfüllen, wie uns der *Lear* am Ende hilflos und kalt zurücklässt. Beim *Quijote* bleiben viele Hintergründe unerklärt. Cervantes erzählt uns, dass der Landjunker den Verstand verloren habe, gibt uns aber keine klinischen Anhaltspunkte dafür und erklärt nur, dass ihm vielleicht vom vielen Lesen der Ritterromane seiner Zeit das Gehirn ausgetrocknet sei und er sich deshalb an die unmögliche Aufgabe gemacht haben könnte, seinen Traum eines fahrenden Junkers auszuleben. Die Zuneigung zwischen Don Quijote und Sancho Pansa wächst immer mehr und erinnerte schon so manchen Kritiker an die Beziehung zwischen Jesus und Petrus. Keiner von beiden kann mehr einen Gedanken äußern, der vom anderen unkommentiert oder unkritisiert bliebe; sie streiten in zuvorkommendem Ton und am höflichsten immer dann, wenn der Konflikt am heftigsten ist – und sie entlassen ihre Gedanken in eine derart freimütige Atmosphäre, dass dem Leser jeder nur erdenkliche Spielraum bleibt, um über sie nachzugrübeln. Ungeachtet ihres Rangunterschieds herrscht eine Ebenbürtigkeit im vertraulichen Umgang zwischen dem Ritter und seinem Knappen, die ebenso komisch wie ernsthaft ist (einige komödiantische Einlagen sind reinster Slapstick). Der Eifer, mit dem der Ritter an jeder Ecke nach einem Kampf sucht, seine grandiose Gabe, Windmühlen für Riesen oder Hammelherden für Heere zu halten, Sanchos Wunsch nach Ruhm, nicht aber nach Geld (wie fremd einem *das* heute klingt!), ihre Begegnung mit dem berühmt-berüchtigten Räuber Ginés de Pasamonte – das alles ist absolut originell. Doch der entscheidende Punkt dabei ist, dass sich der Ritter und sein Junker im Lauf der Geschichte *wandeln* – sie verwandeln einander, indem sie einander zuhören, indem sie hören, was der andere zu sagen hat. Shakespeares Wandelbarkeit ist auch eine originäre psychologische Innovation beim *Don Quijote*. Wie Shakespeare, so erschuf auch Cervantes enorme Charaktere, und wie Shakespeare, so ging auch er weit über den gelehrten Humanismus hinaus, weit über die Klassik, weit über die Kirche, um etwas vollständig Neues zu erschaffen. Es sei weder Philosophie, schrieb Erich Auerbach über dieses Buch, noch verfolge es ein didaktisches Ziel: Es stelle eine Weltanschauung dar, bei der Tapferkeit und Gleichmut die tragenden Rollen spielten. In gewisser Weise war *Don Quijote* nicht nur der erste Roman, er war auch das erste »Road Movie«. Und das ist ein Genre, das uns noch immer stark beschäftigt.[45]

Das Fazit ist also, dass sich kein einziger eigenständiger Grund für dieses Feuerwerk der Phantasie (oder für diese neue Art und die neuen Techniken, Geschichten zu erzählen) herausfiltern lässt. Doch man bedenke das Maß, in dem sich so viele dieser großen Werke über das Christentum hinausbegaben. Ohne viel Aufhebens begannen phantasievolle Werke ungemein abwechslungsreiche Alternativen und eine Zuflucht vor dem traditionellen Drama der Liturgie und den Geschichten der Bibel anzubieten.

20

Der geistige Horizont des Christoph Kolumbus

Christoph Kolumbus glaubte bis ans Ende seines Lebens, er habe jenes »Indien« erreicht, das zu finden er sich einst auf den Weg gemacht hatte. Er war überzeugt, auf den Inseln vor Cipangu (Japan) und dem Festland von Cathay (China) an Land gegangen zu sein, die Küsten von Marco Polos Mangi (ebenfalls China) umsegelt und nur wenige Meilen vor dem Herrschaftsgebiet des Großkhans Halt gemacht zu haben.[1] Als Meile galt damals auf dem Land wie zur See das (uneinheitliche) Längenmaß für die Strecke, die ein durchschnittliches Schiff in einer Stunde zurücklegen konnte – rund elf bis neunzehn Kilometer. Wir mögen über diese verzweifelte Selbsttäuschung Kolumbus' lächeln, doch *dass* er so unbeirrt an seiner Sicht festhielt, erzählt uns mindestens so viel über sein Zeitalter wie über seine heroischen Entdeckungsfahrten. Vor allem aber verdeutlicht es uns, dass der Mann, der die Neue Welt entdeckte, noch ein Mensch des Mittelalters und kein Mann moderner Zeiten gewesen war.

Bei Kolumbus waren alle möglichen historischen Kräfte am Werke, ob er das nun wusste oder nicht. Zuerst einmal stellen seine Reisen die Kulmination einer hundertjährigen Reihe von großen seefahrerischen Triumphen dar. (Erfasst und zusammengefasst wurden sie im 16. Jahrhundert von Bartolomé de las Casas.[2]) Einige dieser Seefahrten waren sogar noch länger und mindestens so gefährlich wie Kolumbus' Reisen gewesen, aber alle sind einer der erstaunlichsten Eigenschaften des Menschen zu verdanken – seiner intellektuellen Wissbegier. Mit Ausnahme des Gebiets der Raumfahrt können wir heute nicht einmal mehr ahnen, was solche Vorstöße ins Ungewisse im Mittelalter wirklich bedeutet haben. Und das trennt uns auf ganz grundlegende Weise vom Zeitalter eines Kolumbus. Viele Seefahrer mögen von der Aussicht auf wirtschaftliche Profite motiviert worden sein, ihre Reisen repräsentierten dennoch geistige Neugierde in Reinkultur.

Wie gesagt hatte Westeuropa nicht gerade die Vorhut gebildet, wenn es um Reisen und Entdeckungen ging. Die Griechen hatten im 7. Jahrhundert v. d. Z. den Atlantik entdeckt und der Straße von Gibraltar den Namen »Säulen des Herkules« gegeben. Hekatäus von Milet hatte das

Bild einer Erdscheibe erdacht, deren Zentrum in der Gegend von Troja oder dort lag, wo sich heute Istanbul befindet, während das Mittelmeer in einen kreisrunden, die gesamte Landmasse umgebenden Ozean einfloss. Im späten 6. Jahrhundert v. d. Z. propagierte ein Anhänger von Pythagoras in Süditalien die Idee, dass die Erde eine von zehn Kugeln sei, welche um ein Zentralfeuer im Universum kreisten. Zu den anderen sphärischen Gebilden zählte neben der Sonne, dem Mond, den fünf Planeten und dem Fixsternhimmel auch eine »Gegenerde«. Dass weder dieses Zentralfeuer noch diese Gegenerde für den Menschen sichtbar waren, wurde mit der Erklärung begründet, dass die bewohnte Seite unseres Planeten immer von dem Feuer abgewandt blieb. Für die meisten Menschen war es hingegen noch völlig selbstverständlich gewesen, die Erde als eine Scheibe zu betrachten. Auch Sokrates und Platon akzeptierten die pythagoreische Weltsicht. Sokrates verstieg sich sogar zu der Behauptung, dass die Erde wegen ihrer offensichtlich ungemeinen Größe ganz einfach flach sein *müsse*.

Die Griechen wussten, dass es eine Landmasse gab, die von Spanien in östlicher Richtung bis nach Indien reichte, doch es kursierten bereits Gerüchte, dass sich diese Masse sogar noch tiefer in den Osten erstreckte. Wie es mit dem Land in nordsüdlicher Richtung bestellt war, war weiterhin eine offene Frage. Aristoteles glaubte, dass es sich über etwa drei Fünftel der gesamten Ost-West-Distanz hinzog. Wesentlich mehr Beachtung fand seine Überzeugung, Asien setze sich so weit in östliche Richtung fort, dass es die ganze Welt umspannte und zwischen sich und den Säulen des Herkules kaum noch Raum für Wasser ließ. Diese Idee sollte ungemein einflussreich werden und sich so tief in den Köpfen festsetzen, dass sie noch immer relevant war, als sich Kolumbus Jahrhunderte später auf den Weg machte.[3]

Der erste große Reisende, von dem wir Kenntnis haben, war Pytheas von Massalia (Marseille). Die Einwohner Massalias wussten von den Bootsmännern, die die Rhône hinaufgesegelt und dabei anderen Flussschiffern begegnet waren, dass es im Norden ein großes Meer mit vielen Inseln gab, welches Edelmetalle und eine wunderschöne, harzig braune und sehr kostbare Materie barg, die man »Amber« nannte. Doch da die Rhône nicht in dieses Nordmeer floss, wusste keiner, wie weit es entfernt war. Als dann Seefahrer um das Jahr 330 v. d. Z. aus dem westlichen Mittelmeer in den Hafen zurückkehrten und berichteten, dass die Säulen des Herkules endlich nicht mehr verteidigt wurden, sahen die Händler von Massalia die Chance gekommen, auf die sie so lange gewartet hatten. Endlich war die Bahn frei, um nach diesem Nordmeer Ausschau zu halten. Man erwählte Pytheas für diese Aufgabe und rüstete ihn mit einem rund fünfundvierzig Meter langen Schiff aus (damit war es länger als alle Schiffe, auf denen Kolumbus später fuhr).[4] Er umsegelte die iberische Halbinsel, navigierte bis nach Nordfrankreich, um dann durch eisigen Regen und Nebel zwischen England und Irland hindurch zu einer Inselgruppe zu gelangen, die er »Orka« nannte (und die bis heute »Orkneys« heißen). Dann zog er an den Shetlandinseln und den Färöern vorbei, bis er Land sichtete, über dem die Sonne am ersten Tag des Sommers vierundzwanzig Stunden am Firmament stand. Er nannte es »Thule«. Viele Jahrhunderte lang sollte Ultima Thule das Ende der Welt im Norden bezeichnen; es könnte sich um Island oder Norwegen gehandelt haben. Schließlich segelte Pytheas an Schweden und Dänemark entlang in ein breites Meer mit tiefen Buchten ein – die Ostsee – und begann dort mit der Suche nach dem Land des Ambers. Dabei entdeckte er Flüsse, die von Süden her flossen (Oder und Weichsel), also wurde ihm bewusst, das die Nachrichten über das Nordmeer auf diesem Wege die Mittelmeerregion erreicht haben mussten. Doch nach seiner Heimkehr glaubten ihm die meisten Menschen kein Wort von seinen Geschichten. Dann nahmen die Karthager die Säulen des Herkules ein, und der Atlantik war wieder abgeschnitten.

Die Griechen wussten auch, dass das Land, das in anderer Himmelsrichtung hinter Persien liegen sollte, »Indien« genannt wurde. Es waren phantastische Berichte über einen König zu ihnen gedrungen, der angeblich über solche Macht verfügte, dass er gleich hunderttausend Elefanten auf einmal in den Kampf beordern konnte. Sie hatten von Menschen mit Hundeköpfen und von Riesenwürmern gehört, die einen ganzen Ochsen oder ganze Kamele ins Wasser ziehen und verschlingen konnten. Im Jahr 331 v. d. Z. begann Alexander der Große seine Eroberungszüge, die ihn über Persien durch Afghanistan ins Indus-Tal führten. Und dort begegnete er in der Tat Riesenwürmern – es waren Krokodile. Dann folgte er dem Indus Richtung Süden, bis er zu einem großen Ozean gelangte – das große Südmeer, über dessen Existenz es so viele Gerüchte gegeben hatte. Also war es nun »Fakt«: Die Landmasse der Erde war vollständig von Wasser umgeben, genau so, wie es die Alten gesagt hatten.[5]

*

Vor allem die Gelehrten von Alexandria begannen solche Reiseberichte zu sammeln. Schließlich beschloss Eratosthenes (276–196 v. d. Z.), der nicht nur einer der berühmtesten Leiter der alexandrinischen Bibliothek, sondern gewissermaßen auch der erste mathematisch orientierte Geograf gewesen war, eine exaktere Weltkarte anzufertigen. Er berechnete nach der im achten Kapitel beschriebenen Methode den Umfang der Erde und kam auf rund 40 000 Kilometer, womit er gar nicht so weit danebenlag; aber das war nicht seine einzige Leistung gewesen: Er berechnete und kartierte auf Basis der klimatischen Verhältnisse auch die bewohnbare Erdoberfläche und entwickelte ein Konzept von Breitengraden, indem er sich auf die Winkel des einfallenden Sonnenlichts bezog. Das ließ genauere Lagebestimmungen von Alexandria oder Städten wie Massalia, Assuan und Meroë zu, der alten äthiopischen Königsstadt, die durch die Nilschifffahrt entdeckt worden war. Hipparch baute auf dem Werk von Eratosthenes auf und korrigierte den Erdumfang um das Jahr 140 v. d. Z. auf 40 555 Kilometer (252 000 Stadien), damit er die Erdkugel in genau 360 Zonen (Grad) von jeweils rund 112,5 Kilometern Breite einteilen konnte, die er *klimata* (Klimata-Linien) nannte. Von ihnen leiten wir unseren Begriff »Klima« ab.[6]

In römischer Zeit sollte sich der Wissenshorizont vor allem dank der vielen Handelsaktivitäten erweitern. Es war der Bedarf der Römer an Seide, der zur Entdeckung und Fortführung der Seidenstraße und der Seewege nach China führte. In welchem Ausmaß das geschah, lässt sich aus einem Schifffahrtshandbuch ersehen, das aus der Feder eines unbekannten griechischen Handelsreisenden aus Alexandria stammt. Diese etwa im Jahr 100 n. d. Z. verfasste Schrift mit dem Titel *Periplus Maris Erythraei* schildert die Erkundung der Ostküste Afrikas bis hinunter nach Raphta (heute Nordsomalia, ungefähr eine Strecke von zweitausendvierhundert Kilometern), dann weiter, entlang der nördlichen Küstenlinie im Indischen Ozean, vom Roten Meer bis zur Mündung des Indus, nach Ceylon (Sri Lanka). Die Informationen über die anschließende Strecke Richtung Osten blieben vage, aber die Schilderungen dieses unbekannten Griechen beweisen, dass er von der Existenz des Ganges ebenso wusste wie von Thinae, dem Land der Seide (ergo China). Es war also der Wunsch nach dem Besitz von mehr Seide gewesen, der das geografische Wissen erweiterte und die Menschen drängte, es laufend zu ergänzen. Auf Eratosthenes folgte im Jahr 140 n. d. Z. Claudios Ptolemaios.

Obwohl Ptolemaios nun schon sehr viel mehr Informationen zur Hand hatte als Eratosthenes, waren sie doch immer noch nicht alle korrekt. So kam es, dass auch er für einige der falschen Vorstellungen verantwortlich war, mit denen sich Kolumbus auf den Weg machen sollte. Ptolemaios führte die Idee des Längengrads ein, doch zu seiner Zeit gab es noch keine solide Möglichkeit, den Verlauf dieser Linien zu berechnen. Jedenfalls war es seine Idee gewesen, die Welt in gleich große Quadrate aufzuteilen, um auf diese Weise Ortsbestimmungen zu erleichtern. Und in seinen Karten tauchten nun nicht nur China, sondern auch neue Informationen über die Atlantikregion vor Afrika auf, wo man die Inseln der Seligen vermutete.

Nach Ptolemaios erlitt die Geografie – wie so viele andere Wissensgebiete zu Zeiten des christlichen Fundamentalismus – einen Rückschlag. Im 16. Jahrhundert behauptete der Mönch und Seefahrer Cosmas von Alexandria (Indikopleustes), dass die Erde eine Art Dreieck bilde. Auf die Idee, die Welt als ein zeltartiges Gebilde zu betrachten, war er durch die paulinische Auslegung des Exodus gebracht worden. Demnach stellte das Stiftszelt, dessen Gestalt Gott Moses auf dem Berge Sinai offenbart hatte, ein *Abbild der Welt* dar.[7] Diese Vorstellung führte dann im Lauf der Zeit zu einer »christlichen Topografie«, die im unteren Teil die Erde darstellte, überdacht vom Himmel mit Sonne und Gestirnen; das Paradies lag im Osten jenseits des Ozeans auf einer sonnigen Insel und dem Himmel nahe.[8] Kosmas' flache Erdscheibe (mit einer Breite von nur rund siebzig Kilometern) neigte sich zudem, was sowohl das Auftürmen der Berge als auch das Versinken der Abendsonne erklären sollte, ihm aber auch als Beleg für die Strömungen diente: Flüsse in nördlicher (also bergauf verlaufender) Richtung glitten langsamer dahin als umgekehrt. Dass die Erde eine Scheibe sei, ergab sich für ihn aus der Überlegung, dass die Menschen, würden sie denn auf der anderen Seite einer Kugel wohnen, auf dem Kopf stehen müssten, was, wie ja wohl jedem denkenden Menschen klar sein durfte, ein Ding der Unmöglichkeit war. Dass der Nil in seinem System bergauf floss, fand er allerdings nicht unmöglich.

Für die Frühchristen – insbesondere die Kirchenväter – war die Verortung des Paradieses von großer Bedeutung gewesen. Und da Euphrat wie Tigris dem Glauben nach im Paradies entsprangen, wollte man sowohl die Quellen als auch den Verlauf dieser beiden Flüsse den frühchristlichen Vorstellungen von der Lage des Paradieses am östlichen Ende der Welt anpassen. Eine Lösung dieses Problems bot sich mit der Überlegung, die Flüsse aus dem Garten Eden eine gewisse Strecke lang unter die Erde zu verlegen, um sie irgendwo wieder an die Oberfläche treten zu lassen. Doch das half auch nicht viel, denn es hätte ja bedeutet, dass ihnen kein Mensch bis ins Paradies folgen könnte. Ein anderes Rätsel warf die Frage auf, wo genau eigentlich all die Fabelmonster wie der König Gog aus Magog hausten, die Israel aus dem äußersten Norden überfallen hatten und am Ende aller Tage zurückkehren sollten. Ein weiteres Problem war das Zentrum der Welt: Zwei Psalmen und zwei Hinweise im Buch Ezechiel bezeichneten Jerusalem als den Mittelpunkt, und genau dort war die Stadt eben auch in vielen Karten des Mittelalters angesiedelt worden.[9] Doch bald schon wurde klar, dass diese Zentralität schwer beizubehalten sein würde.

Der erste große Atlantikabenteurer nach Pytheas und der erste christliche Entdecker der Geschichte überhaupt war Brendan der Seefahrer, ein irischer Mönch, der später heilig gesprochen wurde. Zu seinen Lebzeiten – er wurde um das Jahr 484 in der Nähe von Tralee im heutigen irischen County Kerry geboren und 512 zum Priester geweiht – kursierten viele Geschichten von Fischern, die von Stürmen aufs Meer hinausgetrieben worden waren und bei ihrer Rückkehr von Inseln im Westen berichtet hatten.[10] Brendan, so heißt es jedenfalls, beschloss, dieser Sache auf den Grund zu gehen. Auf der Suche nach dem »gelobten Land der Heiligen« machte er sich mit sechzehn Mitbrüdern um das Jahr 539 zur heroischen Reise der Reisen auf. »Die Geschichte seiner Fahrten wurde erst vierhundert Jahre später aufgezeichnet, als bereits viele Mönche zu Exkursionen über den Atlantik aufgebrochen waren. Aber weil Brendan so großen Ruhm genoss, wurden ihm auch die Fahrten aller anderen zugeschrieben.« Weder er noch seine Begleiter besaßen einen Kompass, aber sie kannten die Sterne und konnten den Zug der Vögel beobachten. »Nachdem sie zweiundfünfzig Tage gen Westen gesegelt waren, erreichten sie eine Insel, auf der sie an Land gingen. Nur ein Hund begrüßte sie und führte sie zu einem Gebäude, in dem sie rasten konnten. Als sie sich wieder auf den Weg machen wollten, tauchte ein Insulaner auf und gab ihnen Nahrung. Der Wind blies sie in alle Richtungen, schließlich stießen sie auf eine Insel, auf der reinweiße Schafherden grasten und Ströme flossen, in denen sich die Fische nur so tummelten. Sie beschlossen, dort zu überwintern, und wurden in einem Kloster willkommen geheißen. Dann zogen sie weiter bis zu einer kargen kleinen Insel, doch als sie dort ihr Essen zubereiten wollten, schüttelte sie sich und versank gerade in dem Moment, als sie auf ihr Schiff zurückklettern wollten. Brendan stellte fest: Die Insel war ein Wal gewesen.«[11]

Im Lauf der nächsten sieben Jahre stieß Brendan noch auf viele weitere Inseln im Atlantik. Da gab es die »Insel der starken Männer«, bedeckt mit einem Teppich aus weißen und purpurnen Blumen; sie umsegelten eine riesige Glassäule, die mitten im Meer schwamm; vor einer nahe gelegenen Insel, die von »Riesenschmieden« bewohnt war, wurden sie mit brennenden Schlacken beworfen (woraus sie schlossen, dass es sich hier nur um den äußeren Kreis der Hölle handeln konnte). Bei einer ihrer Fahrten in den Norden sahen sie einen Berg, der Flammen und Rauch in den Himmel spie, doch nirgendwo fanden sie die *Terra Repromissionis*, die das Ziel ihrer Reise gewesen war. Schließlich erklärte sich der Prokurator der Schafsinseln bereit, sie in das verheißene Land zu geleiten. Vierzig Tage fuhren sie durch eine dichte Nebelbank, dann legten sie an und erforschten weitere vierzig Tage lang das Land, bis sie an einen Strom kamen, der zu tief war, um ihn zu durchqueren. Da kehrten sie zu ihren Schiffen zurück, kreuzten erneut die Nebelbank und fuhren nach Hause.

Über diese »Entdeckungen« gab es eine Menge Spekulationen. Die Färöer-Inseln leiten ihren Namen vom dänischen Wort für »Schaf« ab.[12] Bei der Insel der starken Männer, mit dem purpurnen und weißen Blumenteppich, könnte es sich um eine der Kanareninseln oder vielleicht auch um eine der Westindischen Inseln gehandelt haben. Die Glassäule kann nur ein Eisberg, das Land der Riesenschmiede könnte Island gewesen sein; die Beschreibung der feuerspuckenden Insel im Norden träfe auf die Insel Jan Mayen zu. Und das Land der Verheißung? Angesichts der Nebelbänke könnte es sich tatsächlich um Nordamerika gehandelt haben. Jedenfalls wurde diese Geschichte wieder und wieder erzählt, bis man der *Terra Re-*

promissionis schließlich den Namen *St Brendan's Isle* gab, die bis 1650 in allen Atlantikkarten auftauchte, obwohl man sich nie über ihre Lage einigen konnte.[13]

*

Aus dem Blickwinkel der Norweger sah die Welt im 10. Jahrhundert ganz anders aus. Wenn man vom norwegischen Festland eine Linie nach Westen zieht, stößt man auf die Färöer-Inseln, Island, Grönland und Baffin Island. Die Insel war schon früh entdeckt worden – nicht nur von irischen Mönchen, denn in Norwegen war es seit langem üblich gewesen, Aufsässige dorthin zu verbannen. Und wer vom Wind an Island vorbeigeblasen wurde, hatte eine gute Chance, auf Grönland zu stoßen, was denn auch erstmals um das Jahr 986 geschah. Die Bewohner züchteten Rinder und Schafe, jagten Walrosse und Polarbären, gingen aber auch selbst auf Erkundungsfahrten in Richtung Süden, obgleich bei dem Begriff »Erkundung« vielleicht zu viel Entschlossenheit mitschwingt für das, was dem jungen isländischen Händler Bjarni Herjólfssøn widerfuhr: Er wurde auf seiner Rückreise von Grönland im dichten Nebel vom Kurs gen Süden abgetrieben und strandete unfreiwillig an einer hügeligen, bewaldeten Küste, die ganz und gar nicht wie Grönland oder Island aussah. Nachdem er schließlich seinen Weg zurück nach Grönland gefunden und aufgeregt von seiner Entdeckung berichtet hatte, beschloss ein junger Mann namens Leif Erikssøn im Jahr 1001, diese Seestrecke nachzufahren.

Zuerst strandete er an einer karstigen Küste und nannte sie »Helluland«, das Land der Flachsteine. Dann segelte er weiter in südlicher Richtung, bis er das bewaldete Land erreichte, das Bjarni gesehen hatte, und nannte es »Markland«, das Land der Wälder. Schließlich stieß er noch weiter südlich auf eine fruchtbare Küste, wo wilde Trauben und Beeren wuchsen, und nannte sie »Vínland«, das Weinland. Dort überwinterte er. Andere Seefahrer sollten Erikssøn folgen, aber alle mussten feststellen, dass sich die Ureinwohner, die sie »Skraelinger« nannten, ausgesprochen feindselig verhielten; alle, die nicht getötet worden waren, sahen sich zum Rückzug gezwungen. Das erste schriftliche Zeugnis über Vínland, das als authentisch gilt, findet sich in den *Gesta Hammaburgensis ecclesiae pontificum* des Adam von Bremen aus dem Jahr 1076. Im Jahr 1117 wurde Vínland von einem päpstlichen Legaten aus Grönland besucht, was nahe legt, dass es dort mittlerweile eine christliche Gemeinde gab (1960 grub man in Neufundland Fundamente aus, die dem grönländischen Baustil ähnelten und nach der C^{14}-Methode auf das 11. Jahrhundert datiert werden konnten). In Roms päpstlichen Archiven lagern Schriften, die aus dem Ende des 15. Jahrhunderts stammen und zeigen, dass sich die Kirche Erinnerungen an Grönland bewahrt hatte.[14]

*

Auch Asien in der anderen Himmelsrichtung wurde nun erforscht. »Die populärste Vorstellung im Hinblick auf Asien war, dass irgendwo auf diesem riesigen Kontinent ein mächtiger christlicher Priesterkönig namens Johannes herrschte, der so einflussreich sein sollte, dass er bei Tisch von anderen Königen bedient wurde.« Doch dieser Presbyter oder Priester Johannes sollte trotz all der heroischen Suchaktionen, die von Entdeckern und Reisenden unternommen wurden, nie gefunden werden (manche halten die Legende für eine Verfälschung der Geschichte von Alexander dem Großen). Der erste von drei großen Reiseberichten aus dem Mittelalter stammt von Johannes von Pian de Carpine. Seine *Kunde von den Mongolen* beginnt im Jahr 1245 mit seinem Aufbruch aus Lyon zur Osterzeit. Er reiste im Auftrag des Papstes, kam bis Kiew stetig – und stattlich – voran, denn Johannes war übergewichtig und der Ritt auf einem Pferd daher nicht leicht für ihn. Hinter Kiew stellte er fest, dass die Mongolen nicht nur ein höchst effizientes Kommunikationssystem aufgebaut, sondern auch Streckenposten entlang der Wege aufgestellt hatten, die es ihnen ermöglichten, fünf- bis sechsmal pro Tag die Pferde zu wechseln.[15] Auf diese Weise durchquerte Johannes die Krim, den Don, die Wolga, den Ural nördlich des Aralsees und Sibirien, bis er schließlich in der mongolischen Stadt Karakorum südlich des Baikalsees eintraf, wo der Großkhan Hof hielt. Johannes wurde mit allen Ehren empfangen, zur Audienz beim Khan gebeten und von dessen Mutter mit einem Fuchspelz beschenkt, der sich auf seiner Rückreise noch als sehr nützlich erweisen sollte, da die Wege oft tief verschneit waren und sie im Freien übernachten mussten. Der Reisebericht, den er nach seiner Rückkehr schrieb, wurde ein großer Erfolg, obwohl auch er bedauernd hatte feststellen müssen, dass es nirgendwo Hinweise auf den Priester Johannes gab.

Dafür trug seine Reise entscheidend zum Wissen über den Osten bei, denn seine *Kunde von den Mongolen* sollte bald schon im ganzen Abendland herumgereicht werden. (Das Wort »Horde«, das so häufig im Zusammenhang mit den Mongolen verwendet wurde, so erfuhr man nun, leitete sich vom türkischen *ordu*, »Heerlager«, ab.) Der Papst beschloss sogar, einen Priester nach Karakorum zu entsenden, in der Hoffnung, dass sich der Großkhan zum Christentum bekehren lassen würde. Die Wahl fiel auf den Franziskaner Wilhelm von Rubruck, der sich 1253 auf den Weg machte, aber enttäuscht feststellen musste, dass der Großkhan nicht das geringste Interesse an einer Konversion hatte.[16] Dafür begegnete Rubruck während seines Aufenthalts in Karakorum anderen Europäern, darunter einem Goldschmied aus Paris, einer Französin, die aus Ungarn verschleppt worden war, einem Engländer, diversen Russen und einigen Reisenden aus Damaskus und Jerusalem – Johannes von Pian de Carpine hatte wahrlich das Interesse an Asien unter den Europäern geschürt.

Am stärksten war das Interesse in Venedig, denn die Händler der Stadt hatten von jeher gute Beziehungen zu arabischen und/oder muslimischen Kaufleuten gehabt, welche Waren aus dem Fernen Osten weiterverkauften. Derart angeregt, beschlossen die Brüder Niccolò und Maffeo Polo im Jahr 1260, sich zu einer Reise durch Asien aufzumachen. Schon ihr erster Versuch war ein durchschlagender Erfolg, denn der Mongolenherrscher Kublai Khan war ebenso an Europa interessiert wie sie an Asien und ernannte die Brüder vor ihrer Rückkehr deshalb zu seinen Botschaftern. Als sie im Jahr 1271 erneut gen Osten aufbrachen, nahmen sie Marco, den siebzehnjährigen Sohn Niccolòs mit. Und *diese* Tour sollte nun zu einem der größten Reiseepen aller Zeiten werden. Zweiundfünfzig Tage lang folgten sie der Seidenstraße bis nach Kaschgar und Yarkand am Rande Chinas, durchquerten die große Wüste, bis sie schließlich Kanbalu erreichten (das heutige Beijing), das die Khans inzwischen anstelle von Karakorum zu ihrer Residenzstadt erkoren hatten. Marco Polo war hingerissen von der Stadt. Sie war größer, »als es der Verstand begreift. ... Nicht weniger als tausend mit Rohseide beladene Fuhrwerke und Packpferde begehren Tag für Tag Einlass. Goldgewebe und Seidenstoffe aller Arten werden in gewaltigen Mengen gefertigt«.[17]

Wie schon sein Vater, so war auch Marco ein gerissener Kaufmann mit einem guten Gespür für den Markt, und wie sein Vater wurde auch er nun zum Günstling des Großkhans und sollte als dessen Gesandter fünfzehn Jahre lang ganz China und die fernöstliche Welt bereisen. Tatsächlich dachten die Polos erst wieder an die Heimkehr, als der Kublai Khan sie bat, eine Tatarenprinzessin auf dem Seeweg zu ihrer vereinbarten Hochzeit mit Ilkhan von Persien zu geleiten. Also wurde ein Konvoi aus vierzehn Schiffen zusammengestellt, der mit den Polos an Bord von Zaiton (Amoy) an der Pazifikküste aufbrach, von der auch die Polos glaubten, dass sie sich um die ganze Welt bis nach Europa erstreckte. Ihren ersten Halt legten sie in Kinsai ein (dem heutigen Hangchow) – ein weiteres phantastisches Erlebnis. Die Stadt dehnte sich über einen Umkreis von hundertsechzig Kilometern aus, besaß zehn große Märkte und zwölftausend Brücken. »Jeden Tag wurden dreiundvierzig Ladungen Pfeffer von jeweils zweihundertdreiundvierzig Pfund über die Märkte von Kinsai bewegt.«[18] Von den Seeleuten auf den Schiffen des Konvois erfuhr Marco, dass Zipangu (Japan) tausendfünfhundert »Meilen« vor dem Festland lag (tatsächlich liegt die Südspitze Japans nur rund vierhundertdreißig Seemeilen – achthundert Kilometer – von Schanghai und hundertsechzig Seemeilen – dreihundert Kilometer – von Korea entfernt). Als die Polos schließlich wieder zu Hause eintrafen, konnten es ihre Freunde kaum fassen. Man hatte sie längst tot geglaubt. Doch nachdem Marco seine Erlebnisse in seiner *Beschreibung der Welt* aufgezeichnet hatte (tatsächlich diktierte er das Buch dem Pisaner Rustichello), stieß er allenthalben auf Skepsis und erhielt wegen seiner unzähligen »Fabelgeschichten« den Beinamen *Il Milione*. Aber die Polos hatten in der Tat die Grenzen Asiens erreicht und einen gewaltigen neuen Ozean gesehen.

Der dritte große Entdeckungsreisende im Mittelalter war der Araber Ibn Battuta. Im Jahr 1325 brach er aus seiner Heimatstadt Tanger zu einer Pilgerreise nach Mekka auf und entschied sich an Ort und Stelle, einfach weiterzureisen, immer die Ostküste Afrikas hinunter, dann hinauf nach Kleinasien und schließlich quer durch Zentralasien nach Afghanistan und Indien, wo er sehr herzlich aufgenommen wurde (aufgrund seiner Studienzeit in Mekka galt er als *qadi*, »Richter«, und somit als Gelehrter). Sieben Jahre blieb Ibn Battuta dort. Auch er wurde zum Gesandten ernannt, in diesem Fall vom Sultan von Delhi. In dessen Auftrag trat er ebenfalls eine Reise nach China an, auf der er viele Abenteuer zu bestehen hatte: Er wurde angegriffen, ausgeraubt und einmal sogar als vermeintlich tot zurückgelassen. 1346 oder 1347 erreichte er schließlich China, wo er in den Hafenstädten viele Muslime traf, die nicht im Geringsten erstaunt waren, einen Reisenden wie ihn dort zu sehen. Nach seiner Rückkehr in die Heimat bereiste er zuerst Spanien, brach dann nach Westafrika auf und kam bis zur Nigermündung, wo er wiederum von Muslimen, diesmal schwarzhäutigen, willkommen geheißen wurde. Seine Reiseberichte sollten nun zur Grundlage des geografischen, astronomischen und nautischen Unterrichts in den muslimischen Gelehrtenzentren von Córdoba und Toledo werden. Und auch diese Überlieferung wirkte sich entscheidend auf die Vorstellungen aus, die Kolumbus von der Welt hatte.[19]

*

Kolumbus' geistiger Horizont war also zumindest partiell von den Erlebnissen dieser frühen Reisenden geprägt gewesen. Reisen waren eine beschwerliche und oft auch gefährliche Angelegenheit, trotzdem wurden lange – sogar sehr lange – Exkursionen unternommen. Und die neuen Erkenntnisse trugen ihrerseits dazu bei, den Appetit von Männern wie dem Genuesen Kolumbus zu wecken. Doch seine Vorstellungen waren auch noch von anderen Einflüssen geprägt, allem voran von den *mappae mundi*, wie die christlichen Weltkarten hießen. Am 24. Oktober 1492 notierte Kolumbus in sein Tagebuch, dass ihm die Eingeborenen, denen er auf Kuba begegnet war oder die er auf seine Schiffe verfrachtet hatte, in Ermangelung einer gemeinsamen Sprache durch Zeichen zu verstehen gegeben hatten, dass es sich bei ihrer Insel um genau jenes Cipangu handelte, über das man sich so wundersame Dinge berichtete. Durch die Beobachtung der Himmelskörper und durch Vergleiche mit den Weltkarten habe er das bestätigen können. Die *mappae mundi* waren nicht nur mit dem Christentum entstanden, sie dienten auch zur Verbreitung des christlichen Glaubens. Denn wenn man der Aufforderung Folge leisten wollte, die laut dem Matthäusevangelium (28,19) an die Apostel gerichtet worden war – »Darum geht zu allen Völkern und macht alle Menschen zu meinen Jüngern« –, dann war die Geografie von ungemeiner Bedeutung für die Religion. Solche *mappae mundi* waren also »weniger geografische Beschreibungen als religiöse Polemiken, weniger Landkarten als moralische Abhandlungen«.[20] Alle beriefen sich auf bestimmte Passagen aus der Offenbarung und den Evangelien oder auf alttestamentarische Psalmen und andere biblische Bücher. Weil Gott erklärt hatte, »dieses Jeruschalajim – in die Mitte der Völker habe ich es gesetzt, und Länder ringsumher« (Ezechiel 5,5), war Jerusalem im Zentrum der Weltkarten verortet worden; der Osten im privilegierten oberen Teil der Welt dieser Karten folgte der Darstellung der Genesis, nach der das Paradies, dem die vier Ströme Edens entsprangen, im Osten lag.[21] Die bewohnbare Welt wurde in drei Kontinente eingeteilt, weil Gott Noah nach der Flut trockenes Land gewiesen hatte, wobei man das bewohnbare Land oft als einen vom Ozean umspülten kreisförmigen Teller darstellte, der T-förmig von Inlandsgewässern unterteilt wurde. Es war Leonardo Dati (1380–1425), der diese Karten in seinem Gedicht *La Sphera* erstmals als »T-O-Karten« bezeichnete.[22] Auch andere christliche Themen spielten bei der Herstellung der *mappae mundi* eine Rolle, beispielsweise die Herkunft der Heiligen Drei Könige irgendwo aus dem Osten, der Priester Johannes und natürlich die Fabelmonster, die sich bei den Kartenzeichnern besonderer Beliebtheit erfreuten. Vor allem Indien galt als die Heimstatt von Ungeheuern – da gab es Menschen mit Hundeköpfen, mit verdrehten Füßen, mit Augen, Nasen und Mündern auf der Brust oder mit drei Zahnreihen. Abgesehen davon genoss Indien den Ruf, das Land »der großen Pfefferwälder« zu sein. Doch im Lauf der Zeit scheinen sich auch die Kartenzeichner der neuen Erkenntnisse von Entdeckern bewusst geworden zu sein. Das Kaspische Meer floss nun beispielsweise nicht mehr in ein großes Nordmeer ein, sondern zeigte sich als ein vollständig von Land umschlossenes Gewässer; auch die Zahl der Inseln vor dem chinesischen Festland steigerte sich unter Berücksichtigung des Berichts von Marco Polo. Der so genannte *Catalan Atlas* aus dem Jahr 1375 stellte Madeira und die Azoren im Atlantik mit passabler Genauigkeit, Indien bereits als eine Halbinsel und erstmals auch einige größere Inseln im Indischen Ozean dar. China lag nun im äußersten Osten, sogar einige Städte dieses Reiches waren bereits eingezeichnet worden.

Christliche Absichten wurden auch mit den so genannten Klimakarten verfolgt, die die Erde traditionell in fünf Klimazonen unterteilten – in eine extrem kalte nördliche Zone, eine gemäßigtere und bewohnbare Region weiter südlich, eine sengend heiße, unbewohnbare Zone in der Mitte um den Äquator und zwei Zonen im Süden, wovon die eine ein gemäßigtes und die andere ein eisiges Klima hatte, spiegelbildlich zu dem im Norden. Die Idee von einer unwegsamen, sengend heißen Klimazone mit einem unwahrscheinlich heißen Meer scheint in Griechenland entstanden und vom Christentum übernommen worden zu sein. Das hatte zur Folge, dass eine nördliche Seepassage als undenkbar kalt und eine südliche als undenkbar heiß galt; als einziger Weg Richtung Osten blieb damit die Westpassage.

Anfang des 15. Jahrhunderts wurde Ptolemaios' *Geographia* wiederentdeckt. Manuel Chrysoloras hatte den griechischen Text nach Westeuropa gebracht und Jacopo d'Angelo da Scarperia übersetzte ihn um das Jahr 1409 ins Lateinische.[23] Die erste lateinische Ausgabe mit Kartenbeilagen wurde im Auftrag von Kardinal Guillaume Fillastre im Jahr 1427 hergestellt, und diese »neue Geografie« sollte nun sofort ungemein populär werden (wenngleich Zweifel über die erstaunliche Größe angemeldet wurden, die Ptolemaios Asien zugeschrieben hatte).[24] Bei mehreren Gelehrtentreffen, insbesondere im Zusammenhang mit dem Jubeljahr, das Papst Nikolaus V. 1450 in Rom ausgerufen hatte, wurden Karten gefordert, die sich an den Vorstellungen von Ptolemaios orientierten. Und eine Auswirkung dieses neuen Kartenmaterials war nun, dass der Globus insgesamt kleiner wurde. Unter den Forschern, die sich mit dem Weltbild von Kolumbus befassen, weckt gerade dieser Fakt großes Interesse. Kolumbus selbst hielt nichts von den Entfernungen, die nun viel geringer geschätzt wurden, aber die Kartenzeichner des 15. Jahrhunderts – wie Samuel Morison in seiner Biografie des Entdeckers am Beispiel der Rekonstruktion einer Karte des Florentiner Naturforschers Paolo Toscanelli bewies (der mit Kolumbus brieflich in Kontakt gestanden hatte) – begannen die Erkenntnisse von Marco Polo aufzugreifen. Cipangu (Japan) lag demnach rund 1500 bis 1600 »Meilen« vor dem chinesischen Festland, dazwischen waren mehrere Inseln eingezeichnet. Auf der Berechnungsgrundlage dieser Karten würde Zaiton (der Hafen, von dem aus Marco Polo seine Heimreise angetreten hatte) »etwas östlich vom heutigen San Diego in Kalifornien liegen«.[25]

*

Valerie Flint rekonstruierte die Lektüre von Kolumbus und wies nach, dass er neben Italienisch auch Latein, Kastilisch und Portugiesisch sprach. Die Bücher aus seinem Besitz – darunter eine Menge, die mit so vielen Anmerkungen versehen sind, dass der eigentliche Text kaum noch lesbar ist – lassen sich in zwei Grundkategorien einteilen. Zum einen gibt es die Literatur über Asien: Kolumbus war von den exotischen Völkern und Schätzen dort ungemein fasziniert, außerdem trug diese Literatur viel zu seiner Überzeugung bei, dass er eines Tages eine neue Ostpassage finden würde. Daneben befasste er sich (wenngleich weniger ausgiebig) mit der Frage, wie all die neu entdeckten Länder regiert oder verwaltet werden sollten. Und er las die Art von Hintergrundliteratur, die von einem potentiellen Entdecker zu erwarten war – grundlegende Werke über Astronomie, Arithmetik, Geografie, Geometrie, Geschichte und Philosophie. Die Bandbreite seiner Lektüre war also offenbar begrenzt, doch was er las, das las er genau. Fünf Bücher mit ausgiebigen Anmerkungen des Admirals haben überlebt, darunter das Traktat *Imago mundi* aus der Feder des Bischofs von Cambrai und späteren Kardinals Pierre d'Ailly (1350–1420), das zu Beginn der achtziger Jahre des 15. Jahrhunderts erschienen war. In ihm findet sich unter anderem die Behauptung, dass in einigen Teilen der Welt sechs Monate lang Tag herrschte, gefolgt von einer einzigen sechsmonatigen Nacht.[26] Kolumbus' Exemplar enthält 898 *postille* oder handschriftliche Anmerkungen. Ein anderes Buch aus seinem Besitz war die *Historia rerum ubique gestarum* von Aeneas Silvio Piccolomini (von 1458 bis 1464 Papst Pius II.), in der sich 862 Anmerkungen finden; ein weiteres war *De Consuetudinibus et Conditionibus Orientalium Regionum*, das der Dominikaner Pipino da Bologna Anfang des 14. Jahrhunderts verfasst hatte und das von Kolumbus mit 366 Anmerkungen versehen wurde. Viel lässt sich über seinen geistigen Horizont aus diesen Anmerkungen ersehen, beispielsweise wenn man im Einzelnen rekonstruiert, was er unter den diversen Aspekten seiner Bücher besonders hervorhob. So zeigte er sich ausgesprochen interessiert an Schilderungen von Schätzen; und er glaubte, dass die Völker im Osten, über denen die Sonne aufgeht, von Natur aus schneller von Begriff und eher zur Beschäftigung mit höheren Dingen wie der Astrologie prädestiniert seien.[27] Ganz besonders aber interessierte er sich für Abnormitäten. So war er zum Beispiel überzeugt, dass extreme Klimaverhältnisse für Missbildungen beim Menschen und für abnorme Verhaltensweisen wie Kannibalismus verantwortlich seien – ein Thema, das seine sämtlichen Aufzeichnungen durchzieht. Im Hinblick auf Fabelwesen scheint er sich besonders beständig für Amazonen und für Gesellschaften interessiert zu haben, in denen die traditionellen (sozialen wie sexuellen) Geschlechterrollen des Westens auf den Kopf gestellt und Frauen als Lichtgestalten dargestellt wurden.[28] Außerdem teilte er die Meinung vieler seiner Zeitgenossen, dass das Tragen von Seidengewändern zu moralischer Verderbtheit führte, was jedoch seiner Faszination in Hinblick auf China keinen Abbruch tat – das Land, das, wie er glaubte, von Spanien aus gesehen auf der anderen Seite des Atlantiks gegenüber dem nördlichen Irland lag.

Dass Kolumbus sich auch für die Seefahrt interessierte, ist logisch. Besonderes Interesse zeigte er in diesem Zusammenhang an Krankheiten, die den Seefahrer an Bord eines Schiffes überfallen konnten. Nierensteine wollte er zum Beispiel durch die Einnahme von Meeresskorpionen behandeln, die in Wein gesotten wurden, oder mit der Leber einer Wasserschlange und Quallen, die in Wein eingelegt worden waren. Die vielleicht überraschendste Lektüre von Kolumbus waren Plutarchs *Vitae*, die erst

1470 vollständig in lateinischer Übersetzung vorlagen. Dabei erwärmte er sich aber nicht nur für Geschichte oder historische Biografien, er suchte offenbar auch nach einem anwendbaren Regierungsmodell, falls er tatsächlich neue Länder entdecken sollte.[29] Die hervorgehobenen Beispiele lassen ein gewisses Maß an Liberalität und Offenheit erkennen, das heißt, er unterstrich Maßnahmen, die bürgerliches Mitgefühl erforderten, und befasste sich ausgiebig mit der Frage, wie weit es als zulässig gelten konnte, Wohlstand zur Schau zu stellen.

*

So viel zum allgemeinen Hintergrund von Kolumbus. Natürlich färbten auch unmittelbarere Einflüsse auf sein Wissen und Denken ab. Die Schlüsselfigur in diesem Zusammenhang war Dom Henrique o Navegador, besser bekannt als Heinrich der Seefahrer. Heinrichs Interesse an der Seefahrt soll durch den Krieg geweckt worden sein, den Portugal im Jahr 1412 gegen Marokko führte. Nach dem Sieg der Portugiesen begann er sich mehr für den Markt in Ceuta als für alles andere zu interessieren. »Dort sah er Waren, die durch die Wüste herbeigeschafft worden waren, aus so weit südlich gelegenen Orten wie Timbuktu im Herzen Afrikas oder aus östlicher Richtung vom Roten Meer. Als Heinrich nach Portugal zurückkehrte, fragte er sich, ob das Meer nicht vielleicht einen besseren Verkehrsweg in den Süden und Osten bot als die Wüste.« Er übersiedelte in das kleine Raposeira an der nordafrikanischen Küste, wo er sich mit Geografie, Astronomie und Navigation befasste und die Seeleute ausfragte, die mit ihren Schiffen im Schatten von Capo Sao Vicente, dem südwestlichsten Vorposten Europas, vor Anker gegangen waren. Er hätte dafür kaum einen besseren Flecken finden können, denn hier konnte er sowohl etwas über die Seemannskunst im Mittelmeer als auch über die Schifffahrt im Atlantik erfahren.[30]

Die Seefahrer im Mittelmeer waren bereits im Umgang mit dem Kompass geübt. Dass er in China überhaupt erfunden worden war, hatte etwas mit der chinesischen Tradition zu tun, Gräber nach den Sternen auszurichten. Da der Mensch nur kurz auf Erden, aber lange unter der Erde weilt, hielt man Gräber für wichtiger als Häuser. Um die richtige Himmelsrichtung für die Grablage zu finden, wurde ein Löffel auf einer mit magischen Zeichen verzierten Tafel balanciert (Löffel wurden möglicherweise benutzt, weil ihre Form ungefähr mit dem Sternbild des Großen Bären übereinstimmte, durch das sich die Pole bestimmen ließen). Nach und nach wurden immer kostbarere Materialien für den heiligen Löffel verwendet – Jade, Bergkristall, Magnetit. Und im Zuge dieses Prozesses stellte man fest, dass die Ergebnisse je nach Material variierten; der Löffelstiel aus Magnetit aber wies am Ende immer auf Süd: Die Grundidee für den Kompass, der um das 6. Jahrhundert erfunden werden sollte, war geboren. Schließlich erreichte er auch den Westen und verdrängte dort die alte Navigationsmethode der Hochseeschifffahrt, welche schlicht darin bestanden hatte, Vögel an Bord zu nehmen und sie in regelmäßigen Abständen fliegen zu lassen. Da die Tiere instinktiv auf Land zusteuerten, brauchten die Seefahrer dann nur ihrer Richtung zu folgen. Mit dieser Methode wurde unter anderem Island entdeckt.[31] Das Zeitalter der großen Entdeckungen aber wäre ohne die Erfindung des Kompasses unmöglich gewesen.

Die Seeleute auf Mittelmeerschiffen verfügten über Seekarten, auf denen sie ihren Kurs täglich durch eine Methode der Standortbestimmung einzeichneten, die man »Besteckmachen« nannte. Diese Karten enthielten eine Menge konkreter Informationen, die infolge der regelmäßigen Handelsaktivitäten gewonnen worden waren. Eine Hochseefahrt stellte ganz andere Anforderungen, doch dessen wurde man sich nur sehr allmählich bewusst. Die simple Tatsache war: Die Weltmeere waren riesig, deshalb war die Erdkrümmung ein entscheidender Faktor für die Navigation. Aber es dauerte, bis die Männer das begriffen hatten, und es dauerte, bis sie eine Lösung dafür fanden.

Als *portolano* (Portulan) bezeichnete man anfangs die Segelhandbücher, später auch die Seekarten vom Mittelmeer. Es handelte sich um handgezeichnete Karten, auf denen die wichtigsten Häfen, charakteristische Landmarken und einige Hafenstädte verzeichnet waren, so wie man sich ihrer aus der Erfahrung erinnerte. Aber ihr Erscheinungsbild veränderte sich ja auch kaum. Auf einem ein bis anderthalb Meter langen und zwanzig bis achtzig Zentimeter breiten Pergament wurden in schwarzer Farbe die Küstenlinien und Ortschaften eingezeichnet und dann rechtwinklig zur Küstenlinie beschriftet. Besondere Merkmale wurden mit roter Farbe vermerkt. Über das jeweilige Landesinnere wurde – mit Ausnahme von Flüssen und Bergketten – kaum etwas festgehalten.[32] Gefahren vor der Küste trug man als Punkte oder Kreuze ein, doch es wurden weder Strömungen noch Tiefen oder Tidenpegel verzeichnet. Das einzige Ziel der Kartografen dieser Zeit war es, die Entfernungen so genau wie möglich einzuzeichnen. Die Erdwölbung wurde nicht berücksichtigt. Im Mittelmeer konnte das allerdings auch nicht zu großen Fehlern führen, da es sich hier um ein relativ enges und nur von wenigen Breitengraden tangiertes Ost-West-Gewässer handelt.

Doch als die portugiesischen Entdecker Anfang des 15. Jahrhunderts ihre Kenntnisse von der westafrikanischen Küste und den atlantischen Inseln mehrten, stieg die Nachfrage nach Kartenmaterial über diesen Teil der Erde. Die ersten Atlantikkarten wurden zwischen 1448 und 1468 hergestellt. Die erste technische Innovation bei diesen neuen Karten war die Einführung eines einzelnen Meridians, der für gewöhnlich durch Kap St. Vinzent verlief und sich zusätzlich zu den angedeuteten Breitengraden senkrecht über die Karte zog, was natürlich an sich bereits ein Fortschritt war. Das Problem war nur, dass man in der Portulan-Tradition magnetisch Nord anstelle von geografisch Nord verwendete. Und dieser Unterschied begann im Lauf der Entdeckungsfahrten eine immer größere Rolle zu spielen. Deshalb wurde nun in einigen Karten ein zweiter Meridian eingezeichnet, je nach Abweichung im relativen Winkel zum Mittelmeridian. Auf den Karten des späten 15. und frühen 16. Jahrhunderts wurden auch solche Neuentdeckungen wie die indonesischen Inseln oder die Molukken – die so lange gesuchten Gewürzinseln – zunehmend korrekter verzeichnet.

Die erste Weltkarte, auf der sowohl die Alte als auch die Neue Welt verzeichnet sind, stammt aus Spanien und trägt das Datum 1500. Hergestellt wurde sie von dem kantabrischen Seefahrer und Kartografen Juan de la Cosa, der Christoph Kolumbus als Navigator der *Santa Maria* auf seiner ersten Amerikafahrt begleitet hatte. Auf dieser Karte finden sich keinerlei Breitenmarkierungen, ihre Hälften wurden sogar in unterschiedlichen Maßstäben gezeichnet. Bei dem etwas später entstandenen Planiglob, der unter Historikern als »Cantino-Karte« bekannt ist (weil sie unter mysteriösen Umständen von einem Mann dieses Namens aus Portugal herausgeschmuggelt worden war), wurden die Berichte Vasco da Gamas berücksichtigt und die Konturen von Westafrika und sogar die Westküste Indiens verzeichnet; die Küstenlinie der Neuen Welt, nordwestlich der Antillen, wurde deutlich mit *Parte de Assia* beschriftet. Überschrieben ist die Karte mit den Worten: »Karte zur Umschiffung der jüngst in den Regionen Indiens entdeckten Inseln.«

Die wichtigsten Karten dieser Zeit waren jedoch die geheimen spanischen Referenzkarten *Padrón Real*, auf denen seit 1508 im königlichen Auftrag alle Entdeckungen verzeichnet wurden. Verwahrt wurden sie in der Casa de Contratación von Sevilla, und nach jeder Entdeckung wurden sie auf den neuesten Stand gebracht. Zwar hat keine einzige von ihnen überlebt, doch einige Karten, die von Diogo Ribeiro auf ihrer Grundlage angefertigt wurden und sich heute im Vatikan befinden, beweisen, dass die Proportionen der Welt nun zunehmend besser verstanden wurden. Die Dimensionen des Mittelmeers waren in etwa auf das richtige Ausmaß geschrumpft, auch Afrika und Indien finden sich nun bereits wesentlich genauer dargestellt. Einen gewaltigen Fehler enthielten sie allerdings nach wie vor: Asien war in seinen west-östlichen Dimensionen viel zu lang gestreckt – noch immer glaubte man, dass die asiatische Landmasse unweit von Spanien beginne.[33]

Die biblisch inspirierten *mappae mundi*, mit Jerusalem im Zentrum und einem irdischen Paradies im Osten, begannen sich um die Mitte des 15. Jahrhunderts fast bis zur Unkenntlichkeit zu verändern. Die Weltkarte, die der venezianische Mönch Fra Mauro im Jahr 1459 herstellte und an der sich die Evolution (nicht Revolution!) von Ideen gut ablesen lässt, stellt eine Art Zwischenstadium dar. Dem Stil nach ist sie eine Portulan-Karte. Jerusalem liegt vom Blickpunkt des Breitengrads aus betrachtet im Zentrum, wurde vom Längengrad aus gesehen aber nach Westen verschoben, so dass Europa und Asien nun in den mehr oder weniger richtigen Proportionen dargestellt sind. Einige Teile Afrikas *(Ifriqiya)* weisen arabische Ortsnamen auf, Asien enthält einige Merkmale, die erstmals von Marco Polo beschrieben worden waren, südlich von Afrika und Asien findet sich ein zusammenhängender Ozean, und sowohl die Fabelmonster als auch das irdische Paradies sind nun verschwunden.

Doch je mehr Regionen der Erde entdeckt wurden, umso deutlicher begann die Portulan-Tradition die Seefahrer im Stich zu lassen. Hinzu kam, dass man die ptolemäische *Geographia* wiederentdeckt hatte, die irgendwie mit der Erdkrümmung zurechtzukommen versuchte, gleichzeitig aber eine riesige *Terra incognita* im Süden jenseits der sengend heißen Zone verortete. Inzwischen war man sich jedoch bewusst geworden, dass es weder eine solche Zone gab (jedenfalls nicht »heiß« im einst gedachten Sinne) noch eine *Terra incognita* (jedenfalls nicht im Sinne eines ganzen Kontinents, der mit Afrika oder Asien verbunden war).

Die erste gedruckte Weltkarte, in der Amerika auftaucht, wurde 1506 von Giovanni Matteo Contarini hergestellt. Sie berücksichtigte nun zwar bereits die Erdkrümmung, stellt die Neue Welt aber dreigeteilt dar – einen an Cathay angrenzenden Norden, die Westindischen Inseln als eine Inselgruppe unweit von Japan und Südamerika – *Terra Crucis* – als einen eigenständigen riesigen Kontinent im Süden.[34] Ein Jahr später produzierte Martin Waldseemüller in der Tradition von Ptolemaios eine Karte aus zwölf riesigen Holzschnitten in einer herzförmigen Projektion, die mit dem Hinweis überschrieben war, dass sie nach den Vorgaben des kastilischen Kapitäns Kolumbus und des großen Amerigo Vespucci angefertigt worden sei. In der *Introductio* seiner *Cosmographia* erklärte Waldseemüller, dass dieser neue »vierte Teil der Welt ... das Land des Americus oder America« genannt werden solle. Die Landmasse der Alten Welt findet sich hier auf 230° Länge. Erst bei seinen späteren Karten ließ Waldmüller alle ptolemäischen Vorstellungen fallen und stellte Asien in den mehr oder weniger richtigen Proportionen dar.

Doch Ptolemaios blieb nach wie vor einflussreich und inspirierte noch immer einen jeden, der die nautischen Techniken verbessern wollte. Andererseits begann man die Erdrundung immer besser zu verstehen. Der erste Mensch, der sich diesem Problem widmete, war der portugiesische Mathematiker und Kosmograf Pedro Nunes. Er selbst sollte allerdings nie eine neue Karte fabrizieren, das taten andere, allen voran der Flame Gerhard Mercator (Gerhard Kremer), ein Landvermesser, Kupferschneider, Hersteller von mathematischen und astronomischen Instrumenten, Kartograf und der gebildetste Geograf seiner Zeit (er gab unter anderem eine Ptolemaios-Edition heraus). Doch sein bleibender Ruhm beruht auf einer riesigen Weltkarte in vierundzwanzig Blättern.[35] Es war die erste Karte, bei der eine winkeltreue Projektion verwendet wurde, die bis heute Mercator-Projektion genannt wird, obwohl sie seither vielfach modifiziert wurde. Ihr Grundprinzip ist ein rechtwinkliges Gitternetz aus Längen- und Breitengraden, die als gerade Parallellinien dargestellt werden. Aber Mercator gelang es, den Effekt der Erdkrümmung in diese geraden Linien einzuarbeiten, indem er die Breiten in Richtung der Pole proportional zu dem Verhältnis vergrößerte, in dem die Meridiane auf einer gekrümmten Oberfläche zum Äquator hin zunahmen, um sie dann an den Polen zu einem Punkt zusammenlaufen zu lassen. Er war also auf die Idee von den »wachsenden Breiten« gekommen, wie eine winkeltreue Zylinderprojektion in der Sprache der Zeit genannt wurde. Das heißt, das Winkelverhältnis zwischen zwei Punkten blieb gewahrt, und die Seefahrer konnten ihren Kurs nun errechnen, indem sie einfach eine gerade Linie auf der Karte einzeichneten. Diese Mercator-Projektion war insofern ein Durchbruch der Theorie, als sie Messbeständigkeit in die Navigation einführte, ohne gleichzeitig eine entsprechende Verbesserung der Karten vorauszusetzen, mit denen diese Messungen durchgeführt wurden. Doch die geografische Längenbestimmung auf See war noch immer ein Ding der Unmöglichkeit, und das bedeutete, dass die Welt im Lauf des 16. Jahrhunderts hauptsächlich von Seeleuten und Forschungsreisenden entdeckt wurde, die keine Ahnung hatten, wie sie ihre Entdeckungen auf den Karten einzeichnen sollten. Mercators Karte hatte nur einen haarsträubenden Fehler, wie John Noble Wilford schrieb, nämlich, dass er die griechische Vorstellung einer *Terra Australis* übernommen hatte, eines großen Kontinents im Süden, der den Pol bedeckte und sich bis nach Südamerika und Südafrika erstreckte.[36]

Erschwerend kam hinzu, dass Zeitmessungen auf See ungemein mühsam waren. Üblicherweise teilte man Wachen ein, die alle vier Stunden abgelöst wurden und die Zeit jeweils mit einem Sandglas maßen, das pro Durchlauf eine halbe Stunde brauchte und dann umgedreht werden musste. Dieser Moment wurde dann jeweils ausgerufen. (Sandgläser wurden hauptsächlich in Venedig hergestellt und waren derart empfindlich, dass normalerweise zahlreiche Ersatzgläser mitgeführt wurden – Magellans Schiffe hatten für alle Fälle gleich achtzehn Stück dabei.) Die Mittagsstunde wurde mit Hilfe einer Kompasskarte bestimmt, auf der sich der verlängerte oder verkürzte Schatten ablesen ließ.[37]

Zumindest bis zum 18. Jahrhundert bereitete auch die Steuerung noch große Probleme. Die Schiffe verfügten über eine lange Pinne, die mit dem Steuerruder verzapft war, aber der Steuermann konnte normalerweise gar nicht sehen, wohin das Schiff steuerte, und bekam deshalb vom Wachoffizier ständig den Kurs ausgerufen. Ruder waren von geringem Nutzen in einer achterlichen See (bei mitlaufender Strömung), geschweige denn, wenn die Wellen volle Schiffsbreiten brachten. In einem Sturm waren bis zu vierzehn Mann an der Pinne nötig, um das Schiff auf Kurs zu halten. Im 17. Jahrhundert wurde der so genannte Kolderstock eingeführt, ein schwenkbarer, vertikaler Stock, der zur Einstellung des Ruderausschlags diente. Er ermöglichte es dem Steuermann, die Segel zu beobachten, und gab ihm etwas mehr Hebelkraft. Doch bei rauer See war auch das noch alles andere als perfekt. Schließlich wurden das Ruderjoch und Seile erfunden, die durch eine Reihe von Blöcken zu einer horizontalen Trommel auf dem Achterdeck führten, welche über ein Rad gedreht werden konnte. Das Steuerrad selbst kam erst im 18. Jahrhundert auf.[38]

Neben dem Kompass (der der Überlieferung nach in Europa erstmals von Seeleuten aus Amalfi eingesetzt wurde) gab es die Lotleine, mit deren Hilfe Seeleute auf Hochseeschiffen erste Anzeichen von Land erkennen konnten. Man wusste, dass der Meeresboden vor den Küsten Europas bis auf ungefähr hundert Faden (hundertzweiundachtzig Meter) absank und dann in unbekannte Tiefen abfiel, und jeder Seefahrer lernte im Lauf der Zeit, dass sich die Kontinentalplatte vor der Küste Portugals ungefähr über eine Länge von zwanzig Seemeilen erstreckte, weiter nördlich hingegen, etwa vor Britanniens Küsten, über rund hundert Meilen. Das Lot wog etwa vierzehn Pfund und war an einer zweihundert Faden langen Leine befestigt, in die bei zwanzig Faden der erste und dann nach jeweils zehn Faden weitere Knoten geknüpft wurden. Vor vertrauten Küstenlinien konnten solche Lotungen die Positionsbestimmung erleichtern, da die Seeleute im Lauf der Zeit lernten, sich besondere Merkmale des Meeresbodens einzuprägen. Manchmal war das Lot zudem hohl, damit heraufgezogenes Gesteinsmaterial und Schwebstoffe erfahrenen Kapitänen bei der Positionsbestimmung helfen konnten. Es gab auch andere Hilfsmittel, etwa den *Compasso da Navigare*, ein umfassendes Lotsenhandbuch über das gesamte Mittelmeer und das Schwarze Meer, das Ende des 13. Jahrhunderts erstellt worden war. Im Norden begann man solche Kurskarten erst viel später zu benutzen (sie wurden auch *routiers* oder *rutter* genannt und enthielten seit dem 16. Jahrhundert detaillierte Lotungsangaben).[39]

Als sich die Seefahrer schließlich auf das offene Meer hinauswagten, wurde das Lotsen durch die eigentliche Navigation ersetzt. Und dabei stellte sich nun sofort ein Problem: Es gab keine Möglichkeit, die Geschwindigkeit zu messen. Die früheste Methode bestand darin, ein »Log« genanntes Holzstück ins Wasser zu lassen. Es war festgebunden an einem langen Seil, in das man in regelmäßigen Abständen Knoten geknüpft hatte. Sobald das Log heruntergelassen wurde, begann man die Zeit zu zählen, in der die Knoten über das Schiffsheck glitten. Natürlich brachte das keine sehr genauen Resultate, weshalb viele Seefahrer, darunter auch Kolumbus, die Geschwindigkeit ihrer Schiffe auch regelmäßig überschätzten. Dass man noch nichts über Meeresströmungen wusste, machte die Berechnungen auch nicht gerade einfacher. Im späten 13. Jahrhundert tauchten Tabellen auf, die es den Navigatoren nun ermöglichten, die Auswirkung des Kreuzens vor dem Wind auf die Position zu berechnen. Solche rudimentären Geschwindigkeitsmessungen halfen zwar dem Besteckmachen, doch je länger eine Seefahrt dauerte, umso stärker wurden die Abweichungen, da man noch immer nichts über die Einflüsse von Tiden und Strömungen wusste. So blieb als einzige Alternative die Navigation mit Hilfe der Sterne. Das am deutlichsten sichtbare Merkmal am Nachthimmel war der Polarstern, der umso niedriger am Firmament stand, je südlicher man segelte. An diesem Punkt kam nun der Quadrant ins Spiel: Man visierte den Stern an, um sich dann mit einem senkrechten Skalenpendel den Breitengrad anzeigen zu lassen. Zu Kolumbus' Lebzeiten wurde ein Breitengrad mit $16^{2/3}$ nautischen Meilen bemessen (rund achtzig Kilometer) – was eine beträchtliche, auf Ptolemaios zurückführbare Fehlermarge enthält. Ungefähr bei 9° Nord geriet der Polarstern außer Sicht, deshalb wurden die Messungen von da an anhand von Sternen durchgeführt, deren Winkelabstände zum Polarstern bekannt waren. Dass der Polarstern überhaupt verschwand, bestätigte natürlich (zumindest all denjenigen, die andere Beweise nicht hatten gelten lassen), dass die Erde rund war.

Als letzter Faktor schließlich kam hinzu, dass die Abweichung zwischen geografisch und magnetisch Nord angesichts der Sternennavigation und Breitengradpositionierung immer mehr ins Gewicht fiel und von den Seefahrern gefordert war, ihre Kurse endgültig ausschließlich in Bezug auf geografisch Nord zu bestimmen. Zuerst ging man davon aus, dass die Abweichungen konstant und systematisch seien und deshalb ein Längengrad als Anfangsmeridian genommen werden könne, der durch die westlichste Azoreninsel Corvo verlief. Im Lauf der Zeit und je mehr Erfahrung man in den Weltmeeren – im Indischen Ozean und im Atlantik – gesammelt hatte, begann das Bild jedoch immer komplexer zu werden. Erst die Erfahrungen der Seefahrer des 16. Jahrhunderts sollten unter Einbeziehung der diversen lokalen Erkenntnisse, die in den Almanachen festgehalten worden waren, zu einem realistischen Bild führen. Doch die Bestimmung des Längengrads erwies sich als ein hartnäckiges Problem, weil die Lösung untrennbar mit der korrekten Bestimmung von Zeit und Geschwindigkeit verbunden war. Die Krux war, dass der Abstand zwischen zwei Längen durch die Erdkrümmung variiert, das heißt, während er an den Polen null beträgt, entspricht er am Äquator fast dem Abstand zwischen zwei Breitengraden. Wenn man also wusste, auf welchem Breitengrad man sich befand, konnte man theoretisch auch den Längengrad bestimmen; doch dieses Wissen nutzte nichts, wenn man nicht in der Lage war, exakt die eigene Geschwindigkeit zu bestimmen, und das war wiederum abhängig von einer genauen Zeitmessung. Deshalb blieb die Hochseenavigation während des 15. und fast des gesamten 16. Jahrhunderts eine Angelegenheit des Besteckmachens, »überprüft und ergänzt durch die Feststellung des Breitengrads«.[40]

*

Im Lauf von nur rund zwanzig Jahren erlebte der Schiffsbau in der Mitte des 15. Jahrhunderts eine Revolution, nämlich die Verschmelzung des im Mittelmeer gebräuchlichen Lateinersegelschiffs mit dem Typ des als Rahsegler getakelten nordeuropäischen Atlantikschiffs. »Aus dieser Verbindung ging die Grundstruktur der Barke hervor, des unmittelbaren Vorfahrens aller Rahsegler im Zeitalter der Entdeckungen und im späteren großen Segelzeitalter«.[41]

Das meistverwendete Kriegsschiff im Mittelmeer war die Rudergaleere. Bis zum 17. Jahrhundert gehörte sie zum Flottenbestand aller Mittelmeeranrainer.[42] Doch ihr großer Nachteil war, dass sie eine riesige Besatzung erforderte und das Schiff deshalb ungeeignet war für lange Fahrten ohne Land in Sicht. Die zweite Besonderheit der Segelschifffahrt im Mittelmeer war bei den Arabern abgeschaut worden: das Lateinersegel, die einzige Art von Takelage, die auf der arabischen Dau verwendet wurde. Die Lateinertakelung bestand aus einem großen trapezförmigen Segel, das an einem Mast mit einem ausgeprägten Vorfall befestigt war, und einer langen Rah. Ob das Lateinersegel von Arabern erfunden wurde, sei dahingestellt, jedenfalls waren sie es, die es sowohl im Indischen Ozean als auch im Mittelmeer verbreiteten. Mit dieser Art von Segel konnte man den Wind am besten nutzen und hatte äußerst bewegliche und wesentlich wendigere Schiffe.[43]

Die Meeresanrainer Nordeuropas bauten traditionell stämmigere, bauchigere Schiffstypen mit höheren Seitenwänden und zuerst nur einem einzigen großen Rahsegel. Diese Koggen waren schwerfällig und langsam, jedenfalls anfänglich, verfügten dafür aber über einen gewaltigen Laderaum und bedurften einer wesentlich kleineren Mannschaft. Einer Berechnung zufolge waren für die Arbeit auf Lateinerseglern fünfzig Mann nötig, für die auf den Koggen des Nordens nur zwanzig.

Der Schiffsbau des 15. Jahrhunderts machte sich nun die Vorteile beider Takelungen zunutze – ein kleines Rahsegel am vorderen Fockmast, ein großes Rahsegel am mittleren Großmast und ein Lateinsegel am Besanmast. Auch am Kiel und Rumpf wurden Veränderungen vorgenommen, doch es waren die neue Art der Takelage und die somit veränderten Anforderungen an die Besatzung, die sich als entscheidend für die großen Entdeckungsfahrten erweisen sollten. Die beiden wichtigsten Schiffstypen, die aus dieser Verbindung hervorgingen, waren die Karavelle und die Karacke, die mit zwischen sechshundert und tausend Tonnen nach damaligen Standards riesig war. Die Karavellen mit ihren sechzig bis siebzig Tonnen waren wesentlich kleiner, dafür aber auch schneller. Sie verfügten über Lateinersegel, ließen sich deshalb wesentlich besser durch Flussmündungen und in flacheren Gewässern um Inseln manövrieren und stellten sich trotz ihrer geringen Größe als ausgesprochen hochseetüchtig heraus. Kolumbus setzte bei seiner ersten Fahrt auf zwei Karavellen die Segel, doch nur die *Niña* hatte Lateinersegel. Sie bereitete nie irgendwelche Probleme und wurde auf der zweiten Fahrt erneut eingesetzt.

*

Heinrich der Seefahrer und sein Bruder Prinz Pedro trugen die Erkenntnisse der Astronomen, Seefahrer und Geografen zusammen und unterstellten ihre Schiffe ausschließlich dem persönlichen Kommando eigener Höflinge, von denen sie eine Menge Ehrgeiz fordern konnten, was dann auf längere Reisen, genauere Berichte und insgesamt größere Bemühungen hinauslief, Expeditionen in kürzestmöglicher Zeit so weit zu treiben, wie es nur ging. Unter Heinrichs Schirmherrschaft umrundeten portugiesische Schiffe im Jahr 1434 das Kap Bojador (Nordwestküste Afrikas), 1442 das Kap Branco (Westküste Afrikas) und fuhren 1444 erstmals in die Mündung des Flusses Senegal ein. Noch im selben Jahr wurde Kap Verde erreicht, zwei Jahre später die Mündung des Flusses Gambia. Sierra Leone wurde 1460 entdeckt. Entlang dieser Küsten fand man Muslime und nackte »Heiden« vor, sah Märkte, auf denen Straußeneier und Pavianhäute verkauft wurden, sichtete Elefanten, Flusspferde und Affen und stellte fest, dass es in Benin viele Sklaven sowie starken Pfeffer gab.

Der Tod Heinrichs des Seefahrers im Jahr 1460 gebot den Entdeckungsreisen zwar kurzfristig Einhalt, doch die Seeleute hatten ohnedies gerade festgestellt, dass der Polarstern nach Sierre Leona so niedrig stand, dass sie um ihre seefahrerischen Fähigkeiten fürchten mussten, falls er ganz verschwinden würde. Im Jahr 1469 gewährte die portugiesische Krone einem reichen Kaufmann namens Fernão Gomes für fünf Jahre das Handelsmonopol mit Guinea, sofern er im Gegenzug jährlich rund fünfhundert Kilometer Küstenlinie erforschte. Im Lauf dieser fünf Jahre stießen die Portugiesen bis zum Kap St. Catherine (im heutigen Gabun) auf 2° Süd vor. Doch in einer Hinsicht waren diese Entdeckungen eine Enttäuschung: Sie bewiesen nur, dass sich Afrika sehr viel weiter nach Süden erstreckte, als viele gehofft hatten, was eine einfache Passage nach Indien immer unwahrscheinlicher erscheinen ließ. Doch Dom João II. (Johannes II.) von Portugal ließ sich nicht beirren und finanzierte eine Reihe von weiteren Expeditionen entlang der afrikanischen Küste. Bartolomeu Dias setzte im Jahr 1487 im Hafen von Lissabon die Segel und erreichte 40° Süd (das Kap der Guten Hoffnung liegt auf 34° Süd). Dort kreuzte er dann Richtung Osten und anschließend Richtung Norden und ging schließlich in der Mosselbucht an der afrikanischen Ostküste (zwischen dem heutigen Kapstadt und Port Elizabeth) vor Anker. Sie hatten das Kap umfahren, ohne es gesichtet zu haben, aber Dias' Mannschaft war erschöpft, befürchtete außerdem, dass der Proviant nicht reichen würde, und überredete ihn, nach Hause zurückzukehren. Auf dem Rückweg sahen sie das Kap schließlich vor sich, und Dias glaubte, unerwartet eine Passage nach Indien entdeckt zu haben. Im Dezember 1488 lief er wieder im Hafen von Lissabon ein. Er hatte den großen Felsen »Kap der Stürme« getauft, doch weil eine solche Taufe traditionell nur dem König zustand, änderte der ihn prompt in »Kap der Guten Hoffnung«.[44]

Vasco da Gama trat seine heroische Reise erst im Juli 1497 von Lissabon aus an, also beinahe acht Jahre nach der Rückkehr von Dias. John H. Parry glaubt, dass während dieser Zeitspanne viele Männer in See gestochen sein und den Südatlantik befahren haben müssen, nur dass von ihren Reisen eben keine Unterlagen mehr vorhanden sind. Deshalb ist er auch überzeugt, dass da Gama von Kenntnissen profitieren konnte, die auf Fahrten in der Zwischenzeit gewonnen worden waren, denn anders lässt sich ihm zufolge nicht erklären, dass da Gamas Expedition dreizehn Wochen auf hoher See überleben konnte, ohne auch nur einmal angelegt zu haben – »bei weitem die längste Fahrt, die bis dahin von einem europäischen Seefahrer unternommen worden war«.[45] Da Gama umfuhr das Kap der Guten Hoffnung, füllte in der Mosselbucht seine Vorräte aus einem Ladungsbegleitschiff auf und setzte die Segel für die Weiterfahrt in Richtung Norden. Dem Küstenstrich, den sie zur Weihnachtszeit passierten, gab er den Namen »Natal«. Dann erreichte er Mozambique und das Gebiet, das unter muslimischem Einfluss stand. In Mombasa musste er sich mit Kanonen die Weiterfahrt freischießen, in Malindi (an der heutigen kenianischen Küste auf etwa 3° Süd) wurde er freundlicher willkommen geheißen. Der glückliche Zufall wollte es, dass er sich dort der Dienste von Ahmad ibn Majid versichern konnte, des berühmtesten arabischen Steuermanns seiner Tage und Autors von diversen Seehandbüchern *(Al Mahet)*. Er lotste ihn über den Indischen Ozean bis nach Calicut an der Malabarküste, wo er im Mai 1498 eintraf. Doch wo Vasco da Gama auch auftauchte, überall musste er enttäuscht feststellen, dass ihm Muslime bereits zuvorgekommen waren. Außerdem fand er heraus, dass er mit den Waren, die er mitführte – Tuche und Metalle, die an der Küste Westafrikas sehr begehrt waren –, hier im Osten wenig Staat machen konnte. So gelang es ihm denn auch nur unter großen Schwierigkeiten, den Laderaum für die Heimreise mit Pfeffer und Zimt zu füllen. Auf der Rückfahrt über den Indischen Ozean geriet er in heftige Stürme, doch als er den Atlantik erreicht hatte, machte er wieder Zeit gut. Im September 1499 traf er in Lissabon ein: Er war dreihundert Tage auf See gewesen und hatte über die

Hälfte seiner Mannschaft verloren. Die portugiesische Krone ließ in Belem eine Klosterkathedrale errichten, die ihm zu Ehren den Namen Mosteiro dos Jerónimos erhielt.[46]

*

Kolumbus, der Sohn eines Webers aus Genua, war auf portugiesischen Schiffen schon bis Guinea gesegelt; er war jedoch weniger ein professioneller Seemann als ein »außerordentlich überzeugender geografischer Theoretiker« gewesen.[47] Die Vereinbarung, mit der seine Reise im Jahr 1492 sanktioniert wurde, lautete, dass er Inseln und Festland im Weltmeer entdecken und übernehmen sollte. Noch immer war Indien – womit damals Cipangu und Cathay gemeint waren – durch eine Umfahrung des Kaps nicht erreicht worden. Doch dass man es zu erreichen erwartete, war keineswegs überzogen: Man wusste nun, dass die Erde rund ist, und rechnete nicht mit einem Kontinent, der sich diesem Ziel in den Weg stellen könnte. Zum ersten Mal hatte Kolumbus der portugiesischen Krone im Jahr 1484 seinen Plan für eine Reise nach Indien unterbreitet, doch der König hatte abgelehnt, ebenso wie einige Zeit später auch die Franzosen und Engländer. Als er es 1488 erneut bei den Portugiesen versuchte, hätte er fast Erfolg gehabt, wäre ihm nicht die triumphale Rückkehr von Dias in die Quere gekommen, die alle Aufmerksamkeit auf sich zog. Also wandte sich Kolumbus an Kastilien. Und hier sollte er endlich offene Ohren finden. Er erhielt sowohl Unterstützung von der Krone als auch von einflussreichen und wohlhabenden Spaniern. Im August 1492 lichtete er den Anker im Hafen von Palos de la Frontera und stach in die »See der Schatten«.[48]

Die moderne Wissenschaft glaubt nicht, dass Kolumbus' Navigationskünste auf der Höhe der Zeit waren. Dafür war er ein umsichtiger und penibler Mann. Sein Kurs gen Westen führte ihn zu den Kanaren auf 27° Nord und dann auf den offenen Atlantik (bei den nächsten Fahrten sollte er einen südlicheren Kurs mit verlässlicheren Winden einschlagen). Doch er hatte Glück. Nachdem er bereits neunundsechzig Tage auf See war und bereits Tang und Vogelschwärme beobachtet hatte, sichtete er Land: Es war eine der äußeren Inseln der Bahamas (San Salvador liegt auf 24° Nord). Fraglos war Kolumbus überzeugt gewesen, dass diese Inselgruppe zu den abseitigen Inseln des Archipels gehörte, zu dem auch Japan gezählt wurde (so wie es auf Martin Behaims Globus aus dem Jahr 1492 dargestellt war). Seine Vorstellungen waren ein Konglomerat aus den Irrtümern von Marco Polo, was die Ost-West-Ausdehnung Asiens anbelangte, Polos fehlgeschätzter Entfernung zwischen Japan und China und der viel zu geringen ptolemäischen Schätzung des Erdumfangs (ganze fünfundzwanzig Prozent geringer als in Wirklichkeit). Kolumbus musste also glauben, dass Europa nur rund dreitausend »Meilen« von Japan entfernt lag, während es Luftlinie tatsächlich zehntausendsechshundert Seemeilen sind.

Also bestand der logische nächste Schritt in der Suche nach Japan. Kolumbus drängte zur Weiterfahrt, erreichte Kuba, dann Hispaniola (Haiti und Dominikanische Republik), wo es nun offenbar endlich etwas Schwemmgold zu geben schien, da die »Eingeborenen« so bereitwillig goldene Nasenringe und Armreifen tauschten. Doch weil sein Flagschiff, die *Santa Maria*, auf ein Riff gelaufen war und aufgegeben werden musste, beschloss er, die Heimfahrt anzutreten und einige Mann zurückzulassen, damit sie ein Fort errichten und nach Gold suchen konnten. Auf der Rückfahrt schlug er einen nördlicheren Kurs ein und fing dabei zufällig auf Breite der Bermudas (32° Nord) die starken Westwinde ein. Doch als er sich Europa näherte, geriet er in so tosende Stürme und schweres Wasser, dass er sich schließlich gezwungen sah, in den Hafen von Lissabon einzulaufen. Die Portugiesen verhörten ihn, glaubten ihm aber kein Wort – es war ja nicht das erste Mal, fanden sie, dass sie es mit einer typisch italienischen Übertreibung zu tun hatten.[49] Trotzdem erhoben sie sicherheitshalber erst einmal Anspruch auf seine angeblichen Entdeckungen.

Die Spanier waren nicht minder skeptisch, beauftragten Kolumbus aber, so schnell wie möglich eine zweite Fahrt anzutreten. Um den Ansprüchen der Portugiesen entgegenzuwirken, versuchten sie, das päpstliche Plazet für ein spanisches Monopol auf die Besiedlung der neu entdeckten Länder zu erhalten. Und da auf dem Stuhl Petri gerade ein Spanier saß, war diese Beihilfe nicht schwer zu bekommen. Im September 1493 setzte Kolumbus erneut die Segel. Auf dieser zweiten Reise entdeckte er die Insel Dominica, die Jungfraueninseln, Puerto Rico und Jamaika. Für die dritte Reise, zu der er 1498 aufbrach, fand er keine Freiwilligen mehr und musste Männer an Bord nehmen, die zwangsrekrutiert oder eigens aus Gefängnissen geholt worden waren. Diesmal schlug er eine südlichere Route ein. Er entdeckte Trinidad und die Mündung des Orinoco – ein Strom von einer Größe, wie ihn die Europäer im Leben noch nicht gesehen hatten. Allein schon an der Menge Süßwasser, die er ins Meer einfließen ließ, zeigte sich, wie groß der Kontinent sein musste, aus dem er kam. Kolumbus spielte kurz mit der Idee, dass dieses Land viel zu weit südlich liegen könnte, um ein Teil von Asien zu sein. Doch dann drehte er wieder Richtung Norden ab. Auf Hispaniola musste er eine offene Revolte der zurückgelassenen Männer über sich ergehen lassen. Seine Fähigkeiten als Gouverneur hatten sich noch nie mit seinen Leistungen als Entdecker messen können, nun wurde er sogar selbst in Ketten gelegt und in die Heimat zurückgeschickt. Im Jahr 1502 durfte er noch einmal auf große Fahrt gehen. Diesmal entdeckte er das Festland von Honduras und Costa Rica. Im Mai 1506 starb er.[50]

Inzwischen dämmerte es so manchem Europäer, dass die vielen neu entdeckten Inseln nicht zum Archipel vor Cathay gehören konnten und

701

dieser noch viel weiter entfernt liegen musste. Die Entdeckung des Orinoco war der erste Hinweis gewesen, dass noch ein ganzer Kontinent dazwischenliegen könnte. Peter Martyr hatte bereits 1494 festgestellt, dass man bei dieser neuen Landmasse von einer ganz neuen Welt sprechen müsse, da sie so andersartig und so völlig unbeleckt von Kultur und Religion war.[51]

In den kommenden Jahren entdeckten die Engländer und Portugiesen Nordamerika (keine Seide, keine Gewürze). Und allmählich offenbarten sich auch die riesigen Ausmaße Südamerikas. Das Interesse am Fernen Osten begann nachzulassen, nachdem man vor der Küste Venezuelas Perlen gefunden, aus Rotholz einen wertvollen Farbextrakt gewonnen und Kabeljau vor Neufundland gefangen hatte. Im September 1519 machte sich Fernão Magalhães (Ferdinand Magellan) schließlich von Sevilla aus mit einer Flotte von fünf Schiffen auf den Weg – diesmal auch beladen mit Waren, von denen die Portugiesen wussten, dass sie im Fernen Osten ein begehrtes Handelsgut waren. Aber wie Kolumbus war auch Magellan ein Ausländer, der das Kommando über renitente Spanier führte.[52] Nach einer Meuterei in Patagonien, die ihn veranlasste, den Anführer zu hängen, und nach dem Verlust von zwei Schiffen in der Straße, die heute seinen Namen trägt, erreichte er den Pazifik. Die Passage über diesen Ozean schien kein Ende nehmen zu wollen, und die Mannschaften waren gezwungen, sich von Ratten und Rohleder zu ernähren. Schließlich gingen sie in Cebu auf den Philippinen an Land, wo sie jedoch prompt in ein Gemetzel verstrickt wurden. Vierzig Männer, darunter auch Magellan, wurden getötet.

Magellan teilt sich mit Kolumbus und da Gama den Titel des größten Entdeckers, doch wir sollten nicht vergessen, dass seine Reise bereits zu Ende war, als er die Welt erst zur Hälfte umrundet hatte. Vervollständigt wurde sie von Sebastián del Cano, der den portugiesischen Kriegsschiffen aus dem Weg ging, den Indischen Ozean durchquerte, das Kap der Guten Hoffnung umrundete und schließlich mit einem einzigen Schiff von fünfen, der *Victoria*, und nur noch fünfzehn Mann Besatzung nach Spanien zurückkehrte. Alles in allem waren das wohl die größten Unternehmungen aller Zeiten in der Seefahrt gewesen. Und sie sollten das Denken der Menschheit über ihren Planeten ein für alle Mal verändern.

21
Die Geisteswelt der »Indianer«: Ideen aus der Neuen Welt

In vielerlei Hinsicht bezeichnen die Ereignisse des Jahres 1492 ein Ende und zugleich einen Neubeginn. Glaubt man den Nachweisen, die zu der Erkenntnis führten, dass der Frühmensch irgendwann vor achtzehntausend bis zwölftausend Jahren die Beringstraße von Sibirien zum amerikanischen Kontinent überquerte, dann muss in der Periode zwischen dieser Migration und dem Ende des 15. Jahrhunderts ein einzigartiges natürliches Experiment stattgefunden haben: Zwei enorm große Menschengruppen entwickelten sich auf zwei enorm großen Landmassen – der so genannten Alten und der Neuen Welt – vollständig separat voneinander und ohne voneinander zu wissen. Im Vergleich zu einem perfekt durchdachten wissenschaftlichen Versuch mag dieses natürliche Experiment seine Mängel haben, und trotzdem gibt es uns viele Antworten auf die Frage, was dem Menschen von Natur aus angeboren ist und was der Umwelt zugeschrieben werden kann. Das Gleiche gilt im Hinblick auf Ideen. Welche Ideen traten sowohl in der Alten wie in der Neuen Welt auf, welche blieben jeweils der einen oder anderen Seite vorbehalten, und warum war das so?

Von nicht weniger grundlegender Bedeutung ist die Frage, weshalb die Europäer Amerika entdeckt haben und nicht umgekehrt. Warum haben beispielsweise nicht die Inka den Atlantik von West nach Ost überquert und sich dort die Marokkaner oder Portugiesen untertan gemacht? Dieses Thema wurde vor einigen Jahren von Jared Diamond unter die Lupe genommen, einem Professor für Physiologie an der California Medical School, der als Anthropologe in Neuguinea gearbeitet hat und 1998 für sein populärwissenschaftliches Buch *Guns, Germs and Steel (Arm und Reich)* den Rhône-Poulenc-Preis gewann. Nach gründlicher Betrachtung aller Umstände fand er seine Antwort in der Oberflächenstruktur und Lage der Kontinente. Auf einen einfachen Nenner gebracht: Der amerikanische und der afrikanische Kontinent verlaufen jeweils in einer Nord-Süd-Achse, Europa hingegen in einer Ost-West-Achse. Das war insofern entscheidend, als die Ausbreitung von domestizierten Tier- und Pflanzenarten wesentlich leichter von Ost nach West und von West nach Ost vonstatten ging als von Nord nach Süd und von Süd nach Nord: Gleiche Breitengrade bieten gleichartige geografische und klimatische Bedingungen, beispielsweise ein vergleichbares Temperaturmittel, vergleichbare Regenmengen und eine vergleichbare Anzahl von Tageslichtstunden. Eine Ausbreitung von Nord nach Süd oder Süd nach Nord ist aus ebendiesen Gründen wesentlich schwieriger. Nach Meinung von Diamond verhinderte genau diese simple geografische Tatsache die Verbreitung von domestizierten Tier- und Pflanzenarten. Das hieße also, dass die Ausbreitung von Rind, Schaf und Ziege in Eurasien wesentlich schneller und gründlicher vonstatten ging als auf dem afrikanischen und dem amerikanischen Kontinent. Die mit der Domestikation einhergehende Entwicklung des Ackerbaus in Eurasien zog eine dichtere Siedlungsstruktur nach sich als auf den beiden anderen Kontinenten, was wiederum zwei Folgen hatte: Erstens begünstigte der Wettbewerb unter den verschiedenen Gesellschaften die Evolution von neuen kulturellen Praktiken, darunter insbesondere die Entwicklung von Waffen, die eine so tragende Rolle bei der Eroberung des amerikanischen Kontinents spielen sollten; zweitens entstanden Krankheiten, die sich von den (größtenteils domestizierten) Tieren auf die Menschen übertrugen und gegen die nur relativ große menschliche Populationen Abwehrkräfte entwickeln konnten. Als sie auf Völker wie die Inka oder Azteken übertragen wurden, die kein entsprechendes Immunsystem entwickelt hatten, richteten sie Verheerendes an. Damit war das globale Muster festgelegt. Der afrikanische Kontinent konnte sich nicht entwickeln, obwohl er im Vergleich zu anderen Regionen der Welt einen »evolutionären Vorsprung von sechs Millionen Jahren« hatte, weil er an drei Seiten von riesigen Ozeanen und im Norden durch eine Wüste abgeschnitten war und über nur wenige Tier- und Pflanzenarten verfügte, die sich unter den Bedingungen einer Nord-Süd-Achse domestizieren ließen.

Das Gleiche traf auf den amerikanischen Kontinent zu. Abgesehen von der begehbaren Beringstraße war auch er von Ozeanen umgeben und beherbergte kaum domestizierbare Pflanzen und Tiere. Er verfügte nur über eine relativ kleine Region mit mediterranem Klima, in der es geringere jahreszeitliche Schwankungen gab; und seine Ausrichtung an der Nord-Süd-Achse sorgte dafür, dass sich der Ackerbau nur relativ langsam verbreiten konnte. Beispielsweise gab es lediglich elf großsamige Gräserarten auf dem amerikanischen Kontinent, im Vergleich zu dreißig in Eurasien. Und von insgesamt zweiundsiebzig Säugetierarten, die im Lauf der Zeit domestiziert wurden, waren dreizehn in Eurasien, aber nur zwei in Amerika heimisch. Die Folge war, dass die Neue Welt »ausgebremst« wurde: In Mesopotamien wurde die Schrift vor dem Jahr 3000 v. d. Z. erfunden, in Mittelamerika erst um das Jahr 600 v. d. Z.; Keramiken wurden im fruchtbaren Halbmond und in China seit ungefähr 8000 v. d. Z. hergestellt, in Mittelamerika erst seit 1250 v. d. Z.; Stammesgesellschaften entstanden im fruchtbaren Halbmond um das Jahr 5500 v. d. Z., in Mittelamerika erst um 1000 v. d. Z.[1]

Diamonds Bericht wurde vorgeworfen, dass er spekulativ sei, was er zweifellos auch ist. Doch wenn man mit seinen Antworten auf die Frage konform geht, weshalb verschiedenartige Völker bis zum Jahr 1500 n. d. Z. verschiedene Entwicklungsstadien erreichten, dann kann man tatsächlich einen gewissen Schlussstrich unter ein Thema ziehen, das die Menschen seit so langer Zeit beschäftigt.

*

Die Entdeckung Amerikas war für Europäer außerdem von großer intellektueller Bedeutung, da die neuen Länder und Völker mit einem Mal alle traditionellen Ideen über Geografie, Geschichte, Theologie und sogar die Natur des Menschen auf den Prüfstand stellten. Und da sich der amerikanische Kontinent obendrein als ein Quell für just die Ressourcen erwies, an denen in Europa so große Nachfrage bestand, war er auch wirtschaftlich und deshalb politisch von Belang. »Es ist verblüffend«, schrieb der Pariser Advokat Étienne Pasquier um das Jahr 1560, »dass unsere klassischen Schriftsteller nichts von all dem Amerika wussten, das wir Neuland nennen.« »All das Amerika« lag nicht nur weit hinter dem europäischen Erfahrungshorizont, es übertraf auch jede *Erwartung*. Von der Existenz Afrikas und Asiens hatte man immer gewusst, auch wenn diese Kontinente den meisten Europäern sehr fern und fremd geblieben waren. Doch Amerika war etwas ganz und gar Unerwartetes, und das erklärt vielleicht, warum sich Europa nur so langsam mit dieser Nouveauté arrangieren konnte.[2]

»Arrangieren« ist hier das Schlüsselwort. Der Historiker John H. Elliott führt uns vor Augen, welche Aufregungen die Nachricht von Kolumbus' Landung ausgelöst hatte. »Freuet Euch. ... Vernehmt die Kunde von dieser Entdeckung!«, schrieb der italienische Humanist Peter Martyr am 13. September 1493 an den Erzbischof von Granada. »Christoph Kolumbus ist heil und gesund heimgekehrt. Er berichtet von fabelhaften Funden, zum Beweis für die Existenz von Minen in diesen Regionen holte er sogar Gold hervor.« Martyr erzählte, dass Kolumbus auf »freundliche Wilde« gestoßen sei, »die nackt herumliefen und sich mit dem zufrieden gaben, was ihnen die Natur gab. Sie hatten Könige, bekämpften sich mit Knüttel, Pfeil und Bogen, und wenngleich nackt, fochten sie doch um Macht; auch heirateten sie. Sie verehrten die Himmelskörper, doch das genaue Wesen ihres Glaubens war unbekannt.«[3]

Wie stark der erste Eindruck von Kolumbus' Entdeckungen war, lässt sich auch an der Tatsache ablesen, dass sein erstes Sendschreiben neunmal allein im Jahr 1493 gedruckt wurde und bis zum Ende des Jahrhunderts zwanzig Ausgaben erreichen sollte. Der Franzose Louis Le Roy schrieb: »Man glaube nicht, es gäbe etwas Ehrenvolleres... als die Erfindung der Druckerpresse und die Entdeckung der Neuen Welt, zwei Dinge, die ich von jeher nicht nur mit der Antike, sondern auch mit der Unvergänglichkeit für vergleichbar hielt.« Das gewiss berühmteste Urteil über das Jahr 1492 aber fällte Francisco López de Gómara (der allerdings nicht immer ein verlässlicher Chronist ist) im Jahr 1552 in dem Traktat *Historia general de las Indias*: »Das größte Ereignis seit der Erschaffung der Welt (ausgenommen der Menschwerdung und des Todes dessen, welcher sie erschuf) ist die Entdeckung der Westindischen Inseln.«[4]

Doch wie uns John Elliott zu Recht zu bedenken gibt, war da noch eine andere Seite: Viele Autoren des 16. Jahrhunderts hatten schlicht ein Problem damit, die Errungenschaften von Kolumbus in einer angemessenen historischen Perspektive zu sehen. Als Kolumbus in Valladolid starb, wurde sein Tod noch nicht einmal in der Stadtchronik vermerkt. Nur sehr allmählich sollte er sich den Status eines Helden erwerben; erst hundert Jahre nach seinem Tod wurden ein paar italienische Gedichte über ihn verfasst, erst im Jahr 1614 wurde er zum Helden eines spanischen Schauspiels (Lope de Vegas' *El Nuevo Mundo descubierto por Cristóbal Colón*).[5]

Anfänglich hatte sich das Interesse an der Neuen Welt allein auf das Gold konzentriert, das man dort zu finden glaubte, und auf die vielen neuen Seelen, die man dort dem christlichen Glauben zuführen zu können hoffte. Wer Bücher las, der war im Allgemeinen mehr an den Türken und an Asien als an Amerika interessiert.[6] Außerdem glaubte man in den letzten zwei, drei Jahrzehnten des 16. Jahrhunderts immer noch an die Erdgestalt, die in den klassischen Kosmografien von Strabo und Ptolemaios dargestellt worden war. (Kolumbus scheint sich an der Fassung orientiert zu haben, die in den achtziger Jahren des 15. Jahrhunderts von Aeneas Silvio Piccolomini herausgegeben worden war.[7]) In gewisser Weise war daran die Renaissance selbst schuld gewesen, denn es war ja den Humanisten zu verdanken, dass eher das Alte als das Neue verehrt wurde.

Die Männer, die nun als Erste in die Neue Welt reisten, waren Soldaten, Geistliche, Händler oder im Rechtswesen geschulte Beamte. So oblag es auch allein ihnen, erstmals festzuhalten, was sie dort zu Gesicht bekamen. Und das hatte unter anderem zur Folge, dass die physische Gestalt des neuen Kontinents anfänglich völlig ignoriert und dafür alles Gewicht auf detaillierte Schilderungen der »Eingeborenen« gelegt wurde. Als Kolumbus erstmals Ureinwohnern begegnete, musste er mit einiger Enttäuschung feststellen, dass sie keineswegs monströse Ungeheuer oder irgendwie körperlich anomal, sondern einfach nur sehr arm waren.[8] Außerdem handelte es sich weder um Neger noch um Mauren, also um keine der Ethnien, die einem Christen wie Kolumbus im Spätmittelalter bereits ein vertrauter Anblick gewesen waren. Wie sollte man sie also in Einklang mit der biblischen Geschichte bringen? War diese Neue Welt etwa gar das Paradies? Die ersten Berichterstatter ließen sich allesamt lang und breit über die Unschuld, Einfachheit, Fruchtbarkeit und Vielgestalt dieser Urvölker aus, die so offensichtlich ohne jede Scham nackt herumliefen. Ganz besonders verlockend war dieser Anblick natürlich für Ordensleute und Humanisten: Verärgert und verzweifelt über den Zustand der Kirche in Europa erblickten die Mönche in der Neuen Welt sofort eine Möglichkeit, die Einfachheit der apostolischen Urkirche auf dem neuen Kontinent, der so vollkommen unverdorben von der Lasterhaftigkeit der europäischen Kultur schien, wiedererstehen zu lassen.

*

Im Jahr 1607 veröffentlichte der spanische Dominikaner Gregorio García eine umfangreiche Studie über die vielen Theorien, mit denen man die Herkunft der »Indianer« Amerikas zu erklären versuchte. Europäer des 16. Jahrhunderts glaubten an eine »absichtliche«, eine erschaffene Welt, in die nun natürlich auch Amerika einbezogen werden musste, doch das ließ eine Menge Fragen offen. García war davon überzeugt, dass sich das menschliche Wissen von »allen Gegebenheiten« aus vier Quellen speist. Zwei davon – der Gottglaube, der in der Heiligen Schrift offenbart wurde, und *ciencia*, welche die Phänomene mit ihren Ursachen begründete – waren unfehlbar. Doch die Herkunft der amerikanischen Indianer war ein Problem, weil sie nirgendwo in der Heiligen Schrift erwähnt wurden »und die Frage zu neu war, um bereits die Entstehung eines Corpus von überzeugender Autorität gestattet zu haben«.[9]

Wenn sich nun aber als das hartnäckigste Problem erwies, wie man die Neue Welt in das historische Schema der Heiligen Schrift einpassen konnte, und wenn man einen Weg finden musste, um die Evangelisierung dort weiterführen zu können, dann sollte man – da waren sich Entdecker wie Missionare einig – die Bräuche und Traditionen dieser Urvölker wenigstens ansatzweise verstehen lernen. Also begann eine oft langwierige Erforschung ihrer Geschichte, ihrer Besitzregeln und Erbgesetze – gewissermaßen die ersten Schritte zu einer angewandten Anthropologie.[10] Die ersten Missionare waren noch beseelt vom naiven Glauben an das Gute im Menschen und hielten die Seele der Eingeborenen für »einfach, bescheiden, verletzbar und tugendhaft« oder, in den Worten von Bartolomé de las Casas, für *tablas rasas*: »abgeschabte Tafeln«, in die sich »der wahre Glaube leicht einprägen ließ«.[11] Doch da sollten die Missionare eine Enttäuschung erleben. In seiner *Historia de las Indias de Nueva España e Islas de la Tierra Firme* erklärte der Dominikanermönch Fray Diego Durán, dass die Seele des Indianers weder verwandelt noch verbessert werden könne, »so lange wir nicht alles über die von ihm praktizierten Glaubensweisen wissen. ...Deshalb begingen alle, die mit so viel Eifer und so wenig Besonnenheit sogleich all seine alten Bilder verbrannten und zerstörten, einen enormen Fehler. Denn nun tappen wir im Dunkeln, und er kann seinen Götzen geradewegs vor unseren Augen dienen«. Solche Einsichten schienen den Geistlichen im späten 16. Jahrhundert schließlich ausreichend den Wunsch zu rechtfertigen, ausgiebige Erkundungen über Geschichte, Religion und Gesellschaft der Ureinwohner vor der Eroberung einzuziehen. Auch die spanische Krone beteiligte sich mit Verve daran und führte sogar ein Hilfsmittel ein, das ihr zu mehr Erkenntnissen verhelfen sollte: Sie bombardierte ihre Beamten in der Neuen Welt mit Fragebögen. Am berühmtesten wurde der Fragenkatalog, der in den siebziger Jahren des 16. Jahrhunderts auf Geheiß von Juan de Ovando – des Präsidenten des Indienrats – abgearbeitet wurde. Der Drang, alles und jedes zu klassifizieren, machte sich in dieser Zeit auf sämtlichen Wissensgebieten bemerkbar. Amerika war nur ein Studienobjekt gewesen.[12] Im Jahr 1565 schrieb Nicolás Monardes, ein Arzt aus Sevilla, sein berühmtes Traktat *La Historia Medicinal de las cosas que se traen de nuestras Indias Occidentales* über den möglichen medizinischen Nutzen der Flora aus der Neuen Welt. 1571 entsandte Philipp II. eine Expedition unter der Leitung des spanischen Arztes und Naturforschers Dr. Francisco Hernández nach Amerika, um systematisch Kräuter zu sammeln (und – nicht zu vergessen – natürlich auch, um den Fortgang der Evangelisierung der Indios einzuschätzen). Noch im selben Jahr rief die spanische Krone das Amt eines »obersten Kosmografen und Chronisten Indiens« ins Leben, eine Initiative, die nicht nur politische, sondern auch wissenschaftliche Beweggründe hatte. Das politische Motiv war, dass mit einem detaillierten Bericht über die Errungenschaften Spaniens in der Neuen Welt der Kritik des Auslands entgegengewirkt werden sollte; zugleich wurde es jedoch auch für nötig befunden, der weit verbreiteten Ignoranz der Indienräte in Bezug auf die Gebiete, für die sie Verantwortung trugen, mit wissenschaftlichen Erkenntnissen beizukommen.

Doch erst 1590, ein ganzes Jahrhundert nach Kolumbus' Entdeckungen, sollte die Neuen Welt in das Denkgebäude der Alten integriert werden. Das verdankte sich vor allem José de Acostas großem Traktat *Historia moral y natural de las Indias,* eine Synthese, die an sich schon eine Glanzleistung des Jahrhunderts der geistigen Transformationen war. Drei Aspekte der Neuen Welt flossen nun in das europäische Denkmuster ein: Erstens bot die amerikanische Landmasse einen völlig unerwarteten Zuwachs an natürlicher Umwelt; zweitens musste der amerikanische Ureinwohner in das christlich-europäische Verständnis vom Menschsein eingepasst werden; und drittens verwandelte dieses neu aufgetauchte Konstrukt Amerika auch das christlich-europäische Verständnis vom Ablauf der Geschichte. All das zusammen stellte die klassische Bildung in Frage, denn der Bibel wie auch jeder menschlichen Erfahrung zufolge gab es ja nur drei Landmassen auf Erden – Europa, Asien und Afrika.[13]

Dass man sich von dieser Vorstellung nun verabschieden musste, stellte einen ebenso grundlegenden Bruch mit der Tradition dar wie die Erkenntnis, dass es keine sengend heiße Zone in der südlichen Hemisphäre gab. Und da die Beringstraße erst 1728 entdeckt werden sollte, war außerdem noch völlig unklar, ob Amerika nun ein Teil Asiens war oder nicht. Als der französische Entdecker Jacques Cartier 1535 in der Nähe des Ortes, aus dem einmal Montreal werden sollte, auf Stromschnellen im Sankt-Lorenz-Strom stieß, taufte er sie *Sault La Chine*, »chinesische Stromschnellen« (heute heißen sie Lachine Rapids). Ein Jahrhundert später, im Jahr 1634, wurde der französische Abenteurer Jean Nicolet damit beauftragt, den Gerüchten über einen großen Binnensee im Westen Amerikas nachzugehen, auf dessen anderer Seite man Asien vermutete. Als er den Michigansee dann erreichte und vor sich die Kliffs der Green Bay sah, war er überzeugt, in China angelangt zu sein, und bekleidete sich zu Ehren des dort siedelnden Volkes mit einem chinesischen Gewand.[14] Das klassische Wissen war wahrlich keine Hilfe, um die Entdeckungen in der Neuen Welt richtig einzuordnen – wie sollte es auch, wenn die großen Autoren der Antike doch keine Ahnung von dieser Landmasse gehabt hatten. So bewiesen die neuen Erkenntnisse über den amerikanischen Kontinent also wieder und wieder, dass individuelle Beobachtungen der traditionellen Autorität überlegen waren – auch das ein gewaltiger geistiger Umbruch.

Eine der machtvollsten, wenn auch nur implizit vorhandenen Ideen zur Zeit der Entdeckung Amerikas war die duale Klassifizierung der Menschheit in Völker, die je nach ihrer religiösen Zugehörigkeit (jüdisch-christlich oder »heidnisch«) oder nach dem Grad ihrer Zivilisiertheit respektive Barbarei beurteilt wurden.[15] Dass solche Vorstellungen im 16. Jahrhundert modifiziert werden mussten, war unvermeidlich. Das Maß an Zivilisiertheit, das man den Indios zusprach, scheint letztlich vor allem davon abhängig gewesen zu sein, ob der jeweilige Betrachter überhaupt jemals einen Vertreter dieser Völker zu Gesicht bekommen hatte. Das heißt, es war weit weniger wahrscheinlich, dass man die Idee vom unschuldigen Wilden beibehielt, wenn man längeren Kontakt zu den amerikanischen Ureinwohnern gehabt hatte.[16] Dr. Alvarez Chanca, der Kolumbus auf seiner zweiten Fahrt begleitet hatte, beobachtete zum Beispiel, dass die Indianer auf Hispaniola (Haiti) Wurzeln, Schlangen und Spinnen aßen, und kam deshalb zu dem Schluss: »Mir scheint ihr viehisches Wesen stärker ausgeprägt als das aller wilden Bestien auf Erden.« Dieses Paradox – ob Indianer wilde Bestien oder edle Wilde waren – gehörte zu den umstrittensten Fragen der frühen Entdeckungs- und Siedlungsliteratur. Denn wenn Indios keine Menschen waren, dann besaßen sie auch keine Veranlagung zum Glauben. Dies vor Augen, fühlte sich Papst Paul III. im Jahr 1537 in seiner Bulle *Sublimis Deus* schnell genötigt zu versichern, dass

709

Indianer »vollgültige Menschen« seien. Das Christentum definierte den Menschen über seine Fähigkeit, die göttliche Gnade zu empfangen; die Klassiker hatten ihn als ein vernunftbegabtes Wesen definiert; und seit *Sublimis Deus* akzeptierten nun die meisten Christen, dass die Ureinwohner Amerikas als Menschen eingestuft werden konnten, weil ihnen demnach beide Begabungen zu Eigen waren.[17]

Doch die Frage, *wie* vernunftbegabt die Indianer wirklich waren, war noch offen. Fernández de Oviedo, der sich unbeirrt für die Ritterepen des Mittelalters begeisterte, war zum Beispiel überzeugt, dass es sich bei Indianern um einen minderwertigen Menschenschlag handelte, der »von Natur aus faul und dem Laster zugeneigt« sei.[18] Äußerliche Anzeichen von Minderwertigkeit glaubte er zum Beispiel anhand der Größe und des Umfangs ihrer Schädel zu erkennen: Der Körperteil, der mit menschlicher Vernunftbegabung gleichgesetzt wurde, bewies seiner Ansicht nach bei Indianern eine deutliche Deformation. Fray Tomás de Mercado stufte um das Jahr 1560 Neger und Indianer gleichermaßen als »Barbaren« ein, weil »sie niemals von Vernunft, immer nur von Leidenschaft bewegt sind«. Von dieser Einstellung war es dann nicht mehr weit bis zu der berüchtigten Theorie vom »natürlichen Sklaventum« – auch das eine heiß debattierte Frage in dieser Zeit. Im 16. Jahrhundert wurden »Heiden« in zwei Kategorien eingeteilt, nämlich in »überzeugbare Unwissende« (Juden und Muslime, denen das wahre Gotteswort offenbart worden war, die sich aber davon abgewandt hatten) und »unüberzeugbare Unwissende« wie die Indianer, die das Gotteswort nie vernommen hatten und deshalb unschuldig waren. Doch dieser Vorstellung sollte sich bald schon eine weitere zersetzende Idee zugesellen, vertreten beispielsweise von dem schottischen Theologen John Mair: Es gebe Menschen, die von Natur aus Sklaven seien, und andere, die von Natur aus frei seien. Im Jahr 1512 berief König Fernando eine *junta* aus Sachverständigen ein, um über die Legitimität der Versklavung von Eingeborenen zu debattieren. Was uns davon dokumentiert blieb, beweist, wie vorherrschend die Meinung war, dass Indianer Barbaren und deshalb von Natur aus Sklaven seien. In diesem Fall war jedoch eine Art von »eingeschränktem Sklaventum« gemeint, wie Anthony Pagden schreibt, denn nach Vorstellung der spanischen *encomienda* hielt man es durchaus für möglich, dass Indianer am Beispiel der Spanier lernen könnten, sich »wie Menschen« zu verhalten, sofern man sich nur hart genug dafür einsetzte. Auf dieser Idee bauten um das Jahr 1530 die Theologen der später so genannten »Schule von Salamanca« auf, der auch Francisco de Vitoria und Luis de Molina angehörten und die nun die Ansicht vertrat, dass Indianer, wenn nicht von Natur aus Sklaven, so doch zumindest »Naturkinder« und somit unterentwickelte Angehörige der menschlichen Art seien. Vitoria stellte in seiner Abhandlung *De indis recenter inventis et de jure belli hispanorum in barbaros relectiones* die These auf, dass die amerikanischen Indianer eine dritte, zwischen Mensch und Affe angesiedelte Art darstellten, die von Gott erschaffen worden sei, um dem Menschen zu dienen.[19]

Nicht jeder teilte diese Meinung. Wer den Ureinwohnern wohlwollender gesonnen war, versuchte üblicherweise wenigstens ihre Talente zu entdecken. Der ausführlichste Bericht über diesen Kampf der Kulturen auf *beiden* Seiten, so schreibt Ronald Wright, stammt aus den fünfziger Jahren des 16. Jahrhunderts und wurde von Azteken für Pater Bernardino de Sahagún verfasst, der ihn dann als zwölftes Buch des *Florentiner Kodex* veröffentlichte (dass die Autoren anonym blieben, sollte sie vermutlich vor der Inquisition schützen). Gerade die Suche nach irgendwelchen Anzeichen von Tugend oder Begabung bei Indianern trug im 16. Jahrhundert eine Menge zur »Klärung« der Frage bei, was einen zivilisierten Menschen überhaupt ausmachte. Bartolomé de las Casas verwies zum Beispiel darauf, dass Gott durch die Natur handle und auch Indianer Geschöpfe Gottes und deshalb in der Lage seien, den Glauben zu empfangen. Obendrein stellte er fest, dass die mexikanische Architektur – »die so alten, fast urzeitlich gewölbten Bauten« – nicht wenig über ihre »Sorgfalt und ihr gutes Gemeinwesen« aussagte. Juan Giés de Sepúlveda lehnte solche Ableitungen hingegen rundweg ab: Bienen und Spinnen seien in der Lage, Gewebe herzustellen, die kein Mensch nachahmen könne.[20] Von vielen Aspekten des gesellschaftlichen und politischen Lebens der Indianer waren europäische Beobachter allerdings auch beeindruckt. »Es steht nämlich fest«, schrieb Vitoria um 1530, »daß sie tatsächlich nicht der geistigen Fähigkeiten ermangeln, sondern in ihrer Weise vernünftig handeln. Das ergibt sich daraus, daß sie in ihren Angelegenheiten durchaus einer gewissen Regel folgen, denn sie haben Stämme, die ihre feste Ordnung haben, kennen Ehe, Ämter, Herren, Gesetze, Handwerkskunst, Verkehr, was alles Vernunftgebrauch voraussetzt, auch eine Art Religion.«[21]

Diese Aussage war schwerwiegender, als es auf ersten Blick scheinen mag, denn ein »Vernunftgebrauch« und die Fähigkeit, in einer strukturierten Gesellschaft zu leben, galten als die Kriterien von Zivilisation. Und was war mit der uralten Unterscheidung zwischen Christentum und Barbarei, wenn nun nachgewiesen wurde, dass auch Nichtchristen über diese Fähigkeiten verfügen? »Sie begann sich unweigerlich zu verwischen, ihre Bedeutung als eine entzweiende Kraft minderte sich.«[22] Las Casas vertrat die überraschend moderne Sichtweise, dass jeder Mensch einen Platz auf der für alle Menschen gültigen historischen Skala einnehme und dass diejenigen, die am unteren Ende dieser Skala angesiedelt seien, einfach nur historisch »jünger« seien als der Rest. Mit anderen Worten: Er tastete sich zu einer ersten kulturrevolutionären Sicht vom Menschen und seinen Gesellschaften vor.

*

Auch wenn die Entdeckung Amerikas zu keinen Aufsehen erregenden neuen Ideen führte, zwang sie die Europäer doch zur Besinnung auf sich selbst und zu einer Auseinandersetzung mit den Ideen und Problemen, die sich aus ihren eigenen kulturellen Traditionen ergeben hatten. Dass Klassik und Antike verehrt wurden, bedeutete ja nicht zuletzt, dass man sich der Existenz von anderen Kulturen, Werten und Einstellungen bewusst war, die in vielerlei Hinsicht den eigenen überlegen gewesen waren. Und tatsächlich sollte diese Kenntnis von den Erfolgen der paganen Antike zu den beiden bemerkenswertesten Traktaten führen, die im 16. Jahrhundert in der Absicht verfasst worden waren, Amerika in ein einheitliches Geschichtsbild einzupassen.

Der erste davon, Bartolomé de las Casas' umfassende und Mitte des 16. Jahrhunderts publizierte *Historia apologética*, wurde zu seinen Lebzeiten nie veröffentlicht und erst im 20. Jahrhundert wiederentdeckt. Es war die zornige Antwort auf Sepúlvedas *Democrates segundo o de las justas causas de la guerra contra los Indios*, jener groben Polemik, in welcher Indios unter anderem mit Affen verglichen wurden. Im August oder September des Jahres 1550 hatten sich die beiden Männer zu einem berühmten Diskurs in Valladolid zusammengefunden, bei dem Las Casas die Meinung vertrat, dass Indios absolut rationale Wesen und mit allem ausgestattet seien, was nötig war, um sich selbst verwalten und das Evangelium empfangen zu können.[23] Von aristotelischen Ideen geleitet, erforschte Las Casas die Indianer aus einem physischen und ethischen Blickwinkel, der sein Traktat zur vielleicht ersten Übung in vergleichender Kulturanthropologie machte. Er verglich die alten politischen, gesellschaftlichen und religiösen Ordnungen der Griechen, Römer, Ägypter, Gallier und Bretonen mit denen der Azteken und der Inka. Und aus dieser vergleichenden Sicht brauchten sich die Völker der Neuen Welt nicht zu verstecken. Las Casas legte gebührendes Gewicht auf die Qualität der Kunst von Azteken, Inka und Mayas und schilderte ausführlich, mit welcher Leichtigkeit sie europäische Ideen und Praktiken übernahmen, wenn sie sie denn nützlich fanden.

José de Acosta verfasste sein Traktat *De procuranda indorum salute* kurze Zeit später, im Jahr 1576. Den gewiss originellsten Beitrag zum anthropologischen Verständnis leistete er, indem er die Barbaren in drei Klassen aufteilte und drei Arten von Urbevölkerungen unterschied. An der Spitze standen Völker wie die Chinesen und Japaner, die stabile Regierungsformen aufgebaut, Gesetze und Gerichte entwickelt, Städte erbaut und Bücher geschrieben hatten. Als Nächstes kamen Völker wie die Mexikaner und Peruaner, die weder über eine eigene Literatur noch über ein »zivilisatorisches und philosophisches Wissen« verfügten, aber bereits eine Staatsform ausgebildet hatten. An letzter Stelle standen alle Völker, die herrscherlos, formlos und ohne irgendwelche Gemeinschaftsstrukturen in wechselnden Behausungen lebten oder, sofern sie sesshaft waren, in Unterkünften, die an die Höhlen wilder Tiere erinnerten.[24] Acostas Traktat beruhte in großen Teilen auf aus unserer Sicht wissenschaftlichen Untersuchungen, die es ihm erlaubten, zwischen den Mexika und den Inka (die Reiche begründet hatten, in festen Siedlungen lebten und nicht »wie wilde Tiere herumzogen«) und den Chunco, Chiriguane, Yscayingo und all den anderen brasilianischen Völkern zu unterscheiden, die ein Nomadenleben führten und keinerlei zivilisatorische Organisationsformen kannten. Dass die Indianer seiner Erkenntnis nach ihre Götter fürchteten, hielt er für den grundlegendsten Unterschied zwischen Christen- und Heidentum; und dass sich Indios an einige Gesetze und Bräuche hielten, die er den christlichen Praktiken unterlegen fand oder die im Widerspruch zu ihnen standen, bewies ihm, dass der Teufel Kolumbus bei der Entdeckung der Neuen Welt zuvorgekommen war.[25]

Auch diese Argumentationsweisen waren von größerer Bedeutung, als es den Anschein erweckt. Die alten Theorien, denen zufolge primär die Geografie und das Klima für kulturelle Unterschiede verantwortlich waren, wurden durch eine neue Migrationstheorie ersetzt: »Wenn die Bewohner Amerikas tatsächlich von Noah abstammten, wie es dem orthodoxen Glauben nach der Fall sein musste, dann konnte es nur so sein, dass sie während ihrer Wanderschaft alle sozialen Tugenden vergessen hatten. Acosta glaubte, dass sie auf dem Landweg aus Asien in die Neue Welt gekommen und im Lauf ihrer Migration zu Jägern geworden seien, um sich dann nach und nach auf die verschiedenen Regionen Amerikas aufzuteilen, dort jeweils zu ihren alten sozialen Gewohnheiten zurückzukehren und mit dem Aufbau von Gemeinwesen zu beginnen.«[26] Die Bedeutung (und Modernität) dieses Arguments verbirgt sich in der These oder Vermutung, dass es überhaupt so etwas wie eine Entwicklungssequenz von den primitiven Uranfängen bis zu der Ausprägung von Kulturen gab. Denn diese Vorstellung legte wiederum nahe, dass die Vorfahren der modernen Europäer einst selbst den Einwohnern Amerikas im 15. und 16. Jahrhundert ähnlich gewesen sein mussten. Die Ureinwohner Floridas zum Beispiel befanden sich Las Casas zufolge noch immer »in jenem primitiven Urzustand, in dem alle Völker der Welt waren, bevor es jemanden gab, der sie unterwies. ... Wir sollten bedenken, in welchem Zustand wir und alle anderen Völker der Welt waren, bevor Jesus Christus zu uns kam«. Die Existenz von Naturvölkern in der Neuen Welt schien obendrein die herrschende jüdisch-christliche Vorstellung zu stützen, dass Entwicklungen immer linear und nie zyklisch stattfanden.[27]

Ein letztes Element bei der Entdeckung Amerikas war die Vorstellung, dass die moderne Welt etwas erreicht habe, das in der Antike noch nicht vollbracht gewesen sei. Damit wurde der Idee von der Existenz eines lange zurückliegenden goldenen Zeitalters in just dem Moment der Boden entzogen, als man neue Erkenntnisse gewonnen hatte, die den Vorzug von Erfahrungen aus erster Hand gegenüber ererbten Traditionen demonstrierten. »Das Zeitalter, welches sie golden nannten«, schrieb der französische Philosoph Jean Bodin im 16. Jahrhundert, »erscheint im Vergleich zu dem unseren wie ein eisernes ...«[28]

*

So viel zur europäischen Perspektive und den unmittelbaren Folgen der Entdeckung Amerikas (einige langfristigere Folgen werden im 28. Kapitel besprochen). Doch was genau haben die Europäer dabei eigentlich im Reich der Ideen entdeckt? Es dauerte viele Jahre – Jahrhunderte! –, bis man eine Antwort auf diese Frage fand. 1986 erteilte das *D'Arcy McNickle Center for the History of the American Indian* (das 1972 gegründet worden war, um Forschung wie Lehre über die Geschichte der amerikanischen Ureinwohner zu verbessern) anlässlich des 1992 anstehenden fünfhundertsten Jahrestags der Entdeckung des Neulands den Auftrag, genau diese Frage zu untersuchen. Das Projekt hieß *America in 1492*, und ein Großteil der folgenden Darstellung beruht auf den Erkenntnissen, die dabei gewonnen wurden.[29]

Im Jahr 1492 lebten rund fünfundsiebzig Millionen »Indianer« auf dem amerikanischen Kontinent, allerdings variieren die Zahlen für das Gebiet der heutigen Vereinigten Staaten. Die Zahl, die sich im Zuge dieses Projekts herauskristallisierte, beläuft sich auf sechs Millionen; Douglas Ubelaker von der Smithsonian Institution spricht in seinem *Handbook of the North American Indians* jedoch nur von 1 890 000 und hält dies für die genauere Schätzung. Das entspräche einer durchschnittlichen Dichte von elf Personen pro hundert Quadratkilometern.[30] Doch welche Zahl auch richtig gewesen sein mag, Tatsache ist, dass die Verteilung der Ureinwohner noch nicht ihr späteres Ausmaß erreicht hatte. Die Plains-Indianer zum Beispiel besaßen noch gar keine Pferde, denn die wurden erst von den Europäern eingeführt, und waren außerdem alles andere als »das Stereotyp des Kriegers mit wildem Kopfschmuck, sondern letztlich Bauern, die in den Flussebenen der Plains Gemüse anbauten und zu Fuß auf die Jagd nach Wild gingen«.[31]

Viele indianische Bräuche wichen stark von europäischen Gewohnheiten ab. Das subarktische Volk der Inuit, dessen Angehörige wir »Eskimos« nennen, pflegte das Fleisch seiner Fänge grundsätzlich mit anderen Stammesmitgliedern zu teilen, weil es überzeugt war, dass die Tiere eher bereit waren, sich jagen zu lassen, wenn die Jäger großzügig miteinander umgingen. An der Pazifikküste, wo sich die einzelnen Stämme durch riesige Totempfähle zu erkennen gaben, wusste man um den Nährwert und die medizinischen Eigenschaften von über hundert verschiedenen Kräuter- und Pflanzenarten.[32] Sie verfügten eigens über Hütten für die zeremonielle Reinigung oder um Krankheiten auszuheilen; viele Stämme pflegten grausame Initiationsriten für Heranwachsende, die in den Kreis der Erwachsenen aufgenommen werden sollten. Fast überall wurde Tabak zu rituellen Zwecken verwendet – eine Gepflogenheit mit zerstörerischen Folgen für die ganze Menschheit. Es gab *kivas*, riesige Erdhöhlen, die zu rituellen Zwecken und als Versammlungsplätze für die Männer dienten und manchmal mit rituellen Wandmalereien geschmückt waren, welche jedoch üblicherweise nach Abschluss einer Zeremonie übermalt wurden – Kunst hatte im Amerika dieser Tage eine ganz andere Bedeutung als im Europa der Renaissance.

Es gab jedoch auch viele Parallelen zu den Bräuchen in der Alten Welt. So hatten zum Beispiel die Indianer ebenfalls die Vorstellung von einer »Seele« entwickelt, wenngleich es in einigen Stämmen sogar Menschen mit mehreren Seelen gab. Auch bei ihnen kannte man die Institution der Ehe, und sie betrieben Landwirtschaft (einzelne Familien pflegten den Streifenanbau, aber es wurde sowohl Brandrodung als auch Überschwemmungsanbau betrieben; in bergigen Regionen kannte man auch den Terrassenanbau). Wie in allen Regionen der Welt sammelten auch dort die Frauen, was um sie herum wuchs, während die Männer auf die Jagd gingen. Der Tod war von kunstvollen Ritualen umgeben, und viele Stämme wussten, wie man Leichen mumifiziert. In einigen Regionen wurden Witwen getötet, um ihren Männern zu folgen, was an die *suttee*-Praktik in Indien erinnert; Kochkenntnisse waren weit fortgeschritten (»Barbecue« ist ein Taino-Wort); und wie in der Alten Welt kannte man auch hier eine religiöse Fastenzeit. Es gab diverse Biere, die aus der Maniok-Pflanze gebraut wurden; der Obsidian wurde ebenso verwendet und geschätzt wie in der Alten Welt; man kannte eine Rechenart (siehe jedoch unten) und eine Form der Besteuerung. Und in einigen Stämmen gab es einen gesellschaftlichen Rang, »der nur als Beamtentum bezeichnet werden kann«.[33]

Der sichtbarste Unterschied zum europäischen Alltag war die Gewohnheit der Amerikaner, in »Langhäusern« zu leben. Bei den Irokesen konnten solche Häuser bis zu hundert Meter lang sein und gleichzeitig von mehreren Familien bewohnt werden, die jedoch alle demselben Clan angehörten. Nach der Eheschließung war es immer der Mann, der in ein Haus zuzog; falls der zur Verfügung stehende Raum bereits besetzt war, wurde einfach angebaut. »Bis zu dreißig Kernfamilien oder zwischen ein- und zweihundert Blutsverwandte oder ehelich verbundene Personen bewohnten ein und dieselbe Behausung. Traditionell wurde das Langhaus durch Mittelgänge der Länge nach unterteilt. Jeweils zwei Familienquartiere lagen einander gegenüber, wie Abteile im Schlafwagen, und teilten sich einen Feuerplatz im Mittelgang. Einzelne Familien waren nur durch zwei Wandpfeiler voneinander getrennt, dazwischen wurde die Glut des jeweils eigenen Feuerplatzes ständig am Glimmen gehalten. Auch Hängematten (*hammock* ist ebenfalls ein Wort aus der Neuen Welt) wurden als symbolische Raumteiler zwischen den Familien angebracht.«[34]

Die brasilianischen Tupinamba waren Kannibalen und glaubten wie die Kariben und der Kubeo-Stamm aus dem Amazonasgebiet an eine Art Konsubstantiation, wozu auch das rituelle Verspeisen von Menschenfleisch gehörte, das als unerlässlich empfunden wurde, um das Überleben des Stammes und das Wohlwollen der Ahnengeister zu garantieren. Nicht weniger barbarisch aus Sicht der ersten Entdecker war der Brauch der Kopfjagd, wie er zum Beispiel unter den Mundurucú üblich war, die in den dichten Wäldern des Amazonasbeckens lebten und wegen ihrer Angriffslust gefürchtet waren. Ihren Willen pflegten sie feindlichen Stämmen aufzuzwingen, indem sie Konkurrenten einfach den Kopf abschlugen. Doch jeder Krieger, der so etwas getan hatte, lud sich damit eine schwere Bürde auf, weil er dadurch ein Ritual auslöste, das bis zu drei Jahre währen konnte. »Hatte man einem Menschen den Kopf abgeschlagen, musste augenblicklich mit dessen Präparation begonnen werden. Lange bevor die Männer in ihr Dorf zurückkehrten, wurde das Gehirn entnommen, dann wurden die Zähne ausgeschlagen und alle Teile einzeln aufbewahrt. Nun wurde der Kopf so lange gekocht, bis die Haut wie Pergament aussah. Ein Seil wurde durch den Mund eingeführt und durch ein Nasenloch wieder herausgezogen, die weit aufgerissenen Augen wurden mit Bienenwachs verschlossen. Der erfolgreiche Kopfjäger wurde ehrfürchtig als Held im Rang eines Heiligen behandelt. Er durfte an keinen alltäglichen Aktivitäten mehr teilnehmen und weder mit seiner noch mit einer anderen Frau Geschlechtsverkehr haben. Sein rituelles Bad nahm er frühmorgens, um keine Frau erblicken zu müssen. Den Großteil des Tages verbrachte er in einer Hängematte im Männerhaus, wo er nur selten und wenn überhaupt, dann nur über sehr gewichtige Themen sprechen durfte. Die Mahlzeiten nahm er Rücken an Rücken mit seiner Frau ein. …Jährte sich seine Tat zum ersten Mal, wurde seiner ›Beute‹ bei einer feierlichen Zeremonie die Haut vom Schädel abgezogen, ein Jahr später wurden die Zähne aufgefädelt und bei einer Abschlussperemonie in einem Korb in der Hütte des Helden aufgehängt. Nach drei Jahren nahm der Held wieder sein altes Leben auf.«[35]

In den ersten Jahren sammelten die Entdecker Fakten noch aufs Geratewohl, doch je mehr Naturforscher ihnen und den Händlern nachfolgten, desto systematischer wurden die Studien. Beginnen wir mit dem Bild, das sich in der Sprachforschung herauskristallisierte. »Im Jahr 1492 gab es nicht weniger als 2000 einander unverständliche Sprachen in der westlichen Hemisphäre, davon rund 250 in Nordamerika, etwa 350 in Mexiko und Mittelamerika und ganze 1450 in Südamerika.« Die indigenen Sprachen Amerikas waren nicht weniger hoch entwickelt als die Landessprachen der Alten Welt. Zwar fehlten ihnen einige europäische Sprachmerkmale, dafür wiesen sie andere auf, die wiederum in der Alten Welt seltener waren. »Bei indianischen Sprachen wurden zum Beispiel nur selten Endsilben an Verben angehängt, um (wie zum Beispiel bei der lateinischen Sprache) Fälle wie Nominativ, Akkusativ oder Dativ auszudrücken, oder um nominale und pronominale Geschlechtsbezüge herzustellen (wie ›er‹ und ›sie‹ oder im Spanischen ›el‹ und ›la‹).« Dafür unterschieden viele indianische Sprachen zwischen Verben, die zur Beschreibung von belebten und von unbelebten Dingen dienten, oder zwischen Gegenständen, die per Definition zu einer Person gehörten (wie Blutsverwandte oder Körperteile), und Dingen, die man nur zufällig besaß (wie zum Beispiel ein Messer oder Werkzeug). Dass sich auch mehrere Laute entwickelten, die den Sprachen der Alten Welt unbekannt waren, war vielleicht unvermeidlich, darunter vor allem der Glottisschlag (ein Knacklaut vor Vokalen, der durch den Verschluss des Stimmbands beim plötzlichen Luftanhalten entsteht, so wie zwischen »oh-oh«). Es gab Wörter ohne einen einzigen Vokal, und es gab die der Alten Welt unbekannte Gepflogenheit, ein Wort oder Wortteil zu wiederholen beziehungsweise zu verdoppeln, um seine Bedeutung zu verändern. Bei den Washo im nordamerikanischen Great Basin zum Beispiel bedeutete *gusu* »Büffel«, *gususu* hingegen »hie und da ein Büffel«. Auch Verben konnten je nach dem Wert ihrer Information variieren, also beispielsweise je nachdem, ob die übermittelte Auskunft auf einer persönlichen Erfahrung des Informanten beruhte, ein reines Gerücht war oder sich auf einen Traum bezog.[36]

Es wurden aber auch sehr fundamentale Unterschiede entdeckt. In Europa gab es die grundlegende semantische Unterscheidung von Substantiv und Verb; bei den Hopi in Arizona wurden hingegen Vorgänge von kurzer Dauer – beispielsweise ein Blitz, eine Welle oder eine Stichflamme – als Verben behandelt, wohingegen Vorgänge von längerer Dauer Substantive waren. In der Sprache der Navajo kann die Aussage »er hebt etwas auf« auf zwölf verschiedene Weisen ausgedrückt werden, »je nachdem, ob der Gegenstand rund und fest, lang und schmal, belebt, lehmartig etc. ist«.[37] Der Gebrauch von Metaphern unterschied sich hingegen kaum von den europäischen Gepflogenheiten (Gedichte wurden »Blumenlieder« genannt, eine Frau war ein »Rock«), dafür war das *Ausbleiben* eines Wortes sehr bedeutungsvoll. Apachen zum Beispiel schwiegen, wenn sie einem Fremden begegneten, wenn sie um eine Frau zu werben begannen oder wenn sie nach langer Trennung einen Verwandten wiedersahen.[38] Einige Stämme hatten eigens eine Handelssprache entwickelt, die sie niemals untereinander, sondern immer nur bei Tauschgeschäften mit Fremden sprachen.

Von einigen berühmten Ausnahmen abgesehen hatten Indianer keine Schrift entwickelt, was zugleich heißt, dass sie sich weder auf eine geschriebene Geschichte oder Philosophie noch auf eine heilige Schrift berufen konnten. Das hinderte sie allerdings nicht daran, Religionen oder Vorstellungen von der Seele und eine Reihe von originären Mythen zu entwickeln, die sich häufig um die Sonne, den Mond und um Unterwelten drehten, welche sich auf mehrere Schichten aufteilten. Es war ihnen bewusst, dass es eine Zeit der Kindheit gab, denn sowohl der Beginn der Pubertät als auch die einsetzende Menstruation wurden mit Übergangsriten gefeiert. Interessant ist, dass der Pubertätsritus in einigen Stämmen zugleich dazu gedient zu haben scheint, Heranwachsende von allen kindlichen Vorstellungen zu befreien. Bei den Hopi war es Kindern beispielsweise nicht gestattet, das Gesicht von Personen, die irgendeine religiöse Funktion hatten, ohne die Verhüllung durch eine kunstvolle Maske zu erblicken, weil man wollte, dass sie sie als Geister betrachteten. Während der Pubertätszeremonie zeigten sich ihnen diese Gestalten erstmals ohne Masken, so als wollte man die Heranwachsenden mit dem Mittel der Desillusionierung von ihren kindlichen Vorstellungen befreien.[39]

In den Religionen der Neuen Welt spielten häufig Priesterkasten wichtige Rollen, manchmal auch »Jungfrauen der Sonne«, die bereits im Alter von zehn Jahren zu den unterschiedlichsten Pflichterfüllungen auserkoren wurden, »von der Tempeldienerin bis hin zum Opfer«. Opferungen waren allenthalben üblich und konnten ungemein blutrünstig sein. Bei den Pawnee mussten die Jungfrauen beispielsweise erst eine vierzigtägige Zeremonie über sich ergehen lassen, bevor sie durch einen Pfeil ins Herz getötet wurden. Doch der wahrscheinlich grundlegendste Unterschied gegenüber den Religionen des Abendlands war der weit verbreitete Gebrauch von halluzinogenen Drogen, der von Schamanen mit medizinisch-religiösen Funktionen, wie man sie auch in der Alten Welt finden konnte, angeleitet wurde. Bei den Stämmen der Neuen Welt konnte allerdings auch ein Häuptling (den manche nur im Kriegsfall wählten) die Funktion eines Schamanen übernehmen. In einigen Stämmen gab es sechs anerkannte Geschlechterkategorien: Übermänner (Krieger), Männer, Berdachen (Androgyne), Amazonen, Frauen und Überfrauen (die beispielsweise besonderes Geschick im Kunsthandwerk bewiesen). Berdachen und Amazonen wurden manchmal als Vermittler bei Streitigkeiten eingesetzt. Der Ausdruck des essenziellen Wesens einer Person war ihr Herz und weder das Gehirn noch das Gesicht; Schamanen sangen »Herzgesänge«, um einen Kranken zu heilen. In vielen Stämmen war es auch üblich, mit Tieren und Pflanzen zu reden, wobei jeder Mensch davon ausging, dass er verstanden wurde.[40]

Die amerikanischen Ureinwohner hatten ein ganz anderes Verständnis vom Ich oder von dem eigenen Sein. Selbstlosigkeit war ein wichtiges Prinzip, da man die eigene Identität immer aus der Zugehörigkeit zu mehreren gesellschaftlichen Untergruppen bezog und einen individuell unabhängigen Status nicht kannte. Wer sich selbstsüchtig verhielt, egal, ob Mann oder Frau, galt als Hexer oder Hexe.

Neues Leben wurde mit Hilfe von Vater, Mutter und den Geistern erschaffen. Der Vater steuerte feste Substanzen wie Knochen bei, die Mutter weiche wie Fleisch und Blut. Im pazifischen Nordwesten glaubte man, dass das Ungeborene aus einem eigenen Raum komme, wo es ein menschliches Leben führte, bis es sich seine Eltern auf Erden *aussuchte*. Einen Namen erhielt das Neugeborene erst, wenn es das Geburtstrauma gut überstanden hatte und die Eltern sicher waren, dass es am Leben bleiben würde. Mädchen erhielten Blumennamen, Jungen den Namen eines Raubtiers. Doch es blieb nie bei diesem einen Namen, denn wann immer das Kind zum ersten Mal gelacht, gepfiffen, sein erstes Wort gesprochen oder seinen ersten Haarschnitt erhalten hatte, kam feierlich ein weiterer Name hinzu. Die wichtigste Feier blieb jedoch dem Moment vorbehalten, in dem das Kind erstmals eine wirtschaftliche Aufgabe gemeistert und beispielsweise eigenständig Beeren gepflückt hatte. Das Erwachsenwerden eines Mädchens wurde in einigen Stämmen durch die Klitorisbeschneidung gefeiert, da man glaubte, damit alle männlichen Charakterzüge ausmerzen zu können.[41] Ein Mann galt so lange nicht als vollständig »erwachsen«, wie er keine Enkel hatte – ein ziemlich durchsichtiges Manöver zum Wohle des Familienzusammenhalts.[42]

*

Die wohl wichtigsten Unterschiede zwischen den beiden Hemisphären verbargen sich jedoch in den ökonomischen Ideen. Bei den Azteken und Inka, den beiden herausragenden Kulturen zu Zeiten der Eroberung, stellte der Tod eines Herrschers eine große Belastung für die Gesellschaft dar. Die Leichen des Königs und seiner Königin wurden mumifiziert und in reich geschmückte, eigens dazu errichtete Paläste verbracht. Unzählige Sklaven und Nebenfrauen wurden geopfert, um dem Herrscher im Jenseits zu Diensten zu sein. Doch damit nicht genug: Es wurden auch noch riesige Vermögen eingefroren, die für alle Zeiten allein den Erhalt der Totenpaläste und den Dienst an den Mumien gewährleisten sollten. Deshalb war das Ende jeder Herrschaftsperiode mit der Ableitung riesiger Summen aus dem herrschaftlichen Besitz verknüpft, was die ohnedies schon stark erschöpften Ressourcen noch stärker belastete. Mit anderen Worten: Der Tod eines jeden Königs verschlimmerte eine ohnedies schon verheerende Lage. Am Ende konnte die an den »Mumiendienst« verschwendete Arbeitskraft nur ausgeglichen werden, wenn man andere Stämme eroberte und damit weiteres Land erwarb, was wiederum viele Risiken barg und letztlich auch dafür sorgte, dass sich das Kapital, das zur Förderung eines individuellen Unternehmertums nötig gewesen wäre, nie materialisierte.[43]

Es gab auch so etwas wie eine Naturforschung und eine primitive Technologie in der Neuen Welt, doch entsprechende Theorien entwickelten die amerikanischen Ureinwohner kaum, jedenfalls gemessen an den Phänomenen, für die man in der Alten Welt bereits nach Erklärungen gesucht hatte. Die Völker beider Hemisphären glaubten, dass sich die Sonne um die Erde drehte und auf irgendeine Weise für die Jahreszeitenwechsel verantwortlich war. Die Völker in der Neuen Welt besaßen die gleichen einfachen Maschinerien, die die Menschen in der Alten Welt benutzten und welche auf den fünf einfachen mechanischen Vorrichtungen aus der Antike beruhten: Keil, schiefe Ebene, Hebel, Flaschenzug und Schraube. (Der Vorteil einer Maschine ist natürlich immer die Verstärkung der auf sie einwirkenden Kraft.) Jedes dieser technischen Hilfsmittel war auch den amerikanischen Ureinwohnern bekannt und wurde von ihnen zum Baumfällen oder beim Kanubau benutzt. Doch während die Europäer im 15. Jahrhundert nach den letzten Ursachen suchten, damit ihre Folgen absehbar wurden, zogen es die Uramerikaner vor, die Kräfte der Natur mit Hilfe von persönlichen – bei Ritualen oder in Träumen hergestellten – Beziehungen zu den Geistern zu beherrschen, welche diese Kräfte kontrollierten. »Aus Sicht der Europäer unterlag die Natur Gesetzen, aus Sicht der amerikanischen Ureinwohner besaß sie einen eigenen Willen. ... Auf entscheidende Weise divergierten die Naturforschungen der Europäer und Uramerikaner beim Experiment. Es wäre den Hopi gewiss nie in den Sinn gekommen, eine Zeremonie zu unterbrechen, nur um festzustellen, ob die Sonne tatsächlich in den Norden abwanderte oder nicht vielleicht doch eine Kehrtwende machte.«[44]

Mehrere Stämme, darunter die Navajo, unterschieden zwischen männlichen und weiblichen Pflanzen, je nach Größe, Härte oder Weichheit ihrer Strukturen. Diese Vorstellung entsprach ihrem Bild von den männlichen und weiblichen Geschlechtsmerkmalen und hatte nichts mit den tatsächlichen Merkmalen von pflanzlichen Fortpflanzungsorganen zu tun. Bei den Azteken wurden Pflanzennamen durch das Anhängen von Endsilben als Nahrung oder Medizin ausgewiesen und für ihre Verwendbarkeit als Fasern für Stoffe oder als Baumaterial kenntlich gemacht. Die Klassifizierung der Natur fand überhaupt nach sehr anderen Kriterien als in Europa statt. Die Navajos ordneten Fledermäuse der Gruppe der Insekten zu, weil einer alten Mythologie nach beide Tierarten einst gemeinsam eine frühere Welt belebt hatten.

Die Grundlage der astronomischen Forschungen in Europa waren die Sterne am nächtlichen Firmament. In Amerika spielte der Horizont die entscheidende Rolle. Fast alle Stämme des amerikanischen Kontinents teilten sich diese Idee und richteten ihre Tempel nach Erscheinungen aus, die bei bestimmten Himmelsereignissen am Horizont zu beobachten waren. »Die Casa Rinconada, eine große kreisförmige *kiva* aus der Gegend des Chaco Canyon im Nordwesten Mexikos, verfügt über achtundzwanzig Nischen, die im selben Abstand zueinander in die steinerne

Innenwand eingelassen wurden. Darunter befinden sich in unregelmäßigen Abständen sechs etwas größere Nischen. Um die Zeit der Sommersonnenwende fällt das Licht etwa vier- bis fünfmal aus einem hoch oben an der nordöstlichen Seite der *kiva* angebrachten Fenster auf eine dieser sechs Nischen.«[45] Ihre Kalender orientierten die Indianer jedoch an den Sternen, und im Zuge dieser Beobachtungen entwickelten sie auch ein eigenes Rechensystem. Die Idee dazu stammte ursprünglich von den Maya, doch perfektioniert wurde sie von den Azteken. Unter den Maya wurde Mathematik hauptsächlich – oder besser gesagt nur – zum Zweck der kalendarischen Berechnung eingesetzt; das rechnerische Wissen im Inkareich scheint in Form von *quipus* festgehalten worden zu sein, einem Informationsspeicherungssystem, das aus bündelweise geknoteten Schnüren in unterschiedlichen Farben bestand, wobei aus jedem Bündel mehrere einzelne Schnüre abzweigen konnten. Farben und Knoten folgten einer bestimmten Reihenfolge. Die »Sprache« oder der Code dieser *quipus* konnte bis heute nicht entziffert werden, doch am Beispiel von zwei Webarbeiten, die die Zeiten überdauerten, lässt sich die Vermutung stützen, dass es sich dabei um eine Art von religiösem Informationssystem handelte. Die Webmuster der beiden Stoffe sind außerordentlich aufwendig: Der eine besteht aus zehn Reihen mit je sechsunddreißig Kreisen, deren diagonale Anordnung die Zahl 365 ergibt, der andere aus Rechtecken, die sich zur Zahl 28 addieren – und das kann letztlich nur eine kalendarische Bedeutung haben.[46]

Einige Forscher glauben heute, dass diese raffiniert gewebten mittelamerikanischen Textilien »ein ebenso komplexes Wissenssystem darstellen könnten wie in Europa die Metallurgie«. Lamas und Alpakas waren domestiziert worden und dienten nicht nur als Lasttiere, sondern auch als Wolllieferanten; Stoffe waren für die Lagerhaltung wahrscheinlich sogar noch wichtiger als Tonwaren. »Die Fadenstärke der feinsten Gewebe betrug 1/125 Zoll; es ließen sich rund hundertfünfundzwanzig Farbschattierungen und Farbstiche bei Inkatextilien bestimmen. Die Inka kannten alle wichtigen Webtechniken, die den Europäern im Jahr 1492 bekannt gewesen waren – Gobelin, Brokat, Gaze –, setzten daneben aber auch noch die Methode der Fasermischung von Kett- und Schussfäden ein.«[47]

Im Jahr 1492 waren noch kaum Wildtiere in der neuen Welt domestiziert, dafür aber eine große Zahl von Pflanzen nutzbar gemacht worden, darunter viele, die den Europäern der damaligen Zeit unbekannt gewesen waren (und uns zu einem vertrauten Anblick geworden sind), beispielsweise Mais, die weiße Kartoffel und die Süßkartoffel, Kakao, Kürbis, Erdnuss, Avocado, Tomate, Ananas, Tabak und Chili. In den Anden kannte man dreitausend unterschiedliche Kartoffelsorten.[48] Außerdem waren sich die Kulturen der Neuen Welt der medizinischen Nutzbarkeit von Pflanzen sehr bewusst. *Aspilia* zum Beispiel verwandte man als Antibiotikum;

und beim Steinsamen, einem Boretschgewächs, das die Paiute-Frauen zur Verhütung einsetzten, konnte bei Laborversuchen mit Mäusen festgestellt werden, dass er tatsächlich die Bildung des follikelstimulierenden Gonatropin-Freisetzungshormons verhindert. Aus *tlepatli*, das in der aztekischen Medizin als harntreibendes Mittel und gegen Wundbrand eingesetzt wurde, ließ sich das antibakteriell und vor allem gegen Staphylokokken wirksame Plumbagin isolieren. Die amerikanischen Ureinwohner hatten allerdings keine Vorstellung von den chemischen Wirkungsweisen, sondern betrachteten die medizinischen Heilkräfte der Pflanzen ausschließlich als etwas Spirituelles.

Es gab keine »Kunst« in der Neuen Welt, jedenfalls nicht im Sinne von »l'art pour l'art«, und keine indigene Sprache besaß ein Wort für »Kunst« (genauso wenig wie für »Religion«), weil jeder künstlerisch gefertigte Gegenstand, jedes Lied und jeder Tanz einem untrennbar damit verbundenen Zweck diente, ohne den das jeweilige Kunstprodukt gar nicht vorstellbar gewesen wäre. Einige Skulpturen der Azteken waren auf der Seite bemalt, die nie jemand zu Gesicht bekam; doch das spielte keine Rolle, weil ihr Symbolgehalt immer wichtiger war als die Aussage des Erscheinungsbilds. Es gab also keine Ästhetik als solche, nur Funktion, und allein sie bestimmte die Bedeutung. Deshalb gab es auch so gut wie keine reine Instrumentalmusik auf dem amerikanischen Kontinent, denn üblicherweise ergab sich das Ritual erst durch das Zusammenspiel von Gesang, Tanz und Musik. Erst in den weiterentwickelten Kulturen Mittelamerikas wurde Kunst professionalisiert, und erst im Anschluss daran kam es zu einer vergleichbaren Aufspaltung in Hochkunst und Volkskunst wie in Europa.[49] Folglich genoss der Künstler auch nur in diesen Kulturen hohes Ansehen, in allen anderen ging man hingegen davon aus, dass jeder Mensch bis zu einem gewissen Grad über künstlerische Fähigkeiten verfügte. Im Inkareich zählte die Begabung für ein bestimmtes Kunsthandwerk, zum Beispiel als Silberschmied oder Teppichweber, zum Erbe des Gemeinwesens, weshalb solche Künstler auch von allen Steuern befreit waren. Und um die Sache noch komplizierter zu machen, kam noch die Astrologie – oder Magie – ins Spiel: Die Azteken glaubten, dass ein Junge, der im Zeichen der *xochitl* (»Blume«) geboren wurde, vom Schicksal zum Kunsthandwerker oder Unterhaltungskünstler bestimmt worden sei. Die Funktionen des Künstlers überschnitten sich mit Schöpfungsmythen, die auf interessante Weise von den Mythen der Alten Welt abwichen. Die Ureinwohner glaubten nicht an einen göttlichen Schöpfer einer vollkommenen Welt, die von den Gelehrten, Theologen und Künstlern nur verstanden werden müsse, sondern an eine unvollkommen erschaffene Natur, welche es dem Künstler zur Aufgabe machte, sie zu *verbessern*.[50] Im Glauben der Inka waren die ersten Menschen aus Stein geformte Riesen gewesen. Dann aber missfiel Wiraqocha (dem »erleuchteten Herrn«) sein eigenes Werk. Er ließ die Riesen wieder zu Stein werden – zu den riesigen Steinsäulen, die die Inka verehrten – und erschuf eine neue Menschenart nach seiner Größe (»nach seinem Bilde«). Die Bildhauer der Maya mussten sexuell enthaltsam leben, während sie an einem Werk arbeiteten, und pflegten ihre Skulpturen mit dem eigenen Blut zu besprenkeln, um sie zu heiligen. Wie der europäische Renaissancemensch den Künstler seiner Zeit verheiligte, so wurde auch der Mayakünstler als etwas Heiliges betrachtet. Musikinstrumente galten bei den Maya ebenfalls als heilig, weshalb ihre Hersteller bei der Arbeit zu beten pflegten und ihre Werke mit Alkohol einrieben, damit sie zufrieden, wohlgestimmt und wohlklingend wurden. Kein Künstler signierte sein Werk, nicht einmal in den Kulturen, in denen das Kunsthandwerk als Beruf betrieben wurde. Deshalb sollte auch kein Künstler zu vergleichbarem Ruhm aufsteigen wie seine Pendants in Europa. Die einzige Ausnahme war die Kunst der Dichtung: Dichter, vor allem solche, die dem Adel angehörten, blieben meist noch lange nach ihrem Tod im kollektiven Gedächtnis. An Nezahualcoyotl zum Beispiel erinnerte man sich als »Dichterkönig«, doch selbst in diesem Fall war es wohl eher sein königlicher Stand und weniger sein dichterisches Können, der ihm seinen Ruhm gewahrt hatte.[51]

Die Schriftensysteme der Neuen Welt hatten sich im Jahr 1492 bereits in Auflösung befunden, deshalb ist unwahrscheinlich, dass man in dieser Zeit noch viele Inschriften aus der klassischen Periode (100–900 n. d. Z.) lesen konnte. Die Schrift der Azteken und Mixteken war im großen Ganzen eine Bilderschrift gewesen. Ihre Schreiber mussten nicht nur in der Darstellung von Schriftzeichen bewandert sein, sondern auch die Kommentare kennen, die es zu den jeweiligen Texten gab (die mündliche Überlieferung blieb immer vorherrschend). Die Rituale beruhten wohl auf den alten Handschriften, die bis in unsere Zeit überlebt haben und in denen es um die mythische Vergangenheit des Stammes geht. Sie waren es, denen die Schreiber dann ihre eigenen Kommentare hinzugefügt hatten. Doch diese Kommentare sind verloren gegangen. Die Azteken gehörten zu den wenigen präkolumbischen Völkern, die bewusst alte Kunst aus anderen Kulturen sammelten, darunter vor allem Artefakte von den Olmeken, was zu bestätigen scheint, dass sich die Azteken für die Vergangenheit zumindest interessiert hatten, vielleicht aber sogar eine gewisse Vorstellung davon entwickelt hatten, dass die Zivilisation der Olmeken die »Mutterkultur« Mittelamerikas war.[52]

*

Wie verarbeiteten die Ureinwohner nun ihrerseits die Invasion des amerikanischen Kontinents? Einige Völker verfügten über heilige Bücher. Das gewiss berühmteste war das *Popol Vuh (Das Buch des Rates)*, eine Schrift der Quiché, die unter Historikern als das Äquivalent zur Hebräischen Bibel oder den Veden gilt. Doch mindestens so interessant, wenn auch weniger bekannt (aber für unseren Zweck passender), sind die »Annalen der Cakchiquel«. Wie die Quichés, so hatte auch dieses Volk das System einer Doppelmonarchie mit einem König und einem Vizekönig entwickelt, die jeweils einer königlichen Linie – Ahpo Zotzil und Ahpo Xahil – entstammten. Nach der Eroberung durch die Spanier schrieben die Überlebenden der Xahil-Dynastie die Geschichte der Cakchiquel auf und vervollständigten sie nach Art einer Chronik bis zum 17. Jahrhundert. Es ist ein überraschend ausgewogener Bericht, denn obwohl er einen Genozid beschreibt, vergisst er nie, Spanier zu preisen, die den Indios beigestanden hatten. Zu den geschilderten Ereignissen gehören zum Beispiel der Ausbruch der Pest im Jahr 1604 – bei der auch der Schreiber den Tod gefunden hatte (aber sofort übernahm der nächste die Aufgabe) – und der Austausch von Botschaftern. Daneben wurden Genealogien festgehalten. Die Maya verfassten ähnliche Chroniken, nämlich die *Chilam-Balam*-Bücher. Sie wurden in der Mayasprache geschrieben, aber mit lateinischen Buchstaben und in einer bewusst verwirrenden Manier – voller Wortspiele und Rätsel –, damit sie kein Außenseiter verstand. Auch sie wurden weitergeführt, in diesem Fall sogar bis ins 19. Jahrhundert. Jede Mayastadt besaß ein eigenes Exemplar und führte kontinuierlich Aufzeichnungen auf lokaler Ebene. Aus Sicht dieser *Chilam-Balam*-Bücher war die Invasion vor allem ein Kampf um die Kalender oder Chronologien gewesen, denn die Spanier hatten natürlich auch ihre Art der Zeitmessung mitgebracht, die vom Blickpunkt der Maya aus ziemlich undurchdacht war, den indigenen Völkern aber trotzdem aufgezwungen wurde. Und genau darin sahen die Maya den eigentlichen Kampf der Ideen: Die Art und Weise, wie das jeweils fremde Glaubenssystem betrachtet wurde, war für sie ein Wettkampf um die richtige »Zeit«.[53]

*

Wir sollten uns an dieser Stelle auch kurz mit der Frage befassen, woran es den Präkolumbiern gefehlt hatte. Entscheidend war zweifellos das Nichtvorhandensein des Rades. Angesichts der Tatsache, dass auf dem ganzen amerikanischen Kontinent Ballspiele üblich und von religiöser Bedeutung waren, war dies wohl der überraschendste Mangel. Auch Zugtiere glänzten durch Abwesenheit, obwohl man das Lama domestiziert hatte. Ebenfalls nicht vorhanden waren große Segelschiffe, was vermutlich mit der einschüchternden Größe der umgebenden Ozeane zu tun hatte, jedenfalls aber bedeutete, dass die amerikanischen Ureinwohner ortsgebundener blieben und weniger reiseerfahren waren als Europäer. Zu den anderen Ideen und Erfindungen, die den präkolumbischen Gesellschaften fehlten, gehörten das Münzgeld, der ethische Monotheismus, die Idee vom Experiment und ganz allgemein ein Schrifttum. Es gab keine

Brennöfen und deshalb auch keine glasierte Töpferware, und es gab keine Saiteninstrumente. So manches dieser fehlenden Elemente (Zugtiere, große Segelboote, Schriften, Münzgeld) bremste die wirtschaftliche Entwicklung, vor allem das Entstehen eines Handels und eines Mehrwerts. Dass das bisschen Mehrwert, was angehäuft werden konnte, in den aufwendigen Totenkult einfloss, wurde bereits erwähnt; jetzt können wir außerdem feststellen, dass diese anders geartete ökonomische Entwicklung eines der drei entscheidenden Merkmale war (neben dem fehlenden ethischen Monotheismus und dem Experiment), die die Alte von der Neuen Welt unterschieden.

*

Was das Reich der Ideen betrifft, so hatte die Entdeckung Amerikas vermutlich auch Auswirkungen auf die katholische Gegenreformation, die zur mehr oder weniger gleichen Zeit stattfand, denn die Neue Welt hatte die katholische Kirche einiger ihrer energischsten und talentiertesten Prediger beraubt. Deshalb hatte Rom auch kaum direkten Einfluss auf die Vorgänge in Amerika (das vom Konzil von Trient weitgehend übergangen wurde), was nach Meinung von John Elliott wiederum den Effekt hatte, dass die Autorität der spanischen Krone »sowohl unter den eigenen Untertanen als auch im Bezug auf ihr Verhältnis zur Kirche« gestärkt wurde. Mehr als ein Historiker – unter den damaligen wie den heutigen – fragte sich, ob es daher nicht gerade das »Unternehmen Indien« gewesen sei, das den Autoritarismus und Konservatismus der Daheimgebliebenen verstärkte, eben weil es die radikaleren Geister aus dem Christenvolk abgezogen hatte.

Ökonomische Auswirkungen hatten jedenfalls gewiss die Entdeckungen *in* Amerika. Und die zogen nun ihrerseits eine Revolution im Reich der Ideen nach sich. Zwischen 1521 und 1544 hatten die Minen aus den habsburgischen Ländern beispielsweise viermal so viel Silber hervorgebracht als der gesamte amerikanische Kontinent; zwischen 1545 und dem Ende des Jahrzehnts sollte sich dieses Verhältnis jedoch umkehren, was die Wirtschaftsmacht in jenen Jahren entscheidend verlagerte und den ökonomischen Schwerpunkt von Deutschland und den Niederlanden auf die Iberische Halbinsel verschob. John Elliott meint, dass man seit der zweiten Hälfte des 16. Jahrhunderts »legitimerweise von einer atlantischen Ökonomie« sprechen könne.[54] Und die davon ausgelöste politische Schockwirkung brachte nicht nur den Aufstieg Spaniens mit sich, sondern verschaffte Europa insgesamt einen Vorsprung vor seinem traditionellen Feind, dem Islam. (Erst jetzt begann sich die muslimische Welt überhaupt für die historischen Gründe des spanischen Machtzuwachses zu interessieren.)

Der Aufschwung Spaniens und die Frage nach den Ursachen dafür erregten natürlich Aufmerksamkeit. Und es war wohl in genau diesem

Moment, dass man zu begreifen begann, welch ungemein wichtige politische Rolle eine Seemacht künftig spielen würde; oder dass die Macht Spaniens nur in Schach gehalten werden konnte, wenn man all dem Gold und Silber den Weg nach Europa abschneiden würde; oder dass sich die Neue Welt angesichts der religiösen Spaltung in Protestanten und Katholiken als das nächste Schlachtfeld anbieten würde. Gewissermaßen begann in diesem Moment die politische Globalisierung.[55]

Der sich abzeichnende Kampf um Amerika steigerte den wachsenden Nationalismus im 16. Jahrhundert. Überall kursierten Gräuelgeschichten, vor allem über die Spanier und das Ausmaß ihrer Grausamkeiten (einer Schätzung nach schlachteten sie zwanzig Millionen amerikanische Ureinwohner ab). Fest steht jedenfalls, dass immer mehr Spanier Zweifel am Wert der »Westindischen Inseln« hegten; oder dass die Jagd nach Edelmetallen und die moralischen Konsequenzen des plötzlichen Reichtums immer kritischer gesehen wurden (vor allem von den Gegnern der Theorie vom Wert einer reinen Metallwährung); und dass diesem Trend in Spanien nun vermehrt mit dem Einwand begegnet wurde, dass nur der Reichtum legitim sei, der durch ehrliche Arbeit im Handel, in der Landwirtschaft oder durch die Industrie erworben und anschließend produktiv verwendet wurde.[56]

Zu gegebener Zeit sollte das Gefecht um Amerika aber auch zu den ersten Ansätzen eines Völkerrechts führen. Der Kontinent war einfach zu groß, um von einem einzigen Land kontrolliert werden zu können. Und die Tatsache, dass sich die Spanier bei der Erschließung der Neuen Welt nicht groß um die päpstliche Autorität kümmerten, sollte sich wie ein Dominoeffekt auf die generellen Einstellungen zur Autorität auswirken. Wie gesagt waren viele Menschen überzeugt, dass Indianer absolut in der Lage waren, sich selbst zu verwalten, und dass man ihre Freiheit und Autonomie deshalb auch respektieren musste. Mitte des 16. Jahrhunderts betrat Alfonso de Castro mit der Kritik die Bühne, dass die Weltmeere rechtlich keinem Land gehörten. Vor diesem Hintergrund entwickelte dann der holländische Jurist und Politiker Hugo Grotius eine Völkerrechtstheorie. Die Neue Welt verwandelte sich in ein Vehikel für den Aufbau einer europäischen Staatenstruktur und für den Abschluss von Verträgen zwischen einzelnen europäischen Staaten. Deshalb kann man mit Fug und Recht behaupten, dass die Eroberung Amerikas auch das Bewusstsein von den Querverbindungen schärfte, die zwischen Ressourcen, Geografie, Populationen und Handelsmustern existierten, um schließlich als eine Art Leitfaden für den Umgang mit internationaler Macht zu dienen.

Der amerikanische Ökonom Earl J. Hamilton untersuchte in seinem berühmten Essay »American treasure and the rise of capitalism« verschiedene Faktoren, die für die Phänomene des Aufstiegs von Nationalstaaten und des Protestantismus verantwortlich gewesen sein könnten. Er kam zu dem Schluss, dass die Entdeckung Amerikas und vor allem der amerikanischen Silbervorkommen die treibende Kraft hinter der Kapitalbildung in Europa war. »Keine andere Periode in der Geschichte wurde Zeuge eines proportional derart großen Anstiegs der Edelmetallproduktion wie desjenigen, der im Kielwasser der Eroberungen von Mexiko und Peru stattfand.«[57] Genau das war das konsolidierende letzte Element, das zum Aufstieg Europas beitrug. Der texanische Historiker Walter Prescott Webb griff dieses Argument in seinem Werk *The Great Frontier* (1953) auf und erweiterte es zu der Aussage, dass die Entdeckung Amerikas »das Verhältnis zwischen den drei Faktoren Population, Land und Kapital insofern entscheidend veränderte, als es die Grundbedingungen für einen Wirtschaftsboom schuf«.[58] Im Jahr 1500 lag die Bevölkerungsdichte in Europa ungefähr bei siebenundzwanzig Einwohnern pro Quadratmeile; die Entdeckung Amerikas erschloss weitere zwanzig Millionen Quadratmeilen, die jedoch erst um das Jahr 1900 endgültig besiedelt sein sollten. Ergo, schloss Webb, waren die Jahre 1500 bis 1900 insofern einzigartig in der Geschichte, als sie jene Periode darstellten, »in welcher das amerikanische Neuland der westlichen Kultur transformierend Gestalt verlieh«. Während Europäer erneut in die Städte zu strömen begannen, eröffnete das Neuland die Möglichkeit für eine gegenläufige Dynamik.[59]

Im Mittelalter war ein gewisses Maß an Stabilität des Münzgelds in der christlichen und islamischen Welt erreicht worden – die eine produzierte Silber, die andere Gold. Die Entdeckung Amerikas zerstörte dieses Gleichgewicht. Zwischen 1500 und 1650 wurden rund hundertachtzig Tonnen Gold und sechzehntausend Tonnen Silber nach Europa verschifft, was eine Inflation nach sich zog, die in Spanien begann und immer weitere Kreise zog. Die Kapitalbildung der an diesem neuen Unterfangen Beteiligten wurde gefördert, während eine *Verfünffachung* der Preise im 16. Jahrhundert soziale Unruhen und gesellschaftliche Umbrüche nach sich zog. Wieder einmal gab es Anlass zur Sorge über die »moralisch nachteiligen Folgen des Wohlstands«.[60] Der Historiker Garcilaso de la Vega war nur einer von vielen, die vom Nutzen dieses Zustroms an Edelmetallen rein gar nicht überzeugt waren. Zu Beginn des 17. Jahrhunderts schrieb er: »Diese Flut an Reichtümern richtete mehr Schaden an, als Gutes zu tun, da der Wohlstand üblicherweise eher das Laster als die Tugend fördert und seine Besitzer zu Stolz, Ehrgeiz, Völlerei und Wollust neigen. ... [Meine] Schlussfolgerung lautet daher, dass die Reichtümer aus dem Neuland recht besehen nicht die Anzahl solcher für das menschliche Leben nützlichen Dinge wie Nahrung und Kleidung erhöhten, sondern vielmehr einen Mangel daran bewirkten und den Verstand, die Körperkraft, die Bekleidungsgewohnheiten und die Sitten der Menschen verweichlichen ließen; mit dem, was sie einst besaßen, hatten sie selbst glücklicher gelebt und waren von der übrigen Welt mehr gefürchtet worden.«[61] Earl Hamilton lehnte diese Sichtweise rundweg ab. Er behauptete, dass sich der Kapitalismus im Wesentlichen nur konsolidieren konnte, weil es zwischen Preisanstieg und Lohnanstieg eine zeitliche Verzögerung gegeben hatte. Diese Debatte ist noch immer nicht abschließend beigelegt – es ist aber auch ein komplexes Thema, und die meisten Theorien haben noch Löcher. Aber es besteht wohl kein Zweifel, *dass* die Öffnung des amerikanischen Kontinents große Möglichkeiten für den Erwerb von gewaltigen Reichtümern offerierte und *dass* sich die sozialen Ungleichheiten in Europa durch die in dieser Zeit neu geschaffenen Vermögensunterschiede merklich verschärften.

Ein letzter Faktor war die Population. Der katastrophale Rückgang der indianischen Bevölkerung – teils wegen der Grausamkeiten der Spanier, teils wegen der eingeschleppten Krankheiten – schlug sich natürlich auch auf die zur Verfügung stehende Arbeitskraft nieder. Parallel zu diesem Verlust wanderten vermutlich rund zweihunderttausend Spanier im 16. Jahrhundert nach Amerika aus, und da es sich dabei sehr wahrscheinlich um überdurchschnittlich intelligente, begabte und energische Personen handelte, wirkte sich das vermutlich negativ auf die in Spanien verbliebene Bevölkerung aus (andererseits hat wohl ein Gutteil dieser Auswanderer den Familien in der alten Heimat Geld geschickt).

Welchen Einfluss die Entdeckung Amerikas insgesamt auf Europa und den Rest der Welt hatte, wurde noch immer nicht abschließend bewertet. Aber das wird vielleicht auch nie möglich sein, da es eine so grundlegende, weitreichende und »gewaltige Umwälzung« war, wie Montaigne schrieb. Doch es sollte nicht lange dauern, bis die Vernunft von Leuten wie Garcilaso obsiegte: »Es gibt nur eine Welt, und wenn wir von einer Alten und der Neuen Welt sprechen, dann bloß, weil Letztere jüngst von uns entdeckt wurde, aber nicht etwa, weil es zwei gäbe.«[62]

22

Die Geschichte verlagert sich in den Norden: Der geistige Einfluss des Protestantismus

»Peter und Paul lebten in großer Armut, doch die Päpste im 15. und 16. Jahrhundert lebten wie römische Kaiser.« In Frankreich besaß die katholische Kirche im Jahr 1502 parlamentarischen Schätzungen zufolge siebenundfünfzig Prozent des gesamten Landesvermögens. Zwanzig Jahre später kalkulierte der Reichstag von Nürnberg, dass der Kirche fünfzig Prozent allen Besitzes in Deutschland gehörten. Ein derart gewaltiger Reichtum brachte natürlich auch »Privilegien« mit sich. In England war es an der Tagesordnung, dass Priester den Frauen im Beichtstuhl das Angebot »Absolution gegen Sex« machten. William Manchester zitiert aus einer Statistik, die besagt, dass es sich im englischen Norfolk, Ripton und Lambeth bei dreiundzwanzig Prozent aller Männer, die wegen Sexualverbrechen gegen Frauen angeklagt waren, um Priester gehandelt hatte – dabei machten Priester nur knapp zwei Prozent der Bevölkerung aus. Der Abt von St. Albans war »des Ämterkaufs, Wuchers, Betrugs und ständigen öffentlichen Zusammenlebens mit Dirnen und Liebesdienerinnen innerhalb der Klostermauern« angeklagt. Doch am weitesten verbreitet war die Untugend des Verkaufs von Ablässen. Inzwischen war sogar eigens das Amt der *quaestiarii* eingerichtet worden: Ablassprediger, die mit dem Segen des Papstes den Ablasshandel betreiben durften. Bereits im Jahr 1450 hatte Thomas Gascoigne, der Kanzler der Universität Oxford, festgestellt, dass sich mittlerweile jeder Sünder die Einstellung zu Eigen machen konnte: »Was schert es mich, wie viele Sünden ich im Angesicht Gottes begehe, wenn mir der vollständige Erlass von Schuld und Sühne jederzeit durch die Absolution und den Ablass des Papstes gewährt wird und ich dieses Schriftstück für vier oder sechs Pence erwerben kann.« Gascoigne übertrieb: Anderen Berichten zufolge war der Ablass bereits für »zwei Pence, manchmal auch für einen Schluck Wein oder Bier..., sogar für das Anheuern einer Dirne oder für einen fleischlichen Liebesbeweis« zu erhalten. John Colet, Anfang des 16. Jahrhunderts der Dekan von St. Paul, war nicht der Einzige, der sich beklagte, weil das Verhalten der *quaestiarii* und die hinter ihnen stehende Hierarchie die Kirche derart entstellt hatten, dass sie nur noch »eine Geldmaschine« war.[1]

Die Krone wurde dem Ganzen im Jahr 1476 aufgesetzt, als Papst Sixtus IV. beschloss, auch Seelen im Fegefeuer Ablässe zu gewähren. Diese »himmlische Bauernfängerei« war, wie William Manchester schrieb, ein durchschlagender Erfolg. Nicht wenige Bauern hungerten sich und ihre Familien halb zu Tode, nur um einen Ablass für ein verstorbenes Familienmitglied erstehen zu können. Und viele Geistliche machten sich die Situation sofort auf zynischste Weise zunutze, darunter auch der Dominikanermönch Johann Tetzel, der einen regelrechten Wanderzirkus aufgebaut hatte. Er »zog eisern entschlossen von Dorf zu Dorf, den Korb mit Empfangsbescheinigungen gefüllt, ein riesiges, mit dem Papstbanner beflaggtes Kreuz vor sich hertragend. Sein Einzug in den Ort wurde vom Geläut der Kirchenglocken begleitet. ... Sobald Tetzel seinen Laden im Schiff der Ortskirche eröffnet hatte, begann er marktschreierisch auszurufen: ›Hier sind die Passierscheine..., welche der Seele die himmlischen Freuden im Paradies eröffnen.‹« Da waren die Gebühren doch wahrhaft spottbillig, erklärte er, vor allem wenn man sich die Alternative ausmalte. Er appellierte an das Gewissen der Zuhörer, auch ihrer verstorbenen Verwandten zu gedenken, die ohne Lossprechung von ihren Sünden ins Grab gesunken waren: »Sobald das Geld im Kasten klingt, die Seele in den Himmel springt!«[2] In seinen übelsten Zeiten bezeugte Tetzel den vertrauensseligen Menschen schriftlich, dass sogar ihre *beabsichtigten* oder künftigen Sünden vergeben würden.

Er ging einfach zu weit. Der Überlieferung nach soll es schließlich Tetzels grelles Marktgeschrei gewesen sein, das die Aufmerksamkeit des Mönchs Martin Luther auf sich zog, welcher gerade über die aristotelische Philosophie an der Wittenberger Universität las. Der Oxforder Kirchenhistoriker Diarmaid McCulloch stellte jüngst dar, welche Entwicklungen im Katholizismus die Bühne für Luther bereitet hatten, darunter beispielsweise, dass es bereits Anfang des 16. Jahrhunderts einen deutlichen Unterschied zwischen Bußpredigten in Nord- und Südeuropa gegeben habe: Im Norden warf der Priester das Schlaglicht auf die Gemeinde (den Büßer) selbst, im Süden legten die Sermone viel mehr Gewicht auf den Priester und auf seine Rolle als ein Gnadenvermittler durch Absolution. Dass die Gläubigen in Italien weit weniger unzufrieden mit dem Priesterstand waren als die Christen in nördlicheren Regionen, scheint etwas mit der sozialen Rolle zu tun gehabt zu haben, die dort die Oratorien spielten. Auch in der Schweiz und den angrenzenden Regionen war die Lage anders: Hier hatten sich inzwischen Landeskirchen zu gründen begonnen, weshalb sich eher die örtlichen Magistrate als die Priester für die Verbreitung der Kirchenlehre verantwortlich fühlten. Hinzu kam die merkliche Zunahme von Bibelausgaben. Sie standen nun jedem Christen zur Verfügung und trugen viel dazu bei, dass sich immer mehr Menschen in einen verinnerlichten Glauben zurückzogen. 1511 überzeugte der König von Frankreich eine Gruppe von Kardinälen, sich zu einem Konzil in Pisa zu versammeln, um über Kirchenreformen zu diskutieren; 1512 wurden die Werke von Origenes in lateinischer Sprache zugänglich, in denen er die These aufgestellt hatte, dass es nach traditionellem Verständnis nie einen Sündenfall gegeben habe und die göttliche Vorsehung einen jeden, sogar den Teufel selbst, erlösen und ins Paradies aufnehmen würde.[3] Es lag also deutlich Umbruch in der Luft.

Trotzdem sollte erst Luther den Funken auslösen, ein »stämmiger, munterer« Mann, dessen Vater im Kupferbergbau zu Wohlstand gekommen war und gehofft hatte, dass aus dem Sohn einmal ein guter Jurist würde. Doch dann hatte der Sohn im Jahr 1505 während eines schweren Gewitters ein mystisches Erlebnis und gelangte zu der Überzeugung, dass alles von Gott durchdrungen sei. Und damit änderte sich alles für ihn. Bis dahin war er seiner Gesinnung nach ein Humanist und Anhänger von Erasmus gewesen und hatte bereits mehrere klassische Texte übersetzt. Nach seinem Bekehrungserlebnis wandte er sich nach innen, ging der Gesellschaft von Humanisten aus dem Weg und widmete sich geradezu zwanghaft seiner innigen Frömmigkeit. Im Jahr 1510 – auf dem Höhepunkt der Renaissance, als Leonardo, Michelangelo und Raffael ihre Erfolge feierten – reiste er nach Rom. Es war ein Schock für ihn. Sicher, er bewunderte die malerischen und bildhauerischen Meisterwerke ebenso wie die großen religiösen Monumente der Stadt, doch das Verhalten der Priester und Kardinäle machte ihn schaudern, allem voran ihr zynischer Umgang mit der Liturgie, die Luther für den Grundstock all ihrer ungerechtfertigten Privilegien hielt.[4]

Im Jahr 1512 war Luther zurück in Wittenberg. Ein paar Jahre lang führte er ein zurückgezogenes Leben. Entsetzt von seinen Erlebnissen in Rom wandte er sich noch deutlicher von der humanistischen Weltlichkeit und dem aus seiner Sicht so verdorbenen Zynismus der katholischen Hierarchie ab und konzentrierte sich ganz auf die Bibel und die Schriften der Kirchenväter, vor allem auf die Werke des Augustinus. Mit bestürztem Misstrauen beobachtete er seine Umwelt jedoch auch weiterhin. Nach Meinung von Jacob Bronowski und Bruce Mazlish muss er in genau diesen Jahren »sowohl seine Ansichten als auch seinen Mut ausgebrütet haben«. Im Jahr 1517 konnte er schließlich nicht länger an sich halten: Am 31. Oktober, dem Tag vor Allerheiligen, schritt er zu der Tat, deren Echo sich über die ganze Welt ausbreiten sollte. Er nagelte fünfundneunzig Thesen an das Tor der Wittenberger Kirche, prangerte den Ablasshandel an und forderte einen jeden, der mutig genug war, zum Disput auf[5]: »Aus Liebe zur Wahrheit und in dem Bestreben, diese zu ergründen, soll in Wittenberg unter dem Vorsitz des ehrwürdigen Vaters Martin Luther, Magisters der freien Künste und der heiligen Theologie sowie deren ordentlicher Professor daselbst, über die folgenden Sätze disputiert werden...«

Luther attackierte jedoch nicht nur Tetzel oder den Vatikan, der hinter dem Mönch stand, er griff auch die *Theologie* an, die mit dem Ablasshandel ihren Ausdruck gefunden hatte: Ablässe gab es demnach dank des »unermesslichen Gnadenschatzes«, der sich durch die Verdienste Jesu und all die guten Taten der christlichen Heiligen nach ihm in der Welt angesammelt hatte. Mit dem Erwerb eines Ablasses gewährte die Kirche dem Sünder also einen Anteil von diesem Gnadenschatz. Die Idee, dass man mit Gnade wie mit Kartoffeln handeln könne, missfiel Luther ohnedies schon mächtig, aber vollends erzürnte ihn, dass der Ablasshandel durch die Befreiung von jeder Buße völlig verschleierte, dass *von der Sünde selbst* niemand befreit werden konnte. Aus seiner Sicht war der Ablasshandel also nicht nur eine theologisch fragwürdige, sondern auch eine zutiefst irreführende Angelegenheit. Und von dieser Überzeugung war es für ihn nicht weit zum nächsten Schritt, nämlich dem Rückgriff auf die Idee aus dem 12. Jahrhundert, dass nur »wahrhafte innere Reue« eine Vergebung der Sünden erwirken könne. Da konnten die Päpste noch so oft uneingeschränkte Vergebung gewähren, für Luther war die innere Reue die unerlässliche Grundbedingung. Und damit war der Weg zu seiner nächsten, noch bedeutenderen Überlegung fast schon vorgegeben: Wenn ein Ablass ohne Reue ungültig war, dann hatte der Sünder, der vollkommen bereute, auch ohne einen päpstlichen »Anteil« das Anrecht auf den »völligen Erlaß und die völlige Teilhabe«. Indem Luther den Sündenerlass somit ausschließlich vom Glauben und von der aufrichtigen Reue des Einzelnen abhängig machte, beseitigte er gleichzeitig die Notwendigkeit für die Sakramente *und* für die Hierarchie, die die Sakramente spendete.[6] Und damit war auch die Idee von der Fürbitte – die der katholischen Kirche ja Daseinszweck war – vom Tisch.

*

Das waren die einfachen theologischen Ideen, die der Reformation – oder »zufälligen Revolution«, wie Diarmaid MacCulloch sie nennt – zugrunde lagen.[7] Doch das nun folgende Geschehen hatte noch eine andere, eine politische Dimension. Viele Humanisten unterstützten Luther, als er den Missbrauch der Kirche anprangerte. Geistesgrößen wie Erasmus schlossen sich seinem Bemühen an, wieder wahre Frömmigkeit und christliche Tugenden in den Gottesdienst einzuführen, und unterstützten die Forderung, dass man sich nicht auf die Kirchenlehre oder scholastische Haarspaltereien verlassen durfte. Doch als dieselben wohlgesonnenen Männer dann mitbekamen, dass Luther die Grundfesten der Kirche erschüttern wollte und sogar die Exemplare verbrannt hatte, die er von den Schriften über das kanonische Recht und von päpstlichen Edikten besaß, zogen sie sich von ihm zurück. Und mit dieser Entscheidung tauchte erstmals ein nationalistisches Moment auf, das mindestens ebenso schwerwiegende Folgen haben sollte – die meisten Humanisten, die Luther nun die Gefolgschaft verweigerten, waren keine Deutschen gewesen.

Luther selbst nahm weder bei seinen Thesen noch in seinen Schriften ein Blatt vor den Mund und ließ nicht den geringsten Zweifel daran, dass er den Papst für wenig besser als einen Dieb und Mörder hielt. Von der deutschen Geistlichkeit forderte er, Rom abzuschwören und eine nationale Kirche ins Leben zu rufen, deren Oberhaupt der Mainzer Erzbischof sein sollte. Nachdem er schon genügend Mut aufgebracht hatte, die Stimme zu erheben, ließ er sich von seiner Phantasie nun in Regionen führen, die noch kein anderer vor ihm zu betreten gewagt hatte. Beispielsweise erklärte er, dass die Ehe gar kein Sakrament sei und eine Frau, deren Mann die ehelichen Pflichten nicht erfüllen könne, durchaus eine Doppelehe eingehen dürfe, um zu empfangen, und es ihr nicht angekreidet werden dürfe, wenn sie ihren Bankert dann als das Kind des Ehemanns ausgab. Eine Doppelehe war aus Luthers Sicht jedenfalls sinnvoller als eine Scheidung. Und was in seinen Augen nicht zum biblischen Kanon gehörte, das schloss er eben aus: In seine Bibelausgabe von 1534 fand kein Text Eingang, dem er misstraute (wie zum Beispiel 2. Makkabäer): solche Bücher wurden in die »Apokryphen« eingereiht.[8]

Man kann sich unschwer vorstellen, wie Erasmus – vom Vatikan ganz zu schweigen – auf solche Argumente reagierte. Doch es war ja nicht so, dass Luther allein auf weiter Flur gestanden hätte. Immerhin reichte die Geschichte der gegenseitigen Abneigung Deutschlands und des Papsttums schon bis zum Investiturstreit oder sogar bis in die Zeit der »Barbaren« zurück. Im Jahr 1508, noch vor Luthers Reise nach Rom, hatte der deutsche Reichstag dafür gestimmt, die Steuergelder, die das Papsttum auf den Ablasshandel erhob, nicht mehr aus Deutschland herauszulassen; im Jahr 1518 entschied der Reichstag von Augsburg, dass der wahre Feind des Christentums nicht mehr der Türke, sondern der römische »Höllenhund« sei. Theoretisch hätte Karl V., der Kaiser des Heiligen Römischen Reiches Deutscher Nation, hier eine Führungsrolle übernehmen müssen, doch der hatte seine eigenen Pläne, blickte starr gen Spanien, wo sich nach der Entdeckung Amerikas so viel neuer Reichtum angesammelt hatte, und verstand sich lieber als ein Katholik, der »Rom als Anker benutzte«. All das kam Luther zugute. Doch auch wenn seine Kritik gegen die universelle Kirche des Christentums gerichtet war, fand er es schließlich doch einfacher, nur für eine Reform in seinem Heimatland einzutreten. »Er wandte sich von der Reform einer Weltkirche ab und dem Aufbau einer deutschen Kirche zu.« Deutlich wurde das in seinem Traktat *An den christlichen Adel deutscher Nation. Von des christlichen Standes Besserung* (1520), das in einem beinahe schon revolutionären Ton gehalten war. Er warf dem geistlichen Stand »Erdichtung und Trug« vor und forderte den deutschen Adel auf, sich sofort die Ländereien aller unreformierten Kirchenmänner anzueignen. Und es herrschte gewiss kein Mangel an Rittern und Fürsten, die nur allzu gerne die Gelegenheit zu einem solchen Profit beim Schopf packten. So kam es, dass ein Trend, der sich zuerst in dem Willen zu einer Glaubensreform geäußert hatte, bald schon zu einem folgenreichen Kampf um die politische und wirtschaftliche Vormachtstellung im nationalen Kontext verschmolz.[9]

Im Zuge dieser »Nationalisierung« des Protestantismus wurden jedoch erste Anzeichen von Korruption in den eigenen Reihen wahrnehmbar. Das Luthertum in seiner ursprünglichen Ausprägung hatte behauptet, dass nur frei sein könne, wer niemals gegen sein eigenes Gewissen handele oder zu handeln gezwungen werde. Die Basis war vollständige Aufrichtigkeit, die nicht nur das geistige Rückgrat des Protestantismus, sondern auch des Humanismus und der gerade beginnenden naturwissenschaftlichen Revolution war. Doch Luther wandelte sich. Im Verlauf von alarmierend wenigen Jahren lernte er den Einsatz des »weltlichen Rechts und Schwerts« zum Wohle des Glaubens nicht nur zu akzeptieren, sondern sogar zu rechtfertigen.[10] In gewissem Sinne hatte er sich durch drei überlappende Ereignisse gezwungen gesehen, sich selbst davon zu überzeugen: durch den Ritterkrieg, den Bauernkrieg und das Erscheinen der Täufer.

Das erste dieser Ereignisse, der Ritterkrieg, flammte 1522 als direkte Folge von Luthers Aufforderung auf, Ländereien zu konfiszieren, die der Kirche gehörten. Doch der Versuch wurde vereitelt, und der einzige Erfolg dieses Krieges war eine weitere Anspannung der politischen Lage in Deutschland. Drei Jahre später erhoben sich die Bauern, die die Folgen der Inflation nach dem Import all des Silbers aus Amerika besonders hart zu spüren bekamen. Nachdem sie von den Rittern unerträglich unter Druck gesetzt worden waren, hatten sie die lutherische Lehre, dass das Wort Gottes alle Menschen als gleich offenbart, endlich auch auf sich bezogen. Unseligerweise wurde die Führung dieses Aufstands von Täufern übernommen (sie wurden so bezeichnet, weil sie die Kindstaufe mit der Begründung ablehnten, dass Kinder noch keinen wahren Glauben haben konnten, aber dieses Sakrament ohne wahren Glauben keine Gültigkeit haben könne). Doch von entscheidender Bedeutung war letztlich, dass sie auch die päpstliche Hierarchie grundlegend ablehnten und die andächtige Hinwendung zum Gotteswort forderten, das in der Heiligen Schrift offenbart wurde. Viele Täufer waren sogar noch um ein Vielfaches radikaler, etwa wenn sie erklärten, dass sie der Heiligen Schrift überhaupt nicht bedurften, da sie selbst in direktem Kontakt zum Heiligen Geist standen. Außerdem glaubten auch sie wieder einmal, dass die Wiederkunft Christi und die apokalyptische Erneuerung kurz bevorstehe. Der Soziologe Karl Mannheim stellte im 20. Jahrhundert die These auf, dass die Allianz des

»Chiliasmus« – der Heilserwartung oder der Lehre von der unmittelbaren Wiederkunft Christi – mit dem Bauernaufstand einen entscheidenden Wendepunkt in der neueren Geschichte dargestellt habe, da erst sie die Ära der sozialen Revolution einläuten konnte. In diesem historischen Moment habe eine Politik im modernen Sinn des Wortes begonnen – jedenfalls sofern man Politik als eine mehr oder weniger bewusste Teilhabe aller Gesellschaftsschichten an der Verfolgung eines weltlichen Zieles verstehe, im Gegensatz zu der fatalistischen Bereitschaft, die Dinge so zu nehmen, wie sie sind, oder eine Kontrolle von »oben« zu akzeptieren.[11]

Doch unabhängig davon, ob Mannheim hier Recht hatte oder nicht, muss betont werden, dass diese Reaktion nicht von Luther beabsichtigt war (man erinnere sich: »zufällige Revolution«!). Tatsächlich hatte er sich sogar expressis verbis auf die Seite der Fürsten geschlagen – gegen die Bauern. Aus seiner Sicht sollten Glaube und Politik nicht vermischt werden; er betrachtete es als die Pflicht eines jeden Christen, der jeweils legitimen Autorität zu gehorchen. Insbesondere galt für ihn, dass die Kirche dem Staat untertan sein musste. »Für Deutschland ergab sich aus dem lutherischen Denken also eine Teilung zwischen dem inneren Leben des Geistes, welcher frei war, und dem äußeren Leben des Menschen, welches einer unanfechtbaren Autorität unterjocht war. Dieser Dualismus aus Luthers Tagen hat im deutschen Denken überlebt.«[12]

Die Wahrheit ist, dass irgendetwas in Luthers Charakter nicht aufgeht. Ein Teil von ihm befürwortete Autorität, andererseits war es doch eindeutig so, dass das Luthertum selbst Autorität zerstörte, jedenfalls mit Sicherheit, soweit es den kirchlich organisierten Glauben betraf. Und da der Protestantismus den Menschen von religiöser Autorität befreite, löste er ihn auch von anderen Verpflichtungen. Die Entdeckung Amerikas und die wissenschaftliche Revolution, die simultan zu den Ereignissen um den Protestantismus stattfanden, boten Menschen, die jede Autorität ablehnten und ihrer Individualität freien Lauf lassen wollten, gleichsam eine perfekte Arena. Luther selbst war nicht besonders erbaut von dem wachsenden ökonomischen Individualismus, den er um sich herum entstehen sah – er deckte sich nicht sehr gut mit der von ihm so geschätzten Frömmigkeit. Doch letztlich war es unlogisch, dass er religiösen Individualismus ohne all die Begleiterscheinungen erwartete, denen er selbst den Boden bereitet hatte.[13]

*

Ein ganz anderer Mensch als Luther war Johannes Calvin. Er wurde eine Generation später, im Jahre 1509, unter dem Namen Jean Chauviner oder Cauvin als Kind einer gutbürgerlichen Familie aus Noyon in der Picardie geboren und war für eine Kirchenkarriere ausersehen worden, wechselte dann jedoch von der Theologie zu den Rechtswissenschaften. Sein Vater hatte ihn auf das Collège de Montaigu nach Paris geschickt, wo auch Erasmus und Rabelais Theologie studierten. Erst später erlebte der dunkelhaarige, blasse Calvin mit dem »verwegenen« Naturell eine »plötzliche Bekehrung« zum Protestantismus. Doch letztlich war er darauf gewissermaßen schon getrimmt worden: Sein Vater war von der Kirche exkommuniziert worden, und er hatte sich einer See von Plagen ausgesetzt gesehen, als er ihm ein christliches Begräbnis verschaffen wollte. Die katholische Kirche hatte ihn schlicht verbittert.[14]

Nachdem er der römischen Kirche also den Rücken gekehrt hatte, verließ Calvin Frankreich, um mit nicht einmal dreißig Jahren den ersten Entwurf seiner *Institutio Christianae Religionis (Unterweisung in christlicher Religion)* fertig zu stellen, »den bedeutendsten und erhellendsten Text der Reformation«. Während Luthers Schriften emotionale Tiraden waren, Ausbrüche seiner angestauten Gefühle, begann Calvin ein straff durchdachtes, logisch strukturiertes, moralisches, politisches und dogmatisches System zu errichten. Seine Schrift, die auf nur sechs Kapitel angelegt war, wuchs bis Ende der fünfziger Jahre des 16. Jahrhunderts auf achtzig Kapitel an.[15] Im Kern ihrer Lehre stand die Erkenntnis, dass der Mensch ein hilfloses Wesen im Angesicht eines allmächtigen Gottes war. Calvin führte die Argumente Luthers zu ihrem logischen, ja geradezu fanatischen Schluss. Der Mensch, schrieb er, könne nichts tun, um sein Schicksal zu ändern, da er von vornherein ausersehen sei, erlöst zu werden oder in der Hölle zu schmoren. Das klingt nicht gerade optimistisch, doch der Kniff bei Calvins Lehre war, dass niemand wirklich wusste, ob er zu denen gehörte, die zur Erlösung bestimmt waren. Zwar erklärt er, dass die »Auserwählten« – wie er die zur Erlösung Bestimmten nannte – an ihrem beispielhaften Verhalten hienieden kenntlich seien, doch wirklich sicher konnte man sich da nie sein. In gewisser Weise war das religiöser Terror.

Zufälligerweise hatten sich die Genfer Bürger gerade gegen ihren katholischen Bischof aufgelehnt. Das dadurch entstandene Chaos sollte nun sowohl der Person Calvin als auch seiner Sicht in die Hand spielen, dass der Staat der Kirche untergeordnet sein müsse und Gehorsam gegenüber Gott vor dem Gehorsam gegenüber dem Staat komme (es war eine Neuauflage des Investiturstreits in anderem Gewand). Als der Antikatholizismus in Genf mit dem Bildersturm seinen fiebrigen Höhepunkt erreichte, wurde Calvin – der ehrenwerte Verfasser der *Institutio* – gebeten, die Stadt zu einem Leitbild im biblischen Sinne zu machen. Gleich nach seiner Ankunft wurde er »Lektor der Heiligen Schrift an der Genfer Kirche«. Genau genommen war er zwar nie mehr als ein Pastor, aber das wäre so, als wollte man sagen, dass Nero nie mehr als ein Kithara-Spieler gewesen sei. Jedenfalls nahm Calvin die Einladung nur unter der Bedingung an, dass sich Genf seinen Idealen anpassen würde. Diese sicherte er nun mit immer mehr Regeln ab, die er schließlich in seinen *Ordonnances ecclésiastiques* und den *Ordonnances sur le régime du peuple* öffentlich machte. Von da an lebten die Genfer nach den Wünschen Calvins. Einmal im Jahr wurde jeder Haushalt von einem Pastor aufgesucht, der überprüfte, ob die Familie dem Glauben getreu lebte; wer sich dagegen verwahrte, wurde aus der Stadt vertrieben, in Haft genommen oder schlimmstenfalls sogar hingerichtet.[16]

Die Essenz des Calvinismus war eine erzwungene Durchsetzung von Sittlichkeit – und erzwungen wurde sie mit Nachdruck –, während an der von Calvin gegründeten Genfer Universität zugleich seine protestantische Lehre weiterentwickelt wurde. Daneben baute er ein im Wesentlichen von zwei Pfeilern – dem Predigtamt und dem Konsistorium – getragenes politisches System auf. Das Predigtamt sollte ein »Heer« von Pastoren hervorbringen (wie man in diesem Fall wirklich schon sagen muss), die sich nach Calvins Programm zu richten hatten und mit ihrer Lebensweise ein Beispiel geben mussten. Die Aufgabe des Konsistoriums war die Überwachung der Moral. Es bestand aus einem achtzehnköpfigen Rat – sechs Pastoren und zwölf Älteste –, der über die Macht der Exkommunikation verfügte und jeden Donnerstag zusammentrat. Er war es, der für das Terrorregime – Daniel Boorstin nannte es das Regime der biblischen Moral – in Genf verantwortlich zeichnete. Und in Genf wurde denn auch jene Lebensweise begründet, welche zu einem so vertrauten Bild werden sollte: früh aufstehen, hart arbeiten und immer um ein gutes Beispiel bemüht sein. »Es war der Versuch, einen neuen Menschen zu erschaffen. ... Die Kirche war nicht einfach nur eine Institution für den Gottesdienst, sondern hatte den Auftrag, den Menschen für den Dienst an Gott geeignet zu machen.« Es war dieses Regime, das der »puritanischen« Bewegung ihren Namen geben sollte.[17]

Die sozialen und geistigen Veränderungen, die im Luthertum und Calvinismus unausgesprochen enthalten waren, waren jedoch strukturierter, nuancierter als das Ausgesprochene. Als biblische Fundamentalisten fühlten sich Protestanten zum Beispiel nicht sehr wohl angesichts der neuen wissenschaftlichen Erkenntnisse, von denen im nächsten Kapitel die Rede sein wird; philosophisch betrachtet hatten sich diese Erkenntnisse andererseits aus den Beobachtungen von Individuen ergeben, die sich nur dem eigenen Gewissen verpflichtet fühlten, und das war etwas, was Protestanten als unterstützenswert gelten musste. Nicht weniger relevant war, dass sich die neuen Pastoren nicht mehr als Fürbitter verstanden, die den Zugang zu Gott durch die Sakramente kontrollierten, sondern als »Erste unter Gleichen«, die eine *gebildete* Gemeinde führten, welche eigenständig die Bibel in der jeweiligen Landessprache las. Die Betonung in den calvinistischen Schulen lag auf Chancengleichheit. Niemand konnte voraussehen, wohin das führen würde.[18]

Auch ökonomisch blickte Calvin eher nach vorn als zurück (und damit gewissermaßen auch von der Bibel weg). Die traditionelle Sicht, dass der Mensch keiner Sache bedurfte, die über den notwendigen Lebensunterhalt hinausging, fand er überholt. Diese mittelalterliche Weltanschauung »hatte den Makler als einen Parasiten und den Geldverleiher als Dieb stigmatisiert«. Calvin war zwar jede prahlerische Zurschaustellung von Reichtum zuwider, aber er konzedierte doch, dass die *Akkumulation* von Wohlstand sehr nützlich sein konnte, sofern man richtig mit ihm umging. So stimmte er beispielsweise zu, dass ein Händler geborgtes Kapital verzinsen muss, weil somit jedem Beteiligten ein Profit garantiert war. Zu Beginn des 20. Jahrhunderts sollte der deutsche Soziologe Max Weber mit seinem Werk *Die protestantische Ethik und der Geist des Kapitalismus* eine lebhafte Kontroverse auslösen, weil er darin die These aufstellte, dass die evolutionären Bedingungen für den Kapitalismus zwar in vielen historischen Stadien gegeben waren, sich aber erst nach dem Auftauchen des Protestantismus und seinen Vorstellungen von der »Berufung« und von der »innerweltlichen Askese« eine rationale ökonomische Ethik entwickeln konnte. Richard H. Tawney sollte den Calvinismus in seiner späteren Studie *Religion and the Rise of Capitalism* als eine sogar noch günstigere Ausgangsbedingung für den Kapitalismus als das Luthertum darstellen.[19]

*

Auf noch direktere Weise trug die Reformation zum Entstehen der modernen Politik bei, da sie auch dem modernen Staat zum Aufstieg verhalf. Die Erfolge der lutherischen Argumentation hatten nicht nur die universalistischen Ambitionen der katholischen Hierarchie zerstört, sondern die Religion (außerhalb von Genf) auch dem Staat untertan gemacht, indem der Klerus auf die Rolle von Wächtern reduziert wurde, die ausschließlich für das »Innenleben« der Gläubigen zuständig waren. Der Religionskrieg, der sich zwischen Deutschland und Frankreich anbahnte und dann im Zuge des Dreißigjährigen Krieges den ganzen Kontinent erfassen sollte, trug zur Gestaltung eines Europa aus unabhängigen souveränen Nationalstaaten bei. Territoriale Nationalstaaten und unternehmerische Mittelschichten sind die beiden wichtigsten Elemente der neuzeitlichen Geschichte. Luther hatte das nie beabsichtigt, aber der Protestantismus war tatsächlich der entscheidende Anlass für die Machtverlagerung gewesen, die zwischen dem 16. und dem 17. Jahrhundert von den Mittelmeeranrainern auf die Länder nördlich der Alpen stattfand.

*

Die römischen Kirchenbehörden leisteten sich eine fatale Fehleinschätzung des Geschehens im Norden. Deutschland hatte den Päpsten zwar schon seit Jahrhunderten Probleme bereitet, den Schoß der Kirche aber nie verlassen. Das erklärt vielleicht, weshalb aus Rom auch nie eine rasche, vernichtende Reaktion kam und warum Papst Leo X. den reformatorischen Aufruhr für reines »Mönchsgezänk« hielt. Wie auch immer – jedenfalls war es für eine derart korrupte Organisation kaum möglich, sich aus sich selbst heraus zu verändern. Innerhalb der Hierarchie gab es nur eine einzige hochrangige Figur, die sich der Gefahren bewusst war: den Utrechter Kardinal Boeyens, der 1522 als Hadrian VI. zum einzigen holländischen Papst der Geschichte wurde und in seiner ersten Ansprache vor dem Kardinalskollegium freimütig eingestand, dass die Verkommenheit in der Kirche derart um sich gegriffen habe und ein jeder so »von Sünde durchdrungen« sei, dass er nicht einmal mehr »den Gestank der eigenen Laster« riechen könne.[20] Hätte Hadrian gekonnt, wie er wollte, dann hätte er den Stall wohl von oben bis unten ausgemistet; doch er war von Italienern umgeben, die ihre eigenen Interessen verfolgten und jeden seiner Ansätze im Keim erstickten. Allerdings brauchten sie sich seiner nicht lange zu erwehren – Hadrian starb nach nur einem Jahr im Amt. Sein Nachfolger Giulio de' Medici (Clemens VII., 1523–1534) war der schwache Vertreter eines bis dahin starken Hauses, was sich als eine fatale Kombination erweisen sollte. Während Luther seine Reformen in Deutschland weiter vorantrieb, spielte Clemens ein gewagtes diplomatisches Spiel auf dem Weltparkett (oder auf der Bühne, die man damals für die Welt hielt). Er versuchte sich und dem Papsttum mehr Ansehen zu verschaffen, indem er den König von Frankreich gegen den Kaiser des Heiligen Römischen Reiches (Karl V.) ausspielte, der sich gerade in Spanien eingerichtet hatte. Clemens unterzeichnete mit beiden Herrschern Geheimverträge, was sie jedoch herausbekamen und was ihm das gesunde Misstrauen beider einbrachte. Noch katastrophaler aber wirkten sich die Fehleinschätzungen des Papstes auf Italien aus, das im Vergleich zu Frankreich und Spanien schwach war und nun zum Schlachtfeld werden sollte. Raubtieraugen richteten sich auf Rom.[21]

Tatsächlich sollte die erste Attacke jedoch nicht von Spanien oder Frankreich geritten werden, sondern von einem der traditionellen Feinde der römischen Kirche, der Familie Colonna. Im Jahr 1526 holte Pompeo Colonna – selbst Kardinal – zum Schlag gegen den Vatikan aus. Mehrere Gefolgsleute des Medici-Papstes wurden umgebracht, Clemens selbst konnte sich durch einen Geheimgang, der in weiser Voraussicht für genau solche Zwecke gebaut worden war, in Sicherheit bringen. Die beiden Familien sollten ihren Kleinkrieg zwar wieder beilegen, doch die Schwäche Roms war durch dieses Scharmützel nur noch deutlicher geworden. Die wirkliche Falle schnappte zwölf Monate später zu. Die Truppen, die nun in Rom einmarschierten, gehörten zwar nominell dem Heer Karls V. an, waren in Wirklichkeit aber aufrührerisch gestimmte Landsknechte, die keinen Sold erhielten, obwohl sie das Heer der französischen Krone aufgemischt hatten und primär aus deutschen (protestantischen) Landen in Mitteleuropa stammten. Und da diese Landsknechte deshalb mindestens so sehr an Kriegsbeute wie am Glauben interessiert waren, marschierten sie begeistert in die Kapitale des Westchristentums ein.[22]

Der *sacco di Roma* begann am 6. Mai 1527 und war eine wahrhaft grausame Angelegenheit. Wer sich den germanischen Söldnern in den Weg stellte, wurde umgebracht; Villen und Paläste wurden, wenn nicht gleich abgefackelt, dann zumindest geplündert. Der Papst, die Mehrheit der in Rom residierenden Kardinäle und die vatikanische Verwaltung flohen in die Sicherheit der Engelsburg; ein Kardinal musste eigens noch in einem Korb über die Festungsmauer gehievt werden, weil die Tore bereits verschlossen worden waren. Was die Bevölkerung betraf, so wurden »Frauen jeden Alters auf den Straßen vergewaltigt, Nonnen zusammengetrieben und in Bordelle verschleppt, Priester geschändet und Bürger massakriert. Nach der ersten einwöchigen Zerstörungsorgie trieben zweitausend Leichen im Tiber, fast zehntausend weitere harrten ihrer Verscharrung, Tausende mehr lagen verstümmelt, von Ratten angenagt und von Hunden angefressen auf den Straßen herum.«[23] Rund vier Millionen Dukaten Lösegeld wechselten den Besitzer. Wer genügend Mittel besaß, der kam frei, alle anderen wurden getötet. Grabmäler wurden aufgebrochen, die Knochen von Heiligen den Hunden vorgeworfen, Reliquien ihrer Juwelen beraubt, Archive und Bibliotheken niedergebrannt (abgesehen von dem Papier, das man als Streu für die provisorischen Pferdeställe im Vatikan benutzte). Die Plünderungen und Brandschatzungen endeten erst nach acht Monaten, als die Lebensmittelvorräte aufgebraucht, niemand mehr übrig war, dem man Lösegeld hätte abfordern können, und die Pest um sich zu greifen begann.[24]

Der unmittelbare Auslöser für die Plünderung Roms mag zwar die finanzielle Unbedachtheit von Karl V. gegenüber seinen Truppen gewesen sein, doch es kursierten noch eine Menge anderer Theorien im Europa dieser Tage. Die Vorstellung von einer göttlichen Vergeltung rangierte an erster Stelle. Sogar ein hochrangiger Offizier der kaiserlichen Armee war »wie jedermann« überzeugt, dass es sich angesichts der gewaltigen Tyrannei und des Chaos am päpstlichen Hof nur um einen göttlichen Urteilsspruch gehandelt haben konnte. Andererseits wurde das barbarische Verhalten der deutschen Landsknechte in Rom natürlich auch als »das wahre Gesicht der protestantischen Ketzerei« gesehen. Als Rom endlich erwachte und sich der Gefahr stellte, war das katholische Herz verhärtet: Brutalität wurde mit Brutalität vergolten, Intoleranz mit Intoleranz – »wenigstens das erwartete der Gott der Katholiken«.[25]

Die große Ironie war nur, dass die Deformationen der katholischen

Kirche, die so viele fromme Menschen vom Glauben ihrer Vorfahren hatten abfallen lassen, unverändert waren. Hochrangige katholische Kirchenmänner führten das gleiche verschwenderische und liederliche Leben wie zuvor, Bischöfe vernachlässigten noch immer ihre Diözesen, und im Vatikan war Nepotismus so üblich wie eh und je. Die Päpste der Zeit weigerten sich ganz einfach hinzusehen und schworen die Kirche lieber auf die tyrannische Unterdrückung jedes Dissenses ein. Ein ganzer Wald von Bäumen wurde für das Papier gefällt, das für all die Bullen nötig war, die den Protestantismus nun in all seinen Aspekten missbilligten. William Manchester schreibt: »Jede Abweichung vom katholischen Glauben wurde rigoros von einer leitenden Kommission aus sechs Kardinälen unterdrückt, Intellektuelle wurden genauesten Überprüfungen unterzogen. ...Der Erzbischof von Toledo wurde zu siebzehn Jahren Kerker verurteilt, weil er offen Bewunderung für Erasmus geäußert hatte.« In Frankreich galt bereits der Besitz von protestantischer Literatur als Kapitalverbrechen, und auf jeden, der ketzerische Ideen verbreitete, wartete der Scheiterhaufen. Die Denunziation von Ketzern konnte hingegen sehr lukrativ sein: Der Informant erhielt ein Drittel des Besitzes der Person, die von der *chambre ardente*, der Brandkammer, verurteilt worden war.[26]

*

Die Zensur von Büchern erwies sich als der nächste notwendige Schritt, wenn man Abweichungen unterdrücken wollte. Gedruckte Bücher waren Mitte des 16. Jahrhunderts zwar noch eine Novität gewesen, aber Rom war sich bereits sehr bewusst, dass Druckwerke die beste Möglichkeit darstellten, um aufrührerische und ketzerische Gedanken zu verbreiten. Um das Jahr 1540 stellte die Kirche eine Liste von Büchern vor, deren Lektüre oder Besitz verboten waren. Anfänglich wurde es noch den lokalen Behörden überlassen, sich auf die Suche nach solch unerhörten Werken zu machen, um sie zu vernichten und ihre Besitzer zu bestrafen. Doch 1559 veröffentlichte Papst Paul IV. höchstselbst die erste Liste von verbotenen Büchern, den so genannten *Index Expurgatorius*, der nun für die gesamte Kirche bindend wurde, weil, wie der Papst meinte, die Seele eines jeden Christen verdammt war, der eines dieser Bücher las.[27] Alle Werke von Erasmus standen auf der Liste (Bücher, die frühere Päpste mit Vergnügen gelesen hatten), ebenso der Qur'an, Kopernikus' *De revolutionibus orbium coelestium (Über die Kreisbewegungen der Weltkörper)*, das bis 1758 auf dem Index blieb, und auch Galileos *Dialogo di Galileo Galilei sopra i due Massimi Sistemi del Mondo Tolemaico e Copernicano (Dialog über die beiden hauptsächlichsten Weltsysteme, das ptolemäische und das kopernikanische)*, das bis 1822 verboten war. Der Tridentinische Index von 1565 setzte die Liste von Papst Paul fort. Damit waren fast drei Viertel aller in Europa veröffentlichten Bücher verboten. Im Jahr 1571 wurde eine Index-

Kongregation ins Leben gerufen, welche die Aufgabe hatte, die Einhaltung des Verbots aller indizierten Werke zu überwachen und die Liste laufend auf den neuesten Stand zu bringen. Das kanonische Recht forderte neben dem Namen des Zensors nun auch das *imprimatur* (den Vermerk »es werde gedruckt«) in jedem genehmigten Buch; gelegentlich wurde er durch den Aufdruck *nihil obstat* (»es steht nichts entgegen«) ersetzt.[28] Auf dem Index standen nicht nur wissenschaftliche, sondern auch so brillante künstlerische Werke wie Rabelais' *Gargantua* und *Pantagruel*.

Doch nicht alle Christen nahmen den Index einfach klaglos hin. Autoren zogen in andere Städte, um dem Zensor zu entgehen, so wie Jean Crespin, der aus Frankreich nach Genf floh, um dort seinen maßgeblichen Bericht über die Hugenottenmärtyrer zu schreiben. Sogar in katholischen Ländern war der Index unpopulär. Der Grund war schlicht und einfach der Kommerz – die neue Technik des Buchdrucks hatte auch ganz neue unternehmerische Möglichkeiten eröffnet. Herzog Cosimo de' Medici rechnete sich in Florenz zum Beispiel aus, dass er über hunderttausend Dukaten Verlust machen würde, wenn er den Anweisungen der Kirche Folge leistete. Seine Reaktion war typisch: Er organisierte eine symbolische Bücherverbrennung, bei der er Bücher über Zauberei, Astrologie und so weiter entsorgen ließ – Werke also, die eindeutig auf dem Index standen, aber von keinem großen kommerziellen Wert waren. Sogar lokale Vertreter der Index-Kongregation zeigten sich häufig für Argumente offen, beispielsweise wenn sie zustimmten, dass Medizinbücher jüdischer Autoren verschont bleiben sollten, weil sie ganz einfach gebraucht wurden, wenn man wissenschaftlich vorankommen wollte. So kam es, dass man in Florenz und auch anderenorts, zum Beispiel in Frankreich, durch Verzögerungstaktiken oder mit Hilfe der Entscheidungen von lokalen Zensurbehörden immer wieder Bücher vom Index ausnehmen, einen Großteil des Regelwerks umgehen und verbotene Bücher weiterhin mehr oder weniger offen in Umlauf bringen konnte. Protestantische Buchdrucker begannen sich schnell auf indizierte Titel zu spezialisieren (die die Leser nur noch neugieriger machten), um sie in katholische Länder einzuschmuggeln. »Priester, Mönche, sogar Prälaten wetteiferten um den Erwerb eines Exemplars von [Galileos] *Dialogo* auf dem Schwarzmarkt«, berichtete ein Beobachter. »Der Schwarzmarktpreis des Buches ist in ganz Italien von einem halben Scudo auf vier bis sechs Scudi gestiegen.«[29]

*

Die reaktionäre Haltung der katholischen Kirche gegenüber den Ideen von Luther und Calvin wurde später unter dem Begriff der »Gegenreformation« oder »katholischen Restauration« zusammengefasst. Die römische Inquisition und der Index waren zwei frühe – und sehr dauerhafte – Aspekte dieser Schlacht um Ideen, doch bei weitem nicht die einzigen.

Auch vier andere sollten eine nachhaltige Wirkung auf die Gestaltung unserer Welt haben.

Das erste Ereignis und seine Folgen spielten sich in England ab: die Tyndale-Affäre. William Tyndale war ein englischer Humanist, der (wie seine Kollegen) die Thronbesteigung von Heinrich VIII. begrüßt und sich in seinen Hoffnungen prompt bestärkt gefühlt hatte, als Heinrich Erasmus die Einladung nach Rom schickte, sich in England niederzulassen. Doch es stellte sich heraus, dass sich alle geirrt hatten. Kaum war Erasmus eingetroffen, verlor Heinrich das Interesse an ihm; und zumindest anfänglich schien es, als würde der König nun immer katholischer. Häretiker hatten wenig Milde in seinem England zu erwarten.

Vor diesem für einen Humanisten sehr spannungsreichen Hintergrund entschied sich William Tyndale, die Bibel ins Englische zu übersetzen. Die Idee hatte er bereits als Student in Oxford und Cambridge gehabt, und kaum war er im Jahr 1521 zum Priester geweiht worden, machte er sich an die Arbeit. »Wenn Gott mir gnädig ist«, sagte er zu einem Freund, »werde ich dafür sorgen, dass der Knabe hinter dem Pflug schon in wenigen Jahren mehr über die Heilige Schrift weiß als du.«[30] Übersetzungen sind heutzutage eine für den Übersetzer üblicherweise so ungefährliche Angelegenheit, dass wir kaum nachvollziehen können, welche Ungeheuerlichkeit Tyndales Vorhaben darstellte. Die ernüchternde Tatsache war, dass die Kirche keinerlei Interesse daran hatte, dem Neuen Testament eine große Leserschaft zu bescheren. Tatsächlich war der Vatikan sogar höchst aktiv bemüht, es zu verhindern: Der Zugang zur Bibel war dem Klerus vorbehalten, der die Botschaft für die Gläubigen dann so *auslegte*, wie es sich mit den Interessen Roms deckte.[31] Unter diesen Voraussetzungen konnte eine umgangssprachliche Übersetzung des Neuen Testaments sehr wohl gefährlich sein.

Den ersten Hinweis auf anstehende Probleme bekam Tyndale, als er in England keinen Drucker fand, der bereit war, sein Manuskript zu setzen; er musste deshalb den Kanal überqueren. Schließlich fand er einen Buchdrucker im katholischen Köln, doch im letzten Moment, als der Text bereits gesetzt war, erfuhr ein örtlicher Dekan von dem Vorhaben und wandte sich an die Kirchenoberen. Prompt wurde die Veröffentlichung verhindert. Tyndale war klar, dass er nun um sein Leben fürchten musste, und er floh eilends aus der Stadt. Die Deutschen setzten sich mit Kardinal Wolsey in England in Verbindung, dieser informierte König Heinrich, welcher Tyndale daraufhin sofort für vogelfrei erklärte, Wachposten in allen englischen Häfen aufstellen ließ und die Order gab, ihn auf der Stelle zu verhaften. Doch Tyndale hatte viel zu viel Herzblut in sein Lebenswerk einfließen lassen, um jetzt klein beizugeben. 1525 fand er im protestantischen Worms den Drucker Peter Schöffer, der sich einverstanden erklärte, die Handschrift zu veröffentlichen. Sechstausend Exemplare – eine gewaltige Auflage für diese Zeit – wurden nach England verschifft. Der gesuchte Tyndale selbst sollte es allerdings jahrelang nicht wagen, sich irgendwo längere Zeit aufzuhalten; erst 1529 fühlte er sich sicher genug, um sich dauerhaft in Antwerpen niederzulassen. Das war ein großer Fehler. Die Engländer erfuhren von seiner Anwesenheit und betrieben auf persönliche Anweisung des Königs seine Verhaftung. Ein Jahr lang saß Tyndale im Schloss Vilvorde bei Brüssel ein, bis man ihm schließlich den Prozess machte, ihn der Ketzerei für schuldig befand, öffentlich erdrosselte und seine sterblichen Überreste verbrannte, um ganz sicherzugehen, dass es kein Märtyrergrab geben würde.[32]

Doch Tyndales Bibel lebte weiter. Es war eine gute englische Übersetzung, die auch der 1611 erstellten King-James-Version zugrunde gelegt werden sollte, selbst wenn Thomas More sie als fehlerhaft und irreführend abtat. Sie wurde derart populär, dass jedes nach England geschmuggelte Exemplar von Hand zu Hand weitergereicht wurde und von protestantischen Gesinnungsgenossen tief im englischen Hinterland sogar nach Art von öffentlichen Bibliotheken verliehen wurde. Die katholische Hierarchie in England tat, was sie konnte, um diese Praxis zu unterbinden: Der Bischof von London zum Beispiel kaufte alle Exemplare auf, deren er habhaft werden konnte, um sie dann vor St. Paul's zu verbrennen.[33]

Rom war Heinrich dankbar für seinen Einsatz und zeigte sich erkenntlich. Frühere Päpste hatten den Herrschern von Spanien und Frankreich kirchliche Ehrentitel verliehen (»Katholische Könige« für Spanien, »Allerchristlichste Könige« für Frankreich), nun erfand Papst Leo für Heinrich den Titel *Defensor fidei* (»Verteidiger des Glaubens«). Man darf wohl sagen, dass niemals mehr Ironie in zwei kleinen Worten enthalten war.

*

Inquisition und Index waren natürlich die beiden negativsten Reaktionen der katholischen Kirche. Verkörpert wurde die dahinterstehende Einstellung von Paul III., der beide Furcht erregenden Instrumentarien ins Leben gerufen hatte. In Spanien wurde man lange Zeit allein schon wegen des Besitzes eines indizierten Buches mit dem Tode bestraft. (Noch bis zum Jahr 1959 wurde der Index laufend auf den neuesten Stand gebracht, abschaffen sollte ihn erst Papst Paul VI. im Jahr 1966.) Paul IV. war nicht weniger kompromisslos. Er war der erste Generalinquisitor gewesen und hatte, kaum Papst geworden, den Statuen aus der berühmten vatikanischen Antikensammlung Feigenblätter verpassen lassen. Dem Maler Daniele da Volterra erteilte er die Order, alle Figuren aus Michelangelos Jüngstem Gericht, »welche besonders markante nackte Körperteile« zur Schau stellten, züchtig zu bedecken.[34] Pius V. war nicht viel anders. Bamber Gascoigne schreibt: »Calvin wurde der Papst von Genf genannt, Pius erwies sich zweifellos als der Calvin von Rom.« Er war ebenfalls Großinquisitor gewesen. Und er wollte nun zum Beispiel auch den Ehebruch zu einem Schwerverbrechen erklären sowie mit aller Macht die Prostituierten von den Straßen Roms vertreiben. Beides misslang, doch für Pius war das bestenfalls der Beweis, dass solche Negativmaßnahmen nicht ausreichten. Jedenfalls tat er viel dafür, dass die Entscheidungen des Konzils von Trient, das mit Unterbrechungen zwischen 1545 und 1563 stattfand, auch umgesetzt wurden.

Neben dem Konzil von Nicäa und dem Vierten Laterankonzil war das von Trient das wichtigste Konzil der Kirchengeschichte. Anfangs hatten noch viele Katholiken gehofft, dass es versuchen würde Fragen zu klären, bei denen sich ein Kompromiss mit den Protestanten finden ließ, doch da sollten sie enttäuscht werden. Die Konzilsverantwortlichen lehnten die protestantische Theologie rundweg ab und machten damit jede Hoffnung zunichte, dass allen Christen bei der Messe die Eucharistie gespendet werden könne und alle die Liturgie in der eigenen Sprache hören dürften. Allein schon die Daten dieses Konzils sind entlarvend: Es hatte rund zwanzig Jahre gedauert, bis es überhaupt zusammentrat – eine Verzögerung, die beweist, welche widersprüchlichen Kräfte innerhalb der Hierarchie am Werk waren oder dass sich noch bei weitem nicht alle Fürsten definitiv entschieden hatten, auf welcher Seite sie standen, oder dass es zwischen 1541 und 1542 tatsächlich noch Grund zur Hoffnung auf eine Einigung gegeben hatte. Hinzu kam, dass Rom instinktiv misstrauisch gegenüber Konzilen war, da sie sich im 15. Jahrhundert ja allesamt als Plattformen für die Gegner der päpstlichen Zentralisierungsversuche erwiesen hatten. Wir werden also nie erfahren, ob die von den Protestanten entzündete Flamme noch einmal hätte gelöscht werden können, wenn die Kirche schneller reagiert hätte. Als das Konzil schließlich seine Beratungen begann, konnte jedenfalls zumindest Luther nicht mehr im Fokus der Kritik stehen: Er starb 1546, wenige Monate nachdem das Konzil in Gang gekommen war.

Die anfängliche Zusammensetzung des Konzils war wenig beeindruckend: Nur vier Kardinäle, vier Erzbischöfe, einundzwanzig Bischöfe, fünf Äbte sowie einige Theologen und Kirchenrechtsexperten waren anwesend. Punkt eins auf der Tagesordnung war der Lebensstil der Kardinäle und Bischöfe während des Konzils: Es wurde der Beschluss gefasst, dass er »schlicht, fromm und nüchtern« sein sollte. Erst im Jahr darauf, als sich die Teilnehmerzahl bereits verdoppelt hatte, begann sich das Konzil auf die eigentlich anstehenden Fragen zu konzentrieren. Aber bereits die allererste Entscheidung war ein frontaler Angriff gegen die Protestanten: Das Konzil beschloss, den »Traditionen« der katholischen Kirche – den Kommentaren der Kirchenväter – *die gleiche* Autorität wie der Heiligen Schrift zuzubilligen. Man hätte keinen kompromissloseren Schritt machen können, denn damit schrieb das Konzil den katholischen Kirchentraditionen eine göttliche Urheberschaft zu und stellte sie auf gleiche Stufe wie die Heilige Schrift. Doch die eigentliche Schlacht ging, wie zu erwarten war, um die Vorstellung der Rechtfertigung »allein aus Glaube, allein aus Gnade«. Luthers revolutionärer Idee zufolge brauchte ein Sünder nichts anderes zu tun, als wahrhaftig an Christus zu *glauben*, um erlöst zu werden. Das Konzil bestätigte nun, dass dies nicht einmal annähernd ausreichte. Das Argument der Kirche lautete, dass der Mensch durch den Sündenfall zwar beschädigt worden sei, aber die Fähigkeit behalten habe, zwischen Gut und Böse zu unterscheiden, und es bedurfte des Vorbilds Christi, wie von der Kirche *ausgelegt*, um dem christlichen Einverständnis entsprechend gut sein zu können. Das Konzil bestätigte zudem sieben Sakramente – Taufe, Firmung, Eucharistie, Buße, Ölung, Priesterweihe, Ehe –, womit es auch Luthers Feststellung, dass es laut Bibel nur zwei Sakramente (Taufe und Eucharistie) gab, eine Absage erteilt hatte. Die Anzahl der Sakramente war natürlich von grundlegender Bedeutung für die Kirchenstruktur. Das Pönale (die Beichte) durfte nur noch von einem Priester abgenommen werden, der seinerseits nur noch von einem Bischof eingesetzt werden konnte; und das Fegefeuer – in Wahrheit eine »Offenbarung« aus dem 6. Jahrhundert – wurde als existent bestätigt, was wiederum zu der Entscheidung führte, dass die Lehre vom Ablass beibehalten werden durfte und nur der Handel mit Ablässen für Unrecht erklärt wurde. Am Ende hatte das Konzil von Trient also im Wesentlichen nichts anderes getan, als der katholischen Lehre in all ihrer beschädigten Glorie neue Geltung zu verschaffen und vieles noch deutlicher schwarz und weiß zu malen, als es bereits gewesen war. Es war die Unnachgiebigkeit dieses Konzils, die den schrecklichen Religionskriegen des 17. Jahrhunderts den Boden bereiten sollte.[35]

*

Alle bisher erwähnten Manöver der Gegenreformation waren also ablehnend, ausschließend und/oder gewalttätig gewesen. Doch es gab auch Vertreter der Kirchenhierarchie, für die der einzig wirklich Erfolg versprechende Weg darin bestand, geistig initiativ zu werden, den spirituellen Kampf und die argumentative Auseinandersetzung mit dem Feind zu suchen. Einer, der das als Notwendigkeit begriffen hatte, war Ignatius. Er war 1491 auf der Burg Loyola im nordspanischen Baskenland geboren worden und hätte von daher leicht zu einem der Konquistadoren werden können, die sich gerade in immer größerer Zahl auf den Weg über den Atlantik machten. Sogar nach eigenem Ermessen war er den »Eitelkeiten der Welt ergeben« gewesen. Tatsächlich wurde er Soldat, doch diese Laufbahn war zu Ende, nachdem er während einer Belagerung von einer Kanonenkugel schwer am Bein verletzt worden war. Der Legende nach soll er während der Rekonvaleszenz auf seiner Burg nach Lesestoff gesucht, aber festgestellt haben, dass keines der vorhandenen Bücher nach seinem Geschmack war. Irritiert griff er nach einer Heiligenlegende: Das wurde zum Wendepunkt. Genau dort und in diesem Moment scheint er den Entschluss gefasst zu haben, selbst ein Heiliger zu werden, eine neue Art von romantischem Held: »Wie wäre es, wenn ich all das täte, was der heilige Franziskus getan hat, oder das, was der heilige Dominikus tat?«[36] Die »Übungen«, die er sich auf dem Weg zum »Heiligen« auferlegte, bewiesen genau die Disziplin und Aufmerksamkeit für das Detail, die man von einem Soldaten erwartete. In dem von ihm gegründeten Jesuitenorden gelten seine *Geistlichen Übungen* nach wie vor als unabdingbar für die Aneignung von Selbstdisziplin. Es handelt sich dabei um »ein vierwöchiges Übungsprogramm, das sozusagen ein Lehrgang für die Sturmangriffsmethoden der Soldaten Jesu ist, mit dem Ziel, den Geist vom Diesseits zu lösen und ihn auf die Schrecken der Hölle, die erlösende Wahrheit des Evangeliums und das Vorbild Christi zu konzentrieren«. In einer Übung wird zum Beispiel gefordert: »Viertens: Meine ganze Verderbnis und körperliche Häßlichkeit schauen. Fünftens: Mich wie eine Wunde und ein Geschwür schauen, aus dem so viele Sünden und so viele Schlechtigkeiten und so schändlichstes Gift hervorgegangen sind.«[37]

Im Alter von dreiunddreißig Jahren nahm Ignatius seine Studien an der Universität von Barcelona auf, später wechselte er an die Universität von Paris, wo er seine Ideen weiterentwickelte und eine kleine, aber entschlossene Gruppe um sich scharte, die mit ihm die Übungen machte und einander gelobte, Christus zu dienen, indem sie Papst Paul III. in Rom ihre Dienste anbieten und ihm die absolute Treue schwören würde. Als das vorrangigste Ziel legten sie in ihrem Gründungsdokument die »Ausbreitung des Glaubens« fest, insbesondere durch die Unterweisung von Kindern und Unwissenden in der christlichen Lehre. Sie betrachteten sich als Werkzeuge Jesu und Soldaten des Papstes und waren bereit hinzugehen, wo immer der Pontifex sie hinschicken würde, »ob zu den Türken oder zu anderen Ungläubigen und sogar in die Gegend, die man Indien nennt«, ob zu den Lutheranern oder zu anderen, seien es Gläubige oder Ungläubige.[38]

Als Ignatius im Jahr 1556 starb, war der Bau der jesuitischen Mutterkirche Il Gesù in Rom bereits in Auftrag gegeben worden. Gegenüber dem Altar mit dem Grabmal des Ordensgründers befindet sich eine Reliquie des Soldaten Christi, der Ignatius' Aufgaben übernahm: Franz Xaver, der einstige Kommilitone aus Paris, der die beispiellose Mission leitete, die den Ungläubigen im Fernen Osten das Christentum bringen sollte. Man nannte ihn den *conquistador das animas*, einen »Eroberer der Seelen«. Er war bis nach Goa, zu den Gewürzinseln und nach Japan gereist, bevor er im Jahr 1552 starb, während er darauf wartete, Zugang zu dem großen Juwel des Ostens, dem verschlossenen chinesischen Reich, zu bekommen.[39]

Tatsächlich sammelten die Jesuiten im Osten ganz neue Erfahrungen. In Europa hatten sie sich auf die Erziehung junger Aristokraten spezialisiert, worin sich ihre Politik der Konzentration auf die Elite und die Meinungsmacher (wie wir heute sagen würden) spiegelt. Das Gleiche versuchten sie nun in Asien – immerhin hatte es in der Gestalt von Kaiser Konstantin ja bereits den geglückten Präzedenzfall eines zum Christentum bekehrten »Heiden« gegeben. Um das Jahr 1580 gelang ihnen denn auch ein erster Erfolg mit der Bekehrung des muslimischen Mogulkaisers Akbar in Indien. In China sah die Sache jedoch ganz anders aus. Zwar gewannen die Jesuiten das Vertrauen des Kaisers, doch das war mehr ihren wissenschaftlichen Fähigkeiten als ihrer Theologie zu verdanken. Es dauerte viele Jahre, bis ihnen nach langwierigen Verhandlungen in Peking Einlass gewährt wurde. Sie bedankten sich artig beim Kaiser mit einer Marienstatue und einer Uhr, die die Stunde schlug und von der der Herrscher fasziniert war. Weit weniger beeindruckte ihn die Muttergottes: Er reichte sie gleich an seine Mutter, die Kaiserinwitwe, weiter. Fast zwei Jahrhunderte lang sollten die Jesuiten in Peking präsent bleiben, akzeptiert dank ihrer überlegenen Fähigkeiten auf den Gebieten der Mathematik und Astronomie, doch ziemlich erfolglos, was ihre Bekehrungsmission betraf. Im Gegenteil: Es war vielmehr so, dass sie eine Menge bei den Chinesen zu bewundern lernten, so vieles sogar, dass sie bald selbst das Seidengewand der Mandarine trugen und an den konfuzianischen Zeremonien der Ahnenverehrung teilnahmen.[40]

Japan schien sich mehr auszuzahlen, zumindest sah es anfänglich so aus. Franz Xaver hatte nach eigenem Bekunden im Jahr 1551 eine Gemeinde von rund tausend Bekehrten dort zurückgelassen, wobei es sich im Wesentlichen um *daimyo* (Regionalfürsten) gehandelt hatte. Anfang des 17. Jahrhunderts berichteten die Jesuiten jedoch von hundertfünfzigtausend – einige sogar von dreihunderttausend – Konvertiten. »Vor allem die Kriegerkaste der Samurai zeigte sich empfänglich, vielleicht weil sie eine gewisse Seelenverwandtschaft mit den vielen Jesuiten empfanden, die selbst einen aristokratischen oder militärischen Hintergrund hatten.« Das Problem war nur, dass das Christentum damit zu einem Streitpunkt bei den internen Auseinandersetzungen der herrschenden Klasse geworden war. Und als diese um das Jahr 1614 dann Gewalt anwendete, sollten die frisch konvertierten japanischen Christen ihre Rache mit aller Macht zu spüren bekommen. Die japanische Inquisition verging sich an den Christen mit Foltermethoden, die an Grausamkeit den Methoden der europäischen Christen in nichts nachstanden. Am Strand von Yedo zum Beispiel wurden rund sechzig japanische Christen mit dem Kopf nach unten gekreuzigt, »um von der einlaufenden Flut ertränkt zu werden«.[41]

Die Bemühungen der Jesuiten im Fernen Osten waren also alles in allem ein völliger Fehlschlag. Da waren sie im Westen schon wesentlich erfolgreicher (das lateinamerikanische Christentum stellt heute die stärkste Gruppe innerhalb der römischen Kirche). Doch die Gesellschaft Jesu war nicht der einzige Orden, der im Zuge der Gegenreformation aufstieg. Auch die Theatiner, Barnabiten, Somasker oder Oratorianer tauchten in dieser Zeit als missionierende und/oder lehrende Orden auf. Schließlich hatte Rom doch noch begriffen, dass man sich die Menschen schon in jungen Jahren schnappen musste, wenn man sie in diesem neuen Klima nicht verloren geben wollte für den katholischen Glauben.

*

Was nun all die anderen Folgen der Reformation betrifft, so sollten wir uns hier erst einmal in Erinnerung rufen, dass es verschiedene »Protestantismen« gab: Neben dem Luthertum und dem Calvinismus begann sich eine anglikanische Form auszuprägen, die mehr Wert auf die Sakramente und das liturgische Gebet als auf die Predigt legte, während zwischen Irland und Litauen wiederum der Predigt überragende Bedeutung zugeschrieben wurde, was denn auch überall zu massiven Umbauten der reformierten Gotteshäuser führte. Neue, dramatisch überkuppelte Predigttürmchen aus Holz zogen nun anstelle des Altars oder Herrenmahlstisches die Blicke der Gläubigen auf sich. Die Kanzeln wurden sogar mit Stundengläsern ausgestattet, damit die Gläubigen wussten, wie viel ihnen noch bevorstand. Diarmaid MacCulloch schreibt, dass die Predigt zu einem noch beliebteren Volksschauspiel als die Schaubühne wurde: In London wurden Hunderte von Predigten pro Woche gehalten, gleichzeitig gab es nur dreizehn Theater. Parallel zum neuen Predigtkult erschienen immer mehr Katechismen – jene kleinen Lehrbücher, die über ein Jahrhundert lang das gängigste Unterrichtsmaterial in Europa bleiben sollten. Die Verpflichtung der Gläubigen, sich mindestens einmal wöchentlich eine Portion abstrakter Ideen von der Kanzel abzuholen, verwandelte das protestantische Europa in eine belesenere und vielleicht auch insgesamt gebildetere Gesellschaft, als man sie im katholischen Süden vorfand. Einer Schätzung nach wurden in England zwischen 1500 und 1639 etwa 7,5 Millionen Bücher des Genres »bedeutende religiöse Werke« produziert, verglichen mit 1,6 Millionen säkularen Gedichten, Schauspielen und Sonetten. Allein William Perkins konnte zwischen 1580 und 1639 mit hundertachtundachtzig Ausgaben seiner Werke »punkten«, William Shakespeare hatte nur siebenundneunzig erreicht.[42] Dieses Bildungsniveau sollte einen noch unabsehbaren Einfluss auf die späteren Geschicke des Protestantismus in Nordeuropa ausüben.

Der Protestantismus belebte nicht nur den gemeinschaftlichen Aspekt der Buße (in dieser Zeit wurde der Bußschemel eingeführt), sondern begründete auch ein Schauspiel der Vergebung, das uns heutzutage wirklich als ein massiver Eingriff in die Privatsphäre vorkäme, das aber eine

Menge mit der kapitalistischen Disziplin zu tun hatte, von der Max Weber sprach. Der Protestantismus sorgte für weniger uneheliche Kinder, weil Erzbischof Thomas Cranmers umgangssprachliche Hochzeitsliturgie für die Kirche von England die Ehe erstmals zu einer erfreulichen Angelegenheit mit dem Zweck erklärt hatte, sich gegenseitig Gesellschaft zu leisten, zu helfen und beizustehen.[43] Die reformierten Kirchen lenkten die Aufmerksamkeit zudem erneut auf die Idee, dass Mann und Frau vor Gott gleich seien, und ermöglichten im Rahmen des normalen Ehegesetzes sogar schon die Scheidung. Auch von den überholten katholischen Einstellungen zur Medizin wandte sich der Protestantismus ab. Und er erzeugte den Wunsch nach einem Gottesdienst, der weder still und einsam noch im Rahmen einer riesigen und über ganz Europa herrschenden Kirche, sondern in kleinen Gruppen praktiziert werden konnte, die sich schließlich zu Methodisten, Quäkern und so weiter zusammenschlossen. Die Unterschiedlichkeiten dieser Sekten förderten nicht nur die Toleranz, sondern schürten auch den Zweifel – in der Tat: eine zufällige Revolution.

*

In seiner letzten Sitzung im Dezember 1563 richtete das Konzil von Trient seine Aufmerksamkeit auf die Rolle, die der Kunst in der Welt nach Luther zukommen sollte. Dass Gemälde ihren Teil zur Verbreitung der Glaubenslehre beitragen konnten, wurde zwar bestätigt, doch der Stimmungslage dieser Zeit gemäß bestand das Konzil darauf, dass sich die Darstellung von Heiligen streng an der Heiligen Schrift orientieren müsse und dem Klerus deshalb grundsätzlich die Aufgabe zukomme, die Künstler zu überwachen. Allein schon die Tatsache, dass den Priestern eine solche Rolle zugeschrieben wurde, sollte unzählige Kleriker dazu bewegen, Leitfäden und Auslegungen dieser Konzilsentscheidung zu verfassen, die dann in vielen Fällen zu noch weit repressiveren Schlussfolgerungen kamen, als es sogar die Tridentinischen Beschlüsse selbst beabsichtigt hatten.[44]

Rudolf Wittkower stellte in seiner Studie über die Folgen des Konzils von Trient fest, dass diese Interpreten – Kleriker wie die Kardinäle Carlo Borromeo, Gabriele Paleotti, Gilio da Fabriano oder Raffaello Borghini – auf drei Dinge besonderen Wert legten: Erstens sollte Kunst klar und direkt sein, zweitens realistisch und drittens ein »emotionaler Stimulus für die Frömmigkeit«. Die entscheidende Veränderung gegenüber den Idealisierungen der Renaissance war, dass Wahrheit nun »als wesentlich erachtet« wurde. Eine Darstellung der Kreuzigung sollte Christus »gequält, blutend, verhöhnt, mit aufgerissener Haut, versehrt, entstellt, blass und unansehnlich« zeigen. Auch im Hinblick auf Alter, Geschlecht, Ausdruck, Gestus und Kleidung einer heiligen Gestalt war nun höchste Genauigkeit gefordert. Der Maler musste exakt beachten, was darüber in der Heiligen Schrift stand, und durfte diese »Regeln« nie übertreten. Zudem legte das Konzil großes Gewicht auf das Verbot der Bilderverehrung: »Die Ehre, die [Gemälden und Skulpturen] erwiesen wird, bezieht sich allein auf die Vorbilder, welche die Bildnisse darstellen.«[45]

Solche Denkwandel trugen zu einer Menge Veränderungen in der Kunst bei. Die wichtigste war der barocke Stil, der ja primär die Ausdrucksform der Gegenreformation war. Die ersten Schritte zu diesem neuen Stil wurden nach dem Konzil von Trient und während des energischen Pontifikats von Sixtus V. (1585–1590) unternommen, der das zerstörte Rom wieder aufbauen und seine Glorie wiederherstellen wollte. Auf den Punkt gebracht wurden die Ziele dieser Kunst im beginnenden 17. Jahrhundert von Kardinal Paleotti: »Die Kirche will ... den Mut der Märtyrer lobpreisen und die Seelen ihrer Söhne entflammen.« Ein Nachfolger von Sixtus, Papst Paul V., vollendete schließlich den Bau des Petersdoms. Sixtus und Paul haben also gleichsam dafür gesorgt, das pagane Rom in ein christliches zu verwandeln. Beide hatten dabei das Ziel vor Augen, die Kirche in ein »Abbild des Himmels auf Erden« zu verwandeln und dieses Bild den Gläubigen dann als »opulentes Schauspiel« vorzuführen. Und diese Opulenz war vor allem ein Schauspiel der Architektur und der Bildhauerkunst.[46] »Das Hochbarock in seiner besten und prächtigsten Form ist ein Bündnis der Künste Architektur, Malerei und Bildhauerei, die als Ganzes auf die Gefühle des Betrachters einwirken und ihn auffordern, an den Agonien und Ekstasen der Heiligen teilzuhaben.«[47] Sein großartigster Vertreter war Bernini, dem in Stein gelang, was die Malerei nicht einmal mit Farbe immer einfangen konnte.

Die überladenen, stolzen Figuren Berninis sind klassisches Barock pur, doch das Aufwallen von spiritueller Zuversicht zu Beginn des 17. Jahrhunderts brachte auch die einfachen, aber ungemein ausdrucksstarken Gemälde eines Caravaggio hervor – sehr realistische Bilder, mit akribischem Blick für das Detail und zugleich von einer machtvollen Frömmigkeit. Blickt man auf das Barock zurück, so kann man sich kaum dem Gefühl entziehen, dass Künstler wie Bernini und Caravaggio zwar die Ziele der Gegenreformation, aber auch den Überschwang verinnerlicht hatten, der die Liebe zur Kunst der Kunst wegen erblühen ließ und dem das Konzil von Trient abgeschworen hatte. Zu Zeiten Pauls V. entstanden die meisten der Brunnen, die Rom schließlich zur »Stadt der Brunnen« machen sollten.

Die neue spirituelle Zuversicht äußerte sich auch in der Tatsache, dass dies die Ära der ungemein großen Kirchenneubauten war, die nun oft für einen der neu gegründeten Orden errichtet wurden. Diese Sakralbauten sollten die Gemeinden *überwältigen*: In ihrem Inneren wurden aufwühlende, langatmige Predigten von kunstvollen, spektakulär überladenen Kanzeln herab gehalten, die von riesigen Baldachinen aus Gold, Silber und mit edelsten Juwelen besetzten Stoffen überspannt waren. Vor allem aber war eine ganz neue Ikonographie zu bewundern, die sich deutlich von den traditionellen Darstellungsweisen verabschiedet hatte: Von der Wiedergabe der Geschichte Jesu war man zur Darstellung von beispielhaften Helden (David und Goliath, Judith und Holofernes), bußfertigen Vorbildern (Petrus, der Verlorene Sohn), der Glorie des Martyriums und den Visionen und Ekstasen der Heiligen übergegangen.[48] Im Einklang mit diesen neuen Inhalten und den wesentlich größeren Kirchen begannen auch die Gemälde immer größer und grandioser zu werden. Diesen hochbarocken Stil verkörperte Bernini, eigentlich ein Mann des Theaters, der aber fünf Päpsten, darunter vor allem Urban VIII. (1623–1644), zu Diensten gewesen war. Einvernehmlich vertraten Urban und Bernini einen ästhetischeren künstlerischen Ansatz, welcher die Qualität der Kunst verbessern und den rührseligen Mystizismus verdrängen sollte, der die barocke Kunst um die Wende zum 17. Jahrhundert so geprägt hatte. Das beste Beispiel dafür ist vielleicht Berninis Plastik *Verzückung der heiligen Teresa:* Die Heilige scheint fast zu schweben, während sie verklärt zurücksinkt. Als ein wirklichkeitsgetreues Abbild kann die Skulptur nur dann erscheinen, wenn man sie als den Inbegriff eines visionären Geisteszustands des Betrachters begreift. In der gesamten Barockkunst wird Wundern und wundersamen Ereignissen eine grandiose Aura von Plausibilität verliehen, was sich im Wesentlichen auf die Begründung stützte, die Aristoteles in seiner *Rhetorik* formulierte: Emotionen schaffen die grundlegende Bereitschaft des Menschen, sich überzeugen zu lassen.

Eine ganz andere Ereignisfolge in der Kunst dieser Zeit war die Entwicklung von »Genres«, darunter vor allem der Landschaftsmalerei, des Stilllebens und der Schlachten- oder Jagdszenen. Viele Kunsthistoriker sind der Meinung, dass im 17. Jahrhundert der entscheidende Schritt von einer primär religiösen zu einer deutlicher säkularen Kunst vollzogen wurde. Auch Rudolf Wittkower gehört dazu: »In den Jahren um 1600 wurde eine lange vorbereitete, fest umrissene Trennung von kirchlicher und weltlicher Kunst zum Fakt.«[49] Seit dem ersten Viertel des 17. Jahrhunderts waren Künstler erstmals in der Lage, ihren Lebensunterhalt mit der Spezialisierung auf bestimmte Genres zu verdienen. Stillleben und Schlachtenszenen waren zwar populär, doch zum wichtigsten nichtsakralen Genre wurde die Landschaftsmalerei, die den Weg für Nicolas Poussin und Claude Lorrain bereitete.

Letzten Endes bleibt jedoch Fakt, dass die bedeutendste Errungenschaft des Barock der Petersdom in Rom ist, und darin liegt eine nicht zu verachtende Ironie. Die Fertigstellung des Gebäudekomplexes dauerte zwei Generationen (der Baldacchino war 1636 vollendet, andere Teile in den sechziger Jahren des 17. Jahrhunderts). Doch der Westfälische Friede (1648), der dem Dreißigjährigen Krieg ein Ende setzte, ließ keinen Zweifel daran, dass die europäischen Großmächte ihre Angelegenheiten fürderhin ohne Bezugnahme auf den Heiligen Stuhl regeln würden. Im Moment seiner größten physischen Glorie hatte der geistige Aufstieg Roms unwiderruflich seinen Abstieg begonnen. Die Macht und die geistige Führung waren nach Norden abgewandert.

23
Der »Genius des Experiments«

Die naturwissenschaftliche Revolution »stellt alles seit dem Aufstieg des Christentums in den Schatten und reduziert Renaissance und Reformation auf reine Episoden, auf reine Dislozierungen innerhalb des mittelalterlichen christlichen Systems«. Diese Worte schrieb Herbert Butterfield in seinem 1949 veröffentlichten Buch *The Origins of Modern Science, 1300–1800*.[1] Sie beinhalten die Vorstellung von einer »wissenschaftlichen Revolution«, welche davon ausging, dass sich unser Naturverständnis zwischen der Veröffentlichung von Kopernikus' Werk über das Sonnensystem im Jahr 1543 und Sir Isaac Newtons *Principia Mathematica* hundertvierundvierzig Jahre später (1687) grundlegend und für alle Zeiten verändert habe: In dieser Phase sei die moderne Wissenschaft geboren, die aristotelische Weltsicht über Bord geworfen und vom Weltbild Newtons ersetzt worden. (Newton hatte geklagt, dass seine Zeitgenossen – zumindest einige – die Romantik des Regenbogens zerstört und Engel obsolet gemacht hätten.) So gesehen waren die verschwommenen, planlosen mittelalterlichen Spekulationen über Phänomene überirdischer Art von einer kumulativen, streng mathematischen Rationalität abgelöst worden. Und das, insistierte Butterfield, sei der bedeutendste geistige Umbruch seit Beginn des ethischen Monotheismus gewesen.

Im letzten Vierteljahrhundert geriet diese Ansicht jedoch heftig unter Beschuss, was viel mit der Entdeckung der Papiere aus Newtons Besitz zu tun hatte. Wie erwähnt wurden sie erstmals von John Maynard Keynes öffentlich diskutiert und bewiesen, dass Newton sich nicht nur für Physik und Mathematik interessiert hatte, sondern auch von Alchemie, Theologie und vor allem von der biblischen Chronologie dauerhaft fasziniert gewesen war. Angesichts solcher Interessen fragt sich nun so mancher Wissenschaftler – Betty Jo Teeter Dobbs oder I. Bernard Cohen zum Beispiel –, ob Newton und die anderen Gelehrten seiner Zeit wirklich als moderne Denker betrachtet werden können. Erinnern wir uns, dass Newton die Gesetze von »Gottes Wirken« in der Natur aufdecken wollte, um die Existenz Gottes und der göttlichen Vorsehung zu beweisen. So etwas lässt heutige Wissenschaftler aufhorchen und bezweifeln, ob der Umbruch im Denken tatsächlich schon so grundlegend gewesen war. Außerdem verweisen sie darauf, dass der Schritt zur modernen Chemie erst lange nach Newton im 18. Jahrhundert vollzogen wurde und wir deshalb nicht wirklich von einer wissenschaftlichen »Revolution« sprechen könnten, jedenfalls nicht, wenn wir damit einen »plötzlichen, radikalen und vollständigen Umbruch« meinen.² Und sie betonen, dass Kopernikus in seinem privaten Dasein ein »zaudernder Konservativer« und ergo alles andere als ein Revolutionär gewesen sei, dass es um das Jahr 1600 kaum zehn »Heliozentristen« auf der Welt gegeben habe und dass auch Kepler letztlich ein »gequälter Mystiker« gewesen sei. Kein einziger dieser »Helden« war also ein kalter Rationalist. Der Leser sei deshalb gewarnt, dass die folgende Darstellung der Ereignisse heftig umstritten ist. Am Ende des Kapitels werde ich noch einmal auf diese Debatte zurückkommen.

*

Aus Sicht der Wissenschaft leben wir derzeit unter dem Einfluss einer *zweiten* wissenschaftlichen Revolution, die vor etwas über hundert Jahren, um den Wechsel zum 20. Jahrhundert, mit den simultanen Entdeckungen des Quants, des Gens und des Unbewussten ausgelöst wurde. Auch die *erste* wissenschaftliche Revolution war simultan auftretenden und gleichermaßen weltbewegenden Ereignissen zu verdanken: der Entwicklung einer heliozentrischen Sicht vom Universum, der Entdeckung einer universell wirkenden Schwerkraft, wichtigen Fortschritten beim Verständnis des Lichts, des Vakuums, der Gase, des Körpers und des mikroskopischen Lebens. Es ist zwar noch immer nicht ganz klar, weshalb diese Fortschritte zur mehr oder weniger gleichen Zeit auftraten, aber man darf wohl davon ausgehen, dass es einiges mit dem Protestantismus zu tun hatte, der ja ebenfalls in sich revolutionär war, bedenkt man, welche Betonung er auf das persönliche Gewissen legte. Außerdem hatte die Reformation nachdenkliche Menschen auf den Gedanken gebracht, dass nicht jede Seite im Recht sein konnte, wo es doch auf allen Seiten so viele Gläubige gab, die sich ihrer göttlichen Inspiriertheit gewiss waren – so gesehen konnte eine Inspiration definitionsgemäß oft nur falsch sein. Auch der Kapitalismus, mit seiner Betonung auf Materialismus, Geld und Zins und mit seinem Fokus auf die Berechenbarkeit, hatte etwas damit zu tun, ebenso der aufkommende Trend zur Präzision in allen Lebensbereichen oder die Entdeckung der Neuen Welt mit ihrer so anders gearteten Geografie, Botanik und menschlichen Population. Als letzter Faktor könnte im Hintergrund der Fall von Konstantinopel im Jahr 1453 eine Rolle gespielt haben, denn damit war die letzte noch lebendige Verbindung zur antiken griechischen Kultur und allem, was sie zu bieten gehabt hatte, gekappt worden. Nicht lange vor dem Fall der Stadt hatte der sizilianische Handschriftensammler und -händler Giovanni Aurispa während eines einzigen Aufenthalts dort nicht weniger als 238 griechische Handschriften aufgetrieben und damit dem Westen zum Beispiel Aischylos, Sophokles und Platon gebracht.[3]

Der amerikanische Soziologe Toby Huff lenkt die Aufmerksamkeit auf die unterschiedlichen Prozesse, die dazu geführt hatten, dass die nichteuropäischen Wissenschaften hinterherzuhinken begannen. Noch im 11. Jahrhundert hatte es »Hunderte« von Bibliotheken im muslimischen Nahen Osten gegeben. Allein die Bibliothek von Shiraz soll über dreihundertsechzig Lesesäle verfügt haben. Doch weil Astronomen und Mathematiker im Islam andere Aufgaben wahrnahmen – zum Beispiel als *muwaqqit*, wie die Zeitnehmer und Kalendermacher in den Moscheen hießen –, waren sie kaum motiviert, Ideen zu entwickeln, die dem Glauben hätten gefährlich werden können. Huff erklärt, dass die arabischen Astronomen nicht weniger über ihr Fachgebiet wussten als Kepler, dieses Wissen aber nie bis zur heliozentrischen Sichtweise durchdachten. Weder Chinesen noch Araber entwickelten das Gleichheitszeichen (=). Die Chinesen bezweifelten sogar, dass sich physikalische Phänomene jemals vollständig durch empirische Beobachtung erklären ließen. Im 13. Jahrhundert, schreibt Huff, gab es ebenso viele Gelehrte in der muslimischen Welt und in China wie im Abendland, doch da die Gültigkeit von wissenschaftlichen Erkenntnissen in diesen beiden Kulturen zentralistisch entschieden und durch den Staat oder von einzelnen Lehrmeistern bestätigt wurde, konnte sich unter den Wissenschaftlern kein *systematischer* oder *kollektiver* Skeptizismus entwickeln – und allein der ist es, der am Ende zählt. Diesen Punkt warf auch der Philosoph Ernst Cassirer in seinem Werk *Die Philosophie der symbolischen Formen* auf. Beispielsweise stellte er fest, dass die Zahl Fünf bei einigen afrikanischen Stämmen buchstäblich eine vollständige Hand und die Zahl Sechs »Springen« (zur anderen Hand) bedeuteten. Bei anderen Stämmen variierten die Bezeichnungen von Zahlen je nach dem Gegenstand, dessen Menge sie benennen sollten: Das Zahlwort für zwei Kanus war also ein anderes als das für zwei Kokosnüsse. Wieder andere rechneten schlicht nach dem System eins, zwei, viele. Angesichts solcher Ausgangsbedingungen war der Durchbruch zu einer höheren Mathematik höchst unwahrscheinlich.[4]

Im 16. Jahrhundert galt die Erforschung des Firmaments als das wichtigste Ziel der Naturwissenschaften – worunter man im Prinzip jedoch nur die Physik verstand. In einer gläubigen Gesellschaft »war das Schicksal allen Lebens und aller anderen Dinge untrennbar mit den Bewegungen der Himmelskörper verbunden: Der Himmel regierte die Erde. Deshalb ging man davon aus, dass jeder, der die Funktionsweisen des Himmels verstand, auch alles auf Erden verstehen würde«.[5] Eine der gravierendsten Folgen der wissenschaftlichen Revolution – und das war klar, seit man sich das Wissen Newtons angeeignet hatte – ergab sich deshalb aus der Erkenntnis, dass der Himmel die Erde *nicht* regiert. John D. Bernal schreibt, die Naturforscher seien allmählich zu der Ansicht gelangt, dass das Himmelsproblem letztlich nicht besonders relevant war, was den Rang des Himmels natürlich insgesamt abwertete. Doch erst im Zuge dieses Prozesses konnten die neue Wissenschaft von der Dynamik und ihre Mathematik – die Differentialgleichung – entwickelt werden, die seither das Muttergestein der theoretischen Physik sind.

*

Der Pole Nikolaus Kopernikus hatte das Glück, einen Onkel gehabt zu haben, welcher Bischof war, sich sehr für seinen Neffen interessierte und deshalb seine Ausbildung in Italien bezahlte. Kopernikus war das, was wir als übergebildet bezeichnen würden: Er hatte Recht, Medizin, Philosophie und die Belles-lettres studiert und war zudem auf den Gebieten der Astronomie und der Nautik belesen. Kolumbus' Entdeckungen faszinierten ihn, doch er hätte keinen guten Navigator auf seinem Schiff abgegeben, denn in Wahrheit war er ein schlechter Astronom und berüchtigt für seine ungenauen Beobachtungen. Doch diese Schwächen sollte er mehr als wettmachen, nachdem ihm die simple Feststellung geglückt war, dass die traditionellen Erklärungsweisen für die Vorgänge am Firmament nur Verwirrung gestiftet hatten. Kopernikus war sich gewiss, dass Ptolemaios geirrt haben musste, denn er spürte, dass sich die Natur niemals zu jenem komplizierten System aus »Epizykeln« und »Exzentern« organisiert haben würde, das die Griechen erkannt zu haben glaubten. Also begann er sich diese Unordnung vorzuknöpfen, mit der Absicht, einfachere Erklärungen zu finden. Seinen Forschungsansatz beschrieb er wie folgt: »Von hier also den Anlaß nehmend, fing auch ich an, über die Beweglichkeit der Erde nachzudenken. ... Ich war der Meinung, daß es auch mir wohl erlaubt wäre zu versuchen, ob unter Voraussetzung irgendeiner Bewegung der Erde zuverlässigere Deutungen für die Kreisbewegung der Weltkörper gefunden werden könnten als bisher. ... Daher scheuen wir uns nicht zu behaupten, daß der ganze Raum, den die Mondbahn umgibt, mit dem Mittelpunkt der Erde auf jener großen Kreisbahn zwischen den anderen Planeten in einem Jahr um die Sonne läuft und daß sich gerade bei der Sonne der Mittelpunkt der Welt befindet; daß ferner, da in ihm auch die Sonne unbeweglich bleibt, jede Bewegung, die als eine Bewegung der Sonne erscheint, in Wahrheit auf einer Bewegung der Erde beruht; weiterhin aber behaupten wir, daß der Umfang der Welt so groß ist, daß die Entfernung der Erde von der Sonne, während sie im Verhältnis zu der Bahngröße beliebig anderer Planeten eine merkliche Ausdehnung hat, im Vergleich mit der Fixsternsphäre verschwindend klein ist.«[6]

Jeder weiß, dass Kopernikus die Erde aus dem Zentrum des Universums rückte, doch am Beispiel der eben zitierten Worte werden noch zwei weitere Dinge deutlich: Erstens sagte er letztlich nichts anderes als das, was Archimedes zweitausend Jahre zuvor erklärt hatte; zweitens behauptete er – was theologisch gesehen nicht weniger gravierend war als seine Vertreibung der Erde aus dem Zentrum des Universums –, dass der Himmel, das Reich der Sterne, unendlich viel weiter entfernt sei, als jemals irgendjemand geglaubt hatte. Das war schockierend und bestürzend, doch im Gegensatz zu Archimedes sollte man Kopernikus bereits in nicht allzu ferner Zeit Glauben schenken. Und für glaubhaft hielt man ihn nicht zuletzt deshalb, weil sich einige seiner Argumente mit alltäglichen, wenn auch unerklärten Beobachtungen der Menschen deckten: Die Erde unterlag drei verschiedenen Bewegungsabläufen. Erstens drehte sich der Planet alljährlich in einem großen Kreis um die Sonne; zweitens drehte er sich um die eigene Achse; und drittens variierte die Position der Erde zur Sonne. Kopernikus hatte nun festgestellt, dass alles auf eine ungleichmäßige Bewegung der Sonne hindeutete, und das war gewissermaßen sein cleverstes Argument. Denn jahrhundertelang hatten sich die Menschen verwirrt gefragt, weshalb der Sommer auf Erden nicht genauso lang währte wie der Winter, oder warum die Tagundnachtgleiche nicht jeweils genau zur Jahreshälfte oder zur Halbzeit zwischen den Sonnenwenden auftrat. Die Antwort darauf lautete natürlich, dass sich die Planeten, inklusive der Erde, nicht auf kreisförmigen, sondern auf elliptischen Umlaufbahnen bewegten. Und genau diese entscheidende Erkenntnis – auf die wir noch näher eingehen werden – wäre ohne die Beobachtungen, die Kopernikus über die relativen Bewegungen von Erde und Sonne machte, nicht möglich gewesen.

Die neuen Ideen, die Kopernikus in seinem Werk *Von den Umdrehungen der Himmelskörper* systematisierte – auf das man sich üblicherweise unter dem lateinischen Titel *De revolutionibus* (*orbium coelestium*) bezieht –, hatten allerdings ein paar Löcher. Beispielsweise hing er noch immer der mittelalterlichen Vorstellung an, dass die Planeten auf den Oberflächen von gigantischen, hohlen und konzentrisch angeordneten Kristallkugeln befestigt seien. Doch davon abgesehen hatte er sein Ziel erreicht: Der Knoten war gelöst, und Ptolemaios' komplizierte Epizykel waren ersetzt worden.

Obgleich *De revolutionibus* revolutionär war, wurde es doch nicht sofort als aufwieglerisch betrachtet. Als Kopernikus seine Ideen schließlich zu Papier brachte und das Werk an den Papst sandte, ließ der Pontifex die Handschrift unter Mitgelehrten kursieren, die ihm empfahlen, den Druck zu genehmigen. Und obwohl Kopernikus' neue Ideen dann sogar von einem protestantischen Drucker veröffentlicht wurden, sollten sie während des gesamten 16. Jahrhunderts als »absolut respektabel« gelten. Erst im Jahr 1615 begannen Stimmen laut zu werden, die behaupteten, dass sie der konventionellen Theologie völlig widersprächen.[7]

Inzwischen hatte bereits der dänische Aristokrat Tycho Brahe auf dem kopernikanischen Werk aufgebaut. Ihr Vermögen verdankten die Brahes den Zollabgaben, die die Dänen von jedem Schiff verlangten, das den Öresund zwischen Nord- und Ostsee durchfahren wollte. Tycho war ein streitlustiger Geist (bei einem Duell wurde ihm die Nasenspitze abgeschlagen, weshalb er für den Rest seines Lebens nur mit einer schmucken, im Licht funkelnden Silberspitze in der Öffentlichkeit erschien). Doch die dänische Krone hatte bald schon realisiert, dass er außerdem ein begabter Naturforscher war, und überließ ihm eine eigene Insel im Öresund, auf der er wenig Gelegenheit zu Streitigkeiten haben würde und wo es ihm gestattet war, »das erste moderne Wissenschaftsinstitut« einzurichten: ein Schloss mit Labor und Sternwarte, das den Namen Uraniborg erhalten sollte.

Brahe besaß vielleicht keinen so originellen Geist wie Kopernikus, dafür war er ein wesentlich besserer Astronom und machte in seinem Labor im Öresund viele exakte astronomische Messungen. Seine Unterlagen ließ er dort zurück, als er 1599 Dänemark verließ und nach Prag übersiedelte, wo er zum obersten Mathematiker am Hof von Kaiser Rudolf II. ernannt worden war, einem Exzentriker mit einer Vorliebe für Alchemie und Astrologie. In Dänemark wachte derweil sein nicht minder talentierter Assistent Johann Kepler über seine Beobachtungsdaten. Und der machte sich nun an die Aufgabe, Brahes Messwerte mit den Theorien von Kopernikus zu vermählen.

Kepler war ein verbissen fleißiger, gewissenhafter und leidenschaftlicher Beobachter. Wie Kopernikus, so hatte auch er anfänglich noch die traditionelle Vorstellung vertreten, dass die Sterne auf konzentrischen Kristallkugeln saßen. Doch dann sah er sich Schritt für Schritt gezwungen, diese Theorie ad acta zu legen, je deutlicher es wurde, dass Brahes Beobachtungen nicht mit den Kristallkugeln in Einklang zu bringen waren. Seinen Durchbruch erlebte er, nachdem er beschlossen hatte, sich nicht auf *alle* Planeten in einem System, sondern nur auf den Mars zu konzentrieren. Der Mars ist für Astronomen besonders nützlich, weil er fast immer beobachtet werden kann. Und Kepler erkannte nun mit Hilfe von Brahes Messwerten, dass der Mars bei seinem Umlauf um die Sonne keinen Kreis, sondern eine Ellipse beschrieb. Kurz nach dieser bahnbrechenden Erkenntnis konnte er nachweisen, dass alle Planeten auf einer elliptischen Bahn die Sonne umkreisten und sogar die Umlaufbahn des Mondes um die Erde elliptisch war. Daraus ergaben sich nun wiederum zwei direkte Schlussfolgerungen, eine physikalisch-mathematische und eine theologische: Wissenschaftlich betrachtet war eine Ellipse zwar eine relativ einfache Form, doch nicht annähernd so überschaubar wie ein Kreis. Das heißt, sie benötigte wesentlich mehr Erklärungen – zum Beispiel, wie und warum ein Planet auf seiner Umlaufbahn an manchen Punkten weiter von der Sonne entfernt war als an anderen. Somit war es also die Entdeckung der elliptischen Umlaufbahnen gewesen, die zum Studium der Schwerkraft und Dynamik weiterführen sollte. Und wie wirkte sich die Existenz von Ellipsen nun auf die Idee aus, dass der Himmel aus einer Reihe von hohlen, konzentrisch angeordneten Kristallkugeln bestehe? Nun, sie machte sie unhaltbar.

Dafür erklärte die elliptische Umlaufbahn, weshalb die Jahreszeiten von unterschiedlicher Dauer waren. Eine Ellipse legte nahe, dass sich die Erde nicht mit konstanter Geschwindigkeit um die Sonne bewegte, sondern schneller wurde, je näher sie der Sonne kam, und langsamer, je größer die Entfernung zu ihr war. Trotzdem gelang es Kepler, eine Konstante in diesem System zu entdecken: Multiplizierte man die Geschwindigkeit mit dem Radiusvektor (grob gesagt der Entfernung eines Planeten von der Sonne), dann blieb sie gleich. Nachdem er sich also mit Mars und Erde befasst hatte, war Kepler – noch immer mit Hilfe von Brahes Berechnungen – auch in der Lage, die Umlaufbahnen, Geschwindigkeiten und Entfernungen der anderen Planeten im Bezug zur Sonne zu berechnen. Und auch hierbei entdeckte er eine Konstante: Das Verhältnis der durchschnittlichen Entfernung eines Planeten von der Sonne zum Quadrat seiner Umlaufzeit ist stets unveränderlich. Somit hatte er eine neue, eine absolute »Weltharmonie« entdeckt, die, ob sie nun von Gott kündete oder nicht, mit Gewissheit auf die Existenz einer Schwerkraft hindeutete.

Der neben Kopernikus, Brahe und Kepler vierte große Held dieser wissenschaftlichen Revolution war Galileo Galilei, Lektor für Mathematik und militärisches Ingenieurswesen an der Universität Pisa. Irgendwie hatte er eine holländische Entdeckung in die Finger bekommen, obwohl sie wegen des Krieges zwischen den Niederlanden und Spanien als Militärgeheimnis behandelt wurde: das Fernrohr. Natürlich war er sich des militärischen Nutzens dieses Gerätes bewusst (denn es verhalf ja einer Seite dazu, die Zahl der feindlichen Soldaten zu zählen, bevor die eigenen gezählt werden konnten), doch ihn interessierte letztlich nur die Erkundung des Himmels. Und als er das Fernrohr schließlich auf den nächtlichen Sternenhimmel richtete, erlebte er wohl einen der größten Schocks der Menschheitsgeschichte: Augenblicklich wurde klar, dass das Universum weit mehr Sterne beherbergte, als irgendjemand je gesehen hatte. Mit bloßem Auge lassen sich rund zweitausend Sterne am Nachthimmel erkennen, mit dem Fernrohr erblickte Galilei nun Myriaden mehr. Das hatte natürlich nicht nur grundsätzliche Auswirkungen auf die Vorstellungen von der Größe des Universums, sondern war auch eine Herausforderung an die Theologie. Doch das war noch nicht alles. Mit dem Fernrohr entdeckte Galileo zuerst drei und dann vier »Sterne« oder »Monde«, die in gleicher Weise um den Jupiter kreisten wie die Planeten um die Sonne. Damit war die Theorie von Kopernikus bestätigt. Gleichzeitig bot sich Galileo erstmals das Modell für eine Himmelsuhr, denn die Bewegungen dieser Himmelskörper fanden in so großer Entfernung von der Erde statt, dass sie von der Bewegung des irdischen Planeten nicht beeinflusst werden konnten – und somit konnten sie eine Vorstellung von absoluter Zeit vermitteln. Erstmals gab es für Seefahrer eine Möglichkeit, auf See Längengrade zu berechnen.[8]

Als Lehrer für Physik und Mathematik interessierte sich Galilei natürlich auch für Militärtechnik und Waffen, vor allem für die Bewegungsvorgänge, die wir heute unter die Ballistik einreihen. In jener Zeit beruhte das grundlegende Verständnis von der Dynamik (zu der die Ballistik gehörte) im Wesentlichen auf aristotelischen Vorstellungen. Aristoteles' Theorie vom Speerwurf besagte zum Beispiel, dass sich der geworfene Speer durch die Luft bewegte, weil die von seiner Spitze verdrängte Luft irgendwie wieder hinter dem Schaft zusammenlief und den Speer somit vorwärts zwang. Dass der Speer trotzdem nicht ewig durch die Luft schoss und wieder zu Boden fiel, lag an seiner »Ermüdung« – eindeutig keine zufrieden stellende Erklärung für diese Bewegung, aber seit zweitausend Jahren hatte niemand eine bessere gefunden. Das sollte sich mit der Beobachtung des Verhaltens einer relativ neuen Waffe ändern: der Kanonenkugel. Ein entscheidendes Plus der Kanone war, dass sich ihr Angriffswinkel verstellen ließ. Wenn man das Kanonenrohr aus einer parallel zum Boden verlaufenden Lage höher stellte, erhöhte sich auch die Reichweite des Geschosses, und zwar bis zu einem Stellungswinkel von 45°. Danach ging sie wieder zurück. Dieses Verhalten von Kanonenkugeln weckte nun Galileis Interesse an den Gesetzen von den sich bewegenden Körpern – das allerdings auch noch von einer anderen Beobachtung genährt worden war: Während der Stürme, die regelmäßig durch Pisa und Florenz tobten, hatte Galilei die Schwingbewegungen der Leuchter und Laternen beobachtet, dann anhand seines eigenen Pulses als Messwert die Schwingungszeit genommen und so herausgefunden, dass es einen Bezug zwischen der Länge eines Pendels und seiner Schwungkraft gab – die Grundlage für Galileis Quadratwurzelgesetz war geschaffen.

Galilei verfasste zwei berühmte Traktate: *Dialogo sopra i due massimi sistemi del Mondo Tolemaico e Copernicano* (1632, *Dialog über die beiden hauptsächlichsten Weltsysteme, das ptolemäische und das kopernikanische*) und *Discorsi e Dimostrazioni Matematiche intorno a due nuove scienze* (1638, *Unterredungen und mathematische Demonstrationen über zwei neue Wissenszweige*). Beide waren in italienischer (und nicht lateinischer) Sprache und in Form von Dialogen, fast nach Art von Schauspielen, verfasst, um seine Ideen einer größeren Leserschaft zugänglich zu machen. Im ersten Werk diskutieren drei Männer – Salviati (ein gelehrter Wissenschaftler), Sagredo (ein gebildeter Laie) und Simplicio (ein begriffsstutziger Aristoteliker) – die jeweiligen Vorzüge des ptolemäischen und kopernikanischen Weltsystems. Galilei ließ wenig Zweifel, wo seine eigenen Präferenzen lagen, persiflierte dabei aber indirekt auch den Papst, was schließlich zum berühmten Inquisitionsprozess und seiner Verurteilung zu lebenslanger Kerkerhaft führte, die schließlich in einen Hausarrest umgewandelt wurde. Während des Hausarrests schrieb Galilei die *Due nuove scienze*, einen Dialog derselben drei Männer, diesmal aber über die Dynamik. Und in diesem Traktat erläuterte er nun auch seine Erkenntnisse über Wurfgeschosse und wies nach, dass der Weg eines Projektils, wenn man den Luftwiderstand unberücksichtigt lässt, eine Parabel beschreibt.[9] Eine Parabel ist eine Funktion des Kegelschnitts, gleich der Ellipse. Zweitausend Jahre lang waren Kegelschnitte abstrakt studiert worden, nun waren mit einem Schlag gleich zwei Anwendungen in der realen Welt aufgetaucht – noch ein Stück »Weltharmonie« war enthüllt.

Es war schon paradox, dass Galilei seine *Due nuove scienze* als Geächteter schrieb, denn mit seiner Verhaftung und dem anschließenden Hausarrest hatte man ja gerade beabsichtigt, den Deckel auf der kopernikanischen Revolution zu halten. In Wirklichkeit wurde Galilei damit die Möglichkeit geboten, in Ruhe nachzudenken und genau das Werk zu schreiben, das zu Newton führen und der Religion den größten Schlag versetzen sollte.

*

Auf einer 1993 veröffentlichten Liste der einflussreichsten Persönlichkeiten aller Zeiten rangiert Isaac Newton nach Muhammad und vor Christus auf Platz zwei.[10] Newton wurde 1642 geboren, dem Jahr, in dem Galilei starb, und wuchs in einem Klima auf, in dem es bereits als völlig normal galt, dass jemand einen naturwissenschaftlichen Beruf ergreifen wollte oder entsprechende Interessen hatte – ganz anders, als es noch in der Welt von Kopernikus, Kepler oder Galilei der Fall gewesen war, in der sich ja alles um Religion und Metaphysik gedreht hatte. Dennoch teilte sich Newton einige Heldeneigenschaften mit seinen Vorgängern, beispielsweise die Fähigkeit, fast vollkommen auf sich allein gestellt arbeiten zu können. Es war gut, dass er das konnte, denn ein Großteil seines bahnbrechenden Werkes sollte 1665 in erzwungener Abgeschiedenheit entstehen, da er sich vor der Pest, die gerade in London wütete, in seinen Geburtsort Woolsthorpe in Lincolnshire geflüchtet hatte. Es war, wie Carl Boyer in seiner Mathematikgeschichte schreibt, die wohl produktivste Abgeschiedenheit aller Zeiten, jedenfalls was mathematische Entdeckungen anbelangt. Wordsworth schrieb später: *Newton...The marble index of a mind forever/voyaging through strange seas of thought alone* (»Das Marmordenkmal eines Geistes, der/Für ewig einsam auf der Reise war/Durch fremde Meere menschlichen Erforschens«).[11] Wie Kopernikus, so durfte sich auch Newton glücklich schätzen, einen Onkel zu haben, der wohlhabend genug war, um ihn auf das Gymnasium von Woolsthorpe und anschließend, im Jahr 1661, an das Trinity College nach Cambridge zu schicken. Sein Vater war noch vor seiner Geburt verstorben. Hätte es den Onkel nicht gegeben, wäre aus diesem bemerkenswerten Mann vielleicht niemals der geworden, der er werden sollte.

Aber auch in anderen Hinsichten hatte Newton Glück gehabt. Eigentlich interessierte er sich hauptsächlich für Chemie und weniger für Mathematik oder Physik. Doch dann begann er in Cambridge Euklid zu lesen, die Vorlesungen von Isaac Burrow (dem Inhaber des Lukasischen Lehrstuhls) zu hören und die Arbeiten von Galilei und all den anderen kennen zu lernen. Im beginnenden 17. Jahrhundert hatte die Mathematik gerade begonnen, erste Anzeichen ihrer modernen Gestalt anzunehmen. Als Newton (1642–1727) graduierte, arbeiteten seine (mehr oder weniger) Zeitgenossen Gottfried Leibniz (1646–1716) und Nicolaus Mercator (1620–1687) an ihren Werken; René Descartes (1596–1650), Pierre de Fermat (1601–1665) und Blaise Pascal (1623–1662) waren noch nicht lange tot. Symbole, die Verwendung von Buchstaben, die Erstellung von Reihen und diverse neue geometrische Ideen hatten sich bereits als neue Techniken in der Mathematik eingebürgert. Doch an der Spitze standen die Einführung des Logarithmus und die Differential- und Integralrechnung.[12]

Eine Art Dezimalrechnen war bereits von Chinesen und Arabern angewandt worden; 1585 hatte der französische Mathematiker François Viète darauf gedrängt, sie auch im Westen einzuführen. Doch es war Simon Stevin aus Brügge gewesen, der noch im gleichen Jahr *De Thiende* (»Das Zehntel«) in flämischer Sprache publizierte und darin Dezimalbrüche und die Dezimalteilung in einer für mehr oder weniger jeden verständlichen Weise darstellte. Allerdings trennte Stevin die Ganzzahlen nicht mit einem Punkt von den Zehnerbrüchen. Den Wert von π (pi) stellte er beispielsweise folgendermaßen dar:

⓪ ① ② ③ ④
3 1 4 1 6

Anstatt der Begriffe »Zehntel« oder »Hundertstel« benutzte er »Einer« und so weiter. Erst John Napier (Naper) sollte auf Stevins Methode Bezug nehmend den Punkt (beziehungsweise das Komma) als Dezimaltrennzeichen einführen.[13] Im Englischen bürgerte sich der Dezimalpunkt ein, in anderen Sprachen mehrheitlich das Komma.

John Napier war kein professioneller Mathematiker gewesen, sondern ein antikatholischer schottischer Gutsherr (Laird of Murchiston), der sich mit vielen Themen befasste und sich so sehr für Mathematik und Trigonometrie interessierte, dass er schließlich den Logarithmus erdachte, zwanzig Jahre bevor er auch nur irgendetwas darüber veröffentlichen sollte. Der Begriff »Logarithmus« setzt sich aus den griechischen Wörtern *logos* (Vernunft) und *arithmos* (Zahl) zusammen. Mit Zahlenreihen hatte sich Napier schon seit 1594 beschäftigt. Gerade zerbrach er sich wieder einmal den Kopf, als er Besuch von Dr. John Craig erhielt, dem Leibarzt von James VI. von Schottland (dem künftigen James I. von England), der ihm von der in Dänemark angewandten Prosthaphaerese berichtete. Sehr wahrscheinlich hatte er seinen König auf der Fahrt über die Nordsee zu dessen Braut Anna von Dänemark begleitet, doch als ein Sturm aufkam, waren die Seefahrer gezwungen gewesen, unweit von Tycho Brahes Observatorium anzulegen. Und während sie das Wetter dort aussaßen und sich der Astronom um sie kümmerte, muss er ihnen auch von dieser mathematischen Technik berichtet haben. Der Begriff »Prosthaphaerese« leitet sich vom griechischen Begriff für »Addition und Subtraktion« ab und beinhaltet eine Reihe von Regeln für die Umkehr eines Funktionswerts (wie den einer Multiplikation) in eine Summe oder Differenz. Und das ist im Wesentlichen ein Logarithmus: Zahlen werden – in geometrischer Folge – in Quotienten umfunktioniert. Auf diese Weise wird eine Multiplikation zur Frage einer einfachen Addition oder Subtraktion und das Rechnen insgesamt um ein Vielfaches einfacher. Henry Briggs, der erste Inhaber des Savilian-Lehrstuhls für Geometrie in Oxford, vervollständigte und verbesserte die von Napier begonnenen Tabellen und veröffentlichte schließlich die vierzehnstelligen Logarithmen aller Zahlen bis hunderttausend.[14]

Es kann also gar nicht als Kritik an Newtons Genie gemeint sein, wenn man sagt, dass er das Glück hatte, der geistige Erbe von so vielen illustren Vorgängern gewesen zu sein – das Fundament war ganz einfach schon gelegt worden. Was nun seine eigenen grandiosen Leistungen betrifft, so sollten wir mit der reinen Mathematik beginnen. Seine gewiss großartigste Innovation war der Binomialsatz, der ihn dann auf die Idee von der Infinitesimalrechnung brachte. Eine Infinitesimalrechung ist im Wesentlichen eine algebraische Methode zur Berechnung des Verhaltens von mathematischen Funktionen (zum Beispiel der Beschleunigung), die sich in kleinsten (infinitesimalen) Intervallen verändern lassen, in sich aber beständig sind. Wir können in unseren Arbeitszimmern vielleicht 200, 2000 oder 2001 Bücher stehen haben, aber keine 2000¼ oder 2001½. Wenn wir jedoch in einem Zug sitzen, kann dessen Geschwindigkeit beständig – infinitesimal – zwischen 0 Stundenkilometern und 300 Stundenkilometern (wenn es sich um den Eurostar handelt) variieren. Die Infinitesimalrechung behandelt infinitesimale Abweichungen und ist deshalb so wichtig, weil sie zur Erklärung der Funktionen all der vielen Abweichungen in unserem Universum beiträgt.

Welch großer Vorwärtsschritt Newton damit gelungen war, lässt sich allein schon an der Tatsache ablesen, dass er eine ganze Zeit lang der einzige Mensch auf Erden war, der »differenzieren« (von Kurven überstrichene Flächen berechnen) konnte. Das galt lange Zeit als derart schwierig, dass er nicht einmal in seinem bedeutendsten Werk *Principia Mathematica (Mathematische Prinzipien der Naturphilosophie)* eine Differentialnotation verwandte, weil er glaubte, dass niemand sie verstehen würde. Sein Buch – *Philosophiae Naturalis Principia Mathematica*, wie der volle Titel lautet – erschien 1687 und wurde als »die meistbewunderte wissenschaftliche Abhandlung aller Zeiten« bezeichnet.[15]

Doch die größte Errungenschaft Newtons war sein Schwerkraftgesetz. Wie Bernal betont, war Kopernikus' Theorie zu dieser Zeit zwar weithin akzeptiert, »doch noch keineswegs erklärt« gewesen. Ein Problem zum Beispiel war von Galilei aufgezeigt worden: Wieso blies, wenn sich die Erde wirklich um die eigene Achse drehte, wie Kopernikus behauptet hatte, kein kräftiger Wind über sie hinweg, und zwar entgegen ihrer Rotationsrichtung, also von West nach Ost? Angesichts der Geschwindigkeit, mit der sie sich angeblich drehte, hätte doch ein Sturm von geradezu zerstörerischen Kräften toben müssen. Damals hatte man noch keine Vorstellung von einer Atmosphäre, deshalb schien Galileis Einwand durchaus vernünftig. Außerdem gab es ja auch das Problem mit der Trägheit. Wenn ein Planet trudelte, wer oder was hatte ihn dann geschubst? Die Erklärung, dass er von Engeln bewegt würde, konnte Newton nicht zufrieden stellen. Aber da er von Galileis Arbeit über das Pendel wusste, kam er schließlich auf die Idee von einer Fliehkraft.[16] Galilei war von seinen Beobachtungen frei schwingender Pendel schließlich zum Kreispendel übergegangen. Das Kreispendel führte dann zu der Vorstellung von einer Zentrifugalkraft, und diese hatte nun wiederum Newton auf die Idee gebracht, dass es die Schwerkraft sein müsse, die die Planeten in ihren Bahnen hielt, während sie sich frei um sich selbst drehten. (Im Fall des Kreispendels wird die Schwerkraft durch das Gegengewicht und dessen Hang zur Mitte repräsentiert.)

Die Schönheit der Newton'schen Lösung des Schwerkraftproblems erstaunt noch moderne Mathematiker, doch dabei sollten wir nicht übersehen, dass diese Theorie untrennbar mit den sich wandelnden gesellschaftlichen Einstellungen verknüpft war. Obwohl längst kein ernsthafter Denker mehr an Astrologie glaubte, betrachtete es die Astronomie doch immer noch als ihre zentrale Aufgabe, die Funktionsweisen des göttlichen Geistes zu verstehen. In Newtons Tagen war jedoch bereits eine weniger theologisch als praktisch orientierte Zielsetzung in den Vordergrund gerückt – die Berechnung von Längengraden. Schon Galilei hatte die Jupitermonde als eine Art Uhr genutzt; Newton wollte nun die grundlegenderen Gesetze der Bewegung *verstehen*. Obwohl seine Interessen also mehr den Grundgesetzen galten, war er nicht blind und erkannte, dass

Tabellen, die auf diesen Gesetzen beruhten, ausgesprochen nützlich sein würden.

Die Genesis der Idee wurde schon von vielen Wissenschaftshistorikern rekonstruiert: Zuerst hatte der italienische Mathematiker Giovanni Alfonso Borelli die Vorstellung von einer »Schwere« eingeführt, von einer die Zentrifugalkraft ausgleichenden Kraft, ohne die die Planeten, wie er schrieb, ganz einfach an einer Tangente abfliegen würden. Auch Newton hatte dieses Prinzip verstanden, doch er ging noch weiter und stellte die Theorie auf, dass sich eine elliptische Umlaufbahn, auf der sich ein Planet umso schneller bewegt, je näher er der Sonne kommt, nur erklären lasse, wenn sich die Schwerkraft verstärkt, um die erhöhte Zentrifugalkraft auszugleichen. Daraus ergab sich, dass die Gravitation eine Funktion der Entfernung ist. Doch welche Funktion? Robert Hooke, der talentierte Sohn eines Geistlichen von der Isle of Wight, den man nach einer Feuersbrunst im Jahr 1666 mit dem Wiederaufbau der Londoner Innenstadt betraut hatte, war sogar so weit gegangen, das Gewicht von unterschiedlichen Gegenständen tief unten in einem Bergwerksschacht und ganz oben auf einer Kirchturmspitze zu messen. Doch seine Instrumente waren noch bei weitem nicht genau genug, um bestätigen zu können, wonach er suchte. In Frankreich kam Descartes, der sich ein Exemplar von Galileis *Due massimi sistemi* besorgt hatte, auf die Idee, dass es einen Materiegürtel geben müsse, der kontinuierlich wirbelnd die Sonne umkreist und alle Planeten, die nicht über genügend eigene Drehkraft verfügten, um dagegen anzukämpfen, wie in einem Strudel umherschleudert und einsaugt, sobald sie dem Zentrum zu nahe kommen. All diese Ideen waren schon ziemlich nahe dran, aber eben immer noch nicht das Wahre. Der Durchbruch kam mit Edmond Halley, einem leidenschaftlichen Astronomen, der bis nach Sankt Helena gesegelt war, um den Himmel der südlichen Hemisphäre zu studieren. Abgesehen davon hatte er zur Finanzierung der *Principia* beigetragen und diverse Naturforscher – darunter Hooke, Wren und Newton – gedrängt, einen Beweis für das quadratische Entfernungsgesetz zu erarbeiten. Seit Kepler hatten schon mehrere Naturforscher vermutet, dass sich die Länge beziehungsweise zeitliche Dauer einer elliptischen Umlaufbahn proportional zum Radius verhalten müsse, doch bisher hatte sich noch niemand darangemacht, den exakten Zusammenhang nachzuweisen. Zumindest hatte noch niemand etwas darüber veröffentlicht – denn tatsächlich hatte Newton, der gerade konzentriert in Cambridge über dem seiner Meinung nach viel wichtigeren Problem der Prismen brütete, das quadratische Entfernungsgesetz bereits beschrieben; doch da ihm nicht der eilige Veröffentlichungsdrang moderner Forscher zu Eigen war, hatte er das Ergebnis noch für sich behalten. Angespornt von Halley, gab er seine Erkenntnisse endlich preis: Er setzte sich hin und schrieb die *Principia*, »die Bibel aller Naturwissenschaftler und vor allem Physiker«.[17]

Wie das Hauptwerk von Kopernikus, so sind auch die *Principia* nicht leicht zu lesen, doch hinter der schwierigen Prosa verbirgt sich eine ungemein verständliche Klarheit. In seinem »Weltsystem« (womit er das Sonnensystem meinte) identifizierte Newton eine Masse, Materiendichte – eine intrinsische Beschaffenheit und »innewohnende Kraft«, die wir heute als Trägheit bezeichnen.[18] Die Gesetze, die er darauf aufbaute, sind gewiss noch besser bekannt:

I. *Jeder Körper beharrt in seinem Zustande der Ruhe oder der gleichförmigen geradlinigen Bewegung, wenn er nicht durch einwirkende Kräfte gezwungen wird, seinen Zustand zu ändern.*
II. *Die Änderung der Bewegung ist der Einwirkung der bewegenden Kraft proportional...*
III. *Die Wirkung ist stets der Gegenwirkung gleich...*

Newtons *Principia* stellten ein geordnetes, stabiles Universum vor und haben den Himmel entzaubert. Das Universum war *gezähmt* und zu einem Teil der Natur geworden. Der Klang der »Kugeln« war in all seiner Schönheit beschrieben worden, und doch hatte der Mensch dadurch nichts über Gott erfahren. Heilige Geschichte war zu Naturgeschichte geworden.

*

So schön und in sich geschlossen die *Principia Mathematica* und die neue Rechenart auf ihre Weise auch waren, so waren es doch nur zwei von Newtons Errungenschaften. Seine andere große Leistung vollbrachte er auf dem Gebiet der Optik. Bei den Griechen hatte zur Optik auch das Studium von Schatten und Spiegeln gehört, vor allem von Hohlspiegeln, da sie nicht nur ein Abbild wiedergaben, sondern zudem als Brenngläser verwendet werden konnten. Im späten Mittelalter wurden Linsen und Augengläser erfunden, in der Renaissance entwickelten Holländer das Fernrohr, von dem sich wiederum das Mikroskop herleitet.

Newton verband nun zwei dieser Erfindungen zum Spiegelfernrohr. Nachdem er festgestellt hatte, dass Spiegelbilder nie farbige Lichtringe aufwiesen, wie sie üblicherweise bei Sternen zu sehen waren, wenn man sie durch ein Fernrohr beobachtete, fragte er sich, *wieso* es diese Ringe überhaupt gab. Also begann er mit dem Fernrohr zu experimentieren, und diese Experimente führten ihn schließlich zur Erforschung der Eigenschaften des Prismas. Prismen faszinierten die Menschen von jeher, weil sie die Farben des Regenbogens wiedergaben, der im Mittelalter ja eine religiöse Bedeutung hatte. Doch wer auch nur einen Hauch für wissenschaftliches Denken übrig hatte, der konnte leicht beobachten, dass ein Regenbogen in all seinen Farben nur dann entstand, wenn Wassertropfen in der Luft von Sonnenlicht beschienen wurden. Schließlich machte man die Beobachtung, dass die Farbzusammenstellung des Regenbogens etwas mit dem Stand der Sonne zu tun hatte und rotes Licht weniger stark gebrochen wurde als violettes. Mit anderen Worten: Man hatte das Phänomen der Lichtbrechung identifiziert, es aber noch nicht verstanden.[19]

Newton begann seine Lichtexperimente, indem er ein kleines Loch in den Fensterladen seines Zimmers im Trinity College in Cambridge bohrte, durch welches ein Sonnenstrahl ins verdunkelte Zimmer und durch ein Prisma auf die gegenüberliegende Wand fiel. Dabei beobachtete er zweierlei: Erstens stand das Bild Kopf, zweitens wurde das Licht in seine einzelnen Farbbestandteile aufgespalten. Damit war ihm sofort klar, dass Licht aus einzelnen Strahlen bestand und die verschiedenen Farben der Strahlen unterschiedlich stark vom Prisma beeinflusst wurden. Schon in der Antike hatte man eine Vorstellung von Lichtstrahlen entwickelt, war aber zum gegenteiligen Ergebnis wie Newton gekommen: Man hatte angenommen, dass sich das Licht *vom* Auge des Betrachters *zum* betrachteten Gegenstand bewege. Newton hingegen hielt das Licht selbst für eine Art von Projektil, das in die eine oder andere Richtung vom betrachteten Gegenstand *weg* schoss – tatsächlich hatte er somit identifiziert, was wir heute als Photonen bezeichnen. Bei seinem nächsten Experiment ließ er wiederum einen Lichtstrahl durch den Fensterladen und ein Prisma fallen, hielt diesmal aber eine Linse in das Regenbogenspektrum, die das farbig aufgespaltene Licht auf ein zweites Prisma bündelte und den Effekt des ersten neutralisierte. Das heißt, mit der richtigen Ausrüstung konnte weißes Licht nach Belieben aufgespalten und wieder gebündelt werden. Wie schon bei seiner Arbeit über die Infinitesimalrechnung hatte es Newton auch diesmal nicht eilig, seine Erkenntnisse drucken zu lassen, doch als sie dann von der Royal Society veröffentlicht wurden, war ihre Bedeutung schnell klar. Beispielsweise war von alters her (vor allem in Ägypten) beobachtet worden, dass Sterne nahe dem Horizont später untergingen und früher aufgingen, als man erwartet hätte. Das ließ sich nur mit der Vermutung erklären, dass es in Erdnähe irgendeine Substanz gab, die für eine Krümmung des Lichtes sorgte. Damals wusste man noch nichts von der Atmosphäre, und erst Newtons Beobachtungen gaben die Initialzündung für die Entwicklung dieser Idee. Er hatte außerdem herausgefunden, dass sowohl Diamanten als auch Öl das Licht brachen, was ihn auf die Idee brachte, dass Diamanten eine »ölige Materie« enthielten. Natürlich hatte er auch damit in gewisser Weise Recht, denn Diamanten bestehen ja größtenteils aus Kohlenstoff. Diese Erkenntnis wurde zum Vorläufer der Ideen von der Spektrografie und der Röntgenkristallografie, die im 20. Jahrhundert postuliert wurden.[20]

*

Tycho Brahes Labor auf der dänischen Insel Hveen spielte in dieser Geschichte bereits eine Rolle. Im Jahr 1671 sollte es erneut ins Blickfeld rücken: Der französische Astronom Jean Picard traf dort ein und musste feststellen, dass es von ignoranten Inselbewohnern völlig zerstört worden war. Als er sich umsah und auf den Trümmern herumstieg, traf er einen jungen Mann, der anders wirkte als die übrigen Männer. Olaus Römer schien sich sehr für Astronomie zu interessieren und eine Menge darüber zu wissen. Gerührt über das große Bemühen dieses Mannes, sein Wissen zu mehren, beschloss Picard, Römer nach Frankreich einzuladen, wo dieser dann unter seiner Anleitung eigene Himmelsbeobachtungen begann und dabei schon sehr bald und zu seinem großen Erstaunen feststellte, dass die berühmte Theorie, die Galilei auf Basis der Jupitermonde formuliert hatte, falsch war. Die Geschwindigkeit dieser »Monde« war nicht konstant, wie Galilei behauptet hatte, sondern schien vielmehr systematisch je nach Jahreszeit zu variieren. Römer zog sich zurück, sah sich die gewonnenen Daten in Ruhe an und begriff, dass die Geschwindigkeit dieser »Monde« mit der Entfernung des Jupiter von der Erde zusammenhängen musste. Und diese Beobachtung führte schließlich zu seiner phantastischen Erkenntnis, dass sich Licht fortbewegt. Davon mussten zwar erst einmal eine Menge Leute überzeugt werden, doch tatsächlich gab es für diese Idee bereits eine Art Präzedenzfall: Jeder Soldat wusste aus der Erfahrung mit Kanonen auf dem Schlachtfeld nur allzu gut, dass sich der Schall fortbewegt – man sah den Rauch einer Kanone, lange bevor man den Ton des Abfeuerns hörte. Und wenn sich der Schall bewegte, wieso wäre es dann so weit hergeholt, dass das auch beim Licht der Fall sein könnte?[21]

Das waren gewaltige Fortschritte auf dem Gebiet der Physik; in ihnen spiegelte sich eine Zeit kontinuierlicher Innovationen und ungemein schöpferischer Denkprozesse. Dass sich Newton in seinem berühmten Brief an Robert Hooke mit Descartes verglich, ist allseits bekannt: »Wenn ich weiter sehen konnte (als du und Descartes), so deshalb, weil ich auf den Schultern von Giganten stand.«[22] Doch in einem Punkt hatte Newton falsch gelegen, falsch allerdings auf dem hohen Niveau der sehr bedeutenden Annahme, dass Materie eine Ansammlung von Atomen sei. »Alles in allem scheint es mir glaubhaft, dass Gott am Anfang Materie aus festen, kompakten, harten, undurchdringlichen, beweglichen Teilchen von solcherart Größe und solcherart Gestalt und mit solcherart Eigenschaften dergleichen im Verhältnis zum Raum formte, wie es dem Zweck, für das er sie formte, am dienlichsten war, und dass diese Urteilchen in ihrer Art als feste Stoffe unvergleichlich viel härter sind als alle porösen Körper, welche aus ihnen zusammengesetzt sind, so ungemein hart sogar, um sich niemals abzunutzen oder in Stücke zu brechen. …Doch… zusammengesetzte Körper neigen zu zerbrechen, nicht wie feste Teile in der

Mitte, sondern dort, wo diese Teilchen zusammengefügt sind und sich nur an wenigen Punkten berühren.«[23]

Wie wir wissen, stellte Demokrit bereits zweitausend Jahre vor Newton die These auf, dass Materie aus Atomen bestehe; seine Ideen waren dann von dem provenzalischen Priester Pierre Gassendi aufgegriffen, weiterentwickelt und den Westeuropäern vorgestellt worden. Und darauf baute nun Newton auf. Doch trotz all seiner innovativen Ideen gab es in seinem Bild vom Universum und den darin enthaltenen Atomen keine Veranlagung zu Veränderungen oder zu einem evolutionären Verhalten. Sosehr er unser Verständnis vom Sonnensystem auch verbessert hat: Die Idee, dass dieses System eine Geschichte haben könnte, überstieg seinen Horizont noch.

*

Im Jahr 1543, als Kopernikus sein Werk *De revolutionibus orbium coelestium* schließlich veröffentlichte, präsentierte Andreas Vesalius der Welt sein Werk über den Bau des menschlichen Körpers. Es war womöglich noch wichtiger, denn die kopernikanische Theorie sollte nie unmittelbar auf das Denken im 16. Jahrhundert einwirken, und ihre theologischen Konsequenzen lösten erst viel später Kontroversen aus. Für die Biologie hingegen bedeutete das Jahr 1543 das natürliche Ende einer Epoche und den Beginn einer neuen, da sich die Beobachtungen von Vesalius augenblicklich auswirkten.[24] Jeder war gespannt zu erfahren, was sie im Detail besagen würden (Vesalius' Studenten drängten ihn sogar, Karten von den Venen und Arterien anzufertigen). Und es war keineswegs ungewöhnlich im 16. Jahrhundert, Anatomietafeln über das Skelett bei Barbieren oder in öffentlichen Bädern zu finden. Vesalius' akribische Anatomiestudien erhoben jedoch auch philosophische Fragen über den Daseinszweck des Menschen.

Doch stellen wir seine Errungenschaften erst einmal in den angemessenen Kontext. Bis zur Veröffentlichung seines Buches war die vorherrschende geistige Kraft in der Humanbiologie nach wie vor Galen (131–201) gewesen – man erinnere sich: Galen war eine der imposantesten Gestalten der Medizingeschichte und der letzte große Anatom der Antike, der jedoch noch unter sehr ungünstigen Bedingungen hatte arbeiten müssen. Seit Herophilos (geb. ca. 320 v. d. Z.) und Erasistratos (geb. ca. 304 v. d. Z.) war die Sektion des menschlichen Körpers verpönt gewesen, und Galen war deshalb gezwungen, allein aus seinen Beobachtungen an Hund, Schwein, Ochsen und Berberaffen Rückschlüsse zu ziehen. Nach ihm wurden über ein Jahrtausend lang so gut wie keine Fortschritte gemacht, erst zu Zeiten von Kaiser Friedrich II. (1194–1250) und seinem Königreich Sizilien kam wieder Bewegung in die Medizin. Die Sorge um das Wohlergehen seiner Untertanen und sein aufrichtiges Interesse an neuen Erkenntnissen bewegten den Kaiser im Jahr 1231 zu einem Dekret, welches besagte, »dass ein Chirurg nur dann die Bestallung zur Berufsausübung erhält, wenn er schriftliche Zeugnisse von an der medizinischen Fakultät lesenden Magistern beibringt, dass er wenigstens ein Jahr lang den Zweig der Heilkunde studiert hat, welcher die Kenntnis der Chirurgie vermittelt, und dass er besonders die Anatomie menschlicher Körper in den Vorlesungen erlernt hat«. Im Rahmen dieser Konstitution ordnete der Kaiser unter anderem auch an, dass mindestens einmal alle fünf Jahre die öffentliche Sektion eines menschlichen Körpers in Salerno stattzufinden habe. Im Lauf der Zeit sollten sich immer mehr Staaten dieses erste Sektionsgesetz zum Vorbild nehmen. Zu Beginn des nächsten Jahrhunderts wurde die in Padua angesiedelte medizinische Hochschule von Venedig autorisiert, einen menschlichen Körper pro Jahr zu sezieren. Und genau dort erhielt Vesalius Anfang des 16. Jahrhunderts seine Ausbildung.[25]

Dass sich die Einstellung zum Körper verändert hatte, beweisen auch die Zeichnungen von Leonardo da Vinci, die um das Jahr 1510 beziehungsweise drei Jahrzehnte vor Vesalius entstanden. Einer Notiz des Künstlers zufolge hatte er sich bereits im Jahr 1489 vorgenommen, ein Buch über den menschlichen Körper zu schreiben, doch wie so vieles andere bei ihm sollte es nie fertig gestellt werden.[26] Eindeutig entnehmen lässt sich dieser Notiz und Leonardos Zeichnungen jedoch, dass er die Anatomie bereits professionell studiert hatte, noch bevor er sich mit dem Anatomen Antonio della Torre zusammentat, und dass er auch noch lange nach ihrem Bruch im Jahr 1506 Sektionen vornahm. Wir besitzen über siebenhundert Skizzen des Künstlers über den Aufbau des Herzens und die Anordnung des Gefäßsystems; er zeichnete Knochen aus unterschiedlichen Blickwinkeln, Muskeln und das umliegende Gewebe, Querschnitte vom Bein auf unterschiedlichen Knochenhöhen oder vom Gehirn und von den Nerven. Und das tat er so detailliert, dass es nicht nur den Künstler, sondern auch den Medizinstudenten zufrieden stellen konnte. Laut einer Quelle soll Leonardo bis 1510 nicht weniger als dreißig menschliche Leichen beiderlei Geschlechts seziert haben.

Andreas Vesalius wurde am Neujahrstag 1514 in Brüssel geboren und erhielt eine sehr umfassende Ausbildung, obwohl er aus einer reinen Medizinerfamilie stammte. Schon als junger Mann veröffentlichte er die Übersetzung einer medizinischen Schrift von Rhazes aus dem Griechischen. Er verließ Brüssel, um in Löwen und Paris zu studieren; nach seiner Rückkehr wurde er Militärchirurg. Schließlich zog er nach Padua, angelockt von den relativ guten Möglichkeiten, die sich dort für die Forschung an Leichen boten. Im Jahr 1537 – er war erst dreiundzwanzig Jahre alt – wurde er dort zum *Explicator chirurgiae* ernannt und hielt Vorlesungen über Chirurgie und Anatomie. Und im Zuge der Sektionen, die er nun durchführen konnte, begann er zu verstehen, wo Galen geirrt hatte.

Bald schon lehnte er Galen vollständig ab und lehrte nur noch, was ihm selbst zu enthüllen oder bestätigen gelungen war. Das machte ihn so populär, dass die Studenten in seinen Vorlesungen Schlange standen – einem historischen Bericht zufolge bis zu fünfhundert zugleich.[27]

Nach fünf Jahren in Padua schrieb der gerade einmal Achtundzwanzigjährige seine Abhandlung *De humani corporis fabrica*, die er Karl V. widmete und in Basel mit vielen Tafeln und Holzschnitten veröffentlichen ließ. (Die Illustrationen stammten von seinem Landsmann Jan Stephan von Kalkar, einem Schüler Tizians.) Auf den modernen Betrachter wirken Kalkars Zeichnungen grotesk, denn um das Erschreckende der Darstellungen abzumildern, stellte er Skelette in lebensnahen Posen und zum Teil sogar vor malerischen Landschaften dar. Doch ob grotesk oder nicht: Noch nie hatte man Zeichnungen des menschlichen Körpers in derart lebendigen Details gesehen. Der Erfolg war durchschlagend. »Vesalius korrigierte über zweihundert anatomische Fehler von Galen.« Viele Zeitgenossen verurteilten ihn deshalb, doch was er geleistet hatte, konnte ihm niemand mehr nehmen. Beispielsweise hatte er aufgezeigt, dass es sich beim menschlichen Kiefer um einen einzelnen Knochen handelt und nicht, wie beim Hund oder bei niederen Säugetieren, um einen geteilten Knochen; oder dass der menschliche Oberschenkelknochen gerade und nicht gekrümmt ist wie beim Hund; und dass das Brustbein aus drei und nicht, wie man bis dahin glaubte, aus acht Knochen besteht. So mancher versuchte zu kontern, dass sich der menschliche Körperbau seit Galen verändert oder »die Mode der engen Hosen eine Begradigung des männlichen Beinknochens« bewirkt habe. Auch die Theologen waren nicht zu überzeugen. »Die weithin akzeptierte Lehre lautete, dass der Mann an einer Seite über eine Rippe weniger verfügte, da Eva der Bibel zufolge aus einer Rippe Adams erschaffen worden war. Doch Vesalius hatte auf jeder Seite dieselbe Zahl an Rippen vorgefunden.«[28] Aber dies war Mitte des 16. Jahrhunderts, Reformation und Gegenreformation waren im vollen Gange, und die Kirche war unerbittlich. Die Angriffe gegen Vesalius wurden derart heftig, dass er von seiner Professur in Padua zurücktrat und das Angebot annahm, als Leibarzt Karls V. nach Spanien zu übersiedeln.

Doch was Vesalius begonnen hatte, konnte niemand mehr aufhalten. Sein wichtigster Nachfolger wurde der 1578 in Folkestone geborene Engländer William Harvey, der fünf Jahre lang die King's School in Canterbury besucht hatte und 1593, im Alter von sechzehn Jahren, nach Cambridge übergewechselt war. Wie bei Newton, so strahlte auch Harveys Glorienschein nicht von Anbeginn an (aber er war ja auch noch sehr jung gewesen). Er konzentrierte sich ganz auf das Studium von Latein und Griechisch, von der Physik erwarb er sich nur Grundkenntnisse. Doch dass er sich gleich nach seiner Graduierung im Alter von neunzehn Jahren auf den Weg nach Italien und Padua machte, beweist, dass er sich bereits sehr für Medizin interessiert haben muss und offenbar unbedingt bei Fabricius, einem damals berühmten Lehrer, studieren wollte.[29] Fabricius, der bereits einundsechzig Jahre alt war, als Harvey in Padua eintraf, schloss gerade seine Forschung über die Venenklappen ab und hatte bereits nachgewiesen, dass Pupillen auf Licht reagieren. Sein eigenes Wissen war zwar veraltet, doch es gelang ihm, Harvey für die Medizin zu begeistern. Und mit diesem Enthusiasmus im Gepäck kehrte Harvey nach Abschluss seines Studiums im Jahr 1602 in die Heimat zurück, um in Cambridge seinen Doktor der Medizin zu machen, was nötig war, um in England praktizieren zu können. Kaum ein Jahrzehnt nachdem er eine Praxis in London eröffnet hatte, wurde er zum Dozenten am Royal College of Physicians ernannt. Schriftlichen Nachweisen in Harveys eigener krakeliger Handschrift zufolge las er bereits 1616, nur ein Jahr nach seinem Antritt am Royal College, über die Lehre vom Blutkreislauf. Doch er hatte es weniger eilig als Vesalius, der, man erinnere sich, seine anatomischen Beobachtungen bereits im Alter von nur achtundzwanzig Jahren veröffentlicht hatte. Wir wissen heute, dass Harvey ganze zwölf Jahre lang Vorlesungen über den Blutkreislauf hielt, bevor er endlich beschloss, seine Erkenntnisse auch zu publizieren. Als sein grandioser Klassiker *Anatomische Studien über die Bewegung des Herzens und des Blutes* 1628 schließlich erschien, war er fünfzig Jahre alt.

Harvey hatte wirklich gründliche Beobachtungen gemacht und in dem Traktat *Exercitatio Anatomica de Motu Cordis et Sanguinis in Animalibus*, wie es mit vollem lateinischem Titel lautete, vorgestellt. Dabei bezog er sich auf vierzig Tierarten, deren Herz er mit eigenen Augen schlagen gesehen hatte – Fische, Reptilien, Vögel, Säugetiere und diverse wirbellose Geschöpfe. An einer Stelle heißt es: »Ich habe zumal beobachtet, dass fast alle Tiere ein Herz im wahrsten Sinne des Wortes besitzen, nicht nur (wie Aristoteles sagt) die größeren Geschöpfe mit rotem Blut, sondern auch die höheren Krustentiere mit farblosem Blut und Schalentiere wie Schnecken, Muscheln, Krabben, Krebse und dergleichen. Ja, sogar bei Wespen, Hornissen und Fliegen sah ich mit eigenen Augen und der Hilfe von Vergrößerungsgläsern *(perspicilli)* am oberen Teil des so genannten Rumpfendes das Herz schlagen, was ich auch vielen anderen vor Augen führen konnte.« Das Traktat ist nur achtundsiebzig Seiten lang, aber in einer wesentlich klareren Sprache verfasst als die Meisterwerke von Newton und Kopernikus; außerdem war es in seiner Beweisführung sogar dem Laien verständlich: Das Blut im Körper fließt im Kreis, die Kraft des Herzschlags ist der Antrieb.[30] Um zu der bahnbrechenden Erkenntnis vom Blutkreislauf zu gelangen, muss Harvey bereits so etwas wie ein Kapillarsystem vermutet haben, das Arterien und Venen verbindet. Doch mit eigenen Augen sollte er es nie beobachten. Er hatte deutlich erkannt, dass das Blut von den Arterien in die Venen fließt »und sich in einer Art von Kreis bewegt«, war jedoch noch von der Vorstellung ausgegangen, dass arterielles Blut durch das Gewebe gefiltert in die Venen einfließt. Erst Marcello Malpighi konnte im Jahr 1660 bei seinen Studien an transparenten tierischen Gewebestrukturen mit Hilfe des Mikroskopierens Blut durch die Kapillaren fließen sehen.

Harveys Entdeckung des Blutkreislaufs war die Frucht eines klaren Verstandes und einiger wundervoller Beobachtungen. Er unterband Blutgefäße durch Ligaturen, um die Richtung des Blutflusses zu bestimmen (in den Venen zum Herzen, in den Arterien vom Herzen weg) und berechnete die Blutmenge in Körpern, um zu beweisen, dass das Herz tatsächlich in der Lage war, die ihm zugeschriebene Rolle zu erfüllen. Er beobachtete das Herz so lange, bis er nachweisen konnte, dass bei der Kontraktion Blut in die Arterien geschwemmt wird und dadurch der Pulsschlag entsteht; und er zeigte auf, dass die Blutmenge, die aus der linken Kammer des Herzens fließt, zurückkehren musste, da das Herz im Lauf von nur einer halben Stunde Schlag für Schlag mehr als die gesamte im Körper vorhandene Blutmenge in das Arteriensystem einspeiste.[31] Harvey und seinen Experimenten war es zu verdanken, dass den Menschen allmählich die tragende Rolle des Herzens in der Physiologie bewusst wurde. Auf diesem Perspektivwechsel baute die moderne Medizin auf. Ohne Harvey verstünden wir nichts von der Atmung, den Drüsensekreten (Hormonen) oder von den chemischen Veränderungen in den Geweben.

*

In den vierziger Jahren des 19. Jahrhunderts entdeckte der englische Archäologe Austen Layard unter den Spuren des Palastes von Ninive einen zeltartig geformten Bergkristall, den Fachleute für »eine Quarzlinse von sehr hohem Alter« (aus den Jahren 720–700 v. d. Z.) hielten. Heute glaubt das kaum noch jemand. Wahrscheinlicher ist, dass es sich um ein »Brennglas« zum Feuermachen handelte, denn wir wissen, dass diese Methode im Altertum angewandt wurde. Seneca schreibt in seinen *Naturales Quaestiones* (63 n. d. Z.), dass »alles viel größer erscheint, wenn man es durch Wasser sieht. Beliebig kleine und undeutliche Buchstaben erblickt man durch eine mit Wasser gefüllte Glaskugel größer und klarer.« Doch nicht einmal das wird heute noch als Nachweis für die Verwendung von Vergrößerungstechniken im Altertum gewertet, obwohl es doch so deutlich darauf hinzuweisen scheint.[32] Der erste wirklich allgemein anerkannte Hinweis stammt aus einer Handschrift des arabischen Arztes Alhazen aus dem Jahr 1052, die sich mit dem menschlichen Auge und den Grundlagen der Optik befasste und auf Lesesteine aus Glas oder Kristall Bezug nahm, durch welche Alhazen von der Möglichkeit erfahren hatte, dass sich Dinge vergrößern lassen. Roger Bacon (1214–1294) beschrieb in seinem *Opus majus* (1267) mehr oder weniger das gleiche Verfahren, doch es liegen keine Nachweise vor, dass Bacon je ein Teleskop oder Mikroskop gebaut hätte.

Bis zum Ende des 16. Jahrhunderts hatte sich die Lage verändert. Wir wissen, dass Augengläser in den Niederlanden, Italien und Deutschland zu dieser Zeit bereits gebräuchlich waren – und da konnte es nicht lange dauern, bis jemand zufällig herausfand, was geschieht, wenn man eine Linse in ein Röhrchen einführt. Ein Engländer namens Leonard Digges (1671) und ein Holländer namens Zacharias Janes (1590) haben zwar mit Teleskopen herumexperimentiert, doch sehr wahrscheinlich war es Galilei gewesen, dem die erste erfolgreiche Anwendung eines Teleskops und eines zusammengesetzten Mikroskops gelang. Nachdem er im Jahr 1608 erstmals durch ein Fernrohr geblickt hatte, beobachtete er ein Jahr darauf winzige Objekte durch ein Mikroskop.[33] Der *Discours de la méthode*, den Descartes 1637 veröffentlichte, enthielt einen Anhang mit Darstellungen von Mikroskopen.

Das war der Prolog. Die erste zweifelsfreie Beschreibung von winzigen lebenden Organismen wurde von Athanasius Kircher veröffentlicht. Im Jahr 1646 schrieb er in seiner Abhandlung *Scrutinium Pestis*, dass er mit Hilfe zweier Konvexlinsen, die er in ein Röhrchen eingefügt hatte, »kleine Würmer« in verschiedenen Arten von verrottender Materie entdeckt habe – beispielsweise in Milch, im Blut von Fieberkranken und im Auswurf eines alten Mannes, der ein »wertloses Leben« geführt hatte.[34] Demnach hätte Kircher also die Theorie von den Infektionsherden vorweggenommen. Ihm folgte Antoni van Leeuwenhoek aus Delft: Er baute im Lauf seines Lebens Hunderte von Mikroskopen, mit denen er anscheinend eine bis zu 270-fache Vergrößerung erzielen konnte.[35] Ein Dutzend dieser Instrumente hinterließ er der Royal Society of London, die auch einen Großteil seiner Arbeiten veröffentlicht und ihn als Fellow in die eigenen Reihen aufgenommen hatte. Es waren diese Mikroskope, die ihm schließlich seinen großen Ruf als wissenschaftlicher Beobachter sicherten. Seit 1673 (er war erst einundvierzig Jahre alt) hatte er 375 Briefe an die Royal Society geschickt.[36] Drei davon hebt William Locy als besonders bedeutend hervor: die Berichte über seine Entdeckung der Protozoen (Einzeller), seine Studien über die Bakterien und seine Beobachtung des Blutkreislaufs. »Im Jahr 1675«, schrieb Leeuwenhoek, »entdeckte ich Lebewesen in Regenwasser, das nur wenige Tage in einem neuen, inwendig glasierten Tontopf abgestanden hatte, was mich dazu bewegte, mir dieses Wasser mit großer Aufmerksamkeit zu betrachten, insbesondere diese kleinen Tiere, die mir zehntausendmal kleiner erschienen als diejenigen, welche von Herrn Swammerdam vorgestellt und Wasserflöhe oder Wasserläuse genannt wurden und die sich mit dem bloßen Auge im Wasser erkennen lassen. ...Über die erste in besagtem Wasser von mir entdeckte Art lässt sich nach meiner mehrfachen Beobachtung sagen, dass sie sich aus 5, 6, 7 oder 8 durchsichtigen Globuli zusammensetzt, welche meinen Erkenntnissen nach durch keinerlei Art von Schicht zusammengehalten oder umgrenzt werden. Wenn sich diese *animalcula* bewegten, fuhren sie zwei kleine Hörner aus, welche sich ebenfalls fortwährend bewegten...« Diese *animalcula*, erklärte Leeuwenhoek, seien zum Teil »über 25-Mal kleiner als ein Blutstropfen« gewesen. Für die Philosophie schien damit die lange gesuchte Brücke zwischen lebenden Organismen und der unbelebten Natur entdeckt worden zu sein.[37] Bald schon folgten andere Forscher mit ähnlichen Entdeckungen. Im Jahr 1693 wurden der Welt schließlich die ersten Zeichnungen von Protozoen präsentiert. Eine Zeit lang unterschied man allerdings kaum zwischen Einzellern, Bakterien und Rädertierchen. Carl von Linné (Linnaeus) – der ohne Mikroskop arbeitete – sollte diese Mikroorganismen sogar im 18. Jahrhundert noch völlig falsch verstehen: Er ordnete sie unter dem Rubrum *Chaos infusorium* in sein System ein.

Im Jahr 1683 entdeckte Leeuwenhoek schließlich eine sogar noch kleinere Lebensform – Bakterien. Beobachtet hatte er sie zwar bereits zwei Jahre zuvor, doch er wollte lieber erst genaue Zeichnungen anfertigen, bevor er seine Entdeckung zu veröffentlichen wagte. (Auch sie erschienen in den *Philosophical Transactions of the Royal Society*.) Zeichnungen waren unverzichtbar, denn erst sie konnten verdeutlichen, dass er tatsächlich bakterielle Grundformen beobachtet hatte – runde, stäbchen- und spiralförmige. Hier Auszüge aus seinem Begleitschreiben an die Society: »Meine Zähne werden normalerweise sehr rein gehalten, doch wenn ich sie durch ein Vergrößerungsglas betrachte, entdecke ich in den Zwischenräumen das Wachstum einer kleinen weißen Masse, dick wie feuchtes Mehl. Obwohl ich in dieser Substanz keinerlei Bewegung erkennen konnte, vermutete ich darin doch mit einiger Wahrscheinlichkeit Lebewesen. Deshalb entnahm ich etwas von diesem Mehl und vermischte es mit reinem Regenwasser, in dem sich keine Tiere befanden, oder mit etwas eigener Spucke (in welcher keine durch Luftblasen verursachte Bewegung war) und erkannte zu meinem großen Erstaunen, dass besagte Masse sehr kleine lebende Tiere enthielt, welche sich im Übermaß bewegten.«[38]

Leeuwenhoeks letzter Triumph war die visuelle Bestätigung des Blutkreislaufs. (Man erinnere sich: Harvey hatte nie Blut durch die Kapillaren fließen *gesehen*; er hatte zwar immer vorgehabt, dieses letzte Stückchen in sein Puzzle einzufügen, beispielsweise, indem er den Kamm eines jungen Hahnes, die Ohren eines Kaninchens oder den membranartigen Flügel einer Fledermaus beobachtete, doch diese abschließende Erklärung sollte ihm nicht mehr vergönnt sein.) Im Jahr 1688 richtete Leeuwenhoek sein Mikroskop schließlich auf den durchsichtigen Schwanz einer Kaulquappe. »Es bot sich ein Anblick, wie ihn meine Augen entzückender nie sahen, denn hier entdeckte ich über fünfzig Blutkreisläufe an verschiedenen Stellen, während das Tier still im Wasser lag und ich es nach Bedarf unter meinem Mikroskop bewegen konnte. Ich erkannte nicht nur, dass das Blut durch immer kleinere Gefäße von der Schwanzmitte zu den Rändern befördert wurde, ich sah auch, dass ein jedes dieser Gefäße eine Drehung oder Biegung beschrieb und das Blut in die Schwanzmitte zurückbeförderte, damit es wieder zum Herzen transportiert werden konnte.«[39] Auch Leeuwenhoeks Entdeckung der Spermatozoen im Jahr 1677 sollten wir hier nicht übergehen, obwohl es noch ein ganzes Jahrhundert dauerte, bis ihre wahre Rolle erkannt wurde. Leeuwenhoek war der erste Mensch, der den Biologen bewusst machte, wie riesig das Reich des mikroskopischen Lebens ist.[40]

Für die Biologie erwies sich das 17. Jahrhundert als ebenso fruchtbar wie für die Physik. Im Jahr 1688 bewies Francesco Redi, dass Insekten nicht durch Urzeugung entstehen, wie bis dahin angenommen worden war, sondern sich aus Eiern entwickeln, die von befruchteten Weibchen gelegt werden. Bereits 1672 war Nehemiah Grew auf den Gedanken gekommen, dass Pollen eine tragende Rolle bei der Befruchtung zukommen könnte, doch erst 1694 konnte Jakob Camerarius in seinem Traktat *De sexu plantarum epistola* nachweisen, dass es sich bei Antheren um die männlichen Geschlechtsorgane der Pflanzen handelte, um anschließend durch das Experiment zu bestätigen, dass Pollen (und häufig auch der Wind) für den Prozess der Befruchtung nötig waren. Camerarius zeigte sich durchaus schon der Tatsache bewusst, dass die Reproduktion bei Pflanzen denselben Prinzipien unterlag wie bei Tieren.[41]

*

Francis Bacon (1561–1626) und René Descartes (1596–1650) waren gleichsam Schwellenfiguren, denn ihre Lebenszeit umspannte die Jahre zwischen den Veröffentlichungen von Kopernikus' *De revolutionibus* und Newtons *Principia Mathematica*. Aber das ist auch der einzige Grund, aus dem man sie als Schwellenfiguren bezeichnen kann, denn ansonsten waren beide ausgesprochen radikale Denker, die sich alle wissenschaftlichen Erkenntnisse ihrer Tage nutzbar zu machen wussten, um die Philosophie in Einklang mit den jüngsten naturwissenschaftlichen Entdeckungen zu bringen; und beide sahen vieles voraus, was Newton schließlich identifizieren sollte.

Richard Tarnas befasste sich unter anderem mit den drei großen Epochen der westlichen Philosophie. Im klassischen Zeitalter war die Philosophie von der Naturgeschichte und den Weltbildern jener Tage beeinflusst, aber im Großen und Ganzen doch autonom gewesen, vor allem wenn man bedenkt, dass sie es war, die die Positionen und Methoden aller anderen Denkweisen beurteilte. Mit dem Aufstieg des Christentums übernahm diese Rolle die Theologie, welche sich prompt die Philosophie untertan machte. Doch kaum begann sich die Naturforschung durchzusetzen, kündigte auch die Philosophie der Theologie die Gefolgschaft auf – und das ist mehr oder weniger bis heute so geblieben.[42] Die Persönlichkeiten, die diese letzte Phase am deutlichsten eingeläutet haben, waren Bacon und Descartes.

Francis Bacon schrieb diverse Abhandlungen, um eine Gesellschaft der Wissenschaftler zu propagieren, die die Welt gemeinsam experimentell erforschen und sich nicht mit Theorien aufhalten sollten (schon gar nicht mit traditionellen Theorien). Seine Hauptwerke waren *Advancement of Learning* (*Über die Würde und den Fortgang der Wissenschaften*, 1605 veröffentlicht und König James I. gewidmet), *Novum Organum* (1620) und *New Atlantis* (*Neu-Atlantis*, 1626). Sokrates hatte Wissen mit Tugend gleichgesetzt, doch für Bacon, der ja nicht nur Philosoph war, sondern auch ein Mann von Welt, war Wissen gleichbedeutend mit Macht. Er hatte eine ausgesprochen praktisch orientierte Einstellung zum Wissen, und das allein sollte schon dazu beitragen, die Vorstellungen von und die Einstellungen zur Philosophie zu verwandeln. Für Bacon wurde es beinahe zu einer religiösen Pflicht, sich mit Wissenschaft zu befassen, und da er die Geschichte nicht zyklisch, sondern progressiv fortschreiten sah, glaubte er sich natürlich auch auf eine neue, wissenschaftlich geprägte Kultur freuen zu können. Diesem Gefühl entsprang sein Konzept von *The Great Instauration* – von einer großen Erneuerung und »vollständigen Wiederherstellung der Wissenschaften, Künste und allem menschlichen Wissen, aufbauend auf den entsprechend angemessenen Grundlagen«. Bacon teilte mit vielen seiner Zeitgenossen die Ansicht, dass sich Wissen nur anhand von Beobachtungen in der Natur erwerben und nicht auf Intuition, schon gar nicht auf »offenbarten« Erkenntnissen aufbauen ließ: Man muss bei konkreten Daten und darf nie bei irgendwelchen Abstraktionen ansetzen, die irgendjemandem irgendwann einmal in den Sinn kamen. Denn das war es, was er den Alten und den Scholastikern im Wesentlichen vorwarf und was er als einen solchen Ballast empfand, dass er ihn dringend über Bord zu werfen empfahl, wenn man weitere Fortschritte machen wollte. »Um die wahre Ordnung der Natur zu entdecken, muss der Geist von all seinen inwendigen Hürden befreit werden.«[43] Auch die Weltbilder des Hochmittelalters und der Renaissance hielt er für falsch – also die Idee, dass eine Erforschung der Natur Gott offenbaren würde und nur dadurch enthüllt werden könne, was göttlich am menschlichen Geist war. Glaubensfragen, so Bacon, waren der Theologie angemessen; Fragen über die Natur waren ganz anderer Art und folgten ihren eigenen Regeln. Deshalb musste sich auch die Philosophie von der Theologie verabschieden und zu ihren Wurzeln zurückfinden. Sie sollte die Erkenntnisse der

Naturforschung genauestens betrachten und daraus dann ihre eigenen Schlussfolgerungen ziehen. Diese »Vermählung« des menschlichen Geistes mit der Natur sollte zur Grundlage des modernen philosophischen Denkansatzes werden. Bacons Weltanschauung übte aber auch großen Einfluss auf die gerade flügge werdende Royal Society aus. »Man schätzt, dass fast sechzig Prozent der Fragestellungen, die von der Royal Society in den ersten dreißig Jahren behandelt wurden, durch den Bedarf an praktisch anwendbaren Dingen und nur vierzig Prozent aus rein wissenschaftlichen Erfordernissen angeregt wurden.«[44]

Wie Bacon, so war auch Descartes deutlich ein Kind seiner Zeit gewesen, unterschied sich aber in vielerlei Hinsicht von dem Engländer. Erstens war er ein ziemlich guter Mathematiker. Nachdem er in einem Jesuitenkolleg eine solide Ausbildung erhalten und einige Zeit beim Militär verbracht hatte, verfasste er sein Traktat *La Géométrie*, in dem er seinen Zeitgenossen die analytische Geometrie vorstellte. Veröffentlicht wurde diese Abhandlung jedoch nicht als ein eigenständiges Werk, sondern als einer von drei Anhängen zum *Discours de la méthode*, in dem Descartes seinen grundlegenden philosophischen Ansatz darlegte. Die beiden anderen Anhänge waren *La dioptrique* und darin erstmals die Veröffentlichung der Lichtbrechungslehre (die in Wirklichkeit von Willebrod Snell entdeckt worden war) und *Les météores*, worin unter anderem die erste allgemein zufrieden stellende quantitative Erklärung für den Regenbogen zu finden war. Weshalb Descartes diese Anhänge anfügen wollte, bleibt unklar, es sei denn, er wollte damit verdeutlichen, welch hohen Stellenwert er den Naturwissenschaften im Bereich der Philosophie einräumte.[45]

Descartes' Philosophie war stark von der gerade herrschenden Tendenz zum Skeptizismus beeinflusst. Dazu angeregt hatte nicht zuletzt die Wiederentdeckung der klassischen Verteidigung des griechischen Philosophen Sextus Empiricus (mit der sich vor allem Montaigne befasste), in der beispielsweise erklärt worden war, dass jede Lehre vom Menschen erfunden werde und nichts gewiss sei, da erstens jeder Glaube von Traditionen und Bräuchen beeinflusst werde, zweitens alle Sinne trügerisch seien und es drittens keine Möglichkeit gebe, festzustellen, ob die Natur mit den gedanklichen Fähigkeiten des menschlichen Geistes überhaupt erfassbar sei. Descartes drückte dieser Vorstellung nun den Stempel der eigenen Skepsis auf: Geometrie und Mathematik bieten Gewissheit; die Beobachtung der Natur ist von Widersprüchen frei; zumindest einige Ereignisse im Leben sind vorhersagbar. Das war gesunder Menschenverstand. Doch während er also seine Umwelt betrachtete, wurde ihm bewusst, dass es nur eine einzige Sache gab, die völlig außer Zweifel stand und der er sich absolut gewiss sein konnte – der Tatsache des *eigenen* Zweifels. (Dieses »Pfingstfest der Vernunft«, wie Daniel Boorstin den methodischen Durchbruch nannte, fand am 10. November 1619 statt.[46]) Es war Descartes' Bewusstwerdung vom eigenen Zweifel, die ihn auf die berühmte Aussage *Cogito ergo sum* – Ich denke, also bin ich – brachte. Und er war überzeugt, dass ein vollkommener Gott den Menschen nicht in die Irre führen würde, weshalb alles, was mit Hilfe der Vernunft verstanden werden konnte, »faktisch richtig« sein musste. Dieser Gedankengang führte ihn schließlich zu seiner berühmten Unterscheidung von *res cogitans* (subjektive Erfahrungen, geistige Bewusstheiten, Innenwelten, die gewiss sind) und *res extensa* (Materie, physikalisch wahrnehmbare Dinge, die objektive Außenwelt, das Universum »da draußen«). Und im Lauf dieser Überlegungen erfand Descartes seinen berühmten Seele-Geist-Dualismus. Das war ein weit größerer Umbruch, als es uns heute erscheinen mag, denn damit hatte Descartes mit einem Schlag bestritten, dass natürliche Dinge – die Steine und Flüsse, die einst verehrt wurden, oder Maschinen und Berge, eben alles, was physikalisch ist – irgendwelche menschlichen Eigenschaften oder irgendeine Art von Bewusstsein haben könnten. Gott, sagte er, habe das Universum erschaffen, doch dann sei es mitsamt seiner unbelebten atomistischen Materie seiner Wege gegangen. »Die Gesetze der Mechanik sind identisch mit denen der Natur«, erklärte Descartes, deshalb ließen sich die Grundlagen des Universums auch mit Hilfe der Mathematik erkennen, die der menschlichen Vernunft zur Verfügung stand. Das war wahrlich eine gewaltige Umorientierung, denn hinter all diesen Gedanken (und keineswegs dahinter verborgen) stand Descartes' Vorstellung, dass es die menschliche Vernunft sei, die Gott erschuf, und nicht umgekehrt. Die Offenbarung, der einst ebenso viel Autorität als Wissenssystem zugestanden worden war wie inzwischen den Naturwissenschaften, begann zu entgleiten. Von nun an mussten die Wahrheiten der Offenbarung durch die Vernunft bestätigt werden.

Nach der langen, zweitausend Jahre währenden Dunkelheit seit der Antike rückten die Zwillingskräfte Empirismus und Rationalismus wieder in den Vordergrund des menschlichen Denkens. »Seit Newton regierte die Wissenschaft als die autoritativ bestimmende Kraft im Universum, und die Philosophie definierte sich im Bezug zur Wissenschaft.« Das Universum »da draußen« war nicht nur bar jeder menschlichen und spirituellen Eigenschaft, es war auch *nicht mehr exklusiv christlich*.[47] Nach Bacon und Descartes (die auf den Schultern von Kopernikus, Galilei, Newton und Leibniz standen) war die Welt auf eine neue Sicht in Bezug auf das Schicksal der Menschheit eingestellt. Die Erlösung ging nicht mehr Hand in Hand mit den Offenbarungen religiöser Natur, sondern bedingte eine rationale Auseinandersetzung mit der Natur, die nun immer fruchtbarer wurde.

*

Während diese neuen Ideen erdacht wurden, durchlebte England einen Bürgerkrieg, der damit endete, dass der König seinen Kopf verlor. Im Vorlauf zu diesem Ereignis hatte der Krieg so manchen grotesken Nebeneffekt mit sich gebracht, zum Beispiel, dass sich König Charles gezwungen sah, sein Hauptquartier in Oxford aufzuschlagen. Und dass sich die Professoren und Fellows der Oxforder Colleges als so loyal gegenüber Seiner Majestät erwiesen hatten, sollte sich nun rächen, denn kaum war der König vertrieben worden, wurden die Gelehrten von den Aufständischen zu »Sicherheitsrisiken« erklärt, verloren ihre Posten und wurden durch republikanisch gesinnte Männer aus Cambridge und London ersetzt, unter denen sich auch mehrere Naturforscher befanden. Oxford blühte auf. Und im Lauf der Zeit begannen sich diese herausragenden Gelehrten immer regelmäßiger in ihren Studierstuben zusammenzusetzen, um gemeinsam über ihre Probleme zu diskutieren – eine Gepflogenheit, die sich überall in Europa einzubürgern begonnen hatte. In Italien war Anfang des 17. Jahrhunderts die *Accademia dei Lincei* (»Akademie der Luchse«) mit Galilei als sechstem Mitglied gegründet worden; in Florenz gab es eine ähnliche Gruppe; in Paris wurde 1666 formell die *Académie Royale des Sciences* ins Leben gerufen, nachdem sich Männer wie Descartes, Pascal und Fermat informell bereits seit etwa 1630 getroffen hatten.[48]

In Britannien gab es zwei Gruppen. Die eine scharte sich um den Mathematiker John Wallis und traf sich seit ungefähr 1645 allwöchentlich am Londoner Gresham College. (Wallis war ein besonderer Favorit von Oliver Cromwell gewesen, da er seine mathematischen Fähigkeiten im Krieg als Codeknacker zur Verfügung gestellt hatte.) Der zweiten Gruppe gehörten unter anderem auch die republikanisch gesinnten Männer an, die sich in Oxford um den reichen Aristokraten Robert Boyle (den Sohn des Earl of Cork) versammelt hatten. Boyle hatte einige Jahre im puritanischen Genf verbracht und sich als Physiker besonders für das Vakuum und Gase zu interessieren begonnen. Assistiert hatte ihm bei seinen Forschungen Robert Hooke, der auch die nötigen Instrumente baute und in Wirklichkeit wohl alle Experimente machte. Es könnte also durchaus sein, dass das quadratische Entfernungsgesetz und die Erkenntnisse über die Schwerkraft eigentlich von Hooke stammten.[49] Boyle nannte seine Gruppe das »Invisible College«. Wallis und seine Gruppe gehörten zu den Wissenschaftlern, mit denen Cromwell die Posten in Oxford neu besetzt hatte. Und diese Gruppe sollte dort nun auf Boyle und sein Invisible College stoßen und sich mit ihm schließlich zu der Royal Society vereinigen, die formal im Jahr 1662 gegründet wurde. Auf Charles II. – den der Schriftsteller John Evelyn überzeugt hatte, die neue Gesellschaft zu fördern – muss dieser Prozess etwas sonderbar gewirkt haben, denn immerhin wiesen Historiker erst jüngst nach, dass von den achtundsechzig ersten Fellows (sie wurden noch einige Zeit »Gresham-Philosophen« genannt) nicht weniger als zweiundvierzig Puritaner gewesen waren.[50] Andererseits sollte gerade diese Struktur der Society ihr besonderes Kolorit verleihen – Männern wie ihren Fellows pflegten die Autoritäten der Vergangenheit ziemlich gleichgültig zu sein.

Zu den ersten Fellows der Royal Society zählten auch Christopher Wren, der Architekt der St. Paul's Cathedral und vieler anderer Londoner Kirchen, sowie Thomas Sprat, der später Bischof von Rochester werden und 1667, nur sechs Jahre nach Gründung der Gesellschaft, bereits deren »Geschichte« veröffentlichen sollte. Dabei handelte es sich jedoch eher um eine Verteidigungsschrift der so genannten »neuen experimentellen Philosophie« der Society, die die peinlichen politischen Ansichten so manchen Mitglieds geflissentlich überging. (Auf dem Titelbild prangte neben dem königlichen Gönner Francis Bacon.) Nachdem Sprat darin seine negative Meinung über diverse dogmatische (spekulativ-metaphysische) Philosophen kundgetan hatte, erklärte er: »Die *dritte* Art der *neuen Philosophen* bildeten all diejenigen, welche mit den *Alten* uneins waren und sich vorgenommen hatten, den richtigen Kurs des besonnenen und gesicherten *Experiments* einzuschlagen. ...Denn heutzutage ist der Genius des *Experiments* ungemein verbreitet. ...An allen Ecken und Enden herrscht Betriebsamkeit...« Zu den wichtigsten und beständigsten Mitgliedern der Gesellschaft zählte er folgende Personen: »Seth Ward, der derzeitige Lord Bishop von Exeter, Mr. Boyle, Dr. Wilkins, Sir William Petty, Mr. Mathew Wren, Dr. Wallis [ein Mathematiker], Dr. Goddard, Dr. Willis [ein weiterer Mathematiker], Dr. Theodore Haak, Dr. Christopher Wren und Mr. Hooke«.[51]

Sir William Petty war ein Pionier der volkswirtschaftlichen Statistik, lehrte aber auch Anatomie in Oxford, wo er viele Sektionen durchführte und, wie man einst glaubte, auch das Wasserklosett erfand, das wahrscheinlich jedoch in elisabethanischer Zeit entwickelt wurde. Der Darstellung eines Historikers zufolge soll er »von seinem eigenen Dreiviertelwissen höchst gelangweilt« gewesen sein. Im Jahr 1662 veröffentlichte er seine Abhandlung *Treatise on Taxes and Contributions*, eines der ersten Werke, die ansatzweise erkannten, dass der Wert einer Volkswirtschaft nicht am Bestand ihrer Schätze, sondern an der Leistung ihrer Produktion zu ermessen ist. John Gaunt, ein anderer früher Fellow der Royal Society (FRS), publizierte im selben Jahr und mit Pettys Hilfe die Abhandlung *Observations on the Bills of Mortality of the City of London*, die zur Grundlage für die Tabellen von Lebensversicherungen werden sollten. Beide Werke illustrieren, wie praktisch orientiert und vielseitig die ersten Fellows der Royal Society waren. Und das galt wohl für keinen so sehr wie für Robert Hooke, den ersten Kurator der physikalischen Abteilung (»Curator of Experiments«), der von der Geschichte ziemlich unfreundlich behandelt wurde. Er erfand die Federunruh moderner Uhren, brachte das Werk *Micrographia* heraus (eine »erschütternde Offenbarung« und eines der ersten Bücher, das Kleinstlebewesen darstellte, die unter dem

Mikroskop beobachtet worden waren), legte den Nullmeridian bei Greenwich fest und propagierte gemeinsam mit anderen die Idee, dass sich die Schwerkraft über das gesamte Sonnensystem erstreckt und es zusammenhält. Wie gesagt war es den Diskussionen zwischen Hooke, Wren und Halley zu verdanken, dass sich Letzterer schließlich dazu bewogen gefühlt hatte, Newton anzusprechen, und damit den Prozess auslöste, der in die *Principia* münden sollte. Hooke fiel mehr oder weniger der Vergessenheit anheim, weil er sich mit Newton wegen dessen Interpretation seiner optischen Experimente überworfen hatte, und wurde erst später rehabilitiert.[52]

Den Fellows der Royal Society verdanken wir auch die uns heute vertraute wissenschaftliche Publikationsweise. Zu Hookes Aufgaben gehörte es, für die Drucklegung der wissenschaftlichen Schriften und den Verkauf der *Philosophical Transactions* zu sorgen und somit zum Unterhalt der Gesellschaft beizutragen. Nicht nur die eigenen Fellows, auch andere Wissenschaftler hatten inzwischen begonnen, der Society ihre Studien vorzustellen, was die Gesellschaft allmählich in eine Art Clearingstelle verwandelte und schließlich zu dem Beschluss führte, die *Transactions* herauszugeben, die allen späteren Wissenschaftspublikationen zum Vorbild werden sollten. Auf ihre nüchterne, praktische Art verlangten die Fellows ein erstklassiges Englisch von Wissenschaftlern, die ihre Abhandlungen dort veröffentlichen wollten, und beriefen sogar eigens den Dichter John Dryden als Wächter über den Sprachstil in das Komitee.

*

Es wurde oft behauptet, dass die frühen Universitäten so gut wie keine Rolle bei der Entwicklung der modernen Wissenschaften gespielt hätten und die meisten Akademien und Gesellschaften private oder »königliche« Institutionen gewesen seien. Mordechai Feingold zog das jüngst in Zweifel und zeigte zum Beispiel auf, dass zwischen 1550 und 1650 zumindest in England ein rasanter Anstieg von Studenten und Lehrern an den Universitäten zu verzeichnen gewesen war. Auch der Lukasische Lehrstuhl für Mathematik wurde im Jahr 1663 in Cambridge eingerichtet, fast zur gleichen Zeit wie die Savilian-Lehrstühle für Mathematik und Astronomie in Oxford. John Bainbridge, einer der ersten Lehrstuhlinhaber für Astronomie, unternahm Expeditionsreisen, um Sonnenfinsternisse zu beobachten und andere Phänomene zu studieren; und als der Logarithmusexperte Henry Briggs im Jahr 1630 starb, nahmen die Leiter aller Oxforder Colleges an der Beerdigung teil. Feingold las die Korrespondenzen von mehreren Gelehrten – Henry Savile, William Camden, Patric Young, Thomas Crane, Richard Madox. Alle hatten ihr eigenes wissenschaftliches Netzwerk über Europa gespannt und waren mit Persönlichkeiten wie Brahe, Kepler, Scaliger oder Gassendi in Kontakt gestanden. Außerdem weist Feingold nach, dass die Studenten in Wirklichkeit *immer* mit den neuesten wissenschaftlichen Erkenntnissen konfrontiert und die Lehrbücher ständig dahingehend modifiziert wurden.[53] Das Bild, das er alles in allem zeichnet, beweist also, dass Universitäten zwar an der wissenschaftlichen Revolution teilhatten, selbst aber noch keine großen Namen oder entscheidende Innovationen hervorgebracht hatten. Das heißt, sie leisteten noch keinen besonders tiefgreifenden oder einschneidenden Beitrag, doch unerheblich war er gewiss auch nicht, wie Feingold betont. Obendrein sollten wir nicht vergessen, dass Newton ein Cambridge-Mann war, Galilei an der Universität von Pisa lehrte und auch Harvey oder Vesalius ihre Ideen in einem universitären Kontext entwickelt haben.

*

Diese wenigen Details über die Frühzeit der Royal Society und der Universitäten führen uns zum Beginn dieses Kapitels und zu der Frage zurück, ob wir hier zu Recht von einer wissenschaftlichen Revolution sprechen können. Kein Zweifel, es waren hundertvierundvierzig Jahre zwischen den Veröffentlichungen von Kopernikus' *De revolutionibus* und Newtons *Principia Mathematica* ins Land gegangen; und richtig ist auch, dass kein Geringerer als Newton selbst noch an Alchemie und Numerologie interessiert war, an Themen und Praktiken also, die ihren Zenit längst überschritten hatten. Nicht zuletzt Thomas Sprats *History of the Royal Society* bewies jedoch, dass seine Zeitgenossen trotzdem das Gefühl hatten, an etwas Neuem teilzuhaben, an einem Unternehmen beteiligt zu sein, das unbedingt vor seinen Kritikern in Schutz genommen werden musste. Und er wies nach, dass sie sich nun auch nicht mehr von den Denkern der Antike, sondern von Männern wie Francis Bacon leiten ließen.

Ebenso außer Frage steht wohl auch, dass man das Wissen jetzt auf neue und moderne Weisen zu organisieren begann. Peter Burke schildert die Umstrukturierungen im 16. und 17. Jahrhundert. Ein eigener Begriff für »Forschung« und das Bewusstsein, dass ein dringender Bedarf an Forschungen bestand, tauchten erstmals in Étienne Pasquiers 1560 publiziertem Titel *Recherches de la France* auf; Bibliotheken begannen ihre Bestände im 17. Jahrhundert nach säkularen Themen neu zu ordnen und Gebiete wie Mathematik und Geografie, aber auch Nachschlagewerke in den Vordergrund zu rücken – was alles auf Kosten der Theologie ging. Der katholische Index wurde alphabetisch geordnet, was der ursprünglichen theologischen Struktur eine gewisse Willkürlichkeit verlieh; und das früheste statistische Werk von John Graunt und William Petty wurde nach den Pestepidemien der Jahre 1575 und 1630 vervollständigt, was zu immer weiteren Erfassungen von quantitativen Daten anregte, bis hin sogar zu einer Zählung der Bäume in den königlichen Forsten Frankreichs.[54]

Richard Westfall stellt vielleicht sogar noch wichtigere Einflüsse auf den Ideenwandel während der wissenschaftlichen Revolution vor. Einst, schreibt er, war die Theologie die Königin aller Wissenschaften, nun wurde sie »nicht einmal mehr im Haus geduldet«. »Eine einstmals christliche Kultur wurde zu einer wissenschaftlichen. ... Jeder Wissenschaftler ist heute in der Lage zu erkennen, ob ein Werk vor oder nach 1687 geschrieben wurde, doch um auch wirklich eines lesen zu können, das vor 1543 verfasst wurde, bedarf es des Historikers. ... Ganz allgemein gesprochen stellte die wissenschaftliche Revolution die Ablösung der aristotelischen Naturphilosophie dar, die das ganze westeuropäische Denken über die Natur – von ihrer früheren Laufbahn abgesehen – in den vorangegangenen vier Jahrhunderten beherrscht hatte. ... Es bedarf großer Geduld..., um auf Experimente zu stoßen, die vor dem 17. Jahrhundert durchgeführt wurden. Das Experiment war noch nicht zum unverwechselbaren Verfahren der Naturphilosophie geworden; erst am Ende des Jahrhunderts wurde es als solches betrachtet. ... Die Verbesserung und Erweiterung der zur Verfügung stehenden Instrumentarien war eng mit der Bereitschaft zum Experiment verbunden. Ich habe Informationen über alle Wissenschaftler aus dieser Zeit gesammelt – alles in allem 631 an der Zahl, die in das *Dictionary of Scientific Biographies* Eingang fanden. 156 von ihnen, also nur eine Dezimale weniger als ein Viertel, haben Instrumente gebaut oder neue entwickelt, und zwar über sämtliche Forschungsgebiete verteilt.«[55]

Am Ende, schreibt Westfall, läuft alles auf die Beziehung zwischen dem Christentum und den Naturwissenschaften hinaus. Er belegt das beispielsweise mit der Episode, die sich zu Beginn des 17. Jahrhunderts abgespielt hatte. Die katholische Kirche, vor allem vertreten durch Kardinal Bellarmino, verurteilte die kopernikanische Astronomie, weil sie offenkundig nicht mit bestimmten biblischen Passagen in Einklang zu bringen war. Sechsundfünfzig Jahre später begann Newton mit einem gewissen Thomas Burnet zu korrespondieren, welcher behauptet hatte, dass die biblische Schöpfungsgeschichte reine Phantasie und von Moses aus rein politischen Gründen fabriziert worden sei. Newton verteidigte die Genesis, indem er erklärte, dass sie genau das aussage, was die Naturwissenschaft – die Chemie – zu konstatieren zwinge. »Wo Bellarmino die Heilige Schrift herangezogen hatte, um eine wissenschaftliche Aussage zu beurteilen, hatten sowohl Burnet als auch Newton die Wissenschaft herangezogen, um die Stichhaltigkeit der Heiligen Schrift zu beurteilen.« Das war ein gewaltiger Umbruch. Die Theologie wurde den Naturwissenschaften untergeordnet und nahm nun die genau entgegengesetzte Position ein. Und diese Hierarchie, so Westfall, sollte nie wieder revidiert werden.[56]

Aus historischer Sicht sind fünfundsechzig Jahre eine winzige Zeitspanne. Ganz ohne Frage: Die Veränderungen, die von den Naturwissenschaften im 17. Jahrhundert in Gang gebracht worden waren, waren plötzlich, radikal und total. Kurzum, es *war* eine Revolution.

24
Freiheit, Besitz und Gemeinschaft: Die Ursprünge von Konservatismus und Liberalismus

Frankreichs Sonnenkönig Ludwig XIV. wurde im Jahr 1638 geboren, erbte den Thron im Jahr 1643 und trat im Jahr 1661 schließlich die Herrschaft in persona an. Bis dahin hatte die Schlussformel aller französischen Gesetzestexte gelautet: »In Anwesenheit und mit Zustimmung der Prälaten und Barone«; nun hieß es stattdessen: »*Le roi a ordonné et établi par délibération de son conseil*«: »Der König hat in seiner Ratsversammlung beschlossen und verkündet.«[1] Das illustriert gut, was in der Politik des 16. und 17. Jahrhunderts wirklich im Vordergrund stand, nämlich der Aufstieg des Nationalstaats und der absoluten Monarchie, die aus den Feudalgeschlechtern und »Stadtstaaten«, von denen das Mittelalter und die Renaissance geprägt waren, hervorgegangen waren. Und diese Staaten begannen nun allmählich Gestalt anzunehmen und auf eine Weise zu wachsen, wie es die Welt seit römischen Zeiten nicht mehr gesehen hatte. Hand in Hand damit ergaben sich neue Auseinandersetzungen mit politischen Theorien, die beeindruckender waren als alle früheren Diskussionen – und von denen wir bis heute zehren.

Dass diese Staaten just in dieser Zeit auftauchten, war allerdings einer Reihe von unglücklichen Umständen und Katastrophen geschuldet, die Europa derart zerstört hatten, dass es praktisch nur noch ein Wrack war. Im Jahr 1309 hatte das Exil der Päpste in Avignon begonnen; 1339 war der Hundertjährige Krieg zwischen England und Frankreich ausgebrochen; immer häufiger war es zu Hungersnöten gekommen, und das unentwegte Aufflammen neuer Seuchen hatte in dem Pestjahr 1348/1349 gegipfelt; im Jahr 1358 fand die *jacquerie,* der Bauernaufstand in Frankreich statt; das große Kirchenschisma währte von 1378 bis 1417; zwischen 1381 und 1382 gab es Aufstände in England und Frankreich; vier Jahre später wurden die Habsburger von den Schweizer Eidgenossen geschlagen; im Jahr 1395 vernichteten die Türken das ungarische Heer in der Schlacht von Nikopolis und läuteten damit einen Feldzug ein, der 1453 im Fall Konstantinopels gipfelte. Keine Region Europas war ausgenommen, auch das Christentum war am Boden zerstört. Der Schwarze Tod hatte die Bevölkerung des Kontinents um ein Drittel dezimiert, trotzdem konnten noch immer nicht alle ernährt werden, überall herrschten Not und Elend. Schließlich kam es zum tiefgreifendsten Umsturz, den die europäische Gesellschaft je erlebt hatte. Und mit der Entwicklung von neuen Ideen über das Universum (und daher über Gott) lösten sich auch Gesetz und Ordnung auf Erden auf.

Denker wie Thomas von Aquin hatten den Christen glaubhaft gemacht, dass die Formen ihres Zusammenlebens von Gott bestimmt wurden und Veränderungen deshalb undenkbar seien. Thomas' Weltbild hatte zwar auch eine weltliche Herrschaftsstruktur zugelassen, doch nur, wenn sie als Teil des göttlichen Planes verstanden wurde. Aber die Menschen waren keine Narren. Auch wenn sie nach wie vor tief religiös waren und Unglaube für sie noch immer ausgeschlossen sein mochte, war es doch für so manchen Christen schlicht nicht vorstellbar, dass dieses Chaos und all diese Auflösungsprozesse zu Gottes Plan gehören sollten.

Der erste Mensch, der sich dieses Problems annehmen sollte, war Niccolò Machiavelli (1469–1527). Es war ein glücklicher Umstand, wenn man das so sagen kann, dass er bereits drei verschiedene Staatssysteme in Florenz miterlebt hatte – die Herrschaft der Medici bis 1494, Savonarola und nach dessen Sturz im Jahr 1498 die Republik, in der Machiavelli sogar den Posten eines Sekretärs der Zweiten Kanzlei innehatte, die primär mit innenpolitischen Fragen befasst war, sich aber auch einiger außenpolitischer Themen annahm. Diese Stellung verlieh ihm zwar keine besondere persönliche Macht, ermöglichte ihm dafür aber einen klaren Einblick in das Innere der politischen Machtzentren. Er führte Verhandlungen mit anderen italienischen Stadtstaaten und lernte dabei die Oligarchie von Venedig wie die Monarchie von Neapel kennen; die Demokratie seiner eigenen Stadt kannte er ohnedies. Bei seinen Reisen nach Rom begegnete er auch dem berüchtigten Cesare Borgia, der damals gerade einmal Mitte zwanzig war. Ihn machte er zum »Helden« seines Buches *Der Fürst*, das allgemein als die erste Schrift über moderne politische Theorien oder über Realpolitik gilt, wie wir sagen würden. Geschrieben wurde es letztlich nur, weil die Florentiner Republik 1512 gestürzt worden war und wieder die Medici an die Macht gekommen waren. Machiavelli fiel in Ungnade, verlor sein Amt, wurde gefoltert und aus der Stadt vertrieben – alles in schneller Abfolge. Doch dank der erzwungenen Muße konnte er nun auf seinem Landgut La Strada bei San Casciano dieses Buch schreiben und bereits im Jahr 1513 abschließen. Er widmete es dem »erlauchten Lorenzo, Sohn des Piero von Medici« (und Enkel von Lorenzo »Il Magnifico«) – auf diese Weise hoffte er, wieder dessen Gunst zu erlangen. Doch Lorenzo sollte dieses Buch niemals lesen. Es sollte nicht einmal zu Machiavellis Lebzeiten erscheinen.

Machiavelli war ein Humanist. Und von dieser Haltung war nicht nur *Der Fürst* gefärbt, ihr verdankte sich auch seine so unnachgiebig säkulare

Einstellung zur Politik. Wie Leonardo da Vinci, so war auch Machiavelli ein Wissenschaftler – Historiker halten ihn für den ersten Sozialwissenschaftler der Welt, weil er entschlossen war, mit seinem Kurs »einen Weg zu beschreiten, den noch niemand gegangen war«. Das heißt, er wollte einen objektiven, unvoreingenommenen Blick auf die Politik werfen, um generalisieren zu können. Er wollte die Dinge beschreiben, wie sie waren, und nicht, wie sie sein »sollten«. *Der Fürst* stellt einen totalen Bruch mit der Vergangenheit dar, jedenfalls insofern, als Machiavelli seinen Lesern nicht verdeutlichen wollte, wie man sich gut und ehrenhaft verhielt; vielmehr beschrieb er, was er *sah*, wie sich Menschen tatsächlich verhielten und »wie ein Fürst sich zu betragen hat, um Ruhm zu erwerben«.[2] Machiavelli war der erste Empiriker auf dem Gebiet der Politik.

Gewissermaßen nahm Machiavelli vorweg, was Galilei ein Jahrhundert später mit seiner Idee von der identischen Materie im Himmel wie auf Erden darstellen sollte. Denn Machiavelli behauptete, dass die Natur des Menschen allerorten gleich sei und allzeit gleich bleiben werde, baute diesen Gedankengang dann aber weiter aus und erklärte, dass die menschliche Natur zwar zugleich gut und böse sei, mit Politik befasste Menschen »aber nicht viel taugen und ihr Wort gegen dich brechen…«. Das heißt, sie sind nur gut, wenn man sie dazu zwingt. Vielleicht schlug Machiavelli den Weg, »den noch niemand gegangen war«, letztlich nur deshalb ein, weil er so desillusioniert von seinen eigenen politischen Erfahrungen war; möglicherweise war seine Theorie auch von der religiösen Gemütslage einer Zeit geprägt, die so deutlich das Böse betonte. Fakt ist jedenfalls, dass er die Politik von der Religion emanzipierte. Dank seiner Erkenntnis, dass der Mensch immer dazu neigt, zum Wohle der eigenen kurzfristigen Interessen und ergo egoistisch zu handeln, verwandelte er die Politik in eine Arena des säkularen Denkens.[3]

Die andere große Innovation Machiavellis war seine Art, wie er den Staat betrachtete. Vor selbstsüchtigen und bösen Menschen, die sich permanent ihren schlechten Neigungen hingaben, gab es nur einen Schutz: *lo stato*, den Staat, ein Begriff, der sich »bezogen auf politische Herrschaftsorganisation bei Machiavelli auch das erste Mal findet, allerdings noch für längere Zeit auf das Italienische beschränkt bleibt. Bis dahin war die Terminologie undeutlich gewesen, entsprechend dem Gegenstand; man hatte von ›Herrschaft‹ *(dominium)* oder ›Obrigkeit‹ *(regimen)* gesprochen, von ›Königreich‹ *(regnum)* oder ›Fürstentum‹ *(principatus)*, von ›Landschaft‹ *(terra, territorium)*. …Wenn jedoch Machiavelli und seine italienischen Zeitgenossen, von Villani bis Guicciardini, von *stato* redeten, dann schwebte ihnen eine Idee von der Herrschaft vor, wie sie bisher nicht gedacht worden war: Sie war im Kern ein Zustand konzentrierter, öffentlicher Machtausübung in einem Territorium, durch wen oder in wessen Namen auch immer – und sie war ohne Transzendenz, alleiniger Grund ihrer selbst.«⁴ Aus Machiavellis Sicht war es immer der Zweck, der die Mittel heiligte. Die Aufrechterhaltung des Staates erforderte keine andere Rechtfertigung als das Überleben, denn ein Leben ohne Staat war undenkbar. »Ein Fürst braucht also nicht alle oben genannten Tugenden zu besitzen, muß aber im Rufe davon stehen..., fromm, treu, menschlich, gottesfürchtig und ehrlich zu scheinen ist nützlich.«⁵ Genau an diesem Punkt schieden sich Theologie und Politik. In einer Passage drängt Machiavelli den Leser sogar, sich mehr Sorgen um den Staat als um die eigene Seele zu machen (aber er fand, dass die Kirche den Staat unterstützen sollte, und hielt einen Erfolg des Staates ohne diese Förderung für sehr schwierig). Sein Landsmann Francesco Guicciardini (1483–1540) ging noch weiter. Er »gab zu, daß die mittelalterliche Idee von der Unterwerfung der Politik unter die Theologie wirklichkeitsfremd sei und daß man nicht zutiefst im Sinne Gottes leben kann, ohne sich gänzlich von der Welt zurückzuziehen, und daß man andererseits nur schlecht mit der Welt in Einklang leben kann, ohne Gott zu beleidigen«.⁶

Es sollte hier vielleicht eigens betont werden, dass Machiavelli kein Handbuch für die Tyrannei schrieb, nur weil er Cesare Borgia zu einer Art von Antihelden machte und seinem Buch den Titel *Der Fürst* gab. Das war schlicht und einfach ein Kunstgriff, um zum Kauf des Buches anzuregen. Für ihn war der Fürst die *Personifizierung* des Staates: Er handelte im Namen der Gemeinschaft und musste daher »ein Gemüt besitzen, das sich nach den Winden und nach dem wechselnden Glück zu drehen vermag«.⁷ Besonders deutlich wird diese Einstellung, wenn Machiavelli über den Aufstieg und Fall von Staaten räsoniert: Staaten werden von Gesetzen beherrscht, die sich von den Religionsgesetzen ebenso unterscheiden wie von den Gesetzen der individuellen Moralität. »Der Staat besitzt seine eigenen Regeln, seine Raison, und diese Staatsraison bestimmt das Verhalten der Staatsmänner, wenn sie erfolgreich sein wollen.«⁸ Auch sein Begriff der »Staatsraison«, der für immer in den Sprachgebrauch eingehen sollte, war neu. Im Wesentlichen war damit gemeint, dass ein Landesherr sein Wort brechen darf, wenn er glaubt, dass es die *publica utilitas* (der öffentliche Nutzen) erfordere. Ebenso darf der Fürst sein Volk belügen – die Propaganda bedienen –, wenn es in seinen Augen dem Staat nützt, »denn die Menschen urteilen insgesamt mehr nach den Augen als nach dem Gefühl. ...Denn der Pöbel hält es stets mit dem Schein und dem Ausgang einer Sache.«⁹ Dies war ein entschieden unchristlicher Denkansatz, doch er kam an. Und das beweist, dass Machiavelli genau richtig lag, als er sagte, dass das Böse im Menschen das Gute überwiege, sobald es um Politik gehe.

*

Ein letzter entscheidender Faktor beim Entstehen des Staates war der protestantische Aufstand, der die Einheit des Christentums spaltete und die Position des Papstes veränderte. Nun war das Papsttum – zumindest aus katholischer Sicht – zu einem Staat innerhalb der europäischen Staatengemeinschaft geworden und nicht mehr die allerhöchste Obrigkeit, die es im mittelalterlichen Christentum gewesen war oder wenigstens zu sein versucht hatte. Luther und Calvin hatten dafür gesorgt, dass die Autorität und politische Souveränität von den Institutionen auf die Völker übergingen.[10]

Der berühmte Staatstheoretiker und protestantische Geistliche Hubert Languet (1518–1581) beschwor in seinem Traktat *Vindiciae contra Tyrannos (Wider die Tyrannen)* die »Theorie eines Vertrages zwischen Gott auf der einen und dem Fürsten mit dem Volk auf der anderen Seite«. Fürst wie Volk waren dazu angehalten, jeweils die Einhaltung des korrekten Gottesdienstes zu garantieren. Dem Fürsten oblag es zudem, die Kirche innerhalb seines Reiches zu organisieren; wenn er seiner Verpflichtung nicht nachkam, war es die Pflicht des Volkes, ihn dazu zu zwingen. Denn das Volk machte sich vor den Augen Gottes schuldig, wenn es fehlte und sich nicht gegen einen Fürsten auflehnte, »der auf Abwege geraten war«. »Der gemeine Mann ist zwischen zwei Feuern gefangen, muss aber seine Rolle erfüllen.«[11] Aus politischer Sicht war das der Dreh- und Angelpunkt.

Sogar Katholiken und Jesuiten wurden in gewissen Maßen von diesem Denken beeinflusst. Weder Juan Mariana noch Francisco Suárez – beides Spanier und die wichtigsten politischen Theoretiker der Gesellschaft Jesu – stellten sich taub gegenüber den Vorgängen anderenorts. Mariana vertrat die Auffassung, dass sich die soziale Ordnungsstruktur aus der Natur ergab und der Staat entstanden sei, um dem menschlichen Bedürfnis nach einem zivilisierten Leben zu entsprechen und das Eigentum zu schützen. Daraus folgte, dass die Interessen der Gemeinschaft an erster Stelle standen und nie einem absolutistischen Herrscher untergeordnet werden durften. Der Daseinszweck des Staates bestand darin, die Wahrung des Gottesdienstes und eine christliche Lebensweise zu garantieren, natürlich immer im Einklang mit den Lehren der Kirche. Deshalb durfte keine weltliche Regierung, die nicht von der Kirche sanktioniert worden war, spirituelle Gefolgschaft erwarten. Suárez hingegen erklärte in seiner Schrift *De Legibus ac Deo Legislatore (Abhandlung über die Gesetze und Gott, den Gesetzgeber,* 1619): »Alle Macht geht von der Gemeinschaft aus; der Mensch wird frei geboren, die Gesellschaft ist dazu bestimmt, die Ordnung zu wahren.« Deshalb war eine Gemeinschaft in seinen Augen auch nicht nur eine Anhäufung von Individuen, sondern eine auf Konsens beruhende Autorität an sich. Und daraus folgte wiederum, dass nur die Gemeinschaft eine Befehlsgewalt sanktionieren konnte. Das war schon eine wesentlich deutlichere Aussage als die Erklärung von Mariana.[12] Schließlich verabschiedeten sich die Jesuiten im Zuge ihrer Neudefinition der Rolle des Papstes auch vom traditionellen päpstlichen Anspruch auf den Primat über alle Fürsten, der in der Vergangenheit zu so vielen Problemen geführt hatte, und bewerteten damit die Rolle der Kirchenführung neu. Der Papst wurde zu einem Souverän, der auf gleicher Ebene mit anderen Herrschern stand und ihnen gegenüber auf Augenhöhe die Interessen der katholischen Kirche vertrat.

Somit können wir also feststellen, dass vier Ideen aus dieser Mixtur von Ereignissen und Theorien hervorgingen: Es wurde die weltliche Seite der Politik betont und dem Volk dabei eine eindeutiger definierte Rolle zugeschrieben; mit den Ideen von der individuellen Freiheit und von dem Recht auf Protest wurde eine psychologische Wasserscheide überwunden; es wurde das Konzept vom Staat eingeführt und verdeutlicht; und die schier endlose Verbitterung, die nach all den religiösen Konflikten um sich gegriffen hatte, mündete in eine »Tolerierung aus Erschöpfung«, wie John Bowle es passenderweise bezeichnete.[13] Aus politischer Sicht war es das Ende des mittelalterlichen Systems und die Geburtsstunde der modernen Welt.

*

Ein moderner Staat, der sich auf eine Verwaltung stützte und auf die eigene Verteidigungs- und Angriffsfähigkeit konzentrierte, tauchte erstmals in Frankreich auf. Ludwig XIV. hat in Wirklichkeit nie »L'état c'est moi« gesagt, doch weshalb man ihm diese Worte in den Mund legte, ist durchaus nachvollziehbar, denn zu seiner Zeit muss der Begriff *l'état* (im Singular) auf Franzosen ausgesprochen schockierend gewirkt haben. *Les états* (im Plural) waren die Stände, jene Gruppen also, welche »natürlicherweise« die französische Gesellschaft bildeten – der Adel, der Klerus, das Bürgertum und ergo »das gemeinsame Regiment des Fürsten (der ebenfalls einen Stand darstellte)«.[14] (Sowohl in Frankreich als auch in den Niederlanden wurden die Ständeversammlungen als »Generalstaaten« bezeichnet – in den Niederlanden hat sich dieser Begriff bis heute für die Versammlung der Provinzialstände erhalten.) Die neue – revolutionäre – Idee, dass der König die alleinige Gewalt im Staat verkörpern solle, war nach den grausamen Bürgerkriegen geboren worden, von denen Frankreich im 16. Jahrhundert zerrissen worden war. Angesichts der allgemeinen Demoralisierung, des Zusammenbruchs aller ziviler Normen und des religiösen Fanatismus auf allen Seiten waren Humanisten überall zu der Überzeugung gelangt, dass jedes Regierungssystem, das dem Bürgerkrieg ein Ende setzen würde, einer Fortsetzung der Kämpfe vorzuziehen war. Und so kam es, dass sowohl in Frankreich als auch in England Pendants von Machiavelli die Bühne betreten konnten – Jean Bodin und Thomas Hobbes.

Während der Jurist und Philosoph Jean Bodin (1529–1596) das Blutvergießen der Hugenottenkriege um sich herum beobachtet hatte, war ihm bewusst geworden, dass sein Land nur mit Hilfe einer durchsetzungsfähigen Zentralmacht gerettet werden konnte. Also setzte er sich hin und begann seine Souveränitätslehre auszuarbeiten. In seinen *Six Livres de la République (Sechs Bücher über den Staat)* präsentierte er einen Staat, der stark genug war, um all die unterschiedlichen Gruppeninteressen im Hinblick auf regionale Autonomie oder religiöse Durchsetzungsfähigkeit in Schach halten zu können. Wie die Jesuiten, so hielt auch er den Schutz des Eigentums für vorrangig und vertrat so gesehen die Sicht, dass der Staat vor allem die Pflicht habe, die Ordnung aufrechtzuerhalten.[15] Konfessionell sollte sich der Staat neutral verhalten, verkörpert werden sollte er von einem einzigen Mann, dem Monarchen. Doch das hieß keineswegs, dass der Souverän tun und lassen konnte, was ihm gefiel: Er musste sich nicht nur an die Naturgesetze und an das Prinzip der Gerechtigkeit, sondern auch an die Gesetze Gottes halten. Die Souveränität des Staates war »unantastbar«. »Souverän ist, wer vom Ewigen Gott abgesehen nichts Größeres als sich selbst anerkennt. ...Der Fürst oder das Volk, welche die souveräne Macht besitzen, können von niemandem außer dem Ewigen Gott für ihre Handlungen zur Rechenschaft gezogen werden.«[16] Das klingt ziemlich fanatisch, doch Bodins Argumentationsweise war ja auch aus dem teuflischen Fanatismus der französischen Religionskriege hervorgegangen. Trotzdem schloss er Glaubensfragen bewusst aus seinem Denkschema aus und wollte nicht zulassen, dass sie die Politik des Staates beherrschen. Solche Fragen gingen nur die Kirche etwas an; dass sie mit Hilfe von Gewalt gelöst werden könnten, sollte expressis verbis verboten werden. Damit wurden sowohl die klassische römische Weltanschauung als auch die ideale christliche Gesellschaft aufgegeben, die sich Thomas von Aquin und Dante vorgestellt hatten.

Weshalb sich die Auswirkungen dieses geistigen Umbruchs so besonders katastrophal auf das 20. Jahrhundert niederschlagen sollten, wurde schon oft dargestellt. Damals glaubten die Menschen angesichts der so grausamen religiösen Intoleranz und der sich wandelnden Geschicke von Adel wie Normalsterblichen jedoch, dass die einzige Hoffnung auf einen effizienten Staat in der Entwicklung einer zentralistischen Macht lag, die endlich für *Ordnung* sorgen würde.

Im Frankreich des 17. Jahrhunderts schien das auch zu funktionieren. Damals stieg das Land zur unbestrittenen Hegemonialmacht Europas auf, sowohl aus politischer wie aus kultureller Sicht. »Es zählte etwa 20 Millionen Einwohner, etwa doppelt so viele wie das Heilige Römische Reich, dreimal so viele wie England und Schottland gemeinsam, mehr als viermal so viele wie Spanien.« Die großen feudalistischen Dynastien waren vom Hof gezähmt worden, und dieser Umstand machte die Bühne für eine

Glorifizierung des Königs frei: Der Hof war »ein Tempel der Herrscherverehrung« geworden; nicht weniger als zehntausend Menschen pflegten an den kunstvollen höfischen Zeremonien teilzunehmen; es gab keine größere Ehre, als sich diesem erlauchten Personenkreis zugehörig fühlen zu dürfen. Die Stärke und Einheit des Staates wurde durch ein stehendes Heer gewahrt, das mit seinen hunderttausend Mann die Größe des Hofstaats um ein Zehnfaches überstieg. Ein solches Heer wurde als die *ultima ratio Regis* betrachtet, »das alles entscheidende Machtmittel des Königs im Ausnahmezustand« (diese lateinische Formel wurde übrigens auch in die Kanonen des preußischen Heeres eingraviert). Der Unterhalt eines stehenden Heers war zwar kostspielig, doch der dafür nötige Haushalt konnte zumindest teilweise aus der staatlichen Beteiligung an Handelsgeschäften gedeckt werden. Die merkantilistische Staatswirtschaft beruhte auf der Theorie, dass Größe und Ruhm des Souveräns vom wirtschaftlichen Wohlstand des Staates abhingen und der Staat daher das Recht habe, sich in die Wirtschaft einzumischen, was wiederum die Einführung von Steuern (und von Steuereintreibern, also den Garanten für die Steuerleistung) und von Luxusartikeln zur Folge hatte. »Die dem zugrunde liegende Theorie lautete: Die Menge des in Europa umlaufenden Geldes ist ziemlich konstant. Ein Land kann daher nur reicher werden, indem es anderen Ländern Geld entzieht.« Es war das wirtschaftliche Ideal, relativ billig Rohmaterialien zu importieren, zu veredeln, Fertigerzeugnisse daraus herzustellen und diese dann zu wesentlich höheren Preisen ins Ausland zu verkaufen. Soweit es Frankreich betraf, funktionierte diese Strategie auf geradezu spektakuläre Weise: »Der Standard der handwerklichen und künstlerischen Ausbildung in Frankreich übertraf den aller anderen europäischen Staaten, die französische Textil-, Porzellan- und Parfumfabrikation sorgte für enorme Staatseinnahmen.«[17] Kein Wunder, dass sich so viele europäische Staaten am Sonnenkönig orientierten. Ein letztes absolutistisches Element war die neue Kriegstaktik. Die riesigen stehenden Heere, die es nun zum ersten Mal in Europa gab, machten es notwendig, gewaltige Massen von Soldaten mit höchster Präzision zu bewegen, was bedeutete, dass nun auch sehr viel mehr Disziplin vonnöten war. Und das wiederum führte zu einer stärkeren Machtkonzentration des absolutistischen Heimatstaats. Tatsächlich sollte die Idee vom Staat das allgemeine Denken nun in geradezu überwältigendem Maße beherrschen, aber das hatte natürlich auch etwas mit der Allgegenwart von Kriegen im Europa des 17. und 19. Jahrhunderts zu tun.

*

Der erste Mensch, der sich damit befasste und zugleich das meiste aus der wissenschaftlichen Revolution für die Politik herauszuholen versuchte, war Thomas Hobbes (1588–1678), der Sohn eines Vikars aus Malmesbury in Wiltshire im Westen Englands. Hobbes war nie wie John Locke ein Fellow der Royal Society gewesen, pflegte der Gesellschaft aber seine wissenschaftlichen Abhandlungen zu schicken. Seine eigenen Experimente auf den Gebieten der Physiologie und der Mathematik führte er allein durch. (Sein Freund John Aubrey porträtierte ihn in seinem Buch *Brief Lives* als einen »in die Geometrie verliebten« Mann.) Hobbes, der eine Zeit lang der Assistent von Robert Boyle, dann der Sekretär von Francis Bacon gewesen und sowohl Galilei als auch Descartes persönlich begegnet war, vertrat eine ganz und gar materialistische Weltsicht. Er war es, der die bedeutende Lehre von der Kausalität entwickelte, die Idee also, dass die Natur »eine endlose Kette aus Ursache und Wirkung« sei.[18]

Obwohl Hobbes noch um einiges weiter ging als Bodin, teilte er doch so manche seiner Sichtweisen, und das aus ähnlichen Gründen. Denn wie Bodin seine *Six Livres* vor dem Hintergrund der Hugenottenkriege in Frankreich geschrieben hatte, verfasste Hobbes sein Werk unter dem Eindruck des gerade erst beendeten englischen Bürgerkriegs. Wie Bodin, so glaubte auch er, dass religiös motivierte Gräueltaten aus Fanatismus verübt und Fanatismen durch Illusionen hervorgerufen würden. Deshalb ging es auch ihm primär um die Sicherheit der Menschen und den Schutz ihres Eigentums – um *Ordnung* also. Hobbes ging wie Machiavelli davon aus, dass der Mensch vernünftig und doch zugleich ein Raubtier sei; und wie Bodin legte auch er sich Argumente für die absolute Macht des Souveräns zurecht. Der Unterschied war nur, dass sich Hobbes sowohl einen König als auch eine Versammlung als Souverän vorstellen konnte (wenngleich er Ersteren vorzog) und die Macht der Kirche sehr entschlossen der säkularen Oberhoheit unterstellte. Sein *Leviathan* (eine Ableitung von jenem biblischen Seeungeheuer, »welches allein sich das wölfische Potenzial des menschlichen Urzustands wahrte«) ist eine der großen politischen Theorien und die gewiss umfassendste Darstellung von Hobbes' Ideen, die er aber natürlich auch in anderen Büchern präsentiert hatte, darunter namentlich *De Cive, or the Citizen: Philosophical rudiments concerning government and society (Vom Bürger)* und *Tripos*. Alle enthüllen, welchen Preis er für die Wahrung von Ordnung zu zahlen bereit gewesen war.[19]

Der *Leviathan*, »meine Abhandlung über die bürgerliche und kirchliche Regierung, die von den Wirren der Gegenwart veranlaßt wurde«, erschien im Jahr 1651.[20] Das Buch ist in vier Teile gegliedert: »Vom Menschen«, Teil I, behandelt den Stand des Wissens und die Psychologie des Menschen und enthält zum Beispiel das Kapitel »Vom ersten und zweiten natürlichen Gesetz und von Verträgen«; Teil II, »Vom Staat«, behandelt die Ursachen und Ursprünge des Gesellschaftsvertrages; in Teil III, »Vom christlichen Staat«, finden sich die prägenden Aussagen dieses Buches; und der letzte Teil, »Vom Reich der Finsternis«, gipfelt schließlich in einem Angriff auf die Kirche von Rom.

Hobbes war dogmatisch, didaktisch, verbissen. Doch in jedem Satz spürt man sein Bemühen um »Wissenschaftlichkeit«, und hinter jedem Gedanken steht die Vorstellung, dass sich in der Politik ebenso eine soziologische Wahrheit erkennen lasse wie in der Physik, der Biologie oder der Astronomie. »Die Kunst, Staaten zu schaffen und zu erhalten, besteht wie die Arithmetik und die Geometrie aus sicheren Regeln und nicht wie Tennisspielen aus bloßer Übung.«[21] Hobbes konstatiert offenherzig, dass der Staat eine völlig künstliche Vorrichtung zum Zwecke der Förderung der Interessen all der Menschen sei, aus denen er sich zusammensetzt. Den aristotelischen Glauben, dass der Mensch ein geselliges Wesen *(zoón politikon)* sei, lehnte er strikt mit der Begründung ab, dass es vor dem »Unterwerfungsvertrag« ja noch gar keine Gesellschaft gegeben habe.[22] Stattdessen setzte er bei dem Axiom an, dass der Naturzustand des Menschen der des Krieges sei. Das ist noch machiavellistischer als Machiavelli. Tatsächlich ist das ganze Werk von Hobbes' pessimistischer Perspektive geprägt. Im ersten Teil des *Leviathan*, in dem es um das Wissen und die Psychologie des Menschen geht, führte ihn die Frage über den Wissensstand seiner Zeit zu der Schlussfolgerung: »Die Natur hat die Menschen hinsichtlich ihrer körperlichen und geistigen Fähigkeiten so gleich geschaffen, daß trotz der Tatsache, daß bisweilen der eine einen offensichtlich stärkeren Körper oder gewandteren Geist als der andere besitzt, der Unterschied zwischen den Menschen alles in allem doch nicht so beträchtlich ist, als daß der eine auf Grund dessen einen Vorteil beanspruchen könnte. ... So liegen also in der menschlichen Natur drei hauptsächliche Konfliktsursachen: erstens Konkurrenz, zweitens Mißtrauen [Hobbes benutzte hier das Wort *defensio*: Abwehr], drittens Ruhmsucht.« Die Konsequenzen daraus können keine guten sein, wie Hobbes berühmte Folgerung lautet: »Das menschliche Leben ist einsam, armselig, ekelhaft, tierisch und kurz.«[23]

Es gibt keine Ausnahmen von diesem Zustand. Sogar »Könige und souveräne Machthaber«, schreibt Hobbes, sind »auf Grund ihrer Unabhängigkeit in ständigen Eifersüchteleien und verhalten sich wie Gladiatoren«. Daraus ergibt sich für ihn nur der eine Schluss: Um diesen ewigen Urzustand des Krieges zu umgehen, muss sich der Mensch einer »allgemeinen Gewalt« unterwerfen. Und da Hobbes den Selbsterhaltungstrieb für das wichtigste aller Naturgesetze hielt, lag die einzige Möglichkeit der Menschen aus seiner Sicht »in der Übertragung ihrer gesamten Macht und Stärke auf einen Menschen oder eine Versammlung von Menschen, die ihre Einzelwillen durch Stimmenmehrheit auf einen Willen reduzieren können«.[24] Genau das meinte er auch mit dem großen Leviathan, diesem sterblichen Gott, wie er es formulierte, der als Einziger die Macht besitzt, für die Einhaltung von Verträgen und Verpflichtungen zu sorgen. Diesem Vertrag kommt höchste Priorität zu. Der Anrufung Gottes oder der Berufung auf das eigene Gewissen lässt Hobbes hier keinen Raum, da den Menschen, wenn sie nur gerissen genug sind, damit immer die Möglichkeit bliebe, ihre Mitbürger übers Ohr zu hauen, was letztlich mehr als genug sei, um wieder auf kriegerische Mittel zurückzugreifen. Was der Souverän auch tut, wie hoch die von ihm auferlegten Steuern auch sind, welche Zensur er auch ausüben mag – alles ist gerecht, weil es auf Basis seiner Autorität geschieht. Hobbes war nicht blind gegenüber dem – wie wir heute sagen würden – totalitären Charakter seines Systems und konzedierte, dass es vielleicht nicht das angenehmste war, in dem man leben konnte. Trotzdem bestand er darauf, dass es den Alternativen bei weitem vorziehbar sei. Unter den drei möglichen Arten von Gemeinwesen – Monarchie, Demokratie, Aristokratie – stand er eindeutig aufseiten der Monarchie, und das aus ebenso eindeutigen Gründen: Erstens würden die persönlichen Interessen des Monarchen tendenziell immer mit dem öffentlichen Interesse übereinstimmen; zweitens könne sich der Monarch jederzeit Rat einholen, von wem er wollte; und drittens schließlich: »Ein Monarch kann nicht aus Neid oder Selbstinteresse mit sich selbst uneins sein.« Auf den Einwand, dass ein Monarch immer in Gefahr sei, durch »Günstlinge« oder »Schmeichler« beeinflusst zu werden, reagierte er mit dem Eingeständnis, dass das zwar »ein großer und unvermeidbarer Mangel« sei, fügte jedoch hinzu, dass sich die Günstlinge von Monarchen immer in überschaubarer Zahl halten würden, wohingegen »eine Versammlung viele Günstlinge« habe.[25]

Hobbes wusste, dass dieses Buch schlecht aufgenommen würde, und er sollte sich nicht täuschen. Tatsächlich fühlte er sich durch die Puritaner schließlich sogar derart bedroht, dass er nach Frankreich floh. Die puritanischen Parlamentarier hatte er mit seinem »sklavischen Absolutismus« befremdet, und auch die Royalisten hatte er trotz seines Eintretens für die absolute Monarchie irritiert, weil er nicht glaubte, dass das Herrscherrecht des Königs von Gott gegeben war. Man rief eine parlamentarische Kommission ins Leben, die den *Leviathan* bewerten sollte. Nur die persönliche Intervention von Charles II. rettete Hobbes vor einer Strafverfolgung.[26] Doch dass sein Buch so schlecht aufgenommen wurde, lag auch an der Neuartigkeit seiner Ideen. Nicht zuletzt hatte er ja mit dem hehren Usus gebrochen, das System auf eine göttlich inspirierte Moralität zu gründen, und stattdessen allein die Zweckmäßigkeit ins Feld geführt. Außerdem lehnte er die Vorstellung von einem allen Menschen vertrauten und von allen als tröstlich empfundenen »Naturgesetz« ab, dem der Staat oder »Gottesstaat« unterliege. Er fand seinen *Leviathan* gerechtfertigt, aber nicht etwa aus irgendwelchen hochtrabenden Gründen, bei denen die Menschen Zuflucht suchen konnten, sondern ganz einfach deshalb, weil er allen Menschen, die den Staat bildeten, nützlich sein konnte – das war alles.

Heutzutage wirkt Hobbes nicht einmal annähernd so anstößig wie auf seine Zeitgenossen, denn wir leben ja größtenteils nach den von ihm erdachten Prinzipien. Wir haben erkannt, dass der Mensch tatsächlich von Furcht oder Stolz getrieben wird, und anerkannt, dass beide Motive gleich gefährlich sind. Vor allem aber haben wir gelernt, uns in Gesellschaften zu arrangieren, deren größtenteils anonyme Staaten darüber wachen, dass die krasse Selbstsucht der menschlichen Natur nicht die Oberhand gewinnen kann. Machiavellis Pessimismus, der von Hobbes aufgegriffen und weitergeführt wurde, hat bereits zu lange gewährt und zu gut funktioniert, um uns noch glauben machen zu können, dass er wirklich völlig fehl am Platz ist.

*

Das Wohlstandswachstum, das sich während des 17. Jahrhunderts in England und den Niederlanden einstellte, war die langfristige Folge zweier Entwicklungen. Erstens hatte sich der Salzgehalt in der Ostsee verändert, woraufhin die Heringe in die Nordsee abwanderten. Dort stiegen die Fangquoten an, was der Fischereiindustrie in den Anrainerstaaten zum Aufschwung verhalf. Zweitens, und das war noch entscheidender, hatte sich der wirtschaftliche Schwerpunkt seit der Entdeckung Amerikas von den Anrainerstaaten des Mittelmeers weg verlagert, da der Atlantik zugänglich und ein Handel mit den Westindischen Inseln ebenso möglich geworden war wie mit Indien. Damit veränderte sich auch die Politik der neuen Nationalstaaten, denn nun wurde dem wirtschaftlichen Wettbewerb Vorrang vor allen religiösen und dynastischen Auseinandersetzungen eingeräumt. Mit der Mehrung des allgemeinen Wohlstands und dem zunehmenden Einfluss, den der Handel auf den Staat gewann, begann man auch mehr Wert auf Besitz und die Freiheiten zu legen, die für individuelle unternehmerische Initiativen nötig waren. Auf all diesen Grundbedingungen baute John Locke seine Philosophie auf.

»John Locke [1632–1704] ist der Prophet des englischen Unternehmer-Commonwealth, der Rechtsstaatlichkeit und der Toleranz. Von seinen politischen Spekulationen, den Prinzipien der Toleranz wie der eingeschränkten Monarchie, die in England ausgearbeitet wurden, ließen sich die Denker der französischen Aufklärung inspirieren, um die liberaleren Aspekte der englischen Denkungsart dann ihrerseits neu zu interpretieren und so zu generalisieren, dass sich ihr Einfluss von lokalen Ebenen auf Weltebene übertragen ließ.«[27] Tatsächlich verkörpert Locke den Common Sense einer Generation, die, ausgelaugt von all den Religions- und Bürgerkriegen, nur allzu bereit war, ihren Nutzen aus dem Kolonialismus und dem anschließenden Aufstieg der neuen Händlerschicht zu ziehen. Wie Hobbes schrieb auch Locke sowohl in seinem *Essay concerning humane understanding (Über den menschlichen Verstand)* als auch in den *Two treatises of government (Zwei Abhandlungen über die Regierung)* über politische Philosophie, konzentrierte sich aber auch auf die Natur des Menschen. Einer der Gründe, weshalb diese Bücher so einflussreich wurden, war sein Bemühen, politische Organisationsweisen auf wissenschaftliche Weise mit umfasenderen Erkenntnissen in Einklang zu bringen. Locke hatte Medizin studiert, war Fellow der Royal Society und wurde vom englischen Lordkanzler Earl of Shaftesbury protegiert, in dessen Auftrag er auch half, die Verfassung des Staates Carolina zu entwerfen. Er war ein ausgesprochen praktisch orientierter, umsichtiger Mensch mit einer Abneigung gegen Abstraktionen. Wahrheit betrachtete er als etwas Mutmaßliches und nicht als ein Absolutes, was ihn zu einem nicht untypischen Vertreter des Charaktertyps machte, der gerade in England an die Macht kam. In seinem Weltbild war politische Macht so weit wie möglich von einem »göttlich verordneten Recht« entfernt. Dass Gott Adam und durch dessen Nachfahren den königlichen Repräsentanten aller Zeiten Macht verlieh, hielt er für einen völlig irrwitzigen Gedanken. Immerhin, meinte er scharfzüngig, sei *jeder* Mensch ein Nachfahre Adams, und es sei nach so vielen Generationen unmöglich feststellbar, wer genau von wem abstammte. Grundsätzlich uneins war er sich mit Hobbes hinsichtlich dessen Aussage, dass der Naturzustand des Menschen der des Kriegs sei, da der Mensch ja auch imstande sei, Vernunft walten zu lassen. »Unter politischer Gewalt verstehe ich... ein Recht, für die Regelung und Erhaltung des Eigentums Gesetze mit Todesstrafe und folglich auch allen geringeren Strafen zu schaffen, wie auch das Recht, die Gewalt der Gemeinschaft zu gebrauchen, um diese Gesetze zu vollstrecken und den Staat gegen fremdes Unrecht zu schützen, jedoch nur zugunsten des Gemeinwohls.«[28] Alle Menschen, sagt Locke, seien von Natur aus gleich. Das hatte auch Hobbes gesagt, doch Locke reichte das nicht; er gesellte der Gleichheit noch die Freiheit hinzu, um dann zwischen dem »Zustand der Freiheit« und jenem »Zustand der Zügellosigkeit« zu unterscheiden, welcher den fortwährenden Urzustand des Krieges herbeiführen würde, den Hobbes so fürchtete. Den Sinn und Zweck einer bürgerlichen Gesellschaft sah Locke in ihrer Möglichkeit, Vernunft umzusetzen, um die »Unbilden des Naturzustandes«, demnach »die Menschen in eigener Sache Richter seien«, zu vermeiden. Als »das geeignete Heilmittel« sollte »eine bürgerliche Regierung« eingesetzt werden, an die sich ein jeder wenden und der sich ein jeder anschließen konnte. Hier geht Locke weit über Bodin und Hobbes hinaus, denn in diesem System haben weder Fürsten noch Könige einen Platz. Hier ist kein Mensch vom Gesetz ausgenommen, hier behält der Wille der Mehrheit immer die Oberhand.

Noch deutlicher spiegelte sich bei Locke die neue Lage in England, etwa wenn er behauptete, dass der einzige Grund, aus dem Menschen zur gesellschaftlichen Organisation und einer Gesetzgebung bereit seien, »im friedlichen und sicheren Genuß ihres Eigentums« liege. Da der Mensch ergo in die Gesellschaft »getrieben« wird, sei unbedingt darauf zu achten, dass sie nie eine Macht erwirbt, die über das zum Gemeinwohl Nötige hinausgeht. Das Gemeinwohl kann wiederum nur durch Gesetze oder Satzungen festgelegt werden, die von Bestand sind, die alle kennen und mit denen alle einverstanden sind, nicht aber durch die willkürlichen Dekrete eines absolutistischen Souveräns. Abgesehen davon müssen Gesetze durch unparteiische und integre Richter verwaltet werden, denn nur auf diese Weise wissen Volk wie Herrschaft, woran sie sind.[29] Die Idee von der absoluten Monarchie versah Locke mit der wichtigen Einschränkung, dass jeder Herrscher »auf das alte königliche Recht verzichten [müsse], Gesetze zu suspendieren«.[30] Schließlich nahm er sich der größten Angst der aufsteigenden englischen Kaufmannsschicht an (aufgekommen war sie angesichts des staatsinterventionistischen Geschehens in Frankreich) und erklärte, dass sich keine Macht das Eigentum einer Person ohne deren explizite Einwilligung aneignen dürfe – alles könne der Vorgesetzte einem Soldaten befehlen, nur nicht die Zerstörung seines Besitzes; außerdem müsse der Mensch selbst als sein eigener Besitz betrachtet werden, da er im Besitz seiner eigenen Arbeitskraft sei. Die entscheidende logische Folge dieses Gedankens war, wie Locke betonte, dass der Mensch auch nur mit seinem Einverständnis besteuert werden dürfe (was wir in der Lehre wiederfinden: »No taxation without representation« – keine Besteuerung ohne parlamentarische Vertretung).

In gewisser Weise war das der endgültige Bruch mit der Vorstellung, dass die Macht von Monarchen göttlich sanktioniert sei. Die Verbindung von Staat und Individuum war aus Lockes Sicht eine rein rechtliche und wirtschaftliche Annehmlichkeit, welche sich allein auf die praktischen Aspekte des Lebens bezog. Mit anderen Worten: Hier wurde unverblümt zum Ausdruck gebracht, dass Glaubens- und Gewissensfragen den Staat rein gar nichts angingen. Was die Religion selbst betraf, so war Locke ein leidenschaftlicher Verfechter von Toleranz. Er widmete diesem Thema gleich zwei Abhandlungen: *Some thoughts concerning education (Einige Gedanken über Erziehung)* und *A Letter Concerning Toleration (Ein Brief über Toleranz)*. Toleranz, schrieb er, sollte sich allein schon aus der offensichtlichen Tatsache ergeben, dass jeder Mensch über eine andere Begabung verfüge, wie es am Beispiel von Kindern deutlich werde, die in ein und derselben Familie aufwachsen. Auch die Prinzipien des Christentums forderten Toleranz, denn kein Mensch könne sich Christ nennen, der nicht barmherzig sei und nicht jenen Glauben« vertrete, welcher sein Werk ohne Zwang und allein durch Liebe vollbringe. Die Zugehörigkeit zur Kirche müsse jedoch absolut freiwillig sein; und dass »keine Privatperson in irgendeiner Weise ein Recht [hat], eine andere Person im Genuß ihrer bürgerlichen Rechte zu benachteiligen, weil diese zu einer anderen

Kirche oder Religion gehört«, verstand sich für Locke von selbst. »Menschen können nicht zu ihrem Heil, sie mögen wollen oder nicht, gezwungen werden. Und daher müssen sie, wenn alles geschehen ist, ihrem eignen Gewissen überlassen werden.«[31]

Wie so viele Gedanken aus Hobbes *Leviathan* scheinen für uns auch Lockes Ansichten mehr oder weniger Gemeinplätze zu sein – einfach weil wir sie längst für gegeben halten. Doch in Lockes Tagen waren sie völlig neu. Die Idee, dass die Regierung ihre Autorität von den Regierten beziehen könnte – was ja implizit hieß, dass sie nur so lange an der Macht sein würde, wie das Volk es wollte –, war geradezu atemberaubend. »Zu einer Zeit, in der Könige ein Leben lang herrschten, bot sich damit nicht nur die Aussicht auf einen Wandel, sondern vielleicht sogar auf eine Revolution.«[32]

*

Baruch de Spinoza (1632–1677) wurde nur zwei Jahre nach Locke geboren, hatte in gewisser Weise jedoch mehr mit Thomas Hobbes gemein. Wie dieser glaubte auch er, dass eine souveräne Macht der Preis sei, den wir zum Wohle der Ordnung zahlen müssten. Andererseits hielt er mehr vom Menschen als Hobbes und baute auf die Möglichkeiten von geistigen und politischen Freiheiten, sofern sich der Mensch dabei die neuen Wissenschaften zunutze machen würde. In seiner optimistischen Art glaubte er, dass die Anlage zur »wechselseitigen Hilfe« dem Menschen ebenso natürlich gegeben sei wie die Veranlagung zu Furcht und Stolz. So gesehen war der Sinn und Zweck des Zusammenschlusses von Menschen zu einer Gesellschaft eine Art von Bewusstseinserweiterung. Auf der Basis dieser Annahme und durch die Erkundung des Ist-Zustands der menschlichen Psychologie sollte es dem Wissenschaftler seiner Ansicht nach also gelingen können, eine politische Ordnung herauszufiltern, die dem menschlichen Verhalten entsprach, um schließlich ein ethisches Rahmenwerk zu konstruieren, das im Einklang mit der menschlichen Natur stand.[33]

Spinoza glaubte, dass der Mensch gute Eigenschaften nur in die Tat umsetzen könne, wenn er zum Wohle der Gemeinschaft mit anderen Menschen kooperierte; allein in der Gemeinschaft sah er das Medium, das solche Eigenschaften verwirklichen konnte. Aus seiner Sicht war sogar der Staat ein Ausdruck des »angeborenen« menschlichen Impulses zur wechselseitigen Hilfe. (Das ist eindeutig das genaue Gegenteil der Hobbes'schen Aussagen.)[34] In seinem großen Werk *Tractatus theologico-politicus* schreibt Spinoza, »daß der letzte Zweck des Staates nicht ist, zu herrschen noch die Menschen in Furcht zu halten oder sie fremder Gewalt zu unterwerfen, sondern vielmehr den einzelnen von der Furcht zu befreien, damit er so sicher als möglich leben und sein natürliches Recht, zu sein und zu wirken, ohne Schaden für sich und andere vollkommen behaupten kann. Es ist nicht der Zweck des Staates, die Menschen aus vernünftigen Wesen zu Tieren oder Automaten zu machen, sondern vielmehr zu bewirken, daß ihr Geist und ihr Körper ungefährdet seine Kräfte entfalten kann, daß sie selbst frei ihre Vernunft gebrauchen. ...Der Zweck des Staates ist in Wahrheit die Freiheit«.[35] Diese Ansicht steht im deutlichen Gegensatz zu der Lebensangst, die bei Calvin oder Augustinus zum Ausdruck kam. Wir brauchen uns das Leben nicht zu versagen, um Erlösung zu finden, im Gegenteil: Sagte Christus nicht, er sei gekommen, damit wir »das Leben haben und es in Fülle haben«? Genau diesem Ziel sollte der Staat dienen. Spinoza glaubte an Toleranz und Redefreiheit, weil er den Staat unter solchen Bedingungen für wesentlich geschützter hielt.

Spinozas verblüffendster Einsatz für die Gedankenfreiheit findet sich in dem Teil seines *Tractatus*, in dem er unvoreingenommen die Heilige Schrift analysiert. Im radikalen Gegensatz zu den vorangegangenen Exegesen beginnt sein Werk mit zehn Kapiteln über die Hebräische Bibel, in denen er die Echtheit der alttestamentarischen Bücher und die Wahrscheinlichkeit der Wunder behandelt. Das war in der Tat die Anwendung von wissenschaftlichen Kriterien auf Religion und eine direkte Konfrontation, die ihn schließlich zur Auseinandersetzung mit den »Gesetzen der Natur« und zu der Schlussfolgerung führte, dass die Natur den Menschen »die wirkliche Macht, der gesunden Vernunft gemäß zu leben, verweigert. Darum sind sie ebenso wenig verpflichtet, nach den Gesetzen der gesunden Vernunft zu leben, als die Katze verpflichtet ist, nach den Gesetzen der Löwennatur zu leben«.[36] Dieser Standpunkt war absolut originär. Spinoza war Wissenschaftler, ließ sich aber nicht in dem Maße von der Ratio in Knechtschaft halten wie fast alle seiner wissenschaftlichen Kollegen, wenngleich er wie Hobbes dennoch zu dem Schluss kam, dass die Grundlage jeder politischen Bindung das Bedürfnis nach Sicherheit sei – eine ganz und gar utilitaristische Vorstellung. Mit einem Schlag warf Spinoza damit die von der Klassik wie vom Mittelalter gehegte Vorstellung über Bord, dass Politik die rationale Antwort auf ein göttlich inspiriertes Naturgesetz sei. Stattdessen betrachtete er den souveränen Staat – wie Hobbes – schlicht und ergreifend als »von zwei Übeln das kleinere«. Dem Souverän riet er, auf die Öffentlichkeit zu hören, weil keine unpopuläre Regierung von Dauer sei; und die Demokratie hatte aus seiner Sicht den Vorteil, »dass bei einer demokratischen Regierung Widersinnigkeiten nicht so sehr zu befürchten sind; denn es ist fast ausgeschlossen, daß in einer Versammlung, vorausgesetzt, daß sie groß ist, sich die Mehrheit in einer Widersinnigkeit zusammenfindet«.[37] Die »höchsten Gewalten« müssen alle Menschen, ob reich oder arm, gleich behandeln. »Zu beachten« sei obendrein, »daß die Macht einer Regierung nicht genau in dem besteht, zu dem sie die Menschen durch Furcht zwingen kann, sondern überhaupt in allen Möglichkeiten, die Menschen zum Gehorsam gegen ihre Befehle anzuhalten. Denn nicht der Grund des Gehorsams, der Gehorsam macht den Untertan.« Die Regierung sei so aufzubauen, »daß alle, wie auch ihre Sinnesart sei, das öffentliche Recht höher stellen als den eigenen Nutzen, das ist die Aufgabe, das ist die Kunst«.[38] Alle öffentlichen Angelegenheiten sollten nach narrensicheren Prinzipien geregelt werden.

Für Spinoza ging es im Leben also mindestens so sehr darum, dem Instinkt Raum zu geben, wie Vernunft walten zu lassen. »Wenn uns daher irgend etwas in der Natur als lächerlich, widersinnig oder schlecht erscheint, so kommt das nur daher, weil unsere Erkenntnis von den Dingen Stückwerk ist, weil uns die Ordnung und der Zusammenhang der ganzen Natur zum größten Teil unbekannt sind und weil wir alles nach der Gewohnheit unserer Vernunft geleitet sehen wollen.«[39] Zuvor hatte er erklärt, »daß jedes Individuum das höchste Recht zu allem hat, was es vermag, oder daß sich das Recht eines jeden so weit erstreckt, wie seine bestimmte Macht sich erstreckt«.[40] Und dem fügte er hinzu, dass kein Mensch dem anderen die Treue zu halten brauche, wenn er zu Recht oder Unrecht zu der Überzeugung gelangt sei, dass es in seinem Interesse liege, sie aufzukündigen. Sittliche Werte seien Menschenwerk, herangezüchtet in einem künstlich angelegten Garten.[41]

Aus diesem Blickwinkel betrachtet ist letztlich nur die Macht der Mehrheit von politischer Relevanz. Da der Mensch unweigerlich Leidenschaften unterliegt, ist der Friede nur unter dieser Mehrheitsbedingung zu wahren. Die Bewährungsprobe des Staates ist der Friede und die Sicherheit, die er garantiert. Der Staat ist nur eine Annehmlichkeit; und er ist für den Menschen da, nicht umgekehrt.

Am deutlichsten unterschied sich Spinoza von Hobbes und Locke durch die nachdrückliche Betonung, die er auf das Wissen legte: Weil Wissen einem ständigen Wandel unterliege, müssten auch die höheren Gewalten ständig bereit sein, sich neu zu orientieren; und da der Staat nur eine Annehmlichkeit sei, ein künstlich angelegter Garten, sei immer von Veränderungen *auszugehen.*

In seinem jüngsten Buch *Radical Enlightment* bezeichnet Jonathan Israel Spinoza als die Schlüsselfigur bei der Evolution der Moderne, da er die in diesem Kapitel besprochenen Ideen über politische Theorien und Maßnahmen nicht nur mit den Ideen von der wissenschaftlichen Revolution verknüpfte, die im letzten Kapitel zur Sprache kamen, sondern sowohl mit dem religiösen Zweifel, über den wir im nächsten Kapitel sprechen werden, als auch mit der Suche nach den Naturgesetzen, die während der Aufklärung betrieben wurde und von der im 26. Kapitel die Rede sein wird. Israel schreibt, dass die Denkweisen seit Einführung der Neuen Philosophie – der Idee vom mechanistischen Universum – durch Descartes von niemandem so gravierend verändert wurden wie von Spinoza: Er habe den Prozess angestoßen, der die moderne Welt erschuf. Die Aufklärung sei nicht nur ein im Wesentlichen von Frankreich, England und Deutschland geschürter Geisteswandel gewesen, wie es gerne dargestellt wird, sondern eine Bewegung, die sich unter Führung der damaligen Vereinigten Provinzen der Niederlande durch ganz Europa inklusive Skandinavien, Spanien, Portugal und Italien zog. Von Spinoza sei der Funke ausgegangen, der zu einem grundlegenden Umdenken auf den fünf Gebieten führte, die üblicherweise als separate Entwicklungen behandelt werden, in Wirklichkeit aber von ihm zu einem Netz verwoben worden seien: Philosophie, Bibelkritik, wissenschaftliche Theorie, Theologie und politisches Denken. Spinozas Rolle sei lediglich deshalb so unzureichend gewürdigt worden, weil so viele seiner Beiträge im Verborgenen blieben. Israel stellt in seinem Buch zweiundzwanzig »spinozistische« Handschriften vor, die allesamt nur unter der Hand weitergereicht worden waren, berichtet von vielen Anhängern, die ins Exil gezwungen oder deren Werke von den Behörden verboten worden waren, und schildert zahllose heimliche spinozistische Denkschulen in ganz Europa, deren Ansichten über Religion, Politik und Wissenschaft so ineinander flossen, dass sie schließlich den Nährboden für die neue Befindlichkeit schufen, die sich unter dem Rubrum »Aufklärung« Bahn brechen sollte.[42]

Es war Spinoza, schreibt Israel, der die Theologie endgültig durch die Philosophie ersetzte. Er machte die Philosophie zum wichtigsten Hilfsmittel, um den Zustand der Menschheit zu erkennen; er machte sie zur logischen Grundlage, um Politik zu erklären. Es war Spinoza, der sich vom Teufel und der Magie verabschiedete; es war Spinoza, der bewies, dass Wissen demokratisch ist – dass es, wo es um das Wissen geht, keine Interessengruppen wie Priester, Anwälte oder Ärzte geben kann; es war Spinoza, der uns mehr als irgendein anderer Gelehrter davon überzeugen konnte, dass der Mensch ein Geschöpf der *Natur* und ein vernunftbegabtes Mitglied des Tierreichs ist; es war Spinoza, der seinen Mitmenschen bewusst machte, dass sich Freiheit nur philosophisch begreifen lässt; es war Spinoza, der Republikanismus und Demokratie den Boden bereitete; es war Spinoza, der verdeutlichte, dass das Endergebnis all dieser Ideen Toleranz ist. Für Jonathan Israel war Spinoza die Verkörperung von Newton, Locke, Descartes, Leibniz, Rousseau, Bayle, Hobbes und, ja vielleicht sogar das, Aristoteles in einer Person – und demnach der folgenreichste Denker seit Thomas von Aquin.

*

Der Mensch kenne sich gründlicher und besser, als sogar Newton die Gesetze der Materie kannte, folglich könne auch die Geschichte, da sie eine Geschichte der menschlichen Motive und ihrer Folgen sei, gründlicher und genauer erkannt werden als die natürliche Umwelt, die sich letztendlich immer dem Durchblick entziehen werde. Dieser Gedankengang stammt von dem Neapolitaner Giambattista Vico (1668–1744), der unter allen originellen Denkern dieser Welt die gewiss unterschätzteste Figur ist, auch wenn Jonathan Israel diesen Titel für Spinoza beansprucht. Die schlichte Erkenntnis, die Vico am Höhepunkt der wissenschaftlichen Revolution gewann und die besagte, dass der Mensch nur von dem wissen könne, was er selbst verursacht habe, sollte das Selbstbild des Menschen vollständig verändern. Tatsächlich aber bot er der Menschheit nicht nur ein neues Bild von sich selbst an, sondern gleich zwei neue Selbstbilder, die einander jedoch völlig widersprachen. Und da diese beiden Sichtweisen nie in Einklang gebracht werden konnten (sie werden im letzten Teil dieses Buches ausführlicher behandelt), lässt sich auch Vico für die Inkohärenz der Moderne verantwortlich machen.[43]

Vico, ein Philosoph, für den die Geschichte von noch größerer Bedeutung war als für irgendeinen anderen Denker seiner Zeit, setzte alles daran, um den Geist des Urmenschen zu verstehen, weil er glaubte, dass wir uns ohne diese Erkenntnis niemals selbst verstehen würden. Dafür bediente er sich auf ungemein originelle Weise der Psychologie, Linguistik und Poetik. Sein berühmtestes Werk ist *Scienza Nuova (Die Neue Wissenschaft)*, veröffentlicht im Jahr 1725 mit dem Ziel, eine säkulare Geschichtsphilosophie zu erfinden, deren Gesetze, wie er hoffte, zur Bildung von funktionsfähigen politischen Institutionen beitragen würden. John Bowle betont, dass Vico nur über geringe biologische Kenntnisse verfügte, jedenfalls gemessen an modernen Standards. Aber es sollte ja auch noch über ein Jahrhundert dauern, bis das evolutionäre Prinzip von der »natürlichen Zuchtwahl« erfasst wurde.[44] Deshalb war Vicos Sicht natürlich begrenzt, doch der großartigen Energie, mit der er sich seiner Aufgabe widmete, tat dies keinen Abbruch. Vico glaubte zwar wie so viele Menschen seiner Zeit, dass Gott die Natur mit Hilfe von Gesetzen beherrschte, die auch das Wohl und Wehe der Menschheit bestimmten, war sich aber mit Spinoza einig, dass es sich dabei um immanente und keine transzendenten Gesetze handelte – also nicht um offenbarte, sondern um solche, welche durch die Art und Weise sichtbar wurden, in der sich der Mensch organisierte, und die deshalb ableitbar waren.[45] Im Gegensatz zu Hobbes und anderen Gelehrten glaubte Vico jedoch nicht, dass solche Gesetze aus einem rationalen Vertrag resultierten, sondern ging vielmehr davon aus, dass sie sich aus Gewohnheiten ergeben hatten, welche dem Reich der Instinkte entstammten. Dem »gefallenen und schwachen Menschen« war es zwar auch seiner Meinung nach nicht mehr gegeben, »das Wahre über die Dinge« zu erkennen, doch eine Verbindung zu Gott konnte der Mensch durch seine instinktive Getriebenheit nach wie vor herstellen. Durch »göttliche Vorsehung« werde die Dunkelheit von einem »göttlichen gesetzgebenden Geist« erhellt, »der aus den Leidenschaften der Menschen ... die bürgerlichen Ordnungen hervorbringt, durch die sie in menschlicher Gemeinschaft leben können«.[46]

Beim Blick auf seine Welt und in die Tiefen der Geschichte entdeckte Vico »drei menschliche Sitten«: Jedes Volk hatte »irgendeine Religion, sie schließen alle die Ehen in feierlicher Form; sie begraben alle ihre Toten; und auch bei den wildesten und rohesten Völkern gibt es keine menschlichen Handlungen, die mit ausgesuchteren Zeremonien und mit strenger geheiligten Formen begangen werden, als Religionsübungen, Ehen und Begräbnisse«.[47] Er akzeptierte die Vorstellung vom gefallenen Menschen, hielt ihn aber dennoch für den Herrn seines eigenen Schicksals, zumal sich ihm zunehmend der Sinn von zivilisatorischer Entwicklung erschloss. Zivilisation betrachtete Vico gewissermaßen als den Ausdruck der göttlichen Vorsehung, zugleich aber war er überzeugt, dass philosophisches Wissen in den Instinkt eingreifen könne. Der »dem Menschengeschlecht gemeinsame Sinn« ermöglichte so gewaltige kollektive Errungenschaften wie das Recht, die Wissenschaften, die Künste und die Religion selbst; und genau diese Errungenschaften sollten nun auf die Frage hin erforscht werden, was sie über die Pläne des göttlichen Baumeisters enthüllten.[48]

Vicos Charme ist, dass so manche seiner Ideen heutzutage völlig überholt und absurd erscheinen, gleichzeitig in anderer Hinsicht aber so modern und erfrischend sind. So behauptete er zum Beispiel, dass »das gesamte ursprüngliche Menschengeschlecht« nach der Flut in »zwei Arten« aufgeteilt worden sei, nämlich in »die Giganten und die Menschen von natürlicher Gestalt«, die in dem von der Flut zurückgelassenen Sumpfland hausten. Die Menschheit stammte von den Giganten ab und schrumpfte im Lauf der Zeit auf ihre heutige Größe; die Zivilisation entstand aus der Furcht vor den Blitzen, die die Giganten aus ihrer bestialischen Stumpfheit rissen und für die sie sich ungemein zu schämen lernten. Derart beschämt wollten die Männer ihren Instinkten nicht mehr vor aller Augen freien Lauf lassen und schleppten ihre Frauen in Höhlen: Die Familie war geboren. Aus diesem ersten gewaltsam autoritären Akt habe sich dann die natürliche Fügsamkeit der Frau und der natürliche Adel des Mannes entwickelt. Vico, der ausgesprochen belesen in Geschichte war, würzte seine Darstellungen gerne mit gelehrten Quellenangaben, beispielsweise zur Beantwortung der Frage, wie oft Blitze in der paganen Mythologie mit Jupiter in Verbindung gebracht worden waren oder welchen Bezug es zwischen den alttestamentarischen Riesengestalten, den griechischen Sagen und dem Krieg der Titanen gegen die olympischen Götter gab.[49] Da war es wohl nur logisch, dass er die erste Epoche der Menschheitsgeschichte als das Zeitalter der Götter bezeichnete, welches dazu gedient habe, den Vorfahren der Menschen Disziplin beizubringen: Sie erdachten sich Götter als Personifizierungen des Meeres, Himmels, Feuers und der Ernte und entwickelten eine rudimentäre Religion, ein Familienleben, Sprechweisen und Besitz. (Letzteres hielt Vico für eine Folge der Totenbestattung.) Dem Zeitalter der Götter schlossen sich das der Heroen und schließlich das der Menschen an.

Im zweiten Teil des Buches wandte sich Vico dem Menschengeschlecht zu und versuchte dessen Geschichte anhand der Sprechweisen – anhand von »poetischer Weisheit« – und der Mythologien des Frühmenschen zu rekonstruieren: In der Tiefe ihrer Unwissenheit neigten die Völker dazu, ihre Umwelt mit Hilfe von Fabeln und Allegorien zu interpretieren; daher deckte sich die Entwicklung von Sprache mit der Entwicklung von gesellschaftlichen Strukturen. Als die Menschen im Zeitalter der Götter dann Sprechweisen erfanden, waren ihre Sprachen noch undeutlich und poetisch; der Zeitenlauf wurde durch die Anzahl der Ernten angezeigt; die Namen ihrer Götter symbolisierten das natürliche Interesse an Nahrung und Anbau. Während des heroischen Zeitalters verständigten sich die Menschen durch »Wappen und Abzeichen«.[50] In einem anderen Abschnitt erklärte er, dass sich die soziale Entwicklung des Menschen auch aus den drei Strafen ableiten lasse, die der gefallenen Menschheit auferlegt wurden: Schuldgefühl, Wissensdurst und der Zwang zur Arbeit. Jede Gottheit und jeder mythologische Heroe könne als die Manifestation der Folgen einer dieser Strafen betrachtet werden.

Auf uns wirken die Argumente Vicos heute wenig überzeugend – jedenfalls zumindest dort, wo er ins Detail geht und meist ungemein absurd wird. Doch hinter all diesen Absurditäten versteckt sich die überraschend moderne Wahrnehmung, dass sich der Mensch nicht nur biologisch, sondern auch im Hinblick auf seine Sprachen, Sitten, gesellschaftlichen Organisationsweisen, Gesetze und Literaturen *entwickelt* hat. Und hinter diesem Gedanken verbarg sich eine Zeitbombe: die Idee, dass sogar die Religion selbst einer Entwicklung unterliegt. So hat also auch Vico zum Advent des Zweifels beigetragen, der das Thema des nächsten Kapitels sein wird.

*

Die Jahre zwischen 1513 und 1725, zwischen den Veröffentlichungen von Machiavellis *Fürst* und Vicos *Neuer Wissenschaft*, überschnitten sich deutlich mit der wissenschaftlichen Revolution. Und so war es auch gewiss kein Zufall, dass sich alle politischen Philosophen dieser Jahre bemühten, ihre Theorien wenigstens auf den *Prinzipien* der neuen Wissenschaften aufzubauen oder Schemata zu entwerfen, die in allen Staaten Gültigkeit haben konnten. Doch vielleicht war es einfach noch zu früh, um die neuen Wissenschaften auf die Lebensumstände der Menschen zu übertragen. Das beständigste Erbe dieser Jahre war jedenfalls die Unterscheidung zwischen Denkern wie Machiavelli und Hobbes, die eine pessimistische Einstellung gegenüber der menschlichen Natur vertraten (und autoritäre oder konservative Philosophien entwickelten), und solchen wie Locke und Spinoza, die optimistischer waren (und liberale Philosophien erdachten). Genau diese Spaltung hat sich im großen Ganzen bis heute erhalten, auch wenn wir dabei gemeinhin von rechts und links sprechen.

Die Idee von der »Gemeinschaft« (und von ihrer Legitimität als einem autoritativen politischen Gemeinwesen) zog sich wie ein roter Faden durch dieses Kapitel. Doch mit einer Bedeutung des Begriffs müssen wir uns noch auseinander setzen, weil sie nach Meinung des Cambridge-Historikers Tim Blanning ebenfalls in dieser Periode (dem 16. und 17. Jahrhundert) entstand: mit der Definition einer Gemeinschaft als »Öffentlichkeit« oder, wie Blanning es nennt, als »eines neuen kulturellen Raumes«.

»Neben der alten, auf die Höfe und die Darstellung von monarchischer Autorität konzentrierten Kultur tauchte eine ›öffentliche Einflusssphäre‹ auf, in der sich Privatpersonen zusammenfanden, um ein Ganzes zu bilden, das größer war als die Summe seiner Teile. Indem diese Individuen Informationen und Ideen austauschten und Kritik übten, erschufen sie einen kulturellen Akteur – die Öffentlichkeit –, von dem die europäische Kultur seither dominiert wird. Viele, wenn nicht die meisten kulturellen Phänomene der modernen Welt leiten sich aus dem ›langen 18. Jahrhundert‹ ab – die Zeitschrift, die Zeitung, der Roman, der Journalist, der Kritiker, die öffentliche Bibliothek, das Konzert, die Kunstausstellung, das öffentliche Museum, das Nationaltheater, um hier nur einige Beispiele anzuführen.«[51]

Blanning konzentriert sich auf drei dieser Neuerungen: den Roman, die Zeitung und das Konzert. Im späten 17. und frühen 18. Jahrhundert war eine »Leserevolution« ausgebrochen, die er mit etlichen Memoiren aus dieser Zeit belegt. In England stieg die jährliche Buchproduktion Anfang des 17. Jahrhunderts von vierhundert auf sechstausend Titel. Im Jahr 1630 wurden einundzwanzigtausend Titel jährlich gedruckt; in den neunziger Jahren des 18. Jahrhunderts schließlich ganze sechsundfünfzigtausend pro Jahr. In Deutschland wurde der Begriff des »Gelehrten« im 18. Jahrhundert einer deutlichen inhaltlichen Verschiebung unterzogen, denn nun waren damit »Gebildete« gemeint. »Sogar wer die offenbarte Religion und die Autorität der Bibel ablehnte, verstand Bildung als das Erlösungsangebot einer säkularen Kultur.« Wie sich der Geschmack veränderte und in welchem Maße das Ansehen des Romans stieg, lässt sich der folgenden Tabelle aus Blannings Studie entnehmen:

Veröffentlichungen in Deutschland 1625 bis 1800

Themengebiet	1625	1800
Recht	7,4 %	3,5 %
Medizin	7,5	4,9
Geschichte etc.	12,0	15,7
Theologie	45,8	6,0
Philosophie	18,8	39,6
Belletristik	5,4	27,3

Blennings Meinung nach lag die eigentliche Anziehungskraft des Romans in seiner Offerte des Realistischen, in seiner Möglichkeit, Erdachtes als faktische *Reportage* darzustellen. In vielen Fällen handelte es sich um triviale und rührselige Geschichten, doch einige englische Schriftsteller, wie zum Beispiel Samuel Richardson mit seinen Briefromanen, verfolgten im 18. Jahrhundert doch das ernsthaftere Ziel, »die großen Lehren des Christentums modisch verbrämt als Unterhaltung« zu präsentieren.[52] Ein anderer Effekt des Romans und seiner Auseinandersetzung mit dem Hier und Jetzt war, dass die Familie und die Frau in den Vordergrund rückten, nicht zuletzt, weil die meisten Frauen aus der Mittel- und Oberschicht nun mehr Freizeit genossen als ihre Männer.

Was Zeitungen und Zeitschriften anbelangt, so fand in den letzten Jahrzehnten des 17. Jahrhunderts in mehreren Städten Europas – Antwerpen, Frankfurt, Turin, Paris, London – der Wechsel von sporadischen zu regelmäßigen Publikationen statt. Pierre Bayles Zeitschrift *Nouvelles de la République des Lettres (Nachrichten aus der Republik der Bildung)* erschien erstmals im Jahr 1684. In London wurden um das Jahr 1730 sechs, um 1770 neun Tageszeitungen mit einer Auflagenhöhe von zusammengerechnet 12 600 000 Exemplaren herausgegeben. Sogar wer nicht lesen konnte, hielt sich auf dem Laufenden. Man ging einfach in eines der 551 Cafés, 207 Inns oder eine der 447 Tavernen von London, wo Zeitungen regelmäßig laut vorgelesen wurden. Doch diese Zahlen verblassten hinter denen des Heiligen Römischen Reichs Deutscher Nation: Zu Zeiten der Französischen Revolution erschienen dort tausend Zeitungen und Zeitschriften.[53]

Jonathan Israels Schilderung der »gelehrten Journale«, die ebenfalls in dieser Zeit gegründet wurden, ergänzt dieses Bild. »Sie befassten sich überwiegend mit den jüngsten geistigen Entwicklungen in der gelehrten und wissenschaftlichen Welt und trugen eine Menge dazu bei, die Aufmerksamkeit der kultivierten Öffentlichkeit von den etablierten Autoritäten und Klassikern auf das Neue, Innovative oder Herausfordernde zu lenken, sogar dann, wenn die neuen Wege in fernen Ländern und fremden Sprachen beschritten worden waren.« Während es zuvor üblicherweise Jahre gedauert hatte, bis man etwas von der Existenz eines fremdsprachigen Buches erfuhr, wusste man nun »binnen Wochen« Bescheid. Und diese Journale haben jetzt nicht nur die Menschen besser informiert, sondern im Allgemeinen auch die neuen Werte von Toleranz und intellektueller Objektivität vertreten. Somit trugen auch sie dazu bei, »die fest verwurzelte und von Königen, Parlamenten und Kirchen gleichermaßen geförderte Vorstellung aufzubrechen, dass es einen universell bekannten, akzeptierten und allgemein geachteten Konsens im Hinblick auf die Wahrheit gäbe. Gleichzeitig waren diese Journale bestrebt, die von den Spinozisten propagierten radikaleren Aspekte der Aufklärung an den Rand zu drängen«.[54]

Bücher hatte es natürlich in der ein oder anderen Form schon seit Jahrhunderten gegeben, in dieser Zeit war lediglich die Zahl der Publikationen enorm angestiegen. Das öffentliche Konzert hingegen war ein völlig neues Medium. Blanning schreibt, dass das erste öffentliche Konzert im heutigen Sinne (wo also ein deutlicher Unterschied zwischen Auditorium und Künstler gemacht und eine anonyme Öffentlichkeit gegen Entgelt zugelassen wird) im Jahr 1672 in London stattfand, und zwar im Haus von John Banister, gegenüber der George Tavern in Whyte Freyers. Dieses Ereignis regte dann nicht nur die Nachfrage nach weiteren Konzerten an, sondern steigerte je nach musikalischem Bildungsniveau auch den Bedarf an Partituren. Und die schürten wiederum die Nachfrage nach einer ganz bestimmten Art von Musik, wovon zuerst Haydn und anschließend Händel begünstigt wurden – denn es war die Symphonie, die jetzt ihren Siegeszug in der neuen, musikbegeisterten Öffentlichkeit antrat. Immer mehr Menschen begaben sich nun auf Reisen, um von Konzertsaal zu Konzertsaal durch die großen Marktstädte wie Frankfurt, Hamburg und vor allem Leipzig zu ziehen.[55]

Neue musikalische Ideen kamen zwar nach wie vor aus Residenzstädten wie Salzburg, Mannheim oder Berlin, doch Blanning will hier letztlich auch einen ganz anderen Punkt betonen, nämlich dass die neue Öffentlichkeit oder die neue öffentliche Einflusssphäre ein bis dahin ungekanntes Nationalgefühl mit sich brachten. Tatsächlich sollte sich aus dieser neuen, selbstbewussten Öffentlichkeit und aus den kulturellen Ideen, für die sie sich zu erwärmen begann, eine machtvolle Mixtur zusammenbrauen, sodass ein nie da gewesenes Forum für die Verbreitung von Ideen entstehen konnte. Und diese Mischung bestimmte nicht nur, welche kulturellen Ideen sich als populär und von Dauer erwiesen, sondern gewährleistete auch, dass Kultur per se zu einem virilen und fiebrigen Aspekt des erwachenden Nationalismus wurde. Die machtvolle Lehre, dass sich Völker ihre kulturellen Unterschiedlichkeiten bewahren sollten, erwies sich als ebenso magnetisierend wie gefährlich. Und sie beruht in Wirklichkeit auf dem Entstehen der öffentlichen Einflusssphäre im 17. Jahrhundert.

25

Der »Schrecken des Atheismus« und der Advent des Zweifels

Kopernikus starb im Jahr 1543. Der Überlieferung nach wurde ihm am Sterbebett das erste gedruckte Exemplar seines berühmten Werkes *De revolutionibus orbium coelestium* (von den Umdrehungen der Himmelskörper) überreicht. Das ist wahrlich der Stoff, aus dem bewegende Dramen sind, aber versuchen wir auch in diese Episode nicht zu viel hineinzulesen. Tatsächlich ließ die Revolution, die von *De revolutionibus* ausgelöst werden sollte, noch eine ganze Weile auf sich warten. Erstens war das Buch praktisch unlesbar, es sei denn, man war ein gelehrter Astronom; zweitens hatten schon seit ungefähr 1515 Forschungsberichte von Kopernikus unter den Naturforschern Europas kursiert, darunter auch bereits seine neue These, dass die Erde um die Sonne kreise und nicht umgekehrt. Seit mindestens zwei Jahrzehnten war Kopernikus als führender Astronom in Europa anerkannt gewesen, und die Kollegen erwarteten mit Spannung das Buch, in dem er seine neue Theorie detailliert darlegen wollte.

Als *De revolutionibus* dann erschien, erkannten fast alle Astronomen die Bedeutung dieses Werkes.[1] Viele bezeichneten Kopernikus nun sogar als einen »zweiten Ptolemaios«. Bis zur zweiten Hälfte des 16. Jahrhunderts war es praktisch zur Norm in der Fachwelt geworden, Bezug auf das Buch zu nehmen. Doch so unwahrscheinlich es auch klingen mag: Tatsächlich nahm niemand Notiz von Kopernikus' zentraler These. »Autoren, die Kopernikus applaudierten, sich seine Diagramme borgten oder seine Bestimmung der Distanz Erde–Mond zitierten, ignorierten üblicherweise die Erdbewegung oder verwarfen sie als absurd.«[2] In einem astronomischen Grundlehrbuch, das 1594, also über ein halbes Jahrhundert nach der Veröffentlichung des kopernikanischen Werkes, in England erschien, wurde die Stabilität der Erde nach wie vor als gegeben genommen, was letztlich selbst im Rückblick überrascht, da Kopernikus ja tatsächlich nur eine Tür geöffnet hatte, die – wenn man einmal von der Haltung der Kirche absieht – längst weit mehr als nur angelehnt gewesen war.

Ende des 16. Jahrhunderts gab es genügend Europäer, die den christlichen Glauben gravierend diskreditiert sahen. Protestanten und Katholiken hatten sich zu Tausenden abgeschlachtet, Hunderte waren auf oft spektakulär grausame Weise umgebracht und zu Märtyrern gemacht worden, nur weil sie Ansichten vertraten, die weder die eine noch die andere Seite belegen konnte. Und wo so viele Menschen von der Richtigkeit ihrer unterschiedlichen göttlichen Eingebungen überzeugt waren, konnten sie doch wohl ohnedies meist nur Illusion sein. Ironischerweise hatte die Bibel selbst zur Entwicklung dieser Situation herausgefordert, denn in genau dieser Zeit war die Heilige Schrift erstmals umgangssprachlich übersetzt und damit den Massen zugänglich gemacht worden. In den zwanziger Jahren des 16. Jahrhunderts hatte sie das exklusive Reich der Gelehrten und des Göttlichen verlassen und, wie Brian Moynahan schreibt, allen Christen ermöglicht festzustellen, was sie enthielt und was *nicht*. Und dabei wurde auch jedem ersichtlich, wie viele Praktiken und Privilegien der Kirche »durch Usus und nicht unmittelbar durch Gott gesegnet worden waren«.[3] Auch Menno Simons, ein achtundzwanzigjähriger Holländer aus Pingjum, sah sich in Zweifel gestürzt, besonders im Hinblick auf die katholische Transsubstantiationslehre, nach der Brot und Wein bei der Eucharistie in das Fleisch und Blut Christi verwandelt wurden. Zunächst hielt er seine Zweifel für Eingebungen des Teufels, der ihn vom rechten Glauben abzubringen versuchte (wie er nach eigenen Aussagen oft sogar gebeichtet hatte), doch dann kam ihm die Idee, »die Schrift mit Fleiß und Genauigkeit« zu inspizieren. Und da dauerte es nicht lange, bis er entdeckte, wie »wir getäuscht wurden«.[4] Mit »großer Erleichterung« stellte er fest, dass Brot und Wein in allen biblischen Nachweisen nur Symbole für die Passion Christi waren. Erleichtert oder nicht, es war trotzdem ein Schock.

Dass gewöhnliche Christen durch die landessprachlichen Übersetzungen nun Zugang zur Bibel hatten, war eine gefährliche Sache, und die Kirche wusste das. Denn nun war es Laien möglich geworden, selbst nach Antworten auf all die Ungereimtheiten und Widersprüche in den Heiligen Schriften zu suchen, die ihnen bisher vorenthalten worden waren. In Chelmsford, Essex, wurde einem jungen Mann von seinem Vater verboten, William Tyndales englische Bibelübersetzung zu lesen, von der Hunderte von Exemplaren nach England geschmuggelt worden waren: Er durfte nur die lateinische Ausgabe zu Rate zu ziehen, die er nicht verstand. Doch er gehorchte nicht und erstand eine englische Ausgabe, versteckte sie unter dem Bettstroh und las darin, wann immer er konnte. Prompt begann er sich über die Ehrerbietung zu empören, die seine Eltern dem Kreuz erwiesen, etwa wenn sie vor ihm in die Knie sanken oder ihre Hände zu ihm erhoben, wenn es beim Bittgang in der Kirche an ihnen vorbeigetragen wurde. Eines Abends, nachdem sich der Vater bereits zu Bett begeben hatte, erklärte er seiner Mutter, dass sie damit reine Götzenanbetung betrieben und der Anordnung Gottes zuwiderhandelten: »Du sollst dir kein Gottesbild machen und keine Darstellung von irgendetwas am Himmel droben.«[5]

Dass der Genfer Drucker Robert Stephanus 1551 die biblischen Texte nach Versen zu nummerieren begonnen hatte, spielte ebenfalls eine Rolle, denn auch damit war nun vielen Gläubigen der Umgang mit der Bibel erleichtert worden. Und sie entdeckten krasse Widersprüche oder einander widersprechende Wahrheiten. Die Täufer zum Beispiel konnten nun darauf verweisen, dass laut Genesis die Vielehe gestattet war, andere konterten, dass Jesus im Markusevangelium (10,9) sagt: »Was aber Gott verbunden hat, das darf der Mensch nicht trennen.« Im Buch der Könige wird die Verweigerung von Steuerzahlungen legitimiert, bei Matthäus hingegen heißt es, dass ein jeder seine Steuern zahlen müsse. Viele Traditionen, die im Lauf der Zeit geheiligt worden waren und von denen die Laien bislang angenommen hatten, dass sie von der Heiligen Schrift geboten waren, ließen sich dort überhaupt nicht finden. Beispielsweise gab es weder Hinweise auf die Autorität des Papstes noch auf das Priesterzölibat, die Transsubstantiation, die Kindstaufe, die Kanonisierung der Heiligen oder die Lehre, dass jeder Nichtkatholik von der Erlösung ausgenommen sei.[6]

*

Ende des 16. Jahrhunderts begannen sich die Anzeichen für gewaltbereite Lösungen der Konflikte unter den Laien zu mehren, die nun die Ungereimtheiten und Widersprüche der Bibel selbst entdeckten. Der Nährboden war geschaffen für Sekten, die mehr oder weniger extreme Ansichten vertraten und nun wie Pilze aus dem Boden schossen, sodass es plötzlich verwirrend viele theologische Auswahlmöglichkeiten gab – zu viele, um die Suche nach dem »wahren Glauben« nicht enorm zu erschweren oder gar unmöglich zu machen. Und eine Folge davon war, dass der Begriff »Atheist« plötzlich auf sehr viel mehr Menschen bezogen wurde als jemals zuvor.[7]

»Atheismus« ist ein griechisches Wort. Der erste historisch belegte Atheist war Anaxagoras von Klazomenai (wirkte um 480–450 v. d. Z.). Zumindest war er der Erste gewesen, der des Atheismus beschuldigt und seines freien Denkens wegen verfolgt und verbannt wurde.[8] Von Sokrates wissen wir jedoch, dass seine Schriften in Athen weithin gelesen wurden und jedermann sie für eine Drachme kaufen konnte. Mit anderen Worten: Man hielt Anaxagoras nicht für einen Spinner.[9] Auch der Dichter Diagoras von Melos wurde des Atheismus beschuldigt, weil er zu dem Schluss gekommen war, dass es keinen Gott geben könne, wo so viel Ungerechtigkeiten ungestraft blieben. (Der Überlieferung nach soll er eine Herkulesstatue zerschlagen und ihr Holz verfeuert haben, um Gott Herkules dann vermessen herauszufordern, Rüben zu kochen und somit seine dreizehnte Herkulesarbeit zu leisten.) Auch in den Stücken von Euripides findet sich mehr als nur eine Figur, die die Götter anklagt und erklärt, dass die erbärmlichen Dichtungen kein Gran Wahrheit über sie enthielten.[10] Im alten Rom gab es weniger Freidenkertum als in Athen. In den privaten Briefen von Cicero findet sich kein einziger Bezug auf den Glauben, und die Figuren aus Petronius' *Satyricon* verhöhnen mit Vorliebe Priester, die Mysterien vollzogen, deren Sinn sie selbst nicht begriffen, aber nicht ihren Glauben. Auch daraus spricht eher Skeptizismus als ein wirklich grundlegender Atheismus.

Wie schon einleitend erwähnt, befasste sich James Thrower mit der »alternativen Tradition« des Altertums, religiöse Deutungen abzulehnen, wie es zum Beispiel die materialistische Lokayata-Schule tat, die Anfang des 6. Jahrhunderts v. d. Z. in Indien ins Leben gerufen worden war und ihre primär hedonistische Weltanschauung auf die verlorenen Schriften des *Brhaspati Sutra* gründete. Dieses Glaubenssystem (auch *carvaka* genannt), das fast gleichzeitig mit dem Buddhismus und den Upanischaden entstand, lehnte die Traditionen ebenso ab wie Magie und lehrte die Einheit von Körper und Seele, was ja zugleich bedeutete, dass es kein Leben nach dem Tode gab. Der Mensch lebt zu seinem Vergnügen im Hier und Jetzt. Auch Purana Kassapa, ein wandernder indischer Asketenlehrer, kritisierte die hinduistische Elementarlehre vom *karma*, glaubte an kein Jenseits und erklärte die Moralität zu einem Naturphänomen mit dem einzigen Zweck, dem Menschen auf Erden dienlich zu sein. Seine Nachfolger waren Ajita Kesakambali und Makkhali Gosala, der Gründer der Ajivikas-Sekte, welche zumindest bis ins 13. Jahrhundert n. d. Z. wirkte und eine naturalistische Vorstellung vom Menschen vertrat. Die Idee, dass es »Naturgesetze« für das Werden und Vergehen auf Erden gibt, war dem alten und mittelalterlichen Denken Indiens alles andere als fremd gewesen.[11]

James Thrower beschäftigte sich auch mit den chinesischen Taoisten, die alle Spekulationen über den Urbeginn und das Endziel der Natur ablehnten und stattdessen die Ewigkeit und Unerschaffenheit des *tao* (vor dem Entstehen von Himmel und Erde war alles Stille und Leere) und die elementare Einheit der Natur lehrten. Sie gingen also von Gesetzen aus, die von Philosophen erfasst werden konnten, nicht aber von einer Schöpfung als solcher. Auch Xun Zi (298–238 v. d. Z.) schloss jede überirdische Kraft aus, erklärte Gebet und Prophetie für unwirksam, forderte ein Studium, nicht aber die Verehrung der Natur und behauptete wie sein Epigone Wang Chong (27–97 n. d. Z.), dass das Geschehen auf Erden die Frucht von menschlicher »Würdigkeit oder Unwürdigkeit«, nicht aber das Werk von überirdischen Kräften sei.[12] Die naturalistischen Theorien von Zhu Xi (1130–1200 n. d. Z.) wurden bereits im 14. Kapitel behandelt.

Throwers Argumentation lief darauf hinaus, dass diese Ideen aus Indien und China in Kombination mit dem griechischen und römischen Denken (ionischer Wissenschaft, Sophismus, Epikureismus, den römischen

Vorstellungen vom *imperium* und der ungemeinen Sachlichkeit, mit der man erfolgreiche Herrscher in Götter verwandelte) und motiviert von Denkweisen über die Natur, welche alle überirdischen Elemente ausschlossen, ein alternatives Denkgebäude errichtet hätten, das von Historikern nur unzureichend wahrgenommen wurde.

*

John M. Robertson schildert in seiner Historie über das westliche Freidenkertum eine »verblüffende Zurschaustellung« von Freigeisterei unter den Philosophiestudenten des Jahres 1376 an der Pariser Universität. In diesem Jahr wurden zweihundertneunzehn Dissertationen eingereicht, darunter solche, die die Dreifaltigkeit in Frage stellten, wie solche, die die Göttlichkeit Jesu, die Auferstehung oder die Unsterblichkeit der Seele bezweifelten und steif und fest behaupteten, dass Gebete sinnlos und nicht nur die Evangelien, sondern auch alle anderen biblischen Bücher voller »Fabeln und Lügen« seien. Doch das Einzige, was ihnen deshalb offenbar geblüht hatte, war eine scharfe »Rüge« des Erzbischofs.[13]

Der Historiker Jean Seznec befasste sich mit dem Überleben der paganen Götter und ihrer Darstellung in der Kunst der Renaissance, von Botticelli über Mantegna und Correggio bis Tintoretto. Er wies nach, dass die pagane Vergangenheit im Mittelalter nie wirklich verschwunden war, jedenfalls nicht, was die Götter betraf. Die Herzöge von Burgund brüsteten sich damit, Abkömmlinge eines Halbgotts zu sein, und machten die Trojaner an ihrem Hof ausgesprochen populär; Jupiter und Herkules fanden sich auf Wandteppichen der Kathedrale St. Pierre in Beauvais wieder; in der im 15. Jahrhundert erbauten Kapelle des Palazzo Pubblico von Siena waren vier mythische Gottheiten dargestellt, darunter Apollo, Mars und Jupiter; und im Campanile von Florenz findet sich Jupiter als Mönch gekleidet.[14] Der für uns interessante Teil dieser Geschichte ist, dass pagane Götter bis zur Renaissance tatsächlich Seite an Seite mit dem christlichen Gott existierten und die Menschen im Mittelalter nicht bereit gewesen waren, die Götter der Antike für immer aus ihrem Leben zu verbannen.

*

Während Kopernikus allmählich in ganz Europa akzeptiert wurde, nutzte Michel Eyquem de Montaigne (1533–1592) seine klassische Bildung und seinen religiös gemischten familiären Hintergrund (ein fromm katholischer Vater und eine jüdische Mutter, die zum Protestantismus konvertiert war), um eine Weltanschauung zu entwickeln, in der kein Raum war für orthodox christliche Einstellungen. Er wollte seine Mitmenschen auf die erschütternden Umbrüche vorbereiten, die über sie hereinzubrechen begannen.

Angesichts seiner Familiengeschichte war es für Montaigne eine nahezu unmögliche Vorstellung, dass irgendein Glaube das Monopol auf göttliche Offenbarung haben könnte. Diese Haltung übertrug sich nicht nur auf seine Einstellung in Glaubensdingen, sondern auch auf seine Ansicht in puncto Moral. Dass er in einer Zeit aufgewachsen war, in der sich eine Flut von Entdeckungen aus der Neuen Welt in die Alte ergossen hatte, sollte sich ebenfalls auf sein Denken niederschlagen und sein lebendiges Interesse an den vielfältigen Sitten und Glaubensweisen wecken, die man jenseits des Atlantiks vorgefunden hatte. Am Ende wurde das Etikett des »Heiden«, mit dem die Menschen der Neuen Welt bedacht worden waren, auch frühen Skeptikern wie ihm angehängt.[15] Montaigne hatte jedenfalls gelernt, ungemein tolerant gegenüber anderen Menschen und anderen Denkungsarten zu sein, und aus genau diesem Grund lehnte er auch so strikt einen der wichtigsten Glaubensgrundsätze des Christentums ab: Die Christen der Welt, in der Montaigne aufgewachsen war, pflegten praktisch alle geistigen Aktivitäten auf die Frage zu konzentrieren, wie sie sich ihre Erlösung in der kommenden Welt sichern konnten (in diesem Zusammenhang stand Montaigne vor allem Luther äußerst kritisch gegenüber), und die Philosophie hatte es sich zur Aufgabe gemacht, der Theologie zu Diensten zu sein und die Menschen auf ein gesichertes Nachleben vorzubereiten.[16] Montaigne hielt das für kompletten Unsinn und kehrte die Prämisse um, indem er erklärte, dass der Sinn allen Wissens darin bestehe, dem Menschen beizubringen, wie er angemessener, produktiver und glücklicher auf Erden leben kann. Und diese Revision sollte nun großen Einfluss auf das allgemeine Umdenken nehmen. Denn für Montaigne bedeutete das unter anderem auch, dass die Theologie, die »Königin der Wissenschaften«, und die Philosophie weit weniger wichtige Wissensgebiete waren als die Psychologie, die Ethnologie und die Ästhetik. Das war im Prinzip die Geburtsstunde der Humanwissenschaft.

Mit dieser Einstellung gab Montaigne nicht nur der säkularen Geistesentwicklung einen ungemeinen Schub, sondern auch den Zielen und Werten der Idee von kultureller Vielfalt. Aber indem er sich die Jenseitsbesessenheit des Christentums vorknöpfte, schürte er natürlich auch Zweifel an der Unsterblichkeit der Seele.[17] Und wenn die Philosophie uns eher zu leben als zu sterben lehren soll, dann müssen wir auch so viele Informationen wie nur möglich über die menschlichen Lebensweisen ansammeln und in aller Ruhe studieren.[18] Als Montaigne nun die Informationen betrachtete, die aus der Neuen Welt und den anderen neu entdeckten Regionen nach Europa drangen, stach ihm sofort ins Auge, auf welch unterschiedliche Art sich Menschen ihrer jeweiligen Umwelt anzupassen gelernt hatten. Und das ließ für ihn nur den Schluss zu, dass Gott der Vielfalt einen deutlichen Vorzug vor der Gleichartigkeit gab. Doch indem er sich auf das Leben im Diesseits statt auf das Jenseits konzentrierte, wertete Montaigne eine grundlegende Prämisse des christlichen Glaubens ab – nämlich das Konzept von der Seele und die damit verbundene Tendenz, alles, was mit ihr zu tun hatte, für gut und edel zu halten, und alles, was mit dem Körper zu tun hatte, für schlecht und niederträchtig. Damit hatte Montaigne gleichsam zwei Fliegen mit einer Klappe geschlagen: Erstens war es ein Schlag gegen den Klerus und seine Rolle als Fürbitter für das Seelenschicksal, zweitens befreite es die Gläubigen von der mittelalterlichen Vorstellung, dass sexuelle Beziehungen etwas grundlegend Schlechtes seien. Montaigne wollte, dass der Mensch seinen Geschlechtstrieb mit Würde und ohne Schuldgefühle ausleben konnte.

Alle neuen Konzepte Montaignes liefen natürlich auf einen grundlegenden Bruch mit der traditionellen jüdisch-christlichen Vorstellung von einem eifervollen, willkürlichen und gelegentlich, ja auch das, ausgesprochen grausamen Stammesgott hinaus. Montaigne teilt sich, wie schon so mancher Historiker bemerkte, mit dem englischen Lord Shaftesbury die Ehre der Entdeckung, dass Gott ein »Gentleman« ist. Er hat die Existenz Gottes nie wirklich bezweifelt, aber unsere Vorstellung, was Gott *ist*, radikal verändert.

*

Man könnte aber auch sagen, dass Montaigne die Existenz Gottes nur deshalb nie in Frage stellte, weil das zu seinen Lebzeiten praktisch ein Ding der Unmöglichkeit war. Der französische Historiker Lucien Febvre beschrieb in seinem Klassiker *Le Problème de l'incroyance au XVIe siècle (Das Problem des Unglaubens im 16. Jahrhundert)*, wie durchtränkt von Religion und Kirche das damalige Abendland gewesen war: »Diese Religion, das Christentum, ist der Mantel der Barmherzigen Muttergottes. …Alle Menschen, gleich welchen Standes, suchten unter diesem Mantel Schutz. Ihm entkommen zu wollen? Unmöglich!« Die Kirche war »der Mittelpunkt im Dasein der Menschen«, alles »trägt den Stempel der Religion«, auch »das Leben an den Universitäten mit seinen Riten und Zeremonien«, sogar die Zünfte schlossen sich »in frommer Ehrfurcht gegenüber Gott« zusammen. Und nicht nur die Kirchenglocken riefen die Gläubigen zum Gebet, auch der »melancholische Singsang zur Ruhezeit… ist ein Aufruf zum christlichen Glauben«. »Der Mensch ißt – und die Religion umgibt seine Ernährung mit Vorschriften, Riten und Verboten.« In Montpellier wurden bei Anbruch der Fastenzeit alle Tiegel zerschlagen, in denen man Fleischspeisen zubereitet hatte, um Fisch und andere Fastengerichte in nagelneuen Gefäßen aufzutischen. Die Zubereitung eines Kapauns an einem Freitag wurde mit öffentlichem Auspeitschen oder persönlichen Erniedrigungen während des Gottesdienstes geahndet. Und litt das Land »unter einer Insekten-, Ratten- oder Mäuseplage, läßt der Bischof gegen die Tiere ein Monitorium ergehen«.[19] Die

Menschen hatten ganz einfach noch nicht die nötige Objektivität entwickelt, um die Existenz Gottes zu hinterfragen. Und es sollte noch auf sich warten lassen, dass man dank wissenschaftlicher Erkenntnisse stimmige Begründungen fand, die keiner zu widerlegen in der Lage war.[20]

Demnach meinten die Menschen also auch noch etwas ganz anderes als heute, wenn sie einander des »Atheismus« beschuldigten. Viele setzten Atheismus zum Beispiel mit Libertinismus gleich. Der Franzose Marin Mersenne (1588–1648), der sowohl Wissenschaftler als auch Mönch war, behauptete zum Beispiel, dass es allein in Paris »rund 50000 Atheisten« gegeben habe; doch alle Personen, die er dann namentlich aufführte, glaubten an Gott. Mersenne bezeichnete also jeden als Atheisten, der eine andere Ansicht von Gott vertrat als er, und das war typisch für diese Zeit. »Atheist« wurde man nicht im heutigen Sinne genannt: Es war eine *Verunglimpfung*. Kein Mensch im 16. Jahrhundert hätte sich je *selbst* als Atheisten bezeichnet.

Trotzdem begannen sich die Einstellungen und Meinungen zu wandeln. Montaigne wies den Weg, doch es sollte fast noch ein ganzes Jahrhundert dauern, bis Kopernikus' Ideen voll und ganz anerkannt wurden und die Menschen Schritt für Schritt das wirkliche Ausmaß seiner Erkenntnisse begriffen hatten. Thomas Kuhn zeichnete diesen Prozess mit ungemeiner Sorgfalt auf.

Wie gesagt war es den professionellen Astronomen tatsächlich jahrzehntelang gelungen, die *meisten* Informationen von Kopernikus zu nutzen, ohne sich um seine zentrale These, dass die Erde um die Sonne kreist, auch nur zu kümmern. Erst sehr allmählich kam Bewegung in die Sache, doch selbst als es geschah, dann nur, weil man sich dazu gezwungen sah. Denn inzwischen hatte das kopernikanische Wissen die Grenzen der Fachwelt überwunden und wurde auch von Menschen ernst genommen, die für die absurden Behauptungen von Kopernikus und seinen Anhängern zuerst nichts als Spott übrig gehabt hatten.[21] Der französische Philosoph Jean Bodin (1529–1596) hatte sich besonders abschätzig geäußert: »Niemand mit Verstand oder mit der kleinsten Ahnung von Physik wird jemals glauben, daß die Erde, schwer und groß, um ihren eigenen Mittelpunkt und um den der Sonne hin- und herschwankt. ...Würde sich die Erde bewegen, so würde weder ein senkrecht nach oben geschossener Pfeil noch ein von der Spitze eines Turmes fallen gelassener Stein senkrecht fallen, sondern entweder vorauseilen oder zurückbleiben...«[22]

Die erbittertsten Einwände kamen jedoch aus Kreisen, die die kopernikanische Theorie als eine Gefahr für die Bibel betrachteten. Schon im Jahr 1539, also bevor Kopernikus seine Abhandlung überhaupt veröffentlicht hatte und als seine Ideen gerade erst durchzusickern begannen, soll Martin Luther gesagt haben: »Der Narr will mir die ganze Kunst Astronomia umkehren! Aber wie die Heilige Schrift zeigt, hieß Josua die Sonne still stehen und nicht die Erde!«[23] Je häufiger nun den Aussagen von Kopernikanern Bibelzitate entgegengesetzt wurden, umso mehr Personen wurden mit dem Etikett »heidnisch« oder »atheistisch« bedacht. Als sich die katholische Kirche um das Jahr 1610 schließlich offiziell am Kampf gegen die neue astronomische Lehre zu beteiligen begann, wurde das Ganze formell zur Ketzerei erklärt. Im Jahr 1616 wurden *De revolutionibus* und alle anderen Schriften, die die Bewegung der Erde bestätigten, auf den Index gesetzt. Allen Katholiken war es von nun an untersagt, kopernikanische Ideen zu lehren oder auch nur zu lesen.

Doch inzwischen war man sich der Implikationen der kopernikanischen Lehre sehr wohl bewusst geworden. Die Menschen begannen zu verstehen, dass die Erkenntnisse dieses Astronomen potenziell das ganze christliche Gedankengebäude zerstören konnten. Es ist es wert, Kuhn hier in voller Länge zu zitieren: »Wenn etwa die Erde nur einer von 6 Planeten wäre, wie sollten die Berichte vom Sündenfall und der Erlösung mit ihrer ungeheuren Bedeutung für das christliche Leben weiter gelten? Wenn es andere Körper gäbe, die der Erde ähnlich wären, würde Gottes Güte sicherlich bewirken, daß auch sie bewohnt wären. Doch wenn es Menschen auf anderen Planeten gäbe, wie könnten sie von Adam und Eva abstammen, wie könnten sie die Ursünde geerbt haben, die die sonst unverständlichen Mühen und Leiden des Menschen auf der Erde, die ihm ein guter und allmächtiger Gott auferlegte, erklärt? Wie könnten Menschen auf anderen Planeten vom Heiland wissen, der ihnen die Möglichkeit ewigen Lebens eröffnet hat? Oder wenn die Erde ein Planet ist und daher als Himmelskörper vom Mittelpunkt des Universums entfernt wäre, wie könnte man die Stellung des Menschen zwischen den Teufeln und den Engeln verstehen? ... Noch können die Himmel ein passender Wohnsitz Gottes sein, wenn sie an den Übeln und der Unvollkommenheit teilhaben, die auf dem Planeten Erde so deutlich zu sehen sind. Schließlich, wo kann Gottes Thron stehen, wenn das Universum unendlich ist, wie viele späteren Kopernikaner dachten? Wie soll in einem unendlichen Universum der Mensch Gott finden oder Gott den Menschen?«[24] Solche Fragen wirkten sich wahrlich grundlegend auf die religiösen Einstellungen der Menschen aus.

Sowohl John Donne als auch John Milton hielten es für möglich, dass Kopernikus Recht hatte (Keith Thomas erinnert uns daran, dass im England von Milton ein höheres Bildungsniveau herrschte als zu irgendeiner anderen Zeit, bis hin zum Ersten Weltkrieg). Dessen ungeachtet gefiel das neue System keinem von beiden. Milton sollte denn auch zumindest in seinem Epos *Das Verlorene Paradies* zur traditionellen Sicht zurückkehren. Die protestantische Führung – Calvin ebenso wie Luther – war gleichfalls immens daran interessiert, die kopernikanischen Lehren zu unterdrücken, doch weil sie nicht über den Polizeiapparat der katholischen Gegenreformation verfügte, konnte sie sich auch nicht so wirksam durchsetzen. Als die Kirche im Jahr 1616 (und noch ausdrücklicher im Jahr 1633) die Lehre von der Sonne im Zentrum des Universums oder den Glauben daran verbot, waren dennoch viele gläubige Katholiken schockiert, und das aus zwei Gründen: Erstens wussten die Gebildeteren, dass diese neue Lehre laufend von neuen Beweisen gestützt wurde; zweitens hatte die Kirche mit ihrem Verbot ein völlig neuartiges Verhalten an den Tag gelegt, denn bis dahin hatte sie zu kosmologischen Fragen würdevoll geschwiegen und sich damit des Vorzugs bedient, nicht zugeben zu müssen, dass sie falsche Ideen vertrat. Und damit hatte sie zugleich den Anschein erwecken können, dass sie neuen Ideen offen gegenüber stand. Damit war es nun vorbei.[25]

*

Seit 1572 ein neuer Stern, eine Nova, am Nachthimmel erschienen war, wurde es noch schwieriger, eine Lanze für die traditionelle Sicht zu brechen. Im Jahr 1577 und erneut in den Jahren 1580, 1585, 1590, 1593 und 1596 waren Kometen beobachtet worden, die jedes Mal wieder bewiesen, dass sich der Himmel im Gegensatz zu allen Äußerungen der Heiligen Schrift laufend veränderte. Und da bei diesen Himmelskörpern keine Parallaxen beobachtet wurden, war man zu der Schlussfolgerung gezwungen gewesen, dass sie sich in größerer Entfernung von der Erde befanden als der Mond und demnach in genau der Himmelsregion, von der man glaubte, dass sie mit »Kristallkugeln« angefüllt war. Es wurde mit jedem Schritt schwerer, Kopernikus zu widerlegen.[26]

Kepler hatte wie gesagt entdeckt, dass die Umlaufbahnen der Planeten elliptisch und nicht sphärisch verliefen, was der Idee von den Kristallkugeln natürlich ebenfalls den Garaus machte, doch Kepler hatte es noch nicht gewagt, sich den Folgerungen seiner Entdeckungen im vollen Ausmaß zu stellen. Deshalb sollte es Galilei sein, der mit seinem Fernrohr all die »zahllosen« Beweisstücke erbrachte, die die kopernikanische Lehre schließlich außer Zweifel stellten.[27] Zuerst entdeckte er, dass die Milchstraße, die dem bloßen Auge nur als ein hell schimmernder Streifen am Himmel erschien, in Wirklichkeit aus unermesslich vielen Sternen bestand, dann enthüllte sich ihm, dass der Mond von Kratern, Bergen und Tälern bedeckt war (anhand der Schattenlängen schätzte Galilei die Höhen der Erhebungen und Krater), womit bewiesen war, dass sich der Mond gar nicht so sehr von der Erde unterschied. Wieder waren Zweifel an der Einzigartigkeit unserer Welt geschürt worden.[28]

Doch am fatalsten auf die im 17. Jahrhundert herrschenden Vorstellungen wirkte sich Galileis Entdeckung aus, dass vier Jupiter-»Monde« ihren Planeten fast kreisförmig umrundeten. Es bestätigte nicht nur Kopernikus' These von der Erdumlaufbahn um die Sonne, es bekräftigte auch, und das war gewiss von noch größerer Bedeutung, dass die Erde nicht im Mittelpunkt des Universums stand und letztlich nur einer von Tausenden, ja vielleicht sogar von Hunderttausenden von Himmelskörpern in einem unendlichen Kosmos war. Dass diese Behauptung zum massivsten Widerstand gegen das kopernikanische System herausforderte, war vielleicht zu erwarten gewesen. Doch wo es bis Galilei durchaus noch möglich gewesen war, aufrichtige Zweifel an den kopernikanischen Theorien zu hegen, mussten Kritiker nach Galilei die vorliegenden Nachweise schon willentlich falsch auslegen.[29] Sogar Kardinal Bellarmino, die führende Kirchenpersönlichkeit unter den Gegnern der kopernikanischen Lehre, konstatierte nun zumindest, dass man es hier mit einem Problem zu tun hatte. 1615 schrieb er in einem Brief: »Gäbe es tatsächlich einen Beweis, daß die Sonne im Mittelpunkt des Universums steht, daß die Erde im dritten Himmel ist und daß die Sonne nicht um die Erde, sondern die Erde um die Sonne kreist, dann sollten wir mit großer Vorsicht die Passagen der Heiligen Schrift erklären, die das Gegenteil zu lehren scheinen, und eher eingestehen, daß wir sie nicht verstanden haben, als eine Meinung für falsch zu erklären, die sich als wahr erweist.«[30] Trotzdem erklärte sich die Kirche erst im Jahr 1822 zum Druck von Büchern bereit, die die Erdbewegung als Fakt anerkannten. Damit hatte sie sich den wissenschaftlichen Erkenntnissen mit einer zweihundertjährigen Verzögerung geöffnet, was nicht nur der katholischen Wissenschaft, sondern auch dem Prestige der Kirche fatalen Schaden zufügen sollte. Ungeachtet aller Nachweise war die kopernikanische Lehre also erst dreihundert Jahre nach ihrer Formulierung wirklich überall anerkannt. Und im Lauf dieser Zeit hatten sich die Einstellungen zu Gott längst gewandelt.

*

Der wachsende Zweifel, den Richard Popkin »die dritte Kraft im Denken des 17. Jahrhunderts« nannte, äußerte sich in vier Phasen, die wir heute als rationalen Supranaturalismus, Deismus, Skeptizismus und schließlich als einen ausgewachsenen Atheismus bezeichnen würden. Es sollte hier vielleicht angemerkt werden, dass dieser Advent des Zweifels nicht nur ein Kapitel aus der Ideengeschichte ist, sondern auch ein spezifisches Stadium in der Geschichte des Buchdrucks darstellt. Denn die Auseinandersetzung zwischen den orthodoxen Traditionalisten und den Freidenkern – um die Zweifler bei ihrem generischen Namen zu nennen – wurde mit Hilfe von Büchern geführt und fand in einer Zeit statt, in der auch Flugschriften auf dem Zenit ihrer Popularität angelangt waren. (Ein Pamphlet war auf die Länge einer Predigt oder eines Briefes begrenzt, und genau dieser Umfang scheint bei den Leuten besonders angekommen zu sein.) Viele Ideen, über die im Rest dieses Kapitels zu sprechen sein wird, wurden in Buchform propagiert und mindestens noch einmal so viele als

Flugschriften – wobei die kurzen Traktate auf dünnem Papier oft einen ebenso reißerischen Titel wie kämpferischen Inhalt hatten: *A Discourse against Transsubstantiation* (1684); *Geologia; or, a Discourse Concerning the Earth Before the Deluge* (1690); *The Unreasonableness of the doctrine of the Trinity briefly demonstrated, in a letter to a friend* (1692).

Die erste Phase des Zweifels, die Stufe des rationalen Supranaturalismus also, griff vor allem in England um sich. Seine Vertreter postulierten das Prinzip, dass nicht nur die Religion als solche, sondern insbesondere auch die Offenbarung logisch sein müsse.[31] Einer der ersten Verfechter dieses Denkansatzes war John Tillotson (1630–1694) gewesen, der Erzbischof von Canterbury. Er bekräftigte, dass der Religion – jeder Religion, vor allem aber natürlich dem Christentum – eine Kette von rationalen und logisch begründbaren Prämissen zugrunde liegen müsse, wobei es ihm im Wesentlichen um die Wunder ging. Wunder, sagte er, seien eindeutig Geschehen, die die Kräfte des menschlichen Verstandes überstiegen, doch damit ein Ereignis tatsächlich als Wunder betrachtet werden könne, müsse es trotzdem einen logisch nachvollziehbaren Grund haben und dürfe sich nicht einfach nur als eine Zurschaustellung von phantasievoller Magie erweisen. So betrachtet, erklärte er, seien alle von Jesus vollbrachten Wunder logisch nachvollziehbar: Sie wurden zu einem bestimmten Zweck vollbracht. Doch nicht alle angeblichen Wunder der Heiligen seit den Aposteln fielen für ihn in diese Kategorie.[32]

Auch John Locke lässt sich trotz all seiner anderen Aktivitäten zu den rationalen Supranaturalisten zählen. Er hielt den christlichen Glauben seiner grundlegend rationalen Prämissen wegen für eine überragend vernünftige Religion (allerdings hätte Locke, dieser Apostel der Toleranz, am liebsten jeder religiösen Sekte die Redefreiheit abgesprochen, die er ihrer Irrationalität wegen für eine Bedrohung des Staates hielt – auch der römische Katholizismus fiel für ihn darunter). Zu den rationalen Prämissen zählte er den Glauben an einen allmächtigen Gott, der vom Menschen ein tugendhaftes Leben nach seinem Willen fordert, oder den Glauben an ein Leben nach dem Tode, in dem die im Diesseits begangenen Sünden bestraft und gute Taten belohnt werden sollten. Denn das bezeugte aus Lockes Sicht einen vollkommen rationalen und ausgesprochen sinnvollen Gottesplan zum Wohle der Ordnung im Universum. Und Wunder konnten den logischen Verstand des Menschen vielleicht übersteigen, doch widersprechen durften sie ihm nie.[33] Ein leidenschaftlicher Anhänger Lockes war der englische Philosoph John Toland (1670–1722): Wenn Gott »uns irgendetwas zu offenbaren hat, dann ist er auch in der Lage, es klar und deutlich zu tun«. Er würde gewiss keinen Raum für Missverständnisse lassen wollen, ergo könne eine Offenbarung nur dann wahr sein, wenn sie rational nachvollziehbar sei. Aus seiner Sicht hatte so manches Wunder – zum Beispiel die jungfräuliche Geburt – diese Prüfung nicht bestanden und sollte deshalb über Bord geworfen werden. William Coward argumentierte in seinen 1702 publizierten *Second Thoughts Concerning the Human Soul*, dass die Vorstellung von der Existenz einer menschlichen Seele als einer »unsterblichen geistigen Substanz, die mit dem menschlichen Körper vereint ist«, eine »deutlich heidnische Erfindung« sei und nicht »mit den Prinzipien der Philosophie, Logik oder Religion« übereinstimme. Er hielt diese Idee schlicht für »absurd und ... abscheulich«.[34]

Auch der Deismus, die zweite Phase im Advent des Zweifels, wurde in England ins Leben gerufen und begann sich von dort aus auf den Kontinent und schließlich nach Amerika auszubreiten. Diese Phase währte ungefähr anderthalb Jahrhunderte, von Lord Herbert of Cherbury (1583–1648) bis Thomas Jefferson (1743–1826). Der Begriff des »Deisten« war jedoch schon von dem Genfer Reformator Pierre Viret (1511–1571) als Bezeichnung für Personen geprägt worden, die an Gott, nicht aber an Jesus Christus glaubten. Einen der stärksten Einflüsse auf die Deisten dieser zweiten Phase übten die neuen naturwissenschaftlichen Erkenntnisse aus, die von vielen Menschen als Beweise verstanden wurden, dass Gott nicht willkürlich handelt, wie es das alte Volk Israel geglaubt hatte, sondern auch all die Gesetze erschaffen habe, die von Kopernikus, Galilei, Newton und so weiter enthüllt worden waren. Und wenn Gott diese Gesetze selbst aufgestellt hatte, würde er sie natürlich auch selbst befolgen und der Menschheit ein Beispiel geben. Die neuen Entdeckungen in Amerika, Afrika und den anderen Regionen in der Welt hatten aus Sicht der Deisten bewiesen, dass jedem Menschen ein religiöses Gefühl zu Eigen war, nur dass man sich auf den anderen Kontinenten der Ankunft Jesu eben nicht bewusst gewesen war. Für die Deisten bot sich dies als Nachweis, dass ein religiöser Glaube keiner überirdischen Unterstützung bedurfte, Prophetie und Wunder keinen Platz in einer »wissenschaftlichen Religion« hatten und dieser Glaube jeden vernunftbegabten Mensch in aller Welt ansprach.[35]

Die meisten Deisten waren antiklerikal eingestellt, was auch erklärt, weshalb die meisten deistischen Pamphlete aus dieser Zeit entweder satirisch angehaucht oder mit aggressivem Spott verfasst waren. Fast alle Deisten erklärten, dass die ausgefeilten abergläubischen Rituale und die ausgeklügelte Maschinerie des Kirchengottesdienstes schlicht und einfach ein Gebräu waren, das die selbstherrliche Priesterschaft zum eigenen Wohl und zur Förderung ihrer politischen Ziele gemixt hatte. Das ärgerlichste Element dabei war für sie die Selbstdarstellung der Priester als Fürbitter, weil sie sich zwischen Gott und den Menschen drängten, um Privilegien wahren zu können, für die es keinerlei Präzedenz in der Bibel gab und die nur allzu durchschaubar waren. Noch tiefer gingen allerdings die deistischen Angriffe auf die Bibel selbst. William Whiston (1667–1752), der Newton als Mathematikprofessor in Cambridge nachfolgte, glaubte zum

Beispiel in der Gravitation eine deutliche deistische Aussage zu entdecken. Ein seelenverwandter Denker war auch Anthony Collins, der ebenfalls die Prophetien des Alten Testaments studiert und dabei reichlich wenig entdeckt hatte, was die Behauptung stützen konnte, dass sie die Ankunft Jesu vorausgesagt hätten.[36] Peter Annet stellte in seinem Traktat *Resurrection of Jesus Considered* (1744) sogar die gewagte These auf, dass alle Apostelberichte über die Auferstehung Fälschungen seien. Charles Blount (1654–1693) äußerte sich nicht weniger kühn hinsichtlich der Erbsünde, die er für ein völlig unlogisches Konzept hielt, oder über die christliche Sicht von Himmel und Hölle, die er von Priestern erfunden glaubte, »damit sie ihren Griff auf die furchtsamen, ahnungslosen Massen verstärken konnten«.[37]

Der einflussreichste französische Deist war Voltaire. Dazu geworden war er nicht zuletzt, weil er als junger Mann das englische Regierungssystem zu bewundern gelernt hatte, aber motiviert hatte ihn vor allem sein dringendes Verlangen, der Selbstgefälligkeit und Intoleranz in Frankreich ein Ende zu setzen. Fanatismus hielt er jeder Gottheit für »unwürdig«.[38] Für das Christentum hatte er nur Spott übrig, angefangen bei der Idee, dass die Bibel eine heilige Schrift sei, bis hin zu den Wundern, die er für reinen Schwindel hielt. Jedem Menschen von einigem Verstand und jedem guten Menschen, schrieb er, sollte die christliche Sekte ein Gräuel sein. Der einzige Name, den man für sich in Anspruch nehmen solle, sei der gute Name des so unzureichend geehrten Theisten; das einzige Evangelium, das man lesen solle, sei das große Buch der Natur, welches mit Gottes Hand geschrieben und mit seinem Siegel versehen wurde; die einzige Religion, zu der man sich bekennen solle, sei die Verehrung Gottes und die Verpflichtung, ein guter Mensch zu sein. Bei Voltaire fand sich auch ein Widerhall der Athener Denkweise: Die neuen Einstellungen zur Religion fand er in Ordnung, soweit es die gebildete Oberschicht betraf, doch für den Pöbel forderte er eine Religion alten Stils, weil die Masse einer Art von sozialem Kitt bedürfe. Jean-Jacques Rousseau (1712–1778) versuchte mit seinem *Gesellschaftsvertrag* den Deismus als die »bürgerliche Religion« Frankreichs zu etablieren: Ein jeder solle die Existenz einer »allmächtigen, weisen, wohltätigen Gottheit, einer alles umfassenden Vorsehung« anerkennen und wohl überlegt mit Dingen umgehen, welche weder widerlegt noch erfasst werden könnten.[39] Doch auch bei ihm gab es keinen Platz für Jesus. Was Rousseau mit Religion meinte, war in Wirklichkeit eine philosophische Auseinandersetzung mit Gerechtigkeit und Nächstenliebe.

In Deutschland schrieb währenddessen Immanuel Kant, der das Christentum als eine auf Liebe basierende Religion anerkannte, unerbittlich gegen solche überirdischen Elemente wie die Prophetie und die biblischen Wunder an, die für ihn das »Widersinnigste ... was man denken kann«, waren. Mindestens so entschieden wandte er sich gegen die mittelalterliche Idee von der Gnade, die mit Hilfe des missbräuchlichen Ablasshandels in solchem Überfluss gewährt worden war. In Amerika sollten sich nicht nur Benjamin Franklin und George Washington, sondern auch Thomas Jefferson als Deisten erweisen.[40]

Was die Deisten allgemein erreichten, war eine entscheidende Umwandlung des Gottesbegriffs und der wohl bedeutendste Verständniswandel seit der Entwicklung des ethischen Monotheismus im 6. Jahrhundert v. d. Z. Vorbei war es mit dem eifervoll wachenden, kleinlichen Stammesgott des Volkes Israel, welcher von Christen wie Muslimen übernommen worden war. Statt seiner erschien nun ein »würdevollerer, edlerer Gott«, ein Gott des gesamten Universums, der, wie Alexander Pope schrieb, mit der neuen Astronomie und Naturwissenschaft kompatibel war. Gott hatte seine »göttliche Willkür« verloren und war in eine ebenso gesetzgebende wie gesetzestreue Gottheit verwandelt worden, die mit dem »endlosen Kreislauf und geordneten Verhalten der Natur« gleichgesetzt wurde.[41] Das allerdings widersprach nun direkt der Lehre von der Dreifaltigkeit.

Am Ende sollte der Deismus jedoch sowohl in Europa als auch in Amerika ins Wanken geraten, weil er sich sozusagen zwischen zwei Stühle gesetzt hatte. Für die Frommen, die Traditionalisten und die Orthodoxen war er einfach zu abenteuerlich und abstrakt, um tröstlich sein zu können; von den wahren Skeptikern wurde er nicht angenommen, weil sie ihn als zu zögerlich empfanden. Trotzdem könnte man ihn als eine Art von Stellwerk bezeichnen, das zum radikalsten Umdenken seit der Geburt des ethischen Monotheismus umleitete. Kaum jemand wäre in der Lage gewesen, vom orthodoxen Glauben direkt zum Atheismus umzuschwenken. Und genau dieser Weg wurde vom Deismus erleichtert.

*

Thomas Hobbes bezeichnete sich selbst nicht als Skeptiker, doch es fällt schwer, aus seinen nachhaltigen Formulierungen etwas anderes als Skepsis herauszulesen, beispielsweise wenn er wieder und wieder erklärt, dass religiöser Glaube hauptsächlich aus Unwissenheit und Ignoranz gegenüber Wissenschaft und Zukunft entstehe. Die religiösen und theologischen Schriften, »die unsere Bibliotheken und die Welt mit ihrem Lärm und Getöse füllen und von denen wir zuletzt etwas Überzeugendes erwarten können«, fand er schlicht sinnlos.[42] Das war starker Tobak. Ein besserer, weil rationalerer und aus diesem Grund auch vernichtenderer Skeptiker war David Hume, »Le Bon David«, wie die Franzosen ihn nannten. Wie groß sein Appetit auf intellektuelle Gefechte war, lässt sich auch an der thematischen Bandbreite seiner Schriften erkennen, darunter *Of Superstition and Enthusiasm* (*Vom Aberglauben und der Schwärmerei*,

1742), *Essay on Miracles* (Traktat über Wunder, 1747) und *Essay on Providence and a Future State* (Traktat über die Vorsehung und den kommenden Gottesstaat, 1748). Wie Vico, so hatte sich auch Hume mit Religionen aus historischer Sicht befasst und dabei zuallererst festgestellt, dass sie eine Menge mit den jeweiligen Verhaltensweisen der Menschen gemein hatten. Seine Schlussfolgerung lautete dementsprechend, dass an Religion nichts Besonderes sei, da sie ja nur einen Aspekt der vielen Aktivitäten darstellte, mit denen sich die alten Kulturen befasst hatten. Am Leben erhalte man sie nur, damit Eltern die Lehren an ihre Kinder weitergeben könnten und diese nicht begännen, sich ihre eigenen Gedanken zu machen. Die Vielgötterei, die früheste Glaubensform, sei aus der Erfahrung des Menschen mit Gut und Böse entstanden: Gütige Götter wurden für gute Ereignisse verantwortlich gemacht, arglistige für schlechte; beiden Götterwesen wurden menschliche Gestalten verliehen. Der Monotheismus – der abstraktere Gottglaube – sei hingegen aus den Beobachtungen entstanden, die der Mensch in der Natur machte: Große und seltsame Naturereignisse wie Erdbeben, Blitze, Regenbogen und Kometen konnte sich der Mensch nur als Äußerungen eines allmächtigen und willkürlichen Gottes erklären. Schließlich bemerkte Hume trefflich, dass der Polytheismus immer toleranter gewesen sei als der Monotheismus.[43]

Vor allem aber mühte sich Hume zu verdeutlichen, dass die vorgeblichen Beweise für die Existenz Gottes alles andere als Nachweise lieferten und dass eine vermenschlichte Vorstellung von Gott nicht nur völlig deplaziert, sondern geradezu absurd sei. »Wir können nichts über das Ganze aus der Kenntnis eines Teiles erfahren – erklärt dir das Wissen um ein Blatt irgendetwas über einen Baum?«[44] – »Vorausgesetzt, das Universum hatte einen Schöpfer, so könnte er ja auch ein Stümper gewesen sein, oder ein Gott, der inzwischen längst tot war, der ebenso männlich wie weiblich sein konnte, eine Mischung aus Gut und Böse oder im Hinblick auf die Moral ziemlich indifferent – wobei Letzteres die wahrscheinlichere Hypothese war.«[45] Dann gab es noch die vernichtende Kritik Humes am Wunderglauben und an der Idee von einem kommenden Gottesstaat. Dass irgendwann einmal Wunder geschehen sein könnten, bestritt er zwar nicht prinzipiell, doch die berichteten Wunder konnten seine Glaubhaftigkeitskriterien nicht erfüllen. Sein wichtigstes Gegenargument lautete, dass es niemals einen unanfechtbaren und für vernünftige Menschen akzeptablen Nachweis für ein Wunder geben könne. Auch die Vorstellung, Gott würde im Jenseits mit den Menschen für die im Diesseits begangenen Untaten »abrechnen«, fand er absurd. Zwischenmenschliche Beziehungen seien viel zu kompliziert, um einen solchen Rechnungsabschluss zu erlauben.

Die wichtigste Figur des französischen Skeptizismus war Pierre Bayle. Er attackierte das Alte Testament mit dem gleichen Gusto wie Hume, wenn er die Wunder demolierte. Bayle war in einem Dorf in der Nähe der Pyrenäen geboren worden, mitten hinein in die unabhängigen Traditionen der Region der Albigenser. Dementsprechend pflegte er biblische Geschichten (wie die von Jonas und dem Wal) geradezu mit Hohn zu überschütten. Seine Satiren über den Glauben waren derart extravagant, dass ein Mensch, der trotz aller Gegenbeweise noch immer an Gott glaubte, geradezu lächerlich wirkte.[46]

*

Ungeachtet der allenthalben wuchernden Kritik an den biblischen Wundern und der überall wachsenden Zweifel am kommenden Gottesstaat waren jedoch nur sehr wenige Menschen in dieser Zeit bereit gewesen, hervorzutreten und klipp und klar zu sagen, dass sie nicht an Gott glaubten. Der erste wirkliche Atheist im modernen Sinne war vermutlich der weit gereiste italienische Naturforscher Lucilio Vanini (1585–1619), der mit seinen Vorträgen viele Menschen von seinen Ideen begeistern konnte. Doch dann ergriffen ihn die Behörden von Toulouse, verurteilten ihn wegen Ketzerei, schnitten ihm die Zunge heraus und verbrannten ihn auf dem Scheiterhaufen (seine Schriften sollten allerdings sehr populär bleiben – Voltaire verglich ihn mit Sokrates).[47] Ein besser durchdachter Atheismus entstand im Kielwasser von Newtons Entdeckungen in England und Frankreich. England wurde in dieser Zeit mit atheistischen Schriften aus dem All Souls College in Oxford oder von der Royal Society in nie gekanntem Ausmaß überschwemmt.[48] In der Nähe der alten Londoner Börse »Royal Exchange« gab es eine »Atheists Alley«, die vermutlich wegen der dort angesiedelten Kaffeehäuser so genannt wurde, denn unter den gut unterrichteten »Weltmännern«, die sie frequentierten, befanden sich nicht wenige Ungläubige.[49] John Redwood berichtet in seiner Geschichte über den Krieg der Pamphletisten, dass die Buchläden inzwischen »nur so wimmelten von Pamphleten, Traktaten und Flugblättern, die sich mit dem atheistischen Schreckgespenst befassten«. Auch die Theater wurden immer häufiger zum Schauplatz von atheistischen Satiren. Den Zuschauern wurde vorgeführt, wie sie ohne einen Schöpfer leben und sich von seiner Vorsehung unabhängig machen konnten. »Seine weise Vorsehung wird an jeder Ecke mit Nichtachtung gestraft.«[50]

Die geistigen Erben Newtons unter den französischen Atheisten wurden auch als Mechanisten oder mechanistische Materialisten bezeichnet, weil sie sich von der Idee eines mechanischen Universums inspirieren ließen. Einer ihrer prominentesten Vertreter war Julien Offray de La Mettrie, der mit seinem Buch *L'homme machine (Der Mensch eine Maschine)* eine kompromisslose mechanistische Analyse vom Menschen und dem Universum vorlegte, in der kein Raum mehr für Gott war. Unterstützt wurde er darin von dem Deutschen Paul Henri Thiry, Baron d'Holbach (1723–

1789), der nach Paris übersiedelt und noch wesentlich radikaler als die meisten seiner Kollegen war, etwa indem er offen zugestand, dass alle Gottesvorstellungen und supranaturalistischen Ideen von Naturvölkern erdacht worden waren, die ganz einfach noch kein Verständnis für natürliche Phänomene entwickelt hatten. Wie Bayle, Shaftesbury und all die anderen Deisten behauptete auch er, dass eine akzeptable Moral nicht von Religion abhängig sei, und hielt es deshalb (im Gegensatz zu Voltaire) für völlig unproblematisch, die Massen den Atheismus zu lehren. Holbach war übrigens auch einer der Ersten gewesen, die erklärten, dass sich der Mensch in keiner Weise von anderen Geschöpfen auf Erden unterscheide und weder besser noch schlechter als andere Tiere sei. Aus all diesen Gedanken ergab sich nun, dass sich der Mensch selbst um seine Moral kümmern musste und nicht mehr darauf bauen durfte, dass er sie von einer überirdischen Autorität vorgeschrieben bekam. Das war eine bedeutende Erkenntnis. Jahrzehnte später sollte sie zur Evolutionstheorie beitragen.

*

Der Forschungsbereich, der nach den wissenschaftlichen Erkenntnissen von Kopernikus, Galilei und Newton den stärksten Einfluss auf den religiösen Glauben ausübte, war die Bibelkritik. Die erste große Attacke gegen die Heilige Schrift war bereits im 12. Jahrhundert geritten worden, als der jüdische Gelehrte Aben Ezra bezweifelte, dass Moses der Autor des Pentateuch war, wie es die Tradition besagte. Den ersten Tiefschlag in modernen Zeiten versetzte der Bibel Louis Cappel, als er Anfang des 17. Jahrhunderts nachwies, dass das Alte Testament nicht in hebräischer, sondern in aramäischer Sprache geschrieben worden war und demnach ein viel späteres Werk sein musste, als man bis dahin angenommen hatte. Die vernichtendste Konsequenz der Vorstellung, dass die Hebräische Schrift Moses gar nicht von Gott diktiert worden war, war natürlich, dass das Alte Testament somit auch nicht von Gott »inspiriert« sein konnte. Das war wirklich ein schrecklicher Schlag. (Allein schon die Tatsache, dass Cappel diesen Denkansatz verfolgte, zeigt, welcher Umbruch inzwischen stattgefunden hatte: Die Heilige Schrift wurde behandelt wie jedes säkulare Werk und stand der Textanalyse ebenso offen wie alle anderen Bücher.) Auch Isaac La Peyrère (ca. 1596–1676), der die bereits im Prolog erwähnte Prä-Adamiten-Hypothese aufgestellt hatte, behauptete, dass Moses den Pentateuch nicht geschrieben haben konnte. Noch umstrittener aber war, dass es seiner Theorie nach schon vor Adam und Eva Menschen gegeben hatte, die jedoch nur »die ersten Hebräer«, also die Ureltern der Juden, gewesen seien (er behauptete auch, dass nur Juden von der Sintflut heimgesucht worden seien). Auf dieses Werk stützte sich Thomas Hobbes bei seiner These, dass die Bücher Josua, Richter, Samuel und Könige erst lange nach den dargestellten Ereignissen geschrieben wurden.

Die Werke von Cappel und Hobbes wurden ihrerseits von Spinoza bestätigt, der erklärte, dass die Genesis nicht aus der Feder eines einzigen Autors stammen konnte und die meisten Bücher der Hebräischen Bibel sehr viel später verfasst worden waren als üblicherweise angenommen. (Spinozas Ansichten zirkulierten in einer Reihe von heterodoxen Handschriften, das heißt, sie waren viel zu umstritten gewesen, um gedruckt zu werden).[51] Als Nächstes nahm der katholische Bibelwissenschaftler Richard Simon in Frankreich den Faden auf und machte die zur damaligen Zeit ungemein bedeutende Entdeckung (die es in den achtziger Jahren des 17. Jahrhunderts unter großen Schwierigkeiten schließlich in den Druck schaffte), dass die Bücher des Alten Testaments nicht von jeher in der Reihenfolge gestanden hatten, die sich eingebürgert hatte. Das war eine wichtige Erkenntnis, nicht zuletzt, weil sie auch die Erklärung von William Whiston aus dem Jahr 1722 plausibler erscheinen ließ, dass einige Passagen des Alten Testaments im Lauf der Zeit verfälscht worden seien. Glaubhaft wirkte nun auch die Behauptung von Anthony Collins, dass das Buch Daniel sehr viel jünger sei als gedacht und in einem zeitlichen Kontext stand, der Zweifel an den »Prophezeiungen« dieses Buches aufkommen ließ – weil sie in Wirklichkeit somit erst *nach* den entsprechenden Geschehnissen geschrieben worden sein konnten. Damit wurde das Buch Daniel gewissermaßen zu einer Fälschung.

Im Jahr 1753 vermutete der Franzose Jean Astruc – ein am Bibelstudium interessierter Mediziner –, dass das Buch Genesis die Frucht von *zwei* separaten und erst später zusammengefügten oder ineinander verwobenen Texten von verschiedenen Autoren sei. Die eine Quelle habe Gott durchgängig als *Elohim* bezeichnet, die andere als *Jehova*. Dieser Auffassung gelang der Durchbruch, weshalb man bis heute von der »E«-Quelle (Elohist) und der »J«-Quelle (Jahwist) spricht. Auf Astruc folgte der protestantische Theologe Karl David Ilgen aus Thüringen. Er glaubte, dass die Genesis ein Konglomerat aus fast zwanzig unterschiedlichen Texten sei, die von drei Schreibergruppen kompiliert wurden. Und das ist im Wesentlichen die Sichtweise, die sich durchsetzte und bis heute gültig ist.[52] Der englische Hofprediger und Geheime Kabinettssekretär Thomas Burnet berechnete in seinem Traktat *Telluris Theoria Sacra, or The Sacred Theory of the Earth* (1681) die Wassermenge, die während einer vierzigtägigen Sintflut vom Himmel gefallen sein konnte, und kam zu dem Schluss, dass sie bei weitem nicht ausgereicht hätte, um die Erde zu überfluten und sogar die höchsten Berge unter Wasser zu setzen. Der englische Philosoph Thomas Browne sollte diese Berechnungen später in seine massive Anklageschrift gegen die biblischen Wunder einbauen.

Der geradezu besessene Drang, den Wahrheitsgehalt von biblischen Darstellungen zu überprüfen, brachte nun auch die Frage nach dem Alter der Erde wieder aufs Tapet. Aus jüdisch-christlicher Sicht begann die

Menschheitsgeschichte mit Adam. Der jüdischen Chronologie zufolge hatte die Schöpfung im Jahre 3761 v. d. Z. stattgefunden, die christliche Lehre vertrat eine symbolischere und zugleich symmetrischere Auffassung: Das christliche Schema sah sieben symbolische Menschheitsalter vor, basierend auf der Idee von der kosmischen Woche – sieben Zeitalter von jeweils tausend Jahren. Die Welt war demnach im Jahr 4000 v. d. Z. erschaffen worden; das christliche Zeitalter sollte zweitausend Jahre währen, gefolgt von einem abschließenden Millennium. (Luther gehörte zu den Männern, die dieses Schema akzeptierten; er behauptete zum Beispiel, dass Noah um 2000 v. d. Z. gelebt habe.) Nun aber stellten mehrere Gelehrte ihre eigenen Berechnungen an. Joseph Justus Scaliger verlegte die Schöpfung anhand der biblischen Genealogie auf den 23. April 3947; Kepler wählte das Jahr 3992; Erzbischof Ussher wurde noch ausführlicher und erläuterte in seinen *Annals of the Old and New Testament* (1650–1653), dass die Schöpfungswoche am Sonntag, dem 23. Oktober 4004, begonnen habe und Adam am Freitag, dem 28. Oktober 4004, erschaffen worden sei. Bischof John Lightfoot (1602–1675), der die rabbinischen Schriften studiert hatte, fügte den Berechnungen von Ussher noch hinzu, dass Adam am Freitag, dem 28. Oktober 4004, um neun Uhr morgens das Licht der Welt erblickt habe.[53]

Nicht jeder war mit Scaliger, Ussher und Lightfoot einer Meinung. Je mehr Menschen den Glauben an den Wahrheitsgehalt der Bibel verloren, desto mehr schwand auch das Vertrauen in die Berechnungen des Erdalters, die auf der biblischen Geschichte fußten. Wissenschaftliche Entdeckungen – sowohl über die Erde als auch das Universum – legten immer deutlicher nahe, dass die Erde sehr viel älter war als von der Bibel verzeichnet. Und mit dieser Erkenntnis verbunden war schließlich die Geburt der Geologie, deren Aufgabe anfangs einzig darin bestanden hatte, den Prozess zu verstehen, durch den sich die Erde gebildet hatte. Eine der ersten Entdeckungen ergab sich aus dem Studium der erloschenen Vulkane in Frankreich, insbesondere im Département Puy de Dôme in der Auvergne, denn nun erkannte man, dass es sich bei dem Basaltgestein, das überall zu finden war, tatsächlich um erstarrte Lava handelte. Und allmählich dämmerte es den Geologen, dass solche Basaltschichten vor langer, tiefere Schichten sogar vor sehr langer Zeit entstanden sein mussten, durch einen Prozess, der sich in den Regionen von aktiven Vulkanen nach wie vor beobachten und messen ließ. Daneben entdeckten die frisch gebackenen Geologen auch Sedimentschichten, deren Ablagerungsraten ebenfalls berechnet werden konnten. Und da es sich bei solchen Ablagerungen üblicherweise um mehrere tausend Meter dicke Schichten handelte, wurde immer deutlicher, dass die Erde wesentlich älter sein musste. Parallel dazu entdeckte man, dass fließende Gewässer im Lauf der Zeit durch viele Gesteinsschichten hindurchschneiden konnten, wodurch bewiesen war, dass Schichten gefaltet, verdreht, ja sogar vollständig gewendet werden konnten, was wiederum eine ausgesprochen gewalttätige Geschichte unseres Planeten nahe legte und ebenfalls auf ein viel höheres Alter hindeutete, als es die Bibel vorgab. Robert Hooke von der Londoner Royal Society (deren Journal *Philosophical Transactions* sich seltsam ausschwieg über die bedeutendste philosophische Frage dieser Zeit) hatte zudem herausgefunden, dass es Fossilien – die inzwischen als das erkannt worden waren, was sie sind – von Arten gab, die gar nicht mehr existierten, was ihn zur der Überzeugung brachte, dass Spezies ins Leben treten und wieder aussterben konnten. Auch der fossile Nachweis deutete also auf eine ältere, sogar eine wesentlich ältere Erdzeit hin, als die Bibel schreibt, denn diese fossilisierten Arten mussten entstanden und wieder vergangen sein, bevor die Texte der Heiligen Schrift verfasst wurden.[54]

Obwohl die Kirche jeden als Ketzer betrachtete, der wesentlich von ihrem Schöpfungsjahr 4000 v. d. Z. abwich, setzte der französische Naturgeschichtler Georges Louis Leclerc, Comte de Buffon, in seiner Abhandlung *Les époques de la nature* (1779) das Alter der Erde unverdrossen mit 75 000 Jahren an, was er später auf 168 000 Jahre korrigieren sollte (privat vertrat er die allerdings nie öffentlich geäußerte Meinung, dass eine halbe Million Jahre der Sache wohl noch viel näher kommen würden). Um diese bittere Pille für orthodox gläubige Christen zu versüßen, teilte jedoch auch er die Entwicklung der Erde in sieben »Epochen« ein: In der ersten Epoche hatten sich Erde und Planeten gebildet, in der zweiten die großen Bergketten, in der dritten war der Kontinent von Wasser bedeckt gewesen, in der vierten zog sich das Wasser zurück, und es begannen die Vulkane aktiv zu werden, in der fünften bewohnten Elefanten und andere Tropentiere den Norden, in der sechsten teilten sich die Kontinente (er wusste, dass sich die Fauna und Flora Amerikas und Eurasiens ähnelten, und folgerte daraus, dass diese Kontinente irgendwann einmal zusammengehört haben mussten), und in der siebten schließlich trat der Mensch in Erscheinung. Wir haben also auch hier eine bereits bemerkenswert moderne Sichtweise vor uns, denn Buffon sagte somit nicht nur die Kontinentaldrift, sondern sogar die Evolution voraus.

*

Dass der Advent des Zweifels auch einen gewaltigen Effekt auf die Ethik ausüben würde, war unvermeidlich. Überirdische Grundlagen für die irdische Moral des Menschen waren schon seit dem Entstehen des Humanismus und insbesondere von Montaigne in Frage gestellt worden. Und seit Montaigne sollte sich diese Frage wie ein roter Faden durch das Denken von Thomas Hobbes, Shaftesbury, Hume bis hin zu Claude Adrien Helvétius und Jeremy Bentham ziehen. Dass ausgerechnet Hobbes behauptet hatte, die menschliche Ethik beruhe wie die ganze übrige Psychologie des Menschen auf reiner Selbstliebe, ist ebenso wenig überraschend wie seine Aussage, dass sich das Leben mitsamt all seinen Zwickmühlen und allen damit verbundenen Emotionen in einen vergnüglichen und einen schmerzlichen Abschnitt einteilen lasse. Deshalb fand Hobbes ja auch, dass man seiner Lebensführung immer die Maxime voranstellen sollte, so viel als möglich zum eigenen Vergnügen beizutragen und dabei anderen Menschen so wenig Schmerzen wie möglich zuzufügen. Shaftesbury (und, was das betrifft, auch Bayle) akzeptierte die dieser Ansicht implizite Vorstellung, dass Religion und Moralität nicht notwendigerweise etwas miteinander zu tun haben.[55] Viele Menschen fanden die Trennung von Religion und Moral schockierend, doch die Flut war nicht mehr aufzuhalten. Hume, Helvétius und Holbach vertraten allesamt die später so genannte utilitaristische Ethik: Der Mensch ist im Grunde seines Herzens ein Hedonist, immer auf den eigenen Genuss bedacht, zugleich aber auch ein soziales Wesen. Helvétius kleidete dies in die berühmte Forderung nach *le plus grand bonheur du plus grand nombre* – dem größtmöglichen Glück der größtmöglichen Zahl. Das soziale Wohlergehen sollte dabei ebenso im Auge behalten werden wie das individuelle Glück. Jeremy Bentham (1748–1832) schlug zur Bemessung des erstrebten und tatsächlich erreichten Glücks einen *felicific calculus* vor, eine Art »Glücksrechnung«, die zum Kernstück der utilitaristischen Ethik wurde: Der Mensch ist ein kühl berechnendes Wesen und das größtmögliche Glück der größtmöglichen Zahl daher ein erreichbares Ziel für Politiker.

Die Argumente gegen Gott brachten also nicht nur den Niedergang des Glaubens im strikt religiösen Sinne mit sich, sondern regten überdies zu einem neuen Blick auf die Geschichte an (der dann auch zu der Erkenntnis führte, dass die Vergangenheit viel weiter zurückreicht, als irgendjemand bisher geglaubt hatte). Sie bereiteten einem Großteil der modernen Wissenschaft den Boden (Evolution, Kontinentaldrift, Soziologie) und legten den Grundstein für die moderne Ökonomie (Adam Smith, moderne politische Theorien). »Das größtmögliche Glück der größtmöglichen Zahl« ist wieder einmal so eine Aussage oder so ein Klischee für etwas, das wir heute als gegeben nehmen. Doch bevor Skeptizismus und Zweifel die entscheidende Trennung von Religion und Moral vollzogen, wäre eine solche Aussage undenkbar gewesen.

26

Von der Seele zum Geist: Die Suche nach den Gesetzen der menschlichen Natur

Im Jahr 1726 traf der französische Schriftsteller Voltaire im englischen Exil ein. Er war zweiunddreißig Jahre alt. Eine Weile zuvor war er in der Pariser Oper von Feldmarschall Chevalier de Rohan beleidigt worden: »Monsieur de Voltaire, Monsieur Arouet [Voltaires wirklicher Name], wie heißt Ihr denn nun?« Damit hatte er durchblicken lassen, wie unerhört anmaßend er es fand, dass sich Voltaire durch das »de« eine aristokratische Aura verschaffen wollte. Doch Voltaire, kein Mann, der vor einem Schlag in Deckung ging, schoss zurück: »Ich trage keinen großen Namen, aber wenigstens weiß ich ihm Ehre zu machen.« Hätte man die beiden Männer nicht zurückgehalten, wäre es auf der Stelle zu einer Rangelei gekommen. Ein paar Abende später ließ der Chevalier dem Schriftsteller von sechs seiner Männer auflauern. Sie verprügelten ihn, doch Voltaire forderte den Chevalier unerschrocken zum Duell. Das fand der Rohan-Clan nun derart gewagt und überheblich, dass er Voltaire in die Bastille sperren ließ. Er erhielt seine Freiheit erst zurück, nachdem er sich einverstanden erklärt hatte, Frankreich zu verlassen. Als Exil wählte er England.[1]

Diese Episode war durch einen reinen Zufall provoziert worden – auch wenn es für Voltaire anders ausgesehen haben mochte, denn der Missbrauch, den die französische Aristokratie mit ihren Privilegien trieb und der sich hier fast zu einem Duell zugespitzt hätte, hatten den Schriftsteller von jeher empört. Gewissermaßen sollte seine ganze weitere Karriere zu einem Duell mit der Obrigkeit werden. Die drei Jahre, die er in England verbrachte, hinterließen tiefen Eindruck bei ihm und trugen viel zu der Haltung bei, der er nach seiner Rückkehr so exquisit Ausdruck verleihen sollte. Am Ende stand Voltaire mehr als jeder andere Franzose im Fokus der Ereignisse, die man später als französische Aufklärung bezeichnen sollte. Obwohl er selbst ein Jahrzehnt vor dem Ausbruch der Französischen Revolution gestorben war, beeinflussten seine Ideen Personen wie Denis Diderot oder Pierre-Augustin de Beaumarchais noch so stark, dass sie schließlich zum geistigen Rüstzeug für die Ereignisse des Jahres 1789 gehörten.

Die wichtigste Begebenheit während seines Aufenthalts in England dürfte für Voltaire nahezu sicher der Tod von Sir Isaac Newton gewesen sein. Der hoch geachtete Physiker hatte das Amt des Präsidenten der Royal Society trotz seiner vierundachtzig Jahre noch voll ausgefüllt, und es hatte Voltaire ungemein beeindruckt, dass ein Mann von bescheidener Herkunft dank seiner intellektuellen Gaben von Mitmenschen jedes Standes so hoch geachtet wurde. Welch ein Kontrast zu den Zuständen in seiner Heimat, die »gerade aus dem Schatten von Ludwig XIV. trat« und wo durch Geburt erworbene Privilegien – wie Voltaires eigenes Schicksal bewies – nach wie vor oberste Priorität hatten. Die Briefe des Schriftstellers enthüllen, wie beeindruckt er von der intellektuellen und politischen Struktur Englands war: von dem Ruf, den sich die Royal Society erworben hatte; von der Freiheit, die die Engländer genossen und die es ihnen erlaubte, zu schreiben, was ihnen gefiel; und von dem aus seiner Sicht so »vernünftigen« parlamentarischen Regierungssystem. In Frankreich waren die Generalstände seit dem Jahr 1614, was nun schon über ein Jahrhundert zurücklag, nicht mehr zusammengetreten und sollten ihre nächste Sitzung, die Voltaire nicht mehr erlebte, erst wieder im Jahr 1789 abhalten. Dass Newton ausgerechnet während Voltaires Aufenthalt in England gestorben war, trug gewiss auch zu seinem Interesse an den Entdeckungen und Theorien des Physikers bei; und dass es ihm schließlich gelang, diese Ideen mit den Theorien von Descartes und John Locke zu amalgamieren, um daraus eine eigene intellektuelle Mixtur herzustellen, war mit Sicherheit die Krönung seiner Leistungen. Nach seiner Rückkehr in die Heimat soll er seiner Geliebten als Erstes (oder sagen wir mal als Zweites) die newtonischen Theorien von der Bewegung und der Schwerkraft erklärt haben. Seine *Philosophischen Briefe* über England und die Engländer wurden allenthalben gepriesen, nur die Regierung erwies sich als genauso intolerant und selbstherrlich, wie er sie kritisiert hatte: Sie ließ dieses »skandalöse Werk« verbrennen, weil es »wider die Religion und Moral ist und den bewährten Mächten jeden Respekt verweigert«.[2]

Voltaire hatte letztlich nichts anderes getan, als das neue Denken, das von den Lehren Newtons und Lockes in England verkörpert wurde, der kartesianischen Tradition anzupassen. Während der Rationalist Descartes a priori bei der traditionelleren, intuitiv verständlichen »Essenz der Dinge« und der grundlegenden Rolle des Zweifels ansetzte, adaptierte Voltaire das newtonische System, das der Erfahrung, die bei unparteiischen Beobachtungen gewonnen werden konnte, den Vorzug gab, und zog daraus seine eigenen Schlussfolgerungen. Vielleicht noch wichtiger war, dass Voltaire dieses Prinzip auch auf die menschliche Psychologie übertrug, denn genau hier kam nun Locke ins Spiel, der sich ja ebenfalls in seiner Umwelt umblickte und beschrieb, was er dort sah. Folgendes hatte Voltaire über »Herrn Locke« unter anderem zu sagen: »Nachdem so viele Verstandesmenschen den Roman der Seele verfaßt hatten, ist ein Weiser gekommen, der bescheiden ihre Geschichte darstellte. Locke hat dem Menschen die menschliche Vernunft auseinandergesetzt, wie ein hervorragender Anatom die Bereiche des menschlichen Körpers erklärt.« Voltaire glaubte, dass die wissenschaftlich erbrachten Beweise von einem Universum zeugten, das von Naturgesetzen geregelt wird, welche auch auf jeden Menschen zutrafen. Deshalb war es für ihn nur logisch, dass alle Länder, seien es Monarchien oder bürgerliche Staaten, diesen Gesetzen gehorchend regiert werden mussten: Der Mensch habe ein gewisses »Naturrecht«. Solche Kerngedanken waren es, die am Ende der Revolutionslehre den Boden bereiteten. Beeindruckt von den Errungenschaften der newtonischen Wissenschaft, war Voltaire zu der Überzeugung gelangt, dass religiöse Vorstellungen früher oder später durch wissenschaftliche Ideen ersetzt würden, so man nur hart genug dafür arbeitete. Der Mensch brauchte sein Leben nicht mehr als eine ständige Wiedergutmachung der Erbsünde zu verstehen und sollte seine Existenz auf Erden lieber durch Reformen der staatlichen, kirchlichen und schulischen Institutionen verbessern. »Arbeit und Planung sollten an die Stelle von asketischer Resignation treten.«[3] Zumindest in Frankreich trug zu Voltaires Bedeutung außerdem bei, dass der von ihm angeregte geistige Wandel mit dem Wunsch vieler Menschen zusammentraf, sich des Ancien Régime zu entledigen: Das neue Denken wurde sozusagen zum Symbol dieses Wunsches. Voltaire und seine Anhänger lehnten viele Fragen ab, mit denen sich die französische Philosophie traditionell auseinander gesetzt hatte – ob der Mensch einen freien Willen besitzt oder wie sich die göttliche Gnade äußert –, weil sie sie bedeutungslos und die Lösung von praktischen Problemen sehr viel wichtiger fanden.

All das geschah nun in einer Atmosphäre, die von wachsenden Protesten und einer zunehmenden Unzufriedenheit in Frankreich geprägt war. Bereits im Jahr 1691 hatte François de Salignac de la Mothe Fénelon *Les aventures de Télémaque, fils d'Ulysse (Die Erlebnisse des Telemach)* veröffentlicht, in denen er das Idealbild eines weisen Königs beschrieb; später publizierte er seinen *Lettre à Louis XIV.*, in dem er ein düsteres Bild vom Reich des so genannten Sonnenkönigs malte: »Euer Volk verhungert. Die Landwirtschaft liegt praktisch brach, die gesamte Industrie siecht dahin, der Handelsverkehr ist zum Erliegen gekommen. Frankreich ist ein riesiges Hospital.«[4] Im Jahr 1737 schrieb René-Louis de Voyer de Paulmy, Marquis d'Argenson, seine Abhandlung *Considérations sur le gouvernement ancien et présent de la France* (»Betrachtungen über das alte und das gegenwärtige Regierungssystem Frankreichs«), in der er die Missbräuche und Korruption im Herzen des französischen Systems aufdeckte und dabei von Missständen in solchen Ausmaßen berichtete, dass das Buch bis 1764 nicht veröffentlicht werden konnte.

In dieser primär von Voltaire geschürten intellektuellen Stimmung ließ schließlich Diderot die *Encyclopédie* vom Stapel. Auch dabei handelte es sich um eine ursprünglich englische Idee, denn anfänglich hatte Diderot nichts anderes vorgehabt, als die 1728 in England erschienene *Cyclopedia or Universal Dictionary of the Arts and Sciences* von Ephraim Chambers zu übersetzen. Dann aber hatte er den Einfall, die rein technischen und statistischen Aspekte, die darin behandelt wurden, zu einer Darstellung des gegenwärtigen Stands der französischen Kultur auszuweiten und einen umfassenden Revisionsbericht über den gesellschaftlichen und geistigen Zustand Frankreichs zu veröffentlichen. Dabei war es nicht nur Diderots erklärtes Ziel gewesen, eine enzyklopädische Ordnung allen Wissens vorzulegen: Er wollte ganz bewusst ein allgemeines Umdenken einleiten – *pour changer la façon commune de penser*. Die Veröffentlichung der *Encyclopédie* stellt an sich schon ein eigenes Kapitel der Ideengeschichte dar. Der erste Band erschien im Jahr 1751, und es sollte zwanzig Jahre dauern, bis die komplette Ausgabe vorlag. Während dieser Zeit wechselten sich Lob und Zensur stetig ab. Für die Verleger sollte das Ganze ein großer finanzieller Erfolg werden, Diderot selbst landete deshalb allerdings mehr als einmal im Gefängnis, während immer wieder Bildtafeln und Artikel von der Zensur konfisziert wurden.[5]

Ersten festen Boden unter den Füßen hatte die *Encyclopédie* bei dem Jour fixe bekommen, den der Baron d'Holbach zweimal wöchentlich in seinem *hôtel* (das man die »Synagoge der Atheisten« nannte) in der Rue Royale Saint-Roche (heute Rue des Moulins 8) veranstaltete. Bis Jahresende 1750 hatte man achttausend Prospekte für die *Encyclopédie* vorbereitet: Subskribenten sollten sechzig Livres anzahlen und im Verlauf der Auslieferung insgesamt noch weitere zweihundertachtzig Livres berappen. Acht Bände und zwei Bildbände wurden versprochen, am Ende wurden es alles in allem achtundzwanzig Bände und über einundsiebzigtausend Artikel. Der erste Band zum Buchstaben A erschien im Juni 1751 unter dem vollständigen Titel *Dictionnaire Raisonné des Sciences, Arts et Métiers* mit einem von Jean Le Rond d'Alembert verfassten »Discours préliminaire«. Darin erläuterte er, dass die Enzyklopädie, bei der es sich auch um ein »komplexes Wörterbuch« handelte, den Wissensstand sozusagen aus der Vogelperspektive betrachtete, um alle Verflechtungen und »verschwiegenen Wege« aufzudecken, die die einzelnen Wissensgebiete miteinander verbanden. Er schilderte seine Sicht auf die Wege, die der geistige Fortschritt seit der Renaissance eingeschlagen hatte und die er als eine lange Kette aus Prämissen darstellte, deren Bindeglieder von der Menschheit noch kaum entdeckt worden waren. Tatsächlich gab es für ihn nur zwei gesicherte Erkenntnisse: das Wissen um die eigene menschliche Existenz und die Wahrheiten der Mathematik. Der kritische Diderot-Biograf Philip N. Furbank schreibt, dass man die *Encyclopédie* überhaupt nur verstehen könne, wenn man sich bewusst mache, wie ihre Autoren dabei auf die Zensurversuche der Behörden reagiert hatten (beispielsweise, indem sie die Texte mit Querverweisen versahen, die den Leser zu häretischen oder gar umstürzlerischen Gedanken an den oft überraschendsten Stellen führten).[6]

Der erste Band verkaufte sich gut, nachdem noch im letzten Moment die Auflage von 1625 auf 2000 erhöht worden war. Spätere Bände mussten sich zwar gegen die Zensoren behaupten, doch Diderot gelang es, in Chrétien-Guillaume de Lamoignon de Malesherbes einen Freund zu finden, der als Minister die staatliche Aufsicht über das gesamte Druckwesen in Frankreich hatte, sich leidenschaftlich für die Pressefreiheit einsetzte und umstrittene Manuskripte in seinem eigenen Haus zu verstecken pflegte – was das anbelangt, gewiss der sicherste Ort in ganz Frankreich. Das bekräftigte natürlich Voltaires Punkt, dass diese Bände in England ohne jede Zensur und mit noch viel gewagteren Artikeln hätten veröffentlicht werden können. Anfang des Jahres 1760 sollten sich schließlich sogar der König und Madame de Pompadour der Idee von dieser *Encyclopédie* öffnen.

*

Diderots vielbändiges Werk wurde am Ende noch einflussreicher als die *Cyclopedia* seines Vorgängers Chambers, nicht nur weil das französische Projekt noch ambitionierter war, sondern auch und vor allem, weil Frankreich im 18. Jahrhundert der »Kulturdiktator« Europas war, wie der Historiker Norman Hampson schrieb. Von überallher blickte man auf Frankreich, das Land, welches als Vorbild und Norm im Hinblick auf Geschmack, Literatur, Kunst, Architektur und all die untergeordneten Künste galt, die gerade so florierten und bis heute eine Sonderposition einnehmen: Möbel, Mode und *la cuisine*. Noch wichtiger aber war, dass die französische Sprache mittlerweile Latein als die Umgangssprache der europäischen Aristokratie abgelöst hatte. Sogar Friedrich Wilhelm I., der Prototyp des preußischen Geistes, sprach besser Französisch als Deutsch.[7]

Französisch gehört neben Sardisch, Italienisch, Rumänisch, Spanisch, Portugiesisch, Katalanisch und Provenzalisch zu der Gruppe von Sprachen, die ihre wesentlichen Elemente aus dem Latein bezogen und als romanische Sprachen bezeichnet werden. Jede davon leitet sich vom gesprochenen (Vulgär-)Latein der Soldaten, Kaufleute und Kolonisten ab, nicht vom geschriebenen (klassischen) Latein. Die Ursprache Galliens, so nimmt man jedenfalls an (es überlebten nur sehr wenige Inschriften), war eine Form des Keltischen gewesen, und das hatte in jedem Fall lateinische Querverbindungen aufzuweisen. Das in Gallien gesprochene Latein teilte sich schließlich in die galloromanischen Dialekte des Nordens *(langues d'oïl)* und des Südens *(langues d'oc)* auf, wobei die sprachliche Trennung in etwa entlang einer Linie verlief, die sich von Bordeaux über Lussac nach Grenoble (Isère) zog. Das Altfranzösische als eine unterscheidbare eigene Sprache hatte sich nach den Straßburger Eiden im 9. Jahrhundert (842) herausgebildet, das Mittelfranzösische war erstmals im 14. Jahrhundert aufgetaucht (mit der Thronbesteigung der Valois-Dynastie im Jahr 1328).[8]

Das Neufranzösische stammt aus dem 17. Jahrhundert. Während Paris allmählich zur Hauptstadt wurde, begannen sich auch die Dialekte des Nordens gegenüber denen des Südens durchzusetzen. Das *Francien* oder »Franzische«, der Dialekt der Île de France, wurde zur Nationalsprache, offiziell anerkannt als die Sprache der Gerichtshöfe wurde es jedoch erst durch das berühmte Edikt von Villers-Cotterêts (1539). Doch selbst dieses Französisch galt noch als eine minderwertigere Sprache als das Lateinische, das nach wie vor die Sprache des Neuen Lernens – also der Wissenschaften – war. Nur in der Volksliteratur verwendete man Französisch, doch je mehr Menschen dank des Buchdrucks nun zu lesen begannen, desto populärer und gebräuchlicher wurde auch der Umgang in dieser Sprache. Im Jahr 1549 verfasste Joachim du Bellay seine Schrift *La défense et illustration de la langue française*, in der er forderte, dass Französisch nicht mehr nur die Sprache der Vulgärliteratur sein dürfe, sondern die Ambition haben müsse, auch für »erhabene« Literatur verwendet zu werden. Besorgt um *le bon* und *le bel usage*, wurde die Sprache im Lauf des 17. Jahrhunderts verfeinert, weiterentwickelt und purifiziert. Seinen Höhepunkt erreichte dieser Trend mit der *Grammaire générale et raisonnée de Port Royal* (1660), welche die Idee einer auf Logik beruhenden philosophischen Grammatik propagierte. So kam es, dass das Französische bis zum 18. Jahrhundert zu einer sehr viel selbstbewussteren und in gewisser Weise auch künstlicheren Sprache als jede andere geworden war. Die Sorgfalt und Rationalität, mit der man bei dieser Entwicklung vorging, steuerte zwar eine Menge zu ihrer großen Schönheit bei, ist aber auch für ihre relative Trockenheit und ihr vergleichsweise kleines Vokabular verantwortlich. Und während sich andere Sprachen auf natürliche Weise zu verbreiten pflegten, war das Französische bis zu einem gewissen Grad von oben verordnet worden, was auch erklärt, weshalb es sogar Mitte des 20. Jahrhunderts noch zwei Millionen französische Bürger gab, deren Muttersprachen nicht Französisch, sondern zum Beispiel Elsässisch, Bretonisch oder Provenzalisch war.[9]

*

Mit ihren achtundzwanzig Bänden war die *Encyclopédie* jedenfalls ein nach allen Maßstäben und für jeden Leser einschüchterndes Unterfangen. Dass Diderot es überhaupt gewagt hatte, diesem Projekt eine kommerzielle Chance zu geben, erzählt uns eine Menge über die gewandelten Lesegewohnheiten im 18. Jahrhundert. Tatsächlich hatten sie sich in der zweiten Hälfte des Jahrhunderts in mehrfacher Hinsicht entscheidend verändert. In dieser Zeit befand sich das traditionelle Mäzenatentum gerade auf den Rückzug, weil es nun für immer mehr Schriftsteller möglich wurde, vom Verkauf ihrer Bücher zu leben, und weil die neue Generation von Lesern völlig unpersönliche Beziehungen zu den Autoren ihrer Wahl hatte. Samuel Johnson und Oliver Goldsmith gehörten zu der ersten Gruppe von Schriftstellern, die ausschließlich für diesen neuen Leserkreis schrieben. In Wirklichkeit hatte nun der Verleger den Platz des Mäzens eingenommen, wenngleich sich mit der Möglichkeit, dem Leser eine Subskription anzubieten – wie es bei der *Encyclopédie* der Fall war –, auch noch eine Art Zwischenstufe bot.

Wir sollten uns jedoch bewusst machen, dass im 16. und 17. Jahrhundert nicht die Literatur, sondern die Musik das eigentliche Freizeitvergnügen von Arm und Reich war. »Die Kesselflicker sangen; die Milchmädchen trällerten Balladen; die Fuhrmänner pfiffen; jedes Gewerbe, sogar die Bettler, hatte seine eigenen Lieder; die Bassgeige hing zur Unterhaltung von wartenden Besuchern im Empfangszimmer; Laute, Cister und Virginal standen wartenden Kunden zum Zeitvertreib zur Verfügung und gehörten unbedingt sogar zur Ausstattung des Barbierladens.« In London gab es das Theater, doch zu seinem Kundenstamm zählte höchstens ein Viertel der fünf Millionen Stadtbewohner. Daniel Defoe und John Bunyan gehörten zu den ersten englischen Schriftstellern, denen der Aufbau einer Existenz außerhalb der »Peripherie des Esprits« gelang, wie Richard Steele den Kreis von vornehmlich aristokratischen Schriftstellern nannte, die sich Mäzene sichern konnten. »Wenn man die Memoiren... der vielen autodidaktisch gebildeten Männer durchforstet, die im 18. und Anfang des 19. Jahrhunderts von Rang und Namen waren, dann stellt man fest, dass ihre ersten Begegnungen mit Kultur fast ausnahmslos durch *Pilgrim's Progress* [Bunyans *Eines Christen Reise nach der Seeligen Ewigkeit*], die Bibel, *Paradise Lost* [Miltons *Das verlorene Paradies*] und [Defoes] *Robinson Crusoe* stattgefunden hatten.«[10]

Eine maßgebliche Folge war, dass sich der Mittelklassegeschmack vom Diktat des Adels emanzipierte. Arnold Hauser hielt das für den historischen Ausgangspunkt des literarischen Lebens im modernen Sinne des Wortes, das sich nicht nur im regelmäßigen Erscheinen von Büchern, Zeitungen und Zeitschriften äußerte, sondern vor allem auch im Auftreten des Literaturexperten oder Kritikers, der den allgemeinen Wertestandard und die öffentliche Meinungsnorm in der literarischen Welt verkörpert. Die Humanisten zu Zeiten der Renaissance hatten diese Rolle noch nicht übernehmen können, weil ihnen weder Tageszeitungen noch Zeitschriften zur Verfügung gestanden hatten; und das System des privaten Mäzenatentums hatte wesentlich dazu beigetragen, dass das Einkommen eines Schriftstellers in keinem Zusammenhang mehr mit dem literarischen Wert seines Buches oder dessen Erfolg beim Publikum stand. Nun hatte sich alles verändert: Das Buch wurde zum Bestandteil der Kommerzgesellschaft, zu einer Ware, deren Wert sich mit ihrer Verkäuflichkeit auf dem freien Markt deckte.[11] Und der Geschmack der lesenden Öffentlichkeit forderte nun vor allem Historien, Biografien und statistische Enzyklopädien.

Auch Zeitschriften wurden zu einem Wachstumsgeschäft. In der zehnten Ausgabe des *Spectator* schrieb Joseph Addison: »Mein Verleger berichtet, dass bereits dreitausend Exemplare pro Tag ausgeliefert werden. Wenn ich also davon ausgehe, dass jede Zeitung von zwanzig Leuten gelesen wird, was noch eine bescheidene Schätzung ist, dann kann ich von sechzigtausend Gefolgsleuten in *London* und *Westminster* ausgehen.« Wem das zu hoch erscheint, der sollte bedenken, dass Kultur in dieser Zeit hauptsächlich durch die Londoner Kaffeehäuser kanalisiert wurde und es im Jahr 1715 allein in London zweitausend davon gab. Das heißt, ein einziges Zeitungsexemplar konnte leicht durch zwanzig Hände gehen. Später stieg die Auflage des *Spectator* auf zuerst zwanzig- und dann dreißigtausend, was nach Addisons Berechnung einen »Umlauf« von rund einer halben Million bedeutete (England hatte im Jahr 1700 knapp über sechs Millionen Einwohner). Dieser Trend manifestierte sich schließlich auch in den Zahlen der feststellbaren Zeitungsleser: Zwischen 1753 und 1775 fand praktisch eine Verdoppelung des Tagesverkaufs von Zeitungen statt. Ein Buchhändler namens James Lackington schrieb in seinen Memoiren: »Wo ärmere Bauern und die Landbevölkerung im Allgemeinen die Winterabende einst [d. h. zwanzig Jahre früher] noch damit zugebracht hatten, sich Geschichten über Hexen, Gespenster, Kobolde und so weiter zu erzählen, kann man nun Tom Jones, Roderick Random und andere Unterhaltungslektüre auf der Speckbank & Co. ihrer Häuser gestapelt sehen.« Im Jahr 1796 vermerkte die *Monthly Review*, dass doppelt so viele Romane wie im Vorjahr publiziert worden waren.[12]

*

Eines der einflussreichsten Bücher des 18. Jahrhunderts war Edward Gibbons *Decline and Fall of the Roman Empire* (1776–1788; *Verfall und Untergang des römischen Imperiums*). Er vertrat darin die These, dass das Christentum mindestens so viel Verantwortung für die Verdrängung der römischen Kultur und für das Aufkommen des »finsteren Mittelalters« trug wie die »Barbaren«. Doch Gibbons Botschaft war noch aus einem anderen Grund von Bedeutung: Sie zeigte – oder wollte aufzeigen –, wie Religionen Einfluss auf den Fortschritt nehmen und ihn verhindern oder verzögern konnten: Die meisten alten Kulturen hatten entweder an ein statisches oder an ein zyklisches Universum geglaubt; die messianischen Hoffnungen im alten Israel ließen sich als ein primitiver Fortschrittsgedanke verstehen, was aber keine verbreitete Vorstellung war; im klassischen Griechenland herrschte generell – auch bei Platon, Aristoteles oder Polybios – der Glaube, dass die Zivilisation gerade im Niedergang begriffen sei oder dass sie sich gerade von einem goldenen Zeitalter verabschiedete oder dass sie einem Zyklus unterliege: Monarchie führte zu Tyrannei, diese zur Aristokratie und dann über die Oligarchie, Demokratie und Anarchie wieder zurück zur Monarchie.[13]

Aus Sicht von Voltaire und den anderen französischen *philosophes* sah es ganz anders aus. Die jüngsten wissenschaftlichen Entdeckungen und die Fortschrittsaussichten, die sie zu versprechen schienen – im Verbund mit der Tatsache, dass nun immer mehr Menschen auch von diesem Fortschritt lesen konnten –, sorgten dafür, dass plötzlich jedermann irgendeine optimistische Fortschrittsidee im Kopf hatte. Auch das war sowohl eine Ursache als auch eine Wirkung des religiösen Umdenkens. Bis zu den italienischen Humanisten und zu Montaigne war das Leben eines Christen sozusagen eine intellektuelle Vorhölle gewesen: Man versuchte im Diesseits als guter Mensch zu leben, wie es die Kirche erwartete, und nahm zugleich die Vorstellung hin, dass sich der vollkommen erschaffene Mensch seit dem Sündenfall im fortschreitenden Zustand des Verfalls befand. Gläubige Christen warteten auf die Erlösung in einem anderen Reich. Parallel zu den Erkenntnissen Newtons begann sich jedoch eine neue Stimmung in ganz Europa auszubreiten, stimuliert vor allem von der Prämisse, dass es eine *bienfaisance* oder Mildtätigkeit gab, die nicht nur Gott selbst verkörperte, sondern auch die Menschen beseelte. Immer deutlicher gewann die Ansicht an Boden, dass die Welt zur »irdischen Glückseligkeit des Menschen« erschaffen worden sei. (*Bienfaisance* und *optimiste* sind beides Begriffe aus dem 18. Jahrhundert.) Manchmal führte das zu geradezu absurden Auswüchsen. Fénelon zum Beispiel behauptete, dass Form und Beschaffenheit von Wassermelonen von der göttlichen Vorsehung bewusst so erschaffen worden seien, auf dass sie der Mensch leichter in Scheiben schneiden könne. Und Abbé Pluche glaubte erkannt zu haben, dass die Gezeiten nur erschaffen wurden, um Schiffen bei Flut die Einfahrt in die Häfen zu erleichtern.[14]

Die Idee, dass natürliche Harmonie ein Zeichen für Gottes Mildtätigkeit sei, war im 18. Jahrhundert von doppelter Bedeutung, da der Mensch die Aufmerksamkeit ja gerade auf sich selbst zu richten begann. Und wenn alles Übrige im Universum von relativ einfachen Gesetzen regiert wurde – so einfach jedenfalls, dass sie Männern wie Descartes, Newton, Leibniz, Lavoisier und Linnaeus zugänglich waren –, dann musste doch gewiss auch die menschliche Natur vergleichbar einfachen und ebenso zugänglichen Gesetzen unterliegen. Die Erforschung der menschlichen Natur und des Verhältnisses zwischen Mensch und Gesellschaft war vielleicht einer der bestimmendensten Aspekte der Aufklärung. Es war die

Zeit, in der sich viele moderne »Disziplinen« – Philologie, Recht, Geschichte, Ethik, Naturphilosophie, Psychologie, Soziologie – in einer für uns bereits kenntlichen Form oder doch zumindest als Protofachgebiete heranbildeten (das Wort »Psychologie« sollte im Englischen erst in den dreißiger Jahren des 19. Jahrhunderts in Umlauf kommen, obwohl es in Deutschland bereits als lateinischer Begriff kursiert hatte).[15]

Der Motor dieses Wandels war, wie Roger Smith in seiner *History of the Human Sciences* erläutert, die Umbewertung der Seele zum Geist, wobei der »Geist« im Gegensatz zur unsterblichen Seele und ihrer überragenden Rolle im Jenseits nun zunehmend im Kontext mit dem Bewusstsein, der Sprache und seinen eigenen Bezügen zur Realität betrachtet wurde. Der Mann, der für diese Entwicklung primär verantwortlich zeichnete, war wie gesagt John Locke (1632–1704) mit seinem 1690 veröffentlichten, aber bereits 1671 entworfenen Traktat *Essay Concerning Human Understanding (Über den menschlichen Verstand)*. Denn darin verwendete er bereits durchgängig den Begriff »Geist« statt dem der »Seele« und bezog sich auf Erfahrungen und Beobachtungen als die Quellen von Ideen, aber nicht mehr auf irgendeinen »innewohnenden« oder religiösen (offenbarten) Ursprung. Zum Beweis gegen »eingeprägte Ideen« forderte er zum Beispiel vom Leser, die Entwicklung eines Kindes von Geburt an zu beobachten und die Veränderungen im Lauf der Jahre festzustellen. Dass der Geist jedoch angeborene Kräfte wie zum Beispiel die Fähigkeit der Reflexion besitzt oder dass es dem Geist innewohnende Vorgänge gibt, die vom Selbst wahrgenommen und bedacht würden, nahm Locke als gegeben. Es sei die Erfahrung mit der stofflichen Welt, schrieb er, die uns unsere Ideen vermittle (zu seinen Beispielen zählte die Fähigkeit, etwas als gelb, heiß, weich oder bitter zu erkennen). Ideen bildeten sich heraus, weil wir solche Erfahrungen analytisch reflektierten.[16]

Zumindest aus der Sicht von Engländern war das die moderne, von Newton und Locke geprägte Welt. Newton hatte die grundlegende Wahrheit erkannt, und Locke hatte Metaphysik durch Psychologie ersetzt, um »den geistigen Mechanismus zu enthüllen, mit dessen Hilfe die Erfahrung Wahrheit generiert«.[17] Seine Visionen und Analysen waren derart neu, dass er sogar das Vokabular für diese neue Weltanschauung mitliefern musste. Welchen starken Einfluss er damit ausübte, verdeutlicht nicht zuletzt der Fakt, dass man sich nun geradezu peinlich berührt zeigte, wenn noch irgendwo die Rede von der Seele anstatt vom weltlicheren Begriff des Geistes war. Der Vorrang, den Locke der Erfahrung vor dem angeborenen Wissen gab, brachte ihn außerdem zu dem Schluss – wie Kritiker schnell bemerkten –, dass Glaube immer im Verhältnis zur Erfahrung stehe. Seine Beobachtung, dass manche Menschen nicht die geringste Idee von Gott hatten, nutzte er zum Beispiel sofort, um Kritik an der Vorstellung von der Existenz »eingeprägter Ideen« zu üben – ein Schlüsselelement für die Geburt der Psychologie, auch wenn dieser Begriff noch kaum gebraucht wurde. Locke behauptete, dass jede Motivation, die zur Ausformung des Geistes beitrage, auf einer Erfahrung – mit der Natur – beruhe und keineswegs von irgendeiner transzendenten, die Seele steuernden Kraft eingeflößt werde. Dass er das Handeln des Menschen als eine Reaktion auf die Empfindung der freudigen oder schmerzlichen Gefühle betrachtete, von denen jede Erfahrung begleitet wird, eröffnete die Möglichkeit einer deterministisch-mechanistischen Betrachtungsweise des inneren Antriebs. Und das hatte die beunruhigende Folge, dass Gott der Moralität noch ferner gerückt wurde und sich die Einstellung auszuprägen begann, die im Verlauf des 18. Jahrhunderts vorherrschend werden sollte: Ethik war etwas, das gelehrt werden musste und ergo nicht angeboren war. Auch den »Willen« befreite Locke von seiner Zugehörigkeit zur Seele, als er ihn schlicht zu einer Frage der persönlichen Entscheidung erklärte, die der Mensch immer dann trifft, wenn er sich der Reflexionen des Geistes über die eigenen Empfindungen bewusst wird. Die wohl wichtigste unter seinen Erkenntnissen war, dass das Ich nicht irgendeine mystische, mit der Seele verbundene Einheit, sondern eine »Ansammlung der Empfindungen und Leidenschaften« sei, aus denen Erfahrung besteht.[18]

Lockes abschließender Beitrag zur modernen Idee von der Psychologie waren seine Einsichten in das Prinzip Sprache. Bis zum 17. Jahrhundert war der Sprache von vielen Gelehrten ein Sonderstatus eingeräumt worden, weil man Wörter insofern für etwas Besonderes hielt, als sie den Dingen, die sie beschrieben, ihrem Charakter nach als ähnlich galten. Die Bibel war das *Wort* Gottes, deshalb glaubte so mancher Christ, dass auch jedes Ding einst einen Urnamen besessen habe, welcher sein Wesen gekennzeichnet habe und den es für die Philologie nun wiederzufinden galt. Diese Sicht vertrat zum Beispiel Jakob Böhme, wenn er behauptete, dass es eine »adamitische Sprache« – die verlorene Ursprache des Paradieses – gegeben habe, von der viele glaubten, dass sie dem Hebräischen ähnlicher gewesen sei als jeder anderen bekannten Sprache.[19] Locke hingegen hielt Sprache nur für eine Konvention und ein Hilfsmittel, das permanenten Veränderungen und Entwicklungen unterlag. Die Vorstellung, dass man alte Wortformen »ausgraben« könnte (oder sollte), als könne man damit zugleich altes Wissen wiederentdecken, fand er absurd. Die Menschen waren schockiert und verwirrt.

*

Trotz Locke scheuten sich viele Menschen vor einer Demontage der Seele. Diese Idee musste erst noch einigen höchst kunstvollen Prozeduren unterzogen werden. Der Chemiker Georg Ernst Stahl (1660–1734), der sich mit seiner »Phlogiston-Theorie« (von dem Stoff, der Körpern bei der Verbrennung entweicht) einen Namen machte, lehrte zum Beispiel, dass alle physischen Vorgänge von der Seele bestimmt würden; Nicholas Malebranche (1638–1715) glaubte, dass Gott über den Weg der Seele alle Gedanken, Empfindungen und Handlungen des Menschen leite; Antoine Arnaud (1612–1694) und Pierre Nicole (1625–1695) stellten in ihrem Buch *La Logique ou l'Art de penser (Die Logik oder die Kunst des Denkens)* die These auf, dass allein die Seele für das logische Verständnis verantwortlich sei. Sie konzedierten allerdings, dass sich in der Struktur von Sprache die Funktionsweisen des Geistes spiegeln könnten. Gottfried Wilhelm Leibniz (1646–1716) erklärte: »Monaden sind die wahrhaften Atomi der Natur und mit einem Worte die *Elemente derer Dinge*.« Aus diesen fundamentalen, unsichtbaren »*einfachen* Substanzen« bestünden alle »zusammengesetzten Dinge oder composita«, darum sei auch »die Seele eine einfache Substanz«. Roger Smith schreibt: »Leibniz wurde zur Galionsfigur eines Glaubens, welcher die der Seele immanenten essenziellen Aktivitäten beim Prozess des Begreifens und bei der Umsetzung von Verhaltensweisen betont.«[20] Diese komplizierte Logik, sobald es um die Seele ging, beweist, in welche Schwierigkeiten sich Menschen angesichts eines derart heiklen Konzepts manövrierten. Lockes System mag vielleicht schockierend gewirkt haben, aber es war wesentlich einfacher zu erklären.

Doch Auseinandersetzungen mit der Seele sollten noch lange nicht aussterben, ganz im Gegenteil. Wie viele andere Europäer hingen damals auch die Deutschen noch immer der Vorstellung an, dass die Seele jene Einheit darstelle, welche den göttlichen Entwurf verkörperte. Der zum »jüdischen Sokrates« erklärte Moses Mendelssohn (1729–1786) behauptete zum Beispiel, dass der Seele ein besonderes Erkenntnisvermögen innewohne, das ausschließlich im Angesicht von Schönheit wirksam werde und den Menschen wiederum in die Lage versetze, auf Schönheit zu reagieren – Schönheit zu »wissen« und auf eine Weise zu erkennen, die durch analytische Methoden niemals erreichbar würde.[21] So gesehen war es die Seele, die den Menschen zu Höherem bestimmte und von anderen Geschöpfen unterschied.

Nicht nur die Psychologie im heutigen Sinne ließ sich Zeit, um sich von der Seele zu lösen, auch die Unterscheidung zwischen Psychologie und Philosophie ging nur sehr allmählich vonstatten. Am meisten trug wohl Immanuel Kant zur Differenzierung dieser beiden Wissensgebiete bei: Er gründete seine Betrachtungen auf die wesentlichen Unterschiede zwischen dem wissenschaftlichem Denken und der Philosophie des Geistes (kritisches Denken) auf der einen und dem rigoros wissenschaftlich gesicherten und pragmatischen Wissen auf der anderen Seite. Kant war fasziniert vom »vielfarbigen Selbst« – dem Ego, wie wir es heute nennen würden – und der Art und Weise, wie es etwas zustande bringt. Er kam zu dem Schluss, dass nicht jedes Wissen wissenschaftlich sei und kritisches

Denken per se die Welt als solche noch nicht erklären könne. Die »Erkenntniß der Sachen in der Welt« funktioniere nicht nach den Prinzipien der Mechanik, so sehr das einige Denker des 18. Jahrhunderts auch gewollt hätten; und eine psychologische »Wissenschaft« könne es nicht geben, da das, was wir mit dem Geist erfassen, nicht als etwas gegenständlich Erfassbares in Raum und Zeit existiert. Nicht zuletzt deshalb begann sich Kant für Anthropologie und für »Physiognomik« zu interessieren, welche er als die Kunst bezeichnete, »aus der sichtbaren Gestalt eines Menschen, folglich aus dem Äußeren das Innere desselben zu beurtheilen«.[22]

Und genau das, schreibt Roger Smith, definierte die Aufklärung: »Wenn man Verweise auf die menschliche Natur aus dem 18. Jahrhundert zitieren will, dann ist das ein wenig wie Verweise auf Gott aus der Bibel zitieren zu wollen: Es ist schlicht und einfach das Thema, um das sich alles dreht.« Samuel Johnson zufolge kam das Studium der menschlichen Natur erstmals Ende des 17. Jahrhunderts in Mode. Um 1720 hielt Joseph Butler, der Bischof von Durham, Predigten über die menschliche Natur; 1739 veröffentlichte David Hume sein *Treatise of Human Nature (Traktat über die menschliche Natur)*, das zwar nicht sofort zu einem Klassiker wurde, weil es, wie Hume klagte, von der Presse als »Totgeburt« behandelt wurde. Aber es trug zum Entstehen eines weiteren Schwerpunktes der Aufklärung bei, nämlich zu der Überzeugung, dass die Offenbarung vom wissenschaftlichen Wissen als dem Mittel abgelöst wurde, das es erlaubt, Güte zu erkennen. Folgendes hatte Abbé de Mably darüber zu sagen: »Lasset uns den Menschen in seiner Art studieren, um ihn zu lehren, das zu werden, was er sein soll.«[23]

Die Suche nach den Gesetzen der menschlichen Natur begann im Wesentlichen auf zwei Gebieten – auf dem der Physis und dem der Moral. Das 18. Jahrhundert war fasziniert vom Körper, von Gefühlen und Befindlichkeiten, ergo von der Art und Weise, wie der Geist über das Nervensystem auf den Körper einwirkt. Der schottische Arzt Robert Whytt (1714–1766) experimentierte mit geköpften Fröschen und fand heraus, dass der Körper, wenn ihm Säure aufgetropft worden war, noch immer die Beine bewegte, um sie von sich abzuschütteln. Deshalb kam er zu dem Schluss, dass Frösche eine »diffuse Seele« im Rückenmark besaßen. Sein jüngerer Kollege William Cullen (1710–1790) prägte erstmals den Begriff der »Neurose«, verwendete ihn aber für alle Nervenfunktionsstörungen (die er für viel weiter verbreitet hielt, als man damals annahm). Ihre moderne Definition erhielt die Neurose zwar erst im späten 19. Jahrhundert, doch immerhin wurden Depression, Angst und chronischer Verdruss bereits im 18. Jahrhundert mit »den Nerven« in Verbindung gebracht.[24] Die Sprache der Mediziner begann sich von der Terminologie der Körpersäfte zu verabschieden: Wahnsinn zum Beispiel wurde nun als eine »Geistesstörung« verstanden, die man in einem Körperorgan – dem Gehirn – verortete.

Das Gehirn war bereits in den sechziger Jahren des 17. Jahrhunderts von Thomas Willis erforscht worden. Neben Wren, Hooke und Boyle gehörte er zu den Naturforschern, die die Geburtsstunde der Royal Society miterlebt hatten. Willis sezierte zahlreiche Hirne – hauptsächlich von Menschen und Hunden – und entwickelte dabei eine neue Technik, um das Gehirn aus dem Schädel herauszulösen (von unten, sodass es intakt blieb). Seine genauen Beobachtungen, Präparierungen und geschickte Anfärbungstechnik trugen zu dem Beweis bei, dass das Gehirn von einem feinen Netz aus Blutgefäßen durchzogen ist und die Ventrikel (mit Liquor gefüllte Kammern, die miteinander in Verbindung stehen) nicht mit Blut versorgt werden, weshalb das Gehirn kaum der Sitz der Seele sein konnte, wie manche glaubten. Erst Willis bewies, dass das Gehirn sehr viel komplexer war, als man bislang für möglich gehalten hatte. Beispielsweise entdeckte er Regionen wie den *corpus striatum* (»Streifenkörper«) und die Nervenverbindungen, die zum Gesicht, zu den Muskeln und zum Herzen führen. Seine Schrift *Pathologiae Cerebri et Nervosi Generis Specimen* (1664) trug viel dazu bei, dass die Seele und die Leidenschaften ihren Sitz im Herzen verloren, was ihm denn auch eine Menge Ruhm einbringen sollte. Von Willis stammt auch die Bezeichnung »Neurologie« für die Lehre von den Nerven. Aber um jedermann klar zu machen, dass er trotz allem kein Atheist war, widmete er sein Buch sicherheitshalber Erzbischof Sheldon.

Dass all diese neuen Erkenntnisse und Vorgehensweisen irgendwann von irgendjemandem auf die Spitze getrieben würden, war vielleicht unvermeidlich. Dieser Jemand war der französische Chirurg Julien Offray de La Mettrie. 1747 veröffentlichte er sein Buch *L'homme machine (Der Mensch eine Maschine)*, ließ es allerdings aus Furcht vor der Zensur in Leiden drucken. Mit dem Satz: »Ich halte das Denken für so vereinbar mit der organisch aufgebauten Materie, daß es ebensogut eine Eigenschaft derselben zu sein scheint wie die Elektrizität...« bekannte er sich zu den Deterministen, Materialisten und Atheisten, was ihn auch prompt in Teufels Küche bringen sollte. Für ihn war unbestreitbar, »daß der einfältige und der dumme Mensch Tiere in Menschengestalt sind, wie der klügste Affe ein kleiner Mensch in andrer Gestalt ist«, oder dass »es in der Welt nur eine Substanz gibt«, weshalb die Natur des Menschen aus demselben Stoff wie die übrige Natur sein musste. An immaterielle Substanzen glaubte er nicht, womit er natürlich deutlich Zweifel an der Existenz der Seele äußerte. »Jede kleine Faser oder jeder kleine Teil der organisch gebauten Körper [wird] auf Grund eines Prinzips bewegt, der diesem Teil eigen ist«, schrieb er und betonte, dass es hier keine grundlegenden Unterschiede zwischen den Lebewesen gab: »Der Mensch ist nicht aus einem wertvolleren Lehm geschaffen als die Tiere; die Natur hat ein und denselben Teig verwendet und ihm jeweils nur ein verschiedenes Maß Sauerteig zugesetzt.«[25]

Der französische Philosoph Abbé Étienne Bonnot de Condillac (1714–1780) stellte die These auf, dass alle geistigen Funktionen auf angenehme oder schmerzhafte Empfindungen zurückzuführen seien, allerdings setzte er voraus, dass es die Seele war, die alle Empfindung verursachte. Der Schweizer Naturforscher Charles Bonnet (1720–1793) glaubte, dass alle geistigen Aktivitäten in den Fasern des Gehirns abliefen, hielt für diese Funktion aber ebenfalls eine Seele vonnöten.

*

Hand in Hand mit dem Wechsel von der Seele zum Geist tauchte auch die moderne Idee vom Ich auf. Dror Wahrman untersucht in seiner Studie *The Making of the Modern Self*, wie Männer und Frauen in den Schauspielen des 18. Jahrhunderts dargestellt wurden, was über die verschiedenen »Rassen« geschrieben wurde, welche Einstellung man zu Tieren hatte (insbesondere zu dem Verwandtschaftsverhältnis zwischen Menschenaffen und Mensch), was man in den Porträts der damaligen Zeit zum Ausdruck bringen wollte, wie sich die Eigenarten des Romans veränderten, oder welche Moden sich bei der Bekleidung durchsetzten. Im Zuge dessen zeigte er auch auf, wie sich das Verständnis vom Ich veränderte und diese je nach Klima, Geschichte oder Religion variable Einheit in etwas verwandelt wurde, das im tiefsten Inneren beheimatet war. Das war zwar noch kein biologisches Konzept vom Ich, beweist aber, dass man dieser Einheit eine *Entwicklungsfähigkeit* zuzugestehen begann. Die Entdeckung Amerikas hatte großen Einfluss auf das europäische Denken über die Existenz von unterschiedlichen »Rassen« und im Hinblick auf Biologie, Kultur und Geschichte. Doch in diesem Kontext war es der amerikanische Unabhängigkeitskrieg, der für viele Menschen zur Wasserscheide wurde, denn die Tatsache, dass mehrere Nationalitäten – Briten, Franzosen, Deutsche, Italiener – an diesem Konflikt beteiligt waren, zwang die Völker, sich wesentlich gründlicher als in vorangegangenen Kriegen zu überlegen, wer oder was sie eigentlich wirklich waren. Auch die Grenzlinie zwischen Tier und Mensch wurde im Verlauf dieser Identitätsfindung neu betrachtet und dann mit den Trennlinien zwischen Klassen und Geschlechtern verglichen. In den Porträts früherer Jahrhunderte waren hochrangige Persönlichkeiten vornehmlich durch ihre Kleidung unterschieden worden, nun begannen Maler, die Eigenarten ihrer Gesichtszüge hervorzuheben. Der Aufstieg des Romans, schreibt Wahrman, sei das lebendigste Beispiel für diesen »Innerlichkeitskomplex« des späten 18. Jahrhunderts gewesen. Anfang des Jahrhunderts hatte man Romanfiguren normalerweise noch als die Prototypen bestimmter Charaktere betrachtet; nach dem Wechsel zum 19. Jahrhundert begann man den einzelnen Charakter seiner jeweiligen Individualität und Einzigartigkeit wegen zu schätzen. Romane erkundeten nun nicht mehr die vertrauten Verhaltensweisen, die man den verschiedenen Charakteren bei ihren Problembewältigungsstrategien traditionell zugeschrieben hatte, sondern begannen »den Fremdling« vorzustellen, dessen Innenleben völlig anders gelagert sein konnte als das des Lesers, was zugleich zu Mitgefühl und Verständnis aufforderte. Im späten 18. Jahrhundert legte man erstmals Wert auf die charakterliche Entwicklungsfähigkeit, was der deutschen Vorstellung von »Bildung« gleichkam, in der sich ja die Idee spiegelte, dass sich das Ich im Lauf eines Lebens in manchen Hinsichten verändern und in anderen zugleich konstant bleiben kann (hier spielte Goethes Denken eine machtvolle Rolle). Aus diesem Grund begann sich die Malerei nun auch für Kinderporträts zu interessieren, wie es sich beispielsweise im Werk von Joshua Reynolds zeigt, und Hand in Hand damit die Idee zu entwickeln, dass Kinder keine Erwachsenen im Kleinformat, sondern »unschuldige, unbeschriebene Blätter« sind.[26] Aus diesem neu erwachten Interesse am Charakter und an den individuellen Identitäten ergab sich schließlich die Frage, wie sich Charaktere überhaupt heranbilden, und daraus entwickelte sich wiederum der Trend zur Physiognomie und in der Folge die Überzeugung, dass sich charakterliche Eigenschaften aus Gesichtszügen herauslesen ließen. Auch darin spiegelte und verstärkte sich zugleich das Aufklärungskonzept vom Naturrecht. Von den anonymen breiten Gesellschaftsschichten war sehr viel weniger Selbstbehauptung oder Selbstbewusstsein zu erwarten als von Individuen mit einem starken Ich-Bewusstsein.

*

Dass Paris – die Heimatstadt von Voltaire und der *Encyclopédie*, von Montesquieu und Descartes, von La Mettrie und Condillac – zu einem Zentrum der Aufklärung und der Suche nach den Gesetzen der menschlichen Natur werden sollte, war letztlich nicht überraschend. Seit im 11. Jahrhundert die Pariser Schulen und Universitäten gegründet worden waren, hatte sich die Stadt zu einer Kapitale der intellektuellen Vortrefflichkeit und Ideenproduktion entwickelt. Weit überraschender war, dass sich ausgerechnet eine Kleinstadt im Norden Europas als Rivale herausschälen sollte.

»Beinahe ein halbes Jahrhundert lang, seit ungefähr dem Aufstand der Highlander im Jahr 1745 bis zur Französischen Revolution von 1789, herrschte die Kleinstadt Edinburgh über den westlichen Intellekt«, schreibt James Buchan in seinem jüngsten Buch *The Capital of Mind*. »Fast fünfzig Jahre lang bestimmte eine Stadt, die jahrhundertelang mit Armut, religiöser Bigotterie, Gewalt und Elend gleichgesetzt worden war, die geistigen Grundlagen der modernen Welt.« Aus »Edinburgh, dem Pfuhl der

Abscheulichkeit« war »Edinburgh, das Athen Großbritanniens« geworden. Einem Bericht zufolge hatte der Postsack für ganz Schottland im 17. Jahrhundert an einem Tag nur einen einzigen Brief aus London enthalten, obwohl drei Postkutschen allwöchentlich zwischen Edinburgh und London verkehrten. In dieser Atmosphäre sollte nun eine Riege von Koryphäen – David Hume, Adam Smith, James Hutton, William Robertson, Adam Ferguson, Hugh Blair – den ersten Prominentenstatus auf der internationalen intellektuellen Bühne erwerben. Berühmt wurden sie »ebenso ihrer geistigen Verwegenheit wie ihrer exzentrischen Gewohnheiten und ihres makellosen Leumunds wegen. Sie lehrten Europa und Amerika, was man von den neuen Wissensgebieten, die sich der Weltanschauung des 18. Jahrhunderts eröffneten, zu halten hatte und wie man über sie debattieren konnte, sei es über das Bewusstsein, über den Zweck des Bürgerstaats und die Kräfte, von denen die Gesellschaft gestaltet und profiliert wurde, über die Beschaffenheit von physikalischer Materie, Raum und Zeit, über angemessenes Handeln oder über die Frage, was die beiden Geschlechter verbindet oder voneinander trennt. Sie konnten nüchternen Blickes eine Welt visionieren, in der Gott tot war... Der amerikanische Patriot Benjamin Franklin, der Edinburgh erstmals im Jahr 1759 mit seinem Sohn besucht hatte, sollte sich an diesen Aufenthalt als die Zeit seines Lebens erinnern, in der er Glück auf ›verdichtetste‹ Weise erfahren habe. Die berühmte *Encyclopédie* der französischen Philosophen hatte Écosse [Schottland] im Jahr 1755 nur einen einzigen verächtlichen Absatz gewidmet; im Jahr 1762 schrieb Voltaire mit mehr als nur einem Hauch von Häme, dass die Regeln des guten Geschmacks auf allen künstlerischen Gebieten, von der Epik bis zum Gartenbau, nunmehr von Schottland festgesetzt wurden«.[27]

Der unmittelbare Auslöser für diese Renaissance des britischen Nordens war der Jakobiten-Aufstand im Jahr 1745 gewesen. Die von Charles Edward Stuart angeführte Rebellion der Highlander – mit dem Ziel, die katholischen Stuarts wieder auf den Thron von Schottland (und Britannien) zu hieven – war in Edinburgh aufgeflammt, kurz bevor Charles bei seinem Zug gen London in der Nähe von Derby geschlagen wurde und sich zur neuerlichen Flucht nach Frankreich gezwungen sah. Damals hatte es immer mehr Geistesgrößen nach Edinburgh gezogen, und nun kamen viele von ihnen zu dem Schluss, dass ihre Zukunft im Bund mit England lag: Glaubensspaltungen, wie sie in den königlichen Rivalitäten zum Ausdruck kamen, würden mehr schaden als nutzen; die neue Bildung habe mehr anzubieten als die alte Politik.

Fast so entscheidend für die bevorstehenden Erfolge Edinburghs war jedoch das Projekt der New Town. »Die Edinburgher New Town«, schreibt James Buchan, »fasziniert nicht nur wegen ihrer Flucht an hübschen Gebäuden, sondern weil sich darin Ideen über das bürgerliche Leben manifestieren ... Sie verkörpern einen neuen gesellschaftlichen Umgang, der verbindlich, klassenbewusst, einfühlsam, gesetzestreu, auf Sauberkeit und Beständigkeit bedacht, kurzum: modern ist.« Die städtebauliche Erweiterung der Altstadt in den Norden war nicht nur eine Folge des stetigen Bevölkerungswachstums, sondern auch der Ausdruck der bürgerlichen Ambitionen. Die neue Bourgeoisie wünschte sich eine verantwortungsbewusstere Stadt, die zu einer rationaleren Planung in der Lage sein und für bessere Gemeindeeinrichtungen sowie schönere Plätze sorgen würde, wo sich ihre Bürger begegnen konnten. In solchen Wünschen spiegelten sich nicht nur die wirtschaftlich veränderte Gesellschaftsstruktur, sondern auch die gewandelten menschlichen Beziehungen, die sich dank der neuen Wissenschaften nun auch viel besser verstehen ließen. Kirchen und Pubs reichten dafür nicht mehr aus. Hatte doch kein Geringerer als Montesquieu gesagt, dass die geballte Ansammlung von Menschen in Hauptstädten den Appetit auf den Kommerz verstärken würde.[28] In Wahrheit war den Menschen natürlich nur wieder bewusst geworden, was bereits in der Antike bekannt gewesen war, nämlich dass Städte ungemein vergnüglich sein können. (Bis 1745 hatte Edinburgh unter der Fuchtel von ausnehmend strengen Puritanern gestanden: Der Begriff des »Ten o'clock man« stammt aus der Zeit, als die schottischen Kirchenältesten allabendlich zu dieser Stunde ihre Runden drehten, um sicherzustellen, dass in den Pubs kein Alkohol mehr ausgeschenkt wurde.) Edinburghs New Town wurde mit Hilfe von öffentlichen Anleihen erbaut und damit »zum größten Gemeinschaftswerk Europas, bis Ende der sechziger Jahre im 18. Jahrhundert die Kanalbaumanie ausbrechen sollte«. Mehrere Gebäude waren von Robert Adam oder seinem Bruder John (oder von beiden gemeinsam) geplant worden, doch das Gesamtkonzept der New Town, ihre visuelle und intellektuelle Integrität, war vor allem James Craig zu verdanken. Denn es war seine Planung gewesen – schachbrettartig angelegte breite Hauptstraßen und schmale Zufahrtswege, begrenzt jeweils von großen Plätzen und gesäumt von perfekt proportionierten, klassizistischen oder palladianischen Fassaden –, die Edinburgh den Ruf einer »himmlischen Stadt der Philosophen« verschaffen sollten. »Edinburgh ist mit keiner Stadt der Welt vergleichbar«, schreibt James Buchan. »Es ist, was Paris sein sollte«, schrieb Robert Louis Stevenson. Mit der Burg, die wie ein Parthenon hoch oben von ihrem Hügel auf das palladianische Ebenmaß unter sich herabblickte, muss die städtebauliche Pracht der New Town wohl tatsächlich noch beeindruckender als Paris gewirkt haben, dessen große Boulevards und beeindruckende Perspektiven ja erst im 19. Jahrhundert entstanden. Edinburgh war das perfekte Beispiel für die bürgerlichen Ambitionen des 18. Jahrhunderts.[29]

*

Vor dieser strahlenden Kulisse wollen wir uns nun den Edinburgher Geistesgrößen zuwenden.

In England und vor allem Schottland hatten Betrachtungen über die Beziehungen zwischen Seele und Psychologie einen ganz eigenen Anstrich, den man als »Moralphilosophie« bezeichnete. Der Begriff stammt bereits aus dem späten Mittelalter und beinhaltet die Vorstellung, dass die Seele, die menschliche Natur und die gesellschaftlichen Arrangements allesamt miteinander verflochten seien und dass durch die Erforschung der menschlichen Natur Gottes Plan im Hinblick auf Sitte und Moral enthüllt werde. (Moralphilosophie wurde auch in den frühen amerikanischen Colleges gelehrt.) Viele vertraten die Sicht, dass das Moralempfinden eine Funktion der Seele sei; auf diese Weise zeige Gott dem Menschen, wie er sich zu verhalten habe. Doch dann kam David Hume und verwurzelte die Ethik in der menschlichen Natur – derselbe Hume, dem wir im vorigen Kapitel als dem Kritiker einer rationalen Verteidigung des religiösen Glaubens begegnet sind. Geboren wurde er 1711 im Lawnmarket-Bezirk von Edinburgh als Sohn eines Gutsherren aus Berwickshire. Während seiner Zeit am College hatte er seine Leidenschaft für Literatur und Philosophie entdeckt. Sein wichtigstes Werk schrieb er bereits mit Ende zwanzig. Trotzdem wurde er nie zum Professor ernannt, vielleicht weil seine Skepsis die Edinburgher verwirrte oder sogar ängstigte. Er war bereits todkrank, als ihn seine Freundin Katharine Mure anflehte, endlich all seine »Büchlein« zu verbrennen, bevor es zu spät sei.[30]

Im Januar 1739, mit achtundzwanzig Jahren, veröffentlichte Hume den ersten Band seines zweibändigen *Treatise of Human Nature (Traktat über die menschliche Natur)*, mit dem er den Grundstein für die Entwicklung einer Wissenschaft vom Menschen legte, die einen von Vernunft geprägten Moralkodex anbot. Der Untertitel lautete: *Being an Attempt to Introduce the Experimental Method of Reasoning into Moral Subjects* – »Ein Versuch, die experimentelle Methode des logischen Denkens in die Themen der Moral einzuführen«. »Es gibt keine Frage von Bedeutung, deren Lösung in der Lehre vom Menschen nicht miteinbegriffen wäre und keine kann mit einiger Sicherheit entschieden werden, solange wir nicht mit dieser Wissenschaft vertraut geworden sind. Wenn wir daher hier den Anspruch erheben, die Prinzipien der menschlichen Natur klarzulegen, so stellen wir damit zugleich ein vollständiges System der Wissenschaften in Aussicht, das auf einer fast vollständig neuen Grundlage errichtet ist, der einzigen zugleich, auf welcher die Wissenschaften mit einiger Sicherheit stehen können.«[31] Einige seiner stärksten Argumente, die für Christen *allzu* beleidigend gewesen wären, strich Hume zwar wieder aus dem Text, trotzdem bewies er noch immer ein Maß an Skepsis, »das seit der Antike nicht mehr zu vernehmen gewesen war«.[32] Wie Lockes Denkansatz gründete auch Humes Vorgehensweise auf Newton, obwohl er klugerweise bemerkt hatte, dass der Physiker die Schwerkraft zwar *beschrieben*, nicht aber wirklich *erklärt* habe. Beispielsweise habe er nur festgestellt, dass Kausalität die Grundlage von jedem Wissen sei. Wir *wissen*, wie etwas ist, weil wir in Erfahrung gebracht haben, wie es zustande kam. Hume hielt das jedoch für illusorisch: Nie würden wir in der Lage sein, einen Kausalzusammenhang zu beweisen. Sein wohl berühmtestes Beispiel dafür war die Billardkugel, die sich auf einer glatten Fläche gegen eine andere bewegt: Wir erhalten keine kausale Information, sondern haben nur Kenntnis vom Fakt dieses Zusammentreffens. Erfahrung strukturiert das Leben, die »Wissensart des Glaubens« lasse jedoch nur »ein innerlich stärkeres und festeres Vorstellen im Vergleich zu den bloßen Schöpfungen der Einbildung« zu, ist also nicht das Ergebnis eines rationalen Prozesses. So gesehen sei jede Religion kompletter Nonsens, bedenkt man vor allem, wie sie die ureigentlichen Ursachen oder Wunder begründet.[33] Aus Humes Sicht wurde die Vernunft von den Leidenschaften in Knechtschaft gehalten; deshalb war jede Wissenschaft suspekt. Es gab für ihn keine Naturgesetze, kein Ich, keinen Daseinszweck: nur Chaos. Ebenso wenig gab es für ihn eine »Erkenntnis des letzten Wesens der Seele«. Für die Erforschung der menschlichen Natur betrachtete er »vier Wissenschaften« als maßgeblich: »Logik, Moral, Ästhetik und Politik«. »Das einzige Ziel der Logik ist die Darlegung der Prinzipien und Operationen unseres Denkvermögens und der Beschaffenheit unserer Vorstellungen. Moral und Ästhetik befassen sich mit unseren Geschmacksurteilen und Gefühlen; die Politik hat es mit den Menschen in ihrer Vereinigung zur Gesellschaft und in ihrer Abhängigkeit voneinander zu tun.«[34] Obwohl er sein Traktat in drei Bücher aufteilte – »Über den Verstand«, »Über die Affekte« und »Über Moral« –, vertrat Hume die Idee, dass die menschliche Natur aus nur zwei grundlegenden Aspekten bestehe, nämlich aus Affekt und Verstand. Die Handlungen des Menschen seien von Leidenschaften und nicht von Vernunft getrieben; Leidenschaft sei immer teilbar in Lust und Schmerz, und diese emotionalen Erfahrungen begründeten, was wir als gut und schlecht empfinden. Auch Hume ersetzte die Seele durch den Geist, von dem er glaubte, dass man seinen Geheimnissen eines Tages voll und ganz auf die Spur kommen werde. Den Affekt oder die Leidenschaften stellte er zwar in den Mittelpunkt seines Denkens, doch was seine eigenen Gewohnheiten betraf, war er eher moderat. Viele Zeitgenossen empfand er als »angenehm«, gegen Ende seines Lebens pflegte er sogar oft für seine Freunde, unter denen sich so mancher Kleriker befand, zu kochen.[35]

Der schottische Philosoph und Historiker Adam Ferguson wurde im Juni 1723 als Sohn eines Geistlichen in Tayside an der Hauptstraße, die in die östlichen Highlands führte, geboren. Schon als Jugendlicher soll er einen »gepfefferten« Charakter gehabt und nach Aussage seines Arztes

Joseph Black dazu tendiert haben, sich »in eine ungewöhnlichen Vielzahl von Kleidungsstücken« zu hüllen. Nach diversen Abenteuern und Anstellungen, darunter als Kaplan des Black-Watch-Regiments und anderen Aufgaben in Irland und Amerika, wurde er schließlich zum Inhaber des Lehrstuhls für Naturphilosophie an der Universität von Edinburgh ernannt. Sein bekanntestes und einflussreichstes Werk war *An Essay on the History of Civil Society (Abhandlung über die Geschichte der bürgerlichen Gesellschaft)*, dem in Edinburg mit viel Kritik begegnet wurde – nicht zuletzt von David Hume. In London fand es jedoch eine Menge begeisterter Leser und erreichte noch zu Fergusons Lebzeiten sieben Auflagen. Auch auf dem europäischen Festland hinterließ es großen Eindruck. Die deutschen Philosophen versorgte es beispielsweise mit dem Begriff der »bürgerlichen Gesellschaft«. James Buchan schreibt, dass der *Essay* eine »entscheidende Brücke zwischen Machiavelli und Marx« geschlagen habe, »zwischen dem aristokratischen Traum von der bürgerlichen Teilhabe und dem linken Albtraum einer atomisierten und ›entfremdeten‹ Persönlichkeit«.[36]

Ferguson vertrat die These, dass Fortschritt weder linear noch unvermeidlich sei. Seiner Ansicht nach hatte es nie ein goldenes Zeitalter gegeben, aus dem die Menschheit hätte fallen können. Den Menschen selbst definierte er durch vier spezifische Eigenschaften: Erfindungsreichtum, Vorsicht, Sturheit und Rastlosigkeit.[37] Und da Menschen soziale Wesen seien, könnten sie auch nur gruppenweise verstanden werden, »so wie sie von jeher existierten«. Die Welt der Ratio entspreche nicht der, die uns die französischen *philosophes* verkaufen wollten; Geschichte schreite immer im Nebel voran. Jeder Schritt, jede Bewegung der Masse werde sogar in den Zeitaltern, die man erleuchtet nennt, mit blindem Blick für die Zukunft vollzogen; Nationen stolperten über Institutionen, die zwar gewiss das Ergebnis menschlichen Handelns seien, aber nie die Vollstrecker eines menschlichen Plans; keine Verfassung werde durch Konsens gebildet, keine Regierung von einer Blaupause abkopiert.[38] Obwohl Ferguson die Entwicklung der Industriegesellschaft durchaus begrüßte (sie stimmte mit seiner Sicht von den historischen Stadien überein), war er doch einer der Ersten, die darauf hinwiesen, dass Fabrikarbeit den Menschen auf die »simple Bewegung einer Hand oder eines Fußes reduziert«. Der Mensch werde zu einer eindimensionalen Fachkraft gemacht und verliere jede Vorstellung vom Allgemeinwohl; wir entwickelten eine »Nation der Heloten, aber nicht der freien Bürger«; »Löhne und Freiheit sind keine Synonyme«. Aus Fergusons Sicht konnte man dem Fortschritt ganz einfach auch zu sehr huldigen.[39]

*

Bis zum 17. Jahrhundert gab es keine Vorstellung von »Ökonomie« als einer eigenständigen Einheit. Im Mittelpunkt der Curricula der Universitäten stand noch Aristoteles; Betriebsführung wurde als ein Zweig der Ethik behandelt. Erst im 18. Jahrhundert begann man die Ökonomie von den Fragen der Moral zu trennen. Inzwischen wurde der »gerechte Preis« einer Ware von den Zünften oder den Repräsentanten der Krone festgesetzt, aber noch nicht vom Markt diktiert (jedenfalls nicht unmittelbar). Das Aufkommen von modernen Staaten im 17. Jahrhundert – Frankreich, Österreich, Preußen, Schweden – war hierfür ein entscheidender Schritt gewesen, weil sie versuchten, die Zusammenhänge zwischen dem Bevölkerungsniveau, der Produktion, der landwirtschaftlichen Produktivität und den Auswirkungen der Außenhandelsbilanz zu verstehen. Die Folge davon war, dass in mehreren dieser Staaten (aber noch nicht in Holland oder Britannien) Lehrstühle für Ökonomie und Staatsverwaltung – politische Ökonomie – eingerichtet wurden.

Eine Schlüsselfigur auf diesem Gebiet war Jean-Baptiste Colbert, von 1663 bis 1683 Finanzminister von Ludwig XIV. Er war davon überzeugt, dass der Staat genauestens über alle sozialen und wirtschaftlichen Konditionen Bescheid wissen müsse, um florieren zu können. Die 1666 gegründete französische Akademie der Wissenschaften wurde umgehend instruiert, sich dieser Fragen anzunehmen.[40] So kam es, dass man sich schon bald für die Detailfragen des Kreditwesens, des Vertragsrechts, der Gewerbefreiheit und des Geldumlaufs zu interessieren und erstmals zu realisieren begann, dass sich die Geldumlaufmenge berechnen und in einen Bezug zur Wirtschafsleistung setzen ließ.

Der erste Engländer, der die Wissenschaft von der Ökonomie beeinflusste, war William Petty (1623–1687), dem wir bereits als Fellow der Royal Society begegnet sind. Er prägte den Begriff »politische Arithmetik« (*Political Arithmetick* war der Titel eines seiner Bücher) und war um eine umfassende Bestimmung des britischen Kapitalvermögens, der öffentlichen Finanzen und der Bevölkerungszahlen bemüht. Das war schwieriger, als es klingt, denn erst 1801 sollte das Parlament einen Zensus billigen, dessen umfassende Untersuchungen 1851 endlich abgeschlossen waren. Petty war es jedenfalls, der sich eine aktive Ökonomie – ganz im Sinne von Hobbes – als ein System aus einzelnen Individuen vorstellte, die ein jeweils rationales Eigeninteresse verfolgten. Parallel dazu befreite er den Markt – das Tauschsystem – von allen moralischen Bewertungen. Eine andere Figur war John Graunt (1620–1674). Er bereitete den tabellarischen Analysen der Sozialstatistik den Boden. Ursprünglich hatte man mit solchen Statistiken nur den Ängsten der Öffentlichkeit vor dem Verbrechen entgegenwirken wollen; Graunt erweiterte diesen statistischen Ansatz, um die Bevölkerungszahlen in den unterschiedlichen Landesregionen einschätzen und anhand dieser Zahlen dann die ersten Sterbetafeln und erstmals Mortalitätsraten zu berechnen, was natürlich von großem Interesse für das gerade flügge werdende Geschäft der Lebensversicherer war.[41]

Auf dem europäischen Festland, wo es ja diverse Kleinstaaten gab, pflegten die Regierungen ökonomische, soziale, medizinische und rechtliche Fragen noch kaum voneinander zu trennen. Ihr System war die »Kameralistik« (abgeleitet von *camera*, der fürstlichen Schatzkammer). Im Jahr 1727 wurden die ersten beiden Lehrstühle für »Kameralwissenschaft« an den Universitäten von Halle und Frankfurt an der Oder eingerichtet (in Halle nannte man es den Lehrstuhl für »Ökonomie-, Polizei- und Kammersachen«). In England war man hingegen der Meinung, dass nicht der Staat, sondern die menschliche Natur das Sagen in Wirtschaftsfragen haben sollte. Damals herrschte allgemein die Vorstellung, dass die Gesellschaft eine neue Stufe erreicht habe – dass sie »kommerziell« geworden sei. Und diese »Kommerzgesellschaft« hielt man für das letzte (oder zumindest jüngste) Stadium des menschlichen Fortschritts. Genau diese Einstellung sollte nun Adam Smith, ebenfalls ein Mann aus der Riege der großen Edinburgher Denker, auf den Punkt bringen. Jedermann »lebt weitgehend von Gütern, die andere erzeugen und die er im Tausch gegen die überschüssigen Produkte seiner Arbeit erhält. So lebt eigentlich jeder vom Tausch, oder er wird in gewissem Sinne ein Kaufmann, und das Gemeinwesen entwickelt sich letztlich zu einer kommerziellen Gesellschaft«.[42] Mit anderen Worten: Die Stellung einer Person innerhalb der Gesellschaft wurde durch das definiert, was sie kaufen und verkaufen konnte.

Adam Smith wurde 1723 im schottischen Kirkcaldy geboren und war ein ewig kränkelndes Kind gewesen (einmal soll er von Zigeunern entführt worden sein), hatte jedoch eine Erziehung genossen, die so etwas wie einen Renaissancemenschen aus ihm machte: Er war in Latein, Griechisch, Französisch und Italienisch bewandert; er übersetzte Werke aus dem Französischen, um sein Englisch zu verbessern; und er schrieb Texte über Astronomie, Philologie, »Dichtung und Eloquenz«. In Glasgow war er Professor für Logik und Rhetorik gewesen, bevor er 1752 den prestigeträchtigeren Lehrstuhl für Moralphilosophie erhielt. Dass er in Glasgow wohnte und arbeitete, hinderte ihn jedoch nicht daran, voll und ganz am Leben von Edinburgh teilzunehmen – die Postkutsche Glasgow–Edinburgh fuhr jeden Tag rechtzeitig ab, damit er dort ein frühes Dinner einnehmen konnte.[43] Seine *Theory of Moral Sentiments (Die Theorie der ethischen Gefühle)*, 1759 erschienen, enthüllte »die tiefgreifendsten Prinzipien der Philosophie«, wie Alexander Wedderburn, der Gründer der *Edinburgh Review*, schrieb. Doch verehrt wird Adam Smith bis heute in aller Welt wegen seines Werkes über den *Wohlstand der Nationen*.

Als er »nach einem von intellektuellen Abenteuern und sozialer Besonnenheit geprägten Leben« starb, klagte eine Lokalzeitung in ihrem Nachruf am 4. August 1790, dass er »seinen Lehrstuhl für Moralphilosophie an der Universität von Glasgow in einen ebensolchen für das Handels-

und Finanzwesen verwandelte«. Darin steckt mehr als nur ein Körnchen Wahrheit. Aber gerade weil man Smith zu seinen Lebzeiten nicht wirklich verstand, sollte hier noch einmal betont werden, dass er ein akademischer Moralphilosoph mit einer stark ethisch geprägten Vorstellung von der eigenen Arbeit war. Der Begriff »Kapitalismus« wurde erst um die Wende zum 20. Jahrhundert von dem Volkswirt und Soziologen Werner Sombart in seinem Werk *Der moderne Kapitalismus* erfunden: Smith hätte weder das Wort noch die entsprechenden Begleitempfindungen oder Ressentiments erkannt. Für das Finanz- und Bankenwesen hatte er nie ein besonderes Gespür, dafür äußerte er gegen Ende seines Lebens böse Vorahnungen über den »moralischen Charakter« der Kommerzgesellschaft.[44] Das ist nicht ohne Ironie, denn Smith selbst hatte ja den Denkansatz und die Sprache angeboten, die die Ökonomie letztendlich von dem Prinzip trennten, das die meisten Menschen als »Moral« bezeichnen. Es war nur so, dass er unter einer absoluten ökonomischen Freiheit an sich schon eine Form von Moral verstand. Sein Werk war nicht zuletzt ein moralischer Aufschrei gegen die monopolistischen Praktiken des Getreidehandels. Er vertrat die Interessen der Konsumenten gegenüber denen der Monopolisten und bezeichnete die Verbrauchernachfrage als den Motor des Wohlstandswachstums. Wir sollten nicht vergessen, dass staatliche Interventionen im 18. Jahrhundert sehr wichtig für die ökonomische Entwicklung waren und Smith dem nie widersprach.[45]

Die Entwicklung der Kommerzgesellschaft war, wie sowohl Roger Smith als auch Paul Langford betonen, ein neues Stadium in der Evolution einer modernen Sicht der menschlichen Natur. Der Begriff des Homo oeconomicus »ist ein Schlüsselwort, wenn es um die Darstellung der Gesellschaft als einem Interessenverband von Individuen geht, die von rationalem Eigeninteresse motiviert für eine Maximierung ihres materiellen Profits zum eigenen Wohl handeln«.[46] Das wirkte sich nicht weniger auf die Psychologie des Menschen aus als andere Dinge. Man muss sich die neue Konsumwelt bewusst machen, der Adam Smith sein Buch präsentierte. »Der Architekt John Wood listete 1749 alle Neuerungen auf, die seit der Thronbesteigung von George II. eingeführt worden waren: Billige abgeschabte Dielen wurden durch Parkett ersetzt, das man mit Teppichen belegte; primitiver Gips wurde mit schmucken Wandvertäfelungen verkleidet; gemauerte Herde und Kamine, die herkömmlicherweise mit Tünche gereinigt wurden, welche Kalkspuren auf dem Boden hinterließ, wurden gegen marmorne eingetauscht; statt wackeliger Türblätter mit Eisenscharnieren verwendete man nun Hartholztüren mit Messingbeschlägen; elegante Spiegel gab es in großer Zahl; modische Nussbaum- und Mahagonihölzer verdrängten die primitiven Eichenmöbel; Leder, Damast und Stickereien verliehen den Sitzmöbeln eine Behaglichkeit, die mit Binsen- oder Rohrgeflecht nicht zu erreichen gewesen war... Die Teppiche,

Wandbehänge, Einrichtungsgegenstände und Gerätschaften, die in den sechziger und siebziger Jahren des 18. Jahrhunderts die Küchen und Salons der Haushalte von vielen Geschäfts- und Kaufleuten zierten, hätten deren Eltern überrascht und die Großeltern in ungläubiges Staunen versetzt.«[47]

Dass die Theorien von Adam Smith ins Schwarze trafen, war zu seiner Zeit besonders augenfällig, da die Thesen der so genannten Physiokraten in Frankreich – dem einzigen Land, in dem sich so etwas wie ein konkurrierender Denkansatz finden ließ – völlig anderes geartet und, wie sich bald herausstellte, nicht annähernd so ertragreich waren. Trotzdem waren auch die Physiokraten wichtig, denn sie hatten ebenfalls die Idee bestärkt, dass im 18. Jahrhundert eine Verlagerung zur Kommerzgesellschaft stattfand und dieser Fakt eine Akzeptanz von Kommerz und Handel nach sich zog, welche mindestens so entscheidend war, wenn man die Gesetze der menschlichen Natur begreifen wollte. Doch Frankreich war von einer viel bäuerlicher und landwirtschaftlicher ausgerichteten Kultur geprägt als England, was sich natürlich auch auf die Theorien der Physiokraten niederschlug. Ihre Hauptvertreter waren François Quesnay (1694–1774) und der Marquis de Mirabeau (1719–1789). In einer Reihe von Büchern vertraten sie die Auffassung, dass das Volkswohl ausschließlich auf der landwirtschaftlichen Produktivität, die Wertschöpfung also nur auf dem Agrarsektor beruhte. Die Zivilisation wurde ihrer Meinung nach prinzipiell durch den Mehrwert angetrieben, der durch den Produktionsüberschuss von Landwirtschaftsgütern gegenüber dem Verbrauch genau jener Nahrungsmittel entstand, die zu ihrer Produktion notwendig waren. Die expansive Erwirtschaftung dieses Mehrwerts und die Steigerung des von ihm angekurbelten Verbrauchs förderten das Bevölkerungswachstum, das nötig war, um noch mehr Land zu bearbeiten – ein klares Kreislaufmodell. Quesnay kam schließlich auf die Idee, die Gesellschaft unter einem spezifischen Klassenblickwinkel zu betrachten: Es gab eine produktive Klasse *(classe productive)* aus Bauern und Pächtern; daneben die besitzende Klasse *(classe propriétaire)* der Grundeigentümer, zu der er auch Krone und Kirche zählte und die den landwirtschaftlichen Gewinn in Form von Abgaben, Steuern und Pachten einstrich; und es gab eine Klasse, die er mit der entlarvenden Bezeichnung *classe stérile* bedachte und zu der er auch alle Produzenten zählte, die von der Landwirtschaft abhängig und deshalb seiner Meinung nach unfähig waren, selbst einen Mehrwert zu erwirtschaften.[48]

Adam Smith vertrat die genau gegenteilige Ansicht, wenn er erklärte, dass sich der Mensch längst über die agrikulturelle Gesellschaft hinaus entwickelt habe und in das neue Zivilisationsstadium der Kommerzgesellschaft eingetreten sei. Die Grundlage des ökonomischen Wertes, der Ursprung allen Wohlstands, lag aus seiner Sicht in der geleisteten Arbeit. Das war ein deutlicher Gedankensprung, denn damit identifizierte Smith keinen bestimmten Berufssektor mehr als grundsätzlich verantwortlich für die Erwirtschaftung von Wohlstand. Was für ihn zählte, waren Tausch und Produktivität, die Wertschöpfung also, die bei jeder Geschäftsabwicklung stattfand. Später wurde diese Sicht als »klassische Ökonomie« bezeichnet, deshalb sollte hier eigens betont werden, dass Smith selbst noch keine Vorstellung von einer eigenständigen Disziplin namens »Ökonomie« gehabt hatte, die von der Erforschung ethischer Zusammenhänge, von Zivilisationsgeschichte oder von politischen Fragestellungen über die Regierung Englands unabhängig gewesen wäre. Seiner Definition nach war politische Ökonomie ein »Zweig der Wissenschaft eines Staatsmannes«.[49] Adam Smith vertrat im Wesentlichen unsere moderne Denkweise: Ein Mensch soll nach der Vernunft und Moral seines Handelns und nach dem Maße beurteilt werden, in dem er zum Wohlergehen seiner Mitmenschen beiträgt. Diese Einstellung führte schließlich auch bei ihm zu einem deutlichen Umdenken, beispielsweise was die Unternehmer betraf. Nun empfand er sie nicht mehr als moralisch fragwürdige Gestalten, sondern betonte ihre wichtige Rolle, da sie Kapital akkumulierten und damit die produktive Arbeit anderer ermöglichten. Und obwohl Smith später als Vater der freien Marktwirtschaft betrachtet werden sollte, war er selbst immer der Überzeugung gewesen, dass bestimmte Bereiche des Lebens gesetzlich geregelt werden müssten, damit Gerechtigkeit und Offenheit gewährleistet waren. Abgesehen davon hielt er auch rechtswissenschaftliche Vorlesungen.[50] Der in die USA emigrierte große österreichische Ökonom Joseph Alois Schumpeter schrieb im 20. Jahrhundert, dass Smiths bahnbrechendes Werk über den *Wohlstand der Nationen* (1776) nicht nur das einflussreichste ökonomische Buch aller Zeiten, sondern nach Darwins *Entstehung der Arten* auch die beste wissenschaftliche Arbeit gewesen sei. Der Zivilisationshistoriker Henry Thomas Buckle hielt es im 19. Jahrhundert sogar »für das vielleicht wichtigste Buch, das jemals geschrieben wurde«.[51] Smiths rationaler Ansatz ermöglichte die Anwendung von mathematischen Prinzipien auf Wechselgeschäfte und Handel. Das war zwar nicht immer von Erfolg gekrönt, doch es bewies, dass auch wirtschaftliche Aktivitäten bestimmten Gesetzen oder einer bestimmten Ordnung unterliegen, und dafür müssen wir Smith dankbar sein. Er wird häufig mit dem ökonomischen Laisser-faire in Verbindung gebracht, doch das ist ein französischer Begriff, in dem sich eine französische Sicht aus dem 18. Jahrhundert spiegelt, die in England erst im 19. Jahrhundert populär werden sollte. Tatsächlich war Smith um das Gerechtigkeitsprinzip in der bürgerlichen Gesellschaft immer ebenso besorgt wie um die Erschaffung von Wohlstand, was er mit einem Vergleich zwischen der Lage Englands und den Situationen in anderen Ländern zu rechtfertigen pflegte. Indem der Arbeit nun also ein eigener Wert beigemessen wurde, konnten krasse Ungerechtigkeiten zwar nicht ausgebügelt, aber die erbärmlichste Armut doch reduziert werden, gerade so wie er es vorausgesagt hatte (was auf England allerdings wesentlich mehr zutraf als auf andere europäische Staaten oder beispielsweise auf ein Land wie Indien). Smiths fester Überzeugung nach lag es in der Natur des Menschen, immer und überall nur Eigeninteressen zu verfolgen; doch sofern es die Umstände zuließen, konnte genau das zu einer Hochlohnwirtschaft führen, die den Konsum, die Produktivität und ganz allgemein einen kontinuierlich ansteigenden Zyklus ankurbelte. Bemerkenswert ist, dass Smith trotz allem noch glaubte, Gott habe jeden Menschen so erschaffen, dass er nicht nur auf sich selbst bedacht ist, sondern auch Mitgefühl empfindet. So gesehen konnte ein Bürgerhumanismus durchaus Hand in Hand mit einer Kommerzgesellschaft gehen.

Adam Smith brachte also die Disziplin der politischen Ökonomie auf den Weg. Einer seiner einflussreichsten Anhänger war der anglikanische Pastor Thomas Robert Malthus (1766–1834), der sich seiner Bevölkerungstheorie und ihrer ökonomischen Auswirkungen wegen den Beinahmen »Populationen-Malthus« erwerben sollte. Der Beginn der Französischen Revolution und ihr bitterer Nachgeschmack hatten das Schlaglicht auf die politische Instabilität geworfen, die überall unter der Oberfläche zu lauern schien, und Malthus glaubte nun, eine, wenn nicht gar *die* Antwort darauf gefunden zu haben. Wie so viele seiner Zeitgenossen war auch er überzeugt, dass die menschliche Natur Gesetzen unterliege, die sich erkennen lassen; doch im Unterschied zu anderen glaubte er, dass der Fortschritt Grenzen habe, und behauptete, auf die unüberwindlichste von allen gestoßen zu sein. Seinen *Essay on the Principle of Population, As It Affects the Future Improvement of Society* veröffentlichte er im Jahr 1798. Im Jahr 1803 gab er eine zweite, fast vollständig veränderte Fassung heraus, für die er seine Argumentationskette stark erweitert hatte. Hier warf er nun einen äußerst pessimistischen Blick in die Zukunft: Die menschliche Natur *unterliege* Gesetzen, und ein Grundgesetz sei, dass die Populationsrate geometrisch, die Produktionsrate von Nahrungsmitteln aber immer nur arithmetisch ansteige, woraus folge, dass Mangel ein dauerhaftes Merkmal der Conditio humana bleiben werde.[52] Wir sollten jedoch nicht vergessen, dass Malthus Geistlicher war und seine Erkenntnisse aus einem bestimmten ethischen Blickwinkel gewann. Demzufolge kam er auch zu dem Schluss, dass nicht der Hungertod unvermeidlich sei, sondern es vielmehr unabwendbar sei, dass der Mensch Zurückhaltung – Besonnenheit – lernen und obendrein vermeiden müsse, zum Wachstum einer Bevölkerung beizutragen, die ihre Fähigkeit, sich selbst zu ernähren, bereits voll ausgeschöpft hatte. Das Gesetz, das er dafür entdeckt zu haben glaubte, lautete: Gott verdeutlicht dem Menschen auf diese Weise, dass er sich mit der Zeugung zurückhalten und stattdessen hart für die Erzeugung von Wohlstand arbeiten müsse, wenn er sicherstellen wollte, dass es immer genug zu essen für alle gibt.[53]

Wie Jeremy Bentham, dem wir bereits begegnet sind, war auch Malthus ein Utilitarist. Deshalb sollten wir diesen Abschnitt mit den Ideen eines Kollegen von Malthus am neuen College der East India Company beschließen, wo die künftigen Angestellten der Company ausgebildet wurden (die britische Ostindien-Kompanie war der Stützpfeiler britischer Macht in Indien während der Blütezeit des Imperiums): James Mill (1773–1836), der Vater von John Stuart Mill (1806–1873), der gewiss einer der kompromisslosesten – und am stärksten wissenschaftlich orientierten – Utilitaristen von allen gewesen war. In seiner *Analysis of the Phenomena of the Human Mind* (1829) erklärte er es zu seinem Ziel, den menschlichen Geist »so eben wie die Straße von Charing Cross nach St. Paul in London« darzustellen (für Leser, die London nicht kennen: Es ist eine kurze und praktisch schnurgerade Strecke). Mit dem Begriff der »Analyse« im Titel hatte er eigenen Aussagen zufolge verdeutlichen wollen, dass er mit seinen Methoden ebensolche Eindeutigkeit abstrebte wie die Chemie. Ein Kritiker schrieb: »Empfindung, Assoziation und Benennung sind jene drei Elemente, welche für die Beschaffenheit des menschlichen Geistes das Gleiche sind wie die vier Elemente Kohlenstoff, Wasserstoff, Sauerstoff und Stickstoff für die Beschaffenheit des menschlichen Körpers«. »Assoziation« war ein wichtiger Begriff aus der frühen Psychologie und stand für die Art und Weise, wie sich Empfindungen – Schmerz und Lust – mit Ideen und Handlungsweisen zu regelmäßigen Mustern verbinden. Auch das war wieder einmal eine Vorstellung, die uns heute völlig selbstverständlich erscheint. Doch damals war es etwas ganz Neues gewesen, kognitive Vorgänge mit Verhaltensweisen und Erfahrung zu verknüpfen. Erst die Herstellung dieses Zusammenhangs bereitete einem Großteil der modernen Psychologie – zum Beispiel der Lerntheorie oder den Theorien von der Wahrnehmung und der Motivation – den Boden.[54]

*

Doch nicht nur die Psychologie hatte eine von Unsicherheiten überschattete, langwierige Geburt im 18. Jahrhundert gehabt (die verschiedenen Stränge sollte erst im 19. Jahrhundert wirklich zueinander finden). Auch der Disziplin, die wir heute »Soziologie« nennen, erging es so. Während der Aufklärung herrschten einander widersprechende Ansichten über den Menschen und die zwischenmenschlichen Beziehungen. Die einen teilten Hobbes' Sicht, dass der Mensch von Natur aus kein soziales Wesen sei, die anderen hielten den menschlichen Hang zur Geselligkeit für naturgegeben. Man brauchte jedoch kein Genie zu sein, um feststellen zu können, dass sich der Mensch überall zu Kulturen und in Städten zusammenfand und politische Regeln aufstellte; deshalb hielten nun auch viele Denker die Gesetze »der Gesellschaft« (in diesem Kontext ein Begriff aus dem 18. Jahrhundert) für identifizierbar.[55]

Ein Thema, dem man sich nun zuwandte, war der Unterschied zwischen dem Wilden und dem Zivilisierten, was an die alte Aufteilung in Barbaren und Griechen oder Römer erinnert. Carl von Linné (Carolus Linnaeus, 1707–1778) zum Beispiel listete nach seiner berühmten binären Nomenklatur mehrere Unterarten der Gattung *Homo* auf, darunter den *Homo ferus* (den verwilderten oder wilden Menschen), den *Homo sylvestris* (den Baummenschen, zu dem er auch den Schimpansen zählte) und den *Homo caudatus* (den geschwänzten Menschen, der halb mythisch, halb das Produkt von Geburtsfehlern war). Damals wurden gerade die ersten Primaten – Orang-Utans und Schimpansen – nach Europa importiert, was viel zur Heranbildung der vergleichenden Anatomie beitrug. Gelehrte wie Linné oder Edward Tyson erkannten zwar sofort die enge Verwandtschaft der Primaten mit der menschlichen Gestalt, verfügten aber noch nicht über das konzeptionelle Bezugssystem, mit dessen Hilfe sie mehr aus diesen Ähnlichkeiten hätten herauslesen können. Erasmus Darwin (1731–1802), der Großvater von Charles Darwin, verfasste im letzten Jahrzehnt des 18. Jahrhunderts seine *Zoonomia: Or the Laws of Organic Life*, worin er nachwies, dass sich Tiere im Lauf der Zeit progressiv veränderten. Das war eine frühe Evolutionstheorie, jedoch noch ohne jede Vorstellung von einer natürlichen Auslese. Wenn sich Menschen im 18. Jahrhundert auf Reisen begaben und »Wilden« oder »primitiven« Völkern begegneten, hatten sie keine Ahnung, in welchem Entwicklungsstadium sich diese Menschen befanden. Entwickelten sie sich vielleicht bereits wieder aus einer höheren Kultur zurück? Für sie unterschied den Menschen vom Tier, dass er über eine Seele und über Sprache verfügte. Typischerweise begann man in dieser Zeit Schädel zum Beweis der Existenz von unterschiedlichen »Menschenrassen« zu sammeln.

Roger Smith schreibt, dass sich im 18. Jahrhundert auch die Idee von Europa als einer eigenständigen Einheit herausgebildet habe, die auf irgendeine Weise anders war als das Christentum, eine Zivilisation für sich, »der Westen«, im Gegensatz zu »dem Osten«. Darauf werden wir im 29. Kapitel näher eingehen. Hier geht es erst einmal nur darum, dass die Vorstellung, Europäer seien im Vergleich zu »primitiveren« Völkern oder »Naturvölkern« ein Kunstprodukt, durch die von Jean-Jacques Rousseau (1712–1778) vertretene Idee vom »edlen Wilden« deutlich Auftrieb bekam. Rousseau war psychisch betrachtet alles andere als stabil gewesen (seine Mutter war im Kindbett gestorben, sein Vater verschwand, als er zehn war); einige moderne Historiker glauben sogar, dass er geistesgestört gewesen sei.[56] Öffentlich aufmerksam wurde man auf ihn, nachdem er im Jahr 1755 seine Streitschrift *Discours sur l'origine et les fondemens de l'inégalité parmi les hommes* (Abhandlung über den Ursprung und die

Grundlagen der Ungleichheit unter den Menschen) bei der Akademie von Dijon eingereicht hatte. Es war ein Versuch, den Naturzustand des Menschen zu beschreiben, allerdings mit der Konzession, dass das angesichts der vielen künstlichen Schichten, die den menschlichen Urzustand inzwischen überlagerten, nicht nur ein schwieriges, sondern letztlich unmögliches Unterfangen war. Trotzdem kam er zu dem Schluss, dass Moralität eine Folge von Zivilisation und nicht im Naturzustand des Menschen verankert war. Der Mensch habe beim Erwerb von Moral und Kultur seine Unschuld verloren – mit dem Zugewinn des einen sei das andere verloren gegangen. Sicher war sich Rousseau, dass dem Menschen Spiritualität zu Eigen sei, dass er sich ein Bewusstsein von Freiheit bewahrte und dass sich seine Seele in seinen Leidenschaften enthülle: »Die Natur befiehlt jedem Wesen, und das Tier gehorcht. Der Mensch fühlt gleichfalls ihr Drängen, aber er erkennt sich als frei, um nachzugeben oder zu widerstehen. Und gerade in diesem Bewußtsein seiner Freiheit zeigt sich die Geistigkeit seiner Seele.«[57] Rousseaus Naturmensch ist ein Einzelwesen, das im unschuldigen Einklang mit seinen Gefühlen steht, die zwar ganz eindeutig Empfindungen des *Ich*, doch auch von dem Wunsch nach Selbstverbesserung beseelt sind und von Mitgefühl begleitet werden.[58] Genau das war einer der Auslöser für die romantische Bewegung, der wir uns im 30. Kapitel zuwenden werden; und genau das war es auch, was nach damaliger Meinung den Menschen vom Tier unterschied. Einigen Gesellschaften wie zum Beispiel den Kariben sei es gelungen, »die richtige Mitte zwischen der Lässigkeit des primitiven Zustands und der ungestümen Aktivität unserer Selbstsucht« zu halten; andere Gesellschaften unterlagen hingegen »großen Umwälzungen«: »Für den Poeten haben Gold und Silber, aber für den Philosophen Eisen und Getreide die Menschen zivilisiert und das Menschengeschlecht ruiniert.«[59] Produktion und landwirtschaftliche Arbeit schufen die Arbeitsteilung und im Zuge dessen Besitz und Ungleichheit; der Mensch wurde, was er nie zuvor gewesen sei – ein Betrüger und Ausbeuter, der Schöpfer von Gesetzen, die zu noch mehr Ungleichheit beitrugen, der Verteidiger von Unterdrückung: ein Tyrann. Rousseaus *Gesellschaftsvertrag*, in dem er die Idee vom »allgemeinen Willen« einführte, sollte für so manchen zur heiligen Schrift der Französischen Revolution werden.[60]

Charles-Louis de Secondat, Baron de Montesquieu, (1689–1755) war der Autor des 1748 publizierten Buches *De l'esprit des lois (Vom Geist der Gesetze)*, das einen Kontrapunkt zu Rousseau setzte. Für den Amateurexperimentator Montesquieu war es selbstverständlich, dass die soziale Umwelt ebensolchen Regelmäßigkeiten und Rhythmen unterlag wie die materielle Welt. Von diesem Gedanken leitete er im Gegensatz zu Adam Ferguson dann die Vorstellung ab, dass die Natur nicht vom blinden Zufall regiert werde und die Gesetze des menschlichen Sozialverhaltens sehr wohl identifizierbar seien. »Gesetze sind im weitesten Sinne die notwendigen, von der Natur der Dinge ableitbaren Bezüge; in diesem Sinne unterliegen alle Wesen ihren eigenen Gesetzen.«[61] Neben so offenkundig fragwürdigen Aussagen wie zum Beispiel, dass warmes Klima »die Nerven dehnt« und die Menschen träge mache, vertrat er auch substanziellere Ansichten, beispielsweise, dass man die verschiedenen Staatsformen – Monarchie, Republik, Despotie – auf ihre Folgen für die Freiheit, Erziehung und andere soziale Aspekte hin untersuchen sollte. Sein wichtigster Punkt aber war, dass weniger das politische *System* als solches bestimmt, wie Herrschaft ausgeübt wird, sondern vielmehr die Art, wie Individuen ihr System verwalten. Im Kontext seiner Zeit wurde das als eine deutliche Kritik an dem Anspruch verstanden, den die Monarchen auf ihre göttlich verliehene Autorität erhoben. Der *Geist der Gesetze* wurde prompt auf den Index gesetzt.

*

Der letzte Schritt, mit dem im 18. Jahrhundert versucht wurde, den Gesetzen der menschlichen Natur auf die Spur zu kommen, war die Entwicklung der akademischen Geschichtsschreibung. Historische Aufzeichnungen waren natürlich nichts Neues gewesen; neu aber waren die Methoden, die nun den Boden für eine eigenständige akademische Disziplin bereiteten, welche das historische Denken auf die Zivilisationsgeschichte ausweiten und damit zur modernen Fortschrittsidee führen sollte.

Sowohl Voltaires Schrift *Le siècle de Louis XIV* (1751) als auch David Humes *History of England* (1754–1762) stellten die zentrale Rolle des dogmatischen Christentums bei den historischen Umbrüchen zur Debatte, wohingegen Edward Gibbons seine *History of the Decline and Fall of the Roman Empire* (1776–1788) beendete, indem er »das Entstehen eines christlichen Europas mit unaufgeregtem Ton als einen unersetzlichen Verlust beschrieb«.[62] Mitte des 18. Jahrhunderts begann sich eine undogmatische Sicht von der Geschichte herauszuschälen. Die so genannte »Vierstadientheorie« zum Beispiel schrieb den gesellschaftlichen Wandel den veränderten Lebensgrundlagen zu: Am Anfang war das Jagen, dann kamen das Weiden, der Ackerbau und schließlich das Handelswesen. Es sollten zwar viele Löcher in dieser Theorie entdeckt werden, trotzdem erwies sich die Idee von den historischen Stadien als sehr populär, weil sich damit die großen Unterschiede erklären ließen, die im Zeitalter der Entdeckungsreisen in aller Welt festgestellt worden waren. Und so begann sich allmählich der Fortschrittsgedanke durchzusetzen. Wenn Fortschritt möglich war, dann musste er auch definier- und messbar sein; und das konnte nur gelingen, wenn man die Vergangenheit angemessen erforschte.

Bereits im 14. Jahrhundert hatte der muslimische Philosoph Ibn Khaldun festgestellt, dass Geschichtsschreibung eine Wissenschaft mit der Aufgabe sei, den Ursprung und die Entwicklung von Kultur zu erklären (die er selbst mit den Lebensstadien eines Organismus verglich). Auch Francis Bacon hatte bereits eine Fortschrittsidee vertreten, der zufolge die Welt schon vor Urzeiten zu altern begonnen habe: »Unser Zeitalter ist wahrhaftig älter als die Zeit, welche rückwärts von seinem Beginn ausgehend berechnet wird.« So wie man einen Erwachsenen für klüger hält als ein Kind, könne man auch von den Menschen späterer Zeitalter die Anhäufung von mehr Wissen erwarten.[63] Descartes sprach expressis verbis von einer »Verbesserung« des menschlichen Gesundheitszustands dank der naturwissenschaftlichen Erkenntnisse. Ende des 17. Jahrhunderts erschienen in England mehrere Traktate, die einen gefeierten Gedankenaustausch über die Frage führten, ob das alte oder das zeitgenössische Denken wertvoller seien. William Temple ging 1690 in seinem *Essay upon Ancient and Modern Learning* sogar so weit, die Bedeutung der kopernikanischen Theorie und der Entdeckung des Blutkreislaufs zu negieren und dafür zu behaupten, dass Pythagoras und Platon Galilei und Newton weit überboten hätten. Selbst Jonathan Swift, ein Protegé von Temple, verfocht (mit Müh und Not) die Überlegenheit der Alten in seiner 1697 publizierten Satire *The Battle of the Books (Schlacht zwischen den Büchern)*. Wie sehr sich Temple irrte, wurde nicht zuletzt von William Wotton in seinen *Reflections upon Ancient and Modern Learning* (1694) aufgedeckt; doch allein schon die Tatsache, dass diese Schlacht zwischen den Büchern überhaupt stattgefunden hatte, zeigt, wie viele Fortschrittsideen in der Luft gelegen hatten.

Der französische Schriftsteller Bernard Le Bovier de Fontenelle (1657–1757) ging noch weiter als alle englischen Autoren zusammen. In seinem Buch *Digression sur les Anciens et les Modernes (Exkurs über die Alten und Modernen)* kam er zu fünf überraschend modernen Schlussfolgerungen: Biologisch betrachtet gibt es keinen Unterschied zwischen den Alten und den Modernen; in der Wissenschaft wie in der Industrie ist eine Errungenschaft von der anderen abhängig und Fortschritt daher immer »kumulativ« – womit zugleich gesagt war, dass die Modernen die Alten tatsächlich überrundet hatten. Doch das machte sie noch nicht schlauer als die Alten, da sie ja schlichtweg ihren Vorteil aus bereits Gedachtem ziehen konnten – ergo einfach mehr Wissen kumuliert hatten. In puncto Dichtung, Rhetorik und der Künste waren für ihn überhaupt keine Unterschiede zwischen den beiden Zeitaltern festzustellen. Wir sollten nicht vergessen, dass eine »unvernünftige Bewunderung« der Alten dem Fortschritt immer einen Riegel vorschiebt.[64] De Fontenelle wurde seinerseits von Charles Perrault (1628–1703) gestützt. Ungeachtet der Akkumulation von Wissen seit dem Altertum hätten erst die (aus seiner Sicht) jüngsten wissenschaftlichen Erkenntnisse die Welt so perfektioniert, dass spätere Zeiten dem kaum noch etwas hinzufügen könnten. »Wir brauchen nur die französischen und englischen Journale zu lesen und einen Blick auf die prächtigen Errungenschaften der Akademien dieser beiden großen Reiche zu werfen, um uns davon zu überzeugen, dass im Laufe der letzten zwanzig oder dreißig Jahre mehr wissenschaftliche Erkenntnisse gewonnen wurden als im gesamten Zeitraum der gebildeten Antike.«[65] Anne Robert Jacques Turgot (1727–1781) war erst vierundzwanzig Jahre alt, als er im Dezember 1750 einen Vortrag an der Sorbonne hielt, der später unter dem Titel *Tableau philosophique du progrès successif de l'esprit humain* veröffentlicht wurde und viele Thesen enthielt, die trotz der Jugendlichkeit des Autors ausgesprochen einflussreich werden sollten. So behauptete er zum Beispiel, dass Kultur das Produkt von geografischen, biologischen und psychologischen Umständen sei und sich die Biologie des Menschen nicht grundlegend verändert habe; die Menschheit verfüge über einen gemeinsamen Wissensschatz, welcher ihr durch ihre Schriften erhalten wurde, und baue daher immer auf Vorangegangenem auf. Er unterschied zwischen drei Stufen des intellektuellen Fortschritts – einer theologischen, einer metaphysischen und einer wissenschaftlichen – und setzte voraus, dass eine Vervollkommnung nicht nur möglich, sondern eines Tages auch erreichbar sein würde.

Voltaire verfasste drei historische Werke. Das erste behandelte ein Individuum: *Histoire de Charles XII, roi de Suède (Leben Karls XII., Königs von Schweden*, 1728); das zweite, *Le siècle de Louis XIV (Die Zeiten Ludwigs des XIV., Königs in Frankreich*, 1751) ein ganzes Jahrhundert; und das dritte, wichtigste und bei weitem ambitionierteste war sein *Essai sur les mœurs et l'esprit des nations, depuis Charlemagne jusqu'à nos jours«* (1756; die deutsche Erstübersetzung wurde 1760 unter dem Titel *Versuch einer allgemeinen Weltgeschichte worin zugleich die Sitten und das Eigene der Völkerschaften von Carl dem Großen an bis auf unsere Zeiten beschrieben werden* veröffentlicht und erschien 1867 in der Neuübersetzung *Über den Geist und die Sitten der Nationen*). Nach eigener Aussage wollte Voltaire mit dieser Arbeit die Ursachen für das Aussterben, die Wiederbelebung und den Forschritt des menschlichen Geistes aufdecken. Auch in einer anderen Hinsicht war Voltaires Ansatz neu: Er konzentrierte sich nicht auf die politische Historie, sondern auf die kulturellen Leistungen, um aufzuzeigen, welche Stufen die Menschheit seit der barbarischen Rohheit alter Tage überwinden musste, um bei der Zivilisiertheit seiner Zeit anzukommen. Er nannte diesen Prozess die »Aufklärung« des menschlichen Geistes: Sie allein machte das historische Chaos aus Ereignissen, Spaltungen, Revolutionen und Verbrechen aus Sicht der Menschheitsentwicklung beachtenswert. Dabei befasste er sich weder mit göttlichen noch »urtümlichen« Ursachen, sondern zeigte auf, wie Entwicklung funktioniert und fortschreitet. In dem Buch führte er auch den Begriff der »Geschichtsphilosophie« ein, womit gemeint war, dass man Geschichte als eine kritische Wissenschaft betrachten sollte, die empirische Nachweise gewichtet und keinen Raum für Intuition lässt.

Die wahrscheinlich lückenloseste, jedenfalls aber gewiss durchdachteste Idee über den Fortschritt präsentierte Nicolas de Caritat, Marquis de Condorcet, (1743–1794) in seinem 1795 veröffentlichten Essay *Esquisse d'un tableau historique des progrès de l'esprit humain (Entwurf einer historischen Darstellung der Fortschritte des menschlichen Geistes)*. Er vertrat darin die Ansicht, dass die Natur der Vervollkommnung menschlicher Fähigkeiten keine Grenzen und der Perfektionierbarkeit des Menschen keine anderen Schranken gesetzt habe als die Lebensdauer des Erdballs, auf dem die Menschheit von der Natur angesiedelt worden war.[66] Die Geschichte teilte er in zehn Stadien ein: In die Zeit der Jäger und Fischer; der Hirten; der Ackerbauern; des Handels, der Naturforschung und der Philosophie in Griechenland; der Wissenschaft und Philosophie von Alexander bis zum Untergang des Römischen Reiches; des Verfalls bis zu den Kreuzzügen; der Kreuzzüge bis zur Erfindung des Buchdrucks; des Buchdrucks bis zu Luthers, Descartes' und Bacons Kritik an den Obrigkeiten; und schließlich von Descartes bis zur Revolution, »als Vernunft, Toleranz und Menschlichkeit die Losung aller wurden«. Die Französische Revolution stellte für ihn die Trennlinie zwischen der Vergangenheit und einer »glorreichen Zukunft« dar, in der man die Natur immer vollständiger unter Kontrolle bringen würde, der Fortschritt grenzenlos wäre, die Industrie dem Boden genug Nahrung für jeden abringen könne, Gleichheit zwischen den Geschlechtern herrschen und »der Tod eher die Ausnahme als die Regel« sein würde.[67]

Für den Engländer William Godwin (1756–1836) war Politik der Fortschrittsgarant, das heißt, er betrachtete sie als die letztlich einzige Möglichkeit, eine allumfassende Gerechtigkeit unter den Menschen zu erwirken, ohne die kein Individuum seine Erfüllung finden könne. Die Entfaltung des Einzelnen war für ihn das Ziel jeden Fortschritts. Sein Buch *Enquiry concerning Political Justice* (1793), das auf dem Höhepunkt der Französischen Revolution veröffentlicht wurde, war eine Sensation. »Verbrenne deine Chemiebücher«, soll Wordsworth einem Studenten gesagt haben, »lies, was Godwin über das Notwendige schreibt.«[68] Godwin vertrat die Theorie, dass der Mensch perfektionierbar *ist* und dass der Mangel an Fortschritten in der Vergangenheit allein auf die Knechtungen des Menschen durch die Institutionen und vor allem durch Regierung und Kirche zurückzuführen sei. Deshalb forderte er die Abschaffung des zentralistischen Staates und ein Verbot jeder politischen Organisation, die sich mehr Machtbefugnisse herausnahm, als auf Gemeindeebene nötig war. Außerdem sollten die Ehe abgeschafft und Vermögenswerte gerecht umverteilt werden. Fortschritt war für ihn nur möglich, wenn der Mensch seine Vernunft (unter Berücksichtigung der moralischen Zensur durch Gleichgestellte) frei walten lassen konnte; und das konnte aus seiner Sicht nur durch politische Gerechtigkeit erreicht werden, die ihrerseits von der richtigen Lektüre und Erziehung abhing.[69]

Wie sein Zeitgenosse Gottfried Herder (1744–1803) war auch Immanuel Kant (1724–1804) bereit zu akzeptieren, dass die Geschichte einem großen kosmischen Ziel entgegenstrebt, zu dem der Mensch unwissentlich hingeführt werde, sofern er die Naturgesetze befolge. (Kants eigene Gesetze waren ausgesprochen unveränderlich: Seine Nachbarn konnten die Uhr nach seinen täglichen Spaziergängen stellen.) Deshalb betrachtete auch er es als eine der vielen Aufgaben von Philosophen, den verborgenen universellen Plan für die Menschheit zu enthüllen. Dass die Naturgesetze, denen die Geschichte ebenso unterlag wie der Fortschritt, im gleichen Maße feststellbar waren wie die von Newton entdeckten planetarischen Gesetze, stand für ihn außer Frage. Seine Geschichtsphilosophie schloss Kant mit neun Prämissen über den menschlichen Fortschritt, wobei sein Hauptargument war, dass es immer Antagonismen im menschlichen Dasein geben werde, da der Mensch die Neigung habe, »sich zu vergesellschaften: weil er in einem solchen Zustande sich mehr als Mensch, d. i. die Entwicklung seiner Naturanlagen, fühlt. Er hat aber auch einen großen Hang, sich zu vereinzelnen (isolieren): weil er in sich zugleich die ungesellige Eigenschaft antrifft, alles bloß nach seinem Sinne richten zu wollen, und daher allerwärts Widerstand erwartet«. Ohne diesen permanenten Konflikt würden jedoch »alle vortreffliche Naturanlagen in der Menschheit ewig unentwickelt schlummern« und weder ein gesellschaftlicher noch ein individueller Fortschritt erreicht werden können. Die besten Erfolge erziele dieser kreative Konflikt immer dort, wo der Staat stark genug sei, um einerseits das gesellschaftliche Leben zu regulieren und andererseits dem Individuum größtmögliche Entfaltungsfreiheiten zu lassen. Dass dies ein moralisches Fortschrittskonzept war, machte Kant überaus deutlich: Das Ziel war die Freiheit der größtmöglichen Mehrheit – um die eigene Individualität zu entfalten und sich um das Wohlergehen der Mitmenschen kümmern zu können.[70] Wie Kant, so glaubte auch Georg Wilhelm Friedrich Hegel (1770–1831), dass es beim Fortschritt im Wesentlichen um Freiheit ging. Er postulierte vier »Prinzipien der Gestaltungen«: Die Freiheit habe sich im Verlauf der Geschichte »der welthistorischen Reiche« ausgeweitet, angefangen beim Typus des »Orientalischen Reiches«, in dem nur einer frei gewesen war: der »Autokrat«; diesem schlossen sich die Systeme von Hellas und Rom an, in denen einige Menschen Autonomie genossen; gefolgt von Preußen, wo alle Menschen frei waren. Diese Kurzfassung verzerrt Hegels Ansichten natürlich etwas – doch er war ja selbst zu einigen Verzerrungen von historischen

Nachweisen genötigt, damit er seine Behauptung aufrechterhalten konnte, dass seine Welt – Preußen im 19. Jahrhundert – die beste aller Welten sei.

Schließlich sollten wir beim Thema Fortschritt noch einmal nach Frankreich zurückkehren und kurz die Theorien von Claude Henri de Saint-Simon (1760–1825) und Auguste Comte (1798–1857) betrachten, die man beide als frühe Soziologen bezeichnen könnte. Im Fokus der gerade flügge werdenden Sozialwissenschaft stand der Fortschrittsbegriff, doch beide waren mehr daran interessiert, Fortschritte zu initiieren, als über sie zu theoretisieren. (So betrachtet war die Entwicklung der Soziologie an sich bereits *Teil* des Fortschritts.) Eine der gewiss bekanntesten Aussagen aus Saint-Simons *Memoiren* ist seine Erklärung, dass Dichter mit ihrer überbordenden Phantasie die Wiege der Menschheit gerne in ein goldenes Zeitalter verlegten, obgleich man sie besser in einer eisernen Zeit verorten sollte, denn das goldene Zeitalter – die Vervollkommnung der Sozialordnung – liege nicht bereits hinter, sondern erst noch vor der Menschheit: Die Väter hätten nie eines erlebt; und damit die Kinder es eines Tages erreichen könnten, sei es an uns, ihnen den Weg zu bereiten.[71] Saint-Simon folgte der Idee von den drei historischen Stadien, die Jacques Turgot vorgebracht hatte, fügte dem aber noch hinzu, dass erst dank der wissenschaftlichen und industriellen Revolutionen wirklich ein Fortschritt im großen Stil eingesetzt habe. Enttäuscht angesichts der Gewalt und Irrationalität der Französischen Revolution hielt er die Industrialisierung für die einzige Möglichkeit, den Menschen voranzubringen, und sollte deshalb zu einem eloquenten Verfechter der Maschine werden. Seine originellste Idee war der Vorschlag für ein neues politisches Dreikammersystem aus einer *chambre d'invention*, in der Ingenieure, Dichter, Maler und Architekten vertreten sein sollten, neben einer *chambre d'examen*, der unter anderem Ärzte und Mathematiker angehören, und einer *chambre d'exécution*, in der sich die Wirtschaftskapitäne versammeln würden. Die erste Kammer sollte Gesetze entwerfen, die zweite sie auf ihre Tauglichkeit prüfen und entsprechend verabschieden, und die dritte sollte entscheiden, wie sie umgesetzt würden.

Auguste Comte vertrat in seinem Buch *Système de politique positive* die Theorie von drei großen historischen Phasen, einer theologischen, einer metaphysischen und einer wissenschaftlichen. Saint-Simons Ideen übernahm er nur insofern, als auch er glaubte, dass Soziologen (»Soziologenpriester«, wie sie einmal jemand nannte) den industriellen und technischen Fortschritt anleiten, Frauen als Sittenwächter fungieren und Wirtschaftskapitäne die Gesellschaft verwalten sollten. »Ideenreichtum« sollte in der Politik grundsätzlich der Beobachtung nachgeordnet bleiben. Comte starb im Jahr 1857, zwei Jahre bevor Charles Darwin seine *Entstehung der Arten* veröffentlichte und die Evolutionstheorie die Fortschrittsidee ein für alle Mal verwandeln und vereinfachen sollte.

Das 18. Jahrhundert und die Aufklärung waren also von ersten Versuchen gekennzeichnet, naturwissenschaftliche Methoden und Denkansätze auf den Menschen selbst anzuwenden. Das war zwar noch nicht wirklich von Erfolg gekrönt, bedenkt man, dass selbst wir uns noch mit diesem Problem herumschlagen, aber ein totaler Fehlschlag war es auch nicht. Die Wissenschaften, die wir als »hart« bezeichnen – Physik, Chemie und Biologie –, begannen nun den Weg zu gewaltigen Fortschritten einzuschlagen. Den »weichen« Wissenschaften – Psychologie, Soziologie und Ökonomie – sollte es hingegen nie gelingen, in ihren Bereichen des Zwischenmenschlichen ein vergleichbares Maß an Einvernehmen und Vorhersagekraft zu erlangen oder eine ähnlich hocheffiziente Technologie hervorzubringen wie zum Beispiel die Atomphysik, Festkörperphysik, Organchemie und Genetik in den Naturwissenschaften. Heute, zwei Jahrhunderte nach dem Ende der Aufklärung, können wir noch immer nicht mit Sicherheit sagen, welchen Gesetzen die menschliche Natur unterliegt, oder auch nur, ob es die gleichen Gesetze sind wie die, von denen die »harten« Wissenschaften regiert werden. Diese Spaltung wird im Wesentlichen das Hauptthema des letzten Abschnitts dieses Buches sein.

27
Die Idee von der Fabrik und ihre Folgen

Coketown »war eine Stadt aus roten Ziegeln oder aus Ziegeln, die rot gewesen sein würden, wenn Rauch und Ruß es gelitten hätten; aber so, wie die Dinge lagen, war es eine Stadt von unnatürlicher Röte und Schwärze, die ungefähr so aussah wie das bemalte Gesicht eines Wilden. Es war eine Maschinenstadt und eine Stadt der hohen Essen, aus denen sich endlose Rauchschlangen immer und ewig emporringelten und niemals abgewickelt wurden. Es besaß einen schwarzen Kanal in seiner Mitte und einen Fluß, der, purpurn gefärbt, von übelriechender Farbe an der Stadt hinfloß. Es hatte stattliche Häuserfluchten voller Fenster, wo es den ganzen Tag über wetterte und zitterte und wo der Kolben der Dampfmaschine eintönig auf- und niederarbeitete wie der Kopf eines Elefanten im Zustande trübsinniger Narrheit. Es enthielt mehrere große Straßen, von denen eine ganz so aussah wie die andere, und viele kleine Straßen, die einander noch weit ähnlicher waren und von Leuten bewohnt waren, die einander noch viel ähnlicher sahen und alle zur nämlichen Stunde hereinkamen und zur nämlichen Stunde herauskamen und mit dem nämlichen Klange über das nämliche Pflaster schritten und das nämliche Werk verrichteten und für die jeder Tag der nämliche Tag war wie der gestern verflossene und der morgen bevorstehende Tag und ein jedes Jahr das Pendant war des letzten wie des nächsten Jahres.«[1]

Wer sonst außer Charles Dickens hätte das schreiben können? *Harte Zeiten* ist einer seiner düstersten »Industrieromane«. Allein die Namen, mit denen Dickens seine Figuren bedachte, erzählen schon die halbe Geschichte: Der Schulleiter heißt Mr. Gradgrind; der Bankier und Industrielle Mr. Bounderby; Mr. Sleary ist ein Kunstreiter; Mrs. Sparsit präsidiert über Mr. Bounderbys Haushalt und hat in besseren Tagen Kontakte zu der »hochgestellten Bekannt- und Verwandtschaft« der Powlers und Scagders gepflegt. Kate Flint, die Herausgeberin der englischen Neuausgabe von *Hard Times*, schreibt in ihrem Vorwort, dass einer der Beweggründe für dieses Buch der Wunsch gewesen sei, die Mentalität von Menschen zu ergründen, welche Arbeiter stur als zweckmäßige Werkzeuge und bestenfalls als Hilfskräfte, nie aber als voll funktionsfähige, komplexe menschliche Wesen betrachten.[2] Doch Dickens schrieb keine Lehrstücke – das brauchte er gar nicht.

Wenn es stimmt, dass ein gravierender Befindlichkeitswandel irgendwann zwischen 1050 und 1200 n. d. Z. den »westlichen Geist« erschuf, wie man es nennen könnte, dann muss man den Wandel im 18. Jahrhundert als mindestens so folgenschwer betrachten. Er setzte sich aus drei Elementen zusammen: Erstens begann sich der Schwerpunkt der westlichen Welt von Europa weg zu verlagern und sich irgendwo zwischen diesem Kontinent und Nordamerika einzupegeln. Diese Verschiebung gen Westen auf einen imaginären Punkt mitten im Atlantik war der amerikanischen Revolution zu verdanken, auf die wir im nächsten Kapitel zu sprechen kommen. Ein zweiter folgenreicher Wandel ergab sich aus der Tatsache, dass die traditionellen und häufig absoluten Monarchien Europas allmählich durch demokratisch gewählte Regierungen ersetzt wurden. Die Genesis dieses Trends wurde – mit Ausnahme von England – zum einen durch die Französische Revolution gefördert, die im Verlauf des 19. bis hinein ins 20. Jahrhundert eine Kette von weiteren Revolutionen auslöste; zum anderen wurde sie durch die in Amerika entwickelten Ideen stimuliert. Das dritte Element war das Auftauchen der Fabrik im 18. Jahrhundert, jenes Symbols des Industriezeitalters, das so völlig neue Bedingungen schuf.[3]

*

Warum tauchten Fabriken und ihre Begleitumstände zuerst in England auf? Eine Antwort darauf lautet: Weil die Revolutionen im 17. Jahrhundert dort so viele feudalherrschaftliche Restriktionen hinweggefegt hatten, die in anderen europäischen Staaten nach wie vor wirksam waren. Ein anderer Grund, auf den wir noch näher eingehen werden, war der Mangel an Holz, denn dieser Umstand zwang zu neuen Ideen, um die minderwertigere, aber billigere Kohle als Brennstoff nutzen zu können. Wir sollten allerdings nicht vergessen, dass sich die erste industrielle Revolution auf eine sehr kleine Region Englands beschränkt hatte – im Westen wurde sie von Coalbrookdale in Shropshire, im Süden von Birmingham, im Osten von Derby und im Norden von Preston in Lancashire begrenzt. Jeder dieser Orte sollte seinen Teil zur kommenden Industrierevolution beitragen: 1709 schmolz Abraham Darby in Coalbrookdale erstmals Eisen mit Koks; 1721 plante und baute der Seidenzwirner Thomas Lombe die erste als solche kenntliche Fabrik der Welt; 1732 wurde der spätere Textilindustrielle Richard Arkwright in Preston geboren; und 1741 oder 1742 erfanden John Wyatt und Lewis Paul die Baumwollspinnmaschine, die Arkwright später erwerben und verbessern sollte.[4]

Die Prinzipien einer organisierten Fabrikation wurden erstmals in der Spinnerei mit technischen Innovationen kombiniert. Der entscheidende

Punkt bei Spinnmaschinen war, dass ihre Zangen die Fingerfertigkeit des Menschen nachahmten und unter Spannung einen kontinuierlich laufenden Faden aus einem Woll- oder Baumwollstapel herauslösen konnten. Ein Maschinentyp wurde in den sechziger Jahren des 18. Jahrhunderts von James Hargreaves erfunden, ein anderes Patent erwarb Richard Arkwright (der eigentlich gelernter Barbier gewesen war) für eine Maschine, die durch ein Wasserrad angetrieben wurde. Das Prinzip beruhte jeweils auf mehreren Spindeln und Walzen, die den Faden so lange spannten, bis er über einen Aufwinder gespult werden konnte. Etwa ein Jahrzehnt später erfand Samuel Crompton eine Maschine, die die unterschiedlichen Produktionselemente dieser beiden Vorgängermaschinen miteinander verband. Nun war die Spinnmaschine mehr oder weniger perfekt. Der Punkt, um den es hier jedoch eigentlich geht, ist, dass es Arkwright war, also der Organisator mit der guten Nase für Gelddinge, und nicht einer der beiden Erfinder Hargreaves und Crompton, der das Patent für die (vermutlich gestohlene Idee) der »Water Frame« anmeldete und damit ein Vermögen machte. Arkwright allein hatte begriffen, dass die Zukunft nicht der Wolle, sondern der Baumwolle gehören würde, denn es war der wachsende Handel mit Indien, der bei dieser Produktion zählte. Einen starken Baumwollfaden per Hand zu spinnen war schon immer schwierig gewesen, weshalb englische Weber Tuche auch traditionell mit einem Kettfaden aus Baumwolle und einem Schussfaden aus Leinen verwebten (die Kettfäden auf dem Webstuhl standen unter gleich bleibender Spannung, während die mit dem Schiffchen durchgezogenen Schussfäden in Bewegung waren und deshalb ständig nachgespannt werden mussten). Arkwright wusste, dass ein Baumwollfaden, der stark genug war, um als Kett- wie als Schussfaden benutzt werden zu können, das Gewerbe revolutionieren würde.[5]

Die ersten Fabriken wurden mit Wasserkraft betrieben, deshalb waren sie auch oft in den abgelegenen Flusstälern von Derbyshire angesiedelt, denn nur dort führten die Flüsse das ganze Jahr über genügend Wasser. Kinder aus Findelheimen und Armenhäusern versorgten die neue Industrie mit billiger Arbeitskraft. Das war an sich nichts Neues – Daniel Defoe hatte um 1720 Frauen und Kinder in den Dörfern von Yorkshire beobachtet, die stundenlang an Spinnrädern arbeiteten. Neu aber waren die Fabrik als solche und ihre brutalen Arbeitsbedingungen. So wie die Dinge standen, hatten Kinder auf dem Land wenigstens ein bisschen freie Zeit für sich. Doch selbst die sollte ihnen genommen werden, als Anfang des 19. Jahrhunderts Dampfmaschinen die Wassermühlen ersetzten und sich die Fabriken dort anzusiedeln begannen, wo die Arbeitskraft war – in den Städten, in denen es ebenso viel Kohle gab wie auf dem Land.[6]

Erstmals eingesetzt wurde die Dampfmaschine zur Entwässerung der Tiefschächte im Bergbau. Wasser in Schächten war ein altes Problem: Der italienische Mathematiker Evangelista Torricelli hatte bereits 1644 herausgefunden, dass eine Saugpumpe das Wasser nur aus maximal zehn Metern Tiefe heraufpumpen konnte, ein Umstand, der schließlich entscheidend zu seiner Entdeckung des Atmosphärendrucks beitragen sollte. Die tieferen, weit unter dem Grundwasserspiegel gelegenen Schächte konnten also nur entwässert werden, wenn man das Wasser mit Eimern abschöpfte oder durch eine Kette von Pumpen nach oben beförderte. Die erste Antriebsmaschine für diese Pumpen wurde von Thomas Newcomen erfunden und um die Wende zum 18. Jahrhundert erstmals in den Kupferminen von Cornwall eingesetzt. Bei diesem frühen Maschinentyp wurde der Antriebsdruck für den Kolben erzeugt, indem der darunter liegende Zylinderraum mit Wasser gefüllt wurde, das aufgedampft und wieder bis zur Kondensation abgekühlt wurde, was den Kolben durch den äußeren Atmosphärendruck in den Zylinder drückte. Das funktionierte so einigermaßen; der Nachteil war, dass sich der gesamte Zylinder nach jeder Kolbenbewegung durch das zugeführte Wasser wieder abkühlte. Hier kam James Watt ins Spiel, ein begabter Instrumentenbauer von der Universität Glasgow: Er berechnete die Effizienz der Newcomen-Maschinen und fragte sich, wie man das Abkühlen des Zylinders vermeiden könne. Seine Lösung lautete, dass man die Kondensation in einen Behälter verlegen musste, der mit dem Zylinder verbunden, aber nicht Teil desselben war. So war sichergestellt, dass der Kondensator immer kalt und der Zylinder immer heiß blieb. Das war schon ein großer Durchbruch, trotzdem wollte die Maschine, die Watt in Glasgow baute, nicht so recht funktionieren – es lag an der schlechten Qualität, die die örtlichen Schmiede geliefert hatten. Aber die sollte sich schnell verbessern, nachdem Watt in Matthew Boultons Fabrik in Birmingham wesentlich »hervorragendere Gießer« gefunden hatte.[7]

Das war in vielerlei Hinsicht das entscheidende Moment der industriellen Revolution gewesen, ein Ereignis, das unser modernes Leben stark prägen sollte. Denn als Dampf erst einmal zur Antriebskraft geworden war, wurden Kohle und Eisen schnell zum Rückgrat der Industrie. Die Eisenverarbeitungstechniken dieser Zeit waren bereits weit fortgeschritten. Bis ungefähr 1700 hatte man Eisenerz in den Hochöfen nur mit Holzkohle reduzieren können, weshalb der Holzmangel in England auch eine so entscheidende Rolle spielte. In Frankreich gab es nach wie vor Holz in Hülle und Fülle, deshalb konnte dort auch weiterhin mit Holzkohle gearbeitet werden. In England gab es dafür reichliche Kohlevorkommen. Jedermann wusste das, und schon so mancher Erfinder hatte begriffen, dass man Eisen auch reduzieren konnte, wenn man es irgendwie schaffen würde, das Kohlegas loszuwerden und Kohle in Koks zu verwandeln, das einen langsameren Aufbau von höheren Temperaturen unter sichereren Bedingungen ermöglichte. Zum ersten Mal gelang dieses Verfahren um das Jahr 1709 dem Eisenfabrikanten Abraham Darby, dessen Familie sein Geheimnis über dreißig Jahre lang hüten sollte. Das von ihnen produzierte Roheisen musste zwar noch entschlackt werden, um weiterverarbeitet werden zu können, doch nun dauerte es nicht mehr lange, bis Gusseisen zum Plastik der damaligen Zeit wurde.[8]

Auch die agrikulturelle Revolution im 18. Jahrhundert spielte eine Rolle, denn die neuen Methoden der Wechselwirtschaft, die Viscount Townsend im Getreideanbau einführte, und die neue Art der von Robert Bakewell lancierten Rinderzucht waren derart effizient, dass sie die Menschen schließlich vom Land vertrieben, das Dorfleben zerstörten und die Bevölkerung zwangen, in die Städte zu ziehen – und sich in den Fabriken zu verdingen.

Doch bei der industriellen Revolution ging es ja nicht nur und nicht einmal primär um die großen Erfindungen der Zeit. Der langfristige Wandel, der durch sie eingeleitet wurde, ist vielmehr auf die Tatsache zurückzuführen, dass sich die *Organisation* von Arbeit so grundlegend durch die Industrie veränderte. Ein Historiker schrieb über diesen großen Umbruch, nun seien Erfindungen in solcher Hülle und Fülle gemacht worden, dass sie sich fast nicht mehr aufzählen ließen. Doch zumindest lassen sie sich in drei Kategorien einteilen: Erstens in solche, die die handwerklichen Fähigkeiten und Kräfte des Menschen durch (schnelle, regelmäßige, präzise und unermüdlich arbeitende) Maschinen ersetzten; zweitens in solche, die die lebenden Kraftquellen (Pferd, Rind) gegen unbelebte (Wasser, Kohle) eintauschten, wobei es sich vor allem um Maschinen handelte, die Hitze in Kraft umwandelten und dem Menschen damit eine schlechterdings unbegrenzte Energieversorgung anboten; und drittens schließlich hatte all das zur Folge, dass der Mensch nun auch andere Rohstoffe – im Wesentlichen mineralische, von denen es reichliche Vorkommen gab – verwerten konnte.[9]

Der entscheidende Punkt bei diesen Fortschritten war, dass sie nicht nur zu einer beispiellosen Mehrung der menschlichen Produktivität beitrugen, sondern dass diese Produktivität auch autark ablaufen konnte. In früheren Zeiten hatte eine Produktivitätssteigerung immer schnell einen Bevölkerungsanstieg nach sich gezogen, der die Ertragssteigerung über kurz oder lang wieder aufhob. »Nun wuchsen sowohl die Ökonomie als auch das Wissen zum ersten Mal in der Geschichte schnell genug, um einen konstanten Strom an Investitionen und technischen Innovationen zu erzeugen.« Und das sollte sich schließlich auch auf die Lebenseinstellungen auswirken: Zum ersten Mal tauchte die Idee auf, dass etwas einfach deshalb attraktiv war, weil es »neu« und dem Traditionellen, Vertrauten und Bewährten deshalb angeblich vorzuziehen war.[10]

Eine Vorstellung vom Ausmaß dieser Transformation bekommt man am Beispiel der Geschicke der englischen Baumwollindustrie. Im Jahr 1760 (das allgemein als Beginn der industriellen Revolution gilt) importierte England rund 2,3 Millionen Pfund Rohbaumwolle; im Jahr 1787 war diese Menge auf 22 Millionen und bis 1837 auf 366 Millionen Pfund angestiegen. Parallel dazu war der Garnpreis auf ungefähr ein Zwanzigstel der einstigen Summe gefallen, und Arbeiter – mit Ausnahme der Weber an ihren Handwebstühlen – hatten in Zwirnereien unter Fabrikbedingungen zu arbeiten begonnen. Der Aufstieg der modernen Industrie und des Fabrikationssystems »verwandelte das Gleichgewicht der politischen Macht im Staat ebenso wie zwischen den Staaten und Kulturen; er revolutionierte die gesamte Gesellschaftsordnung und veränderte alle Denk- und Handlungsweisen«.[11]

Nach Aussage von Historikern, die nach den Gründen dieses Wandels forschten, scheint die primäre Ursache dafür die ungleichartige Mechanisierung des vorangegangenen Dorfsystems gewesen zu sein. Der Webstuhl zum Beispiel war ein leistungsfähiges Gerät, doch das Spinnrad erforderte weniger Fachkönnen und konnte von jedem Vierjährigen betrieben werden, wie Daniel Defoe schrieb. Deshalb zahlte sich die Arbeit daran auch kaum aus und blieb ein reiner Nebenerwerb, den Frauen nach ihrer Hausarbeit und der Versorgung der Kinder leisteten. Die Folge war, dass die Spinnerei oft zu einem Engpass im System wurde. Ein anderes Manko war, dass ein Weber zwar theoretisch sein eigener Herr war, in Wirklichkeit aber oft gar keine andere Wahl hatte, als seinen Webstuhl an einen Kaufmann zu verpfänden. Wenn das Geschäft dann schlecht ging und er zum Überleben darauf angewiesen war, sich Geld leihen zu können, hatte er mit dem Besitz des Webstuhls zugleich seine einzige Sicherheit verloren. Doch auch für den Kaufmann war das Ganze nicht notwendigerweise ein gutes Geschäft, denn in guten Zeiten pflegte ein Weber immer nur so viel zu arbeiten, wie er brauchte, um sich und seine Familie ernähren zu können – und kein bisschen mehr. Oder anders ausgedrückt: Wenn der Weber mehr Arbeit brauchte, war das System gegen ihn; wenn der Kaufmann mehr Produkte brauchte, war das System gegen *ihn*. In diesem System konnte also gar kein *Mehrwert* entstehen. Und von genau diesem (unbefriedigenden) Stand der Dinge sollte die Fabrik profitieren. Denn das Wesentliche bei einer Fabrik war ja, dass ihr Besitzer sowohl die Arbeitsmaterialien als auch die Arbeitszeit kontrollierte und somit auch in der Lage war, Arbeitsvorgänge zu rationalisieren, die mehrerer Schritte oder mehrerer Arbeiter bedurften. Es wurden neue Maschinen eingeführt, die von kaum angelernten oder ungelernten Arbeitern bedient werden konnten – darunter auch Frauen und Kinder.

Den Arbeitern bot die Fabrik bei weitem nicht solche Vorteile. Tausende Kinder wurden aus Findelheimen und Armenhäusern geholt. William Hutton verbrachte seine Lehrjahre in den Seidenspinnereien von Derby mit hohen Holzschuhen an den Füßen, weil er noch zu klein war, um an die

Maschinenhebel heranzureichen. Und nicht nur den Erwachsenen, auch den Kindern an ihrer Seite bläuten die Aufseher Disziplin ein. Gleichzeitig wurden die Aufgaben immer spezieller und Zeit zu einem immer wichtigeren Faktor – auch das ganz neue Erfahrungen. Noch nie hatte es etwas Vergleichbares gegeben: Der neue Arbeiter hatte keinerlei Möglichkeit, das Produktionsmittel selbst zu besitzen oder zur Verfügung zu stellen. Die Hersteller waren zu billigen Lohnarbeitern geworden.[12]

Wie grundlegend neu die Erfahrung mit Arbeit geworden war, wurde noch offensichtlicher, als die Erfindung der Dampfmaschine die Fabrikstadt ermöglichte. Im Jahr 1750 hatte es in Großbritannien nur zwei Städte mit mehr als fünfhunderttausend Einwohnern gegeben (London und Edinburgh); bis 1801 war diese Zahl auf acht angewachsen, 1851 gab es neunundzwanzig, darunter neun Städte mit über hunderttausend Einwohnern, was bedeutet, dass zu dieser Zeit mehr Briten in Städten als auf dem Land lebten – noch ein »erstes Mal«.[13] Die Migration in die Städte wurde den Menschen aufgezwungen, weil sie dort hingehen mussten, wo die Arbeit war. Es ist nicht schwer zu verstehen, weshalb sie wenig begeistert davon waren. Abgesehen von all dem Rauch und Schmutz gab es so gut wie keine Grünflächen; die sanitären Einrichtungen und die Wasserversorgung hielten mit dem Bevölkerungsanstieg nicht Schritt; es grassierten Cholera, Typhus, durch die Luftverschmutzung hervorgerufene Atemwegserkrankungen und alle möglichen Darmkrankheiten. »Hier vollbringt die Zivilisation ihre Wunder«, schrieb Alexis de Tocqueville, als er im Jahr 1835 Manchester besuchte, »und hier wird der zivilisierte Mensch fast wieder zum Wilden.«[14] Die Fabrikanten hingegen konnten in ihren Fabrikstädten unmittelbar von den neuen Erfindungen und Ideen profitieren, und auch diese materielle wie intellektuelle Autarkie war ein wesentliches Merkmal der industriellen Revolution. Es wurden neue Produkte, vorrangig aus Eisen, oder chemische Erzeugnisse (Laugensalze, Säuren und Färbemittel) entwickelt, deren Herstellung meist eine Menge Energie oder Brennstoffe verschlang. Ein anderer Aspekt war das Netzwerk, das sich dank der neuen Fertigungsmethoden nun über die ganze Welt auszubreiten begann – von den Rohstoffquellen zu den Fabriken und von dort zu den Märkten – und seinerseits wieder zu neuen Ideen und Nachfragen nach neuen Produkten anregte. Um nur ein Beispiel für diese kombinierten Entwicklungskräfte der industriellen Revolution zu nennen: Tee und Kaffee, Bananen und Ananas wurden zum alltäglichen Anblick. David Landes hält diese Verwandlung des materiellen Lebens für einschneidender als alles seit der Entdeckung des Feuers: »Der Engländer des Jahres 1750 [also am Vorabend der industriellen Revolution] stand den Legionären Caesars in materiellen Dingen näher als den eigenen Enkeln.«[15]

Auf lange Sicht kaum weniger entscheidend war, dass die industrielle

Revolution auch die Kluft zwischen Arm und Reich erweiterte und zu einem unvergleichlich erbitterten Klassenkampf beitrug. Die Arbeiterklasse wurde nicht nur immer größer, sie begann sich auch auf ganz bestimmte Lebensräume zu konzentrieren und somit ein immer stärkeres Klassenbewusstsein zu entwickeln. Damit sollten wir uns etwas näher befassen, denn dieser Fakt hatte bekanntlich immense politische Auswirkungen. Die vorindustrielle Arbeitskraft war völlig anders geartet gewesen als ihr späteres Gegenstück. Bauern waren traditionell in einer Gemeinwirtschaft mit offenen Feldern und Gemeindeviehweiden organisiert; sofern sie einem Großgrundbesitzer unterstanden, hatte auch dieser ihnen gegenüber Pflichten zu erfüllen (wenngleich die Pflichten beider natürlich höchst ungerecht verteilt waren). Die industrielle Revolution ersetzte den Bauern oder Knecht – den Menschen – durch »den Arbeiter« und zwang ihm eine Stetigkeit, Routine und Monotonie bei der Arbeit auf, die im vorindustriellen, auf den Jahreszeiten und dem Wetter beruhenden Arbeitsrhythmus weitgehend unbekannt gewesen waren.[16] (Englische Handwerker hatten die eigentliche Arbeitswoche in der vorindustriellen Zeit häufig sogar erst am Dienstag begonnen – den Montag bezeichneten sie ironisch als ihren »Saint Monday«.)

Ein Grund für die Armut der Arbeiterklasse – jedenfalls für die geringen Löhne, die sie bekamen – war, dass alle Einnahmen an die neue Unternehmerschicht umgeleitet wurden, die in die neuen Maschinen und Fabriken investiert hatten. Die industrielle Revolution erschuf nicht die ersten Kapitalisten, sondern eine Unternehmerklasse von beispiellosem Ausmaß und nie da gewesener Stärke.[17] Und diese *chimney aristocrats*, wie sie in England genannt wurden, diese »Schlotbarone« also, sollten im 19. Jahrhundert die Regierungspolitik fast aller europäischen Staaten bestimmen.

*

Ein anderer Aspekt der industriellen Revolution war die Ökonomie. Die Anfänge der Ökonomie als einer eigenständigen Disziplin wurden bereits im letzten Kapitel angesprochen. In England waren sie noch von dem Phänomen der privaten Rücklagenbildung begleitet, die sich seit 1688 zu akkumulieren begonnen hatten und vom König zur Finanzierung seiner Kriege verwendet wurden. Das System der Staatsschulden war geboren worden, und im Zuge dieser Entwicklung wurde 1694 auch die Bank von England gegründet: Kaufleute und Großgrundbesitzer erwarben Anteile an der Staatsschuld und strichen Zinsen dafür ein.[18] Vor 1700 wurden öffentliche Anleihen mit acht Prozent verzinst, bis 1727 war der Zinssatz auf drei Prozent gefallen, was sich ebenfalls auf die industrielle Revolution auswirken sollte, denn sind die Zinsen hoch, sehen sich Investoren nach schnellen Profiten um; sind sie niedrig, lassen sich Geldgeber eher auf langfristige Projekte ein, die vielleicht erst in ferner Zukunft Rendite abwerfen. Und dieses Klima eignete sich nun auch wesentlich besser für Investitionsprojekte großen Ausmaßes, etwa im Gruben- und Kanalbau, oder eben für die Errichtung einer Fabrik. Die ersten Fabriken auf dem Land hatten noch Dimensionen, die es einzelnen Familien erlaubten, den Bau allein zu finanzieren. Doch mit dem lawinenartigen Anwachsen von Fabriken in Städten, die die steigende Nachfrage und den expandierenden Markt zufrieden stellen sollten, waren ganz andere Investitionssummen gefragt.

Großbritannien war führend in der industriellen Revolution, weil dort so viele Erfindungen gemacht wurden und das europäische Festland bis ungefähr 1815 von der Französischen Revolution und den Napoleonischen Kriegen mit Beschlag belegt wurde. Doch als diese Staaten wieder ein gewisses Maß an politischer Stabilität erreicht hatten, verloren auch sie keine Zeit, um nach eigenen Finanzierungssicherungen zu fahnden, beispielsweise in Form der Aktien-Investmentbank oder *crédit mobilier*, welche groß angelegte industrielle Investitionsprojekte finanzieren sollte. David Landes führt als erste Beispiele für dieses neue Bankensystem solche halböffentlichen Institutionen wie die Brüsseler Société Générale an, oder die Preußische Seehandlung in Berlin, die insbesondere mit dem Beginn des Eisenbahnbaus ungemein an Bedeutung gewannen und »Gelder in nie gekanntem Ausmaß benötigten«.[19]

Eine parallele Entwicklung zeichnete sich mit dem Entstehen der Polytechnika ab, die auf dem europäischen Kontinent die gleiche Funktion erfüllten wie die so genannten *Dissenting Academies* in England, über die noch zu sprechen sein wird. Auf diesem Gebiet waren die Franzosen führend gewesen, seit sie 1794 die *École Polytechnique (École Centrale des Travaux Publics)* gegründet hatten. Das betonte Konkurrenzsystem an dieser Schule (Zulassung nur nach bestandener Aufnahmeprüfung; sowohl nach der Aufnahme als auch nach der ersten Hauptprüfung und der Abschlussprüfung wurden die Noten eines jeden Studenten öffentlich bekannt gegeben) garantierte, dass sich ohnedies nur die Besten bewarben. Absolventen, die eine Karriere in einer der neuen Industrien anstrebten, pflegten sich dann zur Weiterbildung entweder an der *École des Mines* oder der *École des Ponts-et-Chaussées* einzuschreiben, wo sie die angewandten Wissenschaften lernten und Praktika machen konnten. Die *École Centrale des Arts et Manufactures*, die eine Ausbildung im Ingenieurswesen und in der Unternehmensführung bot, wurde 1829 privat gegründet, im Jahr 1856 aber in das staatliche Schulsystem integriert.[20] Diese französischen Polytechnika – und nicht die *Dissenting Academies* Englands – sollten anderen Ländern als Vorbilder dienen. Die englische Strategie des »learning by doing« hatte nur so lange funktioniert, bis sie Ende des 18. Jahrhunderts vom schieren Gewicht der vielen Innovationen überrollt wurde und abstraktere, theoretischere Lehrmethoden gefragt waren. Auf zwei Gebieten – der Elektrizitätslehre und der Chemie – waren inzwischen in so vielen verschiedenen Bereichen Fortschritte gemacht worden, dass überhaupt nur noch Studenten mit der Zeit Schritt halten konnten, die nach diesen neuen Methoden unterrichtet wurden.

*

Die Erfolge auf den Gebieten der Elektrizität und insbesondere der Chemie trugen zum Wachstum vieler Industriezweige bei, aus denen sich die industrielle Revolution speiste. Dass sich die Elektrizitätslehre von den Zeiten zu entfernen begann, die durch Newton dominiert gewesen waren, war nicht zuletzt der Tatsache zu verdanken, dass sich Newton nicht lange mit diesen Fragen aufgehalten hatte und sich die Wissenschaftler auf diesem Gebiet deshalb nicht von ihm eingeschüchtert fühlten. Seit Hunderten von Jahren war man sich bewusst gewesen, *dass* es so etwas wie eine Elektrizität gab, beispielsweise weil man zufällig herausgefunden hatte, dass ein Bernstein plötzlich kleinere Gegenstände anzuziehen begann, wenn man ihn mit Wolle blank gerieben hatte. Anfang des 18. Jahrhunderts hatte man auch entdeckt, dass durch Reibung, beziehungsweise wenn man ein Barometer im Dunkeln schüttelte, ein grünes Leuchten entstand.[21] Doch wirklich große Aufregung verursachte erst Stephen Gray, nachdem er im Jahr 1729 auf die schon ausgereiftere Idee gekommen war, dass es sich bei der Elektrizität um etwas handeln müsse, das man auf einen langen Weg schicken konnte. Zuerst hatte er festgestellt, dass die Korken, mit denen er seine Glasröhrchen verschloss, kleine Papier- oder Metallstückchen anzogen, wenn er die Röhrchen (und nicht die Korken) rieb. Im weiteren Verlauf fand er heraus, dass sogar Seidenbänder, die er von den Röhren ausgehend quer durch den Garten auslegte, diese Eigenschaft entwickeln konnten. Er hatte also entdeckt, dass Elektrizität »ohne offensichtliche Bewegung des Stoffes von einem Ort zum nächsten fließt«: Sie besaß kein Eigengewicht, sie war ein »imponderables Fluid«. Gray stellte außerdem etwas fest, das völlig regelwidrig, aber von fundamentaler Bedeutung war: Elektrizität konnte in Stoffen wie Glas oder Seide erzeugt und gespeichert werden, nicht aber durch sie hindurchfließen; umgekehrt konnten Stoffe, welche Elektrizität leiteten, diese weder erzeugen noch speichern.[22]

Zum letzten Schrei wurde die Elektrizität in Europa und Amerika, nachdem Ewald Jürgen Georg von Kleist im Jahr 1745 versucht hatte, Strom (der damals allerdings noch nicht so genannt wurde) über einen Nagel durch eine Flasche zu leiten und sich einen Stromschlag geholt hatte, als er zufällig mit dem Nagel in Berührung gekommen war. Bald schon wollte das jedermann selbst erleben. Der König von Frankreich ließ sogar seine Wachbrigade antreten und einen Soldaten nach dem anderen aufjaulen, indem er ihnen »Kleist'sche Stöße« mit der Flasche verpasste. Auch Benjamin Franklin im entfernten Philadelphia befasste sich mit diesem Phänomen. Er sollte schließlich postulieren, dass jeder Körper eine bestimmte Menge an Elektrizität aufnehmen könne und diese dazu tendiere, sich »nach dem natürlichen Maß« einzupegeln, wenn sie in Ruhe gelassen werde. Sobald weitere Elektrizität zugeführt werde, lagere sich das überschüssige Fluid auf der Körperoberfläche ab: Es entstehe ein »pluselektrischer« Körper, der Gegenstände von sich abstößt; verringere sich die Elektrizität, entstehe ein »negativ-elektrischer« Körper, der Gegenstände anzieht. Diese Anziehung, realisierte Franklin, musste ganz einfach die Ursache für all die Funken und Impulse sein; und damit hatte er auch erkannt, dass das noch weit beeindruckendere Phänomen von Blitzen letztlich nichts anderes als ein gewaltiger Funke war. Mit seinem berühmten Drachenexperiment, das er während eines Gewitters durchführte, bewies er schließlich, dass Blitze tatsächlich reine Elektrizität sind. Prompt erfand er gleich auch noch den Blitzableiter.[23]

Im Jahr 1794 bewies der Physikprofessor Alessandro Volta aus Padua (1745–1827), dass sich Strom herstellen ließ, wenn man wechselweise Kupfer- und Zinkplatten übereinander schichtete und jeweils einen in Säure getauchten Stofffetzen dazwischenschob – die erste elektrische Batterie war erschaffen. Doch solche Batterien waren sehr teuer in der Herstellung, weshalb man erste ernsthafte Experimente mit Elektrizität erst machte, nachdem Humphry Davy im Jahr 1802 am Royal Institute in London die neuen Metalle Natrium und Kalium isoliert hatte. Achtzehn Jahre später entdeckte Hans Christian Oersted in Kopenhagen, dass sich mit elektrischem Strom eine Kompassnadel ablenken ließ: Das letzte Glied zwischen der Elektrizitätslehre und dem Magnetismus war geschlossen worden.[24]

Von noch größerer Bedeutung als die Entdeckung der Elektrizität war jedoch der Aufstieg der Chemie im 18. und frühen 19. Jahrhundert. Man erinnere sich, dass diese Disziplin keine wirkliche Rolle bei der wissenschaftlichen Revolution gespielt hatte. Doch nun sollte sie voll zur Geltung kommen. Ein Grund für diese Verzögerung war der anhaltende Hang der Forscher zur Alchemie und ihre Sucht gewesen, endlich eine Möglichkeit zur Goldherstellung zu finden. Das heißt, erst als die Chemie zu einer rationalen Wissenschaft geworden war, konnten auch Fortschritte auf diesem Gebiet gemacht werden. Das Hauptaugenmerk lag dabei (zumindest anfänglich) auf dem Phänomen der Verbrennung: Was geschah, wenn Stoffe an der Luft verbrannten? Jedermann konnte beobachten, dass sie in Rauch und Flammen aufgingen und nur Asche zurückblieb; andererseits gab es viele Materialien, die nicht so schnell verbrannten, obwohl sie ansonsten veränderlich waren (zum Beispiel rosteten sie, wie Metalle), sofern man sie der Luft überließ. Was ging da vor sich? Was *war* Luft überhaupt?

Eine Antwort auf diese Frage lieferten Johann Joachim Becher (1635–1682) und Georg Ernst Stahl (1660–1734) mit der Erklärung, dass alle brennbaren Stoffe die Substanz Phlogiston (abgeleitet aus dem griechischen *phlox*, »die Flamme«) enthielten, die beim Verbrennungsprozess entweiche. Dieser Theorie zufolge brannte jede Materie gut, die viel Phlogiston enthielt, folglich enthielten nichtbrennbare Stoffe kein Phlogiston. Obwohl irgendetwas mit dieser Phlogiston-Theorie deutlich nicht stimmen konnte (beispielsweise wusste man seit dem 17. Jahrhundert, dass sich Metalle beim Erhitzen ausdehnten), geisterten genügend »imponderable Fluide« in dieser Zeit herum – Magnetismus, Hitze, die Elektrizität als solche –, um diese Theorie vielen akzeptabel erscheinen zu lassen. Doch die Auseinandersetzung mit dem Verbrennungsprinzip war keine rein akademische Sache, denn Gase aller Art (abgeleitet vom griechischen *chaos*) gaben in der Praxis oft genug Anlass zur Sorge, zum Beispiel den Grubenarbeitern, die ständig das Risiko von Schlagwettern oder »entflammbarer Luft« eingingen.[25] Am Ende sollten genau diese realen Probleme mit Gasen zum entscheidenden nächsten Schritt führen. Bis dahin war bei Verbrennungsexperimenten immer nur das Gewicht des Erzes gemessen worden, und das hatte es unmöglich gemacht, »die Chemiebücher zu saldieren«, wie John D. Bernal schrieb. Doch kaum hatte man Gase einbezogen, postulierte Michail Lomonosov auch schon sein Prinzip von der Erhaltung der Materie, das von Antoine Lavoisier im Jahr 1785 zu einem Grundgesetz formuliert wurde. Doch der Mann, der einen überzeugenderen Nachweis als irgendein Forscher zuvor beibringen sollte, war der schottische Arzt Joseph Black: Er berechnete das Gewicht des Gases, das beim Erhitzen von Magnesium- und Calciumcarbonaten freigesetzt wurde und dabei einen Kalkrückstand bildete, und fand heraus, dass das verlorene Gas von Wasser mit genau identischer Gewichtszunahme resorbiert werden konnte.[26]

Auf Black folgte Joseph Priestley mit der Idee, dass Luft sehr viel komplexer sei, als es schien. Er begann mit so vielen Gasen zu experimentieren, wie er nur auftreiben oder selbst herstellen konnte. Das Gas, das er durch das Erhitzen von Quecksilberoxid (Zinnober) erhielt, nannte er zuerst »dephlogistierte Luft«, da es starke Verbrennungsvorgänge förderte. Nachdem er es 1774 isoliert hatte, wies er experimentell nach, dass diese »dephlogistierte Luft« – Sauerstoff, wie wir heute sagen – sowohl beim Verbrennungsprozess *als auch* beim Atmen verbraucht wurde. Priestley war die Tragweite seiner Entdeckung sehr wohl bewusst, denn er wendete sich nun sofort den Pflanzen zu und wies schließlich nach, dass Grünpflanzen mit Hilfe des Sonnenlichts absorbierte »stehende Luft« – Kohlendioxid – in Sauerstoff umwandelten: Die Idee vom Kohlenstoff-Stickstoff-Zyklus – von der Atmosphäre (noch eine Idee aus dieser Zeit) über die Pflanzen- und Tierwelt in die Atmosphäre zurück – war geboren.[27]

Priestley war der Experimentator, Lavoisier der Synthetisierer und Systematisierer. Wie sein englischer Kollege war auch der Franzose in erster Linie ein Physiker (in den Anfangszeiten der Chemie waren die meisten großen Forscher keine Chemiker gewesen, ganz einfach weil dieses Fach bei der Alchemie und dem Phlogiston stecken geblieben war.) Lavoisier begrüßte es sehr, dass die Entdeckung des Sauerstoffs die Chemie transformierte und die Phlogiston-Theorie buchstäblich auf den Kopf stellte. Er war es, der die moderne Chemie erschuf, nachdem ihm bewusst geworden war, dass er auf den Werken von Aristoteles und Robert Boyle aufbauend eine stark erweiterte, *systematische* Disziplin entwickeln könnte. Er hatte erkannt, dass Wasser aus Wasserstoff und Sauerstoff besteht und dass Luft Stickstoff und Sauerstoff enthält; aber am vielleicht wichtigsten von allem war seine Erkenntnis, dass chemische Verbindungen im Wesentlichen in drei Arten auftreten: Sauerstoff und ein Nichtmetall ergeben eine Säure, Sauerstoff und ein Metall eine Base, und eine Kombination aus Säuren und Basen ergibt Salze. Dabei führte Lavoisier auch die Terminologie für Verbindungen ein, die wir bis heute verwenden – Kaliumcarbonat, Bleiacetat und so weiter. Damit war die Chemie endlich so weit systematisiert worden, dass sie auf einer Stufe mit der Physik stand. »Statt aus einer Reihe von Rezepturen zu bestehen, die man im Kopf haben musste, war die Chemie nun zu einem System geordnet worden, das *verstanden* werden konnte.«[28]

John Dalton (1766–1844), ein Quäker und Lehrer aus Manchester, wurde über das Studium der Gase an seine Atomtheorie herangeführt. Auch er war primär kein Chemiker, sondern Physiker und zudem Meteorologe. Sein besonderes Interesse galt der Elastizität von Fluiden, und er erkannte nun, dass Gase desselben Gewichts unter unterschiedlichem Druck nach dem Prinzip von der Erhaltung der Materie unterschiedlich konfiguriert sein müssen. Die Erzeugung neuer Gase und die Feststellung ihrer Gewichte führten ihn zu der noch heute verwendeten Nomenklatur (zum Beispiel N_2O, NO und NO_2); und diese systematische Forschung brachte ihn schließlich auch auf die Idee, dass Elemente und Verbindungen aus Atomen bestehen müssten, die »nach den Newton'schen Prinzipien der Anziehung und den elektrischen Prinzipien der Abstoßung« angeordnet sind.[29] Im Lauf seiner Beobachtung diverser chemischer Reaktionen, vorrangig der Präzipitation – wenn bei der Vermischung zweier Flüssigkeiten augenblicklich ein Feststoff oder ein sichtbarer Farbwechsel entsteht –, gelangte Dalton zu der Überzeugung, dass sich die kleinsten Bausteine (Atome) im Zuge dieses Prozesses trennten und wieder vereinigten. Diese These sollte bald schon von der neuen Wissenschaft Kristallografie gestützt werden: Es wurde nachgewiesen, dass die Winkel zwischen den Flächen eines Kristalls bei jedem Mineral die gleichen waren und dass in jedem verwandten Mineral die gleiche räumliche Anordnung der kleinsten Bausteine herrschte. Und Christiaan Huygens erkannte, dass das nur eine Bedeutung haben konnte: Ein Kristall bestand aus identischen Molekülen, die »wie Kugeln« geschichtet waren.[30] Schließlich bewiesen Humphry Davy und Michael Faraday, dass ein Stromfluss, der durch Salze verläuft, Metalle wie Natrium, Kalium und Calcium scheidet und dass sich im Prinzip alle Elemente in Metalle und Nichtmetalle ordnen ließen, wobei Metalle positiv und Nichtmetalle negativ geladen waren. Faraday demonstrierte außerdem, dass die Transportgeschwindigkeit von Atomen in einer Lösung mit dem Gewicht der Stoffe zusammenhing, was ihn auf die Idee von den »Elektrizitätsatomen« brachte, die wir heute als Elektronen bezeichnen. Doch die sollten erst 1897 von Joseph J. Thomson identifiziert werden.

Abgesehen von seinem Interesse an der Strukturierung von Elementen führte Lavoisier eine Reihe von Experimenten durch, mit denen er nachwies, dass sich der menschliche Körper genauso verhielt wie Feuer: Er verbrennt die einzelnen Bestandteile der Nahrung und wandelt die dadurch entstehende Energie in Hitze um. Die Organchemie war geboren.[31]

*

Es ist wichtig, sich hier bewusst zu machen, dass viele Erfindungen, die zur industriellen Revolution beitrugen, nicht von solchen traditionellen Wissenschaftlern gemacht wurden, wie sie in der Royal Society zu finden waren. Im Fokus der Society hatte von jeher die Mathematik gestanden, weil sie in der Welt nach Newton als die Königin aller Wissenschaften galt – praktische Erfinder wurden angesichts dieser Vorliebe für die Abstraktion nicht wirklich als »echte« Wissenschaftler betrachtet. Dafür entstanden nun in den Fabrikstädten die *Dissenting Academies*, so genannt, weil sie ursprünglich nur zur Ausbildung von nonkonformistischen Geistlichen – Quäker, Baptisten, Methodisten – gegründet worden waren, denen der Zugang zu den regulären Universitäten versperrt war. Bald schon begannen sie nicht nur ihre Zielsetzungen, sondern auch ihre Zulassungsordnungen zu erweitern. Die drei berühmtesten dieser Akademien – neben anderen prominenten Ausbildungsstätten wie Daventry und Hackney – waren die *Manchester Philosophical Society*, die *Warrington Academy* und die *Lunar Society* von Birmingham. Die Laufbahn von Joseph Priestley kann uns hier ein gutes Beispiel für die Funktionsweisen dieser Institutionen liefern. Kurz nachdem die Warrington Academy ihre Tore geöffnet hatte, begann Priestley dort Englisch und andere Sprachen zu unterrichten – tatsächlich waren seine Kurse in englischer Literatur und Neuerer Geschichte wahrscheinlich sogar landesweit die ersten überhaupt gewesen. Aber er lehrte nicht nur, sondern nahm selbst an den Vorlesungen von Kollegen teil und wurde auf diese Weise zum Beispiel auch in die neue Elektrizitätslehre und die Chemie eingeführt.[32]

Die mit Sicherheit einflussreichste Akademie des 18. Jahrhunderts war jedoch die Lunar Society von Birmingham. Anfänglich hatten sich ihre Mitglieder – die passenderweise *lunatics* (»Irre«) genannt wurden – nur informell in den Häusern von Freunden getroffen; die formellen Zusammenkünfte begannen um das Jahr 1775. Geleitet wurden diese Sitzungen, die allmonatlich jeweils am Montag vor dem nächsten Vollmond stattfanden, von Erasmus Darwin (1731–1802). Nachdem es 1791 jedoch zu einem tumultartigen Überfall auf das Haus von Priestley gekommen war, verliefen die Treffen im Sande. Den harten Kern der Gruppe bildeten in der Anfangszeit James Watt und Matthew Boulton. Watt, der seine berühmte Dampfmaschine in Schottland entwickelt hatte, dann aber wie gesagt feststellen musste, dass die Handwerker nördlich der Landesgrenzen nicht auf dem neuesten Stand waren, hatte sich schließlich mit Boulton zusammengetan, weil dessen Birminghamer Werkstätten auf einem viel höheren Niveau waren.[33] Doch Watt und Boulton waren bei weitem nicht die einzigen Stars der Lunar Society. Auch Josiah Wedgwood gehörte dazu, der Gründer der gleichnamigen Porzellanmanufaktur, der Keramiken (seine »Etruria«) nach dem Muster der griechischen Vasen herstellte, die man bei etruskischen Ausgrabungen in Italien gefunden hatte. Wedgwood war ein typischer Vertreter seiner Zeit: Er verlangte von sich selbst das Äußerste, um seinen Arbeitern als Vorbild zu dienen und einen höchstmöglichen handwerklichen Standard in seinen Fabriken zu erreichen. Zu seinen Erfindungen zählten unter anderem das Pyrometer (das er selbst allerdings stur als »Thermometer« bezeichnete), mit dem sich sehr hohe Temperaturen messen ließen und das wiederum zu seiner bahnbrechenden Entdeckung führte, dass alle Materialien bei hohen Temperaturen auf gleiche Weise glühen – das heißt, anhand der Farbe, die beim Erhitzungsprozess erreicht wurde, ließ sich die Temperatur des erhitzten Materials feststellen, unabhängig von dessen Art. Zu gegebener Zeit sollte diese Erkenntnis zur Quantentheorie beitragen.[34] Weitere Mitglieder der Lunar Society waren William Murdoch, der das Gaslicht erfand (erstmals wurde es in Boultons Fabriken in Birmingham eingesetzt), der Physiker William Small, der Chemiker und Erfinder James Keir, der Reformpädagoge Thomas Day und Richard Edgewirth, ein Pionier der Telegrafie.[35]

Joseph Priestley kam zwar erst 1780 nach Birmingham, doch kaum war er dort eingetroffen, etablierte er sich als geistige Führungsfigur. Er war Geistlicher der Unitarier, die ja nicht selten des Atheismus oder Deismus beschuldigt und deshalb zu den waghalsigsten Denkern ihrer Zeit gezählt wurden (auch der Dichter Samuel Taylor Coleridge war Unitarier). Priestleys *Essay on the First Principles of Government* (1768) war jedenfalls gewiss gewagt – es war vermutlich das erste Traktat, das den Staat anhand des Kriteriums beurteilte, ob er der größtmöglichen Zahl seiner Bürger zum Glück verhalf oder nicht. Sein Schwager John Wilkinson gehörte ebenfalls der Lunar Society an; sein Bruder war an der Warrington Academy gewesen, wo ihn Priestleys Schwester als Lehrer kennen und lieben gelernt hatte. Wilkinsons Vater war Eisengießer gewesen, und auch John beherrschte den Umgang mit Eisen brillant. Gemeinsam mit Abraham Darby plante und baute er die 1799 eröffnete »Ironbridge«, die erste vollständig gusseiserne Brücke, und dann auch den ersten Eisenschleppkahn, mit dem er unter seiner Brücke hindurchfuhr.[36] Wilkinson starb im Jahr 1805 und wurde seinen Prinzipien getreu in einem eisernen Sarg beerdigt.

Aber auch in den »Außenseiter«-Status der Mitglieder der Lunar Society sollten wir nicht zu viel hineinlesen: Priestley hielt Vorträge vor der Royal Society und bekam obendrein die hoch begehrte Copley-Medaille; die ganze Gruppe unterhielt intellektuelle Verbindungen zu James Hutton in Edinburgh, dessen Werk über die Erdgeschichte noch zur Sprache kommen wird; Wedgwood stand Sir William Hamilton nahe, dessen Sammlung antiker Vasen später dem British Museum zur Zierde gereichen sollte und zum eleganten Wedgwood-Porzellan angeregt hatte; man korrespondierte mit Henry Cavendish, dessen wissenschaftliche Bandbreite seine Nachfolger veranlasste, ihr neues Labor ihm zu Ehren »Cavendish Laboratory« zu nennen; und die Aktivitäten der Gruppe wurden sogar von den Malern Joseph Wright und George Stubbs festgehalten. Der Lunar Society war eine Menge zu verdanken. Ihre Mitglieder taten viel für die Akzeptanz von Maschinen im modernen Alltagsleben; sie gehörten zu den Ersten, die sich der Vorstellung des Vermarktungsprinzips und dem Prinzip der Reklame öffneten und sogar das Shopping als eine gesellschaftliche Tätigkeit verstanden. Zu ihren Errungenschaften zählten die Erkenntnis von der Fotosynthese und deren Bedeutung für alles Leben sowie die Entdeckung der Atmosphäre (wofür sie sich unerschrocken auf Ballonfahrten einließen); sie unternahmen die ersten systematischen Versuche, meteorologische Muster zu verstehen und das Wetter vorauszusagen; sie entwickelten ein modernes Münzprägesystem und verbesserten die Druckmaschinen, sodass der Druck von Zeitungen machbar wurde; sie entwickelten die Idee, eigens Bücher für Kinder zu schreiben, um bei der nachwachsenden Generation das Interesse an den Geheimnissen und Möglichkeiten der Naturwissenschaften zu wecken; und sie setzten sich schon frühzeitig für die Abschaffung der Sklaverei ein. Jenny Uglow schreibt: »Sie leisteten Pionierarbeit beim Zollsystem, beim Kanalbau und bei den neuen Fabrikstrukturen. Es war diese Gruppe, die der Nation eine funktionierende Dampfkraft bescherte... Sie alle... übertrugen ihren Glauben an das Experiment und ihren Fortschrittsoptimismus auf ihr Privatleben wie auf die nationale Politik und auf ihre Reformbestrebungen... Sie waren sich bewusst, dass Wissen immer etwas Vorläufiges ist, hatten aber begriffen, dass Wissen Macht bedeutet, und gefunden, dass diese Macht uns allen gebührt.«[37]

Doch überlassen wir Robert Schofield das letzte Wort über die Errungenschaften und Bedeutung der Lunar Society: »Die vornehme, auf Staat und Brauchtum beruhende Gesellschaft mochte nach wie vor um Land und Titel besorgt gewesen sein, ihre Zeit noch immer mit Debatten in einem unrepräsentativen Parlament verbringen, über Literatur und Kunst in den Londoner Cafés parlieren und sich trinkend und spielend bei White's [einem Herrenclub] die Zeit vertreiben: Doch die Welt, die sie kannte, war ein Schatten. Die Gesellschaft hingegen, in der das Ansehen einer Person von unaffektierten Erfolgen bestimmt wurde, erschuf sich auch eine andere, ihr genehmere Welt. Der Französische Krieg und die Art der herrschenden politischen Repräsentanz verhinderten den formellen Austausch des Alten durch das Neue, doch es war die neue Gesellschaft, die über die nötige Macht verfügte, um den Krieg zu gewinnen... Die Lunar Society repräsentiert diese ›andere Gesellschaft‹, die sich nun Raum verschaffte. Und wenn es denn tatsächlich so ist, dass sie sich nur qualitativ von anderen Provinzgruppen unterschied, dann bedürften auch diese Gruppen einer gründlicheren Erforschung, denn in der Lunar Society war der Keim für das England des 19. Jahrhunderts angelegt.«[38]

*

Im Jahr 1791 wurde Joseph Priestley in seinem Haus in Birmingham überfallen, weil man (fälschlicherweise, wie sich bald herausstellen sollte) glaubte, dass er ein Dinner »zur Feier des Sturms auf die Bastille« gegeben habe. Es war nicht der erste Übergriff gewesen, sondern vielmehr Teil der konzertierten Aktion einer Bewegung, die sich gegen Personen richtete, denen man Sympathien mit der Französischen Revolution unterstellte. Priestleys Haus wurde geplündert und gebrandschatzt. Die Gerüchte sollten zwar schon bald verstummen, doch Priestley hatte genug: Er verließ Birmingham und übersiedelte in die Vereinigten Staaten – ein dramatischer und entlarvender Schritt, denn viele nonkonformistische Wissenschaftler und Erfinder dieser Zeit empfanden – was immer sie auch von der *Französischen* Revolution gehalten haben mochten – eine Menge Sympathie für die *amerikanische* Variante, da die Ziele der Aufklärung in Amerika so erfolgreich umgesetzt zu werden schienen. Doch es gab noch einen anderen drängenden Grund von eher praktischer Natur: Die neuen Fabrikstädte wie Birmingham und Manchester waren bis zur industriellen Revolution reine Dörfer gewesen und deshalb nach wie vor völlig unterrepräsentiert im Parlament.[39]

Der religiöse und der politische Dissens waren zwei Seiten derselben Medaille. Männer wie Priestley und Wedgwood favorisierten einen freien Handel, was den Wünschen des Landadels ja diametral entgegenstand, da er vor allem die hohen Preise für das Getreide wahren wollte, das auf seinem Grund und Boden angebaut wurde. Das Ganze sollte sich schließlich zu massiven Unstimmigkeiten hochschrauben. Der deutsche Soziologe Max Weber propagierte als Erster die Theorie, dass der Aufstieg des Protestantismus (vor allem des Calvinismus) entscheidend zur modernen Industriewirtschaft beigetragen habe. Zwar hatten andere schon ähnliche Beobachtungen gemacht, doch Weber war der Erste, der eine kohärente Erklärung für die Fragen anbot, warum es überhaupt zu dieser Unstimmigkeit gekommen war und warum ausgerechnet die Protestanten solchen Einfluss ausübten. Seiner Meinung nach hatte die calvinistische Prädestinationslehre unter den Gläubigen die konstante Angst geschürt, dass sie womöglich gar nicht zu den Christen gehörten, die für die Erlösung ausersehen waren. Und dieser Angst konnte man nur begegnen, wenn man sie die Art von Leben führen ließ, von dem sie *glaubten,* dass es zur Erlösung führen würde – eine Lebensweise, die schließlich in die »innerweltliche Askese« führte und als einzig gerechtfertigte Aktivitäten beten und arbeiten zuließ. Ein guter Calvinist war sparsam bis zum Geiz, fleißig und entsagungsvoll, und diese Weltanschauung, so Weber weiter, sollte sich im Lauf der Zeit verbreiten. Sogar Menschen, die gar nicht an das Prinzip der Erlösung glaubten, lebten – und arbeiteten – nun wie Calvinisten, einfach weil sie das Gefühl hatten, damit das Richtige zu tun.[40]

Die protestantische Ethik, wie man diese Lebenseinstellung schließlich taufte, tat jedoch mehr, als nur Sparsamkeit, Fleiß und Entsagung einzubläuen – sie versorgte uns mit der Weltanschauung, dass nur dann etwas real ist, wenn es für jeden wahrnehmbar, beschreibbar und, ja, berechenbar ist, jedenfalls sofern er über die richtigen Instrumentarien dafür verfügt. Der protestantische Geist förderte eine grundsätzliche Unterscheidung zwischen zwei Arten von Wissen im Weber'schen Sinne: auf der einen Seite die höchst persönliche, religiöse oder spirituelle Erfahrung, auf der anderen Seite den kumulativen wissenschaftlichen und technischen Fortschritt, an dem jedermann teilhaben konnte. Und so sehen es viele noch heute.[41]

*

Wir betrachten die Entwicklung der protestantischen Ethik heute als ein religiös-soziologisches Phänomen. Die *politischen* Auswirkungen der industriellen Revolution waren jedoch andere. Insbesondere in den ersten Jahrzehnten förderten sie vor allem das Anwachsen der Kluft zwischen Arm und Reich und verwandelten das typische Bild von Armut und Elend auf dem Land in das typische Bild der städtischen Armut. In der Enge dieser neuen, schmutzigen, verwahrlosten Städte spitzte sich der Unterschied zwischen Arbeitgebern und Arbeitnehmern schließlich so erbittert zu, dass er die Politik fast zwei Jahrhunderte lang in ihrer Art vollständig verändern sollte.

Wie Edward P. Thompson in seiner Studie *The Making of the English*

Working Class (Die Entstehung der englischen Arbeiterklasse) nachwies, war die typische Erfahrung der arbeitenden Bevölkerung zwischen 1790 und 1830 – in der Zeit, als sich ihre Lage weltweit verschlechterte – ein ständig fortschreitender Einengungsprozess. Der englischen Arbeiterklasse brachte die industrielle Revolution vor allem den allgemeinen Rechteverlust der Besitzlosen und die zunehmende Armut von Gewerbetreibenden, verursacht durch »die bewusste Manipulation von nichtselbstständiger Arbeit, um Unsicherheit zu schüren«.[42] Vor 1790 hatte die Arbeiterklasse in England viele Gesichter gehabt. Und die Erfahrung mit der Unterdrückung und dem progressiven Verlust ihrer Rechte wirkte sich nun zwar zuerst schwächend aus, sollte sich dann aber als eine derart einigende und stärkende Kraft erweisen, dass auch sie zur Ausbildung der modernen Politik beitrug.

Auf der anderen Seite dieser immer größer werdenden Kluft standen die Interessen der Fabrikanten und ihrer Blutsbrüder aus dem Unternehmertum, die dank der materiellen Gewinne, die die industrielle Revolution einfahren konnte, und aufgrund der Tatsache, dass deren menschliche Kosten völlig ignoriert wurden, nun zu einer treibenden Kraft der Staatspolitik geworden waren und diese Rolle erstmals in der Geschichte dem Adel und Großgrundbesitz streitig machten. Dass das gelang, hatte nicht nur mit dem großen Gewicht der urbanen Fabrik, sondern auch mit dem Fakt zu tun, dass dem traditionellen System der Großgrundbesitzer (mitsamt all den dazugehörigen Feudalprivilegien und kommunalen Rechten) durch das uneingeschränkte Parzellierungsrecht bewusst der Garaus gemacht worden war und damit das, was vom ländlichen Leben noch übrig war, radikal transformiert wurde. Es geschahen also zwei Dinge zugleich: Zum einen wurden die arbeitenden Klassen vom Land vertrieben und in die ungesunde Enge der verdreckten Städte gezwungen; zum anderen vermehrte sich explosionsartig eine Mittelschicht, die zu einem immer vertrauteren Anblick wurde – Büroangestellte, Techniker, Angehörige der Lehrberufe, dazu das parallel entstehende Dienstleistungssystem der vielen Hotels, Restaurants und all der anderen Einrichtungen, die für die wachsende Zahl der Reisenden nötig geworden waren, nun, da die Eisenbahn und das Eisenschiff für viele zu einer erschwinglichen Realität geworden waren. Und diese aufstrebende Bourgeoisie war kein bisschen weniger selbstbewusst als das Proletariat. Tatsächlich *definierte* sie sich sogar meist über ihre Verschiedenheit von der Arbeiterklasse – auch das etwas völlig Neues.[43]

Diese Aufspaltung, die man als das bestimmende Merkmal der viktorianischen Gesellschaft betrachten kann, führte ihrerseits zu ganz neuen Ideen auf zwei entscheidenden Gebieten: der Ökonomie und der Soziologie.

Bis zur industriellen Revolution war der Merkantilismus die vorherrschende ökonomische Orthodoxie gewesen, jener Denkansatz also, der als Erstes von den Physiokraten in Frankreich und ihrem Motto des *laissez faire* unterminiert werden sollte, das, man erinnere sich, zuerst von François Quesnay propagiert worden war. Außerhalb Frankreichs sollten ihre Ideen zwar nie wirklich Fuß fassen, doch es waren ihre Vorstellungen vom Waren*verkehr*, die schließlich von Adam Smith aufgegriffen wurden. Im Kontext dieses Kapitels sollte unbedingt erwähnt werden, dass sich Smith der menschenunwürdigen Folgen des Regimes der Fabriken für das Leben der Arbeiter absolut bewusst gewesen war und es vielmehr seine Anhänger waren, die hier willentlich ein Auge zudrückten. Smith selbst war davon überzeugt gewesen, dass sich die Lage der Arbeiter verbessern ließ, allerdings nur dann, wenn die Gesellschaft expandierte, was aus seiner Sicht wiederum nur in einer Atmosphäre des *laissez faire* geschehen konnte. Er fand (und stellte explizit fest), dass dem Arbeiter das gleiche Recht und die gleiche Freiheit in Bezug auf die Verfolgung eigener Interessen zustanden wie dem Fabrikanten. Die Natur des Menschen, erklärte er, müsse akzeptiert werden, wie sie sei, deshalb sei es auch nicht unter der Würde eines Menschen, wenn er das Streben nach privatem Glück und die Durchsetzung seiner eigenen Interessen als rühmliche Handlungsmaxime betrachte.[44] Aber Smith, ein gläubiger Mensch, wusste natürlich, dass man es mit dem Eigeninteresse auch zu weit treiben kann, deshalb zählte er im *Wohlstand der Nationen* beispielhaft gleich mehrere Unternehmen auf, die es überzogen und sich damit selbst ruiniert hatten.[45]

Kurzfristig hatte Smiths Studie den Arbeitgebern zur Zeit der industriellen Revolution die praktische Möglichkeit geboten, ihre Verhaltensweisen mit theoretischen Argumenten zu untermauern. Aber es waren zwei andere Ökonomen, die dem Ganzen schließlich die Wendung gaben, die es den Fabrikanten erlaubte, das Schlechteste aus ihrem System herauszuholen: Thomas Malthus und David Ricardo. Über Malthus haben wir bereits gesprochen, hier soll dem nur noch angefügt werden, dass es seine Schlussfolgerung war – die Nahrungsmittelproduktion lasse sich immer nur arithmetisch steigern, während die Bevölkerung immer exponentiell ansteige –, mit der man im 19. Jahrhundert die Auslegung legitimierte, dass sich die Lage der Masse mittel- und langfristig nicht verbessern lasse. Das war ein machtvolles Argument, nicht zuletzt auch gegen die Bereitstellung von öffentlichen oder privaten Wohlfahrtsmitteln.

David Ricardo war der Sohn eines jüdisch-holländischen Börsenmaklers, der von seiner Familie enterbt worden war, nachdem er anlässlich seiner Hochzeit zum Christentum konvertiert war. Man vermutete von jeher, dass diese persönlichen Lebensumstände sein Herz verhärtet hatten. Sicher ist jedenfalls, dass er zum Sprachrohr der »neuen herrschenden Klasse einer neuen Herrschaftsordnung« wurde.[46] Sein wesentlicher

Beitrag zur Wirtschaftstheorie lautete, dass der durch Arbeit erschaffene Wert höher sein müsse als der Wert, der in Form von Löhnen ausbezahlt wird, wenn die Industrie wirklich Erfolg haben wolle. Wenn man die Löhne auf einem niedrigen Niveau halte, das den Arbeitern nur den notwendigen Unterhalt garantiere, um unter ihresgleichen leben und den Fortbestand ihrer Art ohne weiteren Zuwachs und ohne Schwund sichern zu können, komme es weder zu einer allzu großen Kapitalakkumulation noch zu einer allgemeinen Überproduktion. Wie John Kenneth Galbraith seine Leser erinnerte, sollte genau diese Theorie schließlich zum »ehernen Lohngesetz« werden und festlegen, »dass alle, die arbeiten mussten, zur Armut bestimmt waren, und jeder andere Zustand das ganze Gebäude der Industriegesellschaft bedroht hätte«. Ricardo, der sich wegen seiner Reden als Parlamentsabgeordneter den Beinahmen »das Orakel« erworben hatte, glaubte wie Adam Smith, dass eine expandierende Wirtschaft immer einen allgemeinen Lohnanstieg zur Folge haben würde, doch das war auch schon seine einzige Konzession an die Armen. Als klassischer Vertreter des Laissez-faire-Kapitalismus, der Steuern nur als Schmälerung des Investitionskapitals betrachtete, sollte er nicht zuletzt Karl Marx provozieren.[47]

Jeremy Benthams Utilitarismus sei in diesem Kontext ebenfalls noch einmal erwähnt, da er mit der Produktionsmaximierung identifiziert wurde, also mit dem charakteristischsten Prinzip der Industriewirtschaft. Seine Ideen vom *felicific calculus* und dem »größtmöglichen Glück der größtmöglichen Zahl« hatte er bald schon durch die Aussage ergänzt, dass man die Härten, unter denen die Minderheit litt (beispielsweise im Hinblick auf Arbeitslosigkeit), unabhängig von ihrer aktuellen Schwere ganz einfach tolerieren müsse. Er verstieg sich sogar zu der Bemerkung, dass man sich gegen jedes Mitleid und gegen den Wunsch stählen müsse, für die wenigen einzutreten, damit man nicht das Wohlergehen der vielen gefährde.[48]

*

Nicht jedermann verstand es, sich so zu verhärten wie Ricardo oder Bentham. Auch Robert Owen nicht, der in seinen *Observations on the Effect of the Manufacturing System* zu dem Schluss kam, dass rund neunhunderttausend Familien in England in der Landwirtschaft arbeiteten, aber weit über eine Million (bei dramatisch steigender Tendenz) im Handel und in der Produktion. Owen brauchte von niemandem überzeugt zu werden, dass die langen Schichten in den Fabriken einen schrecklichen Tribut von der Gesundheit und der Würde der Arbeiter forderten. Das Arbeitsverhältnis in einer Fabrik, schrieb er, sei nichts als eine Barschaftsbeziehung ohne jede moralische Verantwortung. Und genau diese Absage an die Moral war für ihn der entscheidende Punkt. Der arme Mann »sieht überall die Jagd nach eigenem Wohlstand im wilden Postkutschengalopp«.⁴⁹ »Einem jeden wird unermüdlich eingebläut, billig zu kaufen und teuer zu verkaufen, doch um sich in dieser Kunst hervortun zu können, muss den Beteiligten auch ein starker Wille zu Lug und Trug eingeimpft werden. So wird also unter allen Händlerschichten ein Geist erzeugt, der die Offenheit, Aufrichtigkeit und Ehrenhaftigkeit zerstört, ohne die ein Mensch weder einen anderen glücklich machen noch selber Glück erfahren kann.«⁵⁰

Owen selbst hatte im Alter von zehn Jahren begonnen zu arbeiten, nachdem er aus seinem Geburtsort, dem walisischen Montgomeryshire, nach London übersiedelt war. Er kam voran, wurde zuerst Partner eines Unternehmens in Manchester, dann Geschäftsführer und Partner einer Baumwollspinnerei in New Lanark in Schottland. Dort führte er im Lauf der folgenden beiden Jahrzehnte seine berühmten Sozialreformexperimente im industriellen Umfeld durch. Er war schockiert gewesen, als er Lanark übernommen hatte. »Die Arbeiter führten ein müßiges Leben in Armut und für gewöhnlich von Schulden belastet; oft waren sie betrunken und handelten mit gestohlenen Waren. Sie waren es gewöhnt, zu lügen und zu streiten, untereinander waren sie nur in der heftigen Ablehnung ihrer Arbeitgeber eins.«⁵¹ Die Situation der Kinder war noch schlimmer als in jedem Dickens-Roman. Man holte sie sich aus den Edinburgher Armenhäusern und zwang sie von sechs Uhr morgens bis sieben Uhr abends zur Arbeit. So gesehen konnte Owens Beobachtung, dass »viele von ihnen zu Zwergen in Körper und Geist« wurden, gewiss niemanden überraschen.⁵²

Seine Reaktion darauf war radikal. Um die Leute von Diebstahl und Trunkenheit abzuhalten, erfand er ein System aus Brot und Peitsche. Das Mindestalter für arbeitsfähige Kinder hob er von sechs auf zehn Jahre an; er gründete Dorfschulen, wo den Jüngeren nicht nur Lesen und Schreiben beigebracht wurde, sondern auch, »wie sie sich amüsieren konnten«.⁵³ Er verbesserte die Wohnsituation, pflasterte Straßen, pflanzte Bäume und legte Gärten an. Zu seiner großen Befriedigung konnte er schließlich den Nachweis erbringen, dass diese Neuerungen nicht nur das Leben der Arbeiter verbessert, sondern auch ihre Produktivität gesteigert hatten, was ihn sofort veranlasste, sich landesweit für solche Maßnahmen einzusetzen.⁵⁴

Owen verfolgte einen Plan mit drei Zielen: Erstens sollte allen Kindern zwischen fünf und zehn Jahren ein kostenloser, vom Staat finanzierter Schulunterricht angeboten werden; zweitens forderte er Fabrikgesetze, die die tägliche Arbeitszeit auf eine bestimmte Stundenzahl begrenzten – womit er insofern erfolgreich war, als im Jahr 1819 tatsächlich ein entsprechendes Gesetz verabschiedet wurde, das Owen allerdings längst noch nicht weit genug ging; und drittens schließlich forderte er ein nationales

Wohlfahrtssystem. Dabei setzte er sich nicht für die Aushändigung von Bargeld ein, sondern vielmehr für Dorfkooperativen mit eigenen Schulen, jeweils umgeben von eigenem Land, das zur Autarkie der Bewohner beitragen, die Zahl der Armen proportional zur Einwohnerzahl verringern und sie in nützliche Mitglieder der Gesellschaft verwandeln sollte. Ein oder zwei solche Dörfer wurden tatsächlich erprobt (zum Beispiel Orbiston, rund fünfzehn Kilometer von Glasgow entfernt), doch im großen Ganzen wurde nichts aus dieser Idee. Owen war im Übrigen ein heftiger Kritiker jeder organisierten Religion, was natürlich zur Folge hatte, dass er viele potenzielle Wohltäter vergraulte. Doch seine beiden anderen Ideen sollten in der Tat greifen, auch wenn sie nicht so hoch und so weit flogen, wie er es sich gewünscht hatte; aber zwei von drei – das ist nicht schlecht. In gewissem Maße gelang es ihm damit tatsächlich, der arbeitenden Klasse etwas von der Würde zurückzuerobern, die sie mit dem Aufstieg der Fabrikstadt verloren hatte.[55]

*

Wie ein Besuch in Ironbridge im englischen Shropshire noch heute bestätigt, war England im 18. Jahrhundert erst halb industrialisiert gewesen. Die ersten Fabriken wurden buchstäblich auf der grünen Wiese auf dem platten Land errichtet. Erst als sie sich in Städte verwandelten, wurde der ganze Schrecken der Industrialisierung wirklich sichtbar, und erst im 19. Jahrhundert sollten sich die Bewohner dieser Städte angesichts der parallel erweiterten Kluft zwischen Arm und Reich zu einer selbstbewussten, aber verbitterten Klasse verbünden, die sich von den gewaltigen Reichtümern, die die Industriellen anzusammeln begonnen hatten, ausgeschlossen sah. Eric Hobsbawm zufolge starben viele typische vorindustrielle Traditionen wie Ringkämpfe, Hahnenkämpfe oder Stierhatzen in den vierziger Jahren des 19. Jahrhunderts endgültig aus. In dieser Zeit ging auch die Ära des Volkslieds zu Ende, das der wichtigste musikalische Ausdruck des arbeitenden Menschen gewesen war.[56]

Schon viele Historiker haben den deutlich wahrnehmbaren *Verfall* der Lebensbedingungen für die arbeitenden Klassen zu Beginn des 19. Jahrhunderts als den alles entscheidenden Knackpunkt ausgemacht. Hobsbawm ergänzte das mit einigen höchst eindringlichen Beispielen: Zwischen 1800 und 1840 herrschte Fleischknappheit in London; von achteinhalb Millionen Iren verhungerten nahezu eine Million zwischen 1846 und 1847; die Durchschnittslöhne der Handweber fielen zwischen 1805 und 1833 von dreiundzwanzig Schilling pro Woche auf sechs Schilling und drei Pence; die Durchschnittsgröße der Bevölkerung – immer ein guter Indikator für die Ernährung – stieg zwischen 1780 und 1830 an, fiel im Lauf der nächsten dreißig Jahre wieder, um dann erneut anzusteigen. Sogar Zeitgenossen bezeichneten die vierziger Jahre des 19. Jahrhunderts als die »Hungry Forties«. Unruhen brachen meist aufgrund von Lebensmittelknappheiten aus – in Großbritannien zum Beispiel in den Jahren 1811 bis 1813, 1815 bis 1817, 1819, 1826, 1829 bis 1835, 1838 bis 1842, 1843 bis 1844 und 1846 bis 1848. Hobsbawm zitiert einen Aufständischen aus Fens im Jahr 1816: »Hier stehe ich zwischen Erde und Himmel, Gott helfe mir. Ich würde lieber mein Leben verlieren, als so nach Hause zu gehen. Brot will ich, und Brot werde ich haben.« Im Jahr 1816 wurden in allen östlichen Landesteilen Dreschmaschinen zerstört und Heuschober in Brand gesetzt, um den Forderungen nach einer Garantie des Existenzminimums Nachdruck zu verleihen; 1822 folgten East Anglia; 1830 alle Landstriche zwischen Kent und Dorset, Somerset und Lincoln; 1843 bis 1844 noch einmal die Midlands im Osten und andere östliche Landesteile. Zuerst war es bei diesen Aufständen tatsächlich noch mehrheitlich darum gegangen, unverzüglich Lebensmittel für die Familie zu bekommen; ungefähr 1830 begann sich der Stil der Unruhen jedoch zu verändern. Schließlich kam die Idee von Gewerkschaften auf, deren schärfste Waffe der Generalstreik war (den man nicht ohne Ironie auch den »heiligen Monat« nannte). Was all diese Bewegungen letztlich zusammenhielt – oder nach ihrer ständigen Niederschlagung und Auflösung immer wieder neu aufleben ließ –, war die allgemeine Unzufriedenheit von Menschen, die nichts anderes als Hunger kannten, und das in einer Gesellschaft, die vor Geld geradezu stank. Sie waren in einem Land versklavt, das sich seiner Freiheit rühmte; sie flehten um Brot und Hoffnung und bekamen nichts als Steine und Verzweiflung. Das ist nicht nur die Meinung eines modernen marxistischen Historikers. Auch ein Amerikaner, der 1845 durch Manchester kam, vertraute einem Briefadressaten an: »Die erbärmliche, betrogene, unterdrückte, zerschlagene menschliche Natur liegt der Gesellschaft blutig zerstückelt vor Augen... Jeden Tag meines Lebens danke ich dem Himmel, dass ich kein armer Familienvater in England bin.«[57]

Im Jahr 1845 arbeitete Friedrich Engels in Manchester (wo er auch Owen begegnete) als Angestellter im Baumwollhandel. Er konnte also mit eigenen Augen sehen, welche Lage um ihn herum herrschte. Und was er sah, genügte ihm, um sich Gedanken über das neue industrielle England zu machen. In seiner noch im selben Jahr publizierten Schrift *Die Lage der arbeitenden Klasse in England* schilderte er in verzweifelten Details die Misere und das schiere Elend Tausender von Menschen. Doch so lebendig seine Darstellung auch war, letztlich bereitete Engels damit nur die Bühne, auf der sein Freund und Mitstreiter die Welt im Sturm erobern sollte.

Karl Marx war tief bewegt von Engels' Schrift, doch John Kenneth Galbraith schrieb einmal, dass das revolutionäre Potenzial bei ihm vermutlich von Natur aus angelegt war. Sein ganzes Leben lang war er besessen gewesen vom Thema Freiheit; auch was ihn zu seiner Lebensleistung antrieb, lässt sich wohl nur als analytische Behandlung der Frage betrachten, wie es geschehen konnte, dass die dem Menschen innewohnende Freiheit vor ihm selbst verborgen werden konnte. Marx wurde als Sohn eines Justizrats, Advokaten-Anwalts und Vorstehers der lokalen Anwaltschaft in Trier geboren und war somit in einer Familie aufgewachsen, die zu den örtlichen Honoratioren zählte. Seine Hochzeit mit Jenny von Westphalen sollte diese gesellschaftliche Position noch festigen. Der persönliche Umbruch kam, als er zum Studium nach Berlin ging und zum Kreis der Junghegelianer stieß. Hegels Gedanken hatten um den ständigen Fluss gekreist, in dem sich das wirtschaftliche, soziale und politische Leben bewegte – seine berühmte Theorie von These, Antithese und Synthese: Kaum habe sich ein bestimmter Zustand entwickelt, tauche ein zweiter auf, der ihn in Frage stelle. Für dieses Argument sprach damals gewiss mehr als heute, denn in der Zeit, als sich Marx mit Hegel auseinander setzte, tauchten gerade die neuen Industriellen auf und stellten die Macht des Ancien Régime in Frage. Ausschlaggebend war hier also der Begriff des *Wandels*. Die klassische Ökonomie, insbesondere das von Ricardo beschriebene System, ging davon aus, dass das entscheidende wirtschaftspolitische Ziel die Herstellung eines Gleichgewichts sein müsse, einer Situation also, in der sich die grundlegenden Beziehungen, die in der Industriegesellschaft zwischen Arbeitgeber und Arbeiter, zwischen Land, Kapital und Arbeit herrschten, niemals verändern konnten. Doch Marx hatte seine Lehre aus Hegels Theorien gezogen und dies keinen Moment lang akzeptiert.

Aber nicht alle Ansichten hatte er von Hegel oder aus Berlin bezogen. Wie bei Ricardo, so spielten auch bei Marx persönliche Erfahrungen eine große Rolle. Nach seiner Zeit in der preußischen Hauptstadt wurde er Redakteur der Kölner *Rheinischen Zeitung*, ein Presseorgan (und das ist ein wichtiger Fakt) der neuen Ruhr-Industriellen. Anfangs lief alles glatt, doch nach und nach begann die Zeitung politische Ansichten zu propagieren, die den Interessen vieler Leser widersprach. Marx trat zum Beispiel gegen das neue »Holzdiebstahlgesetz« und für das Recht der Besitzlosen ein, »Raffholz« in den nahe gelegenen Wäldern zu sammeln, wie es in vielen europäischen Ländern eine Tradition, hier aber erst jüngst verboten worden war, weil die neuen Industrien alles Holz brauchten. Damit wurde jeder arme Holzsammler zum Verbrecher abgestempelt. Marx trat aber auch für Änderungen des Scheidungsrechts ein und setzte damit die Rolle der Kirche deutlich herab. Schließlich wurde das Trommelfeuer seiner Leitartikel den Kölner Behörden zu viel, die Zeitung wurde verboten. Es begannen Marx' Wanderjahre. Zuerst ging er nach Paris, wo er Mitherausgeber der *Deutsch-Französischen Jahrbücher* wurde, von denen jedoch nur die erste Ausgabe erschien; dann schrieb er für das in Paris gedruckte

Wochenblatt *Vorwärts!*. Die Zensur griff ein, und die preußische Regierung setzte seine Ausweisung aus Frankreich durch, nachdem sie die Franzosen unzweideutig hatte wissen lassen, dass sie eine Aufenthaltsbewilligung für Marx als einen unfreundlichen Akt betrachten würde.[58] Marx zog nach Brüssel, wo ihm die preußische Regierung jedoch erneut nachstellte, und landete nach diversen Abenteuern und neuerlichen Ausweisungen schließlich in England.

Inzwischen war er natürlich ein anderer Mann geworden und hatte sich immer revolutionärere Ansichten angeeignet. In England begann er mit Engels das Projekt, das Galbraith »das gefeiertste – und am heftigsten angeprangerte – politische Pamphlet aller Zeiten« nannte: das *Manifest der Kommunistischen Partei*. Über den kapitalistischen Staat schrieben Marx und Engels zum Beispiel: »Die moderne Staatsgewalt ist nur ein Ausschuß, der die gemeinschaftlichen Geschäfte der ganzen Bourgeoisklasse verwaltet.« An anderer Stelle heißt es: »Die Gedanken der herrschenden Klasse sind in jeder Epoche die herrschenden Gedanken, d. h. die Klasse, welche die herrschende *materielle* Macht der Gesellschaft ist, ist zugleich ihre herrschende *geistige* Macht.«[59] Die Industriegesellschaft sahen sie in zwei grundlegend antagonistische Lager gespalten: Proletariat und Bourgeoisie. Marx erwärmte sich immer mehr für dieses Thema und machte sich schließlich an die Arbeit für sein gewaltiges dreibändiges Werk *Das Kapital*. Engels edierte den ersten Band und gab nach Marx' Tod im Jahr 1883 zwei weitere Bände heraus, die er aus dessen Notizen und handschriftlichen Unterlagen zusammengestellt hatte.

Es wäre gewiss unangemessen, Marx als einen reinen Ökonomen zu bezeichnen. Viele Menschen betrachten ihn neben Auguste Comte als den Vater der Soziologie, was sich natürlich hauptsächlich daraus erklärt, dass seine Interessen weit über die reine Ökonomie hinausgingen. Aus Marx' Sicht musste der Mensch Freiheit erst einmal *verstehen*, bevor er wirklich frei sein konnte; deshalb war es ihm auch immer ein Anliegen gewesen, die materiellen Kräfte zu verdeutlichen, die sich dem Verständnis von Freiheit historisch entgegenstellten. Der Mangel an Befähigung zu diesem Verständnis war für ihn eines der zentralen politischen Dramen.[60]

Marx war allem voran ein Materialist. Hegels Ideen von Geschichte als einer stufenweisen Entwicklung des Geistes im Zuge eines dialektischen Prozesses oder von der These, die zur Antithese führt, lehnte er rundweg ab. Aus seiner Sicht war der Lauf der Dinge die Folge von den materiellen Bedingungen, denen die Menschen ausgesetzt waren. Eines seiner Hauptargumente lautete denn auch, dass die Arbeitskraft und die bei der Arbeit angewandten Techniken den Menschen zur Zufriedenheit verhelfen konnten oder eben nicht. Er verwandte zwar nicht Hegels Begriff der Entfremdung, adaptierte ihn aber insofern, als er schrieb, dass der Mensch frei *erscheinen* könne (ebenfalls primär auf seine Arbeit bezogen), auch wenn er in Wirklichkeit in Ketten liege.

In den fünfziger Jahren des 19. Jahrhunderts vergrub sich Marx in einem der vielen Lesesäle des British Museum und arbeitete wie der Teufel. Er konsolidierte den Entwurf seiner Denkschrift über die kapitalistischen und industriellen Praktiken, mit der er seine Behauptung untermauern wollte, dass die materiellen gesellschaftlichen Bedingungen – die Art und Weise, wie Arbeit organisiert und Wohlstand produziert werden – *jeden* Aspekt in der Gesellschaft prägten, von unserer Denkungsart bis hin zu den Institutionen, die unsere Gesellschaft zulässt und befürwortet. Es war ein gewaltiges Vorhaben, und es beweist, dass Marx sehr viel mehr war als ein Ökonom. Sein Hauptargument bezog sich auf die Produktionsbedingungen als dem Fundament der Gesellschaft. »Alle gesellschaftlichen Institutionen – das, was [Marx] den ›Überbau‹ nannte – ergeben sich daraus, seien es Gesetz, Religion oder die diversen Elemente, aus welchen der Staat besteht. Mit anderen Worten: Es ist die Macht, die zählt.«[61] Dann machte er sich mit der gleichen Detailversessenheit (das Werk hat drei Bände!) daran, die Konsequenzen dieser grundlegenden Realität für den Einzelnen aufzuzeigen. Und gerade in diesem Zusammenhang war seine Adaption der Hegel'schen »Entfremdung« die gewiss potenteste Idee. Marx behauptete, dass der Arbeiter in einer Industriegesellschaft, in der die Arbeitsteilung das wesentliche Mittel zum Gewinn von mehr Effizienz und einem Mehrwert ist, von seinem Wesen entfremdet wird. Was er damit meinte, war, dass allein schon die Logik der Fabrikorganisation den Menschen zum Automaten macht. Das Hauptmerkmal des Fabrikalltags ist demnach die Abwertung des Arbeiters und seiner Identität, da er hasst, was er tut, und obendrein keinerlei Kontrolle über die geleistete Arbeit besitzt. Ebenso abwertend ist, dass er seine eigenen Fähigkeiten damit gezwungenermaßen nie ausschöpfen kann. Das ist Entfremdung.[62]

Dank der herrschenden Ideologien sei sich der Arbeiter seiner Entfremdung jedoch nicht bewusst, schrieb Marx. Denn eine Folge der gesellschaftlichen Organisationsweisen und der Organisation von Macht sei das Entstehen von Vorstellungen – Ideologien eben – über den Zustand dieser Gesellschaft. Dazu zählten auch Theorien von der menschlichen Natur, die den Interessen der herrschenden Klasse dienten und zu deren Machterhalt beitrügen, größtenteils aber falsch seien. Die organisierte Religion hielt Marx für ein gutes Beispiel, um die Funktionsweisen von Ideologien verdeutlichen zu können: Sie lehre die Menschen, sich Gottes Willen zu unterwerfen – dem Status quo – und von jeder Aktion Abstand zu nehmen, die diesen Status verändern könnte.[63]

Marx war nicht nur mehr als ein Ökonom, in gewisser Weise war er auch mehr als ein Soziologe, ja, letztlich fast ein Philosoph. Zwar spricht er nirgendwo im *Kapital* über die »menschliche Natur«, wie es von einem

Philosophen oder Theologen zu erwarten gewesen wäre, aber genau das ist der springende Punkt: Für ihn gab es keine abstrakte Wesenheit des Menschen. Aus seiner Sicht entwickelte sich das Ich-Bewusstsein einerseits aus der materiellen Lage und aus den Beziehungen, die der Mensch zu anderen pflegt und die in seinem Leben eine Bedeutung haben, andererseits durch die ökonomischen, sozialen und politischen Kräfte, die ihn prägen. Der Knackpunkt – der viele Menschen irritierte – war hier also die Implikation, dass der Mensch seine Natur ändern könne, indem er seine Lebensumstände ändere. Die Revolution war nicht nur etwas Ökonomisches, sie war auch etwas Psychologisches.

Das letzte Element im Zusammenhang mit dem Marx'schen Weltbild war der bei vielen umstrittenste Aspekt, nämlich die Vorstellung, dass sein Werk wissenschaftlich fundiert sei, dass er bei seinen Nachforschungen im British Museum etwas ausgegraben habe, das bislang versteckt gewesen und durch ihn wissenschaftlich objektiv enthüllt worden sei – was zugleich bedeutete, dass seine Analyse eine unvermeidliche Progression offenbarte. Viele erhoben Einwände, für andere war dem »Marxismus« damit der Charakter eines chiliastischen Glaubens verliehen worden, und das umso mehr, als das *Kapital* die Menschheitsgeschichte ja in einzelne Stadien aufgliedert, die jeweils von den vorherrschenden Produktionsweisen geprägt werden. Den Ursprung der modernen Welt sah Marx im Übergang vom Feudalismus zum Kapitalismus, und genau darauf baute er seine wohl berühmteste These auf: Wirtschaftliche Instabilität und Klassenkampf seien der Produktionsgeschichte inhärent und könnten letztendlich nur zur Revolution und einer endgültigen Transition – zum Kommunismus – führen. »Die Stunde des kapitalistischen Privateigentums schlägt.« (Vor den Begriff »Revolution« hatte Marx das Wort »Auflösung« gesetzt.)[64]

Die Wahl des richtigen Zeitpunkts war für die Veröffentlichung des *Kapitals* maßgeblich. Hier war nun eine neue Weltanschauung, eine Theorie, die über das Ökonomische, das Soziologische, ja sogar über das Politische hinausging und von einer nachaufklärerischen wissenschaftlichen Aura umgeben war. In einer Zeit, in der die Religion so sichtbar versagt hatte, bot sie ein allumfassendes Verständnis von den Lebensverhältnissen des Menschen oder gab zumindest vor, es anzubieten. Und damit wurde Marx im Lauf der sechziger Jahre des 19. Jahrhunderts selbst zu einer politischen Figur. Nach der Veröffentlichung des ersten Bandes im Jahr 1867 vereinnahmten ihn alle europäischen Revolutionsbewegungen, weil sie glaubten, dass er der revolutionären Aktion nach Jahren der Forschung im British Museum die wissenschaftliche Berechtigung verschafft habe. Es waren die Ideen von Marx, auf der die »Internationale Arbeiterassoziation« beruhte (wie die 1864 gegründete Erste Internationale hieß), die erstmals den Begriff »Marxismus« in die Welt setzte.[65]

*

Zu den künstlerischen Reaktionen auf die industrielle Revolution zählten eine Reihe von »Industrieromanen« englischer Schriftsteller, die alle in England spielten, darunter *Mary Barton* (1848) und *North and South* (1855) von Elizabeth Gaskell; *Sybil* (1845) vom späteren britischen Premierminister Benjamin Disraeli; *Alton Locke* (1850) von Charles Kingsley; *Felix Holt* (1866) von George Eliot und *Harte Zeiten* (1854) von Charles Dickens, mit dem dieses Kapitel begann. Der rote Faden durch diese Werke war nicht nur die Kritik an der neuen Gesellschaft, sondern auch die Angst vor der Gewalt, die sich nach Meinung vieler jederzeit in der Arbeiterklasse Bahn brechen konnte.

Einige der erwähnten *Bücher* sollten zwar großen Einfluss ausüben und bis heute ihre Wirkung beibehalten, doch aus der Perspektive des 21. Jahrhundert und dem Blickwinkel einiger bemerkenswerter Beobachter scheint der Gebrauch bestimmter *Wörter* von noch größerer Bedeutung zu sein. Der englische Kritiker Raymond Williams zum Beispiel verdeutlichte, dass »in den letzten Jahrzehnten des 18. und in der ersten Hälfte des 19. Jahrhunderts diverse neue Wörter – die inzwischen von höchster Bedeutung sind – auftauchten und in den englischen Sprachgebrauch eingingen oder, wo sie bereits verwendet wurden, eine entscheidend neue Bedeutung annahmen«. All diese Wörter spiegelten neue Ideen wider, die im Zusammenhang mit dem tiefgreifenden Umbruch der traditionellen Lebens- und Denkweisen aufgetaucht waren, und »bezeugen einen generellen Wandel der typischen Denkweisen über unser Alltagsleben«. Es handelt sich um die Wörter »Industrie«, »Demokratie«, »Klasse«, »Kunst« und »Kultur«.[66]

Vor der industriellen Revolution ließ sich das englische Wort *industry* mit Begriffen wie »Fertigkeit, Fleiß, Ausdauer, Sorgfalt« umschreiben. Diese traditionellen Definitionen sind zwar auch heute noch gebräuchlich, doch das Wort »Industrie« wurde inzwischen weltweit zum kollektiven Begriff für Herstellungs- und Produktionsstätten und deren typische Aktivitäten.[67] In der englischen Sprache folgten diesem Wort die Begriffe *industrious* (fleißig) und, wie auch in anderen Sprachen, »industriell« oder seit 1830 »Industrialismus«. Der Schlüsselbegriff »industrielle Revolution« wurde von französischen Schriftstellern in den zwanziger Jahren des 19. Jahrhunderts geprägt, und zwar als expliziter Querverweis auf die Französische Revolution. (Einige Linguisten schreiben allerdings Engels den erstmaligen Gebrauch zu.) »Demokratie« war zwar ein schon seit griechischen Zeiten bekannter Begriff für die Regierung »durch das Volk«, fand jedoch erst zu Zeiten der amerikanischen und Französischen Revolution Eingang in die Sprachen. England bezeichnete sich nicht als eine Demokratie, obwohl es seit der *Magna Carta Libertatum* oder dem Commonwealth oder der Glorious Revolution im Jahr 1688 zumindest theoretisch als solche hätte betrachtet werden können. Ende des 18. Jahrhunderts wurde der Begriff der Demokratie in England mehr oder weniger mit dem Jakobinismus oder der Herrschaft des Mobs gleichgesetzt. »Am Ende des 18. und zu Beginn des 19. Jahrhunderts wurden Demokraten gemeinhin als gefährliche und subversive Aufwiegler aus dem Pöbel betrachtet.« Der englische Begriff *class* – im modernen Sinn – datiert ungefähr aus dem Jahr 1740; davor war er letztlich nur im Lehrbetrieb zur Kennzeichnung von einzelnen Schülergruppen verwendet worden. Im gesellschaftspolitischen Sinn tauchte zuerst der Begriff *lower class* als Ergänzung des älteren Begriffs der *lower orders* (Unterschichten) auf, um das Jahr 1790 gefolgt von dem Begriff *higher classes*. Erst dann kam die Bezeichnung *middle* oder *middling classes* für die Mittelschicht auf, um das Jahr 1815 gefolgt von den *working classes* und kurz darauf von den *upper classes*. Die Begriffe »Klassenvorurteil, Klassenrecht, Klassenbewusstsein, Klassenkampf und Klassenkrieg folgten im Verlauf des 19. Jahrhunderts«.[68] Williams ist zwar nicht so naiv zu behaupten, dass dies der Beginn der gesellschaftlichen Spaltung in England gewesen sei, aber doch felsenfest davon überzeugt, dass sich in der neuen Verwendung dieser alten Begriffe oder in den neu geprägten Wörtern die spaltende Art dieses Umbruchs spiegelte. Die Menschen waren sich der gesellschaftlichen Divergenzen bewusster geworden und zogen deshalb den weniger deutlich eingrenzenden Begriff der »Klasse« dem bis dahin (und nun zunehmend seltener) verwendeten Wort »Rang« vor.

In der gewandelten Bedeutung des Begriffes »Kunst« sah Williams große Ähnlichkeiten mit der gewandelten Verwendung des Wortes *industry*. Als *art* wurde in England ursprünglich jede Art von »Geschicklichkeit« bezeichnet, und deshalb galt auch jede Person mit einem besonderen Geschick als *artist*, was jedoch gleichbedeutend mit *artisan* (Kunsthandwerker) war. Dann begann man unter *art* plötzlich eine ganz spezifische Begabung zu verstehen, nämlich die Fähigkeit, seiner Phantasie schöpferisch Ausdruck zu verleihen. Wurde der Begriff *Art* mit großem A geschrieben, bezeichnete er hingegen eine besondere Wahrheit – die der eigenen Vorstellungskraft entsprungene Wahrheit des Künstlers, welche den *artist* zu einem besonderen Menschen machte. Parallel dazu entstand als Name für die Beurteilung von Kunst das Wort »Ästhetik«. Alle Künste, ob Literatur, Musik, Malerei, Bildhauerei oder Theater, wurden nun unter diesem Aspekt beleuchtet, als sei ihnen etwas Grundlegendes gemein, das sie von anderen menschlichen Fertigkeiten unterschied – die Unterscheidung zwischen dem Künstler auf der einen und dem Kunsthandwerker oder Handwerker auf der anderen Seite war geboren. Zugleich begann man sich unter einem Genie – obwohl der Genius ursprünglich nur als eine »charakterliche Veranlagung« verstanden wurde – eine »erhabene schöpferische Kraft« vorzustellen.[69]

In dem Bedeutungswandel des Begriffs »Kultur« kam vielleicht die interessanteste Reaktion von allen zum Ausdruck. Ursprünglich war damit die Kultur *von* etwas bezeichnet worden, also im biologischen Sinne, wie zum Beispiel die Eingriffe des Menschen in das natürliche Pflanzenwachstum. Der Bedeutungswandel fand hier in mehreren Stufen statt: Zuerst nahm das Wort die Bedeutung »des Allgemeinzustands oder der Beschaffenheit des Geistes« an, was im engen Zusammenhang mit der Vorstellung von menschlicher Vollkommenheit stand; dann erhielt es die Bedeutung »des Allgemeinzustands der geistigen Entwicklung in der Gesellschaft als solcher«, danach die »der Gesamtheit aller Künste« und im späteren Verlauf des Jahrhunderts schließlich die von »einer ganzen Lebensart im materiellen, intellektuellen und spirituellen Sinne«. Matthew Arnold definierte Kultur in seinem Buch *Culture and Anarchy. An Essay in Political and Social Criticism* (1869) als eine Reise ins Innere, als den Versuch, uns von unserer eigenen Ignoranz zu befreien, als »ein Streben nach absoluter Vollkommenheit mittels des Bemühens, hinsichtlich all der uns betreffenden Angelegenheiten das Beste zu finden, was auf dieser Welt gedacht und gesagt wurde, um dann mit Hilfe dieses Wissens den Bestand an Vorstellungen und Gewohnheiten, denen wir standhaft, aber mechanisch folgen, mit einem Schwall frischer und losgelöster Gedanken zu beurteilen«.[70] Arnold entdeckte in jeder Klasse der neuen industrialisierten Gesellschaft einen »Überrest«, eine Minderheit neben der prägenden Mehrheit, die sich nicht von den Durchschnittsvorstellungen ihrer Klasse »behindern« ließ und sich auf die Suche nach menschlicher Vollkommenheit begab. Mittels Kultur in dem von ihm definierten Sinn entwickelten solche Individuen also ihr »bestes Ich«, um Maßstäbe im Hinblick auf Schönheit und menschliche Vollkommenheit zu setzen und die Masse Mensch zu »retten«. Aus Arnolds Sicht war das ganz und gar kein elitäres Unterfangen. Doch seine Ideen lagen tatsächlich weitab von den Vorstellungen eines Marx, Owen oder Adam Smith. Die Vorstellung von einer »Hochkultur« – was er hiermit in Wirklichkeit gemeint hatte – steht heute ohnedies unter heftigem Beschuss und befindet sich gewissermaßen bereits auf dem Rückzug. Umso wichtiger ist es, hier diese oft vernachlässigten Zeilen Arnolds anzufügen: »Kultur richtet unsere Aufmerksamkeit auf die natürliche Strömung von gesellschaftlichen Entwicklungen, auf deren beständiges Wirken, und erlaubt uns nie, mit starrer Zuversicht an irgendeinen Menschen und seine Handlungen zu glauben. Sie lässt uns nicht nur seine guten Seiten erkennen, sondern auch das Begrenzte und Flüchtige, das gezwungenermaßen in ihm ist.«[71]

*

Kenneth Pomeranz behauptete kürzlich in seinem Buch *The Great Divergence*, dass es der Wachstumsschub der Volkswirtschaften (und daher Kulturen) von England und Europa gewesen sei – der um 1750 beschleunigt wurde und schließlich die Ökonomien von Indien, China, Japan und dem Rest Asiens überflügelte –, welcher all die großen Ungleichheiten erschuf, von denen wir uns heute in aller Welt umgeben sehen und die man in einigen Regionen gerade zu berichtigen versucht. Zugleich stellte er jedoch fest, dass die industrielle Revolution, die man üblicherweise sowohl für diese Akzeleration als auch für diese Divergenzen verantwortlich macht, selbst nur Teil des Gesamtbilds gewesen sei. Um das ganze Ausmaß ihrer Auswirkungen zu verstehen, sollten wir zwei zusätzliche Faktoren berücksichtigen, nämlich erstens die Erfindung des dampfgetriebenen Transportwesens (insbesondere der Dampfschiffe), das die Kosten des Güterfernverkehrs massiv reduzierte und dadurch den zweiten Faktor, die Neue Welt, zu einem wachstumsfähigen Wirtschaftsmarkt machte. Dieses Neuland mit seinen mineralischen und anderen Bodenschätzen, seiner Sklavengesellschaft (die nie da gewesene Profite ermöglichte) und seinen riesigen Dimensionen bot genau die Art von Marktbedingungen, die gebraucht wurden, um mit den neuen Technologien und Ökonomien in dem von der industriellen Revolution ermöglichten Ausmaß reagieren zu können. Die Wirtschaftssysteme Indiens, Chinas und der anderen asiatischen Regionen seien Anfang des 18. Jahrhunderts keineswegs völlig anders – und gewiss nicht weniger durchdacht – gewesen als die europäischen. Die »zweite Akzeleration« des Westens (nach der ersten Welle zwischen 1050 und 1300) hätte ohne das Zusammentreffen dieser Faktoren nie so entscheidende Folgen haben können. Auch die Ausdehnung der Kolonialreiche spielte dabei eine Rolle, da es sich im Wesentlichen um geschützte Märkte handelte.[72]

*

Der industriellen Revolution war jedenfalls der gewiss wichtigste langfristige Effekt zu verdanken, nämlich die Tatsache, dass die Welt hundert Jahre lang, von 1815 bis 1914, in relativem Frieden lebte. Diese Verknüpfung wird nicht oft hergestellt, wurde aber überzeugend von Karl Polanyi in seinem Buch *The Great Transformation* dargestellt (1944; *Politische und ökonomische Ursprünge von Gesellschaften und Wirtschaftssystemen*). Denn er argumentierte, dass nicht nur die riesigen Vermögen, die während der industriellen Revolution angesammelt wurden, und die Aussicht auf ebenso große, wenn nicht noch größere künftige Vermögen, sondern auch der internationale Charakter so vieler neuer Industriezweige (Baumwollproduktion, Eisenbahn- und Transportwesen, Pharmaindustrie) und die Entwicklung des Anleihenmarkts (der seit dem 16. Jahrhundert so weit gereift war, dass Ausländer einen beträchtlichen Anteil an Staatsschulden – rund vierzehn Prozent – besitzen konnten) zum ersten Mal in der Geschichte ein deutliches »Friedensinteresse« geschaffen hatten. Und das, schrieb Polanyi, war unverkennbar ein Stadium der industriellen Revolution: »Nach 1815 kam es zu einem jähen und vollständigen Wandel. Das Stauwasser der Französischen Revolution floss in die steigende Flut der industriellen Revolution ein, indem es die Idee einführte, dass friedliche Geschäfte im allgemeinen Interesse liegen. Metternich verkündete, dass die Völker Europas nicht Freiheit, sondern Frieden wollten.«[73] Die Institution, die dieses »Friedensinteresse« am deutlichsten charakterisierte, war die *haute finance* (worunter Polanyi das *internationale* Finanzsystem verstand).

Polanyi bestritt nicht, dass es »Kleinkriege« (und mehr als nur eine Revolution) im 19. Jahrhundert gab, betonte jedoch, dass es zwischen 1815 und dem Ausbruch des Ersten Weltkriegs zu keinem übergreifenden oder langen Krieg zwischen den Großmächten gekommen war. (Lawrence James bezeichnet diese Periode als »kalten Krieg«.) Wie ungewöhnlich die Zeit tatsächlich war, lässt sich auch anhand der Statistik in Niall Fergusons Studie *The Cash Nexus* erkennen: Zwischen 1400 und 1984 brach in Europa durchschnittlich jedes vierte Jahr ein Krieg aus, in jedem siebten oder achten Jahr ein Krieg zwischen Großmächten (das heißt ein Konflikt, an dem mehr als nur eine Großmacht beteiligt war). Nun aber fungierte die Hochfinanz als das entscheidende Bindeglied zwischen der globalen politischen und ökonomischen Struktur. Natürlich setzte sich diese Hochfinanz nicht aus lauter Pazifisten zusammen, ebenso wenig wie sie Einspruch gegen irgendwelche kleineren, kürzeren oder lokal begrenzten Scharmützel erhob. »Doch wenn sich ein Krieg zwischen den Großmächten störend auf die monetären Fundamente des Systems ausgewirkt hätte, wären auch ihre Geschäfte beeinträchtigt worden.« Die Hochfinanz war weder dazu auserkoren, sich als ein Instrument des Friedens anzubieten, noch verfügte sie über eine spezifisch friedensstiftende Struktur, doch da sie unabhängig von jedem Staat agierte, stellte sie selbst eine neue Weltmacht dar. Die überwältigende Mehrheit der Staatsanleiher und anderer Investoren wäre beim Ausbruch eines großen Krieges »unweigerlich der erste Verlierer« gewesen, deshalb hatten diese Mächte auch ein begründetes persönliches Interesse am Erhalt des Friedens. Der springende Punkt war, so Polanyi weiter, dass Kredite und die Erneuerung von Krediten immer von der jeweiligen Kreditwürdigkeit und die Kreditwürdigkeit ihrerseits immer vom rechten Verhalten abhängig gemacht wurden. Das spiegelte sich auch in den Prinzipen von Rechtsstaatlichkeit und einer angemessenen Haushaltsabwicklung wider. Polanyi zitiert mehrere Beispiele für Länder, in denen in Wirklichkeit die Hochfinanz die Regierungszügel in der Hand gehalten hatte (zumindest einige Finanzmogule und zumindest eine bestimmte Zeit lang): Sowohl in der Türkei als auch in Ägypten und Marokko überwachte die Hochfinanz die Staatsfinanzen, üblicherweise durch die Kontrolle von Schulden, die die politische Stabilität bedrohten. Auch das bewies für Polanyi, dass das Unternehmertum ein Interesse am Erhalt des Friedens hatte. Es war die Zeit, in der Großfinanziers wie die Rothschilds die Bühne betraten. James de Rothschild ging 1830 sogar so weit, den Preis zu berechnen, den er im Fall eines Kriegs zu zahlen haben würde: Wäre es zu Kampfhandlungen gekommen, wären seine Einkünfte um dreißig Prozent gesunken. Disraeli berechnete, dass die französisch-italienische Kampfansage an Österreich im Jahr 1859 sechzig Millionen Sterling an der Börse gekostet hatte; und der Marquis von Salisbury bemerkte im Hinblick auf die mangelnde Bereitschaft, in Irland zu investieren: »Kapitalisten ziehen den Frieden und drei Prozent jenen zehn Prozent vor, die nur zum Preis von Kugeln im Frühstückssalon zu haben sind.« Die jüngste Geschichtsforschung fokussierte dieses Bild noch schärfer und wies nach, dass in der Periode zwischen 1820 und 1917 der größte Zuwachs an demokratischen Verhaltensweisen und an Demokratien in der Geschichte stattgefunden hatte (abgesehen von den Jahren nach dem Zweiten Weltkrieg).[74]

Am Ende jedoch versagte die Hochfinanz; sie verstand es nicht, den Ersten Weltkrieg abzuwenden, der das westliche Bankensystem völlig verändern sollte. Das Jahr 1815 *war* eine Wasserscheide. Bis dahin hatten alle Staaten und Unternehmen akzeptiert, dass Kriege auch dem Handel neue Möglichkeiten boten. Nach der industriellen Revolution und mit dem Aufstieg der wohlhabenden Mittelschicht veränderte sich die Kriegswirtschaft ein für alle Mal. Der Hundertjährige Friede, wie Polanyi ihn nannte, ermöglichte es der industriellen Revolution, den Funken auf eine Massengesellschaft überspringen zu lassen, die sich zu einer vollkommen neuen Art von Zivilisation entwickeln sollte.

28

Die Erfindung Amerikas

»Die Entdeckung Amerikas, die Umschiffung Afrikas schufen der aufkommenden Bourgeoisie ein neues Terrain. Der ostindische und chinesische Markt, die Kolonisierung von Amerika, der Austausch mit den Kolonien, die Vermehrung der Tauschmittel und der Waren überhaupt gaben dem Handel, der Schiffahrt, der Industrie einen nie gekannten Aufschwung und damit dem revolutionären Element in der zerfallenden feudalen Gesellschaft eine rasche Entwicklung.«[1] Das schrieben Karl Marx und Friedrich Engels im *Manifest der Kommunistischen Partei*. Earl J. Hamilton folgte in seinem berühmten Essay *American Treasure and the Rise of Capitalism* den Spuren des Wandels, der Hand in Hand mit dem Aufstieg der Nationalstaaten, den Kriegsverwüstungen, den neuen Möglichkeiten und dem Protestantismus im 16. Jahrhundert gegangen war, und kam zu dem Schluss, dass sich die Folgen in keinem Fall mit denen der Entdeckung Amerikas vergleichen ließen. Hamilton war überzeugt, dass Amerika der eigentliche Anlass für die Kapitalbildung in Europa gewesen war: »Infolge seiner Entdeckung wurden die europäischen Industrien, die die Herstellerbetriebe im Tausch gegen die Rohstoffe Amerikas und Europa mit dem Silber versorgten, das es für seinen Handel mit dem Osten brauchte, zu einem Wachstum und einem Güteraustausch angeregt, die eine ungemeine Kapitalbildung mit sich brachten, weil dabei für die Akteure riesige Profite anfielen und in Europa eine Preisrevolution ausgelöst wurde, die ihrerseits wieder die Akkumulation von Kapital förderte, da die Löhne immer hinter den Preisen zurückblieben.« In einer anderen berühmten Studie, Hector M. Robertsons *Aspects of the Rise of Economic Individualism* (1933), wurde die These aufgestellt, dass sich die Konsequenzen all der Entdeckungen auf dem amerikanischen Kontinent »nicht nur auf den materiellen Bereich beschränkten. Denn die anschließende Wirtschaftsexpansion brachte unumgänglicherweise auch eine Expansion von Ideen« und allem voran einen »Chancenzuwachs« mit sich. Dank »dieser neuen Chancen entstand eine Unternehmerklasse im Geiste des Kapitalismus und Individualismus, die sich zersetzend auf die traditionelle Gesellschaft auswirkte«.[2] Walter Prescott Webb nannte die Dinge in seinem Buch *The Great Frontier* (1953) noch deutlicher beim Namen: Europa war die Metropole und Amerika das riesige Neuland. Ungeachtet der vielen Probleme, denen man dort begegnete, und trotz der neuen Art von Farmwirtschaft, die angesichts der riesigen Ebenen der Great Plains vonnöten war, »verwandelte die Öffnung dieses Neulands die Zukunftsaussichten Europas, denn damit wurde das Verhältnis zwischen den drei Faktoren Population, Land und Kapital in dem Maße verändert, das sämtliche Ausgangsbedingungen für einen gewaltigen Wirtschaftsboom schuf«.[3] Im Jahr 1500 hatten auf den rund 9 720 000 Quadratkilometern Europas etwa hundert Millionen Menschen gelebt, was einer Bevölkerungsdichte von 26,7 Personen pro Quadratkilometer entsprach; nach der Entdeckung der Neuen Welt war diesen hundert Millionen plötzlich der Zugang zu weiteren zweiundfünfzig Millionen Quadratkilometern geschaffen worden, und genau dieser räumliche Mehrwert katapultierte Europa, so Webb, in einen vier Jahrhunderte währenden Aufschwung, »der erst mit dem Ende der Neulandbesiedlung um das Jahr 1900 zum Stillstand kam«. So gesehen waren die vier Jahrhunderte zwischen 1500 und 1900 eine wirklich einzigartige Periode in der Menschheitsgeschichte – das Zeitfenster, in dem die *Great Frontier* von Amerika die westliche Zivilisation vollständig transformieren sollte. Oder wie John Elliott schrieb: »Der Konsens, der unter Historikern hinsichtlich der Folgen von der Entdeckung Amerikas besteht, läuft auf drei regelmäßig wiederkehrende Themen hinaus, nämlich die stimulierenden Effekte von Gold und Silber, den Handel und die unbegrenzten Möglichkeiten.«[4]

*

Das Zeitalter der Entdeckungen, das im 16. Jahrhundert seinen Höhepunkt erreichte, brachte die ersten wirklichen Weltreiche der Geschichte mit sich. Dies wurde nicht nur der Anlass für neue Konflikte zwischen den europäischen Staaten, deren Einflussbereich nun weit über die Säulen des Herkules – Europas traditionelle Grenze – hinausreichte, sondern wirkte sich auch auf die Beziehungen zwischen den weltlichen Obrigkeiten und der Kirche aus. Der Vatikan hatte von jeher die Weltherrschaft beansprucht, nur fand sich in seinen heiligen Schriften eben kein einziges Wort über diese Neue Welt. Die Entdeckung von Millionen von Menschen, die ohne die Segnungen des Christentums darbten, hätten der Kirche natürlich sofort eine einzigartige Möglichkeit bieten können, ihren Einfluss auszuweiten. Doch in der Realität waren die Dinge komplizierter. Zuerst einmal überschnitten sich die Entdeckungen auf dem amerikanischen Kontinent zeitlich mit der Reformation und der Gegenreformation (oder katholischen Reformation), die die römische Kirchenobrigkeit mehr in Beschlag nahmen als die Chancen, die sich in der Neuen Welt boten. Andererseits litten die christlichen Debatten in Europa vermutlich auch unter der Tatsache, dass sich so viele erfolgreiche Prediger auf den Weg über den Atlantik gemacht hatten (das Konzil von Trient sollte das Thema Amerika nur ganz am Rande behandeln). Außerdem war die Anwesenheit von Missionaren in den neuen Territorien vom Wohlwollen der weltlichen Mächte abhängig. Insbesondere die spanische Krone war in einer idealen Ausgangsposition, um das Tempo und die Art der Evangelisierung zu bestimmen, und das umso mehr, als sie sich mit dem *patronato* auch noch den päpstlichen Segen für ihr Unternehmen eingeholt hatte. Historiker gehen sogar davon aus, dass die absolutistische Macht, die die spanische Krone auf den Westindischen Inseln ausübte, zur Entwicklung von absolutistischen Ideen im heimischen Europa beitrug.[5] Wie der Engländer Richard Hakluyt schrieb, war Europa durch den Kolonisierungsprozess von vielen tendenziellen Aufwieglern daheim »entrahmt« worden. Doch da es vermutlich gerade die »autoritärstaatlichen Tendenzen im 16. und 17. Jahrhundert gewesen waren, die die Unzufriedenen zur Auswanderung veranlasst hatten, verstärkte ihr Weggang umgekehrt vermutlich wiederum den Hang zum Autoritarismus daheim... Der Anreiz, zu Hause für bessere Chancen und mehr Rechte zu kämpfen, war wahrscheinlich geringer als die Verlockung, das Gleiche zu einem niedrigeren Preis durch die Auswanderung nach Übersee zu bekommen.«[6]

John Elliott erklärt, dass die Schwerpunktverlagerung, die Mitte des 16. Jahrhunderts innerhalb des Heiligen Römischen Reiches von Deutschland und den Niederlanden auf die Iberische Halbinsel stattgefunden hatte, auch den Niedergang der alten Finanzzentren Antwerpen und Augsburg sowie die Entwicklung der neuen monetären Verbindungswege zwischen Genua, Sevilla und den amerikanischen Silberminen mit sich brachte. Seit der zweiten Hälfte des 16. Jahrhunderts – aber nicht früher – lässt sich daher mit Fug und Recht von einem transatlantischen Wirtschaftssystem sprechen.[7]

So ist es denn auch nicht überraschend, dass Spanien mit seinen Eroberungen den Neid von Frankreich und England weckte. Zuerst hatte das Silber aus Peru die Aufmerksamkeit der gegnerischen Mächte erregt, und diese Versorgungslinie war an der Landenge von Panama am verletzlichsten. Auch die Idee von Protestanten, Spanien »über Westindien« einzunehmen, bestätigt, dass die Politik nun globale Dimensionen anzunehmen begann und einer Seemacht immer größere Bedeutung zugeschrieben wurde. Politisch gesehen hatte die Neue Welt obendrein keinen geringen Anteil an der Entwicklung von nationalistischen Tendenzen in Europa, denn kaum war die Iberische Halbinsel ins Zentrum der Zivilisation gerückt, begannen sich die Spanier als eine »auserwählte Rasse« zu gerieren. Doch Mitte des 16. Jahrhunderts sollte ihr Ansehen im Ausland schmerzlichen Schaden nehmen. Und das war vor allem den beiden Traktaten zu verdanken, die die »Schwarze Legende« ins Leben riefen – Bartolomé de las Casas' *Kurz gefasster Bericht von der Verwüstung der westindischen Länder* (erstmals 1552 in Spanien veröffentlicht), der den offenen Versuch unternahm, den Indios die Menschlichkeit zurückzuerobern, die man ihnen abgesprochen hatte und Girolamo Benzonis *Geschichte der Neuen Welt* (1565 in Venedig veröffentlicht). Beide Schriften wurden eilends ins Französische, Holländische, Deutsche und Englische übersetzt. Und die Hugenotten, Niederländer und Engländer zeigten sich ebenso eilends entsetzt vom Verhalten der Spanier, das ihnen durch diese Traktate offenbart worden war. Montaigne brachte nach der Lektüre der »Schwarzen Legende« zum Ausdruck, was viele empfanden: »So viele Städte dem Erdboden gleichgemacht, so viele Millionen Menschen hingemordet, so viele Völker ausgerottet, die reichste und schönste Gegend der Welt verwüstet – und all das für den Handel mit Perlen und Pfeffer!«[8] Die Vernichtung von zwanzig Millionen »Indios« galt seither als Beweis für die »angeborene« Grausamkeit der Spanier. Zum ersten Mal, zumindest in der europäischen Geschichte, richtete sich, wie John Elliott schreibt, das Kolonialverhalten eines Mutterlands gegen sich selbst.

Es ist und bleibt jedoch Fakt, dass der Versuch, die Neue Welt intellektuell in die europäischen Denkmuster zu integrieren, sogar ein Jahrzehnt nach der Entdeckung Amerikas noch keine wirklichen Erfolge hatte. Natürlich gab es das Problem, wie man sich das Neuland erklären sollte, wenn sich doch nicht einmal in der Bibel ein Wort darüber fand. Hieß das vielleicht, dass es sich um eine eigene Schöpfung handelte, die sich erst aus der Sintflut erhoben hatte? Oder war dieses Neuland womöglich von einer eigenen Sintflut heimgesucht worden, lange nach Europa, und erholte sich gerade erst davon? Warum herrschte in dieser Neuen Welt ein so ganz anderes Klima als in Europa? Die Great Lakes zum Beispiel lagen auf demselben Breitengrad wie Europa, waren jedoch die Hälfte des Jahres zugefroren. Warum bestand ein so großer Teil aus Marschland und Sümpfen, warum waren die Wälder so dicht und der Boden viel zu feucht, um ihn zu beackern? Warum sahen die Tiere so anders aus? Warum waren die Menschen so primitiv und ihre Zahl so gering? Warum hatten sie eine kupferne Hautfarbe und waren nicht weiß oder schwarz? Und woher um Himmels willen kamen diese Wilden? Waren es vielleicht die Nachfahren der verlorenen Stämme Israels? Rabbi Manasseh bin Israel aus Amsterdam hielt das jedenfalls durchaus für möglich und glaubte sogar, »schlüssige Beweise« für die Ähnlichkeit der peruanischen Tempel mit Synagogen gefunden zu haben. Anderen diente die unter den Indios weit verbreitete Beschneidungspraxis als Nachweis für diese Theorie. Oder handelte es sich vielleicht eher um die verlorenen Chinesen, die über den Pazifik abgedriftet waren? Waren es vielleicht Nachfahren Noahs, des größten Seefahrers aller Zeiten? Henry Steele Commager zufolge lautete die am weitesten verbreitete (und am ehesten mit dem gesunden Menschenverstand erklärbare) Theorie, dass es sich um Tataren handelte, die von Kamtschatka nach Alaska gekommen und an der Westküste des neuen Kontinents entlanggesegelt waren, bevor sie begannen, sich dort auszubreiten.[9]

Die Frage, ob Amerika ein Teil von Asien oder eine eigenständige Landmasse sei, wurde in den dreißiger Jahren des 18. Jahrhunderts beantwortet, nachdem Vitus Bering im Jahr 1727 von Zar Peter dem Großen beauftragt worden war, herauszufinden, ob sich Sibirien bis nach Amerika erstreckte. Er berichtete dem Zar, dass sich zwischen den beiden Kontinenten ein Meer befinde, doch da er keine weiteren Details angab und sein Bericht so viele Ähnlichkeiten mit den Geschichten aufwies, die unter der einheimischen Bevölkerung auf der russischen Seite dieses Gewässers kursierten, wurde sein Wahrheitsgehalt stark angezweifelt und eine Debatte über die wahre Herkunft seiner Kenntnisse ausgelöst, die bis heute geführt wird.[10] Die Bewohner Kamtschatkas wussten, dass nicht weit hinter dem Horizont Land liegen musste, denn immer wieder wurde auf der Insel Karginsk Treibholz einer Fichtenart angeschwemmt, die auf Kamtschatka nicht wuchs. 1728 übergab Bering sein Kommando an einen anderen Mann, und es waren schließlich zwei von dessen Leuten – Iwan Fedorow und Michail Grozdew –, die Alaska im Jahr 1732 entdeckten.

Diese Frage war nun also ein für alle Mal geklärt, doch die Debatten um Amerika an sich, die Frage, wie es entstanden war oder warum es überhaupt da war, sollten kein Ende nehmen. Die frühen Hoffnungen, dass es sich um das sagenhafte El Dorado mit gewaltigen Vorkommen an Edelmetallen handeln könnte, sollten sich nie erfüllen.[11] So mancher hielt dieses Neuland einfach für einen göttlichen Fehlversuch, womit auch seine Rückständigkeit erklärt war. »Wundere dich weder über die dünne Besiedlung Amerikas«, schrieb Francis Bacon, »noch über die Unmanierlichkeit und Unwissenheit der Menschen. Denn sei dir gewahr, dass es sich bei den Bewohnern Amerikas um ein junges Volk handelt, das um wenigstens tausend Jahre jünger ist als der Rest der Welt.«[12] Und kein Geringerer als Georges Louis Leclerc, Comte de Buffon, behauptete, dass Amerika ganz einfach erst viel später als die anderen Kontinente aus der Sintflut emporgestiegen sei, was die Sumpfigkeit des Bodens, die Üppigkeit der Vegetation und die Undurchdringlichkeit der Wälder erkläre.[13] Nichts könne dort gedeihen, auch die Tierwelt sei geistig wie physisch »verkümmert«. »Denn die Natur hat Amerika weniger wie eine Mutter denn eine Stiefmutter behandelt und [dem amerikanischen Ureinwohner] das Gefühl der Liebe und den Wunsch nach Vermehrung vorenthalten. Der Wilde ist kraftlos, und klein sein Fortpflanzungsorgan… Er ist von weit geringerer körperlicher Kraft als der Europäer. Auch ist er sehr viel weniger empfindsam und zugleich wesentlich banger und feiger.« Der schwedische Botaniker Peter Kalm glaubte, dass es dort einfach zu viele Würmer gebe, um ein Pflanzenwachstum zuzulassen, weshalb die Eichen in Amerika ebenso kümmerlich seien »wie die aus ihrem Holz erbauten Häuser«. Sogar Immanuel Kant hielt die amerikanischen Ureinwohner der Entwicklung von Kultur für unfähig.[14]

Andere fanden den Zustand von Amerika derart katastrophal, dass sie glaubten, es sei noch nicht einmal bereit, in den Gang der Geschichte aufgenommen und christianisiert oder zivilisiert zu werden. Die Syphilis war die Strafe Gottes für Amerikas »verfrühte« Entdeckung und für die ungemeine Grausamkeit, mit der es die Spanier erobert hatten. Der Büffel galt als eine erfolglose und völlig sinnlose Kreuzung aus Rhinozeros, Kuh und Ziege. »In der ganzen Weite Amerikas, von Kap Hoorn bis zur Hudson Bay«, schrieb Abbé Corneille de Pauw in der *Encyclopédie*, »tauchte noch kein einziger Philosoph, kein Künstler, kein Mann von Bildung auf.«[15]

*

Wir lesen das und lächeln. Denn wir wissen natürlich, was auch der amerikanische Historiker Henry Steele Commager betonte, dass nämlich die Aufklärung, die man sich in Europa nur hatte vorstellen können, in vieler Hinsicht erst von Amerika *verwirklicht* wurde. »Auch Amerika hatte seine *philosophes*, doch nur wenige betrieben Philosophie oder Wissenschaft als Vollzeitbeschäftigung. Zumeist waren sie emsig mit Landwirtschaft, Medizin, Jurisprudenz oder einem Predigtamt beschäftigt. Überdies mangelte es ihnen, was gewiss von noch größerer Bedeutung war, an all den Höfen, Kathedralen, Akademien, Universitäten und Bibliotheken, aus denen sich in der Alten Welt ein so großer Teil des Mäzenatentums rekrutierte und von denen sich auch die Philosophie nährte. Dafür vertrauten sie auf Vernunft und Wissenschaft (wo immer es von Nutzen war), und viele von ihnen hatten in Europa studiert. Wenn sie dann zurückkehrten, brachten sie Europa im Gepäck mit, jedoch selektiv, denn sie hatten mehr gesehen, was zu missbilligen als zu billigen sie geneigt waren, und das sollte schließlich auch die deutlichsten Folgen nach sich ziehen.«[16]

Das stimmte in der Tat. Die ersten europäischen Amerikaner zeigten sich ganz und gar nicht schwerfällig: Sie erfanden ihre eigene, umsichtig und sensibel auf ihre spezifischen Bedingungen zugeschnittene Aufklärung – kein religiöses Establishment, nirgendwo Puritaner oder gar eine eifernde katholische Gegenreformation. Die europäischen Einwanderer dachten säkular und *praktisch*. In Philadelphia wurde (nach dem Vorbild der Londoner Royal Society) die American Philosophical Society gegründet. Sie wählte sich 1769 den Deisten Benjamin Franklin zum Präsidenten, der dieses Amt bis zu seinem Tod im Jahr 1790 ausfüllte. Philadelphia, William Penns »heiliges Experiment«, das so schnell zur »geistigen Hauptstadt« werden sollte, wurde von der American Philosophical Society mit einer Library Company bedacht, mit einem College, das sich zu einer Universität mauserte, einem Hospital, einem botanischen Garten und einer Reihe von Museen (John Adams nannte Philadelphia die »Zirbeldrüse« von Britisch-Amerika).[17] In den Anfangsjahren war diese Stadt kein bisschen weniger bedeutend als zum Beispiel Edinburgh. Reverend David Muhlenberg wirkte dort, ein Botaniker, der weit über tausend Pflanzenarten identifizierte und klassifizierte ebenso der Mathematiker und Astronom Thomas Godfrey, der einen neuen Quadranten erfand, während sein Sohn Thomas *The Prince of Parthia* schrieb und inszenierte, das erste Drama der Neuen Welt. Philadelphia war die Heimstatt des ersten Medizinkollegs der Kolonien, das von drei in Edinburgh ausgebildeten Männern ins Leben gerufen worden war – John Morgan, Edward Shippen und Benjamin Rush. Auch den Künstlern der Zeit bot sich die Stadt wie selbstverständlich als Heimat an: Benjamin West, Matthew Pratt (der den Quäker-Adel porträtierte) und Henry Bembridge. Charles Willson Peale gründete dort die erste Kunstakademie. Nach Philadelphia zog es die distinguiertesten Immigranten aus der Alten Welt, darunter auch Tom Paine und Dr. Joseph Priestley.

Doch über allem schwebte der Genius von Benjamin Franklin, diesem Erfinder von grandiosen Sprichwörtern (»Verlorene Zeit findet man nicht wieder«) mit dem spezifischen Genie, »immer zur Stelle zu sein... Er war zur Stelle, um im Jahr 1754 auf dem Kongress von Albany den Plan zu entwerfen, der die amerikanische Konföderation antizipierte; er war zur Stelle im Unterhaus, um die amerikanische Unterscheidung zwischen einer Reglementierung von außen und einer Besteuerung von innen zu verteidigen; er war zur Stelle in der Carpenter's Hall, um Jefferson zu helfen, eine Unabhängigkeitserklärung aufzusetzen; er war zur Stelle, um dem Komitee anzugehören, das die Bundesartikel für die neue Nation ausarbeitete; er war zur Stelle, um am Hof Ludwigs XVI. die Unterstützung der Franzosen zu gewinnen und an den Friedensverhandlungen teilzunehmen, die zur Anerkennung der amerikanischen Unabhängigkeit führten; und er war schließlich auch zur Stelle, um an der Versammlung teilzunehmen, die die Verfassung der neuen Nation entwarf.«[18] Und das ist erst die halbe Geschichte. Angesichts seiner vierzehn Jahre in England und acht Jahre in Frankreich und eingedenk seiner vielen Talente – er war Buchdrucker, Journalist, Wissenschaftler, Politiker, Diplomat, Pädagoge und Autor »der besten aller Autobiografien« – darf man Franklin wohl als einen bedeutenden Verwirklicher von amerikanischen, englischen und französischen Aufklärungsideen bezeichnen.[19]

Benjamin Rush, Franklins Nachfolger in Philadelphia, war kaum weniger talentiert und weniger vielseitig interessiert. Er hatte die Universitäten von Edinburgh und London absolviert, war Anhänger von John Locke und weit mehr als nur ein Mediziner, nämlich wie Franklin ebenfalls Politiker und Sozialreformer. In Amerika erhielt er eine Professur für Chemie am neuen College von Philadelphia, fand aber noch genügend Zeit, um Krankheiten unter den amerikanischen Ureinwohnern zu studieren und gegen die Sklaverei zu Felde zu ziehen. Er gründete die erste Poliklinik und nahm Impfungen gegen Pocken vor. Angeblich soll er es auch gewesen sein, der Tom Paine zu dem Titel *Common Sense* für sein Pamphlet angeregt hatte.[20] Nachdem er die Unabhängigkeitserklärung unterzeichnet hatte, meldete er sich umgehend bei der Armee.

Joel Barlow aus Connecticut war ein Absolvent von Yale und entwickelte, obwohl Pastor, eine frühe Evolutionstheorie. Doch seine eigentliche Bestimmung fand er als »Kulturnaturalist« und »erster Dichter der Republik«. Zwanzig Jahre lang mühte er sich ab, um eine amerikanische Epik zu erschaffen, die eines Homer oder Vergil würdig sein sollte. Am Ende hatte er die sechstausend Zeilen seiner *Vision of Columbus* hervorgebracht (1887), eine Art Bestandsaufnahme »der melancholischen Geschichte der Alten Welt« im Kontrast zu den »glorreichen Aussichten der Neuen«. »Byron höchstselbst nannte ihn den amerikanischen Homer, ob aus Bewunderung oder im Spott, sei dahingestellt.«[21] Wenn er nicht gerade dichtete, betätigte sich Barlow als erfolgreicher Spekulant. Eine Zeit lang lebte er in Paris, wo sein Salon ungemein in Mode war – auch Tom Paine und Mary Wollstonecraft waren regelmäßige Gäste. Als Paine verhaftet wurde, sorgte Barlow dafür, dass das Manuskript seines Buches *Age of Reason* gedruckt und veröffentlicht wurde. Auch Manasseh Cutler war eine einflussreiche Persönlichkeit. Wie Barlow war er Pastor, und wie Benjamin Rush war er weit mehr als nur ein Arzt – in seinem Fall zudem Anwalt, Diplomat und Geograf. Abgesehen davon, dass auch er sich leidenschaftlich für Impfungen einsetzte, war er der Erste, der systematisch die indianischen Erdhügel zu erforschen begann. »Aus seiner Gemeinde hatte sich das erste Völkchen unerschrockener Auswanderer mitsamt Pastoren, Bibeln und Musketen in das Land am Ohio aufgemacht – neue Pilger auf dem Weg in eine neue Welt.«[22]

Joseph Priestley, der zu den Verfechtern der »amerikanischen Interessen« in der britischen Politik gezählt hatte, überquerte den Atlantik im Alter von einundsechzig Jahren. Man bot ihm Lehrstühle an den Universitäten von Pennsylvania und Virginia an, doch er optierte lieber für das pennsylvanische Neuland und eine Farm mit Blick auf den Susquehanna. Von der Alten Welt war er so desillusioniert gewesen, dass er mit seinen Freunden Percy Bysshe Shelley, Robert Southey und Samuel Taylor Coleridge beschlossen hatte, in Amerika ein Utopia aufzubauen. Das sollte sich zwar nie verwirklichen, doch immerhin gelang ihm die Vollendung seiner gewaltigen *General History of the Christian Church*, in der er die Lehren Jesu mit denen von Sokrates verglich (das Buch widmete er Jefferson).[23]

Thomas Paine machte drei Karrieren, eine in England, eine in Amerika und eine in Frankreich. Er war zwar keine einfache Persönlichkeit oder auch nur einfach einzuordnen, doch seine Fähigkeiten und seine Passion (um nicht zu sagen sein Fanatismus) wurden überall geschätzt, und überall sollte es ihm gelingen, distinguierte Freunde zu gewinnen – Franklin in Amerika, Priestley in England, Condorcet in Frankreich. Paine war ein wahrer Radikaler. Nichts liebte er so sehr, wie Unruhe zu stiften, aber er war auch ein brillanter Schreiber und ausgesprochen genial, wenn es darum ging, komplizierte Sachverhalte einfach darzustellen. »Aphorismen quollen aus ihm heraus wie aus Mozart die Melodien.«[24] Vielleicht gerade weil er nicht besonders gebildet war, gelang es ihm, die Ideen der Aufklärung auf eine Weise vereinfachend darzustellen, dass sie auf ungemein viel Resonanz stoßen konnten. Beispielsweise schrieb er, wo Naturgesetze »die große Maschine und Ordnung des Universums« lenkten, müssten auch Naturrechte vorhanden sein. Diese Logik machte ihn zu einem Befürworter der Revolution, und zu seiner großen Zufriedenheit sollte er tatsächlich in zwei der drei Länder, in denen er gelebt hatte, Revolutionen erleben.

Im Gegensatz zu vielen *philosophes* war Paine weder Akademiker noch Ästhetiker. Er interessierte sich vor allem für den praktischen Fortschritt, denn wirklich am Herzen lag ihm die Verbesserung der materiellen Lebensbedingungen der Unterprivilegierten und eine gerechtere Verteilung der Mittel. Der zweite Teil seines Buches *The Rights of Man* trägt den Untertitel »Combining principle and practice« (Die Verkoppelung von Prinzip und Praxis). Dementsprechend übte er als einer der Ersten heftige Kritik an der Sklaverei und war hochzufrieden, als er darum gebeten wurde, die Präambel zum *Pennsylvania Act* zu schreiben, der die Sklavenhaltung in diesem Gemeinwesen untersagte. In seinen anderen Schriften, allem voran in seinem Buch *Common Sense* (1776) – von dem, obwohl »nicht profund«, hundertzwanzigtausend Exemplare verkauft wurden –, forderte er eine progressive Einkommens- und Erbschaftssteuer, um damit Wohlfahrtsprogramme zu finanzieren.[25] Außerdem wollte er junge Paare bezuschussen, damit sie einen guten Start ins Eheleben hatten, und forderte den kostenlosen Schulbesuch für die Kinder der Armen sowie eine materielle staatliche Unterstützung von Arbeitslosen. »Thomas Paine war weltläufig, aber erst Amerika hat ihn gemacht. In Amerika fand er seine Lebensaufgabe. Nach Amerika kehrte er am Ende zurück, nachdem ihn sowohl England als auch Frankreich abgewiesen hatten. Auf Amerika waren all seine Hoffnungen konzentriert. Überall in der Alten Welt förderten ›Altertümeleien und schlechte Gewohnheiten‹ die Tyrannei... Amerika war der einzige Fleck auf der politischen Weltkarte, wo die Prinzipien einer universellen Reformation zum Tragen gebracht werden konnten.«[26]

Jeder dieser Männer war außergewöhnlich, und Amerika konnte sich glücklich schätzen, sie zu haben. Sie waren es, die im Lauf der Zeit die besten Ideen der Aufklärung bündelten, um in Gestalt der amerikanischen Verfassung neue Regeln für das Zusammenleben aufzustellen, die so überzeugend, wie etwas nur überzeugend sein kann, festsetzten, dass Freiheit und Gleichheit und Wohlstand untrennbar miteinander verbunden seien und sich gegenseitig bedingten. Ihre primäre Aufgabe aber sahen sie (gleichwertig mit der Gründung der ersten Universitäten, Hospitäler und den ersten wissenschaftlichen Vorstößen) allesamt darin, die vielen Europäer, die so verächtlich an ihrem schlechten oder fehlgeleiteten Eindruck von Amerika festhielten, eines Besseren zu belehren. Rückblickend betrachtet übertraf der Fortschritt in den amerikanischen Anfangsjahren jedenfalls ganz gewiss alle Erwartungen.

Thomas Jefferson war der mächtigste und leidenschaftlichste Verfechter Amerikas. Die Behauptung, dass die Natur in der Neuen Welt unfruchtbar und ausgelaugt sei, beantwortete er gelassen mit einem Verweis auf Pennsylvania: ein »wahrer Garten Eden, mit Schwärmen von Fischen in seinen Flüssen und Hunderten von Singvögeln auf seinen Wiesen«. Wie könne der Boden in der Neuen Welt ausgelaugt sein, wenn »ganz Europa bei uns nach Getreide und Tabak und Reis fragt – jeder Amerikaner speist besser als die meisten Adligen in Europa«. Und wie könne das Klima in Amerika so enervierend sein, wenn statistische Tabellen mehr Regen in London und Paris nachwiesen als in Boston und Philadelphia?[27]

Im Jahr 1780 hatte der junge Marquis de Barbé-Marbois die Idee gehabt, eine Meinungsumfrage unter den Gouverneuren der amerikanischen Staaten zu starten. Er schickte ihnen einen Fragenkatalog über die Organisationsweisen und Ressourcen in ihren jeweiligen Gemeinwesen. Jeffersons Antwort, seine *Notes on Virginia*, war die ausführlichste, eloquenteste und gewiss berühmteste. Heute ist etwas geradezu Surreales an dieser Schrift, doch damals waren die Themen, die Jefferson ansprach, in aller Munde. Unter anderem trat er Buffon und anderen europäischen Skeptikern entschieden entgegen, indem er die Arbeitsnormen von Europäern und Amerikanern anhand von Versicherungsstatistiken verglich – deutlich zum Vorteil der Amerikaner. Buffon hatte auch behauptet, dass es im Neuland nichts gebe, was mit dem »erhabenen Elefanten« oder »mächtigen Hippopotamus« oder dem »Löwen und Tiger« vergleichbar sei. Unsinn, sagte Jefferson, und verwies auf das Riesenfaultier – das später *Megalonyx jeffersonii* genannt werde sollte: »Was sollen wir von einem Geschöpf halten, dessen Klauen zwanzig Zentimeter lang sind, während die des Löwen nicht einmal die Länge von drei Zentimetern erreichen?« Sogar 1776 waren bereits genügend fossile Mammutknochen gefunden worden, um zu beweisen, dass das Mammut in der Neuen Welt heimisch und »fünf- bis sechsmal« größer als der Elefant gewesen war.[28] Jefferson und seine amerikanischen Mitstreiter stellten auch eine Menge Vergleiche zwischen den Populationen an. Beispielsweise wiesen sie nach, dass die Geburtenraten in den ländlichen Regionen Europas die Todesraten übertraten, zwar nicht stark, aber doch genug, um die Population stabil zu halten; in den Städten bot sich hingegen das düstere Bild von deutlich sinkenden Zahlen. Allein in London kamen fünf Todesfälle auf vier Geburten, weshalb die Stadt in der ersten Hälfte des 18. Jahrhunderts auch nur ein Bevölkerungswachstum von knapp zweitausend Individuen zu verzeichnen hatte, und selbst das nur dank der Zuwanderung aus den umliegenden ländlichen Gebieten. In England wie Frankreich erlebte jeder sechste Säugling seinen ersten Geburtstag nicht; anderenorts sprachen die Zahlen eine noch deutlichere Sprache, in Breslau zum Beispiel, wo zweiundvierzig Prozent aller Kinder vor dem fünften Lebensjahr starben. Auf der anderen Seite des Atlantiks hingegen gedieh die Bevölkerung »unter Negern wie Weißen« und von Nord bis Süd prächtig. Anfang des 18. Jahrhunderts hatten die englischen Kolonien eine Viertelmillion Seelen gezählt; bis zum Beginn der Unabhängigkeitsbewegung war diese Zahl auf über anderthalb Millionen gestiegen. Und dabei ergab die Einwanderung nur das halbe Bild. Beim ersten amerikanischen Zensus im Jahr 1790 (ein Jahrzehnt vor dem ersten vergleichbaren Versuch der Briten) wurden fast vier Millionen Einwohner gezählt, wobei es sich statistisch betrachtet jedoch um einen ganz anderen Bevölkerungstyp als in Europa handelte. »Während der durchschnittlichen Ehe in London, Paris, Amsterdam oder Berlin vier Kinder entsprangen, lag diese Zahl in Amerika näher bei sechseinhalb. In England kam auf jeden sechsundzwanzigsten Einwohner eine Geburt, in Amerika auf jeden zwanzigsten.«[29] Die Sterberaten waren noch entlarvender: Im Europa betrug das durchschnittliche Lebensalter damals zweiunddreißig Jahre, in Amerika fünfundvierzig.

In der Person von Jefferson besaß Amerika eine ungemein vielseitige Einmannerwiderung auf Europa. Allein seinem Geist war es zu verdanken, dass Palladio nach Virginia importiert und mit dem Landsitz Monticello das schönste Gebäude Amerikas errichtet wurde, wie Gary Wills schreibt; daneben hatte er begeistert die neue Ökonomie von Adam Smith übernommen, mit Getreide- und Pflanzenarten experimentiert (Landwirtschaft war für ihn »eine Wissenschaft ersten Ranges«) und sich neben all den Anstrengungen, ein neues Land aufzubauen, das frei von den Untugenden der Alten Welt sein sollte, noch die Zeit genommen, Griechisch und Latein zu lernen.[30] Zumindest intellektuell wurde er auch zum Vorreiter der Versuche, die Wildnis zu zähmen: Er machte Zuchtexperimente mit Kohl und Topinambur, allen möglichen Nussarten, Feigen, Reis, Maulbeerbäumen, Korkeichen und Olivenbäumen. »Er blieb die ganze Nacht wach, um Lombarden bei der Käseherstellung zuzusehen, damit er das Verfahren in Amerika einführen konnte... und versuchte vergeblich die Nachtigall zu zähmen.«[31] Er stellte astronomische Beobachtungen an und erkannte als einer der Ersten, welche Vorteile ein Kanal durch Panama bringen würde.

Der robuste, praxisorientierte Optimismus dieser ersten europäischen Amerikaner brachte wesentlich mehr Erfolge als Fehlschläge mit sich und begründete eine nationale Stimmung, einen Sozialcharakter und eine Lebenseinstellung, die sich bis heute bewahrt haben. Es gab nur ein einziges Gebiet, auf dem sich die Amerikaner ihrer selbst nicht sicher waren – und das waren ihre Beziehungen zu den Ureinwohnern. Buffon und diverse andere französische *philosophes* hatten Indianer aus fünftausendsechshundert Kilometern Entfernung als degeneriert bezeichnet. Na gut, versucht nur sie zu bekämpfen, erwiderte Jefferson, und »ihr werdet eine andere Melodie singen«. Am Beispiel der rhetorischen Fähigkeiten und Eloquenz eines Mingo-Häuptlings, den die Weißen »John Logan« nannten, verdeutlichte er, dass der Intellekt und die Physis von Indianern ebenso gut an ihre Lebensumstände angepasst waren wie der Geist und Körper der Europäer an die ihren.[32] Und wenn Logan und seine indianischen Brüder mit all den Eigenschaften gesegnet waren, die Jefferson anführte, wenn der indianische Häuptling alle Merkmale eines Demosthenes oder Cicero besaß, wie Jefferson ebenfalls erklärte – um wie viel weniger Recht hatten weiße Amerikaner dann, sie in derart großer Zahl abzuschlachten und sich ihr Land anzueignen![33] Die Ansichten der weißen Amerikaner drehten und wendeten sich bis zum völligen Widerspruch – von der Überzeugung, dass der Indianer kein richtiger Mensch und unfähig sei, den rechten Glauben zu erkennen, über die Sicht der *philosophes*, dass er ein Primitiver sei, bis hin zur Überzeugung der Romantiker, dass er ein edler Wilder sei. Erst allmählich begann sich die realistischere Sichtweise durchzusetzen, die James Fenimore Cooper (1789–1851) in seinen Werken vertrat. Doch inzwischen war der Schaden längst angerichtet worden.

*

Trotzdem kam der energische Genius der ersten europäischen Amerikaner in seiner besten Form auf politischem Gebiet zum Ausdruck. Auch hier ist ein Vergleich mit der Alten Welt sehr lehrreich, wenn man herausfinden möchte, *wovor* die neuen Amerikaner geflohen waren, denn in den politischen Gepflogenheiten Europas spiegelten sich mehrheitlich längst diskreditierte alte Ideen wider.

England war da kein bisschen besser als andere Länder. Die politische Statistik des Landes war beschämend. Seine Bevölkerung betrug in dieser Zeit rund neun Millionen, doch nur knapp zweihunderttausend Menschen hatten irgendein Mitspracherecht. Eine Minderheit von 2,2 Prozent besetzte sämtliche Ämter in der Regierung, der Armee, der Marine, der Kirche, den Gerichtshöfen und der Kolonialverwaltung. Außer in Schottland waren nur sie berechtigt, eine Universität zu besuchen, die zudem von jedem Studenten erwartete, dass er sich ordinieren ließ. Doch anderenorts liefen die Dinge auch nicht besser. In vielen Ländern herrschte das Zeitalter des Absolutismus; Monarchien regierten ohne jede Maßgaben, sich mit den Parlamenten oder Ständen beraten zu müssen. Im königlichen Frankreich durfte ein Mann nur in den Dienst der Armee treten, wenn er vier Generationen adliger Vorfahren nachweisen konnte. In vielen europäischen Regionen wurden Staatsämter vererbt; in England wurden siebzig Parlamentssitze von Wahlkreisen ohne Wahlberechtigte besetzt. In Ungarn hatte der Adel das Exklusivrecht auf Ministerposten, besetzte sämtliche Positionen in der Kirche, der Armee sowie an den Universitäten und war von den meisten Steuern befreit. In Deutschland erschoss der Markgraf von Ansbach ein Mitglied seiner Jagdgesellschaft, weil es der Mann gewagt hatte, ihm zu widersprechen; der Graf von Nassau-Siegen brachte einen Bauern um, nur um zu beweisen, dass er ungestraft davonkommen würde. In Venedig, das rund hundertfünfzigtausend Einwohner hatte, waren lediglich tausendzweihundert Adlige berechtigt, einen Sitz im *Maggior Consiglio* (Großen Rat) zu beanspruchen. In den Niederlanden (die der jungen amerikanischen Republik beträchtliche Summen liehen) gab es zwar eine freie Presse, frei zugängliche Universitäten, ein höheres Bildungsniveau und eine geringere Kluft zwischen Arm und Reich; trotzdem wurde Amsterdam von nur sechsunddreißig Männern regiert, die ihre Ämter allesamt auf Lebenszeit geerbt hatten.[34]

Wenn man diese Szenerie betrachtet (wobei ich mich stark an Henry Steele Commagers Bericht über die Anfangszeit Amerikas orientiere), fällt es nicht schwer zu begreifen, weshalb Franklin, Jefferson und ihre Mitstreiter anders sein wollten. Allerdings bot Amerika auch einige faszinierende natürliche Vorteile. Es war ein Land ohne Monarchie, ohne etablierte Kirche und ergo auch ohne die entsprechenden Hierarchien. Es war kein Imperium, hatte kein etabliertes Rechtssystem und übte sich nicht in traditionellem Pomp. Der natürliche Begünstigte dieser Ausgangssituation war die Politik.

Der unberührten Natur Amerikas war es zu verdanken, dass die Demokratie an der atlantischen Westküste (der amerikanischen Ostküste) begründet wurde und sich – was gleichermaßen entscheidend war – von Gemeinschaft zu Gemeinschaft glich. Alle Stadtverordnetenversammlungen und lokalen Gerichte entstanden zur mehr oder weniger gleichen Zeit in den gerade flügge werdenden Staaten; das Wahlrecht für männliche Bürger wurde fast ebenso schnell in Pennsylvania, Virginia, North Carolina, Vermont und Georgia eingeführt. »Vor diesem Hintergrund betraten Benjamin Franklin und Charles Thomas in Pennsylvania, Samuel Adams und Joseph Hawley in Massachusetts, Alexander McDougall und Aaron Burr in New York, Patrick Henry und Edmund Pendleton in Virginia die Bühne« – wie schon oft bemerkt, wäre jeder von ihnen in der Alten Welt aus dem politischen Leben ausgeschlossen worden. Hinzu kam, dass die Franklins und Pendletons nirgendwo von ihren Wahlkreisen abgeschottet in einer zentralen Hauptstadt oder an einem weit entfernten Hof agierten.[35]

Doch natürlich gab es auch Mängel. Alle ersten Staatsverfassungen stellten religiöse Bedingungen für das Wahlrecht. Das ansonsten so liberale und obendrein so ölreiche Pennsylvania hatte anfänglich keine religiösen Einschränkung gemacht, dann aber plötzlich begonnen, nur noch Protestanten für Amt und Würden zuzulassen, die bereit waren, ihren Glauben in Gegenwart der göttlichen Inspiration des Alten und Neuen Testaments zu beschwören. Gelegentlich schienen Ämter auch zu reinen Familienangelegenheiten geworden zu sein (in Connecticut, in New York und im Süden), doch selbst das war bei weitem noch nicht mit den Erbpraktiken in Europa vergleichbar.

Seine beste Seite zeigte das frühe Amerika bei dem Konvent, der die Bundesverfassung entwarf. Diese »Versammlung der Halbgötter« (eine Bezeichnung von Jefferson) sah zum ersten Mal vor, dass alle Ämter – alle! – einem jeden Manne offen stehen mussten. Sogar für das Amt des Präsidenten – das Äquivalent des europäischen Monarchen in der Neuen Welt – gab es nur zwei Auflagen: Er musste gebürtiger Amerikaner und durfte nicht jünger als fünfunddreißig Jahre sein (die durchschnittliche Lebenserwartung in Europa, man erinnere sich, betrug damals zweiunddreißig Jahre). Religiöse Bedingungen wurden keine gestellt – damals noch ein beispielloser Schritt. »In Amerika wurde Platon bestätigt: Zum ersten Mal in der Geschichte waren Philosophen Könige.«[36]

*

Das schiere Tempo, mit dem sich diese Ereignisse abspielten, war hier mindestens so entscheidend wie die Frage, worum es dabei ging und welche Richtung die Dinge nehmen sollten. Die europäischen Nationen hatten Generationen – Jahrhunderte – gebraucht, um zu ihrer jeweiligen Identität zu finden; Amerika, eine völlig neue Nation, die bereits über ein voll ausgebildetes Selbstbewusstsein und eine eigene Identität verfügte, wurde in nur einer einzigen brillanten Generation erschaffen. »Unser Bürgerrecht in den Vereinigten Staaten ist unser Nationalcharakter ... unser Adelsprädikat lautet: Amerikaner«, schrieb Thomas Paine.

»Das amerikanische Nationalgefühl wurde nicht nur in einem historisch beispiellosen Tempo aufgebaut, es war auch völlig neu in seiner Art, das heißt, es war weder von einem Eroberer noch von einem Monarchen aufgezwungen worden; es war weder von einer etablierten Kirche abhängig, vor deren Altären ein jeder auf gleiche Weise Gott verehren musste, noch von der Macht irgendeiner herrschenden Klasse; es bezog seine Kraft nicht aus der Existenz eines traditionellen Feindes. Es kam vom Volk. Es war ein Akt des Willens.«[37] Wir sollten hier auch nicht übersehen, dass die amerikanische Nation für viele ihrer Bürger – bewusst oder unbewusst – das Prinzip verkörperte, das all die schlechten Charaktereigenschaften der Alten Welt ablehnte. Weil nicht wenige gezwungen gewesen waren zu fliehen, empfanden sie ihre neue Nation umso süßer und waren umso mehr bereit, sie zur Zufriedenheit *aller* aufzubauen. Die Menschen erlebten eine Freiheit, die man sich in der Alten Welt kaum vorstellen konnte – sie waren frei, zu ehelichen, wen sie wollten; den Gott zu verehren, den sie verehren wollten; den Beruf zu ergreifen, den sie ergreifen wollten; das College zu besuchen, das sie besuchen wollten; und allem voran das auszusprechen und zu denken, was sie aussprechen und denken wollten. So gesehen war die Erfindung Amerikas ein Akt der Moral.

Natürlich gab es zwei Faktoren, die es einfacher gemacht hatten, all das zu verwirklichen. Zum Ersten war es die Präsenz der Indianer, dieses »geknüttelten Volkes«, wie W. H. Auden schrieb, denn sie verschafften den Neuankömmlingen eben doch die Möglichkeit, sich gegen einen gemeinsamen Feind zu verbünden und ihre Phantasien entsprechend zu bündeln.[38] Zum Zweiten war es die Tatsache, dass hier Glaubensdissidenten und Sektierer zum ersten Mal die Mehrheit bildeten. Es *gab* etablierte Kirchen in Amerika – die Kongregationskirche und Anglikanische Kirche zum Beispiel –, doch da die Mehrheit der Bürger einst selbst religiöser Bigotterie zum Opfer gefallen war, wollte sie solch sündiges Verhalten nicht wiederholen.[39]

Schließlich sollten wir auch nicht die Rolle der Revolution oder der Prozesse übersehen, die ihr den Boden bereitet hatten. Denn diese Ereignisse waren maßgeblich an der Entstehung des Gefühls beteiligt, einer Schicksalsgemeinschaft mit einem geteilten Nationalbewusstsein anzugehören. Männer aus ganz unterschiedlichen Ländern kämpften hier ohne den Beistand von Söldnern Seite an Seite. Und das versorgte sie – einmal abgesehen vom militärischen Sieg über eine beträchtliche Macht aus der Alten Welt – nicht nur mit jeder Menge Legenden und Helden (etwa Washington und Valley Forge, Nathan Hale und John Paul Jones), sondern auch mit den Symbolen der neuen Nation: der Fahne und dem Weißkopfseeadler. (Hugh Brogan schreibt, dass die Fahne eines von nur zwei Heiligtümern der Vereinigten Staaten sei – das andere sei das Weiße Haus.[40])

Mit dem Bundesplan des Kongresses von Albany war bereits 1754 ein System geschmiedet worden, das einer Kolonialregierung schon ziemlich nahe kam. 1760 brachte der *Stamp Act Congress* anlässlich des vom englischen Parlament auferlegten so genannten Stempelgesetzes Delegierte aus neun Kolonien zusammen, darunter mehrere, die auch eine Rolle bei der Revolution spielen sollten. Das heißt, dass sich viele amerikanische Führungspersönlichkeiten bereits zur Zeit des Ersten Kontinentalkongresses gekannt hatten, was kein unwichtiger Faktor bei der Unionsbildung nur sechs Monate vor Yorktown war. »Hätte es nicht schon zuvor eine leistungsfähige Union gegeben, wäre es vielleicht nie zu einem Yorktown gekommen… Das amerikanische Nationalgefühl war in einem für die Alte Welt unvorstellbaren Ausmaß die Schöpfung des Volkes selbst: ein selbstbewusst selbst erschaffendes Produkt. Hier waren die Männer, die zu neuen Ufern aufbrachen, hier waren all die Farmer, Fischer und Holzfäller, die Ladenbesitzer und Lehrlinge, die Winkeladvokaten (zugelassene Rechtsanwälte gab es noch nicht), die Dorfpastoren (Bischöfe gab es keine) und die Landschullehrer (Collegeprofessoren gab es noch keine) der Schuss und die Kette für den Stoff, aus dem das Nationalgefühl gewebt ist.«[41] Im Jahr 1782 entschied der eingebürgerte Franzose Michel Guillaume Jean de Crèvecœur, dass Amerika eine »neue Menschenrasse« erschaffen habe, und erfand das Bild des »Schmelztiegels«.[42]

*

In Ermangelung eines Monarchen, eines Hofes, einer etablierten Kirche und jahrhundertealter »Tradition« waren die Gründerväter der neuen Republik weise genug gewesen, sich dem Gesetz zuzuwenden. Wie Henry Steele Commager betonte, sollte nicht umsonst vierzig Jahre lang jeder Präsident der neuen Nation – mit Ausnahme Washingtons –, jeder Vizepräsident und jeder Außenminister ein Anwalt sein.[43]

Anwälte hatten die Unabhängigkeitserklärung geschrieben, fast ausschließlich Anwälte hatten die einzelnen Staatsverfassungen und die Verfassung der neuen Vereinigten Staaten entworfen. Sie prägten sogar den Stil der frühen amerikanischen Literatur, denn im Revolutionsamerika gab es keine Dichter, Dramatiker, ja nicht einmal Romanciers, die sich am Stil der politischen Schriften von Thomas Jefferson, John Adam, James Madison, Tom Paine oder James Wilson hätten messen lassen müssen. Die neue Nation war politisch und legalistisch orientiert. »Sie entledigten sich des Kirchenrechts, des Verwaltungsrechts, sogar der Gesetze des Lordkanzlers und begrenzten die Reichweite des Gewohnheitsrechts [der königlichen englischen Gerichtshöfe] – denn all das roch nach den Privilegien und der Korruption in der Alten Welt.« Dieser Einstellung sind die Ideen von der richterlichen Oberhoheit und dem juristischen Revisionsrecht zu verdanken; sie forderte zu einer Gewaltenteilung auf; sie führte zur Einrichtung von juristischen Fakultäten und zu der Abschaffung des Unterschieds zwischen dem *solicitor* (einem Rechtsbeistand, der nur vor niederen Gerichten plädieren durfte) und dem *barrister* (einem Anwalt, der vor ein höheres Gericht treten konnte).[44] Es gäbe das uns vertraute Amerika nicht ohne die puritanische Revolution, ohne die Ideen von John Locke und Montesquieu und ohne die Kenntnisse, die man über die Römische Republik hatte. Doch Tom Paine (dieser »lethargische Visionär«, wie

John Ferling ihn nennt) hatte gewiss Recht, als er sagte: »Der Sachverhalt in Amerika stellt sich wie die Erschaffung der Welt dar... Alsbald werden wir den Beginn des Staates von einem einzigen Punkte aus erleben, so als bezeugten wir den Anfang aller Zeiten.«[45]

»Tradition« hat einen guten Klang, vor allem in der Alten Welt. Doch man kann es auch anders sehen, man kann Traditionen auch als die Herrschaft der Toten über die Lebenden betrachten, und das war gewiss nicht Amerikas Sache. Die frühen Amerikaner wollten, dass ihre neue Welt offen und formbar war. Deshalb musste die Tradition auf ihren Platz verwiesen werden, und deshalb sahen die Gründerväter auch die Möglichkeit von Revisionen und Ergänzungen bei der Verfassung vor. Tatsächlich sollte von dieser Möglichkeit immer nur sehr konservativ Gebrauch gemacht werden.

Der wohl brillanteste, aber gewiss auch empfindlichste Aspekt des politisch-rechtlichen Systems in Amerika war der Föderalismus. Die Erschaffung einer lebensfähigen Union aus dreizehn Staaten, die jeweils ihre Unabhängigkeit und Souveränität gesichert sehen wollten, bedurfte einiger Arbeit. Waren die neuen Vereinigten Staaten nun eine Konföderation oder eine Nation? Diese Frage sollte mehr als nur einmal auf dem Prüfstand stehen, am dringlichsten bekanntlich im Bürgerkrieg. Der vierte Präsident James Madison bereitete sich auf die Beantwortung mit der ihm eigenen Gründlichkeit durch ein umfassendes Studium der Geschichten von anderen Bündnissen vor, darunter des italienischen Risorgimento, der Hanse, der Schweizer Eidgenossenschaft, der Vereinigten Provinzen der Niederlande und des Heiligen Römischen Reiches. Dabei kam er zu dem Schluss, dass sie alle unter dem gleichen fatalen Defekt litten: Sie waren zu schwach, um sich gegen Aggressionen von außen oder Dissens im Inneren schützen zu können. Für Madison und seine Mitstreiter war deshalb die entscheidende Frage, wie man einen föderalen Staat erschaffen konnte, der stark genug sein würde, um sich *sowohl* gegen einen äußeren Feind schützen *als auch* Dissens im Inneren ertragen zu können, *ohne* dabei so stark zu sein, dass er die Freiheit seiner Bürger oder den Wohlstand bedrohte, für dessen Schutz die jeweilige lokale Regierung zu garantieren hatte.[46]

Das Problem der Gewaltenteilung zwischen der Bundesregierung und den einzelnen Staaten lösten sie gut. Weniger erfolgreich waren sie im Hinblick auf die Maßnahmen, die es der Zentralregierung ermöglichen sollten, aufsässige Staaten zu zwingen, sich an die Regeln dieser Gewaltenteilung zu halten. Die Lösung, die die Gründerväter ausarbeiteten (und die im Bürgerkrieg bedroht wurde, zu anderen Zeiten aber gut funktionierte), lautete, dass alle Macht auf das Volk der Vereinigten Staaten übergehen muss, auf dass es sie in seiner Eigenschaft als Souverän angemessen auf die Staaten und die Nation verteile. Konflikte zwischen beiden Systemen sollten nie mit den Mitteln der Gewalt und immer nur mit rechtsstaatlichen Methoden gelöst werden.[47] Die Erfindung dieses Machtgleichgewichts zwischen den Staaten und der Nation war wohl das brillanteste Element der Verfassung, weil damit die Regierung unter Kontrolle gehalten werde konnte (zu einer Zeit, als in Europa vorrangig Absolutismus herrschte). Das war das Prinzip der *Bundesherrschaft*. Eine mindestens so brillante Errungenschaft mit ebenso starken Auswirkungen auf das Machtgleichgewicht war die amerikanische *Bill of Rights*. Für sie gab es natürlich schon Präzedenzfälle, vornehmlich in England: die bereits seit 1215 gültige *Magna Carta Libertatum*, oder die *Petition of Rights* aus dem Jahr 1628 und natürlich die unsterbliche *Bill of Rights* von 1689. Massachusetts hatte bereits im Jahr 1641 einen von der englischen *Magna Carta* inspirierten Gesetzestext erlassen (*Body of Liberties*), doch die zehn *amendments* (Zusätze) der amerikanischen *Bill of Rights* zur Verfassung waren von einem ganz anderen Kaliber. In England gab es kein einziges »unabdingbares« Gesetz; und es war ganz und gar keine Seltenheit, dass die Krone oder das Parlament ein Gesetz einfach außer Kraft setzten. Es gibt also grundlegende Unterschiede zwischen der englischen *Magna Carta* und der amerikanischen *Bill of Rights*. Die *Magna Carta* garantierte gesetzestreue Verfahrensweisen, das Verbot von grausamen oder unüblichen Strafmaßnahmen, überhöhte Bußgelder oder Bürgschaftsforderungen; später wurden auch die Aufstellung eines stehenden Heeres ohne Zustimmung des Parlaments und die Einmischung in freie Wahlen untersagt sowie eine parlamentarische Kontrolle über öffentliche Gelder eingeführt. Die amerikanische Verfassung und ihre *Bill of Rights* garantierten hingegen die »freie Religionsausübung«, die »Rede- oder Pressefreiheit«, »das Recht, sich friedlich zu versammeln« und viele weitere Freiheiten. Fünf Staaten verboten die Selbstanzeige, sechs versicherten ausdrücklich die zivile Oberhoheit über das Militär. North Carolina und Maryland verboten Monopole, weil sie »abscheulich sind und dem Geiste des freien Staates zuwiderlaufen«. Delaware untersagte den Sklavenhandel, andere Staaten sollten diesem Beispiel bald folgen; Vermont schuf die Sklaverei insgesamt ab. Und Jefferson hatte darauf bestanden, das »Streben nach Glück« als ein Bürgerrecht in die Verfassung aufzunehmen. Die Stimmung, die in diesen wenigen Worten zum Ausdruck kommt, prägte den Freiheitsbegriff Amerikas ganz grundlegend.[48]

*

Reverend Dr. Richard Price, der das Geschehen aus dem fernen London beobachtet hatte, bemerkte dazu: »Der letzte Schritt auf dem Weg zum Fortschritt des Menschen wird in Amerika gegangen werden.« Damit lag er fast richtig. Es war aber Frankreich, das am unmittelbarsten vom amerikanischen Genius profitierte. Die *Déclaration des Droits de l'Homme et du Citoyen* (Erklärung der Menschen- und Bürgerrechte) vom August 1789 war größtenteils das Werk von Lafayette, Mirabeau und Jean Joseph Mounir gewesen, ihre Philosophie lehnte sich jedoch stark an die amerikanische *Bill of Rights* an. (Lafayette hatte Jefferson während dessen Aufenthalts in Paris ständig heimlich aufgesucht, mit der Folge, dass sein *pursuit of happiness* in Frankreich prompt als *la recherche du bien-être* übernommen wurde.[49]) In vielerlei Hinsicht ging die *Déclaration* sogar noch ein gutes Stück weiter als ihr amerikanisches Pendant: Sie schaffte die Sklaverei ein für alle Mal ab, verabschiedete sich vom Erstgeburtsrecht und dem unveräußerlichen Erbe, strich die Ehrenrechte und Privilegien des Klerus, emanzipierte die Juden und garantierte eine Versorgung der Armen und Alten sowie eine Schulbildung auf Staatskosten.[50]

Ein Franzose war es auch gewesen, der das erste und bis heute in gewisser Hinsicht bedächtigste und unparteiischste Urteil über diesen letzten Schritt zum menschlichen Fortschritt fällte. Alexis de Tocqueville wurde nach dem französischen Revolutionskalender am 11. Thermidor des Jahres XIII (29. Juli 1805) in Paris als Sohn eines normannischen Grafen geboren. Er wurde Instruktionsrichter mit bleibendem Interesse an Gefängnisreformen und dem Wunsch nach einer politischen Karriere. Angesichts der Treue seines Vaters zu den Bourbonen – deren man sich ja entledigt hatte – fand er es jedoch angebracht, sich erst einmal mit seinem Freund und Kollegen Gustave de Beaumont nach Amerika abzusetzen, vorgeblich, um eine Untersuchung der Gefängnisverwaltungen in der Neuen Welt durchzuführen. In Wirklichkeit reisten sie fröhlich kreuz und quer durch das Land. Und beide sollten nach ihrer Rückkehr Bücher über Amerika schreiben.[51]

Ein Jahr lang blieben sie in Nordamerika und lernten auf ihrer Tour auch New York, Boston, Buffalo, Kanada und Philadelphia kennen. Sie reisten in die Grenzgebiete entlang des Mississippi bis nach New Orleans, dann quer durch den Süden zurück nach Washington und bemusterten unentwegt die Vielfalt auf dem amerikanischen Kontinent und unter den Amerikanern. In Boston logierten sie im Hotel Tremont, dem ersten luxuriösen Grandhotel der Vereinigten Staaten, in dem jedes Zimmer über einen eigenen Salon verfügte und jedem Gast Slipper bereitgestellt wurden, damit der Butler in Ruhe die Stiefel putzen konnte. »Es herrscht purer Luxus und Raffinement«, notierte Tocqueville in seinem Reisetagebuch. »Fast alle Frauen sprechen gut Französisch und alle Männer, denen wir bisher begegneten, waren in Europa gewesen.« Boston empfand er als einen ziemlichen Kontrast zu der »stinkigen« Arroganz der Amerikaner in New York, wo die beiden Reisenden in einer Pension am »modischen« Broadway abgestiegen waren und Leute mit ungehobelten Manieren vorfanden, die sogar während einer Unterhaltung auf den Boden spuckten.[52]

Bis sie das Grenzland erreichten, waren sie ziemlich enttäuscht gewesen, dass es so wenig Bäume in Amerika gab, ebenso von den Indianern, die sie für arg klein, dünnarmig, stielbeinig und »verroht durch unseren Wein und Schnaps« hielten. Sie besuchten die Gefängnisanstalt von Sing Sing am Ufer des Hudson, begegneten John Quincy Adams und Sam Houston (dem Gründer der Republik Texas, der sich seinen Hengst auf einem Mississippidampfer hatte bringen lassen) und erhielten eine Einladung von der American Philosophical Society, wo sich Beaumont zu Tode langweilte.[53] Im Lauf der Reise stieg Tocquevilles Bewunderung für Amerika, obwohl sich die Annehmlichkeiten ihrer Reisegefährte keineswegs verbessert hatte (ein Dampfschiff, mit dem sie den Ohio befuhren, lief auf ein Riff und sank). Zurück in Frankreich beschloss er ein Buch über das Wichtigste zu schreiben, was Amerika in seinen Augen von anderen Ländern unterschied – über die Demokratie. *De la démocratie en Amérique (Über die Demokratie in Amerika)* erschien in zwei Bänden. Der erste, 1835 publiziert, konzentrierte sich auf die Politik, im zweiten, 1840 veröffentlicht, fügte er seine eigenen Gedanken und Beobachtungen an – er beschrieb, wie wir es nennen würden, die soziologischen Auswirkungen der Demokratie. Im Gegensatz zum ersten Teil hat dieser etwas Düsteres, denn hier sprach Tocqueville das seiner Meinung nach größte Problem der Demokratie an: die Gefahr, dass sie den Geist der Menschen zum Mittelmaß drängt und ihre Bürger damit schließlich ihrer wahren Freiheit berauben würde.

Doch in fast jeder anderen Hinsicht war er voller Bewunderung für den demokratischen Geist und die demokratische Ordnung in Amerika. In der amerikanischen Gesellschaft fand er weit weniger deutlich voneinander getrennte Klassen vor als in Europa, sogar der einfache Ladenverkäufer hatte nicht den »schlechten Stil« der französischen Unterschicht. »Dies ist ein *Händlervolk*«, schrieb sein Kollege Beaumont und: »Die ganze Gesellschaft scheint zu einer Mittelschicht verschmolzen zu sein.«[54] Beeindruckt waren die beiden Männer nicht nur von der fortschrittlichen Rolle der Frau, dem Willen zu harter Arbeit, den allgemein guten Sitten und der Abwesenheit von militärischer Macht, sondern auch von dem handfesten Individualismus der Kleinfarmer, die sie für die typischsten Amerikaner hielten. Amerikaner seien zwar kein bisschen tugendhafter als andere Menschen, schrieb Tocqueville, »aber unendlich viel aufgeklärter (ich spreche hier von der großen Masse) als jedes andere Volk, das ich kenne«.[55] *La démocracie* betont die Stabilität des amerikanischen Systems, im Gegensatz zum französischen und – jedenfalls in gewissen Maßen – dem englischen, das er ebenfalls kannte (wenngleich er auch auf die Gefahren hinwies, die ständig steigende Erwartungen mit sich bringen konnten). Diese Stabilität führte er darauf zurück, dass der Durchschnittsamerikaner seiner Beobachtung nach weit mehr als seine europäischen Pendants die Geschicke a) der politischen Gemeinschaft, b) der bürgerlichen Gemeinschaft und c) der Glaubensgemeinschaft mitbestimmte und das Land damit auf eine Weise funktionsfähig machte, die beinahe schon das Gegenteil der Organisationsweisen der europäischen Staaten war: Die lokale Gemeinde kam vor der Gemeinschaft des County, die Gemeinschaft des County vor der des Staates und die Gemeinschaft des Staates vor der der Union.[56] Für die Rolle der Gerichtshöfe in Amerika, welche die Gewaltenhoheit über die Politiker hatten, und für die Tatsache, dass die Presse in Ruhe gelassen wurde und niemand auch nur daran dachte, sie zu zensieren – obwohl er sie kein bisschen weniger »gewalttätig« als die französische Presse fand –, hatte Tocqueville nichts als Bewunderung übrig.

Doch er war nicht blind gegenüber den Problemen Amerikas. Das Rassenproblem hielt er für schier unlösbar. In der Antike sei es bei der Sklaverei um Eroberung gegangen, in Amerika ging es jedoch nur um »Rasse«, und aus dieser Sackgasse sah er einfach keinen Ausweg. Außerdem glaubte er, dass Demokratien immer dazu tendieren würden, mittelmäßige Führungsfiguren zu wählen, was den Fortschritt im Lauf der Zeit behindern könnte. Im Übrigen war er davon überzeugt, dass sich demokratische Mehrheiten immer viel zu intolerant gegenüber den Minderheiten zeigen würden. Als Beispiel führte er an, dass in Amerika nur deshalb keine Konkursgesetze verabschiedet würden, weil viel zu viele Menschen fürchteten, selbst einmal haftbar gemacht werden zu können. Das Alkoholgesetz führte er auf das gleiche Denkmuster zurück, obwohl der Zusammenhang zwischen Alkoholmissbrauch und kriminellen Delikten schon damals offensichtlich war.[57]

Was nun das Reich der reinen Ideen betraf, so glaubte Tocqueville, dass Demokratien immer mehr Fortschritte in den angewandten als in den rein theoretischen Wissenschaften machen würden. Er war beeindruckt von der Architektur in Washington, insbesondere von der Tatsache, dass eine Stadt, die immerhin »nicht größer als Pontoise« war, eine derartige Grandeur ausstrahlen konnte. Er erwartete viel von der amerikanischen Dichtung, eingedenk der Tatsache, dass »so viel Natur« vorhanden war; amerikanische Familien fand er einander inniger verbunden und insgesamt unabhängiger gesinnt als europäische; und er freute sich von ganzem Herzen über den Trend, dass in Amerika aus Liebe und Zuneigung und nicht aus wirtschaftlichen oder dynastischen Erwägungen geheiratet wurde.[58]

Trotz Tocquevilles Vorbehalten schimmerte durch seinen Bericht also grundlegende Bewunderung für Amerika und das leidenschaftliche Eintreten der Amerikaner für die Gleichheit (diesem Bestandteil der revolutionären französischen Dreifaltigkeit). Sein Buch sollte gleich nach der Veröffentlichung ein Verkaufsschlager werden. In Frankreich gewann es den Montyon-Preis im Wert von zwölftausend Francs; in England beschrieb es John Stuart Mill als »das erste große Werk der politischen Philosophie, das sich der modernen Demokratie widmet«.[59] Seither hat so mancher Autor versucht, Tocqueville nachzueifern. Doch nur sein Bericht wurde zum Klassiker. Am Ende war gewissermaßen ohnedies jedes Buch über Amerika irrelevant, so faszinierend es auch geschrieben sein mochte, denn das eindeutigste Urteil über die Vereinigten Staaten von Amerika fällten die unzähligen Einwanderer, die zuerst Europa und dann auch anderen Regionen in der Welt den Rücken kehrten, um dort ihre Freiheit und ihr Glück zu suchen. Sie stimmen noch heute mit den Füßen ab.

TEIL FÜNF

VON VICO BIS FREUD

Parallele Wahrheiten:
Die moderne Inkohärenz

29

Die Renaissance im
Nahen und Fernen Osten

In genau der Zeit, als die Portugiesen die Westküste Afrikas erforschten und dann Brasilien und den Fernen Osten entdeckten, verwandelte die Erfindung des Buchdrucks das geistige Leben Europas. Die steigende Alphabetisierungsrate stellte zwar insgesamt einen beträchtlichen Fortschritt dar, machte es den Portugiesen aber schwerer denn je, die Nachrichten von ihren folgenreichen Entdeckungen für sich zu behalten.

Dass jedoch konzertierte Aktionen unternommen wurden, um diese Informationen geheim zu halten, scheint außer Frage zu stehen. Unter der Regentschaft von João II. (1481–1495) ließ die portugiesische Krone die Menschen sogar heilige Eide schwören und drohte ihnen mit allen möglichen Strafen – auch der Todesstrafe –, um sie davon abzuhalten, solche Nachrichten durchsickern zu lassen. Im Jahr 1481 reichten die Cortes bei Hofe das Bittgesuch ein, Ausländern und insbesondere Personen aus Genua und Florenz das Niederlassungsrecht im Königtum zu verweigern, weil »sie die königlichen Geheimnisse über Afrika und die Inseln gestohlen haben«. Etwas später, im Jahr 1504, verfügte König Manoel die absolute Geheimhaltung der nautischen Details von den Südost- und Nordostpassagen – Zuwiderhandlungen wurden mit dem Tode bestraft. »Anschließend scheinen alle Seekarten, Landkarten und Logbücher im Zusammenhang mit den Passagen nach Afrika, Indien und Brasilien im königlichen Kartenraum verstaut und der Aufsicht von Jorge de Vasconcelos anvertraut worden zu sein.« Mehrere Historiker vermuteten, dass die Chroniken der portugiesischen Entdecker nicht selten bewusst unvollständig gelassen wurden, um keine wichtigen Informationen preiszugeben. Donald Lach schreibt in seiner Studie über die Informationskontrollpolitik Portugals, man dürfe fast mit Sicherheit davon ausgehen, dass die Portugiesen ihr Wissen in Bezug auf Afrika und die Handelsrouten zurückhielten: »Es ist schwer vorstellbar, dass allein der Zufall für die Tatsache verantwortlich sein soll, dass zwischen 1500 und Mitte des Jahrhunderts unseres Wissens nach in Portugal keine einzige Schrift über die Neuentdeckungen in Asien veröffentlicht wurde.«[1]

Doch ein solches Embargo ließ sich nicht aufrechterhalten. Portugiesische Kartografen hausierten mit ihren Kenntnissen über die Welt jenseits der Meere, boten ihre Dienste an und verkauften ihr Insiderwissen an den Meistbietenden, nicht anders, als es die Seefahrer und Händler taten, die an diesen Reisen teilgenommen hatten. Vielleicht weckte das dann bei manchem Schuldgefühle, denn Fakt ist, dass militärische Details oft ausgelassen wurden. Im Verlauf des 16. Jahrhunderts gehörten Geschichten von den Entdeckungsfahrten jedoch bereits zum Allgemeinwissen. Die portugiesische Krone pflegte in ihren Depeschen an die anderen Monarchen in ganz Europa oder an den Papst nicht selten verlockende Anspielungen zu machen, und auch die vielen italienischen Händler in Lissabon, unter denen sich gewiss zumindest einige venezianische Spione befanden, streuten gezielt Informationen. So kam es, dass die Passage nach Indien zwar als ein Staatsgeheimnis behandelt wurde, aber in mehreren frühen Berichten von Ausländern, die in Portugal lebten, beschrieben wurde. Wer wollte, der konnte sich also bereits ein allgemeines, wenn auch noch nicht sehr deutliches Bild zusammenreimen.[2] Lach zufolge operierte die portugiesische Geheimpolizei zwar rund fünfzig Jahre lang ziemlich erfolgreich, doch bis Mitte des 16. Jahrhunderts wurde Portugal schließlich klar, dass es sein Monopol auf den Gewürzhandel nicht würde wahren können. Reiseliteraturen waren inzwischen zu einem Renner geworden, und auch die Jesuiten begannen in dieser Zeit ihre berühmten Missionsberichte »Indische Episteln« zu veröffentlichen, die so viele Jahre lang den bei weitem umfassendsten Einblick in den Fernen Osten gewähren sollten.

Mit einer Reihe von päpstlichen Bullen wurde der portugiesischen Krone im 16. Jahrhundert das so genannte *padroado* gewährt (nicht unähnlich dem spanischen *patronato*): Der König erhielt das Recht, bestimmte Kirchenerlöse aus Portugal für seine Erkundungsfahrten zu verwenden und dem Papsttum Kandidaten für die neuen Bischofssitze und Pfründe in Afrika und dem *Estado da India* vorzuschlagen. Goa wurde zum Zentrum der jesuitischen Aktivitäten in Indien. 1542, vier Monate nach seinem Eintreffen, schickte Franz Xaver einen Brief an seinen Ordensgründer Ignatius nach Rom, in dem er Goa (der ursprüngliche Name lautete »Ticuari«, »Dreißig Dörfer«) zu einer vollständig christianisierten Stadt erklärte.[3] Mit Franz Xavers Ankunft in Indien waren die Jesuiten zu den allgemein anerkannten Leitern der christlichen Mission im Rahmen des *padroado* geworden.

Bei jeder frühen Erkundungsfahrt waren Missionare oder Geistliche an Bord gewesen, und viele von ihnen zeichneten ihre Erlebnisse später auf. Doch erst mit den jesuitischen Aktivitäten in den Überseemissionen entstand ein ausgedehntes Korrespondenzsystem, das die Weitergabe von Informationen regelrecht zur Routine machte. Ignatius von Loyola wies die Mitglieder seines Ordens explizit an, ihm regelmäßig brieflich nach Rom

Bericht zu erstatten. Wichtige Dinge sollten in formellen Schreiben mitgeteilt, weniger wichtige oder Mitteilungen privaterer Natur auf einem *hijuela* genannten Beiblatt festgehalten werden. Alle Schreiben mussten in dreifacher Ausfertigung über drei verschiedene Wege nach Rom geleitet werden. »Die Berichte sollten mit Bedacht und großer Sorgfalt erstellt werden, denn sie dienten ja nicht nur der moralischen Erbauung und Anleitung der Gesellschaft Jesu, sie sollten auch das öffentliche Interesse an ihren weitreichenden Unternehmungen wecken.« In Rom wurde eigens ein Sekretariat für die Kommunikation mit den Missionaren eingerichtet, das alle eingehenden Briefe empfing, redigierte, übersetzte und dann in Europa in Umlauf brachte. Auf diese Weise wurden erstmals Informationen über die Völker, Kulturen und Ideen Indiens verbreitet. Und da Goa zum Verwaltungssitz geworden war, wurden sämtliche Nachrichten, egal, wo sie gesammelt worden waren – selbst solche aus China oder Japan – als »Indische Episteln« bezeichnet. Auch das ungefähr zur gleichen Zeit gegründete Jesuitenkolleg im portugiesischen Coimbra wurde zu einer Anlauf- und Freigabestelle für die Berichte, die von den Jesuiten nach Europa geschickt und dann vom Kolleg nach Rom weitergeleitet wurden. Es gab fünf Arten von Berichten, neben den bereits erwähnten *hijuelas*: Mahnschreiben, die das Interesse der daheim gebliebenen Brüder am Fernen Osten wecken sollten; Sonderberichte, die von vornherein zur Veröffentlichung gedacht und daher in einem etwas zurückhaltenderen Ton verfasst waren; persönliche Erlebnisberichte und dokumentarische Schriftstücke, wobei es sich meist um Anhänge über die Geschichte eines bestimmten Stammes oder um andere Themen handelte, über die die Daheimgebliebenen nach Ansicht der Missionare ausgiebiger informiert werden sollten. Allmählich begann sich dieses Korrespondenzsystem so einzuspielen, dass die Jesuiten in Rom und Coimbra die Übersetzung der Missionsberichte in europäische Sprachen einstellten und sie unter dem Obertitel *Epistolae indicae* in lateinischer Sprache zu veröffentlichen begannen.[4]

Im Gegensatz zu den Berichten weltlicher Autoren (von denen es ja nicht wenige gab) spielte der Handel in den Schriften der Jesuiten keine Rolle. Sie nahmen zwar durchaus Bezug auf militärische Aktivitäten, befassten sich im großen Ganzen aber hauptsächlich mit den kulturellen Ideen, Bräuchen und Institutionen der Völker in der Fremde. Aus Malabar zum Beispiel (als Malabar-Küste wurde die Westküste Indiens südlich des heutigen Mumbai bezeichnet) berichteten Missionare vom Tod eines Herrschers und schilderten unter anderem, dass sich die Trauernden zur Leichenverbrennung auf einem Feld versammelten, nachdem sie ihre Körper »bis auf Wimpern und Brauen« vollständig enthaart und die Zähne geputzt hatten, um dann dreizehn Tage lang weder Betel zu kauen noch Fleisch oder Fisch zu essen.[5] Auch dass das Rechtssystem je nach der Kaste des Missetäters unterschiedlich ausgelegt und nicht selten das Gottesurteil erfragt wurde, ließ sich in solchen Berichten nachlesen. Der Beschuldigte musste Zeige- und Mittelfinger der rechten Hand in kochendes Öl halten: »Sind die Finger verbrannt, wird der Beklagte gefoltert, damit er gesteht, was er mit der gestohlenen Beute gemacht hat. Doch ob er gesteht oder nicht, hingerichtet wird er sowieso. Sollten die Finger des Beklagten nicht verbrannt worden sein, wird er freigelassen und stattdessen der Ankläger hingerichtet oder mit einer Geldbuße belegt oder ausgestoßen.« Bengalen wurden als »geschmeidige, ansehnliche schwarze Menschen« und »scharfsinniger als jede andere bekannte Rasse« beschrieben.[6] Zugleich beschuldigte man sie, »überaus wachsam und heimtückisch« zu sein; man vergaß auch nicht, festzuhalten, dass es anderenorts in Indien als eine Beleidigung galt, jemanden als Bengalen zu bezeichnen. Daneben wurde berichtet, dass die Herrschaft in Bengalen ungefähr drei Jahrhunderte vor dem Eintreffen der Jesuiten von Muselmanen übernommen worden sei – was im Wesentlichen den Tatsachen entsprach. Aus den Missionsberichten der portugiesischen Jesuiten erfuhr Europa auch erstmals Einzelheiten des Aufstiegs der Mughal-Dynastie in Indien und ihres Kampfes gegen die übermächtigen Afghanen.[7]

Den meisten Jesuiten war bewusst, dass der Schlüssel zum Verständnis Indiens in der Beherrschung des jeweils gesprochenen Dialekts und in der Fähigkeit lag, lokale Literaturen auswerten zu können. Damit man den Hinduismus ausrotten konnte, beschaffte man sich also erst einmal ein paar seiner heiligen Schriften, übersetzte sie und schickte diese Fassungen dann nach Europa, darunter achtzehn Bücher des *Mahabharata*. Doch generell eigneten sich die Jesuiten wenig systematisches Wissen über den Hinduismus an; viele Legenden taten sie als reine »Fabeln« ab.[8] In Europa lernte man nun die Namen der Hindugottheiten Vishnu, Shiva und Brahma kennen und erfuhr, dass sie die Dreieinigkeit *trimurti* bildeten, wurde von den Jesuiten aber belehrt, dass es sich dabei um einen »hoffnungslosen Aberglauben« handelte. Häufig schilderten sie die Pagoden der Hindus nur als »sehr große Häuser, vollständig aus Stein oder Marmor«, in denen sich »die Abbilder von Stieren, Kühen, Elefanten, Affen und Menschen finden«.[9] Einige Jesuiten waren allerdings offenbar so beeindruckt von den Ausmaßen dieser Monumente, dass sie glaubten, sie hätten nur von Alexander dem Großen oder von den Römern errichtet worden sein können. Andere berichteten, dass es drei Arten von Priestern im Hinduismus gebe – Brahmanen, Yogi, Gurus – und erwähnten, dass Brahmanen ab dem Alter von sieben Jahren eine heilige Schnur aus drei Fäden über die Schulter trügen, die jeweils zu Ehren einer andere Gottheit angelegt und ineinander verflochten war: Sie »erheben Anspruch auf eine Dreifaltigkeit wie die unsere«. Im großen Ganzen empfanden Jesuiten keinerlei Respekt für Hindupriester und zeigten sich entsetzt von der Tatsache, dass diese heiraten durften.[10] Andererseits waren sie ungemein fasziniert vom Kastensystem und den indischen Bräuchen. Ein Beobachter hielt zum Beispiel fest, dass »viele Männer mit Basen, Schwestern und Schwägerinnen verheiratet sind«, und führte sogar eigens an, dass diese Sitte dem Papst als Argumentationshilfe dienen könnte, um in Europa Ehen unter Blutsverwandten dritten und vierten Grades zu erlauben. Für die Gelehrtheit der indischen Hochkultur konnten sich die Jesuiten hingegen nie erwärmen oder auch nur Respekt entwickeln. Nicht zuletzt das sollte schließlich dazu beitragen, dass die Nachricht von einer Renaissance im Fernen Osten in Europa schließlich derart einschlagen sollte.

*

China lag zwar am weitesten von Europa entfernt, wies im Reich der Ideen aber einige seltsame Parallelen auf. So erlebte beispielsweise auch dieses Land Ende des 16. Jahrhunderts eine »Renaissance«, einen Aufbruch zu neuen Ufern in den Bereichen Theater, Roman und Philosophie. Viele Intellektuelle hatten sich einem politisch-literarischen Club angeschlossen, der so genannten »Erneuerungsgesellschaft« *(fushe)*; auch der Zhan- (oder Zen-)Buddhismus begann an Einfluss zu gewinnen, und mit ihm das Konzept vom »angeborenen guten Wissen« *(liangzhi)*, das sich gewissermaßen als eine chinesische Form des Platonismus bezeichnen lässt: Bevor der Geist durch egoistische Gedanken und Begierden verseucht wird, wohnt ihm ein Prinzip des Guten inne, das ein jeder »in sich selbst zu finden versuchen muss«. Die Schule vom »angeborenen Wissen« war jedoch äußerst umstritten, da ihre Anhänger Konfuzius mit der Begründung ablehnten, dass er das jedem Menschen innewohnende Wissen nicht zum Ausdruck kommen lassen wolle.[11] Ein anderer Aspekt der chinesischen »Renaissance« im 16. und 17. Jahrhundert war der Aufstieg von Schulen und Bibliotheken – die Reaktion Chinas auf die westliche Erfindung des Buchdrucks mit beweglichen Lettern.

Zu den chinesischen Innovationen dieser Zeit zählte auch das *Lu xue jing yi* (»Wesen der Musik«) des Musiktheoretikers Zu Zaiyu (1536–1611), der als erster Mensch weltweit die gleichschwebend temperierte Stimmung in der Musik definierte.[12] Li Shizen (1518–1598) verfasste das Traktat *Ben tsao gang mi*, in dem er tausend Pflanzen und tausend Tiere von medizinischem Nutzen beschrieb und zum ersten Mal eine Methode der Pockenimpfung darstellte, die den Anfängen der späteren Immunologie im Westen sehr ähnlich war. Auch eine frühe Form von Soziologie wurde durch Wang Fuhzi in China mit der These eingeführt, dass die Evolution von Gesellschaften natürlichen Kräften unterlag, was im chinesischen Kontext eine besonders eindringliche Vorstellung war, da es die – von so manchem gehegte – Hoffnung auf eine Wiederkehr des goldenen Zeitalters der Han-Dynastie und die Wiederbelebung der alten Denk- und Lebensweisen ad absurdum führte. Wang selbst betrachtete diese ferne Vergangenheit als »entmenschlicht«.¹³ Seine beharrliche Weigerung, sich die Möglichkeit einer solchen Wiederkehr auch nur vorzustellen, wurde von den Chinesen für antikonfuzianisch gehalten und war deshalb sehr unpopulär.

Aber China erlebte unter der Ming-Dynastie nicht nur seine eigene Renaissance, sondern auch seine eigene Art von Inquisition. Ihre Entstehung ging mit der Wiederaufnahme des Prüfungsverfahrens – der schriftlichen Examina für den öffentlichen Dienst – einher, im Jahr 1646. Für die Vorbereitung auf diese Prüfungen hatten sich zwar unzählige private Akademien etabliert, doch da die Dynastie den Lehrplan, der bei diesen Prüfungen abgefragt wurde, streng kontrollierte, konnte sie natürlich auch steuern, was die Menschen dachten, und damit ihre Kritikfähigkeit beschneiden. Anfang des 18. Jahrhunderts mündete das System schließlich in einen Kontrollapparat, der noch direkteren Einfluss nahm und (wie sein westliches Gegenstück) einen Index der verbotenen Bücher erstellte. Einmal standen 10231 Titel auf der Liste; 2300 davon wurden tatsächlich vernichtet. Auch gegen die kritischen Autoren selbst wurde vorgegangen – sie kamen in Arbeitslager oder wurden des Landes verwiesen; ihr Besitz wurde beschlagnahmt; einige wurden sogar hingerichtet.¹⁴

Wie die Engländer und Franzosen entwickelten auch die Chinesen Anfang des 18. Jahrhunderts eine Vorliebe für Enzyklopädien. Eine mit beweglichen Kupferlettern gedruckte Version enthielt nicht weniger als zehntausend Einträge. Im Jahr 1716 erschien das berühmte Wörterbuch *Gang hsi zi dian*, das westlichen Sinologen noch im 20. Jahrhundert als Grundlage dienen sollte. Insgesamt, schreibt Jacques Gernet, bestand der Kanon, der im 18. Jahrhundert das chinesische Wissen kodifizierte und eine lebendige Parallele zu den Aufklärungsprojekten in Westeuropa darstellte, aus über fünfzig »großen Publikationen«. Aber natürlich wurden Ideen nicht nur in eine Richtung verbreitet; auch die Jesuiten gewannen Einfluss auf das Denken in China, am stärksten auf den Gebieten der Astronomie, Kartografie und Mathematik. Im Jahr 1702 bat der Gelehrte Gangshi den Jesuitenpater Antoine Thomas, die Länge des *li* als eine Funktion des Erdmeridians festzulegen – und das zu einer Zeit, als in Europa zwar schon die Meile, aber noch nicht der Kilometer festgesetzt worden war.¹⁵

Im Verlauf des 18. Jahrhunderts sollte China zu einem regelrechten Faszinosum für Europäer werden, zeitweilig fast zu einer Manie. »Bald schon verkündete jedermann die Weisheiten des Konfuzius oder pries die Vorzüge der chinesischen Bildung oder malte in einer Manier, die er für den chinesischen Stil hielt, oder errichtete chinesische Pagoden in Gärten, die nach chinesischem Vorbild angelegt worden waren.« Im Jahr 1670 berichtete der Jesuit Athanasius Kircher, dass China »von Doktoren *à la mode* des Platon beherrscht« werde; Pater Le Comte behauptete in seinem Buch

Nouveaux mémoires sur l'état de Chine, dass christliche Tugenden in China bereits seit über zweitausend Jahren praktiziert worden seien.[16] Dass er keine Mühen für derartige Nachforschungen gescheut hatte, wurde von den Scholastikern der Pariser Universität mit heftiger Kritik quittiert, weil er die Christianisierung damit »überflüssig« gemacht habe. Gottfried Wilhelm Leibniz hielt China in den meisten Fragen der Moral und Politik für fortschrittlicher als Europa und schlug sogar vor, Chinesisch als Weltsprache einzuführen. Voltaire konnte dem nur zustimmen.

Ganz Europa wurde mit chinesischer Ästhetik überschwemmt, auch die Höfe ließen sich nicht zweimal bitten: Es gab einen chinesischen Pavillon in Sanssouci; in Dresden wurde ein eigenes »Porzellanschloss« geplant; in Oranienbaum bei Dessau wurde ein chinesischer Garten mit Pagode angelegt; im Park der königlich schwedischen Sommerresidenz Drottningholm wurde ein ganzes chinesisches Dorf errichtet, desgleichen in Kassel-Wilhelmshöhe; in den königlichen botanischen Gärten von Kew (Kew Gardens) wurde eine Pagode erbaut, im Park von Schloss Nymphenburg eine Pagodenburg. Der Herzog von Cumberland hatte eine Yacht auf der Themse liegen, die vollständig einer chinesischen Dschunke nachempfunden war, mitsamt Drachen; Watteau und Boucher begannen nach chinesischer Manier zu malen; und jedermann trank seinen Tee aus chinesischen Porzellantassen.[17]

*

Die islamische Welt lag den Reisenden aus Europa natürlich näher als die Kulturen des Fernen Ostens. Was den Islam selbst betrifft, so lässt sich zuerst einmal feststellen, dass sich diese Idee inzwischen ungemein erfolgreich durchgesetzt hatte. Im 18. Jahrhundert erstreckte sich diese Religion vom Atlantik bis zum Südchinesischen Meer und vom Ural fast bis zur Mündung des Sambesi. Sie war zum vorherrschenden Glauben auf einer mindestens dreimal so großen Landmasse wie dem vom Christentum beherrschten Gebiet geworden.

Mittlerweile hatte sich das persische Isfahan als würdiger Nachfolger von Bagdad und Toledo etabliert und als ein Zentrum der islamischen Renaissance in den Bereichen von Kunst, Literatur und Philosophie hervorgetan. Persisch, nicht Arabisch war nun die Lingua franca der islamischen Welt. Isfahan war die Hauptstadt des Safaviden-Reiches und die Heimstatt einer florierenden Schule für persische Miniaturen unter der Leitung von Bihzard, aber auch von kunstvollen Teppichwebern und ungemein individuellen Memoirenschreibern. Von dieser Brillanz fühlten sich natürlich Gelehrte aus anderen Disziplinen angezogen, allen voran die *falsafahs*, obgleich die Philosophie aus orthodoxer Sicht nach wie vor ein zweifelhaftes Geschäft war. Man begann sich wieder für Aristoteles, Platon und die Wertvorstellungen der »Ungläubigen« zu interessieren, so zum

Beispiel der Philosoph Mir Damad (gest. 1631), der die Meinung vertrat, dass die Natur vollständig Licht sei, oder sein Kollege Suhrawardi, der eine Art Platoniker war und alles vom »Reich der Bilder« beherrscht sah. Doch zu dieser großen Blüte hatte mehr als nur das beigetragen: Es gab drei große Gesetzgeber; es gab neue literarisch-biografische Stile; es gab die Idee, dass Malerei und Kalligrafie der Kennerschaft bedurften; und es gab wieder eine Übersetzerschule. Diese »von der persischen Sprache und Kultur geprägte Blütezeit« gilt insofern als vergleichbar mit der italienischen Renaissance, als es sich auch in diesem Fall eher um eine »lyrische« denn um eine »positivistische« Bewegung handelte.[18]

Zur »lyrischen« oder platonischen Seite des Islam im 16. und 17. Jahrhundert gehörten auch die Neuerungen, die von Abulfazl in den Sufismus eingeführt wurden. Genau genommen kann man den Sufismus zwar weder als platonisch noch als neuplatonisch bezeichnen, ebenso wenig, wie es nach Aussage einiger Historiker richtig wäre, ihn »mystisch« zu nennen. Dennoch *betrachten* ihn viele Menschen als genau das – als eine sehr private Form des islamischen Glaubens und eine asketische Suche nach Gott im tiefsten eigenen Inneren, als die Glaubensweise also, die uns angeblich allen angeboren ist. Sufis tragen einen wollenen Habit (*suf* ist das Wort für »Wolle«) und schließen sich meist zu *tariqahs* zusammen, zu Schulen, die einen unverkennbar eigenen Ansatz der Gottessuche verfolgen und gelegentlich Vorgänger verehren, die als heilig gelten, weil sie bereits Gott geschaut und das Paradies erreicht haben. Abgesehen vom Platonismus lassen sich hier auch deutliche Überlappungen mit dem Buddhismus erkennen.

Abulfazl (1551–1602) wirkte jedoch nicht in Isfahan, sondern am Hof des indischen Großmoguls Akbar, weshalb sein Buch auch den Titel *Akbar-Namah* erhielt, das »Buch des Akbar«. Die Grundidee beim Sufismus war seiner Auslegung nach mit der Organisationsweise von Zivilisationen verwandt: Man versuchte die Beziehungen zwischen Männern und Frauen zu »besänftigen« und Konzilianz in allen Dingen zu erreichen. Das war etwas völlig anderes als die Vorstellungen, die so viele Menschen vom Islam haben (vor allem seit dem 11. September 2001). Doch als am Ende des 18. Jahrhunderts ein nicht geringer Teil der muslimischen Welt nach einer Glaubensreform zu rufen begann, sollte die Korruption, die den Sufismus zweifellos befallen hatte (was wiederum an die Korruption erinnert, die im Mittelalter in den chinesischen Buddhismus eingedrungen war), für eine ausgesprochen gewalttätige Reaktion sorgen. Vor allem Muhammad ibn Abd al-Wahhab (gest. 1791) hatte Anstoß am Sufismus und seiner Heiligenverehrung genommen, weil sie für ihn nicht nur nach Götzenanbetung roch, sondern auch eine Abkehr von Muhammad darstellte. Und das war nach dem orthodoxen Gesetz ein Schwerverbrechen. Al-Wahhab und seine Anhänger, die Wahhabiten – zu denen mittlerweile auch das arabische Fürstentum des Ibn Saud zählte – machten sich also mit Vehemenz an die Arbeit und planten die Gründung eines Staates, der auf ihren unbeugsamen Prinzipien aufgebaut und in dem jede Art von Götzendienst verboten sein sollte. Dann begannen sie zum Entsetzen der muslimischen Welt viele heilige Stätten zu zerstören – nicht nur Stätten des Sufismus, sondern auch des Islam als solchem –, weil sie sie vom Götzendienst verunreinigt fanden. Ihr Wüten gipfelte in der Ermordung vieler Pilger, die sich gerade dort aufhielten.

Schließlich konnte man den Wahhabiten Einhalt gebieten, wenn auch nur unter großen Schwierigkeiten. Wirklich von der Bildfläche verschwinden sollten sie jedoch nie, außerdem hatte der Kampf gegen sie mit Hilfe eines ganz neuen Heerestyps stattgefunden, wodurch nun auch ein ganz neues Thema aufs Tapet gebracht wurde: Der Sieg über die Wahhabiten hatte Ausrüstungen und Taktiken bedurft, die sich die osmanische Armee vom Westen besorgt hatte, obwohl die Beziehungen des Islam zum Westen und seine Einstellungen zu westlichen Ideen äußerst gemischt waren, wie wir gleich feststellen werden. Und das signalisierte nun einen massiven Umbruch im osmanischen Denken.

*

Nach ihrer Vertreibung aus Spanien im Jahr 1492 und nach ihrer Niederlage 1683 vor Wien sollte die muslimische Welt das Geschehen in Westeuropa zwar wachsam beobachten, dabei aber ziemlich desinteressiert am intellektuellen Geschehen im Westen bleiben.[19] Der große Islamgelehrte Bernard Lewis schreibt: »Die grandiose Übersetzerschule, die den Horizont von Muslimen und anderen Lesern aus der arabischen Welt Jahrhunderte zuvor noch mit so vielen griechischen, persischen und altsyrischen Werken erweitert hatte, gab es nicht mehr, und die neue wissenschaftliche Literatur aus Europa war ihnen nahezu vollständig unbekannt. Bis zum späten 18. Jahrhundert war nur ein einziges medizinisches Werk in eine Sprache des Nahen Ostens übersetzt worden – ein Traktat über die Syphilis aus dem 16. Jahrhundert, das Sultan Mehmed IV. im Jahr 1655 in türkischer Sprache überreicht worden war.« Doch es war kein Zufall, dass man sich ausgerechnet dieser Übersetzung gewidmet hatte: Die Syphilis, die angeblich vom amerikanischen Kontinent eingeschleppt worden war, hatte über Europa auch die islamische Welt erreicht (und wird bis heute im Arabischen, Persischen, Türkischen und anderen Sprachen als »Franzosenkrankheit« bezeichnet). Doch auch im Westen wurden nur selten Gedanken aus der islamischen Welt anerkannt, selbst wenn es sich um große intellektuelle Durchbrüche handelte. William Harveys 1628 veröffentlichter *Essay on the Motion of the Heart and the Blood (Aufsatz über die Bewegung des Herzens und des Blutes)* war zum Beispiel schon im 13. Jahrhundert durch das Traktat eines syrischen Arztes namens Ibn al-Nafis vorweggenommen worden, der tapfer gegen das traditionelle, von Galen und Avicenna begründete Wissen angekämpft und bereits die Prinzipien des Blutkreislaufs erkannt hatte. Doch das sollte weder wahrgenommen werden noch irgendeine Auswirkung auf die praktische Medizin im Westen haben. In einem Brief, den Ogier Ghiselin de Busbecq, der Gesandte des Kaisers am Hof des Sultans in Konstantinopel, im Jahr 1560 verfasste, heißt es: »Kein Volk zeigte sich je weniger abgeneigt, nützliche Erfindungen von anderen zu übernehmen; auch die großen und kleinen Kanonen und viele andere unserer Erfindungen machte es sich zu Eigen. Jedoch konnte es sich nie dazu durchzuringen, selbst Bücher zu drucken oder öffentlich Uhren aufzustellen. Es glaubt, dass seine Schriften – soll heißen: seine heilige Schrift – solche nicht mehr wären, würden sie gedruckt; und würden Uhren in der Öffentlichkeit eingeführt, würde das der Autorität seiner Muezzine und alten Rituale Schaden zufügen.«[20]

Das kann nicht ganz stimmen, zumindest zeigt es nicht das ganze Bild. Richtig ist, dass mehrere Berichterstatter vom »moralischen Überlegenheitsgefühl« der Osmanen gegenüber den Europäern schrieben und festhielten, dass sie sich »eitel« gegenüber Ungläubigen verhielten, sich »in ihrer Beschränktheit selbst verherrlichen« und augenscheinlich überzeugt waren, dass man vom Westen nichts lernen konnte.[21] Doch die jüngere Forschung wies nach, dass die Türken seit dem 16. Jahrhundert sehr wohl Entwicklungen im Westen beobachteten, vor allem auf den Gebieten der Kriegskunst, des Bergbaus, der Geografie und der Medizin. Istanbul verfügte bereits im Jahr 1573 über ein eigenes Observatorium (es sollte sieben Jahre später zerstört werden). Sein Leiter Taqi al-Din, dem fünfzehn Assistenten zur Seite standen, hatte eine neue und wesentlich präzisere Methode zur Bestimmung der Längen- und Breitengrade der Sterne und diverse astronomische Instrumente erfunden. Osmanische Botschafter besuchten 1721 das Observatorium von Paris und 1748 die Sternwarte von Wien; Abhandlungen von italienischen und französischen Astronomen wurden 1768 und 1772 ins Türkische übersetzt.[22]

Der türkische Wissenschaftshistoriker Ekmeleddin Ihsanoglu wies nach, dass die Zahl der *madrasas* auf osmanischem Gebiet von vierzig im 14. Jahrhundert auf siebenundneunzig im 15. und hundertneunundachtzig im 16. Jahrhundert gestiegen war. Unter den Büchern, die im Osmanischen Reich veröffentlicht wurden, befanden sich besonders viele Geografien; Katip Çelebi (1609–1657), der berühmteste türkische Bibliograf und Übersetzer seiner Zeit, versorgte seine Leser mit ausgiebigen Darstellungen der wissenschaftlichen und künstlerischen Institutionen Europas und verwies damit erstmals (implizit) auf eine wissenschaftliche Rückständigkeit der Osmanen.[23] In seinem Buch *Kesfü'z-Zünun* nahm er zum Beispiel die Akademien der Renaissance kritisch unter die Lupe; abgesehen davon hatte er Mercator übersetzt.

Die konzertierte Aktion, europäische Werke zu übersetzen, begann um das Jahr 1720 während der so genannten »Tulpenära« unter Sultan Ahmet III. und unter aktiver Beteiligung der osmanischen Botschaften in Europa (neben Paris und Wien gab es auch eine Vertretung in St. Petersburg). Fatma Müge Göçeks schreibt in ihrem Bericht über die Aktivitäten der Pariser Botschaft im Jahr 1720 bis 1721, dass die Türken militärische Geschenke zu überbringen und sich die Franzosen dafür mit technischen Geräten zu bedanken pflegten. In dieser Zeit hinkten die Medizinschulen in der Türkei so hinterher, dass die Osmanen ihre liebe Not hatten, das Wirken all der ungelernten Heiler einzudämmen.[24] Doch wenn es um Fachliteraturen ging (Geschichte, Dichtung, Astronomie, Philosophie), dann erklärten sie den Franzosen, dass ihre vierundzwanzig öffentlichen Bibliotheken in Istanbul nicht mit »Lügenbüchern« ausgestattet werden dürften.

Das Bild, das die jüngere Forschung herausgearbeitet hat, beweist zwar, dass die Eroberung von Konstantinopel/Istanbul durch die Türken viele griechisch-byzantinische Gelehrte mit und ohne Handschriften im Gepäck in Richtung Westen vertrieb, tatsächlich aber die islamische Wissenschaft wiederbelebte und das Interesse am Denken der westlichen Renaissance schürte. Aus irgendeinem Grund nahm dieses Interesse im 17. Jahrhundert jedoch wieder ab und sollte erst im frühen 18. Jahrhundert erneut erwachen.

Im Lauf des 18. Jahrhunderts begann sich die Isolation der Osmanen von Europa peu à peu zu verringern. Reisende eines ganz neuen Typs machten sich nun auf den Weg in die muslimischen Länder – Experten, wie wir heute sagen würden, die ihre Dienste und ihr Fachwissen sogar so weit östlich wie im Indien der Mughal-Periode anboten, wo sich zum Beispiel der italienische Arzt Manucci verdingte. Und im Zuge dieses Trends begann eine für viele Muslime schockierende Einsicht durchzusickern: Man konnte von den bislang so verachteten Ungläubigen tatsächlich etwas lernen.[25] Aber auch von Ost nach West gab es nun mehr Reiseverkehr. In früheren Jahrhunderten hatten sich höchstens Gefangene und ein paar Diplomaten in diese Richtung auf den Weg macht, denn Europa konnte weder mit heiligen Stätten für muslimische Pilger aufwarten, noch hatte es – zumindest theoretisch – etwas anzubieten, das die an Luxusgütern interessierten Händler zu reizen vermochte. (Eine Ausnahme von dieser Regel war Evliya Çelebi, der Europa in der zweiten Hälfte des 17. Jahrhunderts bereist hatte und faszinierende Aufzeichnungen über seine Erlebnisse hinterließ.) Im 18. Jahrhundert begann sich das grundlegend zu ändern. Wie Gulfishan Khan jüngst nachwies, reisten viele Inder – Muslime wie Hindus – in dieser Zeit nach Europa.[26] Auch Sonderbotschafter wurden in wachsender Zahl mit der Instruktion ausgesandt, die Dinge im Westen einmal genauer zu betrachten; außerdem begann sich die Einstellung gegenüber Fremden im eigenen Land zu wandeln. Im Jahr 1734 initiierten Franzosen eine Mathematikakademie für Angehörige der türkischen Armee; im Jahr 1729 wurde unter der Anleitung eines Ungarn eine Druckerpresse in Betrieb genommen. Doch insgesamt gesehen waren die Fortschritte noch sehr lückenhaft. Bernard Lewis berichtet von der türkischen Version einer nicht mehr vorhandenen originalen Kolumbuskarte aus dem Jahr 1513, welche sich heute im Topkapi-Palast von Istanbul befindet – wo sie unerkannt und unberücksichtigt gelagert hatte, bis sie 1929 von einem deutschen Gelehrten entdeckt wurde.[27]

Allmählich machten sich immer mehr Reisende aus dem Osten auf den Weg in den Westen. Der Pascha von Ägypten, gefolgt vom türkischen Sultan und dem Schah von Persien, begann Männer zur Ausbildung nach Paris, London und in andere westliche Metropolen zu schicken. Anfangs war man praktisch nur hinter militärischem Fachwissen her gewesen, doch selbst das erforderte französische, englische und weitere Sprachkenntnisse, also lernten die Abgesandten und konnten bald alles lesen, was ihnen in die Finger kam. Allerdings gab es noch immer eine Einschränkung: Da der Islam das Christentum ja als eine ältere Offenbarung betrachtete, schien die Auseinandersetzung mit ihm rückschrittlich, und das Interesse am Westen beschränkte sich auf sein politisches und ökonomisches Wissen.[28]

Auf politischer Ebene waren die Gesandten der islamischen Länder in Westeuropa hauptsächlich an zwei Ideen interessiert. An erster Stelle stand das Phänomen des Patriotismus, vor allem in seiner französischen und englischen Ausprägung, von dem sich besonders die jüngeren Politiker des Osmanischen Reiches angesprochen fühlten, weil sie begriffen hatten, dass ein osmanisches Nationalbewusstsein die sehr unterschiedlichen Populationen und Stämme des Reiches einen könnte. Wenn es gelingen würde, die Liebe zum gemeinsamen großen Heimatland zu wecken, würde man sich auch die Treue der Stämme gegenüber dem großen Landesvater sichern können. An zweiter Stelle stand die Idee des Nationalismus. Doch dieses Phänomen war eher mittel- und osteuropäischen Vorstellungen entsprungen und bezog sich hauptsächlich auf ethnische und sprachliche Identitäten; und weil man fürchtete, dass das eher zu Spaltungen und Auseinandersetzungen als zu einer Einigung führen würde, hielt man die längerfristigen Auswirkungen dieser Idee in der islamischen Welt auch für wenig Erfolg versprechend.[29]

Neben der Politik interessierten die Gesandten vor allem die Rollen der Frau, der Wissenschaften und der Musik. »Der Islam lässt sowohl Polygamie als auch das Konkubinat zu. Muslime berichteten nach ihren Aufenthalten in Europa erstaunt, ja häufig sogar entsetzt von der Unbescheidenheit und Dreistigkeit westlicher Frauen, von den unglaublichen

Freiheiten und der absurden Nachsicht, die man ihnen dort gewährte, und von dem Mangel an mannhaftem Misstrauen unter den europäischen Männern, welche mit der Sittenlosigkeit und Freizügigkeit, in denen ihr Weibervolk schwelgte, konfrontiert waren.« Aus solchen Einstellungen sprach natürlich das islamische Gesetz, dem zufolge es drei Gruppen gab, die keine vollen Rechte genossen – Ungläubige, Sklaven und Frauen. Im muslimischen Indien hingegen begann das Interesse an Mathematik und Astronomie gegen Ende des 18. Jahrhunderts zu wachsen; im zweiten Jahrzehnt des 19. Jahrhunderts wurden Newtons *Principia Mathematica* von einem Muslim aus Kalkutta ins Persische übersetzt; in Ägypten wurden Inkubatoren erfunden; in der Türkei wurde die Pockenimpfung eingeführt.[30]

Für diese »Asymmetrie« der Leistungen in der arabischen/islamischen Welt wurden schon die unterschiedlichsten Gründe gefunden. Einer Theorie zufolge hatte es etwas mit der »Ausschöpfung« der Edelmetallvorkommen im Nahen Osten und der parallelen Entdeckung von Gold, Silber und anderen Edelmetallen in der Neuen Welt durch die Europäer zu tun. Einer biologischen Theorie gemäß war die Erfolglosigkeit der Araber untrennbar mit dem Fakt verknüpft, dass Ehen unter nahen Blutsverwandten in den islamischen Ländern so überhand genommen hatten; eine weitere biologische These gibt der armen Ziege die Schuld, die das einst fruchtbare Land in eine Wüste verwandelt habe, weil sie die Rinde von den Bäumen fraß und die Gräser mitsamt ihren Wurzeln ausriss. Andere Forscher sahen den Grund in der relativen Vernachlässigung von Räderfuhrwerken im vormodernen Nahen Osten, doch diese Idee scheint mehr Fragen aufzuwerfen als zu beantworten. »So geläufig [Räderfuhrwerke] in der Antike waren, so selten wurden sie in den Jahrhunderten des Mittelalters, und selten blieben sie, bis sie unter dem Einfluss oder der Herrschaft von Europäern wieder eingeführt wurden.«[31]

Keine dieser Erklärungen ist zufrieden stellend. Erstens lässt sich die islamische Welt dieser Zeit nicht mehr mit dem Nahen Osten gleichsetzen, da es Muslime inzwischen auch in Indien, noch weiter östlich in Asien und in Afrika gab. Wie gesagt hatte sich der Islam ungemein erfolgreich über die Welt ausgebreitet. Rein spirituell (nicht materiell) betrachtet hatte dieser ursprünglich rein arabische Glaube immer mehr Erfolge für sich verbuchen können, was seinen Export betrifft, sogar einzigartige Erfolge. Deshalb kann eine umfassendere Antwort auf die Frage dieser »Asymmetrie« – wenn es denn eine gibt – letztlich nur gefunden werden, wenn man in Rechnung stellt, dass die Welt seit dem Zeitalter der Entdeckungen immer größer geworden war. Europäer hatten Zugang zu immens großen Gebieten in Afrika, Australien und auf dem amerikanischen Kontinent bekommen und profitierten von deren Flora, Fauna und natürlichen Ressourcen, vor allem aber von den riesigen Märkten, welche Handelsbeziehungen, Innovationen und Kapitalbildungen in bis dahin ungekannten Ausmaßen ermöglichten. Das ist nicht nur die einfachste, es ist auch die überzeugendste Erklärung.

*

Im 17. Jahrhundert wurde dem französischen König Ludwig XIV. berichtet, dass die portugiesischen Siedlungen in Indien nicht so gesichert waren, wie man angenommen hatte. Er sah seine Chance gekommen. Ohne großes Aufheben fügte er sechs junge Jesuiten – allesamt Wissenschaftler und Geistliche – der Expedition hinzu, die er nach Siam zu schicken plante.[32] Die Männer wurden im Süden Indiens an Land gesetzt. Es war die erste von vielen französischen (im Gegensatz zu den portugiesischen) »Indienmissionen«, die ebenso berühmt wie berüchtigt werden sollten, nicht nur wegen der Torturen, die ihre Angehörigen erlitten, sondern auch wegen der *Lettres édifiantes et curieuses*, in denen sie detailliert über ihre Erlebnisse berichteten. Die französischen Jesuiten begegneten den Indern mit sehr viel mehr Sympathie und Entgegenkommen als ihre Vorgänger, was sich vor allem in den Zugeständnissen äußerte, die sie beim katholischen Gottesdienst machten und die als *rites malabars* oder *cérémonies chinoises* in die Kirchengeschichte eingehen sollten – eine liturgische Mischform, die von Rom abgelehnt und im Jahr 1744 schließlich verboten wurde. Doch dieser tolerante Ansatz mochte vielleicht den Vatikan erzürnen, dem königlichen Bibliothekar Abbé Bignon, der gerade die Pariser *Académie des Inscriptions et Belles-Lettres* neu organisierte, gefiel er dafür umso besser. Außerdem bat er die Missionare, Ausschau nach indischen Handschriften zu halten, die er unbedingt als Grundstock für eine asiatische Bibliothek erwerben wollte. Im Jahr 1733 verkündeten die Jesuiten in ihren *Lettres édifiantes* daraufhin, dass sie bei ihrer Jagd ein »Großwild« erlegt hätten – sie hatten eine vollständige Schrift aus den seit langem verloren geglaubten Veden entdeckt. (Tatsächlich handelte es sich um einen kompletten *Rig Veda* in Grantha-Schrift.) Hätten sich die Jesuiten nicht so tolerant und zuvorkommend gezeigt, wäre es ihnen vermutlich nie gelungen, das Vertrauen der örtlichen Priester und Gelehrten zumindest so weit zu gewinnen, dass man bereit war, ihnen überhaupt irgendwelche Hinduschriften zu zeigen und dann auch noch erkennen zu können, was sie da vor sich sahen. Nur wenige Jahre später verschlechterten sich die Beziehungen zwischen den Jesuiten und den gebildeten Indern wegen der intoleranten Haltung des Vatikan drastisch, der Frachtverkehr aus dem Subkontinent wurde eingestellt. Doch inzwischen war Europa bereits mit dem Sanskrit vertraut gemacht worden. Und das sollte zu einem intellektuellen Ereignis ersten Ranges werden.

»Erst 1771 wurde die Welt wirklich rund, nun war nicht mehr die halbe geistige Landkarte leer«, schrieb der französische Gelehrte Raymond

Schwab in seiner Studie *La Renaissance Orientale*. Den Titel hatte er sich von Edgar Quinet geborgt, welcher 1841 beschrieben hatte, auf welchen Wegen die Sanskrithandschriften im 18. Jahrhundert nach Europa gelangt waren, um sie dann mit Homers *Ilias* und *Odyssee* gleichzusetzen. Auch ich habe die Überschrift dieses Kapitels bewusst an Quinets und Schwabs Titel angelehnt, da ich mich im Folgenden stark an ihren Arbeiten orientieren werde. Schwab wollte mit seinem Vergleich zum Ausdruck bringen, dass das Auftauchen dieser indischen Handschriften im Westen (neben der zur mehr oder weniger gleichen Zeit geglückten Entzifferung der ägyptischen Hieroglyphen) ein ebenso bedeutendes Ereignis war wie einst die Wiederentdeckung der alten griechischen und lateinischen Handschriften – wie gesagt geschah das in vielen Fällen über den Umweg von arabischen Übersetzungen –, die das europäische Geistesleben im 11. und 12. Jahrhundert so stark transformiert hatten. Die Entdeckung des Sanskrit und seiner Literatur war aus Schwabs Sicht eines der größten geistigen Ereignisse überhaupt.[33]

Wie einflussreich diese Transformation tatsächlich war, begann fast augenblicklich deutlich zu werden, nachdem Abraham Hyacinthe Anquetil-Duperron – »eine obskure Koryphäe« – im Jahr 1771 seine französische Übersetzung des *Zend Avesta* veröffentlich hatte. Zum ersten Mal, schreibt Schwab, »war es jemandem gelungen, in eine der vermauerten Sprachen Asiens einzudringen«. Edward Said schilderte Anquetil als einen typisch französischen Gelehrten, der jedoch (als Jansen-Anhänger, Katholik und Brahmane) eine ganz besondere »Ökumene« verkörperte. Mit seiner Transkription des *Zend Avesta*, die er während seines Aufenthalts in Surat angefertigt hatte, habe er den »alten Humanismus aus dem Mittelmeerraum befreit«. Jedenfalls war er der erste westliche Gelehrte gewesen, der einzig und allein zum Zweck des Studiums indischer Schriften auf den Subkontinent gereist war.[34]

Der eigentliche Beginn der fernöstlichen Renaissance fiel jedoch mit der Ankunft von William Jones in Kalkutta und mit der Gründung der *Bengal Asiatic Society* am 15. Januar 1784 zusammen. Die Gesellschaft war der Sprössling einer Gruppe von höchst talentierten englischen Beamten, die bei der englischen Ostindiengesellschaft angestellt waren, aber neben den alltäglichen Verwaltungspflichten auf dem indischen Subkontinent ihre eigenen Interessen verfolgten, darunter Sprachstudien, die Suche nach und die Übersetzung von indischen Klassikern und diverse astronomische und naturwissenschaftliche Projekte. Vier Männer ragen aus dieser Gruppe besonders hervor: an erster Stelle Warren Hastings (1732–1818), der Gouverneur von Bengalen und anschließend Generalgouverneur von Ostindien, ein höchst umstrittener Politiker, der später der Veruntreuung von Geldern angeklagt werden sollte. Nach einem Verfahren, das sich über sieben Jahre hinzog, wurde er schließlich freigesprochen; während dieser ganzen Zeit hatte er jedoch nie aufgehört, sich mit aller Energie für die Belange der *Bengal Asiatic Society* einzusetzen.[35] Hastings war es auch, der dafür gesorgt hatte, dass sich gelehrte Brahmanen in Fort Williams zusammenfanden, um die authentischsten Schriften über das Rechtssystem, die Literatur und Sprachen Indiens zusammenzustellen. Die anderen drei aus dieser Gruppe von Engländern waren der Richter William Jones, Henry Colebrooke (der »Meister des Sanskrit«) und Charles Wilkins. Mit gemeinsamen Kräften erreichten sie dreierlei: Sie trieben die wichtigsten klassischen Texte des indischen Hinduismus und Buddhismus auf und übersetzten sie; sie initiierten die Erforschung der indischen Geschichte; Jones wurde dank eines Geistesblitzes auf die großen Ähnlichkeiten zwischen dem Sanskrit auf der einen und dem Griechischen und dem Lateinischen auf der anderen Seite aufmerksam. Und im Zuge dieses Prozesses, mit dem wir uns im Rest dieses Kapitels befassen werden, wurde Geschichte umgeschrieben.

Alle dieser Männer waren brillante Linguisten, besonders aber Jones, der Sohn eines Mathematikprofessors, der daneben auch noch ein begnadeter Dichter war. Seine ersten Gedichte in altgriechischer Sprache hatte er bereits im Alter von fünfzehn Jahren veröffentlicht; mit sechzehn übersetzte er Hafis ins Englische, nachdem er bei einem in London lebenden Syrer Persisch gelernt hatte. Später berichtete er, dass er achtundzwanzig Sprachen studiert und sich gründliche Kenntnisse von dreizehn angeeignet habe.

Abgesehen von Jones' Durchbruch hatte Jean-François Champollion das größte Aufsehen erregt, denn ihm gelang die Entzifferung der ägyptischen Hieroglyphen. 1822 schrieb er seinen berühmten *Lettre à M. Dacier*, der den Schlüssel zum Hieroglyphenalphabet auf der Basis der drei Sprachen enthielt, die sich auf dem im Niltal entdeckten Stein von Rosetta befanden. »Am Morgen des 14. September 1822 rannte Champollion über die Rue Mazarine, wo er wohnte, in die Bibliothek des *Institut des Inscriptions*, wo er seinen Bruder [Jean Jacques] Champollion-Figeac bei der Arbeit wusste. Er rief ihm entgegen: ›Ich hab's‹ *[Je tiens l'affaire]*, ging heim und wurde ohnmächtig. Nach fünftägigem Koma knüpfte er sofort wieder an seinem Wachtraum an, der schon fast so alt war wie er selbst. Er bat um seine Notizen. Am 21. diktierte er einen Brief an seinen Bruder, den er auf den folgenden Tag datierte und der von diesem am 27. vor der *Académie des Inscriptions* verlesen wurde.«[36]

Der Prozess dieser Entschlüsselung ist allseits bekannt. Die Tatsache, dass sich auf dem Stein von Rosetta drei Sprachen fanden, war von Vorteil wie von Nachteil gewesen. Eine der Sprachen, Altgriechisch, war bekannt. Von den beiden anderen war die eine ideografisch, also eine bildhafte Umsetzung von Ideen, und die andere alphabetisch, also die darstellerische Umsetzung von gesprochenen Lauten.[37] Die Ideografie konnte entschlüsselt werden, sobald deutlich geworden war, dass es sich bei den unbekannten und oft wiederholten Schriftzeichen um Vokale handelte und dass die Kartuschen allein den Königsnamen vorbehalten waren (wobei der Vater immer dem Sohn *folgte*: »A, Sohn des B«). Was die unbekannte alphabetische Schrift betraf, so hatte Champollion schließlich erkannt, dass es sich dabei um eine Übersetzung aus dem Griechischen handelte und die Hieroglyphen eine Art Kurzschrift desselben Textinhalts darstellten.

Als 1784 die *Bengal Asiatic Society* gegründet wurde, hatte man Warren Hastings die Präsidentschaft angeboten. Doch er lehnte ab, also wurde Jones damit betraut, obwohl er erst seit knapp achtzehn Monaten in Indien war. Seine bedeutende Entdeckung der Querverbindungen zwischen Sanskrit, Griechisch und Latein gab er der Öffentlichkeit bei einer Rede anlässlich des dritten Jahrestags der Society bekannt. Jahr für Jahr, elf Jahre lang, sollte er ihrer Gründung mit großen Reden gedenken, die nicht selten wichtige Aussagen über die Kulturen Asiens enthielten, doch es war diese dritte Ansprache »Über die Inder« am 2. Februar 1786, die bei weitem die nachhaltigsten Folgen hatte: »Das Sanskrit, so alt es auch sein mag, besitzt eine wunderbare Struktur, perfekter als Griechisch, von größerer Fülle als Latein, mit wesentlich exquisiteren Nuancen als beide und doch mit einer Affinität zu beiden, einer viel zu starken Affinität sowohl hinsichtlich der Wurzeln von Verben als auch der grammatikalischen Formen, um aus reinem Zufall entstanden sein zu können, so stark sogar, dass kein Philologe alle drei Sprachen untersuchen könnte, ohne zu dem Schluss zu gelangen, dass sie einer gemeinsamen Quelle entsprungen sein müssen, die vielleicht gar nicht mehr existiert.«[38]

Uns fällt es heute schwer, das ganze Ausmaß der Schockwirkung dieser Erkenntnis zu erfassen. Als Jones das Sanskrit mit dem Griechischen und Lateinischen gekoppelt und dann auch noch behauptet hatte, dass die östliche Sprache nicht nur älter, sondern den beiden westlichen Sprachen sogar überlegen war, war das wie ein Paukenschlag, der sämtliche Grundlagen der westlichen Kultur und ihre (zumindest stillschweigende) Prämisse erschütterte, dass sie allen anderen Kulturen weit überlegen sei. Nun waren eindeutig ein Umdenken und eine Revision der alten Überzeugungen gefragt. Und das war mehr als eine rein historische Angelegenheit. Anquetils *Zend Avesta*-Übersetzung hatte zum ersten Mal einen asiatischen Text ins Bewusstsein gerückt, in dem sich weder eine Spur von der christlichen noch von irgendwelchen klassischen Traditionen fand. Genau deshalb kam Schwab auch zu dem Schluss, dass die Welt erst jetzt wirklich rund geworden war – endlich war die Geschichte des Ostens auf Augenhöhe mit der des Westens und ihr weder untergeordnet noch unumgänglicherweise nur *ein Teil* von ihr. »Der Universalität des christlichen Gottes war ein Ende gesetzt und an ihre Stelle ein neuer Universalismus gerückt worden.« Felix Lacôte erklärte in dem Artikel *L'Indianisme*, den er anlässlich seiner Studie über die französische *Société Asiatique* schrieb, die Europäer hätten immer bezweifelt, »dass das alte Indien überhaupt der Mühe wert sei, es kennen zu lernen. Gegen dieses hartnäckige Vorurteil hatte Warren Hastings noch im letzten Viertel des 18. Jahrhunderts anzukämpfen versucht.« Doch bis 1832 waren die Dinge völlig auf den Kopf gestellt worden. August Wilhelm Schlegel vertrat eine ganz andere Haltung, als er kundtat, dass allein sein Jahrhundert mehr Kenntnisse über Indien gebracht habe als die einundzwanzig Jahrhunderte seit Alexander dem Großen.[39] Der deutsche Orientalist Friedrich Max Müller, der im 19. Jahrhundert den ersten Lehrstuhl für vergleichende Philologie in Oxford erhielt, schrieb: »Wenn man mich im Hinblick auf die alte Menschheitsgeschichte nach der bedeutendsten Entdeckung im 19. Jahrhundert fragte, würde ich es mit der folgenden kurzen Zeile beantworten: Sanskrit Dyaus Pitar = griechisch Zeùs $\Pi\alpha\tau\eta\rho$ = lateinisch Jupiter = altnordisch Tyr.«[40]

Sanskrit war der Schlüssel. Doch diese Erkenntnis war nicht der einzige Durchbruch. Schwab ermittelte insgesamt fünf Errungenschaften aus dieser Zeit, die jeweils zu einer grundlegenden geistigen Umorientierung führten: die Entzifferung des Sanskrit im Jahr 1785, die des Pahlavi im Jahr 1793, die der Keilschrift im Jahr 1803, die der Hieroglyphen im Jahr 1822 und die der avestanischen Sprache im Jahr 1832. »Jede davon war ein Durchbruch durch eine lange unüberwindbare Sprachmauer gewesen.« Als unmittelbare Folge wurde der Ferne Osten entmystifiziert und zum ersten Mal die Möglichkeit geschaffen, das Reich der Mutmaßungen zu verlassen. Einen Lehrstuhl für Arabisch hatte Oxford bereits um das Jahr 1640 eingerichtet, nun wurden erstmals auch ernst zu nehmende Möglichkeiten für das Studium der indischen und chinesischen Sprachen offeriert.[41]

Im Jahr 1822 schickten Engländer die entdeckten heiligen Schriften Tibets und Nepals nach London, darunter auch den buddhistischen Kanon – hundert Bände auf Tibetisch, achtzig in Sanskrit. Sie waren von Brian Hodgson aufgetrieben und verschifft worden und übertrafen andere Texte insofern an Bedeutung, als sich die westlichen Gelehrten erst im Verlauf ihrer Übersetzungen der Ähnlichkeiten zwischen Christentum und Buddhismus (über die wir bereits im achten Kapitel sprachen) bewusst zu werden begannen. Der deutsche Geschichtsphilosoph Johann Gottfried Herder war tief berührt von Anquetils französischer Übersetzung des *Zend Avesta* und so bewegt von Wilkins englischer Übertragung der *Bhagavad Gita* (1784), dass er selbst einen Teil daraus ins Deutsche übertrug. Doch den entscheidenden Anstoß dazu sollte ihm die Lektüre der Jones'schen englischen Übersetzung von Kalidasas *Sakuntala* (1789) geben. Schwab erläutert, welche Bedeutung dieses Drama hatte: »Es ist allgemein bekannt, dass Herder die Romantiker zu der Idee animiert hatte, die göttliche Wiege der Menschheit nach Indien zu versetzen, weil es ihm gelungen war, für das entschlüsselte Indien ebenso begeistertes Interesse zu wecken wie es für das imaginierte Indien geherrscht hatte.«[42] Die deutschen Übersetzungen der *Bhagavad Gita* und *Gita Govinda*, die im ersten Jahrzehnt des 19. Jahrhunderts erschienen, übten gewaltigen Einfluss auf Friedrich Schleiermacher, Friedrich Wilhelm Schelling, August Schlegel, Friedrich Schiller, Novalis und schließlich auch auf Goethe und Schopenhauer aus.

Aber es war das Drama *Sakuntala*, das als ein »großes Wunder« empfunden wurde und nicht nur Herder, sondern auch Goethe verzauberte. Für Goethe spielte der hinduistische Polytheismus zwar keine besondere Rolle, trotzdem schrieb er die Zeile: »Nenn' ich Sakontala dich, und so ist Alles gesagt.« Nicht zuletzt wegen *Sakuntala* fühlte sich Schlegel bewegt, Sanskrit zu lernen. Und »der einsichtige Jones«, wie Goethe ihn nannte, sollte durch seine Übersetzung dieses Dramas mindestens so berühmt werden wie durch seine Entdeckung der Ähnlichkeiten zwischen Sanskrit, Latein und Griechisch. *Sakuntala* war das erste Bindeglied zum wahren Indien – und für Herder der Anlass, sich Indien als das Vaterland der Menschheit vorzustellen.[43] Heinrich Heine schmiedete mehrere Verse nach Kalidasas *Sakuntala*; in Frankreich wurde die Veröffentlichung von Antoine-Léonard de Chézys Übersetzung zu einem *der* literarischen Ereignisse des Jahres 1830. Kalidasas Klassiker prägte die Textur des 19. Jahrhunderts – nicht nur durch seinen unmittelbaren Einfluss, sondern auch, weil damit eine völlig unerwartete Konkurrenz auf dem Markt der Weltliteratur aufgetaucht war. Chézy stellte seiner Übersetzung als Epigraf Goethes Geständnis voran, dass *Sakuntala* zu den Sternen zählte, welche seine Nächte strahlender machten als seine Tage. Alphonse de Lamartine entdeckte in Chézys Übersetzung »den dreifachen Genius eines Homer, Theokrit und Tasso zu einem einzigen Poem verschmolzen«.[44] Im Jahr 1885 war das Drama *Sakuntala* schließlich so berühmt in Frankreich, dass es sogar zur Musik von Ernest Reyer und dem Libretto von Théophile Gautier im Pariser *Théâtre Impérial de l'Opéra* als Ballett aufgeführt wurde.

Die Wirkung der *Bhagavad Gita* war nicht weniger profund. Ihre Poesie, ihre Weisheit, ihre schiere Komplexität und ihr Reichtum veränderten die Einstellungen zu Indien, dem Fernen Osten und dessen Fähigkeiten grundlegend. »Es war sehr überraschend«, schrieb der französische Gelehrte Jean-Denis Lanjuinas, »neben dem Prinzip der Seelenwanderung unter den Fragmenten dieser außerordentlich alten Epik aus Indien auch eine so brillante Theorie von der Existenz Gottes und der Unsterblichkeit der Seele zu finden: all die sublimen Lehren der Stoiker ... einen vollständig spirituellen Pantheismus und schließlich auch die Vision des Göttlichen in allem«.[45] Andere Gelehrte glaubten Vorgänger von Spinoza und George Berkeley in Indien zu entdecken; Lanjuinas selbst fügte seiner Aussage noch hinzu, dass der *Hitopadesha* eines der größten Moraltraktate aller Zeiten darstellte und in einem Atemzug mit der Heiligen Schrift und den Schriften der Kirchenväter genannt werden müsse. Solche Urteile wurden auch von Friedrich Schlegel bestätigt, der in seiner Abhandlung *Über die Sprache und Weisheit der Indier* die metaphysischen Traditionen Indiens auf ein und dieselbe Stufe stellte wie die griechischen und römischen Ideen. Damals war das ein viel schwerwiegenderes Urteil, als es einem heute erscheinen mag, denn vor dem Hintergrund von Deismus und Skepsis wurde den Indern – und der Bevölkerung des Ostens an sich – damit zugebilligt, ein ebenso tiefes Wissen um den einzig wahren Gott zu haben und eines ebenso tiefen Glaubens fähig zu sein wie Europäer. Das stand im ziemlich krassen Gegensatz zur Kirchenlehre. Jones hatte über den gemeinsamen Ursprung von Sanskrit, Griechisch und Latein spekuliert, nun spekulierten Gelehrte sogar, dass es sich beim Sanskrit – was nicht »heilig«, sondern (abgeleitet von *samskrta*) »zusammengefügt« im Sinne einer vervollkommneten Sprache bedeutet – in Wirklichkeit um die göttliche Ursprache der Schöpfung handelte. Was war die Verbindung zwischen Brahman und Abraham?

Allein schon der Reichtum des Sanskrit widersprach der aufklärerischen Vorstellung, dass sich alle Sprachen aus einstmals armseligen Lauten allmählich zu kunstvolleren Gebilden entwickelt hätten. Und das machte wiederum zunehmend deutlich, dass Vico Recht gehabt hatte und die Struktur von Sprachen tatsächlich eine Menge über das Alter der Menschheit aussagt. Diese Erkenntnis sollte nun den Beginn des »großen Zeitalters der Philologie« im 19. Jahrhundert einläuten, als man sich mit Grammatiken und Vokabularien auseinander zu setzen begann, um schließlich einzelne Sprachgruppen zu identifizieren und die Abgrenzungen der germanischen Sprachen vom Griechischen, Latein und den baltisch-slawischen Sprachgruppen zu erkennen.[46] Auch Wilhelm von Humboldt wurde stark von den Werken Schlegels und Franz Bopps beeinflusst, so stark sogar, dass er sich als Sektionschef für Kultus und Unterricht im Berliner Ministerium des Innern 1818 für die Einrichtung der ersten Lehrstühle für Sanskrit an deutschen Universitäten einsetzte.[47] Humboldt interessierte sich besonders für die Frage, was uns Sprache über die Psychologie der Völker lehren kann. Viele Gläubige waren damals noch fest davon überzeugt gewesen, dass es sich bei der frühesten (und vollkommensten) Sprache um Hebräisch oder eine ihm sehr ähnlichen Sprachform gehandelt haben müsse, da es die Sprache des auserwählten Volkes war. Bopp kehrte diesem Vorurteil jedoch den Rücken und wies nach, wie komplex Sanskrit sogar vor tausend Jahren schon gewesen war, und damit stellte er natürlich auch die Idee in Frage, dass Hebräisch die

Ursprache gewesen sein könnte. Im Lauf dieser Auseinandersetzungen begann man Sprache als etwas zu begreifen, das einer *natürlichen* Entwicklung und nicht irgendeiner heiligen Geschichte unterlag; und damit wurden Sprachen endlich auch der wissenschaftlichen Forschung zugänglich.[48]

Schelling führte die Ideen von Jones noch einen Schritt weiter. In seinen Vorlesungen über die *Philosophie der Mythologie* erklärte er 1799, dass es zu der Zeit, als noch alle Völker auf Erden gleich gewesen waren, nicht nur eine »Ursprache« gegeben haben müsse, sondern auch eine allen Menschen gemeinsame Mythologie. Nun sei es an den deutschen Sprachforschern, für ein modernes Europa zu sorgen, in dem alle mythologischen Traditionen der Menschheit verschmolzen und die Legenden Indiens und Griechenlands, Skandinaviens und Persiens als Komponenten einer neuen Weltreligion begriffen würden, welche die vom Rationalismus verwirrte Welt erneuern könnte. Hippolyte Taine vertrat eine ähnliche Ansicht, wenn er erklärte, dass die Entdeckung der Übereinstimmungen zwischen Buddhismus und Christentum das größte Ereignis aller Zeiten war, weil es die Urmythen der Welt enthüllte.[49] Indien war so grandios und lebendig, seine Glaubensweisen waren so hoch entwickelt, dass es nun einfach nicht mehr damit getan war, Inder als »Heiden« abzutun und darauf zu bauen, dass man sie schon eines Tages dem rechten Glauben zuführen würde. Das Christentum musste sich mit einer Heterodoxie auseinander setzen, die jahrtausendealt und noch immer höchst lebendig war.[50]

Ein letzter grundlegender Aspekt der vielen Einflüsse dieser Entdeckung, die nun mit aller Macht auf den Westen einwirkten, war die Vorstellung von einem »Werden«: Wenn sich Religionen in unterschiedlichen Entwicklungsstadien befanden und doch auf geheimnisvolle Weise (von der man bestenfalls einen ersten Blick erhascht hatte) alle irgendwie miteinander verbunden waren, dann konnte es ja vielleicht auch sein, dass selbst Gott nicht mehr als ein primäres *Sein*, sondern ebenfalls als ein »Werden« verstanden werden musste, so wie alles Leben auf Erden in der klassisch hellenistisch-christlichen Tradition? Das war ganz eindeutig eine entscheidende Frage. Doch das Wichtigste in diesem Zusammenhang war der Auftrieb, den damit unter all den unterschiedlichen Sichtweisen wieder der Deismus erfuhr: Man begann Gott nicht mehr anthropomorph, sondern als eine abstrakte metaphysische Einheit zu betrachten. Die Vorstellung von einer sehr realen, sehr großen Verschiedenheit von Gott und Mensch war wiedergeboren worden.[51]

*

Die wachsende Erkenntnis von den systematischen Querverbindungen zwischen den Sprachen der Menschheit, die sich zur mehr oder weniger gleichen Zeit wie das von Linné erdachte neue biologische Klassifikationssystem oder wie die Fortschritte verbreitete, die seit James Hutton in der Geologie gemacht wurden (und über die noch zu sprechen sein wird), spielte auch eine wichtige Rolle bei der Entwicklung der ersten Ideen auf dem Gebiet, das man später Evolutionsgeschichte nennen sollte. Außerdem trug die Renaissance im Osten entscheidend zum Entstehen einer Bewegung bei, von der unser Leben bis heute beeinflusst wird: zum Aufstieg der Romantik.

Eine der offensichtlichsten und fruchtbarsten Querverbindungen bestand zwischen dem Studium der indischen Sprachen und der deutschen Romantik. In Deutschland sollte die Indologie eher aus allgemein nationalistischen Gründen erfolgreich werden. Oder deutlicher ausgedrückt: Die deutschen Gelehrten glaubten, dass die arisch-indisch-persische Tradition nur im Kontext mit dem ersten Einfall der östlichen Barbaren ins Römische Reich beurteilt werden könne und neben den skandinavischen Mythen eine alternative (nördliche) Tradition anbot (gegenüber der mediterranen griechischen Antike und lateinischen Klassik, die das europäische Leben und Denken in den vergangenen zweitausendfünfhundert Jahren geprägt hatten). Außerdem schienen die Ähnlichkeiten zwischen Buddhismus und Christentum oder die hinduistischen Ideen von der Weltseele den Deutschen eine ursprünglichere Offenbarung, ja womöglich sogar die Urform zu sein, aus der sich Judentum und Christentum entwickelten. Dieser Gedanke bedeutete jedoch zugleich, dass sich der wahre Plan Gottes irgendwo in den Glaubensweisen des Ostens verbarg, dass die erste Religion, die vor den inzwischen etablierten Glaubensweisen weltweit entstanden war, irgendwie aus den alten Schriften Indiens herauszulesen sein würde. Und das legte wiederum implizit nahe, dass die gesamte Menschheit denselben Gott verehrte und es eine Weltmythologie gab, die zu ergründen von fundamentaler Bedeutung sein würde. Herder bezeichnete diese Urmythologie als den »Kindheitstraum« der Menschheit.[52]

Beeinflusst wurde die Romantik aber auch von der Tatsache, dass die indischen Schriften als Dichtungen abgefasst waren. Denn damit begann auch die Idee Fuß zu fassen, dass Poesie die »muttersprachliche« Form war, in der dem Menschen das göttliche Wissen einst vermittelt wurde (»Denn der Mensch, als Tiergattung, ist ein singendes Geschöpf...«[53]) Und da man die paradiesische Ursprache also für reine Poesie hielt, hoffte man nun mit Hilfe der alten Dichtung Indiens auch, die Welt von Eden wiederzufinden. Philologen und Dichter versammelten sich, um »die Rache der Pluralität an der Einheit« zu üben, wie Schwab es nannte.[54] Denn just in dem Moment, als die Naturwissenschaftler die Welt unter Kontrolle zu bringen versuchten und sie immer weniger Naturgesetzen gehorchen sahen, just in der Zeit also, als Fortschrittstheorien den Erfahrungsrahmen immer enger steckten und von allen Gesellschaften erwartet wurde, dass sie sich in ein und dieselbe Richtung entwickelten, da marschierten die Philologen und Dichter in die entgegengesetzte Richtung und suchten nach der Möglichkeit einer gesellschaftlichen Erneuerung mit Hilfe einer neuen Religion. Aus ihrer Sicht hatte also einst eine Ureinheit unter den Menschen geherrscht, bevor sie im Lauf der Zeit unterschiedliche, aber gleichwertige Religionen mit gleichermaßen autoritativen Legenden, Mythen und Praktiken entwickelten, welche gleichermaßen gut ihrer jeweiligen Umwelt angepasst waren. Kurz gesagt: Es gab einen Urmonotheismus, der sich dann zu Polytheismen verzweigte, was zugleich bedeutete, dass sich der Offenbarungsgehalt im Prinzip nicht vom Inhalt der Mythologien unterschied.

Diese Weltanschauung griff auch auf die Dichter, Schriftsteller und Philosophen jenseits des Atlantiks über. Ralph Waldo Emerson und Henry David Thoreau waren durchdrungen von buddhistischen Ideen. Eines von Emersons ersten Gedichten hieß »Brahma« und war von der *Bhagavad Gita* beeinflusst worden; seine Tagebücher enthalten viele Hinweise auf Zarathustra, Konfuzius, den Hinduismus und die Veden. Am 1. Oktober 1848 vermerkte er: »Ich verdanke… der *Bhagavad Gita* einen großartigen Tag. Es war das Urbuch, es ist, als spräche ein Imperium zu uns, nichts Kleines oder Unwertes, nur Größe, Gelassenheit, Beständigkeit, die Stimme einer alten Intelligenz, welche in einem anderen Zeitalter und Klima ihren Gedanken nachhing und sich dabei derselben Fragen entsorgte, welche uns bewegen.« Thoreau hinterließ Emerson seine Sammlung asiatischer Schriften. Walt Whitman gestand, als Vorbereitung auf seine Gedichte indische Dichtung gelesen zu haben. Goethe lernte Persisch und schrieb im *West-östlichen Divan*: »Dort im Reinen und im Rechten/Will ich menschlichen Geschlechten/In des Ursprungs Tiefe dringen,/Wo sie noch von Gott empfingen/Himmelslehr' in Erdesprachen/Und sich nicht den Kopf zerbrachen.«[55] Heine hatte bei Schlegel in Bonn und bei Bopp in Berlin Sanskrit studiert.[56] Aus seiner Feder stammt der Vers: »Auf Flügeln des Gesanges,/Herzliebchen, trag ich dich fort,/Fort nach den Fluren des Ganges,/Dort weiß ich den schönsten Ort.« Schlegel glaubte, dass sich die arischen Ureinwohner Indiens zum Norden »hingezogen« fühlten und deshalb die Vorfahren der Deutschen und Skandinavier geworden seien. Sowohl Schlegel als auch der deutsche Orientalist Ferdinand Eckstein waren zudem überzeugt, dass die indischen, persischen und griechischen Epen auf denselben Sagen beruhten wie das große mittelalterliche Racheepos des Nibelungenlieds, nach dem Wagner seinen »Ring« komponieren sollte. Eckstein versuchte im paganen Altertum sogar ein älteres Christentum auszumachen. Schleiermacher glaubte – wie der ganze Kreis um Novalis –, dass der Ursprung allen Glaubens im Unbewussten oder im Orient zu finden sei, dort, wo alle Religionen entstanden, wie Ricarda Huch schrieb.[57]

Arthur Schopenhauer wurde von seiner Begegnung mit dem Osten vollständig verwandelt. Seine Sicht vom Buddhismus lautete: »Nie hat ein Mythos und nie wird einer sich der so wenigen zugänglichen philosophischen Wahrheit enger anschließen als diese uralte Lehre des edelsten und ältesten Volkes...« Aber er war überzeugt: »In Indien fassen unsere Religionen nie und nimmermehr Wurzel: die Urweisheit des Menschengeschlechts wird nicht von den Begebenheiten in Galiläa verdrängt werden. Hingegen strömt indische Weisheit nach Europa zurück und wird eine Grundveränderung in unserem Wissen und Denken hervorbringen.«[58] Das Christentum empfand er als einen »Abglanz indischen Urlichts von den Ruinen Ägyptens«, welcher »aber leider auf jüdischen Boden fiel«.[59] Nicht immer logisch in seinen Schlussfolgerungen, suchte er nach den indisch-iranischen Ursprüngen des Christentums: »Wenn gleich das Christentum, im Wesentlichen, nur Das gelehrt hat, was ganz Asien damals schon lange und sogar besser wußte; so war dasselbe dennoch für Europa eine neue und große Offenbarung...«[60] Und was die heiligen Schriften des Christentums betraf, so kam er zu dem Ergebnis: »Das N. T. hingegen muss irgendwie indischer Abstammung sein: davon zeugt seine durchaus indische, die Moral in die Askese überführende Ethik, sein Pessimismus und sein Avatar... so hat die aus Indischer Weisheit entsprungene Christuslehre den alten, ihr ganz heterogenen Stamm des rohen Judenthums überzogen, und was von seiner Grundgestalt hat beibehalten werden müssen ist in etwas ganz Anderes, etwas Lebendiges und Wahres, durch sie verwandelt: es scheint das Selbe, ist aber ein wirklich Anderes.«[61]

Lamartine bekannte, dass ihn am meisten von allem die indische Philosophie bewegt habe. Sie stellte »alles in den Schatten: Sie ist der Ozean, wir sind nur Wolken... Ich las, las erneut und las wieder... Ich schrie auf, ich schloss meine Augen, ich war von Bewunderung überwältigt«. Er plante ein nie verwirklichtes großes »Seelenepos«, dem er den Titel »Hindoustanique« geben wollte. Von Indien »saugt man eine zugleich heilige, zärtliche und traurige Atemluft ein, die mir erst jüngst aus einem dem Menschen nahen Paradies entwichen scheint«. Für Lamartine war die Entdeckung Indiens und seiner Literatur nicht nur ein neuer »Flügel, der den alten Bibliotheken angegliedert wird«, es war vielmehr »ein Neuland, das mit dem Jubel von Schiffbrüchigen begrüßt wurde«.[62] Auf Victor Hugo, den anderen großen Schreiber Frankreichs, wirkte der Osten ebenso anziehend wie abstoßend. Während der Belagerung von Paris schrieb er seinen »Appell an die Deutschen«, der im September 1870 von den Zeitungen gedruckt wurde und mit dem er die Verschonung von Paris dank eines Vergleichs erreichen wollte, den schon viele angestellt hatten und der sogar von den Deutschen selbst gerne herangezogen wurde: »Deutschland ist dem Westen, was Indien dem Osten ist: eine Art großer Vorfahre. Lasset uns ihn ehren.«[63] Seine Dichtung enthielt viele Verweise auf Ellora, den Ganges, die Brahmanen, ein riesiges Rad und märchenhafte Vögel, angelehnt an die Geschichte *Mantiq ut-Tair* (*Kolloquium der Vögel*) aus der Feder des persischen Mystikers Farid al-Din. Gustave Flaubert schrieb: »J'étais, dans la variété de mon être, comme une immense forêt de l'Inde, où la vie palpite dans chaque atome« (Ich war in den Spielarten meines Seins wie ein grenzenloser indischer Wald, wo das Leben in jedem Atom pulsiert ...). Auch Paul Verlaine tauchte in die »indische Mythologie ab«.[64]

Im Jahr 1865 veröffentlichte der berüchtigte französische Rassentheoretiker Joseph Arthur de Gobineau sein Buch *Les religions et les philosophies dans l'Asie centrale*, durch das sich wie ein roter Faden seine Überzeugung zieht, dass alle Europäer aus Asien stammten. Während seiner Recherchen war Gobineau 1855 sogar eigens nach Persien gereist, um seine These zu verifizieren.[65] Er teilte zwar nicht die Meinung, dass Indien der Urquell aller Sprachen Nordeuropas war, betrachtete dafür aber alle europäischen Völker als indische Abkömmlinge. Die Arier waren für ihn der Adel der Menschheit, und den Begriff »Arier« sah er mit dem deutschen Wort »Ehre« verwandt. Im sechsten und letzten Band seines *Essai sur l'inégalité des races humaines* (*Versuch über die Ungleichheit der Menschenrassen*), der den Titel *La civilisation occidentale* trägt, findet sich das Kapitel »Les Arians Germains«. Hier stellt Gobineau die »germanischen Arier« als die edelste »Rasse« der Welt, als eine heilige Herrenrasse dar und erklärt, dass nur sie über die geballte Kraft der Arier verfüge, wohingegen das übrige weiße Geschlecht nichts Machtvolles und Tatkräftiges anzubieten habe.[66]

Am Ende seines Lebens schmiss sich auch Richard Wagner Gobineau in die Arme.[67] Er war ihm persönlich begegnet und verfasste 1881 unter der Überschrift *Zur Einführung der Arbeit des Grafen Gobineau: Ein Urteil über die jetzige Weltlage* sogar das Vorwort zu seinem Gesamtwerk. Die Philosophie und »Wissenschaft« des Franzosen glaubte er seinem eigenen Ziel geistesverwandt: Wagner wollte die französisch-italienische Oper im Fokus des Kanons durch eine »Musik der Zukunft« ersetzen, die eine radikal andere Tradition begründen sollte, eine deutsche Epik, ein germanisches Heidentum, den unvergänglichen Quell von Reinheit. In *Mein Leben* berichtete Wagner, wie schmerzlich er die durch Krankheit erzwungenen Unterbrechungen an seiner Arbeit zur *Walküre* im Jahr 1855 erlebt habe. In Wirklichkeit hatte sich ihm damit die Zeit für eine Lektüre geboten, die ihren Zweck schließlich voll und ganz erfüllen sollte: »Von dieser [Lektüre] regte mich am bedeutendsten Burnouffs *Introduction à l'histoire du Bouddhisme* an; dieser entnahm ich sogar den Stoff zu einer dramatischen Dichtung, welcher seitdem, obwohl nur im ungefährsten Entwurfe, stets in mir fortgelebt hat und vielleicht noch einmal ausgeführt werden dürfte ... Vor dem Geiste des *Buddha* liegt nämlich das vergangene Leben in früheren Geburten jedes ihm begegnenden Wesens offen, wie die Gegenwart selbst, da«.[68] Wagners Notizen und Briefe sind gespickt mit Hinweisen auf Buddha und buddhistische Ideen: »Alles ist mir fremd, und sehnsüchtig blicke ich oft nach dem Land Nirwana. Doch Nirwana wird mir schnell wieder Tristan...«[69] Im *Parsifal* finden sich Elemente aus dem *Ramayana*, ein Drama nach dem Buch *Stimmen vom Ganges* war geplant.[70]

*

Die Renaissance im Nahen und Fernen Osten war also vieles zugleich. Sie warf ein neues Licht auf die Religion, auf die Geschichte, auf die Zeit, auf den Mythos und auf die Querverbindungen zwischen den Völkern dieser Erde. Inmitten der Aufklärung und der industriellen Revolution hauchte sie der Dichtung und der künstlerisch-ästhetischen Annäherung an den Menschen neues Leben ein. Kurzfristig sollte sie zum Entstehen der romantischen Bewegung beitragen, die unser Thema im nächsten Kapitel sein wird. Langfristig jedoch sollte die Entdeckung der gemeinsamen Wurzeln von Sanskrit, Griechisch und Latein zu einer modernen wissenschaftlichen Synthese beitragen, die die Genetik, Archäologie und Linguistik miteinander verband und uns eine Menge über die Bevölkerungsstrukturen und Völkerwanderschaften in unserer Welt lehrte, was gewiss zu den interessantesten und wichtigsten Aspekten unserer Geschichte zählt. Damit leistete sie einen entscheidenden Beitrag zu einem geistigen Umdenken, das gegenüber anderen Entwicklungen im 18. Jahrhundert allzu oft vernachlässigt wird.

30
Der große Wertewandel: Die Romantik

Der französische Komponist Hector Berlioz war ein bemerkenswerter Mann. Alles an ihm war ungewöhnlich, schreibt Harold Schonberg in seinem Buch *Die großen Komponisten*. Praktisch im Alleingang brach er mit dem etablierten Musikbetrieb Europas, nach ihm sollte Musik nie wieder sein wie vorher. Schon als Student hatte er sich auf eine für viele Menschen schockierende Weise von anderen unterschieden. »Er glaube weder an Gott noch an Bach«, bemerkte empört der Komponist, Pianist und Dirigent Ferdinand Hiller«, der auch eine anschauliche Personenbeschreibung anfügte: »Seine hohe Stirn, scharf abgeschnitten über den tief liegenden Augen, die auffallend stark gebogene Habichtsnase, die schmalen, fein geschnittenen Lippen, das etwas kurze Kinn, alles dies gekrönt von einer außerordentlichen Fülle hellbraun gefärbter Locken, die ihr phantastisches Wachsthum nicht einmal durch das ordnende Eisen des Haarkünstlers einbüßten – man konnte diesen Kopf nicht vergessen, wenn man ihn einmal gesehen hatte.« Tatsächlich war Berlioz wegen seines Aussehens und Verhaltens nicht weniger berühmt als für seine Musik. Der französische Dramatiker Ernest Legouvé schilderte das Chaos, das einmal bei einer Aufführung des »Freischütz« ausgebrochen war: »Einer meiner Nachbarn erhebt sich von seinem Sitz, beugt sich zum Orchester hinab und brüllt mit Stentor-Stimme: ›Ihr habt da keine zwei Flöten zu nehmen, ihr Holzköpfe! Zwei Piccoloflöten sind verlangt, verstanden? Oh, diese Holzköpfe!‹ ... In dem allgemeinen Tumult, den dieser Ausbruch ausgelöst hat, wende ich mich um und sehe einen vor Leidenschaft zitternden jungen Mann, die Hände zu Fäusten geballt, mit blitzenden Augen und einem Haarschopf – was für ein Haarschopf! Er wirkte wie ein riesiger Regenschirm aus Haaren, der wie eine bewegliche Markise einen Raubtierschnabel überragte.«[1] Die Karikaturisten hatten einen Heidenspaß.

Berlioz war weder ein Gernegroß noch ein Exhibitionist, auch wenn das so mancher glaubte. Mendelssohn zum Beispiel fand ihn ungemein affektiert. Nach ihrer ersten Begegnung schrieb er: »Ich mag diesen nach außen gekehrten Enthusiasmus, diese den Damen präsentierte Verzweiflung und die Genialität in Fraktur, schwarz und weiß, ein für allemal nicht ausstehen.« Doch das wird den grandiosen Ambitionen von Berlioz gewiss nicht gerecht, und schon gar nicht seinen Orchestervisionen, die, wie Yehudi Menuhin fand, einem ganz neuen Gesellschaftsbild entsprungen schienen. Berlioz gilt allgemein als der größte aller Orchesterneuerer. In den dreißiger Jahren des 19. Jahrhunderts setzte sich ein Orchester nur selten aus mehr als 60 Musikern zusammen; 1825 hatte Berlioz jedoch bereits 150 Musiker aufgestellt, dabei bestand das Orchester seiner Träume, wie er gestand, aus 467 Mitgliedern plus einem Chor aus 360 Sängern. Er plante allein 242 Streicher, 30 Harfenisten, 30 Pianisten und 16 Waldhörner. Berlioz war seiner Zeit weit voraus. Er war der erste wahre Romantiker im Musikbetrieb, ein Enthusiast, ein Revolutionär, ein gesetzloser Despot und »der erste der bewußten Avantgardisten«, wie Schonberg schreibt: »Ungestüm, gefühlsbetont, witzig, lebhaft, war er sich seines Hangs zur Romantik durchaus bewußt. Er liebte die *Idee* des Romantischen, den Drang nach subjektivem Ausdruck und das Bizarre als Kontrast zu den klassischen Idealen von Ordnung und Maß.«[2]

*

Die Romantik war eine Revolution der machtvollen Ideen, zwar völlig anders geartet als die Französische, die industrielle oder die amerikanische Revolution, aber kein bisschen weniger bedeutend. In der Geschichte des westlichen politischen Denkens, schreibt Isaiah Berlin – wobei er »politisch« hier im denkbar weitesten Sinne verstand –, haben drei große Wendepunkte stattgefunden: »Mit Wendepunkt meine ich einen grundlegenden Wandel der Weltsicht...: einen radikalen Wandel des gesamten begrifflichen Bezugssystems, innerhalb dessen die Frage aufgeworfen worden ist; neue Vorstellungen, neue Wörter, neue Zuordnungen, die darauf hinauslaufen, daß die alten Probleme nun nicht mehr gelöst werden, sondern vielmehr den Eindruck erwecken, sie seien irrelevant, nicht mehr aktuell und, in diesem oder jenem Fall, auch nicht mehr nachvollziehbar, so daß die bohrenden Probleme und Zweifel der Vergangenheit wie Produkte einer verschrobenen Denkweise oder wie geistige Verwirrungen anmuten, die einer längst untergegangenen Welt angehören.«[3]

Der erste dieser Wendepunkte wird für gewöhnlich in der kurzen Zeitspanne zwischen dem Tod von Aristoteles und dem Aufstieg des Stoizismus am Ende des 4. Jahrhunderts v. d. Z. angesiedelt, als die philosophischen Schulen Athens aufhörten, »das Individuum allein im Kontext seiner gesellschaftlichen Existenz zu verstehen«, und begannen, »sich mit jenen Fragen des öffentlichen und politischen Lebens zu beschäftigen, denen Akademie und Lykeion sich hauptsächlich gewidmet hatten, so als wären diese Fragen nicht mehr wichtig oder überhaupt nicht mehr erörterungswürdig. Sie sahen den Menschen mit einemmal von innerer Erfahrung und persönlichem Heil bestimmt.« Dieser gravierende (und im sechsten Kapitel dieses Buches besprochene) Wertewandel »vom Öffentlichen zum Privaten, vom Äußeren zum Inneren, vom Politischen zum Sittlichen, von der Polis zum Individuum, von gesellschaftlicher Ordnung zu apolitischem Anarchismus« war derart profund, dass danach nichts mehr so war wie zuvor.[4]

Der zweite Wendepunkt wurde von Machiavelli eingeleitet. Mit ihm einher ging die deutliche Unterscheidung »zwischen natürlichen und sittlichen Tugenden [und der] Idee, politische Wertvorstellungen seien nicht nur verschieden von denen der christlichen Ethik, sondern mit diesen am Ende vielleicht sogar unvereinbar«. Damit entwickelte sich eine utilitaristische Vorstellung von Religion, die im weiteren Verlauf jede Art von theologischer Rechtfertigung und jedes politische Arrangement diskreditierte. Auch das war etwas verwirrend Neues. »Noch nie hatte man die Menschen offen dazu aufgefordert, zwischen unvereinbaren Wertesystemen zu wählen, zwischen privat und öffentlich, in einer Welt ohne Sinn, und ihnen von vornherein gesagt, daß es im Grunde kein endgültiges, objektives Kriterium für ihre Entscheidung geben könne.«[5]

Der dritte große – und aus Sicht von Isaiah Berlin bedeutendste – Wendepunkt begab sich gegen Ende des 18. Jahrhunderts. Diesmal war Deutschland der Vorreiter, und auf den einfachsten Nenner gebracht lautete die These diesmal, »daß das achtzehnte Jahrhundert im Hinblick auf Ethik und Politik eine Zerstörung der Vorstellung von Wahrheit und Verbindlichkeit erlebte: nicht nur von objektiver und absoluter Wahrheit, sondern auch von subjektiver und relativer Wahrheit – von Wahrheit und Verbindlichkeit insgesamt«. Das, schreibt Berlin, hatte unabsehbare und unermessliche Folgen, darunter als wichtigste, dass sich die dem westlichen Denken zugrunde liegenden Prämissen völlig verwandelten. Bis dahin war immer als gegeben betrachtet worden, dass alle grundlegenden Fragen dieselbe Logik bargen: Alles waren »Tatsachenfragen«, aus denen sich folgern ließ, dass alle wichtigen Fragen des Lebens beantwortet werden könnten, sobald alle relevanten Informationen angesammelt worden wären. Mit anderen Worten: Es wurde vorausgesetzt, dass sich moralische und politische Fragen wie zum Beispiel: »Welches ist das beste Leben für den Menschen?«, »Was sind Rechte?« oder »Was ist Freiheit?« prinzipiell auf die gleiche Weise beantworten ließen wie die Fragen: »Woraus besteht Wasser?«, »Wieviel Sterne gibt es?« oder »Wann starb Julius Caesar?« Ganze Kriege wurden um die Beantwortung solcher Fragen geführt, aber immer ging man davon aus, dass sich Antworten darauf finden ließen, weil die Menschen trotz aller religiöser Differenzen, die sich im Lauf der Zeit herausgebildet hatten, von einer grundlegenden Idee geeint waren. Oder anders ausgedrückt: Es gab »drei Zweige ein und derselben Prämisse. Erstens: Es gibt so etwas wie eine menschliche Natur, ob irdischer oder übernatürlicher Art, die von den entsprechenden Fachleuten verstanden werden kann. Zweitens: Eine bestimmte Natur zu haben bedeutet, bestimmte Zwecke zu verfolgen, die einem von Gott oder einer unpersönlichen Natur der Dinge auferlegt oder eingegeben worden sind; und diese Ziele zu verfolgen ist das Einzige, was den Menschen zum Menschen macht. Drittens: Diese Ziele und die damit korrespondierenden Interessen und Wertvorstellungen (die zu entdecken und zu formulieren Aufgabe von Theologen, Philosophen oder Naturwissenschaftlern ist) dürfen einander nicht widersprechen – tatsächlich müssen sie ein harmonisches Ganzes bilden.«[6]

Es war dieser Grundgedanke, der zu der Idee von einem Naturrecht und zu der Suche nach Harmonie führen sollte. Die Menschen waren sich immer schon einiger Ungereimtheiten bewusst gewesen – Aristoteles berichtete zum Beispiel von einem Sophisten, welcher beobachtet habe, dass Feuer in Athen genauso brenne wie in Persien, obwohl alle moralischen und gesellschaftlichen Regeln voneinander abwichen. Trotzdem glaubte man noch bis zum 18. Jahrhundert, dass sich alle Erfahrungswerte auf dieser Erde miteinander in Einklang bringen ließen, sofern man nur genügend Informationen angesammelt hatte. Berlin unterstreicht diesen Punkt mit dem folgenden Beispiel: »Da eine Wahrheit, beispielsweise die Antwort auf die Frage ›Soll ich Gerechtigkeit walten lassen?‹, nicht mit einer anderen Wahrheit unvereinbar sein kann, etwa mit der Antwort auf die Frage ›Soll ich Erbarmen zeigen?‹... ließe sich, zumindest theoretisch, ein idealer Gesellschaftszustand herstellen.« Das heißt, es müsste jedem verständigen Menschen einsichtig sein, dass Probleme anstehen, wenn die Beantwortung dieser beiden Fragen mit einem »Ja« (was wohl kaum jemandem schwer fallen wird) auf ein unvereinbares Ergebnis hinausliefe. Oder mit anderen Worten: Die traditionelle Sichtweise ging davon aus, dass wahre Behauptungen einander logisch nicht widersprechen können. Die gegenteilige Prämisse der Romantiker lautete nun aber, dass allein schon die Idee fragwürdig sei, Wertefragen oder Antworten auf Fragen, die einer Handlungsentscheidung bedürfen, ließen sich *überhaupt* beantworten. Aus ihrer Sicht gab es ganz einfach Fragen, auf die es keine Antworten gibt, Punkt, aus, Ende. Nicht weniger originell war ihr Argument, dass es im Prinzip auch keine Garantie für die Konfliktfreiheit von Werten geben könne. Wer etwas anderes sage, betrüge sich selbst und werde sich alsbald in Schwierigkeiten sehen. Schließlich stellten die Romantiker selbst eine Reihe von neuen Werten auf, beziehungsweise kündeten von einem neuen Blick auf Werte, der sich radikal von der alten Perspektive unterschied.[7]

Der Erste, der eine Ahnung von diesem neuen Ansatz vermittelt hatte, war der Neapolitaner Giambattista Vico gewesen, dem wir schon im 24. Kapitel begegnet sind und der mit so erstaunlicher Leichtigkeit alle aufklärerischen Ideen von der Zentralität der Wissenschaften sabotierte.

Man erinnere sich an sein 1725 veröffentlichtes Traktat *Die neue Wissenschaft*, in dem er behauptet hatte, dass das Wissen von der menschlichen Kultur wahrhaftiger sei als jede Kenntnis von der physischen Natur, da der Mensch mit Sicherheit nur von dem wissen und ergo wissenschaftlich reden könne, was er selbst erschaffen habe. Das Innenleben des Menschen, erklärte er, sei auf eine Weise erfahrbar, in der man die nicht vom Menschen erschaffene Welt »da draußen« – die physische Welt, mit der sich die traditionelle Naturforschung befasste – niemals begreifen lassen könne. Wenn man das beachte, dann wisse man auch, dass Sprache, Dichtung, Mythen, dass alles vom Menschen Erschaffene Wahrheiten sind, die einen höheren Anspruch auf Gültigkeit erheben können als selbst die größten Triumphe der mathematischen Philosophie. »Doch in dieser Nacht voller Schatten, die für unsere Augen das entfernteste Altertum bedeckt, erscheint das ewige Licht, das nicht untergeht, von jener Wahrheit, die man in keiner Weise in Zweifel ziehen kann: daß diese historische Welt ganz gewiß von den Menschen gemacht worden ist: und darum können (denn sie müssen) in den Modifikationen unseres eigenen menschlichen Geistes ihre Prinzipien aufgefunden werden. Dieser Umstand muß jeden, der ihn bedenkt, mit Erstaunen erfüllen: wie alle Philosophen voll Ernst sich bemüht haben, die Wissenschaft von der Welt der Natur zu erringen; welche, da Gott sie geschaffen hat, von ihm allein erkannt wird; und vernachlässigt haben, nachzudenken über die Welt der Nationen, oder historische Welt, die die Menschen erkennen können, weil sie die Menschen geschaffen haben.«[8]

Aus dieser Erkenntnis ließen sich ungemein wichtige und zugleich einfache Dinge folgern, nur sei der Mensch eben viel zu sehr damit beschäftigt, aus sich selbst herauszublicken, um sie wahrzunehmen. Beispielsweise erfasse man, dass jeder Mensch von Natur aus gleich ist und Menschen folglich ihre Kulturen überall auf ähnliche Weise aufbauten. Das machte es für den umsichtigen Historiker nicht nur möglich, sondern geradezu zwingend erforderlich, die Denkprozesse anderer Zeitalter in all ihren Phasen zu rekonstruieren. Für Vico schien es selbstverständlich, dass sich alle Menschen, gleich welcher Gesellschaft, bestimmte Vorstellungen teilen – das gebiete, nein, das *sei* der gesunde Menschenverstand. Er selbst identifizierte drei grundlegende Ideen, die den Menschen allerorten zu allen Zeiten und über alle Religionen hinweg gemein waren: der Glaube an die Vorsehung, an die Unsterblichkeit der Seele und an die Notwendigkeit, die menschlichen Leidenschaften zu zügeln. Und da der Mensch im Verlauf der gesamten Geschichte immer nur seiner eigenen Natur Ausdruck verliehen habe, lasse sich lediglich der Schluss ziehen, dass auch die überlieferten Mythen und Dichtungen tradierte Stimmen des menschlichen Gewissens seien. Mit solchen Aussagen verwandelte Vico die Wissenschaften vom Menschen nicht nur, sondern stellte sie auch auf eine Stufe mit den Wissenschaften von der Natur.⁹

Es sollte jedoch Jahrzehnte dauern, bis Vicos Ideen aufgegriffen wurden, und es musste erst Kant kommen, damit sich dieser neue Denkansatz auch durchzusetzen begann. Kants eigener großer Beitrag dazu bestand aus dem Gedanken, dass der Geist das Wissen bestimmt, dass es *tatsächlich* so etwas wie einen intuitiven Prozess gibt und dass das Phänomen, dessen wir uns am sichersten sein können, der Unterschied zwischen dem »Ich« und dem »Nicht-Ich« ist.¹⁰ Vernunft, verstanden als das Licht, das die Geheimnisse der Natur erhellt, war für ihn eine inadäquate und deplatzierte Erklärung. Die bessere Metapher fand er im Prozess der Geburt, da sie ein *Erschaffen* von Wissen mit Hilfe der menschlichen Vernunft impliziert. Um herausfinden, was ich in einer bestimmten Situation tun soll, bräuchte ich nur auf meine »innere Stimme« zu lauschen. Das war ein ungemein subversiver Gedanke. Den Wissenschaften zufolge war das Wesen der Vernunft eine Logik, die in der ganzen Natur Gültigkeit hat. Aber die innere Stimme fügt sich diesem ordentlichen Szenario nicht, denn ihre Befehle bekunden selten das Faktische und sind obendrein weder notwendigerweise richtig noch notwendigerweise falsch: »Befehle können gut oder schlecht sein, uneigennützig oder hinterhältig, einleuchtend oder undurchschaubar, wichtig oder banal.« Und nicht selten strebt die innere Stimme ein bestimmtes Ziel an oder will einen bestimmten Wert vorgeben, was aber nicht das Geringste mit Wissenschaft zu tun hat: Es ist ein individueller Schöpfungsprozess. Solche Gedanken brachen grundlegend mit dem alten Verständnis von Individualität – solche Ideen erschufen einen ganz neuen Individualitätsbegriff. Erstens (und zum ersten Mal) wurde realisiert, dass Wertvorstellungen durch einen schöpferischen Prozess entstehen; zweitens wurde damit die Betonung auf den Schöpfungsakt gelegt, was nicht weniger wichtig war, denn damit wurde der Künstler dem Wissenschaftler gleichgestellt. Es ist der Künstler, der schöpft, der sich ausdrückt, der Werte schafft. Der Künstler entdeckt nicht, kalkuliert nicht und deduziert nicht wie der Wissenschaftler (oder Philosoph). Beim Schöpfungsakt erfindet er sein Ziel, um dann seinen eigenen Weg zu dessen Verwirklichung zu finden. »Wo«, so fragte Alexander Herzen, ist das Lied, bevor es der Komponist ersinnt?« So gesehen ist der Schöpfungsakt die einzige wirklich selbst bestimmte Aktivität des Menschen und deshalb anderen Aktivitäten überlegen. »Wenn das Wesen des Menschen in der Selbstbestimmung liegt – in der bewußten Wahl seiner eigenen Ziele und seiner persönlichen Lebensweise –, dann konstituiert dies einen radikalen Bruch mit dem älteren Modell, das bis dahin die Vorstellung von dem Platz des Menschen im Kosmos bestimmt hatte.« Mit einem Schlag, so Berlin weiter, zerstörte die romantische Idee die Vorstellung von den Naturgesetzen, jedenfalls sofern damit die Idee von einem Einklang mit der Natur gemeint war, der es dem Menschen erlaubt, in Übereinstimmung mit den allgemein herrschenden Naturrechten seinen Platz im Kosmos zu finden. Auch die Kunst selbst verwandelte und erweiterte sich damit: Nun ging es nicht mehr um reine Nachahmung oder Abbildung, nun ging es um den *Ausdruck*, was eine noch viel wichtigere und ambitioniertere Schöpfungsweise ist. Der Mensch ist am wahrhaftigsten er selbst, wenn er etwas erschafft. »Dies, und nicht die Befähigung zum logischen Denken, ist der göttliche Funke, der in meinem Inneren glimmt; in genau diesem Sinne bin ich Gott zum Bilde geschaffen.« Die neue Ethik forderte eine neue Beziehung zwischen Mensch und Natur. Die Natur wurde »etwas, dem ich meinen Willen aufzwinge, eine Sache, der ich eine Form gebe«.11

*

Die Nachwehen dieser Revolution spüren wir noch heute, denn sie gebar die moderne Disharmonie konkurrierender Weltanschauungen – einerseits das kühle, unparteiische Licht der wissenschaftlichen Vernunft, andererseits der lebenssprühende und leidenschaftliche Schöpfungsakt des Künstlers. Manchmal erscheinen beide als gleichermaßen wahr, aber sie sind doch grundlegend unvereinbar. Isaiah Berlin schrieb, dass wir ruhelos vom einen Fuß auf den anderen treten, seit uns diese Unvereinbarkeit bewusst wurde.

Als Erstes und am deutlichsten zeigte sich diese Dichotomie in Deutschland. Die Wende zum 19. Jahrhundert brachte die großen napoleonischen Siege über Österreich, Preußen und die linksrheinische Region, was zugleich von einer wirtschaftlichen, gesellschaftlichen und politischen Rückständigkeit der deutschsprachigen Welt kündete. In deutschen Landen aber schürte das den Wunsch nach Erneuerung und trieb viele Menschen in die Innerlichkeit, zu einer Besinnung auf geistige und künstlerische Ideen, die zu einer neuen Einheit des Volkes beitragen und die Menschen inspirieren sollten. Die Romantik hat ihre Wurzeln in Pein und Verzweiflung. Am Ende des 18. Jahrhunderts zählten die deutschsprachigen Länder zu den am stärksten gepeinigten in ganz Europa.

In den siebziger Jahren des 18. Jahrhunderts konzentrierte sich das kulturelle und geistige Leben auf die vielen Höfe in Deutschland. Und einer davon begann nun auf den Traditionen von Vico und Kant aufzubauen. Herzog Karl August von Sachsen-Weimar holte Johann Wolfgang Goethe in seine Residenzstadt und ernannte ihn zum Geheimen Legationsrat, ein Jahr später erhielt Johann Gottfried Herder den Ruf als Generalsuperintendent an die Stadtkirche zu Weimar. Zu Goethe kommen wir gleich, zuerst aber zu Herder: Er hatte in Königsberg Theologie studiert und dann bei Kant die Werke von Hume, Montesquieu und Rousseau gelesen; beeinflusst von diesen Denkern, verfasste er zwischen 1784 und 1791 seine vierteilige Abhandlung *Ideen zur Philosophie der Geschichte der Menschheit*, in der er sich bewusst über die Bandbreite der Ideen von Vico hinausbewegte. So stellte er zum Beispiel fest, dass sich anhand von Literatur und Kunst erkennen lasse, inwiefern die menschliche Bewusstseinsentwicklung Teil eines (generell rosigen) historischen Prozesses war: Der Mensch lebt in der Welt, die er sich selbst erschaffen hat. Dass es so deutlich unterschiedliche Kulturen gibt, sei allein der Tatsache zu verdanken, dass die Ausdrucksweisen der menschlichen Natur nachweislich von geografischen, klimatischen und historischen Umständen geprägt würden. Daraus ergab sich für Herder der logische Schluss, dass die Natur des Menschen auch mit Hilfe eines historischen Vergleichs der Völker erkannt werden könne.[12] Jedes Volk habe eine besondere Geschichte, entwickelte ein spezifisches Bewusstsein, seine eigene Art von Kunst und Literatur, ganz zu schweigen natürlich von der eigenen Sprache. Besitzt ein Volk etwas Kostbareres, fragte er, als die Muttersprache? Dichtung und Religion vereinten ein Volk und enthielten daher Wahrheiten, die man auch auf ihren spirituellen oder symbolischen Gehalt und nicht immer nur hinsichtlich ihrer utilitaristischen Zwecke untersuchen müsse. (Die Poesie der Alten, sagte er, müsse man betrachten wie Versteinerungen.) Seit Herder, schreibt Roger Smith, wurden die Geisteswissenschaften – vor allem die Geschichts- und Literaturwissenschaft – zu den zentralen Komponenten einer neuen Gesellschaftsforschung.[13]

Ein entscheidender Faktor beim menschlichen Schöpfungsakt ist der Wille. Diese Idee wurde erstmals und ungemein lebendig von Johann Gottlieb Fichte formuliert, der den Faden bei Kant aufgegriffen hatte: »Mein Selbst wird mir nicht bewußt als Teil eines größeren Zusammenhangs, sagt Fichte, sondern im Zusammenprall mit dem Nicht-Selbst, dem *Anstoß*, einer heftigen Kollision mit der unbelebten Materie, der ich Widerstand entgegensetzen und meinen freien schöpferischen Entwurf aufzwingen muß. Das Selbst ist Tat, Anstrengung, Selbstbestimmtheit. Es ordnet sich die Welt unter, verändert und zerlegt sie, gedanklich und zugleich auch in der Tat, in Übereinstimmung mit seinen eigenen Absichten und Kategorien.« Kant hatte das als die »vorbewußte Aktivität der Einbildungskraft« bezeichnet, für Fichte hingegen war es »eine bewußte, schöpferische Tätigkeit. ›Ich nehme [nichts] an, weil ich muß..., sondern ich glaube es, weil ich will.‹«[14] Aus der Sicht Fichtes bewohnte der Mensch zwei Welten, »die des Materiellen, wo Ursache und Wirkung herrschen, und die des Geistigen, wo ich ›durch mich selbst vollendet und... durchaus mein eigenes Geschöpf [bin]‹«. Diese Erkenntnis (in sich selbst ein Konstrukt) führte zu einer radikalen Neubewertung der Philosophie. »Meine Philosophie hängt davon ab, was für ein Mensch ich bin, nicht umgekehrt.« Also wurde nun dem Willen ein immer größerer Stellenwert in der menschlichen Psychologie zugeschrieben. Die Produkte der Vernunft, sagte Fichte, seien im Wesentlichen bei allen Menschen gleich; worin sie sich unterschieden, sei in ihrem Wollen. Und nur das führe zu Konflikten, denn dass Vernunft sich widerspreche, sei logisch schlicht unmöglich – Logik bleibe Logik.[15]

Die Wirkung dieser Ideen war folgenschwer. Zuerst begann sich die Auffassung von »Arbeit« zu ändern. Nun galt sie nicht mehr als ein notwendiges Übel, sondern war zur »heiligen Pflicht des Menschen« geworden, »denn nur durch Arbeit kann er der toten Materie, die die Natur darstellt, seine einzigartige, schöpferische Persönlichkeit aufprägen«. Dabei entfernte man sich immer weiter vom monastischen Ideal des Mittelalters, denn nun glaubte man nicht mehr, dass sich die wahre Natur des Menschen durch Kontemplation verwirklichen lasse, nun bevorzugte man *Aktivität*. Vor allem deutsche Romantiker passten damit die Luther'sche Vorstellung von der Berufung gewissermaßen dem romantischen Ideal an, sodass hier nicht mehr Gott und der Gottesdienst das Ziel jeder Aktivität waren, sondern die individuelle Suche nach Freiheit, jenes Ziel also, welches »einzig und allein die Bedürfnisse seiner [des Menschen] sittlichen, ästhetischen, philosophischen oder politischen Natur zu erfüllen vermag«. Für den Künstler zählte nur noch die *Absicht*: »Integrität, Aufrichtigkeit, Prinzipientreue, Reinheit des Herzens, Natürlichkeit – und nicht Glück, Kraft, Weisheit und Erfolg.«[16] Das traditionelle Vorbild des Weisen oder Allwissenden, welcher Glück, Tugendhaftigkeit und Weisheit erwirbt, indem er zu verstehen lernt, wurde durch den tragischen Helden ersetzt, welcher sich unter allen Umständen und allen Widrigkeiten zum Trotz selbst zu verwirklichen sucht. Der irdische Erfolg ist immateriell.[17]

Die Bedeutung dieses Wertewandels kann gar nicht genug betont werden: Erstens sah es nun so aus, als erschaffe der Mensch sich selbst und habe keine grundlegend erkennbare Natur mehr, die sein Verhalten, seine Reaktionen und sein Denken bestimmt. Damit war er erstmals nicht mehr zur Rechenschaft zu ziehen für die Folgen seines Seins. Noch weit schockierender aber war zweitens, dass »kein System objektiver Aussagen zur Beschreibung dieser Werte möglich [ist], da sie nicht entdeckt, sondern erschaffen werden: Sie sind keine Tatsachen, keine in der Welt vorkommenden Größen.« Sie befinden sich außerhalb der Reichweiten von Wissenschaft, Moral oder Politik. Drittens schließlich brachte es die unangenehme Wahrheit mit sich, dass die Werte von unterschiedlichen Kulturen, Völkern und Individuen kollidieren können. Es gibt keine Garantie für Harmonie, nicht einmal für eine individuelle innere Eintracht, da sich auch die Wertvorstellungen des Individuums im Lauf der Zeit verändern können.[18]

Dieser Denkwandel kann ebenfalls gar nicht genug hervorgehoben werden. Wenn in der Vergangenheit ein Christ, beispielsweise ein Kreuzritter, einen Muslim getötet hatte, dann bedauerte er vielleicht, dass ein so tapferer Feind für den falschen Glauben sterben musste. Doch gerade die Tatsache – und das ist der springende Punkt –, *dass* ein Feind wie zum Beispiel ein Muslim unbeirrbar am falschen Glauben festhielt, ließ das Ganze so ausufern: Je inniger der Feind des Christen seinem falschen Glauben anhing, umso weniger wurde er bewundert. Die Romantiker vertraten nun die völlig gegenteilige Sicht. Ihr Ideal war der Märtyrer, der tragische Held, der edelmütig und ohne große Aussichten auf Erfolg für seinen Glauben in den Kampf zog. Ihre Bewunderung galt der Niederlage und dem Scheitern, sofern beides aus dem Widerstand gegen Kompromisse und weltlichen Erfolg erwachsen war.[19] Der Künstler oder Held als Außenseiter war geboren.

*

Das führte zu einer Literatur, Malerei und einer (höchst lebendigen) Musik, die sich dieser Idee sofort zuordnen lassen – der heldenhafte Märtyrer, der tragische Held, der geniale Außenseiter, der gequälte Rebell, der sich gegen eine gezähmte, spießbürgerliche Gesellschaft auflehnt. Zu Recht schrieb Arnold Hauser, dass es in der modernen Kunst keinen Aspekt gibt, der nicht irgendetwas von Bedeutung der Romantik verdankt. All die Überschwänglichkeit, Anarchie und Heftigkeit der modernen Kunst, ihr ungezügelter, schonungsloser Exhibitionismus erhoben sich aus ihr. Und diese subjektive, egozentrische Haltung wurde für uns zu einer solchen Selbstverständlichkeit, so absolut unabwendbar, dass es uns unmöglich wurde, auch nur einen abstrakten Gedankengang zu verfolgen, ohne dabei zugleich über unsere eigenen Gefühle zu reden.[20]

Schon zu Beginn der romantischen Bewegung in den siebziger Jahren des 18. Jahrhunderts kam das Phänomen vom Sturm und Drang auf. Eine ganze Generation junger deutscher Dichter rebellierte gegen das strenge Erziehungssystem und die gesellschaftlichen Konventionen und begann ihre eigenen Gefühle zu erforschen. Das bekannteste ihrer »unbedachten« Werke, wie Mumford Jones schrieb, war natürlich Goethes *Leiden des jungen Werther* (1774). Hier begegnen wir dem perfekten romantischen Szenario, dem Individuum vor der Kulisse einer ihm entfremdeten Gesellschaft. Werther ist ein junger, begeisterungsfähiger, leidenschaftlicher und unter den strengen, trockenen, frömmlerischen Lutheranern völlig isolierter Mann. Doch Goethe war nur der Anfang. Die Initialzündung für die Romantik war die Verzweiflung, die Desillusionierung, die Sentimentalität und Melancholie eines Chateaubriand oder Rousseau, die wie Goethe herauszufinden versuchten, weshalb die konventionelle Gesellschaft nicht in der Lage war, die spirituellen Bedürfnisse ihrer Helden zu befriedigen. Victor Hugos weite Panoramen und die zigeunerhafte Bohème eines Théophile Gautier oder Alexandre Dumas, in der sich politische und persönliche Ambitionen vermischten, bekräftigten Hugos eigenes Argument, dass die Romantik »der Liberalismus der Literatur« sei. Das Bild, das Stendhal oder Prosper Mérimée von der Kunst abgaben – ein »geheimes Paradies«, in das »gewöhnlichen Sterblichen« kein Einlass gewährt wird –, wirft das Schlaglicht auf eines der wesentlichen romantischen Ziele: auf das Prinzip *l'art pour l'art*. Demgegenüber erklärte es Balzac zu einer »unausweichlichen Notwendigkeit«, dass der Künstler Stellung zu den großen Fragen seiner Zeit bezieht, und hielt es für schlicht unmöglich, dass er sich im Abseits aufhalten kann.[21]

Die französische Romantik war mehr oder weniger eine Reaktion auf die Französische Revolution, die englische hingegen eine Antwort auf die industrielle Revolution (Byron, Shelley, Godwin und Leigh Hunt waren allesamt Radikale, während Sir Walter Scott und William Wordsworth Tories wurden oder blieben). Arnold Hauser stellte hier den Zusammenhang her, dass die Begeisterung, die die Romantiker für die Natur empfanden, ohne die Isolation der Stadt vom Land ebenso undenkbar gewesen wäre wie ihr Pessimismus ohne die Öde und das Elend der Industriestädte. Vor allem die jüngeren Romantiker – Shelley, Keats, Byron – wandten sich angesichts der Folgen der entmenschlichenden Fabrikarbeit für das Leben im Allgemeinen einem kompromisslosen Humanismus zu; doch auch Wordsworth oder Scott zeigten Sympathie für die »Demokratie«, jedenfalls insofern, als sie mit ihren Werken auf eine Popularisierung oder gar Politisierung der Literatur abzielten. Wie ihre deutschen und französischen Gegenparts glaubten auch die romantischen Dichter Englands an einen transzendentalen Geist, welcher der Quell jeder poetischen Inspiration ist. Sie schwelgten in Sprache, erforschten das Bewusstsein und erblickten in jedem Menschen, der aus Wörtern Poesie zu formen in der Lage war, einen Beweis für die Behauptung Platons, dass hier eine Art von göttlicher Intention am Werke sei. Das ist es, was Percy Bysshe Shelley mit dem berühmten Abschlusssatz seiner *Defense of Poetry (Verteidigung der Poesie)* meinte: »Poets are the unacknowledged legislators of mankind« (»Dichter sind die unbestätigten Gesetzgeber der Menschheit«). Wordsworth hingegen befürchtete eine »apocalypse of the imagination«.[22] Der Dichter ist gewissermaßen sein eigener Gott, wie Arnold Hauser schrieb. Der prototypische klassische Romantiker in diesem Sinne war wahrscheinlich Shelley. Als geborener Rebell und Atheist betrachtete er die Natur als einen einzigen großen Kampf zwischen Gut und Böse. Sogar sein Atheismus lässt sich mehr als ein Aufbäumen gegen den tyrannischen Gott denn als eine grundsätzliche Verleugnung Gottes verstehen. Auch Keats' Dichtung ist von einer alles durchdringenden Melancholie, von tiefster Trauer über »the beauty that is not life«, weil es eine Schönheit gab, die sich seinem Zugriff entzog. Das Mysterium der Kunst war auf dem bestem Wege, das Mysterium des Glaubens zu ersetzen.

Der wohl berühmteste aller Romantiker aber war Byron. (Howard Mumford Jones merkte zum »romantischen *moi*« trefflich an, dass die Ich-Bezogenheit von Wordsworth internalisiert war, die von Byron hingegen von ganz Europa betrachtet werden konnte.[23]) Das Bild, das Byron in seinem Werk vom ewig heimatlos umherwandernden Helden malte, dessen Schicksal nicht zuletzt durch seine eigene Wildheit besiegelt wurde, war allerdings ganz und gar nicht originell. Der Unterschied war nur, dass frühere Heroen der von ihm geschilderten Art unweigerlich Schuldgefühle angesichts ihres gesellschaftlichen Außenseitertums bekamen oder melancholisch wurden; Byron verwandelte den Außenseiterstatus hingegen in eine selbstgerechte Meuterei gegen die Gesellschaft, die aus dem Gefühl der Isolation einen hasserfüllten Einsamkeitskult machte. Seine Helden sind kaum mehr als Exhibitionisten, die offen ihre Wunden zur Schau stellen. Gesetzlose, die der Gesellschaft den Krieg erklärten, beherrschten die Literatur des 19. Jahrhunderts. Der Typus als solcher mag zwar von Rousseau und Chateaubriand erfunden worden sein, doch bis zu Byrons Zeiten hatte er sich in der Tat in einen Narziss verwandelt. Und dieser Held geht nun schonungslos mit sich und gnadenlos mit anderen um. Er kennt kein Pardon und erfleht keine Vergebung, weder von Gott noch vom Menschen. Er bedauert nichts und würde trotz seines verheerenden Lebens kein anderes führen wollen. Er ist derb und wild, doch von edler Gesinnung, und es geht immer ein Charme von ihm aus, dem keine Frau widerstehen kann und auf den Männer entweder mit absoluter Freundschaft oder Feindschaft reagieren.

Byrons Bedeutung ging jedoch weit über dieses Prinzip hinaus. Seine Idee vom »gefallenen Engel« beschrieb einen Archetyp, der von vielen aufgegriffen werden sollte, darunter von Lamartine und Heine. Das 19. Jahrhundert war neben allem anderen auch von einem Schuldgefühl geprägt, weil man von Gott abgefallen war, und der tragische Held Byron'scher Dimensionen passte geradezu perfekt in dieses Bild. Aber auch die anderen Errungenschaften Byrons hatten langfristige Auswirkungen. Es war Byron gewesen, der seine Leser ermunterte, sich auf intime Weise mit dem Helden zu identifizieren, was dann seinerseits wieder das Interesse des Lesers am Autor verstärkte. Bis zur romantischen Bewegung war das Privatleben eines Schriftstellers mehr oder weniger unbekannt und nur von geringem Interesse für den Leser gewesen. Das haben Byron und seine Selbstenthüllungen gründlich verändert. Seit ihm gleicht die Beziehung zwischen Schriftsteller und Leser entweder der zwischen Psychiater und Patient oder der zwischen Filmstar und Fan.

Im Zusammenhang damit trat der nächste entscheidende Wandel ein: die Vorstellung von einem »zweiten Ich« oder »anderen Selbst«, der Glaube, dass es in den dunkelsten und verstecktesten Winkeln der Seele eines jeden Romantikers ein völlig anderes Wesen gab und dass der Zugang zu diesem Sein eine alternative – und tiefgründigere – Wirklichkeit enthüllen würde. Tatsächlich war das die Entdeckung des Unbewussten, nur dass es hier noch als eine Wesenheit verstanden wurde, die sich vor dem rationalen Geist versteckte und die der Quell aller irrationalen Problemlösungen war – ein geheimnisvolles, ekstatisches Etwas, das wie ein nachtaktives Tier sein groteskes, gespenstisches und makabres Wesen verbirgt.[24] (Goethe schrieb: »Klassik ist Gesundheit, Romantik ist Krankheit.« Novalis bezeichnete das Leben als einen Wahn.) Das zweite Ich, das Unbewusste, wurde als eine Möglichkeit der spirituellen Erweiterung betrachtet, die schließlich zu der grandiosen Lyrik verhelfen sollte, von der die Romantik so deutlich geprägt war.

Die auf Platon zurückreichende Idee, dass ein Künstler sensibler sein könne als andere Menschen und vielleicht sogar einen direkten Draht zum Göttlichen habe, trug bereits den Kern des Konflikts zwischen Künstler und Bürger in sich. Doch erst das frühe 19. Jahrhundert schuf die Ausgangsbedingungen für die Vorstellung, dass es eine Avantgarde gäbe, einen Künstler, der seiner Zeit (jedenfalls gewiss dem Bürgertum) weit voraus sei. Kunst war eine »verbotene Frucht«, von der nur Eingeweihte kosten durften und die vor allem dem »Spießbürgertum« versagt blieb. Von hier bis zu der Idee, dass Jugend kreativer sei als das Alter und ihm daher unweigerlich überlegen, war es dann nicht mehr weit: Zwangsläufig war es die Jugend, die wusste, was angesagt war; zwangsläufig verfügte sie über die nötigen Energien, um neue Ideen und Moden zu kreieren; und zwangsläufig fühlte sie sich weniger an etablierte Muster gebunden. Und es war die Vorstellung vom Genius, von der dann der Funke für die Verehrung von jungem Talent auf Kosten einer Bildung ausging, die mühsam im Lauf eines Lebens erworben wurde.

Auf dem Gebiet der Malerei brachte die Romantik zum Beispiel einen Turner hervor, dessen Gemälde nach Aussage des englischen Malers John Hoppner (1758–1810) den Eindruck erweckten, als blicke man direkt in ein Kohlefeuer (eine Metapher, die auch für die Musik von Berlioz übernommen wurde), oder einen Delacroix, welcher der Meinung war, dass ein Bild vor allem ein Fest für das Auge sein müsse. Doch es war auf dem Gebiet der Musik, wo sich die Romantik selbst übertreffen sollte. Eine ganze Generation grandioser Komponisten wurde im Lauf eines einzigen Jahrzehnts geboren – Berlioz, Schumann, Liszt, Mendelssohn, Verdi und Wagner. Aber ihnen voran ging natürlich Beethoven. Jede Musik führt zu Beethoven, schreibt Mumford Jones, und jede Musik geht von ihm aus.[25] Beethoven, Schubert und Weber bildeten die kleine Komponistengarde, die man als vorromantisch bezeichnen könnte und die die Vorstellungen von Musik und der Art ihrer Aufführung vollständig verändert hat.

Der große Unterschied zwischen Beethoven (1770–1827) und dem nur vierzehn Jahre älteren Mozart war, dass sich Beethoven selbst für einen

Künstler hielt. An keiner Stelle in Mozarts Briefen findet sich dieser Begriff – er betrachtete sich schlicht als einen begabten Handwerker, der wie Haydn und Bach vor ihm einen Gebrauchsartikel anbot. Beethoven hingegen sah sich einer besonderen Spezies zugehörig, empfand sich als Schöpfer und stellte sich damit auf eine Ebene mit gekrönten Häuptern und anderen erhabenen Seelen. »›Was ich auf dem Herzen habe‹, sagte er zu seinem Schüler Carl Czerny, ›muß heraus.‹« Goethe war nur einer von vielen, die auf diese geballte Ladung an Persönlichkeit reagierten: »Zusammengeraffter, energischer, inniger habe ich noch keinen Künstler gesehen. Ich begreife recht gut, wie der gegen die Welt wunderlich stehen muß.« Sogar die Streichungen in Beethovens handschriftlichen Notationen sind von einer Heftigkeit, die Mozart völlig abging. Wie später Wagner, so glaubte auch Beethoven, dass die Welt ihm etwas schuldete, weil er ein Genie war. In Wien hatten ihm zwei Fürsten gemeinsam eine Jahresrente ausgesetzt, um ihn in der Stadt zu halten. Als der eine bei einem Unfall ums Leben kam, zog Beethoven vor Gericht, um die Nachlassverwalter zur weiteren Zahlung zu zwingen. Er war der Meinung, dass ihm das zustehe.[26]

Zwei Kompositionen aus dem Leben dieses Schöpfers von so wunderbarer Musik heben sich besonders hervor, zwei Werke, die die Musik für immer verändern sollten: die »Eroica«, die im Jahr 1805 uraufgeführt wurde, und die »Neunte Sinfonie«, die erstmals 1824 gespielt wurde. Harold Schonberg fragt sich, was wohl den Zuhörern und Musikern während der folgenschweren Uraufführung der »Eroica« durch die Köpfe gegangen sein mochte: »Wie das Werk wiedergegeben wurde, ist nicht dokumentiert, aber Beethovens gigantische Partitur muß den Musikern noch nicht erahnte Schwierigkeiten bereitet haben. Diese Sinfonie war wesentlich länger als alle bisherigen und schwieriger zu spielen, wies eine überaus komplexe harmonische Struktur sowie krasse Dissonanzen auf und zeugte von einer titanischen Kraft.« Plötzlich war man mit einer völlig neuen musikalischen Sprache konfrontiert. Für viele Musikliebhaber bleibt die »Eroica« in ihrem Pathos bis heute unübertroffen. George Marek schreibt, die Uraufführung müsse ein ähnliches Gefühl ausgelöst haben wie die Nachricht von der Atomspaltung.[27]

Beethoven war ohnedies schon ein Romantiker, und die Schwerhörigkeit, die ihn ungefähr zur Zeit der Uraufführung der »Eroica« befiel und die sich zur völligen Taubheit ausweiten sollte, trug gewiss noch das Ihre zu seinem Hang zur Verinnerlichung bei. Seine grandiose Oper »Fidelio« (die vielleicht nur etwas zu viele Protagonisten hat), die großen Violin- und Klavierkonzerte, die berühmten Klaviersonaten – wie die »Waldstein-Sonate« und die »Appassionata« – haben alle ihre geheimnisvollen, mystischen, monumentalen Elemente. Doch der Dreh- und Angelpunkt war die »Neunte Sinfonie«. Sie sollte von allen späteren Romantikern aufs Höchste geschätzt werden. Ihre Uraufführung muss allerdings sämtlichen Berichten zufolge eine Katastrophe gewesen sein. Es hatte nur zwei Proben gegeben, und viele Sänger hatten Schwierigkeiten, die hohen Passagen zu singen (die Sängerin der Altpartie bat inständig um eine Abänderung, aber davon wollte Beethoven nichts wissen – und gegen den Willen des Meisters war nicht anzukommen). Doch was die »Eroica« und die »Neunte« gemein hatten, war ihr so vollständig neuer Klang, der ganz andere Effekte auslöste als beispielsweise die Musik von Mozart. In beiden Fällen war es Beethoven mehr um Seelenzustände gegangen, bei beiden hatte er dem Drang nachgegeben, der eigenen Persönlichkeit, der dramatischen Intensität der Seele Ausdruck zu verleihen. »Beethovens Musik ist nicht geschliffen und gefällig. Wie keinem anderen Komponisten gelang es ihm, seinen Hörern ein Gefühl des Dramatischen zu vermitteln.« Es herrschte eine ständige Spannung zwischen Konflikt und Lösung. Die »Neunte« »ist nicht anmutig, nicht einmal anziehend. Sie ist nur eines: erhaben«. Beethovens Werke »sind vergeistigte Musik von äußerster Subjektivität und Grandiosität«.[28] Es war die »Neunte Sinfonie« mit ihrem gigantischen Kampf zwischen »Widerspruch und Auflösung«, die Berlioz und Wagner am stärksten beeinflusste und für Brahms, Bruckner und Mahler das (im großen Ganzen unerreichte) Ideal bleiben sollte.[29] Debussy gestand, dass die große Partitur zum »Albtraum der Komponisten« wurde – womit er meinte, dass nur wenige andere Komponisten Beethoven das Wasser reichen konnten und es vielleicht nur einem Einzigen, nämlich Wagner, gelang, ihn zu überflügeln.

Franz Schubert wurde schon oft als *der* klassische Romantiker bezeichnet. Er verbrachte sein kurzes Leben (1797–1828) vollständig in Beethovens Schatten, doch auch er fühlte, dass er nichts anderes sein konnte als ein Künstler, wie er einem Freund erklärte: »Ich bin für nichts als das Komponieren auf die Welt gekommen.« Seine musikalische Karriere hatte er als Sopranist im Chor der Wiener Hofkapelle begonnen; nach dem Stimmbruch wurde er Hilfslehrer in der Schule seines Vaters, hasste diese Arbeit aber so sehr, dass er sich dem Komponieren zuwandte. Wie Beethoven war auch er ein untersetzter Mann – 1,56 Meter im Vergleich zu 1,65 Metern (weshalb man ihn auch »Schwammerl« nannte); und wo Beethoven unter seinem schlechten Gehör gelitten hatte, litt Schubert unter seinen schlechten Augen. Aber er war das perfekte Beispiel für den Romantiker mit dem »zweiten Ich«: Auf der einen Seite war er sehr belesen und machte sich einen Namen mit der Vertonung vieler Gedichte von Goethe, Schiller, Heine und anderen Größen; auf der anderen trank er mehr, als gut für ihn war, zog sich die Syphilis zu und ließ sich von seiner Genusssucht fix und fertig machen. Das spiegelte sich auch in seiner Musik, nicht zuletzt in der »Unvollendeten«. Abgesehen davon war er der Meister des a cappella.[30]

Schubert starb ein Jahr nach Beethoven. Mittlerweile war ein Großteil der modernen Welt im Entstehen begriffen. Neue Eisenbahnlinien verbanden Städte und Menschen im Eiltempo, und dank der industriellen Revolution hatte einerseits die Bourgeoisie riesige Vermögen angesammelt und andererseits verzweifelte Armut zugenommen. Das färbte natürlich auch auf die Musik ab. Der Musikgenuss war nun nicht mehr allein eine höfische Angelegenheit, jetzt war er auch dem aufstrebenden Bürgertum vergönnt, das mittlerweile den Walzer als Tanzmusik für sich entdeckt hatte, seit er beim Wiener Kongress 1814 bis 1815 seinen Siegeszug angetreten hatte. In den zwanziger Jahren des 19. Jahrhunderts wurden am Faschingsdonnerstag in Wien nicht weniger als tausendsechshundert Bälle gegeben, daneben gab es vier Theater, die sich als Opern- und Ballettbühnen oder für Operetten und Schauspiele anboten, plus diverse kleinere Spielstätten wie die Josephstadt, die Hofburg oder den großen Saal der Universität.[31] Das Bürgertum hatte seine musikalischen Vorlieben entdeckt.

Die neuen Techniken hatten aber nicht nur grundlegenden Einfluss auf den Bau von neuen Konzertsälen oder Opernbühnen, sie wirkten sich auch entscheidend auf die Instrumente aus. Nachdem bereits Beethoven das Orchester vergrößert hatte, fügte Berlioz nun noch mehr Stimmen hinzu. Parallel dazu führte die verbesserte Technik der Blechverarbeitung zu einer deutlichen Optimierung der ziemlich unzuverlässigen Blasinstrumente aus dem 18. Jahrhundert: Sie wurden mit Klappen und Ventilen ausgestattet, sodass beispielsweise Horn und Fagott den Ton besser halten konnten. Die neuen Blechklappen erlaubten den Bläsern zudem Griffe, die bei der Anordnung der Löcher der alten Instrumente nicht möglich gewesen wären. Die Tuba wurde entwickelt, und Adolphe Sax erfand das Saxofon. Und je größer das Orchester wurde, umso notwendiger wurde jemand, der es kontrollierte. Bis dahin hatten die meisten Ensembles unter der Führung des ersten Geigers oder des Pianisten gespielt; erst nach Beethoven, um das Jahr 1820, tauchte allmählich der Dirigent als eigenständige Figur auf. Die Komponisten Ludwig Spohr und Carl Maria von Weber gehörten zu den Ersten, die ihre Musik mit einem Taktstock dirigierten; François-Antoine Habeneck, der 1828 das Pariser *Orchestre du Conservatoire* gegründet hatte, dirigierte mit dem Geigenbogen.[32]

In etwa um diese Zeit kam dank zweier ganz unterschiedlicher Entwicklungen das moderne Klavier auf. Zum einen hatte die industrielle Stahlproduktion einen Rahmen ermöglicht, der das Klavier wesentlich massiver und robuster machte als zum Beispiel das Instrument, das Mozart benutzt hatte. Zum anderen war das Genie (und die Vermarktungsgenialität) von Niccolò Paganini (1782–1840) aufgetaucht, der im Alter von neunzehn Jahren debütiert hatte und wahrscheinlich der größte Geiger aller Zeiten war. Aber er war nicht nur ein superber Techniker, er war auch ein großspuriges Showtalent. Zum Beispiel pflegte er während seines Spiels gerne eine Geigensaite reißen zu lassen, um dann auf nur drei Seiten zu Ende zu spielen. Er war gewiss der erste Supervirtuose, und er war es, der die Technik des Violinspiels durch eine ganz neue Bogenführung und neue Griffe, Triller, Terzen und Sexten verbesserte, die wiederum die Pianisten animierten, seinen Höhenflügen auf ihrem nun wandlungsfähigeren Instrument zu folgen.[33]

Der Musiker, der Paganini am deutlichsten nacheiferte, war Franz Liszt, der erste Pianist der Geschichte, der eigene Konzerte gab. Vor allem dank solcher Virtuosen begann man nun in ganz Europa (in wesentlich geringeren Maßen auch in Nordamerika) Konzertsäle zu bauen, denn anders war der Nachfrage der *nouveaux riches* nach den Auftritten dieser Artisten nicht mehr zu begegnen. Von dieser Entwicklung profitierten wiederum viele Komponisten und/oder Instrumentalisten: Weber, Mendelssohn, Chopin und Liszt (die vier größten Pianisten ihrer Zeit), Berlioz, Mendelssohn, Weber und Wagner (die vier größten Dirigenten).[34]

»Innerhalb einer Dekade, zwischen 1830 und 1840«, schreibt Harold Schonberg, »entfaltete sich ein fast unübersehbarer Reichtum an musikalischen Stilerscheinungen. Alle musikalischen Elemente, vor allem die Harmonik (verstärkte Leittönigkeit, Alteration), aber auch Rhythmik, Dynamik und Klanglichkeit wurden zu äußerster Differenzierung getrieben. Die Komponisten verwendeten nun Sept-, Nonen- und sogar Undecimenakkorde und chromatisch veränderte Akkorde… Die Romantiker liebten zum Leidwesen aller Konservativen ungewohnte Tonkombinationen, entlegene Akkorde und Dissonanzen.« Die Musik der Romantik hatte also ihren ganz eigenen, üppig-sinnlichen Klang und ihre ganz eigene mystische Stimmung – doch sie war auch insofern neu, als sie einem eigenen »Programm« folgte: Sie erzählte Geschichten, und das war etwas noch nie Dagewesenes.[35] Denn es zeugte von den engen Beziehungen, die neuerdings zwischen der Musik und der Literatur bestanden, das heißt, auch die Musik verfolgte nun das Ziel, Gefühlszuständen und Gemütsverfassungen Ausdruck zu verleihen, so wie es Beethoven bereits vorgemacht hatte.

Carl Maria von Weber war wie Schubert ein Romantiker – wenn auch nicht ganz im Sinne von Beethoven oder Berlioz. Er hatte ein Hüftleiden, das ihn sein Leben lang zum Hinken verdammte, und Schwindsucht – vielleicht *die* Krankheit des romantischen Zeitalters, denn sie zehrte den Menschen auf tragische Weise langsam aus, ließ ihn einfach dahinschwinden (die Heroinen von *La Traviata* und *La Bohème* sind beide daran erkrankt). Er war auch Gitarrenvirtuose und obendrein ein ausgezeichneter Sänger gewesen, bis er sich die Stimme verdarb, als er aus Versehen ein Glas Salpetersäure trank. Außerdem hatte er so ungemein große Hände, dass er Passagen auf dem Klavier spielen konnte, die mit der Handspannweite von Normalsterblichen nicht zu meistern waren. Nachdem er einen Ruf nach Dresden erhalten hatte, um die deutsche Oper auszubauen, machte er den Dirigenten (sich selbst) zum mächtigsten Mann im ganzen Musikbetrieb und rief damit einen neuen Trend ins Leben. Außerdem focht er entschieden gegen die Versessenheit des Publikums auf italienische Opern, die vor allem durch Rossinis Werke ausgelöst worden war. Dass sich die deutsche Oper, die mit Wagner kulminieren sollte, überhaupt entwickeln konnte, war nicht zuletzt Weber zu verdanken. Seine eigene Oper »Der Freischütz« wurde 1821 uraufgeführt: Sie eröffnete eine neue Welt des Übersinnlichen und der mystischen Macht des Bösen und gab damit das Thema vor, das im ganzen 19. Jahrhundert populär bleiben sollte. Er selbst betrachtete als wichtigste Aussage dieser Oper die Zeile ihres Helden Max: »Doch mich umgarnen finstre Mächte!«[36]

Hector Berlioz war der erste Komponist der Geschichte, der sich eindeutig autobiografisch ausdrückte, wenngleich er sein Feuer von Shakespeare, Byron und Goethe bezog. Jemand nannte ihn einmal den »ersten echten Wilden der Musik« – in dieser Hinsicht habe er sogar Beethoven in den Schatten gestellt. Berlioz war ein Revolutionär und quecksilbriger Mensch, der sich mit Beethoven das ungeheure Selbstbewusstsein des selbst empfundenen Genies teilte – jenes Genius, der zum Markenzeichen der romantischen Bewegung werden sollte. Die Autobiografie, die er neben seiner autobiografischen Musik schrieb, war mindestens so lebendig wie seine Musik. Der Auslöser für das erste große und vielleicht *das* größte Werk seines Lebens – der »Opiumalbtraum« seiner »Symphonie fantastique« – war seine leidenschaftliche Affäre mit der irischen Schauspielerin Harriet Smithson gewesen. Anfänglich war es alles andere als eine romantische Angelegenheit, jedenfalls nicht im konventionellen Sinne: Er hatte sie auf der Bühne gesehen und begonnen, sie mit Briefen zu bombardieren, obwohl sie sich noch nie von Angesicht zu Angesicht begegnet waren. Es waren derart leidenschaftliche und intime Briefe, dass Harriet zutiefst erschrocken war und ihn für völlig verrückt hielt. (Er pflegte ihre Vorstellungen zu besuchen, um dann wie wahnsinnig vor Schmerz aufzuschreien und aus dem Theater zu stürzen, wenn sie in den Armen ihres Bühnenliebhabers lag.) Als er von dem Gerücht hörte, dass sie ein Verhältnis habe, schrieb er eigens einen Part für sie in den letzten Satz seiner Sinfonie: als Hure beim Hexensabbat. Nachdem er erfahren hatte, dass es sich nur um ein Gerücht gehandelt hatte, strich er diesen Part wieder. Der Nachmittag, an dem sie sich schließlich bereit erklärte, sich öffentlich bei einer seiner Aufführungen sehen zu lassen, besiegelte »eines der hochfliegendsten Stelldicheins auf dem romantischen Kalender«, wie David Cairns schrieb. Vor Berlioz hatte noch niemand eine Musik geschrieben, die eine derart ausführliche Geschichte erzählte. Sie verwandelte die Komponisten, sie verwandelte das Publikum. Auch Wagner war ungemein beeindruckt. Für ihn gab es nur drei Komponisten, die seiner Aufmerksamkeit wert waren: Liszt, Berlioz und ihn selbst. Das wird Schumann und Chopin schwerlich gerecht.[37]

Robert Schumann war in gewisser Weise der vollkommenste Romantiker. Angesichts von Wahn und Selbstmorden in seiner eigenen Familie sorgte er sich ein Leben lang, dass auch er dem einen verfallen oder dem Wunsch nach dem anderen nachgeben könnte. Der Sohn eines Verlagsbuchhändlers war umgeben von den Werken der großen romantischen Schriftsteller aufgewachsen – Goethe, Shakespeare, Byron, Novalis –, die alle starken Einfluss auf ihn ausübten. (Als er erstmals Byrons Werk *Manfred* las, das er später vertonte, brach er in Tränen aus.) Aber er versuchte Byron nicht nur in seinen Gedichten, sondern auch durch seine unzähligen Liebesaffären nachzueifern. Anfang der fünfziger Jahre des 19. Jahrhunderts halluzinierte er eine Woche lang Engel, die ihm seine Musik diktierten, und Teufel, die ihn in Gestalt von wilden Bestien bedrohten. Er stürzte sich von einer Brücke, aber der Selbstmordversuch misslang, und er wurde auf eigenen Wunsch in eine Heilanstalt gebracht. Seine bekannteste und beim Publikum vielleicht auch beliebteste Komposition ist *Carnaval*, in der er neben seiner Frau Clara unter anderem Chopin, Paganini und Mendelssohn porträtierte (und die großen Einfluss auf Brahms ausüben sollte).[38]

Frédéric Chopin war zwar mit vielen großen Romantikern befreundet, darunter auch mit Delacroix (dem er viele Briefe über seine Affäre mit George Sand schrieb), doch ihre Ziele beschloss er zu verschmähen. Delacroix' Gemälde kommentierte er höflich, aber ohne jede Begeisterung; und an der Lektüre der großen Romantiker zeigte er nicht das geringste Interesse. Dafür teilte er mit Beethoven, Berlioz und Liszt die Überzeugung, ein großes Genie zu sein. Chopin war in Polen aufgewachsen, doch in den dreißiger und vierziger Jahren des 19. Jahrhunderts hatte es ihn immer wieder nach Paris, in die Hauptstadt der romantischen Bewegung, gezogen. Bei den Konzertabenden des Klavierbauers und Verlegers Pleyel spielte er vierhändig mit Liszt am Klavier, während Mendelssohn die Noten umblätterte. Chopin entwickelte eine gänzlich neue Art des Klavierspiels – die Art, die unseren Ohren heute so vertraut klingt. Seine Fingerreflexe unterschieden ihn von allen anderen Pianisten der damaligen Zeit und ermöglichten ihm die Entwicklung eines zugleich experimentellen und ungemein raffinierten Spiels. Wie »unter Blumen eingesenkte Kanonen« empfand es Schubert (umgekehrt gab es kein Lob). Auch die Pedale nutzte Chopin auf völlig neue Weise – so wie jeder Kunstkenner weiß, wann er einen Renoir und keinen Degas vor sich sieht, weiß jeder Musikliebhaber, wann er einen Chopin hört. Er selbst mag sich zwar nicht als Romantiker gesehen haben, doch seine Polonaisen und Nocturnes sind implizit romantisch (nach ihm und seinen Polonaisen hielt der Nationalismus Einzug in die Musik). Das Klavier lässt sich ohne Chopin heute weder vorstellen noch verstehen.[39]

Oder ohne Franz Liszt. Wie Chopin war auch er ein brillanter Techniker (seinen ersten Soloauftritt hatte er mit zehn Jahren), und wie Beethoven (dessen Broadwood-Pianoforte er erwarb) und Berlioz besaß er ein Charisma, zu dem sein Aussehen gewiss nicht wenig beitrug. Liszt behandelte die Tastatur auf völlig neue Weise, nicht mehr wie die Pianisten vor ihm, die ihre Hände immer dicht beisammen gehalten und flach über der Tastatur aus dem Handgelenk gespielt hatten. Sein Auftritt begann bereits mit seinem Erscheinen auf der Bühne: Er nahm Platz, streifte seine Handschuhe ab, ließ sie achtlos zu Boden fallen (Frauen sollen sich um einen Handschuh von ihm gerissen haben), erhob die Hände und begann mit einem Mal die Tasten zu attackieren. Er war *der* Showman seiner Zeit, weshalb ihn denn auch viele für einen Scharlatan hielten. Doch zweifellos war er der romantischste und wohl auch größte Pianist aller Zeiten. Nachdem er sämtliche Einflüsse von Berlioz, Paganini und Chopin in sich aufgesogen und das Klaviersolo erfunden hatte, standen Pianisten aus aller Welt Schlange, um bei ihm zu studieren. Er übte ungemeinen Einfluss auf Wagner aus und erfand neue musikalische Formen, darunter insbesondere das sinfonische Gedicht (eine einsätzige Programmmusik von großer Symbolik, die von einem Gedicht oder Schauspiel inspiriert war). Mit kühner Chromatik führte er Dissonanzen ein, die allenthalben kopiert wurden, von Chopin bis Wagner. Liszt wurde der große alte Mann der Musik und überlebte die meisten seiner Zeitgenossen um Jahrzehnte. Sogar im Alter war dieser Künstler und große »Snob der Geschichte« mit seinem wehenden weißen Haar und seiner »Warzensammlung« noch eine ebenso unverkennbare Gestalt wie in jungen Jahren.[40]

Felix Mendelssohn-Bartholdy war wahrscheinlich nach Mozart der Musiker mit den umfassendsten Begabungen. Er war nicht nur Pianist, sondern auch der größte Dirigent und größte Organist seiner Zeit, ein ausgezeichneter Geiger und belesen in Dichtung wie Philosophie. (Alfred Einstein bezeichnet ihn als den Romantiker mit der klassischsten Bildung.) Er stammte aus einer wohlhabenden jüdischen Bankiersfamilie, war der Enkel des Philosophen Moses Mendelssohn, ein glühender deutscher Patriot und fest von der künstlerischen Überlegenheit seiner Landsleute überzeugt. Wenn es denn so etwas wie eine *Über*bildung gibt, dann zählte Mendelssohn gewiss zu ihren Vertretern. Schon als Junge ließ man ihn täglich um fünf Uhr morgens wecken, damit er Musik, Geschichte, Griechisch, Latein, Naturwissenschaften und vergleichende Literaturwissenschaften lernte. Nach seiner Geburt soll seine Mutter die Hände des Sohnes betrachtet und gesagt haben: »Bach'sche Fugen-Finger!« Wie so viele romantische Musiker war auch er ein Wunderkind gewesen, wenngleich in seinem Fall gleich doppelt gesegnet, da es sich seine Eltern leisten konnten, eigens ein Orchester zu engagieren, mit dem er seine Kompositionen dann einüben und sich im Dirigieren üben konnte. Später ging er nach Paris, wo er Liszt, Chopin und Berlioz begegnete. Für seine erste Ouvertüre suchte er sich Shakespeares *Sommernachtstraum* aus, ein Zauberland und deshalb das perfekte Thema für einen Romantiker (allerdings war bei ihm nie viel von irgendwelchen inneren Dämonen zu spüren). Nach seinem Aufenthalt in Paris wurde er Kapellmeister des Gewandhausorchesters Leipzig und machte die Stadt in kürzester Zeit zur musikalischen Metropole Deutschlands. Mit seinem Dirigentenstab, den er als einer der Ersten verwendete, verwandelte er das Leipziger Orchester zum bedeutendsten musikalischen Instrument seiner Tage – präzise, sparsam, mit einer Vorliebe für Temporeichtum. Er vergrößerte das Orchester und revidierte das Repertoire. Vermutlich war Mendelssohn nicht nur der erste Dirigent, der sich all die diktatorischen Eigenschaften zulegte, die heute so populär zu sein scheinen, er stellte auch als Erster das Grundrepertoire des modernen Orchesters zusammen: Mozart und Beethoven bildeten das Rückgrat, gefolgt von Haydn, Bach (dessen »Matthäuspassion« er aus ihrem hundertjährigen Schlaf erweckte) und Händel, schließlich Rossini, Liszt, Chopin, Schubert und Schumann. Er war es auch, der die bis heute übliche Reihenfolge bei Konzerten etablierte: als Eröffnung eine Ouvertüre, gefolgt von einem großen Werk, zum Beispiel einer Sinfonie, dann von einem Concerto. (Bis dahin galten die meisten Sinfonien als zu lang, um sie in einem Rutsch zu spielen; deshalb gab es nach zwei Sätzen eine Pause, in der weniger anspruchsvolle Stücke gespielt wurden.)[41]

*

Besiegelt wurde der große Angriff der Romantik auf die musikalische Entwicklung mit der wahrscheinlich leidenschaftlichsten Musikform überhaupt – der Oper. Und das 19. Jahrhundert produzierte die beiden Kolosse der Oper, Italiener der eine und Deutscher der andere.

Giuseppe Verdi (1813–1901) war im Gegensatz zu den meisten seiner Zeitgenossen aus dem Musikbetrieb kein Wunderkind gewesen. Sein Klavierspiel war sogar so schwach, dass es beim ersten Versuch nicht einmal für die Aufnahme ins Mailänder Konservatorium gereicht hatte. Seine erste Oper war ein bescheidener Erfolg, seine zweite ein Fiasko, aber seine dritte sollte ihn in ganz Italien berühmt machen. Es heißt, dass während der Proben zu »Nabucco« sogar jede Arbeit hinter der Bühne erstarb, weil die Maler und Bühnenarbeiter so erregt und bewegt von dieser Musik waren, dass sie alles stehen und liegen ließen und sich um den Orchestergraben scharten. Doch nicht nur der reinen Musik wegen oder weil Verdi ein wesentlich größeres Orchester einsetzte als üblich, wurde diese

Oper derart populär in Italien. Sie galt auch als ein Symbol des Widerstands gegen die österreichische Fremdherrschaft. Das »Va, pensiero«, der Chor, der von der Sehnsucht des jüdischen Volkes nach der Heimat singt, wurde vom italienischen Publikum sofort mit der eigenen Sehnsucht nach Freiheit gleichgesetzt. Während der Uraufführung erhob sich das gesamte Auditorium und jubelte. Verdi, der selbst ein glühender Nationalist war, sollte die Einheit Italiens noch erleben und sich sogar (zögernd) überreden lassen, Abgeordneter im neuen Parlament zu werden. Die Buchstaben V.E.R.D.I., die man während der österreichischen Besatzung an den Mauern aller italienischen Städte lesen konnte, standen jedoch für »Vittorio Emmanuele, Re d'Italia«.[42]

Für die Opern nach »Nabucco« – »I Lombardi« und »Ernani«, vor allem aber »Macbeth« – schrieb Verdi eine bis dahin nie gehörte Musik. Aber ihr Stichwort hatte sie von den Auseinandersetzungen der romantischen Komponisten erhalten. Statt einer lieblichen, melodiösen, kontrollierten Musik war Verdi auf der Suche nach Tönen für die Singstimmen gewesen, die den inneren Zustand, den Aufruhr, die Liebe, den Hass, den psychologischen Druck und die Bedrängnis der Romantiker beschreiben konnten. Verdi selbst schilderte dieses Vorhaben in einem Brief, den er just zu dem Zeitpunkt an den Direktor der Pariser Oper richtete, als dort die Proben zu »Macbeth« begannen. Darin sperrte er sich vehement gegen die Besetzung von Eugenia Tadolini, einer der größten Sängerinnen ihrer Tage: »Die Tadolini hat zu große Qualitäten für diese Partie! Ihr werdet das vielleicht für absurd halten!!... Die Tadolini hat eine gute, schöne Erscheinung; und ich möchte die Lady Macbeth häßlich und böse haben. Die Tadolini singt vollendet; und ich möchte, daß die Lady nicht singt. Die Tadolini hat eine hervorragende, klare, helle, mächtige Stimme; und ich möchte für die Lady eine raue, erstickte, hohle Stimme haben. Die Stimme der Tadolini hat etwas Engelhaftes; die Stimme der Lady soll etwas Teuflisches haben.«[43] Verdi bewegte sich auf das musikalische Drama zu, auf das Melodram, in dem Gefühle ungeschönt in all ihren unverwässerten Farben auf die Bühne gebracht werden sollten: Liebe, Hass, Rachsucht, Machtgier. Und all diese Gefühle sollten durch eine jeweils eigene Melodik ausgedrückt werden und keinesfalls in einer orchestralen Harmonie untergehen – sie waren von einer menschlichen Wahrhaftigkeit, von einem Humanismus, der Wagner völlig abging. Das alles war mit nichts Vorangegangenem vergleichbar – und das Publikum liebte es (vor den Uraufführungen von Verdis Opern mussten die Türen Stunden früher geöffnet werden, weil solcher Andrang herrschte). Von der Kritik wurde es dafür auf bislang ebenso einmalige Weise verrissen. Eine bevorstehende »Rigoletto«-Aufführung in New York versuchten zwei Amerikaner sogar per Gerichtsbeschluss verbieten zu lassen, weil sie glaubten, dass die Oper dem schönen Geschlecht nicht zuzumuten sei.[44]

Am Ende seines langen Lebens war Verdi zu einer italienischen Institution geworden. Mit »Otello« und »Falstaff« wandte er sich noch einmal Shakespeare zu, und wie Shakespeares Original ist auch sein »Falstaff« sowohl Komödie als auch Tragödie – das vielleicht schwierigste Genre für die Bühnenbearbeitung (Verdis Vertrag sah das Recht auf Absetzung vor, wenn er bei der Generalprobe ein ungutes Gefühl haben würde). Wir lieben Falstaff, aber mögen ihn nicht. Es ist schwer nachzuvollziehen, dass ein Narr eine tragische Figur sein kann, aber genau als solche empfindet er sich natürlich selbst. Verdis Musik ergänzt mit ihrer Grandeur Shakespeares Geschichten und ermöglicht uns zu sehen, dass sich tatsächlich auch dann eine Tragödie abspielen kann, wenn es keinen offensichtlich tragischen Helden gibt. Und in diesem Sinne schloss sich mit Verdis »Falstaff« nach der Uraufführung an der Mailänder Scala im Februar 1893 der Kreis der Romantik.[45]

Inzwischen waren Wagner und seine Art von Romantik bereits gestorben. Ob Wagner nun ein größerer Musiker als Verdi war, sei dahingestellt. Mit Sicherheit war er ein größerer und komplizierterer Mann von geradezu Falstaff'schen Ausmaßen, für den man sich wahrscheinlich auch ebenso schwer erwärmen konnte. Vom Charakter her war Wagner nach der Art eines Beethoven und Berlioz gestrickt, doch was seine Überzeugtheit vom eigenen Genie betraf, stellte er gewiss alle in den Schatten. Das Dramatische lag ihm im Blut. »Ich bin anders organisiert, habe reizbare Nerven; Schönheit, Glanz und Licht muß ich haben! Die Welt ist mir schuldig, was ich brauche! Ich kann nicht leben auf einer elenden Organistenstelle wie Ihr Meister Bach.« Wie bei Verdi traten auch seine Talente erst spät zutage; erst als er Beethovens »Neunte« und im Alter von fünfzehn Jahren erstmals »Fidelio« gehört hatte, wollte er sich der Musik zuwenden. Auf dem Klavier gelang ihm bestenfalls Geklimper, und er gab selbst zu, nicht der größte Notenleser zu sein. »Seine Frühwerke zeigen keinerlei Talent.« Wie Berlioz kannte auch Wagner eine Intensität, die so manche seiner ersten Lieben mit Furcht erfüllte; und wie Schubert häufte auch er zumindest in den Anfangsjahren seiner Laufbahn ständig Schulden an. In Leipzig, wo er bei einem Musiker Unterricht in Harmonielehre nahm, fiel er vor allem »durch sein zwanghaftes, unaufhörliches Reden, seinen Dogmatismus, seine Trunk- und Spielsucht« auf.[46]

Nach einer Reihe von Abenteuern und weil ihm seine Gläubiger inzwischen hart auf den Fersen waren, kam er schließlich mit seinem Fünfakter »Rienzi« heraus, der ihn mit einem Schlag so berühmt machte wie »Nabucco« Verdi. Nach der Uraufführung in Dresden sicherte sich das Dresdner Hoftheater sofort die Rechte am »Fliegenden Holländer«, Wagner selbst wurde zum Königlich Sächsischen Kapellmeister der Dresdner Oper ernannt. Es folgten »Tannhäuser« und »Lohengrin«, wobei vor allem letztere Oper mit ihrer neuartigen Mischmusik für Holzblas- und Streichinstrumente gut aufgenommen wurde. Doch nachdem sich Wagner beim Dresdner Maiaufstand 1849 auf die Seite der Aufständischen geschlagen hatte und der Revolutionsversuch gescheitert war, musste er fliehen. Er kam bei Liszt in Weimar unter und übersiedelte dann nach Zürich, wo er sechs Jahre lang herumsaß und seine künstlerischen Theorien auszuarbeiten versuchte, sich mit Schopenhauer vertraut machte und eine Reihe von Abhandlungen produzierte, darunter *Die Kunst und die Revolution* (1849), *Das Kunstwerk der Zukunft* (1849), *Das Judentum in der Musik* (1850) und *Oper und Drama* (1852). Daneben schrieb er ein großes, auf dem hochmittelalterlichen Nibelungenlied beruhendes Libretto. Wagner ging es um ein »Gesamtkunstwerk«, und das war seiner Meinung nach nur herstellbar, wo große Kunst mit Worten, Musik, Bühnenbild und Kostümen zu einem einheitlichen Ganzen verschmolz, das vollständig Mythologie war, so als sei es die erste Äußerung der Götter, ein neuer Firnis auf der Heiligen Schrift. Für ihn war der Rückgriff auf vorchristliche Traditionen unumgänglich, da das Christentum aus seiner Sicht ja alles Vorangegangene pervertiert hatte. Angesichts der Renaissance im Osten hätte er sich zwar auch zu den arischen Mythen Indiens hingezogen fühlen können, doch Wagner verspürte einen stärkeren Drang zu den germanisch-arischen Ideen und den Traditionen des Nordens, weil sie ihm ein Gegengewicht zu den klassischen mediterranen Traditionen boten. Und so landete er schließlich beim Nibelungenlied. Um nun aber überhaupt einen neuen Mythos erschaffen zu können, glaubte er auch eine neue »Rede« entwickeln zu müssen. In Wahrheit kehrte er zu der alten Form des Stabreims zurück, der ihn an den Lautreim der Sagendichtung erinnerte, bei dem alle Vokale untereinander staben (»alliterieren«). Parallel dazu entwickelte er seine neuen Ideen für das Orchester, das bei ihm noch größer sein sollte, als es Beethoven und Berlioz vorgesehen hatten, und sein Konzept von der durchgängigen Komposition, die das Orchester zu einem ebenso bedeutenden Bestandteil des Dramas machte wie die Sänger. (Wagner pflegte stolz darauf zu verweisen, dass er keine Passage mit dem Wort »Rezitativ« überschrieben habe, was er für die größte künstlerische Errungenschaft seines Zeitalters hielt.)[47]

Die Folge war, wie Harold Schonberg schreibt: »Verdi-Melodien mögen in aller Munde gewesen und von allen *gepfiffen* worden sein: Wagners Opern dagegen wurden ständig *beredet.*« Viele Leute verabscheuten diese neuen Töne, viele tun es noch heute. Ein englischer Kritiker zum Beispiel bezeichnete sie schlicht und einfach als »Krach«. Andere hielten Wagner für eine Urgewalt und fanden sich darin bestätigt, als »Tristan und Isolde« zur Aufführung kam: »In der ganzen Musikgeschichte hatte es bisher keine Opernpartitur von vergleichbarer Größe, Intensität, harmonischer Fülle, massiger Instrumentierung, Sinnlichkeit, Kraft, imaginativer Weite und Klangfarbe gegeben. Die Eröffnungsakkorde von *Tristan* waren für die zweite Hälfte des 19. Jahrhunderts, was die *Eroica* und die Neunte Sinfonie für die erste gewesen waren – ein Durchbruch, ein neues Konzept.« Wagner selbst behauptete, er habe sich während der Arbeit daran in einer Art Trance befunden: »Mit voller Zuversicht versenkte ich mich hier nur noch in die Tiefen der inneren Seelenvorgänge und gestaltete zaglos aus diesem intimsten Zentrum der Welt ihre äußere Form.«[48] »Tristan und Isolde« ist ein unerbittliches Werk: Es legt das Unbewusste so lange Schicht für Schicht frei, bis man vor dem Abgrund steht.

Dass dem nicht umsonst so war, zeigte sich am deutlichsten in der letzten Lebensphase Wagners, als er angemessenerweise vom verrückten König Ludwig von Bayern gerettet wurde. Ludwig II. war homosexuell und gewiss in Wagners Musik, möglicherweise aber auch in ihn selbst verliebt. Wie auch immer, jedenfalls ließ er den Komponisten wissen, dass er in Bayern mehr oder weniger tun und lassen könne, was er wolle. Und so etwas brauchte man Wagner nicht zweimal zu sagen. »Ich bin der Deutscheste aller Deutschen. Ich bin der deutsche Geist. Man ermesse die unvergleichliche Magie meiner Werke.« Obwohl er wegen seiner Extravaganzen und skandalösen Einmischungen in die Politik eine Zeit lang aus Bayern verbannt wurde, war es letztendlich seine Verbundenheit mit Ludwig, die ihm den Höhepunkt seiner Laufbahn bescherte und die Romantik erneut auf die Spitze trieb: ein Festspielhaus allein für das eigene Werk. Im August 1876 wurden die Bayreuther Festspiele mit der Uraufführung des »Ring des Nibelungen« eröffnet – die Frucht von fünfundzwanzig Jahren Arbeit. Rund viertausend Wagnerianer überschwemmten Bayreuth, darunter der deutsche Kaiser, das Kaiserpaar von Brasilien, sieben weitere gekrönte Häupter und sechzig Zeitungskorrespondenten aus aller Welt. Den beiden Kritikern aus New York wurde sogar erlaubt, das neue transatlantische Kabel zu benutzen, um unverzüglich Bericht erstatten zu können.[49]

Natürlich hatte Wagner seine Kritiker und sollte sie immer haben, doch damals fegte der »Ring« alle Einwände hinweg. Er wurde zu einem maßgeblichen Wendepunkt in der Musikgeschichte: eine Allegorie, ein kosmisches Drama um Macht und Liebe, das einerseits erklären wollte, warum die moderne Welt nur durch die Besinnung auf traditionelle Werte vor ihrem unvermeidlichen Untergang gerettet werden konnte und andererseits dem Christentum nichts Tröstliches anzubieten hatte. Obwohl nach mythologischer Manier gestaltet, wirkte der »Ring« eigenartig modern. Und genau das machte seinen Reiz aus. (Nike Wagner zufolge weist diese Geschichte viele Parallelen zur Familie Wagner auf.) »Der Hörer wird in etwas Urtümliches, Zeitloses einbezogen und von elementaren Kräften überschwemmt. Der Ring ist eine Konzeption, die nicht um Frauen, sondern um die Frau, nicht um Männer, sondern um den Mann, nicht um Menschen, sondern um das Volk, nicht um den Verstand, sondern um das

Unterbewußte, nicht um Religion, sondern um grundlegende Rituale, nicht um die Natur, sondern um Natur schlechthin kreist.« Seit der Uraufführung gebärdete sich Wagner wie eine Kreuzung aus König und Gott. Er ließ sich feiern und lobpreisen, kleidete sich »wie ein orientalischer Pascha« in feinste Seide, nahm edelste Weihrauchbäder und ansonsten jede Gelegenheit wahr, »um ganze Stöße von Prosa zu allen erdenklichen Themen« zu schreiben – über Juden, über Schädelvermessungen zum Nachweis, dass die Arier von Göttern abstammen, und dergleichen mehr. Diese Ergüsse haben die Zeiten bei weitem nicht so gut überstanden wie seine Musik – einige davon sind regelrecht schwachsinnig. Und es steht auch ganz außer Frage, dass Wagner gerade durch sein überhöhtes Selbstbewusstsein, durch seinen Nietz'schen Willen, durch die Verwandlung Bayreuths in eine Zuflucht vor der realen Welt am Ende des 19. Jahrhunderts zum Entstehen eines ganz bestimmten Meinungsklimas in Deutschland beigetragen hat. Trotzdem – seine Musik sollte starke Einflüsse auf Richard Strauss, Bruckner, Mahler, Dvořák und sogar Schönberg und Berg ausüben. Dégas und Cézanne waren Wagnerianer, Odilon Redon und Henri Fantin-Latour ließen sich von seinen Opern malerisch inspirieren, und auch Mallarmé oder Baudelaire ergaben sich. Später sollte Adolf Hitler sagen: »Jeder, der das nationalsozialistische Deutschland verstehen will, muß Wagner kennen.«[50]

Ein unseliger Kommentar. Das wahre Ziel der Romantik, das all ihrem Tun zugrunde liegende Thema, hielt Keats mit den Worten fest, dass er Dichtung schreibe, um »die Last des Mysteriums« zu ertragen. Die Romantik war immer auch eine Reaktion auf den Niedergang des religiösen Glaubens gewesen, der im 18. und im Verlauf des 19. Jahrhunderts so deutlich wahrnehmbar war. Während Wissenschaftler das Mysterium zu erklären versuchten, *genossen* es die Romantiker, machten das Beste daraus und nutzten es auf eine Weise, die viele Wissenschaftler nicht verstehen konnten oder wollten. Dichtung und Musik waren die entscheidenden Mittel der Romantik, weil sie am ehesten dazu verhalfen, diese Last des Mysteriums zu ertragen.

Die Dichotomie, wie Isaiah Berlin die Unvereinbarkeit oder Inkohärenz der wissenschaftlichen und dichterischen Weltanschauung nannte, konnte keinen Bestand haben. Die Welt der Romantiker, die Welt der inneren Schatten und Mysterien, der Leidenschaften und der Innerlichkeit konnte vielleicht Schönheit hervorbringen, eventuell sogar Weisheit, doch in der praktisch veranlagten viktorianischen Welt mitsamt ihren neuen Technologien und den wissenschaftlichen Durchbrüchen des 19. Jahrhunderts, als die Umwelt wie nie zuvor ausgeschöpft, erobert und kontrolliert wurde, war eine neue Art von Anpassung gefordert; zumindest war es logisch, dass man nach neuen Anpassungsmöglichkeiten suchte. Und diese Suche führte nun zu den beiden Entwicklungen, mit denen dieses Buch schließen wird: zur Bewegung der »Moderne« in der Literatur, den Geisteswissenschaften, der Musik, Dichtung und der Malerei; und zu dem vielleicht nach wie vor ungewöhnlichsten Phänomen der Neuzeit, nämlich dem Versuch, aus dem Unbewussten eine *Wissenschaft* zu machen.

31
Neue Ideen von Geschichte, Vorgeschichte und Urzeit

Im Mai 1798 machte sich eine der außergewöhnlichsten Expeditionen der Ideengeschichte auf den Weg. Nicht weniger als 167 Chemiker, Ingenieure, Biologen, Geologen, Architekten, Maler, Dichter, Musiker und Mediziner waren in Toulon zusammengetrommelt worden. Die 38 000 Soldaten, die sich ebenfalls in der französischen Hafenstadt eingefunden hatten, nannten sie *les savants*. Doch weder Soldaten noch *savants* hatten eine Ahnung, wohin es gehen sollte, denn der junge Kommandeur Napoleon Bonaparte hatte das Ziel der Reise streng geheim gehalten. Das Durchschnittsalter der *savants* war fünfundzwanzig Jahre, der jüngste von ihnen war sogar erst vierzehn Jahre alt; aber es waren auch so eminente Persönlichkeiten wie der Blumenmaler Pierre-Joseph Redouté, der Mineraloge Gratet de Dolomieu (nach dem die Dolomiten benannt wurden) und Nicolas Conté, ein bekannter Chemiker und Naturbeobachter, unter ihnen.[1]

Es ging nach Ägypten. Napoleon, der von Victor Hugo als »Muhammad des Abendlands« gepriesen wurde, legte mit der *L'Orient* im Hafen von Alexandria an. Sein Unterfangen war eine Mixtur aus kolonialistischem Ehrgeiz und kulturell-intellektueller Abenteuerlust, denn Napoleons erklärtes Ziel waren nicht nur Eroberungen, er wollte auch das Wissen der Pharaonen mit dem islamischen Glauben synthetisieren: Was immer die Armee in Ägypten erreichen würde, sollte »in einem präzisen koranischen Arabisch erklärt und gerechtfertigt« werden. Also schickte er seine Soldaten los und an ihrer Seite die mitgeführten Wissenschaftler, die den Auftrag hatten, die nahöstliche Welt zu studieren. Die Resultate waren in vieler Hinsicht erstaunlich, obwohl die Männer unter immens erschwerten Bedingungen arbeiteten und ständig gezwungen gewesen waren zu improvisieren. Conté zum Beispiel erfand eine neue Pumpe und einen Bleistift ohne Grafitbeimischung; der Arzt Dominique Larrey hatte sich so ausführliche Notizen über das Verhältnis zwischen Juden, Türken, Griechen und Beduinen vor Ort gemacht, dass er sich in einen Anthropologen verwandelte. Ungefähr alle zehn Tage gaben die *savants* eine Zeitung heraus, mit der sie die Truppe bei Laune halten und in der sie ihre eigenen Aktivitäten und Entdeckungen vorstellen wollten, während Napoleon seinerseits den Wissenschaftlern mit regelmäßigen Debatten über politische, religiöse und ethische Fragen eine gehobenere Art von Unterhaltung bieten ließ. Den langfristig gesehen größten Einfluss sollte jedoch das Material ausüben, das die *savants* in Ägypten zusammengetragen hatten und im Lauf der folgenden fünfundzwanzig Jahre in insgesamt dreiundzwanzig Bänden unter dem Titel *Description de l'Égypte* veröffentlichten. Jeder Foliant maß hundertsieben auf einundsiebzig Zentimeter (das Meter, man erinnere sich, war gerade erst festgelegt worden) und behandelte eine neue Vielzahl von Themen. Die hundertseitige Einführung war von Jean-Baptiste-Joseph Fourier verfasst worden, dem Sekretär des *Institut de l'Égypte*, das Napoleon unter weitgehender Geheimhaltung gegründet hatte. Fourier ließ keinen Zweifel daran, dass die Franzosen Ägypten als ein »Zentrum grandioser Erinnerungen« betrachteten, als den Dreh- und Angelpunkt zwischen Asien, Afrika und Europa (wie es Alexandria in früheren Zeiten gewesen war). Die Region war so mit künstlerischem, wissenschaftlichem und politischem »Sinngehalt durchtränkt«, dass man auch künftig nur Großes von ihr erwarten zu können glaubte. In der *Description* fanden sich Beschreibungen der neu entdeckten Flora und Fauna, von neuen chemischen Substanzen, deren natürliche Vorkommen man in Ägypten gefunden hatte, und von nie gesehenen geologischen Formationen. Doch was die Phantasie der Wissenschaftler besonders anregte (und dafür sorgte, dass sie zu den ersten Ägyptologen der Welt wurden) und was auch von der französischen Öffentlichkeit mit besonders großer Begeisterung aufgenommen wurde, war das gewaltige Ausmaß der entdeckten archäologischen Schätze, die jeden verzauberten, der sie zu Gesicht bekam. Und die Begeisterung sollte sich noch steigern, nachdem bekannt geworden war, dass Soldaten bei der Rodung eines Stück Lands im Nildelta, auf dem ein Fort errichtet werden sollte, ein Stück Granit gefunden hatten, in das drei Texte eingraviert waren: im oberen Drittel in ägyptischen Hieroglyphen, in der Mitte in demotischer und im unteren Bereich in griechischer Schrift. Endlich schien es eine Möglichkeit zu geben, die Hieroglyphen zu entziffern.[2]

Man könnte also sagen, dass Napoleons Expedition die westliche Archäologie hervorgebracht hat. Tatsächlich haben wir Napoleon im Reich der Ideen noch weit mehr zu verdanken, denn auch dass er einige Zeit nach seiner Rückkehr aus Ägypten gen Deutschland zu Felde zog, sollte indirekt segensreiche Folgen nach sich ziehen. Bis zur Wende zum 19. Jahrhundert hatten sich die rund zweitausend selbstständigen deutschsprachigen politischen Einheiten, die den Dreißigjährigen Krieg überlebt hatten, zwar auf rund dreihundert reduziert, doch nach den anderenorts herrschenden Standards war das immer noch eine Menge; deshalb sollte es den mit Preußen verbündeten Armeen auch erst 1813 gelingen, die

Franzosen in der Völkerschlacht von Leipzig zu besiegen. Und bis dahin hatte sich Preußen gezwungenermaßen die Ordnungsliebe und Gesetzestreue angeeignet, die sich später so auszahlen und ein so wichtiger Schritt hin zur Gründung des Deutschen Reiches im Jahr 1871 sein sollte.[3]

Im Reich der Ideen hatte dieses Kaleidoskop aus deutschsprachigen Ländern im 18. Jahrhundert noch ein gutes Stück hinter den Niederlanden, der Region des heutigen Belgien, Großbritannien und Frankreich hergehinkt, sowohl im Hinblick auf die politische Freiheit als auch was die Erfolge im Handelswesen, die wissenschaftlichen Fortschritte und die industriellen Innovationen betraf. Überdeutlich war das mit dem schnellen Vormarsch Napoleons geworden, bevor er sich schließlich geschlagen geben musste. Das 19. Jahrhundert sollte hingegen den Aufstieg Deutschlands in politischer wie intellektueller Hinsicht erleben. Im zweiten Jahrzehnt, kurz nach Napoleons Durchmarsch durch Europa, hatten die alten deutschen Universitäten noch vornehmlich durch geistige Nichtanwesenheit geglänzt, nur Göttingen hatte sich einen ausgezeichneten akademischen Ruf bewahrt. Doch Wilhelm von Humboldt (1767–1835), der vor dem Aufstieg Napoleons selbst in Paris gewesen und inzwischen Leiter der »Sektion des Kultus und des öffentlichen Unterrichts« in Preußen geworden war, fühlte sich von den Feldzügen Napoleons und dem französischen Beispiel so aufgestachelt, dass er es sich zur Aufgabe machte, eine Verwaltungsreform durchzubringen, die das geistige Leben in Deutschland grundlegend verändern sollte. Primär ging es ihm dabei um eine Reform der Universitäten, das heißt, er wollte das traditionelle Hochschulformat mit dem nur auf Kleriker, Ärzte und Juristen zugeschnittenen Ausbildungsangebot durch die *Einheit* von Forschung und Lehre modernisieren. Parallel dazu machte er die Lehrberechtigung an deutschen Schulen von einem Universitätsabschluss abhängig, was die beiden Ausbildungssysteme nun viel enger miteinander verknüpfte und der deutschen Gesellschaft ein Bildungsideal einimpfte, das auf der Kombination von wissenschaftlicher Ausbildung und originärer Forschung beruhte, denn im Zuge dieses Prozesses wurde auch die Promotion eingeführt und damit erstmals ein akademischer Grad, der eine eigenständige Forschung zur Bedingung hatte. Das geistige Leben in Deutschland veränderte sich schlagartig, und es sollte nicht lange dauern, bis die Auswirkungen davon in ganz Europa und Nordamerika zu spüren waren.[4]

Es war der Beginn eines goldenen Zeitalters für den intellektuellen Einfluss Deutschlands, dem erst mit Hitlers Verheerungen ab 1933 ein Ende gesetzt werden sollte. Als Erstes profitierte die Berliner Universität (die spätere Humboldt-Universität) von den neuen Entwicklungen im Geistesbereich; zu ihren angesehensten Professoren zählten Georg Wilhelm Friedrich Hegel auf dem Gebiet der Philosophie, Barthold Georg Niebuhr in Alter Geschichte und Friedrich Carl von Savigny in den Rechtswissenschaften. Doch hier ging es um mehr als nur Namen: Aus Philosophie, Geschichte, Chemie und Physiologie wurden ganz neue Disziplinen, die dem Spezialisierungstrend dieser Zeit Rechnung trugen und die alte Dreifaltigkeit Recht, Medizin und Theologie aufbrachen. Auch die Idee vom Spezialistentum als solchem begann sich zu wandeln und eine eigene Literatur hervorzubringen – Geschichtswerke für Historiker, chemische Abhandlungen für Chemiker. Erstmals tauchten damit unterschiedliche Literaturen für Fachleute und für eine allgemeine Leserschaft auf, allerdings noch nicht in den Disziplinen Soziologie und Psychologie; die sollten das Licht der Welt erst erblicken, als man weitaus praxisorientiertere Studien außerhalb der Universitäten und zum Beispiel den Alltag in Gefängnissen, Heimen oder Armenhäusern zu beobachten begann.[5]

Für das wachsende Interesse an Geschichte war auch Hegel verantwortlich, denn in seinen Vorlesungen über die *Philosophie der Geschichte* propagierte er, dass sich das Universum im Lauf der Zeit enthüllen und sich dabei der »Wille des Weltgeistes« offenbaren würde. Und wenn die Weltgeschichte in Wirklichkeit das Produkt »der ewigen Vernunft« dieses Willens war, lautete die logische Schlussfolgerung, dass die Theologie von der Geschichtsforschung abgelöst werden musste, wenn man die letztgültigen Wahrheiten erfassen wollte. Der Mensch war also kein passives Wesen und nur der Beobachter von historischen Abläufen, sondern in jedem Sinne ein Mitwirkender, selbst ein Schöpfer oder der Mitschöpfer des Weltgeistes. Hegels berühmte Theorie vom Fortschreiten der Geschichte – These, Antithese, Synthese – und seine Vorstellung, dass in entscheidenden Momenten »welthistorische Individuen« (wie Napoleon) auftreten würden, die die Essenz einer Ära verkörperten und »Einsicht hatten von dem, was not und was an der Zeit ist«, bot aus Sicht vieler Denker das weitaus zufriedenstellendste Konzept von den Einflüssen der Vergangenheit und den Wegen, die zur Gegenwart führten.[6]

Aber es gab nicht nur Hegel. Der Disziplin Philologie oder der vergleichenden Sprachwissenschaft, die das Geschichtsstudium in Deutschland ebenfalls neu belebte, sind wir bereits begegnet. Klassische Sprachen hatten ihre Bedeutung sogar im 19. Jahrhundert noch nicht ganz verloren, obwohl die Philologie bereits durch die von Sir William Jones entdeckten Ähnlichkeiten zwischen Sanskrit, Latein und Griechisch transformiert worden war. Dass seine Erkenntnisse derart einflussreich waren, hatte allerdings auch viel damit zu tun, dass in jenen Tagen noch weit mehr Menschen die Klassiker kannten, erstens weil Doktorarbeiten sogar auf den Gebieten der »harten« Wissenschaften in lateinischer Sprache verfasst werden mussten, zweitens weil in den Gymnasien Wert auf Latein und Griechisch gelegt wurde, da die Klassiker eine so große Rolle bei der Entwicklung von Logik, Rhetorik und Ethik gespielt hatten. Jones' Initiative und die Übersetzungen der später entdeckten altindischen Schriften hatten jedoch nicht nur die Philologie, sondern auch die Art des Studiums von alten Texten verändert. Der wichtigste Beitrag dazu wurde Ende des 18. Jahrhunderts in Göttingen geleistet, denn dort nahm man nun die Texte der Bibel selbst unter die Lupe. Das sollte grundlegende Auswirkungen auf die Theologie haben und die vergleichende Sprachwissenschaft Anfang des 19. Jahrhunderts zur wichtigsten Disziplin an den neuen Universitäten machen (zumindest soweit es die Geisteswissenschaften betraf).[7]

Humboldt war selbst sehr an Philologie interessiert. In Paris hatte er sich mit dem Franzosen Étienne Bonnot de Condillac angefreundet, der seinerseits viel dazu beigetragen hatte, dass man die allgemein herrschende Vorstellung über Bord warf und nicht mehr davon ausging, dass alle Sprachen aus einer göttlichen Ursprache hervorgegangen seien. Wie er war auch Humboldt überzeugt, dass jede Sprache einer Entwicklung unterlag, in der sich die spezifische Erfahrung des jeweiligen Stammes oder Volkes spiegelte. Sprache ist laut Humboldt eine »geistige Aktivität« und reflektiert demnach den evolutionären Erfahrungswert der Menschheit. Also begannen Philologie und Geschichte zu wichtigen Bestandteilen einer universitären Forschung zu werden, die im Lauf des 19. Jahrhunderts immer mehr an Bedeutung gewann und im Zuge der fernöstlichen Renaissance auch Indien zu einem begehrten Studienobjekt machte. Alle sprachwissenschaftlichen Analysen schienen nun außerdem darauf hinzudeuten, dass vier Einwanderungswellen aus dem Ursprungsland über den Nahen Osten nach Europa geschwappt waren. Heute gilt diese Sicht als überholt, doch sie sollte sich noch als sehr bedeutend erweisen, denn in genau diesem Kontext benutzte Friedrich Schlegel im Jahr 1819 erstmals den Sammelbegriff »Arier« für indoeuropäische Völker und rief damit die Idee ins Leben, die von späteren Ideologen so verstümmelt wurde.[8]

Das bei weitem umstrittenste und zugleich einflussreichste historischphilologische Forschungsgebiet an den von Humboldt reformierten Universitäten war die Exegese der Bibel und aller mit ihr verbundenen Schriften. Seit sich die Welt dank der Renaissancen im Osten und der Feldzüge Napoleons in Ägypten und dem Nahen Osten offener darstellte, waren auch immer ältere Handschriften entdeckt worden (beispielsweise in Alexandria und Syrien), die einander augenscheinlich auf höchst interessante und lehrreiche Weise widersprachen. Dies verdeutlichte den Wissenschaftlern einerseits, wie unterschiedlich frühe Ideen gewesen waren, und bot ihnen andererseits hilfreiche Möglichkeiten, um ihre Datierungstechniken zu verbessern. Zu Geschichtswissenschaftlern gewandelte klassische Philologen wie Leopold von Ranke (1795–1886) leisteten nun Bahnbrechendes auf dem Gebiet der kritischen Beurteilung und Datierung von Primärquellen.

Die Hauptaufmerksamkeit aber wandte sich nun dem Neuen Testament zu. Wie gesagt, war die Exegese, also die Interpretation der Bedeutung eines Textes, an sich nichts Neues gewesen, neu war jedoch, mit welchem Elan sich die deutschen Philologen nun an die Arbeit machten. Dank der neuen Techniken gelang es ihnen bald, die Evangelien genauer zu datieren. Und diese neuen zeitlichen Einordnungen warfen ein derart anderes Licht auf die Unstimmigkeiten in den einzelnen Berichten, dass man ihre Verlässlichkeit insgesamt in Frage zu stellen begann. Natürlich muss man hier betonen, dass das weder über Nacht geschah noch ein bewusstes Suchen war. Ursprünglich hatten sich Gelehrte wie Friedrich Daniel Ernst Schleiermacher (1768–1834) nur darauf beschränkt, nach einem roten Faden in den biblischen Texten zu suchen, der für jeden rational denkenden Mensch nachvollziehbar sein würde. Im Lauf dieses Prozesses ergaben sich jedoch so viele Zweifel, dass man schließlich sogar die Existenz Jesu als historische Figur und damit natürlich auch die ureigentliche Bedeutung des Christentums in Frage zu stellen begann. Die gewiss umstrittenste unter den explosiven deutschen Bibelkritiken war das Werk von David Friedrich Strauß (1808–1874), das 1835 unter dem Titel *Das Leben Jesu, kritisch bearbeitet* veröffentlicht wurde. Bis dahin hatte Strauß, der stark von der deutschen Romantik beeinflusst gewesen war, ein romantisches Drama geschrieben, das es sogar zur Aufführung brachte, und sich sehr für Heilmethoden mit Magneten oder für Hypnose interessiert. Währenddessen hatte er Gott als eine Immanenz in der Natur zu verstehen gelernt, nicht aber als eine Kraft, die in den Gang der Dinge eingreift. Strauß *kontrastierte* Geschichte mit Religion und stellte dabei fest, wie unzulänglich sich die Details des christlichen Glaubens historisch nachweisen ließen, bis ihm schließlich das ganze Christentum in der Form, die es bis zum 19. Jahrhundert angenommen hatte, fragwürdig erschien. Seine Erkenntnisse waren derart aufwieglerisch – Jesus sei kein göttliches Wesen, die Wunder hätten nie stattgefunden, die bestehende Kirche habe mit Jesus so gut wie nichts gemein –, dass sogar seine Berufung an die Züricher Universität im Jahr 1836 zu einem Eklat wurde: Die ganze Stadt war in Aufruhr, und die Proteste drohten derart außer Kontrolle zu geraten, dass sich die Behörden schließlich zu seiner sofortigen »Pensionierung« veranlasst sahen, noch bevor Strauß überhaupt eine einzige Vorlesung hatte halten können. Doch seine Schlussfolgerungen waren nicht ebenso einfach aus der Welt zu schaffen. In England sollte Marian Evans, besser unter ihrem Pseudonym George Eliot bekannt, von der »seelenzerfressenden Anstrengung« ihrer englischen Übersetzung des Strauß'schen Werkes fast in den Wahnsinn getrieben werden, doch sie hielt es für ihre Pflicht »gegenüber der Menschheit«, damit fortzufahren.[9] Im 35. Kapitel werden wir feststellen, dass das Werk von Strauß nur ein Aspekt dieses Ringens mit der Religion im 19. Jahrhundert war, das konsequenterweise für so manchen zum »Tod Gottes« führen sollte.

»Wenn mich die Pariser drei- oder viermal gesehen haben«, sagte der gerade achtundzwanzigjährige Napoleon nach seinem Sieg in Italien, »wird sich kein Mensch mehr nach mir umdrehen. Sie wollen *Taten* sehen.«[10] Also begab er sich mit besagten 167 Wissenschaftlern auf den Weg nach Ägypten, um schließlich mit Meisterwerken einer faszinierenden frühen Kultur nach Europa zurückzukehren. Und auf ihre Entdeckungen folgten bald weitere. Das frühe 19. Jahrhundert erlebte (zumindest im Westen) die Geburt und unmittelbar darauf schon die heroischen Höhepunkte einer weiteren neuen historischen Disziplin: der Archäologie.

Die Archäologie (der Begriff tauchte erstmals um 1860 auf) ergänzte und vertiefte die Exegesen der Philologie, da sie das Reich der Schriften verließ und eine noch weiter zurückliegende Vergangenheit der Menschheit bestätigen konnte – eine Vorgeschichte, die sich abgespielt hatte, als es noch gar keine Schrift gab. Im Jahr 1802 legte der Hilfslehrer Georg Friedrich Grotefend der Akademie der Wissenschaften in Göttingen seine *Beiträge zur Erläuterung der persepolitanischen Keilschrift* vor, in denen er enthüllte, wie er diese Schrift entziffert hatte. Verkürzt dargestellt war ihm zuerst die Bedeutung der Keilstellungen (wie Vogelspuren in weichem Sand), dann die der Lücken zwischen den Keilen aufgefallen; nachdem er die Keilformen mit den Buchstaben des (geografisch) nahe liegenden Sanskrit verglichen hatte, brauchte er nur noch seiner Vermutung folgen, dass es sich bei mehreren Inschriften um Königslisten handelte, um am Beispiel einiger Königsnamen, die hilfreicherweise schon bekannt waren, mit der Entzifferung beginnen zu können. Andere Keilschriften, darunter auch die babylonische, wurden einige Jahre später entschlüsselt. In den zwanziger Jahren des 19. Jahrhunderts gelang Jean-François Champollion wie gesagt die Entzifferung der ägyptischen Hieroglyphen; 1847 entdeckte Sir Austen Layard die Städte Ninive und Nimrud im heutigen Irak und grub dort die prachtvollen Paläste der assyrischen Könige Assurnasirpal II. (885–859 v. d. Z.) und Sancherib (704–681 v. d. Z.) aus. Die geflügelten, überlebensgroßen menschenköpfigen Löwen, die einst die Portale bewacht hatten, waren eine Sensation in Europa und sollten die Archäologie ungemein populär machen.[11] Bei diesen Grabungen wurden auch Tontafeln entdeckt, auf denen sich in Keilschrift das Gilgamesch-Epos fand, das aus zwei Gründen so bedeutend sein sollte: Erstens war es viel älter als Homer oder die Bibel, zweitens erinnerten mehrere Episoden aus dieser Geschichte (wie die Flut) an Darstellungen der Hebräischen Bibel.

Jeder neue Fund eröffnete eine noch ältere Vergangenheit der Menschheit und warf wieder ein neues Licht auf die Heilige Schrift. Doch einmal abgesehen vom Gilgamesch-Epos, fand sich nichts, das zu einer radikalen Neudatierung gezwungen hätte – nichts stand im grundlegenden Widerspruch zur biblischen Chronologie. Doch das sollte sich schlagartig ändern, als Arbeiter im Jahr 1856 Geröll aus einer kleinen Höhle in einem

Steilhang des Neandertals räumten, durch das die Düssel in den Rhein fließt, und dabei unter einer etwa zwei Meter dicken Schlammschicht ein Skelett entdeckten. Sie brachten die einzelnen Knochen zu einem Bekannten, den sie für gebildet genug hielten, um sich etwas zusammenreimen zu können; er ließ sie dem Bonner Anatomieprofessor Herrmann Schaaffhausen zukommen. Schaaffhausen identifizierte ein Schädeldach, zwei Oberschenkelknochen, Fragmente des linken Ober- und Unterarms, einen Teil des Beckens sowie einige Knochenbruchstücke. In seiner schriftlichen Beurteilung wies der Anatom besonders auf die Dickwandigkeit der Knochen hin, auf die stark ausgeprägten Ansatzstellen der einstigen Muskulatur, die dicken Wülste über den Augenhöhlen und auf die niedrige, schmale Stirn. Entscheidend aber war sein Befund, dass keines dieser Merkmale auf äußerliche Einwirkungen an der Fundstelle oder pathologische Deformationen zurückzuführen war. »›Es sind der Gründe genug vorhanden für die Annahme‹, schrieb Schaaffhausen, ›daß der Mensch schon mit den Thieren des *Diluvium* gelebt hat, und mancher rohe Stamm mag vor aller geschichtlichen Zeit mit den Thieren des Urwaldes verschwunden sein, während die durch Bildung veredelten Rassen das Geschlecht erhielten.‹« Seine Schlussfolgerung lautete, dass »schon im Alterthum die verschiedenen germanischen Stämme…, je nachdem sie eine rohe oder schon gesittetere Lebensweise führten, eine verschiedene Körperbeschaffenheit sowie Gesichts- und Kopfbildung hatten.«[12] Das entsprach zwar noch nicht ganz unserem heutigen Verständnis vom Neandertaler, aber es war ein Durchbruch, allerdings noch viel zu kontrovers, um sofort sämtliche Vorstellungen vom zeitlichen Entwicklungsablauf über den Haufen zu werfen. Doch es fügte sich bestens in das »Weiße Rauschen« all der anderen Ideen im Hintergrund der zweiten Hälfte des 19. Jahrhunderts – zu dem auch die im Prolog erwähnten Erkenntnisse und Entdeckungen von Boucher de Perthes gehörten –, die sich allmählich durchzusetzen begannen. Eine der ersten Darstellungen der Frühgeschichte, die unserem heutigen Verständnis zugrunde liegen, stammt aus John Lubbocks Buch *The Origin of Civilisation and The Primitive Condition of Man* (1870): »Die archäologische Evidenz enthüllte eine stetige Optimierung von technischen Fähigkeiten in dem Zeitraum zwischen den ersten unbearbeiteten Steinwerkzeugen und der Entdeckung von Bronze und Eisen. Angesichts des Fehlens von fossilen Nachweisen für eine *biologische* Fortentwicklung des Menschen konzentrierten sich die Evolutionsforscher auf die Nachweise, die für einen *kulturellen* Fortschritt vorlagen und ihre Thesen zumindest indirekt bestätigen konnten. Die großartige Entwicklung der prähistorischen Archäologie im späten 19. Jahrhundert ermöglichte die Rekonstruktion einer Abfolge von kulturellen Perioden, die sich, wie man annahm, im Lauf der Menschheitsentwicklung aneinanderreihten. Die Möglichkeit, dass unterschiedliche Kulturen in ein und derselben Epoche Seite an Seite existiert haben könnten, wurde jedoch kaum bedacht.«[13]

*

Inzwischen hatte der Begriff »Naturwissenschaft« seine moderne Bedeutung angenommen (das Wort *scientist* wurde 1833 vom englischen Logiker William Whewell geprägt). Bis Ende des 18. Jahrhunderts hatte man noch die Bezeichnungen »Naturphilosophie« oder »Naturgeschichte« vorgezogen, nicht nur weil Naturphilosophie weicher und menschlicher klang, sondern auch, weil es sich dabei um ein Portmanteau handelte, um ein Kofferwort aus unterschiedlichen Begriffen. Denn das deckte sich mit der Gepflogenheit der vielen »naturhistorischen« Gesellschaften, Vorträge über literarische, humangeschichtliche und philosophische Themen anzubieten. Erst als in Deutschland und schließlich auch anderenorts die Aufteilung in einzelne Disziplinen vollzogen wurde und es zu immer mehr Spezialisierungen kam, wurde der Begriff »Naturwissenschaft« zum präferierten Etikett für sämtliche Forschungstätigkeiten auf diesen Gebieten.

Für uns mag kaum nachvollziehbar sein, dass sich diese Naturwissenschaftler so gut wie nie einmischten, als die Philologen Ende des 18./Anfang des 19. Jahrhunderts die Grundlagen des Christentums erschütterten. Fakt aber ist, dass die meisten Biologen, Chemiker und Physiologen noch immer ausgesprochen fromm waren. Nehmen wir zum Beispiel Carl von Linné, eine wichtige Figur der Aufklärung und einer der Väter der modernen Biologie, dessen Evolutionsideen ebenfalls zu dem »Weißen Rauschen« beitrugen, der aber grundverschieden beispielsweise von Voltaire gewesen war. Ein erster Durchbruch zur »großen Kette der Wesen« war dem englischen Naturforscher John Ray gelungen, der erkannt hatte, dass sich nicht jede Spezies – es waren inzwischen Tausende neuer Arten in der Neuen Welt und Afrika entdeckt worden – in eine Primärhierarchie einstufen ließ, da einzelne Lebensformen auf vielerlei Weisen *variieren* konnten. Linné glaubte hingegen, dass er mit Hilfe einer *Neu*einteilung aller natürlichen Organismen etwas über den göttlichen Plan erfahren könne. Er behauptete nicht, den Plan Gottes zu *kennen*, und er gab auch freimütig zu, dass sein Klassifikationssystem völlig künstlich war, doch immerhin war er überzeugt, dass sich damit eine Annäherung an den göttlichen Entwurf des Schöpfers erreichen lassen würde. Entscheidend war, dass sich Linné bei der Entwicklung seines botanischen Systems auf die Entdeckungen berief, die der Tübinger Mediziner und Botaniker Rudolf Jakob Camerarius 1694 über die Vermehrung im Pflanzenreich gemacht hatte; deshalb machte er Fortpflanzungsorgane zum Schlüsselmerkmal seines Klassifikationssystems. (In dieser Zeit hatte man für die Fortpflanzung wechselweise noch eine Spontanzeugung, »Keime«, oder die »Vermischung« von weiblichen und männlichen Samen in der Gebärmutter verantwortlich gemacht und zum Beispiel geglaubt, dass Keime oder Samenflüssigkeiten ein »Gedächtnis« besäßen, welches garantierte, dass sie »wussten«, zu welcher Form sie sich heranbilden sollten.) Die binäre Nomenklatur, die Linné in seinen Werken *Species Plantarum* (1753), *Genera Plantarum* (1754) und *Systema Naturae* (1758) darstellte, sollte nun aber die Aufmerksamkeit auf die systemischen Ähnlichkeiten innerhalb wie zwischen den Gattungen, Arten, Familien und so weiter lenken und damit ersichtlich machen, dass es keinen linearen Schöpfungsplan gab. Das brachte Georges Louis LeClerc de Buffon bei seiner Kritik an Linné auf die Idee von der »Degenerationstheorie«, nach der zum Beispiel alle ihm bekannten zweihundert Säugetierarten von nur achtunddreißig »Grundtypen« abstammten. Damit war eine erste Evolutionsidee geboren.[14]

Auch eine andere Disziplin im Entwicklungsstadium begann sich nun einzumischen. Und sie sollte die Geschichte – insbesondere die Vorgeschichte – schließlich auf ein ganz neues Fundament stellen und damit ebenfalls Darwin den Weg bereiten: die Geologie. Sie unterschied sich nicht nur grundlegend von allen anderen Naturwissenschaften, sie wich auch besonders stark von den Prinzipien der Naturphilosophie ab. Der Wissenschaftshistoriker Charles Gillispie bezeichnete sie als die erste Wissenschaft, die sich mit der Geschichte der Natur anstelle von einer natürlichen Ordnung befasste.

Descartes war der erster Denker im 17. Jahrhundert gewesen, der die neue Astronomie und Physik zu einem kohärenten Bild vom Universum verschmolz, indem er die Sonne – ganz zu schweigen von der Erde – als nur einen Stern unter vielen bezeichnete und die Hypothese propagierte, dass sich die Erde aus einem langsam erkaltenden Schlackeball gebildet haben könnte, der in den »Wirbeln« der Sonne gefangen war. (Um jeder Kritik seitens der Kirche zuvorzukommen, hatte er expressis verbis von »könnte« gesprochen.) Bernard Le Bovier de Fontenelle betonte in seinen *Entretiens sur la pluralité des mondes* (*Dialogen über die Mehrheit der Welten*, 1688) die Bedeutungslosigkeit des Menschen angesichts dieser neuen Ordnung der Dinge und fragte sich sogar, ob es nicht noch andere bewohnte Sterne gab. Die Idee, dass das gesamte Universum ein und denselben physikalischen Prinzipien unterliegen könnte, war ein gewaltiger Gedankensprung, der im Mittelalter schlicht noch niemandem in den Sinn gekommen sein konnte. Die grundlegenden Vorstellungen, die man sich von Himmel und Erde gemacht hatte (jedenfalls zumindest im Abendland), waren ihrer Art nach aristotelisch und gingen allesamt von fundamentalen Unterschieden aus – das eine konnte also unmöglich das andere verursacht haben. Schließlich wurden die physikalischen Vorstellungen von Descartes durch die Ideen von Newton ersetzt und damit die »Wirbel« durch die Schwerkraft. Doch das sollte sich noch nicht besonders auf die ersten geologischen Theorien auswirken. Im Jahr 1691 veröffentlichte Thomas Burnet, der Hofprediger und Geheime Kabinettsekretär von König William, seine *Sacred Theory of the Earth (Heilige Theorie von der Erde)*, die davon ausging, dass die Erde aus der Verbindung von unterschiedlichen Materien entstanden war: im Kern ein undurchdringlicher Fels, umgeben von weniger dichtem Wasser und schließlich der weichen Kruste, auf der der Mensch lebt. Dieses Bild von einer dünnen Kruste und gleich darunter Massen von Wasser offerierte eine höchst zweckdienliche Erklärung für die Sintflut. Ein paar Jahre später, 1696, stellte William Whiston, Newtons Nachfolger in Cambridge, die These auf, dass sich die Erde aus einer Staubwolke – der Hinterlassenschaft eines Kometen – gebildet haben könnte, welche sich dann zu einem festen Körper verdichtet hatte und von einem vorbeifliegenden Kometen mit Wasser überschwemmt worden war. Die Vorstellung, dass die Erde einst von einem gewaltigen Ozean bedeckt war, der sich allmählich zurückgebildet hatte, sollte sich als sehr dauerhaft erweisen. Gottfried Wilhelm Leibniz fügte dem noch die Idee an, dass die Erde einst sehr viel heißer und Erdbeben in der Vergangenheit deshalb sehr viel heftiger gewesen sein müssten. (Sogar damals war schon klar gewesen, dass sich die Erdbeben, die man in dieser Zeit miterlebte, nur geringfügig auf die Eroberfläche auswirkten.)[15]

Im 18. Jahrhundert stellte Kant die These auf, dass das gesamte Sonnensystem durch die Rotation von Materie aus einem kosmischen »Nebel« oder einer kondensierenden Gaswolke entstanden sei. Diese Theorie wurde von Beobachtungen gestützt, die William Herschel durch seine stark verbesserten Teleskope machte oder gemacht zu haben glaubte: Manche Nebel oder »Dunstflecken« am Nachthimmel schienen Gas- oder Staubwolken zu sein, die sich »offenbar zu einem Mittelstern verdichten«.[16] Auf dieser Erkenntnis baute dann Buffon auf. Doch wie schon Descartes vor ihm wollte auch er es sich nicht mit der Kirche verderben und behauptete deshalb, dass die Erde einst ein ungemein heißer Stern gewesen und in sieben Phasen abgekühlt sei (analog zu den sieben biblischen Schöpfungstagen), in deren letzter die Erschaffung des Menschen stattgefunden habe.

Allmählich begann sich das Bild von einer *Entwicklung* der Erde durchzusetzen. Doch ungeachtet dieser möglichen Abläufe standen die frühen Geologen in jedem Fall noch vor dem Problem, erst einmal die zentrale Frage klären zu müssen, wieso Sedimentgestein, das durch Ablagerungen im Wasser entstanden war, inzwischen auf dem Trockenen lag. Darauf konnte es nur zwei Antworten geben – entweder hatte sich der Meeresspiegel gesenkt oder das Land gehoben. »Die Ansicht, dass sich einst alles Sedimentgestein am Grunde eines riesigen und mittlerweile verschwundenen Ozeans befunden hatte, wurde als Theorie der Neptunisten bekannt, benannt nach dem römischen Gott des Meeres.« Die alternative Sicht war die Theorie der »Vulkanisten«, benannt nach dem Gott des Feuers. Der bei weitem einflussreichste Neptunist des 18. Jahrhunderts und der letztlich einflussreichste Geologe überhaupt war Abraham Gottlob Werner gewesen, seines Zeichens Professor an der Bergakademie im sächsischen Freiberg. Seiner Ansicht nach ließen sich solche Gesteinsformationen sofort erklären, wenn man davon ausging, dass die Erde im Lauf ihrer Abkühlung eine unebene Oberflächenstruktur erhalten und sich das Wasser in unterschiedlichem Tempo zu unterschiedlichen Zeiten zurückgezogen hatte: Zuerst war magmatisches Urgestein aufgetaucht; wenn man annahm, dass der Rückzug des Wassers langsam stattgefunden hatte, musste dann die Erosion des Urgesteins eingesetzt haben und diese Masse auf den Grund des gewaltigen Ozeans abgesunken sein; als sich der Meeresspiegel weiter senkte, wurden die Sedimente freigelegt, und es bildeten sich metamorphes Gestein und neue Oberflächensedimente – ein Prozess, der sich immer und immer wiederholte. Auf diese Weise seien in einer fünfstufigen Abfolge die unterschiedlichen Gesteinsarten entstanden: als Erstes das Urgestein – Granit, Gneis, Porphyr –, das im Urmeer der Flut wässrig gelöst gewesen und dann auskristallisiert sei; als Letztes die Tuff- und Lavagesteinsarten, die sich erst nach der Rückbildung der Flut durch vulkanische Aktivität bildeten. Nach Werners Theorie hatten sich alle Vulkane auf Erden durch die Entflammung von Kohleablagerungen gebildet, vulkanische Aktivitäten hatten aber immer nur geringe Auswirkungen auf die Erdformation gehabt. Er selbst war zwar in keiner Weise an Religion interessiert, doch gerade weil sich seine neptunistische Theorie ausgezeichnet mit der biblischen Geschichte von der Flut deckte, sollte sie in ganz Europa populär werden und dem Begriff der »biblischen Erdgeschichte« zum Aufstieg verhelfen.[17]

Die logische Struktur dieser Theorie war bestechend, warf aber einige ernsthafte Fragen auf. Erstens konnte sie nicht einmal ansatzweise erklären, weshalb einige Gesteinsarten, die laut Werner jünger als andere waren, häufig *unterhalb* von älteren Schichten lagen. Noch problematischer waren die unglaublichen Wassermengen, die notwendig gewesen wären, um alles Land der Erde in einer wässrigen Lösung halten zu können – dazu hätte es einer viele Kilometer hohen Überschwemmung bedurft. Und das warf schließlich die noch schwierigere Frage auf, was mit all dem Wasser geschehen war, nachdem es sich zurückgezogen hatte.

Der größte Rivale Werners, wenngleich zuerst bei weitem nicht so erfolgreich, war der schottische Vulkanist und Edinburgher Aufklärer James Hutton (1726–1797). Mitte des 18. Jahrhunderts hatten einige Naturbeobachter zu spekulieren begonnen, dass vulkanische Aktivitäten *doch* Auswirkungen auf die Erdentwicklung gehabt haben könnten. Beispielsweise hatte man festgestellt, dass es in Zentralfrankreich Berge vulkanischer

Art, aber keinerlei Hinweise gab, dass dort jemals vulkanische Aktivitäten stattgefunden hätten. Andere verwiesen zum Beispiel auf die Felsstruktur von Giant's Causeway in Irland; dabei handelte es sich um Basaltsäulen, die im geschmolzenen Zustand erstarrt zu sein schienen und daher vulkanischen Ursprungs sein mussten. Hutton setzte nun aber nicht bei den Ursprüngen der Erdgeschichte an, sondern beschränkte sich auf reine Beobachtungen und vermied jede Spekulation. Das heißt, er suchte nach geologischen Veränderungen, die auch in seiner Zeit noch stattfanden, und gelangte durch seine Beobachtungen zu dem Schluss, dass genau solche Prozesse von jeher stattgefunden haben mussten. Auf diese Weise stellte er zum Beispiel auch fest, dass die äußerste Erdkruste, also die zugänglichste Schicht, von zwei Gesteinsarten gebildet wird, die eine magmatischen (durch Hitze entstandenen) und die andere aquatischen Ursprungs. Er beobachtete, dass fast immer Magmagestein (Granit, Porphyr, Basalt) unter aquatischem Gestein lagerte, ausgenommen dort, wo unterirdische Verwerfungen Magmagestein nach oben geschoben haben. Er beachtete einfach alles, was jeder sehende Mensch beobachten konnte, zum Beispiel, dass es nach wie vor Verwitterungsprozesse und Erosionen gab, die feinen Sand, Kalkschlick, Lehmbruchstücke und Kieselsteine an den Flussmündungen ablagerten. Nur fragte er sich eben auch, was solche Schwemmstoffe zu dem Felsgestein geformt haben konnte, das überall zu sehen war. Seine Antwort darauf lautete, dass das nur durch Hitze verursacht worden sein konnte. Wasser war ausgeschlossen – ein entscheidender Durchbruch –, da viele dieser Felsgesteine eindeutig wasserunlöslich waren. Aber woher kam die Hitze? Huttons Meinung nach konnte sie nur aus dem Erdinneren stammen und durch vulkanische Aktivität an die Oberfläche gelangt sein. Also wurde ihm klar, dass sich auch all die verwundenen Schichten, die an so vielen Orten auf Erden zu finden waren, lediglich mit derartigen Aktivitäten erklären ließen: Es musste noch immer vulkanische Aktivität geben, die Landmassen mussten sich noch immer heben und senken (in dieser Zeit fand man Nachweise, dass sich bestimmte Regionen von Schottland und Schweden gerade hoben), und die Flüsse leiteten – wie jedermann sehen konnte – noch immer Schwemmstoffe ins Meer.[18]

Hutton veröffentlichte seine Theorien erstmals 1788 in den *Transactions* der Royal Society von Edinburgh, 1795 gefolgt von dem zweibändigen Werk *Theory of the Earth*, »der ersten Abhandlung, die man als eine geologische Synthese betrachten kann und die keine reine Übung in Phantasie mehr gewesen war«.[19] Entscheidend war, dass Huttons Meinung nach inzwischen völlige Klarheit über die Ursprünge der Fossilien herrschte (wobei man unter »Fossilien« noch alles verstand, was ausgegraben wurde). Nicolaus Steno und John Woodward hatten im 17. Jahrhundert zwar erkannt, dass es sich um versteinerte Überreste von Geschöpfen handelte, die in vielen Fällen bereits ausgestorben waren, aber das Vorhandensein von Fossilien auf Berggipfeln glaubte man weiterhin nur mit Noahs Flut erklären zu können. Als Huttons Abhandlung erschien, wurde die biblische Flut also noch ganz fraglos als historische Wahrheit behandelt. »Als man die Erdgeschichte aus geologischer Sicht zu betrachten begann, ging man schlicht und einfach davon aus, dass eine weltweite Sintflut zu gravierenden Veränderungen geführt und sich entscheidend auf die gegenwärtig sichtbare Erdoberflächenstruktur ausgewirkt habe. Und dass es sie gegeben hatte, galt als der Beweis, dass Gott nicht nur der Schöpfer, sondern auch der Beherrscher von allem ist.« Ebenso unangefochten wie die Sintflut war die biblische Schöpfungsgeschichte. Nach wie vor glaubte man, dass sechstausend Jahre seit der Schöpfung ins Land gegangen seien, und auch wenn sich inzwischen so mancher fragte, ob diese Zeitspanne wirklich ausreichte, gab es doch niemanden, der die Erde für *wesentlich* älter hielt. Offen war nur die Frage, ob die Tierwelt vor dem Menschen erschaffen worden war, doch nicht einmal wenn sich das bestätigt hätte, hätte es sich wesentlich auf die Vorstellungen vom Alter der Menschheit ausgewirkt.[20]

Zweifellos deckte sich Huttons Vulkanismus besser mit vielen Fakten als Werners Neptunismus. Trotzdem hatte er eine Menge Gegner, eben weil der Vulkanismus auf eine geologische Zeit hindeutete, die weit über das hinausging, was man sich vorstellen konnte. Werner und einige seiner Kollegen hatten beobachtet, dass sich die vulkanischen Aktivitäten und Erdbeben, die zu ihren Zeiten stattfanden, nur marginal auf die Erdoberflächenstruktur auswirkten – aber wenn dem schon immer so gewesen war, dann musste die Erde ungemein alt sein. Wie sonst hätten sich Berge zu solcher Höhe auftürmen können? Doch Huttons Ideen stellten das heute so genannte Steady-State-Modell in den Raum (in der Gegenwart beobachtete geologische Prozesse unterscheiden sich nicht von vergangenen), und das ließ sich schlecht mit der Vorstellung in Einklang bringen, dass die Erde einst viel heißer war und geologische Vorgänge – Flut oder nicht – wesentlich größeren Ausmaßes stattgefunden haben müssten. Denn dieses Modell implizierte ja zumindest eine gewisse *Entwicklung* der Erde. Außerdem war Huttons Theorie auch irgendwie unromantisch, da sie behauptete, dass die Erde, wie sie der Mensch damals kannte, durch eine Abfolge von »unendlich kleinen Ereignissen« und eben nicht durch hochdramatische Katastrophen wie zum Beispiel eine Flut geformt wurde. Davon ganz abgesehen bedurfte es einiger ziemlich geschickter intellektueller Tricks, um Huttons Vulkanismus mit der Bibel in Einklang zu bringen, beispielsweise indem man eine »große Verdunstung« aufs Tapet brachte (die erklären sollte, wohin das ganze Flutwasser verschwunden war). Trotzdem gab es, wie Charles Gillispie nachwies, noch viele hervorragende Männer aus dem Wissenschaftsbetrieb des 19. Jahrhunderts, die sich ungeachtet der Theorien von Hutton weiterhin dem Neptunismus verschrieben, darunter der englische Naturforscher Sir Joseph Banks, Humphry Davy, James Watt, ganz zu schweigen von W. Hyde Wollaston, dem Sekretär der Royal Society höchstpersönlich. Huttons Theorie begann erst populär zu werden, nachdem sie von John Playfair 1802 populärwissenschaftlich aufbereitet worden war (von der entscheidenden Rolle der Popularisatoren des 19. Jahrhunderts und ihrem Anteil am Niedergang des Glaubens wird im 35. Kapitel die Rede sein).[21]

Doch nicht nur Hutton (ein Deist) glaubte, dass die Beobachtung stetig ablaufender Prozesse eines Tages die Wahrheit ans Licht bringen werde. Im Jahr 1815 erklärte der englische Kanalbauer William Smith – der oft als Vater der englischen Geologie bezeichnet wird –, dass vergleichbare Gesteinsformationen in aller Welt auch vergleichbare Fossilien bärgen und viele dieser Fossilien von längst ausgestorbenen Arten stammten. Das allein legte schon nahe, dass während des langen Prozesses der Heranbildung und Aushärtung von solchem Felsgestein Arten aufgetaucht, sich entwickelt haben und wieder ausgestorben sein mussten. Und das war eine in doppelter Hinsichten wichtige Erkenntnis, denn erstens stützte sie die Idee, dass sich Felsgestein aus Schichten aufbaut und deshalb nicht in einem Schub, sondern nur im Verlauf einer langen Zeit entstanden sein konnte; zweitens sprach sie für die Vorstellung, dass es unzählige Arten gab, die unabhängig voneinander entstanden und wieder ausgestorben waren, was der biblischen Schöpfungsgeschichte ziemlich deutlich widersprach.

Die Bedenken gegen die biblische Darstellung wuchsen. Trotzdem stellte zu Beginn des 19. Jahrhunderte noch kaum jemand die Sintflut in Frage. Und noch immer war der Neptunismus die populärste Version, weil sie sich am besten mit der biblischen Geschichte deckte. Peter Bowler schreibt, dass sich geologische Fachbücher aus dieser Zeit manchmal zwar sogar besser verkauften als Romane, die Naturforschung aber »nur so lange geachtet wurde, als sie nicht in die herrschenden religiösen und gesellschaftlichen Konventionen hineinpfuschte«.[22] Erst als der Franzose Georges Cuvier im Jahr 1811 seine Abhandlung *Recherches sur les ossements fossiles des quadrupèdes* über versteinerte Knochen von Vierbeinern veröffentlichte, kam für den Neptunismus eine überraschende Wende. Allein die Tatsache, dass dieses Buch im Lauf von zehn Jahren vier Auflagen erlebte, beweist, dass die Leser inzwischen einen neuen, den Realitäten deutlicher angepassten Neptunismus forderten. Cuvier war Kurator des *Musée National d'Histoire Naturelle* gewesen, das 1789 aus dem *Jardin du Roi* hervorgegangen war, und vertrat die These, dass es nicht nur eine, sondern mehrere Katastrophen – inklusive Fluten – im Lauf der Erdgeschichte gegeben habe. Wie Hutton hatte auch er ganz einfach die Augen aufgemacht und war zu dem Schluss gekommen, dass solche Katastrophen sehr plötzlich aufgetreten sein mussten. Beispielsweise hatte er entdeckt, dass Mammuts und andere große Wirbeltiere »als Ganzes« vom ewigen Eis der Berge »umschlossen« wurden. Und wo es außerdem möglich war, so Cuvier, ganze Berge weit über den Meeresspiegel zu erheben, dort mussten die Katastrophen unvorstellbar heftig gewesen sein – so heftig, dass nicht nur ganze Arten, sondern möglicherweise auch menschliche Frühformen ausgerottet wurden. Außerdem hatten Ausgrabungen im Pariser Becken inzwischen bewiesen, dass es abwechselnd Ablagerungen von Salz- und Süßwasser gab, was auf eine Serie von massiven Verschiebungen im Verhältnis von Land und Meer hindeutete. Auch Cuviers Erkenntnisse deckten sich nicht wirklich mit der biblischen Geschichte. Er hatte beobachtet – und das war entscheidend –, dass sich Fossilien in tieferen Gesteinsschichten stärker von noch existierenden Lebensformen unterschieden und dass auf der ganzen Welt die gleichen Fossilien in der gleichen Ablagerungsreihenfolge zu finden waren: zuerst Fische, dann Amphibien, Reptilien und Säugetiere. Deshalb kam er zu dem Schluss: je älter die Gesteinsschicht, desto höher der Anteil an ausgestorbenen Arten. Und da bis dahin noch nirgendwo versteinerte Menschenknochen gefunden worden waren, folgerte er, dass »die Menschheit irgendwann zwischen der letzten und der dieser vorangegangenen Katastrophe erschaffen worden sein muss«. Zu den mumifizierten Tieren, die von der Expedition aus Ägypten nach Frankreich gebracht worden waren, bemerkte er, dass sie Tausende von Jahren alt, aber allesamt mit noch lebenden Arten identisch waren. Und das sprach für eine Artenbeständigkeit, das heißt, auch fossilisierte Arten mussten eine lange Zeit auf Erden verbracht haben, bevor sie ausstarben. Das Ganze lief sozusagen auf eine Teilversion der biblischen Geschichte hinaus: Der Mensch war nach der Flut erschaffen worden, Tiere aber waren viel älter.[23]

Dennoch sollten auch Cuviers Beobachtungen den Neptunismus und die Katastrophentheorie am Leben erhalten, vor allem in England, wo man Huttons Theorien überhaupt erst in den zwanziger Jahren des 19. Jahrhunderts anzuerkennen begann. Robert Jameson, die Leuchte der *Wernerian Natural History Society* von Edinburgh, sollte es sogar gelingen, Huttons Ideen in seiner Heimatstadt ganz und gar unmöglich zu machen. Tatsächlich aber gab es einen Grund, weshalb sich so viele Geologen (und vor allem Briten) der Sintfluttheorie verschrieben hatten, nämlich die vielen riesigen Felsen, die von so ganz anderer Art waren als das umgebende Gestein. Erst später begriff man, dass sie vom Gletscherfluss der Eiszeit abgelagert worden waren; damals war die einzige Erklärung, dass sie von der Sintflut angeschwemmt worden sein mussten. Der vehementeste Verfechter dieser Theorie war William Buckland, Oxfords erster Geologieprofessor. In seiner berühmten Antrittsvorlesung *Vindiciae Geologicae; or, the Connexion of Geology with Religion Explained* versuchte er sein

Auditorium im Jahr 1819 davon zu überzeugen, dass die Geologie tendenziell Naturreligion sei, da alle von ihr erkannten Fakten mit der Schöpfungsgeschichte und dem Sintflutbericht aus den mosaischen Schriften übereinstimmten.[24] Buckland war erst kurz in Oxford gewesen, als Bergarbeiter 1821 auf eine Höhle bei Kirkdale im Pickering-Tal in Yorkshire stießen und dort einen riesigen »Knochenhaufen« entdeckten. Sofort sah er seine Chance gekommen. Er eilte nach Yorkshire und stellte schnell fest, dass es sich zwar fast ausschließlich um Überreste von Hyänen handelte, dass sich aber auch einige Knochen von Vögeln und anderen Tierarten darunter befanden, die in England längst ausgestorben waren – Löwe, Tiger, Elefant, Rhinozeros, Flusspferd. Und da jeder Knochen und Schädel auf die mehr oder weniger gleiche Weise zerstört oder zerbrochen war, kam er zu dem Schluss, dass es sich hier nur um einen Hyänenbau handeln konnte. Er veröffentlichte seine Erkenntnisse als akademische Abhandlung, die von der Royal Society die Copley-Medaille bekam, und schloss einen populärwissenschaftlichen Bericht an, um anhand dieses Beispiels nachzuweisen, dass die Sintflut und die Erschaffung des Menschen erst in jüngster Zeit stattgefunden haben konnten. Er hatte sich seine These wirklich hübsch zurechtgelegt: Die meisten Knochen aus Kirkdale stammten von Arten, die in Europa ausgestorben waren; solche Knochen seien in Schwemmanladungen (Ablagerungen in Flüssen) oder Schlick nie zu finden; es gebe keine Nachweise für die Existenz solcher Tiere in Europa nach der Flut; daraus folge, dass die Tiere, deren Knochen die Bergarbeiter gefunden hatten, *vor* Noahs Zeiten unter die Erde gekommen sein mussten. Und weil die oberste Knochenschicht so perfekt in Erde und Schlick konserviert worden war, könnten diese Tiere »angesichts der nachsintflutlichen Stalaktitenschicht, welche die Erde bedeckte, nur sehr plötzlich, vor nicht viel länger als fünf- oder sechstausend Jahren verschüttet worden sein«.[25]

Doch es gab nach wie vor Probleme mit der Fluttheorie, nicht zuletzt weil sich in aller Welt Nachweise für mehrere Fluten in weit auseinander liegenden Zeiträumen fanden – was sogar Buckland zugestehen musste. (Wie so viele andere Naturwissenschaftler ließ sich jedoch auch Buckland nicht seinen Gottglauben von der Wissenschaft kaputtmachen.) In den dreißiger Jahren des 19. Jahrhunderts schien die Theorie von der Erdabkühlung eine immer logischere Antwort auf die Frage zu bieten, weshalb es in der Vergangenheit zu heftigeren geologischen Aktivitäten als in der Gegenwart gekommen sein sollte, und das stützte wiederum die Sicht von einer Erd*entwicklung* und damit von einer großen Andersartigkeit vergangener Lebensformen. Im Jahr 1824 sollte Buckland schließlich selbst den ersten Dinosaurier beschreiben, von dem die Menschheit Kenntnis bekam, einen gigantischen Megalosaurus (das Wort »Dinosaurier« wurde erst 1841 von dem großen Anatomen Richard Owen geprägt).

Im selben Jahr bestimmte John Philips die große geologische Entwicklungsfolge: Paläozoikum, das Zeitalter der Fische und wirbellosen Tiere; Mesozoikum, das Zeitalter der Reptilien; und Känozoikum, das Zeitalter der Säugetiere. Zum Teil beruhte sie auf dem Werk der Waliser Adam Sedgwick und Sir Roderick Murchison, die mit der Entschlüsselung des paläozoischen Systems begonnen hatten. Am Ende ging man davon aus, dass das Paläozoikum vor circa fünfhundertfünfzig Millionen Jahren einsetzte und bis vor zweihundertfünfzig Millionen Jahren gewährt hatte, und dass sich während dieser Zeit die Meerespflanzen an Land ausbreiteten, Fische in den Ozeanen auftauchten und sich die Amphibien und schließlich Reptilien entwickelten. Diese neuen Lebensformen seien dann aus noch schwer ergründbaren Ursachen vor ungefähr zweihundertfünfzig Millionen Jahren allesamt ausgerottet worden. Die Analysen von Sedgwick und Murchison hatten zumindest deutlich gemacht, dass es schon vor sehr langer Zeit Lebensfrühformen auf Erden gegeben hatte und alles Leben im Wasser begann, um sich dann an Land weiterzuentwickeln. Sintflut oder nicht, fest stand, dass wieder einmal alles im dramatischen Widerspruch zur biblischen Geschichte stand.[26]

Der Fossilien- und Gesteinsforschung gesellte sich nun die wachsende Disziplin der Embryologie hinzu. Die Schlüsselfigur auf diesem Gebiet war Karl Ernst von Baer, weil er gegen den vorherrschenden Glauben ankämpfte, dass der menschliche Embryo alle Entwicklungsstufen vom wirbellosen Tier zum Fisch, Reptil und Säugetier durchlaufe, und stattdessen erklärte, dass die Embryonen jeder Spezies auf einfachster Stufe begannen, um dann die Merkmale zu entwickeln, die sie für ihre spezifischen Nischen in der Natur benötigten. Und das hieß gleichsam, dass niedrigere Tiere sozusagen keine unausgereiften Abarten des Menschen sind, und dass nicht alle Lebensformen nach einer »auf den Menschen zentrierten Hierarchie« strukturiert sind: Der Mensch ist nur ein Endergebnis unter vielen. Auch Richard Owen vertrat in seinen Schriften *Archetypes and Homologies of the Vertebrate Skeleton* (1848) und *On the Nature of Limbs* (1849) die Theorie, dass alle Wirbeltiere grundlegend ähnlich gebaut und nur auf unterschiedliche Weise angepasst, aber keinesfalls in irgendeiner linearen Weise auf den Menschen »ausgerichtet« seien.[27]

Doch wir greifen der Geschichte vor. Die eigentliche Bedeutung der Entdeckungen von Cuvier, Buckland, Sedgwick und Murchison – einmal abgesehen von ihren jeweils eigenen Verdiensten – war, dass sie Charles Lyell zu einem entscheidenden Umdenken bewegen konnten. 1830 brachte Lyell den ersten Band seiner dreibändigen *Principles of Geology* heraus. Schon mit dem Untertitel ließ er keinen Zweifel, worum es ihm ging: *Being an Attempt to Explain the Former Changes of the Earth's Surface, by Reference to Causes now in Operation* (»Ein Versuch, die dermaligen Veränderungen der Erdoberfläche unter Bezug auf heute ablaufende Ursachen zu erklären«). Außerdem war er stark von dem Franzosen George Poulette Scrope beeinflusst worden, der bei seiner Forschung im Zentralmassiv festgestellt hatte, dass »Ströme, die über die Jahrhunderte unbegrenzt flossen, sich selbst ihre Täler schnitten«. Vor der Veröffentlichung seiner *Principles* war Lyell durch Europa getourt, um sich mit Kollegen wie dem Geologen Étienne de Serres zur Begutachtung von diversen geologischen Erscheinungen zu treffen, darunter insbesondere von aktiven Vulkanen. In Sizilien hatte er festgestellt, dass sich der massive Kegel des Ätna im Laufe vieler kleiner Ausbrüche aufgebaut haben musste und der ganze Vulkan auf einem Sedimentgestein jüngsten Ursprungs saß. Beweisen ließ sich das anhand der Tatsache, dass die versteinerten Mollusken, die sich dort fanden, identisch mit noch existierenden Weichtieren waren. Und das hatte genügt, um Lyell zu überzeugen, dass man nicht nur eine einzige Katastrophe für die Entstehung dieses Berges verantwortlich machen konnte.

Letztlich waren Lyells *Principles* jedoch eher eine Synthese als ein auf originärer Forschung basierendes Werk. Das heißt, er verdeutlichte und *interpretierte* bereits veröffentlichtes Material, um zwei Schlussfolgerungen darauf zu stützen: Erstens wollte er schlicht das Offensichtliche hervorheben, nämlich dass die großen geologischen Erscheinungen auf Erden das Ergebnis von Aktivitäten waren, die sich im Verlauf der ganzen Erdgeschichte abgespielt hatten und sich nicht von gegenwärtigen Aktivitäten unterschieden. In einer Rezension seines Buches wurde für dieses Prinzip der Begriff »Uniformitarismus« geprägt. Und der sollte sich durchsetzen. Zweitens wollte Lyell der Idee widersprechen, dass eine gewaltige Flut oder mehrere Fluten die gegenwärtig sichtbaren Formationen auf Erden gebildet hätten. Er hielt große Stücke auf Scrope und untermauerte dessen Aussage über die Kraft des Flusswassers mit der Feststellung, dass »sanft gewundene Flussbetten« nicht das Resultat von dramatischen, geschweige denn von katastrophalen Ereignissen sein könnten. Was die Religion betraf, so hielt sich Lyell an den gesunden Menschenverstand: Es sei höchst unwahrscheinlich, dass Gott ständig in die Naturgesetze eingreife, um eine große Katastrophe nach der anderen auszulösen. *Vorausgesetzt, man glaube an eine lange Erdgeschichte*, reiche die geologische Aktivität, die gegenwärtig zu beobachten sei, völlig aus, um »die Aufzeichnungen im Gestein« zu erklären.[28] Außerdem herrschte seiner Meinung nach kein Mangel an Nachweisen, dass im Verlauf der Erdgeschichte regelmäßig Vulkane ausgebrochen waren und dass diese Aktivitäten weder mit Sintfluten noch mit anderen Katastrophen zusammenhingen. Schließlich verglich er die Erkenntnisse der Stratigrafie, der Paläontologie und der Geologie und identifizierte drei unterschiedliche Zeitalter, aus denen jeweils unterschiedliche Lebensformen hervorgingen: Pliozän, Miozän und Eozän – wobei er davon ausging, dass Letzteres fünfundfünfzig Millionen Jahre zurücklag. Wieder war man bei einer sehr viel früheren Zeit angelangt, als die Bibel angab.

Im ersten Band der *Principles* knöpfte sich Lyell die Fluttheorie vor und setzte damit den Prozess in Gang, der dieser Idee schließlich den Garaus machen sollte. Im zweiten demolierte er die biblische Schöpfungsgeschichte. Auch seine Untersuchungen von Fossilien in den »Gesteinsaufzeichnungen« hatten ihm bewiesen, dass es einen ununterbrochenen Prozess des Werdens und Vergehens von unzähligen Arten gegeben hatte. Linné war im 18. Jahrhundert auf die Idee gekommen, dass es eine Ecke auf dem Erdball gegeben haben müsse, die einst als eine Art göttlicher Brutschrank diente, in dem also das Leben einer jeden neuen Spezies begonnen habe. Lyell wies nun nach, *wie* weit von der Realität entfernt diese Vorstellung war: Leben hatte in den unterschiedlichsten »Schöpfungsbrennpunkten« begonnen, und der Mensch war erst vor relativ kurzer Zeit im Rahmen desselben Prozesses wie alle anderen Tiere erschaffen worden.[29]

Das große Problem bei Lyells Theorie war, dass sie Huttons Steady-State-Modell wiederbelebte, dem zufolge die Erde das Resultat von ebenso konstruktiven wie destruktiven Kräften war. Doch woher kam die dafür nötige Energie? Als sich die Wissenschaft von der Thermodynamik Mitte des 19. Jahrhunderts zu entwickeln begann, stellten Physiker wie Lord Kelvin die These auf, dass sich die Erde schlicht und einfach in einem Abkühlungsprozess befinden *müsse*, und berechneten auf dieser Basis ein Erdmindestalter von hundert Millionen Jahren. Das kam der Wahrheit natürlich noch nicht einmal annähernd nahe, aber immerhin war es bereits weit von der biblischen Geschichte entfernt. (Erst im 20. Jahrhundert erkannten Physiker, dass die natürliche Radioaktivität von chemischen Elementen in bestimmten Gesteinen als absolute Zeitskala dienen kann.) Rückblickend könnte man also sagen, dass Lyell bereits mit der Evolution geflirtet hat. Aber es war eben nur ein Flirt. Er hatte noch keine Vorstellung von der »natürlichen Zuchtwahl«, aber er hatte dem Neptunismus den Garaus gemacht.

Allerdings gab es ein paar letzte verzweifelte Versuche, die biblische Geschichte mit der wissenschaftlich bestätigten Flut in Einklang zu bringen. Der Höhepunkt dieser Aktivitäten waren die so genannten Bridgewater-Abhandlungen. »Diese seltsame und aus Sicht des heutigen Lesers fatale Schriftenreihe wurde testamentarisch von Reverend Francis Henry Egerton verfügt, dem achten Earl of Bridgewater, einem adligen Geistlichen, der seine Gemeinde unverdrossen zu vernachlässigen pflegte und im Jahr 1829 starb. Lord Bridgewater übertrug seinen Testamentsvollstreckern, dem Erzbischof von Canterbury, dem Bischof von London und dem Präsidenten der Royal Society, die Aufgabe, acht Wissenschaftler aus jeweils einem naturwissenschaftlichen Hauptgebiet zu finden, die in der Lage sein würden, ›die Macht, Weisheit und Güte Gottes‹ zu beweisen, ›welche sich in der Schöpfung offenbart, um dieses Werk mit allen nur erdenklichen vernünftigen Mitteln zu veranschaulichen, etwa am Beispiel der mannigfaltigen Gestalten aller Geschöpfe Gottes im Reich der Tiere, Pflanzen und Mineralien‹«. Die acht auserwählten »Wissenschaftler« waren Geistliche, Ärzte und Geologen. Keiner sollte mit seiner Abhandlung auf irgendeine Weise zur Weiterentwicklung der Debatte beitragen, doch allein die Existenz dieser Schriftenreihe beweist, wie weit man zu gehen bereit war, um die Naturwissenschaften in ihre Schranken zu weisen. In einem dieser Traktate heißt es zum Beispiel, das Universum sei statistisch derart unwahrscheinlich, dass hier nur »göttliche Fügung« am Werk gewesen sein könne; in einem anderen, dass die Natur angesichts ihrer großen Güte nur von Gott erschaffen sein könne – als Nachweise dafür wurde angeführt, dass Fische über Augen verfügen, die speziell für die Sicht unter Wasser geeignet sind, oder dass sich Eisenerz wundersamerweise immer in Nachbarschaft der Kohle finden lasse, die für den Schmelzprozess gebraucht wurde, und immer so weiter. Dr. Thomas Chalmers beharrte in seinem Traktat auf der Aussage, dass allein schon das Vorhandensein eines menschlichen Gewissens, allein schon die Existenz einer menschlichen Moralvorstellung der »schlüssige Beweis für eine erlesene göttlich erschaffene Harmonie« sei.[30]

Diese Abhandlungen wurden ungemein populär. Nach ihrer Erstveröffentlichung (zwischen 1833 und 1836) sollte bis zu den fünfziger Jahren jede davon mindestens vier Auflagen erleben. Ihre Schwächen waren natürlich nicht nur ihre so völlig unüberlegten wissenschaftlichen Ansätze, sondern auch, dass sie vorgaben, das letzte Wort zu sein, so als sei es völlig undenkbar, dass Geologie, Biologie, Philologie und all die anderen neuen Disziplinen noch weitere schockierende Trümpfe in petto haben könnten, nach all den anderen, die sie bereits aus dem Ärmel gezogen hatten und die zu widerlegen die Autoren dieser Traktate angetreten waren.

Am schnellsten reagierte der englische Mathematiker Charles Babbage auf die Bridgewater-Abhandlungen: Er veröffentlichte das inoffizielle *Ninth Bridgewater Treatise,* worin er die These aufstellte, dass der Schöpfer nach dem gleichen Prinzip gearbeitet haben könne wie er, als er seine berühmte Rechenmaschine erschaffen hatte (eine Vorgängerin des Computers, die Babbages Aussagen zufolge in der Lage war, Rechenarten nach einem vorbestimmten Muster zu ändern). Damit war eine Idee geboren, die sich als ausgesprochen populär erweisen sollte: die Idee von den »Schöpfungsgesetzen«, vergleichbar zum Beispiel der Idee von den Reproduktionsgesetzen. Das meiste sollte dann Robert Chambers aus dieser Idee herausholen – noch eine Edinburgher Figur. Sein 1844 veröffentlichtes Buch *Vestiges of the Natural History of Creation (Spuren der natür-*

lichen Schöpfungsgeschichte) brach derart radikal mit der Vergangenheit, dass er sogar vorzog, es anonym zu publizieren. Letztlich promovierte er darin den Evolutionsgedanken, wenngleich ohne Darwins Prinzip von der »natürlichen Zuchtwahl« vorwegzunehmen: Er stellte die Progression allen Lebens als einen vollkommen natürlichen Prozess dar, welcher einst mit Abiogenese (der Urzeugung aus dem Unbelebtem) begonnen hatte – was er dann allerdings mit bald schon diskreditierten Experimenten belegte, beispielsweise anhand von Kleininsekten, die er durch Elektrizität erschaffen haben wollte. Außerdem postulierte er am Beispiel von Babbages *Ninth Treatise* äußerst vage Schöpfungsgesetze für diese Progression. Seine eigentlichen Beiträge waren jedoch die bereits im Prolog dieses Buches erwähnte Strukturierung von paläontologischen Nachweisen nach einem aufsteigenden System und seine Feststellung, dass sich der Mensch in keinster Weise von anderen natürlichen Organismen unterscheidet. Obwohl er noch keine Vorstellung von der natürlichen Auslese oder den tatsächlichen evolutionären Funktionsweisen entwickelt hatte, führte er seinen Lesern fünfzehn Jahre vor Darwin damit die *Idee* von einer Evolution vor Augen. James Secord spürte in seinem Buch *Victorian Sensation* (2000) den Auswirkungen von Chambers *Vestiges* nach und kam dabei zu dem Schluss, dass Chambers Darwin insofern sogar zuvorgekommen war, als sein Buch in der britischen Gesellschaft so weithin diskutiert wurde, dass man auf Darwin sozusagen bereits vorbereitet war. Ob in der British Association, den modischen intellektuellen Salons und Clubs von London, ob in Cambridge, Liverpool und Edinburgh oder unter Angehörigen der sozialen »Unterschichten«: Überall sprach man über seine Ideen. Die Maler bezogen sich auf sie, man debattierte darüber bei Vernissagen, verwertete sie für Karikaturen in den neuen Massenzeitungen und begutachtete sie in feministischen wie in freidenkerischen Kreisen. Secord stellt jedoch ausdrücklich fest, dass Chambers nicht wirklich ein Wissenschaftler, sondern eher eine Art intellektueller Otto Normalverbraucher war (wenn auch aus einer Verlegerfamilie), der mit seinem Buch letztlich nur eine narrative Darstellung des historischen »Fortgangs« geboten und sich dabei mindestens so stark auf die jüngsten Erzähltechniken aus dem Genre des Romans gestützt hatte (das seinerseits ein relativ neues Phänomen war) wie auf die existierenden wissenschaftlichen Beweise. Chambers muss selbst davon überzeugt gewesen sein, dass sein Buch einen Riesenwirbel verursachen würde, sonst hätte er es nicht anonym veröffentlicht, für den Fall, dass es negativ aufgenommen würde – nicht zuletzt aber auch für den Fall, dass man es mit Begeisterung aufnehmen würde. Allein *dass* er sich für die Anonymität entschieden hatte, zeigt, wie sehr das Thema Evolution in den vierziger Jahren des 19. Jahrhunderts bereits in der Luft lag und wie umstritten es war. Secord legt jedenfalls großen Wert auf die Feststellung, dass Chambers' *Vestiges* ungemein vielen Lesern (es gab vierzehn Auflagen) die Evolution nahe brachte und Darwins Werk über die *Entstehung der Arten* daher eher eine Krise *löste* als auslöste: »Die Idee von der Evolution ist keine auf Darwin konzentrierte Geschichte.«[31] Das ist eine gewaltige Revision der Ideengeschichte.

Eine nicht weniger überzeugende Antwort auf die Bridgewater-Abhandlungen erschien fast zur gleichen Zeit wie die *Vestiges*, nur dass sich an ihr eher die Entfaltung der Naturwissenschaften selbst ablesen lässt. Gemeint ist die Entdeckung der Eiszeit durch den Schweizer Geologen Louis Agassiz und Kollegen. Agassiz, der 1847 aufgrund ebendieser Arbeit einen Ruf nach Harvard bekommen sollte, war nicht der Erste gewesen, der auf die Idee eines Zeitalters kontinentaler Vereisung gekommen war. Schon im Jahr 1795 hatte sich James Hutton in einem seltenen Anflug reiner Spekulation gefragt, ob die eigenartigen Gesteinsblöcke (Findlinge) in der Nähe von Genf möglicherweise durch Gletscher abgelagert worden waren, die sich inzwischen längst wieder zurückgebildet hatten. Doch erst Agassiz trug die vielen Details zusammen, ordnete sie einander zu und klärte diese Frage schließlich über alle Zweifel erhaben. Was Lyell im Hinblick auf das Alter der Erde geleistet hatte, leistete Agassiz im Hinblick auf die Eiszeit.

Bei seinen Gletscherbeobachtungen (an Gletschern herrschte in den Schweizer Alpen ja kein Mangel) kam Agassiz zu dem Schluss, dass einst ein Großteil Nordeuropas unter einer bis zu drei Kilometer dicken Eisschicht begraben gewesen sein musste. Diese Idee (die umso bemerkenswerter war, als sich Agassiz in dieser Zeit eigentlich weit mehr für fossile Fische interessierte) beruhte im Wesentlichen auf drei Anhaltspunkten, die sich bis heute am Rand von Gletschern beobachten lassen: Findlinge, Moränen und Geschiebemergel. Findlinge, so genannte erratische Gesteinsblöcke – wie eben jene in der Nähe von Genf –, sind von einer anderen Struktur als das umgebende Gestein in der Landschaft. Der Gletscher schob sie vor sich her, bis sich das Eis im Zuge der Erwärmung zurückbildete und diese Gesteinsbrocken in einer »fremden Umgebung« liegen blieben. Aus diesem Grund finden Geologen beispielsweise riesige Granitblöcke mitten in einer Kalksteinregion. Die ersten Geologen hatten noch geglaubt, dass dieses Phänomen durch die Flut verursacht worden sei. Erst Agassiz bewies, dass es durch den Eisfluss entstand. Geschiebemergel ist eine Art von Kies, der entsteht, wenn sich Eis bewegt und dabei wie »Schmirgelpapier« auf das darunter liegende Gestein einwirkt. (Dabei entstehen solche Mengen Kies, dass sich die moderne Bauindustrie nur zu bedienen braucht.) Moränen sind Geröllhügel, die sich am Rand von Gletschern aufbauen und sehr groß werden können – Long Island im Staate New York ist größtenteils eine Moräne, die hundertachtzig Kilometer vom einen zum anderen Ende misst. Agassiz und Kollegen kamen also zu dem Schluss, dass die jüngste Eiszeit vor rund hundertdreißigtausend Jahren begann, vor zwanzigtausend Jahren ihren Höhepunkt erreichte und vor zwölf- bis zehntausend Jahren ziemlich abrupt endete. Und diese Erkenntnis sollte sich als außerordentlich wichtig erweisen, da sie sich mit den ersten Nachweisen für den zeitlichen Beginn des Ackerbaus und der Viehzucht deckte und somit nicht nur in chronologischer Hinsicht, sondern auch im Hinblick auf die kulturelle Evolution ein kohärentes Bild ergab.[32]

*

Ursprünglich wurde der Begriff »Evolution« in der Biologie ausschließlich für das Embryonenwachstum verwendet. Er leitet sich aus dem Lateinischen *evolvere* ab (»hervorrollen, abwickeln«). Mit Begriffen wie »Progressismus« wurde die damit einhergehende Vorstellung verdeutlicht, dass aus einfacheren Organismen auf eine bis dahin noch unbekannte Weise komplexere Organismen entstehen konnten. Hinsichtlich der Frage, ob auch der Mensch von dieser Progression betroffen sei, waren sich die Experten noch uneins. Als Nächstes wurde der Begriff »Evolution« im kulturellen Kontext verwendet, in Anlehnung an die Beobachtungen von Vico, Herder und anderen, dass die Entwicklung von menschlichen Gesellschaften eine Progression von primitiveren zu fortgeschritteneren Kulturformen darstellte. Peter Bowler zufolge haben frühe Anthropologen wie Edward Burnett Tylor und Lewis Henry Morgan den Standpunkt vertreten, dass alle »Rassen« ähnliche Progressionen bei ihren kulturellen Entwicklungsphasen durchliefen und dass es sich bei nach wie vor »primitiven« Völkern um »zurückgebliebene kulturelle Entwicklungslinien« handelte, die in einem Stadium »stehen geblieben waren, das die weiße Rasse zu einem früheren Zeitpunkt passiert hatte«.[33]

Einer der wichtigsten Vertreter dieser Theorie von der progressiven Evolution war Jean-Baptiste Pierre Antoine de Monet, Chevalier de Lamarck (1744–1829), ein Mann, der nicht annähernd so närrisch war, wie er manchmal dargestellt wurde. Er hatte herausgefunden, dass einige fossile Arten noch lebenden Spezies ähnelten, und war dadurch auf die Idee gekommen, dass es zumindest einige fossile Linien geben müsse, die noch nicht ausgestorben waren, sondern sich nur den Umweltbedingungen auf Erden angepasst und entsprechend verändert hatten – dass es also etwas gebe, »das existiert, das wir aber nicht sehen können«.[34] Damit hatte er sozusagen ein vordarwinsches Anpassungskonzept entwickelt. Lamarck war fest vom hohen Alter der Erde überzeugt und glaubte deshalb auch, dass es langer Zeiträume bedurfte, damit Lebensformen sich kontinuierlich verändern konnten. Allerdings war auch für ihn der Mensch das Spitzenprodukt einer Evolution, die er aus zwei Blickwinkeln betrachtete: Erstens glaubte er, dass die Natur prinzipiell zu immer mehr Komplexität neigte. Zweitens war er der Meinung, dass sich die Organe eines jeden Geschöpfs umso stärker ausbildeten, je häufiger sie benutzt wurden, und dass diese verstärkten – oder erworbenen – Merkmale dann an die nächsten Generationen weitergegeben wurden, immer »vorausgesetzt, dass die angeeigneten Abwandlungen bei beiden Geschlechtern oder bei denjenigen unter ihnen, die Nachkommen produzieren, gleich sind«.[35]

Wegen solcher Aussagen und ähnlicher Faktoren glauben Historiker also, dass Mitte des 19. Jahrhunderts bereits etwas »in der Luft« gelegen habe, das notwendigerweise zu der Erkenntnis führen musste, die Darwin als »natürliche Zuchtwahl« bezeichnen sollte.[36] Bereits 1797 hatte der Ökonom Thomas Robert Malthus von einem Existenzkampf gesprochen und es als ein Naturgesetz bezeichnet, dass jeder Stamm zu allen historischen Zeiten um die Ressourcen kämpfen und die weniger erfolgreichen im Lauf dieses Prozesses aussterben mussten. »Kaum jemand weiß, dass Darwin nicht nur Malthus gelesen, sondern auch Erkenntnisse aus den Werken von Adam Smith und anderen politischen Ökonomen bezogen hat. In der Idee von einer Divergenz, die sich aufgrund von Spezialisierungen ergab, spiegelt sich die Vorstellung von den ökonomischen Vorteilen, welche angeblich aus der Arbeitsteilung erwachsen.« Eine andere Theorie vertrat im Jahr 1813 der amerikanische Naturforscher und Arzt William Charles Wells in seinem *Account of a Female of the White Race of Mankind*, in dem er die These aufstellte, dass die unterschiedlichen »Menschenrassen« nach ihrer Entstehung begonnen hätten, als einzelne Gruppen noch unbewohnte Regionen zu bevölkern, und sich dann an die jeweils herrschende Umwelt anpassten: Zufällige Abweichungen innerhalb einer Population bedeuteten nichts anderes, als dass sich einige Individuen besser an die neuen Bedingungen anpassen konnten und deshalb tendenziell zu den Eltern einer neuen »Rasse« wurden.[37]

Wo immer man im 19. Jahrhundert hinblickte, überall sprach man von der Rolle eines Konkurrenzkampfes in Gesellschaft und Natur. Und was die Gesteinsschichten betraf, so wäre es inzwischen schon ausgesprochen schwierig gewesen, noch an dem Bild rütteln zu wollen, das durch so viele Nachweise bestätigt worden war. »Das älteste Gestein [sechshundert Millionen Jahre] enthielt ausschließlich Überreste von wirbellosen Tieren, der erste Fisch ließ sich erst im Silur nachweisen [vor vierhundertvierzig bis vierhundertzehn Millionen Jahren]. Das Mesozoikum [vor zweihundertfünfzig bis fünfundsechzig Millionen Jahren] wurde von Reptilien beherrscht, darunter auch von Dinosauriern; und obwohl es bereits einige Säugetiere im Mesozoikum gegeben hatte, begannen sie erst das Känozoikum [vor fünfundsechzig Millionen Jahren bis zur Gegenwart] zu dominieren und sich allmählich zu den heute lebenden höheren Tieren zu entwickeln, darunter auch zum Menschen.«[38] (Die Zahlen in eckigen Klammern waren im 19. Jahrhundert natürlich noch nicht anerkannt.) Es war schwer für die Menschen, sich nicht irgendein »Ende« dieser Progression vorzustellen, das heißt nicht zu glauben, dass sie durch verschiedene Stadien zum Menschen »führte« und ergo »einen göttlichen Plan mit tiefem Symbolgehalt offenbarte«. In den Büchern der damaligen Zeit wiesen die meisten »Lebensbäume« einen Hauptstamm auf, der dicker war als alle anderen und direkt zum Menschen führte.

Diese geistige Entwicklungsgeschichte muss nun aber im Lichte des jüngsten Buches von James Secord revidiert werden (in dem sich auch eine Abbildung von Notizen findet, die sich Darwin im Lesesaal des British Museum zu den *Vestiges* machte). Die meisten Aspekte von Chambers' Argumentationskette ließen ihn kalt – er sollte nie eine eigene Ausgabe dieses Werks erwerben –, doch eben weil Chambers' Ideen sozusagen bereits als oberster Schwebstoff »in der Luft lagen«, sah sich Darwin gezwungen, die Unterschiede zwischen seiner eigenen Theorie von der »natürlichen Zuchtwahl« und den Theorien seines Konkurrenten deutlicher herauszuarbeiten.[39]

Ein letztes Element, das zum herrschenden Meinungsklima beitrug und bei der Klärung der Frage helfen kann, wie viel progressive Evolutionstheorie bereits »in der Luft lag«, ist das Werk von Alfred Russel Wallace. Seine Reputation und die Rolle, die er bei der Entwicklung der Evolutionstheorie spielte, durchlebten in jüngster Zeit selbst eine Progression. Viele Jahre lang gehörte es zum Allgemeinwissen, dass seine Abhandlung *On the Tendency of Varieties to Depart Indefinitely from the Original Type*, die er im Jahr 1858 an Darwin geschickt hatte, bereits eine so deutliche Darstellung der natürlichen Auslese enthalten habe, um Darwin zu nötigen, die Veröffentlichung seines Buches über die *Entstehung der Arten* zu beschleunigen. Und nicht wenige Wissenschaftler haben behauptet, dass Wallace genau deshalb nie die gebührende Anerkennung zuteil geworden sei. Es wurde sogar unterstellt, dass Darwin und seine Anhänger Wallace ganz bewusst an den Rand gedrängt hätten. Ein genaueres Studium der Wallace'schen Abhandlung brachte jedoch jüngst zutage, dass sich seine Vorstellung von der natürlichen Auslese gar nicht mit Darwins Idee von der »natürlichen Zuchtwahl« deckte und seine Erklärung für die entsprechenden Vorgänge tatsächlich weit weniger überzeugend war: Wallace legte das Gewicht gar nicht auf den Wettstreit der Arten, sondern auf einen Konkurrenzkampf zwischen den Individuen und ihrer jeweiligen Umwelt. Aus seiner Sicht wurden alle weniger tauglichen, also alle schlechter an ihre Umwelt angepassten Individuen ausgesondert, vor allem immer dann, wenn es zu gravierenden Umweltveränderungen kam. So gesehen würde also jedes einzelne Individuum allein gegen seine Umwelt ankämpfen; das Schicksal jedes Individuums wäre unabhängig vom Schicksal der anderen.[40] Dieser theoretische Unterschied, der ja wahrlich grundlegend ist, könnte auch erklären, weshalb Wallace nicht den geringsten Unmut äußerte, als Darwins Buch, nur ein Jahr nachdem er ihm seine eigene Abhandlung geschickt hatte, veröffentlicht wurde.

Nichts von alledem sollte jedoch die Tatsache verschleiern, dass die Publikation von Darwins *Entstehung der Arten* im Jahr 1859 »eine vollständig neue und – für Darwins Zeitgenossen – ganz und gar unerwartete Lösung der Frage von der biologischen Evolution« brachte. Wie kein anderer Theoretiker zuvor konnte Darwin den Mechanismus des Wandels in der biologischen Welt erklären. Er zeigte auf, wie eine Art zum Entstehen der anderen führt; seine neue Theorie stellte, wie Ernst Mayr schrieb, nicht mehr nur die Ablösung einer anderen wissenschaftlichen Theorie dar (wie etwa die von der Unveränderlichkeit der Arten), sondern erforderte ein völliges Umdenken bei den Fragen, die sich der Mensch über die Welt und über sich selbst gestellt hatte. Genauer gesagt: Sie erforderte, dass einige der am weitesten verbreiteten und in höchsten Ehren gehaltenen Ideen des Abendlands verworfen wurden. Peter Bowler schreibt, dass diese biologische Revolution aus Sicht des Ideenhistorikers das Symptom eines sogar noch viel tiefer reichenden Wertewandels in der westlichen Gesellschaft darstellt, weil hier in Wirklichkeit das christliche Bild vom Menschen und der Natur durch ein materialistisches ersetzt wurde. Darwin war seinem bemerkenswertesten Geistesblitz gefolgt und entwickelte die Theorie von der »natürlichen Zuchtwahl«, die das Rückgrat seines ganzes Werkes ist (das mit vollem Titel *Die Entstehung der Arten durch natürliche Zuchtwahl oder Die Erhaltung der begünstigten Rassen im Kampfe ums Dasein* lautet): Individuen jeder Spezies produzieren Abweichungen; die Wahrscheinlichkeit der Reproduktion und der Erschaffung einer neuen Generation ist größer unter den Tauglicheren; auf diese Weise werden zufällige Variationen bevorzugt, welche tauglicher sind als andere. Eines »Planes« oder festgelegten Prozesses bedarf es dieser Theorie zufolge nicht. Darwins Idee orientierte sich nicht nur wesentlich stärker am Parsimoniegesetz – es ließ sich auch an allen Ecken und Enden beobachten, wie zutreffend sie war.[41]

Zur Veröffentlichung seiner *Entstehung der Arten* war Darwin zwar durch seinen Kontakt mit Wallace angespornt worden, doch seine Ideen hatten schon seit den dreißiger Jahren des 19. Jahrhunderts, seit seiner berühmten Reise auf dem Expeditionsschiff *Beagle*, in ihm gekeimt. Sein Aufenthalt in Südamerika und vor allem auf den Galapagos-Inseln und das Studium der Variationen, denen er von Insel zu Insel begegnete, hatten ihn gelehrt, nicht mehr im Sinne von Individuen, sondern vielmehr von *Populationen* zu denken. Bei seinen Reisen durch die Pampa Patagoniens hatte er zum Beispiel den Nandu studiert, einen flugunfähigen Laufvogel aus der Familie der Rheidae, und alle möglichen Exemplare der von ihm beobachteten Geschöpfe seziert und gegessen. Er stellte fest, dass in den Randzonen eines Gebiets, das von zwei Populationen bewohnt wurde, immer der Kampf um die Vormachtstellung tobt; und er begann sich zu fragen, wieso es verwandte Arten auf verschiedenen Inseln und Kontinenten gab – sollte der Schöpfer vielleicht eigens jeden Ort aufgesucht und dann angleichend letzte Hand angelegt haben? Bei seinen Untersuchungen von Rankenfüßern fand Darwin heraus, wie viele Abweichungen innerhalb einer Art möglich waren. Schließlich begannen all seine Beobachtungen und Rückschlüsse ein kohärentes Bild zu ergeben. Allein am Tag des Erscheinens seines Buches, dem 24. November 1859, gingen 1250 Exemplare über den Ladentisch. Darwin war gerade zur Kur in Ilkley (Yorkshire) und harrte des Sturmes, der nun losbrechen würde.[42] Er musste nicht lange warten, und es ist nicht schwer zu verstehen, warum dieser Sturm losbrach. Ernst Mayr identifizierte sechs gravierende naturphilosophische Folgerungen aus Darwins Theorien: Erstens wurde eine statische durch eine entwicklungsfähige Natur ersetzt; zweitens wurde die Unglaubwürdigkeit des kreationistischen Weltbilds vor Augen geführt; drittens wurde die kosmische Teleologie (die Idee, dass das Universum zweckbestimmt sei) widerlegt; viertens wurde die Berechtigung des anthropozentrischen Gedankens (die Erschaffung des Menschen als Mittelpunkt der Welt) ad absurdum geführt; fünftens wurde der »Weltenplan« als ein rein materialistischer Prozess dargestellt; und sechstens wurde der Essenzialismus durch den Populationsgedanken ersetzt.

Wir sollten uns bewusst machen, welches Ausmaß die Einflüsse von Darwins *Entstehung der Arten* hatten. Natürlich hatte dieser Erfolg auch etwas mit seinem grundsoliden Ruf – das Buch stammte ja nicht aus der Feder eines Niemands – und der Tatsache zu tun, dass es gespickt war mit Details. Eine Rolle spielte gewiss auch, wie James Secord betont, dass es einen Konflikt *löste* – oder jedenfalls zu lösen schien – und nicht auslöste. Die »natürliche Zuchtwahl« war das letzte und nicht das erste Glied der evolutionären Argumentationskette – sie war der Schlussstein eines theoretischen Bogens und erklärte den Mechanismus, wie eine Art der anderen zum Leben verhalf. Wie »unrevolutionär« Darwins Buch seiner Art nach deshalb letztlich war (um mich hier Peter Bowlers Formulierung zu bedienen), wird auch anhand einer Grafik in Secords Studie deutlich: Das Buch über die *Die Entstehung der Arten* sollte sich erst im 20. Jahrhundert entschieden besser verkaufen als Chambers' *Vestiges*.[43]

Das gesagt, muss jedoch betont werden, *dass* Darwins Werk zu ungeheurer Kritik provozierte. Darwin war klar gewesen, dass seine Theorie von der natürlichen Zuchtwahl der umstrittenste Punkt unter all seinen Thesen sein würde, und da sollte er wahrlich Recht behalten. Der von ihm bewunderte Naturphilosoph John F. W. Herschel nannte sie ein »higgledy-piggledy«, eine Theorie »wie Kraut und Rüben«.[44] Und Adam Sedgwick (der nicht nur Wissenschaftler, sondern auch fromm war), verurteilte sie als »moralischen Frevel«. Selbst positiv gestimmte Kritiker äußerten sich bestenfalls lauwarm zum Thema natürliche Zuchtwahl. Lyell zum Beispiel sollte diese Idee nie wirklich akzeptieren und sie als »geschmacklos« bezeichnen; sogar Thomas Henry Huxley – der Darwins Theorien ansonsten so vehement verteidigte, dass man ihm den Spitznamen »Darwins bulldog« gab –, machte sich nicht viel aus ihr und glaubte, dass sie sich ohnedies kaum je beweisen lasse. Noch im späten 19. Jahrhundert, als die Evolutionstheorie per se schon weithin akzeptiert war, wurde das Prinzip der natürlichen Auslese schlicht ignoriert. Und das war ein entscheidender Fakt, denn er ermöglichte auch weiterhin die Vorstellung, dass hinter der Evolution ein bestimmtes Ziel stehe, so wie beim Embryo das Ziel, bis zur Geburtsreife heranzuwachsen. So gesehen stellte das Evolutionsprinzip auch gar keine dermaßen große Bedrohung für die Religion dar, wie oft behauptet wurde. Zwei Kapitel in der *Entstehung der Arten* befassen sich mit der geografischen Verteilung von Lebensformen auf Basis der bereits geschilderten geologischen und paläontologischen Erkenntnisse – es scheint für die Leser viel einfacher gewesen zu sein, diesen Mechanismus zu akzeptieren als den Mechanismus des Selektionsprozesses, weil die *Vestiges* dieser Idee bereits den Weg bereitet hatten. Ernst Mayr stellte fest, dass der Aspekt der Auslese endgültig erst angenommen wurde, als der Evolutionsgedanke in den dreißiger und vierziger Jahren des 20. Jahrhunderts synthetisiert wurde. Viele Menschen fanden die logischen Schlussfolgerungen Darwins schlicht und einfach unmoralisch und blieben ebenso fest davon überzeugt, dass der Natur eine wohl geordnete Struktur innewohne – der Nachweis für einen göttlichen Plan –, wie davon, dass Darwins Vorstellungen von einer zufälligen Evolution (»higgledy-piggledy«) niemals zu einer solchen Harmonie führen könnten. Der Darwinismus, sagten sie, sei egoistisch und verheerend; einen solchen Prozess würde ein gütiger Gott niemals zulassen. Was wäre Darwin zufolge der Sinn und Zweck von musikalischer Begabung oder von der Fähigkeit zu abstrakten mathematischen Berechnungen? Es sollte hier angemerkt werden, dass Darwin selbst nie sehr glücklich mit seinem Begriff *selection* beziehungsweise »Zuchtwahl« war und dass seine Formulierung *the fittest* für die Tauglichsten häufig missverstanden wurde. Außerdem bezeichneten nicht wenige Kritiker seine Theorienbildung als unwissenschaftlich, weil sich die Theorie als solche nicht falsifizieren ließ.[45]

Eine große Schwäche hatte Darwins Theorie allerdings: Sie sagte nichts über die Mechanismen aus, die effektiv zur Weitergabe von ererbten Merkmalen führen (über das Erbgut also, das die internationale Wissenschaft *hard heredity* nennt). Diese genetischen Grundprinzipien waren 1865 von dem Mönch Gregor Johann Mendel in Brünn entdeckt worden, doch weder Darwin noch irgendjemand sonst erkannte die Bedeutung dieser Entdeckung, und so kam es, dass man erst im Jahr 1900 auf sie zurückgreifen sollte. Bis zu Mendels Wiederentdeckung hatten vor allem die

Theorien des deutschen Biologen August Weismann Aufmerksamkeit erregt, insbesondere seine »Keimplasmatheorie«, der zufolge alle Erbinformationen in Keimzellen enthalten sind. Man erinnere sich, dass Zellen – »Globuli« oder »Blasen« – erstmals nach der Erfindung des Mikroskops beobachtet wurden. Anfang des 19. Jahrhunderts, nachdem bedeutende Fortschritte bei der Entwicklung des Mikroskops gemacht worden waren, entdeckte Marie François Xavier Bichat einundzwanzig verschiedene Gewebetypen bei Säugetieren. Sie setzten sich, wie nun zu erkennen war, allesamt aus Zellen zusammen, welche nicht bloß leere Membranen waren, sondern angefüllt mit einem klebrigen »Lebensstoff«, den der tschechische Physiologe Johannes Evangelista Purkinje im Jahr 1839 als »Protoplasma« bezeichnete. Die Forscher, die schließlich bewiesen, dass alle Pflanzen und Tiere aus Zellgewebe bestehen, waren der deutsche Biologe Matthias Jakob Schleiden (Pflanzen, 1938) und der deutsche Physiologe Theodor Schwann (Tiere, 1839). Weismann hatte herausgefunden, dass es einen Zellkern gibt, und war dann Schritt für Schritt zu der Ansicht gelangt, dass erworbene Veränderungen des Körpers keinen Einfluss auf das Keimplasma haben und dass die Erbanlagen auf jenen stäbchenförmigen Gebilden lokalisiert waren, welche man Chromosomen nannte, »anfärbbare Körperchen«, abgeleitet vom griechischen *chromos* (»Farbe«) und *soma* (»Körper«). Doch nicht einmal als die Mendel'schen Gesetze wiederentdeckt wurden, wurde sofort erkannt, dass der von ihm gefundene Mechanismus Darwin gewissermaßen »vervollständigte«. Der Grund dafür war der Streit gewesen, der gerade um die Frage tobte, ob die natürliche Auslese, wenn es sie denn gab, bei kontinuierlichen oder nur bei ungerichteten Variationen wirksam wurde, also bei Merkmalen wie zum Beispiel der Augenfarbe, die ungerichtet variieren kann, oder bei der Körpergröße, die kontinuierlich variiert. Mendel scheint sich für Merkmale des ersten Typs entschieden zu haben (Blütenfarbe, Samenform), weil sie einwandfreiere Beispiele für die Theorie darstellten, die er beweisen wollte, *und* weil er eine Konkurrenztheorie zu Darwin entwickelt hatte, der zufolge sich die Auslese auf Hybridformen, also auf »konstante Zwischenformen« auswirkt. (Hybride stellten von jeher vor ein theologisches Problem, da sie eine Zwischenform von göttlich erschaffenen Arten darstellten.) Die volle Tragweite der Mendel'schen Genetik für die darwinistische Zuchtwahl sollte erst um das Jahr 1920 erkannt werden.[46]

*

Natürlich machte Darwin bei der *Entstehung der Arten* nicht Halt, und kein Bericht über ihn kann es sich leisten, *Die Abstammung des Menschen* unerwähnt zu lassen. Die Idee von einer natürlichen Zuchtwahl der Bestangepassten oder von einer progressiven Evolution drang im 19. Jahrhundert in alle Gebiete ein, wie wir gesehen haben, sogar in die Physik.

Man denke nur an die Hypothese von einem kosmischen Nebel, den es in der Vorstellung von Kant und Laplace gab: Demnach war das Sonnensystem unter dem Einfluss der Schwerkraft aus einer Gaswolke kondensiert.

Nicht zuletzt aus diesem Grund sollten auch die Soziologie, die Anthropologie und die Archäologie, die sich allesamt Mitte des 19. Jahrhunderts entwickelten, unter dem Oberbegriff des Progressionismus zusammenfinden. Bereits im Jahr 1861 hatte Sir Henry Maine in seinem Buch *Ancient Law* erforscht, wie sich das moderne Rechtssystem aus den frühen Praktiken »patriarchalischer Familiengruppen« entwickelt hatte. Zu Titeln mit ähnlichem Ansatz zählten John Lubbocks *Origin of Civilisation* (1870), Lewis Morgans *Ancient Society* (1877) und das bei weitem beeindruckendste Werk, James Frazers *Golden Bough* (1890, auf Deutsch erstmals 1928 unter dem Titel *Der goldene Zweig* erschienen). Die frühen Anthropologen waren jedoch auch von der kolonialen Erfahrung beeinflusst. Nicht selten war versucht worden, kolonisierte Völker zu »erziehen« und sie der »offensichtlich« überlegenen europäischen Kultur anzugleichen. Die Tatsache, dass diese Versuche allesamt fehlgeschlagen waren, überzeugte nun zumindest einige Anthropologen davon, dass es eine »festgelegte Abfolge von Stufen« geben müsse, »die alle Kulturen in ihrem Entwicklungsprozess durchlaufen«. Und daraus folgte, dass es schlicht unmöglich war, eine Kultur aus einem früheren Entwicklungsstadium künstlich in ein späteres zu katapultieren. Lewis Morgan definierte drei entscheidende Entwicklungsstufen: den wilden Urzustand, die Barbarei und die Zivilisation – welch beruhigende Lehre für die Kolonialmächte. Und als die drei wesentlichen Entwicklungselemente benannte er das progressive Wachstum der Ideen von der Herrschaft, von der Familie und vom Besitz.[47]

In diesem geistigen Klima begann den Archäologen zu dämmern, welcher Fortschritt die Entwicklung vom Faustkeil zum Steinhammer wirklich bedeutet hatte (über die wir bereits im Prolog sprachen). Parallel dazu wurde das »Dreiperiodensystem« – Steinzeit, Bronzezeit, Eisenzeit – eingeführt. Wie wir wissen, war die Idee von einer lange zurückliegenden »Steinzeit« anfänglich auf massive Widerstände gestoßen. Niemand wollte glauben, dass die ersten Menschen zu Zeiten von Tieren gelebt hatten, die inzwischen ausgestorben waren. Es bedurfte erst der Funde von Boucher des Perthes in Nordfrankreich – Steinwerkzeuge neben den Knochen von ausgestorbenen Tieren –, um hier ein Umdenken einzuläuten. Doch um das Jahr 1860 und nicht zuletzt dank der Veröffentlichung von Darwins *Entstehung der Arten* setzte eine rapide Evolution der Meinungsbildung ein: Endlich wurde das sehr viel höhere Alter der menschlichen Art akzeptiert. Am Ende sollte sogar Charles Lyell zu der Vorstellung von einer progressiven Entwicklung beitragen: Er sammelte zahllose Beweise für die neue Weltanschauung und synthetisierte sie in seinem Buch *Geological Evidences for the Antiquity of Man* (1863).

Die außerordentlich einfache Art der frühesten Steinwerkzeuge überzeugte schließlich viele Forscher, dass die sozialen und kulturellen Bedingungen, unter denen die Frühmenschen gelebt hatten, überall gleich primitiv gewesen waren. Und das brachte John Lubbock auf die Idee, dass eine gesellschaftliche Evolution schon unter »Wilden« stattgefunden haben musste – was ein viel schockierender Gedanke war, als es heute den Anschein hat. Man bedenke nur, dass noch im 19. Jahrhundert fromme Gelehrte den modernen Menschen für degeneriert im Vergleich zu Adam und Eva vor dem Sündenfall hielten. In seinem Buch *Prehistoric Times* (1865) verwendete Lubbock erstmals die Begriffe »Paläolithikum« und »Neolithikum« zur Beschreibung des Übergangs zwischen Alt- und Jungsteinzeit, der sich seiner Meinung nach am Wandel vom gehauenen zum polierten Steinwerkzeug festmachen ließ. Doch bald schon sollten wesentlich durchdachtere Abwandlungen dieser Idee vorgebracht werden.[48]

*

Für viele Menschen stand und fiel die Frage, ob der Mensch vom Affen abstammt, mit dem Thema »Seele«. Wenn der Mensch tatsächlich kaum mehr als ein Affe war, hieß das dann, dass die ganze Idee von der Seele, die doch traditionell als der grundlegende Unterschied zwischen Mensch und Tier betrachtet wurde, ad acta gelegt werden musste? Darwins 1871 veröffentlichtes Werk *Die Abstammung des Menschen* versuchte zwei Dinge zugleich, nämlich erstens die Skeptiker zu überzeugen, dass der Mensch wirklich von den Tieren abstammt, und zweitens zu definieren, was das Menschsein überhaupt ausmacht und wie der Mensch seine einzigartigen Fähigkeiten erwarb.

»Wenngleich Darwin auch zunehmend Abstand nahm von seinem Glauben an einen gütigen Schöpfer, hing er doch eindeutig noch der Hoffnung an, dass die weiße Rasse tatsächlich den Gipfel eines unvermeidlichen (wenn auch unregelmäßigen) Fortschritts hin zu Höherem darstellte.« Es war ihm bewusst gewesen, dass er in seinem Buch von der *Abstammung des Menschen* vor allem den riesigen, ja ungeheuren Zuwachs an Geisteskräften im Lauf der Entwicklung vom Affen zum Menschen erklären musste. Wie konnte eine derart große Kluft überhaupt entstehen, wenn die Evolution doch ein so langsamer, gradueller Prozess war? Genau das war die Frage, auf die alle frommen Skeptiker eine Antwort erwarteten. Und Darwin lieferte sie. Im vierten Kapitel seines Buches stellte er seine Prämisse für die überlegenen Geisteskräfte des Menschen dar: das einzigartige *physische* Merkmal des aufrechten Ganges. Die Befähigung zu einer aufrechten Haltung und einem Gang auf zwei Beinen, erklärte Darwin, befreiten die Hände und ermöglichten die Entwicklung der Fähigkeit, Werkzeuge herzustellen, was den rapiden Zuwachs an Intelligenz bei dieser Gattung des Menschenaffen ermöglicht habe. Doch Darwin bot keine einzige stichhaltige Antwort auf die Frage, weshalb der Vormensch überhaupt aufrecht zu gehen begann. Erst Wallace sollte 1899 die These aufstellen, dass es sich um eine Anpassungsleistung an eine neue Umwelt gehandelt haben könnte und der Vormensch möglicherweise wegen des Rückgangs der Wälder nach einem Klimawandel dazu gezwungen worden war, von den Bäumen herabzuklettern und in die offene Savanne zu ziehen, wo sich der aufrechte Gang als die angemessenere Fortbewegungsart erwies.[49]

Tatsächlich hielt man die Frage des aufrechten Ganges zuerst gar nicht für besonders wichtig, ungeachtet der Tatsache, dass diese Idee von Darwin höchstpersönlich aufs Tapet gebracht worden war. Erst als Eugene Dubois zwischen 1891 und 1892 den »aufrecht gehenden Java-Menschen« *Pithecanthropus erectus* (heute *Homo erectus*) entdeckte, kam diese Theorie voll zur Geltung und bestätigte zudem die Bedeutung der Funde im Neandertal. Zu den entdeckten Überresten des *Pithecanthropus* zählten ein Oberschenkelknochen, dessen Bau nur den Schluss zuließ, dass er von einem aufrecht gehenden Wesen stammte, sowie ein Schädelfragment, dessen Größe ein Gehirn nahe legte, das im Umfang zwischen dem eines Affen und eines Menschen angesiedelt war. Trotz alledem sollte die tatsächliche Bedeutung des aufrechten Ganges erst um das Jahr 1930 herum wirklich erkannt werden.

*

Das Erbe Darwins ist komplex. »Der Aufstieg der Evolutionstheorie wird von manchen als die Wasserscheide zwischen der modernen Kultur und den traditionellen Wurzeln des westlichen Denkens betrachtet.«[50] Es besteht gar kein Zweifel, dass der Zeitpunkt des Aufkommens dieser Theorie – einmal abgesehen von ihrer geistigen Substanz – eine entscheidende Rolle bei der Säkularisierung des Denkens in Europa spielte, auf die wir im 35. Kapitel zu sprechen kommen werden. Darwins Theorien zwangen die Menschen zur Revision ihres Geschichtsbilds: Geschichte war eine Abfolge von Zufällen, verfolgte kein Ziel und fand keinen absoluten Endpunkt in irgendeinem Spitzenprodukt. Diese Erkenntnis beseitigte nicht nur die Notwendigkeit der Existenz Gottes, sie transformierte auch die Idee von der Allwissenheit, von einem Zustand, der definitiv irgendwann in der Zukunft erreicht würde. Und damit wurden auch in vieler Hinsicht die traditionellen Weltanschauungen untergraben und die Aussichten für die Zukunft verwandelt. Um hier nur zwei Punkte zu nennen: Es war Darwins Modell vom gesellschaftlichen Wandel, das Marx auf seine Idee von der Unausweichlichkeit der Revolution brachte; es war Darwins Biologie, die Freud auf die Idee vom vormenschlichen Unbewussten brachte. Dass

Darwins Begriff vom »Tauglichsten« im rein evolutionären Kontext nicht nur zu vielen Missverständnissen, sondern im sozialen Kontext auch (bewusst oder unbewusst) zu ungerechten und grausamen Missbräuchen führte, wird noch zu besprechen sein. Fakt aber ist, dass der Darwinismus seit der Wiederentdeckung des Gens im Jahr 1900 und seit der technologischen Blüte, die auf diesem Wissen beruht, triumphieren konnte. Außer in ein, zwei peinlichen »kreationistischen« Enklaven im ländlichen Nordamerika kommt heute niemand mehr auf die Idee, unser Wissen vom Alter der Erde und der Menschheit anzuzweifeln.

32

Neue Ideen von der Sozialordnung: Die Ursprünge von Sozialwissenschaft und Statistik

Joseph-Ignace Guillotin wurde am 28. Mai 1738 als neuntes von zwölf Kindern einer Familie aus Saintes in Westfrankreich geboren. Die Ironie des Schicksals wollte es, dass er als Frühgeburt das Licht der Welt erblickte, weil seine entsetzte Mutter zufällig Zeugin einer öffentlichen Hinrichtung geworden war. Vielleicht hatte Joseph-Ignace deshalb schon als Heranwachsender gewusst, dass Hinrichtungen nicht nur in Frankreich, sondern in allen Ländern mit unterschiedlichen Methoden durchgeführt wurden, je nachdem, welchen gesellschaftlichen Rang der Delinquent hatte. Überall gewährte man Angehörigen des Adels einen schnellen Tod und ließ Mitglieder der niederen Stände oft quälend lange leiden. Im Frankreich des 18. Jahrhunderts stand auf über hundert Verbrechen die Todesstrafe. Einer unvorstellbaren Methode wurde Robert François Damiens (1714–1757) unterzogen, jener Unglückselige, welcher sich mit einem Messer auf Ludwig XV. gestürzt und dabei den königlichen Arm zerkratzt hatte: Man riss ihm mit glühenden Zangen das Fleisch von Brust, Armen und Schenkeln, tauchte die rechte Hand – das Tatwerkzeug – in flüssiges Wachs, goss geschmolzenes Blei und kochendes Öl in die klaffenden Wunden und ließ ihn dann von Pferden vierteilen. Der Henker hatte Mitleid mit dem Opfer und schnitt ihm noch schnell mit einem scharfen Messer die Sehnen an allen Gelenken durch: So ließ er sich leichter in Stücke reißen.

Als die Revolution ausbrach, war Guillotin bereits eine Persönlichkeit von Gewicht. Er war ein angesehener Arzt, lehrte an der medizinischen Fakultät der Pariser Universität Anatomie und gehörte der Assemblée Constituante an. Außerdem war er Pazifist und machte sich viele Gedanken über die humanitäre Lage in seinem Land. Im Dezember 1789 überreichte er der Nationalversammlung sechs Vorschläge für ein menschlicheres Strafgesetz: Alle Menschen sollten gleich behandelt und keiner beim Strafmaß seines Standes wegen bevorzugt werden. Der zweite Artikel des neuen Gesetzes sah die Todesstrafe durch Enthauptung mit einem neuen und einfachen Gerät vor. Die Versammlung ließ sich Zeit für die Begutachtung der Vorschläge von Dr. Guillotin, dann nahm sie sie an. Während der Beratungen hatte ein Journalist sarkastisch gefragt (und rhetorisch, denn noch war der neue Apparat weder entworfen, geschweige denn gebaut worden): »Soll dieses Gerät den Namen von Guillotin oder Mirabeau tragen?«

Guillotin entwarf weder den Mechanismus noch das Gerät, das dann tatsächlich seinen Namen erhielt. Der Entwurf stammte von einem Arzt namens Antoine Louis (zuerst wollte man das Gerät deshalb »Louisette« nennen); gebaut wurde die erste Hinrichtungsmaschine von einem Zimmermann namens Guedon oder Guidon, der den Staat bereits mit Schafotten beliefert hatte. Die neue Vorrichtung wurde am 17. April 1792 an Strohpuppen, Schafen und mehreren Leichen getestet. Als der Hals einer besonders stiernackigen Leiche nach drei Versuchen immer noch nicht durchtrennt war, ließ Dr. Louis die Aufschlaghöhe vergrößern, die gewölbte Klinge der Schneide begradigen und im Fünfundvierzig-Grad-Winkel abschrägen. Es funktionierte. Zu Ehren von »Dr. Guillotins Tochter« wurde ein Bankett gegeben: Man prostete diesem »hervorragenden Projekt der Gleichheit« zu.

Eine Woche später, am 25. April 1792, wurde die Guillotine sozusagen erstmals »im Zorn« gegen den Dieb und Mörder Jacques Nicolas Pelletier eingesetzt. Tausende strömten herbei, um das Gerät zu begutachten. Viele gingen enttäuscht nach Hause, weil die Hinrichtung so schnell vorbei gewesen war.[1]

Weder Dr. Guillotin noch Dr. Louis konnten vorhersehen, wie oft ihr verbessertes Gerät in den kommenden Jahren eingesetzt werden sollte oder wie effizient es der Gleichheit wirklich dienen und die Köpfe aller Klassen rollen lassen würde. Die Französische Revolution von 1789 blieb vor allem wegen ihres fünf Jahre währenden blutigen Terrors in Erinnerung, der Lynchjustiz, der vielen Massaker und des jahrelangen politischen Tumults, der schließlich in die Diktatur Napoleon Bonapartes mündete und zwanzig Jahre Krieg entfesselte. Die Namensliste der Menschen, die oft aus den absurdesten Gründen auf die Guillotine geschickt wurden, lässt einen bis heute erschaudern: Der Chemiker Antoine Lavoisier wurde wegen seiner einstigen Tätigkeit als Generalsteuerpächter geköpft; der Dichter André Chénier wegen eines Leitartikels, der irgendjemandem missfallen hatte; der Politiker und Verleger Camille Desmoulins, weil er von Robespierre denunziert wurde; schließlich Robespierre selbst, gefolgt von rund zweitausendfünfhundert anderen Unglückseligen. Sein treuer Anhänger Philippe Le Blas wurde auf die Place de la Révolution (heute Place de la Concorde) geschleppt und geköpft, obwohl er sich bereits selbst das Gehirn herausgeblasen hatte. Der Volksmund sprach von einer »Guillotinemanie« und von »Schafottanbetern«, die eine »rote Masse« verehrten.[2]

Wie viele Lehren lassen sich aus diesem schrecklichen Chaos ziehen?

Der Historiker Jacques Barzun schrieb, dass viele »Revolutionäre«, die der Monarchie, dem Adel und dem Klerus unter dem Banner von »Freiheit, Gleichheit und Brüderlichkeit« den Garaus machen wollten, ganz gewöhnliche, wenn auch redegewandte Menschen gewesen seien – Anwälte, Handwerker, kleine Beamte und Grundbesitzer –, denen es meist an jeder politischen oder administrativen Erfahrung mangelte und die sich, obwohl in vielen Fällen gebildet, oft wie Gesindel gebärdeten. Nicht zuletzt das erklärt, weshalb nach der Revolution ein solcher Teufelskreis einsetzen sollte. Das Ausland und vor allem England beobachteten das Geschehen mit Entsetzen.[3]

Doch das Erbe der Französischen Revolution ist wesentlich komplexer – und in vielerlei Hinsicht auch positiver. Mit welcher Ernsthaftigkeit sich viele Denker mit diesen Ereignissen auseinander setzten, lässt sich sogar statistisch ermitteln. Von Rousseaus *Gesellschaftsvertrag* zum Beispiel erschien in dem Jahrzehnt nach 1789 durchschnittlich jeden vierten Monat eine Neuauflage.[4] Abgesehen davon wurden jede Menge Reformen eingeführt, die zwar in vielen Fällen nicht von Dauer waren, in einigen aber eben doch. Die Universitäten und *grandes écoles* wurden umstrukturiert und begannen dem kirchlichen Einfluss einen Riegel vorzuschieben; die königliche Bibliothek wurde zur Nationalbibliothek erklärt; ein Konservatorium wurde gegründet, an dem Musiker auf Staatskosten ausgebildet wurden.

Eine der dauerhaftesten und einflussreichsten Neuerungen aber war das Meter. Im Ancien Régime hatte es unglaubliche 250 000 verschiedene Maß- und Gewichtseinheiten gegeben. Das verbreitetste war der *pied de roi*, dessen Länge nach dem Königsfuß bestimmt worden war, der auch anderen Längenbestimmungen zugrunde lag, beispielsweise dem *point typographique*, der rund zwei Zoll des Königsfußes betrug. Dass die Revolution dieses Längenmaß abschaffen wollte, muss wirklich als ungemein aufwieglerisch empfunden worden sein, auch wenn man damit im Jahr 1789 letztlich nur eine Reformidee aufgriff, über die bereits seit 1755 diskutiert worden war, nämlich seitdem Turgot, der damalige Generalkontrolleur der staatlichen Finanzen, Condorcet um die wissenschaftliche Erarbeitung eines Maß- und Gewichtssystems gebeten hatte, das auf dem Sekundenpendel beruhen sollte. Die Idee, die Grundeinheit des Längenmaßes von der Strecke abzuleiten, die der Ausschlag eines Pendels in einer Sekunde zurücklegt, ging auf Galilei zurück (und war von Talleyrand vorgeschlagen worden). Doch die Umsetzung bereitete eine Menge Probleme, weil die Erde keine perfekte Kugel, sondern an den Polen leicht abgeflacht und am Äquator leicht gebaucht ist. Schon Newton hatte gewusst, dass sich die Schwerkraft wegen dieser Abweichungen unregelmäßig verändert, darum war auch der Ausschlag eines Pendels wesentlich unbeständiger, als man geglaubt hatte. Deshalb war man nun auf die Idee gekommen, das Längenmaß aus der Natur abzuleiten. Eine von den Franzosen ins Leben gerufene Kommission optierte für eine Maßeinheit, die dem vierzigmillionsten Teil des Erdumfangs entsprechen sollte, der ja für alle Menschen gleich war, aber auch weil sie den Vorteil hatte, dass sie der Pariser *aune* (Elle) sehr nahe kam, die mit ihrem Äquivalent von rund 1,20 Metern erstens zu den bereits eingeführten Pariser Maßen zählte und zweitens einen Messwert darstellte, der das menschliche Vorstellungsvermögen nicht überstieg. Diese Idee setzte sich schnell durch, vor allem da man sie auch zur Grundlage eines noch wesentlich rationaleren Maßsystems machen konnte: Ein *grave* (Gramm) wurde nun als ein Kubikzentimeter Regenwasser definiert, das in einem Vakuum von maximaler Dichte (4° C) gemessen wurde.[5] Ein Franc sollte aus 0,1 Gramm Gold bestehen und in hundert Centimes teilbar sein. Und so geschah es. Nur mit dem Versuch, die Zeit zu dezimalisieren, hatte man kein Glück. Der neue Kalender aus zwölf Monaten zu je dreißig Tagen (darunter der Brumaire oder Nebelmonat, der Thermidor oder Hitzemonat und der Ventôse oder Windmonat) war zwar ebenfalls an der Natur orientiert, sollte sich aber nie durchsetzen, ebenso wenig wie die Praxis, den Tag in zehn Stunden und die Stunde in hundert Minuten einzuteilen. Das Volk konnte sich einfach nicht daran gewöhnen, dass die Uhren um fünf Uhr nachmittags die Mittagsstunde und um zehn Uhr abends Mitternacht schlugen. Es ignorierte das Ganze einfach.

Doch das Meter war nicht nur eine bedeutende Neuerung an sich, auch das Projekt seiner Festlegung war ein gefeiertes wissenschaftliches Experiment. Sieben Jahre lang hatten Jean-Baptiste-Joseph Delambre und Pierre-François-André Méchain den Meridian von Dünkirchen über Paris nach Barcelona vermessen, um die genaue Länge des Erdumfangs zu bestimmen, auf dem das Meter beruhen sollte. Ihren Vermessungen schloss sich im Jahr 1799 die erste internationale Wissenschaftskonferenz an, die alle von Delambre und Méchain erarbeiteten Daten kollektiv prüfte und schließlich die definitive Länge eines Meters festlegte. Abgesehen davon sollten mehrere entscheidende Triangulationsfehler, die bei den Vermessungen unterlaufen, aber noch rechtzeitig erkannt worden waren, zur Entwicklung einer begründbaren Statistik führen, auf die wir gleich zu sprechen kommen werden.[6] Der Erdumfang, den die beiden Wissenschaftler vermessen hatten, differiert um weniger als die Breite von acht aneinander gelegten Seiten dieses Buches von den Vermessungsdaten heutiger Satelliten.

*

Am vernichtendsten von all den Ereignissen des Jahres 1789 wirkte sich natürlich der vom Direktorat und Konsulat gefolgte Terror aus. Viele Menschen hatten das Gefühl, dass die alte Unterdrückung nur durch eine neue ersetzt worden sei, andere fanden bestätigt, dass die wahre Natur des Menschen ebenso grausam wie boshaft, ebenso rachsüchtig wie unheilvoll sei und deshalb eine absolute Autorität im weltlichen wie spirituellen Bereich rechtfertige.[7] Wieder andere glaubten, dass die Revolution nur außer Kontrolle geraten sei, weil den einen die Freiheit wichtiger gewesen war als die Ordnung und die anderen der Ordnung Priorität vor der Freiheit eingeräumt hatten. Welche Ordnung konnte nun aber wirklich am meisten Freiheit garantieren? Diese Frage und all die Empfindungen, von denen sie begleitet war, sollten schließlich zur Idee von der Sozialwissenschaft führen.

Roger Smith stellte fest, dass der Begriff *l'art social* erstmals von französischen Revolutionären als Bezeichnung für den Wandel und der Terminus *science sociale* erstmals vom französischen Abbé Emmanuel-Joseph Sieyès in der Abhandlung *Qu'est-ce que le Tiers État?* (*Was ist der Dritte Stand?*) verwendet worden waren. Der Abbé hatte herausfinden wollen, was man in Frankreich eigentlich wirklich unter dem Begriff »die Gemeinen« verstand, unter dem Sammelbegriff für alle Personen also, die nicht dem Königshaus oder den beiden privilegierten Ständen Adel und Klerus angehörten. Das neue Denken hinter dem von ihm (und anderen nach ihm) verwendeten Begriff *La science sociale* war bereits fortschrittlicher als die Vorstellungen, die zur Idee von einer säkularen Welt geführt hatten, denn im Gegensatz zu ihnen wurde die soziale Ordnung unter diesem neuen Aspekt bereits ohne Rückbezüge auf bestimmte politische Gruppierungen betrachtet.[8] Condorcet, der unter anderem auch als ständiger Sekretär der *Académie des Sciences* fungierte (und sich während der Revolution versteckt hatte, weil auch ihm die Guillotine drohte), sollte anlässlich der Gründung der *Société de 1789*, die es sich zum Ziel gesetzt hatte, die Gesellschaft Frankreichs mit Hilfe von *les sciences morales et politiques* wieder aufzubauen, auf Sieyès' Formulierung zurückgreifen. Die *Société* überlebte Condorcets Tod im Gefängnis zwar nicht, doch das Ideal einer Wissenschaft von der Gesellschaft lebte weiter. Nach der Reform der Universitäten und *grandes écoles* im Jahr 1795 wurde die »Classe des sciences morales et politiques« am neuen *Institut National* durch das Fachressort *Science sociale et législation* ergänzt.[9]

Dass *la science sociale* ausgerechnet in Frankreich so populär wurde, überrascht nicht. Seit der Revolution bestand die französische Nation nicht mehr aus »Untertanen«, sondern aus »Bürgern«; deshalb glaubte man auch, neue Formen des Zusammenlebens erlernen zu müssen. Und dieser Druck wurde immer spürbarer, da sowohl den Bürgern, die sich zur politischen Rechten zählten, als auch den Linken (Begriffe, die ursprünglich nur die Sitzordnung in der Konstituierenden Versammlung Frankreichs nach 1789 bezeichnet hatten) die Notwendigkeit einer Erneuerung bewusst war.

Sieyès und Condorcet waren die Ersten, die den Begriff »Sozialwissenschaft« verwendeten. Der erste Sozialwissenschaftler Frankreichs, der diesen Namen verdiente, war jedoch Claude-Henri de Saint-Simon (1760–1825). Er hatte im amerikanischen Unabhängigkeitskrieg gekämpft und wusste, dass sich die junge Republik der Aufklärungsideen bediente, wann immer es galt, Demokratie, Wissenschaft und Fortschritt zu fördern. Und weil er wie viele Franzosen fasziniert von den jüngsten mathematischen und naturwissenschaftlichen Fortschritten war, drängte ihn der so offensichtliche Kontrast, der zwischen den konkreten Innovationen der Naturwissenschaften und der andauernden chaotischen Ziellosigkeit der politischen Manöver in seinem Umfeld herrschte, zur Auseinandersetzung mit einer *science sociale*. Die Neuerungen und der allgemeine Optimismus, die die Naturwissenschaften nach sich zogen, brachten ihn schließlich auf die Idee, alle Handlungen, mit denen sich verdeutlichen ließ, wie unzuverlässig metaphysische Erklärungen waren, als *positiv* zu bezeichnen. Im Kielwasser der Revolution war er nicht nur überzeugt, dass die Wissenschaft vom Menschen immer positiver würde, vor allem wenn die Physiologie weiterhin so deutliche Fortschritte machen würde, sondern glaubte auch, dass sich aus »solchen konkreten Bedingungen wie dem Klima, der Gesundheit, der Ernährung und der Arbeit« regelmäßige soziale Entwicklungsmuster ablesen ließen: Es gab also eine Alltags*struktur*, die nicht das Geringste mit Politik oder gar Theologie zu tun hatte. Und weil die Medizin und vor allem Physiologie aus seiner Sicht viel bessere Metaphern für die neue Gesellschaftsstruktur boten, begann er sich zu fragen, ob nicht auch das soziale Verhalten bestimmten Gesetzen unterlag, die man nur noch nicht kannte, so wie man auch die physischen Gesetze des Blutkreislaufs erst hatte erkennen müssen.

Das sozialwissenschaftliche Denken, dem eine neue Theorie von der menschlichen Ordnung folgte, hatte also in Frankreich eingesetzt, doch erst die rapide Industrialisierung und vor allem die Massenabwanderung vom Land in die Städte Englands verdeutlichten, *wie* viel Bedarf an diesem neuen Denkansatz es in der Praxis gab. Zwischen 1801 und 1851 hatte sich die Bevölkerung von England und Wales von 10,5 auf 20,8 Millionen verdoppelt, und das Städtewachstum stand in überhaupt keinem Verhältnis mehr. In Birmingham schnellte die Einwohnerzahl um 328 Prozent von 71 000 auf 233 000 in die Höhe, in Glasgow um 392 Prozent von 84 000 auf 329 000, in Manchester/Salford um Schwindel erregende 422 Prozent von 95 000 auf 401 000. Derart massive Zuwachsraten mussten ganz einfach schwer wiegende Folgen nach sich ziehen. Zu den gewiss schlimmsten gehörten die katastrophalen Wohnverhältnisse, die Fabriken selbst – mit ihrer teuflisch grausamen Kinderarbeit –, die primitiven, völlig unzureichenden sanitären Verhältnisse und die Krankheiten, die sie verursachten. Hunderttausende, wenn nicht Millionen von Arbeitern lebten zusammengepfercht in der drängenden Enge von Behausungen, die vom Ruß und Rauch der Hochöfen völlig heruntergekommen waren und denen es selbst an den grundlegendsten Annehmlichkeiten fehlte. Die Zustände waren so schlecht, dass die gesamte Region zwischen Birmingham und Stoke nur noch »Black Country« genannt wurde.[10]

John Marks trug viele Berichte über die Schrecken der Kinderarbeit und die vernichtenden Krankheiten zusammen: »Unzählige Kinder der Armen wurden schon mit sieben Jahren Arbeitgebern überlassen, die sie zwölf Stunden pro Tag, samstags eingeschlossen, unter der Aufsicht von Vorarbeitern schuften und nicht selten mit der Peitsche antreiben ließen. Manche Kinder arbeiteten vierzehn bis fünfzehn Stunden pro Tag, sechs Tage die Woche, und mussten auch noch die Essenspausen mit dem Säubern von Maschinen verbringen ... Hier einige Angaben, die gegenüber dem Regierungskomitee für Kinderfabrikarbeit in den Jahren 1831 bis 1832 gemacht wurden: ›Um welche Stunde begannen die Mädchen ihre Schicht in der Fabrik?‹ – ›Sie arbeiteten für jeweils rund sechs Wochen von drei Uhr morgens bis zehn oder fast halb elf Uhr abends.‹ – ›Welche Pausen waren ihnen zum Ausruhen oder für eine Erfrischung während dieser neunzehn Arbeitsstunden gestattet?‹ – ›Fürs Frühstück eine Viertelstunde, fürs Abendessen eine halbe Stunde und für die Trinkpause eine Viertelstunde.‹ – ›Wurden jemals Pausenzeiten für das Reinigen von Maschinen genutzt?‹ – ›Üblicherweise mussten sie Putzdienst verrichten, wie sie das nannten, manchmal dauerte das die ganze Frühstückszeit oder Trinkpause über, dann versuchten sie ihr Abendessen oder Frühstück irgendwie dazwischenzuschieben. Wenn das nicht möglich war, nahmen sie es mit nach Hause.‹«[11] Anfang 1819 wurden im Parlament Gesetze verabschiedet, die zwar den schlimmsten Exzessen Einhalt gebieten sollten, aber noch lange nicht weit genug gingen, um die erbärmlichen Zustände wirklich zu ändern.

Die Kinder waren so erschöpft, dass sie von den Erwachsenen frühmorgens wach gerüttelt und angekleidet werden mussten. »In manchen Bergwerken waren die Bedingungen noch härter – bereits Vierjährige wurden für das Öffnen und Schließen der Bewetterungsklappen eingesetzt. Dann mussten sie stundenlang in den engen Nischen hocken, die man in das Kohleflöz geschlagen hatte, und dort ihre Arbeit in einer ›Einzelhaft schlimmster Art‹ verrichten, wie ein Kommissionsmitglied sagte.«[12] Die Sterberaten infolge dieser Arbeitsbedingungen waren natürlich alarmierend, insbesondere von Kindern, die während der Arbeit eingeschlafen und in eine Maschine geraten waren. Das war wenigstens ein schneller Tod, anders als das langsame Dahinsiechen durch die unheilige Dreifaltigkeit Tuberkulose, Cholera und Typhus, die unter den katastrophalen sanitären Bedingungen so reiche Ernte hielt.

Charles Dickens und andere Romanciers schrieben »Industrieromane«,

Robert Owen und andere Sozialreformer setzten sich für Gesetzesänderungen ein, aber der erste Mensch, der glaubte, dass sich diese Probleme systematisch untersuchen ließen, war der Franzose Auguste Comte (1798–1857). Der Sohn eines Beamten, der schon als Kind wegen seiner ausgesprochen kurzen Beine aufgefallen war, wuchs unter für die damalige Zeit sehr ungewöhnlichen Umständen auf: Er wurde nur von Frauen aufgezogen, was einen prägenden Einfluss auf ihn ausgeübt haben muss, denn er sollte zeit seines Lebens Probleme mit Frauen haben und außerdem immer besonderes Interesse an Menschen zeigen, die materiell weniger begünstigt waren als er. Er studierte an der Pariser *École Polytechnique*, deren wissenschaftlich orientiertes technisches Ausbildungssystem einen ausgezeichneten Ruf genoss. Dann befasste er sich mit der Französischen Revolution und der Industrierevolution und fand zu seinem lebenslangen Ziel, »die Methoden der physikalischen Wissenschaften auf die Gesellschaft anzuwenden«. Nachdem er die grundlegendsten Veränderungen in seinem sozialen Umfeld studiert hatte, begriff er, dass die alten »theologischen« und »militärischen« Werte, wie er schrieb, nun »wissenschaftlichen« und »industriellen« Normen weichen mussten. Die neuen Krieger in diesem Sozialgefüge waren die Industriellen, die neuen Priester die Naturwissenschaftler, und die Sozialwissenschaftler erfüllten im Wesentlichen »die Rolle von Hohepriestern«, die sich um das harmonische Zusammenleben der Menschen kümmerten.[13]

Zwischen 1817 und 1824, nach seiner Zeit am Polytechnikum, arbeitete Comte als Sekretär von Saint-Simon, doch sie zerstritten sich, weil Comte fand, dass Saint-Simon seinen Beitrag zu einer Abhandlung nicht gebührend gewürdigt hatte, und der Sekretär ging seiner eigenen Wege. Überzeugt, dass Entwicklungen immer in Schüben stattfinden, schrieb er sein Buch *Cours de Philosophie Positive (Abhandlung über die positive Philosophie)*, in dem er ein Dreistadiengesetz der menschlichen und der wissenschaftlichen Evolutionen darstellte: Am Beginn hatte das »theologische Stadium« gestanden, in dem der Mensch die Götter für alle Phänomene verantwortlich machte; im zweiten, dem »metaphysischen Stadium«, hatten die Menschen an abstrakte Kräfte und Wesenheiten geglaubt, die den Gang aller Dinge bestimmten; im abschließend »positiven Stadium« verabschiedete sich die Wissenschaft von der »Suche nach den letztgültigen Ursachen« und begann stattdessen nach Regelmäßigkeiten und vorhersagbaren Sequenzen unter den »beobachtbaren Phänomenen« zu forschen. Mittlerweile waren der Menschheit aus Comtes Sicht bereits erste systematische Fortschritte in den wichtigsten Wissenschaften gelungen – im 17. Jahrhundert in den physikalischen Wissenschaften, im 18. Jahrhundert und zu seiner Zeit – dem 19. Jahrhundert – in den Biowissenschaften. Von nun an würden die Natur- und vor allem die Biowissenschaften im Zentrum der progressiven Zivilisation stehen. Unter Biowissenschaften verstand er eine »organische Physik«, die er in Physiologie und Sozialphysik aufgliederte und für die er später den Neologismus »Soziologie« prägen sollte. Dabei betrachtete er Sozialphysik allerdings als etwas grundlegend anderes als die Physiologie – ihr Thema waren die Regelmäßigkeiten in der sozialen Umwelt, welche sich nicht auf die Gesetze einer anderen Wissenschaft übertragen ließen. Comte wollte ausdrücklich und bewusst politische Philosophie durch Soziologie ersetzen, die er für »unvermeidlich« hielt, weil sie der gesellschaftlichen Harmonie und, ja, Moral wesentlich unparteilichere Grundlagen bot. Soziale Phänomene unterlagen seiner Ansicht nach ebenso eigenen und unveränderlichen Naturgesetzen wie alle anderen Phänomene; dabei unterschied er jedoch zwischen zwei Arten von Soziologie, nämlich zwischen einem »statischen« Prinzip, das die gesellschaftliche Struktur beherrscht und ihr Ordnung wie Moral beschert, und einem »dynamischen« Prinzip, das die Gesetze des Wandels beherrscht.[14]

Doch dann kam Comte ziemlich vom Weg ab. Seine Fixierung auf die Sozialordnung vermählte sich mit seiner Verachtung für die organisierte Religion (abgesehen davon verschlang nun eine leidenschaftliche Liebesaffäre einen Großteil seiner Zeit) und verführte ihn zu einer ganz anderen Sorte von Sozialordnung, zu einer neuen Religion nämlich, deren Ziel es war, »in Liebe auf der Grundlage eines positiven Wissens« zu leben. Comte liebte religiöse Rituale und hoffte, dass sie zur sozialen Harmonie beitragen würden; doch an den Institutionen, die in seinem Namen gegründet wurden, war dann nur wenig »positiv«. Tatsächlich ähnelten sie nichts so sehr wie der katholischen Kirche, nur mit dem Unterschied, dass sie die Menschheitsliebe anbeteten. Jedenfalls wurden Comtes beträchtliche schöpferische Energien dadurch deutlich abgelenkt und letztlich verprasst, was sein sozialphysikalisches System am Reifen hinderte und schließlich an zwei Dingen scheitern ließ: Erstens blieb darin kein Raum für Psychologie, also für die Erkenntnis von den individuellen Motiven; zweitens war er derart auf das Prinzip Ordnung und die Frage fixiert, wie sie sich herstellen ließ, dass er die Rolle des gesellschaftlichen Konfliktpotenzials, die nackten Realitäten der Macht, schlicht vernachlässigte. Diese Lücke zu füllen blieb Karl Marx überlassen.[15]

In Herbert Spencer (1820–1903) fand Comte seinen englischen Gegenpart. Wie der Franzose war auch Spencer stark von »harten« Wissenschaften und dem Ingenieurswesen geprägt worden, in seinem Fall allerdings eher, weil er in Derby aufgewachsen war, einer Eisenbahnerstadt in den britischen Midlands, wo er als Eisenbahningenieur auch seine erste Anstellung gefunden hatte. Doch in einer Hinsicht unterschied er sich grundlegend von Comte: Während der Franzose letztlich immer das Ziel vor Augen hatte, mit Hilfe der Soziologie die Politik des Staates zu beeinflussen, war Spencer immer darum bemüht, mit Hilfe der Soziologie zu beweisen, dass sich der Staat »so wenig als möglich in die Angelegenheiten des Menschen einmischen sollte«. Er bewunderte Adam Smith ebenso wie Charles Darwin und adaptierte die Ideen beider, um schließlich das Bild einer Gesellschaft darzustellen, die immer komplexer wurde und – wie die Fabrik – »der strukturellen Differenzierung und einer Spezialisierung der Formen« bedurfte, da Gesellschaften unbedingt eine Struktur brauchten, um im Darwin'schen Sinne anpassungsfähiger zu werden. Die Evolution, schrieb er, schreite auch in der Gesellschaft ständig und auf jeder Ebene voran und sorge dafür, dass nur die Tauglichsten überlebten (der Begriff *survival of the fittest* stammt tatsächlich von Spencer und nicht von Darwin; dessen Theorie von der »natürlichen Zuchtwahl« übernahm er jedoch nur zum Teil). Im Zuge dieses Prozesses würden weniger anpassungsfähige Menschen also automatisch ausgesondert. Dieses Denkmuster sollte sich unter dem Begriff »Sozialdarwinismus« einprägen.[16]

Spencer war populärer als Comte, jedenfalls gewiss in England und Amerika, wo sein berühmtestes Werk *The Study of Sociology* (1873; *Die Principien der Sociologie*, 1887) nicht nur als Buch, sondern sogar als Fortsetzungsgeschichte in einer Zeitung erschien. Ein Grund für diesen Erfolg war nicht zuletzt, dass er der viktorianischen Mittelschicht erzählte, was sie hören wollte: Das individuelle Bemühen um ein moralisches Verhalten ist der Motor des Wandels; deshalb unterstützt die Soziologie die Idee einer Laisser-faire-Ökonomie und setzt sich für ein Minimum an staatlicher Einmischung in den Bereichen Industrie, öffentliches Gesundheitswesen und Wohlfahrt ein.

*

Die deutsche Soziologie schloss im Verlauf des 19. Jahrhunderts zu ihren französischen und englischen Kollegen auf und begann sie dann schnell zu überholen. Seit den Gräueln des Stalinismus und den extremen Bedingungen, die während des Kalten Krieges in so vielen osteuropäischen Staaten (ganz zu schweigen von China) herrschten, hat der Name Marx einen deutlichen Beigeschmack. Über die politischen Theorien von Karl Marx sprachen wir bereits, doch er wurde ja von jeher nicht nur als politischer Theoretiker, sondern auch als Soziologe gesehen. Und seine soziologischen Ideen kreisen immer um die Begriffe »Entfremdung« und »Ideologie«, über die ebenfalls bereits gesprochen wurde. Doch eine kurze Rekapitulation kann nicht schaden. »Entfremdung« bezieht sich auf das Ausmaß, in dem Leben und Selbstbild des Menschen durch die materiellen Arbeitsbedingungen bestimmt und meist auch beschädigt werden. Wenn Marx schrieb, dass Menschen, die in Fabriken arbeiten, zu Fabrikarbeitern werden, dann meinte er damit nicht nur, dass sie das Gefühl entwickelten, keine Kontrolle mehr über das eigene Leben zu haben, sondern auch, dass sie ständig unterfordert waren. Und mit »Ideologie« meinte er die unbewussten Weltanschauungen, die in einer Gesellschaft vorherrschen und die die Menschen glauben machen, dass sie nichts gegen ihre Lebensumstände unternehmen und nichts verbessern könnten, weil die Dinge eben »von Natur aus« so seien. Eine andere soziologische Idee von Marx war die gesellschaftliche »Basis« und ihr »Überbau«. Als Basis bezeichnete er die Produktionsbedingungen, die grundlegenden materiellen und sozialen Verhältnisse in einer Gesellschaft, wohingegen die gesellschaftspolitischen Institutionen – Gesetze, öffentliche Verwaltung, Religion – den Überbau bilden. Für ihn war die Ökonomie (nicht die Psychologie) die grundlegende Humanwissenschaft; und eben weil er das verdeutlichte, ermöglichte er einen ganz neuen Blick auf die Lebensumstände des Menschen, auf den Zusammenhang zwischen Glauben und Wissen, auf die gesellschaftlichen Institutionen und auf die Funktionen von Macht. »Während die Autoren der Aufklärung oder die Liberalen des 19. Jahrhunderts bei Erklärungen über die Natur des Menschen ansetzten, verkehrte Marx die Gleichung ins Gegenteil und versuchte, die Natur des Menschen mit den historischen und wirtschaftlichen Faktoren zu erklären.«[17]

So überraschend das heute auch klingen mag: Fakt ist, dass die Ideen von Marx in Westeuropa vor dem Ende des 19. Jahrhunderts gar nicht richtig zur Kenntnis genommen wurden. (Harold Perkin schreibt, dass der Marxismus in England vor den achtziger Jahren des 19. Jahrhunderts »kaum bekannt« gewesen sei.) In Russland interessierte man sich weit mehr dafür, denn dieses Land hinkte damals politisch wie gesellschaftlich so stark hinterher, dass man sich dort bereits zu fragen begann, ob ein derart rückständiger Staat überhaupt zu einem »Vorwärtssprung« in der Lage sein würde, ohne erst durch all die verschiedenen Reformen, Revolutionen und Renaissancen gegangen zu sein, die der Westen bereits durchlebt hatte. Im Westen begann man Marx erst zu beachten, als die Ereignisse in Russland gewalttätig wurden und seine Argumente zu bestätigen schienen.

Die anderen deutschen Soziologen, die sowohl der Disziplin Soziologie Gestalt verliehen als auch Einfluss auf das 20. Jahrhundert nahmen, waren Max Weber, Ferdinand Tönnies und Georg Simmel. Wie Marx vertrat auch Weber vorrangig ökonomische Theorien, verdankte aber so manche Idee Comte und war wahrscheinlich der erste Deutsche, der sich selbst als Soziologen bezeichnete. (Eine Bezugnahme auf die Organisation menschlicher Gruppen als »die Gesellschaft« war vor Ende des 19. Jahrhunderts nicht üblich gewesen – man sprach vielleicht von einer bestimmten »politischen Gesellschaft« oder von einer »primitiven Gesellschaft«, bezog diesen Begriff aber nie auf etwas Abstrakteres.)[18]

Das Hauptthema der deutschen Soziologen war »Modernität«, das heißt die Frage, wie sich das moderne Leben in sozialer, politischer, psychologischer, ökonomischer und moralischer Hinsicht vom vergangenen unterschied. Seit der formellen deutschen Reichsgründung am 18. Januar 1871 sollte dieses Thema in den Vordergrund rücken. Das gesamte Werk von Max Weber war auf die Klärung der Frage gerichtet, was moderne westliche Kulturen von anderen unterschied. Doch wie alle frühen Soziologen wollte auch er zuerst einmal in Erfahrung bringen, wie Modernität überhaupt zustande kam. Hier eine tabellarische Darstellung, die ich von Roger Smith übernehme:

Herbert Spencer: Modernität bedarf der Verwandlung einer vorherrschend militanten (militärischen) Gesellschaft in eine industrielle;
Karl Marx: Modernität bedarf der Verwandlung des Feudalismus in Kapitalismus;
Henry Maine (der englische Soziologe und Anthropologe ging in seinem berühmtesten Werk *Ancient Law* von einem evolutionären Ansatz aus): Modernität bedarf der Verwandlung des Statussystems in ein Vertragssystem;
Max Weber: Modernität bedarf der Verwandlung von traditioneller Autorität in eine rationale rechtliche Autorität;
Ferdinand Tönnies: Modernität bedarf der Verwandlung einer Gemeinschaft in eine Gesellschaft.[19]

Weber wollte die Sozialwissenschaft so entwickeln, dass sie dem neu geeinten deutschen Staat bei der Analyse und Klärung der Frage helfen konnte, was genau die »unausweichlich« modernen gesellschaftlichen und wirtschaftlichen Bedingungen waren. Deshalb schloss er sich der vorrangig aus Wirtschaftshistorikern bestehenden Gruppe an, die 1872 den »Verein für Socialpolitik« gegründet hatte, um die Zusammenhänge zwischen den sozialen Bedingungen und der Industrialisierung zu erforschen. Aus Sicht der Vereinsmitglieder stand Deutschland vor einem Dilemma, weil das Zweite Reich, in dem sie lebten und wirkten, ihrer Meinung nach gar keine andere Option hatte als die Industrialisierung, eine solche Ökonomie aber nicht jeden Bürger gleichermaßen zufrieden stellen konnte. Deshalb empfahlen sie der Regierung die Entwicklung einer Politik, die dieser Realität Rechnung tragen würde, beispielsweise durch ein nationales Versicherungssystem, das die Armut der Arbeiterklasse lindern würde.[20]

Weber beackerte den Boden der Sozialwissenschaft interdisziplinär. Zuerst schrieb er eine Wirtschaftsgeschichte, dann befasste er sich mit einer Studie über *Die Verhältnisse der Landarbeiter im ostelbischen Deutschland*, um sich anschließend einem wieder ganz anderen historischen Aspekt zuzuwenden, nämlich einer Studie über die alten Religionen Israels,

Indiens und Chinas, die ihm eine vergleichende Perspektive über die (modernen) ökonomischen Entwicklungen im Westen verschaffen und seinem bekanntesten Werk *Die protestantische Ethik und der »Geist« des Kapitalismus* (1904/5) noch mehr Autorität verleihen sollte. Weber verdeutlichte, weshalb die entscheidendste ökonomische Entwicklung der Neuzeit, der Kapitalismus, in erster Linie eine protestantische Angelegenheit war – sogar in katholischen Ländern –, es den beteiligten Protestanten dabei aber gar nicht notwendigerweise um die Schaffung von Wohlstand oder um Luxusgüter ging, die mit Geld erworben werden konnten, sondern vielmehr um Arbeit im Sinne einer Pflichterfüllung: Der weltliche Beruf war in ihren Augen eine Berufung zum wahren christlichen Gottesdienst. Während das höchste Ideal für Katholiken die Seelenläuterung war, die sich im Rückzug von der Welt durch Kontemplation (wie die des abgeschieden lebenden Mönchs) erreichen ließ, propagierten Protestanten also das genaue Gegenteil: Die Erfüllung liegt in der Hilfe, die man anderen angedeihen lässt.[21]

Obwohl Weber ein leidenschaftlich politischer Mensch war, war er doch wie Comte mindestens so sehr um »wertfreie Fakten« besorgt, die die Objektivität von sozialwissenschaftlichen Erkenntnissen garantieren sollten, die also unbelastet von den individuellen oder kollektiven Werten des jeweiligen Forschers waren. Ebenso leidenschaftlich war Weber bemüht zu verdeutlichen, dass uns die Wissenschaft selbst nicht mit Werten versorgen oder gar sagen kann, wie wir leben sollen: Die Wissenschaft hat nur die Fakten anzubieten, die uns helfen können, *selbst* Entscheidungen hinsichtlich unseres eigenen Lebens zu treffen. Die hervorstechendste Eigenschaft der Moderne war für ihn die Entzauberung, die mit ihr einherging. Dies war keine Welt, in der Götter noch eine Heimstatt hatten oder haben konnten. Modernität bedeutete Rationalität und die Strukturierung aller Dinge durch die Dreifaltigkeit Effizienz, Ordnung und materielle Befriedigung. Und das war nur mit Hilfe jener rechtlichen, wirtschaftlichen und bürokratischen Institutionen zu erreichen, welche die innergesellschaftlichen Beziehungen zunehmend stärker regelten. *Dass* die Kommerz- und Industriegesellschaft das Leben entzauberte und der Menschheit alle spirituellen Ziele nahm, hielt Weber allerdings trotz all der Freiheiten und anderen Vorteile, die sie mit sich brachte, für höchst problematisch. Doch er glaubte nicht, dass sich dagegen etwas tun ließ. Die Ernüchterung war da, die Menschen mussten nun mit ihr leben.

Ein weiterer entscheidender Punkt bei Weber war die grundlegende Andersartigkeit von Humanwissenschaften – denen die Soziologie angehörte – und Naturwissenschaften. Während wir natürliche Vorgänge mit Hilfe von angewandten Naturgesetzen »erklären«, ist das menschliche Verhalten »an sich sinnvoll« und muss daher auf eine Weise »interpretiert« oder »verstanden« werden, für die es kein Vorbild in der Natur gibt. Diese Weber'sche Dichotomie ist uns höchst lebendig und nachhaltig erhalten geblieben.[22]

Kaum weniger einflussreich als diese Dichotomie, jedenfalls gewiss zur damaligen Zeit, war die im Jahr 1887 von Ferdinand Tönnies (1855–1936) getroffene Unterscheidung zwischen der »Gemeinschaft« des vormodernen und der »Gesellschaft« des modernen Zusammenlebens. Traditionelle Gemeinschaften wuchsen organisch und verfügten über »heilige« Werte, die von allen geteilt wurden und fast immer unhinterfragt blieben; moderne Gesellschaften werden auf der Basis von rationalen und wissenschaftlichen Erkenntnissen geplant und durch Bürokratien am Leben erhalten. Daraus folgerte Tönnies, dass moderne Gesellschaften unvermeidlicherweise etwas Künstliches und Willkürliches hätten und keine Garantie böten, dass die Gesellschaft als solche die Werte ihres einzelnen Mitglieds teilt. Diese Sicht sollte häufig in der modernen Kunst ihren Ausdruck finden.

Der vierte unter den großen deutschen Soziologen des 19. Jahrhunderts war Georg Simmel (1858–1918). Im Jahr 1903 publizierte er seinen Aufsatz *Die Großstädte und das Geistesleben*, in dem er erklärte: »Die psychologische Grundlage, auf der der Typus großstädtischer Individualitäten sich erhebt, ist die *Steigerung* des Nervenlebens, die aus dem raschen und ununterbrochenen Wechsel äußerer und innerer Eindrücke hervorgeht.« Aus der Sicht Simmels, dessen Vorlesungen in Berlin sowohl von Karl Mannheim als auch von Georg Lukács besucht wurden, boten die wuchernden Städte des 19. Jahrhunderts (die nun Metropolen waren, wo nichts mehr an das Leben der mittelalterlichen Universitätsstädte erinnerte) einen Lebensraum ganz anderer Art, was sich deutlich auf das Zwischenmenschliche auswirkte: »Das Leben wird einerseits unendlich leicht gemacht, indem Anregungen, Interessen, Ausfüllungen von Zeit und Bewusstsein sich ihr [der Kultur] von allen Seiten anbieten und sie wie in einem Strome tragen«, andererseits ist die »Atrophie der individuellen durch die Hypertrophie der objektiven Kultur ... ein Grund des grimmigen Hasses ...«[23] Als objektive Kultur bezeichnete Simmel, was wir heute »Hochkultur« nennen würden und worunter Matthew Arnold das Beste verstand, das je gedacht, geschrieben, komponiert und gemalt wurde. Objektiv ist diese Kultur insofern, als sie in konkreten Formen »da draußen« vorhanden ist, wo sie ein jeder sehen, hören oder lesen kann. Die Art und Weise, wie sich Menschen auf diesen »Kanon der Kulturformationen« bezogen, hielt Simmel für die beste Möglichkeit, eine Gesellschaft oder Kultur zu definieren. In einer subjektiven Kultur, in der »keine Einbeziehung eines objektiven Gebildes in den Entwicklungsprozess der subjektiven Seele vorliegt«, mag das Individuum zwar vielleicht »Werte des höchsten Ranges in sich oder außer sich realisieren«, doch geteilt wird in dieser Kultur nichts oder fast nichts. Das klassische Beispiel dafür sah

Simmel in der Kommerzgesellschaft, in der sich jeder nur auf das spezifische eigene Projekt konzentriert. Zwar glaubte er, dass auch in einer solchen Welt jeder Mensch mehr oder weniger zufrieden mit dem eigenen Los leben könne, allerdings nur dann, wenn er sich der kollektiven *Unzufriedenheit*, die sich in der Entfremdung manifestiert, immer unbewusst bliebe.[24] In dem Aufsatz »Das Problem der Soziologie« und bei seinen Vorlesungen stellte Simmel 1894 die Soziologie erstmals als eine eigenständige Wissenschaft dar.

Simmel führt uns noch einmal nach Frankreich zurück, diesmal zu seinem dortigen Gegenspieler David Émile Durkheim (1858–1917). Der Sohn eines Rabbiners stammte aus dem ländlichen Lothringen. Als Provinzler und Jude wurde er gleich für doppelt unwesentlich befunden – vielleicht war es das, was seiner Beobachtungsgabe ihre besondere Schärfe verlieh. Frankreich hatte seit 1789 mit schöner Regelmäßigkeit Turbulenzen durchlebt (die Revolution von 1848, den Krieg zwischen Frankreich und Preußen, die Belagerung von Paris 1870 bis 1871), die bei Durkheim zu einem bleibenden Interesse an den Fragen führten, was soziale Stabilität bestimmte oder zerstörte und welche Faktoren nötig waren, um beim Individuum das Bedürfnis nach konkreten Zielen und nach Aufrichtigkeit zu wecken und ihm Anlass zum Optimismus zu geben.[25]

Durkheims Laufbahn hatte deutlich von den vielen Neuerungen im französischen Hochschulsystem profitiert. Nach der Belagerung von Paris und der Kommune hatten Republikaner und katholische Monarchisten vor allem um die Kontrolle des Ausbildungssystems gekämpft, die Republikaner hatten schließlich den Sieg davongetragen. Durkheim wurde direkt in die Universitätsreform verwickelt, mit der die Republikaner nun sofort begannen, die Forschungsbereiche nach primär deutschem Muster aufzuteilen. 1887 erhielt er einen Lehrstuhl an der Universität von Bordeaux und begann dort, Seminare in »Sozialwissenschaft« anzubieten. Deshalb war er, als sich die Behörden schließlich auch an die Umstrukturierung der Universität von Bordeaux machten, in einer idealen Position und ergriff die Chance, um die (zumindest in Frankreich) brandneue Disziplin Soziologie zu erfinden. Mit gutem Gespür für die Gunst der Stunde veröffentlichte er bereits wenig später ein Lehrbuch zum Thema und zwei thematisch enger umgrenzte, polemischere Arbeiten: *De la division du travail social* (1893, *Über die Teilung der sozialen Arbeit*) und *Le suicide* (1897, *Der Selbstmord*). Ein Jahr später gründete er das Journal *Année Sociologique*; 1902 wurde er an die Sorbonne berufen.

Le suicide wurde sein bekanntestes Werk, auch wenn es auf den ersten Blick gar kein *soziologisches* Thema behandelte, sondern eher ein ungemein persönliches, privates und subjektives Buch zu sein schien. (André Gide sollte später erklären, dass Selbstmord etwas prinzipiell Unerklärbares sei.) Aber genau das hatte Durkheim bezweckt – er wollte die soziologische Komponente der Psychologie aufzeigen. Im ersten Teil des Buches wies er statistisch nach, dass Selbstmordraten variierten, je nachdem, ob es sich um Protestanten oder Katholiken, um eine ländliche oder städtische Region handelte. Solche Details hatte noch niemand bedacht, die Menschen waren von Durkheims Erkenntnissen schockiert. Doch mit Variablen des Offensichtlichen gab er sich nicht zufrieden, denn er war überzeugt, dass weniger handfeste soziale Sachverhalte eine mindestens so entscheidende Rolle spielen, zum Beispiel die Frage, ob ein Selbstmord aus egoistischen, altruistischen, anomischen oder fatalistischen Gründen verübt wurde. »Egoismus« definierte er als einen Zustand, der vom Maß des Verfalls einer Gesellschaft oder von ihrer Unfähigkeit bestimmt wird, die Gefühle des Individuums auf sich zu konzentrieren: Ist dieser Verfall einer Gesellschaft deutlich anzumerken, beginnt ein hoher Prozentsatz ihrer Bürger ziellos zu werden und sich »auszugrenzen«. »Anomie« definierte er als den Zustand einer gestörten allgemeinen Ordnung und von beschädigten Normen. Dieser Zustand führt dazu, dass viele Menschen ein ungeregeltes Leben führen, und bringt zahlreiche Nebeneffekte wie zum Beispiel eine hohe Verbrechensrate mit sich. Durkheim behauptete also, dass so etwas wie »die Gesellschaft« und solche sozialen Phänomene wie Egoismus und Anomie tatsächlich existieren, aber gewissermaßen *außerhalb* des Individuums, und sich weder auf Biologie noch auf Psychologie reduzieren lassen.[26]

*

In seinem Bemühen, das menschliche Verhalten mit Hilfe eines soziologischen Ansatzes zu erklären, gelang Durkheim noch eine andere Leistung: Er bereitete der Sozialmedizin oder dem, was wie heute Epidemiologie nennen, den Boden. Natürlich war er da nicht der Einzige – in Deutschland, Österreich und Schweden hatte man bereits im 18. Jahrhundert mit zweckbestimmten Datensammlungen begonnen; auch in den großen Industriestädten, wo die Menschen mit noch nie da gewesenen Problemen zu kämpfen hatten, vor allem was die Hygiene betraf, gab es bereits Anfänge einer Sozialmedizin oder Epidemiologie. Einer der ersten Engländer, der damit beträchtliche Erfolge haben und anderen zum Vorbild werden sollte, war Sir John Snow: Ihm verdanken wir eine statistisch-soziologische Untersuchung über die Verteilung der Cholerafälle in London. Im Jahr 1854 war es dort zu einem schrecklichen Choleraausbruch gekommen, der in nur knapp zehn Tagen über fünfhundert Tote forderte. Anhand der Listen von Verstorbenen und Erkrankten fand Snow heraus, dass es die meisten Opfer im Bezirk der Broad Street gegeben hatte. »Nachdem er Familienmitglieder von Verstorbenen befragt hatte, konnte Snow den einzigen Faktor identifizieren, der allen Fällen gemein war: die Wasserpumpe in der Broad Street, aus der jedes Opfer getrunken hatte. Erhärtet wurde dieser Verdacht durch die Beobachtung, dass sich nur sehr wenige Insassen des ebenfalls im Bezirk der Broad Street angesiedelten Armenhauses mit Cholera angesteckt hatten und ihre Infektion in jedem Fall vor ihrer Aufnahme dort stattgefunden hatte. Snow vermutete deshalb (und fand das schließlich bestätigt), dass das Armenhaus Wasser aus einer anderen Quelle bezog... Die umsichtigen Nachforschungen Snows sollten sich bezahlt machen, denn nachdem er sich davon überzeugt hatte, dass die Cholera durch das verunreinigte Wasser aus der Pumpe in der Broad Street verursacht worden war, forderte er von den Behörden sofort ihre Versiegelung.« Tatsächlich kam der Ausbruch zum Stillstand. Damals sollte diese Episode zwar kaum konkrete Maßnahmen nach sich ziehen, doch in der Sozialmedizin wurde sie legendär. Und ungewöhnlich war sie in doppelter Hinsicht, denn der Cholera-Erreger wurde erst rund achtundzwanzig Jahre nach Snows Forschung von Robert Koch entdeckt.[27]

Die Theorie von den Krankheitskeimen begann man erst in den achtziger Jahren des 19. Jahrhunderts zu verstehen. Fast zur gleichen Zeit, in der Snow seine Schlüsse zog, entdeckte der ungarische Mediziner Ignaz Semmelweis, dass sich die Verbreitung von Kindbettfieber unter Frauen, die gerade entbunden hatten, deutlich reduzieren ließ, wenn sich die Geburtshelfer vor der Entbindung die Hände wuschen. Der schottische Chirurg Joseph Lister ging 1865 noch einen Schritt weiter, indem er Operationswunden mit Verbänden versah, die mit Karbolsäure getränkt worden waren. Doch erst Louis Pasteur fand heraus, dass sich abgeschwächte Keime zur Immunisierung vor just den Krankheiten nutzen ließen, die sie im ungeschwächten Zustand auslösten. Die Idee der Impfung war geboren und konnte schon bald gegen eine immer größere Zahl von Krankheiten eingesetzt werden, die sich zuhauf in den Städten verbreiteten – Tuberkulose, Diphtherie und Cholera.[28]

Die Probleme der Urbanisierung veranlassten England im Jahr 1851 erstmals zu einem Zensus, der in der Folge alle zehn Jahre wiederholt wurde, um eine einfache empirische Basis für Antworten auf die sozialen Dimensionen der Modernisierung zu erhalten. Und das zog nicht nur erste systematische Versuche nach sich, das Ausmaß der Armut und der Wohnungsprobleme zu eruieren, es »verwandelte auch das politische und moralische Bewusstsein im Land«.[29]

In diesem Zensus spiegelte sich aber auch das wachsende Interesse an der Statistik. Die 1831 gegründete *British Association for the Advancement of Science* richtete noch im selben Jahr eine eigene Statistikabteilung ein; zwei Jahre später wurde die *Manchester Statistical Society*, ein Jahr darauf ihr Londoner Pendant ins Leben gerufen. Inzwischen setzte man bereits als gegeben voraus, dass Daten über die Sterblichkeit, die Verteilung von Kriminalität und Geisteskrankheiten oder über den Ernährungszustand der Bevölkerung nicht nur der staatlichen Sozialpolitik, sondern auch den universitären Sozialwissenschaften empirische Grundlagen bieten konnten. Mit einem Mal – jedenfalls schien es so – standen in England und anderenorts massenweise Daten über den Alltag zur Verfügung. Und der schiere Umfang an Details, die nun bekannt wurden, schürte den Bedarf an immer differenzierteren statistischen Analysen – Zählungen allein reichten nicht mehr. Die beiden ersten Arten von Statistik hatten sich noch allein auf die *Verteilung* von Alltagsaspekten konzentriert, der nächste statistische Ansatz befasste sich bereits mit der Frage der *Korrelation* von Daten. Und die damit verbundenen Techniken sollten sich nun nicht nur auf die politischen Richtlinien auswirken, sondern auch zwei ganz andere Effekte bewirken – sie verdeutlichten, dass bestimmte Phänomene die Tendenz haben, zusammen aufzutreten, was wiederum neue Fragen aufwarf; und sie enthüllten, dass die Korrelationen alles andere als perfekt waren. Nur weil die Messungen einer Verteilung variierten, begann man Fragen über die statistische *Unbestimmtheit* der Umwelt zu stellen, und das war ein Damoklesschwert, das im 20. Jahrhundert sogar über solchen harten Wissenschaften wie der Physik schweben sollte.[30]

Die formellere Statistik begann mit dem belgischen Astronomen Lambert Adolphe Jacques Quetelet (1796–1874). Als er 1823 in Paris studiert hatte, war er den Wahrscheinlichkeitstheorien von Pierre-Simon de Laplace begegnet, der damals schon um die siebzig war – er starb 1827. Deshalb müssen wir hier noch einmal auf Delambres und Méchains Vermessungen für das Urmeter zurückkommen. Ken Alder schildert in seinem Buch über die Geschichte dieser Vermessungen, wie unterschiedlich die Arbeitsmethoden der beiden Männer gewesen waren. Delambre hielt alle Messungen und Berechnungen unauslöschlich mit Tinte in Notizbüchern fest, deren Seiten er durchnummeriert hatte. Das heißt, wenn ihm ein Fehler unterlief, war er unwiderruflich und für jeden nachvollziehbar aufgezeichnet. Méchain hingegen benutzte lose Blätter und häufig nur kleine Zettel, die er mit Bleistift beschrieb. Das heißt, seine Notizen konnten verwischt oder sogar ausradiert werden. Ob diese Gepflogenheiten nun symptomatisch für die Charaktere der beiden waren oder nicht, fest steht jedenfalls, dass Delambre beim Abgleich ihrer Aufzeichnungen bewusst wurde, dass sein Kollege eine Menge Daten verfälscht hatte, damit sie sich mit seinen Erwartungen deckten. Ein Grund für diese »Diskrepanz« zwischen Realität und Erwartung war die für Méchain unerwartet unregelmäßige Erdgestalt, die nicht nur für leichte Abweichungen der Meridiane, sondern auch bei der Schwerkraft sorgte, was sich natürlich auf die Repetitionskreise übertrug, mit denen die Männer ihre geodätischen Messungen durchführten. Méchain glaubte jedoch, dass die merkwürdigen Resultate seiner Beobachtungen auf der falschen Triangulation eines

Sterns beruhten. Die exakte Positionierung von Sternen war zu einem fast schon klassischen Problem für Astronomen und Mathematiker geworden. Dem Laien scheint die genaue Bestimmung eines Sterns (und seiner Bahn) auf den ersten Blick kein besonderes Problem zu sein, in Wirklichkeit ist sie alles anderes als einfach. Zur Zeit dieser Meridianvermessung war jedenfalls allseits bekannt gewesen, dass die exakte Lokalisierung eines entfernten Himmelskörpers sogar mit den neuesten Teleskopen eine höchst komplizierte Angelegenheit war und man oft die unterschiedlichsten Resultate bekam. Anfänglich hatte man deshalb einfach das arithmetische Mittel als »richtige« Antwort akzeptiert. Als sich jedoch herauszustellen begann, dass die Messwerte verschiedener Beobachter systematisch differierten, wurden ganze Forscherteams beauftragt, diese Verzerrungen zu eliminieren. Doch damit konnten sich viele Mathematiker nicht zufrieden geben. Ihrer Meinung nach mussten Messwerte, die näher am Mittelwert lagen, mehr berücksichtigt werden als stärker voneinander abweichende Werte, und das zog zwei Entwicklungen nach sich: Zum einen erfand Adrien-Marie Legendre die Methode der kleinsten Quadrate, die er für die praktikabelste Lösung dieses Problems hielt, weil »die beste Kurve immer diejenige sei, welche das Quadrat des Ausgangswerts aller einzelnen Datenpunkte auf der Kurve minimiert«.[31] Für unseren Zweck entscheidend ist nur, dass Legendre seine neue Theorie erstmals an den Daten von Delambre und Méchain testete.

Den zweiten Schritt ging Karl Friedrich Gauß (1777–1855), als er auf der Arbeit von Laplace, Quetelet und Legendre aufbaute. Mit astronomischen Techniken war im Wesentlichen bewiesen worden, dass sich die Bahnen der Himmelskörper, die von verschiedenen Astronomen beobachtet worden waren, »gleichmäßig verteilten«, wie es in der Fachsprache hieß, wenn man sie auf ein Diagramm übertrug. Diese gleichmäßige Verteilung ließ sich nun auch auf eine Reihe von anderen Phänomenen anwenden, weshalb man begann, sie als »Normalverteilung« (eines Mittels) zu bezeichnen. In den neunziger Jahren des 19. Jahrhunderts wurde diese Idee von dem englischen Mathematiker Karl Pearson (1857–1936) weiterentwickelt. Er führte den Begriff der »Normalverteilungskurve« oder später so genannten »Glockenkurve« ein. Und das sollte sich als die vielleicht einflussreichste Idee der damaligen Zeit erweisen, denn genau diese Glockenkurve wurde von Quetelet dem *homme moyen* zugrunde gelegt, den er beschrieb und der die Phantasien so ungemein anregen sollte. Es dauerte nicht lange, bis sich praktisch jeder der Idee von Quetelet bemächtigte, ob Schriftsteller, Vermarktungsexperte oder Fabrikant. Doch sie warf noch mehr Fragen über die Natur des Menschen auf. War der Durchschnittsmensch das Ideal oder die Verkörperung des Mittelmaßes? Waren die Menschen an den Verteilungsrändern etwas Besonderes oder degeneriert? Repräsentierte *l'homme moyen* das Wesentliche am Menschen?[32]

Man begann zu begreifen, dass etwas sehr Grundlegendes, ja geradezu Geheimnisvolles um die Statistik war. Allein schon die Begriffe »Normalverteilung« oder »Durchschnittsmensch« bedeuteten, dass sich gewissermaßen alle Männer und Frauen gemäß einer Zahlenlogik verhielten. Beispielsweise war jeder Mord für sich genommen nicht vorherzusagen, wohingegen die Verbrechensstatistiken von Jahr zu Jahr Regelmäßigkeiten oder sogar Beständigkeiten bei der Anzahl begangener Morde und mehr oder weniger auch der Orte enthüllten, an denen sie begangen wurden. Durkheim hatte das Gleiche in Bezug auf Selbstmorde festgestellt. Was sagte es über die Komplexitäten des modernen Lebens aus, wenn sich hinter allen Aktivitäten bestimmte Muster verbargen? »Die Statistik schien das Mittel zu sein, welches das Studium sozialer Fakten ebenso objektiv und präzise machte wie das Studium physikalischer Fakten und mit dessen Hilfe die Sozialwissenschaft ebenso allgemeingültige Gesetze aufdecken konnte wie die Physik.« Solche Ideen weckten viele Hoffnung unter den Denkern, die glaubten, dass »das Wettbewerbssystem ... zum Wohle der Allgemeinheit ausgebaut werden« und der Staat intervenieren müsse, um wenigstens einen Teil des Schadens aufzufangen, der durch den brutalen Industrialismus angerichtet worden war. Das jedenfalls war der Kernglaube der 1883/84 gegründeten Londoner *Fabian Society* sowie der *London School of Economics and Political Science*, die seit 1903 Soziologie unterrichtete.[33]

Im 17. Kapitel wurde deutlich, dass die Entwicklung von Messwerten im 13. und 14. Jahrhundert – beziehungsweise der zunehmende Wert, den man nun auf Genauigkeit und quantitatives Denken legte – dem modernen Westen den Weg bereitet hatte. Der nächste Vorstoß fand in viktorianischer Zeit statt. Der abschließende Vorwärtsschritt bei dieser Entwicklung gelang Edwin Chadwick, beispielsweise mit seiner Forderung, die Rubrik »Todesursache« in die neu erfundenen Meldescheine aufzunehmen. Chadwick diente zwei Kommissionen (*Commission on the Poor Law* und *on the sanitary conditions of labour*) als »Faktenfinder«, und es war seiner Arbeit zu verdanken, dass sich die Zahlenmanie der Viktorianer zu konsolidieren begann (allein die Statistiken für die *Poor Law Commission* füllten fünfzehn Bände). Die schockierendste Erkenntnis aus Chadwicks Statistiken war, dass 14 000 der 77 000 untersuchten Almosenempfänger durch eine Fiebererkrankung in die Armut geschliddert waren. Das heißt, er hatte einen Problemzusammenhang identifiziert, dessen Existenz bis dahin niemand für möglich gehalten hätte (und den es in gewissen Maßen bis heute gibt). Chadwick verdanken wir die Erkenntnis von der unglaublichen Todesrate in den Industriestädten, die sich im Lauf von nur zehn Jahren verdoppelt hatte; durch ihn erfuhr man zum Beispiel auch, dass sich in den Wohngebieten der Armen durchschnittlich sage und schreibe hundertzwanzig Menschen einen »üblicherweise nicht betretbaren Abort« teilen mussten.[34]

Diese Zahlen versetzten einen Großteil der viktorianischen Mittelschicht in helle Empörung und sollten keine geringe Rolle bei der Entwicklung der modernen Politik spielen (beispielsweise bei der Gründung der Labour-Partei). Andererseits hielten viele Viktorianer den Drang, alles zählen und messen zu wollen, für eine ausgesprochene Kontrollsucht. Der Historiker George Malcolm Young berichtete: »Es wurde mir glaubhaft versichert, dass der Eisenbahnfahrplan eine Menge zur allgemeinen Disziplinierung der Menschen beigetragen habe.«[35] Doch in einer Massengesellschaft war Statistik eine Notwendigkeit und alles andere als ein Kontrollmechanismus, weil sie sich für viele Menschen als eine Art Freiheitsgarant erwies. Die Viktorianer empfanden Statistiken als aufregende Lektüre, sowohl in philosophischer Hinsicht, da sie etwas über die Bestimmtheiten und Unbestimmtheiten des kollektiven Lebens enthüllten, als auch in praktischer Hinsicht, da sie den Regierungen der neuen – und oft so trostlosen – Metropolen zu mehr Effektivität verhalfen. Heutzutage empfinden die meisten von uns Statistiken als eine knochentrockene Materie, die ihren einst so aufregenden Reiz völlig verloren hat. Doch die Entwicklung der modernen Gesellschaft, ganz zu schweigen von der Idee des Wohlfahrtsstaats, wäre ohne sie undenkbar gewesen.

33
Zweck und Missbrauch von nationalistischen und imperialistischen Ideen

Im Jahr 1648, über hundertfünfzig Jahre nach der Entdeckung der Westindischen Inseln und Amerikas, wurde der Westfälische Friede geschlossen. Der Dreißigjährige Krieg, bei dem sich Protestanten und Katholiken bis zum totalen Stillstand um die Frage bekämpft hatten, wie der Plan Gottes auszulegen sei, war beendet. Man kam überein, dass künftig jeder Staat das Recht habe, seinen eigenen Ideen anzuhängen. Es war derart viel Blut um Ideen vergossen worden, die ohnedies keine Seite beweisen konnte, dass eine Tolerierung aus Erschöpfung der einzig noch mögliche Schritt schien. Allerdings war nicht zu übersehen, welche unangenehmen Folgen diese neue Sachlage nach sich zog: Das Papsttum war übergangen worden; Spanien und Portugal verloren an Macht; und der Schwerpunkt in Europa verlagerte sich weiter nördlich auf Frankreich, England und die Vereinigten Niederlande, die beim Separatfrieden von Münster gerade erst ihre Unabhängigkeit erlangt hatten. Parallel dazu war inzwischen jedem bewusst geworden, dass der Globus größer, vielgestalter und widerspenstiger war, als es die ersten Entdecker vermutet hatten. Und das sollte die Befindlichkeiten in den nördlichen Staaten, deren Existenzen durch den Ausgang des Dreißigjährigen Kriegs gerade erst bestätigt worden waren, deutlich ändern: Anstatt sich umgehend an die Eroberung fremder Länder und Völker zu machen und die gleichen Schmähungen zu riskieren, die die Spanier ihrer Behandlung der »Indianer« wegen auszuhalten hatten, zeigten sich die Völker im Norden mehr am Handel und anderen kommerziellen Aktivitäten interessiert. (Und während nur rund ein Viertel der spanischen und portugiesischen Einwanderer in den lateinamerikanischen Gebieten Frauen waren, wurden die britischen Auswanderer nach Nordamerika regelrecht ermuntert, ihre Familien mitzunehmen, was zur Folge hatte, dass weit weniger Männer Geschlechtspartnerinnen unter der indigenen Bevölkerung suchten.) Dieser Wechsel von der frühen »katholischen« zur späteren »protestantischen« Haltung hatte aber auch viel damit zu tun, dass die traditionelle militärische Klasse und der Landadel von einer neuen Handelsschicht abgelöst wurden, die zu einer entscheidenden politischen Kraft geworden war und deshalb auch die Grundlagen für neue geistige und ethische Einstellungen schuf. Denn seither galt der Handel für alle Beteiligten als kultivierend und humanisierend, da mit ihm nicht nur ein Warenaustausch, sondern auch Kontakte verbunden waren, die Toleranz erforderten.[1]

Entscheidend waren in diesem Zusammenhang die protestantischen Länder England und die Niederlande. Beide hatten schon lange Handelstraditionen gepflegt, und da sich beide Völker religiöse Toleranz um einen ziemlich hohen Preis erkämpft hatten, verspürten sie nicht den geringsten Wunsch, die gleichen Sünden an den Völkern in der Ferne zu begehen. Zwar wollten auch sie wo immer möglich die »Primitiven« vom Heidentum erlösen, aber doch keinesfalls mit Gewalt.[2]

Möglicherweise spielte England in diesem Zusammenhang eine sogar noch wichtigere Rolle als die Niederlande. Immerhin gab es englische Kolonien in Amerika, außerdem war das Land aus dem siebenjährigen Krieg gegen Frankreich als die mächtigste Seefahrernation hervorgegangen. Aber diese Kriegsjahre hatten England auch in massive Schulden gestürzt, deshalb gedachte man die finanziellen Verluste nun durch eine Besteuerung der amerikanischen Kolonien auszugleichen. Und weil die englische Regierung den Kolonien gleich auch noch jede direkte Vertretung im Parlament verwehrte, wurde der Boden für den Unabhängigkeitskrieg bereitet (die *Höhe* der Steuern für die amerikanischen Kolonien wäre im Vergleich zu den Steuern in der Heimat tatsächlich sogar relativ niedrig gewesen)[3]. Dass es so weit kommen musste, war zwar keine ausgemachte Sache gewesen; andererseits war es vielen Briten und anderen Völkern nur allzu bewusst geworden, dass Kolonialisierungsprojekte auf Dauer nicht funktionieren konnten. Aller Erfahrung nach wurden Kolonien entweder irgendwann vollständig abhängig und deshalb zu einer großen Last für die Kolonialmacht, oder sie wollten ihrer eigenen Wege gehen, sobald es erste Anzeichen gab, dass eine ökonomische Autarkie im Bereich des Möglichen lag. Eine der stimmigsten Voraussagen von Adam Smith lautete, dass sich Amerikaner, die freie Bürger waren, als bessere Handelspartner erweisen würden als Amerikaner, die kolonisierte Untertanen waren. Niall Ferguson hatte guten Grund für seine Aussage, dass Neuengländer um das Jahr 1770 die wahrscheinlich wohlhabendsten Menschen der Welt waren.

Historiker pflegen Amerika heute gerne als das »erste« britische Empire zu bezeichnen, um es vom zweiten – Asien, Afrika, Pazifik – zu unterscheiden, wo ja jeweils eine ganz andere Siedlungspolitik betrieben wurde. Im zweiten Empire hatte es zwar immer eine militärische *Präsenz* gegeben, doch regelrechte Eroberungen galten nie als ein wünschenswertes (oder auch nur erreichbares) Ziel. Wie schon die Bezeichnungen der englischen *East India Company* oder der *Vereenigde Oostindien Compagnie* der Niederlande erkennen lassen (die ja beide ein beherrschendes

Merkmal dieser imperialen Phase waren), lautete die Parole vielmehr: geschützter Handel. Die Kolonien im Osten bestanden im Wesentlichen aus Einheiten, die die Portugiesen *las feitorias* nannten: selbstverwaltete, unabhängige Enklaven, die meist auf einer vertraglichen Vereinbarung beruhten und von den Europäern in der Absicht errichtet worden waren, sie als internationale Umschlaghäfen für europäisch-asiatische Handelsgeschäfte zu nutzen. Natürlich wurden sie auch befestigt, doch über militärische Stärke im eigentlichen Sinne verfügten sie nie – den indischen Enklaven wäre es beispielsweise nie gelungen, die Macht der Mughalen zu bedrohen. Neunhundert britische Beamte und siebzigtausend britische Soldaten reichten aus, um über zweihundertfünfzig Millionen Inder zu regieren. (*Wie* ihnen das geglückt war, würde jedoch ein eigenes Buch füllen).[4]

Und doch wurde die imperiale Präsenz stetig größer, nicht zuletzt, weil sich die Muslime zurückgezogen hatten und der Handel umso mehr aufblühte, je einflussreicher die Ostindiengesellschaften wurden. Die *East India Company* wurde praktisch zum Herrscher über ganze Landesteile von Indien. Doch selbst dort bot sich noch ein ganz anderes Bild als in den englischen Kolonien von Amerika oder in den späteren afrikanischen Kolonien. »Indien und Asien«, schreibt Anthony Pagden, »blieben generell Durchgangsstationen und wurden nie zu Siedlungsgebieten im eigentlichen Sinne ... Unter den Europäern in Indien stellte sich nie das Gefühl ein, irgendetwas Besonderes zu sein. Es sollte nie so etwas wie die Kreolen-Population entstehen, die Ethnien sollten sich nie so mischen und so multiethnische Gemeinschaften hervorbringen wie in den einstigen spanischen Kolonien auf dem amerikanischen Kontinent.«[5]

Trotzdem waren die Probleme natürlich vorprogrammiert, wo sich zwei derart unterschiedliche Kulturen aneinander rieben. Dass es die Aktivitäten der *Bengal Asiatic Society* waren, die der Renaissance im Fernen Osten einen entscheidenden Schub gaben, wurde bereits angesprochen, ebenso dass es Sir William Jones gewesen war, der die Aufmerksamkeit auf die enge Verwandtschaft zwischen dem Sanskrit, Griechischen und Lateinischen lenkte, oder dass Warren Hastings als Generalgouverneur von Ostindien indische Gelehrte nach Kalkutta einlud, um dort die alten hinduistischen Schriften zu studieren (er selbst sprach fließend Persisch und Hindi). Doch im Jahr 1788, drei Jahre nachdem seine Dienstzeit als Generalgouverneur geendet hatte, wurde er vom Londoner Parlament beschuldigt, emsig ein riesiges Privatvermögen »zusammengehamstert« und die Ostindiengesellschaft ebenso bestohlen zu haben wie die Fürsten von Benares und Avadh. Am Ende musste Hastings von allen Anschuldigungen freigesprochen werden, doch bis zum Abschluss dieses Schauprozesses unter der Regie von Edmund Burke waren sieben lange Jahre ins Land gegangen, und davon sollte sich der einstige Generalgouverneur nie erholen. Burke war sich absolut sicher gewesen, dass die Ostindiengesellschaft unter Hastings Führung das Ziel, »Zivilisation und Aufklärung im Reich zu verbreiten« aus den Augen verloren und sich in einen korrupten Tyrannen verwandelt habe, der »die Inder unterjocht und die wohltätige Güte verrät, welche zu mehren [der Gesellschaft] zur Aufgabe gemacht wurde«. (Historiker sollten zu einem ganz anderen Bild gelangen. Zum Beispiel fanden sie heraus, dass Hastings umso respektvoller mit Indern umging, je länger er ihre Kultur studiert hatte.) Burkes Aussage zufolge hatte Hastings also ein hohes Ideal des Empires verraten, nämlich die wohltätige Verbreitung der westlichen Kultur – das erinnert stark an die Haltung Napoleons und spräche für eine sehr unredliche Einstellung von Burke (und Napoleon). Doch was die Anklage gegen Hastings letztlich wirklich bewies, war die Dünkelhaftigkeit des imperialen Geistes: Welche hochtrabenden Ziele man sich auch verordnet haben mochte, in Wirklichkeit unterschied man sich kaum von den aggressiver veranlagten Kolonialisten des ersten Empires. Niall Ferguson führt neun Ideen an, auf denen das »zweite« britische Empire beruhte und die es am dringlichsten verbreiten wollte: die englische Sprache, das englische Großgrundbesitzerrecht, das schottische und englische Bankensystem, das ungeschriebene Gewohnheitsrecht, der Protestantismus, Mannschaftsspiele, der begrenzte »Nachtwächterstaat«, das parlamentarische Repräsentativsystem und die Idee von der Freiheit.[6]

*

Aber es gab auch die umstrittene Frage der Sklaverei. Alle Imperien hatten Menschen auf die eine oder andere Weise versklavt. Wir werden Athen und Rom gewiss nie vergeben, dass auch sie sich der Sklaven bedienten, doch weder im einen noch dem anderen Fall bedeutete eine Versklavung notwendigerweise auch Erniedrigung. Die Unglückseligeren wurden in die Armee oder Bergwerke geschickt, die Glücklicheren unterrichteten die Kinder der Herrschaft.

Die moderne Sklaverei sah völlig anders aus. Allein schon die Idee von einem Sklaven*handel* war ungemein erniedrigend und abscheulich. »Es begann am Morgen des 8. August im Jahr 1444. Die erste Ladung von 235 Afrikanern, derer man sich im heutigen Senegal bemächtigt hatte, wurde im portugiesischen Hafen von Lagos an Land verfrachtet. Ein rudimentärer Sklavenmarkt wurde sogleich auf den Docks improvisiert. Die verwirrten und verängstigten Afrikaner, die nach all den Wochen in den ungesunden Frachträumen der winzigen Schiffe, auf denen sie herbeigeschafft worden waren, nur noch taumeln konnten, wurden zu Gruppen nach Alter, Geschlecht und Gesundheitszustand zusammengetrieben.« Der Verkauf durfte jedoch erst beginnen, wenn Heinrich der Seefahrer benachrichtigt worden und am Kai eingetroffen war. Als Kostenträger der

Frachtfahrt stand ihm ein Fünftel der Beute zu, in diesem Fall sechsundvierzig Menschen. So begann der Handelsverkehr mit dem »schwarzen Gold«.[7]

In Europa war der Sklavenhandel etwas Neues gewesen, in Afrika war er schon seit Jahrhunderten betrieben worden, aber noch nie zuvor in diesen Ausmaßen und mit solcher Nachfrage. Vor allem der neue Wirtschaftszweig, der sich mit den Zuckerplantagen eröffnete, trieb die Europäer zum Sklavenhandel an: Die Lust der Europäer auf Zucker war so groß, dass zwischen 1492 und 1820 fünf- bis sechsmal mehr Afrikaner in Amerika eintrafen als weiße Europäer. So bekannt diese Statistik auch ist, so schockierend ist sie doch immer noch. Und sie prägte den amerikanischen Kontinent nicht nur, sie verschaffte den Vereinigten Staaten auch ihr wohl hartnäckigstes Problem. Für die Beharrlichkeit dieses amerikanischen Dilemmas sorgte nicht zuletzt auch, dass die moderne Sklaverei mit einem ganz anderen Verständnis von der Beziehung zwischen Herr und Sklave einherging. Weder Aristoteles noch Cicero hatten sich mit der Idee der Sklaverei anfreunden können. Gelegentlich versuchten sie sich zwar mit dem Argument zu beruhigen, dass Sklaven ein anderer Menschenschlag seien, doch sie wussten, wie unglaubwürdig das klang, zumal so viele Sklaven einfach nur Menschen waren, die im falschen Moment auf der falschen Seite eines Schlachtfelds gestanden hatten. Die großen monotheistischen Religionen vertraten sehr ähnliche Meinungen. Sowohl die Hebräische Bibel als auch der Qur'an erlaubten Versklavung, wenngleich im ersteren Fall nur nach einem Krieg, der vor Gott »gerecht« war, im letzteren nur nach einem »heiligen« Krieg. Das Frühchristentum hatte die Versklavung von christlichen Glaubensbrüdern mit Abscheu betrachtet, aber keineswegs die gleiche Güte aufgebracht, wenn es um Nichtchristen ging. Katholische Geistliche und Juristen versuchten die Kriege auf dem amerikanischen Kontinent in den ersten Jahren des Sklavenhandels zwar noch nach der christlichen *bellum-iustum*-Tradition auszulegen, doch nur wenige nahmen diese Argumente wirklich ernst. Schließlich verurteilte das Heilige Offizium im Jahr 1686 in einem Anflug von Fortschrittlichkeit den Sklavenhandel – entscheidend dabei aber war, dass es nicht auch die Sklaverei als solche verurteilte.[8]

In der Haltung des Vatikan spiegelte sich die allgemeine Einstellung einer ganzen Zeit: Der Handel mit Sklaven war anstößiger als die Sklaverei an sich. Trotzdem begannen sich die Proteste zu mehren und wiesen immer mehr Menschen darauf hin, dass hier ein Paradox vorlag. Viele Christen empfanden Neger als einen »minderwertigen Menschenschlag, kaum besser als Tiere«, und gaben ihnen zur Bestätigung Namen wie »Fido« oder »Jumper«, mit denen sie sonst nur ihre Haustiere bedachten. Das aber stand im völligen Kontrast zu der Tatsache, dass dieselben Sklaven von ihren Herren oft mit Aufgaben betraut wurden, die eines sehr wachen Geistes bedurften. Und kaum weniger riskant war, dass sich die Herren nicht selten zu ihren Sklavinnen hingezogen fühlten und mit ihnen Nachkommen zeugten, die vor ein ganz neues gesellschaftliches Problem stellten. Die Beziehungen zwischen Herren und Sklaven war also voller Widersprüche und Spannungen.

Doch die rassistischen Vorurteile hielten sich hartnäckig und weit über die Abschaffung der Sklaverei hinaus. William Wilberforce war nur einer von vielen Abolitionisten, die sich nicht von der Vorstellung losmachen konnten, dass die christliche Kultur Europas eine zivilisierende Kraft sei. Einmal gestand er sogar, dass eine Emanzipation der Sklaven »tatsächlich weniger einbringen könnte, als wenn man ihnen über das Christentum und die britischen Gesetze, Institutionen und Gebräuche die Herrschaft des Lichts und der Wahrheit und des Glücks bringt«. Trotzdem schloss sich Wilberforce den Förderern der 1787 gegründeten Versuchsansiedlung für freigelassene Sklaven in Sierra Leone an, die »den Eingeborenen die Zivilisation und die Möglichkeit bringen möge, den Boden als freie Arbeiter zu beackern«. Sierra Leone florierte, und seine Hauptstadt Freetown wurde zum Stützpunkt einer Spezialeinheit der Royal Navy, die den Auftrag hatte, Sklavenschiffe aufzubringen und ihre Fracht zu befreien. Schließlich sollte Dänemark 1792 als erstes europäisches Land den Sklavenhandel verbieten. Die Briten ergriffen 1805 entsprechende erste Maßnahmen, 1824 erklärten sie den Sklavenhandel zu einer Straftat, die mit Tod durch den Strang geahndet wurde. Anderenorts betrieb man den Handel noch ein gutes halbes Jahrhundert weiter – der letzte Sklaventransporter legte 1870 in Kuba an.

*

Der Westfälische Friede hatte 1648 die politische Landschaft Europas neu gezeichnet. Im Jahr 1815 war es der Wiener Kongress, der die Gestalt Europas nach dem Sturz Napoleons neu entschied. Inzwischen herrschte ein ganz anderes Meinungsklima. Für den britischen Außenminister Lord Castlereagh zum Beispiel, einen Architekten des neuen Europa, war Italien lediglich »›ein geografischer Begriff‹, die staatliche Einigung Italiens undenkbar«. Metternichs Berater Friedrich von Gentz vertrat mehr oder weniger die gleiche Einstellung im Hinblick auf die nationalstaatliche Einheit Deutschlands: »›Die Vereinigung aller deutschen Stämme zu einem ungeteilten Staate‹ sei ›ein durch tausendjährige Erfahrung widerlegter und endlich abgethaner Traum…, dessen Erfüllung keine menschliche Kombination zu erschwingen, die blutigste Revolution nicht zu ertrotzen vermöchte, und den nur Wahnsinnige noch verfolgen können.‹« Sollte jedoch »die Idee der nationalen Einigung in Europa die Oberhand behalten, ›so wird eine Wildniß voll blutiger Ruinen das einzige Vermächtnis sein, das unserer Nachkommenschaft wartet‹.«[9]

Der Wiener Kongress sollte primär dafür sorgen, dass es auf europäischem Boden nie wieder eine Revolution geben würde. Deshalb machten sich die versammelten Diplomaten und Politiker auch gleich daran, mehr oder weniger genau die politische Landschaft wiederherzustellen, die unmittelbar nach dem Westfälischen Frieden von 1684 entstanden war: »Spanien und Portugal wurden unter ihren alten Herrscherfamilien restauriert, Holland wurde um die früheren österreichischen Niederlande, das spätere Belgien, vergrößert, die Schweiz wiederhergestellt, Schweden blieb mit Norwegen vereinigt, und da die Pentarchie, der Klub der fünf europäischen Großmächte, ohne Frankreich nicht denkbar schien, blieb dieses innerhalb seiner Grenzen von 1792 bestehen...« Doch die Wahrung dieses vorsichtig ausbalancierten europäischen Systems war ganz davon abhängig, dass »die europäische Mitte zersplittert blieb, diffus und ohne Macht«; außerdem fühlten sich viele Europäer auf dem Wiener Kongress von den »Germanophilen« beunruhigt, die Deutschland zu einem Nationalstaat vereinen wollten: »›Sie trachten eine Ordnung umzustürzen, die ihren Stolz empört, und alle Regierungen dieses Landes durch eine einzige zu ersetzen‹, schrieb der französische Außenminister Talleyrand aus Wien an Ludwig XVIII. ›Mit ihnen im Bunde sind die Männer der Universitäten, die von ihren Theorien erfüllte Jugend und die, welche der Kleinstaaterei Deutschlands die Leiden zuschreiben, die sich durch so viele Kriege, deren beständiger Schauplatz es ist, über das Land ergossen haben. Die Einheit des deutschen Vaterlandes ist ihr Geschrei, ihr Glaube, ihre bis zum Fanatismus erhitzte Religion... Wer kann die Folgen berechnen, wenn eine Masse wie die deutsche, zu einem einzigen Ganzen gemischt, aggressiv würde? Wer kann sagen, wo eine solche Bewegung haltmachen würde?‹«[10]

»So wurde«, fährt Hagen Schulze fort, »das nationale Prinzip nur dort akzeptiert, wo es sich mit legitimer Fürstenmacht verband: in Großbritannien, Frankreich, Spanien, Portugal, den Niederlanden und Schweden, also in West- und Nordeuropa.« Die deutschsprachigen Länder und Italien blieben außen vor, was gewiss zur Erklärung beiträgt, weshalb der Nationalismus, der *Kultur*nationalismus, als eine deutsche Idee ins Leben trat. Die politische Zersplitterung der mitteleuropäischen Region war letztlich das logische Ergebnis der europäischen Staatenordnung. Man brauchte nur einen Blick auf die Landkarte zu werfen, um festzustellen, warum das so war: »Mitteleuropa, von der Ostsee bis zur Adria und zum Tyrrhenischen Meer, hielt die großen Mächte auseinander, sorgte für die Distanz zwischen ihnen und verhinderte unmittelbare Kollisionen.« Niemand wollte eine Anballung von Macht in der Mitte Europas, denn wer immer die Kontrolle über dieses Gebiet haben würde, konnte zur »Herrin Europas« werden.[11] Und aus der Sicht vieler waren es nun die italienischen und deutschen Kleinstaaten, die die Freiheit garantierten. Doch auch wenn sich Italien und Deutschland in dieser Hinsicht in einer sehr ähnlichen

Situation befanden, war doch Fakt, dass ein Großteil Italiens von einer fremden Macht besetzt war (von den Habsburgern im Norden und den Bourbonen im Süden). Und dieser Umstand trägt ebenfalls zur Erklärung bei, weshalb der moderne Nationalismus in Deutschland seinen Aufstieg begann. Tatsächlich waren die Vereinigungen Deutschlands und Italiens zwei der zukunftsträchtigsten politischen Ereignisse im 19. Jahrhundert – neben dem amerikanischen Bürgerkrieg –, weil sie in den letzten Jahrzehnten dieses Jahrhunderts so viel zur Entwicklung der industriellen Konkurrenzsituation beitrugen, von der die moderne Welt geprägt ist und welche schließlich zum Ersten Weltkrieg führte und die Bühne für das unheilvolle 20. Jahrhundert bereitete. Wie vorausschauend Talleyrand doch gewesen war.[12]

Der erste Denker, der sozusagen von einem Kulturnationalismus sprach, war Johann Gottfried Herder (1744–1803). Allerdings wies der große deutsche Historiker Friedrich Meinecke in seinem 1907 erschienenen Werk *Weltbürgertum und Nationalstaat* darauf hin, dass bereits Friedrich Carl von Moser im Jahr 1765 überall dort Anzeichen für einen »deutschen Nationalgeist« entdeckt habe, wo man im Laufe einer Tagesreise zwanzig Fürstentümer durchqueren konnte. Aber die Bühne für diesen Nationalgeist war Ende des 17. Jahrhunderts (und nicht nur in Deutschland) errichtet worden, als erstmals eine selbstbewusste »Öffentlichkeit« aufgetreten war. Die Natur, sagte Herder, habe die Völker nicht nur durch Wälder und Berge, Seen, Wüsten, Flüsse und Klimazonen voneinander separiert, sondern vor allem durch Sprachen, Neigungen und Wesensmerkmale, damit das despotische Werk der Unterjochung erschwert werde und nicht alle Teile der Erde zusammen in den Bauch eines einzigen hölzernen Pferdes gestopft werden könnten. Aus Herders Sicht war »das Volk« weder auf irgendetwas reduzierbar noch mit der Idee vom Imperium vereinbar, da diese der naturgegebenen Vielfalt der Völker in der Welt vollkommen widersprach. Wenn das deutsche Volk eine nationalstaatliche Vereinigung wünschte, dann musste man es eben kultivieren. Deutschland sei schon viel zu lange der Kriegsschauplatz europäischer Mächte gewesen, deren heutige Herrscher sich jederzeit zum Feind von morgen wandeln konnten. Aus dem bunten Flickenteppich, der die mitteleuropäische Landkarte jahrhundertelang geprägt hatte, erhoben sich im 19. Jahrhundert schließlich zwei Großmächte. Und es kann gar nicht genug betont werden, wie bedeutend diese Veränderung war.[13]

Die meisten europäischen Nationen reagierten darauf, wie Hagen Schulze schreibt, mit einer »patriotischen Erneuerung«. Doch den tiefsten Wandel durchlebte Frankreich, denn dort wurde nun das gesamte Erziehungssystem in den Dienst der nationalistischen Sache gestellt: »Der historische und staatsbürgerliche Unterricht war Ausgangspunkt für die patriotische Erneuerung des Landes« nach der Revolution und den wiederholten Niederlagen. Das deutlichste, man könnte auch sagen grellste Beispiel für diesen Trend bot G. Brunos (das Pseudonym von Augustine Fouillée) Buch *Le Tour de la France par deux enfants: devoir et patrie*. Es ist die kurz nach dem deutsch-französischen Krieg angesiedelte Geschichte des vierzehnjährigen André Volden und seines siebenjährigen Bruders Julien. Die beiden Waisen fliehen aus ihrer Heimatstadt Phalsburg, nachdem diese von den Deutschen annektiert worden ist, und finden nach einer abenteuerlichen Flucht durch ganz Frankreich schließlich dort ihre neue Heimat: Nach allem, was sie erlebt hatten, erstrahlt ihnen dieses Land im reinsten Glorienschein. 1877 wurde die Geschichte veröffentlicht, im Lauf von dreißig Jahren erreichte sie zwanzig Nachauflagen. Oder ein anderes Beispiel für den glühenden französischen Nationalismus dieser Tage: Zu Zeiten des Unterrichtsministers Jules Ferry (1832–1893) musste in jedem Klassenzimmer eine Frankreichkarte aufgehängt werden, auf der das Elsass und Lothringen mit einem Trauerflor umgeben waren. Schon um die Jahrhundertmitte hatte der französische Historiker Jules Michelet (1798–1874) von einem »Pontifikat der neuen Zivilisation« gesprochen: Frankreich war der »Bahnbrecher des neuen sozialen, fortschrittlichen und aufgeklärten Staates« und »die französische Zivilisationsidee wurde so geradezu zum Kern einer nationalen Ersatzreligion erhoben«.[14] Die Marseillaise wurde 1879 zur Nationalhymne erklärt.

Auch England reagierte, aber auf ganz andere Weise. Welche beispiellosen Dimensionen die kolonistische Expansion des britischen Empires zwischen 1880 und dem Ersten Weltkrieg erreicht hatte, verdeutlicht die folgende Tabelle:

Abhängige Kolonialgebiete (in Quadratkilometern)

	Großbritannien	Frankreich	Deutschland	Spanien	Italien
1881	22 395	526	0	432	0
1895	29 021	3577	2641	1974	247
1912	30 087	7906	2907	213	1590[15]

Hier ein paar zeitgenössische Kommentare, die ich in einiger Länge zitieren möchte, nicht nur um den herrschenden Tenor zu verdeutlichen, sondern vor allem, um zu zeigen, wie weit verbreitet er war: »Imperialismus wurde zur neuesten und höchsten Verkörperung unseres demokratischen Nationalismus. Er ist der bewusste Ausdruck unserer Rasse« (der Duke of Westminster). »Briten sind die höchste Herrenrasse, die die Welt jemals sah« (Joseph Chamberlain). Darwin schrieb beim Anblick des Hafens von Sydney: »Als Erstes wollte ich mir gratulieren, dass ich als Engländer geboren wurde.« Und Cecil Rhodes hielt fest: »Ich behaupte, dass wir die führende Rasse der Welt sind, und je mehr von der Welt wir bevölkern, umso besser für die Menschheit… Da [Gott] die englischsprachige Rasse zu dem Werkzeug erwählte, mit dessen Hilfe Er einen Staat und eine Gesellschaft erschaffen will, welche auf Gerechtigkeit, Freiheit und Friede beruhen, kann es nur die Erfüllung Seines Willens sein, wenn ich nun alles in meiner Macht Stehende tun werde, um dieser Rasse zu ihrem größtmöglichen Wirkungsbereich und ihrer größtmöglichen Macht zu verhelfen. Wenn es einen Gott gibt, dann erwartet er gewiss eines von mir, nämlich so viel wie möglich auf der Landkarte Afrikas britisch rot zu färben.«[16]

Rückblickend betrachtet war die stetige Zunahme rassistischen Gedankenguts die wahrscheinlich unvermeidliche Folge solcher nationalistischen Auswüchse. Der Antisemitismus begann sich nun besonders virulent in Frankreich und Deutschland Bahn zu brechen, was nicht zuletzt mit dem Neid auf die Briten zu tun hatte. Das französische und das deutsche Reich waren im Vergleich zum britischen derart klein, dass sich ein Gefühl aufzustauen begann, das der Schriftsteller Paul Déroulède – der Gründer der französischen *Ligue des Patriotes* – auf den Punkt brachte: »Man kann nach außen nichts bewirken, bevor man nicht Frankreich im Inneren geheilt hat.«[17] Und niemand hatte Zweifel, wer der größte Feind im Inneren war: die Juden. Im Jahr 1886 veröffentlichte Edouard Drumont das Machwerk *La France juive*, eine grauenvolle Verballhornung jüdischen Lebens und jüdischer Bräuche, das sofort zum Bestseller wurde. Doch es sollte nur das Präludium zu einer antisemitischen Welle in Frankreich sein, die ihren Höhepunkt mit der Affäre um den jüdischen Hauptmann Alfred Dreyfus erreichte, der fälschlicherweise beschuldigt wurde, für den deutschen Generalstab spioniert zu haben. Derweil tobte in Deutschland ein Kulturkampf. Obwohl es dabei angeblich nur um den Einfluss auf die Lehranstalten und um die klerikale Besetzung von Gemeinden ging, war es in Wahrheit der Versuch des protestantischen Staates gewesen, katholische Politiker auf Linie mit der preußischen Politik zu bringen. Und dass in einer derart intoleranten Atmosphäre die Rolle von Juden im öffentlichen Leben thematisiert wurde, war offenbar unvermeidlich.[18]

Seine endgültige Gestalt nahm der Nationalismus zur Zeit der Jahrhundertwende an. Nehmen wie das Beispiel von Maurice Barrès' Trilogie *Le Roman de l'énergie nationale* (1897–1903). Die eigentliche Ursache der von Barrès diagnostizierten Zersetzung der französischen Kultur war der »Ich-Kult«: Über dem Ich »stehe die Nation, der deshalb der höchste, absolute Wert zukomme. Dem Einzelnen bleibe nichts anderes übrig, als sich dem Auftrag der Nation zu unterwerfen, dem ›heiligen Gesetz der Abstammung‹ und den Stimmen ›der Erde und der Toten‹ zu gehorchen.«[19]

Wie Hagen Schulze so richtig feststellt, wurde der Nationalismus – jene völkische Idee von einer Nation, welche um die Wende zum 19. Jahrhundert noch als Utopie gegolten hatte – bis zur Wende zum 20. Jahrhundert als das Mittel betrachtet, von dem man sich eine natürliche politische und kulturelle Einheit erhoffte. Inzwischen war der Nationalismus überall zum Bestandteil von innenpolitischen Polemiken geworden. Er schwebte nicht mehr über den Parteien, die die Gesellschaft einigten, sondern hatte sich selbst in eine Partei verwandelt, die die Gesellschaft zersetzte. Die Folgen waren bekanntlich verheerend.

*

Doch auch in diesem Fall sollten wir uns vor Verallgemeinerungen hüten. Natürlich hatte der Nationalismus katastrophale Folgen, aber er hatte auch eine positive Seite, nämlich hinsichtlich des geistigen Lebens im deutschsprachigen Raum, das im 19. Jahrhundert seine Blüte erlebte, ganz unabhängig von der Frage, ob sie durch die Einigung Deutschlands oder durch die sie begleitenden nationalistischen Gefühlsaufwallungen *ausgelöst* worden war. Fest steht jedenfalls, dass beides zur exakt gleichen Zeit stattfand.

Sigmund Freud, Max Planck, Ernst Mach, Hermann Helmholtz, Max Weber, Friedrich Nietzsche, Gustav Mahler, Arnold Schönberg, Hugo von Hofmannsthal, Rudolf Clausius, Wilhelm Röntgen, Eduard von Hartmann – sie alle waren Deutsche oder deutschsprachig. Es entgeht manchmal unserer Aufmerksamkeit, wie stark die Zeit zwischen 1848 und 1933 (mittendrin die Jahrhundertwende, mit der dieses Buch enden wird) vom deutschen oder deutschsprachigen Genius geprägt war. »Das 20. Jahrhundert hätte eigentlich das deutsche Jahrhundert sein müssen«, schrieb 1991 der amerikanische Historiker Norman Cantor wie als Echo eines Gesprächs, das der französische Philosoph Raymond Aron mit dem deutschstämmigen amerikanischen Historiker Fritz Stern führte, als sie sich in Berlin bei einer Ausstellung anlässlich der hundertsten Geburtstage von Albert Einstein, Otto Hahn und Lise Meitner trafen. Alle drei waren im Jahr 1879 geboren worden, was Aron zu der Bemerkung veranlasste: »Es hätte Deutschlands Jahrhundert sein können.«[20] Was Cantor und Aron meinten, war, dass die deutschen Denker, Maler, Schriftsteller, Philosophen und Wissenschaftler zwischen 1848 und 1933 die besten der Welt gewesen waren, die das junge Deutsche Reich zu neuen und nie erträumten Höhen hätten führen können und tatsächlich schon auf dem besten Wege dorthin gewesen waren – wäre da nicht die Katastrophe namens Adolf Hitler des Weges gekommen.

Wer bezweifelt, dass die Periode zwischen 1848 und 1933 das deutsche Jahrhundert war, braucht sich nur die folgende Namensliste anzusehen. Man könnte letztlich mit jedem Bereich anfangen, so absolut war diese

Dominanz, doch wollen wir einmal bei der Musik beginnen: Johannes Brahms, Richard Wagner, Anton Bruckner, Franz Liszt, Robert Schumann, Gustav Mahler, Arnold Schönberg, Johann Strauß (Sohn), Richard Strauss, Alban Berg, Anton Webern, Wilhelm Furtwängler, Bruno Walter, Fritz Kreisler, Arthur Honegger, Paul Hindemith, Kurt Weill, Franz Léhar, die Berliner Philharmoniker, die Wiener Philharmoniker. Die Bereiche Medizin und Psychologie schlossen schnell auf: Neben Freud denke man nur an Alfred Adler, Carl Jung, Otto Rank, Wilhelm Wundt, Hermann Rorschach, Emil Kraeplin, Wilhelm Reich, Karen Horney, Melanie Klein, Ernst Kretschmer, Géza Róheim, Josef Breuer, Richard Krafft-Ebing, Paul Ehrlich, Robert Koch, Julius Wagner von Jauregg, August Paul von Wassermann, Johann Gregor Mendel, Erich Tschermak. Auf dem Gebiet der Malerei gab es Max Liebermann, Paul Klee, Max Pechstein, Max Klinger, Gustav Klimt, Franz Marc, Lovis Corinth, Hans Arp, George Grosz, Otto Dix, Max Slevogt, Max Ernst, Lyonel Feininger, Max Beckmann, Alexej von Jawlensky und Wassily Kandinsky (beide zwar von Geburt Russen, doch beide erlebten ihren Durchbruch zur Abstraktion in München, Kandinsky sogar auf gewiss einzigartig bedeutende Weise für die moderne Kunst). In der Philosophie finden sich neben Nietzsche Martin Heidegger, Edmund Husserl, Franz Brentano, Ernst Cassirer, Ernst Haeckel, Gottlob Frege, Ludwig Wittgenstein, Rudolf Carnap, Ferdinand Tönnies, Martin Buber, Moritz Schlick und als Vertreter der politischen Philosophie Theodor Herzl und Karl Liebknecht.

Bedeutende Geisteswissenschaftler und Historiker waren Julius Meier-Graefe, Leopold von Ranke, Theodor Mommsen, Ludwig Pastor, Wilhelm Bode und Jacob Burckhardt. In der Literatur fanden sich neben Hugo von Hofmannsthal Heinrich und Thomas Mann, Rainer Maria Rilke, Hermann Hesse, Stefan Zweig, Gerhart Hauptmann, Gottfried Keller, Walter Hasenclever, Franz Werfel, Frank Wedekind, Arthur Schnitzler, Stefan George, Bertolt Brecht, Karl Kraus, Wilhelm Dilthey, Max Brod, Franz Kafka, Arnold Zweig, Erich Maria Remarque, Carl Zuckmayer. In den Sozial- und Wirtschaftswissenschaften gab es Werner Sombart, Georg Simmel, Karl Mannheim, Max Weber, Joseph Alois Schumpeter, Karl Popper; in der Archäologie und Bibelexegese sind neben David Friedrich Strauß Heinrich Schliemann, Ernst Curtius, Peter Wilhelm Forchhammer, Georg Friedrich Grotefend, Karl Richard Lepsius und Bruno Meißner zu erwähnen. Und last but not least die Naturwissenschaftler und Techniker: Ernst Mach, Albert Einstein, Max Planck, Erwin Schrödinger, Heinrich Hertz, Rudolf Diesel, Hermann von Helmholtz, Wilhelm Röntgen, Karl von Linde, Ferdinand von Zeppelin, Emil Fischer, Fritz Haber, Hermann Geiger, Heinz Junkers, Georg Cantor, Richard Courant, Arthur Sommerfeld, Otto Hahn, Lise Meitner, Wolfgang Pauli, David Hilpert, Werner Heisenberg, Ludwig von Bertalanffy, Alfred Wegener – ganz zu schweigen von den entsprechenden Firmen und Industrien: AEG, Bosch, Benz und Daimler, Siemens, Hoechst, Krupp, Leitz, Thyssen.

Nicht einmal mit dieser Aufzählung wird man dem deutschen Genius wirklich gerecht. Im Jahr 1900, dem Ende des Zeitrahmens dieses Buches, starben Friedrich Nietzsche, John Ruskin und Oscar Wilde, während drei Ideen geboren wurden, von denen man ohne Übertreibung sagen kann, dass sie das geistige Rückgrat des 20. Jahrhunderts bilden sollten, jedenfalls gewiss in wissenschaftlicher Hinsicht: das Unbewusste, das Gen und das Quantum. Jede dieser Ideen war deutschen oder deutschsprachigen Ursprungs.

Um den großen und rasanten Triumph deutscher Ideen in der Zeit von 1848 bis 1933 erklären zu können, müssen wir drei Faktoren betrachten, die nicht nur typisch für Deutschland oder deutschsprachige Denker waren, sondern auch das Thema dieses Kapitels exemplifizieren. Zuerst einmal müssen wir verstehen, was Deutsche überhaupt unter »Kultur« verstanden und was deutsche Kultur war, wie sie sich zusammensetzte und welchen Stellenwert sie im Leben des Volkes einnahm. Verwendet man im Englischen den Begriff *culture*, will man üblicherweise keine scharfe Unterscheidung zwischen geistigen und technischen Bereichen treffen; das deutsche Wort »Kultur« wurde hingegen zum Inbegriff für kreative intellektuelle, spirituelle oder künstlerische Gebiete, nicht aber für die Dinge des gesellschaftlichen, politischen, ökonomischen, technischen und wissenschaftlichen Lebens. Während im Englischen die Worte *culture* und *civilisation* komplementäre Aspekte ein und derselben Sache sind, ist das beim deutschen Wort »Kultur« also nicht der Fall. Im 19. Jahrhundert verstand man darunter die Erscheinungsformen aller schöpferisch-geistigen Kräfte aus Kunst, Religion und Philosophie; der Begriff »Zivilisation« hingegen bezog sich auf die gesellschaftliche, politische und technische Organisation und wurde – was in diesem Zusammenhang sehr wichtig ist – gegenüber »Kultur« als etwas *Minderwertiges* betrachtet. Nietzsche hat sich darüber den Kopf zerbrochen, und in der Tat lässt sich das deutsche Denken im 19. Jahrhundert ohne diese grundlegende Unterscheidung nicht wirklich verstehen.

Es gab in Deutschland also eine Mentalität, die sich mit Snows »zwei Kulturen« vergleichen lässt und die sich nun mit aller Macht Bahn brach. Die Folge war, dass die Kluft zwischen den Natur- und den Geisteswissenschaften immer deutlicher und tiefer wurde. Diverse Naturwissenschaften gingen wie selbstverständlich ein Bündnis mit der Technik, dem Kommerz und der Industrie ein, wurden aber ungeachtet ihrer enormen Erfolge von Geisteswissenschaftlern wie von oben herab behandelt. Und während die Natur- und Geisteswissenschaften in England oder Amerika eher als zwei Seiten derselben Medaille und ihre jeweiligen Vertreter als die gemeinsame geistige Elite betrachtet wurden, war das in Deutschland im 19. Jahrhundert kaum der Fall. Ein gutes Beispiel dafür ist der Physiker Max Planck, der im Jahr 1900 das »Wirkungsquantum« entdeckte: die kleinstmögliche »Energieportion« elektromagnetischer Wellenpakete. Planck stammte aus einer sehr religiösen, aber dem liberalen Bildungsbürgertum angehörenden Familie und war selbst ein exzellenter Musiker. Seine Entdeckung des Quants gilt als eine der bedeutendsten wissenschaftlichen Errungenschaften aller Zeiten, doch in seiner eigenen Familie hatte Geisteswissenschaftliches einen wesentlich höheren Stellenwert als Naturwissenschaftliches. Sein Vetter, der Historiker Max Lenz, pflegte den Naturforscher deshalb gerne scherzhaft »Naturförster« zu nennen.[21]

Auch das Werk von Ernst Mach verdeutlicht diesen Punkt. Mach (1838–1916) war einer der eindrucksvollsten und inbrünstigsten Reduktionisten. Wir haben ihm eine Menge Entdeckungen zu verdanken, nicht zuletzt die Bogengänge im Innenohr, die für das Gleichgewicht zuständig sind, oder die Erkenntnis, dass Projektile, die sich mit Überschallgeschwindigkeit bewegen, als Folge der Vakuumbildung um das schnelle Geschoss zwei Schockwellen hervorrufen, jeweils eine an der Spitze und am Ende (seither wird die Schall- beziehungsweise Überschallgeschwindigkeit in »Machzahlen« angegeben, wie auch einst in der Concorde). Mach war ein unerbittlicher Gegner jeglicher Metaphysik und verehrte die Aufklärung, da sie die falschen Anwendungen von Begriffen wie Gott, Natur und Seele aufdeckte. Freuds Vorstellung vom »Ich« betrachtete er als »so wenig absolut beständig als die Körper«. Nicht einmal Kants Theorie des »Ding an sich« ließ er gelten; und mit seiner »Denkökonomie« stellte er die These auf, dass der Mensch unter all den vielen Möglichkeiten der Reizwahrnehmung grundsätzlich jenen Wahrnehmungsprozess bevorzuge, welcher am ökonomischsten ist.[22] Mach wurde in seiner Zeit weithin gelesen, darunter sowohl von Lenin und dessen Jüngern als auch vom Wiener Kreis. Er war zutiefst davon überzeugt, dass die Naturwissenschaften die Antwort finden würden und Disziplinen wie Philosophie und Psychoanalyse im großen Ganzen nutzlos seien.

Diese grundlegende Unterscheidung zwischen Natur- und Geisteswissenschaften hatte natürlich gravierende Auswirkungen. Besonders relevant ist hier, dass der künstlerischen Intuition in Deutschland mehr Gewicht beigemessen und ein weit höherer Rang eingeräumt wurde als irgendwo sonst zu dieser Zeit. Das spiegelte sich nicht nur in der Trennung von Natur- und Geisteswissenschaften oder »Kultur« und »Zivilisation«, sondern auch in einer Spaltung, die noch weit darüber hinausging, nämlich in der Gegenüberstellung von »Geist« und »Macht«, in der Unterscheidung zwischen dem Reich der intellektuellen und spirituellen Bestrebungen und dem Reich von Macht und Politik. Dabei muss betont werden, dass der Bezug zwischen Geist und Macht, also die Frage, ob der Kultur oder dem Staat der Vorrang gebühre, in Deutschland nie zufrieden stellend beantwortet wurde. Wie folgenschwer das war, lässt sich durch einen kurzen Ausflug in die gesellschaftspolitische Geschichte verdeutlichen.

Im Jahr 1848 scheiterte die deutsche Märzrevolution und mit ihr das Bemühen der deutschen Mittelschicht um politische und soziale Gleichheit. Mit anderen Worten: Deutschland gelang es nicht, die sozialpolitischen Fortschritte durchzusetzen, die man in England, den Niederlanden, Frankreich und Nordamerika bereits erreicht hatte – in einigen Fällen schon Generationen zuvor. Der deutsche Liberalismus, beziehungsweise die verhinderte Liberalität in Deutschland, beruhte auf den Forderungen der Mittelschicht nach einem freien Handelssystem mit einem konstitutionellen Rahmenwerk, das ihren wirtschaftlichen und sozialen Spielraum in der Gesellschaft schützen sollte. Nachdem der Versuch fehlgeschlagen war, verfassungsrechtliche Änderungen durchzusetzen, und 1871 schließlich die deutsche Reichsgründung unter preußischer Vorherrschaft stattgefunden hatte, wurde eine Reihe von höchst ungewöhnlichen Umständen ins Leben gerufen. Das deutsche Volk selbst hatte bei der Reichsgründung keine wirkliche Rolle gespielt, wie Gordon Craig betont: »Es sollte im Gegenteil von Anbeginn klar sein, daß das Reich ihnen [den Deutschen] zum Geschenk gemacht worden war und ihnen, wenn sie es nicht geziemend zu würdigen wußten, unter Umständen auch wieder weggenommen werden konnte.«[23] Nicht das Volk hatte sich die Verfassung seines Reiches ausgesucht, sie war vielmehr durch einen Bundesvertrag von fünfundzwanzig deutschen Staaten zustande gekommen, deren Könige, Herzöge oder Fürsten ihre Kronen noch bis zum Jahr 1918 tragen sollten. Und das hatte aus unserer heutigen Perspektive höchst ungewöhnliche Folgen, darunter die, dass das Parlament keine wirklichen Vollmachten hatte, die politischen Parteien keine wirkliche Regierungsverantwortung übernehmen konnten und Wahlen abgehalten wurden, deren Ergebnisse die Zusammensetzung der Regierung nicht wirklich bestimmten. Neben dem Reichstag gab es den Bundesrat, der sich die begrenzte Macht mit dem Parlament teilte und ebenso wenig gesetzliche Kontrolle über den Kanzler ausüben konnte. Hinzu kam, dass die inneren Strukturen der Einzelstaaten von den Ereignissen im Jahr 1871 nicht angetastet worden waren. Das parlamentarische System Preußens (und Preußen stellte drei Fünftel der Bevölkerung) hatte beispielsweise ein »die besitzenden Klassen bevorzugendes Wahlrecht«.[24] Das heißt, es hing von der individuellen Steuerleistung ab, was zur Folge hatte, dass die oberen fünf Prozent der Steuerzahler ein Drittel aller Stimmen und damit denselben Anteil wie die unteren fünfundachtzig Prozent besaßen. Der Reichskanzler regierte nicht mit Hilfe eines Kabinetts, und die Ministerien, die im Lauf der Zeit ihren Einfluss verstärken sollten, wurden von untergeordneten Staatssekretären geführt. Das war ein völlig anderes –

und wesentlich rückständigeres – System als die Strukturen in allen westlichen Konkurrenzländern Deutschlands (obgleich die Frage des deutschen »Nachzüglertums« zurzeit Thema einer heftigen akademischen Kontroverse ist). Nach wie vor entschieden adlige Großgrundbesitzer staatspolitische Fragen, obwohl Deutschland inzwischen zu einer Industriemacht herangereift war. Und diese Macht konzentrierte sich in immer weniger Händen, da der Flickenteppich aus den alten deutschen Staaten im Zuge der Urbanisierung, wachsenden Kommerzialisierung und Industrialisierung zunehmend an Macht verlor und das Kaiserreich zu einer immer deutlicheren Realität wurde. Je stärker wirtschaftliche und soziale Fragen nun vom Staat reguliert wurden, umso autoritärer wurde er. Kurzum: Je mehr Menschen an den industriellen, wissenschaftlichen und intellektuellen Erfolgen Deutschlands partizipierten, desto deutlicher wurde das Land von einer geschlossenen kleinen Gesellschaft aus traditionell orientierten Personen regiert – vom Adel, Großgrundbesitzern, der militärischen Führung und an der Spitze dem Kaiser. Und genau diese Realitätsverschiebung sollte das »Deutschtum« im Vorlauf zum Ersten Weltkrieg entscheidend prägen und sich zu einem der massivsten Anachronismen der Geschichte auswachsen.

Uns interessieren hier vor allem zwei Folgen. Erstens begann sich der Mittelstand, der von der Politik ausgeschlossen, aber dennoch um ein gewisses Maß an Gleichheit bemüht war, auf seine Erziehung und Ausbildung zu besinnen und »Kultur« als den Schlüsselbereich zu betrachten, in dem für ihn Erfolge zu erzielen waren – auf gleicher Augenhöhe mit der Aristokratie des eigenen Landes und dem Ausland im nationalistischen Wettbewerb überlegen. »Hochkultur« war im deutschen Kaiserreich somit immer von größerer Bedeutung als anderenorts, und das war auch ein Grund, weshalb sie zwischen 1871 und 1933 so erblühen konnte. Andererseits wurde der Vorstellung von Kultur damit eine sehr spezifische Färbung verliehen – denn nun tendierte man dazu, Freiheit, Gleichheit und individuelle Besonderheit im persönlichen Allerheiligsten der Innenwelt zu suchen und die Gesellschaft als eine willkürliche und oft auch feindliche Außenwelt zu betrachten. Die zweite – und sich mit der ersten überlagernde – Folge war der Rückzug in den Nationalismus, allerdings in einen klassenspezifischen Nationalismus, der sich gegen die neu erschaffene industrielle Arbeiterklasse (und die aufwieglerische Kritik der Sozialisten), gegen die Juden und gegen alle anderen »undeutschen« Minderheiten wandte. Der Nationalismus galt als ein moralischer Fortschritt mit utopischen Möglichkeiten. Ein Effekt dieses zweiten Faktors war die Idealisierung früherer Zeitalter, vor dem Auftauchen der industriellen Arbeiterklasse, insbesondere des Mittelalters und der Renaissance, die für ein unversehrt ganzheitliches Alltagsleben standen, für ein goldenes Zeitalter unter vorindustriellen Bedingungen. Vor dem Hintergrund der sich entwickelnden Massengesellschaft betrachtete das Bildungsbürgertum »Kultur« also als eine Garnitur von Werten, die sein Leben in andere Höhen hoben, es vom »Gesindel« abgrenzten (ein Wort, das auch Freud benutzte) und vor allem seine nationalistische Orientierung aufwerten sollten. Die Vorstellung vom »Volk« als einem halbmythischen, nostalgischen Ideal des einstigen deutschen Wesens und einer zufriedenen, begabten, unpolitischen und »reinen« Gemeinschaft begann sich durchzusetzen.

All diese Faktoren vereinigten sich in der deutschen Kultur zu einem Begriff, der sich kaum in andere Sprachen übersetzen lässt, aber vermutlich das wirklich prägende Element darstellt, wenn man einen so großen Teil des deutschen Denkens um den Wechsel vom 19. zum 20. Jahrhundert verstehen will. Außerdem trägt auch er zur Erklärung bei, weshalb die Entdeckung des Unbewussten (vorrangig) eine Idee aus dem deutschen Sprachraum war und warum die Denker aus diesem Sprachraum so dominant auf diesem Gebiet wurden. Es geht um den Begriff der *Innerlichkeit*. Innerlichkeit bedeutete, dass sich Künstler bewusst von der Macht fern und aus der Politik heraushielten, getragen von dem Gedanken, dass jede Einmischung oder auch nur ein Kommentar einen Verrat an der Berufung des Künstlers darstellten und dass die Realität für den Künstler immer nur die innere, nie aber die äußere Welt sein konnte. Gordon Craig stellte fest, dass deutsche Künstler vor 1914 höchst selten »von politischen und gesellschaftlichen Ereignissen oder Problemen Notiz nahmen oder sich gar aus der Ruhe bringen ließen… Nicht einmal die Ereignisse von 1870/71 vermochten sie aus ihrer politischen Lethargie aufzurütteln. Der Sieg über Frankreich und die Vereinigung der deutschen Staaten regten keinen Dichter, Musiker oder Maler zu einem großen Werk an.« Kaum ein Schriftsteller oder Maler konnte in den Geschehnissen dieser Zeit eine »poetische« Herausforderung für seine Talente erkennen. »Während unter ihren Augen die Fundamente für das Gebäude des neuen Reichs gelegt wurden, schrieben die deutschen Künstler über längst vergangene Epochen oder malten Bilder, auf denen sich unter griechischen Säulen Meeresgötter, Nymphen und Zentauren tummelten, und der größte Musiker seiner Zeit, Richard Wagner, komponierte musikalische Dramen, die zumindest auf den ersten Blick mit der Gesellschaft, in der er lebte, so gut wie nichts zu tun hatten.« »Siegfried« entstand 1876, »Parsifal« 1882.[25]

Natürlich gab es Ausnahmen, zum Beispiel die nicht zuletzt von den französischen Romanen Émile Zolas inspirierte naturalistische Bewegung der achtziger Jahre des 19. Jahrhunderts, die es sich zur Aufgabe gemacht hatte, alle von der Industriegesellschaft verursachten sozialen Übel und Ungerechtigkeiten zu beschreiben. Doch im Vergleich zur Literatur in anderen europäischen Ländern unternahm die naturalistische Bewegung in Deutschland bestenfalls halbherzige Versuche, Kritik an den

Realitäten zu üben. Sie wandte ihre Aufmerksamkeit nie den politischen Gefahren zu, die dem imperialen System innewohnten. »Im Gegenteil«, schrieb Gordon Craig, »als diese Gefahren sich deutlicher abzeichneten, als unter Wilhelm II. ein frenetischer Imperialismus, begleitet von einem aggressiven Bewaffnungsprogramm, einsetzte, schlug die Mehrzahl der Schriftsteller und Dichter Deutschlands die Augen nieder und zog sich in jene Innerlichkeit zurück, die stets ihre Zuflucht war, wenn die wirkliche Welt zu undurchschaubar wurde.«[26] Es gab keine deutschen Gegenparts zu Zola, Shaw, Conrad, Gode, Gorkij oder auch nur Henry James. Alle großen Namen der deutschsprachigen Welt dieser Zeit, etwa Stefan George, Rainer Maria Rilke oder Hugo von Hofmannsthal, ordneten die harte, raue Wirklichkeit dem Gefühl unter, dem Versuch, flüchtige Eindrücke, momentane Stimmungen und vage Wahrnehmungen zu Papier zu bringen. Auf Hofmannsthals Vorstellung vom »Gleitenden«, von der wechselnden Natur der Dinge in einer Zeit, in der man aus seiner Sicht nichts an nichts festmachen konnte und nichts als Zweideutigkeiten und Paradoxa herrschten, werden wir im 36. Kapitel zu sprechen kommen. Gustav Klimt drückte das Gleiche in der Malerei aus, deshalb ist auch sein Beispiel sehr lehrreich.

Klimt wurde 1862 als Sohn eines Kupferstechers in Baumgarten bei Wien geboren und erwarb sich seine ersten Meriten mit Deckengemälden und Fresken für das Burgtheater und das Kunsthistorische Museum an der Ringstraße in Wien, die er noch gemeinsam mit seinem Bruder Ernst fertig gestellt hatte. Nach dem Tod des Bruders im Jahr 1892 zog er sich fünf Jahre lang zurück, um sich den Werken von James McNeill Whistler, Aubrey Beardsley und Edvard Munch zu widmen. Erst 1897 tauchte er mit einem völlig neuen Stil wieder aus der Versenkung auf. Und dieses Art nouveau, das ebenso kühn wie verschlungen war, hatte drei charakteristische Merkmale: den ausgiebigen Gebrauch von Blattgold (die Technik hatte Klimt von seinem Vater erlernt), das Auftragen kleinster Sprenkel schillernder Farben, hart wie Emaille, und eine laszive Erotik, die vor allem seine Frauenporträts ausstrahlten. Seine Gemälde waren wahrlich nicht freudianisch, denn seine Frauen waren alles andere als neurotisch. In den deutschsprachigen Ländern hatte sich die Frauenbewegung stärker als anderenorts einer *inneren* Emanzipation zugewandt, und genau das strahlten Klimts Frauen aus. Sie wirkten ruhig, gelassen und vor allem sinnlich, ganz im Sinne von Hofmannsthal, der von einer »Wiedererweckung des sinnlichen Lebens, das in der Kunst erstarrt war«, geschrieben hatte. Doch indem Klimt die Aufmerksamkeit auf die weibliche Sinnlichkeit lenkte, untergrub er die traditionell vertrauten Denkweisen ebenso stark wie Freud. Hier waren Frauen zu sehen, die zu all den »Perversionen« fähig schienen, die Richard von Krafft-Ebing in seiner *Psychopathia Sexualis* verdammte, und die ebenso aufreizend wirkten, wie sie heftigste Empörung auslösten. Klimts Sezessionsstil spaltete die Wiener Gesellschaft augenblicklich, verschaffte ihm aber dafür von der Universität den Auftrag für die »Fakultätsbilder«.[27]

Drei große Gemälde wurden geordert, »Philosophie«, »Medizin« und »Jurisprudenz«, und alle drei lösten heftige Tumulte aus, wenngleich der Streit um »Medizin« und »Jurisprudenz« nur eine Neuauflage der Debatten war, die es bereits um »Philosophie« gegeben hatte. Für dieses Bild war ihm von den Auftraggebern das Thema »Der Sieg des Lichts über die Finsternis« vorgegeben worden, doch was Klimt dann ablieferte, waren »ineinander verknotete Leiber der leidenden Menschheit«, die am Betrachter vorbeizutreiben schienen, eine kaleidoskopische »Verdichtung des atomisierten Raumes« in der »kosmischen Trübe«. Die Herren Philosophieprofessoren waren empört: Klimt präsentiere »verschwommene Gedanken durch verschwommene Formen«, während die Philosophie die Wahrheit doch in den exakten Wissenschaften suche und kein »nebelhaftes Gebilde« sei. In Wirklichkeit war Klimts Vision alles andere als das, und genau deshalb war sie unerwünscht: Achtzig Professoren unterzeichneten eine Petition mit der Forderung, Klimts Gemälde auf gar keinen Fall in der Universität zur Schau zu stellen. Der Maler reagierte mit der Rückgabe seines Honorars und lieferte die restlichen Auftragsbilder nie ab. Eigentlich ging es bei dieser Auseinandersetzung um ganz entscheidende Fragen, die Klimt mit diesen Gemälden gestellt hatte: Wie kann der Rationalismus erfolgreich sein, wenn das Irrationale und das Instinktive unser Leben beherrschen? Ist Vernunft wirklich Fortschritt? Der Instinkt ist eine ältere und mächtigere Kraft, vielleicht atavistischer, primitiver und manchmal auch dunkler, doch was haben wir davon, wenn wir sie verleugnen?[28]

Unter der Lupe von Männern wie Freud, Mann, Schnitzler oder Klimt betrachtet, war der Begriff der »Innerlichkeit« originell, animierend, herausfordernd; unter den Blicken anderer wurde er zu einer ganz anderen Sache. Diese Seite verkörperten zum Beispiel Paul de Lagarde und Julius Langbehn. Keiner von beiden ist heute so bekannt wie Freud, Klimt, Mann und der Rest, damals aber stand ihr Ruhm dem der anderen in nichts nach. Und berühmt waren sie wegen ihres verbissenen Antimodernismus oder weil sie inmitten all der phantastischen und brillanten Innovationen um sie herum nichts als Verfall entdecken konnten. Lagarde, ein Orientalist und Bibelforscher (einer der Bereiche, auf dem die deutsche Forschung führend in der Welt war), hasste die Moderne mindestens so sehr, wie er die Vergangenheit liebte. Er glaubte an die haushohe Überlegenheit des Menschen und an den Willen; Vernunft hielt er für zweitrangig; er war überzeugt, dass Völker eine Seele haben, und verehrte das Deutschtum der einzigartigen germanischen Heldenrasse, die sich durch einen ebenso einzigartigen Willen auszeichnete. Lagarde gehörte zu den Männern, die nach einer neuen Religion riefen, nach der Verwirklichung jener Idee, welche auch Alfred Rosenberg, Hermann Göring und Adolf Hitler so gefallen sollte. Den Protestantismus verhöhnte er und klagte ihn der Säkularität an, weil er Rituale und Mysterien ablehnte. Die von ihm propagierte neue Religion war eine »Verschmelzung der alten Lehren des Evangeliums mit dem deutschen Volkscharakter«. An erster Stelle stand für ihn das Ziel der Wiederauferstehung des deutschen Volkes. Anfangs hatte auch Lagarde noch von einer inneren Emigration gesprochen, auf dass ein jedes Volksmitglied in sich die Erlösung fände, doch dann begann er zu fordern, dass das deutsche Volk alle nichtdeutschen Völker des österreichischen Reiches beherrschen müsse, da es allen anderen Rassen und insbesondere natürlich den so minderwertigen Juden haushoch überlegen sei.[29]

Julius Langbehn veröffentlichte im Jahr 1890 das Buch *Rembrandt als Erzieher*, in dem er jeder Intellektualität und Wissenschaftlichkeit das Daseinsrecht abstritt. Allein die Kunst (und weder Wissenschaft noch Religion) trage das höchste Göttliche in sich, sei der wahre Quell von Wissen und Tugend. Die Wissenschaft versuche nur, die großen alten deutschen Tugenden wie Einfachheit, Subjektivität und Individualität zu nivellieren. *Rembrandt als Erzieher* war ein einziger Aufschrei gegen das intellektuelle Treibhaus des modernen Deutschland, das aus Langbehns Sicht allem schöpferischen deutschen Leben den Garaus machte; es war ein Ruf nach den irrationalen Energien des Stammesvolks, nach dem »völkischen Geist«, der so lange unter all den Schichten der Zivilisation begraben war. Rembrandt, für Langbehn der »vollkommene Deutsche« und unvergleichlich in seiner Kunst, wurde zur Antithese moderner Kultur und zum Vorbild für eine »dritte Reformation«, die Deutschland wieder zu höchster Blüte bringen sollte. Ein Thema zog sich wie ein roter Faden durch Langbehns Buch: Wissenschaftlichkeit und Intellektualität zerstörten die deutsche Kultur; das Deutschtum konnte nur mit Hilfe einer künstlerischen Erweckung wiederhergestellt werden, in der sich die inneren Qualitäten eines großen Volkes sowie der Aufstieg von heldenhaften und künstlerisch begabten Individuen und ihr Bündnis für eine erneuerte Volksgemeinschaft spiegeln. Das Deutschland des Jahres 1871 sah Langbehn seines künstlerischen Potenzials ebenso verlustig gegangen wie seiner großen Persönlichkeiten; vor allem Berlin war das Symbol allen Übels der vorherrschenden deutschen Kultur. Das Gift von Kommerz und Materialismus (auch »Manchesterismus« genannt, manchmal sogar bereits als »Amerikanisierung« bezeichnet) zersetzte den alten Geist der preußischen Garnisonsstadt; nur die Kunst habe die Kraft, das deutsche Volk wieder zu adeln. Kurz gesagt: Naturalismus, Realismus, einfach alles, womit man gegen die Ungerechtigkeiten zu Felde zog, auf die ein Émile Zola oder einer der Brüder Mann die Aufmerksamkeit lenkten, waren ihm ein Gräuel.[30]

Es lässt sich also sagen (und wurde gesagt), dass Deutschland im 19. Jahrhundert einen besonderen Typ des Künstlers und eine besondere Form von Kunst hervorbrachte – nach innen gerichtet und auf die Vergangenheit blickend – und dass es die deutsche Faszination und Obsession in Bezug auf »Kultur« war, die es der »Zivilisation« ermöglichte, Amok zu laufen. Auch das bereitete dem wissenschaftlichen Rassismus den Boden.

*

Der moderne wissenschaftliche Rassismus ergab sich aus drei Faktoren: erstens aus der aufklärerischen Sichtweise, dass die Conditio humana im Wesentlichen ein biologischer (und kein theologischer) Zustand sei; zweitens aus den engeren Kontakten zwischen den verschiedenen Ethnien im Zuge der imperialen Eroberungen; und drittens aus der Übertragung des darwinistischen Denkens auf die unterschiedlichen Kulturen der Welt und dessen missbräuchlicher Umsetzung.

Einer der ersten Propagandisten des biologischen Rassismus war der französische Arzt Jules Virey. 1841 hielt er vor der Pariser *Académie de Médicine* eine Rede über »die biologischen Ursachen der Zivilisation«, in der er die Völker der Welt in zwei Gruppen unterteilte: Da gab es zuerst einmal die Weißen, »die ein mehr oder weniger vollkommenes Stadium der Zivilisation erreicht« hätten, und daneben die Schwarzen (Afrikaner, Asiaten und amerikanische Indianer), die zu »einer immerwährend unvollkommenen Zivilisation« verdammt seien. In Bezug auf die Frage, ob »Schwarze« jemals den Zustand einer »vollwertigen Zivilisation« erreichen könnten, war Virey zutiefst pessimistisch, da er es für biologisch vorgegeben hielt, dass alle domestizierten Tiere (beispielsweise die Kuh) weißes Fleisch wie die Weißen und alle Wildtiere (zum Beispiel das Reh) dunkles Fleisch hätten. Diese Idee deckte sich nicht einmal mit den schon damals vorliegenden wissenschaftlichen Erkenntnissen, denn seit dem 16. Jahrhundert wusste man, dass alle Menschen unter der Haut die gleiche Fleischfarbe haben. Aber Virey wich nicht davon ab und leitete sogar noch alle nur denkbaren Folgen daraus ab. Beispielsweise schrieb er: »Wie das wilde Tier die Beute des Menschen ist, ist der schwarze Mensch die natürliche Beute des weißen Menschen.« Mit anderen Worten: Die Sklaverei war nicht grausam, sondern stand im Einklang mit der Natur.[31]

Eine ganz neue Folge solcher Vergleiche war, dass man das rassistische Denken im 19. Jahrhundert auch *innerhalb* Europas umzusetzen begann. Ein vertrauter Name in diesem Zusammenhang ist Arthur de Gobineau, der in seinem 1853 bis 1855 (also noch vor der Veröffentlichung von Darwins »natürlicher Zuchtwahl«, aber nach den *Vestiges of Creation*) erschienenen *Essai sur l'inégalité des races humaines (Versuch über die Ungleichheit der Menschenrassen)* die These aufstellte, dass sich der deutsche und französische Adel (und man erinnere sich, dass er ein selbst ernannter Aristokrat war) alle Merkmale der »arischen Urrasse« bewahrt habe, während der ganze Rest aus Mischlingen der einen oder anderen Art bestand. Diese Idee sollte sich zwar nie durchsetzen; dafür war die Vorstellung von den angeblich bestehenden Unterschieden zwischen den Protestanten im Norden – schwer arbeitend und fromm bis zur Freudlosigkeit – und den »trägen, potenziell faulen und potenziell despotischen Lateinern« im katholischen Süden umso erfolgreicher. So gesehen war es auch nicht überraschend, dass sich viele Menschen im Norden (auch der englische Politiker Charles Dilke) der Überzeugung anschlossen, dass die nördlichen »Rassen« – Angelsachsen, Russen, Chinesen – den Weg in die Zukunft wiesen und alle anderen »sterbenden Völkern« angehörten.[32]

Diese Art der Argumentation wurde schließlich von einem anderen Franzosen, Georges Vacher de Lapouge (1854–1936), auf die Spitze getrieben. Lapouge pflegte ausgegrabene Schädel zu vermessen, unter »Rassen« im Werden begriffene Arten zu verstehen, »rassische« Unterschiede für »angeboren und unausrottbar« zu halten und die Vorstellung, dass sie sich vermischen könnten, als einen Widerspruch zu allen Naturgesetzen zu bezeichnen. Europa sah er von drei rassischen Gruppen bevölkert: vom *Homo europaeus*, einem großen und weißhäutigen »Langschädel« (dolichocephalisch); vom *Homo alpinus*, einem kleineren, dunkelhäutigeren »Kurzschädel« (brachycephalisch); und von dem mediterranen Typ, der wiederum ein Langschädel war, aber noch kleiner und dunkelhäutiger als der *Homo alpinus*. Demokratie war in seinen Augen eine Katastrophe, den *Brachycephalus* hielt er für den kommenden Beherrscher der Welt. Und obwohl der Anteil an dolichocephalischen Individuen in Europa durch die verstärkte Auswanderung in die Vereinigten Staaten ohnedies bereits schwand, schlug er sicherheitshalber noch die kostenlose Verteilung von Alkoholika vor, damit sich die übelsten Exemplare in ihren Exzessen von allein ausrotten konnten. Das war sein voller Ernst.[33]

Nach der Veröffentlichung von Darwins *Entstehung der Arten* sollte es denn auch nicht lange dauern, bis seine biologischen Vorstellungen auf die Funktionsweisen menschlicher Gesellschaften übertragen wurden. Zuerst erfasste der Darwinismus die Vereinigten Staaten. (Darwin wurde 1869 zum Ehrenmitglied der *American Philosophical Society* ernannt, zehn Jahre bevor ihm seine eigene Universität Cambridge die Ehrendoktorwürde verlieh.) Alle amerikanischen Sozialwissenschaftler von William Graham Sumner und Thorstein Veblen aus Yale über Lester Ward von der Brown University, John Dewey von der University of Chicago bis hin zu William James, John Fiske und anderen Harvard-Wissenschaftlern, debattierten nun über Politik, Krieg und die Klassenaufteilung der menschlichen Gesellschaften vor dem Hintergrund des Darwin'schen »Kampfes ums Dasein« und dem Prinzip des »Überlebens der Stärksten«. Sumner glaubte zum Beispiel, dass Darwins neue Erkenntnisse über die Menschheitsentwicklung die endgültige Erklärung – und rationale Durchdringung – der materiellen Welt ermöglicht hatten. Andere erklärten sich damit die Laisser-faire-Wirtschaft, also den freien, unbehinderten Wettbewerb, der unter Geschäftsleuten so populär geworden war; für wieder andere waren damit die Fragen beantwortet, weshalb imperiale Strukturen in der Welt vorherrschten und die »tauglichen« weißen Rassen »natürlicherweise« den »degenerierten« Rassen anderer Hautfarben überlegen waren.[34]

Fiske und Veblen – Veblens *Theory of the Leisure Class (Theorie der Feinen Leute)* wurde 1899 veröffentlicht – legten scharfen Widerspruch gegen Sumners Behauptung ein, dass sich die reiche Oberschicht mit den biologisch Tauglichsten gleichsetzen lasse. Veblen stellte sogar die Umkehrthese auf, dass alle, die in der Geschäftswelt »auf Grund ihrer Dominanz selektiert« würden, letztlich nichts anderes als Barbaren seien und insofern den »Rückschlag« zu einer primitiveren gesellschaftlichen Entwicklungsstufe darstellten.[35]

Im deutschsprachigen Raum begann nun ein ganzes Heer von Wissenschaftlern und Pseudowissenschaftlern, Philosophen und Pseudophilosophen, Intellektuellen und Möchtegern-Intellektuellen miteinander um die öffentliche Aufmerksamkeit zu buhlen. Der Zoologe und Geograf Friedrich Ratzel behauptete zum Beispiel, dass alle lebenden Organismen miteinander um »Lebensraum« rängen, damit die jeweiligen Gewinner die Verlierer vertreiben könnten. Auch der Mensch beteilige sich an diesem Kampf, weil erfolgreiche Rassen ihren Lebensraum ganz einfach ausdehnen müssten, wenn sie der Gefahr, selbst auszusterben, zuvorkommen wollten. Ernst Haeckel (1834–1919), Zoologe an der Universität Jena, dem der Sozialdarwinismus zur zweiten Natur wurde, erklärte den »Kampf ums Dasein« zur Tagesparole. Leidenschaftlich vertrat er das Prinzip der Erblichkeit von erworbenen Merkmalen und favorisierte – im Gegensatz zu Herbert Spencer – einen starken Staat. Im Zusammenwirken mit seinem fanatischen Rassismus und Antisemitismus waren es diese Thesen, derentwegen man ihn später als prototypischen Nationalsozialisten einstufen sollte. Houston Stewart Chamberlain (1855–1927), der abtrünnige Sohn eines britischen Admirals und Ehemann von Richard Wagners Tochter, empfand diesen Kampf der Rassen als »grundlegend für das ›wissenschaftliche‹ Verständnis von Geschichte und Kultur«. Die abendländische Geschichte definierte er als den »unaufhörlichen Konflikt zwischen den vergeistigten und kulturschaffenden Ariern und den selbstsüchtigen und materialistischen Juden« (seine erste Frau war Halbjüdin gewesen); und die germanischen Völker betrachtete er als die letzten überlebenden Arier, wenngleich bereits durch ständige Kreuzung mit anderen Rassen geschwächt.[36]

Max Nordau (1849–1923) war in Budapest und wie Durkheim als Sohn eines Rabbiners zur Welt gekommen. Sein bekanntestes Werk erschien in zwei Bänden unter dem Titel *Entartung* und wurde trotz seiner Länge von über achthundert Seiten zu einem internationalen Bestseller. Nordau war überzeugt, dass sich Europa »mitten in einer schweren geistigen Volkskrankheit, in einer Art schwarzer Pest von Entartung und Hysterien« befand, die den Kontinent seiner Lebenskraft beraubte. Erkennbar wurde diese Volkskrankheit für ihn anhand von Symptomen wie »henkelartig vom Kopf abstehende Ohren… Schielauge, Hasenscharte… überzählige Finger« oder durch die »Asymmetrie der Fähigkeiten, Selbstsucht, Impulsivität, Emotivität, Willensschwäche« und ganz allgemein durch das Fehlen jeden »Sinns für Sittlichkeit und Recht«. Wo er auch hinsah, überall war Verfall. Impressionistische Maler waren für ihn das logische Ergebnis von entartetem Körperbau und einem Augenlidkrampf (Nystagmus), dem auch die typisch verschwommene, undeutliche Malerei zu verdanken war; Baudelaire und Wilde waren unsittliche, schmarotzende »Ich-Süchtige«, Zola ein von »Kopolalie« beherrschter »Sexual-Psychopath«, und Nietzsche verbreitete nichts als »Gedanken-Kehricht«. Nordau war überzeugt, dass all diese »Entartungen« von der Industriegesellschaft herrührten – buchstäblich durch den körperlichen Verschleiß, dem der Mensch unter den Bedingungen eines Lebens mit Eisenbahn, Dampfschiff, Telefon und Fabrik unterlag. Freud, der Nordau einmal besuchte, fand ihn unerträglich eitel und völlig humorlos. In Österreich machte der Sozialdarwinismus währenddessen noch weniger bei der Theorie Halt als in jedem anderen europäischen Land. Die beiden Politiker Georg von Schönerer und Karl Lueger zum Beispiel pflegten sich auf der politischen Bühne mit der Propagierung von zwei konkreten Zielen zu verkaufen: mit der Parole »alle Macht den Bauern« (da diese noch »unverseucht« waren von der Verkommenheit der Städte) und mit der Verbreitung eines virulenten Antisemitismus, der die Juden als die Verkörperung von Entartung schlechthin darstellte. Genau diesem Ideenmiasma begegnete der junge Adolf Hitler, als er 1907 in Wien mit dem Plan eintraf, die Kunstakademie zu besuchen.[37]

Frankreich schloss sich dem Sozialdarwinismus zwar erst relativ spät an, entwickelte dann aber schnell und leidenschaftlich seine eigene Form. Clémence Auguste Royer zum Beispiel vertrat in dem Buch *Origines de l'homme et des sociétés* eine unverbrüchlich sozialdarwinistische Lehre, in der »Arier« als die überlegene Rasse und kriegerische Konflikte mit anderen Rassen als unvermeidlich – weil im Interesse des Fortschritts – dargestellt wurden. In Russland propagierte der Anarchist Pjotr Kropotkin (1842–1921) in seinem 1902 veröffentlichten Buch *Gegenseitige Hilfe in der Tier- und Menschenwelt* eine andere These. Er hob zum Beispiel hervor, dass Konkurrenz zwar ohne Frage zum Leben gehöre, aber Kooperation, die im Reich der Tiere immerhin so selbstverständlich sei, dass sie ein Naturgesetz konstituiere, mindestens ebenso ausgeprägt sei. Wie Veblen präsentierte auch er ein alternatives Modell zum Spencerismus, das Gewalt als anomal verwarf. Dass der Sozialdarwinismus nicht nur unter russischen Intellektuellen gern mit dem Marxismus verglichen wurde, war durchaus nicht so weit hergeholt.[38]

Ganz ähnliche Argumente waren auch jenseits des Atlantik in den Südstaaten der USA zu hören. Der Darwinismus sprach von einem gemeinsamen Ursprung aller Rassen und hätte sich daher, wie Chester Loring Brace bewies, bestens als Argument *gegen* die Sklaverei geeignet. Doch viele propagierten das genaue Gegenteil. Joseph Le Conte (1823–1901) hatte eine ebenso gute Erziehung genossen wie Lapouge oder Ratzel und war daher gewiss kein »redneck«, sondern eben ein gebildeter Mann und zudem von Beruf Geologe. Als 1892 sein Buch *The Race Problem in the South* erschien, hatte er gerade die hoch angesehene Position des Präsidenten der *American Association for the Advancement of Science* inne, doch was er vorbrachte, war eine brutale Verzerrung sämtlicher darwinistischer Theorien, etwa wenn er behauptete, dass eine Rasse notwendigerweise die andere beherrschen müsse, wenn sich beide im gleichen Gebiet ansiedelten.[39]

Die unmittelbarste politische Folge des Sozialdarwinismus war die Eugenik-Bewegung, die sich mit dem neuen Jahrhundert etablierte. Alle oben genannten Autoren spielten dabei eine Rolle, doch ihr wichtigster Ideenlieferant, sozusagen ihr Urvater, war Darwins Cousin Francis Galton (1822–1911). In einem 1904 im *American Journal of Sociology* veröffentlichten Artikel erklärte er, dass es bei der Eugenik im Kern nur darum gehe, »Minderwertigkeit« und »Überlegenheit« objektiv zu beschreiben und zu messen.[40]

*

Schlichtweg alles war nun von Rassismus oder doch zumindest von einem kompromisslosen Ethnozentrismus gefärbt. Richard King, ein Kenner der alten indischen Philosophie, schreibt, dass gewissermaßen erst die Orientalisten im 18. und 19. Jahrhundert die hinduistische und buddhistische Religion »erschaffen« hätten. Was er damit sagen will, ist, dass sich zwar im Lauf vieler Jahrhunderte ein komplexes Glaubenssystem im Osten entwickelt hatte, die Religion von den dort ansässigen Völkern jedoch nicht »als eine monolithische Einheit« betrachtet wurde, zu welcher notgedrungen auch »eine Reihe von schlüssigen Glaubensweisen, Lehren und liturgischen Praktiken« zählten. Die Idee von einer Religion in unserem Sinne, von einem organisierten Glaubenssystem also, das sich auf heilige Schriften beruft und über eine geweihte Geistlichkeit verfügt, sei eine rein europäische Vorstellung und hervorgegangen aus dem Christentum des 3. Jahrhunderts, welches den lateinischen Begriff *religio* (was seiner ursprünglichen Bedeutung nach »wieder lesen« hieß) durch die Umdeutung der Traditionen und Praktiken der Alten neu definiert hatte. Erst die von den Römern verfolgten Frühchristen hätten diesem Begriff die Bedeutung von der Vereinigung einer Gruppe verliehen, von dem Zusammenschluss eines Bundes der Frommen, den alle wahren Gläubigen eingingen. Und erst damit, schreibt King weiter, habe Religion den Charakter eines Systems angenommen, das den »theistischen Glauben, eine Ausschließlichkeit und den fundamentalen Dualismus der Menschenwelt und der transzendentalen Welt des Göttlichen« betonte. In der Aufklärung »wurde es schließlich als selbstverständlich betrachtet, dass alle Kulturen auf solche Weise begreiflich würden«.[41]

Das Wort »Hindu« stammt laut King ursprünglich aus Persien und war eine Abwandlung des Sanskritworts *sindhu* als Bezeichnung für den Indus. In anderen Worten: Die Perser hatten mit diesem Begriff einfach nur Stämme bezeichnet, die in der Indus-Region siedelten, und ihm offenbar noch keine religiöse Bedeutung zugeschrieben. Als die Briten in Indien eintrafen, bezeichneten sie die Einwohner »entweder als Heiden oder als Kinder des Teufels: ›Gentus‹ (vom portugiesischen *gentio* für Nichtjuden abgeleitet) oder ›Banians‹ (abgeleitet von der Bezeichnung für nordindische Händler)«. Und weil sich die ersten Kolonialisten ein Volk, das über keine Religion in ihrem Sinne verfügte, einfach nicht vorstellen konnten, bezeichneten sie dieses komplexe Glaubenssystem einfach als die »Religion der Gentus«. Gegen Ende des 18. Jahrhunderts wurde aus dem »Gentu« dann »Hindu«; 1816 verwendete der indische Intellektuelle Rammohan Roy erstmals selbst das Wort »Hinduismus«.[42]

Nicht viel anders sah es im Hinblick auf den Buddhismus aus. »Es ist keineswegs gesichert«, schreibt King, »dass sich die Tibeter, Singhalesen und Chinesen als Buddhisten verstanden, bevor sie von Europäern im 18. und 19. Jahrhundert als solche bezeichnet wurden.« Die entscheidende Persönlichkeit in diesem Zusammenhang war Eugène Burnouf, der 1844 mit seiner Abhandlung *Introduction à l'histoire du Bouddhisme indien* – welche auf den 147 Sanskritschriften beruhte, die Brian Hodgson im Jahr 1824 aus Nepal mitgebracht hatte – praktisch jene Religion erschuf, die wir heute im Westen meinen, wenn wir vom Buddhismus sprechen.[43]

Entscheidend war, wie King weiter schreibt, dass sowohl der Hinduismus als auch der Buddhismus in ihren bekannten Erscheinungsformen als die »degenerierten« Versionen eines klassischen Originals angesehen wurden, die dringend einer Reform bedurften. Mit dieser »Mystifizierung« wurden drei Dinge erreicht: Erstens ließ sich angesichts eines »degenerierten und rückständigen« Ostens der Imperialismus rechtfertigen; zweitens ließ sich der Westen im Vergleich zu einem uralten Osten als »modern« und progressiv darstellen; und drittens befriedigten die alten

Religionen des Ostens die Sehnsucht nach den »Ursprüngen«, die in Europa gerade so spürbar war. Friedrich Schlegel brachte mit seiner Aussage, dass ausnahmslos alles seinen Ursprung in Indien habe, nur zum Ausdruck, was viele in dieser Zeit glaubten.[44]

*

Warren Hastings, dem wir nun bereits mehrfach in seiner Rolle als Generalgouverneur von Ostindien begegnet sind, war felsenfest überzeugt gewesen, dass die britische Macht in Indien, so sie denn blühen und gedeihen wollte, der Zustimmung und Unterstützung der Inder bedurfte. Dass diesem Denkansatz etwas grundsätzlich Unglaubwürdiges innewohnte, scheint niemanden in den Sinn gekommen zu sein, jedenfalls hat es niemanden von diesem Unterfangen abgehalten. Stattdessen rief Hastings mehrere Erziehungs- und Ausbildungsinitiativen ins Leben, mit denen er sich bei einer bestimmten indischen Gesellschaftsschicht lieb Kind machen wollte. Als Erstes schlug er einen Lehrstuhl für Persisch in Oxford vor, doch damit zog er eine Niete. Also ging er zum nächsten Schritt über und gründete mit William Jones und anderen die *Bengal Asiatic Society*. Wesentlich praxisorientierter war da schon seine Entscheidung, die Beamten der Ostindiengesellschaft die persische Sprache lernen zu lassen, die am Hof der Mughalen gesprochen wurde, und dafür zu sorgen, dass Panditen nach Kalkutta gebracht wurden, um den Beamten Sanskrit beizubringen und alte Schriften zu übersetzen. Der Erfolg dieser Initiative war unter anderem, dass mehrere Generationen von britischen Beamten mit den Regionalsprachen vertraut waren und Sympathie für die hinduistischen und muslimischen Kulturen in der Region entwickelten. Hier ein Auszug aus Hastings Vorwort zu der englischen Übersetzung der *Bhagavad Gita*, die von ihm in Auftrag gegeben worden war: »Jedes Beispiel, das unseren Blick für den wahren Charakter [der Inder] schärft, wird bei uns ein großzügigeres Empfinden für ihre natürlichen Rechte hinterlassen und uns lehren, sie nach denselben Maßstäben zu messen wie uns selbst. Solche Beispiele können jedoch nur ihre Schriften bieten, welche noch vorhanden sein werden, wenn die britische Herrschaft in Indien längst abgeschafft wurde und wenn die Quellen, die sie einst zum Wohle des eigenen Wohlstands und der eigenen Macht ausgebeutet hat, der Erinnerung anheim gegeben sind.«[45]

Auf Hastings Errungenschaften baute im Jahr 1800 Richard Colley-Wesley auf, der 1. Marquess Wellesley und neue Generalgouverneur von Ostindien. Er gründete das College von Fort William, das später als »Universität des Ostens« bezeichnet wurde. Dort baute man nun den Sprachunterricht weiter aus, neben Persisch und Sanskrit, dem hinduistischen, muslimischen und indischen Recht sowie den Naturwissenschaften und der Mathematik wurden auch Arabisch und sechs indische Regionalsprachen gelehrt. Wellesley sorgte zudem für die Einführung von westlichen Unterrichtstechniken, insbesondere von schriftlichen Prüfungen und öffentlichen Debatten. »Viele Jahre lang galten diese feierlichen Disputationen als das wichtigste gesellschaftliche Ereignis des Jahres.« Das College war ein ehrgeiziges Projekt, zumindest in der Anfangsphase. Es verfügte über eine eigene Druckerwerkstatt, die nicht nur Lehrbücher herausgab, sondern auch die Übersetzungen von indischen Klassikern und Studien über die indische Geschichte, Kultur und das indische Recht. Außerdem wurde eine Bibliothek mit einer immer umfangreicheren Sammlung seltener Handschriften eingerichtet.[46]

Der aufklärerische Ansatz dieser Politik sollte jedoch nicht von Dauer sein. Der erste Rückschlag kam mit dem Vorschlag der Ostindiengesellschaft, das College – oder doch wenigstens die Fakultäten, die sich mit europäischen Themen befassten – nach England zu transferieren. Nach dem Massaker an britischen Untertanen im südostindischen Vellore änderten sich die politischen Richtlinien: Man entschied, dass die britische Macht auf dem Subkontinent nur gewahrt werden konnte, wenn man für eine Massenkonversion der Hindus sorgte. Das aber war eine derart fundamentale Abkehr von der bisherigen Haltung, dass es einfach nicht ohne Kampf abgehen konnte. In einem gefeierten Pamphlet mit dem Titel *Vindications of the Hindoos, by a Bengal Officer* (»Verteidigungen der Hindus durch einen bengalischen Offizier«) stellte Colonel »Hindoo« Stewart fest, dass jeder Versuch einer Massenkonversion schon deshalb zum Scheitern verurteilt sein würde, weil die hinduistische Religion »in vieler Hinsicht überlegen ist«. Die zahlreichen Hindugötter stellten viele »Arten« von Tugenden dar, und auch die Theorie von der Seelenwanderung sei »der christlichen Vorstellung von Himmel und Hölle vorzuziehen«.[47]

Aber es half alles nichts. Nachdem das Londoner Parlament 1813 die Charta der Ostindiengesellschaft bestätigt hatte, wurden in Kalkutta eine Diözese eingerichtet, das College von Fort William aufgelöst und seine Bücher- und Handschriftensammlung in alle Winde zerstreut. Im Januar 1854 wurde es offiziell geschlossen, die *Bengal Asiatic Society* fiel der Verwahrlosung anheim. Doch die Schicksale des Colleges und dieser Gesellschaft waren lediglich Barometer für kommende Niederschläge viel größeren Ausmaßes. Die Richtlinien, die von den britischen Orientalisten im späten 18. und frühen 19. Jahrhundert verfolgt worden waren, hatten zumindest das westliche Wissen vom Osten erweitert; die neue Gesinnung und all die Versuche, eine Massenkonversion zuwege zu bringen, förderten hingegen die Polarisierung Indiens in Kolonialisten und Kolonisierte.

Woraus besteht nun das ideelle Erbe des Imperialismus? Die Antwort darauf ist komplex und kann nicht von der Frage nach den modernen gesellschaftlichen, politischen und wirtschaftlichen Entwicklungen der einstigen Kolonien getrennt werden. Noch viele Jahre nach dem Zweiten

Weltkrieg, als sich der Entkolonialisierungsprozess zu beschleunigen begann, war der Imperialismus ungemein schwer belastet. Er war zum Synonym für den Rassismus, die wirtschaftliche Ausbeutung und die kulturelle Arroganz der Kolonialisten auf Kosten der »anderen« – der Kolonisierten also – geworden. Deshalb hatte es sich ein Großteil der postmodernen Bewegung auch zum Ziel gesetzt, die einstigen kolonisierten Kulturen zu rehabilitieren. Der indische Ökonom und Nobelpreisträger Amartya Sen, der in Harvard und Cambridge lehrte, berichtete zum Beispiel, dass es seit dem Abzug der Briten weit weniger Hungersnöte in Indien gegeben habe.

Jüngst tauchte jedoch ein etwas weniger grobkörniges Bild auf. »Ohne die Ausbreitung der britischen Herrschaft über die Welt wäre schwer vorstellbar, dass sich die Strukturen des liberalen Kapitalismus derart erfolgreich in so vielen verschiedenen Ökonomien hätten etablieren können... Indien, die größte Demokratie der Welt, hat der britischen Herrschaft mehr zu verdanken, als es heute einzugestehen Mode ist. Seine Eliteschulen, Eliteuniversitäten, seine öffentliche Verwaltung, seine Armee, seine Presse und sein parlamentarisches System funktionieren allesamt im nach wie vor erkennbar britischen Muster. Schließlich nicht zu vergessen: die englische Sprache selbst... Das Empire des 19. Jahrhunderts leistete zweifellos Pionierarbeit im Freihandel, beim freien Kapitalfluss [was Lawrence James das ›unsichtbare Reich des Geldes‹ nennt] und, seit der Abschaffung der Sklaverei, auch bei der Freizügigkeit von Arbeit. Es investierte immense Summen in die Entwicklung eines globalen Kommunikationsnetzwerks. Es verbreitete und erzwang Rechtsstaatlichkeit in einer riesigen Region.«[48] Niall Ferguson wies zudem nach, dass im Jahr 1913, als das Empire auf dem Höhepunkt war, dreiundsechzig Prozent aller direkten Auslandsinvestitionen in Entwicklungsländer flossen, wohingegen es im Jahr 1996 nur noch achtundzwanzig Prozent waren. 1913 waren ungefähr fünfundzwanzig Prozent des globalen Kapitalbestands in Länder investiert worden, deren Pro-Kopf-Einkommen zwanzig Prozent des amerikanischen Bruttoinlandprodukts per capita oder weniger ausmachten; 1997 war dieser Anteil auf fünf Prozent gesunken. Im Jahr 1955, als sich die Kolonialzeit ihrem Ende näherte, betrug das Brottoinlandsprodukt von Sambia ein Siebtel desjenigen von Großbritannien; im Jahr 2003, nach rund vierzigjähriger Unabhängigkeit, belief es sich auf ein Achtundzwanzigstel. Eine Studie, die kürzlich am Beispiel von neunundvierzig Ländern durchgeführt wurde, erwies, dass Länder mit einem Gewohnheitsrecht (nach britischem Muster) Investoren den stärksten Rechtsschutz boten, Länder mit einem Zivilrecht (nach französischem Muster) den schwächsten. Die überwiegende Mehrheit der Länder mit Gewohnheitsrecht stand einst unter britischer Herrschaft. Der amerikanische Politikwissenschaftler Seymour Martin Lipset stellte fest, dass

Staaten, die britische Kolonien gewesen waren, nach ihrer Unabhängigkeit eine deutlich bessere Chance auf eine »dauerhafte Demokratisierung« hatten als solche, die von anderen Ländern beherrscht worden waren. Die Kolonialisierung zog überall dort negativere Auswirkungen nach sich, wo sich Imperialisten in bereits urbanisierten Ländern mit hoch entwickelten Kulturen (Indien, China) breit gemacht hatten und wo die Kolonialisten mehr an Plünderungen als am Aufbau neuer Institutionen interessiert gewesen waren. Ferguson glaubt, dass sich damit auch die »große Divergenz« der (womöglich sogar noch im 16. Jahrhundert führenden) Kulturen Indiens und Chinas und die relative Armut erklären lassen, in die sie gestürzt wurden.

Der Imperialismus war alldem zufolge nicht nur ein reiner Eroberungsmechanismus gewesen. Er stellte auch eine Art von internationaler Regierung dar, eine Art von Globalisierung, von der nicht immer nur die herrschenden Mächte profitierten. Und zu den Kolonialisten zählten nicht nur ein Cecil Rhodes, sondern eben auch ein Warren Hastings oder Sir William Jones.[49]

*

Das Ausmaß, in dem der Orientalismus zu einem Aspekt des Imperialismus geworden war, wurde Ende des 20. Jahrhunderts zum Thema vieler Debatten, die zum Teil bis heute andauern. Die Argumentation, der dabei die größte Aufmerksamkeit geschenkt wurde, war die des 2003 verstorbenen amerikanisch-palästinensischen Kritikers Edward Said, einst Professor für vergleichende Literaturwissenschaften an der New Yorker Columbia University. In seinen beiden Büchern zum Thema verdeutlichte er erstens, wie viele Kunstwerke aus dem 19. Jahrhundert einen imaginären Orient, ja ein geradezu stereotypes, karikierendes und simplifizierendes Orientbild darstellten. Der französische Historienmaler Jean-Léon Gérôme zum Beispiel stellte in seinem Gemälde *Le Charmeur de serpent* (»Der Schlangenbeschwörer«) einen Jungen dar, der nackt bis auf eine Schlange um den Leib auf einem Teppich steht und eine Gruppe von dunkelhäutigen Arabern unterhält, die mit Lanzen und Gewehren bewaffnet vor einer mit Arabesken und arabischen Schriftzeichen geschmückten Kachelwand am Boden kauern. Said behauptete, dass die Geisteshaltung der im Westen praktizierten Orientalistik die Geschichte einer von politischer Macht korrumpierten Disziplin bezeugte und dass allein schon der Begriff »Orient« absurd und herabsetzend sei, weil er eine riesige Region aus unterschiedlichsten Kulturen, Religionen und Ethnien wie eine Einheit darstellte. Zum Beispiel wies er nach, dass der französische Arabist und Philologe Silvestre de Sacy in seinem 1806 veröffentlichten Buch *Chrestomathie arabe* das Studium des »Orients« wie eine Historie von Rom oder Athen behandelt und damit eine Menge dazu beigetragen hatte, dass man »den Orient« als etwas ebenso Homogenes darzustellen begann wie Hellas oder das Römische Reich. Erst auf diese Weise seien die beiden ungleichen Hälften der Welt zustande gekommen, geformt von einem ebenso ungleichen, weil allein in politischer (imperialer) Macht wurzelnden Austausch. Es fand, schrieb Said, eine Dämonisierung des »geheimnisvollen Ostens« statt, der voll der Stereotypen über Orientalen war, die sich ständig »danebenbenahmen« und unweigerlich faul, hinterlistig und irrational waren.[50]

In seinem Werk Kultur und Imperialismus führte Said dieses Argument weiter aus: »Das große kulturelle Archiv liegt, behaupte ich, da, wo die intellektuellen und ästhetischen Investitionen in überseeisches Herrschaftsgebiet stattfanden und stattfinden. Ein Brite oder Franzose in den sechziger Jahren des 19. Jahrhunderts betrachtete Indien und Nordafrika mit einer Mischung aus Vertrautheit und Distanz, aber niemals unter dem Aspekt ihrer eigentümlichen Souveränität. In den Erzählungen, Geschichten, Reisebeschreibungen und Forschungsberichten fungierte das Bewußtsein des Erzählers oder Forschers als die Hauptautorität, als das Energiezentrum, das nicht nur kolonialistischen Eingriffen, sondern auch exotischen Geografien und Völkern Sinn verlieh. Und vor allem unterband das eigene Machtgefühl die Vorstellung, daß die ›Eingeborenen‹, die entweder unterwürfig oder auf störrische Weise unkooperativ erschienen, jemals dazu fähig oder in der Lage sein würden, die Preisgabe von Indien oder Algerien zu erzwingen« – oder irgendetwas von sich zu geben, das vielleicht als Widerwort, als eine Herausforderung verstanden werden konnte. Auf einer bestimmten Ebene bedeute Imperialismus nichts anderes, als über ein Land nachzudenken, sich in einem Land niederzulassen und ein Land zu kontrollieren, das einem nicht gehörte, das in weiter Ferne lag, das von anderen Menschen bewohnt und besessen wurde. »Zweifellos war das Imperium für englische und französische Bürger des 19. Jahrhunderts ein Hauptgegenstand ungenierter kultureller Aufmerksamkeit. Das britische Indien und das französische Nordafrika spielten unschätzbar wichtige Rollen in der Phantasie, der Ökonomie, dem politischen und sozialen Gewebe der britischen und französischen Gesellschaft. Und wenn wir Namen wie Delacroix, Edmund Burke, Ruskin, Carlyle, James und John Stuart Mill, Kipling, Balzac, Nerval, Flaubert oder Conrad nennen, markieren wir eine winzige Nische in einer sehr viel umfänglicheren Realität, als selbst gewaltige kollektive Gaben erfassen.« Said erklärte, dass auch mit dem großen realistischen Roman in Europa immer nur das Ziel verfolgt wurde, die gesellschaftliche Zustimmung zur staatlichen Expansion in ferne Länder zu erhalten.[51]

Said konzentrierte sich dabei auf die Zeit um das Jahr 1878, als das Gerangel um Afrika begann und sich auch der realistische Roman durchsetzte. In den vierziger Jahren des 18. Jahrhunderts, schrieb er, habe der englische Roman ungeheure Eminenz als *die* ästhetische Form und sozusagen auch als die wichtigste intellektuelle Stimme der englischen Gesellschaft erlangt. Alle großen englischen Romanciers übernahmen Mitte des 19. Jahrhunderts die Sicht von einer globalisierten Welt – doch sie hätten die ungemeine Reichweite der britischen Überseemacht auch kaum ignorieren können. Zu den Büchern, die daraus entstanden, zählte Said Jane Austens *Mansfield Park*, Charlotte Brontës *Jane Eyre*, William Makepeace Thackerays *Jahrmarkt der Eitelkeit*, Charles Kingsleys *Westward-Ho!*, Charles Dickens' *Große Erwartungen*, Benjamin Disraelis *Tancred oder Der neue Kreuzzug*, George Eliots *Daniel Deronda* und Henry James' *Porträt einer jungen Dame*. Alle hatten als eigentlichen Schauplatz das Empire gewählt, und in vielen Fällen »funktioniert das Imperium über weite Etappen des 19. Jahrhunderts als codifizierte, wiewohl nur beiläufig wahrnehmbare Lichtquelle in der Literatur, ganz ähnlich den Bediensteten in großen Haushalten und Romanen, deren Arbeit als selbstverständlich gilt, aber meist bloß erwähnt und selten untersucht wird... und keinerlei Erhellung findet.«[52]

Der rote Faden in Jane Austens *Mansfield Park* folgt den Geschicken der Fanny Price, die im Alter von zehn Jahren aus den ärmlichen Verhältnissen ihres Elternhauses in der Nähe von Portsmouth nach Mansfield Park übersiedelt, auf den Landsitz ihres begüterten Onkel Sir Thomas Bertram. Im Lauf einer langen, verwickelten Geschichte erwirbt sie sich endlich den Respekt der Familie, vor allem den der Schwestern, und gewinnt die Liebe des ältesten Sohnes, den sie am Ende heiratet und dadurch Herrin von Mansfield wird. Said konzentrierte sich bei dieser Geschichte jedoch nur auf ein paar fast beiläufige Bemerkungen, die die Autorin über Sir Thomas Bertram und die Tatsache fallen lässt, dass er sich gerade außer Landes befindet, um auf seinem Besitz im westindischen Antigua nach dem Rechten zu sehen. Gerade weil sie das so en passant erwähnt, bezeugte sie Saids Meinung nach, dass vieles damals als absolut selbstverständlich erachtet wurde. »Was dieses Leben materiell stabilisiert, ist Bertrams Besitzung in Antigua, die aber wenig Ertrag abwirft.« Austen habe deutlich erkannt, dass der Unterhalt und die Leitung eines Besitzes wie Mansfield Park in einem engen, um nicht zu sagen in einem unbedingten Zusammenhang mit der Möglichkeit stand, einen imperialen Besitz in Übersee zu unterhalten und zu beherrschen. »Die häusliche Ruhe und anziehende Harmonie des einen Bereichs wird von der Produktivität und geregelten Disziplin des anderen gewährleistet.«[53]

Es ist diese Beschaulichkeit und Harmonie, die Fanny so schätzen lernen wird. Sie, die als Außenseiterin nach Mansfield Park gekommen war, als »eine Art transportabler Gebrauchsartikel«, verkörpert letztlich dasselbe Prinzip wie der Zucker, der auf der Plantage in Antigua produziert wird, von dem aber die Beschaulichkeit von Mansfield Park ganz und gar abhängt: Altes Blut braucht zur Verjüngung neues Blut. Austen kombinierte hier also eine soziale Frage mit einer politischen: Das Imperium mag die längste Zeit über unsichtbar bleiben, ist aber von allumfassender wirtschaftlicher Bedeutung. Saids eigentlicher Punkt war, dass Austen trotz all ihrer Menschlichkeit und künstlerischen Finesse *implizit* nicht nur die Sklaverei und all die begleitenden Grausamkeiten akzeptierte, sondern auch die vollständige Unterwerfung einer Kolonie unter das metropolitanische England. Er zitiert eine Passage aus John Stuart Mills *Principles of Political Economy*: »Sie [unsere überseeischen Territorien] können kaum als Länder, die mit anderen Ländern Warenaustausch betreiben, sondern eher als getrennt liegende, Landwirtschaft oder Gewerbe treibende Niederlassungen angesehen werden... Alles dort arbeitende Kapital ist englisches Kapital, fast die ganze Industrie wird nur für englische Zwecke betrieben... Der Handel mit Westindien kann daher kaum als Handel mit dem Ausland angesehen werden, sondern gleicht mehr dem Handel zwischen Stadt und Land.« Said wollte hervorheben, dass der Besitz Mansfield Park – reich, von komplexen geistigen Einstellungen geprägt und eine strahlende Komponente des herrschenden Kanons – ebenso bedeutend hinsichtlich dessen ist, was er verhüllt, wie hinsichtlich dessen, was er enthüllt. So gesehen war er typisch für seine Zeit.[54]

Sowohl Rudyard Kipling als auch Joseph Conrad machten das Empire zum Hauptthema ihrer Werke, Ersterer vor allem in *Kim*, Letzterer in *Herz der Finsternis* (1899, in Buchform erstmals 1902 veröffentlicht), *Lord Jim* (1900) und *Nostromo* (1904). Said nannte *Kim* einen »überwältigend virilen Roman mit zwei anziehenden Männern in Mittelpunkt«, obwohl Kim für die Dauer der ganzen Geschichte ein Junge bleibt (sie spielt sich zwischen seinem dreizehnten und siebzehnten Lebensjahr ab). Der entscheidende Hintergrund – das »große Spiel« von Politik, Diplomatie und Krieg – wird wie »eine Art erweiterter Jungenstreich vollauf genossen«. Das gefeierte und von Said zitierte Urteil, das der amerikanische Kritiker Edmund Wilson über *Kim* fällte, lautete: »Wir haben zwei völlig verschiedene Welten gezeigt bekommen, die, ohne wirkliches Verständnis der jeweils anderen, nebeneinander existieren... die Parallelen treffen sich nie... Kiplings Fiktion dramatisiert also keinerlei grundlegenden Konflikt, weil Kipling nie einen zu bestehen hatte.« Im Gegenteil, sagte Said: »Der Konflikt zwischen Kims Kolonialdienst und seiner Loyalität gegenüber seinen indischen Gefährten bleibt nicht deshalb ungelöst, weil Kipling ihn nicht zu bestehen vermochte, sondern deshalb, weil für Kipling da *keinerlei Konflikt vorlag* [Hervorhebung im Original].« Aus Kiplings Sicht war es »das denkbar beste Geschick« für Indien, »von England beherrscht zu werden«.[55] Kipling habe alle Spaltungen in der indischen Gesellschaft akzeptiert und sich davon nie beunruhigen lassen, ebenso wenig, wie er oder seine Figuren je den Versuch unternahmen, auf irgendeine Weise dagegen aufzubegehren. Bis Ende des 19. Jahrhunderts hatte sich eine aus einundsechzig Ebenen bestehende Rangordnung in Indien etabliert, und es war eine Hassliebe zwischen Briten und Indern entstanden, die »aus den in beiden Völkern präsenten komplexen hierarchischen Einstellungen erwachsen sein könnte«. Am Schluss dieses Abschnitts schreibt Said: »Wir müssen den Roman als die Verwirklichung eines großen kumulativen Prozesses lesen, der in den letzten Jahren vor der Jahrhundertwende seinen Höhepunkt vor der indischen Unabhängigkeit erreicht: auf der einen Seite Kontrolle und Überwachung Indiens; auf der anderen Liebe zu und faszinierte Aufmerksamkeit für jedes Detail seiner Wirklichkeit... Wenn wir *Kim* heute lesen, dann können wir einen großen Künstler dabei beobachten, wie er sich in einem gewissen Sinne von seinen eigenen Einsichten verblenden läßt« – von Einsichten über ein Indien, das er liebte, aber nicht so haben konnte, wie er es wollte.[56]

Als einziger unter all den Autoren, die in irgendeiner Form an diesem imperialistischen »Gerangel« teilgenommen hatten, bewies Joseph Conrad, dass man sich aus den dunklen »Kolonien des Überflusses« auch zurückziehen konnte. Nach Jahren als Seefahrer für verschiedene Handelsmarinen entschied er sich für das sesshafte Leben als Schriftsteller. Seine drei oben erwähnten bekanntesten Bücher, wie auch *Der Geheimagent*, schöpften aus den Ideen von Darwin, Nietzsche und Nordau, um die große Bruchstelle zwischen dem wissenschaftlichen, liberalen und technischen Optimismus des 20. Jahrhunderts auf der einen Seite und seinem Pessimismus in Bezug auf die Natur des Menschen auf der anderen zu ergründen. Zu H. G. Wells sagte er einmal: »Der Unterschied zwischen uns beiden, Wells, ist gewaltig. Du scherst dich nicht um die Menschheit, glaubst aber, dass sie sich bessern sollte. Ich liebe die Menschheit, weiß aber, dass sie das nicht tun wird!«[57]

Geboren wurde Conrad im Jahr 1857 unter dem Namen Józef Teodor Korzeniowski in einem Gebiet Polens, das 1793 bei der Teilung des so oft zerstückelten Landes an die Russen gefallen war (der Geburtsort liegt in der heutigen Ukraine). Sein Vater Apollo war ein Adliger ohne Land, seit die Besitztümer der Familie nach dem Aufstand gegen die Russen im Jahr 1839 beschlagnahmt worden waren. Noch vor seinem zwölften Geburtstag wurde Conrad zum Waisenkind und hing seither völlig von der Großzügigkeit eines Onkels mütterlicherseits ab. Onkel Tadeusz stattete ihn mit einer jährlichen Apanage aus und hinterließ ihm nach seinem Tod im Jahr 1894 tausendsechshundert Pfund, was nach heutigem Wert etwa hundertfünfzigtausend Euro wären. Zur gleichen Zeit wurde Józefs erstes Buch *Almayers Luftschloss*, das er 1889 unter seinem Künstlernamen Joseph Conrad zu schreiben begonnen hatte, von einem Verlag angenommen. Nun war er Schriftsteller und begann seine Erfahrungen zur See und die Geschichten, die ihm während dieser Reisen erzählt wurden, in Romane zu verwandeln.[58]

Einige Zeit vor dem Tod seines Onkels war Józef nach Polen gefahren und hatte auf dem Weg dorthin in Brüssel Halt gemacht, um ein Vorstellungsgespräch bei der *Société Belge pour le Commerce du Haut-Congo* zu führen – ein schicksalhafter Moment, der nicht nur seine Erlebnisse zwischen Juni und Dezember 1890 in Belgisch-Kongo zur Folge haben, sondern zehn Jahre später auch zum *Herz der Finsternis* führen sollte. Das ganze Jahrzehnt über hatte der Kongo in Conrads Kopf gelauert und nur auf ein auslösendes Moment gewartet, um sich als Prosa Bahn zu brechen. Als solche Auslöser dienten nun die schockierenden Enthüllungen über die »Benin-Massaker« von 1897 und die Berichte von Stanleys Afrika-Expeditionen. Der Bericht von Commander R. H. Bacon, der 1897 unter dem Titel *Benin: The City of Blood* in London und New York veröffentlicht wurde, enthüllte der zivilisierten westlichen Welt eine Horrorgeschichte von blutrünstigen Ritualen der afrikanischen »Eingeborenen«. Auf der Berliner Konferenz von 1884 hatte Großbritannien das Protektorat über die Flussregion des Niger proklamiert, deshalb wurde nach diesem Massaker in der britischen Mission von Benin (das während der rituellen Opferfeierlichkeiten von König Duboar zu Ehren seiner Ahnen verübt worden war) eine Strafexpedition losgeschickt, um das Gebiet – schon lange ein Zentrum der Sklaverei – zu erobern. Der Bericht von Bacon, der Geheimdienstoffizier dieser Expedition war, deckt sich in mehreren Einzelheiten mit den Ereignissen, die Conrad in *Herz der Finsternis* schildert. Als Commander Bacon den Ort des Geschehens erreichte, musste er mit ansehen, was sogar für ihn, den Sprachgewaltigen, nicht mehr darstellbar war: »Es ist sinnlos, die Schrecken dieses Ortes noch weiter zu beschreiben, überall Tod, Barbarei, Blut und Gestank von einer Art, wie sie kein Mensch jemals erlebt haben sollte.« Conrad hingegen erspart dem Leser die Details: »Das Grauen! Das Grauen!«, jene berühmten letzten Worte von Kurtz, zu dessen Rettung Conrads Held Marlow geeilt war, sprachen für sich. Wo Bacon von Schädel- und Knochenhaufen, Kreuzigungspfählen und überall verschmiertem Blut berichtet hatte, Blut sogar auf den Götzenbildern aus Bronze und Elfenbein, begnügte sich Conrad mit Hinweisen auf aufgespießte »runde Kugeln«, die Marlow durch seinen Feldstecher zu erkennen glaubt, als er sich der Unterkunft von Kurtz nähert.[59]

Conrad ging es nicht darum, die typische Reaktion der zivilisierten Welt auf solche barbarischen Akte hervorzulocken, wie es Commander Bacon exemplarisch mit seinem Bericht versucht hatte: »Es kann ihnen [den Eingeborenen] nicht entgehen, dass Frieden und die gute Herrschaft des weißen Mannes Glück, Zufriedenheit und Sicherheit bedeuten.« Eine ähnliche Haltung kommt in dem Report zum Ausdruck, den Conrads

Figur Kurtz für die »Internationale Gesellschaft für die Unterdrückung wilder Bräuche« anfertigt. Sein Held Marlow beschreibt dieses »prächtige Stück Literatur« als »beredt, vor Beredsamkeit bebend«, fügt jedoch hinzu: »Am Ende dieses Appells an alle uneigennützigen Gefühle – wie ein Blitz aus heiterem Himmel, grell und erschreckend: ›Schlagt diese Bestien alle tot!‹«[60]

Das Barbarische im Herzen des zivilisierten Menschen enthüllt sich auch im Verhalten des weißen Kaufmanns, des »ungläubigen Pilgers«, wie Marlow ihn nennt. Geschichten von weißen Händlern, wie sie H. M. Stanley aus dem »schwärzesten Afrika« erzählte – alle im Geiste der nie hinterfragten Überlegenheit des Europäers gegenüber dem Afrikaner verfasst –, gab es genügend, um Conrads düstere Visionen zu nähren. Das *Herz der Finsternis* wimmelt nur so von ironischen Verkehrungen der Begriffe Zivilisation und Barbarei, Licht und Dunkel. In einer charakteristischen Passage aus Stanleys Tagebuch ist nachzulesen, wie er auf der Suche nach Lebensmitteln mit einer Gruppe Eingeborener umging: »Ich muss [die Lebensmittel] haben, oder wir sterben. Ihr müsst sie gegen Perlen, rote, blaue oder grüne, Kupfer- oder Messingdraht oder Muscheln eintauschen, oder ... Ich machte ein eindeutiges Zeichen quer über den Hals. Das war genug, sie verstanden sofort.« Conrads Marlow ist hingegen beeindruckt von der außerordentlichen Zurückhaltung der hungrigen Kannibalen, die die Expedition begleiten. Sie waren nur mit ein wenig Messingdraht entlohnt worden und hatten nichts mehr zu essen, seit ihr faulendes Flusspferdfleisch über Bord geworfen worden war, weil sein Geruch europäische Nasen einfach zu sehr anekelte. Deshalb fragt sich Marlow nun, »wieso sie sich, im Namen aller nagenden Hungerteufel, nicht über uns hergemacht – sie waren dreißig, wir fünf – und sich den Bauch einmal so richtig vollgeschlagen hatten«. Kurtz ist natürlich eine Symbolfigur (»Ganz Europa war daran beteiligt gewesen, Kurtz zustande zu bringen«), aber ihre eigentliche Spannung erhält Conrads grimmige Satire durch die Sprache, die er Marlow in den Mund legt. Die imperialistische Zivilisierungsmission läuft auf eine barbarische Plünderung hinaus: »Es war ganz einfach Raub unter Anwendung von Gewalt, Mord in großem Stil«, schrieb Conrad.[61]

Ob im Erscheinungsjahr von *Herz der Finsternis* oder heute, etliche Leser lehnten und lehnen den Autor ab. Doch gerade das bestätigt Conrads Bedeutung. Am besten hat dies vielleicht Richard Curle erklärt, als er 1914 die erste große Studie über Conrad schrieb und erkannte, dass viele Menschen das unüberwindliche Bedürfnis haben, glauben zu wollen, dass die schreckliche Welt geheilt werden könne, wenn der Mensch sich nur gehörig anstrenge und sich an so etwas wie eine liberale Philosophie halte. Aber bei Conrad wird – im Gegensatz zu den Romanen seiner Zeitgenossen Wells und Galsworthy – immer deutlich, dass er dies bestenfalls für Wunschdenken und schlechtestenfalls für einen ersten Schritt auf dem Weg zu einer heillosen Zerstörung hielt. Alle Anzeichen sprechen dafür, dass seine Erlebnisse in Afrika einen geistigen wie körperlichen Ekel und eine tiefe Abneigung gegen die imperialistischen, rassistischen Ausbeuter Afrikas und der Afrikaner bei Conrad hinterließen. Und immerhin sollte nicht zuletzt das *Herz der Finsternis* dazu beitragen, dass Leopolds Tyrannei im damaligen Belgisch-Kongo ein Ende bereitet wurde.[62]

*

Der gebürtige Pole Joseph Conrad beschrieb die Vorgänge im Belgisch-Kongo auf Englisch. Die Verbreitung der englischen Sprache war eine letzte Errungenschaft des Empire. Ernsthaft begonnen hatte man mit diesem Projekt in den Kolonien von Amerika, seinen Höhepunkt erreichte es in Indien und mit dem Gerangel um Afrika. Heute gibt es in Indien ebenso viele englischsprachige Bürger wie in Großbritannien, fünfmal so viele in Nordamerika. Über die ganze Welt verteilt sprechen anderthalb Milliarden Menschen Englisch. Doch viele Jahre lang – jahrhundertelang – war Englisch eine Minderheitensprache gewesen, die nur unter großen Schwierigkeiten überlebte. Dass sie überhaupt Triumphe als die meistgesprochene Sprache der Welt feiern kann, zeugt von einem »bemerkenswerten Abenteuer«, wie der englische Historiker und Wissenschaftsjournalist Melvyn Bragg schrieb.

Die ersten Spuren einer englischen Sprache lassen sich bei den germanischen Kriegern finden, die im 5. Jahrhundert n. d. Z. nach dem Abzug der römischen Truppen als Söldner nach Britannien geholt worden waren, um die letzten Anhänger Roms zu bekämpfen. Die Ureinwohner der Britischen Inseln waren Kelten gewesen, die dank der römischen Präsenz zweifellos ein etwas lateinisch durchmischtes Keltisch gesprochen hatten. Und die germanischen Stämme – Sachsen, Angeln, Jüten – machten sich nun natürlich mit ihren eigenen Dialekten untereinander verständlich. Es dauerte eine Weile, bis sich die Sprache der Angeln durchsetzen konnte. Der heute im holländischen Friesland gesprochene Dialekt soll die engste Verwandtschaft mit diesem frühen Englisch aufweisen, was beispielsweise an den nach wie vor existierenden Wörtern *trije* (three), *froast* (frost), *blau* (blue), *brea* (bread) oder *sliepe* (sleep) kenntlich wird.[63]

Ganz zu Beginn übernahm auch das Englische einige Begriffe aus dem Lateinischen/Keltischen, etwa *win* (wine), *cetel* (cattle) und *streat* (street), doch die überwältigende Mehrheit der im heutigen Englisch gebrauchten Wörter leitet sich vom Altenglischen ab (*you, man, son, daughter, friend, house* und so weiter), so wie sich auch die nordenglischen Begriffe *owt* für »anything« und *nowt* für »nothing« von ihren englischen Entsprechungen *awiht* und *nawiht* ableiten. Die Endung »ing« bei Ortsnamen (Reading,

Dorking, Hastings) bedeutet »die Leute von ...«; die Endung »ham« steht für einen Hof (Birmingham, Fulham, Nottingham); »ton« bezeichnet eine Einfriedung oder ein Dorf (Taunton, Luton, Wilton). Die germanischen Stämme brachten auch die Runenschrift mit, die im Angelsächsischen nach den ersten sechs Zeichen der Runenreihe *futhorc* (Futhark) genannt wurde. Runen bestanden fast ausschließlich aus geraden Linien, die sich besser in Stein meißeln oder in Holz ritzen ließen; die Runenreihe setzte sich aus vierundzwanzig Buchstaben zusammen, ohne Äquivalente für j, q, v, x und z, dafür aber mit Zeichen für æ, ϕ, δ, und uu, das später zu w werden sollte.[64]

Das »Englisc«, wie es ursprünglich genannt wurde, begann sich erst nach dem Einfall der Wikinger weiterzuentwickeln. Nun wurden den Ortsbezeichnungen Endungen wie »by« angefügt, was der Hinweis auf einen Hof oder eine größere Ansiedlung war (Corby, Derby, Rugby). Die Dänen führten Personennamen ein, indem sie dem Namen des Vaters die Endung »son« anhängten (Johnson, Hudson, Watson). Zu den anderen altnordischen Wörtern, die damals ins Englische einflossen, gehören zum Beispiel *birth* (Geburt), *cake* (Kuchen), *leg* (Bein), *sister* (Schwester), *smile* (Lächeln), *thrift* (Sparsamkeit) und *trust* (Vertrauen).[65]

Die größte Bedrohung erfuhr die Sprache in den ersten dreihundert Jahren nach der Schlacht bei Hastings im Jahr 1066. Der Gottesdienst, der anlässlich der Krönung von Wilhelm dem Eroberer am Weihnachtstag desselben Jahres in der Westminster Abbey abgehalten wurde, fand in englischer und lateinischer Sprache statt, während Wilhelm selbst ausschließlich Französisch sprach. Französisch wurde zur Sprache bei Hofe, an den Gerichtshöfen und im Parlament. Und während die englische Sprache ums Überleben kämpfte, flossen immer mehr altfranzösische Begriffe in sie ein, größtenteils Wörter, die die neue Sozialordnung beschrieben: army *(armée)*, throne *(trone)*, duke *(duc)*, govern *(governer)*. Aber auch die Küche bekam ihren Teil ab: pork *(porc)*, sausages *(saussiches)*, biscuit *(bescoit)*, fry *(frire)* und vinegar *(vyn egre)*. Das Altenglische starb also nicht einfach aus, es passte sich einfach immer wieder an. Mit dem altenglischen Wort *æppel* zum Beispiel waren die unterschiedlichsten Früchte bezeichnet worden; als dann das französische Wort *fruit* auftauchte, minimierte sich die Begriffsvielfalt von *æppel* auf die Bezeichnung von nur noch einer Frucht. Zu den anderen französischen Wörtern, die in dieser Zeit in die englische Sprache einflossen, gehören zum Beispiel *chimney* (Kamin), *chess* (Schach), *art* (Kunst), *dance* (Tanz), *music* (Musik), *boot* (Stiefel), *buckle* (Eimer), *dozen* (Dutzend), *person* (Person), *country* (Land), *debt* (Schuld), *cruel* (grausam), *calm* (ruhig), *honest* (ehrlich). Das Wort *checkmate* (schachmatt) kommt vom französischen *échec mat*, das sich seinerseits aus dem arabischen *Sh h m t* ableitet: »Der König ist tot.« Wort für Wort begann sich allmählich das Mittelenglische herauszubilden.[66]

Doch erst Ende des 14. Jahrhunderts sollte Mittelenglisch schließlich die französische Sprache in England ablösen. Auch dieses Land war vom Schwarzen Tod völlig verwandelt worden, und auch hier hatte die Pest reiche Ernte unter Kirchenmännern und anderen Personen gehalten, die ihre Latein- oder Französischkenntnisse mit ins Grab nahmen. Der Bauernaufstand trug ebenfalls eine Menge zur Wiederbelebung des Englischen bei, da es die Sprache der Aufständischen war. Als sich Richard II. bei Smithfield an den Bauernführer Wat Tyler und seine Truppen wandte, sprach er Englisch. Er soll den Annalen zufolge auch der erste König gewesen sein, der nach der Eroberung ausschließlich Englisch sprach. Henry, Duke of Lancaster, hielt seine Ansprache ebenfalls in der »Muttersprache« Englisch, als er sich die Krone aufsetzte, nachdem er sich Richards II. entledigt hatte. Um eine Vorstellung von der englischen Sprache zu vermitteln, die er als »mother tongue« bezeichnete, sei der erste Satz aus seiner Thronrede zitiert:

> In the name of Fadir, Son and Holy Ghost, I, Henry of Lancaster challenge this reyme of Yngland and the corone with all the members and the appurtenances, als I that am disendit be right lyne of the blode coming fro the gude lorde Kyng Henry Therde...

Ungefähr ein Viertel aller Wörter, die Geoffrey Chaucer verwendete, stammte aus dem Französischen, wobei man allerdings berücksichtigen muss, dass deren ursprüngliche Bedeutungen inzwischen oft verloren gegangen sind (etwa bei *lycour*, was damals »Feuchtigkeit« bedeutete, oder bei *straunge*, womit ebenso »aufregend« wie »fremd« oder »entfernt« gemeint sein konnte). Die Zuversicht, die Chaucers Umgang mit der englischen Sprache anzumerken ist, beweist, dass mittlerweile ein Wendepunkt erreicht worden war.[67]

Zuversicht sprach auch aus dem Wunsch, die Bibel ins Englische zu übertragen. In England verbindet man dieses Projekt vor allem mit John Wycliffe, weil er es als Erster in Angriff genommen hatte. Doch wie Melvyn Bragg herausfand, hatte der Theologe Nicholas Hereford vom Queen's College in Oxford die meiste Arbeit dafür geleistet. Die Skriptorien, die er in aller Stille in Oxford eingerichtet hatte, produzierten unzählige Handschriften, von denen mindestens hundertfünfundsiebzig überlebt haben.[68] Die ersten Worte der Genesis lasen sich im Englisch seiner Zeit:

> In the bigynnyng God made of nouyt heune and erthe
> Forsothe the erthe was idel and voide, and
> derknessis weren on the face of depthe; and
> the Spiryt of the Lord was borun on the watris.
> And God seide, Liyt be maad, and liyt was maad.

Die Rechtschreibung war noch völlig willkürlich. *Church* (Kirche) fand man als *cherche, chirche, charge* oder *cirche* geschrieben; *people* (Volk) als *pepull, pepille, poepul* oder *pupill*. Erstmals Ordnung in dieses Durcheinander brachte der »Master of Chancellery«, kurz *Chancery* genannt, eine Kreuzung aus Gerichtshof, Steuerbehörde und Whitehall, also praktisch das Amt, das das Land regierte. Das »Chancery English« wurde schließlich zur offiziell abgesegneten Schreibweise. *Ich* zum Beispiel wurde nun durch *I* ersetzt, *sych* und *sich* durch *suche* (noch nicht *such*), und aus *righte* wurde *right*. Nach der Erfindung des Buchdrucks wurde die Rechtschreibung noch klarer festgelegt, gleichzeitig wurde der so genannten *Great Vowel Shift* (die systematische frühneuenglische Vokalverschiebung) vollzogen. Niemand weiß genau, warum sie stattfand, doch welche Konsequenzen sie hatte, lässt sich anhand eines kleinen Beispiels verdeutlichen: »I name my boat Pete« (»Ich taufe mein Schiff Pete«) würde ohne diese Reform »Ee nahm mee bought Peht« ausgesprochen werden.[69]

Auch das waren Anzeichen für eine stetig wachsende Zuversicht, wie sie auch in der größten Innovation des Jahres 1611 zum Ausdruck kam, der King-James-Bibel, die auf der Übersetzung von William Tyndale beruhte. Am Beispiel von Matthäus 5,3–6 können wir das Werden der modernen englischen Sprache erleben, sowohl hinsichtlich ihrer Poesie als auch ihrer Form.

Blessed are the povre in sprete: for theirs is the kyngdome off heven.
Blessed are they that morne: for they shalbe comforted.
Blessed are the meke: for they shall inherit the erth.
Blessed are they which honger and thurst for rightewesnes: for they shalbe filled.

Er sagte:
Selig, die arm sind vor Gott; / denn ihnen gehört das Himmelreich.
Selig die Trauernden; / denn sie werden getröstet werden.
Selig, die keine Gewalt anwenden; / denn sie werden das
Land erben.
Selig, die hungern und dürsten nach der Gerechtigkeit; /
denn sie werden satt werden.

Während der Renaissance und des Zeitalters der großen Entdeckungen barst die englische Sprache geradezu vor neuen Wörtern, darunter *bamboo* (malaiisch), *coffee* und *kiosk* (türkisch), *alcohol* (arabisch), *curry* (tamilisch). Der Aufstieg des Humanismus und das neu erwachte Interesse an der Antike ließen aber auch viele griechische und lateinische Begriffe wieder aufleben, etwa *skeleton, glottis, larynx, thermometer, parasite, pneumonia*. Ihr Gebrauch sollte schließlich zu der »Inkhorn Controversy« führen, dem so genannten »Tintenfass-Streit«: Das *inkhorn*, ein aus Hirschhorn gefertigtes Fässchen, in dem die Tinte für den Federkiel aufbewahrt wurde, wurde zum Synonym für Personen, die ständig neue Wortformen prägten, um mit ihrer klassischen Belesenheit zu prahlen. Doch dieser Trend legte sich mit der Zeit, und während wir viele Ableitungen aus den klassischen Sprachen beibehalten haben, überlebten nicht all diese Neuschöpfungen – beispielsweise sagt heute kein Mensch in England mehr *to fatigate* für »ermüden« oder *to nidulate* für den Bau eines Nestes, und niemand verwendet noch *expede* zur Verdeutlichung des Gegenteils vom *impede* (verhindern). Shakespeare war unverkennbar mit dieser Renaissance verbunden und ein so großer Wortschöpfer – ob er die Wörter auch alle selbst erfand, sei dahingestellt –, dass sein Englisch schon zu einer Menge sprachwissenschaftlicher Bücher angeregt hat. Zu den Begriffen und Formulierungen, die definitiv erstmals in seinen Stücken und Gedichten auftauchten, gehören zum Beispiel *obscene*, *barefaced* (unverfroren), *lacklustre* (glanz- oder geistlos), *saladays* (unerfahren), *in my mind's eye* (vor meinem geistigen Auge) und *more in sorrow than in anger* (mehr aus Kummer denn aus Zorn), aber auch Wörter, denen keine Flügel wachsen sollten: *cadent*, *tortive*, ja sogar *honorificabilitudinitatibus* (zu den Übersetzungen siehe Anmerkung).[70]

Auch die neuen Landschaften und die anderen Menschentypen in Amerika regten zu vielen innovativen Wortschöpfungen an, von *foothill* (Vorgebirge) über *bluff*, *watershed* (Wasserscheide), bis hin zu *moose* (Elch) und *stoop* (offene Veranda). Dort gab es plötzlich *squatters* (Siedler ohne Rechtstitel), *racoons* (Waschbären, eine Weile lang auch *rahaugcum* genannt) und *skunks* oder *segankws* (Stinktiere). Erstmals wurden vertraute Begriffe zusammengesetzt, um bis dahin unbekannte Dinge und ganz neue Erfahrungen zu beschreiben: *bull-frog* (Ochsenfrosch), *rattle-snake* (Klapperschlange), *war-path* (Kriegspfad). In der Neuen Welt begannen sich auch viele altvertraute Bedeutungen zu verwandeln: In London bezeichnete man Gerümpel als *lumber*, in den Vereinigten Staaten wurde dieses Wort für behauenes Nutzholz verwendet. Der Lehrer Noah Webster verfasste schließlich das *American Spelling Book*, das zu einem Bestseller wurde, der sich in Amerika besser verkaufen sollte als jedes andere Buch mit Ausnahme der Bibel und das auch die besessene Fixierung der Amerikaner auf die eigene Aussprache begründete: Während Briten heute die Wörter für »Friedhof« und »Labor« als *cemet'ry* oder *laborat'ry* aussprechen, betonen Amerikaner jeden einzelnen Vokal und sagen *cemet*e*ry* und *laborat*o*ry*.[71] Es war Webster, der das »u« aus *colour* und *labour* strich und das zweite »l« des *traveller* fallen ließ – er fand sie unnötig. Er verwandelte *theatre* und *centre* in *theater* und *center*, weil er es klarer fand, genauso wie *check* statt *cheque*. *Music* und *physic* verloren beide ihr britisches »k« am Ende. Die Erschließung des Grenzlands führte aber auch immer mehr indianische Wörter ins amerikanische Englisch ein: *maize* (Mais), *pecan* (Pekannuss), *persimmon* (Dattelpflaume), *toboggan* (Schlitten). *Tamarack* (Lärche) und *pemmican* (Dörrfleisch) hatten es schwerer, sich durchzusetzen. Arme Siedler versuchten mit Flößen in den Westen zu kommen, die sie mit *riffs* genannten Rudern steuerten – daher die Bezeichnung *riff-raff* für »Gesindel«. Die Redewendungen *pass the buck* (sich vor der Verantwortung drücken) und *the buck stops here* (im Sinne von Verantwortung übernehmen) wurden beide von einem Kartenspiel aus dem »Wilden Westen« übernommen. Ein *buck* war aber auch ein Messer mit Horngriff, das offen gezeigt wurde, um klar zu machen, wer das Sagen hatte.[72] Dem Begriff OK oder *okay*, das wohl am häufigsten gebrauchte englische Wort weltweit, werden viele etymologische Ursprünge zugeschrieben. In der Sprache der Choctaw-Indianer gab es das Wort *okeh:* »so ist es«; in Boston will man es als Kurzform für das alte britische *orl korrekt* (alles in Ordnung) gebraucht haben, wie auch die Cockneys behaupteten, *orl korrec* so abgekürzt zu haben; Arbeiter in Louisiana pflegten *au quai* zu rufen, wenn die Baumwollballen bereit waren zum Transport, stromabwärts zum Quai am Hafen. Doch diese Ableitungen haben bestenfalls an der linguistischen Oberfläche gekratzt: Unter Sprachforschern sind solche Herkunftsfragen noch höchst umstritten.[73] Die Jeans verdankt ihren Namen bekanntlich Levi Strauss, der sie aus *geane fustian*, einem »Stoff aus Genua« geschneidert hatte. Und natürlich haben auch Aufklärung und industrielle Revolution neue Begriffe in die englische Sprache eingeführt: *reservoir, condenser, sodium* (1807), *centigrade* (1812), *biology* (1819), *kleptomania* (1830), *palaeontology* (1838), *gynaecology* und *bacterium* (1847) oder *claustrophobia* (1879). Man schätzt, dass bereits zwischen 1750 und 1900 die Hälfte aller wissenschaftlichen Arbeiten weltweit in englischer Sprache veröffentlicht wurde.[74] Was Indien während der Blütezeit des britischen Empires anbelangt, so ist fraglich, welches Volk wirklich die linguistische Macht hatte. Zuerst einmal besteht die Urmasse der englischen Sprache, da sie eine indoeuropäische Sprache ist, aus Sanskrit. Und auch nun flossen wieder jede Menge Begriffe aus indischen Sprachen ins Englische ein, beispielsweise *bungalow, cheroot* (Stumpen), *thug* (Schurke), *chintz, polo, jungle, lilac* (Flieder), *pariah, khaki* oder *pyjamas*. Die Briten schrieben Kolkatta als Calcutta (erst jüngst nahm die Stadt ihre alte indische Schreibweise wieder an). Doch erst als sich die englische Sprache im 19. Jahrhundert mit dem britischen Empire nach Australien, auf die Westindischen Inseln, nach Afrika und in viele Regionen des Nahen Ostens zu verbreiten begann, wurde sie das, was Arabisch, Latein und Französisch einst gewesen waren: die gemeinsame Währung der internationalen Kommunikation. Und diese Position hat sie sich seither erhalten. Mahatma Gandhi fühlte sich vom Englischen versklavt, oder hat dies jedenfalls kundgetan, doch die Vortrefflichkeit und Popularität der indischen Romanciers, die in englischer Sprache schreiben, widersprechen diesem Gefühl. Im weltweiten Triumph des Englischen mögen sich zwar die nationalistische und imperialistische Vergangenheit und alle verbundenen Vorstellungen spiegeln, aber der Siegeszug dieser Sprache reicht längst weit über das alte Kolonialsystem hinaus. Englisch ist nicht nur die Sprache des britischen Empire, Englisch ist auch die Sprache der Wissenschaft, des Kapitalismus, der Demokratie und des Internet.

34

Die amerikanische Psyche und die moderne Universität

Der Höhepunkt aller imperialistischen Aktivitäten der Alten Welt fiel mehr oder weniger genau mit dem amerikanischen Bürgerkrieg zusammen. So gesehen waren beide Kontinente in einer ähnlichen Zwickmühle: Sie mussten eine Antwort auf die Frage finden, wie unterschiedliche Völker und Ethnien in Eintracht miteinander leben konnten. Für Amerika war der Bürgerkrieg in jeder Hinsicht die Wasserscheide. Auch wenn das zur damaligen Zeit kaum jemandem bewusst gewesen war, hatte das Dilemma, in dem sich Amerika der Sklaverei wegen befand, die Entwicklung des Landes doch stark behindert. Erst der Krieg hatte dafür gesorgt, dass Kapitalismus und Industrialismus mit voller Kraft die Muskeln spielen lassen konnten. Und erst nach diesem Krieg war Amerika wirklich frei, seine anfänglichen Versprechen einzulösen.

Im Jahr 1865 betrug seine Bevölkerung etwas über einunddreißig Millionen, was eine im Vergleich zu den großen europäischen Staaten noch immer relativ geringe Zahl war. Das geistige Leben befand sich – wie alles – erst im Prozess der Entfaltung. Nach den Triumphen des Jahres 1776 und der glorreichen Unabhängigkeitserklärung, die offenbar auf so viele Europäer anregend wirkte, mangelte es den Amerikanern gewiss nicht an Selbstvertrauen. Andererseits herrschte immer noch viel Unsicherheit: Die Landesgrenzen verschoben sich ständig weiter Richtung Westen (und das warf Fragen über die Behandlung der Prärieindianer auf); das Muster der Einwanderung begann sich zu verändern; im Jahr 1803 wurde den Franzosen Louisiana abgekauft. Es stellten sich Fragen über Fragen auf allen Seiten über »Rasse«, Stamm, Nationalität, Kirchenzugehörigkeit und ethnische Identität. Vor diesem Hintergrund musste sich Amerika nun eine Gestalt geben, wo immer nötig neue Ideen ersinnen, oder Ideen aus der Alten Welt umsetzen, so sie zur Verfügung standen und von Relevanz schienen.[1]

Die graduelle Anpassung europäischer Ideen an amerikanische Umstände wurde von Richard Hofstadter und später ausführlicher von Louis Menand, einem Harvard-Professor für Englisch, chronologisch dargestellt. Menand tat es am Beispiel von Biografien bedeutender Persönlichkeiten aus dem 19. Jahrhundert, die allesamt Neuengländer waren, sich alle kannten und die gemeinsam das erfunden hatten, was man als typisch amerikanisch oder als die traditionelle amerikanische Psyche bezeichnen könnte. Im ersten Teil dieses Kapitels werde ich mich stark auf Menands Erkenntnisse stützen.[2] Zu den Spezialgebieten dieser Hand voll Personen zählten die Philosophie, Jurisprudenz, Psychologie, Biologie, Geologie, Mathematik, Ökonomie und Theologie. Und vorrangig sprechen wir hier von Ralph Waldo Emerson, Oliver Wendell Holmes, William James, Benjamin und Charles Peirce, Louis Agassiz und John Dewey.

»Diese Männer waren ausgesprochen unverwechselbare Persönlichkeiten und untereinander gewiss nicht immer einer Meinung, doch ihre Karrieren überschnitten sich an vielen Punkten, und als Ganzes gesehen waren sie mehr als jede andere Gruppe dafür verantwortlich, dass das amerikanische Denken in die Moderne geführt wurde... Ihre Ideen veränderten, wie und was Amerikaner über Erziehung, Demokratie, Freiheit, Gerechtigkeit und Toleranz dachten und nach wie vor denken. Folglich veränderten sie auch die Lebensart der Amerikaner – wie sie lernen, wie sie ihre Ansichten zum Ausdruck bringen, welches Verständnis sie von sich selbst haben und wie sie Menschen behandeln, die anders sind als sie... Letztlich kann man wohl sagen, dass sich diese Geistesgrößen nicht mehrere Ideen teilten, sondern eine einzige Idee vertraten – die Idee von den Ideen. Sie waren allesamt überzeugt, dass Ideen nicht einfach irgendwo ›da draußen‹ ihrer Entdeckung harrten, sondern Werkzeuge sind – wie Gabeln und Messer und Mikrochips –, die von Menschen erfunden werden, um mit der Welt, in der sie leben, hantieren zu können... Und da Ideen immer provisorische Antworten auf bestimmte, nicht wiederholbare Umstände sind, waren sie überzeugt, dass deren Überleben nicht von ihrer Unveränderlichkeit, sondern vielmehr von ihrer Anpassungsfähigkeit abhing... Sie lehrten eine Art von Skepsis, die den Menschen half, sich in einer heterogenen, industrialisierten Massenkultur zurechtzufinden, in einer Gesellschaft, in der sich alle älteren, durch Brauchtum und Gemeinschaft geknüpften Bande aufgelöst zu haben schienen... Wenn auch nur implizit, lässt sich ihren Schriften doch entnehmen, dass sie sich der Grenzen des reinen Denkens im Kampf um die Mehrung des menschlichen Glücks bewusst gewesen waren.«[3] Bei der Behandlung dieses Themas werden wir uns auch mit der Erschaffung einiger der bedeutendsten geistigen Zentren Amerikas befassen – den Universitäten von Yale, Princeton, Chicago, Johns Hopkins, Harvard und dem Massachusetts Institute of Technology.

*

Einer der Gründerväter dieser amerikanischen Tradition war Oliver Wendell Holmes senior, der beste Beziehungen unterhielt und zum Beispiel die Cabots, Quincys und Jacksons – alles alter Landadel – zu seinen Freunden zählte, obwohl er selbst »nur« ein Professor war, der Medizin in Paris studiert hatte. Er hatte auch den Namen *Boston Brahmins* für Männer erfunden, die nicht nur aus reichen alten Familien stammten, sondern sich zudem als Gelehrte hervortaten. In seiner Funktion als Arzt hatte er die Ursachen des Kindbettfiebers erkannt und schlüssig bewiesen, dass diese Krankheit von den Ärzten selbst verursacht wurde, während sie von einer Geburt zur nächsten eilten. Das machte ihn zwar nicht gerade beliebt unter seinen Medizinerkollegen, aber es war ein wichtiger Fortschritt auf dem Weg zur Keimtheorie und den Erkenntnissen über Sepsis und Antisepsis. Der Höhepunkt seiner akademischen Laufbahn war seine Ernennung zum Dekan der Harvard Medical School. Allerdings war er mindestens so berühmt wegen seiner Redekunst (viele hielten ihn für den besten Redner, der ihnen je begegnet war) und seiner Rolle als Gründer des *Metaphysical Club* (auch *Saturday Club* genannt), dessen Mitglieder – zu denen auch Emerson, Hawthorne, Longfellow, James Russell Lowell und Charles Eliot Norton zählten – gemeinsam zu dinieren und dabei über Literatur zu diskutieren pflegten. Obendrein war Holmes Mitbegründer des *Atlantic Monthly*. Den Titel hatte er sich eigens ausgedacht, um die Verbundenheit der Neuen Welt mit der Alten hervorzuheben.[4]

Der zweite Gründervater der geistigen Tradition Amerikas war Ralph Waldo Emerson. Holmes sen. und er waren gute Freunde und sollten sich immer gegenseitig beeinflussen. Holmes sen. befand sich auch unter den Zuhörern, als Emerson im Jahr 1837 seine berühmte »Phi Beta Kappa«-Vorlesung zum Thema *The American Scholar* in Harvard hielt. Es war die erste von mehreren Reden, in denen sich Emerson für eine literarische Unabhängigkeit Amerikas stark machte und seine Mitbürger zu literarischer Originalität drängte, weg von allem, was aus Europa vertraut war (allerdings befand sich unter seinen »Repräsentanten der Menschheit« kein einziger Amerikaner). Ein Jahr später berichtete er dem Auditorium bei seiner nicht minder berühmt-berüchtigten Rede in der Harvard Divinity School, dass er sich von einer Predigt »bis zur Verzweiflung gelangweilt« gefühlt habe: Ihre Unwirklichkeit erinnerte ihn an den heftigen Schneesturm, der gerade um die Kirche getobt hatte. Dieses Erlebnis habe ihn (neben vielen anderen Grübeleien) schließlich auch veranlasst, dem Glauben an einen übernatürlichen Christus abzuschwören, sich vom organisierten Christentum zu verabschieden und einer persönlicheren Offenbarung zuzuwenden. Wegen dieser Rede sollte Harvard – damals eine calvinistische Institution – Emerson dreißig Jahre lang den Rücken kehren. Holmes sen. aber blieb dem Freund treu, mit dem er vor allem den Glauben an eine *amerikanische* Literatur teilte und der sich ebenfalls für den *Atlantic Monthly* engagierte.[5]

Holmes junior war nicht weniger von Emerson beeindruckt als sein Vater. Viele Jahre später sollte er erzählen, dass er bereits 1858, schon als Erstsemester in Harvard, »Feuer und Flamme« für Emerson gewesen sei. Doch Holmes jun. war nicht ganz aus dem gleichen Holz wie der Vater. Obwohl sich Holmes sen. aus religiösen Gründen auf die Seite der Abolitionisten geschlagen hatte, pflegte er doch kaum direkte Kontakte zu Schwarzen. Holmes jun. war da sehr viel leidenschaftlicher. Beispielsweise fand er es geschmacklos, wie Charles Dickens in seinen *Pickwick Papers (Die Pickwickier)* mit den Westindern umging, und verabscheute die »erniedrigenden« Völkerschauen. Wie Emerson fand auch er, dass sich eine naturwissenschaftlich geprägte Weltanschauung und eine moralische Lebensführung nicht ausschlossen und dass man mit seinen Mitmenschen besser außerhalb als innerhalb des organisierten Christentums klarkam.[6]

Mit dem Ausbruch des Bürgerkriegs 1861 bot sich ihm endlich eine Möglichkeit, tätig zu werden und seine Einstellungen in die Praxis umzusetzen. Seinem Wort getreu erwarb er »im Geiste der moralischen Pflicht« das Offizierspatent. Sein erster Einsatz, die Schlacht bei Ball's Bluff am 21. Oktober desselben Jahres, war allerdings alles andere als erfolgreich: Tausendsiebenhundert Unionssoldaten überquerten den Fluss, nur knapp die Hälfte kehrte zurück. Holmes wurde von einer Kugel nahe dem Herzen in die Brust getroffen – die erste von drei Verwundungen, die er sich im Lauf dieses Krieges zuziehen und die, schreibt Menand, ihn sehr prägen sollten. (Bei den Adressaten seiner Briefe musste sich Holmes ständig seiner alles andere als perfekten Handschrift wegen entschuldigen, da er häufig nur flach auf dem Rücken liegend schreiben konnte.) Er weigerte sich immer, Historien über den Bürgerkrieg zu lesen, obwohl er durchaus hin und wieder eigene Kriegserlebnisse erzählte. Er wusste, was er wusste, und er hatte nicht den geringsten Wunsch, von anderen an diese Gräuel erinnert zu werden. Der Bürgerkrieg war mit modernen Waffen und vormodernen Taktiken gekämpft worden: Die in geschlossener Formation vorrückende Infanterie fing die Kugeln der Musketen ab (große Handfeuerwaffen mit einer Schussweite von ungefähr fünfundsiebzig Metern; die im 19. Jahrhundert verwendeten Gewehre hatten eine Reichweite von rund dreihundertsechzig Metern), was nicht nur das ungeheure Blutvergießen im Bürgerkrieg erklärt – bis heute der Krieg, in dem die meisten Amerikaner ihr Leben verloren –, sondern auch, weshalb er eine so bleibende Wirkung auf Holmes und andere hatte.[7]

Inmitten dieses Blutbads hatte er etwas gelernt, das ihn den Rest seines Lebens begleiten sollte: Misstrauen gegen alles Absolute, gegen alle unverrückbaren Gewissheiten und die Überzeugung, »dass Gewissheit nur zu Gewalt führt«. Wohin er nach dem Krieg auch blickte, überall konnte er feststellen, dass sich dieselben Männer aus dem Norden, die die

Abolitionisten im Jahr 1850 noch als Vaterlandsverräter beschimpft hatten, inzwischen zu »Patrioten« gewandelt hatten. Und das ließ für ihn nur einen Schluss zu: »Das Leben führt niemals zwangsweise in nur eine Richtung.« Diese Erkenntnis sollte ihn von nun an leiten und nicht nur zu einem weisen Richter machen, sondern auch zum Autor des weisen Buches *The Common Law*, das auf seinen zwölf Lowell-Vorlesungen in Harvard beruhte, die er allesamt in freier Rede vor vollem Saal gehalten hatte.[8]

Sein Biograf Mark DeWolfe bezeichnet Holmes als den ersten englischen und/oder amerikanischen Juristen, der das ungeschriebene Gewohnheitsrecht *(Common Law)* der Analyse eines Philosophen und den Auslegungen eines Historikers unterzog. Seiner philosophischen Brillanz war die unter den Schrecken des Bürgerkriegs gewonnene Erkenntnis zu verdanken, dass das Gesetz nie zielgerichtet, nie von einer vorrangigen Idee geleitet sein und sich nur pragmatisch entwickeln kann. Jeder Fall ist einzigartig, jedenfalls im Hinblick auf seine Fakten. Doch sobald er vor Gericht kommt, gerät er in einen »Strudel« aus Vorsätzen, Annahmen und Überzeugungen, wie Menand schreibt. Da gibt es dann beispielsweise den Vorsatz, eine Lösung zu finden, die dem Fall gerecht wird; gleichzeitig aber gibt es den Vorsatz, zu einem Urteil zu gelangen, das sich widerspruchsfrei mit vergleichbaren Fällen in der Vergangenheit deckt; oder den Vorsatz, ein Urteil zu fällen, das der Gesellschaft als solcher am dienlichsten wäre – weil es andere am drastischsten abschrecken würde. Daneben gibt es eine Reihe von weniger vordringlichen Zielen, die ebenfalls alle auf den Urteilsspruch einwirken und nicht selten, wie Holmes konzedierte, unausgesprochen bleiben. Dazu kann zum Beispiel der Wunsch zählen, die Kosten von der Partei, die sie nicht aufbringen kann (meist die Opfer) auf die Partei abzuwälzen, die dazu in der Lage ist (in vielen Fällen Fabrikanten oder Versicherungsgesellschaften). »Doch über diesem ganzen Wettergeschehen – das sozusagen bereits in Bewegung ist, bevor sich ein Fall aufzutürmen beginnt – thront ein einziger Metaimperativ: Lass es nicht so aussehen, als habe irgendein weniger bedeutender Imperativ den Fall eklatant auf Kosten der anderen entschieden. Ein Ergebnis, das intuitiv gerecht erscheint, aber anerkanntermaßen unvereinbar ist mit der juristischen Präzedenz, ist tabu; das Gericht will nicht den Anschein erwecken, als entschuldigte es rücksichtsloses Verhalten (wie zum Beispiel den Betrieb einer Eisenbahnlinie zu nahe an bewohntem Gebiet), will aber die Haftungsbarriere für Aktivitäten, die der Gesellschaft dienlich sind (wie den Bau von Eisenbahnstrecken), nicht zu hoch legen.«[9]

Holmes Genialität äußert sich in seiner Erkenntnis, dass es keine unumstößlichen Wahrheiten auf irgendeinem Rechtsgebiet geben kann, wie er es auch mit einem berühmten Satz gleich zu Beginn seines *Common Law* verdeutlichte: »Was dem Recht Leben einhauchte, war nicht Logik, sondern Erfahrung.«[10] Er betrachtete es als seine Aufgabe, harte Wahrheiten auszusprechen, wollte aber zu keiner historischen Legendenbildung beitragen. Meistens sei es so, schrieb er, dass sich die Richter im System des *Common Law* zuerst ihre Meinung bildeten und erst im Anschluss daran mit einer »plausiblen Darstellung« aufwarteten, wie sie zu dieser Entscheidung gelangt waren. Er räumte sogar ein, dass es »unbewusste« Einflüsse auf Richter gab – eine interessante frühe Verwendung dieses psychologischen Begriffs.[11] Er sagte nicht, dass Richter unberechenbar, willkürlich oder gar eigenwillig Schuldsprüche fällten; er war sich nur nicht sicher, ob sich Erfahrung auf allgemeine Abstraktionen reduzieren ließ, auch wenn der Mensch mit genau diesem Versuch so viel Zeit verbrachte. »Alle Freuden des Lebens finden sich in allgemein gültigen Ideen«, schrieb er 1899, »alle Nützlichkeiten des Lebens aber in spezifischen Lösungen – die sich ebenso wenig durch Verallgemeinerungen erreichen lassen wie sich ein Gemälde malen lässt, indem man einige methodische Regeln beherrscht. Man erreicht sie durch Einsicht, Anstand und besondere Kenntnis.«[12] Auf dieser Idee von der Erfahrung baute Holmes auf, um schließlich bei seinem wichtigsten Beitrag zum Zivilrecht anzulangen – seiner Erfindung des *reasonable man* oder des einsichtigen Menschen. Für Holmes lag der Sinn von Erfahrung in ihrem »kollektiven und einvernehmlichen«, das heißt also in ihrem sozialen und nicht in ihrem psychologischen Wert. Das trifft genau den Kern der modernen Schuldtheorie und ist ein zentraler Punkt bei der Frage, wie das Gesetz unser Zusammenleben regeln soll. Nehmen wir einen klassischen Fall, den Menand darstellt: Worin besteht die bürgerliche Haftung, wenn jemand als Folge der Handlung eines anderen geschädigt wird? Traditionell werden hier drei Argumente ins Feld geführt. Erstens genügt es, die Ursächlichkeit zu beweisen. Jeder Bürger handelt auf eigene Verantwortung, deshalb haftet er auch für alle Kosten, die infolge seines Handelns entstehen, ob er den Ausgang dieses Handelns nun vorhersehen konnte oder nicht. Das ist die so genannte Kausalhaftung. Zweitens ist der Bürger für alle Schäden haftbar zu machen, die er vorsätzlich herbeigeführt hat, nicht aber für solche, die er ohne Kenntnis von der Falschheit seines Tuns bewirkte. Das Gesetz bezeichnet dies als *mens rea* – als den »subjektiven Tatbestand«, aus dem sich das Unrechtsbewusstsein (»the guilty mind«) erklären lässt. Drittens gibt es das Argument der Fahrlässigkeit: Selbst wenn ein Bürger nie die Möglichkeit in Erwägung gezogen hat, durch sein Handeln einen anderen zu schädigen, ist er zur Verantwortung zu ziehen, wenn er dabei fahrlässig oder unüberlegt gehandelt hat.[13]

Holmes Beitrag auf diesem Gebiet war nun, dass er die traditionellen Rechtsbegriffe von »Schuld« und »Unterlassung« durch Wörter wie »Leichtsinn« und »Rücksichtslosigkeit« ersetzte. Er hoffte damit verdeutlichen zu können, was wir meinen, wenn wir von einem rücksichtslosen oder fahrlässigen Verhalten sprechen, wobei es ihm wesentlich darum ging, herauszufinden, was als »zulässiger Nebeneffekt« einer Handlung gelten kann und was nicht. Seine Antwort darauf lautete wiederum: »Erfahrung«.[14] Es war eine große Leistung, dass er diese Erfahrung definierte, und zwar im rechtlichen Kontext als das, was »ein intelligentes und umsichtiges Mitglied der Gemeinschaft« erlebt. Das Gesetz, sagte er, sei keine »nachdenkliche Allwissenheit im Himmel«, sondern müsse sich an den Grundsätzen des »durchschnittlichen« Mitglieds einer Gesellschaft orientieren, welches am besten durch den Geschworenen verkörpert werde. »Wenn der Mensch in einer Gesellschaft lebt«, betonte er, »ist ein gewisser Verhaltensmittelwert, ein Verzicht auf individuelle Besonderheit... zum Wohle der Allgemeinheit notwendig.« Es war also der »einsichtige Mensch« mit seinen Ansichten und Verhaltensweisen, der Holmes' Haftbarkeitsverständnis prägte. Doch wie Menand schreibt, ist dieser Mensch eine statistische Fiktion und der »rechtliche Vetter« von Adolphe Quetelets *homme moyen*. »Der ›einsichtige Mensch‹ weiß aus ›Erfahrung‹, dass ein bestimmtes Verhalten unter bestimmten Umständen – beispielsweise Schießübungen in einem bewohnten Gebiet – das Risiko birgt, einen anderen zu verletzen.«[15]

Holmes beharrte auch auf der Idee, dass ein Richter nie eine bestimmte Politik verfolgen dürfe. Allerdings bevorzugte er selbst eindeutig Kapitalisten, da sie etwas wagten und weil sie Wohlstand generierten. Deshalb hatte er durchaus seine Gegner, die ihm zum Beispiel vorwarfen, dass seine Argumentation das Gesetz von der Kausalhaftung auf die Fahrlässigkeitstheorie verlagert habe, um es dem Big Business zu erleichtern, der »Pflicht« gegenüber Arbeitern wie Verbrauchern zu entkommen. »Wie dem auch sei, Holmes tat bei seiner Deliktrechtstheorie jedenfalls das Gleiche, was Darwin bei seiner Evolutionstheorie mit der Zufallsvariation und Maxwell bei seiner kinetischen Theorie mit den Gasen getan hatten: Er wandte auf seinen eigenen Fachbereich die große Entdeckung des 19. Jahrhunderts an, dass die Unbestimmtheit individuellen Verhaltens geregelt werden kann, indem man die Menschen statistisch auf Massenebene betrachtet.«[16] Und das war ein entscheidender Schritt hin zur Demokratisierung des Rechtswesens.

*

Die Erfahrung, die für Oliver Wendell Holmes ein so wichtiges Element im Reich des Gesetzes war, sollte sich für seinen Kollegen aus dem *Saturday Club*, den Philosophen und Psychologen William James (trotz seines unfehlbar walisischen Namens war er irischer Herkunft) als nicht weniger wertvoll erweisen.

William James der Erste, der Großvater des Philosophen, hatte seine Millionen mit Kurzwaren gemacht und wäre der reichste Mann im Staate

New York gewesen, wäre da nicht John Jacob Astor des Weges gekommen. Sein Sohn Henry war zu stark der Flasche zugeneigt und wurde von William noch am Sterbebett enterbt. Henry focht das Testament jedoch an und gewann. Laut Richard Hofstadter war William James der erste große Nutznießer einer neuen, wissenschaftlich ausgerichteten Erziehung gewesen, die im Lauf der sechziger und siebziger Jahre des 19. Jahrhunderts Fuß in den Vereinigten Staaten fasste und später in diesem Kapitel näher erörtert werden wird. Ein Witzbold meinte einmal, dass er ein besserer Schriftsteller als sein Bruder Henry und dieser dafür der bessere Psychologe gewesen sei. Wie Wendell Holmes wahrte sich auch William James Skepsis gegenüber jeder Art von Gewissheit. Einer seiner Lieblingssprüche war: »Damn the Absolute!« – zum Teufel mit dem Absoluten![17] Statt ihm eine formelle Erziehung angedeihen zu lassen, hatten ihn die Eltern kreuz und quer durch Europa geschleppt, und statt sich lange an irgendwelchen Schulen aufzuhalten, hatte er auf diesen Reisen *Erfahrung* gesammelt. (Irgendwann schnappte er dabei auch zeichnerische Fähigkeiten auf.) Am Ende entschied er sich dennoch für eine wissenschaftliche Laufbahn (ab 1861 in Harvard) und schloss sich dem Kreis um Louis Agassiz an, dem Vater der Eiszeittheorie und damals einer der lautstärksten Kritiker von Charles Darwin. Seine Einwände, betonte er immer, beruhten auf *Wissenschaftlichkeit*. Nach seinen frühen Erfolgen hatte Agassiz eine Pechsträhne gehabt und eine Menge Geld verloren, das er in ein Verlagsprojekt gesteckt hatte. Die angebotene Vorlesungsreihe in Amerika hatte deshalb einen höchst willkommenen Ausweg geboten, und tatsächlich sollte er in Boston so großen Anklang finden (der *Saturday Club* wurde oft »Agassiz' Club« genannt), dass die Universität Harvard, die zu dieser Zeit gerade ihre *School of Science* aufbaute, eigens für ihn einen Lehrstuhl einrichtete.[18]

James interessierte sich vor allem für Agassiz' Auseinandersetzung mit Darwin. Das Beispiel des Schweizers war es auch, das ihn, wie seine Biografin schreibt, dazu bewog, sich selbst den Wissenschaften zuzuwenden.[19] Der Deist Agassiz bezeichnete Darwins Theorie als »Fehler«, bezweifelte Darwins Fakten und betrachtete die ganze Arbeit als ein »willkürliches«, ergo kein ernsthaftes wissenschaftliches Werk. James war sich da nicht so sicher, vor allem misstraute er Agassiz' Dogmatik. Er selbst fand, dass die Evolutionstheorie zu einer Menge neuer Ideen anregte und – was ihm am besten gefiel – eine Biologie enthüllte, die nach sehr *praktischen*, ja sogar pragmatischen Prinzipien funktionierte. Die natürliche Auslese fand James eine wunderbare Idee, weil sie so einfach und bodenständig war und verdeutlichte, dass Anpassungsleistungen nichts anderes als Möglichkeiten waren, praktische Probleme anzugehen, wo immer sie auftraten.[20] Das Leben, pflegte James zu sagen, muss nach seinen *Konsequenzen* beurteilt werden.

Im Jahr 1867, nach seinem Zwischenspiel in Harvard, reiste James nach Deutschland, um dort zu studieren, wo die Universitäten bereits unterschiedliche Disziplinen anboten und sich nicht mehr nur als Hochschulen für Priester, Ärzte und Juristen verstanden. Schließlich landete er bei Wilhelm Wundt, der in Leipzig das erste Laboratorium für experimentelle Psychologie gegründet hatte und dessen »physiologische Psychologie« oder »Psychophysik« damals als das Gebiet galt, auf dem die meisten Fortschritte zu erwarten waren. Der naturwissenschaftlich-experimentelle Ansatz der Psychophysik lautete, dass alle (bewussten) geistigen Prozesse im Zusammenhang mit neuroanatomischen Prozessen stünden und jeder bewusste Gedanke oder jede bewusste Handlung eine organisch-physikalische Grundlage habe. Und weil diese neue Psychologie davon ausging, dass Emotionen und Gedanken Folgen von organischen Veränderungen im Gehirn seien, welche eines Tages der experimentellen Manipulation offen stünden, löste die Introspektion das Experiment als das primäre Forschungsmittel ab. James war von dieser neuen Psychologie jedoch ebenso enttäuscht wie von Wundt, der heute kaum noch gelesen wird (und, wie sich inzwischen herausstellte, sogar selbst noch vom rigiden experimentellen Ansatz in der Psychologie abgerückt war).[21] Wundts bleibendes Erbe aber ist, dass er der Psychologie mit seinem experimentellen Ansatz zu neuem Ansehen verholfen hat. Und die neue Geltung dieses Fachbereichs sollte nun auch auf James abfärben.

Doch wo Wundt nur einen beiläufigen Einfluss hinterlassen hatte, sollte sich der Einfluss der Peirces als ausgesprochen folgenreich erweisen. Wie die Wendell Holmes und die James waren auch die Peirces ein eindrucksvolles Vater-Sohn-Gespann. Benjamin Peirce kann man wohl als den ersten Weltklassemathematiker bezeichnen, den die Vereinigten Staaten hervorbrachten (der irische Mathematiker William Rowan Hamilton hielt Peirce sogar für »den gewaltigsten Geist, mit dem ich jemals in näherem Kontakt stand«). Auch er zählte zu den elf Gründungsmitgliedern des *Saturday Club*.[22]

Sein Sohn Charles war nicht weniger beeindruckend. Das Wunderkind hatte bereits im Alter von elf Jahren eine Chemiegeschichte verfasst, mit zwölf sein eigenes Labor besessen und konnte mit beiden Händen gleichzeitig schreiben. Da war es letztlich nicht erstaunlich, dass er sich in Harvard langweilte, zu viel trank, und auf der Bestenliste als neunundsiebzigster von neunzig Graduierten aufgeführt wurde. Das war der Tiefpunkt. Doch dann begann er auf dem Werk des Vaters aufzubauen und damit sozusagen mit ihm gemeinsam den in der Mathematik wurzelnden Pragmatismus zu entwickeln. »Pragmatismus zu definieren ist nicht leicht: Von dem Italiener Papini stammt die Feststellung, dass es sich beim Pragmatismus weniger um eine Philosophie als um eine Methode handelt, die aufzeigt, wie man ohne sie zurechtkommt.«[23] In erster Linie war Benjamin Peirce von den bereits dargestellten Theorien und mathematischen Methoden fasziniert, die Pierre-Simon Laplace und Carl Friedrich Gauß entwickelt hatten, insbesondere von deren Ideen über die Wahrscheinlichkeit. Die Wahrscheinlichkeitsrechnung oder die Fehlergesetze hatten starken Einfluss auf das 19. Jahrhundert, und zwar wegen des offensichtlichen Paradoxons, dass die zufälligen Fluktuationen, welche Phänomene von ihren »normalen« Gesetzen abweichen lassen, selbst an ein (statistisches) Gesetz gebunden sind. Die Erkenntnis, dass sich dieses Gesetz auch auf Menschen anwenden ließ, brachte schließlich viele dazu, sich mit dem Determinismus zu befassen.[24]

Charles Peirce zählte nicht zu ihnen. Seiner Meinung nach ließ sich an jeder Ecke spontanes Leben finden (weshalb er auch Laplace in seinen Schriften so attackierte). Er ging vielmehr von der These aus, dass sich die Naturgesetze definitionsgemäß selbst entwickelt haben mussten; außerdem war er Darwinist genug, um an Zufälligkeiten und Unbestimmbarkeiten zu glauben. Letztendlich sollte sich seine Philosophie als ein Wegweiser durch die Wirrnis anbieten. Im Jahr 1812 hatte Laplace in seiner *Théorie analytique des probabilités* davon gesprochen, dass man sich den Ist-Zustand des Universums als die Wirkung seines vorangegangenen Zustands und die Ursache des kommenden vorstellen müsse. Das entsprach Newtons Billardkugeltheorie von der Materie, also einer allgemein und sogar auf den Menschen anwendbaren Theorie, in der kein Raum für den Zufall war. Der schottische Physiker James Clerk Maxwell hielt in seiner 1871 publizierten Abhandlung *Theory of Heat* dagegen, dass sich das Verhalten von Molekülen in einem idealen Gas probabilistisch verstehen ließ (Peirce begegnete Maxwell während eines Aufenthalts in Cambridge im Jahr 1875): Die Temperatur eines Gases in einem geschlossenen Behältnis ist eine Funktion der Teilchengeschwindigkeit – je schneller sie sich bewegen, desto öfter prallen sie aneinander, und desto höher steigt die Temperatur. Vom theoretischen Standpunkt aus am wichtigsten aber war die Erkenntnis, dass die Temperatur mit der *quadratisch gemittelten* Geschwindigkeit der sich individuell unterschiedlich schnell bewegenden Gasteilchen zusammenhing. Doch wie war dieses Mittel zu erreichen, und wie war es überhaupt zu verstehen? Maxwell zufolge verteilte sich die Geschwindigkeit unter den Teilchen nach demselben Gesetz, nach dem sich gemäß der »Methode der kleinsten Quadrate« (die wie gesagt erstmals von Astronomen postuliert worden war) Fehler in den Beobachtungen verteilten.[25] Maxwells entscheidender Punkt und die eigentliche Bedeutung, die sein Argument für das 19. Jahrhundert hatte, lautete, dass physikalische Gesetze nicht im Sinne Newtons postuliert werden könnten, also nicht absolut präzise seien. Peirce begriff sofort, welche Bedeutung diese Erkenntnis für das biologische Reich Darwins hatte. Tatsächlich waren damit die Umstände beschrieben, unter denen eine »natürliche Zuchtwahl« überhaupt erst stattfinden konnte. Menand erklärt uns das am Beispiel von Vögeln: Die meisten Individuen einer Art, sagen wir einmal Finken, weisen Abweichungen innerhalb der »Normalverteilung« auf, doch hie und da wird ein Vogel schlüpfen, dessen Schnabel sich außerhalb dieser Variationsbreite befindet; und sofern diese Abweichung von evolutionärem Vorteil ist, wird sie »selektiert«. In diesem Sinn findet Evolution zwar zufällig statt, aber eben nicht völlig willkürlich, sondern in Übereinstimmung mit statistischen Gesetzen.[26]

Peirce war von solchen Gedanken sehr beeindruckt. Wenn sogar bei physikalischen Ereignissen die kleinsten und in gewissem Sinne fundamentalsten Begebenheiten ungewiss waren und wenn sogar so einfache Dinge wie zum Beispiel die Ortung eines Sternes fehlbar waren, wie konnte dann irgendein einzelner Geist die Wirklichkeit »spiegeln«? Die missliche Wahrheit war: »Die Realität steht nicht lange genug still, um akkurat gespiegelt werden zu können.« Deshalb stimmte Peirce mit Wendell Holmes und William James überein: Erfahrung war es, was zählte. Sogar im Bereich der Wissenschaft bedurfte es der Geschworenen. Wissen war etwas Soziales.[27]

Man könnte das sozusagen als das »Urmuster« des Pragmatismus betrachten (aus irgendwelchen seltsamen Gründen verwendete Peirce selbst das Wort »Pragmatismus« so gut wie nie: Er hielt es für »hässlich genug, um vor Kidnappern sicher zu sein«[28]). Aber der Pragmatismus war (und ist) von wesentlich größerer Bedeutung, als es auf ersten Blick scheint, und natürlich auch wesentlich substanzieller als der Begriff »pragmatisch« in unserer heutigen Alltagssprache. Zum Teil war er die logische Folge des Denkens, das Amerika überhaupt möglich gemacht hatte; zum Teil war er eine Auswirkung der beginnenden Erkenntnis von den wissenschaftlichen Unbestimmbarkeiten, die eine so große Rolle im Denken des 20. Jahrhunderts spielen sollten; und zum Teil – oder vielleicht sogar hauptsächlich – zeigte sich darin eine weitere Gedankenevolution, nämlich eine neuerliche Wendung auf dem Weg zum Individualismus.

Hier ein klassisches pragmatisches Problem, das Holmes sehr vertraut war und von James häufig angesprochen wurde. Für uns beleuchtet es wieder Menand: Nehmen wir einmal an, ein Freund erzählt uns etwas unter dem Siegel der Verschwiegenheit. Später, im Gespräch mit einem anderen Freund, entdecken wir zweierlei, nämlich erstens, dass dieser nichts von dem Vertrauen weiß, das der erste Freund in uns setzte, und zweitens, dass er auf bestem Wege ist, einen schweren Fehler zu begehen, der vermieden werden könnte, wenn wir ihm mitteilen würden, was uns anvertraut wurde. Was machen wir? Verhalten wir uns dem ersten Freund gegenüber loyal und wahren das Vertrauen? Oder brechen wir es, um Schaden von unserem zweiten Freund abzuwenden oder um zu verhindern, dass er sich lächerlich macht? James glaubte, dass die Entscheidung sehr wahrscheinlich davon abhänge, welcher Freund uns letztlich wichtiger ist. Und genau das war einer seiner entscheidenden Punkte. Die Romantiker hatten behauptet, dass das »wahre« Ich im Inneren zu finden sei; James behauptete jedoch, dass sich sogar in so simplen Situationen wie der eben beschriebenen mehrere Ichs in unserem Inneren finden lassen – oder auch gar keines. Tatsächlich präferierte er sogar die Vorstellung, dass man gar nicht wissen könne, welches Ich man besitzt oder wer man ist, solange man sich nicht für eine bestimmte Vorgehensweise entschieden hat, solange man sich nicht *verhält*. »Am Ende wird man tun, was man für das Richtige hält, doch die ›Richtigkeit‹ wird sich in Wirklichkeit erst in der Anerkennung erweisen, die man dem Ergebnis der eigenen Überlegungen zollt.« Wir können unser Denken erst dann wirklich verstehen, sagt James, wenn wir verstehen, wie es mit unserem Verhalten zusammenhängt. »Die Entscheidung, in einem Restaurant Hummer zu bestellen, hilft uns festzustellen, dass uns Hummer schmeckt; die Entscheidung, dass der Angeklagte schuldig ist, hilft uns, den Rechtsstandard herzustellen, der in diesem Fall Anwendung findet; die Entscheidung, in uns gesetztes Vertrauen zu wahren, hilft uns, Ehrlichkeit zum Prinzip zu erheben, und die Entscheidung, es zu brechen, hilft uns, den Wert zu bestätigen, den wir Freundschaft beimessen.«[29] Das Ich erwächst aus dem Verhalten und nicht umgekehrt. Und das steht im direkten Widerspruch zur Vorstellung der Romantiker.

William James war es jedoch wichtig zu betonen, dass dieser Denkansatz das Leben nicht zur Willkür verdammt und dass Motive nicht grundsätzlich eigennützig sind. »Die meisten von uns *empfinden* nicht so, als träfen wir immer egoistische Entscheidungen, beispielsweise in Bezug auf unsere Moral.« Wir verfügen allesamt über eine Reihe von unvollkommenen Prämissen über uns selbst, über unser vergangenes Verhalten oder über andere und deren Verhalten, welche in jedes von uns gefällte Urteil einfließen.[30] Für James war Wahrheit zirkular, etwas periodisch Wiederkehrendes: »Es gibt keine nichtzirkularen Kriterien für die Feststellung, ob eine bestimmte Überzeugung wahr ist, keine Berufung auf irgendeine maßgebliche Instanz außerhalb des Prozesses der eigenen Überzeugungsfindung. Das Denken *ist* einfach ein zirkularer Prozess, bei dem ein Teil des Ausgangs, irgendein vorgestelltes Ergebnis, bereits am Beginn des Gedankengangs vorhanden ist... Wahrheit *widerfährt* einer Vorstellung, sie *wird* wahr, wird durch die Ereignisse wahr *gemacht*.«[31]

In etwa zur gleichen Zeit, als James diese Ideen formulierte, fand eine bemerkenswerte Entwicklung im Bereich der so genannten Neuen (experimentellen) Psychologie statt. Edward Thorndike hatte in Berkeley Hühner in eine *puzzle box* mit einem Verschlussmechanismus gesteckt, den die Tiere aktivieren mussten, um an Futter außerhalb der Box heranzukommen, und dabei festgestellt, »dass zu Beginn zwar viele offensichtlich unsystematische (also wahllose) Versuche unternommen, dann jedoch nur noch die Handlungen erlernt wurden, die den hungrigen Hühnern Erfolg brachten«. James konnte das nicht besonders überraschen, aber es bestätigte seine Sicht, wenn auch auf etwas banale Weise. Die Hühner hatten gelernt, dass sie nur auf den Verschlussmechanismus picken mussten, damit sich die Tür öffnete und sie an Futter, die Belohnung, herankamen. James ging einen Schritt weiter: Im Grunde genommen *glaubten* die Hühner, dass sich die Tür öffnen würde, wenn sie auf den Verschluss pickten: »Ihre Überzeugung bestimmte das Gesetz des Handelns.« Und er war nun wieder seinerseits überzeugt, dass sich derartige Gesetze verallgemeinern ließen: »Wenn wir uns so verhalten, als hätten wir einen freien Willen oder als gäbe es Gott, dann erhalten wir das gewünschte Ergebnis; wir lernen solche Dinge nicht nur zu glauben, sie werden pragmatisch wahr werden... ›Die Wahrheit‹ ist der Name von allem, das sich als gut für den Glauben erweist.«[32] Mit anderen Worten: Die subversive Idee war in diesem Fall, dass Wahrheit nicht »da draußen« ist und nichts damit zu tun hat, »wie die Dinge wirklich sind«. Aber das sei nicht der Grund, weshalb wir einen Verstand haben, sagte James. Der Verstand ist laut James in einem darwinistischen Sinne anpassungsfähig – er hilft uns über die Runden zu kommen, und das bedarf der Widerspruchslosigkeit zwischen Denken und Handeln.

Am gewiss umstrittensten war, dass James seine Argumentation auch auf die Intuition, auf immanente Ideen übertrug. Locke hatte erklärt, dass unsere Ideen allesamt der sinnlichen Erfahrung entspringen; Kant sprach von grundlegenden Vorstellungen – darunter die Idee von der Kausalität –, die nicht der Sinneserfahrung entspringen könnten, da wir Kausalzusammenhänge nicht »sehen«, sondern nur ableiten könnten und es deshalb immanente, von Geburt an verdrahtete Ideen geben müsse. James schloss sich Kants Vorstellung von den angeborenen Ideen zwar größtenteils an, fand daran aber nichts Geheimnisvolles oder gar Göttliches. Aus darwinistischer Sicht war klar, dass angeborene Ideen schlicht und einfach Variationen waren, die irgendwann einmal auftraten und von der Natur selektiert wurden: Der Verstand, in dem sie vorhanden waren, wurde dem Verstand vorgezogen, in dem sie nicht vorhanden waren – doch nicht etwa, weil diese Ideen auf irgendeine Weise in einem abstrakten oder theologischen Sinne »wahrer« gewesen wären, sondern schlicht und einfach, weil sie dem Organismus zu einer besseren Anpassung verhalfen. Menschen glaubten an Gott (*wenn* sie denn an Gott glaubten), so James, weil die Erfahrung bewiesen hatte, dass es sich auszahlte, an Gott zu glauben. Wenn Menschen aufhörten, an Gott zu glauben (wie sie es im 19. Jahrhundert in großer Zahl taten), dann, weil sich ein solcher Glaube nicht mehr auszahlte.

✳

Amerikas dritter Pragmatismusphilosoph nach Peirce und James war John Dewey, der zwar längst in Chicago lehrte, aber nach wie vor den schleppenden Vermonter Tonfall pflegte und im Übrigen auch nicht den geringsten Sinn für seine äußere Erscheinung hatte. In gewisser Weise war er der erfolgreichste Pragmatiker von allen. Wie James war auch er überzeugt, dass jeder seine eigene Philosophie, seine ganz persönlichen Glaubenssätze vertrat und dass die Philosophie, wenn man sie so versteht, den Menschen zu einem glücklicheren und produktiveren Leben verhelfen konnte. Sein eigenes Leben war denn auch außerordentlich produktiv. Durch Zeitungsartikel, populärwissenschaftliche Bücher und zahlreiche öffentliche Debatten mit anderen Philosophen wie Bertrand Russell oder Arthur Lovejoy – dem Autor von *Die große Kette der Wesen* – wurde Dewey der breiten Öffentlichkeit in einem Maße bekannt, wie es nur wenigen Philosophen vergönnt ist. Wie James war auch er ein überzeugter Darwinist und vertrat die Ansicht, dass die Naturwissenschaften und der empirische Ansatz per se in vielen anderen Bereichen des Lebens Eingang finden sollten. Vor allem aber verlangte er, naturwissenschaftliche Erkenntnisse zur Grundlage der Kindererziehung zu machen. Da der Beginn des 20. Jahrhunderts ein Zeitalter »der Demokratie, Wissenschaft und des Industrialismus« darstellte, müsse sich dies, so Dewey, auch grundlegend auf die Erziehung niederschlagen. In dieser Zeit begann sich die Einstellung zu Kindern gerade rapide zu verändern. Im Jahr 1909 veröffentlichte die schwedische Feministin Ellen Key ihr Buch *Das Jahrhundert des Kindes*, in dem sich die allgemeine »Wiederentdeckung« der Kindheit spiegelte – Wiederentdeckung in dem Sinne, als sie nun als eine wesentlich unbeschwertere Zeit begriffen und Kinder nicht nur als Nichterwachsene, sondern auch als voneinander verschiedene Persönlichkeiten betrachtet wurden. Auf uns wirken solche Erkenntnisse geradezu banal, doch im 19. Jahrhundert – bevor die hohe Todesrate bei Kindern besiegt werden konnte und als Familien noch erheblich größer waren – konnten nicht im selben Maße Zeit, Erziehung und *Gefühl* in Kinder investiert werden wie heute. Dewey erkannte, dass das auch bedeutsame Konsequenzen für das Lehramt hatte. Bis dahin war das Schulsystem sogar in den Vereinigten Staaten, wo man Kindern gegenüber generell viel nachsichtiger war als in Europa, von der rigiden Autorität eines Lehrertyps bestimmt, der noch ganz andere Vorstellungen vom wohlerzogenen Menschen hatte und dessen Hauptziel es war, seinen Schülern die Idee zu vermitteln, dass Wissen »die Kontemplation feststehender Wahrheiten« bedeute. Dewey wurde zu einem führenden Vertreter der Bewegung, die diese Denkweise in zweierlei Hinsicht verändern wollte. Da die traditionelle Vorstellung von Erziehung in seinen Augen von der müßiggängerischen Adelsschicht stammte, die in den Demokratien Europas immer mehr an den Rand gedrängt wurde und in Amerika ohnedies nie existiert hatte, musste die Erziehung eiligst demokratischen Bedingungen angepasst werden und die Tatsache widerspiegeln, dass sich Kinder in ihren Fähigkeiten und Interessen stark voneinander unterscheiden. Damit ein Kind künftig einmal den bestmöglichen Beitrag zur Gesellschaft leisten konnte, sollte es bei seiner Erziehung weniger um das »Einpauken« der vom Lehrer als notwendig erachteten Fakten gehen als darum, herauszufinden, wo die Begabungen und Fähigkeiten des Kindes lagen. Mit anderen Worten: Es ging um einen auf Erziehung und Ausbildung angewandten Pragmatismus.[33]

Ohne Zweifel spielten die Ideen von Dewey und die Theorien von Freud eine große Rolle bei dieser neuen Wertschätzung der Kindheit. Die Vorstellung von einem Persönlichkeitswachstum, die Ablehnung aller traditionellen autoritären Konzepte der Wissensvermittlung und die Neubewertung des Sinnes von Erziehung waren gewiss für viele Menschen befreiend. (Dewey erklärte unverblümt, dass er die Gesellschaft mit Hilfe der Erziehung »wertvoller, liebevoller und harmonischer« machen wolle.[34]) In den Vereinigten Staaten, mit ihren vielen Immigrantengruppen und der riesigen geografischen Ausdehnung, trugen diese neuen Erziehungsmethoden auch viel zur Individualismusentwicklung bei, was immer die Gefahr barg, dass die Ideen dieser »Wachstumsbewegung« zu weit getrieben und Kinder zu sehr ihren eigenen Neigungen überlassen wurden. In manchen Schulen glaubten Lehrer nun sogar, dass »kein Kind je erleben sollte, was Versagen bedeutet«, und schafften Prüfungen und Noten prompt ab.[35]

Deweys Sicht auf die Philosophie stimmte deutlich mit der von James und den Peirces überein. Philosophie sollte sich mit dem Leben im Hier und Jetzt befassen; Denken und Verhalten sind zwei Seiten derselben Medaille; Wissen ist Teil der Natur; wir bewegen uns alle, so gut wir können, durch das Leben und lernen dabei, was funktioniert und was nicht; es gibt kein Verhalten, das von Geburt an vorbestimmt ist. Diesen Denkansatz wollte Dewey nun auch auf die Ebene übertragen, auf der sich Menschen ohnedies von jeher und geradezu zwanghaft mit der Frage nach den Zusammenhängen zwischen Verstand und Umwelt befassten. So gesehen waren Fragen nach dem gefeierten philosophischen Mysterium »Wie wissen wir etwas?« gewissermaßen von vornherein falsch. Dewey illustrierte das am Beispiel einer Analogie, die uns erneut Menand erläutert: Niemand hatte sich bis dahin übermäßig den Kopf über die gewiss nicht minder entscheidende Frage zerbrochen, welcher Zusammenhang zwischen der *Hand* und der Umwelt besteht. »Die Funktion der Hand ist es, dem Organismus zu helfen, mit seiner Umwelt zurechtzukommen; in Situationen, in denen es mit der Hand nicht funktioniert, versuchen wir es mit etwas anderem, etwa mit einem Fuß, einem Angelhaken oder einem Leitartikel.«[36] Was er damit sagen wollte, war, dass sich *niemand* Gedanken über Situationen macht, in denen die Hand nicht »passt«, in denen sie keinen »Bezug zur Umwelt« hat. Wir benützen die Hände, wo es uns sinnvoll erscheint, die Füße, wo es uns nützt, und die Zunge, wo immer wir es angebracht finden.

Dewey war nun der Meinung, dass es sich mit Ideen nicht viel anders verhalte als mit Händen: Auch sie sind Instrumente, die wir benutzen, um mit der Umwelt klarzukommen. »Eine Idee ist nicht von größerer metaphysischer Statur als beispielsweise eine Gabel. Wenn sich die Gabel als unzureichend erweist, um eine Suppe zu essen, macht man sich keine Gedanken über die Defizite, die der Natur der Gabel innewohnen, sondern greift nach einem Löffel.« Mit Ideen ist das mehr oder weniger genauso. Wir sind nur deshalb in Schwierigkeiten geraten, weil es »den Verstand« und »die Wirklichkeit« bloß als Abstraktionen gibt, begleitet von all den Mankos, die uns Verallgemeinerungen bieten. »Daher ergibt es ebenso wenig Sinn, von einer ›Spaltung‹ zwischen Verstand und Umwelt zu sprechen wie von einer Spaltung zwischen Hand und Umwelt oder zwischen Gabel und Suppe.« Alle Dinge seien das, schrieb er, »als was man sie erlebt«.[37] Menand erklärt, Dewey habe immer geglaubt, dass die Philosophie von Anfang an einen schlechten Start gehabt habe und wir letztlich nur wegen der spezifischen Klassenstruktur im alten Griechenland dort angelangt seien, wo wir sind. Pythagoras, Platon, Sokrates, Aristoteles und fast all anderen griechischen Philosophen hatten einer »abgesicherten und selbstbeherrschten« begüterten Klasse angehört, für die es pragmatisch sinnvoll war, Reflexion und Spekulation auf Kosten von Machen und Tun zu verherrlichen. Seither war die Philosophie mit beharrlichen Klassenvorurteilen behaftet, die von derselben Werteeinteilung geprägt waren – Stabilität vor Wandel, Gewissheit vor Möglichkeit, Schöngeistiges vor wissenschaftlich Anwendbarem, »was der Kopf tut vor dem, was die Hände tun«. Das Ergebnis sehen wir alle: »Während die Philosophie über ihre künstlichen Rätsel sinniert, haben die Naturwissenschaften mit ihrem rein instrumentellen und experimentellen Ansatz die Welt verwandelt.«[38] Der Pragmatismus bot der Philosophie endlich eine Möglichkeit aufzuholen.

Dass der Pragmatismus ausgerechnet in Amerika entstand, ist wenig überraschend oder besser: überhaupt nicht überraschend. Die mechanistischen und materialistischen Lehren von Hegel, Laplace, Malthus, Marx, Darwin und Spencer waren im Wesentlichen deterministisch, wohingegen sich für James und Dewey das Universum – nicht viel anders als Amerika – noch im Werden befand, sein Aufbau noch im Gange war. Es war »ein Raum, für den es keine vorgefassten Schlüsse gibt und wo jede Frage dem offen steht, was Dewey die Einwirkung der Intelligenz nannte«. Vor allem aber glaubte er, dass sich auch die Ethik – wie alles andere – noch im Entwicklungszustand befand. Das war eine gekonnte Ableitung vom darwinistischen Gedanken, bei der er schnell angelangt war und die bis heute nicht ausreichend gewürdigt wird. »Die Pflege der Kranken lehrte uns die Gesunden zu schützen.«[39]

*

William James war ein Mann der Universität. In der einen oder anderen Rolle war er sowohl mit Harvard als auch mit der Johns Hopkins University in Baltimore oder der Chicagoer Universität verbunden, abgesehen davon hatte er wie rund neuntausend andere Amerikaner im 19. Jahrhundert an deutschen Universitäten studiert. Als Emerson, Holmes, die Peirces und die James' gerade ihre Talente entfalteten, hatten sich die amerikanischen Universitäten noch im Aufbau befunden – aber das, so muss man betonen, galt auch für die deutschen und die britischen. Vor allem Briten pflegen ihre Universitäten mit herzlichem Stolz als honorige Institutionen aus dem Mittelalter zu betrachten, was ja bis zu einem gewissen Grad auch stimmt, sieht man einmal davon ab, dass mehr oder weniger alle Universitäten der uns vertrauten Art Schöpfungen des 19. Jahrhunderts sind.

Der Grund dafür ist leicht zu erklären. Bis 1826 hatte es in England nur zwei Universitäten gegeben – Oxford und Cambridge –, und die verfügten nur über ein sehr begrenztes Bildungsangebot. In Oxford wurden kaum mehr als zweihundert Studenten pro Jahr zugelassen, von denen dann viele nicht einmal bis zur Graduierung durchhielten. Außerdem standen englische Universitäten nur Anglikanern offen, da ihre Zulassungsregeln die Anerkennung der neununddreißig Artikel der Kirche von England erforderten. Die Qualität beider Hochschulen hatte im 18. Jahrhundert massiv nachgelassen. In Oxford gab es nur noch eine einzige anerkannte Lehrveranstaltung mit einem sehr begrenzten klassischen Lehrplan, der »bruchstückhaft die aristotelische Philosophie« beinhaltete. In Cambridge konnte ein formales Examen letztlich nur noch im Fachbereich Mathematik abgelegt werden. In keiner von beiden Stätten wurde eine Aufnahmeprüfung verlangt, der Hochadel konnte jederzeit ohne Examen einen akademischen Grad erwerben. In den ersten Jahrzehnten des 19. Jahrhunderts wurden die Examina erweitert und anspruchsvoller, doch im Hinblick auf das spätere Geschehen noch wichtiger war die Kritik, die ein schottisches Trio aus Edinburgh – Francis Jeffrey, Henry Brougham und Sydney Smith – an Oxford und Cambridge übte. Zwei von ihnen hatten in Oxford graduiert und später die *Edinburgh Review* gegründet, in der sie Oxford wie Cambridge ins Gebet nahmen und kritisierten, dass das Bildungsangebot dort viel zu stark an der Klassik orientiert und in ihren Augen deshalb größtenteils völlig nutzlos war. »Die Eindimensionalität, die dem menschlichen Geist dort beigebracht wird, ist derart gewaltig, dass es nicht ungewöhnlich ist, Engländern zu begegnen, die man leicht für Schuljungen halten könnte, wären da nicht das graue Haar und die

Falten. Sie parlieren im lateinischen Versmaß, doch wenn sich das Alter eines Menschen vom Stand seines geistigen Fortschritts ablesen lässt, dann ist unübersehbar, dass sie keinen Tag älter als achtzehn Jahre sind.«[40] Dabei ließ es Sydney Smith, der Autor dieser Kritik, aber noch nicht bewenden: Er warf den Absolventen von »Oxbridge« einen völligen Mangel an naturwissenschaftlichen, ökonomischen und politischen Kenntnissen und zudem völlige Ignoranz gegenüber den geografischen und kommerziellen Beziehungen Großbritanniens zum europäischen Festland vor. Die Klassiker mochten vielleicht die Phantasie anregen, aber den Geist animierten sie nicht.

Auf solche Kritik gab es zwei Reaktionen, auf die wir hier eingehen wollen. Erstens erfolgte die Gründung der *Civic Universities*, darunter insbesondere des University College und des King's College in London, die bewusst für die Aufnahme von Nonkonformisten ins Leben gerufen wurden und sich zum Teil auch am Modell der schottischen Universitäten und deren exzellenten medizinischen Fakultäten orientierten. Thomas Campbell, einer der Gründerväter des Londoner University College, war zudem eigens nach Deutschland gereist, um sich an den Universitäten von Berlin (1809 gegründet) und Bonn (1818) umzusehen. Erst dann optierte er für das dort wie in Schottland herrschende Lehrsystem (Professoren halten in allen angebotenen Fachbereichen Seminare ab) anstelle des englischen (Tutoren erteilen Gruppenunterricht). Ein anderer Quell der Inspiration war die 1819 – hauptsächlich dank der Initiative von Thomas Jefferson – gegründete Universität von Virginia. Ihre ideellen Ziele waren in einem Bericht festgehalten worden, den eine staatliche Kommission im Jahr 1818 nach einem Treffen in Rockfish Gap am Blue Ridge verfasst hatte (weshalb er auch als »Rockfish Gap Report« in die Annalen Amerikas eingehen sollte). Demnach sollte es das Hauptziel der Universität sein, »jene Staatsmänner, Gesetzgeber und Richter auszubilden, von welchen der allgemeine Wohlstand und das individuelle Glück abhängen«. Als Studienfächer sollten Politikwissenschaft, Rechtswissenschaft, Agrarwirtschaft, allgemeine Betriebswirtschaft, Mathematik und die übrigen Naturwissenschaften sowie die Geisteswissenschaften angeboten werden. Das Londoner University College machte sich dann nicht nur diese eher praktisch ausgerichtete Vision zu Eigen, sondern auch die noch praxisorientiertere – und ganz neue – Idee einer gemeinnützigen Gesellschaft, die für seine Finanzierung sorgen sollte. Erst damit begann eine von Konfessionszugehörigkeiten unabhängige Hochschulbildung in England.[41]

Und genau das sollte nun zum Stein des Anstoßes werden und eine Auseinandersetzung auslösen, die im Mai 1852 mit einer Reihe von fünf Vorlesungen von John Henry Newman, dem späteren Kardinal Newman, über *The Idea of a University* (»Die Idee von der Universität«) in Dublin ihren Höhepunkt fand. Der Anlass war die Gründung von neuen Universitäten gewesen – darunter der Universität von London und der Queen's Colleges in Irland (Belfast, Cork und Galway) –, die *aus Prinzip* ein Theologiestudium ausschlossen. Die Argumentationskette dieser Reden (die als klassische Verteidigungsreden einer manchmal noch heute *liberal education* genannten Erziehung berühmt wurden) basierte auf zwei Punkten: Erstens müsse »nichts Geringeres als das Christentum zum Grundbestandteil und Grundprinzip jeder Ausbildung gemacht werden«, denn da alle Wissenszweige miteinander verbunden seien, bedeute der Ausschluss der Theologie eine Verzerrung des Wissens. Zweitens sei Wissen Selbstzweck und der Sinn einer Universitätsausbildung daher nicht ihr unmittelbarer Nutzen, sondern die Früchte, die sie im Lauf eines Lebens trägt. »Es wird eine Geistesverfassung geschult, die ein Leben lang währt und deren Attribute Freiheit, Gerechtigkeit, Gelassenheit, Bescheidenheit und Weisheit sind oder das, was ich in einem früheren Diskurs den philosophischen Habitus zu nennen wagte... Wissen neigt zum eigenen Nutzen.« Newmans bahnbrechende und zugleich umstrittenste Idee – um die wir uns bis heute streiten – stellte er in seiner siebten Lesung dar (fünf hielt er in Dublin, fünf wurden schriftlich veröffentlicht): »Der Mensch, welcher lernte, zu denken und zu schlussfolgern und zu vergleichen und zu unterscheiden und zu analysieren, welcher seinen Geschmack verfeinerte, sein Urteil bildete und seinen geistigen Weitblick schärfte, der wird gewiss nicht nur ein Anwalt oder ein Verteidiger oder ein Redner oder ein Staatsmann oder ein Arzt oder ein guter Grundherr oder ein Geschäftsmann oder ein Soldat oder ein Ingenieur oder ein Chemiker oder ein Geologe oder ein Altertumsforscher, sondern sich vielmehr in jener Geistesverfassung befinden, in welchem er jede der von mir bezeichneten Wissenschaften oder alle Berufe ergreifen kann... mit einer Leichtigkeit, Grazie, einer Gewandtheit und einem Erfolg, die anderen fremd bleiben. In diesem Sinne betrachtet... ist geistige Kultur ausdrücklich *zweckdienlich*.«[42]

Abgesehen von seiner Sorge um eine »liberale« Bildung legte Newman großen Wert auf die religiöse Unterweisung, was in diesem Kontext allerdings weniger deplatziert war, als es heute wirkt, insbesondere in Amerika. Wie George S. Marsden in seiner Studie über die ersten amerikanischen Colleges aufzeigte, waren rund fünfhundert von ihnen in der Zeit vor dem Bürgerkrieg gegründet worden, vielleicht zweihundert haben bis ins 20. Jahrhundert überlebt. Zwei Fünftel waren entweder presbyterianische oder kongregationalistische Kollegien, das heißt, dass sie sich seit Jeffersons Tagen (als sie etwa die Hälfte ausgemacht hatten) zugunsten von methodistischen, baptistischen und katholischen Einrichtungen, die nach 1830 und vor allem nach 1850 ihren Aufschwung erlebten, zahlenmäßig verringert hatten. Im amerikanischen Bildungswesen des 19. Jahrhunderts herrschte weithin die Überzeugung, dass die Naturwissenschaften, der gesunde Menschenverstand, die Ethik und der wahre Glaube »unverbrüchliche Verbündete« seien.[43]

*

Jahrzehntelang, etwa von Mitte des 17. bis Mitte des 18. Jahrhunderts, waren Harvard und Yale praktisch die einzigen höheren Bildungsstätten Amerikas gewesen. Erst gegen Ende dieser Periode wurde das anglikanische College of William and Mary in Williamsburg, Virginia, gegründet (beurkundet im Jahr 1693, eröffnet 1707, aber es dauerte noch, bis es wirklich zu einem ausgewachsenen College wurde). Die meisten anderen Colleges, die sich zu bekannten Universitäten entwickeln sollten, wurden von *New-Light*-Klerikern gegründet: New Jersey (Princeton) 1746, Brown 1764, Queen's (Rutgers) 1766, Dartmouth 1769. *New Light* war die religiöse Antwort Amerikas auf die Aufklärung. Yale zum Beispiel war 1701 als Reaktion auf die angeblich nachlassende theologische Orthodoxie von Harvard gegründet worden. Die neue Moralphilosophie ging von der Prämisse aus, dass »Tugendhaftigkeit« auf rationaler Ebene erkannt werden könne und Gott dem Menschen auf Vernunft beruhende ethische Lebensgrundlagen ebenso offenbaren würde, wie er Newton die Funktionsweisen des Universums offenbart habe. Auf genau diesem Denken beruhte letztlich auch die Gründung von Yale.[44] Es dauerte nicht lange, bis sich dieser neue Denkansatz zu dem *Great Awakening* entwickelte, zu jener »Großen Erweckung«, welche im amerikanischen Kontext den Wechsel von einer vorherrschend pessimistischen Meinung über die menschliche Natur zu der viel optimistischeren – positiven – Meinung herbeiführte, die vom Anglikanismus verkörpert wird. Es war eine deutlich humanistischere Geisteshaltung, die nun in Colleges wie Princeton, das nach Yale gegründet wurde (nicht aber in Harvard, das calvinistisch blieb) Einzug hielt und die zu einer viel stärkeren Akzeptanz der Aufklärungsideen führen sollte.

Dieser Trend kulminierte in dem berühmten Yale-Report aus dem Jahr 1828, in dem es hieß, dass sich die Persönlichkeit des Menschen aus unterschiedlichen Fähigkeiten zusammensetzt, die Begabung zur Vernunft und das Bewusstsein jedoch die höchsten Fähigkeiten darstellten und unbedingt im Gleichgewicht gehalten werden müssten. Somit war es nun das Ziel der höheren Ausbildung, »ein Verhältnis zwischen den diversen Zweigen der Geistes- und Naturwissenschaften zu wahren, das den Charakter des Studenten in einer angemessenen *Ausgewogenheit* bilden kann«. Im Zentrum dieser ausgewogenen Charakterbildung sollte das Studium der Klassiker stehen.[45]

Als eine wichtige Mission betrachteten es diese Colleges auch, den ungezähmten Wilden im Westen des Landes das protestantische Christentum zu bringen. 1835 versuchte Lyman Beecher die Menschen mit seinem

Buch *Plea for the West* davon zu überzeugen, dass man abseits der Ostküste im Westen des Landes kaum für Bildung sorgen könne, indem man Lehrer aus dem Osten dorthin entsandte – der Westen müsse eigene Colleges und Seminare bekommen. Zu der Zeit herrschte große Sorge, dass Katholiken den Westen vereinnahmen könnten, verstärkt durch die Tatsache, dass sich immer mehr Einwanderer aus den katholischen Ländern Südeuropas in Amerika einfanden. Also hörte man auf die Warnung. Bis 1847 errichteten Presbyterianer ein System aus rund hundert Schulen in sechsundzwanzig Staaten.[46] Die Universität von Illinois wurde 1868 und die von Kalifornien 1869 gegründet. Etwa um die gleiche Zeit begann man sich auch der Reize des deutschen Bildungssystems bewusst zu werden: Mehrere Professoren und Universitätsverwalter machten sich auf den Weg, um insbesondere in Preußen herauszufinden, wie man die Dinge dort anging. So kam es, dass Religion eine immer geringere Rolle in der amerikanischen Universitätsausbildung zu spielen begann. Und die führende Rolle, die Deutschland auf dem Gebiet der Geschichtsforschung spielte, überzeugte amerikanische Besucher zunehmend davon, dass auch die Theologie einer historischen Entwicklung unterlag, was wiederum zu einer kritischen Auseinandersetzung mit der Bibel beitrug. Deutschland war außerdem der Urheber der Idee, dass die schulische Ausbildung in der Verantwortung des Staates liegen müsse und nicht einfach privaten Vorlieben offen stehen dürfe; und bekanntlich ebenfalls aus Deutschland stammt die Idee, dass eine Universität die Heimstatt von Gelehrten (Forschern aller Art) war und nicht nur die von Lehrern sein durfte.

Nirgendwo wurde dies nun deutlicher als in Harvard, das im Jahr 1636 als puritanisches College ins Leben gerufen worden war. Über dreißig Mitglieder der Massachusetts Bay Colony waren Absolventen des Emmanuel College im englischen Cambridge gewesen; deshalb war es nicht verwunderlich, dass sie das College, das sie nun in der Nähe von Boston gründeten, am Beispiel ihrer alten Alma Mater orientierten. Nicht weniger Einfluss nahm das schottische Modell, insbesondere das der Universität von Aberdeen: Schottische Universitäten boten ihren Studenten keine Unterkunft, waren eher demokratisch als religiös ausgerichtet und unterstanden der Oberaufsicht lokaler Würdenträger, die man als Vorgänger eines Kuratoriums bezeichnen könnte.

Der Mann, der als Erster eine moderne Universität nach heutigem Muster plante, war Charles Eliot, Chemieprofessor am Massachusetts Institute of Technology (MIT); im Jahr 1869, im Alter von nur fünfunddreißig Jahren, wurde er zum Präsidenten seiner alten Alma Mater Harvard ernannt. Bei seinem Amtsantritt hatte es in Harvard tausendfünfzig Studenten und neunundfünfzig Fakultätsmitglieder gegeben, bis zu Eliots Pensionierung im Jahr 1909 hatte sich die Studentenzahl vervierfacht und die Anzahl der Fakultätsmitglieder verzehnfacht. Doch ihm war es um mehr als nur den personellen Aufbau gegangen. »Er verabschiedete sich ein für alle Mal vom ererbten, eng umgrenzten geisteswissenschaftlichen Curriculum, baute die einzelnen Fachbereiche auf und machte sie zu einem integralen Bestandteil der Universität. Außerdem förderte er die Graduiertenausbildung und etablierte damit ein Modell, dem praktisch alle amerikanischen Universitäten folgen sollten, die eigene Doktorhüte verleihen wollten.« Vor allem aber orientierte sich Eliot am Hochschulsystem der deutschsprachigen Länder, dem die Welt einen Planck, Weber, Freud oder Einstein verdankt. Intellektuell gesehen war es vor allem Johann Gottlieb Fichte, Christian Wolff und Immanuel Kant zu verdanken, dass die deutsche Forschung von ihrer lähmenden Bindung an die Theologie befreit wurde und deutsche Gelehrte einen so deutlichen Vorsprung vor ihren europäischen Pendants auf den Gebieten der Philosophie, Philologie und der Naturwissenschaften erreichen konnten. Deutsche Universitäten waren es auch gewesen, die erstmals Physik, Chemie und Geologie als den Geisteswissenschaften gleichwertige Fächer anerkannten. Ob postdoktorales Studium, Dissertation oder studentische Freiheit: Alles waren deutsche Ideen.[47]

Seit Eliots Zeiten versuchten amerikanische Universitäten, das deutsche System nachzuahmen, vor allem im Forschungsbereich. Andererseits bot dieses Modell – so beeindruckend seine Erfolge bei der Akkumulation von Wissen und der Entwicklung von neuen technologischen Prozessen für die Industrie auch waren – kaum etwas im Hinblick auf die »kollegiale Lebensart« oder die Entwicklung von engen persönlichen Beziehungen zwischen Studenten und Fakultätsmitgliedern, die vor der Übernahme des deutschen universitären Ansatzes ein so wesentlicher Faktor des amerikanischen Hochschulsystems gewesen waren. Schließlich war es dem deutschen System auch zu verdanken, was William James einmal den »PhD octopus« nannte: 1861 hatte Yale den ersten Doktorhut westlich des Atlantiks vergeben, im Jahr 1900 waren es bereits weit über dreihundert jährlich.[48]

Der Preis für die Entscheidung, dem deutschen Vorbild zu folgen, war ein totaler Bruch mit dem britischen College-System. Studentenwohnheime und Mensen verschwanden aus vielen Universitäten. In den achtziger Jahren des 19. Jahrhunderts folgte Harvard dem deutschen Beispiel sogar so sklavisch, dass nicht einmal mehr eine Anwesenheitspflicht bei Seminaren gefordert war. Das Einzige, was zählte, war die Examensleistung. Doch allmählich formierte sich eine Gegenbewegung. Chicago baute 1900 als erste amerikanische Universität sieben Studentenwohnheime, »ungeachtet des damals vor allem im (Mittleren) Westen herrschenden Vorurteils, dass sie eine mittelalterlich britische und autokratische Einrichtung darstellten«. Yale und Princeton schlugen bald darauf ähnliche Wege ein. Auch Harvard sollte sich in den zwanziger Jahren des

20. Jahrhunderts wieder nach dem britischen Wohnheim-Modell reorganisieren.[49]

*

Fast zur gleichen Zeit, als die Pragmatiker aus dem *Saturday Club* ihre Freundschaften und Meinungen schmiedeten, übte eine ganz andere Gruppe von Pragmatikern Einfluss auf das amerikanische Leben aus. Im Kielwasser des Bürgerkriegs, seit ungefähr 1870, brachte Amerika die Generation der originellsten Erfinder hervor, die diese – oder irgendeine andere – Nation bis dahin gesehen hatte. Thomas P. Hughes geht in seiner Geschichte der amerikanischen Erfindungen sogar so weit zu sagen, dass das halbe Jahrhundert zwischen 1870 und 1918 mit dem perikleischen Athen, dem Italien der Renaissance oder dem England der industriellen Revolution vergleichbar gewesen sei. Zwischen 1866 und 1896 sollte sich die Zahl der Patente in den Vereinigten Staaten mehr als verdoppeln; im Jahrzehnt von 1879 bis 1890 stieg sie von 18 200 auf 26 300 pro Jahr an.[50]

Richard Hofstadter schilderte in seinem Buch *Anti-Intellectualism in American Life* die Spannungen, die zwischen Unternehmern und Intellektuellen in den Vereinigten Staaten herrschten. Er zitierte Herman Melvilles Warnung, »Man disennobled – brutalised/By popular science« (»Der Mensch, entehrt – verroht/ Durch Populärwissenschaft«), die Schelte, die Van Wyck Brooks an Mark Twain übte, »weil seine Begeisterung für die Literatur nichts im Vergleich zu seiner Begeisterung für Maschinerien war«, oder auch die berühmte Bemerkung von Henry Ford: »History is more or less bunk« (»Geschichte ist mehr oder weniger Humbug«).[51] Doch die erste Erfindergeneration Amerikas scheint in Wahrheit gar nicht besonders antiintellektuell gewesen zu sein. Es war wohl eher so, dass diese Männer einfach einer anderen Kultur angehörten, und das wohl hauptsächlich deshalb, weil die Forschung im 19. Jahrhundert gerade erst in Universitäten heimisch zu werden begonnen hatte, die schwerpunktmäßig immer noch religiöse Institutionen waren und sich erst am Ende des Jahrhunderts in Lehrstätten heutigen Typs verwandelten.

Und da auch industrielle Forschungslabore erst um das Jahr 1900 üblich wurden, waren die meisten dieser Erfinder noch darauf angewiesen, sich eigene Labore einzurichten. Unter solchen Bedingungen erfand Thomas Edison das elektrische Licht und den Phonographen, Alexander Graham Bell das Telefon, die Gebrüder Wright ihre Flugmaschine, Telegrafie wie Radio erblickten das Licht der Welt. In diesem Umfeld erwarb Elmer Sperry das Patent für seinen Kreiselkompass und erfand diverse Flugnavigationsgeräte sowie ein Autopilotsystem. 1885 begann Hiram Stevens Maxim mit der Produktion eines Geräts, das der Welt die Zerstörungskraft des Maschinengewehrs beweisen sollte, denn da der Rückstoß eines Schusses genutzt wurde, um die nächste Patrone zu laden und abzufeuern, zeigte sich das Maxim-Maschinengewehr dem 1862 erfundenen Gatling-Gewehr weit überlegen. Es war dieses Maxim, das auf dem Höhepunkt des Imperialismus so viel Angst und Schrecken in die Kolonialgebiete bringen sollte, und es war sein deutscher Nachbau, das MG 08/15, das am 1. Juli 1916 an der Somme ein Blutbad mit sechzigtausend Toten anrichtete. Mit Hilfe der großen Geldgeber sollten diese Erfinder auch einige der beständigsten Unternehmen und berühmtesten Hochschulen Amerikas erschaffen, Namen, die bis heute jeder kennt: General Electric, AT&T, Bell Telephone Company, Consolidated Edison Company oder das Massachusetts Institute of Technology (MIT).

Im Kontext dieses Buches sollten wir die Erfindung des Telegrafen vielleicht besonders hervorheben. Die Idee, Elektrizität als Mittel zum Zweck der Nachrichtenübermittlung zu benutzen, war schon um das Jahr 1750 entstanden, doch den ersten funktionsfähigen elektrischen Telegrafen erfand Francis Ronalds 1816 in seinem Garten im Londoner Stadtteil Hammersmith. Charles Wheatstone, ein Experimentalphysiker, der Lehrstuhlinhaber für Naturphilosophie am Londoner King's College und der Mann war, der erstmals die Fortpflanzungsgeschwindigkeit des elektrischen Stroms (falsch) gemessen hatte, war als Erstem bewusst geworden, dass das »Ohm«, die Einheit des elektrischen Widerstands also, auch eine wichtige Rolle bei der Telegrafie spielt. 1837 erhielt er zusammen mit dem Elektrotechniker William Fothergill Cooke das erste Patent auf diesem Gebiet. Fast genauso wichtig wie die von ihnen ausgearbeiteten technischen Details der Telegrafie war jedoch ihre Idee, die dazu nötigen Drähte entlang des neu gebauten Schienennetzes der Eisenbahn zu spannen, denn erst dadurch ergab sich die Möglichkeit für einen schnellen Ausbau des Telegrafennetzes – obwohl auch die viel publizierte Geschichte von dem flüchtigen Mörder John Tawell aus Slough, der nur dank des neuen Telegrafensystems so schnell gefasst werden konnte, die Sache sehr beschleunigen sollte. Und natürlich nicht zu vergessen die Rolle von Samuel Morse, der als Erfinder des gleichnamigen Codes natürlich besonders auf die Verlegung eines transatlantischen Kabels drängte. Die abenteuerliche Geschichte dieses Unterfangens würde den Rahmen dieses Buches sprengen; hier soll nur die große Hoffnung erwähnt sein, die man während der Kabelverlegung allenthalben hegte: Weil diese schnellere Kommunikationsmöglichkeit auch den Staatsmännern zur Verfügung stand, konnte sie sich doch nur als ein Segen für den Weltfrieden erweisen. Diese Hoffnung sollte sich bekanntlich nicht erfüllen, dafür bewährte sich das 1866 fertig verlegte transatlantische Kabel bald schon auf kommerzieller Ebene, ganz abgesehen davon, dass sich von dem Moment an ein Gefühl der Gemeinsamkeit, eine kulturelle Annäherung zwischen den beiden englischsprachigen Nationen zu entwickeln begann.[52]

35

Die Feinde von Kreuz und Koran: Das Ende der Seele

Seit 1842 ging die englische Schriftstellerin George Eliot nicht mehr in die Kirche. Zweifel am Christentum hatte sie schon früh gehabt, doch den letzten Anstoß gab David Friedrich Strauß, dessen Buch *Das Leben Jesu, kritisch bearbeitet* wie gesagt Mitte der dreißiger Jahre des 19. Jahrhunderts in Deutschland erschienen und von ihr in ein Englisch übersetzt worden war, dem man anmerkt, wie sehr sie sich bei diesem Thema gequält haben muss. Strauß war zu dem Schluss gekommen, dass es kaum etwas über Jesus gebe, von dem wir mit Sicherheit sagen könnten, dass es tatsächlich stattgefunden habe. Besonders hinsichtlich der Fakten, auf die die christliche Kirche ihren Glauben stützt, in Bezug auf all die wundersamen und übernatürlichen Ereignisse im Leben Jesu könnten wir wesentlich sicherer davon ausgehen, dass sie nie stattfanden, als dass sie geschahen. Nicht weniger aufgewühlt als Eliot bei ihrer Übersetzung fühlte sich Tennyson, als er 1836 Lyells *Principles of Geology* las und wie so viele andere Leser schockiert dessen Schlussfolgerung angesichts der fossilen Evidenz erfuhr: »Die Bewohner der Erde unterliegen wie alles Irdische der Veränderung. Nicht nur das Individuum scheidet dahin, sondern die gesamte Art.«[1]

Dem betrübten, allmählichen, aber unerbittlichen Glaubensverlust so vieler und auch so vieler prominenter Menschen im 19. Jahrhundert widmete sich der Schriftsteller Andrew N. Wilson. In seiner Studie über George Eliot, Alfred Lord Tennyson, Thomas Hardy, Thomas Carlyle, Algernon Swinburne, James Anthony Froude, Arthur Clough, Leo Tolstoj, Herbert Spencer, Samuel Butler, John Ruskin und Edmund Gosse bestätigt er, was schon andere vor ihm erkannt hatten: Der Glaubensverlust, der »Tod Gottes«, war nicht nur die Folge eines geistigen Umdenkens, er war auch eine *emotionale* Konversion. Nicht nur Bücher und Argumente hatten etwas in Gang gesetzt, es hatte sich das gesamte Meinungsklima gewandelt, während sich eine Verunsicherung auf die nächste von oft ganz anderer Art zu türmen begonnen hatte. Als Darwins Vetter Francis Galton 1874 unter hundertneunundachtzig Fellows der Royal Society einen Fragebogen über deren religiöse Standpunkte verteilte, fand er zu seinem Erstaunen heraus, dass sich siebzig Prozent einer etablierten Kirche zugehörig fühlten, andere gar keine Zugehörigkeit zu irgendeinem Glauben erklärten und viele angaben, Nonkonformisten der einen oder anderen Couleur zu sein – Wesleyaner (nach John Wesley, dem Begründer des Methodismus), Katholiken oder Angehörige irgendeiner anderen organisierten Kirche. Unter anderem sollte die Frage beantwortet werden, ob die eigene religiöse Erziehung die wissenschaftliche Laufbahn irgendwie behindert habe, was beinahe neunzig Prozent mit »nicht im Geringsten« beantworteten. Zu den Wissenschaftlern, die noch im Jahr 1874 an Gott glaubten, zählten beispielsweise der Astronom John Herschel und die Physiker Michael Faraday, James Joule, James Clerk Maxwell und William Thomson (Lord Kelvin). Wilson verdeutlicht, dass es fast ebenso viele Gründe für die Abkehr vom Glauben gab wie Menschen, die sich dazu veranlasst gesehen hatten. Einige waren stärker als andere vom »Tod Gottes« überzeugt, und »manche schafften es, sowohl gegen Gott *als auch* gegen die Wissenschaft zu sein«.²

Anders als zu Zeiten der intellektuellen Auseinandersetzungen mit dem Glauben im 16. und 17. Jahrhundert waren die Gläubigen im 19. Jahrhundert mit wesentlich mehr Fragen konfrontiert, vor allem mit den Zweifeln, die am Wahrheitsgehalt der Bibel oder an der Plausibilität der biblischen Wunder aufgekommen waren. Wilson setzt den Beginn dieses Stimmungswechsels am Ende des 18. Jahrhunderts an. Ein Faktor dabei sei der Atheismus der *philosophes* aus der französischen Aufklärung gewesen, während in England besonders zwei Bücher den Glauben untergraben hätten, nämlich Edward Gibbons *History of the Decline and Fall of the Roman Empire (Verfall und Untergang des römischen Imperiums)*, das in drei Intervallen zwischen 1776 und 1788 erschienen war, und David Humes *Dialogues Concerning Natural Religion (Dialoge über natürliche Religion)*, die 1779, drei Jahre nach seinem Tod, verlegt wurden. Gibbon, schreibt Wilson, offerierte zwar keine gravierenden metaphysischen oder theologischen Argumente, wirkte sich aber umso zerstörerischer auf den Glauben aus, »da er munter Seite für Seite die Nichtswürdigkeit der christlichen Helden und ihrer ›höchsten‹ Ideale enthüllte. Doch nicht allein mit der vergnügt wiederholten Feststellung der Niedertracht einzelner Christen erreichte Gibbon sein Ziel, es gelang ihm vor allem durch seine Gesinnung als solche, durch seine resolute Weigerung, sich von christlichen Beiträgen zur ›Zivilisation‹ beeindrucken zu lassen.« Weil er permanent die »augenscheinliche Weisheit« von vorchristlichen Kulturen den abergläubischen, irrationalen Anachronismen und Rohheiten der Frühchristen gegenüberstellte, übte er eine solche Wirkung auf seine Leser aus.³

Humes Kritik am »Verstand« und an der Ordnung im Universum wurde in diesem Buch ebenso erwähnt wie Kants Argument, dass sich Vorstellungen wie Gott, Seele und Unsterblichkeit nie wirklich beweisen ließen. Auch solche Einwände gehörten gewissermaßen zu dem »Weißen Rauschen« im Hintergrund des allgemeinen Glaubensverlustes. Doch das 19. Jahrhundert warf seine eigenen Fragen auf. Der Historiker Owen Chadwick teilte sie in das »Soziale« und das »Intellektuelle« und reihte darunter den Liberalismus, Marxismus, Antiklerikalismus und die »Mentalität der Arbeiterklasse« ein.

Liberalismus, so Chadwick, dominierte das 19. Jahrhundert. Allerdings gibt er zu, dass dieser Begriff einem ständigen Bedeutungswandel unterlag. Ursprünglich war damit schlicht die Freiheit oder die Abwesenheit von Zwang gemeint, gegen Ende der Reformation wurde das Wort dann umgemünzt, im Sinne von »zu frei«, also von zügellos oder anarchisch – jedenfalls haben es Männer wie John Henry Newman Mitte des 19. Jahrhunderts so verstanden. Doch ob es einem nun gefällt oder nicht: Der Liberalismus verdankt dem Christentum viel. Nachdem die Reformation zur religiösen Spaltung Europas geführt hatte, begann sie – endlich – zu Toleranz aufzufordern. Auf einer Ebene hatte das Christentum von jeher Sehnsucht nach einer Religion des Herzens bewiesen und sich nicht immer nur auf die Feier des reinen Rituals gestützt. Doch dass es dem individuellen Gewissen gerade damit Raum verschaffte, sollte sich, wie Chadwick schreibt, am Ende als fatal erweisen, weil damit zugleich der Wunsch nach Konformität geschwächt wurde. »Das christliche Gewissen war die Kraft, die Europa zu ›säkularisieren‹ begann, beziehungsweise die es möglich machte, dass es genauso gut viele Religionen wie gar keine Religion in einem Staat geben kann.«[4]

Was als die Freiheit zur Toleranz begonnen hatte, verwandelte sich zur Freiheitsliebe der Freiheit wegen – zu der Freiheit, das *Recht* auf Freiheit zu haben (das, man erinnere sich, war John Lockes Beitrag und auch der vorgebliche Grund für die Französische Revolution gewesen). Doch dieser Gedanke sollte sich in den führenden Staaten Westeuropas erst zwischen 1860 und 1890 durchsetzen. Chadwick glaubt, dass er vor allem John Stuart Mill viel verdankte. Mill hatte sein Essay *Über die Freiheit* 1859 veröffentlicht, im selben Jahr wie Darwin seine *Entstehung der Arten*. Er war auf ein neues Problem gestoßen, das heißt, ihn, der stark von Comte beeinflusst gewesen war, beunruhigte weniger, dass oder wie die Freiheit in einem tyrannischen Staat bedroht war – denn das war ja schon ein altvertrautes Problem –, sondern vielmehr, dass sich die demokratische Mehrheit, die das Individuum oder die Minderheit jederzeit durch *geistige Nötigung* unter Druck setzen konnte, zum Tyrannen wandeln konnte. Überall um sich herum beobachtete er, wie »das Volk« an die Macht kam. Und er ahnte voraus, dass dieses »Volk«, das nur allzu oft der Pöbel aus vergangenen Tagen war, prompt anderen das Recht auf eine eigene Meinung absprechen würde. Deshalb machte er sich daran, die neue Freiheit zu definieren: »Daß der einzige Zweck, um dessentwillen man Zwang gegen den Willen eines Mitglieds einer zivilisierten Gemeinschaft rechtmäßig ausüben darf, der ist: die Schädigung anderer zu verhüten. Das eigene Wohl, sei es das physische oder das moralische, ist keine genügende Rechtfertigung. Man kann einen Menschen nicht rechtmäßig zwingen, etwas zu tun oder zu lassen, weil dies besser für ihn wäre, weil es ihn glücklicher machen, weil er nach Meinung anderer klug oder sogar richtig handeln würde.« Das war eine wesentlich wichtigere Aussage, als es auf ersten Blick schien, denn sie bedeutete, dass ein freier Mensch auch das Recht hat, sich überreden und überzeugen zu lassen. Und das ist implizit eine ebenso wichtige Konsequenz von Demokratie wie »one man, one vote«. *Das* war es, was Liberalismus und Säkularisierung gemein hatten. Mills Essay war die erste Erörterung des säkularen Staates in all seinen Auswirkungen, und die leidenschaftslose Zurückhaltung, die er in diesem Text übte, sollte Maßstäbe für den richtigen Umgang mit den Dingen setzen.[5]

*

Am Beispiel der Sprachgewohnheiten und Verhaltensweisen von gewöhnlichen Bürgern kam Chadwick zu dem Schluss, dass die englische Gesellschaft zwischen 1860 und 1880 »säkular« geworden war. Beurteilen ließ sich das, schreibt Chadwick, anhand von Lebenserinnerungen und Romanen aus dieser Zeit, weil sie nicht nur von den Lesegewohnheiten und Gesprächen durchschnittlicher Menschen zeugen, sondern zum Beispiel auch nachweisen, dass fromme Gläubige zunehmend bereit waren, sich mit Nichtgläubigen anzufreunden und sie »ihrer Aufrichtigkeit wegen zu schätzen, anstatt sie ihres mangelnden Glaubens wegen zu verurteilen«. Auch an der Rolle der Massenmedien lässt sich vieles ablesen. Tatsächlich spielte die Presse mehrere Rollen, darunter nicht zuletzt, dass sie in der Schlacht um Ideen die Gemüter erhitzte, Leidenschaften schürte, polarisierte und dadurch viele Bürger – erstmals – politisierte (weil sie sich nun *informiert* fühlten). Auch das wirkte sich säkularisierend aus, denn somit war nun nicht mehr die Religion das Thema, dem die meiste geistige Aufmerksamkeit geschenkt wurde, sondern die Politik. Der neue Beruf des Journalisten etablierte sich zur mehr oder weniger gleichen Zeit, in der Lehrer und Kleriker zu unterschiedlichen Berufen wurden.[6]

Je gebildeter die Menschen wurden und je stärker der Journalismus darauf reagierte, desto deutlicher nahmen die Ideen von der Freiheit eine wieder andere Wendung: Nun entdeckte man, dass individuelle Freiheit in einem ökonomischen Sinne oder auf das Gewissen und die eigene Meinung bezogen nicht das Gleiche ist wie eine echte politische oder psychisch-geistige Freiheit. Mit Hilfe der Presse wurden sich die Bürger mehr denn je bewusst, dass die industrielle Entwicklung die Kluft zwischen

Arm und Reich ständig vergrößern würde, wenn man sie weiterhin sich selbst überließ. Und »eine Lehre, die in die Slums der Großstädte führte, konnte kaum die ganze Wahrheit sein«.[7] Diese Erkenntnis zog einen grundlegenden Gesinnungswandel unter liberalen Geistern nach sich, oder besser gesagt: Sie begann die Bedeutung von Liberalität an sich zu verändern und, wie Chadwick sagt, einen kollektivistischen Denkprozess einzuleiten, der die Menschen nach immer mehr staatlicher Intervention im Interesse des Allgemeinwohls rufen ließ. Fortan wurde Freiheit mehr als etwas Gesellschaftliches denn als etwas Individuelles betrachtet, weniger als die Freiheit von Restriktionen als das Merkmal eines verantwortlichen sozialen Zusammenlebens, in dem jeder Mensch eine Chance hatte.[8]

Diese neue Denkungsart machte den Marxismus noch attraktiver. Vor allem sein Grundsatz, dass Religion falsch und unwahr sei, wurde zu einem weiteren säkularisierenden Faktor. Marx hatte die ungebrochene Popularität von Religion bekanntlich als das Symptom einer erkrankten Gesellschaft bezeichnet: Sie erlaubt dem Patienten, das Unerträgliche zu ertragen. Religion sei notwendig in einer kapitalistischen Gesellschaft, um die Massen in Schach zu halten, denn wenn ihnen etwas für das Jenseits geboten werde, würden sie ihr Los im Diesseits bereitwilliger hinnehmen.[9] Das Christentum akzeptierte (wie die meisten Religionen) die bestehenden gesellschaftlichen Spaltungen und »tröstete« die Besitzlosen mit der Erklärung, dass ihr Elend nur die Strafe für ihre Sünden oder eine Prüfung war und dass ihr künftiges Schicksal ganz davon abhing, wie ihre Reaktionen darauf ausfielen. Der Marxismus gewann seine Bedeutung nicht nur durch die Ereignisse im 19. Jahrhundert – die Pariser Kommune, ihren Einfluss auf die Internationale, die deutschen Sozialisten, das Entstehen einer Revolutionspartei in Russland –, die allesamt zu bestätigen schienen, dass er die Wahrheit sagte, sondern weil *auch er* eine Art von Jenseits anbot, nämlich die Revolution, nach der wieder Gerechtigkeit und Glückseligkeit auf Erden herrschen würden. Und wie Chadwick schreibt, produzierte der Marxismus eben wegen dieses Angebots eines säkularen Jenseits so unbeabsichtigte Ableger wie die Verknüpfung des Sozialismus mit dem Atheismus und die Politisierung von Religion.

Doch natürlich war Marx damit ganz und gar nicht allein auf weiter Flur gewesen. Engels schrieb 1844 in *Die Lage der arbeitenden Klasse in England*: »Aber unter der Masse findet man fast überall eine gänzliche Indifferenz gegen die Religion, und wenn es hochkommt, ein bißchen Deismus, das zu unentwickelt ist, um zu etwas mehr als zu Redensarten dienen zu können oder etwas mehr als einen vagen Schrecken vor Ausdrücken wie infidel (Ungläubiger) und atheist hervorzurufen.«[10] Unverblümte Atheisten hatte es noch nie sehr viele gegeben, dafür tauchten in den fünfziger Jahren des 19. Jahrhunderts überall in England erste *Secular*

Societies auf, die paradoxerweise alle einen puritanischen Anstrich hatten und zudem häufig mit der Abstinenzbewegung verbunden waren. Dass sie zwischen 1883 und 1885 besonders viel Zulauf gehabt zu haben scheinen, hing gewiss damit zusammen, dass nun auch einem Atheisten das Recht auf einen Sitz im Parlament zustand.[11]

Ein anderes Element, das zur Erschaffung einer säkulareren Welt beitrug, war die Urbanisierung. Statistiken aus Deutschland und Frankreich beweisen, dass es im Verlauf der Jahrzehnte zu einem immer drastischeren Rückgang an Kirchgängern und parallel dazu auch an Ordinationen gekommen war – je größer die Stadt, desto deutlicher. Das mag zwar letztlich nur am organisatorischen Versagen der Kirchen gelegen haben, aber der Fakt an sich bleibt bedeutend, denn er enthüllt, wie unfähig die Kirchen waren, als es darum ging, sich schnell an die städtischen Bedingungen anzupassen. »Die Bevölkerung von Paris stieg zwischen 1861 und 1905 um nahezu hundert Prozent, die Anzahl der Kirchengemeinden um etwa dreiunddreißig und die der Geistlichen um etwa dreißig Prozent.«[12]

*

Was wir heute von der Aufklärung halten – dass sie eine »gute Sache« gewesen sei, ein Schritt in die richtige Richtung, ein notwendiges evolutionäres Stadium der modernen Welt –, deckt sich nicht mit der vorherrschenden Meinung im 19. Jahrhundert. Aus Sicht der Viktorianer stand die Aufklärung für das Zeitalter, das mit der Guillotine und im Terror endete. Thomas Carlyle war nur einer von vielen gewesen, die Voltaire und seinen Deismus »verabscheuenswert« fanden. Für ihn war Napoleon der letzte wirklich große Mann gewesen, auch erwähnte er mit Stolz, dass sein eigener Vater »nie von Zweifeln geplagt wurde«. Während der gesamten napoleonischen Zeit und sogar noch lange, nachdem Queen Victoria den Thron bestiegen hatte, »hielten die Menschen die Aufklärung für einen Leichnam, für eine ideelle Sackgasse, für ein destruktives Zeitalter, das nicht nur die geistigen, sondern auch all die physischen Marksteine umstürzte, die es der menschlichen Gesellschaft ermöglicht hatten, als eine zivilisierte Masse zusammenzuleben«.[13]

Die Einstellungen begannen sich erst um das Jahr 1870 zu ändern. Der englische Begriff *enlightenment* für »Aufklärung« im heutigen Sinne wurde erstmals von James H. Stirling in einem 1865 publizierten Buch über Hegel verwendet. Doch selbst da wurde er noch pejorativ benutzt – eine wirklich positive Bedeutung sollte er erst 1889 durch Edward Cairds Kant-Studie erhalten, in der sich erstmals die Formulierung *age of enlightenment* fand. Doch der Mann, der den Begriff der Aufklärung und ihre säkularen Werte wirklich aus der Gefangenschaft im Negativen befreite, war der Journalist John Morley von der *Fortnightly Review*. Morley (der auch Abgeordneter war) fand erstens, dass die Reaktionen der Briten auf die Exzesse von 1789 viel zu verallgemeinernd auf die *philosophes* konzentriert gewesen waren, und zweitens, dass sich die leidenschaftlichen Auseinandersetzungen der Romantiker mit der Innerlichkeit zu einer Art von Spießbürgertum verbündet hatten, das die wahren Errungenschaften des 18. Jahrhunderts völlig verkannte. Zum Handeln beziehungsweise zum Schreiben einer Artikelreihe fühlte er sich genötigt, weil er es satt hatte zu beobachten, wie die Kirche ständig die empirischen Wissenschaften zu behindern versuchte.[14]

In Frankreich kam es zu einem parallelen Stimmungsumschwung. Das Land hatte seinen eigenen Carlyle in der Gestalt von Joseph de Maistre, der zum Beispiel schrieb: »Voltaire zu bewundern gilt als das Zeugnis eines verkommenen Herzens; wenn sich jemand zu seinem Werk hingezogen fühle, dann solle er sich sehr bewusst machen, dass Gott einen solchen Jemand nicht liebe.« Napoleon, der seine Einstellung zur Kirche sprunghaft zu ändern pflegte, soll seinem Trupp zahmer Schreiberlinge angeordnet haben, Voltaire zu attackieren.[15]

Dann betrat der Historiker Jules Michelet die Bühne. Anfang der vierziger Jahre des 19. Jahrhunderts begannen er und seine Freunde – darunter Victor Hugo und Alphonse de Lamartine – die Kirche frontal anzugreifen. Den Katholizismus fand Michelet unverzeihlich engstirnig, das Zölibat hielt er für eine »unnatürliche Untugend«, die Beichte für eine Verletzung der Intimsphäre und die Jesuiten für verschlagene Manipulatoren. Solche Breitseiten schoss er bevorzugt bei seinen zornigen Vorträgen vor dem Collège de France ab, doch im Gegensatz zu den Offensiven, die anderenorts gestartet wurden, standen im Fokus seiner Angriffe nicht die Naturwissenschaften, sondern die Ethik: Michelet bombardierte die Kirchen »im Namen von Gerechtigkeit und Freiheit«, und eine Folge seines Tobens war, dass Voltaire in Frankreich plötzlich ins Zentrum eines ausgesprochen boshaften Kampfes um die richtigen Ideen rückte. Die Ironie dabei war natürlich, dass Voltaire selbst fanatisch gegen just den Fanatismus agitiert hatte, zu dem er nun selbst herausforderte. Nachdem sich Louis Napoleon im Jahr 1851 diktatorische Vollmachten erzwungen hatte, wurden beispielsweise alle Bibliotheken genötigt, Exemplare von Voltaire und Rousseau aus den Regalen zu nehmen. Oder ein anderes Beispiel: Sogar ein ansonsten geachteter Gelehrter, der selbst Herausgeber von Voltaires Papieren war, fühlte sich bemüßigt, die Leser zu warnen, dass »1789« und der Terror von 1793 von Voltaire »verursacht« worden seien. 1885 spitzte sich die Lage zu. In Paris begann das Gerücht zu zirkulieren, dass sich die sterblichen Überreste von Voltaire und Rousseau gar nicht in der Grablege der Erlauchten im Panthéon befanden. Angeblich sollte eine Gruppe von Royalisten im Jahr 1814 dermaßen empört über das Zugeständnis gewesen sein, ihre Gebeine auf so heiligem Boden zu beerdigen, dass sie sie aus den Sarkophagen entwendeten und auf irgendeinem

Stück Ödland verscharrten. Das Gerücht beruhte zwar nur auf Indizien, wurden aber so weithin geglaubt und brachte die Anhänger Voltaires derart in Rage, dass die Regierung 1897 schließlich einen Untersuchungsausschuss ins Leben rief, der dann sogar so weit ging, die Särge Voltaires und Rousseaus zu öffnen und die Gebeine untersuchen zu lassen. Es stellte sich heraus, dass es tatsächlich die sterblichen Überreste von Voltaire und Rousseau waren. Endlich begriff das Volk, dass dieser Streit zu weit gegangen war. Die Gebeine wurden wieder dorthin gebracht, wo sie hingehörten. Nach dieser für alle Seiten peinlichen Episode begann sich die Haltung gegenüber der Aufklärung in mehr oder weniger die Einstellung zu verwandeln, der wir heute anhängen.[16]

*

Dass George Eliots Glaube von David Strauß' Buch über das Leben Jesu so stark beeinflusst worden war, war relativ untypisch. Die meisten Leser reagierten wie die Schweizer, die mit einem Aufstand gedroht hatten, wenn Strauß nicht von seiner Professur entbunden würde, bevor er sie überhaupt angetreten hatte. Und die meisten Bücher, die einen aus unserer Sicht entscheidenden Anteil am Niedergang des religiösen Glaubens im 19. Jahrhundert hatten, waren von den Massen in Wirklichkeit nie direkt wahrgenommen worden. Die breite Öffentlichkeit las keinen Lyell, Strauß oder Darwin, dafür aber populärwissenschaftliche Aufbereitungen, wie zum Beispiel die Schrift von Karl Vogt über Darwin, das Buch von Jakob Moleschott über Strauß oder das von Ludwig Büchner über die neue Physik und Zellbiologie. Man las lieber die Popularisatoren als die Originale, weil sie noch ein gutes Stück weiter gingen als ein Darwin oder Lyell selbst. Weder *Die Entstehung der Arten* noch die *Principles of Geology* hatten einen Frontalangriff auf die Religion bezweckt, doch weil genau das die *logische Schlussfolgerung* aus ihren Texten war, taten es popularisierende Interpreten für sie und breiteten damit ihre eigenen Schlussfolgerungen vor einer größeren Leserschaft aus. »Religion ist für die meisten Menschen von allgemeinerem Interesse als ihr Körperbau oder ihre Biologie«, schreibt Owen Chadwick. »Die Masse der Öffentlichkeit interessierte sich viel mehr für die Konfrontation von Wissenschaft und Religion als für die Wissenschaft selbst.« Es waren die Popularisatoren, die die viktorianische Mittelschicht für die Idee erwärmten, dass alternative Erklärungen für die Funktionsweisen der Welt zur Verfügung standen. Sie sagten zwar nicht gleich, dass Religion an sich falsch sei, erhoben jedoch eindeutig die Frage, wie exakt, wahr und glaubhaft die Bibel sei.[17]

Der größte unter diesen Popularisatoren war der deutsche Biologe und Philosoph Ernst Haeckel. Im Jahr 1868 veröffentlichte er seine *Natürliche Schöpfungsgeschichte*, eine ausgesprochen lesbare Polemik zugunsten von Darwin, die seine Rückschlüsse aus der *Entstehung der Arten* ein knappes Jahrzehnt nach deren Erscheinen enthielt und bis Ende des Jahrhunderts neun Neuauflagen erleben und in zwölf Sprachen übersetzt werden sollte. Haeckels Buch *Die Welträthsel* (1899), in dem er die neue Kosmologie erläuterte, verkaufte sich im deutschen Original wie in der englischen Übersetzung jeweils hunderttausendmal. Haeckel wurde also von einem sehr viel größeren Kreis gelesen als Darwin und war deshalb eine Zeit lang mindestens ebenso berühmt – die Menschen standen Schlange, um ihn reden zu hören.[18]

Ein anderer Popularisator, der für Strauß das Gleiche tat wie Haeckel für Darwin und im Zuge dieses Prozesses auch ebenso berühmt werden sollte, war der französische Universalgelehrte Ernest Renan. Eigentlich hätte er Priester werden sollen, doch dann schwor er dem Glauben ab und legte seine neuen Überzeugungen in mehreren Büchern dar, darunter in seinem Hauptwerk *La vie de Jésus* (1863, *Das Leben Jesu*), dem bei weitem einflussreichsten ersten Band seiner *Histoire des origines du christianisme*. Renan erklärte zwar Unterschiedliches zu unterschiedlichen Zeiten, doch wie es scheint, war es wohl das Geschichtsstudium gewesen, das seinen Glauben zerstört hatte. Und nun sollte sein Buch über Jesus denselben Effekt auf andere haben. Der große Einfluss dieses Werkes war zwar mit Sicherheit auch Renans exquisitem Umgang mit der französischen Sprache zu verdanken, gewiss aber vorrangig der Tatsache, dass er Jesus als eine historische Figur behandelte. Er sprach ihm übernatürliche Kräfte ab und erhob in einer klaren, wissenschaftlich begründeten Sprache Zweifel an seiner Göttlichkeit, stellte aber dennoch den »Menschensohn Jesus« in einem sympathischen Licht als die höchste der »Säulen« dar, »die dem Menschen weisen, von wo er kommt und wohin er streben soll« – als einen Mann, dessen Genius und Morallehren die Welt verändert hatten. Offenbar machten Renans deutliche Sympathien für Jesus nicht nur seine Kritik an den Mängeln der biblischen Darstellung, sondern auch seine Demontage der Kirchen, Glaubensbekenntnisse, Sakramente und Dogmen leichter verdaulich. Wie Comte glaubte auch er im Positivismus die Basis für einen neuen Glauben zu erkennen.[19] Er unterstrich die moralische Führerschaft Jesu und nannte ihn einen großen Mann, betonte aber, dass er in keiner Weise irgendwie göttlich gewesen sei und die organisierte christliche Religion des 19. Jahrhunderts nicht das Geringste von seiner Größe habe. Renans Art von Religiosität war ein ethischer Humanismus, dem viele Menschen, die in den neuen Universitäten ausgebildet worden waren, etwas abgewinnen konnten, auch wenn sein Denkansatz manchmal, sagen wir, ungewöhnlich war – etwa, wenn er erklärte, dass auch Göttlichkeit fehlbar sei und niemand ein Leben lang ununterbrochen der Sohn Gottes sein könne. Das klang ein wenig wie ein Rückgriff auf die griechische Idee von Göttern, die teils Heroen und teils Menschen waren. Renans Werk reizte die Leser aus denselben Gründen, aus denen sie im 17. und 18. Jahrhundert den Deismus attraktiv gefunden hatten: Es half ihnen, sich von ihrem Glauben an übernatürliche Wesenheiten zu verabschieden, ohne sich gleich von ihrem ganzen Glauben trennen zu müssen. Den wenigsten gelang es, in einem Schritt vom Glauben zum Nichtglauben überzugehen. Renans Buch über das Leben Jesu war der berühmteste französische Titel im 19. Jahrhundert und wirbelte auch in England eine Menge Staub auf.

Was die Menschen bei Renan am meisten beeindruckte – von seinem sympathischen Jesusbild einmal abgesehen –, war die Enthüllung, auf welch tönernen Füßen die fundamentalen Quellen des Christentums standen. Der Schweizer Historiker Jacob Burckhardt stellte zum Beispiel nach seiner Lektüre von Strauß' Buch über das Leben Jesu fest, dass das Neue Testament das Gewicht nicht tragen könne, das der Glaube ihm aufzuerlegen versuchte. Viele Leser reagierten ähnlich.[20]

*

Ein weiteres Element, das in die Säkularisierungsdebatte im 19. Jahrhundert einfloss und sie von den Auseinandersetzungen im 16. und 17. Jahrhundert unterschied, hing mit den revidierten Vorstellungen von der Lehre zusammen. Ursprünglich hatte der Begriff »Dogma« die *Bekräftigung* einer Meinung oder eines Lehrsatzes bedeutet, mit anderen Worten also etwas an sich Positives. Das sollte sich erst zu ändern beginnen, als aus dem Wort »dogmatisch« im Zeitalter der Aufklärung ein Vorwurf der Unaufgeklärtheit und Verschlossenheit gegenüber alternativen Interpretationen der Wahrheit wurde. Diese Verwandlung war entscheidend, denn auch wenn die katholische Hierarchie natürlich keineswegs unerfahren im Kampf gegen häretische Lehren war, hatte sie es nun damit zu tun, dass der Begriff des »Dogmas« selbst unter Beschuss geraten war. Die erfolgreichen Methoden der empirischen Wissenschaften boten Alternativen und wurden jetzt immer häufiger als Werkzeuge zur Demontage der Kirche benutzt, wie zum Beispiel von einer Organisation, deren Absichten heutzutage abstrus wirken, die aber sehr typisch für ihre Zeit war: die *Société d'anthropologie*. Sie bestand mehrheitlich aus Anthropologen, denen es derart wichtig war, das Nichtvorhandensein der Seele zu beweisen, dass sie ihre Körper der Gesellschaft sogar zur Autopsie vermachten, damit die Kollegen der Vorstellung von einem körperlichen Sitz der Seele endlich den Garaus machen konnten. Bei den gemeinsamen Dîners pflegten sie sich das Essen auf prähistorischer Keramik oder in menschlichen Schädeln (in einem Fall auch in Giraffenschädeln) servieren zu lassen, nur um zu beweisen, dass nichts Besonderes an menschlichen Artefakten war und sich die sterblichen Überreste des Menschen nicht von tierischen unterschieden. Jennifer Michael Hecht zitiert in ihrem Buch über das Ende der Seele ein Mitglied dieser Anthropologengesellschaft: »Wir haben viele Systeme beglaubigt, um die Moral und die Fundamente des Gesetzes zu wahren. Aber um die Wahrheit zu sagen, waren diese Versuche reine Illusion … Das Bewusstsein ist nur ein spezifischer Aspekt des Instinkts, und der Instinkt ist nur eine ererbte Gewohnheit … Bar einer als solchen kenntlichen Seele, bar der Unsterblichkeit und bar der Bedrohung eines Jenseits gibt es dafür keine Rechtfertigung mehr.«[21]

Angesichts solcher Einstellungen reagierte das katholische Establishment meist ausgesprochen nachtragend. Und dieser Groll sollte nun selbst Thema werden und zum wachsenden Antiklerikalismus beitragen, der dann seinerseits zu einem weiteren Aspekt des Säkularisierungsprozesses wurde, jedenfalls unter einer ziemlich lautstarken Minderheit. In Großbritannien tauchte der Antiklerikalismus, wie Chadwick feststellte, erstmals im Mai 1864 auf, in einem Leitartikel der *Saturday Review*: Der Autor kritisierte die Unfähigkeit oder den mangelnden Willen der römischen Kurie, den modernen Naturwissenschaften Fortschritte zu konzedieren und insbesondere die inzwischen schon jahrhundertealten Entdeckungen und Erkenntnisse Galileis anzuerkennen. Der Klerikalismus wurde zu einem Synonym für die Aufklärungsfeindlichkeit und die sture Hinhaltetaktik der römisch-katholischen Kirchenverwaltung, und diese Sicht begann sich nun auf alle Kirchen und ihre Widerstände gegen modernes Denken und moderne politische Ideen auszuweiten.[22] Unter gebildeten Katholiken herrschte zwar einiges Bedauern über die antimoderne Einstellung des Vatikan, doch in Italien war man gerade mit einem ganz anderen Problem konfrontiert.

Im Jahr 1848, dem Jahr der Revolutionen in ganz Europa, begannen auch die Italiener ihren Befreiungskampf gegen Österreich, was Papst Pius IX. in eine Lage manövrierte, in der er schlicht nicht gewinnen konnte. Auf wessen Seite sollte sich der Vatikan stellen? Sowohl Italien als auch Österreich waren Kinder der Kirche. Ende April dieses Jahres verkündete er deshalb, dass er als oberster Hirte grundsätzlich keinem Katholiken den Krieg erklären könne. Für die meisten Anhänger der italienischen Einheitsbewegung war das einfach zu viel. Sie wandten sich gegen den Vatikan. Zum ersten Mal gab es auch in Italien Antiklerikalismus.

In Frankreich sollte der Antiklerikalismus regelrechte Verwüstungen in der etablierten Kirche anrichten. Angesichts all der Attacken gegen die Kirchenobrigkeit – Strauß, Darwin, Renan, Haeckel – wurden katholische Geistliche in Frankreich nun systematisch aus allen höheren Bildungsstätten vertrieben, was natürlich zur Folge hatte, dass die Kirche immer weniger Einfluss auf das Denken der Jugend hatte. Die französische Kirche zahlte jetzt den Preis dafür, dass sie ihre Bischöfe im 18. Jahrhundert fast ausnahmslos aus den Reihen der französischen Aristokratie rekrutiert hatte. Denn nach deren Dezimierung in der Revolution hatte sich das Kolorit der französischen Kirche so verändert, dass sich der Papst schließlich gezwungen sah, die gesamte gallikanische Hierarchie mit dem Bann zu belegen und keine neuen Landesbischöfe mehr zu weihen. Von da an war die französische Kirche zwar von Rom abgeschnitten, jedenfalls für eine Weile, doch das konnte die antiklerikalen Gefühle kaum mindern, da Rom für die meisten Bürger damit einfach nur in noch weitere Ferne gerückt war.[23]

Als eine weitere Komplikation erwiesen sich Frankreichs Versuche, die Kirche mit den Zielen der Revolution unter einen Hut zu bringen. Der Vorkämpfer dieses Projekts war Hugues Félicité Robert de Lamennais, ein katholischer Geistlicher, der sich jedoch auch säkularen Ausbildungsstätten verpflichtet fühlte. 1830 gründete er die Zeitschrift *L'Avenir*, in der er unter der Devise »Gott und Freiheit« für Religionsfreiheit, Ausbildungsfreiheit, Pressefreiheit, Versammlungsfreiheit, das allgemeine Wahlrecht und die Dezentralisierung eintrat. Das war ausgesprochen modern, zu modern, wie sich herausstellen sollte. Die von *L'Avenir* vertretene Politik war derart kontrovers, dass sich Papst Gregor XVI. nach mehrmaligen Versuchen, die Zeitung zu verbieten, sogar zu dem Schritt entschloss, sie in seiner Enzyklika *Mirari vos* zu verdammen. Zwei Jahre später reagierte Lamennais darauf mit der Veröffentlichung seiner *Paroles d'un croyant (Worte eines Gläubigen)*, die im Namen der Religion den Kapitalismus verurteilten und die Arbeiterklasse aufriefen, sich zu erheben und ihre »gottgegebenen Rechte« einzufordern. Prompt folgte die nächste Enzyklika: *Singulari nos* bezeichnete Lamennais' Pamphlet der Größe nach zwar als klein, seiner Widernatürlichkeit nach aber als immens und beschuldigte den Autor, Unwahrheiten in die Welt zu setzen, zur Anarchie aufzuhetzen und dem Wort Gottes zuwiderzuhandeln. Gregor XVI. endete mit der Aufforderung an die Katholiken allerorten, sich der »gebührlichen Autorität« zu unterwerfen. Doch auch dieser Schuss sollte sozusagen nach hinten losgehen, da die Enzyklika kurz vor der Revolution des Jahres 1848 verkündet wurde und deshalb nicht nur den Republikanismus unter den französischen Katholiken wiederbelebte, sondern offenbar auch dafür sorgte, dass eine beträchtliche Zahl von Kirchenmännern zum ersten Mal mit den Revolutionszielen sympathisierte.[24]

Ursprünglich war Pius IX. ein Liberaler gewesen (er wurde im Alter von fünfundfünfzig Jahren gewählt, was vergleichsweise jung war für einen Papst). Doch die Ereignisse des Jahres 1848 hatten ihn ebenso verändert wie alle anderen Italiener. »Nunmehr von jeglichen Liberalismen geheilt«, gab er einem Kardinalstriumvirat freie Hand, um den absolutistischen Staat in Rom zu restaurieren.[25] Doch weil dieser Versuch von einem generellen Autoritätsverlust auf breiter politischer Ebene begleitet war (Italiens Unabhängigkeitskrieg gegen Österreich, die Gründung des Deutschen Reiches), provozierte er nur neue antiklerikale Wellen. Gustave Flaubert porträtierte 1857 in *Madame Bovary* ein Volk, das in fast allen

Fragen antiklerikal eingestellt war, auch wenn es seine Kinder nach wie vor von Geistlichen taufen ließ und die letzte Ölung empfangen wollte. In Frankreich geschah also genau das, was Friedrich Engels ein Jahrzehnt zuvor in England festgestellt hatte: Das Volk wurde immer indifferenter gegenüber Religion.

Mit der Säkularisierung der Schulen sollte sich der französische Antiklerikalismus in den letzten Jahrzehnten des Jahrhunderts noch einmal zuspitzen. Für den Vatikan war der Verlust der Schulen ein herber Schlag, denn er bedeutete natürlich das Ende seines Einflusses. Aus diesem Grund wurden zwar um das Jahr 1875 in ganz Europa katholische Universitäten gegründet, doch damit war letztlich nur ein neues Schlachtfeld eröffnet, auf dem sich nun Priester und Lehrer gegenüberstanden.

Die Lehrer siegten. In Frankreich wurden sie von Jules Ferry angeführt, dem Erziehungsminister der Dritten Republik, der ebenso überzeugt war wie einst Auguste Comte, dass die Ära der Theologie und Metaphysik endgültig vorüber war und sich die neue Ordnung auf empirischen Wissenschaften aufbauen würde. »Mein Ziel ist es«, erklärte Ferry, »eine Gesellschaft ohne Gott und ohne König zu organisieren.« Und zu diesem Zweck enthob er erst einmal über hunderttausend geistliche Lehrer ihrer Ämter.[26]

Auf diesen letzten Schachzug reagierte der Vatikan mit der Gründung von katholischen Lehrstätten in Paris, Lyon, Lille, Angers und Toulouse, deren theologische Fakultäten nun unabhängig von den staatlichen Universitäten agieren konnten und es als ihre Aufgabe betrachteten, mit eigenen Forschungen den weltlichen Wissenschaften und bibelkritischen Historiografien Paroli zu bieten. Lester Kurz umreißt das vatikanische Denken dieser Zeit folgendermaßen: »Erstens definierte es die katholische Orthodoxie innerhalb der Grenzen der scholastischen Theologie und bot eine systematische, logische Antwort auf die bohrenden Fragen der modernen Forschung. Zweitens arbeitete es die Lehren von der päpstlichen Unfehlbarkeit und dem *Magisterium* (der kirchlichen Lehrautorität) aus und behauptete, dass allein die Kirche und ihre Führung von den Aposteln Jesu die Autorität im Hinblick auf alle religiösen Fragen geerbt habe. Und schließlich definierte es, was die katholische Orthodoxie *nicht* war, indem sie das Bild einer häretischen Verschwörung von Abweichlern im Inneren konstruierte.«[27] Schritt für Schritt umgrenzte die Kirche nun ein neues Areal des »Ketzertums«, das sie dann primär in der konservativen katholischen Presse darstellen ließ, insbesondere in der römischen Jesuiten-Zeitschrift *Civiltà cattolica* und ihrem Pariser Gegenstück *La Vérité*, aber auch durch eine Reihe von Enzykliken, wie *Syllabus Errorum* (1864), *Aeterni Patris* (1879) und *Providentissimus Deus* (1893), gefolgt von dem apostolischen Schreiben *Testem benevolentiae* (1899), das die Häresie des »Amerikanismus« verdammte, und der Apostolischen Konstitution *Lamentabili sane exitu* (1907), die einen massiven Anschlag auf die Moderne darstellte.

Doch bei dieser Vorgehensweise des Vatikan wurde ein fataler Fehler gemacht, und der zog sich durch sämtliche Edikte und Verurteilungen: Die Kirche stellte ihre Kritiker als eine konspirative Gruppe dar, welche die Hierarchie untergraben wollte, aber vorgab, ihr Freund zu sein. Das war eine völlige Verkennung des oppositionellen Charakters, aus der zugleich ungemein gönnerhafte Herablassung sprach. Der wahre Feind des Vatikan in diesem neuen intellektuellen Klima war sein eigener Autoritätsanspruch. Unbeirrbar insistierte das Papsttum auf seiner traditionellen Autorität und auf der Lehre der apostolischen Sukzession. Und diese Haltung wurde mit der Doktrin von der päpstlichen Unfehlbarkeit – die vom Ersten Vatikanischen Konzil postuliert wurde, das zwischen Dezember 1869 und September 1870 tagte – schließlich auf die Spitze getrieben. Der Katholizismus des 19. Jahrhunderts ähnelte in vieler Hinsicht dem des 12. Jahrhunderts, nicht zuletzt weil auch er durch zwei lange Pontifikate gekennzeichnet war (Pius IX., 1846–1878; Leo XIII., 1878–1903) und erstaunlicherweise beide Päpste in einer Zeit, als in allen Ecken und Enden der Welt Demokratien und Republiken entstanden, innerhalb wie außerhalb der Kirche versuchten, monarchistische Staatstheorien wiederzubeleben. Bonifaz VIII. hatte im Jahr 1302 die Bulle *Unam sanctam* erlassen, und genau auf sie sollte Pius IX. in seiner Enzyklika *Quanto conficiamur* nun wieder zurückgreifen. Mit anderen Worten: Er versuchte die mittelalterliche Vorstellung vom absoluten Primat des Papstes auferstehen zu lassen. Und Leo XIII. machte mit seinem apostolischen Schreiben *Testem benevolentiae* – seinem Angriff auf den Amerikanismus – schließlich jede Hoffnung auf einen Demokratisierungsprozess in der Kirche zunichte, indem er darauf beharrte, dass nur die absolute Autorität Schutz vor dem Ketzertum bieten könne.[28]

Unter diesen Umständen und weil der Papststaat von der Sehnsucht der Italiener nach Unabhängigkeit und Einigung des Landes kompromittiert worden war, begann sich der Antiklerikalismus in Italien zu vertiefen. Und in dieser Atmosphäre verfasste Pius IX. schließlich das apostolische Schreiben, mit dem er zum Ersten Allgemeinen Vatikanischen Konzil einlud. Angesichts der politischen Unruhen hätte es fast nicht stattgefunden, und als es dann zusammentrat, sah es sich mit der gravierenden Frage konfrontiert, wie sich die Kirchenhierarchie restaurieren ließ. In seiner Konstitution über die Kirche sollte das Konzil schließlich zwei berühmte Aussagen formulieren: »Wer daher sagt, der römische Papst habe lediglich das Amt der Aufsicht oder Führung, nicht aber die volle und höchste Jurisdictionsgewalt über die ganze Kirche, nicht nur in Sachen des Glaubens und der Sitte, sondern auch in Sachen, welche die Disciplin und die Regierung der über die ganze Erde verbreiteten Kirche betreffen; oder derselbe besitze nur den bedeutenderen Anteil, nicht aber die ganze Fülle dieser höchsten Gewalt; oder diese seine Gewalt sei keine ordentliche und unmittelbare, sei es über alle und jegliche Kirchen, oder über alle und jegliche Hirten und Gläubige: der sei im Banne... Indem Wir daher an der vom Anbeginne des christlichen Glaubens überkommenen Überlieferung treu festhalten, lehren Wir, ... und erklären es als einen von Gott geoffenbarten Glaubenssatz: dass der römische Papst, wenn er von seinem Lehrstuhle aus (ex cathedra) spricht, das heißt, wenn er in Ausübung seines Amtes als Hirte und Lehrer aller Christen, kraft seiner höchsten apostolischen Gewalt, eine von der gesamten Kirche festzuhaltende, den Glauben oder die Sitten betreffende Lehre entscheidet, vermöge des göttlichen, im heiligen Petrus ihm verheißenen Beistandes, jene Unfehlbarkeit besitzt, mit welcher der göttliche Erlöser seine Kirche in Entscheidung einer den Glauben oder die Sitte betreffenden Lehre ausgestattet wissen wollte, und dass daher solche Entscheidungen des römischen Papstes aus sich selbst, nicht aber erst durch die Zustimmung der Kirche, unabänderlich sind. So aber Jemand dieser Unserer Entscheidung, was Gott verhüte, zu widersprechen wagen sollte: der sei im Banne.«[29]

Und also wurde die Lehre von der päpstlichen Unfehlbarkeit zum ersten Mal Bestandteil des katholischen Glaubensbekenntnisses. Das war eine höchst riskante Sache, denn dieses Projekt war schon seit dem 14. Jahrhundert auf starke Gegenwehr gestoßen. Doch vielleicht glaubte der Vatikan, wegen der deutlich verbesserten Reise- und Kommunikationsmöglichkeiten im 19. Jahrhundert besser als im Mittelalter zur Ausübung seiner Autorität gerüstet zu sein. Das könnte jedenfalls erklären, weshalb Leo XIII. nicht nur beschloss, die päpstliche Unfehlbarkeit festzuschreiben, sondern im Jahr 1879 auch die Bulle *Aeterni Patris* veröffentlichte, in der er die Philosophie von Thomas von Aquin zum wichtigsten Leitfaden für das moderne katholische Denken erklärte. Wie durch Pius' Enzyklika *Quanto conficiamur* wurde auch damit die Rückkehr zum Denken des Mittelalters und zu den Einstellungen besiegelt, die vor der Aufklärung, der Reformation und der Renaissance geherrscht hatten. Die scholastische Theologie hatte sich durch ihre vorwissenschaftliche Haltung als eine spekulative geistige Übung ausgezeichnet, die nach dem Ziel strebte, christliche Denkweisen mit anderen Weltbildern in Einklang zu bringen, und die eher für ihre Geschicklichkeit als für eine Wahrhaftigkeit renommiert war, auf die man sich weithin hätte verständigen können. Tatsächlich wurde das katholische Denken nun wieder zu einem in sich geschlossenen, auf sich selbst bezogenen System, das primär von jesuitischen Theologen propagiert wurde. Die einflussreichsten unter ihnen gruppierten sich um die Zeitschrift *Civiltà cattolica*, die 1849 auf Betreiben des Papstes als Reaktion auf die Ereignisse des Jahres 1848 gegründet worden war. Und diese Thomisten (denen als führende Figur auch

Vincenzo Gioacchino Pecci angehörte, der Bischof von Perugia und spätere Papst Leo XIII.) agitierten unerbittlich gegen alle modernen geistigen Strömungen und bestanden darauf, dass moderne Ideen »ausnahmslos« abzulehnen waren.[30]

Das wesentliche Merkmal dieser neothomistischen Denker war ihre grundlegende Ablehnung der Evolutionsidee und jeder Vorstellung von Wandelbarkeit. Sie zogen es vor, über das 12. Jahrhundert hinweg auf Aristoteles und die Idee von der zeitlosen Wahrheit zurückzugreifen, die vom scholastischen Denken bestätigt worden war. Seit dem Erlass von *Aeterni Patris* waren alle Bischöfe angehalten, bloß noch Männer zum Lehr- und Priesteramt zuzulassen, die in der Philosophie von Thomas von Aquin geschult worden waren. Was auch immer geschah, die Kleriker ließen sich nur noch von der Absicht leiten, die neuen Wissenschaften als »Irrglauben« darzustellen, jedenfalls wenn sie im Konflikt mit der offenbarten Lehre standen. Das war »päpstliche Unfehlbarkeit« in voller Aktion, doch damit wurde auch die Lehrautorität der Kirche, die Lehre vom *Magisterium* also, neu bestätigt und definiert – gestützt vom weitreichendsten Wandel überhaupt, wie Lester Kurtz schreibt, nämlich dem Bemühen, die Gregorianische Universität zur bedeutendsten Hochschule und dem wichtigsten Zentrum der thomistischen Lehre in der katholischen Welt zu machen. Um das Machtgleichgewicht an der Universität zu verlagern und um sicherzugehen, dass sie mit der neuen päpstlichen Orthodoxie konform gehen würde, wurden sogar entscheidende Neubesetzungen der Lehrstühle vorgenommen. Die Kurie war mehr denn je mit der Perpetuierung von alten Ideen befasst, die nach wie vor als angemessen empfunden wurden, und weniger denn je mit der Entdeckung von neuen.[31]

Als ob das noch nicht genügt hätte, gab Papst Leo XIII. 1893 auch noch das Rundschreiben *Providentissimus Deus* heraus, das ganz darauf ausgerichtet war, die neue Art des Bibelstudiums im Zaum zu halten. Über dreißig Jahre nach Darwin und fast sechzig Jahre nach Strauß und Lyell fühlte sich der Papst bemüßigt zu erklären, dass »jegliche Schrift... von Gott eingegeben« und nur in diesem Sinne »nützlich zur Belehrung, zur Beweisführung, zur Zurechtweisung, zum Unterrichte in der Gerechtigkeit« sei. In keiner weltlichen Wissenschaft würde »ein solcher Gedankenreichtum oder eine so umfassende Beweisfülle... zu Gebote stehen«. Und natürlich konnte ohnedies nur der Papst unfehlbare Urteile über sie fällen. »Offenbarung, Inspiration und Heilige Schrift« seien keineswegs »einfältige Phantasiegebilde oder Geschichtslügen«; die so genannte »freie Wissenschaft« halte »dieselben für so ungewiss, dass sie selbst in den nämlichen Punkten häufig Änderungen und Ergänzungen vornehmen«.[32]

Die nächste Möglichkeit, Debatten über biblische Fragen zu unterdrücken, bot sich durch eine Bibelkommission, die Papst Leo im Jahr 1902 ins Leben rief. In seinem apostolischen Schreiben *Vigilantiae* verfügte er: Die

»katholischen Exegeten sollen die kritische Untersuchung, die zum gründlichen Erfassen der Aussagen der heiligen Schriftsteller höchst nützlich ist, mit Unserer vollen Billigung pflegen« und »ihrem Fachgebiet nichts als fremd betrachten ... was die Forschung der modernen Zeiten neu entdeckte«. Somit waren kirchliche Auslegungen fortan nicht nur von jedem Hauch des Fehlerhaften, sondern auch vor jeder abwegigen Meinung geschützt. Leos letzter Versuch, den Lauf der Dinge aufzuhalten, war sein päpstliches Schreiben *Testem benevolentiae*, in dem er den »Amerikanismus« als Häresie anprangerte. In diesem außerordentlichen Schritt spiegelte sich nicht nur der inhärente Konflikt zwischen Demokratie und Monarchie, sondern auch die Sichtweise so manches konservativen europäischen Katholiken: Die katholische Elite Amerikas trug demnach die Schuld an vielen Problemen der Kirche, da sie Liberale wie Evolutionisten unterstützte und ständig das Wort Freiheit im Mund führte, oder weil sie forderte, die Individualität zu respektieren, die Menschen ermunterte, selbst initiativ zu werden, ihnen natürliche Tugendhaftigkeit zuschrieb und Sympathien für das herrschende Zeitalter zeigte.[33]
In *Testem benevolentiae* äußerte der Papst zwar »Zuneigung« zum amerikanischen Volk, wollte diesem jedoch unmissverständlich klar machen, was es künftig zu vermeiden hatte und was es unter ihm zu verbessern galt. Jeder Versuch, den katholischen Glauben an die moderne Welt anzupassen, sei zum Scheitern verurteilt, da der Glaube keine philosophische Theorie sei, die der Mensch nach Belieben ausarbeiten könne, sondern ein unfehlbares Depositum Gottes, welches getreulich geschützt werden müsse. Auch auf die Achtung des fundamentalen Unterschieds zwischen kirchlicher und politischer Autorität bestand der Papst: Die Autorität der Kirche komme von Gott und sei nicht in Frage zu stellen, wohingegen politische Autorität vom Menschen stamme.

Das Dilemma, in dem sich der Vatikan Ende des 19. Jahrhunderts befand – dem Jahrhundert von Lyell, Darwin, Strauß, Comte, Marx, Spencer, Quetelet, Maxwell und so vielen anderen großen Denkern –, war, dass seine Strategie, mit der er die noch Gläubigen der Kirche erhalten wollte, nie attraktiv für Menschen war, die ihr bereits den Rücken gekehrt hatten. Bestenfalls gelang es der Kirche damit, den Lauf der Dinge noch eine Weile zu verzögern. Als Papst Pius X. im Jahr 1903 den Petersstuhl besetzte, tat er das in dem Glauben, dass sich die Feinde des Kreuzes gerade außerordentlich mehrten und es der Kraft wahrer Gläubiger bedurfte, um diesen Aufruhr zu beenden und wieder Ordnung und Ruhe einkehren zu lassen. Deshalb nahm er es auf sich, mit frischer Energie Leos Kampf gegen die Moderne weiterzuführen. In seiner apostolischen Konstitution *Lamentabili* (1907) ächtete er fünfundsechzig Prämissen der Moderne als Irrtümer, darunter auch die wissenschaftliche Bibelexegese, um dann erneut die Lehre vom Glaubensmysterium zu bestätigen. Weitere Bücher wurden auf den Index gesetzt, und von allen Kandidaten für ein höheres Kirchenamt wurde nun verlangt, dem Papst mit einer Formel die absolute Treue zu schwören, die keinerlei Zweifel an der Ablehnung von modernen Ideen ließ. Die Rolle der Lehre hatte bereits das Erste Vatikanische Konzil mit der berühmten Feststellung gesichert, dass Katholiken gehalten seien, »dem offenbarenden Gott im Glauben vollen Gehorsam des Verstandes und des Willens zu leisten«.[34]

Gläubige Katholiken in aller Welt waren dem Vatikan für diese stringente Argumentation und für seine unerschütterliche Haltung dankbar. Im Jahr 1907 folgte eine wissenschaftliche Entdeckung der nächsten – das Elektron, das Quant, das Unbewusste und vor allem das Gen, mit dem sich erklären ließ, wie Darwins »natürliche Zuchtwahl« vonstatten geht. Da war es gut, einen Fels in der turbulenten globalen Brandung zu haben. Doch außerhalb der katholischen Kirche hörte kaum ein Mensch zu. Während der Vatikan mit seiner eigenen modernistischen Krise zu kämpfen hatte, kündete eine große Modernismus-Bewegung in der Kunst und den Geisteswissenschaften vom endgültigen Advent einer postromantischen, postindustriellen, postrevolutionären (gemeint ist hier die Französische Revolution) und postamerikanischen (im Sinne von »nach dem Bürgerkrieg«) Befindlichkeit. Wie Nietzsche vorausgesehen hatte, begann der Tod Gottes neue Kräfte freizusetzen. Wie hatte dieser Pastorensohn doch geschrieben? »Der christliche Entschluß, die Welt häßlich und schlecht zu finden, hat die Welt häßlich und schlecht gemacht.«[35] Er war sich sicher gewesen, dass ein Nationalismus als neue Kraft auftauchen würde, und er sollte Recht behalten. Doch es gab auch noch andere Kräfte, die das entstandene Vakuum füllten. Eine davon war der marxistische Sozialismus mit seiner eigenen Version vom Jenseits, eine andere die vorgeblich wissenschaftliche Psychologie der Freudianer, die ihre eigene aktualisierte Version von der Seele vorbrachte.

*

Im Kapitel über die Renaissance im Osten wurde bereits erwähnt, dass die Gefühle der muslimischen Welt gegenüber dem Westen gelinde gesagt sehr gemischt gewesen waren – nicht zuletzt auch aufgrund einer gewissen Arroganz, denn ihrer Überzeugung nach gab es wenig, was der Islam von Europa lernen konnte. Doch diese Haltung sollte sich mäßigen, als europäische Errungenschaften begannen, ihren Weg über die trennende religiöse Kluft hinweg zu finden. Wirklich zu schließen begann sich diese Kluft allerdings erst mit dem Niedergang des Osmanischen Reiches und dem Krimkrieg von 1853 bis 1856, der sich als so entscheidend erweisen sollte, weil hier zum ersten Mal in der Geschichte christliche und islamische Kräfte ein Bündnis eingegangen waren, als sich die Türkei mit Frankreich und Großbritannien gegen Russland zusammenschloss. Die

Folge dieser engeren Kooperation war, dass Muslime entdeckten, wie viel sie von Europa lernen und profitieren konnten, und zwar nicht nur auf dem Gebiet von Waffenproduktion und Kriegstaktiken oder in der Medizin, für die sie ja schon immer viel übrig gehabt hatten, sondern auch in anderen Lebensbereichen.

In der Türkei machte sich die neue Einstellung als Erstes bemerkbar, beispielsweise durch eine Reformbewegung, die unter den Namen *Tanzimat* (türkisch für »Anordnung«) bekannt wurde.[36] Es wurde eine reformorientierte Ratsversammlung nach französischem Muster ins Leben gerufen, die *sharia* wurde auf Fragen des Familienrechts begrenzt; die Privatkonzessionen zur Steuereintreibung wurden aufgehoben und eine staatliche Besteuerung eingeführt; aus Landesbewohnern wurden »Staatsbürger«. Die Schlüsselfigur bei diesem Prozess war Namik Kemal (1840–1888). Der Herausgeber der Zeitung *Hürriyet* (»Freiheit«) hatte sich Freiheit in jeder Hinsicht auf die Fahnen geschrieben: Freiheit für technische Neuerungen, Pressefreiheit, Gewaltenteilung, Gleichheit vor dem Gesetz und auch die Freiheit zu einer Neuauslegung des Qur'an, um ihn mit der parlamentarischen Demokratie in Einklang zu bringen, wobei Namik Kemals wichtigste Botschaft lautete, dass nicht alles von Gott vorbestimmt sei. Hafiz Ishak Efendi, der zum *bashoka* ernannt worden war, zum Dekan der Reichsakademie für Militärtechnik, veröffentlichte im Jahr 1834 sein auf ausländischen Quellen beruhendes vierbändiges Werk *Mecmu-i Ulum-ı Riyaziye* (»Alle mathematischen Wissenschaften«), das der muslimischen Welt erstmals viele moderne Wissenschaften vorstellen sollte. Zwölf Jahre später publizierte Kudsi Efendi das Buch *Asrar al-Malakut*, in dem er mit allen erdenklichen Mitteln versuchte, das kopernikanische System mit dem Islam in Einklang zu bringen. Im Jahr 1839 wurden sechsunddreißig Schüler aus militärtechnischen Anstalten für ein Studium in Paris, London oder Wien ausgesucht; im Jahr 1845 begann der Provisorische Erziehungsrat darüber nachzudenken, wie man »die Öffentlichkeit bilden kann«. Das erste moderne Chemiebuch wurde 1848 in der Türkei veröffentlicht, der erste Titel über die moderne Biologie erschien 1865. Ab den sechziger Jahren des 19. Jahrhunderts konzentrierte man sich auf den Bau von Fabriken nach westlichem Muster; 1867 wurde in Istanbul eine medizinische Hochschule gegründet; zwei Jahre später begannen sich Studenten an der *Darülfünân* (Universität) einzuschreiben, die zwischen 1874 und 1875 ihren geisteswissenschaftlichen und juristischen sowie technischen – anstatt wie ursprünglich geplant einen naturwissenschaftlichen – Lehrbetrieb aufnahm (ihr Vorbild war die französische *École des Ponts et Chaussées*). Die so genannte »Gelehrte Gesellschaft« *Encümen-i Dani*, eine der *Académie Française* nicht unähnliche Institution, wurde 1851 konzipiert; 1866 wurden ein Übersetzerrat ins Leben gerufen; 1869 wurde das metrische System übernommen; und als Louis Pasteur

1885 die erste Tollwutimpfung vornahm, sandte die Türkei eine Medizinerdelegation nach Paris, um sich seine Kenntnisse anzueignen und den großen Wissenschaftler mit einer türkischen Medaille zu ehren.[37]

Mit dem Werk von Namik Kemal in der Türkei überschnitt sich das Werk von Mirza Malkom Khan (1844–1908) im Iran. Er war in Paris ausgebildet und stark von Auguste Comte beeinflusst worden und hatte ein Buch über Reformen geschrieben, in dem auch er die Gewaltenteilung, ein säkulares Rechtssystem und ein Grundgesetz einforderte. In der von ihm herausgegebenen Zeitung *Qanun* (»Recht«) trat er für ein Zweikammersystem ein, bestehend aus einer Volksversammlung und einer Versammlung der *ulama* (der »Wissenden«). Mit den Arbeiten dieser beiden Männer überlappte sich wiederum das Werk von Khayr al-din al-Tunisi (1822–1890), einem Tunesier, der ebenfalls in Paris studiert und eine Untersuchung über einundzwanzig europäische Staaten und ihre politischen Systeme veröffentlicht hatte, ähnlich dem Projekt, das Aristoteles im alten Griechenland verfolgt hatte. Aus seiner Sicht war es ein gravierender Fehler der muslimischen Welt, die Errungenschaften anderer abzulehnen, nur weil sie keine Muslime waren: Er empfahl, »das Beste zu stehlen«, was Europa anzubieten hatte.[38]

Alles in allem gab es weit über fünfzig bedeutende Denker in der islamischen Welt, die sich in dieser Zeit als Befürworter einer Modernisierung des Islam hervortaten – Männer wie Qasim Amin aus Ägypten, Mahmud Tarzi aus Afghanistan, Sayyid Khan aus Indien, Achmad Dachlan aus Java oder Wang Jingshai aus China. Doch die gewiss einflussreichsten islamischen Modernisierer, die auch wahrlich mehr Aufmerksamkeit im Westen verdient hätten, waren Sayyid Jamal al-Din al-Afghani aus dem Iran (1838–1897), Muhammad Abdug aus Ägypten (1849–1905) und Muhammad Rashid Rida (1865–1935), ein gebürtiger Libanese, der jedoch fast sein gesamtes Leben in Ägypten verbrachte.

Al-Afghanis wesentliche Botschaft lautete, dass der Erfolg Europas im Grunde genommen zwei Dingen zu verdanken war, nämlich einmal seinen Naturwissenschaften und zum anderen seinen Gesetzen, die, so schrieb er, vom hellenistischen und indischen Denken abgeleitet waren. »Wissenschaft ist endlos und grenzenlos«, sagte er, »Wissenschaft beherrscht die Welt.« (Das war 1882!) »Es gab, gibt und wird keinen anderen Herrscher in der Welt geben als die Wissenschaft ... Die Engländer griffen nach Afghanistan, die Franzosen nahmen sich Tunesien. Doch in Wirklichkeit waren es nicht die Franzosen oder Engländer, die sich aggressiv alles aneigneten und eroberten, es war vielmehr die Wissenschaft, die allenthalben ihre Größe und Macht bewies.« Al-Afghani forderte von der gesamten islamischen Welt, ihre Positionen zu überdenken. »Der Geist ist der Motor des historischen Wandels«, schrieb er, und der Islam bedürfe dringend einer Reformation. Er stellte die *ulama* oder Islamgelehrten seiner Zeit an den Pranger, weil sie alte Texte lasen, aber nichts von den Ursachen der Elektrizität oder von der Funktionsweise der Dampfmaschine wussten. Wie, fragte er, konnten sich solche Leute als »Weise« bezeichnen? Er verglich sie mit Lampen, deren kleine Dochte, »weder ihr eigenes Umfeld erhellen noch Licht auf andere werfen«. Al-Afghani hatte in Frankreich und Russland studiert und sich in Paris mit Ernest Renan angefreundet. Den frommen Muslim bezeichnete er als Ochsen im Joch vor dem Pflug, »dem Dogma unterjocht, dessen Sklave er ist«, und ewig dazu verdammt, in der Furche zu trotten, die man für ihn gezogen hatte. Er beschuldigte den Islam, dem goldenen Zeitalter Bagdads ein Ende gesetzt zu haben, gestand ein, dass die theologischen Studienzentren den wissenschaftlichen Fortschritt behinderten, und bat inständig um eine undogmatische Philosophie, die zu wissenschaftlichen Forschungen ermuntern würde.

Muhammad Abduh hatte ebenfalls in Paris studiert, wo er auch die berühmte panislamische Zeitung *al-'Urwa al-Wuthqa* (»Das stärkste Bindeglied«) herausgab, die nicht nur gegen den Imperialismus agitierte, sondern sich überdies für Glaubensreformen einsetzte.[39] Nach seiner Rückkehr nach Ägypten wurde er zu einem bedeutenden Richter und gehörte dem Aufsichtsrat der Hochschule der al-Azhar-Moschee an, einem der einflussreichsten Lehrinstitute in der gesamten arabischen Welt. Er setzte sich für die gleichberechtigte Ausbildung von Mädchen und für säkulare Gesetze neben der *sharia* ein. Recht und Politik interessierten ihn besonders. Hier ein paar Auszüge aus seinen Texten: »Das menschliche Wissen besteht in Wirklichkeit aus einer Regelsammlung, die von Vorteil und Nutzen ist, weil die Menschen mit ihrer Hilfe genau die Arbeitsweisen organisieren, die ihnen zum Vorteil gereichen... Gesetze sind die Grundlagen... offenkundig nutzbringender Handlungen... Das Recht eines jeden Volkes deckt sich mit seinem Verständnisgrad... Es ist daher nicht möglich, das Gesetz einer Gruppe auf eine andere anzuwenden, welche Erstere in ihrem Verständnisgrad bereits überholt hat... Die Ordnung Letzterer würde gestört.« Bei anderer Gelegenheit betonte er, dass die Politik immer von den Umständen und nie von einer Doktrin diktiert werden dürfe. Abduh setzte sich fortwährend für eine Rechtsreform in Ägypten ein, für eindeutige, einfache Gesetze, die alle »Mehrdeutigkeiten« des Qur'an vermeiden sollten. Er lenkte die Aufmerksamkeit der Ägypter auf das nachrevolutionäre Frankreich, weil es dieses Land verstanden habe, sich von einer absoluten Monarchie über den Weg einer begrenzten Monarchie in eine freie Republik zu verwandeln; und er forderte ein gesellschaftliches Zusammenleben auf der Grundlage eines bürgerlichen Rechts, das allen Teilen der Gesellschaft logisch verständlich und deshalb für alle akzeptabel sein würde. In seinem Rechtssystem wurden weder der Prophet noch der Islam, die Moschee oder die Religion als solche erwähnt.

Muhammad Rashid Rida (1865–1935) hatte eine Schule im Libanon besucht, die sowohl eine moderne Ausbildung als auch eine traditionelle religiöse Erziehung anbot; er sprach mehrere europäische Sprachen und war naturwissenschaftlich ausgesprochen belesen.[40] Er stand Abduh sehr nahe und sollte schließlich auch sein Biograf werden. Auch er gab eine Zeitung heraus, genannt *al-Manar* (»Der Leuchtturm«), in der er bis zu seinem Tod Reformideen verbreitete. Aus Ridas Sicht waren permanent gesellschaftliche, politische, bürgerliche und religiöse Erneuerungen nötig, damit die Gesellschaften »die Wege der Wissenschaften und des Wissens beschreiten« konnten: »Der Mensch bedarf zu allen Zeiten des Alten wie des Neuen.« Er hob hervor, dass die Briten, Franzosen und Deutschen zwar meist ihre eigenen Wege und Gedanken verfolgten, sich dabei jedoch offen gegenüber fremden Einflüssen zeigten. Und unumwunden gab er zu, dass ihm befreundete Männer zur Seite standen, die letztlich nur als Häretiker zu bezeichnen waren – das klingt ein wenig wie Erasmus, erinnert aber auch an Owen Chadwicks Feststellung, dass es die Europäer, die sich selbst als Christen betrachteten, erst um das Jahr 1860 über sich gebracht hatten, sich mit »Heiden« anzufreunden. Am wichtigsten aber war sicherlich Ridas Feststellung, dass die *sharia* kaum etwas oder gar nichts über Landwirtschaft, Industrie und Handel zu sagen habe – »das wird der menschlichen Erfahrung überlassen«. Doch weil sich der Staat aus just solchen naturwissenschaftlichen, geisteswissenschaftlichen, industriellen, finanziellen, administrativen und militärischen Systemen zusammensetzt, stelle es auch eine kollektive Pflicht im Islam dar, sich mit ihnen zu befassen, und es sei eine Sünde, sie zu vernachlässigen. Die einzige Regel, an die man sich wirklich halten müsse, laute: »Notwendigkeit erlaubt das Unerlaubte.«

Die kollektiven Errungenschaften der Moderne setzten sich in der islamischen Welt aus verschiedenen Elementen zusammen.

1. Kulturelle Erneuerung, die primär aus dem Versuch bestand, das islamische Denken und die islamische Kultur unter Bezug auf das Aufklärungsgeschehen in Westeuropa neu zu beleben. Hier ein paar Beispiele: Man verabschiedete sich von der eigenen hagiographischen Tradition, um etwas Ähnliches wie die moderne Biografie zu entwickeln; man entwickelte die Tradition der arabischen Reiseliteratur, die verwundert den Wohlstand in Europa und Amerika zur Kenntnis nahm (Gaslampen, Eisenbahnen, Dampfschiffe); im Libanon wurden 1847 die ersten Theaterstücke auf die Bühne gebracht (als erstes die Adaption eines französischen Stückes); in Indien wurde 1853 das erste Urdu-Schauspiel aufgeführt, in der Türkei das erste Theaterstück im Jahr 1859; mit der Entwicklung der Rotationsmaschine tauchte (wie in Europa) ein neuer Typ von Zeitungen in der arabischen Welt auf, die Namen wie »Freiheit«, »Warner« oder »Deuter« erhielten; in Algerien erschien sogar eine Reformzeitung

mit dem Titel »Der Kritiker«; der Kritiker al-Tahtawi schrieb Bücher über Voltaire, Rousseau, Montesquieu und die westlichen Rechtssysteme; Namik Kemal übersetzte die Werke von Bacon, Condillac, Rousseau und Montesquieu ins Türkische.

2. Der Konstitutionalismus, womit hier eine an Recht und Gesetz gebundene Regierung und in etwa das gemeint war, was wir heute unter Gewaltenteilung verstehen: ein gewähltes Parlament, nicht aber eine durch König, Scheich oder Stammesführer eingesetzte Regierung. Die Konstitutionalisten ignorierten insbesondere die Vorstellung vom Paradies und erklärten, dass es einzig um Gerechtigkeit in *diesem* Leben gehe. Es wurden Verfassungen erarbeitet und verabschiedet, wie 1866 in Ägypten, 1861 in Tunesien, 1876 und 1908 im Osmanischen Reich, 1906 und 1909 im Iran. In Afghanistan wurde die modernistische Bewegung im Jahr 1909 unterdrückt.[41] Inzwischen begann man sogar von »Verfassungsstaaten« zu sprechen.

3. Wissenschaft und Ausbildung: Charles Darwin hatte große Verunsicherung ausgelöst, da viele islamische Gelehrte von den sozialdarwinistischen Thesen Herbert Spencers überzeugt waren und nun glaubten, dass die altmodischen muslimischen Gesellschaften untergehen würden. Deshalb setzten sie sich vor allem für die Adaption westlicher Naturwissenschaften und ihrer Lehren an den neuen Hochschulen ein. In dieser Zeit tauchte auch die neuschulische Bewegung *usul-I jaded* (»Neue Prinzipien«) auf, die für einen religiösen wie einen säkularen Lehrplan an den Schulen eintrat, dabei aber ganz eindeutig das Ziel verfolgte, die traditionellen Religionsgelehrten durch moderne Lehrer zu ersetzen. Die Soziologie wurde ebenfalls unter islamischen Modernisierern populär, insbesondere unter solchen, die Comte und der Sicht anhingen, dass sich Gesellschaften in drei progressiven Stadien (natürliches, soziales, politisches) entwickelten. Afghani vertrat die Ansicht, dass sich der Mensch nicht vom Tier unterscheide und deshalb auch wie ein Tier erforschbar sei, und dass auch unter den Menschen nur die Tauglichsten überlebten. Und wie Marx und Nietzsche fand er, dass es im Leben letztlich um nichts anderes als um Macht gehe. Abduh besuchte Herbert Spencer und übersetzte sein Werk. Am folgenreichsten aber war die Ansicht der Modernisierer, dass sich alle Gesetze aus der menschlichen Natur ergaben und durch das Studium ihrer Regelmäßigkeiten erkennen ließen, weil Gott sich dem Menschen auf diese Weise und nicht durch den Qur'an offenbare.

4. Während im Westen im 19. Jahrhundert eine Dekonstruktion der Bibel (wie wir heute sagen würden) stattfand, wurden in der islamischen Welt nun auch Qur'an und Hadith einer Kritik unterzogen. Rida war einer der unermüdlichsten Kritiker des Hadith, weil er vor allem diese erst später kompilierte Schrift für die Rückständigkeit des Islam verantwort-

lich machte. Was den Qur'an selbst betraf, so bezeichnete er ihn zwar als einen Leitfaden, nicht aber als das Gebot. Al-Saykh Tartawi Jawhari (1870–1940) schrieb eine sechsundzwanzigbändige, auf modernen wissenschaftlichen Methoden beruhende Qur'an-Exegese.

5. Und schließlich die Frauen: Im 19. Jahrhundert begannen mehrere islamische Staaten – aber nicht alle –, die Unterrichtung von Mädchen zu fördern. In Bengalen und Russland wurden Frauenorganisationen gegründet; in Indien wurde der Polygamie ein Ende gesetzt; in Aserbaidschan wurde 1918 (noch vor Frankreich im Jahr 1944 und der Schweiz, die noch später folgte) das Frauenwahlrecht eingeführt; 1896 forderten Aktivistinnen im Libanon, 1920 auch in Tunesien den freien Zugang von Frauen zu allen Berufen.

Der Leser mag sich zu Recht fragen, was aus all diesen Modernisierungsbewegungen in islamischen Staaten geworden ist. Die kurze Antwort darauf lautet: Bis zum Ersten Weltkrieg blühten sie, dann zerfielen sie. Da eine ausführlichere Behandlung dieses Themas den Rahmen dieses Buches sprengen würde, findet sich in der folgenden Anmerkung eine kurze Zusammenfassung des Geschehens zwischen dem Ersten Weltkrieg und heute.[42]

Sowohl das Christentum als auch der Islam gerieten im späten 19. Jahrhundert unter Dauerbeschuss. Doch wer wollte heute schon endgültig beurteilen, welche dieser beiden Religionen den Angriffen besser widerstand?

36

Die Moderne und die Entdeckung des Unbewussten

Schon in seiner Jugend hatte es Sigmund Freud an Ehrgeiz nicht gemangelt. Obwohl er als Bücherwurm galt, verliehen ihm seine dunklen Augen und das üppige dunkle Haar eine Aura der Unerschrockenheit, die man mit dem Adjektiv »charismatisch« bedachte.[1] Er selbst stellte sich gerne vor, er sei Hannibal, Oliver Cromwell, Napoleon, Heinrich Schliemann oder sogar Christoph Kolumbus. Später, als er sich bereits einen Namen gemacht hatte, verglich er sich weniger überspannt mit Kopernikus, Leonardo da Vinci, Galilei und Darwin. André Breton, Theodore Dreiser und Salvador Dalí vergötterten ihn bereits zu Lebzeiten; Thomas Mann bezeichnete ihn als »Erkenner und Heiler«, sollte seine Meinung später aber ändern.[2] Der amerikanische Präsident Franklin D. Roosevelt verwandte sich nach dem »Anschluss« Österreichs persönlich dafür, dass Freud, der Jude, vor den Nazis außer Landes in Sicherheit gebracht werden konnte.

Es gibt vermutlich keine zweite Figur der Ideengeschichte, die einer solchen Revision unterzogen wurde wie Freud – mit Sicherheit nicht Darwin, nicht einmal Marx. So wie Historiker und die lesende Öffentlichkeit heutzutage im Allgemeinen jeweils etwas anderes unter der Renaissance und dem Beginn der modernen Welt verstehen – unter der Periode zwischen 1050 und 1250, die man als »Pränaissance« bezeichnen könnte –, ist auch das Bild, das die psychiatrische Fachwelt und die Öffentlichkeit von Freud haben, oft ganz verschieden.

Der erste revisionistische Akt bestand darin, Freud das einst zugestandene Vorrecht abzusprechen, der Entdecker des Unbewussten gewesen zu sein. Guy Claxton folgt in seiner jüngst erschienenen Geschichte des Unbewussten den Spuren von »unbewusstartigen« Elementen bis zurück zu den Heilstätten Kleinasiens, in denen Kranken um 1000 v. d. Z. ein »Tempelschlaf« verordnet wurde, auf dass ihnen im Traum die göttliche Heilbehandlung offenbart werde. Die griechische Idee von der Seele, schreibt Claxton, habe auch die Vorstellung von »unbekannten Tiefen« enthalten; und Pascal, Hobbes oder Edgar Allan Poe seien nur drei von vielen gewesen, die glaubten, dass das Ich ein geheimnisvolles, halb verstecktes Doppel habe, welches auf irgendeine Weise das Verhalten und die

Gefühle beeinflusst. Poe stand damit in seiner Zeit gewiss nicht allein auf weiter Flur. »Es ist schwierig oder vielleicht sogar unmöglich, einen Psychologen oder Neurologen aus dem 19. Jahrhundert zu finden, der unbewusste Gehirntätigkeiten nicht nur als real, sondern auch als höchst bedeutsam verstanden hätte.« Dies schreibt Mark D. Altschule in seinem Buch *Origins of Concepts in Human Behavior* (1977). Die Begriffe »Psychose« und »psychiatrisch« im heutigen Sinne wurden nach 1833 von dem österreichischen Arzt Ernst Freiherr von Feuchtersleben (1806-1849) an der Universität Wien geprägt; Romanciers pflegten das 19. Jahrhundert als das »Jahrhundert der Nerven« zu bezeichnen; das Wort »Neurasthenie« erfand 1858 der New Yorker Nervenarzt George Beard.[3] Der englische Philosoph Lancelot Law Whyte erklärte, dass »das Unbewusste« seit 1870 nicht mehr nur Fachleuten, sondern jedem Menschen Gesprächsstoff geboten habe, der seine Kultiviertheit zur Schau stellen wollte. Der deutsche Schriftsteller Friedrich Spielhagen konnte dem nur zustimmen. In einem 1890 publizierten Roman schilderte er die Atmosphäre in einem Berliner Salon um das Jahr 1870. Sie war von zwei Themen beherrscht: Wagner und die Philosophie des Unbewussten. Doch um den umfassenden Auseinandersetzungen mit der Idee vom Unbewussten im 19. Jahrhundert wirklich gerecht zu werden, wenden wir uns nun Henri Ellenberger und seinem maßgeblichen Werk *The Discovery of the Unconscious (Die Entdeckung des Unbewussten)* zu.

Ellenberger verfolgt einen dreiteiligen Ansatz: Er interpretiert sowohl die abwegigsten als auch die naheliegendsten medizinischen Hintergründe der Psychotherapie und befasst sich überdies mit dem kulturellen Klima im 19. Jahrhundert – drei gewiss gleichermaßen bedeutende Themen.

Zu den Geburtshelfern der dynamischen Psychiatrie zählte er den Theologen und Mediziner Franz Anton Mesmer (1734-1815), den man einst mit Christoph Kolumbus verglich, weil man auch ihn als den Entdecker eines Neulands empfand, in seinem Fall jedoch einer neuen inneren Welt. Mesmer verabreichte seinen Patienten ein eisenhaltiges Präparat und behandelte sie dann mit drei am Körper befestigten Magneten, um ein »künstliches Hochwasser« zu erzeugen, weil er beobachtet hatte, dass sich diverse psychische Symptome mit den Mondphasen veränderten. Deshalb glaubte er, dass das Universum von einem »subtilen physikalischen Fluidum« erfüllt sei, welches eine Verbindung zwischen Mensch, Erde und den Himmelskörpern herstellte. Scheinbar wurden die Beschwerden mit seiner Methode »weggeschwemmt«, zumindest für ein paar Stunden, was Mesmer zu dem Schluss brachte, dass es im Körper ein »geheimnisvolles Fluidum des ›thierischen Magnetismus‹« gab, welches er beeinflussen konnte. Und das schien ja ganz im Einklang mit der Entdeckung von anderen »unsichtbaren Strömen« wie dem Phlogiston oder der Elektrizität zu stehen und erklärt insofern wenigstens zum Teil das starke Interesse, das er mit seiner Therapie weckte. Kaum hatte Mesmer seine »Lehre« offenbart, erfand auch sein Schüler Marquis de Puységur (1751–1825) eine Magnettherapie, nämlich den »künstlichen Somnambulismus«: Er versetzte Patienten »durch eine Berührung mit seinem eisernen Stab in eine ›vollkommene Krise‹«, um sie dann wieder »aus ihrem magnetischen Schlaf« zu erwecken und zu »entzaubern«.[4] Es scheint sich also um eine Art von Hypnose mit Hilfe eines Magneten gehandelt zu haben.

Jean-Martin Charcot (1835–1893) war vermutlich der erste unmittelbare Vorgänger Freuds gewesen. Er galt als der größte Neurologe seiner Zeit, zog Patienten von weither – bis aus »Samarkand und Westindien« – an und machte aus der Hypnose eine anerkannte Behandlungsform, nachdem er den Unterschied zwischen hysterischen und organischen Lähmungen analysiert und nachgewiesen hatte, dass eine »experimentelle Reproduktion ähnlicher Lähmungen in Hypnose« möglich war. Als Nächstes dokumentierte er, dass hysterische Lähmungen häufig infolge eines Traumas auftraten und dass sich unter Hypnose auch durch Hysterie ausgelöste Gedächtnisverluste behandeln ließen.[5] Freud verbrachte vier Monate bei Charcot an der Salpêtrière in Paris, doch jüngst wurden Zweifel an dem Werk des Franzosen laut, denn wie es scheint, haben sich seine Patienten nur deshalb so verhalten, wie von ihm dokumentiert, weil sie ihren Therapeuten nicht enttäuschen wollten.

Hypnose war eine ausgesprochen populäre Behandlungsform im 19. Jahrhundert und wurde offenbar auch bei Poriomanie (krankhaftem Wandertrieb) oder bei Zuständen angewendet, in denen Personen in einer Art Selbsthypnose Dinge tun, von denen sie anschließend nichts mehr wissen. Wirksam scheint die Hypnose außerdem in einigen Fällen von »dissoziativer Fugue« gewesen zu sein, wie es heute genannt wird: Menschen entfremden sich plötzlich von ihrem Alltag, verlassen ihr Zuhause und können sich unter Umständen nicht einmal mehr an die eigene Identität erinnern. Im Verlauf des 19. Jahrhunderts begann sich das Interesse an der Hypnose wieder zu legen, obwohl die Hysterie im Fokus der psychiatrischen Aufmerksamkeit blieb. Da ungefähr zwanzig Fälle von weiblicher Hysterie gegenüber nur einem Fall bei Männern diagnostiziert wurden, galt Hysterie von jeher als eine typische Frauenkrankheit. Ursprünglich hatte man ihre auslösenden Ursachen in solchen mysteriösen Erscheinungen wie einer im Körper »umherwandernden« Gebärmutter gesehen, ließ aber bald schon von dieser These ab und begriff, dass es sich um eine psychische Störung handeln musste, die man in einen möglichen (oder sogar wahrscheinlichen) sexuellen Zusammenhang stellte, da man noch bei keiner einzigen Nonne, dafür aber unter vielen Prostituierten Hysterie diagnostiziert hatte.[6]

Das erste Mal tauchte das Unbewusste im heutigen Sinn des Wortes auf, nachdem die Magnetiseure festgestellt hatten, dass sich bei einem Menschen, der in einen magnetischen Schlaf versetzt wurden, »ein neues Leben manifestierte, von dem er selbst nichts wußte, und daß eine neue und oft brillantere Persönlichkeit zum Vorschein kam, der ein eigenes kontinuierliches Leben eigen war«. Von der möglichen Koexistenz zweier »Persönlichkeiten« waren die Menschen im 19. Jahrhundert fasziniert. Schließlich wurde dafür das Konzept vom »Doppel-Ich« oder des »Dipsychismus« erfunden, das heißt, man begann Individuen je nach der Art ihrer »verborgenen Persönlichkeit« als »offen« oder »geschlossen« einzuteilen. Die Theorie von Dipsychismus wurde von Max Dessoir entwickelt; von ihm stammt das einst gefeierte Buch *Das Doppel-Ich* (1890), in dem er die menschliche Seele in zwei Ich-Formen aufteilte, die er das »Oberbewußtsein« und das »Unterbewußtsein« nannte. Letzteres, erklärte er, enthülle sich gelegentlich in Träumen.[7]

Auch die Romantik gehörte laut Ellenberger zu den allgemeinen Hintergrundfaktoren, die eng mit der Entwicklung des Unbewussten verstrickt waren, da zu den Grundvorstellungen der romantischen Philosophie die »Urphänomene« und die aus ihnen hervorgehenden Metamorphosen zählten, darunter zum Beispiel als Vorgänger aller Pflanzen die »Urpflanze« oder der mit der Vorstellung vom Unbewussten eng verwandte »All-Sinn« und das von Gotthilf Heinrich von Schubert (1780–1860) entwickelte Konzept der »Ich-Sucht«. Schubert betrachtete den Menschen als einen »Doppelstern« mit einem »Selbstbewusstsein« als »zweitem Mittelpunkt«. Johann Christian August Heinroth (1773–1843), der von Ellenberger zu den »Medizinern der Romantik« gezählt wird, identifizierte hingegen »die Sünde« als die Hauptursache für Geisteskrankheiten und siedelte den Ursprung des Gewissens in einem anderen Urphänomen an, nämlich dem »Über-Uns«. Der Schweizer Johann Jakob Bachofen (1815–1887) vertrat eine Matriarchatstheorie und postulierte 1861 in seinem Hauptwerk *Das Mutterrecht*, dass sich die Entwicklung der Menschheit in drei Stufen vollzogen habe: »›Hetärismus‹, Matriarchat und Patriarchat, von denen jede symbolische Überreste der vorigen bewahrt habe. Die erste Phase... war eine Zeit der sexuellen Promiskuität, in der die Frauen schutzlos der Brutalität der Männer ausgesetzt waren und in der die Kinder nicht wußten, wer ihr Vater war... Die zweite Stufe, das Matriarchat, wurde erst nach jahrtausendelangen Kämpfen errichtet. Die Frauen begründeten die Familie und den Ackerbau und hatten die soziale und politische Macht in Händen.« Die wichtigste Tugend war in dieser Zeit die Liebe zur Mutter, während die Mütter ihrerseits ein System der sozialen Freiheit, Gleichheit und des friedlichen Umgangs miteinander favorisierten. Die matriarchalische Gesellschaft schätzte die Ausbildung des Körpers – also praktische Werte – höher als die des Intellekts. Der

Übergang zum Patriarchat fand erst nach langen, erbitterten Kämpfen statt und führte schließlich zur vollständigen Abkehr von der matriarchalischen Gesellschaft, da es die Unabhängigkeit des Individuums begünstigte und die Menschen voneinander isolierte. Die väterliche Liebe, so Bachofen weiter, sei ein abstrakteres Prinzip als die mütterliche, weniger bodenständig und tendenziell zu großen geistigen Errungenschaften veranlagt. Dabei war er überzeugt, dass viele Mythen, wie beispielsweise der Ödipusmythos, noch den Kern des Matriarchats in sich trugen.[8]

Auch eine Reihe von Philosophen nahmen Freud'sche Begriffe vorweg. Die folgende Auflistung ist aufschlussreich, aber keineswegs erschöpfend: August Winkelmann, *Einführung in die dynamische Physiologie* (1802); Eduard von Hartmann, *Philosophie des Unbewußten* (1869); William B. Carpenter, *Unconscious Action of the Brain* (1872); J. C. Fischer, *Hartmann's Philosophie des Unbewussten. Ein Schmerzensschrei des gesunden Menschenverstandes* (1872); Johannes Volkelt, *Das Unbewußte und der Pessimismus* (1877); Carl Friedrich Flemming, *Zur Klärung des Begriffs der unbewußten Seelen-Thätigkeit* (1877); Oskar Schmidt, *Die naturwissenschaftlichen Grundlagen der Philosophie des Unbewußten* (1876); oder Edmond Colsenet, *La Vie Inconsciente de l'Esprit* (1880).

Arthur Schopenhauer bezeichnete den Willen in seinem Hauptwerk *Die Welt als Wille und Vorstellung* als »den dynamischen Charakter blinder Antriebskräfte ... Der Mensch ist also ein irrationales Wesen, gelenkt von inneren Kräften, die er nicht kennt und von denen er kaum etwas weiß. Schopenhauer vergleicht das Bewußtsein mit der Erdoberfläche; das Innere der Erde kennen wir nicht«. Die irrationalen Kräfte, die den Menschen beherrschen, erklärte er sich als zwei Triebarten: Selbsterhaltungstrieb und Fortpflanzungstrieb, wobei Letzterer der weit mächtigere sei, denn mit ihm könne kein anderer Trieb mithalten: »›Der Mensch ist konkreter Geschlechtstrieb ... im Konflikt mit ihm ist kein Motiv so stark, daß es des Sieges gewiß wäre‹ ... Der ›Wille‹ lenkt unsere Gedanken und ist der geheime Gegenspieler des Intellekts.« Schopenhauer beschrieb sogar schon etwas, das dem späteren Begriff der Verdrängung – die ja ihrerseits unbewusst ist – gleichkam: »In jenem Widerstreben des Willens, das ihm Widrige in die Beleuchtung des Intellekts kommen zu lassen, liegt die Stelle, an welcher der Wahnsinn auf den Geist einbrechen kann.«[9] »Das Bewusstsein ist lediglich die Oberfläche unseres Wesens – die Oberfläche eines tiefen Wassers –, während die eigentlichen Triebkräfte in den Tiefen des Unbewussten liegen.«

Eduard von Hartmann ging noch weiter. Er benannte ein »Unbewußtes«, das er in drei Schichten gelagert sah: »1. Das absolute Unbewußte, das die Substanz des Universums darstellt und die Quelle der anderen Formen des Unbewußten ist. 2. Das physiologische Unbewußte, das ... bei der Entstehung, Entwicklung und Evolution der Lebewesen, einschließlich des Menschen, wirksam ist. 3. Das relative oder psychische Unbewußte, das am Ursprung unseres bewußten geistigen Lebens liegt.«¹⁰ Hartmann trug eine noch größere Fülle an Beweismaterial zur Untermauerung seiner Thesen zusammen als Schopenhauer – klinische Beweise, könnte man sagen. So erörterte er zum Beispiel auch die Ideenassoziation oder die Rolle, die Witz, Sprache, Religion, Geschichte und Gesellschaftsleben spielen – und das waren bezeichnenderweise allesamt Bereiche, in die Freud eindringen sollte.

Auch Nietzsche (über dessen philosophische Sichtweisen wir noch sprechen werden) nahm mit seiner Vorstellung von einem gerissenen, im Verborgenen agierenden und von den Trieben gesteuerten Unbewussten, das häufig traumatisiert ist, sich auf surreale Weise tarnt und am Ende pathologisch werden kann, viele Freud'sche Gedanken vorweg.¹¹ Das Gleiche trifft auf den Pädagogen und Psychologen Johann Friedrich Herbart wie auf Gustav Theodor Fechner zu, den Mitbegründer der Psychophysik. Ernest Jones, der erste (und offizielle) Biograf Freuds, lenkte die Aufmerksamkeit auch auf die polnische Psychologin Luise von Karpinska, weil sie erstmals die Ähnlichkeiten einiger Kerngedanken bei Freud und Herbart (der sie siebzig Jahre früher zu Papier gebracht hatte) aufdeckte.¹² Herbart hatte den Geist als etwas Dualistisches dargestellt, das sich im ständigen Konflikt mit bewussten und unbewussten Prozessen befindet. Gedanken, denen es nicht gelingt, in das Bewusstsein einzudringen, weil sie sich gegen widersprechende Gedanken nicht durchsetzen können, nannte er »verdrängt«. Fechner hatte seinerseits auf Herbart aufgebaut, insbesondere wo er das Bewusstsein mit einem Eisberg verglich, der zu neun Zehnteln unter Wasser liegt und dessen Kurs nicht nur vom Wind auf der Oberfläche, sondern auch von den Strömungen in der Tiefe bestimmt wird.

Den französischen Neurologen Pierre Janet kann man ebenfalls als einen »Vor-Freudianer« betrachten. Er gehörte der Generation großer französischer Geister an, zu der auch Henri Bergson, Émile Durkheim, Lucien Lévy Bruhl und Alfred Binet zählten. Das erste bedeutende Werk Janets, *L'Automatisme psychologique*, stellte die Ergebnisse von Experimenten vor, die er zwischen 1882 und 1888 in Le Havre gemacht hatte: Angeblich hatte er dort seine Hypnosetechniken verfeinert und seine Patienten das »automatische Schreiben« üben lassen, um den Ursachen für ihre scheinbar unerklärlichen »Anfälle von Erschrecken« auf den Grund zu gehen. Zudem dokumentierte er, dass man mit Hilfe der Hypnose »zwei sehr verschiedene Arten psychischer Erscheinungen« hervorrufen konnte: Einerseits begannen die Versuchspersonen »Rollen« zu spielen, um dem Hypnotiseur zu gefallen, andererseits trat »die unbekannte Persönlichkeit auf, die sich spontan manifestieren kann, besonders als eine Rückkehr zur Kindheit«. (Beispielsweise bestanden Patienten plötzlich darauf, mit den Kosenamen aus ihrer Kindheit angesprochen zu werden.) Als Janet nach

Paris übersiedelte, begann er die Technik seiner »psychologischen Analyse« zu entwickeln und machte dabei die Feststellung, dass der Geist seiner Patienten nach Krisen, die er nach wie vor durch Hypnose und automatisches Schreiben auslöste, wesentlich klarer wurde. Die Krisen selbst wurden allerdings zunehmend schwerer, doch weil die fixen Ideen, die dabei zutage traten, aus immer früheren Zeiten im Leben der Patientinnen stammten, gelangte Janet schließlich zu dem Schluss: »In der menschlichen Seele geht niemals etwas verloren ... unterbewußte fixe Ideen sind sowohl die Folge seelisch-geistiger Schwäche als auch die Ursache weiterer und schlimmerer geistig-seelischer Schwäche.«[13]

Das 19. Jahrhundert hatte sich auch schon mit dem Thema der kindlichen Sexualität konfrontiert gesehen. Zuerst war sie von den Ärzten traditionell als eine seltene Anomalie betrachtet worden, doch schon im Jahr 1846 hatte der Arzt und Moraltheologe Pater Pierre J. C. Debreyne in einer Abhandlung auf die Häufigkeit von Masturbation bei Kindern, von Sexualspielen bei Kleinkindern und von Verführungen sehr kleiner Kinder durch Ammen und Dienstboten hingewiesen. Auch Bischof Dupanloup von Orléans sprach wiederholt über das häufige Sexualspiel unter Kindern und erklärte, dass sich solche »schlechten Gewohnheiten« im Alter von ein bis zwei Jahren herausbildeten. Am berühmtesten aber wurden die Warnungen, die Jules Michelet in seinem Buch *Nos fils* (1869) an Eltern im Hinblick auf die infantile Sexualität richtete, insbesondere seine Warnung vor dem Phänomen, das wir heute als »Ödipuskomplex« bezeichnen.[14]

*

Zwei einigermaßen bedeutsame Dinge lassen sich bereits aus dieser Kurzdarstellung von psychologischen (und im Wesentlichen deutschen oder französischen) Denkansätzen aus dem 19. Jahrhundert herauslesen: Erstens, dass man die Idee, Freud habe das Unbewusste »entdeckt«, endgültig über Bord werfen kann. Ob es das Unbewusste nun als eine für sich genommene Instanz gibt oder nicht (auf diese Frage werden wir noch zurückkommen) – fest steht jedenfalls, dass es als *Idee* bereits mehrere Jahrzehnte vor Freud aufgekommen war und während des längsten Teils des 19. Jahrhunderts im europäischen Denken spukte. Zweitens, dass noch eine Menge anderer psychologischer Konzepte untrennbar mit Freud verknüpft werden – frühkindliche Sexualität, Ödipuskomplex, Verdrängung, Regression, Übertragung, Libido, Es und Über-Ich –, die ursprünglich gar nicht von ihm stammten. Sie lagen einfach »in der Luft«, nicht anders als das Unbewusste oder wie die Evolution, nachdem Darwin den Mechanismus der »natürlichen Zuchtwahl« begriffen hatte. Freud war nicht einmal annähernd der originäre Geist, für den ihn viele immer noch halten.

So überraschend allein das schon in den Ohren vieler Menschen klingen mag, so ist es doch noch nicht einmal das, was man Freud wirklich vorwirft. Oder anders gesagt: Aus der Sicht von Freuds Kritikern war das noch gar nicht seine Ursünde gewesen. Zu diesen Kritikern zählen beispielsweise die Professoren Frederick Crews (USA), Frank Cioffi (USA), Allen Esterson (Großbritannien), Malcolm Macmillan (Australien) oder Frank Sulloway (USA). Die Liste ist lang und wird immer länger, und alle behaupten – um hier nicht ewig wie die Katze um den heißen Brei zu schleichen –, dass Freud ein Scharlatan war, ein »Wissenschaftler« in Anführungszeichen, der seine Daten fälschte und frisierte und sich selbst ebenso zum Narren hielt wie alle anderen. Und damit, so die Kritiker, sind auch seine sämtlichen Theorien und alle darauf basierenden Schlussfolgerungen hinfällig.

Am besten lässt sich die neue Sicht auf Freud vermitteln, wenn man zuerst einmal die orthodoxe Historiografie seiner Theorienentwicklung und einige Reaktionen darauf schildert, um anschließend anhand der Vorwürfe gegen ihn aufzuzeigen, in welchen Punkten die orthodoxe Sicht endlich revidiert werden muss (und diese Revision, das soll noch einmal betont werden, ist wirklich drastisch – wir reden hier von einer Forschung, die seit vierzig Jahren und besonders intensiv in den letzten fünfzehn Jahren betrieben wird). Beginnen wir also mit der orthodoxen Version.

*

Zum ersten Mal legte Sigmund Freud seine Ansichten in den *Studien über Hysterie* dar, die er im Jahr 1895 mit Josef Breuer veröffentlichte und anschließend vollständiger ausgearbeitet in seiner Schrift *Die Traumdeutung*, als deren Erscheinungsdatum das Jahr 1900 angegeben wurde, obwohl sie bereits im November des Vorjahres in Leipzig und Wien publiziert worden war (die erste Rezension erschien im Januar 1900 in Wien). Der jüdische Arzt aus Freiberg in Mähren, das älteste von neun Geschwistern, war da bereits vierundvierzig Jahre alt gewesen und eine äußerlich konventionelle Erscheinung. Er glaubte unbeirrbar an Werte wie Pünktlichkeit, bevorzugte Anzüge im englischen Stil, deren Stoffe seine Frau auszusuchen pflegte, und war ein begeisterter Bergwanderer, der zwar nie Alkohol trank, dafür aber eine Zigarre nach der anderen rauchte.[15]

Seine persönlichen Gepflogenheiten mögen zwar konservativ gewesen sein, seine heftig umstrittene *Traumdeutung* aber war für viele Wiener ein höchst schockierendes Buch. Hier finden die vier Fundamente seiner psychoanalytischen Theorie erstmals zusammen: das Unbewusste, die Verdrängung, die frühkindliche Sexualität (die dann zum Ödipuskomplex führen sollte) und die Dreiteilung des Geistes in das Ich, also das Bewusstsein von sich selbst; das Über-Ich, welches verallgemeinernd ausgedrückt das Gewissen darstellt; und das Es, der primäre biologische Ausdruck des Unbewussten. Die Ideen dazu hatte Freud bereits Mitte der achtziger Jahre des 19. Jahrhunderts zu entwickeln begonnen und dann eineinhalb Jahrzehnte lang ständig verfeinert, wobei er sich in der von Darwin begründeten biologischen Tradition beheimatet fühlte. Nachdem er seine Zulassung als Arzt erhalten hatte, bekam er ein Stipendium bei Jean-Martin Charcot, der zu dieser Zeit in seinem Pariser Asyl Studien mit nervenkranken Frauen durchführte und dabei wie gesagt nachgewiesen hatte, dass Hysterie mit hypnotischer Suggestion symptomatisch herbeigeführt werden konnte. Nach einigen Monaten kehrte Freud nach Wien zurück und begann, nachdem er eine Reihe von neurologischen Schriften verfasst hatte (beispielsweise über »Infantile Cerebrallähmung« oder »Aphasie«), mit Josef Breuer (1842–1925) zu kooperieren, einem weiteren brillanten Wiener Arzt und ebenfalls Jude, der zwei bedeutende Entdeckungen gemacht hatte: Er erkannte die Rolle des Vagus (19. Gehirnnerv) bei der Atmungsregulierung und die der Bogengänge des Innenohrs für das physische Gleichgewicht. Wichtig für Freud und die Psychoanalyse waren jedoch die Erkenntnisse, die Breuer 1881 bei der von ihm erfundenen »Redecur« gewann.[16]

Seit Dezember 1880, also bereits zwei Jahre lang, hatte Breuer eine junge Wiener Jüdin namens Bertha Pappenheim (1859–1936) wegen »Hysterie« behandelt (in seiner berühmten Fallstudie nannte er sie »Anna O.«). Ihr Leiden äußerte sich mit wechselnden Symptomen, etwa in Form von Schlafwandeln, Lähmungen, Halluzinationen, einer Persönlichkeitsspaltung, bis hin zu Sprachregressionen und sogar einer Scheinschwangerschaft. Im Verlauf der Behandlung entdeckte Breuer, dass Berthas Symptome zeitweilig zu verschwinden begannen, sobald er ihr gestattete, im Zustand einer Art von Autohypnose detailliert von sich zu erzählen. (Tatsächlich war es Bertha Pappenheim gewesen, die Breuers Methode »Redecur« taufte; allerdings hatte sie sie auch süffisant als »Kaminfegen« bezeichnet.) Nach dem Tod ihres Vaters begann sich ihr Zustand wieder massiv zu verschlechtern – es kam zu immer neuen Halluzinationen und schweren Angstzuständen. Wieder stellte Breuer fest, dass sich Bertha an die Gefühle zu erinnern schien, die sie am Krankenlager des Vaters verdrängt hatte, und diese »verlorenen« Gefühle nach ihrer Wiederentdeckung nun einfach »wegerzählen« konnte. Der nächste Fortschritt ergab sich eher zufällig: »Anna« erzählte vom erstmaligen Auftauchen eines bestimmten Symptoms (Schluckbeschwerden), danach war es auf einmal verschwunden. Breuer griff diesen Zufall auf und entdeckte nach beträchtlicher Zeit schließlich, dass er sie nur zu überzeugen brauchte, sich chronologisch rückwärts bis zum ersten Auftreten eines Symptoms zu erinnern – war die Geschichte dann erzählt, war das Symptom in den meisten Fällen verschwunden. Im Juni 1882 konnte Fräulein Pappenheim ihre Behandlung abschließen, »seither erfreut sie sich vollständiger Gesundheit«.[17]

Der Fall der Anna O. beeindruckte Freud zutiefst (von George Beards Thesen über die Neurasthenie war er eindeutig nicht berührt gewesen). Eine Weile versuchte auch er nun »Hysterikerinnen« nicht nur mit Elektrotherapien, Massagen und Hydrotherapien, sondern auch mit Hypnose zu behandeln, ließ aber wieder von dieser therapeutischen Vorgehensweise ab und ersetzte sie durch die »freie Assoziation«, eine Technik, die es den Patientinnen erlaubte, über alles zu reden, was ihnen in den Sinn kam. Im Zuge solcher Prozesse kam er dann zu dem Schluss, dass viele Menschen unter den richtigen Umständen in der Lage waren, sich an längst vergessene Ereignisse aus der Kindheit zu erinnern. Er schloss daraus, dass frühe Erlebnisse das Verhalten einer Person selbst dann noch stark prägen konnten, wenn sie vollständig in Vergessenheit geraten waren. Und damit war sein Konzept des »Unbewussten« mitsamt dem Begriff der »Verdrängung« geboren. Nun postulierte Freud auch, dass viele frühe Erinnerungen, die durch freie Assoziation – wenn auch unter Schwierigkeiten – an die Oberfläche drängten, sexueller Natur seien. Als er dann feststellen musste, dass solche »erinnerten« Begebenheiten in Wirklichkeit oft gar nicht stattgefunden hatten, begann er seine Ödipustheorie auszuarbeiten. Mit anderen Worten: Die von seinen Patientinnen erfundenen sexuellen Traumata und Verwirrungen betrachtete Freud als eine Art Code für das, was sich der Mensch insgeheim *wünscht*; und seine Theorie bestätigte ihm, dass schon das Kleinkind durch eine sehr frühe Phase des sexuellen Erlebens gehe, die dann dazu führe, dass sich ein Sohn zur Mutter hingezogen fühle und den Vater als Rivalen erlebe (Ödipuskomplex) oder die Tochter zum Vater mit umgekehrten Vorzeichen (Elektrakomplex). Diese Grundmuster, glaubte Freud, blieben ein Leben lang bestehen und trugen zur Charakterbildung bei.[18]

Diese frühen Theorien Freuds stießen auf Ungläubigkeit, Empörung und beharrliche Feindseligkeit. Nicht einmal das Wiener Institut für Neurologie wollte etwas mit Freud zu tun haben. Er fühlte sich völlig im Stich gelassen, wie im luftleeren Raum. Doch das führte nur dazu, dass er sich noch tiefer in seine Studien vergrub, außerdem begann er sich nun auch einer Selbstanalyse zu unterziehen. Der Anstoß dazu kam nach dem Tod seines Vaters Jakob im Oktober 1896. Obwohl sich Vater und Sohn während vieler Jahre nicht sehr nahe gestanden hatten, stellte Freud zu seiner Überraschung fest, dass ihn der Tod des Vaters unerklärlich stark bewegte und lang begrabene Erinnerungen spontan an die Oberfläche schwemmte. Auch seine Träume veränderten sich. Plötzlich entdeckte er darin eine unbewusste und bisher verdrängte Feindseligkeit gegenüber dem Vater, die ihn schließlich zu der Überzeugung brachte, dass Träume der Königsweg zum Unbewussten seien. Der zentrale Gedanke bei der *Traumdeutung* war, dass sich das Ich im Schlaf wie ein Wachposten verhält, der eingenickt ist; die übliche Wachsamkeit gegenüber den Trieben des Es lässt nach. Deshalb seien Träume das Vehikel für das Es, sich in verschleierter Form zu zeigen.[19]

Die ersten Verkaufszahlen der *Traumdeutung* sprachen Bände: Von den ursprünglich 600 Erstausgaben wurden 228 in den ersten beiden Jahren nach Erscheinen verkauft, aber auch nach sechs Jahren waren insgesamt nur 351 Exemplare über den Ladentisch gegangen. Noch beunruhigender empfand Freud jedoch die geringe Aufmerksamkeit, die seiner Studie in den medizinischen Fachkreisen Wiens geschenkt wurde. Auch in Berlin sah das Bild nicht viel anders aus. Freud hatte sich bereit erklärt, an der Universität einen Vortrag über seine Traumtheorie zu halten, doch dann saßen nur drei Personen im Saal. Im Jahr 1901 wurde ihm kurz vor Beginn einer Rede vor der Philosophischen Gesellschaft ein Zettel überreicht, auf dem er gebeten wurde anzukündigen, wann er auf anstößige Themen zu sprechen kommen werde, damit eine Pause eingelegt werden könne und die Damen Gelegenheit hätten, den Saal zu verlassen. Doch bekanntlich sollte diese Isolation nicht von Dauer sein. Ungeachtet aller heftigen Kontroversen hielten schließlich viele Menschen die Idee vom Unbewussten für den einflussreichsten Gedanken des 20. Jahrhunderts.[20]

*

So weit in Kurzform die orthodoxe Sicht, nun zur revidierten Fassung. Im Wesentlichen werden Freud vier Vorwürfe gemacht, und zwar nach zunehmender Bedeutung erstens, dass die Technik der »freien Assoziation« *nicht* von ihm stamme. Sie wurde 1879 oder 1880 von Francis Galton erfunden und war bereits im Wissenschaftsmagazin *Brain* als Hilfsmittel zur Erforschung von bis dahin undurchdringenen Tiefen dargestellt worden.[21] Der zweite Kritikpunkt lautet, dass die feindselige Aufnahme von Freuds Büchern und Theorien ein reiner Mythos sei – *wie* groß er ist, enthüllte die jüngere Forschung. Norman Kiell berichtete zum Beispiel in seinem Buch *Freud Without Hindsight* (1988), dass von den vierundvierzig Rezensionen, die zwischen 1899 und 1913 über *Die Traumdeutung* erschienen waren (und die an sich ja bereits eine beeindruckende Zahl darstellen), nur acht als »unvorteilhaft« bezeichnet werden können. Hannah Decker, selbst Freudianerin, kam in ihrem Buch *Freud in Germany: Revolution and Reaction in Science, 1893–1907* (1977) zu dem Schluss, dass »ein überwältigender Anteil der [veröffentlichten] Reaktionen von Laien auf Freuds Traumtheorien Begeisterung bewies«.[22] Auch wenn sich die erste Fassung der *Traumdeutung* nicht gut verkaufte, wurde die populäre Version doch ein Erfolg. Die Geschichte der Auseinandersetzungen mit dem Unbewussten und der Evolutionen der Ideen vom Über-Ich, von der infantilen Sexualität oder von der Verdrängung beweisen, dass Freud nichts wirklich Neues gesagt hatte. Wieso hätten die Leute also Anstoß daran nehmen sollen? Außerdem hatte Freud nie Probleme, einen Verleger für seine Thesen zu finden, und es auch kein einziges Mal für nötig befunden, Zuflucht in der Anonymität zu suchen, wie zum Beispiel Robert Chambers, als er einer breiten Öffentlichkeit die Idee von der Evolution vorstellte.

Der dritte Vorwurf lautet, dass Freuds Darstellung von Breuers berühmtester Patientin »Anna O.« oder Bertha Pappenheim nicht nur deftige Fehlinformationen enthielt, sondern von ihm sehr wahrscheinlich sogar bewusst verfälscht worden sei. Henri Ellenberger machte sich persönlich auf den Weg in die Kliniken, in denen Bertha behandelt worden war, und entdeckte dort Notizen von Breuer, die stellenweise wortwörtlich mit den später veröffentlichten Aufzeichnungen übereinstimmen. Deshalb können wir mit Sicherheit davon ausgehen, dass es sich tatsächlich um die Originale handelte. Durch sie fanden Ellenberger und andere Forscher nach ihm zum Beispiel heraus, dass es nirgends auch nur den geringsten Anhaltspunkt für die angebliche Scheinschwangerschaft Berthas gibt. Heute ist man überzeugt, dass Freud diese Geschichte erfand, um den offensichtlichen Mangel an sexueller Ätiologie im Fallbeispiel der Anna O. auszugleichen und weil Breuers eigene Darstellung so deutlich der beharrlichen Aussage Freuds widersprach, dass Sexualität die Wurzel aller Hysteriesymptome sei. Albrecht Hirschmüller ging in seiner Breuer-Biografie sogar so weit zu schreiben: »Insgesamt bleibt also dieser Schluß: Die Freud-Jones'sche [gemeint ist Ernest Jones] Version vom Ende der Behandlung der Anna O. ist als eine Legende zu betrachten...«[23] Hirschmüller gelang der Nachweis, dass sich viele Symptome bei Bertha Pappenheim spontan zurückgebildet hatten und sie weder eine Katharsis durchlebt noch ihre Traumata »aberzählt« hatte (tatsächlich enden die Fallaufzeichnungen abrupt im Jahr 1882), sondern dass sie sich vielmehr nicht weniger als viermal in den Jahren nach ihrer Therapie bei Breuer weiteren Behandlungen in Kliniken unterzog, die jeweils »Hysterie« diagnostizierten. Mit anderen Worten: Freuds Behauptung, dass Breuer seine Patientin Anna O. geheilt habe, ist schlicht und einfach falsch. Noch gravierender ist, dass Freud *gewusst haben muss*, dass das nicht stimmte, denn erstens liegt ein Brief von ihm vor, in dem er eindeutig mitteilt, dass Breuer über den 1883 noch andauernden Krankheitszustand der Anna O. informiert gewesen war, zweitens war Bertha Pappenheim mit Freuds Verlobter Martha Bernays befreundet gewesen.[24]

Der Fall Anna O. – oder jedenfalls die Art und Weise, wie ihn Freud berichtete – ist von dreifacher Bedeutung: Er beweist, dass Freud die Erfolge der »Redecur« übertrieb; er beweist, dass Freud ein sexuelles Element einbrachte, wo es keines gab; und er beweist, dass Freud ungeniert nach eigenem Gutdünken mit klinischen Details umging. Und diese Tendenzen sollten sich während seiner gesamten Laufbahn massiv fortsetzen.

Der vierte und bei weitem ernsthafteste Vorwurf gegen Freud leitet sich vom Fall der Patientin Anna O. ab und lautet, dass das gesamte Gebäude der Psychoanalyse auf klinischen Evidenzen und Beobachtungen beruhe, die bestenfalls als zweifelhaft oder fehlerhaft und schlimmstenfalls als betrügerisch bezeichnet werden müssen. Die vielleicht wichtigste Idee der Psychoanalyse war Freuds Schlussfolgerung, dass infantile sexuelle Wünsche beim Erwachsenen der Bewusstheit entzogen fortbestünden und deshalb zu Psychopathologien führten. 1896 erklärte Freud in einem Vortrag: »Ich stelle also die Behauptung auf, zugrunde jedes Falles von Hysterie befinden sich – durch die analytische Arbeit reproduzierbar, trotz des Dezennien umfassenden Zeitintervalles – *ein oder mehrere Erlebnisse von vorzeitiger sexueller Erfahrung*, die der frühesten Jugend angehören« (Hervorhebung im Original). Das eigentlich Merkwürdige bei dieser Feststellung ist, dass Freud bis zu diesem Jahr 1896 keinen einzigen Fall von sexuellem Kindesmissbrauch berichtet hatte, innerhalb von nur vier Monaten aber plötzlich behauptete, entsprechenden unbewussten Erinnerungen von achtzehn Patientinnen, die er als hysterisch bezeichnete, auf die Spur gekommen zu sein. Im Zusammenhang damit behauptete er auch, dass sich das Ereignis, von dem ein bestimmtes Symptom ausgelöst wurde, mit Hilfe seiner psychoanalytischen Technik enthüllen ließ und dass das »Aberzählen« von zurückliegenden traumatischen Ereignissen – ihre Lösung, indem beim Reden die damit zusammenhängenden Gefühle geklärt werden – nicht nur möglich sei, sondern in einer Katharsis mit der folgenden Remission des Symptoms enden würde. Er kommentierte dies mit dem Satz: »Ich halte dies für eine wichtige Enthüllung, für die Auffindung eines caput Nili der Neuropathologie.« Doch dann erklärte er: »Bei unseren Kranken sind diese Erinnerungen niemals bewußt; wir heilen sie aber von ihrer Hysterie, indem wir ihnen die unbewußten Erinnerungen der Infantilszenen in bewußte verwandeln«; und: »… diese Szenen müssen als unbewußte Erinnerung vorhanden sein; nur solange und insofern sie unbewußt sind, können sie hysterische Symptome erzeugen und unterhalten«; und schließlich (und es war diese Aussage, die am Ende Anlass zur großen Revision geben sollte): »Die Kranken wissen vor Anwendung der Analyse nichts von diesen Szenen [frühkindlichen Missbrauchs], sie pflegen sich zu empören, wenn man ihnen etwa das Auftauchen derselben ankündigt; sie können nur durch den stärksten Zwang der Behandlung bewogen werden, sich in deren Reproduktion einzulassen.«[25] Wie Allen Esterson und andere betonten, hatte Freud in den Anfangsjahren keineswegs zu den Techniken des Analytikers gegriffen, der still im Sessel sitzt und mit verständnisvoller Miene dem Patienten auf der Couch zuhört. Ganz im Gegenteil: Mit Hilfe seiner »Druckmethode« – eine oder beide Hände übten Druck auf die Stirn der Patientin aus – pflegte er eine methodische »Ausforschung« zu betreiben und darauf zu warten, dass ihr bei dieser Prozedur etwas wieder einfiel, ein Gedanke, ein bestimmtes

Bild vor Augen, eine Erinnerung. Dann ließ er sie beschreiben, was sie vor sich sah oder empfand, bis ihr endlich ein Licht aufging und sie das (angebliche) hysterische Symptom auf ein bestimmtes Ereignis zurückführte. Mit anderen Worten, so die Kritiker: Freud hatte ganz konkrete Vorstellungen von den Wurzeln der unterschiedlichen Symptome und zwang seinen Patientinnen seine eigene Sichtweise auf, anstatt passiv zuzuhören und aufgrund von Beobachtung das klinische Indiz zu finden.

Mit diesem ungewöhnlichen Ansatz gelangte er schließlich zu seinem berühmtesten Beobachtungskomplex – dass seine Patientinnen in der Kindheit verführt oder anderweitig sexuell missbraucht worden seien und dass solche »infantilen Erlebnisse« die Wurzeln ihrer späteren neurotischen Symptome waren. Die Übeltäter teilte er in drei Gruppen auf: »In der ersten Gruppe handelt es sich um Attentate... meist weiblicher Kinder von seiten erwachsener, fremder Individuen... Eine zweite Gruppe bilden jene weit zahlreicheren Fälle, in denen eine das Kind wartende Person – Kindermädchen, Kindsfrau, Gouvernante, Lehrer... das Kind in den sexuellen Verkehr einführte.« Die dritte Gruppe bildeten Kinder meist verschiedenen Geschlechts und häufig Geschwister, dabei will Freud »einige Male der Nachweis« gelungen sein, »daß der Knabe – der auch hier die aggressive Rolle spielt – vorher von einer erwachsenen weiblichen Person verführt worden war und daß er dann unter dem Drucke seiner vorzeitig geweckten Libido und infolge des Erinnerungszwanges an dem kleinen Mädchen genau die nämlichen Praktiken zu wiederholen suchte«.[26] Solche kindlichen Sexualbetätigungen würden üblicherweise in »einer kurzen Blüteperiode vom zweiten bis zum fünften Jahre« auftreten.[27] In diesem Zusammenhang lautet der Vorwurf der Kritiker vor allem, dass diese angeblich »klinischen« Beobachtungen Freuds nichts dergleichen, sondern vielmehr unseriöse, auf der symbolischen Interpretation von Symptomen beruhende »Rekonstruktionen« waren. Es sollte hier betont werden, dass die Berichte Freuds bei genauerer Betrachtung allesamt beweisen, dass seine Patientinnen solche sexuelle Missbrauchsgeschichten nie freiwillig erzählten. Im Gegenteil, sie haben sie heftigst bestritten, und es war ausnahmslos Freud, der ihnen »unter dem Zwang der Analyse« Szenen aus der Kindheit »aufdrängte« und »suggerierte«, der etwas folgerte oder, wie er sogar selbst an mehreren Stellen zugab, ein zugrunde liegendes Problem schlicht erriet.

Doch es dauerte nur achtzehn Monate – und auch das ist einigermaßen von Bedeutung –, bis er seinem Kollegen Wilhelm Fließ (und nur ihm) gestand, dass er »auf die völlige Lösung einer Neurose und auf die sichere Kenntnis ihrer Ätiologie in der Kindheit« verzichten wolle. Er glaubte selbst nicht mehr an seine eigene Theorie von den Ursprüngen der Neurosen und fand nun »solche Verbreitung der Perversion gegen Kinder wenig wahrscheinlich«. Ohnedies war es ihm in keinen einzigen Fall gelungen, eine Analyse, die er auf Basis dieser Ideen begonnen hatte, erfolgreich abzuschließen. »Gewiß, ich werde es nicht in Dan erzählen, nicht davon reden in Askalon, im Lande der Philister, aber vor Dir und bei mir habe ich eigentlich mehr das Gefühl eines Sieges als einer Niederlage (was doch nicht recht ist).«[28] Mit anderen Worten: Er war nicht bereit, das wissenschaftlich Ehrenvolle zu tun und die Öffentlichkeit davon in Kenntnis zu setzen, dass er von seinen so zuversichtlich propagierten »Befunden« aus dem Vorjahr Abstand genommen hatte. Vielmehr zog er nun erstmals die Möglichkeit in Betracht, dass es sich dabei eher um unbewusste Phantasien als um verdrängte Erinnerungen handeln könnte. Trotzdem sollte es noch eine ganze Weile dauern, bis sich diese neue Variante zu einem Ganzen fügte, denn zuerst hatte er noch geglaubt, dass solche Kindheitsphantasien beim »geschlechtsreifen neurotischen Individuum« nur auftraten, um autoerotische infantile Sexualbetätigungen zu verschleiern. 1906 und erneut 1914 erklärte er, dass nicht wenige Menschen während der Pubertät versuchten, »so manche Verführungsphantasie als Abwehrversuch gegen die Erinnerung der eigenen sexuellen Betätigung (Kindermasturbation) aufzulösen«.[29] 1906 waren die Schuldigen für solche Phantasien noch Erwachsene oder ältere Kinder gewesen, 1914 wollte er sich darauf nicht mehr festlegen und machte endlich einen völligen Rückzieher von seiner Verführungstheorie. Trotzdem sollte er erst 1925, *fast dreißig Jahre nach den fraglichen Ereignissen*, erstmals öffentlich zugeben, dass fast alle seiner frühen Patientinnen den eigenen Vater der Verführung beschuldigt hatten. Es kann gar nicht genug betont werden, *welche* Kehrtwendung das war. Erstens steht völlig außer Frage, dass Freud die Verführungsszenerien (von realen zu phantasierten) und die Identität der Verführer (von Nichtfamilienangehörigen über Brüdern zu den Vätern) radikal umgeschrieben hat. Aber der entscheidende Punkt dabei ist, dass auch diese Umorientierung nicht das Ergebnis von neuer klinischer Evidenz war: Freud malte schlicht mit denselben Farben ein anderes Bild. Der Unterschied war nur, dass er inzwischen ein Vierteljahrhundert Abstand von der fraglichen Evidenz gewonnen hatte. Zweitens und kein bisschen weniger wichtig: Freud hatte im Lauf der langen Zeit zwischen Ende der neunziger Jahre und 1925, in denen er doch so viele Patientinnen behandelte, kein einziges Mal auch nur über eine von ihnen berichtet, dass sie von einem frühen Missbrauch durch den Vater oder irgendeine andere Person gesprochen hätte. Man könnte also sagen: Sobald Freud die Suche nach diesem Syndrom aufgegeben hatte, ließ es sich auch nicht mehr blicken. Und das, sagen die Kritiker, ist mit Gewissheit ein weiterer Nachweis für die ungewöhnliche, gewundene und offen gestanden völlig unglaubwürdige Genealogie seiner Verführungstheorie – und infolgedessen auch für den Ödipus- und Elektrakomplex, dem vielleicht einflussreichsten Aspekt des Freudianismus und sicher eine der einflussreichsten Ideen des 20. Jahrhunderts, sowohl in medizinischer wie geistiger Hinsicht, ganz zu schweigen von ihrem Eingang in den Sprachgebrauch. Die Ungereimtheiten bei der Genesis dieser Theorie sind eklatant. Freud hat kein frühkindliches sexuelles Bewusstsein bei seinen Patientinnen »entdeckt«, er hat auf sein Vorhandensein geschlossen oder es schlicht geraten. Er hat den Ödipuskomplex nicht von einer umsichtigen passiven Beobachtung klinischer Evidenz abgeleitet, sondern er hatte eine vorgefasste Idee, die er der »Evidenz« aufzwang, nachdem alle Versuche, sie den Patientinnen aufzuzwingen, fehlgeschlagen waren und nicht einmal ihn selbst noch überzeugen konnten. Allem hinzu kommt, dass dieser Prozess durch keinen einzigen unabhängigen, skeptischen Wissenschaftler nachvollzogen werden konnte, was vielleicht der vernichtendste Gegenbeweis von allen und der Sargnagel für die Freud'sche Selbstdarstellung als Wissenschaftler ist. Welche Art von Wissenschaft soll das sein, die eine Wiederholung der experimentellen oder klinischen Evidenz mit denselben Techniken und Methoden durch andere Wissenschaftler nicht zulässt? Der englische Psychiater und Medienautor Anthony Clare nannte Freud einen »skrupellosen, verschlagenen Scharlatan« und kam zu dem Schluss, dass »viele Grundbausteine der Psychoanalyse reiner Schwindel sind«.[30] Es fällt nicht schwer, dem zuzustimmen. Angesichts von Freuds »Drucktechnik«, seinen Überzeugungsversuchen und seiner »Raterei« haben wir das gute Recht, an der Existenz des Unbewussten zu zweifeln. Freud hat sich die ganze Sache im Wesentlichen zurechtgezimmert.

Das Konzept des Unbewussten und alles, was es nach sich zog, lässt sich als die Kulmination der vorherrschend deutschen oder deutschsprachigen Tradition einer medizinisch-metaphysischen Ideenkonstellation bezeichnen. Und diese Genealogie sollte sich als entscheidend erweisen. Freud hielt sich immer für einen Naturwissenschaftler und Biologen. Er bewunderte Kopernikus und Darwin und sah sich in ihrer Tradition. Nichts hätte der Wahrheit ferner liegen können, und es ist wirklich an der Zeit, die Idee von der Psychoanalyse für tot zu erklären und zu Grabe zu tragen, um sie neben dem Phlogiston, den Elixieren der Alchemie, dem Fegefeuer und all den anderen durchgefallenen Vorstellungen, die sich Scharlatane aller Zeitalter zunutze machten, zu beerdigen. Heute weiß man, dass die Psychoanalyse keine funktionierende Behandlungsform ist und viele spätere Schriften Freuds – etwa sein *Totem und Tabu* oder seine Analyse von der Sexualität in Leonardo da Vincis Gemälden – geradezu peinlich naiv sind und auf einer völlig antiquierten und so offensichtlich fehlerhaften Faktenlage beruhen. Das ganze Freud'sche Gebäude ist marode und baufällig.

Abgesehen davon bleibt jedoch Fakt, dass alles, was hier gerade aufgeführt wurde, das Ergebnis einer Revision aus unseren Tagen ist. Zu Freuds

Lebzeiten, vor allem Ende des 19. und Anfang des 20. Jahrhunderts, galt das Unbewusste als Realität. Es wurde ungemein ernst genommen und spielte eine wegweisende Rolle als Unterfütterung der letzten großen allgemeinen Idee, die in diesem Buch besprochen werden soll und die eine Transformation mit sich brachte, welche sich grundlegend auf das Denken und vor allem auf die Kunst auswirken sollte. Es ist die Idee, die man allgemein als »Moderne« bezeichnet.

*

Im Jahr 1886 malte Vincent van Gogh ein kleines Bild mit dem Titel *Vorort von Paris*. Es stellt eine desolate Szenerie dar: Über dem tiefen Horizont hängen bedrohlich schwere grau-lila Wolken, morastige Wege führen aus dem Bild, es gibt keine Richtung in dieser Komposition. Den linken Rand begrenzt ein kaputter Holzzaun, ein gesichtsloser Dragoner kommt auf den Betrachter zu, rechts hinter ihm entfernt sich ein Paar, im Hintergrund eine Frau mit zwei Kindern, in der Mitte ragt eine einsame Gaslampe in den Himmel. Am ebenen Horizont zeichnen sich eine Windmühle, Scheunen und ein paar klobige Häuser mit identischen Fensterreihen ab – Fabriken und Lagerhallen. Eintönige Farben beherrschen das Bild. Es könnte eine Szene aus einem Roman von Victor Hugo oder Émile Zola sein.

Die Datierung dieser Darstellung einer *banlieue* der französischen Hauptstadt ist entscheidend. Denn was van Gogh in so trüben Farben malte, waren die Auswirkungen der »Haussmannisierung«, wie es die Pariser nannten. Die Welt, ganz besonders die französische Welt, hatte sich seit 1789 und der industriellen Revolution bis zur Unkenntlichkeit verändert. Doch am deutlichsten hatte sich Paris verwandelt, und mit dem Begriff der »Haussmannisierung« wurde die Brutalität dieses Geschehens bezeichnet. Auf Geheiß von Napoleon III. hatte Baron Haussmann der Hauptstadt im Lauf von siebzehn Jahren ein neues Gesicht gegeben, das kaum noch Spuren des Vergangenen dort oder anderenorts trug. Im Jahr 1870 war ein Fünftel des Straßenbilds im Zentrum von Paris von ihm neu erschaffen worden, 350 000 Menschen waren aus ihren Quartieren vertrieben worden, 2,5 Milliarden Francs waren dafür aufgewendet worden, jeder fünfte Arbeiter war im Baugewerbe beschäftigt. (Man erinnere sich an die Leidenschaft, mit der im 19. Jahrhunderten Statistiken geführt wurden.) Von da an war der Boulevard das Herz von Paris.[31]

Van Gogh hatte 1886 den trostlosen Rand dieser Welt festgehalten, anderen Malern – insbesondere Manet und den Impressionisten in seinem Kielwasser – war es mehr daran gelegen, die offenen Räume und breiten Straßen oder das geschäftige Treiben zu feiern, für die Paris, die Stadt des Lichts, zum neuen Symbol geworden war. Man denke an Gustave Caillebottes *Rue de Paris, temps de pluie* (1877) oder *Pont de l'Europe* (1876), an

Monets *Le Boulevard des Capucines* (1873), Renoirs *Les Grands Boulevards* (1875), Degas' *Place de la Concorde, Paris* (ca. 1873) oder an irgendein Bild, das Pissarro von den großen Verkehrsadern im Frühling oder Herbst, im Sonnenschein, Regen oder Schnee malte.

In den Städten des 19. Jahrhunderts wurde der Modernismus geboren. In schneller Folge wurden der Verbrennungsmotor und die Dampfturbine erfunden; der Mensch beherrschte endgültig die Elektrizität; Telefon, Schreibmaschine und das Tonband erblickten das Licht der Welt; die Boulevardpresse und das Kino kamen auf; die ersten Gewerkschaften gründeten sich und organisierten die Arbeiter. Bis zum Jahr 1900 gab es elf Metropolen – darunter London, Paris, Berlin und New York – mit über einer Million Einwohnern und folglich einer nie da gewesenen Konzentration der Massen. Und mit dieser Ausweitung der Städte – neben dem Ausbau der Universitäten – begann auch die von Harold Perkin so genannte Professionalisierung der Gesellschaft: Etwa um das Jahr 1880 begannen Berufsgruppen wie Mediziner, Anwälte, Lehrer und Professoren, Regionalbeamte, Architekten und Wissenschaftler auf die Politik von Demokratien Einfluss zu nehmen, die ihrerseits *Expertenwissen* für den Weg in die Zukunft hielten. In England hatte sich laut Perkin die Zahl dieses Fachpersonals zwischen 1880 und 1911 mindestens verdoppelt und in einigen Berufen sogar vervierfacht. Charles Baudelaire und Gustave Flaubert waren die Ersten, die in Worte fassten, was Manet und seine »Bande« (wie die Kritiker zu sagen pflegten) im Bild festzuhalten versuchten: die Flüchtigkeit des schnelllebigen, intensiven, zufälligen und willkürlichen Alltaglebens in der Stadt. Die Impressionisten fingen nicht nur den Wechsel des Lichtes ein, sie hielten auch den noch ungewohnten Anblick der neuen Maschinerien fest: Eisenbahnen, Ehrfurcht gebietend und erschreckend zugleich; riesige, höhlenartige Bahnhofshallen, die mit dem Abenteuer des Reisens lockten, selbst aber von oben bis unten rußgeschwärzt waren; eine wunderschöne Stadtlandschaft, die von einer hässlichen, aber notwendigen Brücke verschandelt wurde; Cabarets mit ihren widernatürlich von unten angestrahlten Bühnenstars; eine Bardame, die man durch einen riesigen glitzernden Wandspiegel gleichzeitig von vorne und hinten begutachten konnte. Das waren einige sichtbare Symbole »des Neuen«, doch die Moderne war weit mehr als das. Das eigentlich Interessante an ihr ist, dass sie sowohl zu einer Feier als auch zu einer Verteufelung aller Modernität in einer Welt geriet – in der Welt der Wissenschaften, des Positivismus, des Rationalismus –, welche nicht nur die Großstädte mitsamt ihren ungemeinen Reichtümern, sondern auch die neuen, so trostlosen und entwürdigenden Formen der Armut hervorgebracht hatte. Moderne Städte waren verwirrend, ein einziges Kommen und Gehen, und von Zufällen geprägt. Die Naturwissenschaften hatten die Welt im religiösen, spirituellen Sinne ihrer Bedeutung beraubt. In dieser Zwickmühle war es nicht nur zur Aufgabe der Kunst geworden, den Stand der Dinge zu beschreiben, einzuschätzen oder zu kritisieren, sondern wenn möglich auch die Erlösung zu bringen. Auf diese Weise begann sich ein Meinungsbild herauszuschälen, das die Moderne sah, wie sie war und im selben Atemzug als das genaue Gegenteil betrachtete. Es ist wirklich faszinierend, wie viele Talente unter diesen verwirrenden und paradoxen Umständen erblühen und gedeihen konnten. »Im Hinblick auf reine Kreativität lässt sich die Epoche des Modernismus mit dem Einfluss der romantischen Periode und sogar mit der Renaissance vergleichen.«[32] Es wuchs heran, was Harold Rosenberg »die Tradition des Neuen« nannte. Es war das Apogäum der bürgerlichen Kultur, und in dieser Welt, in diesem ganzen Gewimmel, entstand das Konzept von der *Avantgarde*: die höheren Weihen der romantischen Idee, dass der Künstler der Bourgeoisie voranmarschiert – obwohl er üblicherweise absolut gegen sie ist – und als Schrittmacher für Geschmack und Vorstellungsvermögen fungiert, dabei aber ebenso die Rolle des Saboteurs übernimmt wie die des Erfinders.

Wenn die Modernisten – auf der einen Seite die Rationalisten und Realisten, auf der anderen die Kritiker der Rationalität, die Apostel des Unbewussten und die Kulturpessimisten – durch etwas geeint wurden, dann durch die *Intensität* ihres Engagements. Der Modernismus war vor allem die Kulmination einer Kunst, ob in der Malerei, Literatur oder Musik, auf welche die Stadt wie ein Verstärker wirkte. Es liegt in der Natur der Sache, dass Städte Menschen miteinander konfrontieren; doch die besseren Kommunikationsmöglichkeiten sorgten nun auch noch für eine Beschleunigung aller Begegnungen.[33] Die Folge war ein noch direkterer, noch lauterer und unvermeidlicherweise auch noch erbitterterer Umgang miteinander. Wir nehmen das heute als gegeben, doch damals wurde diese Stressmaximierung als eine kreative Kraft empfunden. Wenn sich der Modernismus oft gegen die Naturwissenschaften wandte, dann nur, weil sich sein Pessimismus just an diesen Wissenschaften entzündet hatte. Die Entdeckungen von Darwin, Maxwell und J. J. Thomson waren gelinde gesagt beunruhigend, weil sie jede Moral, alles Richtungsweisende und jede Stabilität aus der Welt zu schaffen und damit die Vorstellung von einer gegebenen Realität zu unterlaufen drohten.

Zu den vielen Schriftstellern, die darum rangen, sich in dieser verwirrenden neuen Welt zurechtzufinden, gehörte auch Hugo von Hofmannsthal (1874–1929). Er ist ein guter Ansatzpunkt für uns, weil es ihm gelang, einen Großteil dieser Verwirrung aufzulösen. Als Sohn einer in den Adelsstand erhobenen jüdischen Familie hatte er das Glück, einen Vater zu haben, der die geistigen und musischen Neigungen des Sohnes nicht nur förderte, sondern geradezu erwartete. Doch es war Hofmannsthal bewusst, wie stark die Naturwissenschaften in die alte schöngeistige Kultur Wiens eindrangen. »Das Wesen unserer Epoche«, schrieb er 1905, »ist Vieldeutigkeit und Unbestimmtheit. Sie kann nur auf Gleitendem ausruhen.« Und dem fügte er hinzu, sie sei »sich bewusst, dass es Gleitendes ist, wo andere Generationen an das Feste glaubten«. Hätte man besser beschreiben können, wie die alte Welt Newtons nach den Entdeckungen von Maxwell und Planck zu entgleiten drohte? »Es zerfiel mir alles in Teile«, schrieb Hofmannsthal, »die Teile wieder in Teile, und nichts mehr ließ sich mit einem Begriff umspannen.« Über die politischen Entwicklungen im Habsburgerreich und vor allem den immer bedrohlicheren Antisemitismus war er entsetzt, doch die Schuld an der wachsenden Irrationalität gab er vor allem den Naturwissenschaften, da sie es waren, die zu einem Umdenken bei dem Bild zwangen, das man sich allgemein von der Natur gemacht hatte. Und diese neuen Erkenntnisse und Ideen wirkten nun derart verstörend, dass sie weite Teile der Gesellschaft zu einer reaktionären Irrationalität verleiteten.[34]

Henrik Ibsen, August Strindberg und Friedrich Nietzsche repräsentierten eine Schwerpunktverlagerung des Denkens in den europäischen Norden, die sich bereits mit der Umgewichtung nach dem Dreißigjährigen Krieg anzudeuten begonnen hatte. Die Popularität dieser drei Männer ist zu einem großen Teil dem dänischen Schriftsteller und Literaturkritiker Georg Brandes zu verdanken, der 1883 in seinem Buch *Moderne Geister: Literarische Bildnisse aus dem 19. Jahrhundert* (deutsch 1887) all die Geistesgrößen identifizierte, die der Moderne zum Durchbruch verholfen hatten. Zu seinen »modernen Geistern« zählten beispielsweise Flaubert, John Stuart Mill, Zola, Tolstoj, Bret Harte, Walt Whitman und vor allem Ibsen, Strindberg und Nietzsche, die er als überragende Beispiele für eine geglückte Synthese von Naturalismus und Romantik – des Äußeren und des Inneren – darstellte, welche in seinen Augen die Aufgabe der modernen Literatur war.

Das Ibsen-Phänomen breitete sich geradezu explosionsartig in Berlin und von dort über ganz Europa aus. Begonnen hatte es 1887 mit dem Stück *Gespenster*, das vom Berliner Polizeipräsidium von der Bühne verbannt worden war (eine geradezu perfekte modernistisch-*avantgardistische* Begebenheit) und deshalb nur noch in geschlossenen, aber immer ausverkauften Vorstellungen aufgeführt werden konnte. (Die Buchfassung verkaufte sich glänzend und ging bald in die nächste Auflage.)[35] Man gab ein Bankett zu Ehren von Ibsen, bei dem man den »Anbruch eines neuen Zeitalters« beschwor, gefolgt von einer »Ibsen-Woche«, in der parallel *Die Frau vom Meer*, *Die Wildente* und *Nora oder Ein Puppenheim* gespielt wurden. Das Stück *Gespenster*, das im selben Jahr doch noch für die öffentliche Aufführung freigegeben wurde, war eine Sensation und sollte nicht nur James Joyce stark beeinflussen. Der Dramatiker und Kunstkritiker Franz Servaes schrieb, dass sich die Zuschauer völlig erschlagen fühlten und anschließend wie benommen durch die Stadt und den Tiergarten taumelten, um sich erst nach Tagen wieder zu beruhigen. Das Ibsen-Fieber tobte zwei Jahre lang.[36] Dass Ibsen seine Figuren seit *Peer Gynt* nicht mehr im Versmaß reden ließ und vielmehr Prosastücke über die Probleme seiner Zeit schrieb, gilt vielen Kritikern als das bedeutendste Ereignis auf dem Gebiet des modernen Dramas. Zahlreiche Schriftsteller und Dramatiker, nicht zuletzt Henry James, Anton Tschechow, George Bernard Shaw, Rainer Maria Rilke, Bertolt Brecht und Luigi Pirandello, hatten Ibsen eine Menge zu verdanken. Er eroberte der Bühne ganz neue Territorien, darunter die zeitgenössische Politik, die Rolle der aufstrebenden Massenmedien, die sich wandelnde Moral oder die verschlungenen Pfade des Unbewussten. Und er tat das mit einer Subtilität und Intensität, der niemand das Wasser reichen konnte. Es ist ein Tribut an Ibsen, dass wir das ganze Aufhebens um seine Stücke heute kaum noch nachvollziehen können. Es waren seine Themen, die das moderne Theater nachhaltig prägten: die Rolle der Frau *(Nora oder Ein Puppenheim)*, der Generationenkonflikt *(Baumeister Solness)*, der Konflikt zwischen individueller Freiheit und institutioneller Autorität *(Rosmersholm)*, oder die Bedrohung der Umwelt durch die Industrie, welche man jedoch braucht, um Arbeitsplätze zu schaffen *(Ein Volksfeind)*. Doch letztlich waren es seine sprachliche Subtilität und das ungemein intensive Innenleben seiner Figuren, von denen sich die Menschen so angezogen fühlten. Kritiker glaubten »eine unausgesprochene zweite Realität« unter der Oberfläche von Ibsens Dramen ausmachen zu können; Rilke schrieb: »Da gingst du an die beispiellose Gewalttat deines Werkes, das immer ungeduldiger, immer verzweifelter unter dem Sichtbaren nach den Äquivalenten suchte für das innen Gesehene.«[37] Ibsen war der Erste, der eine dramatische Struktur für das »zweite Ich« im Zeitalter der Moderne fand und dabei für jeden sichtbar das Schlaglicht auf die Zusammenhanglosigkeit warf, die seit Vicos Zeiten der Menschen Los geworden war. Er zeigte, in welche tragischen, komischen oder auch schlicht banalen Zwickmühlen dieses Los den Menschen bringen konnte; und wie Verdi (und natürlich Shakespeare) war auch ihm bewusst, dass es in den profundesten Tragödien immer um den *Nicht*helden geht (wie es James Joyce auf so vollkommene Weise 1922 mit seinem *Ulysses* aufzeigen sollte). Ibsen bewies, dass der wankende Boden der Moderne aus Banalität, Absurdität und Bedeutungslosigkeit bestand – oder zumindest aus dem Umstand, dass sie allen drohten. Darwin hatte sein Bestes gegeben, um das Schlimmste zu beweisen.

Während Ibsens Stärke seine Intensität war, lag die Kraft von Strindberg in seiner Vielseitigkeit. Sein Geist »ging mit ihm durch«, wie einmal ein Beobachter schrieb. Er besaß einen derart facettenreichen Genius, dass man ihn schon auf eine Stufe mit Leonardo da Vinci und Goethe stellte.[38] Strindberg war Romancier, Maler, vor allem aber Dramatiker wie Ibsen und *erlebte* die Konvulsionen der modernen Welt am eigenen Leib. In dem

Frühwerk *An offener See*, das er im Juni 1890 fertig gestellt hatte, erfahren wir vom Zerfall des Individuums, das sich selbst isoliert. Die zentrale Figur, der Fischmeister Borg, sieht sich in dieser Ära der Dampfmaschine und Elektrizität zu so großer Eile angetrieben, dass er sich schließlich in einen modernen Menschen verwandelt: verwirrt und entnervt. Genau das, erkannte Strindberg, waren die Symptome einer Dynamik (Stress), die den Menschen zunehmend sensibilisierte (psychisch krank machte) und an deren Ende die Erschaffung eines neuen Menschenschlags stand. In den Stücken, die er nach seiner »Infernokrise« schrieb, als er um die Vierzig war, begann er sich mehr und mehr für Träume zu interessieren (*Nach Damaskus* und *Ein Traumspiel*) und sich, wie ein Kritiker erklärte, mit einer »bejahenden inneren Realität« zu befassen, mit der Bedeutung einer »inneren Logik des Unlogischen« und mit der Anerkennung »des Supremats jener Kräfte (innerhalb wie außerhalb des Individuellen), die nicht voll unter der Kontrolle des Bewusstseins stehen«. Großes Interesse hatte er auch an der neuen Bühnentechnik, mit deren Hilfe sich ein »expressionistisches« Theater gestalten ließ.[39] In seinem Stück *Nach Damaskus* ist nicht einmal klar, ob die namenlosen Figuren überhaupt echte Bühnenfiguren oder nicht eher psychologische Archetypen bestimmter geistiger und emotionaler Zuständen sind – darunter auch des Unbekannten, sozusagen eines von Ellenbergers »Urphänomenen«. Strindberg selbst schrieb im Vorwort zu seinem *Traumspiel*: »Die Personen spalten sich, verdoppeln sich, sie verflüchtigen und verdichten sich, zerfließen und fügen sich wieder zusammen. Aber ein Bewusstsein steht über allem: das des Träumers.« (Das deckt sich mit Hofmannsthals Gleitendem.) *Am offenen Meer* ist ein ganz anderes Stück. Hier erklärt uns Strindberg, dass die Wissenschaft nichts über den Glauben sagen kann und reine Rationalität hilflos angesichts der fundamentalen Mysterien des Lebens ist. Träume waren für ihn das Vehikel, um augenscheinlicher Wahllosigkeit Gestalt zu verleihen – Vermischung, Transformation, Auflösung. Manchmal, schrieb er, erging es ihm wie einem Medium: Alles ergibt sich, ohne dass man sich dessen wirklich bewusst wird, es bedarf nur eines Minimums an Planung und Berechnung; doch nichts fügt sich zu einer Ordnung, nichts fügt sich, *ihm* zu gefallen. Rilke beschrieb die Entstehung seiner *Duineser Elegien* mit den mehr oder weniger gleichen Worten; Picasso bezeichnete afrikanische Masken als die »Fürbitter« seiner Kunst.[40]

Die Tatsache, dass Strindberg so vieles zugleich und niemals eindimensional war, dass er ein Experimentalist war (mit anderen Worten unzufrieden mit den Traditionen), dass er sich nach seinem Zusammenbruch von den Wissenschaften abgewandt hatte und vom Irrationalen fasziniert war – von Träumen, dem Unbewussten, dem halsstarrigen religiösen Glauben in der Welt nach Darwin –, zeichnete ihn als den Inbegriff eines Modernen im Fokus der vielen Kräfte aus, die von allen Seiten auf den Menschen einwirkten. Eugene O'Neill hielt ihn für »den Vorboten alles Modernen im Gegenwartstheater«. In jedem Fall war er ein einzigartiger *Sensor* seines Zeitalters.[41]

Strindbergs und Ibsens Auseinandersetzungen mit der Intensität des Innenlebens schlossen sich die Russen Leo Tolstoj, Iwan Turgenjew, Alexander Puschkin, Michail Lermontow und vor allem Fjodor Dostojewskij an. Einige der originellsten Erforschungen des »trügerischen Selbst«, wie John W. Burrow es nannte, wurden in Russland gemacht, vielleicht weil dieses Land im Vergleich zu anderen europäischen Staaten so rückständig war und Schriftsteller dort weniger Ansehen genossen oder wurzelloser waren. Turgenjew bediente sich sogar des Begriffs des »überflüssigen Menschen« (siehe sein *Tagebuch eines überflüssigen Menschen*, 1850) – überflüssig deshalb, weil die Protagonisten so gepeinigt von ihren Selbsterkenntnissen waren und ihr Leben so sehr an Worte und Selbstbetrachtungen verschwendeten, dass ihnen kaum noch etwas anderes gelang. Der Held aus Turgenjews gleichnamigem Roman *Rudin* (1856), der arme Student Raskolnikow aus Dostojewskijs *Schuld und Sühne* (1866), Stawrogin aus *Die Dämonen* (1872), der Pierre aus Tolstojs *Krieg und Frieden* (1869) oder der Lewin aus *Anna Karenina* (1877) unternehmen allesamt den Versuch, mit Hilfe von kriminellen Energien, romantischer Liebe, Religion oder revolutionären Aktivitäten aus ihren lähmenden Selbstbetrachtungen auszubrechen. Doch am weitesten ging wohl Dostojewskij in seiner Erzählung *Aufzeichnungen aus dem Untergrund* (1864), in der er das Leben – wenn man es denn als solches bezeichnen kann – eines kleinen Beamten schildert, der zu einer kleinen Erbschaft gelangt war und sich in einen »Raum unter dem Fußboden« zurückgezogen hat. In Wirklichkeit geht es in dieser Geschichte um das Bewusstsein, um Charakter und um das eigene Sein. Einmal stellt sich der Ich-Erzähler als eine boshafte, rachsüchtige, heimtückische Persönlichkeit dar, ein andermal erweist er sich als das genaue Gegenteil. Um diese charakterliche Widersprüchlichkeit ging es Dostojewskij. Am Ende gesteht sich der Mann ein, dass es ihm überhaupt noch nie gelang, irgendetwas wirklich zu sein. Er besitzt keine *Persönlichkeit,* er trägt eine Maske, und hinter dieser Maske verbergen sich immer neue Masken.[42]

Die Querverbindungen zum Pragmatismus von William James und Oliver Wendell Holmes liegen auf der Hand. So etwas wie eine Persönlichkeit gibt es nicht, jedenfalls nicht im Sinne einer beständigen inneren Instanz. Der Mensch verhält sich je nach Situation pragmatisch; es gibt keine Garantie auf Kohärenz; und würden die Gesetze des Zufalls als Richtschnur dienen, würde das menschliche Verhalten entlang einer Normalverteilungskurve variieren. Wir können daraus jede Lehre über uns selbst ziehen, die uns genehm ist. Die russischen Schriftsteller aber neigten allesamt zu der Schlussfolgerung, dass wir unsere Wahl oft willkürlich treffen, »nur um überhaupt irgendeine Identität zu haben«. Sogar Marcel Proust war von diesem Denken beeinflusst, als er in seinem so umfangreichen Meisterwerk *Auf der Suche nach der verlorenen Zeit* die Instabilität des Charakters im Lauf der Jahre erforschte. Auch Prousts Figuren sind unberechenbar und nehmen auf bestürzende Weise Eigenschaften an, die sich völlig von den Merkmalen anderer Menschen unterscheiden.[43]

Und schließlich Nietzsche (1844–1900). Generell betrachtet man ihn als Philosophen, obwohl er selbst erklärte, dass die Psychologie die Pole-Position unter den Wissenschaften einnehmen müsste: »Die gesammte Psychologie ist bisher an moralischen Vorurtheilen und Befürchtungen hängen geblieben: sie hat sich nicht in die Tiefe gewagt... und der Psychologe, welcher dergestalt ›Opfer bringt‹ [um solche Tiefen zu erforschen] – es ist nicht das sacrifizio dell'intelletto, im Gegentheil! – wird zum Mindesten dafür verlangen dürfen, dass die Psychologie wieder als Herrin der Wissenschaften anerkannt werde, zu deren Dienste und Vorbereitung die übrigen Wissenschaften da sind.«[44] Der Philosoph Walter Kaufmann nannte Nietzsche »den ersten großen (Tiefen-)Psychologen« und meinte damit, dass er in der Lage gewesen sei, der Selbstdarstellung einer Person auf den Grund zu gehen, um ihre versteckten Motive zu finden und herauszuhören, was ungesagt blieb. Auch Freud erkannte, was er Nietzsche schuldete, doch es war kein direktes Erbe. Wo Freud aufzeigte, dass unsere Emotionen und Wünsche nicht sind, was zu sein sie vorgeben, kam er beim Unbewussten an; Nietzsche hingegen landete beim »Willen zur Macht«. Aus Nietzsches Sicht war das trügerische Selbst oder zweite Ich weniger etwas, das sich versteckte, als etwas, das bisher nur unzulänglich erkannt wurde. Der Weg zur Erfüllung oder Selbstverwirklichung führt über den Willen, was des Prozesses der Selbstüberwindung und der Überschreitung eigener Grenzen bedarf. Das innere Selbst findet man Nietzsche zufolge nicht durch eine Innenschau, sondern vielmehr, indem man dem Inneren einen äußeren Ausdruck verleiht und anzuerkennen bestrebt ist, dass es solche Beweggründe wie Stolz gibt und man sich ihrer nicht zu schämen braucht, da sie vollkommen natürlich sind. Man erkennt sich selbst, wenn man die eigenen Schranken überwindet.[45]

Nietzsche hielt den Wissenschaftskult um Objektivität für irrelevant und erklärte (wie die Romantiker, obwohl er auch viele von ihnen hypokritisch fand), dass ein jeder sein *eigenes* Leben gestalte, seine *eigenen* Werte erschaffe. Das eigene Selbst kann nur durch aktives Tun entdeckt werden. Die Selbstdisziplin und permanente Selbstprüfung, die das Leben verdichten und intensivieren, sind der Gegenpol zu der Selbstverleugnung und Verdrängung, die den Willen zur Macht nach innen lenken, gegen das innerste Selbst, und wie im Christentum Selbsthass, Schuld und einen Groll gegen alle Gesunden, Zufriedenen und Überlegenen schüren.

In einer Welt, die von Bewusstseinsströmen gezeichnet und jeder metaphysisch gewährleisteten ethischen Bedeutung beraubt war, bot die Idee von der *Berufung* eine nahe liegende Möglichkeit, das Selbst im sozialen Kontext zu prüfen, zu schmieden und zu stabilisieren, und zwar durch ein gewähltes, geregeltes, diszipliniertes Handeln und die freiwillige Anerkennung aller damit einhergehenden Pflichten.[46]

*

Unter der Oberfläche lässt sich der Modernismus als das ästhetische Äquivalent von Freuds Unbewusstem bezeichnen. Auch er befasste sich mit dem inneren Zustand und versuchte, die modernen Widersprüche zu lösen und die Romantik mit dem Naturalismus zu verbinden, um Wissenschaft, Rationalität und Demokratie zu ordnen und zugleich ihre Mängel und Defizite zu betonen. Der Modernismus war der Versuch, mit den Mitteln der Kunst unter die Oberfläche der Dinge zu dringen. Seine Ungegenständlichkeit ist höchst selbstbewusst und intuitiv, seine Werke tragen in hohem Maße persönliche Stempel, was wiederum einen Höhepunkt an Individualität darstellte. Seine vielen »Ismen« – Impressionismus, Postimpressionismus, Expressionismus, Fauvismus, Kubismus, Futurismus, Symbolismus, Imagismus, Divisionismus, Cloisonnismus, Vortizismus, Dadaismus, Surrealismus – waren die Folgen von einer Avantgarde nach der anderen, die ihrerseits jeweils revolutionär-experimentelle Vorstöße in ein Bewusstsein von künftigen Dingen darstellten.[47] Der Modernismus war aber auch die Beerdingungsfeier der kulturellen Anciens Régimes und frohlockte, weil parallel zu den Naturwissenschaften nun auch die Kunst Konzepte von neuen geistigen und emotionalen Assoziationen anbot, deren experimentelle Formen – absurd und bedeutungslos zugleich – uns vom »gestaltlosen Universum der Zufälligkeit« erlösten.[48] Außerdem wartete man unter dem Einfluss des marxistischen Glaubens (noch war der Marxismus ein »Glaube«), dem zufolge die Revolution unvermeidlich war, ungeduldig auf einen Wandel. Auch Nihilismus lauerte nie sehr tief unter der Oberfläche, während sich die Menschen um die Unbeständigkeit der Wahrheit sorgten, die ihnen die neuen Wissenschaften eröffnete, und über den Zustand des Menschseins in neuen Metropolen räsonierten, die trügerischer waren denn je. Die Lehre vom »therapeutischen Nihilismus«, der zufolge man weder etwas gegen die Leiden des Körpers noch gegen die der Gesellschaft tun konnte, machte sich nicht nur in Metropolen wie Wien breit. Ein treffliches Werk darüber ist Oscar Wildes *Bildnis des Dorian Gray*, eine Fantasie, in der sich vorgeblich alles um ein Kunstwerk dreht, welchem die Funktion einer Seele zukommt und welches das »wahre« Ich des Protagonisten enthüllt.

Ebendies machte die *Traumdeutung* zu einem wichtigen und zeitgemäßen theoretischen Werk. Freud (der nach Meinungen der Nichtfachwelt eine »vorrevisionistische Welt« bewohnte) hatte »die Achtbarkeit des klinischen Nachweises auf einem Gebiet der Psyche« eingeführt, »das bis dahin ein Morast aus verworrenen Bildern gewesen war«.[49] Seine allgemeineren Theorien stellten die offensichtlich irrationalen Schlupfwinkel des Ich in einen logischen Zusammenhang und würdigten sie im Namen der Wissenschaft. Im Jahr 1900 schien genau das der Weg in die Zukunft zu sein.

Epilog

Das Elektron, die Elemente und das trügerische Selbst

Das Cavendish-Labor der englischen Universität Cambridge ist die wohl angesehenste wissenschaftliche Institution weltweit. Seit seiner Gründung im späten 19. Jahrhundert verdanken wir ihm einige der folgenreichsten und innovativsten Fortschritte aller Zeiten, darunter im Jahr 1897 die Entdeckung des Elektrons, 1919 die Entdeckung der Isotope von Lichtelementen, ebenfalls 1919 die erste künstlich erzielte Kernumwandlung, 1920 die Entdeckung des Protons, 1932 die Entdeckung des Neutrons, 1953 die Entschlüsselung der DNA-Struktur und 1967 die Entdeckung der Pulsare. Seit 1901 der erste Nobelpreis verliehen wurde, haben über zwanzig Wissenschaftler, die am Cavendish arbeiteten oder ausgebildet worden waren, den Nobelpreis für Physik oder Chemie erhalten.[1]

Drei Jahre nach seiner Gründung 1871 öffnete das Labor seine Pforten. Untergebracht war es in einem neugotischen Gebäude an der Free School Lane, das sich sechs steinerner Giebel an der Fassade rühmte und mit vielen kleinen Zimmern ausgestattet war, die, so Steven Weinberg, wie ein Kaninchenbau »durch ein undurchschaubares Netzwerk aus Treppen und Korridoren« miteinander verbunden waren. Am Ende des 19. Jahrhunderts war jedoch nur wenigen Menschen klar gewesen, was »Physiker« eigentlich taten. Der Begriff war relativ neu, und es gab weder so etwas wie ein mit öffentlichen Geldern finanziertes Labor, noch war bis dahin auch nur irgendjemand auf die Idee gekommen, ein solches Labor einzurichten. Außerdem war der Stand der Physik nach heutigen Standards damals ausgesprochen primitiv. In Cambridge wurde die Disziplin noch im Rahmen der Mathematik gelehrt und im Zuge des *tripos* geprüft (der letzten Honours-Prüfung im Fach Mathematik), das heißt, sie gehörte einem Fachbereich an, der nichts anderes tat, als junge Engländer mit den nötigen Fähigkeiten für höhere Regierungsämter in der Heimat oder dem Empire auszustatten. In diesem System war kein Platz für Forschung. Physik war Teil der Mathematik, und Mathematik wurde gelehrt, damit die Studenten dereinst als Kleriker, Anwälte, Lehrer oder Beamte (aber nicht Physiker) in der Lage waren, anstehende Probleme zu lösen. Erst als der ökonomische Wettbewerb zwischen Deutschland, Frankreich, den Vereinigten Staaten und Großbritannien in den siebziger Jahren des 19. Jahrhunderts immer schärfere Formen anzunehmen begann – im Wesentlichen als das Resultat der deutschen Einigung und all der Fortschritte, die die Vereinigten Staaten seit Ende des Bürgerkriegs gemacht hatten –, begannen die Universitäten zu expandieren. Und angesichts des Labors für experimentelle Physik, das in Berlin eingerichtet worden war, beschloss man nun auch in Cambridge eine entsprechende Umstrukturierung. William Cavendish, der siebte Herzog von Devonshire, ein Großgrundbesitzer und Industrieller, dessen Vorfahre Henry Cavendish eine frühe Autorität auf dem Gebiet der Schwerkraftforschung gewesen war, zeigte sich geneigt, ein Labor zu finanzieren, vorausgesetzt, die Universität würde ihr Versprechen einlösen und einen Lehrstuhl für *Experimentalphysik* einrichten. Bei der Eröffnungsfeier wurde dem Herzog ein Schreiben übergeben, das ihn (in elegantem Latein) davon in Kenntnis setzte, dass das Labor ihm zu Ehren »Cavendish Laboratory« heißen würde.[2]

Erfolge sollte das neue Labor allerdings erst nach ein paar Fehlstarts haben. Nachdem man vergeblich versucht hatte, William Thomson – den späteren Lord Kelvin – aus Glasgow als Leiter zu gewinnen (ihm war nicht nur die Idee vom absoluten Nullpunkt der später so genannten »Kelvin-Skala« zu verdanken, er hatte auch das Seine zum zweiten Hauptsatz der Thermodynamik beigetragen), dann den Direktorenposten dem deutschen Physiker Hermann von Helmholtz angetragen hatte (der mit unzähligen Entdeckungen und Erkenntnissen aufzuwarten hatte, darunter mit einer frühen Variante des Quants), bot man ihn schließlich dem Schotten und Cambridge-Absolventen James Clerk Maxwell an. Und das erwies sich als ausgesprochener Glücksfall, denn Maxwell wurde nach allgemeiner Meinung »der größte Physiker zwischen Newton und Einstein«.[3] Er war es, der die mathematischen Gleichungen löste, welche zum grundlegenden Verständnis der Elektrizität und des Magnetismus führten, die Natur des Lichts erklärten und es dem deutschen Physiker Heinrich Rudolf Hertz 1887 in Karlsruhe ermöglichten, die Existenz von elektromagnetischen Wellen – oder wie man heute sagt: die Radiofrequenzstrahlung – nachzuweisen.

Ein von Maxwell ins Leben gerufenes Forschungsprogramm am Cavendish hatte den Auftrag, einen exakten Messwert für Elektrizität unter Berücksichtigung der Widerstandseinheit (Ohm) zu erarbeiten. Angesichts der schnellen Verbreitung der Telegrafie in den fünfziger und sechziger Jahren des 19. Jahrhunderts war das wahrlich eine Angelegenheit von internationaler Bedeutung. Maxwells Initiative sollte Großbritannien auf diesem Gebiet an die Spitze katapultieren und das Cavendish-Labor zur überragenden Institution machen, wenn es darum ging, praktische Probleme zu lösen und neue Messtechniken oder Instrumente zu entwickeln.

Die praktischen Lösungen, die das Labor offerierte, trugen mindestens so viel zu seiner entscheidenden Rolle im goldenen Zeitalter der Physik zwischen 1897 und 1933 bei wie alle anderen Forschungen, die dort geleistet wurden. Es hieß, wer als Wissenschaftler am Cavendish arbeitete, der habe »das Gehirn in den Fingerspitzen«.[4]

Nach Maxwells Tod im Jahr 1879 übernahm Lord Rayleigh die Leitung. Er setzte dessen Arbeit fort, trat jedoch schon nach fünf Jahren in den Ruhestand, um sich auf seinen Besitz nach Essex zurückzuziehen. Ziemlich unerwartet ging der Posten nun an den erst achtundzwanzigjährigen Joseph John Thomson, der sich trotz seiner jungen Jahre in Cambridge schon einen Ruf als mathematischer Physiker erworben hatte. Und man darf wohl sagen, dass Thomson, der von aller Welt nur »J. J.« genannt wurde, der zweiten wissenschaftlichen Revolution schließlich genau die Initialzündung verpassen sollte, welche die Welt zu der machte, die wir kennen. Die erste wissenschaftliche Revolution, man erinnere sich (Kapitel 23), fand ungefähr zwischen den im Jahr 1543 veröffentlichten astronomischen Entdeckungen von Kopernikus und den im Jahr 1687 unter dem Titel *Principia Mathematica* publizierten Erkenntnissen statt, die Isaac Newton rund um das Thema Gravitation gewonnen hatte. Die zweite wissenschaftliche Revolution sollte sich nun rund um die neuen Erkenntnisse aus Physik, Biologie und Psychologie entwickeln.

Die Physik übernahm dabei die Vorreiterrolle. Auf diesem Gebiet waren die Dinge schon vor geraumer Zeit in Bewegung geraten, hauptsächlich als es darum ging, die herrschenden Unstimmigkeiten bei der Frage zu klären, was ein Atom ist. Die Idee vom Atom als einer elementaren, unsichtbaren und unteilbaren Materie ging auf die griechische Antike zurück; im 17. Jahrhundert hatte Newton darauf aufbauend das Bild von Teilchen entworfen, die hart und undurchdringlich wie winzige Billardkugeln waren. In den ersten Jahrzehnten des 19. Jahrhunderts sahen sich Chemiker wie John Dalton dann gezwungen, die *Theorie* zu akzeptieren, dass es sich bei Atomen um die kleinste elementare Einheit handle, da sich bestimmte chemische Reaktionen nur auf dieser Basis erklären ließen – beispielsweise die Frage, weshalb zwei farblose Flüssigkeiten augenblicklich einen weißen Feststoff ergaben oder »präzipitierten«, wenn man sie vermischte. Diese chemischen Eigenschaften und die Erkenntnisse von ihren systematischen Variationen im Verbund mit dem jeweiligen Atomgewicht brachten den russischen Chemiker Dimitri Mendelejew auf seinem Landsitz Twer, rund zweihundertfünfzig Kilometer vor den Toren Moskaus, schließlich auf die Idee, eine »chemische Patience« mit dreiundsechzig Karten zu legen, die er mit den Namen der Elemente, dem jeweiligen Atomgewicht und den jeweiligen Eigenschaften beschriftet hatte, um sie dann so lange nach den Regeln der Patience auszulegen, bis er eine Periodentabelle der Elemente zustande gebracht hatte. Später sollte man sie als das Alphabet der Sprache des Universums bezeichnen. Mendelejews Tabelle legte nun erstmals nahe, dass es Elemente geben musste, die noch ihrer Entdeckung harrten, und verzahnte sich außerdem aufs Beste mit den Entdeckungen der Teilchenphysiker. Das heißt, sie stellte eine rationale Verbindung zwischen Physik und Chemie her und war damit der erste Schritt zu einer Vereinheitlichung der Naturwissenschaften, die ein so entscheidender Aspekt im Wissenschaftsbetrieb des 20. Jahrhunderts werden sollte.

Bei Newtons Vorstellungen vom Atom hatte auch Maxwell angesetzt, als er die Leitung des Cavendish-Labors übernahm: 1873 fügte er Newtons mechanischem Weltbild von den aufeinander prallenden, winzigen Billardkugeln die Idee von einem elektromagnetischen Feld hinzu, das den »leeren Raum« zwischen den Atomen füllt und durch das sich magnetische Energie mit Lichtgeschwindigkeit bewegt. Doch auch er hielt Atome noch für Festkörper und daher für prinzipiell mechanisch.[5]

Das Problem war, dass Atome, so sie denn existierten, einfach zu klein waren, um mit der zur Verfügung stehenden Technologie beobachtet werden zu können. Erst mit dem deutschen Physiker Max Planck begannen sich die Dinge zu ändern. Seine »Inauguraldissertation« hatte Planck *Über den zweiten Hauptsatz der mechanischen Wärmetheorie* geschrieben. Der zweite Hauptsatz der Thermodynamik war ursprünglich von dem in Pommern geborenen Physiker Rudolf Clausius identifiziert und erstmals 1850 vorgestellt worden – wenngleich Lord Kelvin einige Vorarbeit dazu geleistet hatte. Und dieses Gesetz besagte nun etwas, das jedermann beobachten konnte, nämlich dass sich Energie bei einer Aktivität in Wärme verwandelt *und* dass sich diese nicht spontan in eine nutzbringende Form zurückverwandeln lässt. Es war eine reine Beobachtung des gesunden Menschenverstands gewesen, jedoch von ungemeinen Konsequenzen. Erstens muss, wenn Wärme (Energie) niemals wieder in ihre ursprüngliche Form zurückverwandelt oder nutzbar gemacht werden kann, das Universum allmählich zu zufälligen Prozessen zerfallen. Ein verfallenes Haus baut sich aber nicht von selbst wieder auf, eine zerbrochene Flasche setzt ihre Scherben nicht wieder zu sich selbst zusammen. Clausius nannte diese irreversibel zunehmende Zerstreuung von Energie »Entropie« und kam zu dem Schluss, dass das Universum irgendwann am Ende seiner Kräfte angelangt sein müsse. Max Planck verdeutlichte die Signifikanz dieses Prozesses in seiner Dissertation. Der zweite Hauptsatz der Thermodynamik beweist in der Tat, dass Zeit ein Grundbestandteil des Universums – der Physik – ist. Das vorliegende Buch begann mit der Entdeckung der grauen Vorzeit, und mit Planck schließt sich nun den Kreis. Was immer Zeit sonst noch sein mag: Sie ist in jedem Fall ein Grundelement der Natur und auf eine Weise mit Materie verbunden, die wir noch immer nicht voll und ganz verstanden haben. Zeit bedeutet, dass das Universum ein einseitiger Prozess ist und Newtons Vorstellung von den Billardkugeln deshalb falsch oder doch zumindest unvollständig sein muss. Denn da sich Kugeln in alle Richtungen bewegen können, müsste es so gesehen auch dem Universum möglich sein, sich in beide Richtungen, vorwärts und zurück, zu bewegen.[6]

Doch wenn Atome keine Billardkugeln waren, was waren sie dann?

Die neue Physik, die nun Schritt für Schritt näher ins Blickfeld zu rücken begann, hatte sich aus einem alten Problem erhoben und war mit Hilfe eines neuen Instruments sichtbar gemacht worden. Das alte Problem war die Elektrizität und die Frage, was sie eigentlich ist. Benjamin Franklin war einer Antwort schon ziemlich nahe gekommen, als er sie mit etwas »Dünnflüssigem« verglich, aber das Vorankommen bei dieser Frage gestaltete sich schwierig, denn es war ja nicht gerade ein Kinderspiel, die wichtigste natürliche Erscheinungsform von Elektrizität, nämlich den Blitz, ins Labor zu transportieren. Der erste Fortschritt gelang mit der Feststellung, dass auch im Teilvakuum von Barometern manchmal »Lichtblitze« entstanden, denn diese Erkenntnis sollte zur Erfindung eines neuen Instruments führen, das, wie sich herausstellte, von entscheidender Bedeutung war: zu einer Glasröhre, an deren Enden Metallplättchen als Elektroden eingeschmolzen und über Drähte mit der Spannungsquelle verbunden waren. Zuerst wurde die Luft aus diesen Glasbehältern gepumpt und ein Vakuum gebildet, dann wurden Gase eingeleitet und Strom durch die Elektroden gejagt (was ein wenig wie beim Blitz funktionierte). Anschließend beobachtete man, was geschah und wie sich die Gase verhielten. Und bei diesen Experimenten wurde nun ein rätselhaftes Leuchten festgestellt, sobald Strom durch die luftleeren Glasröhren floss. Zuerst verstand man die genaue Ursache dieses Leuchtens nicht, dann entdeckte Eugen Goldstein, dass Strahlen aus der Kathodenoberfläche in den elektrischen Kreislauf eingespeist und von der Anode absorbiert wurden: Er taufte sie »Kathodenstrahlen«. Doch erst im letzten Jahrzehnt des 19. Jahrhunderts sollten Experimente mit Kathodenstrahlröhren diesen Vorgang restlos klären und die moderne Physik auf ihren triumphalen Weg schicken.

Zuerst beobachtete Wilhelm Conrad Röntgen im November 1895 in Würzburg, dass Kathodenstrahlen, die auf die Glaswand einer Kathodenstrahlröhre trafen, zur Emission einer Strahlung von ungemein hoher Durchdringungskraft führten. Er nannte sie »X-Strahlen« (nach dem mathematischen x für eine unbekannte Größe). Diese X-Strahlen brachten unterschiedlichste Metalle zum Fluoreszieren, aber am erstaunlichsten war Röntgens Entdeckung, dass sie auch das weiche Gewebe seiner Hand durchdringen und die Knochen im Inneren sichtbar machen konnten. Ein Jahr später beschloss Henri Antoine Becquerel – fasziniert von der Fluoreszenz, die Röntgen beobachtet hatte – herauszufinden, ob auf natürliche

Weise fluoreszierende Substanzen dieselbe Wirkung hatten. Sein berühmtes Experiment sollte dann jedoch aus purem Zufall entstehen: Er hatte etwas Uranylkaliumsulfat auf ein Fotopapier gestreut und dieses mehrere Tage lang in einer Schublade aufbewahrt. Als er das nächste Mal einen Blick darauf warf, sah er, dass die Salzkörner auf dem Papier abgebildet waren. Da das Papier durch keinen natürlichen Lichteinfall aktiviert worden sein konnte, musste diese Veränderung durch das Uransalz entstanden sein. Becquerel hatte die auf natürlichem Wege entstehende Radioaktivität gefunden.[7]

Doch Thomson sollte mit einer Entdeckung im Jahr 1897 allem die Krone aufsetzen, dem Cavendish-Labor seinen ersten großen Erfolg bescheren und damit die moderne Physik endgültig auf den Weg bringen. Es war wohl eines der aufregendsten und bedeutendsten intellektuellen Abenteuer der modernen Welt: Er pumpte bei mehreren Experimenten unterschiedliche Gase in Glasröhren, ließ Strom durchlaufen und ummantelte die Röhren dann zeitweise mit Magneten oder umgab sie mit elektrischen Feldern. Durch diese systematische Veränderung der Grundbedingungen gelang ihm der Nachweis, dass Kathodenstrahlen in Wirklichkeit infinitesimal winzige *Teilchen* sind, die aus der Kathode ausbrechen und von der Anode angezogen werden. Zudem fand er heraus, dass die Bahn dieser Teilchen durch ein elektrisches Feld verändert und durch ein magnetisches Feld in eine Kurve verwandelt werden konnte; und schließlich entdeckte er etwas noch Wichtigeres, nämlich dass diese Teilchen leichter als Wasserstoffatome – die kleinste bekannte Materieeinheit – waren und völlig unverändert blieben, *unabhängig* von der Art des Gases, durch das die elektrische Ladung floss. Damit war Thomson wirklich eine fundamentale Entdeckung gelungen, nämlich der erste experimentelle Hinweis auf die kommende Teilchentheorie.[8]

Das Teilchen oder »Korpuskel«, wie Thomson es anfänglich noch nannte, kennt man heute unter dem Begriff »Elektron«. Diese Entdeckung und Thomsons systematische Erforschung der Eigenschaften dieses Teilchens führten direkt zu Ernest Rutherfords nächstem Durchbruch ein Jahrzehnt später. Er verglich den Aufbau des Atoms mit einem »Sonnensystem« en miniature, in dem winzige Elektronen den massiven Kern umkreisen wie Sterne die Sonne. Im Zuge dieser Forschung gelang Rutherford der experimentelle Nachweis von Einsteins originären Gedanken, die er mit seiner berühmten Formel $E = mc^2$ (1905) auf den Punkt gebracht hatte, nämlich dass Materie und Energie im Wesentlichen dasselbe sind. Die Folgen dieser Erkenntnisse und der anschließenden experimentellen Ergebnisse – darunter Thermonuklearwaffen und das politische Patt, das mit dem Namen »Kalter Krieg« bedacht wurde – sprengen den Rahmen dieses Buches. Doch für unser Thema ist Thomsons Arbeit ohnedies aus einem ganz anderen Grund von Bedeutung.[9]

Er gewann seine Erkenntnisse durch das systematische Experiment. In der Einleitung führte ich die Seele, die Idee von Europa und das Experiment als die drei einflussreichsten Ideen der Geschichte an. Nun ist es an der Zeit, diese Behauptung zu belegen. Und das gelingt am besten, wenn man sie in umgekehrter Reihenfolge betrachtet.

*

Es wird gewiss niemand begründete Zweifel an der Behauptung anmelden wollen, dass die Staaten, die wir als Ganzes »den Westen« nennen – womit wir traditionell vor allem Westeuropa und Nordamerika, aber auch solche Außenposten wie Australien meinen –, die erfolgreichsten und wohlhabendsten Gesellschaften auf Erden sind und schon seit beträchtlicher Zeit waren, sowohl im Hinblick auf materielle als auch auf politische Vorteile und deshalb auch in Bezug auf die ethischen Freiheiten, die ihre Bürger genießen. (Die Situation beginnt sich gerade zu ändern, aber das Gefühl, dass dem so sei, ist noch weitgehend vorhanden.) Und diese Vorteile sind insofern ihrerseits miteinander verknüpft, als viele materielle Fortschritte unter den Bedingungen einer generellen Demokratisierung – medizinischen Innovationen, aber auch den zur Verfügung stehenden Massenmedien, Verkehrstechnologien und all den Industrieprozessen – gesellschaftliche und politische Freiheiten mit sich bringen, die fast ausnahmslos die Früchte wissenschaftlicher Innovationen sind, welche auf Beobachtung, Experiment und Ableitung beruhen. Das Experiment ist hier jedoch von grundlegenderer Bedeutung, da es zugleich eine unabhängige, rationale (und daher demokratische) Form von *Autorität* darstellt. Und von dieser Autorität des Experiments, von dieser Autorität der wissenschaftlichen *Methode*, profitieren wir alle, unabhängig vom Rang des jeweiligen Wissenschaftlers oder seiner Nähe zu Gott oder seinem König. Denn diese Autorität offenbart und bestätigt sich in und mit den unzähligen Technologien, die der modernen Welt zugrunde liegen. *Das* ist es, was das Experiment zu einer so wichtigen Idee macht. Die wissenschaftliche Methode in ihrer besten Form ist, von all ihren anderen Attraktionen einmal abgesehen, die wahrscheinlich reinste Form von Demokratie, die es gibt.

Doch damit erhebt sich sofort die Frage: Warum fand das Experiment eigentlich zuerst und auf produktivste Weise im so genannten Westen statt? Die Antwort darauf erklärt, weshalb die Idee von Europa beziehungsweise ihre Umsetzung ungefähr zwischen 1050 und 1250 n. d. Z. so wichtig gewesen war. Wir haben die Umbrüche, die dazu führten, im 15. Kapitel behandelt, sollten die entscheidenden Punkte aber vielleicht noch einmal rekapitulieren: Wir können von Glück reden, dass Europa nicht im selben Ausmaß wie Asien von der Pest zerstört wurde; dass es als erste Landmasse »voller Menschen« war, die die Idee von der Effizienz zu einem Wert erhoben, um den begrenzten Ressourcen etwas entgegenzusetzen; dass daraus Individualität entstand; und dass die Entwicklungen im christlichen Glauben eine vereinheitlichende Kultur hervorbrachten, die ihrerseits den Keim für die Universitäten legte, in denen sich ein unabhängiges Denken heranbilden konnte, welches wiederum die Ideen von der Säkularität und dem Experiment konzipierte. Eines der gewiss folgenschwersten Ereignisse in der Ideengeschichte begab sich Mitte des 11. Jahrhunderts: Im Jahr 1065 oder 1067 wurde in Bagdad die theologische Hochschule Nizamiya gegründet, die der großen geistigen Offenheit der arabisch-islamischen Wissenschaft, welche zwei bis drei Jahrhunderte floriert hatte, ein Ende setzen sollte. Kaum zwanzig Jahre später, im Jahr 1087, begründete Irnerius die Glossatorenschule von Bologna und brachte damit eine große europäische Gelehrtenbewegung ins Rollen. Während sich also die eine Kultur herunterwirtschaftete, begann die andere laufen zu lernen. Die Gestaltung Europas war der größte Wendepunkt in der Ideengeschichte.

*

Es mag sich vielleicht für manchen Leser seltsam anhören, dass ausgerechnet die »Seele« ein Kandidat für die dritte einflussreichste Idee der Geschichte sein soll. Ist denn die Idee von Gott nicht mächtiger, universeller? Und gibt es hier nicht sowieso eine massive Überlappung? Sicher, Gott war im Verlauf der gesamten Geschichte die mächtigere Idee und ist es in vielen Teilen der Welt bis heute geblieben. Trotzdem gibt es zwei gute Gründe, die Seele als eine noch einflussreichere und fruchtbarere Idee aus Vergangenheit und Gegenwart als sogar die Idee von Gott darzustellen.

Erstens wurde mit der Erfindung des Jenseits (einem Gedanken, dem sich nicht alle Religionen öffneten), ohne das ein Gebilde wie die Seele sehr viel weniger Bedeutung gehabt hätte, den organisierten Religionen der Weg zu einer besseren *Kontrolle* des menschlichen Geistes bereitet. In der Spätantike und im Mittelalter war den Kirchenmännern dank dieser »Seelentechnologie«, wie man es nennen könnte, und dank ihrer Verknüpfungen mit einem Leben nach dem Tode, mit Gott und vor allem mit dem Klerus, außergewöhnlich viel Autorität beschert worden. Es war mit Sicherheit diese Idee von der Seele gewesen, welche (auch wenn sie den menschlichen Geist viele Jahrhunderte lang immens bereichert hat) die Gedankenfreiheit ebenso behinderte wie die physische Freiheit, den Fortschritt verzögerte und das größtenteils ahnungslose Laientum in der Knechtschaft eines gebildeten Klerus hielt. Man denke nur an die Versicherung des Mönches Tetzel, dass man sich einen Ablass für die Zeit der Seele im Fegefeuer und eine Garantie erkaufen könne, dass sie sich in den Himmel erheben würde, sobald die Kasse klingelt. Nicht zuletzt diese missbräuchliche »Seelentechnologie« führte zur Reformation, die dann trotz Johannes Calvins Vorkehrungen in Genf ihrerseits dafür sorgte, dass sich der Glaube der Kontrolle des Klerus zu entziehen begann und Zweifel wie Unglaube um sich griffen. Die diversen Transformationen des Seelenbegriffs (von der im Samen enthaltenen Seele, an die man im aristotelischen Griechenland glaubte, über die dreigeteilte Seele des *Timaios*, dann die im Mittelalter und in der Renaissance herrschende Vorstellung vom *Homo duplex*, und schließlich über eine Seele, die das weibliche Prinzip oder eine Art von Vogel verkörperte, bis hin zu Andrew Marvells Dialog zwischen Seele und Körper) mögen uns kurios vorkommen, doch in ihrer Zeit wurden sie ernsthaft debattiert und waren wichtige Stufen auf der Leiter, die zu der modernen Idee vom Ich führte. Die Transformation, die im 17. Jahrhundert stattfand – von den Körpersäften über die Eingeweide zum Gehirn als dem Sitz des essenziellen Ich –, war neben Hobbes' Einwand, dass es gar keine »Anima« oder Seele gebe, ebenso entscheidend für die folgende Entwicklung wie Descartes' Umgestaltung der Seele von einem religiösen zu einem *philosophischen* Begriff.[10] Die Verwandlung der Welt der Seele (und des Jenseits) in die Welt des Experiments (im Hier und Jetzt), die als Erstes und am gründlichsten in Europa vollzogen wurde, beschreibt einen fundamentalen Unterschied zwischen der alten und der modernen Welt und stellt bis heute den bedeutendsten historischen Gesinnungswandel im Hinblick auf das Prinzip von geistiger Autorität dar.

Doch es gibt noch einen anderen – und ganz andersartigen – Grund, weshalb die Seele zumindest im Westen eine so wichtige und wohl auch bedeutendere und fruchtbarere Idee ist als die von Gott. Um es geradeheraus zu sagen: Die Idee von der Seele hat die Idee von Gott überlebt. Man könnte sogar sagen, dass sie sich über Gott und die Religion hinaus entwickelte, da sich sogar Menschen, die bar jeden Glaubens sind – oder *gerade* Menschen ohne Glauben – mit dem Innenleben befassen.

Wir finden die beständige Macht der Seele und ihre zugleich ständig im Werden begriffene Natur an mehreren entscheidenden Kreuzwegen der Geschichte bestätigt. Sie offenbarte ihre Kraft nach einem bestimmten, immer wiederkehrenden Muster, wenn auch jedes Mal in etwas anderer Form. Man könnte es als eine wiederholte »Innenschau« der Menschheit bezeichnen, als den periodisch aufflammenden Versuch, die Wahrheit zu finden, indem man tief in sich selbst hineinblickt. Zum ersten Mal fand eine solche Verinnerlichung unseres Wissens nach im Achsenzeitalter statt, also ungefähr zwischen dem 7. und 4. Jahrhundert v. d. Z. Damals geschah mehr oder weniger simultan etwas sehr Ähnliches in Palästina, Indien, China, Griechenland und höchstwahrscheinlich auch in Persien. In jedem dieser Länder war die jeweils etablierte Religion zu der protzigen und ungemein ritualistischen Angelegenheit einer anmaßenden Priesterschaft geworden, die sich in eine äußerst privilegierte Position manövriert hatte. Der Klerus war zu einer erblichen Kaste geworden, die den Zugang zu Gott oder den Göttern regulierte und in materieller wie geistlicher Hinsicht von ihrer erhabenen Position profitierte. Dann tauchten in allen Fällen Propheten (Israel) oder Weise (Buddha und die Verfasser der Upanischaden in Indien, Konfuzius in China) auf, die die Priesterschaft anprangerten und eine Kehrtwende forderten, eine Besinnung auf das Innere, mit der Begründung, dass sich wahre Heiligkeit nur durch irgendeine Art von Selbstverleugnung und eine prüfende Innenschau erreichen lasse. Platon fand den Geist bekanntlich der Materie überlegen.[11]

Diese Männer erleuchteten den Weg durch ihr persönliches Beispiel. Jesus und Augustinus predigten die mehr oder weniger gleiche Botschaft. Jesus betonte die Gnade Gottes und stellte die innere Überzeugung des Gläubigen über die Einhaltung von äußeren Ritualen (Kapitel 7). Augustinus befasste sich intensiv mit dem freien Willen und erklärte, dass der Mensch die Fähigkeit besitze, die Moralität einer Begebenheit oder einer Person selbst zu bewerten und dann ein Urteil zu fällen, in dem seine eigenen Prioritäten zum Ausdruck kommen. Für Augustinus bedeuteten der tiefe Blick ins eigene Innere und die Entscheidung für Gott gleichsam, Gott zu erfahren (Kapitel 10). Im 12. Jahrhundert kam es zu einer weiteren großen Verinnerlichung der römisch-katholischen Kirche (Kapitel 16): Mit wachsender Zuversicht machte man sich bewusst, dass Gott die innere Bußfertigkeit jeder äußerlichen Buße vorzog. In dieser Zeit erklärte das Vierte Laterankonzil die Beichte zur regelmäßigen Pflicht. Einen sehr ähnlichen Effekt hatte die Pest im 14. Jahrhundert. Die ungeheure Zahl der Toten machte die Menschen pessimistisch und drängte sie zu einem stärker verinnerlichten, persönlicheren Glauben (im Kielwasser des Schwarzen Todes wurden sehr viel mehr Privatkapellen errichtet und wohltätige Stiftungen ins Leben gerufen, außerdem erlebte der Mystizismus starken Zulauf). In Florenz versuchte Fra Girolamo Savonarola Ende des 15. Jahrhunderts – überzeugt, dass er von Gott gesandt worden sei, um die innere Erneuerung des italienischen Volkes herbeizuführen –, die Kirche mit permanenten Warnungen vor den schrecklichen Übeln, die über alle kommen würden, so nicht eine schnelle und vollständige innere Umkehr stattfinde, zu einer Regeneration zu bewegen.

Und dann natürlich die protestantische Reform im 16. Jahrhundert (Kapitel 22) – die wohl umfassendste innere Einkehr aller Zeiten. Angesichts der päpstlichen Behauptung, dass die Gläubigen sogar Ablässe für die Seelen von Verwandten im Fegefeuer kaufen könnten, platzte Martin Luther endgültig der Kragen. Er verkündete, dass der Mensch die Vermittlung des Klerus nicht brauche, um die Gnade Gottes zu erfahren; all der Pomp der katholischen Kirche und ihre theologische Selbstdarstellung als Vermittler zwischen dem Menschen und seinem Schöpfer seien Humbug und durch nichts in der Heiligen Schrift belegt. Er drängte auf eine Rückkehr zur wahren inneren Bußfertigkeit: Nur die wahre innere Reue könne eine wirkliche Vergebung der Sünden bewirken. Das Einzige, was zählte, war das Gewissen. Im 17. Jahrhundert war es Descartes, der sich auf so berühmte Weise auf das Innerste besann und erklärte, dass sich der Mensch nur auf sein inneres Selbst und vor allem den eigenen Zweifel verlassen könne.

Auch die Romantik im späten 18. und frühen 19. Jahrhundert war ein Wendepunkt, nämlich eine Reaktion auf die Aufklärung und die Idee oder Einstellung des 18. Jahrhunderts, dass sich die Natur am besten naturwissenschaftlich erklären lasse. Im Gegenteil, sagten die Romantiker, das einzig Unanfechtbare im Leben sei das innerliche Erleben. Sowohl Rousseau als auch Kant erklärten ganz im Sinne von Vico, dass wir der inneren Stimme lauschen müssten, wenn wir erfahren wollten, wie wir uns verhalten sollen.[12] Darauf aufbauend verkündeten die Romantiker, dass alles, was wir im Leben wertschätzen, vor allem die Moral, im Inneren entstehe. Diese Ansicht spiegelte sich auch im Aufstieg des Romans und anderer Kunstformen.

Vor allem bei den Romantikern lässt sich deutlich die Evolution der Idee von der Seele nachvollziehen. John W. Burrow schrieb, dass die Essenz der Romantik und vielleicht sogar jeder anderen »inneren Einkehr« im Verlauf der Geschichte die Vorstellung vom *Homo duplex* gewesen sei, die Idee von der »Zweiheit des Menschen« oder von einem anderen – und oft höheren oder besseren – Ich, welches es zu entdecken und zu befreien galt. Arnold Hauser formulierte es anders. Ihm zufolge leben wir auf zwei Ebenen, in zwei verschiedenen Sphären. Und diese beiden Daseinsformen durchdringen einander so tief, dass die eine der anderen niemals als Antithese untergeordnet oder gegenübergestellt werden könne. Auch wenn dieser Dualismus des Seins kein neues Konzept war und auch wenn uns die Idee von *coincidentia oppositorum*, dem »Zusammenfall der Gegensätze«, bereits recht vertraut war, wurde diese Zweiheit, diese existenzielle Duplizität, doch niemals zuvor so intensiv erlebt wie zu Zeiten der Romantik.[13]

Von der Romantik und von ihren Gefühlen angesichts der Existenz eines zweiten Ich sprach auch Henri Ellenberger in der *Entdeckung des Unbewussten*, seinem umfangreichen Werk über den Königsweg zur Tiefenpsychologie, der in den Ideen von Sigmund Freud, Alfred Adler und Carl Gustav Jung gipfelte. Das Unbewusste war die letzte große Innenschau und zugleich der erste Versuch, sich wissenschaftlich zum Innenleben vorzutasten.

Die Tatsache, dass dieser Versuch fehlschlug, ist, wie wir nun sehen werden, von einer viel weiter reichenden Bedeutung als seine therapeutische Unzulänglichkeit.

*

Die Romantik, der Wille, die Bildung, die Berufung im Weber'schen Sinne, der Volksgeist, die Entdeckung des Unbewussten, die Innerlichkeit – das Innenleben als Leitmotiv also, das zweite oder, wie Kant sagte, erhabenere Selbst, hinterließen mindestens so deutliche, wenn nicht noch deutlichere Spuren im Denken des 19. Jahrhunderts als in den Denkweisen der übrigen historischen Zeit. Und da es eine vorrangig deutsche Auseinandersetzung mit dem Irrationalen war, wurde sie auch schon von vielen als der »Urgrund« für die Schrecken des Nationalsozialismus im 20. Jahrhundert bezeichnet (dessen Ziel es war, der Menschheitsgeschichte einen Übermenschen zu bescheren, welcher kraft seines Willens alle Schranken überwindet). Das war wahrlich keine Belanglosigkeit, steht aber für die Zwecke unseres Buches nicht im Mittelpunkt. Uns stellt sich hier vielmehr die Frage, inwieweit dieses Leitmotiv zu einer Schlussfolgerung über die Ideengeschichte als solche verhelfen kann. Mit Sicherheit jedenfalls wurde dieses Motiv durch das oben beschriebene einheitliche Muster all der periodischen Versuche bestätigt, tief in sich hineinzublicken, immer auf der Suche nach Gott, der Erfüllung, einer Katharsis, den »wahren« Beweggründen, dem »wahren« Ich.

Alfred North Whitehead fällte das berühmte Urteil, dass die Geschichte des abendländischen Denkens aus einer Reihe von Fußnoten zu Platon bestehe. Am Ende unserer langen Reise können wir jedoch erkennen, dass Whitehead bestenfalls teilweise Recht hatte, unabhängig davon, ob er es nun rhetorisch oder ironisch gemeint hatte. Im Reich der Ideen verlief die Geschichte in zwei Hauptströmungen (damit vereinfache ich natürlich stark, doch letztlich *ist* das die Schlussfolgerung): Zum einen gab es die Geschichte, die sich »da draußen« abspielte, in der Welt außerhalb des Menschen, in der aristotelischen Welt der Beobachtung, Erforschung, der Reisen, Entdeckungen, Messungen, Experimente und Manipulationen der Umwelt – kurzum: in der materialistischen Welt, die wir heute als die der Naturwissenschaften verstehen. Dieses Abenteuer verlief zwar ganz und gar nicht geradlinig, und die Fortschritte, die sich auf diesem Weg einsammeln ließen, waren oft sehr unsystematisch oder wurden endlose Jahrhunderte lang durch (hauptsächlich) religiöse Fundamentalisten behindert und aufgehalten. Trotzdem muss dieser Weg alles in allem als ein Erfolg betrachtet werden. Es werden wohl nur wenige bestreiten, dass der materielle Forschritt, der sich im 20. Jahrhundert so beschleunigte, zwar nicht überall, aber doch zumindest in großen Teilen der Welt für jeden sichtbare Spuren hinterlassen hat.

Die andere Hauptströmung in der Ideengeschichte war die Erforschung des menschlichen Innenlebens, der Seele und/oder des zweiten Ich, also dessen, was wir (im Einklang mit Whitehead) als das platonische – im Gegensatz zum aristotelischen – Unterfangen bezeichnen können. Diese Strömung lässt sich ihrerseits wieder zweiteilen. Erstens gab es die Geschichte des ethischen, sozialen und politischen Lebens und der Entwicklung von gemeinschaftlichen Lebensformen – und die kann nur als ein bedingter Erfolg betrachtet werden, oder bestenfalls als ein Projekt, das überwiegend, aber nicht nur positive Ergebnisse brachte. Die Übergänge, die auf breiter Ebene von autokratischen Monarchien (seien sie weltlicher oder päpstlicher Art gewesen) über den Feudalismus zur Demokratie, und von theokratischen Lebensbedingungen zu säkularen geführt haben, brachten mit Sicherheit mehr Menschen mehr Freiheiten und auch mehr Möglichkeiten für eine Selbstverwirklichung (natürlich allgemein gesprochen, es gibt immer Ausnahmen). Die diversen Stadien dieses Entwicklungsprozesses wurden im Verlauf des vorliegenden Buches dargestellt. Die heutigen politischen und rechtlichen Arrangements mögen zwar in den verschiedenen Teilen der Welt unterschiedlich sein, doch alle Völker *verfügen* heutzutage über politische und rechtliche Systeme. Alle Völker besitzen ein Rechtsverständnis, das weit über das Gesetz des Dschungels hinausgeht, wie wir es der Einfachheit halber einmal nennen wollen. Am Beispiel von Institutionen wie der des Prüfungssystems, welches Konkurrenzbedingungen unterliegt, können wir auch erkennen, wie das Rechts- und Gerechtigkeitsverständnis über den rein kriminalistisch-rechtlichen Bereich hinaus auf die Erziehungsprinzipien ausgeweitet wurde. Sogar die Entwicklung der Statistik, die ja eine Form von Mathematik ist, wurde zeitweilig von Rechtsbelangen angespornt (Kapitel 32). Und auch wenn die Errungenschaften der formalen Sozialwissenschaften im Vergleich zu den Leistungen beispielsweise der Physik, Astronomie, Chemie oder Medizin begrenzt blieben, war bei ihren Evolutionen doch die Einführung von mehr Gerechtigkeit in eine von Natur aus parteiische Politik beabsichtigt. All das muss als ein (wenn vielleicht auch eingeschränkter) Erfolg bezeichnet werden.

Das letzte Motiv, nämlich sich und das eigene Innenleben zu verstehen, wie es der Mensch seit je begehrt, hat sich als das enttäuschendste Unterfangen erwiesen. Dagegen werden sich gewiss einige, vielleicht sogar viele Leser verwehren. Man wird vorbringen, dass ein Großteil der geistigen und künstlerischen Schöpfungsgeschichte die Geschichte vom Innenleben des Menschen *ist*. In gewisser Weise ist das zweifellos richtig, aber richtig ist auch, dass weder die Geisteswissenschaften noch die Kunst das Ich *erklären*. Sie versuchen es häufig zu *beschreiben*, oder genauer gesagt: Sie versuchen Myriaden von Ichs unter Myriaden von unterschiedlichen Umständen zu beschreiben. Doch allein schon die Popularität, die die Freud'schen Lehren und andere »Tiefen«-Psychologien in der heutigen Welt genießen und die sich ja hauptsächlich mit dem inneren Sein und dem Selbstwertgefühl befassen (auf welch fehlgeleitete Weisen auch immer), bestätigt diese Einschätzung. Denn gäbe es einen Bedarf an solchen Psychologien, an diesen modernen Möglichkeiten der Innenschau, wenn die Geisteswissenschaften wirklich erfolgreich gewesen wären?

Es ist schon bemerkenswert, wenn man zu dem Schluss gelangen muss, dass das Selbststudium des Menschen sein größter geistiger Fehlschlag in der Geschichte ist, dass ausgerechnet dies das Gebiet ist, in das er am wenigsten erfolgreich eindrang, ungeachtet des ungemeinen Zuwachses an Individualität, ungeachtet des gewaltigen geisteswissenschaftlichen und künstlerischen Korpus, ungeachtet des Aufstiegs des Romans und der vielen anderen Möglichkeiten, die der Mensch erfand, um sich auszudrücken. *Dass* dem so war und ist, wird jedoch unzweifelhaft von den permanenten »Innenschauen« bestätigt, die uns aus allen Jahrhunderten überliefert sind. Die Erfolglosigkeit dieser inneren Einkehren ist der Tatsache zu verdanken, dass sie nie kumulativ aufeinander aufgebaut haben, wie es in den Naturwissenschaften üblich ist, sondern einander immer wieder ersetzten, sobald sich die vorangegangene Variante erschöpft oder als gescheitert erwiesen hatte. Platon führte uns in die Irre, und Whitehead lag falsch. Die großen Erfolge in der Ideengeschichte waren im Wesentlichen solche, die das aristotelische Erbe antraten, nicht aber diejenigen, die sich des platonischen Nachlasses annahmen. Das bestätigen vor allem die jüngsten Erkenntnisse aus der Historiografie, die den Nachweis antraten, dass die Frühmoderne (wie sie heute genannt wird) und nicht die Renaissance die wichtigste Schwellenperiode in der Geschichte war. Richard W. Southern hielt die Ära zwischen 1050 und 1250 und mit ihr die Wiederentdeckung von Aristoteles für die größte und bedeutendste Transformation in der Menschheitsgeschichte, da sie und nicht die (platonische) Renaissance zwei Jahrhunderte später zur Moderne führte.

Viele Jahre lang – Hunderte von Jahren lang – hatte so gut wie kein Mensch bezweifelt, dass er eine Seele besitze und dass diese Seele das essenzielle Wesen des Menschseins ausmache, dass sie die unsterbliche und unzerstörbare Wesenheit des Menschen darstelle, ungeachtet der Frage, ob es eine »Seelensubstanz« im tiefsten Inneren gab oder nicht. Im 16. und 17. Jahrhundert, als der Glaube an Gott immer deutlicher zu schwinden begann, veränderten sich auch die Vorstellungen von der Seele. Nun wurden andere Ideen entwickelt. Mit Hobbes und später Vico begannen die Diskussionen über das Ich und den Geist die alten Auseinandersetzungen mit der Seele zu ersetzen. Und diese neue Sicht sollte ihren Siegeszug im deutschsprachigen Raum des 19. Jahrhunderts antreten, vor allem mit den Entwicklungen der Romantik, der Human- oder Sozialwissenschaften, der Innerlichkeit und dem Unbewussten. Auch das Wachstum der Massengesellschaft und der riesigen neuen Metropolen spielte hier eine Rolle, da beide das Gefühl eines Ich-Verlusts auslösten.[14]

Betrachtet man das Auftreten Freuds vor diesem Hintergrund, so ergibt sich ein sehr eigenartiges Bild. Denn da seine Ideen ja erst nach den Ideen von Schopenhauer, Hartmann, Charcot, Janet, nach dem »Dipsychismus« von Max Dessoir, nach den »Urphänomenen« von Gotthilf Heinrich von Schubert und nach dem *Mutterrecht* von Johann Jakob Bachofen auftauchten, waren sie in Wahrheit längst nicht so bestürzend originell, wie sie oft dargestellt wurden. Trotzdem konnten sie nach einem wackeligen Start so ungemein einflussreich und zur »dominierenden intellektuellen Präsenz des [20.] Jahrhunderts« werden, wie Paul Robinson Mitte der neunziger Jahre des 20. Jahrhunderts schrieb.[15] Ein Grund dafür war wohl nicht zuletzt, dass sich Freud, der Arzt, selbst für einen Biologen, für einen Wissenschaftler in der Tradition eines Kopernikus und Darwin hielt. So gesehen, war das Freud'sche Unbewusste der komplizierte Versuch gewesen, wissenschaftlich an das Ich heranzugehen – und in diesem Sinne versprach es eine größtmögliche Konvergenz der beiden Hauptströmungen in der Ideengeschichte oder, wie man auch sagen könnte, ein aristotelisches Verständnis von platonischen Auseinandersetzungen. Wäre das geglückt, wäre es gewiss die größte geistige Leistung in der Menschheitsgeschichte und die mit Sicherheit gewaltigste Ideensynthese aller Zeiten gewesen.

Noch heute sind viele Menschen überzeugt, dass Freuds Bemühen von Erfolg gekrönt war. Aus diesem Grund ist der ganze Bereich der »Tiefenpsychologie« ja auch immer noch so populär. Unter Neurologen und von der breiteren naturwissenschaftlichen Fachwelt wird Freud hingegen geschmäht und als ein Lieferant von abstrusen unwissenschaftlichen Ideen abgetan. Sir Peter Medawar, der 1960 den Medizinnobelpreis erhielt, bezeichnete die Psychoanalyse 1972 als »einen der betrüblichsten und absonderlichsten aller Meilensteine der Geistesgeschichte des 20. Jahrhunderts«.[16] Unzählige Studien wurden veröffentlicht, die zweifelsfrei nachweisen, dass die Psychoanalyse als Behandlungsmethode nicht funktioniert; auch andere Ideen aus Freuds Büchern (*Totem und Tabu* zum Beispiel, oder *Der Mann Moses und die monotheistische Religion*) wurden gründlich in Misskredit gebracht und als irreführend angeprangert, weil sie aus heutiger Sicht auf unbelegbaren Nachweisen fußen. Die jüngere Forschung, die Freud so diskreditiert, unterstreicht das – und zwar mit allem Nachdruck.

Doch auch wenn die gebildetsten Personen heute akzeptieren, dass die Psychoanalyse versagt hat, muss betont werden, dass es dem Konzept vom Bewusstsein – in dem Sinne, in dem dieses Wort von heutigen Biologen und Neurologen verwendet wird, um unsere Ich-Bewusstheit zu beschreiben – nicht viel besser erging. Wenn wir rückschließend vom Ende des 19. zum Ende des 20. Jahrhundert »vorspulen«, passieren wir unter anderem auch das »Jahrzehnt des Gehirns«, das im Jahr 1990 vom amerikanischen Kongress ausgerufen worden war, oder begegnen all den vielen Büchern, die im anschließenden Jahrzehnt über das Bewusstsein geschrieben wurden, und darüber hinaus all den vielen »Bewusstseinsstudien«, die zu einer akademischen Disziplin zusammenwucherten, außerdem gleich drei internationalen Symposien über das Bewusstsein. Und das Ergebnis? Nun, das hängt ganz davon ab, mit wem man spricht. John Maddox, der einstige Herausgeber von *Nature*, dem neben *Science* bedeutendsten Wissenschaftsjournal der Welt, schrieb in seinem Buch *What Remains to be Discovered (Was zu entdecken bleibt)*, dass kein Mensch trotz noch so viel Introspektion selbst je wird erkennen können, welche Neuronen in welcher Region seines Gehirns während eines Denkprozesses aktiv sind. Informationen dieser Art scheinen dem Nutzer Mensch einfach unzugänglich zu bleiben. Der britische Philosoph Colin McGinn, der an der Rutgers University in New Jersey lehrt, erklärt sogar, dass sich das Bewusstsein *prinzipiell* und für alle Zeiten jeder Erklärung entziehen werde. Andere Philosophen wie zum Beispiel Thomas Nagel und Hilary Putnam aus Harvard fügten dem hinzu, dass derzeit keine Naturwissenschaft die »Qualia« erklären kann – die dem individuellen menschlichen Denken zu Grunde liegenden geistigen Inhalte, die wir als Bewusstsein bezeichnen –, und dass vielleicht auch nie die beispielsweise von Simon Blackburn gestellte Frage erklärbar werden wird, weshalb uns die graue Substanz des Gehirns mit der Erfahrung von Gelbheit versorgen kann. Der englische Verhaltenspsychologe Jeffrey Gray zählte zu den Wissenschaftlern, deren Meinung nach solche Fragen vor das schwierigste Problem des Bewusstseinsstudiums stellen.[17]

John Searle, Philosophieprofessor in Berkeley, meint hingegen, dass es über das Bewusstsein nicht viel zu erklären gebe, weil es schlicht eine »emergente Eigenschaft« sei, die immer dann automatisch aktiv wird, wenn man »einen Sack Neuronen« zusammenpackt. Er versucht das anhand einer Analogie zu erklären: Das Verhalten von H_2O-Molekülen erklärt den Flüssigkeitszustand, aber die einzelnen Moleküle selbst sind nicht flüssig – auch das eine »emergente Eigenschaft«.[18] (Diese Argumentation erinnert an den »Pragmatismus« von William James und Charles Peirce, über den wir im 34. Kapitel sprachen: Das Ich-Bewusstsein ergibt sich aus dem Verhalten, nicht umgekehrt.) Roger Penrose, Physiker an der London University, hält einen neuen Dualismus für nötig, weil für das bewusstseinsproduzierende Gehirn möglicherweise noch völlig unbekannte physikalische Gesetze gelten. Penroses spezifischer Beitrag zu dieser Diskussion besteht aus der Hypothese, dass die Quantenphysik in den winzigen röhrenartigen Strukturen innerhalb der Nervenzellen des Gehirns auf eine noch nicht spezifizierte Weise das von uns »Bewusstsein« genannte Phänomen herstelle. Tatsächlich hält er es für denkbar, dass wir sogar in drei Welten leben – einer physikalischen, einer mentalen und einer mathematischen: »Die physikalische Welt begründet die mentale Welt, welche wiederum die mathematische Welt begründet, welche ihrerseits die Grundlage der physikalischen Welt bildet, und immer so weiter im Kreis.« Für viele Menschen ist das eine quälend komplizierte Vorstellung, auch wenn damit noch nicht gesagt ist, dass Penrose bereits etwas *bewiesen* hätte. Seine Spekulation ist verführerisch und höchst originell – aber eben nur eine Spekulation.[19]

Im herrschenden Klima finden zwei reduktionistische Versionen die meisten Fürsprecher. Für Forscher wie Daniel Dennett, einen der Biologie zuneigenden Philosophen von der Tufts University, ergeben sich das Bewusstsein und die Identität des Menschen aus der jeweiligen Lebensgeschichte, welche wiederum mit bestimmten Zuständen des Gehirns im Zusammenhang steht. So häufen sich unter anderem die Nachweise, dass die Fähigkeit,»intendierte Aussagen« anderen Menschen gegenüber zu machen, eine Universalie ist, die mit einer bestimmten Hirnregion (dem orbifrontalen Cortex) gekoppelt und zum Beispiel in bestimmten Stadien des Autismus behindert ist. Es gibt Nachweise, dass sich die Blutzufuhr zum orbifrontalen Cortex steigert, wenn Menschen intendierte – im Gegensatz zu unintendierten – Aussagen machen, und dass andererseits eine Schädigung dieser Hirnregion zu einer mangelnden Introspektionsfähigkeit führen kann. Bei anderen Experimenten zeigte sich, dass Angstgefühle den Hirnbereich des Mandelkerns (Amygdala) aktivieren; oder dass sich die Entscheidungen, die Affen bei bestimmten Spielen trafen, anhand der Muster voraussagen ließen, in denen die Neuronen in den Schaltkreisen des orbitofrontalen Bereichs feuerten; oder dass die Neurotransmitter Propranolol und Serotonin Entscheidungsfindungen beeinflussen; oder dass das Putamen (der »Schalenkörper«, der zu den Endhirnkernen gehört) im Striatum (»Streifenkörper« oder »Streifenhügel«, Teil der Basalganglien des Großhirns) bei angenehmen Empfindungen aktiviert wird. Doch so anregend dies auch klingt, so bleibt doch Fakt, dass sich die Mikroanatomie des Gehirns beträchtlich von Mensch zu Mensch unterscheidet und dass jede phänomenale Erfahrung in unterschiedlichen Hirnregionen verarbeitet wird, was eindeutig eine Integration erfordert. Alle »Urmuster«, die Erfahrungen mit Hirnaktivitäten koppeln, müssen erst noch entdeckt werden. Und davon scheint man weit entfernt zu sein, auch wenn eine Fortsetzung der Forschung in dieser Richtung weiterhin als der vielversprechendste Weg erscheint.[20]

Von einem ähnlichen – und angesichts der Entwicklungen in den vergangenen Jahren vielleicht zu erwartenden – Forschungsansatz geht die Hirn- und Bewusstseinsforschung aus, die die Dinge aus einem darwinistischen Blickwinkel betrachtet: In welcher Hinsicht ist das Bewusstsein adaptiv? Dieser Denkansatz hat zwei Sichtweisen hervorgebracht: Erstens, dass das Gehirn im Lauf der Evolution buchstäblich »zusammengeschustert« wurde, um all die vielen unterschiedlichen Aufgaben zu bewältigen. So gesehen baut es sich aus Organen auf, die aus drei Entwicklungsstufen stammen: aus einer Kernsubstanz, die bereits Reptilien zur Verfügung stand und der Sitz unserer Grundtriebe ist *(Reptiliengehirn)*; aus den darüber liegenden Gewebestrukturen aus der Zeit der frühen Säugetiere, die zum Beispiel Zuneigung zu den eigenen Nachkommen produzieren *(paläomammalisches Gehirn)*; und schließlich aus einer Schicht des für große Säugetiere typischen Großhirns, die der Sitz des folgernden Denkens, der Sprache und anderer »höherer Funktionen« ist *(neomammalisches Gehirn)*. Ein anderer Denkansatz argumentiert, dass der gesamten Evolution (und daher auch dem menschlichen Körper) emergente Bedingungen zu Eigen seien: beispielsweise, dass es für jedes physiologische Phänomen eine biochemische Erklärung gebe (der Natrium/Kalium-Fluss durch eine Membran bedingt das Potenzial der Nervenaktivität). So gesehen, wäre das Bewusstsein nichts prinzipiell Neues, auch wenn wir es im Moment noch nicht vollständig verstehen.[21]

Die Erforschung der Nervenaktivitäten von Tieren aller Arten hat gezeigt, dass Nerven funktionieren, indem sie entweder feuern oder nicht feuern. Die Intensität drückt sich immer durch die Geschwindigkeit aus, in der sie feuern – je intensiver der Reiz, desto schneller werden die spezifischen Nerven ein- und ausgeschaltet. Das entspricht natürlich ganz den Funktionsweisen von Computern, die Informationen in »Bits« verarbeiten und alles durch Konfigurationen der Zahlen 0 und 1 ausdrücken. Der Beginn der parallelen Verarbeitung *(parallel processing)* in der Informatik brachte Daniel Dennett auf die Frage, ob das Bewusstsein womöglich entsteht, weil im Gehirn ein analoger Prozess zwischen den verschiedenen evolutionären Ebenen stattfindet. Aber auch diese verlockende Überlegung kam bislang nicht über erste tastende Schritte in der Forschung hinaus. Im Moment scheint es niemanden zu geben, der sich den nächsten Schritt vorstellen kann.

Trotz aller Forschungen, die in den letzten Jahren über das Bewusstsein angestrengt wurden, und ungeachtet der Wahrscheinlichkeit, dass nach wie vor am ehesten die »harten Wissenschaften« den Fortschritt bringen werden, ist das Ich noch so trügerisch wie eh und je. Die Naturwissenschaften haben enorme Erfolge hinsichtlich der Welt »da draußen« vorzuweisen, aber ebenso enorm auf dem einen Gebiet versagt, das uns gewiss am meisten interessiert: wir selbst. Trotz der allgemeinen Ansicht, dass sich das Ich irgendwie aus den Hirnaktivitäten ergibt – aus den Aktionen der Elektronen und der Elemente, wenn man so will –, lässt sich nur schwer die Schlussfolgerung umgehen, dass wir nach all den Jahren noch nicht einmal wissen, wie wir das Bewusstsein oder das Ich überhaupt *in Worte fassen* sollen.

So soll hier also eine letzte Idee verzeichnet sein, die sich aus diesem Buch ergibt und auf der die Naturwissenschaft aufbauen könnte. Wäre es angesichts der aristotelischen Erfolge in weit zurückliegender wie jüngster Vergangenheit nicht an der Zeit, uns der Möglichkeit, ja sogar der

Wahrscheinlichkeit zu stellen, dass die essenziell platonische Vorstellung von einem inneren Selbst schlicht von einer falschen Voraussetzung ausgeht? Es *gibt* kein inneres Selbst. Als wir uns nach innen wandten, fanden wir nichts – jedenfalls nichts Beständiges, nichts von Dauer, nichts, auf das wir uns alle einigen könnten, und nichts, das irgendwie in sich schlüssig wäre – *weil es da nichts zu finden gibt*. Wir Menschen sind Teil der Natur. Deshalb werden wir wohl auch viel eher etwas über unsere »innere Natur« herausfinden und uns selbst zu verstehen lernen, wenn wir aus uns selbst herausblicken und uns unserer Rolle und unseres Platzes unter den Tieren bewusst werden. Das ist kein Paradox. Ohne unser Denken auf dieser Grundlage irgendwie neu zu ordnen, werden wir die Zusammenhanglosigkeit der modernen Zeit nicht beheben können.

ANMERKUNGEN

Dieses Buch wurde nach den Regeln der neuen Rechtschreibung gesetzt. Ausnahmen bilden Zitate aus älteren Werken, die nach den Regeln der alten Rechtschreibung übernommen wurden.

EINLEITUNG
1 Michael White, *Isaac Newton: The Last Sorcerer*, London, 1997, S. 3. Keynes sagte zudem: »Ich liebäugle mit dem Gedanken, dass [Newtons] Überlegenheit auch etwas mit seiner gewaltigen Intuitionsgabe zu tun hatte – der stärksten und ausdauerndsten, mit der je ein Mensch bedacht wurde.« Aus: Robert Skidelsky, *John Maynard Keynes*, London, 2003, S. 458.
2 Norman Hampson, *The Enlightenment*, London, 1990, S. 34-36; James Gleick, *Isaac Newton*, London, 2003, S. 101-108 [vgl. Gleick, *Isaac Newton*, aus dem Amerikanischen von Angelika Beck, Düsseldorf/Zürich, 2004]; Frank E. Manuel, *A Portrait of Isaac Newton*, Cambridge (MA), 1968, Anm. S. 398.
3 Joseph Needham, *The Great Titration*, London, 1969, S. 62.
4 Charles Freeman, *The Closing of the Western Mind*, London, 2002, S. 322, 327.
5 Marcia Colish, *Medieval Foundations of the Western Intellectual Tradition: 400-1400*, New Haven/London, 1997, S. 249.
6 Harry Elmer Barnes, *An Intellectual and Cultural History of the Western World*, Bd. II: *From the Renaissance through the Eighteenth Century*, New York/Dover, 1937, S. 825.
7 Francis Bacon, *Novum Organum*, 1. Buch, Aphorismus 129; Joseph Needham et al., *Science and Civilisation in China*, Bd. I (von 7 in 15 Teilen), Cambridge, 1954, S. 19. [Anm. d. Übers.: In deutscher Übersetzung liegt nur die von Colin A. Ronan bearbeitete und stark gekürzte Fassung des 1. Bandes *Wissenschaft und Zivilisation in China* vor, übersetzt von Rainer Herbster, Frankfurt a. M., 1996.]
8 Barnes, *op. cit.*, S. 831.

9 John Bowle, *A History of Europe*, London, 1979, S. 391.
10 Ernest Gellner, *Pflug, Schwert und Buch. Grundlinien der Menschheitsgeschichte*, aus dem Englischen von Ulrich Enderwitz, Stuttgart, 1990, S. 18.
11 ibd.
12 Barnes, *op. cit.*, S. 669ff.
13 Adam Smith, *Der Wohlstand der Nationen. Eine Untersuchung seiner Natur und seiner Ursachen*, aus dem Englischen von Horst Claus Recktenwald (1974), München, 10. Aufl. 2003, S. 211.
14 Gellner, *op. cit*, S. 18-19.
15 Carlo Cipolla, *Guns and Sails in the Early Phase of European Expansion, 1400-1700*, London 1965, S. 5, 148-149. [vgl. Cipolla, *Segel und Kanonen: Die europäische Expansion zu See*, übersetzt von Friederike Hausmann, Berlin, 1999].
16 Gellner, *op. cit*, S. 19-29; Richard Tarnas, *The Passion of the Western Mind*, London, 1991, S. 298ff. [vgl. Tarnas, *Idee und Leidenschaft. Die Wege des westlichen Denkens*, aus dem Englischen von Eckhard E. Sohns, München, 2001, S. 342].
17 Johan Goudsblom, *Fire and Civilisation*, London, 1992, S. 164ff. [vgl. Goudsblom, *Feuer und Zivilisation*, übersetzt von Heike Hammer und Elke Korte, Frankfurt a. M., 1995].
18 Isaiah Berlin, *Wirklichkeitssinn. Ideengeschichtliche Untersuchungen*, aus dem Englischen von Fritz Schneider, Berlin, 1998, S. 292-293.
19 Jared Diamond, *Guns, Germs and Steel. A Short History of Everybody for the Last 13 000 Years*, London, 1997, S. 200-202 [vgl. Diamond, *Arm und Reich. Die Schicksale menschlicher Gesellschaften*, aus dem Amerikanischen von Volker Englich, Frankfurt a. M., 1998].

20 Jacob Bronowski und Bruce Mazlish, *The Western Intellectual Tradition*, New York, 1960, S. 495.
21 Barnes, *op. cit.*, S. 720.
22 Bronowski und Mazlish, *op. cit.*, S. 259.
23 Arthur O. Lovejoy, *Die große Kette der Wesen. Geschichte eines Gedankens* [1936], übersetzt von Dieter Turck, Frankfurt a. M., 1993, S. 67.
24 Edward P. Mahoney, »Lovejoy and the hierarchy of being«, in: *Journal of the History of Ideas*, Bd. 48, 1987, S. 211.
25 Lovejoy, *op. cit.*, S. 73.
26 *ibd.*, S. 112-115.
27 *ibd.*, S. 242, 254, 280, 290.
28 Paul Robinson, »Symbols at an exhibition«, in: *New York Times*, 12. November 1998, S. 12. Hier sollte man sich jedoch bewusst machen, dass eine Idee nicht richtig sein muss, um Erfolg zu haben. Der amerikanische Geisteswissenschaftler Paul Robinson sagte dies einmal auf Freud bezogen: »Die dominante intellektuelle Erscheinung unseres [20.] Jahrhunderts lag größtenteils falsch.«
29 Gladys Gordon-Bournique, »A. O. Lovejoy and the history of Ideas«, in: *Journal of the History of Ideas*, Bd. 48, 1987, S. 209.
30 Dies ähnelt der Hegel'schen Idee vom »Philosophem«. Siehe Donald A. Kelley, »What is happening to the history of ideas?«, in: *Journal of the History of Ideas*, Bd. 51, 1990, S. 4.
31 Philip P. Wiener (Hg.), *Dictionary of the History of Ideas*, 4 Bde., New York, 1973.
32 Kelley, *op. cit.*, S. 3-26.
33 James Thrower, *The Alternative Tradition*, Den Haag, 1980.

PROLOG

1 Jacquetta Hawkes (Hg.), *The World of the Past*, London, 1963, S. 29, 33.
2 James Sackett, »Human Antiquity and the Old Stone Age: the 19th-century background to Palaeoanthropology«, in: *Evolutionary Anthropology*, Bd. 9, 2000, S. 37-49.
3 *ibd.*, S. 27.
4 Glyn Daniel, *One Hundred and Fifty Years of Archaeology*, London, 1975, S. 25-26.
5 Bruce G. Trigger, *A History of Archeological Thought*, Cambridge, 1989, S. 53.
6 Ian Tattersal, *Puzzle Menschwerdung. Auf der Spur der menschlichen Evolution*, aus dem Englischen von Katrin Welge und Jorunn Wißmann, Heidelberg/Berlin, 1997, S. 19. Hawkes, *op. cit.*, S. 25f.
7 Hawkes, *op. cit.*, S. 28-29.
8 Sackett, *op. cit.*, S. 46.
9 Peter J. Bowler, *Evolution: The History of an Idea*, revidierte Ausgabe, Berkeley/London, 1989, S. 32-33.
10 Trigger, *op. cit.*, S. 92-93.
11 James A. Secord, *Victorian Sensation: The Extraordinary Publication, Reception, and Secret Autorship of »Vestiges of Natural History in Creation«*, Chicago, 2000, S. 146.
12 *ibd.*, S. 105.
13 Peter Burke, »Images as evidence in seventeenth-century Europe«, in: *Journal of the History of Ideas*, Bd. 64, 2003, S. 273-296.
14 Trigger, *op. cit.*, S. 74.
15 *ibd.*, S. 76.
16 Sackett, *op. cit.*, S. 48.
17 *ibd.*

KAPITEL 1

1 George B. Schaller, *The Last Panda*, Chicago, 1993, S. 8 [vgl. Schaller, *Der letzte Panda*, deutsch von Kurt Neff, Reinbek b. Hamburg, 1995].
2 Robert J. Wenke, *Patterns in Prehistory*, Oxford, 1990, S. 119f.
3 Siehe jedoch die Aussagen von Stephen Oppenheimer, *Out of Eden: The Peopling of the World*, London, 2003, S. 10.
4 *Journal of Human Evolution*, Bd. 43, S. 831, zitiert in *New Scientist*, 4. 1. 2003, S. 16. Aktionen, die mit Holzwerkzeugen ausgeführt wurden, hätten natürlich – sofern es sie denn gab – keine Spuren hinterlassen.
5 Paul Mellars und Chris Stringer, *The Human Revolution*, Edinburgh, 1989, S. 70, sowie Kap. 6, »Multi-regional evolution: The Fossil Alternative Eden« von Milford H. Wolpoff. Heute geht man davon aus, dass der Schimpanse nicht so eng mit dem Menschen verwandt ist, wie man einst glaubte: *New Scientist*, 28. 9. 2002, S. 20. Der jüngste, aber noch umstrittene Nachweis legt nahe, dass das Auseinanderdriften von Schimpanse und Mensch vor vier bis zehn Millionen Jahren begann: Bernard Wood, »Who are we?«, in: *New Scientist*, 26. 10. 2002, S. 44-47.
6 *New Scientist*, 13. 7. 2002, S. 6. Wood, *op. cit.*, S. 47, erklärt, dass diese Region nicht länger als die exklusive Heimstatt des Frühmenschen betrachtet werden

könne, da die Djurab-Wüste hundertfünfzig Kilometer *westlich* des ostafrikanischen Rift Valley liegt. Außerdem wurde auch schon kritisch angemerkt, dass es sich beim *Sahelanthropus* um eine frühe Affenart und gar nicht um einen Vorfahren des Menschen gehandelt habe: *Times Higher Education Supplement*, 25. 10. 2002, S. 19. Im Jahr 2000 – pünktlich zur Jahrtausendwende – wurde vom Fund eines Schenkelknochens berichtet, der auf ein Alter von sechs Millionen Jahren datiert wurde und als ein Relikt unseres ersten Vorfahren mit aufrechtem Gang gilt: *New Scientist*, 15. 12. 2000, S. 5. Oppenheimer, *op. cit.*, S. 5, behauptet hingegen, dass der früheste »eindeutige Nachweis« für Zweibeinigkeit das vier Millionen Jahre alte Skelett des *Australopithecus anamensis* sei.
7 Oppenheimer, *op. cit.*, S. 11.
8 Steven Mithen, *The Prehistory of Mind*, London, 1996, S. 238.
9 Richard G. Klein und Blake Edward, *The Dawn of Human Culture*, New York, 2002, S. 56.
10 Einer anderen Theorie zufolge hat der aufrechte Gang durch die höhere Position des Kopfes zu einer besseren Körperkühlung in der afrikanischen Hitze beigetragen: Oppenheimer, *op. cit.*, S. 5.
11 Einer ganz neuen Theorie zufolge war ein rapider Klimawandel, wie er etwa alle hunderttausend Jahre auftritt, für die Entwicklung von Intelligenz verantwortlich: *Times Higher Educational Supplement*, 4. 10. 2002, S. 29.
12 Klein und Edward, *op. cit.*, S. 65.
13 Das könnte etwas mit der Tatsache zu tun haben, dass Säugetiere zur Zeit ihrer ersten Erfolge nach dem Aussterben der Dinosaurier vor fünfundsechzig Millionen Jahren (aufgrund eines Asteroideneinschlags) noch nachtaktive Tiere waren und deshalb ein größeres Gehirn brauchten, um die Informationen der unterschiedlichen Sinne – Fühlen, Riechen, Hören, Sehen – leichter verarbeiten zu können. Schimpansen scheinen zum Beispiel besser Schlussfolgerungen aus akustischen als aus visuellen Informationen ziehen zu können: vgl. Mithen, *op. cit.*, S. 88, 114.
14 Oppenheimer, *op. cit.*, S. 11.
15 Mithen, *op. cit.*, S. 108f.
16 Wenke, *op. cit.*, S. 120.
17 Mithen, *op. cit.*, S. 22. Einige Paläontologen bezeichnen den *Homo habilis* auch als *Australopithecus habilis*: Wood, *op. cit*, S. 47.
18 Mithen, *op. cit.*, S. 126.
19 Oppenheimer, *op. cit.*, S. 14f.; John Noble Wilford, »Experts place ancient toolmaker on a fast track to northern China«, in: *New York Times*, 5. 10. 2004; er zitiert hier einen Bericht aus *Nature*.
20 Die *Homo-erectus*-Individuen, die man zuletzt im georgischen Dmanisi fand, besaßen ein wesentlich kleineres Gehirn von nur sechshundert Kubikzentimetern, was darauf hindeutet, dass sie Afrika nicht aufgrund einer höheren Intelligenz oder der Fähigkeit zur Herstellung von besseren Werkzeugen verließen, sondern aus klimatischen Gründen (die afrikanischen Umweltbedingungen griffen auch auf Europa über). Allerdings muss berücksichtigt werden, dass es sich bei diesen Funden um Kinder handelte: *The Times*, London, 5. 7. 2002, S. 14.
21 Wenke, *op. cit.*, S. 145ff.
22 Richard Rudgley, *The Lost Civilisations of the Stone Age*, New York, 1999, S. 143 [vgl. Rudgley, *Abenteuer Steinzeit. Die sensationellen Erfindungen und Leistungen prähistorischer Kulturen*, aus dem Amerikanischen von Einar Schlereth, Wien, 2001].
23 Goudsblom, *op. cit.*, S. 16, 34, 25ff.
24 Rudgley, *op. cit.*, S. 88. Mellars und Stringer, *op. cit.*, S. 428. Auf seinen afrikanischen Lebensraum bezogen, wird der *Homo erectus* auch *Homo rhodesiensis* genannt, doch diese Bezeichnung wird heute immer weniger verwendet. Eine seltsame Erkenntnis im Zusammenhang mit der Steinbearbeitungstechnik ist, dass scheinbar nicht alle gefundenen Faustkeile auch benutzt wurden. Einige Paläontologen vermuten deshalb, dass die Anhäufung solcher Werkzeuge in Wirklichkeit auf eine frühe »Geckenhaftigkeit« deute, das heißt, es könnte sich dabei um Hilfsmittel gehandelt haben, um die Aufmerksamkeit potenzieller Partnerinnen zu erregen: Klein und Edgard, *op. cit.*, S. 107. Sogar heute noch unterscheiden bestimmte Eskimogruppen zwischen Werkzeugen, die für die Jagd benutzt werden, und solchen, die nur bei bestimmten gesellschaftlichen Anlässen Verwendung finden: Mellars und Stringer, *op. cit.*, S. 359.
25 Rudgley, *op. cit.*, S. 163. Experimente, die von Steven Churchill an der Duke University in Chapel Hill, North Caro-

lina, durchgeführt wurden, stützen die Vorstellung, dass man diese Speere beidarmig und nicht nach der modernen einarmigen Methode warf – und das schon vor 230000 bis 200000 Jahren! Siehe *New Scientist*, 23. 11. 2002, S. 22f. Den archaischen Homo sapiens nennt man auch *Homo helmei* und *Homo heidelbergensis*.
26 ibd., S. 176f.
27 ibd., S. 226.
28 Mellars und Stringer, *op. cit.*, S. 214.
29 *El Pais*, Madrid, 12. 8. 2002, S. 1.
30 Francesco d'Errico, »The Invisible Frontier. A Multiple Species Model for the Origin of Behavioral Modernity«, in: *Evolutionary Anthropology*, Bd. 12, 2003, S. 188–202.
31 Anm. d. Übers.: »BP« *(Before Present)* steht für die Umrechnung des Radiokarbonalters in ein »geeichtes« Kalenderalter und bedeutet in der Forschung »x Jahre vor 1950«.
32 Das könnte auch erklären, weshalb Neandertaler sich immer nur kurz in Höhlen aufhielten und dann weiterzogen. Sie nutzten sie lediglich, um Feuer zu machen und die Temperatur in dem relativ geschlossenen Raum zu erhöhen, damit sie an das gefrorene Fleisch herankamen.
33 Rudgley, *op. cit.*, S. 217. Allerdings wurden diese Skelette bisher nur in Regionen gefunden, in denen es relativ wenige Raubtiere gab, was ebenso gut bedeuten könnte, dass wir hier nur Nachweise von Aasfressern mit anderen Verhaltensweisen vor uns sehen.
34 Mellars und Stringer, *op. cit.*, S. 217, 219.
35 Paul Mellars, »Cognitive changes in the emergence of modern humans in Europe«, in: *Cambridge Archaeological Journal*, Nr. 1, Bd. 1, April 1991, S. 63–76. Dieser Sicht widerspricht eine Studie, die Anthony E. Marks et al. etwas später in der gleichen Zeitschrift veröffentlichten und in der sie nachwiesen, dass es zwischen den Stichelen der Neandertaler und denen der anatomischen modernen Menschen keine Unterschiede gab: Siehe »Tool standardisation in the middle and upper Palaeolithic, *ibd.*, Nr. 1, Bd. 11, 2001, S. 17–44.
36 James Steele et al., »Stone tools and the linguistic capabilities of earlier hominids«, in: *Cambridge Archaeological Journal*, Bd. 5, Nr. 2, 1995, S. 245–256.
37 Merlin Donald, *Origins of the Modern Mind: Three Stages in the Evolution of Culture and Cognition*, Cambridge, MA, 1991, S. 149f., 163.
38 Merlin Donald, *A Mind So Rare: The Evolution of Human Consciousness*, New York, 2001, S. 150. Donald, *Origins of the Modern Mind*, *op. cit.*, S. 210.
39 John E. Pfeiffer, *The Creative Explosion*, New York, 1982 [vgl. Pfeiffer, *Aufbruch in die Gegenwart. Eine Frühgeschichte der menschlichen Gesellschaft*, deutsch von Kurt Simon, Düsseldorf, 1981].
40 Naama Goren-Inbar, »A figurine from the Acheulian site of Berekhet Ram: Implications for the Origins of Symbolism«, in: *Mitekufat Haeven*, Bd. 19, 1986, S. 7–12.
41 Francesco d'Errico und April Nowell, »A new look at the Berekhet Ram«, in: *Cambridge Archaeological Journal*, Bd. 9, Nr. 2, 1999, S. 1–27.
42 Zur Blombos-Höhle siehe Kate Douglas, »Born to trade«, in: *New Scientist*, 18. 9. 2004, S. 25–38. Zur Flöte siehe I. Turk, J. Sirhec, B. Kavur, »Ali so v slovenjii nasli najstarejse glasbilo v europi?« [»Das älteste Musikinstrument Europas in Slowenien entdeckt?«], in: *Razprave IV, razreda SAZU*, Ljubliana, Bd. 36, 1995, S. 287–293.
43 Francesco d'Errico et al., »A Middle Paleolithic Origin of Music? Using cavebear bones to assess the Divje Babe bone ›flute‹«, in: *Antiquity*, Bd. 72, 1998, S. 65–79.
44 Oppenheimer, *op. cit.*, S. 115ff., 127.
45 Quelle: Stephen Oppenheimer, *Out of Eden: The Peopling of the World*, London, 2003, S. 123.
46 Mithen, *op. cit.*, S. 174f.
47 Mircea Eliade, *Geschichte der religiösen Ideen*, Bd. 1: *Von der Steinzeit bis zu den Mysterien von Eleusis*, aus dem Französischen von Elisabeth Darlap, Freiburg i. Br., 1978, S. 27.
48 *The Times*, London, 17. 2. 2003, S. 7; *The New York Times*, 12. 11. 2002, S. F3.
49 *International Herald Tribune*, 16. 8. 2002, S. 1, 7.
50 Stephen Shennan, »Demography and cultural innovation: a model and its implication for the emergence of modern human culture«, in: *Cambridge Archaeological Journal*, Bd. 11, Nr. 1, 2001, S. 5–16.
51 Oppenheimer, *op. cit.*, S. 112f.

52 Mithen, *op. cit.*, S. 195, 197. Vor diesem Hintergrund betrachtet, legt die Tatsache, dass auch Neandertaler während der Eiszeit lebten, unseres Wissens nach aber keine Kunst erschufen, die Vermutung nahe, dass sie geistig dazu nicht in der Lage waren.
53 Rudgley, *op. cit.*, S. 196.
54 In der Höhle el-Wad im Karmelgebirge bei Haifa in Israel wurde unter anderem ein Stück Feuerstein aus der Zeit zwischen 12 800 und 10 300 BP entdeckt, der nur weniger künstlerischer Eingriffe bedurft hatte, um sein natürliches Aussehen zu betonen: Aus dem einen Blickwinkel, so sagen moderne Paläontologen, erinnert er an einen Penis, aus dem anderen an zwei Hoden. Doch von Nahem besehen handelt es sich um ein menschliches Paar, das einander zugewandt in sitzender Position den Geschlechtsverkehr vollzieht: Rudgley, *op. cit.*, S. 188f.
55 Eliade, *Geschichte der religiösen Ideen*, *op. cit.*, Bd. 1, S. 30.
56 *Scientific American*, November 2000, S. 32ff.
57 Mellars und Stringer, *op. cit.*, S. 367. Randall White berichtet, dass viele dieser Perlen aus »exotischen« Materialien wie Elfenbein, Speckstein oder Schlangenstein hergestellt wurden, also aus Rohmaterialien, die in einigen Fällen aus hundert Kilometern Entfernung herangeschafft werden mussten. Das wirft auch die Möglichkeit eines frühen Tauschhandels auf, siehe *ibd.*, S. 375f. Fundstücke (zum Beispiel Muschelgehäuse) mit ähnlichen Motiven entdeckte man an diversen Stätten in vergleichbaren Gesteinsschichten, was darauf schließen lässt, dass künstlerische Ideen vom einen Volk auf das andere ausstrahlten – eine frühe Form von Mode? Siehe *ibd.*, S. 377.
58 Mithen, *op. cit.*, S. 200.
59 David Lewis-Williams, *The Mind in the Cave*, London/New York, 2002, S. 127, 199f., 216f.
60 *ibd.*, S. 224f., 285.

KAPITEL 2
1 Als genaue Zahlen wurden siebenundsechzig und zweiundachtzig angegeben, was mir einfach zu spezifisch scheint: Mithen, *op. cit.*, S. 119.
2 Mellars und Stringer, *op. cit.*, S. 343.
3 Klein und Edgard, *op. cit.*, S. 19. Die Bewohner der Nelson Bay benutzten leere Straußeneier als Wasserbehälter bei ihrem Marsch ins Landesinnere; die Bewohner von Klasies taten das nicht.
4 Mithen, *op. cit.*, S. 250. Zu den Läusen siehe Douglas, *op. cit.*, S. 28.
5 Mellars und Stringer, *op. cit.*, S. 439, 451.
6 Oppenheimer, *op. cit.*, S. 54, 68. [Anm. d. Übers.: Zum »Tor zur Wehklage« siehe *Gilgamesch-Epos*, 10. Tafel, aus der Keilschrift übertragen von Albert Schott.]
7 Stuart J. Fiedel, *The Pre-History of the Americas*, Cambridge, UK, 1987, S. 25. Oppenheimer, *op. cit.*, S. 215.
8 Brian M. Fagan, *The Great Journey*, London/New York, 1987, S. 188f. [vgl. Fagan, *Aufbruch aus dem Paradies. Ursprung und frühe Geschichte der Menschen*, deutsch von Wolfgang Müller, München, 1991].
9 *ibd.*, S. 73. Fiedel, *op. cit.*, S. 27.
10 Fagan, *op. cit.*, S. 79.
11 In Oppenheimer, *op. cit.*, S. 233, findet sich eine Karte der südlichen Routen. Fagan, *op. cit.*, S. 89.
12 Fagan, *op. cit.*, S. 92. Obwohl die wahrscheinlichste Route der Paläo-Indianer (wie die Archäologen die ersten Ureinwohner Amerikas nennen) wohl tatsächlich über Berelech führte, erinnert die Djuchtai-Steinkultur nicht in *jeder* Hinsicht an die in Nordamerika entdeckte Kultur. Hier kommt eine Siedlung am Uschki-See auf der Halbinsel Kamtschatka ins Spiel, denn den Steinwerkzeugen, die man dort in den tieferen Gesteinsschichten fand (12 000 BP), fehlt allesamt die typische Keilform der Djuchtai-Kultur; in den oberen Schichten (8800 BP) hingegen *fanden* sich Djuchtai-Werkzeuge. Das führt zu der faszinierenden Frage, ob das Djuchtai-Volk das Uschki-Volk verdrängt und zum Weiterziehen gezwungen hatte: Fagan, *op. cit.*, S. 96f. Wenn nun aber der Weg tatsächlich über Berelech führte, dann würde dies bedeuten, dass der Frühmensch durch die nördlichsten Regionen der Welt marschiert, gesegelt oder geflößt war, immer entlang der Küsten der Ostsibirischen See und der Tschuktschen-See, bis er schließlich die Tschuktschen-Halbinsel erreichte. Uelen (Kap Deschnew) liegt rund hundert Kilometer von Kap Prince of Wales in Alaska entfernt. Neueste Nachweise lassen den Schluss zu, dass die ersten Amerikaner auf die japanische Jomon-Kultur zurückgehen: *International Herald Tribune*, 31. 7. 2001.

13 Fagan, op. cit., S. 108f., 111.
14 Frederick Hadleigh West, *The Archaeology of Beringia*, New York, 1981, S. 156, 164, 177f.
15 Fagan, op. cit., S. 93ff.
16 Antonio Torroni, »Mitrochondial DNA and the Origin of Native Americans«, in: Colin Renfrew (Hg.), *America Past, America Present: Genes and Language in the Americas and Beyond, Papers in the Prehistory of Language*, McDonald Institute for Archaeological Research, Cambridge, 2000, S. 77–87.
17 Es gibt *ein paar* Nachweise aus einer Fundstätte im chilenischen Monte Verde, die auf ein Alter von 37000 Jahren datiert wurden, sowie einige aus Meadowcroft in Pennsylvania, die 19000 Jahre alt sind: Oppenheimer, op. cit., S. 287, 291. Doch viele Archäologen sind nach wie vor nicht überzeugt.
18 Hadleigh West, op. cit., S. 87.
19 ibd., S. 132. Fagan, op. cit., S. 92.
20 Nach Meinung von Michael Corballis, Psychologieprofessor an der Universität von Auckland in Neuseeland, könnte sich Sprache auch aus der Gestik entwickelt haben. Einer seiner Anhaltspunkte dafür ist zum Beispiel, dass Schimpansen wesentlich besser zur Zeichensprache als zur Lautsprache fähig sind, weil der Teil ihres Gehirns, welcher der Broca-Region entspricht, für die Ausführung und Wahrnehmung von Hand- und Armbewegungen zuständig ist. Auch gehörlose Menschen haben keinerlei Schwierigkeiten mit der Entwicklung von Zeichensprachen. Corballis spekuliert, dass der Bipedalismus den Frühmenschen zuerst zur Entwicklung von händischen und mimischen Gesten, zu einer sprachlichen Ausprägung aber erst dann herausgefordert habe, nachdem im Gehirn die Regeln für Grammatik, Syntax etc. festgelegt worden waren: Michael Corballis, *From Hand to Mouth: The Origins of Language*, Princeton, NJ/ London, 2002.
21 Mellars und Stringer, op. cit., S. 397. Oppenheimer, op. cit., S. 27.
22 Mellars und Stringer, op. cit., S. 406, 412.
23 ibd., bes. S. 169. Mark Henderson, »Neanderthals not so dumb«, in: *The Times*, London, 22. 6. 2004, S. 4.
24 *International Herald Tribune*, 16. 8. 2002, S. 1. Das besagte FoxP2-Gen ist dasselbe, das unter anderem bei den fünfzehn Mitgliedern einer englischen Familie entdeckt wurde, die allesamt unter schwerwiegenden Sprachdefekten leiden.
25 Tore Janson, *Speak*, Oxford/New York, 2002, S. 27 [vgl. Janson, *Eine kurze Geschichte der Sprachen*, deutsch von Martina Wiese, Heidelberg/Berlin, 2003].
26 Johanna Nichols ermittelte einen »Bestand« von 167 amerikanischen Sprachen. Stephen Oppenheimer stellte fest, dass es weit mehr Sprachen in Süd- als in Nordamerika gibt. In einer Tabelle wird die sprachliche Vielfalt mit den Besiedlungsperioden in den verschiedenen Teilen der Welt abgeglichen. Die Grafik weist eine im Wesentlichen gerade Linie auf – legt also mit anderen Worten nahe, dass es eine enge Verbindung zwischen bestimmten historischen Zeitpunkten und der sprachlichen Vielfalt gibt: Oppenheimer, op. cit., S. 299. Zu William Sutherlands Behauptung über die Zahl der Sprachen weltweit siehe *New Scientist*, 17. 5. 2003, S. 22.
27 Rudgley, op. cit., S. 39. Es gibt Nachweise, dass sich auch die frühamerikanische Kunst in drei separate Stile aufgliedern lässt: Terence Grieder, *Origins of Pre-Columbian Art*, Austin, 1982.
28 Oppenheimer, op. cit., S. 304.
29 Anm. d. Übers. zu *indoeuropäisch*: In diesem Buch wird durchgängig von »indoeuropäisch« anstelle von »indogermanisch« die Rede sein. Aus dem deutschen Wissenschaftsbetrieb gibt es hier kein eindeutiges Votum: Die einen bezeichnen beide Formen als gleichermaßen gültig, andere halten »indogermanisch« für eine fragwürdige und tendenziöse Bezeichnung, zumal in allen anderen Sprachen der Begriff »indoeuropäisch« verwendet wird; wieder andere bleiben nur deshalb bei »indogermanisch«, weil es sich im Deutschen so eingebürgert hat.
30 Colin Renfrew und Daniel Nettle (Hg.), *Nostratic: Examining a Linguistic Macrofamily*, Cambridge, 1999, S. 5, 12f., 130; Nicholas Wade, »Genes are telling 50,000-year-old story of the Origins of Europeans«, in: *New York Times*, 14. 11. 2000, S. F9.
31 Renfrew und Nettle, op. cit., S. 53–67; Merritt Ruhlen, *The Origin of Languages*, New York, 1994, passim; Luigi Cavalli-Sforza und Fransesco Cavalli Sforza, *The Great Human Diasporas*, New York, 1995, S. 174–177, 185f.
32 Renfrew und Nettle, op. cit., S. 54, 68f., 398.

33 Gyula Décsy, »Beyond Nostratic in Time and Space«, in: Renfrew und Nettle, op. cit., S. 127–135.
34 Steven Pinker und Paul Bloom, »Natural Language and Natural Selection«, in: Behavioural Brain Science, Bd. 13, 1990, S. 707–784; Robin Dunbar, Grooming, Gossip and the Evolution of Language, London, 1996, passim [vgl. Dunbar, Klatsch und Tratsch. Wie der Mensch zur Sprache fand, deutsch von Sebastian Vogel, München, 1996].
35 Mellars und Stringer, op. cit., S. 459, 468f., 485.
36 Donald, op. cit., S. 215.
37 ibd., S. 333f.
38 Mellars und Stringer, op. cit., S. 356.
39 Alexander Marshack, »Upper Palaeolithic notation and symbols«, in: Science, Bd. 178, 1972, S. 817–828.
40 Francesco d'Errico, »A new model and its implications for the origins of writing: The La Marche Antler Revisited«, in: Cambridge Archaeological Journal, Bd. 5, Nr. 2, Oktober 1995, S. 163–206.
41 Rudgley, op. cit., S. 74.
42 ibd., S. 77ff. »Three is the magic number alphabets have in common«, in: New Scientist, 12. 2. 2005, S. 16.
43 Donald, op. cit., S. 348.
44 Quelle: Richard Rudgley, The Lost Civilisations of the Stone Age, New York, 1999, S. 78.

KAPITEL 3
1 Mithen, After the Ice, op. cit, S. 12f., 54.
2 Chris Scarre, »Climate change and faunal extinction at the end of the Pleistocene«, Kap. 5 aus Chris Scarre (Hg.), The Human Past, London (noch unveröffentlicht), S. 13.
3 David R. Harris (Hg.), The Origin and Spread of Agriculture and Pastoralism in Eurasia, London, 1996, S. 135.
4 ibd., S. 144.
5 Goudsblom, op. cit., S. 47.
6 Scarre, op. cit., S. 11.
7 Harris, op. cit., S. 266f. Zur Aussage über die Schweine siehe Scarre, op. cit., S. 9ff.
8 New Scientist, 10. 8. 2002, S. 17.
9 Harris, op. cit., S. 264. Bob Holmes, »Manna or millstone«, in: New Scientist, 18. 9. 2004, S. 29ff.
10 Daniel Hillel, Out of the Earth, London, 1992, S. 73.
11 Mark Nathan Cohen, The Food Crisis in Prehistory, New Haven, 1977, passim.
12 Les Groube, »The impact of diseases upon the emergence of agriculture«, in: Harris, op. cit., S. 101–129.
13 Vere Gordon Childe, Man Makes Himself, London, 1941.
14 ibd., S. 554f.
15 Jacques Cauvin, Naissance des divinités, naissance de l'agriculture: La Révolution des symboles au Néolithique, Paris, 1994; hier zitiert aus der englischen Übersetzung von Trevor Watkins: Jacques Cauvin, The Birth of the Gods and the Origins of Agriculture, Cambridge, UK, 2000, S. 15.
16 ibd., S. 16.
17 ibd., S. 22.
18 ibd., S. 39–48. Siehe auch die verwandte Theorie, die Ian Hodder in seinem Buch The Domestication of Europe, Oxford, 1990, S. 34f., vertritt.
19 Cauvin, op. cit., S. 44. Siehe auch John Graham Clarks Schilderung der krummlinigen Häuser von Beidha in Jordanien, in: World Prehistory, Cambridge, 1977, S. 50.
20 Cauvin, op. cit., S. 69.
21 ibd., S. 125, 128. Erich Zehren behandelt in seinem Buch The Crescent and the Bull, London, 1962, auch die älteren Erklärungen für die mit Bukranien geschmückten Grabmäler im Nahen Osten.
22 Cauvin, op. cit., S. 132.
23 Mithen, op. cit., S. 59.
24 Fred Matson (Hg.), Ceramics and Man, London, 1966, S. 241.
25 ibd., S. 242. Goudsblom, op. cit., S. 58f.
26 Matson, op. cit., S. 244.
27 ibd., S. 210, 245.
28 ibd., S. 211, 207f., 220. Zur Radiokarbondatierung der bedeutendsten Funde aus Tepe Sarab siehe J. G. Clark, op. cit., S. 55; zur ersten Töpferkunst S. 61ff.
29 Mircea Eliade, Geschichte der religiösen Ideen, op. cit., S. 113f. Eliade schreibt auch (S. 114): »Manche Dolmen erreichen gigantische Ausmaße, wie etwa der Dolmen von Soto (bei Sevilla) mit 21 m Länge, dessen Stirnwand aus einem 21 Tonnen schweren Granitblock von 3,40 m Höhe, 3,10 m Breite und 0,72 m Dicke besteht.«
30 Colin Renfrew, Before Civilisation, London, 1973, S. 162–165.
31 Alastair Service und Jean Bradberry,

Megaliths and their Mysteries, London, 1979, S. 33ff.
32 Chris Scarre, »Shrines of the land: religion and the transition to farming in Western Europe«, Aufsatz für die Konferenz »Faith in the past: Theorising an Archaeolcgy of Religion«, noch unveröffentlicht, S. 6.
33 Douglas C. Heggie, *Megalithic Science: Ancient Maths and Astronomy in North-Western Europe*, London/New York, 1981, S. 61–64.
34 Eliade, *op. cit.*, S. 116.
35 Service und Bradbery, *op. cit.*, S. 22f.
36 Marija Gimbutas, *The Gods and Goddesses of Old Europe: 6500 to 3500 BC*, London, 1982, S. 177, 236f.
37 *ibd.*, S. 24. Bestätigt wird dies von Hodder, *op. cit.*, S. 61, der ebenfalls den weiblichen Symbolismus anhand von Irdenware untersuchte.
38 Marija Gimbutas erforscht in ihrem Buch, *op. cit.*, S. 198f., auch die Zusammenhänge zwischen diesen Urideen und den griechischen Götterideen und kommt zu dem Schluss, dass die Große Göttin in der Gestalt der Artemis überlebt hatte. Die mit ihrer Verehrung verbundenen Rituale erinnern deutlich an die Zeremonien, die sich rückschließend aus den Statuen des Alten Europa erkennen lassen (beispielsweise war Artemis Eileithyia auch die »Göttin der Geburt«).
39 Matson, *op. cit.*, S. 141, 143.
40 Leslie Aitchison, *A History of Metals*, London, 1960, S. 37.
41 *ibd.*, S. 38f. Clark, *op. cit*, S. 92, beschreibt die Keramik aus Susa und bietet eine Einführung in die Metallurgie. Aitchison, *op. cit.*, S. 40.
42 Aitchison, *op. cit.*, S. 40f.
43 Eine Erklärung für die rapide Verbreitung dieses Wissens fand James Muhly im Aufkommen der Schrift, auf die wir im nächsten Kapitel eingehen werden: siehe Theodore Wertime et al. (Hg.), *The Coming of the Age of Iron*, New Haven, 1980, S. 26. Doch es gibt auch noch andere Möglichkeiten dafür, bedenkt man, dass die ersten richtigen Bronzen – Zinnbronzen –, die überhaupt gefunden wurden, aus Ur in Mesopotamien stammen und auf die Mitte des 2. Jahrtausends v. d. Z. datiert wurden. Daneben gibt es auch die Überlegung, ob die Sumerer das Prinzip der Bronzeherstellung womöglich schon in ihrer alten Heimat beziehungsweise in ihrem Ursprungsland verstanden hatten. Denn sie waren ja aus dem Osten eingewandert, und wir wissen nachweislich, dass dieselben Fortschritte in der Metallurgie auch in Mohenjo Daro am Indus gemacht worden waren. Möglicherweise haben sie dieses Wissen also in beide Richtungen verbreitet, und es hatte nur noch der Entdeckung eines beträchtlichen Zinnvorkommens bedurft, damit sie das Wissen umsetzen konnten: Aitchison, *op. cit.*, S. 62. Diese Theorie wird auch von der Tatsache gestützt, dass die sumerische Bronzezeit nur dreihundert Jahre währte und sich erschöpfte, als die lokalen Zinnvorkommen abgebaut waren: Wertime, *op. cit.*, S. 32.
44 Aitchison, *op. cit.*, S. 78.
45 *ibd.*, S. 82.
46 *ibd.*, S. 93. In Clark, *op. cit.*, S. 179 und 186, finden sich Illustrationen der Entwicklungsstufen vom Dolch zum Schwert.
47 Aitchison, *op. cit.*, S. 98.
48 Wertime, *op. cit.*, S. 17, 69f., 82, 99ff., 102f. Clark, *op. cit.*, S. 185f., schildert den Einfluss der Eisentechnologie etwas ausführlicher; siehe dort auch die Abbildung des Eisenschmieds auf einer griechischen Vase.
49 Wertime, *op. cit.*, S. 116, 121. Clark, *op. cit.*, S. 186, erwähnt die Geringwertigkeit des späteren Eisens.
50 Wertime, *op. cit.*, S. 82, 105, 194. [Anm. d. Übers.: Zum Zitat siehe Hesiod, *Erga: Hauslehren*, deutsch von Johann Heinrich Voß, I.175.]
51 Wertime, *op. cit.*, S. 197f., 215. Clark, *op. cit.*, S. 170, schildert die Rolle, die Gold als Material für die Verzierung von Rüstungen spielte.
52 Jack Weatherford, *A History of Money*, New York, 1997, S. 21, 27 [vgl. Weatherford, *Eine kurze Geschichte des Geldes und der Währungen*, deutsch von Antoinette Gittinger, Zürich, 1999].
53 *ibd.*, S. 31. In Clark, *op. cit.*, S. 194, finden sich Abbildungen der ersten griechischen Münzen.
54 Zu Sardis siehe Weatherford. *op. cit*, S. 32; zum Obsidian siehe Mithen, *op. cit.*, S. 67f.
55 Weatherford, *op. cit.*, S. 37. Georg Simmel, *Philosophie des Geldes*, hg. von David P. Frisby und Klaus Christian Köhnke, zweites Kapitel: »Der Substanzwert des Geldes«, Teil I, Frankfurt a. M., 1989, S. 171; sowie viertes Kapitel, »Die individuelle Freiheit«, Teil II, S. 416.

KAPITEL 4

1 Henry William F. Saggs, *Civilization before Greece and Rome*, London, 1989, S. 62. [Anm. d. Übers.: Vgl. auch Saggs, *Mesopotamien*, Deutsch von Wolfram Wagmuth, Essen, 1975. Dies ist zwar nicht die Übersetzung des hier zitierten (und nicht übersetzten) späteren Werkes, doch es finden sich darin viele Passagen, die Saggs in diesem Buch neu aufbereitete.] Petr Charvát, *Mesopotamia Before History*, London, 2002, S. 100, Erstveröffentlichung unter dem Titel *Ancient Mesopotamia. Humankind's Long Journey into Civilization*, Prag, 1991. [Anm. d. Übers.: Diese Grabungsgeschichte ist direkt nachzulesen bei C. L. Woolley, *Vor 5000 Jahren. Ausgrabungen von Ur (Chaldäa). Geschichte und Leben der Sumerer*, deutsch von Heribert Haßler, Stuttgart, 1929.]
2 Renfrew, *Before Civilisation*, op. cit., S. 212. Rudgely, op. cit., S. 48.
3 Gwendolyn Leick, *Mesopotamia*, London, 2002, S. vxiii. Zu Tel Brak und Tel Hamoukar siehe Graham Lawton, »Urban legends«, in: *New Scientist*, 18. 9. 2004, S. 32–35.
4 Hans J. Nissen, *Grundzüge einer Geschichte der Frühzeit des Vorderen Orients*, Darmstadt, 1983, S. 75ff. Charvát, op. cit., S. 134.
5 Nissen, op. cit., S. 59f., 64, 73ff. Wissenschaftler der Universitäten Georgia und Maine berichteten im Jahr 2002 in *Science*, dass es vor fünftausend Jahren zu einem plötzlichen globalen Temperaturabfall gekommen sei, der zur Entwicklung von komplexen Zivilisationen in beiden Hemisphären beigetragen haben könnte. Eine Untersuchung von fossilierten Gräten deutete darauf hin, dass dieser Temperatursturz auch den ersten El Niño verursacht haben könnte, welcher periodisch den Pazifik erwärmt und alle zwei bis sieben Jahre ungewöhnliche Wettermuster mit sich bringt. Vor den Küsten von Südamerika schossen die Fischpopulationen in die Höhe, was die Menschen zum Bau von großen Tempelanlagen veranlasst haben könnte (als ritualisierte Orte des gemeinschaftlichen Gebets für weitere gute Fänge). Aber vor allem soll dieser Wetter- und Temperaturumschwung große Gebiete in der Alten Welt trockengelegt und die Menschen deshalb gezwungen haben, sich in Flussebenen neu anzusiedeln: *London Daily Telegraph*, 2. 11. 2002, S. 10.
6 Leick, op. cit., S. 2f.
7 Charvát, op. cit., S. 93.
8 Mason Hammond, *The City in the Ancient World*, Cambridge, MA, 1972, S. 38.
9 Nissen, op. cit., S. 79, 141ff. Charvát op. cit., S. 134.
10 Hammond, op. cit., S. 37f., sowie Charvát, op. cit., S. 134.
11 Nissen, op. cit., S. 108, mahnt uns jedoch zur Vorsicht: »Solange wir allerdings über den Aufbau der politischen Führung dieses Gemeinwesens so wenig wissen ... und auch über die Funktion der [»Tempel« genannten] Gebäude aus inneren Kriterien nichts gesagt werden kann, sollte man sie wohl eher nur als öffentliche Gebäude bezeichnen.«
12 Die Verwendung dieses Wortes brachte einige Wissenschaftler auf die Idee, dass es sich bei den *ziqqurati* auch um den Versuch gehandelt haben könnte, Schreine nachzubauen, die in der alten Heimat der Sumerer auf natürlichen Hügeln errichtet worden waren. Das würde bedeuten, dass die Sumerer über die Hochlandregionen von Elam im Norden und Osten in das mesopotamische Delta gezogen waren: Hammond, op. cit., S. 39.
13 ibd., S. 39, 45.
14 Denise Schmandt-Besserat, *Before Writing*, Bd. I: *From Counting to Cuneiform*, Austin, 1992, passim.
15 Rudgely, op. cit., S. 50.
16 ibd., S. 53.
17 ibd., S. 54. Der französische Wissenschaftler Jean-Jacques Glassner meldete besondere Zweifel an, siehe *Écrire à Sumer: l'invention du cunéiforme*, Paris, 2000 [englische Ausgabe: Glassner, *The Invention of the Cuneiform: Writing in Sumer*, Baltimore/London, 2003].
18 Shan M. M. Winn, *Pre-writing in South Eastern Europe: The Sign System of the Vinca Culture, circa 4000 BC*, Calgary, 1981, passim.
19 Quelle: Richard Rudgley, *Lost Civilisations of the Stone Age*, New York, 1999, S. 70.
20 *Le Figaro*, Paris, 3. 6. 1999, S. 16.
21 Saggs, op. cit., S. 6f.
22 Nissen, op. cit., S. 83, 85.
23 Saggs, op. cit., S. 83.
24 Quelle: Hans J. Nissen, *The Early History of the Ancient Near East: 9000–2000 BC*, Chicago, 1988.
25 Quelle: Saggs, op. cit., S. 62.

26 Quelle: Nissen, *Early History*, op. cit.
27 Saggs, op. cit., S. 65–69.
28 Georges Contenau, *So lebten die Babylonier und Assyrer*, aus dem Französischen von Otto Vitt und Walter Twele, Stuttgart, 1959, S. 169, 172f.
29 Leick, op. cit., S. 66.
30 Nissen, op. cit., S. 150f. Leick, op. cit., S. 73ff.
31 David C. Lindberg, *Die Anfänge des abendländischen Wissens*, aus dem Amerikanischen von Bettina Obrecht, München, 2000, S. 14.
32 Nissen, op. cit., S. 153; Charvát, op. cit., S. 127.
33 Saggs, op. cit., S. 78–84.
34 ibd., S. 81.
35 Saggs, op. cit., S. 98, 104. Die meisten Schreiber waren Männer gewesen, aber gewiss nicht alle. Encheduanna zum Beispiel, die Tochter des Königs Sargon von Akkad und Hohepriesterin des Mondgottes Nanna in Ur, wurde eine berühmte Dichterin.
36 Saggs, op. cit., S. 105.
37 ibd.
38 ibd., S. 107, 110.
39 ibd., S. 111f.
40 ibd., S. 103.
41 Anm. d. Übers.: Zitiert nach Hugo Gressmann (Hg.), *Altorientalische Texte zum Alten Testament*, Berlin, 1926.
42 Leick, op. cit., S. 214.
43 ibd., S. 82.
44 William B. F. Ryan et al., »An abrupt drowning of the Black Sea shelf«, in: *Marine Geology*, Bd. 38 (1997), S. 119–126. Im Oktober 2002 widmete *Marine Geology* eine ganze Ausgabe der Schwarzmeerhypothese; die meisten Autoren halten sie allerdings für falsch.
45 George Roux, *Ancient Iraq*, London, 1966, S. 109.
46 Nissen, op. cit., S. 104.
47 Henri und H. A. Frankfort et al., *Frühlicht des Geistes. Wandlungen des Weltbildes im Alten Orient*, aus dem Englischen von Peter Dülberg, Stuttgart, 1954, S. 230.
Anm. d. Übers.: Nach der deutschen Erstübersetzung des *Gilgamesch-Epos* durch Alfred Jeremias (1887) erschienen Neuübersetzungen von Albert Schott (1934) und Raoul Schrott (2001) sowie diverse Teilübersetzungen. Die jüngste vollständige Neuübersetzung wurde auf der Grundlage von teils noch unpublizierten Fragmenten und den neuesten Erkenntnissen von Andrew R. George (siehe dessen 2003 erschienene neue englische Ausgabe mit bislang unbekannten Passagen) von dem Heidelberger Assyriologen Stefan M. Maul erstellt: *Das Gilgamesch-Epos*, München, 2005.
47 *Gilgamesch-Epos*, zitiert in Frankfort, op. cit., S. 232.
49 ibd., S. 232f.
50 Contenau, op. cit., S. 211.
51 Frankfort, op. cit., S. 233.
52 Lionel Casson, *Bibliotheken in der Antike*, aus dem Amerikanischen von Angelika Beck, Düsseldorf/Zürich, 2002, S. 13ff.
53 ibd., S. 15ff., 22ff., 26.
54 Charvát, op. cit., S. 101, 210.
55 Leick, op. cit., S. 90.
56 Stuart Piggott, *Wagon, Chariot and Carriage*, London/New York, 1992, S. 16, sowie Karte S. 21.
57 ibd., S. 41, 44.
58 Yuri Rassamakin, »The Eneolithic of the Black Sea steppe: dynamics of cultural and economic development 4500–2300 BC«, in: Marsha Levine et al., *Late Prehistoric Exploitation of the Eurasian Steppe*, Cambridge, UK, 1999, S. 136f.
59 ibd., S. 5, 9.
60 Saggs, op. cit., S. 176. [Anm. d. Übers.: Zum Zitat siehe Ovid, *Metamorphosen*, Erstes Buch, II: »Die Weltalter«, in der Übertragung von Johann Heinrich Voß (1798).]
61 Arther Ferrill, *The Origins of War*, London/New York, 1985, S. 15, 18f., 21, 26. Von den Sumerern sind Texte erhalten, die beweisen, dass sie nicht die geringsten Hemmungen hatten, Bergvölker zu überfallen, zu morden, zu plündern und Menschen zu versklaven. Das Ideogramm für »Sklavenmädchen« ist eine Kombination aus »Frau« und »Berg«: Saggs, op. cit., S. 176.
62 ibd., S. 46, 66f.
63 ibd., S. 72. Der israelische Archäologe Yigal Yadin studierte anhand von assyrischen Reliefs die Entwicklung der Belagerungstechniken, die notwendig geworden waren, seit der Aufstieg von Armeen im 2. und 1. Jahrtausend v. d. Z. überall zum Bau von Befestigungsanlagen geführt hatte. Die assyrischen Generäle entwickelten zu diesem Zweck eine Vielzahl von Spezialgerätschaften, darunter den Rammbock und den Belagerungsturm, beide auf Rädern. Die Entwicklung von

karburiertem Eisen ermöglichte dann auch die Herstellung von Stangen und Langspießen, mit denen sich Mauern an Schwachstellen durchbrechen ließen. Belagerungen waren jedoch immer eine schwierige Sache. Die meisten Städte verfügten über genügend Lebensmittel- und Wasservorräte, um ein Jahr oder länger durchhalten zu können – und bis dahin konnte alles Mögliche geschehen (die Assyrer wurden 722 v. d. Z. nach der langen Belagerung von Jerusalem beispielsweise von der Pest dahingerafft). Ein Angriff war der endlosen Warterei daher immer vorzuziehen: Ferrill, *op. cit.*, S. 76f.
64 Saggs, *op. cit.*, S. 156.
65 Roux, *op. cit.*, S. 185.
66 William George de Burgh, *The Legacy of the Ancient World*, London, 1953, S. 25.
67 Saggs, *op. cit.*, S. 156ff. [Anm. d. Übers.: Dieses Zitat sowie alle folgenden Zitate aus dem Kodex Hammurabi stammen aus: Wilhelm Eilers, »Die Gesetzesstele Chammurabis: Gesetze um die Wende des dritten vorchristlichen Jahrtausends«, in: *Der Alte Orient*, Bd. 31, Heft 3/4, Leipzig, 1932.]
68 Roux, *op. cit.*, S. 187.
69 Anm. d. Übers.: Alle Zitate aus der Hebräischen Bibel werden in der Übersetzung von Leopold Zunz nach dem masoretischen Text (1837), Tel Aviv, 1997, wiedergegeben.
70 Roux, *op. cit.*, S. 171, 173.
71 Saggs, *op. cit.*, S. 160f.
72 *ibd.*, S. 162, 165.
73 Charvát, *op. cit.*, S. 155, 230, 236.

KAPITEL 5
1 Brian Fagan, *From Black Land to Fifth Sun: The Science of Sacred Sites*, Reading, MA, 1998, S. 244f.
2 In Nordindien gab es sogar noch im Jahr 2002 einen Fall von Witwenverbrennung (»Suttee« oder »Sati«). Die Khonds, die zum Stamm der bengalischen Drawida gehören, pflegten der Göttin der Erde zu opfern. Das vorgesehene Opfer, »Meriah« genannt, wurde entweder den Eltern abgekauft oder war das Kind von Eltern, die bereits selbst geopfert worden waren. Meriahs wurden als geweihte Wesen betrachtet und konnten jahrelang ein friedliches Leben führen. Wenn sie heirateten, dann immer andere prospektive Opfer; zur Hochzeit erhielten sie ein Stück Land als Mitgift. Etwa zwei Wochen vor der Opferung wurde ihnen in Anwesenheit aller Dorfbewohner feierlich das Haar geschoren, dann wurde ein Freudenfest gefeiert und das Opfer in einen nahe gelegenen Wald gebracht, »der noch nicht von der Axt verunreinigt worden war«. Man salbte es mit Ghee und Ölen, betäubte es mit Opium und bedeckte es mit Blüten. Getötet wurde es schließlich, indem man es erstickte, strangulierte oder langsam über einem Kohlebecken grillte. Dann wurde es in Stücke geteilt, die unter den Anwesenden verteilt und anschließend in die umliegenden Dörfer gebracht wurden. Dort wurden sie »mit großem Pomp in den Feldern vergraben«, um eine gute Ernte sicherzustellen: Mircea Eliade et al., *Patterns in Comparative Religion*, London, 1958, S. 344f.
3 Der Anthropologe James George Frazer erklärte, dass es sich um eine unvermischte Religion handelte, wenn solche Tränen mit Regen *gleichgesetzt* wurden; wurden die Tränen als eine *Imitation* des Regens betrachtet, dann handelte es sich um eine Vermischung des Glaubens an die geheimen Mächte der Magie mit Religion, da die Menschen in diesem Fall selbst vollbrachten, wozu sie mit Hilfe der Magie eigentlich die Götter bringen wollten: Eliade, *Patterns*, S. 345. Siehe auch Miranda Aldhouse Green, *Dying for the Gods: Human Sacrifice in Iron Age and Roman Europe*, London, 2001.
4 E. Washburn Hopkins, *Origin and Evolution of Religion*, Newhaven/New York, 1924, S. 50, 116; Royden Keith Yerkes, *Sacrifice in Greek and Roman Religions and Early Judaism*, London, 1953, S. 31.
5 Eliade, *Patterns*, S. 86, 88, 90f., 217. Zur Geschichte der Drawida siehe Alan C. Bouquet, *Comparative Religion*, London, 1961, S. 116ff.
6 Eliade, *Patterns*, S. 219, 332, 334. Kerkes, *op. cit.*, S. 92. Zu ägyptischen Beispielen für solche allegorischen Fruchtbarkeitsriten siehe Michael Jordan, *Gods of the Earth*, London, 1992, S. 106.
7 Eliade, *Patterns*, S. 342f.
8 Zur Geschichte der Bittopferungen für eine gute Maisernte in Mittelamerika siehe Barry Cunliffe et al. (Hg.), *Archeology: The Widening Debate*, Oxford, 2002. Zur Maisgöttin siehe Frank B. Jevons, *An Introduction to the History of Religions*, London, 1896/1904, S. 257f.
9 Claas Jouco Bleeker und Geo Widengren

1181

(Hg.), *Historia Religionum*, Bd. I, *Religions of the Past*, Leiden, 1969/1988, S. 116.
10 Eliade, *Patterns*, S. 75, 102, 104.
11 Die älteste indoarische Wurzel der Wörter für »Himmelskörper« beinhaltet die Silbe *me* (Mond), die im Sanskrit die Bedeutung »ich messe« annahm. Wörter mit derselben Wurzel und Bedeutung finden sich auch im Altpreußischen (die Sprache der baltischen Pruzzen), Gotischen, Griechischen *(mene)* und Lateinischen *(mensis)*: Eliade, *Patterns.*, S. 154.
12 *ibd.*, S. 165. Zum Thema Mondstier siehe auch Jevons, *op. cit.*, S. 228f. Zehren, *op. cit.*, S. 94f., 240f.
13 Siehe Hopkins, *op. cit.*, S. 109, 124ff., 130. Edward Burnett Tylor, *Primitive Culture: Development of Mythology, Religion, Art, Astronomy etc.*, London, 1871, passim.
14 Samuel G. Brandon, *Religion in Ancient History*, London, 1973, S. 69f., 147ff.
15 Bleeker und Widengren, *op. cit.*, S. 96–99.
16 Brandon, *op. cit.*, S. 71f.
17 *ibd.*, S. 72. Zehren, *op. cit.*, S. 283f., erörtert die Darstellung des Halbmonds als »Sonnenbarke«, die vor Tagesanbruch zur Sonne und ins Jenseits (die Sonnenaureole) segelt.
18 Brandon, *op. cit.*, S. 72f.
19 Edwin Bryant, *The Quest for the Origins of Vedic Culture*, Oxford/New York, 2001, S. 298f.; George Cordana und Danesh Jain (Hg.), *The Indo-Aryan Languages*, London, 2003, passim; sowie Asko Perpola, »Tongues that tie a billion souls«, in: *Times Higher Education Supplement*, 8. 10. 2004, S. 26f.
20 Bryant, *op. cit.*, S. 165f.
21 Brandon, *op. cit.*, S. 86f.
22 Jan N. Bremmer, *The Rise and Fall of the Afterlife*, London/New York, 2002, S. 1f.
23 Brandon, *op. cit.*, S. 74.
24 *ibd.*, S. 31f., 75f.
25 Bremmer, *op. cit.*, S. 4f. Zum Thema »Hades« siehe Jevons, *op. cit.*, Kap 21. [Anm. d. Übers.: Zum Zitat siehe Homer, *Odyssee*, Dritter Gesang, Z 236–237, in der Übertragung von Johann Heinrich Voß.]
26 Die Tatsache, dass es offensichtlich eines Fährmanns oder Führers zum Hades bedurfte, legt nach Meinung einiger Wissenschaftler nahe, dass man sich zunehmend Sorgen über das eigene Schicksal nach dem Tod zu machen begann, was vielleicht mit den durchlebten Kriegen zu tun hatte. Der grandioseste Hinweis auf das Elysium findet sich im 6. Gesang von Vergils *Aeneis*, wo Aeneas seinem Vater Anchises begegnet, inmitten der »lieblich grünen Auen und Haine: das Wonnegefild der seligen Schatten« (in der Übersetzung von August Vezin).
27 Bremmer, *op. cit.*, S. 7. [Anm. d. Übers.: Zum Zitat siehe Platon, *Phaidon*, in der Übersetzung von Friedrich Schleiermacher.]
28 Brandon, *op. cit.*, S. 79. [Anm. d. Übers.: Genesis 2,7, in der Übertragung von Leopold Zunz.]
29 *Nephesch* bezieht sich niemals auf die Seele von Verstorbenen und wird zudem nicht als Gegensatz zum Körper gesehen. Das Volk Israel verwendete auch das Wort *ruach*, was normalerweise mit »Atem« oder »Luft« übersetzt wird, vor allem aber »Geist« bedeutete und auch im Sinne von »Charisma« verwendet werden konnte. Beispielsweise wurden mit dieser Bezeichnung die physischen und psychischen Energien von so bedeutenden Persönlichkeiten wie Elias hervorgehoben: Bremmer, *op. cit.*, S. 8.
30 *ibd.*, S. 8f. [Anm. d. Übers.: Zitate aus den Psalmen – hier 63,10 – werden der besonders schönen Übersetzung wegen aus Martin Bubers *Buch der Preisungen*, Neuauflage Geringen, 1998, zitiert.]
31 Karl Jaspers, *Vom Ursprung und Ziel der Geschichte* (1949), Frankfurt/M. – Hamburg, 1956, S. 14f. Eine etwas soziologischere Variante dieser Theorie stellte Robert Bellah in seinem Artikel »Religious Evolution« vor, neu aufgelegt unter dem Titel *Beyond Belief: Essays on Religion in a Post-Traditional World*, Berkeley/London, 1970/1991.
32 Grant Allen, *The Evolution of the Idea of God*, London, 1904, S. 180.
33 Cyrus H. Gordon und Gary A. Rensburg, *The Bible in the Ancient Near East*, New York, 1997, S. 109–113.
34 Allen, *op. cit.*, S. 181, 184. [Anm. d. Übers.: Zitate aus Jeremias 2,28; Genesis 31,30; Hosea 4,12; Zacharia 10,2.]
35 *ibd.*, S. 185f., 190, 192. Zu anderen frühen Traditionen Israels siehe John Murphy, *The Origins and History of Religions*, Manchester, 1949, S. 176ff. Menhire und Dolmen finden sich überall in den einstigen Regionen des alten Phönizien, Kanaan, dem modernen Galiläa und Syrien, wenn es auch vielleicht nirgendwo

so beeindruckende Exemplare gibt wie in Westeuropa. Herodot schilderte zum Beispiel eine assyrische Stele, die mit äußeren weiblichen Geschlechtsteilen verziert war, siehe Allen, *op. cit.*, S. 186f. [Anm. d. Übers.: Zu den Zitaten siehe Genesis 28,18–22 sowie 1. Könige 12,28–32.]

36 »Wenn du gehorchest der Stimme des Ewigen deines Gottes«, dann, so heißt es in Deuteronomium 28,4, sei »gesegnet deine Leibesfrucht und die Frucht deines Erdbodens und die Frucht deines Viehes, das Geworfene deiner Rinder und die Zucht deiner Schafe«; gehorcht Israel nicht, dann sei »verflucht deine Leibesfrucht und die Frucht des Erdbodens, das Geworfene deiner Rinder und die Zucht deiner Schafe« (28,18). Schließlich forderte Jahwe (im Kontext als Fruchtbarkeitsgott) die Opferung des Erstgeborenen. In der paganen Welt galt das erstgeborene Kind oft als der Abkömmling eines Gottes, »der die Mutter in einem Akt des *droit de seigneur* geschwängert hatte«: Karen Armstrong, *A History of God*, London, 1999, S. 26 [vgl. Armstrong, *Nah ist und schwer zu fassen der Gott. 3000 Jahre Glaubensgeschichte von Abraham bis Albert Einstein*, aus dem Englischen von Doris Kornau, Ursel Schäfer und Renate Weitbrecht, München, 1993]. [Anm. d. Übers.: Zum Zitat siehe Genesis 17,2–6.]

37 Allen, *op. cit.*, S. 212f. [Anm. d. Übers.: Zu den Zitaten siehe Zacharia 9,14; Jesaia 10,17 und 30,27; Deuteronomium 4,24.]

38 *ibd.*, S. 215ff., 219. Bouquet, *op. cit.*, Kap. 6, »The Golden Age of Religious Creativity«, S. 95–111. Kerkes, *op. cit.*, S. 32.

39 Siehe Allen, *op. cit.*, S. 22, zur Frage, ob das Deuteronomium eine Fälschung sei.

40 Bruce Vawter, *Mahner und Künder. Die Propheten Israels vor dem Exil*, übersetzt von Otto Wenninger, Salzburg, 1963, S. 23, 25.

41 Paul Johnson, *A History of the Jews*, London, 1987, S. 38; siehe auch Norman Podhoretz, *The Prophets*, New York, 2002, S. 92.

42 Vawter, *op. cit.*, S. 31. Das Phänomen tauchte erstmals während der Philisterkriege auf, was die Propheten wiederum mit den »Nazariten« in Verbindung bringt, die mit »Tänzen und anderen Körperbewegungen ... in eine Art Hypnose verfallen, unter deren Einfluß sie stundenlang bewußtlos bleiben können ... Die in der Ekstatik verwurzelte prophetische Kraft ... war ausgebrannt, als die großen moralischen Propheten des achten Jahrhunderts erschienen«: *ibd.*, S. 31f. Dass in Israel jemals »Wahrsagerei aus der Leber« praktiziert wurde, konnte nie bewiesen werden, wenngleich prophetische Praktiken wie die uralten Methoden »der Befragung Jahwes« toleriert wurden, siehe *ibd.*, S. 39f.

43 *ibd.*, S. 48f.; Johnson, *op. cit.*, S. 36ff. Im Übrigen verwahrten sich die Propheten nicht zuletzt gegen die Darstellung Gottes, um zu verhindern, dass die herrschenden Könige Bildnisse – beziehungsweise die damit einhergehende »Göttlichkeit« und Macht – auf sich selbst ummünzten, und weil sich ein »unsichtbarer« innerer Gott wesentlich besser mit ihrer Forderung deckte, dass sich die Menschen auf ihre eigene Moralität konzentrieren sollten: *ibd.*, S. 124.

44 Israel Finkelstein und Neil Asher Silberman, *The Bible Unearthed*, New York, 2001, S. 172f. [vgl. Finkelstein und Silberman, *Keine Posaunen vor Jericho. Die archäologische Wahrheit über die Bibel*, aus dem Englischen von Miriam Magall, München, 2002]; Vawter, *op. cit.*, S. 27ff., 110ff., 114, 123; Podhoretz, *op. cit.*, S. 119f.

45 Der nächste Prophet, Micha, so schreibt der Historiker Bruce Vawter, habe sich vor allem mit dem »Aufstieg des Kapitalismus in Juda« befasst, das heißt mit der Tatsache, dass die Landgüter immer größer wurden (von der Archäologie bestätigt), der Wohlstand sich in den Händen von nur einigen wenigen zu konzentrieren begann und die restliche Bevölkerung zu hilflosen Abhängigen wurde. Auch Priester attackierte er wegen ihres Strebens nach persönlichem Gewinn oder weil sie mit den Assyrern kollaborierten und sich von Jahwe ab- und anderen Göttern zuwandten. Micha wirkte zwischen 750 und 686 v. d. Z., das heißt, dass sich noch nicht einmal in dieser Zeit bereits alle Israeliten ausschließlich zu Jahwe bekannt hatten: Vawter, *op. cit.*, S. 146–149.

46 Podhoretz, *op. cit.*, S. 183; Vawter, *op. cit.*, S. 178f.

47 Thomas L. Thompson, *The Bible in History*, London, 1999, S. 56; Vawter, *op. cit.*, S. 183.

48 Vawter, *op. cit.*, S. 188. [Anm. d. Übers.: Zum Bibelzitat siehe Jesaia 5,8.]

49 Jesaia 2,4; 7,14; 11,6; 9,5.
50 Podhoretz, *op. cit.*, S. 219ff.; Finkelstein und Silberman, *op. cit.*, S. 297.
51 Paul Kriwaczek, *In Search of Zarathustra*, London, 2002, S. 206.
52 *ibd.*, S. 222.
53 *ibd.*, S. 119f.
54 *ibd.*, S. 49. [Anm. d. Übers.: Zum Zitat siehe Friedrich Nietzsche, *Werke und Briefe*, »Ecce Homo«: »Warum ich ein Schicksal bin«, S. 4, in: Digitale Bibliothek, Bd. 31: Nietzsche, S. 7883 (vgl. Nietzsche-W Bd. 2, S. 1153).]
55 Brandon, *op. cit.*, S. 96.
56 Kriwaczek, *op. cit.*, S. 210.
57 Mircea Eliade, *Geschichte der religiösen Ideen*, *op. cit.*, Bd. I., S. 285.
58 Da alle primitiven *devas* das eine oder andere Mal ihre Arglist bewiesen hatten, forderte Zarathustra von seinen Anhängern, dass sie sich von ihnen abwendeten. Indem der Zoroastrismus also den »Weg der Gerechtigkeit« beschritt, griff er sowohl Platon (in seinem Bemühen um das Gute) als auch dem Buddhismus und Konfuzianismus vor. Dass er von seinen Anhängern die Abkehr von den *devas* forderte, könnte den Juden wiederum zu der Idee verholfen haben, vom Henotheismus (der Eingottlehre, die einen Stammesgott verehrt, aber die Existenz anderer Götter nicht leugnet) zum wahren Monotheismus (der Lehre von dem einen und einzigen Gott) überzugehen: Kriwaczek, *op. cit.*, S. 183.
59 *ibd.*, S. 210.
60 Eliade, *Religiöse Ideen*, S. 284, 288.
61 Kriwaczek, *op. cit.*, S. 195.
62 Eliade, *Religiöse Ideen*, S. 303.
63 Pat Alexander (Hg.), *The World's Religions*, Oxford, 1994, S. 170, 173.
64 *ibd.*, S. 174.
65 Karen Armstrong, *Buddha*, London, 2000, S. 15 [vgl. Armstrong, *Buddha*, aus dem Englischen von Ulrich Enderwitz, Berlin, 2004].
66 *ibd.*, S. 19.
67 *ibd.*, S. 23.
68 Samuel George F. Brandon (Hg.), *The Saviour God*, Manchester, 1963, S. 218.
69 *ibd.*, S. 86, 89f.
70 Karen Armstrong, *God*, S. 41f.
71 *ibd.*, S. 45f. Robert M. Cook, *The Greeks till Alexander*, London/New York, 1962, S. 86; zur Modifikation von Platons Theorien s. S. 41.
72 Armstrong, *God*, S. 48f.
73 D. Howard Smith, *Confucius*, London, 1973. John D. Fairbanks, *China*, Cambridge, MA, 1992, S. 50f.
74 Fairbanks, *op. cit.*, S. 25, 33f.
75 Brandon, *op. cit.*, S. 98.
76 Fairbanks, *op. cit.*, S. 63, 66; Bouquet, *op. cit.*, S. 180.
77 Benjamin I. Schwarz, *The World of Thought in Ancient China*, Cambridge, MA, 1985, S. 193; Brandon, *op. cit.*, S. 179.
78 D. C. Lau, *Introduction to Lao Tzu, Tao te ching*, London, 1963, S. xv-xix.
79 Schwarz, *op. cit.*, S. 202; Brandon, *op. cit.*, S. 180.

KAPITEL 6

1 Allan Bloom, *The Closing of the American Mind*, London, 1987, S. 369.
2 Humphry Davy F. Kitto, *Die Griechen*, aus dem Englischen von Hartmut von Hentig, Frankfurt a. M., 1960, S. 7.
3 Peter Hall, *Cities in Civilisation*, London, 1998, S. 24 [vgl. Hall, *Weltstädte*, aus dem Englischen von Wolfram Wagmuth, Berlin, 1966].
4 Daniel J. Boorstin, *The Seekers: The Story of Man's Continuing Quest to Understand His World*«, New York/London, 1999, Teil II, passim.
5 Andrew Robert Burn, *The Penguin History of Greece*, London, 1966, S. 28.
6 *ibd.*, S. 64-68.
7 *ibd.*, S. 73; Robert D. Downs, *Books that Changed the World*, New York, 1983, S. 41.
8 John Roberts, *A Short Illustrated History of the World*, London, 1993, S. 108.
9 Burn, *op. cit.*, S. 119.
10 *ibd.*, S. 119ff. Der Begriff des Tyrannen geriet erst später im demokratischen Griechenland in Misskredit. Siehe auch Peter Jones, *An Intelligent Person's Guide to Classics*, London, 1999/2002, S. 70.
11 Kitto, *op. cit.*, S. 44. Zu den Bevölkerungszahlen von Athen siehe Jones, *op. cit.*, S. 65.
12 Roberts, *op. cit.* S. 109.
13 Kitto, *op. cit.*, S. 96f.
14 Erwin Schrödinger, *Die Natur und die Griechen. Kosmos und Physik*, hg. von Ernesto Grassi, übersetzt von Mira Koffka, Hamburg, 1956, S. 72f.
15 Geoffrey Lloyd und Nathan Sivin, *The Way and the Word: Science and Medicine in Early China and Greece*, New Haven/London, 2002, S. 242-248.

16 Geoffrey Lloyd, *The Revolution in Wisdom: Studies in the Claims and Practices of Ancient Greek Science*, Berkeley/London, 1987, S. 56, 62, 85, 109, 131, 353.
17 Schrödinger, *op. cit.*, S. 75.
18 Michael Grant, *Die klassischen Griechen: Die Blüte der hellenischen Kultur von Miltiades bis Aristoteles*, übersetzt von Viktor von Ow, Bergisch Gladbach, 1991, S. 89.
19 Kitto, *op. cit.*, S. 146.
20 Charles Freeman, *The Closing of the Western Mind*, London, 2002, S. 9.
21 Kitto, *op. cit.*, S. 146.
22 *ibd.*, S. 147.
23 Burn, *op. cit*, S. 131; Cook, *op. cit.*, S. 86.
24 Burn, *op. cit.*, S. 138.
25 Edward G. Richards, *Mapping Time: The Calendar and its History*, Oxford, 1998, S. 36.
26 David C. Lindberg, *Die Anfänge des abendländischen Wissens*, aus dem Amerikanischen von Bettina Obrecht, München, 2000, S. 30f.
27 Burn, *op. cit.*, S. 247. Cook, *op. cit.*, S. 147, befasst sich mit dem perspektivischen Verständnis von Anaxagoras. [Anm. d. Übers.: Zu den Zitaten siehe Anaxagoras, *Fragment: Über die Natur*, abrufbar z. B. unter: www.netzwelt.de/lexikon/Anaxagoras.html]
28 Schrödinger, *op. cit.*, S. 101.
29 Lindberg, *op. cit.*, S. 32.
30 *ibd.*, S. 121.
31 Burn, *op. cit.*, S. 271; Cook, *op. cit.*, S. 144.
32 Lindberg, *op. cit.*, S. 124f. [Anm. d. Übers: Zu den Zitaten von Hippokrates siehe *Die hippokratische Schrift »Über die heilige Krankheit«*, herausgegeben und übersetzt von Hermann Grensemann, Berlin, 1968, S. 61, sowie »Die Natur des Menschen«, Kap. 4 (8), übersetzt von Robert Fuchs, in: Hippokrates, *Sämmtliche Werke*, Bd. I, München/Lüneburg, 1895, S. 194f.]
33 Burn, *op. cit.*, S. 272.
34 Geoffrey Lloyd, *Magic, Reason and Experience*, Cambridge, UK, 1979, S. 4.
35 Lloyd und Sivin, *op. cit.*, S. 241.
36 Grant, *op. cit.*, S. 90f.
37 *ibd.*, S. 126; sowie Cook, *op. cit.*, S. 138 (wo er auch schreibt, dass Sophisten oft zur Zielscheibe von Häme wurden).
38 Grant, *op. cit.*, S. 128.
39 Freeman, *op. cit.*, S. 24.
40 Anm. d. Übers.: Platon, *Apologie*, 31d, 38a.
41 Burn, *op. cit.*, S. 307; Grant, *op. cit.*, S. 236–240.
42 Grant, *op. cit.*, S. 338, 345f.
43 Lindberg, *op. cit.*, S. 43.
44 Pierre Leveque, *The Greek Adventure*, London, 1968, S. 358 [vgl. Leveque, *L'aventure grecque*, Paris, 1964]. Die Vorstellung (in Platons Fall müssen wir vorsichtig mit dem Begriff »Idee« sein), dass es jenseits des Reiches der Sinne noch eine andere Welt gebe, übertrug er auch auf die Seele, die er als eine selbstbewegte Substanz ohne jeden organischen Bezug zum Körper darstellte, welche Ideen sowohl reflektiert als auch erkennt (siehe *ibd.*). Das Leibliche stehe der Seele und der Erfahrbarkeit der Formen immer im Weg. Moralität, das gute Leben im sokratischen Sinne, bestehe aus dem unentwegten Versuch, den verderblichen Einflüssen des Leibes zu entkommen. Zu Lebzeiten würden wir der Weisheit am nächsten kommen, wenn wir so weit als möglich körperliche Vereinigungen vermieden und uns rein hielten. Manchmal ließen sich die Seele – und Ideen – im Hier und Jetzt erhaschen; genau dazu dienten Kontemplation, gelehrte Studien, Dichtung und Liebe. Der Tod bedeute das Ende des Körpers, doch die Seele sei unzerstörbar, weil sie teilhabe an den Ideen. Bei Platon ist die Seele dreigeteilt: in zwei rossgestaltige Teile und einen Führer, wobei von den beiden Rossen eines gut und »wahrhafter Meinung Freund«, das andere nicht gut und »Starrsinnigkeit Freund« sei (siehe Platons *Phaidros*).
45 Leveque, *op. cit.*, S. 359.
46 *ibd.*, S. 361. Zum spezifischen Schreibstil von Platon siehe Cook, *op. cit.*, S. 146.
47 Boorstin, *op. cit.*, S. 57.
48 *ibd.*, S. 58f.
49 *ibd.*, S. 61.
50 *ibd.*, S. 62, 64. Zu der Studie, die Aristoteles' Assistent über hundertachtundfünfzig Stadtstaaten anfertigte, siehe Cook, *op. cit.*, S. 143. Diese Schriften haben eine wechselvolle Geschichte: Offenbar wurden sie über mehrere Generationen vererbt und lagen dann in einem Keller, bis sie schließlich nach Rom gelangten. Dort systematisierte sie Andronikus von Rhodos.
51 Boorstin, *op. cit.*, S. 65.
52 Leveque, *op. cit.*, S. 365.
53 Boorstin, *op. cit.*, S. 69. Siehe jedoch

Cook, *op. cit.*, S. 142f., zur aristotelischen Theorie, dass Tugend immer die Mitte zwischen zwei lasterhaften Extremen bilde.
54 Boorstin, *op. cit.*, S. 71.
55 Leveque, *op. cit.*, S. 363.
56 *ibd.*, S. 364.
57 *ibd.*
58 Grant, *op. cit.*, S. 402.
59 Burn, *op. cit.*, S. 204.
60 Grant, *op. cit.*, S. 80.
61 Burn, *op. cit.*, S. 124.
62 Grant, *op. cit.*, S. 80.
63 Cook, *op. cit.*, S. 145.
64 Burn, *op. cit.*, S. 205.
65 Grant, *op. cit.*, S. 182.
66 Cook, *op. cit.*, S. 145.
67 Boorstin, *op. cit.*, S. 79.
68 Grant, *op. cit.*, S. 267f.
69 John Boardman, *Greek Art*, London/New York, 1996, S. 145 [vgl. Boardman, *Griechische Kunst*, aus dem Englischen von Tilly Lauffer, München, 1969].
70 Grant, *op. cit.*, S. 157–162; Cook, *op. cit.*, S. 157.
71 Grant, *op. cit.*, S. 141f.
72 *ibd.*, S. 146. Zwei Bronzestatuen, die vielen als Höhepunkte der klassischen griechischen Bildhauerkunst gelten, wurden 1972 im Meer auf der Höhe von Riace in Kalabrien gefunden. Die so genannten Riace-Krieger sind beide rund 1,80 Meter groß, bärtig, trugen ursprünglich Helme und vermutlich auch Schilde (jeweils verloren, wahrscheinlich gestohlen). Ihr Haar ist lang und üppig, die Lippen und Brustwarzen sind aus Kupfer (wie es wahrscheinlich auch die Wimpern waren). Die Augen des jüngeren Mannes zeigen noch Spuren von Elfenbein und einer Glasmasse, die Zähne sind aus eingelegtem Silber. Was die Ausführung der technischen Details und die Wirklichkeitstreue betrifft, so sind diese Statuen allen anderen überlegen, aber wir wissen nicht mit Sicherheit, wer sie erschaffen hat. Es gibt zwei Kandidaten: an erster Stelle den Bildhauer Pythagoras, von dem Plinius sagte, er habe »als Erster Sehnen und Adern ausgebildet und das Haar sorgfältig gestaltet«, und dessen Geburtsort das nahe der Fundstelle gelegene Rhegion (das heutige Reggio Calabria) war; an zweiter Stelle Polykleitos, der deshalb in Frage kommt, weil er in Argos gewirkt und hauptsächlich in Bronze gearbeitet hat und weil diese Figuren tatsächlich einige argivische Merkmale aufweisen. Auch sein Werk ist uns nur durch Marmorkopien überliefert, darunter der »Speerträger« *(doryphoros)*, der sich im archäologischen Museum von Neapel befindet, und der »Athlet mit der Siegerbinde« *(diadumenos)*, von dem es zahlreiche Kopien gibt. Der *doryphoros* galt als »Kanon«, da er Polykleitos' Vorstellung von den idealen menschlichen Proportionen verkörperte. Polykleitos schrieb auch das Werk *Kanon*, von dem nur Fragmente blieben, welche jedoch bestätigen, dass er Schönheit und Kunst in mathematischen Kategorien ausdrücken wollte: Er betrachtete beides als eine philosophische Frage der Proportion und den menschlichen Körper »als den höchsten Ausdruck mathematischer Prinzipien«. Laut Plinius wurden viele Künstler vom *Kanon* beeinflusst. Bei einem Ausschreibungswettbewerb für die Statue einer Amazone, die für den Artemistempel in Ephesos bestimmt war, siegte Polykleitos vor Phidias. Doch nichts davon beweist, dass die Riace-Krieger tatsächlich von ihm stammen – es könnte sehr gut sein, dass der Höhepunkt der klassischen Bildhauerkunst Griechenlands von einem uns völlig unbekannten Meister erschaffen wurde. Siehe Grant, *op. cit.*, S. 147ff.
73 *ibd.*, S. 108.
74 John Boardman, *Athenian Red Figure Vases: The Classical Period*, London/New York, 1989, S. 8 [vgl. Boardman, *Rotfigurige Vasen aus Athen. Die klassische Zeit*, aus dem Englischen von Constanze Buchbinder-Felten, Mainz, 1996]; Richard Neer, *Style and Politics in Athenian Vase-Painting: The Craft of Democracy, circa 530–470 BCE*, Cambridge, UK, 2002, S. 263f.
75 *ibd.*, S. 263f.
76 Hall, *op. cit.*, S. 30, 32f. Zu dem Fakt, dass viele Skulpturen bemalt waren, siehe Cook, *op. cit.*, S. 151.
77 Grant, *op. cit.*, S. 432f.
78 *ibd.*, S. 364.
79 *ibd.*, S. 435.
80 Walter Burkert, *Die orientalisierende Epoche in der griechischen Religion und Literatur*, Heidelberg, 1984, passim.
81 Martin Bernal, *Black Athena: The Afroasiatic Roots of Classical Civilisation* (1987), London, 1991, S. 51 [vgl. Bernal, *Schwarze Athene*, aus dem Englischen von Joachim Rehork, München, 1987].
82 Martin L. West, *The East Face of Helicon: West Asiatic Elements in Greek*

Poetry and Myth, Oxford, 1997. Laut West waren die literarischen Einflüsse Ägyptens auf Griechenland »verschwindend gering«. Peter Jones, *op. cit.*, S. 225, bestätigt zwar, dass die allgemeine Argumentation Bernals stichhaltig ist, moniert aber, dass er viele Details geradezu absurd übertrieben darstelle.
83 Henry Hardy (Hg.): Isaiah Berlin, *Liberty*, Oxford, 2002, S. 302f. [Anm. d. Übers.: Diese Publikation ist nicht identisch mit dem Buch *Four Essays on Liberty* (1969), das 1995 unter dem Titel *Freiheit: Vier Versuche* in der Übersetzung von Reinhard Kaiser in Frankfurt a. M. erschien.]
84 *ibd.*, S. 294 u. Anm., 304, 308.
85 Zu Zenons Paradoxon siehe Peter Jones et al. (Hg.), *The World of Rome. An Introduction to Roman Culture*, Cambridge, UK, 1997, S. 289.
86 Berlin, *Liberty*, S. 310.
87 Leveque, *op. cit.*, S. 328ff.
88 Berlin, *Liberty*, S. 312, 314.
89 Grant, *op. cit.*, S. 369ff.
90 Zitiert in Schrödinger, *op. cit.*, S. 28.

KAPITEL 7
1 Paul Johnson, *The History of the Jews*, London, 1987, S. 78. [Anm. d. Übers.: Zum Zitat siehe 2 Könige 24,14.]
2 Robin Lane Fox, *The Unauthorised Version*, New York, 1991, S. 71f. [vgl. Lane Fox, *Am Anfang war das Wort, Legende und Wahrheit in der Bibel*, aus dem Englischen von Christa Broermann, Birgit Kaiser, Christa Merk, München, 1995]. Zu der bangen Beziehung des Volkes Israel zu JHWH siehe auch Finkelstein und Silberman, *op. cit.*, S. 120f.
3 Lane Fox, *op. cit.*, S. 70; Gordon und Rendsburg, *op. cit.*, S. 323.
4 Lane Fox, *op. cit.*, S. 56; Johnson, *op. cit.*, S. 83.
5 Lane Fox, *op. cit.*, S. 275.
6 Johnson, *op. cit.*, S. 84f.
7 Lane Fox, *op. cit.*, S. 85, 107. Richard Friedman behauptet, dass Esra dem »Gesetz Mose« auch seine endgültige Form gegeben habe, siehe Finkelstein und Silberman, *op. cit.*, S. 310. [Anm. d. Übers.: zum Zitat siehe Sir 24, 23.]
8 Philip R. Davies, *Scribes and Schools*, London, 1998, S. 24.
9 *ibd.*, S. 7.
10 Lane Fox, *op. cit.*, S. 109.
11 *ibd.*, S. 110, 116. [Anm. d. Übers.: zum Zitat siehe Flavius Josephus, *Contra Apionem (Gegen Apion)* 1,37–42.]

12 Philip Davies hält dagegen, dass uns die endgültige Form der Hebräischen Schrift nichts über ihren Entstehungsprozess sagen könne, siehe Davies, *op. cit.*, S. 89f. Die einzelnen Abschnitte der Hebräischen Schrift beschreiben vier Phasen in der Geschichte des Volkes Israel: die Vorgeschichte der Welt und die Wahl der Ahnen des Volkes Israel (Genesis); die Erschaffung der Nation, von den Nachkommen Jaakobs in Ägypten bis hin zum Gottesgeschenk des Gesetzes und eines eigenen Landes; die Periode des Niedergangs, von der Führerschaft Mose über Josua, Saul, David und Salomon, den beiden alles andere als idealen Königreichen Jisrael und Jehudah bis hin zum Babylonischen Exil (Exodus, Könige, Chroniken); die Restauration von Jehudah, der Wiederaufbau des Tempels und die Wiederherstellung von Jehudah/Jisrael als eine religiöse Einheit, »geweiht dem Bund mit Jahwe und dem Gottesdienst in seinem Tempel«. An diesem Punkt endet die kanonisierte Geschichte, aber natürlich nicht die jüdische Geschichte. Aus theologischer Sicht des Christentums endete der Judaismus mit der Geburt Jesu: *ibd.*, S. 55. Das Wort »Jude« leitet sich aus dem hebräischen *Jehudi* ab, »Bewohner des Landes Jehudah« und Nachkomme von Jaakobs viertem Sohn und Erben Jehudah, »dem historischen Überbringer des Segens, den Jahwe als Erstem Abram (Abraham) erteilte«: Bloom, *The Closing*, *op. cit.*, S. 4.
Man sollte sich hier in Erinnerung rufen, dass das christliche Alte Testament anders gegliedert ist als die Hebräische Bibel. Die ersten fünf Bücher stehen in derselben Reihenfolge, tragen jedoch andere Titel: Die Genesis zum Beispiel heißt im Hebräischen *Bereschit* (»Im Anfang schuf«) und Numeri *Bemidbar* (»In der Wüste«). Im Volk Israel war es üblich, den Titel eines Textes aus dessen Anfangsworten zusammenzusetzen – wie bei der automatischen Dateispeicherung von Microsoft Word. Abgesehen von der Tora gibt es jedoch kaum noch Gemeinsamkeiten bei der Aufteilung der Bücher in der Hebräischen Bibel und im christlichen Alten Testament. Das Alte Testament endet mit Maleachi, der von einem neuen Propheten Elias kündet, wohingegen die Hebräische Bibel mit dem zweiten Buch der Chronik endet, mit der Rückkehr nach Jerusalem und dem Wiederaufbau des Tempels.

1187

13 Bloom, *The Closing*, S. 4f.
14 Finkelstein und Silberman, *op. cit.*, S. 246ff.
15 Keith W. Whitelam, *The Invention of Ancient Israel*, London, 1996, S. 128f.
16 Finkelstein und Silberman, *op. cit.*, S. 81ff.
17 Israel Finkelstein im persönlichen Gespräch mit dem Autor am 22. 11. 1996 in Tel Aviv. Zur Archäologie siehe auch Finkelstein und Silberman, *op. cit.*, S. 72ff.
18 Amihai Mazar im persönlichen Gespräch mit dem Autor am 22. 11. 1996 in Tel Aviv.
19 Raz Kletter im persönlichen Gespräch mit dem Autor am 25. 11. 1996 in Tel Aviv; Ephraim Stern, *Archaeology of the Land of the Bible*, Bd. II, New York, 2001, S. 200–209. Auch Finkelstein und Silberman, *op. cit.*, S. 246ff., behaupten, dass die Entwicklung zum Einen Gott JHWH erst im späten 8. Jahrhundert v. d. Z. eingesetzt habe.
20 Finkelstein und Silberman, *op. cit.*, S. 129.
21 Anne Punton, *The World Jesus Knew*, London, 1996, S. 182.
22 Lane Fox, *op. cit.*, S. 197.
23 *ibd.*, S. 16.
24 Lane Fox, *op. cit.*, S. 19, 21; Gordon und Rendsburg, *op. cit.*, S. 36ff. [Anm. d. Übers.: Zu den Zitaten siehe Gen 1 und 2,7–23.]
25 Lane Fox, *op. cit.*, S. 58f. Zu der Rolle Abrahams, dem Aufstieg von Jerusalem und anderen Folgen der Versionen von E und J siehe Finkelstein und Silberman, *op. cit.*, S. 44f. Zur Welt der Genesis siehe Thompson, *op. cit.*, S. 105ff.
26 Der amerikanische Universalgelehrte Harold Bloom geht nicht nur davon aus, dass J die früheste Quelle der Tora und somit der Ursprung der Hebräischen Schrift war, sondern auch, dass J eine Frau war. In seinem Kommentar zu einer neuen englischen Übersetzung der biblischen J-Elemente vertritt er die Auffassung, dass diese Frau aus dem 10. Jahrhundert v. d. Z. Jahwe eher wie einen griechischen oder sumerischen Gott betrachtet habe – also als ausgesprochen menschlich, als eine überschwängliche, manchmal schelmische, manchmal boshafte, immer kapriziöse und jedenfalls ganz und gar »skandalöse Persönlichkeit«. Aus Blooms Sicht ist der Tanach ein Amalgam, das sich mit einer Mixtur aus Homer und Hesiod vergleichen lässt:
David Rosenberg und Harold Bloom, *The Book of J*, New York, 1990, S. 294.
27 Johnson, *op. cit.*, S. 91.
28 Punton, *op. cit.*, S. 83.
29 *ibd.*, S. 209.
30 Jean-Yves Empereur, *Alexandria*, London/New York, 2001/2002, S. 38.
31 Punton, *op. cit.*, S. 102.
32 Lane Fox, *op. cit.*, S. 123. Siehe auch Robert Henry Charles, *The Apocrypha and Pseudepigrapha of the Old Testament*, Oxford, 1913, passim.
33 Punton, *op. cit.*, S. 217.
34 Das wichtigste Element der Hebräischen Bibel war die mündliche Tora. Sie entstand, weil die schriftliche Tora, ungeachtet ihrer Autorität, nicht jedes kleinste Detail berücksichtigt hatte. So erlaubte sie zum Beispiel die Scheidung, spezifizierte aber nicht, in welcher Form sie stattzufinden hatte oder welchen Bedingungen sie unterlag. Folglich häuften sich die Gesetzesauslegungen der Schriftgelehrten, und es begann sich eine mündliche Überlieferung zu entwickeln. Im Lauf der Zeit wurde diese Tradition ebenso kanonisch wie die der geschriebenen Tora. Viele Gelehrte (die so genannten *tana'im*), die mit einem ungeheuren Gedächtnis gesegnet gewesen sein müssen, widmeten ihr Leben dem Auswendiglernen und der Weitergabe der mündlichen Überlieferung, deren Korpus schließlich so gewaltig wurde, dass auch er niedergeschrieben werden musste. Diese Aufgabe war umso dringlicher geworden, nachdem die beiden großen Katastrophen über die Juden gekommen waren – die Zerstörung des zweiten Tempels durch die Römer im Jahr 70 n. d. Z. und der Fehlschlag des Aufstands gegen die Römer (131–135 n. d. Z.), Das Judentum war nun derart zerschlagen und in alle Winde zerstreut, dass die mündliche Tradition verloren zu gehen drohte. Angesichts dieser Umstände machte es sich Rabbi Juda ha-Nassi (»Fürst«) in Galiläa zur Lebensaufgabe, die gesamte mündliche Lehre aufzuzeichnen und ihr eine Form zu geben. Er und seine Mitarbeiter beendeten das *Mischnah (Wiederholung)* genannte Werk um das Jahr 200 n. d. Z. Es umfasst alle halachischen (religionsgesetzlichen) Auslegungen der rabbinischen Gelehrten, darunter die Speise-, Reinheits-, Ehe-, Scheidungs- und Feiertagsgebote, und bildet die Grundlage des Talmud.
35 Lane Fox, *op. cit.*, S. 167ff. [Anm. d.

Übers.: Zum Zitat siehe Richter 5,31.]
36 Davies, *op. cit.*, S. 176. Lane Fox, *op. cit.*, S. 200. Siehe auch Francis M. Cornford, *Principium Sapientiae: The Origins of Greek Philosophical Thought*, Cambridge, UK, 1952, passim.
37 Johnson, *op. cit.*, S. 93.
38 Lane Fox, *op. cit.*, S. 402, 410, 412. Gordon und Rendsburg, *op. cit.*, S. 78, befassen sich mit einer anderen Besonderheit des Buches Job, nämlich seiner Aufteilung in Prosa und Dichtung, und mit der Frage, was diese unterschiedlichen literarischen Formen zu bedeuten haben.
39 Punton, *op. cit.*, S. 192.
40 Johnson, *op. cit.*, S. 99.
41 Kenneth Clark, *Civilisation*, London, 1969, S. 19 [vgl. Clark, *Zivilisation*, deutsch von Thomas Monrad, Hamburg, 1970].
42 Johnson, *op. cit.*, S. 102.
43 *ibd.*, S. 106.
44 Paula Frederiksen, *From Jesus to Christ*, New Haven/London, 1988, S. 87.
45 Colleen McDannell und Bernhard Lang, *Heaven: A History*, New Haven/London, 1988, S. 12f. [vgl. McDannell und Lang, *Der Himmel. Eine Kulturgeschichte des ewigen Lebens*, Frankfurt a. Main, 1988].
46 Frederiksen, *op. cit.*, S. 88f.
47 Christopher Rowland, *Christian Origins* (1985), London, 1997, S. 72f.
48 *ibd.*, S. 72; Frederiksen, *op. cit.*, S. 89.
49 Rowland, *op. cit.*, S. 88.
50 Frederiksen, *op. cit.*, S. 82, 93.
51 Gordon und Rendsburg, *op. cit.*, S. 265.
52 Rowland, *op. cit.*, S. 94.
53 Frederiksen, *op. cit.*, S. 77. Die apokryphen Testamente von Levi und Reuben sprechen sowohl von einem priesterlichen als auch von einem davidischen Messias (bestätigt durch die Schriftrollen von Qumran).
54 Frederiksen, *op. cit.*, S. 78.
55 Johnson, *op. cit.*, S. 111. Zur Frage, welchen Einfluss die Bibel auf die Vereinigung der verschiedenen Strömungen im Volk Israel hatte, siehe Finkelstein und Silberman, *op. cit.*, S. 316.
56 Der ewigen Flamme wurde Räucherwerk nach einer Geheimrezeptur der Avtina-Familie beigegeben, deren Frauen sich niemals parfümierten, um sich nicht dem Vorwurf auszusetzen, dass sie die Flamme verunreinigten: Johnson, *op. cit.*, S. 116.
57 Eine Ahnung vom Ausmaß der Opferungen bekommt man auch, wenn man weiß, dass unter dem Tempel eigens vierunddreißig Zisternen zum Auffangen des Wischwassers eingelassen waren, mit dem das Opferblut beseitigt wurde. Neben diesen Zisternen befanden sich Gewölbe, in denen die eingetauschten Münzen der Pilger aus aller Welt gelagert wurden: Johnson, *op. cit.*, S. 116f.
58 George Albert Wells, *The Jesus of Early Christians*, London, 1971, S. 131.
59 *ibd.*, S. 4.
60 Eliade, *Patterns*, *op. cit.*, S. 426.
61 Lane Fox, *op. cit.*, S. 147f., 151, 202. Eine Schilderung der Welt, in der die nichtkanonischen Evangelien entstanden, findet sich bei Walter Bauer, »Rechtgläubigkeit und Ketzerei im ältesten Christentum«, in: *Beiträge zur Historischen Theologie*, Bd. 10, Tübingen, 1934, passim.
62 Lane Fox, *op. cit.*, S. 123–126. Zur Erörterung der ersten handschriftlichen Zeugnisse siehe Bauer, *op. cit.*, S. 115–122. [Anm. d. Übers.: Zur deutschen Übersetzung des *Papias-Fragments* (15) siehe »Neutestamentliche Apokryphen«, http://www-user.uni-bremen.de/~wie/nt-apokrypha.html.]
63 Lane Fox, *op. cit.*, S. 114. Zur Rolle des Marcion siehe Bauer, *op. cit.*, S. 224–227. 1966 wurde vom Weltbund der Bibelgesellschaften ein neuer griechischer Standardtext für Forscher und Übersetzer herausgegeben, da sich mittlerweile rund zweitausend Stellen aus gut erhaltenen Handschriften angesammelt hatten, die jeweils ganz unterschiedliche Auslegungsmöglichkeiten zuließen: Lane Fox, *op. cit.*, S. 156.
64 Frederiksen, *op. cit.*, S. 51.
65 Rowland, *op. cit.*, S. 127.
66 Um das Jahr 200 behaupteten einige Christen, dass Jesus im November des Jahres 3 v. d. Z. geboren worden sei (was auf einer Fehlberechnung des Todesdatums von Herodes beruhte), andere versicherten, dass die Geburt im Frühjahr stattgefunden habe. Erste Hinweise auf eine Festsetzung des Geburtstags auf den Weihnachtstag am 24. (bzw. in angelsächsischen Ländern 25.) Dezember finden sich im 4. Jahrhundert. Orthodoxe Christen bevorzugen bis heute den 6. Januar: Lane Fox, *op. cit.*, S. 36.
67 Geza Vermes, *The Religion of Jesus the Jew*, London, 1993, S. 214.
68 Russell Shorto, *Gospel Truth*, New York, 1997, S. 33.

69 Wells, *op. cit.*, S. 12f.
70 Vermes, *op. cit.*, S. 217.
71 Lane Fox, *op. cit.*, S. 29.
72 James George Frazer, *Der Goldene Zweig. Das Geheimnis von Glauben und Sitten der Völker* (1922), aus dem Englischen von Helen von Bauer, Hamburg, 1989, S. 506.
73 Lane Fox, *op. cit.*, S. 30.
74 Frazer, *op. cit.*, S. 533.
75 Vermes, *op. cit.*, S. 46f. [Anm. d. Übers.: Im Masoretischen Text heißt es an dieser Stelle (Jes 8,23) jedoch wertungsfrei ohne Bezug auf »Heiden«: »Jenseits des Jarden (bis in) den Kreis der Stämme ...«]
76 Johnson, *op. cit.*, S. 139.
77 Lane Fox, *op. cit.*, S. 21
78 Galiläa ist noch aus einem anderen Grund von historischer Bedeutung. Ende der neunziger Jahre des 20. Jahrhunderts entdeckte Dr. Elhanen Reiner von der Universität Tel Aviv Midraschim (alte Auslegungen religiöser Texte), die auf das Jahr 200 v. d. Z. datiert wurden und mehrere Hinweise auf einen Galiläer beinhalten, welcher zu dieser Zeit lebte, Joschua hieß und uns überhaupt ziemlich vertraut vorkommt. In Galiläa wurde der hebräische Name Joschua häufig umgangssprachlich in »Jesus« verwandelt; und die Geschichte dieses Joschua weist tatsächlich eine Menge Parallelen mit der von Jesus auf: Erstens tauchte Joschua erstmals als Führungsfigur in Transjordanien auf; im Neuen Testament tritt Jesus erstmals als Erwachsener beim Tauchbad im Jordan in Erscheinung. Zweitens benannte Joschua zwölf Älteste und teilte deren Zuständigkeit im Land Israel auf; Jesus ernannte zwölf Apostel. Drittens hat der Tod des Joschua »die Welt erschüttert«: Ein Engel stieg herab, und ein Erdbeben bezeugte, dass Gott – im Gegensatz zu den meisten Menschen – Joschuas Tod unendlich betrauerte. Bei Jesus geschah Ähnliches: Die Erde bebte, und ein Engel erschien. Viertens: Die Menschen, die Joschua am nächsten standen, heißen Josef und Mirjam (Maria). Fünftens: Joschua starb am 18. Ijar, drei Tage vor dem Passahfest, also am gleichen Tag, an dem die Kreuzigung stattgefunden haben soll. Sechstens: Der hebräischen Überlieferung nach (festgehalten in einem aramäischen Buch) fand die Kreuzigung Jesu nicht in Jerusalem statt, sondern in Tiberias – ergo in Galiläa. Siebtens: In den Lebensgeschichten von Joschua und Jesus gibt es jeweils einen Jehudah oder Judas, der eine entschieden negative Rolle spielt. Achtens: Joschua flieht an einem Punkt seiner Geschichte nach Ägypten, so wie die Familie von Jesus mit dem Säugling nach Ägypten floh. Damit enden die Parallelen dieser beiden Überlieferungen zwar noch nicht, doch allein schon die aufgeführten Ähnlichkeiten genügen, um Zweifel an der wahren Identität von Jesus zu wecken. Persönliches Gespräch des Autors mit Elhanen Reiner am 26. 11. 1996 in Tel Aviv.
79 Wells, *op. cit.*, S. 93ff.
80 *ibd.*, S. 99. Siehe auch Brian Moynahan, *The Faith*, London, 2002, S. 11ff.
81 Frederiksen, *op. cit.*, S. 120f.
82 Wells, *op. cit.*, S. 245.
83 *ibd.*, S. 103, 245.
84 *ibd.*, S. 40; Moynahan, *op. cit.*, S. 16, analysiert diese Schilderungen genauer.
85 Rowland, *op. cit.*, S. 189.
86 *ibd.*, S. 191f. Zur Rolle der Frauen siehe Moynahan, *op. cit.*, S. 19.
87 Shorto, *op. cit.*, S. 147.
88 Im Oktober des Jahres 2002 wurde angeblich südlich des Ölbergs in Jerusalem ein Ossuar (antike Gebeinurne) aus Kalkstein gefunden. Es war ohne Inhalt, doch das geologische Institut von Israel bestätigte, dass der Kalkstein aus der Region von Jerusalem stammte. Das Aufsehen erregende dabei war die aramäische Inschrift »Jaakov, Sohn des Josef und Bruder des Joschua«. Professor André Lemaire von der Pariser Sorbonne bestätigte, dass sich das Ossuar anhand des Schriftzeichentyps auf zwischen 10 und 70 n. d. Z. datieren lasse. Die Namen Jaakov, Josef und Joschua waren zur damaligen Zeit jedoch nicht unüblich gewesen: Man fand insgesamt 233 Gebeinurnen aus dem 1. Jahrhundert, auf neunzehn stand der Name Josef, auf zehn der Name Joschua und auf fünf der Name Jaakov. Ausgehend von der Überlegung, dass Jerusalem zur damaligen Zeit rund vierzigtausend männliche Einwohner und in jeder Mann zwei Brüder gehabt haben könnte, berechnete Professor Lemaire, dass es zu diesem Zeitpunkt ungefähr zwanzig Männer gegeben haben müsste, auf die die Beschreibung »Jaakov, Sohn des Josef und Bruder des Joschua« zutraf. Doch bedenkt man, dass Jakob (der sowohl bei Matthäus als auch bei Markus als der Bruder von Jesus erwähnt wird) bis 62 n. d. Z. (als er der Ketzerei beschuldigt und zu Tode gestei-

nigt wurde) der Führer der Jerusalemer Judenchristen und schließlich auch Jesus damals kein Unbekannter gewesen war, geht Professor Lemaire von einer geringeren Chance als 20:1 aus, dass sich dieses Ossuar tatsächlich auf Jesus Christus bezieht. Außerdem kam es ausgesprochen selten vor, dass Brüder auf Gebeinurnen vermerkt wurden (unter den 233 gefundenen Urnen gibt es nur einen solchen Fall). Tatsächlich häuften sich die Zweifel an der Authentizität dieser Urne. Heute gilt sie allgemein als Fälschung: London Daily Mail, 24. 10. 2002, S. 13.
89 Vermes, op. cit., S. 140.
90 ibd., S. 26, 154ff.
91 Frederiksen, op. cit., S. 39.
92 ibd., S. 135.

KAPITEL 8
1 Gerald J. Whitrow, Time in History, Oxford/New York, 1988, S. 70 [vgl. Whitrow, Die Erfindung der Zeit, aus dem Englischen von Doris Gerstner, Hamburg, 1991].
2 Edward G. Richards, Mapping Time, Oxford, 1998, S. 7.
3 Richards, op. cit., S. 82f. Zu den Zweifeln über den Einfluss von Babylon auf China siehe Endymion Wilkinson, Chinese History: A Manual, Cambridge, MA, 2000, S. 177.
4 Whitrow, op. cit., S. 95; Wilkinson, op. cit., S. 171.
5 Whitrow, op. cit., S. 32, 271. Die Mondkunde wird auf dreiundzwanzig Tafeln aus der Bibliothek von Assurbanipal behandelt, siehe Leo Oppenheim, Ancient Mesopotamia, Chicago, 1964, S. 225.
6 Whitrow, op. cit., S. 26.
7 Richards, op. cit., S. 95, 106.
8 ibd., S. 222.
9 Whitrow, op. cit., S. 57, 66; Richards, op. cit., S. 207, 215. Nach einer anderen Auffassung wollte er damit an Cleopatra erinnern, die in eben diesem Monat Selbstmord begangen hatte, siehe Richards, op. cit., S. 215.
10 Whitrow, op. cit., S. 68.
11 Richards, op. cit., S. 218f.
12 Empereur, op. cit., S. 15; Peter Green, »Alexander's Alexandria«, in: Kenneth Hamma (Hg.), Alexandria and Alexandrianism, Malibu, 1996, S. 11; Roy M. Macleod (Hg.), The Library of Alexandria, London, 2000, S. 36; Günter Grimm, »City planning«, in: Hamma, op. cit., S. 66.
13 Empereur, op. cit., S. 3f.
14 Theodore Vrettos, Alexandria: City of the Western Mind, New York/London, 2001, S. 34f.; Lilly Kahil, »Cults in Hellenistic Alexandria«, in: Hamma, op. cit., S. 77; Empereur, op. cit., S. 6.
15 Empereur, op. cit., S. 7.
16 Vrettos, op. cit., S. 52–55.
17 ibd., S. 42f.; Empereur, op. cit., S. 6f.; Lindberg, Die Anfänge, op. cit., S. 95; Carl Boyer, A History of Mathematics, New York (1968), 1991, S. 104f. Viele Originale von Euklid gingen verloren oder haben nur dank der arabischen Übersetzungen überlebt, die später ins Lateinische und schließlich in moderne Sprachen übertragen wurden. Zu seinen verlorenen Werken zählt auch eines, das möglicherweise die originellste all seiner Ideen enthielt – die Idee vom so genannten porisma. Es ist nicht ganz klar, was Euklid darunter verstand, späteren Kommentatoren zufolge scheint es sich jedenfalls um ein Konzept gehandelt zu haben, das eine Art Zwischenglied zwischen Theorem und Problem darstellte: Boyer, op. cit., S. 101.
18 Lindberg, op. cit., S. 95; Vrettos, op. cit., S. 50.
19 Ettore Carruccio, Mathematics and Logic in History and Contemporary Thought, London, 1964, S. 80–83. [Anm. d. Übers.: Zum Zitat siehe Archimedes, Über schwimmende Körper, § 7, in: Werke, übertragen von Arthur Czwalina, Darmstadt, 1983.]
20 Lindberg, op. cit., S. 95. Archimedes entwickelte außerdem die »Methode«. Auf welche Weise er zu arbeiten pflegte, kam durch einen höchst ungewöhnlichen Zufall ans Licht: 1906 erfuhr der dänische Wissenschaftshistoriker J. L. Heilberg, dass man in Konstantinopel ein Palimpsest »mathematischen Inhalts« entdeckt habe. Ein Palimpsest ist ein Pergament, dessen ursprünglicher Text getilgt und neu überschrieben wurde. Heilberg stellte mit fotografischen Methoden fest, dass die erste Schrift in diesem Fall nur unzulänglich entfernt worden war. Im Jahr 1998 konnte sie schließlich mit neuesten Methoden entziffert werden: Es handelt sich um einen Brief, den Archimedes an den Mathematiker und alexandrinischen Bibliothekar Eratosthenes geschickt und in dem er ihm fünfzehn Grundsätze unterbreitet hatte, die seine Arbeitsweise enthüllen und nachweisen, wie er anhand ein und derselben Prinzipien in der Lage

gewesen war, vom Hebelgesetz zur höheren Mathematik zu gelangen, die zur Grundlage jeder modernen Technologie wurde: Boyer, *op. cit.*, S. 137ff.
21 Vrettos, *op. cit.*, S. 58, 60ff.
22 *ibd.*, S. 163–168.
23 *ibd.*
24 *ibd.*, S. 177.
25 *ibd.*, S. 185.
26 *ibd.*, S. 195.
27 Lindberg, *op. cit.*, S. 128f.; Heinrich von Staden, »Body and machine: interactions between medicine, mechanics and philosophy in early Alexandria, in: Hamma, *op. cit.*, S. 85ff.
28 Staden, *op. cit.*, S. 87, 89.
29 *ibd.*, S. 93, 95.
30 In Alexandria gab es zu dieser Zeit zwei Arten von Medizinern: Heiler, die sich an Volksglauben und volkstümliche Heilmittel hielten und weder lesen noch schreiben konnten, und gebildete Ärzte, die sich mit Hilfe des Schriftenstudiums und von übersetzten Texten aus aller Welt angeeignet hatten und ihre Autorität auf die Theorien und Praktiken früherer Ärzte stützten.
31 Empereur, *op. cit.*, S. 7f.
32 Richards, *op. cit.*, S. 27, 173.
33 John Keay, *India: A History*, London, 2000, S. 130–133.
34 Jean S. Sedlar, *India and the Greek World*, Totowa, 1980, S. 62, 65, 84, 92f.; Radhakamal Mukerjee, *The Culture and Art of India*, London, 1959, S. 99, 107.
35 Sedlar, *op. cit.*, S. 109–112. Henry George Keene hätte diese Beurteilung abgelehnt, denn seiner Theorie zufolge hatte sich Buddha aus dem Brahmanismus entwickelt, von dem das Judentum und demnach auch das Christentum einiges übernommen hatten: siehe seine *History of India*, London, 1893, S. 28f.
36 Sedlar, *op. cit.*, S. 176, 180, 187.
37 Keay, *op. cit.*, S. 78, 85. Chandragupta war ein Dschaina, der sich auf die Hochebene von Karnataka bei Sravana Belgola westlich von Bangalore zurückgezogen hatte. Dort soll sich der Fürst zu Tode gehungert und somit den höchsten Entsagungsakt der Dschaina vollzogen haben. Offenbar hatte der in so vieler Hinsicht erfolgreiche Herrscher abgedankt, nachdem ihm der berühmte Mönch Bhadrabahu eine bevorstehende Hungersnot prophezeit hatte. Bhadrabahu soll der letzte Dschaina-Mönch gewesen sein, der den Religionsstifter Mahavira Nataputta noch persönlich gekannt hatte: *ibd.*, S. 86.
38 Arthur L. Basham (Hg.), *A Cultural History of India*, Oxford/Neu-Delhi, 1975, S. 42, 88; zu den Pali-/Prakrit-Schriften siehe Richard Lannoy, *The Speaking Tree: A Study of Indian Culture and Society*, Oxford, 1971, S. 338; Keay, *op. cit.*, S. 89.
39 Keay, *op. cit.*, S. 97, 80f. Zu den Allianzen Ashokas und zur Verbreitung des Brahmanismus siehe Keene, *op. cit.*, S. 34f.; Mukerjee, *op. cit.*, S. 91.
40 S. Ralph Turner, *The Great Cultural Traditions*, Bd. II, New York, 1941, S. 758ff.
41 *ibd.*, S. 762.
42 Basham, *op. cit.*, S. 170f.
43 Keay, *op. cit.*, S. 44–47.
44 *ibd.*, S. 101, 103. Zu den Kenntnissen, die die Griechen von Indien besaßen, siehe Keene, *op. cit.*, S. 29ff.
45 Basham, *op. cit.*, S. 116, 122.
46 Keay, *op. cit.*, S. 104.
47 Damodar Prasad Singhal, *India and World Civilisation*, Bd. I, London, 1972, S. 272. Indische Händler und Missionare haben ihren Einflussbereich bis nach Südostasien ausgeweitet. Bei Ausgrabungen im Mekong-Delta (heutiges Vietnam) hat man Steinstatuen von Vishnu und anderen Hindugottheiten gefunden, die auf das 2. Jahrhundert v. d. Z. datiert wurden; andere Funde stützen die Vermutung, dass auch die Schrift Südostasien über Indien erreichte.
48 John K. Fairbank, *China: A New History*, Cambridge, MA, 1992, S. 72ff.
49 Quelle: Wilkinson, *op. cit.*, S. 374.
50 Richards, *op. cit.*, S. 170. Zu den Ursprüngen der Schriftzeichen und zu den Funden der Orakelknochen siehe Wilkinson, *op. cit.*, S. 388ff; zum Ghanzi-System S. 175; zu den Jahresbegriffen S. 181; zu den hundert Einheiten S. 202; zum Zahlensystem S. 225.
51 Richards, *op. cit.*, S. 166. Zur Näherungsrechnung siehe Wilkinson, *op. cit.*, S. 255; zu den Vorkehrungen gegen Verfälschungsmöglichkeiten S. 241; zu den Essenstrommeln und der Ausgangssperre S. 206.
52 Fairbank, *op. cit.*, S. 62f.
53 *ibd.*, S. 64f. Charles O. Hucker schreibt in seinem Buch *China's Imperial Past*, London, 1975, S. 194f., dass das *Yyjing* im 2. Jahrhundert v. d. Z. verfasst worden sei.

54 Fairbank, *op. cit.*, S. 65.
55 Jacques Gernet, *Le Monde chinois*, Paris, 1972, hier zitiert aus: *A History of Chinese Civilisation*, 2. Aufl., Cambridge, UK, 1982, S. 163 [vgl. Gernet, *Die chinesische Welt*, Frankfurt a. M., 1979]; Fairbank, *op. cit.*, S. 70. Zu den Begriffen »klassisch« und »Klassiker« in Bezug auf China siehe Wilkinson, *op. cit.*, S. 476.
56 Gernet, *op. cit.*, S. 159, 163f., 167; Fairbank, *op. cit.*, S. 67. Mitte des 2. Jahrhunderts n. d. Z. waren dreißigtausend Studenten an der kaiserlichen Akademie eingeschrieben, wenngleich wohl nicht alle zur gleichen Zeit dort studierten (China hatte damals sechzig Millionen Einwohner).
57 Fairbank, *op. cit.*, S. 68; Hucker, *op. cit.*, S. 56.
58 Gernet, *op. cit.*, S. 160.
59 Turner, *op. cit.*, S. 776.
60 *ibd.*, S. 777.
61 *ibd.*, S. 778; Hucker, *op. cit.*, S. 213; Gernet, *op. cit.*, S. 124.
62 Fairbank, *op. cit.*, S. 63.
63 Gernet, *op. cit.*, S. 131f., 134f., 140. Werner Eichhorn befasst sich in seiner *Kulturgeschichte Chinas*, Stuttgart, 1964, unter anderem mit dem Seidenhandel und der Etymologie von Wörtern, die sich im Zusammenhang damit entwickelt haben (das chinesische Wort für »Seide« ist *ssu*).
64 Gernet, *op. cit.*, S. 141, 162; Hucker, *op. cit.*, S. 200.
65 Jonathan Bloom, *Paper Before Print: The History and Impact of Paper in the Islamic World*, New Haven/London, 2001, S. 32–36.
66 Gernet, *op. cit.*, S. 168f.

KAPITEL 9

1 Lionel Casson, *Bibliotheken in der Antike*, *op. cit.*, S. 47, 97f.
2 Joseph Farell, *Latin language and Latin Culture*, Cambridge, UK, 2001, S. 32.
3 Jones, *The World of Rome*, *op. cit.*, S. 7.
4 *ibd.*, S. 9.
5 Michael Grant, *The World of Rome*, London, 1960, S. 26 [vgl. Grant, *Rom. 133 v. Chr. – 217 n. Chr.*, aus dem Englischen von Paul Baudisch, München, 1975].
6 Jones, *The World of Rome*, *op. cit.*, S. 84.
7 *ibd.*, S. 96.
8 Grant, *Rome*, *op. cit.*, S. 13; Jones, *The World of Rome*, *op. cit.*, S. 116.
9 Grant, *ibd.*, S. 27; Jones, *ibd.*, S. 118, 121.
10 John Desmond Bernal, *Science in History*, Bd. I, London, 1954, S. 230 [vgl. Bernal, *Science in History/Die Entstehung der Wissenschaft*, Bd. I, bearbeitete Ausgabe der englischen Übersetzung von Ludwig Boll, Hamburg, 1970].
11 Jones, *The World of Rome*, *op. cit.*, S. 275. Zu den Juristen siehe Olivia F. Robinson, *The Sources of Roman Law*, London/New York, 1997, S. 42ff.
12 Jones, *The World of Rome*, *op. cit.*, S. 257.
13 Beryl Rawson (Hg.), *The Family in Ancient Rome*, London/Sidney, 1986, S. 5f. u. Anm.
14 *ibd.*, S. 16f. sowie Kap. 5 passim.
15 Bernal, *op. cit.*, S. 230.
16 Jones, *The World of Rome*, *op. cit.*, S. 214.
17 *ibd.*, S. 238; Charles W. Valentine, *Latin: Its Place and Value in Education*, London, 1935 (siehe die Kapitelüberschriften S. 41, 54 und 73); Farrell, *op. cit.*, passim.
18 Mason Hammond, *Latin: A Historical and Linguistic Handbook*, Cambridge, MA, 1976, S. 21ff.
19 *ibd.*, S. 25.
20 *ibd.*, S. 39.
21 *ibd.*, S. 52; J. Wight Duff, *A Literary History of Rome*, London, 1963, S. 16.
22 Jones, *The World of Rome*, *op. cit.*, S. 214.
23 Farrell, *op. cit.*, S. 40, 54f.; Duff, *op. cit.*, S. 19.
24 Jones, *The World of Rome*, *op. cit.*, S. 214, 218.
25 *ibd.*, S. 232. Zur Herrschaft des klassischen Lateins und der Rolle, die es in der Metrik und der Dichtkunst spielte, siehe Philip Hardie, »Questions of authority: the invention of tradition in Ovid's Metamorphoses«, in: Thomas Habinek und Alessandro Schiesaro (Hg.), *The Roman Cultural Revolution*, Cambridge, UK, 1997, S. 186.
26 Jones, *The World of Rome*, *op. cit.*, S. 234; Moynahan, *The Faith*, *op. cit.*, S. 28ff., 241f.; Colish, *op. cit.*, S. 24.
27 Jones, *The World of Rome*, *op. cit.*, S. 239f.
28 Grant, *Rome*, *op. cit.*, S. 71.
29 William V. Harris, *Ancient Literacy*, Cambridge, MA, 1989, S. 19, 32, 35, 328. Einige Historiker haben behauptet, dass es den Griechen erst durch die Verbreitung von Lese- und Schreibkenntnissen möglich wurde, den Stadtstaat zu organisieren

und der Philosophie und Naturwissenschaft einen so kräftigen Schub zu geben, da erst durch Lesen und Schreiben die kritische Haltung gefördert wurde, die das Prinzip von Argument und Gegenargument ermöglichte: *ibd.*, S. 40. Außerdem sei der Usus, Gesetzestexte öffentlich auszuhängen, erst durch die Alphabetisierung sinnvoll geworden, was wiederum der demokratischen Entwicklung zugute kam. Allerdings wurde diese Argumentationskette von anderen Wissenschaftlern als »schwammig« bezeichnet und verworfen: *ibd.*, S. 41. Doch zweifellos hätte das riesige Römische Reich nicht ohne die Hilfe von Geschriebenem bzw. von Lese- und Schreibkenntnissen aufgebaut werden können – wie sonst hätte ein einzelner Mann Befehle über Tausende von Kilometern hinweg erteilen und erwarten können, dass man sie befolgte?
30 Leighton D. Reynolds und Nigel G. Wilson, *Scribes and Scholars: A Guide to the Transmission of Greek and Latin Literature* (1968), Oxford, 1991, S. 25; Jones, *The World of Rome, op. cit.*, S. 266.
31 Harris, *op. cit.*, S. 202. [Anm. d. Übers.: Zum Zitat siehe Petron, *Satyricon*, übersetzt und erläutert von Harry C. Schnur, Stuttgart, 1968, S. 56.]
32 *ibd.*, S. 204f., 214.
33 Reynolds und Wilson, *op. cit.*, S. 5, 22, 25.
34 Jones, *The World of Rome, op. cit.*, S. 217, 259ff., 263f.; Boorstin, *The Seekers, op. cit.*, S. 146. Zu den »literarischen« Graffiti muss noch angemerkt werden, dass die meisten nach den ersten drei, vier Wörtern voller Schreibfehler waren, was nahe legt, dass die Zitate auswendig gelernt worden waren und von Leuten nachgeschrieben wurden, die mit den lateinischen Rechtschreibregeln nicht im Geringsten vertraut waren.
35 Jones, *The World of Rome, op. cit.*, S. 269. Was diese »urbanen« Werte im Einzelnen waren, ist nachzulesen bei Andrew Wallace-Hadrill, »*Mutatio morum*: the idea of a cultural revolution«, in: Habinek und Schiesaro, *op. cit.*, S. 3–22.
36 Jones, *The World of Rome, op. cit.*, S. 272. [Anm. d. Übers.: Zum Zitat siehe Horaz, *Buch über die Dichtkunst*, übersetzt von Wolfgang Ritschel, in: *Werke in einem Band*, hg. von Manfred Simon, Berlin/Weimar, 1972, S. 287.]
37 Reynolds und Wilson, *op. cit.*, S. 3f.
Zur Geschichte des Papyrus siehe auch Bernhard Bischoff, *Paläographie des römischen Altertums und des abendländischen Mittelalters*, Berlin, 1979.
38 Reynolds und Wilson, *op. cit.*, S. 8, 11.
39 *ibd.*, S. 31ff.
40 *ibd.*, S. 33.
41 Zu den frühen Kodizes siehe William H. C. Frend, *The Archaeology of Early Christianity*, London, 1996, S. 34ff.
42 Reynolds und Wilson, *op. cit.*, S. 35.
43 J. M. Ross in seiner Einführung zu Cicero, *The Nature of Gods*, London, 1972, S. 7, 59.
44 Reginald H. Barrow, *The Romans* (1949), London, 1961, S. 156, 165 [vgl. Barrow, *Die Römer*, deutsch von Gertrud Bayer, Stuttgart, 1960].
45 Ross, *op. cit.*, S. 11.
46 *ibd.*, S. 12, 25.
47 Jasper Griffin, Einleitung zu Virgil, *The Aeneid*, Oxford, 1986/98, S. xvii. Boorstin, *op. cit.*, S. 145f., schreibt, dass Vergil elf Jahre für die Komposition der *Aeneis* brauchte.
48 Lindberg, *op. cit.*, S. 133f.
49 *ibd.*, S. 134f.
50 *ibd.*, S. 135, 138.
51 *ibd.*, S. 139.
52 Jones, *The World of Rome, op. cit.*, S. 245.
53 *ibd.*, S. 288.
54 Boorstin, *op. cit.*, S. 63. [Anm. d. Übers.: Zum Zitat siehe Cicero, *Pro A. Licinio Archia poeta oratio/Rede für den Dichter A. Licinius Archias*, übersetzt von Otto Schönberger, Stuttgart, 1979, S. 33.]
55 Jones, *The World of Rome, op. cit.*, S. 245, 288.
56 William George de Burgh, *The Legacy of the Ancient World*, London, 1961, S. 256.
57 Jones, *The World of Rome, op. cit.*, S. 290. Pasiteles und seine Werkstatt spezialisierten sich zum Beispiel auf so genannte Pastiches, auf Statuen also, deren Kopf vom einen und Körper von einem anderen griechischen Original kopiert wurden.
58 Edward Gibbon, *The History of the Decline and Fall of the Roman Empire*, London, 1788, Kap. 3 (zitiert aus der Ausgabe New York, 1963). [Vgl. Gibbon, *Verfall und Untergang des römischen Imperiums*, aus dem Englischen von Michael Walter und Walter Kumpmann, 6 Bde., München, 2003.]

KAPITEL 10
1 Ferrill, op. cit., S. 12.
2 ibd., S. 15ff.
3 Ralph Turner, *The Great Cultural Traditions*, New York, 1941, S. 270.
4 ibd., S. 270–273. Bauer, op. cit., S. 55f., behandelt auch ein »Hebräerevangelium«. [Anm. d. Übers.: Zum Zitat siehe Flavius Josephus, *Der Jüdische Krieg*, Buch I./11, übertragen von Hermann Endrös, München, 1965, S. 19.]
5 Turner, op. cit., S. 275–278. Dieser blamable Fakt könnte auch erklären, weshalb das Markusevangelium die Verantwortung für die Kreuzigung Jesu von Pontius Pilatus auf die jüdischen Führer transferiert; siehe ibd. Einige moderne Bibelforscher finden, dass Brandon die Bedeutung des Begriffs »Zelot« überinterpretierte und es sich dabei eher um Banditen als Revolutionäre im eigentlichen Sinne gehandelt habe.
6 ibd., S. 279. Moynahan, op. cit., S. 36, erwägt die Möglichkeit von *vier* Brüdern Jesu.
7 Freeman, op. cit., S. 108.
8 Rowland, op. cit., S. 216. Zur Bekehrung des Paulus und der Bedeutung, die Jerusalem für die frühe Christenheit hatte, siehe Moynahan, op. cit., S. 23ff.
9 Turner, op. cit., S. 317f.; Rowland, op. cit., S. 220ff.
10 Turner, op. cit., S. 374f. Zu weiteren Details siehe Moynahan, op. cit., S. 26.
11 Freeman, op. cit., S. 119, 121.
12 Prudence Jones und Nigel Pennick, *A History of Pagan Europe*, London, 1995, S. 53 [vgl. Jones und Pennick, *Heidnisches Europa*, aus dem Englischen von Monika Kaminski, Engerda, 1997]; Armstrong, *History of God*, op. cit., S. 109f.
13 Jones und Pennick, op. cit., S. 55.
14 ibd., S. 57f.
15 Lane Fox, *Unauthorized Version*, op. cit., S. 168ff. Zu den Verbindungen zwischen Stoizismus und Christentum siehe Moynahan, op. cit., S. 29.
16 Lane Fox, op. cit., S. 94.
17 ibd., S. 30, 299 (siehe demgegenüber jedoch Kap. 25 des vorliegenden Buches). Eine andere Idee, die unter Nichtchristen zwar nicht direkt verhasst war, aber doch als vernunftwidrig empfunden wurde, war die von Engeln. Die Vorstellung solcher göttlicher Wesen war offensichtlich im späten Judentum aufgekommen (beispielsweise bei den Essenern, denen wir auch die Schriftrollen verdanken, die am Toten Meer gefunden wurden). Paulus sollte sich dieser Idee intensiv auf seinen Reisen bedienen. Demnach erschienen Engel in Krisenzeiten, um den Gläubigen beizustehen – und so gesehen müssen die ersten Jahre der Kirche besonders günstige Umstände für Engelserscheinungen geboten haben.
18 Robin Lane Fox, *Pagans and Christians*, London/New York, 1986, S. 419ff; zur Gewaltbereitschaft dieser Zeit S. 567; Jones und Pennick, op. cit., S. 24f.
19 Turner, op. cit., S. 377. Zu den unterschiedlichen Foltermethoden, denen die Märtyrer unterworfen wurden, siehe Moynahan, op. cit., S. 70ff. Dabei sollte allerdings nicht übersehen werden, dass bereits Konstantins unmittelbarer Vorgänger Galerius im Jahr 311 auf dem Sterbebett ein Toleranzedikt erlassen hatte. Viele Historiker halten dieses Edikt – und nicht die Konversion Konstantins – für den Wendepunkt in der Geschichte des Christentums: Jones und Pennick, op. cit., S. 64f. Berichten zufolge hatten die Bürger mehrerer Städte im selben Jahr um die Wiederaufnahme der Christenverfolgungen gefleht: Lane Fox, *Pagans and Christians*, op. cit., S. 612f.
20 Jones und Pennick. op. cit., S. 67. Zur Rolle von Julius Africanus und der frühen Bischöfe siehe Bauer, op. cit., passim; zu Africanus' Rolle bei der Spezifizierung von bestimmten heiligen Orten, zum Beispiel der Lage der Arche Noah, siehe Moynahan, op. cit., S. 104.
21 Turner, op. cit., S. 1054.
22 ibd., S. 1057.
23 ibd., S. 1059.
24 Zu den Problemen, denen sich Diokletian und Valerian ausgesetzt sahen, siehe Moynahan, op. cit., S. 76; Lane Fox, *Pagans and Christians*, op. cit., S. 613f. Eine lebendige Schilderung der Schlacht an der Milvischen Brücke findet sich bei Moynahan, op. cit., S. 91ff.
25 Jones und Pennick, op. cit., S. 68f., 75; Lane Fox, *Pagans and Christians*, op. cit., S. 150f.
26 Lane Fox, *Pagans and Christians*, op. cit., S. 670; Armstrong, *God*, op. cit., S. 147.
27 Die Zahl sieben wurde gewählt, weil die Apostel in Jerusalem sieben Männer von der Gemeinde hatten wählen lassen, die ihnen zur Hand gehen sollten: Turner, op. cit., S. 1080.
28 ibd., S. 1075.

29 ibd., S. 1076.
30 Allerdings soll Leo den Vandalen im Gegenzug viele Kirchenschätze ausgeliefert haben, siehe Moynahan, op. cit., S. 154.
31 Turner, op. cit., S. 1080; Moynahan, op. cit., S. 129ff.
32 Die Mönche durften sich nicht waschen; während der Mahlzeiten mussten sie ihr Haupt bedecken, weil Pachomios den Akt der Nahrungsaufnahme für »unbekömmlich« hielt. Weitere Details zu Pachomios, etwa über seine Methoden, Schwindler zu entlarven, schildert Moynahan, op. cit., S. 133.
33 Norman Cantor, *The Civilisation of the Middle Ages*, New York, 1963/1993, S. 149.
34 Turner, op. cit., S. 1095f.
35 ibd., S. 1097. Zu den frühchristlichen Schriften siehe Moynahan, op. cit., S. 44.
36 Turner, op. cit., S. 1104. Zu Details über den Montanismus siehe Moynahan, op. cit., S. 115f. Das »Muratorische Fragment« (Verzeichnis der kanonischen Schriften des Neuen Testaments), so benannt nach seinem Entdecker Ludovico Antonio Muratori (1672–1750), war in etwa zu dieser Zeit verfasst worden. Sein Aufbau legt nahe, dass die römischen Gemeinden den Kanon damals schon längst als göttlich inspiriert verstanden hatten.
37 Turner, op. cit., S. 1112.
38 Moynahan, op. cit., S. 56f.
39 Armstrong, *God*, op. cit., S. 113. Zu den Zweifeln, die Origenes an Paulus' Autorschaft für die Epistel äußerte, siehe Moynahan, op. cit., S. 46.
40 Turner, op. cit., S. 1114; Barrow, op. cit., S. 364.
41 Colish, op. cit., S. 22.
42 R. S. Pine-Coffin, Einführung zu *St. Augustine, Confessions*, London, 1961, S. 11. Moynahan, op. cit., S. 144ff., malt ein wunderbares Bild von dem ungestümen jungen Augustinus und seinem trinkfesten Vater.
43 Als weitere persönliche Schwäche – »eitel Rauch und Wind« – betrachtete Augustinus den Umstand, dass er bei seinen Altersgenossen so viel Beifall erntete. Schon als Junge hatte er sich versucht gefühlt, dem etwas entgegenzusetzen, indem er ohne Not von einem Birnbaum stahl; als Erwachsener fühlte er sich deshalb versucht, Verbrechen einzugestehen, die er nie begangen hatte. [Anm. d. Übers.: Zum Zitat siehe *Die Bekenntnisse des heiligen Augustinus*, Übersetzung von Otto F. Lachmann (Leipzig, 1888), orthographisch modernisierte Fassung, Köln, 1960, Buch VIII, Kap. 7.]
44 Colish, op. cit., S. 28. In seinen späteren Werken führte Augustinus diese Gedanken noch weiter. In *De Ordine* betrachtet er zwei Arten von Übel: ein natürliches und ein moralisches. Ein natürliches Übel ist zum Beispiel ein Erdbeben, weil darunter unschuldige Menschen zu leiden haben. Auf lange Sicht fördern Erdbeben allerdings die Fruchtbarkeit des Bodens, also sind sie auch gut. Das ist wohl weniger eine Erklärung als der Versuch einer Rechtfertigung – der kleine neuplatonische Rest im Denken des Augustinus war offenbar noch putzmunter gewesen. Mit dem moralischen Übel war es schon schwieriger, das gab er selbst zu. Manches ließ sich rechtfertigen, zwei seiner Beispiele dafür waren Abwasserkanäle und Prostituierte: Beide sind kurzfristig gesehen von Übel, langfristig gesehen aber notwendig, um die Ordnung aufrechtzuerhalten. Doch mit Mord hatte Augustinus beispielsweise immer ein Problem. So eine Tat ließ sich einfach nicht rechtfertigen, und er fand auch keine Erklärung dafür, wieso Gott so etwas zuließ. Zu den augustinischen Ideen über die Prädestination siehe Moynahan, op. cit., S. 149.
45 Armstrong, *God*, op. cit., S. 126, 135, 142.
46 Colish, op. cit., S. 29.
47 Armstrong, *God*, op. cit., S. 139ff. Moynahan, op. cit., S. 126, begründet, weshalb Augustinus seiner Meinung nach letztlich auch die Erbsünde bestritten habe. [Anm. d. Übers.: Zu den Zitaten siehe Aurelius Augustinus, *Vom Gottesstaat*, Bd. 2, 14, 28, München, 1978, S. 210f.]
48 Colish, op. cit., S. 40.
49 Der Vollmond erstrahlt außerdem als Glorienschein der Vollkommenheit, nach der der Mensch streben soll, die jedoch nur Jesus erreicht. Auch eine exakte Datierung künftiger Feiertage war wichtig, da die frühen Christen überzeugt waren, dass ein zu früher Ostertermin ein Sakrileg darstellen würde, weil es zugleich bedeuten würde, dass der Mensch ohne Gottes Gnade erlöst werden könne, was natürlich eine ungemeine Anmaßung gewesen wäre. Auch ein zu später Termin

wäre ein Sakrileg gewesen, weil es bedeutet hätte, dass es den Menschen nicht kümmerte, ob er sich wortgetreu zum Glauben bekannte oder nicht. Aus solchen Gründen wurde der Termin des Osterfestes zum Dreh- und Angelpunkt; die Termine vieler anderer Kirchenfeste wurden von ihm abhängig: Richards, *op. cit.*, S. 345ff.
50 *ibd.*, S. 350. Zu den unterschiedlichen Osterritualen siehe Moynahan, *op. cit.*, S. 57.
51 Moynahan, *op. cit.*, S. 1f.
52 Einer Überlieferung nach sollen sogar die Regeln der Computistik dem ägyptischen Mönch Pachomius im 4. Jahrhundert von einem Engel offenbart worden sein.
53 Richards, *op. cit.*, S. 350. Zur gewandelten Natur des Christentums siehe zum Beispiel Peter Brown, *Autorität und Heiligkeit. Aspekte der Christianisierung des Römischen Reichs*, aus dem Englischen von Diether Eibach, Stuttgart, 1998; sowie Robert A. Markus, *The End of Ancient Christianity*, Cambridge, UK, 1990.
54 Ferrill, *op. cit.*, S. 17f.
55 Arno Borst, *Barbaren, Ketzer und Artisten. Welten des Mittelalters*, München, 1988, S. 20–23.
56 *ibd.*
57 *ibd.*
58 David Herlihy, *Medieval Culture and Society*, London, 1968, S. xi.
59 William Manchester, *A World Lit Only by Fire*, New York/London, 1992, S. 3, 5, 7, 15.
60 Peter S. Wells, *The Barbarians Speak*, Princeton, NJ/London, 1999, S. 100.
61 *ibd.*, S. 103. [Anm. d. Übers.: Vgl. Caesar, *De Bello Gallico*, Kap. XXVII.]
62 Patrick J. Geary, *The Mythe of Nations: The Medieval Origins of Europe*, Princeton, NJ/London, 2002, S. 64 [vgl. Geary, *Europäische Völker im frühen Mittelalter. Zur Legende vom Werden der Nationen*, aus dem Englischen von Elisabeth Vorspohl, Frankfurt a. M., 2002].
63 Wells, *op. cit.*, S. 107f.
64 Warwick Bray und David Tramp, *The Penguin Dictionary of Archaeology*, London, 1970, S. 130.
65 Geary, *op. cit.*, S. 73, 79, 81. Einen lebendigen Bericht über ihre Konversion zum Christentum bietet Moynahan, *op. cit.*, S. 191ff.
66 Wells, *op. cit.*, S. 116ff., 126.
67 Wells, *op. cit.*, S. 114 und Karte S. 126.
68 Jones und Pennick, *op. cit.*, S. 81.
69 Wells, *op. cit.*, S. 163ff., 185.
70 Jones und Pennick, *op. cit.*, S. 120ff.; Wells, *op. cit.*, S. 256.
71 Geary, *op. cit.*, S. 93.
72 *ibd.*, S. 109.
73 Borst, *op. cit.*, S. 23. Zu den heidnischen und christlichen Bräuchen, die »jahrhundertelang« Seite an Seite existiert haben, siehe Moynahan, *op. cit.*, S. 23, 197.

KAPITEL 11
1 Joseph Vogt, *Der Niedergang Roms. Metamorphose der antiken Kultur von 200 bis 500*, Zürich, 1965, S. 106f., 362.
2 *ibd.*, S. 365, 367f.; Moynahan, *op. cit.*, S. 150f.
3 Casson, *Bibliotheken*, *op. cit.*, S. 181.
4 Vogt, *op. cit.*, S. 369, 388.
5 Moynahan, *op. cit.*, Anm. S. 153.
6 Vogt, *op. cit.*, S. 453–457.
7 Anne Glynn-Jones, *Holding Up a Mirror*, London, 1996, S. 201f. [Anm. d. Übers.: Zu Lucius Caecilius Firmianus Lactantius siehe *Institutiones Divinae/Göttliche Unterweisungen*, Buch III, in: Brandt/Lebmann (Hg.), *Opera omnia I, (Corpus Scriptorum Ecclesiasticorum Latinorum, 19)*, Prag/Wien/Leipzig, 1890.]
8 Richard E. Rubenstein, *Aristotle's Children: How Christians, Muslims, and Jews Rediscovered Ancient Wisdom and Illuminated the Dark Ages*, New York/London, 2003, S. 77f.
9 Freeman, *op. cit.*, S. 322–327.
10 Moynahan, *op. cit.*, S. 101.
11 Freeman, *op. cit.*, S. 323.
12 Casson, *op. cit.*, S. 183.
13 *ibd.*, S. 184ff.
14 Wilson und Reynolds, *op. cit.*, S. 53.
15 *ibd.*, S. 59. Zu den Schulen von Konstantinopel siehe auch Michael Angold, *Byzantinum: The Bridge from Antiquity to the Middle Ages*, London, 2001, S. 138f.
16 Nigel Wilson, *Scholars of Byzantium*, London, 1983, S. 50f.
17 Colish, *op. cit.*, S. 43, 82.
18 *ibd.*, S. 48; Cantor, *op. cit.*, S. 82; Arnold, *op. cit.*, S. 98.
19 Colish, *op. cit.*, S. 51; Charles Freeman im persönlichen Gespräch mit dem Autor am 30. 6. 2004.
20 Gernet, *op. cit.*, S. 288.
21 *ibd.*, S. 66; Bischoff, *op. cit.*, S. 183.
22 Reynolds und Wilson, *op. cit.*, S. 67f.

Zur Rekonstruktion, auf welchen Wegen Handschriften überlebt haben, siehe Angold, op. cit., S. 89f.
23 ibd., S. 6of. Zur Rolle von Bardas siehe Angold, op. cit., S. 124. Zu den Abbreviaturen siehe Bischoff, op. cit., passim.
24 Warren T. Treadgold, The Nature of the Bibliotheca of Photius, Washington, DC, 1980, S. 4. Eine perspektivische Darstellung von Photius findet sich bei Angold, op. cit., S. 124.
25 Cyrol Mango, Byzantium, London, 1980, S. 62.
26 ibd., S. 71f.
27 ibd., S. 80; Angold, op. cit., S. 70. Moynahan, op. cit., S. 96, schreibt, dass die Stadt in ihrer Blütezeit über 4388 »architektonisch wertvolle« Bauten verfügt habe.
28 Lawrence Nees, Early Medieval Art, Oxford, 2002, S. 31.
29 Mango, op. cit., S. 258; Moynahan, op. cit., S. 96.
30 Mango, op. cit., S. 259.
31 Nees, op. cit., S. 52. David Talbot Rice, Byzantine Art, London, 1935/1962, S. 84, hielt Ravenna Rom für überlegen. Zu den überladenen Kodizes siehe John Beckwith, Early Christian and Byzantine Art, London, 1970/1979, S. 42f.
32 Mango, op. cit., S. 261. Zur Übernahme von römisch-herrschaftlichen Themen in der christlichen Kunst siehe Angold, op. cit., S. 35f.
33 Nees, op. cit., S. 52. Siehe auch Dominic Janes, God and Gold in Late Antiquity, Cambridge, UK, 1998, passim.
34 Noch ein Wort zur christlichen Buchmalerei: Auch die Entwicklung des Kodex zwischen dem 2. und dem 4. Jahrhundert stand zumindest teilweise im Zusammenhang mit dem Aufstieg des Christentums, denn ein Kodex war natürlich schwerer zu fälschen als eine Schriftrolle. Das älteste Zeugnis von Buchmalereien über biblische Themen (4. Jahrhundert) sind die Quedlinburger Itala-Fragmente, Einzelblätter aus einem Pergamentkodex mit Illustrationen der alttestamentlichen Bücher. Kein Geringerer als Hieronymus, der Schöpfer der Vulgata, kritisierte das neue Phänomen dieser üppig illuminierten Bibelhandschriften. Die Illustrationen der Quedlinburger Itala-Fragmente weisen großzügig gemalte Hintergründe und klare Schattenwürfe auf, jede Einzelszene wird von einem kleinen quadratischen Rahmen umgrenzt. Etwas Derartiges hatte es im Altertum nicht gegeben, erklärt Lawrence Nees (mit Ausnahme der illustrierten Pergamentkodizes von Homer und Vergil), was nahelegt, dass diese illuminierten Bücher eine Besonderheit der christlichen Gesellschaft waren und vermutlich ihrerseits dazu beitrugen, dass sich das Christentum immer mehr zu einer Religion des Buches entwickelte: Nees, op. cit., S. 94ff.
35 Nees, op. cit., S. 141ff. Zu Justinian siehe Beckwith, op. cit., S. 59. Zum »goldenen Zeitalter« der byzantinischen Kunst und zu den Schulen der Ikonenmalerei siehe Talbot Rice, op. cit., S. 147, 149, sowie Beckwith, op. cit., S. 125f.
36 Mango, op. cit., S. 264.
37 Nees, op. cit., S. 146; Moynahan, op. cit., S. 210ff; Angold, op. cit., S. 70ff; Talbot Rice, op. cit., S. 22ff.; Beckwith, op. cit., S. 168.
38 Cantor, op. cit., S. 172; Moynahan, op. cit., S. 211; Beckwith, op. cit., S. 169.
39 Nees, op. cit., S. 149.
40 Beckwith, op. cit., S. 151, 158. Man sollte aber nicht übersehen, dass diese Bilderstürmer nichts gegen die Darstellung der menschlichen Gestalt *außerhalb* der christlichen Kirchenkunst einzuwenden hatten.
41 Mango, op. cit., S. 267. Zur Verhöhnung der Ikonodulen siehe Moynahan, op. cit., S. 211.
42 Mango, op. cit., S. 271f. Zu den Maltechniken siehe Talbot Rice, op. cit., S. 151, sowie Beckwith, op. cit., S. 191.
43 Mango, op. cit., S. 278. Angold, op. cit., S. 70ff., und Beckwith, op. cit., S. 346, bieten ähnliche Erklärungen an.

KAPITEL 12
1 Philip K. Hitti, A History of the Arabs, London, 1970, S. 25, 90.
2 ibd., S. 91.
3 Tatsächlich waren sie unter bestimmten Umständen sogar mehr als das. Der arabische Dichter *(sha'ir)* galt als eine Persönlichkeit, die in ein Geheimwissen eingeweiht war, das jedoch nicht immer gut war, weil es auch von Dämonen eingeflüstert sein konnte. Vom redegewandten Dichter hieß es, dass er ebenso Unglück über den Feind bringen wie den eigenen Stamm zu Heldenmut inspirieren konnte. Zu Friedenszeiten kam dem Dichter die besondere Rolle des Skeptikers zu, der die Postulate und Ziele von Demagogen kri-

tisch betrachtete. Zum Stellenwert der Dichtung in der arabischen Gesellschaft siehe Angold, *op. cit.*, S. 60.
4 Einige vorislamische Dichter sind bis heute jedem Leser in der arabischen Welt vertraut. Die Liebesgedichte von Imru' al-Qais und die ethischen Maximen von Zuhair gehören vermutlich zu den berühmtesten vorislamischen Quellen. Neben den Dichtern genossen auch die *khatib* oder Erzähler und die *rawi* hohes Ansehen, weil sie Legenden aus vergangenen Zeiten überlieferten. Sie standen im Rang noch über den Schriftgelehrten, deren Bedeutung erst mit dem Aufstieg des Islam wuchs: Hitti, *op. cit.*, S. 56.
5 Gustave Edmund von Grunebaum, *Der Islam in seiner klassischen Epoche 622–1258*, Zürich/Stuttgart, 1966, S. 23.
6 Hitti, *op. cit.*, S. 64f.
7 *ibd.*, 112.
8 *ibd.*, S. 123; Anwar G. Chejne, *The Arabic Language: Its Role in History*, Minneapolis, 1969, S. 7–13. [Anm. d. Übers.: Das Zitat stammt aus Sure 96, nach der deutschen Qur'an-Übersetzung der al-Azhar al-Sharif Islamic Research Academy in Kairo, abrufbar unter www.alazhar.org.]
9 Bernard Lewis, *The Middle East*, London, 1995, S. 53.
10 Hitti, *op. cit.*, S. 118. Angold, *op. cit.*, S. 61, thematisiert die *Qiblah*.
11 Lewis, *op. cit.*, S. 53.
12 Hitti, *op. cit.*, S. 128. [Anm. d. Übers.: Zum Zitat siehe Dante, *Die Göttliche Komödie*, deutsch von Friedrich Freiherrn von Falkenhausen, »Die Hölle«, Achtundzwanzigster Gesang, S. 34f.]
13 Hitti, *op. cit.*, S.129.
14 Ursprünglich soll Allah fünfzig Gebete am Tag gefordert, Muhammad während seiner nächtlichen Reise in den Himmel dann jedoch diesen Kompromiss ausgehandelt haben.
15 Hitti, *op. cit.*, S. 132. Vermutlich hatte man nicht von Anfang an auf das Alkoholverbot insistiert. Es gibt eine Sure im Qur'an, die darauf hindeutet, dass es erst später (aber doch schon relativ früh) erlassen wurde, um keine Störungen des Freitagsgebets zu riskieren.
16 Hitti, *op. cit.*, S. 124ff. Zu den Gottesgerichten siehe Jane Idleman Smith und Yvonne Yazbek Haddad, *The Islamic Understanding of Death and Resurrection*, Oxford/New York, 2002, S. 64.
17 Chejne, *op. cit.*, S. 25, 28.
18 *ibd.*, S. 356.
19 Lewis, *op. cit.*, S. 54. Zu den Auseinandersetzungen um das Kalifat siehe Angold, *op. cit.*, S. 60.
20 *ibd.*, S. 64f.
21 *ibd.*, S. 68.
22 Hitti, *op. cit.*, S. 242, 393.
23 Doris Behrens-Abouseif, *Schönheit in der arabischen Kultur*, München, 1998, S. 136.
24 *ibd.*, S. 23, 132, 143. Zu den Umaiyaden und insbesondere ihren architektonischen Errungenschaften wie dem Felsendom und der großen Moschee von Damaskus siehe Angold, *op. cit.*, S. 61–65.
25 Lewis, *op. cit.*, S. 37; Albert Hourani, *A History of the Arab Peoples*, Cambridge, MA, 1991, S. 56ff. [vgl. Hourani, *Die Geschichte der arabischen Völker*, übersetzt von Manfred Ohl, Hans Sartorius, Frankfurt a. M., 1992]; Behrens-Abouseif, *op. cit.*, S. 159.
26 Angold, *op. cit.*, S. 67. Die Kalligrafie spielte in allen Gesellschaftsschichten und auf allen politischen oder religiösen Ebenen eine Rolle. Viele Dokumente und Gegenstände wurden mit kalligrafischer Schrift oder manchmal auch nur einzelnen Buchstaben verschönt, die oft keinen konkreten Zusammenhang mit dem entsprechenden Gegenstand hatten. In Bagdad entwickelten sich im 10. Jahrhundert zwei kalligrafische Schriften, die kufische und die Naskhi-Schrift (auch als »Neschi« transkribiert), wobei Erstere im religiösen und Letztere im säkularen, bürokratischen Kontext zur Tradition wurden. Heute wird die kufische Schrift meist im traditionell-religiösen und die Naskhi-Schrift meist im historischen Zusammenhang verwendet und häufig in eine reiche Ornamentik eingebettet: Hourani, *op. cit.*, S. 56.
27 Abgesehen davon, dass der Islam die Darstellung der menschlichen Gestalt verbot, stand er auch der Musik ausgesprochen feindselig gegenüber. Laut einem Hadith soll Muhammad ein Musikinstrument besessen haben, das die Gläubigen zur Anbetung rief und der »Muezzin des Teufels« genannt wurde. Dessen ungeachtet erwiesen sich die Umaiyaden als großzügige Förderer der Musik an ihrem Hof; einer der »vier großen Sänger« – Ibn Surajy (ca. 634–736), dem die Erfindung des Taktstocks zugeschrieben wird – genießt bis heute einen sehr guten Ruf: Hitti, *op. cit.*, S. 275.
28 Lewis, *op. cit.*, S. 75ff.

29 Hitti, *op. cit.*, S. 301.
30 *ibd.*, S. 303.
31 Im Jahr 988 stellte Ibn al-Nadim in seinem Kompendium *al-Fihrist* die zur damaligen Zeit in Bagdad verfügbaren Bücher zusammen, was uns eine Vorstellung vom Ausmaß der herrschenden Ideen und Aktivitäten gibt. Beispielsweise erwähnte er Handschriften, die sich mit Hypnose, Schwertschlucken, Glaskauen oder Jonglieren befassten – aber es gab natürlich auch ernsthaftere Themen.
32 Howard R. Turner, *Science in Medieval Islam*, Austin, Texas, 1995, S. 28f., 132f.
33 Carl Boyer, *A History of Mathematics*, New York, 1991, S. 211ff.
34 Peter Malcolm Holt et. al. (Hg.), *The Cambridge History of Islam*, Bd. 2, Cambridge, UK, 1970, S. 743.
35 Hugh Kennedy, *The Court of the Caliphs: The Rise and Fall of Islam's Greatest Dynasty*, London, 2004, S. 246, 255. Siehe auch William Wightman, *The Growth of Scientific Ideas*, Edinburgh, 1950, S. 322.
36 Dimitri Gutas, *Greek Thought, Arabic Culture*, London, 1998, S. 132; Kennedy, *op. cit.*, S. 258f.
37 Die Übersetzung von griechischen, persischen und indischen Schriften wurde durch die Einführung des Papiers gefördert, das wie gesagt eine chinesische Erfindung vermutlich aus dem 1. Jahrhundert v. d. Z. war und den Nahen Osten angeblich im Jahr 751 erreicht hatte, nachdem Araber chinesische Gefangene bei der Schlacht von Talas (im heutigen Kirgisien, rund zweihundert Kilometer nordöstlich von Taschkent) gemacht hatten. Der Überlieferung zufolge sollen diese Gefangenen ihren Eroberern dann die Herstellung des neuen Produkts beigebracht und damit ihr Leben gerettet haben. Heute gilt diese Version jedoch als unwahrscheinlich, da sich offenbar schon vor dem arabischen Sieg chinesische Maler, Weber und Goldschmiede in Kufa im Süden des heutigen Irak niedergelassen hatten. Und die waren mit an Sicherheit grenzender Wahrscheinlichkeit auch mit dem Herstellungsprozess von Papier vertraut. Allerdings ändert dies nichts an der Tatsache, dass es sich hier um eine weitere bedeutende Idee oder Erfindung handelt, die in Bagdad zum Erblühen gebracht, aber aus dem Ausland importiert worden war. Das alte arabische Wort für Papier, *kaghad*, geht auf einen chinesischen Begriff zurück. In Bagdad gab es einen Papiermarkt *(suq al-warraqin)*, der sich über mehrere Straßen erstreckte. Über hundert Händler boten hier ihre Waren feil. Bagdad wurde zur bedeutendsten und – zumindest aus Sicht der Byzantiner – besten Produktionsstätte für Papier. Sie nannten es *bagdatixon*; die Standardgröße von 73 x 110 Zentimetern bezeichnete man als »Bagdader Blatt«. Es gab die unterschiedlichsten Arten von Papier; benannt wurden sie meist nach dem Herrscher (Talhi-Papier, Nui-Papier, Tahiri-Papier). Papier war die neue Technologie, und die Araber waren ihr Meister: Jonathan Bloom, *Paper Before Print, op. cit.*, passim. Siehe auch Gutas, *op. cit.*, S. 13.
38 Turner, *op. cit.*, S. 133, 139.
39 Hitti, *op. cit.*, S. 364f. Sein Buch *Al-Judari wal-Hasbah (Die Pocken und Masern)* erschien zwischen dem 15. und 19. Jahrhundert in vierzig Auflagen: Turner, *op. cit.*, S. 135.
40 Er wurde 980 in Afshana bei Buchara geboren. Dass er bereits als junger Mann den Herrscher von Buchara von einer Krankheit heilte, eröffnete ihm den Zugang zu dessen grandioser Palastbibliothek. Und dank des dort erworbenen Wissens und seines phänomenalen Gedächtnisses sollte er zu einem der beeindruckendsten Synthetisierer aller Zeiten werden.
41 Turner, *op. cit.*, S. 136. Zur Chronologie der Übersetzungen siehe Wightman, *op. cit.*, S. 165, 335f. Ibn Sinas Grab in Hamadan im Iran ist ein beeindruckendes Monument. Er und al-Razi waren die beiden bedeutendsten, aber keineswegs die einzigen Mediziner von Format: Das Werk, das Hunayn ibn Ishaq im 9. Jahrhundert über das Auge schrieb, bereitete den Weg für die moderne Optik; al-Majusi entdeckte im 10. Jahrhundert das Netz aus Kapillargefäßen, welches das Körpergewebe durchzieht; Ibn al-Nafis entwickelte im 12. Jahrhundert eine Theorie vom Lungenkreislauf, Jahrhunderte bevor William Harvey den großen Blutkreislauf entdeckte: Turner, *op. cit.*, S. 137.
42 Boyer, *op. cit.*, S. 227.
43 Bernal, *op. cit.*, Bd. I., S. 275ff.
44 Quelle: Boyer, *op. cit.*, S. 229. Abdruck mit Genehmigung von John Wiley & Sons, Inc.
45 *ibd.* S. 237; Boyer, *op. cit.*, S. 234.

[Anm. d. Übers.: In der nach wie vor aufgelegten *Don-Quijote*-Übersetzung von Ludwig Braunfels heißt es anstelle von Algebrist »Wunderarzt« (Buch II, Kap. 15).]
46 Turner, *op. cit.*, S. 190; Holt et al., *op. cit.*, S. 777 ; Bernal, *op. cit.*, Bd. I, S. 275ff.
47 Philip K. Hitti, *Makers of Arab History*, London, 1969, S. 197.
48 *ibd.*, S. 205, 218. Weitere Erörterungen der Ideen Ibn Sinas über die Seele finden sich bei Hourani, *op. cit.*, S. 173. Zu anderen islamischen Vorstellungen von der Seele und ihrer Beziehung zum Körper siehe Smith und Haddad, *op. cit.*, S. 40ff.
49 Hitti, *Makers of Arab History, op. cit.*, S. 393f. Die Bezeichnung »Selbstmordattentat«, die heutzutage allgemein für die grauenhaften Gewalttaten vor allem in Nahen Osten verwendet wird, ist aus islamischer Sicht falsch: Selbstmord ist im Islam ebenso eine Todsünde wie im Katholizismus, während der *Märtyrertod* dem Gläubigen einen Platz im Paradies sichert: Smith und Haddad, *op. cit.*, S. ix.
50 *ibd.*, S. 408.
51 *ibd.*, S. 410, 414; Ross E. Dunn, *The Adventures of Ibn Battuta*, Los Angeles, 1989, S. 98.
52 Hourani, *op. cit.*, S. 63ff.; Hitti, *op. cit.*, S. 429.
53 Hourani, *op. cit.*, S. 65.
54 Hitti, *op. cit.*, S. 434; Bernal, *op. cit.*, Bd. I, S. 275.
55 Hourani, *op. cit.*, S. 167-171.
56 Holt et al., *op. cit.*, S. 527 ; Ivan van Sertina, *The Golden Age of the Moor* (Sonderausgabe des *Journal of African Civilisations*, Bd. 11, Herbst 1991), New Brunswick/London, 1992.
57 *ibd.*, S. 531. Zu den neuen Dichtungsweisen, die in Córdoba entwickelt wurden, siehe Hourani, *op. cit.*, S. 193. Córdoba war die größte, aber nicht die einzige Universität auf der Iberischen Halbinsel. Vergleichbare Institutionen wurden auch in Sevilla, Málaga und Granada gegründet. Die Kernfächer waren Astronomie, Mathematik, Medizin, Theologie und Recht; in Granada wurden auch Philosophie und Chemie angeboten. Bücher gab es zuhauf, dank des Papierherstellungsverfahrens, das Mitte des 12. Jahrhunderts aus Marokko nach Spanien importiert worden war. (Der Begriff »Ries« für das Papierzählmaß leitet sich von dem arabischen Wort *rizmah*, »Bündel«, ab.)

58 Franz Rosenthal, *Ibn Khaldun, The Muqaddimah: An Introduction to History*, New York, 1958, Bd. I, S. 6.
59 Boyer, *op. cit.*, S. 254-271.
60 Holt et al., *op. cit.*, S. 579.
61 *ibd.*, S. 583; Philip K. Hitti, *Islam: A Way of Life*, Oxford, 1970, S. 134.
62 Hourani, *op. cit.*, S. 175. Zu Averroës' »zwei Wahrheiten« siehe Bernal, *op. cit.*, Bd. I, S. 275. Zu den islamischen Vorstellungen vom Paradies siehe Smith und Haddad, *op. cit.*, S. 87ff.
63 Reynolds und Wilson, *op. cit.*, S. 110, 120.
64 Holt et al., *op. cit.*, S. 854f.
65 Bernal, *op. cit.*, Bd. I, S. 303f. Robert von Chesters Übersetzung ist auch der Begriff »Sinus« zu verdanken. Die Inder hatten die »Bogensehne« als *jiva* bezeichnet, was sich im Arabischen dann zu *jiba* entwickelte und »Tasche« oder »Falte« bedeutete. Als Chester diesen trigonometrischen Terminus technicus übersetzen wollte, scheint er ihn mit *jaib* (Bucht) verwechselt zu haben, vermutlich weil in der arabischen Schrift Vokale nicht ausgeschrieben werden. Jedenfalls beschloss er, das lateinische Wort für »Krümmung« oder »Bucht« – *sinus* – zu verwenden. Auch Adelard of Bath gehörte zu den Übersetzern, die den Leser lateinischer Schriften mit dem indisch-arabischen Dezimalsystem bekannt machten. Erstaunlicherweise sollte es sich jedoch nur sehr langsam durchsetzen; viele verwandten auch weiterhin die neun griechischen Buchstaben und ein Sonderzeichen für die Null. Ein Grund für dieses Zögern war wohl, dass sich der Sinn des indischen Systems vielen nicht erschloss, solange sie noch mit dem Abakus arbeiteten. Tatsächlich sollte mehrere Jahrhunderte lang ein Konkurrenzkampf zwischen »Abakisten« und »Algoristen« toben. Erst mit dem Anstieg des allgemeinen Bildungsniveaus (als man Berechnungen mit Feder und Papier und nicht mehr mit dem Abakus anstellte) wurden die Vorteile der indisch-arabischen Ziffern deutlich. Die Algoristen setzten sich erst im 16. Jahrhundert wirklich durch: Boyer, *op. cit.*, S. 252f.

KAPITEL 13
1 Basham, *Cultural History of India*, *op. cit.*, S. 48.
2 John Keay, *India: A History*, London, 2001, S. 136ff.
3 *ibd.*, S. 156f. Romila Thapar, *A History*

of India, London, 1966, Bd. I, S. 146, schreibt, dass solche Urkunden auch von buddhistischen Pilgern aus China erwähnt wurden.
4 Keay, *op. cit.*, S. 136, 139; Thomas Burrow, *The Sanskrit Language*, London, 1955, S. 64f.; Thapar, *op. cit.*, S. 58.
5 Keay, *op. cit.*, S. 139, 145f.; Thapar, *op. cit.*, S. 140. Die Innungen übernahmen auch die Funktion von Banken und verliehen gelegentlich sogar Geld an den Königshof.
6 Basham, *op. cit.*, S. 162; Burrow, *op. cit.*, S. 43.
7 Basham, *op. cit.*, S. 162; Keay, *op. cit.*, S. 61; Thapar, *op. cit.*, S. 123.
8 Burrow, *op. cit.*, S. 2, 58.
9 *ibd.*, S. 50; Basham, *op. cit.*, S. 170.
10 Keay, *op. cit.*, S. 151.
11 Basham, *op. cit.*, S. 172.
12 Keay, *op. cit.*, S. 152. In Indien selbst zog die Entwicklung (oder besser: »Nichtentwicklung«) des Sanskrit mehrere Anomalien nach sich. Während in den Stücken von Kalidasa alle Diener, Angehörige der niederen Kasten sowie Frauen und Kinder ausschließlich Prakrit sprachen und damit auf theatralischem Wege gezeigt wurde, dass dies die Sprache des kleinen Mannes war (siehe Burrow, *op. cit.*, S. 60), blieb im Genre des Dramas das Sanskrit allein den »Zweimalgeborenen« – Königen, Ministern, gebildeten Brahmanen – vorbehalten (siehe Keay, *op. cit.*, S. 153). Und da die Sanskrit-Sprache in ihrer Entwicklung eingefroren worden war, war von den Schriftstellern in dem Jahrtausend nach Panini auch eine Menge Einfallsreichtum gefordert – beispielsweise mit der Folge, dass ein Satz manchmal mehrere Seiten lang sein konnte und einzelne Wörter aus bis zu fünfzig Silben bestanden. (Im frühen Sanskrit wurden zusammengesetzte Wörter auf die gleiche Weise wie bei Homer verwendet.) Siehe Burrow, *op. cit.*, S. 55. Obwohl Sanskrit also nur von einer Minderheit gesprochen und verstanden wurde, war der Einfluss dieser kleinen Gesellschaftsgruppe doch ungemein stark. Außerdem sollte sich dieser Umstand nie negativ auf die Entwicklung und Verbreitung neuer Ideen auswirken (worüber noch zu sprechen sein wird). Im Gegenteil: In der Zeit, als sich die Umgangssprachen aufsplitterten und immer neue Zweige hervorbrachten, diente Sanskrit in Indien als kulturelles Bindemittel.

13 Basham, *op. cit.*, S. 197.
14 *ibd.*, S. 203f. Siehe zum Beispiel den Plan des Vishnu-Tempels von Deogarh in Thapar, *op. cit.*, S. 158.
15 Heinrich Zimmer, *Mythen und Symbole in indischer Kunst und Kultur*, Gesammelte Werke, Bd. I, Zürich, 1951 (hier zitiert aus der englischen Übersetzung, *Myths and Symbols of Indan Art and Civilisation*, Princeton/London, 1972, S. 48–53).
16 Im Gegensatz zu vielen anderen Regionen in der Welt wurde in Indien die Sonne nicht verehrt, sondern sogar als eine zerstörerische Kraft betrachtet, wohingegen der Mond als eine lebensspendende Energie galt. Wenn er aufging, bildete sich Tau; er kontrollierte das Wasser, indem er die Gezeiten brachte, und Wasser war das irdische Äquivalent von *amrita*, dem Trank der Götter (ein Wort, das mit dem griechischen *ambrosia* verwandt ist). Wasser, Pflanzensaft, Milch und Blut waren allesamt unterschiedliche Arten von *amrita*, als dessen deutlichste Manifestation auf Erden die drei großen heiligen Flüsse Ganges, Sarasvati und Jumna galten. Ein Sünder, der nahe eines dieser Ströme sein Leben aushauchte, sollte von all seinen Sünden losgesprochen werden: Basham, *op. cit.*, S. 110.
17 *ibd.*, S. 81; Keay, *op. cit.*, S. 152.
18 Keay, *op. cit.*, S. 174.
19 Für eine genauere Beschreibung siehe Thapar, *op. cit.*, S. 190.
20 Keay, *op. cit.*, S. 208, 217; Thapar, *op. cit.*, S. 195, zu den Einzelheiten der Eroberung des Tempels S. 210.
21 Keay, *op. cit.*, S. 209.
22 Gernet, *op. cit.*, S. 92.
23 Thapar, *op. cit.*, S. 143–146.
24 Mukerjee, *op. cit.*, S. 267–271.
25 Thapar, *op. cit.*, S. 161ff.; S. N. Das Gupta, »Philosophy«, in: Basham, *op. cit.*, S. 114ff.
26 Das Gupta, *op. cit.*, S. 118.
27 Mukerjee, *op. cit.*, S. 255ff.
28 Thapar, *op. cit.*, S. 162, 185; Basham, *op. cit.*, S. 119.
29 Boyer, *op. cit.*, S. 207; Basham, *op. cit.*, S. 147.
30 Tamilische Gedichte aus den ersten vier Jahrhunderten beziehen sich häufig auf »Yavana«, womit ein westlicher Ausländer gemeint war, der sich mit griechischer Wissenschaft oder römischer Technik auskannte. Wie bereits erwähnt, scheint diese Bezeichnung von dem

Wort »Ionier« abgeleitet worden zu sein. Siehe Basham, *op. cit.*, S. 151, sowie W. W. Tam, *The Greeks in Bactria and India*, Cambridge, UK, 1951.
31 Basham, *op. cit.*, S. 154.
32 Nochmals zur Erinnerung (siehe Kapitel 12): Der Begriff »Sinus« entstand durch eine Fehlinterpretation des indischen Wortes *jiva*.
33 Boyer, *op. cit.*, S. 210; Thapar, *op. cit.*, S. 155.
34 Boyer, *op. cit.*, S. 198.
35 *ibd.*, S. 212; David Eugene Smith, *History of Mathematics*, New York/Dover, 1958, Bd. I, S. 167.
36 Joseph Needham, *Science and Civilisation in China*, Cambridge, UK, 1954, Bd. III, Anm. S. 11 [im Deutschen erschien nur der 1. Band der von Colin A. Ronan bearbeiteten Ausgabe, *Wissenschaft und Zivilisation in China*, übersetzt von Rainer Herbster, Frankfurt a. M., 1984]; Basham, *op. cit.*, S. 157.
37 Boyer, *op. cit.*, S. 215f. Die Mathematiker Indiens beeinflussten zwar die ganze Welt, doch historisch betrachtet beschränkte sich der internationale Einfluss Indiens primär auf seine östlichen Nachbarländer. Vor allem die Sanskrit-Literatur sowie der Buddhismus und Hinduismus haben Südostasien auf unterschiedliche Weisen geprägt. Legt man die Messlatte jedoch an der Anzahl der betroffenen Menschen an, dann war der Einfluss Indiens auf den Rest der Welt – jedenfalls mit Sicherheit bis zum Mittelalter – eindeutig den Einflüssen aller anderen Länder überlegen (siehe Basham, *op. cit.*, S. 148). Einflussreich wurde auch die in Indien zur Pflicht erhobene Gesunderhaltung des Körpers: Gesundheit beruhte auf der Wahrung des Gleichgewichts zwischen Schleim, Galle, Wind und Atem (Blut kam erst später hinzu), das seinerseits von der Ernährung abhing. Die Lungen, glaubte man, transportierten Wasser durch den Körper, und im Nabel bildeten sich die Blutgefäße heran. Inder verfügten über eine gewaltige Pharmakopöe, basierend auf der Theorie, dass bestimmte Pflanzenextrakte und Nahrungsmittel in unterschiedlichen Graden mit den Körpersäften korrespondierten. Honig zum Beispiel galt als Heilmittel und wurde mit *amrita*, dem »Elixir der Unsterblichkeit« verbunden (siehe *ibd.*, S. 149). Interessanterweise gab es überhaupt keine Vorstellung von Hirnerkrankungen – das Bewusstsein wurde im Herz angesiedelt. Aber Wassersucht, Schwindsucht, Lepra, Geschwüre, bestimmte Erbkrankheiten und eine Reihe von Hautkrankheiten wurden erkannt und beschrieben. Der berühmteste Arzt war Charaka: Er beschrieb eine Menge real existierender, aber auch viele weniger reale Krankheitsbilder; er war es auch, der der »Wissenschaft von der Langlebigkeit« den Namen *Ayurveda* gab (siehe *ibd.*, S. 150). Jede Krankheit wurde mit einem ethischen Problem verbunden, so als sei sie auf die eine oder andere Weise das Resultat eines moralischen Fehlverhaltens. Zu guter Letzt gab es sogar eine besondere Tradition der Elefantenmedizin.
38 S. A. A. Rizvi, »The Muslim ruling Dynasties«, in: Basham, *op. cit.*, S. 245ff., 281ff.
39 Basham, *op. cit.*, S. 284.
40 Mukerjee, *op. cit.*, S. 311–327. Zu den Querverbindungen zwischen Sufismus, der islamischen Hauptströmung, und ihren Einflüssen auf Nonkonformismus und Rationalismus siehe Thapar, *op. cit.*, S. 306f.
41 Mukerjee, *op. cit.*, S. 298f.

KAPITEL 14
1 Valerie Hansen, *The Open Empire*, New York, 2000, S. 171–174. Der romantische Begriff »Seidenstraße« wurde in den siebziger Jahren des 19. Jahrhunderts von dem Geologen und Geografen Ferdinand Freiherr von Richthofen erfunden. Unser Wort »China« ist eine Transliteration von *Qin*, dem chinesischen Reich aus dem 3. Jahrhundert v. d. Z.
2 Needham, *op. cit.*, Bd. III, S. 124; Wilkinson, *op. cit.*, S. 844; Janet Abu-Lughod, *Before European Hegemony: The World System, AD 1250–1350*, Oxford/New York, 1989, S. 316.
3 Arthur Cotterell und Yong Yap, *The Early Civilisation of China*, London, 1975, S. 199 [vgl. Cotterell/Yap, *Das Reich der Mitte. 5000 Jahre Geschichte und Tradition des Alten China*, div. Übersetzer, Herrsching, 1986].
4 Lucien Febvre und Henri-Jean Martin, *The Coming of the Book*, London, 1976, S. 71.
5 Die ältesten Papierfunde machte Sir Aurel Stein in den Ritzen des Mauerwerks eines Turmes der Chinesischen Mauer in Zentralasien, der Mitte des 2. Jahrhunderts v. d. Z. von der chinesischen Armee

aufgegeben worden war; siehe Febvre und Martin, *op. cit.*, S. 72. Mikroskopische Analysen ergaben, dass die in der Sprache der Sogdier beschriebenen Seiten ausschließlich aus Hanf hergestellt worden waren. (Sogdien war ein iranisches Königreich in Baktrien, auf dem heutigen Gebiet von Usbekistan.) Das Wissen um die Papierherstellung hatte sich also schnell verbreitet. Zum Thema Seidenstraße siehe Richard N. Frye, *The Heritage of Central Asia: From Antiquity to the Turkish Expansion*, Princeton/London, 1998, S. 151ff. Zur Welt der Sogdier siehe Febvre und Martin, *op. cit.*, S. 72f.

6 Febvre und Martin, *op. cit.*, S. 335.

7 Gernet, *op. cit.*, S. 332, sowie persönliches Gespräch des Autors mit Wang Tao am 28. 6. 2004. Zu den Auswirkungen des Buchdrucks auf das Geistesleben siehe Charles O. Hucker, *China's Imperial Past*, London, 1975, S. 272.

8 Febvre und Martin, *op. cit.*, S. 75; Gernet, *op. cit.*, S. 335.

9 Febvre und Martin, *op. cit.*, S. 76.

10 Hucker, *op. cit.*, S. 317. Eigenartigerweise scheinen die Europäer recht desinteressiert an allem gewesen zu sein, was der Osten in dieser Hinsicht zu bieten hatte. Beispielsweise hatten Mongolen in den Jahren 1289 und 1305 Botschaften an die Könige von Frankreich und England sowie an den Papst gesandt, die im Holzschnittverfahren verfasst und mit strahlend roten Siegeln versehen waren, doch kein Mensch im Abendland scheint sich für diese Technik interessiert zu haben. Sogar Marco Polo, dieser unverdrossen reisende und ansonsten so ungemein neugierige Mensch, wunderte sich zwar über die Geldscheine, die er in China sah, hat sich aber offenbar nicht weiter mit ihrer Herstellung beschäftigt: Febvre und Martin, *op. cit.*, S. 76.

11 Yu-Kuang Chu, »The Chinese Language«, in: John Meskill et al. (Hg.), *An Introduction to Chinese Civilisation*, New York, 1973, S. 588ff.

12 *ibd.*, S. 592f.

13 Quelle: John Meskill et al. (Hg.), *An Introduction to Chinese Civilisation*, New York/London, 1973. Abdruck mit Genehmigung von Columbia University Press.

14 *ibd.*, S. 595, 597f., 612.

15 *ibd.*, S. 603. Eine Darstellung der Unterschiede zwischen »neutextlichen« und »alttextlichen« chinesischen Schriften und der Gelehrsamkeit, die sich mit alten Wörtern verbindet, findet sich bei Hucker, *op. cit.*, S. 197.

16 Gernet, *op. cit.*, S. 325; Hansen, *op. cit.*, S. 271. Unter anderem förderte das Papiergeld auch die Entwicklung der chinesischen Handelsmarine, die damals die bei weitem größte der Welt war.

17 Raymond Dawson, *The Chinese Experience*, London, 1978, S. 181f; Gernet, *op. cit.*, S. 324.

18 Ganz andere Innovationen ergaben sich aus dem fortschrittlichen »Nassfeld-Reisanbau«. Seit dem 6. Jahrhundert hatten Chinesen Reissorten systematisch selektiert. Die Erträge verbesserten sich deshalb bis zum 11. Jahrhundert so dramatisch, dass zweimal pro Jahr geerntet werden konnte. Ursprünglich hatte *keng* (Reis) hundertzwanzig bis hundertfünfzig Tage bis zur Reife gebraucht. Zu Beginn des 11. Jahrhunderts wurden in Champa an der Südostküste Vietnams früh reifende und gegen Trockenperioden resistente Arten gezüchtet, die zwar weniger Erträge brachten, aber nur eine sechzigtägige Reifezeit hatten, was viele Probleme lösen konnte (im 15. Jahrhundert wurde eine Sorte gezüchtet, die nur noch fünfzig Tage bis zur Reifung brauchte, im 18. Jahrhundert schließlich eine Art, die in vierzig Tagen reif war). Früh reifender Reis bedeutete viel für die chinesische Bevölkerung, denn damit war ihre Versorgung natürlich wesentlich besser gesichert als in irgendeinem europäischen Land dieser Zeit. Aufgrund der besseren Ernährung begann die Bevölkerung Chinas seit Beginn des 11. Jahrhunderts auch relativ schnell zu wachsen. Ein entsprechendes Wachstum im Abendland setzte erst gegen Ende des 18. Jahrhunderts ein (siehe Ho Pung-Ti, »Early-ripening rice«, in: James Liu und Peter Golas (Hg.), *Change in Sung China*, Lexington, MA, 1969, S. 30–34). In Verbindung mit der neuen Reissorte wurden auch der Kurbelantrieb, die Egge und der Reisfeldpflug entwickelt. Doch die wahrscheinlich effektivste technische Neuerung war das System, die Anbauterrassen durch eine Kette von Wasserrädern und Schleusen zu bewässern: Hansen, *op. cit.*, S. 265.

19 Die Schubkarre (»Holzochse«), dank der nun schwere Lasten über enge, gewundene Pfade transportiert werden konnten, wurde im 3. Jahrhundert erfunden.

20 Das Schießpulver war nur eine von

vielen fortschrittlichen Militärtechnologien, die erheblichen Einfluss auf die Weltgeschichte nehmen sollten. Denn daneben perfektionierten die Chinesen auch die Auswahlkriterien für ihre Soldaten: Sie unterzogen die Rekruten einer Reihe von Tests (Schießkunst, Sehschärfe), um sie dann je nach Ergebnis spezifischen Einheiten zuzuweisen. Auch neue Waffen wurden erfunden, darunter die Repetierarmbrust, eine Art von Panzer und eine Wurfmaschine für Brandgeschosse, die mit Petroleum getränkt waren, damit sie nicht verloschen. Im Jahr 1044 erschien das Traktat eines Generals über die allgemeinen Prinzipien der klassischen Kriegskunst, das den Titel *Wu Jin zong yao* trug (siehe Gernet, *op. cit.*, S. 310) und erstmals die Herstellung von Schießpulver beschreibt (im Abendland wurde es zum ersten Mal im Jahr 1267 von Roger Bacon erwähnt).

21 Gernet, *op. cit.*, S. 311.
22 *ibd.*, S. 312.
23 *ibd.*, S. 320; Hucker, *op. cit.*, S. 204.
24 Gernet, *op. cit.*, S. 326ff. Gavin Menzies vertritt in seinem Buch *The Year that Changed the World: 1421*, London, 2002, die heftig umstrittene These, dass Chinesen die Welt umrundet und auch Amerika entdeckt hätten. Die Hochseeschunke scheint in der großen Yangtze-Mündung konzipiert worden zu sein, wo die Flussschifffahrt unmerklich in die Seeschifffahrt übergeht, da sich der Yangtze auf einer Breite von zehn bis zwanzig Kilometern rund hundertfünfzig Kilometer von der Mündungsregion ins Landesinnere erstreckt.
25 Gernet, *op. cit.*, S. 328. Die Entwicklung des Kompasses begann mit Experimenten von Taoisten (siehe Kapitel 20 im vorliegenden Buch). Auch auf die Idee des Experiments waren Chinesen vor dem Abendland gekommen, hatten sie dann aber nicht weiter verfolgt: Hucker, *op. cit.*, S. 204. Und selbst in der Kartografie waren die Chinesen den Europäern dieser Zeit voraus, da sie ein frühes Breiten- und Längengradsystem anwandten. Die Weiterentwicklung der Kartografie im Abendland wurde damals noch durch religiöse Vorstellungen behindert.
Joseph Needham erläuterte, weshalb die Song-Zeit ein solcher Dreh- und Angelpunkt in der chinesischen Geschichte und nicht zuletzt für die Seefahrt war. Dass die Song den Handel mit dem Ausland förderten, trug auch zum Aufstieg ihrer Flotte bei, und sie begannen sich auf die Entwicklung entsprechend notwendiger Neuerungen zu konzentrieren. Obwohl China eine so vielversprechende Seemacht geworden war, blieb es doch immer primär eine Landmacht – die größte politische und militärische Bedrohung kam aus Zentralasien. Außerdem belegte China die Landwirtschaft seit jeher mit höheren Steuern als den Außenhandel – was sich laut Lo Jung-Pang auch nie ändern sollte und erklärt, weshalb es am Ende trotz allen Erfindungsgeistes nicht die Chinesen, sondern andere Völker waren, die wirkliche Vorteile aus ihren vielen Erfindungen ziehen konnten: Lo Jung-Pang, »The rise of China as a sea power«, in: Liu und Golas, *op. cit.*, S. 20–27.
26 Frederick W. Mote, *Imperial China*, Cambridge, MA, 1999, S. 127.
27 Das bedeutet, dass arme Familien erst einmal zwei bis drei Generationen lang Geld ansparen mussten, bis sie es sich leisten konnten, einen besonders bevorzugten Sohn auf die Prüfung vorbereiten zu lassen. Zu diesem und anderen Aspekten des Prüfungssystems der Song-Zeit siehe John W. Chaffee, *The Thorny Gates of Learning in Sung China: A Social History of Examinations*, Cambridge, UK, 1985, S. 104f. und passim. Zu Einzelheiten über die Hauptstadt Chang'an siehe Frye, *op. cit.*, S. 164.
28 Chaffee, *op. cit.*, S. 104; Fairbanks, *op. cit.*, S. 95.
29 Chaffee, *op. cit.*, S. 134. Hucker, *op. cit.*, S. 315–321 erläutert, weshalb spätere Dynastien wieder auf das Empfehlungssystem zurückgriffen.
30 Ching-kun Young, *Religion in Chinese Society*, Berkeley/London, 1961, S. 216.
31 Gernet, *op. cit.*, S. 215. Zur Gesellschaftsstruktur der Sogdier und vor allem der Tatsache, dass es unter ihnen keine Priesterhierarchie gab, siehe Frye, *op. cit.*, S. 195f.
32 Gernet, *op. cit.*, S. 216.
33 Laut Hucker, *op. cit.*, S. 210, wurde Kumarajivas Übersetzung des *Lotus Sutra* zum einflussreichsten Buch im ostasiatischen Buddhismus. Zu den buddhistischen Hochburgen zwischen Indien und China siehe auch Gernet, *op. cit.*, S. 218; und Frye, *op. cit.*, S. 145ff.
34 Gernet, *op. cit.*, S. 221.
35 Young, *op. cit.*, S. 119f.
36 Gernet, *op. cit.*, S. 226. Zu den archäo-

logischen Funden in Dunhuang siehe Frye, op. cit.
37 Im Jahr 1900 bezog ein Daoist (der Daoismus ist die »Lehre des Weges«) namens Wang eine der Höhlen der Tausend Buddhas in Dunhuang (Gansu), der bedeutenden Klosteranlage an der Seidenstraße, wo Reisende zu rasten pflegten, bevor sie sich auf den Marsch durch die Wüste machten. Bei seinen Erkundungen bemerkte Wang einen Spalt im Verputz einer Grotte. Als er dagegenklopfte, stellte er fest, dass die Felswand hohl klang. So entdeckte er die Bibliothekshöhle, in der 13 500 Papierrollen gefunden wurden, aus denen sich der Alltag in Dunhuang im 18. Jahrhundert rekonstruieren ließ. Demnach gab es in einer durchschnittlichen Stadt mit fünfzehntausend Einwohnern dreizehn Klöster; und jeder Zehnte aus der Bevölkerung war unmittelbar von einem Kloster abhängig, entweder als Mönch, Nonne oder Arbeiter: Hansen, op. cit., S. 245–251.
38 Gernet, op. cit., S. 295.
39 Hansen, op. cit., S. 198.
40 Mote, op. cit., S. 339.
41 Ein Porträt von Zhu Xi findet sich z. B. in Hucker, op. cit., S. 370.
42 ibd., S. 365; lixue wird alternativ auch li-hsueh geschrieben; Mote, op. cit., S. 342; Cotterell und Yap, op. cit., S. 198.
43 ibd., S. 208.
44 ibd., S. 170ff.; Wilkinson, op. cit., S. 679, 686. Im 11. Jahrhundert sandte Kaiser Song Huizong Beamte ins ganze Land aus, um Steine zu suchen – je seltsamer geformt und strukturiert, umso besser. Aber es musste vorzugsweise Kalkstein sein, dem das Wasser die bizarrsten Formen verliehen hatte. Die Steine sollten Zeugnis von den Ehrfurcht gebietenden Kräften der Natur ablegen, mit denen der Mensch lernen musste zu leben und an die der vollkommene Garten erinnern sollte. Siehe Hucker, op. cit., S. 260, zu der Rolle, die Grotten und Klippen spielten.
45 Gernet, op. cit., S. 341.
46 Mote, op. cit., S. 151; Mark Elvin, *The Pattern of the Chinese Past*, London, 1973, S. 164ff, 179ff.
47 Mote, op. cit., S. 152.
48 Mote, op. cit., S. 326. Siehe jedoch Robert P. Hymes, *Northern and Southern Sung*, Cambridge, UK, 1986, und darin das Kapitel »The elite of Fy-Chou, Chainghsi«; sowie Nathan Sivin, *Science and Technology in East Asia*, New York, 1987, S. xv–xxi.
49 Abu-Lughod, op. cit., S. 4.

KAPITEL 15
1 Alfred W. Crosby, *The Measure of Reality: Quantification and Western Society, 1250–1600*, Cambridge, UK, 1997, S. 3.
2 Bernard Lewis, *The Muslim Discovery of Europe*, London, 1982, S. 82.
3 Fernand Braudel, *Sozialgeschichte des 15.–18. Jahrhunderts*, Bd. 1, *Der Alltag*, aus dem Französischen von Siglinde Summerer, Gerda Kurz, Günter Seib, München, 1985, S. 153 (Reis), S. 166 (Mais). Die übrige Darstellung folgt Braudels Argumenten im 2. Band, *Der Handel*, passim.
4 Michael McCormick, *Origins of the European Economy: Communication and Commerce, AD 300–900*, Cambridge, UK, 2001, S. 344, 704–708, 789–796.
5 Abu-Lughod. op. cit., S. 3f.
6 ibd., S. 19.
7 ibd., S. 34, 357.
8 ibd., S. 360.
9 Needham, *The Great Titration*, op. cit., S. 121.
10 ibd., S. 150. Frye, op. cit., S. 194f., hebt jedoch hervor, dass im grenznahen Sogdien eine ganz andere Entwicklung stattgefunden hatte, die das Entstehen einer blühenden Händlerschicht zuließ.
11 Toby E. Huff, *The Rise of Early Modern Science in Islam, China and the West*, Cambridge, UK, 1993, S. 120, 129, 189.
12 Douglas North und Robert Thomas, *The Rise of the Western World*, Cambridge, UK, 1973, S. 33–45.
13 ibd., S. 41.
14 Carlo M. Cipolla, *Before the Industrial Revolution: European Society and Economy, 1000–1700*, 3. Aufl., London/New York, 2003, S. 141, 160f., 180. Siehe auch John R. S. Phillips, *The Medieval Expansion of Europe*, Oxford, 1988, S. 103.
15 Anthony Pagden (Hg.), *The Idea of Europe*, Cambridge, UK/Washington, DC, 2002, S. 81.
16 ibd., S. 84.
17 Richard W. S. Southern, *Scholastic Humanism and the Unification of Europe*, Bd. I, Oxford, 1995, S. 1.
18 Pagden, op. cit., S. 2f., 83f.
19 ibd., S. 4ff.
20 Herbert Musurillo SJ, *Symbolism and the Christian Imagination*, Dublin, 1962, S. 152. Zu den allgemeinen Ereignissen im

Jahr 1000 n. d. Z. siehe Moynahan, *op. cit.*, S. 206ff.; Southern, *op. cit.*, S. 6.
21 Southern, *op. cit.*, S. 11, 189f.
22 *ibd.*, S. 205f. Moynahan, *op. cit.*, S. 242.
23 Daniel A. Callus (Hg.), *Robert Grosseteste*, Oxford, 1955, S. 98. Auch die alexandrinischen Empiriker und die Chinesen des Han-Zeitalters hatten experimentiert, ihre Erkenntnisse jedoch nie zu einem wissenschaftlichen Ansatz weiterentwickelt.
24 *ibd.*, S. 106.
25 Colin Morris, *The Discovery of the Individual: 1050–1200*, London, 1972, S. 161ff.; Freeman, *op. cit.*, S. 335.
26 Tarnas, *op. cit.*, S. 177.
27 *ibd.*, S. 181. Joseph Canning, *A History of Medieval Political Thought, 300–1450*, London, 1996, S. 132f., betont jedoch, dass Thomas von Aquin der säkularen Welt nicht wirklich vollständige Autonomie zubilligte.
28 Tarnas, *op. cit.*, S. 191.
29 Robert Benson und Giles Constable (Hg.), *Renaissance and Renewal in the Twelfth Century*, Oxford, 1982, S. 45.
30 *ibd.*, S. 56–66.
31 *ibd.*, S. 150f. Zu den Hoffnungen im Hinblick auf Jerusalem siehe Moynahan, *op. cit.*, S. 229; Morris, *op. cit.*, S. 23.
32 Morris, *op. cit.*, S. 26–31; Moynahan, *op. cit.*, S. 216.
33 Musurillo SJ, *op. cit.*, S. 135.
34 Morris, *op. cit.*, S. 34; Benson und Constable, *op. cit.*, S. 67.
35 Benson und Constable, *op. cit.*, S. 71. Zum Vierten Laterankonzil siehe Moynahan, *op. cit.*, S. 302. Diese Entwicklung war auch von einem deutlich gesteigerten Interesse an der Psychologie im 12. Jahrhundert begleitet. In Chrétien de Troyes' *Cligès* diskutieren beispielsweise zwei Liebende seitenlang über ihre Gefühle füreinander; und viele theologische Werke hinterfragten erstmals, ob *affectus* oder *affectio* die Handlungen des Menschen beeinflussten. Unter Psychologie verstand man das von Mensch zu Mensch unterschiedliche »zu Gott strebende Tun der Seele« (siehe Morris, *op. cit.*, S. 76).
36 Georges Duby, Einleitung zu Philippe Ariès und Georges Duby (Hg.), *Geschichte des privaten Lebens*, Bd. II, *Vom Feudalzeitalter zur Renaissance*, deutsch von Holger Fliessbach, Frankfurt a. M., 1990, S. 12, 475f., 487ff.
37 Benson und Constable, *op. cit.*, S. 281.

38 Morris, *op. cit.*, S. 79, 84f.
39 Musurillo, *op. cit.*, vertritt im 10. und 11. Kapitel seines Buches etwas andere Ansichten über die Ursachen für die allmähliche Abkehr vom augustinischen Einfluss.
40 Morris, *op. cit.*, S. 88–90. Die illuminierten Handschriften dieser Zeit weisen denselben Naturalismus und dasselbe Interesse an Individualität auf.
41 Morris, *op. cit.*, S. 134ff.
42 Christopher Brooke, *The Age of the Cloister*, Sutton, 2003, S. 10–18, 110, 126ff., 211.
43 Morris, *op. cit.*, S. 283. Auch im Tempo, mit dem damals Heiligsprechungen vollzogen wurden, spiegelt sich dieser Wandel (siehe Moynahan, *op. cit.*, S. 158, 247).

KAPITEL 16
1 Cantor, *op. cit.*, S. 269ff.
2 *ibd.*, S. 258f. [Anm. d. Übers.: Der deutsche Text ist abrufbar unter www.stabi.hs-bremerhaven.de/gbs2/welt-jahrtausend/dictat.htm.]
3 Edward Grant, *God and Reason in the Middle Ages*, Cambridge, UK, 2001, S. 23f. Zu den anderen damals getroffenen Maßnahmen, darunter das Zölibat für alle Kleriker vom Amt des Diakons an, siehe Moynahan, *op. cit.*, S. 216. [Anm. d. Übers.: Die deutsche Übersetzung ist abrufbar unter »Lehramtliche Texte der Katholischen Kirche«, http://theol.uibk.ac.at/leseraum.]
4 David Knowles und Dimitri Obolensky, *The Christian Centuries*, Bd. 2:, *The Middle Ages*, London, 1969, S. 336f.
5 Reinhard Bendix, *Könige oder Volk. Machtausübung und Herrschaftsmandat*, 2 Bde., übersetzt von Holger Fliessbach, Frankfurt a. M., 1980, Bd. I, S. 43f.
6 *ibd.*, S. 46–50.
7 *ibd.*, S. 53, 57. Von großer Bedeutung für die Idee vom »Königtum« und die Beziehungen zwischen Monarchie und Papsttum war auch die berüchtigte »Konstantinische Schenkung«, die heute allgemein als eine Fälschung aus dem Umkreis des Papstes gilt. (Es hieß darin, Konstantin habe Papst Sylvester I. den Primat Roms über alle anderen Kirchen zugebilligt und ihm das ganze weströmische Reich übereignet.) Walter Ullmann betonte, dass man den Einfluss, den diese Fälschung im Mittelalter auf das Abendland allgemein und das Papsttum im Besonderen hatte,

gar nicht hoch genug bewerten könne. Die Mär beruhte auf einem Bestseller aus dem 5. Jahrhundert, der so genannten *Legenda Sancti Silvestri*, der zufolge Papst Sylvester Konstantin höchstpersönlich von der Lepra geheilt habe, der Kaiser sich deshalb demütig vor Seiner Heiligkeit niedergeworfen, aller herrschaftlichen Embleme – auch der Krone – entledigt und den Stratordienst (das Marschallsamt) übernommen habe, das heißt höchstselbst das Pferd des Papstes am Zügel geführt habe. Die Botschaft hätte deutlicher nicht sein können: Walter Ullmann, *A History of Political Thought: The Middle Ages*, London, 1965, S, 59.

8 Cantor, *op. cit.*, S. 178f. Im Jahr 800 sollte Karl dem Großen etwas ebenso Seltsames wie Enthüllendes in Rom widerfahren. Papst Leo III. war erfolglos und unpopulär gewesen, so unbeliebt, dass er vom römischen Mob der »moralischen Verworfenheit« angeklagt und sogar physisch attackiert wurde. Daraufhin sah er sich gezwungen, bei Karl dem Großen Schutz zu suchen. Später reiste Karl zum Prozess gegen Leo und dessen Reinigungseid nach Rom. Am Weihnachtstag des Jahres 800 besuchte er das Grab des Apostels Petrus, um zu beten. Als er sich vom Gebet erhob, trat Leo plötzlich vor ihn und setzte ihm die Krone auf – ein platter Versuch, dem Recht des Papsttums auf die Verleihung der Kaiserwürde Nachdruck zu verleihen, von dem Karl wenig erfreut war. Später soll er erklärt haben, dass er den Dom niemals betreten hätte, hätte er von der Absicht des Papstes gewusst: Cantor, *op. cit.*, S. 181. Eine Darstellung der theokratischen Ideen der Karolinger findet sich bei Canning, *op. cit.*, S. 66.

9 Bendix, *op. cit.*, S. 58.
10 Cantor, *op. cit.*, S. 195; Canning, *op. cit.*, S. 60f.
11 David Levine, *At the Dawn of Modernity*, Los Angeles, 2001, S. 18.
12 Cantor, *op. cit.*, S. 203.
13 *ibd.*, S. 218–223. Zu Otto und seinen königlichen Vorlieben siehe Canning, *op. cit.*, S. 75.
14 Cantor, *op. cit.*, S. 218.
15 *ibd.*, S. 244.
16 Colish, *op. cit.*, S. 227.
17 Cantor, *op. cit.*, S. 341.
18 Colish, *op. cit.*, S. 228.
19 Marina Warner, *Alone of All Her Sex*, London, 1976, S. 147f.
20 Levine, *op. cit.*, S. 74.
21 Colish, *op. cit.*, S. 235. [Anm. d. Übers.: Zum Zitat siehe Dante, *Die Göttliche Komödie, Paradies* XI, 59, deutsch von Friedrich Freiherrn von Falkenhausen.]
22 Colish, *op. cit.*, S. 237; Moynahan, *op. cit.*, S. 272.
23 Cantor, *op. cit.*, S. 249; Colish, *op. cit.*, S. 245.
24 Canning, *op. cit.*, S. 85.
25 Cantor, *op. cit.*, S. 254f.
26 *ibd.*, S. 258; Canning, *op. cit.*, S. 88.
27 Moynahan, *op. cit.*, S. 218. Zu den von Papst Gregor ausgelösten Debatten siehe Canning, *op. cit.*, S. 98ff. Siehe auch Cantor, *op. cit.*, S. 262.
28 Cantor, *op. cit.*, S. 267f.
29 Elisabeth Vodola, *Excommunication in the Middle Ages*, Los Angeles, 1986, S. 2ff., 10.
30 Im frühen Mittelalter pflegten die Monarchen einem Kirchenbann weltliches Gewicht zu verleihen, indem sie dem Exkommunizierten auch die weltlichen Rechte absprachen. Abgeleitet wurde dieses Verfahren von der römischen *infamia*, welche unmoralischen Personen und Verbrechern das Wahlrecht absprach.
31 Auch Personen, die nicht *wussten*, dass ein Mensch, mit dem sie Kontakt hatten, ein Gebannter war, fielen unter die Kategorie von Christen, die dadurch nicht verseucht wurden, siehe *ibd.*, S. 25, sowie S. 29, 32, 52; Moynahan, *op. cit.*, S. 87.
32 Cantor, *op. cit.*, S. 271.
33 *ibd.*, S. 290; Moynahan, *op. cit.*, S. 190ff.; zu den Verlusten der Christen S. 186f.
34 Moynahan, *op. cit.*, S. 222 führt fünf Berichte über diese historische Rede von Papst Urban an, die sich »gravierend« voneinander unterschieden. Zu den gefährdeten Dingen in Konstantinopel gehörten auch die kostbarste aller Reliquien, die Dornenkrone, sowie das Mandylion aus Edessa (ein »wahres Porträt« Christi mit einem Abdruck von Gesicht und Haupthaar), ein angeblich vom Evangelisten Lukas stammendes Porträt der heiligen Jungfrau und ein Haar von Johannes dem Täufer: Cantor, *op. cit.*, S. 292f.
35 Der erste Kreuzzug hatte gewissermaßen noch unter einem guten Stern gestanden, was die Teilnahmebereitschaft betraf, weil die Christen emotional sehr aufgewühlt waren. Das erste Jahrtausend »n. Chr.« war gerade erst vorbei, und das

tausendste Jahr nach der Passion – das Jahr 1033 – lag noch kürzer zurück. Hinzu kam die Uneinigkeit, die gerade unter den Arabern herrschte und ihre Widerstandskraft gegen die rund fünftausend christlichen Mannen so geschwächt hatte, dass die Kreuzritter Jerusalem relativ unbeschadet erreichen und nach einem guten Monat der Belagerung einnehmen konnten. Dabei schlachteten sie alle muslimischen und jüdischen Einwohner ab, Letztere zum Beispiel auch, indem sie sie in ihrem größten Bethaus einschlossen und verbrannten.
36 Steven Runciman, *The First Crusade*, Cambridge, UK, 1951/1980, S. 22. [vgl. Runciman, *Der erste Kreuzzug*, übersetzt von Karl Heinz Siber, München, 1981].
37 Zum Ausdruck der neuen Frömmigkeit gehörten auch die Heiligen- und Reliquienkulte, die viele Gläubige zu Pilgerreisen in die drei bedeutendsten Stätten Jerusalem, Rom und Santiago de Compostela sowie zu vielen weiteren Heiligtümern animierten, die mit Wundern oder bestimmten Reliquien in Verbindung gebracht wurden. David Levine spricht von einer »ökonomischen Geografie der Heiligkeit«, die sich über die ländlichen Regionen Europas erstreckte. Einige Gegenden Frankreichs waren kreuz und quer von Pilgerwegen durchzogen, etwa vom *chemin de Paris* und dem *chemin de Vézelay*, über die die Frommen aus dem Norden bis nach Spanien zogen, wo sie dann zu den Pilgern stießen, die über den *chemin d'Arles* gekommen waren (siehe Runciman, *op. cit.*, S. 87). Die Grundidee war von dem einflussreichen Pariser Philosophen und scholastischen Theologen Heinrich von Gent (ca. 1217–1293) auf den folgenden Nenner gebracht worden: Die Heiligen und auch einige Visionäre hätten Zugang zum Denken Gottes und verfügten deshalb über ein »vollständiges und unfehlbares« Wissen (siehe Colish, *op. cit.*, S. 305). Der Historiker Patrick Geary aus Florida studierte über hundert Berichte aus dem Mittelalter über den Diebstahl von heiligen Reliquien und stellte fest, dass sie meist nicht von Vagabunden, sondern von Mönchen für ihre Heimatklöster geraubt worden waren. Und da Pilgerwege zu den heiligen Stätten natürlich eine große Nachfrage nach Unterkunft und Verpflegung mit sich brachten, war der Reliquienkult zudem für die Wirtschaft sehr förderlich. Abgesehen davon lässt er sich auch als Rückgriff auf eine Art von Polytheismus interpretieren: Die verschiedenen Charaktere der Heiligen ermöglichten es den Gläubigen, sich mit einer – menschlichen und nicht göttlichen – Gestalt zu identifizieren, die etwas Außerordentliches geleistet hatte oder ihnen ganz einfach sympathisch war. Geary fand eine so starke Nachfrage nach Heiligenkulten, dass sich zumindest in Italien der »Beruf« des Reliquiendiebs und ein blühender Reliquienhandel mit dem Norden etablieren konnte: Patrick Geary, *Furta Sacra: Thefts of Relics in the Central Middle Ages*, Princeton, NJ, 1978/1990, passim.
38 Cantor, *op. cit.*, S. 388; Moynahan, *op. cit.*, S. 279. Siehe auch Peter Biller und Anne Hudson (Hg.), *Heresy and Literacy, 1000–1530*, Cambridge, UK, 1994, S. 94.
39 Bernard McGinn, *Antichrist*, New York, 1994, S. 6, 100f.; 136f.; Moynahan, *op. cit.*, S. 215.
40 McGinn, *op. cit.*, S. 136ff.
41 Colish, *op. cit.*, S. 249.
42 Biller und Hudson, *op. cit.*, S. 38f.; Colis, *op. cit.*, S. 251. Eine Darstellung der Bogomilen findet sich in Moynahan, *op. cit.*, S. 280f.
43 Cantor, *op. cit.*, S. 390.
44 Colish, *op. cit.*, S. 251.
45 Grant, *Rome, op. cit.*, S. 24.
46 Cantor, *op. cit.*, S. 389–393, 417. Auch Canning, *op. cit.*, S. 121, schreibt, dass Innozenz' Pontifikat zur Krux der mittelalterlichen Welt wurde.
47 Edward Burman, *The Inquisition: Hammer of Heresy*, Wellingborough, 1984, S. 16.
48 *ibd.*, S. 23, 25.
49 James B. Given, *Inquisition and Medieval Society*, Ithaca, 1997, S. 11; Moynahan, *op. cit.*, S. 281.
50 Burman, *op. cit.*, S. 33, 41, 57, 50–61. Zur Organisationsstruktur der frühen Inquisition siehe Given, *op. cit.*, S. 14. Zu Gui, der bei anderer Gelegenheit in Straßburg achtzig Männer, Frauen und Kinder verbrennen ließ, siehe Moynahan, *op. cit.*, S. 41 sowie S. 286.
51 Bei der Radfolter wurde das Opfer mit gespreizten Gliedern an die Speichen gebunden, halb zu Tode geschlagen und dann den Krähen überlassen; die Streckbank, auf dem das Opfer bis zu dreißig Zentimeter in die Länge gezogen wurde, hatte ähnliche Effekte wie das *strappado*.
52 Juden stellten zwar vor andere, aber doch artverwandte Probleme. Im Süden

Frankreichs, dem Gebiet der Katharer, lebte eine große und wohlhabende jüdische Gemeinde, und wie gesagt könnte die katharische Genealogie auch durch jüdische Ideen ergänzt worden sein. Innozenz verbot die Zwangskonversion von Juden zwar noch, trat aber bereits vehement für ihre Gettoisierung ein, was natürlich nicht nur die Kontakte mit ihnen erschwerte, sondern implizit auch die Aufforderung beinhaltete, sie als gesellschaftliche Parias anzusehen. Auf dem Vierten Laterankonzil, gegen Ende von Innozenz' Pontifikat, wurde schließlich festgelegt, dass sich Juden durch äußere Merkmale von Christen unterscheiden mussten (anfänglich durch das Tragen eines spitzen »Judenhuts«, später auch durch einen gelben Stern oder Kreis auf dem Gewand). Sie durften keine öffentlichen Ämter mehr ausüben und konnten wegen aller möglichen weiteren Auflagen nur noch ein sehr reduziertes Leben führen.
53 William Chester Jordan, *Europe in the High Middle Ages*, London, 2001, S. 9; Cantor, *op. cit.*, S. 418f.
54 Knowles und Obolensky, *op. cit.*, S. 290.
55 Canning, *op. cit.*, S. 137–148; Cantor, *op. cit.*, S. 493.
56 Cantor, *op. cit.*, S. 495; Canning, *op. cit.*, S. 139f. [Zur deutschen Übersetzung siehe »Lehramtliche Texte der Katholischen Kirche«, http://theol.uibk.ac.at/itl/250-31.html.]
57 Cantor, *op. cit.*, S. 496.
58 Moynahan, *op. cit.*, S. 298ff.

KAPITEL 17
1 Georges Duby, *The Age of the Cathedrals*, Chicago, 1981, S. 97ff. [vgl. Duby, *Die Zeit der Kathedralen. Kunst und Gesellschaft 980–1420*, übersetzt von Grete Osterwald, Frankfurt a. M., 1992].
2 *ibd.*, S. 98.
3 Moynahan, *op. cit.*, S. 269; Jacques Le Goff, *The Medieval Imagination*, Chicago, 1985 S. 54 [vgl. Le Goff, *Phantasie und Realität des Mittelalters*, aus dem Französischen von Rita Höner, Stuttgart, 1990].
4 Duby, *op. cit.*, S. 100f., 111.
5 Southern, *op. cit.*, S. 114.
6 *ibd.*, S. 115, 124–129.
7 Jordan, *op. cit.*, S. 116; Richard W. Southern, *Western Society and the Church in the Middle Ages*, London, 1970/1990, S. 94. Siehe auch Le Goff, *op. cit.*, Teil 2, Kapitel 2.

8 Rubenstein, *op. cit.*, S. 127; Jordan, *op. cit.*, S. 113; Duby, *op. cit.*, S. 115.
9 Duby, *op. cit.*, S. 115f. Zu Abaelard und der neuen Logik siehe Anders Piltz, *The Medieval World of Learning*, Oxford, 1981, passim [vgl. Piltz, *Die gelehrte Welt des Mittelalters*, aus dem Schwedischen von Sybille Didon, Köln, 1982].
10 Alan Cobban, *The Medieval Universities*, London, 1975, S. 8–11, 18.
11 Piltz, *op. cit.*, S. 18; Cobban, *op. cit.*, S. 22.
12 Cobban, *op. cit.*, S. 12, 14.
13 Rubenstein, *op. cit.*, S. 104.
14 Cobban, *op, cit.*, S. 15, 18. Nathan Schachner, *The Medieval Universities*, London, 1938, S. 132f., behandelt auch den wachsenden Wohlstand der Ärzte im Mittelalter. Alexandre de Villedieu zum Beispiel hatte unter anderem in Montpellier studiert, siehe Schachner, *op. cit.*, S. 263.
15 Rubenstein, *op., cit.*, S. 17, 162.
16 *ibd.*, S. 42, 186f.
17 *ibd.*, S. 197, 210.
18 *ibd.*, S. 198, 220f.
19 Cobban, *op. cit.*, S. 23f.
20 *ibd.*, S 24f. Zur Zunftkleidung siehe Schachner, *op. cit.*, S. 62.
21 Hastings Rashdall, *The Universities of Europe in the Middle Ages* (dreibändige Neuauflage), hg. von Frederick M. Powicke und Alfred B. Emden, Oxford, 1936, Bd. 2, S. 22, 24ff.; Cobban, *op. cit.*, S. 31.
22 Cobban, *op. cit.*, S. 37.
23 Jordan, *op. cit.*, S. 125; Cobban, *op. cit.*, S. 41. Zu den Lahmen und Blinden siehe Schachner, *op. cit.*, S. 51.
24 Olaf Pederson, *The First Universities*, Cambridge, UK, 1997, S. 122ff.
25 Cobban, *op. cit.*, S. 44f.
26 Hilde de Ridder-Symoens (Hg.), *A History of the Universities in Europe*, Bd. I, Cambridge, UK, 1992, S. 43ff.
27 Cobban, *op. cit.*, S. 49f.
28 *ibd.*, S. 50; Jordan, *op. cit.*, S. 127. Laut Schachner, *op. cit.*, S. 151, wird heute bezweifelt, dass es einen Mann namens Irnerius überhaupt gab.
29 *ibd.*, S. 52f.
30 Cobban, *op. cit.*, S. 51ff.
31 Rashdall, *op. cit.*, S. 23; Cobban, *op. cit.*, S. 54.
32 Cobban, *op. cit.*, S. 55.
33 Carlo Malagola, »Statuti dell' università e dei collegii dello studio Bolognese« (1888), in: Lynn Thorndike (Hg.), *Univer-*

sity records and *Life in the Middle Ages*, New York, 1971, S. 273ff.
34 Cobban, *op. cit.*, S. 58, 62. Zum Durchschnittsalter und den Lebensumständen der Studenten von Bologna siehe Schachner, *op. cit.*, S. 153.
35 Ridder-Symoens, *op. cit.*, S. 148ff., 157; Schachner, *op. cit.*, S. 160f.
36 Cobban, *op. cit.*, S. 65ff.
37 Zu den Regeln der Pariser Universität s. Thorndike, *op. cit.*, S. 27, zu den päpstlichen Verordnungen S. 35.
38 Cobban, *op. cit.*, S. 77.
39 *ibd.*, S. 79, 82f. Schachner, *op. cit.*, S. 74ff., geht in diesem Zusammenhang auch auf den Nationenbegriff ein.
40 Cobban, *op. cit.*, S. 98, 100.
41 Thorndike, *op. cit.*, S. 7–19; Cobban, *op. cit.*, S. 101.
42 Cobban, *op. cit.*, S. 107f.
43 *ibd.*, S. 116; Jordan, *op. cit.*, S. 119.
44 Cobban, *op. cit.*, S. 116. Kollegien waren eine Besonderheit von Paris, Oxford und Cambridge. Für gewöhnlich handelte es sich um großzügig geförderte, juristisch selbst verwaltete, wohltätige, fromme Institutionen, in denen die Idee zum Ausdruck kam, dass keinem unbemittelten Studenten die Tür zu einer akademischen Ausbildung verschlossen bleiben sollte. In Paris, wo die Kollegiumsidee ja ihren Ursprung hatte – jedenfalls insofern, als dort die ersten konkreten Kollegien entstanden –, traf das in fast allen Fällen zu. Das erste europäische Kolleg, über das uns Informationen vorliegen, war laut Alfred Cobban das *Collège des Dix-Huit*, das 1180 seine Tore in Paris öffnete, nachdem ein gewisser Joicus de Londoniis ein Zimmer in einem Hôpital zur Nutzung für achtzehn arme Schreiber erworben hatte. Dieses Beispiel fand zwar viele Nachahmer, doch erst die Gründung des Kollegs der Sorbonne um das Jahr 1257 durch den Hofkaplan Ludwigs IX., Robert de Sorbonne, rief das uns vertraute System ins Leben. Ein Kollegium war Studenten vorbehalten, die bereits ihren Magister gemacht hatten und sich anschickten, in Theologie zu promovieren. Bis zum Jahr 1300 waren rund neunzehn solcher Kollegien in Paris gegründet worden, bis Ende des 14. Jahrhunderts – »das Jahrhundert par excellence im Hinblick auf die Kollegiumsgründungen in Europa« – etwa drei Dutzend. Weitere elf wurden im 15. Jahrhundert ins Leben gerufen, womit es nun alles in allem sechsundsechzig waren.

Durch die Dekrete der Nationalversammlung von 1789/90 wurden die Gebäude der Pariser Kollegien verstaatlicht; damit war es der Universität ein für alle Mal unmöglich gemacht, wieder auf das Kollegiensystem zurückzugreifen.
Die englischen Colleges wurden erst nach den Pariser Kollegien gegründet und waren Graduierten vorbehalten (Studiengänge vor dem akademischen Grad wurden erst später eingeführt). Das erste der ursprünglich in Tavernen oder Herbergen angesiedelten Kollegien war das Merton College (1264), gefolgt vom University College (ca. 1280) und dem Balliol College (1282). Das Peterhouse College in Cambridge wurde 1284 gegründet; im Jahr 1300 verfügte die Stadt über acht Kollegien mit insgesamt 137 Fellows. King's Hall in Oxford war das erste, das Anfang des 14. Jahrhunderts auch Nichtgraduierte zuließ. Schritt für Schritt folgten alle Graduiertenkollegien diesem Beispiel und führten aus wirtschaftlichen Gründen auch Studiengebühren ein. Bis zur Reformation war dieser Prozess im Wesentlichen abgeschlossen. Als sich das öffentliche Vorlesungssystem aufzulösen begann, wurde das Seminarsystem eingeführt: Cobban, *op. cit.*, S. 123–141 passim.
45 Cobban, *op. cit.*, S. 209, 214f.; Schachner, *op. cit.*, S. 322ff.
46 Crosby, *op. cit.*, S. 19. Gefördert wurde es vermutlich durch eine »Erziehung zum historischen Gedächtnis«, wie Jacques Le Goff es nannte, die mit der Forderung des Vierten Laterankonzils einsetzte, mindestens einmal jährlich zur Beichte zu gehen. Auch Prediger begannen in dieser Zeit auf mehr Genauigkeit Wert zu legen, siehe Le Goff, *op. cit.*, S. 80.
47 Crosby, *op. cit.*, S. 28f., 33, 36.
48 Paul Saenger, *Space Between Words: The Origins of Silent Reading*, Stanford/London, 1997, S. 136.
49 Crosby, *op. cit.*, S. 42. Zahlen hatten auch eine mystische Seite. Sechs war eine vollkommene Zahl, weil Gott die Welt in sechs Tagen erschaffen hatte. Sieben war vollkommen, weil es die Summe der ersten ungeraden und geraden Zahl war und Gott am siebten Schöpfungstag geruht hatte. Zehn, die Anzahl der Gebote, stand für das Gesetz, wohingegen Elf für die Sünde stand, weil diese Zahl die erste nach den Gebotszahlen war. Auch die Zahl Tausend stand für Vollkommenheit, weil es die Zahl der Gebote dreimal mit

sich selbst multipliziert war, und Drei wiederum war die Zahl der Dreifaltigkeit und der Tage, die zwischen Kreuzigung und Auferstehung vergingen: *ibd.*, S. 46.
50 Jacques Le Goff, »The town as an agent of Civilisation, 1200–1500«, in: Carlo M. Cipolla (Hg.), *The Fontana Economic History of Europe: The Middle Ages*, Hassocks, 1976/77, S. 91 [vgl. Le Goff, »Die Stadt als Kulturträger 1200–1500«, in: *Europäische Wirtschaftsgeschichte*, hg. von Knut Borchardt und Carlo M. Cipolla. Bd. I: *Mittelalter*, Stuttgart/New York, 1978].
51 Crosby, *op. cit.*, S. 57.
52 Saenger, *op. cit.*, S. 12, 17, 65; John Man, *The Gutenberg Revolution*, London, 2002, S. 108ff.
53 Jordan, *op. cit.*, S. 118; Crosby, *op. cit.*, S. 136; Saenger, *op. cit.*, S. 250.
54 Aron J. Gurevich, *Categories of Medieval Culture*, London, 1985, S. 147–150. Zu den mittelalterlichen Vorstellungen über Zeit und Raum siehe Le Goff, *The Medieval Imagination*, *op. cit.*, S. 12ff.
55 Crosby, *op. cit.*, S. 82, 101. [Anm. d. Übers.: Zum Zitat siehe *Idiota de mente/Der Laie über den Geist*, in *Schriften des Nikolaus von Kues in deutscher Übersetzung*, hg. von Ernst Hoffmann, P. Wilpert und K. Bormann, Heft 21: Nikolaus von Kues, *Der Laie über den Geist*, neu übersetzt und mit Anmerkungen von Renate Steiger, Hamburg, 2001.] Jacques Le Goff schreibt jedoch, dass es in dieser Zeit eine heftige anti-intellektuelle Welle gegeben habe, die die Akzeptanz so mancher Innovation verzögerte: Jacques Le Goff, *Intellectuals in the Middle Ages*, Oxford, 1993, S. 136ff. [vgl. Le Goff, *Die Intellektuellen im Mittelalter*, aus dem Französischen von Christiane Kayser, München, 1992].
56 Crosby, *op. cit.*, S. 113, 117. Die aus Deutschland stammenden Symbole konkurrierten während des ganzen 16. Jahrhunderts mit dem P̄ und M̄ und wurden endgültig erst von französischen Mathematikern übernommen.
57 *ibd.*, S. 120.
58 Charles M. Radding, *A World Made by Men: Cognition and Society, 400–1200*, Chapel Hill, 1985, S. 188.
59 Piltz, *op. cit.*, S. 21. Der Text der Hymne lautet: »Heiliger Johannes, löse die Sünde von unseren unreinen Lippen, auf dass wir, deine Diener, unseren Gefühlen Ausdruck geben und deine wunderbaren Taten besingen können.«
60 Crosby, *op. cit.*, S. 146.
61 Albert Gallo, *Music of the Middle Ages*, Cambridge, UK, 1985, Bd. II, S. 11f. Es ging dabei vor allem auch um die Synkopierung des so genannten *hoquetus*, abgeleitet vom französischen *hoquet* für »Schluckauf«, einem rhythmischen Gegeneinander der Stimmen, bei dem im schnellen Wechsel immer die eine Stimme sang und die andere pausierte: Crosby, *op. cit.*, S. 158.
62 Piltz, *op. cit.*, S. 206f.
63 Zu der Nachfrage, die durch die Universitäten geschaffen wurde, siehe Man, *op. cit.*, S. 87.
64 Crosby, *op. cit.*, S. 215. In geistiger Hinsicht war die Disputation die gewiss wichtigste Neuerung an den Universitäten, da sie den Studenten vor Augen führte, dass Autorität nicht alles ist. Und das war in einer von der Kirche und dem Kirchenrecht dominierten Zeit von nicht zu unterschätzendem Wert. Das System der Handschriftenexemplare ermöglichte ein in sich gekehrtes Studium, was entscheidend zur Kreativität der Studenten beitrug; durch das Erscheinen des gedruckten Buches am Ende des 15. Jahrhunderts wurde es noch zusätzlich gefördert.
65 *ibd.*, S. 20.
66 Man, *op. cit.*, S. 135f.
67 Febvre und Martin, *op. cit.*, S. 50. Zu den ersten Druckpressen siehe Alister McGrath, *In the Beginning. The Story of the King James Bible*, London, 2001, S. 10ff. Zur Qualität der ersten Bücher siehe Moynahan, *op. cit.*, S. 341. [Anm. d. Übers.: Der mittelhochdeutsche Originaltext aus der Koelhoff'schen Chronik lässt sich als Faksimile im Wolfenbütteler Inkunabelnkatalog unter *http://diglib.hab.de/inkunabeln/131-2-hist-2f/start.htm?image=00001* abrufen. Bei der *Donata* handelte es sich um eine Fibel mit Auszügen aus der Sprachlehre des römischen Grammatikers Aelius Donatus.]
68 Febvre und Martin, *op. cit.*, S. 54, 56; zur Qualität der ersten Bücher siehe Moynahan, *op. cit.*, S. 341; Douglas MacMurtrie, *The Gutenberg Documents*, New York/Oxford, 1941, S. 208ff.
69 Febvre und Martin, *op. cit.*, S. 81; zu Gutenbergs Type siehe McGrath, *op. cit.*, S. 13.
70 Martin Lowry, »The Manutius publi-

city campaign«, in: David S. Zeidberg und Fiorella G. Superbi (Hg.), *Aldus Manutius and Renaissance Culture*, Florenz, 1998, S. 31ff.
71 Zu den ersten Auflagenhöhen siehe McGrath, *op. cit.*, S. 15.
72 Febvre und Martin, *op. cit.*, S. 162, 164, 217. Der erste Schritt zum Copyright war die Vereinbarung der Verleger, keine zweite Auflage ohne Genehmigung des Autors zu drucken, welche dann üblicherweise nur erteilt wurde, wenn ein weiteres Honorar bezahlt wurde.
73 McGrath, *op. cit.*, S. 18, schreibt, dass der Preis einer Gutenberg-Bibel im Jahr 1520 dem eines großen Stadthauses in Deutschland entsprach.
Bücher wurden von Anfang an auf Buchmärkten in ganz Europa verkauft. Einer der wichtigsten befand sich in Lyon, nicht nur, weil es dort viele Handelsmärkte gab und die Händler vertraut mit dem Verkaufsprozess waren, sondern auch, weil die Stadt an einem wichtigen Knotenpunkt lag und über große Brücken über die Rhône und Saône verfügte. Außerdem hatte der König den Händlern von Lyon bestimmte Privilegien gewährt, beispielsweise war keiner von ihnen verpflichtet, Inspektoren seine Bücher offen zu legen. Rund neunundvierzig Buchhändler und Drucker hatten sich in der Stadt niedergelassen, hauptsächlich in der Rue Mercière, darunter viele Ausländer, was bedeutete, dass man auf dem Buchmarkt von Lyon auch viele fremdsprachige Bücher kaufen und verkaufen konnte und die Stadt zu einem wichtigen Zentrum für den Ideenaustausch wurde (Gesetzestexte waren hier besonders populär). Der größte Rivale von Lyon war Frankfurt a. M., das ebenfalls über viele Märkte verfügte (Wein, Gewürze, Pferde, Hopfen, Metalle). Buchhändler und Verleger aus Venedig, Paris, Antwerpen und Genf tauchten dort erstmals um die Wende zum 16. Jahrhundert auf. Während der Markttage versammelten sie sich in der Büchergasse zwischen Main und Leonhardskirche. In Frankfurt wurden erstmals auch neue Publikationen angepriesen, ergo mit dem Prinzip des Verlagskatalogs begonnen; außerdem etablierte sich ein Markt für die Ausstattung für Druckerwerkstätten. So wurde die Stadt allmählich zu einem Zentrum für jeden, der im Buchhandel tätig war – und das ist sie bis heute jährlich zwei Wochen lang. Lucien Febvre und Henri-Jean Martin durchforsteten während der Recherchen zu ihrer Studie über den Einfluss des Buches alte Frankfurter Buchkataloge und stellten fest, dass zwischen 1564 und 1600 über zwanzigtausend unterschiedliche Titel im Angebot waren, die von hundertsiebzehn Verlegern aus einundsechzig Städten publiziert worden waren. Der Dreißigjährige Krieg (1618–1648) sollte sich ebenso katastrophal auf die Bücherproduktion wie auf die Frankfurter Buchmesse auswirken. Die politischen Bedingungen standen nun zugunsten der Leipziger Buchmesse, und es sollte einige Zeit dauern, bis Frankfurt seinen alten Status wiedererlangte (siehe Febvre und Martin, *op. cit.*, S. 231).
74 *ibd.*, S. 244; Lisa Jardine, *Worldly Goods*, London, 1996, S. 172f.; Febvre und Martin, *op. cit.*, S. 246.
75 *ibd.*, S. 248.
76 Ralph Hexter, »Aldus, Greek, and the shape of the ›classical corpus‹«, in: Zeidberg und Superbi, *op. cit.*, S. 143ff.; Febvre und Martin, *op. cit.*, S. 273. Zum Anstieg der landessprachlichen Übersetzungen dank des Buchdrucks siehe McGrath, *op. cit.*, S. 24ff. und 253ff.
77 Febvre und Martin, *op. cit.*, S. 319.
78 *ibd.*, S. 324. Beispiele aus Robert Cawdrys *The Table Alphabetical of Hard Words* (1604), einer Tabelle mit 2500 ungewöhnlichen Begriffen und Lehnwörtern, finden sich bei McGrath, *op. cit.*, S. 258.
79 Laut Hexter, *op. cit.*, S. 158, hatte Aldus Manutius Griechisch und Latein gleichermaßen gefördert.

KAPITEL 18
1 Jardine, *op. cit.*, S. 13ff.
2 Harry Elmer Barnes, *An Intellectual and Cultural History of the Western World*, 2 Bde., New York, 1965, S. 594.
3 Charles Homer Haskins, *The Twelfth Century Renaissance*, Cambridge, MA, 1927. William Chester Jordan fragt sich allerdings in seinem Buch *Europe in the High Middle Ages*, *op. cit.*, S. 120, ob das 12. Jahrhundert letztlich nichts anderes gewesen sein könnte als »eine ungewöhnliche Aneinanderreihung von überragenden Persönlichkeiten«.
4 Erwin Panofsky, *Die Renaissancen der europäischen Kunst*, übersetzt von Horst Günther, Frankfurt a. M., 1979, S. 57, 66, 109.
5 Norman Cantor, *In the Wake of the Pla-*

gue, New York, 2001, S. 203ff. Zur Pest in Florenz siehe Gene Brucker, *Renaissance Florence*, Los Angeles, 1983, S. 40ff.
6 Paul F. Grendler, *Schooling in Renaissance Italy: Literacy and Learning 1300–1600*, Baltimore/London, 1989, S. 410.
7 *ibd.*, S. 43.
8 *ibd.*, S. 72f., 122ff., 310f., 318f. [Anm. d. Übers.: Zum Alberti-Zitat siehe Leon Battista Alberti, *Vom Hauswesen/Della Famiglia*, übersetzt von Walther Kraus, Erstes Buch: »Väter und Söhne«, München, 1986, S. 88.]
9 Hall, *op. cit.*, S. 78.
10 Richard A. Goldthwaite, *The Building of Renaissance Florence: An Economic and Social History*, Baltimore, 1989, S. 20ff.
11 Zu den Unterschieden zwischen dem alten und dem neuen Handelssystem siehe Gene Brucker, *Florentine Politics and Society, 1343–1378*, Princeton, 1962, S. 33ff.
12 *ibd.*, S. 71; George Holmes, *Florence, Rome and the Origin of the Renaissance*, Oxford, 1986, S. 39.
13 Robert S. Lopez, »The trade of Medieval Europe: the south«, in: Michael Postan et al. (Hg.), *The Cambridge Economic History of Europe*, Bd. II: *Trade and Industry in the Middle Ages*, Cambridge, UK, 1952, S. 257ff.
14 Hall, *op. cit.*, S. 81.
15 John Larner, *Italy in the Age of Dante and Petrarch: 1216–1380*, London, 1980, S. 223.
16 Hall, *op. cit.*, S. 81. Auch in der Wollwarenindustrie zeigten sich Aspekte eines flügge werdenden Kapitalismus. Beispielsweise waren die meisten der zweihundert Wollwarenbetriebe Kapitalgesellschaften, die aus nur zwei *lanaiuoli*-Unternehmen bestanden, welche jedoch nur selten in das Management eingriffen. Diese Aufgabe übernahm ein bezahlter »Faktor«, der bis zu hundertneunzig Angestellte unter sich haben konnte, darunter Färber, Bleicher, Weber und Spinner. Laut dem Florentiner Zensus aus dem Jahr 1427 bildeten die Wollhändler zahlenmäßig die drittgrößte Wirtschaftskraft nach den Schuhmachern und Notaren. Der Geist des Kapitalismus äußerte sich auch darin, dass sich das Unternehmertum zunehmend auf weniger, dafür aber immer größeren Produktionsstätten konzentrierte (ihre Zahl verringerte sich zwischen 1308 und 1338 von dreihundert auf zweihundert). »Es wurden Vermögen gemacht, aber es gab auch eine Menge Konkurse«, siehe *ibd.*, S. 83, sowie Larner, *op. cit.*, S. 197.
17 Hall, *op. cit.*, S. 81. Zur Selbstherrlichkeit der Familie Bardi siehe Brucker, *op. cit.*, S. 105.
18 Zu den Konflikten zwischen den aristokratischen und bürgerlichen Werten siehe Brucker, *op. cit.*, S. 105.
19 Hall, *op. cit.*, S. 87, 101.
20 *ibd.*, S. 94f., 98.
21 Die *bottega* war die Werkstatt von Malern und Bildhauern, in der oft die unterschiedlichsten Gegenstände hergestellt wurden. Botticelli zum Beispiel produzierte auch *cassoni* (Hochzeitstruhen) und Banner. Jeder Meister hatte – wie moderne Künstler auch – Assistenten. Ghirlandaio, Raffael und Perugino besaßen allesamt solche Werkstätten, oft waren es reine Familienbetriebe: Hall, *op. cit.*, S. 102f. Siehe auch Martin Wackernagel, *Der Lebensraum des Künstlers in der Florentinischen Renaissance*, Leipzig, 1938, passim.
22 Brucker, *op. cit.*, S. 215f.
23 Hall, *op. cit.*, S. 108. [Anm. d. Übers.: Siehe Arnold Hauser, *Sozialgeschichte der Kunst und Literatur*, 2 Bde., München, 1958.]
24 Brucker, *op. cit.*, S. 26.
25 Hall, *op. cit.*, S. 98, 106, 108.
26 Zur Rolle, die Dante in diesem Zusammenhang spielte, siehe Brucker, *op. cit.*, S. 214f.
27 Hall, *op. cit.*, S. 110. [Anm. d. Übers.: Zum Zitat siehe Jacob Burckhardt, *Die Kultur der Renaissance in Italien* (1860), »nach der von den Veränderungen Ludwig Geigers befreiten 13. Auflage«, Stuttgart, 1947, S. 4.]
28 *ibd.*, S. 371.
29 William Kerrigan und Gordon Braden, *The Idea of the Renaissance*, Baltimore/London, 1989, S. 7f.
30 Tarnas, *The passion of the Western Mind*, *op. cit.*, S. 212.
31 Brucker, *op. cit.*, S. 226f.
32 James Haskins, *Plato in the Italian Renaissance*, Leiden, 1990, Bd. I, S. 95.
33 Hans Baron, *The Crisis of the Early Renaissance: Civic Humanism and Republican Liberty in an Age of Classicism and Tyranny*, 2 Bde., Princeton, 1955, Bd. I, S. 38.
34 Kerrigan und Braden, *op. cit.*, S. 101. Einige Historiker bezweifeln, dass die Platonische Akademie von Florenz überhaupt existiert hat. Einer der Gründe, weshalb sich Ficino so stark mit Platon, nicht aber mit Aristoteles geistesverwandt fühlte

(abgesehen von der Tatsache, dass die platonischen Texte gerade erst zur Kenntnis gebracht worden waren), war seine Überzeugung, dass »Taten uns mehr bewegen als Berichte über Taten« und »exemplarische Lebensweisen« (gemeint sind die sokratischen) bessere Lehrer seien als die aristotelischen Morallehren.
35 Tarnas, *op. cit.*, S. 214; Brucker, *op. cit.*, S. 228; Haskins, *op. cit.*, S. 295.
36 Tarnas, *op. cit.*, S. 216; Haskins, *op. cit.*, S. 283.
37 Barnes, *op. cit.*, S. 556.
38 *ibd.*, S. 558.
39 Alban J. Krailsheimer, »Erasmus«, in: Alban J. Krailsheimer (Hg.), *The Continental Renaissance*, London, 1971, S. 393f. [Anm. d. Übers.: Zum Zitat siehe Erasmus, »Convivium religiosum/Das geistliche Gastmahl«, in: *Colloquia familiaria/Vertraute Gespräche*, übersetzt von Werner Welzig, 6. Bd. der Werkausgabe in acht Bänden, S. 77/79.]
40 McGrath, *op. cit.*, S. 253ff. Zu Montaigne siehe auch Krailsheimer, *op. cit.*, S. 478ff.
41 Barnes, *op. cit.*, S. 563.
42 Bronowski und Mazlish, *op. cit.*, S. 61.
43 Kerrigan und Braden, *op. cit.*, S. 77.
44 Bronowski und Mazlish, *op. cit.*, S. 62. [Anm. d. Übers.: Zum Zitat siehe Erasmus, *Vertraute Gespräche*, *op. cit.*, S. 87.]
45 Zum Hintergrund und Erfolg der *Adagia* siehe Krailsheimer, *op. cit.*, S. 388f.
46 Barnes, *op. cit.*, S. 564f.
47 Bronowski und Mazlish, *op. cit.*, S. 72. Zu den Aussagen, die Erasmus an anderer Stelle über Luther machte, siehe Moynahan, *op. cit.*, S. 339. [Anm. d. Übers.: Zum Zitat Luther über Erasmus siehe: Martin Luther, Brief an Johann Lang vom 1. 3. 1517, Weimarer Ausgabe, *Briefe* 1, 90, S. 15ff. Zum Zitat Luther an Erasmus siehe: Martin Luther, Brief vom 28. 3. 1519, in: *Die Werke Martin Luthers in neuer Auswahl für die Gegenwart*, hg. von Kurt Aland, Göttingen, 1991, Bd. 10, S. 58f. Zum Zitat Erasmus an Luther siehe: Erasmus, Brief vom 30. 5. 1519, in: *Erasmus von Rotterdam, Briefe*, verdeutscht und herausgegeben von Walther Köhler, Wiesbaden, 1947, S. 245f.]
48 Anm. d. Übers.: Erasmus an [Adressat unbekannt], Löwen, 28. 1. 1521, in: *Briefe*, *op. cit.*, S. 282.
49 Francis Ames-Lewis und Mary Rogers (Hg.), *Concepts of Beauty in Renaissance Art*, Aldershot, 1998, S. 203.
50 Peter Burke, *Culture and Society in Renaissance Italy, 1420–1540*, London, 1972, S. 19, 189 [vgl. Burke, *Die Renaissance in Italien. Sozialgeschichte einer Kultur zwischen Tradition und Erfindung*, aus dem Englischen von Reinhard Kaiser, München, 1988].
51 Kerrigan und Braden, *op. cit.*, S. 17.
52 Burke, *op. cit.*, S. 191.
53 Kerrigan und Braden, *op. cit.*, S. 11, 19f. Die Geschäftsunterlagen der Familie Datini scheinen sogar bewusst »für die Nachwelt« aufbewahrt worden zu sein, als handelte es sich um eine Art von Literaturarchiv, nur dass in diesem Fall eben das Geld die Rolle der Dichtung übernahm: *ibd.*, S. 42f. [Anm. d. Übers.: Zum Vasari-Zitat siehe »Über das Leben des Andrea del Castagno«, in: Georgio Vasari, *Le vite de' più eccellenti architetti, pittori, et scultori italiani.../Leben der ausgezeichnetsten Maler, Bildhauer und Baumeister von Cimabue bis zum Jahre 1567*, übersetzt von Ludwig Schorn und Ernst Förster, Stuttgart/Tübingen 1832–1849, Bd. II. Aus der *Aeneis* wurde zitiert nach der Übersetzung von August Vezin (1983), bei Johann Heinrich Voß (1799) lautet diese Passage: »Doch Ruhm ausdehnen durch Thaten/Das ist der Tugenden Werk.« Zum Machiavelli-Zitat siehe Niccolò Machiavelli, *Der Fürst*, aus dem Italienischen von Friedrich von Oppeln-Bronikowski, Frankfurt a. M./Leipzig, 2001, S. 120.]
54 Burke, *op. cit.*, S. 194f. Zur Kritik an Burckhardts Feststellungen und Schlussfolgerungen siehe Brucker, *op. cit.*, S. 100.
55 *ibd.*, S. 197.
56 Hall, *op. cit.*, S. 90. Zur Hochschulausbildung und der Toleranz in Florenz siehe Brucker, *op. cit.*, S. 218ff.
57 Tarnas, *op. cit.*, S. 225.
58 Sogar über den Tod glaubten sie triumphieren zu können, indem sie ein Maß an Ruhm zu erreichen versuchten, das sie überdauern lassen und die Menschen veranlassen würde, sich ihrer zu erinnern. Typisch dafür ist, dass der Grabsculptur des 15. Jahrhunderts das Moment des Grauens fast vollständig fehlt: Burke, *Culture and Society*, *op. cit.*, S. 201.
59 *ibd.*, S. 200. Zur Einstellung von Poggio Braccolini und der Florentiner zu Geld und Ruhm siehe Brucker, *op. cit*, S. 223ff.
60 Burke, *op. cit.*, S. 201.
61 Burckhardt, *op. cit.*, S. 274.

KAPITEL 19
1 Es gibt viele Darstellungen dieses Ereignisses, siehe z. B. Herbert Lucas SJ, *Fra*

Girolamo Savonarola, London, 1899, S. 40ff. Zu weiteren Taktiken Savonarolas siehe Pierre van Paassen, *A Crown of Fire: The Life and Times of Girolamo Savonarola*, London, 1961, S. 173ff.
2 Burckhardt, *Kultur der Renaissance*, *op. cit.*, »Die Religion im täglichen Leben«, S. 449ff. Weitere Schilderungen finden sich z. B. in Moynahan, *op. cit.*, S. 334–355.
3 Elizabeth Cropper, Einführung zu Francis Ames-Lewis und Mary Rogers, *op. cit.*, S. 1f.; Burckhardt, *op. cit.*, »Äussere Verfeinerung des Lebens«, S. 344.
4 Die »sphärische« Perspektive lässt alle Gegenstände vom Blickwinkel des Betrachters aus zurückweichen. Sie schwächen sich farblich ab und nehmen aufgrund der atmosphärischen Dichte proportional zur Entfernung einen immer stärkeren Blaustich an. (Aus demselben Grund wirken Berge im Hintergrund einer Landschaft immer leicht bläulich.) Siehe Peter und Linda Murray, *Dictionary of Art and Artists*, 7. Ausg., London, 1977, S. 337f.
5 Ausgerechnet der Bischof von Meaux behauptete in seinem Mammut-Epos *Ovide Moralisé*, dass Ovids *Metamorphosen* viele christliche Lehren enthielten. Zu den Veränderungen bei Botticelli unter dem Einfluss von Savonarola siehe Moynahan, *op. cit.*, S. 335.
6 Ganz im Einklang damit entwickelte sich auch eine »allegorische Literatur«. Je mehr Akademien nach Art von Ficinos Florentiner Schule in anderen Städten gegründet wurden, umso erstrebenswerter war es für einen Höfling, Allegorien entziffern zu können. Es erschienen Bücher über Symbole, die mythologische Embleme erklärten und in Versform die Bedeutung und Moral eines Bildes erläuterten. Hatte die Venus zum Beispiel einen Fuß auf eine Schildkröte gesetzt, wurde das als das Symbol für eine Frau ausgelegt, deren Platz im Haus war und die wusste, wann sie ihre Zunge im Zaum halten musste (siehe Peter Watson, *Wisdom and Strength: The Biography of a Renaissance Masterpiece*, New York, 1989, S. 47). Parallel dazu entwickelte sich die *impresa*, ein Bildnis mit Text, das für eine bestimmte Person angefertigt wurde und entweder ein besonderes Ereignis aus dem Leben dieser Person oder einen spezifischen Charakterzug von ihr festhielt. Üblicherweise handelte es sich um ein Medaillon, eine Büste oder ein Relief, das dann häufig an der Decke über dem Bett des Dargestellten angebracht wurde, damit er vor dem Einschlafen zum Nachdenken über die Botschaft angeregt wurde, die ihm damit vermittelt werden sollte. Mitte des 16. Jahrhunderts erschienen zudem ganze Reihen von populären Leitfäden, zum Beispiel Lilio Gregorio Giraldis Göttergeschichte *Deis Gentiorum Varia et Multiplex Historia* (1548) sowie Natale Contis *Mythologiae sive explicationis fabularum libri decem* (1556) über Mythologie oder als Erklärung von Mythen. Conti hat wohl auch die beste Begründung für solche Werke geliefert: Seit frühesten Zeiten – zuerst in Ägypten und dann in Griechenland – hatten Gelehrte die großen naturwissenschaftlichen und philosophischen Wahrheiten bewusst mit dem Schleier des Mythos verhüllt, um sie vor der Profanisierung zu schützen. Deshalb strukturierte auch er sein Werk entlang der versteckten Botschaften, die es zu enthüllen galt – die Geheimnisse der Natur, die Lehren der Moral usw. Jean Seznec bringt den Geist dieser Zeit mit der Aussage auf den Punkt, dass Allegorien als das Mittel betrachtet wurden, mit deren Hilfe sich »Gedanken sichtbar machen« ließen (siehe Jean Seznec, *The Survival of the Pagan Gods*, Princeton, 1972/1995, passim [vgl. Seznec, *Das Fortleben der antiken Götter. Die mythologische Tradition im Humanismus und in der Kunst der Renaissance*, aus dem Französischen von Heinz Jatho, München, 1990]).
7 Umberto Eco, *Kunst und Schönheit im Mittelalter*, aus dem Italienischen von Günter Memmert, München, 1991/2004, S. 117, 222f.
8 Ames-Lewis und Rogers, *op. cit.*, S. 180f.
9 Dorothy Koenigsberger, *Renaissance Man and Creative Thinking*, Hassocks, 1979, S. 236. [Anm. d. Übers.: Zum Zitat siehe Vitruv, »Die Ausbildung des Baumeisters«, in: *Zehn Bücher über Architektur*, übersetzt und mit Anmerkungen versehen von Curt Fensterbusch, Darmstadt 1976, S. 22.]
10 Burckhardt, *op. cit.*, S. 129f.
11 Koenigsberger, *op. cit.*, S. 13, 19ff. [Anm. d. Übers.: Zum Burckhardt-Zitat siehe Burckhardt, *op. cit.*, S. 130ff. Zu den Alberti-Zitaten siehe Leon Battista Alberti, »Wider den Müßiggang«, in: *Vom Hauswesen/Della Famiglia*, übersetzt von

Walther Kraus, München, 1986, S. 169; sowie Alberti, *De re aedificatoria libri X/ Zehn Bücher über die Baukunst*, übertragen von Max Theuer, Darmstadt, 1975, passim.]
12 *ibd.*, S. 22; Brucker, *op. cit.*, S. 240.
13 Burke, *op. cit.*, S. 51f.
14 Ames-Lewis und Rogers, *op. cit.*, S. 113f.
15 Brucker, *op. cit.*, S. 243, schreibt, dass Brunelleschi auch »etwas Mathematik gelernt« habe.
16 Ames-Lewis und Rogers, *op. cit.*, S. 32–35.
17 *ibd.*, S. 33.
18 Koenigsberger, *op. cit.*, S. 31. [Anm. d. Übers.: Zum Zitat siehe Leon Battista Alberti, *Della Pittura/Über die Malkunst*, herausgegeben, übersetzt und kommentiert von Oskar Bätschmann und Sandra Gianfreda, Darmstadt, 2002, S. 151.]
19 Ames-Lewis und Rogers, *op. cit.*, S. 81. [Anm. d. Übers.: Zum Zitat siehe Alberti, *Della Pittura, op. cit.*, S. 155, 157.]
20 *ibd.*, S. 72. [Anm. d. Übers.: Siehe Leonardo da Vinci, »Traktat über die Malerei«, in: *Tagebücher und Aufzeichnungen*, nach den italienischen Handschriften übersetzt und herausgegeben von Theodor Lücke, Leipzig, 1940.]
21 Eine spezifische Auswirkung des Humanismus auf die Kunst war »Ekphrasis«, die Beschreibung von gesehenen oder vorgestellten Objekten, hier jedoch im Sinne einer Wiedererschaffung von klassischer Malerei auf Grundlage der antiken Beschreibungen von inzwischen verloren gegangenen Werken. Auch den antiken Künstlern selbst eiferten die Renaissancekünstler nach. Von Plinius stammt zum Beispiel die folgende Geschichte: »Zeuxis malte im Wettstreit mit Parrhasius so naturgetreue Trauben, dass Vögel herbeiflogen, um an ihnen zu picken. Daraufhin stellte Parrhasius seinem Rivalen ein Gemälde vor, auf dem ein leinener Vorhang zu sehen war. Als Zeuxis ungeduldig bat, diesen doch endlich beiseite zu schieben, um das sich vermeintlich dahinter befindliche Bild zu betrachten, hatte Parrhasius den Sieg sicher, da er es geschafft hatte, Zeuxis zu täuschen. Der Vorhang war nämlich gemalt« (siehe Plinius, *Naturalis Historia*, XXXV, 64). Filarete gab eine Anekdote über Giotto und Cimabue zum Besten: Giotto habe als junger Maler Fliegen von solch unbegreiflicher Lebendigkeit gemalt, dass sein Meister Cimabue glaubte, es handele sich um lebende Tiere, und sie mit einem Tuch verscheuchen wollte (siehe Ames-Lewis und Rogers, *op. cit.*, S. 148).
22 Burke, *op. cit.*, S. 148.
23 Aus diesem Vorschlag wurde allerdings nichts.
24 Watson, *Renaissance masterpiece, op. cit.*, S. 31.
25 Barnes, *op. cit.*, S. 929, 931.
26 Yehudi Menuhin und Curtis W. Davis, *The Music of Man*, London, 1979, S. 83f. [vgl.: Menuhin und Curtis, *Die Musik des Menschen*, deutsch von Gisela Umenhof, Genf, 1980].
27 Anthony Baines (Hg.), *Musical Instruments Through the Ages*, London, 1961, S. 216 [vgl. Baines, *Musikinstrumente. Die Geschichte ihrer Entwicklung und ihrer Formen*, übersetzt von Erik Maschat und Alfons Ott, München, 1962]. Al-Farabi hielt den Rabab für das Instrument, das der menschlichen Stimme am nächsten kommt.
28 Joan Peysret et al. (Hg.), *The Orchestra*, New York, 1986, S. 17. Zu Pythagoras siehe Baines, *op. cit.*, S. 68; zur Schalmei, die er mit Instrumenten aus Ur in Verbindung bringt, siehe *ibd.*, S. 53.
29 Alfred Einstein, *A short History of Music*, London, 1936/1953, S. 54 [vgl. Einstein, *Geschichte der Musik. Die beste kurzgefasste Musikgeschichte von den Anfängen bis zur jüngsten Gegenwart*, Exilausgabe Leiden, 1934.]
30 Barnes, *op. cit.*, S. 930.
31 Baines, *op. cit.*, S. 117; zum Einsatz der »arpia doppia« (Doppelharfe) bei *Orfeo* siehe S. 192.
32 Barnes, *op. cit.*, S. 932.
33 Hall, *op. cit.*, S. 114f. Nur ein Drittel aller damals geschriebenen oder gespielten Stücke haben überlebt (siehe Sheldon Cheney, *The Theatre: Three Thousand Years*, London, 1952, S. 226).
34 Richard Stone, *The Causes of the English Revolution, 1529–1642*, London, 1972, S. 75.
35 Lionel C. Knights, *Drama and Society in the Age of Jonson*, London, 1937, S. 118. Zu den gesellschaftlichen Veränderungen, die parallel zur Entwicklung des Theaters stattfanden, siehe Cheney, *op. cit.*, S. 261ff.
36 Nicolaas Zwager, *Glimpses of Ben Jonson's London*, Amsterdam, 1926, S. 10.
37 Hall, *op. cit.*, S. 125f.
38 Es wurden immer wieder Anstalten

gemacht, das Theater zu kontrollieren (siehe Annabel Patterson, *Shakespeare and the Popular Voice*, Oxford, 1989, S. 20f).
39 Cheney, *op. cit.*, S. 264, liefert weitere Beispiele. Patterson, *op. cit.*, S. 30, weist darauf hin, dass mindestens fünf Figuren im *Hamlet* Universalmenschen darstellen.
40 Hall, *op. cit.*, S. 130; Cheney, *op. cit.*, S. 169, 271.
41 Siehe jedoch Patterson, *op. cit.*, S. 33, zu den damals herrschenden kulturellen Spaltungen, sowie S. 49f. zu Shakespeares Attacken gegen die Dummheit.
42 Harold Bloom, *The Western Canon: The Books and the Schools of Ages*, New York, 1994, S. 46f.
43 In der Reihenfolge der Zitate siehe: Harold Bloom, *Genius*, aus dem Amerikanischen übertragen und mit Nachdichtungen von Yvonne Badal, München, 2004, S. 55; Bloom, *Western Canon, op. cit.*, S. 67f. Zu Shakespeares Anpassungsleistungen und seiner Lohnschreiberei siehe Cheney, *op. cit.*, S. 273.
44 Barnes, *op. cit.*, S. 620. Zu *La Celestina* siehe Krailsheimer, *op. cit.*, S. 325.
45 Angus Fletcher, *Colors of the Mind*, Cambridge, MA, 1991. Zur Schlacht von Lepanto siehe auch William Byron, *Cervantes*, London, 1979, S. 124ff.; zur Beziehung zwischen dem Don und Sancho siehe *ibd.*, S. 427 [vgl. Byron, *Cervantes, Der Dichter des Don Quijote und seine Zeit*, aus dem Amerikanischen von Hanna Neves, Frankfurt a. M., 1984].

KAPITEL 20
1 Valerie Flint, *The Imaginative Landscape of Christopher Columbus*, Princeton/London, 1992, S. 115.
2 Beatrice Pastor Bodmer, *The Armature of Conquest*, Stanford, 1992, S. 10f.
3 John Parker, *Discovery*, New York, 1972, S. 15f., 18f.
4 Zu den Ausmaßen und den Geschwindigkeiten, die Kolumbus' Schiffe erreichten, siehe E. Keble Chatterton, *Sailing the Seas*, London, 1931, S. 150f.
5 Parker, *op. cit.*, S. 24ff. Um dies ein für alle Mal zu beweisen, beauftragte Alexander seinen Vertrauten Nearchos, zurück nach Persien zu segeln, wo er dann wieder zu ihm stoßen wollte. Nearchos erlebte eine ereignisreiche Fahrt. Er begegnete Menschen, die sich nur von Fisch ernährten, sah Furcht einflößende Wale, die Wasserfontänen hochschossen wie Geysire, und wurde von unvorhersehbaren Winden in alle Richtungen abgedrängt. Doch ein paar Schiffe aus seiner Flotte schafften es, und Nearchos stieß im Persischen Golf tatsächlich wieder zu Alexander: Sie hatten sowohl einen Seeweg als auch den Landweg nach Indien gefunden (siehe Parker, *op. cit.*, S. 30ff.).
6 John Noble Wilford, *The Mapmakers*, New York, 1982, S. 19f. Eratosthenes soll sich nach Aussage des Autors auch am intensivsten bemüht haben, die Kapitäne ausländischer Schiffe zu »überzeugen«, seinen Kopisten ihre Bücher zu überlassen. Zu Eratosthenes' Weltkarte siehe Ian Cameron, *Lode Stone and Evening Star: The Saga of Exploration by Sea*, London, 1965, S. 32.
7 Parker, *op. cit.*, S. 48f., 51.
8 Evelyn Edson, *Mapping Tome and Space*, London, 1997, S. 108f.; darin auch eine Karte, die das Paradies als eine Insel im Osten darstellt, aus der sich die Sonne erhebt und von der vier Flüsse abgehen.
9 Parker, *op. cit.*, S. 54f.
10 Zu den »mythischen« Seefahrten siehe Tryggi J. Oleson, *Early Voyages and Northern Approaches 1000–1632*, Oxford/New York, 1964, S. 100ff.
11 Noble Wilford, *op. cit.*, S. 38, erzählt, dass Brendan auch einem heiligen Mann begegnet sein wollte, der einen Riesen zum Leben erwecken konnte.
12 Parker, *op. cit.*, S. 62f.
13 Oleson, *op. cit.*, S. 101, erklärt, dass Brendan »vermutlich« den Sankt-Lorenz-Strom in Kanada erreicht hatte.
14 Zu den Skraelingern siehe *ibd.*, Kap. 6. Zur Entdeckung Amerikas im Mittelalter siehe Phillips, *op. cit.*, S. 166–179.
15 Parker, *op. cit.*, S. 83. Zur Legende vom Priester Johannes und/oder Alexander den Großen siehe Phillips, *op. cit.*, S. 192.
16 Bodmer, *op. cit.*, S. 13f.; Phillips, *op. cit.*, S. 69.
17 Parker, *op. cit.*, S. 69.
18 Zu den weiteren Abenteuern Marco Polos auf dieser Fahrt siehe Moynahan, *op. cit.*, S. 188.
19 Ross E. Dunn, *The Adventures of Ibn Battuta*, Berkeley, 1986/89, passim. Zu dem Pisaner Rustichello siehe Phillips, *op. cit.*, S. 113.
20 Flint, *op. cit.*, S. 3, 7.
21 Dass diese Lage zugleich eine anstrengende Reise bergauf bedeutete, deckte sich

vorzüglich mit den Moralvorstellungen dieser Zeit.
22 Flint, *op. cit.*, S. 9f.
23 *ibd.*, S. 26, 36.
24 Bodmer, *op. cit.*, S. 13.
25 Samuel Morison, *Christopher Columbus, Mariner*, London, 1956, S. 103.
26 Bodmer, *op. cit.*, S. 15.
27 Flint, *op. cit.*, S. 53.
28 Nachdem er sich die diversen Möglichkeiten, die aus politischer Sicht zur Verfügung standen, angelesen hatte, ernannte Kolumbus in der Siedlung Isabela einen Rat, »der die Geschicke der Kolonie lenken sollte« (siehe Joachim G. Leithäuser, *Ufer hinter dem Horizont. Die großen Entdecker der Erde von Kolumbus bis zur Weltraumfahrt*, Berlin, 1955, S. 82).
29 Bei Bodmer, *op. cit.*, Kap. 4, finden sich Beispiele für solche »Modelle«. Der Autor erörtert auch, inwieweit sie zum Verständnis der Neuen Welt und den dortigen gesellschaftlichen Arrangements beitragen sollten.
30 Flint, *op. cit.*, S. 95f.
31 John D. Bernal, *The Extension of Man: The History of Physics Before the Modern Age*, London, 1972, S. 124-127.
32 John H. Parry, *The Age of Reconnaissance*, London, 1963, S. 100ff. (vgl. Parry, *Das Zeitalter der Entdeckungen*, aus dem Englischen von Heinz von Sauter, München, 1978); Edson, *op. cit.*, bes. Kap. 1; Noble Wilford, *op. cit.*, Kap. 4 u. 5 sowie S. 34-72.
33 Parry, *op. cit.*, S. 103-106.
34 Noble Wilford, *op. cit.*, S. 71ff.
35 Parry, *op. cit.*, S. 112.
36 Noble Wilford, *op. cit.*, S. 75.
37 Nachts wurde die Zeit anhand der so genannten »Wächter« bestimmt, der beiden hellsten Sterne, die den Polarstern im Lauf von vierundzwanzig Stunden einmal zu umkreisen schienen. Mit einem *nocturnum* (Nachtweiser), einer runden Scheibe mit einem Loch in der Mitte und einem überragenden Arm, verfolgte man die Bahn der Wächter, indem man den Polarstern durch die Öffnung in der Mitte des Geräts anpeilte und den Gerätearm dann drehte, bis er auf den umlaufenden Kochab zeigte. Von einer gezahnten Stundenscheibe konnte dann der Winkel abgelesen werden, der je nach Jahreszeit die Mitternacht anzeigte. Somit hatte man immer eine ungefähre Zeitmessung für die Mitternachtsstunde an jedem Tag des Jahres (siehe Noble Wilford, *op. cit.*, S. 77).
38 *ibd.*, S. 79.
39 *ibd.*, S. 82. Aufzeichnungen über Tidenströmungen waren für die Schiffahrt im Atlantik sehr viel wichtiger als im Mittelmeer, wo der Wasserpegel nicht gleich um mehrere Meter fiel und stieg und sich außer in der Straße von Messina nirgendwo gefährliche Strömungen aufbauten. Und weil davon oft der Zugang zu den Atlantikhäfen abhing, begann man nun auch den Zusammenhängen zwischen den Gezeiten und dem Mond mehr Aufmerksamkeit zu schenken (siehe Noble Wilford, *op. cit.*, S. 85).
40 Parry, *op. cit.*, S. 98. Zum Verschwinden des Polarsterns siehe Phillips, *op. cit.*, S. 194.
41 Parry, *op. cit.*, S. 63.
42 Eine lebendige Schilderung des Alltags auf einer Galeere findet sich bei Chatterton, *op. cit.*, S. 139.
43 Parry, *op. cit.*, S. 58. Zur Entwicklung des Lateinersegels und seiner Verwendung in der Schlacht von Lepanto im Jahr 1571 siehe Chatterton, *op. cit.*, S. 144.
44 Ronald J. Watkins, *Unknown Seas: How Vasco da Gama Opened the East*, London, 2003, S. 118.
45 Parry, *op. cit.*, S. 140.
46 An der Malabarküste entdeckte da Gama auch Christen mit einer altsyrischen Liturgie, siehe Moynahan, *op. cit.*, S. 553.
47 Parry, *op. cit.*, S. 149.
48 Bodmer, *op. cit.*, S. 10.
49 Parry, *op. cit.*, S. 151.
50 Felipe Fernández-Armesto, *Columbus and the Conquest of the Impossible*, London, 1974, S. 166f.
51 Peter Martyr, *De Orbe Novo*, zitiert in Parry, *op. cit.*, S. 154.
52 *ibd.*, S. 159.

KAPITEL 21
1 Jared Diamond, *Guns, Germs and Steel*, London, 1997, S. 140 [vgl. Diamond, *Arm und Reich*, aus dem Amerikanischen von Volker Englich, Frankfurt, 1997].
2 John Huxley Elliott, *The Old World and the New*, Cambridge, UK, 1970/1992, S. 7 [vgl. Elliott, *Die Neue in der Alten Welt. Folgen einer Eroberung 1422-1650*, aus dem Englischen von Christa Schuenke, Berlin, 1992].
3 *ibd.*, S. 8.; Bodmer, *op. cit.*, S. 33.

4 Elliott, *op. cit.*, S. 9f.; Bodmer, *op. cit.*, S. 65f., 68.
5 Elliott, *op. cit.*, S. 10f.
6 *ibd.*, S. 12. Zu der Frage, welche Erwartungen die Amerikaner hatten, siehe jedoch Jack P. Greene, *The Intellectual Construction of America*, Chapel Hill, 1993, S. 15.
7 Bodmer, *op. cit.*, S. 12.
8 Die ersten Entdecker konnten sehr brutal sein. Zu den Maßnahmen, die sich Kolumbus einfallen ließ, um seine Männer in Schach zu halten, siehe Leithäuser, *op. cit.*, S. 57ff.
9 Elliott, *op. cit.*, S. 29.
10 Die vergleichende Wissenschaft hatte noch ganz andere Aspekte zu erforschen: Trotz der vielen wilden Tiere in der Neuen Welt jagten die Bluthunde der Spanier den Indianern ungeheuren Schrecken ein, weil es immer wieder vorkam, dass Spanier »dem ›orientalischen Laster‹ frönten« und Eingeborene von den Hunden in Stücke reißen ließen (siehe Leithäuser, *op. cit.*, S. 169).
11 Bodmer, *op. cit.*, S. 212f.
12 Elliott, *op. cit.*, S. 34, 36f.
13 Acosta stellte zum Beispiel die These auf, dass Mineralien in der Neuen Welt wie anderenorts Pflanzen »wuchsen« (siehe Bodmer, *op. cit.*, S. 144f.); Elliott, *op. cit.*, S. 39f.
14 E. A. P. Crownhart-Vaughan (Hg.) und Evgenii G. Kushnarev, *Bering's Search für the Strait*, (Leningrad, 1968) Portland, 1990, passim. Zu Cartier und Nicolet siehe Phillips, *The Medieval Expansion of Europe*, *op. cit.*, S. 259.
15 Eine Definition von »Barbarei« in diesem Zusammenhang findet sich bei Bodmer, *op. cit.*, S. 209ff.
16 Siehe zum Beispiel die Schilderungen der technischen und künstlerischen Errungenschaften in Tenochtitlán, in: Leithäuser, *op. cit.*, S. 175ff.
17 Elliott, *op. cit.*, S. 42f.
18 Bodmer, *op. cit.*, S. 67.
19 Anthony Pagden, *The Fall of Natural Man*, Cambridge, UK, 1982, S. 39, 49. Diese Vorstellung beinhaltete, dass Indianer zwar eines Tages zu freien Menschen werden könnten, bis dahin aber »der gerechten Pflegschaft des Königs von Spanien« unterstehen müssten (siehe *ibd.*, S. 104). Zum Rechtsverständnis im Hintergrund all dieser Überlegungen siehe Moynahan, *op. cit.*, S. 508.
20 Wright, *op. cit.*, S. 23; Bodmer, *op. cit.*, S. 143f.; Moynahan, *op. cit.*, S. 510.
21 Pagden, *op. cit.*, S. 164. [Anm. d. Übers.: Diese und andere Textproben aus Vitorias »De Indis« finden sich in Fritz Dickmann (Bearb. und Übers.), *Renaissance, Glaubenskämpfe, Absolutismus*, München, 1976.]
22 *ibd.*, S. 46.
23 Pagden, *op. cit.*, S. 219.
24 Elliott, *op. cit.*, S. 49.
25 Pagden, *op. cit.*, S. 164, 174.
26 Es gab auch die Theorie, dass sich die Edelmetalle der Welt allesamt in einer sagenhaften Gegend in Äquatornähe befänden und die Bewohner Amerikas wüssten, wo diese Region war (siehe Padre José de Acosta, *Historia Natural y Moral de las Indias*, Madrid, 1954, S. 88f., zitiert in Bodmer, *op. cit.*, S. 155).
27 Elliott, *op. cit.*, S. 49ff.
28 *ibd.*, S. 52.
29 Alvin M. Josephy (Hg.), *America in 1492*, New York, 1991/1993, S. 6 [vgl. Josephy, *Amerika 1492. Die Indianervölker vor der Entdeckung*, übersetzt von Brigitte Walitzek, Frankfurt a. M., 1992].
30 William McLeish, *The Day Before America*, Boston, 1994, S. 168.
31 Josephy, *op. cit.* S. 8. Die Sioux und viele andere Stämme, die später als Krieger der Plains berühmt werden sollten, siedelten um 1492 dort noch gar nicht.
32 *ibd.*, S. 34, 76. Joseph C. Furnas, *The Americans: A Social History of the United States, 1587–1914*, London, 1970, schildert auch all die Dinge, die Europäer von den Indianern zu lernen versuchten.
33 Josephy, *op. cit.*, S. 171.
34 McLeish, *op. cit.*, S. 131, 195.
35 *ibd.*, S. 194ff.
36 Josephy, *op. cit*, S. 251–255. In Coe, *op. cit*, S. 48, findet sich eine Tabelle über die Einordnung und Altersstrukturen von einunddreißig Mayasprachen. Die Yupik aus Zentralalaska wurden wegen der vielen Begriffe für »Schnee« berühmt, darunter zum Beispiel »Bodenschnee«, »leichter Schnee, »tiefer Weichschnee«, »Schnee, der gleich Lawine wird«, »Triebschnee«, »Schneeblock« usw.
37 Josephy, *op. cit.*, S. 262f.
38 Furnas, *op. cit.*, S. 366, erklärt, dass die Apachen der Bekehrung durch die Jesuiten am wenigsten zugänglich waren.
39 Josephy, *op. cit.*, S. 278, 291. Für den Zusammenhang zwischen der Grammatik

und der Weltanschauung der Hopi siehe Coe, *op. cit.*, S. 136.
40 Josephy, *op. cit.*, S. 209, 294, 312. Das Grab eines einstigen Schamanen wurde nach einigen Jahren geöffnet, die sterblichen Überreste wurden verbrannt und daraus ein Zaubertrank gebraut, der bei einer besonderen Zeremonie getrunken wurde, damit die Männer etwas von der Weisheit des Schamanen in sich aufnehmen konnten.
41 *ibd.*, S. 326, 329, 330.
42 Ronald Wright untersucht in seiner Studie *Stolen Continents: The »New World« Through Indian Eyes*, Boston, 1992 [vgl. Wright, *Geraubtes Land: Amerika aus indianischer Sicht seit 1492*, aus dem Amerikanischen von Ralph Tegtmeier, Braunschweig, 1992] fünf amerikanische Kulturen (Azteken, Inka, Maya sowie die Cherokee und Irokesen) und deren Reaktionen auf die Invasion. Er schildert zum Beispiel auch das ausgedehnte Lagerhaltungs- und Bewässerungssystem der Inka und erforschte, wie sie sich das Wissen früherer Zivilisationen zunutze machten. Wright unternimmt einen alles in allem faszinierenden Versuch, in das indianische Denken einzudringen und herauszufinden, wie die indigene Bevölkerung auf die Aneignung ihrer ihrer angestammten Territorien im 17., 18. und 19. Jahrhundert reagierte.
43 Josephy, *op. cit.*, S. 343, 367. Zur Chronologie der Azteken und Inka siehe Coe, *op. cit.*, S. 59f.
44 Josephy, *op. cit.*, S. 372.
45 *ibd.*, S. 375f., 377.
46 *ibd.*, S. 381; Furnas, *op. cit.*, S. 166, stellt einige aufschlussreiche Parallelen zwischen den Glaubensweisen der Azteken und dem Christentum fest, darunter zum Beispiel, dass es in beiden Fällen eine Urmutter (Eva), eine Schlange und eine Sintflut gibt.
47 Josephy, *op. cit.*, S. 392.
48 Zur Einstellung der Maya zur wild wachsenden Flora und Fauna siehe Coe, *op. cit.*, S. 58.
49 Josephy, *op. cit.*, S. 402f., 408f., 412.
50 Furnas, *op. cit.*, S. 179ff sowie S. 413 zu den »technischen Wunderwerken« der Inka. Eine Darstellung der Götterwelt findet sich in Coe, *op. cit.*, S. 242f.
51 Josephy, *op. cit.*, S. 413–417. Ein anderer Aspekt von Göttlichkeit beruhte auf dem Fakt, dass man von einem Erschaffer von Konterfeis glaubte, dass er auch eine gewisse Kontrolle über die dargestellte Person besitze. Die erschaffenen Gegenstände waren jedoch wichtiger – »göttlicher« – als ihre Schöpfer.
52 Terence Grieder, Professor für Geschichte an der University of Texas in Austin, hat die frühamerikanische Kunst mit der von Australien, Polynesien, Indonesien und Südostasien verglichen und dabei einige faszinierende Beobachtungen gemacht. So stellte er zum Beispiel fest, dass es in beiden Regionen (in Australien bis Südostasien auf der einen und auf dem amerikanischen Kontinent auf der anderen Seite) drei zivilisatorische Grundtypen gab, deren Kunst sich sowohl hinsichtlich ihrer Form als auch ihres symbolischen Gehalts systematisch voneinander unterschied. Das korrespondiert seiner Ansicht nach mit der Idee, dass der amerikanische Kontinent im Zuge von drei verschiedenen Migrationswellen bevölkert wurde. Sein entscheidender Punkt ist, dass es einen kulturellen Gradienten gibt, welcher Parallelen zwischen der amerikanischen und der australisch-südostasiatischen Landmasse aufweise. Beispielsweise ließen sich in Australien und an der Atlantikküste Südamerikas – also in den am weitesten von der eurasischen Landmasse abgelegenen Gebieten – die »primitivsten Völker« und ausschließlich solche Regionen finden, welche von Jäger- und Sammlerstämmen bevölkert waren. Diese wurden weder sesshaft, noch verfügten sie über agrikulturelle oder irgendwelche spezialisierte handwerkliche Techniken. Die Melanesier und die Bewohner der Great Plains von Nordamerika sowie einiger Regionen Südamerikas lebten hingegen in festen Siedlungen und betrieben Landwirtschaft. In Indonesien, Malaysia, auf den Philippinen, auf dem asiatischen Festland und in Mittelamerika lebten große Populationen in Städten. Sie verfügten über Steintempel und gingen Fachberufen nach. In beiden Regionen gab es also Kulturen auf einem vergleichbaren Level und mit einer ähnlichen symbolischen Kunst. Die erste Welle in der Kunst war laut Grieder durch primitive Darstellungen von Vulva und Phallus, von Steinen mit Vertiefungen und Gesichts- und Körperbemalung gekennzeichnet. Die zweite Welle wurde durch den heiligen Baum oder Pfahl, Masken und Bekleidung aus Pflanzenfasern exemplifiziert. In der dritten zeigten sich erste geometrische Symbole

(Kreuz, Schachbrettmuster, Swastika, schlangenförmige Muster), die häufig den Kosmos darstellen sollten (Himmelssymbolik). Dieser spiegelte sich auch in der Verwendung von Höhlen und Bergen als heilige Stätten sowie in der Errichtung von künstlichen Bergen oder Pyramiden wider. Die Tätowierung wurde ebenso während der dritten Welle eingeführt wie das Rindenbuch. Natürlich gab es viele Gebiete, auf denen sich die einzelnen Wellen begegneten und gegenseitig beeinflussten (die Symbolik der Irokesen ist zum Beispiel eine Mixtur aller drei Wellen, was sich auch durch Blutgruppenanalysen bestätigen ließ). Doch Grieders Ansicht nach spricht immer noch viel dafür, dass diese Symbolik im Zuge von drei verschiedenen Wellen entstand und kein zweites Mal erfunden wurde. Deshalb kommt er zu dem Schluss, dass es nicht nur drei Migrationswellen auf den amerikanischen Kontinent gab, sondern parallel dazu auch eine dreiphasige Migration von Südostasien nach Australien, Tasmanien und Neuseeland (siehe Grieder, *Origins of Pre-Columbian Art*, op. cit., passim).
53 Wright, op. cit., S. 53f., 165.
54 Elliott, op. cit., S. 81, 86f.
55 Dieser Prozess wurde von einer Idee gestützt, die schon von den Kirchenvätern ins Leben gerufen worden war, nämlich dass sich die Zivilisation und somit auch die Weltmacht stetig von Ost nach West verlagerte. So gesehen hatte sie in Mesopotamien und Persien begonnen und war dann an Ägypten, Griechenland, Italien, Frankreich und nunmehr an Spanien weitergegeben worden. Und dort (meinten natürlich die Spanier) würde sie nun auch bleiben, da das Meer eine weitere Verlagerung Richtung Westen ohnedies verhinderte und sie so gut abschirmte, dass sie nicht mehr entkommen konnte (siehe Elliott, op. cit., S. 94, sowie Fernando Perez de Oliva, *Las Obras*, Córdoba, 1586, S. 134f.).
56 Elliott, op. cit., S. 95f.
57 Earl J. Hamilton, *American Treasure and the Price Revolution in Spain, 1501–1650*, Cambridge, MA, 1934, S. vii.
58 Walter Prescott Webb, *The Great Frontier*, London, 1953, passim; zur Rolle der beiden neuen landwirtschaftlichen Methoden siehe S. 239ff. Siehe auch Wilbur R. Jacobs, *Turner, Bolton and Webb: Three Historians of the American Frontier*, Seattle, 1965.
59 Michael Coe, op. cit., S. 47, betont jedoch, dass man selbst heute noch keine genauen Zahlen für (zum Beispiel) die Mayabevölkerung kennt.
60 Elliott, op. cit., S. 65.
61 *Royal Commentaries*, Teil II, »The conquest of Peru«, S. 647f., zitiert in Elliott, op. cit., S. 64.
62 Elisabeth Armstrong, *Ronsard and the Age of Gold*, Cambridge, UK, 1968, S. 27f. [Anm. d. Übers.: Zu Montaigne siehe »Über Wagen«, *Essais*, Drittes Buch, übersetzt von Hans Stilett, Frankfurt a. M., 1998, S. 199.]

KAPITEL 22
1 Manchester, *A World Lit Only by Fire*, op. cit., S. 130ff.
2 ibd., S. 134f.
3 Diarmaid MacCulloch, *Reformation: Europe's House Divided 1490–1700*, London, 2003, S. 14, 17, 51, 73, 88, 113.
4 Bronowski und Mazlish, *The Western Intellectual Tradition*, op. cit., S. 80f.; Moynahan, op. cit., S. 347.
5 Boorstin, *The Seekers*, op. cit., S. 116, bezweifelt, dass die Thesen tatsächlich an die Kirchentür *genagelt* wurden.
6 Bronowski und Mazlish, op. cit., S. 84.
7 MacCulloch, op. cit., S. 123.
8 Manchester, op. cit., S. 167; MacCulloch, op. cit., S. 134.
9 Bronowski und Mazlish, op. cit., S. 85; William D. J. Cargill Thompson, *The Political Thought of Martin Luther*, Hassocks, 1984, S. 28.
10 Thompson, op. cit., S. 160.
11 Bronowski und Mazlish, op. cit., S. 88.
12 Siehe hierzu die Thematisierung von »Innerlichkeit« im 33. Kapitel und in meinem Schlusswort.
13 Zu der Grimmigkeit von Luthers Schriften und zu ihrer Popularität siehe Moynahan, op. cit., S. 352f. Boorstin erläutert in *The Seekers*, op. cit, S. 115, weshalb Luthers Bibelübersetzungen und Schriften die Entwicklung der deutschen Sprache so stark beeinflussten.
14 Boorstin, op. cit., S. 119.
15 Bronowski und Mazlish, op. cit., S. 92; Moynahan, op. cit., S. 384f.
16 Bronowski und Mazlish, op. cit., S. 93; Moynahan, op. cit., S. 386.
17 Boorstin, op. cit., S. 120f.; Bronowski und Mazlish, op. cit., S. 94. Zur Vorge-

hensweise des Konsistoriums siehe Moynahan, *op. cit.*, S. 386f.
18 Siehe auch Harro Höpfl (Hg.), *Luther and Calvin on Secular Authority*, Cambridge, UK, 1991.
19 Bronowski und Mazlish, *op. cit.*, S. 96f. Die Handwerker, die zur damaligen Zeit nach Genf strömten, begründeten zum Beispiel auch die Uhrmacherkunst, für die die Schweiz bis heute berühmt ist (siehe Moynahan, *op. cit.*, S. 396). In Genf wurde Abweichlertum nicht toleriert. Ausländer, die in die Schweiz gekommen waren, um von Calvin zu lernen (wie zum Beispiel John Knox), fanden sich nach ihrer Rückkehr in die Heimat so in der Minderzahl, dass sie schließlich allen Grund hatten, sich selbst für religiöse Toleranz einzusetzen. Das heißt, sie wurden gewissermaßen zu Protodemokraten – ein nächster kleiner Schritt hin zur modernen politischen Denkungsart (*ibd.*, S. 99).
20 Manchester, *op. cit.*, S. 193, 195.
21 Zum Hintergrund siehe Mandell Creighton, *A History of the Papacy from the Great Schism to the Sack of Rome*, London, 1919, S. 309ff.
22 *ibd.*, S. 322f.
23 *ibd.*, S. 340ff.
24 Moynahan, *op. cit.*, S. 421.
25 Manchester, *op. cit.*, S. 199.
26 *ibd.*, S. 201f. Im Jahr 1536 wurde eine päpstliche Reformkommission ins Leben gerufen, doch die Differenzen mit den Protestanten sollten sich einfach als zu groß erweisen: Moynahan, *op. cit.*, S. 422f.
27 Jardine, *Worldly Gods*, *op. cit.*, S. 172.
28 Moynahan, *op. cit.*, S. 432.
29 *ibd.*, S. 440.
30 *ibd.*, S. 203. Sir Thomas More ging sogar so weit zu behaupten, dass Heinrich über mehr Bildung »als jeder englische König vor ihm verfügte«.
31 McGrath, *In the Beginning: The Story of the King James Bible, op. cit.*, S. 72, darin auch die genauen Daten dieser Übersetzung.
32 Manchester, *op. cit.*, S. 204. Wie man den in Köln gesetzten Druck wiederfand, schildert McGrath, *op. cit.*, S. 72.
33 Zur Qualität dieser Übersetzung siehe McGrath, *op. cit.*, S. 75f.
34 Bamber Gascoigne, *The Christians*, London, 1977, S. 186 (vgl. Gascoigne, *Die Christen*, aus dem Englischen von Günther Danehl, Frankfurt a. M., 1978].

35 Michael A. Mullet, *The Catholic Reformation*, London, 1999, S. 38–47, 68. Die Auswirkungen von Trient waren, dass der Machtkampf mit dem Protestantismus von der Kirche als ein Kampf gegen das Ketzertum oder gegen abtrünnige Sekten betrachtet wurde, wie bereits im 12. Jahrhundert gegen die Katharer geschehen. Der Herzog von Alba zum Beispiel, dem das Terrorregime verstand, das man notwendig fand, um dem katholischen Spanien die Niederlande zu erhalten, hatte sich als Kreuzritter porträtieren lassen. Und kein Geringerer als Vasari wurde beauftragt, zwei Gemälde für den Vatikan zu malen, die jeweils eine Episode aus den siebziger Jahren des 16. Jahrhunderts darstellen sollten, »als handelte es sich dabei um gleichermaßen bedeutende Siege des Katholizismus«: die Schlacht von Lepanto, bei der die türkische Armada geschlagen wurde, und die Bartholomäusnacht, bei der unzählige Protestanten in Paris aus ihren Betten geholt und auf den Straßen niedergemetzelt wurden. Die Freude der Katholiken über diesen grausigen »Sieg« war so groß, dass sogar eine Erinnerungsmedaille herausgegeben wurde, auf der das Abschlachten von Hugenotten dargestellt war (siehe Gascoigne, *op. cit.*, S. 187).
36 *ibd.*, S. 185; Moynahan, *op. cit.*, S. 419. [Anm. d. Übers.: Zum Zitat siehe Ignatius von Loyola, *Der Bericht des Pilgers*, 1. Kap., »Abkehr von der Welt«.]
37 Gascoigne, *op. cit.*, S. 185. [Anm. d. Übers.: Zum Zitat siehe Ignatius von Loyola, *Geistliche Übungen*, nach dem spanischen Urtext übersetzt von Peter Knauer SJ, »Erste Woche/58«, Würzburg, 1998, S. 52.]
38 Gascoigne, *op. cit.*, S. 186.
39 *ibd.*, S. 189.
40 Zu Franz Xaver in Japan siehe Moynahan, *op. cit.*, S. 558ff.
41 Gascoigne, *op. cit.*, S. 192f. Zur Geschichte der Jesuiten in Japan und zu den Kreuzigungsmethoden siehe Moynahan, *op. cit.*, S. 560f.
42 MacCulloch, *op. cit.*, S. 586–589.
43 *ibd.*, S. 651.
44 Rudolf Wittkower, *Art und Architecture in Italy: 1600–1750*, London, (1958), 1972, S. 1.
45 *ibd.* Zur Religiosität berühmter Maler siehe Germain Bazin, *Die Kunst des Barock und Rokoko*, aus dem Französi-

schen von Hans Hildenbrand, Zürich, 1969, S. 28ff.
46 Ein Großteil des Marmors für den Petersdom stammte aus alten Gebäuden (siehe Wittkower, op. cit., S. 10).
47 Peter und Linda Murray, Penguin Dictionary of Art and Artists, op. cit., S. 38.
48 Wittkower, op. cit., S. 17.
49 ibd., S. 18.

KAPITEL 23
1 Herbert Butterfield, The Origins of Modern Science, 1300–1800, New York, 1949/1957.
2 Margaret J. Ostler (Hg.), Rethinking the Scientific Revolution, Cambridge, UK, 2000, S. 25.
3 John D. Bernal, Science in History, op. cit., S. 132f.
4 Toby Huff, The Rise of Early Modern Science in Islam, China and the West, op. cit., S. 57ff, 73, 226. [Anm. d. Übers.: siehe Ernst Cassirer, Philosophie der symbolischen Formen, 1. Teil: »Die Sprache«, Bd. 11 der Gesammelten Werke, Hamburger Ausgabe, hg. von Birgit Recki, Text und Anmerkungen bearbeitet von Claus Rosenkranz, Hamburg, 2001.]
5 Bernal, op. cit., S. 134.
6 Thomas Kuhn, Die Kopernikanische Revolution, übersetzt von Helmut Kühnelt, Braunschweig, 1981, S. 143, 183.
7 Der Herausgeber des Werkes hatte sich allerdings furchtsam geweigert, Kopernikus' Einführung zu drucken (siehe Moynahan, op. cit., S. 160).
8 Zu Galileis Einstellung, dass es sich bei der Bibel um kein wissenschaftliches Werk handelte, siehe Moynahan, op. cit.
9 Boyer, A History of Mathematics, op. cit., S. 326f.
10 Michael White, Isaac Newton: The Last Sorcerer, op. cit., S. 11.
11 Boyer, A History of Mathematics, op. cit., S. 393. [Anm. d. Übers.: Das Zitat von William Wordsworth stammt aus The Prelude/Präludium oder Das Reifen eines Dichtergeistes, »Drittes Buch«, Übertragung von Hermann Fischer, Stuttgart, 1974, S. 73.]
12 Boyer, op. cit., S. 333, 391.
13 ibd., S. 317.
14 ibd., S. 310–314. Das logarithmische Prinzip lässt sich ganz einfach darstellen: 100 (102) x 1000 (103) = 100 000 (105), das heißt, es ist wesentlich einfacher, die 2 und 3 auf 5 zu addieren, als die gesamte Berechnung anzustellen.
15 ibd., S. 398.
16 John D. Bernal, The Extensions of Man, op. cit., S. 207ff. Zu den unterschiedlichen Einstellungen, die Galilei und Newton gegenüber der Heiligen Schrift vertraten, siehe Moynahan, op. cit., S. 439.
17 Bernal, Extension, op. cit., S. 212.
18 Schmuel Shanbursky (Hg.), Physical Thought from the Presocratics to the Quantum Physicists, London, 1974, S. 269, 302.
19 Es herrschte noch ein ganz anderes und eher prosaisches Interesse an Prismen: Weil sich die Qualität von geschliffenem Glas ständig verbesserte, setzte eine große Nachfrage nach Lüstern ein, die neben ihren anderen Attraktionen nun in allen Farben schillerten (siehe Times Higher Educational Supplement, 21. 6. 2002, S. 19).
20 Bernal, Extension, op. cit., S. 221; Shanbursky, op. cit., S. 312.
21 William Wightman, The Growth of Scientific Ideas, Edinburgh, 1950, S. 135. Der nächste Schritt erfolgte mit der Idee, dass sich Licht auch in Wellen fortsetzen könnte. Dieser Durchbruch gelang dem Holländer Christian Huygens mit Hilfe eines »Zauberkristalls«, einem »Islandspat« genannten Kalkspatkristall: Schiebt man diese Art von Kristall über eine bedruckte Seite, dann erscheint der Druck doppelt so groß. Huygens hatte als Erster verstanden, dass sich diese Doppelbrechung nur erklären ließ, wenn man davon ausging, dass sich Licht in Wellen fortsetzt: Der Lichtstrahl, glaubte er, veränderte nicht seine Richtung, doch einige seiner Komponenten könnten auf und ab schwingen wie ein Sprungseil und deshalb auf einer anderen Bahn durch den Kristall hindurchdringen (siehe Bernal, Extension, op. cit., S. 225ff.).
22 James Gleick, Isaac Newton, London, 2003/2004, S. 15 [vgl. Gleick, Isaac Newton. Die Geburt des modernen Denkens, aus dem Amerikanischen von Angelika Beck, Düsseldorf/Zürich, 2004].
23 Bernal, Extension, op. cit., S. 235f.
24 William A. Locy, The Growth of Biology, London, 1925, S. 153f.
25 Carl Zimmer, The Soul Made Flesh: The Discovery of the Brain and How It Changed the World, London, 2004, S. 19; Locy, op. cit., S. 144. [Anm. d. Übers.: Zum Gesetzestext siehe Hermann Conrad

et al. (Hg.), *Konstitution Kaiser Friedrich II. von Hohenstaufen für sein Königreich Sizilien*, Kapitel 46: »Von den Ärzten«, Köln/Wien, 1973.] Die Kirche im Hochmittelalter hielt nichts von solchen Sektionen, doch ihr Widerstand hatte nicht immer den vorgegebenen Grund. Zum Beispiel verbot Papst Bonifatius im Jahr 1300 in seiner Bulle *De Sepultis* die Sektion von Leichen zu wissenschaftlichen Zwecken, doch offenbar war es ihm dabei vorrangig darum gegangen, dem Usus Einhalt zu gebieten, die sterblichen Überreste von Kreuzrittern zu zerstückeln, um sie einfacher in die Heimat zurücktransportieren zu können, wodurch sich die Gefahr von Seuchen drastisch erhöhte. Nur kurze Zeit später veröffentlichte der Anatom Mondino aus Bologna ein Lehrbuch über die Sektion, welches uns bestätigt, dass zumindest er Zugang zu Leichen gehabt haben muss (siehe Charles Singer, *A History of Biology*, London/New York, 1959, S. 103).
26 Locy, *op. cit.*, S. 82ff.
27 Zimmer, *op. cit.*, S. 20.
28 Locy, *op. cit.*, S. 168–174. Zum Sturz von Galen siehe William S. Beck, *Modern Science and the Nature of Life*, London, 1958, S. 61. Zu der Frage, wie sich das alles auf die Ideen von der Seele auswirkte, siehe Zimmer, *op. cit.*, S. 21.
29 Arthur Roch (Hg.), *The Origins and Growth of Biology*, London, 1964, S. 178, 185; Zimmer, *op. cit.*, S. 66.
30 Locy, *op. cit.*, S. 187; Zimmer, *op. cit.*, S. 69. Auf die Verwendung eines Vergrößerungsglases wird zweimal im Text hingewiesen.
31 Siehe jedoch Zimmer, *op. cit.*, S. 69, zu einigen Fehlern, die Harvey dabei unterliefen.
32 Locy, *op. cit.*, S. 196f.
33 Roch, *op. cit.*, S. 100f.
34 Locy, *op. cit.*, S. 201.
35 Ernst Mayr, *The Growth of Biological Thought*, Cambridge, MA, 1982, S. 138 [vgl. Mayr, *Die Entwicklung der biologischen Gedankenwelt. Vielfalt, Evolution und Vererbung*, aus dem Englischen von Karin de Sousa Ferreira, Berlin/Heidelberg, 1984].
36 Locy, *op. cit.*, S. 208, 211.
37 Mayr, *op. cit.*, S. 321.
38 Locy, *op. cit.*, S. 216.
39 Später sollte er die gleiche Beobachtung auch im Gewebe eines Froschschenkels sowie bei Fischen und Aalen machen.

40 Mayr, *op. cit.*, S. 138. Marcello Malpighi aus Italien und Nehemiah Grew aus England verwendete das Mikroskop nicht zur Beobachtung von Tieren, sondern von Pflanzen. Das Interesse an Pflanzen war insbesondere durch die exotischen Arten geweckt worden, die von den Entdeckungsreisenden aus der Neuen Welt und aus Afrika mitgebracht wurden. Beide Forscher veröffentlichten vorzüglich illustrierte Werke über die Anatomie von Pflanzen (zufälligerweise verließ Grews Buch just an dem Tag die Druckerwerkstatt, als Malpighis Handschrift an die Royal Society in London übergeben wurde). In seinem Buch *Anatome planetarum* bezeichnete Malpighi die Zellen, die sich zu Geweben zusammenschließen, als *utriculi*. Er beobachtete unterschiedliche Zellarten bei Pflanzen – solche, die Sauerstoff transportierten, andere, die für den Transport des Pflanzensafts zuständig waren, und so weiter. Grew beschrieb in seinem Werk *The Anatomy of Plants* mehr oder weniger das Gleiche, erforschte die von ihm *bladders* (Blasen) genannten Zellen aber nicht weiter (andere Forscher sprachen später von *bubbles*). Doch keiner von beiden realisierte, dass Zellen der Grundbaustein des Lebens sind, aus dem sich alle komplexeren Organismen aufbauen. Der Nachweis war bereits vorhanden und sogar in Zeichnungen festgehalten worden, doch die zugehörige Idee sollte erst mehr als zwei Jahrhunderte später entwickelt werden (siehe *ibd.*, S. 385ff.).
41 Mayr, *op. cit.*, S. 100, 658.
42 Tarnas, *The Passion of the Western Mind*, *op. cit.*, S. 272.
43 *ibd.*, S. 273f.; Boorstin, *op. cit.*, S. 155, 158.
44 Robert Merton, *Science, Technology and Society in Seventeenth-Century England*, Brügge, 1938, Kap. 15.
45 Boyer, *op. cit.*, S. 336f.; Boorstin, *op. cit.*, S. 166f. Die kartesianische Geometrie wird heute mit der analytischen Geometrie gleichgesetzt.
46 Boorstin, *op. cit.*, S. 164.
47 Tarnas, *op. cit.*, S. 277, 280f.; Boorstin, *op. cit.*, S. 164; Popkin, *op. cit.*, S. 237f.
48 Bronowski und Mazlish, *op. cit.*, S. 183f.
49 Bernal, *op. cit.*, S. 462. Zimmer, *op. cit.*, S. 183ff., beschreibt das allererste Treffen und erklärt, dass auf der ersten Liste die Namen von vierzig poten-

ziellen Mitgliedern aufgeführt gewesen seien.
50 Bronowski und Mazlish, *op. cit.*, S. 182. Zimmer, *op. cit.*, S. 95, schreibt, dass sich in Oxford noch eine weitere Gruppe – die *Oxford Experimental Philosophy Group* – gebildet habe.
51 Zimmer, *op. cit.*, S. 184.
52 Bronowski und Mazlish, *op. cit.*, S. 185; Zimmer, *op. cit.*, S. 96–100, 185f.; Lisa Jardine, *Ingenious Pursuits: Building Scientific Revolution*, New York, 1999.
53 Mordechai Feingold, *The Mathematicians' Apprenticeship: Science, Universities and Society in England: 1560–1640*, Cambridge, UK, 1984, S. 6, 122, 215.
54 Peter Burke, *A Social History of Knowledge: From Gutenberg to Diderot*, Cambridge, UK, 2000, S. 45, 103, 135 [vgl. Burke, *Papier und Marktgeschrei. Die Geburt der Wissensgesellschaft*, aus dem Englischen von Matthias Wolf, Berlin, 2001].
55 Ostler (Hg.), *op. cit.*, S. 43–49. Carl Zimmers Hinweis auf die *Experimental Philosophy Group* in Oxford unterstreicht diesen Aspekt.
56 *ibd.*, S. 50.

KAPITEL 24
1 Schulze, *Staat und Nation, op. cit.*, S. 34.
2 Bronowski und Mazlish, *op. cit.*, S. 31. [Anm. d. Übers.: Zu den Zitaten siehe Niccolò Machiavelli, *Discorsi. Gedanken über Politik und Staatsführung*, übersetzt von Rudolf Zorn, Stuttgart, 1977, »Einleitung«, S. 5., sowie *Der Fürst*, aus dem Italienischen von Friedrich von Oppeln-Bronikowski, Frankfurt a. M., 1990, Überschrift von Kapitel XXI.]
3 *ibd.*, S. 34; Boorstin, *op. cit.*, S. 178. [Anm. d. Übers.: Zum Zitat siehe Machiavelli, *Der Fürst, op. cit.*, Kap XVIII., S. 87.] Machiavelli war überzeugt, dass die Religion – womit er das Christentum meinte – die Entwicklung eines starken Staates verhinderte, da sie Demut predige. Trotzdem hielt er ein gewisses Maß an religiösen Einfluss für sinnvoll, weil der Glaube die Menschen zusammenhielt. Auch das war neu, denn zum ersten Mal hatte damit jemand – zumindest öffentlich – zum Ausdruck gebracht, dass Religion eine eher zur gegenseitigen Verpflichtung anregende und Zwang ausübende denn eine spirituelle Kraft war.
4 Schulze, *op. cit.*, S. 46f.
5 Machiavelli, *Der Fürst, op. cit.*, Kap. XVIII., S. 88.
6 Schulze, *op. cit.*, S. 48.
7 Bronowski und Mazlish, *op. cit.*, S. 36. [Anm. d. Übers.: Zum Zitat siehe Machiavelli, *Der Fürst, op. cit.*, S. 88.]
8 Schulze, *op. cit.*, S. 48.
9 Bronowski und Mazlish, *op. cit.*, S. 32. [Anm. d. Übers.: Zum Zitat siehe Machiavelli, *Der Fürst, op. cit.*, S. 88f.]
10 Dem nationalen Charakter des Protestantismus war es zu verdanken, dass die spirituellen und psychologischen Grundlagen für die politische Souveränität im Volk verankert wurden. Calvins Betonung des individuellen Gewissens als des vorrangigen Mittels, welches aus konfessionellen Gründen sogar den Tyrannenmord an katholischen Herrschern erlaubte, wurde zum Vorläufer der Aufstände, die das Volk als sein Recht betrachtete und die zu einem so entscheidenden Merkmal späterer Zeiten werden sollten. Sinn und Zweck des Staates bestand aus Sicht der frühen Protestanten im Schutz seiner Gemeinschaften und nicht darin, für die spirituelle Weiterentwicklung des Volkes zu sorgen. »Die besten Dinge im Leben gehören ganz und gar nicht zum Aufgabengebiet des Staates« (siehe Bowle, *op. cit.*, S. 280f.).
11 *ibd.*, S. 281f.
12 Jonathan Wright, *The Jesuits: Mission, Myths and Historians*, London, 2004, S. 148f.
13 John Bowle, *Western Political Thought*, London, 1947/1954, S. 285.
14 Schulze, *op. cit.*, S. 64f.
15 Laut Moynahan, *op. cit.*, S. 455, waren die Jahre 1562 bis 1598, in denen acht Kriege geführt wurden, von den schlimmsten Massakern gezeichnet.
16 Bowle, *op. cit.*, S. 290.
17 Schulze, *op. cit.*, S. 68f., 72f.
18 Bronowski und Mazlish, *op. cit.*, S. 198.
19 Bowle, *op. cit.*, S. 218; Moynahan, *op. cit.*, S. 492.
20 [Anm. d. Übers.: Zum Zitat siehe Thomas Hobbes, *Leviathan oder Stoff, Form und Gewalt eines kirchlichen und bürgerlichen Staates*, herausgegeben von Iring Fetscher, übersetzt von Walter Euchner, Neuwied/Berlin, 1966, »Rückblick und Schluß«, S. 544.] Eine Besonderheit dieses Buches ist sein Titelblatt mit der vielleicht eindringlichsten Darstellung, die je auf einem Buchtitel erschien: Über diver-

sen Kriegsszenen in der unteren Hälfte thront eine Stadt inmitten einer weiten Landschaft, überragt von der gekrönten Gestalt eines Riesen, der von der Hüfte an aufwärts dahinter zu sehen ist, die Arme schützend ausgebreitet, in der Rechten ein Schwert und in der Linken einen Krummstab. Das Faszinierendste an dieser Gestalt ist jedoch, dass sich ihr Körper ganz und gar aus winzigen Menschen zusammensetzt, jeweils mit dem Rücken zum Betrachter und den Kopf zum Haupt des Riesen erhoben. Es ist gewiss eines der unheimlichsten und machtvollsten Bilder der Kunstgeschichte.
21 Roger Smith, *The Fontana History of the Human Sciences*, London, 1997, S. 105ff. [Anm. d. Übers.: Zum Zitat siehe Hobbes, *op. cit.*, 20. Kap., S. 162.]
22 Bronowski und Mazlish, *op. cit.*, S. 205. [Anm. d. Übers.: Zur Definition des »Unterwerfungsvertrages« siehe Hobbes, *op. cit.*, Kap. 21.]
23 Bowle, *op. cit.*, S. 321. [Anm. d. Übers.: Zu den Zitaten siehe Hobbes, *op. cit.*, Kap. 13, S. 94–97.]
24 [Anm. d. Übers.: Hobbes, *op. cit.*, Kap. 13, S. 97, und Kap. 17, S. 134.]
25 Bowle, *op. cit.*, S. 321–328. [Anm. d. Übers.: Zu den Zitaten siehe Hobbes, *op. cit.*, Kap. 19, S. 147f.]
26 Bronowski und Mazlish, *op. cit.*, S. 206f.
27 Bowle, *op. cit.*, S. 331.
28 *ibd.*, *op. cit.*, S. 363. [Anm. d. Übers.: Zum Zitat siehe John Locke, *Zwei Abhandlungen über die Regierung*, übersetzt von Hans Jörn Hoffman, Frankfurt a. M., 1989, Buch II, Kap. 1, §3.]
29 *ibd.*, S. 364. [Anm. d. Übers.: Zum Zitat siehe Locke, *ibd.*, Kap. 11, §134.]
30 Schulze, *op. cit.*, S. 93.
31 Boorstin, *op. cit.*, S. 186, findet es verwunderlich, dass dieses christliche Werk so inspirierend war, wo es doch so »mühsam« sei. [Anm. d. Übers.: Zu den Zitaten siehe John Locke, *Ein Brief über Toleranz*, übersetzt von Julius Ebbinghaus, Hamburg, 1957, S. 29, 53.]
32 Bronowski und Mazlish, *op. cit.*, S. 206.
33 Bowle, *op. cit.*, S. 378.
34 *ibd.*, S. 379ff.
35 Das Traktat wurde ursprünglich anonym veröffentlicht, seine Verbreitung war lange Zeit verboten. Spinoza selbst wurde von der jüdischen Gemeinde Amsterdams ausgeschlossen. [Anm. d. Übers.: Zum Zitat siehe Baruch de Spinoza, *Theologisch-politischer Traktat*, auf Grundlage der Übersetzung von Carl Gebhardt (1908) neu bearbeitet von Günter Gawlick, Hamburg, 1994, 20. Kap., S. 301.]
36 Bowle, *op. cit.*, S. 381. [Anm. d. Übers.: Zum Zitat siehe Spinoza, *op. cit.*, 16. Kap., S. 233.]
37 R. H. Delahunty, *Spinoza*, London, 1984, S. 211f. [Anm. d. Übers.: Zum Zitat siehe Spinoza, *op. cit.*, 16. Kap., S. 238.]
38 Bowle, *op. cit.*, S. 383. [Anm. d. Übers.: Zu den Zitaten siehe Spinoza, *op. cit.*, 17. Kap., S. 249, 251.]
39 [Anm. d. Übers.: Zum Zitat siehe Spinoza, *op. cit.*, 16. Kap., S. 234.]
40 [Anm. d. Übers.: Zum Zitat siehe *ibd.*, S. 232.]
41 Delahunty, *op. cit.*, S. 7.
42 Jonathan I. Israel, *Radical Enlightenment: Philosophy and the Making of Modernity 1650–1750*, Oxford, 2001, S. 591.
43 Giuseppe Mazzitta, *The New Map of the World: The Poetic Philosophy of Giambattista Vico*, Princeton, NJ, 1999, S. 100f.
44 Bowle, *op. cit.*, S. 389.
45 Joseph Mali, *The Rehabilitation of Myth: Vico's »New Science«*, Cambridge, UK, 1992, S. 48.
46 [Anm. d. Übers.: Zu den Zitaten siehe Giambattista Vico, *Die neue Wissenschaft über die gemeinschaftliche Natur der Völker*, übersetzt von Erich Auerbach (1924), Berlin, 1966, S. 25ff.]
47 Siehe Mali, *op. cit.*, S. 99ff., zur Rolle, die Vorsehung und Wissbegier spielten. [Anm. d. Übers.: Zum Zitat siehe Vico, *op. cit.*, S. 52.]
48 Bowle, *op. cit.*, S. 393.
49 Siehe Boorstin, *op. cit.*, S. 233, zu der Frage, inwieweit sich solche Ideen bei Oswald Spengler wiederfinden sollten.
50 Bowle, *op. cit.*, S. 395. [Anm. d. Übers.: Zu den Zitaten siehe Vico, *op. cit.*, S. 181.]
51 Timothy C. W. Blanning, *The Culture of Power and the Power of Culture: Old Regime Europe 1660–1789*, Oxford, 2002, S. 2.
52 *ibd.*, S. 137, 151, 208.
53 *ibd.*, S. 156–159.
54 Israel, *op. cit.*, S. 150f.
55 Blanning, *op. cit.*, S. 169.

KAPITEL 25

1 Kuhn, *Die kopernikanische Revolution*, *op. cit.*, S. 190, nannte es das erste euro-

päische Werk, »das dem Almagest an Tiefe und Vollständigkeit gleichkam«.
2 ibd., S. 191.
3 Popkin, *The Third Force in Seventeenth-Century Thought*, op. cit., S. 102f.; Moynahan, *The Faith*, op. cit., S. 354.
4 Moynahan, op. cit., S. 357.
5 ibd., S. 359.
6 Simon Fish, *A Supplicacyion for the Beggards Rosa*, zitiert in Menno Simons, *The Complete Writings*, Scotsdale, 1956, S. 140f.
7 Armstrong, *God*, op. cit., S. 330.
8 Interessanterweise vertrat Anaxagoras – ein Ionier und Schüler des Anaximenes von Milet – mehrere Ansichten, die Kopernikus vorwegnahmen. So lehrte er zum Beispiel, dass die Sonne in keiner Weise »beseelt«, sondern ein rot glühender Stein von der vielfachen Größe des Peloponnes sei; den Mond bezeichnete er als einen Festkörper mit den gleichen geografischen Strukturen – Ebenen, Bergen, Tälern – wie auf der Erde, die er ihrerseits für eine Kugel hielt (siehe John M. Robertson, *A History of Free-thought*, Bd. I, London, 1969, S. 166).
9 Tatsächlich scheint das Maß an Freidenkertum, das im perikleischen Athen in Mode gewesen war, die von der französischen Aristokratie zu Zeiten von Voltaire vertretene Idee vorweggenommen zu haben, dass der gemeine Mann im Gegensatz zum Adel der Religion bedurfte, um in Schach gehalten werden zu können.
10 Robertson, op. cit., S. 181.
11 Thrower, op. cit., S. 63ff., 84.
12 ibd., S. 122.
13 Robertson, op. cit., S. 395f.
14 Seznec, *The Survival of the Pagan Gods*, op. cit., S. 25, 32, 70, 161.
15 Lucien Febvre, *Das Problem des Unglaubens im 16. Jahrhundert*, aus dem Französischen von Gerda Kurz und Siglinde Summerer, Stuttgart, 2002, S. 399f.
16 Barnes, *An Intellectual and Cultural History*, op. cit., S. 712.
17 So schrecklich das für viele Menschen auch gewesen sein mochte, so hatte es doch etwas Befreiendes an sich, weil es den Gläubigen von »seiner mittelalterlichen Höllenneurose« befreite, wie Harry Elmer Barnes schrieb.
18 Barnes, op. cit., S. 340.
19 Febvre, op. cit., S. 299–309.
20 Barnes, op. cit., S. 715. Wie Febvre nachwies, mangelte es einer Landessprache wie dem Französischen damals nicht nur am entsprechenden Vokabular, sondern auch an der nötigen Syntax, um Skepsis formulieren zu können. Begriffe wie »absolut«, »relativ«, »abstrakt«, »konkret«, »intuitiv« wurden allesamt erst im 18. Jahrhundert geprägt. Das 16. Jahrhundert war »ein Zeitalter, in dem die Menschen glauben wollten« (siehe Febvre, op. cit., S. 397).
21 Kuhn, op. cit., S. 194, zitiert aus einem langen und damals sehr populären Gedicht über die Kosmologie (übersetzt von Joshua Sylvester):
Diese Kerle denken (was für ein dummer Scherz),
daß weder Himmel noch Sterne sich drehen,
noch um diesen großen runden Erdball tanzen,
doch die Erde selbst, unser massives Erdenrund, dreht sich
um sich alle 24 Stunden: und wir sind wie Landratten,
die neu zur Seefahrt an Bord kommen.
Die beim ersten In-See-Stechen vermuten, das Schiff steht still, es ist die Küste, die davonzieht...
22 ibd., S. 195.
23 Philipp Melanchthon ging noch weiter und berief sich expressis verbis auf Bibelpassagen, die eindeutig im Widerspruch zur kopernikanischen Theorie standen, beispielsweise auf Prediger 1, 4–5, in dem es heißt: »...und die Erde bleibt ewiglich/ Und auf geht die Sonne, und unter geht die Sonne und keucht ihrer Stätte zu, wo sie wieder aufgeht« (Zunz'sche Übersetzung aus dem Masoretischen).
24 Kuhn, op. cit., S. 197f.
25 ibd., S. 200f.
26 ibd., S. 210f. Tycho Brahe allerdings konterte mit einer alternativen kopernikanischen Erklärung, welche die Erde im Zentrum des Universums und Mond wie Sonne in ihren alten ptolemäischen Himmelsbahnen beließ. Doch sogar dieses »tychonische System« setzte voraus, dass die Sonne auf ihrer Umlaufbahn die Bahn von Venus und Mars schnitt, und damit war die traditionelle Idee, dass die Planeten und Sterne um eine riesige Kristallkugel kreisten, einfach nicht mehr aufrechtzuerhalten.
27 Thomas, op. cit., S. 416.
28 Verstärkt wurden diese Zweifel noch,

als mit Hilfe des Fernrohrs die Sonnenflecken enthüllt wurden, die »im Widerspruch zur Vollkommenheit der himmlischen Region [standen], ihr Erscheinen und Verschwinden verletzte die Unveränderlichkeit des Himmels, und, was am allerschlimmsten war, die Bewegung der Flecken über die Sonnenscheibe zeigte, daß die Sonne beständig um ihre eigene Achse rotierte und so ein sichtbares Beispiel für die Erdrotation bot« (siehe Kuhn, *op. cit.*, S. 225).

29 Genau das versuchte man natürlich. Einige Gegner von Galilei weigerten sich zum Beispiel, auch nur einen Blick durch ein Fernrohr zu werfen, mit der Begründung, dass Gott den Menschen mit teleskopischen Augen ausgestattet hätte, wenn er gewollt hätte, dass er den Himmel auf diese Weise betrachtete. An den Universitäten wurden das ptolemäische, kopernikanische und das tychonische System Seite an Seite gelehrt, bis Ersteres und Letzteres im 18. Jahrhundert endgültig fallen gelassen wurden.

30 Kuhn, *op. cit.*, S. 202.
31 Barnes, *op. cit.*, S. 784. Zuerst hatten die Gläubigen keinen Widerspruch zwischen Offenbarung und Logik entdeckt (siehe John Redwood, *Reason, Ridicule and Religion, 1660-1750*, London, 1976, S. 214f.).
32 Barnes, *op. cit.*, S. 785.
33 Je mehr man über diese Einstellung nachdenkt, desto schwerer wird es, eine solche Unterscheidung zu treffen.
34 Redwood, *op. cit.*, S. 140. Das Konzept von der Offenbarung erfuhr Ende des 17. Jahrhunderts einen schweren Rückschlag, als die Welt der Hexen, Erscheinungen, Wunderheilungen und Amulette im Kielwasser der wissenschaftlichen Erkenntnisse, die ein atomistisches, deterministisches Universum nahe legten, einen schicksalhaften Dämpfer bekam.
35 Barnes, *op. cit.*, S. 788.
36 Israel, *op. cit.*, S. 519; siehe den Abschnitt über Collins auf S. 614-619.
37 Barnes, *op. cit.*, S. 791.
38 Jim Herrick, *Against the Faith*, London, 1985, S. 58.
39 Roger Smith, *op. cit.*, S. 282. [Anm. d. Übers.: Siehe Jean-Jacques Rousseau, *Der Gesellschaftsvertrag oder Die Grundsätze des Staatsrechtes*, übersetzt von Hermann Denhardt (1880), IV. Buch, Kap. 8.]
40 Nicht alle Deisten waren Negativisten, es gab auch eine Form des Deismus, die Jesus als den wahren Christ anerkannte und nur das Christentum ablehnte, das aus der Kirche erwachsen war. [Anm. d. Übers.: Zum Zitat siehe Immanuel Kant, *Die Religion innerhalb der Grenzen der bloßen Vernunft*, WW Bd. 8, S. 854f.]
41 Barnes, *op. cit.*, S. 794.
42 Preserved Smith, *History of Modern Culture, op. cit.*, Bd. II, S. 522.
43 Stephen Buckle, *Hume's Enlightenment Tract*, Oxford, 2001, S. 111-118, 167f., 270-280, 289-294.
44 Herrick, *op. cit.*, S. 105.
45 Barnes, *op. cit.*, S. 805.
46 Herrick, *op. cit.*, S. 33. So mancher Historiker bezweifelt, dass Bayle wirklich ein Skeptiker war, und reiht ihn eher unter die »Fideisten« ein, die es für ihre christliche Pflicht und Schuldigkeit hielten, Zweifel zu äußern, um den Glauben ihrer Mitmenschen damit eher noch zu festigen (siehe Roy Porter, *The Enlightenment*, London, 2001, S. 15). Viele französische Skeptiker versammelten sich um Denis Diderot (1713-1784) und seine *Encyclopédie*. Zudem waren Leute wie d'Alembert und Helvétius der gleichen Meinung wie Hume, dass der Mensch, der den Glauben von seinen Eltern (oder vom Kindermädchen) beigebracht bekomme, einfach deshalb dabei bleibe, weil man das, was man in der Kindheit lernt – wie die Jesuiten längst erkannt hatten –, nur selten wieder abstreift, sei es im Positiven wie im Negativen.
47 Herrick, *op. cit.*, S. 29; Barnes, *op. cit.*, S. 813; Redwood, *op. cit.*, S. 32.
48 Redwood, *op. cit.*, S. 35. Newton selbst – der Arianer war, das heißt, er glaubte nicht an die Göttlichkeit Christi – hielt den »Raum für eine Folge der Existenz Gottes« und eine »ewige Emanation der göttlichen Allgegenwart«. Nur die Materie sei von Gott »am Schöpfungstag durch einen Willensakt geschaffen« worden. Tatsächlich war das die Rückkehr zu der alten platonischen Lehre von der Emanation (siehe Armstrong, *God, op. cit.*, S. 420f.).
49 Israel, *op. cit.*, S. 41, 60.
50 Redwood, *op. cit.*, S. 35, 181, 187.
51 Richard H. Popkin, *The History of Scepticism from Erasmus to Spinoza*, Berkeley/London, 1979, S. 215f. (siehe auch Popkin, *The History of Scepticism from*

Savonarola to Bayle, Oxford, 2003.); Redwood, *op. cit.*, S. 34.
52 Barnes, *op. cit.*, S. 816. David Rosenberg und Harold Bloom erklärten in ihrer Studie *The Book of J* (1990), dass es sich bei der Quelle J (oder dem Jahwisten) um eine Frau und Aristokratin am Hof von König Salomon gehandelt haben könnte. Dabei sollte man aber wissen, dass die israelische Forschung jüngst sogar Zweifel an der Existenz von König Salomon selbst erhob.
53 In so manchen geologischen Fakultäten heutiger Universitäten wird vergnügt ironisch bis heute der 23. Oktober als Erdengeburtstag gefeiert.
54 Israel, *op. cit.*, S. 142; Redwood, *op. cit.*, S. 131.
55 Boyle sagte, dass er an die Existenz einer »naturgegebenen Moralität« glaube (siehe Herrick, *op. cit.*, S. 39).

KAPITEL 26
1 Bronowski und Mazlish, *op. cit.*, S. 247ff.
2 Zur Flucht nach London und ihren Folgen siehe Boorstin, *op. cit.*, S. 193. Zur Erziehung Voltaires und weshalb sie seinen Drang nach geistiger Unabhängigkeit begründete, sowie zum Einfluss Englands (Locke, Newton) auf die französische Aufklärung siehe Geoffrey Hawthorn, *Enlightenment and Despair: A History of Social Theory*, Cambridge, UK, 1976, passim.
3 Bronowski und Mazlish, *op. cit.*, S. 249. [Anm. d. Übers.: Zum Zitat siehe Voltaire, *Philosophische Briefe*, »Über Herrn Locke«, aus dem Französischen von Rudolf von Bitter, durchgesehen und ergänzt von Jochen Köhler, Frankfurt a. M., 1992, S. 46.]
4 *ibd.*, S. 250.
5 *ibd.*, S. 251. Siehe auch Raymond Naves, *Voltaire et l'Encyclopédie*, Paris, 1938.
6 Philip N. Furbank, *Diderot*, London, 1992, S. 73, 84, 87.
7 Norman Hampson, *The Enlightenment* (1968), London, 1982, S. 53f.
8 Alfred Ewert, *The French Language*, London, 1964, S. 1f.
9 *ibd.*, *op. cit.*, S. 8f. In England wurde vom 12. bis zum Ende des 13. Jahrhunderts Französisch bei Hof, im Parlament und an den Gerichten gesprochen; eine höfische Sprache sollte Französisch bis zum 15. Jahrhundert bleiben, der Schriftverkehr bei Gericht wurde erst im 18. Jahrhundert auf Englisch umgestellt.
10 Queenie D. Leavis, *Fiction and the Reading Public* (1865), London, 1932, S. 83f., 106 sowie Kap. 2, Teil II, zu der großen sozialen Bandbreite der Leserschaft von Bunyan und Crusoe.
11 Siehe Arnold Hauser, *Sozialgeschichte der Kunst und Literatur*, München, 1967.
12 Leavis, *op. cit.*, S. 123, 132, 145, 300. Im Zug dieses ersten Trends wurden mehrere Zeitschriften lanciert: 1731 erschien die erste Ausgabe des *Gentleman's Magazine*, bald darauf gefolgt vom *London Magazine*, 1749 von der *Monthly Review* und 1756 von der *Critical Review*.
13 Nur von Lukrez lässt sich angesichts seiner frühen Evolutionsvorstellungen behaupten, dass er wirklich eine Art von Fortschrittsidee vertrat.
14 Barnes, *op. cit.*, S. 714; Hampson, *op. cit.*, S. 80ff.
15 Roger Smith, *The Fontana History of the Human Sciences*, *op. cit.*, S. 162.
16 *ibd.*, S. 158f., 162.
17 Alfred Cobban, *In Search of Humanity: The Role of the Enlightenment in Modern History*, London, 1960, S. 69.
18 Boorstin, *op. cit.*, S. 184.
19 Roger Smith, *op. cit.*, S. 175.
20 *ibd.*, S. 192, 196f. Zu der Zögerlichkeit von Leibniz gegenüber manchen Ideen Newtons siehe Cobban, *op. cit.*, S. 38. [Anm. d. Übers.: Zu den Zitaten siehe Gottfried Wilhelm Leibniz, *Monadologie*, aus dem Französischen von Heinrich Köhler, Frankfurt/Leipzig, 1720, §1, 16.]
21 Israel, *op. cit.*, S. 436f., bes. S. 552ff.
22 Cobban, *op. cit.*, S. 208, 210f. Die Physiognomie wurde im 18. Jahrhundert zu einer fixen Idee. Ein dauerhaftes Erbe des Kant'schen Denkansatzes boten zwei im Jahr 1783 gegründete Fachzeitschriften (*Zeitschrift für empirische Psychologie* und das *Magazin zur Erfahrungsseelenkunde*), die angesichts ihrer engen Verknüpfung von Medizin und Physiologie einen weiteren Schritt auf dem Weg zu einer modernen Psychologie darstellten.
23 Roger Smith, *op. cit.*, S. 216; Cobban, *op. cit.*, S. 133; Lester G. Crocker, *Nature and Culture: Ethical Thought in the French Enlightenment*, Baltimore, 1963, S. 479ff.
24 Roger Smith, *op. cit.*, S. 221.
25 Julien Offray de La Mettrie, *Der Mensch eine Maschine*, aus dem Französi-

schen von Theodor Lücke (1965), Stuttgart, 2001, S. 55, 69, 82, 86, 92.
26 Dror Wahrman, *The Making of the Modern Self: Identity and Culture in Eighteenth Century England*, New Haven, 2004, S. 275–286.
27 James Buchan, *Capital of the Mind*, London, 2003, S. 1f., 5.
28 *ibd.*, S. 174–179. Diese Entwicklung trug auch zu neuen Gesetzgebungen bei, siehe Cobban, *op. cit.*, S. 99.
29 Robert A. Houston, *Social Change in the Age of Enlightenment: Edinburgh 1660–1760*, Oxford, 1994, S. 8f., 80.
30 Buchan, *op. cit.*, S. 243. Im 19. Jahrhundert wurde Hume so gut wie nicht gelesen, erst in den »dunklen Zwanzigern... wurde Hume zum König aller britischen Philosophen gekrönt«. Aus seinem ersten Job flog er hinaus, weil es gewagt hatte, das Englisch seines Meisters zu verbessern (siehe Buchan, *op. cit.*, S. 76).
31 *ibd.*, S. 247. [Anm. d. Übers.: Zum Zitat siehe David Hume, *Ein Traktat über die menschliche Natur*, Einleitung zu Buch I, übersetzt von Theodor Lipps (1904), Hamburg, 1989, S. 4.]
32 Buckle, *Hume's Enlightenment Tract, op. cit.*, S. 149-168.
33 Buchan, *op. cit.*, S. 81; Hawthorn, *op. cit.*, S. 32f. [Anm. d. Übers.: Zum Zitat siehe David Hume, *Untersuchung in Betreff des menschlichen Verstandes*, Abt. V, »Skeptische Lösung dieser Zweifel«, Abschn. II, aus dem Englischen von Julius H. von Kirchmann, Berlin, 1869.]
34 Buchan, *op. cit.*, S. 247. [Anm. d. Übers.: Zu den Zitaten siehe Hume, *Über die menschliche Natur, op. cit.*, S. 3.]
35 *ibd.*, S. 81; Buckle, *op. cit.*, S. 14f. Zum Widerhall, den Hume bei William James fand, siehe Hawthorn, *op. cit.*, S. 32.
36 Buchan, *op. cit.*, S. 221. Laut Cobban, *op. cit.*, S. 172 hatte Ferguson jedoch Vorgänger in einigen französischen und Schweizer Autoren.
37 Buchan, *op. cit.*, S. 222.
38 Fania Oz-Salzberger, *Translating the Enlightenment: Scottish Civic Discourse in Eighteenth-Century Germany*, Oxford, 1995, bes. Kap. 4.
39 Buchan, *op. cit.*, S. 224.
40 Viele Augen richteten sich nun auf die Vereinigten Provinzen der Niederlande: Hier hatte man das Beispiel eines kleinen Landes vor Augen, das sich unter vielen Problemen gerade erst selbst neu erschaffen hatte, dank seiner hervorragenden Leistungen im Bereich der Künste und des Kommerz aber bereits einen führenden Platz unter den Nationen einnahm.
41 *Vital statistics* – »Bevölkerungsstatistik« – ist ein viktorianischer Begriff (siehe Buchan, *op. cit.*, S. 309).
42 *ibd.*, S. 316. [Anm. d. Übers.: Zum Zitat siehe Adam Smith, *Der Wohlstand der Nationen. Eine Untersuchung seiner Natur und seiner Ursachen*, aus dem Englischen von Horst Claus Recktenwald, 1. Buch, Kap. 4., revidierte Fassung, München, 1978, S. 22f.]
43 Ian Simpson Ross, *The Life of Adam Smith*, Oxford, 1995, S. 17, 133.
44 *ibd.*, S. 121, 157ff.
45 Paul Langford, *A Polite and Commercial People*, Oxford, 1989, S. 3, 391, 447.
46 Roger Smith, *op. cit.*, S. 317.
47 Langford, *op. cit.*, S. 70.
48 Roger Smith, *op. cit.*, S. 319.
49 Hawthorn, *op. cit.* S. 56. [Anm. d. Übers.: Das Zitat stammt aus Adam Smith, *Lectures on Rhetoric and Belles Lettres, delivered in the University of Glasgow, reported by a student in 1762-63*.]
50 Bernal schreibt in *Science in History*, Bd. 4, S. 1052, dass das Prinzip des *laissez faire* für Adam Smith die natürlichste Ordnung darstellte.
51 Henry Thomas Buckle, *A History of Civilisation in England*, London, 1871, Bd. I, S. 194.
52 Roger Smith, *op. cit.*, S. 333.
53 Diese Form von Pessimismus ist sehr lebendig geblieben, im 20. Jahrhundert beispielsweise verkörpert durch die Umweltschutzbewegungen. Abgesehen davon lässt sich damit auch erklären, weshalb Thomas Carlyle die Ökonomie eine »trostlose Wissenschaft« nannte (siehe Kenneth Smith, *The Malthusian Controversy*, London, 1951).
54 Roger Smith, *op. cit.* S. 251, 335; Hawthorn, *op. cit.*, S. 80.
55 Der entscheidende Unterschied zwischen damals und heute im Hinblick auf die Soziologie – wie wir es der Einfachheit halber in beiden Fällen nennen können – ist, dass man sich im 18. Jahrhundert weniger Gedanken über die Biologie und Psychologie machte als heute und sich mehr mit Fragen der Moral (Tugend) und der Politik befasste.
56 Cobban, *op. cit.*, S. 147. Boorstin, *op. cit.*, S. 198, betrachtet ihn als einen

Masochisten auf der ewigen Suche nach *la maman*.
57 Jean-Jacques Rousseau, »Über den Ursprung der Ungleichheit unter den Menschen«, Erster Teil, in: Rousseau, *Schriften zur Kulturkritik*, hg. und übersetzt von Kurt Weigand (1955), Hamburg, 1995, S. 107.
58 Roger Smith, *op. cit.*, S. 278.
59 Rousseau, *op. cit.*, Zweiter Teil, S. 209, 213.
60 Boorstin, *op. cit.*, S. 199. Angesichts seines Arguments, dass der Mensch sich von seinen Gefühlen leiten lassen solle, kann Rousseau selbst als ein Mitbegründer der romantischen Bewegung betrachtet werden. Diese Einstellung lag auch seiner Erziehungstheorie zugrunde: Er glaubte an die kindliche Unschuld, im Gegensatz zur damals vorherrschenden Sicht, dass jedes Kind die Erbsünde in sich trage und deshalb auf den rechten Weg geprügelt werden müsse.
61 Hawthorn, *op. cit.*, S. 14f.
62 Roger Smith, *op. cit.*, S. 293.
63 Siehe jedoch Boorstin, *op. cit.*, S. 161, zu Bacons Unfähigkeit, die Fortschritte bei Napier, Vesalius und Harvey zu erkennen.
64 Cobban, *op. cit.*, S. 61.
65 Frederick John Teggart, *The Idea of Progress*, Berkeley, 1925, S. 110ff.
66 Boorstin, *op. cit.*, S. 219.
67 Barnes, *op. cit.*, S. 824; James Bonar, *Philosophy and Political Economy*, London, 1893, S. 204f.
68 H. S. Salt, *Godwin's Inquiry Concerning Political Justice*, London, 1796, S. 1f.
69 »Dies ist die Apotheose des Individualismus und gewissermaßen auch des Protestantismus«, kommentierte ein Beobachter (siehe Barnes, *op. cit.*, S. 836).
70 *ibd.*, S. 839; Boorstin, *op. cit.*, S. 208. [Anm. d. Übers.: Zu den Zitaten siehe Immanuel Kant, »Idee zu einer allgemeinen Geschichte in weltbürgerlicher Absicht«, in: *Berlinische Monatsschrift*, November 1784, S. 385–411.]
71 Boorstin, *op. cit.*, S. 207–212. Hawthorn, *op. cit.*, S. 72–79, nennt Saint-Simon allerdings einen »Opportunisten«.

KAPITEL 27
1 Charles Dickens, *Harte Zeiten* (1854), aus dem Englischen von Paul Heichen, Frankfurt. a. M., 1986, S. 36f.
2 Kate Flint, Vorwort zu Charles Dickens, *Hard Times*, London, 2003, S. xi.
3 Bronowski und Mazlish, *op. cit.*, S. 307. Je nachdem, mit welchem Wissenschaftler man spricht, gab es auch »Revolutionen« mit ganz anderen Bedeutungen im 18. Jahrhundert, beispielsweise eine demografische oder eine chemische und eine agrikulturelle.
4 David Landes, *The Wealth and Poverty of Nations*, New York, 1998/99, S. 42 [vgl. Landes, *Wohlstand und Armut der Nationen*, übersetzt von Ulrich Enderwitz, Monika Noll, Rolf Schubert, Berlin, 1999]; Bernal, *Science and History*, *op. cit.*, S. 520; Hall, *Cities in Civilisation*, *op. cit.*, S. 313.
5 Hall, *op. cit.*, S. 312f.; Phyllis Deane, *The First Industrial Revolution*, Cambridge, UK, 1979, S. 90.
6 David S. Landes, *The Unbound Prometheus: Technological Change and Industrial Development in Western Europe from 1750 to the Present Day*, Cambridge, UK, 1969, S. 302f. [vgl. Landes, *Der entfesselte Prometheus. Technologischer Wandel und industrielle Entwicklung in Westeuropa von 1750 bis zur Gegenwart*, München, 1973].
7 Peter Lane, *The Industrial Revolution*, London, 1978, S. 231. Zu Watts Übersiedlung nach Birmingham siehe Samuel Smiles, *The Lives of Boulton and Watt*, London, 1865, S. 182–198.
8 Hall, *op. cit.*, S. 315f.; Lane, *op. cit.*, S. 68f.
9 Landes, *Wealth and Poverty of Nations*, *op. cit.*, S. 41.
10 *ibd.*
11 *ibd.*
12 Deane, *op. cit.*, S. 22.
13 *ibd.*
14 Landes, *Wealth and Poverty*, S. 64f. [Anm. d. Übers.: Das Zitat stammt aus Tocqueville, *Notizen über eine Reise nach England.*]
15 *ibd.*, S. 5.
16 Eric Hobsbawm, *The Age of Revolution*, London, 1962, S. 63 [vgl. Hobsbawm, *Europäische Revolutionen 1789 bis 1848*, aus dem Englischen von Boris Goldenberg, München/Berlin, 1966].
17 Landes, *Wealth and Poverty*, S. 7.
18 Hall, *op. cit.*, S. 308.
19 Landes, *Wealth and Poverty*, S. 262.
20 *ibd.*, S. 282.
21 Bernal, *Science and History*, S. 600.
22 *ibd.*, S. 286f.
23 Kleist wird in der Wissenschaftsge-

schichte gerne vernachlässigt (siehe Michael Brian Schiffer, *Draw the Lightning Down: Benjamin Franklin and Electrical Technology in the Age of Enlightenment*, Berkeley, 2003, S. 46).

24 André-Marie Ampère (1775–1836), Johann Carl Friedrich Gauß (1777–1855) und Georg Ohm (1787–1854) brachten noch weit mehr über durch Strom erzeugte Magnetfelder und den Stromfluss in Erfahrung. Die dynamische Elektrizität war zu einer quantitativen Wissenschaft geworden (siehe Landes, *Unbound Prometheus*, S. 285).

25 Bernal, op. cit., S. 620.

26 ibd., S. 621.

27 Siehe das Kapitel »The Oxygen Dispute« in: Jean-Pierre Poirier, *Lavoisier: Chemist, Biologist, Economist*, Philadelphia, 1996, S. 72ff. Siehe auch Nick Lane, *Oxygen: The Molecule that Made the World*, Oxford, 2003, passim.

28 Poirier, op. cit., S. 72ff; zur neuen Chemie S. 102 ff.; zur Anordnung von Säuren S. 105ff.; zur Verbrennung S. 107; zur Kalzinierung von Metallen S. 61ff. und zur Analyse von Wasser S. 150.

29 John Dalton, *A New System of Chemical Philosophy*, London, 1808–1827 (Neudruck 1953), Bd. II, Abschnitt 13, S. 1ff., 231ff. sowie die Diagramme S. 217.

30 Barnes, op. cit., S. 681.

31 Bernal, *Science and History*, op. cit., S. 625.

32 Bronowski und Mazlish, op. cit., S. 323f.

33 Robin Reilly, *Josiah Wedgwood, 1730–1795*, London, 1992, S. 183; Bronowski und Mazlish, op. cit., S. 325.

34 Reilly, op. cit., S. 314.

35 ibd., S. 327. Auch Samuel Galton – Großvater von Francis Galton, Gründervater der Eugenik und einer der ersten Sammler von wissenschaftlichen Instrumenten – wechselte von der Warrington Academy zur Lunar Society. Der Pädagoge Thomas Day erwarb sich den größten Ruhm mit seinen Kindergeschichten, auch wenn sie in einem »aufgeblasenen und faden« Stil geschrieben waren, außerdem pflegte er den anderen Mitgliedern der Gesellschaft Geld für ihre Forschungen zu leihen (siehe Tobert E. Schifield, *The Lunar Society of Birmingham: A Social History on Provincial Science and Industry in Eighteenth Century England*, Oxford, 1963, S. 53). James Keir, ein einstiger Berufssoldat, versuchte sich an der Extraktion von Laugensalzen aus Seetang (seine Methode funktionierte, aber der Ertrag war zu gering) und übersetzte, da er in Frankreich gekämpft hatte und fließend Französisch sprach, Pierre Joseph Macquers *Dictionnaire de Chimie*, ein hoch angesehenes und höchst anwendbares Werk. Diese Übersetzung trug eine Menge zum Ruf der Lunar Society bei.

36 John Graham Gillam, *The Crucible: The Story of Joseph Priestley LLD, FRS*, London, 1959, S. 138; Bronowski und Mazlish, op. cit., S. 329f.

37 Jenny Uglow, *The Lunar Men: The Friends Who Made the Future*, London, 2002, S. 210–221, 237, 370, 501.

38 Schofield, op. cit., S. 440.

39 Als der Staat Massachusetts um 1760 seine berühmte Protestnote an die britische Regierung sandte, der zufolge diese kein Recht habe, die Kolonie zu besteuern, da es keinen Repräsentanten aus Massachusetts im Parlament gebe, rechtfertigten die Briten ihre Politik unter anderem mit der Begründung, dass auch Manchester nicht im Parlament repräsentiert sei (siehe Henry Steel Commager, *The Empire of Reason: How Europe Imagined and America Realised the Enlightenment*, London, 1978). Zur Atmosphäre in Birmingham siehe Gillam, op. cit., S. 182.

40 Landes, *Unbound Prometheus*, S. 23.

41 Eine gute Darstellung der Kontroverse findet sich in ibd., S. 22–26.

42 Edward P. Thomson, *The Making of the English Working Class*, London, 1963, S. 807f.

43 ibd., S. 781ff.

44 Athol Fitzgibbons, *Adam Smith's System of Liberty, Wealth and Virtue; The Moral and Political Foundation of the Wealth of Nations*, Oxford, 1995, S. 5ff.

45 Landes, *Unbound Prometheus*, S. 246.

46 Zu Ricardos Bruch mit der Religion siehe David Weatherall, *David Ricardo*, Den Haag, 1976, S. 27.

47 ibd., S. 147; John Kenneth Galbraith, *A History of Economics*, London, 1987, S. 84.

48 Galbraith, op. cit., S. 118.

49 Frank Podmore, *Robert Owen*, New York, 1968, S. 188.

50 Arthur L. Morton, *The Life and Ideas of Robert Owen*, London, 1963, S. 92.

51 ibd., S. 88ff.

52 Bronowski und Mazlish, op. cit., S. 450ff.

53 Ronald W. Harris, *Romanticism and the Social Order*, London, 1969, S. 80.
54 Unter anderem gründete er auch ein Institut, in dem Abendkurse für alle angeboten wurden, die sich nach Beendigung der Schule weiterbilden wollten (siehe Morton, *op. cit.*, S. 106).
55 Eine seiner anderen Ideen waren die so genannten *owenite communities* in London, Birmingham, Norwich und Sheffield, in denen er Handwerker ansiedelte, die ohne Beteiligung eines kapitalistischen Arbeitgebers ihre Produkte herstellten. Owen blieb immer davon überzeugt, dass der Kapitalismus ein »von Natur aus böses System« sei, und tat viel, um seine Zeitgenossen von seinen Visionen zu überzeugen. Hauptsächlich aus diesem Grund war er auch ein so leidenschaftlicher Verfechter von Gewerkschaften. Ihm war zudem die Idee der *labour exchanges* zu verdanken, womit hier nicht Arbeitsämter gemeint waren, sondern ein System, das Handwerker in die Lage versetzte, ihre Produkte gegen *labour notes* (Arbeitsscheine) zu tauschen, die dann ihrerseits gegen Waren eingetauscht werden konnten – noch eine Einrichtung, mit der die Möglichkeit geschaffen wurde, das kapitalistische System zu umgehen. Die Umsetzung solcher Ideen ging meistens schief, jedenfalls zumindest in der Form, in der Owen es sich vorgestellt hatte. Doch Owen war auch eher ein Visionär als ein Organisator gewesen. Viele seiner Ideen sollten in der zweiten Hälfte des 19. Jahrhunderts in die Labour-Politik einfließen und über ein Gutteil des 20. Jahrhunderts beibehalten werden (siehe Harris, *op. cit.*, S. 84).
56 Hobsbawm, *op. cit.*, S. 69.
57 *ibd.*, S. 72f., sowie Engels' Gespräch mit einem Einwohner von Manchester, S. 182.
58 In Frankreich erhofften sich Juden eine bessere Zukunft, siehe Hobsbawm, *op. cit.*, S. 197.
59 Terrell Carver (Hg.), *The Cambridge Companion to Marx*, Cambridge, UK, 1991, S. 56. [Anm. d. Übers.: In der Reihenfolge der Zitate siehe Karl Marx und Friedrich Engels, *Manifest der Kommunistischen Partei*, I.: »Bourgeois und Proletarier«, sowie *Die deutsche Ideologie. Kritik der neuesten deutschen Philosophie in ihren Repräsentanten Feuerbach, B. Bauer und Stirner und des deutschen Sozialismus in seinen verschiedenen Propheten*, Einleitung: »[2.] Über die Produktion des Bewusstseins«, übersetzt nach dem Originalmanuskript vom Marx-Engels-Lenin-Institut, Moskau, 1932.]
60 Roger Smith, *op. cit.*, S. 435.
61 Galbraith, *op. cit.*, S. 128f.
62 David McLellan, *Karl Marx: His Life and Thought*, London, 1973, S. 299f., 349f.
63 *ibd.*, S. 433–442.
64 Karl Marx, *Das Kapital*, Bd. I, Kap. 24, »Die sogenannte ursprüngliche Akkumulation«, <791>.
65 McLellan, *op. cit.*, S. 447.
66 Raymond Williams, *Culture and Society, 1780–1950*, London, 1958.
67 Adam Smith war einer der Ersten, der diesen Begriff in *Wohlstand der Nationen* in diesem Sinne verwandte.
68 Williams, *op. cit.*, S. 13ff.
69 *ibd.*, S. 15f.
70 *ibd.*, S. 16, 124. Siehe auch Nicholas Murray, *A Life of Matthew Arnold*, London, 1996, S. 243ff.
71 Williams, *op. cit.*, S. 130, 136; Murray, *op. cit.*, S. 245; Matthew Arnold, *Culture and Anarchy*, London, 1869, S. 28.
72 Kenneth Pomeranz, *The Great Divergence: China, Europe and the Making of the Modern World Economy*, Princeton/London, 2000, passim.
73 Karl Polanyi, *The Great Transformation* (1944), Boston, 2001, S. 3, 5, 7 [vgl. Polanyi, *The Great Transformation. Politische und ökonomische Ursprünge von Gesellschaften und Wirtschaftssystemen*, übersetzt von Heinrich Jelinek, Wien 1977/Frankfurt a. M., 1978].
74 *ibd.*, S. 15; Niall Ferguson, *The Cash Nexus*, London, 2001, S. 28f., 295f., sowie die Tabelle S. 355 zum Zuwachs an Demokratie. Die Ironie, dass diese Periode zugleich der Höhepunkt des Imperialismus war, wird viel zu selten wahrgenommen.

KAPITEL 28

1 Elliott, *op. cit.*, S. 54f. [Anm. d. Übers.: Zum Zitat siehe Marx und Engels, *Manifest der Kommunistischen Partei*, *op. cit.*, I. »Bourgeois und Proletarier«.]
2 *ibd.*, S. 56f.
3 Samuel Eliot Morison, Henry Steele Commager und William E. Leuchtenberg, *The Growth of the American Republic*, Oxford/New York, 1980, Bd. 2, S. 4f [vgl. Morison et al., *Das Werden der amerikanischen Republik. Geschichte der Ver-

einigten Staaten von ihren Anfängen bis zur Gegenwart, Stuttgart, 1950].
4 Elliott, *op. cit.*, S. 58f. Der Autor bezweifelt, dass die Barockkunst, die sich ja so stark auf Gold- und Silberornamente stützte, ohne die Bodenschätze der Neuen Welt je entstanden wäre.
5 *ibd.*, S. 65.
6 *ibd.*, S. 84; Greene, *The Intellectual Construction of America, op. cit.*, S. 29–42; zu den anfänglichen Vorstellungen von einem paradiesischen Utopia in Amerika siehe S. 28f.
7 Elliott, *op. cit.*, S. 86f. Die Potenz dieses neuen wirtschaftlichen Arrangements war so deutlich, dass sich sogar die muslimische Welt dafür zu interessieren begann. Angesichts der Erfolge Spaniens auf dem amerikanischen Kontinent und der riesigen Silberreserven, über die es nun verfügen konnte, begannen die Osmanen mit sichtlicher Neugier in Richtung Neue Welt zu blicken. Um das Jahr 1580 wurde Sultan Murad III. eine »Geschichte Westindiens« überreicht, die sich im Wesentlichen auf italienische und spanische Quellen stützte und in der es hieß: »Innerhalb von zwanzig Jahren hat das spanische Volk alle Inseln erobert, von vierzigtausend Menschen Besitz ergriffen und Tausende von ihnen getötet. Möge Gott gewähren, dass diese nutzbringenden Länder eines Tages von der islamischen Familie erobert, von Muslimen bewohnt und der osmanischen Region angehören werden« (siehe *ibd.*, S. 88).
8 Bodmer, *Armature of Conquest, op. cit.*, S. 212; Elliott, *op. cit.*, S. 103. [Anm. d. Übers.: Zum Zitat siehe Montaigne, *Essais, op. cit.*, Drittes Buch, 6: »Über Wagen«, S. 200.]
9 Henry Steele Commager, *The Empire of Reason*, London, 1977, S. 83f.
10 Siehe Kushnarev, *Bering's Search for the Strait, op. cit.*, S. 169.
11 Bodmer, *op. cit.*, S. 106.
12 Antonello Gerbi, *The Dispute of the New World: The History of a Polemic, 1750–1900*, Pittsburgh, 1973, S. 61.
13 Greene, *op. cit.*, S. 128.
14 Gerbi, *op. cit.*, S. 7.
15 Greene, *op. cit.*, S. 129; Bodmer, *op. cit.*, S. 111; Gerbi, *op. cit.*, S. 52ff.
16 Commager, *op. cit.*, S. 16. Zu Franklins Treffen mit Voltaire siehe Gary Wills, *Inventing America*, Boston, 1978/2002, S. 99f.
17 Commager, *op. cit.*, S. 17; Hugh Brogan, *The Penguin History of the United States*, London, 1985, S. 93.
18 Commager, *op. cit.*, S. 20; Brogan, *op. cit.*, S. 98.
19 Commager, *op. cit.*, S. 21.
20 *ibd.*, S. 23f.; Wills, *op. cit.*, S. 172.
21 Greene, *op. cit.*, S. 168; John Ferling, *A Leap in the Dark*, Oxford, 2003, S. 256.
22 Commager, *op. cit.*, S. 30.
23 *ibd.*, S. 33; Wills, *op. cit.*, S. 45.
24 Commager, *op. cit.*, S. 39.
25 Greene, *op. cit.*, S. 121–138; Brogan, *op. cit.*, S. 178.
26 Commager, *op. cit.*, S. 41.
27 *ibd.*, S. 94; Merrill D. Peterson, *Thomas Jefferson and the New Nation*, Oxford, 1970, S. 159f.
28 Wills, *op. cit.*, S. 136f.; Commager, *op. cit.*, S. 98.
29 Commager, *op. cit.*, S. 106ff.
30 Wills, *op. cit.*, S. 129, sowie S. 99 zu den technischen Spielereien, mit denen Monticello ausgestattet wurde.
31 Commager, *op. cit.*, S. 114.
32 *ibd.*, S. 99f.
33 Wills, *op. cit.*, S. 287.
34 Commager, *op. cit.*, S. 146–153; Ferling, *op. cit.*, S. 315.
35 Wills, *op. cit.*, S. 6 zu Pendleton, S. 8. zu Adams (den John F. Kennedy 1956 in seinen *Profiles in Courage* beschrieb).
36 Commager, *op. cit.*, S. 173 (zum Zitat siehe Samuel Williams, *Natural and Civil History of Vermont*, 1794, S. 343f).
37 *ibd.*, S. 176.
38 W. H. Auden, *City Without Walls*, London, 1969, S. 58.
39 Commager, *op. cit.*, S. 181.
40 *ibd.*, S. 183; Brogan, *op. cit.*, S. 216.
41 Commager, *op. cit.*, S. 187f.
42 Ferling, *op. cit.*, S. 26.
43 Commager, *op. cit.*, S. 192.
44 *ibd.*, S. 192f.
45 Ferling, *op. cit.*, S. 150.
46 Commager, *op. cit.*, S. 208.
47 Zu den Auswirkungen, die dieses Denken auf Europa hatte, siehe Greene, *op. cit.*, S. 131ff.
48 Ferling, *op. cit.*, S. 257, 298; Commager, *op. cit.*, S. 236–241.
49 Wills, *op. cit.*, S. 249; Ferling, *op. cit.*, S. 434.
50 Commager, *op. cit.*, S. 245.
51 Tocqueville bemerkte zum Beispiel auch einen starken Unterschied zwischen den »liederlichen« französischsprachigen Einwohnern von New Orleans und den »frommen« Franko-Kanadiern.

52 André Jardin, *Tocqueville*, London, 1988, S. 117, 149; James T. Schleifer, *The Making of Tocqueville's »Democracy in America«*, Chapel Hill, 1980, S. 62f., 191ff, 263ff.
53 Jardin, op. cit., S. 126, 158; Brogan, op. cit., S. 319.
54 Jardin, op. cit., S. 114. Einer anderen Auslegung zufolge hielt Tocqueville das Prinzip der Gleichheit für den wichtigsten Faktor in Amerika, glaubte aber nicht, dass die Revolution entscheidend zu dieser Geisteshaltung beigetragen habe. Berühmt ist auch seine Prognose, dass Amerika und Russland dereinst die beiden Großmächte dieser Welt sein würden (siehe Wills, op. cit., S. 323).
55 Alexis de Tocqueville, *Œuvres Complètes*, hg. von Jacob Peter Mayer, Paris, 1951, Bd. I, S. 236; Jardin, op. cit., S. 162.
56 Brogan, op. cit., S. 75; Jardin, op. cit., S. 208.
57 Jardin, op. cit., S. 216.
58 Einige seiner Argumente und Beobachtungen waren allerdings ziemlich paradox. So fand er den Umgang in Amerika beispielsweise persönlicher, hielt die Menschen aber zugleich für wesentlich neidischer aufeinander. Und von der industriellen Entwicklung in Amerika fürchtete er, dass sie den Gemeinschaftsgeist zerstören könnte, weil sie die Unterschiede zwischen den Menschen so stark betone (siehe Jardin, op. cit., S. 263).
59 Wills, op. cit., S. 323.

KAPITEL 29
1 Donald F. Lach, *Asia in the Making of Europe*, Chicago, 1965, Bd. I, 1. Buch, S. 152f.
2 ibd., S. 155.
3 John W. O'Malley et al., (Hg.), *The Jesuits: Culture, Science and the Arts, 1540–1773*, Toronto, 1999, S. 247, 338.
4 ibd., S. 380; Lach, op. cit., S. 314ff. Eine informative Quelle hierfür ist auch John Correia-Afonso SJ, *Jesuit Letters and Indian History*, Bombay, 1955.
5 O'Malley, op. cit., S. 408ff., schildert noch weitere Hindubräuche, über die Jesuiten berichtet hatten.
6 Lach, op. cit., S. 349, 415.
7 Die Pracht und die Reiterkünste der Mughalen wurden ebenso ausgiebig geschildert wie die religiöse Rolle ihrer Herrscher, daneben fielen Bemerkungen über Epidemien, Münzen, Preise und das Vorhandensein oder Nichtvorhandensein von bestimmten Nahrungsmitteln; politische Themen wurden im Allgemeinen übergangen, abgesehen von Beschreibungen des einen oder anderen Herrschers (siehe Correia-Afonso, op. cit., passim).
8 Lach, op. cit., S. 436, 439.
9 O'Malley, op. cit., S. 405 befasst sich mit der Vorstellung einiger Jesuiten, dass sie den Hinduismus besser verstünden als die Hindus selbst.
10 Lach, op. cit., S. 442.
11 Gernet, *A History of Chinese Civilisation*, op. cit., S. 440.
12 ibd., S. 441.
13 Charles O. Hucker, *China's Imperial Past*, London, 1975, S. 376.
14 Gernet, op. cit., S. 507f. Typisch chinesisch war, dass kein Schriftzeichen verwendet werden durfte, welches im Namen des Kaisers enthalten war, damit man gar nicht erst Gefahr lief, irgendwie respektlos mit den Bestandteilen seines Namens umzugehen.
15 ibd., S. 521f.
16 Commager, op. cit., S. 62.
17 Peter Watson, *From Manet to Manhattan: The Rise of the Modern Art Market*, New York/London, 1992/93, S. 108f.
18 Marshall G. S. Hodgson, *The Venture of Islam: Conscience and History in a World Civilisation*, Bd. III: *The Gunpowder Empires and Modern Times*, Chicago/London, 1958, S. 42, 50.
19 Hourani, *History of the Arab Peoples*, op. cit., S. 256ff.; Bernard Lewis, *What Went Wrong*, London, 2002, S. 7 [vgl. Lewis, *Der Untergang des Morgenlandes. Warum die islamische Welt ihre Vormacht verlor*, aus dem Englischen von Friedel Schröder und Martina Kluxen-Schröder, Bergisch Gladbach, 2002].
20 Lewis, op. cit., S. 118.
21 Asli Çirakan, *From the »Terror of the World« to the »Sick Man of Europe«: European Images of Ottoman Empire and Society from the Sixteenth Century to the Nineteenth Century*, New York, 2002, S. 51.
22 Ekmeleddin Ihsanoglu, *Science, Technology and Learning in the Ottoman Empire: Western Influence, Local Institutions and the Transfer of Knowledge*, Aldershot, 2004, S. II/10–15, 20.
23 ibd., S. III/15, IX/161ff.
24 ibd., S. II/20; Fatma Müge Göçek, *East Encounters West: France and the Ottoman Empire in the Eighteenth Century*, Oxford, 1987, S. 25, 58.

25 Lewis, *op. cit.*, S. 25.
26 Gulfishan Khan, *Indian Muslim Perceptions of the West during the Eighteenth Century*, Oxford, 1988; siehe auch Michael Fischer, *Counterflows to Colonialism: Indian Travellers and Settlers in Britain 1600–1857*, Oxford, 2004.
27 Im späten 16. Jahrhundert wurde ein türkisches Buch über die Neue Welt verfasst, das offenbar auf Informationen aus europäischen Quellen beruhte – wobei es sich vermutlich eher um mündliche als um schriftliche Quellen gehandelt hatte. Es beschreibt die Flora, Fauna und Bewohner der Neuen Welt und bringt die Hoffnung zum Ausdruck, dass dieses gesegnete Land zu gegebener Zeit im Licht des Islam erstrahlen möge. Auch diese Schrift blieb unbekannt, bis sie schließlich 1729 in Istanbul gedruckt wurde – Wissen war etwas, das man erwarb, einlagerte, sich wenn nötig kaufte, aber nicht etwas, das man wachsen und gedeihen oder sich entwickeln ließ (siehe Lewis, *op. cit.*, S. 37ff.).
28 *ibd.*, S. 46.
29 *ibd.*, S. 47.
30 *ibd.*, S. 66, 79. Die vom islamischen Gesetz geprägten Einstellungen sollten sich jedoch ändern (siehe Hourani, *op. cit.*, S. 303ff. und Kap. 35, sowie Lewis, *op. cit.*, S. 79).
31 Lewis, *op. cit.*, S. 158.
32 O'Malley, *op. cit.*, S. 241ff.
33 Raymond Schwab, *The Oriental Renaissance: Europe's Rediscovery of India and the East, 1680–1880*, New York, 1984, S. 7, 11 [vgl. Schwab, *La Renaissance Orientale*, Paris, 1950].
34 Abraham Hyacinthe Anquetil-Duperron, Vorwort zur Übersetzung des *Zenda Avesta: Ouvrage de Zoroastre*, Paris, 1771, S. xii. Edward Saids kontroverse Ansichten über die westlichen Einstellungen zum »Orient« werden im 33. Kapitel dieses Buches ausführlicher behandelt.
35 Patrick Turnbull, *Warren Hastings*, London, 1975, S. 199ff.
36 Lesley und Roy Adkins, *The Keys of Egypt*, New York, 2000, S. 180f; siehe darin auch die Reproduktion der Hieroglyphen, mit deren Hilfe Champollion der Durchbruch gelang.
37 Schwab, *op. cit.*, S. 86.
38 *ibd.*, S. 41 sowie die zugehörige Anmerkung.
39 *ibd.*, S. 21, 218.
40 Hugh George Rawlinson, »India in European literature and thought«, in: Geoffrey T. Garratt, *The Legacy of India*, Oxford, 1937, S. 35f.
41 *ibd.*, S. 171ff.
42 Schwab, *op. cit.*, S. 59.
43 Robert T. Clark, *Herder: His Life and Thought*, Berkeley, 1955, S. 362f. [Anm. d. Übers.: Zum Goethe-Zitat über Jones siehe Johann Wolfgang von Goethe, *Noten und Abhandlungen zum besseren Verständnis des West-östlichen Divans*, Abschnitt »Araber«.]
44 Alphonse de Lamartine, *Cours familier de Littérature*, Paris, Privatdruck, 1856, Bd. 3, S. 338.
45 Schwab, *op. cit.*, S. 161.
46 *ibd.*, S. 177, 179.
47 Paul T. Sweet berichtet in seiner Biografie *Wilhelm von Humboldt*, Cincinnati, 1980, Bd. 2, S. 398ff., dass sich Humboldt für die Sprachen der amerikanischen Ureinwohner mindestens so sehr interessierte wie für Sanskrit.
48 Schwab, *op. cit.*, S. 181.
49 *ibd.*, S. 217, 250.
50 Marc Citoleux, *Alfred de Vigny, persistances classiques et affinités étrangères*, Paris, 1924, S. 321.
51 Schwab, *op. cit.*, S. 468.
52 Robert T. Clark, *op. cit.*, S. 130ff.
53 Anm. d. Übers.: Zitat aus Wilhelm von Humboldt, *Über die Verschiedenheit des menschlichen Sprachbaues und ihren Einfluß auf die geistige Entwicklung des Menschengeschlechts*, § 9.
54 Schwab, *op. cit.*, S. 237ff.
55 *ibd.*, S. 201, 211. [Anm. d. Übers.: Siehe Goethe, *West-östlicher Divan*, »Moganni Nameh: Buch des Sängers«: »Hegire«.]
56 Siehe auch Franz Bopps bahnbrechende Studie *Über das Konjugationssystem der Sanskritsprache in Vergleichung mit jenem der griechischen, lateinischen, persischen und germanischen Sprache*, Frankfurt a. M., 1816.
57 Schwab, *op. cit.*, S. 213, 219f.
58 Arthur Schopenhauer, *Die Welt als Wille und Vorstellung*, WW 1, S. 487.
59 *ibd.*, 3, S. 776.
60 *ibd.*, 2, S. 729f.
61 Arthur Schopenhauer, *Parerga und Paralipomena*, II, 15, »Über Religion«, §179.
62 Schwab, *op. cit.*, S. 357, 359, 361.
63 Joanna Richardson, *Victor Hugo*, London, 1976, S. 217ff.

64 Zu Hugo siehe Schwab, op. cit., S. 373, 417; zu Verlaine siehe Émile Carcassone, »Leconte de Lisle et la philosophie indienne«, in : Revue de littérature comparée, Bd. 11, 1931, S. 618–646. [Anm. d. Übers.: Zum Zitat von Gustave Flaubert siehe Novembre (1), 1842.]
65 Schwab, op. cit., S. 431.
66 Michael D. Biddiss, The Father of Racist Ideology, London, 1970, S. 175f.
67 Schwab, op. cit., S. 438.
68 Martin Gregor-Dellin (Hg.), Richard Wagner, Mein Leben. 1813–1868, vollständige kommentierte Ausgabe, München, 1963, S. 541f.
69 Schwab, op. cit., S. 441. [Anm. d. Übers.: Richard Wagner an Mathilde Wesendonk, Paris, 3. März, 1860, in: Tagebuchblätter und Briefe 1853–1871, Berlin, 1904.]
70 Judith Gautier, Auprès de Richard Wagner, Paris, 1943, S. 229.

KAPITEL 30
1 Harold C. Schonberg, Die großen Komponisten. Ihr Leben und Werk, übersetzt von Gerhard Aschenbrenner, Hans-Horst Henschen, Albrecht Roeseler, Frankfurt a. M./Berlin, 1988, S. 148. Zu Berlioz' Freundschaft mit Hiller siehe David Cairns, Berlioz, London, 1999, S. 263–278.
2 Schonberg, op. cit., S. 147ff.; Menuhin und Davis, Music of Man, op. cit., S. 163; Jacques Barzun, Classical, Romantic, Modern, London, 1962, S. 5.
3 Isaiah Berlin, Wirklichkeitssinn, op. cit., S. 291f.
4 ibd., S. 292.
5 ibd., S. 293.
6 ibd., S. 293–296.
7 ibd., S. 297f., 301ff.
8 Israel, Radical Enlightenment, op. cit., S. 688 (dort auch die Sicht, dass Vico ein philosophischer Gegner des Naturalismus gewesen sei). [Anm. d. Übers.: Zum Zitat siehe Giambattista Vico, Die neue Wissenschaft über die gemeinschaftliche Natur der Völker, op. cit., S. 51f.]
9 Israel, op. cit., S. 344, 665f.
10 Howard Mumford Jones, Revolution and Romanticism, Cambridge, MA, 1974, S. 242; Hawthorn, Enlightenment and Despair, op. cit., S. 32f. Zur Geschichte der Idee vom Willen siehe Barzun, op. cit., S. 135ff.
11 Berlin, op. cit., S. 306–309; Mumford Jones, op. cit., S. 66.
12 Ortega y Gasset sollte später schreiben: »Der Mensch hat keine Natur, was er hat, ist Geschichte« (siehe Raymond Klibansky und Herbert J. Paton (Hg.): Ortega y Gasset, »History as a System«, in: Philosophy and History, Essays Presented to Ernst Cassirer, Oxford, 1936, S. 313 [vgl. y Gasset, Geschichte als System, Stuttgart, 1952].
13 Mumford Jones, op. cit., S. 100; Roger Smith, op. cit., S. 350.
14 Berlin, op. cit., S. 309. Mumford Jones, op. cit., S. 242, schreibt, dass sich Fichtes Idee vom Willen als eine frühe Vorstellung vom Über-Ich verstehen lasse.
15 Berlin, op. cit., S. 310, 312.
16 ibd., S. 314, 318.
17 Mumford Jones, op. cit., S. 274, schreibt in seinem Kapitel über den romantischen Genius, dass zu dieser Theorie auch die Prämisse gehörte, man könne das Bestmögliche zur Gesellschaft beitragen, indem man sich selbst so vollständig wie nur möglich verwirklichte.
18 Berlin, op. cit., S. 318f.
19 ibd., S. 320f. Mumford Jones, op. cit., S. 279, schreibt, dass sich die deutschen Romantiker – trotz des herrschenden deutschen Nationalismus – den Helden anderer Kulturen und der »unsichtbaren Natur«, die sich der Mensch mit dem Schöpfer teilt, immer näher glaubten.
20 Auch das 12. Kapitel von Mumford Jones' Buch Revolution and Romanticism trägt die Überschrift »The Romantic Rebels«.
21 Mumford Jones, op. cit., S. 274.
22 Gerald N. Izenberg, Impossible Individuality: Romanticism, Revolution and the Origins of Modern Selfhood, 1787–1802, Princeton/London, 1992, S. 142ff.
23 Mumford Jones, op. cit., S. 288.
24 In seinem Kapitel »Two concepts of individuality« erforscht Gerald Izenberg, op. cit., S. 18–53, in diesem Zusammenhang auch die Sichtweisen, die die Romantiker über die Unterschiede der Geschlechter vertraten.
25 Mumford Jones, op. cit., S. 394.
26 Schonberg, op. cit., S. 101, 104.
27 ibd., S. 108; George R. Marek, Beethoven, London, 1970, S. 343. Die Eroica sollte der Überlieferung nach ursprünglich Napoleon gewidmet werden, doch Beethoven änderte seine Meinung, nachdem sich Bonaparte zum Kaiser ausgerufen hatte.
28 Schonberg, op. cit., S. 109, 113ff.

29 Mumford Jones, *op. cit.*, S. 394.
30 Schonberg, *op. cit.*, S. 116, 121; Alfred Einstein, *A Short History of Music*, London, 1953, S. 152ff.
31 Schonberg, *op. cit.*, S. 119.
32 *ibd.*, S. 131; Barzun, *op. cit.*, S. 545f.
33 Schonberg, *op. cit.*, S. 133. Paganini war derart virtuos, dass es hieß, er habe seine Seele dem Teufel verkauft (der Eindruck des »Teufelsgeigers« wurde durch sein ausgemergeltes Äußeres noch verstärkt). Er sollte dieser Behauptung nie widersprechen (siehe Menuhin und Davis, *op. cit.*, S. 165; Mumford Jones, *op. cit.*, S. 410).
34 Laut Edward Dent etablierte sich die Romantik zu genau der Zeit, als Weber die Bühne betrat (siehe Winton Dean [Hg.], *The Rise of Romantic Opera*, Cambridge, UK, 1976, S. 145).
35 Schonberg, *op. cit.*, S. 135f.; Einstein, *op. cit.*, S. 152.
36 Schonberg, *op. cit.*, S. 142f.; Mumford Jones, *op. cit.*, S. 410.
37 Schonberg, *op. cit.*, S. 151f.; Cairns, *op. cit.*, Bd. 2, S. 1.
38 Schonberg, *op. cit.*, S. 175f.; Mumford Jones, *op. cit.*, S. 375; Menuhin und Davis, *op. cit.*, S. 178.
39 Schonberg, *op. cit.*, S. 182f.; Jeremy Siepmann, *Chopin: The Reluctant Romantic*, London, 1995, S. 132–138.
40 Eleanor Perény, *Liszt*, London, 1974, S. 11, 56; Menuhin und Davis, *op. cit.*, S. 165. Einstein, *op. cit.*, S. 180, erinnert daran, dass Liszt auch die katholische Kirchenmusik im 19. Jahrhundert rettete.
41 Einstein, *op. cit.*, S. 158ff., 178f.; Schonberg, *op. cit.*, S. 219.
42 Schonberg, *op. cit.*, S. 260f.; Menuhin und Davis, *op. cit.*, S. 187f.; Mumford Jones, *op. cit.*, Anm. S. 325.
43 Schonberg, *op. cit.*, S. 262f.
44 *ibd.*, S. 266; Mary-Jane Phillips-Matz, *Verdi*, Oxford, 1993, S. 204.
45 Phillips-Matz, *op. cit.*, S. 715.
46 Schonberg, *op. cit.*, S. 281ff.
47 *ibd.*, S. 284–287; Einstein, *op. cit.*, S. 185, 188.
48 Schonberg, *op. cit.*, S. 292f.
49 *ibd.*, S. 295, 298f.
50 *ibd.*, S. 301f.

KAPITEL 31
1 Frank McLynn, *Napoleon*, London, 1997, S. 171.
2 Jacques Barzun, *From Dawn to Decandence, 500 Years of Western Cultural Life*, New York/London, 2000, S. 442ff.
3 *ibd.*, S. 395f.
4 Roger Smith, *op. cit.*, S. 372.
5 *ibd.*, S. 373f.
6 Zu Bertrand Russels und Benjamin Franklins Hegelkritik siehe Boorstin, *The Seekers, op. cit.*, S. 210. [Anm. d. Übers.: Zu den Zitaten siehe Georg Wilhelm Friedrich Hegel, *Philosophie der Geschichte*, Stuttgart 1961, S. 75.]
7 Paul R. Sweet, *Wilhelm von Humboldt: A Biography*, Bd. 2, Columbus (Ohio), 1980, S. 392ff.
8 Roger Smith, *op. cit.*, S. 379, 382. Humboldts Sicht von der evolutionären Entwicklung war bereits sehr modern, doch daneben hatte er auch noch behauptet, dass es Sprachen gebe – darunter natürlich die deutsche, ungeachtet der Erfolge Napoleons –, die zu »Höherem« berufen seien. Es war der Keim einer Idee, die sich als ungemein gefährlich erweisen sollte.
9 Siehe David Friedrich Strauß, *Das Leben Jesu für das deutsche Volk bearbeitet. Volksausgabe in ungekürzter Form*, 2 Bde., Stuttgart, 1835 (identisch mit *Das Leben Jesu, kritisch bearbeitet*). Eine Auseinandersetzung mit Strauß und dem Unterschied zwischen Mythos und Fälschung findet sich bei John Hadley Brooke, *Science and Religion*, Cambridge, UK, 1991, S. 266ff.
10 Vincent Cronin, *Napoleon*, London, 1971, S. 145 [vgl. Cronin, *Napoleon. Eine Biographie*, übers. von Martin Berger, Frankfurt a. M., 1975].
11 C. W. Ceram, *Götter, Gräber und Gelehrte*, ergänzte Auflage, Hamburg, 1992, S. 220–226, 244f.
12 Ian Tattersall, *Puzzle Menschwerdung. Auf der Spur der menschlichen Evolution*, aus dem Englischen von Katrin Welge und Jorunn Wißmann, Berlin, 1997, S. 27f.
13 Bowler, *Evolution: The History of an Idea, op. cit.*, S. 65.
14 *ibd.*, S. 75.
15 *ibd.*, S. 26, 31; Suzanne Kelly, »Theories of the earth in Renaissance cosmologies«, in: Cecil J. Schneer (Hg.), *Towards a History of Geology*, Cambridge, MA, 1969, S. 214–225.
16 Bowler, *op. cit.*, S. 37. [Anm. d. Übers.: Zu Kants Theorie siehe *Allgemeine Naturgeschichte und Theorie des Himmels oder der Versuch von der Verfassung und dem mechanischen Ursprunge des ganzen Weltgebäudes*,

nach Newtonischen Grundsätzen abgehandelt (1755).]
17 Bowler, *op. cit.*, S. 40, 44.
18 Charles Gillispie, *Genesis and geology: a study in the relations of scientific thought, natural theology, and social opinion in Great Britain, 1790–1850*, Cambridge, 1951, S. 48.
19 *ibd.*, S. 41f.
20 Zu Nicolaus Steno siehe *De Solido intra Solidum naturaliter Contento. Dissertationis Prodomus*, Florenz, 1669 [vgl. Nicolaus Stenonis, *Über Gesteine, Minerale und Kristalle, Fossilien, Schichten und Berge*, Faksimiledruck nebst der deutschen Übersetzung Karl Mieleitners von 1923, in: Eginhard Fabian, *Versuch einer Annäherung*, Berlin, 1988]. Zu John Woodward siehe *An Essay Toward a Natural History of the Earth and terrestrial Bodyes* (1695), New York, 1977. Jack Repcheck erklärt in seinem Buch *The Man Who Found Time: James Hutton and the Discovery of the Earth's Antiquity*, London, 2003, dass Huttons Stil völlig »unzugänglich« gewesen sei, sich die Leute damals aber ohnedies nicht sehr für das Alter der Erde interessierten.
21 Gillispie, *op. cit.*, S. 46, 68.
22 Bowler, *op. cit.*, S. 110.
23 *ibd.*, S. 116; Gillispie, *op. cit.*, S. 99ff.
24 Brooke, *op. cit.*, S. 203, schreibt, dass Buckland die British Association for the Advancement of Science einmal bis Mitternacht »in Gefangenschaft hielt«, um sich über »den Aufbau« des Faultiers auszulassen.
25 Gillispie, *op. cit.*, S. 107.
26 *ibd.*, S. 111f., 142; Bowler, *op. cit.*, S. 110, sowie Tabelle S. 124.
27 Bowler, *op. cit.*, S. 130.
28 *ibd.*, S. 132, 134ff.
29 Gillispie, *op. cit.*, S. 133.
30 *ibd.*, S. 210–214.
31 Secord, *Victorian Sensation, op. cit.*, S. 77ff., 388, 526.
32 Edward Lurie, *Louis Agassiz: A Life in Science*, Chicago, 1960, S. 97ff.; John D. Macdougall, *A Short History of Planet Earth*, New York/London, 1996, S. 206–210 [vgl. Macdougall, *Eine kurze Geschichte der Erde. Eine Reise durch 5 Milliarden Jahre*, aus dem Englischen von Ulrich Mihr, Bern/München, 1997]. Abgesehen von den Entdeckungen, die all diesen Erkenntnissen zugrunde lagen, fand sich noch etwas anderes, nämlich eine beträchtliche Zahl von Diamanten in den Moränen. Diamanten werden tief im Erdinneren gebildet und mit vulkanischer Lava an die Oberfläche gebracht. Damit gab es nun nicht nur weitere Beweise für die unentwegte Aktivität von Vulkanen, es untermauerte auch den Fakt, dass die Entdeckung der Eiszeit(en) sowohl für die Einschätzung des Erdalters als auch für einen uniformen geologischen Denkansatz von enormer Wichtigkeit war.
33 Peter J. Bowler, *The Non-Darwinian Revolution*, Baltimore/London, 1988, S. 13.
34 Mayr, *op. cit.*, S. 281. Der große Biologe und Historiker Ernst Mayr erklärte, dass Lamarck für die Verbreitung seiner Sicht von der Evolution noch sehr viel mehr Mut aufbringen musste als Darwin fünfzig Jahre später.
35 Pietro Corsi, *The Age of Lamarck: Evolutionary Theories in France 1790–1830*, Berkeley/London, 1988, S. 121ff., sowie S. 157ff. zu den Förderern und Gegnern der Thesen von Lamarck. Auch die beginnende Vorstellung von einer »großen Kette der Wesen« trug zu dem geistigen Klima Mitte des 19. Jahrhunderts bei. Die Idee an sich war zwar schon alt, was ihr anfänglich auch viel Glaubwürdigkeit bescherte, doch weil es sich nicht wirklich um eine wissenschaftliche Idee handelte, sollte sie Darwins innovative Vorstellungen nicht lange überleben (siehe Bowler, *op. cit.*, S. 59ff., sowie Diagramm auf S. 61).
36 Zu diesen anderen Faktoren zählte auch der Industriekapitalismus, die Vorstellung, dass Menschen die Freiheit haben müssten, ungehindert an einem kommerziellen Wettbewerb teilzunehmen, da dies nicht nur zum Wohle der Gemeinschaft beitrage, sondern sich auch mit den Eigeninteressen des Individuums decke.
37 Bowler, *Non-Darwinian Revolution, op. cit.*, S. 36, 41.
38 *ibd.*, S. 57.
39 Secord, *op. cit.*, S. 431.
40 Bowler, *Non-Darwinian Revolution, op. cit.*, S. 42f.
41 *ibd.*, S. 152.
42 *ibd.*, S. 162, 187.
43 *ibd.*, S. 67; Secord, *op. cit.*, S. 526.
44 Ernst Mayr, *… und Darwin hat doch recht. Charles Darwin, seine Lehre und die moderne Evolutionstheorie*, aus dem Englischen von Inge Leipold, München, 1994, S. 74.

45 Bowler, *The History of an Idea, op. cit.*, S. 24; Secord, *op. cit.*, S. 224, 230. Zur Evolutionssynthese siehe Ernst Mayr und William B. Provine (Hg.), *The Evolutionary Synthesis*, Cambridge, MA, 1990. Eine zusammenfassende Darstellung dieser Synthese findet sich in Peter Watson, *Das Lächeln der Medusa. Die Geschichte der Ideen und Menschen, die das moderne Denken geprägt haben*, übertragen und bearbeitet von Yvonne Badal, München, 2001, S. 531ff.
46 Bowler, *The History of an Idea, op. cit.*, S. 271.
47 Bowler, *Non-Darwinian Revolution, op. cit.*, S. 135; Lewis Morgan, *Ancient Society*, London, 1877, passim.
48 Diese Debatte war von rassistischen Denkweisen durchsetzt. So tauchte zum Beispiel plötzlich die »Kraniometrie« auf, die die Gehirngrößen der verschiedenen »Rassen« verglich. Die führenden Figuren auf diesem Gebiet waren in Amerika Samuel G. Morton und in Frankreich Paul Broca. Beide glaubten bewiesen zu haben, dass »niedere Rassen« kleinere Gehirne hatten und dass dieser Fakt für ihren Mangel an Intelligenz und ihre Position auf der untersten Stufe der kulturellen Evolutionsleiter gesorgt habe.
49 Bowler, *Non-Darwinian Revolution, op. cit.*, S. 144f.
50 *ibd.*, S. 174f.

KAPITEL 32
1 Daniel Gerould, *The Guillotine: Its Legend and Lore*, New York, 1992, S. 25.
2 *ibid.*, S. 33.
3 Barzun, *From Dawn to Decadence, op. cit.*, S. 519ff., darin auch weitere Reaktionen auf diese Revolution.
4 *ibid.*, S. 428.
5 Ken Alder, *Das Maß der Welt. Die Suche nach dem Urmeter*, übersetzt von Yvonne Badal, München, 2002, S. 120-125.
6 *ibid.*, S. 375ff.
7 Hawthorn, *Enlightenment and Despair, op. cit.*, S. 67.
8 Roger Smith, *op. cit.*, S. 423.
9 Hawthorn, *op. cit.*, S. 218.
10 John Marks, *Science and the Making of the Modern World*, London, 1983, S. 196f.
11 *ibid.*, S. 198f.
12 *ibd.*
13 Roger Smith, *op. cit.*, S. 201, 427; Boorstin, *The Seekers, op. cit.*, S. 222.
14 Mary Pickering, *Auguste Comte: An Intellectual Biography*, Cambridge, UK, 1993, S. 192ff. zum Streit mit Saint-Simon, sowie S. 612f., 615; Roger Smith, *op. cit.*, S. 429f. [Anm. d. Übers.: Zu den Zitaten siehe Auguste Comte, »Das Gesetz der Geistesentwicklung der Menschheit oder das Dreistadiengesetz« (1844), in: Comte, *Rede über den Geist des Positivismus*, übersetzt, eingeleitet und herausgegeben von Iring Fetscher, Hamburg, 1966, S. 5-41.]
15 Roger Smith, *op. cit.*, S. 431. Comte hatte nie derart hohe Meinung von seinen eigenen Errungenschaften, dass er am Ende seines Lebens mit dem Zusatz »Hohepriester der Menschheit« zu unterzeichnen pflegte.
16 Siehe »The vogue for Spencer«, in: Richard Hofstadter, *Social Darwinism in American Thought*, Boston, 1944, S. 31ff.
17 Roger Smith, *op. cit.*, S. 438, 446.
18 Lewis A. Coser, *Masters of Sociological Thought: Ideas in Historical and Social Context*, New York, 1971, S. 281; Harold Perkin, *The Rise of Professional Society: England Since 1880*, London/New York, 1989/1990, S. 49.
19 Roger Smith, *op. cit.*, S. 555.
20 *ibd.*, S. 556. Zu den Konflikten, die in diesem Verein ständig schwelten, siehe Hawthorn, *op. cit.*, S. 147ff.
21 Hawthorn, *op. cit.*, S. 157; Roger Smith, *op. cit.*, S. 556f. Siehe auch Anthony Giddens' Einführung zur englischen Ausgabe von Max Weber, *The Protestant Ethic and the Spirit of Capitalism*, London/New York, 1942, S. ix.
22 Giddens, *op. cit.*, S. ixff.
23 Roger Smith, *op. cit.*, S. 563; Hawthorn, *op. cit.*, S. 186. [Anm. d. Übers.: Zu den Zitaten siehe Georg Simmel, »Die Großstadt und das Geistesleben«, in: *Die Großstadt*, Vorträge und Aufsätze zur Städteausstellung, Bd. 9, Dresden, 1903, S. 185-206.]
24 David Frisby, *Georg Simmel*, London, 1984, S. 51. [Anm. d. Übers.: Zu den Zitaten siehe Georg Simmel »Vom Wesen der Kultur«, in: *Österreichische Rundschau*, 15. Jg., Heft 1, Wien, 1. 4. 1908, S. 36-42.]
25 Roger Smith, *op. cit.*, S. 546.
26 *ibd.*, S. 547; Steven Lukes, *Emile Durkheim: His Life and Work*, London, 1973, S. 206ff., sowie S. 207 zu den Unterschieden zwischen Egoismus, Anomie und Altruismus.

27 Marks, op. cit., S. 208.
28 Charlotte Roberts und Margaret Cox, *Health and Disease in Britain: From Prehistory to the Present Day*, Stroud, 2003, S. 537; Alexander Hellemans und Bryan Bunch, »The germ theory of disease«, in: *The Timetable of Science*, New York, 1991, S. 356.
29 Roger Smith, op. cit., S. 535.
30 Bernal, *Science and History*, op. cit., Bd. 4, S. 1140.
31 Alder, op. cit., S. 395.
32 Alain Desrosières, *The Politics of Large Numbers: A History of Statistical Reasoning*, Cambridge, MA, 1998, S. 73–79, 90f. [vgl. Desrosières, *Die Politik der großen Zahlen. Eine Geschichte der statistischen Denkweise*, aus dem Französischen übersetzt von Manfred Stern, Berlin, 2005].
33 Lisanne Radice, *Beatrice and Sidney Webb, Fabian Socialists*, London, 1984, S. 55. Nicht jeder hielt diesen neuen Denkansatz für richtig. In England wurden die neu eingeführten Geburten-, Hochzeits- und Todesregister von allen Seiten kritisiert. Die Geburtenzählung irritierte vor allem die Kirche von England, weil sie fand, dass damit die Taufregister ihrer Bedeutung beraubt und den Nonkonformisten zu viel Respekt erwiesen würde; die Unitarier hielten es Gott gegenüber für despektierlich, Menschen zu zählen, die gerade vor das Angesicht ihres Schöpfers getreten waren; und die Größe einer Familie hielten ohnedies viele für eine Privatangelegenheit: Michael J. Cullen, *The Statistical Movement in Early Victorian Britain*, Hassocks, 1975, S. 29f.
34 David Boyle, *The Tyranny of Numbers*, London, 2000, S. 64f., 72, 74.
35 Desrosières, op. cit., S. 232ff.

KAPITEL 33
1 Anthony Pagden, *People and Empires*, London, 2001, S. 89, 92; Niall Ferguson, *Empire: How Britain Made the Modern World*, London, 2003/04, S. 63.
2 Pagden, op. cit., S. 94.
3 ibd., S. 97.
4 ibd., S. 98, 163. Zum Wohlstand der Neuengländer siehe Ferguson, op. cit., S. 85. Die Idee, irgendeine Art von »Schutz« bieten zu können, brachte es mit sich, dass sich die Ostindiengesellschaften selbst in die Politik einmischten (siehe dazu z. B. Jürgen Osterhammel, *Kolonialismus. Geschichte, Formen, Folgen*, München, 1995, passim).
5 Pagden, op. cit., S. 100f.
6 ibd., S. 104; Ferguson, op. cit., S. xxiii, 38, 260; Jeremy Bernstein, *Dawning of the Raj: The Life and Times of Warren Hastings*, London, 2001, S. 208ff.
7 Seymour Drescher stellte fest, daß sich Juden so gut wie nie am Sklavenhandel beteiligten (siehe *From Freedom to Slavery: Comparative Studies in the Rise and Fall of Atlantic Slavery*, London, 1999, S. 344).
8 Pagden, op. cit., S. 111f. Zu anderen päpstlichen Bullen zum Thema Sklaverei siehe Moynahan, op. cit., S. 537ff.
9 Hagen Schulze, op. cit., S. 209f.
10 ibd., S. 210f.
11 ibd., S. 212, 216f.
12 Tony Smith, *The Pattern of Imperialism*, Cambridge, UK, 1981, S. 41; darin auch eine Schilderung, wie Gewerkschaften in die imperiale Ideologie einzugreifen begannen.
13 Michael Morton, *Herder and the Poetics of Thought*, Pittsburgh, 1989, S. 99.
14 Schulze, op. cit., S. 244ff.
15 Tony Smith, op. cit., S. 371. Siehe auch die Tabelle zur Stahlproduktion in Wolfgang J. Mommsen (Hg.), *Das Zeitalter des Imperialismus*, Frankfurt a. M. (1969), 1983, S. 55.
16 William J. Stead (Hg.), *The Last Will and Testament of C. J. Rhodes*, London, 1902, S. 57, 97f.; James, op. cit., S. 169.
17 Schulze, op. cit., S. 248f.
18 Raoul Girardot, *Le nationalisme français, 1871–1914*, Paris, 1966, S. 179.
19 Schulze, op. cit., S. 249f.
20 Fritz Stern, *Einstein's German World*, Princeton, 1999, S. 3.
21 William R. Everdell, *The First Moderns: Profiles in the Origins of the Twentieth-Century Thought*, Chicago, 1997, S. 166. In diesem Kapitel werde ich mehrmals auf Passagen aus meinem Buch *Das Lächeln der Medusa*, op. cit., zurückgreifen. Siehe hier S. 47, 51.
22 William M. Johnston, *The Austrian Mind: An Intellectual and Social History 1848–1938*, Berkeley/London, 1972/1983, S. 183; Watson, *Medusa*, op. cit., S. 70.
23 Gordon A. Craig, *Deutsche Geschichte 1866–1945. Vom Norddeutschen Bund bis zum Ende des Dritten Reiches*, aus dem

Englischen von Karl Heinz Siber, München, 1980, S. 50.
24 ibd., S. 49.
25 ibd., S. 197f.
26 ibd., S. 199f.
27 Watson, *Medusa, op. cit.*, S. 68f.
28 ibd., S. 69. Die drei Bilder wurden 1945 auf Schloss Immendorf, wohin sie während des Krieges ausgelagert worden waren, von den Nazis verbrannt.
29 Burrow, *op. cit.*, S. 137f.
30 ibd., S. 188.
31 Pagden, *op. cit.*, S. 153f.
32 Hofstadter, *Social Darwinism, op. cit.*, S. 171. Zu der Frage, weshalb Russland zu dieser Zeit nicht als zukunftsträchtige Nation erschien, siehe Tony Smith, *op. cit.*, S. 63ff.
33 Watson, *Medusa, op. cit.*, S. 77f.
34 ibd., S. 75.
35 ibd., S. 76.
36 ibd., S. 77f.
37 ibd., S. 78f. [Anm. d. Übers.: Zu den Zitaten siehe Max Nordau, *Entartung*, Berlin, 1892–93, Bd. II., S. 521, Bd. I., S. 28, 135.]
38 ibd., S. 77.
39 ibd., S. 79.
40 ibd., S. 80.
41 Alexander Lyon Macfie, *Orientalism*, London, 2002, S. 179f.
42 ibd., S. 180f. Das Gebiet von Britisch-Indien soll beim Eintreffen der Briten ökonomisch einen Rückstand von rund fünfhundert Jahre gehabt haben.
43 ibd.
44 ibd., S. 182.
45 Zitiert in Ferguson, *op. cit.*, S. 39. Laut Bernstein, *op. cit.*, S. 89, wurden die Querverbindungen zwischen Bengali und Sanskrit erstmals von Nathaniel Halhed im Jahr 1771 (er war damals dreiundzwanzig Jahre alt) aufgedeckt.
46 Bernstein, *op. cit.*, S. 145ff. Hastings finanzierte auch diverse Expeditionen.
47 Macfie, *op. cit.*, S. 53. Tony Smith, *op. cit.*, S. 74, zählt auf, was die Briten in Indien alles zerstörten.
48 Ferguson, *op. cit.*, S. 365.
49 ibd., S. 371.
50 Edward W. Said, *Kultur und Imperialismus. Einbildungskraft und Politik im Zeitalter der Macht*, aus dem Amerikanischen von Hans-Horst Henschen, 1994, Frankfurt a. M., S. 13.
51 ibd., S. 26, 43f.
52 ibd., S. 108f. Über einige Schwächen im Werk von Said spricht Valerie Kennedy in: *Edward Said: A Critical Introduction*, Cambridge, UK, 2000, S. 25, 37. Da sich Said nur mit Romanciers befasste, sei hier erwähnt, dass sich Maler um Reisestipendien bewerben konnten (siehe Roger Benjamin, *Orientalist Aesthetics: Art, Colonialism and North Africa, 1880–1930*, Berkeley/London, 2003, bes. S. 129ff.). Siehe auch Philippe Jullian, *The Orientalists: European Painters of Eastern Scenes*, Oxford, 1977, S. 39, der in seinem Kapitel über den Einfluss der Maler erklärt, auf welche Weise sie am Zustandekommen der Vorstellung vom »trostlosen Osten« beteiligt waren.
53 Said, *op. cit.*, S. 135, 137.
54 ibd., S. 141.
55 ibd., S. 206f. Noel Annan vertrat in seinem Essay »Kipling's place in the history of ideas«, in: *Victorian Studies*, Bd. 3, Nr. 4. 6. 1960, S. 323, eine ganz andere Sicht, nämlich dass Kiplings Blick auf die Gesellschaft der Sichtweise ähnelte, die von den neuen Soziologen (Durkheim, Weber, Pareto) vertreten wurde. Auch er habe die Gesellschaft als einen »Nexus« von Gruppen betrachtet, deren Verhaltensmuster die Handlungsweisen der Menschen mehr bestimmten als der menschliche Wille oder etwas derart Vages wie Klasse, Kultur oder nationale Traditionen, sogar wo es unabsichtlich geschah. So gesehen stellte sich für sie nur noch die Frage, *wie* diese Gruppen zur Ordnung oder Instabilität der Gesellschaft beitrugen, wohingegen ihre Vorgänger gefragt hatten, *ob* es überhaupt bestimmte Gruppen gab, die der Gesellschaft zum Fortschritt verhalfen. Annans Meinung zufolge spiegelte sich diese soziologische Sichtweise insofern bei Kipling, als er geglaubt habe, dass eine effiziente Regierung in Indien von »sozialen Kontrollkräften« abhing (Religion, Gesetz, Brauchtum, Konvention, Moral), die dem Individuum bestimmte Regeln auferlegten, welche es nur auf eigene Gefahr brechen konnte. Said, *op. cit.*, S. 217, hielt das für eine völlig unzulängliche Darstellung.
56 Said, *op. cit.*, S. 196f., 206f., 218, 226f.
57 Watson, *Medusa, op. cit.*, S. 86.
58 ibd.
59 ibd., S. 88. [Anm. d. Übers.: Zu den Zitaten siehe Joseph Conrad, *Herz der Finsternis* (1902), übersetzt von Urs Widmer, Zürich, 1992, S. 96f.]
60 ibd., S. 88f. [*ibd.*]
61 ibd., S. 89. [*ibd.*, S. 14, 79f., 112.]

62 ibd., S. 90. Ian Buruma und Avishai Margalit identifizieren in ihrem Buch *Occidentalism*, London, 2004, die Gegenbewegung zum »Orientalismus«, nämlich die Vertreter der »feindseligen Stereotypen des Westens, die den Hass solcher Bewegungen wie al Quaeda überhaupt schürten«. Ihre Wurzeln lägen sowohl in den diversen pangermanischen Bewegungen des 19. Jahrhunderts, die so stark zum Nationalgefühl beitrugen, das sich im 20. Jahrhundert in der arabischen Welt und in Japan entwickeln sollte, als auch im persischen Manichäismus und in den Differenzen zwischen der katholischen und der griechisch-orthodoxen Kirche, da Letztere in Russland zu einer antirationalen Mentalität beigetragen habe.
63 Melvyn Bragg, *The Adventure of English*, London, 2003, S. 1ff. Siehe auch Geoffrey Hughes, *A History of English Words*, Oxford, 2000, S. 99.
64 Bragg, *op. cit.*, S. 28. Eine Chronologie der englischen Sprachentwicklung findet sich bei Hughes, *op. cit.*, S. xvii–xviii. Siehe auch Barbara A. Fennell, *A History of English*, Oxford, 2001, S. 55–93.
65 Bragg, *op. cit.*, S. 23.
66 ibd., S. 52, 58. Zu der Frage, inwieweit sich die Kolonisierung auch auf die Sprachen der Kolonialisierten auswirkte (und diese häufig zerstörte), siehe Osterhammel, *op. cit.*, S. 107–111. Dass nicht alle Eroberer den Eroberten ihre Sprachen aufzwangen, schildert er am Beispiel der Spanier und Niederländer in Indonesien.
67 Bragg, *op. cit.*, S. 67.
68 ibd., S. 85.
69 ibd., S. 101.
70 Hughes, *op. cit.*, S. 153–158; Bragg, *op. cit.*, S. 148.
[Anm. d. Übers.: Zu den Shakespeare-Begriffen, denen »keine Flügel wuchsen«, siehe:
a) *cadent*: »With cadent tears fret channels in her cheeks…« (»Und ätz mit Tränenströmen Furchen ein/In ihr Gesicht…«) sagt *König Lear*, 1. Akt, 4. Szene;
b) *tortive*: »… divert his grain tortive and errant from his course of growth« (»… Daß sie den Stamm vom graden Wuchs verdrehn«), sagt Agamemnon in *Troilus und Cresida*, 1. Akt, 3. Szene;
d) Bei *honorificabilitudinitatibus* mussten sogar Schlegel/Tieck passen: »… for thou art not so long by the head as honorificabilitudinitatibus« (»… Denn du bist von Kopf zu Fuß noch nicht so lang als honorificabilitudinitatibus«) sagt Costard (Schädel) in *Liebes Leid und Lust*, 5. Akt, 1. Szene.]
71 Boorstin, *The Americans, op. cit.*, S. 275ff.
72 Bragg, *op. cit.*, S. 169, 178.
73 Boorstin, *op. cit.*, S. 287, erwähnt als weitere mögliche Herkunft »Old Kinderhook«, den Spitznamen, den Martin van Buren während seines Präsidentschaftswahlkampfs bekam (er wurde von demokratischen *OK Clubs* in New York unterstützt).
74 Bragg, *op. cit.*, S. 241.

KAPITEL 34
1 Commager, *The Empire of Reason, op. cit.*, S. 16f.
2 Louis Menand, *The Metaphysical Club: A Story of Ideas in America*, London, 2001.
3 ibd., S. x–xii. Zur »Renaissance« des amerikanischen Denkens siehe Hofstadter, *op. cit.*, S. 168.
4 Morison et al., *Growth of the American Republic, op. cit.*, S. 209; Menand, *op. cit.*, S. 6. Harvey Wish fügte dieser Honoratiorenliste in seinem Buch *Society and Thought in Modern America*, London, 1952, noch die Namen von Veblen, Sumner, Whitman, Dreiser, Pulitzer, Louis Sullivan und Winslow Homer an.
5 Menand, *op. cit.*, S. 19; Boorstin, *The Americans, op. cit.*, S. 251.
6 Menand. *op. cit.*, S. 26. Zu der Schlüsselrolle, die Emerson unter den amerikanischen Schriftstellern einnahm, siehe Luther S. Luedtke, *Making America: The Society and Culture of the United States*, Chapel Hill, 1992, S. 225.
7 Menand, *op. cit.*, S. 46, 61; Mark DeWolfe Howe, *Justice Oliver Wendell Holmes: The Shaping Years*, Bd. 1, Cambridge, MA, 1957, S. 100.
8 Morison et al., *op. cit.*, S. 209. Zum Einfluss, den Darwin auf Holmes hatte, siehe Hofstadter, *op. cit.*, S. 32. Ein berühmter Ausspruch von Holmes lautet, dass ein jeder, der jemand sein will, bis zum 40. Lebensjahr eine nennenswerte Leistung vollbracht haben müsste. Er selbst schaffte es gerade noch: Als *The Common Law* erschien, war er neunundreißig Jahre alt (siehe Menand, *op. cit.*, S. 338).
9 Howe, *op. cit.*, Bd. 2, S. 137; Morison

et al., *op. cit.*, S. 209; Menand, *op. cit.*, S. 339f.
10 Menand, *op. cit.*, S. 341.
11 Howe, *op. cit.*, Bd. 2, S. 140; Morison et al., *op. cit.*, S. 209.
12 Menand, *op. cit.*, S. 342.
13 Albert W. Alschuler, *Law Without Values: The Life, Work and Legacy of Justice Holmes*, Chicago, 2000, S. 126.
14 Menand, *op. cit.*, S. 344. Holmes selbst vertrat eine eher pessimistische Sicht vom Menschen, siehe Alschuler, *op. cit.*, S. 65, 207.
15 Morison et al., *op. cit.*, S. 201–210 ; Menand, *op. cit.*, S. 346.
16 Menand, *op. cit.*, S. 346.
17 Menand, *op. cit.*, S. 79; Hofstadter, *op. cit.*, S. 127; Morison et al., *op. cit.*, S. 199.
18 Morison et al., *op. cit.*, S. 297. Menand, *op. cit.*, S. 100, schreibt, dass dies »der Beginn der Professionalisierung« des amerikanischen Wissenschaftssystems gewesen sei.
19 Linda Simon, *Genuine Reality: A Life of William James*, New York, 1998, S. 90.
20 Menand, *op. cit.*, S. 127, 146; Morison, *op. cit.*, S. 199.
21 Gary Wilson Allen, *William James: A Biography*, London, 1967, S. 25.
22 Menand, *op. cit.*, S. 154.
23 *ibd.*; Morison et al., *op. cit.*, S. 198.
24 Menand, *op. cit.*, S. 180, 186.
25 *ibd.*, S. 196f.
26 *ibd.*, S. 199.
27 *ibd.*, S. 200.
28 Joseph Brent, *C. S. Peirce: A Life*, Indiana, 1993, S. 274.
29 Menand, *op. cit.*, S. 352.
30 Zu der Frage, was James in diesem Zusammenhang Peirce schuldete, vgl. Simon, *op. cit.*, S. 348ff.
31 Morison et al., *op. cit.*, S. 199.
32 Menand, *op. cit.*, S. 355.
33 Watson, *Medusa, op. cit.*, S. 125f.
34 Morison et al., *op. cit.*, S. 223.
35 Watson, *Medusa, op. cit.*, S. 127. Dieser Mangel an Struktur sollte schließlich zu einem Problem werden, da die Kinder dadurch letztlich nur konformistischer wurden – eben weil ihnen so vieles nicht beigebracht wurde und sie nie lernten, ihre Urteilsfähigkeit an gelegentlichen Misserfolgen zu schärfen. Dass die Kinder von der elterlichen »Fuchtel« befreit wurden, war ohne Frage eine Befreiung, doch gerade das sollte im 20. Jahrhundert für ganz neue Probleme sorgen.
36 Morison et al., *op. cit.*, S. 198f. ;
Menand, *op. cit.*, S. 361. Siehe auch Hofstadter, *op. cit.*, S. 136.
37 Menand, *op. cit.*, S. 361.
38 Robert B. Westbrook, *John Dewey and American Democracy*, New York, 1991, S. 349.
39 Morison et al., *op. cit.*, S. 199f.
40 Fergal McGrath, *The Consecration of Learning*, Dublin, 1962, S. 3f., 11.
41 Negley Harte, *The University of London: 1836–1986*, Dublin, 1986, S. 67ff.
42 John Newman, *The Idea of a University* (London, 1873), New Haven, 1996, S. 88, 123, 133.
43 George M. Marsden, *The Soul of the American University*, New York/Oxford, 1994, S. 80, 91. Daniel Boorstin schreibt in *The Americans, op. cit.*, S. 479f., dass amerikanische Colleges typischerweise weniger Lehrstätten als Orte gewesen seien, in denen man lernte, einem Gott zu dienen – dem Gott des Individualismus, der ja auch das die beiden Teile dieses Kapitels (Pragmatismus und Universitäten) verbindende Thema ist. Bei Boorstin findet sich außerdem eine interessante Darstellung der typisch amerikanischen Ausbildungsstruktur und der vielen neuen akademischen Abschlüsse, die dort ins Leben gerufen wurden.
44 Marsden, *op. cit.*, S. 51f.
45 Brooks Mather Kelley, *A History of Yale*, New Haven, 1974, S. 162–165. Fakt ist allerdings, dass noch im Jahr 1886 altsprachliche Studien ein Drittel der Studienzeit verschlangen (siehe Caroline Winterer, *The Culture of Classicism*, Baltimore/London, 2002, S, 101f.).
46 *ibd.*, S. 88. Eine Statistik über das Wachstum der amerikanischen Universitäten findet sich in Morison, *op. cit.*, S. 224f.
47 Watson, *Medusa, op. cit.*, S. 121f.
48 *ibd.*, S. 122.
49 *ibd.*
50 Thomas P. Hughes, *American Genesis*, London, 1990, S. 14 [vgl. Hughes, *Die Erfindung Amerikas. Der technologische Aufstieg der USA seit 1870*, übersetzt von Hans-Jürgen Baron von Koskull, München, 1991].
51 *ibd.*, S. 241. [Anm. d. Übers.: Das Zitat von Hermann Melville stammt aus *Clarel. A Poem and Pilgrimage in the Holy Land*, 4.22 (127–133).]
52 Gillian Cookson, *The Cable: The Wire That Changed the World*, Stroud, 2003, S. 152.

KAPITEL 35
1 Andrew N. Wilson, *God's Funeral*, 1999, S. 133, 160.
2 *ibd.*, S. 4, 189, 193.
3 *ibd.*, S. 20ff. All das wurde auch durch eine Untersuchung bestätigt, die im Jahr 1905 ergründete, welche Schriften den größten Einfluss auf die »Freidenker« ausgeübt hatten (siehe Edward Royle, *Radicals, Secularists and Republicans*, Manchester, 1980, S. 173).
4 Owen Chadwick, *The Secularisation of European Thought in the Nineteenth Century*, Cambridge, UK (1975), 1985, S. 21, 23.
5 *ibd.*, S. 27-30; Alfred Cobban, *In Search of Humanity: The Role of the Enlightenment in Modern History*, London, 1966, S. 236; Hawthorn, *op. cit.*, S. 82ff., 87. [Anm. d. Übers.: Zum Zitat von John Stuart Mill siehe *Über die Freiheit* (1859), aus dem Englischen von Bruno Lemke, Stuttgart, 1988, S. 16f.]
6 Chadwick, *op. cit.*, S. 37f., 41. Die Polarisierung machte sich auf beiden Seiten bemerkbar, denn 1889 war der Papst sehr viel einflussreicher als sein Vorgänger im Jahr 1839, weil er bereits von der Presse umlagert wurde, was sein Vorgänger natürlich nicht gekannt hatte.
7 David Landes schreibt in *Unbound Prometheus*, *op. cit.*, S. 127, dass die Armen »so gut wie nicht am Markt teilnahmen«.
8 Chadwick, *op. cit.*, S. 46f.
9 *ibd.*, S. 57, 59, 89. Hawthorn, *op. cit.*, S. 85, befasst sich mit der Frage, welche Bedeutung die Unterschiede zwischen Katholizismus und Protestantismus für den Marxismus hatten.
10 Chadwick, *op. cit.*, S. 89. [Anm. d. Übers.: Zitat siehe Karl Marx, Friedrich Engels – Werke, Bd. 2, Berlin, 1972, S. 352f.]
11 Hofstadter, *op. cit.*, S. 24, stellte fest, dass Protestanten eher Atheisten wurden.
12 Chadwick, *op., cit.*, S. 92, 97.
13 *ibd.*, S. 144f.; Cobban, *op. cit.*, S. 110. Zu Carlyle siehe Boorstin, *The Americans*, *op. cit.*, S. 246f.
14 Chadwick, *op. cit.*, S. 151; Royle, *op. cit.*, S. 220.
15 Royle, *op. cit.*, S. 17.
16 Chadwick, op. cit., S. 155, 158f.; Boorstin, *The Americans*, *op. cit.*, S. 195. Zum allgemeinen Pessimismus im 19. Jahrhundert angesichts der Ereignisse, die sich im 18. Jahrhundert zugetragen hatten, siehe Cobban, *op. cit.*, S. 215.

17 Zur Organisation der Säkularisierung von England und ihrer Neuauflage im Jahr 1876 siehe Royle, *op. cit*; zur gleichen Frage Frankreichs betreffend siehe Michael Hecht, *The End of the Soul: Scientific Modernity, Atheism and Anthropology in France*, New York, 2003.
18 Royle, *op. cit.*, S. 177. Als Josef Bautz, ein Professor für Dogmatik und Apologetik aus Münster, die Existenz der Hölle mit einem »Glutmeer« belegen wollte, dessen sichtbare Überdruckventile die Vulkankrater waren, machte man sich allenthalben über ihn lustig und gab ihm den Beinamen »Höllenbautz« (siehe Chadwick, *op. cit.*, S. 179). Die meisten Eltern glaubten nicht mehr an eine Hölle, gaben dies gegenüber ihren Kindern aber nicht zu, weil sie ein so praktisches Erziehungsregulativ war. Hofstadter, *op. cit.*, S. 115, berichtet, dass man in Amerika Haeckel, Darwin und Spencer in einem Atemzug zu zitieren pflegte.
19 Chadwick, *op. cit.*, S. 212, 215, 220; Hawthorn, *op. cit.*, S. 114f.
20 Chadwick, *op. cit.*, S. 224.
21 Lester R. Kurtz, *The Politics of Heresy*, Berkeley, 1986, S. 18; Hecht, *op. cit.*, S. 182.
22 Chadwick, *op. cit.*, S. 123.
23 Kurtz, *op. cit.*, S. 25, 27.
24 Moynahan, *The Faith*, *op. cit.*, S. 655; Kurtz, *op. cit.*, S. 30.
25 Moynahan, *ibd.*, S. 655.
26 Alec R. Vidler, *The Modernist Movement and the Roman Church*, New York, 1976, S. 25ff.
27 Kurtz, *op. cit.*, S. 33.
28 Vidler, *op. cit.*, S. 42, 96; Kurtz, *op. cit.*, S. 34f.
29 Moynahan, *op. cit.*, S. 659. [Anm. d. Übers.: Zu den Konzilszitaten siehe Friedrich Johann von Schulte, *Der Altkatholizismus*, Gießen, 1887, S. 5, 7 (deutsch), S. 12f. (lateinisch).]
30 Kurtz, *op. cit.*, S. 37f., 41f.; Vidler, *op. cit.*, S. 60–65, 133f.
31 Kurtz, *op. cit.*, S. 41f.
32 Vidler, *op. cit.*, S. 81ff. Moynahan, *op. cit.*, S. 661, schreibt, dass sich die Aussage, Papst Leo habe sich für Demokratie und Gewissensfreiheit »erwärmt«, bestenfalls im Vergleich mit Pius aufrechterhalten lasse. [Anm. d. Übers.: Zu den Zitaten siehe *Rundschreiben Leo XIII., Vierte Sammlung (1891–1896)*, Freiburg i. Br., 1904, S. 91–155.]
33 Kurtz, *op. cit.*, S. 44f. [Anm. d. Übers.:

Zu den Zitaten aus *Vigilantiae* siehe *Enchiridion biblicum. Documenta ecclesiastic Sacram Scripturam spectantia*, Rom 1961, EnchB 142, EnchB 140.]
34 Kurtz, *op. cit.*, S. 50, 148. [Anm. d. Übers.: Das Zitat aus dem *Lehrentscheid über den katholischen Glauben* des Ersten Vatikanischen Konzils ist abrufbar unter »Innsbrucker theologischer Leseraum: Lehramtliche Texte der katholischen Kirche«, http://theol.uibk.ac.at/leseraum/texte/250-52.html]
35 Anm. d. Übers.: Friedrich Nietzsche, »Die fröhliche Wissenschaft, Drittes Buch« (130), in: *Werke und Briefe*, Nietzsche-W. Bd. 2, München, S. 130 ff.
36 Hourani, *op. cit.*, S. 299ff.; sowie Erik J. Zürcher, *Turkey: A Modern History*, London, 1993, S. 52–74.
37 Ekmeleddin Ihsanoglu, *Science, Technology and Learning in the Ottoman Empire, op. cit.*, passim.
38 *The Times*, London, 29. 4. 2004; Aziz al-Azmeh, *Islams and Modernities*, London, 1996, S. 101–127.
39 Hourani, *op. cit.*, S. 307, 346f.
40 *The Times*, 20. 4. 2004; al-Azmeh, *op. cit.*, S. 107–117.
41 Besonders populär in der islamischen Welt wurde es, Machiavelli zu lesen, um das Verhalten von Tyrannen und Despoten zu verstehen.
42 *The Times*, 29. 4. 2004; al-Azmeh, *op. cit.*, S. 41ff.; Hourani, *op. cit.*, S. 254, 302, 344f.
Die Reformbewegung endete mehr oder weniger mit dem Ersten Weltkrieg, als viele Menschen den Glauben an eine von Wissenschaft und Materialismus beherrschte Welt verloren hatten. Der Islam sollte nach diesem Krieg eine zweigleisige Entwicklung einschlagen: In vielen Bereichen wurden weiterhin Modernisierungen vorangetrieben, doch vor allem in Ägypten begann mit der Muslimischen Bruderschaft nun ein militanterer Zweig im Islam Fuß zu fassen. Im Lauf der zwanziger, dreißiger und vierziger Jahre des 20. Jahrhunderts wurden Marxismus und Sozialismus zu den vorherrschenden Staatslehren und die Religion damit abgewertet. Ein Versuch, sich dabei irgendwie mit dem Islam zu einigen, wurde gar nicht erst unternommen. Zum Höhepunkt des brodelnden Konflikts sollte 1967 der Sechstagekrieg gegen Israel werden, den die muslimischen Staaten so klar verloren und der in der islamischen Welt als ein ungemeines Versagen des Sozialismus betrachtet wurde. In genau dieser Zeit begann der fundamentalistische und militante Islam das entstandene politische Vakuum zu füllen.

KAPITEL 36
1 Ronald Clark, *Freud: The Man and the Cause*, New York, 1980, S. 20, 504 [vgl. Clark, *Sigmund Freud*, aus dem Englischen von Joachim A. Frank, Frankfurt a. M., 1981].
2 Everdell, *The First Moderns, op. cit.*, S. 129. [Anm. d. Übers.: Zum Zitat siehe Thomas Mann, »Glückwunschadresse zu Freuds 80. Geburtstag am 6. Mai 1936«, in: Bernd Urban (Hg.), *Thomas Mann, Freud und die Psychoanalyse. Reden, Briefe, Notizen, Betrachtungen*, Frankfurt a. M., 1991, S. 65.]
3 Guy Claxton, *The Wayward Mind: An Intimate History of the Unconscious*, London, 2005; Mark D. Altschule, *Origins of Concepts in Human Behavior: Social and Cultural Factors*, New York/London, 1977, S. 199; Peter Gay, *Schnitzler's Century: The Making of the Middle Class Culture 1815–1914*, New York/London, 2002, S. 132, 137 [vgl. Gay, *Das Zeitalter des Doktor Arthur Schnitzler. Innenansichten des 19. Jahrhunderts*, übersetzt von Ulrich Enderwitz, Monika Noll, Rolf Schubert, Frankfurt a. M., 2002].
4 Henri F. Ellenberger, *Die Entdeckung des Unbewussten. Geschichte und Entwicklung der dynamischen Psychiatrie von den Anfängen bis zu Janet, Freud, Adler und Jung*, aus dem Amerikanischen von Gudrun Theusner-Stampa (1973), zweite verbesserte Auflage, Zürich, 1996, S. 97, 102, 115.
5 *ibd.*, S. 143ff.
6 Reuben Fine, *A History of Psychoanalysis*, New York, 1979, S. 9f.
7 Ellenberger, *op. cit.*, S. 214. Peter Gay lässt in seinem Werk – insbesondere in den vier Bänden *The Bourgeois Experience: Victoria to Freud*, Oxford/New York, 1984, das ganze 19. Jahrhundert irgendwie auf Freud zusteuern. Doch Gays Œuvre ist viel zu umfassend, um in einem Buch wie dem vorliegenden umrissen werden zu können (es behandelt neben etlichen anderen Themen die Sexualität, den Geschlechterkampf, den Geschmack, die Bildung, das private Leben, die sich wandelnden Vorstellungen vom Ich). Gustave Geley stellte in seinem Buch *De l'In-*

conscient au Conscient (Paris, 1919) die Gegenthese auf, dass die Evolution im Bewusstsein münde.
8 Ellenberger. op. cit., S. 287-300, 309-313. Eine völlig andere Tradition, die nach Meinung des Autors jedoch zu nebensächlich war, stellt David Bakan in seinem Buch dar: *Sigmund Freud and the Jewish Mystical Tradition*, Princeton, 1958.
9 Ellenberger, op. cit., S. 295; darin zitiert Arthur Schopenhauer, *Die Welt als Wille und Vorstellung* (1819), IV. Buch, Kap. 42 u. 44, III. Buch, Kap. 32, II. Buch, S. 457.
10 *ibd.*, S. 297.
11 Allen Esterson, *Seductive Mirage*, Chicago, 1993, S. 224.
12 Ernest Jones, *Sigmund Freud: Life and Work*, London, 1953, Bd. 1, S. 410 [vgl. Jones, *Das Leben und Werk von Sigmund Freud*, Bd. 1: »Die Entwicklung zur Persönlichkeit und die großen Entdeckungen 1856-1900«, Bern/Stuttgart, 1960].
13 Ellenberger, op. cit., S. 497f.
14 *ibd.*, S. 410.
15 Giovanni Costigan, *Sigmund Freud: A Short Biography*, London, 1967, S. 100. Siehe auch Watson, *Medusa*, op. cit., S. 35.
16 Johnston, *The Austrian Mind*, op. cit., S. 235; Watson, *Medusa*, op. cit., S. 37f.
17 Johnston, *The Austrian Mind*, op. cit., S. 236; Watson, *Medusa*, op. cit., S. 38.
18 Costigan, op. cit., S. 42, 68ff, 70; Watson, *Medusa*, op. cit., S. 38f.
19 Clark, op. cit., S. 181; Watson, *Medusa*, op. cit., S. 39.
20 Clark, op. cit., S. 185; Watson, *Medusa*, op. cit., S. 39f.
21 Gregory Zilboorg, »Free associations«, in: *International Journal of Psychoanalysis*, 33, 1952, S. 492ff.
22 Siehe dazu auch Hannah Decker, »The medical reception of psychoanalysis in Germany, 1894-1907: three brief studies«, in: *Bulletin of the History of Medicine*, 45, 1971, S. 461-481.
23 Albrecht Hirschmüller, *Physiologie und Psychoanalyse in Leben und Werk J. Breuers*, Bern, 1978, S. 176.
24 Siehe Mikkel Borch-Jacobsen, *Remembering Anna O. A Century of Mystification*, New York/London, 1996, S. 29-48 [vgl. Borch-Jacobsen, *Anna O. zum Gedächtnis*, aus dem Französischen von Franz Martin Stungelin, München, 1997].
25 Morton Schatzman, »Freud: who seduced whom?«, in: *New Scientist*, 21. 3. 1992, S. 34-37. [Anm. d. Übers.: Zu den Zitaten siehe Sigmund Freud, *Zur Ätiologie der Hysterie*, Vortrag im April 1896 vor dem Verein für Psychiatrie und Neurologie in Wien, in: Sigmund Freud, *S. A.*, Bd. 6, S. 64, 65, 72 (vgl. *G. S.*, Bd. 1, S. 404-438, und *G. W.*, Bd. 1, S. 425-459).]
26 Esterson, op. cit., S. 52. [Anm. d. Übers.: Freud, *Zur Ätiologie der Hysterie*, op. cit., S. 68f.]
27 Anm. d. Übers.: Sigmund Freud, »Drei Abhandlungen über die Sexualtheorie« (1905), *S. A.*, Bd. 5, S. 135 (vgl. *G. S.*, Bd. 5, S. 1-119; *G. W.*, Bd. 5, S. 33-145).]
28 Anm. d. Übers.: Brief von Freud an Wilhelm Fliess, Wien, 21. 9. 1897, in: Jeffrey Moussaieff Masson (Hg.), *Sigmund Freud. Briefe an Wilhelm Fließ, 1887-1904*, deutsche Bearbeitung von Michael Schröter, Transkription von Gerhard Fichtner, Frankfurt a. M., 1986, S. 283ff.
29 Anm. d. Übers.: Sigmund Freud, »Meine Ansichten über die Rolle der Sexualität in der Ätiologie der Neurosen« (1906 [1905]), in: *S. A.*, Bd. 5, S. 153f. (vgl. *G. S.*, Bd. 5, S. 123-133; *G. W.*, Bd. 5, S. 149-159).
30 Anthony Clare, »That shrinking feeling«, in: *The Sunday Times*, 16. 11. 1997, S. 8ff.
31 Timothy J. Clark, *The Painting of Modern Life*, Princeton/London, 1984, S. 23ff., 30.
32 Harold Perkin, *The Rise of Professional Society*, London, 1990, S. 68, Tabelle S. 80. Die gleiche These wurde auch in Bezug auf Deutschland aufgestellt: siehe Geoffrey Cocks und Konrad J. Jarausch (Hg.), *German Professions: 1800-1950*, New York/Oxford, 1990. Siehe auch Malcom Bradbury und James McFarlane (Hg.), *Modernism: A Guide to European Literature, 1890-1930*, London, 1976, S. 47.
33 Perkin, op. cit., S. 100.
34 Johnston, op. cit., S. 23, 32; Watson, *Medusa*, op. cit., S. 59f. [Anm. d. Übers.: Zum Zitat siehe Hugo von Hofmannsthal, »Ein Brief« (Brief des Lord Chandos an Francis Bacon), in: *Erfundene Gespräche und Briefe*, Bd. XXXI, *Sämtliche Werke, Kritische Ausgabe*, Frankfurt a. M., 1991, S. 26.]
35 Robert Ferguson, *Henrik Ibsen*, London, 1996, S. 321.
36 Everdell, *The First Moderns*, op. cit., S. 290; Franz Servaes, »Jung Berlin I, II, III«, in: *Die Zeit* (Wien), 21. u. 28. 11. sowie 5. 12. 1986.

37 John Fletcher und James McFarlane, »Modernist drama: Origins and Patterns«, in: Bradbury und McFarlane, op. cit., S. 499, 502. [Anm. d. Übers.: Zum Zitat siehe Rainer Maria Rilke, Die Aufzeichnungen des Malte Laurids Brigge (1910).]
38 ibd., S. 504.
39 Frederick Marker und Lise-Jone Marker, Strindberg and Modernist Theatre, Cambridge, UK, 2002, S. 31. Siehe auch James McFarlane, »Intimate theatre: Maeterlinck to Strindberg«, in: Bradbury und McFarlane, op. cit., S. 524f.
40 Marker und Marker, op. cit., S. 23ff.; Bradbury und McFarlane, op. cit., S. 525; André Malraux, Picasso's Masks, New York, 1976, S. 10f.
41 Everdell, op. cit., S. 252; Fletcher und McFarlane, op. cit., S. 503.
42 Burrow, The Crisis of Reason, op. cit., S. 148f.
43 ibd., S. 162f.
44 Roger Smith, The Fontana History of the Human Sciences, op. cit., S. 851 u. Anm. [Anm. d. Übers.: Zum Zitat siehe Friedrich Nietzsche, Jenseits von Gut und Böse (1885), Erstes Hauptstück (23).]
45 ibd., S. 852f. u. Anm. Der Nietzsche-Biograf Curtis Cate schreibt, dass er Freud, Adler und Jung vorweggenommen habe, da bereits Nietzsche realisierte hatte, dass die individuelle Einstellung zur eigenen Vergangenheit immer ambivalent bleibt und sowohl eine stimulierende als auch die gegenteilige Wirkung haben kann (siehe Curtis Cate, Friedrich Nietzsche, London, 2002, S. 185).
46 Burrow, op. cit., S. 189f.
47 Everdell, op. cit., S. 1–12, behandelt die Frage, was Modernismus ist und »was vermutlich nicht«; siehe auch S. 63 zu seiner Einschätzung des Werkes Un dimanche après-midi a la Grande-Jatte von Georges Seurat und der Frage, ob dies der Kandidat für das erste Meisterwerk der Moderne sei.
48 Bradbury und McFarlane, op. cit., S. 50.
49 James McFarlane, »The Mind of Modernism«, in: Bradbury und McFarlane, op. cit., S. 85.

ANMERKUNGEN ZUM EPILOG
1 Zu den Nobelpreisträgern des Cavendish zählen Joseph John Thomson (1906), Ernest Rutherford (1908), William Lawrence Bragg (1915), Francis William Aston (1922), James Chadwick (1935), Francis Crick und James Watson (1962), Anthony Hewish und Martin Ryle (1974), Peter Kapitza (1978). Siehe Jeffrey Hughes, »›Brains in their finger-tips‹: physics at the Cavendish Laboratory, 1880–1949«, in: Richard Mason (Hg.), Cambridge Minds, Cambridge, UK, 1994, S. 160ff.
2 Mason, op. cit., S, 162; Crowther, op. cit., S. 48.
3 Steven Weinberg, The Discovery of Subatomic Particles, New York, 1983/1990, S. 7.
4 Mason, op. cit., S. 161.
5 Paul Strathern, Mendeleyev's Dream: The Quest for the Elements, London, 2000, S. 3, 286 [vgl. Strathern, Mendelejews Traum. Von den vier Elementen zu den Bausteinen des Universums, aus dem Englischen von Sebastian Vogel, München, 2000]. Siehe auch Richard Rhodes, The Making of the Atomic Bomb, New York, 1986, S. 30 [vgl. Rhodes, Die Atombombe oder die Geschichte des 8. Schöpfungstages, Nördlingen, 1988]; Watson, Medusa, op. cit., S. 48.
6 Strathern, op. cit., S. 31; Watson, Medusa, op. cit., S. 49f.
7 Strathern, op. cit., S. 41f.; Watson, Medusa, op. cit., S. 144.
8 Strathern, op. cit., S. 38ff.; Watson, Medusa, op. cit., S. 49.
9 Strathern, op. cit., S. 50f., 83ff. Eine ausführlichere Darstellung dieser Folgen findet sich in Watson, Medusa, op. cit.
10 Roy Porter, Flesh in the Age of Reason, London, 2003, S. 69ff.
11 ibd., S. 30; Wahrman, The Making of the Modern Self, op. cit., S. 182ff.
12 Bradbury und McFarlane, op. cit., S. 86. Phillip Cary, Augustine's Invention of the Inner Self, Cambridge, UK, 2003, passim, behauptet, dass die Vorstellung vom Ich als einem Raum im tiefsten Inneren von Augustinus stamme und deshalb auch er die westliche Tradition der Innerlichkeit begründet habe.
13 Burrow, op. cit., S. 137f.
14 ibd., S. 153.
15 Robinson, »Symbols of an Exhibition«, op. cit., S. 12.
16 Peter Brian Medawar, The Hope of Progress, London, 1972, S. 68. In der heutigen Welt hat gewissermaßen das Gen die Eigenschaften der Seele übernommen, jedenfalls insofern, als es eine versteckte, unzerstörbare Substanz darstellt, die bis zu einem gewissen Grade unsere Natur beherrscht, ungeachtet allem, was wir uns

bewusst für uns selbst wünschen mögen. Ein Gen ist keine Seele, doch tatsächlich scheinen es inzwischen viele Menschen als genau das zu betrachten.

17 John Maddox, *What Remains to be Discovered*, London, 1998, S. 306 [vgl. Maddox, *Was zu entdecken bleibt*, übersetzt von Thorsten Schmidt, Frankfurt a. M., 2000]; John Cornwell (Hg.), *Consciousness and Human Identity*, Oxford/New York, 1998, S. vii; Simon Blackburn, »The world in your head«, in: *New Scientist*, 11. 9. 2004, S. 42–45; Jeffrey Gray, *Consciousness: Creeping up on the hard problem*, Oxford, 2004; Benjamin Libet, *Mind Time: The Temporal Factor in Consciousness*, Cambridge, MA, 2004. Siehe auch Watson, *Medusa, op. cit.*, S. 994f.

18 John P. Searle, *The Mystery of Consciousness*, London, 1996, S. 95ff. Siehe auch Watson, *Medusa, op. cit.*, S. 995f.

19 Roger Penrose, *Shadows of the Mind: A Search for the Missing Science of Consciousness*, Oxford/New York, 1994, S. 87. Siehe auch Watson, *Medusa, op. cit.*, S. 996.

20 Cornwell (Hg.), *op. cit.*, S. 11f. Siehe auch Watson, *Medusa, op. cit.*, S. 996f. Zur Hirnforschung siehe z. B. Laura Spinney, »Why do we do what we do?«, in: *New Scientist*, 31. 7. 2004, S. 32–35, sowie Emily Suiger, »They knew what you want«, in: *ibd.*, S. 36.

21 Robert Wright, *The Moral Animal*, New York, 1994, S. 321; Olaf Sporns, »Biological variability and brain function«, in: Cornwell, (Hg.), *op. cit.*, S. 38–53. Siehe auch Watson, *Medusa, op. cit.*, S. 997.

PERSONENREGISTER

A
Abaelard, Peter 527, 532, 587ff., 599, 604
Abbas al-Abbas 437
Abbas, Haly 598
Abduh, Muhammad 1121f.
Abimelech 198
Abu Bakr, Kalif 430, 432, 442
Abu Bishr Matta bin Yunus 440
Abu-Lughod, Janet 510, 519ff., 634
Abulfazl 934
Achab (König) 258
Acostas, José de 708, 713
Adam, John 849, 909
Adam, Robert 849
Adamantius, Origenes *siehe* Origenes
Adams, John Quincy 909, 922
Adams, Samuel 915
Adelard of Bath 457
Adler, Alfred 1046
Adrien, Claude 830
Adso (Mönch) 570
al-Afghani, Sayyid Jamal al-Din 1121
Agassiz, Louis 1002, 1079, 1085
Aglaophamos 302
Agnes von Poitou 555
Agricola, Georgius 45, 643
ibn-Ahmad ibn Ruschd, Abul-Walid Muhammad 454, 934
ibn-Ahmad, Sa'id 515
Ahmet III., Sultan 937
d'Ailly, Pierre 689
Aischylos 236, 238, 245, 247, 267, 297, 390, 405, 756

Alberich 587
Alberti, Leon Battista 627, 648, 652, 656ff., 660f.
Albertus Teutonicus (*alias* Albertus der Große, Albertus Magnus) 533, 593ff.
Albright, William Foxwell 261
Aldrovandus, Ulysses 45
Alexander III. (Papst) 572, 575, 679, 684, 865, 930, 944, 858
Alexander VI. (Papst) 618
Alexander der Große 232, 249, 265, 269, 288, 295f., 366, 413
Alexander von Myndos 413
Alexander, Richard 101
Alfonso X. 596
Alhazen (Arzt) 774
Alkibiades 218
Allen, Grant 188, 190
Altschulte, Mark D. 1127
Amalrich von Bena 569
Amati, Andrea 666
Amazjah, König von Jehudah 194
Ambrosius 401, 405
Amin, Qasim 1121
Ammonios 369
Amyntas III., König von Makedonien 232
Amyntianus 413
Anaxagoras von Klazomenai 218, 223, 812
Anaximander 221, 226
Andrea, Giovanni 390f.
Aeneas 354
Anjou, Karl von 579f.
Anna von Dänemark 764
Annet, Peter 823

Anquetil-Duperron, Abraham Hyacinthe 941, 943f.
Anselm, Erzbischof von Canterbury (ehemals: Anselmo) 533, 591
Anselmo (Benedikterabt) *siehe* Anselm, Erzbischof von Canterbury
Anthemius von Tralleis 414
Antiochus Epiphanes 265, 269f., 274
Antiphon 249
Apellikon 331
Apollonios von Perge 299f., 302
Apuleius 332
Aquilano, Silvestro 658
Archimedes 188, 297f., 300, 302, 440, 758
Ardaud, Antoine 843
Arectus 346
Arensburg, Baruch 96
Argenson, Marquis d' 834
Ariosto, Ludovico 620
Aristophanes 226, 228
Arius 306f., 383
Arkwright, Richard 870f.
Arnold, Matthew 332, 899, 1027
Arnolfini, Giovanni 622, 670
Aron, Raymond 1045
Arouet *siehe* Voltaire
Arp, Hans 1046
Aryabhata 459, 477
ibn-al-As, Amr 404
Asanga (Mönch) 326
Ascanius 355
Ascham, Roger 643
al-Asch'ari, Abu al-Hasan 'Ali 449f.

1251

Ashoka (Kaiser) 311, 314f., 461f., 464
Aspasia 218
Assurnasirpal II. (König) 986
Astor, Henry 1085
Astor, John Jacob 1085
Astruc, Jean 828
Asvaghosa 326
Attila 375, 397
Aubrey, John 794, 1052
Auden, W. H. 917
Auerbach, Erich 676
Augustinus (von Hippo) 566
Augustus (Kaiser) 278, 294, 315, 334, 343, 348, 354f., 360, 366f., 399
Aurel, Mark 355, 413
Aurispa, Giovanni 755
Austen, Jane 1066f.
Avendauth siehe Ibn Daud
Averroës siehe Ibn Ruschd
Avicenna 442 siehe auch Ibn Sina

B
Babbage, Charles 1000f.
Bach, Johann Sebastian 953, 966, 973, 975
Bachofen, Johann Jakob 187, 1129f., 1166
Bacon, Francis 28, 34f., 515, 655, 777–780, 782, 784, 794, 863, 865, 907, 1124
Bacon, R. H. 1069
Bacon, Roger 447, 515, 530, 604f, 774f.
Baer, Karl Ernst von 997
Bahn, Paul 80, 103
Bainbridge, John 783
Bakewell, Robert 873
Balzac 963, 1065
Ban Gu 324
Ban Zhao 324
Banister, John 809
Banks, Joseph (Sir) 994
Barbé-Marbois, Marquis de 912
Bardas 411
Bardi, Giovanni d'Agnolo dei' 628f., 632, 664, 668
Barlow, Joel 910
Barnes, Harry Elmer 29
Baron, Hans 633, 636
Barrès, Maurice 1044
Barry, William 545

Barsby, John 346
Bartolomé de las Casas 677, 707, 711f.
Barzun, Jacques 1016
Basilius, Bischof von Caesarea 383
Ibn Battuta 448, 686
Baudelaire, Charles 1058, 1143
Bayles, Pierre 38, 808
Ibn al-Baytar 441, 492
Beard, George 1127
Beardsley, Aubrey 1052
Beaumarchais, Pierre-Augustin de 832
Beaumont, Francis 669f.
Beaumont, Gustave de 921f.
Becher, Johann Joachim 880
Beckmann, Max 1046
Becquerel, Henri Antoine 1156f.
Beecher, Lyman 1097
Beethoven, Ludwig van 965–973, 975f.
Behaim, Martin 700
Bell, Alexander Graham 1100
Bellarmino, Kardinal 37, 785, 820
Bellay, Joachim du 837
Bembo, Pietro 640
Bembridge, Henry 909
Bendix, Reinhard 549
Benedikt von Nursia 376
Bentham, Jeremy 830f., 859, 889
Benton, John 541
Benzoni, Girolamo 906
Berg, Alban 978, 1046
Bergson, Henri 1131
Bering, Vitus 907
Berkeley, George 946
Berlin, Isaiah 31, 32, 38, 248ff., 954ff., 958f., 978
Berlioz, Hector 953f., 965, 967–973, 975f.
Bernal, John D. 757, 765, 880
Bernal, Martín 247f.
Bernardino de Sahagún 711
Bernays, Martha 1137
Bernhard von Clairvaux 556f.
Bernini 751f.
Bertalanffy, Ludwig von 1046

Bhamaha 465f.
Bichat, Marie François Xavier 1009
Bignon, Abbé 940
Binet, Alfred 1131
Black, Joseph 852, 880
Blair, Hugh 848
Blanning, Tim 807, 809
Blas, Philippe Le 1015
Bloom, Allan 211, 247, 250f.
Bloom, Harold 673
Bloom, Jonathan 329
Blount, Charles 823
Boardman, John (Sir) 244
Boccaccio 650
Bode, Wilhelm 1046
Bodin, Jean 28, 714, 791f., 794, 798, 817
Boethius von Dacien 408, 593f.
Boeyens, Kardinal 739
Böhme, Jakob 842
Bolton, Matthew 883
Bonacci, Guido 453
Bonaventura (alias Giovanni di Fidanza) 594
Bonifatius (Bischof) 550
Bonifatius VIII. (alias Benedetto Gaetani) 546f., 580f., 608, 1115
Bonnet, Charles 846
Boorstin, Daniel 212, 231, 737, 779
Bopp, Franz 946, 949
Borelli, Giovanni Alfonso 766
Borghini, Raffaello 750
Borgia, Cesare 787, 789
Borromeo, Carlo 750
Borst, Arno 390
Botticelli, Sandro 632, 653, 814
Boucher de Crèvecoeur de Perthes, Jacques 43ff., 52, 933, 987, 1010
Bouts, Dirk 610
Bowler, Peter J. 994, 1003, 1006f.
Boyer, Carl 443, 762
Boyle, Robert 781f., 794, 845, 881
Bracciolini, Gianfrancesco Poggio 649
Brace, Chester Loring 1059
Braden, Gordon 636, 647
Bragg, Melvyn 1071, 1073

Brahe, Tycho 759f., 764, 769, 783
Brahms, Johannes 967, 971, 1046
Brain, Charles Kimberlin 65
Brak, Tel 137
Bramante, Donato 658f., 661
Brandes, Georg 1145
Brandon, Samuel George F. 179, 362
Braudel, Fernand 516ff., 520, 524
Brecht, Bertolt 1046, 1146
Brendan der Seefahrer 681f.
Brentano, Franz 1046
Breton, André 1126
Breuer, Josef 1046, 1133f., 1137
Bridgewater, Lord 999f., 1002
Briggs, Henry 764, 783
Brod, Max 1046
Brogan, Hugh 917
Bronowski, Jacob 32, 731
Brontë, Charlotte 1066
Brougham, Henry 1094
Bruckner, Anton 967, 978, 1046
Bruhl, Lucien Lévy 1131
Brunelleschi, Filippo 631f., 652, 658f., 661
Bruni, Leonardo 631, 636
Brunos, B. siehe Fouillée, Augustine
Buber, Martin 1046
al-Buchari, ibn Isma'il 448
Büchner, Ludwig 1109
Buckland, William 995ff.
Buckle, Henry Thomas 857
Budaeus siehe Budé, Guillaume
Buddha 188, 198, 202–208, 310f., 313ff., 317f., 325ff., 462, 464, 466, 472f., 475, 485, 498–502, 558, 951f., 1161
Budé, Guillaume (alias Budaeus) 643
Bunyan, John 838
Burbage, James 669, 671f.
Burckhardt, Jacob 623, 634, 646f., 649,,651, 656, 1046, 1111
Burke, Edmund 1037f., 1065

Burke, Peter 50, 630, 646f., 652, 657, 784
Burkert, Walter 246f.
Burn, Andrew 225
Burnet, Thomas 785, 828, 990
Burr, Aaron 915
Burrow, Isaac 763
Burrow, John W. 1148, 1162
Burt, Captain 470
Busbecq, Ogier Ghiselin de 936
Butler, Joseph 844
Butler, Samuel 1102
Butterfield, Herbert 754

C
Caccini, Giulio 664
Caesar, Julius 293f., 298, 313, 315, 345, 347, 354, 366, 393ff., 545, 955
Cai Lun 329, 484, 486
Caillebottes, Gustave 1142
Caird, Edward 1107
Cairn, David 970
Caligula 366
Calvin, Johannes 38, 617, 735–738, 742, 744, 790, 801, 818, 1160
Camden, William 783
Camerarius, Rudolf Jakob 777, 988
Campbell, Thomas 1095
Campion, Thomas 670
Canfora, Luciano 404
Cantor, Norman 409, 552, 560f., 578, 1045f.
Capella, Martianus (Marcian) 351, 359, 407
Cappel, Louis 827f.
Caravaggio 751
Carew, Richard 670
Caritat, Marie Jean Antoine Nicolas (Marquis de Condorcet) 28, 865, 911, 1016, 1018f.
Carlyle, Thomas 29, 34, 1065, 1102, 1107f.
Carnap, Rudolf 1046
Carnarvon, Lord 131
Carter, Howard 131
Cartier, Jacques 709
Cassiodorus 408f.
Cassirer, Ernst 639, 756, 1046
Cassius, Spurius 342
Cassus, Dio 396

Castlereagh, Lord 901, 1040
Castro, Alfonso de 726
Cato 347
Catullus 332
Cauvin, Jacques 115–118, 122f., 735
Cavalieri, Emilio de' 668
Cavendish, Henry 884, 1153
Cavendish, William 1153
Çelebi, Evliya 937
Çelebi, Katip 936
Celsus 224
Cervantes, Miguel de 445, 674ff.
Cézanne, Paul 978
Chadwick, Edwin 1033
Chadwick, Owen 1104ff., 1109, 1112, 1123
Chalmers, Thomas 1000
Chamberlain, Houston Stewart 1057
Chamberlain, Joseph 1043
Chambers, Ephraim 835f.
Chambers, Robert 49, 51f., 1000f., 1005, 1007, 1137
Champollion, Jean-François 942f., 986
Champollion-Figeac, Jean Jacques 942
Chanca, Alvarez 709
Chandragupta I. 313ff., 459, 472
Chandragupta II. 460, 462
Chandragupta Maurya 459
Chaplin, George 60
Charcot, Jean-Martin 1128, 1134, 1166
Charles II., King 781, 796
Charron, Pierre 640
Charvát, Petr 136, 140, 162f., 171
Chateaubriand 962, 964
Chaucer, Geoffrey 1073
Chénier, André 1015
Chettle, Henry 669
Chevalier de Rohan 832
Chézy, Antoine-Léonhard 945
Chijja, Abraham bar (alias Savasorda) 456
Childe, Vere Gordon 66, 114
Chiskijah (König) 194
Chopin, Frédéric 969, 971ff.

1253

Christian IV., König von Dänemark 50
Christus *siehe* Jesus von Nazareth
Christy, Henry 52
Chrysippos 406
Chrysoloras, Manuel 688
Chrysostomos 405
al-Chwarizmi (Khwarizmi), Muhammad ibn Musa 439, 443
Cicero 302, 332, 336, 339, 343f., 346f., 353ff., 358, 381f., 391, 410, 588, 626, 636, 639, 641, 813, 914, 1039
Cioffi, Frank 1133
Cipolla, Carlo M. 30, 32, 34, 525f.
Clanchy, Michael T. 608
Clare, Anthony 1141
Clausius, Rudolf 1045, 1155
Claxton, Guy 1126
Clemens IV. (Papst) 515
Clemens V.,(Papst) 581
Clemens VII. (Papst),(*alias* Giulio de' Medici 45, 739
Clemens von Alexandria (Bischof) 302f., 305f., 380, 391, 415
Clénard, Nicolas 618
Clough, Arthur 1102
Cobban, Alan 590, 596
Coelestin V. (Papst) 579
Cohen, I. Bernard 754
Cohen, Mark Nathan 112f.
Colbert, Jean-Baptiste 853
Coleridge, Samuel Taylor 883, 910
Colet, John 641, 729
Colish, Marcia 407
Colley-Wesley, Richard 1061
Collingwood, Robin George 30
Collins, Anthony 823, 828
Colonna, Pompeo 739
Colsenet, Edmond 1130
Comestor, Petrus 592
Cometas der Grammatiker 411
Commager, Henry Steele 906, 908, 915, 918
Commodus 359
Comte, Auguste 867, 894, 1021–1024, 1026, 1104, 1110, 1114, 1118, 1121, 1124
Comte, Le (Pater) 932
Condillac, Abbé Étienne Bonnot de 846f., 984, 1124
Condorcet *siehe* Caritat, Marie Jean Antoine Nicolas
Conrad, Joseph (*alias* Józef Teodor Korzeniowski) 1052, 1065, 1067, 1068f., 1070f.
Constantinus Africanus 456, 598
Contarini, Giovanni Matteo 693
Conte, Joseph Le 1059
Conté, Nicolas 980
Cooper, James Fenimore 914
Corinth, Lovis 1046
Corneille de Pauw, Abbé 908
Correggio 814
Corvinus, Matthias (König) 664
Cosmas von Alexandria (*alias* Indikopleustes) 680
Courant, Richard 1046
Craig, John 764, 849
Craig, Gordon A. 1049, 1051f.
Crane, Thomas 783
Cranmer, Thomas 750
Crespin, Jean 742
Crèvecoeur, Michel Guillaume Jean de 43, 918
Crews, Frederick 1133
Crompton, Samuel 871
Cromwell, Oliver 1126
Crosby, Alfred W. 606f., 610
Cullen, William 844
Curtius, Ernst 1046
Cusanus (*alias* Nikolas von Kues) 609
Cutler, Manasseh 910
Cuvier, Georges 43, 49, 52, 994f., 997
Cyrus II. (der Große), König 198, 254
Czerny, Carl 966

D

Dachlan, Achmad 1121
Dalacroix 965, 971, 1065
Dalí, Salvador 1126
Dalton, John 881, 1154
Damad, Mir 934
Damascenos, Johannes 420
Damascius von Damaskus 413
Damasus I. (Papst) 375, 381, 404
Damian 577
Damiani, Petrus 559
Damiens, Robert François 1014
Daniel von Morley 603
Dante 428, 558, 580f., 606, 609, 640, 792
Dao, Feng 485, 487
Darby, Abraham 870, 873, 884
Dareios I., König von Persien 239
Darius (Sohn Cyrus' des Großen) 254
Dart, Raymond 166
Darwin, Charles 29, 48f., 52, 58, 89, 638, 857, 860, 867, 989, 1001f., 1004–1013, 1023, 1043, 1055, 1056, 1059, 1068, 1084f., 1087, 1090, 1093, 1102, 1104, 1109f., 1117ff., 1124, 1126, 1132, 1134, 1141, 1144, 1146f., 1166, 1168
Darwin, Erasmus 860, 883
Dati, Leonardo 687
Datini, Francesco di Marco 612
Ibn Daud (*alias* Avendauth) 456
David (König) 258f., 264, 271, 279, 430, 550, 752
David von Dinant 569
Davy, Humphry 211, 879, 882, 994
Day, Thomas 883
Debreyne, Pierre J. C. 1132
Defoe, Daniel 838, 871, 874
Degas, Edgar 971, 978, 1143
Dekker, Thomas 669
Delambre, Jean-Baptiste 1017, 1031f.
Demokrit von Abdera 221, 223, 230, 770
Demosthenes 406
Denison, J. H. 29
Dennett, Daniel 33, 1168f.

Déroulède, Paul 1044
Descartes, René 39, 610, 621, 763, 766, 769, 775, 777–781, 794, 802f., 833, 840, 847, 863, 865, 989f., 1160, 1162
Desmoulins, Camille 1015
Dessoir, Max 1129, 1166
Deuterojesaias 188
Dewey, John 1056, 1079, 1091ff.
DeWolfe, Mark 1082
Dhrtarastra 316
Diamond, Jared 32, 34, 703ff.
Dias, Bartolomeu 698ff.
Dickens, Charles 869f., 890, 897, 1020, 1066, 1081
Diderot, Denis 832, 835ff.
Diesel, Rudolf 1046
Dietrich von Freiberg 531
Digges, Leonard 775
Dilke, Charles 1056
Dilthey, Wilhelm 1046
al-Din, Farid 951
al-Din, Taqi 936, 951
Diodoros 162
Diokletian (Kaiser) 387
Dionysios von Aigeai 413
Diophantos von Alexandria 302
Dioskorides 440
Disraeli, Benjamin 897, 902, 1066
Dix, Otto 1046
Djingis Khan 520
Dobbs, Betty Jo Teeter 754
Dolet, Étienne 617
Dolgopolski, Aron 98ff.
Dolomieu, Gratet de 980
Domitian (Kaiser) 359
Donald, Merlin 71f., 83, 85, 102, 104, 106, 118
Donatello 631, 659, 661
Donatus, Aelius 351
Dong Zhongshu 323
Donne, John 669f., 673, 818
Dostojewskij, Fjodor 1148
Drakon 216, 258
Drayton, Michael 670
Dreiser, Theodore 1126
Dreyfus, Alfred 1044
Dritzehn, Andreas 614
Drumont, Edouard 1044
Dryden, John 783
Duboar (König) 1069

Dubois, Eugene 1012
Duby, Georges 538, 587
Duccio 631
Dumas, Alexandre 962
Dunlap, W. A. 29
Dupanloup (Bischof) 1132
Durán, Diego 707
Dürer, Albrecht 644
Durkheim, David Émile 1028f., 1033, 1057, 1131
Duryodhana 315f.
Dvorák, Antonin 978

E
Eadwine von Canterbury 539
Eannatum, König von Lagasch 152
Eckstein, Ferdinand 949
Eco, Umberto 171, 654
Edgewirth, Richard 883
Edison, Thomas 1100f.
Egerton, Francis Henry 999
Ehrlich, Paul 1046
Einhard 398
Einstein, Albert 606, 1045f., 1099, 1153, 1157
Einstein, Alfred 667, 972
Eliade, Mircea 123, 177
Elias (Prophet) 188, 192f.
Eliot, Charles 1098f.
Eliot, George 897, 985, 1066, 1102, 1109 siehe auch Evans, Mariam
Elischa (Prophet) 192f.
Ellenberger, Henri F. 1127, 1129, 1137, 1162
Elliott, John H. 705f., 725, 904ff.
Emerson, Ralph Waldo 38f., 949, 1079ff., 1094
Empedokles aus Agrigent 184, 224f., 229
Engels, Friedrich 892, 894, 897, 903, 1106, 1114
Erasistratos 307f., 356, 770
Erasmus 39, 617, 639–645, 675, 731, 732f., 736, 741, 743, 860, 1123
Eratosthenes 297f., 302, 679f.
Erikssøn, Leif 683
Ernst, Max 1046
d'Errico, Francesco 69, 74, 103
Esra (Priester in Babylon) 255, 262, 269
d'Este, Isabelle 662

Esterson, Allen 1133, 1138
Eugen IV. (Papst) 662
Euklid 66, 297, 298ff., 302, 407, 439f., 443, 457, 763
Euphronius 241
Euripides 185, 236, 239, 245, 297, 354, 812
Eusebius 388, 405
Euthymides 241
Evans, Arthur (Sir) 144, 175
Evans, John 43ff., 52f.
Evans, Marian (alias George Eliot) 985
Evelyn, John 781
Exiguus, Dionysios 387
Eyck, Hans van 651
Eyck, Jan van 622, 651
Ezechiel (Prophet) 254, 257, 264
Ezra, Aben 827

F
Fabriano, Gilio 750
Fairbank, John K. 321
Falconer, Hugh 44
Fantin-Latour, Henri 978
al-Farabi, Abu Nasr ben Mohammed ben Jarkham 439f., 446, 456
Faraday, Michael 882
Faxian (Mönch) 460, 462, 500
al-Fazari, Muhammad ibn-Ibrahim 439
Fazio, Bartolomeo 660
Febvre, Lucien 483, 615, 816
Fechner, Gustav Theodor 1131
Fedorow, Iwan 907
Feingold, Mordechai 783f.
Feininger, Lyonel 1046
Ferguson, Adam 848, 851f., 861
Ferguson, Niall 901, 1036, 1038, 1063f.
Ferling, John 919
Fermat, Pierre de 763, 781
Fernando (König) 710
Ferrill, Arthur 360
Ferry, Jules 1043, 1114
Fèvre d'Étaples, Jacques Le 643
Fibonacci siehe Leonardo von Pisa
Fichte, Johann Gottlieb 960f., 1099

Ficino, Marsilio 302, 636f., 646, 654f.
Filarete, Antonio 648, 658, 660ff.
Fillastre, Guillaume 688
Fiore, Joachim von 27, 569f.
Fischer, Emil 1046
Fischer, J. C. 1130
Fiske, John 1056f.
Flaubert, Gustave 951, 1065, 1113, 1143, 1145
Flavius Valens (Kaiser) 403
Flemming, Carl Friedrich 1130
Fletcher, John 669
Fliess, Wilhelm 1139
Flint, Kate 869
Flint, Valerie 688
Fontenelle, Bernard Le Bovier de 863, 989
Forchhammer, Peter Wilhelm 1046
Forge, Valley 917
Fouillée, Augustine (alias B. Brunos) 1043
Fourier, Jean-Baptiste 981
Fox, Robin Lane 255, 266, 276, 368
Francesca, Piero della 609, 632, 652
Franklin, Benjamin 824, 848, 879, 908f., 911, 915f., 1156
Franziskus von Assisi 557f., 747
Frazer, James 29, 1010
Frederiksen, Paula 252, 272, 285
Freeman, Charles 27, 403, 409
Frege, Gottlob 1046
Frere, John 44
Freud, Sigmund 239, 1012, 1045f., 1051ff., 1058, 1092, 1099, 1126, 1128f., 1131–1141, 1149, 1151, 1162, 1166
Friedrich Barbarossa (Kaiser) 599
Friedrich II. (Kaiser) 597, 770
Friedrich Wilhelm I. 836
Froude, James Anthony 1102
Fuhzi, Wang 931
Furbank, Philip N. 835
Furtwängler, Wilhelm 1046
Fust, Johann 615

G
Gabrieli, Andrea 665
Gaddi, Taddeo 609
Gaetani, Benedetto siehe Bonifatius VIII. (Papst)
Galbraith, John Kenneth 889, 892, 894
Galen (Claudius Galenus) 355
Galenus, Claudius siehe Galen
Galilei, Galileo 664, 741, 760f., 762f., 765, 769, 775, 780f., 788, 794, 819f., 822, 863, 1016, 1112, 1126
Galilei, Vincenzo 664
Galippus (alias Ghalib) 456
Galla Placidia 399
Galsworthy, John 1070
Galton, Francis 1059, 1102, 1136
Gama, Vasco da 30, 692, 699, 702
Gangshi 932
García, Gregorio 707
Garrod, Dorothy 119f.
Gascoigne, Bamber 744
Gascoigne, Thomas 729
Gaskell, Elizabeth 897
Gassendi, Pierre 770, 783
Gaunilo von Marmoutiers 591
Gauß, Karl Friedrich 1032, 1087
Gautama, Siddharta (Gotama) 199, 201ff., 327
Gautier, Théophile 945, 962
Geary, Patrick 394
Geber siehe ibn-Hayyan, Jabir
Geiger, Hermann 1046
Gellner, Ernest 29f., 34
Gentz, Friedrich von 1040
Geoffrey of Monmouth 603
George II. 855
George, Stefan 1046
Gerald von Wales (alias Geraldus Cambrensis) 603
Geraldus Cambrensis siehe Gerald von Wales
Gerhard von Cremona 443f., 456f.
Germanos 420
Gernet, Jacques 328, 500, 932

Gérôme, Jean-Léon 1064
Ghalib siehe Galippus
al-Ghazali, Abu Hamid Muhammad 450f., 456, 480
Ghiberti 632
Gibbon, Edward 359f., 389, 403, 839, 862, 1103
Gilbert von Poitiers 586
Gillispie, Charles 989, 993
Gimbutas, Marija 80, 126f., 144f.
Giocondo, Giovanni (alias Giovanni da Verona) 658f.
Giotto 414, 609, 631f.
Giovanni da Verona siehe Giocondo, Giovanni
Giovanni di Fidanza siehe Bonaventura
Gislebertus 539
Gobineau, Joseph Arthur de 951, 1055
Göçeks, Fatma Müge 937
Godfrey, Thomas 909
Godwin, William 29, 865, 963
Goethe, Johann Wolfgang von 39, 847, 945, 949, 959, 962, 965ff., 970f., 1146
Goff, Jacques Le 607
Goldsmith, Oliver 838
Goldtwaithe, Richard 630
Gómara, Francisco López de 706
Gombrich, Ernst H. 38
Gomes, Fernão 698
Goodall, Jane 61
Goren-Inbar, Naama 73
Göring, Hermann 1054
Gorkij, Maksim 1052
Gosala, Makkhali 813
Gosse, Edmund 1102
Goudsblom, Johan 31, 65, 120
Gozzoli, Benozzo 632
Grant, Michael 227, 345
Gratian (Kamaldulensermönch) 530f., 565, 599
Gratian (Kaiser) 374
Gratius, Ortuin 643
Graunt, John 784, 853
Gray, Jeffrey 1167
Gray, Stephen 878
Greenberg, Joseph 98
Gregor I. (der Große), Papst

354, 385, 406, 419, 550,
558, 561
Gregor II. (Papst) 419
Gregor VII. (Papst) 545f.,
548, 561, 562f., 564f.,
566
Gregor IX. (Papst) 575, 597
Gregor XVI. (Papst) 1113
Gregor, Bischof von Nyssa
383, 401
Gregor von Nazianz 383
Grendler, Paul 625f.
Grew, Nehemiah 777
Griffo, Francesco 616
Grocyn, William 641
Grosseteste, Robert 530f.,
604
Grosz, George 1046
Grotefend, Georg Friedrich
986, 1046
Grotius, Hugo 645, 726
Groube, Les 113f.
Grozdew, Michail 907
Gua, Shen 510
Guang, Sima 509
Gui, Bernhard 576
Guibert von Nogent 537
Guicciardini, Francesco
788f.
Guillaume de Nogaret 581
Guillotin, Joseph-Ignace
1014f., 1018, 1107
Gulfishan Khan 937
Gundisalvo, Domingo
(alias Dominicus Gundissalinus) 456
Gutenberg 486, 614f.
Guzmán, Dominic 557

H
Haak, Theodore 782
Haarmann, Harald 144f.
Habeneck, François-Antoine 968
Haber, Fritz 1046
Hadrian VI. (Papst) 739
Hadrian (Kaiser) 140, 359
Haeckel, Ernst 1046, 1057,
1109f., 1112
Hafiz Ishak Efendi 1120
Hahn, Otto 1045f.
Hakluyt, Richard 905
Hale, Nathan 917
Hall, Peter (Sir) 212, 630,
669
Halley, Edmond 766, 783
Hamilton, J. (Earl) 726,
728, 903

Hamilton, William (Sir)
884
Hamilton, William Rowan
1086
Hammurabi (König) 167
Hamoukar, Tel 137
Hampson, Norman 836
Han Yu 50
ibn-Hanbal, Achmad 449
Hannibal 1126
Hao, Zheng 504
Hardy, Thomas 1102
Hargreaves, James 871
Harte, Bret 1145
Hartmann, Eduard von
1045, 1130f., 1166
Harvey, William 772ff.,
776, 784, 935
Hasenclever, Walter 1046
Haskins, Charles 623
Hastings, Warren 941,
943f., 1037, 1061, 1064
Hathaway, William 669
Hauptmann, Gerhart 1046
Hauser, Arnold 632, 838,
962f., 1162
Haussmann (Baron) 1142
Hawley, Joseph 915
Hawthorne, Nathaniel
1080
Haydn, Joseph 809, 966, 973
ibn-Hayyan, Jabir (Geber)
445
ibn-Hazm, Ali 452
Hecht, Jennifer Michael
1111
Hegel, Georg Wilhelm
Friedrich 29, 866, 893ff,
982f., 1093, 1107
Heidegger, Martin 1046
Heilmann, Andreas 614
Heine, Heinrich 945
Heinrich II. (König) 540
Heinrich III. (König) 555
Heinrich IV. (Kaiser) 545,
560, 562, 673
Heinrich, Gotthilf 1129,
1166
Heinrich der Seefahrer 690,
698, 1038
Heinroth, Johann Christian
August 1129
Heisenberg, Werner 1046
Hekatäus von Milet 677
Helias, Petrus 587
Helmholtz, Hermann
1045f., 1153
Helvétius 830f.

Henry, Patrick 915
Heraklit 188, 223
Herbart, Johann Friedrich
1131
Herbert of Cherbury, Lord
822
Herder, Johann Gottfried
866, 944f., 948, 959f.,
1003, 1042
Herder, Vico 1003
Hereford, Nicholas 1073
Herjólfssøn, Bjarni 683
Hernández, Francisco 708
Herodes 272–275, 278f.,
281, 570
Herodot 28, 184, 198, 239f.,
244, 267, 394, 509, 526
Heron von Alexandria 302
Herophilos von Chalkedon
307f., 770
Herschel, John 1103
Herschel, William 990,
1007
Hertz, Heinrich Rudolf
1046, 1153
Herzl, Theodor 1046
Hesiod 133, 185, 257, 406,
412
Hesse, Hermann 1046
Heywood, Thomas 669
Hieronymus 277, 344, 353,
381, 405, 416f.
Hildebrand von Soana
(Papst) 561, 566
Hiller, Ferdinand 953
Hilpert, David 1046
Hindemith, Paul 1046
Hipparch(os) 298, 302, 680
Hippokrates von Kos 27,
224f., 355, 402, 405, 440,
456f., 645
Hirschmüller, Albrecht
1137
Hischam 433
Hiskia 281
Hitler, Adolf 549, 978, 982,
1045, 1054, 1058
Hitti, Philip 428, 447, 454
Hobbes, Thomas 28, 791,
793–796, 798, 800–804,
806, 824, 827f., 830f.,
853, 859, 1126, 1160,
1165
Hobsbawm, Eric 891f.
Hodgson, Brian 944, 1060
Hofmannsthal, Hugo von
1045f., 1052, 1144f.,
1147

1257

Hofstadter, Richard 1078, 1085, 1100
d'Holbach (Baron) 826f., 831, 835
Holbein d. Jüngere, Hans 642, 644
Holmes, Oliver Wendell 1079–1086, 1088, 1094, 1148
Homer 133, 188, 200, 213ff., 224, 239f., 246, 255, 354f., 385, 390, 402, 406, 412, 606, 661, 910, 941, 945, 986
Honegger, Arthur 1046
Hooke, Robert 766, 769, 781ff., 830, 845
Hoppner, John 965
Horaz 214, 310, 332, 346ff.
Horney, Karen 1046
Houston, Sam 922, 1057
Huang Di (Kaiser) 488
Huch, Ricarda 949
Huff, Toby 523f., 756
Hughes, Thomas P. 1100
Hugo der Große 554
Hugo von Sankt Viktor 532
Hugo, Victor 950, 962, 980, 1108, 1142
Huiyuan 499f.
Humbert von Silva Candida (Kardinal) 560
Humboldt, Wilhelm von 946, 982, 984
Hume, David 640, 824f., 830f., 844, 848, 850ff., 959
Hunt, Leigh 963
Husserl, Edmund 1046
Hutten, Ulrich von 642f.
Hutton, James 848, 884, 948, 991–995, 999, 1002
Hutton, William 874
Huxley, Thomas Henry 1008
Huygens, Christiaan 882, 1103

I
Ibsen, Henrik 1145f., 1148
Ignatius von Loyola 276, 746f., 928
Ihsanoglu, Ekmeleddin 936
Ilgen, Karl David 828
Illitsch-Switytsch, Wladislaw 98
Indikopleustes *siehe* Cosmas von Alexandria

Innozenz III. (Papst), *alias* Lotario Conti di Segni 533, 546, 548, 561, 573f., 578ff., 680
Innozenz IV. (Papst) 576
ibn-Ishaq, Hunayn 440
Isidor, Bischof von Sevilla 403, 404f., 409
Isidor von Milet 414
Isokrates 406
Israel, Jonathan 802ff., 808
Iulus 354
Ivo von Chartres 587

J
Jablonski, Nina 60
James I. von England 764, 778
James VI. von Schottland 764
James, Henry 1052
James, Lawrence 901, 1063
Jameson, Robert 995
Janes, Zacharias 775, 932
Janet, Pierre 1131
Jardine, Lisa 622
Jaspers, Karl 187f.
Jaureg, Julius Wagner von 1046
Jawlensky, Alexej von 1046
Jefferson, Thomas 822, 824, 909f., 912–916, 918, 920f., 1095f.
Jeffrey, Francis 1094
Jehudah (»Judas der Galiläer«) 281
Jeremia (Prophet) 125, 188f., 195, 252, 254, 264
Jesaia (Prophet) 188, 195
Jesus von Nazareth (Christus) 202, 252–288, 305f., 311, 361–365, 371, 373f., 378f., 383, 388, 415–418, 431, 436, 438, 536, 558, 570, 573, 606, 654, 675, 713, 812, 821, 822f., 985, 1102, 1110f., 1161
Jha 146
João II. (*alias* Johannes II.) von Portugal 698
Joachim von Fiore 27, 569f.
João II., Dom *siehe* Johannes II. von Portugal
Johannes (Evangelist) 277f., 363, 379, 536, 570
Johannes II. von Portugal (Dom João II.) 698 *siehe auch* João II.

Johannes XXII. (Papst) 612
Johannes (»Priesterkönig«) 684, 687
Johannes von Pian de Carpine 684
John of Gaddesden 27, 403
John of Salisbury 589, 603
Johnson, Paul 192, 269, 273
Johnson, Samuel 838, 844, 1072
Jones, Arnold H. M. 390
Jones, Ernest 1131
Jones, Inigo 670
Jones, John Paul 917
Jones, Mumford 962, 964f.
Jones, Peter 217f.
Jones, Tom 839
Jones, William (Sir) 181, 313, 340, 941f., 983, 1037, 1061, 1064
Jonson, Ben 669f.
Jordanus Nemorarius 610
Joseph (Heiliger) 279, 311, 421
Josephus, Flavius 256, 268, 279, 361
Jouannet 51
Joule, James 1103
Joyce, James 1145f.
Judaeus, Isaac 598
Jung, Carl 1046
Junkers, Heinz 1046
Justinian (Kaiser) 338f., 373, 385, 402, 406, 413, 417f., 478
Juvenal 332

K
Kafka, Franz 1046
Kaiphas (Hohepriester) 282
Kalidasa 460, 465f., 469, 476, 944f.
Kalixt II. (Papst) 546
Kallimachos 296
Kandinsky, Wassily 1046
Kanishka 310
Kanishka II. von Kuschan 325
Kant, Immanuel 29, 33, 37, 823, 843f., 866, 908, 958ff., 990, 1010, 1048, 1090, 1099, 1103, 1107, 1162f.
Karl I. (der Große), Kaiser 392, 398, 526, 550f.
Karl V. (Kaiser) 733, 739f., 772

Karl IX. von Frankreich 666
Karl von Anjou 579
Kaufmann, Felix 21
Kaufmann, Walter 1149
Kaundinya 472
Kautilya 314, 318
Keay, John 313f., 469
Keir, James 883
Keller, Gottfried 1046
Kemal, Namik 1120f., 1124
Kennedy, Hugh 440
Kerrigan, William 636, 647
Kesakambali, Ajita 813
Key, Ellen 1091
Keynes, John Maynard, Lord 25, 671, 754
Ibn Khaldun 452f.
Khan, Mirza Malkom 1121
Khan, Sayyid 1121
Ibn Khordadhbeh 414
Khwarizmi *siehe* al-Chwarizmi, Muhammad ibn Musa
Kiang, Tsian 318
Kiell, Norman 1136
al-Kindi, Abu Jussuf Jakub ben Isaak 446, 456f.
King, Richard 1059
Kingsley, Charles 798, 1066
Kipling, Rudyard 1065, 1067
Kircher, Athanasius 775
Kitto, Humphry Davy F. 211
Klam, Peter 907
Kleanthes 406
Klearchos 406
Klee, Paul 1046
Klein, Melanie 1046
Klein, Richard 77
Kleist, Ewald Jürgen Georg von 878
Kleisthenes 217
Kletter, Raz 260
Klimt, Gustav 1046, 1052f., 1126
Klinger, Max 1046
Knowles, David 578
Koch, Robert 1046
Kolumbus, Christoph 302, 494, 677–702, 705f., 708f., 713, 757, 938, 1126f.
Konfuzius (Kong fu-zi) 188, 205–208, 318, 324, 483, 504ff., 931f., 949, 1161

Kong fu-zi *siehe* Konfuzius
Konrad von Marburg 576
Konstantin (Kaiser) 370, 372–375, 382, 406, 415f.
Konstantin V. (Kaiser) 419, 570, 748
Kopernikus, Nikolaus 26, 37, 459, 609, 741, 754f., 757–760, 762, 765, 767, 770, 773, 777, 780, 784, 810, 814, 817ff., 822, 827, 1126, 1141, 1154, 1166
Korzeniowski, Józef Teodor *siehe* Conrad, Joseph
Kraeplin, Emil 1046
Krafft-Ebing, Richard von 1052, 1046
Kramer, Samuel Noah 137
Kraus, Karl 1046
Kreisler, Fritz 1046
Kremer, Gerhard *siehe* Mercator, Gerhard
Kretschmer, Ernst 1046
Krishna I. (Rashtrakuta-König) 470
Kristeller, Paul O. 38
Kritias 244
Kropotkin, Pjotr 1058
Ktesibios 308
Kublai Khan 685
Kudsi Efendi 1120
Kumarajiva 499
Kurz, Lester 1114

L

Lach, Donald 927
Lacôte, Felix 944
Lactantius 27, 401
Lafayette 921
Lagarde, Paul de 1053f.
Lamartine, Alphonse de 945, 950, 964, 1108
Lamennais, Hugues Félicité Robert de 1113
Landes, David 875, 877
Langbehn, Julius 1053f.
Langford, Paul 855
Languet, Hubert 790
Laotzu 208f., 318, 499
Laplace, Pierre-Simon de 43, 1010, 1031f., 1087, 1093
Lapouge, Georges Vacher de 1056, 1059
Larrey, Dominique 980
Lartet, Edouard 43, 52
Lasso, Orlando di 667

Lavoisier, Antoine 840, 888off., 1015
Layard, Austen Henry (Sir) 146f., 774, 986
Leaky, Louis und Mary 62
LeClerc, Georges Louis (Comte de Buffon) 48, 830, 907, 912, 914, 989f.
Leeuwenhoek, Antoni van 775
Legendre, Adrien-Marie 1032
Legouvé, Ernest 953
Léhar, Franz 1046
Leibnitz, Gottfried 763, 780, 803
Lenz, Max 1048
Leo I. (Papst) 375
Leo III. (Papst) 550
Leo IX. (Papst) 555
Leo X. (Papst) 739, 744
Leo XIII. (Papst) 1115ff.
Leo der Philosoph 411
Leonardo von Pisa (*alias* Fibonacci) 453
Lepsius, Karl Richard 1046
Lermontow, Michail 1148
Leroi-Gourhan, André 77
Leukippos von Milet 223f.
Leveque, Pierre 235
Lewis, Bernard 436, 935, 938
Lewis, C. S. 345
Lewis-Williams, David 82f., 127
Lhwyd, Edward 46
Liebermann, Max 1046
Liebknecht, Karl 1046
Lie-Tse 188
Lightfoot, John 829
Ligorio, Piero 658
Linacre, Thomas 641
Linde, Karl von 1046
Linnaeus *siehe* Linné, Carl von
Linné, Carl von (*alias* Linnaeus) 776, 860, 948, 988f., 999
Lipit-Ischtar (König) 170
Lipset, Seymour Martin 1063
Lipsius, Justus 645
Lister, Joseph 1030
Liszt, Franz 965, 969, 971ff., 976, 1046
Lloyd, Geoffrey 219f., 226, 523
Locke, John 794, 797,

1259

798–800, 802f., 806, 821, 833f., 841ff., 850, 909, 918, 1090, 1104
Locy, William 775
Logan, John 914
Lombardus, Petrus 587, 607
Lombe, Thomas 870
Lomonosov, Michail 880
Longfellow, Henry W. 1080
Longin 304
Lorenzetti, Ambrogio 631
Lorrain, Claude 752
Lotario Conti di Segni siehe Innozenz III. (Papst)
Louis, Antoine 1015
Lovejoy, Arthur O. 35–38, 40, 1091
Lowell 1080, 1082
Lu Dalin 508
Lu Xiangshan 504f.
Lubbock, John 987, 1010f.
Lucius III. (Papst) 573
Lucullus 347
Ludwig II., König von Bayern 977
Ludwig IX. 548
Ludwig XIV. (Sonnenkönig) 786, 791, 833, 853, 864, 940
Ludwig XV. 1014
Ludwig XVI. 909
Ludwig XVIII. 1041
Ludwig der Fromme (Kaiser) 554
Lueger, Karl 1058
Lukács, Georg 1027
Lukas (Evangelist) 276–279, 283–286, 311, 664
Luther, Martin 561, 567, 620, 644f., 730–736, 738f., 742, 745f., 750, 790, 815, 817f., 829, 865
Lyell, Charles 48, 52f., 997ff., 1002, 1008, 1010, 1102, 1109, 1117f.
Lykurg 347

M

Mably, Abbé de 844
MacCulloch, Diarmaid 730, 732, 749
MacEnery, John 44
Mach, Ernst 1045f., 1048
Machiavelli, Niccolò 31, 627, 640, 646f., 787ff.,
791, 794f., 797, 806, 852, 955
Maddox, John 1167
Madison, James 918f.
Madox, Richard 783
Magalhães, Fernão (alias Ferdinand Magellan) 702
Magellan, Ferdinand siehe Magalhães, Fernão
Magusenus, Hercules 396
Mahavira 310, 464
al-Mahdi 437
Mahler, Gustav 967, 978, 1045f.
Maillet, Benoît 47f., 52
Maine, Henry (Sir) 1c10, 1125
Mainyu, Agra 197
Mainyu, Spenta 197
Mair, John 710
Malebranche, Nocholas 843
Malesherbes, Chrétien-Guillaume de Lamoignon de 836
al-Malik, Abd 433, 436
Mallarmé 978
Malpighi, Marcello 774
Malthus, Thomas Robert 858f., 888, 1004, 1093
al-Ma'mun 437, 441, 449
Manasseh bin Israel, Rabbi 906, 910
Manchester, William 392, 729f., 741
Mango, Cyril 413, 418
Mann, Heinrich 1046
Mann, Thomas 1046
Mannheim, Karl 734f., 1027, 1046
al-Mansur 437
Mantegna 660, 814
Manucci 937
Manutius, Aldus 616, 659
Marc, Franz 1046
Marcellinus, Ammianus 403
Marcellus, Nonius 300, 351
Marcion 379
Marco Datini, Francesco di 612
Marek, George 966
Maria, heilige 279f., 294, 311, 373, 417, 421, 536, 557, 585, 631, 663
Mariana, Juan 790
Marks, John 1020
Markus (Evangelist) 276ff., 283–286, 303, 361f., 812
Marlowe, Christopher 669, 673
Marsden, George S. 1096
Marshack, Alexander 103
Marsuppini 631
Martial 332, 346, 352
Martin, Henri-Jean 483
Martyr, Peter 702, 705
Marx, Karl 551, 852, 889, 892f., 894ff., 899, 903, 1012, 1022–1025, 1093, 1106, 1118, 1124, 1126
Massaccio 659
Massinger, Philip 669
Mas'udi 515
Mathitjahu, Josef ben 256
Matson, Frederic 121
Matthäus (Evangelist) 195, 276, 278f., 283–286, 375, 415, 564, 686, 812, 1074
Mauro (Mönch) 692
Maxentius 372
Maxim, Hiram Stevens 110
Maxwell, James Clerk 1084, 1087, 1103, 1118, 1144f., 1153ff.
Mayr, Ernst 1006ff.
Mazar, Amihai 261
Mazda, Ahura 197
Mazlish, Bruce 32, 731
al-Mazzam 449
Mazzoni, Guido 658
McCormick, Michael 518f., 526
McDougall, Alexander 915
McGinn, Colin 1167
Méchain, Pierre-François-André 1017, 1031f.
Medawar, Peter B. (Sir) 38, 1166
de' Medici, Cosimo 631, 636, 649, 742
de' Medici, Giulio siehe Clemens VII.
de' Medici, Lorenzo »Il Magnifico« 787
de' Medici, Lorenzo (Enkel des »Il Magnifico«) 787
de' Medici, Piero 787
Mehmed IV. (Sultan) 935
Meier-Graefe, Julius 1046
Meinecke, Friedrich 1042
Meißner, Bruno 1046
Meitner, Lise 1045
Mellars, Paul 70f.
Melsemutus 570

Menand, Louis 1078f., 1081–1085, 1088, 1092f.
Mencius/Menzius 207, 504, 506
Mendel, Gregor Johann 1008f., 1046
Mendelejew, Dimitri 1154f.
Mendelssohn, Moses 843
Menelaos von Alexandria 185, 302
Menuhin, Yehudi 665, 954
Menzius siehe Mencius
Mercado, Tomás de 710
Mercati, Michele 45
Mercator, Gerhard (alias Gerhard Kremer) 693f.
Mercator, Nicolaus 763, 936
Meredith, George 358
Mérimée, Prosper 963
Mersenne, Marin 817
Mesmer, Franz Anton 1127f.
Metternich, Klemens Wenzel (Fürst) 901, 1040
Mettrie, Julien Offray de La 826, 845, 847
Michelangelo 632, 658, 661, 663, 731, 744
Michelet, Jules 1043, 1108, 1132
Michelozzo 631
Mill, James 859
Mill, John Stuart 849, 923, 1065, 1067, 1104, 1145
Mirabeau, Marquis de 856, 921, 1015
Mirandola, Pico della 636, 654f.
Mithen, Steven 63, 76f., 86
Molina, Luis de 710
Mommsen, Theodor 1046
Monardes, Nicolás 708
Monet, Claude 1143
Monet, Jean-Baptiste Pierre Antoine de (Chevalier de Lamarck) 1003
Montaigne, Michel Eyquem de 640, 642, 728, 779, 814–817, 830, 840, 906
Montanus 379
Montesquieu, Baron de 551, 847, 849, 861, 918, 959, 1124
Monteverdi, Claudio 668
More, Thomas 641ff., 744

Morgan, John 909
Morgan, Lewis Henry 1003, 1010
Morley, John 1107
Morris, Colin 532, 537, 540
Morse, Samuel 1101
Moryson, Fynes 669
Moser, Friedrich Carl von 1042
Mote, Frederick W. 509
Mo-Ti 188
Mounir, Jean Joseph 921
Mozart, Wolfgang Amadeus 911, 965–968, 972f.
Mua'wiya 433
Muhammad 425–434, 436, 447, 570, 762, 934, 980
Muhlenberg, David 909
al-Mulk, Nizam 448
Müller, Friedrich Max 944
Munch, Edvard 1052
Munday, Anthony 669
Murchison, Roderick (Sir) 997
Murdoch, William 883
Mure, Katharine 850
Myron 241ff.

N
Ibn al-Nadim 451
Ibn Nafis al-Nafis 936
Nagel, Ernest 38
Nagel, Thomas 1167
Ibn Najjah 454
Napier, John (Naper) 763f.
Napoleon Bonaparte 50, 877, 959, 980–984, 986, 1015, 1038, 1040, 1107f., 1126, 1142
Napoleon III. 1142
Nebuchadnezar II. 198
Nechemjah 255
Needham, Joseph 26, 479, 482, 522f.
Nees, Lawrence 416
Nehru, Pandit 309
Nequam, Alexander (Neckam) 603
Nerva 359
Nerval 1065
Newman, John Henry 1095f., 1104
Newton, Isaac (Sir) 25f., 38, 592, 595, 754, 756, 762–770, 772f., 777, 780, 783ff., 803, 822, 826f., 833ff., 840f., 850, 863, 866, 878, 881f., 939,

989f., 1016, 1087, 1097, 1145, 1153–1156
Nezahualcoyotl 723
Niccoli, Niccolò 631, 636
Nicephoros 420
Nicole, Pierre 843
Nicolet, Jean 709
Niebuhr, Barthold Georg 982
Nietzsche, Friedrich Wilhelm 38f., 197, 1046f., 1058, 1068, 1119, 1124, 1131, 1145, 1149
Nikator, Seleukos 288, 313
Nikodemus 283
Nikolas von Kues siehe Cusanus
Nikolaus V. (Papst) 631, 688
Nikomachos 232
Nissen, Hans 140, 148, 150
Nordau, Max 1057ff., 1068
North, Douglas 524f.
Norton, Charles Eliot 1080
Novalis 945, 949, 965, 971
Novellara, Pietro della 662
Numa Pompilius, König von Rom 293
Nunes, Pedro 693
Nyerup, Rasmus 51

O
O'Neill, Eugene 1148
Obolensky, Dimitri 578
Obrecht, Jacob 664
Ockham, William von 641
Odilo 554
Odysseus 185, 215, 247, 355
Oersted, Hans Christian 879
Oppenheimer, Stephen 74f.
Origenes (Adamantius) 304, 306, 380f., 405, 413, 731
Otto I. (der Große) 553
Otto II. 570
Ouyang Xiu 509
Ovando, Juan de 708
Ovid 166, 332, 348, 588
Oviedo, Fernández de 710
Owen, Richard 996f.
Owen, Robert 889–892, 899, 1021, 1105

P
Pabo, Svante 96
Pachomios 376

Pacioli, Luca 656
Paganini, Niccolò 968f., 971f.
Pagden, Anthony 710, 1037
Paine, Thomas (Tom) 909ff., 916, 918
Paleotti, Gabriele 750f.
Pandu 315
Panini 463ff.
Panofsky, Erwin 623f.
Papos von Alexandria 302
Pappenheim, Bertha 1134, 1137
Parmenides aus Elea 184, 188, 226ff.
Parpola, Asko 181
Parry, John H. 699
Pascal, Blaise 450, 640, 763
Pasquier, Étienne 705, 784
Pasteur, Louis 1030, 1120
Pastor, Ludwig 1046
Patanjali 317
Paul III. (Papst) 709, 744, 747
Paul IV. (Papst) 741, 744
Paul V. (Papst) 751
Paul VI. (Papst) 744
Pauli, Wolfgang 1046
Paulmy, René-Louis de Voyer de 834
Paulus (Apostel) 275f., 283f., 286, 295, 361, 363ff., 368, 374f., 378, 382, 401, 405, 413, 584
Peale, Charles Willson 909
Pearson, Karl 1032
Pecci, Vincenzo Gioacchino 1117
Pechstein, Max 1046
Pedersen, Holger 98
Pedro, Prinz (Bruder Heinrichs des Seefahrers) 698
Peirce, Benjamin 1086f., 1094
Peirce, Charles 1079, 1087f., 1091f., 1094, 1167
Pelliot, Paul 485
Pendleton, Edmund 915f.
Penn, William 908
Penrose, Roger 1167f.
Peri, Jacopo 664
Perikles 217f., 238, 240f.
Perkin, Harold 1024, 1143
Perkins, William 749
Perrault, Charles 863
Peruzzi, Baldassare 633
Peter der Esser 538

Peter der Schieler 538
Peter der Trinker 538
Petrarca, Francesco 391, 615f., 634ff., 638, 640, 642, 650
Petrus (Apostel) 276f., 312, 363, 374f., 388, 418, 457, 550, 559, 561, 573, 581, 663, 675, 752, 1116
Petty, William (Sir) 782, 784, 853
Peyrère, Isaac de la 46ff., 263, 827
Pfefferkorn, Johannes 642f.
Pfeiffer, John 73, 79
Pheidias siehe Phidias
Phidias (Pheidias) 218, 241f., 661
Philip IV. (der Schöne) 546, 579, 581
Philipp II. 708
Philippos II., König von Makedonien 232, 249
Philips, John 997
Philo Judaeus 231, 231, 302ff.
Philon von Alexandria 268, 280
Photius 412f.
Picard, Jean 43, 769
Picasso 606
Piccolomini, Aeneas Silvio 689, 706
Pierluigi da Palestina, Giovanni 667
Piganiol, André 360
Pilatus, Pontius 282f.
Pindar 184f.
Pippin (Frankenkönig) 419, 550
Pirandello, Luigi 1146
Pissarro, Camille 1143
Pius II. (Papst) 689
Pius V. (Papst) 744f.
Pius IX. (Papst) 1112f., 1115f.
Pius X. (Papst) 1118
Piyadassi, Devanampiya 314
Planck, Max 1045f., 1048, 1099, 1145, 1155
Plato(n) 36, 38, 185, 188, 204f., 207ff., 217f., 228–235, 243, 245f., 256, 298, 302–306, 356f., 364, 373, 380, 382, 402, 406, 408, 413, 435, 438ff., 446, 450, 455f., 458, 472,

475, 571, 588, 590, 606, 635–638, 641f., 646, 650f., 654f., 678, 756, 840, 863, 916, 932f., 934, 963, 965, 1093, 1161, 1163, 1165f., 1170
Platon von Tivoli 456
Plautus 332, 671
Playfair, John 994
Pleyel 971
Plinius d. Ältere 45, 246, 283, 332, 336, 338, 401, 429, 482, 659
Plinius d. Jüngere 347
Plotin 304, 369, 635, 637
Poe, Edgar Allen 1126f.
Poggio, Gianfrancesco 631, 649
Polanyi, Karl 30, 900ff.
Pollio, Asinius 347
Polo, Maffeo 685
Polo, Marco 685, 687f., 693, 700
Polo, Niccolò 685
Polygnot 241
Polyklet 241
Pomeranz, Kenneth 899
Pomponazzi, Pietro 640
Popkins, Richard 640
Popper, Karl 38, 231, 1046
Porphyrios 369
Posidonius 302
Postgate, Nicholas 167
Poussin, Nicolas 752
Pratt, Matthew 909
Praxiteles 246
Prestwich, Joseph 43ff., 52f.
Price, Richard 920
Price, Fanny 1066
Price, Simon 345, 348
Priestley, Joseph 880–885, 909ff.
Prinsep, James 313f.
Proklos von Alexandria 302
Protagoras 218, 227f.
Proteus 185
Proust, Marcel 1148
Pseudo-Areopagita, Dionysios 584
Ptolemaios I. 296
Ptolemaios II. Philadelphus, König von Alexandria 265, 297
Ptolemaios III. Euergetes 269, 297, 299
Ptolemaios, Claudius 301f.,

424, 439f., 457, 476, 680,
688, 693f., 696, 706,
757f., 810
Pullen, Robert 603
Purkinje, Johannes Evangelista 1009
Puschkin, Alexander 1148
Putnam, Hilary 1167
Puységur (Marquis) 1128
Pythagoras 184, 186, 204,
221f., 224, 302f., 413,
446, 654, 666, 678, 863,
1093
Pytheas von Massalia 678

Q

Qian, Sima 324
Quesnay, François 856, 888
Quetelet, Lambert Adolphe
Jacques 1031f., 1084,
1118
Quetzalcoatl 280
Quinet, Edgar 941
Quintilian 346
Quirinus 278
Ibn Qurra 440

R

Rabelais 642, 736, 742
Raffael 633, 659, 731
al-Rahman III., Abd 452
al-Rahman Ibn Mu'awija,
Abd 452
Raimund von Toledo 456
Rajaraja I. (König) 471
Rajaram 146
Raleigh, Walter (Sir) 670
Ramses II. 162
Ramus, Petrus 640
Random, Roderick 839
Rank, Otto 1046
Ranke, Leopold von 984,
1046
al-Raschid, Harun 437
Ratzel, Friedrich 1057,
1059
Rawson, Philip 466
al-Razi, Abu Bakr 442f.,
445, 457f.
Recorde, Robert 610
Redi, Francesco 777
Redon, Odilon 978
Redouté, Pierre-Joseph 980
Redwood, John 826
Reich, Wilhelm 1046
Remarque, Erich Maria
1046
Renard, Jules 133

Renfrew, Colin 123
Renoir 971, 1143
Reuchlin, Johann 643
Reyer, Ernest 945
Reynolds, Joshua 847
Reynolds, L. D. 412
Rhodes, Cecil 1044, 1064
Rhodios, Apollonios 297
Ribeiro, Diogo 692
Richardo, David 888f., 893
Richardson, Samuel 808
Rida, Muhammad Rashid
1121, 1123
Riffe, Hans 614
Rilke, Rainer Maria 1046,
1052, 1146f.
Rinuccini, Ottavio 664
Robert of Chester 457, 609
Robert von Melun 586
Robert von Molesme 556
Robertson, Hector M. 903
Robertson, John M. 814
Robertson, William 848
Robespierre 1015
Róheim, Géza 1046
Rojas, Fernando de 674
Romulus 293
Ronalds, Francis 1101
Rond d'Alembert, Jean Le
835
Röntgen, Wilhelm Conrad
1045f., 1156
Roosevelt, Franklin D.
1126
Rorschach, Hermann 1046
Rosenberg, Alfred 1054
Rosenberg, Harold 1144
Rossini, Gioacchino 970
Rosten, Leo 21, 24
Rothschild, James de 902
Rousseau, Jean-Jacques 37,
39, 803, 823, 860f., 959,
962, 964, 1016, 1108f.,
1124, 1162
Rowland, Christopher 282
Roy, Louis Le 705
Roy, Rammoan 1060
Royer, Clémence Auguste
1058
Rubianus, Johannes Crotus
642f.
Rubruck, Wilhelm von 684
Rudgley, Richard 105
Rudolf II. (Kaiser) 759
Ibn Ruschd (Abul-Walid
Muhammad ibn-Ahmad
ibn-Ruschd, alias Averroës) 454, 458

Rush, Benjamin 909f.
Ruskin, John 1047, 1102
Russel, Alfred 1005
Russel, James 1080
Russell, Bertrand 38, 232f.,
235, 1091
Rustichello 685

S

Sacy, Silvestre de 1064
Saggs, Henry William F.
136, 154f., 168
Sagredo 761
Said, Edward 941,
1064–1068
Saint-Simon, Claude
Henri de 28, 867, 1019,
1021
Sakkas, Ammonius 304,
380
Salanter, Israel 38
Sallust 332, 410
Salomon 191, 258f., 266,
430
al-Salt, Ghivat ibn 440
Salutati, Coluccio 636
Samadragupta 459f.
Sancherib (König) 193,
986
Sánchez, Francisco 640
Sand, George 971
Sandrokottos 313 siehe
auch Chandragupta I.
Sappho 247
Sargon von Akkad (König)
158, 163
Ibn Saud 935
Savarsorda siehe Chijja,
Abraham bar
Savigny, Friedrich Carl von
982
Savile, Henry 783
Savonarola, Girolamo 650,
787, 1161
Scaliger, Joseph Justus 783,
829
Scarre, Chris 124
Schaaffhausen, Herrmann
987
Schaller, George 57, 86, 95
Schalmanaser III., König
von Assur 258
Schapiro, Meyer 38
Schelling, Friedrich Wilhelm 945, 947
Schiller, Friedrich 945, 967
Schlegel, August 944ff.,
949, 984, 1061

Schleiden, Matthias Jakob 1009
Schleiermacher, Friedrich Daniel Ernst 945, 949, 985
Schlick, Moritz 1046
Schliemann, Heinrich 1046
Schmidt, Oskar 1130
Schnitzler, Arthur 1046, 1053
Schöffer, Peter 614f., 743
Schofield, Robert 885
Schönberg, Arnold 606, 665, 978, 1045f.
Schonberg, Harold 953f., 966, 969, 976
Schönerer, Georg von 1058
Schopenhauer, Arthur 945, 950, 976, 1130f., 1166
Schrödinger, Erwin 1046
Schubert, Franz 965, 967ff., 971, 973, 975, 1129, 1166
Schulze, Hagen 1041f., 1045
Schumann, Robert 965, 971, 973, 1046
Schumpeter, Joseph Alois 857, 1046
Schwab, Raymond 940f.
Schwann, Theodor 1009
Scipio Africanus 634
Scott, Walter (Sir) 963
Scotus, Duns 641f.
Scrope, George Poulette 43, 998
Searle, John 1167
Sebokt, Severus 478
Secondat, Charles-Louis de (Baron de Montesquieu) 861
Secord, James 49, 1001, 1005, 1007
Sedgwick, Adam 997, 1007
Sejong (König) 486
Seneca 332, 351, 353, 671
Sennacherib (biblischer König) 47
Sepúlveda, Juan Giés 711f.
Serianus 617
Serres, Étienne de 48, 998
Sextus Empiricus 779
Sextus Julius Africanus 370
Seznec, Jean 814
Shaftesbury, Lord 798, 816, 827, 830f.
Shakespeare, William 460, 465, 669, 671–676, 749,
970f., 973, 975, 1075, 1146
Shankara 475f.
Shao Yong 504
Shaw, George Bernard 1052, 1146
Shelley, Percy Bysshe 910, 963
Sheratt, Andrew 107
Shippen, Edward 909
Shirley, James 669
Shizen, Li 931
Sieyès, Emmanuel-Joseph 1018f.
Siger von Brabant 533, 593, 594f.
Simmel, Georg 135, 1024, 1027f., 1046
Simons, Menno 811
Ibn Sina (ibn-Sina, Abu'Ali al-Husayn ibn Abdallah, alias *Avicenna*) 439, 442, 446f., 456, 458
Sira, Ben 255, 264f.
Sivin, Nathan 219, 226, 523
Sixtus IV. (Papst) 730
Skandagupta 472
Slevogt, Max 1046
Small, William 883
Smith, Adam 29, 38, 831, 848, 854f., 856ff., 888f., 899, 913, 1004, 1023, 1036
Smith, David Eugene 478
Smith, Roger 841, 843f., 855, 860, 960, 1018, 1025
Smith, Sydney 1094f.
Smith, Wentworth 669
Smith, William 994
Smithson, Harriet 970
Snell, Willebrod 779
Soffer, Olga 81
Sokrates 38, 185, 204, 214, 218, 228ff., 606, 636, 639, 641, 678, 778, 812, 826, 910, 1093
Sombart, Werner 855, 1046
Sommerfeld, Arthur 1046
Song Huizong (Kaiser) 507
Sophillos 238
Sophokles 236, 238f., 245, 297, 405, 465, 756
Sosii (Gebrüder) 346
Southern, Richard W. S.
527ff., 535, 537, 549, 587, 659, 1165
Southey, Robert 910
Spencer, Herbert 1022f., 1025, 1057, 1093, 1102, 1118, 1124
Spenser, Edmund 669
Sperry, Elmer 1100
Spinoza, Baruch de 800–804, 806, 828, 946
Sprat, Thomas 782, 784
Stahl, Georg Ernst 842, 880
Stampensis, Theobaldus (*alias* Theobald d'Étempes) 603
Stanley, Henry Morton 1069f.
Statius 348
Steele, Henry 906, 908, 915, 918
Steele, James 71
Steele, Richard 838
Stendhal 963
Stephanus, Robert 812
Sterling, James H. 1107
Stern, Ephraim 260
Stern, Fritz 1045
Stevenson, Robert Louis 849
Stevin, Simon 763
Stilo, Lucius Aelius 350
Stoneking, Mark 87
Strabo 301f., 331, 706
Strauss, Levi 1076
Strauss, Richard 978, 1046
Strauß, David Friedrich 985, 1046, 1102, 1109–1112, 1117f.
Strauß, Johann (Sohn) 1046
Strindberg, August 1145–1148
Stuart, Charles Edward 848
Stubbs, George 884
Suárez, Francisco 790
Suger, Abt 583ff.
Suhrawardi 481, 934
Sulla 331
Sulloway, Frank 1133
Sumner, William Graham 1056f.
Susman, Randall 63
Sutherland, William 98
Swift, Jonathan 642, 863
Swinburne, Algernon 1102

T

Tacitus 332
Tadolini, Eugenia 974

Taine, Hippolyte 947
Talleyrand-Périgord, Charles-Maurice de 1016, 1041f.
Tamerlan *siehe* Timur-Lang
Tarasius 412
Tarnas, Richard 30, 635, 777
Tarzi, Mahmud 1121
Tawell, John 1101
Tawney, Richard H. 738
Taylor, Edward Burnett 179
Telemachos 185
Temple, William 863
Tennyson, Alfred Lord 1102
Terenz 332, 347, 671
Tetzel, Johann 730, 732, 1159
Thackeray, William Makepeace 1066
Thales von Milet 220f.
Themistios 406
Themistokles 240
Theobald d'Étempes *siehe* Stampensis, Theobaldus
Theodegius der Astronom 411
Theoderich I. (Westgotenkönig) 400
Theoderich (Ostgotenkönig) 408
Theodor der Geometer 411
Theodosius (Kaiser) 360
Theophanes (Mönch) 425
Theophanes der Grieche 414
Theophilos (Bischof) 403f.
Theophrast 331
Theramenes 240
Thespis 237
Thiry, Paul Henri 826
Thomas (Apostel) 276, 285, 312
Thomas von Aquin 450, 458, 532ff., 594f., 607, 633, 635f., 640f., 659, 787, 792, 803, 1116f.
Thomas, Antoine 932
Thomas, Charles 915
Thomas, Keith 574, 818
Thomas, Robert 524
Thompson, Edward P. 886
Thomsen, Christian Jürgensen 50f.
Thomson, Joseph John 882, 1144, 1154, 1157

Thomson, William (Lord Kelvin) 1103, 1153
Thoreau, Henry David 949
Thorndike, Edward 1089
Thrower, James 40, 813
Thukydides 188, 240, 267, 406
Tiantai 502
Tiberius 366
Tiglatpileser I. 161
Tillotson, John, Erzbischof von Canterbury 821
Timur-Lang (Tamerlan) 520
Tintoretto 814
Tizian 660, 662, 772
Tocqueville, Alexis de 875, 921–924
Toland, John 821
Tolstoj, Leo 1102, 1145, 1148
Tönnies, Ferdinand 1024f., 1027, 1046
Tories, William Wordsworth 963
Torricelli, Evangelista 872
Toscanelli, Paolo 688
Toth, Nicholas 62
Tournal, Paul 48
Townsend (Viscount) 873
Trajan 359, 371, 399
Traversari, Ambrogio 631
Treadgold, Warren T. 175, 413
Trismegistos, Hermes 302
Tryphon 346
Tschechow, Anton 1146
Tschermak, Erich 1046
Tschunag-Tse 188
Ibn Tufail 454
al-Tunisi, Khayr al-din 1121
Turgenjew, Iwan 1148
Turgot, Anne Robert Jacques 28, 864, 867, 1016
Turner, William 965
Tut Anch Amun 131f.
Tyndale, William 743f., 811, 1074
Tyson, Edward 860

U

Ubelaker, Douglas 714
Uglow, Jenny 884
Underwood, Guy 124
Urban II. (Papst) 566f.
Urban VI. (Papst) 581
Urban VIII. (Papst) 752
Ur-Nammu 170

Uruinimgina von Lagasch 171
Ussher (Erzbischof) 829
Uthman, Kalif 430

V

Valentinus 379
Valla, Lorenzo 660
Van Gogh, Vincent 1142
Vanini, Lucilio 826
Vardhana, Harsha 459, 473, 474
Varro, Marcus Terentius 294, 350f., 590
Vasari, Giorgio 645, 647, 658f.
Vasconcelos, Jorge de 927
Veblen, Thorstein 1056f., 1059
Vecchietta, Lorenzo 658
Vega, Garcilaso de la 727
Vega, Lope de 706
Venerabilis, Beda 288, 387f., 519
Venerabilis, Petrus 457
Ventris, Michael 145
Verdi, Giuseppe 965, 973–976, 1146
Vergil 332, 588
Verlaine, Paul 951
Vermes, Geza 278, 280
Veronese, Paolo 662ff., 669
Vesalius, Andreas 770–773, 784
Vespucci, Amerigo 693
Vico, Giambattista 28, 34, 39, 804ff., 825, 946, 956–960, 1003, 1162, 1165
Victor (Bischof) 375
Victorius von Aquitanien 387
Vikramaditya Samvat (König) 310
Villani 788
Villedieu, Alexandre de 592
Vinci, Leonardo da 656, 658, 661, 771, 788, 1126, 1141, 1146
Viret, Pierre 822
Virey, Jules 1055
Vitoria, Francisco de 710f.
Vogt, Joseph 400
Vogt, Karl 1109
Volkelt, Johannes 1130
Volta, Alessandro 879
Voltaire (*alias* Arouet) 35, 640, 823, 826f., 832–835,

847f., 862, 864, 933, 988, 1107ff., 1124
Volterra, Daniele da 744

W

Wagner, Nike 977
Wagner, Richard 949, 951, 965ff., 969–972, 974–978, 1046, 1051, 1127
Waldo, Peter 569
Waldseemüller, Martin 693
Waldvogel, Prokop 614
Wallace, Alfred Russel 1005f., 1012
Wallis, John 781f.
Walter, Bruno 1046
Wang Chong 328
Wang Huang-ce 318
Wang Mang 328
Ward, Lester 1056
Ward, Seth 782
Warner, Marina 557
Warren, Peter 175
Washington, George 824
Wassermann, August Paul von 1046
Watt, James 872, 883, 994
Weatherford, Jack 135, 1024, 1027f., 1046
Weber, Carl Maria von 965, 968ff.
Weber, Max 738, 750, 886, 1024ff., 1045f., 1099, 1163
Webern, Anton 1046
Webster, Noah 1075
Wedderburn, Alexander 854
Wedekind, Frank 1046
Wedgwood, Josiah 883–885
Wegener, Alfred 1046
Weill, Kurt 1046
Weismann, August 1009
Weiß, Johannes 285
Wells, H. G. 1068, 1070
Wells, Peter S. 393
Wells, William Charles 1004
Werfel, Franz 1046

Werner, Abraham Gottlob 991
Wertime, Theodore 131
Wesley, John 1103
West, Benjamin 909
West, Frederick Hadleigh 94
West, Martin L. 247
Westfall, Richard 784f.
Westphal, Jenny von 393
Wheatstone, Charles 1101
Whistler, James McNeill 1052
Whiston, William 822, 828, 990
White, Randall 80f.
Whitehead, Alfred North 1163, 1165
Whitman, Walt 949, 1145
Whytt, Robert 844
Wiener, Philip P. 38
Wilberforce, William 1040
Wilde, Oscar 1047, 1050
Wilford, John Noble 694
Wilhelm der Eroberer 525, 537, 1072
Wilhelm von Aquitanien 555
Wilkins, Charles 942, 944
Wilkinson, Endymion 290, 482, 507
Wilkinson, John 883f.
Willaert, Adrian 665, 667
Williams, Raymond 857f.
Willis, Thomas 782, 845
Wills, Gary 913
Wilson, Andrew N. 1102
Wilson, Edmund 1067
Wilson, James 918
Winkelmann, August 1130
Witter, H. B. 263
Wittgenstein, Ludwig 1046
Wittkower, Rudolf 750, 752
Wolff, Christian 1099
Wollaston, W. Hyde 994
Wollstonecraft, Mary 910
Wolsey, Kardinal 743

Wood, John 855
Woodward, John 992
Woolley, Leonard 136, 158
Worm, Ole 50
Wotton, William 863
Wren, Christopher 766, 782f., 845
Wren, Mathew 782
Wright (Gebrüder) 1100
Wright, Joseph 884
Wright, Ronald 711
Wundt, Wilhelm 1046
Wycliffe, John 1073

X

Xaver, Franz 747f., 928
Xenophon 227
Xerxes I., König von Persien 239
Xuang Zang 473, 500

Y

Yan Xiong 325
Young, George Malcolm 1034
Young, Patric 783
Yudhisthira 315f.

Z

Zarathustra 188, 195–198, 204, 271, 302f., 949
Zell, Ulrich 614
Zenale, Bernardo 658
Zenon 248ff., 406
Zeppelin, Ferdinand 1046
Zhang Zai 504
Zhanh Heng 328
Zheng Yi 504
Zhi-yi 502
Zhou Dunyi 504f.
Zhou Youguang 487, 490
Zhu Xi 504f., 813
Zola, Émile 1051f., 1054, 1058, 1142, 1145
Zou Yan 323
Zu Zaiyu 931
Zuckmayer, Carl 1046
Zweig, Arnold 1046
Zweig, Stefan 1046

SACHREGISTER

A
Aberglaube 222, 293, 319, 329, 366, 391, 574f., 640, 822, 824, 930, 1103
Ablass(handel) 576, 729f., 732, 746, 1159
Affen 58–61, 63, 71f., 102, 356, 466, 472, 663, 698, 712, 770, 930, 1011f., 1168 *siehe auch* Menschenaffen
Ägypter 46, 131, 149, 151, 157, 180f., 253, 255, 261, 270, 281, 289, 291f., 376, 515, 712, 1122
Ägyptologen/Ägyptologie 180, 981
Akkader 178, 255
Alchemie 26, 209, 325, 754, 879, 881, 1141
Algebra 27, 444f., 453f., 457, 476, 764
Allah 424, 429f., 434, 436
Allegorien 409, 420, 652ff., 668, 806, 977
Alphabet(isierung) 104, 150, 153ff., 161, 244, 247, 257, 300, 351, 392, 397, 436, 439, 461, 464, 466, 472, 487, 488, 522, 590, 608, 610, 927, 1155
Altes Testament 28, 255, 257, 262, 266, 643, 823, 825, 827f. *siehe auch* Bibel (Heilige Schrift)
Altsteinzeit 51, 69
Amerika, Entdeckung/Erfindung 610, 705, 709, 712ff., 725, 727f., 733, 735, 797, 846, 903–924
Anatomie 235, 244, 356, 442, 598, 631, 651, 770f., 782, 860, 1014, 1168
Antichrist 371, 450, 569, 570f.
Antike 211, 244, 247, 300, 309, 340, 355, 493, 506, 535, 619, 623, 634f., 638, 643, 647f., 654, 706, 709, 712f., 720, 768, 770, 780, 784, 814, 849f., 864, 923, 939, 948, 1074, 1154
Antiklerikalismus 1104, 1112, 1114f.
Antisemitismus 559, 1044, 1057f., 1145
Araber 309, 402, 404, 406, 410, 412, 423f., 428f., 435, 438f., 441, 446f., 451–454, 456, 458, 480, 515, 518f., 521, 598, 686, 697, 756, 762f., 939, 1064
Arabeske 435, 511, 1064
Arbeiterklasse 876, 887, 897, 1025, 1050, 1104, 1113
Arbeitskraft, menschliche 134, 517, 523, 629, 670, 719, 728, 799, 871, 876, 894
Architektur 212, 351, 357, 397, 407, 409, 414, 420, 423, 433ff., 467, 469–472, 497, 527, 540, 556, 590, 623, 656, 658, 660, 711, 751, 836, 923
Arier 176, 181ff., 196, 199f., 463, 951, 978, 984, 1057f.
Armeen 166f., 316, 324, 372, 427, 483, 500, 740, 910, 914f., 935, 938, 980f., 1038, 1063
Armillarsphäre 328
Armut/Armenhäuser 168, 368, 481, 526, 558, 562, 569, 729, 847f., 871, 874, 876, 886f., 889f., 968, 983, 1025, 1030, 1033, 1064, 1143
Artefakte 51, 60f., 67, 69, 72f., 80, 86, 90ff., 94, 102, 112, 117, 131, 144, 164f., 258, 261, 394, 396, 508, 723, 1111
Askese 305, 376, 389, 481, 502, 556, 738, 886, 950
Assyrer 46, 131, 166f., 191, 193, 220, 246, 253
Astrologie 26, 153, 157, 295, 451, 456, 524, 619, 637, 653, 689, 722, 742, 759, 765
Astronomie 43, 104, 127, 153, 157, 183, 220, 227, 229, 253, 288f., 291, 299, 300f., 310, 322f., 324, 328, 351, 352, 380, 386f., 409, 411, 439f., 442f., 454, 456–459, 476ff., 510, 524, 590, 686, 689f., 693, 698, 720, 748, 756f., 759, 764f., 766, 769, 783, 785, 795, 810, 817f., 824, 854, 909, 914, 932, 936f., 939, 941, 989, 1031f., 1087, 1103, 1154, 1164
Atheismus 368, 454, 810–831, 883, 963, 1103, 1106
Atlantikrouten, Entdeckung 520
Atome/Atomisten 223f., 230, 776, 881, 1155f.
Atomtheorie 221, 474, 881
Auferstehung 184, 198,

266, 271f., 276, 283f., 286, 363, 368f., 381, 385, 416, 421, 429f., 455, 536, 570, 594, 814, 823, 1054
Aufklärung 38, 226, 275, 308, 615, 656, 797, 802f., 808, 832, 840, 844, 847, 859, 864, 868, 885, 908f., 911f., 932, 952, 988, 1019, 1024, 1038, 1048, 1060, 1076, 1097, 1103, 1107, 1109, 1111f., 1116, 1123, 1162
Ausgrabungen siehe Grabungen/Ausgrabungen
Australopithecus 58, 63
Azteken 177, 704, 711f., 719–723

B

Banken(system/-wesen) 459, 628ff., 645, 855, 877, 902, 1038
Bauern 57, 111, 125, 142, 177, 200f., 213, 215, 237, 324, 327, 330, 398, 517, 522f., 532, 536, 553, 563, 624, 714, 730, 839, 856, 865, 876, 915, 1058
Bauernaufstand/-krieg 734f., 786, 1073
Beduinen 423f., 434, 980
Behausung/Häuser 106–135, 170, 187, 189, 194, 198, 269, 415, 715
Berber 452, 518, 770
Berekhat-Ram-Figurine 73, 103
»Beringia« siehe Landbrücke, Alaska/Sibirien
Besitz(tum) 119, 150, 161, 168, 171, 213, 231, 235, 245, 305, 334, 337f., 400, 403, 457, 468, 500, 503, 519, 525, 524, 552, 558f., 564, 622, 634, 680, 707, 719, 727, 729, 741, 744, 786–809, 861, 874, 887, 893, 918, 932, 1010, 1066ff., 1106
Bestattung(sritual) 68, 70, 115, 136, 183, 805
Bevölkerung 30, 98, 113, 112, 118, 139, 140f., 163, 201, 206, 217, 371, 392f., 400, 414, 463, 483, 502, 504, 510, 518, 524ff., 528, 602, 607, 625, 712, 727, 728f., 740, 786, 839, 849, 853, 856, 858, 873, 875, 887f., 891, 904, 907, 913f., 946, 952, 1019, 1031, 1035, 1049, 1078, 1107
Bewusstseinsforschung 1168
Bibel (Heilige Schrift) 43, 45, 47, 52, 136, 152, 170, 189, 214, 255, 258–261, 263, 266, 277, 298, 305, 346, 378, 380f., 388f., 404, 417, 436, 458, 570, 589, 601, 608, 615, 617f., 620, 657, 676, 708, 724, 730f., 733, 737f., 743f., 746, 766, 772, 807, 811f., 817, 822f., 829f., 838, 842, 844, 906, 910, 984, 986, 993, 999, 1073, 1075, 1098, 1103, 1109, 1124 siehe auch Hebräische Bibel sowie Heilige Schrift(en)/Texte
Bibelexegese (Bibelauslegung) 379, 408, 570, 984, 1046, 1118
Bibelforscher/-forschung 261ff., 267, 275, 278, 362, 1053
Bibelkritik 803, 827, 935, 1114
Bibliotheken 37, 51, 137, 141, 154, 157, 161f., 212, 232, 265, 296f., 309, 330f., 339, 347, 349f., 400, 403f., 408, 410, 412f., 440, 448, 452, 484, 587f., 608, 616, 659, 679, 740, 744, 756, 784, 807, 824, 908, 931, 937, 940, 942, 950, 1016, 1062, 1108
Bildhauerkunst 242, 317, 358, 751
Bildung 29, 156, 208, 211, 268, 315, 331–359, 365, 382, 390, 403, 406, 408f., 433, 455, 464, 485, 497, 506, 532, 568, 583–621, 623f., 626f., 631, 637, 639, 645, 648, 650, 657, 661, 674, 708, 722, 804, 807f., 814, 847f., 908, 932, 965, 972, 987, 1096, 1098, 1163 siehe auch Schule (Schulsystem/-wesen) sowie Universitäten
Bildungsbürgertum 351, 633, 1048, 1051 siehe auch Bildung sowie Bürger(tum)
Biologie 49, 57, 108, 233, 329, 409, 525, 770, 777, 795, 846, 864, 868, 988, 1000, 1003, 1012, 1029, 1079, 1085, 1109, 1120, 1154, 1168
Blutkreislauf 773f., 776f., 863, 936, 1019
Botanik 108, 141, 409, 441, 454, 492, 755, 907, 909, 988
Brahmanen 200, 206, 314f., 462ff., 467, 471, 930, 942, 951
Bronzezeit 50ff., 103, 129, 130f., 133, 164, 259, 1010
Buchdruck 28f., 32, 461, 482f., 485ff., 612, 614, 616f., 619ff., 640, 742f., 820, 837, 865, 909, 927, 931, 1074
Buchführung 612, 627, 629f.
Buddhismus 38, 197, 203, 210, 311, 313, 318f., 321, 325ff., 462, 464, 472f., 481, 497, 498–503, 505ff., 521, 813, 931, 934, 942, 944, 947f., 950, 1060
Bürger(tum) 153, 168f., 216ff., 235, 249, 256, 314, 333, 336, 366, 400, 427, 563f., 568, 589f., 609, 614, 630f., 648, 650, 736, 740, 791, 794, 837, 849, 852, 883, 915, 917, 919, 922, 965, 968, 1025, 1029, 1036, 1065, 1071, 1083, 1105, 1113, 1018, 1105, 1158
Bürgerkriege 433, 780, 791, 794, 797, 919, 1042, 1078, 1081f., 1096, 1100, 1119, 1153
Byzantiner/Byzantinisches Reich 390, 406, 410, 412f., 414, 417–421, 432, 438, 937

1268

C

Calvinismus 737f., 749, 886
Chemie 141, 445, 755, 763, 785, 859, 868, 878f., 881f., 910, 983, 1099, 1152, 1155, 1164
Christen(tum) 197f., 204, 224, 229, 231, 236, 253, 285f., 293, 295, 303ff., 311f., 344, 352f., 360ff., 366ff., 370–373, 375, 376–379, 382, 384f., 387, 389ff., 397f., 400f., 419, 427ff., 431f., 454ff., 519, 521, 527f., 532, 534, 536, 540, 557, 559, 562, 567, 572, 595, 635, 637f., 641f., 654, 676, 684, 686, 688, 710f., 747ff., 785f., 790, 816, 821, 823, 839, 860, 888, 933, 938, 944, 947–950, 976f., 985, 1040, 1059, 1080, 1096f., 1102, 1104, 1106, 1125, 1149
Chronologie 25, 39, 45, 47f., 51, 62, 74, 109, 261, 265, 288, 298, 392, 469, 535, 724, 754, 829, 986

D

Dampfmaschine 869, 871, 875, 883, 1122, 1147
Darwinismus/Darwinisten 592, 1023, 1056f., 1091 *siehe auch* Sozialdarwinismus
Deismus 820, 822ff., 883, 946f., 1106f., 1111
Demokratie 134,,212, 217ff., 228, 230, 233, 236, 332, 334, 590, 787, 796, 801, 803, 840, 897f., 902, 915, 922ff., 963, 1019, 1056, 1063, 1077, 1079, 1091, 1105, 1115, 1118, 1120, 1143, 1150, 1158, 1164
Dezentralisierung 551, 1113
Dezimalsystem/-zahlen 150, 289, 444, 477, 479, 609f. *siehe auch* Mathematik *sowie* Rechnen
Dharma 203, 314, 318, 326
Dichtung 233, 236, 256, 316, 330, 332, 343, 345, 348, 391, 423f., 435, 439, 448, 463, 464, 469, 481, 490, 509, 539, 586, 626, 635, 639, 648, 660f., 723, 854, 863, 923, 937, 948f., 950ff., 957, 960, 963, 972, 978f. *siehe auch* Literatur
Dienstleistung(ssystem) 527, 887
Differentialrechnung 757, 763, 765
Diluvium/Diluvianer 46f., 987
Dipsychismus 1129, 1166
DNA-Forschung 93, 98f.
Domestikation/Domestizierung 32, 102, 106–110, 112, 116–119, 131, 164f., 181, 704
Dominikaner 531, 650, 658, 662, 689, 701, 707, 730
Drama 101, 236, 239, 421, 439, 460, 465f., 664, 669, 674, 676, 909, 944f., 952, 974, 976f., 985 *siehe auch* Tragödie
Dreifaltigkeit 113, 199, 303ff., 420, 429, 436, 585, 814, 824, 923, 930, 983, 1020, 1026
Dreißigjähriger Krieg 752, 981, 1035, 1145 *siehe auch* Krieg

E

Edikte 314, 461, 620, 732, 837, 1115
Egoismus 1029
Eisenzeit 50f., 53, 127, 132, 164, 201, 259, 393, 1010
Elektrizität 845, 878ff., 882, 1001, 1101, 1122, 1128, 1143, 1147, 1153, 1156
Elektron 882, 1119, 1152–1170
Elemente, vier 224f., 475, 607, 859
Engel(wesen) 36, 279, 283, 380, 420, 537, 580, 585, 650, 673, 754, 765, 818, 964, 971, 1106
Entdeckungsfahrten/-reisen 45, 624, 670, 677, 686, 692, 697f., 862, 928
Entmythologisierung, Denken 102
Enzyklopädie 79, 152, 233, 351, 404, 407, 442, 509, 515, 532, 598, 835, 839, 932
Erbsünde 236, 384, 557, 823, 834
Erfinder/-geist 308, 486, 510, 651, 871f., 882f., 885, 909, 1100f., 1144
Erkenntnis(lehre/-vermögen) 85, 102, 303, 308, 364, 387, 447, 450, 657, 802, 843
Erlösung(sprozess) 201ff., 205, 209, 286, 303ff., 312, 365, 370f., 379, 401, 469, 474f., 498f., 528f., 536f., 548, 557, 571f., 576, 595, 606, 650, 674, 736, 780, 801, 807, 812, 815, 818, 840, 886, 1054, 1144
Eroberung(szüge) 30, 39f., 157, 258f., 261, 332, 3284, 390, 440, 455, 459, 462, 469, 480, 570, 679, 704, 708, 719, 724, 726f., 905, 923, 937, 980, 1035f., 1055, 1064, 1073
Erstmaligkeiten«, »historische 137
Erzengel 426, 570 *siehe auch* Engel(wesen)
Erziehungswesen 231, 236, 336, 345, 351f., 373, 377, 385, 397, 405, 408, 419, 448, 554, 568, 590, 606, 626, 648, 748, 854, 862, 866, 962, 1042, 1050, 1059, 1061, 1079, 1085, 1091f., 1096, 1103, 1120, 1123, 1164
Eskimos 89f., 93, 98, 714
Etymologien von Wörtern, globale 99
Eucharistie 578, 582, 584, 745f., 811
Evangelien 27f., 275, 276–280, 282–286, 311f., 326, 344, 361, 362f., 378f., 386, 403, 411, 537, 561, 564, 686f., 712, 747, 812, 814, 823, 985, 1054
Evangelisten 277f., 303
Evolution 26, 32, 38, 49, 51, 188, 219, 236, 244,

1269

304, 326, 339f., 389, 454, 461, 463, 589, 624, 630, 667, 693, 704, 802, 830f., 855, 931, 999, 1001ff., 1006, 1008f., 1010f., 1023, 1088, 1130, 1132, 1137, 1162, 1168f.
– der Vorstellungskraft 57–171
Exhaustionsmethode 299
Exkommunikation 560, 563ff., 576, 592, 737
Exodus 89, 190, 258, 266, 603, 680
Expressionismus 1147, 1150

F
Fabriken 613, 793, 852, 869–902, 963, 1019f., 1023, 1032, 1058, 1082, 1120, 1142
Fähigkeiten, kognitive (Chronologie) 75
Fegefeuer 385, 606, 650, 730, 746, 1141, 1159, 1161
Fernrohr 760, 767, 775, 819
Feudalismus 522f., 551, 553, 896, 1025, 1164
Feuer 31, 44, 49, 65f., 68f., 72, 79, 82, 84, 87, 89, 94, 109, 113, 115, 117, 120f., 127ff., 142, 164, 176, 180, 186, 190, 197, 200, 222–225, 229, 242, 309, 320–323, 330, 369, 381, 468f., 473, 474f., 486, 492, 577, 650, 662, 678, 715, 766, 774, 790, 805, 812, 875, 882, 956, 965, 970, 991, 1081
Feuerland siehe Tierra del Fuego
Franziskaner 540, 556ff., 684
Französische Revolution 28, 808, 832, 847, 858, 861, 865, 867, 870, 877, 885, 897, 901, 921, 923, 963, 1015f., 1018, 1021, 1104, 1106, 1113f., 1116, 1118f., 1021
Französischer Krieg 885
Freiheit 33, 209, 223, 231, 249, 270, 336f., 359, 474, 506, 533, 602, 640, 662, 726, 786–809, 832f., 852,
855, 861f., 866, 888, 892ff., 901, 912, 917, 919, 922, 924, 955, 961, 974, 982, 1016, 1018, 1038, 1041, 1044, 1050, 1079, 1096, 1099, 1104ff., 1108, 1113, 1118, 1120, 1123, 1129, 1146, 1159
Frühmensch 34f., 44, 53, 57f., 60, 63–74, 76ff., 80ff., 84–97, 101f., 104, 112ff., 122, 179, 619f., 703, 806, 855, 860, 1011f., 1056, 1160, 1162
Fundorte/-stätten 24, 47, 53, 58, 60ff., 62ff., 66–69, 73, 80, 85–91, 94, 96, 103, 116, 121, 128f., 131f., 136, 138, 14c, 143f., 147f., 149, 151ff., 156, 158, 160f., 165ff., 170, 189, 369, 387, 774, 986 siehe auch Grabungen/Ausgrabungen (wissenschaftliche) sowie Höhlen
Fünf Dynastien, Periode der 507

G
Gartenbaukunst 507f., 848
Gedankenfreiheit 366, 506, 801, 1159 siehe auch Freiheit
Gegenreformation 725, 742, 746, 749, 751, 772, 819, 904, 908
Geisteswelt, Indianer 703–728
Geisteswissenschaft 38, 211–251, 350, 592, 960, 979, 984, 1046ff., 1095, 1099, 1119f., 1123, 1164f.
Geldwirtschaft 135, 524
Gemeinwohl 317, 325, 798f., 852, 1106
Gen FoxP2 78, 97
Geografie 217, 266, 298, 323, 389f., 518, 625, 580, 687–690, 705, 713, 726, 755, 784, 936 siehe auch Navigation
Geologie 43, 46f., 49, 829, 948, 989, 994ff., 998, 1000, 1079, 1099
Geomantie 124

Gerechtigkeit 29, 166f., 170, 194, 196f., 204, 208, 272, 286, 449, 647, 792, 823, 857, 865f., 856, 1044, 1074, 1079, 1096, 1106, 1108, 1117, 1124, 1164
Geschichtsschreibung 30, 35, 39, 163, 212, 239, 241, 244, 256, 267, 313, 332, 507, 509, 635, 862f.
Geschlechterrollen 245, 689
Geschwindigkeit 164, 605, 695, 696f., 760, 764f., 769, 882, 1048, 1087, 1101, 1155, 1169
Gesundheit(ssystem) 32, 114, 377, 442, 863, 889, 965, 1019, 1023, 1038, 1134
Gewaltenteilung 162, 918f., 1120f., 1124
Gewerkschaft(en) 892, 1143
Gewichte 133, 137, 163, 170f., 247, 627, 1016
Gilgamesch-Epos 158–162, 247, 986
Gnostiker 180, 364, 450
Götter(welt) 28, 40, 106–135, 141, 151f., 157–160, 162f., 167, 169f., 176f., 178ff., 185, 187–193, 196f., 200–204, 206f., 209f., 212–215, 220f., 224, 226f., 231, 236–240, 243, 245, 252, 260, 267, 270, 275, 291, 310f., 314, 317, 325, 331, 333f., 338, 357, 364, 366f., 368, 371f., 381, 396, 407, 424, 429, 461, 466f., 468ff., 473, 501, 549, 564, 571, 637, 653, 713, 805f., 813f., 825, 847, 916f., 976, 978, 1021, 1026, 1051, 1062, 1110, 1161
Gottesstaat 384, 796, 825f.
Gottesurteil 169, 929f.
Göttlichkeit 187, 210, 270, 279, 306, 322, 366, 383, 407, 417, 637, 814, 1110
Götzen(anbetung) 191–193, 270, 365, 371, 405, 415, 419, 427, 708, 811, 934f., 1069

Grabungen/Ausgrabungen (wissenschaftliche) 44, 50, 65, 67f., 73, 81f., 89f., 94, 96, 115, 117, 120f., 130, 136, 138, 141f., 146, 154, 156, 159, 161f., 164, 199, 205, 320, 347, 394, 414, 484, 883, 986, 995 siehe auch Fundorte/-stätten sowie Höhlen
Grammatik 104, 150ff., 227, 317, 340f., 345f.ff., 407, 411, 431, 433, 463f., 587, 590, 602, 615, 618f., 626, 648, 674, 837, 943, 946
Gregorianische Gesänge 385, 610f.
Großpersien siehe Achaemeniden-Reich
Grundbesitz/Großgrundbesitz 134, 153, 170, 215f., 524, 526, 534f., 551f., 624, 639, 876, 887, 1016, 1038, 1050, 1153
Gupta-Dynastie/-Reich 313–316, 459–466, 469, 472 siehe auch Maurya-Dynastie

H

Hadza(be) 57, 63, 97
Han-Dynastie/-Zeitalter 318, 321, 328, 330, 483, 931
Häresien 306, 379, 548, 556, 559, 569, 574, 593, 624, 1114, 1118
Häuser siehe Behausung/Häuser
Haustier 110, 114, 143, 1039
Hebräische Bibel 45, 47, 125, 154, 158f., 167, 169f., 186, 189ff., 198, 214, 253f., 256–259, 261f., 264, 267f., 272, 276, 280, 285, 292f., 416, 423, 430, 440, 559, 801, 828, 986, 1039 siehe auch Bibel sowie Heilige Schrift(en)/Texte
Heilige 27, 190, 199, 202, 226, 311, 317, 381, 389, 404, 417, 418f., 420f., 498, 557, 561, 639, 663, 681, 687, 716, 732, 747, 752, 812, 821, 934, 1116 siehe auch Märtyrer
Heilige Schrift(en)/Texte 200, 253, 255, 256f., 261, 263, 269, 268, 293, 313, 318, 352, 354, 374, 378, 404, 417, 450, 463, 587f., 592f., 639, 707, 717, 734, 736, 743, 745f., 750, 785, 801, 811f., 817, 819f., 827, 830, 861, 904, 930, 936, 944, 946, 950, 976, 986, 1059, 1117, 1162 siehe auch Bibel
Heilkunde/-kunst 224f., 656, 771 siehe auch Medizin(kenntnisse/ Wissen)
Hellenismus 269, 373
Hexe(r) 305, 718, 839, 970
Hieroglyphen(alphabet) 105, 149, 941–944, 981, 986
Himmel 129, 150, 178, 184, 197f., 200, 202f., 205f., 208, 223, 262, 266, 271, 305f., 322, 324, 327, 370, 385, 401, 427, 536, 554, 567, 573, 595, 607, 622, 681f., 730, 756f., 758, 760, 766f., 788, 812f., 818ff., 823, 828, 892, 989, 1062, 1070, 1084, 1142, 1159
Hinayana-Buddhismus 325, 473, 498 siehe auch Buddhismus
Hinduismus 38, 181, 196, 199, 201ff., 312, 315, 318, 459, 466f., 472f., 480f., 930, 942, 949, 1060
Hochschulen siehe Universitäten sowie Bildung
Hohepriester 153f., 162, 213, 265, 270f., 274, 282, 363, 1021
Höhlen 44, 52, 65, 67–70, 73f., 76, 80–83, 86. 91, 94, 96, 103, 127, 313, 317, 367, 376, 426f., 426, 501, 713, 715, 805, 986 siehe auch Fundorte/-stätten sowie Grabungen/Ausgrabungen (wissenschaftliche)
Höhlenkunst/-malerei 75–78, 82f., 95, 102f., 105, 127, 166, 175, 460
Höhlentempel 469, 501
Homosexualität 246, 249, 373
Hugenotten 742, 792, 794, 906
Humanisten/Humanismus 30, 354, 591, 615, 619, 622–649, 652, 664, 667, 676, 706f., 731–734, 791, 830, 838, 840, 858, 941, 963, 974, 1074, 1110
Hundertjähriger Krieg 786
Hungersnöte 178, 523, 525, 786, 1063
Hunnen 375, 397, 472
Hydrostatik 297, 300
Hygiene 442, 1029
Hypnose 985, 1128, 1131, 1132, 1134f.

I

Ich-Bewusstsein 59, 646, 847, 896, 1167
Ikonographie 126f., 373, 416f., 421, 468, 471, 752
Imperialismus 1035–1078, 1101, 1122
Impfung 454, 910, 931, 939, 1030, 1121
Impressionismus 653, 1058, 1142f., 1150
Index (Bücherzensur) 645, 741f., 744, 784, 818, 862, 932, 1119
Individualismus 29, 33, 38, 248, 539, 622–649, 735, 903, 922, 1088, 1092
Individuum 28, 31, 59, 67, 70, 72, 85, 188, 197, 231, 239, 249, 250, 401, 474, 535, 537, 540, 799, 802, 864f., 866, 954f., 961f., 1005, 1027, 1028f., 1102, 1104, 1130, 1140, 1147
Indoskythen 498 siehe auch Skythen
Industrialisierung 31f., 867, 891, 1019, 1025, 1050
Industriegesellschaft 852, 889, 893ff., 1026, 1051, 1058
Initiation 272, 367f., 715
Inka 703f., 712f., 719, 721ff.
Inquisition 46, 449, 559,

1271

561, 572, 574f., 576, 617, 662ff., 669, 675, 711, 742, 744, 748, 932
Intuitionismus 30, 229, 231, 504
Investiturstreit 546, 551, 554f., 566f., 599f., 733, 736
Islam 26, 195, 197f., 419, 424f., 427–430, 432f., 434, 436, 441, 449–452, 454f., 470, 480f., 503, 510, 515, 521, 523, 527, 566, 568, 606, 725, 756, 933, 934f., 938f., 1119–1125

J
Jahr null 288–330, 427, 485, 497
Jahreszeiten 112, 178, 224, 289, 290, 292f., 310, 322, 386, 396, 532, 704, 720, 760, 769, 876
Jenseits 29, 68, 179f., 184, 198, 378, 390, 591, 595, 638f., 719, 813, 815, 825, 841, 1106, 1112, 1119, 1159f.
Jesuiten(orden) 747f., 779, 790ff., 928f., 930ff., 940, 1108, 1114
Judaismus 190, 197f., 201, 255, 258, 267
Juden(tum) 46, 186, 188, 190, 195, 198, 221, 252ff., 256–261, 263, 265–275, 279, 281–284, 286, 292ff., 304f., 361ff., 365, 366ff., 378f., 386f., 415, 419, 427ff., 432, 436, 438, 447, 456, 480f., 518, 568, 570, 642f., 710, 827, 921, 948, 950, 976, 978, 980, 1044, 1050, 1054, 1057f.
Judenchristentum 363, 364f.
Jungfrauengeburten 278ff.
Jüngstes Gericht 384, 420, 569

K
Kalligrafen/-grafie 411, 435f., 449, 484, 502, 507ff., 616 siehe auch Schrift(zeichen)
Kalter Krieg 1023,

Känozoikum 997, 1004
Kapetinger 548, 602
Kapitalismus 33, 518, 524, 622–649, 728, 738, 755, 855, 889, 896, 903, 1025f., 1063, 1077f., 1113
Katastrophen 46, 786, 993ff., 998 siehe auch Naturkatastrophen
Katharer 569, 571f., 575, 579
Katholizismus 730, 736, 821, 1108, 1115
Keilschrift 47, 103, 142ff., 146ff., 150, 154, 156, 167, 944, 986 siehe auch Schrift(zeichen)
Kelten 393, 395f., 1071
Kenntnisse, medizinische siehe Medizin
Kharosthi-Schrift 477 siehe auch Schrift(zeichen)
Khiamien-Periode 115f., 118
King-James-Bibel 669, 1074 siehe auch Bibel (Heilige Schrift)
Kirchenreform, gregorianische 555, 558ff.
Knotenschrift, chinesische 319
Kodex (Codex) 168, 171, 338f., 397, 416
Kohlenstoff-Stickstoff-Zyklus 880
Kommerz 670, 742, 839, 849, 854ff., 858, 1026, 1028, 1047, 1050, 1054
Kommunikation 31, 77, 88, 143, 502, 534, 560, 684, 929, 1063, 1076, 1101, 1116, 1144
Kompass 28, 328, 451, 493f., 510, 531, 624, 682, 690f., 694f., 879, 1100 siehe auch Navigation
Konfuzianismus 197, 208, 210, 321ff., 325, 327, 497, 503ff., 506, 521
Konkubinat 168, 559, 938
Konservatismus 211, 261, 271, 318, 725, 755, 786–809, 919, 963, 969, 973, 1016, 1114, 1118, 1133
Konzile 306, 325, 373–375, 382f., 386f., 419, 538,

556, 565, 567, 574f., 577f., 582–618, 624, 645, 652f., 725, 731, 745f., 750f., 905, 1115, 1119, 1161
Koran siehe Qur'an
Körperbau, (vor)menschlicher 60, 772, 1058, 1109
Krankheit(en) 21, 27, 32, 111, 113f., 184, 225, 307, 355f., 402, 441f., 598, 675, 689, 704, 715, 728, 875, 910, 935, 951, 965, 969, 1019f., 1030, 1058, 1080, 1128f., 1137
Kreuzigung Jesu 275, 281ff., 286, 312, 363, 386, 421, 430, 536, 750, 1069
Kreuzzüge 527, 556, 559, 566ff., 572–575, 579f., 583, 666, 865, 1066
Krieg 162ff., 194, 206, 213, 215f., 233, 240f., 272, 300, 316, 355, 399, 409, 427, 428f., 447f., 547, 553, 563, 566, 568, 580, 603, 690, 781, 805, 826, 885, 901, 964, 1015, 1028, 1036, 1039, 1043, 1056, 1067, 1078, 1081, 1112, 1119
Kritikfähigkeit 345, 932
Kultur 26, 28, 33, 35, 71ff., 91, 102, 104, 106, 115, 120, 122f., 128, 137, 144, 146, 153, 171, 175, 179, 182, 186, 196, 212f., 226, 247, 254, 265, 269, 302, 307, 309, 327, 330, 339, 348, 351, 353, 358, 389, 394, 403, 406, 409, 422f., 433, 452f., 456, 461, 482–511, 530, 619, 621, 627f., 634f., 651, 654, 702, 707, 727, 755, 778, 785, 807, 809, 835, 838f., 846, 856, 860f., 863, 864, 898f., 908, 934, 943, 957, 986, 1010, 1012, 1023, 1027, 1038, 1040, 1044, 1047f., 1050f., 1054f., 1057, 1062, 1096, 1100, 1144, 1159
Kulturpflanzen 108f.
Künste (freie) 104, 209, 331–359, 407, 409, 420,

509, 528, 530, 589f., 592, 596, 601f., 608, 612, 656, 659, 731, 751, 778, 805, 836, 898f.

L

Landbrücke, Alaska/Sibirien (»Beringia«) 88, 91, 92ff., 98, 703f., 709, 907
Landschaftsmalerei 507f., 752 siehe auch Malerei
Landwirtschaft 31, 87, 100, 106, 108, 110ff., 114, 116, 119, 122f., 126f., 136, 138, 142, 153, 177, 216, 254, 324, 340, 343, 347, 392, 500, 524f., 556, 623, 625, 715, 726, 834, 853, 856, 861, 889, 908, 913, 1067, 1123
Latein 21, 35, 151, 265, 331–359, 381f., 391, 406, 454, 456, 458, 462f., 527f., 586, 620f., 626, 688, 772, 836, 854, 913, 942f., 945f., 952, 972, 983, 1073, 1076, 1153
La-Tène-Kultur 394
Lehnspflicht siehe Vasallentum
Lesen und Schreiben 151f., 156, 162, 168, 253, 256, 346, 348, 378f., 452, 546, 590, 608f., 639, 673, 675, 785, 840, 890
Liberalismus 786–809, 963, 1049, 1104f.
Licht, elektrisches 110
Linguistik/Linguisten 24, 38f., 993, 97–100, 340, 402, 640, 804, 897, 942, 952, 1076
Literatur 29, 39, 101, 151, 157, 158f., 161, 171, 191, 213f., 219, 262, 266, 268, 276, 284, 309f., 314, 317, 331, 339, 345, 350, 352f., 388, 397, 400, 405f., 410, 412, 425, 439, 440, 456, 459, 461, 463–466, 472, 480, 482, 485, 488, 498, 501, 508, 536, 538, 558, 569, 590, 597, 619, 623, 637, 640, 647, 650, 653, 673, 674f., 688, 712, 741, 836f., 838, 850, 882, 885, 898, 918, 933, 935, 941, 942, 950, 960, 962ff.,
969, 979, 983, 1046, 1051, 1066, 1070, 1080, 1100, 1144f.
Liturgie 162, 378, 385, 389, 536, 554f., 556, 560, 585, 676, 731, 745, 750
Logik 104, 227, 233ff., 315, 384, 402, 408, 439, 446, 458, 560, 587, 588ff., 592, 598, 602, 604f., 635f., 822, 837, 843, 851, 854, 895, 911, 955, 958, 961, 983, 1083, 1147
Luthertum 734f., 737f., 749 siehe auch Protestantismus

M

Macht 33, 120, 161, 163f., 170f., 176, 181, 192, 201, 207, 211, 213, 215, 228, 239, 315, 320, 322ff., 327, 331, 332f., 337, 339, 355, 359, 367, 374f., 379, 389, 395, 401, 403, 419f., 426, 428, 437, 473, 510, 522f., 527, 533, 536, 546f., 549, 551, 553, 561f., 566, 574, 578f., 596, 600f., 618, 634, 661, 679, 705, 726, 737, 745, 748, 753, 778, 787, 790, 792, 794f., 798–802, 859, 874, 884f., 893, 894f., 905, 916f., 919, 922, 947, 970, 977, 1000, 1022, 1024, 1035, 1037, 1041f., 1044, 1048f., 1050f., 1058, 1061f., 1064f., 1076, 1104, 1121, 1124, 1129, 1149, 1160
Magna Carta 577, 600, 897, 920
Magnetismus 879, 880, 1127, 1153
Mahayana-Buddhismus/-Buddhisten 325ff., 473, 498f. siehe auch Buddhismus
Malerei 75ff., 79, 82f., 123, 142, 166, 237, 241, 243f., 414f., 421, 484, 501, 507, 508f., 540, 622, 651f., 652f., 658, 660f., 664, 667, 669, 715, 751f., 847, 898, 934, 962, 965, 979, 1046, 1052, 1058, 1144
Marienkult 540, 557, 619
Märtyrer 271, 364, 370ff., 375, 389, 447, 617, 644, 742, 744, 751, 811, 962 siehe auch Heilige
Maschinengewehr 1100f.
Mathematik 40, 135, 141, 156, 183, 220, 222, 227, 230f., 298f., 301f., 355, 439, 442, 446, 451, 458, 476f., 496, 509f., 589, 591, 604f., 609f., 619, 623, 627, 643, 652, 656, 660, 721, 748, 754, 756f., 760f., 763f., 779f., 783f., 794, 835, 882, 932, 939, 1061, 1079, 1086f., 1094f., 1152, 1164
Matriarchat 187, 1129f.
Maya 479, 721, 723f.
Mäzenatentum 838, 908
Meder 186, 198, 254
Medizin(kenntnisse/Wissen) 70, 114, 141, 212, 224f., 301, 307ff., 315, 345, 351, 355ff., 402, 405, 407, 413, 439, 438, 441ff., 446, 451, 454, 457f., 483, 509f., 586f., 590f., 597f., 623, 643, 645, 652, 708, 714, 720ff., 742, 750, 757, 763f., 770f., 773f., 783, 798, 807, 828, 854, 908, 931, 935, 936f., 983, 1014, 1019, 1029f., 1053, 1120, 1127, 1141, 1158 siehe auch Heilkunde/-kunst
Megalithen 50, 122f., 124ff., 141
Mehrwert 30, 725, 856, 874, 895, 904
Menschenaffen 95, 846, 1012 siehe auch Affen sowie Primaten oder Schimpansen
Menschheit, Alter 43, 45f., 48f., 52, 946, 993
Mesopotamien 89, 107, 137ff., 141, 146f., 151, 154, 156ff, 161, 163f., 167, 170, 176, 178, 180f., 88f., 191, 253ff., 259, 319, 402, 431, 481, 488, 637, 704.
Mesozoikum 997, 1004
Messianismus 186, 193
Messias 271ff., 279,

1273

282–285, 305, 311, 363ff., 378, 387
Metallurgie 30, 32, 128ff., 133, 510, 531, 721
Metaphysik 234f., 353, 439, 446, 458, 605, 674, 762, 841, 1048, 1114
Methodismus/Methodisten 750, 779, 882, 1083, 1096, 1103, 1138
Metonischer Zyklus 290, 292, 386f.
Migration 93, 98, 182f., 517, 703, 713, 875, 1054
Mikroskop 73, 103, 755, 767, 774f., 776f., 782, 1009
Mimesis 72
Ming-Dynastie/-Periode 493, 932
Minoer, Kultur der 144
Mithras-Kult 179, 196, 367
Mittelalter 26f., 31, 35f., 104, 204, 265, 289f., 330, 339, 349ff., 357, 360, 373f., 377, 388, 391f., 394, 398, 402, 407–410, 413, 417, 428, 459, 476, 482, 492ff., 500, 505, 510, 523f., 528, 533, 536f., 539f., 546–551, 553, 559f., 562, 564, 579f., 584f., 588f., 590f., 596, 598, 601, 604–607, 610, 612, 619, 623, 626, 632, 634ff., 638f., 642, 647ff., 653ff., 677, 681, 684, 686, 706, 710, 727, 738, 754, 767, 778, 786, 801, 814, 839, 850, 934, 939, 961, 989, 1050, 1094, 1116, 1159f.
Modernisten/Modernität 713, 1024ff., 1119, 1124, 1143ff., 1157
Mohenjo-Daro, Kultur von 146, 175, 182f., 199
Monarchie 213, 547, 579, 724, 787, 786, 796f., 799, 834, 840, 862, 870, 915, 1016, 1118, 1122, 1164
Monastizismus 376, 380, 570
Mond 74, 102f., 178f., 187, 190, 206, 222f., 254, 262, 289–294, 320, 386, 388, 424, 459, 489, 546, 678, 705, 718, 757, 759, 760, 769, 810, 819, 883, 1127
Mongolen 491f., 521, 684f.
Monotheismus 29, 261, 425, 638, 724f., 754, 824f., 949
Moral(gefühl)/Moralität 33, 38, 101, 192f., 197, 205, 207ff., 228f., 236, 249, 250, 306f., 312, 326f., 333, 348, 353, 380, 382, 430, 435, 440, 555, 558, 560, 562, 574, 579, 585, 590, 626, 640, 655, 671f., 674, 687, 689, 726f., 736f., 789, 796, 813, 815, 825, 827, 830f., 833, 842, 844, 850f., 853ff., 857, 861, 866, 889, 917, 929, 933, 936, 946, 950, 955f., 961, 1000, 1008, 1022f., 1025, 1030, 1050, 1081, 1089, 1097, 1105, 1110, 1112, 1132, 1144, 1146, 1149, 1161f.
Mozaraber 456, 518
Mu'taziliten-Sekte 438
Mughal-Periode 930, 937, 1037, 1061
Münzgeld/Münzen 135f., 206, 215f., 242, 274, 288, 292, 310f., 321, 414, 418, 433, 452, 460, 491, 503, 508, 519, 526, 546, 662, 724f., 727 siehe auch Protogeld
Musik 74, 101, 104, 141, 208, 222, 234, 236, 250, 256, 274f., 307, 323f., 330, 351f., 385, 423, 439, 442, 450, 590, 611f., 623, 627, 656, 662, 664–669, 722, 809, 838, 898, 931, 938, 945, 951, 953, 962, 965–569, 970–979, 1046, 1072, 1144
Musikinstrumente 74, 244, 330, 568, 633, 664–667, 723, 725 siehe auch Orchester
Mystik(er)/Mystizismus 26, 204, 220, 233, 436, 450, 481, 571, 624, 640, 752, 755, 951, 1161
Mythen(bildung) 118, 137, 158, 204, 212, 214, 221, 238ff., 244, 370, 395, 425, 468, 654, 718, 722, 947, 948f., 957, 976, 1130

N

N. T. siehe Neues Testament
Nationalismus 30, 38, 624, 726, 809, 938, 972, 1035–1077, 1119
Natufien-Kultur/-Periode 115f., 120, 123, 247
Naturalismus 40, 48, 212, 813, 910, 1051, 1054, 1145, 1150
Naturgeschichte 43, 283, 309, 401, 586, 591ff., 604f., 619, 623, 767, 777, 988
Naturkatastrophen 47, 406, 414 siehe auch Katastrophen
Naturwissenschaft 26, 33, 38f., 211–251, 309, 390, 402, 446, 483, 510, 658, 734, 754, 756, 762, 766, 777, 779f., 785, 822, 824, 863, 868, 884, 941, 948, 956, 972, 989ff., 996, 1000, 1002, 1019, 1021, 1026, 1046ff., 1061, 1081, 1086, 1091, 1093, 1095, 1097, 1099, 1108, 1112, 1120f., 1123f., 1141, 1143ff., 1150, 1155, 1162f., 1165ff., 1169
Navigation 510, 517, 690f., 694–697, 700, 1100 siehe auch Geografie
Neandertaler 67–70, 90, 96, 100, 103, 987, 1012
Neokonfuzianismus 497, 503–506, 508
Neolithikum 122, 178, 1011
Nepotismus 573, 741
Neue Welt, Entdeckung 40, 94, 713, 755, 904 siehe auch Amerika
Neues Testament (N. T.) 28, 276ff., 280–285, 326, 344, 361f., 376, 379, 416f., 430, 452, 548, 559, 564, 642, 664, 743, 916, 1111 siehe auch Bibel (Heilige Schrift)
Neuplatonik/-plato-

nismus/-platoniker 231, 302, 304f., 369, 380, 382, 450, 571, 637, 934
Nianhao-System 320
Nihilismus 188, 1150
Nirwana 203f., 209, 310, 326, 497, 952
Normalverteilung 1032f., 1088, 1148
Notationssystem 612
Null 439, 478f., 612
Nullmeridian, Greenwich 782
Numerologie 26, 187, 222, 257, 383, 436, 784

O
Ödipuskomplex/-mythos 1135, 1130, 1132f., 1135, 1140f.
Ökonomie 38f., 346, 628f., 725, 831, 852f., 854f., 857f., 868, 873, 876, 887, 893f., 900, 913, 1023ff., 1048, 1063, 1065, 1079
Olmeken 723
Oper 664, 666ff., 832, 951, 966, 970, 973–976
Opferungsrituale 83, 175–178, 184, 200f., 206, 237, 274, 718
Optik 604, 631, 767, 774
Orchester 664f., 667ff., 953f., 968, 973f., 976
siehe auch Musikinstrumente
Orientalist/Orientalistik 167, 340, 390, 549, 866, 944, 949, 978, 1053, 1059, 1062, 1064
Orphiker 184f., 204, 303f.
Orphismus 184, 304
Orthodoxe/Orthodoxie 48,, 369, 419, 433, 446f., 449, 473, 481, 548, 550, 575, 593, 713, 814, 820, 824, 830, 888, 934, 1097, 1114, 1117
Ortsbestimmung *siehe* Geografie *sowie* Navigation
Osmanisches Reich 390, 936f, 1119, 1124
Osterstreit 375, 387ff.

P
Paläolithikum 69ff., 76, 79, 86, 102, 104, 179, 1011
Paläontologie 43, 62, 76, 99, 998
Papier(herstellung) 26, 66, 329f., 410, 448, 483–486, 490ff., 526, 613f., 628, 740f., 754, 758, 821, 878, 1052, 1108, 1131, 1157
Papiergeld 491
Papsttum 404, 419, 527, 545–582, 600f., 605, 733, 739, 790, 928, 1035, 1115
Paradies 40, 139, 186, 198, 203, 272, 327, 386, 388, 416, 426, 430f., 451, 455, 499, 536, 567, 606, 609, 681, 687, 692, 707, 730f., 818, 838, 934, 950, 963, 1124
Pentateuch 257, 271, 827
Perspektive, Entdeckung 609, 706
Pest(epidemie; Schwarzer Tod) 193, 369, 391, 402, 414, 520f., 523, 592, 601, 624f., 634, 639, 724, 740, 762, 775, 784, 786, 1058, 1073, 1158, 1161
Pharmazie 441
Philologie 298, 394, 407ff., 841f., 854, 944, 946, 983f., 986, 1000, 1099
Philosophie 21f., 27, 30f., 33, 35, 38f., 134f., 188, 206, 211–251, 256, 299, 304ff., 315, 317, 321, 347, 353, 355, 366, 380, 401, 403, 408, 439f., 445ff., 451, 453ff., 457f., 473ff., 490, 498, 502, 510, 533f., 571, 587, 591–594, 601, 621, 623, 635, 639f., 676, 689, 717, 730, 756f., 776–780, 782, 797f., 802f., 807, 815, 822, 834, 843, 850, 854, 865, 908, 921, 931, 933, 937, 947, 950f., 957, 960, 972, 982, 1021f., 1046ff., 1053, 1059, 1070, 1079, 1086f., 1091–1094, 1099, 1116f., 1122, 1127, 1129f.
Physik 28, 235, 329, 439, 440, 458, 656, 754, 756f., 761, 763, 769, 772, 777, 795, 817, 868, 881, 989, 1009, 1022, 1031, 1033,
1099, 1109, 1152f., 1154–1157, 1164
Piktogramm/-graphie 142, 144f., 147–150, 153f., 319, 488, 490
Pilgern 224, 274, 318, 368, 375, 389, 417, 427, 429, 448, 460, 462, 467, 472, 485, 499ff., 538, 577, 580, 686, 910, 935, 937, 1070
Planeten 190, 192, 223, 291, 295, 300, 320, 322, 364, 678, 702, 757, 758f., 760f., 765f., 818f., 830
Platonismus 202, 303, 474, 636ff., 931, 934
Politik/Politiker 28, 33, 35, 38f., 101, 134, 194, 207, 217, 219, 231, 233, 236, 240f., 248ff., 266, 294, 315, 323, 328, 334f., 346, 361, 369, 371, 377, 439, 461, 490, 549, 582, 648, 650, 662, 726, 735, 738, 748, 786–789, 791ff., 795, 797, 801, 803, 831, 848, 851, 865, 867, 876, 884, 886f., 905, 909f., 915, 922f., 927, 933, 938, 941, 955, 961, 977, 1015, 1019, 1022, 1025, 1031, 1034, 1036, 1041, 1044, 1048, 1050f., 1056, 1058, 1062, 1067, 1084, 1095, 1105, 1113, 1122, 1143, 1146, 1164
Politiksystem, römisches 332–339
Polygamie 938, 1125
Polytheismus 287, 825, 945
Pontifikat (Pontifex Maximus) 293, 546, 561, 566, 573, 575, 578, 581, 747, 751, 758, 1043, 1115
Porzellan 26, 492f., 793, 883f., 933
Pragmatismus 450, 1086, 1088, 1091, 1092f., 1148, 1167
Presbyter(ianer) 277, 374, 684, 1096, 1098
Primaten 61f., 85f., 96, 860 *siehe auch* Menschenaffen *sowie* Schimpasen *oder* Affen
Produktivität 135, 302,

853, 856ff., 873, 890, 1066
Propheten 188f., 191ff., 194f., 198f., 201ff., 205f., 233, 252f., 256f., 262, 264f., 273, 368, 378f., 380, 421, 425f., 428, 432ff., 437, 440, 447, 450, 455, 528, 584, 650, 797, 813, 822f., 1122, 1161
Protestantismus 29f., 577, 616, 727, 729–753, 755, 814, 886, 903, 1038, 1054 siehe auch Luthertum
Protoschriften 103, 105, 127, 144, 147, 151 siehe auch Schrift(zeichen)
Psychoanalyse 1048, 1133f., 1138, 1141, 1166
Pubertätszeremonie 718 siehe auch Initiation
Punjab 182, 317, 463, 472, 481

Q
Quadrivium 104, 352, 590, 612
Quinisext siehe Trullanische Synode
Qumran, Schriftrollen 194, 264f., 272
Qur'an (Koran) 214, 426, 429–436, 439f., 448f., 451, 455, 457f., 588, 741, 1039, 1120, 1122, 1124f.

R
Ramadan 427, 429
Rassismus 38, 1055, 1057, 1059, 1063
Rechnen 134, 444, 448, 477, 494, 609, 627, 763f.
Recht und Gesetz 33, 167ff., 170f., 216, 218, 228, 231, 249f., 270, 324, 332f., 335–338, 348, 353, 369, 372, 397, 400, 409, 428, 434, 449, 454, 470, 496, 504, 523, 527, 530, 550, 552f., 580, 586, 591, 598f., 602, 635, 732, 742, 755, 757, 798f., 802, 805, 807, 888, 893, 914f., 920, 928f., 942, 975, 983, 1010, 1021f., 1035, 1058,
1061f., 1104, 1107, 1122, 1124
Rechtschreibung 608, 610, 620, 674, 1074
Reformation 30, 487, 620, 645, 662, 671, 732, 736, 738, 749, 754f., 772, 904, 911, 1054, 1104, 1116, 1121, 1160
Reichstage 599, 729, 733, 1049
Reinkarnation 184, 201, 303 siehe auch Wiedergeburt
Renaissance 26, 29, 36, 38, 50f., 119, 345, 393, 407, 486f., 504, 506, 525, 535, 541, 549, 622–628, 630, 632ff., 637–640, 645–649, 651, 653–657, 659, 671, 706, 715, 731, 750, 754, 767, 778, 786, 814, 835, 838, 848, 927–952, 976, 984, 1037, 1050, 1074f., 1100, 1116, 1118, 1126, 1144, 1160, 1165
Revolution 29, 51, 77, 113f., 118, 250, 354, 363, 387, 416, 487f., 525, 532, 535, 539, 546, 549, 552, 555, 562, 592, 606, 623, 628, 630, 639, 693, 697, 711, 725, 733, 732, 735, 746, 750, 785, 791, 800, 807, 810, 834, 864f., 870f., 873, 892, 894, 896, 903, 911, 917f., 954, 959, 976, 1006, 1012, 1024, 1028, 1040ff., 1049, 1112f.
–, industrielle 26, 483, 629, 867, 870, 872f., 874–877, 878, 882, 885–888, 897, 900ff., 952, 963, 968, 1076, 1100, 1142
–, (natur)wissenschaftliche 609, 629, 734, 754ff., 760, 762, 784f., 793, 802, 804, 806, 879, 1154
Rhetorik/Rhetoriker 104, 218f., 227, 336, 343, 344f., 351, 352f., 380, 401, 407, 436, 590f., 626, 636, 648, 752, 854, 863, 983
Rig Veda 159, 180, 182f., 195f., 200, 463, 475, 940
Roman 507, 648, 674ff., 807, 834, 890, 931, 1065, 1066ff., 1127, 1142, 1148 siehe auch Literatur
Romantik 32, 38, 58, 245, 507, 665, 747, 754, 861, 914, 945, 948, 952–979, 985, 993, 1089, 1108, 1119, 1129, 1144f., 1148ff., 1162f., 1165
Römisches Reich, heiliges 336, 339, 344, 351, 359, 360, 360, 366, 369, 371ff., 377, 384, 389, 390f., 395f., 399, 405, 415, 457, 545, 549, 550, 560, 625, 733, 739, 792, 808, 865, 905, 919, 948, 1065

S
Sabbat 190, 254, 269, 282, 286, 291, 295, 378, 386, 427, 970
Sadduzäer 271f., 284
Sakramente 429, 528, 555, 560f., 564f., 572, 575, 577f., 624, 732ff., 737, 746, 749, 1110
Säkularisierung 39, 534, 619, 669, 1012, 1105, 1111f., 1114
Sanskrit 35, 151, 181, 182, 195, 199, 313, 316, 340, 438, 459–481, 940f., 942–946, 949, 952, 983, 986, 1037, 1061, 1076
Schauspiel/-spieler 238, 241, 350, 466, 650, 669, 671ff., 706, 749, 751, 761, 846, 968, 970, 972, 1123
Schießpulver 26, 28f., 131, 483, 492, 522, 624, 639
Schiffsbau 409, 493, 629, 697
Schimpansen 58, 60–63, 65, 78, 95, 96ff., 100f., 860 siehe auch Affen
Schlachten 246, 372, 410, 515, 537, 675, 786, 1081
Scholastik/Scholastiker 527ff., 535, 598, 634, 636, 640f., 643, 778, 933
Schönheit(skult) 204, 208, 215, 230, 235, 243, 332, 423, 432, 434f., 465, 472, 609, 636ff., 651, 654f.,

656f., 765, 767, 837, 843, 899, 963, 975, 978
Schöpfung(sgeschichte/-mythos) 45–48, 126, 161, 209, 257, 261ff., 266f., 272, 293, 293, 303, 322, 365, 370, 380, 384, 386, 435, 445, 449, 468, 528, 532, 571, 584, 594f., 606, 655, 722, 785, 813, 829f., 851, 946, 989f., 993f., 996, 999ff., 1109, 1164
Schreiben *siehe* Lesen und Schreiben *sowie* Schrift(zeichen)
Schrift(zeichen) 77, 97, 104, 127, 136f., 141ff., 145–154, 157, 183, 228, 231, 313, 349, 394, 410f., 415, 431, 436, 461, 530, 616, 704, 717, 943, 981, 986 *siehe auch* Kalligrafen/-grafie 142, 319, 328, 477, 483, 487f., 490, 494, 507, 522, 616, 723
Schule (Schulsystem/-wesen) 31, 35, 137, 152, 156, 207, 225, 229, 248, 270, 298, 303, 317, 335, 339, 377, 382, 402, 405f., 409, 411, 441, 448, 450, 474, 478, 497ff., 502ff., 527ff., 586ff., 596, 600, 602f., 611, 625–628, 641, 654, 664, 671, 803, 877, 890, 931, 954, 1028, 1063, 1091f., 1098f., 1114 *siehe auch* Bildung *sowie* Universitäten
Schwarzer Tod *siehe* Pest(epidemie)
Schwerkraft(gesetz/-forschung) 25, 49, 755, 760, 765f., 781, 783, 833, 851, 989, 1010, 1016, 1031, 1153
Seele 34, 82, 106, 133, 162, 175–511, 535, 572, 595, 639f., 668, 707, 715, 718, 730, 741, 7780, 789, 813–816, 822, 832–868, 945, 957, 964, 967, 1011, 1027, 1048, 1053, 1102–1126, 1129, 1132, 1150, 1158ff., 1162f., 1165
Seelenwanderung (Metempsychose) 185, 303, 945, 1062
Segelschifffahrt 493, 517, 697, 724
Selbsterkenntnis 102, 228, 230, 236, 239, 304, 450, 648, 674, 1148
Seleukiden 269, 288, 292, 311
Senat 332–335, 348, 354
Septuaginta 264f., 266, 280, 293, 416, 440
Serapis-Kult 296, 367, 404
Sesshaftigkeit 110–116, 118f., 122
Sexagesimalsystem 289f.
Sexualität 80, 245, 365, 380, 571, 1132f., 1136f., 1141
Sintflut 46f., 158, 160, 528, 827f., 906f., 990, 993–998
Sitten(wesen) 185, 208, 228, 248, 333, 417, 559, 639, 651, 727, 805f., 815, 850, 864, 867, 922, 931, 939, 987, 1115f.
Skeptizismus/Skeptiker 226f., 382, 450, 524, 640, 756, 779, 813, 815, 820, 824f., 831, 912, 1011
Sklaven/Sklaverei 142, 168, 170, 216f., 226, 293, 336f., 346, 354, 358, 368, 371, 390, 427, 493, 698, 710, 719, 884, 900, 910f., 920f., 923, 939, 1038ff., 1055, 1059, 1063, 1067, 1069, 1078 *siehe auch* Vasallentum (Lehnspflicht)
Skythen 184, 198, 310, 498
Sogdier (Sogder) 498, 502
Song-Dynastie/-Zeitalter 321, 482f., 486, 490ff., 494f., 496f., 503f., 506–511
Sophisten 188, 227f., 249, 956
Sozialdarwinismus 1058f., 1124 *siehe auch* Darwinismus/Darwinisten
Sozialreform 890, 910, 1021
Soziologe/Soziologie 31, 38, 135, 453, 523, 634, 734, 738, 756, 795, 831, 841, 855, 859, 867f., 886f., 894f., 896, 922, 931, 983, 1010, 1022–1029, 1033, 1124
Spießbürgertum 962, 965, 1108
Spiritualität 192, 194, 204, 557, 571, 861
Sprache 93, 98f., 118, 143, 154f., 181, 199, 213, 264f., 274, 277, 307, 339, 340–344, 354, 362, 398, 406, 409, 431ff., 435, 440, 446, 456f., 464, 483, 487f., 490, 492, 527, 588, 592, 605, 620f., 626f., 632, 636f., 717, 722, 724, 731, 743, 761, 763, 827, 836f., 842, 897, 929, 934f., 942ff., 983f., 1110, 1038, 1061, 1063, 1071, 1072–1077
– Erfindung/Entstehung/ Entwicklung 35, 59, 71f., 83, 85–105, 146, 151f., 154f., 181, 195f., 203, 462, 536, 721, 841ff., 844, 946, 957, 966, 1110, 1131
Staat 163, 169, 193, 219, 228, 230f., 247, 250, 314, 333, 337f., 354f., 366, 371, 385, 440, 462, 491, 504, 523, 527, 536, 551, 562, 634, 674, 699, 735f., 738, 756, 788f., 790–802, 854f., 866, 874, 883, 885, 890, 894f., 901, 919, 1015, 1023ff., 1033, 1035, 1044, 1048, 1050, 1057, 1104, 1113, 1123
Steinwerkzeug 26, 43, 45f., 51, 53, 59–65, 67f., 72, 78, 84f., 90, 96, 102, 115, 121, 987, 1010f.
Stiergötter 176f., 179, 187, 191, 229, 367
Stiersymbolismus 118
Stoizismus 31, 353, 954
Sufismus 450, 480f., 934f.
Sui-Dynastie 495
Sukzession, apostolische 375, 547, 1115
Sumerer 25, 129, 136f., 147, 151, 153, 157f., 178
Supranaturalismus 820f., 827
Symbolikrevolution 116

Symbolismus 118, 122, 653, 1150
Synagoge 269, 272, 286, 564, 835, 906

T
Tang-Dynastie/-Zeit 330, 482f., 495, 504, 509, 686, 700
Tantrismus/Tantriker 473
Taoismus 208ff., 325, 498, 507
Telefon 35, 1058, 1100, 1143
Telegrafie 883, 1100f., 1153
Teleologie 357, 1007
Tempel 26, 123, 125f., 141ff., 147f., 154, 156, 161, 169, 171, 175, 177, 187, 191, 193ff., 201, 207, 224, 241f., 245, 252–255, 265, 269f., 272–275, 279, 286, 296, 311, 317f., 343, 363, 366ff., 373, 396, 404, 428, 436, 459, 466f., 469ff., 473, 476, 501, 511, 569f., 584, 670, 718, 720, 793, 906, 1126
Temperamente 225, 644f.
Textilien 81, 102, 329, 521, 628, 721, 793, 870
Theater(kultur) 205, 236f., 274, 296, 339, 347, 358, 413, 421, 466, 582, 658, 669, 671ff., 749, 752, 807, 826, 838, 898, 931, 968, 970, 975, 1052, 1123, 1146f., 1148
Theologie 38, 304, 380, 384, 408f., 434, 439, 442, 446f., 481, 527, 530, 533f., 558, 571, 573, 584f., 587, 590, 593f., 597, 599, 602, 604, 674, 705, 731f., 735f., 745, 748, 754, 758, 760, 778, 784f., 789, 803, 807, 815, 959, 983f., 1019, 1079, 1096, 1098f., 1114, 1116
Thermodynamik 999, 1153, 1155
Tierhaltung 31, 100
Tierkreis(zeichen/Zodiakus) 289, 310, 320, 637
Todesstrafe 168, 648, 798, 927, 1014
Toleranz 354, 367, 371, 373, 400, 432, 451, 642f., 645, 750, 797, 799, 801, 803, 808, 821, 823, 865, 1036, 1079, 1104
Töpferkunst 120, 128, 237, 395
Totenkult 70, 123, 725
Tragödie 185, 205, 212, 234, 236–240, 256, 267, 347, 353, 671, 975, 1146 *siehe auch* Drama
Trigonometrie 299, 301, 476f., 763
Trivium 104f., 352, 588, 590
Trullanische Synode (Quinisext) 418

U
Uhr 137, 289, 510, 531, 609, 624, 630, 639, 748, 765, 829, 866, 890, 972, 1017, 1020 *siehe auch* Zeitmessung
Ultima Thule 679
Umaiyaden-Dynastie 433ff., 437, 452
Unabhängigkeitserklärung 909f., 918, 1078
Unfehlbarkeit 1114–1117
Uniformitarismus 46f., 48f., 998
Universitäten 315, 392, 407f., 411, 444, 452f., 454f., 466, 480, 495, 500, 507, 524, 527, 528f., 530, 533, 561, 569, 572f., 587, 589, 590–594, 596–606, 612–616, 618f., 627, 636, 639, 641, 643, 671, 729f., 737, 747, 760, 783f., 814, 816, 847, 852, 854, 872, 882, 908ff., 912, 915, 933, 946, 968, 982–985, 1014, 1016, 1018, 1027f., 1031, 1041, 1053, 1056f., 1061, 1063f., 1078–1101, 1110, 1114, 1117, 1120, 1127, 1136, 1143, 1152f., 1159, 1167f.
Upanischaden 188, 201f., 315, 317, 475, 813, 1161

V
Vandalen 376, 399f.
Vasallentum (Lehnspflicht) 551f. *siehe auch* Sklaven/Sklaverei
Vatikan 579, 653, 692, 732f., 739, 740f., 743, 904, 940, 1039, 1112, 1114ff., 1118f.
Vedanta 459–481
Vielgötterei *siehe* Polytheismus
Vierperiodensystem 51f.
Völkerwanderung 389
Vorfahren, Mensch 58f., 72, 78, 97f., 137, 160, 177, 188, 212, 345, 354, 446, 492, 697, 713, 741, 805, 915, 949f.
Vulkanismus/Vulkanisten 60, 76, 991ff.

W
Waffen 30, 32, 39f., 46, 116, 130, 166, 215, 240, 246, 300, 394ff., 400, 492, 578, 663, 704, 761, 1081, 1120, 1157
Wahrheit«, Theorie der »doppelten 534, 593
Warengeld 133
Wassermühle 328, 525f., 531, 871
Weltkarten 679, 686f., 692ff., 911 *siehe auch* Geografie
Weltkrieg
–, Erster 167, 818, 901, 902, 1042f., 1050, 1125
–, Zweiter 25, 114, 194, 265, 902, 1062f.
Werkzeug 26, 35, 43, 45f., 51, 53, 59–69, 71f., 74f., 78f., 84ff., 89ff., 96, 100, 102, 109, 115, 120f., 128f., 130f., 142, 234, 247, 328, 379, 394f., 517, 546, 614, 717, 747, 869, 987, 1010ff., 1014, 1044, 1079, 1111
Werte/Wertvorstellung 31, 197, 248f., 345, 348, 450, 630, 638, 649, 654f., 712, 808, 815, 838, 933, 953–979, 1006, 1021, 1026f., 1051, 1089, 1092, 1107, 1129, 1133, 1159
Westfälischer Friede 752, 1035, 1040f.
Westindische Inseln, Entdeckung 706, 1035

Wiederauferstehung 368, 455, 1054 *siehe auch* Auferstehung
Wiedergeburt 70, 83, 125, 178f., 185, 204, 206, 475 *siehe auch* Reinkarnation
Wiener Kongress 968, 1040f.
Winkel (rechter) 298f., 300f., 413, 476f., 679, 692, 694, 696, 881, 1015
Wohlfahrt 314, 888, 891, 911, 1023, 1034
Wohlstand 134, 202, 235, 237, 241, 425f., 437, 494, 511, 516f., 528, 628, 630, 638, 640, 649, 670f., 690, 727, 731, 738, 793, 854, 857f., 888, 890, 895, 912, 919, 1026, 1084, 1095, 1123

X
Xahil-Dynastie 724

Y
Yin und Yang 206
Yoga 199, 209, 317, 326, 468, 473ff., 498f.

Z
Zahlen 171, 222, 230, 252, 289f., 294, 299, 301–304, 320, 439, 443, 453f., 459–481, 540, 607, 609f., 612, 627, 630, 637, 714, 756, 764, 808, 839, 853, 913, 1004, 1034, 1169
Zeit, Entdeckung 43–53
Zeitmessung 623, 694, 697, 724 *siehe auch* Uhr
Zeitrechnung 40, 278, 288, 292f., 309f., 388f., 448, 485

Zen-Buddhismus 503, 931 *siehe auch* Buddhismus
Zhang, Dynastie 483
Zinsen 526, 615, 627, 629, 738, 755, 876
Zivilisation(en) 29, 31, 35, 48, 102, 104, 114, 127, 129, 137, 146, 171, 175, 209, 247, 327, 335, 340, 360, 367, 391, 393, 400, 453, 556, 711, 723, 805, 840, 856f., 860ff., 875, 902, 904f., 934, 1010, 1021, 1038, 1040, 1043, 1047f., 1054f., 1070, 1103
Zölibat 312, 374, 450, 500, 559, 562, 812, 1108
Zoroastrismus 195–198, 254f., 266, 271, 367, 521, 637

GOLDMANN

Einen Überblick über unser lieferbares Programm sowie weitere Informationen zu unseren Titeln und Autoren finden Sie im Internet unter:

www.goldmann-verlag.de

Monat für Monat interessante und fesselnde Taschenbuch-Bestseller

Literatur deutschsprachiger und internationaler Autoren

∞

Unterhaltung, Kriminalromane, Thriller, Historische Romane und Fantasy-Literatur

∞

Klassiker mit Anmerkungen, Anthologien und Lesebücher

∞

Aktuelle Sachbücher und Ratgeber

∞

Bücher zu Politik, Gesellschaft, Naturwissenschaft und Umwelt

∞

Alles aus den Bereichen Esoterik, ganzheitliches Heilen und Psychologie

Die ganze Welt des Taschenbuchs
Goldmann Verlag • Neumarkter Straße 28 • 81673 München

GOLDMANN